世界传世藏书
图文珍藏版

世界未解之谜

王书利⊙主编

线装书局

图书在版编目（CIP）数据

世界未解之谜：全4册/王书利主编.--北京：
线装书局，2012.12
ISBN 978-7-5120-0603-4

Ⅰ.①世… Ⅱ.①王… Ⅲ.①科学知识－普及读物
Ⅳ.①Z228

中国版本图书馆CIP数据核字（2012）第196790号

世界未解之谜

主　　编	王书利	
责任编辑	高晓彬	
封面设计	博雅圣轩藏书馆 Boyashengxuan Cangshuguan	
出版发行	线装书局	
地　　址	北京市西城区鼓楼西大街41号（100009）	
	电话：010-64045283	
	网址：www.xzhbc.com	
印　　刷	北京彩虹伟业印刷有限公司	
字　　数	1360千字	
开　　本	710×1040毫米　1/16	
印　　张	112	
彩　　插	8	
版　　次	2012年12月第1版第1次印刷	
印　　数	1-3000套	
书　　号	ISBN 978-7-5120-0603-4	

ISBN 978-7-5120-0603-4

9 787512 006034 >

定　　价　598.00元（全四卷）

神秘莫测的宇宙

宇宙有多大？当人类第一次把眼睛投向天空时，他就想知道这浩翰无垠的天空以及那闪闪发光的星星是怎样产生的。

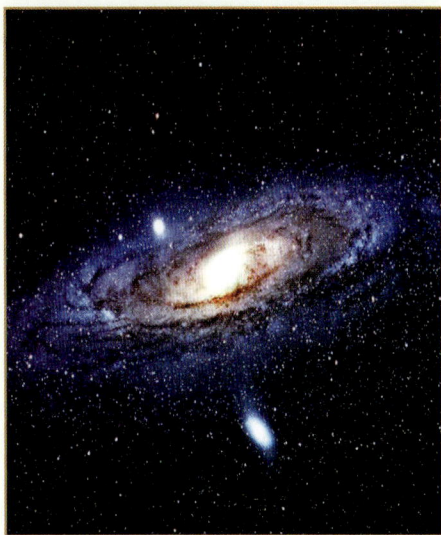

银河系中的行星

银河系周围约1/3的类太阳系星系可能包含有类地行星，其布满了由水构成的海洋，从而很可能成为生命的摇篮。

地球之水的来源

在地球诞生之初，地球表面却找不到一滴液态水，那时的大气中充满了有毒的甲烷和氧。这第一滴水到底来自哪里？

金星被浓雾笼罩

金星是天空中最亮的一颗行星，由于它周围有一层浓密的大气阻挡着人们的视线，使人类至今还难以看清金星的真面目。

形形色色的UFO事件

　　20世纪40年代，美国上空发现碟状飞行物，并以为是苏联新式侦察武器，这便是当代对不明飞行物的兴趣的开端。

"魔鬼水域"鄱阳湖

　　对于鄱阳湖频繁出现沉船事故的神秘"魔鬼水域"说法不一，究竟是什么原因制造了这一系列神秘的"悲剧"？

百慕大三角洲

　　百慕大三角洲比魔鬼还可怕，在那里失踪的飞机和船只不知有多少，这个恐怖的海域不知吞噬了多少人的生命。

人体自燃

　　美国一个53岁的妇女在家中被烧死了，该妇人在燃烧时像个火球，但是火焰却没有烧着她家里的任何木料。

奇怪的"大脚怪"

"大脚怪"又叫"沙斯夸支",是在美国和加拿大发现但未证实的一种似猿的巨型怪兽。

海洋"美人鱼"探秘

古今中外,关于"美人鱼"的传说很多。尽管人们对"美人鱼"褒贬不一,而实际上的"美人鱼"究竟是什么样子呢?

亚历山大大帝死亡之谜

公元前323年,亚历山大暴病而亡,史料中对亚历山大的离奇死状记述甚悉,但学者们对他的死因却始终莫衷一是。

肯尼迪总统之死

1963年肯尼迪总统遇刺身亡。此事至今依然是众多美国人心头挥之不去的阴影,死亡真相仍笼罩着重重疑云。

古希腊计算机之谜

1900年，希腊潜水员发现一艘古代沉船的残骸，里面有一台机械装置全部是由金属制成的，使用了精密的齿轮传动装置。

所罗门的宝藏

所罗门王囤积了大量金银珠宝，并把它们藏在一个神秘的地方，以备不时之需，这就是著名的"所罗门王宝藏"。

歌德巴赫猜想

"哥德巴赫猜想"即任一大于2的偶数都可写成两个素数之和，陈景润攻克了著名数学难题"哥德巴赫猜想"中的"1+2"。

植物未解之谜

"指南草"为什么会指南？不倒的怪树之谜？风景树"皇后"为什么难生贵子？"巨人"蕨之谜？不怕扒皮的树？……

动物未解之谜

海龟"自埋"之谜？鲸鱼自杀之谜？鲨鱼抗癌之谜？海洋巨蟒之谜？鱼类变性之谜？海豚睡眠之谜？……

神秘的卡纳克石柱群之谜

卡纳克郊外有一片片整齐排列的石阵，在长达8千米的范围内到处是林立的巨石，被称为"比金字塔更神秘"的石柱群。

巴比伦的空中花园之谜

在远古时代的巴比伦王国，流传着一个"关于空中花园"的传说，其背后是一个又一个的不解之谜。

英国巨石阵之谜

英伦三岛有一座最著名、最神秘的史前遗迹——巨石阵。迄今为止，没有人确切知道当初建造它的目的到底是什么。

歌坛巨星列农被刺身死之谜

欧美歌坛巨星列农在纽约达科他寓所门口被人枪击而死。时至今日人们对事件的发生仍充满疑惑。

巴顿将军车祸身亡之谜

也许造化弄人，誓言战死沙场的巴顿将军却死于一场离奇车祸，种种迹象让巴顿的死变得迷雾重重……

遭雷击而复明的盲人

1984年7月10日，上海有位名叫王小妹的85岁老人，在一次雷击之后，原患白内障而瞎了14年之久的眼睛突然重见光明。

"诺曼底"号烧毁之谜

"诺曼底"号爆发大火并烧毁，是不是有纳粹破坏分子渗透到船上，为了不可告人的目的，纵火烧毁了这条船？

前　言

　　我们生活的这个世界实在是太精彩了，有许多知识是我们必须了解和掌握的。这些知识将告诉我们，我们生活在怎样一个变幻万千的世界里。从浩瀚神秘的宇宙到绚丽多姿的地球，从远古生命的诞生到恐龙的兴盛与衰亡，从奇趣无穷的动植物王国崛起到人类——这种高级动物成为地球的主宰，地球经历了沧海桑田的惊天巨变，而人类也从钻木取火、刀耕火种的原始生活逐步迈向机械化、自动化、数字化。

　　社会每向前迈进一小步，都伴随着知识的更迭和进步。社会继续往前发展，知识聚沙成山、汇流成河，其间的秘密该如何洞悉？到了科学普及的今天，又该如何运用慧眼去捕捉智慧的灵光，缔造新的辉煌？武器作为科技发展的伴生物，在人类追求和平的进程中经历了怎样的发展变化？它的未来将何去何从？谜团萦绕，唯有阅读可以拨云见日。

　　任何事物的存在总有它合理的一面，无论多么离奇，甚至有悖于常理，我们都不要轻易加以否定。我们必须承认，人类对它们的认知是十分有限的，正是这种认知上的不足，才造成了今天诸多难以揭开的谜。

　　谜一样的世界，谜一样的生活，这些有趣而难解的谜，丰富了我们的生活情趣，拓展了我们的视野。它不仅给人以创造性的启示，更有助于增加你的生活乐趣，当你徜徉在这些谜海中时，也享受到了谜一样的乐趣。生活就是这样，假如没有这些引人遐思的谜题的存在与发现，我们的生活一定会枯燥很多。

　　本套丛书以宇宙、地理、历史、军事、科技、艺术、植物、动物、人类、考古、宝藏、密码和神秘巧合等为大单元，为喜爱探索未知世界的朋友们集中展示出世界上的各种难以解答的谜，供大家研究与探索。我们的编辑方针与初衷不仅仅是满足大家的好奇心，还希望通过这一个个离奇的谜题能给人以启迪，开阔视野，引发创造的灵感。其实，这些难以解释的谜题，也是在人们不断的探索中发现的，里面蕴藏着无限的挑战和机遇。

　　所以，我们要永远保持一颗不止不休的探奇心，时时刻刻去积极探索更多的世界未知谜题。也许，你就是其中最大的受益者。

目 录

世界传世藏书

世界未解之谜

目录

图文珍藏版

世界传世藏书

世界未解之谜

目录

图文珍藏版

第一章　宇宙未解之谜

第一节　神秘莫测的宇宙

宇宙起源之谜

从地球上看宇宙,宇宙在向人类视线所不能到达的更深处伸展。宇宙之大,为众人惊叹。然而,宇宙又是从哪里来的呢?

中非有一个传说:世界最初只有黑暗、水和伟大的上帝。某天,上帝胃痛发作,呕吐出太阳。水的一部分被太阳蒸发,留下土地。上帝的胃痛未止,又陆续吐出了月亮和星辰,然后吐出动物,例如豹、鳄鱼、乌贼,最后吐出人。

星系

难道,我们的宇宙真是上帝从胃里吐出来的吗?这显然带有神话的色彩。若千世纪以来，很多科学家认为宇宙除去一些细微部分外，基本没有什么变化，宇宙不需要一个开端或结束。英国天文学家霍伊尔就是宇宙稳态理论的创建者之一。他认为，宇宙不断膨胀，而同时物质也在不断生成，从而使整个宇宙基本保持稳定不变。

稳态理论的优点之一是它的明确性。它非常肯定地预言宇宙应该是什么样子的。此后，科学家还根据相对论，为稳态的宇宙构筑了一系列，数学模型。尽管如此，结果还是遭到宇宙观测者的质疑或反驳，当宇宙背景辐射被发现后，这一理论基本上已被否定。

千百年来，科学家们一直在探寻宇宙是什么时候、如何形成的。科学家们认为，宇宙是在大约 150 亿年前发生的一次大爆炸中形成的。

"大爆炸理论"是伽莫夫于 1946 年创建的。他认为，在爆炸发生之前，宇宙内的所存物质和能量都聚集到了一起，并浓缩成很小的体积，温度极高，密度极大，之后发生了大爆炸。

大爆炸使物质四散喷发，宇宙空间不断膨胀，温度也相应下降。后来相继出现在宇宙中的所有星系、恒星、行星乃至生命，都是在这种不断膨胀冷却的过程中逐渐形成的。

我们所观察到的宇宙，在其孕育的初期，集中于一个很小、温度极高、密度极大的原始火球。在 150 亿~200 亿年前，原始火球发生大爆炸，从此开始了我们所在的宇宙的诞生史。

宇宙原始大爆炸后 0.01 秒，宇宙的温度大约为 1000 亿摄氏度。物质存在的主要形式是电子、光子、中微子。以后，物质迅速扩散，温度迅速降低。大爆炸后 1 秒钟，下降到 100 亿摄氏度。大爆炸后 14 秒，温度约为 30 亿摄氏度。35 秒后，为 3 亿摄氏度，化学元素开始形成。随着温度不断下降，原子不断形成。宇宙间弥漫着的气体云在引力的作用下，形成恒星系统。恒星系统又经过漫长的演化，成为今天的宇宙。

科学家还发现，大爆炸后的膨胀过程是一种引力和斥力之争。爆炸产生的动力是一种斥力，它使宇宙中的天体不断远离；天体间又存在万有引力，它会阻止天体远离，甚至力图使其互相靠近。引力的大小与天体的质量有关，因而大爆炸后宇宙的最终归宿是不断膨胀，还是最终停止膨胀并反过来收缩变小，这完全取决于宇宙中物质密度的大小。

然而，因大爆炸而产生宇宙的理论尚不能确切地解释这一问题，即"在所存物质和能量聚集在一点上"之前到底存在着什么东西?

因此,霍金在 1982 年又提出了量子宇宙论。宇宙中的一切在原则上都可以单独地由物理定律预言出来,而宇宙本身是从无到有而来的。这个理论建立在量子理论的基础之上,涉及量子引力论等多种知识。

如果人们不特意对空间引入人为的拓扑结构,则宇宙空间究竟是有限有界的封闭型,还是无限无界的开放型,取决于当今宇宙中的物质密度产生的引力是否足以使宇宙的现有膨胀减缓,以至于使宇宙停止膨胀,最后再收缩回去。

然而,天文观测包括可见的物质以及由星系动力学推断的不可见物质,其密度总和仍然不及使宇宙停止膨胀的 1/10。

迄今为止,人类还在探索之中,宇宙的起源仍然是一个谜。

宇宙大爆炸之谜

宇宙不是从来就有的,也不是永恒的,难道真是大爆炸产生的吗? 人们不得而知。

早在 1929 年,埃德温·哈勃做出了一个具有里程碑意义的发现,即不管你往哪个方向看,远处的星系正急速地远离我们而去。这意味着,宇宙正在不断膨胀,在早先星体相互之间更加靠近。事实上,大约在 100 亿~200 亿年之前的某一时刻,它们刚好在同一地方,所以哈勃的发现暗示存在一个叫作大爆炸的时刻,当时宇宙无限紧密。

1950 年前后,伽莫夫第一个建立了大爆炸的观念。这个创生宇宙的大爆炸不是地球上常见的那种发生在一个确定的点,然后向四周的空气传播开去的那种爆炸,而是一种在各处同时发生,从一开始就充满整个空间的那种爆炸,爆炸中每一个粒子都离开其他粒子飞奔。

根据大爆炸宇宙论,早期的宇宙是一大片由微观粒子构成的均匀气体,温度极高,密度极大,并且以很大的速率膨胀着。这些气体在热平衡下有均匀的温度,这些温度是当时宇宙状态的重要标志,因而称宇宙温度。气体的绝热膨胀将使温度降低,使得原子核、原子乃至恒星系统得以相继出现。

持相反意见者认为,暴涨、暗物质和暗能量等是大爆炸理论所不能解释的。没有这些东西,我们就会发现,在实际的天文学观测和大爆炸理论的预言之间存在着直接的矛盾。这种不断求助于新的假设来填补理论与实现之间鸿沟的做法,在物理学的任何其他领域中是不能被接受的。

离开了暴涨之类的假设,大爆炸理论就无法解释宇宙中相距遥远的各部分何以会有着相同的湿度并发出同量的微波辐射。

离开了暗物质,大爆炸理论的预言与宇宙中实际的物质密度就是矛盾的。暴涨所需的密度是核聚变所需的 20 倍,离开了暗能量,根据大爆炸理论计算出来的宇宙年龄就只有 80 亿年,这比银河系中许多恒星的年龄还要小几十亿岁。

宇宙大爆炸假想图

在反对者不断质疑的同时,彭齐亚斯和威尔逊发现了宇宙背景辐射,并通过研究证实宇宙背景辐射是宇宙大爆炸时留下的遗迹,从而为宇宙大爆炸理论提供了重要的依据。

20 世纪,霍金又对宇宙起源后 $10 \sim 43$ 秒以来的宇宙演化图景做了清晰的阐释,从而为我们勾画出这样一部宇宙历史:

大爆炸开始时 150 亿~200 亿年前,极小体积,极高密度,极高温度。

大爆炸后 0.01 秒温度为 1000 亿摄氏度,光子、电子、中微子为主,质子、中子仅占十亿分之一,热平衡态,体系急剧膨胀,温度和密度不断下降。

大爆炸 0.1 秒后温度为 300 亿摄氏度,中子、质子比从 1.0 下降到 0.61。

大爆炸 1 秒后温度为 100 亿摄氏度,中微子向外逃逸,正负电子湮没反应出现,核力尚不足束缚中子和质子。

大爆炸 13.8 秒后温度为 30 亿摄氏度,氘、氦类稳定原子核(化学元素)形成。

大爆炸 35 分钟后温度为 3 亿摄氏度,核过程停止,尚不能形成中性原子。

大爆炸 30 万年后温度为 3000 摄氏度,化学结合作用使中性原子形成,宇宙主要成分为气态物质,并逐步在自引力作用下凝聚成密度较高的气体云块,直至恒星和恒星系统。

然而,至今宇宙大爆炸理论仍然缺乏大量实验的支持,而且我们尚不知晓宇宙开始爆炸和爆炸前的图景。

宇宙究竟是不是通过大爆炸而产生的呢?迄今为止还是一个谜。

宇宙的大小之谜

如果有人问:"世界上最大的东西是什么?"回答肯定是"宇宙"。那么,你知道什么是宇宙吗?为什么说宇宙最大呢?

宇宙是一切物质及其存在形式的总体,它包括地球及其他一切天体。宇宙也叫世界,按照我国古人的说法,上下四方无边无际的空间为"宇",古往今来无始无终的时间为"宙",宇宙即无限的太空世界。

古时候,人们缺乏宇宙的科学知识。他们习惯地把自己居住的地表称为地,相对于地表的空间称为天。有人把天地形成的原因解释为:混沌初开的时候,清气上升成为天,浊气下降成为地。并认为天是圆的如斗笠,地是方的如棋盘,这就是古代有名的天圆地方说。唐代大诗人李白说:"天地者,万物之逆旅;光阴者,百代之过客。"

千百年来,人们不断地探索,企图揭开所谓"天地"之谜,宇宙渐渐被人们认识。宇宙是广阔无垠的,我们居住的地球,在宇宙这个大海洋中也不过是"沧海一粟"。

我们的宇宙到底有多大

法国巴黎天文台的天体物理学家让·皮埃尔·卢米涅等人基于 WMAP(威尔金森微波背景辐射各向异性探测器)的数据提出了宇宙有限的猜想。他们认为,宇宙的直径可能仅仅是 600 亿光年。在他们的模型中,宇宙的样子就像是一只大足球:它由 12 个两两相对而略微弯曲的正五边形组成;但它没有边界,当你从任何一个五边形走"出去"的同时,你立即会从与其相对的另一个五边形走"进来"。

然而,很多持反对观点的科学家对"足球宇宙"的猜想提出了质疑。假如宇宙真如卢米涅所言是个小宇宙的话,那么到今天,宇宙中早期的星光就有可能环绕宇宙传播了不只一圈。这样的情况所造成的现象是,我们能够在天空中不同的位置看到同一个天体的影像,我们甚至有可能看到早期的银河系。

科学家经过研究并没有发现宇宙中存在这样的影像。这为小宇宙假说留下的余地已经很小了。与此同时,科学家研究发现,宇宙的直径至少是780亿光年,而进一步的研究可能会使这个下限提高到900亿光年左右。但这样的研究结论并不表示宇宙就一定是有限的,他仅仅是给出了一个下限,而真实的宇宙有可能比这要大得多。

关于宇宙存在几维的问题,大众的普遍观点是三维。然而,天体物理学家最新研究宇宙暗物质发现,宇宙除了人们普遍知道的三维外,还有第四、第五和第六维。长久以来,由于这些维隐藏得很好,所以一直没有被科学家发现。英国牛津大学的约瑟夫·西尔克及其同事研究分析了宇宙暗物质的复杂运动,认为其一些古怪行为可能说明宇宙中存在隐藏的维。

虽然暗物质是一种不可见的物质,但是其施加在可见星体上的力量却暴露了它们的行踪,所以科学家希望通过跟踪这些力量"顺藤摸瓜"地找到暗物质并进行研究。结果,科学家发现,暗物质似乎更倾向于"同性相吸",换句话就是自我吸引。而这种趋势和力量在小星系中表现得更加明显:小星系里的暗物质反而表现出了比大星系暗物质更强的吸引力。

所以,研究人员猜测,除了我们所熟知的三维——长、高、宽,宇宙中还存在另外三维隐藏在暗物质里,这第四、第五和第六维悄悄影响着暗物质的引力,导致出现上述结果。

宇宙究竟有多大?人类在不断地猜想与验证之中,相信在将来,这个谜团会被解开的。

宇宙之外还有什么

我们所能知道的一切事物,乃至整个宇宙是否只是某个巨人肩膀上的一小粒尘埃?是否存在其他宇宙?

尽管听起来有些不可思议,但这却是从量子力学中得出的。

量子力学认为,物质和能量能够借助量子扰动同时在真空的宇宙中出现。宇宙哲学家认为量子扰动引起了大爆炸。因此,理论家认为,如果我们的宇宙是由量子扰动所产生的,那么其他的量子扰动就很可能能够产生出其他宇宙。

一些科学家认为有其他宇宙存在,这是唯一能够解释为什么我们的宇宙会存在。根据人择原理,有无限数量的宇宙存在,而且每个宇宙都有自己的一套物理定律。而其中之一也是我们所在的宇宙所拥有的。

如果真的有其他宇宙存在，我们有没有办法探测到呢？

亚利桑那大学天文学家尹培指出，由于来自极度遥远的区域光线无法到达我们这里，因此我们自己的宇宙有些部分是无法观察得到的。而且，我们知道，我们自己的宇宙要比目前所能看到的大得多。

如果存在其他宇宙的话，我们是否真的永远无法探测到呢？一些理论家猜测，其他宇宙的引力能量有可能渗透到我们的宇宙中，或许我们在未来某个时候就可以探测到这些。对于这一猜测，宇宙哲学家认为需要很长很长的时间。

依据是，这纯粹是猜测，或许是一种合理的猜测，但这种猜测与人们所提出的关于虫洞、时间旅行以及白洞、黑洞的猜测一样，是由具有相当高水平的物理学家所做出的理论猜测。

美英物理学家曾提出在"五维空间"中可能"隐藏"着另外一个宇宙的理论，这引起宇宙学家的普遍关注。他们认为，我们的宇宙和一个"隐藏"的宇宙共同"镶嵌"在"五维空间"中。在我们的宇宙早期，这两个宇宙发生了一次相撞事故，相撞产生的能量生成了我们宇宙中的物质和能量。

科学家认为，这一学说将为宇宙起源的研究开创一个新的局面，因为多年来不断发现的实际天文观察支持这一点，"宇宙大爆炸"学说如今已被科学界普遍接受。大爆炸发生1秒之后的宇宙膨胀历史都符合这一学说，但是如果追溯到150亿年之前宇宙年龄为10~35秒的时候，宇宙应该被压缩到一个直径为3毫米的区域中，但是在这么早的时候，速度最快的光线只能行进大约10~25厘米。因此这一时间段宇宙究竟发生了什么，人类一直不得而知。

有趣的是，有人提问，如果这一学说是正确的，那么会不会有另外一个宇宙从"五维空间"中出来将我们毁灭？提出这一学说的普林斯顿大学天文物理学家斯坦哈特教授认为是可能的。

人类尝试着去了解宇宙，人类要去思考那些超越了我们视线的，甚至超越了未来我们所能见到的东西。

宇宙的年龄之谜

宇宙是一个关于时间空间的概念，然而，在宇宙的时空跨度里，它的年龄又应该怎么计算呢？我们的宇宙有多大了呢？

在科学宇宙理论诞生以前，关于宇宙的年龄问题只能是臆想。宇宙的范围如此巨大，那么，宇宙的年龄又怎样测算呢？是不是只笼统地说"无始无终"就可以

探索宇宙

了呢?

目前,天文学上有很多关于宇宙年龄的说法,而且关于宇宙年龄的测量手段也各种各样,但是所有关于宇宙年龄的估计值都还没有进行过严格验证,而且误差都很大。宇宙年龄是和宇宙起源联系在一起的问题,首先承认宇宙是有年龄的也就承认了宇宙是有开端的,那么怎样寻找宇宙的开端呢?

科学家通过逆推算宇宙膨胀的过程,根据宇宙的膨胀速度(即哈勃系数和减速因子)计算从密度达到极限的宇宙初期到扩展为如今这种程度究竟需要多少时间,即为宇宙年龄。

大爆炸宇宙诞生理论为计算宇宙的年龄提供了物理基础。"哈勃常数"是大爆炸理论(即膨胀宇宙)的主要依据,测算宇宙年龄的一个关键因素正是计算哈勃常数。所谓哈勃常数,是星系的红移量(远离我们而去的速度,也就是星系的分离速度)与星系到地球的距离(也就是星系之间的距离)的比值。因此,计算哈勃常数,就是计算星系之间的距离和分离速度。由于星系的分离速度可测量出来,因而宇宙年龄最后决定于星系之间距离的测量。

由于星系之间距离很难准确地测量出来,所以哈勃常数也存在很大的误差。20世纪90年代以前,人们根据哈勃常数估算宇宙的年龄为150亿~200亿年。随着天文测距技术的提高,多数天文学家认为宇宙比原来估算的年龄要年轻一些,应在100亿~150亿年之间。

宇宙究竟有多老?这个简单而基础的问题已经困扰了天文学几个世纪。有些测量方法并不能直接测量宇宙的年龄,它们都要依赖于对被观察的对象的性质的假说。

科学家们也尝试了各种各样的办法来测算宇宙的年龄。有的根据恒星演化的情况求恒星的年龄。通过理论推导恒星内部的核聚变反应,就可以知道恒星这个天然的原子反应堆的结构和它的发热率是怎样随时间变化的。将观测和理论相核对,就可求出恒星和星团的年龄,再由最古老的恒星年龄推算宇宙年龄。

宇宙测时法依赖于测量在恒星上发现的放射性元素钍的丰富程度。科学家在一颗非常古老的叫作 CS31082—001 的恒星上,发现了放射性元素钍和铀,导致了该方法的一大进步。放射性宇宙测时法在未来的某天可能会被证明是对宇宙年龄的所有其他评价的一个依托。

科学家通过对这颗古老的恒星 CS31082—001 上的放射性元素钍和铀的测量,显示其年龄为大约 125 亿年,从而推测宇宙的年龄至少 125 亿年,当然包括了 33 亿年的误差。

还有一种方法是同位素年代法,这种方法已广泛运用于测定月岩和陨石的年代。就是利用放射性同位素发生的自然衰变,由衰变减少的情况推测母体同位素的生成年龄。放射性同位素只有在特别激烈的环境中才能生成,所以一旦被禁闭在岩石中就只有衰变了。测定母体同位素与子体同位素之间的量比,测定具有两种以上不同衰变率的同位素的量比,就可以决定年代,由此推算宇宙的年龄。

与此同时,科学家从 WMAP(威尔金森微波背景辐射各向异性探测器)观察到的宇宙中最早的光线到达我们这里需要大约 130 多亿光年。这很容易让人产生迷惑:这样的话,宇宙的直径难道不应该是 130 多亿光年的两倍,也就是大约 270 亿光年吗?

随着科技的进步,人们正在寻求更科学更精确的测量宇宙年龄的方法。

宇宙的中心在哪里

宇宙有多大? 宇宙的中心又在哪里呢? 从人类诞生起,这些问题就一刻不停地萦绕在求知者的心中。

人类对宇宙的想象一刻都未曾停止过。中国古代盘古开天的混沌宇宙图像,西方的叠鸟龟驮天地的宇宙图像等在人类探索宇宙奥秘中都是多彩的一笔。

公元前 340 年,随着古希腊哲学家亚里士多德《论天》的发表,地球是宇宙的中心就备受关注。

托勒密描述出了一个八天球的宇宙图像,这是人类历史上最早的比较完整的宇宙模型。后来基督教引用了这一图像,认为这与《圣经》很吻合,至少人们可以随意想象在固定恒星球之外的天堂和地狱。

哥白尼、开普勒、伽利略又提出了太阳中心论,这使人类第一次把自己的地位从中心移开。牛顿的万有引力定律出现后,人们一度认为宇宙是无限的,而每一点都是宇宙的中心。而且,对每一点来说,各个方向都是没有任何区别的。

随着爱因斯坦的广义相对论的发表,1922年俄国物理学家发现,不论我们往哪个方向看,也不论在任何地方进行观察,宇宙看起来都是一样的。此后,科学家观测到各个星系相对于我们快速退去,也就是说宇宙在膨胀,从各个方向看去宇宙膨胀速度是等同的。

人们迷惑了,难道我们真的仍是宇宙的中心?事实上,这种情形很像一个画有好多斑点的气球被逐渐吹胀。当气球膨胀时,任何两个斑点之间的距离加大,但是没有一个斑点可认为是膨胀的中心。也就是说宇宙没有中心。

宇宙真的没有中心吗

随后,科学家又发现,宇宙开始斥力膨胀后,宇宙中心区域的物质在斥力的作用下不得不离开中心,从而形成空洞,而且空洞越来越大。在空间上,各种物质的分布也是对称的。

在斥力假设的基础上,科学家断言,小宇宙的中心就是离我们最近最大的空洞。空洞的周围布满星系,也可以说是被大的超星系团包围着,因为沿周向的引力仍阻碍着膨胀。空洞中有时有少量的天体,原因是天体的爆发物可以射入空洞。

科学家认为,人类是宇宙中心得天独厚的观测者。

人类一直在进行对宇宙中心的探索,虽然我们今天已经得到了某些宇宙的中心答案,也许有一天这些答案会像我们认为地球绕着太阳运动那样显而易见——当然也可能像乌龟塔那般荒唐可笑。不管怎样,唯有让时间来判断了。

宇宙会死亡吗

19世纪70年代,一位英国诗人斯温朋曾写了一首令人感到恐怖的诗:

无论是星星还是太阳都不再升起,

到处是一片黑暗,

没有溪流的潺潺声;

没有声音,没有景色,

没有冬天的落叶,

也没有春天的嫩芽;

没有白天,没有劳动的欢乐,

在那永恒的黑夜里,

只有没有尽头的梦境。

这首诗是斯温朋根据一位著名物理学家的"理论",对人类和宇宙的未来作的一番描述。这位著名的物理学家是德国人克劳修斯,他主要因为他的热力学和气体分子运动论而著名。他的主要贡献是热力学第二定律——"热不能自动地从较冷的物体传到较热的物体"。这一定律说明自然界中的一切热现象有关的过程都是不可逆的。克劳修斯建立的热力学第二定律有着极深刻的物理意义,它提出了自然界的过程都是有方向的,并把这个定律外推到无限的宇宙。1867 年,他在德国自然科学家和医学家的集会上发表演说,说"宇宙会进入一个死寂的永恒状态"。不久,这一说法就被人们遗忘了。

作为自然界不可抗拒的客观规律,人们不禁要问,宇宙真的会死亡吗?

科学家认为,宇宙会逐渐耗尽所有能量并慢慢地停止膨胀。恒星、星系、行星和所有原子都会开始坍缩,紧缩成针尖大小。

多年来一个众所周知的事实是,宇宙正在迅速膨胀,而且这种膨胀速度即便还不足以撕碎宇宙,也足以使遥远的星系以超光速的速度远离我们。银河系以外的任何星系都有可能在 1000 亿年内消亡。

宇宙在向外膨胀时,"光高"会变长、减弱。科学家认为,尽管光的波长能达到我们星系大小的长度,但也会慢慢被吸收掉。

刚刚诞生的宇宙是炽热而且致密的,随着宇宙的迅速膨胀,其温度迅速下降。最初的 1 秒钟过后,宇宙的温度降到约 100 亿摄氏度,这时的宇宙是由质子、中子和电子形成的。随着温度继续变冷,核反应开始发生,生成各种元素。这些物质的微粒相互吸引、融合,形成越来越大的团块,并逐渐演化成星系、恒星和行星,在个别天体上还出现了生命现象。

宇宙死亡和重生的循环是很可能的,或者说,当宇宙的真空突然变成某种完全不同的物质时,宇宙可能会有一个非常奇特的结局。

宇宙可能在一次大坍塌中向内坍缩,或者我们将迎来另外一种结局,它被称为大撕裂,慢慢陷入黑暗。但是恐惧却不必:漫长的黑夜将会比你想象的有趣一些。

宇宙中的支配性的力量是恒星和其他物质之间的引力,这就意味着宇宙的未来只有两种可能,要么宇宙的密度大到使引力能够克服大爆炸以来的膨胀,并且把所有的物质在一次大坍塌中重新拉到一起,成为"大坍塌";要么宇宙的密度不足够大,膨胀将会永远持续下去。

要了解宇宙是否会发生坍塌,就必须先弄清宇宙是否仍在膨胀,或膨胀的速度是否正在减慢。科学家研究发现,两颗恒星在重力的作用下互相绕行,其中一颗是缩小的高密度恒星,发出高热和白光,它就是白矮星。另一颗恒星则膨胀成庞然大物,它就是红巨星,它的燃料即将耗尽。这两颗恒星互相绕行时,白矮星会吸取伴星的气体,开始年复一年地长大。白矮星的质量达到一定量时,就会崩溃、坍缩,接着爆炸,释放出耀眼的光线和能量。而且,宇宙各处都有相同的亮度和可见度。

通过比较不同时空的超巨星的位置和年代,可以计算出宇宙的膨胀是否在变慢。天体物理学家发现,宇宙的膨胀速度并未变慢,膨胀的速度不但没有减缓,反而是正在加速。

大约在1000亿年后,太阳燃烧殆尽,所有的星系都会瓦解。宇宙中将只剩下孤立的恒星,这些恒星的能量也将用尽。有些恒星会变成白矮星或褐矮星,有些会坍缩成中子星或黑洞。大爆炸之后数千万亿年,就连黑洞也会消失。所有的物质都会分解成最基本的成分。原子也会分解。最后,连构成原子的质子也会发生衰变。

宇宙的未来很可能非常凄凉,成为寒冷、黑暗和空虚的地方。随着宇宙的不断膨胀,星系也开始互相远离。太空会变成一片空虚,死一般寂静。我们的星系团将以超越光速的速度远离我们,并消失在黑暗中。最后,一切都会陷入停顿,这就是宇宙的结局。宇宙最后将会死亡,剩下的,只有冰冷、黑暗、死气沉沉的空虚。

宇宙到底会不会死亡呢?是最后紧缩成针尖大小还是最终解体消失得无影无踪呢?迄今为止还没有谁能说清楚。

黑洞形成之谜

美国宇航局曾经发射高能天文观测系统,研究太空中看不见的光线,在发回的X射线宇宙照片中,最惊人的一幕是那些从前认为"消失"了的星体依旧放出强烈的宇宙射线,远甚于太阳这样的恒星。这证明了长久以来一个怪异的设想:宇宙中存在着看不见的黑洞。

黑洞形成的必要条件是:一个巨大的物体,集中在一个极小的范围内。晚期的恒星恰巧具备了这个条件,当恒星能量衰竭时,高温的火焰不能抵消自身重力,逐渐向内聚合,原子收缩——牛顿法则起作用了:恒星进入了白矮星阶段,体积变小,亮度惊人。白矮星进一步内聚,最后突然变成了一个点。在我们看来,恒星消失了,一个黑洞诞生了。

一个像太阳这样大的恒星,自身引力又如此之大,可能最终收缩成一个高尔夫球大小,甚至"什么也没有"。由于无限大的密度,崩坍了的星体具有不可思议的引力,附近的物质都可能被吸进去,甚至连光线都不能逃脱——这是看不见它的原因。这个深不可测的洞,就被称为黑洞。根据相对论,90%的宇宙都消失在黑洞里。所以有一种令人吃惊的说法:无限的黑洞乃是宇宙本身。

那么,怎样才能在无际的太空中发现黑洞呢?天文学家利用光学望远镜和X射线观察装置密切注视着几十个"双子星座",它们的特别之处在于两个恒星大小相等,谁都不能俘获谁,因而互为轨道运转。如果其中一颗星发生不规则的轨道变化,亮度降低或消失,就可能是附近产生了黑洞。

人类为探索黑洞付出了不懈的努力。最为成功的一次是在肯尼亚发射的第一颗X射线卫星观测系统,被称为"乌胡鲁",在斯瓦希里语中是"自由"的意思。这个由美国宇航局发射的装置,运行了3个月就测到天鹅星座的异常。天鹅座X-1星发出的"无线电波"使得人们可以准确地测定它的位置。X-1星比太阳大20倍,离地球8000光年。研究表明这颗亮星的轨道发生了改变,原因在于它的看不见的邻居——一个有太阳5至10倍大的黑洞,它围绕X-1星旋转的周期是5天,它们之间的距离是1300万英里。这是人类确定的最早的一颗黑洞体。

黑洞吞噬物质之谜

天文学家宣布,他们第一次发现了物质被吸入黑洞的直接证据。他们说,物质以每小时1000多万公里的速度被吸入黑洞——一个密度极高、引力极强、可以将包括光线在内的所有物质吞噬的区域。

美国国家航空和航天局位于马里兰州格林贝尔特的戈达德航天中心的研究小组,在《天体物理学杂志》上发表文章指出,他们正在观测的黑洞位于一个距地球1亿光年的星系中。

黑洞

黑洞内部的引力非常强大,任何物体——甚至包括光线在内——都无法逃逸。一些黑洞是由坍缩的恒星形成的,但是另一些黑洞却拥有"特大质量",其中包含的物质相当于将 100 万到 10 亿个太阳压缩到一个非常小的区域中。

迄今为止,科学家们"看见"这些黑洞的唯一方法是观测吸积盘——环绕在黑洞周围的物质在被吸入黑洞内部时形成的漩涡。戈达德航天中心的天体物理学家保罗·南德拉正在观测被命名为 NGC3516 的星系,据信这个星系的核心部分存在着一个特大质量的黑洞。

吸积盘就像盘绕成一团的蛇一样,最外缘的部分是"蛇嘴",周围的恒星一旦被"蛇嘴"咬上,就别想摆脱掉。恒星体内的物质就会源源不断流向黑洞吸积盘,像被吸血一样,"血液"不断被吸入"蛇嘴"被黑洞吞噬。从模样上看,就好像一个气球(恒星)的气球嘴被一个圆盘边缘粘住了,气球内的气体(恒星物质)通过气球嘴在不断流向圆盘。

为什么黑洞会拥有一个螺旋式旋进的可怕的吸积盘呢? 根据以往科学家的观点,这是黑洞的强引力场造成的。

科学家告诉我们:黑洞的质量一般较大,但体积又极其小,这就使得黑洞周围的引力场极其强大。例如,我们银河系的一个黑洞,质量是太阳的 7 倍,而其体积,据科学家认为很可能只有针尖那么大。于是根据爱因斯坦的广义相对论,黑洞周围的时空极度弯曲,一旦进入其警戒线之内(对于上述黑洞,警戒线范围是方圆 10 千米的范围),连没有静止质量的光子都会被吸入黑洞,无法再脱离警戒线逃离出来。因此,黑洞警戒线内部的世界在我们看来就是黑的,像一个幽暗的无底洞,黑洞之名由此而来。要想逃离黑洞的警戒线(视界),除非你有超光速的本领。

可是科学家却发现,黑洞引力的理论存在着重大的缺陷。

一个转动的物体,若施加与物体线速度方向平行的力,这个力就会产生促进或阻碍物体转动的效果,这种效果可以用转矩表示。若想让物体停止转动,必须施加阻碍转动的转矩。黑洞吸积盘里的物质和吸积盘外的恒星都在绕黑洞旋转,如果只受到黑洞的引力作用,那么这些物质的角动量应该是不变的。一秒钟之前和一秒钟之后物质的转动是一样的,吸积盘里的物质不应该向黑洞方向下落,吸积盘外的恒星也不应该被黑洞恣意吸取"血液"。尽管黑洞的引力强大,也奈何不了其警戒线之外的物质。而在黑洞警戒线之外的物质若不向黑洞方向下落,又怎么会无缘无故落进警戒线之内呢? 这样,黑洞周围的吸积盘应该可以与黑洞相安无事。也就是说超过一定的距离,物质就会像绕地球旋转一样,绕着黑洞安稳地转动,不该向中心靠拢。

除非，有一种作用起到了一种转矩的作用，降低了物质的角动量，物质旋转速度慢了，才有可能向黑洞方向下落。

到底是什么导致吸积盘内物质的角动量丢失那么快呢？

最近，美国密歇根大学的科学家通过观测我们银河系的 GROJl655 双星系统，发现了黑洞中的磁场作用的证据。这个双星系统包括一个 7 倍于太阳质量的黑洞和一个 2 倍于太阳质量的恒星，其中的黑洞正在通过吸积盘贪婪地吞噬着恒星体内的物质。通过卫星上的钱德拉 X 射线天文台观测，黑洞吸积盘中心正在以漏斗状向外不断散发出大量的 X 射线和大量的带电粒子，看起来就像从黑洞中心正吹出狂风，形状如同明亮的火焰。

这种 X 射线光谱显示，数百万度的气体盘旋在黑洞周围，一些热气被狂风吹走，而大量的热气正在向黑洞旋进，这与计算机模拟的磁场和物质的相互摩擦产生的磁场风很一致。科学家通过光谱分析认为，黑洞中存在磁场，在黑洞磁场作用下，吸积盘里的气体剧烈地相互摩擦，产生大量的热，高温导致气体电离，并释放出 X 射线，各种带电粒子又在磁场作用下被狂风吹了出来。高温和高强度的风意味着黑洞具有高强度的磁场，若没有磁场的作用，单纯的摩擦热和射线不会形成这么强烈的风。

正是这阵强烈的风偷走了周围物质的角动量，再加上摩擦产生的阻碍转矩，吸积盘里的物质角动量大大减小，这相当于物质丧失了能够与黑洞引力相抗衡的力量，不可能在原来的轨道安稳地旋转，它们在黑洞引力下身不由己，只能乖乖地被黑洞吞食。

可见，磁场摩擦是黑洞快速吞噬物质的关键，是产生灿烂炫目的 X 射线光谱的根源。据测定，GROJ1655 黑洞所释放出来的 X 射线如此明亮，简直与整个银河系其他所有方式释放的 X 射线亮度差不多。科学家猜测，宇宙中有 1/4 的 X 射线辐射是物质向黑洞下落的过程中放射出来的，包括那些宇宙中最亮的天体——强大的脉冲星。原来，可怕的黑洞主要是靠无形而强有力的磁场来捕食的，它和引力场一唱一和，可使食物乖乖送上门来。

科学家也终于认识到，黑洞虽然是宇宙中最黑暗的天体，它却给世界贡献了大量的光明——X 射线辐射。

奇怪的信号之谜

1972 年春的一天，年轻的苏格兰天文学家罗伦，在格拉斯哥大学图书馆翻寻资料时,一份非常有趣的记录,引起了他的极大注意。记录是由挪威教授史托马留下的。记述他于 1928 年 4 月 3 日在荷兰菲利浦实验电台工作时,为了校正一座 PCJJ 电台,无意中收到了一些奇怪的、每隔 3 秒钟出现一次的信号。由于信号非常有规律,显然不是机械故障引起的。史托马感到非常奇怪,就把这件事报告菲利浦电台的通信总监温达波。温达波也很感兴趣,猜想它也许来自外太空。于是,他们安排了一个实验,把摩氏电码中的"S",即信号"嘟——嘟——嘟",按波长 31、4 米,间隔 20 秒发射出去。从 1928 年 9 月 25 日开始,连续发了 16 天,可惜没有收到任何回音。

同年 10 月 11 日,来自哈尔斯的电报声称,也收到了那奇妙的每隔 3 秒出现一次的信号。史托马立即赶到现场,听到了最后 3 秒钟的信号。以后,这奇怪的信号突然在 3~15 秒间隔内不规则地重复出现,就像有人正企图和我们取得联系。

史托马惊喜交集,于 10 月 24 日又安排了一次信号发射。结果,在奥斯陆又收到了同样奇怪的信号。这个消息立刻引起了许多人的注意,许多实验电台都把注意力集中在这奇妙信号上。其中英国的亚华顿爵士报告说,曾在 1929 年 2~4 月间,这一信号收到过 10 次。1929 年 5 月 9 日,又有一艘正在印度海域观测日蚀的法国科学考察船,无意中收到了同样信号。然而,这奇怪的信号究竟意味着什么,没有人能够解答。

在 1929 年以后,除了 1934 年有一位业余无线电爱好者诉说曾收到这一信号外,再没有音信。

有了这些记录,罗伦深信,这一信号来自地球之外的文明世界。

神秘的电波来自何方

1924 年 8 月 22 晚上 7 点至 10 点,美国海军捕捉到了一种奇怪的电波。阿姆哈斯特大学的天文学教授迪皮德·特德博士认为,这种电波有可能是"宇宙人发来的信号"。

这种奇怪的电波仍在不断地出现。有人经过研究发现,发往空中的无线电波脉冲,在相同的时间间隔内收到了两个回波。其中一个是从大气的电离层反射回来的。而另一个则不知是从哪里反射回来的。人们估计另一个回波,可能是从电离层外、月球轨道之内反射回来的,英国一位天文学家估计,这个反射回波的物体可能是牧夫星座中的某个星球发射的宇宙飞行器。究竟是什么东西,至今无人知晓。

1931 年，美国无线电工程师央斯基在研究无线电干扰时，发现了来自银河中心的无线电波。从那以后天体发射的无线电波使人们产生极大的兴趣，于是，射电天文学这门新的学科应运而生。天文工作者用射电望远镜找到了几万个"无线电台"，已被确认的有超新星的残骸、银河中的星云、一些有特殊外表的河外星云、快速旋转的中子星等。但其余大部分是什么还不清楚。

1960 年美国拟定了第一期奥兹玛计划，以便捕捉研究各种奇怪的电波。这个计划由美国国家射电天文台负责实施。他们利用 3 架 25.908 米的射电望远镜，对波江座和鲸鱼座两颗相邻的恒星作了 3 个月的监视，结果从波江座星系中接收到了异常的间歇脉冲信号。天文工作者应用地球上的数学规律绘成图形，并按我们的思维方式对图形进行研究，结果发现有一颗行星，表面似乎被液体覆盖着，并且有类似于地球上鱼类的生物生活在那里；另一颗行星上似乎生活着像地球上人类那样的哺乳动物，有雄雌之分，长有 6 个手指，并且还领着他们的后代。可是，这些推论并没得到充分的证实。1972 年到 1976 年，美国又开始执行第二期奥兹玛计划，利用世界上最大、最精密的射电望远镜，对地球附近的 650 颗类似太阳的恒星观察了近 4 年时间，结果收到了 10 多颗恒星异常的信息。但是这些信息是智慧生物发出的，还是天然无线电波的噪声？至今还无法确定。

从 1983 年以来，美国开始执行一项大规模探索外星智慧生物的计划。在普遍搜索太空的同时，重点搜索半径在 80 光年范围以内的 '773 个星球，希望能从这里解开神秘电波之谜。

宇宙尘埃是什么物质

宇宙尘埃是人类用来研究宇宙空间各种信息的重要的外物质。由于它十分微小，如同麦芒，人类从来未见过它在眼前飘落。

然而，这些来自地球外的物质数量却是惊人的。据有关专家研究测试，粒径大于 60 微米的宇宙尘埃，年降落量约为 23430 吨。尤其令人惊奇的是，宇宙尘埃球粒的结构竟和地球一样，具有核——幔——壳三重结构，而且每个球粒的核心半径大于幔厚和壳厚，它们之间的平均厚度百分比为 53.3：46 和 4：0.8。其比值与地球的核——幔——壳厚度之间的百分比相近。这惊人的相近让科学家产生极大的兴趣，小小的宇宙尘埃与偌大的地球结构如此相似。

宇宙尘埃，大致有三种类型：一种外表颜色呈黑色或褐黑色，表面光亮耀眼，极像一颗颗发亮的小钢球；第二种是暗褐色或稍带灰白色的球状、椭球状、圆角状的小颗粒,主要成分为氧、硅、镁、钙、铝等;第三种是一些无色或淡绿色的玻璃球,主要成分为二氧化硅,还含有少量的二价氧化物。

这些宇宙尘埃在落到地球上之前,是星际尘埃的一部分。由于它们反射太阳光线,形成了黄道光的模糊光带。在几百万年的时间内,尘埃颗粒不断向太阳旋转前进,并不断从小行星带得到补充。

关于这些宇宙尘埃的成因,英国巴斯大学的研究人员认为,它们是小行星在火星和木星之间的宇宙空间彼此碰撞时抛出的火花,大部分降落到深海底。这些小颗粒的化学成分和深海沉积物有很大不同,而且外形独特。1872 年,英国海洋考察船"挑战者"号在考察时,从深海底首次采到这种令人奇怪的小颗粒;美国在1950 年、日本在 1967 年、中国在 1978 年都相继在大洋底部采集到这种小颗粒。为了研究它们的成分,各国科学家进行了大量的工作,把它们与用高空气球、火箭、人造卫星等飞行器在高空中搜集到的宇宙尘埃对比,发现二者完全相同,从而确定了这些小颗粒是来自地球以外的宇宙尘埃。至于绿色的玻璃质尘粒,有些科学家认为,它们来自月球,是月球火山作用的喷发物,它们的性质与月球土壤中的玻璃物质的性质完全相同。研究海洋深处的宇宙尘埃,对于探讨地球、太阳系以及银河系的起源与演化具有重要的意义,然而,宇宙尘埃尚有许多奥秘有待解决。

宇宙何时终结

根据科学家利用天文望远镜获得的最新观测结果,宇宙最终不会变成一团熊熊燃烧的烈火,而是会逐渐衰变成永恒的、冰冷的黑暗。

科学家指出,宇宙的最终命运取决于两种相反力量长时间"拔河比赛"的结果:一种力量是宇宙的膨胀,在过去的 100 多亿年里,宇宙的扩张一直在使星系之间的距离拉大;另一种力量则是这些星系和宇宙中所有其他物质之间的万有引力,它会使宇宙扩张的速度逐渐放慢。如果万有引力足以使扩张最终停止,宇宙注定将会坍塌,最终变成一个大火球——"大崩坠",如果万有引力不足以阻止宇宙的持续膨胀,它将最终变成一个漆黑的寒冷的世界。

显而易见,任何一种结局都在预示着生命的消亡。不过,人类的最终命运还无法确定。因为目前,人们尚不能对扩张和万有引力做出精确的估测,更不知道谁将是最后的胜利者,天文学家的观测结果仍然存在着许多不确定的因素。

这种不确定因素又是什么呢?

科学家指出,这一不确定因素涉及膨胀理论。根据这一理论宇宙始于一个像气泡一样的虚无空间,在这个空间里,最初的膨胀速度要比光速快得多。然而,在膨胀结束之后,最终推动宇宙高速膨胀的力量也许并没有完全消退。它可能仍然存在于宇宙之中,潜伏在虚无的空间里,并在冥冥中不断推动宇宙的持续扩张。为了证实这种推测,科学家又对遥远的星系中正在爆发的恒星进行了多次观察。通过观察,他们认为这种正在发挥作用的膨胀推动力有可能确实存在。倘若真是这样的话,决定宇宙未来命运的就不仅仅是宇宙的扩张和万有引力,还与在宇宙中久久徘徊的膨胀推动力所产生的涡轮增压作用有关,而它可以使宇宙无限扩张下去。

黑洞是宇宙的主宰

你知道吗? 很多大的星系的中心都有一个黑暗的"暴君"。它统占着伸展到数千光年以外的几十亿个"太阳系",它在所有"太阳系"诞生之前就已存在,并且早就在帮助塑造它们的未来了。这些"暴君"就是黑洞,天文学家将它们称为"超大质量"天体。

自从天文学家于 20 世纪初预言黑洞的存在以来,人们陆陆续续地得到了各种证据,证明了宇宙中确实存在着黑洞。然而,对于这种无法以可见光看到的天体,人类的了解究竟达到什么程度?

如今,天文学家们正在开始怀疑是否已经在宇宙中留下了象征它们权威的标记。2000 年年初,研究人员提出:巨大的黑洞是宇宙中所有星系萌生的"种子",近来,天文学家发现了更多的支持这一观点的证据。

早在几十年前,天文学家就发现了类星体——位于遥远星系中央的高亮度的天体。类星体的亮度可以是环绕在它周围的星系的数百倍,但是它们的体积却比我们的太阳系还小。到底是什么东西可以从这么小的空间里发出这么多的光和辐射呢? 黑洞是一种可能性。

尽管人们对于黑洞吞噬光线的能力了解得更多一些,但是它们也可以成为灿烂光芒的发源地,被黑洞吞没的物质会在黑洞周围形成了一个呈螺旋形运动的圆盘,而圆盘在剧烈的翻腾过程中所产生的摩擦将炽热的气体加热到白热状态。天文学家认为,这就是类星体发光的原因。

因此,当天文观测的结果开始证明更多的普通星系中央存在着黑洞时,天文学家自然会认为它们是能量已经耗尽的类星体。

宇宙中还有"太阳系"吗

有人曾设想,除我们的太阳系以外,还应有第二个、第三个太阳系。可是另外的"太阳系"具体在哪里？这个长期以来争论不休的问题,随着织女星周围发现行星系,有人认为已经找到了宇宙中的第二个"太阳系",为寻找宇宙中其他许多"太阳系"提供了例证。

宇宙中的第二个"太阳系"是怎样发现的呢？

1983年1月,美国、荷兰、英国三个国家成功地发射了红外天文卫星。后来,天文学家们利用这颗卫星意外地发现天琴座主星——织女星的周围存在类似行星的固体环。这次发现在世界上还是头一回。

织女星周围的物质吸收了织女星的辐射热,发射出红外线。红外天文卫星正是接收到了它所放射的红外线,比较四个不同接收波段的强度便可计算出该物体的温度为90K(约-180℃)。一般来说,恒星的温度下限约为500K。温度为90K,这就是说那个物体是颗行星。而且,织女星真的也有行星系的话,它便相当于外行星。这样一个温度的物体只能用波长为几十微米的红外望远镜方可捕获到。

美国、荷兰、英国合作发射的卫星是世界第一颗红外天文卫星,主要用于探测全天的红外源,也就是对红外源进行登记造册。一般红外天文望远镜不能探出宇宙中的低温物体。因为大气中的水分和二氧化碳气体大量吸收了来自宇宙的红外线及地球的热,又会释放互相干扰的红外线。红外天文卫星将装置仪器用极低温的液态氦进行冷却,所以才有了这次的发现。

探测表明,织女星行星系与太阳系行星一般大小。由于织女星发出的总能量是已知的,通过90K的物体的温度便能求出织女星和该物体之间的距离,也就是可以求出该行星系的半径。

织女星距离地球26光年,是全天第四亮星。直径是太阳的2.5倍,质量约是太阳的3倍,表面温度约为10000℃,比太阳的表面温度(约6000℃)高。织女星诞生于10亿年前,太阳诞生于45亿年前,相比之下织女星要年轻得多。地球大致是与太阳同时诞生的,若认为织女星的行星也跟织女星同时诞生,那么就可以视它的行星处在演化的初期阶段。

依据行星形成的一般假说,当恒星产生时,在它的周围散发着范围为太阳系100倍的分子气体云环,因长期相互作用而分成若干个物质团块,进而形成行星。东京天文台曾公布说,他们用射电望远镜在猎户座星云等地方发现"行星系的婴儿",也可以说是原始行星系星云。

东京天文台和红外天文卫星的发现,看来可以说是行星形成过程中的不同阶段。深入分析和研究这两个不同阶段,以及更正确地描写织女星的行星象,无疑是当前世界天文学界所面临的一大课题。

恒星的归宿之谜

当恒星内部的核燃料耗尽后，原来由核反应维持的辐射压消失，星体将在引力作用下收缩下去，直到出现一种新的斥力能与之抗衡为止。于是恒星进入了它的老年期。恒星的归宿与其初始质量有关。初始质量小于太阳8倍的恒星最终将成为白矮星(一种颜色发白、尺度很小的恒星)。质量为太阳8~50倍的恒星在核燃料耗尽后会发生极猛烈的爆发，在短短几天中亮度陡增千万倍甚至上亿倍，称为超新星。爆发后留下的星核的尺度只有同质量的年轻星的百万分之一，几乎全由中子紧紧堆成，称为中子星。我国宋史记载宋仁宗至和元年(1054)出现的"客星"，就是这样一次超新星爆发。900多年后，英国天文学家在那个位置发现的脉冲星(由于快速自转而发出脉冲式电波的中子星)，就是那次爆发的遗迹。质量更大的恒星最终将变为黑洞——一种引力强大到连光线都无法射出的天体。人们只能通过它对周围物质的影响间接地探知其存在。一些发射出X射线的双星系统中，那个质量很大而又看不见的成员，很可能就是黑洞。

彗星之谜

彗星是太阳系神秘的客人，以其在天空中形成美妙的形状和千姿百态的变化而引起人们极大的兴趣。一个完整的彗星有一个明亮的头，长长的扫帚一样的尾。彗头中央明亮部分的核心是直径几公里到几十公里的固体核，核外四周看上去毛茸茸的模糊亮团称为彗发，彗星后部延伸很远的射线状亮线条是彗尾。

彗星不是太阳系固定的成员，它们是从太阳系边缘闯入太阳系的不速之客，它们的原籍在何处？有人认为：在太阳系之外有一片名叫奥尔特的星云，这片星云是一个巨大的彗星仓库，其中约有一万亿颗彗星。奥尔特星云和太阳的距离约为地球到太阳距离的几万倍。由于内部相互作用的不稳定和恒星吸引等作用，少数彗星会脱离星云，有些进入了太阳系，成

哈雷彗星

为太阳系的彗星。也有人认为：彗星是星际空间的气体和尘埃云，它们经过瓦解、凝结成晶体，再聚合成团等过程形成了彗核，太阳系在银河系中运行时把较近的彗

星吸引进入太阳系。还有人认为：太阳系形成过程中大量的尘埃、气体积聚形成了行星，一部分则被推到太阳系的边缘，在那里它们又聚合在一起形成彗核。彗星进入太阳系有偶然性，谁也说不准何时将有新的彗星从何处闯入太阳系。

彗核是彗星的主体，彗核向太阳靠近时，彗核吸收大量太阳能使固态物质升华成气态分子、原子、离子和尘埃，它们在彗核表面形成大气层，它们散射太阳光，自身也吸收太阳光能发出荧光，形成了发亮的彗头，彗头中核心部分是彗核，在四周发亮的是彗发。彗发成分、结构都很复杂，还能形成磁场。形成的磁场犹如一个瓶子，瓶状的中间部分——磁腔磁场很弱，磁场向后延伸很远，其边缘远达数千公里。有人提出用太阳风理论来解释这种现象：太阳日冕中吹出大量带正电荷的质子和带负电荷的电子，高速的太阳风刮到彗星大气层，受到彗星大气层阻碍突然减退，太阳风和大气层相互作用引起激波，带电的粒子都做相当复杂的运动，磁场就是由这些带电粒子的运动形成的。

彗尾有两支，一支基本上沿着日彗连线一直向后延伸，它主要由一氧化碳、二氧化碳、水、氨等离子组成。彗尾中的这些离子以极大的加速度向后飞奔，远离彗头。加速度大表明它们受到了很大的作用力，开始设想这是太阳风中的带电粒子和离子的相互作用产生的，但后来证明这种相互作用产生的加速度没有这么大，因此至今尚未对此做出合理的解释。另一支彗尾相对于尾轴对称产生，然后，一边伸长一边向尾轴靠拢，最终合并到彗尾上去。

闯进太阳系的不速之客有的拜访一次后，离开太阳系就杳如黄鹤一去不回；有的则定期回访，如"哈雷"彗星约 76 年回归一次；有的在第一次拜访中就瓦解，如"苏梅克——列维 9 号"彗星。彗星的最后归宿如何？多数人认为：由于彗星靠近太阳时蒸发掉不少物质，除一次拜访就已瓦解的彗星外，凡定期回归的彗星最终均将瓦解。如"哈雷"彗星，离太阳较近时每秒要损失 40~50 吨物质，彗核总质量约 1000 亿吨，每运行一周要损失约 2 亿吨物质，至多再运行几十周就会瓦解。

陨石——神秘的宇宙来客

宇宙中充满着神奇和奥秘，陨石就是这其中的奥秘之一。来自地球以外宇宙空间其他天体的石头被称为陨石。陨石是怎样形成的，至今还不清楚。这些神秘的宇宙来客，从太空中坠落下来，在宇宙空间燃烧、发光、爆炸、放热，在空气中形成陨石，坠落下来与地球猛烈地撞击，留下了它们的痕迹。

我国是世界上最早发现陨石的国家之一。早在石器时代就发现了陨石，只是当时不称为陨石。古时称陨石为"陨星"。所谓陨星是大的流星在经过地球大气层时没有完全燃毁，部分地掉在地面上。所以古代也有称之为流星石的。现代科学根据陨石化学成分的不同，将陨石划分为三大类：铁陨石，主要成分为铁、镍金属；石铁陨石，主要成分为铁、镍金属及硅酸盐；石陨石，主要成分为硅酸盐。

陨石

我国大部分省份都有陨石发现的记载。其中山东发现的石铁陨石最大，新疆的铁陨石最大，吉林的石陨石最大。

山东莒南县坪上镇大铁牛庙村发现的石铁陨石重4吨，是世界石铁陨石之王，主要矿物成分为：铁纹石和硅酸盐。其中铁占75%，硅酸盐占25%。在发现的陨石中，石铁陨石较稀少，尤为珍贵。

目前世界上最大的铁陨石在非洲的纳米比亚，重60吨，主要矿物成分为：铁、镍金属。新疆的阿勒泰地区青沟县境内银牛沟发现的铁陨石，当数我国第一，重约30吨。其主要矿物成分为：铁纹石，镍纹石。其中含铁88.6%，含镍9.27%，其他微量元素主要是硅酸盐。

1996年在吉林降下的陨石雨中，降下了一块重1770公斤的石陨石，称为世界石陨石之王。主要矿物成分为：辉石、橄榄石，还有微量的铁纹石、镍纹石，吉林陨石雨是我国最近发现的一次陨石雨。

陨石从宇宙空间坠落、燃烧、爆炸后与地球撞击。与地球相比，陨石显得太渺小了，被地球撞得粉身碎骨。陨石砸入地球表面，形成陨石坑。陨石一般呈不规则形状。埋在陨石坑下的陨石多呈不规则锥形，表面的溶蚀坑、溶蚀沟很明显。

地球在宇宙中不停地运动。地壳表面不停地发生着变化，随着地壳上升和剥蚀作用，陨石坑发生着变化。由于陨石的硬度比花岗岩还硬，抗风化作用能力很强，自然风化非常缓慢，因此当陨石坑消失后，陨石就露了出来。沈阳有的陨石就是这样露出地面进而形成陨石怪山的。沈阳陨石是距今19亿年前坠落的，是我国目前已发现的陨石中最古老的。

观看陨石，仿佛遨游宇宙太空，到达你梦想的星辰；用手摸一下陨石，仿佛你从天上摘下一颗星。陨石是来自天外的无价之宝，它可以帮助人们认识地外天体的物质结构及其形成，揭示宇宙物质结构和太阳系早期形成的奥秘。

流星为何会发出声音

天宇中传来一声尖利刺耳的声音,然后一颗流星放射着金黄色的光芒,飞快地掠过长空消失了,时间只有 5 秒钟左右。

这一现象令人惊奇,怎么会先听到声音然后才看到流星呢？尽管许多人都认为这种现象是不可能的,然而世界各地许多研究者积累的这类资料却是越来越多。

1906 年 12 月 1 日,托波尔斯克城的一位居民在流星飞过时,听到一阵刺耳的沙沙声。1929 年 3 月 1 日,塔尔州切列多沃村居民先听到一阵响声,随后整个房子都被照亮了,过了一会儿,又听到一声巨响。最叫人难以理解的是:有些人能听到流星的声音,而另一些人却什么也听不到。

1934 年 2 月 1 日一颗流星飞临德国时,25 个目击者中只有 10 个人听到了啾啾声和嗡嗡声。1978 年 4 月 7 日清晨,一颗巨大的流星飞过悉尼的上空,1/3 的目

流星

击者在流星出现的同时听到了各种各样的声音,其余 2/3 的人则声称流星是无声的。

苏联一位著名的地质学家、地理学家、天文学家德拉韦尔特给这种奇怪的流星起了非常恰当的名字:电声流星。现在,科学家们都一致承认电声流星是客观存在的,但它的秘密至今还没有被揭开。一些专家认为,所有这一切都是由流星飞行时所发出的电磁波引起的。这些电磁波以光速传播,一些人的耳朵能够通过至今还

未知的方式把电磁振荡转换成声音,并且每个人听到的声音也不同,而对另外一些人来说,则什么也听不见。除此之外,还有一些假说,如静电假说(流星与地面之间的一种振荡放电)、超短波假说以及等离子假说等等。要想揭开流星发声这个谜并不是一件很容易的事。不过,我们相信科学工作者一定会尽最大努力的。

6500 万年前的大陨石落在何处

6500 万年前的白垩纪末期,地球上遭受了一场空前的浩劫。不可一世的恐龙骤然绝灭,海洋中的浮游生物也大批死亡,大约 70% 的生物物种消逝了。地球上一派凄凉荒芜的景象。为了解释这场灾难性事变的起因,长期以来,科学界已提出多种假说,诸如气候变冷、海平面变动、火山大爆发等,但它们都难以解释为什么这场浩劫如此迅猛而又能波及全球。

1979 年,美国地质学家瓦尔特·阿尔瓦雷斯和他的父亲、物理学家卢斯·阿尔瓦雷斯宣布,他们在丹麦、意大利等地 6500 万年前的黏土层中发现了含量极高的铱、锇等稀有元素。在一般的地壳岩石中,不可能有如此高的铱、锇含量(上述黏土层中的含量高出一般含量数倍以至数百倍),而陨石中却富含铱等元素。据此,阿尔瓦雷斯父子认为,6500 万年前曾有一颗巨大的陨星与地球相撞,陨星碎屑粉尘散落于当地的黏土层中,致使土层中铱、锇的含量陡然升高。从铱含量推算,这颗陨星的直径可达 10 公里左右。陨星冲击作用掀起的大量尘埃遮蔽阳光,黑暗笼罩大地达数月之久,大批植物枯萎凋谢了,进而危及一系列动物。陨星撞击地球释放出巨大能量,导致温度突然升高,臭氧层遭到破坏,这对于体态庞大的恐龙等生物来说,是一种致命的打击。同时,爬行动物孵化出后代的性别取决于温度,例如在温度超过 34℃ 时孵出的鳄鱼都为雄性,或许恐龙在当时由于后代全为雄性,因而终究难逃绝灭的厄运。

这样一颗直径 10 公里的小行星击中地球,可在地球表面形成直径达 200 公里左右的陨石坑。可是,迄今为止,除苏联发现了两三个白垩纪末的小陨石坑外,人们还未找到这样大的陨石坑。

著名海洋地质学家、美籍华人许靖华曾推测,这或许是彗星或小行星在到达地球之前已经破碎,而其碎块只能造成小陨石坑的缘故吧。

那么,这颗陨石究竟坠落在哪儿?学者们研究了 6500 万年前黏土层的化学成分,发现其中似乎含有洋底地壳和洋底岩石圈的成分,他们推想陨星曾坠落于占地球表面面积 70% 的海洋中。如此巨大的星体砸到大洋中,势必掀起数千米高的巨

宇宙未解之谜

图文珍藏版

浪,大陆低地上的各种生物皆被席卷一空。板块构造理论告诉我们,洋底地壳是不断更新着的,新洋壳形成于大洋中脊顶部,老洋壳沿大洋边缘的海沟俯冲潜入地下。可见,如果这颗陨星当时坠落于太平洋的边缘,或落在现已闭合消逝的古地中海中,所形成的陨石坑就会随老洋壳俯冲潜没,这样,我们将永远找不到这个巨大的陨石坑了。如果陨星坠落在大西洋或印度洋中(或在太平洋中部),由于大西洋和印度洋的边缘很少有海沟俯冲带分布,所形成的陨石坑就有可能保存下来。

有人提出,葡萄牙海岸外的大西洋塔古斯深海平原可能就是所要寻找的陨石坑,这个深海平原具有环状的边缘,直径达 300 公里。但许多学者倾向于认为这一环形构造是地壳运动的产物。当然,有相当一部分学者是拒不接受陨星撞击说的。在他们看来,火山大爆发也可以带出大量的铱,白垩纪末的生物大灭绝可能是生物进化的内因与环境恶化等多种因素共同作用的结果。因此,争论正在继续。

第二节　银河系的神秘面纱

银河系结构之谜

银河系结构的研究已有近二百年历史,银河系总体结构大致如下:银河系的物质(主要是恒星)密集部分组成一个圆盘,形状有点像体育运动用的铁饼,叫作银盘。银盘的中心平面叫作银道面。银盘中心隆起的球形部分叫银河系核球。核球中心有一个很小的致密区,叫作银核。银盘外面是一个范围广大、近似球状分布的系统,叫作银晕。其中的物质密度比银盘中低得多。银晕外面还有银冕,也大致呈球形。

银盘直径约 25000 秒差距。银盘中间厚,外边薄。中间部分的厚度大约 2000 秒差距。太阳附近银盘厚度约 1000 秒差距。银盘中有旋臂,这是盘内气体尘埃和年轻的恒星集中的地方。旋臂内主要是星族 I 天体,如大量的 O、B 型星,金牛座 T 型变星,经典造父变星,银河星团,超巨星,星协等。21 厘米谱线的研究发现,中性氢高度集中于银道面,尤其集中于旋臂内。银河系内已发现有英仙臂、猎户臂、人马臂等,还有一条离银心 4000 秒差距的旋臂叫作三千秒差距臂,正以约 53 公里/秒速度向外膨胀。太阳在银河系内位于猎户臂附近,离银心 10000 秒差距,在银道面北 8000 秒差距处。银盘内主要是星族 I 的天体,除与旋臂有关的天体外,有晚于 A 型的主序星、新星、红巨星、行星状星云及周期短于 0.4 天的天琴座 RR 型变星等等。

核球是银河系中心恒星密集的区域,长轴长 4000～5000 秒差距,厚 4000 秒差距,结构复杂。核球的质量、密度、范围都未确定。由于光学观测受到星际消光的影响,射电、红外观测已成这一区域资料的主要来源。核球中主要是星族 Ⅱ 的天体,如天琴座 RR 型变星;也有星族 I 的天体,如 M、K 型巨星,近年还发现有分子云。银核发出强的射电、红外和 X 射线辐射,它的物质状态还不大清楚。

包围着银盘的银晕,直径约 30000 秒差距,密度比银盘小,主要由晕星族组成,有亚矮星、贫金属星、红巨星、长周期天 RR 型变星和球状星团等等。在恒星分布区之外,还存在一个巨大的大致呈球形的射电辐射区,称为银冕。

银河系有一二千亿颗恒星,其相当大一部分是成群成团分布的,它们组成了双星、聚星、星协和星团。太阳附近,主要由 B 型星组成一个独特的恒星系统,叫作本星团或谷德带。它在天球上构成与银道面成 16° 的大圆,其本质还未完全确定。银河系内,除恒星外,还存在大量弥漫物质,即气体和尘埃。恒星与星际物质间进行物质交换。各类不稳定的星体通过爆发把物质抛射到星际空间。星际云在一定条件下可以凝聚成恒星,星际物质也能被恒星吸积。星际物质的化学成分与恒星大气相近,主要是氢。尘埃的质量平均为气体的 1/10。

银河系中的行星上能有生命吗

如果地球上的生命真的来自我们广阔的海洋,那么类似的情况也可能发生在数以千计的其他星球上。新的模型表明,银河系周围约 1/3 的类太阳系星系可能包含有类地行星,这些行星上布满了由水构成的海洋,从而很可能成为生命的摇篮。

这项新的发现重新考虑了之前有关行星构成的假设,这些假设推断只有很少的类太阳系星系可能包含像地球一样的行星。在一些类太阳系星系中,这些巨大的气态行星以非常近的距离——小于水星与太阳的距离——围绕它们的母星运行,它们能够从原始行星盘的气体中以相对较快的速度形成。天文学家推测,由于这些热木星在原始行星盘中移动,因此它们会"吸走"大量的尘埃和岩石,或者将这些物质抛出类太阳系星系,从而最终只剩下较少的物质用于形成有水的行星。

然而美国玻尔得市科罗拉多大学的行星学家 Sean Raymond 指出:"新的模型显示,这些早期的理论很可能是错误的。"在最新出版的《科学》杂志上,Raymond 和同事报告说,他们对此进行了长达 8 个多月的计算机模拟研究。基于太阳系中行星构成现代理论所提供的原始条件,研究人员模拟了新生的类太阳系星系在大约2亿年时间里的演化过程。研究人员发现,当气态巨行星运行时,它们会将许多岩石残骸抛离恒星,后者将会到达一个稳定的环带,在这里,液态的水能够存在于一颗行星的表面。这些碎片最终聚合成像地球一样的行星。

这种早期演化的方式同时扰乱了原始行星盘,从而导致几十亿公里之外的彗星向着恒星运行。大量的冰球撞击到具有陆地的行星上,从而带来了大量的水。Raymond 表示:"这些行星可能充满了水,甚至像地球一样覆盖着海洋,我们对此感到非常惊讶。"

图森市亚利桑那大学的行星科学家 Rory Barnes 表示,这一研究成果表明,在银河系中数以千计的行星系统都可能含有像地球一样的行星。然而他强调,问题的关键是究竟有多少行星系统具有热木星。Barnes 认为,当前的研究结果可能过高估计了类地行星的存在情况——现有的系外行星探测方法"严重倾向于"寻找此类行星,但却"严重忽视了"对像我们的太阳系一样的星系的研究,后者的气态巨行星可能与它们的母星距离很远。

银河系究竟有多大

宇宙蕴藏着所有的物质,其中包括人类已发现的能量和辐射,也包括人类所知道并相信存在于太空内的一切的一切。

宇宙中有数以亿计的天体,这些天体都是十分巧妙而有规律地相互组合的,大多数的星体构成星系,比如我们的太阳系就是。接着,星系再构成银河系。宇宙中最少有10万个大大小小的银河系。宇宙空间是十分广阔的,光在一秒钟内可走30万千米,单是我们地球所

银河系

在的银河系,跨幅的阔度就有10万光年。宇宙中有10万个银河系,那么,宇宙究竟又有多大呢?

为了说明宇宙的范围,科学家们作了推算,130万个地球的体积仅相当于太阳的体积,而与太阳相当的恒星,在银河系中可达2000多亿颗。如果把宇宙看作是一个半径1千米的大球,银河系则只有药片那么大,位于球心附近。

在实际观测中,人们使用高倍的射电望远镜,搜索到了200亿光年以外的类星体天狼巨星,这是目前人类能确实掌握的最远的星体,也是人们认识宇宙的最大范

围。当然，它还不是宇宙的实际边缘，因为人类的认识能力是有限的。

宇宙从一开始就在膨胀，而且现在还在膨胀，不存在任何形式上的"边界"。按照广义相对论的解释，我们的宇宙是没有中心的，也没有边界，但它的大小是有限的，银河系也一样。

银盘里都有些什么

银盘是银河系的主要组成部分，在银河系中可探测到的物质中，有九成都在它的范围以内。银盘外形如薄透镜，以轴对称形式分布于银心周围，其中心厚度约1万光年，不过这是微微凸起的核球的厚度，银盘本身的厚度只有2000光年，直径近10万光年，可见总体上说银盘非常薄。

除了1000秒差距范围内的银核绕银心做刚体转动外，银盘的其他部分都绕银心做较差转动，即离银心越远转得越慢。银盘中的物质主要以恒星形式存在，占银河系总质量不到10%的星际物质，绝大部分也散布在银盘内。星际物质中，除含有电离氢、分子氢及多种星际分子外，还有10%的星际尘埃，这些直径在1微米左右的固态微粒是造成星际消光的主要原因，它们大都集中在银道面附近。

由于太阳位于银盘内，所以我们不容易认识银盘的起初面貌。为了探明银盘的结构，根据20世纪40年代巴德和梅奥尔对旋涡星系N31（仙女座大星云）旋臂的研究得出旋臂天体的主要类型，进而在银河系内普查这几类天体，发现了太阳附近的三段平行臂。由于星际消光作用，光学观测无法得出银盘的总体面貌。有证据表明，旋臂是星际气体集结的场所，因而对星际气体的探测就能显示出旋臂结构，而星际气体的21厘米射电谱线不受星际尘埃阻挡，几乎可达整个银河系。光学与射电观测结果都表明，银盘确实具有旋涡结构。

银河系的牛郎和织女

牛郎织女是我国最有名的一个民间传说，是我国人民最早关于星的故事之一。南北朝时期写成的《荆楚岁时记》里有这么一段："天河之东，有织女，天帝之子也。年年织杼役，织成云锦天衣。天帝怜其独处，许嫁河西牵牛郎。嫁后遂废织衽。天帝怒，责令归河东。唯每年七月七日夜，渡河一会。"

传说天上有个织女星，还有一个牵牛星。织女和牵牛情投意合，心心相印。可是，天条律令是不允许男欢女爱、私自相恋的。织女是王母的孙女，王母便将牵牛贬下凡尘了，令织女不停地织云锦以作惩罚。

织女的工作,便是用了一种神奇的丝在织布机上织出层层叠叠的美丽的云彩,随着时间和季节的不同而变幻它们的颜色,这是"天衣"。自从牵牛被贬之后,织女常常以泪洗面,愁眉不展地思念牵牛。她坐在织机旁不停地织着美丽的云锦以

牛郎织女的传说

期博得王母大发慈心,让牵牛早日返回天界。

话说牵牛被贬之后,落生在一个农民家中,取名叫牛郎。后来父母去世,他便跟着哥嫂度日。哥嫂待牛郎非常刻薄,要与他分家,只给了他一头老牛和一辆破车,其他的都被哥哥嫂嫂独占了,然后,便和牛郎分家了。

从此,牛郎和老牛相依为命,他们在荒地上披荆斩棘,开荒种地,建造房屋。一两年后,他们营造成一个小小的家。其实,那条老牛原是天上的金牛星。

这一天,老牛突然开口说话了,它对牛郎说:"牛郎,今天你去碧莲池,那儿有仙女在洗澡,你把那件红色的仙衣藏起来,穿红仙衣的仙女就会成为你的妻子。"牛郎听了老牛的话,便悄悄躲在碧莲池旁的芦苇里,拿走了红色的仙衣。

穿红色仙衣的正是织女。织女看到牛郎,才知道他便是自己日思夜想的牵牛。织女便做了牛郎的妻子,并与他生儿育女。

王母知道这件事后,勃然大怒,马上派遣天神仙女捉织女回天庭问罪。

天空忽然狂风大作,天兵天将从天而降,押解着织女便飞上了天空。正飞着,织女听到了牛郎呼叫她的声音:"织女,等等我!"织女回头一看,只见牛郎用一对箩筐,挑着两个儿女,披着牛皮赶来了。慢慢地,牛郎和织女就要相逢了。就在这

时，王母驾着祥云赶来，她拔下头上的金簪，往他们中间一划，霎时间，一条天河波涛滚滚地横在了织女和牛郎之间，无法横越了。

后来，王母为牛郎和织女的坚贞爱情所感动，便同意让牛郎和孩子们留在天上，每年七月七日，让他们相会一次。

从此，牛郎和他的儿女就住在了天上，隔着一条天河，和织女遥遥相望。

牛郎织女相会的七月七日，无数成群的喜鹊飞来为他们搭桥。鹊桥之上，牛郎织女团聚了！

神话毕竟是神话，牛郎与织女要在一夜之间相会是不可能的。牛郎星和织女星都是离我们非常遥远的恒星。在天文学上，测量恒星之间的距离，大多用"光年"来计算。光年就是每秒钟走30万千米的太阳光在1年里所走的距离。牛郎星离我们有16光年，织女星离我们有27光年，它们都比太阳还要巨大，只因为它们离我们十分遥远，所以看上去只是小小的光点。

恒星的"恒"字，是和行星的"行"字相对而言的。实际上，宇宙中没有一个星是绝对地"恒"，每个星都在动，只是动多动少而已。牛郎星每年在天球上移动0.658角秒；此外，每秒钟还以26千米（93600千米/小时）的速度离开我们往外跑。所以，牛郎星在空间的速度比地上最快的客机还快几十倍。织女星动得慢一点，它每年在天球上移动0.345角秒，以14千米/秒的速度离开我们往外跑。

牛郎星和织女星都比太阳大得多、亮得多。为什么我们看起来只是两小点的光呢？那是因为这两个恒星比太阳离我们远得多。牛郎星的光度为太阳的10.5倍，直径大0.7倍，质量差不多大0.7倍。织女星的光度等于太阳的60倍，直径等于太阳的2.76倍，质量差不多等于太阳的3倍。所以，织女星比牛郎星大，比牛郎星亮，比牛郎星重，算来还是牛郎星的大姐姐。牛郎星离我们的距离为154万亿千米，比太阳远100万倍；织女星离我们的距离为250万亿千米，比太阳远170万倍。织女星不仅比牛郎星大好些、亮好些，而且又远好些，所以我们看起来两个星差不多一样亮。光从牛郎星来到我们的眼里，需要16年4个月；光从织女星来，需要26年5个月。牛郎和织女两星不是在同一方向，两星之间的距离是16.4光年。无线电波的速度和光一样，假使牛郎想打一个无线电话给织女，得等32年才有收到回电的可能。

人类在欣赏它们灿烂的光辉的时候，竟幻想出一个哀艳动人的故事来。

银河系旋臂之谜

银河系张开的旋臂像母亲的臂膀，将银河系内的一切物质似孩子般紧紧地怀抱着。那银河系的旋臂又是什么呢?

广阔的宇宙中存在着形形色色的星系,科学家按其形态把星系分为旋涡星系、棒旋星系、椭圆星系和不规则星系四类。其中前三类占绝大多数。旋涡星系和棒旋星系占80%,椭圆星系占17%,不规则星系仅占3%。

20世纪30年代,人们开始了对银河星系结构的研究。20世纪40年代,荷兰科学家认为冷氢能发出一种射电辐射。到1951年,美国天文学家对辐射进行了实际探测。他们测定了红云的分布和运动,揭示了银河系的螺旋结构,同时发现许多河外星系也是螺旋结构。

科学家们发现,银河系有3条对称的旋臂,即靠近银河系中心方向的人马座主旋臂、猎户座旋臂和英仙座旋臂,太阳就位于猎户座旋臂的内侧。

20世纪70年代,人们通过探测银河系一氧化碳分子的分布,意外地发现了银河系的第4条旋臂,称3000秒差旋臂跨越狐狸座和天鹅座。1976年,法国的两位天文学家还具体地绘制出了以上4条旋臂在银河系中的位置,这是迄今最好的银河系旋涡结构图像。

关于银河系存在旋涡结构的原因,有人认为是银河系自转引起的。荷兰天文学家通过研究证明,恒星围绕银心旋转就像行星围绕太阳转,距离银心近的恒星运动速度快,离银心远的则速度缓慢。他计算出太阳绕银心的公转速度为220千米/秒,绕银心一周要花25亿年。

有科学家对奥尔特的学说提出了质疑,认为既然太阳已经绕银心转了约20周,旋臂应该缠得很紧,根本看不到旋臂。为此,1942年,瑞典天文学家林德布拉德提出"密度波"概念,后来美国科学家提出了系统的密度波理论,初步解释了旋臂的稳定性。

美国天文学家通过对银河系434个银河星图的图表绘制发现,银河系并没有旋涡结构,而只是一小段一小段的零散旋臂,旋涡只是幻影。因为银河系各处产生的恒星总是沿银河系旋转的方向形成一种"串珠",而不断产生的新恒星在连续显现着涡漩的幻影。

近来,澳大利亚天文学家在绘制银河系氢气分布图时惊奇地发现又一巨大的、向外伸展的旋臂,这使得我们所在星系的天体图将不得不重新绘制。这一巨大的由氢气组成的气体旋臂有7.7万光年长,几千光年厚,沿着银河系最外层的边缘伸展,并且掠过了从星系核心旋出的3条主要的旋臂。

银河系到底存在不存在旋臂?是连续的、对称的旋臂还是零散的、局部的旋臂？这些至今还是谜。

银河系中心黑洞之谜

浩瀚苍穹中，黑洞好似一个吞噬一切的无底洞，任何物质一旦掉进去，就再也无法逃脱。它虽然是隐形的却吸引力无穷，就连光线也不放过。近来，有科学家称，银河系中心有巨大黑洞。它，会不会将我们也吞噬了呢？

银河黑洞曾经是一个很有争论性的议题。近来天文学家通过使用欧洲南天巴拉那天文台一部极大望远镜，以及一部简称为 NACO 的高性能红外相机进行观测，发现我们银河系的中心，藏着一个质量超过 200 万个太阳的黑洞。

观测过程中，天文学家耐心地追踪一颗编号为 S2 的恒星运动。这颗恒星距离银河中心大约只有 17 光年，或者说是冥王星轨道半径的 3 倍距离，以 5000 千米/秒的速度绕银河中心公转。结果证明，恒星 S2 是在一个不可见天体强大的重力作用下运动，而这个天体极端细小且致密，换句话说是一个超大质量的黑洞。

天文学家观察发现，宇宙爆炸产生的一个黑洞目前正在以比其周围的星球高出 4 倍的速度穿过银河系，这也同时证明了黑洞的确是超新星爆炸后产生的后代。该黑洞至少距离地球有 6000 光年，目前大致方向是朝着地球飞来，但近期不会对地球构成威胁。因此，未来 5 年间，人类有望更近距离地接触黑洞，这将成为对爱因斯坦广义相对论的一个检验。

这是人类发现的第一个在银河系内部快速飞行的黑洞。一颗人类可以观测到的星球每 2.6 天绕黑洞飞行一周，黑洞从这颗星球中吸取养料。

根据黑洞理论，黑洞是由大质量的恒星坍缩形成的。此时原来构成恒星的物质集中于一"点"，其密度趋向无限大，以至于光都无法逃脱它的引力。因此从外界看，这种天体是全黑的。由于黑洞的这一特点，使得天文学家寻找黑洞的工作十分困难，天文学家只能根据黑洞能够剧烈地"吞噬"它附近的天体这一性质确定其存在。

通常黑洞有三种类型，一种是位于星系中央的"超级黑洞"，另一种是恒星级的黑洞，其质量大概有数十个太阳左右，还有是介于两者中间的"中等质量黑洞"。那些规模较大的黑洞主要形成于大型的星系中间，这次发现恒星黑洞大多是在大型星球爆炸时产生的。星球爆炸时大多数物质会被炸飞，但如果留下的物质足够大，大约是太阳的 3~15 倍，那么它们就会形成黑洞。

天文学家在研究距离太阳系 2.6 万光年的人马座 A＊时发现，其发出的射电波信号虽然能穿透尘埃，却要受到星际等离子体介质的散射影响。

为此，天文学家连续守候 20 个月等待最佳天气条件，一举揭开其神秘面纱。这个隐藏在宇宙中的"暗物质"至少 40 万倍于太阳的质量，而直径却仅与地球轨道半径相当，运动速度更是只有 8 千米/秒，完全符合"超级黑洞"的特征。因为 NOCA 相机能够追踪非常靠近银河中心的恒星，所以它能很精确地定出中心黑洞的质量。除此之外，随着天文学家继续观测恒星如何绕着超大质量黑洞运行，也可以提供爱因斯坦广义相对论的严格检验。

天文学家第一次看到距离黑洞中心如此近的区域，对人马座 A ＊ 周围的恒星轨道运动研究显示，这一区域的质量甚至约相当于 400 万个太阳。而且，这一区域的引力都非常强大，根本不可能有恒星存在。通过分析这些恒星团的特点，天文学家们指出，在它们的中心区域同样也存在着一个黑洞，但其尺寸要小得多。

天文学家认为，大型黑洞可能是通过自身强大的引力将恒星团"拽"到了自己的附近。不过，天文学家们同时也指出，要证明这一理论，以目前的科学水平几乎是不可能的。现在唯一可以明确的是，新发现的恒星团与可能导致被黑洞吞噬的"危险区域"之间仍有相当的距离。

科学家们认为，位于这一潜在黑洞附近的恒星团具有非常高的运行速度，使得其可以避免距离黑洞过近。据测算，恒星团的运动速度大约为 850 千米/秒。

相信，随着科技的发展，银河系中心黑洞的奥秘会越来越多地被发现。

银河系弯曲之谜

银河系是一个巨大的、由数千亿颗恒星组成的星系。它的中心部分凸出，像一个很亮的圆盘，直径约为 2 万光年，厚 1 万光年，平均宽度约为 20 光年。这个区域由高密度的恒星组成，银河晕轮弥散在银盘周围的一个球形区域内，银晕直径约为 9.8 万光年，这里恒星的密度很低，分布着一些由老年恒星组成的球状星团。在银河中还可以看到许多暗带，是大量的星际介质和暗星云。

早在半个世纪前，科学家就已经发现了银河系"弯曲"的特性，但是始终未能弄清楚银河系弯曲的原因。

一个由意大利和英国天文学家联合组成的国际小组在分析银河系复杂的构造时，追溯到了银河系外层星盘状形成的起源，并且对于银河系星盘的弯曲情况提供了确凿的证据，这一弯曲度比人们原来想象的至少要多出 70%。通过近红外线 2MASS 观察，科学家们对银河系星盘结构，特别是其中的弯曲部分进行了重新构造。通过观察发现,这种弯曲是由于银河系星盘在第一、第二银河经度象限时向上凸翘。

近来,科学家观察发现,银河系弯曲区域面积广阔,方圆约有 2 万光年。光年为 10 万亿千米,代表一束光一年内在真空里传播的距离。而分布在银河系中的氢气层形状弯曲尤为明显。

为判定银河系变形原因,科学家对弯曲区域的氢气流情况加以研究。结果又让他们吃了一惊。他们发现,银河系不但弯曲变形,而且还以三种模式颤动,一种模式是像一只碗,银道面弯成一圈,另一种像一具马鞍,第三种像一顶浅顶车软呢帽的边缘,背面是弯曲的,正面是垂直向下的,就像"鼓面振动"。

科学家将银河出现异象的外因归咎于银河系"邻居"大小麦哲伦星云。麦哲伦星云环绕银河系运行,运行一周时间为 15 亿光年。

银河系被大量暗物质所环绕,当大小麦哲伦星云环绕银河系运行时,引起暗物质激荡,导致银河系变形。暗物质无法为人类肉眼所见,但宇宙空间的 90% 由其组成。

科学家根据研究成果制作了一个银河系"变形"的电脑模型。模型显示,当麦哲伦星云沿轨道环绕银河系运行时,由于暗物质受激运动,银河系发生弯曲。

科学家过去从质量角度认为,麦哲伦星云质量并不大,只有银河系的 2%,这样小的质量不足以影响银河系形态。因此,麦哲伦星云因为质量较小曾一度被排除在嫌疑之外,科学家认为幕后一定有一个拥有 2000 亿个恒星的大星系影响银河系的形态。

科学家认为,电脑模型揭示了暗物质的重要作用。银河系的暗物质尽管无法为肉眼所见,其质量 20 倍于银河系其他可见物质。当麦哲伦星云穿过暗物质时,暗物质运动使星云对银河系的引力影响进一步扩大。就像"船只行驶过洋面",引起的波浪威力强大,足以使整个银河系弯曲并振动不已。

持反对意见的人则认为,银河系发生形变可能与自身的运动轨迹、能量变化有关。

究竟是什么原因导致银河系"水波吹皱",出现变形呢?迄今为止,还是一个谜。

银河系蛇状闪电之谜

闪电是地球上常见的一种很普通的自然现象。其实,不仅仅是地球上会出现闪电,银河系中存在着持续了几百万年的巨型蛇状闪电。

闪电是一种自然现象,暴风云通常产生电荷,底层为阴电,顶层为阳电,而且还在地面产生阳电荷,如影随形地跟着云移动。阳电荷和阴电荷彼此相吸,但空气却不是良好的传导体。阳电奔向树木、山丘、高大建筑物的顶端甚至人体之上,企图和带有阴电的云层相遇;阴电荷枝状的触角则向下伸展,越向下伸越接近地面,最后阴阳电荷终于克服空气的障碍而连接上。巨大的电流沿着一条传导气道从地面直向云层涌去,产生出一道明亮夺目的闪光。一道闪电的长度可能只有数百米,但最长可达数千米。

闪电的温度从 1.7 万~2.8 万摄氏度不等,也就是等于太阳表面温度的 3~5 倍。闪电的极度高热使沿途空气剧烈膨胀。空气移动迅速,因此形成波浪并发出声音。闪电距离近,听到的就是尖锐的爆裂声;如果距离远,听到的则是隆隆声。在看见闪电之后如果开动秒表,听到雷声后即把它按停,然后以 3 来除,根据所得的秒数,即可大致知道闪电离你有几千米远。

大多数的闪电都是连接两次的,第一次叫前导闪接,是一股看不见的空气叫前导,一直下到接近地面的地方。这一股带电的空气就像一条电线,为第二次电流建立一条导路。在前导接近地面的一刹那,一道回接电流就沿着这条导路跳上来,这次回接产生的闪光就是我们通常所能看到的闪电了。

长期以来,人们的心目中只有蓝白色闪电,这是空中的大气放电的自然现象。其实除了蓝白色闪电外还有黑色闪电、干闪电、海底闪电、高速闪电、银河系巨型蛇状闪电等多种形态。

银河系巨型蛇状闪电是怎样形成的呢?它和普通闪电又有什么不同呢?

银河系这道巨大的蛇状闪电是天文学家在 1992 年发现的,它位于人马座,长达 150 光年,宽 2~3 光年,并且在不断摆动。科学家估计它已持续了几百万年的时间。

天文学家研究发现,银河系中心巨大蛇状闪电是由于导电分子云与银河系中心的磁场相互作用形成的。由于带电粒子不断生成和消失,因而这一闪电是摆动的。天文学家在银河系中心还发现了 22 条类似的闪电,但长度均没有这一条长。

巨大蛇状闪电是目前在银河系中发现的唯一打两个结的闪电,科学家猜测,打结的地方是因为磁场很强,迫使闪电改变了形状,同时也使打结的地方辐射出的电磁波大大加强。但是,迄今为止,仍没有发现相应证据加以佐证。

陨石雨之谜

在晴朗的夏天晚上,经常可以看见美丽的流星划过天空,有时候,一大片流星会连续不断地划空坠落,就形成了流星雨。流星或流星雨都是些天体小块从地球外部闯进了地球大气,因与大气摩擦燃烧而发光。有没烧完的流星就落到地面上了,这便是陨石。如果有许多块落到地上,就称为陨石雨。

据《竹书纪年》记载:"帝禹后氏八年雨金于夏邑。"这是公元前2133年降落在今河南省的一场铁陨石雨,是人类历史上最早的一次陨石雨记录。以后记录不断,总数有二三百条之多,对于流星雨描述得非常生动而形象,常用"星陨如雨""众星交流如织""流星如织"等加以形容。有些记录很全面,很完整,包括时间、流向、个数、在天空中的位置,有时还记录了颜色和响声。这些记录对于研究我国古代陨石雨的情况都很可贵,它们描写得非常形象、准确。例如沈括曾在他的名著《梦溪笔谈》中记载了陨石陨落的全部过程,从摩擦生热发光、光球的大小、爆炸声、陨石飞行的方向、余热、陨石的形状、大小、陨石坑,直到陨石的性质和收藏经过等都讲到了。中国古人在记录流星雨和陨石的同时,还对它们的来源进行了探索,提出了基本上正确的看法。早在春秋时代我国人民就认为,陨石是天上的星陨落而来的。明末著名科学家宋应星也说"星坠为石"。

流星雨和陨石的记录在探索宇宙秘密方面很重要。陨石是从地球外面飞来的实物标本。对流星雨和陨石的研究,对认识天体的起源和演化、彗星的轨道、天体的化学成分等都有重要价值。我国古代人民对此做出了杰出的贡献。

流星雨是被称为流星群的、沿同一轨道绕太阳运行的大群流星体,在地球公转轨道上与地球相遇时出现的天相。流星雨出现之际,流星出现的频率为几千颗到几万颗每小时。这种天象虽然有周期性,但是规模巨大的流星雨却少见。规模巨大的流星雨极为壮观。流星雨犹如自然界为人们施放的焰火。由于流星雨出现的天区的不确定性以及流星出现的瞬时性,所以某些天文台不安排流星的常规巡天观察。

大量的观测表明,每年从天球上的某一点及所谓流星群的辐射点发出的流星雨可出现许多次。当围绕太阳运行的流星群经过地球附近之际,由于受地球引力的振动,大量的流星体改变其轨道向地球靠近并且进入地球高层大气就会出现流星雨现象。流星的光主要集中在其本体的周围。亮的流星尤其是火流星,在其本体之后,沿着流星经过的路径,可以看到比其头部暗弱的光,称为流星的余迹。火流星余迹的持续时间为几秒钟,有的可达几分钟。

天体怪星之谜

20 世纪 30 年代,天文学家在观测星空时发现了一种奇怪的天体,它既是"冷"的,只有二三千摄氏度,同时又是十分热的,达到几十万摄氏度。也就是说,冷热共生在一个天体上。1941 年,天文学界把它定名为"共生星"。它是一种同时兼有冷星光谱特征(低温吸收线)和高温发射星云光谱(高温发射线)的复合光谱的特殊天体。几十年来已经发现了约 100 个这种怪星。许多天文学家为解开怪星之谜耗费了毕生精力。

最初,一些天文学家提出了"单星"说,认为,这种共生星中心是一个属于红巨星之类的冷星,周围有一层高温星云包层。红巨星是一种处于比较晚期的恒星,它的密度很小,体积比太阳大得多,表面温度只有二三千摄氏度。可是星云包层的高温从何而来呢?人们无法解释。

太阳表面温度约有 6000℃,而它周围的包层——日冕的温度却达到百万摄氏度以上,能不能用它来解释共生星现象呢?

有人提出,日冕的物质非常稀薄,完全不同于共生星的星云包层。因此,太阳不算共生星,也不能用来解释共生星之谜。

也有人提出了"双星"说,认为共生星是由一个冷的红巨星和一个热的矮星组成的双星。但是,当时光学观测所能达到的分辨率不算太高,其他观测手段尚未发展起来,人们通过光学观测和红移测量测不出双星绕共同质心旋转的现象,而这些正是确定是否为双星的最基本物质特征之一。

近些年,天文学家用可见光波段对冷星光谱进行的高精度视向速度测量证明,不少共生星的冷星有环绕它和热星的公共质心运行的轨道运动,这有利于说明共生星是双星。人们还通过具有高的空间分辨率的射电波段进行探测,查明了许多共生星的星云包层结构图,并认为有些共生星上存在"双极流"现象。现在,大多数天文学家都认为,共生星可能是由一个低温的红巨星或红超巨星和一个具有极高温度的看不见的极小的热星,以及环绕在它们周围的公共热星云包层组成。它是一种处于恒星演化晚期阶段的天体。

有的天文学家对共生星现象提出了这样一种理论模型:共生星中的低温巨星或超巨星体积不断膨胀,其物质不断外溢,并被邻近的高温矮星吸积,形成一个巨大的圆盘,即所谓的"吸积盘"。吸积过程中产生强烈的冲击波和高温。由于它们距离我们太远,我们区分不出它们是两个恒星,而看起来像热星云包在一冷星的外围。

有的共生星属于类新星。类新星是一种经常爆发的恒星。所谓爆发是指恒星由于某种突然发生的十分激烈的物理过程而导致能量大量释放和星的亮度骤增许多倍的现象。仙女座 Z 型星是这类星中比较典型的,这是由一个冷的巨星和一个热的矮星外包激发态星云组成的双星系统,经常爆发,爆发时亮度可增大数十倍。它具有低温吸收线和高温发射线并存的典型的共生星光谱特征。

天文学家指出,对共生星亮度变化的监视有重要意义。通过不间断地监视可以了解其变化的周期性,有没有爆发,从而有助于揭开共生星之谜,这对恒星物理和恒星演化的研究都有重要的意义。但要彻底揭开这个谜看来还需要付出许多艰苦的努力。

第三节 太阳系的重重迷雾

太阳系的形成

尽管我们的天文学和宇宙探测技术有了极大发展,但对于太阳系的起源,仍然没有一个十分肯定的权威说法。

科学家用放射性碳元素测定陨星的年龄,推知太阳系形成至今至少已有 46 亿年。46 亿年前发生了什么? 目前,人们累计已提出了四十几种太阳系起源假说。较为流行的假说有星云说、灾变说和俘获说等。

星云说最早是由德国伟大哲学家康德提出来的。几十年以后,法国著名

太阳系

数学家拉普拉斯又独立提出了这一学说。他们认为,整个太阳系的物质都是由同一个原始星云形成的,星云的中心部分形成了太阳,星云的外围部分形成了行星。

康德和拉普拉斯也有着明显分歧:康德认为冷的尘埃星云中先形成太阳,后形成行星;拉普拉斯则相反,认为原始星云是气态的,且十分灼热,因其迅速旋转,先分离成圆环,圆环凝聚后形成行星,太阳的形成要比行星晚些。尽管有这样大的区

别,但是他们的学说大前提是一致的,因此人们便把两者捏在一起,称他们提出的理论为"康德—拉普拉斯假说"。这一假说在当时得到了人们的普遍拥护和接受。

近些年来,这一假说又有复活之势。美国天文学家卡梅隆认为,太阳系原始星云是巨大的星际云抛出的一小片云,起初是在自转,同时在自身引力下收缩,其中心部分形成太阳,外围变成星云盘,星云盘后来形成行星。这个观点得到了许多科学家的拥护,并不断有人提出修正和补充,使星云说日渐完善起来。

灾变说的代表人物是英国天文学家金斯。他认为,形成行星的原始物质,是由于某颗行星偶然从太阳身边走过,把太阳上的一部分东西拉了出来的结果。因这次经过非常近,完全可以看作是一次碰撞,太阳受到这次碰撞的作用,从自身表面抛出一股气流,气流凝聚后,变成了行星。这一假说又生出许多变种,如星子说、恒星与太阳相撞说等。

还有一种说法是,太阳原是双星,因受第三颗星的引力作用,分离出物质,形成星系。与此相类似的说法还有:太阳曾有一颗伴星,不知何故那颗伴星发生了超新星爆炸,一部分物质被太阳捕获而形成恒星系,等等。

后来,关于太阳系起源之谜又产生了一个假说——俘获说。最早提出俘获说的苏联科学家施密特认为,当太阳在某个时候经过一个气体尘埃星云时,会把星云中的物质据为己有,这种状况发生多次之后,便形成了一个绕太阳旋转的星云盘,逐渐形成各个行星及其卫星。

尽管有关太阳系起源的各种假说都有各自的观测、计算和理论根据,但随着时间的推移,人们发现这些假说都有致命的弱点,都无法圆满解释当今太阳系存在的各种独特现象。所以,迄今为止,太阳系起源之谜还没有一种被普遍接受的假说。我们仍需对此付出更多的努力,以尽早解开太阳系形成之谜。

太阳家族的邻居

我们居家总要了解自己周围环境和邻居的状况。地球的空间环境和邻里就是太阳系内的行星际空间。那么,太阳系所处的恒星际空间又有哪些邻居呢?它们的状况如何?

在银河系内约1000亿颗恒星中,离太阳最近的恒星是半人马座的比邻星,它离太阳约4.2光年,目视星等为11等星。可见,在距太阳4光年半径的恒星际空间是没有任何恒星的。只有太阳和它的家族在这里安居乐业。这是一个充满活力的空间。

在距太阳 5 光年之内,有 3 颗恒星。它们是:上面介绍的比邻星,还有与比邻星在一起组成目视三合星的另外两颗恒星。它是半人马座 a 星(甲星),叫南门二,它是全天第三颗最亮的恒星,约为 0 等星,它与我们太阳属同一类恒星,其体积和质量比太阳稍大一点,距太阳约 4.3 光年。另一颗星亮度为 1 等星,距太阳约 4.3 光年,体积和质量略比太阳小一点。第三颗星就是比邻星。

在距太阳 10 光年内共有 11 颗恒星。除上面介绍的 3 颗恒星外,还有著名的蛇夫座巴纳德星。它是 1916 年由美国天文学家巴纳德发现自行最大的恒星,它每年自行 10.31″,为 9.5 等星,距太阳 5.9 光年;大犬座天狼星,它是目视双星。甲星就是天狼星,是全天最明亮的恒星,距太阳约 8.6 光年,为 1.5 等星。另一颗乙星是天狼星的伴星,为 8.5 等星,距太阳也是 8.6 光年,它是一颗典型的白矮星。鲸鱼座中 UV 星也是一颗双星,距太阳都是 9 光年。其中 UV 星 B 是 1948 年发现的特殊型的变光恒星。它在 3 分钟内,光度可增强 11 倍,然后又慢慢暗下来。它为 13 等星,是距太阳最近的耀星。狮子座佛耳夫 359 星距太阳 8.1 光年;大熊座拉兰德21185 星距太阳 8.2 光年;人马座罗斯 154 星距太阳 9.3 光年。距太阳 21 光年内,则有 100 颗恒星,其中包括天鹰座中的牛郎星,小犬座中的南河三和天鹅座 61 星(两颗)等。

太阳的这些近邻各有特色,天文学家们早已把它们列为重要的研究对象。

太阳伴星之谜

天文学家曾有过太阳具有伴星的想法是很自然的事。当人们发现天王星和海王星的运行轨道与理论计算值不符合时,曾设想在外层空间可能另有一个天体的引力在干扰天王星和海王星的运动。这个天体可能是一颗未知的大行星,也可能是太阳系的另一颗恒星——太阳伴星。

为了解释美国那两位古生物学家的发现,1984 年,美国物理学家穆勒在和他的同事,共同提出了太阳存在着一颗伴星的假说。与此同时,另外的两位天体物理学者维特密利和杰克逊,也独立地提出了几乎完全相同的假说。

人们考虑到,如果太阳有伴星的话,在几千年中似乎却没有人发现过,想必它是既遥远又暗淡的天体,而且体积不大。这是很有可能的情况,因为在 1982~1983年,天文学家利用红外干涉测量法,测知离太阳最近的几颗恒星都有小伴星,这种小伴星的质量仅相当于太阳质量的 1/15~1/10。此外,在某些双星中,确实还有比这更小的伴星存在着。

　　自从太阳伴星的假说公诸报端，科学家们开展了认真热烈的讨论。人们根据开普勒定律推算，若其轨道周期为2600万年，那么轨道的半长轴应该是地球轨道半长轴的88000倍，约1.4光年，即太阳伴星距太阳比任何已知恒星要近得多。

　　1985年，美国学者德尔斯莫在假设太阳伴星确实存在的前提下，用一种新方法算出了这颗星的轨道。他首先对最近2000万年左右脱离奥尔特云的那些彗星进行统计、调查，对126颗这样的彗星及其运动作了统计研究，大多数这类彗星都做反方向运动，即几乎与太阳系所有行星运动的方向相反。根据这些彗星的冲力方向算出，在不到2000万年以前，奥尔特云从某一其他天体接受到一种引力冲量。他认为，这是由一个以每秒0.2或0.3公里速度缓慢运行的天体引起的，德尔斯莫根据动力学算出，太阳伴星的轨道应该与黄道几乎垂直，它目前应该接近其远日点（距太阳最远的点），而它的方向应该是离开黄极5°左右。

　　针对太阳系的现状，有一些天文学者认为，太阳伴星由于某种原因未能形成，而形成了九大行星及其卫星、小行星和彗星等等。美国天体物理学家韦米尔和梅梯斯的研究认为，尚未发现的太阳第X颗大行星可能是引起周期性彗星雨——生物大规模绝灭的原因。

　　如果这颗太阳伴星确实存在的话，人们不应该期望它触发彗星雨和引起大规模物种绝灭的周期十分精确。遗憾的是，至今缺乏更好的地质资料，尤其是陨石坑方面的资料，地球上的证据的不确定因素太大，以至于无法准确地说出太阳伴星天文钟的周期性能精确到什么程度。

　　总而言之，根据科学家们的研究推测，太阳很可能存在或有过伴星，但是要找到它、证实它，确实是一件困难的事，人们期望着科学家们早日解开这个宇宙之谜。

太阳黑子之谜

　　太阳的表面并不是无瑕的，有时也会出现或多或少的黑斑，这就是太阳黑子。

　　黑子看上去的确是黑的，但它实际上并不黑，只是在耀眼的光球衬托下才显得暗淡无光。其实一个大黑子比满月发出的光要多得多，即使太阳整个圆面都布满了黑子，太阳依旧光彩照人，就像它离地平线不高时的情景一样。一般来说，黑子的中心最黑，称为本影，周围淡的部分称为半影，本影的半径约为半影的2/5。一个典型黑子本影的平均温度约410K，比周围的光球低1700K左右。为什么黑子的温度较低呢？这个问题困扰了人们很长时间。

　　1941年，比尔曼提出，黑子的变暗是由于强磁场抑制光球深处热量通过对流向上传输的作用造成的。这个解释很直观。后来柯林对此模型又进行了一些修正,认为黑子中还有一些对流,但比背景中的热量传递小得多。观测也证实了黑子中有较弱的对流。

太阳黑子大多喜欢成群结队。复杂的黑子群由几十个黑子组成,而大多数黑子群是由两个主要黑子组成,沿着太阳自转方向,位于西边的黑子叫作"前导黑子",位于东边的黑子叫作"后随黑子",大黑子周围还有许多小黑子。极性相同的一对或一群黑子称为单级群,极性相反的一对或一群黑子称为双极群。黑子群中极性分布不规则的称为复杂群。

人们发现在黑子存在期间,它的磁场强度是随时间变化的。黑子刚出现时,磁场强度迅速上升到极大值,然后稳定一段时间,随着黑子的瓦解和消失,磁场强度呈线性衰减。黑子群中成对的那两个大黑子具有相反的极性。下一个活动周期中,如果太阳北半球上黑子对中的前导黑子的极性是"北",那么后随黑子就是"南",太阳南半球正与此相反。而到了下一个太阳周,两半球黑子对的极性将颠倒过来,在下一个活动周期中颠倒回去。

为了提炼和修改太阳黑子的形成和演化的理论模式,太阳物理学家必须更多地了解太阳内部的结构和行为。

20 世纪 60 年代,美国天文学家莱顿等人,利用物理学上的多普勒效应,发现太阳大气的上下振动很有规律,其振动的周期是 296±3 秒,这就是著名的太阳"5 分钟振荡"现象。进一步的观测还表明,气体物质上下起伏的总幅度达数十公里,而在水平方向上,大致在 0.1 万~50 万公里范围内的气体物质都连成一片,同起同落。并且在任何时刻,日面上都有 2/3 左右的区域在做这种振荡。

太阳振荡是近年来太阳物理学中最为重大的发现之一,据太阳内部奥秘的震波图样展示,尽管太阳外层的自转在赤道比在极区快,然而太阳内部的自转却是均匀的,这样就产生了一种剪切力,仿佛剪刀的两个刀刃相互移过一样。有人猜测这种效应会影响磁场,驱动太阳周期。但一些人对此持不同的意见。这一问题的正确答案还要靠日震学的进一步发展。

天文学家期待着日震学能够裁决这样一个新思想:黑子和耀斑可能是由对流所驱动的热物质的圆柱形的流动所引起的。相邻的圆柱,以相反的方向在 40 万公里深的太阳对流区内旋转,逐渐向赤道移动。一个设想是,像老式洗衣机中的旋轴一样,圆柱挤压磁场,在这一过程中有效地产生黑子。

太阳能量探源

太阳发出的总能量十分巨大,有人测量了地面上单位时间内来自太阳的能量。据测量,一个平方厘米的面积,在垂直于太阳光线的情况下,每一分钟接收到的太阳能量大约是 1.96 卡。换句话说,如果放上 1 立方厘米的水,让太阳光垂直照射,那么每过一分钟水的温度会升高 1.96℃,也就是接近两度。这个每平方厘米每分钟 1.96 卡,就叫作"太阳常数"。

有了这个准确的"太阳常数",我们就可以计算太阳发出的总能量了。我们知道,地球同太阳的距离大约是 1500 万公里。1.96 卡这个数是在离太阳一亿五千万公里外的地球上测到的。所以,只要把 1.96 卡乘上以一亿五千万公里为半径的球的面积,就可以得出太阳发出的全部能量。这个数值是每分钟发出五千五百亿亿亿卡的能量。

太阳尽管发出这么巨大的能量,但是落到地球上的却只有很少的一点点,因为太阳离地球太远了。实际上地球接收到的太阳能量,只占太阳发出的总能量的二十二亿分之一。正是这二十二亿分之一的太阳能量在养活着整个地球。

太阳是怎么发出这么巨大的能量来的呢?它是不是永远这样慷慨地供应地球,永远也消耗不尽呢?人类为了搞清楚这个问题,花费了几百年的时间,一直到今天,也还在不断地进行着探索。

随着自然科学的不断发展,人们才逐渐揭开了太阳产能的秘密。太阳燃烧的物质是化学元素中最简单的元素——氢。不过,太阳上燃烧氢,不是通过和氧化合,而是热核反应。太阳上进行的热核反应,简单地说,是由四个氢原子核聚合成一个氦原子核。我们知道,原子是由原子核和围绕着原子核旋转的电子组成的。要想使原子核之间发生核反应,可不是一件容易的事情。首先必须把原子核周围的电子全都打掉,然后再使原子核同原子核激烈地碰撞。但是,由于原子核都是带的正电,它们彼此之间是互相排斥的,距离越近,排斥力越强。因此,要想使原子核同原子核碰撞,就必须克服这种排斥力。为了克服这种排斥力,必须使原子核具有极高的速度。这就需要把温度提高,因为温度越高,原子核的运动速度才能越快。例如,要想使氢原子发生核反应,就需要具备几百万度的温度和很高的压力。这样高的温度在地面上是不容易产生的,但是对于太阳来说,它的核心温度高达 1000 多万度,条件是足够了。

太阳正是在这样的高温下进行着氢的热核反应。它把四个氢原子核通过热核反应合成一个氦原子核。在这种热核反应中，氢不断地被消耗，从这个意义上来说，太阳在燃烧着氢。但是它和通常所说的燃烧不同，它既不需要氧来助燃，燃烧后又完全变成了另外一种新的元素。

当4个氢原子核聚合成一个氦原子核的时候，我们会发现出现了质量的亏损，也就是一个氦原子核的质量要比四个氢原子核的质量少一些。那么，亏损的物质跑到哪里去了呢？原来，这些物质变成了光和热，也就是物质由普通的形式变成了光的形式，转化成了能量。质量和能量之间的转换关系，可以用伟大的科学家爱因斯坦的相对论来解释。那就是能量等于质量乘上光速的平方，由于光速的数值很大，因此，这种转换的效率是非常高的。用这种方式燃烧1克氢，就可以产生1500亿卡的能量。它相当于燃烧150吨煤。太阳为了维持目前发射的总能量，每秒钟要有6570万吨的氢聚合为氦。听起来，这是一个很大的数字，但是对于太阳来说却是微不足道的，因为太阳的质量实在太大了，比地球的质量要大33万多倍。而且太阳物质的化学组成和地球的很不一样，绝大部分正是太阳进行热核反应所需要的氢。氢占太阳质量的3/4以上。其次是氢燃烧后生成的氦，占1/5左右。再其次才是几十种其他的微量元素。因此，如果太阳按目前的速度燃烧氢，那么还足够燃烧500多亿年。

奇妙的太阳振动

1960年，美国天文学家莱顿将最新研制成的强力分光仪对准了太阳表面上的一个个小区域，准备测定它沸腾表面的运动情况。观测的结果，使莱顿感到十分惊讶，因他发现了一件令人惊异的现象：太阳就像一颗跳动着的心脏，一胀一缩地在跳动，大约每隔5分钟起伏振荡一次。

太阳的振动是怎样产生的？这是科学家们最关心的事情。他们将观测数据用计算机进行分析处理，再将计算机做出的结论与观测到的振动现象进行比较。通过几年的研究，目前科学家们已经认识到，太阳就好像是一个铃，在其表面上观测到的振动，是这个巨大的铃内部声波共振的结果，进一步讲，太阳表面的振动是由太阳内部几百万个具有不同周期和水平波长的共振膜的叠加所引起的。

声波是一种比较简单的压力波，它可以通过任何媒介传播，太阳的声波是与地球内部地震波有些相像的连续波，它们传播的速度和方向依赖于太阳内部的温度、化学成分、密度和运动。像地球物理学家通过研究地震波去查明地球内部的构造模式相类似，天文学家正利用他们所观测到的太阳的振动，去窥探太阳内部的奥秘,并由此已经发展成为一门新的学科——日震学。

日食之谜

在古时候,人们由于不了解产生日食的原因,对日食的现象感到十分神秘,以致日食的发生竟制止了一场旷日持久的战争呢。

公元前585年,在爱琴海的东岸,有一天,米迪斯人与吕底亚人正在交战。双方打得难分难解。忽然天空中的太阳不见了,战场顿时失去了平时的光明,天昏地暗。双方的首领都十分惊恐,认为这是上天对他们的惩罚。于是,都一致同意放下武器,平心静气地订立了和平条约,结束了一场持续5年之久的战争。据推算,这次日食发生在那年的5月28日。

日食

古人对日食现象还做了种种有趣的解释。譬如:我国大多数地区传说是"天狗"吃掉了太阳。有的地区还传说是青蛙或豹子吃了太阳。因此,每当发生日食的时候,人们都要敲锣打鼓,鸣盆响罐,以吓跑"天狗",营救太阳。这些只是人们天真的猜想。

现在,科学家已弄清了日食产生的原因。

我们知道,月球本身不会发光,因此,在太阳的照射下,在它的背面会有一条长长的影子。当月球绕地球公转转到太阳和地球的中间时,这时太阳、月球和地球恰好处在一条直线上,从而使月球挡住了部分照到地球上的光线,或者说,月球的影子投射到地面上。这样,在月影扫过的地区,人们就会看到日全食。

日食在一年里一般会发生2次,有时也会发生3次,最多会发生5次,不过,这是针对全地球而言,在地球上某个具体地方就很难碰到观日食的机会了。

太阳个数的悬念

1551年4月,德国城市马格德堡被瑞典卡尔五世的军队所围困。围困的日子已延续一年有余,城中粮草全无,危在旦夕。一天下午,该城上空突然出现三个太阳。围城的士兵惊恐万状,认为这是天意的预兆,是上帝将要亲自来保卫这个城市。根据卡尔五世的命令,瑞典军队马上撤除了对这个城市的包围。这可是中外战争史上绝无仅有的一桩趣事。其实,多个太阳中除一个为真太阳外,其余皆为假象,气象上称之为"假日""幻日"或"伪日",是一种少见的大气光学现象,其成因比较复杂。

简而言之,由于天空有冰晶组成的云层存在,太阳光被这些冰晶反射所形成的。由于假日的出现对云中冰晶形状、位置和排列等要求十分严格,故这种奇景很难见到。当然,多日并升也并非绝无仅有。1986 年 12 月 9 日西安上空突然出现一大一小两个彩色圈和五个太阳。据资料记载,1934 年 12 月 22 日和 23 日,西安市上空曾连续两天七日当空。1981 年 4 月 18 日,海南岛东方县上空出现五个太阳。1988 年 12 月 28 日,内蒙古翁牛特旗五日同照大地。此外,峨眉山顶上出现过三个太阳,庐山也曾两日并升。有关多日并升奇景,我国史籍中亦多有记载,如《宋史·天文》载:"日有二影,如三日状"等。1973 年,湖南长沙马王堆汉墓中出土的帛画中,有"九日并出"之画面。

太阳活动与地球旱涝

对于人类而言,旱涝是重大的自然灾害之一。大范围与持久的旱涝,会给人类带来严重的损失。因此,人们早就在研究旱涝的规律与成因,以求能及时地预报与预防。

旱涝的发生是有一定规律可循的。有些具有明显的周期性,有些则是随机的。当然,这里说的周期,并不是严格的周期,而是准周期。比如,我国降水变化大约有 30~40 年的周期,而长江中下游地区的降水,平均周期为 35 年。黄河流域的大干旱具有 80~90 年的周期。渤海的严重冰情大约 10 年左右发生一次,等等。

我国的水文、气象学界十分重视对旱涝规律的研究。由于旱涝主要决定于气候演变,追根溯源,就是作气候演变规律的研究。我国悠久的历史上留下了丰富的水文、气象、物候的记事,为这方面的研究提供了宝贵的资料。这个优势是外国所不具备的。

研究表明,气候的若干周期与太阳活动周期有明显的对应关系。比如长江年径流量变化具有约 22 年的周期,淮河有约 10 年的周期,而西江、黄河、永定河与松花江流域有 40 年左右的周期。这些周期与太阳活动的基本周期颇为一致。

近 500 年来,我国东半部地区的干旱指数具有 2~3 年、8~10 年、22~26 年的明显周期,这些周期跟太阳活动的几个周期很接近。除了周期对应之外,太阳活动对气候的影响,即使在同一地区或同一流域,在不同的时期也是不一样的。比如在长江下游地区,太阳活动峰年与谷年附近,旱涝次数比其他年份要多。特别是,在峰年附近,涝的次数比旱的多;而在谷年附近,旱的次数比涝的多。如果就整个长江流域来说,也大致是这个情况。即在太阳活动峰年附近雨水多,易涝;在谷年附近雨水少,易旱。近500年来黄河流域的水旱情况,存在有"强湿弱干"的规律,也就是太阳活动强时,雨水较多;在太阳活动弱时,雨水较少。不过这种关系仍然很复杂,在太阳活动峰年时不一定有大水,而可能在活动峰年过后一两年才发生大水。

北京地区在近250年中,多雨的年份一般在太阳活动的谷年和峰年及其后一年,而少雨的年份则在谷年与峰年前一两年。

有人还研究了以耀斑爆发为主的太阳短期活动与天气的关系,也得到了许多有趣的结果。比如在四川盆地,太阳强耀斑后,常有多雨或大晴天天气出现,而在普通耀斑后,常出现比较异常的天气,如突然下冰雹等。

根据国内外的研究,太阳活动对大气、气候的影响是相当复杂的。同样是太阳峰年,有的地区是涝,而有的地区却是旱。这种差别的原因可能在于各地的自然地理条件不一样。

在研究太阳活动与大气、气候的关系时,人们也在探讨为什么有这种关系?究竟太阳是怎样影响地球天气、气候变化的?但至今没有一个完满的答案。

大家知道,大气运动的主要动力是太阳辐射热(以"太阳常数"为代表)。如果太阳总辐射发生变化,就能引起大气环流的变化,导致某些地区发生干旱或洪涝。理论上估计,太阳常数变化1%,就会发生这种情况。可是,经过几十年的地面观测以及近年来通过人造卫星的观测,所得的结果都表明,太阳常数基本上保持不变。因此,这条路就被堵死了。

人们提出了几个间接的原因来说明太阳活动对气候的影响。有一个是"大气臭氧的屏蔽作用"的假说。在地面上空20～30千米的大气层中,臭氧的含量特别丰富,因而被称为"臭氧层"。臭氧能大量地吸收太阳的紫外线,使人类与生物免受太阳紫外线的辐射而遭到伤害,没有臭氧层的保护,包括人类在内的地球上的所有生物就存在不了。

臭氧是由太阳紫外线辐射产生的。在紫外线辐射强时,臭氧含量就多;在紫外线辐射弱时,臭氧含量就少。所以,臭氧含量多少或臭氧层厚薄,跟太阳活动有直接的关系。在太阳活动峰年时,紫外线辐射最强,臭氧含量最大;在谷年时,臭氧含量最少。

臭氧层对紫外线辐射进入低层大气和到达地面有明显的屏蔽作用。臭氧多时,进入低层大气和地面的能量减少,地面温度也因之有所降低;反之,则增高。这就会导致大气的反常变化。但是其中详细的机制等情况,仍然是不清楚的。更有人提出,全球臭氧含量与太阳活动关系是反相关的,即在太阳活动峰年时,臭氧含量反而达到最小。这方面的分歧是很大的,所以对于臭氧的屏蔽作用仍要进一步弄清。

近年来,由于大气电过程的观测与研究比较深入,所以有人提出"雷暴事件的触发"假说。地球大气中经常发生雷暴。雨云中带正电荷的部分与带负电荷的部分相遇,就发生雷鸣闪电,下起瓢泼大雨或暴雨。研究发现,雷暴事件与太阳活动有关系。太阳活动强时,耀斑比较多。耀斑产生的大量高能质子能穿到地球大气的低层(20千米以下),触发雷暴的发生。观测发现,耀斑发生后4天,全世界范围的雷暴增强和欧洲雷暴事件的发生达到极大。

另外,宇宙线也能穿到大气低层,促使大气发生电离。宇宙线也是雷暴的源泉之一。地面宇宙线的强弱都受到太阳活动的调制,所以,雷暴事件与太阳活动是密切相关的。

但是,目前对于雷暴的过程,以及太阳如何影响大气变化,导致旱涝,仍然没有研究清楚。不过,大多数科学家认为,太阳活动通过大气电过程影响天气,可能是一个较好的途径。

未来,在弄清了太阳活动与地球大气、气候的关系后,人们也许可能通过太阳活动来做比现在准确得多的天气预报。

日珥之谜

太阳光球的上界同极活泼的色球相接。由于地球大气中的水分子和尘埃粒子将强烈的太阳辐射散射成"蓝天",色球完全淹没在蓝天之中。若不使用特殊仪器,色球是很难观察到的,直到20世纪,这一区域只有在日全食时才能看到。当月亮遮掩了光球明亮光辉的一瞬间,在太阳边缘处有一钩细如蛾眉的明亮红光,仅持续几秒钟,这就是色球。

色球层厚约8000千米。日常生活中,离热源越远的地方,温度就越低,然而太阳大气的情况却截然相反,光球顶部的温度差不多是4300℃,到了色球顶部温度竟高达几万度,再往上,到了低日冕区温度陡升到百万度。太阳物理学家对这种反常增温现象一直不能理解,到现在也没有找出确切的原因。

色球的突出特征是针状物,它们出现在日轮的边缘,像一根根细小的火舌,有时还腾起一束束细高而亮的火柱。19世纪的一位天文学家形象地把色球表面比喻为"燃烧的草原"。针状物不断产生又不断消失,寿命一般只有10分钟。

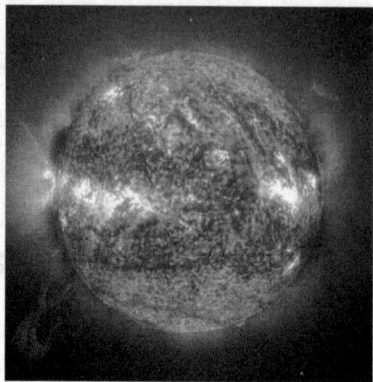

日珥

在色球上我们还可以看到许多腾起的火焰,这就是天文学中所说的"日珥"。日珥的形态真可以说是千姿百态。有的像浮云,有的似喷泉,有的仿佛是一座拱桥,有的宛如一堵篱笆,而整体看来它们的形状恰恰似贴附在太阳边缘的耳环,由此得名为"日珥"。

天文学家把日珥分为宁静日珥、活动日珥和爆发日珥,最为壮观的当属爆发日珥。本来宁静或活动的日珥,有时会突然"怒火冲天",把气体物质拼命向上抛出,然后回转着返回太阳表面,形成一个环状,所以又称环状日珥。这种日珥是很罕见的并且也很重要。它的重要性在于它像铁屑证明磁铁周围的磁力线一样,提供了太阳大气中不可见的磁场存在的证据。

日珥的上升高度约几万千米,一般长约20万千米,个别的可达150万千米。日珥的亮度要比太阳光球层暗弱得多,所以平时用肉眼不能观测到它,只有在日全食时才能直接看到。

日珥是非常奇特的太阳活动现象,其温度在5000~8000K之间,大多数日珥物质升到一定高度后,慢慢地降落到日面上,但也有一些日珥物质飘浮在温度高达200万K的日冕低层,既不坠落,也不瓦解,就像炉火熊熊的炼钢炉内居然有一块不化的冰一样奇怪,而且,日珥物质的密度比日冕高出1000~10000倍!

令人费解的是,两者居然能共存几个月之久,实在是一个难解的谜团。

太阳夜出之谜

在人们的印象中,太阳一般都是在白天出现,不会在夜间出现。可是,世界之大无奇不有,有时候它却真的会在夜间显现。

《汉书·地理志》载:西周末期,在现在的山东有个小国叫莱。一天晚上,莱国首都地区的人们突然看到太阳出现在夜空中,照耀得四周如同白昼。人们非常惊讶,后来一个大臣灵机一动,说这是国家兴盛的预兆。国君非常高兴,于是在太阳出现的地方建了一座"成山日祠"的庙宇做纪念,并将那个地方命名为"不夜县"。

在现代,"太阳夜出"的现象也频频出现。1981年8月7日晚,四川省汉源县宜东区某村,人们在村旁的凉亭里乘凉时,发现天空越来越亮,一个红红的火球从西面的山背后爬出来,放射出耀眼的光芒。

夜出太阳的现象在外国也曾出现过。1596年至1597年的冬天,航海家威廉·伯伦兹到达北极的新地岛时,恰好遇到了长达176天的极夜。威廉和船员们无法航行,只好耐心等待极昼的到来。然而,在离预定日期还有半个月时,一天太阳突然从南方的地平线喷薄而出。人们惊喜万分,纷纷收拾行装准备航行,可是转眼之间,太阳又没入了地平线,四周又笼罩在漆黑的夜色中。

太阳真的会在夜里出现吗?事实上这是不可能的。气象专家分析认为,夜里出现的太阳其实是一个圆形的极光,即冕状极光。

专家解释,太阳表面不断向外发出大量的高速带电粒子流,这些粒子流受到地球磁场的作用,闯进地球两极高空大气层,使大气中粒子电离发光,这就是极光;当太阳活动强烈,发出的带电粒子流数量特别多、能量特别大时,大气受到带电粒子撞击的高度就会升高,范围就有可能向中低纬度地区延伸。在天气晴好的夜间,一种射线结构的极光扩散为圆形的发光体,且快速移动,亮度极大,由此被人们误认为是太阳出现。也有的专家认为,夜出太阳其实是一种光学现象。

到底是怎么回事,至今仍是个谜。

太阳系还有大行星吗

太阳系有几颗大行星?我们现已知道太阳系里有八颗大行星。离太阳最近的是水星,由里向外依次是金星、地球、火星、木星、土星、天王星、海王星,最外面的第九颗行星冥王星2006年8月后被降为矮行星。

对太阳系八大行星的认识,有悠久的历程。古时人们在天空中仅能看到火星、金星、火星、木星、土星这五颗行星。我国古代称金星为太白,木星为岁星,水星为辰星,火星为荧惑,土星为填星或镇星。

在国外,古罗马神话中各种神的名字成为星的名字,如称水星为商神麦邱立,火星为战神玛尔斯,木星为爱神丘比特,金星为太阳神阿波罗的先驱和使者。

太阳系里的八颗大行星,如同一母所生的八个兄弟,它们不但排列得很规则,而且像赛跑运动员在一个场地上比赛，非常有秩序地沿着各自的跑道，一刻不停地朝同一个方向绕着太阳在转圈子。虽然它们有的跑得快，有的跑得慢，但从来不争抢跑道。

虽然冥王星被降为矮行星，很多人还是把那里看做了太阳系的边界，认为太阳系的半径就是 40 天文单位。

太阳系是否还有大行星呢？对于这个谜，不少科学家一直在不懈地寻找。

1951 年，美籍荷兰天文学家柯伊伯提出在海王星轨道外，离太阳 40~50 天文单位处可能找到了另一颗大行星。2005 年 7 月 29 日，美国天文学家布朗宣布在大约 100 天文单位处发现了一颗柯伊伯带天体 2003 UB313，直径达冥王星的 15 倍。大多数天文学家不同意把它称作行星。

那么，在比冥王星更远的太阳系外围，会不会有像火星、地球这样的岩石行星呢？科学家认为这是有可能的，也许在冥王星外围有一些如地球大小的天体，有的甚至比地球还大。这符合一种解释太阳系形成过程的最新的时髦理论，即所谓寡头行星形成理论。

按照寡头行星形成理论，行星是由尘埃粒子逐渐积聚起来形成的，这些尘团增长到小行星那么大，其中有一部分会继续增长，以至大得呈现出明显的引力场，使自己的质量更快速地增长，每一个都达到像一颗大行星那么大。这些天体就是所谓寡头行星，因为它们的引力对周围起着如同寡头一样的支配作用。

20 世纪末，科学家逐渐达成共识，在当时的九大行星轨道之间是找不到大行星的，只有在水星轨道以内，或者到冥王星轨道以外才能找到，前者称为"水内行星"，后者称为"冥外行星"。

科学家从 20 世纪就努力寻找水内行星。虽然有的发现了一些"蛛丝马迹"，但经不少科学家的检验，没有到水内行星的身边去实地观测。1976 年美国专门发射了一艘宇宙飞船在那里整整寻找了一年，也没有找到可以证明存在水内行星的痕迹。由此看来，存在水内行星的可能性十分渺茫，甚至可以完全排除了。

科学家寻找新的行星也做了许多工作，他们用超大型望远镜对准这颗未知行星可能出现的地方，拍摄数以万计的照片，希望从这些照片中像沙里淘金似的找到它。此外，美国发射的"先驱者 10 号"和"先驱者 11 号"宇宙探测器，在太阳系边缘附近做了大量观测，企图找到冥外行星。

太阳系究竟还有没有大行星？至今说法不一，仍然是一个谜。也许，这个谜将由你来揭开。

小行星起源之谜

大约在 200 年以前，人们还不知道有小行星，只是根据大行星排列的规律，认为好像在火星和木星之间，还应有一颗行星，但是人们始终没有发现它。

1801 年的新年之夜，第一颗小行星被发现了。虽然它也是绕着太阳运转的，但是比起大行星来，它太小了，比地球的卫星月球还小，所以把它叫作小行星，并且用希腊神话中的 Ceres（谷神）给它起了名字，叫它谷神星。往后小行星发现得越来越多，就按照发现的先后次序给它们编号，每个都有一个专门的名字。

成千上万的小行星，大多在火星和木星轨道之间，如同大大小小的一座座山，一块块的巨石，绕着太阳公转。它们无名无姓，它们不声不响，静悄悄地成群地在各自的轨道上运动着。偶然也有出轨的行动，有的被靠近它的大行星吸引，掉到大行星上去；有的互相碰撞，同归于尽。但是这些现象，我们从来没有见过，因为它们太远、太小，人眼是看不见的。

从巡天观测的照片中估计小行星的数目有近 50 万颗。为什么在火星和木星轨道之间会有如此庞大的小行星群？关于这个问题有过很多猜测和假设。

当 1804 年第三颗小行星被发现后，一位德国科学家假设火星和木星之间原来存在一个大行星，后来不知什么原因爆炸了，已经发现的 3 颗小行星就是它爆炸后的 3 块大碎片。他预言一定还有许多小行星存在。进入 20 世纪后，"爆炸说"重又引起某些科学家的重视。

另一种假设是"碰撞说"。这种假设认为，在火星、木星之间的区域，原来存在着几十颗类似谷神星、智神星大小的"中介天体"，由于它们的轨道分布杂乱，在漫长的岁月中互相发生猛烈碰撞，碰撞碎裂形成了千万颗小行星，而最早发现的 4 颗小行星则是碰撞事故的幸免者。

近 20 年来，关于小行星起源的假设又有了新的发展。新的观点认为：小行星有与大行星一样的形成过程，是从同一块"原始星云"中脱胎而出的，只是大行星发展比较完全，小行星由于各种原因中途"流产"了，未能"发育"完全。小行星带与土星环在某种程度上是可以类比的。

这些假设从某些方面解释了小行星的起源，但又都存在很多问题。现在，越来越多的天文学家认为：小行星的起源是太阳系起源问题中不可分割的一环。这些小天体是太阳系中珍贵的"化石"，它们记载着行星形成初期的信息。

小行星在太阳系中已经运行了 40 多亿年，由于它们的质量很小，不像地球那样曾经发生过的沧海桑田的重大变质过程,因此保留了太阳系形成初期的原始状态,对于研究太阳系的起源有重大价值。通过对小行星轨道研究,也有助于测定一些天文基本数据和对太阳系演化的研究。未来还可能到某些小行星上发现新的矿藏,或者也可能作为飞往别的行星的中间站。

比较接近地球的小行星,对地球存在着潜在的危险,就像 1994 年彗星碰撞木星那样,地球也可能被小行星碰撞而发生巨大的灾难。因此密切关注接近地球的小行星而且采取有效的对策,从而保护地球的安全已成为科学研究的重大课题。现在全世界已经在联合行动,我国也已成为其中的重要成员。

小行星的研究对人类研究宇宙空间有着重要意义,随着科技的发展,小行星的诸多神秘面纱也会渐渐被揭开。

第四节　人类的家园——地球

地球起源之谜

许多科学家对地球的起源问题提出了种种假说。有的科学家认为,地球是从太阳"甩"出来的。有的科学家认为,地球是由于太阳内部爆炸而"抛"出来的。还有的科学家认为,地球是其他恒星偶然掠过太阳附近时,由于引力作用从太阳中"拉"出来的。

18 世纪 50 年代,著名的德国哲学家康德提出了一个"星云说",来解释太阳系的起源。他认为,一切恒星都由弥漫在太空中的特种微粒凝聚而成的,太阳也不例外。这种云雾状的物质微粒叫"星云"。他设想,形成太阳系的特种微粒一开始分布在比当今太阳系大得多

地球

的空间范围内,最初是一片混浊。在万有引力的作用下,物质微粒互相吸引,引力大的微粒吸引周围引力小的微粒,逐渐形成了团块。比较大的团块成了引力中心体。中心体不断吸引四周的微粒和小团块,使自己逐渐变大,最后凝聚成太阳。在微粒被吸向中心体的过程中,微粒与微粒之间有时候相互碰撞,结果没有被吸附在中心体上,而是围绕着中心体旋转起来。这些微粒又各自形成小的引力中心,吸引

周围的微粒,最后凝聚成行星。有一些没有落到行星上的微粒也经过同样的过程,凝聚成为卫星,围绕着行星转。这样便形成了有规律地运行的太阳系。

在康德之前,波兰天文学家哥白尼提出了"日心说",指明地球是围绕太阳运行的,但是他没有解决地球起源的问题。康德的"星云说"似乎比较圆满地解释了太阳、地球和其他行星、卫星的形成和运行规律,虽然这些假说都有一定道理,但都不能完美地解释地球起源和种种问题。因而,地球的起源究竟在哪里,还是一个待解的谜。

地球会去向何方

天圆地方,太阳绕着地球转的观念统治了几千年的人类文明史,直到 500 年前,哥白尼将这颠倒了的概念再颠倒过来,至此,我们才有了一幅太阳中心说的图景。过了近 3 个世纪,1718 年,天文学家哈雷把人类的视野和认识又深入了一个层次。他在研究星空时,将天狼星、大角星、毕宿五等星的位置跟托勒密(希腊著名天文学家)星表相对照。使他颇为惊讶的是,原来这些恒星都在运动。这一发现打破了星体是"钉"在宇宙中的古老说法。

到了 20 世纪初,沙普利基本上完善了银河系的模型,这是人类在认识上的又一进步,尽管对银河系的探索始于 18 世纪的赫歇尔。同时,天文学家曾多次认证了恒星具有一个普遍的运动,并把这种运动与银河系的模型相结合,说明了太阳和其他恒星都围绕着银河中心运转。现在人们认为,银河系的跨度至少有 10 万光年,现拥有 2000 亿个太阳质量。到了 20 世纪 60 年代,天文学家告诉我们,银河系跟近旁的星系形成了一个大家庭,称本星系群,它积集了 20 个星系。与此相类似,在本星系群周围的天域,其他的星系也有这样集聚,一般称星系团。这种星系团在更大的尺度上形成超星系团。我们属于一个名叫室女超星系团的大天域。在这里约团聚了 10 万个星系。真是天外有天,天上有天,一层套一层。

在这样的宇宙结构中,地球又是怎样运动的呢? 地球一方面以约 30 千米/秒的速度绕太阳而行,另一方面它与整个太阳系一起,以约 250 千米/秒的速度围着银河系中心运转,现在它正朝着天鹅座方向奔去,而银河系与本星系群一起以约 600 千米/秒的速度向长蛇座方向飞驰,室女超星系团和其临近的 3 个超星系团,都被某个未见到的巨大天体所牵动。但覆盖在所有各种天体运动之上的,是宇宙膨胀运动。如此纷繁复杂的天体运动图景,不禁使人感到宇宙是如此浩瀚,人类的智慧又是那么高超。

可是十分意外,这幅画面后来却被捅了一个大洞。在1986年,伯尔斯廷等7位科学家发现了一个所谓南向天体流。原来室女超星系团连同它近旁的3个超星系团,在以700千米/秒的高速向南飞去,就像有一只看不见的巨手,把它们猛拉过去。

这一发现对科学界来说是个不小的震动,它威胁到目前流行的大爆炸宇宙论。因为"南流"的一个最可能的解释是,在长蛇半人马超星系团之外,可能隐藏着一个巨大的物质积聚,这对宇宙学家来说,颇为意外,并很难解释。长期以来他们认为,宇宙在大尺度上是平滑的,物质分布是均匀的。后来又认识到,宇宙的结构要比原先想象的复杂得多,不仅星系结成星系团、超星系团,而在星系团之间镶以巨大的空穴,形成一种纤维状结构。而今又观测到能把几个超星系团拉着跑的巨大物质积聚,这使得宇宙物质成团性的尺度超出了现行理论的范围。

按大爆炸论,宇宙起源于150亿年之前的一个高温、高密度火球的爆发,然后一直膨胀至今。美国天文学家哈勃在20世纪20年代观察到所有的星系都在退行,为宇宙膨胀找到了第一观测证据。人们以HO表示宇宙膨胀速度。目前对HO值有两种估算。一种是HO=50千米/秒/百万秒差距,它的意思是,当观察者向深空望去,每深入百万秒差距(约330万光年),星系的退行速度就会因宇宙膨胀而加快50千米;另一种则为100千米/秒/百万秒差距。HO值之所以难以确定,实在是星系运动太复杂了。

如果宇宙物质分布是完全均匀的,星系严格地遵守哈勃定律退行,那么HO值的测定也不难了。可是真实宇宙并非十分均匀,故星系也不能够严格地服从哈勃定律。绝大部分星系都属于星系团,而后者又属于超星系团,且形成纤维状结构或"哈勃泡",延展10亿光年左右。物质分布的这种非均匀性,使得宇宙动力学复杂化了。对于宇宙膨胀来说,星系间的引力作用,起到了一种刹车的作用。故观测局部天域,看不出纯"哈勃流",只是得到一个减速的膨胀率。若我们在更大范围上来看,譬如越出本星系群,立刻可见到宇宙膨胀的效应,但这还是打了折扣的,因为近旁还有无数星系,免不了受到自身引力网的纠缠,一旦跨出室女超星系团的范围,即在超星系团际的水平上,就能看到"哈勃流",也即纯宇宙膨胀速度。而南向天体流也就是在这里露面的。

十几年前,一批专家分析了室女超星系团之外的96个星系的数据,似乎有一个南向天体流,其速度在500千米/秒左右。这令人吃惊的倒不是其速度,而是其方向。这表明,这些超星系团受到其他力的影响,从而形成了叠加在宇宙膨胀之上的一种运动。不过当时科学界对这些发现反应冷淡,把它看作是一种取样偏差所造成的后果。

可是如今据"南流"的数据来看,它丝毫无误。科学家伯尔斯汀等人研究了约400个椭圆星系,并观测到室女超星系团及其附近的超星系团都向南漂流,其速度在700千米/秒左右。

一些理论家认为,这一南流的起源可能来自一个宇宙性的物质结聚的引力,果真如此,则眼下寻找它的庐山真面目还较困难,因为这一南流矢量处在银河平面之后,可见光被其所阻,当然,用其他的电磁辐射探测手段还是可行的。

还有一种看法是,我们的室女超星系团及其邻居皆从属于某个特超星系团,而后者又是一个还要大的特大超星系团的一部分,也就是说,天外还有天,而这个天,我们迄今尚不知悉。科学家曲莱隆打算记录南流矢量附近的1400个星系的红移植,以查明那里是否存在着一个超密的星系结聚,以及它们是否显出速度异常。如果确是如此,那将说明确有特超星系团这样更大的宇宙结构。

也有较少的研究者提出相反的看法:南流并不威胁膨胀宇宙的理论,"哈勃流"仍是宇宙的主宰,因为这种南流的速度不会超过宇宙膨胀率的15%。但他们承认,这的确使得现行的宇宙演化理论复杂化了,很明显,宇宙在大尺度上是均匀的。这个证据主要来自宇宙微波背景辐射,因它具有99.8%的各向同性。按理论,这一辐射是宇宙原始大爆炸的余晖,若宇宙在大尺度上是不均匀的,那么势必在这一辐射的不同角度上显出差异。但同样明显的是,宇宙的不均匀性,要比过去理论家所推测的大得多。这一势态,使科学家处在宇宙的均匀性与成团性的两种观点之间。

也许人们一直考虑的暗物质能伸出解围之手,它们可能是一些大量的、奇怪的亚原子粒子,也可能是宇宙绳,它早已把原始物质吸积成特超星系的凝乳,或者是以超对称弦构成的影子宇宙,正牵着我们向它奔去。

所有这些都是可能的,有待于进一步的探索,我们可能正处在一个大突破的前夜,有幸看到科学界找出的答案。

地球是太阳系的幸运儿

如果给我们一个原始的地球,那么所有现在的生命都几乎无法生存。可以说,是一代一代的生命支撑起今天的蓝天白云。在地球40多亿年的生命进程中,无数存在过的生命的尸体构成了我们立足的基石。

这么说并不过分,因为在我们脚下的土地中,含有大量的碳酸钙,著名的喀斯特地貌就是最典型的碳酸钙地貌，它们能够被雨水侵蚀出诸如桂林山水那样的美丽风景。其中，碳酸钙就是生命的尸体，否则它们就是二氧化碳。因为在自然界中，二氧化碳是不能被无机物吸收的。假如地球上没有生命，地球就是一颗充满二氧化碳的星球；或者说，地球上曾经有过的二氧化碳是今天的20万倍。

这就意味着，地球早期的气温比现在高100℃还要多。在太阳系里，最有可能拥有生命的，除了地球就应该是金星了。因为它的大小和地球几乎完全一样，也就是说，它的引力和地球一样。前面我们说到的水的存在条件，金星上也应该都具备。也许，金星就是一个备用的地球，这在宇宙中大概是不多见的。也许就是因为同时有地球和金星这两颗几乎完全相同的星球，最终在太阳系出现了生命。

当然，最终的幸运属于我们。但是，如果生命选择了金星，那也无可厚非，而这只取决于太阳的状态。假如我们的太阳比现在要小一些，那么很有可能幸运的就是金星，而不是地球。

所谓太阳的状态，就是指它的温度和质量。现在太阳的温度对于金星显然是太热了一些，而对于地球就非常合适。然而，太阳只要温度变化一点点，大约20℃左右，它就会变得对金星合适而对地球不合适了。所谓质量变化，就是太阳的质量的大小，只要太阳比现在小1/10，那么今天就可能是金星上的生命研究地球了。

地球和金星在温度上的差异可能就是一场雨，因为早期地球的表面温度也不低，但是那些在厚厚的大气中游荡的水分子还是得到了机会能够落到地表上。尽管40多亿年前的地球上雨水几乎像热水浴一样，但毕竟是能够落下来了。而且，由于当时地球上的二氧化碳非常浓，地球的大气压也远比今天高得多，所以水要达到150℃上才会沸腾。

总之，早期的地球到处都是"火锅"，而早期的生命和有机物就在地球是太阳系的幸运儿这种境况中开拓混沌。这是一些多么坚强的生命啊！生命的立足太重要了。一旦生命开始在早期地球的火烫的地面上挣扎，地球的命运就要由它们说了才算。

这些生命的最大特点就是"吃"二氧化碳，这是它们唯一的食物，而阳光就是使它们能够消化二氧化碳的酵母。在光子的光合作用下，二氧化碳被分解成早期生命需要的碳和不需要的氧。

正是这一简单的分离，40多亿年之后，宇宙中的智慧生命就诞生了。早期生命不断吞噬二氧化碳，这丰富的资源使地球的早期生命繁衍得很快。从今天的地貌来看，喀斯特地形非常普遍，也就是说，早期的二氧化碳几乎把如今的地球上装修了一层地板。我们就站在这层二氧化碳的地板上眺望蓝天白云。

也许就是第一场雨没有落到金星上,这场至关重要的雨可能落到离其球面还有几十米的时候就蒸发了。就差这么一点点,金星的生命连挣扎的机会也没有了。因为再坚韧的生命也总是需要一个起码的条件:水。哪怕这水是加了"火锅"里的各种辛辣作料的水。

地球之水哪里来

在太阳系里,地球是颗得天独厚的天体,它离太阳不近也不远,温度不太高也不太低,有稠密的大气层和丰富的水资源。据计算,地球上的水的总量达到 145 亿亿吨。它广布于地球的各个角落。江河湖海是它们的故乡,地下、大气、岩石和矿物中有它们的踪影,甚至在所有生物体中,水几乎占有其组成物质的 2/3。

水使地球生机盎然,水使地球生命能繁衍生息,水带来了人类文明世界进步。当人们放眼宇宙时,才发现地球与其他行星比较起来,是那么特殊,地球是唯一拥有液态水的行星。那么地球之水是从哪里来的呢?

很多人这么认为,地球之水与生俱来。

太阳系形成假说——星云说认为,地球和太阳系的各大行星,均起源于一个原始星云——太阳星云。太阳星云起先是非常疏散的。在万有引力的作用下,大的物质吸引小的物质,最后在中间形成了太阳,周围形成行星。在行星演化的漫长过程中,由于受到中心天体——太阳热力和引力的影响,气物质、冰物质和土物质的分配是不均匀的。它因距太阳远近不同而不同。地球离太阳较近,所以它主要由土物质组成,也有少量的冰物质和气物质参与。其中参与组成的冰物质就成了地球上水的来源。

科学家认为,地球之水除与生俱来的外,还通过自身的演化而不断地释放。例如在火山活动区和火山喷发时,都有大量的气体喷出,其中水蒸气占 75% 以上。还有,地下深处的岩浆中也含有水分,而且深度越大,含水越多。除此以外,和地球同宗同祖的陨石里面也含有 0.5%~5% 的细微水分。由此可以证明,在由土物质组成的地球中参与了一定数量的水。

然而,随着人们对火山研究的深入,有人发现,火山活动时释放的水,并不是新生的水,而是渗入地下的雨水。科学家是通过测定这些水的同位素以后才认识到这一点的。因此这种有根有据的说法无疑对"地球之水与生俱来"的假说是一种挑战。

为了寻求地球之水的渊源，有人把眼光投向了宇宙。他们说，地球之水的主要来源是在地球形成之后，从宇宙中添加进来的。

1961 年，有一位叫托维利的科学家提出了一个令人耳目一新的假说。他说，地球上的水是太阳风的杰作。

太阳风顾名思义就是由太阳刮起的风。当然这种风不是流动的空气，而是一种微粒流或叫作带电质子流。太阳风的平均速度达 450 千米秒，比地球上的风速高万倍以上呢！当太阳风向近地空间吹来时，绝大部分带电粒子流被地磁层阻挡在外，少量闯进来的高能粒子马上被地球磁场捕获，并囚禁在高空的特定区域内。

托维利认为，太阳风为地球做出了有益的贡献，那就是为地球送来了水。这话该怎样理解呢？

托维利经过计算指出，从地球形成到今天，地球已从太阳风中吸收的氢总量和地球上的氧结合产生的水与现在地球上水体的总量十分接近。更重要的是，地球水中的氢和氧含量之比为 6700:1，这与太阳表面的氢氧比也十分接近。因此，他认为地球之水是太阳风的杰作。

但是，反对这种意见的人提出了质疑：水虽有可能来自太空，却也在不断地向太空散溢。这是因为大气中的水蒸气分子会在阳光的紫外线作用下发生分解，变成氢原子和氧原子。

氢原子由于很轻，极容易摆脱地球的束缚，飞向星际空间。据计算，它的逃逸数量与进入地球的数量大致相等。因此，他们认为，如果地球之水光靠太空供给，而自身没有来源的话，地球不可能维持现有的水量。

地球上每天都在接纳天外来客——陨石。这些来自太空的不速之客大部分是石陨石和铁陨石，但也有一些是冰陨石。加入地球"家庭"的冰陨石究竟有多少？它们对地球之水的贡献如何？人们从未注意过，也许认为它们的数量微乎其微，无足轻重。

不久前，美国依阿华大学的科学家弗兰克提出一个论点。

原来，弗兰克在研究人造卫星发回的图像时，对 1981～1986 年以来的数千张地球大气紫外辐射图产生了兴趣。他发现，在圆盘形的地球图像上总有一些小黑斑。每个小黑斑大约存在 2～3 分钟。这些小黑斑是什么？经过多次分析，在否定了其他一些可能之后，他认为这些黑斑是由一些看不见的由冰块组成的小彗星，撞入地球外层大气后破裂、融化成水蒸气造成的。

他还估计，每分钟大约有 20 颗平均直径为 10 米的这种冰球坠入地球。若每颗可融化成 100 吨水,则每年即可使地球增加 10 亿吨水。地球形成至今已有 46 亿年历史,这么算来,地球总共可以从这种冰球上获得 460 亿亿吨水,是现在地球水体总量的 3 倍以上。即使扣除了地球历年散失掉的水分,和在各种地质作用中为矿物和岩石所吸收以及参与生物体组成的水之外,仍然绰绰有余。

地球之水来自天外冰球的说法,虽然有一定道理,但也受到了挑战。一些研究者在对"旅行者 2 号"航天器拍摄的大量照片研究之后,否定了大量冰球飞入地球的看法。因此,地球之水从哪里来还没有定论。

地球的形状和大小

中国古代对天地的认识有所谓浑天说。东汉张衡在《浑天仪图注》里写道:"天体圆如弹丸,地如鸡中黄……天之包地犹壳之裹黄。"地球是圆的这个概念在远古就已模糊地存在了。723 年唐玄宗派一行和南宫说等人,在今河南省选定同

地球的形状

一条子午线上的 13 个地点,测量夏至的日影长度和北极的高度,得到子午线一度之长为 351 里 80 步(唐代的度和长度单位)。折合现代的尺度就是纬度一度长132.3 千米,相当于地球半径为 7600 千米,比现代的数值约大 20%。这是地球尺度最早的估计(埃及人的测量更早一些,但观测点不在同一子午线上,而且长度单位核算标准不详,精度无从估计)。

精确的地形测量只是到了牛顿发现万有引力定律之后才有可能,而地球形状的概念也逐渐明确。地球并非是很规则的正球体。它的表面可以用一个扁率不大的旋转椭球面来极好地逼近。扁率 e 为椭球长短轴之差与长轴之比,是表示地球形状的一个重要参量。经过多年的几何测量、天文测量以至人造地球卫星测量,它的数值已经达到很高的精度。这个椭球面不是真正的地球表面,而是对地面的一个更好的科学概括,用来作为全球各地大地测量的共同标准,所以也叫做参考椭球面。按照这个参考椭球面,子午圈上一平均度是 111.1 千米,赤道上一平均度是 111.3 千米。在参考椭球面上重力势能是相等的,所以在它上面各点的重力加速度是可以计算的,公式如下:$g0 = 9.780318(1+0.0053024\sin2j-0.0000059\sin2j)$ 米/秒,公式中 $g0$ 是海拔为零时的重力加速度,j 是地理纬度。知道了地球形状、重力加速度和万有引力常数 $G = 6.67010-11N \cdot M^2/KG^2$,可以计算出地球的质量 M 为 5.975×1024kg。

地球的年龄

1862 年,英国著名物理学家汤姆森,根据地球形成时是一个炽热火球的设想,并考虑了热带岩石中的传导和地面散热的快慢,认为如果地球上没有其他热的来源,那么,地球从早期炽热状态冷却到现在这样,至少不会少于 2000 万年,最多不会多于 4 亿年。

汤姆森的推论引起了各种争论,莫衷一是。直到 20 世纪科学家发现了测定地球年龄的最佳方法——同位素地质测定法。科学家运用这种方法测定出岩石中某种现存放射性元素的含量,以及测出经蜕变分裂出来的元素的含量,再根据相应元素放射性蜕变关系,就可以计算出岩石的年龄。

迄今,科学家找到的最古老的岩石,它有 38 亿岁。然而,也有人认为,38 亿岁的岩石是地球冷却下来形成坚硬地壳后保存下来的,它并不等于地壳的年龄。那么地球的年龄又是多大呢?

20 世纪 60 年代以后,人们在广泛测量和分析那些以流星形式坠落地球的陨石年龄以后,发现大多数陨石在 44~46 亿年。60 年代末,美国阿波罗探月飞行,测取月球表面岩石的年龄也在 44~46 亿年。因此,在我们今天的教科书上,或一些科普读物上,都将地球的年龄定为 46 亿岁。然而,对于地球 46 亿岁的结论还有许多争论。有人提出疑问,认为这个数据是基于地球、月球和陨石是由同一星云、同一时间演变而来的前提下,而这一前提还是一个有争议的假设。

另外，认为放射性元素的蜕变率是不随时间、环境等条件的变化而变化的假设也未必正确。也有人主张地球可能有更大的年龄值。如我国地质学家李四光，认为地球大概在 60 亿年前开始形成，至 45 亿年前才成为一个地质实体。苏联学者施密特根据他的"浮获说"，从尘埃、陨石积成为地球的角度进行计算，结果获得 76 亿年的年龄值。然而，众多的结论都是依靠间接证据推测出的。人们至今也未在地球上找到它本身的超过 40 亿年以上的岩石，因此，46 亿年这个数字，只是进一步研究的起点。

地球经历过的七灾八难

中美洲印第安人中霍皮斯部落是个古老部落，他们对自己部落的流浪史及宇宙的复杂情况，有着惊人的了解。他们的编年史里，记载着地球的三次特大灾难：第一次是火山爆发；第二次是地震以及地球脱离轴心后疯狂地旋转；第三次就是12000 年前的特大洪水。令人疑惑不解的是，这些传说竟与科学家的某些推测乃至后来发生的事实相吻合。

如休·奥金克洛和布朗提出一种假设，认为假如地球两极中有一极的冰覆盖重量突然变大，地球的旋转就会发生颤动，最后便离开轴心狂乱地转动。这与霍皮斯部落的地球脱离轴心的传说不谋而合。可是霍皮斯部落何来这种对太阳系的非凡知识呢？

至于霍皮斯部落的关于 12000 年前特大洪水的记载，也与事实相吻合。而且，类似的传说也很多，如《圣经》中幸运的诺亚方舟；在印度史诗《玛哈帕腊达》中逃脱洪水灭顶之灾的佩斯巴斯巴达；中国大禹治水的故事；哥伦比亚神话中的在地球上挖洞才免遭被淹死的浓希加等等。

事实上在 12000 年前，的确发生了一场世界性的特大洪水。那是由于原因不明的气候突变，第三冰期的冰川突然开始融化，使得全球水位上升，淹没了大西洋、地中海、加勒比海与其他地区的陆地和岛屿，形成了海峡。后来，加上海底火山爆发，使部分陆地下沉，因而形成了世界性的特大洪水。关于这次洪水，许多岩石给我们提供了有力的佐证。几年前，苏联科学家在亚速尔群岛北部海水下 2200 米深处取出的岩石试样，经鉴定是 17000 年之前在空气中形成的。19 世纪，人们在亚速尔群岛的一次海底疏浚工程中，从水下捞出的一些玄武玻璃块，这是一种在大气压力下的空气中形成的玻璃化熔岩。1956 年，斯德哥尔摩国家博物馆的马莱斯博士认为 12000 年前，这里曾经是一个淡水湖的所在地。科学家们还证实，巴哈马群岛被淹部分的岩石,在12000年前,曾经在空气中存在过。当然,凭以上的证据来证实霍皮斯部落的传说完全属实,尚显不足。假若那部分是事实,那么如此落后的一个部落何以能有这样的知识?这的确是一个谜。

是谁给了地球转动的力量

众所周知,地球在一个椭圆形轨道上围绕太阳公转,同时又绕地轴自转。因为这种不停地公转和自转,地球上才有了季节变化和昼夜交替。然而,是什么力量驱使地球这样永不停息地运动呢?地球运动的过去、现在、将来又是怎样的呢?

人们最容易产生的错觉是认为地球的运动是一种标准的匀速运动,否则,一日的长短就会改变。伟大的牛顿就是这样认为的。他将整个宇宙天体的运动,看成是上好发条的机械,准确无误,完美无缺。

其实,地球的运动是在变化着,而且极不稳定。根据"古生物钟"的研究发现,地球自转速度在逐年变慢。如在4.4亿年的晚奥陶纪,地球公转一周要412天;到4.2亿年前的中志留纪,每年只有400天;3.7亿年前的中泥盆纪,一年为398天。

到了亿年前的晚石炭纪,每年约为385天;6500万年前的白垩纪,每年约为376天;而现在一年只有365.25天。据天体物理学的计算,证明了地球自转速度正在变慢。科学家将此现象解释为是由于月球和太阳对地球的潮汐作用引起的。

石英钟的发明,使人们能更准确地测量和记录时间。通过石英钟计时观测日地的相对运动,发现在一年内地球自转存在着时快时慢的周期性变化:春季自转变慢,秋季加快。

科学家经过长期观测认为,引起这种周期性变化的原因是与地球上的大气和冰的季节性变化有关。此外,地球内部物质的运动,如重元素下沉,向地心集中,轻元素上浮、岩浆喷发等,都会影响地球的自转速度。

除了地球的自转外,地球的公转也不是匀速运动。这是因为地球公转的轨道是一椭圆,最远点与最近点相差约500万千米。当地球从远日点向近日点运动时,离太阳越近,受太阳引力的作用越强,速度越快。由近日点到远日点时则相反,运行速度减慢。

还有,地球自转轴与公转轨道并不垂直;地轴也并不稳定,而是像一个陀螺在地球轨道面上作圆锥形的旋转。地轴的两端并非始终如一地指向天空中的某一个方向,如北极点,而是围绕着这个点不规则地画着圆圈。地轴指向的这种不规则,是地球的运动所造成的。

科学家还发现,地球运动时,地轴向天空划的圆圈并不规整。就是说地轴在天空上的轨迹根本就不是在圆周上的移动,而是在圆周以外做周期性的摆动,摆幅为 9″。

由此可以看出,地球的公转和自转是许多复杂运动的组合,而不是简单的线速或角速运动。地球就像一个年老体弱的病人,一边时快时慢、摇摇摆摆地绕日运动着,一边又颤颤巍巍地自己旋转着。

地球还随太阳系一道围绕银河系运动,并随着银河系在宇宙中飞驰。地球在宇宙中运动不息,这种奔波可能自它形成时起便开始了。

就现在地球在太阳系中的运动而言,其加速或减速都离不开太阳、月亮及太阳系其他行星的引力。人们一定会问,地球最初是如何运动起来的呢? 未来将如何运动下去,其自转速度会一直变慢吗?

也许,人们还会问,地球运动需要消耗能量吗? 若是这样,地球消耗的能量又是从何而来? 它若不需消耗能量,最初又是什么使它开始运动的呢? 存在着所为第一推动力吗?

地球磁极会倒转吗

人们都知道,地球是个大磁场。然而,地球的磁场并非亘古未有,它的南北磁极曾经对换过位置,这就是所谓的"磁极倒转"。近日,《自然》杂志刊登了关于磁极倒转周期的文章,再次引起了人们对这一话题的关注,"磁极倒转"是灾难逼近,还是杞人忧"地"?

对于地球完成倒转过程需要多长时间,科学家的研究一直处于猜测状态,估计的时间范围从几千年到 28 万年不等。而美国佛罗里达国际大学地球物理学家布拉德福·克莱门特领导的研究小组通过对最近 4 次磁极逆转的沉积记录所做的研究发现,改变地磁方向所需平均时间约为 7000 年。不过地球磁极的转换速度在不同的区域存在差别:在接近赤道的区域只需要 2000 年;而在接近南北极的区域需要 1.1 万年。这一研究成果发表在最新一期的《自然》杂志上。

对于地球磁场变化和倒转的原因,科学界提出了不少理论或模型,不过,大多数科学家相信,地球磁场是地球内部液态铁质流围绕着地核中心倒转产生的。当地球内部的液态铁流发生某种变化时,就可能导致其流动方向发生 180 度倒转,从而使地球磁场发生倒转。

不久前,法国巴黎地理学会的科学家高斯尔·胡洛特通过观测发现,在靠近地球两极的地方,磁场正在减弱,这是地球南北两极将出现磁极大倒转的危险信号!

地球磁场倒转是一种很少发生的现象,一旦发生,将对人类产生灾难性的影响,最大的灾难莫过于强烈的太阳辐射。平时,这些宇宙射线在太空中就被地球磁场吞没了,然而地球两极倒转过程中一旦地球磁场消失,太阳粒子风暴将会猛击地球大气层,对地球气候和人类命运产生致命的影响。地球将整个暴露在各种强烈的宇宙射线下,全球的气候将发生重大改变;所有位于地球近地轨道上的导航和通讯卫星都将被损坏;此外,地球上所有靠地球磁场导航的生物,如燕子、羚羊、鲸鱼、鸽子和趋磁性细菌等,都会迷失方向。

不过,有科学家指出,磁场的变化通常需要漫长的时间,我们现在只知道地磁正在减弱,至于地磁到底会不会倒转,要持续多长时间,能造成什么影响,都还是讨论中的事。

地球大气层究竟多高

在太阳系中,我们的地球是一个得天独厚的星体。地球上不仅有水,还有一层厚厚的大气。大气层就像是地球的保护衣,它使我们的地球有一个不低也不高的温度,它能挡住来自宇宙空间的高能射线和陨石的袭击,它还提供生物生存所需的氧气。没有大气层,声音就不能传播;没有大气层,就没有蓝色的天空、灿烂的朝霞,也不会有风、云、雨、雷、闪电、雪等气象变化。可以说,正是大气层造就了我们这个欣欣向荣的生物世界。

地球大气层的产生已经有几十亿年的历史。现在地球大气主要是由氮、氧、氩等多种气体组成的,它随高度的增加而趋于稀薄。人们根据大气中温度随高度垂直分布的特征,将大气层划分为对流层、平流层、中间层、热层和外大气层。

那么,地球的大气层究竟有多高呢? 这是一个长期困扰着人们的难题。1644年,科学家通过水银柱实验,证明了大气是有重量的。由于大气具有有限的重量,所以必然存在有限的高度。假设大气层的各个高度上空气密度处处相等的话,那么,不难算出大气层的厚度大约是 8 千米。到了 1662 年,科学家波义耳通过实验得知,气体受到压力时体积会收缩,所以在大气层的垂直方向上,海平面上大气最稠密,越向上越稀薄。通过计算表明,在温度不变的情况下,高度每增加 19 千米,空气压强就减少为原来的十分之一。这样,人们开始意识到大气层的厚度绝对不止 8 千米了。而如果再考虑到气温的变化,那么大气层的上界在何处这个问题,就变得更加难以捉摸了。

人们为了探索大气层厚度问题,作了不懈的努力。从18世纪开始,科学家们开始用风筝或气球在高空收集大气样品。到1931年,密封的气球已能升到17.5千米的高度。1938年"探险者"2号气球升到21千米的高度。在这些高度上,都获得了稀薄的空气样品。20世纪40年代,火箭技术获得了发展。在第二次世界大战结束以后,缴获的纳粹火箭被用于高空的科学探测,探测到大气上界的限度已超过500千米。这时科学家们发现,陨星的光迹大约出现在160千米高空,那里的大气压只有地面的百万分之一,密度仅为地表大气的十亿分之一,但这些稀薄的大气足以因摩擦而燃尽一个巨大的流星体。随着空间技术的发展,人们发现极光大约出现在800~1200千米上空,在这里,空气分子已呈离子状态,在磁场作用下发生了奇异的光彩。因此有的科学家把1200千米作为大气的物理上界。大气在这一高度逐渐消融到星际物质中去了。但假如我们一定要从大气的密度着眼,进一步深究大气究竟在什么高度才彻底消失、过渡到"宇宙真空"的话,就会发现大气层厚度远远不止1200千米。目前人造卫星提供的关于大气密度的观测资料表明:即使在1600千米以上的高空,空气密度仍有海平面的千万亿分之一,这个数值却相当于宇宙空间星际物质密度的10亿倍。可见,大气层的外围可以延伸到更高的高度。

目前,天体物理学的研究成果表明,星际物质中的惰性气体密度为每立方厘米1个,电子浓度为每立方厘米100~1000个,根据这个极限密度和卫星提供的资料推算,人们可以得出结论:大气层的上界大约在2000~3000千米的高处。还有一些科学家在不断地提出新的观点。如比利时科学家尼科莱发现,在320~1000千米的高度范围内存在一个氦层,在氦层以外,还有一层更稀薄的氢层,它可能延伸到64000千米左右的高空。

地球的大气层厚度因为科学家们根据不同的物理现象或不同的研究目的而有不同的说法。可以肯定的是,大气与宇宙之间并不存在一条截然分明的界线。因此,要精确划定大气层上界的高度,可能始终是科学研究上的一个难题。

热层高温为何不热

我们居住的地球周围有一层厚厚的大气层,这层大气层又可以分成好几层。距地面85至800千米的空间被称为热层。在热层里,随着距离地球高度的增加,气温骤升。在150千米的高空,每升高100米,气温升高2℃。因此,在200千米处,气温已高达1000℃;到700千米的高空,气温竟高达3000℃!远远超过了炼钢的温度。在大气层中的热层内,空气非常稀薄,空气质量仅占大气总质量的万分之五,大气密度和热容量都很小,在热层内气温升高1℃所需的热量,还不到海平面上气温升高1℃所需热量的亿分之一。因此,即使太阳辐射很少的一部分热能,也足够使热层的大气温度升高很多了。但是,热层的高温,并不能熔化钢铁,因为那里的空气分子极少,如果把钢铁放在这个高温层中,具有高温的空气分子是很少有机会同钢铁接触的。就连高速运转的卫星,在每平方厘米的面积上,每秒至多只能获得十万分之一的热量。如果按照这个加热速度来计算,1克水温度升高1℃,竟需要28个小时。据卫星观测的资料表明,650千米的高空,虽然气温已超过2000℃,但受到太阳直射的卫星表面温度只有33℃;而当运动到地球的阴影区时,卫星表面温度却迅速下降到-86℃。可见,这里的温度虽然很高,但却不热,当然就更谈不上在这里炼钢了。对于热层高温反而不热这一奇特现象,科学家们正在寻找确凿的依据来加以解释。

大陆为什么会移动

1910年的一天,气象学家魏格纳正在养病期间,当他聚精会神地注视着一幅世界地图时,意外地发现:大西洋西岸、南美洲巴西东北角凸进来的地方,恰好能镶嵌进在大西洋东岸、非洲几内亚湾凹进去的地方。也就是说如果把欧洲和非洲大陆的西海岸与南北美洲大陆东海岸拼在一起,便能拼成一个大致吻合整体。魏格纳觉得这不是偶然的巧合。

于是,他经过两年的研究,提出一个观点:在很久以前,世界上现在的美洲、非洲、欧洲、亚洲、澳洲和南极地区,都是连在一起的,后来这块大陆慢慢分裂开,逐渐成了现在这样子。

在魏格纳之后,许多科学家又发现了许多证据证明魏格纳观点是正确的。现在的非洲与南美洲,远隔大西洋3000多公里,但是都曾有过一种早已灭绝了的叫"中龙"的爬行动物。人们在南美洲巴西和非洲南部的同时代地层中,都发现了早已绝灭了的叫"中龙"的爬行动物化石,而且还一模一样。而这种"中龙"只适于在淡水湖沼泽地带生存,根本没有远涉重洋的本领。现在,已有许多科学家相信魏格纳的观点。

有趣的是,有的科学家还绘制了840万年之后的世界海陆分布图。在这幅地图上,意大利、希腊、埃及、以色列、沙特阿拉伯等国将从大陆上消失,而在澳大利亚北部将诞生一个新的大陆,澳大利亚、新西兰、新几内亚、日本却有可能连成一体。

这到底会不会成为真的,只能等待840万年之后由我们的子孙后代来验证了。

尽管魏格纳的观点已被许多人接受,但它还只能算是科学假说,因为还有一个关键问题没有解决:重达1000亿亿吨的6块大陆,究竟是如何漂移的,是什么力量驱使它们漂移? 这个关键性的问题至今还是一个待解之谜。

南极洲与北冰洋为何如此相似

在地质科学领域中,有许多发现与对地图的辨读有关。其中最典型的例子莫过于魏格纳由于看到非洲西海岸和南美东海岸的相似而创立的大陆漂移学说了。我国著名地质学家李四光,也是在阅读地图时注意到了以乌拉尔为脊柱的巨大欧亚山字形构造,而开始地质力学研究的。现在,当我们仔细审视北冰洋与南极大陆的地形特征时,将会发现另一个饶有兴趣的自然之谜。

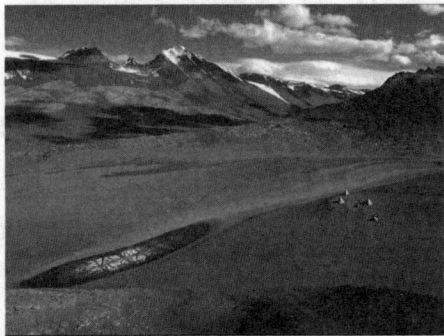

众所周知,北冰洋与南极大陆分别位于地球的两端,一个是海洋,一个是大陆。看上去它们好像是毫不相干的。

南极洲

但当我们对它们进行仔细的对比以后,将会发现它们之间竟然有着非常微妙的联系。首先,北冰洋和南极洲有着非常相似的面积和形态。南极洲的面积是1400万平方公里,北冰洋则为1410万平方公里。倘若将现今的两个极点重叠在一起,并把其中一个旋转75°以后,便可以看到,两者的形态轮廓也大致吻合,偌大的南极洲正好嵌在北冰洋中,而且南极半岛的尾部,正好落在北冰洋的挪威海与格陵兰海之间。其次,更有趣的是,北冰洋与南极洲的海拔标高也有一定联系,北冰洋有深4000多米的海盆,而南极洲也恰好有高达3794米的山峦与之对应。所有这一切都似乎表明:南极洲就像是从北冰洋里挖出来的一般。这有趣的现象是一种偶然的巧合吗? 不! 许多人认为,这绝不是巧合,而很可能隐藏着一种与地球的运动和演化有关的内在因果关系。但究竟是什么样的因果关系,却至今没有人说出个所以来。难道南极洲真的是从北冰洋里挖出来的吗? 愿有志于解谜的读者来研究这个问题。

地球的心脏

很久以前,研究地球的科学家就推测地球表面的各种大型构造活动与地球内部物质的运动有密切关系。地球上发生火山喷发、构造地震、造山运动、板块位移这些意义重大及影响深远的地壳活动的根子在地球心脏。可是,对地球心脏的探索却是一件极为困难的事情,到目前为止,人们对地球的认识仅限于肤浅的表皮。在陆地上钻探地层的最强劲钻机现在只能钻入地下10公里多一点,而海洋的钻探最深只有9000多米,这个深度只有地壳厚度的1/3。因而,地球的心脏对于人们仍是一个谜。

不久前,美国哈佛大学的地球科学家们在向地球心脏进军的征途上迈出了新的步伐,他们利用地震波遥感的方法绘制出了一幅地球地幔的大地图,从而铺开了一条通往地球心脏的路。

通过分析这张地图,人们对地球内部的层状结构有了新的认识。原来,地球内部是由一个多层次构造组成。第一层就是结晶岩石圈,即通常说的地壳。地壳之下直2900公里是所谓的地幔,这是一些温度很高的熔融物质。地幔的里边是镍铁等重金属组成的地核。对地壳活动影响最深的是地幔。它像一个大热机,翻腾着,推动着表面的地壳发生运动。地壳上许多大型运动的驱动力量就来自地幔。美国西部的洛杉矶是地球上地震频繁的地区,现在证明了,正是地壳下面的地幔轻推着这个地区的圣安德烈斯大断层,从而闹得洛杉矶不得安宁。

在地图上,人们发现许多大陆是有"深根"的,这些根子延伸到地下480多公里。例如,南美洲和非洲,最早曾经是连为一体的大陆,以后发生沧桑巨变,板块漂移,现在已经互相分离。可是,在地幔深处,却依然连成为一体,美国和非洲的"根"在地下480公里可以找到。而亚洲和非洲裂开的"根"却比地面表现得深些,在红海和亚丁湾下有巨大的裂谷。

通过这种类似于X光透视的方法绘制的图像,人们看到地球表面的许多"热点",在地球深处可以找到源泉。像经常发生火山喷发的冰岛和夏威夷,都有"热根"通入地下,这些火山就好像一个地下岩浆的出口,一旦热点显示强烈的活力,地面就会喷发灼热的熔岩。由于这张地球构造的三维地图很有意义,世界上已有50个地球研究组织联合起来,将布设更密集的探测站,以取得更丰富的资料,使地球构造图绘制得更加详细。

地球上有没有无底洞

按说地球是圆的,由地壳、地幔和地核三层组成,不应该存在真正的无底洞,而实际上地球上确实有这样一个无底洞。它位于希腊亚各斯古城的海滨。由于与大海相邻，在涨潮时，海水便会气势凶猛地涌入洞口，形成一股湍湍的急流。据测，每天流入洞内的海水量达 30000 多吨。奇怪的是，如此大量的海水灌入洞中，却从没有把洞灌满。

有人猜测这个无底洞的地形可能像石灰岩地带的漏斗、竖井、落水洞一样。从 20 世纪 30 年代以来，人们就作了多种努力企图寻找它的出口，最终却一无所获。为了揭开这个秘密，1958 年美国地理学会派出一支考察队去考察，他们把一种经久不变的带色染料溶解在海水中，观察染料是如何随着海水一起沉下去的。接着又察看了附近海面以及岛上的各条河、湖，他们满怀信心地去寻找这种带颜色的水，结果令人失望。难道是海水量太大而把有色水稀释得太淡的原因吗？几年后他们又进行了新的试验，他们做了一种浅玫瑰色的塑料小颗粒。这是一种比水略轻，能浮在水中，又不会被水溶解的塑料颗粒。他们把 130 公斤重的肩负重任的这种小颗粒，统统投入到海水里。刹那间，所有的小塑料粒子就像一个整体，全部被无底洞淹没。那么，这么多的海水流进无底洞，最后究竟流到什么地方去了呢？这个无底洞的洞口究竟在什么地方呢？一直到现在，它还是一个谜！

大西洲存在之谜

我们现代人都知道，当今世界有五个大洲，可是或许有人想过：难道地球上除了这五大洲，就没有第六大洲了吗？

事实上，在许多人的心目中，地球上确实存在过第六个大洲，它的名字就叫作大西洲。

最早记载有关大西洲传说的人当推古希腊大哲学家柏拉图。公元前 350 年，柏拉图在两篇著名的对话《泰密阿斯》和《克利斯提阿》中详细记述了亚特兰蒂斯的故事。传说在 12000 年以前，离直布罗陀海峡不远，在美洲、欧洲和非洲之间浩瀚的大西洋中曾存在过一个神秘的大陆，名叫亚特兰蒂斯大陆，或曰大西洲。其面积有 2000 多万平方千米，"比亚洲和利比亚合起来还大"。这个岛国气候温和，物产丰富，森林茂密，土地富饶，经济繁荣，科学发达，建筑宏伟，国富民强，威震天下。可是好景不长，有一天，在一次特大地震和洪水中，整个大西洲沉没海底，消失于滚滚波涛之中，踪影全无。

于是，大西洲存在何时，为何消失，位于何处等一系列问题便成了人们颇为关心的事情。学者专家们进行了许多的探寻和研究，给出了众多的解释。

在古代，有不少富有兴趣而又勇于探险的考古学家便进行过尝试，以期找到柏拉图描绘的那片富于诗意的绿洲。有的学者提出,正如柏拉图所述,在大西洋中部可能的确存在过一个幅员辽阔的大洲,亚速尔群岛、威德角群岛和马黛拉岛这些大西洋上的岛屿,也许就是大西洲仅存的陆地。中世纪晚期,在欧洲人寻找新大陆的热潮中,还有人把大西洲的位置画在了他们的航海图上。

1882 年,美国学者唐纳利运用考古、语言、人种、地质、植物和动物等方面的知识对之进行综合考察,提出了一个假说。他提醒人们注意,在哥伦布发现美洲以前,美洲与地处旧文明大陆的埃及文化之间有许多惊人的共同之处。如部分金字塔的建筑结构、木乃伊的保存方法、历法等等,两地文化之间有着共同的起源和相互影响,而双方联系的中介者就是新旧大陆间在大西洋上存在过的大陆,即柏拉图所说的大西洲。这片大陆沉落海底后,中断了新旧大陆的交往。但唐纳利关于大西洲失落于大西洋中部的推断被自然科学家们否定了。

1958 年,美国学者范伦坦博士在巴哈马群岛附近的海床发现,那里有着许多巨大的各种形态的几何图形结构和长达好几百里的线条。又过了 10 年,他在同一地区的海底又发现了长达几百千米的城墙,此墙由每块 16 立方米的大石块砌成,他还发现了几个码头和一座栈桥,这显然是沉没了的港口旧址。

一时间,大西洲似乎要重现于世了,探险家们纷纷来到巴哈马群岛的这片海域,海底的石墙和码头引起了人们对失落了的大陆的种种猜测和遥想。但这些假说很快又被海洋学者推翻。

一些学者从地质变化和化石发现的角度认为,亚速尔群岛北部海下的 2300 米处的岩石是 1.7 万年前在空气中形成的。有些学者进而指出,沉睡在亚速尔群岛海底的亚速尔高原在古代曾是一块陆地,它的形状与大小同柏拉图记述的大西洲相似。1974 年,苏联海洋考察船在直布罗陀海峡以西约 556 千米的地方发现了一座海底城市,许多人认为这正是大西洲的城市遗址。

近年来,还有人在海地和古巴等地沿岸海底发现了一些金字塔及其建筑遗址,进而认为加勒比海正是大西洲大陆的所在。古代巴比伦人和埃及人以及非洲一些部落认为大西洲是在他们西边的大陆,而美洲的印第安人则认为大西洲是在他们的东方。

长期以来,人们不懈地努力探索,把眼光从大西洋海域移向太平洋海域,也从海域移向邻近水系的广阔陆地,墨西哥、北欧、北非和澳大利亚乃至中国和印度都成了人们对大西洲的"怀疑对象"。然而,这种种假设均被人们考察的结果无情地否定了。

目前,多数考古学家倾向于认为,地处地中海东部水域的克里特岛更为接近大西洲的历史地理条件。1870年,德国考古学家谢里曼在希腊的伯罗奔尼撒半岛东北部发掘出了迈锡尼遗址,过了35年,英国考古学家伊文思又在克里特岛上发掘出更早的米诺斯文明遗址。这两件考古学上的伟绩轰动了世界,人们不约而同地将它们与"失踪"的大西洲联系起来。

许多学者认为,现存的克里特岛只是大西洲岛国的残余部分,因为克里特曾是欧洲古代文明的发祥地。公元前20世纪至前15世纪的450多年间是米诺斯文明的黄金时代,其社会经济与对外贸易曾十分发达。但在经历了四五百年的繁荣期以后,它却遭到了大西洲式的厄运:"一场突如其来的火山、地震、海啸连续爆发,吞没了岛上的一切。"近代火山学的发展已证实了引起这场大浩劫的自然力量来自桑托林岛(位于克里特岛以北约113千米)上的一次猛烈的火山爆发以及随之而来的巨大海啸。目前,要在桑托林、克里特与大西洲之间画上一个等号,其最大的症结便在时间和面积上,两者相差近80年和72万平方千米。

大西洲究竟在哪里?它存在于何时?为什么消失?传说的大西洲大陆与大西洋之间有何关系?这至今仍是无法揭开的谜,这一旷日持久、长达20多个世纪的探索或许还要继续下去。

沉没的姆大陆之谜

浩瀚无垠的太平洋,至今仍然存在着许许多多的秘密,让人浮想联翩,难以释怀。其中,最容易引起人们的种种猜测,而又最让人觉得异想天开的,莫过于古大陆的推测了。

最早提出太平洋中曾有过古大陆的是英国人种学家麦克米兰·布朗。20世纪初叶,他在《太平洋之谜》一书中首次提出远古时期太平洋曾经有过一个高度文明发达的大陆。此后,有关这方面的著作屡见不鲜,以英国学者詹姆斯·乔治瓦特的研究成果最有影响力。他通过大胆的假设、广泛的调查、独到的推理乃至自信的笔勾勒出远古时期太平洋中姆大陆的概貌。1931年,他的名著《消逝的大陆》在纽约出版,成为轰动一时的畅销书。此后,他陆续推出了《姆大陆的子孙》《姆大陆神圣的刻画符号》《姆大陆的宇宙力》等一系列专著,奠定了太平洋中古大陆学说的基石。

关于消逝的姆大陆,乔治瓦特是这样描述的:在远古时期,太平洋中曾经存在过一个古大陆,它是人类文明的摇篮,鼎盛时期的人口约6400万,生活在这个大陆上的居民有黄、白、黑各种肤色的人种,他们无贵贱之分,和睦相处。古大陆的国君名叫拉·姆,他既是古大陆的最高统治者,又是最神圣的宗教领袖。古大陆居民信奉单一的宗教。

古大陆的居民拥有高度的文化,在建筑和航海方面尤其出类拔萃,他们在世界各地都拥有殖民地。

古大陆上共有七大城市,其中希拉尼普拉是首都。境内道路纵横交错,四通八达,港口中船舶云集,商旅不绝。

古大陆没有险峻的高山,只有一望无际的绿色平原和低缓的丘陵,土壤肥沃,丰收连年,终年植物繁茂,四季花果飘香。莲花是古大陆的国花,在水滨尽情地绽放;树荫下彩蝶乱舞,蜂雀呢喃,蝉鸣幽幽;原始森林中野象成群漫游,双耳不时扇动,拍打着骚扰的飞虫,到处是一派宁静祥和的气氛。

可是,有一天古大陆发生了可怕的轰鸣,刹那间,天崩地裂,山呼海啸,火山喷发,岩浆流溢,古大陆的居民与辽阔的国土在一夜之间沉入汪洋大海之中,仅有几处高地露出洋面,侥幸生存下来的居民被隔离在一座座小岛上,古大陆的辉煌瞬间灰飞烟灭,再也没有人记得曾经有过这样一个古大陆,更没有人知道这里曾是人类文明的发源地……

乔治瓦特将远古时期太平洋中姆大陆的情形活灵活现地呈现在世人面前。

1863年,法国学者德·布尔布尔在马德里国家历史学会图书馆里,发现了西班牙征服中美洲时代的神父狄埃戈·德·兰达撰写的《尤卡坦事物考证》又称《尤卡坦纪事》手稿,他根据手稿中记录的玛雅象形文字草图,阅读了现收藏在西班牙的玛雅文献《特洛阿诺抄本》,发觉其中有两处记录了一个名叫"姆"的大陆因火山灾害而消失。他认为姆大陆位于大西洋中,姆大陆一名由此而来。

中美洲尤卡坦半岛玛雅遗址的最早发掘者、法国学者奥格斯特·普伦金(1826~1908)在其所写的《姆大陆女王和埃及斯芬克司》一书中,依据《特洛阿诺抄本》和玛雅遗址奇钦伊扎中的壁画等材料,做出了颇富罗曼蒂克的设想。他认为,古代近亲结婚较为普遍,当时姆大陆由女王姆当政,为了获得女王的爱,她的亲兄弟科(美洲狮)与阿克(龟)展开了生死搏斗,最后阿克杀害了科,霸占了女王姆,并从她手中攫取了对姆大陆的统治权。女王姆感到耻辱,于是逃奔埃及,为了悼念死去的兄弟科,她兴建了斯芬克司像,自己改名伊西丝(埃及女神),创建了灿烂的埃及文明。

普伦金也认为姆大陆消失在大西洋中,与德·布尔布尔的观点不谋而合,但与乔治瓦特的观点大相径庭。然而他们都一致认为,中美洲的玛雅人是姆大陆的移民。

乔治瓦特的研究成果还表明,姆大陆的居民和古代印第安人一样,崇拜太阳神,不仅懂得使用火,而且还创造了人类最早的文字——一种原始的刻画符号。他们用长方形表示国土,盛开的莲花表示姆大陆……这种刻画符号实际上就是纪念姆大陆消逝的碑铭,只不过无人能够释读而已。此外姆大陆的居民还会烧陶、编织、绘画、雕刻、造船以及航海,渔业也很发达。

至于姆大陆消逝后遗留下来的城市遗迹,乔治瓦特认为在太平洋诸岛上比比皆是。当时属于姆大陆一部分的复活节岛幸免于这场灾难,没有沉入海底,现在岛上的众多巨人石像和刻有文字的石板很可能就是姆大陆的遗物。波纳佩岛附近的南马特尔小岛上的建筑遗址以王陵所在的"神庙岛"为中心,共有90余座人工岛,每座岛上均有高约10米的玄武岩石城墙,岛上还设有防波堤、牢狱等,据说也是姆大陆的遗迹。塔西堤岛上有一种类似中美洲金字塔的建筑物,也是姆大陆的遗物……诸如此类,不一而足,这些互不相关的遗迹、遗址和遗物果真是消逝的姆大陆居民创造的吗?从最新考古研究成果来看,太平洋诸岛上的居民居住历史至多不超过3000年。如何解释12000年前消逝的姆大陆与太平洋诸岛之间的时间差异呢?

值得一提的是,乔治瓦特依据的最重要文献材料之一《拉萨记录》是在中国西藏拉萨某寺院中发现的,它是记载4000年前占星术的文献。他依据的其他几件原始文献——玛雅古文献《特洛阿诺抄本》《德累斯顿抄本》《波斯抄本》《科特西亚抄本》等也是记载占星术的文献。这些文献中都记载了姆大陆消亡的情况。

《萨记记录》中提到姆大陆的沉没是发生在编写该书之前8062年的事件,《拉萨记录》是距今4000年前的作品,据此可以推知,姆大陆的沉没是在距今12000年前,恰与亚特兰蒂斯大陆(大西洲)沉没的时间相当。乔治瓦特认为这两个古大陆是由于共同的原因而沉入汪洋大海之中的。

乔治瓦特还根据多年的研究成果描绘姆大陆居民的移民路线。他认为,人类文明发源于姆大陆,继而传播到美洲大陆,然后又从美洲大陆传播到大西洋上的大西洲,最后才从那里传播到埃及、欧洲和非洲,因此,姆大陆是人类文明的摇篮。

根据现代地质学常识,大洋的地壳是由较重的玄武岩构成,大陆的地壳由较轻的花岗岩构成,海底地壳与陆地地壳存在着本质的差异。

1968年,日本东海大学海洋研究所的"白凤九"号科学考察船在西北太平洋深海海底打捞出一块花岗岩石头,当时它被认为可能是来自阿留申群岛的洋流携带而来的。

无独有偶,1973年10月23日,日本东海大学海洋考察船"望星九"号在九州岛附近的海域打捞出一个含有花岗岩的大锰块,显然再用洋流来解释锰块的来源未免牵强附会。科学家们将这两起发现联系起来推测,它们会不会是沉入海底的姆大陆残留物呢?

日本科学家们正通过对太平洋底全面、广泛的科学考察,力图发掘出新的材料,以期对姆大陆的存在与否做出一个可信的解答。

最后需要指出的是,在地质学上,一般认为地球上最后一次造山运动——阿尔卑斯造山运动发生在距今6000万年前,而乔治瓦特却认为地球上山脉的形成是在距今12000年前,两者之间的差异如此之大,该如何解释呢?

地球表面几度浮沉、桑田沧海固然是事实,但是浩瀚的太平洋中,果真存在过这样一个高度文明的姆大陆吗?或许,这仅仅是世界上充满好奇心的人类一个天真善良的愿望而已。

雷姆里亚大陆之谜

如果世界上有这样一件东西,有的人说它存在,有的人说它不存在;有的人说它这样,而有的人又说它那样,那么,结局或许只有一种,那就是这件东西会变得神乎其神!

在关于雷姆里亚大陆是否存在以及具体的存在形态方面,就是这样一种情形。关于雷姆里亚大陆的大胆假设由来已久,而且近乎神奇。早在19世纪后半叶,地质学家们就开始探讨非洲南部与印度半岛之间是否存在过"地桥"——雷姆里亚大陆的问题。马达加斯加岛、阿尔达布拉群岛、塞舌尔群岛、马尔代夫群岛、拉克代夫群岛等等,从非洲南部一直延续到印度半岛南端之间。据此,地质学家们推测,这些岛屿莫非是古大陆的残余?

奥地利史前地理学家梅尔希奥尔·纽马伊亚,在其1887年出版的著作《古代大陆》中,描绘了佛罗纪(爬虫类时代中叶)的世界地图,在这张地图上,"巴西·埃塞俄比亚大陆"的角落延伸到"印度·马达加斯加半岛"。这表明印度与马达加斯加曾是一个相互联结的整体。

奥地利地质学家爱德华·杜斯认为,古生代(鱼和无脊椎动物的时代)南半球存在过一个广袤的"贡达瓦纳大陆",而北半球则存在过"北亚特兰蒂斯大陆"和

"安格拉大陆"，他的论点发表在 1880 年出版的《地球表面》一书中。

德国生物学家恩勒斯特·海因里希·赫凯尔发现，一种栗鼠与猿杂交的动物"雷姆尔"原来生活在马达加斯加，但在远隔大洋的非洲、印度、马来半岛也能见到。据此，他断定，马达加斯加与印度之间的"地桥"直到新生代（哺乳类动物的时代）依然存在，而且，他还认为沉没的大陆很可能就是人类文明的发祥地。

英国动物学家菲利普·斯科雷特在赫凯尔研究成果的基础上，提议将这个消逝的"地桥"命名为"雷姆里亚"。

德国地球物理学家、气象学家阿尔弗雷德·魏格纳（1880～1930）于 1912 年提出了著名的"大陆漂移说"。他认为大陆和海洋分别由质地不同的花岗岩和玄武岩构成，因此在很长一段地质年代里，大陆一直在海洋上漂移，不断发生分离、结合，从而形成今天地球表面陆地与海洋的分布状况。

魏格纳认为，在古生代，大陆是一个整体，名叫"潘加阿大陆"。中生代（恐龙时代）发生漂移；新生代第四纪冰川来临时，发生分裂。假如魏格纳的论点成立的话，那么分离的陆地之间分布着不同的生物也就不难理解了，"地桥"——雷姆里亚大陆根本就不可能存在了。

然而，文献资料和神话故事对消逝大陆的描绘却令人深信不疑。

公元前 1 世纪的希腊历史学家提奥多罗斯，记载了一个名叫伊安比罗斯的商人漂泊到南方大洋中一块陆地上的奇特而又曲折的经历。

这个商人途经阿拉伯，前往"香料之国"。不料，途中被海盗抓去，带到埃塞俄比亚，他与另外一个囚徒偷偷地准备了 6 个月的干粮，驾着轻舟逃离虎口，向南行进，在海上漂流 4 个月后，被海风吹到一座岛上。

这座岛周长约 900 千米，气候四季如秋。居民的体型奇特，但并不丑陋，他们性格敦厚，知识丰富，精通占星术，使用独特的拼音字母，在圆柱上写有文字，人均寿命达 150 岁，无贫富差别，男女平等。岛上生长着一种苇草，果实可以吃，还有温泉、冷泉，赋予人类健康和长寿，岛的周围海中有 7 座小岛，亦有居民居住。

这个商人在岛上生活了 7 年，最后辗转印度、波斯（今伊朗）返回希腊。

这则故事自然会使人联想到柏拉图笔下的"乐园"——亚特兰蒂斯，同时，也使人联想到英国作家丹尼尔·笛福在《鲁滨逊漂流记》中描写的鲁滨逊的奇特经历，可以食用的苇实可能指的就是稻米。

提奥多罗斯还记载了东方理想国——播海伊亚。这是一个与阿拉伯进行香料和药品交易的国度，有 7 座城市，最大的是帕拉那。城中有一座富丽堂皇的大神

宇宙未解之谜

图文珍藏版

庙,景致优美,树木、草地、花园、水流融为一体,相映成趣,可爱的小鸟嘤嘤鸣叫,大象、狮子、豹等动物一应俱全。居民尚武,普遍使用两轮马拉的战车。

居民分为三个阶层,即祭司与手工业者、农夫、士兵与牧民,祭司权势炙人,生活奢华。每年岛民选出三人共同治理国家,实行"三头政治"。居民个人拥有的财产通常是房屋和庭院。一般居民普遍穿羊毛衣服,男女均佩戴黄金饰品,贵重金属矿产丰富,但不准携带出境。

阿拉伯地理学家们认为岛的周长将近5000千米。据4000年前的埃及王国时期纸草文献记载,漂泊到岛上的船员们,在世外桃源般的岛上开始生活后,这座岛屿的统治者——大蛇便出来劝告道:"这座岛屿不久即将沉没。"

希腊人从远古时代起,一直称呼传说中消逝的大陆居民为"普利塞利里特人",据说这个大陆气候宜人,土地肥沃,人丁兴旺,后来因为触犯神灵而沉入大洋底部。

斯特拉波、普利里乌斯等古希腊罗马学者均写过东方大洋中的大岛"塔普罗巴赖"的事情。

古代泰米尔族历史学家们对自己祖先的发祥地进行考察后坚信,在遥远的古代,祖先们生活在位于赤道附近一块名为"纳瓦拉姆"大岛的南部,大陆的首都"南马德拉"后来沉入印度洋海底。

泰米尔族使用的语言是泰米尔语,迄今在印度次大陆南端马德拉斯邦、斯里兰卡等地仍在使用。这种语言是南亚德拉维亚语系中远古时期最为发达的一种书面语。这一系列的文献记载和神话传说都说明印度洋中曾经存在过一个鲜为人知的"雷姆里亚大陆"。

雷姆里亚大陆对神秘主义者来说更有特殊的魅力。

19世纪末,俄罗斯出生的埃雷娜·布拉巴斯基女士在神秘主义的进化论中将雷姆里亚人也列入其中。她认为地球17个始祖之中,第三个出现的是雷姆里亚人,他们雌雄同体、卵生,像猿人一样,有的有四只手,有的脑后长着一只眼睛。

英国神学家斯科特·埃里奥特认为,广阔的南方大陆雷姆里亚是中生代繁荣的大陆,恐龙等爬虫类动物悠闲地生存着。陆上是巨大的恐龙漫游,空中是翼龙飞舞,水里是鱼龙出没。雷姆里亚人智力低下,富有原始性,身高4.5米左右,肌肤褐色,口鼻突出,小眼,眼眶距离较大,不仅能看到前方,还能看到侧面。他们没有前额,头后部长着一只眼睛,四肢长而弯曲,手足巨大。穿着爬虫类的皮衣,手持木枪,牵着驯服的恐龙……

对于雷姆里亚大陆进行最系统探讨的是刘易斯·斯潘斯。他在《雷姆里亚问题》的专著中提出了两个雷姆里亚大陆的假说。

其一是从印度洋横向延伸到太平洋,另一个是同样的起点从印度洋倾斜延伸到太平洋。

他发现大洋洲民族在人类学上和地理上的分布是一致的。密克罗尼西亚分布着印度尼西亚人种,夏威夷、波利尼西亚和新西兰分布着波利尼西亚人种;所罗门、斐济分布着美拉尼西亚人种。他认为,这种分布意味着雷姆里亚大陆并不是一个独立的整体,而是由两块夹着狭窄海沟的陆地构成,一块陆地包含新喀里多尼亚、苏门答腊岛等;另一块陆地包含夏威夷群岛、新西兰岛、萨摩亚群岛、社会群岛等。

斯潘斯的雷姆里亚大陆说,与麦克米兰·布朗提出的太平洋姆大陆说既相重复,又相矛盾,尤其是在居民问题上严重分歧。布朗认为,现在的大洋洲居民大部分定居了 10 万年以上,而斯潘斯则认为,太平洋地区,至少太平洋东部曾经生活过金发白皮肤的先民,并不都是棕色人种。布朗和斯潘斯均认为,古大陆的毁灭是由于地球内部剧烈变化引起的,但是布朗认为,古大陆的毁灭是急剧的、转瞬即逝的;斯潘斯认为,古大陆是随着地震、海啸、火山喷发等一系列自然灾害而缓慢沉没的。

斯潘斯认为,雷姆里亚大陆的原始居民是白种人,拥有高度发达的石器文明。众多岛屿上遗留下来的石建筑便是最好的说明。

至于这个大陆居民的去向,斯潘斯认为,雷姆里亚大陆沉没后,这个民族经过亚洲,移居到欧洲,残留下来的人们在恶劣的条件下逐渐退化。此后,波利尼西亚、密克罗尼西亚、美拉尼西亚的居民的祖先相继来到这里,与雷姆里亚大陆的居民融合……

最近,苏联语言学博士、地理学会员亚历山大·孔德拉特夫在其著作《三个大陆的秘密》中,从语言学角度探讨了南亚德拉维亚语系与雷姆里亚大陆的关系。通过将印度文明中代表性的遗址摩亨佐一达罗、哈拉帕出土的印章和护符中的象形文字输入电脑,与其他地区的语言进行比较后发现,它们吸收了苏美尔人的语言,与德拉维亚语最为接近。因此他认为印度文明与苏美尔文明起源于同一个文明,而这个更为古老的文明已伴随着雷姆里亚大陆的消逝而烟消云散。

尽管雷姆里亚这一名称在 19 世纪即已出现,但是对印度洋的正式调查则始于 20 世纪 60 年代。

1968 年,美国斯库里普斯海洋研究所对印度洋中央海岭进行了科学调查,发现大西洋底有四条南北走向的大海岭,其中两条大海岭今天仍在不断增大。活跃的海岭与不活跃的海岭为何能同在一个大洋底部呢？至今仍无法解开其中的奥秘。

马达加斯加岛、塞舌尔群岛，以及澳大利亚西部的布罗肯海岭作为古大陆的一部分，是怎样从周围的大陆中分离开来的呢？这还是一个令人难以解释的悬案。

科学调查结果表明，对印度洋底部地形最为复杂的西北部马斯卡林海域进行钻孔地质调查，发现这一带海底下沉了一千几百米。这是在数千万年的地质年代里发生的。

根据板块结构理论，喜马拉雅山与印度洋是由于共同的成因形成的，由于印度板块向正北方向移动约5000千米，与亚洲板块相撞，形成巨大的喜马拉雅山。那么，在这个具有划时代意义的变革中，雷姆里亚大陆沉浮如何呢？据考察，这个变动发生的年代至少可以追溯到4500万年前。

最新调查结果表明，印度洋海底地壳活动频繁，有些部分持续下沉，有些部分在不断增长。这些缓慢不断地变化是否可以作为雷姆里亚大陆曾经存在的一个有力证据呢？

人类文明起源于南极吗

人类文明究竟起源于哪里呢？对于科学家们而言，这是一个格外挠头的问题。

1959年年底到1960年年初，美国的哈普古德教授利用圣诞节假期，在华盛顿的美国国会图书馆参考室查阅有关南极洲的资料。一连好几个星期，他废寝忘食，埋首在成堆的中古世纪地图中，展开搜寻的工作。在日记中，他这样写道——我找到很多做梦也没有想到会找到的东西，十分有趣。我还找到一些描绘南方大陆的地图。有一天我打开一本地图集，翻到某一页，眼睛蓦地一亮，整个人顿时呆住了。那是奥伦据乌斯·费纳乌斯在1531年绘制的世界地图。我瞅着这幅地图下方的南半球，心里想：我终于找到了真正可靠的南极洲地图。

地图上的南极洲，整体形状和轮廓与现代地图所呈现的这块大陆像极了。南极的位置靠近大陆中央，和现代地图显示的相去不远。环绕海岸的山脉，使人联想到最近几年在南极洲发现的诸多山脉。显然，这幅地图并不是某个人一时异想天开，凭空捏造出来的。地图上的山脉形状不一，各有各的独特轮廓，有些靠近海岸，有些位于内陆。河流发源自这些山脉，蜿蜒流向大海，每一条河流都依循看起来非常自然、非常可信的排水模式。这显示，南极洲最早的地图绘成时，这块大陆的海岸犹未被冰雪覆盖。然而，地图上所呈现的南极洲内陆，却完全不见河川和山脉的踪影,这意味着内陆地区全部被冰雪覆盖。

哈普古德教授和麻省理工学院的李察·史崔臣博士检视这幅地图后,做出以下结论:

1.费纳乌斯的地图是依据更早的几幅原始地图绘制成的,而后者是根据几种不同的投影法绘成。

2.它确实显示南极洲海岸地区被冰雪覆盖前的景况,尤其是穆德后地、恩德比地、维克斯地和位于罗斯海东岸的维多利亚地以及马利伯德地。

3.如同皮瑞·雷斯地图所显示的,费纳乌斯地图所呈现的南极洲,在一般形貌和地理特征上,都跟现代科学家对"冰层下"的南极地面进行地震调查后所绘制的地图颇为吻合。

哈普古德教授认为,费纳乌斯地图显然证实了"一个耸人听闻的看法:被冰雪完全覆盖之前,南极洲曾被人类探访,甚至定居过。果真如此,这件事一定发生在很久很久以前……费纳乌斯地图显示,最初绘制南极洲地图的人,是生活在极为古远的时代,那时正是北半球最后一个冰河时期结束的时候。"

费纳乌斯地图所描绘的南极洲罗斯海,是支持上述观点的进一步证据。南极洲大冰河,诸如毕尔德摩尔和史考特,今天的出海口都覆盖着冰层,但这幅绘于1531年的地图却显示,这个地区散布着港湾和河川,这些地形上的特征足以证明,费纳乌斯使用的原始地图当初制作时,罗斯海和它的海岸还没有被冰层覆盖。"为了提供这些河川必要的水源,海岸后方必定有一个不被冰封的辽阔腹地。今天,这些海岸和腹地全都埋藏在1.6千米厚的冰层下,而罗斯海本身,则终年漂浮着数百米厚的冰块。"

罗斯海的变迁充分显示,漫长的无冰时期在公元前4000年结束之前,南极大陆曾被一个神秘的文明勘探过,并且绘制成地图。这个论点还有另一个证据,那就是1949年"伯德南极探险队"使用空心筒,在罗斯海海底捞起沉淀物。这些沉淀物分为许多层,区隔十分清楚,反映不同时期中不同的环境状态,诸如"粗冰海层""中冰海层""细冰海层"等等。最令人惊异的发现是:"其中好几层是由细密精致的沉淀物组成,而这些沉淀物似乎是从温带(无冰)地区,经由河川口进入海洋的。"

如果华盛顿卡内基研究所的研究人员使用马瑞博士发明的一种年代鉴定法,检视在海水中发现的三种不同的放射元素,就会发现,大约6000年前,携带细密精致的沉淀物入海的河川,确实曾经存在于南极大陆,一如费纳乌斯地图显示的。直到公元前 4000 年之后,"冰河式"的沉淀物才开始堆聚在罗斯海海床上……其下的核心沉淀物显示,在公元前 4000 年之前,南极地区曾经享有很长一段时期的温暖气候。

费纳乌斯的地图让我们瞥见了历史上没有一个制图家看见过的南极洲。当然,光凭一幅地图并不足以说服我们:一个已经消失的文明曾经在南极大陆留下踪迹。可是,如果有五六幅类似的地图摊在我们眼前,我们是否还能等闲视之?

譬如说,我们是否还能睁一眼闭一眼,继续漠视 16 世纪最有名的制图家吉拉德·克雷摩——又名麦卡脱——绘制的一些地图中所蕴含的历史意义?他发明的"麦卡脱式投影法",至今仍应用在大部分世界地图上。据说这个谜样的人物(1563 年,他突然造访埃及的大金字塔,行踪十分诡秘)"一生孜孜于探寻……古人的学问",并且花了很多时间搜集古代地图,为自己建立了一座庞大的包罗万象的参考图书馆。

值得注意的是,1569 年,麦卡脱编纂地图集,将费纳乌斯地图搜罗进去。同年,在亲手制作的地图中,他也描绘了南极洲这块大陆。这些地图呈现的南极地区(当时犹未被欧洲人发现),可供辨认的包括:位于马利伯德地的达特岬和赫拉契岬、亚孟森海、艾尔斯华斯地的瑟斯顿岛、白令豪生海的佛雷契群岛、亚历山大一世岛、南极半岛、魏德尔海、诺维吉亚岬、穆德后地的雷吉拉山脉群岛、穆里格一霍夫曼山脉群岛、哈拉德王子海岸、施雷西冰河在哈拉德王子海岸的入口、卢特性一霍姆湾的帕达岛以及思德比地的欧雷夫王子海岸。哈普古德教授指出:"这些地理特征,有些比费纳乌斯地图上描绘的还要清晰。显然,麦卡脱手头掌握的一些原始地图,是费纳乌斯未曾使用过的。"

其实,值得一提的何止麦卡脱一人呢?

18 世纪法国地理学家非立比·布雅舍,早在南极大陆被正式"发现"之前,就已经绘制出一幅南极地图。最不寻常的是,这幅地图显示,它使用的蓝本似乎是年代更为久远的一些地图——比费纳乌斯和麦卡脱使用的蓝本地图也许早上数千年。布雅舍地图呈现的是南极洲被冰层覆盖前的真实面貌。它揭露了如今已被冰封的整个南极大陆的地形,而这种地形,直到 1958 年"国际地球物理年",科学家对南极展开全面性的地质调查后我们才略有所知。

这项调查证实了布雅舍于 1737 年出版南极地图时所提出的看法。以古老地图(现已遗失)为依据,这位法国学者画出一条明显的水道,将南极洲分成东、西两块大陆,而中间的分界线就是今天的"南极洲纵贯山脉"。

如果南极洲不被冰层覆盖，这条连接罗斯海、魏德尔海和白令豪生海的水道就确实有可能存在。正如1958年"国际地球物理年"的调查所显示的，南极大陆（在现代地图上，它是一块连绵不绝的陆地）是由一个庞大的群岛组成，而这些矗立海面上的岛屿，彼此之间阻隔着厚达1.6千米的冰块。

许多正统地质学家认为，在冰封的南极盆地出现水道，最后一次是在数百万年前。从正统学术观点来看，在如此古远的时代，人类根本还没有演化完成，更不必说具有测绘南极大陆的能力。然而，布雅舍的地图和国际地球物理年的调查却显示，在冰封之前，这块大陆确实曾被测绘过。这样一来，学者们就得面对两个互相矛盾的观点而无所适从。

到底哪一个观点正确？

如果我们赞同正统地质学家的观点，认为南极最后一次处于无冰状态是在数百万年前，那么，我们就得将达尔文以来的科学家所搜集的人类进化证据一举推翻掉。可事实难以否认，因为化石记录很清楚地显示，几百万年前，人类的祖先还没有"进化"；他们只是一群额头低垂、行动笨拙的"类人猿"，根本没有能力从事先进的智能活动，诸如绘制地图。

难道说，真有一群外星人出现在那个时候，乘坐宇宙飞船绕行地球，对还未被冰层覆盖的南极洲进行勘探，绘成一幅幅先进、精密的地图？

或者，我们是不是应该重新考虑哈普古德提出的"地壳移置"理论，承认南极大陆在15000年前确实曾经处于无冰状态，一如布雅舍的地图所描绘的。

有没有可能，一个高度发展、足以绘测南极大陆的人类文明，在公元前13000年左右曾经出现在地球上，然后忽然消失？若有这个可能，那么，这个文明是在什么时候消失的呢？

综观费纳乌斯、麦卡脱和布雅舍的地图，我们不得不承认，在持续好几千年的一段时间中，南极洲可能一再被勘探测绘过，而这期间，冰层逐渐从南极内陆向外扩散，直到公元前4000年左右，才将南极大陆所有的海岸吞没。皮瑞·雷斯和麦卡脱所依据的蓝本地图，极可能是在这个时期的末端，冰层逼近南极海岸时绘制成的；费纳乌斯的蓝本地图，显然更为古老，当时冰层只存在于南极内陆；布雅舍使用的原始地图，甚至更为古旧（可能绘制于公元前13000年左右），当时整个南极大陆犹未被冰层覆盖。

从公元前13000年到公元前4000年这段时期，地球上其他地区有没有被勘探，并且精确地绘制成的地图？在皮瑞·雷斯地图上，我们也许可以找到答案。这

幅地图蕴涵的奥秘,不仅只是南极洲:

1.绘于1513年的皮瑞·雷斯地图,相当完整地呈现出南美洲的地形,令人惊异。它不但描绘出南美洲的东海岸,也勾勒出西部的安第斯山脉,而当时的欧洲人根本还不晓得有这座山存在。皮瑞·雷斯地图正确地显示,亚马逊河发源于这座尚未被欧洲人探测过的山脉,向东流入大海。

2.依据20多份不同年代原始文件绘制成的皮瑞·雷斯地图,两次描绘亚马逊河(最可能的原因是,皮瑞·雷斯一时疏忽,重叠使用2份不同的原始文件)。第一次描绘时,皮瑞·雷斯将亚马孙河流经的路线一直画到帕拉河河口,但是,重要的岛屿玛拉荷却未出现。从哈普吉德教授的观点看来,这就显示,皮瑞·雷斯依据的原始文件可能具有15000年的历史,当时帕拉河是亚马孙河主要或唯一的入海口,而玛拉荷岛是亚马逊河北岸陆地的一部分。第二次描绘亚马逊河时,玛拉荷岛却出现在地图上,而且画得颇为精细,尽管直到1543年这座岛屿才被欧洲人发现。这使我们不能不怀疑,地球上曾经出现过一个神秘的文明,在好几千年的漫长时期中,对改变中的地球面貌持续进行勘探和测绘,而皮瑞·雷斯使用的不同年代的蓝本地图,正是这个文明遗留下来的文件。

3.位于今天委内瑞拉境内的奥利诺科河和它的三角洲,并未出现在皮瑞·雷斯地图上。但是,哈普吉德教授指出,这幅地图显示:"两个入海口一直延伸到内陆(纵深达320千米左右),位置就在今天的奥利诺科河附近。地图上的经线和今天奥利诺科河的方位相符,而纬线也大抵无误。这是否显示,皮瑞·雷斯使用的原始地图绘成后,这两个入海口就被泥沙淤塞,三角洲也日益扩大?"

4.直到1592年,福克兰群岛才被欧洲人发现,但它却出现在1513年的地图上,纬度正确无误。

5.皮瑞·雷斯可能依据古老的图籍,描绘出一座位于南美洲东边大西洋中,今天已不复存在的大岛。这座"想象"的岛屿,刚好坐落在赤道北边大西洋中部的海底山脊上,距离巴西东海岸1120千米,而今天这儿有两座名为圣彼得和圣保罗的礁石突出在水面上。难道这只是纯粹的巧合吗?有没有可能,这幅原始地图是在最后一个冰河时代绘成的呢?那时的海平面比现在低得多,足以让一座大岛出现在这个地点。

神秘的南极大陆,你蕴藏的种种谜团到底何时方能真正地解开呢?

神秘的南极暖水湖

在人们的印象中,南极大陆有"冰雪大陆"之称,是世界上最冷的地方。可是,假如有人告诉你,那儿还有一个终年不冻的暖水湖,你会相信吗?如果再加上一句声明,这种现象并不是由于地热而造成的,你会不会觉得更加不可信呢?

在南极大陆维多利亚附近,有一片被称作干谷的地区,终年没有降雪,更无冰川。更令人称奇的是,干谷底部的范达湖竟是一个暖水湖:在68.6米深的湖底部,水温高达27℃。探险家们发现,在南极大陆共有20多个湖泊,不仅终年不冻,而且湖水温暖。

科学家们对南极这些不冻湖泊深感兴趣。他们研究发现,南极湖泊有三种类型:一是湖面冰冻;另一类是湖面季节性冰冻,夏季湖面解冻为液态水;还有一类是寒冬湖面水也不冻。最为奇特的就是范达湖,尽管湖表面有冰层,但随着深度增加,湖水温度迅速提高,直到湖底水温接近27℃。

为什么在冰天雪地的南极大陆还会有暖水湖呢?科学家们提出了各种看法。一些人认为,可能有一股来自地壳的岩浆流烤热了湖底的岩层,提高了湖底水的温度。持反对意见的学者认为,至今没有在湖底找到地壳断裂带,所以地热不可能传出地表温暖湖水。1973年11月,科学家在范达湖进行了钻探,钻头穿过湖面冰层、水层,钻入湖底岩层,取了岩心,结果发现湖底水很暖,但湖底岩层却很凉。这也证明了湖底的岩层并没有被烤热。

一些人认为,范达湖湖水可能是被太阳晒热的,因为范达湖湖水清澈,湖面冰层没有积雪,太阳的短波辐射可以穿过冰层和水层,到达湖底,加热了水温。同时湖面冰层,又能像棉被那样挡住湖水热量的散发,所以湖底的水可以保持这样高的温度。但是,一些学者提出,较暖的底层湖水通过对流,必然把热量传给周围湖水,结果应该是整个湖水都变暖。另外,在南极半年的极夜期,为什么能保持这样高的水温,而在另半年的极昼时期,它的水温并没有无限制的升高呢?此外,也有人认为范达湖的温水是受海底温泉加热而成的,可是至今也没有找到热泉。有人提出可能湖里存在某种特殊化学物质在反应放热,但至今也没找到这种物质。在这块年平均气温达-25℃、极点最低温为-90℃左右的世界极寒的冰原中,暖水湖的成因实是一个谜。

旧谜未解,新谜又起。前不久,在意大利罗马召开的南极考察学术交流年会上,俄罗斯的地质冰川学家卡皮茨亚博士指出,南极冰盖下掩埋着一个巨大的湖泊。这个湖泊在苏联的南极"东方站"附近,在3800米深的冰盖下,长约250千米,宽约40千米,呈长椭圆形,湖水深度为400米左右。这个神秘而奇特的冰下之湖,被称作"东方湖"。于是,东方湖的成因,引起各国冰川学家们的争议。

世界未解之谜

宇宙未解之谜

图文珍藏版

美国的冰川学家曾提出压力消融说,认为是冰盖上部冰的压力使冰消融变成水。但仅仅是压力就能将冰消融成这么浩大的湖泊,不能说服更多的科学家。俄罗斯科学家提出地热融化说,认为是地球内部涌出的地热使冰盖底部融化形成浩渺大湖。但由于在冰盖岩盘打孔困难,南极大陆热流还无法测定。一些学者提出反问,在已知地热温度不高的南极大陆,其冰盖下的冰难道真的是被地热融化的吗?

因此,一些人把东方湖与暖水湖联系起来,甚至展开了丰富的联想,比如有关湖水的成分、湖底的沉积物、湖水中有无生命等。弄清南极大陆湖泊的真相,也许可以揭开冰川学、古环境以及地球环境演变的许许多多的谜。

第五节　苍穹的那轮明月

月球形成之谜

很早以前,人们就在思考月球的来源。

19 世纪,达尔文的儿子乔治·达尔文认为,月球是从地球上分裂出来的。他说,在几十亿年以前,地球刚诞生不久,地球表面呈熔融状态,还没有结成岩石外壳。那时月球和地球物质相连在一起,绕同一个自转轴飞快转动,大约 4 个小时就转一周。在快速的旋转中,月球被地球抛了出去。地球快速的旋转带动了月球的公转,使月球逐渐进入一个最大的轨道,并绕地球运行。他还认为,月球脱离地球的地方,就是现在太平洋的洋底。

月球

乔治·达尔文的观点后来得到一位生物学家研究结果的支持。那位生物学家经过对古珊瑚化石的研究,认为 4 亿年前,一年只有 22 个小时。这意味着乔治·达尔文的推测没有错,很早以前地球确实转得较快。

然而,许多方面的研究否定了这种观点,比如:月球已有 46 亿年,而太平洋洋底年龄只有 1 亿多年;月球的化学成分与地幔的大不相同。因此,这种观点很难站得住脚。

1955 年,天文学家格尔斯登科提出新的观点,认为月球是地球俘获而来的。他说,月球原先的轨道是逆着地球自转方向运动的,当一次月球接近地球的偶然事件发生时,地球的吸引力就把月球拉进地球轨道。之后,月球和地球的相互作用力逐渐改变了月球轨道及运行方向,以致变成顺转。

这种观点后来也似乎找到了一些科学依据,比如,月球的化学成分与地球显著不同等。

可是,据科学测定,月球年龄约为46亿年,同地球年龄差不多。既然月球是偶然被地球吸引过来的,二者之间就不会有什么关系,为什么年龄却差不多呢?

现在,许多科学家都认为,月球和地球是孪生姐妹。他们解释说,在太阳、地球形成的同时,有一团星云气体尘埃环绕地球转动。这团星云气体尘埃不断合并了周围的小块尘埃,结果形成我们现在看到的月球。这种观点也还仅仅是一种推测,究竟正确与否,仍有待于进一步研究。

月球环形山之谜

月球不但从起源上是个神秘的星球,其自身也有许多令人不解之处。据历次

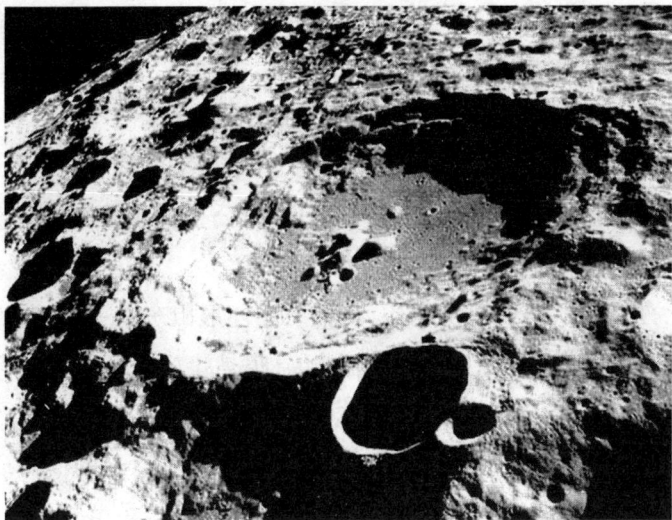

月球环形山

宇宙飞船拍回的月表照片显示,月球显然是个月貌分配极不平衡的星球。月球的地貌分三种,即环形山、山脉和月海。月球向着我们这一面的环形山和山脉很少,而且有一大片平坦的月海。出乎意料的是,月球背面的照片显示,那里的环形山竟是那样密集,一个紧挨着一个,与月球正面的地貌完全不相同,这是自然形成的吗?对环形山的形成,一般认为是小天体或陨石撞击后留下的"星伤",像我们地球上的陨石坑。但奇怪的是,为什么陨石过多撞击月球的一面,而另一面却比较少呢?

如果环形山真是像人们认为的那样,是由巨大陨石撞击形成的,那么月球环形山本身就立即否定了这一看法。如果一个巨大的陨石以每秒4.8万公里的高速撞击月球的话,其效果相当于一枚数百万吨级的核弹。苏联科学家说,一个重百万吨的陨石给月球造成的破坏相当于爆炸一枚一万吨级的核弹。因此只有上百万吨的巨型陨石才能给月表以如此巨大的破坏。这就引出一个问题,按一般道理,大的陨石撞击后形成深坑,小的陨石撞击后形成浅坑。月亮上的环形山与月球体积相比,有些大得出谱,这本身就是一种奇怪的现象。在如此巨大的连续撞击下,月球没有被撞碎,本身就是一个奇迹。非但如此,月球上的环形山不论有多大,可深度几乎一致,大多数都在4~6公里之间。有些环形山达到直径160公里,可深度却只有2~3公里。这是为什么呢?

神秘的月谷

月面上不少地区曾发现一些黑色大裂缝,弯弯曲曲延伸数百公里,宽几公里到几十公里,好像浩浩荡荡奔赴海洋的河流,形状与地球上的东非大裂谷相似,称之为月谷。

较宽大的月谷大多出现在月陆上较平坦的地区;最大的里塔月谷位于南海东北部,詹森环形山东面的月陆上,总长达500公里;最宽的莫希拉米月谷在东海盆地南边,巴德环形山附近的月陆上,约有40~55公里。而那些较窄、较小的月谷(有时称为"月溪")则到处都有。

最著名的月谷是阿尔卑斯大月谷,从柏拉图环形山东南一直"流入"平坦的雨海和冷海,它把月面上的阿尔斯山脉拦腰截断,很是壮观。从太空拍得的照片资料估计,它长达130公里,宽达10~12公里。

月谷往往有一定的走向,它的产生原因是一个很有意义的值得研究的课题。根据"阿波罗"15号宇宙飞船获得的资料分析,月谷可能是由顺山而下的岩浆形成的。

月亮正远离地球而去

近年来,世界各国的一些科学家和科技工作者经过深入观测研究,发现月球正逐渐离我们远去,并且将越来越暗。

美国和法国的科学家利用1969年美国宇航员登月时放置在月球上的镜子进行测量的结果表明,28年来地球与月球的距离增加了一米多,美法两国科学家是利用精确的时间测量法来测量月地之间距离变化的,这种方法使激光脉冲投射到镜面上然后又反射回地面上的探测器,一个来回约为2.5秒钟,不断测量来回所用时间的变化,就可得知月地距离的变化。多次测量表明,地球与月球之间的距离由于地球表面上潮汐的摩擦作用每年增加将近4厘米。

科学家认为,在月球引力的作用下地球产生潮汐,这种潮汐运动中的一部分能量就分散到地球的海洋里,由于这种能量的失去,月球系统的运动就受到影响,这就是月球逐渐远离地球的原因。

美国两位地理学家通过对鹦鹉螺化石的研究,也发现月球确实正在远离地球。这两个科学家观察了现存的几种鹦鹉螺化石的研究,发现其贝壳上的波状螺纹具有树木年轮一样性能,螺纹分许多隔,虽宽窄不同,但每隔上细小波状生长线在30条左右,与现代农历一个月的天数完全相同。观察发现,鹦鹉螺的波状生长线每天长一条,每月长一隔。这种特殊生长现象使两位科学家得到极大启发,他们又观察了古鹦鹉螺化石,惊奇地发现,古鹦鹉的每隔生长线数随着化石年代的上溯而逐渐减少。而相同地质年代的螺壳生长线却是固定不变的。研究显示,现代鹦鹉螺的贝壳上,生长线是30条,新生代渐新世的螺壳上,生长线是26条,中生代白垩纪是22条,侏罗纪是18条,古生代石炭纪是15条,奥陶纪是9条,由此推断,在距今4.2亿年前的古生代奥陶纪时,月亮绕地球一周只有9天。两位地理学家又根据万有引力定律等物理学原理,计算了那时月亮和地球之间的距离,得到结果是,在4亿多年前,月球与地球之间的距离仅为现在的43%。

科学家们还对近3000年来有记录的蚀月蚀现象进行了计算研究,结果与上述推理完全吻合,证明月亮正在逐渐远去。

月海之谜

总面积1125平方公里的月海,平得像台球桌一样!阿波罗采回的月岩分析认为,月海岩石由钛、铬、锆等耐高温、高强度、高防腐的金属凝固而成。进一步分析认为,熔解以上合金需要4000℃以上的高温。地球物理学家罗斯·迪勒惊呼:谁能将钛熔化并覆盖如此大的地域?

事实上,人们在对月岩分析中的确发现了某种智能活动的痕迹,因为人们在月岩中真正发现了纯金属颗粒。有纯铁颗粒,也有一些近似纯钛的金属,这对科学家来说又是一个不解之谜。几乎所有的科学都证明,在星球自然演变的过程中是不可能形成纯金属状态的。也有一部分人认为,这些纯金属颗粒是由陨石带到月面上来的,但科学否定了这种看法。美国《纽约时报》的科学编辑约翰·诺布尔·维尔福德说:"这种纯铁颗粒肯定不是陨石带来的物质,因为陨石中的铁成分应与镍等金属形成合金。"这一看法,也是科学界的普遍看法。

月海还有一个使人不解之处,那就是几乎都呈圆形。如果是巨型陨石或小行星等撞击,是会形成圆形的环形山或巨大的陨石坑,可月海平坦如镜,根本找不到环形山或陨石坑的影子;如果月海是熔岩喷发形成的,那么外流的炽热熔岩也应该是个极不规则的形状,绝不可能几处月海都呈圆形。那么月海为什么会是圆形的呢?

从地球上看去,月球上有一片昏暗的地带,那就是月海,以前一直是这样解释的:月海由于地热低洼,所以反射太阳光的能力较差,这样从地球看去就是昏暗一片。可是,美国"阿波罗"15号的宇航员在登月之后说:月海是个昏暗的区域。那么也就是说,月海之所以昏暗并非由于反射太阳光的强弱造成,以往的解释大错而特错。错在哪里呢?现在的研究证明,月海几乎是由重金属构成的,所有的月海都是由钛及其他金属按一定比例组成的,其中铁的成分最大。美国航空航天局的一份报告说:"在月海的玄武岩中有难以想象的铁"(地球岩石的含铁量是3.6,而月岩中含铁量却接近20)。科学家们终于搞清楚了使月海昏暗无光的真正原因——月海中含有令人难以置信的铁和钛,由于含钛的物质呈黑色,铁也呈黑色,所以月海看上去才十分昏暗。这样,月海的密度要远远大于月球的其他部分,简直是坚不可摧。

月球尘埃

月球尘埃看上去像皑皑白雪一样柔软,如同地球土壤一样平常,但它们并非像外表那样简单,是一种奇特的粉末状。在微镜下观察发现,月球尘埃是很多复杂成分组成的黏性物质,能粘在鞋子、手套和其他暴露的表面上。却并且散发出一股神秘的气息。

近一半的月球尘埃是撞击月球的流星体所造成的二氧化硅玻璃体。这些撞击已持续了数十亿年,将表土化成玻璃,将同样的物质分解为碎片。另外,诸如橄榄石和辉石等矿物质中的铁、钙和镁也富含月球尘埃。

宇航员用特殊的"保温瓶"容器真空保存月球样本。但月球尘埃的锯齿边缘有时会意外刺穿容器的密封条,使得氧气和水汽在飞船返回月球的三天里逐渐渗透。

美国宇航局约翰逊航天中心月球样本实验室拥有数百磅重的月球尘埃。

月球的奇辉

月球表面既无大气,也无水分,没有风霜雪雨,没有江河湖海,更不要说鸟语花香的生命现象了。一句话,月球是个死寂的星球。

但是,这并不意味着月面上什么变化都没有发生过,它表面的辉光现象就是一例。月球表面有时突然出现某种发光现象,甚至还有颜色变化,它引起了天文学家们的兴趣和关注。

1958年11月3日凌晨,苏联科学家柯兹列夫在观测月球环形山的时候,发现阿尔芬斯环形山口内的中央峰,变得又暗又模糊,并发出一种从未见过的红光。两个多小时之后,他再次观测这片区域时,山峰发出白光,亮度比平常几乎增加了一倍,第二夜,阿尔芬斯环形山才恢复原先的面目。

柯兹列夫认为,他所观测到的是一次比较罕见的月球火山爆发现象。他说,阿尔芬斯环形山中央峰亮度增加的原因,在于从月球内部向外喷出了气体,至于开始时山峰发暗和呈现出红色,那是因为在气体的压力下,火山灰最先冲出了火山口。

柯兹列夫的观点遭到了一些人的反对,其中包括一些颇有名望的天文学家。他们承认阿尔芬斯环形山的异常现象是存在的,但认为不能解释为通常的火山爆发,而是月球局部地区有时发生的气体释放过程。在太阳光的照耀下,即使是冷气体也会表现出柯兹列夫所注意到的那些特征。

早在1955年,柯兹列夫就在另一座环形山——阿利斯塔克环形山口,发现过类似的异常发亮现象,他也曾怀疑那是火山喷发。1961年,柯兹列夫又在阿利斯塔克环形山中央观测到了他熟悉的异常现象,不同的是,光谱分析明确证实这次所溢出的气体是氢气。

这类现象究竟应该怎样解释呢? 是火山喷发? 还是气体释放? 或者是其他什么现象呢?

月球的气味

"阿波罗"16号宇航员查理·杜克说:"月球尘埃确实有一种强烈气味。我感觉它的味道和气味都像发射子弹时散发的一般。"另一名宇航员约翰·杨说:"月球尘埃的味道并不十分糟糕,但很特别。""阿波罗"17号宇航员吉恩·塞尔南在谈到月球尘埃时说:"它们散发出一种火药爆炸后的硝烟气息。"

每个阿波罗宇航员都曾经闻到过月球尘埃的气味。

令人吃惊的是,一旦被送回地球,月球尘埃就不带有任何气味。

几十年来,科学家一直未能揭开月球尘埃成分与散发气味的谜底。

月球上的神秘地区

地球上的大西洋百慕大三角区,是一个神秘的多灾多难的地区,被人们称为"魔鬼海"和"死亡三角"。在对月球的探测过程中,科学家们发现在月球上也存在类似的神秘地区。

美国的月球轨道探测器 4 号和月球轨道探测器 5 号在飞近月球的"雨海""危海"等月海上空时,发现下面的吸引力特别强,宇宙飞船飞过时禁不住要倾斜,且飞船上的无线电设备也因受到干扰而失灵。后来研究发现,那里的物质聚集点集中,科学家把这种地区形象地称为"质量瘤"。目前,月球上已发现了 12 处这样的质量瘤,且全部集中在月球正面。

那么,这种质量瘤的组成成分及化学性质如何呢?目前,科学家们只知道这些质量瘤是一种既密又重的物质,其余就一无所知了。

月球可能是外星人的产物

苏联天体物理学家瓦希尼和晓巴科夫曾撰文道:月球可能是外星人的产物。15 亿年来,它一直是他们的宇航站。月亮是空心的,在它荒漠的表面下存在着一个极为先进的文明。

月亮表面的环形山仿佛记载着特殊智慧的秘密。美国"阿波罗"登月计划执行过程中,宇航员曾拍下一些月面环形山的照片。照片透露了一个惊人的信息,环形山上分明有人工改造过的痕迹。例如在戈克莱纽斯环形山的内部有一个直角很规整,每个边长为 25 公里,同时在地面及环壁上,可以看出明显的整修痕迹。

月球传出的信号令人震惊。"阿波罗"15 号飞行期间,斯科特和欧文再度踏上月球的土壤。地面的联系人员十分吃惊地听到(同时录音机也录到)一个很长的哨声。随着声调的变化,哨声中传出了 20 个字组成的一句重复多次的话。这来自月球的陌生的语言切断了宇航员同休斯敦的一切通信联系。此事至今还是一个未解的谜。

月面上的不明飞行物

1968 年 11 月 24 日,"太阳神"8 号宇宙飞船在调查将来的登陆地点时,遇到一个巨大、约 10 平方英里的大幽浮，但在绕行第二圈时，就没有再看到此物。它是什么？没人知晓。"太阳神"10 号宇宙飞船也在离月面上空时，突然有一个不明物体飞升，接近他们，这次遭遇拍下了纪录片。

1969 年 7 月 19 日，太阳神 11 号宇宙飞船载着三位航天员奔向月球，他们将成为第一批踏上月球的地球人，但是在奔月途中，航天员看到前方有个不寻常物体，起初以为是"农神"4 号火箭推进器，便呼叫太空中心确认一下，谁知太空中心告诉他们，"农神"4 号推进器距他们有 6000 英里远。航天员用双筒望远镜看，那个物体呈 L 状，阿姆斯特朗说："像个打开的手提箱。"再用六分仪去看，像个圆筒状。另一位航天员艾德林说："我们也看到数个小物体掠过，当时有点振动，然后，又看到这较亮的物体掠过"。7 月 21 日，当艾德林进入登月小艇做最后系统检查时，突

神秘的飞碟

然出现两个幽浮，其中一个较大且亮，速度极快，从前方平行飞过后就消失了，数秒钟后又出现，此时两个物体中间射出光束互相连接，又突然分开，以极快速度上升消失。在航天员要正式降落月球时，控制台呼叫：那里是什么？任务控制台呼叫"太阳神"11 号。"太阳神"11 号竟如此回答：这些宝贝好巨大，先生……很多……噢，天呀！你无法相信，我告诉你，那里有其他的宇宙飞船在那里，……在远处的环形坑边缘，排列着，他们在月球上注视着我们……苏俄科学家阿查查博士说："根据我们截获的电讯显示，在宇宙飞船一登陆时，与幽浮接触之事马上被报告出来。"

1969 年 11 月 20 日，"太阳神"12 号航天员康拉德和比安登月球，发现幽浮。

1971 年 8 月"太阳神"15 号,1972 年 4 月"太阳神"16 号,1972 年 12 月"太阳神"17号……航天员也都在登陆月球时见过幽浮。

科学家盖利曾说过:"几乎所有航天员都曾见过不明飞行物体。"第六位登月的航天员艾德华说:"现在只有一个问题,就是他们来自何处?"第九位登月的航天员约翰杨格说:"如果你不信,就好像不相信一件确定的事。"1979 年,美国太空总署前任通讯部主任莫里士·查特连表示:"与幽浮相遇在总署里是一平常事,所有宇宙飞船都曾在一定距离或极近距离内被幽浮跟踪过,每当一发生,航天员便和任务中心通话。"

数年后,阿姆斯特朗透露一些内容:"它真是不可思议,我们都被警示过,在月球上曾有城市或太空站,是不容置疑的。我只能说,他们的宇宙飞船比我们的还优异,它们真的很大。"

数以千计的月球神秘现象,如神秘闪光、白云、黑云、结构物、幽浮等,全都是天文学家和科学家共睹的事实,这些现象一直未有合理的解释,到底是什么呢?

月背发现飞碟基地和城市

1968 年 12 月 25 日,当"阿波罗"8 号飞船载着指令长弗拉克·鲍曼及两名助手进入月球背面用肉眼探察时,曾发现飞碟降落而拍过照片。后因"保密",长期没有透露。直至 20 世纪 80 年代,由于疏忽才公之于众。照片是在月球背面离地表 100 千米处用望远镜头拍摄的。从照片上可以清楚地看出:一个巨大的飞碟正在向左下方的月面降落,飞碟的舷窗清晰可见(西方一些科学家声称,近几年来飞碟从月球背面飞出有十多次)。在飞碟行将着陆的月面上,有酷似起重机般高高竖起的吊臂,吊臂下矗立着一排纺锤形物体,高度一致,等距排列,类似机场跑道两旁的标志塔。有一座长约 3 公里、高约 1500 公尺的"桥",有 2 处像旗子样的东西和一处像人物塑像似的东西,有三根巨大的平行管道通向火山口,地面上还矗立着许多圆的或是方的形状奇特的建筑物。这一照片的公布,不仅证明月球背面确有飞碟起降基地,而且也证实月球背面建有城市。完全印证了瑞典科学杂志报道的苏联早在 1964 年发射的"月球"9 号宇宙飞船就已在月球背面拍摄到一个飞碟基地和由形状奇特的高大建筑物组成的城市的真实可靠性。一位名叫伊凡·桑托森的苏联科学家认为:照片中一些类似机场跑道标志塔的建筑物是引导宇宙飞船起降或将外星飞船引向月球内部的标志。苏《宇宙》杂志编辑维里斯博士说:"苏联政府之所以决定不发表这一惊人的发现,是为了不想把自己掌握的情报让别国

月面发现新鲜人类赤脚印

据媒体透露:1969年美国"阿波罗"11号宇宙飞船首次着陆月球时,宇航员在月球的表面共发现了23个人类赤脚印,于是用照相机拍摄下来。在过去的27年中,美国当局对此一直保密。直至最近,在一批飞碟研究人员的要求下才公开了这一秘密。美国天体物理学家康姆庞对美国新闻媒体说:"显然,在月球上发现人类的赤脚印是令人吃惊的,说明有人在美国之前已登上月球,而且不穿宇航服。"康姆庞还说:"据登上月球的宇航员称,这些脚印无可置疑是属于人类的,而且留下的时间不久。"而常识告诉我们,地球人是不可能赤着脚登上月球的,也不可能不靠运载工具而自行飞到月球,而美国"阿波罗"11号首次登月宇航员始终穿着宇航服和登月靴,那么留下这些脚印的只能是地球以外的"人"了。

第六节 浩瀚星空的未知数

火星上的水

从1964年到1977年,美国对火星发射了"水手号"和"海盗号"两个系列共8个探测器。1971年11月,"水手"9号对火星全部表面进行了高分辨率的照相,发现了火星上有宽阔而弯曲的河床。不过,这些河床与轰动一时的运河完全是两回事。这些干涸的河床,最长的约1500公里,宽达60公里或更多。主要的大河床分布在赤道地区,大河床和它的支流系统结合,形成脉络分明的水道系统。还可以观测到呈泪滴状的岛、沙洲和辫形花纹,支流几乎全部朝着下坡方向流去。科学家们分析,只有像水那样的少黏滞性流体才能造成这种河床,这是天然河床,绝不是"火星人"的运河。那么,火星上的河水流到哪里去了呢? 这便成了当代"火星河之谜"。

火星

今天的火星表面温度很低,大部分水作为地下冰存在于极冠之中。极稀薄的大气,使得冰在温度足够高时只能直接升华为水蒸气,自由流动的河水是无法存在的。火星河床说明,过去的火星肯定与今日的火星大不相同。有一种假说认为,在火星历史的早期,频繁的火山活动喷出了大量气体,这些浓厚的原始大气曾经使火星表面温暖如春,呈现出冰雪融化、河水滔滔的景色。后来火山活动减少,火山气体逐渐分解,火星大气变得稀薄、干燥、寒冷,从此,河水干涸,成为一个荒凉的世界。另一种假说认为,在火星的历史早期,自转轴的倾斜度比现在更大,因而两极的冰雪融化,大量二氧化碳进入大气,大量的水蒸发并凝成雨滴在赤道地区落下,形成河流。

当然,对于火星河流的形成还可以提出更多的猜想与假说。然而,科学家们最关心的问题是:滔滔的河水跑到哪里去了? 有人提出,从巨大的江河到今日的滴水皆无,这说明火星的气候发生了根本性变化。

火星的颜色

火星表面有一层像"火"一样的红色,这层神秘的面纱,至今还未被人类揭开。

苏联学者沃·波林布提出一个假说:火星表面的化合物是自然界中普遍存在的一种叫作赤铁矿的三氧化铁。随着宇航技术的发展,自动着陆舱登上了火星,拍摄了火星表面的图像。将它传送到地面,通过对火星土地进行化验,证实火星表面覆盖着一层三氧化铁。在地球上,这种化合物呈结晶状或薄层,常见于火山口的石壁上和熔岩裂缝中。

但是,这些物质是怎样形成的呢? 一般来说,在一氧化碳大气层中,许多金属都可能形成挥发性化合物——羟基金属。在常温下,羟基铁极易挥发,毒性很强,在空气中极易氧化,有时还会发生自燃。燃烧时形成一种极纯的细粉状三氧化铁,这就是所谓的赤铁矿。它的微粒呈球状,平均直径约为 0.1 微米,呈红色。研究结果也表明,火星的表面是由呈球状形微粒的土壤组成的。这一点也证明了波林布的假设。

因此,火星表面的红色之谜,可以设想为它覆盖了一层红色的三氧化铁——赤铁矿,而不是铁锈。我们知道,现在火星大气中是不存在氧气的,而主要存在的是二氧化碳。很有可能,在火星上,由于早期火山爆发时从裂缝和火山中喷出的气体自燃,在燃烧过程中形成赤铁矿或二氧化碳,而仅有的部分氧气也"消失"了,这样,就形成了现在的情况。

除此之外还有一个可能,就是火星上经常发生尘爆,因为赤铁矿粉末很细很轻,只有空气重量的 1/26,很容易飞扬并停留在大气层中。

因而将火星红色的原因解释为是其表面覆盖了一层红色干燥的赤铁矿粉也是有道理的。不过,这一设想还有待进一步证实。

火星上的生命迹象

火星上没有高级生命,这已是确定的事实,但许多人根据种种迹象提出,在那里可能有低级生命存在和过去的火星人或外星人留下的遗迹。

美国生物化学家吉·利文研制的一台进行生物实验的仪器,1976年7月20日由"海盗"1号探测器带到火星表面。这台仪器把一种含有示踪元素的液态化学药品注入火星表面九个地点的土壤中,然后检测土壤中有关生命的信息。结果,利文的仪器探测到了微生物的"打嗝"声。

利文还仔细地研究了"海盗"号拍摄的成千上万张火星表面照片。他在一张照片上发现,一块岩石上有从黄色渐渐过渡到绿色的斑点,由于火星上到处都是橙红颜色,因此,这些黄绿斑点是异乎寻常的。600天以后,利文又观察了"海盗"号从同一太阳角度拍摄的这块石头的照片,他惊奇地发现,黄绿色斑点的形状在原来的位置上还稍稍地移开了一点儿。他认为这可能是一种苔藓。苔藓是植物的先驱,是唯一能在裸露的岩石上生长的生命体。

火星上有苔藓并非是不可能的。因为科学家已通过理论分析认定,乌龟、蜘蛛和甲虫可以分别在火星表面上存活6天、25天和几个星期。还有人在模拟的火星表面环境中做过实验,某些苔藓和微生物也能成活和生长。

生命到底会不会在火星上萌发呢? 我们都在期待着。

火星发现人面像、金字塔和城市

1983年8月,美国一个名为"使命———火星"的独立机构向新闻界发表了一个轰动性声明:"火星有过或存在着文明。"该机构的成员们说,在"海盗"号探测器从火星发回的信息显示,火星上有一个酷似人脸的巨型凿成物极像埃及著名的狮身人面像,它仰望天空神秘微笑着,是古代火星人的巨型石雕遗迹,是火星上有过生命和文明的证明。但是宇航局科学家认为"是光和影的巧合"。该组织成员们还提出一个更为新鲜的论据,即在"人脸"不远处耸立着三堵大墙,三墙依据40°、60°和80°角相接,其外形很像"金字塔"。火星上的干燥气候和强风绝不会造出"人脸"和"金字塔",它们只能出自高等生物之手。

在此之后,美国航天局的科学家们又找不同时间、不同角度拍下的有石像的火星照片,用计算机处理分辨。结果出人意料,原先被多数科学家认为是光学干扰形成的鼻孔和项链依然存在,而且还显露了原来只露出眼珠的那只眼睛和半张开嘴中的牙齿。毫无疑问,石像的客观性不容怀疑。与此同时,科学家还算出了火星上人面石像的大小,从头发到下巴为 1.5 千米,宽 1.3 千米,比地球上的人面狮身石像要大上几千倍。

1987 年,苏联科学家阿温斯基在检查火星照片时,曾在火星上的大石像周围,发现 11 座金字塔式建筑,4 个大的,7 个小的。美科学家对该照片重新进行计算机处理后,不仅保留了原来发现的 11 个金字塔,而且还分离出 19 座建筑物和复杂的道路,以及一个直径达 1 公里的圆形广场,其规模如同一个大城市。从照片上分析,这道路、建筑物的历史不会超一万年。因为时间太长了,火星上的风沙尘埃会将其磨尽,巨大城市的遗址表明,至少若干年前火星上存在高级智慧生物。至于这些高级智慧生物现在是否仍然存在于火星上,还有待进一步探索。

火星上有生命存在吗

欧洲航天局科学家近日利用"火星快车"探测器上的傅立叶行星分光计对火星大气进行红外线扫描,结果在光谱中发现了一条证明甲烷存在的线条,这给火星存在生命提供了有力的证据。

地球上的大部分甲烷都来自甲烷菌。同时,地壳中还存在一些原始甲烷,是地球在形成碳水化合物过程中的残留物,原始甲烷因为火山爆发等地壳运动进入大气。科学家认为,火星表面的甲烷不可能存在成百上千年,因为它会在太阳光下与氢氧基结合,形成水和二氧化碳。因此,目前观测到火星上持续存在甲烷,可以断定火星上有甲烷源,很可能就是制造这种气体的甲烷菌,也就是火星生命。

美国科学家最近利用架设在夏威夷的另一架望远镜,也探测到火星大气中甲烷气体的存在。

尽管有些专家认为,现在断定火星大气中存在甲烷还为时过早,而且甲烷的存在也可能是火山活动的结果,但以上发现无疑为人类探索火星生命提供了新的途径。福尔米萨诺的研究小组目前还在设法探测火星表面的甲烷浓度,以期寻找一些明显的甲烷来源。

美国科学家通过对火星土壤样本的研究,发现火星土壤释放出的气体循环周期和地球气体循环周期非常近似,因此认为这是生命的迹象。不仅火星,太阳系的其他行星上也存在过或将要出现各种生命,在许多行星(如木星、土星的卫星)的大气层中都有甲烷、氨，这与地球早期的大气层成分十分相似。行星的初期，是像木星那样表面有极厚大气层包围的形态，木星由硅、铁类元素构成的固态内壳之上的外层气态物质成分与地球 40 亿年前的大气成分完全一致（主要是氢、氦、氮、甲烷、硫）。一颗恒星与一颗白矮星组成的双星系统是宇宙中常见的现象，仔细研究每一个爆发"新星"后发现，它总是双星系统中的一员，木星在几十亿年前与太阳就是这样一个双星系统。有人误认为木星是气态物质构成的星球，实际上在它厚达 1000 公里的浓密大气层下，就是正在冷却的白矮星。

当然现阶段太阳系的八大行星上只有地球具备生命存在的条件，火星生命存在的阶段已经过去，木星则是处于出现生命的过渡前期，再过几十亿年它将会变成今天的地球。通过对陨石的分析，一些陨石中有细菌化石（有些化石年龄大 60 亿年，已超过地球的年龄）和氨基酸等有机化合物的痕迹。同时，已知在星际空间有大量的碳、氢元素构成的蜂窝状有机分子（碳氢化合物）这些信息直接支持了生命不仅仅存在于地球上的论点。火星内部原子核反应产生的能量逐渐变小，大气层的基本消失，是火星从昔日江河横流到今日滴水皆无的根本原因。现在火星表面虽然有稀薄大气层，但已不具备生命存在的条件了。

随着星球的演变，生命形态会因地表温度，液态水分布等物理条件的改变而变化。由于生命存在的条件十分苛刻，所以，生命只能存在于行星阶段中期（如现在的地球）的天体上。到了行星阶段后期（如火星）天体内部活动和引力减弱，氢、氧类物质大量散失到外太空之后，火星生命也就同步完成了从诞生——发展——消亡的过渡。

火星上的警告标语

在莫斯科一个大型记者招待会上，苏联一位太空专家于特·波索夫宣布了一个惊人的消息：一艘由苏联发往火星进行探测任务的无人太空船，在 1990 年 3 月 27 日从火星荒凉的表面上拍到一个奇怪的警告标语后，便突然中断了一切讯息。一些科学家分析，它可能是被火星人给击毁了。

这个警告标语是用英文写的"离开"两个字。从无线电传回的照片上看，这个巨大标语好像是用石块雕刻出来的，按比例估计，这两个字至少有半英里长，75 米宽。标语似乎是依着巨型山石凿出来的，从其光滑的表面看，可能是用激光切割成的。这条标示语不像 1976 年美国太空船在火星拍到的神秘人面像，已显得那么古老和饱受侵蚀，这个警告标语是最近才出现的。

火星人为什么要写这么两个字呢？波索夫博士说："显然是针对地球人的。我想那一定是由于我们派出的火星太空船太多，骚扰到火星上生物的安宁，所以便发出这个警告，叫我们离开。"

波索夫博士透露说，他们派出的太空船开始时一切都很顺利，但当它把上述写了警告字句的照片传回地球后，便神秘地失踪了，那艘太空船是被火星上的生物毁灭了，还是暂时被他们扣押了，现在还弄不清楚。他说："如果我们先用无线电与那些外星人联络上，然后再派人到他们的星球，与之建立外交关系，我想他们是会接受的。"

波索夫博士公布的内容立即震动了西方科学界，不少科学家对此深信不疑，认为这是人类征空史上一项最大发现。当人们回到苏联当局准备如何与火星生物接触时，波索夫博士不愿透露详情。不过他也承认，他们已经开始工作，估计不久的将来便有结果，到时候再正式向人们公布。

金星卫星为何失踪

在 17 世纪时，人们曾常常谈论金星的卫星问题。1686 年 8 月，61 岁的著名天文学家、法国巴黎天文台首任台长 G.D.卡西尼宣布发现了金星卫星。卡西尼对金星卫星进行过多次仔细的观测，并且还推算出它的直径约为金星的 1/4，即 1500 公里左右，比例与月球、地球比相仿。1761 年英国天文学家蒙泰尼对金星卫星的位置、亮度作了好几次观测记录。德国一位名叫朗伯的数学家根据发表的资料计算了金星卫星的轨道根数，认为它离金星的半径长 40 万公里，绕转周期为 11 天 5 小时。

金星

关于金星卫星的最后报告是在 1764 年，当时至少有三位天文学家（两位在丹麦，一位在法国）撰写过他们观测到金星卫星的文章。但奇怪的是，自此之后，再也无人提及金星卫星了。卡西尼时代人们用口径很小、质量低劣的望远镜能见到的卫星，到赫歇尔时代，观测技术和仪器都有了很大提高，反而怎么也找不到它的踪影，岂非咄咄怪事！有人因而认为，卡西尼的"发现"并不可靠，很可能是光学上的幻觉造成的假象。然而也有许多人认为不能因为后来找不到而否定前人的发现，尤其是对于卡西尼这样著名天文学家的发现更应谨慎。众所周知，卡西尼虽然理论上相当保守,他不相信哥白尼的日心说,反对开普勒的行星运动三定理,也不接受牛顿的万有引力理论。然而,在观测技术上,他却卓有成就:他第一个证明了木星的自转,描述了木星表面的带纹和斑点,最早测出了火星的自转周期,此外,他还利用火星视差第一次测出了天文单位的准确值,他的发现有其他人的佐证,因此,认为金星卫星仅出于错觉似乎难以令人置信。但是如果金星确有过卫星,那么它怎么会不知去向了呢?它怎么会消失的呢?至今尚无很好的科学解释。这个天文之谜,等着有志者去揭开。

揭开金星的真面目

为了探索金星的真面目,20世纪60年代初拉开了探测金星的序幕。苏联在1961~1978年共发射了12个金星探测器,而美国在1962~1978年间共有6个探测金星的飞船上天。仅在1978年12月4日~25日的20多天里,苏联和美国就各有两个自动行星际站在金星表面软着陆,实现了对金星的现场考察。

行星探测器对金星进行现场考察以后,遮盖在金星表面的"蒙面纱"已经逐渐揭开了。金星没有磁场和辐射带,其大气的组成和地球截然不同:地球大气以氮、氧等气体为主,二氧化碳很少;在包围着金星的大气中,97%以上是二氧化碳,此外,还含有少量的氮、氩、一氧化碳、水蒸气及氯化氢等。金星大气中的二氧化碳能让阳光通过,照到金星表面,却不让热辐射返回太空,使金星表面处于高温状态,产生"温室效应",使得金星表面的温度高达465℃~485℃,温室保护罩的作用还使金星上的昼夜温差很小,基本上没有昼夜、季节和地区的差别。金星表面的大气密度比地球上的大50倍。地球海洋平面的气压是一个大气压;金星表面的气压大到90个大气压,相当于地球上海洋深处900米左右所受的压力。金星上空闪电频繁,每分钟达20多次,常常是电光闪闪,雷声隆隆。苏联的"金星"12号1978年12月21日在下降到金星表面的过程中,仅仅在从11公里高空下降到5公里的期间,就接连记录到1000次闪电。有一次特别大的闪电竟持续了15分钟。"金星"13号和"金星"14号的下降装置在下降过程中,考察了金星的高空风。金星表面的风速大约为2~3米/秒,由表面到高空,风速逐渐加大,到50~70公里的高空,风速竟然达到100米/秒,风向与金星的自转方向相同,但比自转速度快得多。更惊人的是,在离金星表面30~88公里的空间,密布着一层有腐蚀性的浓硫酸雾。这是一个多么令人窒息的环境!这个现代天文学家称为"太阳系中的地狱"的金星绝对不能是地球的孪生姐妹。探测结果表明,金星上不存在任何液态水,不仅没有任何类似地球上的动植物存在,连任何生命的形式都没有。

美国的"先驱者"1号和2号,苏联的"金星"11号和12号分别在1978年12月4日、9日、21日和25日到达金星,对金星进行综合性的考察。从它们发回的信息得知,由于金星表面有浓密的大气保护,其表面并不像月亮、水星那样布满环形山。相对来说,金星表面比较平坦,大部分表面都覆盖着一层"浮土",其平均密度是1.2~1.9克/厘米,厚度不超过1米。在浮土下面,主要是密度为2.2~2.7克/厘米的玄武岩。下降装置周围可以看到许多大石块,绝大部分石块呈红褐色,棱角分明,半埋在颗粒细小的黑褐色尘土和砂砾之中。这表明金星上的物质构造仍很活跃,可能存在活火山。

金星上的山脉,一般都很高,最高的是麦克斯威尔山,高度为11270米,地球上的珠穆朗玛峰还比它矮一头。北半球大高原,长3200公里,宽1600公里,相形之下,青藏高原大为逊色。在赤道地区,发现一些像火山口一样大而浅的圆形圈,有些地方像是由巨大的熔岩流所形成。此外,还有一条很深的大裂缝,自南向北穿过金星赤道,裂缝最深的地方有7米左右,这是目前在太阳系天体上发现的一条最大的裂缝。

从苏联发射的自动行际站"金星"13号拍摄的金星表面照片看出,金星的天空是橙黄色的,云也是橙黄色的;金星上的物体,大部分看起来也是橙黄色的,有的微带绿色,蓝色的很少。金星的世界,真可说是个金黄世界。这种奇异的景色,是"金星"13号下降装置,通过蓝、绿滤色镜拍摄的。科学家们认为,这是由于金星大气和云层太厚,吸收了太阳光中蓝色部分,使照在金星大气层和大地上的光带着黄光。因此,金星上的白昼也不像地球上这样明朗,其亮度很像地球上的阴天。

浓厚的金星云层使金星上的白昼朦胧不清,这里没有我们熟悉的蓝天、白云。金星上空会像地球上空一样,出现闪电和雷鸣。

金星离太阳的平均距离是10800万公里,绕太阳运动的公转轨道的偏心率只有0.007,故轨道接近于圆。金星绕太阳运动的速度较水星慢一些,为35公里/秒,它绕太阳运行一周约224.7天。由于金星有一层厚厚的浓云,过去用光学方法难以观测到它的表面情况,因而也就难于测出其自转周期。随着无线电技术的发展,1962年,天文学家利用射电方法测出了金星的自转周期。金星的自转周期很慢,要243天才自转一周,比公转一周的224.7天还长,也就是说,金星自转一周需要1年多的时间。金星自转为逆向,即自转方向和公转方向相反,是太阳系九大行星中独有的现象。因为金星是自东向西自转的,与我们地球的自转方向截然相反,所以，金星上的太阳是西升东落。金星自转周期是 243 天，比公转周期还长。金星上的一昼夜相当于地球的 117 天。也就是说，在一个金星年中，金星上只能看到两次太阳西升东落。

要解开金星逆向自转之谜，首先应当弄清楚行星自转是怎样来的，这个问题又与行星的起源问题有密切的关系。

目前，对行星的起源问题还没有受到大家普遍承认的成熟理论。我国学者戴文赛先生详细研究了各种学说之后，提出自己的行星起源学说。这一学说可简短说明如下：约在 50 亿年前，在离银河系中心 3.3 万光年处，就是我们现在太阳系所在的位置上，弥漫的星际物质聚集成一个巨大的星云。由于引力作用，这个巨大星云收缩，同时云中出现了湍涡流。后来这个云碎裂成一二千块，其中有一块就是形成太阳系的，我们把它叫作原始太阳星云。由于它是在涡流中产生的，所以从一开始原始太阳星云就在自转着（其他星云碎块也都有自转，后来演化成恒星）。

我们的原始太阳星云的质量比今天太阳系的质量要大些，它一面收缩，一面自转，收缩的结果使自转角速度加大，越转越快，这很像张开手臂旋转的滑冰运动员，在收拢手臂时旋转就会加快的现象。物理学上把这种现象叫作角动量守恒。由于旋转的加快，在星云的赤道部分惯性离心力最大，它抗拒星云的引力作用，所以赤道处星云收缩得比较慢，而两极处收缩得比较快，原始星云便逐渐变扁。

当原始星云收缩到一定大小，例如具有现在太阳系的尺寸时，赤道处的自转速度已经足够大，使得那里的惯性离心力等于星云对赤道处物质的吸引力。这时候，赤道上远离中心的那部分物质就不再收缩，而是留下来围绕星云其余部分旋转。原始星云其余部分继续收缩，在赤道处又留下一部分物质。这样演化下去，逐渐形成一个环绕星云中心的星云盘。剩余的星云物质进一步收缩，最后演变为太阳。而星云盘中的物质粒子互相碰撞吸积变成足够大的团块，我们把它叫作星子。其中较大的星子由于进一步碰撞，吸积周围的物质粒子逐渐变成更大的行星胚胎。具有较大质量的行星胚胎的引力强大到能够吸引周围的星子（引力吸积），使行星胚胎体积增大，逐渐演化成行星。

行星自转又是如何起源的呢？上面所叙述的假说也提出一种初步的看法：原始星云物质一开始就有自转，因此当尘埃和星子落入行星胚胎时，也把角动量带给行星胚胎，使行星胚胎自转起来。

不过也有人提出不同的看法。美国一位天文学家提出自己的太阳系演化理论，他认为在原始太阳星云盘内，不需要经过星子——行星胚胎这样的过程。在太阳形成以后,星云盘的物质很快就聚集成一些很大的原行星,原行星的质量很大,在原行星内部,高压使得气体尘埃物质凝聚成为固体沉降到核心部分,而外部气体受到太阳光热和太阳发出的粒子辐射(太阳风)的作用而逸散开去,最后演化为现在的行星。

原行星不自转,太阳对它的吸引使原行星向太阳的一面隆起凸出来。当原行星绕太阳公转时,这个隆起部分偏离朝向太阳的方向,但太阳对隆起部分吸引,把它拉回到朝向太阳的方向,这样就强迫原行星自转起来。看来,在行星起源和自转起源这一问题的领域,可让人充分发挥思维的创造力,去提出更为合理的假说。

大多数行星是直立着或斜着身子顺向自转,而金星则逆向自转,这给各种行星演化理论提出了难题。

金星逆转,可能是从金星轨道里侧的一个比月球还大的大星子斜着落在金星胎上,把很大的角动量带给金星胎,由于星子大都是顺向绕太阳运转的,从里侧斜着撞向金星胎的星子,其运动方向和金星胎的自转方向相反,这样一来使得金星胎的自转就从顺向变为逆向了。

金星上的古海之谜

太阳系九大行星之中,要算金星与地球最相似。在很长的一段时期里,大家把地球和金星称作为"姐妹"行星。既然这两颗行星这么相似,地球"姐"行星上又有那么多的水;不少人认为,金星"妹"行星上一定也存在着大量的水。想象力丰富而走得更远的人甚至认为,大海孕育着生命,覆盖着大面积海洋的金星面上,很可能是个动植物繁衍茂密、生机盎然的世界。

现代科学已经完全证明,金星面上是个奇热、无水,干旱到了极点和没有任何生命的世界。不少人的意见是,过去金星有过波涛汹涌的大海洋,只是后来才消失的。是这样吗?这个谜般的问题在科学家中间是颇有争议的,一直引起科学家们的关注和浓厚兴趣。

被称作金星"古海"里的水,究竟哪里去了呢?认为金星上过去有海洋的人,曾提出过这么几种可能性:(1)海洋大量蒸发,水蒸气被太阳分解为氢和氧两种气体,氢由于太阳风的影响等原因,逐渐逃逸到宇宙空间去;(2)金星曾在早期的某个历史阶段,从体内向外散发出大量的像一氧化碳那样的气体,这些气体比较容易与水发生作用。可以想得到,在这类作用的过程中,大量的水被一批又一批地消耗掉;(3)从金星内部喷发出来的岩浆的温度,一般都达到炽热的程度。水与岩浆特别是其中的铁等相互作用而大量消耗;(4)与地球一样,金星表面大量的水原先也是从自己体内来的,由于某些人还不太清楚的原因,这些水又回到了金星内部去。

这类解释没有得到大家的承认。如果事情真是这么简单的话,那么,使金星表面大量水消失的原因,同样可以成为使地球上的水不复存在的原因。为什么地球上依旧有那么多的水呢?

另一种解释是这样的:在太阳系形成的早期,太阳没有现在这么热,金星面上的气候也自然比较凉快,大片海洋的存在使得金星风光绮丽,甚至生命已开始在海洋中生长起来。随着太阳系演化的发展,太阳变得越来越明亮,越来越热,这下子把金星表面也烤得越来越热,金星海洋的蒸发变得越来越快,大气中充满着水蒸气。水蒸气让越来越强的阳光穿过大气层,射在金星表面上,并转化为热。可是,热量转过身来向太空散射出去时,却受到了水蒸气的阻碍。这样,金星表面附近的温度就日积月累,越升越高,一方面海水大量消耗,而温度高到一定的程度,存在碳酸盐岩里的大量二氧化碳就会被"赶"出来。

大气中水蒸气和二氧化碳成分的增加,使温度持续上升,而温度增高的结果是水蒸气和二氧化碳继续大量产生出来,形成所谓的"温室效应",这种恶性循环使得金星表面的情况越来越严酷。同时,在紫外线的作用下,水蒸气分解为氢和氧,而氢又由于种种原因,脱离金星而逃逸到太空去。其结果是,金星海洋中的水越来越少,直到完全干涸,停留在大气中的水蒸气也微乎其微,金星表面的温度则维持在400℃以上的酷热状态。

这样的解释并没有得到普遍的承认。有人认为:现在金星上的水,很少有机会到达大气的上层,因此不会遭到分解和被"迫"逃到空间去;即使按现在水分消耗的速度来考虑,在太阳系的全部漫长历史中,金星也根本不可能失去那么大量的水。

不承认金星过去有过海洋的人,对于大气中的少量水蒸气,自有其独特的解释。有这么一种假说,认为:金星最初根本没有海洋,而是个干燥的星球。由于金星没有磁场,太阳风就直接"吹"向金星大气,太阳风所带的氢成为大气中很少量水的来源。可是,金星上不存在大量水的问题就算这样解决了,地球上大量水的来源问题怎么解决呢?为什么地球和金星都在相距不太远的宇宙空间形成,一个是"水"球,而另一个是干燥星球呢?显然这是说不通的。

有人把太阳风换成了彗星,认为彗星所带的水分和冰是金星大气中少量水蒸气的主要来源,并认为几十亿年来,有难以计数的彗星和微彗星撞进了金星大气层。还是同样的问题，为什么从一开始地球和金星上的水量就相差那么悬殊！

金星上面是否存在过大海？如果存在的话，它们又是如何消失的呢？这类问题有待进一步观测、探讨、研究、分析。我们必须认识到，金星古海之谜并不是一个纯理论问题，而具有非常重要的现实意义。金星大气中二氧化碳成分的增加，再加上"温室效应"的作用，使得金星成为生命的"禁区"。回头看我们地球的话，地球上的二氧化碳最低限度不少于金星，只是它们都被禁锢在各种岩石中。金星向我们提出的警告是：千万不能由于大量燃烧石油、煤炭和其他燃料，而无节制地增加大气中的二氧化碳含量；千万不能让大气中含太多的二氧化碳，产生像金星那样的"温室效应"，致使岩石中的二氧化碳释放出来；千万不能使得大气中二氧化碳含量与地球表面温度持续上升之间，形成极大的危害生命的恶性循环，不论是现在还是将来。

金星上神秘的城市遗迹

1989 年 1 月，苏联发射的一枚探测器终于穿过了金星表面浓厚的大气层，通过对其发回照片的科学分析，科学家们惊奇地发现，金星地表原来分布有 2 万座城市的遗迹。

关于金星的这一最新秘密，是苏联科学家尼古拉·里宾契诃夫在布鲁塞尔的科学研讨会上披露的。

在这次会议上，里宾契诃夫说："那些城市全散布在金星表面，如我们能知道是谁建造了它们就好了，……我们绝对无法在金星上生存片刻，但一些生物却做到了——并留下了一个伟大的文化遗迹证明它。"

"那些城市以马车轮的形状建成，中间的轮轴就是大都会所在。根据我们估计，那里有一个庞大公路网将它们所有城市连接起来，直通它的中央。"

不久，美国发射的探测器也发回了不少有关金星地表城市建筑遗迹的照片。经过科学的处理、辨认、分析，科学家们确认，那 2 万座城市遗迹完全是由"三角锥"形金字塔状建筑组成的，每座城市实际上是一座巨型金字塔，这 2 万座巨型金字塔摆成一个巨型的马车轮形状，其间的辐射状大道连接着中央的大城市。

研究者们认为，这些金字塔形的城市可以日避高温，夜避严寒，再大的风暴对它也无可奈何。

1988 年，苏联宇宙物理学家阿列克塞·普斯卡夫宣布说，在金星地表也发现了像火星上那样的人面形建筑。这是不是意味着这两个星球有某种特殊的联系呢？

早在 1973 年，苏联天文学家谢尔盖·罗萨诺夫教授提出了飞碟来自金星的假设，他说："金星人数世纪来，就生活在金星地表下面，在那里，金星人构筑了真正的地下城，在人造环境中生存繁衍。金星上大气被毁坏，动物和植物被污染致死，金星因为金星人的文明发展走入歧途而失去了控制的缘故，后来，金星人慢慢地开发了他们的地下，在那里种植作物、饲养动物，制造大气和必要的热量。他们利用了原子能，但在地面留下了数以百万计的尸体，也许金星 3/4 的人口都死于核爆炸。既然金星人已取得了核力量，那么很难设想他们至今会不了解我们的存在。我个人认为，不时地出现在地球表面的飞碟是金星人派来侦察的飞行器"。

在金星的城市废墟下面，在金星地下是否真正还活着金星人，谁也很难作绝对的否定，外星人把金星作为飞碟基地，那更是完全可能的。因此，我们对金星人的寻访工作还并没有完成。我们也还不能够明确地肯定或否定金星生命及其文明世界的存在。因为在我们古老的神话传说或经典记载里，在遥远古老的洪荒时代，金星人就曾经来访问过我们地球，并且留下了许多他们殖民地球的历史遗迹。

金星电波之谜

在地球上，雷放电时将产生 100 赫兹左右的超低频电波，美国发射的"先驱者金星号"探测器发现在金星夜侧的电离层里，有同样的超低频电波。美国宇航局戈达德航天中心的格雷波乌斯基领导的一个小组，将金星的电波与地球极区的电离层内发生的超低频电波做了比较，结果发现，二者有很多相似之处：发生的场所都在夜侧的电离层，在这个场的磁力线方向都是放射线形状，电波所持续的时间都短于 1 分钟。

该小组根据这种现象推测：金星电离层的超低频电波与地球极区电离层的超低频电波有相同的机制，也许金星的超低频电波就是金星电离层内雷放电的结果。它的真面目还没有被真正揭开，尚有待科学家们做进一步的探讨和研究。

金星为什么会被浓雾笼罩

金星是天空中最亮的一颗行星，其亮度仅次于太阳和月亮。同时，它又是距地球最近的一颗大行星，距离只有 4100 万公里。然而，由于它周围有一层浓密的大气阻挡着人们的视线，使人类至今还难以看清金星的真面目。

金星与地球有许多相似之处，但在某些方面也有着明显的区别，最使人感到惊异的是金星的大气层。

苏联"金星"11号和"金星"12号两个探测器,曾直接降落在高达500℃的金星灼热的表面上。经过探测发现,金星大气中有氩气,并在高空有神秘的放电现象。

探测器上配备了许多新的仪器设备,其中有质谱仪。虽然它外形小巧,但实际上是一个完整的分析实验室。它能从几百万个同类粒子中把任何一个异己粒子识别出来。人们通过质谱仪测出了金星大气层成分中氖的含量高达百分之几,氩含量高于地球大气层中氩含量的近300倍。为什么氖、氩含量如此之高,至今仍是科学上的谜。

金星为何如此明亮

在太阳系的八大行星中,最明亮的星就是那颗时而晨出东方、时而暮现西空的金星。它的亮度仅次于太阳和月亮。

金星的亮度为什么能称雄全天呢?

金星是距离地球最近的行星是原因之一,但更主要的当归功于金星周围那层浓浓的迷雾了。这层云雾反射日光的本领远远超出笼罩着地球的大气层,它能把75%以上的光线反射出来,尤其对红光的反射能力比蓝光更强,这就是为什么金星看上去全天最亮,而且金光灿灿的缘故。那么,这层使金星赢得"最亮之行星"这顶桂冠的迷雾又是什么东西构成的呢?

有人说金星的云雾中是大量的灰尘,有人猜测它是由一种叫二氧化三碳的物质构成的,或是二氧化碳受阳光的紫外线照射后变成的;也有人说金星的云与地球的云不同,不是由水蒸气构成,而是别的什么比水蒸气更能反射阳光的东西。

其实,金星的云雾中除了水蒸气和一些对人体有害的气体外,主要成分就是二氧化碳,比地球大气中的二氧化碳含量高出1万倍之多。而金星北极周围的暗色云带则是由水汽或水晶凝聚而成的卷云组成。

木星是候补"太阳"吗

木星是一颗以氢为主要成分的天体,这与我们的地球有很大的差异,而与太阳相似。木星与太阳这两个天体的大气,都包含约90%的氢和约10%的氦,以及很少量的其他气体。关于木星的内部结构,现在建立的模型认为它的表面并非固体状,整个行星处于流体状态。木星的中心部分大概是个固体核,主要由铁和硅组成,那里的温度至少可以有30000℃。核的外面是两层氢,先是一层处于液态金属氢状态的氢,接着是一层处于液态分子氢状态的氢,这两层合称为木星幔。再往上,氢以气体状态成为大气的主要成分。

具有如此结构的天体,其中心能否发生热核反应而产生出所需的能量来呢?许多人认为是可疑的,甚至不可能的。况且木星的质量并没有达到太阳质量的0.07。

比起太阳来,木星确实有点"小巫见大巫"。称"霸"其他行星的木星,体积只有太阳

木星

的1/1000,质量只及太阳的1/1047,即约0.001个太阳质量,而中心温度也只有太阳的1/500。有人认为,这并不妨碍木星内部存在热源,因为它是在木星形成过程中产生并积累起来的。

苏联学者苏切科夫等的意见是颇为新颖的,他认为木星内部正进行着热核反应,核心的温度高得惊人,至少有280000℃,而且还将变得越来越热,释放更多的能量,释放的速度也将进一步加快。换句话说,木星在逐渐变热,最终会变成一颗名副其实的恒星。

我国学者刘金沂对行星亮度的研究,从一个侧面提供了证据。他发现在过去很长的一段历史时期里,水星、金星、火星和土星的亮度都有减小的趋势,唯独木星的亮度在增大。如果前述四行星的亮度减小与所谓的太阳正在收缩、亮度在减弱有关,那么,木星亮度增大的原因一定是在木星本身。刘金沂得出的结论是:在最近2000年中,木星的亮度每千年增大约0.003等。这无异对苏切科夫等的观点做了注释。

此外,太阳不仅每时每刻向外辐射出巨大的能量,同时也以太阳风等形式持续不断地向外抛射各种物质微粒。它们在行星际空间前进时,木星自然会俘获其中相当一部分。这样的话,一方面木星的质量日积月累不断增加,逐渐接近和达到成为一个恒星所必需的最低条件;另一方面,在截获来自太阳的各种粒子时,木星当然也就获得了它们所携带的能量。换言之,太阳以自己的日渐衰弱来促使木星日渐壮大,最后达到两者几乎并驾齐驱的程度,使木星成为恒星。

这样的过程据说大致需要30亿年的时间。那时,现在的太阳系将成为以太阳和木星为两主体的双星系统;也有可能木星在其"成长"的过程中,把一些小天体俘获过来,建立以自己为中心天体的另一个"太阳系",与仍以现在太阳为中心天

体的太阳系,平起平坐。不管是哪种形式的变化,目前太阳系的全部天体,包括大小行星乃至彗星等,都将有较大幅度的变动。

木星有颗"新月亮"

美国天文学家宣布,发现一个围绕木星旋转的"新月球"——木星的第 17 颗卫星。这颗新卫星是由美国马萨诸塞州史密斯索尼安天文台与亚利桑那大学的天文学家发现的。

新卫星的照片是在 1999 年 10 月和 11 月,美国亚利桑那州立大学史密斯天文观测中心在观测小行星和彗星的时候,拍下的。这个物体开始时被命名为1999UX18 小行星,天文学家没有马上意识到这颗看似有些像彗星的星体就是木星的卫星。当史密斯天文台小行星中心在研究其运行轨道时,证实 UX18 实际上是一个围绕木星旋转的卫星,而不是围绕太阳旋转的行星。这是自从 1974 年发现木星的卫星之后第一次重大发现。

目前,这颗新发现的卫星编号为 S/1999J1,其直径大约有 4.83 公里,人类迄今为止发现的太阳系中最小的卫星。此前,木星的卫星当中最小的一颗是(Leda)"勒达",该卫星发现于 1974 年,其直径为 5 至 10 英里。

根据史密斯天文台小行星中心的计算,这个新月球属于木星的外部卫星子群,在距离木星 2414 万公里的轨道上运行,运转周期为 2 年。到目前为止,天文学家尚未给 S/1999J1 进行永久性命名,是因需要对其运行轨道进行更加可靠的运算。

最后确认这颗卫星还需几个月时间。因为在未来几个月内,木星及其卫星的运行轨道距离太阳太近,不利于观测,但这段时间过去之后,大型望远镜很快就会重新发现它们。

史密斯天文台是利用一个拥有 79 年历史,91.44 厘米的望远镜在亚利桑那州肯特山顶对太阳系的行星和彗星进行观察的。如果被证实,那么 S/1999J1 将是木星的第 17 颗卫星,也是史密斯天文观测中心发现的第一颗不知名卫星。

木星是地球福星

可以想象,如果没有木星,整个太阳系大概都会是另一番模样。首先,太阳系中将会增加至少一颗行星,因为在木星和火星之间的小行星将会相互结合,而不是像现在一样被木星的引力驱散;火星的体积大概会比现在要大得多;太阳系中可能出现 3 个可以居住的行星,而不是像现在只有地球这 1 个;因为有了强大的引力,火星也可能拥有大气层,而不是像现在这样没有什么大气层;更大的火星内核会产生更强大的磁场,从而保护火星表面不像现在这样受宇宙射线的伤害;更大的质量还能产生足够的内热,驱动板块构造的进行,从而有助于稳定行星的气候和生成各种不同的地形;这颗假想的行星甚至可以长大到足以支持生命的成长。所以具有讽刺意味的是,当木星对地球上的生命起着促进作用的同时,却阻碍了生命在其他行星上的成长。

天文学家说,如果木星距离太阳的位置比现在更近或更远,所带来的后果都将非常可怕。如果木星距离太阳更近,将会使地球偏离轨道,可能朝着太阳的方向飞去,或者跑出太阳系;如果木星位于小行星带的中央,则可能会迅速驱散小行星,使它们的水分过早到达地球,而当时仍然非常炽热的地球会很快将水分蒸发掉;如果木星距离太阳更远,它对小行星带就不会产生多大影响,甚至可能允许在小行星带里形成新的行星,但同时它还可能从更遥远的地方引来彗星,从而给内行星提供水分。

木星形成的速度同样具有深远的意义。如果木星变得像现在这么大,所用的时间比实际少得多,那么它对其他行星所产生的影响会开始得更早,而且更富戏剧性。传统理论认为,木星是在长达 1000 万年的时间内形成的,首先形成一个岩质的内核,然后逐渐长大到地球质量的 10 到 15 倍,接着吸引气体使体积增大到现在的大小。但是在 1997 年,行星科学家阿伦·波士提出了不同看法。他认为,木星是由太阳系星云气体中的不规则物质直接聚合而成的,其形成过程仅需耗时几百年。如果像木星和土星一样的气态大行星果真是在如此短时间里形成的,那么它们就应该对像地球那样的邻居产生更大的影响。最后,木星轨道的形状也至关重要。幸运的是,它大致是一个圆形。如果一颗庞大行星的轨道呈椭圆或其他非正圆形状,就必然会扰乱其他行星的运行轨道,甚至打乱整个星系。这些行星或许最终能在非正圆轨道中达到平衡,但也有可能最终被抛出太阳系。对地球来说,哪怕运行轨道只比现在的轨道偏离一点点,地球上的生命都将遭遇到难以想象的酷暑和严冬。

揭开水星之谜

在肉眼能看到的水、金、火、木、土五大行星中,长期以来,水星是最使人难以捉摸的行星。因为它离太阳最近,它常常隐藏在强烈的阳光里,使你难以一睹它的容貌,就连波兰鼎鼎大名的天文学家哥白尼,也因没有看到过水星而终身遗憾。但是在机会碰巧的情况下，水星从太阳面前经过时，人们可以看见在明亮的太阳圆盘背景上出现了一个小圆点，那就是水星。这种现象叫作"水星凌日"。上一次看到的水星凌日在 1993 年 11 月 6 日中午前后。水星凌日时，水星在太阳明亮的背景上呈现一个黑点，仔细观察会看出水星的边缘异常清楚，这就告诉我们，在水星上是没有空气的，由于这一点，就使水星世界具有许多特色。

首先水星离太阳比地球近得多，比日地距离的一半还近（0.38），所以在水星上看太阳就比地球上看到的大得多，当然也更耀眼。更为奇特的是水星上没有大气，因而星星和太阳同时辉耀在天空中。太阳的面貌也很不一般，除了它那光辉巨大的圆盘外，在太阳周围有飘动着青白色的面纱，那是太阳外围的大气——日冕；在靠近日面的边缘还有红色的火舌——日珥，它是太阳上汹涌奔腾的"火焰"，高度高达几万公里到几十万公里。而且日冕的长度可达百多万公里！在静寂无声的水星世界的天空中却呈现出这样不平凡的奇异风光，真是令人叫绝。要知道日珥和日冕的壮观景象在地球上只有日全食时才能看到。

水星和太阳的平均距离为 5790 万公里，约为日地距离的 0.387，是距离太阳最近的行星，到目前为止还没有发现过比水星更近太阳的行星。

轨道速度最快，它离太阳最近，所以受到太阳的引力也最大，因此在它的轨道上比任何行星跑得都快，轨道速度为每秒钟 48 公里，比地球的轨道速度快 18 公里。这样快的速度，只用 15 分钟就能环绕地球一周。

地球每 1 年绕太阳公转 1 圈，而"水星年"是太阳系中最短的年。它绕太阳公转 1 周只用 88 天，还不到地球上的 3 个月。这都是因为水星围绕太阳高速飞奔的缘故。

因为没有大气的调节，距离太阳又非常近，所以在太阳的烘烤下，向阳面的温度最高时可达 430℃，但背阳面的夜间温度可低到零下 160℃，昼夜温差近 600℃，夺

水星

得行星表面温差最大的冠军，这真是一个处于火与冰之间的世界。

在太阳系的行星中，水星"年"时间最短，但水星"日"却比别的行星更长，在水星上的一天（水星自转一周）将近两个月（为 58.65 地球日）。在水星的一年里，只

能看到两次日出和两次日落,那里的一天半就是一年。

为了揭开水星之谜,美国宇航局在1973年11月3日发射了"水手"10号行星探测器,前往探测金星(1974年2月5日)和水星(1974年3月29日)。"水手"10号在日心椭圆轨道上的水星有两次较远距离的相遇,拍摄了第一批水星有大量坑穴的照片,拼合起来很像是半个月球。从此水星表面的真面目被逐渐地揭开了。

"水手"10号拍摄了水星表面大约2000多张照片,清楚地看到水星表面有大量的坑穴和复杂的地形。在水星上有一个直径1300公里的巨大的同心圆构造,这很可能是一个直径有100公里的陨星冲撞而形成的,它很像月球背面的"东方"盆地的情况。这个同心圆构造位于水星赤道地带,特别酷热,所以用热量单位"卡路里"来命名,叫作卡路里盆地。其中有的坑穴还有着像月球上某些环形山具有的辐射状条纹。这也许是因为小的天体撞击水星时,产生了许多小碎片,一齐向四方飞散而造成的,有的长达400公里。水星表面共有100多个具有放射状条纹的坑穴,大多以艺术家的名字命名。

现在的水星表面是平静无事的。可能过去有过火山活动,现在在水星上还可以看到几处貌似火山熔岩形成的平面状地区。

水星还有一个特征,就是它的表面到处都可遇到3~4公里高的断崖地形,有的长达几百公里,这些被认为是水星冷却收缩而形成的。因为水星上没有水和大气,所以这种地形可以长久存在并保持原状。

水星的赤道半径虽然只有地球的2/5,但密度和地球接近,因而可以认为构成水星的物质比地球物质为重。这就使科学家推论,水星中心有一个铁镍组成的核心,大小可能和月球差不多。

水星也有磁场,大约为地球磁场强度的1%,比火星的磁场要强得多,这已经是被"水手"10号探测水星时所了解到的了。谜一般的水星现在已经被我们揭开了它的不少秘密,进一步的探测还有待于未来。

水星上有"冰山"

1991年美国科学家在对水星进行雷达回波实验时的发现,从水星北极反射回来的信号特别强,这表明水星北极表面物质与其他地方不同,有很高的反射率,而水或者水冰是其中最简单的解释。在这么恶劣的水星环境下,怎么可能存在水或水冰呢?

水星的自转轴几乎垂直于它的公转轨道面,水星两极一些深陷的陨石坑可能永远照不进太阳光,里面的温度可能低达零下160多摄氏度,因此科学家猜测,太空陨石坠落时带来的水冰或者内部挥发出来的水汽能够一直保留在水星两极一些深陷的陨石坑内,因而不会挥发到太空中。当然究竟有没有水冰,还有待于实地考察。

尽管如此,地球上的雷达成像系统显示,水星的南北两极附近对雷达波有着很高的反射率。这种现象可能预示着这些地方有水冰存在。雷达图像还显示,在这些地方还有几十个环形山区域,可能是彗星撞击后留下的痕迹。这些地方阳光可能永远都照射不到,并且温度足够低,这为水冰长期存在提供了可能。同时,关于对月球上是否有水存在的探测与讨论,更激发了科学家对水星上是否有水存在的兴趣。

尽管现在还没有直接的证据表明水星的两极区域内有冰存在,然而雷达图像的大块明亮区域对应的由环形山造成的几乎是永久性的阴影地带,可以看成是水星上存在水冰的有力证据。然而,对雷达波的积吸反射也可以被理解成是由其他的一些物质所造成的结果,比如,一些金属的硫化物、金属的冷凝物、钠盐的沉积物等。当然这和冰的存在没有任何关系。

水星的磁场之谜

"水手"10号第一次飞越水星时,最近时距水星只有720多公里。探测器上的照相机在拍摄布满环形山的水星地貌的同时,磁强计意外地探测到水星似乎存在一个很弱的磁场,而且可能是跟地球磁场那样有着两个磁极的偶极磁场。水星表面环形山和磁场的发现使科学家很感兴趣,因为这些都是前所未知的。但是,磁场的存在必须得到进一步的证实,这就要等待到"水手"10号与水星的另一次接近。

"水手"10号探测器的飞行轨道是这样安排的:在到达水星区域时,它每176天绕太阳转一圈。我们知道,水星每88天绕太阳一周,也就是说,水星每绕太阳两圈,"水手"10号来到水星附近一次,飞越水星并进行探测。

"水手"10号第二次飞越水星时,距表面最近时在48000公里左右,对水星磁场没有发现什么新的情况。为了取得包括磁场在内的更加精确的观测资料,科学家们对探测器的轨道作了校准,使它第三次飞越水星时,离表面只有327公里,而且更接近水星北极。观测结果是十分令人鼓舞的:水星确实有一个偶极磁场。从最初发现到完全证实,刚好是一年时间。

水星的偶极磁场与地球的很相像,极性也相同,即水星磁场的北极在水星的北半球,其南极在南半球。

　　磁场强度一般用一种叫作"高斯"的单位来表示,水星赤道上的磁场约0.004高斯,两极处略微强些,约0.007高斯。跟地球磁场强度比较一下就更清楚些,地球表面赤道上的磁场强度在0.29~0.40高斯之间,两极处的强度也略大,地磁北极约0.61高斯,南极约0.68高斯。大体上说来,水星表面磁场的强度大致是地球的1%。与地球磁场相比,水星磁场强度不算高,更不要说与其他强磁场行星——木星和土星相比了。但是,除了这三颗行星之外,在太阳系的其余行星中,水星还是可以称得上是有较强磁场的一颗行星。

　　水星磁场与地球磁场还有一点很相像的地方,那就是磁轴与自转轴并不重合,两者互相交错而形成一个夹角,水星的这个角度是12°,而地球则是11°多。磁轴指的是北磁极和南磁极之间的连线。

　　既然存在磁场,磁场在太阳风的作用下肯定会被局限在一定的范围内,这个范围就是所谓的磁层。太阳风基本上不可能进入到磁层里面。水星和地球都有磁场,也都有磁层,水星磁层冲着太阳那面的边界——磁层顶到水星中心的距离,大致相当于1.45个水星半径,地球磁层顶到地球中心的距离约11个地球半径。所不同的是,地球磁层是不对称的,有点像是条头大尾小的大"鲸鱼",而且"尾巴"拉得很长;水星的磁层则是比较对称的。

　　有人认为:在水星形成的早期历史阶段,它的液态核心还没有凝固,水星磁场是在那个时候产生的,并一直保留到现在。这种观点遭到许多人的反对,认为根本是不可能的。主要理由是:在过去的几十亿年当中,由于放射性元素产生热能,或者其他像陨星袭击等原因,使得水星内部相应部位的温度上升到物质丧失磁性所必需的最低温度之上,从而使残留下来的磁场完全消失。所以,即使当时保留了部分磁场,现在也早已消失了。

　　还有人认为,水星与太阳风持续不断地相互作用,也许会由此而产生磁场。对这种主张的深入研究结果表明,这种相互作用虽然会由感应而产生磁场,但不可能产生与自转轴平行的对称性磁场。

　　看来,水星磁场是由某种我们还没有想到或还不理解的原因造成的,这还是个难解的谜。不仅如此,有待完善的磁场成因理论,还必须能同时回答:地球磁场是怎么产生的? 为什么有的天体没有磁场? 为什么金星有一个比水星更大更热的内核,却没有明显的磁场等问题。

美丽的土星环之谜

土星光环结构复杂,千姿百态。光环环环相套,以至成千上万个,看上去更像一张硕大无比的密纹唱片上那一圈圈的螺旋纹路。所有的环都由大小不等的碎块颗粒组成,大小相差悬殊,大的可达几十米,小的不过几厘米或者更微小。它们外包一层冰壳,由于太阳光的照射,而形成了动人的明亮光环。

土星环

土星光环除了明亮还又宽又薄。土星环延伸到土星以外辽阔的空间,土星最外环距土星中心有 10~15 个土星半径,土星光环宽达 20 万公里,可以在光环面上并列排上十多个地球,如果拿一个地球在上面滚来滚去,其情形如同皮球在人行道上滚动一样。土星光环又很薄。我们在地球上透过土星环,还可见到光环后面的侧面闪烁的星星,土星环估计最厚不超过 150 公里。所以,当光环的侧面转向我们时,远在地球上的人望过去,150 公里厚的土星环就像薄纸一张——光环"消失"了。每隔 15 年,光环就要消失一次。

奇异的土星光环位于土星赤道平面内,与地球公转情况一样,土星赤道面与它绕太阳运转轨道平面之间有个夹角,这个 27° 的倾角,造成了土星光环模样的变化。我们会一段时间"仰视"土星环,一段时间又"俯视"土星环,这种时候的土星环像顶漂亮的宽边草帽。另外一些时候,它又像一个平平的圆盘,或者突然隐身不见,这是因为我们在"平视"光环,即使是最好的望远镜也难觅其"芳踪"。

土星环不仅给我们美的享受,也留下了很多谜团。目前还不知道组成光环的这些物质,是来自土星诞生时的遗物呢? 还是来自土星卫星与小天体相撞后的碎片? 土星环为什么有那么神奇的结构呢? 这些都是有待科学家们研究探讨的问题。

土星极地上空的神秘辉光

土星表面的温度一直让科学家们感到困惑不已:这颗气态巨型行星的实际温度要远远高于理论计算值,也就是说,其所具有的热量似乎要远高于从太阳获得的辐射能量。为了解开这一谜团,来自英国伦敦大学学院的阿兰·埃尔沃德等人对土星进行了长期观测。他们发现,土星所呈现出的复杂程度要远远超过先前人们的想象。

科学家们长期以来一直在寻找土星表面"多余"能量的来源。他们认为,分布在土星极地上空的神秘辉光在不断地加热着土星大气的上层,之后,这些被加热了的气体又随着某种未知的循环过程被带到了土星的赤道地区,导致整个土星表面温度的升高。不过,正如埃尔沃德等人所发现的,如果上述大气运动过程真的存在于土星上,那么它所起到的作用应该正好相反,即:逐渐冷却土星赤道大气。如果科学家们的结论正确,那么当土星赤道区域的温度达到200K时,极地地区的就应达到400K。

埃尔沃德表示,目前面临的难题并非是土星大气底层所具有的温度低于理论值,而是极地地区所具有的热量"太多"。遗憾的是,科学家们现在还未开发出能够反映土星大气特性的计算机模型。要想解答土星大气温度异常之谜,可能先要对现有的有关行星大气的理论进行修订。

木卫二上也有断层

"伽利略"号航天器发回的照片显示,木卫二表面有一道断层。一些科学家认为,木卫二的冰层下面可能存在生命赖以维持的水。

参加美国地球物理学会会议的研究人员说,这条断层带与加利福尼亚有名的圣安德烈亚斯断层相似,并且使木卫二看起来像一个"破裂的主球"。

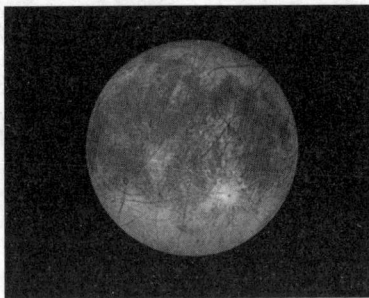
木卫二

这道断层——也许在整个冰层——的下面可能存在着一个海洋。如果这一点得到证实,木卫二将成为太阳系中除地球以外的第一个有液态水的天体。这将使木卫二和木卫四(另一个可能存在液态水的木星卫星)成为寻找生命痕迹的最佳地点。

这条长800多公里的断层横跨木卫二的南部。断层中约有50公里长的部分出现了位移。

与圣安德烈亚斯相似,这是一个平移断层。断层呈水平交叉,就像相向行驶的车流一样。

木卫二上海豚音之谜

据国外媒体报道,科学家们一直在努力研究动物的语言,他们相信,倘若我们能破译地球上高级生物的语言,那么人类离破解外星信号的梦想就更近一步了。比如海豚,海豚是一种性格复杂、情感细腻的群居动物,它们以独特的语言进行沟通。美国肯尼迪航天中心天文学家西蒙·克拉克的最新一种理论认为,木卫二上的生命形态与海豚十分相似,并且也说海豚语。

美国宇航局最近解密的文件称,几年前,美国宇航局(NASA)发射的"伽利略"号探测器在木卫二海拔 400 公里的上空掠过时,敏感的无线电探测器上感应到,木卫二厚厚的冰层下方传出一种吱吱的叫声。美国当局的高层人士当时曾对 NASA 下过命令,要他们对"伽利略"号所获得的资料严加保密。

经过近年来的电脑分析,科学家们发现,这种吱吱声竟然与海豚发出的声音十分相似,误差率仅为 0.001%。虽然说不清在木卫二海洋中"讲话"的到底是什么生物,但科学家大胆猜测,如果木卫二上真的存在某种形式的生命,它们最有可能与地球上的海豚相似。

这个假设是肯尼迪航天中心工作人员西蒙·克拉克提出来的。根据他的说法,海豚是木星一个卫星上的老住户。克拉克在新闻记者招待会上曾说:"别再提那些'蓝色小精灵'了,除了人类,太阳系就数海豚最聪明。"

在美国佛罗里达的秘密海洋实验室里,生物学家进行了一项最复杂的试验。他们让海豚们听用磁带从木卫二录下来的那些神秘的声音,试图让它们能听懂这些地外生物的语言。等到下一次再赴木星考察,还打算将海豚的"谈话"录音带去,用无线电发射机将信号发射到木卫二。

我们不妨设想,科学家截听到了外星人的谈话或直接收到他们的来信。那么,如何破译它们呢?美国加利福尼亚州芒廷维尤地外理性研究所(SETI Institute)的研究人员劳伦斯·道尔认真思考过这个问题。他提出了一种非常别致的方法,可以辨别出海豚彼此间是在用外星球的语言交谈。这是通信技术中常用的办法,基础是能用来对任何一种信号序列,如能对 DNA 盐基、数字、字母或含有信息内容的句子等一系列数据进行分析的数学手段。

首先要弄清楚信号到底是怎么回事,是真的有信息,还是普普通通的噪声。哈佛大学的语言学家乔治·济普夫研究出一种能辨别陌生声音中有无含义的方法。他先统计出一段常见的文字中各种字母能碰到多少次,因为一般有含义的文字不可能连续包含好几个相同的字母,字母碰上也有一定的周期性。然后按字母出现的频率,以一种固定方式画出一张表格,最后以对数比例画出一条带角系数的斜线,蕴涵有某种意义的语言文字的角系数便是这样,而没有任何意义的随便一种字母组合在图表上的排列应该是水平的，没有任何斜度。就这样，科学家运用济普夫的方法研究了海豚的叫声，结果得出的斜度系数跟人说话一模一样，也就是说，它的叫声是带有信息的。

相比之下，猿猴的"啼鸣"就简单多了，它的系数勉强达到-0.6。这表明，就智力而言，海豚更接近我们。

俄罗斯生物学家塔尔切夫斯卡娅对海豚的声音有过多年研究，她认为，人和海豚很有可能是宇宙间最有理性的生物。海豚声音信号频率的音域超过了人，如果说人的声音来往频率可达20千赫，海豚却能达300千赫。

除此之外，研究结果表明，海豚和人一样，其声音组成也是由发声、音节、单词、句子、段落和上下文等6个阶段组成。从声音信号组成的复杂性来看，海豚和人几乎完全相同。

总之，人和海豚两个物种有许多共同之处。海豚和我们一样，随便吃用别的动物，它们的寿命也大致同人一样，在同一个年龄段长成年，也是非常合群，过的是家庭生活，并且它们还有自己的方言。

科学家们同时指出，在现有条件下，肯定木卫二上是否存在生命形式还不太可能，但是他们猜测，如果木卫二上存在某种形式的生命，它们最有可能与地球上的海豚相似。

揭开海王星的神秘面纱

在大型天文望远镜里的海王星，呈现出淡蓝色的圆面，人们自然而然地联想到蔚蓝色的大海，海王星绕太阳运转的轨道半径为45亿千米，是地球距离太阳的30倍，公转一周需要165年。从1846年发现到今天，海王星还没走完一个全程。

海王星的直径是49400千米，和天王星类似，质量比天王星略大一些。因此海王星的内部结构与天王星极为相近，所以说是天王星的孪生兄弟。

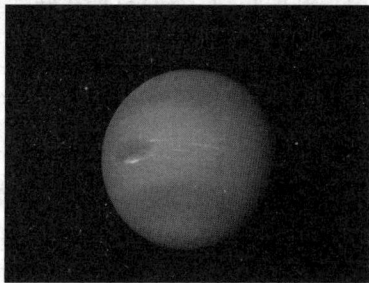

海王星

海王星表面也有厚厚的大气层包围着，大气中含有氢、甲烷和氨等气体。由于海王星离太阳遥远，表面有效温度为-230℃，但在红外波段，海王星的辐射能量超过它所吸收的太阳能量，这表明海王星也可能存在内部局部能源。从1989年8月"旅行者2

号"考察海王星时发回的照片上发现,海王星上面有一个大鹅卵形黑斑,两个暗斑和三个亮斑。黑斑的直径约为1.28万公里,看上去像一只大眼睛,大约每10天逆时针旋转一周。这个大黑斑实际上是一个气旋,它是海王星大气的高压区,在它上面约50公里处有一些像卷云般的云朵。分析表明,在海王星大气中含有高浓度的甲烷和氢硫化物。

天王星和海王星的内部结构既不像类地行星富含硅、铁,又不像巨行星那样富含氢、氦,它们基本上是由水、甲烷、氨等氢化物构成;而硅酸盐、铁、氢和氦只是次要成分。这就是说,虽然天王星和海王星也像巨行星那样是液态行星,但它们的化学成分已不是原始星云物质。

现在认为天王星和海王星的大气中氢仍是主要成分,其内部结构分为三层:富氢的大气层,其质量为1~2地球质量;由甲烷、氨和水构成的液态幔,其质量约为地球质量的10倍;岩—冰核,其质量约为地球质量的3倍。

根据地面观测,天王星和海王星也有磁层。为此,"旅行者"2号的探测项目中设置了对天王星、海王星磁层的探测项目。"旅行者"2号在到达天王星最近距离点之前,就探测出天王星发出的射电信号和带电粒子流。经测定,天王星也有磁层结构,其磁层中主要是由质子和电子构成的等离子体。磁层在朝向太阳的一面至少延伸到59万公里的高度,其磁尾延伸到600万公里。天王星也有与地球范艾伦带类似的辐射带。

1989年8月24日,"旅行者"2号抵达海王星近区,对海王星进行多方面的探测。观测资料向我们展示了海王星的"画卷"。海王星是一颗蓝绿色的行星,大气层内十分活跃,各层的云都在高速流动,风暴层出不穷。在大气层中存在两个暗斑和3个亮斑。其中一个大暗斑在东西方向上达12000公里,南北方向上达8000公里,位于海王星南半球南纬21°,与木星大红斑一样,是沿逆时针方向运动的气团。大黑斑的南部还伴有明亮的白斑。"旅行者"2号还新发现海王星有6颗卫星,使海王星卫星总数达到8颗。发现海王星有5条光环。迄今为止,木星、土星、天王星和海王星都具有光环。它们同属类木行星。这给关于太阳系起源和演化的研究注入了新的活力。

冥王星被降级为"矮行星"

2006年8月24日在捷克首都布拉格召开的国际天文学联合会上,包括中国科学家在内的来自76个国家的2500多名天文学家以投票表决的方式,将冥王星"淘汰"出了行星行列,降级为"矮行星"

　　冥王星是 1930 年被美国人克莱德·汤博发现的,在当时的天文观测水平和观测条件下,科学家高估了它的质量,认为它比地球还大。可是,随着哈勃太空望远镜等现代天文观测设备的不断出现,人们对宇宙的认识逐渐加深,科学家们发现实际上它的质量远非当初观测的那样大,而是比月球还小,它的直径只有 2300 公里。

　　可是待人们发现这是个错误的时候,冥王星已经作为第九大行星被写入了教科书,因此不少科学家认为冥王星的发现如果推后几十年,它根本不可能跻身"九大行星"之列。太阳系"九大行星"中,冥王星是距离太阳最远的一颗,其椭圆轨道比其他各大行星的都要扁长,而且也最为倾斜,这也是它饱受质疑的原因。

　　在发现冥王星后相当长的时间里,天文学家们一直认为,太阳系中在海王星以外更遥远的区域,除了冥王星外,再没有什么其他的天体了。这一观点遭到了荷兰裔的美籍天文学家柯伊伯的质疑,在 1951 年他首次提出了"柯伊伯带"假说,即在海王星轨道之外的太阳系边缘,可能还有类似彗星的天体存在。

　　但柯伊伯的这一假说一直缺乏切实的发现来证明。直到"柯伊伯带"假说提出 41 年后,美国夏威夷大学天文学家于 1992 年利用 2.2 米的天文望远镜,首次观测到这一区域有天体存在,才证明了在太阳系的边缘,确实有着一个原先不为人知的广阔世界,这里被天文学家称为"短周期彗星之家"。

　　近 10 年来,科学家在"柯伊伯带"不断有新的收获。据中国天文学会常务理事卞毓麟介绍,"柯伊伯带"离太阳约 30～100 个天文单位,已观测到的柯伊伯天体直径大多为一二百公里。位于"柯伊伯带"内的天体,统称为"柯伊伯天体"。到 2005年底为止,人们发现的"柯伊伯天体"已经近千个,其中直径上千公里的有 10 来个。"齐娜"是迄今为止发现的"柯伊伯带"中最大的天体。

　　因此,"齐娜"的发现者布朗博士说:"如果冥王星也能称为行星的话,那么'齐娜'完全可以进入行星之列。"

　　不少天文学家主张将冥王星列为"柯伊伯天体"中的一员;另一些天文学家考虑到历史原因,则认为还是应保留冥王星的大行星地位;至于"齐娜"是否应列入大行星,天文学家认为还需谨慎对待。

　　那么如果"柯伊伯带"还有更多更大的星体存在,只是尚未被发现怎么办? 如果大家都以冥王星为参照,那么大行星家族就会不断"添丁"。这也正是不少天文学家反对给"齐娜""名分"的理由。

　　天文学界的权威机构——国际天文学联合会专门成立了一个行星定义委员

世界未解之谜

图文珍藏版

会。经过两年多的研究讨论,行星定义委员会提出了一种方案:太阳系的行星由9颗增至12颗,其中有8颗是经典行星(俗称大行星),不仅大,而且大体上以圆形的公转轨道在黄道平面附近公转;同时有4颗包括冥王星在内的二级行星。然而,这个用了两年时间产生的方案在还未进行最后表决就被当初的提出者推翻。

这次投票表决定义了太阳系中其他三类天体:"行星""矮行星"和"太阳系小天体"。"行星"指的是围绕太阳运转、自身引力足以克服其刚体力而使天体呈圆球状、并且能够清除其轨道附近其他物体的天体。正是这个标准才将冥王星拦在了行星的"门槛"之外,符合这一条件的行星只有水星、金星、地球、火星、木星、土星、天王星和海王星,而冥王星不在其列。

小行星会撞击地球吗

在整个地球的历史长河中,小行星与地球"擦肩而过"甚至撞击地球的事不乏其例,难道我们生活的地球真的是危机四伏吗?

2002年1月7日,除了几个知情的天文学家外,恐怕再没有人会觉得这天与往常有什么不同了。然而正是这天,一枚直径300米的小行星以11万千米/小时的速度与地球"擦肩而过",确切的时间是北京时间15点37分。小行星在地球门前掠过并非第一次,然而这次却令科学家们至今心有余悸。道理非常简单,尽管这枚小行星很久以来一直朝着地球的方向飞速运行,但直到2001年12月26日,即直到小行星驶向地球近地点前的12天,它才被美国国家威夷天文台的一台小型天文望远镜所发现。

这枚小行星的编号是2001YB5。当美国的天文望远镜捕捉到它时,它正朝着地球的方向迅速逼近,当时看上去,它的大小也就与从地球上观测月球表面一块直径1米大的岩石相似。刚发现它时,美国天文学家曾异常紧张,因为一枚直径300米、可能是以坚硬的岩石组成的小行星一旦以11万千米/小时的速度撞上地球,其能量至少可以将方圆150千米内的所有建筑和自然物夷为平地,甚至对方圆800千米以外的地区也会造成不可估量的损失。直到科学家们以最快的速度计算出小行星的运行轨道后,他们才松了一口气:这枚小行星不会撞上地球,在距离地球83万千米时,它将转向为逆地球运转的方向而去。事实验证,小行星的运行轨迹与科学家的计算毫无二致。83万千米,从常理上看是个不近的距离,但从天文学上看,在太阳系里,它已经驶进地球的"近郊"。换句话说,以它的运行速度,小行星从其轨道近地点到地球的距离仅有不足8个小时的路程!

如果这枚小行星真的驶向地球，那么人类只能坐以待毙，因为以现在的科学手段，科学家虽然能很快计算出它的运行轨道并预见到它所威胁的具体地区，但却没有能力在 12 天的时间里采取任何有效的预防措施。

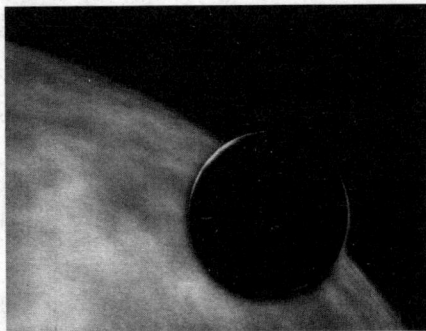

电脑模拟小行星撞地球

2002 年 6 月 14 日，一颗小行星从地球附近飞过，当时它与地球的距离比月亮还近，人类却没任何表示，3 天后才反应过来。虽然这颗小行星只有足球场那么大，但如果它与地球相撞，足以将一座繁华都市夷为平地。天文学家们 6 月 17 日才发现这位"地球访客"，他们将这颗小行星命名为 2002MN。据估计，它的直径大约在 45 米到 109 米之间，从地球旁边疾驰而过时最近距离为 12 万千米，运行速度为 3.7 万千米/小时，位于美国新墨西哥州的林肯近地小行星研究项目的科学家首先发现了这颗小行星。现在，这颗小行星已经飞到离地球几百万千米以外的地方了。

在人类的记录中，只有一颗小行星比 2002MN 飞得离地球更近，那就是 1994 年的 XMI，当年 12 月 9 日它离地球的最近距离只有 10.5 万千米。2002MN 是一颗轻量级小行星，它围绕太阳飞行一周需要 894.9 天，一旦撞击地球，只会危及一定的地区，并不会对整个世界构成危害。

英国国家空间中心近地目标信息中心公布的一份新闻稿称："如果 2002MN 撞上地球，它带来的危害会跟 1908 年西伯利亚通古斯卡遇到的撞击差不多，当时 2000 平方千米的森林被铲平。"当年，袭击地球的巨石长 60 米，其威力相当于广岛原子弹爆炸的 600 倍。据科学家猜测，一旦 2002MN 撞击地球，很可能会在大气层发生爆炸，产生巨大的冲击波。

但是，地球遭遇小行星或者彗星撞击的可能性非常小，绝大多数宇宙访客都不会像 2002MN 那样与地球这样亲近。它的这一"亲近"着实让一些科学家震惊，所幸的是，它今后不会再飞得离地球这样近了。它下一次光顾地球会在 2061 年，但距离地球会比 2002 年 6 月 14 日时要远得多。天文学家们正在努力测绘大一点的小行星的飞行轨迹，它们的直径超过 1 千米，一旦撞击地球会完全改变世界的气候。

但是，人类对轻量级小行星的观测和研究明显不足，科学家们对此十分担心。

要知道,科学家们发现行星靠的是它们能够反射太阳光,而轻量级小行星反射的光不强,只有在距离地球十分近的情况下才会受到人类的关注,因此它们的危险性不可忽视。此外,天文望远镜多集中在北半球,南半球成了人类的盲点,一旦小行星飞向那里,人们毫无防备。

据称,如果小行星一旦进入撞地轨道,不仅人类发射导弹拦截为时已晚,而且紧急疏散居民都来不及。事实上,在整个地球的历史长河中,小行星与地球"擦肩而过"甚至撞击地球的事不乏其例,最令人心悸的就是6500多万年前一颗直径约10千米的小行星以9万千米/小时的速度与地球相撞,撞击点在今天墨西哥的尤卡坦州。世界各国科学家对墨西哥尤卡坦半岛陨石口地区的研究工作有了初步结论,这为陨石坠落和地球随后的演化理论提供了物质依据。在研究中发现了硫酸盐类矿物——石灰石和硬石膏。

专家们认为,这证明了小行星坠落致使地球上50%动物灭绝的理论。硬石膏的存在是硫大量集中造成的,硫与碳酸盐结合形成了硫酸,硫酸雨"杀死了"陆地和水中的生命。撞击还引起了小行星大爆炸,发生了多次破坏性严重的强烈地震和其他灾难。爆炸产生的尘埃充斥了整个地球大气层,阻挡了阳光,致使气温骤降,植物枯萎。有科学家认为,正是这次小行星与地球相撞,导致当时主宰地球的恐龙及其他许多大型动物完全灭绝,恐龙和其他许多动植物正是在那时从地球上消失的。

在20世纪70年代,取自月球的岩石显示,月球的最大峡谷,或者说是盆地,几乎所有的大峡谷都处于相同的年龄,即形成于38.8亿年前与40.5亿年前的时间。这表明月球和其附近的地球受到了巨大岩石不断地撞击。

这为一个具有争议的学说提供了佐证,即在40亿年前,少年时代的地球和月球曾被突然出现的巨大宇宙岩石所撞击。就地球来说,这方面的证据已被湮灭在其作为行星的地质活动之历史长河中,并且该地质活动至今仍在持续。

几十年来,科学家们一直奇怪于其他的年轻行星是如何咆哮着向地球和月球抛物撞击的。他们猜测,由于外层行星的形成和轨道的转换,使得彗星和小行星轨道偏离,进而向太阳系内层爆撞。科学家们首先比较了月球岩石和小行星的残片,发现它们具有相似的特定元素的浓度。然后,他们检验了在火星和木星之间的小行星带,发现它们就像在小行星乱阵之中的囚徒一样,正在四分五裂。对已经从小行星带坠落的和大约40亿年前碰撞形成的小行星的关键同位素进行配对比较,结果发现其中的一些同位素,其实是从小行星带飞出来的。在南极洲找到的陨石和最初萎衰的火星面貌,显示出在地球和月球被撞击时,它们皆已被部分地熔化。科学家们的研究,支持了有关在月球盆地形成时,整个太阳系内部都在被小行星撞击的学说。

而有些科学家认为,该小行星学说仅仅是假说,并不见得就是事实。他们认为,月球在被彗星撞击形成盆地之后,在更小的小行星的撞击中,月球岩石上的微量元素,可能已经沉淀。同时,有些科学家则怀疑,彗星或小行星是否真正与月球发生过撞击。月球的盆地可能永远具有相同的年龄,因为在40亿年前,当时仍在形成的月球遭受到了许多的冲击,以至于其表面不能再被修复。而瑞士联邦科技研究所的科学家通过对美国阿波罗号宇宙飞船从月球带回的岩石进行研究,发现了月球与地球曾经相撞的最新证据。

目前,科学界有一种月球生成的理论认为,月球最早的时候是和火星一样大的星球,大约在太阳系形成5000万年后,也就是地球生成的早期,该星球与地球相撞,并激起大堆大堆的熔岩,其中某些熔岩后来就形成了今天的月球。此次瑞士科学家们发现,月球岩石里面氧气的同位素比例和地球的一模一样。另外,科学家通过计算机对碰撞进行模拟,显示月球主要是由"月"星球的材料所构成。为此,瑞士的科学家们断定,月球和地球同位素的比例既然一样,就可以证明"月"星球曾经同地球发生过碰撞。

难道我们生活的地球真的是危机四伏吗?其实不然,为使研究人员、新闻媒体和广大公众能够准确掌握某星体对地球的实际威胁程度,避免让公众产生不必要的恐慌,1999年,国际天文联合会在意大利都灵制定并通过了小行星对地球威胁的险级标准,并将此标准命名为小行星险级都灵标准。根据国际天文联合会报告,迄今为止,天文学家还没有观测到超过都灵1级的小行星,也没有发现在相当长的一段时间内会对地球造成重大威胁的天体。至于刚刚光临过地球"近郊"的2001YB5,它下次再接近地球的时间是2052年,但与地球的距离将是2700万千米,即便在更远的未来,它撞上地球的可能也是微乎其微。从科学上分析,只有直径超过1千米的小行星才能对地球带来灾难性的毁灭。天文学家估计,对地球有潜在威胁的这类小行星大约超过1000个,但现在已知的只有300多个。

目前,美国正全力支持对直径超过1千米的小行星进行观测,截止到2008年以前,所有对地球存在潜在威胁的小行星都将归档登记并被追踪轨迹。针对小行星对地球的威胁,科学界已经有了许多设想,如向对地球具有威胁的小行星发射核弹,将小行星击碎。

世界未解之谜

宇宙未解之谜

图文珍藏版

有专家评论说,这种方法不难达到,但并不理想,因为每个小行星的物质构成不一,科学界尚无法知道核弹的力量是否足以使小行星粉碎成不会对地球造成任何威胁的直径不足 10 米的碎块,如果小行星不能被击成足够小的碎块,被击碎的直径为数百米的大型天体可能会变成众多直径为数十米的行星碎块,沿着原来的轨道像行星雨一样降到地球上,这样虽然减少了局部的撞击,但却会使撞击面增多。

在这种情况下,有专家提出了改变小行星轨道的方法,让它偏离可能与地球相撞的轨道,如在小行星表面放置离子发动机,或借助太阳风,或向小行星周围发射核弹等等。

但无论是发射核弹击碎小行星,还是使用各种方法让它改变运行轨道,前提条件都是要提早发现,发现得越早,成功的可能越大。但是,依目前的技术能力看,仍然存在着太多不确定的地方。

哈雷彗星之谜

在天文学界,哈雷彗星非常有名。因为它的 76 年周期是英国天文学家哈雷发现的,故起名为哈雷彗星。哈雷彗星于 1682 年、1758 年、1834 年、1910 年和 1986 年都出现过。这在天文资料上都有记载,而且还曾都准期地出现过彗星蛋事件。

然而,对这颗哈雷彗星的更多神奇特性,天文界还在研究中,在这期间,更为神奇的现象又被发现,哈雷彗星能喷发出几万倍的亮光,令人惊奇和不解。是什么原因能使彗星产生亮度喷发现象呢? 对此,中国科学家曾撰文进行过报道和引证了外国专家分析。文章中说:1991 年 2 月 12 日,欧洲南方天文台发现,哈雷彗星的亮度突然猛增 300 倍,从 25 星等增亮到 19 星等,并冒出一团很大的彗发。当时它位于土星与天王星轨道之间,这是首次观测到离太阳那么远的彗星的爆发现象。

人们对遥远的彗星能发生如此激烈的活动感到疑惑。英国天文学家休斯认为,很可能是一颗直径 2.6~60 米的小行星横向"袭击"了哈雷彗星,使得大约 1400 万吨尘埃(相当于哈雷彗星总质量 0.02%)撒向太空。但休斯假说遇到了疑难,首先是在土星与天王星轨道之间,迄今只发现过 3 颗小行星,其中最小的也比哈雷彗星大 5000 倍。但休斯认为,太阳系有许多直径在 60 米以内的小天体,它们在土星轨道附近时的亮度只有 30 星等,连哈勃空间望远镜也难以探测到,但不能因此就忽略它们。

许多天文学家不赞同休斯的说法。彗星专家马斯登说,彗星是不稳定的天体,只要有很少一点阳光照在它们的裂隙上，就可能引起物质蒸发和逃逸。休斯和马斯登都认为只有观测到更多遥远彗星的爆发现象后，才能下结论。

如果休斯的猜测是事实，那么 2061 年哈雷彗星再度回归时，航天器将会看到它的表面有个约 2 千米大小的"新"伤痕。

另外，还有两位美国天文学家从另一个角度解释了这次哈雷彗星的爆发。他们认为是太阳耀斑的激波撼碎了哈雷彗星薄弱的外壳，致使尘埃大量外逸。行星际的激波早就被"先锋"10 号飞船在离太阳 40 天文单位以外探测到。两年前金星探测器也观测到多次太阳耀斑引起了激波。1991 年 1 月 31 日，太阳上出现了特大耀斑，据信这次耀斑产生的强激波于两星期后抵达哈雷彗星，引起了爆发。

总之，关于哈雷彗星爆发之谜，是由于太阳风暴激发引起，还是与小行星碰撞引起，还是另有他故，目前还无法定论，只有通过进一步的观测、探索，相信最后会真相大白的。

第七节　形形色色的 UFO

飞碟是从哪里来的

1947 年 6 月 24 日，肯内斯·阿穆尔特驾着自己的小飞机在华盛顿看到了 9 个不明物体飞过雷诺山。事后，他描绘道："这些不明飞行物像个飞行着的碟子，飞起来犹如穿过水面的水瓢一样。"当地报纸在选登这一新闻时还特地加了"碟"的标题。从此"飞碟"一词（又称 UFO）便逐渐为全世界所接受了。

飞碟

有关 UFO 的来源有许多假说，尚未完全定论，其中以外星人制造最为流行，但是其他假说仍各有其理论根据，值得研究探讨。

（1）地球外文明说

此说认为在宇宙其他星球上住有科技文明高出地球人的生物，这些外星人时常乘坐 UFO 在宇宙间飞行，也常常到地球来，在远古时代曾在地球上建立高度文明国家。后来离开地球，留下了许多无法解释的"遗迹"，因而，产生了"宇宙考古学"这门新学问。

在广大的宇宙中,与地球同样环境的星球肯定不止一个,而比地球更文明更发达的外星人存在的几率事实上也很高。目前 UFO 的来源以此学说较为大多数研究人员所接受。

(2)秘密兵器说

这个学说认为 UFO 可能是地球上某一国家所开发的秘密兵器,但此一学说有若干疑点。假若 UFO 这类具有特殊飞行性能的兵器为某一国所开发的话,那么必然会运用这种兵器征服全世界,但到目前为止尚无此种国家出现。

研究 UFO 的人却认为基于种种理由开发这种武器的国家尚不愿正式公开,美俄等先进国家可能都在研究。而为了与外星人的飞碟区别,特称秘密兵器 UFO 为UFOO。

(3)地球空洞说

地球中心是空的,而有高度文明的生物住在里面,UFO 是他们乘坐的飞行器。

有许多人称曾到过地底王国,北极地区及喜马拉雅山均有通往地底的通道,因此有不少探讨地心世界的研究著作出现。据传已故美国总统罗斯福先生也有到过地心的经验,因此他将美金一元纸币的背面改用金字塔,塔顶置有水晶及一只眼睛,用意在传讯息,说明地底世界也是靠着水晶与金字塔吸收太阳能加以利用。

(4)水中文明说

此说主张水底有高文明人类,时常搭乘 UFO 到地面来。

持此说的研究人员认为古代有比人类更高等的种族沉入海中,也有些人认为来自地球外的 UFO 以海底作为基地,因此海底曾发现有非潜水艇的不明物,称为USO(不明潜水物),并有许多目击报告。

(5)空中生物说

此说认为 UFO 是生存在空中的另一类生物。

在深海中至今仍存在着许多人类尚不清楚的生物,同样道理,空中也可能有高等生物存在,UFO 为其中一种。

但到目前为止并没有人捕获此类空中生物,因此科学家认为此说的可靠性不高。

(6)时间旅行说

此说主张 UFO 是超越时间屏障,由未来世界来到地球的。

持此说的人认为 UFO 是人类进化后所创的飞行器,进化以后的地球人成为头大、手脚变细的模样,这与目击 UFO 的人所看的外星人是一致的。

目前人类尚无法制作超越时光的机器,但将来也许有此可能,所以时间旅行说具有若干真实性。

(7)超地球人说

此说主张 UFO 是从异次元世界或是平行宇宙来到地球的。

在我们所居住的三次元世界之外有更高次元的世界,纵使在同一地球也居住着许多次元不同的生物。

所以,居住在异次元世界的人就搭乘 UFO,到达三次元的地球来。还有,同样住在同一地球,但由于地球的不同次元处也有生物存在,也会搭乘着 UFO 到达地球人的世界,这叫作"超地球人说"。此说很难简单说明,一般人不太容易接受,但 UFO 研究人员主张此说的却不少。

但为何这些超地球人会出现在我们地球上呢?持此说的人认为地球人的活动也会直接地影响到他们。

可惜此说并无直接具体证据,但由于能清楚地说明 UFO 各种现象,因此很受注目,是一种可能性较高的学说。

(8)集合无意识说

主张 UFO 是人类在无意识下所产生的。

人类内心深处可分为显在意识及潜在意识两部分。

前者为自己知道的意识,后者又叫无意识部分,是存在于较深处不为自己所知的部分。此一无意识部分隐藏着种种不满与欲望,有时这部分能令人产生虚幻与臆想。

此种人类的无意识下愿望产生 UFO 就叫集合无意识说,因此 UFO 并非来自其他世界,而是人类愿望所产生的。

此说非常有趣,也具有几分真实性。

(9)幻象说

这是许多正统的科学家所持的看法。他们认为,所谓飞碟云云,只不过是某些人的脑海中出现的幻象,是虚无缥缈的乌有之物。英国心理学家詹姆斯·麦奎恩就这样对《世界科学》月刊的记者说过:"飞碟实际上是一种心理活动的反映。"

(10)地光说

英国保罗·迪弗雷克斯等人根据英法两国飞碟现象都与地质断层活动有关,因此认为,"飞碟是由地质的变化过程而产生的。也就是说,实际上,飞碟就是'地光'。"

（11）等离子体火球说

日本的本田伸二等人认为："UFO 是一种等离子体火球。"那么，什么是等离子体火球呢？"是一种被电离的气体，由闪电放电、地震岩石放电、空气中电磁强烈振荡而产生。它在地球大气的电离层中普遍存在。这种由离子、电子以及未电离的

飞碟与外星人

中性粒子组成的气体，在上空飞行时，有时便是以火球形式出现的高频放电等离子体。当大气平流层高空的上下层气流流动速度相差悬殊或流动方向相反时，强烈的振动产生了波动，于是，这些波动之间的复杂相互作用导致了火球的产生和变化，因此火球运行时形状各异。"

（12）气镜说

中国的徐仁江认为，飞碟是一种可见但不可及的大气现象，即大气层的小水粒形成的"镜子"，映射地上或空中物体的结果。当"气镜"稳定不变角度和被反射物为静物时，通常出现"飞碟"停留现象。当"气镜"角度变动和被反射物为动物时，"飞碟"则出现稍纵即逝的现象。

真的是众说纷纭，莫衷一是啊！在数以万计的飞碟目击报告中，的确，有一部分是流星，有一部分是地光，有一部分是等离子体火球，有一部分是气镜现象，有一部分是人类的幻想，但是，还有一小部分是无法解释的。那么，这些无法解释的一小部分是什么物体呢？

飞碟光照射的奇异效应

美国俄亥俄州的不明飞行物调查员特里·布莱克经常在州电台讲解 UFO 现象。有一天,当他在电台介绍飞碟的光之后,接到一封注明 1975 年 5 月 30 日写的信,发信者是感化院里的犯人。这位犯人后来又给布莱克写了几封信,告诉他一束来自不明飞行物的光使他从此失去了理智。当时,他曾经有 5 个小时失去了一切记忆。事情发生在 1968 年 1 月。犯人说,此事弄坏了他的神经,要求监狱当局谅解他。他在信中写道:1968 年 1 月,在一次暴风雪中,我驾驶着巴尔加公司的一辆带拖斗的卡车行驶在密歇根州的一条公路上。我刚刚在东海岸出了一趟远车。我在离开 M77 公路干线拐入 M88 小公路时看了一下手表,已经是半夜 12 点了。

M88 公路是一条笔直的路,穿过密执安三角洲的一块平坦却又荒芜的开阔地。那夜大雪纷飞,汽车挡风玻璃上的刮水器被冰冻住动弹不得。深夜 12 点 15 分左右,我已无法继续行车,便停下来走出驾驶室去消除刮水器上的冰雪。我刚走下车,一道强光照得我头晕目眩。周围一切都被照得亮如白昼。我的第一个想法是,前面有一架飞机出事故了。那强光只持续了几秒钟,接着我就仿佛跌进了一个淡绿色的世界……我和我的卡车再次被巨大的强光包围。我想到了自己可能是发疯了。但我清楚地看到鹅毛大雪还在飞舞——不过,这雪不再落到我身上和卡车上来,我感到一种灼人的热量。

我突然看到自己离卡车有 7 米的距离,但我不知道是什么时候和怎样走到那里去的。周围的积雪有 15 厘米厚,而雪地里一个脚印也没有。我感到失去了控制。我回到了卡车,它已灭火。我的卡车是柴油发动机,按理说这种发动机在当时的气温下是不会灭火的。我爬上车子,多次点火启动都没有成功。我摸了一下发动机,发觉它十分烫手,等了 3 小时后,它才冷却下来。这个现象我百思不解。

我以为刚才在雪地里只呆了几分钟,当我再次看表时不禁吓了一跳,已是清早 5 点钟了。我十分吃惊,我丢失了 5 个来小时!回到驾驶室里后,我的头痛得厉害,而且常常恶心,这种现象持续了 4 天。另有一件怪事是,我总闻到一种奇怪的气味,直到 1972 年才消失。如果你感到我的这个遭遇值得研究的话,请你独自研究便是,不必找我,因为我目前的处境不便……

这个犯人在 1975 年获释出狱。据 UFO 研究得知,飞碟的光具有不同颜色,各种颜色的光对人体或运动产生的影响也不尽相同。有的光可使人瘫痪;有的灼伤人、动物;有的会使人精神失常;但也有产生良好影响的,如有的飞碟光束会使人产生异能、聪慧、智商提高;有的能使人产生巨大力量,成为大力士;也有的飞碟的光(尤其绿光)能治病,有的会使盲人复明。这些现象甚至使研究者感到惊讶和不解。

UFO"观摩"世界大战

1939年到1945年,是血雨腥风的6年,整个地球都被历史上最可怕的屠杀震撼着(死亡人数达五十多万)。在此期间,空军第一次成为决定因素,不仅决定着陆战和海战的胜负,而且决定着战争的进程,如进攻英国、盟军对德国的战略轰炸、日本以及后来美国空军在太平洋战线的胜利等,莫不如此。

1944年,冲突各国总共拥有6万架飞机,而主要交战国英、美、苏、德、日每月生产飞机300架。在5个交战大国的军队人数中,空军占35%。飞行员以其特殊的心理和身体素质、复杂的训练,以及武器特点,无可争辩地成为军队的王牌。而经常面对死亡,又训练出了他们超常的反应能力。因此,1939年~1945年间空军飞行员提供的有关发现不明飞行物体的报告具有特殊的重要性。在这些情况下,任何观察失误都可以排除。参加第二次世界大战的飞机驾驶员不可能看错他们面前的敌机型号,因为,他们的生与死取决于能否快速和准确地发现敌机。

在此类报告中,经常提到无法辨明的空中物体的活动,这对那些了解正在执行战斗任务的飞机发出的报告当是多么严肃而简洁的人来说,无疑是有说服力的。显然,报告中描述的两方面情况特别引起交战国参谋部的兴趣,这就是:有关飞行物体所达到的令人难以置信的速度;它们尽管表现出"机敏的好奇心",但并不参与冲突,不进攻,特别是在受到地球飞机攻击时也不还击。这种难以解释的表现,比采取公开敌对行动更令各国军界担忧,因为,战争结束后,每个交战国都曾把这些奇怪的空中物体当成是敌人的秘密武器。大国之间相互猜疑,无法理解这些奇怪的空中不速之客的行动和操作方式的各国参谋部,对这种现象展开了认真的考察。

早在1942年~1943年间,英国、美国和德国都组成了由科学家、军事专家和王牌飞行员组成的研究小组,并配备了现代化的研究仪器和当时最好的飞机。

正如飞行员们所说,这种措施太及时了,因为,在一些王牌空军大队的飞行记录中,越来越频繁地提到了"不明空中现象"。而这些歼击机、侦察机大队是由出色的飞行员和飞机组成的,指挥它们的是大名鼎鼎的驾驶员凯萨达、尤勒、杜里特尔、施拉德、狄雷、贝格兰德或克洛斯特曼(盟军方面),以及诺沃尼、加兰德、戈洛布和冯·格拉夫(德军方面)指挥的。他们的飞行员在空中飞行时间在1000小时

空中作战期间，有时远处会出现一个不明飞行物。

~6000 小时之间，每天都在打残酷的硬仗，不可能被怀疑缺乏经验或胆量。但是，可以明显地看出，他们对自己遇到的空中物体的奇特性能感到震惊……

从战争档案中发现，同奇怪的空中物体有过"遭遇"的著名空军大队和中队有如下这些：

——皇家空军方面：英国 611、616、415、122 和 125 大队；加拿大 124 和 49 大队；挪威 177 大队；新西兰 286 大队；自由法国阿尔萨斯 374、346 和 341 大队；捷克斯洛伐克 311 和 68 大队；波兰 303 大队，以及国际格拉斯戈 602 大队和孟买 132 大队。

——德国空军方面：神鹰 JGZ、JG26、JG52 和 JG53 大队。

——美国空军方面：第 8、第 9 军备飞行大队。

许多这方面的报告引起了军事家和科学家的共同兴趣。

1942 年 3 月 25 日，英国皇家空军战略轰炸机大队的波兰籍突击队员罗曼·索宾斯基奉命对德国城市埃森进行夜袭。任务完成后，他驾驶的飞机升到 5000 米高空，借助漆黑的夜色掩护，返回英国。经过 1 小时的艰难飞行，飞机飞出了德国领空。正当索宾斯基和他的伙伴们松了一口气时，后机关炮炮手突然发出警报说，他

英国皇家空军

们的飞机正被一个不明物体跟踪。"是夜空猎手吗?"驾驶员问,他心里想的是危险的德国空军驱逐机。"不,机长先生!"炮手回答,"它不像是一架飞机! 没有清晰的轮廓,而且特别明亮!"不一会儿,机上的人员都发现了那个奇怪的物体。它闪着美丽的橘黄色光。于是跟任何处在敌国上空的有经验的驾驶员一样,索宾斯基机长当即做出反应,"我想,这大概是德国人制造出的什么新玩意儿。"于是下令炮手开火。但是,使全体机组人员感到惊愕的是,那只陌生的"飞船"尽管离轰炸机只有将近150米,又被大量炮弹击中,但并不还击,而且显出满不在乎的样子。炮手们惊惶失措,只好停止射击,那个奇怪的物体就这样静静地伴着轰炸机飞行了一刻钟(此间机上人员的神经紧张到了极点)然后突然升高,以难以置信的速度从波兰飞行员的眼前消失了。

1942 年 3 月 14 日 17 时 35 分,德国空军设在挪威巴纳克的秘密基地突然进入紧急状态,因为雷达上显示出一个陌生空中物体正在飞行。基地最优秀的飞行员,工程师费舍上尉立即驾驶一架 M—109G 型飞机起飞,并成功地在 3500 米高空截住了该物体。这位德国飞行员后来在报告中写道:"陌生的飞船似乎是金属制造的,形状如一架机身长100米、宽15米的飞机。前端可以看见一种天线一样的装置。尽管没有机翼,也看不见发动机,这艘飞船在飞行中能完全保持水平。我跟踪了它几分钟,然后,它突然升高,以闪电般的速度消失了。"费舍上尉截住它的打算失败了。基地雷达站再没有找到它的影子。尽管这位德国上尉是造诣很高的军事专家,但他承认自己鉴别不出这艘飞船。他深感惊叹的是,它的速度非常快,机身没有机翼却操作异常灵活,而且不倚仗自己的优势把费舍上尉的飞机击落。

1942年2月26日,荷兰巡洋舰"号角号"被一个陌生的空中物体连续跟踪了3个小时。巡洋舰上的船员说那个物体是"一个像铝制的圆盘"。银灰色的"圆盘"并不攻击巡洋舰,而只是好奇地尾随着它,也不害怕舰上全都向它瞄准的炮口。荷兰人发现这个奇怪的物体并无恶意,于是放弃开炮的念头,只是惊愕地注视着空中"圆盘"的复杂操作。为巡洋舰"护航"了3个小时之后,"圆盘"突然加速升高,以每小时大约6000公里的速度消失了。

1943年10月14日,拥有全欧洲最重要的滚珠轴承厂的德国城市施魏因富特遭到盟军的空袭。在这次著名的大空战中,参加攻击这一头等重要目标的有美国空军第8军的700架"空中堡垒"波音B17型和"解放者"联合B24型重型轰炸机。担任护航的有1300架美国和英国歼击机。空袭的目的达到了,施魏因富特滚珠轴承厂被夷为平地,但盟军损失很大:111架歼击机被击落,将近600架轰炸机被击毁击伤;而德国人只损失了300架飞机。德国人在这次空战中投入了3000多架飞机,第一次突破了盟军轰炸机的密集队形(每70架飞机组成一个方阵)。看来,那个空中战场确实像一个地狱。法国驾驶员皮埃尔·克洛斯特曼把它比作"一个大鱼缸,里面的鱼全发了疯;一场真正的噩梦,任何人除了奋力保命而无暇他顾"。

编入一个B17轰炸机方阵的英国少校R·T·霍姆斯却报告说,在他的飞机编队到达目标上方开始发起攻击时,一些闪闪发亮的大圆盘突然迅速地靠拢过来。那些奇怪的"飞船"(其大小与一架B17型轰炸机差不多),穿过美国轰炸机方阵,似乎对机群的700门机关炮的疯狂射击以及地面上无数高射炮组成的火网并不在意。美国飞行员们惊讶地发现那些奇怪的"无翼飞盘"并无恶意,对他们的疯狂射击也不反击,只是静静地飞远了,一点也没有妨碍他们的轰炸。不过,驾驶员们也没有时间按照美国的高贵传统问一问:"这些疯子是什么玩意儿?"因为正在这时,德国的歼击机群出现了……霍姆斯少校的座机侥幸得以平安返回基地,下飞机后他的第一件事就是向皇家空军统帅部递交了一份详细报告。英国的军事专家和科学家们对报告的内容既感兴趣,又迷惑不解,猜测它们可能是德国人研制出的新型秘密武器,因为飞盘刚巧在德国飞机到来前 10 分钟出现。1943 年 10 月 24 日,作战部对情报部发出一份指令,命令火速查明这件事。三个月后,英国情报部门汇报说,奇怪的闪电圆盘跟德国空军以及世界上任何一国的飞机都毫无关系……它们纯粹是一些 UFO——不明飞行物。

1943 年 12 月 18 日,从 11 时 45 分起,德国设在赫尔戈兰岛以及汉堡、维腾贝格和诺伊特雷利茨市的雷达站相继发现一大群圆筒形物体以每小时 3000 公里的速度静静地从空中飞过。德国空军拥有当时世界上飞行速度最快的飞机(Me-262:时速 925 公里),但是,德国指挥官们一想到这些魔鬼般空中圆筒可能是盟军投入战斗的新武器时,心中就不寒而栗……

1944 年 2 月 12 日,在许多将领的参与下,在德国的秘密基地孔梅尔多夫发射了第一枚 V—2 型导弹。这次试验的目的是为了检验这种超音速导弹(当时还没有任何武器可以将它截击)的性能。当然,这一事件从头至尾都被拍成电影。但是在冲洗胶片时,技术人员惊愕地发现,他们那无与伦比的导弹在飞行过程中始终被一个不明的圆形物体跟踪。那物体竟然还若无其事地绕着导弹飞行。基地上的人们发现不了那个物体,因为它的飞行速度超过导弹:时速 2000 公里。这件事当然发人深思,引起了巨大恐慌。希特勒和戈林都很恼火,认为盟军通过发射间谍装置把他们寄托全部希望的 V—2 型导弹秘密武器了解得一清二楚,而且敌人研制出的武器超过了它。在他们看来,那个奇怪的飞行物如果不是敌人的武器又是什么呢?可笑的是,英国人也为同样的问题大伤脑筋。海军元帅严厉地斥责飞行员,因为他们在 1943 年竟然允许一个陌生的物体在英国庞大的海军基地斯卡帕弗洛上空自由自在的翱翔。当然,奥尔卡德群岛基地上的喷火式战斗机没有能够拦截住一个时速达 3000 公里的飞行物体,这对海军元帅来说无关紧要,他只是不失身份地警告皇家空军:"这样的事不容许再次发生!"

1944 年 9 月 29 日,在德国最大的秘密试飞基地正在检验一架 Me—262 型飞机。在 1.2 万米高空,驾驶员发现一艘奇特的飞船,纺锤形,无翼,但是有舷窗和金属天线。据德国驾驶员估计,飞船长度超过 B17 型飞机,它以 2000 公里的时速从基地上方掠过,德国喷气式战斗机尽管超高速飞行,也没有能够截住它。

1944 年 11 月 23 日 22 时,美国空军第 9 军 415 大队的两架野马 P-51 型歼击机在他们设在英国南部的基地上空巡逻。驾驶员 E·舒勒和 F·林格瓦德中尉对这种老一套的飞行腻味了,打算进行一些完全非军事性质的动作,好让基地的雷达兵们开心。突然,两位中尉惊慌地报告说,发现一个由 10 个明亮的大圆盘组成的飞行大队快速地掠过他们上空。两架野马式歼击机立即上仰,组成战斗队形想截住那些奇怪的圆盘。但尽管开足了最大马力,时速达 730 公里,两个驾驶员仍觉得他们简直是在圆盘后面爬行。基地雷达站指挥官 D·麦尔斯中尉一直注视着这场空中的疯狂追逐,认为"猎物"的速度至少要比"猎人"的快 4 倍,于是建议他们最好放弃跟踪。这正是驾驶员求之不得的,因为他们飞机的发动机已经热得很厉害,有爆炸的危险。就这样,经过 13 分钟毫无结果的追踪之后,两个驾驶员返回了基地,他们汗如雨下,大声地痛骂那些"该死的怪物"。

如此众多的报告汇集到各国参谋部办公桌上来,终于使军界要员们恼羞成怒,三个空军大国(美、英、德)政府命令着手进行一系列正式的(当然是秘密的)调查。在美国空军的强烈要求下,情报部门早在 1942 年率先开始调查。但是,鉴于这些空中不速之客的表现,总的看来并不构成对盟军的威胁,而且它们不太可能属于德国人,这个问题被排除出了紧急军务之列,只是建议专家们继续进行研究。可是由于某种原因,美国空军一点也不喜欢在这些陌生的空中物体(不论它们属于谁)面前表现出明显的低人一等。于是,美国空军就同不明飞行物结下了"深仇大恨",这种情况至今还给美国官方对飞碟的态度打下了烙印。可是在英国,皇家空军成立了一个由许多科学家和航空工程师组成的专门小组和一个受过专门训练、配备有英国最先进飞机的拦截大队。该小组由空军元帅 L·梅塞领导,这充分证明英国空军对研究不明飞行物的重视。

这些研究是为了弄清这些经常出现在盟军飞机附近,而飞机上的火炮损伤不了它们一根毫毛的物体究竟来自何处,它们行动的目的是什么。不幸的是,飞碟研究小组得出的结论过去和现在都是"绝密"……在德国,空军对飞碟的兴趣也一样大。

1942 年,成立了"13 号专门小组"。从那时起,直到 1945 年,这个小组在"天王星行动"计划内,一直从事对奇怪空中物体的研究。这个小组拥有第一流的专家和最先进的仪器,而且在那样一个时期,当国内一切资源都用于前线时,还调了整整一个 Me—262 型飞机中队供小组使用。这充分说明,德国空军意识到必须高度重视这个问题。

当然,在历史上这场最可怕的战争中,交战各国的空军参谋部都不太情愿考虑这些飞行物体有可能是一些外星文明的信使。普遍同意的理论认为这些飞行物属于敌方,而它们同我方飞机相比所具有的明显优势造成了内心的恐惧,在战争结束

之后,当研究专家们有可能看到部分档案时,这种恐惧才被暴露出来。弄清一些问

德国空军的战斗机

题,以保持公众舆论的斗志,这种办法在战争期间经常使用,战后也被延续下来。今天人们对待飞碟的态度和方式仍然打着它的烙印。

形形色色飞碟

一般来说,飞碟的形状是一个盘子上放着一个圆形的东西,可有人的发现与此不同。1973年2月11日夜晚,英国的德塞特州亨吉斯特贝利,当地的报纸《晚间音乐回声》(Band—master Evening Eeo)的记者卡尔·惠特里先生所看到的飞碟的形状是环状的、车轮一般的模样,窗户和星点模样的东西都围在那上面。

同卡尔在一起的渔夫麦克·派卡,他们两人用望远镜观察了45分钟。车轮形的飞碟倾斜得很厉害,放出耀眼的光芒,慢慢地朝西面飞去。看上去整个飞行体缓缓地转动着。

当天晚上是个满月之夜,不可能把云彩、飞机和气球误认为飞碟。而且它的高度使人把轮廓看得很清楚,不可能搞错。人们把它推断为:那可能是一只UFO的母舰或者是UFO基地。

加拿大安大略州明顿的波休康格湖的周围,从1973年12月开始,人们不断地发现奇怪的飞行体,数量很多,集中在湖边出现。终于在1974年5月有人忍不住

向国防部提出申请,要求调查此事。提出申请的人是当地居民安休利·卢纳姆先生。

根据卢纳姆夫妇的反映,UFO几乎每天出现,三角形和椭圆形都有,发光的颜色也很多,什么红色的,蓝色的,绿色的和白色的,真所谓形形色色,不一而足。还有九根天线插在上面,灯光一亮一暗,好像在跟什么地方通信联系。

特别是3月份发生的事情,那简直是件怪事!从湖边出现的UFO,接近了居民的住宅,它向住房的窗户射出一道光线,把已经结冰的窗户上的冰霜融化开来,窗户的木框是木头做成的,被加热以后,房间里的人甚至可以闻到那木头烤焦的气味。令人不明白,UFO此举目的何在。

那一带目击飞碟的人很多,还有不少飞行员和记者发现在3月的雪地上有三角形飞行物留下的痕迹。当地居民被UFO搞得心神不宁,卢纳姆先生为此向国家发出呼吁。

同时在别的地方,也有不少人目击了向附近飞去的UFO。

"UFO照射到我的脸上啦!"1973年10月4日,美国密苏里州盖普·吉拉尔德的东南面的密苏里医院,大型汽车的司机埃迪·D·威勃先生这么喊道。当威勃太太被热气薰得昏过去的时候,他眼镜的塑料镜片仿佛被火烧过似的,高热烤焦痕迹历历在目。他的眼睛也发红了,一时之间什么都看不见。

根据他们的证词,当他们在高速公路上行驶的时候,从反光镜中看到后面的路上半浮着一个杯形的奇怪物体,红色和黄色的灯一亮一暗的闪烁着,中央部分看上去很费劲似的忽上忽下的转动。

那时威勃先生把睡在身旁的太太叫醒,他把头伸出窗外向后张望,突然一个火球飞过来命中他的脸。急忙停车,当太太向后面探望时,已经什么都看不见了。

同医院的物理博士哈莱·鲁特雷基检查了眼镜的镜片,他说:"这里面的物质似乎是被超音速音波所破坏,镜片内部被加热处理了。"

南半球的新西兰,从1973年年底到1974年左右,目击UFO的事件频频发生。这些事情几乎都是与火山爆发同时发生的。"飞碟与喷火是不是有连带关系呢?"人们不禁提出这样的问题。

1973年10月,努卡沃尔霍埃山火山爆发,连续不断地喷发,10月17日,附近的居民开始看到"飞碟母舰"。到11月,火山还在喷发,飞碟每天出现。到了12月情况也是一样。

UFO 追击汽车事件

日本《周刊时事》记者岩田郁弘曾以《母子四个奇遇UFO》为题,报道了发生于悉尼的UFO追击汽车事件。

遇到UFO的是居住在西部的费伊·诺尔兹女士和她的三个儿子。

一天,费伊一家为了休假和找工作驱车去帕恩,汽车风驰电掣般地奔驰在纳拉博平原的公路上。

清晨,5点30分左右,汽车行驶到南澳州门德腊比腊时,车内的四个人注意到高速公路前方出现了一个闪光明亮的物体。开车的费伊女士谨慎地避开它,快速开过去。但是,肖恩说:"总觉得那是个奇怪的东西,为了搞清楚,我们一定得再返回去看上个究竟。"于是他们开车返回!开始了与UFO的接触,长约九十分钟。

UFO呈一米左右直立着如鸡蛋形状,中心部分为黄色,周围发出白色的光。它不仅颜色和形状奇特,而且还发出令人恐惧的轰鸣声。母子四人都十分害怕,没等到UFO近旁就慌忙开车逃去。

不料,UFO竟追了上来。费伊拼命踩油门,汽车以100公里的时速飞驰在高速公路上。但UFO一会就赶了上来并且沉甸甸地落在了四人的汽车顶篷上,不久,整个车子便升到了空中!

"哎呀",费伊紧张得不由自主地大叫起来。三个儿子也惊恐万状,叫喊不迭,但他们听到的却是有点异样的回声。

尽管如此,费伊还是鼓足勇气把手伸到了车顶上。"车顶微暖,像海绵一样柔软","我感到非常奇怪。于是便把手缩回来"。

这时,UFO突然把汽车扔到地上,四个人争先恐后地跑出车,躲藏到道路旁边的丛林里。他们从树叶缝隙里窥视,UFO好像在搜寻他们。大约15分钟后它不知飞到什么地方去了。

四个人提心吊胆地回到车子里,车内和车顶布满了灰黑色的灰尘。一个后轮已破裂。他们迅速地换上备用的轮胎。在极度恐惧中他们开动了车,没想到UFO又追了上来。四个人拼命向迎面来的车发信号,但所有的车都像什么也没有发现似的飞快开过去了。

他们一口气跑了600公里,在南澳州塞杜纳停下来。这时才发现车顶上的四个角都已凹下去了一大块。在他们四人与UFO遭遇的那段时间里,在附近海域航行的渔船员们也看到了空中有一闪光的物体,听到了同样异常的声音。另外,还有一名叫卡萨根罗的卡车司机在"事件"前一小时也看到了他们所说的不明飞行物。

与这母子四人的遭遇相比较，麦克默多和鲍勃在非洲的奇特经历，更使许多人感到吃惊和不可思议，一时间UFO很少光临的非洲大陆，也蒙上了神秘的色彩。

一天中午，两人乘车进入丛林。他们的任务是进行野外作业。下午2时，两人正沿一条不大的河流逆流步行而上，麦克默多突然发现正前方有一闪光的庞大物体。鲍勃也发现了这一情况。

两人不知是何物，躲在树丛后观看。

"……那个玩意我乍一看很像一只大圆球，但事实上却有棱有角，它发着光而不是反射的太阳光。光的颜色先是白色的，后来可能是因为久看的缘故又泛出一股股的气流扑向我们。温度很高，我只觉嗓子眼被刺激的直想咳，却又咳不出来……"

现实生活中的软管

"……是的，它整个儿密封着，至少在我们这一面没有任何窗子之类的开口，只是在底部好像有几个支架伸出。我和麦克默多正惊惧地望着，只见从那怪物体的底部探出一支软管，闪着与那物体不同的淡蓝色的光，而不是本身就是蓝色的。它插入河水中并微微颤动着。当时我们的右脚正插在水中，突然感到一阵火烧火燎的剧痛。我跳了起来，右脚已成奇怪的黑紫色。我的同伴吓得叫了一声，他说他从来没见过这么可怕的颜色和伤势。"

"我又望了一眼那飞行物，软管周围的水竟冒出气泡。我怕极了，背上鲍勃就想跑，可双腿却迈不动，一使劲就瘫倒在地上。可怜的鲍勃疼得直叫。我好像被轻微过电一样身体发抖，直抖得恶心死了！我又试着站起来，这回没事，我背上鲍勃就往回跑，直跑到我们的汽车前，竟跑了一百多米！"

在记者的询问下,两人谈起接下去发生的更奇特的事,他们驱车返回的途中,两人惊魂未定,鲍勃大声呻吟,麦克默多则不知所措。这时 UFO 第二次出现了,一个直径达 4 米的圆球体悬浮在两人的视野之内,它与上次的有所不同,发出淡蓝色柔和的光比较强一些,并且"好像在变换着光度,强弱不太分明。"二人一动也不敢动,紧盯着那静止的发光体。此时鲍勃感觉右脚不怎么疼了,但他仍盯着那东西。

"车子不知什么时候在接受检查。我没有不舒服的地方,相反却有种飘的感觉。我的手仍在方向盘上,但并没有感觉到它的存在。我也不知道过了多长时间……"麦克默多显得很费劲地想着,回忆出当时的情景,"后来,我们第一次见到的怪物出现了。它似乎是从我们后面过来的。那小的斜着飞到大的背后,大个的好像是旋转起来,白光闪闪地一拐弯飞上了高空。再没看到小个的,它似乎是藏到大怪物肚子里去了。车子又开动起来,我直接开车回到了基地。一路上我那可怜的同伴却没再哼哼……"

1959 年 9 月的一天晚上,阿根廷的一名青年司机开着汽车从首都布宜诺斯艾利斯出发,在行驶到布兰卡港公路上时,已是午夜 23 点时分。

突然,一道强烈的光闪来,晃得他睁不开眼睛。他不知何缘故,急忙将车停在路边。此时,他感到不知为什么非常困,于是就迷迷糊糊睡着了,半个小时后,他突然从沉睡中惊醒,发现自己躺在草地上,仔细再看看身边的路标,他吃惊匪浅,因为自己是在 1.3 公里之外的萨尔塔,而他的汽车却不见了。

这个年轻司机失魂落魄地来到萨尔塔警察局,前言不搭后语地向值班警察讲述了所发生的这一切。警察们感到很好笑,以为站在面前的是一个神经病患者,根本不予理睬。年轻的司机苦苦哀求,一定要警察查个水落石出。值班警察无奈,只好给相距 1.3 公里之外的布兰卡港警察局联系。谁知,对方回答说他们的确在一条公路旁发现了一辆车,车的型号同那个年轻的司机讲的一模一样,原先不以为然,只想敷衍了事的值班警察一听不禁大吃一惊。

有关汽车被 UFO 跟踪的报告层出不穷,其中有若干个案是汽车内的人被 UFO绑架,下落不明。

例如 1974 年 11 月 20 日晚上,巴西圣保罗郊外就曾发生一件非常可怕的事件,一家三口当着警官的面被 UFO"吸走"。

当晚 11 时,一辆载着 3 名警官的圣保罗警方巡逻车接获"有一部轿车在公路上起火燃烧"的通知。警官赶抵现场,走下巡逻车,附近的草丛有一对夫妇带着 1名男孩出现,向他们求救。就在这个时候,有个直径大约十米的碟形黑色物体突然出现在他们的头顶上。三名警官吓得愣在原地，飞碟底部放出一道苍白的光筒，笼罩着那对夫妇和孩子。三个人的身体便顺着光筒被吸向飞碟后飞走了。

经过事后的调查，被飞碟即 UFO 劫走的被害人是在圣保罗经营餐厅的达贝拉先生及其家人，当晚他们开车到亲戚家玩，在回家途中被飞碟劫走。

又根据另一位目击者的证词，出事前他看见达贝拉的车子在公路上全速奔驰，后面有一架飞碟在追赶。

1980 年 12 月 29 日晚上，多位民众目睹巨大的飞碟在得克萨斯东部的上空飞行，其中以贝蒂·凯舒(当时 51 岁)、比琪·兰道姆(57 岁)、柯比·兰道姆(7 岁)三个人的遭遇最为糟糕。

这一天傍晚，住在德州休斯敦郊外的贝蒂与比琪开车载着比琪的孙儿柯比到附近新盖尼镇玩。

到了镇上才知道由于圣诞假期的关系，他们想玩的宾果游戏玩不成了。三个人只好到新盖尼镇的汽车餐馆吃晚餐，然后回家。

晚上 8 时 30 分左右，三个人离开汽车餐馆。一直下着的毛毛雨停了，雨过散去，冬天的天空有星星在闪烁。

"好冷!"贝蒂坐在驾驶座说道。

柯比坐在贝蒂旁边，比琪钻进车内，用力关上车门，说:"开暖气，贝蒂，别让柯比着凉。"

贝蒂开着车，朝狄顿的方向行驶。一路上几乎没有遇到其他车子。

车子在松林间的道路行驶一会，前方森林的上空出现一大片光芒，明亮异常，他们以为是开往休斯敦机场的飞机，也就未放在心上，他们的车子仍旧朝着狄顿的方向行驶。

但转过弯道驶进直行的国道时，前方突然大为明亮，光源便是刚才松林上方那种异样的亮光，现在就浮在数百米前方的国道上空。

"看来蛮恐怖的，快停车。"比琪声音颤抖地说。但贝蒂不想在悄无人迹而且又是夜晚的国道停车，只是略微降低车速。随着越来越接近，逐渐看得出那是一个发光的巨大物体。当车子来到物体前 40~50 米处，物体下部还喷出熊熊的火焰。

贝蒂握着方向盘，吓得直发抖。但比琪经过短暂的恐惧之后，竟涌起一股强烈的感动。笃信宗教的她认为她亲眼目睹了世界末日与基督出现。她搂着孙儿柯比，说:

"乖宝贝，别害怕，耶稣基督从天而降，他不会伤害我们。"

面对这样的景象，贝蒂的安慰似嫌牵强，柯比用着畏惧的眼光望着那个依然在喷火的物体。

飞碟所发出的亮光把附近照得一片通明。贝蒂打开车门，随即有一股热风吹进车内。贝蒂走到外面，绕到车前，面对飞碟，比琪也跟到外面，但柯比哭起来，比琪连忙回到车内。飞碟大小如同狄顿市的给水塔，颜色属于没有光泽的银色。飞碟的形状恰如去掉上下尖端的菱形，中心有若干蓝光环绕。从菱形的下部喷出的火焰像太空的喷射火焰那么激烈，形成倒圆锥形。

随同火焰一起散发的热气使得附近的温度急剧升高。贝蒂所站的地面热得像火在烤，贝蒂及车内的比琪、柯比脸、手都因高温而产生灼热感。

到了这个时候，比琪也发觉眼前的物体跟宗教体验无关，她为了从前窗玻璃看外面的情景而把身子伏低，双手则按在仪表板上面，霎时感觉双手像被烧到一般，还有金属被高温烧得软绵绵的感觉，她叫了一声，把手移开。仪表板上面清清楚楚的烙印着她的手掌印。车体的金属部分已经热得碰不得了。贝蒂想返回车内，用身上所穿的皮衣抓着门把，好不容易才把车门打开。

飞碟下部的火焰时喷时停，喷出火焰便上升数米，不喷却又下降。

大约贝蒂停车的 10 分钟后，飞碟最后一次喷出火焰，而且升高一大截，火焰消失之后，飞碟继续缓缓上升，越过松树林的林梢。

就在这个时候，随着一阵噼里啪啦的声音，四面八方都有直升机飞来，就像大规模的军事演习一般包围了飞碟。当飞碟与直升机消失在松林对面，附近又恢复一片漆黑。贝蒂立刻开动车子，大约行驶 5 分钟到达一处十字路口，贝蒂转弯，前方再度看见一大群直升机包围着飞碟在飞行。贝蒂在路边停车，数一数直升机的数目，总共 23 架。飞碟发光的光线把每架直升机都照得清清楚楚。

直升机大多属于前后有螺旋桨的"双旋转翼型"。

贝蒂再度开动车子，紧跟在这一群不可思议的飞行物体后面，一直跟踪到车子抵达通往狄顿的道路；接着，车子背向着飞碟，但仍可从后窗后见飞碟达五六分钟之久。

从发现国道上空的飞碟到飞碟从他们的视野消失，外在紧张与恐惧中的这三个人，感觉时间过得相当长，实际上大约为 20 分钟而已。

午后 9 时 50 分，贝蒂在比琪家前面让他们下车，然后开回家，她的朋友维尔玛就在她家等她。但在开车途中，她感觉深度的疲劳与不快。

她好不容易回到家，对着出来接她的维尔玛说"看见飞碟，觉得很不舒服"，然后就倒在寝室的床上。

贝蒂表示头痛欲裂,而且想呕吐,不久她的脖子开始长出若干不小的疮,头、脸等处的皮肤红肿起来,随着时间的流逝,她的双眼也红肿到无法张开,脖子的疮则恶化成烫伤,然后就是上吐下泻。

另一方面,比琪与柯比也发生胃痉挛、呕吐、下痢等症状;也许她们待在车内的时间较长,所以症状较轻。贝蒂的情况则持续恶化,连意识也不清,无论食物或饮料,一入口即呕吐;她一天比一天衰弱。

隔一年的 1981 年 1 月 3 日,贝蒂到巴克维医院入院治疗。她有多处皮肤红肿、脱落,头发则一撮一撮地脱落,身体衰弱到无法步行的地步。以后一度出院,但后来又恶化,再度住院又出院。

比琪与柯比经过两三周后,胃痉挛与下痢的症状便好转,但比琪也掉了许多头发,双眼均患严重的白内障,视力大减。在与飞碟的遭遇中一直留在车内的柯比,症状最轻,但因精神上遭受极度的震撼,夜夜做噩梦。

他们的病因是什么呢? MUFON 的辐射线学顾问仔细检查过这三个人的状态,做出以下的结论。

"这些症状可能是电离放射线所引起的副次障碍,除此之外,可能受到红外线、紫外线的伤害。"

出现在贝蒂、比琪、柯比眼前的菱形飞碟,除了发光、喷出火焰之外,也发出对人体有害的电离辐射线、过量的红外线、紫外线。

UFO 攻击人类之谜

在所有与飞碟进行的接触中,第三类接触无疑是最惊心动魄的。有相当多的专家认为,地外生命对我们并无恶意;否则,凭借他们的科技水平完全可以征服地球上的任何一个国家。然而,飞碟或神秘的外星来客攻击人类的报告还是从世界各地传来。

官方公认的第一例"飞碟攻击案"发生在美国,那时是 1948 年 1 月 7 日,美国上尉托马斯·曼特尔奉命从肯塔基机场起飞拦截一架不明飞行物。他向基地报告了这个物体的形状、质地后就开始跟踪。当跟踪到 6500 米高度时,无线电联系突然中断,接着人们发现了曼特尔所驾驶的飞机的残骸。专家们认为,这就是神秘飞行物对飞机进行攻击所造成的可怕后果。

1978 年,澳大利亚的一位年轻飞行员华伦也遭到了类似的命运。那是 10 月

21日傍晚,华伦驾驶着轻型飞机在澳大利亚最南端的巴斯海峡上空飞行。他当时用无线电向基地报告,说有一个很长的绿色不明飞行物在他头顶上盘旋。那个飞行物的体积非常大,使华伦十分吃惊,他正在跟踪那个不明飞行物的时候,基地的领航员听到从无线电中传出了一阵连续不断的金属噪音。然后无线电就中断了,从此再没有人见过华伦和他的飞机。

就在同一时刻,在巴斯海峡岛屿上有许多人看到天空中有一个绿光闪烁的轮状物体,那个物体体积很大,飞行速度也很高,瞬间就在墨尔本海岸的方向消失了。

华伦和曼特尔是否都遭到了UFO的攻击呢?我们还无法确定。不过,有一点都相同,那就是他们都是在跟踪一个不明飞行物,而这样的跟踪很可能对那个不明飞行物造成了威胁,使它动用了武力。这个猜测在另一个更具典型性的事例中得到了进一步的证实。

那是1974年秋季的一天,朝鲜半岛滨城海域浓雾弥漫,陆地上的空军部队严密地监视着海空,一枚枚隼式导弹在发射架上随时准备攻击入侵者。上午10点左右,一个幽灵般的物体从公海上空迅速飞来,闯入了滨城海岸的警戒系统。不一会儿,人们就能看到浓雾中有一个十分庞大的黑影,又过了一会儿,大家看清楚那是个椭圆形的金属物体,发出红黄两色的光线。进入640米范围后,它突然停住了,周围的光辉急速闪动着。基地指挥部仔细观察了这架飞行器,发现它上面没有任何标记,立刻断定这是一架怀有敌意的飞行器。第4发射台的上尉马上下令发射导弹,一枚隼式导弹立即腾空而起,直扑不明飞行物。这时,令人意想不到的情况发生了,导弹并没有命中目标,相反,一道白炽的强光准确无误地击中了运载火箭和弹头,转眼之间就把导弹熔化了,就在这时,那个不明飞行器骤然地加速,几分钟内便从雷达荧光屏中消失了。

很显然,这架UFO用激光之类的武器保护了自身,轻松地击溃了价值数百万美元的隼式导弹。而且从这个例子看来,对方并没有恶意,是人类自己的不友善行为酿成了不良后果。在人类与外星人的接触中,这也是导致人类遭受神秘力量攻击的致命原因。

1967年5月的一天,巴西一位农民从林中打猎归来,在自己家附近,他看到一个碟状飞行物从天空降落到了他家的田园里。

在飞行物附近,有3个巨大的人形生命体飘浮在空中。这个农民想都没有想就举枪射击,打中了其中一个人形生命体。这时,一道强光从地面上的碟状飞行物射出,击中了开枪农民的肩头。之后,三个巨大的类人生物立刻飘进他们的飞行物中,飞碟马上升空飞走了。那个农民回家后便卧床不起,他受到光击的那侧肩头上留下了一处直径达15厘米的灼痕,两个月后便死在家中。医学检查表明,他的死因是一种强烈的辐射破坏了他的红血球。在新西兰的奥克兰城郊外,一个正要接近UFO的农民也遭遇了同样的攻击,时间是1963年2月,他在受到来自UFO的怪光照射后,头部的一部分"融化"后当即死去。

1975年2月14日下午1点多,法国青年安托万在珀蒂岛的卡尔韦山顶上看到了飞碟和外星生命,当外星人发现他后便用一束强光击倒了他,使他患上了一种怪病。

当时,21岁的安托万看到一架椭圆形的发光飞行器降落在山顶上,有3个奇怪的生物从飞碟里走出来。他们穿着银白色的衣服。只有1米左右高,每个人都背着一根天线。三个矮人下了飞碟后就开始采集土样,后来他们发现了正在偷看的安托万,就发射了一道强烈的闪光击中了他。

当安托万醒来的时候,他感到极其疲乏、虚脱、恐慌,部分丧失了说话能力。

还有一些事例不属于出于自卫的攻击,而是地外生命主动攻击无辜的人类。这样的事件虽然较少,但却存在。

在巴西,发生过4起奇怪的案件,它们都与UFO有关,而且案情中有几个相似的疑点,令人百思不得其解。

第一起发生在1981年10月,巴西一座小镇的两个年轻人相约要去森林里打猎。10月17日这一天,他们一起来到了猎物经常出没的地方,分别爬上一棵矮树。突然,一个像卡车轮子一样的飞行物向他们飞来,它向四周发出强光,把其中一个年轻人吓得从树上摔了下来。这时,一束光射在另一个年轻人身上,他尖叫了一声也掉了下来。没被光射中的青年吓得回身就跑。第二天,他带人回来寻找他的伙伴,却发现他已经死了。奇怪的是,他身上没有致命的伤痕,只是全身的血液都没有了,就像被一只巨大的吸血鬼吸干了一样。

10月19日,同样的事情发生了,另一个青年也在打猎时被强光击中后死亡,尸体里也没有鲜血。

不久之后,一个在山顶干活的人被不明飞行物射出的强光击中,几天后在精神失常的情况下死去。接着另一个人又在狩猎时遭遇飞碟,被攻击后丧生。

这4起疑案发生后,警方对证人和目击者进行了测谎和调查,结果表明他们没有撒谎,UFO中射出的光线确实杀死了人类。

在其他攻击事件中,攻击方式依旧是通过神秘的光束。虽然这些攻击都给人造成了极大的伤害,但还都不能说明 UFO 是怀有恶意,因为这样的主动攻击案例在所有的飞碟案例中是微乎其微的。究竟有没有飞碟,飞碟上的乘客是否对人类抱有不良的企图,我们谁都不知道。我们只希望如果这一切是真实的,外星人是我们友善的朋友,而不是敌人。

魔鬼降临莫斯科

1981 年 11 月 16 日晚上 8 点多钟,苏联莫斯科市区东部的依兹玛伊公园的无线电工程师蔡伊特斯基和好些路人,看见一架发光的圆形 UFO 从公园的树丛后面突然升起,飞行于夜空之中。

蔡伊特斯基等人听见树丛后面有妇女在狂喊:"魔鬼降临了!"

妇人指着雪地上一个完整的圆形的痕迹,说:"有一架飞碟降落在这里,飞碟门一开,走下来了个怪物。它的头像是倒置的漏斗,两眼又大又圆,毫无表情,它的手只有四个指头。身体有四肢,像男子的身材,好像没有穿衣服或者只穿紧身衣服。"

怪人听见妇人的呼叫,立即返回飞碟内,旋即腾空而去。

UFO 登陆莫斯科并非第一次。1981 年 4 月初的一天夜里,天还没有亮,大约 4 点多钟,住在一幢政府公寓的几个高级工程师、苏联国防部的官员和一位医生,早起准备上班,在他们各自的房间和浴室里都看见天空列队飞行的四架发光的飞碟。

莫斯科大学物理教授齐高率领 20 位科学家调查了这一报告。他说上述目击证人都有身份地位,也非常可靠,并非捏造。

证人述说四架飞碟都有透明的塔形驾驶舱,可以看见里面驾驶员的肩部以上,四个驾驶员都是类人形状,头戴透明的太空盔,面部严肃。飞碟低飞掠过窗外,毫无声音。每架飞碟都向地面射出一道绿色的光。

1981 年 8 月 23 日晚上,莫斯科的退休医生博加特列夫,因失眠起来到厨房喝牛奶,突然看见窗外出现一个奇怪形状的像面团一般的发光的飞碟,浮悬在距他寓所仅约 30 米的空中。

医生吓了一跳,仔细一看,更吃惊了,那飞碟好像有眼睛一样地对他注视。突然,UFO 向他射出一道闪电般的光芒,将窗户烧了一个直径约 8 厘米的洞。玻璃圆片掉在地上,洞口十分光滑。

那天夜里,莫斯科有 60 多家的窗户被神奇的力量射熔了三个约 8 厘米的圆洞。博加特列夫是唯一目击飞碟如何袭击窗户玻璃的证人。

太空物理学家艾沙沙博士带领一批科学家调查后向当局报告:"当夜至少有

17架飞碟袭击莫斯科。"艾沙沙博士访问了很多证人,各人叙述如下:

当夜7点12分,首批飞碟出现在莫斯科的上空——是两架雪茄状太空船,长达数千英尺,停在约十英里的高空,两船并排,20分钟后飞向北方。

9点20分,许多人看见一架大小如半个月亮、白色发光的圆形飞碟。

著名的苏联太空学家史尼博士也报告说:"当夜他看见一个飞碟,飞行速度估计每秒50英里。不久,他又看见第二架飞碟,状如巨鲸,喷射出蓝色光芒,在上空盘旋了很久时间。玻璃被烧熔的情况,恰似1977年9月在彼得市发生的一样。"

苏联的专家们研究不出到底是什么力量能使窗户玻璃的分子结构完全改变。

艾沙沙博士说:"专家们都无法解释,这是一件不解的飞碟神秘事件。国营玻璃公司的专家们无法复制跟飞碟射熔的玻璃片一模一样的物品。"

大批飞碟光临莫斯科,引起了政府的忧虑和科学家的关注,可到目前为止,还不知道这飞碟是什么,来自何方,怎么对付……

1980年6月15日午夜时分,飞碟出现在莫斯科上空时被一位科学家拍摄了下来,对于这次飞碟的出现,齐高博士在调查报告中说:"前后在40分钟之久,最后向东方飞去。至少有数千市民目击。飞碟的形状像球,直径约300英尺′后面拖着一条很长的光芒尾巴。它还多次吐出较小的分子飞船,分散在空中。"

苏联军官卡雅坚中校在书面报告中说:"从寓所的窗户看见大约100英尺的空中,出现一架小型飞碟,直径约12英尺,放射出浅红色光芒,飞得很慢。我想上前观察,但被一种无形的力量所阻止,像是碰在一面无形的墙壁上,被反弹了回来。"

中校的邻居看得更清楚,他报告说:"看见飞碟上有一个矮小的人,身着太空服,头戴太空盔,坐在透明的飞碟驾驶舱内。"

莫斯科国家电视公司的一位节目制作导演柯列斯夫报告说:"一架飞碟在窗外出现,向室内射出光芒,把我妻子的手臂烧灼成伤。"

当夜,苏联空军的喷气战斗机紧急升空迎战,但在飞机到达之前,飞碟突然高飞失踪。

苏联地球物理学家左洛托夫博士说:"月形的母船飞碟及子船群在数秒钟内东飞,一闪而逝,我空军机群追之不及。"

当晚莫斯科数百万市民惶如世界末日降临,奔走呼喊。隔不久,1981年5月15日晚上,飞碟再度威胁莫斯科,再次造成首都百万人民的惊慌失措。这次,有数十万市民看见首都上空的飞碟,苏联国家安全部部长兼克格勃负责人玉里·安德洛普夫立刻下令调查。

克格勃派了5名高级人员率领5名顶尖科学家实地勘察,访问了25000多名目击者和数十位科学家,调查报告列入最高机密。

专案调查小组成员之一的齐高博士后来透露了部分内容。

他说:

"5月15日凌晨1点27分,一架巨大的圆球形不明飞行物体,出现在莫斯科以南100英里的土拉镇。1点30分,该飞行物飞临莫斯科市区上空。3分钟内飞行了100多英里,可见速度极快。"

苏联外太空研究主任委员艾沙沙也透露说:"这个巨大的球停留了约半小时又起飞了。飞碟一闪之间飞临北郊,并在该处施放焰火似的光芒。"

莫斯科的一位机构工程师拉颇钦报告说:"我起先看见飞碟中央爆发一阵白色强烈闪光,后来变成巨大的橙色光芒,中心仍是白光。继之像流星一般的火点射向市区地面。这回母船放下了3架小飞碟,然后飞走了。"

"母船放出的第一架子飞船飞临克里姆林宫。第二架子飞船飞临莫斯科火车站。"艾沙沙博士也说:"第二架飞船在火车站上空浮悬了两个小时,然后飞到附近的一个湖面上几秒钟后,它沉入湖底。"

艾沙沙博士认为这次的飞碟,可能是1980年6月15日那次来访问的飞碟,此次大概是再访。

除莫斯科之外,苏联其他地方也出现了飞碟:

1980年6月14日,一架苏联空军的喷气式战斗机,在执行巡逻时遭遇到一架雪茄状的飞碟。空军基地的雷达也发现了它,并命令战斗机的驾驶员艾柏拉克辛前去截击或迫降。

战斗机截住了飞碟,还未开火,对方先发制人,向他射击。射出的是扇形强光,喷气机的引擎立刻失灵,同时驾驶员双眼失明,艰难地操纵着飞机,滑行着陆。

1981年10月22日,苏联空军上尉杜柏斯妥夫驾机在北极圈内的北冰洋上空巡逻,突然发现一架巨大的圆形飞碟,直径大约274米,正浮悬在低空,几乎贴着水面。上尉立刻电告基地,上级令他追踪飞碟。于是他向飞碟飞去,他绕着飞碟飞了半圈,飞碟立刻向他射出圆锥形的强烈光柱,飞机的引擎和所有仪器立马失灵,飞机急速下降,而那架巨大的飞行物也突然加速,无声地从飞机旁一掠而过。旋即直升高空,瞬间消失得无影无踪,只留下一条蓝色的喷气。

上尉好不容易才把失灵的飞机开回基地,向上级报告经过,地勤人员检测机件,无法查出让仪器失灵损坏的力量是什么射线。

雪地

　艾沙沙博士说："北极圈苏联的领海内,在过去的 5 年里已出现过 36 次飞碟事件,其中许多报告看到飞行物体出没于北冰洋冰冻的海水之中。在日本海和苏联沿海出现的飞碟更多,在过去的 7 年里达 190 件,大多出没于海水与天空,经查证完全属实。"

　艾沙沙博士等科学家调查的飞碟事件中,有一件是外太空人或其机器人降落的。

　1980 年 1 月 7 日下午,两名苏联林场管理员,在苏联与芬兰交界的山林中巡查,突然看见一架银光闪闪的球形飞行物体浮悬在积着白雪的山坡上空,它没有窗洞,没有门,也没有接缝。

　这两名林场管理员一个是 38 岁的艾柯,一个是 36 岁的沙维,他们熟悉山林的情况和各种景象,他们从未见到过这样的东西。正在猜疑着,圆球着陆了,从底部伸出一支圆支柱,竖立在雪地上。

　后来,圆柱开了门,走出一个 0.9 米高的人,全身穿着深绿色紧身衣服,闪闪发光,没戴太空盔,手戴白手套,一直到肘部。他的面部皮肤惨白可怕,鼻子很钩,耳朵竖起有尖挑,很像狼狗的耳朵,肩部很窄,两手很小,跟小孩的手差不多。这人面无表情,行动不太灵活,不像是活人,倒像是机器人,颈上挂着一架好像是单筒望远镜的东西。

两个山林管理员大骇,沙维举起雪橇板指着向他们走来的怪人,两个人慢慢后退,怪人突然取下挂在颈上的圆筒向他们一指,射出一束强光,把两人的眼睛照盲了,两人躲闪不及,失去了知觉。等他们苏醒过来,视力恢复了,那怪人已经失踪,那巨大的金属球已经飞上高空,消失在一团红光云雾中。

据当地医生柯索拉诊断说:"两人是被辐射所害。"

两人跟医生叙述了经过,医生报告了当局,艾沙沙博士等赶来询问,认为两人讲的是实情,这一件外太空飞球与机器人的降临,确实发生在一处山林雪地,地名叫克斯坦加,位于彼得市西北百余里。

苏联对飞碟的关注远比美国要认真,因为苏联疑心那些飞碟是来袭击他们的,而且更怀疑是美国放出的秘密太空侦察武器,而不是什么外太空的来客。

在空中行驶的火车

1994 年 11 月 29 日午夜,贵阳城区的百万市民已沉入梦乡。谁也想不到,凌晨 3 时 20 分,一架神秘的不明飞行器,竟然使北郊都溪林场马家塘林区的森林遭毁,留下白花花的数百亩被折断的树桩。

11 月 29 日午夜,像平常一样,砂石场老板兰德荣看管着采下的砂石,防止碎石机等设备被盗。除了他,还有砖房北面铁架工棚里的一位老年人。

30 日凌晨 3 时,滴滴答答下起雨来,远处有闪电、雷声。3 时 30 分左右,兰德荣听到轰隆隆声由远及近,由小变大,就像蒸汽火车行进声。忽然,这声音逼近房子。他从床头边上的窗口看去,急忙喊妻子涂学芬:"学芬,好像火车开到我们这里来了哩。"只见一股强光朝前方射来。天黑,强光后面的物体是什么样儿,看不清。轰隆声中,夹着东西断裂的声响。兰德荣认为是砂石堆垮塌。

涂学芬听到声音,看到强光,迷糊中抓起铁棒,门都无法打开了,似乎有一种神秘的力量。与这砖房相隔不远的工棚内,50 多岁的任志奇老人也听到"火车"的声音,看到强光,还觉得"火车"就在房子上,吓得躲到床下,十多分钟后,没动静了才出来。

林场职工李兴华的妻子说,她从窗子看见,像是大卡车的东西,有两股灯光从车头射向前方。第二天,林场职工查看林区,有四大片林木遭毁,损失商品木材 2000 立方米。从西南端马家塘起,到东北端砖窑坡止,足有 3 公里,面积 400 多亩,条带最宽处有 300 多米,最窄处 150 米。起始的西南端树桩高 2 米左右,终止的东北头,有一片树桩高 4 米左右。

贵州省 UFO 研究会的专家听到消息后,组织天文、气象、物理、化学等学科专家及林业、机械制造专家等前往考察,并进行研讨。

有人认为是气象现象,有人认为是人的幻觉,但多数人认为,可能是某种不明飞行物体。飞行器采用半着陆状态行走,其形体下部撞折树干。它的前面有强光做照明或做光感导向。有专家说,1994 年 11 月 30 日,太平洋、南美洲、大西洋、印度洋一线发生日全食。在地、日、月呈直线排列时,空中干扰力小,是外星飞行器探测地球的好时机。正好,这次选在贵州的林区之中。

1994 年 12 月 25 日,来自北京的 6 位专家到都溪林场考察。他们当中有机械制造、化工和环境监测高级工程师。贵州省宗教界的一位法师也同往。考察虽未有一致的明确结论,但专家们认为,这是有研究价值的现象。

巴普岛上的飞碟事件

"那里真的有 4 个人呀!我向他们挥手,他们也向我招手!"

新几内亚岛威廉·布斯·吉尔神父如是写道。这里所说的"人",是在空中飞行的 UFO 甲板上出现的。

这件事发生在 1957 年 6 月 27 日,地点是新几内亚岛东端附近,面向古特伊那福湾的一个小村庄波亚那。时间大约是傍晚 6 点左右,太阳沉到山的那边,但整个天空仍是明亮如昼。

一个巴普人护士亚妮洛莉·波娃,在传道本部前的空中,看见一架大型 UFO。波娃马上叫神父吉尔过来看。和神父住得很近的老师亚那尼斯也出来观看,只见一架大型的 UFO,附近还有两架小型的 UFO。这个圆盘形的大型 UFO 的顶端有人影,而且是 4 个,因为它停在高度 150 米处静止不动,所以在地上可以清楚看见他们的动静。

吉尔神父便试着向他们招手。于是有一个透过扶手的栏杆往下看的人,也同样向他们招手回应。亚那尼斯老师也试着挥舞双手向他们打招呼,结果,有两个人有同样的回应。吉尔神父和亚那尼斯一起挥手,这次他们 4 个人一起挥手。几分钟后,UFO 上青色的前灯亮了两次,三架 UFO 一起消失了。晚上 10 点 40 分,村子进入了静静的睡眠状态中。吉尔神父因飞碟事件和傍晚做礼拜疲惫不堪,也躺在床上睡了。这时,砰的一声,很近的爆炸声,神父马上从床上跳起来,他想该不会是UFO 着陆了吧!于是马上到外面去察看。可是外面似乎一点动静都没有。本部的职员们都出来看这大声响是怎么回事,可是睡得很熟的巴普人,没有一个人探出头来。

飞碟盘旋了 4 小时之久

事实上,UFO 的出现是从 6 天前就开始的。6 月 21 日,巴普人牧师史蒂夫·吉尔摩伊,在传道本部附近的家里,看到一个"像倒扣的咖啡杯碟"的飞行物体接近传道本部。

而且,在 6 月 26 日,在同样的地方又出现了数架飞碟,是晚上 6 点 52 分开始,一直到 11 点 4 分下雨为止,它们共在空中飞了 4 小时,而且在隔日,27 日也出现过,这次有吉尔神父等 38 人亲眼目睹。以下是目击者的描述中所获得的 UFO 的样子。

其中一架飞碟是大型的,白色还发着淡黄的光,从底座下伸出一块甲板,甲板上,有 4 个像是人的身影,好像正在工作,不停地进进出出。

如果他们是人类的话,大概就是白人了。若穿着衣服,那必定是非常紧身的。

"假设他们的身高为 180 厘米的话,那么飞碟的基部的直径为 11 米,甲板的直径约 6 米左右。"吉尔神父说。

整个飞碟和乘员,都被灯的光芒所笼罩,从甲板以 45 度角的方向对着天空照射出一道青色的光线。也有人看到 UFO 有 4 个窗户。

可是这些描述,却未给人一种神秘恐怖之感,这真是 UFO 吗?

有不少人认为巴普人没知识水平、很迷信,且为了讨好白人而乱吹牛,所以并不相信他们说的话,可是,吉尔神父并非巴普人,而是白人,并且是个传教士。老师亚那尼斯和史蒂夫牧师虽说是巴普人,却都是受过高等教育的知识分子。所以他看见的飞碟,而且向他们招手的"人"绝非幻觉,亦不是胡吹乱编,而是千真万确的存在,是个事实。

或者,飞碟是美国或者是苏联的秘密武器之类的东西,那么在挥手的乘员,如吉尔神父他们说的"人",就是白人啰!

但是,如果是秘密武器的话,没有理由在众人面前盘旋 4 个钟头。而且乘员还跑到甲板上挥手,不是一种示威吗?.

另一方面,美国空军在调查了这次波亚那事件之后,发表了下列的结论。

"吉尔神父等 38 人所看到的飞行物体,不是载人的航天飞机。分析了它的方位和角度后,我们认为那些光体其中的 3 个,分别是木星、土星和火星。"

对岸的贸易商亦看到绿色的光体

6 月 26 日,在波亚那村,数架 UFO 于空中狂舞的同时,在对岸基窟的海上,亦有人看见 UFO。此人就是贸易商阿涅斯特伊布涅。他在自己船的甲板上，发现了一个往东北方向飞的绿色光体。在离地面 150 米高的地方停下来，同时光芒也消失了，一个像橄榄球样子的物体浮现出来。可以看到有四五个半圆形的窗户。机身的长度大约是 18 至 24 米吧！大约静止了 4 分钟，然后发出"嗯——噗！嗯——噗！"的声音，飞往波亚那西方的山脉中消失了。

可是，这个 UFO 的目击报告于 6 月、7 月、8 月，在吉特伊那福海湾沿岸各地相继获报，至于多少没一个统计，但至少有 40 件以上。有人看到在光体的后面接着一个青铜色的飞碟，有的人是看到以逆时针方向在翻筋斗的飞碟，有的是看到黑点的银色的皿状飞碟，有的人看到的则是雪茄型的 UFO。

虽然各有不同的样式和不同的飞法，但他们都有共同点。那就是他们的飞行技术很高超，能够不发出任何声音静止不动，也能以各种速度前进、后退，重力和空气阻力都对它产生不了作用，简直像没有重量的幽魂似的。

这些是同一架飞碟呢？还是大规模飞行部队的其中一部分呢？不管是什么，都和地球上现有的飞行物体相差甚远。飞碟甲板上挥手的人，这样奇特的事真是意味着外星人友好的态度吗？

近年我国的"飞碟"事件

在我国，不明飞行物的事件也时有发生。

1979 年 9 月 9 日夜 9 时 40 分，湖南省常德县樟木桥的湖南柴油机厂内，正在放映露天电影。突然，观众哗然，纷纷回头仰望天空。只见西方约 1500 米的空中，有一呈椭圆形的物体，发出比满月更亮的强烈红黄光芒，拖着一条光尾，像是喷射出来的气体，无声地平行于地面，由北向西南飞去，约 3 分钟后消失。同一天晚上，位于常德西北的湖北省监利县，有一个农场技术员也见到了类似的不明飞行物。监利距常德约 140 余千米，发现的时间比常德早 10 分钟。如果这是同一个不明飞行物，那么，推测它的飞行速度大约每秒 230~240 米。

1980 年 6 月 29 日凌晨 1 点多，诗人流沙河正在四川省成都市文联的宿舍中伏案工作。突然电灯熄灭，空中一片漆黑，他不得不脱衣就寝。就在这时，他忽然发现室外有强光透过已闭的窗户射入，持续约 2~3 秒。几分钟后，窗户又再次被照亮，持续不到 1 秒。与此同时，《四川音乐》月刊编辑朱晓麒在家里，也同样经历了电灯熄灭、天上出现奇光的现象，而且还注意到空中有一种像是巨大的变压器发出的"嗡嗡"声。朱以为是地震的前兆——地震光和地声，赶忙出门去打电话，想向

世界未解之谜

宇宙未解之谜

图文珍藏版

有关单位询问。但电话打不通,连拨号也没有。除了他们之外,住在成都市东城区的许多人也都看到了天上的强光。遗憾的是却没有人看到发光体是什么。

1991年5月17日晚,驻昆明空军航空兵某部正在按计划紧张而有序地组织夜间飞行训练。22时05分,突然空中传来正在飞行的二大队副大队长的无线电报告:"发现正北偏西60°,距离150千米,高度5000米处有一不明飞行物。"不久,在地面工作的几百名航空工程机务及后勤保障人员,也纷纷看到了这个不明飞行物。它刚出现时呈光点状,后变为光盘,并拖出光带边圈。空中看它的最大直径在100米左右:地面看最大直径10米左右。它的中心发出火样的光,还喷吐着烟雾,逆时针高速旋转成螺旋光体,旋转速度逐渐减慢,以大约每小时1200千米的速度向西偏北方向飞去,历时约10分钟。

大胆假设,小心求证

1.飞碟有何目的

如果飞碟是天外来客,他们历尽艰辛,一定是抱着考察目的"访亲问友"而来,就如同我们地球人到月球和火星上去考察一样。可是,从报道的情,况来看,无论飞碟的行为或者它们出现的地点,都与考察的目的格格不入:它们要么躲躲闪闪,回避人类,要么向人类袭击甚至绑架;它们往往出没于无人之境,或沙漠,或荒山,或海洋……而对文明繁盛的地区却反倒不感兴趣,这是完全不合情理的。一位外国记者说得好:2000年前,如果有一位想了解地球情况的天外来客到达地球,他会要求去罗马;100年前,他会去伦敦;今天,他会在华盛顿着陆;50年后,这位客人很可能首先去北京了。换句话说,天外来客为考察地球,无论是过去、现在或者将来,首先应去最发达的地区。

事情很简单,只要放弃天外来客这个诱人的假说,承认飞碟是自然现象或者地球人自己制造的器械,飞碟的神秘外壳也就可以剥开了。

数以万计的飞碟案例当中,绝大多数已经搞清楚了,剩下的就是疑难案例。有人就凭有疑难案例,断定这些飞碟不可能是地球自身的现象或者地球人自己的产品。能不能这样说呢? 疑难案例,不过是客观世界无数"未知"之一,诚然今天的科学还不能解释它们,但没有理由就把它们作为天外来客的证据。

对于那些疑难案例,可以继续研究。比如,与飞碟有关的许多大气现象,大多是由空中的无数冰晶形成的。但是,这些现象究竟是怎样产生的,至今仍然是物理学上的难题。

十几年前,苏联科学院对某些飞碟现象进行了研究。他们的考察表明,在一定的条件下,大气中会形成碟状的湍流,体积可达100立方米。这些碟状湍流的密度和温度等特性都与周围大气不同,它们可以维持较长时间,并在气流的作用下移动。它们最常出现的大气性质有明显改变的区域,比如山坡的迎风面就可能是这样的地方。倘若在阳光下或月光下看,它们就成为传说中的飞碟了。

另外,某些飞碟可能是秘密武器。比如,有一种新型飞艇,它的外形就是一个圆盘,结构紧凑,重量又轻,既能垂直升降,又可在超低空飞行以避免雷达跟踪。而且,飞艇上有大功率电子侦听设备和大型干扰机,十分适合军事侦察之用。还有一种新型飞机,机身细长,机翼像一个扁平的大圆盘,和机身连在一起,可以做各种角度的转动,甚至可以调转机身,反方向飞行;而且,由于它的机翼面积大,也可以在低空飞行。这些情况与传说中的某些飞碟完全雷同。

从报道第一个飞碟到今天,40多年过去了,从来没有一个人找到一个天外来客的一点真凭实据。然而,不少人还寄希望于飞碟,想在飞碟身上看见天外来客的影子。科学需要等待历史。我们相信,随着科学知识的不断普及,将会有越来越多的人承认,飞碟不是天外来客。而当有朝一日,真正的天外来客登临地球的时候,飞碟最终将作为"以假乱真"的例子载入科学史册。

2.不愿与人类接触

与前面说法不同的是,不少人提出,既然飞碟可能来自外星,那么为什么它们不与人类接触?据专家们分析,大体有如下原因:

(1)地球人把飞碟的到访视为入侵,往往以袭击与进攻来接待他们。

(2)根据互不干涉的宇宙准则行事。

(3)他们的使命仅限于监视与考察地球。

(4)与人类的生理结构不同,不能承受我们的动物性低频振幅。

(5)对我们实行一个临时性的隔离检疫期。

(6)兰德公司的一份专家报告认为,两种文明高低差距过大,过早接触对双方都有害而无利。

(7)人类也没有正式要求接触。

(8)早已摸清地球人的情况,不必要接触。

(9)据了解,人类的宇航员出航前均得到训令:当发现外星生命体时,不准随意接触,可保持警惕,首先要弄明对方意图,进行试探等等。同理,外星飞船上的乘员在出发前可能也得到相似的训令。

（10）最后一种可能性是飞碟由于种种原因不可能与我们接触：①它们并非实体，不过是外星人放过来的影像（犹如电视图像）。②他们在另一维空间飞行，偶尔闯入我们这维空间。③多个宇宙论：宇宙中套宇宙，多宇宙的交叉，平行世界。他们并非在我们这个宇宙中。④他们是反物质结构，无法与我们亲近，避免双方伤亡。⑤心理学说：UFO是形体化的思想或意念形式、人类集体的潜意识的典型创造、意念造型遥探催眠术。

一些坚持"地球中空说"的学者认为，我们所看到的飞碟来自地球内部或海底，并非来自天外。"地内人"千方百计避免与人类接触，以防地下家园遭到侵害，有时他们佯称自己是外星人，以转移人类的视线。

但是，另外还有一种截然相反的意见，认为飞碟与人类早已接触。许多有影响的UFO专家几乎都同意这种意见，他们指出，这种接触可能早已在外星人认为的相应的水平上建立。自远古时代以来他们一直与我们保持着多种方式的接触，他们一直在帮助我们发展科技、提高文明程度，他们也许有一个提高人类"宇宙觉悟"的时间表，可能他们认为目前公开见面的时机尚未成熟，他们宁愿继续在暗中不露声色地给我们以大量援助。甚至有一种说法认为，外星人已大批混杂在地球人中。

3.科学家的看法

世界上第一个亲自研究UFO的科学家是弗尔曼·奥伯特博士，他被誉为"宇宙航行法之父"，是建立现代火箭理论基础的伟大科学家。他受德国政府之托，从1953年起的3年内，在约7万件目击报告中选出最可信赖的800件，从中推算UFO的航空工程性能，并得出这样的结论："科学可以把不可能和不能证实的问题看作可能，为了说明观察事实，必须有效地考虑作业假说。在已有作业假说中，UFO是地外智慧生命操纵的飞行物，最适合观察事实。"

法国天文学家、计算机学家贾克·瓦莱博士（现为美国斯坦福大学教授），1954年对从西欧到中东集中发生的200件以上的着陆搭乘目击事件，进行统计分析（他是第一个用统计学手法研究UFO的科学家），结果发现很多推翻否定论"法则性"根据的东西。

如目击事件与人口密度成反比，这和人口越多越易产生集团幻觉说相反；目击事件发生在日常生活中，且目击者无性别、年龄、职业和学历方面的偏颇，这和幻觉与病态妄想说相矛盾；从着陆痕迹测定或从状况推测的UFO的直径，都为5米左右，这暗含UFO现象与其说是心理的，不如说是物理的；目击的时刻分布显示着存在智慧控制。

1966 年,瓦莱博士在公布他的研究成果时说:"只要不拒绝把 UFO 作为空中物体来研究,那么不把 UFO 着陆的报道作为研究对象是没有道理。只要承认有被智慧控制的可能性,就没有理由否定 UFO 着陆和搭乘员降落的可能性"。

目击 UFO 的科学家很多。较早的是著名天文学家、冥王星的发现者克·汤博。1979 年 8 月 20 日,他和妻子、岳母在新墨西哥州拉斯克鲁塞斯的住宅之外看到"6 至 8 个长方形的绿光群","这是在夜空模糊地浮现出轮廓的巨大船体的舷窗,随着远去,逐渐变小,最后消失。如果这是地面上某个物体的反射物,同样的现象应该频繁出现。我经常在自家庭院进行天文观测,但这样的现象也仅在那个时候见过一次。"

克·汤博(天文学家)

1973 年,斯坦福大学等离子体研究所的物理学家斯塔洛克,以全美职业天文学家为对象进行调查,在 1356 位回答者中,有 56% 的人持肯定态度,认为"值得进行科学研究",有 4.6% 即 62 人"亲眼见过 UFO"。如新墨西州萨克拉门托峰天文台一个台员说,1974 年 10 月 11 日傍晚,"我驾驶的小型卡车在山道上蜿蜒行驶,突然与前方上空水平飞行的 UFO 相遇,引擎停车,卡车不能前进。这是个圆盘形物体。

接着，它突然在垂直方向加速，几秒钟内变小、消失。此时车子恢复正常"。

1979 年，产业科学的专业杂志《工业调查》（92%的读者具有博士、硕士或学士学位），对整个科学技术界进行调查，有 1200 名读者寄回调查卡片，其中"目击过 UFO"的占 8%，"见过类似 UFO 的东西"的占 10%，回答"UFO 确实存在"和"多半存在"的读者共占 61%，44%的读者认为"UFO 来自太空"。

UFO 研究中的主要流派的根本观点是：地球之外存在智慧生物，而 UFO 就是这一观点最现实的证据。但是，由于近几年来，UFO 虽然仍在不断出现，而人们却没有充分证据来证明 UFO 就是外星智慧生物的宇宙飞船，因而一度使 UFO 研究陷入窘境，甚至有的主张以上观点的 UFO 专家的信心也开始动摇，认为 UFO 研究已经步入歧途。UFO 研究真的步入歧途了吗？回答是否定的。80 年代后期出现的一些证据是令人鼓舞的，它们可能对 UFO 的研究产生重大影响。

1988 年 9 月初，秘鲁星际关系研究所所长卡洛斯·帕斯对新闻界说，1988 年 9 月中旬，当火星靠近地球时，将同以往几次一样，有大量飞碟前来地球拜访。他的预言很快就得到了证实，秘鲁和南非不久分别出现了飞碟群，目击者甚多。帕斯是位研究外星文明的专家，已从事该项研究 20 多年，在他出版的新书《我们认识的其他世界》一书中，他详细介绍了几十年来，他和他的同伴们的研究成果。他说，他们通过 26 年的研究表明，迄今已证实存在 86 种外星人，这些外星人矮的只有 2 厘米，高的则达 10 米，其中 85%能够呼吸地球上的空气，20%戴着假面具，5%穿潜水服，好像来自有水的世界。其中有极小部分根本就没有鼻腔，它们可以用皮肤进行呼吸。

1988 年底，苏联一支由科学家组成的探险考察队，在对戈壁沙漠进行科学考察时，有了更令人吃惊的发现。他们在沙漠发现了一个直径为 22.78 米的不明飞行物，但这个不明飞行物并不是在空中，而是半埋在沙堆中。更让人吃惊的是，在这个飞碟中居然发现了 14 具外星人的尸体。据苏联当时的科学家推测，这架飞碟至少坠毁在 1000 年前。由于沙漠非常干燥，坠毁的飞碟乘员的尸体还没有腐烂。现在，苏联科学家正在积极对这些尸体进行更进一步的研究。以前虽然也报道过飞碟坠毁事件，但都没有找到它的残骸，所以其可信性值得怀疑。这次不仅找到了飞碟残骸，而且还发现了外星人尸体。它不仅证明了外星人的存在，而且对研究多年的外星人宇航技术，也是不可多得的宝贵实物资料，其价值是难以估量的。这一消息是苏联科学家杜朗诺克博士 1990 年在南斯拉夫宣布的。

4.UFO 存在与否

在众多的自然之谜中，UFO 是最大的一个谜，它最使人感到神秘莫测，引起了亿万人的强烈兴趣。可是，30 多年来，UFO 问题不仅没有明朗化，反而被搞得混乱不堪。虽然越来越多的公众，相信部分 UFO 是外星人的飞碟，但正统的科学界（包括绝大多数科学家）和各国政府（法国等除外），却否认飞碟的存在，认为 UFO 无非是一些探空气球、流星、虚无缥缈的幻影或未知的大气物理现象。确实，限于目击者的知识水平，大部分目击事件是把飞机、气球等当成飞碟，有些确实是一些未知的大气物理现象，如地光等等。1997 年的 8 月初，美国的一家报纸曾发表文章称：在 50 年代出现的大量 UFO 现象，其实是美国军方进行的秘密实验。此话一出，引起世界一阵哗然。虽然如此，但美国军方并没有站出来证实这一点。除此之外，也确有相当一部分 UFO 是无法解释的，其中不少是科学家和飞行员目击的，难道一个天文学家能把一颗流星当作飞碟？难道飞机上所有人员都同时产生幻影？

UFO 的一个特点是无法在实验室研究，也无任何公式可用，连确切的证据都没有。这正是它不为正统科学界承认的一个原因。人们习惯于借助电子和光学等等仪器提供数据，用公式演算分析去验证一个发现。但研究 UFO，却无任何仪器可用，也无法重演，故很难使人接受。一架飞机在我们头顶飞过后，我们可以继续知道它在哪里，在它飞行方向的下一个地方，人们也会看到飞机。但曾经是一个固态和有形的 UFO，昨晚干扰了汽车、飞机以后，现在它在哪里？在它消失的方向上，可能再也没有人看到它，监视整个地区的雷达、红外探测器也没有发现它。事实上，它从现实中消失了。可见，对 UFO 的研究，同目前的传统科学有很大的差别。同时由于一批狂热的 UFO 主义者常常夸大其词，甚至弄虚作假，凭空杜撰与 UFO 接触事件，伪造 UFO 照片，结果使 UFO 研究声誉大跌，使大部分科学家对 UFO 现象产生反感，他们既无兴趣也无时间进行研究。在这种情况下，就很容易得出 UFO 根本不存在的结论。

否定论者往往用科学法则来说明 UFO 的不可能，如"大气中不可能有飞碟那样高的速度，否则就要产生冲击波""这么大的加速度会把任何东西压碎""飞碟那么小，若是从别的星系飞来的，它的燃料放在什么地方？"等等。他们还往往把爱因斯坦的相对论搬出来，指责"UFO 研究不按科学规律行事"。如果笼统地问，爱因斯坦的相对论绝对正确吗？可能人人都会持否定态度，但在具体问题上就是另一回事了。现在人们正在努力研究统一理论和白洞问题，也有越来越多的人，倾向于瞬时完成宇宙航行，起码不需要原来认为的那么多时间。UFO 否定论者曾嘲笑说：

"对于 UFO 研究者来说,只要有解决不了的问题存在,那就需要修改现代科学的理论。"

英国"飞碟"研究协会曾就这个问题,对所收集的"飞碟"资料中有关"飞碟"的特征加以分类、比较和研究,结果认为传说中那种神话般的"飞碟"现象是不存在的。现在看来"飞碟"并不是什么"天外技术"的具体表现形式,可能是发生在地球上的一种自然现象。它的出现与地理条件关系密切,有可能是一种不明大气现象。例如,某些材料中谈到的一种"飞碟"呈卵形,直径 1 至 3 米,绕主轴旋转,接近地面并发出大面积电磁辐射的就属这类。现在科学家利用一定手段已能证实它的存在。并把它命名为"不明大气现象"(VAP),以便与可能存在的"飞碟"(UFO)相区别。

总之,"飞碟"现象是值得探讨的,它是一门值得研究的科学。

当然,科学界的大势仍是对 UFO 实在性的怀疑。但"观察事实"却导出了"地外宇宙飞船"的假说。美国声望很高的 UFO 学者 J·哈依内克博士,曾是一位有力的否定论者,但他接触了大量的目击报告和目击者后改变了态度。他曾担任过大学天文系主任、天文台台长等一系列科学职务。1976 年,他在伊利诺伊州 UFO 研究中心对采访记者说:"对这样的资料假装不知,直到否定目击者的人格,这是科学家的良心所不允许的;轻蔑与无视,绝不是科学方法的一部分。"

看来 UFO 存在与否的科学争论,在未来还会长期地进行下去。但是有一点是确定的,轻易地否定,结果并不能改变轻易地肯定,这样做是不科学的。

5.假说四种

具有这样神秘莫测的形态和飞行能力的飞行体接连不断地出现,人们对此关心备至,探究工作也一直在各国悄悄地进行了。美国空军制造厂同美国科罗拉多大学联合成立了 UFO 调查委员会,委员会成立于 1948 年。1976 年苏联国防部成立了 UFO 研究会等国家级研究机构。他们对 UFO 现象提出假设,研究结果大体有以下 4 种:

第一,自然现象学说。把闪电、流星、飞鸟群、人造卫星、气象观测器等错认为飞碟。它的代表性假设是"放电现象假设"。这种放电体形成了 5~10 万伏特强大电压,从暴风云中分离出来游荡在大气层中,并在发生闪电后瞬间消失。这种放电体就是 UFO 整体,晴天也会时常出现。这种假设能够解释有关 UFO 大部分特征。但是,放电现象最长不过十几秒,且同暴风雨密切关联。而多数不明飞行物却同气象无关联。放电大小只有 4~5 厘米宽,UFO 比它大数百甚至数千倍。所以,这种学说没有多大说服力。

第二，同地球上文明体有关联的学说。提出强国秘密兵器说，如第二次世界大战的法西斯余党制造碟形飞行体，并进行试飞。这种假设根据不充分，并且在常识上不合逻辑，所以这一学说没有多大说服力。

第三，全身投影学说。即人类无意识的内在心理原形的投影现象说。也就是说，把虚幻错觉为实体。这种理论说明不了UFO的全部现象，只能说明瞬间消失、分离与合体选择性出现的现象。但虚幻不能被捕捉在雷达中。它也解释不了分明有飞碟着陆的痕迹，及飞碟被照相和摄像等事实。

第四，外界起源学说。就是说，飞碟是从地球以外的遥远的宇宙行星上飞来的飞行物体。他们是比人类更发达文明的生命体，像我们去月球或火星探索一样，他们也到地球上来。这种学说按现代科学原理不可能完全说明UFO现象，但现在绝大多数人相信外界起源说。

认为UFO是外星人的飞行器者，据此提出了种种理由，归纳起来有以下几条：

(1)外星人之所以不与地球人进行公开的正面接触，是由于我们地球人的文明程度比他们低得多，他们还不能与我们直接沟通，正如人不能与猴子沟通一样。

(2)外星人已掌握无限延长生命的方法。同时，他们已不像地球人那样依靠食物维持生命，他们已能利用气功辟谷来维持生命，并且已能利用宇宙射线作为飞行器动力(能巧妙地转化宇宙的能量)，因此不必携带食品和燃料。

(3)人类的历史在宇宙的演化中只是短短的一瞬，现有的科技水平只是人类认识自然世界过程中的一个阶段，并不是认识自然世界的顶点。客观世界的更为广泛、更为基本的运动规律尚未被人类揭示。因此我们不能用我们现有的科技水平来判断外星人的科技、文化发展概况，外星人的文明程度很可能遥遥领先于我们。

(4)按照宇宙全息统一论的观点，宇宙各处是全息的。既然太阳系这个较为年轻的天体系统中能产生高级生命，那么我们就没有理由怀疑宇宙中的某些星球上，也能形成与地球相似的条件，其生物也必然从低级向高级逐渐发展。最后产生出高级智慧生命体。如果外星人比地球人早诞生几千年、几亿年，其智慧可能远远高出我们。

6.地震预兆

有人将地光看作UFO或将UFO视为地光现象。UFO和地光两者容易混同并非偶然，也许弄清地光的成因，不但能将前面奇异的位移和"佛灯"现象得以澄清，更重要的是可将 UFO 与地光现象严格区别开来,并为最终弄清 UFO 运动机制提供线索。

地光是强地震前后常见的一种自然现象。1975 年 2 月 4 日傍晚 6 时许,辽宁南部海城与营口一带,虽然天色还未完全黑下来,但能见度已很低了,马路上已不能骑自行车,汽车也只有打黄灯才勉强行驶。突然,暗淡的天空豁然开朗,人们重新看清了道路,甚至能看清室内的物品。在海城招待所,人们甚至看到了满天的红光,后来又变为白光。这就是一种强烈地震前兆现象——地光。

辽宁海城地震震压一角

地光闪耀的同时,往往伴随着轰隆隆的地声。如在海城地震前,在辽河职工医院,有人看见像电弧光似的一片白光,持续约一分钟,并伴有腥臭味;北镇赵屯公社,人们看到的是东南方的天空有两道很亮的白光,像拖拉机的灯光在晃动,也持续了一分钟左右,不久就听到了轰隆隆的地声。地光也有许多不同的表现形式。在锦州铁路局,人们看到的却是火灾似的粉红色光亮持续了 4 分钟。在海城、营口和盘锦一带的许多地区,还有许多人看到从地裂缝中喷出火球状光亮,就像信号弹一样,不带尾巴,各色都有。

地光形形色色的形态,归结起来可分为闪电状、朦胧弥漫状(片状)、条带状、柱状、探照灯状、散射状和火球状等等。就光的颜色来说,有红、橙、黄、绿、蓝等,但以蓝色白色和红色较多,黄色次之。一般地说,片状光、带状光,以蓝色光居多;而火球、火团、火焰、火柱多为红色、红黄色和白色。不过,这不是绝对的,有时地光的颜色还随时间变化。

这些形态中与 UFO 最为近似的是火球现象。在 1969 年,美国加利福尼亚州圣罗萨镇连续遭到两次强地震的袭击。和其他地区的强地震一样，当地居民看到了多种地光现象，其中有许多是一种球形的闪光。例如，有人报告说："发震时，头顶上方，向空中升起几道直直的光条。""镇西方看到像流星一样的光。""看到了3米左右的火球，拖着红的尾巴，3秒钟移动了几米。""看到火球从前右侧跑到左侧，在很短的时间内，由蓝色发绿，散乱地变成红色。"……

1976年，我国松潘地震时也有大量火球出现。仅8月16日晚发震前后，江油的一个农民就看到400多个火球。有人这样描述道："我们先看见几处冒出零星的火球，以后越冒越多，难以计数。球刚冒出时有碗口大，当升高到10多米后，就变至簸箕般大；先是白色，后变为乌黑，还伴有响声。在白色的火光中，还有一股黑色烟雾在翻滚，同时闻到一种火药味。出现火球的范围估计约有3000~4000平方米，持续约15分钟。在火球发生的时候，收音机、罗盘、广播等均未出现任何干扰，也未发现物质的放射性增高。"

我国黄录基、邓汉增在研究火球时认为应区分两种类型：A型火球，通常在地震前不久和震时发生。它们主要出现在震中区，没有明显的分布规律，也看不到来自地下的通道，总是突然出现在空中。球体大小不等，一般直径二三十厘米，红色居多，间有蓝色、白色，移动迅速，有时带有响声，同时可见到其他形态的地光。B型火球，是信号弹式或流星式的球状光体，发震前后都有，出现的范围也较广，但与一定的地质构造及地理条件有关，常直接从地面裂缝、冒水孔、河沟等处升起。上升高度一般为一二十米。球体大小较悬殊，小如鸡蛋，大如脸盆。颜色以红色居多，绿色次之，再次是白色或蓝白色。它们的移动速度以A型为快。有时随风飘忽不定，也常伴有响声，并往往带有一股难闻的气味，如硫磺味等。严重时，可灼伤人畜。

可见，火球具有随风摇曳和只能上升、无磁场干扰的特征，说明它与UFO有本质上的区别，但是它的发光现象及有硫磺味产生等一些特征，又与人们遭遇的UFO有相同之处。它们之间究竟有什么联系呢？

地光现象已引起人们的广泛注意，特别是近代，它更是地震工作者苦心研究的对象。人们试图用不同原理来解释它。

1966年，苏联塔什干大地震前几小时，塔什干上空突然发生了一次电子暴。天空中耀眼的白光像镁光灯一样，使人目眩。更令人奇怪的是，地震前后都有人发现，室内的日光灯"无缘无故"地自动闪烁。科学工作者也测到了电离层中电子密集度达到顶峰。

早在 1961 年，日本学者安井丰等研究地光时，就注意到了大气电场的问题，后来他研究了日本、美国等地的地震发光现象。于 1972 年提出了"地光现象是地震时剧烈的低层大气振荡"的看法。他认为：在地震区常会有以氡为主要成分的放射性物质，被从地里"抖"到大气中。特别在含有较多放射性物质当中、酸性岩石分布区和断层附近，大气中的氡含量将有显著提高，这也将大气离子化增强，导电率增加。如果这时地面存在一个天然电场（这个电场可以由压电效应产生），那么就会发生向空中的大规模放电，使地光闪烁起来。大面积放电和氡蜕变时放出的射线都有可能激发荧光，使日光灯管闪亮。

另外，也有人用压电效应理论来解释地光。物理学的实验发现，许多晶体在受到挤压拉伸时，会在两个平面上产生相反的电荷，称为"压电效应"。压电石英就是一种具有压电效应的晶体。如果沿着石英晶体的垂直轴切制一个薄片，并沿薄片厚度的方向施加一定压力，这时薄片的两个受压面将产生不同的电荷，且电荷的密度与压力成正比。

美国的科学工作者为揭开地光之谜做了大量的研究工作，已迈出了重要的一步。据报道，他们在实验室里对圆柱的花岗岩、玄武岩、煤、大理石等多种试样，进行压缩破裂实验时发现，当压力足够大时，这些试样会爆炸性地碎裂，并在几毫秒内释放出一股电子流。正是这股电子流，激发周围的气体分子，使它们发出微弱的光亮。芬克尔斯坦和波威尔认为，当石英在地壳岩层中作有规律排列时，如果沿长轴排列的石英晶体的总长度，相当于地震波的波长时，就会产生地震等压电效应。若地震压力的压强为 30~300 帕，就有可能产生 500~50000 伏/厘米^2 的平均电场，这个电场足以引起闪电那样的低空产电现象，产生地光。

众所周知，石英是地壳中分布最广的矿物之一。这些地光"佛灯"和"鬼火"是否都与石英释放的电子流有关，以及这些地光是石英受压后释放的电子流，还是其他原因使其抛射电子流的，这有待于进一步探讨。

7. 探寻 UFO 飞行原理

UFO 之谜究竟是客观存在的自然之谜，还仅仅是由种种自然现象所引起的错觉或纯粹是某些人的主观幻觉呢？若干年来，这一问题深深地吸引住了不少科学家的注意力。坚信飞碟是来自外太空宇宙飞船的科学家，对此做出了自己独特的解释，尽管他们的看法可能在这一方面或那一环节上存在着不够完善之处，但就总体而言，这对启迪人类的智慧，开阔人类的视野还是很有意义的。

人类进行宇宙探索过程中，所碰到的最大困难之一，就是能源障碍。我们人类在不同的历史发展阶段,用不同的方法获得能源。获取能源的不同方法正与人类文明不同的发展水平相适应。科学发展史告诉我们,对微观世界研究得愈深入,人类所获取的能源也愈经济、愈强大、愈充足。如今我们如果要得到比原子能更为经济和更为强大的能源,那唯一的途径只能是研究微观世界更深层的结构。地球人类对原子及原子核层次物质结构的研究已取得了丰硕的成果。更深一层的研究,应该在物质结构的哪一个层次上来进行呢? 科学家认为,应从基本粒子着手。

我们一般所谓的基本粒子事实上并不基本,而是自然界中更为深层过程的产物,夸克就是构成这种基本粒子的更小单位。在未激状态中,夸克场在量子物理中被科学家称为物理真空,亦即空虚的宇宙空间。所谓真空,并不是传统意义上的空无所有。把真空理解为空无所有,那仅仅是人们对"真空"一词所做的庸俗化解释而已。事实上,真空本身就是一种物理介质,如果把外部的能量施于真空,或者用重力场使其变形,那么从真空中就会产生出真实的粒子,而且进而使真空具有独特的能量。科学家在极为精确的实验中,已经发现了真空的这一特性。有些科学家已经预言,随着科技水平的不断提高,及微观世界深层结构奥秘的不断揭示,我们应该对空间和时间的基本概念重新进行审查,而一些以前和现在我们无法加以想象的现象也即将成为人们无法否认的事实。

有人提出了一种崭新的理论模式,根据这种模式,真空中存在着不受限制的内部能源,它以我们目前还无法了解的自身重力进行代偿。银河核、类星体及宇宙本身爆炸就是这种真空能的表现形式。如果这一理论模式是正确的,那么为了探究真空能之谜,就得深入到微观世界的更深处。自然规律对于整个宇宙来说都是相同的,高度发达的球外文明正是在深入到微观世界的基础上洞察了真空能的奥秘,用它来武装飞碟。他们的宇宙飞船在茫无际涯的宇宙中漫游时,从周围不断地汲取原动力,因此能做超越我们地球人想象的超远、超高速运动。

目前所观察到的大量事实证明,飞碟不仅有高速飞行的惊人能力,同时又能克服加速飞行时所产生的超重障碍。正是宇宙中普遍存在的惯性力引起了超重,要抵消这种异乎寻常的超重力,就得依靠处于同飞行相反方向的某些巨大天体所产生的巨大引力。但使人担忧的是,引力场是所有物理场中最弱的场,整个地球所产生的引力,也仅有用来抵消自由落体的惯性力那么大。

非常可能,在微观世界的深处,我们目前关于引力本质的认识已经历了根本性的变化,外星人在那儿已经找到了一个能产生强大重力场的新机制,并且人为地设立了一个"大场",正是依靠这种对我们来说还完全是幻想式的重力场机制,来克服超重的困难。飞碟给人类的启示的确是十分巨大的,现在某些科学家正在研究这种"大场"。

飞碟能以超光速飞行,这是部分飞碟学家的设想。这究竟是否可能呢? 要解决这一使人感兴趣的问题,人们首先面临的问题是宇宙中有没有以超光速运动的物质。

20 世纪物理学领域中最伟大的成就之一,就是发现了光速在任何自然环境之中都恒定不变。它同光源的运动速度或光接收器运动的速度都没有关系。按照爱因斯坦的相对论原理,光速是自然界中传递任何物理相互作用的极限速度。可是在若干年前,天文物理学家却发现了一个十分神奇的现象:一个类星体正以超光速把大量的物质抛入宇宙中去,同时释放出巨大的能量。这一发现曾轰动了整个天文学界及物理学界。但事后却证实,那是因观测及计算不精确所造成的错误。可

爱因斯坦

是这一错误的观测结果,却成了一个巨大的推动力,促使物理理论工作者提出了一个十分严肃的问题:宇宙中是否存在着以超光速运动的物质。人们把这一假想中物质称为高速物质。

在原则上,以超光速运动是完全可能的。物理大师爱因斯坦所创立的相对论,

在逻辑上也允许存在两个世界：一是我们目前所处的慢速世界，即以不超过光速运动的世界；一是快速世界，即以超光速运动的世界。

从整体上来看，高速物质的主要特点在我们慢速世界里无法发现。它们以一种任何力量都无法超越的界线，把我们同它们相隔离，并且永远不同我们发生任何关系。高速世界是组成我们慢速世界的基本粒子的独特对映体，它们所积聚的能量不是随速度的提高而增加，而是随速度的提高而减少。这是一种十分奇特的物理现象。在慢速世界中零点能同静止状态相适应。理论计算表明，物质以接近光速或以光速运动时所要消耗的能将达到无限，可是在这想象的快速世界中，零点能同无限高速运动相联系，一旦速度减慢到接近光速时，能量会骤然增加，以至达到无穷，正如在慢速世界中一样。因此，无限的能源障碍，也把我们的慢速世界同快速世界截然隔开。从快速世界进入慢速世界时到底是怎样越过这一障碍的呢？

周围世界远比我们所习惯的要复杂得多，尽管高速物质目前还仅仅是个假设，但我们不能排除这样的可能性，随着我们地球人类知识水平的提高，在世界科学五彩缤纷的图景中，令人惊叹不已的超光速物质会占它自己应有的一席之地。

域外文明

1.联合国的讨论

来自外太空的不明飞行物体访问地球的事件，曾在联合国会议中被提出讨论过。

1971年11月8日，联合国总会第一委员会中，乌干达联合国大使曾发表演讲，说道：

"不久的将来，人类将可自由进出外太空，亦即将会与外星人有所接触，事情搞得不好的话也许会造成全面性战争。这并非仅是一个大国单独的问题，而是全体人类共同的问题。现在许多国家的政府均否认有 UFO 出现，但是，美、英、苏联及其他国家中有许多科学家，正担心 UFO 是来自其他星球的太空船。UFO 应该在联合国会议中提出讨论，并列为重要问题……"

1976年10月7日，第31次联合国总会中，某国的首相亦提出下述言论：

"地球是全体人类所共有，与其有关的知识理应让全人类知道。但是，某一国家把 UFO 存在之证掩藏在其情报保存中心。某国更把 UFO 当作军事上的机密资料处理。事实上 UFO 是我们地球人与外星人生命相关的大问题。人类有权利知道这项可怕的情报，并早做心理准备。"

此处所提到的某国是指美国。美国政府机构,隐藏 UFO 情报的事情,已逐渐被揭露而为世人知晓了。

在 1966 年 2 月,联合国进行了首次"联合国 UFO 研究计划":

①对 UFO 在全球的活动,处理各国间的合作、协调问题。

②即刻停止敌对举动,以避免任何星际战争。

③面对 UFO 问题,必须有正式接触机构,且经政府同意许可而设立。

联合国还曾多次讨论 UFO 问题,1987 年,里根总统曾在第 42 次大会上指出,地球人类应该打破自私与地域观念,共同讨论如何面对来自外太空的威胁。

有一些地球人类自称曾与外星生物有过直接接触,就连登陆月球的人都目睹过月球上的外太空生物,这些有第四类接触经验的人号称是预言者,如美国的亚当斯基及法国的雷尔等,依圣经上的预言推算,人类约有四亿人要受到灾难,这些是否与 UFO 及外星生物有关都是值得探讨的。

美国政府在二次大战期间,就开始注意 UFO 问题,在战后也曾成立特别机构进行 UFO 现象的资料收集与研究,而美国 CIA(中央情报局)在这一方面则扮演掩蔽真相的角色。

美国与苏联政府曾多次共同讨论联手对付入侵地球的外星人问题,1989 年美国总统与苏联总理戈尔巴乔夫在马耳他举行了高峰会议,内容主要谈到 SDI(战略防御协定)及星际战争问题,美、苏联手要对付的对象除了入侵的外星生物外,在地球上还有哪一国呢? 1987 年 2 月 16 日,苏联总理戈尔巴乔夫演说时也指出,人类现阶段要解决的问题最重要的是 UFO 与外星生物,现在不着手进行,将来就太迟了。事实上早在 1971 年,美、苏两国就已签了一份合作对付外星人的合约,70 年代以后,两国时常密谈此问题的细节。

2.美国的战略

1960 年,美国射电天文学家达莱克首先开始地外文明探测工作。他在美国国家射电天文台利用直径为 26 米的射电望远镜探测离我们最近的两个太阳系星球。探测波长为 21 厘米。

随后,一些国家曾采用天文望远镜探寻外星人的踪迹,但收效甚微。目前,美国宇航员正在贯彻一项探索外星智慧生命的大规模计划。科学家用带有巨型天线的射电望远镜接收下大量无线电讯号,然后通过电脑控制的新型信息处理装置,同时在 13.1 万个频道上进行迅速地分析和处理,将传递信息的信号与杂音立即区分开来,使观测效率大大提高。1988 年 6 月,一座精度更高的射电望远镜又在波士顿投入工作,它的天线直径28米,可以同时在20多万个频道上进行观测。据乐观人士估计,借助先进的空间科学技术,在未来50年内将可望接收到外星人的信号。

美国科学家还打算派遣由宇航员或机器人驾驶的高速宇宙飞船拜访外星人。事实上,1983年6月飞离太阳系的"先驱者10号"无人驾驶宇宙飞船,就已作为人类派出的第一位友好使者,携带着地球和太阳系的方位图,以及特制的裸体男女图像,向茫茫宇宙进军。为了加快未来星际飞行的速度,科学家们正在研究新的动力装置。利用热核反应可使飞船速度达到光速的10~20%,即到达最近的恒星只需20年左右。被人誉为"第二代航天器"的"光帆"又叫"太阳帆",是在飞船上挂起一张厚度只有大约百万分之一米超薄铝箔制成的巨帆,借助太阳和其他恒星的光压飞行,而无须消耗任何燃料。光帆通过加速度,可以在较短时间内达到可观的速度。如与激光器配合作用,还可双倍加快飞行速度。据分析,若在绕太阳的轨道上安置一台大型激光器,就能使光帆的速度接近光速,这将大大缩短星际航行的时

"太阳帆"可使航天器获得超高飞行速度

间。有了成本低廉而高速的光帆,银河系就不再像原来那样遥不可及了。可以相信,人类与外星人建立起联系,为期不会太远了。

为了解开外星人之谜,美国航宇局从1988年开始把预算一下增加了5倍,拿出1000万美元添置必要的设备,争取在1992年正式开始探寻外星人的工作。

这项工作是美国生命科学计划的一环,它从1985年已经开始着手,正式名称是"探索外层空间智慧生物计划",由美国宇航局的艾姆斯研究中心和喷气推进研究所负责。这项计划的基本考虑是"如果在宇宙中真存在具有一定文明的外星人

世界未解之谜

宇宙未解之谜

图文珍藏版

的话,他们也会和人类一样利用电波向外发送某种信息。因此,将在地球上放眼整个宇宙,截获这些信息"。

负责截获电波信息的天线是喷气推进研究所现有的射电望远镜和位于菲尔特里克的直径 305 米的世界最大的射电望远镜。科研人员把这些天线接收到的大量数据分成 1000 万个波道的频率,然后用先进的计算机来分辨这些电波是在宇宙中自然生成的还是外星人发射的。

搜寻方法一是用天线对宇宙每个角落进行全面探查,二是把重点放在围绕类似太阳的恒星旋转的行星上。

美国宇航局制订了分两步的宇宙生命探索计划。第一步 5 年,主要任务是研制、设计和测试各种装备和仪器。第二步 10 年,进行全球范围大规模观察。预期各阶段都会有所发现。

如果确有外星人,天文学家们信心十足地指出,随着太空探索计划的实施,外星人迟早会被发现。首先应探索小行星带,就是基于这样的设想:外星人已进入太阳系或其附近,并在小行星带某个原材料和能源丰富的星球上建立了自给自足的太空栖息基地。

预计在二十一世纪中,探索外星人会取得重大突破。要么发现外星人的某种信号,要么证明地球人类确实在银河系独一无二。前者只要一个信号就能分析出宇宙中生命的性质、分布和形态。后者也不能理解成探索外星人的失败。明确人类是银河系唯一的文明生命,人类应加倍珍惜自身的存在避免不必要灭亡。

3.苏联的秘密行动

在 50 年代整整 10 年间,UFO 的研究以美国最为热闹和集中,苏联一直缄默不语。苏联《真理报》甚至把飞碟作为西方帝国主义腐朽的产物而加以指斥,但暗中则加紧研究。针对 1967 年以来的碟现象,写出了《对苏联大气层的反常现象之观察、统计性分析》的详尽报告。60 年代中期,他们成立了宇宙委员会,呼吁研究飞碟,苏联宇航员曾经在宇航飞船上看到过"不明圆柱体",在乌拉尔山区经常见到不明发光体。但是他们的研究,主要还似乎在于对外星生命、外星智慧生物存在的兴趣上。由于他们迫不及待地热衷,所以有人说,苏联人比西方人更相信外星智慧生物。70 年代中期,苏联人竟在高加索的泽连丘克建成了世界上最庞大的射电望远镜,并立即投入使用。这个望远镜的天线系统可以收听几十亿光年以外宇宙间的任何"脉动",可能收听波长为 1 到 30 厘米的无线电发射波。由于氢在宇宙无处不有,因此推断先进的文明会选择这个波长来发射信号,而泽连丘克射电望远镜,可以收听到外星人以氢波长发来的信号,而且收听时间比当时同类望远镜都长。苏联人毫不放弃加入有关与外星文明通讯联系的会议,不论是1964年的第二次国际外星文明的星际无线电通讯代表大会,还是1976年的讲座同外星文明通讯联系问题的巴黎会议等等,他们都十分热衷,每会必赴。苏联制定了"塞蒂1号计划"(1975~1985),"塞蒂2号计划"(1980~1990),将投以巨款大干。可见,在探索外星生命方面,苏联有领先于美国的趋势。

苏联是从1968年开始着手外星人探索活动的,政府多年来对探索活动相当重视。1981年底,苏联在塔林召开了国际讨论会,总结交流各国的探索活动的经验。大多数苏联科学家对探索工作抱乐观态度,他们认为,宇宙中生命的形成不是一个偶然现象,而有其必然性。纳安院士认为:"只要有来自恒星的强大能量流,并提供合适的容器——如行星,使这种能量流持续发生作用,那么,就有可能诞生生命"。

苏联科学家认为,现在已有确凿证据表明:波江星座、巴尔纳尔达星座和御夫星座等都存在行星系。因此,不排除在这些星系存在生命的可能性。

至于地外生命是什么模样,苏联的特伊茨基通讯院士认为:"既然宇宙中的物理定律到处都是一样,那里的生物定律也应该是一样的。"

特伊茨基通讯院士认为,由于对情况估计错误,讯号收听工作不完善,因此探索工作目前未能获取成果。他认为,宇宙中根本不存在能掌握某个外星系能源的超级文明人,我们不可能指望接收功率强大的讯号。我们必须大大提高接收机的灵敏度,选择合适的天线,合适的波长,对宇宙某些部分进行重点探测。他透露,一年半到两年内一架多波段扇形天线将投入使用;射电望远镜的灵敏度将增加100倍;将能收到300~500光年距离处发来的讯号。

1971年9月,在苏联布拉干天文台举行了第一届美、苏"与地球外文明社会建立联系"学术讨论会。当时认为存在地球外文明社会是不成问题的,而且数量众多,有成千上万,问题仅仅在于如何建立联系。

早在1964年苏联科学院通讯院士卡尔达金夫提出,按能源消耗水平来说,地外文明社会可划分为三类:第一类,其工艺水平和能源需求相当于地球上的人类社会;第二类,其能源水平大大高于第一类,能掌握运用太阳型恒星的辐射能量;第三类是超级文明社会,能控制整个星系的能源。按照这种估计,当时认为,既然第二、第三类外星人的能耗水平如此之高,其无线电发射功率也一定高。我们不需要灵敏度很高的接收设备,就能接收到第二、第三类地外文明社会发出的讯号。

可是,苏联学者在高尔基城附近利用射电望远镜逐个探测了距太阳系20~30

光年范围内的 1000 多个星球,并未发现外星文明社会的蛛丝马迹。

苏联《在国外》周报就当前探索太空人活动发表了评论,标题为《仅仅是开始》。

该报认为:60 年代兴起的,对地球外文明生物的科学探索,目前正面临危机。

众所周知,尽管做了大量探索,甚至使用了大型探测工具,但未能发现太空人的无线电信号,也未发现任何宇宙奇迹。例如:高度发达的文明生物所创造的天文工程。它们也未曾来侵略和占领我们的太阳系。于是,出现了一些偏激论调,认为地球上的人类文明是独一无二的,在银河系,甚至在整个宇宙,也是唯一的。

当然,并非所有研究人员同意上述观点。实际上,上述观点把问题过于简单化了。他们把人类在当前发展阶段所持有的倾向,如对科学、技术、发展道路的看法,强加给别的文明生物。最近的一些著作,批判了太空侵略的可能性,也否定了能掌握星系的超级文明生物存在的可能性。

评论认为,探索对太空无线电信号的工作未能成功是早就可以预见到的。首先,当初误认为在最近星球的附近就存在着文明生物;其次,又误认为这种文明生物与人类近似。现在已很清楚:这仅仅是一种可能性,而且是概率很低的可能性。未来的星际通信应是另一个样子。而探索性的工作,仅仅是开始。

如果

如果说,过去人们对寻找外星球文明还只是停留在幻想和文字的阶段,那么,到了上世纪六十年代,大胆的想象已经变成了严格的科学研究,文字的描述已经转向实际的探索。现在,美国、苏联和加拿大等国的电子"耳",正在聚精会神地搜听着可能来自文明星球的信息。天文学家们还对其他资料进行了研究,希望找到证明外星球文明存在的信息。

1975 年,加利福尼亚理工学院的天文学家们说,他们曾探测到银河系中心一个非常紧凑的无线电源,这个无线电源发射出随着时间变化的信号。

同时,在平常室内温度状况下,在银河系中心发生过大面积非常明亮的红外线光源。这些是不是来自先进文明世界的信号,还有待进一步研究。

上世纪二十年代,荷兰和挪威天文学家,在向星际空间发射探测性无线电波时,发现了奇怪的滞留现象。如在正常情况下,无线电接收器应在七分之一秒收到反射波,可是他们却收到 3 至 30 秒之间的间歇性的反射波。后来,有个科学家把这种间歇电波记录在千分纸上,意外地发现这些间歇性无线电波,竟然描绘出一幅牧夫星座的天文图。根据某些星星的移动位置,推算出这是一幅 1 万 3000 年前牧夫星座图。难道这是 1 万 3000 年前牧夫星座的文明生物发射到地球高空的探测器在作怪吗?

1960 年,科学家们拟定了搜寻地球外文明的"奥兹玛"计划,利用美国国家射电天文台搜听太空无线电通讯信号。在进行第二个"奥兹玛"计划时,用精良的射电望远镜考察了将近 6 百颗我们邻近的太阳型恒星,据说其中有十几个恒星的讯号有异常现象,究竟是来自文明生物还是地球上的无线电干扰,目前还不能做出准确的判断,有待进一步研究。

英国当代著名的天体物理学家霍伊尔在 1968 年宣布,人类已经收到 50 种新的信号,它很可能来自外太空一个非常先进的文明世界。

有人推测,如果外太空文明生物要考察地球的话,他们不会不利用月球这颗地球卫星。果然,不少科学家发现月球上确有许多奇异现象。

早在 1877 年,英国和美国天文学家就看到过一个令人难以相信的奇景:月球上的几个环形山同时发出光点,并穿透柏拉图环形山的山壁,在里边汇集,排列成一个巨大的发光的三角形。

英国天文学会的月球部主任在 1953 年 12 月,也证实了他从月球表面上观察到的奇怪现象:他看见了一些半球形的圆顶建筑,呈耀眼的白色,最小的直径大约也有 3 公里。从清晰的投影来看,他断定那上面还有一座长 3 公里,高 1500 米的桥形建筑,这些看来像是工程师的杰作。

此外,一些天文学家还多次观察到月球上出现的不同颜色的闪光和绕月球飞行的飞行物。阿波罗号宇航员还拍到了一些似乎经过人工修整的环形山照片,其中有的环形山可以看到明显的几何图形,等分线和像是标杆的投影。因此,有的科学家认为,我们应该重新认识月球。

前不久,俄国科学家透露了一个更加令人吃惊而又使人振奋的消息:有一艘瘫痪了的外星球生物的飞船,正在环绕着地球运行。俄国天体物理学家波契兹教授和莫斯科的物理学家阿隆博士透露,这艘飞船是由于技术故障于 1955 年 12 月 18 日爆炸的,已经碎成了十块碎片,其中最大的两块直径达 30 米。这些碎片,目前仍在离地面 2000 公里的高空沿着一定的轨道运行,这些现象他们是在 60 年代初期发现的,经过多年研究,最近才公之于世。

他们认定,爆炸的这艘飞船是人造天体,是外星球的太空飞船,因为地球上的第一颗人造卫星是 1957 年才上天的。阿隆博士说:"流星是没有轨道的,它们只会毫无目的地掉下来,不规则地穿过太空。我们过去十年所搜集的证据,都指出了一个事实——一只外来的太空船,由于技术上的故障残废了。"美国著名的科学家力克德博士也认为:"流星能够留在地球的轨道上只有一百万分之一的机会","同时没有一颗流星被我们探测到它的一定位置","流星是不会自行爆炸的"。

对这些碎片经过复杂电脑的追踪以后,可以看出两块最大的碎片的体积和形状,并进一步推断这艘宇宙飞船爆炸前的体积和设计情况。它大约长 60 米,宽 30 米,里面可能分五层,有几个安装了望远镜的圆顶,有碟形天线,还有几个舱口。俄国的科学家认为,它里面可能到现在还保存着外星球文明生物的尸体。

其实,早在 1969 年,美国的天文学家比波就已经在一本名为《伊卡尔》的杂志里说道:至少有十块小碎片在运行,这些碎片是从一个巨大的母体爆发出来的。他指出的爆炸时间和苏联科学家得出的时间不谋而合——1955 年 12 月 18 日!

目前,俄、美等国的科学家,都急于想把这艘宇宙飞船的残片,带到地球上来做进一步的研究,科学家们甚至设想把这些残片重新组装起来。美国核物理学家蒙狄夫博士说:"如果那是一只外星球的太空船的话,那就是当今最重大的发现。也许,这会最后证明宇宙中确实存在着其他智慧的生命吧。"

捕捉天外飞船不仅是科学家们感兴趣的问题,也是举世瞩目的一件大事。它不但是我们认识另一个世界的教科书,而且也将是揭开包括 UFO 在内的许多自然之谜的金钥匙、人类的科学技术,也许因之而获得巨大的飞跃。

第八节　神神秘秘的外星人

"外星婴儿"与外星人基地

苏联曾获得过一个外星婴孩。

1983 年 7 月 14 日傍晚 8 时左右,苏联中亚吉尔斯加盟共和国咸海东侧索诺夫卡村的村民们目睹了一次大规模的奇异现象,并一个个惊得目瞪口呆。当时,一个火红的发光体突然出现在天空,将群山、村庄照亮。几秒钟后,空中传来几声巨响,爆炸声震动山谷,天空一片紫红,异常耀眼。

苏联与中国新疆接壤区域的边防军立即派出军队对边界进行严密监视。当晚伏龙芝市又出动 3 架军用直升机,用强大的探照灯将索诺夫卡村一带照得亮如白昼,并封锁了它的空域。空中发现,在山村一片空地上有一堆冒着烟火的残骸。待天明不久,军人们找到那堆仍然烫手的黑色灰烬。

此事惊动了伏龙芝新闻界和军政当局。苏联军队立刻将该村和周围山地严密包围。事件发生 24 小时之后,有消息说,出事的飞船很像几个月前飞越苏联上空的那艘宇宙飞船。7 月 15 日晚 10 时,一支部队进入该村东南 4 公里的一个山谷,他们得到报告,一个牧羊人看见天上又掉下来一个东西。两架直升机立即向牧羊人报告的地点飞去。

边疆军区佐尔达什·埃马托夫上校也乘车赶到现场进行实地调查。上校看见了一个椭圆形的金属物体,它的长、高、宽均在 1.5 米左右。金属球体下部有短而粗的支脚,还有一个反推力制动装置,物体上部有一扇紧闭着的门。军事专家们用仪器探测了这个物体,结果表明球体内没有炸弹。

凌晨 3 时,上校命令打开球体的门。当此门被打开后,专家们发现里边有一个男婴。乍一看,他像地球人,他呼吸缓慢,像在熟睡。随后,他们将孩子与球体一起运到伏龙芝研究中心。

埃马托夫上校后来对新闻记者说:"种种迹象表明,那是一个外星婴儿,是一架出事的宇宙飞船在危急时刻释放在空间的。那个球体十分平稳地着陆了。我们完全有把握说,这个球体是一个宇航急救系统。孩子没有受伤。"照料婴孩的一位医务人员说:"说真的,那孩子很像我们地球的婴儿。是活生生的人。所不同的是,他的手指、脚趾之间有蹼,这说明他曾在水中生活过很长时间。另一个不同点,是他的眼睛呈奇怪的紫色。X 光透视结果表明,他的肌体结构与我们人一样。只是心脏特别大。他的大脑活动比我们成人还频繁,很可能他有心灵感应和图像遥感的特异现象。"

有 8 个护士参加了护理这个外星婴儿的工作。其中一个人介绍说:"这个婴儿可能有一岁的样子,体长 0.66 米,体重 11.5 公斤。他没有头发,没有眉毛和睫毛,好像没长眼皮。他睡觉时,眼睛也是睁着的。他不哭也不笑,但很聪明,在给他换衣服时,他配合得很好。他最感兴趣的是一个闪光铝片制成的机械玩具,也许是因为它像他们所乘的飞船一样发亮吧。"

很可惜的是,这个外星婴儿先是在伏龙芝医学研究所,然后在阿拉木图儿童医院生活了近一年之后,突然发病死去。

另有一件大事也让人惊喜万分,瑞士人类学家波顿·史皮拉宣布,他于 1988 年 7 月 14 日在巴西原始森林中发现了"一个被遗弃的外星婴儿"。那个婴儿被喂饱后,证实他是一个不属地球人的健康婴儿。这名婴儿的年龄在 14 个月至 16 个月之间,他与人类婴儿有点相似。不过,他的耳朵呈尖角形,双眼无色,而且鼻子像管子。史皮拉说:"这是本世纪的一项科学发现。"他又说:"那个婴儿是一个活证据,证明地球以外存在智慧生命。"据说这个婴儿已被带到阿诺里市以南的一个军事机构接受研究。

另据外电报道,苏联人曾发现过外星人基地,但当局对发现了外星人这一惊人事件严格保密,怕引起世人惊恐。不过他们私下向美国做了通报。一位不愿透露姓名的五角大楼的高级官员称:"我们有根据相信,在美国和苏联领土上存在外星人和他们的基地。重要的是,我们终于和我们共同存在的外星人面对面遭遇了。克里姆林宫向我们提供了外星人的照片和其身体构造的详细资料。"

这一事件是由 UFO 在苏联连续出现所发生的。一次,一个闪亮的红球在苏联的一个城市公园降落,从中走出了两个高大的长有 3 只眼睛的外星人和一个机械人。其中一个外星人用激光枪向一个站在附近的儿童发射,使那小孩暂时消失直到外星人离开后才出现。整个事件过程中有 26 个苏联人失踪。苏联的雷达站追踪到外星人飞船降落在西伯利亚和阿拉斯加他们的基地中。卫星照片显示,在西伯利亚和阿拉斯加的荒野中有一个银色的圆点。于是,苏联派遣一个精干的突击队和科学家前往调查。

一位参与此事的苏军高级军官叙述说,当他们的直升飞机降落在冰天雪地的西伯利亚时,他们便可以看到远处有一个巨大的银色圆点。遗憾的是,外星人觉察到有人到来,便立刻离开。突击队员们惊奇地发现,一个巨型耀眼的球从那圆点顶部突然腾空而起,消失在空中。在飞球不见之后,突击队员进了那个有足球场大小,到处是闪亮灯光的圆点中,意外地发现有个受伤的外星人被遗留在那里。那个外星人有 2.1 米高;四肢细长,最突出的是他那大大的银色头颅和黑色的眼睛。外星人身穿绿色的紧身衣,脑门上有一个奇怪的标志。突击队将这个外星人用飞机送往一个军事基地接受治疗和研究。

另外,苏联在那个外星人的基地设立了研究站,对那些建筑物进行研究。据苏联有关部门的消息透露,那个外星人身体恢复了许多,他喜欢吃含有丰富铁质的土,讲起话来声调很高,类似人类的婴儿讲话。

五角大楼的官员说:"由于至今无法与外星人沟通,因而无法知道失踪的苏联人的下落。苏联已要求美国协助研究,但我们还未决定是否参与。"

来自火星的外星人

美国俄亥俄州的富兰克林住着一位离婚的女性,芭芭拉·乌莫斯(47 岁)。

1981年2月15日夜半2时,突然卧室里多了一道强烈的光芒,她大吃一惊,从床上下来,奔到了窗前,想看一下究竟发生了什么事情。

就在窗外,一个圆盘形的发光体浮在半空中,没有声音。当她看到这些的一瞬间,便不知发生什么事情——

不知过了多久,她仿佛从梦中醒来:眼前的 UFO 不见了,发现自己莫名其妙地站在窗口前,看了一下钟,已经是夜半3时15分。大约有1小时15分钟的"时间和记忆"失落了。后来芭芭拉接受了催眠实验。催眠实验是在新西纳琪市心理治疗医学者罗拔特·休纳特和纽约市的一家研究组织,还有 UFO 科学调查局的协助下进行的。

芭芭拉的"绑架体验"被唤醒以后,根据她的回忆是:在飞碟内部,从透明圆顶的天花板上有一道光柱笔直地照耀在床上。里面的生物身高二米左右,身穿紧身的灰色金属制服,从头到肩膀穿戴着一个头盔。开口的地方像猫一样的嘴巴,黄色的。

他们通过神经感应的方法,告诉她:"我们来自火星,请别害怕,我们绝不会伤害你的。"反反复复地跟她沟通。然后从一个箱型的盒子里伸出了两根探针,自动地从芭芭拉的头部开始移动到她的指甲上,可是一点也没碰到皮肤。

芭芭拉在半年后又一次遇上了"绑架",她有2次的"绑架体验"。后一次是在她住所附近的高速公路上行驶时,突然遇上了一道银白色的光芒,后来她的车子被强制地拉上空中,有2个小时的记忆"失落"。她被带进了一个实验室模样的地方,坐在一个大椅子上,对她进行"身体检查"的生物模样与前一次都一样,服装也相同。没有戴头盔,脸露在外面。黄色的眼睛,此外没有耳朵,鼻子长而细,下巴很尖,嘴唇一点血色都没有。

芭芭拉现在还相信那些外星人将来还要"绑架"她,这话听上去有些可笑,简直毫无根据,真是地道的无稽之谈,可后来发生的事实却证明她的感觉没错。

外星人并非来自同一个星球

据研究飞碟问题的专家说,至少有下列四种外星人经常访问地球:

(1)矮小的大头怪物:他们平均高度1.15米。头部特大,眼睛圆形,但没有瞳孔,有耳朵及鼻梁,在鼻的部位有两个小孔,他们的嘴巴只有一条缝,并无嘴唇、头发或牙齿,指缝间长蹼而没有拇指。

(2)试验用的动物:这种来自外星球的长毛动物,外貌像猩猩,全身有毛,手臂特长,牙齿锐利,最高达2米,体重约200公斤。科学家认为这是外星人用来做太空飞行试验的动物,就像我们用猴子做试验一样。

(3)类似人的外星人:他们的外形和地球人类一样,但也有些与人类有别的特征。如美国怀俄明州的目击者见到外星人有1.8米高,两腿弯曲而没有手掌,一只袖管只伸出一条长杆,每次他挥动那根杆,周围的物体就会移动或消失。

也许外星人就潜藏在我们中间

(4)机器人:和地球上的机器人一样,他们有多种样子。有两名男子在美国密西西比州遇过两个这样的机器人。"他们"外形相同,大约一米高,有头,但是没有颈,也没有眼和鼻,头顶有天线伸出。

下面我们再进一步分析类似地球人的外星智能生物:

(1)矮小人类智能生物:通常他们身材矮小,头部和眼睛很大,其他器官不发达,但十分精灵。思维远胜过地球人,没有毛发。

但他们的行动非常灵活,而且有特殊的超人功能。估计他们可能是外星球上的一种比外星人落后的种类,但智力、功能比地球人先进得多,也许他们是外星人用遗传因子人工合成的生物种类。

在美国有一个事例,目击者看到一个不到1米高的外星矮人,头很大、前额又高、又凸,好像没有耳朵。

有的目光迟滞、双目圆睁,有的鼻子很像地球人。目击者说,矮人的鼻子是在面孔中间的两道缝里,它的嘴不像一个有唇的口,而是一个圆的,有奇怪皱纹的孔。

他们下巴尖又小,两只手臂很长,脖子肥大,好像没有一样,但肩又宽又壮,身穿金属制上衣连裤服或是类似潜水服,左部似乎比右部肥大一些。

阿根廷有一个事例,目击者看到飞碟上外星人,他们平均高度为1.06米(3.5英尺),脑袋特别大,有两个圆而没有瞳孔的眼睛,没有耳朵,鼻子已退化成两个气孔,嘴没有嘴唇,只见有一道缝,无头发,没有牙齿,其中目击者看到一个手脚带蹼的趾掌,这种生命体是常见一类。

巴西有一位目击者看到一个身高1.2米的矮人生物,头很大,戴着头盔,有的类似风帽,也有的光着脑袋,并有类似无线一样的东西。他们眼睛大,眼珠圆,皮肤灰褐色或浅绿色,下巴尖削,鼻子扁平,有的没有鼻子,有的耳朵极长,嘴巴小得几乎看不出来。

由这些目击案便可得知,他们根本没有年龄的概念,由各种迹象表明,他们主要的任务是为了收集地球上的标本、样品、石块,动物中的野兔、小鸡和乳牛,还有狗、马,植物中的葡萄、花和其他作物,还有香烟、肥料、石油制品等等。

由另外的目击案例中显示,他们的手似乎像磁铁一样,能吸取物品。只要他需要,物件自会到他的手中。可见他们的生理结构和地球人完全不同,和地球人高级气功师以及特异功能倒很近似。

在南美洲有一个事件,目击者看到一个矮人有鼻孔,但没有呼吸系统,耳朵接近地球人的耳朵,有关外星人的脑子和心肺迄今没有报道。

这些外星人只是在外表上和地球人有的相似,但在皮肤生理结构上则完全不同,他们的演化过程和我们根本不一样。这完全取决于该星球上的光源、电、磁、引力生态的环境。

有些案例表明,外星人沉入水里多年不会腐烂,但却会被烧焦,同时外星人总是千方百计救回受伤的同伴,可见他们是可以死而复生的,任何伤痛,他们都会使它痊愈的,甚至根本消除了任何疾病,在千万件飞碟事件中这是已被证明了的事。

(2)巨大人类智能生物:外星人系列。当飞碟外星人有特殊任务时,才有他的出现,否则在一般情况下,不易看到。

他们的身高一般都在2米以上,有的甚至10米,这些仅是目测,并不是以仪器测量。

在美国有一个事例,目击者看到巨大的智能生物,身高180多厘米到300厘米之间,但不像矮小智能生物那么多,他们皮肤淡色,身上没有保护的东西,不穿太空服,像地球人。

这类巨人的智能生物,所来的本土星球可能和地球环境相近似,在地面行动比较自如。他们接近地球人,但同地球人的联系是以心电感应而不使用语言,他们的心理特征:慈善、和蔼、通情达理。但他们在地球上不常见到。

在英国有的目击者看到巨人型智能生命体,身体十分高大,几乎达到250厘米,他们的眼睛炯炯有神,有的在前额中央长着第三只眼睛,大体来说,这些外星人的面庞有这几个共同点:形状基本呈三角形,薄唇或无唇,两眼睛相距较远。

在巴西一家豪华的餐厅酒店里,突然出现了一个3米多高的巨人,他手里拿着类似罐子的东西,打着手势要水,得到水后,他走出饭店,在离餐厅100米的地方有一个飞碟,等他上去后,飞碟就消失了。

1963年7月23日,美国俄勒冈州有人发现类似像人样的庞然生物,他身高4米多,灰色的头发,绿色的眼睛。

几天后又有目击者看到巨人型外星人,穿着风帽一样的护身服,身高不下4米。

有关专家到现场调查后发现巨大的脚印,长有40厘米,宽15厘米,以仪器测定,估计留下脚印的生物体重量超过350公斤。甚至可达400公斤,两脚印距离有2米,这样的生物实在不可思议!

1952年9月,美国维吉尼亚州一个小村庄,突然有一个巨大的类人生命体从森林里走出来,它身高4米,脸型和人相似,身穿上衣连裤服,类似橡胶之物做成的衣服,头上戴有防护帽,面孔呈红色,两只大眼睛棕红色,全身发出一种难闻的气味。

另有目击者在弗吉尼亚州,看飞碟乘员中,有个身高3米,头上戴着一个奇怪的头盔,身穿像是腰间有松紧带的棉衣,体呈灰绿色,眼睛橘红色,面部通红,口中还发出嘘嘘声,全身散发一种难闻的怪味,人们嗅到感到难以忍受。

1988年6月29日,下午2点,美国加利福尼亚州南部,尤里沼泽地区目击者达维斯发现在距他25米处有个巨型生命体怪人,朝他走来。

一只眼睛红得冒火,双手只有三根手指头,而且又黑又粗又长,绿色的皮肤非常粗糙,身体高大魁梧,强健极了。他和世界各地发现的大脚巨人很相近。

这类外星人可能是属于外星球上的一种族类,不是纯粹的外星人,他是专门用来作某种试验用的高级智能生物。

另外，外星人的相貌有下列特征——

皮肤：大部分是灰色、蓝色、棕色，也许目击者看到的是穿着薄的防护衣。有的则说，皮肤柔软，而且富有弹性。

眼睛：很大，但距离较宽，有一种倦倦的样子。有的事例表明没有眼珠，也没有眼皮，有的目击者说，眼睛很大，而且是炯炯有神，估计可能宇宙人种类不同，眼力也不一样。

嘴巴：有一道裂缝，或很小或完全没有开口，有的目击者说，嘴巴很小，就一个洞，或者一条细缝，几乎看不到嘴唇。

鼻子：只有两个小的呼吸孔，有的目击事例中是鼻孔十分清楚。

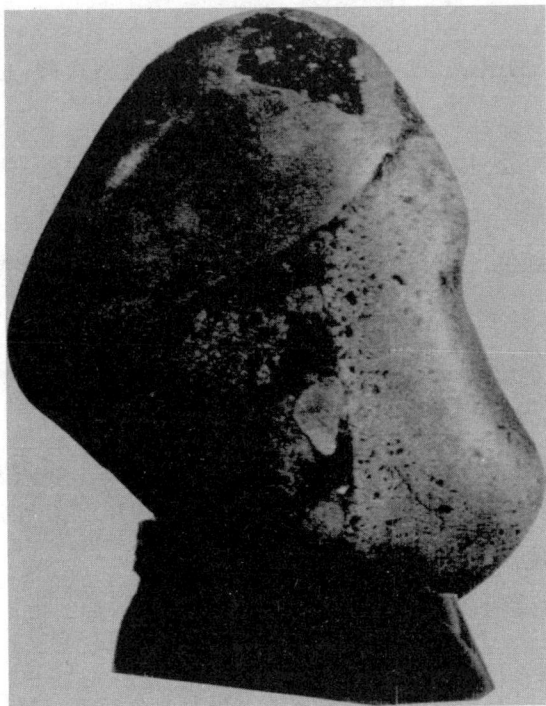

外星人儿的石像

行为：非常警觉，严肃，很坚定，看起来似乎麻木不仁。

脖子：几乎没有，或极短，不长汗毛，没有头发。

声音：低哼声，像呼呼的声音，有的从头到胸像电子装置一样，嗡嗡作响。

身高：一般在91~150厘米，有身高达3米以上，体重150公斤，脑袋硕大，下巴窄而尖。

耳朵：不显眼，没有耳壳，或耳朵很小。

胳臂：细且长，下垂过膝，手各不相同，有的只有四指，二长、二短。有的则像地球人有五个指头，少数只有二个指头，像钳子一样，有的无脚趾。

生殖器官：大部分外星人没有生殖器官，少数只有一条缝，难以判断男女性别。

美国有一个目击者说，他看到飞碟里的外星人长得十分丑陋，头颅很大，没有头发，眼睛凸突，腿部充满皱纹，显得异常衰老。

关于外星人的服装，也各有不同。

美国一些专门研究 UFO 不明飞行物体的科学部门，在电脑里都储存着有关光看身子的外星人事例。多数目击者报告指出外星人从头到脚穿戴整齐，这些穿戴不是为了御寒。更不是出于羞耻感，这衣服无疑是用来抵制放射线或防制污染的，也许还能防热。

在有些目击事例中，外星人告诉目击者说，他们害怕太阳，总之保护肢体为主要目的。

除个别情况外，外星人的衣服几乎是千篇一律的，整块的料子，制成的上衣连裤服，没有缝制的痕迹，也没有口袋或纽扣之类的东西，区别在于衣服的颜色，有白色、灰色、金属色、红色、蓝色，大部分飞碟乘员衣服的颜色和所乘的飞碟外表的色泽一样。

有些外星人衣服上有某种标志或其他附属物，有的胳膊上有金属板，似乎用于电子通信。美国拉克德福勒斯案例中，就有这类情况。

有的外星人前部有金属十字架或金属环，1979 年 6 月 28 日，巴西米拉索金案件中飞碟乘员的身体前部都挂着一个金属十字架。1978 年 1 月 20 日，巴西库依巴事件中，飞碟上外星人身前部都挂着金属圆环。

这十字架和金属圆环都闪着金属的光泽，其用途不详。也许是某一种外星宗教的标志……

有的外星人左臂有一只展翅欲飞的鸟。此类现象罕见，只发现一例。1967 年 5 月，马达加斯加岛上的一些人，目睹几个站在飞碟旁的外星人左臂上都有一只展翅欲飞的鸟。

有的外星人腰带上挂着一个星型饰物、发光的椭圆形，或发光的环形物，这类现象不少呢！

有的外星人头上有斗篷，这斗篷跟上衣连裤服是连在一起的，有的外星人戴着面具，最常见的是戴一顶宇航员那样的头盔。

不过它与地球人的头盔不同,这些头盔通常跟背部的一个盒子相通,它是专有特殊用途的。

有的专家认为,外星人的穿戴是不尽一致的,从表面看来,大部分外星人有一种上衣连裤服,全身没有一点空隙,类似地球人的太空服。外星人可能没有地球人这种无线电通信之类的东西,完全用的是遥感先进的技术。

从一些报告事例来看,外星人没有温度概念,无须穿衣服保暖,完全不用地球上太空人那一套装备。

外星人何时来过地球

古人对外星人的描写除了出现在各民族的神话或文字记载中,也出现在大量的岩画中。岩画为史前的百科辞典,弥补了史前没有文字记载部落大事的空白,也为我们研究外星人是否曾经来过地球提供了可靠依据。

1956年法国民族学家亨利·罗特在北京撒哈拉大沙漠的搭西里·纳基尔山中发现400多处共有15000幅的岩石绘画,那地方现在已是不毛之地,但在公元前6000年到4000年前还是一片草木繁茂的肥沃土地。人类很早就在这里定居,他们饲养牲畜、种植五谷,并创造了许多美不胜收的艺术作品。塔西里岩画反映撒哈拉地带沙漠化以前原始人的生活和作为猎物的各种动物。

在这些岩画中,可以看到有角的人物像,有戴着头盔被称为"大火星人"的人物像和看起来像在空中浮游的人物像。虽然塔西里岩画的大部分人物都是表现我们人类的生活,但是戴头盔、身穿类似航天服那样的衣服的人物像,给我们的印象却像是外星人。一般来说,画家总是根据自己熟悉的东西作画的。即使是想象力丰富的画家,也只能在所熟悉的基础上稍加夸张或想象而已。创作这些岩画的古人既然能惟妙惟肖地描写出猎人、大象、牛、马、羊等,那么有关外星人岩画也绝不是凭空捏造的,也应是古代人亲眼目睹到外星人之后,才能以生动的表现力创作出来的。他们把自天而降的外星人视为神灵,用岩画的形式记录下来,由此可以推断,外星人可能是真的来访过地球,否则他们就不可能做出那样的画面。

在澳大利亚的西北部有许多荒凉的土地,现在已没有什么人居住。在这个半沙漠状态的广大地区,有一个金伯利山脉,在那里也可以找到很多岩石绘画。那里的先民留下了如此不可思议的传说:有一种奇异的人类,自天而降,将自己的形象刻画于岩壁,而后又返回天空。先民们把这些不可思议的人物像视为神圣,保存至今。这些人物像身穿宽敞、舒适的衣服,没有嘴,在头部有像释迦牟尼那样的光,即

荒凉的土地

使今天看起来,也给人以很强烈的冲击。

宽敞的衣服是航天服,没有嘴是因为戴了头盔,或他们的嘴已退化,头部特别大。头部有层光,说明这些外星人能发光,尤其是在脑后最亮。这说明,在远古时代外星人访问过澳大利亚的金伯利。

同样的岩画在澳大利亚中央部分的巨大岩石——阿尔兹·洛克附近也可以找到。显然,外星人以这个巨大的岩石山为目标,曾在阿尔兹洛克附近降落,从而使澳大利亚的先民们看到了他们的形象,并将其记载于岩画之中。

在南美的提亚瓦纳科有块红色砂岩上雕刻着一个巨大的偶像,上面布满着上百个符号。考古学家们经研究认为,这些符号记录了无数的天文知识,并且这些知识是建筑在地球是圆形的基础上的。其上还记录了27000年前的星空。据估计,这可能是外星人给玛雅人留下的。

除非洲、澳大利亚之外,在意大利、俄罗斯、南美等许多地方,也有外星人岩画发现。最新发现的外星人岩画是在北美大陆。

北美大陆的岩画与其他地区的岩画相比,有关外星人的画法虽稍有不同,但都有带天线的头盔和航天服一样的衣服。从岩画中还可以看到从母船降落到地球的着陆船或在天空中移动的小型飞船。

在智利的复活节岛上的断崖处及洞窟里还有数百幅壁画,仅"鸟人"就有150幅,鸟是先民美拉尼西人崇拜的神像。他们传说,鸟人——一些会飞的神从天上飞来,曾在这里着陆、居住。岛上睁大着眼的雕像,就是这些飞人的肖像。

除了大量的岩画上忠实地记录了外星人来到地球的场面及其形象外,在不少的出土文物中,也常常可以看到外星人的影子。

20世纪20年代,来中国考察的瑞典学者安德森在甘肃宁定(即今广河)买到几件新石器时代的陶塑半身人像,属于马家窑半山文化类型(时期)。这个陶塑模特儿,戴着透明的头盔,上面有对称的"风镜"。

浙江省海宁马家浜文化遗址于1959年出土。其中有一陶片形象似猿,在头部有不知是象征头盔还是光环的三个圆圈饰物。

仰韶文化遗址50年代开掘,出土了大量珍贵文物。其中有一套(五件)绘有珥鱼人面纹的彩陶,极具特色,成为陕西临潼的古代宝藏。考古学家将珥鱼人面纹认作半坡氏族崇拜的鱼神。这些祭礼图画展现了半坡人的生活习俗、祭礼教义,同时也记叙了外星人乘具、天外来客和半坡人的联系。世界上以幼童作为祭品的古民族比比皆是。这里的意境为外星使者接受仙童的祈求,乘飞碟来到地球的"外星使者,自天而降"之描绘:中间头像鼻梁粗大,从双肩之上向下耸立,头部正中之上闪烁着三角形光辉。双肩呈互相倒扣之碟子,状似UFO,这个飞行器,周围闪烁耀眼的光芒。随后,半坡鱼神,即仙逝的儿童,乘坐UFO降落水下,在"水下停泊,静听鱼诉":仙童之双肩由倒扣着碟子的飞行器组成,左右并无鱼尾图案。在"仙童施法,水中获鱼"时,仙童头上的灵光关闭,额头全用深色,意在水中停泊,唯独飞行器表面略微发光。接着"仙童升空,苍天有眼"中,仙童睁眼,其双肩仍为一对倒扣的碟子。头部上方闪烁着明亮的"圣火",丁字形的一对帽珥变成两个半圆形双曲线,显露出光芒。

这些图案里双肩部位很可能是碟形UFO的想象画。从五个图画的内容上联系起来看,这是反映外星人接受人们的祈求,帮助人们在水中捕俘大鱼,献给父老乡亲食用,赐予地球人幸福欢乐。生活乃创造之源,史前居民通过对外星使者的描摹,才描绘出祭祀用的模特儿,通过目击UFO在水中升降特征,才构思出一整套庄严、优美,并融古代风尚、思想、生活于一炉,汇真、善、美于一体,显示出和谐、统一、完美的画面。

21世纪找得到外星人吗

一个亘古弥新的话题近日又渐渐地热了起来。2000年7月在波兰华沙举行的第33届国际空间大会和8月在英国曼彻斯特召开的第24届国际天文学联合会大会上,相继传来消息,国际科学界已将寻找太阳系外行星和地外生命痕迹作为未来的重点研究领域之一。之后又有振奋人心的消息,据最新一期美国《科学》杂志报道,在我们地球的大哥——太阳系最大的行星木星的一颗卫星"木卫二"上,可能存在着细菌等低等生命生存的条件。这样一来,在太阳系大家庭中,地球上的芸芸众生也许就不再孤独了。

研究人员说,最新证据非常令人信服地表明,在木星一颗卫星的冰层下藏着生命生存必需的由盐水构成的海洋。

科学家说,美国航天局的伽利略号探测器发回的数据显示,与月球大小相仿的木卫二上可能有水。

伽利略号探测器 2000 年 1 月曾在离木卫二很近的地方飞过。洛杉矶加利福尼亚大学的玛格丽特·基韦尔逊说,测量到的磁场数据使科学家认为,水是这颗卫星上存在一个导电层的"最可能"的解释。

他们在报告中说,根据伽利略号收集到的磁场数据,科学家发现数据模式显示出存在水的可能性。虽然他们没有排除其他可能的解释,但是他们认为从这些模式上看水是最可能的解释。

加利福尼亚理工学院的戴维·史蒂文森说,伽利略号发现的磁场证据"非常令人激动……整个卫星被与地球海水的成分相似的水层包围并且水层深度超过 10公里才有可能解释这些数据"。

那么,"地外生命"是否真的存在? 我们有什么办法找到它们? 搜寻它们有什么意义呢?

从"嫦娥奔月"的神话传说,到"地球人大战火星人"的科幻小说,人类对于外星生命的兴趣始终不减。随着科学技术的进步,探索地外生命已经从文学描述转向科学观察、飞船探测和着陆器勘察的崭新阶段。

现代科学讲求实证,由于我们现在只有地球这么一个适合生命孕育、生存、繁衍的研究样本,因此我们只能以目前的生物科学研究成果和地球上生物的演化史来推测地外生命存在的可能性。基于这一点,并根据已经获得的大量探测资料,科学家确认,除了地球之外,太阳系内其他行星上肯定不存在高等生物,但是是否存在类似蛋白质、单细胞生物等低等生命形式,目前断无定论,还有待于科学家进行更深入的探测和分析。这也就是近来"火星热""木星热"持续升温的重要原因。

那么太阳系以外情况怎么样? 从科学的角度看,只要在太阳系外存在一颗与我们地球条件相同的行星,就完全有可能诞生生命,只要该行星系演化的时间是够长,就没有理由不产生智慧生命。如果相信只有地球上才能存在生命,那么这与信奉上帝没什么两样。

地球上从出现最简单的生物到现在，大约经历了35亿至40亿年的时间，这说明诞生高级生命需要各种自然条件的配合，需要经历一段相当漫长的进化时期。首先，生命不可能在恒星上生存，但又离不开恒星的光和热。还是以地球为例，它和太阳之间的距离1.49亿公里，恰到好处，有利于生命的孕育、成长和进化。所以，要寻找地外生命，第一步必须寻找恒星周围是否有行星。

天文学家估计，大约只有半数恒星周围有行星围绕，但是，要探测究竟哪些恒星周围有行星，难度很大。因为恒星非常亮，而行星本身是不发光的，仅能反射恒星的光芒，所以它的亮度就远不及其所围绕的那颗恒星。加之它们距离地球非常遥远，至少在数十万亿公里以上，这样就无法观察到恒星周围是否有行星存在。近5年来陆续有科学家报告说寻找到了太阳系以外的行星，事实上，这些行星没有一颗是通过天文仪器直接观察到的，而都是依靠计算恒星运行轨迹的极微小摆动后推算出来的。根据现有技术条件，还只能推算出类似木星或土星大小的行星，即相当于地球质量一千倍左右的大行星，而且根本无从了解这些行星上的自然状况，有无生命存在更是无从谈起。现在，美国、日本、欧洲等正在设想建造直径更大的望远镜，或采取更加有效的观测方法，以更精确地了解太阳系外行星的真实状况。

除此之外，科学家还通过向一个1.5万光年以外的星团发射无线电信号的方法，希望有朝一日外星人能够接收到这些信号并进而了解到在遥远的太阳系中有我们人类存在。但是，这项计划很有可能毫无结果，即使有结果，那也将是3万年以后的事了。

还有就是美国的"旅行者"飞船曾经将我们人类的形象刻在金属板上，并设法说明这是来自太阳系第3颗行星的礼物。据说这艘飞船上还携带了地球上各种有代表性的声音，诸如鸟鸣、古典音乐，以及包括在汉语在内的各种语言问候语的录音资料。希望某一天地外智慧生命能够了解我们和我们这个星球，并与我们取得联系。当然，这可能是几千万年甚至是几亿年以后的事了。

以上这些都是人类搜寻地外生命所进行的种种努力。根据目前的技术和正在开展的工作，很难推测什么时候会有令人满意的结果，可能在整个21世纪都很难有所作为。但是再看看人类在20世纪取得的飞速进步，100年前有谁能想象出今天的喷气客机、计算机、因特网和移动电话？因此，探寻外星人的工作也许会出现人们所始料不及的结果。

探索地外生命之所以持续升温，表面原因是研究手段越来越先进，科学家不断获得大量第一手的探测资料,进而得出一些新的令人感兴趣的结论。更深层次的原因则是这项研究的科学地位。毛泽东曾经将科学研究归纳为 3 个基本问题,即生命起源、天体演化和物质结构,而搜寻太阳系外行星和寻找地外生命的工作则涉及其中的两项,它回答的是整个科学的基本问题,其重要性不言自明。

外星人是否是地球人的未来形态

从这些地球人被外星人绑架的经验里,人们产生了种种猜想,提出了种种假说。与其注意"体验"的细节,不如对"被绑架者"的共同的要素做必要的注目。从这里开始探寻科学的可能性。

最重要的一点是所有被绑架者都曾经面对过不少外星人,这是他们的"记忆"的共同特征。外星人大致可被分为两类,小人型和巨人型。关于细节,上面已经谈得很多。

根据人类学的观点来看,这两种类型都可能是我们人类未来发展的方向。比如小人型,也就是他们那些巨大的头和贫弱的肢体,如果我们的子孙今后智能越来越发达,注重精神生活,单纯的劳动由机器人替代,那么未来人类的头越来越大而身体却越来越小,也许真会发展成那副模样。

另一方面,巨人型的大头和向上翘的下颚也暗示了智能的发达。高大的身体就如同人类中的运动员的体魄,文明化的过程中,身体与精神同时得到了锻炼。人类的平均身高,比起原始时代的人类,已经大大增加了。如果重视肉体健康和精神的话,人类长得更高完全是可能的。如果这样的推测能够成立的话,其中似乎还隐藏着某些重大的含义。

外星人是宇宙的具有知性的生物,他们都是碳素生物,这一现象强烈地暗示了他们可能属于"人类型"的一种宇宙生物。那样的话,宇宙中普遍存在以碳素为主要成分的有机物。这些证据正在不断地被发现。知性生物为什么以人类型的形式出现比较合理,已经有了不少研究论证。

古玛雅的外星人浮雕

1948~1952 年间,墨西哥籍考古学家路利教授在巴伦杰神殿的"碑铭神庙"中发现,在巨大石室的墙上刻有九位盛装的神官,及一位带有奇妙头饰的青年浮雕。看到这些浮雕的研究者都说:"浮雕与太空人非常相似,此墓埋葬的一定是外星人。"在内部往下 72 阶的房间中,发现了一间封埋的密室。密室中有一身穿华丽的衣服,且身高比玛雅人高出 20 厘米的尸体。除此外还有多种陪葬品,其中还有一个石制浮雕像,被称为"玛雅的火箭图"。

石雕绘像

路利教授在巴伦杰神殿所发现的青年浮雕和玛雅碑文有密切的关系。被解读出来的碑文中,就有一节:"白色的太阳之子,仿效雷神,从两手中喷出火……"这段恐怕是古代玛雅人对太阳崇敬所想象出来的情景。但是据路利教授所发现的石雕,及碑文中所记载的内容是"真实",仔细考虑后,我们只能说那一定是飞行物体。

浮雕像的穿着与当时的玛雅人决然不同,他的下颚下边是套头羊毛衫之类的圆领,贴身的上装在手腕处有反折过来的袖口,腰际围着一条有安全扣的宽皮带,裤子上有网状花纹,直到脚踝是紧贴的吊袜状衣物,用我们今天现代人的眼光来看,这无疑是一副标准的太空人打扮!

火箭设计图

在密室发现的诸多陪葬品中最受瞩目的是一个石制浮雕像,这是令今日的人百思不解的一件"艺术品",被称为闻名的巴沦杰神殿的"玛雅的火箭图"。

以另一种眼光来看,在浮雕中暗示着各种现代技术特征。有一个前端尖形的流线型物体上,坐着有独特体形的人物——太空人,头戴盔甲,盔后飞扬着两条辫子似的管子。这个人弯着腰和膝盖双手正在操纵着一些操纵杆,位置较高的一只手似乎正在调节把手般的东西,较低那只手的四根指头,似乎在操纵类似摩托车把手般的控制器,双眼前视。左脚踏在有好几道槽痕的踏板上。操纵杆前面并排着许多复杂的仪器,操纵者后面有个类似内燃机的机关枪物体。有中央控制系统的氧气瓶,放在鼻子前面的束缚皮带中,"能量"的供应系统和通讯系统也是如此。在太空船舱内,中央系统前面,可以清楚看到大形磁铁,它们的用途显然是在制造太空船舱周围的磁场,以便阻止在太空中高速飞行的太空船与浮游在太空中的分子碰撞。太空人的后面,我们可以看到一座核子融合炉,两颗可能是最后出现的氢和氦的原子图案呈现在那炉中。而更重要的一点,是在这流线型物体尾部,还画有类似瓦斯喷出的气,显然是火箭上排泄出来的废气,都表现在太空船尾部外面的架子上。

发现者直觉的反应"这是火箭吧!"现代学者以现代画法将这幅画重新描绘一张,那是个单人的火箭。解析如下:从最前端开始分析有传送电波的电线、空气出入口、双压缩机、操纵计器板、操纵席、燃料库、燃烧室、内燃机和喷射口。

因碑文上有玛雅人正确的天体运行图和太阳之子,若将浮雕的各点综合起来

世界未解之谜

图文珍藏版

想象,当时玛雅可能已设计出这种形式的火箭,也有宇宙飞行的经验。然而看这张火箭图,可知当时尚欠缺最高水准的机械制作技术、冶金术、燃烧工学和正确的电脑技术。而且当时的玛雅人尚不知有金属,也不知车子的用法。因此,假若图中所画的果真是火箭的话,也绝不可能为玛雅人所造。事实若真如此,那火箭又是何人所造? 造于何时? 难道是比玛雅人更早以前来过此地的外星人吗? 碑文和传说中的太阳之子是外星人吗?

外星人传说

继玛雅文化之后的阿斯地加文化有"从星星来的白色人,在6000年后会再回到地球"之类的传说。世界各地也有"从空中来的人"的传说,而不单是古代人的愿望和想象。例如日本的拇指公主、中国的孙悟空、希腊的伊嘉露斯以及印度叙事诗中的"空中飞车"等,不就是因为人类无法自由自在地翱翔天际,而想象出来的神话故事吗?

或许这是因为古代人惧怕雷和闪电、彗星和流星,以及地震所产生的发光现象,他们看了神秘的神画像,而产生山神是空中飞人的传说。

古代玛雅的"火箭图"并不是很具体,这是因为他们并没有实际看到外星人设计火箭,才会画出这么不成熟的图。也正因为如此,当我们看了玛雅的图后,才有"古代的外星人"之类的传说出现。对于古代玛雅的遗迹,如谜一般,这个谜底只有等到"超古代科学"明朗化之日才可得到答案。

这个浮雕像要告诉我们些什么? 是否玛雅民族将"天上信使"的信息,用他们熟悉的象形文字及绘画天才表现于石墓中,作为一位来访的太空人驻足地球的证据? 如果没有真实的形体出现在他们面前,以当时人的智慧,绝对无法想象一个乘坐太空船的人类所使用一切复杂的装备。那么这群来自外星的太空人是否将文化教导给这群尚未开化的玛雅人,使他们能在公元前就有空前的文化水准?

目前为止,考古学家们对于玛雅人所创造的象形文字只能了解三分之一,仅在数字方面稍能了解,其他则仍在摸索阶段,使得这个在百冷阁被发现的石刻浮雕,虽然上面载有玛雅文字说明,但至今仍未能得知究竟这个浮雕人像是谁? 这个浮雕,究竟想告诉我们些什么?

考古学家发现外星神像

近日,一名考古学家在罗斯韦尔附近的沙漠中发现了一座有角雕像,估计可能是外星人供奉的神像。

玛雅象形文字

发现雕像的帕索斯博士在最近的20年以来一直在进行外星生物研究，而罗斯韦尔就是它研究的一个中心。他曾在这里发现了26个外星生物头骨和一艘能源耗尽的不明飞行物。在1947年，美国官方曾证实有UFO在罗斯韦尔坠毁，不过第二天，他们就否认了这种说法。帕索斯说，他一直怀疑官方将那些证据藏了起来，不过有了这次发现之后，他终于可以证明关于外星人的事情了。

这座雕像非常吸引人，它有1.2米高，却只有7克重，而且从分子结构上来看，并不是地球上的物体。目前，考古学家正在对雕像做碳定年检测，以查明雕像的制作时间和运到地球的时间。有一些专家表示，这座雕像可能对古代玛雅人的艺术产生了巨大的影响，如果这样的话，这座雕像的年代可能会追溯到公元前800年。

研究人员并不敢断言这座雕像到底有什么意义，也许这只是普通的外星艺术品。但是计算机扫描显示，这座雕像内部有大量金属线和微芯片，如果这些东西可以被激活，那么这座雕像很可能含有某种人工智能。但就算这只是一尊普通的雕像，它也为继续发现外星生物提供了线索。科学家认为，通过研究这座雕像，人们可以不断了解制作它并带它来到地球的那种生物。在外星现象爱好者们眼中，罗斯韦尔一直是"外星生物"最常出现的地带，不过就目前来看，这次新的残骸并没有帮助人们揭开外星人之谜，反而令此更加复杂了。随着发现的增多，我们心中的谜团也在加大,只能期待科学家们的研究,能尽快揭开这个谜底。

托素湖"外星人遗址"揭秘

在中国广袤的版图上,大自然留给我们无数未解之谜。

这座传说中的"外星人遗址"位于柴达木盆地的德令哈市西南 40 多千米的白公山。白公山北邻克鲁克湖和托素湖,这是当地著名的一对孪生湖,一淡一咸,被称为"情人湖"。

"外星人遗址"就坐落在咸水的托素湖南岸。远远望去,高出地面五六十米的黄灰色的山崖有如一座金字塔。在托素湖以东的巴音诺瓦山脚下,人们发现在山的正面有三个明显的三角形岩洞,中间一个最大,离地面 2 米多高,洞深约 6 米,最高处近 8 米。洞口为三角形,如人工开凿一般,清一色的砂岩几乎没有杂质。

山洞深处,有一根直径约 40 厘米的管状物的半边管壁从顶部斜通到底。另一根相同口径的管状物从底壁通到地下,只露出管口。在洞口之上,还有 10 余根直径大小不一的管子穿入山体之中,管壁同岩石嵌合得天衣无缝,不见头尾,好像是直接将管道插入岩石之中一般。这些管状物无论粗细长短,都呈现出铁锈般的褐红色。而东西两洞由于岩石坍塌,已无法入内。

在巴音诺瓦山和托素湖之间的河滩上,有更多让人兴奋的神秘管状物。湖边和岩洞周围,散落着大量类似锈铁般的渣片,各种粗细不一的管道和奇形怪状的石块。有些管道甚至延伸到烟波浩渺的托素湖中。

这里的一些管片曾被送到距这里不远的中国第二大有色金属冶炼集团——西部矿业下属的锡铁山冶炼厂进行化验。冶炼厂化验室工程师化验后认为,管片样品成分中氧化铁的成分占 30% 以上,二氧化硅和氧化钙含量较大,这与砂岩、沙子与铁长期锈蚀融合有关,说明管道的时间已久远。此外,样品中还有 8% 的元素无法化验出其成分。

这一化验结果更增加了管道的神秘程度。有人大胆设想:在戈壁滩上这些突兀而来的管状物只能有两种来历,不是来自地球人,就是来自外星人柴达木最早有人类活动的历史距今约 3 万年之久。当地出土的文物中从未发现铁器,加上柴达木盆地自然条件差、人烟稀少,除了白公山北面草滩上的流动牧民外,这一带从没有任何居民定居过,更谈不上有什么工业活动了。因此这些管状物可能是外星人构建的管道群。

同时,柴达木盆地地势高,空气稀薄,透明度极好,是观测天体宇宙极理想的地方，它被认为是亚洲最理想的天文观测点。中国科学院紫金山天文台就在距此仅70多千米的德令哈野马滩草原，安装了具有国际先进水平的直径137米的大型射电望远镜，建立了国内唯一的毫米波观测站，这个站点的主要研究课题之一就是探索星际生命的起源。每年都有许多国内外专家来这里做天文观测，几年来从这里共发现近百个星系。这些不由使人们相信，宇宙使者可能曾光临柴达木盆地，醒目的托素湖或许就是外星人的坐标。

在巴音诺瓦山的背后，有一块异常平坦的开阔地出现在起伏的戈壁滩上，如精心夯实的机场一样。有人认为，这也许就是外星人飞行器的着陆点。上述的神秘管状物很可能是外星人制造的，而托素湖一带是外星人在地球上的活动遗址，巴音诺瓦山的那个神秘山洞就是外星人发射塔建筑的遗址。

专家认为，托素湖边的白公山岩洞是"外星人遗址"这一猜想是可以理解的，把它作为一个可能性是值得研究的。但他强调说："科学必须要有实证去证实。"

而今天，经过科学考证，"外星人遗址"再次向我们见证了自然界的伟大力量。

中国科学家组织科考队奔赴青海研究管状物的由来，提出这样的假说：

距今数百万年前，柴达木处于亚热带环境，植被茂盛，洪水不断。激流携带泥沙覆盖了树木，大树从此进入漫长的演化过程。后来，喜马拉雅山急剧升高，印度洋季风带来的雨水被挡在喜马拉雅山南坡。柴达木盆地气候变干变冷，发生了沙漠化和干旱。之后，托素湖一带的地层开始了剧烈的沉积作用，使大树被土壤和砾石深埋在地表之下数百米甚至上千米，这个过程需要几十万年的时间。地表下的树木经过脱水，自由氧逐渐消耗，环境由氧化转为还原，这是铁质管状物形成的关键时期。转变还原以后，管状物内木质的东西较为疏松，周围铁质逐渐向疏松多孔的木质结构流动。按照地质理论，地层下每一千米深度，温度就要增加33℃，在这种条件下，树木木质逐渐腐烂，铁质元素发生化学反应，吸附在不易腐烂的树木韧皮部，这就是铁质管状物最初的形状。

尽管托素湖"外星人遗址"之谜经历了一波三折，最终演变到了柴达木久远的地质变化之中。但尘埃并未最终落定，科学家的假说还没有得到确切的证实，还有疑问没有答案。对于人类，大自然依旧谜团迭出。

古籍中的"外星人"

外星人之谜是当今世界的热门话题。有趣的是，我国古代的作品中对此也有记载。

世界未解之谜

图文珍藏版

最早的外星人出现在 7000 年前的贺兰山岩画中。在那些记载氏族公社生活的画面上,可以看到头戴圆形头盔,身穿密封宇航服的人,与现代宇航员的形象极其相似。最令人惊叹的是贺兰山南端、宁夏冲沟东的一幅岩画。画面左上方有两个旋转的飞碟,飞碟开口处,一个身穿"宇航服"的人飘然而下,地面上的动物和人群在惊恐地跑散。这可能是外星人在贺兰山一带出现时的生动写照。

东晋干宝的《搜神记》中,还记载着一件与火星人接触的故事。在三国时期的吴国,一群玩耍的小孩子中出现一个长相怪异的孩子,他身高 1.2 米,身穿蓝衣,两眼闪着锐利的光芒。

孩子们因从来没有见过他,纷纷围上来问长问短。蓝衣孩子说:"我不是地球的人,而是一个火星人。看你们玩得开心,所以下来看看你们。"还说:"三国鼎立的局面不会太长久,将来天下要归司马氏。"孩子们听了这一消息都吓坏了,一个孩子飞快地去报告大人。当大人赶来时,火星人说声"再见",立即缩身跳到空中。大家抬头看时,只见一块白色的绢布拖着长长的带子,正疾速地向高空飞去。当时谁也不敢将此事张扬出去。此后过了 4 年,蜀亡。又过了 17 年,吴国也灭亡了。三国分裂混战的局面结束,由司马氏统一了中国。这正好印证了火星人的预言。不管上述记载是否客观,古人可能真的见过一些异于地球人的人。

《宋史·五行志》记载,宋干道六年,西安官塘出现了一个鸡首人身的怪物,高约丈余,大白天从高空中降落下来,在田野上行走,还试图与人交谈。有关专家认为,这可能是个戴着鸡形头盔的外星人。

《五行志》还记载清康熙十二年三月发生的一件追捕外星人的事。当时有人看到一个黑面人在空中飞驰,身上红光闪闪,熠熠生辉,像是在空中放火的样子。当官府捕快闻讯赶来时,那人却忽然不见了踪影。

《清史稿·灾异志》则载有一例极似当今外星人掳人报道的事例。在清雍正三年七月,灵川五都廖家塘有一村民与众人入山砍竹。忽然在众目睽睽之下失踪了,140 多天之后又莫名其妙地在家中出现,但是说话已语无伦次,怪诞不经。

史料中的外星人记载不仅反映了我国古代灿烂辉煌的历史文化,而且为长期未解的外星人之谜增添了古幽神奇的色彩。

巨人外星人

资料显示,在马来西亚的沙劳越一带,流传着巨人的传说,20 世纪初,有人在沙劳越的密林叶,发现了一些巨大的木棒,这些木棒长达 2.5 ~ 9 米,据说是巨人使用的工具。

其实，在很多民族的古代神话中，都有关于巨人的故事。著名的希腊史诗《奥德赛》中，也写到希腊英雄俄底修斯在海岛上遇到独眼巨人的情节。18世纪以来，随着近代人类学的研究，有关巨人的神话色彩逐渐消退。但仍有某些发现巨人遗迹的消息，引起了人们的关注。

美国内华达州垂发镇西南35千米处，有一个叫作垂发洞的山洞。据在这里生活的源龙特族印第安人的传说，很久以前，他们曾受到一些红发巨人的威胁。这些巨人十分凶悍。他们战斗了多年，才把巨人赶走。这些传说一开始并没有引起人们注意。但1911年，一些矿工来到垂发洞挖掘鸟粪之后，竟发现了一具巨大的木乃伊，身高达2.2米，头发红色。

这个发现使人们想起了印第安人的传说，也引起了学者们的兴趣。1912年，加州伯克利大学和内华达州历史学会派人前往山洞调查，但山洞已受到开矿的破坏，学者劳德只找到几件印第安人的遗物。他又发现了更多的大型人类骸骨，垂发镇的采矿工程师李德和其他人员测量了挖掘出的一些股骨长度，推断股骨所属的那些人，身高可达两三米。在这里也发现了一些红发。不过有人指出，尸体的黑发从黑暗处移到阳光下后，往往会变得发红。不知垂发洞木乃伊的头发是否发生过这种变化，一些骸骨被内华达州的亨波特博物馆收藏，直到现在还在那里。

在人类漫长的发展史上，是否有巨人存在过？这些巨人是否和野人一样，是外星人发射到地球上的工具呢？抑或他们就是外星人失事飞船上的来客，因为飞船动力被破坏而不得不停留在地球上成为巨人一族呢？如果说没有，那么在垂发洞发现的巨大骸骨是怎么回事？如果有，后来他们又到哪儿去了呢？

神秘的雕像——神秘的接触

夕阳西沉，起伏的地平线上一抹血红。广袤无垠的沙漠在夕阳余晖的映照下显得空旷、永恒。沙漠中有两座神奇的雕像，在雕像前站着一个人。这人是苏联考古学家米哈伊尔·葛科戈甲取维奇·布加金。他仔细端详着这两尊巍巍耸立的雕像，陷入了迷惘："这儿有什么东西变了吗？又有什么东西可能发生变化呢？"他环视周围的沙丘，过去发生的事又一幕幕出现在眼前。

5年前，在前往古城遗址的途中，米哈伊尔和三名同伴掉队，在沙漠中迷了路。偶然间发现的这两座雕像，男的比女的略高一些，而且身材很不匀称，躯干和胳膊很长，两腿却又细又短，令人诧异。男雕像的脸是用粗线条雕刻出来的——几乎分辨不出鼻子和耳朵，宽阔的嘴巴只是个窟窿，一对轮廓分明的眼睛显得极不自然，只有菱形的瞳孔，直撅撅的梳状睫毛十分醒目。米哈伊尔简直无法把目光从这对眼睛上移开，好像受某种莫名其妙的外力驱使，竟伸开双臂，向雕像慢慢走去。当他的胸口撞到雕像的脚时，感到大腿好像被什么东西灼了一下。他将一只手伸进口袋不禁"哎呀"一声，黄铜烟盒滚烫，像被火烤一样。他偷偷地干了一件考古学家最忌讳的事情，从女雕像脚上敲下八块碎石作标本，打算带回去进行研究，以确定这雕像取材于什么物质。几天以后，一架飞机发现了迷路的考古队员。他们怀着早日重返沙漠研究这些雕像的夙愿，飞往列宁格勒，可是，卫国战争爆发了，米哈伊尔和斯维特兰娜双双上了前线。

5 年以后，战争结束。米哈伊尔组织了一支新的考察队向沙漠进发。途中，向导

给他们讲了一个有趣的传说：很久很久以前，一群加兹鲁弗族人，为逃避敌对部落的残杀而背井离乡在沙漠中迁徙跋涉，由于炎热干渴，人们一个接一个地死去，活着的人也已是骨瘦如柴。部落的首长把一个最美丽年轻的姑娘作为供物祀神灵。一天，迁徙者们突然发现有一块东西飞离太阳，直奔地球而来。物体越来越大，并夹杂着怒吼声，霎时，竟又变成了一柄弯曲的火箭。所有的人都捂起耳朵害怕听到那令人惊胆战的声音。不一会，一阵可怕的飓风袭来，顷刻间，天昏地暗。等大风过去，尸横遍野，仅剩下 3 个幸存者。3 人在沙漠中又跋涉了整整 14 天，才看到远处有些熠熠发光的山峦，光秃秃的，样子就像两个相互衔接的巨环，他们惊恐万状地狼狈逃窜。最后，仅有一个人死里逃生，他向人们讲述了这一切。这条消息传出以后，伊斯兰的教士们便发布了一条严格的禁令："所有商队都必须绕道而行"。因为，如果行人迷路走近那些圆环，哪怕离它们还有五箭之遥，也会莫名其妙地死去。米哈伊尔听完传说后冥思苦想，寻找原因，他终于在一个古代历史学家的手稿中看到了证实这一传说的依据。这位历史学家谈到了陨落到地球上的星辰、飓风和迁徙部落的毁灭。

他产生了一个不大肯定的设想：也许某个时候曾有一艘宇宙飞船在沙漠中着陆，或者正是飞船中有理性的生物留下了这些雕像，作为到达地球的标志。

多少年以来，从未有人谈过神秘莫测的生物从沙漠走出来。如果真有天外来客，肯定会对所发现的行星上的居民感兴趣，就会想法与他们交往。米哈伊尔迫不及待地希望尽早验证自己的假设。考察队的一架飞机在飞越沙漠上空时终于发现了寻觅已久的雕像。他带队立即踏上了征途，他拿出 5 年前在雕像旁摄下的一张

照片,让队员们仔细观看。不料,当他们到达目的地后竟发现女雕像已改变了姿势:两膝微屈,一只手伸向曾被米哈伊切敲掉几块碎石的脚。男石雕则向前跨了一步,朝女雕像侧过半边身子,右手拿着武器伸向前方,仿佛在庇护她。这情景与5年前的照片大不相同,令人惊愕!眼前的变化占据了米哈伊尔的整个思维,他想起了同伴斯维特兰娜第一次见到这雕像时讲过的话:"我无论如何也不能摆脱这样的印象——它们是活的。"

一个个知识画面在他脑海里浮现。大象能生存几十年,而某些昆虫却只能活几个小时。但是如果对某只大象和昆虫一生的动作分别进行统计,就会发现它们的动作次数几乎相等。葶苈属植物的全部生长过程仅五六周就结束,而红杉属植物却能生长几千年。生物的新陈代谢和生命持续的时间并不固定,它们因物种而异,相差幅度极大。老鼠消化食物至多需要 1~1.5 小时,而蛇却要几星期,某些细菌的细胞每隔一两小时就分裂,而许多高级组织细胞却要好几天才能分裂一次。每种生物都有自己的时间、空间的概念,都有自己的生命期限。对于动作迅速的蚂蚁来说,软体动物简直就如同化石。从中他领悟到这雕像静止不动仅仅是一种假象。它们根本就不是雕像,而是来自其他行星的生物,它们有自己的时间,地球上的 100 年,也许只等于它们的一瞬间。"瞬间"是一个相对的概念,不同物体的"瞬间"千差万别。

一秒钟内,地球运行一定的路程,风掠过一定的距离,蚂蚁爬过一段小路……时间是自然的万物之主,而人则是时间的主人。

米哈伊尔经 5 年的考察,终于识破雕像的奥秘,他由此意识到:在茫茫的宇宙间,一个人的生命是何其短暂,何其渺小。沙漠尽头火红的地平线正在渐渐地暗淡下去,余晖告诉人们,太阳是被不可抗拒的时间送走的。天外来客的身影和米哈伊尔的影子交叠在一起,他们彼此对峙着——都是高级生物,如此差异悬殊,然而又如此相似……地球上的人们对付这些天外来客是轻而易举的,只要谁的时间推移得快些,谁就将取得胜利。是的,只有他们才能不受时间的制约,使自己的生命毫无价值或者流芳千古……

腾空而起的外星人

法国记者若埃尔·梅斯纳尔和克洛德帕维曾经对发生在法国古萨克高原的"外星人"着陆一事进行了详细的调查。

1967 年 8 月 29 日,在离圣弗鲁尔市 20 千米外的古萨克,有一片平坦的牧场,周围筑有一道矮墙，高大的树木沿墙而立，一派高原风光，牧场旁一个山冈上，零星的住着几户人家，这就是远离繁华城镇的古萨克村。

上午10时30分左右，在57号省公路旁的一块牧场上，十来头奶牛在悠闲地吃着嫩绿的青草。看守这群奶牛的是兄妹俩，哥哥13岁半，名叫弗朗索瓦·德尔珀什，妹妹安娜·玛丽刚满9岁。一条名叫梅多尔的小狗跟在他们后头。这天风和日丽，晴空无云，吹着微微的西风。

奶牛有点不老实，准备跳过矮墙，去吃人家牧场上的青草，弗朗索瓦立即追了过去。当他无意中扭头时，发现在公路另一侧有4个"孩子"站在绿篱后面，离他约40米远。他扒去墙上几块砖，以便更好地看看那4个小朋友。可是，他认不出那些孩子是谁。他们的样子很古怪，脸和衣服均为黑色。弗朗索瓦和安娜·玛丽还看到，这些怪人身旁有一个极其耀眼的巨大球体，它有一半被篱笆挡住。那球体发着强光，使人不能正视。

4个黑人中有一个弯着腰在地上忙着什么，另有一个人手中握着某个反射阳光的物体。弗朗索瓦事后说，那东西像镜子一样耀眼，握东西者挥动着手，仿佛在向他的同伴们做手势。

这时，弗朗索瓦大喊道："过来跟我们一起玩，好吗？"那几个人发现有人在窥视自己，于是，第一个矮人垂直升起，飞到发光球体上方，头部倒了过来，钻了进去。第二个矮人以同样的方式进了球体，第三个也是这样。至于第四个矮人，当他飞到球体上方时，忽然又拐了下来，似乎在地面拣了什么（弗朗索瓦推测，他把那镜子忘在了地面），然后又腾空而起。这时，球体已经飞入空中，他追了上去，一头钻进球内。那球体画着圆圈上升，离地面已约15米高。在飞行体旋转升腾时，弗朗索瓦他们听到了呼啸声，声音相当尖利，同时还伴有轻微的气浪。

飞行器继续绕了几圈，向高空腾去，它的表面发着越来越强烈的光芒。过了一会儿，呼啸声消失了，飞行物以罕见的速度向西北方疾驶而去。

在这过程中，弗朗索瓦兄妹俩闻到了一股硫磺气体的味道。奶牛露出惊慌的神色，张大了嘴吼叫着。300米开外的另一个牧场里的25头奶牛也不约而同地大叫起来，纷纷跑过来同弗朗看护的奶牛聚集在一起。小狗梅多尔一个劲儿地朝空中的球体狂吠，还跟在后边追了一阵。

因为他们的奶牛十分惊慌，孩子们比往常提前半个小时把牲口赶回了圈里。并且弗朗索瓦的眼睛因受了极大的刺激，一直流着泪水，医生给他戴上了太阳镜，几天以后才恢复正常，但他妹妹没有什么异感。

事后,研究人员特地到现场进行调查,并获得下面这些信息。兄妹俩看到的是一个标准的球体,直径约2米,呈极其耀眼的银白色。在那球体表面没有发现什么附件,它是光滑完整的,既无文字标号,也无门窗一类的出入口。一个矮人好像是穿透球壁进入内部。安娜看到的唯一情节,就是球体底部有一个起落架,由三四个支架组成,支架末端各有一个直径为10厘米的滑动轮子,可是,弗朗索瓦没有看见这一装置。可以设想,当飞行器运动上升时其光闪得十分耀眼,球体的各个部位被强光包围,弗朗索瓦的眼睛受到光的刺激,没能看到起落装置,这也是合情理的。

恐怖的入侵者

许多自称遭遇过外星人劫持的人,回忆起劫持过程,总有一种深深的恐惧。不管这种劫持过程是否真实,但这种恐惧感是真实的。而且,人类的恐惧心理与日俱增,这从美国近期出品的一系列灾难片中可见一斑:有吞噬上千条人命的海难,有淹没洛杉矶的火山熔岩,有海底冒出来的怪兽,有来自外星的侵略者,有彗星撞击地球……

对于会不会出现外星人入侵,人类产生担心也是正常的。会不会有外星人的入侵? 有人从实证上寻找答案,即寻找存在不存在外星人的证据,寻找外星人是友好的还是敌意的证据。其实这些都没有用,只是一种进入既定思维的安慰剂。

因为人类有理由认为,凡是我们还无法了解的,就必然是充满敌意的。这是我们对UFO及外星人最基本的态度。我想说的是,这个态度是正确的。最好的外星人无非是白求恩式的外星人,即便如此,面对他们手里的手术刀地球人也未必消受得起。

我们应当从宇宙进化的角度来分析所谓外星人入侵地球的问题。如果出现外星人入侵地球,那么毫无疑问的前提是这些外星人所掌握的科学技术要比地球人先进得多。我们从一般推理上说,外星人入侵地球后能在地球上住下来吗? 答案是否定的。从生产力高的地区来的"人"是不可能在生产力低的地区住下来的,正如城市人不会成群地迁到农村去住,美国人不会成群地迁到非洲去住一样。那他们可以奴役地球人为他们工作,有人可能会这样说。大家知道,在国外有"地球人是外星人制造的生物人"的说法。按照这些说法,外星人完全不必像地球上国与国之间的战争那样入侵,只要在生物基因上略做点手脚就行了。从种种传闻和图片看,外星人和地球人很相像。这点最让我们怀疑,外星人是真的,还是一些人想象出来的? 外星人很像地球人,就说明他们也有生老病死,也是凡人,也必须遵循宇宙中的一般规律。

从宇宙的一般公理看，外星人入侵是不可能的，毁灭地球人更不可能，人类最大的敌人其实还是自身。不论我们从社会科学的角度还是从自然科学角度看，任何事物变化的根本原因都是其自身，外部原因只是次要的因素。

当然，人类需要提高警惕保证自身的安全。警惕性的最大方面是警惕对环境的破坏。宇宙中既然诞生了人类，只要他自强不息，在忧患中奋斗，人类更灿烂的明天就会到来。

其实，所谓"外星人入侵"只不过是按照人类的思维和思考方法提出的：如果外星人具有高度发达的科学技术，那么，他们的社会形态和思想也应是先进的，是超过地球人的水平的。可能地球人的想象只是"以小人之心度君子之腹"。外星人的思维以及思想、道德是有别于地球人的，这些，只有随着地球人类的发展才能深刻地理解。

苏联军用望远镜

人类所观察到的未知事物会越来越多，人类还会产生新的恐惧对象。有恐惧是正常的。产生恐惧不可怕，只要能正确认识它。其实能真正打垮人类的，是人类自身产生出的克服不掉的恐惧感。也就是说，恐惧的对象并没有产生，而我们自身已经在虚无的对象面前垮掉了。总之，我们必须正视有可能来自太空的敌意。爱因斯坦在遗嘱里告诫说，如果那一天真的到来，人类千万不要试图对抗。差距将是显而易见的，一切抵抗都是徒劳。似乎美国电影特别喜欢表现这种战争，就算人类整体不敌，也总会有大英雄出来救苦救难，在一部火星人入侵的片子里，大英雄居然用摇滚乐克敌制胜。

如果外星人是真实存在，则人类应该庆幸，它们至今还不愿和我们正面接触。如果能够彼此相安无事，将是最好的结果。

外星人话题本身就是一个非主流话题，它往往在某些边缘人群里更有市场，而拥有话语权的人则不屑一顾。但无论如何，调查显示，世界上大多数人还是相信外星智能生命的存在。毕竟，假装视而不见，不是人类的天性。

外星人和人类之间那种亦友亦敌的微妙感觉很难说得清楚。自从人们在天文学和物理学上有了突飞猛进的进展后，这个蓝色星球上的生物在数百亿光年的宇宙中感到莫名的孤寂。寻找和呼唤外星智能生物的行动一直都没停止过，人们怀着惊奇、激动、期待、害怕、崇敬的复杂心情等待着，期盼着，寻找着。他是什么样子的？他会是友好的吗？他是不是比我们更文明发达？他们是否一直在我们身边参与了我们数亿年的发展进程？他们是否曾经以神的形式出现在我们人类古老的梦中？他们……无数个疑问萦绕在心中，最终我们心底的呼唤还是这样——朋友，你在哪里？

与外星人通电

在我们搜寻的过程中，也不可避免的会有一些悲剧发生。

依据 20 世纪 90 年代公布的信息，苏联曾于 1956 年发生过一桩秘而未宣的意外事件，苏科学家接到了外星来电，回电联系时竟使 8 个研究员全都头颅爆裂而死于非命。

死亡的 8 个研究员之一——伊格·瓦伦科夫博士的日记记述了这一事件。根据他的描述，2 月 3 日早晨研究室的扫描器收到了一个不寻常的信号。4 月 14 日的时候，他的同事贝拉·楚兰科终于破译了那个密码，并认定它是来自另一星球的一个信息，破译的来电原文是："有人在吗？我们没有恶意，这是一种试验，如果你们能理解的话，请用这一波长回答我们，我们祝你们和平……"但科学家却接到对此事件保密的指令。

到了 7 月 3 日的时候，发来电波的远方朋友试图与我们直接交流，显然这些外星人的技术要比我们先进得多，科学家们希望在 8 月 1 日能与他们直接通电。但却在通电的当天发生了不幸。侥幸活下来的一名实验室工人亲眼目睹的全部过程是这样的。8 月 1 日的中午，科学家们将波长调到外星人来电的位置，当时这名工人站在房间后面控制发射机。但不料接着却发生了无法想象的意外，8 位戴上耳机头套的科学家的头部却像气球似的鼓了起来,他们都挣扎着用手臂去摘耳机头套,可谁也没有能够将它们取下来,在他们痛苦的尖叫声中,头颅一个接一个地爆裂了,血和脑浆喷得到处都是。于是"与外星人通电"事件就这样以 8 个人的死亡悲剧而告终。

事后,一些科学家调查了这一事件,他们认为这是由于外星人的脑力与地球人相比较显得太强大,太紧密了。以致在通电中引起了地球人脑子致命的超负荷。而参与"通电"的科学家事先却根本不知道他们与外星通电所面临的这一多么巨大的危险,因而导致了这一悲剧的不幸发生。

现在,俄国官方仍然不时警告他们的宇宙探测科学家:"危险依然存在着,对这一探索的新努力一定要更加谨慎地认真对待。"这句警告我想也是针对我们所有搜寻中的人们的。希望我们能尽快找到我们的外星邻居,并避免此类悲剧的发生。

外星生命的新探索

美国科学家 1996 年说,一块名为 AL84001 的陨石结构非常奇特,看起来像细菌化石。新的证据来自对 1911 年坠于埃及奈赫莱地区的奈赫莱陨石的研究。这块陨石已裂为多块碎片。许多年以后,对该陨石的详细分析表明,它是已知从火星上坠落的所有 13 块陨石中的一块。据估计,这块陨石的寿命约为 13.7 亿年;几亿年前,一颗巨大的小行星在与火星发生猛烈碰撞时把这块陨石抛入太空。它在太空飞行数百万年之后,于 1911 年坠落到地球上。

美国航天局约翰逊航天中心的一个研究小组在戴维·麦凯博士的领导下,利用一台光学显微镜和一台功效更强的扫描电子显微镜,对奈赫莱陨石进行了研究,他们发现陨石中存在粒度极小的圆形粒子。

这些研究人员认为,这些颗粒结构是曾经生活在火星上的细菌的矿化残留物,它们的体积与地球上发现的细菌相似。

科学家们在仔细考察了这些所谓的细菌化石以后说,它们使人联想到处于分裂过程之中的微生物。其中一块陨石的结构甚至可能长出了在地球细菌中偶尔也有发现的原纤维。他们甚至说,他们认为奈赫莱陨石可能繁殖过两代细菌。

美国一位研究人员 1999 年 6 月 1 日说,一种制造甲烷的厌氧微生物能够在类似火星环境的实验室培养皿中生存,这一实验给火星上有可能存在生命带来了新的希望。

阿肯色大学的蒂莫西·卡尔说,这种微生物在地球上的其他大多数生命根本无法生存的模拟的火星环境中"活得很潇洒"。

他在芝加哥召开的美国微生物学会全国大会上公布了这一实验报告。他说，他和同事柯蒂斯·贝卡姆在培养皿中营造了一种类似火星的环境。这些培养皿中没有氧气，但是含有二氧化碳和氢气。实验用的土壤与已知的火星土壤相似，其中只含有微量的水分而不含有机质养分。卡尔说："我们假设在火星的表面下存在液态的水。"

他把一群称为甲烷细菌的微生物放入到培养皿中。他说："这些细菌就像在正常环境中那样制造出了甲烷。"

英国伦敦大学的科学家们说，虽然生命形式看起来也许不像外星人，但他们存在于地球之外的可能性却是千真万确的。尽管外星人 E.T.在好莱坞 1982 年一部电影巨片中仅仅是一个可爱的生命，但展示了外层空间生命比较友善的形象。当外星人首次出现在银幕上近 20 年以后，科学家们仍然没有发现任何此类活体生命，但他们认为，其他星球也具备养育生命的条件。伦敦大学的唐·考恩博士在皇家天文学会召开的一次会议上说："作为生物学家，我们有充分的理由认为，在其他地方也存在生命。"

但是，其他星球上的生命更可能是一种能够在极端条件下生存的单细胞生命，而非许多科幻电影中描绘的 3 只眼动物。考恩接着说："从进化上来说，生命将是非常原始的。"

考恩说，即使是最简单的生命也需要液态水；适宜的温度、食物来源等最基本的生存条件。他根据温度的上、下限描绘了生命存在的范围以及此类原始生命可能茁壮成长的地方。他说，热液地、蒸汽出口、沸泥浆地和地下热液出口等等，这些被视为地球生命起源的地方也是其他星球简单生命诞生的理想环境。

伦敦自然历史博物馆的莫妮卡·格雷迪博士支持考恩的观点，并且进一步提出，火星和木星卫星等星球的某些地表或地表下面可能存在生命。美国航天局新成立的天体生物学研究所已经拟订了探寻外星生命的正式行动方案。所谓的天体生物学研究所是一个"虚拟"研究所，由通过因特网联结起来的 11 个不同的"实验室"组成。

在加州阿纳海姆召开的美国科学促进协会会议上，航天局宣布了探寻外星生命的行动方案。该方案显示出一条迂回曲折的路径：首先经海底温度极高的火山口，深入到冰封的南极大陆下，并穿越海洋，之后再向火星和木卫二、甚至更遥远的太空发射探测器。

新成立的这个研究所已获准将在 1999 年和 2000 年分别获得 900 万美元和 2000 万美元的经费，以便设法确定生命能够在什么样的条件下得到维系并茁壮成长，这些条件是否曾经存在于太阳系的其他地方，以及地球人是否能够在太空中制造出这样的条件。

生物学、化学、天文学、物理学以及其他领域的大批专家将一起参加被美国航天局称为"独一无二"的这项研究活动，以便对这些重大问题做出回答。他们将对生物体能够在状态极其恶劣的各种地方生存的惊人发现进行研究。这样的地方包括：深海火山口和黄石公园热水泉等温度高于沸点的地方、压力巨大的地球深处以及地球两极的冰冻荒原。

那么，为什么迄今还没在地球上找到一个外星人呢？科学家们的回答是：因为他们在有可能到达地球之前，就被伽马射线杀死了。

黑洞

伊利诺伊州费米加速器国家实验室的詹姆斯·安妮斯博士说，外星人尚未到达地球的原因是：只是直到最近，我们的银河系才为生活于太空中的生命提供了繁荣发展的机会。

安妮斯说，直到几亿年以前，我们的银河系还经常受到伽马射线爆发的辐射：死恒星碰撞和黑洞都释放出大量致命射线。只是到了现在，这些碰撞才变得稀少起来，外星生命才有可能出现并从自己居住的行星旅行到相当遥远的地方。

安妮斯希望，他在 1999 年 1 月发表在英国《新科学家》周刊上的理论，将能解决有关外星生命是否存在的最著名争论之一——费米悖论。这个悖论是根据印度裔物理学家恩里科·费米这位诺贝尔奖获得者名字命名的。据说费米在50年代提出了这个悖论,其要点是:如果外星人确实存在,他们在什么地方呢?

这个问题之所以具有说服力,是因为它是基于我们银河系的两个事实:一是银河系非常古老,已有约100亿年的年龄;二是银河系的直径只有大约10万光年。所以,即便外星人只能以千分之一的光速在太空旅行,他们也只需1亿年左右的时间就可横穿宇宙——这个时间远远短于宇宙的年龄。所以,外星人究竟在哪里呢?

费米显然把这个理由当成了根本不存在外星人的证据。如今安妮斯则声称,他发现费米的这个推论存在一个漏洞:外星人很可能存在,但直到最近伽马射线的爆发周期越来越长才为外星人提供足够的时间来做星际旅行。

寻找外星智慧生物

当人们放眼太空,看着那些数也数不清的星星时,马上会想到,那些星星上也有人居住吗?难道只有地球才有智慧生物吗?有地外文明和外星人吗?确实是很有意思的问题。

生命是天体演化的结果,生命存在的条件又是非常苛刻的。根据地球形的生命域来考虑,首先,生命一定要生活在有坚硬外壳的行星上。那里要有适当的大气,要有适宜的温度,还必须有一定数量的水。同时,行星绕着的中心大体必须是一颗稳定的中年恒星,就太阳系来说,比较适合生命存在的环境是金星、地球和火星。其中,地球又处于最理想的环境之中,金星和火星现在还没有发现有任何生命的痕迹。

恒星都是炽热的"火球",上面不可能有生命。生命只能存在于围绕恒星旋转的行星上。因此,寻找其他恒星的行星系统,是探索地外文明的首要内容。

如果万一发现有其他行星系,这里也存在一个问题:那里的客观环境一定能适合生命存在吗?这就需要具体分析了。如太阳系内的九大行星中也只有地球上才有生命;如果有比较适合生命存在的行星环境,也必须考虑。

许多科学家都坚定地相信,既然地球上有智慧生物,其他星球上也一定会有。这一观念,在20世纪50年代,就已被一些人所接受。到了今天,探索地球以外智慧生物的脚步加快了。有些人通过对银河系星球的概算,求出了有智慧生物生存的星球的个数。美国著名的天文学家、科普作家阿西莫夫通过估算,认为银河系有50万个星球上有智慧生物。康奈尔大学行星研究室主任卡尔·萨根估计有100万个。德国天文学家基彭哈恩通过有趣的计算,估计有250颗。探索的范围首先是

世界未解之谜

图文珍藏版

太阳系内的行星世界,然后是比较近的恒星周围有无行星系。对恒星世界的搜索主要有以下三种方法。

1.接受和研究来自太空的电磁波信号

如果地外文明比我们的科技发达,相信它们会向地球发出电磁波信号。

1960 年,美国著名天文学家,国家天文和电离层中心主任、康奈尔大学教授弗兰克·德雷克,首先领导了探索其他星球文明的奥兹玛工程,他们利用直径 25 米的射电望远年的鲸鱼座 τ 星和距地球 10.8 光年的波江座 ε 星两颗类似太阳的恒星观测了 150 个小时,结果一无所获。但锲而不舍的德雷克并未灰心,仍在从事这项工作,他于 1971 年提出了著名的"宇宙文明方程式",于 1974 年组织发射了第一封"宇宙电报"。

1971 年,美国国家射电天文台又对最靠近地球的几十颗恒星进行了类似的观测,苏联、加拿大也进行了类似的试验,亦无确切结果。从 1983 年 3 月 7 日开始,美国又执行了一项极其庞大"探索外星人"的计划。在西班牙、澳大利亚和美国分设三座巨大的无线电天线,连续观测 4 年,到 1987 年 3 月告一段落。观测了整个天空中距地球 80 光年以内的 773 颗中年恒星。1992 年,美国航空航天局开始实施"高分辨率微波巡天计划",开始大规模搜寻地外文明的信息,计划用世界上一些最大的射电望远镜,在 2 亿～16 亿个狭窄频道上搜索 80 光年内的 1000 颗类太阳恒星。截止到 1995 年底,共对 311 颗恒星进行了 23000 次的观测,从接收到的几千种信号中,经过筛选,对其中近百种信号进行确认,目前还在研究之中。

不管怎样,认为其他星球上也存在智慧生物是一致的。因此,寻找外星智慧生物的庞大的 SETI 计划便轰轰烈烈地开展起来了。它得到了世界上许多国家的射电天文学家、天体物理学家和其他科学家的响应。所谓 SETI 计划,就是"寻找外星智慧生物"的英文缩写。

为了推动 SETI 计划向深入发展,1983 年春,由卡尔·萨根起草,14 个国家的72 名科学家(其中有 7 名获诺贝尔奖奖金)联合签署了一项国际性呼吁,倡导建立国际性组织,合作进行 SETI 研究。有两项主要研究在美国正在进行,一是制造一部可以同时监听 12.8 万路相邻频道的射电天文系统。二是计划在加利福尼亚、西班牙和澳大利亚设置 64 米直径深空间射电望远镜监测网,使接收系统的能力最终增到至少 800 万个独立频道,对无线电频道中天电噪声小的所有区域进行监测。

据了解,美国在 1992～1999 年间,为 SETI 计划提供 4000 万美元的研究费用,计划对 800 颗类似太阳、距地球最近的恒星进行监测,希望能找到一颗与地球相似的星体。同时,还对一旦收到星际间电讯号怎么办的问题,制定了一份《原则宣言》,要求把信号通过华盛顿国际天文学联合会控制的专用电话线,把发现结果通知全球各地的观测人员。还要求在答复外星人电信号之前,应进行广泛咨询。

假如外星智慧生物的秘密一旦揭开,那该是多么激动人心啊!

2.主动向地外太空发射信号

用宇宙飞船与外星人建立联系太缓慢太渺茫,人们想到了第二个办法——用无线电波"发电报"。无线电波的速度是每秒 30 万公里,比我们的太空使者——宇宙飞船快 18000 倍。

1974 年 11 月 16 日,美国利用设在波多黎各的阿雷西博山谷 305 米直径的巨型射电望远镜,对准武仙星座球状星团,发出人类第一组信号,共发射 3 分钟。电波以每秒 30 万公里的速度传播,到达武仙星座球状星团要 2.5 万年。如果那里真有我们的知音,他们迅速回电,又得 2.5 万年后才能到地球。来去匆匆的电波也得 5 万年。

美国发射的"先驱者"10 号和 11 号,"旅行者"1 号和 2 号,都已在完成了太阳系内的探测后,肩负着人类的嘱托,飞出了太阳系。它们携带着人类的许多信息,作为人类的特使漫游在恒星际空间。比如,"先驱者"10 号正以每小时近 5 万公里的速度,朝牛郎星方向飞去。如果一帆风顺的话,估计今后 80 万年内,它将从银河系中的 10 颗恒星附近掠过。

3.有可能存在外星文明的星球

前面已经讲到,恒星上不可能有生命,生命最有可能存在于围绕恒星旋转的行星上。因此,凡有行星系的恒星,是考虑是否有外星文明的首选。

近几年,天文学家通过地面大望远镜的观测,发现近距的一些恒星运动有周期性的摆动,推测它们是受一颗或几颗行星引力的影响。据美国《天空和望远镜》杂志 1998 年 3 月的报道,哈勃空间望远镜已拍摄到猎户星云中类似原行星的盘状物,从中间的暗区到边缘有冥王星的轨道那么大。自 1996 年以来,天文学家发现了一批恒星具有行星系,如室女座 70 和大熊座 47 星,飞马座 51 等,这些发现给探索外星人和外星文明带来了希望,它再次使我们确信,我们的地球并不孤独,地球并不是宇宙中唯一有文明的行星。

世界未解之谜

宇宙未解之谜

图文珍藏版

寻找外星人的途径

1.外星人知道我们地球吗

如果有那么一位宇宙邻居，和我们一样还不具备进行长距离宇宙飞行的能力，但正在努力搜寻太空的信息。那么，他们会不会得到我们地球的消息呢？

我们说，这是可能的，因为地球已不是一个沉默的哑巴。我们知道，地球的大气上部有一个特殊的层面叫电离层，它的本领是能阻挡频率小于 20 兆赫的电波泄露到宇宙空间去；可它并非法术无边，对于频率大于 20 兆赫的超短波和部分短波，就束手无策。

在第二次世界大战前，由于技术上的原因，我们发射的电波都是一些受电离层束缚的长波和中短波，所以那时候的地球，对于外部太空来说，是一个"哑巴"星球。

后来，我们使用的电波波长越来越短，特别是苏联和美国在接近北极地区建立的弹道导弹早期报警系统，所使用的雷达电波不仅是波长短的超短波，而且输出功率达 2 亿千瓦，能比其他电波发射到远 10 倍以上的距离。还有世界各地电视台发射的强大的电波，也已越出地球的范围向着宇宙深处传播。

我们发出的这些电波，就像是向茫茫宇宙中的外星人发出的呼唤，推想起来，这第一声呼唤大致是 1950 年发出的。那么，这一电波现在已经到达距我们 40 多光年的地方。

假如离地球方圆 50 光年内的邻居，他们的技术水平能建立一个由 1000 架直径为 100 米的射电望远镜组成的天线阵，他们又能非常凑巧地收到这一电波，就能从电波的信号中分析出我们的一些情况。

如地球有绕太阳公转的 1 年周期，电波也会反映出这种周年的变化。在经过精密的测量以后，邻居们甚至有可能求出日地之间的距离和地球公转轨道的偏心率，进而还可分析地球接受太阳的热力强度，并估计出地球的气候环境。

如果他们的接收装置能精确地着眼于每一个发射台，那么，他们还会从为期 1 年的周期中，分辨出 1 天的周期，进而推断出地球的自转周期，甚至地球的半径大小。假如他们能结合对电波发射时间的观测，则还会进一步了解到地球的昼夜变化。如果他们还能精确地测出电视发射台的相对位置和疏密程度，那么，他们将知道地球上有水陆之分和存在着技术水平发展程度不同的区域……

2.我们怎样寻找外星人

我们的宇宙邻居和同伴，你们在哪里？我们怎样才能找到你们？

经过讨论，我们以为，找到地外文明世界的途径，不外以下四个。

第一个途径是外星人光临地球，使我们能面对面与之接触。当然，这个主动权不在我们手里，我们无法知道外星人究竟什么时候才会来到地球。虽然许多人相信"飞碟"是外星人派来的宇宙飞船；相信早在上古时期就已经有外星人光临地球，并留下种种令人叹为观止和不可思议的文明遗迹。然而，它对我们寻找外星人毫无帮助。因为我们既不知他们从何而来，又不知他们去向在哪。

第二个途径是注意收集外星人发出的有关信息。我们认为这具有比较现实的可能性。一个具有技术文明的外星世界，他们必定也会使用无线电通信，而且随着技术文明程度的提高，所使用的无线电波波长必然会愈来愈短，发射功率愈来愈强。他们可能像我们一样，为了寻找宇宙同伴而有意地发射寻求的信号，还可能在无意中把他们自己使用的无线电波泄露到外部世界中去。因此，只要我们倾注巨大的精力，耐心地进行搜寻，总有一天，我们会收到来自遥远世界的问候或他们泄露出来的电波。

第三个途径是发射宇宙飞船去太空搜寻。这个主动权在我们手中。大家知道，尽管我们已经派出了地球的使者访问过月球、火星、金星等太阳系的天体，而且从70年代开始，还先后派出"先驱者10号""先驱者11号"，以及"旅行者1号"和"旅行者2号"飞船，让它们飞越太阳系，到茫茫宇宙中去寻觅知音。然而，由于飞船的飞行速度实在太慢了，即使能到达距我们最近的比邻星，也要有几万年的时间。因此，我们只有希望设计出速度更快的飞船来，真正担负起寻访宇宙人的任务。

第四个途径是通过传输信息与外星人取得联系。这方面我们已经开始尝试，但遗憾的是，在满天闪烁的繁星中，我们不知道应该把电信发向何方？目前我们地球人只能像是一个在无垠沙漠中的旅行者那样，盲无目的地向四周大声呼叫。我们衷心期望外星人早一点知道我们地球人的心愿，听到我们发出的召唤。

3."奥兹玛计划"为什么失败

奥兹玛是一部童话故事中的美丽公主。她住在非常遥远的叫作奥兹玛的地方。人们想象中的外星人，就像奥兹玛一样遥远，一样美丽，于是就采用这个名称来形象地比喻遥远世界的宇宙朋友。

30多年前，美国国家射电天文台的年轻天文学家弗兰克·德瑞克和威利姆·沃尔特曼率先开始了搜寻可能来自遥远天体的电波的工作。他们把这项计划称为奥兹玛计划。他们使用当时很先进的、直径26米的巨大射电望远镜，从1960年的

4月8日清晨4点开始工作。无线电有很多的波段,他们选用21厘米波长,将射电望远镜对准距我们大约10.8光年的波江座ε星和约12.2光年的鲸鱼座τ星。他们认为这两颗星和太阳非常相似,希望从那里可以收到任何有价值的信号。

然而,一个月过去了,两个月过去了,从春光明媚的4月到了酷暑逼人的7月,他们在连续累计达150小时的监听过程中却一无所获,没能得到宇宙中发来的任何可疑的信息。

后来因为经费不足,他们不得已停止了搜寻。充满希望的"奥兹玛"计划宣告失败。

科学家不甘于现状。1968年,苏联的科学家在21厘米和30厘米波长处又监听了太阳系附近的12颗恒星。美国的帕尔马等则从1972年后期到1975年,执行了第二期奥兹玛计划,使用了两台口径更大的天线,和更精密的检测仪器,仍然选择21厘米波,对地球周围80光年范围内的约600颗与太阳近似的恒星进行监测,平均每颗恒星监测6~7次,每次持续4分钟。遗憾的是,所有这些监测均无功而返。

为什么奥兹玛计划失败?是宇宙中没有我们的朋友吗?虽然这种可能性存在,但人们认为更可能的是,我们本身的监听工作存在漏洞。

因为我们并不知道外星人可能使用的电波波长。就像收音机和电视机那样,如果你不知道电台或电视台的播放频率,显然无法接收到你想收听或收看的节目。事实上,可供外星人选用的频率可以从几十兆赫到几万兆赫(相当波长几米到0.001米),而在我们已进行的监听中,仅选用了21厘米和30厘米两种波段。这好比在无数张奖券中,我们仅抽了其中的两张,这两张没有中奖,不等于其他奖券都没有奖。

其次,在茫茫宇宙中,天体的数目是无穷无尽的,而拥有高级文明的星球微乎其微,这就使监听对象的选择带有极大偶然性。何况,人们还不是24小时地连续监听,而是走马观花般地匆匆而过,这就存在监听对象中即使真的存在着技术文明,也难免被我们所遗漏的可能。

第三,奥兹玛计划失败还与人们所使用的监听设备的精度不足有关,仪器的缺陷会使我们难于清晰地分辨来自遥远天体的微弱但却是有用的信号。

4.为什么选择21厘米波

在"奥兹玛"等计划中,人们都把监听的注意力集中在21厘米波处,这是为什么呢?我们知道,电波的波长从几米到0.001米,有相当宽广的范围,选择21厘米波有什么道理呢？

原来，早在第二次世界大战中，荷兰天文学家范德胡斯特曾做过研究，发现在宇宙条件下，处于接近绝对零度(-273℃)时的氢原子会发生一种变化，它将会放射出一个波长为21厘米(1420兆赫)的微波光子。1951年，美国物理学家柏赛尔果真测到了这种波，证实了范德胡斯特的计算。

在搜索外星人发射的信号中，如果我们把注意力集中在外星人无意中泄露出来的电波上，成功的希望是非常渺茫的。

因为随着通信技术的日益发展，智慧生物可能发射出来的电波，将越来越明确地具有定向性、保密性，从而使有可能泄露出来的信息变得越来越少，致使外部世界无法检测到。因此，外星朋友若要向外联系，必定是发射出那些有意向的无线电波段。而有意向的电波，很可能就是21厘米波。

1959年，美国康奈尔大学教授莫里逊和柯康尼指出，外星智慧生命在选择发射电波的波长时，一定会考虑到以下三个因素：

第一，由于宇宙中自身会发出强烈电波的天体相当多，为避免这些"宇宙噪音"，选择的波长必然限定在30厘米以内；

第二，能接收电波的外星人居住的天体，必然存在有大气层，为减少大气分子对微波的散射，波长又必须限定在1厘米以上；

第三，氢原子是一种普遍存在的电磁辐射，它所产生的21厘米波段在任何地方都可以被收到。

所以，假如外星人与我们地球人一样，也有以上考虑，就可能选择21厘米波的电波来传送他们对外星世界的问候。

因此人们在执行"奥兹玛"计划时，选择以21厘米波作为监听的波长。但两次"奥兹玛"计划及其他类似搜寻计划的失败，则使一些人怀疑，选择21厘米究竟是否正确？

5."独眼巨人"是什么意思

"奥兹玛"计划失败之后，一次规模更加巨大的搜寻工作又开始策划，这一计划取名自希腊神话中的"独眼巨人"。

策划者设想建造一个规模空前的射电望远镜天线阵，总共由1026架口径均为100米的射电望远镜组成，由计算机进行操纵，使它的灵敏度可以达到即使每秒钟在每1.61平方千米面积上仅接收到5个光子也能辨认出来。因此，可以有效地在一些波段上对来自遥远星体的即使是十分微弱的信号进行监听。但这项"独眼巨人"计划相当庞大,真正付诸实施还需要相当的时日,需要耐心等待。

当然,我们不会因"独眼巨人"计划还未实施而无所事事,一些不同规模的搜寻工作仍在进行中。

在苏联解体前,曾在高加索山脉上建成一台口径576米的强有力的环状射电望远镜,用于在不同波段上搜寻有无来自远方的问讯。

1983年1月,美国人使用海特·克顿克天文台的26米口径的射电望远镜,检查了1000万个频道,并记录到4000个可疑的信号。但后来发现,其中3900个是来自地球本身的信号源。剩下的100个信号中,又有90个来自卫星和飞机,因此真正值得怀疑的信号只有10个。至于它们是不是地外文明发来的,人们还无法做出明确的判断。

从1995年2月起,美国和澳大利亚的科学家,又联合执行了"凤凰"计划,使用两台口径分别为64米和22米的射电望远镜,昼夜不停地对南半球星空中邻近太阳系的200个天体进行扫描,但直到6月为止,没能捕捉到一点有价值的信息。

6.有"牧夫座"飞船飞临太阳系吗

1972年春的一天,年轻的苏格兰天文学家罗伦,在格拉斯哥大学图书馆翻寻资料,一份非常有趣的记录,引起了他的极大注意。记录是由挪威教授史托马留下的,记述他于1928年4月3日在荷兰菲利浦实验电台工作时,为了校正一座PCJJ电台,无意中收到了一些奇怪的、每隔3秒钟出现一次的信号。由于信号非常有规律,显然不是机械故障引起的。史托马感到非常奇怪,就把这件事报告菲利浦电台的通信总监温达波。温达波也很感兴趣,猜想它也许来自外太空。于是,他们安排了一个计划,把摩氏电码中的"S",即信号"嘟——嘟——嘟",按波长31.4米,间隔20秒发射出去。从1928年9月25日开始,连续发了16天,可惜没有收到任何回音。

同年10月11日,来自哈尔斯的电报声称,也收到了那奇妙的每隔3秒钟出现一次的信号。史托马立即赶到现场,听到了最后3秒钟的信号。以后,这奇怪的信号突然在3~15秒的间隔内不规则地重复出现,就像有人正企图和我们取得联系。

史托马惊喜交集,于10月24日又安排了一次信号发射。结果,在奥斯陆又收到了同样的奇怪信号。这个消息立刻引起了许多人的注意,许多实验电台都把注意力集中在这奇妙信号上。其中英国的亚毕顿爵士报告说,曾在1929年2~4月间,收到过10次这一信号。1929年5月9日,又有一艘正在印度海域观测日食的法国科学考察船,无意中也收到了同样信号。然而,这奇怪的信号究竟意味着什么,没有人能够解答。

在 1929 年以后,除了 1934 年有一位业余无线电爱好者诉说曾收到这一信号外,再没有音信。

看了这些记录,罗伦深信,这一信号来自地球之外的文明世界。他用尽一切科学的逻辑推理,企图破译这一信号。经过一番努力,他宣布他终于明白了信号的大意:"一艘来自牧夫星座的飞船,正环绕着现星系(指太阳系)运行"。

后来,罗伦与美国史坦福大学白士维教授合作,对史托马当时的记录进行了更详细的分析,进一步确定,飞船来自牧夫座 ε 星。由于我们地球文明受当时技术的限制,没能抓住这有利的机会与飞船取得联系。那时史托马虽发出了信号,但发出的信号波长太长,无法穿越大气电离层,飞船不可能收到。飞船的驾驶者收不到我们发出去的信号,以为我们的太阳系是个没有智慧文明的不毛之地,就在环行一段时间之后失望地悄悄离去。

当然,以上只是罗伦的论断。

从月球上看地球

7.你知道"宇宙语"吗

地球上,不同国籍的人在进行信息交流时,常会受到语言和文字的限制。自然,在我们与外星世界交流时,也会受到同样问题的困扰。尤其是当我们企图用电信号向外星世界表达问候时,怎样明明白白地将信息的内涵倾诉呢?

一些科学家想到,应该设计一种"宇宙语"。早在 1896 年,数学家和人类学家弗朗西斯·哥尔登就作过这方面的探讨。它指出,在一个发达的文明社会中,数学必定是科学的皇冠。没有数学,也就没有文明。因此,设计数学化的语言,把语言用数学方法来表达是最理想的,最易于被外星人所接受的。

1960年,荷兰数学化汉斯·弗洛依登萨尔循着这一思路,正式设计出一种"宇宙语"。他指出,凡是智慧生物都会懂得 $1+1=2$、$2-2=0$、$1<2$、$5>3$ 这些基本的数学概念,所以我们有可能设计出一种大家都能明白的数学化的宇宙语言。譬如,我们可以用发射电波的长短传出如下信息:·· ·—— ——;· —— ·· ·——·—·······。其中点(即短信号)代表数字,1个点为1,2个点为2,3个点为3,以此类推;1个短破折号(即长信号)代表"等于",2个长信号则是"加"的意思,尽管这种信号在刚发射时,收听到这种信号的外星人也许不会明白什么意思,但在经过类似信号的大量发射以后,他们终将明白其中所包含的意义,明白上面的信号是 $2+1=3$ 和 $4+2=6$。当我们再发射····· ··· ··的信号时,他们将很快猜度出其中的—— —是"大于"的意思。再譬如我们再发射以下的一组信号:— · —· —— ···;— · —· —— ····;— · —· —— ·····,经过不断重复以后,宇宙收听者将会发现,信号中的长破折号(即最长的信号)的长短与后面的点数相适应。从以前的信号中他们已经明白,点数是数字的表现,单个短破折号是"等于",于是他们将会明白前面同时出现的信号"— · — · —"是表示时间的间隔,也即这一组信号是分别表达时间间隔为4、5、6。当我们再为时间单位秒、分、时设计出一个合理的信号以后,就还可以使他们知道不同的时间单位。诸如此类,经过多次播发以后,外星人就会和我们慢慢地建立起互相交谈的语言来。

这套宇宙语的设计虽然比较周到,但比较复杂。它只适宜在我们与外星人建立联系以后,进行长期的信息交换用,不适合最初的问题。因此,科学家又设计了一种更加简便明了的图像语言。

8.激光能不能助我们一臂之力

早在无线电通信使用之前,19世纪初,德国的著名数学家、物理学家高斯,就曾提议在西伯利亚的广阔平原上种植松树林带,并让其围成一个巨大的直角三角形,中间则种植小麦,以便与周围的林带形成鲜明的对照:在冬季,雪则会成为另一种对照物,以引起宇宙人对我们的注意。

1840年,维也纳天文台的冯里特路也提议,在撒哈拉沙漠挖掘直径30米的圆槽,灌满水,然后在水面上点燃煤油,以便让外星人看到火光。

当然，这些方法实在太原始了，信号的传送距离也非常有限。30 米直径在 100 千米远处看去，只有 1 视秒的角距，不要说是在遥远的星际，就是站在月球上也难以发现。

现代的无线电通信比起上述方法，不知要先进多少，但也不是最理想。它存在着大量的、既有来自地球本身的、也有来自宇宙间的天然电波的严重干扰。

当代技术的发展，已使我们有可能制造具有高能量的和良好定向性的激光束，来与外星世界进行联系。

1980 年，美国天文学家发现，火星大气中的二氧化碳在阳光激发下，会发出天然激光。这使人们相信，可以利用火星激光来同外星人联系。他们设想，在火星上空 20400 千米的同步轨道上，面对面地设置两个巨型的聚光反射镜。当火星大气二氧化碳在阳光激发下发出激光时，有一部分将照到这两个聚光镜上，并被聚光镜反射到遥遥相对的另一镜子上。这些光辐射在两面镜子之间来回反射，便不断增强，形成一股能量集中、方向一致的激光束。这时，只要再借助一面可调节方向的平面反射镜，便能向太空中的任何角落发送激光信号了。

科学家们还指出，如果那两面聚光反射镜的直径为 50 米，则激光的输出功率达 200~2000 瓦。这个数字看上去不大，但对于一个外星观测者来说，会发现在狭窄的二氧化碳发射波长上，比太阳要亮 700 倍。如果外星观测者有一台高分辨率的、能看清火星表面的观测仪，他还将发现这束激光的亮度胜过太阳 10 万亿倍。如果我们把那两台聚光镜的直径扩大到 10 千米，它的输出功率就可达 800 万~8000 万瓦。这样，即使在远离地球 6 万光年以外的外星人，只要凭借一台口径 10 米的中型望远镜，就会很容易看到这一激光信号的闪烁。这样，我们就可以用闪烁信号给外星人发电报了。可惜这一设想限于目前的技术手段，暂时还不能实现。

9.有没有超光速飞船

无论是光子火箭，还是引力屏蔽装置，它们的最高飞行速度都以光速为极限。驾驭这样的飞船，遨游于直径达 10 万光年的银河，仍然令人有望洋兴叹之感。如果要实现探访银河外星系的理想，更是路途遥遥，希望渺茫。于是，我们更企望能有一架比光速更快的飞行器。

上世纪最伟大的科学家爱因斯坦指出，光速是一切运动物体的极限。

然而，有一些科学家则相信超光速存在，并提出了"快子"的概念。他们认为，能量等于零的快子，将以无限大的速度运动。这恰恰与我们熟悉的情况相反，在我们的世界里，能量为零的物体只能静止不动。而快子则随着它获得能量的增加，运动速度也随着降低。当获得能量达到无限大时，其运行速度也降低到接近光速。一些支持"快子"概念的研究者认为，也许有朝一日，我们能制造出用"快子"作推力的"快子火箭"，那时要进行远距离的宇宙探访将不在话下。

1988年12月，美国《电子与无线电世界》发表了工程师奥博伦斯基的实验结果。据说在他的实验中，已发现有比光速快100倍的信号。这无疑给"快子"论者以莫大的鼓舞。

但也有许多物理学家对奥博伦斯基的实验不以为然，认为试验存在着漏洞，实验的结果不足为凭。

1995年，英国伦敦大学的伊恩·克劳福德宣称，根据现代物理学理论，有两种进行超光速飞行的可能。一种是通过所谓的"蠕虫洞"（物理学理论中假设的由强重力场造成的缝隙）来实现；另一种办法是通过压缩自然距离的方法来实现，这种方法叫"空间翘曲推进器"。克劳福德的这些主张新鲜大胆，具有开拓的思路，受到许多人的赞许。

总之，我们究竟能否进行超光速的太空旅行，至今还无法做出确切的回答。

10.什么时候能找到外星人

少年读者可能会非常关心，我们到底什么时候才能找到外星人？这里我们只能根据人类科技发展的前景来做预测。

1950年，苏联发射的第一颗人造卫星，是人类真正迈向宇宙探测的第一步。回首近半个世纪的历程，我们惊喜地看到，空间科学已取得了十分巨大的进展，我们的无人宇宙探测器，已几乎探遍了太阳系的各个天体，而且还跨出了辞别太阳系、远航其他星系的征途。我们不仅有了可在地球轨道上长期飞行的载人太空站，还实现了登月飞行，不久还将实现踏上火星的壮举。在监听地外信息方面，我们已执行了一期、二期"奥兹玛"计划，以及"凤凰"等计划。我们还制造出了不受地球大气干扰，能对宇宙看得更远更清晰的太空望远镜……

近50年来的伟大成就，使许多人对未来充满乐观，预计用不了很久，我们将会建成具有极高的监听分辨能力的"独眼巨人"工程，也可能在外太空建成不受地球大气屏蔽影响、不受地球人为电波干扰的太空监听站，甚至也有可能实现利用火星激光束发射给外星人信号的设想……因此有人预计，在下一世纪的上半世纪，大约2030~2050年左右，我们就有可能接触地外文明。当然，这将主要是通过无线电通信或激光通信来实现的，而且接触的是一些相距我们"较近"的邻居。

11.在哪里可以找到外星人

科学家们认为,为了提高寻找外星人的效率,我们应该由近及远地找起,决不应舍近求远,舍本逐末。

已知在距太阳系不超过 13 光年的范围内,有恒星 22 颗,其中有 7 颗是双星。双星是由两颗互相绕着旋转的恒星构成。所以如果它们也有行星系,那么,它们的行星系很可能是不稳定的。这样,就只有 15 颗恒星可供选择。

我们还知道,恒星并不都是一样的,它们有的大,有的小;有的表面温度可达好几万摄氏度,有的只有几千摄氏度或更低(太阳的表面温度近 6000 摄氏度);有的寿命长,有的寿命短,还各自处于不同的发展阶段。根据地球的经验,人们认为最有利于生命存在的恒星,是那些与太阳差不多大小,其质量为太阳的 0.8~1.2 倍的恒星。

因为太大的恒星其寿命也较短,使它没有足够的时间来孕育和发展有智慧的生命;而太小的恒星,虽然寿命长,有足够的时间,但它们发出的光和热也要小得多,使适合生命繁殖的行星,只有在离它们较近时才能获得必要的能源。而离得近又会使行星受到较强的引力吸引,产生明显的潮汐。长期的潮汐作用会减慢行星的自转,甚至使行星老是以同样的半球面对着恒星,就像月球始终以"老面孔"对着地球,水星也几乎以不变的一面对着太阳一样。而这样又会使行星一半过于酷热,另一半又过于寒冷,不利于生命的繁殖和发展。

选择的结果,科学家认为在不超过 13 光年的 15 颗恒星中,最有希望能找到的外星世界,可能位于波江座 ε 星或鲸鱼座 τ 星。前者距我们 10.8 光年,质量为太阳的 0.80 倍,后者距我们约 12.2 光年,质量为太阳的 0.82 倍。

这两颗恒星的行星上究竟有没有外星人呢? 我们将满怀希望,期待着更进一步的搜索报告。

12.为什么要进行太空检疫

航天器骄傲地在太空活动,它来往于太空与地球之间,它是人类智慧和文明的体现。可是也许你不会想到,它也会给地球造成不可收拾的灾难。

我们从一件地球两大洲间交流所发生的事说起。

1956 年,为了发展养蜂业,巴西圣保罗大学的研究人员,从同纬度的非洲引进一些蜂种。这种非洲蜂工作勤勉,产蜜量高,但脾气狂暴、毒性大,一遇挑战,就群起而攻之。圣保罗大学的研究人员,准备对它们适当改造之后,让它们为巴西的养蜂业做出贡献。为防止其在未驯服前逃逸,特意在蜂箱外加上铁丝网。不料,有人擅自取下了铁丝网,竟闯下了大祸,引入的 35 只非洲蜂中有 26 只逃之夭夭。

在自然环境中,这些非洲蜂与当地的巴西蜂交配后,竟形成了一种繁殖力很强、毒性很大的杂种蜂。从此以后,先是巴西,然后是南美和中美洲其他国家,继而还扩展到美国南部,人畜受到这种杂种蜂围蛰的事件不断发生,有的甚至中毒致死。直到今天,人们对这种繁殖力极强的"杀人蜂"的危害,尚无良好的对策。

由洲际间交流而发生的事件,还发生在植物界。

"凤眼莲"俗名水葫芦,本是一种生长在南美的水生植物。上世纪初,一位传教士把它带到阳光灿烂的非洲刚果河畔。没想到,这里由于生长环境优越,又缺乏敌害,水葫芦在这里便迅速地繁殖了起来,几年之后,原本宽畅汹涌的刚果河,竟有多处被水葫芦堵得水泄难通,造成河道阻塞。居民们不得不背井离乡,迁往他处。

随着航天活动的开展,有人担心星际的交流也会带进其他星球的生物;造成的后果,令人难以预料了。

航天活动不仅有可能带来地外生物,也可能无意中带走地球生物。1969 年,美国"阿波罗 12 号"飞船在从月球返回地球时,人们在检疫中发现,它所携带的相机底部,沾染了一种地球上十分常见的革兰氏阳性菌——缓症链球菌。显然这种菌是从地球上带出去又带回来的,它们很可能在月球上已留下了一些。虽然月球上恶劣的自然环境,使它们无法在那里繁殖,但却可能以休眠状态存在上百年到几百年。它们很可能由于长期受到太空中紫外射线、宇宙射线的作用而发生某些变异,变成一种新的具有强烈毒性的菌种。那时,如果我们再去月球,就说不定会受到它的侵扰,而染上一时的无法对付的怪病呢!

所以科学家提出了太空检疫的措施。它不仅为防止航天器携回外星生物与微生物,也为了防止地球生物污染其他天体。

13.遇上外星人怎么办

我们相信,只要宇宙中确实存在外星世界,外星人就有来到地球的可能。

那么,如果有朝一日外星人真的来到地球,又让你恰好碰上时该怎么办呢?

如果你真的不期而预见到了外星人,那么,你切莫惊慌,也切不要企图采用武力对抗。要知道,一个既然有能力来到地球的外星人,他们在科学技术水平方面一定远比我们高明,所以对抗是无济于事的。正确的态度应该是尽可能做到不卑不亢,并尽量表达我们的友善。当然,外星人与我们之间会存在语言交流的困难,因此科学家们建议可使用绘画和图片来表达我们的思想。

美国亚历山大大学的卡尔顿教授建议,在我们向外星人展示的图片中,最初应该是外星人能懂得的自然事物,例如有关海洋的图片、山川河流的图片和极地冰原的图片。因为这些事物和现象,在不同的星球上应该是一样的。接着,可再显示男女人体的图片,以便与外星人在感情上建立起纽带。此后,可再向他们展示内容更丰富、更复杂的图片,并逐渐配上数字和文字说明。经过大量的这种图片交流以后,外星人和我们之间自然会逐渐增进了解。

在你和外星人逐渐建立了解的过程中,如果有可能,你还应尽快地把外星人到达地球的消息告诉政府等有关部门,以便动员社会的力量更妥善地处置与外星人的交往。

据说,已有许多科学家上书联合国,要求联合国投资数亿美元,营建一个可用于接待外星人的接待站,并制订一些"指导性方针"来告诉地球人,如何与第一个来到地球的外星人打交道,以便让外星人的造访既安全又有利于双方的进一步了解。

14.宇航员能否克服生命的限制

我们即使拥有以光速进行飞行的太空飞船,要想到达相距几亿,几十亿光年遥远的天体,时间将是一个令人沮丧的问题。人的生命是有限的,有没有办法克服生命的限制,完成漫长的星际旅行呢?

有一则神话故事讲到"洞中方七日,世上已千年"。故事讲的是有个樵夫,一天他上山打柴,无意中在山里迷失了方向,走着、走着,来到了一个山洞旁,看见有两位老者正在下棋。樵夫也是一个棋迷,禁不住站在边上津津有味地看了起来,一直看到老者们对弈结束,他才离去。没想到当他回到山下老家时,已时过境迁,他所认识的人竟无一人在世。细细打听方才知道,当他在山上观棋的几天里,世上却已经过去了千年以上的时间……

这虽是个神话故事,但现代科学认为,这种情况却有可能在星际航行中出现。早在上世纪初,科学家爱因斯坦就指出,时间会随速度的增加而变慢,这就是所谓的"时间膨胀效应"。在高速运动的太空船上,一切东西,如原子的运动、人体组织的新陈代谢都会变慢,而且由于飞船上的一切都是以完全相同的程度在变慢,所以生活在该飞船内的人,是不会感觉到这种变化的。他们只不过会觉得飞船外的一切都在加快逝去。

根据爱因斯坦的理论,物体运动的速度越快,时间的变慢就越明显。如果宇宙飞船的飞行速度能达到每秒293800千米,即相当光速的98%,飞船上时间的流逝就只相对静止状态的1/5。也就是说,飞船上的一天,将等于地面上的5天。如果速度更高,达到每秒仅比光速慢 1 千米时,那么,飞船上的人每度过 1 分钟,就会相当地面上几乎一年时间。因此,对于相距 10 光年之远的天体来说,一个用接近光速飞行的宇航员,将会感觉到他只花了一星期的时间就可以到达。若用 60 年的时间,则可登上距我们 230 万光年的仙女座星系。假如飞船的速度比光速还要快,宇航员们甚至会发现时间在倒流,今天出发,却在几天前或几年前、甚至几万年前到达。这就是许多科幻小说中常常描绘的回到从前的情景。

不过,时间膨胀效应只对飞船中的宇航员有效。再快的飞船也无法帮助我们迅速获悉遥远天体的信息。

15.怎样使宇航员的生命延续更长

现在,我们的宇宙飞船以每秒 17.2 千米的速度在飞行。下个世纪,我们的目标是达到每秒 3000 千米。它将是一个多么了不起的进步!然而每秒 3000 千米还只是光速的 1/100。在这样的速度条件下,时间膨胀效应将是微不足道的。而以这样的速度飞行,即使到离我们最近的半人马座 α 星(比邻星),也要将近 450 年的时间。

450 年,远远超过了人的生命极限。即使今后如某些科学家所预言的,人的生命有可能延长到 150 岁,那也要 3 代人的时间才能完成。何况我们还希望派出的宇宙飞船,在考察了当地的情况之后能返回地球。这样往返一次,就需要有 6 代人的连续努力,时间跨度达 900 年。

为了解决这一飞行时间与生命极限之间的矛盾,科学家们认为有 3 个可供选择的方案。

第一是让宇航员组成一个家庭,使他们在飞行途中同时完成延续后代的任务,但这样做就不能只有一对宇航员,否则必然导致近亲繁殖,要保证宇航员在 6 代人内不发生近亲繁殖,就必须有 6 对以上的宇航员参加这次飞行。而这样势必大大加重飞船的有效负载,使飞船难于成行。

第二,有人设想让宇航员处于冰冻的休眠状态,让其生命能无休止地延续下去,等他们到了目的地以后再让他们复苏。如果真能做到这点,这将是解决宇航员寿命极限的良好办法。然而,冰冻有生命的人体,再让其复苏的可能性,人们至今还没有一个成功的实验例子。

第三个可供选择的方案,是利用克隆技术,让宇航员能一代,又一代地自我更替、自我再生。克隆是英语 clone 的音译,意为无性生殖。由于它是直接利用个体的某个有效细胞来培育出新的个体,所以上一代与下一代的遗传基因完全相同。

因此,从理论上来讲,下一代将是上一代的"翻版"或"复制品"。下一代将具有与上一代同样的智力和身材。这就足以保证宇航的顺利延续。

当然,要实现这种宇航员的克隆技术,也必须在飞船配备相应的装置,估计这相对简单而易行。所以它应该是实现远距离宇航克服生命极限的一种选择。

16.搜寻地外生命

远离扰乱视线的城市灯火、炫目光辉和黄色烟雾,夏威夷岛上海拔4205米的冒纳凯阿火山的顶峰直插云霄。因为夏威夷岛被温度变化非常稳定的海洋所包围,所以冒纳凯阿火山的顶峰得以沐浴在清洁、平静、干燥的空气中。对于天文学观测来说这是一个十分理想的环境——至少有一打世界上最好的望远镜架设在这里。

其中特别重要的是WM凯克观测台,它由两台安装了直径达10米的巨大反射镜的天文望远镜组成,其中每台都有8层楼高、300吨重。这两台分别于1993年和1996年安装完成的。凯克望远镜一直在帮助主要的行星搜寻者——加利福尼亚大学的保罗·巴特勒和卡内基学会的杰弗里·马西探测太阳系外行星。

在过去的5年时间里科学家总共发现了大约四十颗围绕着遥远的恒星旋转的太阳系外行星,其中25颗是巴特勒和马西发现的。这些太阳系外行星中的大多数是像木星一样被气体包围着的巨大行星,它们的运行轨道与其中心恒星的距离非常近,而且这些行星太大、太热,就我们所知,任何生命形态都无法在这样的行星上维持生存。但是2001年3月29日,巴特勒和马西报告说他们发现了两颗体积比土星还小的行星——这是朝着发现像地球一样的适于居住的太阳系外行星迈出的重要一步。

因此,这两位行星搜寻者不仅在天文学界享有很高的声望,而且任何对于"地球是不是宇宙中唯一有生命存在的星球,或者宇宙中是否有其他的生存形式存在?"这样的问题感兴趣的人都知道他们的鼎鼎大名。凭借自己丰富的想象力和不辞辛劳的工作,他们找到了一种方法来确定有可能产生生命的行星的位置,从而将上面提到的这个问题从人们的推测变成了科学。他们的努力已经使人们对于地外生命存在的可能性产生了很强的信心,以至于一个全新的科学领域天体生物学——研究宇宙生命的科学——迅速发展了起来。

目前,科学家还无法对太阳系外行星进行直接搜寻。恒星发出的光芒使科学家不可能看到任何也许正在围绕它们旋转的天体。巴特勒和马西发明了一种极具独创性的方法:多普勒技术。这种方法的工作原理与多普勒效应(当汽车或火车从你身边经过时它们发出的声波听起来好像一直都在改变频率)的原理一样。

多普勒效应在天文学上的对应现象被称为红移。从1987年开始,巴特勒和马西花了8年时间全力研究红移现象。他们认为,如果一颗恒星周围存在着一颗围绕它旋转的行星,那么这颗行星的引力就会使恒星出现轻微的"摇摆",就像地球和太阳系中的其他行星使太阳发生摇摆一样。这种摇摆会使恒星的光波在恒星朝向地球和背离地球的摇摆运动过程中在光谱的蓝端与红端之间交替运动。他们认为,如果你可以测量到这种红移——蓝移现象,那么你就可以发现太阳系外行星的存在,而且利用这些数据你甚至可以分析出它们的质量和运行轨道。

但是,这种红移——蓝移现象在穿过遥远的宇宙空间之后会变得非常微小——如果你从30光年以外的地方观察太阳,它的周期性摇摆的弧形角的大小将只有七百万分之一度。为了利用多普勒方法对恒星及其行星进行准确的分析,你必须使恒星摇摆速度的测量结果精确到10米/秒以内。

马西和巴特勒是在1995年12月30日发现第一颗太阳系外行星的。那时马西已经回到他加利福尼亚伯克利的家中,和他的妻子一起准备新年前夜的聚会。巴特勒还在办公室凝视着计算机屏幕上显示的看起来好像是一些随机数据点的东西。他正在寻找一种可以告诉自己他们已经取得了成功的数据点模式——一条将所有的数据点连接到一起的蛇形曲线,就像心脏监护示波器上显示的心跳曲线一样。只有这样的曲线才可以证明他们正在寻找的摇摆,进而证明太阳系外行星的存在。

当计算机软件显示出这样一条曲线时,屏幕上的每个数据点都正好位于这条曲线上或者与这条曲线非常接近。计算机屏幕上没有一个远离这条曲线的数据点。这正是巴特勒和马西8年来一直在梦想能够找到的数据点模式。

这些太阳系外行星使天文学界感到震惊并且动摇了所有现存理论的主要原因是它们的运行轨道都呈现出非常明显的椭圆形。太阳系的大多数行星都在沿着近似于圆形的轨道运动,当你考虑到行星很可能是在圆形的原行星气体、冰和尘埃组成的盘状物(就像我们在猎户座星云中看到的圆盘一样)中形成的时候,你就会觉得行星沿着圆形的轨道运动是很有道理的。那么太阳系外行星的运行轨道为什么会呈现出明显的椭圆形呢?

巴特勒和马西指出,解释这一现象的最佳线索来自彗星。彗星形成时的运行轨道是圆形的,但是如果它们从距离行星很近的地方经过,彗星的运行轨道就会在引力的作用下迅速变成非常明显的椭圆形——这就是为什么我们很少在内太阳系看到它们的原因。

这一理论还可以解释为什么科学家目前发现的太阳系外行星中有许多是被气体包围的巨大行星,而且它们的运行轨道与其中心恒星的距离近得令人难以置信。任何体积与地球相当的行星如果与其中心恒星过于接近都很有可能被其强大的引力甩出该行星系。

巴特勒和马西指出:"我们的银河系中一定存在着数以万亿计、体积与地球相当而且正在四处闲逛的行星——它们是一些毫无目的在星际空间中游荡的阴暗的巨型岩石。"他们得出结论认为,太阳系可能是一个比较少见的行星有序排列的例子,八大行星静静地溜到各自的圆形轨道上,而且在这一过程中奇迹般地避免了任何,形式的碰撞。

但是,天体生物学家们并不希望听到太阳系可能是一个反常的完美特例的说法。运行轨道呈现明显的椭圆形的行星不可能成为生命的避风港——行星与其中心恒星距离的变化引起的巨大温度波动会敲响代表死亡的丧钟,甚至连最顽强的生物化学分子也无法幸免。同样,这些巨大的被气体包围的行星的运行轨道与其中心恒星的距离如此之近,以至于在某些情况下它们的公转周期只有 3 天,而1500℃的表面温度对于任何生命来说都实在是太高了。

但是这并不等于说地外生命存在的希望已经完全破灭。为什么只有一些巨大的行星在与其中心恒星距离非常近的轨道上运行? 到目前为止,科学家已经发现这可能只是因为它们是最容易发现的行星。

这就是为什么人们对于巴特勒和马西发现的两颗比土星还小、围绕鲸鱼座 79(也被称为 HD16141)和 HD46375(这两颗恒星与地球的距离均为大约 110 光年)运行的行星会感到如此兴奋的原因。

尽管巴特勒和马西认为有许多行星被其所在的行星系甩了出来,但是他们对于适合生命生活的理想行星(被称为"金发女郎"行星)的存在仍然充满了信心。巴特勒指出:"银河系中的 2000 亿颗恒星中大约有 10% 拥有巨大的、很容易发现的行星。看起来很有可能其余恒星中的大多数周围也有行星存在,但是我们目前还没有掌握探测这些行星的技术。"

在这些统计数字的鼓舞下,美国航天局现在对天体生物学事业充满了信心以至于它已经建立了一个被称为"起源"的大型研究计划,该计划在未来的 20 年时间里把更为精密复杂的天文望远镜送入太空,以便对那些拥有适当的条件、可以维持生命存在的行星直接观测。

科学家对于生命存在到底需要哪些条件仍然争论不休。因为目前我们对于可以维持生命存在的行星只掌握着唯一的一个例子——我们自己的地球——所以我们几乎没有办法知道答案。巴特勒指出："（宇宙其他地方的）生命很可能必须建立在碳和水的基础上。不然的话，我们所有的推测就都会失去依据。"因此，一颗"金发女郎"行星的运行轨道必须是圆形的，而且它与其中心恒星的距离应该为大约一个天文单位，这颗行星的表面温度必须使水可以以液态形式存在。

哥白尼、牛顿和开普勒等天文学家通过计算行星围绕太阳运动的规律改变了我们对于自己在宇宙中位置的看法。而这些行星搜寻者通过发现宇宙中其他的行星正在造成同样的影响。他们发现类似地球的天体以及我们最终确定地球生命是否是宇宙中唯一的生命形态只是个时间问题。

火星人警告人类

在莫斯科一个大型记者招待会上，苏联一位太空专家于特·波索夫宣布了一个惊人的消息：一艘由苏联发往火星进行探测任务的无人太空船，在1990年3月27日从火星荒凉的表面上，拍到一个奇怪的警告标语后，便突然中断了一切讯息。一些科学家分析，它可能是被火星人给击毁了。

这个警告标语是用英文写着的"离开"两个字，从无线电传回的照片上看，这个巨大标语好像是用石块雕刻出来的，按比例估计，这两个字至少有半英里长，75米宽。标语似乎是依着巨型山石凿出来的，从其光滑的表面看，可能是用激光切割成的。这条标语是最近才出现的。

火星人为什么要写这么两个字呢？波索夫博士说："显然是针对地球人的。我想那一定是由于我们派出的火星太空船太多，骚扰到火星上生物的安宁，所以便发出这个警告，叫我们离开。"

波索夫博士透露说，他们派出的太空船，开始时一切都很顺利，但当它把上述写了警告字句的照片传回地球后，便神秘地失踪了。那太空船是被火星上的生物毁灭了，还是暂时被他们扣押了，现在还弄不清楚。他说："如果我们先用无线电与那些火星人联络上，然后再派人到他们的星球，与之建立外交关系，我想他们是会接受的。"

波索夫博士公布的内容，立即震动了西方科学界，不少科学家对此深信不疑，认为这是人类太空史上一项最大发现。

有生命的行星在何方

自古以来,许多人就好奇地问:大千世界中,我们人类是孤独的和唯一的吗?要回答这个问题,首先得回答:"太阳系中别的行星上有生命或智慧生物吗?""在太阳以外也有类似我们这样的行星或行星系吗?"

今日天文学家的研究表明,在太阳系内至少在现阶段,除了地球以外,还没有适合于我们这样的人类生存和繁衍的天地,我们人类在太阳系中是唯一的。

但在太阳系以外呢?现代天文学告诉我们,在恒星周围拥有由气体和尘埃组成的星周盘,乃是天体演化过程中的普遍规律。我们太阳系就是从这类围绕着原始太阳的气体和尘埃物质演化而来的。星周物质盘的存在已为天文观测,特别是红外波段的天文资料所证实,我们银河系内约有 $1000 \sim 2000$ 亿(10^{11})个恒星。据统计,拥有行星或行星系的单一恒星达 10 亿(10^9)个,其中具有可存在科技文明条件的行星 1000 万(10^7)个。在银河系之外还有千千万万个与其类似的星系,也应该有为数众多的行星和行星系。从这个意义上讲,我们人类绝不是孤独的,而该是朋友遍宇宙。因此,多年来科学家苦苦探索着地球外的智慧生命。

智慧生物与生命是两个不等同的概念。尽管我们现在已能十分有把握地断定,在太阳系诸天体中,除地球外没有任何一个天体拥有智慧生物,但仍不能肯定在其他天体中也不存在任何生命活动,特别是那些低等的微生物。

经探测发现,地球外可能存在有生命的行星。

1.火星

在 20 世纪 70 年代中,"水手号"和"海盗号"宇宙飞船对火星的探测,终于否定了"火星人"的神话。然而,从"海盗号"所做的三项实验来看,却不能绝对地肯定,那里不存在任何生命形态。

其中,第一项实验是检查有无光合作用为基础的物质交换,结果是否定的。第二项是仿效地球上的物质交换,以澄清土壤样品中有无微生物。实验时在土壤样品中加入含碳-14 的培养液,若土壤中有生物,会吸收与消化养分,会排出有放射性的碳-14,这可在计数中进行检测,结果果然记录到了;而预先经过消毒处理的土壤则没有。第三项实验是测量生物与周围环境所发生的气体交换。在加入培养液的土壤样品中,质谱仪记录到有氧的发生,但两小时却突然停止,不过微量二氧化碳的析出却持续了 11 天之久,有人指出,如果土壤中存在过氧化物,那么氧的析出就可能不是生物造成的。因此,根据这三项实验的结果,我们既不能肯定火星上有生命存在,也不能否定火星上有生命存在的可能。

即使退一步说,这三项实验证明了火星没有生命,但它毕竟只能反映实验地点的情况,而不能以点代面地说明整个火星的情况。要知道,40多年前我们对地球南极环境极为恶劣的地区进行考察时,也曾认为那里是不适宜生命存在的,在早期的考察活动中也确实没有发现"定居型"的生物。然而,1977年人们却在那里的石缝中找到了地衣和水藻。此外,一些火星研究者还指出,在火星赤道附近有两个地方,土壤中水的含量要比别处丰富得多。每天每平方厘米的地面至少能释放出100毫克的水。一到夜晚,水汽则凝结为霜,因此这两个地方从地球上看去要比火星其他地方明亮得多。他们认为,这两个地方的环境比地球上一些已发现有微生物的极端恶劣环境,更适宜于生命的存在。

总之,对火星是否拥有低等的生命形态这一问题,目前还无法做出肯定与否的回答。

2.土卫6

"土卫6"是土星的第六颗卫星。它的直径约5800千米,是太阳系中最大的一颗卫星。它也是太阳系里已知的唯一具有真正大气层的卫星。

根据著名科学家米勒等人对生命起源的实验研究,用紫外线照射甲烷和氢,就能形成许多有机化合物,如乙烷、乙烯、乙炔等。事实上,1979年9月,"先驱者十一号"宇宙探测器在距离"土卫6"35.6万千米处拍摄到的照片显示,这颗卫星呈现桃红色。这表明它的大气中确实含有甲烷、乙烷、乙炔等,还可能有氮的一些成分。乙烷、乙炔的存在使人相信,"土卫6"表面有可能找到更复杂的有机物。因此我们认为,在"土卫6"表面可能存在一层由较复杂的有机物构成的海洋和湖泊。其情形也许十分酷似地球生命发生前夕的所谓"有机汤海"。如果这一推测是可能的,那么"土卫6"上就很可能有一些原始的生命形态。

1980年底,"旅行者号"飞船飞临土星上空时,我们曾期望它能给我们带来更多的有关"土卫6"的信息。遗憾的是只发现"土卫6"的大气并不像早先所认为的以甲烷为主,而是以氮为主,约占98%,甲烷仅占不到1%。此外,还有乙烷、乙烯、乙炔和氢。值得高兴的是,在红外探测资料中发现其云层顶端含有与生命有关的分子,可能是属于生命前的氢氰酸分子。但是,由于它的大气几乎完全呈雾状,妨碍了飞船对"土卫6"表面的观测。1986年美国宇宙探测器"旅行者二号"飞临"土卫6"时,发现它的大气里出现了有机分子的"踪影"。因此,"土卫6"上是否真有生命,也还有待进一步证实。

3. 木卫 2

第三颗引起我们注意的可能拥有生命的天体是"木卫 2"。

"木卫 2"是木星的第二颗卫星,直径是 3000 千米左右,在木星的卫星中属第四大卫星。依据近红外波长的光谱分析,这个卫星的表面存在大量由水构成的冰。而根据其平均密度为 3.03 克/厘米^3 来估算,它可能有一个厚约 100 千米的冰和液态水组成的壳层。

1979 年 3 月,当"旅行者号"飞船飞越"木卫 2"上空时,我们曾非常惊奇地注意到,"木卫 2"具有奇特的与众不同的外貌,分布着许许多多纵横交叉的条纹,犹如一大堆乱麻。经分析,这些条纹应是"木卫 2"冰壳上的裂缝,其中有些裂缝的宽度可能达数十千米,长达上千千米,深为 100 米至 200 米。更有意义的是,我们还注意到,这种像乱麻一般交叉的裂缝具有褐色的基调,与其周围颜色浅得多的部分相比,显得轮廓分明。对这种褐色物质所做的光谱分析表明,它们很可能是有机聚合物。据此,科学家推测当"木卫 2"从原始星云中形成时,可能也和地球等天体一样,聚集有一些来自原始星云的甲烷和氨。以后,这些气体可能在内热的作用下不断地释放出来。当其渗透到表面时,便会在太阳紫外线辐射和来自木星的带电粒子的激发下,合成为有机物。尽管同样的辐射也会摧毁这些有机物,但液体水却能保持它们,促使它们进一步水解,复合形成氨基酸,为生命的形成提供了条件。

来自地球的一项发现也启迪着我们的思想。那就是在南极的干谷,有一些常年冰封的湖泊。极地微弱的阳光在透过上部厚厚的冰层以后,到达湖底已是微乎其微。然而,当我们潜入这冰冷的、幽暗的湖底时,却意外地发现那里生活着一大片蓝绿藻。它们就靠这微弱的阳光生活。"木卫 2"尽管离太阳比地球远得多,温度低、阳光弱,但并不比南极冰湖下的环境更差。而且由于自转和公转的偶合关系,它有长达 60 小时的白昼。因此在一些冰裂缝刚刚破裂开来的地方,其水体有可能接受到较充足的阳光,从而使生命有可能在那里繁殖存在。一直到 5 年至 10 年后,当裂缝重新为厚厚的冰层所覆盖时,生命也就暂时地潜伏起来,等待另一次机会。

当然,以上所述还只是一些推测,要证实这一猜想,需要有一个能潜入"木卫 2"冰壳下的太空潜水装置。

4. 金星

不仅是上述三个天体,就是对金星、木星、"木卫 1",甚至我们的月球,是否就没有任何生命形态,也没有完全排除怀疑。

南极的干谷

金星以其表面具有高达 400℃ 以上的温度,而一直被我们认为是不适宜生命生存的。可是,1977 年以来,科学家在调查海底的地壳裂缝时,却发现在一些摄氏二三百度,甚至更高温度的海底喷泉旁,生活着许多可耐高温的生物。这使我们认识到,生命对环境的适应能力远比我们想象的大许多。因此,我们不能保证金星对生命来说就是绝对的禁区。何况,即使金星地面没有生命,也不能肯定排除在它的大气层里和温度适宜的地方,就没有漂浮着一些含微生物的云层。

5.木星

木星是一个主要由氢和氦组成的天体。理论分析表明,它的云层厚约 730 千米,下面是厚约 2.4 万千米的液态分子氢组成的木星幔,然后才是一个可能由硅和铁组成的石质木星核。木星距太阳较远,理论计算表明,其云层顶部的表面温度应在 -168℃ 左右,但实测的结果比理论值高出 20℃ 至 30℃。这表明它有来自内部的热量。因此可以算出,在云层底部,温度可达 5500℃。

1979 年"旅行者号"飞船飞临木星上空所做的光谱分析表明,在木星大气中除了氢、氦、甲烷和水外,还可能有乙炔、乙烷、硫化铵、硫化氢铵、磷化氢等各种有机或无机聚合物。科学家还发现木星上不时发生闪电。这使我们推测出,在木星的大气层里完全有可能合成复杂的有机物,甚至出现生命。一些研究者认为,由于木星大气存在着垂直湍流运动,来自云层底部的高温、高压气流会对生命造成毁灭性的破坏。

金星上的外星生命

早在 18 世纪,俄国著名科学家罗蒙诺索夫在观测研究金星时,发现金星外围也有大气,于是他预测那里也有一个类似地球的世界。

1918 年,瑞典物理化学家、"宇宙种子论"的倡导者阿列纽斯认为,金星是一颗形成时间晚于地球的行星,它目前的演化阶段,相当于地球 2.5 亿年前的情形。他还认为,在那里有着潮湿的高温气候环境,有着茂密的森林,生长着高达 10 米的蕨类植物,还活跃着像蜥蜴那样的爬行动物……

然而,由于金星的大气就好像是美女的面纱,严严实实地遮住了它的面容,使人们即使利用当时最好的大倍率光学望远镜,也无法一睹它的芳容,使许多研究者失去继续研究的兴趣。而且,当时的人们热衷于"火星人"的探索,对金星不那么感兴趣。

第二次世界大战以后,观测技术有了发展,特别是宇航技术的应用,终于为金星的研究开创了良好的条件。1975 年,一则来自苏联的消息引起了人们对金星的极大兴趣。那一年,苏联发射的"金星 9 号"探测器在拍摄到的金星照片上,发现有一个"人面形雕像",直径足有 1000 米。它给人们提出了这样一个问题:这个雕像是谁建的呢?

一些主张"飞碟"是外星人派来的宇宙飞船的人如获至宝,纷纷主张也许金星是"飞碟"的派出地。特别是当人们相继在火星和月球上也发现了类似的"雕像"之后,金星上可能有智慧生命的讨论热情更加高涨。随着天文学家们对金星了解的不断深入,越来越详尽的事实给金星生命说泼了一盆冷水。

首先人们发现,金星是一颗非常奇特的行星,它的自转方向与地球相反,而且是非常缓慢的,自转一圈需要 243 天。

接着,人们又发现它拥有非常浓密的大气,是地球的 95 倍。不过金星大气中97%是二氧化碳,此外,还可能有一氧化碳,水蒸气的含量不会超过 0.1%;而最令人吃惊的是,在金星大气中竟有硫酸、盐酸等强酸存在的痕迹,而它们的存在,对生命将是致命的威胁。然后,人们又测得,金星表面具有非常高的温度,达 480℃。这样高的温度,液态水是绝对不可能存在的,甚至一些低熔点的金属,如铅,都会熔化。毫无疑问,在这样的环境中,生命是不可能存在的。即使来自外星球的外星人,也不会自讨苦吃地去选择这个环境如此恶劣的星球作为栖息地。

由此可见,"金星人"之说是站不住脚的。至于那金星上所谓的雕像,则很可能是大自然的杰作，只是自然地貌的巧合罢了。

土星上的外星生命

土卫六是土星的第 6 颗卫星。它的直径约为 5800 千米，比水星的直径大 1000 千米，比月球的直径大 2400 千米，是太阳系里最大的一颗卫星，也是太阳系里已知唯一具有真正大气层的卫星。它的大气主要由甲烷和氢组成，气压大约在 0.1～1 个大气压间。由于离太阳较远，气温大约维持在-150℃左右。

在实验室里，甲烷和氢在紫外线的辐射下，有可能形成许多有机化合物，如乙烷、乙烯、乙炔等。1979 年 9 月，"先驱者 11 号"宇宙探测器在距离土卫六 356000 千米处，探测到这颗卫星呈现桃红色。这表明它的大气中含有甲烷、乙烷、乙炔，还可能有氮。乙烷、乙炔的存在，使人们相信在土卫六上有可能找到更复杂的有机物。

有机化合物越是复杂，分子中碳原子的数目也就越多。如甲烷是由 1 个碳原子、4 个氢原子组成的，而乙烷则由 2 个碳原子、6 个氢原子构成。分子中碳原子数越多，一般它的液化点也越高，例如打火机中的液体，就是一种含有 5～6 个碳原子的有机化合物。科学家们推测，在土卫六表面，有可能存在一层由类似化合物构成的海洋或湖泊。在这些湖泊和海洋的岸边，会沉积一些泥状的有机物，酷似地球生命产生前夕的情形。因此，我们可以相信，在土卫六上存在着一些原始的生命形态。

1980 年底，"旅行者"号宇宙飞船飞临土星上空时，人们满怀希望地等待它能给我们带来更多的有关土卫六的信息。遗憾的是，它的发现和我们预测的并不一样。它发现土卫六的大气并不以甲烷为主，而是以氮为主，约占 98%，甲烷仅占不到 1%。此外还有乙烷、乙烯、乙炔和氢。

值得高兴的是，在红外探测资料中，发现其云层顶端含有与生命有关的分子，可能是氢氰酸分子。由于它的大气几乎完全是雾状，妨碍了飞船对土卫六表面的观测，无法证实没有有机物。

木星上的外星生命

木星是太阳系九大行星中的老大哥，半径是地球的 11 倍还多，体积是地球的 1316 倍。不过，它的平均密度很低，每立方厘米只有 1.33 克，说明它是一个主要由气体物质组成的天体。

观测资料"告诉"我们,它的组成成分与太阳非常相似,以氢和氦为主,最外圈由厚厚的大气层组成。从望远镜里观测,它那具有不同明暗条带的表面,其实是木星大气层中位置较低的云层顶。当"旅行者号"宇宙飞船飞临木星上空时,发现这些明暗的条带呈现不同的颜色。经光谱分析识别,在木星大气中,除了氢、氦、氨、甲烷和水外,可能还有硫化铵、硫化氢铵、磷化氢等各种有机或无机聚合物,正是它们使云带披上了不同的色彩。云层厚约730~1000千米。

它的下面是厚约24000千米、由液态分子氢组成的上部木星幔,再下面是由具有金属特性的液态原子氢组成的下部木星幔,然后才是一个可能由硅酸盐和铁组成的石质木星核。

木星由于距太阳较远,相当地球到太阳平均距离的5.2倍,云层顶的表面温度在-140℃左右,而云层底部的温度,可高达5500℃。

木星的这种环境状态"告诉"我们,它不可能拥有生命。但是近年来人们发现,它的大气中不仅拥有乙炔、乙烷等碳氢分子和水,而且还不时发生闪电。我们知道,闪电能为更复杂的有机化合物的出现提供条件。

另外,在地球上85千米高空大气中,科学家发现存在生命,从而大大增强了人们对木星的大气层中可能也存在生命的信念。有人推测,由于木星大气存在着很强的垂直湍流运动,来自云层底部的高温、高压气流,会对生命造成毁灭性的破坏,所以,木星生命可能存在于气流运动相对平稳的两极。

为什么说木卫二上很可能有生命

木卫二是一颗最可能拥有生命的卫星。它距木星670900千米,相当月球到地球距离的1.75倍,在木星的16颗卫星中,按距木星的远近排列,它处于第三位。

木卫二在木星中属第四大卫星,直径为3000千米左右,个子比月球稍小。但在天空中,它比地球的卫星——月球更明亮,能反射70%的阳光。根据红外波段的光谱分析,这颗卫星的表面可能存在大量由水构成的冰,还可能有一个厚约100千米的冰和液态水组成的壳层。

1979年3月,当"旅行者"号宇宙飞船飞越木卫二上空时,人们曾非常惊奇地注意到,木卫二具有与众不同的奇特外貌。它几乎没有其他天体上普遍可见的陨石撞击坑,但却分布着许许多多纵横交错的条纹,犹如一大堆乱麻。科学家们认为,这些条纹应是木卫二冰壳上的裂纹,其中有些裂缝的宽度可能达数十千米,长达上千千米,深度为100~200米。

这些裂缝可能是木星对它吸引的结果,这种吸引力可使木卫二向着木星的一面微微隆起，但在自转和公转的过程中，又使这种隆起的幅度与位置不断发生变化，所以导致它的冰壳反复破裂。

这些裂缝也有可能是木卫二的内核拥有较多的放射性物质的缘故。它们所释放出来的原子能，加上摩擦所产生的热能，会加热冰壳之下的海水，使其因热膨胀而突破冰壳，像火山喷发一般喷发出来，从而形成这种宽达几十千米的大裂缝。

1996年8月13日，美国航空航天局公布了"伽利略"号木星探测器，在距木卫二大约160000千米处拍摄到的照片，再次证实了木卫二可能拥有深部热源的推测。人们还估计，木卫二的固体冰壳层大约只有8～16千米厚，下面便是液态的海洋。这一消息大大鼓舞了人们在那里找到生命的信心。因为早在1977年，人们在探查地球太平洋海底时，便曾在水深2500米的深海底，发现有不依赖阳光而只靠海底热源生活的生物群落。显然，同样的情况也可能在木卫二上出现。何况阳光还可能进入木卫二冰壳的裂缝，为依赖光合作用生存的生物提供了生存可能。

在木卫二那乱麻一般交叉的裂缝上，常常带有褐色的基调，与周围浅色部分相比，显得轮廓分明。光谱分析告诉我们，这种褐色物质很可能是一种有机聚合物。所以我们说，木卫二上存在生命的可能性是非常大的。

雕像告诉我们

当人们不断发现原始壁画上有神奇图像时，人们在考古挖掘出的文物中也发现了一些奇特的塑像。它们比那些壁画更令人激动，因为它们立体地展现了古人留给我们的记忆。

20世纪20年代，瑞典学者安德森在中国考察，他在甘肃省宁定（今广河）的集市上看到几件奇怪的人头陶塑像。头像的头部是圆的，眼、鼻、嘴非常清晰。头像似乎有透明的罩子，额头有对称的两块圆形物，很像是一副挡风镜，下部切成锯齿状，画着彩色的图案。估计头像是从身上取下的。有一个还伸长了脖子，脖子上有包裹物把身体和头部连成一体。

安德森如获至宝，把它们全买了下来。事后研究发现，这些头像属于新石器时代的马家窑半山文化，距今已经有4500年历史了。它们像宇航员吗？很像。可惜，它们的身体已经找不到了。不然的话，我们很有可能发现这些人物的衣服跟宇航员的衣服是多么相似。

这并不是我们在胡乱猜想，因为类似的事情在日本也发生过。

日本青森县龟丘出土了一些土偶，它们是5000多年前的作品，但土偶的头上戴着的东西很像是密封的盔形帽子,帽子中部有可以观察外部的眼镜,还有可以伸脑袋的领子,这使人觉得很像是宇航服。土偶面部呼吸用的"过滤器"和"口罩"塑造得十分逼真,它的后面还有一个类似观察口的长方形。密封的帽子塑造得很细致,联结头部与身体的部位做得也很细致。这难道不是一件宇航服吗?

这件土偶距今这么久远,而且是在交通不便的山区发现的。这怎么解释呢?

有位美国船员叫查伊希,他在日本看到这个土偶后,便把它拍成照片,并写了一封信寄给美国航宇局,提出了他的设想。

不久,美国航宇局给他回了信,回信中写道:

我们对您来信中提到的有关宇航服的设想,抱有浓厚的兴趣。我们设计了同类的服装,送到航宇局的载人宇航中心,现正在改进中。在此,我们通知您,您寄来的照片中的通讯设备、眼镜框的安装、柔软接头装置等部分,以及您关于金属卡子采用滚珠轴承的建议,都被采纳,并付诸宇航服设计方案中。

科学家们在对这个土偶的进一步研究中还发现,土偶的"宇航服"由坚硬部分和松软部分构成。"宇航服"中充满空气,所以"宇航服"是胀鼓鼓的。而且,藏在衣袖里面的,不是一只手,而是只机械手,因为袖口那儿好像有个铁爪一样的东西,机械手可以在柔软的袖口内外活动。

这一切表明,这个土偶的原形居住的地方空气比地球大气要稠密,而且比地球暗,它是不适应地球上的生存环境的。因此,才有着这样的装置。

当然,说土偶是外星人宇航员,这只是根据土偶的外形进行推测的,但当更细致的画面展现在你眼前时,你就可能会认为这样的推测也不是毫无道理的。

1948 年,墨西哥人类学家阿尔伯特·卢兹开始对墨西哥境内的帕伦克铭文殿金字塔进行发掘研究工作。帕伦克是玛雅人的天文学家们经常聚会的地方,可以说是一个科学中心。

玛雅人的金字塔是小庙宇的基础部分,庙宇则建造在塔顶。出乎卢兹教授意料的是,在金字塔底部的深处,有一个石棺,里面放着一具男人的尸骨,头上戴着一个绿玉面具,还有许多珠宝。他可能是一个头领人物,一只手拿着一个小立方体,另一只手拿着一个圆球,埋葬时间是公元 633 年。

但坟墓石盖上的浮雕却叫卢兹教授看不懂了。这是一个类似火箭飞行器的剖面图。这个飞行器头部尖尖的,稍后是几个形状奇特的凹口,再后面渐渐变宽,尾部排出一股火舌。浮雕上的人双手握在一些把手或旋钮上,左脚踏在一块踏板上。他穿着束有宽带子的短裤,手臂和脚腕有带子紧箍着。他的座椅用支架撑着,把飞行器一隔为二。

用我们现有的知识不难理解：他正操纵着火箭一类的飞行器在飞行。前半部是驾驶舱，后半部是动力舱。

另外，值得注意的是驾驶员的形象。他有着一个与额头相连的大鼻子。在石棺中的玉像，以及帕伦克当地武士和妇女的雕像上，都有着这样一个长鼻子。然而，到目前为止，地球上还没有发现任何现代人种里有这样的怪鼻子。不过，这些高而长的鼻梁的塑像，却与玛雅人传说中的"额鼻人"很吻合。据传说，驾驶着飞行器的"额鼻人"曾经从天而降。

这些雕像更清晰地向我们传达了这样的信息：古人也许看到过外星人，甚或上过他们的飞行器。

泥版上的秘密

20 世纪初，考古学家们找到了苏美尔人留下的 12 块泥版。上面刻着一首英雄叙事诗，名为《吉加美士史诗》。它的主要情节和《圣经·创世纪》中的很相近。但在这些泥板上却又留下了许多谜。

在第三块泥板上写着：从远方卷起一阵尘土，天摇地动。紧接着，太阳神出现了，他用巨大的翅膀和爪子抓住安吉杜。太阳神像一块铅一样沉重地落在安吉杜的身上。安吉杜感到自己的身体重得像磨盘一样。

在这里，重要的不是太阳神的出现，而是太阳神抓住安吉杜，向上飞升的时候，安吉杜的感受。我们知道，当人体在很大的加速度作用下，身体会变得沉重起来。比如，宇航员起飞时，会感受到一股强大的力，将自己压在座椅上。可苏美尔人在数千年前是如何有这种体验的呢？

第七块泥版讲述的内容更离奇：安吉杜被一只巨鹰抓住，升到空中。诗以安吉杜的口吻写道：

他对我说："你向下看看大地，大地像什么？你再看看大海，大海又像什么？"大地像高山，大海像湖泊。他在空中又飞了 4 个小时，再对我说："你向下看看大地，大地像什么？你再看看大海，大海又像什么？"大地像个花园，大海像花匠的水槽。他又飞了 4 个小时，说："你向下看看，大地像什么？你再看看大海，大海又像什么？"大地像稀粥，大海像个水盆。

当载人飞船进入太空后，人们发现，安吉杜的三次从高空看大地比喻实在是太妙了。因为从不同的高度看地球上的景象确实是这么变化的。每一个见到过卫星拍摄的地球照片的人,一定会觉得安吉杜的比喻是最形象的。但苏美尔人难道也见到过这样的照片,或是升到空中去过吗?如果不是这样的话,这些知识又是从哪里来的呢?

如果用常规的、呆板的思维方式来解泥板上的谜,那将很难得出正确的结论。而如果我们了解了苏美尔人的另一些情况,我们就会找到那些泥板上的秘密了。

苏美尔人曾居住在中东的幼发拉底河和底格里斯河流域,他们创建的巴比伦王国,是世界四大文明古国之一。

他们的肤色为黄色,更接近亚洲人,但在他们同一地区周围居住的却多是白种人。考古学家们也不知道,这支民族是从哪里冒出来的,又怎么悄悄消失的。只知道在距今三四千年前,他们便已拥有了非常灿烂的文化,他们的知识显然高出周围其他民族一大截。苏美尔人给阿拉伯人和犹太人带来了非常先进的文化。

他们的生活习惯很奇特,总是在山上祀神,如果住的地方没有山,他们就会在平原上堆起假山。苏美尔人崇拜的每个神都与一颗星星有关。他们绘出的星图居然和今天的一模一样,每颗星还有几个小星围着旋转。有证据表明,苏美尔人早就留下了观测木星四大卫星和土星七颗卫星的记录。可这些卫星都必须在望远镜帮助下才能看到的啊!他们对月球自转的观测结果与今天的只差 0.4 秒。

最让人称奇的是,1938 年德国考古学家柯尼在巴格达附近发现的一个陶制粗口瓶。

这个瓶高约 10 厘米,约有 2300 年以上的历史了。被挖出来时,它正混杂在许多陶器和泥版中,呈乳白偏黄色。这是一只花瓶吗?考古学家发现它不是花瓶,因为瓶里装满了沥青,当中埋着一根铜管,铜管当中还有一根细铁棒,也被沥青包裹着。铁棒顶端高出铜管 1 厘米,高出的部分虽然布满铁锈,但个别地方却有一层灰色偏黄的物质。铁棒下端则塞有 3 厘米厚的沥青,使铁棒与铜管完全隔离。

这个奇怪的东西是派什么用处的呢?考古学家请来了化学家帮忙。化学家通过对沥青混合物的分析,并配出同样的酸性物质,灌进陶瓶,把它们用铜丝与一只小灯泡相连,灯泡居然亮了。这不就是一个电池吗?而且是 2300 年以前的古电池。然而它的工作原理与现代的伏打电池相同。但伏打发明世界上第一节电池是在 1800 年。另外,根据出土文物的碎片来看,有足够装配 10 节电池的材料。而地上散落的铜线则表明,这些电池是被串联使用的。

可这些电池是派什么用处的呢?考古学家发现,它们的用途是通过电解法将金镀在雕像和装饰品上。于是,人们仿制了类似的电池,倒入新鲜的葡萄汁,电压

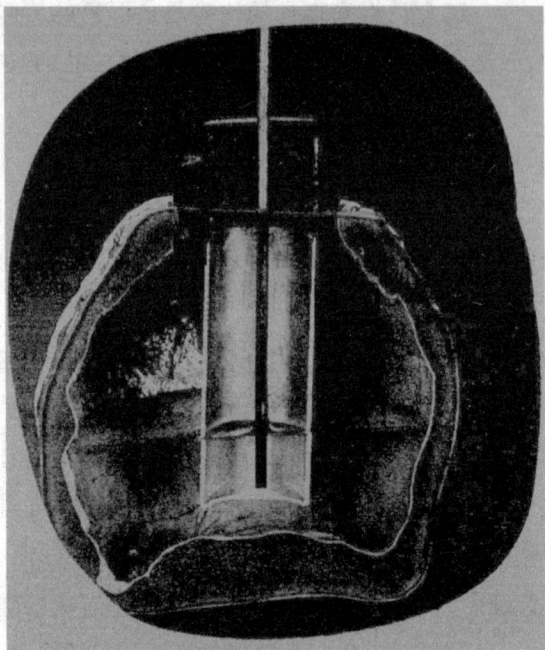

古电池

表上显示出 0.5 伏特电压,并成功地进行了电解镀金试验。电池连续工作了 18 天之久。

这一系列看上去奇特的发现和记录至少向我们说明一点:苏美尔人有着超过当时任何一个民族的先进科技知识,有些甚至接近现代化的水平。是谁教会他们这些的呢? 这个来去神秘的民族在史诗中记载的"神",是不是曾将他们的祖先带到了天上"神"的飞行器中,并教授了他们先进的知识?

泥板上其实讲述的是真实的事件,根本没有什么秘密可言。我们对几千年前的史事能做如此大胆的假定吗?

飞碟残片和外星人尸体

飞碟热从 20 世纪 40 年代起,席卷了地球的每一个角落。越来越多的人从不相信飞碟、外星人的出现,到怀疑它们的存在;直至在越来越多的事实面前,坚信飞碟和外星人的存在。

虽然人类还无法获得完整的飞碟,也难以向公众展示活的外星人,但越来越多的照片表明了飞碟的存在。

1947 年,美国就开始进行搜集工作了。在 1950 年的一次搜集过程中,还发生了一件怪事：

这一年12月7日凌晨4点30分,空军上校威廉和上尉巴金斯驾驶一架喷气式战斗机,在得克萨斯州上空飞行。突然,空军基地发来紧急命令:"有一架UFO正向我方靠拢,请加以确认。"大约5分钟后,他们果然看到一个圆盘状的物体,发着琥珀色的强光。它以超过每小时3500公里的速度向墨西哥方向飞去。突然,UFO像是发生了故障,几乎是拐了一个90度的直角弯,向墨西哥境内落下去。威廉上校请求追踪,但基地命令他们返回。

上午10点,威廉上校回到基地报告了情况,可上司说:"那是我国的火箭,出了故障。"但威廉上校和巴金斯上尉决定去探个明白,下午3点多,他俩租了一架小型飞机赶到了现场。那是一片沙漠,已搭起了帐篷和伪装网。他俩走近伪装网,发现一个直径有10米的金属圆盘,所有的接缝处都没有用铆钉。它的上部有个高达1.8米的圆顶,顶上炸出了一个洞。他们想靠近看个明白,却突然冒出几个穿便衣的美国人来,命令他们马上离开。两位飞行员只好走向自己的飞机。

突然,巴金斯脚下发出"咔嚓"的声响,他低头一看,是一块从来没见过的金属,发着异样的白光,有一半还插在土里。威廉悄悄地拾起来,把它藏进了口袋。

回家后,威廉觉得碎片不像是这个地球上的东西。它像镜面一样光滑,闪耀着银白色的光,长10厘米,厚2.5厘米,宽7.5厘米,表面呈圆弧的曲面。奇妙的是,它的侧面有上下两排圆孔,呈蜂窝状,看起来是什么机器的一部分,也许是那个圆盘顶上的外壳,蜂窝状圆孔能用于防热、冷却。

威廉上校把它带到附近的一家工厂,想切断它,但锤子、老虎钳、钻石刀对它丝毫不起作用,用乙炔焊枪烧,用电钻钻,也没留下一点痕迹。威廉想,这一定是外星人的东西。那它的成分是什么呢?他决定去罗基多的航空实验所化验一下它的成分。接待他的是菲西亚博士,他体魄健壮,戴着高度近视眼镜。他看了一下这块碎片后,约好威廉上校两个星期后来听结果。

过了两个星期,威廉兴冲冲地赶到实验所找菲西亚博士。奇怪的是一位工作人员告诉他,博士早在他第一次到实验所的前一天就失踪了,威廉惊呆了。工作人员还告诉他,菲西亚博士是个清瘦的人,而且并不近视。显然,两个星期前接待威廉的那个人骗走了金属片,他根本不是菲西亚博士。那么,那个自称是菲西亚博士的人究竟是什么人呢?有人猜测是外星人。

据说苏联、挪威、法国、美国都得到了飞碟的残片,在美国还秘密地保存着至少30具以上的外星人尸体。

曾在美国空军第二情报部工作的波斯特维特，翻阅了大量的最高机密文件。他曾看到一份文件报告了发生在新墨西哥州怀特桑基地的UFO坠落事件。

那是1952年春季的一天，UFO在怀特桑导弹实验场的沙漠中坠毁。立刻有一支小分队赶赴现场。考虑到有危险，小分队只是包围了现场，并没有采取直接的行动。12小时过后，一切都平静无事，于是小分队又组成了10个人的敢死队。为防止触电，他们手持木棒，走近UFO，试图开启门一类的装置。UFO直径约有25米，周围有一排窗户一样的东西，有一部分因坠落时受到冲击震动而破碎。

敢死队成员把木棒从"窗户"口插进去，触到了按钮，门被打开了。立即露出了通往UFO中心的台阶。敢死队员全副武装，小心翼翼地冲了进去。

他们发现里面躺着5具尸体。其中，四具尸体身长1米左右，它们身穿闪闪发光、材料异样的服装。

小分队接到分解机体、分批运走的命令后，便用乙炔焊枪去切割，但试了好长时间，就是无法将UFO的表层切开，虽然它的表层金属只有纸那么薄。

那些外星人尸体上的衣服也很薄，但剪刀剪不开，脱又脱不掉。没办法，只好将整架UFO和尸体都运到了俄亥俄州的莱特帕塔逊基地。

这样类似的事件据透露在美国已发生了至少46起，飞碟残片和外星人尸体都被极秘密地藏在美国的一些军事基地和情报部门的研究机构中。最引人注目的是莱特帕塔逊基地第18号机库的地下设施，那儿至少保存着一架完整的飞碟，另有几架是有故障或有破损的。但美国人并不懂得如何启动它。

证实这类消息的人员不少都是原情报人员、专业研究人员和一些高级官员。只是美国一直将这类事件当作一级国家机密加以封锁，再加上MJ-12小组的插手，使得事件更具神秘色彩，要了解真相，看来还有待时日。

相比之下，苏联的情况要稍好一些。

1979年，苏联的科学家向报界宣布了一条惊人的消息：宇宙轨道上有飞碟碎片存在。顿时，世界各大报纸纷纷在头版刊登这一消息。

苏联天体物理学家鲍什卡教授披露，早在20世纪60年代，苏联科学家就在距地面1240公里的空间轨道上发现了太空残骸。他们辨认出其中的10块碎片中，有两块直径达30米。根据计算机测算，它们是1955年12月18日进入地球轨道的。估计进入轨道前它已爆炸。它至少长60米，宽30米，有小的圆顶形望远镜、碟形天线、舷窗等，约有五层楼高，内部可能有外星人的尸体。

这的确不可能是人类的东西，因为人类首次发射太空火箭是1957年的事了，晚了近两年。对此,美国的天文学家也加以证实。

但结果怎么样却谁也没有提起,也许已被某国悄悄收回,也许它还在轨道上飘荡。

类似的事件在世界各地的媒体上都有报道,但它们的真实性也引起了许多严谨的科学家的怀疑,因为没有实实在在的证据,我们也只能暂且将它们当故事来听。

当人类迈入太空,我们开始认识到更多的宇宙奥秘,开始知道了人类的渺小,也开始理解了许多以前难以理解的事物。

更令人惊叹的是,那些勇敢的宇航员们,为我们带回了他们在太空中与外星人相会的奇特经历。

1968年12月21日,美国为选择最佳的登月着陆点,发射了"阿波罗-8"号,宇航员是博尔曼、洛弗尔和安德斯。"阿波罗-8"号进入月球轨道后,一边接近月面,一边察看选择着陆点。突然,他们发现一架巨大的飞碟正在月面上降落,他们手忙脚乱地抓拍了几张照片。当飞船再次来到发现飞碟的月球背面时,宇航员们准备再拍一些照片,可那个巨大的飞碟已消失得无影无踪了,连一点着陆的痕迹都没留下。要知道,那可是个直径达10公里的庞然大物啊!这一地区被地球人类命名为静海。但事情还没完。1969年5月22日,"阿波罗-10"号再次飞临月球,为"阿波罗-11"号开道。当登月舱下降到离月面只有10多公里处时,突然一个飞碟垂直上升,向"阿波罗-10"号飞来。三位宇航员目击了这个过程,并将它摄入了16毫米电影摄影机的镜头,还拍了好几张照片。这次相遇,还是在静海地区。

在"阿波罗"以后的飞行中,还多次与飞碟相会。

"阿波罗-12"号,在距月球还有一半路程的时候,宇航员们看到三个飞碟,同时,宇航员与地面控制中心的通话,被类似警笛的干扰声打断。当他们返回地球,溅落在太平洋之前又看到一个飞碟。

"阿波罗-15"号的宇航员在月球上空发现一个闪光的飞行物一掠而过。

"阿波罗-16"号在月球轨道上飞行时,宇航员看到一个发光物体横穿过月球上空,两三秒钟后在月平线上消失。

"阿波罗-17"号的宇航员也看到了两个飞碟。

在"阿波罗"系列飞行的相遇飞碟事件中,还值得一提的是"阿波罗-11"号的飞行经历。

1969年7月19日,"阿波罗-11"号正飞向月球。奥尔德林操纵着登月舱,阿姆斯特朗一边听着指挥中心的指令，一边用 16 毫米电影摄影机拍摄月面。此时，两个飞碟出现了，其中一个比另一个要大得多。它们向已进入月球轨道的"阿波罗-11"号飞来，它们以惊人的速度飞到"阿波罗"的水平位置，又急速地改变方向，在左侧消失。

不一会儿，它们又出现在"阿波罗"的上方并不断降低高度。宇航员将镜头转了 90 度，拍摄它们，它们开始停着不动，像是愿意让人拍摄。

过后，两个飞碟又急速离去，随即有一个又飞了回来。不久便消失了。

7 月 20 日，当阿姆斯特朗踏上月球时，他说："我，阿姆斯特朗，以全人类的名义宣布：我们为和平而来！"过后不久，当阿姆斯特朗和奥尔德林在月面采集岩石样品时，奥尔德林叫道："有一些像巨婴一样的东西，还有别的飞船，它们排列在火山口边缘，正在监视我们！"

这段对话没有实况播出，但却被一个无线电爱好者用高频接收装置捕捉到了。"阿波罗-11"号的宇航员遇到的似乎是外星人。

我们已经看到了一些史实；我们已经听到了若干披露的内幕事件；我们也做了不少推测。推测自有其依据，那么我们说外星人在宇宙中存在着，你相信吗？

科学家的态度是严肃的。在世界上享有盛誉的中国著名科学家钱学森教授就曾在给《飞碟探索》的信中断言：飞碟"是一个客观现象"。

说美国已与外星人建立了所谓的"外交关系"，这很难让人相信，不然的话，美国为什么还要花费大量的人力、财力去发射地球人的"名片"呢？他们完全可以依赖外星人的通讯或交通工具与外星人来往了。

同样，简单断言宇宙中根本不存在外星人也不科学。那科学家们又何必去研制种种望远镜、信号监测器、宇宙飞船去探测地外文明呢？

然而，没有证实的事实是难以有说服力的，但也不能一概否定，说那不存在。我们需要推测，需要大胆的幻想。前人的多少幻想，今天已成现实；古人多少断言，今天已成笑柄。

曾有人认为，地球上出现生命是宇宙中非常偶然的现象：地球上恰好有水，有足够的氧气，大气层又挡住了极具破坏力的紫外线……因此，他们认为，人类是宇宙间唯一的智能动物。

然而科学家们在孜孜不倦地揭示地球秘密和探索宇宙空间的过程中，发现在原来以为不可能存在生命的地方，竟有生命在活动。

科学家在漆黑的大洋底层发现了生物，可我们原先以为强大的水压和海底岩浆的高温会使所有的生物难以生存。

科学家们发现了不靠氧气生存的厌氧细菌，超过一定浓度的氧气对它们来说就像毒气一样。生命离开了氧气也能够生存的。

科学家们在茫茫的宇宙间，已经在一些星球上发现有稀薄的空气、大量结成冰的固态水。

更令人感到惊奇的是，科学家在受到核辐射的水中，发现了好几种细菌生存着。要知道，那些仪器测到的放射量足以致它们于死地了。

越来越多的发现使越来越多的科学家们相信，生命在远比地球条件更恶劣的环境下，还能顽强地生存。而认为没有水和氧气生命就不可能存在，现在是完完全全地错了。

科学家们现在对寻找外星人的信心大大地增强了。天文学家开始搜寻可能存在外星人的星球。

权威天文学家曾估计，仅仅是银河系，就大约有 300 亿颗恒星，天文学家们一致公认至少有 180 亿个行星系。我们根据行星产生生命可能的条件假设，在 100 个行星系中，只有一个行星系的一颗行星的轨道处在恒星的生物域内，那么仍然剩下 1.8 亿颗行星可能有生命存在。

如果我们再进一步假设，在 100 颗行星中，只有一颗真正能容许生命存在，我们得到的数字是，180 万颗有生命的行星。

我们再假设，每 100 颗有生命的行星中，只有一颗居住着智力水平与人类相似的生物。这样，银河系中有人居住的行星仍有 1.8 万颗之多。

如果只有 1% 的生命超过人类，能在空间自由航行，那还将有 180 颗这样的行星。

高等智能的生命产生，不是地球的专利。科学家们从 1960 年起，用射电望远镜对星际展开了大规模的射电探测。结果发现，形成生命的基础——碳、氢、氧、氮等元素遍布宇宙。

不仅如此，苏联高尔基射电物理研究院曾从太空收到某种逻辑严密、仿佛是人工编制的电脉冲；美国阿里赛勃天文台在对银河系 LEO-1 的观察中，曾探测到来自太空中六个不同方位的智力信号；1975 年，美国加利福尼亚理工学院奥文斯谷天文台的研究人员曾在银河系中心，探测到了一个非常紧凑的无线电源。

最震惊的信号是 1960 年截获的。

当时，设在美国西弗吉尼亚州的美国国家天文台着手实施"奥兹玛"计划。

"奥兹玛"是希腊神话中的一个地名,意思是一块远在天边、难以到达的世外桃源。

美国人用 3 架 26 米长的射电望远镜,对波江座和鲸鱼座作了为期 3 个月的监听。结果从波江座星系中接收到工异常的间歇脉冲,时间为 22 小时 53 分钟。

科学家们用电子计算机所使用的二进制来换算,就可得到 1271 个 0 和 1。我们把 1 的地方点上点,而 0 的地方空着,就构成了一幅图案。图案编出来以后,可以清晰地看到:左侧的圆和点似乎表示波江座的 e 星和它的行星系。在第三颗行星上引出波浪状的线条,似乎说明这颗星被液体覆盖,水下有与地球上鱼类相似的生物。从第四颗行星引出的图案,则是一对明显雌雄区别的、类似地球人类的生物,并携着他们的后代。举起的上肢附近,二进制表示的数是 6,这或许是表明他们有 6 个手指,或许是表示他们是 12 进位的数学计算方式。最上方的图形,似乎是对氢、碳、氧元素的碳氢化合物的描述。

这无疑是个有价值的发现,也为我们的推测提供了想象的翅膀。

外星人是可能存在的,也很有可能已经光临地球。我们有理由相信,如果宇宙中真的存在外星人,那随着人类科技水平的发展,总有一天,我们会与外星人联系上,并建立真正平等的、友好的关系。到那时,我们人类的科技水平将会有一次大飞跃!

第二章　地理未解之谜

第一节　大自然的杰作

黄土的原籍

中国的黄土高原海拔约为 1000~1500 米,高原上的黄土主要是一种未固结、无层理的粉沙。厚厚的黄土完全填平了这里先期形成的地形,土层厚度达 30~50 米,最厚的地方甚至超过了 200 米。黄土富含钙质结核及易溶盐,石英、云母、长石、电气石、角闪石、绿帘石等许多细粒矿物是黄土的主要成分,约占 70%,余下的部分则是黏土矿物。黄土高原上的黄土到底来自何处呢?

黄土高原

地质学家为了解释这些问题,综合运用地层、古生物、古气候、物质成分与结构及年代学等领域的知识进行研究,提出了 20 多种黄土形成的假说。现在影响较大的有 4 种学说,它们是水成说、残积成说、风成说及多成因说。这四种学说的主要分歧点是黄土物质的来源及黄土本身的属性等问题。

大多数学者都赞同这四种观点。现代学者以大量的事实为基础,分析了黄土物质的基本特点后,得出结论说中国大面积的沙漠可能是黄土源,并且认为搬运黄土物质的主要动力是风力。黄土高原形成的过程是地质历史中一种综合的地质作用过程,存在着物源的形成、搬运、分选及堆积成土这三个不同的阶段。

地质学家认为,在第三纪末或第四纪初的后半期时,今天的黄土高原所在地气候潮湿多雨,河流及湖盆众多,各种流水地质作用盛行。在河水的作用下,低洼盆地中堆积了基岩山区中大量的洪积、冲积、湖积、坡积及冰积物,松散沙砾及土状混合堆积变得越来越厚,黄土物质因此有了生长的基础。

在大约距今 120 万年前的第四纪后半期,气候发生变化。中国西北部地区在西伯利亚——蒙古高压气流的影响下,冷空气长驱直入,并受祁连山的影响分为两支:一支转向东南,构成西北风进入鄂尔多斯地区;另一支向西南,构成东北风进入塔里木盆地和柴达木盆地。与此同时,来自蒙古的西风及西伯利亚的西北风分别进入中国新疆东北地区的准噶尔盆地。堆积在基岩山区的部分堆积物及盆地中的松散物质被强大的风力重新扬起,随风漂流、搬运、分选,然后分别沉积下来。日复一日,年复一年,各种堆积物越来越多,今天西北地区的砾漠、沙漠和巨厚的黄土堆积也就逐渐形成了。

另外三种关于黄土形成的假说,影响并不太大。水成说认为,流水作用使得黄土由不远的物源区搬迁堆积而成;残积说则认为基岩风化就地成土,导致了黄土的形成;而多成因说则认为黄土是上述几种因素共同作用而形成的。

时至今日,尽管四种假说都有一定的道理,但在学术界风成说还是占有绝对的优势。但是若要否定水成说、残积说等假说,也没有足够的证据。近几年,多成因说又重新抬头,向风成说提出了挑战,并且它也似乎比其他假说更为合理。孰是孰非,还很难分辨。究竟黄土高原之谜何时才能揭开呢? 这只能寄希望于科学家的研究了。

撒哈拉沙漠

撒哈拉沙漠位于非洲北部,面积超过 900 万平方公里,约占非洲总面积 32%。

撒哈拉大沙漠地区远在公元前 6000~公元前 3000 年的远古时期曾是肥沃的平原。早期居民们曾经在那片绿洲上创造出了非洲最古老和值得骄傲的灿烂文化。其中,壁画就是最显著的证据。

科学家用放射性碳 14 测定年代的方法测

撒哈拉沙漠

出,这些壁画在大约距今 7400~14500 年的时候补创作出来。科学家们还发现,这些壁画风格不同,说明是在不同的年代被刻画在岩壁上的。这说明了,那时候撒哈拉地区的人们在这里长期地生活繁衍。也就是说,那时候的撒哈拉地区正处在有水、有草、人兴畜旺的草原时代。

科学家们经过研究和分析,认为撒哈拉地区由草原退化为沙漠经历了一个漫长的过程。撒哈拉地区先是气候发生突然的变化,导致降雨量急剧减少。这些少量的雨水,流进了内陆盆地,可是由于雨水流量不多,也就滞留在这里。流水所带的泥沙在盆地里慢慢淤积,盆地增高以后这些水就开始向四周泛滥,慢慢地形成了沼泽。

经过漫长的时间,沼泽里的水分在太阳的照射下慢慢就变干了,沙丘开始出现在撒哈拉的大地上。这时候,撒哈拉地区的气候恶化得更加严重,风沙也越来越猛烈。撒哈拉地区也就慢慢变成了沙漠地带。

由于自然条件发生急剧的变化,到公元前 1000 年时,所有的壁画创作几乎都停止了,撒哈拉地区的史前文化也随之彻底衰落了。其原因,有的学者认为,这可能由于气候干旱、饥荒和疾病一起造成的。可是,有些学者认为,大约在 1 万年前,最后一次冰河退去,气候逐渐转为干旱,雨量减少,草原地区由于缺水植物开始枯萎、动物向有水的地区逃生,撒哈拉成为浩瀚无垠的沙漠。撒哈拉变成沙漠,难道真的如科学家推测的那样吗? 还需要更多的证据。

彩色沙漠

美国亚利桑那州的中北部,科罗拉多河大峡谷东岸有一片长约 240 公里、宽 24 ~80 公里、面积约 1.9 万平方公里的沙漠。那里的沙子不仅有黄色的,而且还呈现出粉红色、金黄色、紫红色、蓝色和白色,令人眼花缭乱。

沙漠东部遍布彩色沙丘,有的形似驼峰,有的像金字塔,还有数以千计的"石柱"屹立在沙地中,长的超过 30 米,粗的直径达到 4 米,色彩艳如玛瑙。这个吸引了世界各地游客的沙漠就是著名的彩色沙漠。据说,彩色沙漠的奇异景致最早是由来此探险的一群西班牙探险家发现的,他们惊诧于这里的岩石呈现出的宛如七色彩虹一般多彩、明快的色调,于是给这片沙漠取名为"彩色沙漠"。

这里最吸引人的景色要数由 2.5 亿年前的树木演化沉积而成的彩色岩石。在零星散落的彩色岩林中,有一处景致很特别,那就是长 2 公里、名为"蓝色弥撒"的环形路两侧山坡的迷人景色。由于当地空气干燥,雨量稀少,风化的沙石所含的矿物没有起化学变化,其本来的色泽在阳光照耀下,使沙漠呈现出蓝色、紫水晶色、黄褐色、红色、淡绿色和灰色,五彩纷呈,形成世界上罕见的自然景观。在热气蒸腾下,沙漠会产生各种颜色的烟雾,在半空中飘荡。蓝峰是彩色沙漠中的最高岩峰,因为常有蓝色的雾霭笼罩而得名。从峰顶向下俯视,蓝紫色的山丘高矮起伏,营造出一种身处外星球的奇异梦幻的色调。

为什么这一片沙漠是彩色的呢? 科学家做出这样的推测。在远古时代,亚利桑那州不是现在的连绵沙漠,而是平整葱郁的陆地,有许多恐龙在这里游荡觅食。后来,陆地被洪水淹没,树木被连根拔起,最终被掩埋在淤泥、泥沼和火山灰底下。

在以后的漫长岁月中,树木渐渐腐朽,然后又在化学反应的作用下,最终演化成了岩石。随着大自然的风吹、日晒和雨淋,不断地有岩石被从地层深处剥离,变成沙子一样的白色晶体。一片片白色的岩石晶体在阳光的照耀下,折射出从黄色、紫色到红色、橙色的炫目色彩,形成了这片与众不同的彩色沙漠。

陨石坑秘密

陨石坑是太阳系里的小行星脱离运行轨道,撞上另一个星球而产生的冲击坑。

当重达几吨甚至上百吨的陨石以超高速撞向地球时,可以产生高达数百万个大气压的冲击波压力。如此巨大的冲击波会将地面撞出圆形或椭圆形的凹地——陨石坑。与此同时,冲击波以超音速前进,产生 1500℃ 以上的高温,不仅使地表岩石中的物质迅速熔化、气化、变形、变质,而且能引起陨石中的成矿元素迁移、富集,形成矿床。

地球上发生的陨石撞击事件,除了形成陨石坑和一些矿床外,还可能隐藏着更大的秘密。人们发现 6500 万年前,在地球史上白垩纪和第三纪之间形成的沉积岩层中,铱和其他重金属元素出奇的丰富。铱并不是地壳的造岩元素,而是典型的陨石元素。与这个异常现象相联系的,是这一时期动物种属的大量灭绝。雄霸地球长达 1.6 亿年的巨型爬行动物恐龙,就是在这个时期惨遭灭种之灾。

位于墨西哥尤卡坦半岛的契克苏勒伯陨石坑,直径有 198 公里。科学家认为,这个陨石坑是 6500 万年前一颗直径为 10~13 公里的小天体撞出来的。科学家们认为,正是这颗巨大的陨石撞击了地球,产生了强烈的冲击波和冲击压力,造成灰尘和烟雾遮天蔽日。地球长期被黑暗笼罩,植物的光合作用停止,动物的食物链遭到破坏,最后导致恐龙灭绝。也有人认为是巨大的陨石撞击地球后,大气发生了变化,臭氧层遭到破坏,大量紫外线穿“洞”而入,直射地面,使大地生灵遭到毁灭性的破坏,恐龙因此而灭亡。

科学家们发现,在南极大陆极点附近的冰下有一个直径 240 公里、深 800 米的陨石坑。大约 70 万年前,一颗小行星就是在这里击中了地球,结果导致地轴方向和地球自转速度发生了改变。美国科学家从卫星照片上发现,在浩瀚的撒哈拉大沙漠里有一个直径 4 公里的多边形陨石坑。在强劲的风沙侵蚀下,陨石坑边缘已被严重磨损。科学家根据陨石坑形成的时代分析,测量出了风沙对岩石的磨蚀速率。因此,陨石坑又为风沙地貌学研究提供了有价值的资料。

陨石坑里藏着许多的秘密等待着我们继续去研究和了解。

神秘天坑

天坑通常有着巨大的容积,由陡峭和岩壁圈起来,深陷成井状或者桶状轮廓的地表特征。天坑一般在厚度特别大、地下水位特别深的可溶性岩层中。天坑一般从地面通往地下,平均宽度与深度均大于 100 米,底部与地下河相连接(或者地下河道曾经存在,但已迁移)。

世界上的天坑主要分布在中国、俄罗斯、墨西哥、斯洛文尼亚等地。近年来,中国西南各省屡次发现天坑。当科学工作者揭开这些天坑的面纱时,一个个奇异的天坑轰动了世界。

世界上最大的天坑位于中国重庆市奉节县荆竹乡小寨村,口部最大直径 626 米,坑底最大直径 522 米,垂直高度 666.2 米,总容积 11934.8 万立方米,是世界上深度和容积最大的岩溶漏斗。天坑口四面绝壁,如斧劈刀削,宏伟壮观。

小寨天坑中的洞穴群更是奇绝险峻,近年来各国探险家曾多次进行探险考察,但目前,仍未完全了解天坑中许多洞穴的情况。天坑内不仅有众多暗河,还有四通八达的密洞。而这些河岸到底有多少大量珍奇的动植物? 谁也不知道。小寨天坑是构成地球第四纪演化史的重要例证,更是长江三峡成因的"活化石",被誉为"天下第一坑",属当今世界洞穴奇观之一。

分布在中国西南云贵高原东坡的乐业天坑群是世界最大的天坑群,目前已发现的近 20 座天坑几乎囊括了各种类型的天坑,是一座"天坑博物馆"和"世界岩溶圣地"。乐业天坑群的形成时间,据专家推测,它们形成于 300～400 万年前的新生代第四纪。从调查的情况看,乐业天坑群在形成过程中遭遇了剧烈的地壳抬升运动。

在天坑底部,灌木丛生,原始森林里青苔遍布,雾气里似明非明,宛若地宫仙境。经初步考察,目前已发现大石围天坑底部有在恐龙时代生长的国家一级保护植物——桫椤;地面上的蕨类植物长得很茂盛,有的叶片比人还高大。这里的许多植物群类是现在教科书上没有的。曾参与考察的植物学家发现,大石围天坑底部原始森林内的植物种类多达上千种,大部分迥异于天坑外的植物。此外,大石围原始森林里还有冷杉、血泪藤树等珍贵植物,并有许多中药材和高大的乔木。在地下河,人们发现了盲鱼和一些虾、蟹。暗河中的盲鱼形似鲶鱼,因暗河里无光,鱼的眼睛逐渐退化而成为盲鱼。

好望角风暴

好望角是非洲大陆西南端非常著名的岬角,一年 365 天当中,这里至少有一百多天狂风怒号,海浪滔天。即使在最平静的日子里,海浪也有 2 米高,起风的时候,浪高 6 米以上,有时甚至高达 15 米。因此,许多人称好望角为"船员的坟墓"。

好望角是葡萄牙航海家迪亚士发现的。1487 年 7 月,32 岁的航海家迪亚士率 3 艘探险船沿非洲西海岸南下。当船队到达南纬 33°时,突然遇上了风暴,他们在海上漂泊了 13 个昼夜后,风暴终于停息了,迪亚士决定向东航行,可

好望角

连续行驶了几天仍未发现非洲西海岸的影子。迪亚士凭借自己丰富的航海经验推断,船队已在风暴中绕过了非洲的最南端。于是,船队改变航向朝正北航行,返航途经一个伸入海中的海角时,不料风暴再次降临,船队在风浪中经过两天奋力拼搏,终于绕过骇人的海角,驶进风平浪静的非洲西海岸。眺望着令人生畏的海角,迪亚士感慨万千,于是将它命名为"风暴角"。

有关"好望角"一名的由来有着多种说法。一种常见的说法为:迪亚士等人经历了千辛万苦于 1488 年 12 月回到里斯本,国王约翰二世亲自接见了他,并向他询问了这次探险的经历。迪亚士如实地向国王讲述了历经磨难以及发现"风暴角"的经过。国王认为"风暴角"的名字不吉利,既然风暴角位于通往印度的航线上,看到了"风暴角"便看到了希望,于是就将"风暴角"改名为"好望角"。

另一种说法是:达·伽马自印度满载而归后,当时的葡萄牙国王才将"风暴角"改为"好望角",以示绕过此海角就带来了好运。

新航路开通后,欧洲的船队源源不断地从东往西来,海上的东西之脉从此相通,人们甚至称它为"美丽之角"。然而,由于地理位置特殊,这一海域几乎终年大风大浪,几百年来,这里的风暴和一二十米高的大浪打沉了无数的船只。经过多年的研究,科学家最终将造成好望角附近海域风浪大的原因归纳为"西风带说"和"海流说"两种。

有些人认为,好望角附近海域风浪大是由于西风造成的。好望角位于非洲大陆的西南端,它像一个箭头突入大西洋和印度洋的汇合处,因为它正好处在盛行西风带上,这里终年西风劲吹,风暴频繁,十一级大风可谓家常便饭,大风激起了巨浪,经过的船只就处在危险之中了。

"西风带说"的理论固然吸引人，但它不能解释在不刮西风的时候，为什么海浪还是如此之大。一年365天，并非天天刮西风，刮西风时海浪可能被风激得很高，但不刮西风时，海浪还是那么大，那又该如何解释呢？针对这一点，美国一位科学家提出了另一种学说——"海流说"。南半球自古就有"水半球"之称，好望角所处的南纬40°至南极圈是一个围绕地球一周的大水圈，广阔的海区无疑是好望角巨浪生成的另一原因。这位科学家分析了多起在好望角附近海域发生的海难事故后发现，每次发生事故时，海浪总是从西南扑向东北，而遇难船只的行驶方向是从东北向西南，也就是说，船行的方向正好与海浪袭来的方向相反，船是顶浪行驶的。该科学家还实地调查了当地的海流情况，他发现好望角附近水下的海流与船只行驶的方向是相同的，换句话说，海底的海流推动船只顶着海浪前进，几股力量的共同作用造成船毁人亡。

然而，"海流说"也存在着不足，比如，海水是流动的，很难断定在一年365天中，海流的方向也保持恒定。然而，无论是什么日子，船一到好望角附近的海面，马上就陷入危险的境地，这又是为什么？科学家们很难自圆其说。直到现在，好望角附近的海面仍在无情地吞没来往的船只。

火山口上的冰川

冰川与火山，是完全不能共存的两种地理现象。然而在旅游胜地冰岛却有这样一个"冰与火之地"。

冰岛东南部的瓦特纳冰川，是仅次于南极冰川和格陵兰冰川的世界第三大冰川。冰川面积约8400平方公里，海拔约1500米，冰层平均厚度超过900米，部分冰层的厚度超过了1000米。然而，正是在这个巨大的冰原中却分布着多处熔岩流、火山口和热湖。

瓦特纳冰川下最大的一个火山口便是格里姆火山口。格里姆火山口内的热湖深488米，表面被200米厚的冰所覆盖，但来自底下的热量使部分冰融化了。冰变成水后占据了更大的空间。在格里姆火山口，不断增大的水量最终会冲破冰层。这种猛烈的喷涌会使水流带走阻挡它的一切，包括高达20米的冰块，于是形成火山喷冰的奇特景观。最大的一次喷发持续了十多天，每秒喷出的冰块约有420立方米，最多时可达2000立方米。20世纪以来，格里姆火山每隔5~10年便爆发一次。火山喷发的火焰与冰川移动的冰块便构成了瓦特纳冰川变幻莫测的经典景观。

从地质学的角度来说，冰岛是新近形成的，形成的过程还在进行中。它屹立在

6400 米厚的玄武岩上。过去两千多万年以来,由于大陆漂移,使欧洲及北美洲慢慢背向移动,造成大西洋海岭上一处很深的裂缝,形成冰岛的玄武岩便是从这个"热点"涌出来的。在上次冰河时期的 200 万年间,冰岛上的火山表被厚逾 1600 米的冰川凿开。冰期在约一万年前才告结束。

于是有人认为,火山的爆发造就了连绵不断的山脉,再经过很长的地质时间,火山熄灭了,然后经过第四纪冰川运动,火山口便出现了很多冰川。还有人认为,在一万多年前的最近一次冰河期,地面基本上被冰层覆盖,气候转暖后,高山上的一些冰雪还保留着。这些高山就包括了一些死火山,有的死火山口有数公里高,所以那里就成了残留冰川的集中地。

冰岛上冰火交织的奇异景观究竟是如何形成的? 在什么时候形成的? 这些问题还需要科学家的进一步研究。

莫赫陡崖

莫赫陡崖由灰岩构成,高达两百多米,是爱尔兰最险峻的地貌。它的峭壁成锯齿状,像六角形手风琴似的陡峭岩石在宽阔的大西洋中若隐若现,沿着克莱尔郡海岸延伸 8000 米。这一带的峭壁正在一点点崩溃,偶尔,峭壁上会有一段岩壁坠落到海里,激荡起无数朵浪花。悬崖的灰岩基底是在 3 亿年前由无数小型海洋生物的骨骼堆叠而成。近几百年以来,越来越多的砂岩和页岩沉积在海里,多次大陆推移把沉积物逐渐推上莫赫陡崖的表层。

倾盆大雨过后,雨水不会从岩石表面溜掉,而是漏进石缝向下流。雨水不断侵蚀着岩石,形成无数隧道和海蚀洞。

在这片灰岩上,交错的裂缝组成格子图案,上千种植物奇迹般地在这一小块土壤中扎根生长,温和潮湿的气候和岩石的庇护,使它们苗壮成长。

如此奇异的悬崖是怎样形成的呢? 这里的植物又是如何在这片悬崖上生存下来的呢? 目前为止,人们还不清楚其和谐生态环境的形成原因。

亚平宁的水晶石笋

亚平宁山脉呈巨弧形,从西北部靠近滨海阿尔卑斯山脉的卡迪波纳山口起,一直延伸远至西西里岛西边埃加迪群岛,总长约 1400 公里,宽度为 40~200 公里。亚平宁山脉大体可分为北、中、南三段。北段由砂岩组成,森林茂密。中段起自佩鲁贾—安科纳一线以南,地势崎岖,为山脉最宽、最高的部分,主要由石灰岩组成,最高点大科尔诺山海拔 2914 米,山坡有良好的放牧地。南段由花岗岩、片麻岩与云母片岩组成。覆盖有栗、栎、山毛榉与松等植被。山脉东坡平缓，西坡较陡。山脉系由一系列山地和丘陵组成的年轻褶皱带，地壳极不稳定，多火山和地震，时有山崩。维苏威火山和埃特纳火山最有名。亚平宁山脉的河流都很短，最长的特韦雷河长405公里。湖泊小而分散，最大的湖特拉西梅诺湖面积128平方公里。

1971年，一批洞穴学家在意大利安科纳弗拉沙西峡谷一带探索，不料在亚平宁山脉下面找到一连串规模宏大的地下穴室和走廊，全长13公里，是20世纪洞穴学上的一大发现。洞穴学家们手持光线微弱的手电筒，沿曲折的地下长廊摸索前进，涉水走过一个个深及膝盖的清水池和泥浆潭后，他们发现周围石笋林立，好像一根根华丽的水晶柱。前面不远处，阴冷而潮湿的洞穴网错综复杂，恍如大理石的巨型石柱使人眼花缭乱，又如冰雪覆盖的精美石帘，令人目不暇接。百万年侵蚀而成的奇特景观，逐一展现眼前。

巍然屹立的"巨人柱"是这里最引人注目的景观，那是一根巨大的石灰岩柱，表面凹凸不平，蚀刻很深。"巨人柱"对面是极为壮观的"尼亚加拉瀑布"，钟乳石重重垂挂，果真可以让人联想到飞珠溅玉、水声如雷的尼亚加拉瀑布，更深处的"蜡烛穴"内，石笋从浅水池面冒出，闪闪发亮。

这些水晶般的石笋究竟是如何形成的？又是怎样的鬼斧神工造就了这份神秘和美丽？人们至今没有找到满意的答案。

水晶洞的形成

2004年，墨西哥奇瓦瓦奈卡矿的矿工意外地发现一个石洞。当这些矿工准备进入洞中探险时，却发现洞中的环境无比险恶，最后不得不退了出来。原来，水晶洞下面1600米处就是岩浆，在岩浆的加热下，富含矿物质的地下水从数百万年前开始渗透整个洞穴。在这个水晶洞中，温度高达50℃，湿度高达95%以上。这种温度和湿度对于人类来说都是致命的。后来，人们穿上了一种特殊的冷却服进入洞中考察，终于见到了洞中的奇观。这些半透明的巨型水晶长度达11米，重达55吨。晶体的形状千奇百怪，令人叹为观止，全部为半透明的金色和银色。

水晶洞

这些巨大的水晶是如何形成的呢？

地质学家研究后发现，奈加山脉形成于2600万年前的火山活动。在巨人水晶洞里,充满了高温的无水石膏,这是一种水分含量很少的石膏。无水石膏在58℃以上的温度时是稳定的,但如果温度低于58℃就会分解成石膏。当奈加山下面的岩浆冷却下来的时候,水晶洞里的温度就开始下降到58℃以下,这时无水石膏就开始分解,水中的硫酸盐和钙的含量逐渐增加。经过几百万年的沉淀后,最终形成了巨大的半透明石膏水晶。科学家们认为,要形成奈加洞穴中这样巨大的水晶,洞里的温度就必须保持在58℃左右上百万年的时间。因为如果温度下降得过快,形成的水晶会很小。

巨人之路

在英国北爱尔兰的安特里姆平原边缘的岬角,沿着海岸的悬崖的山脚下,大约由3.7万多根六棱体、五棱体或四棱体的石柱组成的贾恩茨考斯韦角从大海中伸出来,从峭壁延伸至海面。这些石柱的形状很规则,看起来好像是人工凿成的一样。大量的玄武岩柱石排列在一起,形成壮观的玄武岩石柱林,被称为"巨人之路"。

在爱尔兰的民间传说中,"巨人之路"是由爱尔兰巨人芬·麦库尔建造的。当然,关于巨人芬·麦库尔建造"巨人之路",只是一个美丽的传说。这道通向大海的巨大天然阶梯之谜,引起科学家们的极大兴趣。

现代地质学家们通过研究发现,"巨人之路"实际上是由一种天然的玄武岩形成的。白垩纪末期,北大西洋开始持续地分裂和扩张,大西洋中脊就是分裂和扩张的中心,也是分离的板块边界。上地幔的岩浆从大西洋中脊的裂谷中上涌,覆盖了大片地域,熔岩层层相叠。一股股玄武岩熔岩从地壳的裂隙涌出,像河流一样流向大海,遇到海水后迅速冷却,变成固态的玄武岩。岩浆在凝固过程中发生了爆裂,而且收缩力非常平均,于是就形成了规则的柱状体,这些柱状体通常为六棱柱。这种过程有点像河流干涸后,河底的淤泥在阳光的暴晒下龟裂时的情景。玄武岩熔岩石柱的主要特点是裂缝直上直下地伸展,水流可以从顶部通到底部,结果就形成了独特的玄武岩柱网络。所有的玄武岩柱并列在一起,其间仅有极细小的裂缝。由于火山熔岩是在不同时期分五六次溢出的,因此峭壁形成了多层次的结构。

受大冰期的冰川侵蚀及大西洋海浪的冲刷,冷却的火山熔岩逐渐被塑造出高低参差的奇特景观。每根玄武岩石柱其实是由若干块六边形石块叠合在一起组成的。波浪沿着石块间的断层线把暴露的部分逐渐侵蚀掉,石柱在不同高度处被截断,导致巨人之路呈现出台阶式外貌的雏形。经过千万年的侵蚀、风化,最终,玄武岩石堤的阶梯状样貌就形成了。

赤道巨足

厄瓜多尔首都基多,位于国境北部,海拔 2852 米,是世界上距离赤道最近的首都。因地势高峻,所以气候宜人,四季如春,是理想的避暑胜地。基多原为古老的印第安人城市,是印加帝国北部疆土的首都,城市建设与自然环境巧妙地融为一体。1982 年 10 月 26 日,西班牙著名画家拉斐尔慕名来到这个旅游胜地,并当场挥笔画了两幅赤道风景画。其中一幅画的是火山喷发后的壮丽景观,炽热的白色熔岩凝结、硬化成岩石,岩石恰如一只浇铸而成的巨足,不偏不倚正好踩在赤道上。

这幅画在马德里公开展出后,在观众中引起强烈的反响和震动。人们对该画所表现的情景显示出浓厚的兴趣,都想知道这是出于画家的丰富想象力呢,还是大自然的真实写照。拉斐尔向公众明确表示,这是一幅完全忠实于客观自然界的作品,他还当即把这幅画的创作过程如实地讲给大家听。他说,不久前他和朋友去厄瓜多尔旅行,当他们乘坐的飞机飞到厄瓜多尔最大的城市和港口瓜亚基尔时,眼前突然出现了一幅令人惊奇和赞叹不已的奇观,一只人类巨足和一头巨型兽类出现在赤道线上,顿时把他看得目瞪口呆。他的朋友连忙从他手中夺过照相机,对准地面拍了好几张照片。他边说边拿出根据朋友当时拍摄的照片制成的幻灯片,放映给大家看。银幕上清晰地显示出一只人类巨足和一头巨兽的形象,在场的人对此无不感到惊讶。

此后,有不少人怀着强烈的好奇心和浓厚的兴趣来到厄瓜多尔,他们想要亲眼目睹拉斐尔画中神秘的巨足和巨兽。但他们走遍了附近的峡谷、平地和古代遗址,却没有看到拉斐尔所见到的东西。事后听当地人讲,这种奇特景象只有在高空中才能看到。人在地面上时,由于地球呈球形,地形呈倾斜状态,从而无法看到这种奇观。

那么,这种奇观是怎么出现的呢? 对于这个问题,科学界有着不同的看法。

一种看法认为,基多地处赤道,地壳活动频繁,有可能是在一次火山爆发后,喷出的岩浆在硬化过程中凑巧形成了"赤道巨足",也就是说这是大自然的杰作;另一种看法是,那些花岗岩经过长年累月的风化、侵蚀,从而形成了这一奇特的地貌;还有一部分人认为,那是古代印第安人在已有的自然形状上再创造,加工、雕刻成了目前的模样,目的是为了做出标记,让人们知道这里是地球的平分线。他们的理由是,早在好多个世纪以前,基多就已成为古代印加帝国的政治、宗教中心。印加人自古就崇拜太阳神,自诩是太阳的子孙,到处建起了金碧辉煌的太阳神庙,庙内供奉着太阳神。他们还把每年 6 月的最后一星期定为庆祝太阳节的日子,将 6 月

24 日作为新年的开始。这一天，人们穿着五彩缤纷的节日盛装，手捧美酒佳肴，排着望不到尽头的队伍，沿着山坡向太阳神庙里的圣坛走去，举行隆重的太阳祭典礼。因此，他们认为巨足、巨兽是古代印第安人在大自然恩赐的石块上进行再创造的结果。

究竟是何种原因造成了"赤道巨足"？直到目前，人们还无法确定，只有等待后人的进一步研究了。

东非大裂谷命运

东非大裂谷是 3000 万年前的地壳板块运动造成的，是世界大陆上最大的断裂带，从卫星照片上看去犹如一道巨大的伤疤。当乘飞机越过浩瀚的印度洋进入东非大陆的赤道上空时，从机窗向下俯视，地面上有一条硕大无朋的"刀痕"呈现在眼前，顿时让人产生一种惊异而神奇的感觉，这就是著名的"东非大裂谷"，亦称"东非大峡谷"或"东非大地沟"。这条长度相当于地球周长 1/6 的大裂谷，气势宏伟，景色壮观，是世界上最大的裂谷带，有人形象地将其称为"地球表皮上的一条大伤痕"。

东非大裂谷

东非大裂谷长约 6500 多公里，宽 50~80 公里，底部是一条宽带状的低地，夹嵌在两侧高原之间，仿佛是一条干涸了的巨大河谷，在群山中延伸。东非大裂谷分成东西两个带：东部从赞比西河起，经马拉维湖、埃西亚湖、图尔卡纳湖，穿过埃塞俄比亚的小湖泊群，到阿萨尔湖、红海、亚喀巴湾，一直延伸到死海和加利利海；西部从坦噶尼喀湖、基伍湖，一直到蒙巴托湖以北逐渐消失。裂谷底部是一片开阔的原野，20 多个狭长的湖泊，有如一串串晶莹的蓝宝石，散落在谷地。中部的纳瓦沙湖和纳库鲁湖是鸟类等动物的栖息之地，也是肯尼亚重要的游览区和野生动物保护区，其中的纳瓦沙湖湖面海拔 1900 米，是裂谷内最高的湖。南部马加迪湖产天然碱，是肯尼亚重要矿产资源。北部图尔卡纳湖是人类发祥地之一，曾在此发现过 260 万年前古人类头盖骨化石。

英国地理学家约翰·乔治曾在 1893 年对裂谷进行 5 个星期的实地调查。他设想：东非裂谷不是像美国的大峡谷那样由河流冲刷而成，而是因为地壳下沉，形成了一个两边峭壁相夹的沟谷凹地。这在地貌上称"地堑"。大陆漂移说和板块构造说的创立者及拥护者竞相把东非大裂谷作为支持他们理论的有力证据。根据20世纪60年代美国"双子星"号宇宙飞船的测量,裂谷北段的红海扩张速度达每年2厘米;在非洲大陆上,裂谷每年加宽几毫米至几十毫米。1978年11月6日,地处吉布提的阿法尔三角区地表突然破裂,阿尔杜科巴火山在几分钟内突然喷发,并把非洲大陆同阿拉伯半岛又分隔开1.2米。一些科学家指出,红海和亚丁湾就是这种扩张运动的产物。他们还预言,如果照这种速度继续下去,再过2亿年光景,东非大裂谷就会被彻底撕裂开,产生新的大洋,就像当年的大西洋一样。

但是,反对板块理论的人则认为这些都是危言耸听。他们认为大陆和大洋的相对位置无论过去和将来都不会有重大改变,地壳活动主要是作上下的垂直运动,裂谷不过是目前的沉降区而已。在它接受了巨厚的沉积之后,将来也可能转向上升运动,隆起成高山而不是沉降为大洋。

2005年9月,埃塞俄比亚北部某地的地面突然下沉3米,迅速向两侧裂开,裂开的大洞足以将数头骆驼和数只山羊吞没。在接下来三周时间,这个地方发生了160次地震,形成一个宽7.62米、长约547.18米的大裂缝。英格兰利兹大学地球物理学家蒂姆·赖特使用卫星雷达数据,将这一裂缝的形成过程准确地拼合起来。

据赖特估计,在未来100万年左右,裂缝将继续扩大,届时非洲之角将从非洲大陆完全脱离,形成地球上第八大洲——东非洲。赖特说,这种地质过程始终都在发生,不过,地面裂开通常只发生在海底,那个区域人们很难看到。他说:"这是我们首次利用现代仪器直接观察这一极其重要的地质过程。"

这一发现轰动了科学界。2006年,来自英国、法国、意大利和美国的考察队纷纷前来阿法尔。经过分析和研究,他们预言一个新的大陆将会在100万年间形成,东非大裂谷将会比现在长10倍,东非的好望角将从非洲大陆上分离出去。对此,美国地质学家辛迪·艾宾格表示:"许多人认为剧烈的地质现象只发生在遥远的古代,但是我们现在可以看见它们正在发生。"

东非大裂谷未来的命运究竟如何?人类只有拭目以待。

科尔卡峡谷

科尔卡大峡谷全长90公里,深3400米,这里既有悬崖峭壁,也有秀美的山水。常常被云雾笼罩的山峰,屹立于谷地之上,海拔达3200米。在峡谷里,每天的气温变化很大,从早晚的1℃~2℃到中午的25℃。峡谷附近屹立着许多锥形火山,顶部为圆形火山口,这样的景象常常能让人想起月球的表面。火山谷长64公里,谷内共有86座死火山渣堆,最高可达300米,有些四周是茫茫田野,有些则堆满了凝固的黑色熔岩。

在火山谷与太平洋之间,有一条布满沙石的酷热沟谷,名为托罗穆埃尔托沟谷,无数白色巨砾散布谷内。不少石砾上刻有几何图形、太阳、蛇、驼羊以及头戴怪盔的人。有人猜测巨砾可能是火山隆起留下的。那么,这些图案和符号是谁的杰作?

关于这个问题,人们提出了各种设想。有人认为一千多年前,某些游牧部族从山区向海岸迁移,曾在这里长期居住,并留下了丰富多样的石刻图画。还有人推测,头戴怪盔的人很有可能是外星人。难道在一千多年前就曾有人见到过外星人?人们至今都不能确定。

科尔卡峡谷

科尔卡大峡谷中不仅有奇特的景观,而且还生活着170种飞禽,其中山鹰是最大的飞禽,它们每只翅膀的长度都有1米多,被认为是世界上最大的飞禽。此外,这里还生活着南美驼羊和多种安第斯山动物。驼羊已经被人们看作是南美洲的标志性动物,它也是南美四种骆驼形动物中最有名的一种,早在一千多年前被驯化,一般肩高1.2米,体重70～140公斤。它长着长长的脖颈、美丽的大眼睛和色泽亮丽的毛绒,皮毛具有极高的经济价值,所以被誉为"安第斯山脉上走动的黄金"。

科尔卡大峡谷的土壤贫瘠,耐旱喜温的仙人掌是这里的代表性植物,共有二十多种。此外,峡谷对面的山坡上还生长着一些长刺的蒲雅属植物,高约1.2米,主干很粗,利刃般的叶子向四面八方伸出,叶子边缘有弯钩,可以防止动物吞吃。

来到科尔卡峡谷,你不仅可以感受到大自然的美景,而且还会被这里的人文气息所感染。峡谷的乡镇里建有许多殖民式的房屋,你可以与当地居民一起过传统节日。丰富多样的手工艺品是这里的最大特色,彩色的边缘绣花、白铁制成的物件和木雕等等,都非常漂亮、精致。科尔卡峡谷是一处美丽的深渊,一个令人无法解释的自然之谜!或许正是这份神秘使它在世人眼中变得更加神奇、更加妖娆。

阿苏伊尔幽谷

阿苏伊尔幽谷位于阿尔及利亚的朱尔朱拉山,是一个风景秀丽的游览胜地。那漫山遍野的鲜花、灌木、雪松、橡树和山樱桃等植物,以它们各自的独特风采吸引了一批又一批的游人前来欣赏这俏丽多姿的山色。在朱尔朱拉山的峡谷当中,有一个十分著名的峡谷,名字叫"阿苏伊尔幽谷",是非洲最深的一个大峡谷。

1947 年,阿尔及利亚和一些外国专家组成了一支联合探险队,来到阿苏伊尔幽谷,准备探明它到底有多深。他们挑选了一个身强力壮、又有丰富经验的探险队员,第一个去尝试一下。这个探险队员系好保险绳,顺着陡峭的山崖一步一步地滑了下去。

时间一分一秒地过去了,保险绳上的标记也在 100 米、300 米、500 米地往下移动着。这时候,这个探险队员还在一步步地向着谷底摸索着。等到他下到 505 米的时候,还是没有看见谷底。忽然,这个探险队员觉得身体越来越不舒服,担心再往下走会发生危险,于是,他拉了拉保险绳,上边的探险队员赶紧把他拉了上来。就这样,这次探险活动也就结束了。人们对阿苏伊尔幽谷的秘密还是一无所知。

1982 年,阿苏伊尔幽谷又来了一支考察队,他们决心一定下到超过 505 米的那个深度。只见一个队员系好保险绳,慢慢地朝着谷底滑了下去。当他下到 810 米深的时候,说什么也不敢再往下走了,只好爬了上来。这时候,另一位队员已经系好保险绳,他十分镇静地朝着谷底看了看,然后一米一米地沿着刀削斧凿般的峭壁滑了下去。不过,这位队员最终下到 821 米的深度时也返回了。

由此一来,821 米这个深度就成了阿苏伊尔幽谷探险家们所创造下的最高纪录了。至于阿苏伊尔幽谷究竟有多深,那神秘的谷底到底有些什么东西,一直到现在也没能解开这个谜。

人们对朱尔朱拉山阿苏伊尔幽谷的这些谜团还没有解开,山上的一些奇异现象又为朱尔朱拉山蒙上了一层神秘的色彩。

原来,人们发现:在朱尔朱拉山,每当雨季来临之际。当倾盆大雨汇集成大水流,沿着地面冲出去几十米以后,就会奇怪地消失在山谷里面,然后在千米之下的地方再重新流淌出来。那么,朱尔朱拉山水流的这种奇怪的现象到底是怎么回事呢?许多科学家纷纷来到这里考察和研究。其中一位洞穴专家提出自己的见解,这种现象说明在朱尔朱拉山的深处有一个巨大的水潭,而当雨水沿着峡谷流入这个水潭里面汇集到一块儿的时候,就会急速地奔流出来。这样,就形成了山下的急流。

不过,许多科学家都不同意这位专家的这种观点。他们认为:如果流出几十米远的水都可以流到千米外的那个深水潭,那么整个朱尔朱拉山简直就是一座千疮百孔的漏斗山了。如果真的是那样的话,人们就应该能够看到那许许多多一直通往山底的峡谷。

就这样,科学家们各说各的道理,很难有一个统一的结论。看起来,人们如果

世界未解之谜

图文珍藏版

想要揭开朱尔朱拉山的这些谜团,只能靠进一步的考察了。

巴哈马大蓝洞

美国佛罗里达半岛外的罗萨尼拉沙洲与海地岛之间有一处群岛,叫巴哈马群岛,这个群岛由 30 个较大的岛、600 多个珊瑚岛和 2000 多个岩礁共同组成,全长 1200 公里,最宽处达 600 多公里,其陆地面积约 14 万平方公里。

巴哈马群岛中最大的岛屿叫安德罗斯岛,该岛的面积有 4300 多平方公里,巴哈马大蓝洞就位于这个岛上。岛上的巴哈马人称蓝洞为喷水洞或沸腾洞。涨潮的时候,洞口出现一个巨大的漩涡,能把任何东西都吸入洞内;落潮时,从洞内喷出的水团,像覆盖在洞口的蘑菇。一些当地人始终坚信,一种半似章鱼半似鲨鱼的怪物就生活在蓝洞内,这种怪物不离开洞,饿了的时候,就把长触须伸到洞外,把捕捉到的食物拖入洞内,并吐出不需要的残余物。

巴哈马大蓝洞全部在水面之下,全长有 800 米,一直通向大海。洞内有许多小洞,各洞都有通道连接,各通道左穿右插,像迷宫一样。洞中布满形态各异的石笋和钟乳石,有的像鲜花树木,有的像飞禽走兽,有的像妖魔鬼怪。这里虽然终年得不到太阳的照射,但却充满了生机,洞壁上长满了各种各样的海绵,洞里生活着青花鱼等水生动物。

那么,为什么会在水下形成巴哈马大蓝洞呢?

原来,巴哈马群岛是石灰岩山脉的一部分,大冰河时期,地球上遍布冰川,海平面比现在的海平面要低许多。后来,石灰岩受到酸性雨水的淋蚀,进而形成许多坑洼,这些坑洼逐渐变大,最后成为洞穴。再以后,气候干燥,地下河渐渐枯竭,洞穴也随之干燥,于是从石灰岩中析出的硫酸氢盐和钙慢慢形成钟乳石和石笋,由于没有水作支撑,洞顶开始坍塌,很多洞窟从而形成穹形顶部。大冰河时期过后,地球气候转暖,冰块开始融化,海平面也逐渐升高到现在的高度。海水上涨,使一部分陆地沦为海洋,于是巴哈马群岛上的一些洞穴就变成了今天的水中洞穴。巴哈马大蓝洞就是这样形成的。

通常一般的海底洞穴形成后,便被淤泥等冲积物充塞掩埋。而巴哈马大蓝洞附近没有大的河流,沉积物少,而且水流较急,能将附近的沉积物迅速冲走而得以存留到现在。但巴哈马群岛至今仍在下沉,那它将来的命运又会如何呢?

珠穆朗玛峰崩裂

珠穆朗玛峰山体呈巨型金字塔状,威武雄壮昂首天外,"珠穆朗玛"在藏语中就是"女神"的意思。然而早在距今1.5亿年的二叠纪,现在的喜马拉雅地区还是烟波浩渺的古地中海的一部分,称为喜马拉雅古海。直到距今5000万年的第二纪始新世时期,印巴次大陆板块向北继续移动,与北部欧亚大陆板块碰撞抬升,印巴次大陆地壳俯冲到欧亚板块之下,并发生一系列复杂的构造运动,开始了长期稳定的上升,喜马拉雅古海消失了,代之而起的是地球上最年轻、雄伟和高大的喜马拉雅山脉。这个过程,地质学上称为喜马拉雅运动。它的最高峰珠穆朗玛峰在这次造山运动中耸立在喜马拉雅群峰之上。

珠穆朗玛峰

经地质学家们的测量,喜马拉雅山目前的高度为8844.43米。它在第四纪的300万年中约上升了3000米,平均1万年上升10米;而最近1万年,它却上升了500米,即一年上升5厘米,而且珠穆朗玛峰地区的上升运动并未停止,它还在以不易被人察觉的进度缓慢上升。

那么,珠穆朗玛峰将会如此无限制地不断增长吗?如果不是,它又将于何时停止长高呢?有些科学家认为,喜马拉雅山的增高犹如用岩石和泥土"叠罗汉"。当层层加码时,下面的岩石承受上面的压力逐渐变大,这必然存在一个极限,一旦达到一定极限,底下的岩石就要"粉身碎骨",高山也将山崩瓦解,毁于一旦。那么,这一极限究竟是多少呢?

从微观角度来看,岩石都是由岩石分子构成的,许许多多的岩石分子以一定的结构相互排列,它们之所以能够彼此合作,构成坚硬的岩石,是因为它们之间存在着电磁力,就像人们在"叠罗汉"时用自身的体力来支撑上面的重量一样。这里,"电磁力"和"体力"起着相同的作用。一旦上面的重量超过底下的人的体力,他就会站立不稳,最后终于支持不住,瘫倒在地了。同样的道理,当山的自身重量大于岩石分子之间的电磁力,也会造成坍塌瓦解的悲剧。于是,压在底下的岩石就将会遭到破坏,高山就会摇摇欲坠,岌岌可危,造成山崩地裂的后果。

由此可见,山越高,它自身的重量——也就是重力势能就越大,破坏岩石分子之间电磁力的能量也越大。科学家利用一些基本的物理常数,通过演算得知,地球上的高山极限约为1万米。由于地球上所有的山脉,包括最高的珠穆朗玛峰,都没能达到这一极限,因此,它们都将平安无事地矗立在地球表面的各个地方。

不断成长的珠穆朗玛峰能长到1万米吗?当它长到1万米时,真的会山崩地裂吗？我们只能拭目以待了。

第二节　神秘的岛屿

会消失的幽灵岛

在茫茫无际的大海上，有一些神秘莫测的岛屿。它们有时会突然消失不见，之后又会突然出现。为了寻找这些岛屿，无数的航海家和科学家付出了艰辛的努力和巨大的代价。然而它们仍然像幽灵一样时隐时现，既令人恐惧，又引人探索。

1831年7月10日，一艘意大利船途经西西里岛附近时，船长发现前方海面的海水突然沸腾起来，他和船员们看到一股直径大约200米、高20多米的水柱喷涌而出，刹那间变成了一根500多米高的烟柱，船员们看得目瞪口呆。8天后他们返航时，竟然发现一个新的小岛出现在眼前，并在随后10多天里不断扩张。但正当人们忙于绘制海图、测量面积、给小岛命名时，小岛却突然开始缩小，两个月后竟完全消失了。

1933年4月，法国考察船"拉纳桑"号在南海进行水文测量时，船员们突然看见了一个无名小岛，岛上草木丰茂，郁郁苍苍。然而船员们都说之前从未见过这个小岛。半个月后，当他们再返回这里测量时，却又不见了小岛的踪影。对这个忽隐忽现的小岛，大家都无法解释，只好在航海日志上注明：这是一次"集体幻觉"。三年后，一艘前往菲律宾装运货物的法国帆船，在南海上也遇到了同样的情况。

幽灵岛在世界各地的海域都有发生。这些幽灵岛真的是人们的幻觉吗？如果不是，它又为什么在海水中突然出现又突然消失呢？岛上为何会有植物生存呢？这一切都令人难以想象，科学家们对此也提出种种不同的解释。

法国有科学家认为，有些岛屿是由于撒哈拉沙漠之下有巨大的暗流流入大洋，暗流携带的大量泥沙在海底不断堆积增高，最终露出海面形成的。这种岛屿都是临时性的，因为岛屿的出现必然会堵塞暗河水的流动，而被堵塞的水势会越来越汹涌，到了一定程度，流水就会冲垮沙岛，并最终将其推到大洋的远处。这样，它们就会时而出现，时而消失了。

美国海洋地质学家亨利·高罗尔教授则认为，幽灵岛的基础是花岗岩，并非泥沙。它形成的年代久远，岛上有茂盛的植物和动物群，汹涌的暗流是冲不垮的。

那么幽灵岛为什么会突然消失呢？他解释说，幽灵岛出现的海域是地震活动频繁的地区,海底强烈的海啸和地震使它们葬身海底。高罗尔教授还认为,如果太平洋西北部的海底板块产生强烈的大地震使之分裂的话,日本本岛、九州也会遭遇和幽灵岛同样的命运,最终将沉没于大海之中。

多数地质学家说它们是海底火山喷发形成的。他们认为,海洋的底部有许多活火山,火山喷发时的熔岩和碎屑物质在海底冷却、凝固并堆积起来,堆积到一定高度,便会露出海面形成岛屿。而小岛之所以会消失,是因为火山岩浆在喷出熔岩后,基底与海底基岩的连接不够坚固,在海流的不断冲刷下,新岛屿自根部折断,然后就沉入了大海。有的学者则认为,可能在海底又发生了一次猛烈的爆炸,使形成不久的岛屿被摧毁。还有学者认为,是火山活动引起地壳在同一地点下沉,使小岛最终陷入海水中。

还有学者认为,这些小岛是由聚集在浅滩和暗礁上的积冰构成的,这些积冰终将融化于大海。冰会不断地凝结又不断地融化,这就是这些岛屿为什么会突然出现又突然消失的原因所在。

以上观点虽然各有道理,但都不能说明为什么有些小岛会在同一地点反复出现又消失,而邻近的海域却没有异常现象发生。这个难以解开的谜团,等待着更多的人前去探索。

燃烧的火炬岛

加拿大北部的帕尔斯奇湖北边,有个面积仅一平方公里的圆形小岛,当地人称之为"火炬岛"。

关于这个岛的名字还有一个神奇的传说,相传当年为人类盗得火种的英雄普罗米修斯准备返回天宫时,顺手把保存过火种的火炬扔进了北冰洋,然而火炬并没有沉下去,而是慢慢形成了一个小岛。天长日久,这个小岛上的火便渐渐熄灭了。但是,奇怪的是,踏上这个小岛的人经常会莫名其妙地自燃。

火炬岛

早在 17 世纪 50 年代,有几位不听当地人劝阻的荷兰人,企图去小岛上寻找宝藏。结果,踏上小岛的一个人突然自燃,最后被活活烧死了。

1974 年,加拿大普森量理工大学的伊尔福德教授带着一个考察组在火炬岛附近进行调查。很快,他通过相关仪器获得一份数据,通过细致的分析,伊尔福德认

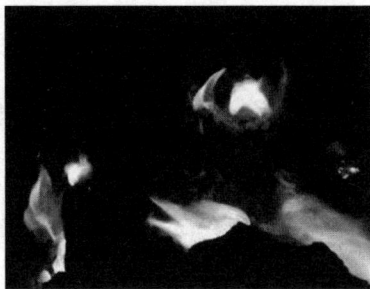

为,火炬岛上的人体自燃之谜是一种电学或光学现象。但是考察组的另一位专家哈皮瓦利教授却提出了恰恰相反的意见:如果是一种电学或光学现象,岛上的树木为什么不会自燃,飞禽走兽为什么不会自燃。哈皮瓦利推断是,某种易燃物质可能隐藏在岛上的某个地段,人一旦进入该地段后,便会着火燃烧。

在这次考察中,考察组的每个成员上岛之前,为了防止发生意外,都穿上了特制的绝缘耐高温服,上岛时也没发现异常现象。谁知两个小时后,莱克夫人突然说身上不舒服,心里发热,腹部发烧,伊尔福德立刻叫大家迅速从原路撤回。走在回去的路上,莱克夫人突然惊叫起来。只见阵阵烟雾从她的口中鼻孔中喷出来,接着便是一股皮肉烧焦的味道。最后,莱克夫人化成灰烬,而那套耐高温的衣服完好无损。

几年后,布鲁斯特就这种人体的燃烧现象公布了他的解释。布鲁斯特是加拿大物理学院的教授。他认为,这种现象历来就有,它是人体内部构造异常产生的,是人体的自燃,与外界条件毫无关系。虽然目前还不能明确指出是什么原因导致了自燃,但可以断定与人的生活习惯有关。但布鲁斯特的演说立即遭到伊尔福德等人的强烈反对。他们认为,火炬岛上人体的燃烧一定是外界因素引起的。

在伊尔福德之后,又相继有6个考察队前往火炬岛,但都无功而返,而且每次都有人丧生。当地政府只好下令禁止任何人以科学考察的名义进入火炬岛。如此一来,就连好奇的探险家们也难以接近这座神秘的小岛了。

真的是普罗米修斯的传说赋予了它神奇的力量吗?还是有其他不为人知的秘密呢?我们只能期待着日后有机会可以揭开这个神秘现象了。

让人长高的马提尼克岛

加勒比海上有一个名叫马提尼克的小岛,这里不仅风光宜人,更奇特的是它是一个能让人长高的岛!

1948年之后的10年内,这个小岛上的成年居民都长高了几厘米。目前,这里的成年男子平均身高达1.90米,成年女子平均身高也超过1.74米。身高不到1.80米的青年男子,则会被同伴们耻笑为"矮子"。所以,这个小岛也被称为"巨人岛"。

其他地方的成年人来小岛上居住一段时间后也会很快再长高。一个来岛上考察的巴西动物学家,已是40岁的成年人了,但当他3个月之后离开该岛时,长高了4厘米。64岁的法国科学家格莱华博士和他57岁的助手理连博士,在小岛上生活了两年之后,也分别增高了8.25厘米和6.6厘米。小岛这种神奇的力量吸引了无数的旅游者前往,特别是那些希望长高的矮个子游客。他们在这个岛上住上一段时间之后,都会如愿以偿地再长高几厘米。

而且,这个小岛不仅仅是个"巨人岛",岛上的动植物也比其他地方的要大上好几倍,岛上的老鼠竟然长得像其他地方的猫一样大。

这个神奇的小岛也吸引了许多科学家不远千里来到这里,进行长期的探测和考察。他们先后提出了多种假说和猜测,试图对这个小岛的神奇功能做出合理的解释。

有的科学家认为,小岛能让人长高的根源是这里的地心引力小。他们的依据是,苏联曾经有两名宇航员在国际空间站居留半年之后,每人都长高了3厘米。科学家对此分析认为,是失重和引力减少造成的结果。

不过,这种说法有很大的漏洞,因为地球上引力小的地方肯定不止这一个,为什么没有听说其他地方发生过这种奇怪的事情呢?

有些科学家认为,小岛上埋藏着大量的放射性矿物。这种放射性物质能使人体内部的机能发生某种特别的变化,从而使人身体增高。

这种说法也遭到了一些科学家的反对,因为如果放射性物质作用于人体会使人长高,为什么长年生活和工作在放射性物质旁边的人没有长高呢?

还有人猜测说,1948年,可能有一只飞碟或是其他天外来物坠落在该岛的比利山区,UFO发出的这种辐射光使该岛生物迅速增长。

这种说法无异于凭空捏造,因为小岛上根本没有发现有飞碟或其他天外来物的残骸,而且UFO是不是真的存在本身就是一个谜。

"巨人岛"的神奇力量究竟是怎么产生的呢?是不是会永远存在呢?只有等待进一步的研究探索来揭秘了。

螃蟹密布的岛

在巴西马腊尼昂州圣路易斯市海岸外的大西洋中,有一个无人居住的神秘小岛,由于岛上螃蟹密布,人们称它为"螃蟹岛"。

螃蟹岛上有一个奇怪的现象——每当夜幕降临,岛上经常出现一些奇特的强光,红光闪烁,分外迷人。但这些光是从哪里发出的呢?人们至今也未解开这个谜。

在这个孤零零的海岛上,滋生着各种蚊子。令人不解的是,它们在白天也很活跃,成群结队地袭击动物和人。来这儿捉螃蟹的渔民不得不想尽办法来驱散这些可怕的蚊子。

螃蟹岛的地质构成也非常奇特。岛的四周全是密实的胶泥,气味恶臭。这种恶臭的胶泥是怎样形成的？为什么在这种胶泥中会繁殖出如此众多的螃蟹？这又是一个谜。由于胶泥深厚、柔软，上岛来的捕蟹者必须脱掉衣服，快速地匍匐前进，绝不能停留在一个地方，否则会深陷泥潭，不能自拔。为了安全，他们往往每6~8人一组，集体行动。捕蟹者都要有一种特殊的本领：把手伸进蟹洞，抓出螃蟹举到眼前，马上辨出雌雄。为了使生态不受影响，他们总是把雌蟹留下，只把雄蟹带走。上岛捕蟹是很辛苦的，但却收获颇丰，每条小船来岛上一次，可以捉到1500~2000只大螃蟹。

在这个海岛上，最动人的场面是螃蟹的"恋爱舞会"。螃蟹交尾有固定的时间，它们总是选在满月时。交尾仪式一开始，雌雄双方先是翩翩起舞，数不清的螃蟹在月光下一起踏着整齐的步伐，气氛十分热烈。"舞会"上尽管没有欢声笑语，可是观看者却能感到这里"歌舞正酣"。众螃蟹交尾后，便纷纷钻进洞内，消失在富含碘的胶泥中。

神秘的螃蟹岛至今尚有许多谜等待着人们去破解。

诡异的橡树岛

1795年，三位年轻的猎人驾着船来到加拿大的橡树岛。他们一下船，便深入到岛上的橡树林中寻找猎物。然而他们在密密匝匝的橡树林中穿行，结果并没有找到野兽，却发现了一棵大树。这棵大树长得十分古怪。

这棵大树生长在距离地面3米多高的地方，树干上有根粗壮的树枝几乎被锯断，残树枝的上半部还留有几处深深的刀痕。后来三位猎人又发现，这树枝的正下方，地面有明显的下陷，并且还有被埋过的痕迹。三位猎人感到十分惊奇，于是立即测量下陷的部位，发现它呈圆形状，直径约4米。这一发现使他们立刻想到，可能是海盗在这儿埋下了宝藏。三位猎手非常兴奋，立即开船返程，准备好一整套挖掘工具，再次来到橡树岛。可是，他们顺着下陷的圆形部位挖地9米深后，出现三层木板，根本没有什么所谓的宝藏，于是只好悻悻地离开了。

十年之后，一位年轻的医生也踏上了橡树岛。对岛上有宝藏的传说产生浓厚兴趣。他还特意组织了一支探宝队，动用大量的人力和机械，经过苦苦挖掘，终于挖到距离地面27米的地方。挖掘过程中，让人感到奇怪的是，这中间每隔3米就有一层木板，直到27米深时，人们才发现那里躺着一块十分特殊的大石头，上面刻着许多稀奇古怪的象形文字。面对这些象形文字，没有人能看得懂。探宝队成员没灰心，坚信大石头下面一定能够挖出宝藏。于是探宝队决定趁冬季来临之前抓紧挖掘，可是到第二天就遇到了困难，深洞中，突然灌进了足足15米深的水，根本无法工作。探宝队并没有因此而泄气，他们在第一个深坑旁边再挖一个洞，挖到30米深后，再挖一条地道通向原先那个坑，此时，大水立即涌进新坑，最终使这项工程不得不中止下来。

后来，陆续有很多寻宝者来到岛上，挖了许许多多的大坑，将这一带挖得面目全非，看上去就像一个原子弹试验基地。尽管人们想尽各种方法，做出了巨大的努力，可谁也无法克服守护宝藏秘密的人设下的障碍。

橡树岛的地下究竟埋有什么宝藏？是谁埋下的？藏宝者也对那些宝藏施下了咒语吗？

可怕的死神岛

加拿大东部的北大西洋上有一座令船员们心惊胆战的小岛，名叫塞布尔岛，"塞布尔"一词在法语中的意思是"沙"，意即"沙岛"。这个名称最初是由法国船员们取的。

据地质史学家们考证，在过去的几千年中，该岛由于海浪的猛烈冲蚀，使得它的面积和位置不断发生变化。最早这座岛是由沙质沉积物堆积而成的一座长120公里、宽16公里的沙洲。在最近二百多年中，该岛已向东漂移了20公里，长度也减少了将近大半。现在东西长40公里，宽度却不到2公里，外形酷似狭长的月牙。全岛一片细沙，十分荒凉可怕，没有高大的树木，只有一些沙滩小草和矮小的灌木。

由于该岛位于从欧洲通往美国和加拿大的重要航线附近。历史上有很多船舶在此岛附近的海域遇难，最近几年，船只沉没的事件又开始频频发生。从一些国家绘制的航海地图上可以看出，这座岛的四周密布着各种沉船符号，初步估计先后遇难的船舶不下500艘，其中有古代的帆船，也有近代的轮船，在此丧生人数总计在5000以上。因此，一些船员怀着恐惧的心情称它为"死神岛"。

有关"死神岛"的许多离奇古怪的传说在西方广泛流传，令人听而生畏。"死神岛"给船员们带来的巨大灾难促使科学家去努力探索它的奥秘。为了解释船舶在这里沉没的原因，许多学者提出种种假设和论断。例如有的认为，由于"死神岛"附近海域常常掀起威力无比的巨浪，能够击沉猝不及防的船舶；有的认为，"死神岛"的磁场迥异于其邻近海面，并且变幻无常，这样就会使航行于"死神岛"附近海域的船舶上的导航罗盘等仪器失灵。然而，更令人称奇的要数巴罗莫角，这个锥形半岛被人们称为"死亡之角"。

该岛的锥形底部连接着湖岸，大约有3公里长。这里人迹罕至。直到20世纪初，因纽特人亚科逊父子前往帕尔斯奇湖西北部捕捉北极熊才来到这里。当时小亚科逊首先看见巴罗莫角，又看见一头北极熊从冰上爬到岛上。小亚科逊非常高兴，抢先向小岛跑去，父亲看见儿子跑过去，也紧紧跟在后面向岛上跑去。哪知小亚科逊刚一上岛便大声叫喊，叫父亲不要上岛。亚科逊感到很纳闷，不知道发生了什么事情，但他从儿子的语气中听到了恐惧和危险。他以为岛上有凶猛的野兽或者有土著居民，所以不敢贸然上岛。他等了许久，仍不见儿子出来，便跑回去搬救兵。不一会儿，亚科逊就找来6个身强力壮的中青年人，只有一个叫巴罗莫的没有上岛，其余人全部上岛去寻找小亚科逊了，只是上岛找人的人全找得没了影儿，从此消失了。

巴罗莫独自一人回去，他遭到了包括死者家属在内的所有人的指责和唾骂。从此人们将这个死亡之角称为"巴罗莫角"。再也没有谁敢去那个岛了。

几十年过去了，在1934年7月的一天，有几个手拿枪支的法裔加拿大人，立志要勇闯夺命岛，他们又一次登上巴罗莫角，准备探寻个究竟。他们在因纽特人的注目下上了岛，随后听到几声惨叫，这几个法裔加拿大人像变戏法一样被蒸发掉了。

这一场悲剧，引起了帕尔斯奇湖地区土著移民的极度恐慌，有些人干脆迁往他乡去了。没有搬走的那些人发现，只要不进入巴罗莫角就不会有危险。

1980年4月，美国著名的探险家组织对该地区进行磁场实地鉴定，认为这里存在大量磁场，进入该地区的人必死无疑。只是这样的结论是否正确，有待科学进一步证实。

自转的旋转岛

西印度群岛中有一个无人小岛，岛上是一片片沼泽地。可别小瞧了这个貌不惊人的小岛，它有一种十分特别的本领：它可以像地球自转那样旋转自己的身体，而且也是每24小时旋转一周，方向从不改变。

这个会旋转的岛屿是20世纪60年代初被发现的。当时，一艘名叫"参捷"号的英国货轮途经此处，货轮突然发生主机失灵事故，被越刮越大的海风吹向了一座无人的荒岛。这座荒岛就是旋转岛。

这座小岛上覆盖着茂密的植物和随处可见的沼泽泥潭。岛的面积很小，卡得那船长命令舵手驾船绕岛航行一周，结果只用了半个小时。确认安全后，他们抛锚登岛，在岛上巡视一番，没有发现什么珍禽异兽怪木。于是，船长在一棵树干上刻下自己的名字、登岛时间和他们的船名，便带着船员们一起回到了原来登岛的地点。

这时，一位细心的船员突然发现，抛锚的船自己移动了位置，而且距离最初停船的地方好几十米远。他感到有些奇怪，便大叫起来。陆续回到船上的水手们也随之发现了这件奇怪的事，他们都大为惊异。于是他们检查刚才抛锚的地方，铁锚仍然十分牢固地钩在海底，没有被拖走的迹象。

到底是哪里出现了问题呢？船长和船员们左思右想。后来，他们终于想明白了，原来不是船在移动，而是小岛在移动。听说小岛自转的事后，人们都大惑不解，包括科学家在内的许多人闻讯前去岛上察看，结果一致认为是小岛本身在旋转。

小岛为什么会自行旋转？有人推测，这座岛是一座浮在海上的冰山。海潮起起落落，小岛便随着潮水而旋转。但是这种推测不能说明为什么它的自转如此有规律，而且浮在海上的冰山很多，为什么别的冰山岛就没有发生如此奇怪的事呢？

目前仍有不少科学家在继续关注这个小岛，希望能早日解开它自转的秘密。

太平洋"墓岛"

太平洋上的文明古迹源远流长，东部有复活节岛，西部则有墓岛。这个墓岛其实是一个叫泰蒙的小岛延伸出去的一片珊瑚礁浅滩，浅滩上巨大的玄武石柱纵横交错，垒起一座座4米多高的建筑物，岛上大大小小的这类建筑共有89座。远远看去，怪石林立，让人望而生畏。

据说，这些像海神庙一样的建筑是波纳佩历代酋长的墓，所以这里才被人们称之为"墓岛"。波纳佩人则称之为"南马特尔遗迹"。但是没有人能够解释这些建筑是如何建成的。而且南马特尔遗迹似乎充满了神异力量，侵扰它的人大多会离奇死亡。难道这里真有神灵的诅咒吗？

来自欧美的学者的调查显示，用于修建古墓的100万根玄武岩石柱都是从北岸的采石场运到墓地来的。但是这些石柱是如何运到这里的，让建筑专家们十分困惑。

根据估算，如果每天按1000名壮劳力计算，仅从事开采石柱的毛坯就需要耗时655年，而将石柱加工成五边形或六边形的石棱柱又需花掉300年的时间，再加上路上运输和最终砌成建筑物的时间，合起来至少需要1500年。

美国一个调查小组曾用碳14测年法对这些建筑物的建造年代进行了测定。结果证实，它们只有八百多年的历史。另外，一些从事世界历史研究的学者根据波纳佩岛的历史背景指出，13世纪初是萨乌鲁鲁王朝统治波纳佩岛的时期。以此推断，环绕该岛的南马特尔遗迹是作为萨乌鲁鲁王朝的军事要塞而修建的。但萨乌鲁鲁王朝创始于11世纪，只经历了二百多年的繁荣就灭亡了。而在这么短的时间内就完成了这么浩大的工程，则更令人费解了。

根据以上结论，我们可以推测，光凭借人力，这项工程是无法完成的。那么如何解释现存的这些古墓呢？

从事地质研究的学者试图利用玄武岩的成因来说明这些建筑的修建问题，即玄武岩是岩浆冷却后的火成岩。但石柱的表面有铁器加工过的痕迹，这就排除了自然成形的说法。另外一种说法认为石棱柱原是岩浆冷却凝固而成的自然体，石陵柱呈现出的五角、六角形则是人工加工而成的。

但是这些都只是研究者们的推测，至于这些建筑究竟是何时修建的，又是如何修建的？始终没有人能给出一个令人信服的答案和解释。

关于墓岛一直有许多神秘的传说，而发生的一些离奇事件则为它增添了更多恐怖的色彩。

20世纪70年代，日本的海洋生物学家白井祥平决定去墓岛上做一次详细的调查。他并没有向当地人透露他的想法，只带着3名助手偷偷驾船驶向墓岛。一路上风平浪静，就在他们从一座古墓的外侧绕进内侧时，忽然阴风四起，气温骤降，刚才万里无云的天空不知何时已冒出一块黑云并疾速向四周扩展，接着电闪雷鸣，大雨劈头盖脸地浇了下来。骤变的天气让他们想起了当地人的警告，他们迅速调转船头驶出了墓地。就在他们驶离墓地的一刹那，立刻风消云散，天气晴好如初。

当白井祥平去请教哈特莱酋长，叙说了他们在墓地的离奇遭遇。酋长放声大笑，连声说这是死者对他们擅闯墓地的警告。而白井祥平再追问死者用的是什么机关时，酋长却马上变了脸色，起身谢客。

据当地人说，这些古墓的来历以及其中的秘密机关不是通过文字的记录来传授的，而是靠口授，口授的内容只有酋长和酋长的继承人才知道。受传授者一旦向外人泄露这些内容，将会遭到诅咒，死神就会降临到泄密者和窃密者的头上。

在日本占领波纳佩岛期间，一位日本教授利用占领者的权势，威逼当时的酋长说出了古墓的秘密，结果这位泄密的酋长突遭雷击身亡。获悉秘密的教授正准备出书将秘密公之于世的时候，也暴死在写字桌旁。而继续整理他遗稿的人在接受委托后，也突然离奇死亡。

还有一些利欲熏心、以盗取古墓文物为目的的盗墓者也遭到了同样的下场。在德国统治波纳佩岛时，一位名叫伯格的德国军官对南马特尔遗迹产生极大的兴趣。他用暴力从酋长的口中逼出了古墓的秘密，企图进行武装掘墓。伯格下令掘墓后不到一天就突然暴死。后来，德国的一位考古学家不信真的有什么亡灵的诅咒，再次来此发掘文物，结果还未来得及动手，也暴死在岛上。

这一切离奇死亡的事件都无法用常理来解释，如果仅用亡灵的诅咒来解释的话,显然也是无法让人接受的。

台湾岛成因

宝岛台湾是中国的第一大岛,关于台湾岛的成因却没有一个准确的答案。学术界对此持有三种不同的说法。

一种说法是,台湾地层与大陆属于同一结构,在地质年代新生代的第四纪前即距今100万年前后,它本是大陆的一部分,同大陆连接在一起。第四纪后因地层变动,局部陆地下沉,出现了台湾海峡,使台湾成了海岛。

有人还从研究台湾的史前文化来证明上述见解的正确性。人们在台东长滨乡八仙洞发现了旧石器时代的文化遗址,那里出土的石制品有六千余件,与大陆(特别是南部地区)出土的旧石器时代的石制品,无论在制作技术或基本类型上,都没有多大的差别。

此外,人们在淡水河流域还发现,那里出土的赤褐色粗砂陶器与福建金门县出土的黑色和红色陶器在刻纹等方面很相近,可能属于同一类型。这些说明两边曾以陆地相连。支持这种看法的人,还从台湾古代动物化石方面

台湾岛

来加以证明,有人在台湾西部发现了许多大型哺乳类动物,如象、犀牛、野牛、野鹿、剑虎等的化石,这说明早在距今100万年左右,有大批动物从大陆迁移到原属大陆的台湾。也有人在考察野生植物后指出,台湾野生植物和大陆上的野生植物相比,大多相同或相近。

第二种说法是,台湾是东亚岛弧中的一个环节,它的形成与东亚岛弧的形成、发展有着密切的关系。所谓东亚岛弧即指东亚大陆架与太平洋西部海沟之间的岛弧。东亚岛弧的形成,以东亚褶皱山系的出现为标志。在地壳运动中,东亚大陆架一方面受到来自大陆方向的强大挤压力,另一方面又受到巨大而坚硬的太平洋板块的阻抗,于是在它前沿形成了一系列东北—西南方向排列的山脉,就是东亚褶皱山系,当它露出海面时,便构成了东亚岛弧。单就台湾来讲,是由于地壳运动的结果,产生褶皱、隆降而奠定了其地质基础。

第三种说法是，认为在地质年代新生代的第四纪以前台湾同大陆是分开的，第四纪以后有过合在一起的时候。这是因为，第四纪更新世前期即距今 100 万年左右，由于地壳上升的变动和地球上气候变冷的影响，沿海地区出现了陆地面积扩大的情况，那时候台湾海峡的海水可能几乎退干，成了陆地，于是出现了台湾同大陆连成一片的局面。后来到了更新世后期，地球上气候转暖，海水上升，陆地减少，台湾海峡再次出现，台湾同大陆又被隔开。以后又再相连、相隔，如此经过了多次反复。自然相隔的时间很长，而相连的时间也不很短。台湾的大型哺乳动物就是在两地相连时从大陆进入台湾的，而人类史前文化，也是在两地相连时一部分人从大陆带进台湾的。

这三种说法，到底哪一种正确？也许，这个问题更难回答，因为这三种推断听起来都很有道理，作为未解之谜尚待探索。

石岛形成

西沙群岛有一个由珊瑚等生物砂岩组成的小岛，人们称它为石岛。石岛南北长 380 米，东西宽 260 米，面积仅 0.06 平方公里。西沙群岛各个岛屿的海拔高度一般是 5～6 米，最高不超过 10 米，而石岛中央的海拔高度为 15.2 米，像金字塔一样耸立在西沙群岛之中。那么，这座奇特的"金字塔"是怎样形成的呢？

西沙群岛由十几个砂岛组成，最大的永兴岛面积为 1.65 平方公里，其他岛屿面积都不到 1 平方公里，它们都是由松散的珊瑚、贝壳等生物砂堆聚而成。每当海底珊瑚向上生长到海平面位置时，就会被海浪削平，使珊瑚礁顶部形成一个平坦的台面，称为礁坪。礁坪上有少量珊瑚和藻类植物生长，更多的是被风浪击碎的珊瑚、贝壳等的碎屑，有的是砾石，有的是砂。波浪和风把礁坪上的这些生物砂砾堆积起来，便形成了砂岛。这些砂岛外缘有一环形砂堤，中央为一洼地，多数已干涸，少量为泄湖。而石岛却不然，它由坚硬的层状生物砂岩构成。根据科学测定，西沙群岛的永兴岛等岛屿年龄一般不超过 6000 年，而石岛比它们老得多，年龄在 12000～24000 年之间。

一般层状砂岩是底部年老，上部年轻。石岛比较奇特，它的底部年轻，为 14000～17000 年，越往上越老，"金字塔"最高点最老，为 22000 年，整个岛好像被人倒置过似的。因而有的学者推测，在石岛附近原来有一个由珊瑚等生物砂岩组成的较大的岛，它不断被风化、剥蚀，顶部较新的生物砂岩被剥蚀下来后，堆积成石岛的顶部，这样，石岛的年龄便出现倒置现象。果真如此的话，那么，那个被破坏的岛应比石岛更大，位置也应比石岛高，但目前还找不到证明这个大岛存在过的任何证据。

　　有的学者则认为"石岛年龄倒置"是雨水冲蚀造成的。组成石岛的生物砂岩是生物骨骼碎粒,化学成分是碳酸钙。石岛上层的生物砂岩遭到雨水冲蚀,一部分碳酸钙被溶解,随雨水渗到石岛底层沉淀下来,生长为新的年轻的方解石结晶,它们与原来的生物砂岩的年龄一平均,便使整层岩石的年龄变年轻了,而相对上部生物砂岩年龄来说,便形成了年龄倒置的现象。

　　上述说法究竟孰是孰非,尚无定论,还需要科学家进一步研究、探索。

塞浦路斯岛形成

　　塞浦路斯岛是地中海的第二大岛。20世纪60年代末期,地质学家们在该岛的西南部特鲁多斯山区发现了层状的火成岩,其中,有黑色的巨大的枕状玄武岩,它们是地幔熔岩从洋底喷发形成的舌状熔岩流冷凝而成的;有墙状或柱状的直立岩,它们是熔浆沿洋底裂隙向上灌注而形成的。加拿大地质学家威尔逊和伊思·加斯等人认为,这些岩石是被大洋底部地壳运动推动力抬升出海面,成为塞浦路斯岛的一部分的。如果这种说法成立,这一发现就为科学家们提供了研究洋底地壳的宝贵场所。

　　20世纪30年代以来,人们采用人工地震法和天然地震法等方法来研究大洋地壳,得出三点结论:大洋地壳远比大陆地壳薄,只有5~8公里厚,而大陆地壳则厚达30~70公里;大洋地壳的年龄一般不超过2亿年,大陆上的岩石则有37亿~40亿年的历史;大洋地壳可以分为四层,表面一层由未固结的沉积物组成,下面三层的性质根据地震波的传播速度,确定为相当致密的火成岩。但由于地球物理资料有多解性,大洋地壳的下面三层也可以认为是变质岩和沉积岩等其他岩石。正当地球物理学家和地质学家们无法做出判断的时候,塞浦路斯岛上的发现,证实了大洋地壳的性质。

　　问题在于塞浦路斯岛是地中海的一个岛屿,地中海是一个收缩了的大洋,它的底部地壳的性质与目前太平洋、大西洋等的底部地壳有什么不同? 学者们尚不十分清楚,况且目前太平洋和大西洋的底部地壳性质也略有不同,所以还不能认为塞浦路斯岛上一部分岩石的性质就代表了目前大洋底部地壳的性质。地中海北岸分布着横贯欧洲的阿尔卑斯山脉,它的构造也是东西向的。一些学者认为塞浦路斯岛可能原本是阿尔卑斯山脉的一部分,后来分离出来成为一个小岛。尽管如此,塞浦路斯岛上特鲁多斯山区岩石的分层性质与目前大洋底部地壳用地球物理方法测得的结果,有一部分惊人的一致。这难道是偶然的巧合吗?

南海诸岛是否沉没

在中国辽阔的南海海域,星罗棋布地分布着 200 多个礁、滩、暗沙和岛屿,这就是有名的西沙、南沙、东沙、中沙珊瑚礁区,统称"南海四沙"。近来却有人提出,这些美丽的明珠也许会沉没,由此引发了众多人士对此问题的探索。

要弄清南海诸岛的沉浮问题,首先应了解它们是怎么形成的。1 亿年前,地理状况与今天有着很大的区别。当时亚欧板块十分广阔,南海诸岛就属于它。那时,南海还不是海洋,而是河流纵横、层峦叠嶂的陆地。在距今 7000 万~8000 万年前,由于太平洋板块向西俯冲,亚欧板块和澳大利亚板块相互碰撞,这块古老的陆地在猛烈的撞击下四分五裂,海水也随之浸入,一个比较浅的陆表海环境就此形成了。在距今 6700 万年进入第三纪以后,这里分裂的地形得到了改变,海洋消失,又重新成了陆地。不过此时的地形已经变成丘陵、平原相间,湖泊众多,而不再是山峦起伏、层峦叠嶂了。到距今 3000 万年前后,随着构造活动的加剧,这块陆地沿东北—西南向裂开,海水大规模自南而北浸入,今天的南海就初步形成了。

南海四沙礁区如今有 50 多个岛屿,其中大部分都是在末次冰期阶段形成的。在距今 1.5 万~1.8 万年时,岛屿的规模和数量与今日相比要大得多,后来许多岛屿都因冰后期海平面上升而被淹没了。因此,珊瑚礁便成了南海诸岛中大部分岛屿的物质来源。在风、浪、流的相互作用下,岛屿在礁面上堆积而成,属于沉积作用的产物。以往,由于弄错了南海诸岛中一些岛屿沉积物的成因,因此有人根据这些岛屿的海拔高度,推断出近 10000 年以来南海诸岛始终在上升。甚至有人认为,南海诸岛以每年 1 厘米的速度在上升。

科学家们经过认真考察后,认为事实刚好相反,南海诸岛其实一直都处在沉降状态。而且根据目前所获得的资料分析,南海诸岛沉降的速度随着不同的地质历史时期的更迭而改变。从总体上看,沉降速度随着时间的推移变得越来越快。人们还发现,南沙和西沙的珊瑚礁台地都是顶面小、基座大,呈宝塔形逐步缩小的规律,这同时表明了礁岛的一个特点,即珊瑚礁总体上是一种海浸礁。现今岛屿沉积物的下部都沉浸在水下,而这些沉积物本来形成于冰期,如果真像某些人认为的那样岛屿处于上升阶段,就应该裸露在水面上。

更有说服力的是,西沙的石岛全部沉积物都是风成的。这些沉积物是在陆地环境时形成的,在海平面上升和沉降的复合作用下,这些风成沉积物的底界越沉越深,以致最终沉浸在水下 18.68 米处。如果将海平面上升幅度和沉降速度看作同等重要的因素来计算,那么现在南海诸岛的沉降速率应该在每 1000 年 12 厘米以上。因此，如果今后海平面不出现大的下降，那么，南海诸岛的岛屿面积不仅不会增加，反而逐渐缩小。

目前，就人们找到的证据而言，南海诸岛应该是在下沉。然而这不是最后的结论。对于科学探索者来说，南海诸岛究竟是上升还是下降仍然是一个谜。

第三节　怪异的湖泊

壮观的岩浆湖

世界上有一种奇怪的湖泊，湖泊里没有水，只有热腾腾、红彤彤的岩浆。

在刚果（金）的东部，有一座著名的尼腊贡戈火山，山势十分雄伟，海拔高度为3470米。"尼腊贡戈"在当地语言中是"不要去那里"的意思。在最近一百多年间，尼腊贡戈火山曾经喷发过多次，每次喷发总要流出大量炽热的岩浆，沿着山坡流得很远，结果把漫山遍野的森林烧了个精光。后来，火山停止了喷发，在火山顶上留下一个深深的火山口。尼腊贡戈火山口样子很像一口巨大的锅，从"锅沿"到"锅底"有好几百米深。四周是呈圆形的悬崖陡壁，悬崖下面就是那个沸腾着的岩浆湖。岩浆湖长100米、宽300米，通红炽热的熔浆在湖中翻滚着，仿佛是一炉沸腾的钢水，非常壮观。

1948年和1953年，一位意大利探险家冒着被岩浆吞没的危险，两次走进地下"魔窟"。他发现，这片稀奇的岩浆湖并不是一天到晚总是翻滚沸腾着，它也有平静的时候。这时，湖面上相当安静，火红的岩浆表面渐渐冷却，结成一层厚厚的黑壳。可是，平静的时间并不是很长。过不了多久，湖面上开始喷涌出火红的岩浆，喷涌的范围越来越大，很快就掀开表面的全部硬壳。与此同时，岩浆湖上腾起浓密的烟雾，响起隆隆的吼声。这时，原来凝结的岩壳消失了，重新被熔化成岩浆，整个岩浆湖变得像一炉熔化的铁水。随后，岩浆湖又慢慢恢复了原来的平静。

那么，岩浆湖到底是怎么产生的呢？

原来，地壳下面存在着大量的炽热岩浆。火山喷发时，岩浆会从地下冲到地面上。但是，不是所有的岩浆都能形成岩浆湖。地壳下面的岩浆成分有很大的差异，有的岩浆含二氧化硅成分多，岩浆特别黏稠，一从地下涌出来，很快就会凝固，这种岩浆是无法形成岩浆湖的。只有含二氧化硅成分很少的岩浆才能形成岩浆湖。这种岩浆湖底下有连通地下深处的火山通道，燃烧得滚烫的岩浆可以源源不断涌流出来，补充"湖水"，形成岩浆湖奇观。

无法解释的沥青湖

沥青就是我们俗称的柏油，是石油提炼过程中的副产品，主要由碳氢化合物组成，也含有少量的氧、硫或氮的化合物。沥青的黏结性、抗水性和防腐性良好，常用于铺筑路面，也可以作为防水和防腐材料。世界上有一个罕见的"沥青湖"，它的"湖水"是一种黏稠度很大的天然沥青。

这个湖位于美洲加勒比海的特立尼达岛上，名叫"彼奇湖"。湖中心不断涌出天然气和天然沥青，因此它又被称为"沥青湖"，是世界上最大的天然沥青产地。沥青湖湖面漆黑闪亮，整个湖就像一个黑色的大漆盆。它的面积只有

沥青湖

0.36 平方公里，湖底却深不可测，沥青就是从那里源源不断地涌出来的。沥青湖究竟有多深呢？有人曾想探索它的奥秘，在湖心钻探到 90~100 米的深处，从那里取出来的仍然是沥青，因而目前尚无法确定其深度。

当地人用又厚又宽的木板平铺在湖面上，开着掘土机和大卡车去开采沥青。奇怪的是每次开采后留下的大坑，不到几个星期就会被新涌上的沥青浆填平。沥青湖在 1595 年被人发现，至今人们已开采了四百多年。尽管人们不停地采挖，湖面却没有降低多少，就像一个取之不尽、用之不竭的"聚宝盆"。这个宝湖给特立尼达和多巴哥带来了无穷无尽的财富，成为特立尼达和多巴哥重要的创汇来源之一。

沥青湖的沥青质地优良，稳定性和黏合力都很强。用这里的沥青铺成的路面经久耐用，酷暑不软，严冬不裂，而且在车灯下会呈现闪光的银灰色，特别适合车辆夜间行驶。许多国家的道路工程所需的沥青都来自这个岛国。

这个天然沥青湖究竟是如何形成的呢？在特立尼达和多巴哥民间曾流传着这样一个充满神奇色彩的传说。相传数百年前，在这里生活的印第安人视蜂鸟为他们祖先的灵魂，将蜂鸟供为神灵，任何人不能伤害它们，更不允许捕杀。一次，一个剽悍的土著印第安部落——查伊马部落打败了入侵之敌后，举行盛大的庆功宴会，席上有人将猎来的蜂鸟做成菜肴供大家品尝。不料这一触犯神灵的举动招来灭顶

大祸,天神当即下令将整个村庄和部落埋于地下,不久这里就开始不断喷出黑色沥青,形成了沥青湖。当然,这只是流传在民间的神话传说而已。

科学界对天然沥青湖的形成有着不同的看法。有的地理学家认为,沥青湖是由于地震造成陆沉,地下的石油、天然气溢出,与地面上的物质化合,久而久之才形成的。有的地质学家认为,这里原来是一座死火山,沥青湖是石油和天然气在地底下长期与软泥流等物质混合,涌到死火山口后形成的。

上下两层的湖

在美国阿拉斯加半岛北部伸向北极圈内的巴罗角上,有一个奇妙的湖,叫努沃克湖,当地人习惯叫它为双层湖。顾名思义,此湖为双层。一池湖水分上下两层,上层是淡水,下层是咸水,其界限很分明,从不混淆,也不相互融合。两层水分别生长着迥然不同的生物体,上层淡水区生长着适应淡水的动植物,下层是适应海水的海洋类动植物。

整个努沃克湖长约 180 米、深约 6 米,水层的分界线在距离湖面 2 米处。由于这里受北极冷空气的影响,努沃克湖一年之中的大部分时间都处在冰雪覆盖之下,上层两米多厚的淡水层常常冻结为一个巨大的冰块。

据科学家经过多次实地勘探研究,他们认为这个湖是由一条把海和陆地隔断的海湾形成的。冬季这里普降大雪,春天雪水融化,成为大量的淡水,这些淡水流入湖中,而每当海上起风暴时,海水就会被风吹起灌入湖中。由于淡水比海水轻,海水自然就沉积在湖的下面。

位于乌兹别克斯坦与哈萨克斯坦之间的咸海的海中也有一个双层湖。这个双层湖在咸海海面以下 300~500 米处。湖水与白垩纪沉积层混合在一起,并与天山山脉之间有暗河相通,湖水从没枯竭过。

在巴伦支海的基丁岛上也有与努沃克湖相同的湖,这个湖的水层结构更为奇异。湖水成分可分为五层:第一层是淡水,生活着普通的淡水鱼,它们种类繁多;第二层是含有微量盐类的水,栖居着节肢动物和甲壳动物,如水母、虾、蟹等;第三层是咸水,栖息着海鱼、海葵和海星;第四层水呈红色,就好像新鲜的樱桃汁,是整个湖中水色最美丽的一层,这层水里生活着许多紫细菌,它们以湖底产生的硫化氢气体作为自己的养料;第五层水是由湖中各种生物的尸体残骸混合泥土而成,除了燃气性细菌外,几乎没有生物的踪迹。由于湖中五层水层次分明,故又有"五层湖"之称。

那么,这个湖泊的水为什么保持有明显的分界线呢?湖里为什么又生活着海洋生物呢？

科学家经过长期观测和大量的研究后,得出这样的解释:这个湖位于北极圈内,淡水是冰雪融化而来的。由于淡水较轻,因此处在最上层,而湖面一年到头结着冰,挡住风的吹拂,湖水就很难融合起来。又因为这个湖距离海洋很近,由于地壳的升降原因,海岸线也随之变迁,小片的海水便被封闭起来,变成今天这样的湖泊,因此湖里栖息有各种海洋生物。

无法解释的的的喀喀湖

的的喀喀湖位于玻利维亚和秘鲁两国交界的科亚奥高原上,其中 2/5 在秘鲁境内,被称为"高原明珠"。湖区面积 8330 平方公里,海拔 3812 米,平均水深 100米,最深处可达 256 米,是世界海拔 2000 米以上面积最大的淡水湖。

的的喀喀湖形成于古地质时期的第三纪,在强烈的地壳运动中,随着科迪勒拉山系隆起及巨大的构造断裂,在东科迪勒拉山脉和西科迪勒拉山脉之间,形成了一条西北至东南走向的构造盆地,的的喀喀湖就位于该构造中。经过第四纪冰川作用,湖区更加绚丽多姿。湖中大片倔强的香蒲冲破湖水,傲然挺立在湖面上,一望无际的香蒲丛中有纵横交错的水道。

生活在湖上的乌鲁斯人常常单人划着用香蒲编织成的一种名叫"托托拉"的小船航行在湖光山色之中,这种船两头尖翘,轻巧灵便,成了的的喀喀湖上的独特风貌。然而,最令人称奇的还是乌鲁斯人用香蒲草编扎的漂流岛。

漂流岛是以多层芦苇扎在一起建成的,就像一只大草船,通常一座浮岛的寿命有十多年,但由于底部浸在湖中,朽烂得快,必须不断地在漂流岛表层添加芦苇,借此延续使用年限。因为厚厚的香蒲草草堆铺在一起时浮力很大,乌鲁斯人就在上面用香蒲草盖起简陋的小屋。在漂流岛上不大的天地里,他们世世代代生活下去,将用蒲草制物的手艺口口相授。

如今,仍有一些人居住在这些漂流岛上。其中最大的一个漂流岛上还有学校、邮局和商店。

的的喀喀湖不同于世界上许多高山咸水湖,而是一个淡水湖,适宜于生物饮用。因此,湖中鱼虾众多,岛上水鸟云集。其中一种名为"波科"的鸭,翅膀的颜色五彩缤纷,头呈墨绿色,而面颊却雪白,像是淘气的小孩给自己脸上涂了厚厚的一层白粉,格外讨人喜欢。此外,较浅的湖底生活着罕见的大青蛙,身长达 30 厘米,有灰色、绿色和黑色等多种,约有上千万只。

的的喀喀湖区还是南美印第安文化的发祥地之一。湖中的太阳岛和月亮岛至今仍保存着被当地印第安人视为圣物的宫殿、庙宇、金字塔等古建筑。

在湖的东南21公里处还有著名的蒂亚瓦拉科文化遗址。在那里可以看到许多巨大的石像和石柱，其中最著名的古迹是雨神"维提科恰"的石塑像和闻名于世的"太阳门"。"太阳门"号称是世界考古最伟大发现之一，因门楣上刻有太阳神形象而得名。凡是看到过"太阳门"的人，无不为它的宏伟壮观惊叹不已。它不仅是个庞然大物。而且上面还雕刻着极其精美的图案。在"太阳门"的石门楣中央，刻着一个谜一般的人像，据说是代表太阳神。

神秘莫测的乔治湖

澳大利亚新南威尔士州的东南部有一个美丽的淡水湖，它就是乔治湖。乔治湖是一个神奇的湖泊，它经常干涸无水，但隔一段时间之后，却又突然变成一个清澈的湖泊。水满时，湖长约26公里，宽11公里，湖水平均深度2米左右，像一个平原水库。

乔治湖

据研究者说，该湖每隔十多年便开始一个干旱周期，从干旱到水盈大约要3~5年的时间，干涸时间和丰水时间基本相当，约各占5~6年。而乔治湖的奇特之处并不仅仅在于它有规律地时隐时现，而在于它既没有入湖的水源河流，也没有流出的水路。因此有人把乔治湖称为"鬼湖"。

据当地导游介绍，有湖水的时候湖中有大量的鱼，但当湖水退尽时，湖底什么都不存在了。那么多的水与湖中的鱼究竟到哪里去了呢？而当它有水的时候鱼与其他生物又是从哪里来的呢？至今还没有人能给出合理的解释。

对此，研究者们做出了种种推测。有的人认为它的消失和再现可能与星球运行有关，但这种说法目前还缺乏足够的证据。

还有人认为，它是时令湖，水源主要是雨水，如果当年雨量少，水分大量蒸发，湖水就会干涸，因而它时隐时现。

但是这并不能解释湖水为什么会呈周期性的变化，也不能解释湖中的鱼群是如何消失又是如何出现的。

另外有人认为，乔治湖是个漏湖，这个地区的地球板块有自动开启和关闭的

"特异功能"。这固然可以解释湖水为什么会在短时间内消失,也能解释湖中的鱼也随之无影无踪的原因,但这只是一种猜想,并未得到证实。

这个神秘莫测的"鬼湖",究竟为什么会时隐时现呢?期待着研究者们能早日给出答案。

杀人的莫努湖

1984年8月16日的清晨,一位叫福勃赫·吉恩的年轻牧师和他的同伴驾驶着一辆卡车经过喀麦隆共和国境内的莫努湖时,看到路边停着一辆摩托车,车上坐着一个人仿佛睡着了一样。

汽车在距离摩托车不远的地方停下,吉恩和同伴走下车向摩托车走去,当他们走近摩托车时,发现车上的人已经死了。就在吉恩转身向汽车走时,觉得自己的身子发了软,两腿没有一点力气。当时吉恩和同伴闻到一种像汽车电池液一样的奇怪气味。吉恩的同伴很快倒下了,而吉恩却设法逃进附近的村子里。

到上午10点半,当局调查得知,截至目前已经有37人在这条路上丢掉了性命。很明显,神秘的化学气体是导致那些人死亡的罪魁祸首。这股化学气体呈云状,包围着200米长那一段路面。虽然还没有进行尸体解剖,但巴斯医生断定人死于窒息,皮肤有一定程度的化学灼伤。使这些人丧失生命的云状气体来自附近的莫努湖。当地村民说,就在前一天晚上,他们听到从湖里传来轰隆轰隆的爆炸声。当局去湖里采集水样,他们注意到湖里的水呈棕红色,表明昔日平静的湖水被搅动过。

是什么引起这股云雾的?西格德森是位火山学家,他认为在湖里最深的水中依然保持一定浓度的碳酸氢盐,只要有微妙的化学反应就会使莫努湖发生强烈的分层。当一些物质扰乱了这种分层,深水中的碳酸盐朝着水面上升。这种压力的突然变化,释放出大量的二氧化碳,就像我们通常打开苏打水瓶盖一样,这一爆发可以形成5米高的波浪,能把岸边的植物冲倒。使人窒息死亡的云状气体就是高密度的二氧化碳气体,这股气体被风带到路上并一直停留在离地面很近的地方。西格德森说,很明显在黎明前的这段时间里,由于天黑使村民看不见这一云状物,同时这股云雾中含有硝酸,这就使人们天亮时能看见它,也能解释死者皮肤上的灼伤。但即使这样,西格德森还是说:"灼伤仍然完全是个谜。"

冰雪覆盖的不冻湖

南极位于地球的最南端,提到它时,就想到冷和人迹罕至的冰雪世界。在南极,放眼望去,银光闪烁、皑皑白雪。南极的面积是 1400 万平方公里,它几乎被冰雪所覆盖,最厚处达到好几公里。当气温降到零下五六十摄氏度时,这里的一切都失去活力,丧失原有的功能。在这里,石油像沥青一样凝固成黑色的固体,煤油由于达不到燃烧点而变成非燃物。然而,有趣的是,这里还存在着一个"不冻湖"。

这个"不冻湖"面积达 2500 多平方公里,科学家们发现湖水遭到严重污染,并有间歇泉涌出水面。科学家们还对这个湖的周围进行了周密考察,发现它附近不存在类似于火山活动等地质现象。为此,科学家们对于这个"不冻湖"出现在酷寒地带感到不可思议。

为了揭开"不冻湖"的谜底,苏联考察队走进南极,他们利用电波器在他们居住处又发现了 9 个"不冻湖"。这 9 个"不冻湖"都藏在厚达 3000 米的冰层下,这一新的发现使得对"不冻湖"的研究有了新的进展。接着他们对这一"不冻湖"的形成原因进行了科学的研究、分析和推测,提出许多见解。有的科学家说这是气压和温度在特殊条件下交织在一起的结果。

持这种观点的科学家指出:3000 多米冰层产生的压力可达到 278 个大气压,在这种强大的压力下,大地释放的热量比普通状态下所释放的热量多,而且冰在零下 2 摄氏度左右仍会融化。另外,冰层还像个大"地毯"紧紧包裹着"不冻湖",防止它们的热量散发,使得大地所释放的热量得以积存,这样在南极大陆的凹部就可以使大量的冰得以融化,变为"湖水"。

另一些科学家则坚持认为:南极冰层下极有可能活动着外星人,他们可能把这里当着秘密基地,这些"不冻湖"是他们活动场所散发的热能将冰融化而产生的。

还有的科学家指出:这是"温水湖",水下面很有可能存在大温泉,是大温泉的水温将冰给融化了。这一观点立刻遭来反驳,他们说如果这里有温泉不断流入湖里,为什么湖上的冰冠没有一点融化的迹象呢? 为了解释这一问题,人们在冰层上架起了钻机,取出了冰下的样品,发现湖底的水完全是凉的,这就说明在湖下并不存在温泉,湖水不是由于温泉而热起来的。

还有一些科学家推测:湖水是由太阳晒热的。他们做出这样的解释,这个四周被冰山包围的"不冻湖"实际上是一潭死水,很容易把热量聚集到一起。这里的冰层起到了透镜的作用,这种透镜可以使太阳光线聚焦,成为湖上的一个巨大的热源。当阳光照在四周的冰山上时,有一部分热量折射到这个聚焦镜上,久而久之,就形成了冰川上的"不冻湖"。但同时也有人提出这样的疑问,太阳为什么不会把湖上的冰融化呢? 如果湖上的冰起到透镜作用,那么,为什么在其他的地方没有出现这种现象呢? 围绕"不冻湖"的各种推论、猜测纷纷提出,谁也不能说服谁,到现

世界未解之谜

在为止还没有哪一位科学家能拿出使人信服、令人满意的结论。这冰山上的"不冰湖"的确太神秘了，它难住了许多科学家。尽管如此，科学家们正一步一步地走进"不冻湖"，力争早日揭开这层神秘的面纱，使它还原的本来面貌。

多种生物共生的贝加尔湖

贝加尔湖是世界第七大湖，面积为3.15万平方公里，平均深度730米。它是全世界最大的淡水湖，淡水存贮占全世界总量的1/5。在西伯利亚人眼中，它是一片神圣不可侵犯的"荣耀之海"。

整个湖区以及附近生存着600多种植物和1200多种动物，其中2/3是地球上其他地方很少有的特种生物，有些生物极为珍贵，只在几万年甚至几亿年前的古老地层里才有与其类似的化石。还有相当一部分生物更为奇特，它们的近亲或同类只有热带或亚热带的个别地方才有。例如，有种藓虫类动物，它的近亲只生活在印度的湖泊里；长臂虾，北美洲的湖泊里才能见到它的同类。

贝加尔湖

可是，令科学家迷惑不解的是，许多海洋生物居然能生活在贝加尔湖中。如奥木尔鱼、鲨鱼、海豹、海螺等。不仅如此，贝加尔湖湖底长着浓密的海绵，海绵中还生活着外形奇特的龙虾。这些海洋生物需要咸水，它们为什么跑到淡水中生存呢？对此，科学家们做出种种推测。

最初，一些科学家结合一些科学的推测，认为在贝加尔湖形成初期和大海相连，海洋生物是从海洋进入贝加尔湖。维列夏金是苏联科学家，他说根据地质和古生物方面的材料推测，中生代侏罗纪时贝加尔湖以东地区曾有过一个浩瀚大海。后来由于地壳变动，海水退去，留下一个内陆湖泊——贝加尔湖。随着雨水、河水不断加入，咸水变淡，而现在的"海洋生物"就是当时海水退走时遗留下来的。

20世纪50年代初，为了获取贝加尔湖的"年龄"，人们在贝加尔湖打了几个很深的钻井。在取上来的岩芯样品中，没有发现中生代时期的沉积层，只有新生代时期的沉积岩层。其他的一些材料也证明，贝加尔湖地区长时间以来一直是陆地，贝加尔湖也是地壳断裂活动中形成的断层湖，从而否定了湖中海洋生物是海退遗种的说法。

那么,湖中的"海洋生物"到底从何而来呢?它们又是怎样进入湖中的呢?

波森维湖成因

波森维湖是加纳境内唯一的内陆湖泊,它的形状就像是用圆规画出来的一样圆,因而被认为是世界上最圆的湖泊。更离奇的是,湖底呈一个极其规则的圆锥形盆状。正圆形湖面的圆心垂直投影正好落在标准圆锥盆形湖底的锥顶尖上。因此在湖面中心测量,可测得湖水深七十多米,这是波森维湖的最深处。从湖中心渐渐向湖岸测量过去,可以发现湖泊水深在均匀地递减,越靠近湖岸湖水越浅;离湖中心相同距离的湖面各点处,可测得相同的水深。波森维湖的独特构造就如同一个巨人用巨大的圆锥敲击地面而形成的。

人们在惊叹世界真奇妙之余,不禁要问,是谁造就了这个如此规则的"圆锥湖"呢?在我们人类的文字史料或口传史料中,根本不存在任何关于"圆锥湖"的只言片语。这湖泊究竟是如何形成的?圆锥形湖盆是我们史前祖先人工开凿,还是大自然鬼斧神工的杰作?人们一直在对其成因进行多方面的考察和研究。

一种推测是史前人类挖掘的,但是要在岩石中开凿一个直径为 7000 米、深 70多米的尺寸非常精确的圆锥形湖盆,即使运用现代的施工技术来完成这项工程也是困难重重,史前人类怎么能办到?更何况挖掘出几亿立方米土石方造湖又是出于何种目的呢?对此没有人能做出满意的回答。

有科学家提出陨石撞击假说认为,地球还处在没有大气层保护的早期,从宇宙中飞来一颗巨大的陨石,它的撞击和爆炸造就了今天的波森维湖。可是要炸成如此巨大的湖盆,陨石该多大呢?据计算,陨石的直径至少 3000 米以上。而且撞击刹那间的速度起码超过每秒 2 万米。这样的陨石撞击必然在湖周围留下明显的遗迹,事实上,波森维湖附近,甚至全世界都找不到如此尺寸的庞然大物,在湖边丛林里也没有陨石爆炸后的碎块存在。

有科学家提出地壳运动假说认为,地球上的湖泊一般都是由地壳运动造成的,波森维湖也不例外。地壳运动能引起断裂、凹陷,从而形成裂谷、洼地,积水成湖,这类湖泊的湖底基本呈带状构造,沿裂隙分布。只有当地壳运动造成裂口而地下熔岩喷涌而出时,才可能出现呈圆锥形的火山口。当火山停止喷发,熔岩冷却凝固成盆底,然后积水成湖。不过世界上火山口湖确实不少,可是形成如此规则的圆锥盆形湖底的唯有波森维湖,而且地质学家通过考察研究认为,这一地区从来没有过火山爆发的历史,火山爆发造就"圆锥湖"的假说难以服众。

虽然科学家提出的波森维湖成因的各种假说各有一定的道理,但都没有令人完全信服的证据。然而,更多的科学家还是认为,波森维湖很可能是宇宙小天体的撞击,或是火山爆发以及其他地质灾害所致,是由一场远古时期的灾难所造的。

太湖成因

美丽的太湖位于风景如画的江苏无锡,古称震泽,是中国长江中下游五大淡水湖之一,水面达2400平方公里,自古就被誉为"包孕吴越"的美称。然而,就是这样一个兼具秀丽风景和浩渺壮阔气派的饮誉中外的太湖,关于它的成因,直到今天还争论不休。

早在上世纪初,中国地理学家丁文江与外国学者海登施姆就认为,是大江淤积导致了太湖的形成。他们指出,在5000年前江阴为海岸,江阴以东、如皋以南、海宁以北,即包括太湖地区在内都是长江淤积的范围,这是最初对太湖成因所做的理论上的描述。

发展到上世纪30年代,由于在湖区地下发现有湖相、海相沉积物等,所以学术界对太湖的形成有了较成熟和系统的看法。著名的地理学家竺可桢与汪胡桢等提出了潟湖成因论,潟湖论在以后又不断被充实进新的内容。华东师范大学海口地理研究所的陈吉余教授等在总结前人研究的基础上,发展和完善了潟湖论。该论点主要依据太湖平原存在着海相沉积来推断,认为因长江带来的大量泥沙逐渐在下游堆积,使当时的长江三角洲不断向大海伸展,从而形成了沙嘴。以后沙嘴又逐渐环绕着古太湖的东北岸延伸并转向东南,与钱塘江北岸的沙嘴相接,将古太湖围成一个潟湖。后来又因为泥沙的不断淤积,这个潟湖逐渐成为与海洋完全隔离的大小湖泊,太湖则是这些分散杂陈的湖群的主体,又经以后的不断淡化而成为今日的太湖。

近年来,随着对太湖地区地质、地貌、水文、考古和文献资料等方面的不断研究,尤其是几十处距今5000~6000年前的新石器时代遗址,以至汉、唐、宋文化遗物的发现,许多研究者对潟湖论中所存的问题提出了质疑。认为在海水深入古陆地的过程中,虽然是一边冲蚀,一边沉积,但这种情况对于整个古陆地来说是不平衡的,有的地方虽有潟湖地貌的沉积,但它不具整体意义。因此,潟湖论虽然可以解释太湖平原的地形和地质上的海湖沉积,但难以解释何以在太湖平原腹地泥炭层之下以及今日湖底普遍有新石器遗址与古生物化石的存在,同时这也与全新世陆相层的分布范围不符。许多人因此提出,太湖平原大部原为陆地,所以古代居民能够在上面聚居生存。

据推测,大约在6000~10000年前,太湖地区是一片低平的平原,人们曾经在这里生活和居住过。由于地势较低,终于积水成湖,人们还没有来得及搬走他们的家当,就被洪水淹没了。

至于太湖这片洼地的形成,他们认为和这里的地壳运动有关。太湖地区可能一直是一个地壳不断下沉的地带,由于地势低洼,从四面八方汇来的流水不能及时排出去,自然就形成了湖泊。

太湖的"平原淹没说"还没有得到更多的传播和响应,另一种成因说又突然出现了。最近,一批年轻的地质工作者们,用全新的观点来解释了太湖的形成。

他们大胆地假设,可能是在遥远的古代,曾有一颗巨大无比的陨石,从天外飞来,正好落在太湖的位置上。也就是说,偌大的太湖竟然是陨石砸出来的!他们估计,这颗陨石对地壳造成的强大冲击力,其能量可能达到几十亿吨的黄色炸药爆炸产生的能量,或者等于10万颗在日本广岛上空爆炸的原子弹的能量。

提出"陨石冲击"假说的年轻人列出了如下几个方面的证据:

第一,从太湖外部轮廓看,它的东北部向内凹进,湖岸破碎得非常严重;而西南部则向外凸出,湖岩非常整齐,大约像一个平滑的圆弧,与国外一些大陆上遗留下来的陨石坑外形十分相似。

第二,研究者在调查中发现,太湖周围的岩石岩层断裂有惊人的规律性。在太湖的东北部,岩层有不少被拉开的断裂,而西南部岩层的断裂多为挤压形成。这种地层断裂异常情况只有在受到一种来自东北方向的巨大冲击时才会出现。

第三,研究者还发现,成分十分复杂的角砾存在于太湖四周,在显微镜下观察这些岩石,其中还可以看到被冲击力作用产生的变质现象。另外,他们还在太湖附近找到了不少宇宙尘埃和熔融玻璃,这些物质只有在陨石冲击下才会产生。

由以上的证据,他们推断,这颗陨石是从东北方向俯冲下来的。由于太湖西南部正好对着陨石前下方,冲击力最大,所以产生放射性断裂,而东北部受到拉张力的作用,形成与撞击方向垂直的断裂。由于陨石巨大的冲击力,造成岩石破碎,形成成分混杂的角砾岩和岩石的冲击变质现象。

可见,目前对太湖的成因还没有形成统一的认识,但所有这些不同的观点,都有助于推动人们做进一步的调查和研究。随着不断地深入探究,相信人们最终一定能揭开扑朔迷离的太湖成因之谜。

"魔鬼水域"鄱阳湖

秀丽辽阔的鄱阳湖像一颗天然珍珠镶嵌在江西省的北部。然而,这个风景秀丽的湖泊却有着一个恐怖的称呼——魔鬼水域。

"魔鬼水域"实指鄱阳湖的老爷庙水域。这里仿佛是吞噬生命的地狱入口，过往船只无故沉底，就连负责打捞沉船的工作人员也接二连三地失踪，即使好不容易逃出，也会变得不是精神崩溃就是意识模糊。人们很难从生还者的口中探知老爷庙深深的湖底到底发生了什么。

鄱阳湖

1945年4月16日，装载着大量中国宝物的日本运输船"神户丸"号在老爷庙离奇沉没。之后，日本方面立即派专业的打捞人员潜入鄱阳湖一带进行搜救。然而，在费了九牛二虎之力后，日方仅救出一名名叫山下堤昭的船员。日方试图通过该船员弄清"神户丸"号的沉没原因。遗憾的是，山下堤昭竟被吓得失去了理智，完全疯了。日方的打捞工作没有取得丝毫进展，"神户丸"号安静地沉睡在了鄱阳湖的湖底。

抗战胜利后，国民党方面也曾派人打捞"神户丸"号，由于听说了日方在打捞该船时的离奇遭遇，国民党政府特地邀请了当时享有盛誉的打捞专家爱德华·波尔，并由波尔亲自带队负责具体工作。结果，波尔不仅未能让"神户丸"号重见天日，还损失了若干队员。

波尔心有余悸地告诉人们，自己在水底看到了一道长而耀眼的白光，这道白光仿佛死神的影子在湖底迅速翻滚，不等他反应过来，就卷走了他的队员。波尔不知道这道白光到底为何物，他再也没能和那些被卷走的队员取得联系。

鄱阳湖的湖底迷雾重重，继"神户丸"号和波尔的打捞队之后，仍有不少悲剧在此发生：1985年8月3日，15艘船只神秘地在老爷庙水域消失。2005年5月，安徽省的一艘运沙船进入老爷庙水域后，突遭狂风恶浪，船体瞬间断裂下沉，之后便片物不存……

就在人们对发生在老爷庙水域的一系列恐怖事件百思不得其解时，各种猜测出现了。这些揣测让原本神秘的老爷庙水域变得更加恐怖离奇。

当地的老人认为，在老爷庙的湖底潜藏着极其可怖的怪兽，正是由于怪兽作祟，湖上才会突起风暴，害人性命。至于怪兽的模样，当地人也说得头头是道。传说，这头怪兽形似白龙，浑身上下长满了眼睛，每当它出没之际，湖面上就会电闪雷鸣，黑云翻滚，场面十分可怕。

科学家们认为老爷庙一带的水文情况比人们想象得复杂，而紊乱的水流又会形成巨大的漩涡，这些漩涡足以将船只和潜水人员吞噬。与此同时，在老爷庙水域,还有相当地方遍布着石灰岩,这种特殊的地质构造很容易形成地下电磁场。每逢雷雨天气,地下电磁场的异常活跃不仅极有可能诱发雷电击沉船只,还会让人思维混乱。

此外,老爷庙水域还是少有的大风区,最大风速可达每小时 200 公里。如此大的风力可以轻而易举地将过往船只打入水底。

尽管科学家们尽可能地为老爷庙"魔鬼"称号的缘由做了解释,但还是没有人能回答爱德华·波尔当年看到的那道翻滚的白光究竟是什么。如果是简单的漩涡,经验丰富的波尔不会认不出来,而波尔带队下水时老爷庙也没有风暴发生。在老爷庙幽深的湖底仍有未解之谜待人探索。

印度人骨湖

印度喜马拉雅山区有个路普康湖,也叫"人骨湖"。1942 年,一队森林巡逻兵在海拔 1.6 万英尺高的路普康湖偶然发现了一个大型墓穴,有两百多具尸骨散布其中。这一发现随即吸引了全世界的目光,人们都对这一古老的惨剧感到震惊。

此后的时间里,惨剧发生的原因一直让世界各国的科学家们十分头痛。人们提出各种各样的说法,试图解开这个谜团。

由德国海德尔堡大学的文化人类学者威廉·萨克斯带领的各国科学家们经过长途跋涉,来到这个高山湖泊,试图解开"人骨湖"之谜。经过不懈的努力,萨克斯终于找到了一个最具有说服力的解释,能够解开萦绕人们心中长达 60 多年的谜团。

通过对尸体进行深入研究,科学家们发现,导致这些人死亡的原因竟是历史上最致命的一次大规模的冰雹袭击。这些遇难者的头骨上都遭受过致命打击,而种种迹象表明,这种致命打击极有可能来自一场大规模的冰雹袭击。研究小组成员之一的普拉莫德·乔格里卡博士称:"我们对自己的发现感到很吃惊。这些尸体在冰层下面保存得完整无缺,我们可以看到这些人的头发和指甲,甚至还能看到他们衣服的残片。"

研究人员发现,在这场灾难中,很多人因头骨破裂而死亡。自然人类学者苏巴斯·沃里姆贝博士说:"我们发现很多人的头骨上面都有很深的裂缝,但这并不是由于山崩或雪崩造成的,而是由一种如板球大小的圆形钝器打击所导致的。"沃里姆贝说:"因为这些遇难者都是头骨受伤,而不是身体其他部位的骨骼受伤,所以我们可以肯定,一定是从上面落下来什么东西导致他们死亡,我们认为这是一场大规模冰雹的袭击。"

更神奇的是,科学家们还发现在喜马拉雅地区妇女之间传唱的一首古老的歌曲也描绘了类似的场景。这首歌曲说的是,一位被激怒的女神向惹恼自己的人类降下了"如铁一般坚硬"的冰雹的故事。因此,科学家们断定,一场大规模的冰雹极有可能就是这次惨案的元凶。

科学家在人骨湖附近找到了玻璃手镯、指环、长矛、皮靴子和竹手杖等遗物,这说明死者中包括多名女性。很多人都试图搞清楚这些遇难者的身份。

通过对遇难者 DNA 样本的研究,科学家发现这些遇难者之间具有很紧密的血缘关系。同时,由于这些遇难者骨骼较大,身体条件较好,因此,科学家们认为他们是一群从平原来此的印度朝圣者,而不是山地居民。通过对遇难者骨骼样本进行分析,科学家发现这些人的死亡时间大约在公元 850 年,这比原来推测的时间要早400 年左右。

另外,据专家推测,在这一地区大约还有六百多具尸体仍旧被冰雪覆盖着,没有被挖掘出来。他们是谁? 他们因何而死? 至今还没有确切的答案。

第四节　神秘的地域

北纬 30°

地球上的北纬 30° 在很多人眼中是一个不平凡的地带,这里地质地貌纷繁独特,自然生态奇特多姿,无数个世界奇观、世界之最、世界之谜都不约而同地出现在这条线上。例如中国的长江、埃及的尼罗河、伊拉克的幼发拉底河、美国的密西西比河都在北纬 30° 入海。地球上的最高峰珠穆朗玛峰、最深的西太平洋马里亚纳海沟,也在北纬 30° 附近。

在北纬 30° 附近还建造有许多人类文明的遗迹。例如比萨斜塔,它坐落在意大利佛罗伦萨市,至今已有八百多年历史。此塔建至一半以上高度时就开始倾斜。它虽然已饱经风霜八百余年,但依然没有倒下,有望创下"千年不倒"的记录。

又如原始部落神殿遗址。在黎巴嫩巴尔别克村,有一个原始部落遗址,它的外围城墙是用三块巨石砌成,每块石头都超过 1000 吨,仅一块石头就可以建造三幢高 5 层、宽 6 米、长 12 米的楼房,且墙厚度达 30 厘米。这三块巨石在当时是怎样运来的? 没有人能够知道。

此外,死海、百慕大三角、珠穆朗玛峰、美国"死亡谷"、埃及的金字塔狮身人面像等自然之谜及奇特景观都处于北纬30°地带。

地理学家认为北纬30°的各种神秘现象的成因来自地球内部。这一地域是当前地壳最活跃、构造变形最强烈的地区之一，它的形成可能与大陆的沉没有关。地球上的大陆沉没后，给地球造成的冲击力使西藏高原隆起，产生喜马拉雅山褶皱。大约4000万年前的第三纪初期，喜马拉雅山还处在一片汪洋之中，史称古特提斯海。经过漫长的地质历史，古特提斯海板块俯冲到欧亚板块之下，印度古陆与欧亚古陆会合，形成地球的第三极——珠穆朗玛峰。

从自然条件看，北纬30°这条温度带是处于亚热带和温带的过渡地带，应该说是最适于人类生存的地带。这里的降水相对比较丰沛，植物相对比较茂盛，温度也比较适合人类生存，尤其是在生产力水平比较低的情况下，人可以靠自然的供给获得一个比较良好的发展，所以在这里，早期人类可以比较容易生存下去，在这种情况下，早期文明和社会就容易在这个地带发展起来。

据科学考证，由于各种因素的影响，不同的地理位置其环境的重力场、电场、磁场及其他物理量都不尽相同。北纬30°被人们称为地球的"脐带"，其微量元素矿、磁场、电场、重力场对人与环境都有影响。另外，地球自转也给地球内部不同纬度的区域造成了不同的作用力。但很多科学家认为，这也不能完全解释清楚北纬30°的奇怪现象。

对种种神秘现象的解释可谓仁者见仁，智者见智，但这些说法似乎都与神秘的北纬30°主题相去甚远。因此，这一扑朔迷离的怪异现象目前还是让人无法猜透的谜。

地球禁区百慕大

百慕大三角，是指北起百慕大群岛、西到美国佛罗里达州的迈阿密、南至波多黎各的圣胡安的一个三角形海域。这里蓝天碧水，白鸥飞翔，绿树常青，四季如春，无论如何也不像一个暗藏杀机的魔鬼地区。然而自从1840年开始，有数以百计的飞机和船只相继在这里神秘失踪。

据不完全统计，仅上个世纪50年代至今的短短几十年中，就有100多艘船舶、30多架飞机和1000多人在这个三角海区内失踪，生还者寥寥无几。

百慕大

据报道,事发时,遇难者乘坐的船或者飞机突然之间被一种奇怪的蒸汽所吞没,而且所有的仪器都突然失灵,对外的联系全部中断。与此同时,还有奇怪的雾在海面上升起来,而根据当时的天气状况是不可能产生雾的。事发后,有关当局都会马上派出大量人员赶赴现场进行搜索和营救,却没有找到过一具遇难者的尸体,也从没有发现过失踪的飞机或船只的残骸。

人们找不到任何理由来解释所有的反常状况。全世界的科学家都做出了努力,提出许多种说法,试图给出一个合理的解释,但所有的解释都只是推测,并没有得到证实。

1.磁场说

持这一观点的人认为,在百慕大失踪的那些船只和飞机在出事之前,很多都发生过罗盘失灵的情况。于是科学家自然地联想到了地球磁场的异常。地球的磁场有两个磁极,即地磁南极和地磁北极。而这两极的位置总是在不断地变化,由此产生的地磁的异常很容易造成罗盘失灵,而使船只、飞机迷航。

有的科学家还注意到,在百慕大三角海域发生事故的时间大多都是在阴历的月初和月中,这正是月球对地球潮汐作用最强的时候。

1943年,一位名叫裴萨的博士曾在美国海军的配合下,在百慕大三角区做过一个关于磁场的试验。他们架起两台磁力发生机,在那里制造了一个强磁场。结果,试验一开始,船体周围立刻涌起绿色的烟雾,船和人都消失了。试验结束后,船上的人似乎都受到了某种刺激,有些人还因此而精神失常。事后,裴萨博士也莫名其妙地自杀了。临死前,他说试验时出现的情况与爱因斯坦的相对论有关。因为他没有留下任何其他论述,以至连试验本身也成了一个谜。

2.黑洞说

这一观点是由美国学者韦勒提出的。他认为在百慕大海区有一颗1500年前坠落的陨星,这颗高密度的陨星使百慕大地区成了一个巨大的黑洞,船和飞机一旦靠近,就会被吸入其中,再也摆脱不了。而且离百慕大不远的伯利兹也曾经飞落过一颗陨石。这颗陨石摧毁了地球上的万物生灵,其尘埃在地球上空弥漫十年之久。百慕大是否也受到了它的影响,我们不得而知。

那些在百慕大地区消失的不留痕迹的船只、飞机,的确很像黑洞现象引起的结果,但是黑洞说却难以解释有些飞机、船只何以在刹那间消失得无影无踪。

3.高压油气说

"高压油气说"是加拿大的唐纳德·戴维森提出来的。他认为,百慕大海区的海底蕴藏着丰富的天然气,由于受到外界环境变化的影响,这一海区的天然气被大量释放出来,使得这里的空气含氧量大大减少,从而让飞机的发动机因缺氧而熄灭。而从机尾排气管排出的灼热废气,又引燃了这一海区不断喷涌出来的天然气,从而将坠落的飞机焚烧得一干二净。

4.次声说

这一观点来自苏联学者舒列伊金的"海上次声波震动论"。舒列伊金指出,百慕大海域复杂的地形,很可能产生次声,并加剧次声的强度。如波多黎各海岸附近的海底火山爆发、海浪和海温的波动等都是产生次声的原因,而那些失踪的飞机和船只都是这些极具破坏力的次声波的牺牲品。

"晴空湍流说"认为,在万里晴空中,有时也会像平静的海面下藏有汹涌的暗流一样,偶尔会出现强烈的扰动气流,使飞机产生剧烈颠簸,航空气象专家称这种来无影去无踪的气流为"晴空湍流"。它被称为飞机的"隐形杀手"。航行的飞机碰上它便会发生剧烈颠簸,有时它还会产生次声,将飞机撕得粉碎。有人认为,百慕大地区的飞机失踪之谜便是因为晴空湍流。

5.潜流说

持这一观点的人认为,百慕大三角区的海底有一股不同于海面潮水涌动流向的潜流。当海水的上下两股潮流发生冲突之时,也就是海难发生的时候。海难发生之后,遇难的船只残骸被那股潜流拖到了远处,这就是为什么在失事现场找不到失事船只的原因。这种说法的依据是,有人在太平洋东南部的圣大杜岛沿海发现了在百慕大失踪的船只的残骸。这些残骸来到这里的唯一解释就是这股潜流把它们推了过来。

6.地外文明说

他们认为外星人在百慕大地区的海底安装了强大的信号系统,这些信号系统发出的信号会严重干扰船只和飞机上的导航系统,还会损坏人的神经系统。为了证实这一点,美国科学家借助各种现代仪器进行监测,并指挥一艘驱逐舰迅速驶过百慕大海区。结果,军舰受到干扰,葬身海底。

还有人认为百慕大海域频频出事与幽灵潜艇有关。1993年7月,英、美两国联合探险队在这一海域水下1000米深处发现了一艘潜艇,其速度远远超过各国已知的任何潜艇。后经查实,这一天根本没有任何潜艇在那一带执行任务,也就是说,这艘潜艇根本不可能是人类制造的。之后人们又多次发现它,甚至与之较量,但都失败了。

以上种种说法,每一种都有一定的合理性,但它们都只能解释某种现象。真正的原因究竟是什么？我们只能拭目以待了。

地中海死亡三角区

地中海是世界上最大的陆间海，位于亚、欧、非三大洲之间，被陆地环绕。人们一直把地中海当成一个风平浪静的内海，但是这里也有一个神秘的魔鬼三角区。这个三角区位于意大利本土的南端与西西里岛和科西嘉岛之间。几十艘船只和多架飞机不明不白地在这里被吞没。人们称这片海域为地中海的"死亡三角区"。

1969 年 5 月 15 日 18 时左右，西班牙海军的一架"信天翁"飞机在这片海域莫名其妙地栽进了大海。机长麦克金莱上尉侥幸活了下来，事后他无法说清飞机出事的原因。出事地点离海岸很近，人们打捞起了两名机组人员的尸体，军方派军舰和潜水员仔细搜寻了几天，始终没有找到另外 5 名机组人员。1969 年 7 月 29 日 15 时 50 分左右，西班牙海军的另一架"信天翁"飞机在这一海域执行任务时又神秘失踪。机长博阿多发出的最后呼叫是"我们正朝巨大的太阳飞来"，令人无法破译。军事当局动用了十余架飞机和四艘水面舰船搜寻了广阔的海域，仅仅找到了失踪飞机上的两把座椅。

1980 年 6 月，一架意大利班机从布朗飞往西西里岛的巴拉莫城，预计航行所需时间为 1 小时 45 分钟。在飞行了 37 分钟时，机长报告了飞机的位置在庞沙岛上空。之后，就再也没有这架飞机的消息了，谁也不知道这架飞机是怎么失踪的。机上 81 名乘客和机组人员踪迹全无。

更令人迷惑不解的是，在这片海域风平浪静的时候，一些船只也会突然失踪。有一次失踪事件尤为蹊跷。

当两艘渔船正在庞沙岛西南偏西的地方捕鱼的时候，在黎明时分，其中一艘名叫"加萨奥比亚号"的渔船发现另一艘渔船"沙娜号"不见了。这两艘渔船本来离得并不远，并且可以通话、联系。起初，"加萨奥比亚号"上的人以为"沙娜号"开走了。但当时鱼情如此之好，没有作业完毕的"沙娜号"为什么要离开呢？

于是，"加萨奥比亚号"的船长向基地报告了这件事。3 小时后一架意大利海岸巡逻直升机到达了这片海域。但这时不仅"沙娜号"不见踪影，就连刚刚汇报"沙娜号"失踪的"加萨奥比亚号"也不见了。直升机飞行员感到非常奇怪，于是仔细地搜索了整个海域。直到飞机油料只够返回基地时，飞行员通知了附近海域的一艘名叫"伊安尼亚号"的大型捕鱼船，请它协助搜索，然后才离开。

这艘大型捕鱼船的船长回复说，他们的船将在 3 小时内抵达该海域，将会持续注意在那里失踪的船只发出的求救信号，并在那里过夜。

第二天清晨，3架直升机再次来到这一区域搜索。奇怪的是，不但没找到前两艘失踪的船只，而且连"伊安尼亚号"也不见了。这3艘船只连同船上的51名船员就这么不明不白地在风平浪静的海上失踪了，而且事后一点痕迹也没有留下。

直到今天，人们还无法揭开地中海"死亡三角区"之谜。希望有一天科学能给出合理的答案。

日本龙三角

1980年9月8日，巨轮德拜夏尔号装载着15万吨铁矿石，驶入距离琉球海岸200海里的海域里。这艘巨轮设计完美，相当于泰坦尼克号的两倍，已在海上安全航行4年。目前正是船体中机械磨合的最佳时期，也是这艘巨轮的最佳航海黄金时期。

就在这时，巨轮遇上飓风，但船长一点儿也不担心。在他眼里，德拜夏尔号就像一个漂浮在海上的小岛，这样的气候根本对它无法造成威胁。可是，岸上的人看到船长发来的消息，一个个大惊失色，这条消息是：我们的处境非常危险，狂风以每小时100公里速度向我们扑来，我们正在与9米高的巨浪搏斗。谁也没有想到，这竟是最后一条消息，德拜夏尔号及全体船员便消失得无影无踪。

自从20世纪40年代以来，无数巨轮在德拜夏尔号失踪的海域神秘消失。这些消失的船只中，失踪前大多数没有发求救讯号，也没有任何线索可以解答它们失踪的原因。在地图上，我们可以清晰地看到，这片海域的范围，与百慕大三角区极为相似，所以有人称这片海域叫"日本龙三角"。

连续不断的失踪事件，引发了人们的重视，科学工作者们开始以不同的方式试图去揭开魔鬼海之谜。有些科学家想通过寻找德拜夏尔号为线索，逐步揭开这片海域的神秘面纱。

失事船只搜寻专家大卫·莫恩，对确定沉船地点有自己独到的见解，曾经在这方面有辉煌的业绩。他始终坚信，从科学技术的角度对失事船只进行定位和研究，一定能够得到想要的答案。1994年7月，一支海洋科技探险队由大卫·莫恩率领着进入日本龙三角，根据探测仪器传回的图片和资料，大卫·莫恩按图索骥，终于找到了沉船——德拜夏尔号。

于是，大卫·莫恩还原了当时德拜夏尔号失事前的情形：当年德拜夏尔号刚行驶到这片海域不久就遇到了飓风，紧接着又发生海啸，海啸在德拜夏尔号水域下形成两个巨大的涌浪，将德拜夏尔号架出水面，于是德拜夏尔号出现悬空现象，被自己的重力压成三段。巨浪冲进船舱，导致整艘巨轮快速下沉。它下沉的速度非常快,没有给船员们任何逃生的机会。另外,大卫·莫恩还解释道:巨轮下沉过程中随着海水压力的增大,被挤压变形,最后沉到海床上时已变为了一堆扭曲的钢铁。

大卫·莫恩的推理,完全建立在科学论证基础上。这种推论揭开了日本龙三角的神秘面纱,也给了那些沉浸于痛苦中的亡者亲人们一个圆满的答案。2000年来,在这片海域,有许多艘船只永远长眠在这里,平均每14海里就有一艘沉船,这从而也说明海洋是地球上最神秘莫测的生存地狱。直到今天,人们对浩瀚的大海知之甚少,相信大海深处还隐藏着许多等待人类去探索和发现的神秘。

黑竹沟怪事

在四川盆地西南的小凉山北坡,有个叫黑竹沟的地方,被人们称之为"魔沟""中国的百慕大"。这里古木参天,箭竹丛生,一道清泉奔泻而出,一切都那么宁静祥和,但是这里发生的一桩桩奇事却令人大惑不解。

传说,在黑竹沟前一个叫关门石的峡口,一声人语或犬吠,都会惊动山神摩朗吐出阵阵毒雾,把闯进峡谷的人畜卷走。1955年6月,解放军测绘兵某部的两名战士,取道黑竹沟运

黑竹沟

粮,结果神秘地失踪了。部队出动两个排搜索寻找,仍一无所获。

1977年7月,四川省林业厅森林勘探设计一大队来到黑竹沟勘测,宿营于关门石附近。技术员老陈和助手小李主动承担了闯关门石的任务。第二天,他俩背起测绘包,一人捏着两个馒头便朝关门石内走去。可是到深夜,依然不见他俩回归。从次日开始,寻找失踪者的队伍四处出动,川南林业局与邻近的峨边县联合组成100余人的队伍也赶来帮助寻找。人们踏遍青山,找遍幽谷,除两张包馒头用过的纸外,再也没有发现任何蛛丝马迹。

1986年7月,川南林业局和峨边县再次联合组成二类森林资源调查队进入黑竹沟。因有前车之鉴,调查队作了充分的物质和精神准备,除必需品之外还装备了武器和通信联络设备。由于森林面积大,调查队入沟后仍然只好分组定点作业。副队长任怀带领的小组一行7人,一直推进到关门石前约2公里处。这次他们请来了两名彝族猎手做向导。

当关门石出现在眼前时,两位猎手不想再往前走。大家好说歹说,队员郭盛富自告奋勇打头阵,他俩才勉强继续前行。及至峡口,他俩便死活不肯再跨前一步。副队长任怀不忍心再勉强他们。经过耐心细致的说服,好容易才达成一个折中的

协议:先将他俩带来的两只猎犬放进沟去试探试探。第一只灵活得像猴一样的猎犬,一纵身就消失在峡谷深处。

可半小时过去了,猎犬杳如黄鹤。第二只黑毛犬前往寻找伙伴,结果也神秘地消失在茫茫峡谷之中。两位彝族同胞急了,忘了沟中不能"打啊啊"(高声吆喝)的祖训,大声呼唤他们的爱犬。顿时,遮天盖地的茫茫大雾不知从何处神话般地涌出,9个人尽管近在咫尺,彼此却根本无法看见。副队长任怀只好一再传话:"切勿乱走!"大约五六分钟过后,浓雾又奇迹般地消退了。玉宇澄清,依然是古木参天,箭竹婆娑。队员们如同做了一场噩梦。面对可怕的险象,为确保安全,队员们只好返回。

黑竹沟至今仍笼罩在神秘之中,或许只有消失在其间的人才知道它的谜底,但却永远不能告诉我们了。

南极魔海

威德尔海是南极的边缘海,南大西洋的一部分。它位于南极半岛与科茨地之间,最南端达南纬83°,北达南纬70°~77°,宽度在550公里以上。威德尔海的南部大陆棚,宽约480公里。大陆棚与大陆坡交界处,海深约500公尺。海域属极地气候。动物有企鹅、威德尔氏海豹、海燕等。全世界的大洋底部冷水有一半以上源出南极海域,其中大部分即产生于威德尔海。1823年,英国探险家威德尔首先到达这里,因而以他的名字来命名这一海域。

魔海威德尔海的魔力首先在于它流冰的巨大威力。南极的夏天,在威德尔海北部,经常有大片大片的流冰群,这些流冰群像一座白色的城墙,首尾相接,连成一片,有时中间还漂浮着几座冰山。有的冰山高一两百米,方圆220平方公里,就像一个大冰原。这些流冰和冰山相互撞击、挤压,发出一阵、阵惊天动地的隆隆响声,使人胆战心惊。船只在流冰群的缝隙中航行异常危险,说不定什么时候就会被流冰挤撞损坏或者驶入"死胡同",使航船永远留在这南极的冰海之中。1914年英国的探险船"英迪兰斯"号就被威德尔海的流冰所吞噬。在威德尔的冰海中航行,风向对船只的安全至关重要。在刮南风时,流冰群向北散开,这时在流冰群之中就会出现一道道缝隙,船只就可以在缝隙中航行,如果一刮北风,流冰就会挤到一起把船只包围,这时船只即使不会被流冰撞沉,也无法离开这茫茫的冰海,至少要在威德尔海的大冰原中呆上一年,直至第二年夏季到来时,才有可能冲出威德尔海而脱险。但是这种可能性是极小的,由于一年中食物和燃料有限,特别是威德尔海冬季暴风雪的肆虐,使绝大部分陷入困境的船只难以离开威德尔这个魔海,它们将永远

"长眠"在南极的冰海之中。所以,在威德尔及南极其他海域,一直流传着"南风行船乐悠悠,一变北风逃外洋"的说法。直到今天,各国探险家们还守着这一信条,足见威德尔海的神威魔力。

在威德尔海,不仅流冰和狂风对人施加淫威,而且鲸群对探险家们也是一大威胁。

夏季,在威德尔海碧蓝的海水中,鲸成群结队,它们时常在流冰的缝隙中喷水嬉戏,别看它们悠闲自得,其实凶猛异常。特别是逆戟鲸,它是鲸类中最凶猛的一类,嘴巴细长,牙齿锋利,是企鹅、海豹等动物的天敌。当它发现冰面上有人或海豹等动物时,会突然从海中冲破冰面,伸出头来一口吞食掉。它们常常贪婪地吞噬海豹和企鹅,其凶猛程度令人毛骨悚然。

正是逆戟鲸的存在,使得被困威德尔海的人难以生还。

绚丽多姿的极光和变化莫测的海市蜃楼,是威德尔海的又一魔力。船只在威德尔海中航行,就好像在梦幻的世界里飘游,它那瞬息万变的自然奇观,既使人感到神秘莫测,又令人胆战心惊。

有时,船只正在流冰缝隙中航行,突然流冰群周围出现陡峭的冰壁,好像船只被冰壁所围,挡住了去路,使人如入绝境;有时,这冰壁又消失得无影无踪,使船只转危为安;有时,船只明明在水中航行,突然间好像开到冰山顶上,顿时,把船员们吓得一个个魂飞魄散。还有时,当晚霞映红海面的时候,眼前出现了金色的冰山,倒映在海面上,似乎向船只砸来,给人带来一场虚惊。在威德尔海航行,大自然不时向人们显示它的魔力,使人始终处在惊恐不安之中。事后才知是大自然演出的一场闹剧。

正是这一场场闹剧,不知将多少船只引入歧途,有的竟为躲避虚幻的冰山而与真正的冰山相撞,有的受虚景迷惑而陷入流冰包围的绝境之中。

威德尔海是一个冰冷的海,可怕的海,也是世界上又一个神奇的魔海。

四大死亡谷

世界上有些地方如同传说中的神灵禁地,让闯入其中的一切生命都无法逃脱它的诅咒与惩罚。其中最为著名的就是四大死亡谷。

1.俄罗斯的死亡谷

俄罗斯堪察加半岛上的克罗诺斯基,有一块长约两公里、宽数百米的狭长地带,别看这块地带毫不起眼,它却是世界闻名的死亡谷之一。

有一次,当地的一个森林看守人追踪一只黑熊来到了这里,这片死亡之地才被人们发现。看守人看到黑熊的脚下全是各种动物的尸体,起先以为是黑熊的战利品。而当黑熊正准备吞食那些动物的尸体时,却突然倒在地上,并很快停止了呼吸。

这里到处是熊、狼等野兽的尸体,奇怪的是尸体上都看不出任何外伤。但是,离这里仅500米的地方居住的农户却安然无恙,没有受到任何干扰。

后来,不断有人到谷中来考察探险,也有考察者因此葬身谷中。据统计,到目前为止,葬身谷中的探险家、动物学家有30多人。付出了如此沉痛的代价之后,人们探索出了一些有价值的信息,比如这里有很多露天的硫磺矿,产生大量的硫化氢和二氧化碳等有毒气体;而且这里谷狭底深,产生的热性毒剂氢氧酸及其衍生物都有可能是元凶。不过,相距很近的村庄与这里却是生死两重天,这就令人费解了。

2.美国的死亡谷

美国内华达州与加州交界的地方有一条长约三百公里的特大山谷。山谷两侧悬崖绝壁,险象环生,谷中气候干燥,酷热难耐。

1848年,一队人马进入这个山谷探险,结果全部葬身山谷,没有一个能逃出来。100年之后的1949年,又有一支做黄金美梦的勘探队前往山谷探险,企图找到黄金,结果几乎全军覆没。几个侥幸逃出谷的人仍难逃厄运,不久之后就莫名其妙地死去。以后,多次有探险者试图揭开这个大峡谷的秘密,却无一例外地永远留在了这里。

这个大峡谷成了名副其实的死亡之谷。但是,科学家们利用航空侦察,却发现在这个山谷中有约2000头野驴、近300种鸟类、20余种蛇类和17种蜥蜴都生活得很好。这个人类的活地狱,竟是飞禽走兽的大乐园,这是为什么呢?

美国科学家猜测,也许在谷底的某处藏有一种未知的有毒元素,当人类靠近时,便会中毒身亡,而长年生活在谷中的动物则会自动避开有毒的地方。但是,这也仅仅是猜测而已,因为再没有人敢进入那片生命的禁区了。

3.意大利的死亡谷

意大利的那不勒斯市和瓦维尔诺湖毗连的地方也有一个著名的死亡谷。不过这个死亡谷和美国的死亡谷正好相反,它只吞噬动物,却对人类网开一面。

据调查统计,该谷中发现的死于非命的飞禽走兽的总数已超过了4000具,其中鸟类有几十种,爬行类动物有19种,而哺乳动物也有上十种之多。但是,进入山谷中的探险者,都能安然无恙地出来。

那些动物的死,不像是自相残杀或者集体自杀,也不是人为。虽然科学家已多次深入此地进行现场调查,但是这个谜团仍未解开。

4.印尼的死亡谷

印度尼西亚的爪哇岛上的死亡谷,堪称四大死亡谷中最恐怖的一个。此谷中有六个大山洞,洞呈喇叭状,不用说误入洞中的人或动物会性命难保,就是站在离洞口六七米远的地方,也能感受到洞中发出的难以抗拒的吸力。而一旦被吸入洞中,就永远无法重见天日。

据有些因事先有准备而侥幸逃脱的科学家说,他们看到洞里已是白骨累累,难以分清哪些是人的尸骨,哪些是动物的尸骨。

这个神秘的死亡谷虽然激起了很多研究者的好奇心,然而他们却无法靠近它去揭开它的真相。

死亡公路

众所周知,大西洋海域中的"百慕大三角"是一个极为神秘恐怖的地方。其实,在陆地上也存在着同样让人听了就毛骨悚然的地方,还经常会发生意想不到的事故。所以,人们就把它们叫作陆地上的"魔鬼三角"。

美国爱达荷州有条州立公路,在距离因支姆·麦克蒙 14.5 公里的路段上,经常会莫名其妙地发生翻车事件。原本正常行驶的车辆一旦驶进这个地带,就会突然被一股神秘的力量扔到天上去,然后又被这股不知哪里来的神秘力量重重地摔到地面上,从而造成车毁人亡的惨痛事件。

汽车司机威鲁特·白克就曾经亲身经历过这种恐怖事件。一天,太阳高照,微风吹拂,绿草如茵,威鲁特·白克驾驶着约两吨重的卡车离开家门。不一会儿,他就驶上了爱达荷州的州立公路。汽车飞速地在公路上奔跑着,很快他就来到被司机们称作"爱达荷魔鬼三角地"的路段上。

这段路上因为频繁出现恐怖事件,一般的车辆都会绕道而行,好半天才开过去一辆。就在这时,威鲁特·白克突然觉得有一种无法抗拒的力量控制了自己,汽车在突然之间偏离公路,朝着路边闯了过去。威鲁特·白克很想把汽车控制住,但是,那股神秘的力量猛地把汽车抓起来扔了出去。最后,汽车又"咕咚"一声翻倒在地上。庆幸的是,威鲁特·白克只是身体受了伤,性命算是保住了。然而这件事却在他的心里留下了阴影。

很多人都没有威鲁特·白克那么幸运。据统计,在"爱达荷魔鬼三角地"这个地方,已经先后有几个人断送了性命。表面上,这段公路和其他路段的公路没有什么差别,全都是既平坦又宽阔的康庄大道。那么,它为什么会造成这么多车毁人亡的事故呢?那一股神秘的力量源自何处呢?至今为止,谁也未能解开这个奇怪的现象。

死亡之崖

英国东海岸的东伯恩,有一处风景优美的悬崖峭壁,如刀削般直立海边,崖顶风光如画,而且可以俯视英伦海峡。是一个非常吸引人的游览胜地,但也是声名远播的死亡之崖。

每年很多来自美国、法国和荷兰的游客前来游览,他们登上崖顶,面对英伦海峡,眺望烟波浩瀚的大海,心情有种说不出的兴奋,就好像进入天堂一样。在这醉人的美景中,有人忽然变得飘飘然起来,情不自禁想纵身一跃,投入崖下大海的怀抱。在这种亦幻亦真的感觉推动下,有的人无法控制自己的思想,纵身跳下悬崖,眨眼间生命就此停顿,彻底告别了这个世界。有人说,这些游客可能是受到魔鬼的引诱才这样做的。

跳崖自杀事件,引起社会的极大关注,为此,英国一家医院的一位心理医生对游客跳崖自杀的事进行了20多年的研究,他查阅大量相关资料,发现首宗跳崖自杀的事情发生在1600年,从此以后选择来这里自杀的人越来越多。很多自杀者事先都没有自杀的念头,而是来这里高高兴兴地游山玩水,欣赏大自然的美丽风光。他认为当人处于迷人风景之中时,心情会变得豁然开朗起来,随之便产生一种莫名其妙的心理,这就会导致他们自杀。这时自杀者极有可能意乱情迷,难以控制自己的行为,从而走上自杀之路。

这样的解释似乎有一定的道理,但有些自杀案例实在令人费解。有一位美国大学教授和夫人一起来英国度假,他们一起游览了东伯恩山崖,当时并没有出事,也没有发生异常现象。但这对夫妇回到伦敦后,准备动身返回美国时,教授的夫人突然失踪了。教授找遍该找的地方,均没有发现夫人的身影。原来教授夫人背着教授,独自乘火车再次回到死亡之崖,并毫不犹豫从上面跳了下去。这位教授很痛心,他说,对夫人的行为无法解释,他和夫人感情一直很好,这也是一次愉快的旅行,夫人根本没有任何自杀的理由。

死亡之崖像是一段人生的末路,屹立在英伦海峡边,悲剧仍在不断上演。有人根据崖面到海面的垂直距离,测出从崖上纵身一跳,6秒钟后就粉身碎骨,生命将不复存在。6秒钟,短暂的一瞬,我们不知道6秒钟前,自杀者在想什么。6秒钟,这个死亡之崖,究竟有什么神秘之处,至今仍得不到圆满的答案。

亚各斯无底洞

人们经常会将"无底洞"挂在嘴边,那么地球上到底有没有无底洞呢? 相传,地球上还真有这么一个"无底洞"。

传说中的这个无底洞在希腊亚各斯古城的海滨。每当海水涨潮的时候,汹涌的海水就会以排山倒海之势流进洞里,形成一股非常湍急的急流。人们推测,每天流进这个无底洞的海水超过3万吨。然而令人不解的是,这么多的海水"哗哗哗"地流进洞里,却一直没有把它灌满。所以,人们提出疑问,这个无底洞是不是就像石灰岩地区的漏斗、竖井、落水洞一类的地形呢? 倘若是那样的地形,即使有再多水都不能将它们灌满。但是,这类地形的漏斗、竖井、落水洞总会有一个出口,流进去的水都会顺着出口流出来。然而,人们在希腊亚各斯古城海滨的这个无底洞周围找了好多地方,用了很多方法,都没有找到它的出口。

美国地理学会于1958年派出一个考察队来到希腊亚各斯古城海滨进行实地考察,试图解开这个无底洞的秘密。队员们想到一种很实用的方法:他们先把一种不易变色的深色染料放在海水里边,然后看着这种染料是如何随着海水流进无底洞里边去的;接着,考察队员们分头观察附近的海面和岛上的各条河流、湖泊,试图找到被这种染料染出颜色的海水。但是,考察队员费了很大力气,几乎将所有的地方都找遍了,却一无所获,始终没有发现被染料染了颜色的海水。那么,这究竟是怎么回事呢? 难道是海水的量太大,把有颜色的海水稀释得没有颜色了吗? 考察队员们只好失望而归。然而他们并不甘心。又过了几年,他们带来一种浅玫瑰色的塑料粒子。这种塑料粒子最大的好处是比海水轻一些,能够漂浮在水面上不至于沉底,更不会被海水溶解掉。这一天,考察队员们再次到希腊亚各斯古城海滨的那个无底洞边上。无底洞周围的环境几乎没有什么变化。说干就干,考察队员们把130公斤的塑料粒子全部倒进海水里。这些塑料粒子漂浮在水面上,被海水带着流入无底洞内。考察队员们心想:"现在,哪怕只有一粒塑料粒子在别的地方冒出来,我们就可以找到'无底洞'的出口了,就可以揭开这个'无底洞'的秘密了。"

但是,结果又怎么样呢? 考察队员们又发动很多人,在各地水域里苦苦寻找了一年多的时间,结果连一颗塑料粒子也没有找到。

那么,这么多的海水流进无底洞,最后究竟流到什么地方去了呢? 这个无底洞的洞口究竟在什么地方呢? 一直到现在,人们也无法解释这一现象。

圣塔克斯的"怪秘地带"

有这样一个奇妙的"怪秘地带",位于美国加利福尼亚州的圣塔克斯镇郊外。从加利福尼亚州海滨城市旧金山驾驶汽车南行,大约两个小时就可到达圣塔克斯小镇,然后再行车 5 分钟左右,就能到达"怪秘地带"。

这片神秘地带被整座森林包围着,看上去阴森森的,让人不禁毛骨悚然。一旦进入"怪秘地带"之门,就如同来到另外一个世界,处处都会令你大惊小怪。

"怪秘地带"的门内躺着两块石板。来往的游客常常爱站在两块石板比身高。这两块石板看起来很普通,每块长约 50 厘米,宽约 20 厘米,石块与石块的间距约 40 厘米。人们称它们是"天然魔术"板。

如果两位游客各选一块石板站好,再相互交换站立的位置,不可思议的事情发生了。身高仅 1.64 米的游客甲显得比身高 1.80 米的游客乙还高大、魁梧得多。再来交换一次位置,游客乙转眼间特别高大起来,游客甲一下子矮小了很多。他们就这样来回交换着位置,而他们的身高也随之来回变化着。

用卷尺测量一下身高,依然是原来的身高,根本没有一点没变。用水平仪测量石板,两块石板确实处在同一水平面上。这一切到底是怎么回事?秘密也许在石板上吧。

离开石板,面前是一条坡度极大的道路,游人们顺着脚下的道路兴致勃勃朝"怪秘地带"中心走去,可以看到沿途的树木全都向一个方向倾斜着,好像刚刚被强台风袭击过一样。继续向前走,目光垂直向下看,竟然发现看不到自己的脚尖了。原来不知从什么时候开始,身体已经极度倾斜,几乎达到平行坡道的地步了。尽管这样,游人丝毫没有看到身体有其他变化,步履依然稳健,像平常走路一样。

"怪秘地带"的中心是一个小木屋。这座小木屋非常简陋,也不知道它的建造年代。在木板搭成的围墙与木屋之间,有一块空地,是游客休息与逗留的场所。这座小木屋与树木,也明显地倾斜着,游人们也如此,身子依然无法挺直,全都不由自主地朝一个方向倾斜着身子。许多人还侧歪着身子边走边笑,边跳边叫。这真是一种难以言喻的奇景。

小木屋装着一道木门,推开木门进入屋里,立刻会感到一股强大的力量扑面而来,似乎要把游人推到重力的中心点去。行动敏捷的人虽然可以就近抓牢把手与这股力量抗争,但坚持不到十分钟,就能明显感觉到头昏眼花,像晕船一样难受不舒服。

进入小木屋的游客,都会看到天花板上有一道横梁。有时,好奇的游客会伸出双臂,向上用手抓住天花板的横梁,这样身体就会悬挂起来。若站在一旁的游人就会发现,抓横梁的人的身体悬挂着,竟然没有和地面垂直,而是倾斜向一边。人们已经验证过,在这地方的任何悬挂物,都无法与地面形成直角,总是呈现倾斜状态。

"怪秘地带"作为一个旅游景点,自然少不了导游。一直为游客讲解的老导游也经常为游客们表演。他不用扶持,就能稳稳当当地从木屋板壁边沿踩上去,顺着板壁步步向上走。当他斜立在板壁高处,微笑着向下面的游客招手时,游客们都以为他有特异功能。老导游要求大家学他走,于是大家也都学着他的样子走上板壁。走上去的人们才发现,原来如此自由自在,如同在平地散步一般。这种走法,在其他地方是任何杂技演员都望尘莫及的。

小木屋里的怪事还有很多。有一块向外伸展的木板的外端,看上去明显地向下倾斜,可当你把一个圆球放在木板顶端时,它并不会沿斜面向下滚动。即使用手对它施加推动力,球也是在被迫往下滚几圈后便自动滚上来;当圆球顺着木板顶端滚落时,你在垂直方向不会接到它,因为它不管什么"自由落体"规律,而是会按着倾斜的方向掉下来。

另外,小木屋里有个"钟摆"。那个"钟摆"也够古怪的。所谓的"钟摆"就是在一根悬挂在天花板横梁上的铁链的下端,系着一个直径约25厘米、厚约5厘米的圆盘状物体而组成。按照常规来看,钟摆被推动起来后,它会按一右一左、一左一右的规律摆动,摇摆的幅度由大而小,当动力完全消失后,应该以垂直状态静止下来。然而,小木屋的这个"钟摆"却很特别。在它受到冲击后,最初是按常规左右摇摆几下,但随后它就按着画圈的方向摇摆起来,一会朝右旋转几圈,一会朝左旋转几圈,每隔5~6秒,就自动改变摇摆方向一次,间或前后摇摆或左右摇摆。如此周而复始,历久不衰。

圣塔克斯"怪秘地带"发生的种种怪异现象,完全颠覆了牛顿的重力定律。地球重力场在这里以另外一种方式而存在,这带给现代科学的不仅仅是困惑,也为富于探索精神的人们提供了一个全新认识地球重力场的窗口。

蔬菜的乐园

世界上不仅有让人长高的岛,还有让蔬菜长大的山谷和小岛,那就是美国的麦坦纳加山谷和俄罗斯的库页岛。

这两个地方种植的蔬菜都长得异常硕大。土豆长得几乎和篮球一样大,白萝卜重达20多公斤,卷心菜重达30多公斤,豌豆和大豆则会长到两米高,牧草高得可以没过骑马者的头顶……

考察研究的结果证实，这两个地方的植物并不是什么特别的品种，因为把它们移植到别的地方之后，不到两年，它们就会退化到和普通的植物没有分别了。而将外地的普通蔬菜种子拿到这两个地方种植，经过几代繁衍之后，它们也会变得异常高大。

原因既然不在蔬菜本身，那就是外界环境了，是日照？土壤？还是其他的因素？有的专家从地理环境分析，认为这两个地方都处在高纬度地带，夏季的日照时间比较长，所以这里的植物能够接受到特别充足的阳光，这就刺激了它们的生长激素，导致它们变态性地生长。不过，据说印度尼西亚的苏门答腊岛也是一个生长"巨菜"的岛，但苏门答腊岛却是处于与赤道相交的低纬度地区。而且这种解释也无法说明位于相同纬度的其他地方为什么没有发现这种现象。

于是又有人解释说，这种现象是由悬殊的日夜温差所引起的，忽冷忽热的环境破坏了这里的植物的生长系统，导致它们疯狂地生长。但这同样也无法解释类似气候条件下的其他地方为什么没有这一奇异现象。

一些科学家试图从植物生长的土壤中解开谜团，他们猜测可能是富饶的土质或者土壤中的特别物质起作用的结果。于是，他们对这里的土壤进行了实地化验，却没有任何实地化验能提供出证明这里土质特殊的资料和数据。近来，一些生物学家又注意到，有一种寄生在植物幼芽上的细菌会分泌一种赤霉素，这种植物激素具有促使植物迅速生长的奇效。他们据此认为，巨型植物的出现可能是某种生长于当地的微生物的功劳。但是目前，他们仍然没有查清究竟是哪种微生物在起作用。

有人干脆认为这种现象是多种因素综合作用的结果。而要同时具备这几方面的条件，则不是任何地方都符合的。不过，这种说法仍然无法解释为什么库页岛的荞麦在其他地方的第一季仍然可以照样长得巨大。

还有科学家联系到了史前植物的疯长，认为二者存在许多相似之处，于是推断现在这两处地方的植物疯长也是重水含量极低、射线强度高、电场磁场强度高等原因引起的。

目前，科学家们都在努力地寻求证据来证明自己提出的种种推测。也许，解开这个谜团之后，会给全世界的农业发展带来一个惊喜。

俄勒冈漩涡

漩涡，是指水流动的时候形成的一个个围绕着同一个圆心飞速旋转的涡流。但是，美国俄勒冈格兰特狭口外的一座古旧的小木屋里，却存在着一个奇特的陆地

"漩涡"。

这座木屋看起来平淡无奇,但是人只要向屋里一走,立刻就感觉到有一股巨大的吸引力把人向里拉。如果此时想往后退,还会感觉到有一只无形的大手把人拉回木屋的中心。

这座木屋的神奇魔力覆盖了方圆50米的地方。马儿只要一靠近它,会立刻惊吓得往回跑,鸟儿也会吓得突然往回飞,有的躲避不及,就会突然坠地。连这里的树干都倾向北极的方向。更让人奇怪的是,在这座木屋里面,所有漂浮着的物体都会聚成漩涡状。如果有人在小屋里吸烟,即使是在有风的情况下,上升的烟也会逐渐加速旋转成漩涡状;如果有人将撕碎的纸片撒出去,这些纸片也会飞舞成漩涡状。这里就好像存在着一个看不见的巨大漩涡一样,所以被人们称为俄勒冈漩涡。

俄勒冈漩涡拥有的这种神奇力量究竟是什么呢?它又是怎么产生的呢?为了解开这个谜团,科学家们对俄勒冈漩涡进行了很长时间的观察和研究。

他们首先做了一个试验:用一根铁链子拴着一个13公斤重的钢球,再把这个钢球吊在木屋的横梁上。结果,他们发现这个钢球根本不能垂直地吊在空中,而是倾斜成了某个角度,渐渐晃向了漩涡的中心。当轻轻地推一下钢球时,钢球一下子就滑到了漩涡的中心。但是,再想把钢球拉回来时,却费了很大的力气。

这个试验证实俄勒冈漩涡这种违反地心引力的现象确实是存在的,而且世界上其他一些地方也有类似的现象发生。如乌拉圭的温泉疗养区巴列纳角内有一块特殊的地方,停在这里的汽车会被一种奇特的力量推动着继续前进,平坦路段上可自动滑行几十米,遇到上坡地段也可以爬行几米。

这些反常的现象究竟是如何形成的?至今还没有一个完整的理论提出来。

骷髅海岸

位于安哥拉和纳米比亚边界的纳米布沙漠是世界上最古老、最干燥的沙漠之一。纳米布沙漠被凯塞布干河分割成两部分,南面是一片浩瀚无涯的沙海,北面是砾石平原。纳米布沙漠又是世界上唯一与海洋相连的沙漠,在南纬15°~20°有一片充满诡异恐怖色彩的骷髅海岸。这段海域因为是南极洋流与大西洋洋流相遇处,又称为"西风漂流"地带。这条500公里长的海岸一年四季酷热难耐,年降雨量不到25毫米,湿度来自夜间所形成的露水以及每隔十天左右夜间吹入海岸的雾霭,它们有时深入内陆达50公里。8000万年以来,寒冷干燥的风从海洋吹来,在海岸边堆积起巨大的沙丘。每15年一次,凯塞布干河将沙子全部冲到大西洋海岸,而来自西南方向的海浪再把沙子推上海岸。这种沿岸的冲积过程已经持续了上千年。在海浪下面，沙子堆积成巨大的水下沙坝，加上强劲的海风和频繁出现的大雾，使这里变成了一片可怕的水域。几个世纪以来，无数的船只葬身在这里。

因失事而破裂的船只残骸，杂乱无章地散落在古老的纳米布沙漠和大西洋冷水域之间的海岸线上。葡萄牙海员把纳米布这条绵延的海岸线称为"地狱海岸"，也有人把它叫作骷髅海岸。

骷髅海岸很长，从大西洋向东北一直延伸到内陆的沙砾平原，从空中向下看，是一大片褶痕斑驳的金色沙丘，比较壮观。由于长期以来受风力的影响，海岸沙丘的岩石被刻蚀成奇形怪状，犹如幽灵鬼怪凸显在荒凉的地面上。南风从远处的海上吹来，生活在这里的布须曼人称这种风为"苏乌帕瓦"。"苏乌帕瓦"吹来时，沙丘表面向下塌陷，沙粒彼此剧烈摩擦，发出隆隆的呼啸声，交织成一首奇特而悲怆的交响乐，仿佛是献给那些遭遇海难的海员，又好像在献给沙暴中迷路的冒险家的挽歌。

纳米比亚的自然资源异常丰富。19世纪德国为了掠夺资源，大举入侵纳米比亚，但是他们从未占领过骷髅海岸。骷髅海岸是水手的墓地。据说一支德国部队进入骷髅海岸后，因无法辨别方向而全军覆灭。一些外国船队也想从这里登陆，由于滩险浪高，环境恶劣，很多船只都触礁沉没。

1933年，有个叫诺尔的瑞士飞行员，架着飞机从开普敦飞往伦敦。经过"骷髅海岸"上空时，飞机不明不白地失事了，坠落在这个海岸附近。

1942年，英国货船"邓尼丁星"号在库内内河以南40公里处触礁。"邓尼丁星"号很快沉没，幸运的是21位乘客以及42名船员侥幸乘坐汽艇登上了岸。那次救援一共派出两支陆路救援队，这两支救援队从纳米比亚的温德胡克出发，他们还动用了3架本图拉轰炸机和几艘轮船，其中一艘救援船触礁，3名船员遇难。这次救援持续了将近四个星期，最后才找到所有遇难者的尸体和生还船员。

1943年，人们在这个海岸沙滩上发现横卧在一起的13具无头骸骨，其中有一具儿童的骸骨，在不远处的一块风雨剥蚀的石板上，人们看到有一段话，这段话写于1860年，上面说："我正向北走，前往60英里外的一条河。如有人看到这段话，照我说的方向走，神会帮助他。"但至今仍没有人知道遇难者是谁，也不知道他们为什么曝尸海岸。

从骷髅海滩四下望去，满目萧疏荒凉，这片海岸上的一切都显得那么的不同寻常。

第五节　气候万象

地震形成

　　地震,是地球内部发生急剧破裂产生的震波,在一定范围内引起地面振动的现象。地震就是地球表层的快速振动,在古代又称为地动。它就像海啸、龙卷风、冰冻灾害一样,是地球上经常发生的一种自然灾害。大地振动是地震最直观、最普遍的表现。在海底或滨海地区发生的强烈地震,能引起巨大的波浪,称为海啸。地震所引起的地面振动是一种复杂的运动,它是由纵波和横波共同作用的结果。在震中区,纵波使地面上下颠动;横波使地面水平晃动。由于纵波传播速度较快、衰减也较快,横波传播速度较慢、衰减也较慢,因此离震中较远的地方,往往感觉不到上下跳动,但能感到水平晃动。

　　早在1911年,雷德就根据美国1906年旧金山大地震时断层的活动情况,提出了"弹性回跳学说"。他认为,地壳的岩层由于应力的积累而产生形变,当积累的应力超过了岩层的强度时,岩层破裂,原来形变中蕴含的弹性能量释放出来,从而形成地震。

　　大量的研究资料表明,太平洋的一些深海沟地区,地震总是伴随着断层和裂缝发生的,同时在大陆上的地震多发地带也是这样。因此,这一学说为大多数地震学者认同。

　　但是对于深度超过70公里的深源地震来说,这种学说就存在很多问题。于是人们又相继提出岩浆冲击说、相变说、地幔对流说、温度应力说等新观点。

　　1955年,日本的松泽武雄提出,有许多地震是由地下的岩浆冲击产生巨大的热应力而产生的。火山熔岩的侵入、空隙流体压力的急剧增高都能引起地震,深源地震可以由岩浆流动而引起,不一定都是由断层引起。这就是所谓的"岩浆冲击说"。

　　美国学者布里奇曼等人则提出了"相变说"。他们认为,数百公里以下的地层内压力极高,温度也很高,物质呈塑性。在巨大的摩擦之下,不会有什么弹性破裂。在那种条件下,深源地震是由于物质的结晶状态发生改变引起的。在相变过程中,物质的密度会突然改变,从而引起体积的突然变化,造成类似爆炸的效果,释放出巨大的地震能量。

相信随着科学家的不断研究，人们早晚会揭开地震之谜。

海啸产生

海啸通常由震源在海底 50 公里以内、里氏地震规模 6.5 级以上的海底地震引起。海啸波长比海洋的最大深度还要大，在海底附近传播也没受多大阻滞，不管海洋深度如何，波都可以传播过去，海啸在海洋的传播速度大约每小时 500~1000 公里，而相邻两个浪头的距离也可能远达 500~650 公里，当海啸波进入陆棚后，由于深度变浅，波高突然增大，它的这种波浪运动所卷起的海涛，波高可达数十米，并形成"水墙"。

海啸

海啸可分为 4 种类型。即由气象变化引起的风暴潮、火山爆发引起的火山海啸、海底滑坡引起的滑坡海啸和海底地震引起的地震海啸。那么，海啸是怎么产生的呢？

海底地壳的断裂是造成海啸的最主要原因，地壳断裂时有的地方下陷，有的地方抬升，震动剧烈，在这种震动中就会有波长特别长的巨大波浪产生，这种巨大的波浪传至港湾或岸边时，水位就会因此而暴涨，向陆地冲击，产生的破坏作用极其巨大。有时海啸是由海底的火山喷发造成的。像 1883 年，爪哇附近喀拉喀托岛上的火山喷发时，在海底裂开了一个深坑，深达 300 米，激起高达 30 米以上的海浪，巨浪把 3 万多人卷到海里。火山在水下喷发，海水还会因此沸腾，涌起水柱，难以计数的鱼类和海洋生物死亡后在海面上漂浮。

此外，有时海啸还是海底斜坡上的物质失去平衡而产生海底滑坡造成的。

也有些海啸是由风造成的。当强大的台风从海面通过时，岸边水位会因此而暴涨，波涛汹涌，甚至使海水泛滥成灾，由此造成的损失是巨大的。这种现象被人们称为"风暴海啸"或者"气象海啸"。

但是，海啸也并不是所有的海底地震的必然后果，一般而言，海啸是否会出现，与沿岸的地貌形态也有很大的关系。

冰期

冰期是地球表面覆盖有大规模冰川的地质时期，又称为冰川时期。两次冰期之间为一相对温暖时期,称为间冰期。地球历史上曾发生过多次冰期,最近一次是第四纪冰期。地球在四十多亿年的历史中,曾出现过多次显著降温变冷,形成冰期。特别是在前寒武纪晚期、石炭纪至二叠纪和新生代的冰期都是持续时间很长的地质事件,通常称为大冰期。大冰期的时间尺度达 $10^7 \sim 10^8$ 年。大冰期内又有多次大幅度的气候冷暖交替和冰盖规模的扩展或退缩时期,这种扩展和退缩时期即为冰期和间冰期。

关于地球上出现冰期的原因,观点很多,但都不全面。

德国地质学家希辛格尔早在 19 世纪 30 年代就推测,第四纪冰期的出现跟第三纪的造山运动有关,是造山运动所造成的海陆分布不同导致了冰期的发生。造山运动使地球上出现了一些高山,这为形成山岳冰川提供了条件。不断升高的山和日益增厚的冰雪,促使山区周围的气温下降,并逐步影响到全球。当全球平均气温下降到一定程度就出现了冰期。但这种理论不能解释造山运动剧烈的时期与冰期的不完全一致性。

19 世纪末,瑞典地球物理学家阿列尼乌斯猜测,产生冰期的原因可能是植物。他认为,植物的大量繁殖会使空气中的二氧化碳降低,而这会使地球的年平均气温降低。当二氧化碳降低到一定程度时,就会使中、高纬度地区广泛形成冰川,从而产生冰期。可这种说法也有漏洞:历史上植物十分茂盛的时期与冰期并不一致,而且震旦纪大冰川时期,地球上的植物并不繁盛。

有人认为,是地球上火山猛烈喷发带来的大量火山灰造成的。这些火山灰如同一把巨大无比的尘埃大伞,罩住了地球,挡住了阳光,从而使地球温度迅速下降,最终产生冰期。反对者则认为,造山运动后,并不是每次火山极盛时期都会出现冰期。

20 世纪 20 年代初,塞尔维亚天体物理学家米兰柯维奇提出了新的观点。他认为,地球上出现周期性冷暖变化的根本原因,是地球表面受到太阳光照射不均匀的缘故,与地球公转时距太阳远近差别有关。但此观点却不能解释冰期产生的原因。冰期出现之谜还有待于探索研究。

南极冰雪

南极洲是一块被大雪覆盖的大陆,大陆的 98% 隐藏在冰雪之下。南极大陆面积为 1400 万平方公里,其冰雪的总贮量为 2800 多万立方公里,占全球所有冰雪总量的 90% 以上。无论以什么标准来计算,南极都是地球上最大的淡水库,占地球淡水总量的 70%。有人曾计算过,如果南极的冰雪全部融化,世界海平面将平均升高

60米,那时世界上大多数的沿海城市将被海水淹没。

南极为什么会有这么多的冰雪呢?的确,从目前的降水量来看,这简直是不可想象的事。那么从地质学来说,南极冰盖的历史可以追溯到第四纪冰期开始前的几百万年前。根据在南极发现的乔木化石可以证明,在5000万年以前,南极大陆大部分地区并没有冰雪,到处都是一派树木生长繁茂、生机盎然的景象。然而在3500万年前左右,靠近南极大陆的南大洋水体开始变冷,陆生植物越来越少。大约在2000万年前,南极冰盖开始形成,并延伸到大陆边缘。到了500万年前,南极冰盖的面积与现代冰盖的面积相差无几。有证据表明,南极冰盖最厚的时期是在1.8万年前的第四纪末期,那时候南极洲的冰缘向北扩大到了南纬50°。冬季甚至达到南纬45°。那么,对于今天的南极冰雪来说,是在逐年增加还是逐年减少了呢?这是一个令人感兴趣的问题。有人计算表明,南极大陆的冰雪既有每年平均增加9.7厘米的情况,也有每年平均减少3.1厘米的情况,这样的计算是否合理尚存争议,然而就人类目前所掌握的资料和观测手段来看,对南极冰雪的增减下一个确切的结论,可能还为时尚早。

那么,最基本的问题——南极冰雪到底从何而来?有人说几百万年前地球南北极发生了移动,原本适宜人类居住的南极变成了寒冷至极之地,雨雪次数也突然降多,逐年累月便形成了今天的南极,但真的是这样吗?

极光

1960年,俄罗斯的列宁格勒出现罕见的北极光。那晚,北极光异常强烈,光弧发出白、红、绿的光辉,升上高空,越来越耀眼,直上万里。极光刚开始出现在夜空时,人们先看到一条中等亮度的均匀的光弧以直线或稍弯曲的形状横过天空伸展开去。光弧的上端距离地面950公里左右,而下端距离地面100公里左右。

1988年8月25日21时,在中国黑龙江省漠河县、呼中区、新林区也出现了极光。刚开始时,在地平线上出现一个亮点。紧接着,它沿着W形的曲线以近似螺旋的轨迹上升。亮点不断升高、移动,面积也不断扩大,而亮点的

极光

尾部留下像火烧云似的美丽光带。这时,亮点开始出现一个淡蓝色的圆底盘,接着圆底盘从淡蓝色变成了乳白色。亮点射下一束扇状的光面,闪了几下便消失了。

　　绚丽壮观的极光有着极强的破坏力,给通讯、交通都会带来严重的影响。它能干扰电离层,影响短波无线电信号的传播。在极光强烈活动的影响下,远在美国阿拉斯加的出租车司机竟然可以收到来自本土东部的新泽西州调度员的命令。极光的不断变化也可能会使电话线、输油管道和输电线等细长的导体中产生感应电流,使输油管道被严重腐蚀。美国的缅因州至得克萨斯州的一条高压输电线跳闸;加拿大哥伦比亚的一台23万伏变压器被炸毁。这一切突发事件的"主谋罪犯"就是奇特而瑰丽的极光。千百年来人们一直在研究、寻找极光形成的真正原因。很早以前就有人观察到了这一奇景,可对于它的"横空出世"至今还是没有人能够用科学的说法给以完整的解释。

　　在古代,极光被爱斯基摩人误认为是火炬,有一些人把极光描绘成上帝神灵点的灯,鬼神用它引导死者的灵魂上天堂;而在罗马,极光被说成是黎明女神奥罗拉在夜空中翩翩飞舞,迎接黎明的到来。

　　苏联科学家罗蒙诺索夫曾经做过这样一个实验:在一个接近真空的球内制造人工放电现象。结果在空气极其稀薄的玻璃球内,随着放电,不断发现闪光。他得出结论:极光是空气稀薄的高空大气层里的大气放电所造成的。后来,这个实验被不断地重复验证,结果完全相同。极光是一种放电现象的观点得到证实。但极光仍然有很多谜。比如,高空空气发光是怎样引起的? 为什么极光就像万花筒一样可以变幻成千奇百怪的形状,并且在不断变化中从来都是不相同的? 极光为什么多发生在两极?

　　后来科学研究证实,极光的产生来源于太阳的活动。太阳不断放出光和热,它的表面和内部都在不断地进行着各种各样的化学元素的核反应,产生出强大的含大量带电粒子的带电微粒流;这些带电微粒射向空间,会和地球外 80～120 公里高空的稀薄气体的分子发生碰撞,由于这个速度太快,因而就会发出光来。太阳活动高潮的周期性大约是 11 年 1 次。在高潮期,太阳黑子会呈漩涡状出现,且很大很多。这时的极光因为太阳异常也会比平时更瑰奇壮丽。由此可看出,太阳活动控制着极光活动的频率。有人发现,当一个"大黑子"出现在太阳中心的子午线时,在 20～40 小时以后,极光就会在地球上露脸。因此,是太阳发出的电造就了极光。

　　极光现象为什么只出现在南北两极呢? 因为地球就像是一个以南北两极为地磁两极的大磁石,而从太阳处来的粒子流就是指南针,它飞向两极的运动方式是螺旋形的。事实上,磁极不能控制所有的带电粒子流,在太阳非常强烈地喷发带电粒子流的年份里,人们也能在两极地区以外的一些地方观察到极光。不同气体可分成如氧、氮、氯、氖等,空气成分非常复杂,而这些成分在带电微粒流的作用下,产生不同色彩的光,所以极光才能如此美丽多姿。

有人从地球磁层的角度去研究极光。地球磁层把地球紧紧包住,就如同地球的"保护网",使地球不受很大的太阳风辐射粒子的侵袭。可是这张"保护网"在南北极上空就不如别的地方密实,这里有许多大的"间隙",因此一部分太阳风辐射粒子就乘机进入地球磁层。这一点从卫星上看得分外清楚:当太阳耀斑开始爆发时,有些电子就加速沿磁力线从极区进入地球大气层。这就在两极上空形成一个恒定的环形光晕,即极光椭圆环。极光都有圆环并不是一成不变的,其大、小、亮、暗都随着带电粒子的涌入量而变化。由于南北极上空有那些"间隙",所以极光只出现在两极地区的上空。

现在还有一个疑问是,太阳风进入星际空间的行动是连续的,太阳风会进入地球极区"通道",但为什么南北极的极光并不是时刻可见呢?难道说太阳风所经过的那些"间隙"中还设有"关卡"吗?关于这一点,有一个很合理的假设:太阳风带电粒子进入这些"间隙"后,并不是一下子就爆发的。地球磁力线有一种能力,可以把这些带电粒子先藏起来,只有在一些特定因素如太阳黑子强烈活动的影响下,地球磁力线才把带电粒子放出来,于是就有了极光。

可是,这些假设都不能解释地面附近出现的极光现象。有人说这些地面极光是地面附近的静电放电所致,因此,极光会出现在离地面4~10英尺的地方。

又因为许多彗星明亮的尾巴与极光有很多相似的地方,这使人很自然地将这两种现象联系起来。除此之外,还有很多观点,这里就不一一列举了。尽管极光之谜还没有完全揭开,但人类已初步了解了它的许多方面。科学家们对太阳风的研究监测还在紧张地进行,他们希望通过观察确定太阳风的各种参数是如何变化的。

怪风

风是一种常见的自然现象,但是大自然也造出许多怪风,它就像在空中飘荡的幽灵,给人类的生产、生活带来了危害。

有一种叫"焚风"的风可以把东西点燃,引起火灾。冬季,这种风可以使积雪在很短时间里融化,造成雪崩。焚风的形成很简单,气象专家介绍,焚风是山区特有的天气现象。它是由于气流越过高山后下沉造成的。当一团空气从高空下沉到地面时,每下降1000米,温度平均升高6.5℃。这就是说,当空气从海拔4000~5000米的高山下降至地面时,温度会升高20℃以上,使凉爽的气候顿时热起来,这就是"焚风"产生的原因。

台湾台东市焚风的形成就是西南气流在越过中央山脉后,湿气遭到阻挡,水汽蒸发从而形成了干热的焚风;阿尔卑斯山脉刮焚风时,温度会突然升高 20℃以上,初春的天气会变得像盛夏一样,不仅热而且十分干燥,经常发生火灾;2002 年 11 月 14 日夜里,时速高达每小时 160 公里的焚风袭击了奥地利西部和南部的部分地区,造成数百栋民房的屋顶被风刮跑,300 公顷森林被破坏。风暴还造成一些地区电力供应和电话通讯中断,公路铁路交通受阻。

焚风有时也能给人们带来益处。北美的落基山,冬季积雪深厚,春天焚风一吹,不要多久,积雪会全部融化,大地长满了茂盛的青草,为家畜提供了草场,因而当地人把它称为"吃雪者"。程度较轻的焚风,能增高空气中的热量,可以使玉米和果树的成熟期提前,所以苏联高加索和塔什干绿洲的居民,干脆把它叫作"玉蜀黍风"。

在怪风家族里,焚风可以点燃东西,布拉风却无比寒冷。约一百年前,俄国四艘舰艇停在海岸边,忽然刮来一阵狂风,卷起千层巨浪,刹那间舰艇被冻成冰山,最后全部沉没。舰艇沉没的凶手就是布拉风。布拉风是一种极冷的风。2002 年 12 月,海测艇和辅助船"北冰圈"号遇到布拉风,很快被冻成冰块沉入海底。人们研究发现,布拉风是陆地上的冷空气遇到海上热空气,二者之间产生气压差,从而形成布拉风。这种风的风力可以达到 12 级,甚至超过 12 级,具有极强的摧毁力与破坏力,在这种风的袭击下,一切事物都可被摧毁。

上面说的这些风虽然很奇怪,但对人类危害最大的还得算台风。

台风是一种形成于热带海洋上的风暴。太阳的照射使海面上的空气急剧变热、上升,冷空气从四面八方迅速赶拢来,热空气不断上升,直到在高空变为冷空气为止。这些热空气冷凝后变为暴雨,而从四周冲赶的冷空气夹着暴雨形成一个大漩涡,从而形成台风。台风对人类危害极大,它有时会把大树连根拔起,会把房顶掀掉,伴随狂风而来的瓢泼大雨还会淹没庄稼、中断交通。海面上,台风的破坏力更惊人,它掀起的滔天巨浪,直接威胁海上作业人员和海上航行船只的安全。如果台风在空中产生带有垂直转轴的漩涡,就会形成龙卷风,这是一种强烈的小范围旋风,其破坏力远远大于台风。

台风是一种恐怖的怪风,而怪风家族里的一些"微风"同样具有一定的破坏力。一个晴朗的夏夜,一座 70 米高的铁塔在一声巨响中全部倒塌了。当时除了阵阵微风外,没有任何异常情况。后来人们才发现,当气流贴着物体流动时会形成一个个小漩涡,小漩涡会产生一种使物体左右摇摆的力,从而危及建筑物。

怪风虽怪,如果巧妙地加以利用,有些怪风还可以为人类造福。比如,人们经常在出现"钦罗克"风的地方种植一些作物和果树,利用"钦罗克"风带来的热量促进植物的生长。只要我们能够认识它们，就一定会找到办法兴利避害，让怪风为人类服务。

龙卷风

龙卷风是一种强烈的、小范围的空气涡旋，是在极不稳定天气下由两股空气强烈相向对流运动，相互摩擦形成的空气漩涡。这种漩涡造成中心气压很低，而吸起地面的物体，抛向天空。

龙卷风外貌奇特，它上部是一块乌黑或浓灰的积雨云，下部是下垂着的形如大象鼻子的漏斗状云柱，风速一般每秒 50~100 米，有时可达每秒 300 米。由于龙卷风内部空气极为稀薄，导致温度急剧降低，促使水汽迅速凝结，这是形成漏斗云柱的重要原因。除了速度快，它还具有小、短、猛的特点：小

龙卷风

是说它袭击的范围，一般来说只有 25~100 米直径的区域；短是说它发生的时间，从发生到消失通常只有几分钟、十几分钟而已，最长也只有几小时；猛则是说它来势汹汹，像一个巨大的吸尘器，所经过的地方，一切都能被它卷走。

不过，它往往又有一些"古怪行为"使人难以捉摸：它把碗橱从一个地方刮到另一个地方，却没有打碎里面的一个碗；它把一个婴儿从院子里带到空中，又将他安然无恙地送回地面；它将百年古松吹倒并拧成麻花状，而近旁的小杨树却连一根枝条都未受损；它拔去了鸡一侧的鸡毛，而另一侧却完好无损；它使一根松树枝轻易穿透了一块一厘米厚的钢板，使一根细草茎刺穿了一块厚木板，一片三叶草竟被深深嵌入了泥墙中……

龙卷风经常发生，科学家们对它进行了多年的研究，对它的形成已经找到了合理的解释。在天气炎热的时候，地球表面的温度很高，但高空云层中的气温却不会受太大的影响，仍然保持在十几摄氏度甚至几摄氏度的范围内。再往上走，到了云层顶端，温度会更低，往往在零下三四十摄氏度。这样大的温差，导致上方的冷空气急剧下降，而地面的热气则快速上升。在这个过程中，上、下层的空气会发生激

烈的扰动，从而形成一些小漩涡，随后这些小漩涡逐渐扩大。最终形成的大漩涡先是绕水平轴旋转，在旋转过程中会渐渐弯曲，并从云低垂了下来，从而形成龙卷风。所以，龙卷风经常发生在夏季的雷雨天气时，尤其下午至傍晚最为多见。

尽管科学家们对它的形成条件有一些认识，但对它的规律却不甚了解，对它的一些古怪行径暂时也无法做出准确的解释。

球形闪电

19世纪40年代，在法国的一个小城镇里，有3个士兵在一棵菩提树下躲雨时被一个火球击中，但他们仍然站在那里，像什么事也没发生一样。雷雨之后，路过的人跟他们说话，却不见回应，当路人去接触他们时，3个人顿时倒地，化成了一堆灰烬。

1956年夏天的一个正午，苏联的某个集体农庄内，两个孩子正在牛棚里躲雨。突然，房前的白杨树下一个橙黄色的火球向他们直冲过来，一个孩子踢了它一脚，随着"轰隆"一声，火球爆炸了，牛棚里的12头牛被炸死了11头，孩子们被震倒在地，却没有受伤。

在美国的尤尼昂维尔小城也曾发生一件怪事：一位主妇打开电冰箱一看，她放进去的生鸭、生肉全都变成了熟食。原来，在她走后，一个火球偷偷地从没关好的窗户溜进家里，把冰箱里的东西都烤熟了，但奇怪的是冰箱却没有被损坏！

这个行为古怪的肇事者——神秘的火球就是球形闪电，俗称滚地雷。严格来说，它并不是一种闪电，它与普通闪电没有相似之处。球形闪电的直径一般为20~50厘米，颜色通常为红色、橙色或蓝色，有的还会变换颜色，持续时间只有几秒，但也有过持续1~2分钟的记录。它常常出现在雷暴天气里，典型的特征是发光、发出"嘶嘶"声、旋转、跳动甚至反弹。它经常会从门窗、烟囱甚至房屋缝隙中不动声色地钻进屋内。靠近易燃物如树木、纸张时，一般不会引起火灾，但在它爆炸的一瞬间，却可以烧掉潮湿的树木和房屋。如果落进水池，球形闪电还会使池水沸腾起来。

虽然人类在很早以前就开始关注这一特殊的自然现象，但由于它出现的频率很低，科学家难以做系统的观测。至今也没有人拍摄到高质量的球形闪电照片以供科学研究。

有些科学家认为，它是灼热的空气团或气化了的元素，例如碳、钠、铜等。有些人则认为，它是一些氮和氧的特殊化合物。还有人认为，它是一种带强电的气体混合物。另外一些学者则认为，球形闪电可能是因为有某种气体进入臭氧集中区，使臭氧很快分解而形成的。

1955年，苏联物理学家提出，球形闪电是雷暴中所产生的电磁干扰效应所引起的。1991年，日本科学家报道了他们在实验中观察到微波干扰所产生的一系列类似球形闪电的现象，他们的人造等离子球也显示出球形闪电的一些特性。1998年，一位西班牙物理学家认为，球形闪电很可能是在闪电产生过程中，磁场约束发光等离子体所形成的。他还建立了闪电磁场模型来模拟球形闪电的形成，并证实了为什么火球并不发热而触到物体后往往容易着火。此外，还有许多不同的说法，如离子、带电的尘埃、有外层电子壳的水等等，但是，这些说法都只能解释球形闪电的部分特性，却不能解释所有的现象。

2000年，两位新西兰科学家提出了他们的新理论。当一般的枝状闪电击到土壤，土壤中的矿物质会转换成纳米纯硅和硅化合物颗粒。这些尺寸不足0.1微米的微型颗粒，会在闪电的能量作用下蒸发进入大气。整个过程就像抽烟者从嘴中吐出烟圈。进入大气的含硅颗粒会首先连接成链，然后组成能随气流运动的球状细丝网。该球状细丝网中的颗粒具有很高的活性，会在特定条件下缓慢燃烧，并释放出光和热，形成所谓的球形闪电。而且含硅颗粒组成的球状细丝网极具弹性，只要空气能过的地方，它也能通过，然后恢复成球形。所以，看起来它们也可以"穿过"固体。另外，科学家模拟闪电的放电来试验土壤样本，结果确实产生了聚合的纳米粒子，这些离子的氧化速度与球形闪电一致。

最近，巴西一些科学家用硅作材料，在实验室里人工制造出了与高尔夫球一般大小的电火球，与自然界的球形闪电很类似。所以，他们认为，自然界里的球形闪电就是硅燃烧发光所致。这些电火球会放出火花，还会在地面上滚来滚去，将靠近它的物体弹开，而且能将它碰到的物体点燃。

不过，这毕竟只是实验室里的发现，并不能直接用来解释球形闪电之谜。因而，这种形状奇特、颜色多变、行踪诡异、破坏力又极大的闪电，还需要进一步的探索，来揭开它的庐山真面目。

闪电摄影

1957年，美国一位牧场女工在雷雨中工作，忽然巨雷一响，她虽未被劈死，但感到胸部作痛。解开上衣才发现，竟有一头牛的影像印在胸前。

与此类似的事情还有很多：有个小男孩爬到树上去掏鸟窝取蛋，这时树被雷电劈了。小男孩的胸前清晰地烙上了他爬过的树的图像，还有一只呆在枝头的鸟和旁边的鸟窝图像；1823年9月，有个水手被闪电击毙，人们在他大腿上发现了很明显的马蹄铁的图形,而马蹄铁这块"避邪物"是钉在桅杆上的,恰好在水手的头顶上方;在奥地利,一位医生下班回家后,发现钱包被人偷走了。他的钱包是用玳瑁制成的,上面有用不锈钢镶着的两个互相交叉着的"D"字,这是他名字的缩写。当晚,医生被人请去抢救一个被雷击的外国人,那人躺在树下,已经奄奄一息。医生在检查时突然发现那人大腿皮肤上清晰地印有同他钱包一模一样的两个"D"字,结果,就在这个外国人的衣服口袋里找到了那个钱包。

这样的事情在美国宾夕法尼亚洲也出现过:1892 年 7 月 19 日,两个黑人被闪电击毙,当时他们在公园的一棵树下躲雨。当人们脱下他们身上的衣服时,死者的前胸留下了闪电发生地点的照片,上边还有一片略带棕色的橡树叶以及藏在青草中的羊齿草。树叶和羊齿草的图像如此清晰,连肉眼也能看见最细小的筋络。

这种奇怪的现象被人们称作"闪电摄影",它是指有人在闪电过后、身体的某个部位被印上某种图像。在身体上印上图像的人有的已被雷劈死,有的未被劈死而活着,这说明图像的形成确实与闪电有关,而不是人体生理变化所形成的。

闪电摄影现象一直都是一个谜,许多科学家都试图搞清楚它形成的原因。有一个资料曾经写道:有人从地球是一个大磁场这一事实出发,推测在磁场强度较大的环境里,在适宜的温度、湿度条件下,大自然能够以某种未知的机理,储存人物和动物的形象,在同样的条件下,像录像机一样重新放出来。

这个资料说明了闪电摄影现象的形成肯定与雷电时的高压放电、大气等离子的形成及湿度和温度等因素有关。然而,是否还有磁场参与作用? 存贮媒体又是什么? 这些问题都需要科学家进行深入探讨。

黑色闪电

1974 年 6 月 23 日,在札巴洛日城,苏联著名天文学家契尔诺夫亲眼目睹了一个怪现象:下午 5 点 45 分,一场大雷雨袭击了札巴洛日城,开始时空中出现了强烈的球状闪电,不一会儿,后面就飞过一团黑色的东西,看上去像雾状的凝结物,在灰色云层的背景下显得很清楚。这一现象使这位学者感到惊讶。其实,这就是黑色闪电。

有趣的是,还有一位包格旦诺夫上校,在大白天的莫斯科地区也目睹到一个平稳地冒着气的黑色闪电。这个黑色的球状闪电直径有 25～30 厘米,看上去像是雾状的凝结物,背景是淡红色,在它的周围呈现深棕色的光轮。后来,这东西像是烧红了的大火球飞快滚动着,不久就爆炸了。

黑色闪电大多出现在树上、桅杆、屋顶和金属表面上,一般情况下像一个瘤状,看上去好像一团脏东西。如果这时有人去动它,它就会马上燃烧或爆炸。如果飞机在空中飞行时遇到黑色闪电,其后果是不堪设想的。

关于黑色闪电的形成众说纷纭。很多科学家认为:黑色闪电是由分子气溶胶聚集物产生出来的。分子气溶胶大量聚集是因为太阳辐射、云中电场、宇宙射线、球状闪电等对空气进行了长期作用。同时,还有其他物理和化学因素的影响。在上述因素的作用下,大气中生成了许许多多带有正、负电荷的离子和气溶胶的活跃粒子。在一定条件下,这些粒子会聚成分子气溶状物,在这个时候,某些化学活跃分子充当了"催化剂",引起聚集物的燃烧或爆炸,因而生成黑色闪电。还有人认为,黑色闪电其实就是球状闪电的变异。

科学家也无法解释黑色闪电的形成原因。长期以来,人们的心目中只有蓝白色闪电,这是空中的大气放电的自然现象,一般均伴有耀眼的光芒,而从未看见过不发光的"黑色闪电"。可是,科学家通过长期的观察研究确实证明有"黑色闪电"存在。

巨雹形成

冰雹也叫"雹",俗称雹子,有的地区叫"冷子",夏季或春夏之交最为常见。1928年7月6日,在美国内布拉斯加州的博达下了一次规模较大的冰雹,冰雹堆积有3~4.6米高,其中最大的一个冰雹周长431.8毫米,重680克,是当时世界上最重的冰雹块。1968年3月,在印度比哈尔邦降下的冰雹中,有一块重1000克,一头小牛被当场砸死,这是人类历史上一次严重的冰雹灾害,十分罕见。

那么冰雹是怎么产生的呢?它为什么会在夏天出现呢?

原来,当水汽随气流上升遇冷会凝结成小水滴,若随着高度增加温度继续降低到摄氏零度以下时,水滴就凝结成冰粒,在它上升运动过程中,并会吸附其周围小冰粒或水滴而长大,直到其重量无法被上升气流所承载时即往下降,当其降落至较高温度区时,其表面会溶解成水,同时亦会吸附周围之小水滴,此时若又遇强大的上升气流再被抬升,其表面则又凝结成冰,如此反复进行如滚雪球般其体积越来越大,直到它的重量大于空气的浮力,即往下降落,若达地面时未融解成水仍呈固态冰粒者称为冰雹,如融解成水就是我们平常所见的雨。冰雹内部构造很不均匀,中间有一个核,叫雹核,主要是由霰粒或软雹构成,也有由大水滴冻结而成透明冰核的。雹核的外面交替地包裹着几层透明和不透明的冰层,有的冰雹多达十几层甚至30层,在冰层中还夹杂着大小不同的气泡。

1894年5月11日下午,美国的博文纳一带下了一场大冰雹。人们发现其中有一块冰雹直径竟然长达 15.2～20.3 厘米。仔细观察后发现,冰雹里居然有一只乌龟,外面才是层层厚冰。原来,博文纳那天正刮着旋风,一只乌龟不幸被旋风卷上天空,在云海里被当作核,被冰晶层层包裹,等到超过上升气流的承托力时,才坠落到地面。

有趣的是,有时一场冰雹过后,人们会发现一些特大的冰雹,有的重几十公斤,足有面盆大;有的竟有汽车那么大。1957 年,中国内蒙古伊克昭盟伊金霍洛旗下了一场冰雹,人们在山谷中发现一块像一辆吉普车那么大的巨雹。更令人惊奇的是,1973 年 6 月 13 日,在中国甘肃华池县山庄桥发现的一块巨雹比房屋还高。

这些巨雹真是从天上降落下来的吗?但上升空气是托不住一个重 10 公斤的巨雹的,所以巨雹来自天空的可能性比较小。那它又来自何方呢?

由于没有充分的证据,科学家只能进行推测。他们认为,降雹过程中,冰雹云后部受到干冷空气的袭击,导致降落到地面的雨滴保持冷却性,源源不断落下的雨滴聚集在冷物体侧面上,一边冻结,一边增厚,就形成棱形的巨雹。因此,它的原料来自天空,成品却是在地面上加工而成。这种推测有一定的道理,但也仅仅只是推测。

巨雹究竟是怎么形成的呢?希望气象学家对此做深入研究,相信总有一天这个谜会被解开。

地震云

地震云是非气象学中云体分类的一种预示地震的云体,国际上对它的研究还较为表面,至今没有一个共同的观点。现在,日本和中国的民间有较多爱好它的研究者对其进行探索。

1948 年 6 月 28 日,日本人健田忠三郎在奈良市上空观测到一条绳状的奇特云彩,好像把天空分成两半,他预感到地震即将发生,马上向人们发起预报,两天后,福井地区果然发生了 7.3 级地震。从此他坚持观测地震云。30 年后的 1978 年 3 月 6 日,已成为奈良市市长的健田忠三郎在一次记者招待会上,指着北方天空上的一条云说:"这就是地震云,不久,日本广大地区将有一次强烈的地震。"结果第二天就在日本海发生了一次 7.8 级的强烈地震。

中国的地震学家吕大炯也曾在北京中关村上空观测到条带状云彩,他根据地应力和地电异常的情况,以及地震云垂线所指的方向,预报地震的震中将发生在日本海中。结果预报时间同地震发生的时间只相差 48 分钟,准确度令人惊奇。

1978 年 4 月 8 日,吕大炯在北京通县观测到了地震云,同样他根据有关记录做出了预报:阿留申群岛附近将于4月12日发生地震。结果,在阿留申群岛东北的阿拉斯加地区4月12日真的发生了7.0级地震。

1979年,健田忠三郎来中国访问,住在北京饭店。7月4日凌晨5时许,他突然发现东南方天空横亘着一条长长的条带般的白色云带,他立即做出预报:中国最近将发生地震,但北京不会受影响。就在这时,中国和日本的一些地震工作者也在不同的地点观测到了地震云。日本地震工作者将不同地点观测到的地震云的垂线延长相交,交点正交汇在中国江苏溧阳地区。7月9日晚,溧阳真的发生了6级地震。

那么,地震云是怎么形成的呢?

较早的理论由日本的真锅大觉教授提出:地震前地球内部积聚了巨大的能量,使地温升高,加热空气,成为上升的气流,并以同心圆状扩散到同温层,使10000米高空的雨云形成细长稻草绳状的地震云。

"电磁学说"者认为,地震前岩石在地应力作用下出现"压磁效应",从而引起地磁场局部变化;地应力使岩石被压缩或拉伸,引起电阻率变化,使电磁场有相应的局部变化。由于电磁波影响到高空电离层而出现了电离层电浆浓度锐减的情况,从而使水汽和尘埃非自由地有序排列形成了地震云。

"核辐射说"认为,地球的大气,其实可以看作是一个简陋的云室,当地球内部产生辐射时,大量穿透力极强的离子穿过地壳进入大气,在适宜的条件情况下,水滴沿辐射轨迹凝聚成云,这就是所谓的"地震云"。

有人认为,地震云越高,震中就越远;地震云越低,震中就越近。地壳里含有丰富的水汽和天然气,地下水中还含有各种气体,地震前,地壳的断层和裂隙在强烈地活动着,必然会使地气自下向上运动,寻找出路。高温高湿度的地气露出地壳后,体积急剧膨胀,遇到冷空气、冷地面、冷水面而冷却。当它达到饱和时,就凝结为地震云。

也有人这样解释:地壳断裂带所散出的热量,可以以超高频或红外辐射的形式来加热上空的空气微粒,形成条带状地震云。由于断裂带大多垂直于震中的震波传递方向,条带状云也由此而产生。

但是,以上的各种解释和推测尚未得到科学的验证,"地震云"的必然性也缺乏实验数据的支持,因此也有不少学者认为,所谓"地震云"只不过是一种巧合,其实,云彩和地震根本没有什么关系。那么,"地震云"究竟能不能预报地震?它又是如何形成的?这些问题都有待于科学家们做进一步的研究与观测。

厄尔尼诺现象

在秘鲁和厄瓜多尔,每年从圣诞节起至第二年3月都会发生季节性的沿岸海水水温升高的现象;3月以后,暖流消失,水温逐渐变冷。当地人称这种现象为"厄尔尼诺"——西班牙语的意思为"圣婴",即圣诞节时诞生的男孩。这种现象已有几千年的历史了,但是从19世纪初才开始有记载。现在所说的"厄尔尼诺"现象,是指数年发生一次的海水增温现象向西扩展,整个赤道东太平洋海水表面温度增高的现象。

在20世纪60年代,很多科学家都认为"厄尔尼诺"现象是区域性问题,它主要影响太平洋东部的南美沿海地区和太平洋中部的澳大利亚沿海地区。然而20世纪80年代以后,通过气象卫星的观测发现,"厄尔尼诺"现象在世界很多地方都存在。由于海水表面温度平均每升高1℃,就会使海水上空的大气温度升高6℃,造成大气环流异常,严重影响了世界各地的气候,所以每当"厄尔尼诺"现象发生时,世界上很多地方都会出现诸如冷夏、暖冬、干旱、暴雨等异常气候。

1982~1983年,东太平洋赤道附近海域的海水表面温度持续高于正常温度,引起了全球气候异常。全球一部分地区发生了几十年甚至几百年不遇的严重旱灾,而另一部分地区却遭受了多年未遇的暴雨和洪灾。台风、冰雹、雪灾、冻害、龙卷风等灾害也在全球各地频频发生,造成的直接经济损失达200亿美元。这是上个世纪最严重的一次"厄尔尼诺"现象。

"厄尔尼诺"现象一般每隔2~7年出现一次。但是,20世纪90年代后,这种现象却出现得越来越频繁了。不仅如此,随周期缩短而来的是"厄尔尼诺"现象滞留时间的延长。这一现象引起了科学家们的注意。那么,为什么会出现这样的反常现象呢?

一些科学家认为,"厄尔尼诺"现象的频频发生与地球变暖有关。热带海洋地区接受太阳辐射较多,因此海水温度相应较高。在热带太平洋海域,由于受赤道偏东信风牵引,赤道洋流从东太平洋流向西太平洋,高温海水不断在西太平洋堆积,使之成为全球海水温度最高的海域,其海水表面温度达29℃以上;相反,赤道东太平洋海水温度却较低,一般为23℃~24℃。海温这种西高东低的分布特征,使热带西太平洋气流上升,气压偏低,热带东太平洋气流下沉,气压较高。当"厄尔尼诺"现象发生时,由于赤道西太平洋海域的大量暖海水流向赤道东太平洋,致使赤道西太平洋海水温度下降,大气上升运动减弱,降水也随之减少,就造成了严重干旱。而在赤道中、东太平洋,由于海水温度升高,大气上升运动加强,就造成降水明显增多,暴雨成灾。

还有一些人认为,"厄尔尼诺"现象的出现同地球自转速度的大幅度持续减慢有关,它一般出现在地球自转由加速变为减速的时期。这是因为当地球自转速度大幅度减慢时,赤道附近的海水或大气便可获得较多的向东惯性力,引起赤道洋流或赤道信风的减弱,进而引起赤道东太平洋冷水上翻的减弱,这就造成赤道中、东太平洋大范围海水表面温度异常增暖的"厄尔尼诺"现象。

关于"厄尔尼诺"现象的成因,说法不一,至今还没有一种具有绝对说服力的权威观点,还有待人们进一步研究和探索。

海市蜃楼

19世纪时,欧洲的许多探险队进入非洲撒哈拉大沙漠进行探险。探险队进入沙漠后,所携带的饮用水一天比一天少。有一天,他们忽然发现在前方不远的地方有一个很大的湖泊,湖水在刺眼的烈日照耀下波光粼粼,湖边还映着大树的倒影。探险队员看到这一幅景象,喜出望外,欢呼雀跃地拿着水桶兴奋地向湖边跑去。但跑了很久,也未能靠近那片湖泊。

英国探险家李温士敦在非洲卡拉哈里沙漠旅行时也曾被这种现象欺骗过。当时,他正在沙漠中行走,忽然发现前面出现一个湖泊,干渴难忍的他于是朝湖的方向奔去,结果可想而知,他根本无法接近那片湖泊。

海市蜃楼

20世纪80年代,人们在叙利亚沙漠地区还见到更奇怪的景观。当时,雨季刚过,夏季即将来临。火红的太阳还悬在天空中,乌云飘过后,天空洒下一阵急雨。这时在天际突然出现一弯彩虹,与虹影相辉映的是在它下面隐现出一座市镇,蓝色的湖水、绿色的树木、白色的房屋。这些奇景是怎么回事呢?

古代人将这些奇异的现象称为"海市蜃楼"。传说蜃是一种会吐一股股气柱的蛟龙,它吐出的气柱仿佛海上"城市"中的幢幢楼台亭阁,远远看去,若有若无。

其实,海市蜃楼是光在密度分布不均匀的空气中传播时发生全反射而产生的。在沙漠中,由于强烈的太阳光照射在沙地上,接近地面的空气被迅速加热,因此其密度比上层空气的密度小,折射率也就小。从远处物体射向地面的光线进入折射率小的热空气层时被折射,入射角逐渐增大,也可能发生全反射,人们逆着反射光线看去,就会看到远处物体的倒影,仿佛是从水面反射出来一样。沙漠中的行者就常常被这种景象所迷惑。

在海面上也会出现这样的奇景。夏季,海上的上层空气在阳光的强烈照射下,空气密度小,而贴近海面的空气受较冷的海水影响变得较冷,空气密度大,就出现下层空气凉而密,上层空气暖而稀的差异。从两层密度悬殊的空气穿越而过的光线由于短距离内温度相差 7℃~8℃时,在平直的海面上或海岸就会出现风景、岛屿、人群和帆船等平时难得一见的奇景。这是为什么呢?其实,岛屿等虽然位于地平线下,但岛屿等反射出来的光线会在密度大的气层射向密度稀的气层时发生全反射,又折回到下层密度大的空气层中来。上层密度小的空气层会使远处的物体形象经过折射后投进入们的眼中,而人的视觉总是感到物像是来自直线方向的,从而出现"海市蜃楼"的奇景。

蜃景与地理位置、地球物理条件以及那些地方在特定时间的气象特点有密切联系,不仅能在海上、沙漠中产生,柏油马路上偶尔也会看到。柏油马路因路面颜色深,夏天在灼热阳光下吸收能力强,同样会在路面上空形成上层的空气冷、密度大而下层的空气热、密度小的分布特征,所以也会形成蜃景。

对于这种奇异的景象,长久以来人们迷惑不解,以致闹出了不少笑话。

1798 年,拿破仑率领大军攻打埃及,军队在沙漠中行进时,茫茫沙漠中突然出现一个大湖,顷刻间又消失了。不久又出现一片棕榈树林,转眼间又变成荒草的叶子。士兵们被弄糊涂了,以为世界末日来临,纷纷跪下祈求上帝来拯救自己。

第一次世界大战时,在一次会战中,德军潜艇已达美国东海岸之外,从潜望镜内向海上窥探的艇长却惊讶地发现纽约市就在自己头上,他以为自己指挥的潜艇跑错航线进入美国海域,赶紧下令撤退。

温室效应

近年来,全球气候逐渐变暖,科学家们根据长期观测得到的大量数据分析指出,全球气候在 20 世纪明显变暖,跟 20 世纪初相比,现在的平均气温上升了 0.5℃,这种温暖期是过去 600 年里从未有过的。

全球气候在整个 20 世纪确实一直在变暖,但气候变暖是不是因为"温室效应"呢?会不会持续变暖呢?对此,众说纷纭。

有些科学家认为 20 世纪气候变暖是"小冰期"气温回升的延续,是自然演变的结果,与"温室效应"无关。在地球存在的 45 亿年中,气候始终在变化,并且是以不同尺度和周期冷暖交替变化的,也就是说,20 世纪气候变暖是正常的自然现象,人们不必恐慌,到了一定的时期气温自然会变冷。科学家经研究发现:第四纪也就是距今 250 万年前,地球上出现了多个不同尺度的冷暖变化。周期越长,气温变幅也越大。周期为 10 万年左右的冰期,气温变化了 10℃;周期为 2 万年的,气温仅变化了 5℃。在近 1 万年中,这个规律依然在起作用:10 年尺度气候变化的变幅是 0.3℃~0.5℃;100 年尺度气候变化的变幅为 1℃~1.5℃;1000 年尺度气候变化的变幅为 2℃~3℃。

但还有些人反对以上观点,他们认为,全球气候变暖是因为"温室效应",而人类是造成"温室效应"的罪魁祸首。近几十年来,发展迅速的工业制造业以及日益增多的汽车等,导致燃烧矿物燃料越来越多,人类向空气中排放的二氧化碳大大增加。加上绿色植物尤其是森林遭到了极大破坏,无法大量吸收人类排出的二氧化碳,因此,大气层中的二氧化碳浓度大大增加,阻碍了大气和地面的热交换,引发"温室效应"。大量的二氧化碳既能吸收热量,又阻止了地球散热,地球热交换因此失去了平衡,导致全球气温不断升高。一个权威性的政府组织 IPCC 对全球气候变暖的问题进行了大量详尽的研究,他们明确指出了大气中二氧化碳含量的增加是全球变暖的主要原因。

1PCC 的科学家们利用电脑收集了大量的技术发展预测、人口增长预测、经济增长预测等相关资料,再根据对未来 100 年里排放到大气中的二氧化碳数量的 35 种估计值,做出了 7 种不同模型来预测全球气候,最终的结论是气温在未来 100 年可能增加 1.4℃~5.8℃。如果这种预测变成现实,地球将会发生一场大灾难。农业将遭到毁灭性打击;海平面将上升,淹没更多陆地,并导致淡水危机;各种自然灾害将轮番发生,生态平衡将遭到破坏。

据英国《观察家报》2004 年 1 月 11 日报道,由多国科学家组成的国际研究小组在最新一期英国《自然》杂志上发表研究报称,全球变暖将导致世界上 1/4 的陆地动植物,即 100 多万个物种将在未来 50 年之内灭绝,这必将对人类的生存造成灾难性的影响。为此,英国多位著名气候专家在剑桥大学召开会议,商讨防止地球继续变暖的办法。

尽管"温室效应"论十分盛行,但也有不同的声音。不少科学家认为目前地球正朝低温湿润化方向发展。他们认为,尽管 20 世纪的气温总体上呈上升趋势,但二氧化碳浓度变化与气温曲线变化并非完全一致,20 世纪的 40~80 年代,有过降温的过程。这种看法也不无道理,他们从两个方面提出证据支持自己的观点。

首先,他们认为,气候变化受地球自身反馈机制的影响。一方面,由于大气与海水间存在着热交换,气温升高时,热交换增强,海水吸收热量升温后,对二氧化碳的溶解度也会增加。不仅如此,气温的升高还会增加地球上的生物总量,寒冷地带由于变热,生长在那里的植物生长期变长,植物带也在高温的作用下移向高纬度的地方,二氧化碳被森林吸收后,要经过更长的时间才能回到大气层。另一方面,由于空气极度湿润,植物残体在这种情况下不能充分分解,以泥炭的形式储存到地壳,这正是碳元素从生物圈到地圈的转化过程。

其次,气温上升过程中产生的水蒸气也能起到一定程度的缓解作用。气温升高导致蒸发加剧,大气含水量增加,形成一些云,大量的太阳辐射会被这些云反射、散射掉,从而缓解气温的上升。

五彩雨

1891 年 11 月的一天,在比利时的布兰肯伯格地区下起了一场特别的大雨。这场雨的不同之处在于雨水都是红色的。

经验告诉人们,雨水应该是无色无味的,但是这场红雨究竟是怎么一回事呢?

或许是因为龙卷风带起的红沙混杂进了雨水中吧!人们抱着这样的想法对雨水进行了成分分析,结果与他们的设想并不吻合。他们对 144 盎司红雨水进行了试验,当雨水减少至 4 盎司时,仍然没有发现任何红沙。但是,在进一步的分析中,人们发现了一种叫抓化钴的物质。然而,这个发现也并不能解释红雨的成因。

无独有偶,世界上的其他地方也曾经下过各种色彩的雨。1955 年 7 月的某一天清晨,在美国俄亥俄州,爱德华·姆茨先生像往常一样来到花园中,但眼前的情景让他惊呆了,只见花园中的桃树和树下的草皮都死掉了,树枝上挂满的桃子也已经干瘪了。

到底发生了什么?突然,他的目光被草皮上的一个塑料袋吸引住了,因为那个塑料袋上有一些红色的水滴。于是,他想起了前一天下午那场奇怪的红色雨水。

当时,他正在花园里工作。突然,他感觉到一滴温暖的水滴滴落在他的胳膊上。"下雨了!"爱德华·姆茨先生一边想着一边抬起头看了看天,他发现天空的云层中居然有一块奇特的云团,因为那团云呈现出暗绿、红色和粉色,颜色非常诡异。他再低头看自己的胳膊,才发现胳膊上的雨滴居然是红色的。

雨越下越大,不断地从那团云彩中落下来,正好落在花园里的桃树上。爱德华·姆茨先生并没有急于进屋,这场红色的雨让他感到非常奇怪,于是他又抬头望望天,但这时他突然感觉到疼痛,之前被雨滴淋湿的双手开始有被烧灼的感觉。这让爱德华非常害怕,他赶快跑回屋子,用清水和肥皂仔细地清洗了双手。清洗的过程中,疼痛感一直没有消失,就像是松节油涂在了割破的伤口上一样。他隔着玻璃向外面看,红雨已经下得很大了,那些"雨"水就像鲜血一样红。

第二天,爱德华先生就在自己的花园里看到了之前的一幕,他没有预料到,这场雨的杀伤力竟然如此强大。后来,美国科研机构的人取走了桃树果实和草坪的样品。不过,最后他们并没有公布研究的结果。或许他们也没有搞清楚这种有颜色的雨到底是怎么一回事。

邻居们开玩笑地对爱德华先生说,是不是当时恰好有一架飞机从天空中经过,并倾倒了这些红色的液体。爱德华·姆茨先生却斩钉截铁地表示他抬头看了很久,除了那团诡异的云彩,他并没有看到其他值得注意的现象。美国航空局也证实了当时那一带没有飞机经过。有的专家则表示那些红色雨水和化工厂排出的废气造成的污染似乎也没有什么关系。

那么,这些奇怪的"雨"究竟是从哪儿来的?这个问题至今也仍然没有人能说清楚。由此看来,这种雨水的来历还真是有些奇怪。

奇异的光现象

德国哈茨山脉的布劳甘山常常会出现一种奇怪的光象,一些迷信的当地人认为那是山中的"幽灵"在活动,因此称之为"布劳甘幽灵"。

一天早上,两名登山者登上布劳甘山山顶,这时,"布劳甘幽灵"出现了。只见在云层背景中现出了两个庞大的人影,四周还围绕着巨大的彩虹光环。正在这时,有个登山者的帽子被刮起,他急忙举手抓住帽子,那两个人影中的一个也立刻模仿他的动作。

类似的景象在世界其他地方也发生过。在中国的峨眉山的金顶峰上也可以看到这种光象,当地人称之为"佛光"。在冬季的早晨或傍晚,如果金顶峰上一片晴空,人们面向舍身崖,背对着阳光,就能看到"佛光"。有时阳光强烈,看到的是一个巨大的呈现红、橙、黄、绿、蓝、靛、紫七色彩虹样的光环;有时阳光较弱,看到的只是几道彩环,层次模糊。人们站在金顶峰上,有时人影也投进光环中。若几个人在一起,就出现几个人的像;你举手挥动,人影也跟着挥手;你脱帽,人影也跟着脱帽。

陕西华山也经常会出现"佛光"。每当云雾缭绕的时候,在华山顶峰举目远眺,人们往往会惊奇地看见"佛光"闪现——天空中突然出现一个七彩的光圈,一层环一层,共有三层,最里面一层色彩最鲜艳。彩环中还有人影,人在峰顶摇头、举手,彩环中的人影也跟着摇头、举手。"佛光"一般在几分钟后消失,以后又会连续出现一两次。

这种奇怪的光象的形成除了必需的条件——太阳光以外,在观察者的前面还得有绵绵云海或雾,而背后的太阳高度不大,光线不被云雾所遮。这样,太阳透过水滴或雾粒时,它们像个球面镜,在后面的云海上映出太阳的实像来,而从这里反射出来的光,经过衍射分光作用,就形成了一个巨大的彩色光环。由于背后的太阳光没被云雾遮掩,而且高度不大,人影变长,才能将人影投在云雾的银幕上。

这种光象的大小和出现时间的长短,同水滴雾粒大小和太阳光是否被云雾遮掩有关。水滴越大,环越大;水滴越小,环越小。这种光象一遇上浮云掩日,便立即消失;但当云过日出,又会再度出现。

在天空中,飞行员也常常遇到这种光象。飞机在云层上飞行时,彩色的光环中映着银灰色的机身影像。气球升到云层上时,气球的阴影也会映衬在彩色光环上。

火雨

火雨是一种极为罕见的自然现象,它很早就被人发现过,不过却极为罕见。近些年来,人们十分不安地发现它出现的次数日益频繁。火雨也曾被称为"干雨"。在过去的一百多年里,它曾经给人类带来过很大的灾难。

大约一百多年前,亚速尔群岛地区的火雨毁灭了整整一支舰队;在美国的得克萨斯州,它曾引起了特大草原火灾;非洲的萨凡纳,也在1889年成了火雨的牺牲品。

1892年,火雨降临西班牙的科尔多瓦城。当时,人们看到闪光的雨点划破了漆黑的夜空,落在房屋上、人身上和地上,溅起耀眼的火花。不过,这一奇异的现象只持续了短短的几秒钟。1971年,美国的芝加哥市也遭遇了一场火雨,但具体情况有所不同。当时,炽热的石块从天而降,天空都好像燃烧了起来。这次火雨烧毁了市内的一座大理石雕像和芝加哥湖区的一座船台。

火雨究竟是从何而来呢?目前存在两种观点,分别是彗星散落物质说和未知文明的破坏。

执彗星散落物质说观点的人认为,由于彗星散落,散落后的物质有些落入地球,于是造成了火雨现象。一般来说,从慧星散落到出现火雨,需要2～6年的时间。近年来,人们观测到的彗星散落现象越来越多,所以天体物理学家们估计,在最近6～15年内很可能还要出现一些火雨现象。据估计,到那时,火雨的数量将会达到每年8起。50年后,将有可能达到每年30起。

而执未知文明的破坏观点的人认为,火雨现象的产生,是我们尚未认识的另一种文明的破坏活动所致。这种观点听起来有些像凭空臆想,但也不是毫无根据。因为研究发现,火雨可能并不是许多人以为的彗星散落物。如果是的话,那么化学家通过光谱分析,应该可以发现彗星化学成分的痕迹,但事实上化学家们并没有发现这些成分的痕迹。

就目前来看,这两种说法都只是人们的猜测,没有确凿的证据,还需要进一步研究证实。

动物雨

1683年10月,英国诺尔弗克的小村艾克尔,大量的癞蛤蟆从天而降,当地的人简直不敢相信眼前发生的一切。

1687年,巴尔蒂克海东岸的麦默尔城,大片大片煤黑色的纤维状物质落在雪地上。这些潮湿的黑色絮片,撕起来就像撕纸一样。待它们干透后,人们对它们进行了化验,发现其中含有"蔬菜"一样的物质,主要是绿色丝状海藻。

1969年冬春之交,南爱尔兰的大片地区落下一种臭气难闻的橡胶类物质。据记载,"这些东西像人的手指尖状,柔软、滑腻、颜色暗黄",当地居民认为这些"橡胶"是有用的药物,他们用坛子、平底锅等容器把它们收集起来。

1786年5月5日,海地的太子港地区降下了大量的黑蛋。第二天这些蛋都孵化了,这些来自天上的奇怪动物有些被放在水瓶中保存起来。这些小生命经几次脱皮之后变成蝌蚪一样的形态。

下边是一段关于1794年在法国拉兰村的蟾蜍泛滥的记载:"天气火热。下午3点钟左右突然下一场大暴雨,150名庄严的士兵为了不被水淹没。被迫从他们藏身的一大片洼地中撤出。令人惊异的是,这时开始有大量的蟾蜍从空中落到地面上,个头儿只有榛子大小,蹦得满处都是。一名叫M·盖耶特的士兵,不相信这爬虫是从天上随着雨水掉下来的,他把手帕展开,几个士兵每人扯起一个角,举过头顶,果然接到许多小蟾蜍,许多还带有小尾巴,也就是说依然有蝌蚪的形态。在半小时的暴雨过程中,士兵们明显感觉到有一股由蟾蜍带来的风吹到他们帽子和衣服上。"作为这一现象的真实证明,M·盖耶特在报告中提到士兵们的三角形帽子的格缝中塞满了这种小幼虫。

1814年8月的一个星期天下午,经过数星期的干旱和炎热之后,距离阿门斯1.6公里远的弗雷蒙村出现了暴雨。暴雨之后刮起的大风把教堂都摇晃了,吓坏了里边的信徒。人们发现地面上有大量的小青蛙到处乱蹦。

1817年,一夜大雨之后,位于苏格兰阿基希雷河的西恩渡口附近的孩子们玩耍时发现,长满青苔的地面上撒满了1寸半至3寸长的鲜鱼苗,有2~3桶之多。虽然克里兰海湾距这里仅有90米远,但是在南边,根据当时的风向,这些鱼苗像是从北面48公里之外的林渤海湾刮过来的,而且中间还隔着海拔90米高的沼泽地。然而,这些鱼的身体上看不出任何伤痕,也没有任何一点证明它们随水而落的痕迹。

1861年2月16日,新加坡发生一场地震。地震过后下起大暴雨,当月的20~22日三天之中,雨下得很可怕。一个叫弗朗西斯·卡斯诺的旅行家和生物学家当时正住在新加坡。他对当时目击的情景回忆如下:"上午10点钟,太阳已升起,我打开窗户向外看去,看到许多马来人和中国人正在从地面上积满雨水的水洼中拾鱼,把他们手中的篮子装得满满的。我问当地的人这些鱼是从哪来的?他们告诉我是从天下掉下来的。"

蝌蚪雨

日本东京的雨季刚刚开始,位于日本中部石川县能登半岛上的滨海小城七尾市却下起了一场别开生面的"蝌蚪雨"。

当天,一位公司职员在停车场停车时,突然下起"雨"来。不同寻常的"劈里啪啦"的声音让他感到诧异,紧接着他便在车的挡风玻璃和地上看到了很多黑色的物体,仔细辨认后竟发现都是蝌蚪的尸体,大概有100多只。这场诡异的"蝌蚪雨"影响范围很大,不断有市民向气象部门反映自己也看到了这一奇特现象。这种"天降异物"的现象曾经出现在世界各地。1876年,美国肯塔基州曾经下过一场肉雨,如同雪片一样大小的肉块"唰唰"地落了下来;1977年,美国加利福尼亚州的天空曾经落下几百只半死不活的鸽子;还有一些小动物,如水母、青蛙和蛇偶尔会出人意料地从空中落下,有时甚至在离水域数公里远的地方。

对这种现象,科学家们一直解释说动物雨很可能是龙卷风造成的。因为当龙卷风急速地经过湖泊或海洋上方时,可能会把水以及水里的一些东西带进云层中。它们会随着暴风云中的强风翻山越岭,漂洋过海,进行长途穿行,最后,随着风力的减弱,它们便会从云端坠落下来,有时可能伴随着雨水,而有时落到地面的可能只有这些动物的尸体。

七尾市的"蝌蚪雨"出现后,一时间议论纷纷,很多人也认为蝌蚪可能是由龙卷风带到空中,而后又甩向了地面,但一名气象局官员却称这种可能性非常小,他说:"人们猜测是海上龙卷风将这些蝌蚪带到空中去的,但从气象学角度来讲,我认为这不可能。我们已经调查了上周的气象报告,的确有旋风经过了这里,但并不强烈,没有造成任何破坏。"按照这种说法,这种连人都没有感知的旋风级别很小,不大可能把蝌蚪带到空中去。

还有另外一种更加奇特的说法,日本鸟类保护联盟的专家认为,很可能是苍鹭等鸟类进食后,在飞行中受到了惊吓,所以将刚刚吃进腹中的蝌蚪吐了出来。显然,这种观点更经不住推敲,因为虽然大型的苍鹭一次进食可能达到100多只蝌蚪的数量,但是其经过消化后的呕吐物,只可能是模糊的团状物,而不可能是整只蝌蚪。

这场"蝌蚪雨"究竟是怎样开始的,还没有统一的答案。但是人们所感兴趣的或许并非一个合理的解释,而是这样奇特的现象所带来的格外有趣的故事。

天上掉冰

1958年9月2日夜,多米尼克·巴西哥路普待在新泽西州麦迪逊市的家中。他从厨房的椅子上站起来,刚迈出几步,突然整个房顶都陷了下来。巴西哥路普没有受伤但是吓坏了,他环顾四周,终于明白发生了什么事情:原来,一块70磅左右的巨冰砸穿了他家的屋顶,落进厨房里裂成了三块。附近的路特杰斯大学的气象专家说,当时的大气条件不可能产生那么大、那么重的冰块。那么冰块来自何处呢?

天上落冰是气象学上最经常遇到、最令人迷惑不解的谜之一。气象专家通常把这种落冰解释为飞机表面出现冰块的结果。但出于种种理由这种解释无法使人相信。首先,现代飞机上的电子加热系统能够防止机翼和飞机的其他表面上凝结冰块。

事实上,在飞机发明很久之前就有过天上掉冰的报告。例如在18世纪后期,有报告说在印度的瑟林加帕丹就曾有一块"大象一般大小的"冰块从天而降,3天之后才融化。类似的天上掉下巨大冰块的令人难以置信的报告比比皆是。

1950年12月26日,另一个苏格兰人在巴顿附近驱车时目睹了一块巨冰从天而降,落在前方的道路上,差点击中他。当警察赶到现场时,他们收集了冰块的碎片称了一下,发现有112磅。这只是1950年11月至1951年间发生在英国的许多降冰事件里的一起。1951年在西德肯普腾市发生了一幕悲剧,一块6英尺长、6英寸厚的冰块砸中一个正在屋顶工作的木工,夺去了他的生命。1965年2月,一块50磅重的冰块击穿了位于犹他州伍德斯克罗的菲利浦炼油厂的屋顶。

1973年4月2日,格林菲思正在英格兰曼彻斯特市的一个十字路口等候时,看见有一个巨大的物体砸在地面上裂成了碎块。他捡起其中最大的一块,称了一下,发现它重3.5磅。然后他赶忙跑回家里,把冰块贮存在冰箱里。后来他写道,冰块样本的检验结果是令人迷惑的,因为"一方面它明显含有云里的水,但是却找不到决定性的证据来准确解释它形成的过程……在某些方面它很像冰雹,在其他方面它又不像"。在核实过当地的飞行记录之后,他发现当时上空没有飞机飞过。

查尔斯·福特是最先收集和研究关于此类异常现象报告的人之一,他发表许多科学文章,认定落冰是一种普遍存在的气象怪事。他的半开玩笑似的理论认为:"地球上空漂浮着一块同北冰洋差不多大小的冰原,强烈的雷暴有时会击落一些碎片。"

其他更加新的理论认为天上掉冰同不明飞行物有关。例如不明飞行物学家杰瑟普是这样解释落冰的:"似乎最自然的解释是,当一艘金属制成的太空运载工具飞速地从冰冷的宇宙飞到地球时,它上面当然会覆盖着一层冰。这些冰当然会落下来;或者被飞船上的除冰机器铲除下来,或者因太空船同大气的摩擦产生的热所融化而落下,哪怕是太空船静止在空中,上面的冰块也会由于太阳光的作用而掉下来,这些都是很自然的。"但事实上,很少有冰块落下的案例里有目击不明飞行物的报告。

科学家们通常用两种理论解释天降冰块。一种认为那些冰块形成于大气层的某处。例如专门研究奇怪天气的专家威廉·科利斯就认为:"一些讨厌的大冰雹系统会迅速产生和聚集大量的冰雹。"第二种理论(过去人们曾认为它荒唐可笑,但是最近比较认真地加以对待了)认为那些冰块其实是来自外太空的陨星。根据批评家罗纳德·威利斯的看法,这种观点的唯一问题在于"那块冰块上没有任何流星高速进入大气层时留下的痕迹,且不管它们来自何方陨星"。因为天上落下的冰块形状各异、成分不同,也许需要多个理论才能解释它们。

彩雪和怪雪

雪花在人们的印象中一般多为白色。然而,调皮的大自然也常会用五颜六色的雪花来装点人间。每年的1月份,在北极都会出现"红花遍野"的景象。这里说的"红花",不是指红色的花朵,而是指一种红色的雪花。北极不仅有红雪存在,还有黄雪、黑雪、绿雪等,在南极也有这种五彩缤纷的雪。此类怪雪中,以红雪较多见。两百多年前,瑞士科学家本尼迪率领的一支科学探险队,在寒冷的北极曾见过颜色像鲜血一样红的雪。1960年5月,中国登山运动员在珠穆朗玛峰顶也发现过鲜艳的红雪。1962年3月下旬,苏联的奔萨山降下了许多黄中带红的雪花。1963年1月29日子夜,日本的福斗、石川和富山也下过红、黄、褐色混杂的彩雪。苏格兰曾经降过黑雪。在世界其他地方也发现过类似的情况。

1986年3月2日,南斯拉夫西部高山降下了黄雪,那个地区叫"波波瓦沙普卡",是一个有名的高山旅游胜地,海拔 1788 米,雪景绮丽多姿,经常有奇异的气候现象,但降黄雪在该地还从未有过。专家们解释说,这种黄雪是从遥远的撒哈拉沙漠吹来的强大的高压气流和冷风形成的。

可是,彩雪并不单单黄雪一种,其他颜色的雪是怎样形成的呢? 一些专家认为,彩雪的颜色来源于一种单细胞构成的最简单的植物——原始冷蕨。这种冷蕨在极严寒的环境中繁殖得非常快,有红的、绿的、紫的等许多种。它们完全能够适应雪地反射的阳光,能够根据自身的需要选择所需的光线及其数量来改变自己的颜色。比如,如果需要紫外线,它们就变成红色。它们的胚被风吹到雪上,过几个小时周围的冰雪就变得一片通红。关于这种植物细胞内部所发生的化学变化,人们至今还没弄清楚。科学家们对原始冷蕨的研究仍在继续进行,也许有朝一日,科学家们能揭开它的"构造"之谜。

在历史上曾出现过像碟子那么大的怪雪,其形状也与碟子相似,故人们把这种雪称为"雪碟"。

1887 年,美国曾下过一场令人惊奇的雪。当天气温略高于冰点,相对湿度饱和。刚开始降雪时,雪花并不太大,后来逐渐变大,每片雪花的直径从 6.5 厘米增至 7 厘米,最后达到 9 厘米。当时有人将采集到的这些"雪碟"每 10 个分为一组,称得每组的重量在 1.1~1.4 克之间,比通常的雪花重几百倍。同一年冬天,在美国西北部一个山区的农场附近,出现了更大的"雪碟",每片雪花的直径竟达 38 厘米,厚达 20 厘米。

最具有代表性的"雪碟"现象于 1915 年 1 月 10 日出现在德国柏林。每片雪花的直径约 8~10 厘米,像一般的碟子那么大,其形状也与碟子相似,边缘朝上翘着。它们从天空降下时比周围其他小雪花下落的速度快很多。在地面上的人看来,它们像无数白色的碟子般从天而降。这些"雪碟"落到地面上居然没有一个翻转过来,令观者感到无比惊奇。

天使毛发

"天使毛发"第一次出现是在意大利。1954 年 10 月 27 日,两位男子正站在圣马可广场旅馆的阳台上,突然看到天空有两个闪亮的纺锤状不明飞行物,以高速度滑过天际,过后留下了白炽色的轨迹,之后就飞向了佛罗伦萨市。当天下午,佛罗伦萨市露天运动场传来了意想不到的消息,当时正在举行球赛,运动场上空突然掠过两个不明飞行物,随后大量蜘蛛丝状的线团飘落到运动场上,不久便消失了。

根据英国不明飞行物研究协会报告,在北威尔士出现一不明飞行物后不久,也有神秘的蛛丝掉落地面。60 岁的斯坦菲尔德和儿媳妇看见"天空中有大约 20 个银球",然后注意到有蛛丝样的物质落到地上。

1898 年,美国蒙哥马利市的居民报告,有会飞的蛛丝样物质掉落地面。根据目击者的描述,这种物质有点像荧光石棉纤维。

1978 年 2 月 10 日,在新西兰沿海城市萨马鲁市附近有大量黏性纤维从天而降,时间长达两个小时。这些纤维似乎比蛛丝还要精细的多,但在蓝蓝的天空中清晰可见。有些纤维有网球那么大,在空中缓慢地散开;有些则成群地漂浮着,就像喷气式飞机的热尾流。

一个名叫阿尔弗雷德·杰克伯兹的学生曾成功捡起了少数细丝,将它们封入一根密封的试管。佛罗伦萨大学化学分析学院的丹尼洛·科兹教授对这些神秘物质进行了一系列的检验,认为它是一种含纤维的物质,对张力和弯曲有很强的耐力,一旦受热就会变暗并消失,留下熔掉的透明沉积物。这种沉积物含有硼、硅和镁,说不定就是某种硼硅玻璃。

1967 年,苏联研究人员利亚普诺夫收到了来自新西兰的一份"天使毛发"样本,一组科学家对其进行了全面分析。辐射线测定方面的专家克里琴科推断,它是一种含有精细纤维的物质,其中有一部分纤维的直径不到 0.1 微米。大多数纤维缠结成一束束或隔开直径仅有 20 微米的细丝。这些细丝看起来有些发白和半透明。对这种物质来说,目前还没有任何已知的相似物。

在总结这项研究时,院士佩特亚诺夫·索科洛夫说:"这种有着相当精细纤维的物质非常有意思。它不太可能是自然界形成的。"不幸的是,所有的这种物质在这项研究期间被用完了。此后,再也没有获得新的"天使毛发"样本。

尽管世界上不少国家的科学家对"天使毛发"进行过调查,也提出了各种各样的说法,可是,没有哪一种说法更占上风。可以预料,将来还会有目击者看到这种东西,而科学家们的争论也会继续下去。

第六节 传奇的石头

杀人石头

在非洲马里境内的耶名山上有一片茂密的森林,林中有巨蟒、鳄鱼、狮子、老虎等。然而,在耶名山的东麓,却极少有飞禽走兽的踪迹。1967 年耶名山发生了强烈地震,震后向耶名山东麓远远望去,总有一种飘忽不定的光晕,尤其是雷雨天,更是绮丽多姿。据当地人说,这里藏着历代酋长的无数珍宝,从黄金铸成的神像到用各种宝石雕琢的骷髅,应有尽有。神秘的光晕就是震后从地缝中透出来的珠光宝气。这个说法究竟是真是假,谁也不能证实。政府为澄清事实,便派了探险队员去耶名山东麓探索。

探险队员来到这里后便赶上雷雨交加。在电闪雷鸣中,探险队员清晰地看到不远处那片山野的上空冉冉升起一片光晕,光亮炫目。光晕由红色变为金黄色,最后变成碧蓝色。暴雨穿过光晕,更使它缤纷夺目。雨停以后,他们继续前进。探险队在那片山野上发现了许多死人,根据观察,这些人已经死去很长时间了,身躯扭曲着,表情十分痛苦。但奇怪的是,在这么炎热的地方,竟没有一具尸体腐烂。探险队猜测这些人可能是不听劝告偷偷进山寻珍宝的。可是他们为什么会莫名其妙地死去呢?为什么尸体没有腐烂呢?

探险队员四处搜寻线索。一名队员突然发现从一条地缝里发出一道五彩光芒,色彩不断变幻着光圈。难道是历代酋长留下的珍宝?经过一个多小时的挖掘,探险队终于从泥土中清理出一块重约五千公斤的椭圆形巨石。半透明的巨石上半部透着蓝色,下半部泛着金黄色,通体呈嫣红色。探险队员们把巨石挪到土坑边上,准备看看它是什么。这时,队员们突然纷纷开始抽搐,视线模糊,后来又都相继栽倒。只有一名队员头脑还保持着清醒,但当他走到半路时也一头栽了下去,幸好被人送进医院。医生检查发现,这名队员受到了强烈的放射线的照射。

后来有关部门立即派出救援队赶赴山上抢救其他探险队员,但无一生还。而那块使许多人丧命的"杀人石"却从陡坡上滚入了无底深渊。人们也因此丢失了破解石头杀人之谜最重要的证据。

有人说"杀人石"是一个巨大的放射源,只要接近它的人都会被辐射而死。也有人说那是历代酋长为了保护他们的宝藏而寻找出来的"保护石",一旦有人动了这些宝藏的念头,就会受到"保护石"的惩罚。更有人认为这块石头是来自太空的陨石,所以才能发出置人死地的放射线。当然,也有人不相信这块石头的存在,认为这可能是探险队员编造的,最后以滚到深渊无法找到来欺骗人们。种种说法都无法找到答案。于是,有人提出,现在科学技术那么发达,人类完全可以找到这块"杀人石"。只有找到了,才能解开"杀人石"的秘密。

发音石头

在重庆巴南区丰盛镇桥上村有一种响石,只要拿起一摇,便能发出声响。从外形上看,这些石头与普通石头大小一致,但相对较轻,因为响石是中空的。当地人曾经将响石砸开,发现响石里面有一些颗粒物或液体。专家说正是这些物质使响石发声的。因为摇动响石后,里面的物质会撞击石壳,从而产生声音。那么,子母石会发出声响和响石的原理应是一样的,子母石中也应含有液体或某种固体。

但令人不解的是,响石表面并无缝隙和坑洞,响石究竟是怎样形成的?响石是十分稀有的,它们的形成已有几十万甚至上百万年,主要成分有铁、硅等多种物质。经过调查研究,专家发现响石仅仅分布在东温泉山中的一条线上,而其他地方很少会有响石出现。出现响石的这一带的岩石主要就是碳酸钙镁,即白云石。经过地质条件的对比,专家认为这种由白云质灰岩风化后形成的黄色黏土应该是形成响石的基本物质基础。但这并不意味着我们就已经找到了响石形成的真正原因,因为响石的形成肯定是由多种因素造成的,例如当地的地壳变迁以及环境、气候变化等等,只能说目前只是专家发现了一个典型特征后对响石形成原因的初步判断,而具体的原因还有待于专家对响石的继续研究。

美国加利福尼亚州的沙漠地带有一块巨大的岩石,每当月圆、需用篝火围住巨石、待升起一团团烟雾的时候,巨石就会发出一种迷人的乐声,时而委婉,时而低沉,就像艺术家在弹奏一首美妙的曲子。为什么这块巨石会发出声音呢?为什么还要在月圆、篝火、浓烟条件聚齐下才会发出声音?目前还没有人能说得清楚。

报时石头

在澳大利亚中部阿利斯西南的茫茫沙漠中有一块怪异的石头:早晨,太阳升起时,阳光照射在石头表面,它呈棕色;中午,烈日当空,沙漠中的温度急剧增高,这块石头呈灰蓝色;傍晚,太阳渐渐落山,它又变成了红色。

每天,这块怪石都遵循着固定的规律,通过改变颜色的方式来告诉人们时间的流逝。从发现这块石头开始,当地居民就把它看成了"标准时钟",根据它一日三次的颜色变化来安排日常生活,甚至安排农事。"报时"奇石表面上看没有什么特别的地方,高348米,周长约8000米,密度比较大,仅露在地面上的部分就可能有几亿吨重。但它为何会具有"报时"的功能呢?这究竟是源于怪石所处的气候条件、地理环境,还是与怪石的结构成分有关?

对怪石的研究持续了多年。近期,古学家和地质学家才对这种奇怪的现象做出比较合理的解释:沙漠地区昼夜温差很大,白天温度极高,而天空终日无云,空气稀薄。这块怪石所处的地方十分平坦,怪石表面又非常光滑,简直像是一面镜子。在这种情况下,当阳光均匀地照射在怪石表面时,怪石就会反射太阳光,这样一来,从清晨到傍晚天空中颜色的变化能相应地呈现在怪石上,而怪石也就拥有了神奇的"报时"功能。

其实,这块石头除了会随太阳光强度不同而改变颜色之外,还会随着太阳光照射角度的变化而变换形象:有时候它像鲨鱼的背鳍;有时候像一艘半浮在海面上的潜艇;还有时像一位穿着青衣、斜卧在床上的巨人……

对这种现象,科学家们也给出了解释:在不同的气候条件下,太阳光活动产生反射、折射的数量及角度是不同的,当这些被巨石"处理"过的光线反映到人的眼睛中时,就会形成不同的视觉效果,看上去就好像巨石的形状发生了变化一样。

虽然科学家的解释还不能令所有人信服,但可以肯定的是,这是一种正常的自然奇观,是一个完全可以依靠科学破解的谜团。

风动石头

在中国福建省南端的东山岛上有块奇石,它有一间房那么大,高4.37米,长4.69米,重约200吨,宛如一只巨大的玉兔蹲在一块比它更大的石头上。因此,它赢得了"天下第一奇石"的美称,成为东山岛八大胜景之一。说它奇,除了块头大之外,更主要的还是一个"悬"字。它除了下部几十厘米见方的圆弧部分同下面的一块比较平坦的石头接触外,几乎整个岩体都悬空而立,就仿佛一个身怀绝技的杂技演员。巨石身处东南沿海,饱受台风袭击,但除晃晃身子外,从未见其坠落,是个长寿的"不倒翁",因此人们又称它

风动石头

为"风动石"。如果你到此游览,身体仰卧,翘足蹬踹巨石,巨石便来回晃动,有摇摇欲坠之感,很是惊险刺激。

1918年2月3日,东山岛发生了罕见的7.5级大地震,地动山摇,无数房屋倒塌,可这块巨石只晃了几晃,竟安然无恙。据说,抗日战争时期,日军用钢丝绳将风动石捆住,与日舰"大和丸"连在一起,当"大和丸"开足马力企图拉动它时,随着"嘣嘣"几声巨响,钢丝绳断成了几截,而风动石依然在原地未动。

也许有人要问,风动石是怎样形成的呢?地质学家经过实地考察发现,风动石和它下面的大石都属于花岗岩,根据岩石节理发育的特点判断,二者原来是一个整体,由于长期的风化和海蚀,才使它们分了家。类似的风动石在福建沿海地区并不少见,如泉州风动石、平潭风动石等。福建沿海地区的风动石都是由花岗岩形成

的。花岗岩虽然很硬,但在长期的风吹、日晒、水冲等的作用下,会层层脱皮,地质学家把这种自然现象称为球形风化。

那么,风动石为什么摇而不倒呢?科学家们经过分析认为,它之所以能摇而不倒,与其形状有着很大的关系。它上面小,下面大,重心很低,即使遇风摇晃不定,通过重心的垂线,也始终在它与下面石头的接触面内,故任凭狂风呼啸,它仍安然不倒。其摇而不倒的原因同"不倒翁"很相似。

变色石头

厄亚斯巨石是澳大利亚著名的旅游景点,它在荒漠中拔地而起,高 384 米,周长 9000 米,据称还有 2/3 以上埋藏在沙漠里,是目前世界上发现的最大的单体巨石。厄亚斯巨石可谓澳大利亚第一地貌奇观。它平地突起,无草无木,甚至没有泥土。由于体积太大,在 100 公里外就能看到它。

但令它出名的不仅是其巨大,更是它的奇特:在不同的时间和季节里,巨石能自己变换颜色。在阳光照耀下,这块整体火红的巨石能随着光线照耀的角度不同而反射出不同颜色的光芒,千变万化,如万星闪烁,晶莹璀璨。当地的土著人视其为"圣石",几千年以来他们一直依靠巨石颜色的变化来安排生活和农事。他们有无数关于厄亚斯巨石的传说,更增添了它的梦幻色彩。土著的传说认为祖先将"圣石"传给他们,是用来守护家园的。

地质学家勘探了"圣石"的所在地后,认为这里曾是一片湿润的沼泽地,因为地壳运动、地貌改变,最终变成了干旱的沙漠,仅仅留下"圣石"脚下的一处泉眼。另一些科学家认为"圣石"是远古时代的一颗流星陨石,它接受着所有光芒,光滑的表面又从不同角度、不同时间对光进行折射,因而造成了色彩变幻的奇迹。事实果真如此吗?还有人认为厄亚斯巨石中可能含有某些物质可以将光波中的颜色分别折射出来,然后这些色彩相互交织,于是在不同的角度看厄亚斯巨石便会反映出不同的色彩。

除了会变换颜色外,厄亚斯巨石还会给人带来厄运。据报道,一个英国游客来到澳大利亚著名的旅游景点厄亚斯巨石,无意中在这块沙漠中的红色巨石下捡了一块红色小圆石拿回家做纪念,未曾想到从此如受到了诅咒般,厄运频频降临于他与家人的头上,百思不得其解之下,他只好把小圆石寄回到厄亚斯巨石公园管理处,从此平安无事。

实际上,这个英国人不是第一个碰到这种事的人。在过去的十几年里,有数百人在这个被澳大利亚土著人视为圣石的岩石下捡回石块作为纪念物,都遭受厄运。

为了摆脱坏运纠缠,他们纷纷寄回石头物归原主。

这也许是土著人的思维在作怪,如同金字塔的诅咒一般,只是用来告诫人们不要扰乱他们的生活。

开花石头

土壤是高等植物生长的根基,植物利用自己的根系从中汲取必要的水分和营养。石头是没有生命的,有谁能想象到石头也可以"开"出花来呢?世界之大,无奇不有,在非洲南部就有许多"石头"能够创造出这样的奇迹。

在南非和纳米比亚的沙漠及干旱的砾石地上,每年的 7~12 月间,都能看到石头开花的奇特景象。一堆堆、一片片的碎石或卵石中间,如繁星般点缀着一朵朵美丽动人的鲜花。这些花既没有片片绿叶相陪,又看不到茎枝相伴,除了花以外,就是或扁或圆的石块。每朵花都开放在两块大小相近、颜色和形状相同的碎石或卵石中间。但当人无意中踩到这些"石块"上时,真相就大白了。它们不但不会使人感到硌脚,反而一踩即破碎,还会从中流出汁液。如果把这些半埋着的"石块"挖出来,就会看到在它们的下面还长着根呢!原来,这些都是冒牌的石块,它们是真正的植物——生石花。那些所谓的碎石或卵石,其实是这类植物变形的叶子,它们靠模仿石块的样子以求生存,不然它们那弱小而多汁的身躯早就成了食草动物的美味佳肴了。

生石花,也叫石头花,被称为"有生命的石头",只生长在非洲南部的个别地区,因此十分珍贵,其中有些品种已经在世界各地普遍栽种。

其实,真正的岩石上也并不是寸草不生。虽然在光秃秃的岩石上,高等植物显得无能为力,但低等的石生植物却能表现出它们的强大生命力。这种生存环境对于植物来说是残酷的,白天,阳光照耀着岩石,石头上的温度可高达 50℃~60℃,夜间则很快下降到最低点。另外,岩石是绝对干燥的基质,石生植物只能利用自己的整个表面来吸收雨露、雪融水等,同时还要生有有效的固着器官,以便使自己附着在岩石上。在如此恶劣的条件下,只有藻类、地衣和苔藓植物才能生存。

白色胶球藻是蓝藻的一种,它的藻体细胞呈球形,细胞壁厚,外边有一层胶质鞘包裹着,用来黏附在岩石表面,每一个细胞都有圆形的同心纹,形成群体后十分容易识别。当它进行繁殖时,细胞有规则地彼此垂直地向三个方向分裂成子细胞,各子细胞产生一圈胶质层,但母细胞的老胶质层并不脱落,仍包在子细胞的外围,成为公共的胶质层。因此,每分裂一次,其胶质层就增加一圈。当群体内的子细胞超过八个时,外围的胶质层就得更换。这样,一个群体就分裂成两个子群体。白色

世界传世藏书

世界未解之谜

地理未解之谜

图文珍藏版

337

胶球藻的胶质鞘是红色的,当它们在岩石上迅速繁殖时,就会形成肉眼可见的红色壳状植被体。有时,它们也生长在木材上或其他地方。

地衣是石生植物中比较大的类群。地衣植物体是由真菌和藻类共同组成的,地衣共同体的营养是由藻类进行光合作用而制造出来的。菌类的主要活动是吸收水分和无机盐,并在环境干燥时保护藻类细胞,使它不至于死。

地衣虽然生长缓慢,但随着时间的积累却表现出改善环境的巨大力量。岩石在地衣的侵蚀下,加速了本身的风化过程,同时还积累了一些有机质和空气中降落的灰尘,从而逐渐改变了原来的环境条件,于是苔藓植物中的藓类逐渐生长起来,地衣就让位给藓类,自己再向条件比较差的地区发展。这样,植物演替的第一阶段结束。又经过一段时间,随着土壤厚度的增加,苔藓植物又让位给另外一些植物,渐渐地从草本发展到灌木再到乔木,最后,原来的岩石地带就变成了一片茂密的森林,当然,这是一个漫长的过程。因此,地衣被看作是土壤的形成者之一和其他植物的开路先锋。

生长在岩石上的苔藓植物种类较少,有黑藓类、灰藓类和紫萼藓类。东北黑藓一般生于高寒地带的干燥花岗岩上,它的植物体密集丛生,在岩石上形成一层黑红色的稠密垫子,并带有光泽,茎高约 2 厘米,叶片密集地生于茎的上半部,下部茎通常裸露。由于石生环境的水量不平均,当环境干燥时,它的叶片即呈覆瓦状紧贴于茎枝上,潮湿时才展开。

走路石头

石头会走路,不是风吹使然,也不是人力推动的,而是自己行走的。真有这样的石头吗?在俄罗斯普列谢耶湖东边就有一块这样的奇石。

在距英斯特约一百公里处的普列谢耶湖东北处,有一块能够自行移动位置的石头。该石呈蓝色,直径近 1.5 米,重达数吨,近 300 年来它已经数次变换过位置。

17 世纪初,人们在阿列克赛山脚下发现了这块会"走路"的巨石,后来人们把它移入附近一个挖好的大坑中。数十年后,蓝色怪石不知何故却移到了大坑边上。

1785 年冬天,人们决定用这块石头建造一座新钟楼,同时也为"镇住"它。可当人们在冰面上移动它时,不小心让它坠落湖底。而到了 1840 年,这块巨大蓝石竟躺在普列谢耶湖岸边了。如今它又向南移动了数公里。科学家们对这一奇特现象进行了长期分析研究,但始终未能明白蓝色巨石同重力场之间究竟存在着怎样的联系。

无独有偶,在美国内华达山脉东边,有一条南北走向的山谷,当地人称之为"死谷"。人们发现这里也有许多石头会"走路",并留下许多"足迹"。美国科学家夏普对这一奇特现象进行了观察研究。他把 25 块石头按顺序排列并逐个准确标出位置,定期进行测量,果然发现这些石头几乎全部改变了原先的位置。有几块石头竟然爬了几段山坡,"行走"了长达 64 米的路程。看来,这些会"走"的石头不是人为制造的假象,那为什么它们会行走呢？难道这是某种神秘力量所为？有人观察后发现,有着一层特殊泥土的死亡谷底,被雨淋过后,变得异常光滑。一旦刮起大风,石头便会在泥土上滑动起来,并随着风向的变化频频移动。不过,这只是一种推测。

哥斯达黎加石球

20 世纪 30 年代初,美国联合果品公司计划在哥斯达黎加的某个热带丛林中开辟一片空地,准备在那里建成一个大型香蕉园。公司派遣一个森林砍伐队去完成任务。砍伐队员们在森林深处竟发现几十个一人多高且排列整齐的大石球,旁边还有些小石球,球面都异常光滑。这些神奇的石球中,最大的直径达 2.4 米,重达 16 吨,最小的仅有数公斤重。石头上面还刻着一些奇怪的图案。砍伐队员看着这些奇异的大石球面面相觑,大惑不解。

哥斯达黎加森林中发现大石球的消息引起各国考古学家的高度重视。首先来到这里的是美国哈佛大学考古学家穆维勒·罗斯卢卡教授所率领的考古队。他们极力想找到证明神秘大石球来历的线索,令人失望的是,林海茫茫中除了参天大树和大小不一石球之外,没有发现任何有价值的线索。当他们带着失望走到附近的马尔苏尔城时,他们又大吃一惊,城里到处都有大石球,有些小一点的石球成了花园、门庭前的装饰品。

考古队的到来打破了这里的平静,一时间传闻四起,说大石球里面藏有稀世珍宝。于是居民们纷纷砸碎石球,有的人还用火把它们烧裂。这种愚昧的行为使很多石球遭到破坏。

紧接着,其他国家的考古学家也先后来到哥斯达黎加,经过考察和研究,他们得出一个结论:森林中的巨型石球不是天然的,是人为凿成的,制作石球的材料是坚硬的花岗岩。可是当地没有花岗岩。要想制造一个直径为 2.4 米的石球,至少需用一块重达二十几吨的石料。制造者当初在哪里找到这么大的石料？又是用什么工具运来的？制造者是谁？什么时候制造的？

关于这些疑问,哥斯达黎加的史料中没有相关的记载。16 世纪西班牙人入侵到这里也没发现这些大石球的存在。有的考古学家推测,远古时代当地人信奉太阳神、月亮神等,这些大石球可能是远古时代当地人信奉的神灵的雕像。也有考古学家认为，大石球可能是古人墓葬的标志，因为曾在古墓穴中发现过小石球。究竟哪种说法对或最接近事实，一时间众说纷纭，莫衷一是。

后来，人们在世界其他地区陆续发现一些大石球。1969年，西德艾费尔采石场就发现一个大石球，直径5米多。巴西有个石球博物馆，专门收集产自柯鲁柏的石球。有的地质学家研究后认为，这些大小不一的石球不是人为的，而是大自然的杰作。研究人员推测，当地层中的矿质溶液进入砂层后，会出现结晶现象，结晶中心向四周扩展，在松散的砂层中就形成坚硬的石球，球体中的砂粒被矿液固结，后来砂层被风化，石球便脱颖而出。

看来，自然界石球的成因是各种各样的。科学家们已经提出许多假说，试图解释哥斯达黎加石球和世界各地发现的石球，也得出许多不同的结论。但是至今还没有一个令人信服的说法。

罗德巨像

希腊的邮票上印有罗德巨像——太阳神赫利俄斯，他身穿短裤，戴着太阳冠冕，左手按剑，右手高举火把，双腿分开立在两座高台上，背后就是海港，胯下则是航道出入口。

这是希腊的一个传说，相传太阳神的巨像横跨两岸，所有的船只都只能从他的胯下出入，如果真的是这样，那这个巨像得有多大？据说建成后的神像的高度约为32米，是以450吨的金属浇铸而成，他脚下的石座就高达四五米，有的人称，这个巨人的手指头就有常人合抱那么粗，他的大腿中空甚至可以居住一家人。

罗德巨像

罗德岛曾经是希腊爱琴古文明的发源地之一。传说在远古时期，奥林匹斯众神为了争夺神位而引发混战，最后宙斯胜出，成了最高之神。在给诸神分封领地的时候，宙斯指着那隐没在爱琴海深处的一块巨大的石头，将其封给赫利俄斯。太阳神便以他的爱妻的名字命名这块巨石为罗德岛。

在现实中，关于罗德巨像的记载最早见于公元前2世纪时意大利作家安提帕特的《世界七大奇观》。他在书中记载，青铜巨像耸立在高高的平台上，"高70腕（合今32米），费时12年，所用的300塔兰（约450吨）金属取自季米特里弃置罗得城下的攻城器械"。之后也有文献出现过这样的介绍："艺术家用白大理石制作基座,让神像双脚踝骨以下部分固定在基座下。单是基座的高度即已超过其他所有雕像。"由此可见,罗德巨像是的确存在过的。

可是大多数人都深信罗德巨像是两脚分开、高举火把,站立在罗德岛港口的入口处,所有船只只能从其胯下经过。然而后人通过研究港口的宽度以及巨像的高度发现,巨像的这种结构并不符合常理。那么罗德巨像的姿势究竟是怎样的呢?而且巨像一旦倒塌势必影响港口的出行,可是我们并未发现这种迹象,难道巨像所在的位置有出入吗? 如果浇铸如此巨大的神像必然需要极高的工艺技巧,即使是现代技术也有很大的难度,而一千多年前的罗德人又是如何完成这项创举的呢?

神奇太阳石

有资料表明,约在980年左右,也就是在哥伦布发现美洲前的四百多年,维京人驾驶航船就曾经到达过北美洲的部分沿海地区。维京人是中世纪北欧海盗的佼佼者,他们到处劫掠,后来进行远航,到一些附近国家的沿海地区抢夺生活用品以及各种财宝等。当时由埃里克·罗索率领的一艘船从挪威的卑尔根起航,先到达冰岛,之后抵达了格陵兰,一直航行到加拿大的拉布拉多,也就是美洲大陆沿海地区。

人们不禁要问,1044年才发明指南针,那么在西方遥远的中世纪,维京人是如何在茫茫的大海上辨别方向的呢?

于是传说中的太阳石出现了。在传说中,是太阳石指引维京人的方向,使他们到达北美。人们给太阳石赋予了太多传奇的色彩。直到1967年,丹麦的考古学家托基尔·拉姆斯考才对太阳石做出全新的解释。他认为,太阳石并没有那么多传奇色彩,它仅仅是一种普通的矿石,即当时在挪威等地矿藏丰富的堇青石,而古代以维京人为主的北方人正是利用了这种矿石的物理特性来为自己导航的。

堇青石是一种具备双折射和二向色性的晶体矿石,它能够有选择地吸收光的辐射。当光线照到堇青石上时,就会由于堇青石上的一些独特的晶面对不同光线偏振光的吸收不同而使得透过堇青石的光变换颜色,从紫色、蓝色一直到黄色,人们可以按照这些堇青石上不同的平面来推测光源所在的大致位置。

但这毕竟只是拉姆斯考的一种猜测,至今为止,还是没有考古发现太阳石是堇青石的证据,谜一样的太阳石依旧困惑着好奇的人们。

卡纳克石阵

法国西部的布列塔尼半岛上有一个神秘的地方,这里有绵延达8000米的巨石阵。这个地方就是著名的卡纳克。

卡纳克石阵主要由三部分组成：克勒斯冈石阵、勒梅尼克石阵和克马里奥石阵。其中勒梅尼克石阵由 1099 块石头组成，这 1000 多根石柱分为 11 排向东西延伸，排列成长 1000 米、宽 100 米的矩形，最高的巨石位于石阵的西端，露出地面部分高达 4.2 米，石柱行列稍有弯曲，柱与柱之间的距离不等，起点石柱高约 4 米，最高的达 7 米，越往东则越低小；克马里奥石阵比勒梅尼克石阵稍长，约有

卡纳克石阵

1200 米，共分 10 行；克勒斯冈石阵共有 540 块巨石，分为 13 行，每行长约 400 米，排列密集，呈正方形，它的末端是一个圆形石阵，由 39 块巨石组成。

1959 年，相关专家们利用放射性碳元素对石阵的年代进行推测，得出石阵大约出现在公元前 4300 年左右的结论。后来又经过考证，认为石阵是分期竖立的，时间大约从公元前 4300 年到公元前 1500 年左右。

其中石块中最大的重约 350 吨，高达 20 米。根据考证，卡纳克地区并没有岩石资源，古代卡纳克人必须到数公里外的岩山甚至更远的地方采取巨石，然后再将它们逐一搬运过来。新石器时代人类最先进的搬运工具无非是绳索、滚轴、杠杆等，操作方法是推、拉、滚等，或利用土坡往下滑行。无论采用什么工具，采取任何的操作方法，要把数吨、数十吨重的巨石哪怕搬运数公里、数百米都是一件很困难的事。

那么多的巨石究竟是如何被运到卡纳克，凿平磨光，再被竖立起来组成石阵的？为什么要竖立这样的石阵呢？人们对此做出种种猜测。

当地有一个传说，公元前 56 年，恺撒征服高卢的时候，卡纳克守护神科内利选被罗马人打败。在他逃到城北的山坡上时，眼看就要被追上了，情急之下，他就用魔法将追赶他的罗马士兵变成一队队排列整齐的石阵。这只是一个传说。18 世纪时，不少学者坚信石阵造于恺撒时代。有人认为，卡纳克是宗教中心，石块是古布列塔尼人崇拜的偶像，罗马人征服古布列塔尼人后，就在上面刻上自己所信奉的神的名字。后来，基督徒又在上面刻上十字架等基督教的标志，于是石阵就成了今天的样子。

置身石阵之中，仔细端详，那一排排列队蜿蜒前行的巨石，宛如飞舞的巨蛇。因此有人认为，石阵是蛇崇拜的产物，而且 19 世纪时，考古学家在卡纳克周围发现

了许多蛇崇拜的遗迹。不过到目前为止，还不能证明这些发现与石阵有直接的关系。

有人认为，石阵是墓碑群。"卡纳克"在布列塔尼语中意为"坟场"，这些竖起的石块可能是墓碑。还有人认为，这些石块是妇女的吉祥石。当时一些不怀孕的妇女只要蹲在石头上或在石头上睡上几夜，石头会使她们怀上孩子。也有人认为，石阵是一个复杂的月亮观测台。20世纪70年代中期，英国人亚历山大·汤姆通过对每一根石柱的测量，认为古代天文学家观测月亮时，随着月亮不断变换自己的观察位置，每一次都在新的地方竖起一根石柱作为标记，这种方法使他们掌握到月亮的运行周期以及其他一些天文知识。不过在20世纪80年代初，英、法考古学家经过联合考察，并没有发现巨石的排列次序与月亮的出没规律有什么相关之处，因而这两者之间不可能有什么联系。

还有人把石阵归结于地外文明的力量，认为它是外星人访问地球的飞船基地。这当然是人们在解释不了古文明的种种神秘之后做出的无奈猜想。

在遥远的史前时代，能竖起这样庞大的巨石阵的确是一个奇迹。相信科学家们通过不断研究，一定能找到更多的资料和证据对这样的奇迹做出合理的解释。

斯通亨治巨石阵

英国南部的索尔兹伯里平原上，有一群排列得相当整齐的巨大石块，这便是举世闻名的斯通亨治"巨石阵"。

巨石阵的主体是一根根排成一圈的巨大石柱。每根石柱高约4米，宽约2米，厚约1米，重约25吨，其中两根最重的有50吨。在不少石柱的顶端，又横架起一些石梁，形成拱门状。巨石阵的主体是由一根根巨大石柱排列成的几个完整的同心圆。周围由一道深6米多、宽约21米的壕沟勾勒出轮廓。沟是在天然的石灰土里挖出来的，挖出的土方正好作为土岗的材料。紧靠土岗的内侧，56个等距离的坑构成又一个圆圈。由于考古学者奥布里于17世纪首先发现这里，所以这些坑被称为"奥布里坑"。坑用灰土填满，里面还夹杂着人类的骨灰。在这个范围内有两个巨型方石柱一般大小的圆形石阵，并列在一个小村旁边。这些巨石高约七八米，平均重量28吨左右，直立的石块上还架着巨石的横梁。砂岩圈的内部是5组砂岩三石塔，排列成马蹄形，也称之为拱门，其中最高的一块重达50吨。这个马蹄形位于整个巨石阵的中心线上，开口正好对着仲夏日出的方向。

据考古学家们分析，平均重达二十五六吨的青色巨石、砂岩石是从30~200公里以外运来的。建造者们首先挖出一道圆形深沟，并把挖出的碎石沿着沟筑成矮墙,然后在沟内侧挖了 56 个洞,但这些洞挖好之后又被莫名其妙地填平了。也就是说,最令人费解的奥布里坑就是这一时期所造。公元前约 2000 年开始的是巨石阵建筑的二期工程,这次最早修筑的是一条两边并行的通道。三期工程大约始于公元前 1900 年,建成了庞大的巨石圆阵。在其后的 500 年期间,巨型方石柱的位置被不断调整,二期工程的青石也重新排列,终于形成了欧洲最庞大的巨石结构。可惜的是双重圆阵西面部分始终没有竣工。

据英国考古学家考证,巨型方石阵于公元前 2750 年开始建造,距今已将近5000 年,其建造时间可能比埃及最古老的金字塔还要早。据估算,以当时的生产力水平,建造巨石阵至少需 3000 万小时的人工,也就是说,至少需 1 万人连续工作1 年。

在发掘中,始终没有发现用轮载工具或是牲畜的痕迹。建造者们如何从数十公里甚至数百公里外把巨石运来?曾有专家组织人用最原始的工具试图把 1 块重约 25 吨的巨石从几十公里外运来,但几经努力都没有成功。从实际操作技巧看,有些巨型石块单靠滚木和绳索恐怕得用上千人才能移动起来,所以有理由相信,建造者们绝对不是一个未开化的民族。

有人认为,巨石阵很可能是一个刑场。原因是最近从巨石阵挖掘出一颗年代久远的人类头骨。现代分析技术认为,这是一具男性骨骸,曾有一把利剑将他的头颅齐刷刷地砍下。考古学家在这颗头颅的下颌下发现一个细微的缺口,同时在第四颈椎上发现有明显的切痕。由于其墓穴孤独地埋在那里,人们有理由相信,他并非死于一场战争,而是被一柄利剑执行了死刑。在巨石阵及其周围还曾发现数具人类遗骸。1978 年,一具完整的人类骨骼在围绕巨石阵周围的壕沟中被发现,这个男人是被像冰雹一样密集的燧石箭射死的。

最近一种流行的说法是,巨石阵有天文观测的功用。早在 18 世纪就有人发现巨石阵有以下特点:巨石阵的主轴线指向夏至时日出的方位,巨石阵中现在标记为第 93 号和 94 号的两块石头的连线,正好指向冬至时日落的方向。

本世纪初,英国天文学家洛基尔进一步指出,如果站在巨石阵的中央观察,那么第 93 号石头正好指向立夏(5 月 6 日)和立秋(8 月 8 日)这两天日落的位置,第91 号石头则正好指向立春(2 月 5 日)和立冬(11 月 8 日)这两天日出的位置。因此,洛基尔认为,早在建造巨石阵的时代,人们就已经把一年分为 8 个节令了,即立春、春分、立夏、夏至、立秋、秋分、立冬、冬至。洛基尔的研究引起了天文学家和考古学家们的浓厚兴趣。他们推测,巨石阵大概是远古时代人们为观测天象而建造的,它很可能就是一座非常非常古老的"天文台"。

　　20世纪60年代初，一位名叫纽汉的学者宣称，他找到了指向春分日和秋分日日出方位的标志，并指出91、92、93、94号石头构成了一个矩形，矩形的长边正好指向月出的最南端和月落的最北端。后来，英国天文学家霍金斯用电子计算机进行了大量计算，用巨石阵来预报月食。巨石阵里还有56个围成圈的坑穴，坑内有许多人的头骨、骨灰、骨针和燧石等。霍金斯认为，古人就是用这些坑穴来预告月食。

　　后来天文学家霍伊尔更认为巨石阵能预报日食。果真如此的话，那么石阵的建造者在天文学和数学方面的造诣将远比希腊人、哥白尼甚至牛顿还高。天文学家迈克·桑德斯则认为，石阵是在已经了解太阳系构造的基础上建造的。

　　对于把巨石阵称为天文台的说法，有人提出疑问：建造者们为什么不用既轻便又很容易从当地得到的木材和泥土来建造这座天文台？而非要到很远的威尔士山区去运来这些大石块呢？再说，上面提到的那些坑穴中的人类墓葬又和天文学有什么关系呢？正是这些疑问，使不少人坚持认为巨石阵实际上是一种神秘的宗教场所，它和天文台根本沾不上边。

　　现在，又有人提出一种观点，认为巨石阵既可能是用来祭祀的宗教活动场所，又是墓葬场所，同时也可能还是观测天象的天文场所。这就好像在中国已经发掘出的不少古墓那样，其中也都发现了古代的星图。

　　曾有一块巨石倒塌下来，现代学者们曾试图把它准确地放回原来的位置，但经努力，终难如愿。为此，有位学者指出：在地球上的位置若有几厘米的偏差，在外太空的计算上就可能达到若干光年。

　　奇怪的是，曾有学者用当前最先进的仪器设备检测出巨石竟能发出超声波！古人在刀耕火种的时代怎么会知道超声波呢？难道是外星人在遥远的史前时代光顾了英格兰？

　　究竟是天文台，还是宗教活动场所，或者是二者兼而有之，还在争论之中。

复活节岛的雕像

　　1722年的一天，一个名叫雅各布·洛基文的荷兰航海家率领一支远洋探险船队，登上了太平洋西南部一座无名的火山岛，这是欧洲人第一次登上这座小岛。因为这天正好是复活节，所以他们把该岛命名为"复活节岛"。1888年，智利政府派人接管该岛时也正好是复活节。

　　这座呈三角形状的火山岛，大概是地球上最孤单的小岛。它离南美大陆的智利海岸大约有3700公里，离最近的有人居住的岛屿也有1000公里之遥。这个小岛被发现时，在它上面存在着处于原始状态的波利尼西亚人和令人惊愕的巨石雕像。

　　岛上耸立着的巨大石像，当地人称为"莫艾"，它们由玄武岩、凝灰岩雕琢而成，几乎遍布全岛。石像一般高 7 ~ 10 米，平均重达 60 吨，总计 1000 多尊。其中最大的高 22 米，重 400 吨。这些雕像造型奇特，眉弓宽大，眼窝深陷，没有眼珠，耳廓偏长，鼻子高翘，嘴唇紧

复活节岛的雕像

闭，表情严肃，双手按着肚皮，肩并肩站立在海边，像是在眺望，又像是在沉思。这些巨石雕像不仅成了这个南太平洋岛独特的象征，而且也为这个小岛抹上了一层神秘的色彩。

　　科学家估计，用原始方法雕出一尊 7 米高的石像，就是在许多石匠的配合下也需要一年的时间。那么要雕琢出岛上所有的石像，耗时耗工之巨就可想而知了。这上千尊石像究竟是怎样被雕琢出来的呢？它们是同时完成的？还是分批完成的？

　　另外，当时没有运输机械，他们又是如何把这些庞然大物从采石场运到海边的呢？有人认为，古代人是用滚木把石像运到海边的。可是，这个岛是一个草原，没有任何高于 3 米的树木，更别说可以做滚木的高大乔木了。也有人说，古代人是用藤缆绳套住石像，靠人力从山上慢慢地运下来的。

　　但是藤缆绳能拉动几十吨重巨石的可能性也很小。而且，岛上这些石人像还有不少是头戴石帽的一顶石帽，小的也有 2 吨，大的重约十几吨。这又给我们带来一个问题。要把这些石帽戴到巨人石像的头上，需要有最起码的起重设备，但是他们连最原始的搬运设备都没有，装卸装置就更不可能有了。

　　学者们还考证出，大约到 1650 年前后，雕琢工程停了下来。从现场环境看，当时忽然停工的直接原因可能是突然遇到了天灾，比如说火山喷发、地震、海啸之类的自然灾害。

　　一些考古学家认为，石像是古代岛上居民用来供奉祖先的纪念碑。还有少数人揣测，这些巨人石像是天外来客送给地球居民的杰作。

　　考古学家们对于有关莫艾的众多谜团还没有理出头绪，近几年，人们从岛内地下又发掘出了许多新的巨人雕像，而它们与之前岛上的石像很不一样，却与的的喀喀湖畔印加人最古老的祭祀中心的跪姿石人非常相似。于是考古学家们推测，它们很可能出自同一匠人之手。基于这一发现，考古学家已经把发掘工作转向地下，希望能找出更多的线索。

化石脚印

一直以来，人们公认的人类历史只有两三百万年。可是在一些几亿年前的化石上却发现了人类的脚印，有的甚至是鞋印。真是令人匪夷所思。

1817年，考古学家在美国密西西比河西岸附近的一块石灰岩石板上，发现两个人类的脚印，脚趾较分散，脚掌平展，与长期习惯于不穿鞋走路的脚印相近。脚步强健有力，脚印自然。各种迹象均表明，其压痕是在岩石很软的时候踩上去的。据鉴定，这块石灰岩石板有2.7亿年的历史。

1927年，一位美国业余地质学家在美国内华达州的一个峡谷内，发现一块带鞋印的化石。这个化石是由于鞋跟离开地面时所带起的泥土造成的，鞋印保存得出奇的好。据鉴定，这块化石的年代可以追溯到2.25亿年前的三叠纪。后来的科学家用显微摄影重现这个鞋印时，才发现鞋跟的皮革由双线缝合而成，这种缝制技术在1927年以前是没有的。

1930年，一个地质学家在肯塔基州一处古生代的沙石海岸上找到了三双鞋印，明显可以看出是人类的左脚和右脚，而且在保留了这些鞋印化石的巨大岩石上，没有任何属于前肢的脚印，所以它们不会是其他什么生物留下的。地质学家经过鉴定，结果表明，鞋印是2.5亿年前留下的，上面没有任何雕琢和切割的痕迹，可以排除后人伪造的可能，加上鞋印内的沙粒密度要比外面的大不少，足以说明这些鞋印是踩上去的。

1968年，一个三叶虫化石的收藏家在犹他州旅行时，发现了让他惊喜不已的三叶虫化石。三叶虫是一种生存在5亿年前的小生物，但是收藏家在这个5亿年前的化石上，竟然更惊奇地看见了人类的脚印，那是一个穿着凉鞋的脚印，不偏不倚正好踩在三叶虫上。而且在这之后，又先后有人在同一地区发现了类似的多处脚印。

美国得克萨斯州的恐龙谷是古生物学家研究恐龙等史前生物的圣地。令人不可思议的是，恐龙谷中恐龙足迹化石旁竟然有人类的脚印化石。科学家辨认后认为，这种脚印只能是人类的脚印。科学家们辨认脚印真伪通常有两个标准：其一，人踩出来的脚印，通常会因为压力作用而使脚印周围的岩层隆起；其二，如果将脚印化石敲破，在脚印的表面之下会找到压力线纹。在帕勒克西河河床上发现的这些人类脚印，其周围岩石的隆起清晰可见。把化石从中间切开，截面也有压缩的痕迹。

1976年，得克萨斯州基督教大学的地质学教授华尔伯和另一名专家柏林在帕勒克西河上游筑起堤坝，抽干河水后，在发现人类脚印化石的同一河床找到了更多交错在一起的恐龙脚印和人类脚印化石。这些脚印长45厘米左右，宽13～17厘米。最重要的是，所有这些脚印周围都有脚部压力造成的隆起部分。如果有人要伪造这些脚印，就必须把几乎整个河底的岩石都凿掉一层，而且还得长时期地潜入河底工作，这显然是不可能的。有人提出，这些与恐龙脚印交错的脚印不是人类的，而是一种与人类身材体重差不多的、用两足行走的恐龙的脚印。但是，目前还没有发现过双脚与人类双脚长得类似的恐龙。

这些化石上的人类脚印究竟是如何形成的呢？有人提出大胆的设想——在现有人类之前，地球上也许曾经活跃过另一个人类文明。毕竟我们的地球母亲拥有45亿年的高龄，而人类的历史不过短短300万年。那个人类文明可能因为遭受某一场全球化的大劫难从此在地球上灭绝了，但是他们留下了一些鲜为人知的痕迹，就像那几个神奇的脚印和鞋印。如果这种假设可以成立，世界上很多难解之谜都会豁然开朗，但是如何印证这个猜想却又是一个难题。

第七节　奇特的景观

纳米比亚精灵怪圈

在南非纳米比亚沙漠西部的沿海地区，遍布着一种奇特的"精灵怪圈"，直径大都在2～10米之间，怪圈里几乎全是沙土，而且寸草不生，而在怪圈的周围却长着茂盛的野草。

对于"精灵怪圈"的形成原因，科学界曾有三种解释：一是放射性沙土致使植物生长受到抑制；一是有毒植物绿珊瑚在土壤中释放出有毒物质；还有一种说法是地底下的白蚁吃掉了植物的种子。针对这三种解释，以植物学家格立特·茹因为首的研究小组做了许多实验。茹因对土壤样本进行化验后，首先排除了放射性沙土的观点；然后研究小组先从沙漠中找到了一些绿珊瑚，并从其根部土壤中取回了一些沙土样本，研究人员在这些沙土样本中种植了多花黑麦草，结果发现这些草生长得很茂盛，这说明有毒物质的说法根本不可靠；最后，他们在地底下挖了2米深，结果没有找到任何白蚁或者白蚁穴，而且没有迹象表明这里有白蚁活动。那么，这些怪圈是怎样产生的呢？这实在令人费解。

钱塘涌潮

关于钱塘潮有这样一个传说:春秋战国时期,吴王夫差打败了今天浙江一带的越国。越王勾践表面上向吴国称臣,暗中却卧薪尝胆,准备复国。此事被吴国大臣伍子胥察觉,多次劝说吴王杀掉勾践。由于有奸臣在吴王面前屡进谗言,诋毁伍子胥。吴王奸忠不分,反而赐剑让伍子胥自刎,并将其尸首煮烂,装入皮囊,抛入钱塘江中。伍子胥死后几年,越王勾践在大夫文种的谋划下果然灭掉了吴国。但越王也听信谗言,迫使文种伏剑自刎。伍子胥与文种这两个敌国功臣,虽然分居钱塘江两岸,各保其主,但

钱塘涌潮

下场一样,同恨相连。他们的满腔郁恨化作滔天巨浪,掀起了钱塘怒潮。

有些科学家认为,钱塘潮如此之盛的原因,主要是由其独特的地理条件所造成的。钱塘江外杭州湾,外宽内窄,外深内浅,是一个非常典型的喇叭状海湾。出海口江面宽达100公里,往西到澉浦,江面骤缩到20公里。到海宁县盐官镇一带时,江面只有3公里宽。起潮时,宽深的湾口,一下子吞进大量海水,由于江面迅速收缩变窄变浅,夺路上涌的潮水来不及均匀上升,便都后浪推前浪,一浪更比一浪高。到大夹山附近,又遇水下巨大拦门沙坝,潮水一拥而上,掀起高耸惊人的巨涛,酿成初起的潮峰。

除此之外,钱塘潮的形成还有一些其他原因。浙江沿海一带,夏秋之交,东南风盛行,风向与潮波涌进方向大体一致,风助潮势,推波助澜;潮波的传播在深水中快,在浅水中慢,钱塘江南深变浅的特点极为突出,这种特殊条件能使后浪很快赶上前浪,层层巨浪叠加,形成潮头。此外,潮涌与月亮、太阳的引力也有关。东汉思想家王充在《论衡》中说:"涛之起也,随月盛衰,小大满损不齐同。"因为在农历每月初一和十五前后,太阳、月亮和地球排列在一条线上,太阳和月亮的引力合在一起吸引着地球表面的海水,所以每月初一和十五的潮汐就特别大,而农历八月十八日前后是一年中地球离太阳最近、引力最大的时候,此时出现的涌潮,自然也就最猛烈。

以上是目前人们比较接受的说法,但也有科学家不同意上述观点。此外,科学家们也无法准确解释为什么每年的八月十八日潮最大。因此,钱塘江潮涌之谜,还

有待科学家们进一步研究。

恒河水自动净化

恒河是印度的第一大河,它发源于喜马拉雅山南麓加姆尔的甘戈特力冰川,全长 2700 公里,下游 500 公里在孟加拉国境内。印度人将恒河尊称为"圣河",把她看作是女神的化身,虔诚地敬仰,据说是起源于一个传说故事。古时候,恒河水流湍急、汹涌澎湃,经常泛滥成灾,毁坏良田,残害生灵。有个国王请求天上的女神帮助他驯服恒河,为人类造福。湿婆神来到喜马拉雅山下,散开浓密乌黑的长发,让汹涌而来的河水从自己头上缓缓流过,灌溉两岸的田野,使生活在这里的人们得以安居乐业。从此,印度教便将恒河奉若神明,敬奉湿婆神和洗圣水澡成为印度教徒的两大宗教活动。

恒河最神圣的一段在瓦拉纳西古城旁的河岸,这里的河岸景象十分壮观。清清的恒河水悄无声息地流过,河岸两边则是错落有致、风格迥异的神庙,一座紧挨一座,形成陡立的峭壁。河面上一艘艘小木船、浸泡于河里的信徒、岸上打坐的僧人、石阶上火葬仪式的迷烟及虚幻般的昔日情景,仿佛时光倒流了几百年。恒河两岸的景观随着时间的流逝逐渐发生了一些变化,然而,这不断遭受污染的恒河之水却始终保持着纯净的质地,其中的原因人们至今还没有找到合理的解释。

在人们心目中,恒河里的水是地球上最为圣洁的水,只要经过它的洗礼,人的灵魂就能得到重生,身染重病的人也可以重获健康体魄。因此,每年都有众多朝圣者从世界各地千里迢迢赶来,在恒河水里虔诚地举行各种重大宗教仪式。更有甚者会在恒河水里自尽,希望能洗去自己此生的罪孽和冤狱。于是,恒河上有时会漂浮着尸体。人们将尸体打捞起来火化后,会遵死者遗嘱将骨灰撒在恒河里……

这样日复一日,年复一年,恒河水受到了严重的污染,成为印度污染最严重的河流之一。可是让人们感到奇怪的是,印度教徒似乎并没有因此而改变自己的习惯,依然在河里沐浴,而且每天都毫无顾忌地饮用河水,但他们却很少中毒或者得病。难道恒河水真的因为神圣而具有了某种自我净化的能力吗?

实验结果表明,事实果真如此。科学家曾经特意将一些对人体极为有害的病菌放入恒河的水中,可没过多久,这些病菌统统被杀死了。有人推测是恒河底藏着某种奥秘,河床里可能具有一种能杀死病菌的放射性元素,但是这个推测还未被证实。

我们相信,只要人类加强对恒河的保护,它一定还可以拥有与当初一样纯净的水质。只是,恒河可以自动净化的原因现在对于我们来说,仍然是一个未解之谜。

间歇泉

间歇泉是一种热水泉。这种泉的泉水不是从泉眼里不停地喷涌出来,而是一停一溢,好像是憋足了一口气,才狠命地涌出一股子来。喷发的时候,泉水可以喷射到很高的空中,形成几米、甚至几十米高的水柱,看起来十分壮观。间歇泉喷出来的时间并不长,喷了几分钟、几十分钟以后就自动停止,隔一段时间,又会发生一次新的喷发,如此循环往复。

冰岛是世界上间歇泉非常集中的国家,间歇泉在国外被叫作"盖策",冰岛语"盖策"的意思就是间歇泉。在冰岛首都雷克雅未克附近一个山间盆地里,有一片很有名的间歇泉区。"盖策"是其中最有名的一个间歇泉,这个泉在平静的时候是一个直径 20 米的圆圆的水池,清得发绿的热水把圆池灌得满满的,并且沿着水池的一个缺口缓缓流出。可是,这种平静的局面维持不了多长时间就会突然暴怒起来。只见池中清水翻滚,池下传出类似开锅时的呼噜声。很快,一条水柱冲天而起,在蔚蓝色的天幕上飘洒着滚热的细雨。据说,"盖策"的喷发高度可以达到 70 米。由于这个间歇泉很有名,渐渐地,"盖策"就成了世界上对间歇泉通用的称呼了。

查布间歇泉是西藏著名间歇泉之一,它位于冈底斯山南麓南北向的宽谷中,经科学考察队实地观测,其泉口活动频繁,24 小时共喷发 208 次,每次平均持续时间 4~5 分钟,最长为 6 分 40 秒,两次喷发间歇期为 2~3 分钟,喷高 5~6 米,最高为 7 米。在主泉口 3 米处测得间歇期平均水温 90℃ ,喷发期为 93℃ ,最高达 96.4℃ 。

科学家经过考察指出,适宜的地质构造和充足的地下水源是形成间歇泉最根本的因素,此外,还要有一些特殊的条件:首先,间歇泉必须具有能源,地壳运动比较活跃地区的炽热的岩浆活动是间歇泉的能源。因而它只能位于地表稍浅的地区。其次,要形成间歇性的喷发,它还要有一套复杂的供水系统来连接一条深泉水通道。在通道最下部,地下水被炽热的岩浆烤热,但在通道上部,泉水在高压水柱的压力下又不能自由翻滚沸腾。同时,由于通道狭窄,泉水也不能进行随意的上下对流。这样,通道下面的水在不断地加热中积蓄能量,当水道上部水压的压力小于水柱底部的蒸汽压力时,通道中的水被地下高压、高温的热气和热水顶出地表,造成强大的喷发。喷发后,压力减低,水温下降,喷发因而暂停,为下一次新的喷发积蓄能量。

如今,科学家虽已揭开了间歇泉的神秘面纱,但人们仍为它雄伟而瑰丽的喷发景观所倾倒。

圣泉

法国比利牛斯山脉中有一个叫劳狄斯的小集镇。集镇附近遍布岩洞,其中一个岩洞后有一道泉水,飞珠溅玉,终年不息,这就是闻名全球的神秘的"圣泉"。

据统计,每年约有430万人去劳狄斯,其中不少身患沉疴甚至是病入膏肓被医院宣判"死刑"的病人也不远千里来到这儿。他们来的目的就是在圣泉的水池内洗澡。所谓洗澡,实际上就是在水中浸泡,这样病情便能减轻,有的竟能不药而愈。

维托利奥·密查利出生于意大利,21岁时应征入伍。不久他发现左腿持续疼痛,于是去凡罗纳医院检查。检查的结果是一种罕见的癌症,癌细胞已破坏左髋骨部位的骨头和肌肉,该医院便将他转到特兰德军队医院。军队医院也无能为力,又将他转至博哥肿瘤中心医院。

肿瘤医院对他做进一步检查,最后很遗憾地告诉他,这种病就目前的医疗技术还达不到治好的效果,并且还告诉密查利顶多只能活一年。就这样,密查利被送回特兰德军医院。

在特兰德军医院,密查利住了九个半月,左半侧从腰部至脚趾打上石膏。X光透视发现其髋骨部继续在恶化,左腿仅由一些软组织同骨盆相连,看不到一点骨头的成分。听说圣泉可以治病,1963年5月26日,密查利在母亲的陪伴下,经过16个小时的奔波,终于到达劳狄斯。第二天便去圣泉沐浴。

圣泉的接待人员很多,他们大都是圣泉的受益者。他们因疾病来圣泉里沐浴过,后来恢复健康后便自愿来这里当义务护理员。密查利在几名护理员的帮助下,脱去衣服,光着身子侵入冰冷的泉水中。但打着石膏的部位无法浸入水中,只好用泉水冲淋。密查利在圣泉里沐浴后回到家里仅数星期,他突然产生了从病榻上起身行走的强烈欲望,而且果真拖着那条打着石膏的左腿从屋子的一头走到另一头。此后几个星期内,他继续在屋子里来回走动,体重也增加了。到了年底,疼痛感竟全部消失。

1964年2月18日,医生们特意为他除去左腿上的石膏,并进行X光透视。当放射科的医生将片子送来后,医生们还以为片子拿错了。原来,片子显示出已完全损坏的骨盆组织和骨头竟然出人意外地在14个月内再生了。密查利完全康复了,不久他便在一家羊毛加工厂找到工作。1971年6月,法国《矫形术外科杂志》对此做出报道,说这是现代医学无法达到的奇迹。

密查利不是特例。据报道,在124年中,为医学界所承认的这样的医疗奇迹就达64例,他们都经过设在劳狄斯的国际医学委员会严格审定。科学家们当然不会相信"圣母恩赐降福"这种荒诞说法。法国诺贝尔奖获得者、著名生物学家艾列克赛卡罗尔博士认为,这是心理过程和器官过程产生的奇迹。因为去劳狄斯的病人大都是虔诚的宗教徒,他们相信"圣母恩赐降福"这个说法,于是心理上就自然产生战胜困难的勇气,从而使一些原本属于不治之症得以痊愈。有的科学家则认为,有误诊的可能,有些病症并非是不治之症,结果误诊成不治之症,故而在圣泉淋浴后便不药而愈了。不过这一论点的论据十分不足,因为很多病人的病史和诊断都要经过严格的核实,涉及许许多多医生、医学研究人员,出现误诊的可能性几乎为零。

那么,圣泉这种"起死回生"的奥秘究竟何在呢?随着现代医学的不断发展,我们相信,人们一定能剥去圣泉的扑朔迷离的宗教外衣,揭示它的本质,从而解开这个谜。

冷热洞

在中国湖北省西部有一片古老而神秘的原始林区——神农架。其中,位于神农架木鱼镇彩旗村境内的冷热洞,一直以来都是人们关注的焦点。

冷热洞,海拔 1500 米,洞长 5 公里,洞内巨大的空间足以容纳两万余人。冷热洞的洞口面南而开,醒目又充满神秘。背洞而立,千年铁坚杉直入眼帘,呼啸的风扑面而来,让人顿生敬畏之感。

据当地人讲,探洞的最好时间在春、夏两季。届时,人只要往洞口一站,就会明显感觉到冷气逼人,不禁瑟瑟发抖。但如果以为冷热洞的特点仅仅是春、夏两季异常寒冷,就大错特错了。

冷热洞之所以得名,是因为在长仅 5 公里的洞中漫步,人会体会到春、夏、秋、冬四个季节的不同特点。那莫名变化着的温度让人觉得冥冥之中仿佛有什么神灵在恶作剧。初入洞中人会觉得有一股寒气从洞的深处袭来,而继续向前走,又会感觉到热浪滚滚。

不仅如此,冷热洞中一边湿、一边干。夏天,站在湿的地方会觉得凉风飕飕,好似被人从头到脚浇了一桶沁凉的泉水,而站在干的地方,又会觉得浑身燥热难挨;冬天,站在湿的一边,迎接人的是刺骨寒风,而站在干的一边,则又会感觉温暖舒适、如沐春风。

为了揭开冷热洞的温差之谜,科考人员屡次入洞进行调查,他们特意上不着衣衫、下着棉裤。然而,以这种装束进洞停留一段时间后,裸露的上身竟然大汗淋漓,而被棉裤裹紧的双腿却冻得发抖。于是,不少专家认为,冷热洞中的地面其实是一个大的吸热体,山洞中气流的流动造成贴近地面的地方温度低,距离地面远的地方温度高。但是这种说法却不足以解释神农架冷热洞中的温度变换。因此,一些地质学家又提出了不同的见解。他们认为,冷热洞内的温度反差,是洞中地表岩石与洞顶岩石结构上的差异造成的。洞内地面岩石是一种奇特的"冰石",会吸收热量,而洞顶岩石恰好具有释放热量的功能。两种岩石相互作用,就构成了洞内"上热下冷"的景象。同样,在神农架的冷热洞内,寒气逼人的地带遍布着吸收热量的"冰石",令人倍觉温暖的地带则到处是释放热量的岩石。

但是不少人指出,暂且不提神农架冷热洞中的岩石确实具备吸热、散热的特点,单就贵州冷热洞来说,洞内上、下近乎均匀地聚集着两种构造截然不同的岩石,未免过于巧合。如今,这难以解释的温度变化之谜已经成为冷热洞神秘之美的一部分。

怪坡

在中国很多地方都发生过令人困惑的怪坡现象,明明停在坡低处的车辆在没有人操纵的情况下,竟然会"滑向"坡的高处。很多经验丰富的驾驶员都无法解释个中道理。

1990年4月的一天,两个年轻人驾驶着一辆吉普车驶进沈阳东部山区的一个坡下,两人原打算将车停在这里,没想到在摘档熄火后,吉普车竟然自己向坡上滑行。大感惊奇的两人忙又将车开了下来,抱着试探的心理再次将车停在坡下。结果这次,车依然往坡上滑去。在济南市东南外环路也有一段"怪坡"。这个怪坡在济南经济学院南约1.5公里处,有人开车行驶在怪坡的下坡路段时,汽车突然熄火,而就在人大感意外之际,本已停下的汽车又慢慢地爬上了坡。起初,开车人还以为自己碰上了偶发怪事,但他很快发现,所有途经这里的车都遭遇了类似状况。当地人将这种情况称为"倒行逆驶"。

同样,在河南汝州市北9公里处有一个被当地人叫作"姊妹怪坡"的小坡,车辆下坡时如逆水行舟,上坡时却轻松自如。更奇怪的是,如果下雨,地面的雨水竟然会顺着坡度往高处流。

这究竟是怎么一回事呢?

有人认为怪坡的出现实际是一种"重力位移"现象。在怪坡上,由于某种不得而知的力量的作用,车辆的重力点发生了变化,导致车辆在下坡时走不动,在上坡时不用费什么力就行驶起来。但这种说法尚未得到科学证实,而就算是支持这种说法的人也一直没弄清楚,那改变车辆重心的力量究竟来自何方?

还有人认为是磁场在作祟。在怪坡高处一定暗含着拥有强大引力的磁场，这一磁场足以将沉重的车辆"拉"上坡。而车辆下坡时，则相当于逆着磁力而行，所以不是发生熄火就是开得困难。但如果怪坡真是怪在了磁力上，那么其对不同质地的物体会产生不同效果的力，而事实却并非如此。

目前在关于怪坡的种种解释中最为科学家推崇的当属"错觉说"。支持这种观点的人认为，所谓怪坡根本就是普通的坡，只是经过它时人们发生了错觉，误把下坡当上坡，上坡作下坡。如果细心观察就会发现在大多数怪坡旁都会有起伏较大的坡，人在经过怪坡时，拿怪坡旁边的坡作为参照，难免会发生视觉上的误差。这种错觉说的确能解答部分地区的怪坡之谜，但是并非所有怪坡旁都有特殊的参照物在混淆人的视线。人们曾用水平仪器对一些怪坡进行测量，发现它们的"怪"货真价实，车辆径自滑向的的确是上坡而非下坡。

著名物理学家李政道曾开玩笑说，如果哪天自己解决了怪坡之谜，那说不定就能再拿一个诺贝尔奖了。有些怪坡在出名之后，逐渐从交通要道变成了旅游胜地。而这无疑是件好事，毕竟在怪坡行驶的情况和人的常识发生了冲突，这对科学研究来说大有好处。

响沙山

在内蒙古鄂尔多斯的达拉特旗南部有一处宛若金色卧龙的沙漠——银肯响沙。它高110米，宽2000米，背靠一片一望无垠的沙丘。

响沙山的沙子非常干净，在阳光的照耀下泛着金色的光芒。由于沙粒大小均匀，人抚摸上去没有丝毫棘手的感觉。它看似安静地坐落在沙漠里，但只要有人从它的高处向下滑动，其间沙子就会发出犹如战鼓一般的奇妙声音。而一旦人停止滑动，沙声也戛然而止。

银肯响沙被誉为"响沙之王"，很多人慕名而来领略它的独特风光，据当地人说银肯响沙和一个古老而悲惨的传说有关。很久以前，响沙山所在的地方没有沙，只有一座寺庙。庙里的僧人每天都虔诚地诵经念佛，但是，突然有一天不知从哪里刮来了一阵可怖的怪风，风吹起山一样高的狂沙，轰隆一声就将寺庙埋在了沙里。僧人们的亡灵不肯安息，便终日在沙堆上徘徊。他们仍像生前那样反复吟诵经书。时间长了，他们诵经的声音就被沙子记录下来，一旦有人行走在沙上或是什么力量惊动了这些沙子，沙子就会"放"出僧人们的读经声。

然而，传说虽然凄美，却不能用来作为解释响沙山"响沙"的缘由。于是，科学家们一批又一批地来到响沙山进行实地考察。

早在汉代,司马迁就曾在其著作《史记》中描述过响沙,但论及响沙山的成因,几千年来人们却没有取得定论。

20世纪60年代,有科学家认为响沙实际上是一种特殊的沙子静电现象。沙漠里的气候干燥,很多沙子都带着电,一旦遇到外力刺激,这些带电之沙的相互摩擦就产生了静电,而静电是有声音的。与此同时,响沙湾下所埋藏的沙子却刚好因为吸收了水分而变得湿润,形成了沙土层,造就了一座罕见的"沙漠共鸣箱"。由于共鸣的作用,沙子摩擦产生的静电声就变成了轰鸣声。

如果说银肯响沙是特殊的地理环境形成的,那么其中的沙子一旦离开了地下共鸣箱的环境,就会和普通的沙子毫无二致。但事实并非如此,曾有科学家特地将一堆银肯响沙用车运走,结果车行至黄河大桥,沙子突然发出沉闷的响声。科学家又将沙子带到喧闹的包头火车站,带到普通的民居里,沙子还是发出了响声。

科学家又带着试验的目的回到了银肯响沙山,他们发现在响沙山的周围有不少沙丘的地势构造都和银肯响沙极其相似,假如"共鸣箱说"和"静电说"真的是响沙山产生的原因,那么就不应只有这一座"银肯响沙",其他沙丘在理论上也应发出轰响,但事实显然不是这样。

滚滚的黄沙中隐藏着很多秘趣,银肯响沙为何而响,在世界范围内至今仍没有人能给出一个完满的答案。

富士山成因

富士山横跨静冈县和山梨县的休眠火山,位于东京西南方约80公里处,主峰海拔3776公尺,2002年8月,经日本国土地理院重新测量后,为3775.63公尺,接近太平洋岸,东京西南方约100公里。富士山是日本国内的最高峰,也是世界上最大的活火山之一,目前处于休眠状态,但地质学家仍然把它列入活火山之类。

整个山体呈圆锥状,一眼望去,就像一把悬空倒挂的扇子,日本诗人曾用"玉扇倒悬东海天""富士白雪映朝阳"等诗句来赞美它。自古以来,日本人就把富士山看作"圣岳""灵峰""不二山",认为它是镇守日本的神山,受到人们的敬仰。

富士山

它名字的由来众说纷纭,其中流传最广的是日本平安时代(公元10世纪初)的文学作品《竹取物语》的说法。

富士山的山峰终年积雪。在富士山周围 100 多公里以内，人们远远就可以看到那终年被积雪覆盖着的美丽的锥形轮廓，昂然耸立于天地之间，显得神圣而庄严。山四周有剑峰、白山岳、久须志岳、大日岳、伊豆岳、成就岳、驹岳和三岳共"富士八峰"。

每年 3~4 月，漫山遍野盛开着一丛丛如火的樱花，姹紫嫣红，艳丽多娇。夏季，炎炎烈日使山顶上的积雪融化了许多，此时是登山观赏日出的最好季节。秋季，天高气爽，艳阳高照，红叶染遍了山谷，别有一番醉人的情趣。冬季，冰封雪飘，这里又成了滑雪的最佳场地。

富士山北坡有 5 个排成弧形的湖，统称为"富士五湖"，自东往西依次是：山中湖、河口湖、西湖、精进湖及本栖湖。湖水碧波微荡，与蓝天连为一体，使富士山积雪的峰顶更显洁白与壮观。

其中，山中湖最大，面积为 6.75 平方公里。湖畔有许多运动设施，可以打网球、滑水、垂钓、露营和划船等。河口湖是五湖中开发最早的，这里交通十分便利，已成为五湖观光的中心。湖中的鹈岛是五湖中唯一的岛屿。湖上还有长达 1260 米的跨湖大桥。河口湖中所映的富士山倒影被称作富士山奇景之一。

富士山是日本最著名的旅游胜地，每年都有许多世界各地的游人前往，只为亲眼目睹曾经在自己脑海中浮现过千百次的圣山。圣山周围有许多庙宇和神社，有些神社分布到火山口的边缘和内部。在日本，人们认为"登上富士山顶是英雄"，与中国的"不到长城非好汉"相呼应。如今，每年至少有 10 万人在富士山参加大规模的登山活动，早期登山是由一名身着白袍的朝圣者领头，现在是一大群人同时前往。

与许多著名的山峰一样，富士山的形成也有很多种传说。其中，根据日本佛教传说，富士山是在公元前 286 年一夜间形成的。当时地面裂开，形成了现在日本最大的巴瓦湖，富士山则由挤出的泥土堆成。

传说并非毫无依据，富士山的形成原理应该和传说中大致相同，只不过不是形成于一夜间，年代可以上溯到至少 1 万年前，曾为岛屿的伊豆半岛由于地壳变动与本州岛激烈碰撞挤压时隆起形成的富士山，是一座有史以来曾记载过十几次喷发记录的休眠火山。

据记载，自公元 800 年以来，富士山共喷发过 18 次。最近的一次喷发是在 1707 年，当时的剧烈喷发使一百多公里之外的江户（即现在的东京）都笼罩上了一层厚厚的火山灰，溢出的岩浆还淹没了附近两座年代比较久远的火山。同时，那次喷发形成了今日富士山的锥形巨峰。富士山目前仍有活动，有些山洞还常有喷气现象发生。

如今，关于富士山的形成，科学家们的各种说法都有一定的依据，但具体富士山是怎样形成的，目前还没有一个定论。

继壮观、秀丽、绚烂的美景奇观之后，富士山的形成之谜将成为人们最为关注的话题。

冰洞不融化

为了确认这个传说是真是假，在中国山西省宁武县旅游局工作的闫鹏一直在寻找传说中的百万年冰洞。最终，闫鹏在管涔山发现了这个冰洞。冰洞距地面一百多米，冰洞内有冰瀑、冰钟、冰帘、冰笋、冰人、冰花……形成了一个非常壮观的冰宫殿，后来经过人们的开发又形成了上下五层的冰洞，此外还有冰梯、冰桥供人们参观。

冰洞中的温度基本维持在0℃左右，即使是初夏或寒冷的季节，冰洞的温度也没有多少变化。更令人惊奇的是，在盛夏的时候，冰洞外鲜花烂漫、绿树成荫，而洞内却是坚冰不化；冬天，洞外温度能达到零下30℃，然而站在洞内，因为没有风反而温暖了许多。这也就有了"冬暖夏凉"的感觉。

但是以宁武县的气候条件本不可能存在不会融化的冰洞，那么，这冰洞又是怎么形成的呢？为什么夏天也不会融化呢？

考察冰洞的科学家说，这个冰洞不是人造的。而且专家还推测，这个冰洞已经有100多万年的历史了。如果说这个天然的洞穴是100多万年前由水冲刷形成的，可为什么这个并不符合结冰条件的洞里现在却结满了冰？这么大数量的冰又是什么时候形成的呢？

专家经过对宁武县周边的环境和气候的调查，发现宁武县虽然不适合冰洞的形成，但是由于管涔山的海拔达到了2000多米，而洞口所处的位置在山的阴面，这对冰的常年不化都起到了一定的保护作用，而整个洞呈正口袋的形状，能够使洞内外的热量不进行交换，对洞内温度的保持起到了很好的作用，减少了外界热量对冰的损害。但是，即使有了这些外在的保护因素，可是这么大面积的冰究竟是如何形成的呢？

有人认为是冰川运动时，由于大量的冰涌进了一个冲刷形成的山洞里形成了冰洞。专家观察冰洞以后，发现冰洞中的冰有非常奇特的再生能力，一旦因为雨水溶蚀或冰层融化导致冰量减少，它就会进行自我修复，并且能自动地恢复原貌。但是冰川学说的解释是冰一旦融化，就不会自动再生。因此是由冰川形成冰洞的看法也存在漏洞。

比较认可的说法是地热负异常说，即越往地下走，温度越低，低得可以制冷，并且制造出大容量的冰来。因此有人认为冰洞的深处可能存在某种制冷机制。它不仅能保持洞中的温度，并且仍在不停地结冰，再加上相对较高的地理位置，以及洞口位置的巧合，因此，形成了这么一个神奇的冰洞。

但是这只是一种猜想，并没有被证实。不过随着科学的发展，新的理论观点的出现，人们的认识和思维都会有所突破，总有一天人们会对冰洞的形成有更加科学系统的解释。

卡什库拉克山洞

在俄罗斯的西伯利亚地区有一个神秘的洞穴，当人走进去的时候会无缘无故地感到惊慌失措，不顾一切地冲向洞口，到了有光亮的地方，这些人才会清醒过来，但这时他们却不能解释自己刚才的行为，不明白为什么会惊慌失措地逃跑。他们说，在那一刻，他们好像都失去了控制自己的能力。这个洞叫卡什库拉克，从外表看，它与周围的洞穴几乎没有差别。可是人们一踏入里面就举步维艰，心也像提到了嗓子眼般的惊慌。

1985年，几位洞穴专家对卡什库拉克洞穴进行了考察。走在队伍最末尾的那名成员讲述了他后来看到的事情：当时他已经在腰部绑好了攀登绳，突然感到一阵麻木。本想快些爬出洞口，可又有一种不可抗拒的力量让他回头去向后面的黑暗望了一眼，只见身后离他几步远的地方有一个怪怪的身影———顶有角的皮帽、闪闪发光的眼睛和飘浮不定的外衣。洞中的老人默默地向他招手，要他跟着走。他真的仿佛受到了蛊惑，没有意识地朝洞穴里走，但他及时地清醒过来，慌忙从卡什库拉克洞穴逃了出来。

那么，卡什库拉克洞穴里到底有什么？人们为什么会有惊慌失措的感觉，继而想拼命逃跑呢？有人猜测是人在漆黑的地下所产生的幻觉。有人说山洞里可能存在某种化学物质，它与空气混合后，给身处黑暗中的人造成了各种压力和幻觉。也有人说这与全息照相术有关。在某种特定的时间和物理条件下，山洞墙壁能将从前记录下的吻合信息显现出来，就像是在显示一幅照片。当然，这不过是个大胆的猜测。

科学家经过对卡什库拉克洞穴进行多次研究，他们解释说，山洞中死一般的寂静、伸手不见五指的黑暗、零恒温、空气不流通的环境会使人触觉消失。据说，人只要在这样的环境下呆一个半小时至两个小时就会产生幻觉，"看到"鬼怪等虚幻的人物。后来,探险家在卡什库拉克洞安置了磁力仪。他们发现,仪器的刻度盘上的数字在不停地变化。这就是说,洞穴的电磁场经常在变化。而在他们捕捉到的众多信号中,有一股从山洞内部发出的固定脉冲总在一定时间出现。科学家发现,这股脉冲出现的时间同人神经质和转化为恐惧的压抑心情出现的时间相吻合。说明这股脉冲是影响人们心理,让人们产生恐惧心理和无法控制的行为的罪魁祸首。而且,到了洞穴深处,不仅是人,就连居住在那里的鸽子、蝙蝠也会骚动不安,在山洞里乱飞。但是脉冲是从哪里发出来的?科学家搜遍了山洞的角落还是一无所获。

奇怪倒影

在光的照射下,镜子里,水中……都会呈现出我们的影子,而有些景观更是以倒影闻名于世。如云南大理的三塔倒影、杭州西湖的三潭印月等。有的则是让人惊叹它的神秘。

2006 年,有人在拍摄世界第七大奇迹印度的泰姬陵日出景观时,意外地发现朱木纳河面上的泰姬陵倒影竟呈现出一个戴着王冠的少女形象,那倒影头像系圆脸,双目紧闭,睫毛细长整齐,鼻子高挺而美观,佩戴王冠,神情安详,似乎正甜蜜安睡。据有关专家证实,这一奇异景象还没有被发现过。泰姬陵是 16 世纪莫卧儿帝国的皇后达吉玛哈的陵墓,因此有人猜测,在朱木纳河面发现的妇女头像是泰姬陵主人的容貌。这个发现公布以后,多数人认为它将为人们破解印度古老文明历史之谜开启另一扇大门。

在中国也有有趣的倒影。在广州花都区的一个村子里,有个奇怪的"倒影塘",塘内有一山峰的倒影,是距倒影塘 5 公里以外、海拔仅 400 多米高的独秀峰。附近和它相似的鱼塘都没有独秀峰的倒影。更有趣的是,独秀峰在鱼塘西边,倒影也出现在西边;如果倒影在下午出现,可能是夕阳斜射的结果,可是上午太阳从东方升起,鱼塘中也有倒影出现,这就让人百思不得其解了。

今人和古人研究最多的是"佛山倒影"——千佛山映在相隔三四公里之外的大明湖中,而中间还间隔树林和城市高楼,这不得不是一个奇迹。千佛山只有 185 米高,按照常理来说,千佛山的倒影不可能映到大明湖中的。有人说它是由太阳斜射在对面千佛山上将整个千佛山倒影又折射到大明湖中而形成的。也就是光的折射原理。但是千佛山和大明湖之间有数不清的高楼阻隔,那些折射的阳光依然按照直线传播,应该都会被楼挡住,再折射回去,不可能会照到大明湖上。还有人总结了千佛山倒影出现需要三个条件:一是春秋时节日出或日落时分;二是天气风和日丽,湖面风平浪静;三是空气质量好,透明度高。据说有了这三个条件,就能观赏到佛山倒影的奇观。

晚清文学家刘鹗在《老残游记》中曾经对"佛山倒影"有过细致的描写:"到了铁公祠前,朝南一望,只见对面千佛山上,梵宇僧楼,与那苍松翠柏,高下相间,红的火红,白的雪白,青的靛青,绿的碧绿,更有那一株半株的丹枫夹在里面,仿佛宋人赵千里的一幅大画,做了一架数里长的屏风。正在叹赏不绝,忽听一声渔唱。低头看去,谁知那明湖业已澄净的同镜子一般。那千佛山的倒影映在湖里,显得明明白白。那楼台树木格外光彩,觉得比上头的一个千佛山还要好看,还要清楚……"近几年来,由于环境的污染,"佛山倒影"已经很难看见。但在春秋佳日、新雨过后、空气清新透明时,此景象偶尔也会出现,这也验证了上面提到佛山倒影出现的三个条件是正确的,但"佛山倒影"的成因至今还是没有定论。

这些是现在发现的一些奇怪的倒影,在我们的周围,也许存在着让人更加费解的倒影之谜。这些谜,不能简单地就用折射和反射来解释,像倒影塘和千佛山倒影,或许是纬度线上的某点相合性,也或许是太阳光照射在两点,产生了不同的折射效果。有人认为,倒影塘和千佛山倒影的形成原因应该有共同性,只要破解了其中一个的成因,另一个也可能找到了破解的钥匙。

麦田怪圈

一片平整的麦地里,一夜之间,突然有些麦子伏倒在地上,麦田里呈现出巨大而规则的几何图案。没有人知道它是如何出现的,也不知道它是什么意思。这就是神秘的"麦田怪圈"。

最早的怪圈是 1647 年在英格兰发现的。此后除了南非之外,在世界各地都有这种现象发生。因为怪圈大多出现在麦田里,所以被称为"麦田怪圈"。每年,世界上都会新发现几千个麦田圈,其中绝大部分是在英国。麦田怪圈出现最多的季节是春季和夏季,其图案也各不相同,最初只是一个圈,后来则变得越来越复杂。这让研究这一现象的专家越来越迷惑不解,关于它的推测也越来越多。

1.外星制造说

这是人们对麦田怪圈的成因做出的第一个猜测。因为这些怪圈是在一夜之间形成的,而且面积巨大,当时的人们认为这是超出人的能力范围之外的、很有可能是外星人的杰作,或者是外星人乘坐的飞碟在起飞或降落时留下的痕迹。还有人推测说,这是外星文明在地球上留下的记号。比如曾任英国传统基金会古迹考察员的迈克·格林认为,制造这些圆圈的应该是某些具有很高智慧的生命体,它们可能是在试图利用这些奇特的图形来和人类沟通。

这当然是一种缺乏根据的猜测,因为外星文明一说原本就是个未解之谜。把所有不能解释的现象都归结到外星人身上,是对科学的一种不负责任的态度。

2.高频辐射说

俄罗斯地质协会成员斯米尔诺夫认为,麦田怪圈是受到了来自地球内部的磁场变化而引起的某种高频辐射的影响才形成的。

俄罗斯电工学院的专家阿尔将耶夫也赞同高频辐射的说法,但是他认为高频辐射不是来自地球内部的磁场变化,而是来自闪电。他曾在草坪上试验高频设备,当高压电缆被接通时,电缆下方的草坪立刻呈顺时针方向倒下,形成了一个极其规律的圆圈。这是电缆产生的电磁现象使然,而这种电磁现象相当于人造闪电。他说大自然的闪电更加奇妙,它产生的电磁场会更加复杂,因而出现的图案也更加奇特。不过,这种说法缺乏足够的现实依据,因为在许多麦田怪圈出现的近期,并没有闪电发生。

美国专家杰弗里·威尔逊研究了130多个麦田怪圈,发现90%的怪圈附近都有连接高压电线的变压器,方圆270米内都有一个水池。他推测,由于接受灌溉,麦田底部的土壤释放出的离子会产生负电,而与高压电线相连的变压器则产生正电,负电和正电碰撞后就会产生电磁能,从而击倒麦子,形成怪圈。

但是也有人反对说,不会有足够大的磁场能量可以制造出那么大的麦田怪圈,同时,磁场不可能引起麦田怪圈规律地呈现出几何图案。

3.龙卷风说

从有关记载来看,麦田怪圈出现最多的季节是在春天和夏天。于是有人提出"龙卷风说",这部分人认为,夏季天气变化无常,龙卷风是造成怪圈的主要原因。很多麦田怪圈出现在山边或离山六七公里的地方,这种地方很容易形成龙卷风。但是龙卷风或许可以解释那些简单的怪圈,却不能用来解释那些复杂的图案,难道龙卷风还能吹出心字形图案或者一张人脸来?

4.人造说

相当一部分人认为麦田怪圈只是某些人的恶作剧。英国科学家安德鲁经过长达17年的调查研究提出了"人造说",他认为麦田怪圈有80%属于人为制造。而且,有一些年轻人并不隐瞒他们制造麦田怪圈的行为,他们认为这是一种极具创造性和艺术性的行为,他们甚至会相互比较谁的创造更有轰动效应。

但是经证实，并不是所有的怪圈都是人为的。

那么，那些非人为的麦田怪圈又是如何形成的呢？只有期待日后有人来解答这个难题了。

纳斯卡图案

1939 年的一天，美国科学家科索克乘坐小飞机经过一片高原时，忽然看到地面上有一些奇异的图形，于是他将飞机降低高度进行观察。令科索克感到惊讶的是，这些图形竟然不是自然形成的，而是人为创作。它们既像几何图形，又像动植物的轮廓图。

令人称奇的是，人们只有在空中才能领略到这些奇异图形的风采。从空中鸟瞰，这里布满了由宽窄不一的"沟"组成的三角形、长方形、平行四边形、菱形和螺旋形等几何图形。

纳斯卡图案

它们又分别组成蜥蜴、蜘蛛、章鱼、长爪狗、老鹰、海鸥、孔雀以及仙人掌等动植物的轮廓图。

每个图案都非常大，最大的占地约 5 平方公里。例如一只大鹏展翅的图案，仅鸟的翅膀就有 50 米之长，而鸟身子的长度竟达 300 米。

当太阳冉冉升起时，一幅美丽奇异的图画便清晰地展现出来。然而，当太阳升至高空之后，这些巨画便会突然消失得无影无踪。此外，如果站在平地上去观看，这些奇妙的图案将立刻失去所有的魅力。如此一来，使这些奇异的图形更加神秘莫测。

这些奇异的图形为何会出现在纳斯卡？究竟谁是它们的创作者？它们的用途又是什么呢？为了找到这些问题的答案，科学家们纷纷来到纳斯卡进行实地研究和考察。通过对纳斯卡文化的研究，科学家基本可以确定，这些奇异的图形出自创造纳斯卡文化的古人之手。也就是说，这些图形应该是古印第安人的杰作。

关于这些图形的用途和作用，目前科学家有几种推测。一种说法是，这些图形也许是古印第安人的天文日历，他们根据阳光在哪条线上沉落来确定季节和时辰；另一种说法是，这些图形与当时印第安人举行的盛大宗教祭祀活动有关；还有一种说法是，这些图形可能是古印第安人的道路标志或灌溉系统。

然而，关于这些图形最有想象力的说法是，火星人曾降临到这颗蓝色的星球，并将纳斯卡作为基地，地面上的这些巨大图形便是太空船降落时的跑道和指标。

另一种同样新奇的说法是，古时候，这里的人乘坐热气球离开地球，并留下这样的残迹。提出这一猜想的依据是，这些图案只有在空中才可以看得十分清楚，而且其中有些图案很像是热气球飞离地面时燃烧物留下的痕迹。

尽管自从纳斯卡奇异图形被发现那天起，各种推测和猜想便纷至沓来，然而，真正具有说服力的完整解释却一直没有出现。众所周知，随着时代的发展与科学的进步，许多昔日的传奇成了专家及学者追逐探索与研究的对象。通过他们的努力，其中有些已经获得解答。因此，我们有理由相信，纳斯卡奇异图形之谜，总有一天会揭去其神秘的面纱，将真实的面目展示在人类面前。

第八节　神秘的海洋

海洋形成

海洋是地球生命的起源地，约占地球表面的 3/4。海洋中的水是怎么来的呢？

一般认为水是地球固有的。当地球从原始太阳星云中凝聚出来时，这些水便以结构水、结晶水等形式存在于矿物和岩石中。以后，随着地球的不断演化，轻重物质的分异，它们便逐渐从矿物和岩石中释放出来，成为海水的来源。例如，在火山活动中总是有大量水蒸气伴随岩浆喷溢出来，一些人认为，这些水汽便是从地球深处释放出来的"初生水。"

然而，科学家们经过对"初生水"的研究，发现它只不过是渗入地下、然后又重新循环到地表的地面水。况且，在地球近邻中，金星、水星、火星和月球都是贫水的，唯有地球拥有如此巨量的水。这实在令人感到迷惑不解。但也有人说虽然火山蒸气与热泉水主要来自地面水循环，但不排除其中有少量"初生水"。如果过去的地球一直维持与现在火山活动时所释放出来的水汽总量相同的水汽释放量，那么几十亿年来累计总量将是现在地球水汽和海洋总体积的 100 倍。所以他们认为，其中 99% 是周而复始的循环水，1% 是来自地幔的"初生水"。正是这部分水构成了海水的来源。而地球的近邻贫水，是由于其引力不够或温度太高，不能将水保住，更不能由此推断地球早期也是贫水的。

也有人认为水来自太空，水从太空来到地球有两个途径：一是落在地球上的陨石；二是来自太阳的质子形成的水分子。

还有些科学家认为地球上的水是由闯入地球的彗星带来的。因为从人造卫星发回的数千张地球大气紫外辐射照片中发现,在圆盘状的地球图像上总有一些小斑点,每个小黑斑大约存在二三分钟,面积为2000平方公里。科学家们认为,这些斑点是一些由冰块组成的小彗星冲入地球大气层造成的,地球中最原始的水正是这种陨冰因摩擦生热转化为水蒸气的结果。科学家估计,每分钟大约有20颗平均直径为10米的冰状小彗星进入地球大气层,每颗释放约100吨水。自地球形成至今的46亿年中,会有许多的彗星水进入地球。这个数字显然大大超过现有的海水总量。因此这个观点是否正确还有待验证。

水是地球上一切有生生物的源泉,可是至今我们也没有弄清水是怎么来的,生命又是如何开始的。有人认为地球之所以存在辽阔的海洋,应该是多方面的原因。既有地球内部自生的水,也有来自地球外部的水,是它们共同的作用使地球上出现了海洋。

地球经历了上亿年才出现海洋,继而出现生命,这是多么不容易实现的过程。海洋的水来自哪里或许只是个探讨性的问题,真正摆在我们面前的问题是要如何保护地球的水资源,这一课题关系着地球的未来,也许比研究水从哪里来更有实际的意义。

海洋年龄

过去,人们一直认为海洋应该是与地球一样古老的,有着几十亿年历史。可是人们对深海进行了科学考察后,发现事实并非如此。

海洋的年龄究竟有多大呢? 关于这个问题,科学家们的分歧较大,归纳起来主要有三种观点。

第一种观点认为,海洋是原生的。早在地球地质发展的初始阶段,海洋就已经存在了,它的年龄与地球一样古老。这是一种比较传统的看法。第二种观点认为,各大洋的年龄是不相同的。太平洋最古老,早在古生代就形成了,而其他各大洋比较年轻,它们均形成于古生代末期或中生代。第三种观点是,世界各大洋都很年轻。根据陆地地壳的海洋化假说,世界各大洋都是于古生代的末期到中生代的初期在原本是大陆的地区形成的。

现在,深海钻探技术有了很大的进步,人们利用这种技术揭示出了海底沉积物的类型和变化,导致越来越多的人倾向于认同海底扩张和板块构造理论,按照这种新的理论,可以肯定地说,世界各大洋均在中生代形成。因此,有"古老的海洋,年轻的洋底"的说法。实际钻探的结果显示,世界各大洋洋底的地壳都很年轻,其形成的历史一般不超过1.6亿年,而海洋则是在18亿年前形成的。为什么不是像科学家推测的那样的呢？至今仍然是个谜。

海水盐分

我们都知道海水是咸的，是因为它含有很多的海盐。但是海水中的盐从何而来，却一直说不清楚。直到今天人们还在探讨这一问题。

一种观点认为，盐是海洋中的原生物。在地球刚形成时，由于大量降雨和火山爆发，火山喷发出来的大量水蒸气和岩浆里的盐分随着流水汇集成最初的海洋，海水就咸了。不过，那时的海水并没有现在这样咸。后来，随着海底岩石可溶性盐类不断溶解，加上海底不断有火山喷发出盐分，海水逐渐变成咸的。

另一种观点认为，陆地上河流流向大海的途中，不断冲刷泥土和岩石，把溶解的盐分带到了大海之中。据估计，全世界每年从河流带入海洋的盐分，至少有30亿吨。

可是，这两种解释都有不完善的地方，特别是海盐主要来自陆地河流输入的理论。因为人们对海洋物质组成、化学性质和江河输入的计算结果表明，两者之间的数值差非常之大。近几十年，科学家们为了说明这些差异，曾提出过种种理论加以解释，但都不能令人信服。到了20世纪70年代之后，人们从新发现的海底大断裂带上的热液反应中，似乎找到了解释的新证据。科学家对海底热液矿化学反应过程研究后发现，通过海底断裂系的水体流动速率，虽然只相当于河川径流的千分之五，但是，由于断裂聚热所产生的化学变化，却比经河川携带溶解盐所引起的变化大数百倍。海底热液反应是海盐的重要补充的说法，已经为许多海洋科学家所接受。但是，这种解释并没有最终解开海水中盐分的来源之谜。它只是提供了海水中盐分来源的一个途径，但绝不是唯一的。

海洋颜色

在我们的印象中，海水是蓝色的。但是，如果我们翻开地图就会发现，世界上还有红海、黑海、白海、黄海。为什么会有不同颜色的海洋呢？

原来，彩色的海洋是太阳光的"杰作"。我们都知道，太阳光是由红、橙、黄、绿、青、蓝、紫七种可见光组成的。这七种光束的波长各不相同，而不同深度的海水会吸收不同波长的光束，从而就形成了不同颜色的海水。

海水较容易吸收波长较长的红、橙、黄等光束，较难吸收波长较短的蓝、青光束。当太阳光进入海洋中后，红、橙、黄等光束先后被海水吸收；而蓝、青光束遇到海水分子和海洋里许多微小的悬浮物，便向四周进行散射和反射。海水对蓝、青光束的吸收少、反射多。因此,我们看向大海时,看到的多是海水反射的蓝光,海洋看上去就是蓝色的。

那么,红海、黑海、白海、黄海又是怎么回事呢?原来,当海水中的其他变色的因素强于散射所产生的作用时,海水就会相应地显现出不同的颜色。

海水中的悬浮物质、离子、浮游生物等因素都会影响海水的颜色。大洋中的悬浮物质较少,其颗粒也很微小,大洋的水色主要取决于海水的光学物质。因此,大洋海水多呈蓝色;近海海水由于悬浮物质较多,颗粒较大,所以多呈浅蓝色;近岸或河口地域,由于受泥沙颜色的影响,海水就会发黄;在某些海区,当淡红色的浮游生物大量繁殖时,海水就会呈淡红色。

中国黄海的颜色,是由近海海域的海水泥沙含量大造成的。因此人们称之为"黄海"。

海洋生物也能改变海水的颜色。红海位于亚洲和非洲之间,它一面是阿拉伯沙漠,另一面接近撒哈拉沙漠。从沙漠吹来的热风使得海水的水温及含盐量都比较高,导致海水中红褐色的藻类大量繁衍,所以海水看上去是淡红色的,红海的名称便由此而来。

黑海则是由于海里跃层的障壁作用,使海底堆积了大量污泥,致使海水变成黑色。另外,黑海有很多风暴,经常处于阴霾之下。特别是在夏天,狂暴的东北风在海面上掀起灰色的巨浪,海水漆黑一片,因此,它被人们称为黑海。

白海是北冰洋的边缘海,延伸至俄罗斯西北部内陆。那里的气候异常寒冷,结冰期达六个月之久。掩盖着海岸的白雪难以融化,厚厚的冰层冻结住它的港湾,海面被白雪覆盖。由于白雪的强烈反射,致使我们看到的海水是一片白色,白海便由此得名。

巨浪形成

数百年间,许多船只神秘失踪,数以万计的人葬身大海。很多人都将责任归咎于巨浪。1980年,一艘长达295米的英国"德比郡号"巨轮在日本海岸失踪,船上44人无一生还。最后调查结论认为可能是巨浪掀开了主舱口,淹没了船舱。

几百年来,水手们总是说见过突如其来的海墙或海洞,却一直没人相信,直到近代,人们才开始相信他们的描述了。巨浪确实能够把一切都化为乌有。

传统理论认为除了海啸之外,所有的海浪形成初期都是海洋上随风而起的涟漪。在风平浪静的日子,涟漪不会变成巨浪,因为洋面张力把它们拉回海面。但是,当风力超过二级时,大风向涟漪注入较大能量,足以形成海浪。如果海风继续吹,海浪就越变越大。浪高取决于三个因素:风速、海风持续时间及洋面面积。

但是,海浪的高度差距很大,有些会非常高。1933年2月,美国海军"拉马波"汽轮在从圣地亚哥驶往马尼拉的途中遇到了太平洋上的风暴。大风连续刮了7天,洋面巨浪滔天。到了2月7日上午,汽轮遇到了巨浪。巨浪从后面袭击过来,把汽轮摔进深深的浪谷,然后又掀到满是泡沫的海浪浪峰上。根据当时记录的数字,海浪高达34米,大约有11层楼那么高。这是迄今有可靠记录的最大的海浪。

那么,这些巨浪是从哪里来的呢? 海洋学家一直认为巨浪是由小波浪汇合起来形成的。

在某些地方,的确如此,如非洲最南端的厄加勒斯角水域。那里是大西洋和印度洋的汇合处,途经这里的船只经常遇到巨浪袭击。迅速流动的厄加勒斯洋流在此与南半球海洋吹来的西风相遇,水流速度放慢,小波浪开始堆积,结果形成巨浪。其他一些巨浪多发水域也是因为快速流动的洋流与反方向的风相遇,结果形成巨浪。

但是,这种理论不能解释所有巨浪形成的原因。一是因为它无法解释在某些没有迅速流动的洋流的水域,为什么也能形成巨浪。二是即使有迅速流动的洋流和反方向的风相遇,也不能解释为什么巨浪出现得这么频繁。

面对传统理论无法解释实际现象这一事实,海洋学家和数学家努力寻找其他答案。但至今没有哪种理论能够最合理地解释海浪的现象。

海水涨落

人们到海边游玩时,总喜欢在海滩上捡贝壳。有的人能捡到很漂亮的贝壳,甚至还会捡到海藻、海蜇、海星、海胆等。但是也有人却一无所获,只好抱怨运气太差。这是为什么呢? 其实,这是由于海水的规律性涨落而造成的。

海水上涨时,波浪滚滚地向岸边扑来,景色十分壮观。过一段时间,海浪就悄悄地退了回去。那平坦的沙滩又露了出来,而沙滩上则留下了被海浪带上来的各种各样的贝壳和其他海洋生物。

海水差不多每天都是在相同的时刻涌上来,然后又在相同的时刻退下去。为什么海水能如此规律地涨落呢?

原来,这是月亮和太阳对地球的吸引造成的。那为什么陆地不会出现这种现象呢?

虽然月亮和太阳对陆地的吸引与对海洋的吸引是一样的。但由于陆地地面是固体的,引力带来的表面变化很微小,不容易被看出来。然而,海水是流动的液体,在引力的作用下,它会向吸引它的方向涌流,所以形成了明显的涨落变化。

根据牛顿万有引力定律,宇宙中的一切物体都是相互吸引的,引力的大小同这两个物体质量的乘积成正比,同它们之间距离的平方成反比。

太阳虽然比月亮大得多,可是它和地球之间的距离很遥远,因此,月亮对海水的吸引力要比太阳大得多。海水涨落的主要动力是月亮的吸引力。

地球上,面对着月亮的这一面受到的月亮的引力方向是指向月亮中心的。背对着月亮的一面则产生了相反于引力的离心力。引力和离心力都会引起海水水位的变化,使得面对月亮及背对月亮的地球两侧的海洋水位升高,出现涨潮。与此同时,位于两个涨潮之间的地区的海水,由于海水向涨潮的地方涌去,便会出现落潮。

由于地球自转的原因,对某一个点来说,每天都要面向月亮一次和背向月亮一次,所以一天之中要出现两次涨潮和两次落潮。

太阳对海水的引力虽然比不上月亮,可是也会产生一定的影响。月亮的引力和太阳的引力共同发挥作用,就使海水的涨落过程变得复杂了。

每到农历初一或十五的时候,地球和月亮、太阳几乎在一条直线上,日、月引力之和使海水涨落的幅度较大,叫作大潮。然而,到了农历初八和二十三的时候,地球、月亮、太阳三者之间的相对位置差不多成了直角,月亮的引力要被太阳的引力抵消一部分,所以海水涨落的幅度比较小,这就是小潮。

海岸线变动

海岸线就是陆地和海洋的分界线。从形态上看,海岸线有的弯弯曲曲,有的却像条直线。而且,这些海岸线还在不断地发生着变化。例如,中国的天津市在公元前还是一片大海,那时的海岸线在河北省的沧县和天津西侧一带的连线上。经过两千多年的演化,这条海岸线向海洋推进了几十公里。

科学研究表明,海岸线在最近的两三百万年中起码发生过三次全球性的大变动。有时,海水渐渐退去,原来在海面以下的大片土地就变为陆地;有时,海水又渐渐涨上来,使沿海大片土地沦为沧海。这就是所谓的"沧海桑田"。海水就是这样时进时退,几乎永不休止。

海岸线变动的幅度有多大呢?

我们来看看距离今天最近的那次大海退。大约七万年前,海面开始下降,一直到离现在的两三万年前,海面才退到最低点,中间持续时间达四五万年之久。当时的海平面要比现在的海平面低一百多米。那时地球表面的海陆分布是什么格局呢?

以中国沿海地区为例,现在的渤海平均水深只有 21 米,福建和台湾之间的台湾海峡、广东雷州半岛与海南岛之间的琼州海峡的水深都不足 100 米。因此,在那次大海退中,当海平面下降了一百多米的时候,渤海完全消失了,台湾、海南岛与大陆连成了一块完整的陆地。

事实证明,现在这些被海水隔开的海岛以前曾经是与大陆连在一起的。

为什么海岸线会不断地变化呢? 人们通过大量的调查研究找到了这个问题的答案。

首先,气候的变化和冰川的进退是造成海岸线变化的最主要原因。在最近两三百万年间,地球上曾经有过几次大冰期。冰期来临的时候,天气很冷,地球上的水不断变成雪降落在陆地上,最后堆积成很大的冰川留在了陆地上,而没有流到海洋里去。降水的来源主要是海水蒸发,当海水蒸发损失大而补充少时,海水就越来越少。这样,海面就慢慢地降低了。科学家认为,地球上最近发生的三次大海退就是这样造成的。然而,一旦冰川消融,陆地上大量的水就会流回海洋,海面也会再度上升。

其次,地壳的升降运动也会影响海岸线的变化。历史上的一些海陆变迁常常是由于地壳升降而造成的。地壳构造力的作用可以使原来的深海隆起成为高山,也可以使高山沦为深海。

另外,河流的泥沙淤积也是造成海岸线变化的一个重要因素。在一些大河的入海口,常常会有河流带来的大量泥沙淤积形成的三角洲。有的河流携带的泥沙很多,形成的三角洲向大海扩张的速度就非常快,从而导致海岸线发生明显的变化。

海底峡谷

考察大洋边缘的大陆架和大陆坡时,人们经常会发现坡度陡峭、极其壮观的海底峡谷。这引起了科学家们的极大兴趣。那么,这些海底峡谷究竟是怎样形成的呢?

有人认为,海底峡谷是由地震引起的海啸侵蚀海底而形成的。可是,在没有发生过海啸的地区也发现了海底峡谷,可见,海啸之说不能用来解释所有海底峡谷的成因。

河蚀说的拥护者认为这些海底峡谷所在的海底过去曾经是陆地,河流剥蚀出的陆上峡谷后来由于受地壳下沉或海面上升的影响,才被淹没于波涛之下,成为海底峡谷。日本学者星野通平就认为历史上海平面曾一度比现今低数公里,大陆架和大陆坡那时均是陆地。不过,现代地质学研究表明,全球海平面大起大落幅度达数公里是根本不可能的,至于某些陆架、陆坡区地壳大幅度升降的说法,倒是可以接受的。但海底峡谷也广泛见于地壳运动平静的构造稳定区,所以陆上峡谷被淹没的说法不能作为海底峡谷的普遍成因。

1885年科学家发现,富含泥沙的罗纳河河水注入清澈的日内瓦湖之中,沿湖底顺坡下流。后来,科学界把这种高密度的水流称为浊流。1936年,美国学者德利在阅读一篇描述日内瓦湖浊流现象的文章时猛然意识到,海底峡谷很可能就是由海底浊流开拓出来的。携带大量泥沙、沿海底斜坡奔腾而下的浊流,应具有很强的侵蚀能力。不过,当时还从未有人观察过海底蚀流现象,所以人们对这一说法仍然将信将疑。到了20世纪四五十年代,海洋地质学界通过深入研究,得出浊流具有强大的侵蚀能力的结论。1952年,美国海洋学家希曾等人研究了1929年纽芬兰海岸外海底电缆在一昼夜间沿陆坡向下依次折断的事件,判定肇事者正是强大的海底浊流。希曾等人还根据海底电缆依次折断的时间,推算出这股浊流在坡度最大处流速高达28米/秒,在到达水深6000米的深海平原时,流速仍有4米/秒。这以后,海底浊流的存在逐渐为学界所接受。

海底浊流虽有较强的侵蚀能力,但海底峡谷的规模太大了,光靠浊流能否切割出深达数百米乃至数公里的海底峡谷,对此,一些学者仍表示怀疑。

海底峡谷究竟是什么原因造成的,还需要海洋地质学家进一步研究探索。

物种灭绝与海平面上升

史前动物大灭绝一直是困惑着无数科学家的难题,有人说是有一颗行星撞入地球,造成了恐龙的灭绝;有人说地球板块运动,使地球气候发生了极大变化,史前动物由于适应不了突然改变的气候纷纷死去;还有人说是海平面上升,导致了物种大量灭绝。

据科学家推测,在过去5亿年里,地球生命大规模迅速消失的情况至少出现过5次,其原因目前依然是科学界一大难题。有理论认为,之所以发生物种灭绝,是因为火山喷发和小行星撞击地球使大量灰尘抛入空中,导致气温下降。也有观点认为,物种灭绝的罪魁祸首可能是二氧化碳含量增高导致的气候变暖。其他一些科学家则更看重疾病的作用以及不同物种对有限资源的竞争。

美国地质学家沙南·彼得斯提出一种新假说认为,海洋的扩张与收缩对地球生命具有比较深远的影响,地球物种大灭绝可能主要是海平面急剧变化造成的。

为此,彼得斯考察了记录在岩层中的两种远古浅海环境类型:一种环境由白沙滩和湛蓝的海水组成,类似于典型的度假胜地;另一种环境由泥泞的或褐色的沙土、石块众多的海滩和浅绿色海水组成。随着时光的流逝,土壤侵蚀作用在这些地方留下了沉积物。

彼得斯通过化石研究了过去5亿年里的物种灭绝速度,然后将其与记录在沉积岩里的环境变化状况进行对比。环境的变化主要表现在海平面的涨落上。彼得斯的研究结果显示,海平面急剧上升和下降与物种灭绝之间的关联性,比其他任何导致物种灭绝的因素更密切。但这只是彼得斯的一种推测。目前,对恐龙等大型动物为何会在地球上灭绝的讨论仍然存在很大分歧。这还需要科学家的进一步探索。

北冰洋形成

北冰洋是如何形成的?有地质学家认为是海洋扩张运动的结果,还有人说北冰洋是地球吞并小行星留下的撞击坑。

北冰洋是四大洋中最小的海洋,但至今人们都不知道它是怎么形成的。

最近有科学家说两千多万年前,北冰洋只是一个淡水湖,湖水通过一条比较狭窄的通道流入大西洋。但是到了1820万年前,由于地球板块的运动,狭窄的通道渐渐变成较宽的海峡,大西洋的海水开始流进北极圈,慢慢形成了今天的北冰洋。

他们是根据从北冰洋的罗蒙诺索夫海岭采集的一段沉淀物判断出来的。一位叫杰克逊的科学家说,这段沉淀物形成于1820万年前至1750万年前,分成颜色不同的三段,其最下层是黑色沉淀物,其中含有很多没有分解的有机物,这说明当时北冰洋底无法获得足够的氧来进行降解。他们猜想从1820万年前开始,连接北冰洋和大西洋的费尔姆海峡开始变宽。北冰洋的淡水从北极水面流出,而大西洋海水则从下面流入,这些缺氧的海水导致了黑色沉淀物的形成。

另外一种说法是,北冰洋是地球吞并小行星(地球同轨姊妹星)留下的撞击坑。有专家通过模拟实验认为北冰洋的罗蒙诺索夫海岭的S形弯曲和弯曲外弧喇叭口开裂是被两头大陆架顶压的结果,罗蒙诺索夫海岭还向下延伸了较长的距离,即说明罗蒙诺索夫海岭是固体地表断片露出海底的直体截面。也只有地球吞并的小行星才有如此大的力量。

哪一种说法更准确,还有待进一步研究。

死海的未来

关于死海的前途命运,长期以来一直存在着两种截然不同的观点。

一种观点认为:死海在日趋干涸。随着时间的流逝,死海会不断地蒸发浓缩,湖水也会越来越少,盐度也就越来越高。在中东地区,夏季气温高达 50℃ 以上。唯一向死海供水的约旦河水大量用于灌溉,所以它面临着水源枯竭的危险。不久的将来,死海将在地球上消失,这种观点得到了多数人的认可。

另一种观点则认为:死海并不是没有生命的死水,而且它的前途无量,是未来世界的大洋。从地质构造的角度来考虑,认为死海地处著名的叙利亚——非洲大断带的最低处,而这个大断裂带正处于幼年时期,总有一天,死海底部将产生裂缝,从地壳深处流出海水,随着裂缝的不断扩大,将会生长出一个新的海洋。

20 世纪 80 年代初,人们发现死海总是不断变红。经研究,发现水中正迅速繁衍着一种红色的小生命——盐菌。其数量大得十分惊人,大约每立方厘米海水中含有 2000 亿个盐菌。另外,人们还发现死海中有一种单细胞藻类植物。看来,死海中还掩藏着一个生机勃勃的世界。

不论是哪一种观点,死海的实际情况确实不容乐观,它的面积正日益缩小,在地质假说还没有得到更多的事实论证时,死海的未来仍然是一个难解的谜。

太平洋和大西洋的未来

太平洋是世界上最大的海洋,占全球总面积的 32%,占海洋总面积的 46%,它比世界陆地的总面积还要大。太平洋的面积约有 1.8 亿平方公里,容积为 7.237 亿立方公里。如果说太平洋最后将会消失,也许有不少人不相信。

科学家们已经测出,太平洋是世界大洋中最古老的海洋。5 亿年前,地球就是由以太平洋为中心的一片古海洋和以非洲、南美、澳大利亚、印度洋和南大西洋合成的一块古大陆组成的,今天欧亚大陆的大部分在当时全部被海洋所覆盖。此后,太平洋逐渐收缩,伴随的是

大西洋

大西洋的不断扩张。大西洋是距今 2.25 亿年前才开始形成的,同时,太平洋面积不断缩小,形成了今天的局面。专家测出北美大陆和欧亚大陆正在缓慢地移动着,而目前这些大陆板块正以每年 1.9 厘米左右的速度相背漂移,而南大西洋洋底自6500 万年以来,一直以平均每年 4 厘米的速度向两侧分离开来,也就是说,大西洋仍在逐年变宽。而大西洋的另一边是太平洋,自然,它开始变窄了。

除了大西洋以外,澳大利亚大陆在向北移动,印度洋海盆也在扩大,可以说,正

是由于这些大陆板块的扩张,太平洋海盆正在以每年9厘米的速度消失。也因此太平洋海盆的边缘地带成了著名的"太平洋火环",这里有比世界其他地区更多的火山和地震。这也不难理解为什么许多早期学者都说:月球是从太平洋海盆中分裂出去的,因此给地球表面留下了一个巨大的凹地——太平洋。

地质学家们认为,既然大西洋的面积不断增大,太平洋将来很有可能会从地球上消失。不过,这将发生在1~2亿年以后了。那时,美洲西岸会与亚洲东岸相对接,然后两个板块发生碰撞,在新板块的结合处将抬升起一条也许比喜马拉雅更加雄伟的山脉。

其实这并不是无稽之谈,曾经作为地球上最大的海洋古地中海(特提斯海),就是由于印度、阿拉伯、非洲与欧亚大陆的汇合才消失的,这些大陆板块汇合碰撞之后,在它们之间升起阿尔卑斯——喜马拉雅诸山脉。因此,我们不能否定如果大西洋不停止扩张的话,大约1~2亿年后,太平洋就要从地球上消失的推测是不正确的。

可是,大西洋真能把太平洋挤掉吗?也有一些科学家表示异议。美国芝加哥大学的一位地质学家利用电脑,对地球上各片大陆将来的漂移情况进行了模拟推算,得出的结论是:太平洋目前的收缩只是暂时的,随着地质历史的演进、各大陆板块的漂移方向和互相作用的结果,将来太平洋有可能还会扩张。电脑显示,在1.5亿年之后,大西洋不仅不能长成更大的海洋,反而会被太平洋挤成一个"小西洋",甚至有可能从地球上消失。

这样的可能性很大。因为地质学家们还发现,在今天的大西洋诞生之前,地球上曾有过一个古大西洋,它大约存在于距今5亿年前的早古生代。当时这个古大西洋的宽度达数千公里,可能比今天的大西洋还要宽。可是,到了距今2.7亿年前的二叠纪时,这个古大西洋就消失了。

当然,在探索和研究地球上陆地海洋的变迁过程中,科学家们对大陆板块的漂移方式、造成板块漂移的动力、方向及速度等,都存在不同的甚至相反的看法,这就不可避免地使太平洋和大西洋的未来变迁变得更加神秘莫测了。

海底磁性条带

古地磁是指人类史前(地质年代)和史期的地磁场。现代地磁场的记录不超过400年,这在很大程度上限制了人们对地球基本磁场和长期变化规律的认识。但是,地壳各处的岩石含有或多或少的各种磁性矿物,它们在冷却或沉积过程中被地磁场磁化,记录下了岩石形成时期地磁场的方向和强度。其中有一部分磁性稳定的岩石,在漫长的地质时期,完整地保留了这种记录,因此人类可以利用它们来研究地球的长期变化。

第二次世界大战结束后,科学家在大西洋洋中脊,使用高灵敏度的磁力探测仪进行了古地磁调查。后来,科学家又对太平洋进行了古地磁测量。两次调查的结果显示,在海洋底部存在着呈南北方向的等磁力线条带。

这些等磁力线条带与海洋洋中脊中轴线平行,磁性正负相间。每条磁力线条带长数百公里,宽度在数十公里至上百公里之间。海底磁性条带的发现是20世纪地理研究的一大奇迹。

1963年,英国剑桥大学的一位年轻学者和他的老师提出了一个大胆的假说:如果"海底扩张"曾经发生过,那么,海洋洋中脊上涌的熔岩凝固后应当保留着当时地球磁场的磁化方向。就是说,在洋中脊两侧的海底应该有磁化情况相同的磁性条带存在。当地球磁场发生反转时,磁性条带的极性也应该发生反转。磁性条带的宽度可以作为两次反转时间的度量标准。

这个假说很快就被证实了,同样对称的磁性条带在太平洋、大西洋、印度洋都被找到了。

科学家还计算出,地球磁场在7600万年中曾发生过171次反转。研究结果显示,地球磁场两次反转的最长周期约为300万年,最短周期约为5万年,两次反转的平均周期为42万~48万年。

但是,对于地球磁场为什么要来回反转这个问题,还没有确切的答案。尽管科学家们提出过种种假说,但其真正的原因还不清楚。地球磁场反转的内在规律还有待科学家们去继续探索。

海洋涡流

对于海洋洋流的发现与研究还是近代以来的事情。在古代,由于缺乏可以观测海洋的精密仪器,人们只能通过表面及物理现象对洋流进行研究。

20世纪初,埃克曼提出了"风生海流"的洋流理论。这一理论认为海洋的流动是风和地球自转的共同结果,当时为人们所普遍接受。

1958年,英国海洋学家斯罗华设计了一套在海洋一定水层中自由漂浮的"中性浮子"系统,对大西洋百慕大海域的底层海流进行了测量。在以前的资料记录中,百慕大海域内的海流是一支比较稳定而且流速比较缓慢的海流,海流的速度在每秒1厘米左右。可是利用这套新系统测量的结果令斯罗华大吃一惊,这里的海流速度比预想的快了10多倍。而且在短短的10多公里距离之内,海流竟然出现了反向流动。同时,海流在一个多月的时间里还显现出了相当大的变化。

这一发现用传统的"风生海流"理论是无法解释的,因而在海洋科学界掀起了轩然大波。

为了进一步研究这种反常的现象,1979年,苏联的海洋科学家在大西洋的一个海域进行了长达半年的观测。这次行动所获得的海流资料也使研究人员大惑不解。他们原本以为这一海域内的海流平均流速不会很快,只有每秒几毫米。然而,实测的海流流速达每秒十多厘米,而且海流呈涡流状。涡流的直径约为一百千米,存在的时间有好几个月。后来,美国科学家在海洋调查中得到了同样的结果。但是当时人们无法解释这种现象。

美国在1973年成功地发射了"天空实验室"载人航天器。宇航员们在这座"天空实验室"中,拍摄到了大西洋西部热带海域内的一个大涡流。这个大涡流的直径为60~80公里。他们还发现,在这个大涡流所在的海域,温度较低的海水从百米深处不断向上涌升,形成了较强的上升海流。由于上升的海流将海底的大量营养物质带到了海洋表面,使得这片海域形成了一个绝好的天然渔场。

"天空实验室"还在其他海洋中发现了类似的涡流。例如,在南美洲的西海岸、澳大利亚东部和新西兰一带海域、非洲东海岸、印度洋西北海域和南中国海海域等,都有这种涡流。这些涡流小的直径仅几十公里,大的直径达数百公里。它们存在的时间也有长有短,时间短的十几天,长的达千年之久。

这些涡流与海洋中的环流相比只是局部现象,但是与人们在近海见到的小漩涡相比,就非常之大了。因此,科学家们称这种涡流为"中尺度涡流"。

海洋中尺度涡流的发现是近二三十年来人们对大洋环境的突破性认识,改变了人们对海流形成机理的传统看法。

海底可燃冰

在海洋深处存在着一种奇怪的"冰",它透明、无色,外表和普通冰块别无二致。但是这种"冰"是可以燃烧的,所以科学家们将它命名为"可燃冰"。

可燃冰的学名叫"甲烷水合物",它的主要成分是甲烷分子与水分子。从外表上看它像冰块,从微观上看其分子结构就像一个一个由若干水分子组成的笼子,每个笼子里"关"着一个气体分子。在常温常压下,可燃冰会分解成水与甲烷,得到的甲烷的体积比固体状态时的体积大一百多倍。

可燃冰的能量比石油和天然气要大得多。1立方米可燃冰蕴藏的能量相当于164立方米天然气蕴藏的能量。

科学家研究后发现,可燃冰的形成与海底石油的形成过程类似。海底地层深处埋藏着大量的有机物。在缺氧的环境中,有机物逐渐被细菌分解,最后形成石油和天然气。其中许多天然气又被包裹进水分子中,在海底的低温与高压下形成了"可燃冰"。这是因为天然气有个特殊性能,它和水在温度为2℃~5℃时可以结晶,这个晶体就是"可燃冰"。

为了研究与开发海底可燃冰资源,许多国家投入了巨大的资金与人力。2001年德国、俄罗斯、乌克兰等国的数十名生物学家、化学家、海洋学家和地球物理学家共同登上了"流星号"考察船,前往海洋考察。他们探明加利福尼亚湾与北海、挪威海、鄂霍次克海、爱琴海均储藏有大量可燃冰。有些海域的海底可燃冰分布区域长达1公里,冰层厚达6米。

黑海的可燃冰储藏量居世界之首。在黑海的60~650米深处,有150个可燃冰矿藏。长期从事黑海海底研究的海洋科学家叶戈罗夫曾乘坐潜水装置到黑海西北部海底,利用照明设备目睹了水下奇观:在226米深处,许多高约3米的珊瑚状堆积物坐落在平滑的海底软泥上,其中许多堆积物向水流方向倾斜。这些堆积物的顶端有许多小孔,小孔周围有一片片厚厚的死菌层,大量的气泡从这些小孔释放到水中。他曾在一次考察中,在通过回声探测器测定的海底冒出气流的地方,放下一个特制的捕集器。他从收集的海水中分离出了甲烷,并用来煮过咖啡。

目前,全球的石油、天然气资源消耗巨大,科学家预计在不久的将来,这些常规能源就会枯竭。可燃冰的发现让陷入能源危机的人类看到了新希望。可燃冰年复一年地积累,形成延伸数千乃至数万里的矿床。仅仅是现在探明的可燃冰储量就比全世界煤炭、石油和天然气加起来的储量还要多几倍。科学家估计,海底可燃冰分布的范围约占海洋总面积的10%,相当于4000万平方千米,足够人类使用1000年。

但是,海底可燃冰的开采十分困难,以目前的技术手段还无法做到。所以,这笔巨大的财富至今仍深埋于海底。科学家正努力地研究开发利用可燃冰的方法,一旦成功,人类也就不用为缺乏能源而发愁了。

海雪

我们都见过陆地上下雪的情景,可是谁能想到海底竟然也有纷纷扬扬的"雪花"。

如果我们乘坐潜水艇潜入黑暗的海底世界时,通过探照灯的照明,可以看到窗外竟然飞舞着无数雪花一样的物质。当潜水艇下降时,"雪花"自下而上运动;当潜水艇上升时,"雪花"自上而下运动,就像在下雪一样。这就是"海雪"。

"海雪"主要是由浮游生物组成的絮状物构成的,科学家们称之为"浮游生物雪"。它是由海洋中的悬浮颗粒碰撞后粘连在一起形成的较大的浮游物。但是,为什么看上去像下雪呢?

科学家说,这完全是水中光学作用的结果。比如在暗室里,我们看不见飘散在空气中的细小灰尘,当阳光照射进室内后,便可以看见太阳光束中的悬浮物。在海洋中,由于探照灯的照射,大量的悬浮物就会闪烁白光。加上折射作用,在水中的物体看起来比实际的要大,这样海水中的悬浮物看上去就好像是雪花了。它们随着海水飘荡,展现在人们面前的就是"雪花"飞舞的海底奇观了。

海雪漂荡在海水中,承担着将海水深层的营养物质搬运到海水表层的重要任务。浮游生物的残骸在中、深层海水中被氧化分解后,会产生氮、磷、碳等元素。因此,中、深层海水中的营养素比表层海水更丰富。

海雪不仅影响着海洋中营养物质的分布,而且还影响着海洋中其他多种微量重金属的分布和变化。

海雪中除了部分有机物之外,还有大量的无机物,例如硅藻等的硅酸盐外壳或者圆石藻和有孔虫的碳酸盐外壳。有机物和无机物的比例随海域和深度的不同而不同。

那些同生物生长密切相关的颗粒的沉降量随表层海面中生物生产力的高低不同而差异明显。那些同生物无关的物质则主要是来自陆地的土壤粒子和海水中的沉淀物。因此,海雪的化学成分也随海域和季节的不同而变化。

北太平洋和南极海的海雪中硅藻偏多,而北大西洋的海雪中石灰质的圆石藻偏多。有机物的比例一般随深度的增加而减小,有的在中途就会发生分解。

尽管如此,到达海底的海雪中仍然含有许多新鲜的有机物,是深海生物高营养的食物。另外,海雪的沉降量随表层生物的生产季节而变化,从而也使得海底生物也可以感觉到季节的变化。

海鸣

世间万物都有声音,海洋也会发出声音——海鸣。地震或火山引起的海洋怒号、海洋生物发出的声音都属于海鸣。但在广东省却有一种神秘的海鸣,让人找不到原因。

广东省湛江硇洲岛东南海面,每当风雨来临前,洋面上就会发出有节奏的"呜呜呜呜……"的声响。犹如雷鸣,忽高忽低,错落有致。当地人都说这种海鸣是沉落在海中的水鼓发出的。水鼓是很久以前建造硇洲岛国际灯塔时法国人放置的。灯塔给过往的船舶指引航向,水鼓作海上气象预报。也有人猜测,水鼓是一种风浪前的预报器。可谁也没见过水鼓的模样,更不知它放在哪里。有关部门曾专门派出船只到硇洲岛东南一带海域巡视搜索,结果一无所获。

1969 年,人们曾经在这里发现过一种海兽,因此有人说这种奇怪的海鸣是海兽的嚎叫。可能是它们预感天气或海况即将变坏而烦躁不安所发出的叫声;也可能是它们游动过程中相互联络的信号。但是这种海兽是什么,现在也没有定论。

1976 年以后,这些海鸣之声比以往逐渐减弱。持"水鼓说"的人认为,这是水鼓年久失修,功能减退的结果;持"海兽嚎叫"说的人认为,海鸣减弱是因为近年来人们在这一带海域活动明显增加,影响海兽正常活动和生活,使海兽迁到别处去的结果。

看来,海鸣的起因还有待进一步研究。

海底玻璃

玻璃在日常生活中很常见,人们每天都要与各种各样的玻璃制品打交道,如玻璃杯、玻璃灯管、玻璃窗户等。普通玻璃制品是以花岗岩风化形成的硅砂为原料,在高温下熔化,加工成型,再经过冷却后制造出来的。然而,在深海海底,人们居然也发现了许多体积巨大的玻璃块。人们称这种玻璃为海底玻璃。

海底玻璃的成分和普通玻璃几乎没有差别。它们耐高温,化学稳定性好,透紫外光和红外光。而且由于海底各种稀有金属丰富,所以海底玻璃里也富含多种金属元素。此外,海底玻璃还具有很多普通玻璃不具备的独特性质。

为了解开海底玻璃之谜,科学家们进行了多方面的分析和研究。但是首先可以肯定的是,这些玻璃不可能是人工制造出来后被扔到深海里去的。因为它们体积巨大,远非人工所能制造。

那么这些海底玻璃到底是怎样形成的呢?

有人认为,它们很可能是由海底火山活动制造出来的。玻璃的化学成分主要是硅,天然纯净的硅又叫水晶。如果在海底地壳某处存在着大量的水晶,而此处又恰巧有火山活动,那么炙热的岩浆就会使这些水晶融化,并将它们从地壳深处带到海底,含硅的岩浆遇到寒冷的海水便形成了天然的玻璃。这些天然玻璃在地壳活动和潮水搬运的作用下,逐渐远离火山口,直至被人们发现。

也有人认为,可能是海底的玄武岩受到高压后,同海水中某些物质发生了一种未知的作用,生成了某种凝胶体,最终形成了玻璃。人类制造一块最普通的玻璃,都需要 1400℃~1500℃的高温。而且熔化炉所用的耐火材料受到高温玻璃溶液的剧烈侵蚀后，会产生有害气体，影响工人的健康。假如能用高压代替高温，将会彻底改变这种状况。出于这个设想，有些化学家把发现海底玻璃地区的玄武岩放在装有海水的容器里，加压至 400 个大气压力，但是并没有制造出玻璃。

海底玻璃到底是怎样形成的呢？这个问题迄今仍然是一个未解之谜。

海水发光

1933 年 3 月 3 日凌晨，日本三陆海啸发生时，人们看到了奇异的"海火"。当波浪从釜石湾口附近的灯塔向海湾中央涌进时，浪头底部出现了三四个草帽似的圆形发光物，它们并排着前进，色泽青紫，像探照灯一样照向四面八方，使人可以清楚地看到随波逐流的破船碎块。片刻之后，互相撞击的浪花又把这圆形发光物搅碎，随之它们就不见了。

1975 年 9 月 2 日傍晚，在江苏省近海朗家沙一带，海面上发出微弱的亮光，它们随着波浪的起伏跳跃，像燃烧的火焰那样翻腾不息，一直到天亮才逐渐消失。第二天夜晚，亮光再次出现，而且亮度更强。以后亮度逐日加强，到第七天，有人发现海面上出现了很多泡沫，当渔船驶过时，激起的水流明亮异常，如同灯光照耀一般，水中还有珍珠般闪闪发光的颗粒。几个小时以后，这里发生了一次地震。

1976 年 7 月 28 日唐山大地震的前一天晚上，人们也曾在秦皇岛、北戴河一带的海面上看到过这种发光现象。其中在秦皇岛，人们看到当时海中有一条火龙似的明亮光带。

对于这种海水发光现象，人们称之为"海火"。"海火"常常出现在地震或海啸发生前后。"海火"是怎么产生的呢？一般认为，这与海里的发光物有关。海里会发光的生物种类繁多，除甲藻外，许多细菌以及水螅、水母、鞭毛虫等也都能发光，一些甲壳类、多毛类小动物也都具有一定的发光能力。因此人们猜测，当海水受到地震或海啸的剧烈震荡时，便会刺激这些生物，使它们发出异常的亮光——"海火"。

美国科学家曾对圆柱形的花岗岩、玄武岩、煤、大理石等多种岩石进行压缩破裂实验。结果发现，当压力足够大时，这些岩石便会爆炸性地破裂，并在几毫秒内释放出一股电子流。这股电子流，能激发周围的气体分子发出微弱的光亮。尽管这种光亮是非常微弱的，但当强烈地震发生时，广泛出现的岩石破裂足以产生炫目的光亮。因此他们猜测，某些"海火"的产生与此有关。

还有一些人认为，海水发光是一种复杂的自然现象，生物发光和岩石爆裂发光只是其中的两种可能,除此之外,还可能有其他的原因,如此说来,海水发光仍旧是个谜。

海底浓烟

1979 年 3 月,美国海洋学家巴勒带领一批科学家对墨西哥西南北纬 21°的太平洋进行了一次水下考察。当科学家们乘坐的深水潜艇"阿尔文"号渐渐接近海底时,透过潜艇的舷窗,他们看到了浓雾弥漫下的一根根高达六七米的粗大的烟囱般的石柱顶口喷发出滚滚浓烟。"阿尔文"号向"浓烟"靠近,并将温度探测器伸进"浓烟"中。一看测试结果,科学家们不禁吓了一跳:原来这里的温度竟高达近千摄氏度,经过仔细观察,他们发现"浓烟"原来是一种金属热液"喷泉",当它遇到寒冷的海水时,便立刻凝结出铜、铁、锌等硫化物,并沉淀在"烟囱"的周围,堆成小丘。他们还注意到,在这些温度很高的喷口周围,竟形成了一种特殊的生存环境,这里就像是沙漠的绿洲,生活着许多贝类、蠕虫类和其他动物群落。

巴勒等人的发现,引起了科学界的极大兴趣。美国密执安大学的奥温教授认为,这种海底"喷泉"可能和地球气候的变化有着十分密切的联系。

奥温仔细研究了从东太平洋海底获取的沉积物和岩样,他发现,在 2000～5000 万年前的沉积物中,铁的含量是现在的 5～10 倍,钙的含量是现在的 3 倍。为什么沉积物中钙、铁等的含量如此之高呢? 奥温认为,这可能与海底喷泉活动的增强有关。

据此,奥温又进一步推测:当海底喷泉活动增强时,所喷出的物质与海水中的硫酸氢钙发生反应,析出二氧化碳。现在已知的海底喷泉提供给大气的二氧化碳,占大气中二氧化碳自然来源的 14%～22%。因此,当钙的析出量为现在的 3 倍时,大气中二氧化碳的含量必将大大增加,估计大约相当于现在的 2 倍左右。众所周知,二氧化碳含量的增加,将会产生明显的温室效应,从而使全球的气温普遍升高,以至极地也会出现温暖的气候。

除此之外,在海底"浓烟"中还隐藏着什么秘密呢? 人们期待着科学家能有新的发现。

太平洋上空的云烟

太平洋上空突然出现的烟云,上升的高度足有 18 公里,扩散以后的直径达 320 公里。

1984 年 4 月 9 日,一架日本航空飞机从东京飞往美国阿拉斯加州。但在离日本海岸 270 公里处的洋面上空,飞机突然遇到了一团像原子弹爆炸般的蘑菇状烟云。飞机上的人从没有看到过这种奇怪的现象,幸好飞机迅速避开它才没有发生事故。还有两架客机上的乘务人员目睹了这一团奇怪的烟云。

对这一团巨大的烟云,有人说是由于海中的核潜艇发生核爆炸所至,但是从现场收集到的尘埃来看,没有发现任何放射性物质。

有三名研究人员提出另一种看法。他们认为,形成烟云的唯一可能的自然原因是海底火山的爆发。从太平洋威克岛的水下地震检波器的检测记录来看,在威克岛西部确实发生过海底地震,地震始发时间为 1984 年 3 月,到 4 月 8 日和 9 日两天达到高峰期。这个时间与烟云发生的日期是吻合的。确切的震中位置在哪里呢? 根据分析,最有可能的是开托古海底火山,它位于北纬 26°、东经 140.8°。如果震中确实是在这里,并发生海底火山爆发和喷出烟雾,那为什么那团巨大烟云竟会出现在北纬 38.5°、东经 146°处呢? 这两地相距大约有 1500 公里!

他们解释说,火山烟雾在成为蘑菇状烟云前,首先形成球形烟团。人们开始看到烟团是在 4 公里的高空,从该海域当天的风向来看,球形烟团有可能被盛行的南风往北吹送,速度约为每小时 147 公里。这样,10 小时后,就可到达将近 1500 公里以外的远处了。烟团没有扩散,一直朝着正北的方向急速移动,然后突然炸开,向高空升腾弥漫,并在两分钟内达到 18 公里的高度。

但对此解释人们大多是否定的。因为就目前所知,如此迅速猛烈的升腾运动,其动力不是靠人为的某种烈性爆炸就是靠火山喷发,而且只能是在爆炸或喷发地点出现。如果说是开托古海底火山爆发,能够在远离它 1500 公里的地方出现爆炸和蘑菇云,这显然是不可能的。海底火山的强度一般来说是比较小的,波及面也不大。那么,在雾团爆炸的地方,到底有没有海底火山喷发呢? 据水下地震仪检测那里没有火山运动发生。

一些地球物理学家认为,太平洋上空这股烟云的产生,可能是人工大气层爆炸的结果。还有人说是一种未知的自然现象所致。然而它究竟从何而来? 目前谁也没有给出令人信服的答案。

海底公园

闲暇时,人们总会去公园走走,呼吸新鲜空气,欣赏美丽的风景。其实,在大海深处也有一些"公园",而且这些"海底公园"的景色绝不亚于陆地上的美丽风光。

在中国南海海底就有这样一座美丽的"海底公园",红色的珊瑚骨枝丫好像秋日的枫林,绿色的珊瑚犹如夏日的荷叶,蓝黄相间的花斑鱼穿游在枝杈疏朗的珊瑚之间,构成了一幅五彩缤纷的诱人画面。

最令人惊叹的是位于澳大利亚东北岸的大堡礁,它被称为世界上最壮观的"海底公园"。这个由珊瑚岛组成的海底公园绵延两千多公里。不可计数的珊瑚虫在这里营建起大量珊瑚礁,构成了一条总面积为 2.7 万平方公里的大堡礁防波堤。太平洋汹涌澎湃的怒潮一触及礁石,就化作无数水沫,向四面八方飞散开来。晚上,你若带着潜水聚光灯潜入海底,色彩鲜艳的珊瑚树枝丫在灯光的照射下就像一丛丛盛开的鲜花。那些身体轻盈、金光闪闪的蝴蝶鱼、天使鱼、雀鲷、燕鱼从面前游过,像疾飞的鸟儿一般。那彩霞般的软体动物蠕动着肥胖的身体,煞是好看。在这里,人们还可

海底公园

以看到一种稀有的鱼类——蝠鲼,鱼体宽大扁平,性情十分温顺。你若突然出现在它面前,它会来个漂亮的翻身,为你让道。有时候,它会在你的头顶上游来游去。要是你大胆地爬到它背上,它还会带着你慢慢地往下沉,随后翻个身,一溜烟游开。

这里还有一种鹦鹉鱼,它能从口中吐出黏液,"织成"一顶透明的帐子,让自己躲在里面睡觉。

在这座"海底公园"里,各种生物都有自己的领地。例如一只小小的热带鱼,它的领地小得只是礁石上的一丛海葵。但是如果有人侵犯它的领地,它就会不顾一切地冲过去,直到赶走入侵者。海底的珊瑚就像一座大旅馆,为各种鱼儿提供住宿,鱼儿则以体内排出的废物作为"房租",因为这些废物正是珊瑚极好的养料。每当夜晚来临,白天不露面的生物都出来了,有海蟹、海星,还有蠕虫。只要见到光,蠕虫就会成千上万地扑上去,十分壮观。澳大利亚政府把拥有多种珊瑚与1500多种鱼类的大堡礁建成了海底公园。这座公园配置了先进的通气管与水下呼吸设施。以方便旅游者一饱眼福。

在加勒比海上,有一座球状的珊瑚岛。每当夜幕降临时,这座海岛四周的海面上会不时地闪耀着忽明忽暗的亮光,这就是世界上最繁茂的海洋植物园。这里茂密的珊瑚树丛交织成了一张稠密的天然大网。每当海水向前涌动时,大网便将海水层层过滤,使无数随着海水而来的微生物留在珊瑚树枝上。海水被不断地过滤,微生物就愈来愈多,从而形成了巨大的海底微生物乐园。这些微生物大都能发光,每当它们聚在一起,夜间便发出幽蓝色的光。由于海水在珊瑚间不断冲击而形成

了奇特的洞隙，这些洞隙的四壁被许多红色、绿色、黄色的海绵、海星等装饰得美丽非凡，就像圣诞树上挂着五彩缤纷的礼物。

大海就是这样一个神奇的世界，"海底公园"以它无穷的魅力吸引着人们。

漂在海上的马尾藻

马尾藻是藻类家族中很普通的一种，当它们生长在大西洋中时却与众不同。

北大西洋环流中心的美国东部海区有一片马尾藻，长约 2000 海里、宽约 1000 海里。这种植物连在一起，就像一个巨大的"木筏"漂浮在大洋中，它们直接从海水中摄取养分，并通过分裂成片，再继续以独立生长的方式蔓延开来。

人们习惯称这片海域叫马尾藻海，海域里一年四季风平浪静，洋流微弱，各个不同水层之间的海水不会发生混合，所以这里浅水层的营养物质更新速度极慢，因而靠此为生的浮游生物也是少之又少。就这样，那些以浮游生物为食的鱼类和海兽几乎绝迹，即使有，也同其他海区的外形、颜色不同。

1492 年 9 月 16 日，探险家哥伦布率领探险船队正在大西洋上行驶时，忽然船上的水手看到在前方有一片一眼望不到头的绿色"草原"。哥伦布非常高兴，以为到了印度。于是，他命令船只开足马力驶向那片"草原"。当哥伦布船只驶近"草原"时，他们不禁大失所望，原来那"草原"是一望无际的海藻。那片海域即今天的马尾藻海。

马尾藻海看上去很美丽，然而许多船只经过这里不小心被海藻缠住，便无法脱身，致使船上的船员因没有食品和淡水，又得不到救助，最后饥饿而死。所以马尾藻海有"海上坟地"和"魔海"之称。当时哥伦布一行就在这里被围困了一个多月，最后全体船员们奋力拼搏才死里逃生。第二次世界大战时，英国奥兹明少校带领船队曾亲自去过那里，那片海域的"绿野"有一股令人作呕的奇臭，到处是毁坏的船骸。到了晚上，海藻就像蛇一样爬上他们船的甲板，将船裹住不放。为了继续航行，离开这片是非之地，他命令士兵把海藻扫掉，可是海藻反像潮水一样涌上甲板。经过一番搏斗，他们终于侥幸逃脱。

那么，马尾藻海究竟是如何形成的呢？我们不妨打个比喻，把大西洋比作一个硕大无比的盆子，北大西洋环流就在这盆中做圆周运动。而马尾藻海则没有受到一点干扰，它们生活得非常平静，所以许多分散的悬浮物都聚集在这里，海上"草原"就是这样形成了。但是，马尾藻海里的马尾藻究竟是怎样长来的，人们还没有找到一个准确的答案。有的海洋学家认为，这些马尾藻类是从其他海域漂浮过来，日久天长堆积而成。有的则认为，这些马尾藻类原本生长在这一海域的海底里，后来在海底洋流的作用下,从海底浮到海面。

最令人惊讶的是,这里的马尾藻并不是原地不动,它们像长了腿,时而有,时而没有,漂泊不定。一些经常来往于这一海区的科学家经常会遇到这样的怪事:他们有时会见到一大片绿色的马尾藻,然而过了一段时间,它们却踪迹全无。在这片既无风浪又无海流的海区,究竟是什么原因使这片海上大"草原"漂泊不定呢? 谁又能解释这种现象呢?

海蜘蛛

法国的考古学家曾经发现了珍贵的远古海蜘蛛的化石,这项发现填补了这种神秘生物残缺不全的化石记录上4亿年的空白。研究海蜘蛛的专家们已经知道了超过一千种现存的海蜘蛛,但一直没有弄明白他们与真正的蜘蛛之间的亲缘关系。

远古海蜘蛛与现存海蜘蛛在外形上非常像。其北面的眼突上有4个单眼。胸部明显地分成4个体节,腹部非常短,为不分节的小突起接于胸部后端。附属肢除钳脚、触须外,雄性还有负卵足和4对长的步足。有心脏,无呼吸器官和排泄器官。肠的长盲管伸入到各足中,生殖腺1~5对,雌性开口于各步足的第二节,雄性开口于第四步足的第二节。

海蜘蛛看起来就像一只普通的"盲蛛",长有细细的长腿以及短小的躯干。尽管它们似乎与陆地上的蜘蛛存在某种联系,但海蜘蛛同时也具有一些独有的解剖学特征,其中包括长在它们头部的专门用来运送卵子的特殊隔膜。有些研究者根据这些特征将海蜘蛛归到蜘蛛类节肢动物的"家谱"上,认为海蜘蛛应该在蜘蛛类节肢动物里拥有一个属于自己的分支。然而究竟将海蜘蛛定到哪一类,还有待进一步深入的研究。

鲸鱼语言

人类拥有各种语言,居住在不同地域的人还有自己独特的方言。海洋如此浩瀚,那么居住在不同海域里的海洋动物有没有自己的"语言"呢? 科学家们通过观察研究后发现了一个有趣的现象:海洋中的鲸类像人类一样拥有自己的"语言",而且它们也有不同的"方言"。

海豚是一种体型较小的鲸类,它的种类在鲸类王国中是最多的。海洋学家发现,海豚共有32种叫声,其中太平洋海域的海豚经常使用的有16种,大西洋海域的海豚经常使用的有17种,两者通用的有9种。但是另外的几种它们却互相听不懂,这就是海豚的"方言"。

座头鲸是鲸类中的"歌唱家",它不仅能够"唱"出优美的歌曲,而且能连续歌唱22个小时。1952年,美国学者舒莱伯在夏威夷首次录下了座头鲸发出的声音。后来人们用电子计算机分析了座头鲸的声音之后,发现它们的声音不仅有规律,而且抑扬顿挫,美妙动听。因而生物学家称座头鲸为海洋世界里最杰出的"歌星"。座头鲸的嗓门很大,其音量可达150分贝,有些座头鲸的声音甚至能传到5公里以外。而且座头鲸对声音很敏感,它们可以通过彼此的鼾声、呻吟声和歌声来区分性别并保持群落中的联系。一个座头鲸"家族"即使散布在几十平方公里的海面上,彼此仍能凭借声音得知每一个成员在什么地方。号称"海中之虎"的虎鲸是鲸类王国中的"语言大师"。它能发出62种不同的声音,而且这些声音代表着不同的含义。例如,虎鲸在捕食鱼类时,会发出断断续续的"咋嚏"声,如同用力拉扯生锈的铁门窗铰链发出的声音一样,鱼类在受到这种声音的恐吓后,就变得行动失常了。更奇妙的是,虎鲸还能"讲"不同的"方言"。它们的"方言"之间的差异可能像一个国家各地区的方言一样略有不同,也可能如英语和汉语一样有天壤之别。这一发现使虎鲸成为哺乳动物中语言能力上的佼佼者,足以和人类或某些灵长类动物相媲美。

如果说虎鲸是鲸类中的"语言大师",那么白鲸就是鲸类王国中最优秀的"口技大师"。白鲸可以模仿许多声音,例如猛兽的叫声、羊的咩咩声、鸟儿的吱吱声、女人的尖叫声、病人的呻吟声、婴儿的哭泣声,以及铰链声、铃声、汽笛声等,真是五花八门,无奇不有。

当然,动物的语言不可能像人类语言那样有着丰富的内涵,但也不能由此否定动物语言的存在。目前,科学家们正致力于研究和理解动物们的独特语言,希望能够将它们的语言翻译出来。

海豚大脑

在人们的传统观念中,猴子是最聪明的动物,但人们在驯养海豚的过程中却发现,海豚的智慧与才能一点也不亚于猴子,而且还有过之而无不及。

原来在美国佛罗里达海洋科学中心饲养的海豚"森美",经过饲养员的精心训练后,能用口咬着彩笔进行绘画。它绘出的画缤纷绚烂,独具匠心,而且能够显示出它对蓝色、绿色和紫色的特别喜爱。

海豚不仅十分聪明,而且天生就是海洋中的游泳健将。它们甚至可以和海船比耐力、比速度,而且能够连续许多小时,有时候甚至很多天跟着海船畅游。据估计,海豚的速度一般可以达到每小时40~50公里,快的时候甚至可以达到每小时

75公里。这个速度已经超过了轮船,与普通火车差不多。

有些人发出疑问,海豚为什么能够连着几天不休息地游泳呢?难道它们根本就不需要睡觉吗?迄今为止,的确没有人见过海豚睡觉,它们一直都在不停地游动。经研究发现,海豚的睡觉方式与众不同,而且非常独特,采取的是"轮休制"。海豚在需要睡眠的时候,大脑的两个半球会处于明显的不同状态,一个大脑半球睡眠时,另一个大脑半球则是十分清醒的。每隔十几分钟,两个半球的状态便会轮换一次,非常有规律性,几乎总是保持大脑的两个半球一半清醒、一半睡眠的状态。这或许就是海豚始终能有意识地不停歇地游动的原因。

海豚

有的研究者为了对海豚的这种轮休制一探究竟,曾给海豚注射一种大脑麻醉剂,看它能否安静下来,像其他动物一样进入完全睡着的状态。谁知注射后,这只海豚便一睡不醒,其生命也就此终结。看来海豚是不能像人或其他动物那样静态地睡觉的。海豚大脑独具的这种轮休功能,至今仍然没有人能够真正研究明白。

龟长寿的原因

人们都知道龟是长寿动物,并称其为"老寿星",但对龟的长寿原因却说法不一。

一位西班牙海员曾经捕到一只海龟,长达2米,重300公斤。专家研究后说它已经活了250年了。还有一位韩国渔民在沿海抓到过一只海龟,长1.5米,重90公斤。背上附着很多苔藓和牡蛎,估计寿命约为七百岁。它可以说是龟类家族的长者了。然而这只是估计的岁数,并不能准确地反映龟的实际寿命。

1737年,有人在印度的查戈斯群岛捕到过一只龟,当时专家鉴定它的年龄是100岁。后来,这只龟被送到了英国的一个动物爱好者家里,并且生活了很长时间。最后它被送到伦敦动物园。到20世纪20年代,它已经活了将近300年了。

1971年,有人在长江里捕获过一只大头龟,它的背甲上刻有"道光二十年"字样,也就是1840年,专家说,这样的记录在当年是用来记事的。这一年,中国发生了鸦片战争。如果从刻字的那年算起,到捕获的时候为止,这只龟至少已经活了132年了。这只龟做成的标本,至今还保存在上海自然博物馆里。另外,还有一只经过 7 代人饲养的龟,一直到抗日战争的时候才中断,它的饲养时间足有 300 年左右。

龟虽然是动物世界中的"长寿冠军",但并不是所有的龟都能活到几百岁。在龟类王国里,不同种类的龟,寿命也有长有短。有的龟能活 200 岁以上,有的龟只能活 15 年。即使是一些长寿的龟种,也不可能个个都"长命百岁"。

海洋环境污染和人类的过量捕杀,会不时地危害它们的生命。

一些科学家从细胞学、解剖学、生理学等方面研究龟的长寿秘密。生物学家选了一组寿命较长的龟和另一组寿命不太长的普通龟作为对比实验材料。结果表明,一组寿命较长的龟细胞繁殖代数普遍较多。这也就意味着,龟的细胞繁殖代数多少跟龟的寿命长短有着密切关系。动物解剖学家和医学家还检查了龟的心脏,龟的心脏被取出来之后,竟然还能跳动整整两天。这说明龟的心脏机能强弱跟龟的寿命长短也有关系。

有的科学家则认为,龟的寿命长短与龟的个头有关。个头大的龟寿命长,个头小的龟寿命就短。有记录可查的长寿龟,像象龟和海龟都是龟类家族的大个子。但中国上海自然博物馆的动物学家却不同意这个观点,因为前边提到过的那只大头龟的个头就不大,但它也活了一百多岁,这又该怎么解释呢?

总之,科学家们从不同角度探索和研究龟的长寿原因,得出的结果也不一样,至于究竟是什么原因,还需要进一步研究。

海底蠕虫

在水深 2500 米的海底会有动物存在吗?答案是肯定的。

那是在 1979 年的冬天,美国的一支海洋考察队在太平洋加拉帕戈斯群岛附近、水深 2500 米的一个海底温泉出口处,发现了一种新的须腕动物——科学家们称它为"大胡子蠕虫"。这是一种人们从未见过的神秘生物,它的躯体长约 2 米多,没有嘴、眼睛和消化系统,只有神经系统,全身的颜色是粉红色的。

要知道,在海平面以下两千多米的深海中是没有阳光的,蠕虫为什么能在这样的环境中生存呢?它以什么东西为食呢?这些问题引起了科学家们的极大兴趣。

海洋动物学家们认为,大胡子蠕虫不可能像其他海洋生物那样获得通过光合作用形成的碳水化合物。那么,大胡子蠕虫所需的能量又是谁供给的呢?科学家们经研究发现,这种蠕虫是从生活在自己体内的细菌身上获得能量的。原来,细菌和大胡子蠕虫处于共生状态。这种细菌具有特殊的本领,它利用溶解在海水中的二氧化碳和海底温泉水里含有的硫化物进行化学合成,形成碳水化合物,供蠕虫吸收。

要完成这样的光合作用，必须依靠一种重要的物质——酶。美国加利福尼亚大学的三位生物学家经过研究，发现大胡子蠕虫体内的细菌能够制造这种酶。由此，科学家们初步揭开了大胡子蠕虫为什么能在永久黑暗的海底生活这一自然之谜。

但是，大胡子蠕虫身上还有一个谜没有解开，即蠕虫为什么能够和细菌共生？另外，经研究发现，蠕虫是世界上寿命最长的生物之一。前面说过，大胡子蠕虫有两米多长，实际上这是指它为自己建造的供居住的管子形住宅的长度。据分析，蠕虫建造这种管子形的"住宅"的速度很慢，哪怕是1厘米长也需要250年，要建造2米多长的管子，需要多少年就显而易见了。大胡子蠕虫为什么会有如此长的寿命呢？

水母

水母是一种生活在海洋中的大型浮游生物。它是腔肠动物家族中的一员，是低等的海产无脊椎动物。水母的出现比恐龙还早，可追溯到6.5亿年前。

水母看上去如同一把透明的伞。水母的伞状体的直径有大有小。普通水母的伞状体不大，只有20~30厘米长，而大水母的伞状体直径可达2米。有些水母的伞状体上还有各色花纹。在伞状体的边缘上长着一些须状条带，长达20~30米，这些就是水母的触手。水母在海水中游动时，长长的触手会向四周伸展开来。在蓝色的海洋里，这些色彩各异的精灵显得十分美丽。

水母的伞状体形态各异：银水母的伞状体能发出银光；僧帽水母的伞状体则像和尚的帽子；帆水母的伞状体仿佛是船上的白帆；雨伞水母的伞状体宛如雨伞；还有一些水母的伞状体上闪耀着彩霞般的光芒，叫作霞水母。

看上去美丽温顺的水母，实际上十分凶猛。那些细长的触手不仅是它的消化器官，也是一种可怕的武器。水母的触手上面布满了刺细胞，像毒丝一样，能够射出毒液，猎物被刺蜇过以后，会迅速因麻痹而死。然后水母就用触手将这些猎物紧紧抓住，再用伞状体下面的息肉吸住猎物。每一个息肉都能够分泌出酵素，迅速将猎物体内的蛋白质分解。

在炎热的夏天里，当我们在海边游泳时，有时会突然感觉到前胸、后背或四肢一阵刺痛，就好像被皮鞭抽打了一样，那准是水母在作怪了。不过，一般被水母刺到，只会感到炙痛并出现红肿，只要涂抹消炎药，过几天即能消肿止痛。

但是在马来西亚至澳大利亚一带的海域中，有一种剧毒无比的水母，叫作箱水母。成年的箱水母有足球那么大,呈蘑菇状,近乎透明。这种水母分泌的毒液毒性很强,当这种毒液侵入人的心脏时,就会破坏心脏细胞跳动节奏的一致性,从而使心脏不能正常供血,导致人迅速死亡。一个成年的箱水母的触须上有几十亿个毒囊和毒针,足够用来杀死 20 个人,其毒性之大可见一斑。美国《世界野生生物》杂志曾经综合各国学者的意见,列举了全球最毒的 10 种动物,名列榜首的就是箱水母。

鱼类变性

人们发现,生活在海洋珊瑚礁上的鹦嘴鱼、隆头鱼等都能由雌变雄。而鲷科、裸颊鲷科的鱼类及细鳍鱼、海鳝、海葵鱼则会从雄鱼变为雌鱼,动物学上称之为"雄性早熟",但这一现象并不常见。

鳝鱼身兼雌雄两性,而且两性能够相互变化。它们在变性之后,仍能照常繁殖后代。据水产学家的研究,黄鳝从受精卵孵化成幼鳝,一直到成年黄鳝,一般都是雌性体,并能产卵,可是产了一次卵之后,它们的生殖系统突然发生变化,卵巢变成精巢,并能产生精子。这时候,变成雄性的黄鳝即为雌鳝所产生的卵子授精。

牡蛎也是身兼雌雄两性,也可以两性相互转变。更为有趣的是,牡蛎的雌雄变性是逐年变化的,即去年是雄性,今年就变成雌性,来年又变成雄性,如此年年改变不已。变性的时间随个体而异,并不是所有的牡蛎都步调一致地发生雌雄变化。

雀鲷鱼生活在印度洋和太平洋海域。这种鱼与海葵共生,所以又叫"海葵鱼"。每只海葵只与两条成年雀鲷鱼生活在一起,其余的都是幼雀鲷鱼。当成年雌雀鲷鱼死亡或迁移出走时,附近的一条最大的幼雄雀鲷鱼就开始变性,成为雌性,从而取代原来那条雌鱼的地位。

澳大利亚大堡礁上有一种个体很小的隆头鱼。因为它们能够清除其他大鱼皮肤上和鳃内的寄生虫,所以也称为"清洁鱼"。大个头的隆头鱼都是雄性的,而雌鱼的个体则较小。雄鱼给许多雌鱼产下的卵授精。如果雄鱼死亡或迁移,雌鱼中必然会有一条较大的个体在一个小时内由雌变雄。两三个星期后,它的卵巢完全变成精巢,并可执行授精任务。

更为奇异的是,生活在美国佛罗里达州和巴西沿海的蓝条石斑鱼,一天中可变性好几次。每当黄昏之际,雄性和雌性的蓝条石斑鱼便发生变性,甚至反复发生变性 5 次。这种现象既叫变性,又叫"雌雄同体"和"异体受精"。还有生活在美国加利福尼亚州沿海和智利沿海的墨西哥金鳍锯鳃石鲈鱼,它们从卵中孵化出来时全都是雌鱼,以后有一部分雌鱼变性为各种颜色的雄鱼。

海洋中的一些动物为什么会变性？这一直是个谜。

海兽潜水

相信很多人都梦想着到神秘的海底世界中遨游,近距离接触那些多姿多彩的海洋生物。距今1700年前的中国史书《魏志倭人传》中,就已经有了渔夫在海里潜水捕鱼的记录。随着科学技术的发展,人类已经能够借助各种装备实现遨游海底的愿望。当然,也有专门的潜水员不需要借助任何装置就能潜水,但是他们一般只能潜到水下五六十米处,而且只能在水下停留很短的时间。然而,生活在海洋中的许多海兽却不需要任何装备就能够在海底自由游弋,它们的潜水本领实在令人类望尘莫及。

因为各自的生活习性以及捕食的对象不同,所以各种海兽潜水的本领也不同。例如,海豚以各种鱼类为食,它们可下潜到100~300米的深度,潜水时间可达4~5分钟。抹香鲸喜欢捕食深海大乌贼,每当它们发现自己爱吃的猎物就会穷追不舍,甚至会潜到水下千米深的地方。

我们知道,在水中潜得越深,所受到的水的压力就越大。那些下潜到海洋千米深处的海兽所承受的压力相当于数百个大气压,它们为什么能够承受如此大的压力？它们的身体究竟是如何适应水下的压力变化的？科学家多年来一直在研究这些问题,希望能够发现海兽潜水的秘密,以帮助人类潜到更深的水中。

海兽也需要足够的氧才能在深海中潜游。但是海兽和鱼不同,它们没有鳃,不能直接从海水中摄取氧。因此,海兽下潜时体内必须储备足够的氧。

科学家通过观察发现,斑海豹在潜水时,有时是呼气后潜水,有时是吸气后潜水。他们对这一现象进行了研究,结果发现海豹在下潜时,并不是主要靠肺部来储氧,而是通过血液来储氧。因此,海兽的血液是它们的"氧气仓库"。

由于海兽长时间生活在海洋中时常需要潜水,所以其身体结构已经发生了许多变化。例如,它们的胸部等地方有许多特殊的血管网,静脉管里有许多活瓣,能在短时间内积蓄大量血液。当它们潜水时,全身的血管会收缩,从而产生大量过剩血液来储氧。它们通过这种方式减轻了心脏负担,填补了因肺中的气体被压缩而形成的胸腔空间,提高了潜水适应性。科学家还发现,海兽除了用血液储氧,它们的肌肉也有较强的储氧能力。海兽肌肉中所含的呼吸色素比陆生兽类高出许多倍,其储氧量可占全身储氧量的50%。

海兽高超的潜水本领还在于,它们不仅能迅速下潜,而且能够骤然上浮。它们在千米水深的范围内上上下下,却不会患潜水病。这是为什么呢？人们发现,鲸在

世界未解之谜

地理未解之谜

图文珍藏版

潜水时其胸部会随外界压力的增加而收缩,肺也随之缩小,肺泡自然变厚,气体交换停止。这样,氧气就不会溶解于血液中,鲸就不会患潜水病了。但是人类在潜水时仍然需要不断地补充空气,肺泡却无法收缩,氧气必然会溶解到血液中去,因而就容易患潜水病。

目前,人类还无法完全将海兽潜水的生理机制运用到自身的潜水活动中去,尤其是海兽不患潜水病的机制。但是相信在不久的将来,人类一定能够像海兽一样随心所欲地在海水中遨游。

第三章　历史未解之谜

第一节　古代技艺之谜

罗刹王尸体之谜

《罗摩衍那》是举世闻名的印度史诗。主人公罗摩王与古代斯里兰卡国王罗婆那的激烈战斗,构成了全史诗情节的高峰。按照传统的说法,罗婆那战死后即举行了火葬,但是近年来有人却提出了不同的看法,认为罗婆那的尸体在将近3000年后仍然完好无损地保存在拉加拉山峰的石窟中。

泰国马拉瓦德教团的教士特玛难陀是位学识广博和威望甚高的佛教界元老。据他考证,罗婆那的尸体是采用了科学的药物处理办法后保存下来的。大量的史料表明,古代斯里兰卡和埃及的关系极其密切,两国不仅有频繁的文化交往,而且还通过海路发展商业贸易。特玛难陀借用西方考古学者对埃及金字塔中至今保存完好的法老及其王后的木乃伊卓有成效的研究成果,断言《罗摩衍那》中的罗刹王——罗婆那当政时期,人们就通晓了这门学问,即"斯里兰卡从埃及那里学会了使用化学药物长期保存尸体的方法"。

特玛难陀称,为了供人瞻仰,罗婆那阵亡后,尸体停放在一座山丘上。葬礼自然是按照国殡规模进行的,还邀请了许多友好国家的元首。罗婆那的兄弟毗湿那、正宫皇后曼都陀哩,姊姊特哩查达前来凭吊。当时埃及国王斐罗也来吊丧,他卑称"罗摩森瓦加"以示臣服于罗摩。而某些西方学者因为对梵文确切含义不甚理解,而将"罗摩森瓦加"读作"罗摩森",这时由于不理解"瓦加"两字的意思,如同称呼乔治五世一样也将埃及国王斐罗称为"罗摩五世"。

事实上,当时埃及国王甘当罗摩的藩属,此与"罗摩森瓦加"的原意相吻合。在前来吊唁的埃及国王一行中,有对保存尸体造诣颇深的专业人员,他们遵照罗摩的命令,在罗刹国的协助下,通过科学处理使罗婆那的尸体存留于后世。他们选用一种特殊的裹尸布,按照传统的礼仪将尸体安置在经过一番装饰的山洞里。罗婆那的尸体存在于两山之间被茂密的森林包围的山洞中,要想涉足那块经常有凶猛的野兽和毒蛇出没的地方极其困难。据特玛难陀的叙述,有一次他在迷途中确实到过那里。那时天色已晚,四周一片漆黑,只见从山洞里发出一道神秘的光。他判断这种极像镭的放射线来自罗婆那的尸体,事后,他向斯里兰卡政府呈送了一份调查报告的副本,指出这具尸体可能停放在山洞中的祭坛上,周围或许还有其他东西。

特玛难陀的关于罗婆那尸体这一新的研究动态立即在斯里兰卡引起了轰动,并引起东方考古界和史学界有关人士的关注。遗憾的是由于某种原因并没有受到当地政府的重视。

按照印度的传统说法,罗婆那死后是火葬的,这显然是基于蚁蛭所创作的史诗《罗摩衍那》中的故事。但是在其他东南亚国家传世的《罗摩衍那》版本却不相同。

印度尼西亚出版的《罗摩衍那》记述道——

"在罗摩的密集的'箭雨'袭击下,罗婆那只好退却,不料陷入不知名的两山间峡谷中。他越陷越深,突然觉得好像被鳄鱼束缚了手脚。尽管他拼命挣脱,但无济于事。终于自食恶果,走向世界末日……"这里没有提及火葬问题。

泰国出版的《罗摩衍那》这样记述道——

"有一次,罗摩闪电般地将'帕拉赫马拉特拉'(一种投掷物)向罗婆那胸膛投去。罗婆那倒在地上,临死前微睁开眼睛,自感末日来临,想起叫其弟威毗湿那来解救,这时神猴河努曼未费吹灰之力便置他于死地……"这里同样没有提及火葬。

在泰米尔文日报《靳达摩尼》上,斯里兰卡著名的考古学家 V.M.苏伯拉赫孟耶撰文支持特玛难陀的说法。他写道:"湖的附近确实存在罗婆那的尸体。罗婆那酷爱音乐,每当月圆日依稀传来阵阵的琵琶声和松子油的芳香。罗婆那又是湿婆神信徒,每天都要烧香祷告。"在谈及罗婆那的木乃伊终究会大白于天下时,他说:"关键的问题是,洞口有块巨石,只要想法将它搬掉就能进去了,不过这块巨石好像具有神奇的魔力,搬掉它并不容易。"

特玛难陀发表在僧伽罗文日报《塔瓦斯》的文章也绘声绘色地描述道:"山巅有一处地道,沿地道往前走可见一湖泊,湖对岸便是罗婆那石窟,至今未曾有人知晓。石窟中很可能还有殉葬的服饰、金银、钻石、珍珠以及其他珠宝,由于器物发光而使洞中能见度很高。"

印度那格普尔大学副校长、著名考古学家江沙卡尔教授从斯里兰卡实地勘察回来后,用马拉文写作了一部专著,也断言罗婆那的尸体至今仍保存在斯里兰卡。

此外,还应当注意到远在蚁蛭写作史诗《罗摩衍那》之前,罗摩衍那的故事便在南印度、越南、泰国、马来西亚等一些国家和地区传播。而蚁蛭在史诗中所描写罗婆那被火葬的情景,大抵与当时北印度盛行的这种殡仪习俗有关。至今那里每当印度教徒举行罗摩胜利庆典时,都要进行火烧罗婆那的有趣表演。

虽然争议依然存在,但各国学者对罗婆那尸体之谜的深入探讨,将为研究古代南亚历史增添极其重要的考古资料。

希腊新石器文化源自何方

近年的研究结果表明,新石器文化首先出现在西亚,距今已有 9000 到 1.1 万年,它经历了无陶和有陶两个发展阶段。欧洲新石器文化的发生比西亚晚,希腊的新石器文化出现在距今 9000 年左右。于是,希腊的新石器文化是从西亚输入的说法便不胫而走,为许多人接受。

理由很简单:希腊位居南欧,紧邻西亚,无论文化输出还是输入,二者都极方便;希腊没有新石器文化中几种主要动植物的野生品种;希腊新石器文化的农具同西亚的先人所用的一样。

位于帖撒利的阿吉萨遗址,是希腊最早的前陶新石器时期居地。此地已发掘的地区长约 80 米,已清理出 6 个深约 0.3~0.6 米的椭圆形坑穴。坑穴中有洞,可能用以立木支棚。这些坑穴是当时人的居所和库房。

在帖撒利的新石器前陶阶段遗址还有塞斯科罗、阿希利昂、索福利、耶迪基等地。塞斯科罗遗址的居所与阿吉萨的大体相同,只是有的坑穴是四边形的。这些居所的样式不同于东方。比如,耶利哥的房子是用泥坯垒成的。哈希拉的房屋为石基、泥坯墙。住所的结构如此不同,确实非常引人注意。

在养殖业和种植业方面,帖撒利这些居民与西亚的农人比较相近。这几个遗址都以农业为主,主要的农作物有大麦、小麦、谷类、扁豆等,饲养山羊、绵羊、牛、猪。这些动植物中,大麦和小麦可能引种自西亚,但其他品种极可能是土生土长的。

如此看来,希腊新石器文化前陶阶段的地区性特点不容忽视,希腊新石器文化源自西亚之说,理由似乎并不那么充足。对希腊新石器文化源头之探索,还有一个地方使人扑朔迷离,那就是位于伯罗奔尼撒半岛东北部的福朗荷提遗址。

该址地层中文化遗存起自距今 2.5 万多年前的旧石器时代晚期,持续到距今5000 年前的新石器时代之末,其间几乎从未中断。在约公元前 1.2 万年前到 1 万年的地层中,出土了大量黑曜石工具。

据考察,这些黑曜石来自距此地海路有 150 公里之遥的米洛斯岛。当时的猎人和采集者的猎获物和收获中,除了大量赤鹿以外,还有野山羊、野生燕麦和大麦及几种豆类,后来又猎获野猪。中石器时代,此地居民大多以捕鱼为生。公元前7000年左右,这里发生了突变。居址的文化层次没有中断的迹象,但这些地层中的遗物却与先前大不相同。绵羊、山羊的骨头大量出现。这些动物不像是野生的,而是经过驯养的;还出现了可能是家种的小麦和大麦;新的工具也纷纷问世,装有把柄的斧子、燧石刀、磨石等为前所未有。

这一切表明,福朗荷提的居民已经开始从事动物饲养和农业生产,进入了无陶新石器阶段。待到公元前6000年,福朗荷提地区进入了新石器时代有陶阶段。这时,人们有了定居的家屋,形成了小村落。人们饲养绵羊和山羊,种植大麦、小麦,使用密色燧石和黑曜石制成的镰刀、刮削器、箭头等器具。他们的陶器很粗糙,石质器皿仍没有被丢弃。人们的生活水平提高了,更喜欢打扮自己,大量制造装饰品,如垂饰和有孔小珠等等,还有人像和动物像。

而且,此地的墓葬更值得注意。一方面,新石器时代的墓葬通常与中石器时代采用相同的形式,葬地似乎很随便地分布在居地之内(洞内或沿岸),并无专门的地方;另一方面,在新石器时代的后一阶段,出现了同西亚某些地方相同的二次埋葬方式,即先将尸体暴露或暂时埋葬,让软组织腐烂,然后把骨头捆扎成束放到他的最后葬处。总而言之,福朗荷提新石器时代遗址在主要方面属东地中海早期村落农业公社类型。

从文化层次看,这一遗址自旧石器时代末到中石器时代,确实没有受到外来干预;新石器文化的出现尽管有些突然,但也是从无陶到有陶阶段,整个文化系统是连续未断的。

那么,福朗荷提的文化系统是否自始至终完全是土生土长的呢?在中石器时代航海术已很高明的福朗荷提居民,难道不会向更远的地方寻求更好的生活吗?西亚的农耕畜牧业文化长足扩展到希腊不也是十分可能的吗?谁能说福朗荷提新石器文化没有自己的根?谁又能说,西亚的农业文化主宰了福朗荷提的居民?福朗荷提遗址文化系统的连续性,是不是希腊的典型模式或绝无仅有?南希腊的新石器文化真的是突然出现的吗?

再从年代上看,也有小小的疑团。据测定,塞浦路斯的新石器前陶遗址霍罗基蒂亚其年代为公元前6020年;克里特的克诺索斯前陶文化层定年为公元前6100年;而帖撒利的几个前陶阶段遗址的年代均在公元前7000年;福朗荷提的同期文化层年代却在公元前7000年,或稍晚些时日。

那么,怎么解释这些年代与新石器前陶阶段发生发展的地区关系呢?由东而西吗？从南至北吗？抑或反之？希腊的新石器文化到底源自何方？

总之，对于上述问题，人们一时还难以回答。

谁是世界上第一位女诗人

世界上最早的一位女诗人是谁？有人认为萨福可以说是古代希腊、也是世界上第一位有史可查的女诗人。这一观点在西方似乎已成定论，我国不少专著也赞同此说。

萨福，据史书记载，约生于公元前 612 年左右，这时正是希腊文化极盛时期，其诞生地是爱琴海上莱斯博斯岛的一个叫伊锐索斯的城市，6 岁时随母迁移至岛上最大的城市密蒂林，并在那里定居。萨福 17 岁开始写作，直到 55 岁逝世，著有诗集九卷，每卷有 1000 行以上，她的诗以抒情为主，风格朴素自然，感情真挚强烈，在古希腊备受推崇。古希腊人称她是"无与伦比的女诗人"，就像人们称颂荷马为"无与伦比的诗人"一样。人们又称她为第十司艺文神女，在古希腊神话中司艺文的神女共 9 人，那萨福即是第十诗神。

由于萨福在诗中歌唱自由，歌唱爱情和友谊，歌唱人类幸福，所以受到中世纪禁欲主义者的嫉恨，她的大部分作品都在中世纪被基督教会焚毁了，如今保留的只有两三篇较完整，其余都是片段，总共不到 500 行，仅为她全部著作的百分之五左右。

不过有中国学者以为，这个观点值得商榷。其实，在我国第一部诗歌总集《诗经》里，已有女子所做的诗篇了。南宋著名理学家朱熹在集注《诗集传》中就曾指出《诗经·鄘风·载驰》的作者就是女子，她就是春秋时代的许穆夫人。

从《诗经》中可知：

《载驰》一诗因为有特殊记载，又参之诗歌的内容是可以确认的，因此称该诗作者许穆夫人是我国历史上第一位女诗人是客观的。从先秦的有关著作中可知，许穆夫人是春秋时卫国宣姜之女和卫戴公之妹，因为嫁给许国国君穆公为夫人，故有此称。纵观我国文学发展史上女诗人和女词人所作，大多描写个人身世、不幸遭遇、离愁别绪、婚姻不谐以及对婚姻自由的热烈向往、对幸福生活的强烈追求等等，而许穆夫人早在 2000 多年前的诗作《载驰》中就为我们留下了一篇充满爱国激情的不朽诗章。

春秋时代，群雄并起，列国纷争。公元前 660 年，狄人伐卫，朝政不理、专好养鹤的卫懿公迅速失去民心，狄人大败卫师于荥泽，并诛杀卫懿公。与卫懿公交厚的宋桓公连夜率师将卫国的败亡之众约 5000 人接到黄河，居于漕邑，并立懿公之子戴公为君。第二年,戴公不幸而死,文公即位,不久又死。《载驰》一诗即作于许穆夫人返回漕邑吊唁卫文公期间。

卫国的生死存亡已经到了紧急关头,许穆夫人毅然决定返卫吊唁兄长卫文公,并与祖国人民商讨对策。恰在这时,许国君主特意派大夫赶来劝阻。在古代,女子出嫁后一切都受丈夫家管束,毫无行动自由,况且她又是君之妻,处事更要慎重。她明白,倘若坚持返回卫国,则有违犯君命之罪,虽为君妻也有被杀的危险;如果不返回卫国,那又置危亡之中的祖国于何地? 强烈的爱国之情,终使她坚定了返回祖国的决心:任何人任何力量都无法阻止我回到卫国去! 从全诗来看,《载驰》和《诗经》中的许多优秀诗歌一样,已具备了诗歌创作的一些基本规律和特征,体现了她那高超的艺术表现技巧。

这首动人心魄的爱国主义诗作,在当时就被广为传诵,所以被收入在《诗经》中。西汉末年,刘向在编《古烈女传》时,就曾专为许穆夫人立传,盛赞其"慈惠而远识",对她倍加推崇。

那么,这一事实为何不被后人所重视呢? 原因大致有两点:

1.《诗经》中各篇诗歌的作者,绝大部分都已不可考。一些贵族文人的作品,除少数在诗中偶尔留下名字外,大多数也无作者可考。汉代《毛诗小序》在解释各篇诗歌时,往往把诗说成是某王、某妃、某公以及其他历史人物所作,如说《关雎》是周文王后妃所作、《七月》是周公旦所作等等,实际上均不可靠。因此,即使是正确的记载,也会引起人们的误解。

2.有关《诗经》作者问题的研究,在我国一直是薄弱环节,至今尚无专文发表,没有引起人们的重视。翻开一些中国文学发展史专著或大学教材,均一笔带过,对许穆夫人更是略去不说。这样,自然不会产生什么影响。

除此之外,其他一些国家还有不同的说法。看来,世界第一位女诗人的桂冠究竟花落谁家还需要进一步地研究、探讨。

二进制的发明与《周易》有关吗

莱布尼茨是德国自然科学家、数学家、唯心主义哲学家,出身于大学教授家庭。早年曾就读于莱比锡大学,担任过外交官、宫廷顾问、图书馆馆长等职务,是柏林科学院的第一任院长。曾旅居法、英、荷等国,与当时欧洲著名科学家和哲学家如惠更斯、牛顿、霍布斯、斯宾诺莎等都有交往,同牛顿并称为微积分的创造人。

他改进了帕斯卡的加法器,设计并制造了一种手摇的演算机,提出了他认为是和中国"先天八卦"相吻合的二进制,影响到后代计算技术的发展。

在逻辑学上,他最先提出充足理由律,并用数学方法研究有关的逻辑问题,是数理逻辑的先驱。

在哲学上,他早年曾受笛卡尔、霍布斯、斯宾诺莎等人的影响,倾向于机械唯物主义,后建立自己客观唯心主义体系的单子论。认为世界上一切事物都是单子所构成,各种单子具有不同程度的"知觉"。最低级的单子只有一种"微知觉",即模糊昏暗的"知觉",如无生命的东西;高级的单子则具有"反省的知觉"。一切事物根据单子高低的不同,形成一个连续发展的系列,表现为从低级向高级的过渡,而系列的顶点,最高级的单子,就是上帝;其他单子都是由上帝创造和支配,上帝预先安排整个世界各种单子和谐协调,他称之为前定和谐。

在认识论上,他反对洛克的经验论,认为认识不是来自外界事物,而是先验的,是心灵自身所固有的潜在观念的显现。他把真理分为必然真理和偶然真理。其唯心主义体系中含有一些辩证法因素,马克思主义经典作家对此曾加以肯定,如列宁说:"莱布尼茨通过神学而接近了物质和运动的不可分割的(并且是普遍的、绝对的)联系的原则"(《列宁全集》第 38 卷第 427 页)。莱布尼茨的主要著作有《人类理智新论》《神正论》《单子论》等。

关于莱布尼茨发明二进制与《周易》有关与否,至今仍众说纷纭,主要有以下几种观点:一种认为《周易》中含有二进制数学思想,最近推行一种二进位 Baee2 数学,以二进位法厘定 64 个六爻卦的方法,因每卦由六条线组成,把 0 代表阴,1 代表阳,从而算出每卦的次序。

持这种观点的人认为,《易经》为西方科学家所认识,便是由莱布尼茨开始的。《中国科学技术史》的作者、英国剑桥大学的李约瑟曾经对莱布尼茨的生平做了深入的研究,认定二进制数学的起源应追溯到八卦,追溯到《易经》。李约瑟认为,莱布尼茨的创造是受到了东方这些古老图书的启示而完成的。

传说莱布尼茨年轻的时候,曾游历巴黎,在那里发明了对数表,顿觉自负,恰好一个曾经到过中国传教的教士带了一轴名为《伏羲六十四卦方位图》,以拉丁文翻译的画卷送给他。莱布尼茨对此非常感兴趣,披阅之余,经常对它苦思冥想,终于有一天豁然开朗,想到建立二进制,并把自己的数学发明弃置一旁,大赞东方人的智慧。他以二进位数学阐明六十四卦的奥义:八卦中——一两个符号及其排列方法,可以贯通等差级数、等比级数、二元式(二进位)、二项式定理、逻辑数学以及音响、电磁波、连锁反应等原理。

另一种意见认为,17 世纪末叶,莱布尼茨与在华传教士闵明我、白进等人的通信联系中知道了《周易》和八卦图。莱布尼茨将其与他在 1666 年发明的二进制法

莱布尼茨

相比较后,惊异地发现两者之间的思想和数学表达方式有着惊人的共同之处,他做梦也不曾想到,他的得意发明会在 3000 年前的伏羲先天八卦图中早就有所表达。钦佩激动之余,莱布尼茨写信给当时的中国皇帝康熙,要求加入中国籍。不知由于中国方面的原因,还是德国的优厚知识分子政策,以至于使莱布尼茨改变了主意,这件事终于没能实现。要不,创立微积分的这一近代数学史上的里程碑可就树立在中国了。后来他还是在法兰克福创立了一所中国学院,直到二战时才被毁。

还有一种意见认为,莱布尼茨发明二进制与《周易》无关。这种观点认为,《周易》卦序与二进制数学丝毫没有关系,甚至宋代邵雍所创制的六十四卦方图和圆图,有学者指出,它"不能算二进制数学",它们"只不过可以译成二进制数码,却并不蕴涵二进制算法"。

中国学者郭书春在 1987 年 11 月 17 日《科技日报》著文认为只要列出莱布尼茨发明二进制与其和传教士白进的交往时间表,就可真相大白——

1679 年 3 月 15 日,莱布尼茨的《二进位数学》初稿脱稿。

1696 年,莱布尼茨重新关注二进制问题,设计了一枚二进制表为背面的纪念章图案送给奥古斯特大公。他还向赴中国的传教士介绍了二进制原理。

1697 年,莱布尼茨开始与在中国的法国传教士白进交往。

1701 年 2 月 15 日,莱布尼茨写信给白进,详细说明了二进制原理,白进收到信后才发现中国的六十四卦图与二进制有共同点。

1701 年 11 月 4 日,他从北京给莱布尼茨写了一封长信,转告他这个发现,1703年 4 月 1 日,莱布尼茨才收到这封信,他欣慰异常,并立即复信指出,白进将六十四卦图与自己的二进制联系在一起,使得中国人千年以来不可理解之谜得到了解答。

4 月 7 日,莱布尼茨决定将他修改补充的论文《关于仅用 0 与 1 两个记号的二进制算术的说明,并附其应用及据此解释古代中国伏羲图的探讨》再送巴黎科学院,要求公开发表。自此,二进制公之于众。

然而,白进和莱布尼茨都没有搞清楚,他们所说的"伏羲六十四卦图",既不是《周易》中,更不是伏羲创造的,而是北宋哲学家邵雍搞的。邵雍的排列,与二进制有共同点,但尚不能说是完整的二进制。

这些说法究竟是耶,非耶,至今还是一个谜。

拉丁字母表产生之谜

英国人说,中国古代科学技术上的三大发明,即火药、指南针和印刷术传入欧洲后,为地理大发现和其后的产业革命,提供了重要的不可缺少的条件,促进了历史的演变。我们说,像中国的三大发明一样,拉丁字母表是罗马文明对世界文化的一大贡献。

拉丁字母表的产生,罗马人不仅把拉丁语和拉丁文化普及到当时多民族的意大利全境,而且加速了此后罗马帝国境内各民族的罗马化进程。进入中世纪以后,拉丁字母表不仅被罗曼语族各国的语言(意大利语、西班牙语、法语和罗马尼亚语)以及日耳曼语族的某些语言(英语、德语等)所承袭,而且也为斯拉夫语族的天主教各国(波兰、捷克、克罗地亚等)所利用。

由于拉丁字母表比其他语言文字的字母表具有更多的优点,我国现行的拼音文字便借用了拉丁字母。此外,医学和生物学的科学术语大都用拉丁字母表示。

然而,拉丁文不是古代最早的文字,拉丁字母表亦不是世界上最早的字母表。拉丁字母表的诞生离不开东方文化的哺育。

众所周知,世界上有 6 种最古老的文字,即:西亚的楔形文字、埃及的象形文字、克里特线形文字、印度的哈拉巴文字、中国的甲骨文和中南美洲的玛雅文字。但这些文字不是字母文字,字母文字的出现较晚。

按古希腊人和罗马人的看法,有 5 个民族可能是字母表的创制者,即:腓尼基人、埃及人、亚述人、克里特人和希伯来人。所以说,最早的文字和字母表,绝大多数产生在东方。在古代,各大文明地区之间尽管比较闭塞,但也绝对不是"东方是东方,西方是西方,彼此从来无来往"。拉丁字母表的产生就是证明。

　　根据威廉·库里坎的研究,最早的字母系统见于叙利亚海岸的古代乌加里特。这个乌加里特字母表定年为公元前 1400 年左右,用的是 30 个楔形符号。最早的线形字母表是腓尼基字母表。这种字母始见于比布罗斯的阿希拉姆国王的石棺上面。该字母定年虽有不同说法(公元前 13 世纪,或前 11 世纪,或前 10 世纪,或约前 975 年),但一般学者倾向约公元前 975 年。以此推知,约公元前 1200 年,22 个字母的腓尼基字母表似乎已经产生了。

　　至公元前 9 世纪中期,希腊人从居住在希腊各地的希腊商人那里学会了腓尼基字母。在克诺索斯的一个克里特几何形墓中发现了公元前 900 年的腓尼基铭文。这证明,那时的腓尼基人与爱琴地区的希腊人已有文化交往。

　　希腊字母表来自腓尼基字母表,而希腊字母本身又分为东部和西部两个变体,其中东部变体的爱奥尼亚字母通行于希腊、小亚细亚及临近岛屿。雅典用的是爱奥尼亚字母。至公元前 4 世纪中期,爱奥尼亚字母取代其他字母,成为 24 个字母的古典希腊字母表。

　　关于拉丁字母表的产生历来众说纷纭,莫衷一是,但归纳起来,不外乎两种见解。

　　一种见解认为,希腊字母诸分支中有两个最大的分支:一是西里尔字母,9 世纪时圣西里尔(约 826~869 年)和圣美多迪乌(约 815~885 年)根据安色尔体希腊文所创制;另一个是埃特鲁斯坎字母,产生于公元前 9 世纪或前 8 世纪初,通用于意大利中部的托斯卡纳人中,传留有许多铭文,但大都未被释读。西里尔字母后变为操俄语、乌克兰语、保加利亚语和白俄罗斯语等诸民族的文字。同时,埃特鲁斯坎字母表则发展成拉丁字母表。

　　起初,罗马人从 26 个字母的埃特鲁斯坎字母表中借用了 21 个字母。公元前 1 世纪,随着罗马对希腊的征服,Y、Z 两个字母被吸收进拉丁字母表。J、V 两个字母是中世纪时代发明的,那以前,书写时用 I、U 代替之。最后,从罗曼语中增加 w,这样便形成了 26 个字母的拉丁字母表。按照这种说法,古典的拉丁字母表当直接来自埃特鲁斯坎字母表,其受希腊字母表的影响则是间接的。

　　另一种意见认为,最初的拉丁字母表有 20 个字母(ABCDEF – HIKLMNOPQRSTVX),直接来自坎帕尼亚的库迈城的希腊字母表。该城是希腊优卑亚岛卡尔奇斯城的殖民地。拉丁字母表之所以有此种起源说,是因为某些拉丁字母的古老形式与库迈字母表的相对应的字母形式非常相似。

　　鉴于上述分歧和当今证据的匮乏,拉丁字母表产生的两种可能性均不能排除。不过,埃特鲁斯坎文字的释读必将使人们耳目一新。

印加人文字谜团

印加人究竟有没有文字？这是史学界长期以来争论不休的一个问题。

1200年左右,自诩为太阳子孙的印加部落,以库斯科盆地为中心,相继征服了邻近部落和氏族,在高原上建立了强大的印加国。到15世纪,印加国的疆域已包括今天秘鲁、厄瓜多尔、玻利维亚全部、智利的大部、哥伦比亚南部和阿根廷北部。人口达600万,全国有统一的语言——克丘亚语。

随着社会生产力发展,印加社会逐渐产生阶级分化,处于社会塔尖的是印加王,以太阳神化身自诩,拥有至高无上的权力和财富。王位世袭,实行长子继承制。宗教祭司和世俗贵族是统治阶级主要组成部分,他们不从事生产劳动,但享有种种特权。村社农民、战俘、贵族家仆、王室工匠等处在社会最底层。

整个国家土地分为三部分:"印加田""太阳田""村社田",分别归王室、祭司和村社所有。印加农民必须无偿地耕种"印加田"和"太阳田",同时还强制性地被征去服各种劳役,可见印加王国已确立起奴隶制统治。

在印加社会中,手工业和农业的分工已日渐明显,农业发展水平较高,栽培的农作物多达40多种,仅玉米就有好几十个品种。为防止水土流失,印加人还在山坡上用石块垒起层层地堰,开辟出平整的梯田,至今在秘鲁安第斯山区的一些山坡上仍保留着印加时代遗留下来的用巨石砌成的梯田。

不仅如此,印加人的手工业艺术更是精美无比。他们用棉花或羊驼毛在织布机上织布,并能编织出各种式样的色泽鲜艳的动植物图案和几何图形。陶制器具造型生动,富有表现力,印加人劳动、祭典、打仗、生活等场景均在器皿上神采飞扬地再现出来。

此外,印加人还擅长金属工艺,能开采和冶炼铜、锡、金、银等矿石,掌握了青铜合金的冶炼技术,用含锡量不同的青铜合金,熔铸成斧、镰、刀、狼牙棒头和外科手术刀等。他们的巧夺天工的金属工艺甚至到了能以假乱真的地步,据说1533年西班牙殖民主义者打进库斯科的印加王御花园时,竟把点缀园景的金花、银花误以为鲜花,当用手去摘取时才发现是人工雕镂的。

既然印加文化如此丰富,如此瑰丽,而且已进入有阶级的社会,那么它到底有没有自己的文字呢?有些专家坚持认为,印加人有自己的文字。那么这些文字又是怎样的呢?各派说法不一。

有的说印加人画在布板或其他织物上的一幅图画就是他们的秘密文字。据最早入侵印加王国的西班牙人叙述,在库斯科太阳神庙附近有一幢叫作"普金坎查"

的房屋,屋内珍藏着不少画在粗布上的画,且都装在金框中。除印加王和专职的保管员外其他人都不得靠近这些画,西班牙总督托莱多说他亲眼看到过那些布画,上面画着各种人像和奇异符号。后来西班牙殖民者抢走了用黄金制作的镜框,焚毁了全部图画,从而这些"秘密文字"也就因此化作灰烬了。

有的认为目前发现的画在古板上组成堡垒形状的一排排四边形是印加人的文字。还有的专家认为,印加陶器上那些类似豆子的符号是他们的文字,只是尚未破译出来而已。

1980年5月英国工程师威廉·伯恩斯·格林经过整整七年考察,写了题为《介绍印加人的秘密文字代号》一文,提出如下观点,即印加文字由16个辅音和5个元音组成,这种秘密文字是美洲最早的象形文字和表意文字之一。然而这些观点并不为史学界、考古学界专家与学者所接受。

大多数人认为,印加人没有自己的文字,而且迄今为止确实也没有找到确凿证据证明印加人有过文字。参加过征服印加王国的西班牙编年史学家佩德罗·西埃萨说,印加人当时用十进位的结绳记事法来记账、统计人口、记载军事和历史传说。后来大量的考古发现也证实了这一点。

印加人用结绳记事的方法来储存和传递信息,如果一定要说是文字,那么"结绳文字"就是印加人的文字。这种结绳记事被印加人称为"基普"。记事的绳目前已发现不少,最长的一条有250米,是1981年1月9日在秘鲁利马少拉帕斯村发掘出来的。

记事绳一般用羊驼毛或骆马毛编结而成,主绳两侧系着成排、形状如麦穗的细绳,多的达上百条,细绳上涂着各种颜色,或再拴上更细的绳子。不同颜色表示不同的事物,红色为士兵,黑色为时日,黄、白、褐色分别代表金、银、马铃薯。细绳上打上各种不同的结,结的形状和位置表示具体的数字,离主绳最远的结是个位,然后是十位、百位、千位,万是印加人知道的最大的数,代表它的结也最靠近主绳。印加人就是这样借助绳的颜色、结的形状与位置及大小来记载当时所发生的各种重要事件和自然现象。

印加王通过原始邮政系统传递记事绳,以此了解各地的收成、治安等情况。在印加王国有专门掌管和运用"基普"的官员,官名为"基普卡马约",一般均为贵族和贵族子弟。他们经常陪同印加王使臣去各地巡游,负责监督税收和人口统计,实际为王室的会计兼秘书。他们依据记事绳向国王汇报情况。在印加王国为贵族子弟设立的学校里,教师还专门传授结绳记事的知识和方法。

印加人究竟有没有自己的文字?至今没有一个定论。印加王国是西班牙殖民主义者入侵美洲前最主要的文化中心,在印加文化中占重要地位的巍峨雄壮的巨石建筑群和纵贯南美洲的石砌大道,令当今建筑师都赞叹不已,然而这一切都是在没有文字的情况下完成的,这又实在令人难以置信,看来印加人有没有文字这个问题还得讨论下去。

谁是图书的开山祖

图书,即书籍、期刊、画册、图片等出版物的总称。据有关材料统计,当今世界,美国的图书出版发行量占据世界第一。图书是人们汲取知识、贮藏精神财富的宝地,那么,这块土地的"开拓者"是谁呢? 至今众说纷纭,莫衷一是。

古代两河流域是人类文明的最早发源地之一。1889~1900 年,美国考古学家在伊拉克境内尼普尔(Nippur)的一个寺庙废墟附近发掘出许多泥版书,内容包括关于神庙的记载、献给巴比伦国神的赞美歌、祈祷文及苏美尔人的神话等等。另外,从古代埃及的许多皇宫和寺庙的废墟中发掘出的大量历史遗迹和文物可以推断,在古代埃及曾有过数量不少的泥版图书。

这种泥版图书,是用木棒在泥版上写书,而后放在火上烧制而成。据说在名为尼尼微的地方,曾发现亚述巴尼布王的一个图书馆,那里全是陶土烧成的书,共有3 万块字板。每一种书都是散开的,只得在每块陶板上刻上书名和号数,才能查阅。

图书馆的印记上有这样的记载:"亚述巴尼布王,战士们的王,诸民族的王,西西利亚国的王,Nepo 神给予他聪敏的耳和敏锐的眼,使他能发现服务于前代诸王的本国著作者的著作。为了尊崇理智之神 Neko,我收集了这些书版,命令把抄写本制成,并把我的名字刻在上面,存于我的宫中。"

这些书,有的是泥版,还有的是砖刻,年代大约在公元前 650 年前。据载,这种书都是一些平的或稍突起的泥版,版幅约为 20×30 厘米,是用削尖的杆在泥版上划上字以后,在火里烧成的。

1986 年 10 月 7 日的《人民日报》曾经报道,伊拉克的考古学家从巴比伦古城希帕尔发掘出来的萨马斯神庙里发现了一座世界上最古老的图书馆,"在图书馆的石头架子上,存放着近千块楔形文字泥版,它们按内容分为宗教、经文、地理记述和语法课本等几部分。经专家们鉴定,保存在这座图书馆里的一部分楔形文字泥版始于公元前 11 世纪。据历史资料记载,希帕尔市建于公元前 2000 年。"

蜡版书的出现,有人说在希腊荷马以前,可以肯定是由罗马人发明的,一直沿用到 19 世纪初叶。据载,蜡书是先用黄杨木和其他木材做成小木版,在木板中心挖出一个长方形的槽,用以盛放黄色或黑色的蜡,内侧上下两角(相当于近代书的订口位置)凿有小孔,然后用绳穿过小孔,把许多木板串联起来,便成了一本小书。最近与最后的两板上不涂蜡,以保护里面的蜡书不至于磨坏,大概这便是书籍封面的最初形式了。

蜡版的书写工具是用金属做成的针,叫 Stylus,也有用象牙和骨头做的。这种针,一端是尖的,用以在蜡版上划字;另一端是圆的,用以修改写错的字,与橡皮有同样作用。蜡版的底版,除木制以外,也有用金属和象牙做的。这种图书显然是十分精致的了。蜡版可以反复使用,多用作通信和记事。但蜡版上书写的字迹容易受磨而变得模糊,而且由于材料和工具的原因,不便于工整地缮写,一般都是草书,所以古代的蜡版,字迹是很不容易辨认的。

蜡版的使用者也颇为广泛,学生、僧侣、诗人、商人都用以记事、写诗和记账。在庞贝城曾经发现过有某银行家的家里所藏的蜡版书。这个城市早在 2000 年前的一次火山喷发中被湮没了。

纸草是古代埃及的主要书写材料。公元前 28 世纪,埃及即已出现纸草古写卷。纸草并非是纸,而是生长在尼罗河岸沼泽地上的一种芦苇,一般茎高五六尺,有的比人还高。纸草制纸并不像后来的纤维造纸,而是用针把纸草茎部破成愈宽愈好的薄片,顺着平铺好,然后再横着平铺一层,如此纵横交错之后,再用尼罗河河水润湿,用木槌捶打,在太阳光下晒干,最后用骨头、象牙或贝壳打磨光整。这样做成的纸,可按不同质地划分成不同等级。最好的纸称为"圣纸",最差的一种称为"商人纸"。

当时用的笔是把芦管削尖,并使它一端裂开(犹如近代钢笔尖的裂缝),以利于墨水下流。墨水是用比较黏稠的煤烟、水和胶混合制成的。一旦写错,就用海绵擦去或用舌头舔掉。传说在 Caligula 皇帝殿前经常举行的吟诗赛中,未获胜的不幸诗人,应该把自己的作品用舌头舔掉。

这种纸草制成的纸,质地很脆,不能折叠,所以只能粘成长条,成为几米或 30~40 米的长卷,卷在一根两端雕刻有棋子状的花样装饰的木棒上。这正是西洋人称书为卷(Volume)的起源。目前,在法国巴黎国家图书馆收藏的普里斯纸草书卷(Prises Papyrus)是公认的一部公元前约 2880 年写成的埃及最古老的图书。

另外,还有以树叶和树皮作为书写材料做成的图书。据说在古代印度,整部的书是用椰树叶做成的,把树叶的边压平,切成一定的形式来写书。拉丁人用树皮的里层 Liber 来抄书,因而称书为 Liber,后来英文的 Library(图书馆)和法文的 Litrairie(书店)等就是从这个字演变而来的。

泥版书、蜡版书、纸草书、树叶和树皮书,一个接着一个排队向我们走来,那么,究竟谁是图书的开山祖呢? 看来问题的解答还有待于新资料的发现和做进一步的研究。

古代典籍留存之谜

古代希腊和罗马创造了光辉灿烂的文化。在长达10多个世纪的漫长岁月里,希腊、罗马出现了众多的文化名人,他们勤奋创作,著述甚丰,给后人留下了无比珍贵的精神财富。当今天我们怀着激动而崇敬的心情拜读古典大师们的作品时,脑海中不禁会涌现出一个这样的问题:两千多年前写成的典籍是怎么保存流传至今的呢?

在古希腊罗马时代,没有纸,也没有印刷术,字是作者用羽毛或芦管当笔蘸墨水写在羊皮纸上,然后装帧成册的。谁要想得到一本书,一般的办法就是抄。当时的富贵之家,都有抄书的奴隶,因此书籍得以广泛流传。

可是476年西罗马帝国灭亡后情形就大不一样了。在原先帝国广袤土地上取代罗马人统治的是被称为"蛮族"的日耳曼人,他们都是些目不识丁的武夫,丝毫不知道羊皮纸典籍有何价值,肆意毁坏。

在那种兵荒马乱的年代,多少名贵的书籍或付之一炬,或散佚殆尽。待社会初步安定以后,势力盘踞整个欧洲的基督教会一方面为实行愚民政策,另一方面为排斥异端,更是对希腊罗马典籍进行大规模有组织的摧残与毁坏。

早在391年,亚历山大的大主教提阿非罗下令将世界闻名的亚历山大图书馆烧毁,该图书馆历史悠久,建于公元前3世纪,藏有几十万册古典珍本。

教会一再发布读书禁令,教皇格利哥里一世宣扬"不学无术是信仰虔诚之母",鼓吹"知识服从信仰",认为与基督教信仰无关的知识非但无用,反而有害。他任职期间不仅颁布过禁读令,而且下令烧掉罗马城内巴拉丁小丘上一座藏书十分丰富的古罗马图书馆。教会人士和神学家还将大批羊皮纸书籍的原文刮掉,再在上面写有关基督教的东西。这样也毁灭了大批古书,还使部分古书错讹百出。此外有许多羊皮纸书则长年累月堆在禁室,蛛网尘封,虫蛀霉烂。

从公元6世纪到10世纪的欧洲黑暗时代,希腊罗马长期积聚起来的书籍宝库,经过无数次兵燹、劫掠、焚毁、刮削、虫蛀、霉烂,造成的损失是无法估算的。

尽管如此,多数古代希腊罗马羊皮纸典籍还是保存流传下来了,成为今天世界文化宝库中一笔极为珍贵的财富。那么,这些古籍是如何获得劫后余生的呢?

有一种意见认为,尽管基督教会是毁灭希腊罗马古籍的罪魁祸首,然而在保存

世界未解之谜

图文珍藏版

古籍方面,它也有一份不能抹杀的功绩。这首先要归功于修道院的抄录修士。

在6世纪的黑暗时代,东哥特王的宠臣、罗马贵族后人加斯奥多勒斯在自己开设的修道院中首创誊写室,专门抄录古典作品。圣本笃修会的创始人本尼狄克起草的会规规定,抄书是修士们的日课,并说只有日夜抄写,才能得到上帝的宽宥。

从此,抄录制度在西欧各地修道院迅速普及,不仅抄写数量颇大,而且质量亦为上乘,稿本完整,字迹工整,装饰精美。不仅修道院抄书藏书,连教皇也大力收集古典书籍。罗马教廷图书馆始创于4世纪,但13世纪的动乱使藏书散佚大半。15世纪,教廷在梵蒂冈重新建立了大型图书馆,该馆至今还是古代希腊罗马手稿的重要收藏中心。

教会人士为什么重视抄写和收集异教典籍——希腊罗马古书呢?对此人们有不同看法。

一种意见认为古典书本中有基督教可以吸收改造的东西,而且通过这种吸收改造,基督教思想更有力量。他们举例证明,托马斯·阿奎那就是在吸收了亚里士多德的思想后才成为经院哲学集大成者的。此外,托勒密的天文学地心说也被教会用来证明上帝创造和主宰一切。

另一种意见则认为基督教不是铁板一块,内部常有异端出现。他们热心于希腊罗马古籍的收集、整理与阅读,以创立自己的学说。

还有一种意见认为,10世纪以后,随着欧洲工商业城市的发展,人们对古典医学、数学、天文学、地理学、生物学、工艺学知识的需求不可阻遏,教会作为知识阶层,不能无动于衷,到底哪种说法更有道理,人们只能见仁见智了。

通过修士们的抄录和教会收集保存和流传下来的古籍确实不少。有人说,修士们把6世纪以来可以见到的羊皮古籍都抄下来了,并认为保存至今的希腊罗马古书基本上是经他们抄写流传下来的。

这种说法值得怀疑,因为第一,有不少古籍早在日耳曼人攻占罗马城之前就佚亡或流失到外邦去了;第二,有些书,由于犯禁而没有抄写,或者即使抄了又被刮掉、销毁;第三,不少书在抄成后又散失了。此外,由于羊皮纸来之不易,也有把库存古籍刮掉抄教会书籍的。因此,除了教会以外,是不是还有其他保存羊皮纸典籍的途径呢?

有的学者将保存希腊罗马羊皮纸典籍的头功归于阿拉伯人。自7世纪开始,阿拉伯人在长达几个世纪的扩张过程中,攻占了地中海沿岸大片原属希腊罗马统治的区域,直接接收了大量珍贵的希腊罗马古籍。而且阿拉伯统治者实行开明的文化政策,尽量搜罗各国书籍,甚至不惜动用军队劫书。

9世纪,哈里发马蒙在巴格达建立了宏大的图书馆,并且将搜集到手的古书译成阿拉伯文。这些书到12世纪以后又流回欧洲并被译成拉丁文。当时的译书中心主要是刚刚把阿拉伯人赶走的西班牙的托利多,其次是接近阿拉伯世界的西西里。一时间,阿拉伯人的作品迅速流行开来。后来,欧洲人将希腊古书直接译成拉丁文(罗马典籍原来是拉丁文写的,无须翻译)。有人估计,阿拉伯人搜集的希腊古书比欧洲修道院保存的还要多,特别是医学和自然科学方面的著作。这些后来都陆续译成了拉丁文在欧洲流行。

还有人认为拜占庭才是希腊古文献的最大保存者。在西欧黑暗时代,大量羊皮纸典籍遭毁,而拜占庭保存并收进了无数古代书籍。当时的拜占庭皇帝君士坦丁七世大力提倡学术与艺术。拜占庭的藏书后来虽然在1204年与1453年遭到十字军和土耳其两次劫掠,但其时西欧黑暗时代已经过去,拜占庭散失的典籍又流回到了欧洲。所以有人把拜占庭称为古典文化的保存者,并且认为如果不是拜占庭,今天的人们将无法看到荷马、柏拉图、索福克勒斯甚至亚里士多德的伟大作品。

上面种种说法都有一些道理,但都不是最后结论。现存的古代典籍究竟是怎么保存流传下来的,人们尚难确切断定。

胡拉夫厦宫壁画作者是谁

胡拉夫厦宫殿是苏联特别引人注目的、闻名于世的考古遗迹。1937年,苏联著名考古学家Ｂ·Ａ.希希金首先发现了这一古迹。在那里有着布哈拉·胡达特王朝的壮丽宫殿,而最令人感兴趣的是那些充分反映了当时风土人情的壁画。宫殿的红厅、东厅和西厅三个大厅里都保留着不少壁画杰作。

坐落在胡拉夫厦的布哈拉·胡达特王朝的宫殿,建造在围有高墙的城寨内部,拥有许多房间,其中红厅是一座80米长、12米宽的大厅,厅中壁画从离地80公分的地方开始,向上一直绘制到与天花板相接处。

壁画分上下两段,上段已经模糊不清。下段绘制的是骑象打猎的图像,每头象上骑两人,正在与老虎猛兽或有翼怪兽搏斗;骑在象上的御者和士兵,肩披轻飘长衣,头戴如同王冠一般的华丽装饰品。

东厅是一座长约17米、宽11.5米半的大厅,壁上全是壁画,虽然破损严重,但仍能看出身穿甲胄的战士骑马交战的场面。南厅的壁画则是描绘着正式谒见时的热闹场景。所有的三厅壁画皆形象逼真,给人以活灵活现的感觉。

那么,胡拉夫厦宫殿的壁画作者是谁? 其制作的年代如何呢? 由于缺少较为可靠的文献记录,人们观察的角度和依据的事实又不同,所以对这些问题存在着较大的分歧。苏联中亚地区的考古发掘工作，从相当早就开始进行了。大约在 1866 年的帝俄时代，俄国就曾派调查团到过锡尔河下游的奇姆肯特，在旧撒马尔罕遗址上，开始了对阿夫拉谢布地区的发掘，至今仍在进行。

1986 年，这里发现了宫殿遗址上的壁画；此外，在邦其肯特等附近一带，也陆续发现了许多幅壁画。其中胡拉夫厦的壁画是首先从沙漠中发现的。从这些地方的壁画来看，有不少相同之处，具有明显的文化类同现象。因此，有的学者认为布哈拉·胡达特宫殿是 3 世纪开始营建的，也有的认为是 6 世纪才开始建造的。作者绝不可能是一个人，而是一个艺术团体，这些人既具有很高的艺术涵养，又具备多方面的操作技能，他们广泛地活跃在苏联的中亚地区。

有的学者指出，胡拉夫厦宫殿壁画的创作年代在 8 世纪左右，其证据是宫殿内除了大量壁画外，还有不少造型各异的泥塑装饰，经对这些壁画和泥塑的综合研究，证明其制作年代在 8 世纪左右。

有人根据 783 年在胡拉夫厦宫殿里发生的一起刺杀本雅特王的疑案，推测壁画也有可能是外人所作。据说有一天，本雅特王正在胡拉夫厦宫的一间宫室里与近臣们宴欢的时候，突然一群骑士奔驰而来，直奔宴室，不动声色地砍掉了本雅特王的脑袋，据认为这些人是奉当时巴格达的哈里发·阿尔·马哈戴伊之命前来行刺本雅特王的。可见当时王朝对外联系十分频繁，而这种交往必然会反映在文化艺术上。

还有的学者认为，胡拉夫厦的繁荣是在 10 世纪左右，不久就逐渐被掩埋在红沙漠之下了。因此，有理由认为壁画的制成当在 10 世纪左右，这从壁画所反映出的政治、军事、狩猎、交往、娱乐等内容便可得到证实，这只有在一个王朝的繁荣时期才有可能。至于宫殿壁画的作者，有可能是民间艺人的杰作。

尽管苏联考古学家考察发掘胡拉夫厦宫殿已有百余年了，但由于当时历史记载和参考资料的贫乏，致使对于宫殿壁画的制作年代及其作者究竟是谁等问题，一直没有结论，缺少有说服力的意见，也使得某些推测、看法未免牵强附会、难以服众。

非洲原始岩画作者之谜

非洲是世界文明的发源地之一，从 18 世纪起，人们在这块古老大陆的山地、悬崖峭壁上发现了许许多多史前原始岩画，这些岩画多以表现动物为主，有野牛、角马、条纹羚羊、斑驴……

虽然画得十分粗糙，但个个形象栩栩如生，非洲岩画是非常典型的原始部族岩画，它虽然不如欧洲岩画发生得那样早，但要比大洋洲的远为古老，而且它不像欧洲岩画只集中在法国、西班牙，而是分布极为广泛，在阿尔及利亚、埃塞俄比亚、埃及、安哥拉、莫桑比克、肯尼亚、博茨瓦纳等十多个国家都保留了这种原始的艺术作品，更引人注目的是它数量之多、流传之广，仅撒哈拉地区就有 3 万个岩画遗址被发现，半数在塔西里，时间上经历了上万年。最早发现非洲岩画是在 1721 年，要比欧洲原始岩画早发现 150 多年。当时委内瑞拉一个

非洲原始岩画

葡萄牙人旅游团到莫桑比克旅游观光，一个偶然机会，旅游团成员在岩壁上发现了第一幅画着动物的岩画，他们当即就向里斯本皇家美术学院做了报告。

1752 年，由 E·A.弗雷德里克率领的非洲探险队在非洲东海岸鱼河两岸又发现了好几幅岩画。

1790~1791 年由格罗夫纳率领的远征队在非洲土地上发现了更多的岩画。令人惊喜不已的是，人们又在阿尔及利亚东部找到一座巨大的颜料库。它位于撒哈拉沙漠中一条长 800 公里、宽 50~60 公里的恩阿哲尔山脉，那里蕴藏着丰富的红砂土矿藏就是岩画的主要颜料。在这片广阔山区，一个法国探险队在 1956 年竟发现了一万多幅作品。

根据这些岩画所反映的内容，科学家们推断在撒哈拉地区变成沙漠以前，这里曾生息过旧石器和新石器时代的人们，他们以猎取大型水栖动物为谋生手段，也放牧羊群。大量考古资料证实，非洲在公元前 8000 年至前 2000 年是地质学上寒武纪的潮湿期，那时撒哈拉地区还是一片布满热带植物、适于狩猎的草原，而不是沙漠，这正是产生狩猎艺术的重要土壤。

非洲岩画的发现无疑对研究世界原始文化有着重要意义，它使我们能以此了解、考察非洲原始部族的审美意识的起源以及原始艺术的特征，更能从岩画中了解当时非洲原始部族的生活和社会形态。

那么这些原始岩画究竟出自谁家之手呢？

世界考古学界围绕岩画作者主要分成两大派。一派认为岩画是非洲本土产物，它自成体系，不超越非洲边界。这一派中绝大多数人认为是当地土著布须曼人

创作的,如世界著名学者与考古学家亚历山大·R.威尔科克斯、H.布勒伊、C·K.库克等,其中亚历山大认为撒哈拉地区是布须曼人的文化中心,非洲岩画就发生在这个中心地区,而后向四周传播,北至塔西里,东北至西班牙,南至非洲中部、南部,东至埃及。不少专家指出,岩画中表现的非洲土著居民臀部高耸的形象正是非洲一些部族的人种特征,这是欧洲史前岩画中不可能有的。至于非洲岩画与欧洲岩画在岩画题材问题上有雷同之处,这不足为理由。因为狩猎艺术遍于整个地球,生活方式的一致性给狩猎艺术题材甚至表现方法带来某些相似性。

这一派中的库克认为是非洲许多原始居民在漫长历史时期中共同完成的,在其《南非岩画艺术》一书中他提出,撒哈拉人的岩画作于5000年前,霍恩人地做于4000年前,肯尼亚人岩画作于1500年前,南非人岩画作于6000年前。

画家兼旅行家克里斯蒂则认为岩画是已经灭绝的霍屯督人的作品。

而另一派主要是欧洲学者,则坚持认为非洲史前岩画是外来文化传播的产物,有的干脆说是欧洲史前岩画复制品。他们认为在公元前5万年左右,首批欧洲移民尼安德特人来到非洲,400年后克罗马侬人大批移居非洲,正是作为欧洲史前岩画创造者的他们,把岩画带到了非洲,此外他们还以在非洲北部发现欧洲旧石器时代的克罗马侬人和卡普新石器时代的人种类型以及布须曼人丝毫不懂透视法为依据,但是这一观点缺乏足够的事实作有力证明。

虽然西班牙东部、北非、撒哈拉、埃及等地区岩画确有相似之处,一些考古学家也因此推想在遥远年代的狩猎者及狩猎艺术家,是从地中海漂泊到好望角去的,当他们漫游到当时还是绿色而富饶的撒哈拉及东非大平原时,找到了理想的狩猎区,而后到达山区高原时就停止前进了,于是在那里创作了许多最早的非洲岩画。然而这些只是他们没经证实的主观猜测和臆想。

至于说布须曼人不懂得透视法,这不能证明岩画就不是他们的作品。因为已灭绝的布须曼画家也可能具有后来的布须曼人所没有的岩画知识和技巧。这种知识与技巧是秘密传授的,只有极少数人才能掌握,所以后来的布须曼人看不懂前人所画的岩画并不足怪。何况因不少岩画日久天长已模糊不清,后来者也难以辨认了,以人种学观点作依据就更是一种缺乏说服力的种族偏见。

还有个别学者认为要弄清岩画究竟是非洲本土的古老艺术还是外界文化的辐射很难,而且也没什么重要意义,他们以为任何伟大艺术都是"国际性的",想把任何艺术都贴上民族的标签是很困难的。非洲岩画如同世界其他地区的画廊一样,兼容诸多民族及其原始宗教派别的艺术。

上述观点哪一种正确呢? 伴随非洲国家的振兴,相信将会有更多的非洲学者、科学家来发表他们的看法。

古人文身之谜

文身，就是用刀、针等锐器在身体的不同部位刻出花纹或符号，并涂以颜色，使之成为永久性的有色饰纹。由于涂料以黑色为主，如墨行文，故称文身。

古人文身的部位，因地区与民族而异，或全身，或局部，一般在面、胸、臂、背、腿、腹等处。古人文身的图案也因民族在信仰、爱好、习俗等方面的差异而不同，主要有"鸟兽""花草""树木""龙蛇""星辰"及一些几何图形等。

文身产生于人类蒙昧时期，是一种极为古老的习俗。这习俗也曾盛行于世界各国，如澳大利亚的阿兰达人、阿内特人，新西兰的毛利人、巴希亚人，南北美洲的印第安人，南美的海达人，印度南部的图达人，日本的阿伊努人等，以至于古代的欧洲人，都盛行过文身习俗。我国包括汉族在内的大多数民族，如黎、傣、基诺、布朗、独龙、高山等族也都一度风行文身习俗。古人为何会有文身的习俗，对此众说纷纭，至今仍是个未解之谜。

美饰说。出于对美的追求与装饰而文身。新中国成立前海南岛的黎族妇女都要文身，不文身的妇女视为容貌不美和民族的叛逆者，活着要受人歧视，死后还要用木炭文身后才能入棺埋葬。文身后，父母还要设宴庆贺祖先给予女儿的美丽容貌。在台湾高山族的泰雅人也认为纹面是一种最讲究的装饰，身体刺纹的部位不长毛，不生皱纹，能保持青春的美。

在我国历史上，唐、宋、元、明各朝都盛行文身，不仅市井青少年爱好此道，就是工匠、船户、农民、文士中亦有不少文身者，据段成式《酉阳杂俎》记载，在唐代，文身者所刺的花样品种繁多，包括动物、山水、花卉、庭院、沙门天王、古人诗句等等。

一般来讲，尚武之人多刺龙蛇猛兽以增其英武；文人学士多刺山水诗词以示风雅。宋代文身者的组织称文体社，它以邀请高明工匠进行文身和相互比赛，品评所刺花纹为乐。

《水浒传》中的史进因肩臂胸膛刺有九条龙而获"九纹龙"的绰号，浪子燕青因在"一身雪练也似白肉"上刺了遍体花绣而受到江湖好汉们的称赞。直到今天，我们还能偶尔见到一些人在手臂上刺着梅花、小兔或文字。如今，作为化妆术一部分的擦胭脂、涂口红、染指甲、割眼皮等等，溯其根源，同古代文身的习俗是颇有关系的。

记功与尊荣说。台湾少数民族文身习俗中，一般都规定，对本氏族做出了贡献的男女，才有文身的资格，而且所刺花纹的部位、图案是根据贡献大小来定的。正因为文身记录了一个人贡献的大小,故文身到后来就发展成为显示一个人社会地位的标志,且文身也成了区分贵贱贫富的分界线。

《后汉书·东夷列传》中就记有:倭国人"文身,以其纹左右,大小别尊卑之差"。南美洲查科地区的印第安人,有的部落贵族妇女只在手臂上刺花纹,而在面孔上刺花纹的妇女则表示其社会地位低下。

吸引说。文身与性的吸引、婚恋有关。新中国成立前,黎族有这样一个习俗,只有经过文身,才有婚配的资格,而且黎族妇女在婚姻的不同阶段要依次纹饰身体的不同部位,年龄、图案都有相应的规矩,不能改变。

巫术说。文身的产生与原始社会生活的一切方面都充满巫术与原始宗教图腾崇拜相关。图腾是原始的宗教形式,古代人们认为自己的氏族与某种动物、植物或无生物有亲属或其他的特殊关系,因此,它们就把它视为自己的祖先或保护神,对此顶礼膜拜。并且,还把它刺在身上,作为护身符,以此来避邪与求得神灵的保佑。在有文身习俗的民族中,一般都这样认为,文身不仅是一种成人与美的标志,同时又认为还可用以避邪。如我国台湾少数民族中的排湾族,他们传说其头目是蛇生或太阳卵所生的,蛇与太阳就成了他们的图腾对象,他们文身时刺以蛇纹或太阳纹,希望其灵魂能常附于自身,从而受到其庇护。另外,许多民族在文身时,都要祭祖先与神灵,如黎族妇女在文身时,要杀鸡摆酒祭祀祖先,将受纹者的名字报告祖先,以祈求平安无恙。

标志说。此说包含了上述诸说的原理内核,认为文身是氏族与图腾、成年与情爱、尊贵与卑贱的标志。如台湾的高山族不仅把文身作为一种装饰,而且更重要的是作为成年的标志。男子十四五岁参加过打猎即可文身,女子从十三四岁也可文身。文身后就表示已获得成年资格,并且男子在某些部位文身又是其勇敢能干的标志,女孩把自己设计的图案纹刺在身上,显示其智慧与能干。

以上各家的观点都各有其道理,但究竟什么是古人文身的谜底,还有待于继续探讨。

古罗马人为何爱看角斗士表演

角斗士表演是古罗马人所酷爱的一项娱乐,这是一种野蛮残酷的血腥娱乐。奴隶主驱使受过专门训练的角斗士,手持剑、匕首和三叉戟,在角斗场上互相拼死格斗,或者强迫角斗士与饥饿的猛兽厮杀,以博得观众的娱悦。

为了延长角斗的时间并增添角斗的花样,角斗士还要戴上各种防备用具。有的披戴盔甲、护面罩、护胸,有的拿着盾牌,使角斗士不至于很快丧命而无戏可看。

不过他们身体的大部分要裸露出来,让观众清楚地看到出血,以从中取乐。

古罗马人爱好观看角斗士表演。角斗士一出场,他们先观看他的身材、举止、装备和架势,然后欣赏厮杀双方的技艺。当一方被击败时,就由有地位的人或是女巫、贞女做手势;如果大拇指向上,那么败者还可活命;如果大拇指朝下,败者就要被当场杀掉。角斗结束后,有专人检查被打死的角斗士,用烧红的铁棍刺,如果还活着就用大铁锤敲死。古罗马角斗士表演的规模越来越大,后来出现了骑马乘车角斗,甚至再现一场大规模的海战。古罗马各地角斗风气很盛,每个较大的城市都建有角斗场,大的甚至能容纳5万观众,不知有多少人死在那里。

古罗马人为什么爱好观看这种极其残忍的娱乐?各种解释说法不一。据说这种做法是罗马人从邻近民族伊达拉里亚人那里学来的。有的学者认为角斗与祭祀和宗教活动有关。古罗马人相信死者可以用血来赎罪,因而在葬礼上人们要杀战俘和奴隶祭祀祖先。

古罗马历史上记载的第一次角斗是在公元前264年,罗马贵族马可·白鲁斯特和狄西墨·白鲁斯特兄弟在父亲的葬礼上,让三对角斗士相互厮杀以作纪念。公元前65年,恺撒为父亲举行葬礼,用了640名角斗士表演,还让他们与猛兽搏斗。公元前46年,他又为死去的女儿举行了一次角斗。

因为是了纪念亡故的亲人,在角斗中宗教仪式的成分较明显。试验角斗士是否真死的人打扮得像信使神墨丘利,拖尸体的人都模仿阴间的鬼怪。由此看来,古罗马人举行角斗与追念先祖有关。

另外一种看法则强调角斗与政治活动的关系。古罗马人的政治活动主要有三种场所:元老院、浴场和角斗场。元老院与政治活动的关系不用多说。当时有些浴场规模很大,除浴池外还有议事的场所和图书馆。再者是角斗场,角斗士表演与政治活动关系密切。

有野心的贵族常常举办角斗讨好罗马平民,以争取更多的人支持他们。如在庞培古城遗址有一个广告上写道:"营造使策列阿家的角斗士定于5月31日在庞培城举行角斗,届时并表演斗兽。"

角斗还是贵族们相互竞争以赢得声望和政治资本的一种手段。每一次表演都是贵族们"炫耀社会地位的大屠杀"。有一个叫塞玛修斯的贵族为了搞一次大规模的角斗求助于朋友,弄到了所需的猛兽和角斗士,但就在角斗前一天的晚上,29名角斗士互相勒死了。这使得他的政治地位岌岌可危而气急败坏。因而奥古斯都皇帝限制角斗以限制罗马贵族笼络平民。

还有一种看法认为,角斗的盛行与古罗马人尚武斗勇的风气有关。古罗马人长时期内一直致力于对外扩张。罗马帝国最兴盛时控制了整个地中海地区,势力范围扩及欧亚非三洲,统辖的地区有5000多万人。因为长年在外打仗,罗马的军纪很严厉,盛行"十丁抽一法",即一支军队作战不力,就要在十人中抽出一人当众杀死。

古罗马帝国时期曾经有过200年的和平。为了在和平时期保持罗马人的尚武精神和战斗传统,就要制造人为的战争作为公共娱乐培养嗜血的风气。这是在古罗马角斗盛行的原因。甚至一些皇帝也兴致不减地亲自披挂上阵,尼禄和康茂德都这样做过。

因为角斗是尚武的表现,有些武艺高强的角斗士成为很有影响的人物,好像今天的体育明星。有时在古罗马的公共建筑物上画有真人大小的角斗士画像。在庞培遗址还发现一个用黏土做的奶瓶上也有角斗士像,象征着希望婴儿能吮吸到角斗士的力量和勇气。甚至个别获胜的角斗士成为少女们争夺的对象。有些出身高贵的妇女也出于对角斗的喜爱自己上角斗场格斗。在和平时期,战争演变成为一种以残酷、暴力、流血和死亡的方式反复进行的表演,以此来维护秩序。角斗成为战争、纪律和死亡的副产品。

这种角斗士表演在古罗马一直延续到6世纪,直至有一次一位富有同情心的基督教徒冲进正在厮杀的角斗场,高举双手大声疾呼停止这种野蛮的行为。自此以后,角斗才逐渐在古罗马绝迹。

汉尼拔失败之谜

汉尼拔(公元前247年~前183年),迦太基著名的军事统帅、古代杰出的军事家。公元前221年,汉尼拔担任迦太基驻西班牙军队的最高统帅,着手进行征服罗马的战争准备。公元前218年,第二次布匿战争爆发,汉尼拔率领迦太基军队开始对意大利的大规模军事远征。

当汉尼拔越过阿尔卑斯山,突然出现在北意大利时,犹如神兵从天而降,大出罗马人意料之外,整个罗马被恐慌不安所笼罩。尔后,汉尼拔率军直捣意大利中南部,在特拉西美诺湖、坎尼等会战中,多次大败罗马军队,尤其是坎尼战役后,罗马可谓已陷入绝境,汉尼拔几乎就要实现其征服罗马的梦想了。

然而好景不长,不久罗马人就扭转了战局,汉尼拔最终未能完成其征服罗马的夙愿。这是为什么呢? 对此史家有各种解说,孰是孰非,一时难以肯定。

有人认为:汉尼拔之所以未能征服罗马,是因为共和制罗马当时正处于蓬勃发展时期,尽管它是一个贵族共和国,作为统治阶级不同阶层的平民和贵族之间存在着矛盾,但是在平民经过两个多世纪的斗争废除了债奴制度,获得了一定的政治权益之后,统治阶级内部的关系得到调整,平民在国家生活中的积极性大为提高,国家政治生活暂时比较安定,这些为罗马战胜汉尼拔的进攻提供了重要的政治和社会前提。

同时,在与迦太基作战的问题上,罗马奴隶主统治阶级内部是比较一致的,罗马进行战争的主要工具是组织严密的军团,这些军团由罗马公民组成,平民特别是农民是罗马军团的中坚力量。由于他们希望从战争中获得一份土地,因此作战特别尽力,这就是罗马在对外扩张中具有强大的力量,它在布匿战争过程中虽屡遭失败,但在每次失败之后又可以迅速得到人力、物力的补充,直到最后取得胜利。

相比之下,迦太基在许多方面远不如罗马。迦太基在征服北非土地之后统治阶级内部明显分为两派:一派代表大土地所有者的利益,主张主要维护和巩固在非洲的利益;另一派为商业集团,主张继续进行海外扩张,扩大在海外的利益。两派之间一直进行着尖锐的斗争,时常此起彼伏,影响和左右了迦太基的对外政策。

汉尼拔

汉尼拔代表的主要是后一派的利益,主要活动基地和据点是西班牙的新迦太基城,而在迦太基国内和政府内部,往往是地主派占上风。汉尼拔转战意大利期间一直没有得到过迦太基政府的支援,原因就在这里。

汉尼拔虽然具有杰出的军事才能,但是统率的是一支孤立无援、与本国几乎断绝关系、主要由雇佣军组成的军队,而且是在他国领土上作战,处境是十分艰难的。加之汉尼拔为把一切反罗马力量团结起来的伟大计划又由于东方各国君主间的矛盾和相互妒忌而失败。

也有人认为,汉尼拔之所以未能征服罗马,其致命错误就是在战略上没有适时地将打击重点放在攻占罗马城上。当汉尼拔取得一系列胜利,特别是在坎尼会战之后,罗马军的主力已不复存在,整个半岛的大部地区已摆脱了罗马的控制,罗马城几乎成了孤城,而汉尼拔军却正是兵威极盛之时。如果汉尼拔能抓住这个时机给予罗马城一击,攻占罗马城的可能性极大。因为罗马城是罗马人的"心脏",它的存在是罗马复兴的希望,在基本不受战火摧残的情况下,罗马人没有必要向汉尼拔投降,更不会自行崩溃。

由于罗马城的存在,罗马人有了重建军备的基地,而其他尚在坚持的罗马城堡也有了精神寄托。汉尼拔在战略上犯的这一错误是无法弥补的,因为在以后的岁月中,类似坎尼战役以后所出现的那种良机就再也没有出现过,说得夸张一点,罗马人保住了一个罗马城便赢得了整个战争,而迦太基人忽视了一个罗马城便输掉了一场战争。这是汉尼拔的悲剧所在。此外,汉尼拔的极端复仇思想与盲目自信情绪禁锢了迦太基军的行动,坐视罗马军队由弱变强,从而导致了自己的失败。

还有一种看法认为,汉尼拔之所以失败关键的一点在于他兵力太少和罗马军事指挥艺术的改进。

法国的孟德斯鸠说:只要汉尼拔"和他的军队留在一起,他就能击败罗马人,但是当他不得不把卫戍部队留在各个城市的时候,当他要保卫他的同盟者的时候,当他要围攻要塞或者当他使自己的要塞不受罗马人围攻的时候,他的兵力就太少了,而他的一部分军队就是这样零敲碎打地消耗掉的。历次出征之所以容易取胜,是因为在出征时都是全力以赴;出征成果之所以难于保持,是因为要保持它们时只能使用自己一部分的兵力。"

在战争后期罗马人握有主动权却不与汉尼拔进行大规模会战,这恰恰是罗马军事指挥艺术改进的表现。罗马人虽拥有绝对优势,依靠这个优势也许能直接打败汉尼拔,但毫无疑义,面对汉尼拔这样一位天才统帅,这种胜利是要付出相当大的代价才能换来的,也很可能出现得不偿失的局面。相反,在确保取得境内战场主动权的前提下,将这个优势转到境外去,转用到没有汉尼拔的地方去,那么用同样的优势同样的代价,必然会取得更大的胜利。这无疑是正确的决策,此后罗马军队入侵迦太基本土,最终取得了战争的胜利。

总之,迄今为止,还没有一种使人完全接受的观点。汉尼拔为何没能征服罗马仍是个未解之谜,有必要进一步探究。

中美洲印第安人赛球之谜

在欧洲人入侵之前的美洲,特别是在中部美洲所有大的文明中心都建有球场,印第安人在这里经常举行球赛。那么,印第安人为什么要举行这种活动呢?

赛球是一种锻炼身体、提高身体素质的体育活动,还是类似中世纪欧洲神裁法的一种手段,抑或是一种严肃的土著宗教礼拜仪式?长期以来,这是一个引起人们强烈兴趣的问题。

在中部美洲的托尔蒂克、阿兹特克和玛雅文化区,球赛活动十分流行。例如,在所有玛雅人的古典城市都建有一个或几个球场。现今在尤卡坦半岛的奇钦伊察,还保留有一个全墨西哥最大的土著人球场。所述的场地长95米,宽25米。球场两侧各有一堵高达8米的墙壁,在墙中央上方各有一个大石圈,在墙下方建有两座供观众站立观看比赛的平台。有的球场旁边还有一个洗蒸汽浴的简易设施。

据史料记载,在印第安人的球赛中有两队参加,每队有7人。球员服饰都非常华丽,他们戴着饰有彩色羽毛的头盔,腰间扎着宽腰带,右腿绑有护膝。球员应把球投入石圈内。球是用热带森林中采集的橡胶制成的。赛球时,禁止球员用双手或双脚触球,而只能用背、双膝或臀部击球。球员应不让球落地。由于比赛规则过分严格,所以球很难投入石圈,一般说来,获胜的球队是少犯规的队,也就是说,其球员极力不让球落地、出界或触手等等。欧洲人征服美洲后不久,西班牙人曾参加过许多次这样的球赛。因此,今天我们才得以了解其中某些细节。

那么,印第安人赛球的目的是什么呢?据研究,在托尔蒂克人和阿兹特克人中并不存在什么体育精神,赛球不是为了锻炼身体,或者表现球艺或灵巧,因此看来它并不是一种体育活动。众所周知,在美洲印第安人社会生活中,宗教一直占有主导地位,他们的政治经济和军事活动,直到日常生活,都是同宗教密不可分的。我们由此可以推测,印第安人的球赛也许同他们的宗教思想及其礼拜仪式有关。关于这个问题,我们以玛雅宗教与球赛关系作为探讨的实例。

玛雅宗教具有强烈的二元论倾向:善与恶之间的斗争永恒地影响到人类的命运。善神产生雷鸣、闪电和雨水,使得玉米结果和丰收;而恶神则带来死亡和破坏,它们造成干旱、飓风和战争、毁坏玉米,使人饥饿、痛苦和贫穷。玛雅的古抄本就描绘了这两种力量的斗争:雨神恰克看来在守护幼树;而在其后面,死神阿普切则走来要折断树木。

在这种宗教二元论思想的影响下,古代玛雅人通过各种手段和利用各种机会,祈求善神恩赐生命、健康和福祉。玛雅人在比赛中把球员分成两队,这象征着神学中的二元倾向,通过他们的竞争,而显示出善与恶之间斗争的结果。由此看来,玛雅人赛球可能与这种宗教二元论思想有关。

然而,有人认为古印第安人球赛类似中世纪欧洲的神裁法,通过这种比赛,神可以表明他的意旨,所以这种球赛既具有浓厚的宗教色彩,又具有竞争性。这样,在赛球时球员都须极其小心谨慎。在比赛前夕,两个球队都必须进行祈祷,球员们祈求神灵保佑他们赢球。

与此同时,他们又通过巫术,试图赋予各种比赛用品以神奇的力量,其中包括他们的服饰、手套、护膝、护背。球场上的石圈也是球员祈祷的对象;而用橡胶制成的球更是祈求的目标,球员祈求它们以神力为己队效劳。比赛后,胜利者先是用失败者的鲜血把球洗干净然后,他们把橡胶球烧掉,以献给自己的神灵。

因此,失败者不仅是输球者,而且还要按照神的意旨,献出自己的生命,作为祭礼神灵的牺牲品。目前,这种见解已为许多人所接受。

但是,关于球赛的结果,还存在另一种说法。在宗教神学思想感召下,胜利者自觉自愿地做牺牲品,把自己的躯体献给神灵,从而让自己的灵魂升到天堂。

无论如何,印第安人的球赛同其宗教思想和礼拜仪式是有密切的关系的;但是,后者如何影响和作用于前者,球赛的结果对于双方球员的命运有何影响? 这还是一个有待深入探讨的问题。

印刷术西传之谜

我国印刷术发明后,就逐渐向国外传播。首先是朝鲜、日本和东南亚诸国,之后又通过伊朗、埃及传及欧洲,这西传的经过颇为曲折,而且时间长达 800 年之久,我国在 7 世纪已经发明了印刷术,而欧洲正式开始采用是在 14 世纪末,这是什么原因呢? 为什么印刷术不像造纸术、养蚕那样通过"丝绸之路"迅速传到西方呢? 长期以来一直是中外文化交流史上的一个谜,流行着不同说法。

1.维吾尔传播说

英国学者李约瑟在《中国科学史》一书中认为,"印刷术西传之举,可能是由维吾尔人在蒙古时期完成的……如果印刷术由东方传到西方的过程中有过那么一个中间环节的话,既熟悉雕版印刷又熟悉活字印刷的维吾尔人极有机会在这种传播中起重要作用。"

9 世纪,回纥人维吾尔族居住在甘肃西部和新疆东部,这里当时处于中西交通的枢纽地带,是东西方文化交流的通道。1902～1907 年,在吐鲁番的古代遗迹中,发现了大量的印刷品的残页和碎片。

对这些印刷遗物的分析表明,约在 13 世纪和 14 世纪的时候,回纥人的印刷工业曾经相当发达,而且,回纥人的印刷术是源于宋朝和元朝的。1907 年的敦煌千佛洞发现的回纥人的木活字,是世界上现存最早的活字。这完全是按王桢的方法制造的。回纥人也曾大量印刷书籍,随着书籍的流传,把我国的印刷术也传到了中东一带,直至埃及,并经由那里影响到欧洲。

2.波斯传播说

波斯(今伊朗)是我国印刷术西传的另一中继站。元太祖成吉思汗在1221年攻占波斯,也把汉、蒙等民族的文化带到了波斯。这以后,波斯逐渐成为东西方文化交流的通道。但是由于宗教的原因,波斯的印刷事业没有得到很好的发展,伊斯兰教徒认为,真主像是不能印刷的。

1294年,伊尔汗国曾在波斯的首都塔布里兹,用雕版印刷术印刷,发行过一种纸币,纸币是仿照元朝的"至元宝钞"用汉字和阿拉伯文两种文字印的,这显然是效仿中国的印刷术。可是,这次纸币的发行引起了很大的骚动,仅发行三天就以失败告终。此后阿拉伯的文献就再没有从事印刷的记载。由于阿拉伯世界对于印刷不感兴趣,因而延迟了印刷术迅速向西方传播的过程。

但是,印刷术的优越性还是吸引了一些阿拉伯人。在19世纪末,埃及发现了50张阿拉伯文印刷纸片,其中有《可兰经》残页。据西方学者断定,这些印刷品是900~1350年之间的产物。

这段时期,埃及地区正处于伊朗统治之下,这是阿拉伯地区有人从事印刷的铁证。波斯著名的历史学家拉施德在其1310年完成了名著《世界史》中,也有关于中国的印刷术的详细描述。波斯的印刷品和拉施德的名著都曾经流传到欧洲,这对于欧洲人认识印刷的意义、作用和方法是有帮助的。

3.十字军传播说

从1096年到1270年,欧洲发动了8次十字军东征,十字军把中国的印刷品如纸牌、版画陆续带到欧洲,丰富了欧洲人对印刷的认识。

从13世纪中叶到14世纪中叶,许多欧洲人到中国,回去后写书谈到中国纸币的情况。意大利旅游家马可·波罗,曾于1275年到1295年留居中国,归国时带去了元朝的纸币,并在他的《游记》中有详细的记载。

欧洲一名学者曾经讲过,欧洲雕版书籍几乎在一切方面都和中国的模式完全相像,"我们只能认为,欧洲雕版书的印刷方法也一定是严格按照中国的样品复制的,把这些样品书带到欧洲来的是早期去过中国的人,只是他们的姓名没有能够流传到今天而已。"

"14世纪末,德国的纽伦堡已能够印出宗教版画,意大利威尼斯也成了一个印刷圣像的中心,那些来过中国并且看到过中国雕版印刷的欧洲人则是在中国居留期间,直接从中国印刷者那里学会这项与欧洲传统迥异不同的技术的。"

4.俄罗斯传播说

13世纪中叶到14世纪中叶,中国的北面俄罗斯也为蒙古人所统治,印刷术有可能先传入俄罗斯,再由俄罗斯传入欧洲,因为俄罗斯货币中有印有颜色的皮革或毛皮的皮币,这当然是仿照大汗印的纸币。

16世纪西班牙史学家刚柴丰说过:"中国人懂得并使用印刷术,比谷腾堡要早500多年。"他推测这个发明,是经过俄国与莫斯科或经过红海与阿拉伯传到德国。

5.蒙古军队传播说

元朝初年,由于连年战争,蒙古军许多懂得雕版印刷的工人,与所到之处的群众、部队都有接触。于是,诸如版画、符咒、纸牌、纸币一类的印刷品随之传入,使得这些地方的一些城市,成为推行雕版印刷活动的活跃地方,对欧洲出现印刷术带来了不可估量的影响。

中国印刷术究竟如何西传的,这一争论方兴未艾,犹如哥伦布发现新大陆,使得世界政治地图重新划定一样,印刷术西传的"新大陆"也一定能找到。

埃及玻璃何时传入中国

在世界科技发展史上,最早制造玻璃的民族是埃及人。据说在上古以前,埃及人采用苏打做溶剂的方法从沙中提金,偶然发现了制造玻璃的方法。那时埃及人制造玻璃的原料是一种含钠和钙的硅酸盐类的自然物——通常取之于苏打和石灰石,比现代玻璃含有更多的铁和铝的氧化物,以及氧化锰、碱,另外还常有少许的镁。

埃及人最早制造的玻璃器皿是乳色玻璃,它是用埃及被称为雪花石膏的方解石精制而成,具有乳白色的半透明性质。到了公元前1580至公元前1314年的埃及十八王朝时,埃及已拥有许多玻璃工匠,能制造出各种透明和半透明的玻璃器皿和珠子。

中国古代最早出现的玻璃并非国内制作,而是由埃及辗转引进,这是科技史研究者已经达成的共识。但是,古埃及的玻璃是在何时传入中国的呢?在这一问题上存在着一些不同的看法。

有一种说法认为是在公元前1001～公元前947年的周穆王时期传入的。据《十洲记》记载,西胡曾经向周穆王进献被誉为"白玉之精"的玉杯。这种杯又称作夜光常满杯,一直被误认为是用祁连山玉(即酒泉玉)所制造。但穆王的夜光杯,即使不是完全透明的玻璃杯,也很像是用埃及乳色玻璃所造的雪花石膏杯,而祁连山玉多以绿玉为主。

古籍所载的夜光常满杯,以"白玉之精"这样崇高的称颂来衡量,和祁连山玉这种碤玉实不相称。因此其来源应当是个遥远的文明古国,这样的文明古国,当时只有以生产雪花石膏和玻璃著称的埃及才有可能。

据此他们认为在公元前10世纪,由居住在中国西北的伊朗语系民族进献的夜光杯,应是埃及用雪花石膏制成的乳色玻璃杯。

但不少学者怀疑此说只是一种假托和猜测。他们认为,近年来考古发掘提供的实物表明,南方沿海地区自公元前5世纪以来,到三四世纪一直是中国玻璃制造的重要基地。广州至少在公元前2世纪起,即已拥有自己的玻璃制造业,它的兴起很可能和印度有过技术上的交流。因为埃及玻璃要远销中国,不论陆路或海道,必须经过南亚次大陆,因此中国最初知道埃及玻璃,都从印度运入。

这些事实表明,埃及玻璃制品大致从公元前2世纪便已开始流入中国,一直持续到五、六世纪。个别的可能早在公元前6世纪,已有精制的埃及玻璃珠流入长沙了,因为在属于前五六世纪年代的长沙楚墓中已发现了埃及的蜻蜓眼式玻璃珠。从北方运进中国的玻璃大都经过帕格曼,由南方输入的玻璃大都由南印度、中南半岛诸国转运。

如果说在埃及玻璃何时传入这一问题上尚难达到比较一致的结论,那么在由此引出的埃及玻璃制造技术何时传来这一问题,同样存在着相异的见解。

一种长久流传的说法认为是在5世纪上半叶由大月氏输入中国。持这一说法的人认为,《魏书》卷102《大月氏传》曾经记载,在北魏太武帝(424~452年)时,有个自称"能铸石为五色玻璃"的大月氏商人来到北魏首都平城(山西大同),在那里烧炼玻璃,获得了光泽胜过西方玻璃的成绩,并建造了一座可容百人的玻璃宫。由于大月氏玻璃工匠传授了制造五色玻璃的技术,使得当时的中国北方有能力成批生产彩色玻璃。这个精通玻璃制造法并贩运玻璃制品的大月氏商人,大约正好来自亚洲南部的玻璃制造中心塔克希拉,那里由于素来与古埃及的玻璃制造业交流技术,一直在玻璃制造方面处于领先地位。

与此不同的一种见解是,还在3世纪时我国南方与非洲有直接交通的交州、广州沿海一带已首先从埃及引进了先进的玻璃制造技术。东晋著名的炼丹术家葛洪在《抱朴子·内篇》中已提到了仿造埃及玻璃碗,使玻璃制品进入日用器皿领域。

交、广两州的设置在3世纪初,三国孙吴统治交州,225年始分交州为交、广二州,从这以后,两地便开始有仿造埃及水晶碗的工场了。两州与埃及之间的贸易十分频繁,很早就接触到埃及透明玻璃的制作技术,因而很快便研究出埃及玻璃之所以比其他地区的制品精巧,首先取决于五种成分的配制。这五种成分就是硅土、苏打、石灰、镁和氧化铝,都有一定的配制比例。这与现代科学对埃及古玻璃的鉴定结果是相一致的。

埃及玻璃碗由于它的耐高温性能,比中国玻璃碗更能适应骤冷骤热的要求,因而在当时具有更多的实用价值。广州玻璃制作业通过吸收先进的埃及工艺,便能按照埃及玻璃的配方,制造出本国生产的单色或多色透明玻璃碗。

这一创举,使中国南方的玻璃制造业大步向前推进,远远超过了北方黄河流域的传统玻璃制造业。不过这种工艺上的突破和创新,受到了地理上和行业上的严重局限。埃及水晶玻璃制作技术传入广州以后,因销路不广而很快失传了。直到18世纪乾隆年间,这种制作方法才再次由欧洲天主教士传入宫廷。

由此看来,在古埃及玻璃及其制作工艺何时传入中国问题上要达成比较一致的结论,还有待于考古发掘的新发现及科学研究的进一步努力。

古印第安天文学之谜

15世纪末以前,美洲的历史是独立发展的。远在西欧殖民主义者侵入美洲之前,印第安人就已创造出了十分灿烂的文明——堪与世界优秀文化媲美的玛雅文化、阿斯特克文化和印加文化,尤为突出的是他们惊人的天文成就。

印第安人对天文的知识可追溯到遥远的过去。文森特·马姆斯牧罗姆的一篇文章,记叙了这样一个事实:

大约在3351年前的某一天,伊萨帕的一位祭司发现,在没有任何一种竖在地上的东西的情况下,地面上竟出现了投影。于是,这位细心的祭司记下了发生这一奇怪现象的日子,并且继续留心观察并计算天数。

260天以后,这种现象再次发生。从此,最初的历法产生了,在这种历法中,每年分为13个月,每月20天,全年260天。这就是所谓的宗教历法。至今在危地马拉的一些偏僻山区,土著居民仍然使用这种独特的历法。

居住在墨西哥和中美洲的玛雅人,继承了伊萨帕人发明的历法,结合自己长期对太阳和星辰的观测,发明了他们的历法。他们有四种不同的历法:

第一种是玛雅历法(即宗教历法);

第二种为太阳历,每年18个月,每月20天,外加5天("无名月")作为"忌日",共365天,这是他们日常生活的常用历法;

第三种是每一金星年为 584 天的金星历；

第四种是每年为 385 天零 8 小时的太阳历。

玛雅人在没有沙漏和滴漏等原始计时工具，更没有现代天文望远镜和其他先进的光学仪器的情况下，借助于特殊的方法，即已较准确地预测出了日食和月食的时间，掌握了月亮、金星运行周期。他们计算出每一金星年为 584 天的结论，同现代科学家们计算的 583.92 天相比较，每年误差仅 72 分钟。

尤为令人惊叹不已的是，玛雅人把造型艺术与天文学知识浑然一体、巧妙地结合在一座座金字塔上。例如：墨西哥维拉克鲁斯地区的七层壁龛金字塔，其有 365 个方形壁龛，每龛代表一天。在尤卡坦半岛北部的库库尔坎金字塔，四面各有 91 级台阶，加上通往最高处圣堂的一级正好是 365 级，与全年天数相符。在石阶两旁朝北的两个边墙下端刻成巨型蛇头，每年春分和秋分，在夕阳的照射下，出现"蛇影奇观"。

据墨西哥天文和考古工作者说，库库尔坎金字塔坐南朝北而偏西 17 度，春分和秋分是一年中仅有的昼夜均分的两天，太阳向正西方向落下，便形成了奇妙的蛇影。玛雅人把蛇影的出现看作是羽蛇神降临大地，春分出现时，带来雨水，开始耕地播种，而当秋分时，则雨季结束。就这样，玛雅人不仅把他们丰富的天文知识结合到建筑艺术中，而且还巧妙地将它同宗教信仰结合起来，并为农业生产服务。

稍晚时候崛起的阿斯特克文化又继承玛雅人丰富的天文遗产。如为纪念他们传说中的"第五个太阳"而建的，以"众神之城"而闻名的牧奥蒂华坎城，考古学家们对该城最高的建筑太阳金字塔进行考察后认为该金字塔象征着"通往新世界的天路之航标"。居住在南美安第斯山区的印第安土著居民基多人，在很远古的年代，就经过观察，认定基多城北的卡史贝一带是太阳每年两次跨越南北半球的"太阳之路"，并且设立了标记。后来，经过法国和厄瓜多尔两国的科学家的测定，证明赤道的方位就在"太阳之路"的附近。

自誉为太阳子孙的印加人给许多星体和星座起了名字，并从观察天体中总结出自然界的规律。印加人有太阳年和太阴年的概念。他们的太阳年每年分为 12 个月，每月 30 天，每年另加 5 天；而他们的太阴年则为每年 354 天。前印加时期的蒂亚瓦纳科文化，有一座以石造建筑而闻名的"太阳门"。整个建筑是用一块重达百吨的巨石雕成的，高 2.5 米，宽达 4.5 米，中央凿一门洞，门楣上有一些精美的、神秘的人形浮雕，有传说中安第斯世界造物主比拉科查像，以及其他各种图案花纹和符号等。据说每年 9 月 21 日黎明的第一道光总是准确地从太阳门中央射入。但是这座太阳门却给我们留下了许多不解之谜,如当时的人们用什么方法雕刻这样巨大的石料,在没有轮式运输工具的条件下,它是怎样经过坎坷的山路运到广场并被竖立起来的,至今还得不到满意的解答。

此外,门楣上的图案又代表着什么呢?有人认为那些符号可能是一种当时的历法,但它又是一种什么样的历法呢?

在纳斯卡地区,有一片长达60公里、宽约2公里的石碛平原,墨色石块砌成宽窄不一的线条纵横其间。这些线条有的是三角形、方形、平行四边形、梯形,有的像螺纹、方格等各种形状,同时尚有一百多个动植物图案穿插其间,且每隔一定距离重复出现。这就是被世人称为"世界第八奇迹"的纳斯卡地画。它们的用途是什么,至今仍是一个谜。

有人推算其可能和天文观测有关,是至今世界上最大的历法图。1941年第一个研究纳斯卡画的保罗·科索克博士说,他发现了"世界上最大的天文学书籍"。许多科学家认为,地画是古代印第安人描绘的一幅巨型天文历法图,地画中的动物图像可能是各种不同星群形状的复制图,而那些长短不一、形状各异的线条则代表星辰运行的轨迹。

总之,古代印第安人的天文学充满着无穷的奥秘。虽然有些人将他们的天文学成就与外星人的启示联系在一起,但他们神奇的天文学成就是如何取得的,至今仍是一个难解之谜。

养蚕技术西传之谜

中国是世界上最早养蚕的国家。据史料记载中国用蚕丝织造衣物已有近5000年历史。中国的丝绸很早就享誉海外,受到中亚、西亚和欧洲人的喜爱。

在历史上,外国商人来往于东西方之间贩运中国生产的丝绸,逐渐形成了沟通欧亚大陆的"丝绸之路"。后来中国的养蚕技术传到了西方,大约在4世纪时传到了中亚、西亚。6世纪传到了东罗马人建立的拜占庭帝国。

关于养蚕技术西传的经过历来说法不一。古代中国的养蚕技术对外严格保密,因而其西传过程也染上一些神秘色彩。

据拜占庭历史学家普洛科庇阿斯在《查士丁尼战史》中记载,有几个印度和尚在6世纪时来到拜占庭首都君士坦丁堡。当时波斯商人以高价在那里出售丝绸,居间牟取暴利。这些印度和尚向查士丁尼皇帝献策,说他们有办法让拜占庭不再向波斯和其他国家购买丝绸。他们曾在一个叫赛林达(大约是新疆一带)的地方住了很久,发现产丝的是一种虫,丝从虫的口中吐出。要从该国带走虫是不可能的,但是有可能把虫产的卵带来孵化。查士丁尼答应事后重赏他们。后来印度和尚果然取来虫卵,依法孵化,得到许多虫,以桑叶喂养,于是拜占庭境内能养蚕缫丝。

与此相类似的还有一则波斯人为查士丁尼取来蚕种的史料。7世纪时另一位拜占庭历史学家梯俄方内斯记载,皇帝召见曾在中国住过的波斯人,他们答应为查士丁尼寻找蚕种。他们绕道南高加索地区去中国,过了两年,大约在553或554年左右,带着蚕种返回拜占庭。蚕种是藏在空心手杖中带来的。

在他们的指导下,拜占庭成功地养出了蚕,并结出了蚕茧。至此,拜占庭帝国首次使用在西方生长的蚕所吐的丝作为纺织丝绸的原料。在英国历史学家吉本所著的《罗马帝国衰亡史》中也记述了与此相同的故事。

对这两则蚕种西传的史料,历来都有学者表示怀疑。蚕卵放在空心手杖中藏一年多,这在养蚕技术上是说不通的。中国学者雷海宗从另一方面对这些史料持否定态度。

他认为,"中国向来对养蚕法没有保守过秘密,日本和所有远东国家的养蚕技术,都传自中国。至于拜占庭在6世纪中期如何由中国学得此术,在当时中国并未注意及此,也无人主动地向外传播养蚕法。少数人编造这样一个故事,一方面是故意神秘其说,以便抬高蚕桑的地位,另一方面是贼喊捉贼,这是他们自己一个不可告人的秘密的无意反射,因为他们学得养蚕术后,立即定为国家的秘密,禁止外传,以便拜占庭政府可以垄断。欧洲的历史学家不假思索地传播了1400年。"

与养蚕技术西传有关的还有玄奘在《大唐西域记》中记载的一个故事。在今天新疆的和田(旧称于阗)古代有一个叫瞿萨旦那的国家。该国向东国(中国)求取蚕种,但是东国国王秘而不赐,还严令边关禁止蚕桑种子出口。于是,瞿萨旦那王想出一个巧妙的办法,以卑言厚礼向东国公主求婚,获得了允准。

迎娶公主时,瞿萨旦那王告诉迎娶公主的专使说,你告诉东国公主,我国没有丝棉,她可以把蚕桑种子带来,将来为自己做衣服。公主听了专使的话,就秘密地弄了一些蚕桑种子,放在自己的帽子里。

到了边关,官员虽然仔细搜查,但始终不敢检查公主的帽子。蚕桑种子就这样到了瞿萨旦那,当地人开始养蚕。刚开始时,桑叶不够,蚕还要吃些杂树叶子,但不几年就桑树成林,蚕宝遍地。公主还刻石为制,严令保护蚕桑,不许损伤。

这个故事还见之于藏文的《于阗日记》。这本书把东国称为中国,娶公主者是于阗王尉迟舍耶。1900年,英国考古学家斯坦因在于阗丹丹乌里克遗址中挖到一块古代画板。画板上共画了4个人,中央绘着一个盛装的贵妇,头戴高冕;右侧画着一个人拿着一台纺车;左侧地上放着一个盛满蚕茧的篮子,有一个侍女,手指着贵妇的高冕。这块画板上画的就是玄奘所记东国公主秘密带蚕茧种子过关的故事。

从内地向新疆传播蚕桑是养蚕技术西传的第一站。至于养蚕技术到底是如何传到西方的,至今仍未有定论。

"万岁"称呼由来之谜

"万岁"这两个字是中国人非常熟悉的称呼,在封建社会里,这两个字是皇帝的代名词,是一种与最高统治者画等号的威仪,是中国封建专制主义在形式上的一种表现。千百年来,老百姓呼喊"万岁"的声音在中国的历史文化氛围中,可谓是声震寰宇,不绝于耳。

据史书记载,"万岁"原本是从喜悦、赞美、感激、祝愿等情感中迸发出来的欢呼。《战国策·齐策》中记载,孟尝君遣门下食客冯谖,前往封邑薛,收取债息。冯到薛后"使吏召诸民当偿者,悉来合券"得钱十万。有不能还息者"因烧其券,民称万岁"。《史记·廉颇蔺相如列传》记载,蔺相如奉和氏之璧入秦,"秦王大喜,传以示美人及左右,左右皆呼万岁"。可见此时的"万岁",只是一种欢呼。那么,它最终是如何演变成皇帝的专用称谓的呢?

有学者认为,在秦汉以前,中国历史上并没有"万岁"这一称谓,直到秦汉以后,臣民们才开始直呼至尊无上的皇帝为"万岁",而第一个享受这种至尊称谓的人就是汉高祖刘邦。如史籍中记载的,刘邦临朝时,"殿上群臣皆呼万岁"。而为了显示出"万岁"这种称呼的至尊地位,与之相辅的一套礼仪也在刘邦统治时期形成了。它是由汉初名臣叔孙通草创的,以后经历代帝王的御用礼官不断沿袭、补充、修订,形成了后来朝拜"万岁"的大套繁文缛节。正如唐代魏征所说:"终藉叔孙礼,方知皇帝尊。"叔孙通制定朝仪后,"自诸侯王以下莫不振恐肃敬""无敢欢欢失礼者",使刘邦因此感到"吾乃今日知为皇帝之贵也"。所以,"万岁"成为皇帝的专称,与中国封建专制制度的确立密切相关。

但也有学者认为,"万岁"一词成为最高封建统治者的专用称谓,始于汉武帝刘彻,是汉武帝精心炮制的政治谎言的产物。

众所周知，汉武帝刘彻彻罢黜百家独尊儒术，而儒家则将"万岁"定于皇帝一人。据《汉书》记载，汉元封元年春正月（公元前110年），武帝行幸缑氏，诏曰："朕用事华山，至于中岳……翌日亲登嵩高，御史乘属，在庙旁吏卒咸闻呼万岁者三。登礼罔不答。"东汉末年的史学家荀悦曾注释说："万岁，山神称之也。"就是说神灵也向武帝高呼"万岁"，后来人们向皇帝"三呼万岁"即源于此。15年后，即汉太始三年二月（公元前94年），武帝又称自己"幸琅邪，礼日成山。登之罘，浮大海。山呼万岁"。

从此，"万岁"一词便归于皇帝一人所用，若他人使用，则成了僭越谋逆。据《后汉书·韩棱传》记载，汉和帝统治时期，大将军窦宪因挫破匈奴，威震天下，奉诏回长安，"及宪至，尚书以下议欲拜之，伏称万岁，棱正色曰：'夫上交不谄，下交不黩，礼无人臣称万岁之制。'议者皆断而止。"这说明此时称皇帝为"万岁"的封建制度已经确立了。

地动仪工作原理之谜

候风地动仪是汉代科学家张衡的传世杰作。张衡所处的东汉时代，地震比较频繁。据《后汉书·五行志》中记载，自汉和帝永元四年（公元92年）到汉安帝延光四年（公元125年）的30多年间，共发生了26次大的地震，地震区有时大到几十个郡，引起地裂山崩、江河泛滥、房屋倒塌，造成了巨大的损失。张衡对地震有不少亲身体验，为了掌握全国的地震动态，他经过长年研究，终于在阳嘉元年（公元132年）发明了候风地动仪——世界上第一架地震仪。汉永和三年（公元138年）二月初三日，地动仪朝向西北方向的钢球突然落了下来，落进仪器下面的蟾蜍口中。可是，当时洛阳的居民谁也没有感觉到地震。几天后，陇西（今甘肃）的驿者日夜奔驰来到京师报告：陇西地震，二郡山崩（震级

地动仪

约为6.5级），而陇西正好就在洛阳的西北方向。此事消除了人们的怀疑，称他的候风地动仪"验之以事，合契若神"，时人"皆服其妙"。

1700多年前，地动仪却神秘地消失了。长期以来，它的外观和工作原理成为人们心中的谜团，而《后汉书·张衡传》中对地动仪的记载也只有区区196个字，

"……以精铜铸成,圆径八尺,合盖隆起,形似酒樽,饰以篆文山龟鸟兽之形。中有都柱,傍行八道,施关发机。外有八龙,首衔铜丸,下有蟾蜍,张口承之……"根据这一史料,中外科学家一直试图复原它。

19世纪末,日本和英国的科学家曾先后绘制出地动仪的复原模型,而中国的地动仪模型,则是中国历史博物馆科技文物专家王振铎于1951年根据史书的记载所复原的,其工作原理是"直立杆"。

所谓"直立杆",就是将一个尖脚棒槌直立起来,遇到地震便会倒下。在复原模型中,这个棒槌站立在大尊中央,周围对称地设有八套杠杆机构,棒槌倒向哪方,就会砸开哪边的机关,与这个机关相对应的龙嘴里的球就会掉下来。可以说,王振铎先生的这台地动仪的复原模型,成了中国古代科技文化的象征物,在当时家喻户晓。

虽然候风地动仪被成功复原,但是几十年来,国内外地震学界却一直对它的科学性表示怀疑,认为史书记载中的地动仪"中有都柱"不能理解成"倒立摆"。因为整个地动仪是座高大的铜樽,高度超过2米,最大直径1.8米,专家推测,如此巨大的铜樽其本身重量应该达到两吨左右,无论如何也与那条轻盈无根的棒槌搭配不上,更何况"倒立摆"也没有足够的灵敏度。

20世纪70年代后,国内外的专家学者又相继提出了六种新的地动仪复原模型,但学术界一致认为这些都属于概念模型,根本无法检测地震。直到2005年,经过中国地震学家和考古学家的多方研究,通过大量理论计算和科学实验,终于宣布,失传千年的张衡地动仪的复原工作取得了重大进展,不但成功地实现了地动仪的科学复原,而且新的复原模型已经具备了真正的测震功能。

严谨的科学研究证实,地动仪的工作原理应该是"悬垂摆原理"而非"倒立摆原理",即地动仪是利用了悬挂柱体的惯性来测震的,而非当今历史教科书所说的在仪器底部简单地竖立一根直立杆。这个原理的科学性得到了专家的明确肯定。

在研究过程中,专家们把资料的考证和利用扩大到《续汉书》《后汉纪》等古代文献,虽然这些相关文献的总字数也不过231个,但这些资料还是为他们提供了复原工作所需要的更加充分的史料根据。在研制过程中,专家们还采用了一些新技术、新方法,如利用了唐山、越南、云南等4次实际地震资料,通过计算机的控制,在振动台上实现了相当于当年陇西地震在洛阳极其微弱的地面振动,用这种运动信号对振动台上的复原模型进行检验和改进。结果表明,新模型对地震的反应良好,对非地震的人为干扰一直未出现过误触发。

专家表示，新模型对 4 次实际地震事件已经实现了良好的验震反应，迈出了从概念模型到科学仪器的关键性一步，研究工作突破了古代科学仪器复原的传统模式，是一次重大的跨越。但目前的复原只是阶段性成果，整个工作还没有结束，内部结构需要优化，外观造型也需要征求公众意见，以便进一步完善，实现整体的统一。

"红崖天书"之谜

"红岩对白岩、金银十八抬、谁人识得破、雷打岩去抬秤来"，在贵州省安顺市关岭布依族苗族自治县的关索岭下，有一些少数民族的村寨，至今还流传着这么一首动听的歌谣，歌中所唱到的"红岩"就是位于关岭县东部晒甲山上的一座浅红色

红崖天书

山崖。在长约百米的崖壁北端一处平整崖面上，在长 10 米、高 6 米的范围内，有一些形如古文字的铁红色神秘符号书写在浅红色的岩面上，它们排列错落有致，文字大小不一，大者如人，小者如斗，非凿非刻，似篆非隶，不知经历了多少风雨侵蚀，它的颜色一直未曾剥落。因为多少年以来无人知晓它们的来历，所以被当地人称之为"红崖天书"。

清朝年间，曾有贪心的人为了拓印天书而毁坏了岩面，那时的"红崖天书"原本就因为自然侵蚀而失去了本来面目，再加上日后的一些天灾人祸，所以如今的"红崖天书"只剩下了几个笔画的模糊残迹，为破译天书的工作带来了极大的困难。虽然众多的专家学者都曾前往那里一探究竟，但直到今天仍没有人能够给它一个确切的定论。

20 世纪初，很多学者凭借着几乎风化剥蚀殆尽的红崖古迹做出"红崖天书其实是自然石花"的判断。自然石花就是天然形成的石头花纹，是经过天然风化而形

成的剥落损蚀痕迹。那么"红崖天书"到底是一种文字还是一种图画？这些难以辨认的图形符号究竟是否蕴涵着某些信息？

　　有人认为，"红崖天书"可能是诸葛亮南征时期的记功碑，也有人认为它是古代少数民族遗留下来的文字。各种说法莫衷一是，但始终都没有人能够拿出令人信服的理由和依据来证实自己的观点。这其中一个非常重要的原因是因为关于"红崖天书"的摹本出现比较晚，而且现存于世的各种摹本鱼龙混杂、真伪难辨，早期的摹本又无法真实再现红崖天书的真迹，因此关于红崖天书的研究始终无法展开。不过，虽然大自然的侵蚀使得神秘莫测的"红崖天书"只剩下几个残缺不全的字，但一些研究者依然凭借这几个残缺不全的字发现了"红崖天书"的秘密。

　　首先是对"红崖天书"众多的各种摹本进行分析，确认了原迹摹本作为依据。接着从古文字、绘画方面找出其中与历史事件和人物相联系的基本特征，并反复研究《中国篆书大辞典》《古文字通典》等七部字典，将"红崖天书"中每个字从古到今的演变过程查找清楚。最终研究者发现，在"红崖天书"中有两个紧贴在一起的符号，与中国古代用天干地支表示纪年的"丙戌"二字非常一致，因此决定从"丙戌"这个年代入手，先进行断代研究，确定了时间段后，再从这个时间段中找寻史料与天书中的图文进行对照，逐步揭开"红崖天书"之谜。

　　据专家推测，天书出现的年代至少是明嘉靖1546年以前，因为这一年，有关"红崖天书"文字记载的诗歌《咏红崖》才第一次出现，而在此之前的所有史书和地方志上，对于"红崖天书"这样很有名气的奇特碑文，居然没有丝毫记载，因此专家做出大胆的推断，"红崖天书"的出现是在明朝时期。

　　经过分析，"红崖天书"中的"允"字就是明建文帝朱允炆的"允"，而"丙戌年"也就是公元1406年。据此分析，"红崖天书"可能与建文帝遁逃云贵有关。因为永乐四年，也就是公元1406年，明朝的统治阶级发生了一场剧变：明朝开国皇帝朱元璋的孙子朱允炆，也就是建文帝，只做了4年的皇帝，就被他的叔叔燕王朱棣夺取了皇位。至于建文帝的下落，在明史中只记载了"宫中火起，帝不知所踪"寥寥数语。

　　专家推测，从"红崖天书"中所反映出的内容来看，建文帝很可能逃到了贵州。那么，红崖天书上的奇怪文字符号所记载的真与建文帝有关吗？带着这样的疑问，有研究者从随后对"红崖天书"摹本的考证中，又找到了许多令人兴奋的证据和推论，进一步确立了"红崖天书"是明朝初年建文帝所写的说法，并揭开了许多不为人知的谜团,例如确认了清代瞿鸿锡摹本为真迹摹本;"红崖天书"的文字为汉字系统,全书应自右至左直排阅读;全书图文并茂,一字一图,局部如此,整体亦如此。其内容则是明初逊国建文皇帝所颁的一道讨伐燕王朱棣篡位的"伐燕诏檄"。全文直译为:燕反之心,迫朕逊国。叛逆残忍,金川门破。杀戮尸横,罄竹难书,大明日月无光,成囚杀之地。须降伏燕魔,作阶下囚。丙戌(年)甲天下之凤皇(御制)。

"红崖天书"的破译在海内外学术界都引起了强烈的反响,很多学者表示认同这个说法,认为此说法确实令人信服。

"天启大爆炸"是何人所为

公元 1626 年 5 月 30 日(明熹宗天启六年五月初六日巳时)上午 10 点左右,北京城西南王恭厂一带发生了一场惊天动地的大爆炸。据记载,这场爆炸将方圆 23 里之内全部夷为平地,其惨烈与诡秘,世所罕见,至今众说不一。

根据历史资料可以还原当时的情形。那天天空晴好,四周安静,忽然之间,轰然巨响,浓烟隆隆滚过,爆炸声震撼天地。京城百姓震惊之余,只见京城西南角涌起一片铺天盖地的黑雾,不久,又是一声惊爆,天崩地裂,天地间漆黑一片,东至顺成门大街,北至刑部街,万余间房屋建筑变成一片瓦砾,两万余居民非死即伤,断臂者、折足者、破头者无数,尸骸遍地,秽气熏天,满眼狼藉,其情形惨不忍睹。举国上下,陷入了一场空前的大灾难之中。不久,只见南天上一股气冲入苍穹,天上的气团有的像乱丝,有的像灵芝,五颜六色,奇形怪状,许久才渐渐散去。

发生爆炸时,明熹宗皇帝朱由校正在乾清宫用早膳,突然,他发现大殿震动起来,不知发生了什么事,赶忙带着内侍逃出了大殿,向建极殿躲避。藏在殿内墙角的一张大桌子下,才躲过此劫。

这场大爆炸迅速传遍了全国,从王公贵族到普通百姓都惊骇不已,人心惶惶。当时,国家政治腐败,宦官专权,忠奸不分,因此,很多大臣认为这场大爆炸是上天对皇帝的警告,所以,纷纷上书,要求熹宗匡正时弊,重振朝纲。皇帝一看群情激愤,不得不下了一道"罪己诏",表示要"痛加省修",同时还下旨从国库拨出黄金一万两以救济灾民。

这场大爆炸是怎样发生的?是天灾?是人为?它不像一般的炸药爆炸,在爆炸之前没有任何征兆。而且还有种种诡异现象。

其一,事先征兆异常。据《东林始末》记载,发生爆炸的前几天,也就是五月初二夜里,前门楼角出现团团青色的"鬼火",飘忽不定,不一会儿,又聚在一起形成一大团。《天变杂记》中记载,后宰门有一座火神庙,有一天早晨,忽然听到从庙内传出音乐声,声音一会儿粗,一会儿细。守门的内侍刚要进去查看,忽然有个大火球一样的东西腾空而起,很快,东城发出了震天的爆炸声。这鬼火、火球和大爆炸有什么联系呢?

其二,人群失踪。据史料记载,当时有一位新任的总兵拜客回来,刚走到元宏寺大街,突然听到一声巨响。总兵和他的 7 个跟班,莫名其妙连人带马消失得无影无踪了。另外,还有西会馆的塾师和学生共 36 人,也是在爆炸发生之后都没有了踪影。还有,当时承恩街上有人抬着八抬大轿正走着,巨响之后,大轿被打破在大街上,而轿中女客和 8 个轿夫均不知去向。更为奇怪的是,菜市口有个姓周的人,正同 6 个人说话,巨响后,头颅突然飞出去,躯体倒地,而近旁的 6 个人却安然无恙。

其三,石狮卷空,碎尸落地。爆炸之时,许多大树被连根拔起,飘落于远处。石驸马大街有一尊千斤重的大石狮子,几十人都推不动,居然被一卷而起,落在 10 里外的顺成门外,猪马牛羊、鸡鸭鹅狗更是纷纷被卷入云霄,后又从天空落下。

其四,裸体奇闻。据史料记载,因为爆炸这次遇难者,不论男女,不论死活,也不管是在家还是在路上,很多人衣服鞋帽尽被刮去,全为裸体。《天变邸抄》记述:"所伤俱赤身,寸丝不挂,不知何故?"据《国榷》记载:"震后,有人告,衣服俱飘至西山,挂于树梢,昌平县校场衣服成堆,人家器皿、衣服、首饰、银钱俱有。户部张凤奎使长班往验,果然。"真是咄咄怪事。

那为什么会突然发生这么大的爆炸事件呢?至今仍然没有一个合理的解释。有人说明代自永乐年起火器制造就有了很大发展,火药大都由王恭厂制造,可见王恭厂当时是作为工部制造、储存火药的火药库。有可能是火药库爆炸引起了这场灾难,后来又被人夸大记述,所以出现了现在的面目。又有人认为,这个 300 多年前发生的事件其谜底与不明飞行物有关。三位美国科学家提出这是一个由反物质组成的陨石,意外地闯入太阳系,才导致了这场灾难。不过,仍有许多科学家持反对意见。假定是反物质,那么记载中的"不焚寸木"又怎么解释呢?看来历史谜底的彻底解开还需要时间。

世界传世藏书 图文珍藏版

世界未解之谜

王书利◎主编

线装書局

第二节　历史文化之谜

汉字起源

自从有了仓颉造字的古老传说,历代中国研究者便一直致力于揭开汉字的起源之谜,特别是在 100 多年前甲骨文的发现,人们离答案似乎越来越近了。

关于汉字的起源,中国古代文献上有种种说法,如"结绳""八卦""图画""书契"等,古书上还普遍记载有黄帝史官仓颉造字的传说。不过现代研究者认为,成系统的文字工具不可能完全由一个人创造出来,所以即便上古时期的确有仓颉这个人,他也应该是文字的整理者或颁布者,而并非创造者。

最近几十年,中国的考古学家先后发现并公布了一系列比殷墟甲骨文年代更早、与汉字起源有关的资料,例如原始社会晚期及有史社会早期出现在陶器上面的刻画或彩绘符号,还有少量刻写在甲骨、玉器、石器等上面的符号。

殷墟时期所反映出来的商代文字不仅表现在字的数量多,材料丰富,还突出地表现在文字的造字方式已经形成了自己的特点和规律。从构形的文化内涵上来考察,这些成熟较早的字形所取材的对象与当初人们的社会生活相当贴近,具有很强的现实性的特征。同时,这些字形所描写的内容涉及了人和自然的各个层面,因而还具有构形来源广泛性的特征。商代文字基本字的结体特征可分为四大类:取人体和人的某一部分形体特征为构字的基础;以劳动创造物和劳动对象为构字的基础;取禽兽和家畜类形象为构字的基础;取自然物象为构字的基础。因此可以说,汉字在殷商时期已经成为一套比较成熟、系统的工具,它的起源年代一定是早于商代的。

从考古发掘的出土文字资料来看,中国至少在虞夏时期已经有了正式的文字。如近年在我国山西襄汾陶寺遗址出土的一件扁陶壶上,就发现有毛笔朱书的"文"字。这些符号都属于早期文字系统中的基本构形,可惜这样的出土文字信息迄今仍然还很稀少。

不过,通过以往的一些研究,研究者已经初步确定,汉字体系的正式形成应该是在中原地区。汉字是独立起源的一种文字体系,不依存于任何一种外族文字而存在,但它的起源不是单一的,而是经过了多元的、长期的磨合。大概在进入夏纪年之际,先民们在广泛吸收、运用早期符号的经验基础上,创造性地发明了用来记录语言的文字符号系统。在那个时代,汉字体系便较快的成熟起来。

神秘的双墩文化

双墩遗址位于安徽蚌埠市小蚌埠镇双墩村北侧。坐落在距淮河4公里左右的一个台地上，是在1985年的全国文物大普查中被发现的。双墩村是以村中两个高大的风土堆命名的。专家们起初只是为了调查这两个风土堆才来到这里的，在经过考察确定这"双墩"是一个早期的墓葬之后，专家们对此地发生了兴趣，并在当地百姓的指引下于墩子北边200米的地方找到了双墩遗址所坐落的台地。当时地表上的文化遗物非常丰富，有陶

双墩文化

片，也有动物的骨骼，还有一些残破的石器等。专家们根据陶片标本所显示的特征推断，这些文化遗物遗存年代非常久远，应该是新石器时期的东西。

根据对出土遗物及其刻画符号的分析，专家们一致认定，作为一处聚落遗址，距今7000年前的双墩氏族存在着多种经济结构。当时，双墩一带温暖湿润，双墩人定居于水泽之畔的台地上，附近丘陵台地林莽丛生，动植物资源繁多。出土的农业生产工具和籼、粳稻壳印痕表明，双墩人早在7000年前就已经开始发展农业，并饲养家猪，同时还进行捕捞、渔猎、采集的生产活动——这些在双墩人的经济生活中占有相当大的比重。此外，当时的双墩人也已经有了制陶业与石器、骨角器的制作，以及养蚕、缝织等手工生产。

此外，与同时期其他文化的遗迹相比较，双墩遗址出土的大量陶器从形状、纹饰等方面都具有鲜明的特色。出土数量较多的陶釜，不仅形状不同于相同时期南方的腰沿釜和北方的尖底釜，而且其硕大的支脚采用仿男性生殖器的形状，十分罕见。盛储器中小口罐球腹肩部装有对称牛鼻形或鸟首形耳系，碗的形体特大，矮圈足内多发现刻画符号，豆的喇叭座矮小等，这些特点在已被发现的同时期文化遗迹中均不常见。

专家们特别指出，遗址出土的600余件种类繁多的刻画符号，在同时期国内外文化遗存中十分罕见，是一个惊人的发现。符号大都刻画在器底部位，内容包括日月、山川、动植物、房屋等写实类，狩猎、捕鱼、网鸟、种植、养蚕、编织、饲养家畜等生产与生活类，记事与记数类等，反映了生产、生活、宗教、艺术等广泛的内涵，构成了双墩文化遗存极其重要的内容。刻画符号分为单体符号、复合符号和组合符号，特别是不少符号的反复出现，使用频率较高，具有明显的记事性质和一定的表意功能与可解释性。从与同时期其他遗存的刻画符号相比较，以及从文明形成的特殊规律来看，双墩刻画符号是中国文字起源的重要源头之一，这一发现对于探索中国文

字乃至人类文字的起源具有十分重要的意义。特别是定远侯家寨遗址出土的遗物及刻画符号，与双墩遗址文化内涵一致，并且有一定的年代跨度，说明不同遗址在一定地域范围内已经形成了同一种文化，具有淮河流域独特的地域性文化特征，具备了考古学文化命名的基本要素。因此，双墩遗址正式被学界命名为双墩文化。

双墩遗址的发现与研究表明，早在 7000 多年前，我国淮河中游地区就已显露出早期文明的曙光，为中国新石器时代文化谱系和中国文字起源的研究注入了新的内容，证明双墩遗址在中国古代文明起源中具有重要地位和巨大的影响。

"江永女书"起源之谜

"女书"又名"女字"，是世界上一种独一无二的女性文字符号体系，也是世界上发现的唯一一种女性文字。千百年来，作为只在湖南省江永县及其近邻一带的道县、江华瑶族自治县的大瑶山和广西部分地区的妇女之间流行、传承的神秘文字，它靠母传女、老传少，一代代传下来，所以又名江永女书。

女书是人类历史上一个独特而神奇的文化现象，也是一个植根甚古、牵涉面颇广、信息含量十分丰富的文化现象。女书文字的特点是书写呈长菱形，字体秀丽娟细，造型奇特，也被称为"蚊形字"。

女书文字是江永土话基础上的妇女群体语，一般人认为它属于汉文异形字，但对于它是否属于"汉字文化圈"，研究者则颇有分歧。有人以"女书"有近半数字符是从汉字蜕变而来为据，认定它是借源于方块汉字的一种"变异"的系统再生文字。也有人认为，笔画及其组合结构的异同，是判定不同文字之间有无源流关系的直接依据。而"女书"与汉字楷书相比，基本笔画不同，笔画结构和语言功能都迥异有别，而且"女书"中遗存的象形字、会意字均与甲骨系文字大相径庭，因此"女书"文字的源头绝非普通汉字。至于关于女书的起源，无论是民间还是学术界，至今都有不同的说法。

有人认为，当地妇女赛祠的花山庙兴起在清代中期，结合目前发现最早的女书实物，因此推测女书起源于明末清初。

有人以"女书"中存在与壮、瑶等民族织锦上的编织符号类同的字符为依据，认为女字的构成源于百越记事符号。

有人根据"女书"中大量与出土刻画符号、彩陶图案相类似的字符，认为其起源的时间、空间可追溯到新石器时代的仰韶文化，形成于秦始皇统一中国文字之后。

有人依据"女书"文字与原始古夷文的基本笔画、造字法类同，认为它是舜帝时代的官方文字。

有人根据甲骨文和金文借字在女书字汇明显存在的特征，认为女书是一种与

世界未解之谜

图文珍藏版

甲骨文有密切关系的商代古文字的变种。

也有人认为象形字、会意字是文字体系中最早产生的文化现象，是文字创造者所处生活环境和社会文化的直接反映。根据女书象形字、会意字构成中反映的文身习俗、"干栏"住宅建筑特色、稻作文化及鸟图腾文化等现象，因此认定现代女书是古越文字的遗留和演变。

与汉字不同的是，女书是一种标音文字，每一个字所代表的都是一个音。在研究者目前搜集到的近2000个女书字符中，所有字符只有点、竖、斜、弧四种笔画，可采用当地方言土语吟诵或咏唱。女书的字形虽然参考汉字，但两者并没有必然的关系。而且，由于女书除了日常用作书写以外，也可以当成花纹编在衣服或布带上，所以字形或多或少也有所迁就，变成弯弯的形状。

女书作品绝大部分为歌体，其载体分纸、书、扇、巾四大类，无论哪种承载方式都十分讲究形式美。如写在纸张上的女书，纸张的四角多配有花纹；写于纸扇上的女书，多描绘花鸟图案；而织绣在巾帕花带和服饰上的女书，则是精美的女红工艺品。虽然载体不同，但字体秀丽娟细，造型奇特，古意盎然，其内容多是描写当地妇女的生活，还用来通信、记事、结交姐妹、新娘回门贺三朝等，文体多为七字韵文。每逢节日，女人们便聚在一起，吟诵女书作品。因为女书没有规范的教材，没有正规的教师和学校，全凭世代女人用手抄写，而江永女书作为妇女的贴身、隐私物品往往是人死书焚或随葬，所以至今无法找到流传三代以上或更早的作品。因而，女书究竟产生于何时，其真正的渊源何在，女书与甲骨文的关系，女书与瑶族的关系等，一直是众说纷纭，至今没有定论。

"三皇五帝"到底是谁

许多人知道"三皇五帝"都是缘于小学课本中的那句"自从盘古开天地，三皇五帝到如今"，然而，"三皇五帝"究竟是哪几位人物，恐怕没有几个人能真正说清楚。

最早出现三皇总名的文献是《吕氏春秋》，而三皇的分名最早则出自《史记·始皇本纪》中，当时的丞相李斯曾在奏议中提道："古有天皇，有地皇，有泰皇，泰皇最贵。"而《春秋纬·命历序》中则以为三皇是天皇、地皇和人皇，用人皇取代了泰皇之位。到了宋代，罗苹注《路史》时引用了孔衍的《春秋后语》力图调解这个矛盾，认为泰皇就是人皇。但到了汉代，学术界又对三皇之说出现了至少四种不同的说法。班固等编撰《白虎通》以伏羲、神农、燧人或伏羲、神农、祝融为三皇；《春秋纬运斗枢》以伏羲、神农、女娲为三皇；晋代皇甫谧的《帝王世纪》以伏羲、神农、黄帝为三皇；唐代司马贞的《史记·补三皇本纪》以伏羲、女娲、神农为三皇；清代的《尚书大传》以燧人、伏羲、神农为三皇等。

　　在这四种意见中,伏羲和神农是各家所共同确认的。将女娲列入三皇,是因为这位传说中的奇女子"补苍天""立四极",而且还"抟黄土做人,剧务力不暇供,乃引绳淤泥中,举以为人",创造了人类,因此她被列为三皇,似乎理所当然。而祝融,《山海经》中说他"绝地通天",分人神之界,自然可为三皇之一。此外,汉朝的纬书中称三皇为天皇、地皇、人皇,是三位天神。后来在道教中又将三皇分初、中、后三组:初三皇具人形;中三皇则人面蛇身或龙身;后三皇中的后天皇人首蛇身,即伏羲,后地皇人首蛇身,即女娲,后人皇牛首人身,即神农。但在我国第一部上古历史文件和部分追述古代事迹的汇编成书《尚书》中,却提出三皇是伏羲、神农、黄帝的观点,也因为《尚书》一书的影响力,所以这种说法得到了极大推广。

　　三皇无定论,自古如此。那么五帝又是指哪些人呢? 五帝之说形成于周秦之际,但五帝的组合,自古以来也有着不同的说法。《世本》《大戴记》《史记·五帝本纪》列黄帝、颛顼、帝喾、唐尧、虞舜为五帝;而《礼记·月令》以太昊(伏羲)、炎帝(神农)、黄帝、少昊、颛顼为五帝;《尚书序》和《帝王世纪》则视少昊、颛顼、高辛(帝喾)、唐尧、虞舜为五帝。此外,又有把五方天神合称为五帝的神话。东汉王逸注《楚辞·惜诵》中的"五帝"为五方神,即东方太昊、南方炎帝、西方少昊、北方颛顼、中央黄帝,东汉的郑玄还提出"五帝为六人"之说;而唐贾公彦疏《周礼·天官》"祀五帝",为东方青帝灵威仰、南方赤帝赤熛怒、中央黄帝含枢纽、西方白帝白招拒、北方黑帝叶光纪。

　　至于到底哪种说法最有根据,还要先来逐一看看他们的历史和功绩。根据《国语·晋语》中所说,黄帝、炎帝同出生于少典,而少典到底是国名还是父名,至今众说不一。但中华民族既然被称为炎黄子孙,那么炎、黄二帝被列入五帝应该不成问题。

　　《史记·五帝本纪》中说:"黄帝者,少典之子,姓公孙,名曰轩辕。"《龙鱼河图》中说"天遣玄女下援黄帝兵信神符,制伏蚩尤……以制八方"。在早期部落之间的战争中,黄帝对于中华民族的形成是有很大功绩的,《史记正义》说:"黄帝以前,未有衣裳屋宇,及黄帝造屋宇,制衣服,营殡葬,万民故免存亡之难……教民江湖陂泽山林原隰皆收采禁捕以时,用之有节,令得其利也。"

　　至于炎帝,也为少典之子,据说与黄帝是兄弟,但《帝王世纪》却认为炎、黄之间隔了八位皇帝,500年有余,显然这种兄弟之说不足以使人信服。炎帝对古老的农业生产做出了很大的贡献,班固说他"教民耕农,故号曰神农氏"。

　　颛顼号高阳氏,司马迁说他是黄帝次子昌意的后代,"静渊以有谋,疏通而知事;养材以任地,载时以象天"。他始建中央(国家)统治机构,设立九州,规范宗教事务,始以民事纪官;教民耕种,创制历法,定婚姻,制嫁娶,整顿社会秩序,平共工,征九黎,定三苗,初步完成了华夏的统一。

帝喾高辛氏，是黄帝长子玄嚣的孙子，其伯祖父颛顼在位时被立为族子。《帝王纪》说他"年十五而佐颛顼，三十登位"。《五帝本纪》说他"生而神灵，自言其名，普施利物，不於其身。聪以知远，明以察微，顺天之意，知民之急。仁而威，惠而信，修身而天下服。取地之财而节用之，抚教万民而利海之。"

帝尧，是帝喾高辛氏的儿子，名放勋，号陶唐。司马迁说他"命羲、和，敬顺吴天，数法日月星辰，敬受民时"。对于以农业立国的中华民族来说，制定历法，授民以时，在古代这比什么都重要。帝尧也因此受到了民间百姓的特别推崇。

帝舜，姓姚，名重华，尧帝的女婿，因建国于虞，故称为虞舜或有虞氏。性至孝。尧用之，使摄位30年，后受禅为天子，都于蒲阪(今山西省永济市)。舜将天下分为十二州，以河道确定各州的边界，他自己每5年巡视天下一次，其余时间让各地君长到京城朝见。他在位48年，于南巡途中崩于苍梧之野，以身殉职，也是令人难以忘怀的。

五帝之说中，最复杂的是太昊和少昊。太昊姓风，传说为古代东夷族的首领。春秋时期，在济水流域的许多小国如任、宿、须句、颛臾等，都是太昊的后代。亦有说太昊即伏羲氏。少昊名契，号金天氏，传说也为东夷族。自崔述以来，一般认为少昊为太昊之后，近人根据《世本》中所记载的"少昊，黄帝之子，名契"，认为少昊即契，而契亦传为帝喾之子，因此认为太昊即帝喾，二人均为殷人祖先。

根据以上资料来看，他们似乎都有资格列入五帝，不过民间还是以"太昊、炎帝、黄帝、少昊、颛顼为五帝"的说法最为流行，意指东、西、南、北、中五个方位的天神，东方太昊，南方炎帝，西方少昊，北方颛顼，中央黄帝。

其实，三皇五帝传说的分歧，是我国多民族发展的产物，它曲折地反映了民族融合的进步趋势。早在进入文明时代之前，在祖国辽阔的土地上，就形成了华夏族、苗族以及当时被华夏族称之为蛮、夷、戎、狄等许多兄弟民族。说华夏民族为炎黄之后，这实际上反映了华夏民族是由以炎帝、黄帝为代表的两个有血缘亲属关系的氏族经过长期发展而成的。

"人文初祖"伏羲氏之谜

伏羲又作宓羲、庖牺、包牺、伏戏，亦称牺皇、皇羲、太昊，史记中称伏羲，是中华民族人文始祖。伏羲所处的时代约为旧石器时代中晚期，相传他还是中国医药的鼻祖之一。与其妹女娲成婚，生儿育女，成为人类的始祖。又相传他是古代东夷部落的杰出首领。伏羲根据天地间阴阳变化之理，创制八卦，即以八种简单却寓意深刻的符号来概括天地之间的万事万物。此外，他还模仿自然界中的蜘蛛结网而制成网罟，用于捕鱼打猎。那么，伏羲和女娲到底是不是兄妹关系呢？如果是兄妹又何以要结成夫妻？

在民间的神话传说中,伏羲长得人首蛇身,故有"龙的传人"之说。有学者指出:"伏羲出生于蛇系氏族,并且以蛇为尊。在他的画像中,他一般都是穿着树叶或鹿皮制成的衣服,身上还有蛇的鳞身或花纹,这正是蛇系氏的族徽或图腾标志。"

在中国古代传说中,伏羲是雷神的儿子,他的出生带有强烈的神话色彩。

一位生活在"华胥之国"的姑娘,有一天到雷泽之地去游玩,偶尔看到了一个巨大的脚印,便好奇地踩了一下,于是受感而孕,生下一个儿子,取名伏羲。雷泽中的脚印其实是雷神留下的,这位雷神长着龙的身子、人的头。据《山海经·海内东经》中记载:"雷泽中有雷神,龙身而人头,鼓其腹。"因此,伏羲本来就是一个龙身(蛇身)人首的"龙种"。他也是人祖女娲的哥哥。在清朝梁玉绳的《汉书人表考》卷二引《春秋世谱》:"华胥生男为伏羲,女子为女娲。"这也从一个侧面证实了伏羲和女娲的兄妹关系。

唐代李冗的《独异志·卷下》曾记载:"昔宇宙初开之时,只有女娲兄妹二人,在昆仑山,而天下未有人民。议以为夫妇,又自羞耻。兄即与妹上昆仑山,咒曰:'天若遣我兄妹二人为夫妇,而烟悉合,若不,使烟散。'于烟即合,二人即结为夫妇。"此说即为伏羲女娲繁衍人类的传说。

但是近代有学者经研究后认为,女娲与伏羲虽然同属于大伏羲氏族,但却与伏羲分属于两个不同的支系,伏羲姓风,女娲姓风。他们虽然以兄妹相称,但却并非同胞兄妹。早在燧人氏时期,各民族部落就有明确的规定,有血缘关系的同族男女不得为婚。古史中伏羲、女娲兄妹成婚实属神话传说。

除了人祖外,伏羲还是一个统治一方的帝君。公元前 7724 年,长江、黄河两大流域数百个部落联合罢免了燧人氏的最后一位大酋长,推举伏羲为帝。伏羲以木德王天下,立都于榆中,正式建立伏羲女娲政权,帝号罗奉。在《淮南子·时则训》中有记载:"东方之极,自碣石山,过朝鲜,贯大人之国,东至日出之次,榑木之地,青土树木之野,太昊、句芒之所司者万二千里。"东汉高诱又注:"太昊,伏羲氏,东方木德之帝也,句芒,木神。"伏羲在五帝中为东方天帝,此即其神职。

伏羲氏是中国文献记载中出现最早的智者之一,他对事物有着敏锐的观察力,对土地有着深厚的感情,同时他又拥有着超人的智能。伏羲为人类文明进步做出的最大贡献是始画八卦。上古时期,孟津东部有一条图河与黄河相接,龙马负图即出于此河,《汉书·孔安国传》曰:"龙马者,天地之精,其为形也,马身而龙鳞,故谓之龙马,龙马赤纹绿色,高八尺五寸,类骆有翼,蹈水不没,圣人在位,负图出于孟河之中焉。"伏羲氏依龙马之图画出了以干、兑、离、震、巽、坎、艮、坤为内容的卦图,后人称为伏羲八卦图。伏羲氏仰观象于天,俯察法于地,用阴阳八卦来解释天地万物的演化规律和人伦秩序。

八卦可以推演出许多事物的变化,预卜事物的发展。八卦是人类文明的瑰宝,是宇宙间的一个高级"信息库"。早在 17 世纪,德国大数学家莱布尼兹创立了"中国学院",研究八卦,并根据八卦的"两仪,四象,八卦,十六,三十二,六十四卦",发明了二进位记数和当地欧洲先进的计算机。八卦中包含的"二进法",现在广泛地应用于生物及电子学中。它的许多奥妙神奇之处,至今还正在研究和探讨之中。

此外,伏羲氏还造书契、正婚姻、教渔猎,结束了人们茹毛饮血、结绳记事的蒙昧历史,开创了中华文明,被奉为中华民族的"人根之祖""人文之祖"。

罗奉十八年(甲午,公元前 7707 年),伏羲病逝于桐柏鸡公山(今河南信阳市南 80 公里),终年 68 岁,遗体安葬在盘古山(今河南驻马店市确山县盘古镇),尊号羲皇,后又被世人追尊为泰皇、人皇。

女娲补天与陨石雨有关

中国自古以来就有许多神话传说流传于世,对于这些传说,很多人都持不相信的态度,但也有一些上了年纪的老人却相信:"传说十有八九都是真的。"的确,某些史前事件虽以民间传说或神话的形式存在,但实际上却存在着事实依据。黑海的水下考古探测就曾发现圣经之中记载的"世纪大洪水"确有事实依据。"大禹治水"虽无准确的文字记载,但这个神话的事实被普遍认为是治理古代水患。那么,比大禹治水更为古老的一个神话——"女娲补天"是否也存在着某种事实基础呢? 近日,有研究者提出,女娲补天的神话实际上可能是远古时代的一次陨石雨灾害。这种说法究竟有没有事实依据呢?

女娲补天

研究者称,近年来,他们在研究白洋淀流域区的历史地貌时发现,从任丘、河间到保定、望都一带,向西偏北的方向延伸,一直到完县、满城附近,存在大量特殊的地貌现象——碟形洼地及其群体。那么,这种碟形洼地是怎么形成的? 它和女娲补天的传说又有着怎样的联系呢?

研究者利用近百年前出版的顺直地形图和航空照片等,使用计算机数字技术将现代地形和人工地物层层剥去,仅保留原始的自然地貌景象。将这种洼地的复原图与形成年代相近的国内外其他地区的陨石撞击坑进行对比后发现,白洋淀地区碟形洼地和其群体是史前规模巨大的陨石雨撞击后,在近代冲积平原上留下的遗迹。依据地质地貌方法对近代陨石撞击的研究,他们推测,这次撞击发生的地域非常广,从晋北一直到冀中,甚至可能延伸到渤海湾附近。发生的时间大概在史前的某一时刻,最有可能是距今 4000~5000 年间。

研究者推测当时的情景可能是这样的:一颗小型彗星进入地球轨道,在山西北部的上空冲入大气层并在高空爆炸。在一个极短的时间内,落入从晋北到冀中这一广大地区,形成规模宏大的陨石雨,在平原地区形成了大量的撞击坑。后经地面流水的侵蚀和先民的改造,多个较大的撞击坑群最终形成了白洋淀,其余的较小者形成了积水洼地,逐渐成了该地区主要的居民点。部分这种洼地被地表水冲蚀破坏,但是河床间的高地上保留了大量的撞击坑遗迹,这就是今天研究者所发现的"碟形洼地群"。

根据这次规模巨大的陨石雨撞击事件,再参考女娲补天传说的内容,研究者发现其描述与实际发生的撞击事件极为相似。最早记载女娲补天的是《淮南子》和《览冥训》。这两部著作中对女娲补天的神话是这样描写的:在远古时代,"四极废,九州裂,天不兼复,地不周载;火炼炎而不灭,水浩洋而不息",意思是说,天塌地裂,大火延烧,洪水泛滥,飞禽作孽,走兽横行。在百姓哀号、冤魂遍野之际,一位叫女娲的女神挺身而出,她"炼五色石以补苍天,断鳌足以立四极,杀黑龙以济冀州,积芦灰以止淫水。苍天补,四极正,淫水固,冀州平,蛟虫死,颛民生",从而帮助人们战胜了这一重大的自然灾害。

而文中描述的"四极废,九州裂,天不兼复,地不周载",据研究者分析,完全应当是一次小型天体爆炸后形成的大规模陨石雨撞击地球的全过程,而"火炼炎而不灭"则是巨大撞击、爆炸和其后在地面上引起的火灾;至于"水浩洋而不息",研究者分析,如果小型天体是一颗彗星,其成分主要是陨冰,而陨冰融化后形成大量的地表水,自然会产生洪水泛滥的结果。而其后书中对女娲所作所为的描述,正是灾害平息之后河北平原的景象。神话依据上古时代的传说编撰于东汉年间,冀州当然就应当是古代河北省一带,而女娲补天遗迹的地理分布位置,恰恰位于研究者提出的撞击区的南部和西部附近。

此外,学者通过对古代气候变化的研究也证实了这一说法。天外来物的撞击灾害可能会对地球形成巨大的破坏,其中重要的是对古代气候的影响。地质学家们研究了全新世气候的变化规律,发现有多次重要的降温事件。在距今 8500 年到 3000 年前后,全新世的大暖期是新石器古人类文明发展的一个重要阶段,但此期间也是一个气候剧烈波动的时期。其中距今 4000 多年前的一次降温事件,被称为"小冰期",其事件影响十分巨大,这一时间也是中原文明发展的一个最重要的时刻。地质学家们在使用环境演化高分辨率分析(10~100 年时间尺度)的方法研究全新世古环境等问题时提出,在距今 4800~4200 年间有一次降温事件,事件的结果导致了古文化的变迁,并认为在蒙、辽、冀地区繁盛的红山文化突然衰落和小河沿文化发展的低谷也可能与这一事件有关。女娲补天传说中的这次撞击对应了古

世界未解之谜

历史未解之谜

图文珍藏版

气候学家的研究结果——距今 4800~4200 年间的降温事件，正是由于陨石雨的撞击而引发的。

研究者称，这次对白洋淀地区碟形洼地群的研究，不仅在时间上与古环境专家们提出的全新世降温事件一致，而且从地理位置上来讲，也与历史地理学家提出的河北平原古文化空缺区不谋而合。这也同时解释了为什么白洋淀地区在新石器时代晚期留下了一个古文化的空缺区，答案就是这里发生了巨大的灾害。

我们知道，自然环境对早期人类发展的影响极为重要，各种文化区的分界，往往都是自然地理环境的分界线。但是，研究者在研究这一问题时发现，河北平原的中部，即白洋淀地区既不是山脉纵横，也不是荒漠分布，应当是一个十分适合远古人类生存和繁衍的湖塘和洼淀地区，但在新石器时代晚期却留下了一个古文化的空缺区。考古学家的研究表明，相当于仰韶文化时代的新石器时代晚期文化非常缺少，而较之更晚的龙山文化遗迹几乎是空白。实际上，《中国自然地理》一书中早已经提出，"不论是新石器时代或是商周以至春秋时代，（河北）平原的中部都存在着一片极为广阔的空无聚落的地区"。

除此以外，历史文献《春秋》和《左传》等编绘的春秋时代各诸侯国的形势图圈出的古文化空缺区，与使用上述历史地貌方法划出的撞击区完全重合，这显然不是偶然的。这一地区主要是白洋淀流域和向西北和东南延长的范围，说明这一地区经济、文化的开发大大晚于周边地区，比较合理的解释是巨大的灾害造成地理环境的恶化，甚至更有可能是先民心理的创伤和由此造成的禁忌等，巨大的撞击灾害来临后，造成了大量人员的死亡和外迁，使当地繁盛的古文化从此中断。灾害过后的若干年，又逐渐形成了新的古代文化，并由此诞生了"女娲补天"的神话传说。

生肖文化的起源之谜

十二生肖，即人们所生年份的十二生相：它由十二种动物同十二地支相搭配，组成了子鼠、丑牛、寅虎、卯兔、辰龙、巳蛇、午马、未羊、申猴、酉鸡、戌狗、亥猪一系列年份。哪年出生的人，哪种动物即是他的属相。生肖是华夏民族古老的纪年法，作为一种古老的民俗文化，有关十二生肖的起源，历代学者众说纷纭。有人认为生肖与地支同源，可以追溯到史前的传说时代，《史记》中所载黄帝"建造甲子以命岁""大挠作甲子"就是这类说法的反映，学者们认为这里所说的甲子就是指十二生肖。

那么，生肖这种民俗文化到底是如何形成的？又为何一定要用十二种动物作代表呢？

专家们经研究后认为，十二生肖的出现是人们崇拜动物与记录年份的神秘融合。

十二生肖起源于古人对动物的崇拜。人是万物之灵、世界的主宰,人与动物共存于这个世界上。人在长期的生活实践中,经过对动物的接触观察,发现了动物的许多特殊功能,如力大无穷、凶猛异常、一飞冲天、奔跑迅速等,这些动物的特性令人们羡慕不已,而且经过驯化的动物还能够接受人的指挥,理解人的意图,并能代替人做许多事情,这更使得人们对动物产生了某种认同感,并进一步认为某些人和某些动物之间存在着某种神秘的联系。

　　因为动物与人类的生活息息相关,因此原始人逐渐对动物产生了崇拜心理,与此同时,也产生了大量与动物相关的神话,并相信自己的祖先也是由某种动物演化而来的。如《诗经》中有"天命玄鸟,降而生商"的诗句,意思是说商朝的祖先起源于玄鸟。据《史记·殷本纪》载,商朝的先祖名叫契,他的母亲因为吃了玄鸟的卵才生下了他。这种以飞禽作为部族先祖的观念在我国北方及世界许多地方广泛地存在。在汉代的画像中,把传说中的人类祖先伏羲、女娲画成了人头蛇身。中国古籍《山海经》中所记录的许许多多的神,也多是半人半兽的形体,如在《北山经》中记载的:"有兽焉,其状如豹而长足、人首而牛耳。一目,名曰诸犍,善咤,行则衔其尾,居则蟠其尾。"这种以半人半兽为内容的神话故事,说明了远古人类崇拜动物的心理是普遍存在的,他们相信人是从某种动物转变来的。由此可见,崇拜动物是十二生肖起源的直接原因。

　　十二生肖是一种纪年方法,清代学者赵翼认为它最早源于我国北方的游牧民族。他在《陔余丛考》中说:"盖北俗初无所谓子丑寅之十二辰,但以鼠牛虎兔之类分纪岁时,浸寻流传于中国,遂相沿不废耳。"这种用动物纪年的方法,后来同于支纪年法融合,产生了十二生肖说。

　　据史籍记载,我国的干支纪年法早在传说中的尧舜时代就已经有了,而以十二种动物与地支对应作为人的属相方法最早见于东汉王充的《论衡·物势篇》中有"寅,木也,其禽,虎也。戌,土也,其禽,犬也。……午,马也。子,鼠也,酉,鸡也。卯,兔也。……亥,豕也。未,羊也。丑,牛也。……巳,蛇也。申,猴也"的记载,在《论衡·言毒篇》中还有"辰为龙,巳为蛇。辰、巳之位在东南"的记载,《四讳篇》中也有"子之禽鼠,卯之兽兔"的记载。到南北朝时期,十二生肖已普遍流行:于二民间。《周书·宇文护传》中曾记载了宇文护的母亲写给他的信,信中说:"昔在武川镇生汝兄弟,大者属鼠,次者属兔,汝身属蛇。"可见当时的人已经开始用属相记录出生的时间了。南朝《南齐书·五行志》中也已经有具体的按人出生的年份称属某种动物的记载。南朝陈国的诗人沈炯曾创作了一首十二属相诗:"鼠迹生尘案,牛羊暮下来。虎哺坐空谷,兔月向窗开。龙隰远青翠,蛇柳近徘徊。马兰方远摘,羊负始春栽。猴栗羞芳果,鸡砧引清杯。狗其怀物外,猪蠡窗悠哉。"此诗明显是按十二地支所配动物的顺序写成的,说明十二生肖当时已为人们所熟悉。因为十二生肖纪年法最早见于东汉的文献资料中,因此有学者认为,十二生肖至多也只有2000多年的历史。

但是,也有研究者认为,十二生肖说在汉代以前就已经出现。关于十二生肖的记载,在现有文献资料中以《诗经》为最早。《诗经·小雅·吉日》中有"吉日庚午,即差我马"的句子,意思是庚午吉日时辰好,是跃马出猎的好日子,这是将午与马相对应的例子。可见在春秋前后,地支与十二种动物的对应关系就已经确立并开始流传。

到了宋代,学者朱熹对于十二生肖的起源说又产生了不同看法。他认为,采用十二地支和十二种动物是记录一天十二个时辰的,十二生肖选择和排列是根据动物一天中最活跃的时间来确定的,例如:到了半夜子时,是老鼠最活跃的时刻;丑时,牛在反刍;寅时,老虎到处游荡,此时最凶猛;午时阳气最盛,是天马行空的时候;酉时,鸡归窝;戌时,狗守夜;亥时,猪鼾睡。朱熹的观点虽然有牵强附会的地方,但从古人对动物特点的认识中来发掘十二生肖的起源,这种做法依然是可取的。

此外,明代的王守仁从阴阳学的角度也提出了自己的看法。他发现,十二生肖动物的排列存在着一种规律,其中鼠、虎、龙、猴、狗都各有五个脚趾,加上马是单蹄,都是奇数属阳;牛、兔、羊、鸡、猪都是双趾,实偶数属阴;蛇虽无足,但舌分两叉,也是偶数,这样十二生肖的动物就正好是按足趾数目的奇偶相间排列的。

当然,无论哪种学说、哪种观点,有一个事实是,十二生肖的产生是与计时密不可分的,而数字"十二"则正是劳动人民经过长期的实践总结出来的。

十二地支为子、丑、寅、卯、辰、巳、午、未、申、酉、戌、亥。根据月亮的圆缺,一年分为十二个月,把一天分为十二个时辰。地球围绕太阳运转一年,在一年的不同时期,从地球上观察太阳,好像太阳在星空中穿行一样,太阳运行的轨迹称为黄道。中国古代劳动人民通过对天体的不断观察,终于发现了木星围绕太阳运行一周的时间约为十二年的规律。《山海经》中曾有这样的记载:"共工生后土、后土生噎鸣,噎鸣生岁十有二。""噎鸣"是人名,他应该是一位研究天文的学者,其职责就是观察木星运动,以十二年为一周期来计数年的数目,在观察的过程中,他极有可能采用十二地支的符号来表示不同的年份。总之,"十二"这个数字是来自古代人民对天文、地理的观察经验,并用十二个文字符号来表示。

大量的事实证明,生肖文化的产生是人类发展到一定阶段的产物,它的出现是人类对动物、对时间认识的结果。

中国人姓氏的由来

所谓姓氏,是姓与氏的合称。

据史料记载,我国的姓起源于母系社会,氏则起源于父系社会。姓是族号,氏是姓的分支。在夏、商、周三代之前,姓氏分而为二,男子称氏,女子称姓。氏是用来区分人贵贱的,贱者有名无氏。姓是用来区别婚姻的,因此有同姓、异姓、庶姓的区别。氏同而姓不同的,可以通婚;姓同而氏不同的,不可通婚。三代之后,姓氏合而为一,都是用来区别婚姻的,不再用来区别贵贱,取代氏来区别贵贱的则是"郡望",即是否世代居住在某地而为当地所仰望来判定。秦汉以后,姓、氏就不再分开,或称姓,或称氏,或兼称姓氏。到司马迁著《史记》时,姓和氏已合而为一。

至于姓氏的产生,专家认为与古代的图腾崇拜有关。古代的氏族部落都是以血缘关系组成的,这些氏族认为自己起源于某种动物或植物,于是就崇拜它,进而发展成为"图腾"文化。而人们所崇拜的这个图腾,就是这个氏族的姓,如熊、马、牛、龙、梅、林等。因此,姓在当时可以说是全族共有的符号标志,也是全家族的族号。如周代在初期分封诸侯时,那些诸侯国君大部分都姓姬,不是姬姓家族的人,根本不许姓姬。

随着同姓贵族后世子孙的繁衍,居住地区也日益分散,同姓的氏族便出现了不同的分支,于是每个分支又各有称号作为其标志,这个分支的称号就是"氏"。例如"姬"是周代祖先的姓,后来姬姓下面又分为孟氏、季氏、孙氏、游氏等。由于当时的人都用是否有"氏"来区别贵贱,而贵贱之势变幻无定,因此"氏"是可变的,而且变化很大,比如春秋时楚国的伍子晋,原来以"伍"为氏,但他在吴国被杀之后,他的儿子逃到了齐国,由贵到贱,于是改为"王孙"氏了。

我国到底有多少姓氏,至今尚未有一个精确的统计。人们常说"百家姓",其实姓在明朝时就已有 3000 多个了。我国姓氏的来历,几千年来变化很多,说法不一,那么,这么多的姓氏都是从何而来的呢?

在我国古代的一些书籍中,自黄帝时期便有了姓氏的记载,而研究姓氏学问的著作也很多,例如宋代的郑樵就在《通志·氏族略》中,将姓氏的来源归纳了 32 类之多,现代学者将它们归纳起来,大概有以下几种类型:

1.在母系氏族社会,以母亲为姓。传说上古时代神农氏的母亲叫女登,所以那时许多姓都是女字旁,如:姬、姜、妫、姒等。

2.以出生地居住地为姓。传说上古代虞舜出生于姚墟,便以姚为姓。春秋时代齐国的公族大夫分别住在东郭、南郭、西郭、北郭,于是便以东郭、南郭等为姓;而关大夫住在西门,便以西门为姓。

3.以古国名为姓。虞、夏、商朝都有个汪芒国,汪芒的后代便姓汪。商朝在泾渭之间有个阮国,其后代便姓阮。

4.以封地为姓。被封到赵城的,其后代便姓赵;被封于翁地的,其后代便姓翁;周武王的侄子被他封到邢国为邢侯,其后代便姓邢。

5.以官职为姓。古代有五官,即司徒、司马、司空、司士、司寇,他们的后代便以这些官职为姓。

6.天子赐氏,以谥号为姓。周穆王死了一个宠姬,为了表示哀痛,便赐她的后代姓痛;周惠王死后追谥为惠,他的后代便姓惠。

7.以祖辈的字为姓。郑国公子偃,字子游,其子孙便姓游;鲁孝公的儿子子驱,字子臧,其后代便姓臧。

8.以神话中的传说为姓。传说舜时有一位负责宣达帝命的官员是龙的后代,其子孙便以龙为姓,而神仙中有个青鸟公,后人便有姓青鸟的。

9.因避讳或某种原因改姓。战国时代齐襄王法章的后代本姓田,后来齐国被秦所灭,其子孙不敢姓田而改为姓法。到了汉代时,因为汉明帝忌讳一个"庄"字,于是所有姓庄的人便都改姓为"严"。

随着历史的发展,民族的复杂化,有些姓则是民族语言的译音,比如匈奴首领单于的子孙就有不少姓单于的。

干支纪年法是否起源于中国

在中国古代的历法中,甲、乙、丙、丁、戊、己、庚、辛、壬、癸被称为"十天干";子、丑、寅、卯、辰、巳、午、未、申、酉、戌、亥被叫作"十二地支"。早在公元前2697年,于中华始祖黄帝建国时,命大挠氏探察天地之气机,探究金木水火土五行,始作十天干及十二地支。大约在战国末年,依据各国史官长期积累下来的材料编成的史书《世本》中曾有记载:"容成作历,大挠作甲子。"《尚书正义》解释说:"二人皆黄帝之臣,盖自黄帝以来,始用甲子纪日,每六十日而甲子一周。"十干和十二支按固定的顺序依次相配,天干在前,地支在后,天干由甲起,地支由子起,阳干配阳支,阴干配阴支(阳干不配阴支,阴干不配阳支),共有60个组合,称为"六十甲子",进而衍生了干支纪法。从段墟出土的甲骨文来看,天干地支在我国古代主要用于纪日,此外还曾用来纪月、纪年、纪时等。

至于干支纪法的起源,梁启超在《国文语原解》中认为,天干地支这22个字,颇为"奇异复杂而不可思议"。他主张干支应与罗马、腓尼基和希腊文的字母等同起来看待,并在《饮冰室合集》中从字形和读音上揭示彼此间的联系,认为中西自古以来的字形与读音,屡经变迁,"若从两方面尽搜罗其异形异音而校合之,安此二十二文,非即腓尼基之二十二母乎"?按梁启超的观点,中国古代干支纪法的发明,似乎与腓尼基的二十二字母有关联。

然而,郭沫若在《甲骨文字研究·释干支》中却提出了不同的看法。他认为,以往人们对干支的解释都是望文生义的臆测,"十天干"纯属十进位记数法的自然发生,其中多半是殷人所创制。至于"十二地支",则起源于古巴比伦,在比较过中国古代的十二辰和古巴比伦的十二宫后，郭沫若指出，中国古代的十二辰和十二地支都是从古巴比伦的黄道十二宫演变而来的。至于其传入中国的途径，郭沫若也做了大胆的推测，称也许商民族"本自西北远来，来时即挟有由巴比伦所传授之星历知识，入中土后而沿用之"，或者"商室本发源于东方，其星历知识乃由西来之商贾或牧民所输入"。

对于郭、梁二人的干支外来说，后世又有学者从我国上古的夏代帝王世系和商代汤王以下所有帝王的名字中，探究十天干中的字已被用于名号这一特有现象，来进行反驳。陈遵妫在《中国天文学史》中指出，"在4000多年前的夏代，可能已有干支产生了"。

郑文光在所著《中国天文学源流》一书中认为，十天干起源于我国古代伏羲和"生十日"的神话传说，是十进位法概念在纪时中的反映，应当产生于渔猎时代的原始社会；《山海经·大荒西经》中记载，"有女子方浴月，帝俊妻常羲生月十有二，些始浴之"，而"十二地支"就是由月亮之母、帝俊妻常羲"生月十有二"的神话传说演变而来的，产生于殷商之前，后逐渐演变为十二辰。据此，郑文光推断："十二支宜乎是夏人的创作。"

杜石然等则在编著的《中国科学技术史稿》一书中认为，夏代时已有十天干纪日法，商代在夏代天干纪日的基础上，进一步使用地支纪法，从而把十天干和十二地支配合在一起形成了后来的干支纪日法。

龙的起源之谜

龙是中国传说中的一种善变化、能兴云雨、利万物的神异动物，为众鳞虫之长，更是龙、凤、麒麟、龟四灵之首。古籍记述其形象多不一致，一说为细长有四足，马首蛇尾；一说为身披鳞甲，头有须角，五爪。《本草纲目》则称"龙有九似"，为兼备各种动物之所长的异类。其名甚多，有鳞之龙叫蛟龙，有翼之龙叫应龙，有角之龙叫虬龙，无角之龙叫螭龙，无足之龙叫烛龙，除此之外还有黄龙、青龙、赤龙、白龙、乌龙、金龙等。传说中的龙都能显能隐，能细能粗，能短能长。春分登天，秋分潜渊，呼风唤雨，无所不能。它们之中有好有坏，有善有恶。以黄龙象征黄帝，中国古人以龙为尊。但传说中，也不乏屠龙、斗龙的记载，如女娲杀黑龙、大禹斩蠢龙、李冰父子伏孽龙、周处除蛟龙等。在神话中是海底世界主宰的龙王，在民间是祥瑞的象征。到封建时代时，龙又嬗变为皇权的象征，帝王都自称是"真龙天子。"考古专家认为，早期的龙就是一条头上长角的蛇，是一种纯粹的爬行动物；而有些人则认为，龙在最初形成时，龙头很像猪，龙身则与蛇身相同；还有人指出，龙是由鳄鱼蜕变而成的；汉代学者王充就曾指出，龙的角像鹿，头如驼，眼睛如兔，颈如蛇，腹似蜃，鳞如鲤，爪似鹰，掌如虎，耳朵像牛。著名学者闻一多先生对龙也有独到的见解,他认为龙是由蛇与其他多种动物综合形成的,它以蛇身为基础,融入了马的鬃毛、牛的尾巴、鹿的角、狗的爪、鱼的鳞和须……

进入现代社会以来,众多的专家学者对龙的起源进行了深入的探索。1987年,考古学家在河南濮阳西水坡的一处距今6500年左右的古墓中,发现了墓主身旁有一具用白色蚌壳摆塑的"龙"的图案。在甘肃也出土过绘有鲵纹的彩陶,在东北的辽河流域发现过距今5000年的玉"龙",山西出土过带有"蟠龙纹"的彩陶。当然,这种"龙"与今天我们见到的龙形象还有很大的差距。那么,龙的这种形象究竟是如何形成演变和发展的呢?

有专家认为,龙的起源与图腾崇拜有一定的联系。图腾是原始社会中一个氏族的标志,又称为族徽。在氏族社会中,人们往往相信自己的祖先是一种特定的动物、植物或其他无生命的东西,这种物种就成为氏族祖先的象征和保护神。据古代文献记载,中国不少氏族曾以龙为图腾,如远古的黄帝、炎帝的氏族,共工氏、祝融氏、尧、舜、禹的氏族,以及吴、越等氏族。但是,这些文献成书较晚,均属后人的追述,在文献产生时,龙的观念就已经形成,因而不可避免地在记述上会有附会和渲染加工的可能性。

虽然古代氏族的图腾传说在后世往往变成了神话故事,但其中还是留下了一些蛛丝马迹。据有关专家考证,这些所谓的龙图腾,实际上是与后来的龙形象相近的蛇、鳄、蜥蜴等动物,这些动物在氏族的祭祀中,不仅被赋予了神圣的意义,而且在形态上也被神化了。在漫长的远古岁月中,动物图腾形象与其他原始宗教中动物崇拜形象融合在一起,形成了原始的龙的形象。

约公元前21世纪,中国产生了第一个国家政权——夏王朝,夏之后是商王朝。商的国势强大,空前繁荣,文化在商代出现了空前的融合。商王朝非常重视宗教与巫术,也就十分重视宗教活动中必不可少的礼器——青铜器的铸造。青铜器作为沟通天地的礼器,本身就具有十分重要的宗教意义,而青铜器上的纹饰就更加凸现出了浓郁的宗教色彩,即通过各种象征性的纹饰,向人们展示应崇拜的神灵,求其保护,免受怪物的侵害。在这种纹饰中,原龙纹成了主要的部分。

"龙"在商代形成的一个突出标志是龙开始有了角。当然这时龙角的形状还不固定,有的如长颈鹿,角呈锥形;有的如绵羊,角向后卷;也有的如花冠,还有的似羚羊,此外还有前卷形、虎耳形、螺旋形等各种形状。商代以前的龙并没有角,在商代龙却生出角来,其中原因,同样在于商代人们对"角"的崇拜。除了上述的图腾崇拜以外,有的专家认为,龙的起源可能与原始社会的宗教和巫术有关。

对动物和自然现象的崇拜,在当时的巫术活动中是极为重要的一项内容。原始人类往往把狩猎的成功与失败、是否遭到猛兽的危害与主宰自然界的神联系起来,看作是神意志的表达,而这些动物就成了神意志的体现,并由此产生了原始人的献祭活动,即在狩猎归来后,先要以猎获动物的一部分祭神,对神的赐予表示感谢,然后人们才能食用。

这种献祭活动由最初的简单形式逐渐演化成一种庄严的仪式,并且广泛地应用于各种需要向神祈求的事项,如部族成员疾病、死亡,部族之间的冲突,狩猎、耕种采集、迁徙等。仪式上除了以动物作为祭物外,还要使用大量的祭器和礼器。在这些祭器和礼器上,原始人类以极为虔诚的心情,绘出或刻出他们所崇敬的各种自然形象,如日、月、山、川、云、动植物等。这些彩绘或雕刻虽然是一种摹拟,但不少摹拟特别是对动物的摹拟进行了夸张,在夸张中体现了创造者的宗教观念。因此,这些由摹拟而形成的图案、饰纹或雕刻不仅与原形动物有了某种差别,而且还具有了神圣的宗教含义。正是在这种具有宗教性的动物形象中,出现了最初的带有龙特征的动物纹饰,专家们把这种纹饰称为原龙纹。

人类最初的经济活动是狩猎,因而动物是人类在自然界中最感兴趣的对象。原始人要靠捕捉到动物果腹,还要躲避那些对自己生命构成威胁的凶猛动物的袭击。在这个过程中,原始人对某些动物的体态,如鳄、鲵、蛇、鸟及某些昆虫等,以及这些动物奇异的能力,如可以翱翔于天空、潜游于水底,可以无足而行,可以蛰伏而居等,再加上古人对大多数的自然现象无法做出合理的解释,于是便希望自己民族的图腾具备风雨雷电那样的力量,进而产生了崇拜和幻想,于是将许多动物的特点都集中在龙身上,龙就渐渐成了驼头、蛇脖、鹿角、龟眼、鱼鳞、虎掌、鹰爪、牛耳的样子。

中国风水学的起源与发展

风水学又称堪舆学,顾名思义,风就是空气,一种流动的空气;水就是各种水资源,包括江河湖海及雨露。

风水学说的应用和起源应该是从有了人类就开始在应用研究。早在原始时代,人类就已经认识到了环境对人类的重要影响。我们的祖先选择地方建设房屋,是以安全、避寒、防热为主要前提,所以多选择在地势较高、隐蔽,不易受洪水、猛兽袭击的山洞作为规避场所,而且洞口都朝向南方。这样做的目的一是利于人们接受阳光的照射,二是为了躲避冬天凛冽的西北风。有的人为了免受风雨、寒冷的侵袭,便在与自然环境的斗争中学会了观察山川江河的姿态、树木土石的变化以及风雨气象的转变,选择风力向阳的地方居住,这些应该说纯粹是先人们生活经验的积累。随着生产力的发展,人类逐渐走出了山林,而到依山傍水的平坦地带聚居,慢慢形成了村落与城镇。这一时期,风水学还处于一种原始的萌芽状态。后人渐渐地把这些生活经验与阴阳五行、八卦九星结合在一起,历经千年的流传、修正,一步步完善,并在风水应用实践中,经过长期的、地域广阔的验证,使风水学的理论得以实践应用,经历了一个由简单到复杂,由迷信到科学,由宗教到美学的过程,逐步演变成一门玄妙精深的专门学问。

风水学突出了风水对人体的作用,认为风太大的地方不宜人居住,而空气不流通的地方也不宜居住,没有水的地方不适宜人居住,而水泛滥成灾的地方则更不适宜居住。从这个意义上讲,风水学其实就是研究人类居住环境的一门学问,主要分为形势派和理气派两个派系。形势派又称峦头派,为唐代著名风水家杨筠松所创,在江西一带盛行,主要以山川的起止为主体,以龙、穴、沙、水相配合而进行勘察。理气派又称理法派,以河洛理数为理论基础,从时间和空间上考察人体与地理、气候、地极磁波的变化关系,据说是由一位游方僧人所创的,在福建比较盛行。

随着人类文明的进一步发展,人类更加深刻地认识到了环境对人体的作用。到了先秦时期,风水学已经作为一种学说问世。秦代风水家朱仙桃所著的《搜山记》,是目前流传下来最早的风水学著作。据文献记载,在秦始皇之前就有相宅活动。《尚书·召诏序》中说:"成王在丰,欲宅邑,使召公先相宅。"先秦的贤君盘庚、周公在相地实践中都曾作过重大贡献。此时的先秦相宅逐渐发展成为一种术数,没有什么禁忌,也没有那么多迷信色彩。

到了汉代,风水学开始带有迷信色彩,方位、上坟等都有各种禁忌,墓上装饰有避邪用的石人、石兽、镇墓文。例如,在湖北省江陵凤凰山墓出土的镇墓文就有"江陵承敢告地下函""死人归阴,生人归阳"之语。

三国两晋南北朝时期,风水学理论逐渐得到完善,并且出现了管辂、郭璞这样的风水名家。郭璞所著的《葬书》更被后人推崇为风水理论的经典,而郭璞本人也被后人尊为风水学的祖师。而魏晋时期的管辂是三国时的平原术士,因占墓灵验而闻名天下,现在流传的《管氏地理指蒙》就是托名于管辂而作。据说南朝的宋明帝是个最讲忌讳的皇帝,宫内搬床、修墙,必先祭神祈祷。他听说萧道成的祖墓有五色云气,竟然暗中派人在其坟墓的四角钉上铁钉。而在南齐时期,衡阳地方也有一个怪俗,山民生病,就被认为先人为祸,必须挖祖坟、洗尸身,洗骨除病。

到了隋、唐、宋时期,风水学理论得到了进一步的发展,江西的形势派和福建的理气派就是在此时形成的。形势派的创始人杨筠松所著的《疑龙经》《撼龙经》《葬法倒杖》《青囊序》等,为风水学理论的进一步发展奠定了坚实的基础,这些著作一直被风水研究者视为至宝。风水学在形势与理气两派的基础上又分为四个派别,即八宅派、玄空派、杨公派、过路阴阳派。八宅派是以八卦为依据,将家宅分为八部分:东四宅与西四宅,再配合人的命卦来选择住宅,属形势派;杨公派也属形势派,注重"龙、沙、水、向、穴",也就是"寻龙、觅水、观沙、立向、定穴";玄空派主要以洛书九星为根本,外取自然环境的山水实物为依据,结合三元运气之说,运用排龙立穴、飞星布局和收山出煞等数术运算方法,属理气派;过路阴阳派虽也属于形势派,但同时又掺杂了一些理气派的东西,比较注重表象的作用,其经典教材的内容大部分以口诀为主。

据说隋朝宰相杨恭仁移祖坟时,就请了五批风水师前往相地;唐朝时,一般有文化的人都懂得风水;而宋时老百姓更是普遍讲究风水,《朱子家礼》中曾记载,百姓家里死了人,三月而葬,先把地形选好,再择日开茔。

明清时期是风水学的鼎盛时期,各种风水著作如雨后春笋般地出现,甚至到了泛滥的程度,其中以吴鼐的《阳宅撮要》、赵玉材的《地理五诀》、蒋大鸿的《地理辩证》较为有名。

新中国成立以后,风水学在理论上受到沉重的打击,并且受国情的影响发展缓慢,但在人们的生活实践中却还在不断地被运用。

风水学中的科学成分,现在已被越来越多的有识之士所认同,特别是在改革开放之后,随着中国与国际的接轨,人们精神水平和物质水平的提高,更加深了对风水学的理解和重视。因此,风水学这一古老的文化也重新焕发出了新的活力,正逐步走出国门,走向世界。

中国饮食文化之谜

饮食文化起源于烹制熟食。最早有关"烹饪"的文字,记载于2700年前的《周易·鼎》中:"以木撰火,烹饪也。"这里的"木",指树枝柴草;"撰"的原意是风,此处引申为顺风点火;"烹"是煮的意思,"饪"指食物成熟,又指生熟的程度,为熟食的通称,其意思是,把食物原料放在顺风点燃的柴草上炊熟。

人类最初的饮食方式,同一般动物并无多大区别,还不知烹饪为何物,获得食物时,也只是一味地生吞活剥而已,所以才有了"茹毛饮血"这个词汇。《礼记·礼运》说:"昔者先王未有宫室,冬则居营窟,夏则居槽巢。未有火化,食草木之食,鸟兽之肉,饮其血,茹其毛。"《淮南子·修务训》中也说:"古者民茹草饮水,采树木之实,食赢蛇之肉,时多疾病毒伤之害。"

"茹毛饮血"的生活方式既然有害于健康,人类自然并不甘愿长久如此,所以当他们认识了火以后,就跨入了一个新的饮食时代,这便是火食时代。掌握了用火技能的人类,接着又发明了取火和保存火种的方法,这样就有了光明,有了温暖,也有了熟食。人类最早使用的是天然火,包括火山熔岩火、枯木自然火、闪电雷击和陨石落地所燃之火等。

因为史前时代最早用火的确凿证据至今还未找到,所以人类开始用火的年代目前尚不能确定。但是在周口店北京人洞穴遗址中,考古学家曾发现过原始人用火的遗迹,考古发掘见到厚达4~6米的灰烬层,中间夹杂着一些烧裂的石块和烧焦的兽骨,还有烧过的朴树籽,这显然是原始人遗留下来的"厨房"垃圾,也是明确的用火证据。据考证,其年代在距今 50 万年以前。

在火成为必不可少的生产生活资料以后,人类又发明了一些人工取火的方法,可以创造出火种来。在中国的文化传说中,流传最广的人工取火故事便是燧人氏"钻木取火"的传说:上古之间人们因生食而伤胃生疾,于是便"有圣人作,钻燧取火以化腥臊,而民说之,使王天下,号之曰燧人氏"。

因为有了火,人类的日常饮食中熟食的比重逐渐增加,火熟的方式也逐渐由简单向复杂演进,烹饪技艺也逐渐发展和完善起来。

人类最早的烹饪方法是把植物的根茎、果实和兽类的可食部分放在篝火中或用树枝串起来烧烤,甚至还进一步发明了"炮"法,即用黏泥包住食物后隔火烤熟。这种直接用火加热的方法,在中国饮食文化的记载中曾是人类早期的熟食方法。直到现代,我国的饮食文化中仍然有用这种方法制出的美味佳肴。

中国陶器大约创始于距今 1 万年前,在我国的南方和北方都发现了将近有 1 万年历史的破碎陶器,而且多是所谓夹沙陶器。早期的夹沙陶器多为敞口圜底的样式,都可以称为釜。陶釜的发明在烹饪史上具有非常重要的意义,后来的釜不论质料和造型产生过多少次的变化,它们煮食的原理却没有改变。更重要的是,许多其他类型的炊器几乎都是在釜的基础上发展改进而成的。例如陶甑,就是在有了釜之后才会出现的蒸器。

在长江下游三角洲地区出土的马家浜文化和崧泽文化遗迹都表明,当时那里的居民都曾用甑蒸食。考古学家更在著名的河姆渡文化遗址中发现了迄今所知年代最早的陶甑,其年代为公元前 4000 年前后。从目前的发现看,新石器时代的陶甑出土地点多集中在黄河中游和长江中游地区,这似乎表明华中地区史前居民的饭食和粥食的比重,可能要大大超过其他地区。值得一提的是,蒸法是东方烹饪术中所特有的技法,它的创立已有不下 6000 年的历史,而西方古时的烹饪则无蒸法,直到现在欧洲人也极少使用蒸法。

此外,考古学家还发现,在史前时代火食普及过程中起过重要作用的陶器,不光只有釜甑之类,还有陶鼎以及炉与灶。

鼎可以说又是一种兼作食器的重要炊具,它是一种三足器,使用比较方便,与圜底的釜相比,显然更为实用。在 7000 年前的黄河中下游地区,原始陶鼎的使用已经相当普遍,几个最早的农耕文化共同体都以鼎类器皿作为饮食器具,鼎的造型和制法都有惊人的相似之处。

而新石器时代的炉多以陶土塑成,与陶器一样入窑烧制。据专家考证,生活在仰韶文化和龙山文化时期的人类显然比较喜爱用陶炉烹饪。与火灶相比,陶炉就是一种活动的灶,机动性较大,但火灶作为固定建筑,其重要性远在陶炉之上。火灶多为凹下地面的灶坑,或者称为火塘。生活在关中地区仰韶文化时期的人类,当时已经有了稳固的定居传统，一座座简陋的房屋聚合成村落，人们按一定的社会和家族规范生活于其间。这些或大或小的住所，既是卧室兼餐厅，同时又是厨房，没有更多的设备，但几乎无一例外的都有一座灶坑，再就是不多的几件陶器。

此外，考古学家在仰韶文化遗址中发现了海水煮盐的文物，这说明在新石器时期先民已开始食盐。作为最早的调味品，盐和梅子、香草都是当时人类曾经使用过的烹饪调料，这标志着中国古代烹饪术的正式诞生，是中国饮食文化中浓墨重彩的一笔。

围棋起源之谜

围棋，在我国古代称为弈，在整个古代棋类中可以说是棋之鼻祖，是我国古人所喜爱的娱乐竞技活动，同时也是人类历史上最悠久的一种棋戏，相传已有4000多年的历史。围棋蕴涵着古代哲学中一元生两仪、两仪生四象、四象生八卦、天圆地方、十九农节气、三百六十周天之数等含义，其变化丰富，意蕴深远，魅力无穷，也正因为如此，所以围棋的起源之谜一直都是专家学者们长期研究的课题。

围棋

《大英百科全书》中称围棋起源于公元前2356年左右的中国，《美国百科全书》则记载中国人于公元前2300年发明了围棋。《中国大百科全书》中关于围棋的记述为："传说起源于公元前2000多年的古代中国，是世界上最古老的棋类游戏之一，约在隋唐时传入日本，19世纪时传入欧洲。"

看起来，围棋的起源之地在中国，这似乎已经是世界公认的事实。但是，日本的松井明夫在其《围棋三百年史》一书的"发端"一篇中却提出："围棋与象棋有它们共同的祖先，就是中亚细亚的一种'盘戏'。它流传于西方成为国际象棋，流传于东方而受到中国天文及其他科学的影响，改良成为十六道的围棋。"这种说法是否有其实际的根据呢？

回顾历史，从《左传》《论语》《孟子》等书中人们很容易了解到，围棋在我国春秋和战国时期已经广为流行，甚至出现了诸侯列国都知道的围棋高手。众所周知，当时的中国与西域各国还没有建交，直至西汉时张骞出使西域，中国才和中亚细亚诸国有了文化交流。而那时，围棋在中国已经有了很久的历史了。那么，围棋究竟是谁发明创造的呢？

据战国时的赵国史书《世本》所言"尧造围棋丹朱善之",也就是说围棋是上古时的帝王尧所创造的。晋代的张华也在《博物志》中说:"尧造围棋,以教子丹朱。或云舜以子商均愚,故作围棋以教之。"就是说,不光是尧造围棋教子,舜也曾因为觉得儿子商均不甚聪慧,而制作围棋教导儿子。宋代罗泌的《路史·后记》中则写得更为详细:"帝尧陶唐氏,初娶富宜氏,曰女皇,生朱骜狠、娟克。兄弟嚣张讼,嫚游而朋淫。帝悲之,为制弈棋,以闲其情。"意思是说,尧娶妻富宜氏,生下儿子丹朱。丹朱虽然是圣人之子,但却自小性情乖戾,长大后又嗜好游玩,不务正业,尧很难过,特地制作了围棋,以净化其性情。

唐朝人皮日休在其《原弈》一书中则说,围棋始于战国,是纵横家们的创造。他的根据是:围棋"有害诈争伪之道"。

其实,这两种说法都不过是推测而已。尧、舜是传说中的人物,他们当时所处的原始公社时期,社会生产力极低,恐怕难以创作这种复杂的文化活动,但这种说法也从一个侧面反映了围棋在中国的起源之早。吴清源先生曾说,围棋最早是占卜的工具,这个说法也有道理。古代只有君王才能占卜算卦,根据八卦的规律组合推算。所以传说尧发明了围棋是有这个道理的,他用占卜的工具发明了围棋。中国的传统文化中阴阳是很重要的内容,围棋是"棋有白黑,阴阳分也",里面充满了对立统一、阴阳调和的内容。所以围棋是古代人们对自然界阴阳之理、变化之道的一个抽象反映,是古代人们对自然和社会的一种理解模式。

至于皮日休所提出的围棋源于战国一说,则更不足为信。因为早在春秋时,孔子和孟子就已经提到围棋了。《论语》中有一句非常有名的话:"饱食终日,无所用心,难矣哉! 不有博弈者乎? 为之犹贤乎已。"意思是说,整天吃得饱饱的,一点也不肯动脑筋,这样的人可真是无聊啊! 不是有下棋之类的游戏吗? 玩玩这些也好啊! 孟子也说:"世俗所谓不孝者五,惰其四肢,不顾父母之养,一不孝也;博弈好饮酒,不顾父母之养,二不孝也。"孟子认为,一个人不孝敬父母,第一是懒惰不养父母,第二就是好下棋饮酒,不管父母。这说明在春秋时代,围棋已经相当普遍和发达了,不然圣人们也不会用围棋做比喻来说明道理。既然春秋时的围棋已然发展到这个程度了,那么它的发明时间肯定还要更早。

到秦灭六国一统天下之时,有关围棋的活动便鲜有记载了。《西京杂记》卷三曾有西汉初年"杜陵杜夫子善弈棋,为天下第一人"的记述,但这类记载同样是寥寥无几,这大概是由于当时围棋的发展仍然比较缓慢的缘故。这种"博行于世而弈独绝"的状况一直延续到了东汉初年,直至东汉中晚期,围棋活动才又逐渐盛行起来。非但如此,因为汉魏之间几百年频繁的战争所致,所以当时的围棋也成为培养军事人才的重要工具。东汉的马融在《围棋赋》中就曾写道:"三尺之局兮,为战斗场;陈聚士卒兮,两敌相当。"俨然是将围棋视为小战场,把下围棋当作了用兵作战。

而当时的许多著名军事家，像三国时的曹操、孙策、陆逊等都是疆场和棋枰这样大小两个战场上的佼佼者。著名的文学团体"建安七子"之一的王粲，除了以诗赋之名著称于世外，还是一个围棋高手。据说他有着惊人的记忆力，对围棋的盘式、招法等都了然于胸，能将看过的"局坏"之棋重新摆出而不错一子。

20世纪50年代，考古学家在河北望都1号东汉墓中发现了一件石质围棋盘，此棋局呈正方形，盘下有四足，局面纵横各17道，为汉魏时期围棋棋盘的形制提供了形象的实物资料。

在我国甘肃水昌县鸳鸯池出土的原始社会末期的陶罐，其中不少绘有黑色、红色甚至彩色的条纹图案，线条均匀，纵横交错，格子齐整，形状很像现在的围棋盘，但纵横线条只有10~12道，而不是现在的19道，所以被考古学家称之为棋盘纹图案。

1.在湖南省湘阴县挖掘出的一座唐代古墓中，考古学家发现随葬品里有围棋盘一件，大小呈正方形，纵横各15道。

2.在内蒙古发掘的一座辽代古墓里，曾挖出围棋方桌，高10厘米，边长40厘米，桌上画有长宽各30厘米的围棋盘。棋盘纵横各13道，布有黑子71枚，白子73枚，共144枚。另有黑子8枚，白子3枚空放着。考古学家推测，想必是墓主人生前嗜好下棋，因此在下葬时便将这一盘残局一同带到九泉之下琢磨去了。

3.虽然这些出土文物只是众多考古新发现中的几件古物，但足以说明围棋在我国的原始社会时期就已具雏形，纵横交错的棋盘图形已经基本形成。而且从出土棋盘的10、13、15……直至今天通用的19道线的发展过程来看，围棋不可能是某一个人在某一天里突然创造出的奇迹，而是经过了由简单到复杂、棋子由少到多、招法由单一到多样的发展变化过程，时间跨越数千年，集聚了无数围棋爱好者的智慧和经验，逐渐被改进，被丰富，最后才形成今天这种规模。从这个意义上来讲，我国广大的劳动人民才是围棋真正的创造者。

中国酿酒始祖之谜

在中华民族悠久的历史中，很多事物都走在世界的前列，酒也是一样，有着它自身的光辉篇章。在我国，由谷物粮食酿造的酒一直处于优势地位，而果酒所占的份额很小，因此，酿酒的起源问题主要是探讨谷物酿酒的起源。

说到中国酒的酿造历史，可以追溯到上古时期。《史记·殷本纪》中就有关于纣王"以酒为池，悬肉为林"，"为长夜之饮"的记载，《诗经》中也有"十月获稻、为此春酒"和"为此春酒，以介眉寿"的诗句，这些史料都表明，我国的酒之兴起起码已有5000年的历史了。

据考古学家考证，在近代出土的新石器时代的陶器制品中，已有了专用的酒器,这说明在原始社会,我国的酿酒之风已很盛行。以后经过夏、商两代,饮酒的器具也越来越多。在出土的商殷文物中,青铜酒器占有相当大的比重,说明当时饮酒的风气确实很盛。

自此之后的文字记载中,关于酒起源的记载虽然不多,但关于酒的记述却不胜枚举。

在古代,往往将酿酒的起源归于某某人的发明,把这些人说成是酿酒的祖宗,由于影响非常大,以致在后世形成了正统的观点,其中最盛行的有四种说法。

一说为"上天造酒"。素有"诗仙"之称的李白曾留下"天若不爱酒,酒星不在天"的诗句;东汉末年的孔融,在《与曹操论酒禁书》中也有"天垂酒星之耀,地列酒泉之郡"之说;被誉为"鬼才"的诗人李贺,在《秦王饮酒》一诗中同样有"龙头泻酒邀酒星"的诗句。此外如"吾爱李太白,身是酒星魂""仰酒旗之景曜""拟酒旗于元

古代酒器

象……囚酒星于天岳"等诗句,俱都出现有"酒星"或"酒旗"这样的词句。据专家考证,这里所说的"酒旗"并不是古代酒店招徕客人时悬挂在外面的标志,而是指天上的酒旗星座。

关于酒旗星座,《晋书》中是这样记载的:"轩辕右角南三星曰酒旗,酒官之旗也,主宴飨饮食。"轩辕,是我国的古星名,共17颗星,其中112颗属狮子星座。大名鼎鼎的酒旗三星呈"一"字形排列,南边紧挨着二十八星宿的柳宿8颗星。不过,因为酒旗三星的亮度太小或距离太远,所以即使是在晴朗的夜晚,人的肉眼也很难辨认出它。

酒旗星的发现,最早见于《周礼》一书中,距今已有近3000年的历史;而二十八

星宿的说法,始于殷代而确立于周代。在当时科学仪器极其简陋的情况下,人们能够观察到这几颗肉眼难以分辨的"酒旗星",并留下了种种关于酒旗星的记载,这不能不说是我国古代的天文史上的一个奇迹,同时也说明酒在当时的社会活动与日常生活中,确实占有相当重要的位置。

一说为"猿猴造酒"。在我国的许多典籍中都有明确的记载。明代文人李日华在他的著述中记载:"黄山多猿猱,春夏采杂花果于石洼中,酝酿成酒,香气溢发,闻数百步。野樵深入者或得偷饮之,不可多,多即减酒痕,觉之,众猱伺得人,必嬲死之。"人偷喝了猿猴酿造的酒,便遭到了群猿的攻击,可见,这种猿酒是偷饮不得的。

以上记录表明,人们在广东和广西都曾发现过猿猴"造"的酒。无论"猿猴造酒说"是否真实可信,这些不同时代、不同人的记载,起码可以证明这样的事实,即在猿猴的聚居处,多有类似酒的东西被发现。至于这些"酒"是怎样产生的,是纯属生物学适应的本能性活动? 还是猿猴有意识、有计划的生产活动? 都是值得专家学者们深入研究的课题。对于这一现象,目前最合理的解释就是酒的特殊生成原理被猿猴无意中发现并利用了。

众所周知,酒是一种发酵食品,是由一种叫酵母菌的微生物分解糖类而产生的。酵母菌是一种分布极其广泛的菌类,在广袤的大自然原野中,尤其在一些含糖分较高的水果中,这种酵母菌更容易繁衍滋长。而含糖的水果,正是猿猴的重要食品。当成熟的野果坠落下来后,由于受到果皮上或空气中酵母菌的作用而生成酒,是一种自然现象。猿猴在水果成熟的季节,收贮大量水果藏于石洼中,堆积的水果受自然界中酵母菌的作用而发酵,在石洼中将具有"酒"特质的液体析出。由于这样的变化并未影响水果的食用,而且析出的液体还有一种特别的香味,所以猿猴便在习以为常中不自觉地造出酒来。当然,从猿猴最初尝到发酵的野果到酿造成酒,究竟经历了一个多么漫长的过程,则是谁也无法说清的事情了。

除了以上两种说法之外,还有"仪狄造酒说"和"杜康造酒说"。

仪狄,在古籍《世本》《吕氏春秋》《战国策》中都认为他是夏禹时代的人,至于他到底是司酒造业的"工匠",还是夏禹手下的臣属,都没有确凿的史料可考。公元前2世纪的史书《吕氏春秋》中曾有"仪狄作酒"的语句。汉代的刘向所编辑的《战国策》则进一步说明:"昔者,帝女令仪狄作酒而美,进之禹,禹饮而甘之,曰:'后世必有饮酒而亡国者。'遂疏仪狄而绝旨酒。"这段记载的大意是:夏禹的女人命令仪狄去监造酿酒,仪狄经过一番努力,做出来的酒味道很好,于是奉献给夏禹品尝。夏禹喝了之后,觉得的确很美好。可是这位被后世人奉为"圣明之君"的夏禹,却认为后世一定会有因为饮酒无度而误国的君王。因此不但没有奖励造酒有功的仪狄,反而对他不再信任和重用,从此疏远了他,自己也从此和美酒绝了缘。

这段记载流传于世的后果是，一些人对夏禹倍加尊崇，推他为廉洁开明的君主；因为"禹恶旨酒"，竟使仪狄在人们眼中成了一个谄媚进奉的小人，这大概也是修史者所始料未及的。

从这些记录来看，仪狄似乎真的是酒的创始人，但有的古籍中也有与此记录相矛盾的说法。例如孔子八世孙孔鲋，说帝尧、帝舜都是饮酒量很大的君王。黄帝、尧、舜，其年代都早于夏禹，如果连他们都善饮酒，那么他们当时所饮的酒又是谁酿造的呢？可见说夏禹的臣属仪狄"始作酒醪"是不大确切的。郭沫若曾说："相传禹臣仪狄开始造酒，这是指比原始社会时代的酒更甘美浓烈的旨酒。"学界也有一种说法叫"酒之所兴，肇自上皇，成于仪狄"，意思是说，自上古三皇五帝的时候，就有各种各样造酒的方法流行于民间，是仪狄将这些造酒的方法归纳总结出来，始之流传于后世的。事实上，用粮食酿酒无论是从程序还是工艺上来说都是很复杂的事，单凭个人力量是难以完成的。如果说仪狄是位善酿美酒的匠人、大师，或是监督酿酒的官员，他总结了前人的经验，完善了酿造的方法，终于酿出了质地优良的酒醪，这样的解释似乎更加合情合理。

至于"杜康造酒说"，则在民间最有根基。有一种说法是，杜康"有饭不尽，委之空桑，郁结成味，久蓄气芳，本出于代，不由奇方。"意思是说，杜康将未吃完的剩饭放置在桑园的树洞里，剩饭在洞中发酵后，有芳香的气味传出，这就是酒的做法，并无什么奇异的办法。魏武帝乐府曾曰："何以解忧，唯有杜康。"自此之后，民间认为酒就是杜康所创的说法似乎更多了。

杜康在历史上确有其人。古籍中如《世本》《吕氏春秋》《战国策》《说文解字》等书，对杜康都有过记载。据民间传说和历史资料记载，杜康又名少康，夏朝人，是中国历史上第一个奴隶制国家夏朝的第五位国王。据《史记·夏本纪》及其他历史文献记载，在夏朝第四位国王帝相在位的时候，发生了一次政变，帝相被杀，那时帝相的妻子后缗氏已身怀有孕，逃到娘家"虞"这个地方，生下了儿子，因希望他能像爷爷仲康一样有所作为，所以，取名少康。这里环绕一泉，草木丛生，名曰"杜康泉"。县志中说"俗传杜康取此水造酒……乡民谓此水至今有酒味"。而此泉沿着沟底流淌，最后汇入白水河，被人们称为"杜康河"。"杜康泉"旁边有一个土坡，传说就是杜康的埋骨之地。据县志记载，每年的正月二十一，乡民们都要带上供品到这里来祭祀。

酒实际上是起源于中国古代的劳动人民在经年累月的劳动实践中所积累并掌握的造酒方法，经过有知识、有远见的"智者"归纳总结，后代人按照先祖传下来的办法一代一代地相袭相循，流传至今的，后世专家也多认同这个说法，认为此说是比较接近实际，也是合乎唯物主义认识论的。

中国茶文化的起源

茶叶,是劳动的生产物,是一种饮料。茶文化就是以茶为载体,并通过这个载体来传播各种文化,是茶与文化的有机融合。茶文化是中华传统优秀文化的组成部分,其内容十分丰富,包含有茶叶专著、茶叶期刊、茶与诗词、茶与歌舞、茶与小说、茶与美术、茶与婚礼、茶与祭祀、茶与禅教、茶与楹联、茶与谚语、茶事掌故、茶与故事、饮茶习俗、茶艺表演、陶瓷茶具、茶馆茶楼、冲泡技艺、茶食茶疗、茶事博览和茶事旅游等 21 个方面。

饮茶在中国历史上有很长的记录,已经无法确切地查明到底是在什么年代了,但是大致的时代是有说法的,并且也可以找到证据显示。

饮茶的发源时间大致可以分为三种说法:

一说源于洪荒之时。唐代陆羽所著的《茶经》中有云:"茶之为饮,发乎神农氏。"在中国的文化发展史上,往往是把一切与农业、植物相关的事物起源最终都归结于神农氏,而中国饮茶起源于神农的说法也因民间传说而衍生出不同的观点。有人认为茶是神农在野外以釜锅煮水时,刚好有几片叶子飘进锅中,煮好的水,其色微黄,喝人口中生津止渴、提神醒脑,以神农过去尝百草的经验,判断它是一种药而发现的,这是有关中国饮茶起源最普遍的说法。另有说法则是从语音上加以附会,说是神农有个水晶肚子,由外观可得见食物在胃肠中蠕动的情形,当他尝茶时,发现茶在肚内到处流动,查来查去,把肠胃洗涤得干干净净,因此神农称这种植物为"查",再转成"茶"字,而成为茶的起源。

一说是在西周时期。晋代的常璩在《华阳国志·巴志》中记载:"周武王伐纣,实得巴蜀之师……茶蜜……皆纳贡之。"这一记载表明在周武王伐纣时,巴国就已经将茶和其他珍贵土特产作为贡品纳贡于周武王了。而且《华阳国志》中还记载了当时已经出现的人工栽培的茶园。

还有一说为秦汉时期。西汉的王褒在《僮约》中曾有"烹茶尽具""武阳买茶"的字句,经专家考证,这个"茶"就是今天的茶。在近年发现的长沙马王堆西汉墓中,考古学家曾发现了陪葬清册中有"槚一笥"的竹简文和木刻文,"槚"是茶的一个别名,据《尔雅》说,早采者为茶,晚取者为茗,舜和槚则是苦茶。这一发现也说明当时湖南的饮茶之风颇盛。

除了饮茶的发源时间之外,饮茶的发明方式也是茶文化研究中一个重要的课题。迄今为止,关于这一问题共有以下几种说法:

祭品说:这一说法认为茶与一些其他的植物最早是作为祭品用的,后来有人尝之发现食而无害,便"由祭品,而菜食,而药用",最终成为饮料。

药物说:这一说法认为茶"最初是作为药用进入人类社会的"。《神农百草经》

中曾写道:"神农尝百草,日遇七十二毒,得茶而解之"。

食物说:"古者民茹草饮水","民以食为天",这些记载表明,"食在先"符合人类社会的进化规律。

同步说:这一说法认为,最初利用茶的方式方法,可能是作为口嚼的食料,也可能作为烤煮的食物,同时也逐渐为药料饮用。

显而易见,在这几种说法中,"同步说"是把前面的三种说法加在一起,因而成了最保险、最恰当的解释。

由于茶在中国有着悠久的历史,所以很多人都认为饮茶就是中国人首创的,世界上其他地方的饮茶习惯、种植茶叶的习惯都是直接或间接地从中国传过去的。但是也有人能够找到证据指出,饮茶的习惯不仅仅是中国人发明的,在世界上的其他一些地方也是饮茶的发源地,例如印度、非洲等。对这一点的探求往往集中在茶树的发源地的研究上来。1823年,一个英国侵略军的少校在印度发现了野生的大茶树,从而有人开始认定茶的发源地在印度。中国当然也有野生大茶树的记载,都集中在西南地区,记载中也包含了甘肃、湖南的个别地区。而国内茶树的最早原产地究竟在哪里,也在学界引起了争论。

有人认为,我国西南部是茶树的原产地和茶叶发源地。清代的顾炎武在《日知录》中记载:"自秦人取蜀以后,始有茗饮之事。"言下之意是,秦人在入蜀前,今天四川一带的人就已经开始饮茶了。而四川就在我国的西南部。

有人则认为,云南的西双版纳一代是茶树的发源地。这一带是植物的王国,有原生的茶树种类存在是完全可能的,但是这一说法似乎并不具备很强的说服力,因为茶树是可以原生的,而茶则是活化劳动的成果。

此外,还有"川东鄂西说"。陆羽的《茶经》中曾提道:"其巴山峡川,有两人合抱者。"巴山峡川即今天的川东鄂西。不过,虽然这里出现了如此出众的茶树,但是否有人曾将其制成了茶叶,至今还没有确切证据。

其实,在远古时期我国肯定不止一个地方有自然起源的茶树存在,关键的问题是,有茶树的地方是否就一定就能够发展出饮茶的习俗来?就像前面所说的"茶之为饮,发乎神农氏"之说,那么,当初神农氏发明茶叶时是在我国的哪一地带活动的?看来,唯有求得"茶树原生地"与"神农活动地"的交集,中国茶文化的起源之谜才会最终有个确切的答案。

重走"茶马古道"

茶马古道是指存在于我国西南地区,以马帮为主要交通工具的民间国际商贸通道,是我国西南民族经济文化交流的走廊。

茶马古道起源于唐宋时期的"茶马互市"。最初,饮茶在中原各地是最为常见的生活习惯，而在藏族同胞中却尚未形成饮茶的习惯。虽然在唐太宗时期文成公主下嫁给藏王松赞干布时就带来了大批茶叶，其后亦有茶叶进入藏区，然而其清新明目、健脾养胃、祛劳提神的功效却并非人人皆知，因而饮茶的习惯在当时还不曾普及，全民饮茶当推至后期，当然也是从官至民。唐代作家李肇在《国史补》中写道：唐朝使者常鲁公

茶马古道

出使吐蕃，常在篷中烹茶，吐蕃赞普见后问道"此为何物"？常鲁公答："此为解渴去烦之物，名'茶'。"赞普细察后，笑曰"吾亦存焉"，遂令从人取出大筐，常鲁公观之，果为茶耳，皆为徽、闽、川之良物，然赞普不能用。后，常鲁公示之，且言其妙，至此，赞普饮之，藏胞亦然。由此可见，当时吐蕃势力强大，虽然存有大量的从外地搜罗或他人赠送作为珍贵礼物的茶叶，但除了极少赞普饮用外，常人大都不知道如何饮用，而从常鲁公在民间传以饮用之术后，藏民渐渐开始形成了饮茶的习惯，茶文化自此开始进入藏区。

当时四川、云南是我国茶叶的主产区，"天全边茶"享誉蜀中。与此同时，和川蜀地区毗邻的青藏地区的人民也对茶叶十分渴求，在汉文史料中多有藏人"嗜茶如命""艰于粒食""以茶为命""如不得茶、非病即死"之类的记载，甚至还有"汉家饭果腹、藏家茶饱肚""宁可三日无食、不可一日无茶"的说法，但由于青藏地区属于高寒气候，茶叶在那里根本无法种植，因此只能将川滇地区的茶叶作为供饮的来源。再加上中原地区马匹稀少，且体弱质差，而地处高原地段的西藏康巴正好盛产良马，这种出产与需求的互补，终于促使两个伟大的民族走到了一起，于是在唐玄宗时期便诞生了"茶马互市"。这样，藏区和川滇边地出产的骡马、毛皮、药材等和川滇及内地出产的茶叶、布匹、盐和日用器皿等，在横断山区的高山深谷间南来北往，流动不息，并随着社会经济的发展而日趋繁荣，形成一条延续至今的"茶马古道"。

"茶马互市"的兴起，无疑促进了藏汉经济的交往。唐朝在许多地方都设置了"茶马司"，作为市场的管理机构。自宋代开始，朝廷常与辽、金交战，所需军马更多，朝廷便将茶马交易作为一种政治手段，用以笼络并控制西北各民族。当时，朝廷将茶叶的销售分为官茶和商茶，前者由政府机构采购交易，后者由茶商向户部纳税交易，但须限定数量和地域。明清两代也大体沿袭了这种旧制，直到清代晚期才将茶叶贸易向民间开放。

茶马古道分川藏、滇藏两条路线。四川古称"天府"，是中国茶的原产地。早

在两千多年前的西汉时期,四川已将茶作为商品进行贸易。当时,蜀郡的商人们常以本地特产与大渡河外的牦(旄)牛夷邛、笮等部交换牦牛、笮马等物,茶作为蜀之特产也在交换物之中。这一时期进行商贸交换的道路古称"牦(旄)牛道",它可算是最早的"茶马古道"。其路线是:由成都出发,经临邛(邛崃)、雅安、严道(荥经),逾大相岭,至旄牛县(汉源),然后过飞越岭、化林坪至沈村(西汉沈黎郡郡治地),渡大渡河,经磨西,至木雅草原(今康定市新都桥、塔工一带)的旄牛王部中心,这就是今天人们所说的川藏茶马古道。

云南最早产茶的地方是普洱,所以早期销往西藏的茶都是普洱茶,后来藏人称它为"扎你",意思是旧茶。后来,下关开始产茶,藏人称下关茶为"扎丝",意思为新茶。随着人们对云南普洱茶的认识,自唐朝初期开始便将普洱茶作为商品行销到内地和西藏,由此而首先形成了历史上第一条起自普洱,经下关、丽江而至西藏,靠人背马驮"以马易茶"的"茶马大道",也就是滇藏茶马古道。它的形成与发展,基于普洱茶的优异品质和藏民嗜茶的习俗。茶,对于藏族人民来说,可谓与粮食、水、火同等重要。因为,茶的"通得""疏滞腻""散寒""荙牛羊毒"等功效,正是以肉类和乳制品为主要食物的藏族人民生活所必需的。为了获得普洱茶,藏民们在这条古道上靠人背马驮,翻越雪山,漂流金沙江,跋涉丛林;走迪庆、过丽江,经大理、景东等地而到普洱,行程数千里,以藏区的马匹、乳品、药等换取普洱茶。

到了明清时期,人们还以云南普洱为中心,向国内外辐射出四条"茶马大道"。

普洱至昆明的"官马大道"。历史上的普洱贡茶经此道送往昆明而后转送就城,自长江下游而来的客商,以及省内滇中、滇东地区的客商和本省官员到普洱,均走此道。

普洱至澜沧的"旱季茶马大道"。自普洱起运茶叶,经思茅糯扎渡过澜沧至澜沧县,再至勐连州市而后到缅甸。

普洱至越南莱州的"茶马大道"。自普洱起运,经江城县而至越南莱州,然后转运至欧洲。

普洱至打洛的"茶马大道"。这条大道是"官马大道"的延伸,自普洱经思茅、车里、佛海至打洛,然后至缅甸景栋。

中原茶叶的优异品质,使得茶马古道上经常响彻着往来不绝的马帮铃声,这一切共同构建了中国茶叶和茶马古道的辉煌历史。

中医的"身世"之谜

中国是医药文化发祥最早的国家之一,从文明的曙光开始耀照亚细亚大地之时,遍及神州大地的史前文化火种,由点到面连接起来,形成燎原之势,逐渐融合在文明时代的光华之中。中国医药学的文明史从此便开始了。

中医并不是指中国的医学,而仅指中国的传统医学,人们习惯上把汉族的医学称为中医。此外,中国传统医学还应包括藏医、蒙医、壮医、彝医等。中医实际上是一套以阴阳五行为说理工具,以经络、脏腑、气血为形态功能基础,以七情六欲为病因,以阴阳失调、邪正相争为发病的主要矛盾的独特理论体系,其治疗过程和方法包括药物的内服外敷、针灸、推拿、气功等多种丰富多彩的手段,以及体现中医整体观点,包含理、法、方、药的"辨证论治"临床治疗原则。中医在日本被称为汉医或东洋医学,在朝鲜、越南被称为东医,目前中医已成为这些国家具有其民族特点的传统医学。

因为中医的悠久历史和博大精深,所以中医的起源一直是医学界一个颇具争议的问题,新中国成立后出版的中医史著作大都把人类的生活实践作为医学的唯一起源,而把"医源于圣""医源于巫""医源于动物本能"等学术观点斥为荒诞不经的谬说。于是,医学起源于实践、劳动创造医学的结论最终成为国内中医史界对中医起源的正统解释,并且写入了各种中医史的教材。

但是现代有学者提出,只单纯地把劳动实践作为中医的唯一起源,实际上并不能完满圆融地解释中医的起源问题。的确,劳动创造了人类,也创造了文明和历史,生活实践是人类社会活动的基础。医药知识来源于人类的劳动实践,人类在与疾病斗争的实践中产生了医学,但是医学的起源是一个漫长的过程,最早的医学知识是如何产生的、医学经验和知识是如何传承和发展的、医学理论的形成和总结是如何进行的等这些问题,如果仅仅用人类劳动实践的理论恐怕是无法解释清楚的。

研究者认为,"医源于实践""医源于圣""医源于巫""医源于动物本能"等观点毫无例外地都只是表述了中医起源过程的某一侧面,都带有各执一偏的局限性,但是如果我们能从整体的层次和发展的视角进行反思,却可以发现,上述的各种见解之间都有着一定的内在联系,实际上它们共同解释了中医的起源。

原始人类与动物同样具有求生和自我保护的本能,从而产生了某种自我治疗的行为。这种无意识的动物本能随着人类的逐渐进化而慢慢过渡成为有意识的主动行为,随着人类不断的劳动实践而得到持续的积累,最终成了原始性的医学经验。

原始人类思维活动的发展成熟,使得人类开始通过观察思考的方法来认识医学经验和客观事实中的某些联系,并且在劳动和实践中进一步加以深化,医学经验也逐渐开始知识化和系统化。而在这个过程中,巫术的产生和发展起到了十分重要的作用,在当时代表最高知识层的巫觋不仅是神和人之间的媒介,也是医疗技术的主要掌握者和应用者。虽然巫觋把医学知识和宗教信仰结合在一起的初衷,可能只是作为巫术的实用工具,但不可否认的是,这在客观上的确促进了医学经验和医学知识的总结和提高。正是巫觋集中了早期的医学知识而将其理论化和系统化，从而形成了最初的医学。

在这之后，医学知识在人类与疾病斗争的实践中持续积累并不断丰富，同时也出现了一些具有创造才能的杰出人物，他们总结医学经验，阐述医学知识，并寻找更有效的治疗手段和方法，极大地推动了医学的发展。医学在广泛和深入的社会实践中不断地得到传承和发展，并逐渐与巫术相分离，最后终于确立了自己的独立地位。

至此，专家认为，"医源于实践""医源于圣""医源于巫""医源于动物本能"等观点从不同的侧面说明了中医的起源。因此，各种观点的综合才是对中医起源问题的合理解释。

古代的五刑创制于何时

我国是一个有着悠久历史和古老文明的国度。在远古的唐尧时期已有五刑的雏形，据《尚书·舜典》记载，舜任命皋陶主管司法，专门执掌五刑，他对皋陶说："汝作士，五刑有服。"到公元前 21 世纪的夏代，以五刑为主刑的法律制度逐渐完善。至周朝已统一实行墨、劓、剕、宫、大辟五种刑罚。根据犯罪事实，区别情况适用刺墨、割鼻、砍脚、破坏生殖器、死刑。秦、汉两个朝代，沿袭周朝以前的五刑制度。隋、唐之后，随着封建社会生产力的发展，刑法上以笞、杖、徒、流、死的新五刑代替了墨、劓、剕、宫、死的旧五刑。即抽鞭子、打脊仗、关徒刑、刺配和死刑。当然每个刑种当中还分为数个刑级，以《隋书·刑法志》五刑中的"徒"为例，分 5 个等级：判一年徒刑的加鞭 60 笞 10；二年徒刑加鞭 20 笞 20；三年徒加鞭 80 笞 30；四年徒加鞭 90 笞 40；五年徒加鞭 100 笞 50。鞭笞均为主刑的附加刑。以死刑为例分 3 等：绞、斩（分为斩首、斩腰）、凌迟。这种新五刑一直为梁、元、明、清各封建王朝所沿袭，可谓解五刑一贯制了。

到了汉朝，汉武帝废除百家，独尊儒术，把五刑中的每一种刑罚都赋予了封建主义的伦理内容。东汉班固著的《四虎·五刑解》中阐释，古代五刑的伦理基础是"五行说"。中华民族的祖先认为，天地间万物的本源都是由金、木、水、火、土五种物质元素构成的。两种元素相克适用于刑法，就会产生五刑中的一种刑罚。所谓水火相克，水必灭火，于是便确立了死刑。土与水相克，水来土掩，便确立了宫刑，即割除或者破坏生殖器。金与木相克，金必刻木，确立了墨刑或剕刑，用刀断肢体、刻肌肤等。

对于生活在今日的青年人来说。五刑已成为遥远的历史，只能从现在法制史的课本上了解它，但是对于有志于研究法制史的人们来说，他们一定会知道关于五刑的创制问题，至今法学界仍有很大争议。一种观点是"五刑始于兵。"他们认为，原始社会末期，部落之间发生频繁战争，加速了强胜的氏族的权力集中和社会分层,成为形成国家的契机。有战争就会有俘虏,出于仇视敌对部落,奴役俘虏,于是便开始有了以断肢体、刻肌肤的肉刑,进而形成了五刑制度。还有一种观点是"五刑始于三苗。"他们认为,原始时苗族是一较大民族,生息繁衍于长江中游以南地域,当时苗族的农业比较先进,其部落联盟酋长为炎帝,也叫神农氏。后来炎帝所属的长江以南部落与轩辕黄帝所属的江北部落会合在一起,构成了中华民族。苗族把五刑也带过来了。还有一种说法是夏禹讨伐三苗时,从三苗那里学来了墨、劓、腓、宫等刑罚,此后,夏、商沿袭。这些虽说都是学术争鸣,但也说明五刑始于何时何地仍然是个难解之谜。

第三节　皇室迷雾

尼禄纵火焚烧了罗马城吗

尼禄,古罗马帝国皇帝,54 年登基,是罗马最神秘的皇帝之一。关于尼禄的传闻很多,他早期的统治是很仁慈的,罗马甚至相当鼎盛,但从 59 年起他变得残暴无比,曾有传言说 64 年的罗马大火是由他操纵的。大火连烧了 7 天,市内 14 个行政区只有 4 个区没被波及,数千人丧生。火灾以后,尼禄用猛兽咬死许多被怀疑是纵火犯的基督徒。

那罗马城的这场大火究竟是不是尼禄放的呢?他为什么要纵火?古今史学家对此意见很不一致。

古罗马位于意大利南部那不勒斯附近。始建于公元前 6 世纪,曾有一段时期经济十分繁荣,成为欧洲的政治、文化、经济和贸易中心,直到 64 年 7 月 18 日被一场大火变成了废墟。

这场大火迅速蔓延,全城 14 个区被烧毁了整整 10 个区,其中 3 个区化为焦土,其他各区只剩下断瓦残垣。在罗马城历史上这是被记入史册的一次空前的大灾难。大火吞噬掉了无数生命财产,许多宏伟壮丽的宫殿、神庙和公共建筑物被付之一炬,同时遭到这场浩劫的还有在无数战争中掠夺来的金银财宝、艺术珍品以及不朽的古老文献原稿。

按照当时流行的说法,是暴君尼禄下令制造的这场大火。尼禄在罗马历史上以残暴著称。他幼年丧父,由母亲亚格里皮娜抚养长大。亚格里皮娜阴险,好权势。54 年她毒死尼禄的父亲克劳狄,将年仅 17 岁的尼禄推上了皇帝宝座。

受母亲的影响,尼禄性情残忍凶暴,生活骄奢无度,放荡不羁,经常在宫廷中举办各种盛大的庆典和宴会,宫女时常被命令佩戴着贵重的装饰品裸体跳舞。作为君主的尼禄整日不理朝政，只顾肆意挥霍金钱，纵情享乐。他还常以多才多艺的大艺术家自诩，扮成诗人、歌手、乐师乃至角斗士亲自登台表演，甚至还在希腊率领罗马演出队参加各种表演比赛，并以此为荣。不久之后，罗马国库渐渐耗损殆尽。尼禄为了满足自己的私欲，下令增加赋税，任意搜刮，甚至以"侮辱尊敬法"等莫须有的罪名没收、掠夺富人的财产，试图扭转国库危机。

可即便如此，尼禄为什么要放火烧城呢？

古罗马史家塔西佗认为是尼禄放火焚烧罗马城的，他在著作中写道："因为火是从埃米里乌斯区提盖里努斯的房屋那里开始的，这种种迹象都表明尼禄是在想取得建立一座以他的名字命名的新首都的荣誉。"他还描写道："当大火吞噬城市时，没有人敢去救火，因为许多人不断发出威胁不许人们去救火，还有一些人竟公然到处投火把。他们喊着说，他们是奉命这样做的。"古史家苏埃托尼乌斯的说法则更详尽："他以不喜欢难看的旧建筑和曲折狭窄的旧街道为借口，竟然如此公开地点着了这座城市，以致几位前任的执政官在他们自己的庄园上发现尼禄的侍从拿着麻屑和火把时，竟然不敢拿捕他们。而在他特别想占用的黄金房屋附近的一些谷仓，是先用作战器摧毁后才付之一炬的，因为它们的墙壁是石头的。"

传闻说尼禄纵火焚烧罗马古城，仅仅是因为对简陋的旧城感到厌烦或是为了一观火光冲天的景致而取乐。据说当时他登上自己的舞台（一说为花园的塔楼），看着烧成一片火海的罗马，在七弦琴的伴奏下，一边观赏肆虐的大火造成的恐怖情景，一边高声吟诵有关古希腊特洛伊城毁灭的诗篇。他甚至在罗马城遭受重创之后不久，就在帕拉丁山下修建了"黄金之屋"。这座"金屋"里的陈列，不仅有金堆玉砌的宫廷建筑中常见的装饰，而且有林苑、田园、水榭、浴池和动物园，以让人领略其特有的湖光水色、林木幽邃的风景。黄金、宝石和珍珠把整个宫殿内部装饰得富丽堂皇，餐厅的天花板用象牙镶边，管中喷出股股香水。在浴池里则是海水和泉水的混合物。尼禄看到这座豪华别致的建筑物时，赞叹说："这才像个人住的地方。"传说尼禄还想建立一座以他的名字来命名的新首都。

为了消除群众对他的不满情绪，尼禄便找别人当他的替罪羊。他下令逮捕那些所谓的"第一批受迫害的基督徒"，并说他们就是纵火嫌疑犯。尼禄企图通过这种暴行转移人们的视线，使人们憎恨那些所谓的"纵火犯"。

苏联学者科瓦略夫则持反对意见，他认为这场大火并不是尼禄放的。他认为，"人民中间传说，城市的被烧是出于尼禄的意思，他仿佛是不满意旧的罗马并想把它消灭以便建造一个新的罗马。另一个说法是，烧掉城市是为了使元首能够欣赏大火的场面并鼓舞他创造一个伟大的艺术品。显而易见，这些说法都与事实不符，而火灾则是偶然发生的。特别应当指出，火灾是在七月中满月的日子开始的，而在那样的日子里，它的'美学'效果是不怎么好的。"

繁华的古罗马城在顷刻间化为乌有，这不能不令人扼腕叹息。这场大火究竟是不是尼禄所为？至今还是一个难解的悬案。

是否真的有圆桌武士

在古老的西方一直流传着武士的传说，那便是亚瑟王（King Arthur）和他的圆桌武士。在大多数人的心目中，亚瑟王及其所率领的圆桌骑士团的武士，是世界上的坚忍忠勇志士的代表，是维护文明、抵制蛮强入侵的英雄。

亚瑟王是英格兰传说中的国王，圆桌骑士团的首领，一位近乎神话般的传奇人物。他在罗马帝国瓦解之后，率领圆桌骑士团统一了不列颠群岛，被后人尊称为亚瑟王。关于亚瑟王的传奇故事，最初如何诞生，源自何处，皆无从查考。究竟亚瑟王是不是以某位历史人物作为原型塑造出来的虚构角色也不得而知。如果确实存在亚瑟王这个人物，据推测他所生活的年代大概是公元 500 年左右，其间是一段 50 年左右（符合所知的各亚瑟王版本）的时期。

公元 800 年左右，威尔斯的修士撰写了一本《布灵顿人的历史》一书，书中首次记载"亚瑟"这个名字，描述他领导威尔斯人抵抗从泰晤士河中游入侵的撒克逊人。

那么为什么称这些武士为"圆桌武士"呢？"圆桌"这一词又是从何而来呢？

亚瑟王迎娶妻子时其父赠予亚瑟王一张可容 150 人（一说 50 人）的圆桌（一说 Merlin 所制造）。亚瑟王率领的圆桌骑士据说是 128 人（还有 32、24 人等版本）。其中有一个"Siege Perilous"（危险席），只有注定获得圣杯的（一说品行完全没有污点的）骑士才可以安坐该席而不丧命。

从此之后，亚瑟王宫廷的正中央一直放置着这台圆桌，这圆桌象征了蔓延到全国各地的荣耀和王权，如同国王加冕时手握的宝球一样重要。但圆桌的含义要比宝球更加深远。任何在圆桌周围坐着的武士都不会觉得地位比别人低，不会觉得委屈。圆桌是嫉妒、贪图权力与高位的解药，而中古时代战争与动乱正源于上述种种人类缺点。但是亚瑟王也规定，只有最杰出的"威猛无比、本事极大"的武士才能成为圆桌武士。

多年之后，曾有一位精通木工的专家对这台圆桌很好奇，并对圆桌做了认真检查，推断这台圆桌大概是 14 世纪制成的。他的看法也得到了碳-14 年代测定法的证实，断定圆桌用的大约是 14 世纪 30 年代所砍伐的树木制成。所以，如果这张桌子不是亚瑟王所制，又会是谁制这张桌子的呢？有人认为英王爱德华一世的可能性最大，他当政年代是 1272~1307 年。

不管亚瑟王及其武士是否曾经坐过这张圆桌，它的存在不再仅为单纯的家具之用，更成为亚瑟王及其武士忠勇坚毅的一种象征。真正的圆桌抑或早已灰飞烟灭，抑或至今尚存在某个不为人知的偏僻角落，而传奇的武士们则将千古流芳。

亚历山大大帝是被毒死的吗

公元前 323 年,伟大的征服者亚历山大大帝(公元前 356～公元前 323 年)正处于权力的鼎盛时期。他以巴比伦作为根据地,准备进攻阿拉伯半岛,吞并整个古波斯帝国。在他征服世界的宏伟计划中,这一次行动显得至关重要。

亚历山大大帝

就在进攻尚未开始的前几天,亚历山大大帝在晚宴上与朋友们尽情畅饮,可是当天深夜,他忽然病倒了。仅仅 12 天之后,亚历山大大帝便与世长辞。这不仅让人费解,一向强壮且非常年轻的亚历山大怎么会忽然离世,是谁,或者是什么,杀死了这位伟大的军事家?

让我们回到亚历山大大帝的童年时代。公元前 356 年,亚历山大出生于马其顿王国,是国王菲利普的爱子。那个时期,马其顿王国以其险峻的地形和强大的军事力量而远近闻名。亚历山大从父亲菲利普国王身上继承了独特的军事思想,从他的老师、哲学家亚里士多德那里萌发了对世界的好奇心以及探索未知的动力。亚历山大似乎生来就注定要成为一名好勇斗狠的战士,他喜欢和朋友们一起打猎、饮酒,更喜欢筹划战争。20 岁那年,父亲菲利普国王被人暗杀,亚历山大继承王位,从此,他开始了征服世界的历程。不久,他就击败了阿富汗的地区头领,很快又对印度半岛上的王侯展开了猛烈进攻……在仅仅 10 多年的时间里,亚历山大就建立起了一个面积超过 200 万平方英里的帝国。

尽管亚历山大大帝拥有无可比拟的军事天才和超乎寻常的号召力,但同时他也是一个粗暴残忍、喜怒无常的人,而且长期大量酗酒给他的身体造成了严重的伤害。首先是从性格上渐渐显现的:他开始变得越来越偏执,缺乏自我保护意识,比年轻时更加热衷于冒险。他曾经在醉酒之后,下令焚烧了伊朗的波斯波利斯城,也曾在一怒之下杀死对他有救命之恩的好朋友。可以说,在亚历山大的性格中,没有"克制"这个词。

那这样看来,亚历山大的死是不是与过量饮酒有关呢? 直到现在一直没有定论,有关亚历山大的死因有以下几种说法:

一是与毒药有关。在一本记述亚历山大罗曼史的书中提到了这个毒杀阴谋。书中还有一处鲜为人知的细节,甚至还说在那次晚宴上,有一部分人预先已经知道他将被毒死,然而竟然没有一个人站出来制止。难道很多人都盼望亚历山大大帝早些死亡吗?

二是与高烧有关。这一说法来源于皇家日记,其中记载着亚历山大死于疾病中的高烧。

那么,哪一种说法更加可信呢?大多数历史学家认为,疾病中高烧致死的记录是虚构的,目的是为了掩人耳目。

而有关亚历山大被下毒谋杀的传闻在其死后 20 多年里一直广泛流传。为了调查毒药谋杀的真实性,格利弗侦探前往希腊北部的奥林匹斯山中——亚历山大的故乡古马其顿。调查期间,一位名叫安提帕特的马其顿地区的地方长官被列入怀疑人的范围,他可能是毒药谋杀计划的策划者。他被怀疑的原因是当时他刚被亚历山大解职,可能因担心自己性命不保而暗杀亚历山大。那么,亚历山大会不会因此而成为这个垂死挣扎的马其顿家族的牺牲品呢?要知道,马其顿贵族素来以血腥暴力著称,这是一个充满了家族仇恨、谋杀和暴力的世界,血腥甚至可以称得上是一种时尚。

据说,亚历山大在宴会上喝酒不到半小时就感到不舒服,出现呕吐现象,腹部感到剧痛,说话困难,身体逐渐变虚弱。那亚历山大的这种反应究竟是什么毒药引起的呢?有的早期历史学家曾认为是希腊人熟知的番木鳖碱。可是,毒药学家认为不然,因为番木鳖碱的中毒症状很典型:肌肉收缩、下颌僵硬、眼睛凸出、后背弓起。而且误食后只需四五个小时,中毒者就会死亡,而亚历山大却是在 2 天之后去世的,与事实不符。

可是,格利弗侦探并不完全相信这种观点,因为亚历山大的父亲菲利普死于剑下,毒药并不是马其顿人所钟爱的武器。

不过,细心的毒药专家在查找了 25 种古希腊毒药之后,其中一种叫白菟葵的毒性植物引起了注意。这种毒性植物在马其顿很常见,根部蕴涵着有毒成分。这难道就是杀害亚历山大大帝的凶手?菟葵在当时也被小剂量地用作药品,用来清洗肠胃,并作为泻药帮助人体排泄,最重要的是,它具有治疗精神疾病的作用,但如果剂量过大,就变成了一种毒药。这成了破案的另一条线索。

这一发现令格利弗侦探感到震惊。因为据他所知,亚历山大在死前曾服用过这种药。

除了在各场战役中受过各种伤外,亚历山大的精神也受到过严重的打击。他在死前 8 个月,失去了最亲密的朋友赫法斯蒂昂。赫法斯蒂昂从少年时代起就跟随亚历山大,他不仅是亚历山大的得力干将,更是他精神上的依靠。亚历山大曾对众人说,赫法斯蒂昂爱护的不是作为国王的我,而是我这个人。赫法斯蒂昂死后,亚历山大难过至极,下令为他的好友建造一座巨大的陵墓。沉重的打击使亚历山大患上了精神疾病,而治疗精神疾病的药物,白菟葵是其中的一种。

因此,如果亚历山大为了急于恢复健康而不断服用白菟葵的话,很可能会送命。他很年轻,年轻人通常急躁,他会急着离开病床,因为他心里还有很多宏大的计划在等待实现。当时亚历山大和医生一定都很着急,于是他服用了过量的药物,并酿成了最后的悲剧。

如果真是这样,那么对于一个仅花了 10 年时间就建立起一个庞大帝国的人来说,这无疑是一个可悲的结局。在他制定的宏大战略里,他还要率领大军去攻打罗马和欧洲,如果他能再活 10 年,很难想象西方世界的历史会发生怎样的改变。

不过,这只是一种猜测,亚历山大大帝究竟死于何因,至今并无定论。

亚历山大大帝英魂何在

亚历山大大帝(公元前 356~公元前 323 年)以 33 岁的年纪忽然病逝,给后世人留下了种种谜团。而在他死后,有关他的故事依然是疑点重重。

亚历山大死后,他的部下托勒密将军(后来成为埃及国王)用灵车把他的遗体运往埃及,葬于亚历山大城,并为他建造了一座富丽堂皇的陵墓。可是到了公元 3 世纪,有关陵墓之事,不知为什么却变得悄然无息了。陵墓是否建成? 建在哪里? 它是什么样子? 这些问题没有人能够回答。

按照古希腊的习俗,创建城市的国王死后一般都要埋葬在城市中心。因而有的考古学家分析认为,亚历山大大帝的陵墓很可能在位于城市东部的皇宫区。也有人认为,陵墓应该在两条街道的交叉点上。近年来,波兰考古学家玛丽亚·贝尔纳德对当地出土的古陶灯进行了一番研究后发现,古人在制作陶灯时,在边上绘制了古代亚历山大城的模型。因此她对陵墓的位置做了一个有趣的推测。她认为在模型中有一个圆锥形的建筑物可能就是亚历山大陵墓。因为,奥古斯丁皇帝的陵墓就是尖顶圆锥形建筑。这种墓形很可能模仿的就是亚历山大陵墓。

据有关图书上记载,亚历山大死前曾有一些预兆。在行军路上,一个巫师曾经预言他在巴比伦会遭遇不幸,劝他不要去,这让他心神不宁。为了避免不幸,他最终还是绕过了巴比伦。可是,随后当他乘坐游船时,帽子却被风刮到了古亚述国王的墓上,他认为十分不吉利,急忙命水手前去取回。可是那个去取帽子的水手回来时竟把帽子戴在自己头上,这让亚历山大更为恼火。这些巧合给他造成了严重的心理压力。当然这些都是传言,亚历山大的死因至今尚无结论,再加上由于亚历山大城的衰败,亚历山大大帝的陵墓再也找不到了。

正是这种种难解的疑团,更让考古学者兴趣盎然,他们费尽力气寻找,甚至找到了亚历山大的父亲菲利普国王的陵墓。

20 世纪 70 年代,研究古代马斯顿历史的考古学家安德罗尼克斯发现了菲利普国王的陵墓。大殿中央停放着高大的大理石石墩,上面设有镶着宝石的、沉重的瓶状墓饰。国王的遗体安放其中,周围是一些珠宝金器、王权标志、战盔等物品,闪耀着璀璨的光芒。其中有五个用象牙雕刻的雕像,制作相当精美,特别引人注目。这五个雕像是国王的一家:腓力二世本人、他的妻子、儿子亚历山大和腓力二世的父母。这个发现在考古界引起了轰动,被认为是 20 世纪考古中最伟大的发现。

但是令人感到遗憾的早,迄今仍没有找到亚历山大大帝的那座藏满珍宝的坟墓。

恺撒大帝的死亡预兆

恺撒大帝,全名为盖乌斯·尤利乌斯·恺撒(公元前 102~公元前 44 年)。恺撒出身高贵,父亲曾任行政长官。恺撒受过良好的教育,从少年时代起,就学习过修辞学和演说术,从政初期曾是民主派领袖,反对贵族派。在年轻时曾历任财务官、监察官、祭司长和大法官等官职。公元前 60 年与庞培、克拉苏结成三头同盟,共同统治罗马共和国,史称"前三巨头"。

恺撒一生的确充满了矛盾和悲剧色彩:他交友广泛,仗义疏财,宽容政敌,不计前嫌,可最终却被自己的部下和最亲近的朋友所谋害;他身经百战,在枪林弹雨中毫发未损,却在和平时代以"神圣不可侵犯"之躯,死于乱刀之下;他生前多次拒绝帝王的称号,最后却被当作暴君诛杀,而死后他的名字又被西方帝王用作头衔。

这些神秘的巧合让恺撒大帝不仅在生前,其死后更引起世人的关注。

公元前 68 年~公元前 61 年期间,恺撒大帝成功地征服了高卢地区。然而,恺撒取得的巨大胜利引起了罗马元老院中那些政敌们的惊慌,他们命令恺撒独自回返罗马。对于政敌想置他于死地的意图,恺撒心知肚明,但他还是跨越鲁比肯河回到了罗马,并与元老院所属部队交战 4 年之久,最终大获全胜,被任命为终身独裁。

恺撒大帝

恺撒执政时期,逐渐走向军事独裁,这引起了部分固守罗马共和传统元老贵族的不满,他们不是为了人民的自由,而是为了他们自己的利益,组织起一个阴谋集团谋杀恺撒。而恺撒对于这一切都有预兆。

在恺撒大帝被刺前夕,曾有一位预言家警告他说,这个月会有灾难,劝他不要外出。而且在他被刺前一晚上,他的妻子曾做过一个可怕的噩梦,梦中恺撒惨死。醒来后,妻子请求恺撒取消第二天的行动,不要去元老院开会。

种种迹象都表明,恺撒的生命正在受到威胁。然而,让人费解的是,公元前 44

年3月15日,恺撒在去元老院开会时竟然撤去了自己的贴身护卫队,独自一人前往。这证明什么呢?难道恺撒明知有危险而甘愿送死?

在前往元老院的路上,已得知谋杀计划的希腊语教师阿特米多拉斯,曾秘密递给恺撒一张字条以警告他有人要谋害他。但不幸的是,恺撒以为这只是普通的陈情字条,并未阅读其中的内容。到了元老院,恺撒刚刚入座,谋刺者就将他团团围住,展开攻击。恺撒试图抵抗刀光剑影,但仅仅数秒钟他就已经身中23刀。没过多久,在元老院会议厅的一座雕像下,恺撒在一片血泊中断气身亡。

被奉为神明一样的恺撒大帝就这样死了,然而关于他的死亡,以及死亡前的预兆却为他增添了层层神秘之纱,也为历史学家留下了许多待解的谜案。

英王威廉二世真是死于意外吗

宫廷自古就是一个钩心斗角、尔虞我诈的地方。在权势和财富两个欲望之手的牵引下,即使是手足情深,也会因此而自相残杀,更有甚者还会做出杀母弑父之事。历史上人称"红面庞"的威廉二世,似乎也是因为此类原因而丧命狩猎场。

公元1100年8月的一天,黄昏时分,英王威廉二世在新林骑马狩猎。新林在英国南部,当时是皇家狩猎苑。威廉的弟弟亨利和一些随从同行。一行人分为几个狩猎小组,国王和他的亲信顾问蒂雷尔一组猎鹿。国王看见一只赤鹿跑过,立刻射了一箭,射中了赤鹿,但是那只鹿并没有死。很长一段时间威廉坐在马鞍上不动声色,他用手挡着夕阳的斜照光线,想看清楚那只受伤赤鹿的行走路线。

据传说,一直被威廉视为亲信的蒂雷尔就在此时射了一箭,鹿没有射到,却射中了国王,国王向前面倒下去,那支箭在国王摔到地上的时候更深地插入他的胸腔,国王当时便没了气息。蒂雷尔急忙跑出树林向法国逃去。亨利则和其他人策马飞奔,赶到邻近的收藏皇室财宝的曼彻斯特。亨利把财宝抢到并确实予以掌握后,便马上赶回伦敦,加冕登基为亨利一世。此时,距威廉去世仅3天,众人从猎鹿的树林离开时,威廉二世仍然暴尸荒野。

但是国王之死至今还有很多疑点。首先威廉二世是死于意外,还是被他那充满野心的弟弟谋害了呢?还是像有些人所说的威廉二世心甘情愿地依照异教徒的可怕教规自杀身亡呢?

据说大多数人相信传说中所出现的凶兆,这凶兆是威廉到新林行猎前夕所做的一个噩梦。他梦见自己躺在血泊中而被惊醒,惊醒时不断狂叫。此外,还有人说听见国王命令蒂雷尔杀死他,因为根据威廉信仰的"宗教",他已经老而无用,作为一个权力逐渐衰落的国王,必须在仪式中引颈就戮。

威廉一世共有3个儿子,威廉二世排行老二。威廉一世在世时已给3个儿子分了家,留给长子罗伯特的是法国的诺曼底,给次子威廉的是英国,三子亨利没有土地,只获得一笔财富。罗伯特与威廉经常争执不下,甚至兵戈相见,但是罗伯特和亨利在 1096 年以诺曼底为抵押,向威廉借了他们所需的钱。罗伯特在 1100 年夏季起程返国时,还娶了一个十分富有的女人。威廉决定,绝不让哥哥还债把诺曼底赎回,他开始计划强夺诺曼底。新林猎鹿驾崩事件就是在他做这种准备的时候发生的。

同时,如果亨利真的企图谋权篡夺英国王位,他一定已把形势看得非常清楚,出乎意料的新发展对他篡位的计划有所妨碍,所以亨利先下手为强,其后只需对付一个哥哥而不必再与两位兄长争雄。威廉二世驾崩,罗伯特又远在他乡,亨利就能篡夺他原本无权过问的王位。证明亨利要对猎鹿时发生"意外事故"负责的一个有力证据是:他从未试图追捕蒂雷尔回来以弑君之罪论处,甚至没有没收蒂雷尔的土地以示惩罚。这都成为亨利谋杀哥哥的证据。

可是,以亨利的本领和为人是否能组织这样一个谋朝篡位的大阴谋呢?蒂雷尔与主谋勾结杀掉恩公和朋友,又会得到什么好处呢?事实上自惨祸发生直到去世,蒂雷尔从来都没有承认过他有弑君的行为。

这样看来,亨利的嫌疑最大,但他要策划这样一个缜密的阴谋也不是一件容易的事情,幕后必然有出谋划策的人。那真正的幕后真凶是谁?英国历史上的这一悬案何时才能水落石出呢?

英王爱德华八世为爱情放弃王位

说起爱德华八世(1894～1972 年),人们都知道他甘愿放弃英国王位,迎娶一个离婚两次的美国妇女沃丽丝·辛普森的故事。这段不爱江山爱美人的传奇,也早已成为经典的爱情故事。可其中的隐情又有几人知晓呢?

这位被爱德华八世迎娶的平民妇女就是沃丽丝·沃菲尔德,她既没有绝世的容貌,也没有过人的才华。可是 1931 年王太子在伦敦第一次遇到沃丽丝时,就为她通晓事理和举止得体的气质所倾倒。那时沃丽丝虽然已近中年,但依然窈窕如初。爱德华王子对沃丽丝一见倾心,但是父母、王室、内阁及各自治政府上上下下竭力反对王子的这一举动。身患重病的乔治五世曾满怀忧虑地对首相鲍尔温说:"我死之后,这个孩子很快就会把自己毁掉!"

乔治五世病逝之后,王子登上王位,即爱德华八世,随后马上宣布要迎娶沃丽丝。他的决定遭到了包括首相鲍尔温在内的谋臣们的一致反对,而爱德华八世却回答:"我现在考虑的唯一问题就是自己配不配当沃丽丝的丈夫,和她在一起就是我永远的幸福……无论当国王还是不当国王,我都要娶沃丽丝。为了达此目的,我宁愿退位。"

由于政治风暴骤然来临,沃丽丝在"存心勾引国王,妄想当王后的'美国冒险家'"等各种诽谤、咒骂声中悄然离去,她不愿由于自己的爱使国王受到伤害。于是远在国外的沃丽丝写信给爱德华八世,要求分手。可是爱德华八世却说:"即使因为和你在一起我一无所有,我也没有怨言,比起你来,王冠、权杖和御座都不重要。"爱情高于一切的誓言使沃丽丝在各种诽谤、咒骂声中得到了安慰。

1936 年 12 月 11 日,在位不到 10 个月还未加冕的爱德华八世发表了告别演说,他满怀激情地说:"我的朋友们,没有我所爱的那个女人的帮助和支持,我感到不可能承担我肩负的重任。"几个小时后,他便在皇家海军驱逐舰的护送下离开英国,去寻找沃丽丝了。

英王爱德华八世

1937 年,乔治六世继位,封爱德华八世为温莎公爵。温莎公爵与沃丽丝在法国结婚,并一起幸福地生活了 35 年。1972 年,78 岁的温莎公爵病逝,沃丽丝在对丈夫的思念中度过了她人生最后的 14 年。沃丽丝每天都要将丈夫的遗物整理好,并一直保持他生前的模样。她在晚年整理了回忆录,并整天沉浸在她丈夫喜欢的音乐中。

1986 年 4 月 24 日,沃丽丝因肺炎在巴黎郊外逝世,享年 90 岁,她和温莎公爵之间动人的爱情故事也圆满地结束了。但是作为"历史上的伟大爱情一例",它将永远被人们津津乐道。

人们对爱德华八世"不爱江山爱美人"的举动有着不同的看法和猜测,对此褒贬不一:一些人认为,王子是受"现代派思潮"的影响,要以此来冲击腐朽的君主制度;也有人认为是王子经受不住沃丽丝美色的引诱;还有人认为王子是为了真挚的爱情。最让人无法理解的是沃丽丝从来不公开为温莎公爵辩解,也不为自己洗刷冤屈,是被世俗和礼教所束缚,还是另有隐私? 有朝一日人们也许可以了解这段爱情故事的真正意义,也希望人们会从他们已公布的 80 多封情书中发现有用的线索。

亚历山大一世爱上了自己的妹妹吗

在俄国历代沙皇中,亚历山大一世是最难以评价的一位,他被人们称作"北方的斯芬克斯",一生中留下了无数个未解之谜。他与胞妹叶卡捷琳娜的关系是纯洁的兄妹之情,还是违背伦理的乱伦之爱? 就是其中一个令很多人疑惑的难解疑案。

保罗一世与皇后玛丽娅·费多罗夫娜共生有三子二女,其中长子亚历山大,长

女叶卡捷琳娜,兄妹俩年龄相近,从小一起长在皇宫中,父母太热衷于权力斗争,备受忽视的两个孩子自幼就建立了很深的感情。但是他们的祖母是俄国历史上赫赫有名的叶卡捷琳娜二世,她的私生活极其放纵,当时整个上流社会在她的影响之下,到处都弥漫着一股淫靡的气氛。在这种风气的熏陶下,亚历山大在少年时代就已经情窦初开,显出他多情的性格特征。宠爱他的祖母在他只有16岁的时候,就为他娶了巴登王国14岁的小公主路易莎(后改名伊丽莎白)。美丽温柔的妻子让新婚中的亚历山大新鲜了好一阵子,但时间一长,这股新鲜劲儿就过去了,亚历山大又开始了在外面拈花惹草。特别是在他即位之后,那些垂涎他地位的女人纷纷对他投怀送抱,因此他身边常常是美女娇娃成群。其中既有上流社会的贵妇,还有法国女歌唱家,甚至在访问普鲁士期间,还与普鲁士王后路易莎眉目传情。但是亚历山大一世和他的祖母非常不同的是,在和这些女人交往时非常有节制,即使在情醉神迷的时刻也能克制自己,把关系限制在谈情说爱和精神恋爱的范围里。那些贵妇人的丈夫们对自己的妻子和皇帝的暧昧关系也沾沾自喜,对于亚历山大的风流韵事整个宫廷上下也早已习以为常,大家背后议论的倒是亚历山大一世与妹妹叶卡捷琳娜之间的特殊关系。

叶卡捷琳娜是当时公认的大美女,所有人都觉得她光彩照人,才华横溢,但是孤傲自负,举止唐突,有时甚至行为放肆,令人惊奇。兄妹俩经常单独闲坐,彻夜长谈,有时动作过分亲昵,许多宫中随从都觉得他俩之间有些行为太出格了。

亚历山大一世和叶卡捷琳娜都住在皇宫之中,每天都可以见面,但却几乎每天都要相互写信。如果亚历山大一世外出巡视或是出国访问,兄妹俩的书信往来就更加频繁。当亚历山大一世的情妇怀上小皇子之后,亚历山大第一个将这个消息告诉了叶卡捷琳娜,在信中他写道:"我在家里给你写信,我伴侣的孩子都向你致意……我在这个小家庭里的幸福和你对我的深情,是生活对我仅有的吸引力"。

亚历山大还在给妹妹的信中这样写道:"知道你爱我是我幸福的源泉,因为你是世界上最完美的尤物之一","我像疯子一般爱你! ……看到你,我高兴得如痴如狂,我像个着魔的人,四处奔波,多希望能在你的怀里甜蜜地松懈下来"。这让人不能不怀疑他们之间的变态关系。

1808年,威镇欧洲的法兰西皇帝拿破仑突然向叶卡捷琳娜求婚,这使亚历山大非常不高兴。他不能忍受将心爱的妹妹嫁给法国的"食人怪物",便婉言谢绝说:"如果仅仅由我一个人做主,我很愿意同意。但我不能独自做主,我母亲对自己的女儿仍然享有权利,对此我不能表示异议。我将试图劝导她同意。她有可能接受,但我不能担保。"叶卡捷琳娜知道这件事后,却有些不快,她一方面表示不愿意离开"亲爱的哥哥"远嫁异国他乡,另一方面又责怪兄长回绝得太早。

亚历山大一世害怕拿破仑又来求婚,于是匆忙将叶卡捷琳娜嫁给相貌平常、地位一般而且性格懦弱的德国奥登堡公爵，婚礼举行得非常仓促。婚后，叶卡捷琳娜仍常住在圣彼得堡。当她的丈夫病死后，兄妹之间的感情又像以前一样无所顾忌了。

亚历山大一世和他的妹妹之间到底是一种什么样的感情？很让人捉摸不透。作为一个庞大帝国的一国之君，他会做出乱伦的事情来吗？而且，亚历山大一世也算得上是俄罗斯帝国历史上比较洁身自好的沙皇了，他和皇后伊丽莎白的感情后来也一直不错。而更令人不能理解的是，作为一个女人和公主，叶卡捷琳娜能违背人伦纲常，不顾世人的唾骂，而和自己的兄长玩这种危险的感情游戏吗？

这些未解的悬案将来是否能真正揭开就不得而知了。

沙皇彼得三世死因之谜

彼得三世·费奥多罗维奇（原名卡尔·彼得·乌尔里希，1728～1762 年，1761～1762 年在位）是俄罗斯帝国皇帝，荷尔斯泰因·哥道普的卡尔·腓特烈和安娜·彼得罗芙娜之子，彼得大帝的外孙。

1725 年，雄才大略的彼得大帝驾崩之后，俄国陷入了长期的动荡中。1762 年，沙皇彼得三世继位一年之后，王后叶卡捷琳娜发动宫廷政变，推翻了他的统治。7 月，彼得三世在狱中突然死去。彼得三世因何而死？他的死与叶卡捷琳娜是否有关呢？这成为历史上的未解之谜。

彼得三世从小生活在德国，非常崇拜普鲁士军事制度与德国文化，而对自己的祖国毫无兴趣，他甚至认为俄国是一个令他厌烦的国家，根本不愿治理这种国家。1761 年伊丽莎白女王逝世，彼得三世继位。由于国内政局长期动荡，人们都希望彼得三世可以整顿一下国

沙皇彼得三世

家。然而刚刚上台的彼得三世，却经常以自己的喜好对俄国现行制度和法令乱加改动，他推行的一些政策损害了教会与贵族的利益，这让他们感到十分不满，尤其是在对外政策上，彼得三世的所作所为让政界和军界都非常反感。

叶卡捷琳娜，原名索菲亚·奥古斯特，出生于德国一个贫穷的家庭。当她知道自己成了彼得三世的未婚妻之后非常激动，她当即和母亲一起，不远万里来到俄国首府彼得堡。为了做一个称职的皇后，她努力学习俄语，还改信了东正教，不久她就能用标准的俄语虔诚地朗诵东正教的誓言，在场的大主教和教徒们听后十分感

动,并流下泪来。1745 年 8 月,彼得正式娶叶卡捷琳娜为妻。但是婚后,叶卡捷琳娜才发现彼得是个好色之徒,他甚至把情妇领到家中。而同时伊丽莎白也对她这个异邦女子有所怀疑,并派人监视她。年轻的叶卡捷琳娜虽未做过多的反抗,却暗暗记着这些仇恨。她一面刻苦读书学习如何治国,一面在政界和军队中扶植拉拢亲信,并将情夫们都安排到重要部门,以便为她夺权做准备。

1762 年 6 月 24 日,彼得三世去奥拉宁堡发动对丹麦的进攻,叶卡捷琳娜被留在彼得堡。7 月 9 日凌晨 5 时,叶卡捷琳娜发动政变,控制了首都局势,成为女皇。彼得三世要求与女皇平分政权,遭到叶卡捷琳娜的断然拒绝。彼得三世无可奈何只好宣布退位,最后的条件就是女皇能归还他的情人、小提琴和一只猴子,以便他能度过后半生。7 月 18 日,叶卡捷琳娜在枢密院正式登基,史称叶卡捷琳娜二世。就在叶卡捷琳娜登上皇位的同一天,彼得三世便暴死在狱中。

俄国古老的封建宫廷中始终存在着阴险欺诈与不择手段的争斗,专制独裁与宫廷政变经常一起发生,彼得三世正是这种独裁政治的牺牲品。但彼得三世究竟因何而死? 一种说法称他是被人毒死的,当时法国外交部档案记载:一些人按照俄国风俗亲吻彼得三世的遗体以示告别,这些人的嘴唇后来却奇怪地肿了起来。还有一种说法称彼得三世是在酒后与人打骂被人失手打死的。第三种说法则是女皇为除后患,派人勒死了彼得三世。

彼得三世的真正死因是什么? 叶卡捷琳娜又在其中做了什么手脚呢? 这一切都不得而知。

雍正为何忽然身亡

雍正皇帝,爱新觉罗·胤禛,庙号世宗,是清朝入关之后的第三任皇帝。

雍正从登基到死亡一直是一位争议颇多的皇帝,他的即位令人猜疑百出,实行的严厉治国政策让人议论纷纷,而他的突然暴死,更给后人留下了未解的谜案。

关于雍正之死,清宫档案中雍正朝的《起居注》是这样记载的:雍正十三年八月(1735 年),雍正皇帝住在圆明园,八月十八那天他与大臣们商量处理少数民族事务,八月二十他召见宁古塔的几位地方官员,第二天仍然正常办公,说明这时他的身体仍然很好。到了八月二十二,他却突患重病,当天晚上,已经奄奄一息的雍正宣布传位给儿子乾隆。第二天,58 岁的雍正在圆明园去世。

对雍正皇帝的突然死亡,清朝官方只有如此简单的记载,也没有说明任何原因,从而引起了人们的猜测,其中最具代表性的是中毒身亡一说。

雍正未登基之前,就对丹药有浓厚兴趣。他曾写过一首《烧丹》诗:"铅砂和药物,松柏绕云坛。炉运阴阳火,功兼内外丹。"从中可以看出,雍正早年就对炼丹有了相当的研究和兴趣。雍正即位后,极力推崇金丹派南宗祖师张伯端,把他封为

"紫阳真人"。雍正四年（1726年）开始，雍正就经常吃张道士炼制的一种叫"既济丹"的丹药。从他对田文镜奏折的批语中，可以知道他感觉服后有效，还把丹药作为礼品赏赐给鄂尔泰、田文镜等大臣。

雍正不仅崇尚吃丹药，还热衷于炼制丹药。清宫《活计档》是专门记载皇宫日用物品的内务府账本，里面披露了雍正炼丹的一些情况。最早的记载是在雍正八年（1730年），主要内容是：十一月十七，内务府总管海望和太医院院使刘胜芳一同传令：往圆明园秀清村送去桑柴750公斤，白炭200公斤。十二月初七，海望、刘胜芳传令：往圆明园秀清村送去口径1.8尺、高1.5尺的铁火盆罩一件，红炉炭

雍正

100公斤。十二月十五，海望、刘胜芳和四执事侍李进忠一同传令：往圆明园秀清村送去矿银10两、黑炭50公斤、好煤100公斤。十二月二十二，海望和李进忠又一同传令：圆明园秀清村正在炼银，要用白炭500公斤、渣煤500公斤。

档案中提到的秀清村位于圆明园东南角，依山傍水，是一个进行秘事活动的好地方。根据档案记载，在一个多月的时间里，往秀清村送的木柴、煤炭就有2000多公斤。清代皇家宫苑取暖做饭所用的燃料都是定量供应，并有专门账本，从不记入《活记档》。同时，操办这件事情的海望是雍正的心腹，刘胜芳则是雍正医疗保健的总管太医院院使。而档案中的"矿银"和"化银"等，是炼丹所用的必需品。由此可以得出结论，从雍正八年末，雍正就在圆明园秀清村开始炼丹了。研究人员从《活计档》中发现，从雍正八年到十三年这5年间，雍正先后157次下旨向圆明园运送炼丹所需物品，其中光为炼丹用的煤炭就有234吨，此外还有大量矿银、红铜、黑铅、硫磺等矿产品，由此可以想见几年间秀清村炼丹的情景。

雍正吃了道士炼制的丹药，自我感觉不错，就拿出一部分赏赐给亲信官员。在雍正十二年三四月间，雍正曾经两次赏发丹药。对此，《活计档》里是这样记录的：第一次三月二十一，内大臣海望交丹药四匣，按雍正旨意，分别赏给署理大将军查郎阿、副将张广泗、参赞穆登、提督樊廷等四位大臣。第二次是四月初一，内大臣海望交丹药一盒，按雍正的旨意，用盒装好赏赐给散秩大臣达奈。这两次赏赐旨意都是从圆明园来的帖子传发，又是内务府总管海望亲手交出。由此可知，这些御赐"丹药"，就是在圆明园的御用炼丹炉里炼制的。

事实上，炼丹所用的铅、汞、硫、砷等矿物质都具有毒性，对大脑和五脏侵害相

当大。

雍正死前的 12 天，《活计档》中曾记录："总管太监陈久卿、首领太监王守贵一同传话：圆明园要用牛舌头黑铅二百斤。"黑铅是有毒金属，过量服食可使人致死。100 公斤黑铅运入圆明园，之后不久雍正便在这个园子内突然死去，史学家认为这不是偶然巧合，而是直接证明了雍正之死完全有可能是丹药中毒造成的。

随着雍正档案的发掘和研究，雍正服丹致死的说法越来越引起一些史学家的关注和认同。因为从清宫档案看，雍正确实长期服食丹药。那么，丹药的有毒成分在他体内长期积累，最终发作，导致了他的暴亡，这是极有可能的，不少专家都通过著作对此进行了详细的推断。

但是，无论怎么说，这也只是猜测，并不是真正的结论，这一历史悬案究竟谜底如何，还需进一步研究证实。

雍正即位是一个阴谋吗

康熙（1654~1722 年）姓爱新觉罗，名玄烨，即清圣祖。他生有 36 个儿子，除了夭折及过继出去的，还有 26 个。康熙 69 岁驾崩，临终之时，定谁为太子一直悬而未决，因此，皇子们都为争夺太子之位相互倾轧，明争暗斗，出现了皇太子党、皇八子党和皇四子党等党派。康熙死后，由皇四子雍亲王胤禛即位，年号雍正，即雍正皇帝。

从雍正继位开始，史学界乃至民间对其继位的问题从来没有停止过议论和争论。野史笔记、文艺创作，更是对此倾注了极大的热情。综合之后大致有几种说法：

据正史记载，雍正即位是合情合理的。《清圣祖实录》记载康熙临终那天，曾召集允祉、隆科多说："皇四子人品贵重，深省朕躬，必能克承大统，着继朕登基，即皇帝位。"朝鲜国《李朝实录》载"康熙病剧，解其挂念珠与胤禛曰：'此乃顺治帝临终时赠朕之物，今我赠尔，有意存焉，尔其知之。'"还有一些能证明康熙病重期间，胤禛被委以重任的资料，说明康熙对胤禛的信任。

雍正六年，有人投"逆书"，列雍正十大罪状：即谋父、逐母、弑兄、屠弟、贪财、好杀、酗酒、好色、诛忠、任佞。如果"谋父"实有其事，那么，雍正的即位就值得怀疑了。

据野史中说，康熙病重时，胤禛进了一碗人参汤，不知为何，康熙就死了。接着，胤禛就继位了。换句话说，康熙是被胤禛毒死的。此说似乎也在理：因为原来康熙病情已经稳定，而 13 日骤变，突然去世，哪能不使人生疑？又据说，当时有个意大利人马国贤曾身临其境，认为即使不是毒害，也出现了非常事变。另外，据推测，畅春园是在隆科多的严密控制下，是他负责康熙的安全警卫及执掌兵权的，而

世界未解之谜

历史未解之谜

图文珍藏版

他是雍正的舅舅，那时只有他能接近康熙。因此，不能排除他参与下毒之可能。

如果照此推理，雍正不是即位，而是篡位。这也有值得耐人寻味的地方。

据说，在康熙的继承人方面，得康熙赏识又众望所归的，是皇十四子胤禵。康熙五十七年，胤禵被任命为抚远大将军总西北各路大军，代父亲征新疆和西藏。康熙亲口夸奖胤禵有带兵才能，是良将，要部下绝对服从胤禵。而且康熙死时的遗诏上写的原文是："传位十四阿哥胤禵。"那么，雍正谋父后，又怎样"篡位"的呢？据说是隆科多擅自篡改了遗诏，将"十四子"改为"于四子"，将"胤禵"改为"胤禛"了，雍正依诏登基，顺理成章。还有人说，雍正初年，他借口杀了隆科多是为了杀人灭口，让篡位之事变成永远的秘密。还推断，雍正之所以在皇十四子返京之前"谋父"，也是怕另生枝节，影响自己当皇上。

当前，史学界还有两种说法。

其一，二者必有其一说。据说，康熙本来有胤禛和胤禵两个继承人选，但在当日病情突变时，仓促之间，他必选其一，因此选中了四子胤禛。

其二，康熙本欲立胤禵，但病发突然，已近临终，而代父远征的胤禵二十多天才能到京，来不及，康熙深知"国不可一日无君"，否则众皇子为争夺皇位可能互相残杀，后果不堪设想，加上康熙平日对胤禛印象也不坏，只好顺水推舟，将皇位传给了胤禛。

光绪死亡疑案

光绪三十四年（1908年）十一月二十一日，光绪皇帝死于西苑（今中南海）瀛台涵元殿。他以38岁的年纪离世，短短38年的人生历程可分为4个时期：从出生到4岁为醇亲王子时期，从4~17岁为少帝时期，从17~28岁为亲政时期，从28~38岁为"囚帝"时期。

光绪短暂的一生里，除了身为醇亲王之子的童年时期，其他时间都生活在苦闷里，尤其是生命的最后10年，他被慈禧皇太后"废黜"，过着孤独幽禁的生活，心里的忧闷无处发泄，"怫郁摧伤，奄致殂落"。这一点，从清宫太医院档案选编的《慈禧光绪医方选议》一书可以看出，该书所选有关光绪182个医方中，神经衰弱方64个，骨骼关节方22个，种子长寿方17个等。

尽管光绪常年生病，但是皇宫的医药条件很好，即使不能除根去顽，但也不至于突然死亡。而且，光绪是在慈禧死去的前一天突然驾崩。这一消息经宫廷传出，震惊朝野。于是，光绪被人谋害致死的说法，随之流传开来。

光绪帝的死因，主要有两种说法，一种说法是患病正常死亡；另一种说法是被人下毒谋害致死。

第一种说法的支持者认为，根据光绪37岁时的病案记载，光绪有近20年的遗精史,最初是每月遗精十几次,后来每月二三次,经常是无梦不举就自行遗泄,冬天更加严重。因此腰腿肩背经常感觉酸痛,略感风寒,便觉耳鸣头痛。从现代医学角度来看,光绪患有严重的神经官能症、关节炎和骨结核等疾病,这应是导致光绪壮年早亡的直接病因。光绪身边有6位御医,每天一人轮流诊治,各抒己见,治法不一,也耽误了医治。

光绪三十四年(1908年)三月初九日,脉案记载:皇上肝肾阴虚、脾阳不足、气血亏损,病势严重。在治疗上不论是寒凉药,还是温燥药都不能用,处于无药可用的地步,宫中御医们束手无策。五月初十日脉案记载:调理多时,全无寸效。七月十六日,江苏名医杜钟骏看过光绪的病症说:"我此次进京,以为能治好皇上的病,博得微名。今天看来,徒劳无益,不求有功,只求无错。"九月的脉案记载:病状更加复杂多变,脏腑功能已经失调。十月十七日,三名御医会诊脉案记载:光绪的病情已经出现肺炎症,及心肺衰竭的临床症状。一致认为光绪皇帝已是极度虚弱,元气大伤,病情危重。十月二十日,光绪的脉案记载:夜里,光绪开始进入弥留状态、肢体发冷、白眼上翻、牙关紧闭、神志昏迷。十月二十一日,脉案记载:光绪的脉搏似有似无,眼睛直视,张口倒气。傍晚时,光绪死。

这些学者根据清宫医案记载认为:光绪帝从开始病重,一直到临终,病状逐渐加剧,既没有中毒的迹象,也没有暴死的征象,属于正常死亡。

第二种说法的支持者中,对于下毒者的确定又分为慈禧、李莲英、袁世凯等多种说法。

其一,慈禧临终前派人毒死光绪。《崇陵传信录》和《清稗类钞》等书里认为:慈禧太后病危期间,恐怕自己死后光绪重新执政,推翻前案,倒转局势,于是令人下毒手,将光绪害死。《我的前半生》一书记载:"有一种传说,是西太后自知病将不起,她不甘心死在光绪前面,所以下了毒手。"人们普遍认为:年仅38岁的光绪,反而死在74岁的慈禧前面,而且只差一天,这不会是巧合,而是慈禧处心积虑的谋害。

其二,李莲英毒死光绪。英国人濮兰德·白克好司的《慈禧外传》和德龄的《瀛台泣血记》等书,认为清宫大太监李莲英等人,平日里仗着主子慈禧的权势,经常中伤和愚弄光绪,他们怕慈禧死后光绪重新掌权,对自己不利,就先下毒手,在慈禧将死之前,先把光绪害死。

其三,袁世凯毒死光绪。溥仪在《我的前半生》一书中,谈到袁世凯在戊戌变法时,辜负了光绪帝的信任,在关键时刻出卖了皇上。又说:袁世凯担心一旦慈禧太后死去,光绪绝不会轻饶他,所以就借进药的机会,暗中下了毒,将光绪毒死。

其四,不知姓名之人毒死光绪。曾做过清宫御医的屈贵庭,在民国间杂志《逸经》上著文说:在光绪临死的前三天,他最后一次进宫为皇上看病,发现皇上本已逐渐好转的病情，突然恶化，在床上乱滚，大叫肚子疼，没过几天，光绪便死了。这位御医认为，虽不能断定是谁害死了光绪，但肯定光绪是被人暗中害死的。

从光绪死的那天开始，人们就怀疑他不是正常死亡。人们总觉得他死在慈禧前面，而且只比慈禧早死了一天，这件事太奇怪了！但所有这些猜疑，到今天为止，也只是猜疑，因为至今没有确凿史料证明光绪是被害死的。

同治皇帝死于何病

同治帝6岁登基，在位13年。同治十二年十二月，同治帝死于养心殿。他的死因，扑朔迷离，至今依然是个疑案。

据说，同治皇帝生活放纵，与家庭的关系不和谐。有文记载：同治好近女色，或着微服出游。有人给他进"小说淫词，秘戏图册，帝益沉迷"。他常到崇文门外的酒肆、戏馆、花巷游玩。野史记载："伶人小六如、春眉，娼小凤辈，皆邀幸。"又记载同治宠幸太监杜之锡及其姐："有奄杜之锡者，状若少女，帝幸之。之锡有姊，固金鱼池娼也。更引帝与之狎。由是溺于色，渐致忘返。"据记载："醇亲王奕𫍽曾经泣谏不要微服出行，同治质问从哪里听来的？醇亲王怫然语塞。又召恭亲王奕䜣，问微行一事是听何人所言？答：'臣子载澂。'同治微行，沸沸扬扬，既不能轻信说其有，也不能断然说其无！"

同治皇帝

同治十三年（1874年）十二月初五，同治帝在养心殿去世。慈禧将罪过栽到皇后头上。皇后阿鲁特氏见同治皇帝死，十分悲恸，水米不进，吞金自杀，幸好被人救下来。皇后之父崇绮，将此事奏禀慈禧皇太后。皇太后毫不在意地说："随大行皇帝去吧！"所谓大行皇帝，是指已死但尚未入葬的皇帝，意思是说让皇后随夫殉葬。而且慈禧不立同治与皇后的后代为嗣，而是让同治的堂弟兼姨表弟载湉继承皇位。皇后走投无路，只能自尽以了残生。光绪元年（1875年）二月，同治帝死后75天，皇后阿鲁特氏"遽尔崩逝"，年仅22岁。

关于同治皇帝之死，传说颇多，主要有三种说法，一种是说死于天花，二是说死于梅毒，三是说死于天花和梅毒。

第一种说法，主要是根据历史档案和翁同龢日记。翁同龢日记记载：同治于十月"二十一日，西苑着凉，今日（三十日）发疹"。十一月初二日，"闻传蟒袍补褂，圣躬有天花之喜"。又记载："昨日治疹,申刻,始定天花也。"初九日,召见御前大臣时,"气色皆盛,头面皆灌浆泡饱满"。上谕云:"朕于本月遇有天花之喜,经悖亲王等合词吁请静心调摄"云云。经学者研究清宫历史医案《万岁爷进药用药底簿》后认为:同治帝系患天花而死。在同治得了天花以后,太医公布病情与药方,宣布同治之病为"天花之喜"。慈禧太后既文武大臣对同治之病,不是积极地寻求新医药和新疗法,而是依照祖上传下的规矩,在宫内外进行"供送痘神"的活动,敬请"痘神娘娘"入皇宫养心殿供奉。宫内张挂驱邪红联,王公大臣们身穿花衣,按照"前三后四"的说法,要穿7天花衣。同治的"花衣期"延长为"前五后七",就是可望12天度过危险期。慈禧、慈安两宫太后,还亲自到景山寿皇殿行礼,祈求祖先神灵赐福。内务府行文礼部,诸天众圣,皆加封赏。一身疮痍的同治,在皇宫求神祭祖的喧嚣中离开了人世。他死在养心殿,这里恰是他的祖先顺治被天花夺去性命的寝殿。《崇陵传信录》记载:"惠陵上仙,实系患痘,外传花柳毒者非也!"近年专家们发现了御医给同治看病的《脉案》。医学史专家对相关档案进行了认真分析,结论是:同治皇帝死于天花。

第二种说法,主要根据历史档案和翁同龢日记。野史中也有载述,《清宫遗闻》记载:同治到私娼处,致染梅毒。翁同龢日记云:十一月二十三日,"晤太医李竹轩、庄某于内务府坐处,据云:脉息皆弱而无力,腰间肿处,两孔皆流脓,亦流腥水,而根盘甚大,渐流向背,外溃则口甚大,内溃则不可言,意甚为难。"二十八日又记:太医云:"腰间溃如梳,其口在边上,揭膏药则汁如箭激,丑刻如此,卯刻复揭,又流半盅。"二十九日再记:见"御医为他揭膏药挤脓,脓已半盅,色白而气腥,漫肿一片,腰以下皆平,色微紫,看上去病已深。"李慈铭日记也记载:"上旋患痈,项腹皆一,皆脓溃。"但他又说:"宫廷隔绝,其事莫能详也。"

其实,这两种说法都有不当之处,据清宫史专家指出,清朝典章制度极为严格,皇帝私自从紫禁城里出去寻花问柳,几乎是没有可能的。另一种意见却认为,同治重修圆明园计划遭百官反对而失败后,百般无聊,便在太监的引导下,微服出宫,寻欢取乐。那时候,外国人可能已知同治帝之病,如美国公使给本国政府的报告说:"同治皇帝病若以西医及科学方法诊治,绝无不可医治之理,绝非不治之症。"然而,同治帝是一国之君,太医开方要经过严审,出于为君者讳,是不能公布病症实情,也不能按病开方,下药不对症,医治无疗效。

第三种说法,与前两种一样也是主要根据历史档案与文献资料进行推断而得。御医诊断同治的症状是:湿毒乘虚流聚,腰间红肿溃破,漫流脓水,腿痛盘挛,头颈、胳膊、膝上发出痘痈肿痛。这种看法是:同治或先患天花未愈而又染上梅毒,或先患梅毒而又染上天花,两种疾病并发,医治无效而死。

除此之外,民间对于同治皇帝的死因也有种种传说。对此,清朝官方一概沉默,不予申辩。因此,同治皇帝究问是死于什么疾病,也许将成为一个永远的历史疑案。

慈禧太后的出生地究竟在哪里

慈禧从一位贵人到皇太后,再到清王朝的最高统治者,对中国历史产生了重大的影响,所以对其身世也有多种说法,特别是关于慈禧的出生地,可谓众说纷纭。

慈禧的曾祖父吉朗阿,曾在户部任员外郎。祖父景瑞,曾在刑部山东司任郎中。道光二十七年(1847年),景瑞因为没能按时退赔其父吉朗阿在户部任职时欠下的银两亏空而被革职。外祖父惠显曾在山西归化城当副都统。父亲名叫惠征,曾在吏部任笔帖式,后屡有升迁。道光二十九年(1849年)被外放道府一级的官职。同年4月,任山西归绥道。咸丰二年(1852年),调任安徽徽(徽州府)宁(宁国府)池(池州府)太(太平府)广(广德州)道的道员。

从慈禧之父惠征的履历看,他曾先后在北京、山西、安徽等地任职。那么,慈禧出生在何处?史料中没有留下任何文献记载,也许谁也没有想到一个普通官宦之家的女子会成为执掌大清国朝政近半个世纪的圣母皇太后。

为查找慈禧的出生地,北京学者从清宫档案中找到了清朝皇帝选秀女的名单,这在档案中叫作"排单"。其中有咸丰五年(1855年)慈禧的亲妹妹被选为秀女的记录。慈禧的这位妹妹后来成了醇郡王奕譞的侧福晋,光绪皇帝的生母。"排单"上明确记载:此女属满洲镶蓝旗,姓叶赫那拉氏,父亲名叫惠征,最高官职做到五品的道员。根据这份"排单",学者认定咸丰五年之前,慈禧的娘家住在北京西单牌楼北劈柴(辟才)胡同。所以,这里应该是慈禧太后的出生地。

此外,还有人认为慈禧出生在北京东城方家园。《清朝的皇帝》一书中记述:"慈禧母家在东城方家园,父官至安徽徽宁池太广道,时当道光末年,洪杨起事,惠征守土无方,革职留任,旋即病殁,遗妻一,子女各二,慈禧居长。"

至今,慈禧的出生地没有确定,慈禧入宫时选秀女的"排单"也没有发现,所有的一切都只是传说或猜测,主要有如下五种异说。

一说,慈禧出生于甘肃兰州。主要根据慈禧的父亲惠征曾任过甘肃布政使衙门的笔帖式。传说慈禧出生在当年他父亲住过的兰州八旗马坊门(今永昌路179号院)。但是,经过专家查阅文献和档案,发现惠征虽然做过笔帖式,但其地点是在北京的吏部衙门,而不是在兰州的布政使衙门。

二说,慈禧出生于浙江乍浦。主要根据慈禧的父亲惠征曾在浙江乍浦做官。《人民日报》曾发表一篇小文,题目是:《史界新发现——慈禧生于浙江乍浦》。这篇文章说:慈禧的父亲惠征,在清道光十五年至十八年(1835~1838年)间,曾在浙江乍浦做过正六品的武官骁骑校,而慈禧正是在这段时间出生的,所以她的出生地在浙江乍浦。这篇文章又说:在现今乍浦的老人当中,仍然流传着关于慈禧幼年的传说。

当时的规定,京官每三年进行一次考核。学者查阅清朝考核官员的档案记载:这时的惠征被考核为吏部二等笔帖式,三年后又被"懿妃(慈禧)遇喜大阿哥"档案作为吏部笔帖式进行考试,可见这时惠征在北京做吏部笔帖式,为八品文官。所以,这种说法值得怀疑:其一,惠征不能同时既在北京做官亦在浙江做官;其二,官职也不对,在京师是文官,在浙江是武官;其三,品级也不合。

三说,慈禧出生在安徽芜湖。主要根据是慈禧的父亲惠征曾做过安徽徽宁池太广道的道员,道员衙署在芜湖,因此说她出生在芜湖。

慈禧既然生长在南方,善于演唱江南小曲,由此得到咸丰帝的宠幸。一些小说、影视多是这么说的,比如电影《火烧圆明园》中有这样一个情节,兰贵人(就是后来的慈禧)在圆明园"桐荫深处"唱一曲缠绵小曲,咸丰皇帝听得如醉如痴,从此博得宠爱。显然,不能以慈禧善唱南方小曲,便孤立地作为她出生在南方的证据。就像北方人会唱黄梅戏,不能以此证明出生在安徽一样。根据历史记载:惠征当徽宁池太广道员是在咸丰二年(1852年)二月,正式上任是在同年七月。而慈禧已经在咸丰元年(1851年)入宫,被封为兰贵人;档案中还保存有兰贵人受到赏赐的赏单。可见慈禧不会是生于安徽芜湖。

四说,慈禧出生于今内蒙古呼和浩特。主要根据是慈禧的父亲惠征曾任过山西归(化)绥(远)道的道员。清代的绥远城,今为内蒙古自治区呼和浩特市,这种说法又称为内蒙古说。慈禧的父亲惠征当年曾任山西归绥道,道署在归化城(今呼和浩特市)。据说在呼和浩特市有一条落凤街,慈禧就出生于落凤街的道员住宅里,甚至传说慈禧小时候常到归化城河边玩耍。

但据文献记载,道光二十九年(1849年),惠征任山西归绥道道员时,慈禧已经15岁,所以说慈禧不可能出生于归化城。不过,慈禧可能随父惠征在归化城住过。慈禧的外祖父惠显,从道光十一年—十七年(1831～1837年)年,在归化城做官,当过副都统。慈禧可能在外祖父家住过。以上就成了慈禧出生归化(今呼和浩特)说的一个历史的影子。慈禧的母亲不可能从北京回娘家生孩子,因为这在当时既路途遥远,也不合礼法。所以,慈禧不大可能出生在今呼和浩特市。

五说,慈禧出生于今山西长治。这是近年来的一种新说法。此说认为慈禧不是满洲人,生父也不是惠征。据今山西长治当地传说:慈禧原是山西省潞安府(今长治市)长治县西坡村王增昌的女儿,名叫王小慊,4岁时因家道贫寒,被卖给上秦村宋四元家,改姓宋,名龄娥。到了11岁,宋家遭到不幸,她又被转卖给潞安府(今长治市)知府惠征做丫头。一次,惠征夫人富察氏发现龄娥两脚各长一个瘊子,认为她有福相,就收她做干女儿,改姓叶赫那拉氏,取名玉兰。后来玉兰被选入宫,成了兰贵妃。

说慈禧是王家的女儿,当地提出的根据是:王姓家谱从乾隆五十九年(1794年),一直续谱到现代。王氏家谱上更写着:"王小慊后来成为慈禧太后"。但是,这份家谱不是原家谱,是后来重抄的。

当地还传说:在西坡村外边的山脚下,还有据说是慈禧生母的坟。坟前有碑,原来是木牌,后来竖立石碑。说慈禧是宋家的女儿,当地提出的根据是:

1.在上秦村里至今保存着一处娘娘院,被认为是慈禧入宫前住过的院落。

2.在宋家的炕上曾刨出了当年慈禧给宋家写的家信等,据说她娘家六代侄孙还保存着这封信。

3.在上秦村居住的宋家老人说:"慈禧太后是咱家的。"为此,宋家曾联名写信,要求政府调查澄清这件事。

上面的传说,有文有物,具体生动。长治地方众口一词,画押证明,说慈禧是长治人。长治市还为此专门成立了"慈禧童年研究会"。上述动人的传说,真是太传奇了。经专家考证,在这段时间,历任潞安府的知府共有 7 个人,但是没有惠征。既然惠征没有在山西潞安府做过官,那么慈禧怎会在潞安被卖到惠征家呢?

这个问题至今没有答案,就像慈禧的身世和出生地一样谜团重重,何时能够揭晓,需要等待研究者进一步探寻。

圣女贞德的生死之谜

圣女贞德出生于香槟区和洛林边界杜鲁弥村一个农村栋雷米的普通家庭,是一个非常平凡的农家少女。英法战争期间(1337～1453 年),她带领法国平民组成的军队对抗英军的入侵,作战勇敢,被称为"奥尔良姑娘",成了法国人民爱国斗争的旗帜。最后由于封建主的出卖,被捕并被处决。

当时法国北部被英国占领,而英国又与勃艮第公国结盟。当时栋雷米属于亲英国——勃艮第联盟的巴雷公爵的领地。

研究这段历史的人都觉得奇怪,贞德作为一个普通的农家少女,哪儿来的那么大勇气和胆识敢于带领军队向凶猛的侵略军挑战?法国军队为什么也甘于听命于她这样一位小姑娘呢?

据说,贞德 16 岁那年,她在村后的大树下偶遇天使圣·米歇尔、圣·玛格丽特和圣·卡瑟琳,从而得到"神的启示",要求她带兵收复当时由英国人占领的法国失地。幸运的是,经过几番周折,贞德终于得到了兵权,于 1429 年率兵成为解除奥尔良之围,并多次打退英国侵略者,更促成拥有王位继承权的查理七世于同年 7 月16 日得以加冕。

1430 年 5 月,英法战火复燃,勃艮等人拿起武器进行抵抗。由于贡比涅城告急,贞德率军队驰往增援。5 月 23 日,贞德率法军与英军交战,由于敌众我寡,贞德命令法军退回城里。不料城门外的吊桥已经除去,无法进入城中。贞德很快被敌军包围,势单力孤,只好束手就擒。

登基不久的查理七世,忘恩负义,得知贞德被擒,却不打算出兵救助。

由于战俘不能判刑,所以英军指控贞德施行巫术。

圣诞节前两天,贞德解往路洪。她被关在一间小屋里,用铁链锁住,日夜有士兵看守。1431 年 2 月 21 日,审讯开始,法官企图罗织罪名宣判贞德的死罪。尽管贞德据理力争,把法官们驳得哑口无言,但审讯结果,法庭依然判贞德犯了异端的罪,并表示,假如她拒绝悔罪,应交行政机关依法处理。贞德坚决否认自己犯了异端的罪,坚决不悔罪。她在狱里声称,她是天主派来的,神奇的声音是天上来的,这一切是千真万确的。

5 月 30 日,贞德被英军押赴里昂广场的火刑台。在万余名群众的注视下,实施火刑。当贞德瘦小的身躯被无情的烈火吞噬时,很多围观者听到她不断喊着耶稣的名字。烈火烧了很长一段时间,贞德竟然还没有被烧死。最后,她又低低地呼唤了一声"耶稣",慢慢变得悄无声息。

火刑执行完毕,但人们并不相信贞德已死,种种奇闻不胫而走。有个英国士兵说,贞德的灵魂离开肉身时,他亲眼看到一双白鸽自行刑的火堆中飞上天空。还有一些人说在火堆中出现"耶稣"的字样。不少人则认为火焰没有伤及贞德,行刑后她依然活在人间。那么贞德究竟有没有死?还是人们出于对她的热爱,一厢情愿地相信她仍然活在人世?这个问题就像她的领导才能一样,至今没有定论。

23 年后,英法百年战争以法国的胜利结束(法国只剩下加来还由英国控制),贞德的母亲和兄弟申请重新侦查贞德的案件。1456 年教宗下令组织委员会进行审查。审查的结果一致公认:贞德确是无罪的,所谓"异端"的罪名,全属无中生有。1920 年 5 月 16 日,贞德被封为了"圣女"。

伊丽莎白女王为何终身未嫁

伊丽莎白一世是英国都铎王朝最后一位杰出的女王,在她统治期间,英国国力达到了最鼎盛的时期。她确立了英国的国教制度,稳定国内政治,发展经济;对外方面,英国取得了海上霸权,在东方不断扩张势力。女王在内政外交上创造了无数的辉煌,可是,她在个人婚姻方面却始终"孤家寡人",一生独身,没有成家,成为人们百思不得其解的谜题。

伊丽莎白虽然终生独身,但是这也成为她的资本,她利用自己的婚姻大事作为资本,在欧洲各大国之间巧妙周旋。第一次是在她登基不久,当时国际社会迟迟没有承认她作为英格兰女王的合法身份。法兰西人更在为结束西班牙与法兰西之间的战争而举行的卡托一堪布累齐谈判中公然向伊丽莎白发难,提出了谁是英格兰王位合法继承人的问题。

伊丽莎白非常明白法兰西人的险恶用心,她不动声色地在暗中打起西班牙腓力二世这张王牌来。在一段时间内,她对腓力二世的求婚既不回绝又不应允,使腓力二世对联姻怀有希望,然后借助西班牙在国际事务中的影响力,敦促其他国家认可伊丽莎白作为英格兰女王的合法身份,求婚之事因此而拖了几个月。直到伊丽莎白了解到英格兰特使已在《卡托一堪布累齐和约》上签字,说明国际社会已承认了她作为英格兰女王的合法身份后,她才一改几个月以来的模糊态度,明确告诉西班牙使节,她不能与西班牙国王腓力二世联姻,原因是双方宗教信仰不一样。

此后,伊丽莎白多次将自己的婚姻用作进行外交的一种工具,众多王公贵胄向伊丽莎白求婚她都没有答应,或许她根本不打算结婚。然而她严密地隐藏自己的真实想法,她从不向各国王公贵胄关上求婚的大门,而是表现得欲言又止,一直让他们对联姻之事怀有希望,但最后往往是不给他们希望。

曾有一时期有人怀疑,伊丽莎白女王是不是有生理问题或者是心理问题,因而对异性不感兴趣。

其实,不想结婚的伊丽莎白也喜欢与男人交往。在宫廷之中,就有不少她喜爱的宠臣,达德利勋爵是其中最令她心仪的人。高大强健的达德利是贵族之后诺森伯兰公爵的公子,他英俊潇洒,一表人才,伊丽莎白对他十分宠爱,1564年加封他为莱斯特伯爵。实际上,伊丽莎白早就有与他结婚、永为伴侣的打算。可是有一件事情使她最终放弃了这个念头。那就是,莱斯特伯爵在成为女王宠臣之前已是有妻室之人。而且很凑巧,达德利之妻罗布莎特有一天突然命丧九泉,因此有好事者传说,罗布莎特是其丈夫为与女王成婚而故意谋杀致死的。不管此事是否属实,终究是人言可畏,女王深恐与达德利结婚会引来非议,有损君王尊严,终于未能与之结成连理。但事实究竟如何,是感情不够深厚?还是伊丽莎白反悔?或者罗布莎特负义?

1578年,法兰西国王亨利二世之弟、年轻的阿朗松公爵亲自登门向伊丽莎白求婚,但这场求婚却成了一场马拉松,直到5年之后,即1583年,50岁的伊丽莎白才明确宣布拒绝了他的求婚。

阿朗松成了最后一位求婚者。此后伊丽莎白再也没有提过婚嫁之事,其中奥秘如何,后人们有过种种猜测:

一是患有"婚姻恐惧症"。女王的父亲亨利八世三次杀妻、六娶皇后,使伊丽莎白女王从小就蒙上了一层心理阴影,不信任男人和家庭,患上了"婚姻恐惧症"。

二是她是阴阳人。女王的政敌则宣称她根本没有正常的生理功能,是一个阴阳人,因为宫中曾传出女王的月经少得可怜。而另一些持相反意见的人则说女王有过私生子。

三是国家政治关系需要。有人认为,从古至今各国王室成员的婚姻无不烙上深深的政治烙印,只是国家政治、国际关系的附属物,包含了太多的阴谋与利益关系,聪明的女王宁愿选择独身也不愿终生生活在龌龊的交易中。

总之,女王在位45年,大臣们为了她的不嫁之谜可以说是绞尽脑汁,但都没有能解开这个死结,随着女王的逝世,更难有解开之日了。

沙皇公主真的还在人世吗

1917年2月,彼得格勒爆发了资产阶级民主革命,在人民运动的强大压力下,尼古拉二世终于在3月15日宣布退位,统治俄国300年之久的罗曼诺夫王朝就这样退出了历史的舞台。

3月20日,资产阶级临时政府宣布:"确认退位国君尼古拉二世及其夫人已被剥夺自由,并将退位沙皇幽禁于皇村。"当时,皇后亚历山德拉和四位公主及皇太子早就提前被软禁在皇村了,晚上沙皇也被押送到那里。

沙皇的家庭成员一共有七位,家长为尼古拉二世,对于自己身份的剧烈跌落似乎显得无所谓。在皇村的日子他每天忙着扫雪、锯木、劈柴,或者陪着儿子做游戏,而女主人皇后亚历山德拉则没有沙皇那么好的风度了,厌恶她的人称她为德国来的"黑森林的苍蝇",实际生活中她是一个喜怒无常、好弄权术、迷信鬼神、生活放荡的人。四个公主分别叫作玛丽娅、塔季娅娜、奥莉佳和安娜斯塔西娅,其中只有大公主玛丽娅还经常陪同沙皇去散步和锯木头。从前养尊处优的四位公主在失去自由后生活非常无聊,只得以刺绣、打牌来消磨时光,时间一长也慢慢学会了一些基本的生活自理能力,偶尔也会为自己洗衣服和烤面包。皇太子阿列克谢只有13岁,童年时患过血友病,身体瘦弱,再加上他很懒惰,也不爱读书,常以身体不舒服为借口躺在沙发上不动弹,性格也很像他那位神经质的母亲。

那么怎样处置沙皇这一家呢?俄国的各派势力争执了很久,一时也没有定论。资产阶级临时政府准备先把沙皇一家送到摩尔曼斯克,再去丹麦,英国政府也决定派巡洋舰来接走沙皇。尼古拉二世表面上看起来神态自若,内心里却无时不在焦急地等待被遣送或是出走甚至是逃跑。但是事与愿违,沙皇一家先是被转移到西伯利亚的托博尔斯克,软禁在前省长的豪华官邸里。9个多月后又迁往乌拉尔的叶卡捷琳堡,并被关押在与外界隔绝的单独居室里。待遇的变化让沙皇一家嗅到了死亡的气息,他们积极准备着出逃。

1918年7月12日,乌拉尔苏维埃感觉到了形势的严峻,为了在俄国彻底废除专制皇权统治,他们果断地决定就地枪决沙皇一家。几天后的一个晚上,革命士兵和武装工人将沙皇一家七口人和四名亲信押进地下室,向他们宣读了乌拉尔工兵农苏维埃的决定,随后地下室就响起了一排枪声。经检验,11 个人当场全部死亡,尸体很快被火化,骨灰和遗物被抛进了一个泥潭中。

过去 80 多年来,一直有消息传出阿纳斯塔西雅逃过大难,原因除了是欧美等地均有人自称是公主之外,1998 年获证实是被枪杀的尼古拉二世及家人的骸骨堆中,的确发现少了两具,这令安娜斯塔西娅与弟弟逃出生还之说,更加言之确凿。

据说安娜斯塔西娅没有死于乱枪扫射下,是因为当时她将珠宝、钻石等置于紧身衣内,借"钻石避弹衣"弹开子弹,因而她只是受了轻伤,后来被善心人出手相救,得以保命。

但是苏维埃政权和苏联史学家在当时和后来都很坚决地否认有所谓俄国公主生还出逃的说法。叶卡捷琳堡的看守措施极为严密,看守人员绝对忠诚于苏维埃政权。安娜斯塔西娅是不可能逃走的。而自从沙皇一家被处决后,在西方各国自称俄国皇族后裔,招摇撞骗的人数不胜数,而在几十年中,在西方竟有 30 多位不同国籍的女人自称是安娜斯塔西娅,要求继承罗曼诺夫家族的遗产和爵位。

一幅骇人的情景:皇太子半躺在床边,他的头骨已被子弹炸开,垂下的手边有一支手枪,白沙皇尼古拉二世之女安娜斯塔西娅究竟是否生还于世? 这或许是俄国历史上永远不解的悬案吧!

真假公主悬案

1920 年 2 月,欧洲的一家媒体报道了一则消息:欧洲梅克佳堡有一位自称巴巴拉的公爵夫人向政府要求继承俄国沙皇在英国银行的存款及皇后的珠宝,因为她就是沙皇尼古拉二世的幼女安娜斯塔西娅公主。这则消息使整个世界为之震惊。当人们还没回过神来的时候,在美国又有一位安娜·安德森夫人宣称自己才是安娜斯塔西娅公主。一时间,世界所有报纸的头条都在报道这些消息。因为人们都知道,沙皇一家在"二月革命"时全都被捕,"十月革命"后被集体枪决,怎么会在这么多年后又出现了活着的公主呢? 而且一下就是两个。就算其中的一个是真正的公主,那么当年她是如何从枪口下逃脱的呢?

岁月如梭,当人们对安娜·安德森的名字差不多快遗忘的时候,在梵蒂冈修道院做了 20 年总管的修女帕斯库亚丽娜在临终前向人披露了一个秘密,那就是在 1928 年西伯利亚的叶卡特琳堡落入红色卫队手中时,俄国皇室的成员并没有全部被击毙,仅仅是沙皇、皇后和王子阿列克谢被枪杀。四位女公爵全都死里逃生,并几次受到梵蒂冈教皇的秘密接见。这个秘密与安娜·安德森夫人当年所陈述的相距甚远,但使人们再次将视线落到安娜·安德森身上。而安娜·安德森并未对帕斯库亚丽娜修女的秘密做什么表示,她一直没有放弃过证明自己的身份,并为之奋斗了 60 年。

人们对此案也一直都有疑惑在心头：到底谁说的是真的呢？假如帕斯库亚丽娜修女说的是真的,安娜的姐姐们都还活在人世,为什么要保持缄默,不出来为她作证呢？如果安娜·安德森是一个冒牌货,又为何要为证明自己的身份而不懈地坚持了60年？安娜公主的身份之谜也许又会成为一个永世之谜。

吉莉·拉包尔是自杀还是被谋杀

吉莉·拉包尔是希特勒同父异母的姐姐安吉拉·拉包尔的大女儿,比希特勒整整小了20岁。1928年夏天,希特勒在巴伐利亚邦靠近奥地利边境的上萨尔斯堡租用了瓦亨菲尔德别墅,并请来了当时正在维也纳守寡的安吉拉来替他管家,因此正当妙龄的吉莉就和母亲一起来到了希特勒的身边。当时20岁的吉莉长着一头金色的头发,浑身洋溢着青春的气息,像一朵娇艳的玫瑰一样美丽动人。并且吉莉还有着一副美妙的歌喉,曾在维也纳专门学习过声乐,性格开朗的她最大的梦想就是能成为一名歌唱家。希特勒很快就对她神魂颠倒了,为讨取她的欢心煞费苦心,带她去参加各种集会,陪她出去散步,请她去慕尼黑最高档的餐厅喝咖啡,观赏歌剧。总之,在很长一段时间里,在各种公共场合总是能看见两人的身影。希特勒曾经表示,他们在上萨尔斯堡和慕尼黑一起度过的那段时光,是他一生中最快活的时刻。可惜好景不长,很快两人之间就出现了很深的隔阂。

至于双方的隔阂是如何产生的,有着各种不同版本的说法。其中一些学者和心理传记作家认为,希特勒表达感情的方式俨然是一个患有"嗜秽症"的受虐狂。他觊觎自己的亲外甥女的美色,有乱伦的嫌疑,并且不许吉莉见任何人,使她如笼中之鸟,失去了自由。而热情活泼且富有艺术家气质的吉莉实在是无法忍受这种令人窒息的爱,多次反抗希特勒,想要离开他的控制。

到了1931年夏天,吉莉公开宣称,她要离开希特勒,回维也纳去继续学习声乐。希特勒坚决不同意她的要求,吉莉对他限制自己的行动自由很恼火,但争执很快就平静了下来。据说,在1931年9月17日早晨,希特勒有事要出去,临行前,两人亦发生了激烈的争吵。当怒气冲冲的希特勒正准备上车的时候,吉莉扑在窗台上哭着喊道："那么你是不答应让我去维也纳?"希特勒斩钉截铁地回答完"不答应"三个字后,就头也不回地走了。希特勒还没有到达目的地就接到电话,说吉莉已经中弹死在自己的房间里。

但是,不是所有的人都相信检察官的判断,在吉莉死后的许多年中,慕尼黑一直流传着一些吉莉被谋杀的说法。有的说她是被盛怒之下的希特勒枪杀的:主要是因为吉莉不答应与希特勒结婚,还极力地想要逃离他的身边。当希特勒不允许她离开的时候,吉莉扬言要把他不可告人的性怪癖——"嗜秽症"公之于众,希特勒恼羞成怒,便开枪灭口。

可是也有很多人认为吉莉是自杀的。据说吉莉爱上了一位当美术教师的犹太人，还怀上了他的孩子，希特勒当然不能容忍这种奇耻大辱，以她的母亲为要挟，逼迫她自杀。

另外，还有人猜测，拉包尔是不堪忍受希特勒强烈的猜忌和无理的性要求的折磨，而被迫自杀。也有人认为希特勒是真心地爱着吉莉的，只不过他的言行表现出他是一个十足的家庭暴君，对于吉莉来说，被他爱上实在是一种不幸，也许只有死亡才是她逃脱魔掌的唯一途径。

到底吉莉是因为什么而死的？是怎样死的？真相也许只有吉莉本人才最清楚，也许还有希特勒，但即使是这些人心中有秘密，他们也早已把它带进坟墓里去了，想要查清此案，并非一朝一夕的事情。

戴安娜王妃死于车祸吗

1999 年，颇受世人瞩目的戴安娜王妃于巴黎街头死于车祸，使英法两国大为震惊，媒体与记者成了人们指责的对象，并由此而引发了一场长达数年的诉讼大战。究竟是谁制造了戴安娜的死亡事件呢？是谋杀？还是车祸之后受伤而死？还是死于其他原因呢？

戴安娜王妃，原名戴安娜·斯宾赛，1981 年 7 月 29 日，美丽的戴安娜与查尔斯王子在白金汉宫结为夫妇。但是，婚后他们发现，两人性格差距很大，查尔斯喜爱的马球丝毫引不起王妃的兴趣；而戴安娜喜爱跳舞亦跟稳重的王子格格不入，再加上王室的礼仪烦琐，种种原因使两个人终于在 15 年后劳燕分飞。消息传出后，人们大多将责任归咎于查尔斯王子，对戴安娜王妃多持同情态度。

戴安娜王妃

之后，多迪·法耶兹出现在戴安娜的生活中，二人一见钟情，很快坠入爱河。1999 年 8 月 31 日，戴安娜与法耶兹结束地中海之旅后返回巴黎，并在丽斯酒店共进晚餐。随后二人一同乘车前往法耶兹在巴黎第 16 区的豪华住宅。为躲避记者追踪，饭店派保罗为他们开车。保罗把时速提到 160 公里。在阿尔马桥下隧道前面发生了意外事故。司机保罗和法耶兹当场毙命，戴安娜在后座，也身受重伤。记者们追踪而至，但是他们没有对伤者进行抢救而是围在汽车残骸周围，举起相机从各个角度拼命拍照。尽管戴安娜后来被送往医院救治，但是，终因心肺受重伤不治而亡。保镖重伤后幸存。

戴安娜遇难事件使英法两国为之震惊。巴黎警方迅速对戴妃死因展开调查。最初调查指出司机保罗是酒后驾驶，每公升血液酒精含量达到1.75克。但是后来不断有人证实保罗早已戒酒，开车当晚并没有喝酒。那戴安娜王妃究竟是怎样出的车祸？对戴安娜的死现在有以下说法：

一是谋杀。英国王妃戴安娜之死至今仍扑朔迷离，她儿子威廉也不相信其母是死于意外，他暗中找来军情五处前探员协助，誓要将凶手绳之以法。威廉王子在戴妃逝世4周年之际，曾跪在墓前发誓："我知道你是被谋杀的，直至凶手被法律制裁之前，我绝不会罢休。"据威廉的密友透露，威廉相信其母亲之死有太多疑点，最明显的是戴妃平时即使穿上隆重的晚礼服也坚持要系安全带，但车祸当晚她却没有这样做。

二是司机酒后造车祸。据法国法院判决说，根据周密调查，法庭认为为戴安娜开车的司机保罗酒后开车、超速行驶是造成车祸的直接原因，司机服用了过量掺药的鸡尾酒后，高速行驶而导致汽车失控后车毁人亡。

三是狗仔队围追堵截。很多人认为，由于二受到狗仔队的"围追堵截"，戴安娜王妃与男友法耶兹为摆脱一帮摄影记者的追逐，在巴黎发生车祸，双双身亡，司机也当场毙命。

四是种族主义分子谋杀。2000年8月，埃及富翁法耶兹要求美情报部门交出谋杀戴安娜证据，同时宣布他会起诉美国一些政府部门。美国中情局对被起诉不予置评，仅称对方认为中情局与法国车祸有关是荒谬的假设。法耶兹表示，他认定中情局和其他政府部门卷入了这起事故，而这起事故就是一个暗杀戴安娜的阴谋。

五是地雷商在中途埋下"炸弹"。这种说法指责地雷制造商杀害了戴安娜，甚至有人说在出事当时听到一声状似地雷爆炸的响声。因为戴安娜一直关心地雷带来的祸害，倡议全球禁制地雷，损害了他们的利益。

六是汽车出现故障。有报道称，肇事车辆曾被人盗去控制刹车的电脑中枢组件，令人怀疑车祸可能与汽车机件故障有关。有人目睹一部摩托车转向戴安娜所乘的车前面，在看到一些相机闪光后奔驰车便失去控制，据说当时摩托车上有两个人。

七是因延误救治时间。英国著名心脏外科专家克里斯蒂安·巴纳德表示，如果戴安娜在车祸发生后的10分钟内被送往医院，她可能已被救活了。巴纳德说，他们犯了一个非常严重的错误，只有手术才能制止大出血。而他们在现场磨蹭了一个多小时。由于没有得到及时的抢救，戴妃最终死于内出血。一位法国医生弗雷德里克回忆车祸现场时说，戴安娜是车上4人中情况最好的一个，她看上去"还不错，有活下来的机会"。

八是司机是情报人员。哈罗德商场的老板在英国BBC第五频道披露了一条

世界未解之谜

历史未解之谜

图文珍藏版

爆炸性的消息：司机亨利·保罗在车祸之前3年一直是英国情报部门军情六处领取薪水的告密者。那天，他事先就接到英国情报部门的密令，为戴安娜驾驶奔驰车，行车的路线都是严格按照情报部门预先制定的线路图进行的，包括走哪一条路，从哪个隧道经过，车速是多少等。为了杀人灭口，英法情报部门故意在保罗经过的隧道路口制造了这起车祸，企图制造假象让人相信这完全是因饮酒过度造成的一起交通事故。车祸发生后，司机的血样已在验尸房被人调换了。

九是法庭调查不准确。法耶兹指出，法国法庭公布的长达32页的调查报告疑点颇多，根本无法让人信服。法耶兹反驳说，调查报告未对下列疑点做出明确交代：那辆一直追逐在后面的神秘的菲亚特乌诺的轿车到哪里去了？那辆用激光枪瞄准司机造成目眩的摩托车到哪里去了？存放在情报机关的司机保罗的档案在什么地方？

十是戴安娜根本没有死。英国流传着一种美好的说法，戴安娜并没有死，依然活在世上，"诈死"是想摆脱传媒的追踪，重新过平淡生活，以逃避世俗的纷扰，她以另一种身份在世界的一个角落生活，只是没有人认出她。有人称，出事4个小时后才对外界宣布戴安娜死亡，有足够的时间隐瞒真相及让戴安娜改头换面。

尽管以上说法言之确凿，但大多是猜测，并没有明确的证据证明戴安娜究竟死于什么原因，所以戴安娜王妃之死依然是一个历史悬案，有待进一步研究取证。

杰奎琳为什么要嫁给希腊船王

杰奎琳·肯尼迪·奥纳希斯以美国第35任总统约翰·肯尼迪的夫人而闻名于世界，更以其个性及魅力赢得了美国人的喜爱。

1929年7月28日，杰奎琳出生于纽约长岛，1951年毕业于美国首都乔治华盛顿大学，毕业后在《华盛顿时报》论坛当摄影记者。在报社工作期间，她采访当时来自麻省的参议员肯尼迪时，两人从此结识。1953年，杰奎琳与肯尼迪订婚，杰奎琳当时称自己是"世界上最幸运的女孩子"。同年9月12日，24岁的杰奎琳与肯尼迪结婚。

7年之后，肯尼迪当选为美国历史上最年轻的总统。当时，年轻、漂亮、很有修养的第一夫人杰奎琳成了美国年轻人的偶像。在人们看来，她的确是最幸福的女人。可是，幸福很短暂，1963年11月22日，在得克萨斯州的达拉斯，肯尼迪总统坐在杰奎琳的身边遭到暗杀身亡。

但是，人们对这位总统遗孀充满了敬仰之情。杰奎琳在举国哀悼期间表现得冷静、坚毅和勇敢，她一手牵着女儿，一手牵着小儿子，站在肯尼迪的灵柩前。小肯尼迪在妈妈的指点下，举起手庄严地向自己父亲的棺椁敬礼——这一感人泪下的情景，让无数美国人为之动容。

令人没有想到的是,肯尼迪遇害5年后,杰奎琳与船王亚里斯多德·奥那西斯举行了婚礼。当时的杰奎琳39岁,依然年轻、美丽动人。而船王亚里斯多德已经62岁,尽管穿着一双高跟鞋,可是看起来还是比新娘矮上一大截。他们的婚礼引起了全世界的瞩目,特别是在舆论界引起的震动不亚于前总统约翰·肯尼迪的遇刺消息。

对于这桩婚姻,欧美甚至全世界的许多新闻媒体都充满了愤怒的情绪。

人们无法理解,为什么杰奎琳这么出色、曾经是第一夫人的杰奎琳要嫁给这样一个男人。自从肯尼迪总统遇刺之后,民众们普遍同情这位守寡的前第一夫人,把她当作完美的象征,因此当杰奎琳出现在各种社交场合的时候,总能引起一阵不小的轰动,而她再婚的消息,无疑将这个完美的神话破坏了。人们追究她与船王结婚的真实原因,试图找到原谅她的理由,可是,杰奎琳直到去世也从未透露过一个字。

不过,人们还是对此进行了猜测,主要呈现三种观点:

第一种观点被大多数人认同,认为她嫁给船王完全是因为经济上的原因,她需要一个可以供她挥霍的丈夫。希腊船王奥那西斯是世界上有名的亿万富翁,当他在1975年死去时,遗产总数高达10亿多美元。而众所周知的是,杰奎琳有着疯狂的购物欲,她在做第一夫人期间,家具、时装、化妆品、室内装潢、古玩、艺术品等都是她采购的重点,她已经习惯了到最高档次的商店购物而且从来不问价钱。就因为这件事,肯尼迪总统的母亲一直对她有很大的意见,她也曾因此与总统争吵过。事实上,嫁给奥那西斯之后,她就更变本加厉地疯狂购物,"10分钟内可能已进出了世界数家豪华商店,花了至少10万美元"。对于她的这种挥霍无度,富有的船王有时也觉得忍无可忍,常常把账单摔到桌子上,愤怒地说:"尽管我是富翁,但我难以理解这个女人为什么一下子要买200双鞋?除此之外,我还得给她买成打的手袋、裙子、睡衣、外套!"从这些可以看出,杰奎琳要想满足自己那无底洞一般的欲望,必须要找一个强有力的经济后盾,所以当她遇到奥那西斯这位亿万富翁的时候,简直是欣喜若狂,把自己的终身托付给了这个"只有5英尺高""既无魅力又不可爱的乏味透顶的老头子",她不是看中了他的大把的钞票又是什么呢?

第二种观点,杰奎琳的一些密友们和许多女性认为,奥那西斯自有他独特的魅力,杰奎琳就是被他的迷人之处打动,毅然嫁给了他。好莱坞著名影星伊丽莎白·泰勒就从女人的角度认为,杰奎琳找到了一个"迷人、和谐、体贴的伴侣",这位"机智的希腊海盗"以他地中海式的幽默出现在社交场合,他喜欢热闹,善于调情,这种性格吸引了寡居中孤僻的杰奎琳。

另外还有一种观点,认为杰奎琳嫁给船王是为了逃避厄运,为了自身和一双儿女的生命安全。肯尼迪家族有"美国的王室"之称,不仅拥有数不清的财富,更是在政坛上呼风唤雨,才俊辈出,但同时它也是个多灾多难的家族。当肯尼迪总统遇刺身亡后,她悲痛欲绝,好长时间不能从悲伤中恢复过来,从此对周围的环境时刻充满着警惕,害怕自己和子女再遭毒手。1968年6月6日,肯尼迪的弟弟参加总统竞选时遇刺身亡,再次重现了肯尼迪家族历史上恐怖的一幕,一直神经高度紧张的杰奎琳简直无法接受这一打击。在葬礼上,悲痛的杰奎琳当众宣布她要离开美国,"我诅咒这个国家,如果他们再下毒手,我的儿女无疑将首当其冲"。人们还没来得及领悟这句话的背后含义,《纽约时报》的头版就已经登出了她将与奥那西斯共结连理的新闻。自从杰奎琳嫁入肯尼迪家族以后,她就无时不因这个家族的权势和荣耀带来的种种灾难而忧心不已,自我保护的意识早已在她的心中扎下了根,所以当事情开始向着她预见的方向发展的时候,她只好立刻逃离了这个家族。

这场婚姻的背后到底有着什么样的秘密,除了当事人之外,恐怕谁也无法知道,这注定要成为一个永远无法解开的悬案。

第四节　政界悬案

华盛顿拒绝竞选第三任总统

乔治·华盛顿(1732~1799年)是美国的开国元勋。他自1789至1797年连续两次任美国总统,在美国历史上拥有独一无二的地位。他领导独立战争并取得了胜利,组建了第一个美利坚合众国政府,确立了国家信誉。在他执政期间,促进了海上贸易发展,收回了在联邦时期被侵占的领土,平息了少数白人的叛乱,制定了影响深远的土地政策,并使国内出现和平,国际政治经济地位明显提高。他在国民中享有很高的声誉。

但是,在他第二任总统任期即将结束时,仍有推举他继续担任总统的客观可能,且宪法上也没有限制,他不以功臣自居,断然拒绝竞选第三任总统,并于1796年9月发表了著名的《告别词》,说服国会,告诉国民,详细阐述他对治国安邦的见解。

华盛顿

对于华盛顿这一出人意料举动的真实原因,国内外许多历史学家已进行了长期的探讨和研究,但迄今仍然众说纷纭,没有确切结论。原因是华盛顿无论在当时,还是在他卸任以后,返回他心爱的维尔农山庄时,都没有明确表露过心迹。尽管如此,历史学家们还是根据华盛顿的生平经历进行了大胆的尝试,以探究华盛顿

拒任的原委。

有些历史学家认为,华盛顿担心会卷入激烈的党派斗争,因而不想继续从政。当时美国历史上第一次出现了激烈的党派斗争,华盛顿本人也觉察到选民中日益增长的忧虑情绪,因此在其告别演说中,语重心长地呼吁团结,反对党派斗争,反对其他分裂势力。华盛顿在其《告别词》中尖锐地指出了各种分裂的倾向:政客们施展手法,正曲"其他地区的意见和目的",以求在自己本地区内获得影响;形成各种联合团体以便谋取凌驾或控制合法的当局;一种"根源在于人心中最强烈的激情的党派精神起了有害的作用"。

不幸的是,在党派斗争中他虽然长期一直保持中立,但在其第二任总统的后期,他失去了非党派的立场,而成为联邦党人。在这种形势下,他中断他的从政生涯看来是一个开明政治家的最好选择了。在这一点上,美国著名历史学家约翰·A.卡锐蒂说得更为干脆。他说:"他存心以它(指《告别词》)来冷却政治欲望。用一个联邦党人国会议员的话来说,人民把它(也指《告别词》)当作一个信号,像摘帽子一样,因为竞争即将开始。"

另一些历史学家认为,舆论的攻击对华盛顿做出拒绝连任第三任总统的决定起了主要影响。英国一位历史学家则说得比较明确。他说:"由于想要空闲,由于感到体力衰退和受到反对派的谩骂而气馁,华盛顿拒绝接受要他担任第三任总统的要求。"

华盛顿在其执政末年所受到的舆论攻击,几乎使他难以忍受。他在 1797 年 3 月 2 日写道:"我现在把自己比作要寻找一个休息之处,并正在屈身倚伏其上的疲惫旅客。但是,人们听任你安安静静地这样工作,这未免太过分了,非某些人所能忍受。"史学家们认为,综合上述考据就是华盛顿不想再连任第三任总统的理由了。

严格说来,上述两种意见是密切相关的。究竟哪一种在华盛顿的思想深处占主导地位,并产生了决定性影响,仍然不够明确。除此之外,还有没有更深一层的原因促使华盛顿不想再继续担任总统之职,例如华盛顿本人是否对"权力欲"淡薄,也还是一个未解之谜。

不管怎样,华盛顿不顾公众的压力,坚决拒绝连任第三任国家总统,从而创立了美国总统两任传统之举,是有深远影响和意义的。如前文提到的,美国宪法原本没有对总统连任问题做出规定。华盛顿创立的这一传统一直延续到 1940 年富兰克林·罗斯福当选第三任总统为止。1947 年国会鉴于总统权力不断扩大和有可能形成终身制的趋势,决然制定了第二十二条宪法修正案,即"任何人不得任总统之职两届以上",该修正案于 1951 年正式批准实行,从而又恢复了华盛顿创立的传统。

杰斐逊总统购买路易斯安那

托马斯·杰斐逊(1743~1826年)是美国第三任总统。他作为美国独立宣言的作者,最了解政治和自由的重要意义;作为政治家、外交家和行政官员,他几乎为年轻的美利坚合众国奋斗了40年,从1801~1809年担任了美国两届总统。在他第一届政府期间,他取得最重要的成就是用1150万美元从法国人手里购买了密西西比河西岸的大片土地路易斯安那。

"购买路易斯安那"是美国历史上的重要插曲,因此长期以来一直是史学家十分感兴趣的问题,尤其对杰斐逊总统为什么不惜重大代价要达到这一目标而长期争论不休。

有的历史学家如约翰·格莱蒂认为,杰斐逊购买路易斯安那主要出于向西部扩张领土,打开通往西部的通路的目的。具体来说,杰斐逊是为了使美国获得西部地区的巨大利益,要求得到密西西比河和落基山脉之间的大片土地。杰斐逊本来并没有计划夺取这一地区,他在发表首次就职演说时说,美国已拥有其子孙后代所需要的全部土地。然而,后来密西西比河谷发生了一系列事件却使杰斐逊总统改变了初衷,重新认为购买路易斯安那已是不可避免的事情。

伴随美国人对西部兴趣的增长,杰斐逊认识到,美国应当拥有接近密西西比河出口的通路和新奥尔良城,否则,美国获得的北美大陆东部的一切也很难保住。他说:"地球上有一无与伦比的地点,这就是新奥尔良。但现在其占有者是我们天然的和习以为常的敌人。"这样,当他获悉西班牙人将把路易斯安那退还给法国时,他立即警惕起来。

杰斐逊任命詹姆斯·莫迪逊为国务卿。他们的外交政策并不是羞羞答答的,而是锋芒毕露的。杰斐逊在1801年写道,美国的扩张或许是无法限制的,特别是随着时间的推移,美国限制自己是不可能的。当美国全面发展使其本身扩展时,如果不扩及南美大陆的话,也会扩及整个北美大陆。杰斐逊还说,为了达到这些目标,美国人不得不维护其行动自由,"和平、商业、同所有国家的友谊,但不同任何盟国纠缠在一起"。

杰斐逊也不惜发展和使用军事力量,尽管他把军事力量的建设限制在一定规模之内。他从来都不相信,年轻的美国能够建设一支堪与英国舰队挑战的海军,但他支持建造了一支小型炮艇舰队。他甚至派炮艇去北非和地中海沿岸对付海盗。

购买路易斯安那的成功是杰斐逊外交政策的大成功。1801年,当杰斐逊和莫迪逊获悉软弱的西班牙最后向拿破仑的要求屈服并表示愿意把路易斯安那卖给法国时,他们认为形势十分严峻。当时拿破仑与英国的战争已结束,并立即转向开发"新世界帝国"的努力。

拿破仑一心想把路易斯安那作为其海地和圣多明各殖民地的食品供应基地。1802年,当西班牙官员突然切断密西西比河与美国的贸易时,危机进一步加深。国务卿莫迪逊很久以来就认识到,无论谁控制了密西西比河,都会迅速地控制美国在西部地区居民的增加。他认为,密西西比河是哈得逊、波托马和所有大西洋国家航运河流的会聚点。基于这些原因,杰斐逊和莫迪逊才施展了各种外交手段,购买了路易斯安那。

　　此外,杰斐逊和莫迪逊购买路易斯安那似乎还有更大的野心,即驱除法国在整个美洲的势力和影响。这从他们两人在海地施展的外交伎俩就可以看出其中的奥秘。1802年,海地发生了由托森特·奥维特领导的起义,目的在于推翻法国人对该岛的统治。美国国务卿莫迪逊对这次起义给予秘密援助,支持海地人民与法国殖民者进行战斗。莫迪逊深知,法国皇帝拿破仑失去了这一产糖岛屿,不仅作为谷仓的路易斯安那对他无存在价值,而且增添了后顾之忧。法国人最后逮捕了海地起义领导人托森特·奥维特。但是奥维特的支持者继续战斗。起义者的有效斗争,再加上疟疾爆发,征服了拿破仑的军队,最后使拿破仑在1803年遭受严重挫折,并咆哮说:"该死的糖,该死的咖啡,该死的殖民地!"

　　对美国总统杰斐逊购买路易斯安那这一历史事实,许多历史学家依然各执其词。

林肯发表解放宣言的动机

　　美国林肯(Abraham Lincoln,1809~1865年)总统(1861~1865年),生于肯塔基州一农民家庭。青年时代当过伐木工人、石匠和店员。1834年当选为伊利诺伊州议员,1836年任律师,公开抨击黑奴制,1847~1849年当选为众议员。主张维护联邦统一,逐步废除奴隶制度,1860年作为共和党候选人当选总统。次年2月,盛行黑奴制的南方各州发动武装叛乱,相继宣布脱离联邦,并成立南方联盟。南北战争爆发,战争初期,他力图妥协,致使军事失利,危及首都华盛顿。1862年采取革命措施:6月颁布《宅地法》,规定公民缴付10美元登记费,可在西部领取160英亩土地,耕种5年归其所有;9月发表《解放黑奴宣言》,宣布南方叛乱各省的黑奴为自由人,可以参加美国军队。次年11月,又提出"民有、民治、民享"的纲领性口号。从而使战争成为群众性的革命战争,确保了北方取得胜利。1864年连任,1865年4月攻陷南方联盟"首都"里土满,南北战争结束。1865年4月14日被南方奴隶主指使的暴徒杀害。

　　《解放宣言》是美国历史上最重要的文件,是林肯向敌人迎面投掷过去的、永远也不会失去其历史意义的最严厉的法令。然而关于林肯发布《解放宣言》的动机、目的等,该如何评价,史学界争论不休。

一种观点认为正是广大人民的强大压力,迫使林肯宣布解放奴隶的政策;同时,国际形势也迫使林肯政府做出这一重大决策。林肯决定发表预告性的《解放宣言》,动机是很不纯的,完全是客观环境逼迫所致。这些动机包括:为了摧毁南方的经济力量,为了把南方黑人群众拉到自己方面来,为了利用黑人这一重要的战斗力量,为了博得全世界进步力量的同情和支持,为了破坏欧洲列强武装干涉的企图等。不过,林肯在发表《最后解放宣言》时,立场是坚定的,任何外部干扰都没有动摇他的决心。

另一种观点认为林肯发表《预告性解放宣言》应肯定是一个自觉的行动,《宣言》发表的根本原因不是来自外界,而在于林肯的立场和

美国总统林肯

一贯的废奴主张,《预告性解放宣言》和《最后解放宣言》的发表,都是自觉、主动的行动,如果林肯主观上不愿废除奴隶制度,那么在这样困难的局面下,只会同奴隶主妥协,绝不会公开宣布解放奴隶。林肯准备发表《解放宣言》,主观因素占主导地位,不是来自外界压力所致,是他坚决主张废除奴隶制度、解放奴隶、维护联邦统一、牢固地掌握政权的决心和立场的体现。林肯发表《解放宣言》的动机是无可指责、无可非议的,是值得肯定的方针。

第三种观点认为事实上,林肯在发表《解放宣言》这件事上表现得颇为犹豫,这固然有客观原因,但主要是因为他主观上没有"一贯废奴的主张和立场",他是经过很长时间的犹豫,直到事情"越来越糟",而且"全局就将输光"的时候,才决定采取解放政策的。很显然,这个《预告性解放宣言》的发表,一方面是废奴主义者的一再敦促,一方面是为了扭转战争连连失利的局面。当然,这个决定性步骤的采取,同林肯原有的反对奴隶制思想有着内在的必然联系,但绝不能说成是林肯"一贯废奴的主张和立场"的发展的结果。联邦军队在战争中的严重失利,对促成《解放宣言》的发表具有决定性意义,林肯是为了摆脱困境才采取了解放奴隶这个革命措施,因此,说《解放宣言》的发表是林肯"自觉的、主动的行动"和"体现了林肯一贯废奴的主张和立场",显然是没有充分根据的。这种说法忽略了林肯作为工业资产阶级代表人物在奴隶制问题上一贯表现的阶级局限性,忽略了废奴派和人民群众不断给林肯施加的强大政治压力,同时也忽略了林肯在发表《宣言》前一年多时间里那种艰难前进的过程,因而也就无从谈起人民群众是如何推动林肯的,林肯又是怎样顺应时代潮流"蹒跚"前进的了。

还有一种观点认为虽然《预告性解放宣言》是在和废奴主义者的激烈斗争中形成和发展的,是在后者的强大压力下一步步完成的,但这并不等于说林肯颁布《解放宣言》仅仅是被动的甚至完全接受了客观环境的逼迫,他并不是盲目地受客观环境的支配而不得不发表《预告性解放宣言》的。林肯虽然坚决反对奴隶制,但他不能像废奴主义者一样以是和非为唯一标准来对待奴隶制,他是美国总统,又是政治家,在错综复杂的政治斗争和危机四伏的环境中,他的一言一行都可能产生举足轻重的结果,因此,林肯的极端谨慎也是可以理解的。

约翰逊总统主张购买阿拉斯加,阿拉斯加位于北美大陆的西北端,包括向东南延伸的亚历山大群岛及大陆沿岸部分,面积为151.8万平方公里,气候条件异常恶劣,但物产极为丰富。据传说,最早是由蒙古人发现的。后来的主要居民是爱斯基摩人和印第安人。他们主要以狩猎为生。自19世纪初开始成为俄国的属地。1867年,该地区:阿留申群岛一起,由美国以720万美元从俄国人手中购得。1959年建为美国第49州,也是美国最大的一个州。

美国购买阿拉斯加是其19世纪中期扩张领土的重大事件之一。对于这一事件,学者文人大都习惯于讲述它的过程,而对美国,特别是安德鲁·约翰逊总统为何要购买这片土地的原因,却甚少谈及,甚至有时完全不予说明。因此,这一问题至今在某种程度上还是个未解之谜。

有些学者企图对美国在19世纪进行领土扩张做出答案。1823年美国总统门罗发表了以对外扩张为主要内容的"门罗主义",主张美洲以外的国家不得干涉美洲的事务,美洲的事务应由美国"来管"。根据这一外交方针,美国不仅要向南美扩张,而且也要向北美的北部扩张,至少要制止住俄国在阿拉斯加地区的扩张活动。为此,美国极力说服俄国沙皇放弃对阿拉斯加南部的领土要求。美国的努力没有白费。1824年,美国与俄国签订了一项条约,规定阿拉斯加的南部边界为北纬54度40分。这对美国来说自然也是个不大不小的胜利。

随着时间的推移,俄国面临的扩张形势日益向着有利于美国获得阿拉斯加的方向发展。到19世纪中期,俄国在对外扩张中遇到了更为强大的对手——英国。俄国人看到,俄国虽然已把其疆域扩展到北美大陆,但有点过头了。因为其力量有限。它显然明白,在世界各地与英国争霸中,如果弄不好,俄国还有可能失掉一些属于英国海上霸权控制范围的地区。此外,俄国认为,阿拉斯加并不能成为其无穷无尽掠取毛皮的场所,也不可能成为促其经济增长的可靠之地。因此,到1867年,它已"想把这块广大而寒冷的扩张成果卖掉了"。

俄国想把这片土地卖给谁呢?它认为最好卖给美国。这样做,一方面可以讨好美国,避免在争夺世界霸权中树敌过多;另一方面又可增强美国的力量,使其成为俄国对付英国的屏障。

　　俄国的意图当然为美国所了解。俄国能否使美国成为它对付英国的伙伴,这虽然不是由俄国而是由美国来决定的,但俄国想摔掉包袱的计划正中美国的下怀。这样,美国,特别是约翰逊总统及其国务卿威廉·西华德等人就可将计就计,轻而易举地把阿拉斯加弄到手了。

　　但是,1867年美国国内的形势并不是促使美国大举向外扩张的形势。众所周知,这时,美国内战刚刚结束,百废待举,美国正把主要力量集中在"重建"方面。特别对约翰逊本人来说,局势更是十分严峻,约翰逊总统由于在"重建"问题上与国会发生了严重冲突,正面临着被弹劾的局面。显然,这种形势对约翰逊主张购买阿拉斯加,继续向外扩张领土是十分不利的。

　　然而,即使在这种形势下,约翰逊仍然主张购买阿拉斯加。那么,这是为什么呢? 有的历史学家认为,约翰逊总统或许企图以外交上的成就,来增加其与国会斗争的筹码,从而扭转他与国会斗争的不利局面吧。

　　这一点,可从约翰逊总统在购买阿拉斯加问题上采取行动之迅速和果断态度而略知端倪。1867年1月7日,国会众议院通过对约翰逊总统进行弹劾的决议案,但是,约翰逊并未因此而退缩,相反,他在外交上采取了主动行动。1867年3月30日,他指示国务卿威廉·西华德与俄国公使爱德华·德施特克尔签署了关于阿拉斯加的条约,美国以720万美元的费用购得阿拉斯加,从而使美国的北部边界扩展到北冰洋。九天之后,即4月9日,总统和国务卿促使国会参议院批准了该项条约。同年7月6日,约翰逊又把该项条约提交国会众议院,以便获得为购买、占领和管理该片领土所需要的拨款。约翰逊总统在购买阿拉斯加问题上,其行动如此迅速而果断,充分显示出他想以此为手段来与国会对抗的心迹。

　　历史学家还认为,约翰逊的策略确实取得了一箭双雕的成功。结果证明,他既达到了扭转与国会斗争不利形势的目的,又有助于挫败国会对他的弹劾。因此可以说,约翰逊不仅在外交上取得了重大胜利,而且驱散了笼罩在"重建"时代上空的乌云。

　　当然,约翰逊的成功,又是在国会支持下实现的。那么,在上述那样的形势下,国会为什么还会批准关于阿拉斯加问题的条约呢? 主要有两方面的原因。第一,国会认为当时俄国对美国是采取友好态度的,在内战期间,俄国是同情美国北方的;第二,国会考虑到阿拉斯加的资源价值及战略地位。事实是,国会"在西华德使参议员们确信阿拉斯加自然资源的价值和美国在太平洋与北冰洋的战略利益后",才以绝对多数票通过了上述条约。

　　至此,关于约翰逊主张购买阿拉斯加的问题可算解决了,但实际上还没有完全解决。例如,前文所述约翰逊的意图,只是从其行动中分析出来的,至于他本人的真实意图,他从未明确表露过,因此,至今人们仍然不知道。也许,约翰逊的真实意图被"重建"和他与国会的斗争形势所掩盖吧。

美国哈定总统之死

华伦·G·哈定是美国历史上第 29 任总统。1921 年就职,1923 年任期未满突然暴死,终年 57 岁。他是美国 8 个死于任内的总统的第六人,迄今死因不明,众说纷纭。

其一,病死说。1923 年 6 月 20 日,哈定离开华盛顿到全国各地视察。当他精疲力竭地从阿拉斯加返回途中,突然患病,私人医生诊断为螃蟹中毒。不久又染上肺炎,经名医治疗,似乎即将痊愈,却又出人意料地于 8 月 2 日晚 7 点 35 分死于卧榻上。当时哈定夫人还正在念书给他听。由于哈定死前检查过他身体的 5 位医生提供的证据与中毒相矛盾,因此,有人认为哈定是心脏病发作,被误诊为食物中毒;也有医生怀疑可能是患脑出血或脑血栓,要求进行验尸,但哈定夫人坚决不答应,这样,人们根本无法弄清哈定确切的死因,由此,也就引发了许多质疑和猜测。

其二,自杀说。哈定当选总统后,昔日朋友鱼贯而入,攀附哈定麾下,担任政府要职,如内政部长、司法部长、退伍军人局局长等。哈定的三亲六故也纷纷从家乡俄亥俄赶来投奔,以致形成一个势力庞大的"俄亥俄帮"。一时间,形形色色的密友、食客汇集华盛顿,其中多是唯利是图者。他们依仗总统提携、庇荫,胡作非为,大肆受贿,掠夺财物,政府内的肥职美缺也由他们买进卖出,致使哈定政府充满丑闻。

从 1922 年始,华盛顿就传闻哈定手下贪污受贿,接着越来越多的贪污、受贿和敲诈勒索丑闻被揭露,甚至有好几个人因此而自杀,其中包括哈定密友杰西·史密斯、退役军人局律师查尔斯·F·克雷默。在哈定主要内阁成员中,大都与贪污、受贿、搞阴谋诡计、包庇等罪行有关。如:内政部长艾伯特·B.福尔私下把原定留作海军专用的两个储备油田秘密租给私人石油公司,从中获利 40 余万美元,成为美国历史上第一个在任职期间内被关进监狱的内阁成员。又如:退伍军人局局长查尔斯·R.福布斯用高价购买物资、地皮、建筑物等,使政府蒙受数亿美元损失。此外,还有一些官员因类似事情不断成为调查和起诉的对象。

其实早在 1922 年后期,哈定就开始对他朋友的劣迹有所耳闻,可他始终没有采取任何惩戒措施,因为那些人毕竟是他的亲朋至友,而且正是总统本人为他们造孽提供了莫大的权力和机会。"俄亥俄帮"的老友们辜负了哈定的期望和重托。哈定任人唯亲,自食恶果,他曾忧心忡忡地说:"我当总统,倒并不怕政敌能把我怎样,可是令我担心的却是自己的朋友,经常为他们愁得夜不能寐。"

在这万般无奈之际,哈定只好让朋友以辞职为由,悄悄地将他们或赶往故里,或打发到欧洲去旅行,以缓解困扰。但哈定政府仍丑闻迭出,哈定本人受到国会指责,声名狼藉,陷入极度窘境之中。哈定既无力清除左右,也无法控制政局,只好采取躲避办法,到全国各地去旅行。在途中,哈定从来访者及电报里,又陆续获悉某些行为将被揭发的肮脏交易的内幕,这对于本来已经惶惶不安的哈定来说,无疑是个沉重的打击。他口中喃喃地数落那些干了对不起他的事情的朋友们,情绪愈发低落,精神近乎崩溃。哈定清楚地意识到,一旦真相大白于天下,其后果将是不堪设想的。为逃避法律追究,为避免他自己将来出庭对他的朋友犯下的罪行提供证据,只好服毒自杀,一死了之。

其三,谋杀说。哈定相貌英俊,赢得众多妇女的首次选票,而荣登总统宝座。他原想以"一个最受人爱戴的总统而留在人们的记忆中",但是他仍旧习难改,经常在外拈花惹草。早年在马丽恩城,与朋友漂亮之妻通奸,有哈定亲笔写的 250 封情书为证。在白宫,与另一名女子私通,并生有孩子。哈定在幸福结婚后仍一直养育着这两个情妇,这为哈定夫人所不能容忍。尽管当时流言蜚语盛传于华盛顿,但由于政治原因,哈定夫人一直没有声张。人们只知道,在哈定临死前几个月,夫妻关系非常紧张。为此,哈定做出努力,携妻外出旅行,以改善关系,但收效甚微。对于哈订婚后不忠,哈定夫人始终怀恨在心,并寻机报复。

哈定当选总统后,哈定夫人积极参与政府各项决策过程,甚至单独会晤内阁成员。她对政府许多内幕了如指掌。随着哈定政府腐败丑闻不断曝光,哈定有可能遭到国会弹劾,身败名裂,为避免丢丑,哈定夫人动了杀机,对哈定下毒。

哈定死后,哈定夫人的行为着实令人惊疑。她不但拒绝医生解剖她丈夫的尸体,以判明死因,而且还焚毁了哈定生前所有文件和信件,连哈定写给别人的私人信件也不辞辛劳,四处查找,追回销毁,从而使人们无法从中了解哈定政府腐败实情,只能进行各种猜测。因此有人怀疑,哈定之死与夫人有关。

尽管对哈定之死说法不一,但有一点可以肯定,哈定的不明死因与政府丑闻有很大关系。

肯尼迪总统之死

1963 年 11 月 22 日,正当肯尼迪总统的轿车在西部得克萨斯州达拉斯市埃尔姆大街行驶时,突然两声枪响,肯尼迪头部中弹顿时倒在车座上,陪同的康纳利州长也几乎应声倒下,这是当时肯尼迪被刺杀的一幕。

肯尼迪经抢救无效于当日下午 1 时死亡。案发后,在附近一幢楼房的六层楼的书库里发现了属于李·哈维·奥斯瓦尔德的步枪和弹壳,因此他被当作重大犯罪嫌疑人逮捕。但第三天清晨,奥斯瓦尔德在警察局等候审讯时,突然被冲进来的达拉斯夜总会老板杰克·鲁比打死,鲁比当场被警察击毙。

那么究竟谁是杀害肯尼迪的凶手呢?

一说由克格勃策划。其理由是 1959~
1962 年凶手在苏联居住,且娶了一个苏联老
婆,还一再要求加入苏联国籍,因此认为他杀
害肯尼迪是受命于克格勃。

一说有古巴插手嫌疑。因为奥斯瓦尔德
返美后一直与亲卡斯特罗的组织过从甚密,因
此他的行刺完全可能与古巴当局有关。

还有一说奥斯瓦尔德实际上是联邦调查
局的人,情报代号为 S—172,因此,此案涉及
联邦调查局。

但实际上美国政府机构内部和学术界对
官方结论均存怀疑。1978 年美国司法部再次
侦查,结果发现奥斯瓦尔德乃是中央情报局打

肯尼迪总统

入亲卡斯特罗的组织内部的特工人员。有材料表明他在生命最后两个月中与美国
一些情报机构接触频繁,然而一些侦察部门收集到的材料后来均被人阅后销毁,这
样要弄清案情内幕更是难上加难了。

当时有人还以此认为,肯尼迪在被刺前已有迹象表明将派特使去古巴,与古建
立正常关系,这引起中央情报局顽固分子与古巴右翼流亡分子的不满,于是串通一
气制造了这一凶杀案。当然还有说肯尼迪之死乃门阀财团争斗的结果。

尽管官方已有明确结论,且涉及此案的当事人好几个都已亡故,一些材料也有
的已销毁,有的被窜改,但围绕肯尼迪被刺一案不少人仍继续进行调查研究,力图
揭出事实真相。最近一段时间,美国各地出版商就推出了近十本有关此案的新著,
最引人注意的当推查尔斯·克伦肖的《肯尼迪:沉默的阴谋》和博纳·门宁格的
《致命的错误》两本书。

出版的《致命的错误》,作者门宁格详细引述了弹道专家霍华德·多纳荷多年
的调查研究,又提出了肯尼迪是被他一名随身保镖杀害的惊人的新说法。

20 多年来,多纳荷头脑中一直存在一个重要疑点:肯尼迪头部从后面被子弹
炸开,脑浆迸出,可奥斯瓦尔德从六楼向下发射的钢甲枪弹只有穿透力,不可能撞
击时爆炸,另外从右侧上方飞来的枪弹也绝不会击中他后脑。一个偶然机会,他看
到威廉姆·曼彻斯特写的关于肯尼迪被谋杀的一本书和谋杀时现场的照片。照片
表明,在肯尼迪夫妇乘坐的敞篷车后面,跟着一辆警卫员乘的敞篷车,车上除司机
外有 9 名便衣保镖,其中 4 名站在车两旁踏板上,两名坐在后排椅背上,而后排左
边的保镖似乎是站在椅上,右手持一支 AR—15 型小口径自动步枪。这使多纳荷
发现了一个新的推证线索。他查出事件发生前一瞬间的情况:后排左边的保镖是

威廉·希基,右边是格林·班乃特,两人肩斜倚着 AR—15 型自动步枪。当肯尼迪车队驶抵十字路口时,突然响起枪声,这是奥斯瓦尔德从楼上射出的,但未命中,希基闻声立即抓起已上膛的步枪,打开保险栓,神情紧张地搜寻目标,恰巧这时,已停的车又突然启动,希基站立不稳向后倒下,就在倒下瞬间,他的食指触动扳机,子弹从枪口向正前方飞出,击中了前辆车上站在左后方的肯尼迪。AR—15 型步枪的弹头外壳薄、飞速快,撞击后立即爆炸、有巨大杀伤力的特点与肯尼迪受的致命创伤完全符合,后来的模拟考察也证实这推断。

那么,为什么当时大多数人没看到?多纳荷认为奥斯瓦尔德开枪后,人群乱作一团,大家注意力均集中在总统专车上,没注意另一颗枪弹来自何方,况且埃尔姆大街高楼林立,十字街口形成一回声区,人声、警报器尖叫声,使人无法辨明到底响了几枪,而且当时正值中午,阳光普照,步枪射击时发生的蓝光也根本看不到。他在访问目击者时,离车队较近的人都说曾闻到强烈的火药味,这恰好证明子弹是从近距离射出的。不过,多纳荷说,他无意要希基对肯尼迪之死再负法律、道义上责任,希基是一个勇敢的人,他在尽其卫士职责。他只想让那个历史事件有个真实的记录。多纳荷还认为政府中肯定有人知道此事,他们不应该保密。作者门宁格在1991 年 11 月决定出版前也写信给希基,希望希基能从自卫角度来说些事实,但希基至今不肯开口。

希特勒的身世

疯狂屠杀犹太人的德国纳粹党党魁希特勒是犹太人,听来似乎是一个荒唐的说法,但却一直成为一些学者热烈争论的问题。热衷于鼓吹种族优越论的希特勒是否是纯雅利安人后裔,对此历来就有许多疑问。不用说与希特勒同时代的反对党,就是纳粹党内也有不少人怀疑希特勒的血统中可能有犹太人的成分。德国党卫队首领希姆莱在 1942 年曾派人到希特勒的出生地奥地利的林茨去调查,但后来几乎把所有的调查材料都烧掉了。在此之前德国吞并奥地利时,希特勒就派人把凡是能找到的有关自己出身的材料全部付之一炬。

在希特勒统治时的第三帝国,他曾经向许多德国人索取过是雅利安人后裔的证明材料,

希特勒

证明他们上溯三代人中间没有犹太人。可是希特勒本人却难以证明他的真正的祖父究竟是哪一种族的人。希特勒家族的父系和母系双方都住在林茨的瓦尔德维尔特尔县。这里位于多瑙河的北面,距维也纳50英里,介于多瑙河与波希米亚和摩尔多瓦交界处。希特勒出生在这个近亲通婚频繁的乡村。他的家族的姓氏可能起源于捷克语,15世纪前期出现在这个偏僻的县。

希特勒的祖母全名叫玛丽安·安娜·施克尔格鲁勃,是个生活不富裕的农家女。她在婚姻上一直不顺利,过了40岁还未结婚。1837年她在42岁时生了一个私生子,随母姓起名叫阿洛伊斯·施克尔格鲁勃,此人就是希特勒的父亲。直至1842年47岁时,玛丽安·安娜·施克尔格鲁勃嫁给了流浪打短工的约翰·格奥尔格·希德勒。自然阿洛伊斯就成为希德勒的儿子。对这个私生子,希德勒一直未去教区办理承认他是自己亲生子的手续。阿洛伊斯就一直姓施克尔格鲁勃,由他的叔叔约翰·奈波穆克·希德勒抚养,因为他的父亲约翰·格奥尔格·希德勒又外出流浪。

1876年,在阿洛伊斯快40岁时,他的叔叔约翰·奈波穆克为他办理改名手续。奈波穆克拜访了当地教区的神甫,说服他们去掉了出生登记册上的"私生子"字样,并贴上由3个证人签署的一份证明,证明他的哥哥约翰·格奥尔格·希德勒是这个孩子的亲生父亲,同时将"希德勒"这个姓改成"希特勒"。1895年阿洛伊斯·希特勒58岁时,他的第三个妻子生了个男孩,这就是后来大名鼎鼎的阿道夫·希特勒。假如希特勒的父亲不改姓,希特勒也姓施克尔格鲁勃,那么他是否能那样有蛊惑力还很难说。因为这个姓在德国南部人读起来有点滑稽可笑,不如"希特勒"来得简短有力。

希特勒的父亲是私生子,这个私生子的父亲是谁,一直众说纷纭,莫衷一是。大致有两种说法:一种看法认为约翰·格奥尔格·希特勒就是阿洛伊斯的生父,德国的一些历史学家如波罗夫斯基就持此说。还有一种看法认为阿洛伊斯的生父即希特勒真正的祖父是个犹太人,名叫弗兰肯伯格或弗兰肯雷德。玛丽安·安娜·施克尔格鲁勃曾在这个犹太人家里当过女佣,使她怀孕的是主人年轻的儿子。照这样说来,按照纳粹德国查上溯三代血统的做法,希特勒应划入犹太人类别。

第二次世界大战以后,许多学者都研究过希特勒的身世,但难以得出一致的结论。

20世纪50年代研究希特勒的专家韦尔纳·马赛博士提出自己的看法:"希特勒不是犹太血统的人,而是近亲结婚的产儿。"马赛认为,希特勒的祖父,也是希特勒母亲的祖父。希特勒的父亲一生结婚3次,最后一次与自己的侄女结婚,生了希特勒。正因为是近亲结婚,导致了希特勒一生的许多病态行为。

希特勒性别纷争

为什么希特勒不愿把任何健康记录及昔日医疗档案留给后世？为什么希特勒身边的许多人都对这个战争狂人的隐秘噤若寒蝉而讳莫如深？为什么这个令人恐惧的恶魔要在知道死亡即临之际才举行婚礼？这些问题至今仍使历史学家和心理学家着迷。

早在 1943 年秋天，在美国东部海岸的战略服务办公室秘密医学部门里就组织了一批心理学家，尝试通过对大量的书面材料、报纸记载、访问记录、调查报告和调查分析来编制阿道夫·希特勒的心理图像。这个缩写为"O·S·S"的研究组织从"大约一吨纸的材料"中，以 12 种不同的方式回答了如下这些问题：为什么希特勒直到他末日来临时才结婚？他性生活的基本实情是什么？谁是那些挑动他心中感情的女人？他对这些女人怀着什么样的感情而对其他人又怀着什么样的感情？据说这份报告曾为击败纳粹德国起过巨大的作用。杜欧万将军对它深表满意，当时的英国外交大臣哈利法克斯公爵也亲自向主持这项研究工作的朗格尔博士表示祝贺。丘吉尔和其他盟军领袖也带着极大的兴趣阅读了这份研究材料中许多对希特勒私生活和性格的无情描写，但没有一个人在读了这份材料之后能说清楚他是一个什么样的人。

这一研究工作的主持人朗格尔得出的结论：一方面希特勒是属于性感正常的男性，并且热衷于他的政治生活；另一方面他又是一个不得不诱惑一些年轻女人在他身上做出一些荒唐和羞耻得难以启齿事情的性反常者。有证据表明他是一个或者曾一度是一个同性恋者。

当时就有不少人对希特勒的性别产生过疑问，有研究者这样写道："从生理上看，希特勒不是一个仪表堂堂的男子汉，当然更不像柏拉图式观念中的伟大军事领袖和新德意志的缔造者。他的身高略低于男人的平均高度，臀部宽大而双肩窄小，肌肉松弛，双腿短小，呈纺锤形。后臀部被沉重的长筒皮靴和宽大的长裤遮盖住。他长着一副宽大的躯干，但胸脯凹陷，以至于人们说他的军服下填塞着棉花以遮掩这一缺陷"。朗格尔等合作的一份心理分析报告《他的生活与他的传说》中也认为希特勒的"步姿非常像妇人，那是一种优雅的步姿，每走几步，他的右肩就会神经质地抽动，同时左腿迅速迈向前去。他的面部还有一种引起他的双唇向上曲卷的习惯性的抽搐。当演讲时，他总是穿着一套看上去普普通通的蓝色的衣服，这服装夺去了他全部特色……"

曾在希特勒身边工作了三年的女秘书格特鲁德·特劳德尔也说希特勒与情妇之间的关系像慈父一般。他喜欢年轻貌美的女性不是色情，也不完全是性欲。他喜欢与女人调情，但他又有些害怕调情的后果，他很讨厌身体被人们接触，他甚至不让医生检查他的身体。一位西班牙外交官的回忆录中讲述希特勒曾向一位名叫玛杰达的女人透露，他之所以对许多女性在身体上的奉献报以嗤之以鼻是因为第一次世界大战中一颗枪弹击中了他的生殖器，造成了他性生活的障碍。而一些医学家则倾向于认为希特勒可能是梅毒病患者，如《希特勒的罪恶生活》的作者指出希特勒是一个第三期梅毒病患者，并因此而由他的私人医生为其切除了睾丸，因为"倘若没有梅毒病使希特勒丧失了性欲的话，要解释他拒绝如此之多的美貌女性在性方面诱惑人的奉献的原因是不容易的"。

但也有一些传闻称希特勒曾让爱娃生下了两个孩子。20世纪70年代初，一位编写世界名人逸事的英国体育新闻记者曾收到一份来自印度的剪报，一篇由莱奥·海曼写的《希特勒的女儿接受犹太教》的文章中，认为1936年在慕尼黑举行的奥林匹克运动会上，蒂利·弗莱舍尔投掷标枪为德意志赢得了两枚金牌。希特勒对她勇敢精神的欣赏导致了一场为时8个月的旋风般的恋爱，还送给她一幢位于柏林附近临近湖边的小别墅和一辆白色的梅塞德牌轿车。当她怀孕后，希特勒像扔掉一块石头一样抛弃了她，于是也就有了一个私生女。但更多的学者都认为这些都属于无稽之谈。

20世纪80年代，在东德历史学家的一次会议上，韦丹堡的历史学家史丹普佛宣布获得了一件惊人的材料，证实希特勒并非一个十足的男子，而是一位女性。提供这份秘密材料的是希特勒过去的副手、战犯赫斯的一位前友人。赫斯在柏林史宾杜监狱服刑数十年后死去，在他留下的日记中有许多有关希特勒的个人秘密，指出他在出生时身体有严重缺憾，以致隐瞒了他的真正性别，一直当作男孩长大。1916年他在第一次世界大战中受伤，军医发现他有女性的生理构造，但最后希特勒还是选择过男性的生活。因此他不得不经常服用雄性荷尔蒙，并且采用种种隐瞒的办法。以致后来他的家庭记事、健康记录和军旅生活记载全部被销毁。这些极端的个人秘密，除了赫斯外，希特勒的情妇爱娃·布朗和他的私人医生，以及几个贴身仆人也知晓。史丹普佛教授所做的结论认为，希特勒在一出生时就具有卵巢和子宫等女性器官，但也有男性形式的性别，只是难以进行性生活。他经常要以雄性荷尔蒙进行治疗，以使自己的外形更为男性化。这倒为朗格尔等的心理分析报告《他的生活与他的传说》中把希特勒描绘为男不男、女不女的形象，提供了可能是一种两性畸形的理论依据。但这位世界头号战争狂人的性别，至今仍是一个未解开的谜。

血洗冲锋队的真实原因

1936年6月30日凌晨，法西斯魔王希特勒在戈培尔及大批随行陪同下，乘一长列汽车由慕尼黑抵达维西，进行了一场骇人听闻的大屠杀。一天之内，包括参谋长罗姆在内的数百名冲锋队要人干将惨遭杀戮,随后又宣布解散冲锋队,这就是震惊世界的血洗冲锋队事件。杀人狂草菅无辜原不足怪,然而希特勒这次竟然对他的患难老友开刀,并解散为其上台立下汗马功劳的冲锋队,这就要使人发问:希特勒为什么要这样干呢? 研究者们对此做了不少探索,大致归纳出如下一些原因:

其一,冲锋队的历史使命已经完成。冲锋队又称褐衫党,是纳粹党下属半军事组织,正式成立于 1921 年 8 月。其主要职能是保护纳粹集会,捣乱其政敌的组织活动,破坏工人运动,对反纳粹者搞恐怖。在纳粹发家史上,冲锋队充当政治打手,为希特勒摇旗呐喊,作为纳粹的政治资本和实力后盾,对希特勒上台起了不可或缺的作用。但是,纳粹一旦上台,冲锋队的使命就告结束。保障国家安全有国防军,维持社会治安有各种警察,实在没必要保留一种既非军队又非警察的武装力量。所以,不论通过何种途径,冲锋队都必须退出历史舞台。

其二,希特勒与罗姆的矛盾。罗姆是希特勒较早的政治伙伴,曾一起搞过政治阴谋,事情败露后又同蹲一个监狱,可说是患难之交。但同时两人又有分歧。罗姆是冲锋队的实际创始人,而希特勒起初并未让他领导冲锋队。1925 年冲锋队重建时,罗姆主张冲锋队独立,反对搞党务者插手,企图把冲锋队建成变相的军队。而希特勒仅仅把它看成是一种政治舆论工具,为纳粹上台提供必要的暴力和恐怖,无意把它建成一支常备武装力量。因此两人只好暂告分手。1929 年希特勒重新起用罗姆,委以参谋长之职,让他领导冲锋队。罗姆掌权后仍然按其原先设想大力扩充冲锋队,积极推进军事化,力图将来取代国防军。希特勒上台后,罗姆不仅加紧发展冲锋队,而且叫嚣进行"二次革命",建立真正的"民族社会主义"国家。这就使纳粹政权难以容忍,希特勒便考虑解决冲锋队的问题。正因为二人是生死之交,所以希特勒在最后解决之前曾和罗姆进行了长达五小时的密谈,以图达成谅解;而且在血洗之时,希特勒还吩咐手下把一支手枪留在罗姆的桌上。这都可以说是希特勒留给老朋友的最后面子。

其三,党卫队与冲锋队的斗争。成立于 1925 年的党卫队(黑衫党)最初是冲锋队的下属组织,在冲锋队膨胀的同时,作为希特勒铁杆卫队的党卫队亦迅速发展壮大。这两支政治力量在争权取宠的竞争中难免发生矛盾冲突,尤其自 1929 年希姆莱出任党卫队全国领袖后,双方的矛盾日趋激化。1930 年,党卫队基本从冲锋队独立出来,其组织机构日益完善。加上党卫队纪律严明,组织性极强,又受希特勒偏爱,尽管只有几万队员,但仍成为冲锋队的强大对手。正当希特勒在解决冲锋队问题上犹豫不决之际,是希姆莱促成希特勒相信"罗姆要发动政变",从而最后采取了过激措施。党卫队在血洗过程中亦充当了刽子手的角色。

其四,国防军容不得冲锋队。一战后德国军队受到限制。陆军方面在冲锋队成立之初出于重新武装德国的目的,对冲锋队采取了扶持态度,把它看成后备军。

但随着罗姆取代国防军的企图日渐暴露，军界感到其特权受到了威胁。特别是到1934 年年初罗姆表现出要做武装力量总指挥的野心，人数已达 300 多万的冲锋队又要求承担东部边防任务，军官团便不能容忍了。国防部长勃洛姆堡强烈要求希特勒限制冲锋队，将其排斥于武装部队之外，只承认国防军为"唯一的武器持有者"。希特勒在决定二者取舍的考虑中，按理说应偏袒他的发迹资本冲锋队，但这样做有两大难题不好处理。一则保留庞大的冲锋队使他难以对欧洲各国做出恰当解释，使其外交陷于难堪境地；二则得罪了国防军就难以达到继承命在旦夕的兴登堡总统职位的野心。所拟，希特勒权衡再三，最后决定牺牲冲锋队，顺从国防军。事实上，希特勒在血洗冲锋队之前，已得到了军界支持他继任总统的承诺。这样，同年 8 月 2 日兴登堡死后，希特勒政府便宣布总统的职务已与总理的职务合并为一，希特勒顺利地成为元首兼国家总理。国防军随即宣誓效忠于元首。

其五，纳粹政权与冲锋队的利害冲突。冲锋队的成员主要是退役军人、破产者、失业者和获释罪犯。这些社会下层寄希望于纳粹掌权后给他们带来好处，但希特勒政权完全代表资产阶级的利益，并未满足他们的要求。所以，冲锋队里有一种抱怨希特勒"背叛了他们"的情绪。罗姆便利用这种情绪叫嚣所谓"二次革命"，其用意只是向希特勒施加压力，为冲锋队争取某种利益。但冲锋队的这种鼓噪，以及他们肆意捕人、迫害犹太人、攻击教会等暴行即使德国资产阶级感到恐惧，也为纳粹政权招惹了许多麻烦和攻击。所以，希特勒便以冲锋队阴谋"二次革命"为口实，顺水推舟将取悦资产阶级和除掉惹是生非的冲锋队这两个目的在政治清洗中"毕其功于一役"。上述几点无疑是事件背后的原因，但促成希特勒最后下决心的又是哪条呢？有谁能对此做出确切的解释呢？

希特勒魂归何处

人们总是以特殊的眼光来关照历史上的特殊人物，纵然是遗臭万年的希特勒也同样备受世人注目。他一生中的点点滴滴都是人们刨根问底的热门话题。对于希特勒神秘的死，人们当然不会轻易放过。

1945 年 4 月下旬，曾经不可一世的希特勒，在废墟和凄凉中度过了他的生日并在举行完婚礼后，便从世界上销声匿迹了。生耶？死耶？于是人们数十年来一直猜测纷纷。

很少一部分人认为希特勒似有从天罗地网中逃生的痕迹。当柏林陷于一片火海之时，就有希特勒已飞往巴伐利亚或者其他什么地方的说法，这甚至否认了希特勒曾举行过婚礼。另一些人似乎有根有据地说，希特勒在柏林失陷的 3 天之前便和女飞行员莱契一起驾机出走，他的死不过是一种假象，是为了迷惑世人而制造的谎言。又有人说希特勒是从地下通道逃出柏林的，躲到"攻不破的"南蒂罗尔堡垒中去了。

还有人从缴获的文件中看到,希特勒的一些机构在盟军攻克柏林之前,已转移到伯希斯特加登去了,同时转移去的还有希特勒的部分文献,他的一个秘书,尤其还有私人医生莫勒尔,从当时希特勒的病情推断,他没有这名医生配制的强烈刺激剂,是一天也支持不下去的,所以这名医生是断不会与希特勒分开的。再者,希特勒任命邓尼茨为北线军事总指挥,但南线没有类似任命,是不是因为希特勒决意南逃以图东山再起,而把这个位置留给了自己? 后来是不是因为迫于大势,才无下文呢? 这些是否可以说明希特勒在盟军攻克柏林之前已逃遁南方了呢? 如果这样,那就侧面否定了希特勒是在柏林自杀的。

还有,鲍曼的文件中有一封令人颇感兴趣的电报:

45·4·22 上萨尔斯堡休麦尔同意迁往大洋以南

全国总区长鲍曼

这意味着鲍曼在遥远的德国境外已安排了避难所,而这种战略性的安排,显然要得到"元首"的同意,这似乎可说明希特勒早已为脱身做了精心安排,加之后来的事实证明,大批纳粹战犯都逃往南美洲隐身,"元首"是否也潜伏在南美的某一角落呢?

为了否认希特勒在柏林自杀,有人以"两个相貌相同的人"来表明希特勒似有"金蝉脱壳"之嫌。甚至在 20 世纪 60 年代,一名摄影师在一家报刊上登出了希特勒尚在人间的照片。更耸人听闻的是电影中有报道希特勒的画面,并配有夸张的字幕"希特勒——安静地进入蒙太奇",这轰动一时的消息震惊了世界各家报刊。

当然,大多数人肯定希特勒已在柏林陷落前夕于 1945 年 4 月 30 日自杀身亡;然后被浇上汽油焚尸灭迹。但是,他们对于希特勒自杀的方式,则各执己见。

一种说法以希特勒的贴身侍卫林格的招供为据,林格说:"希特勒用一支 7.66 口径的手枪向右太阳穴上开了一枪。这支枪和另一支备用的 6.35 口径的手枪都落在他脚边。希特勒的脑袋稍偏向墙壁,鲜血流在沙发边的地毯上。"

另一种说法来自希特勒尸体的解剖报告。"在被火烧得变了形的躯体上未发现明显的致命伤或疾病";"嘴里发现有薄玻璃瓶的瓶身和瓶底的玻璃碎片"。专家们在对报告详细研究之后,做出结论:"由于氰化钾中毒致死"。此外,尚有两点旁证:一、在 4 月 30 日下午 3 点到 4 点,希特勒自杀的地下室内充满了苦巴旦杏仁味,这显然是氰化钾的气味;二、4 月 29 日至 30 日的夜间,希特勒曾将 3 个装在子弹壳里的小玻璃瓶拿给总理府医院院长哈泽教授看,希特勒说"这些小瓶里装着快速致死的毒药,这些毒药是他从施登夫赫尔大夫那儿得到的"(哈泽语),并且希特勒当场请哈泽在其爱犬身上试验药性。

关于希特勒自杀时秘室中的枪声,也说法不一。认为希特勒用手枪自杀的人当然认为:一、有枪声;二、这枪声是希特勒本人开枪所致。认为希特勒以氰化钾自杀的人对枪声的说法各异。有些人认为当时希特勒房间里根本没有枪声,或者只是当时在门外的人们的一种幻觉。另一些人则认为,当时在场的希特勒卫兵、传令兵和女秘书等听见了枪声,这不应视为讹传。但他们认为打枪的人不是希特勒,而是林格!这些人的证据是希特勒私人卫队长腊登休伯的供词:"看来,希特勒怀疑毒药的作用,因为他长期以来每天都进行注射,所以他命令林格,让林格在他服毒之后向他开枪……林格向希特勒开枪了。"

人死见尸,通过法医便可验明正身,然而有关希特勒尸体的下落,也是各有各的说法。一种是死不见尸体。希特勒当时身边的一些人,如为他育犬的托尔诺夫、厨师兰格尔等都认为:"元首死了,他的尸体一点也没留下。"据亲手烧掉希特勒尸体的林格说:希特勒自杀的时间是15时30分,而后他将尸体用毯子裹好搬到花园里,浇上早已准备好的汽油焚烧。"7时(19时)半,遗体还在继续燃烧,我不再管它。"由时间推断,尸体已焚化得所剩无几了。

苏联人则不然,他们声称发现了希特勒已焚烧过的尸体。1945年5月5日的备忘录记载,有7名苏军官兵在柏林城内的希特勒总理府地区,离发现戈培尔及其妻尸体处不远的地方,在希特勒的私人避弹室附近,发现并取出两具烧过的尸体,一具女尸,另一具男尸。经过仔细研究后确定,这是希特勒与爱娃·布朗,尸体上也有特征。另一旁证是,与这两具尸体同葬在一个弹坑中的还有两条狗,而那是"希特勒私人的狗"。决定性的证据是对希特勒牙齿的鉴定,因为世界上没有两个人的牙齿完全相同。苏联人找到了希特勒牙医布拉什克教授的助手霍伊捷尔曼,她帮助苏联人找到了希特勒牙齿的X光照片和没有来得及戴的金牙套,并且凭记忆描述道:"希特勒的上一排牙有金桥,支撑在左边第一颗戴牙套的牙上……"这些与苏联人手中握有的希特勒的牙齿基本吻合。最后霍伊捷尔曼仔细对照实物,"确认这是希特勒的牙齿"。

当然还有一些其他说法,如希特勒的尸体"通通烧化",与蒙克小组一起突围的希特勒青年团首领阿克斯曼带走了"元首"的骨灰。或者如英国历史学家特雷沃尔——罗别尔所说:"希特勒总算达到了自己的最后目的……被自己的追随者秘密葬在意大利的布其托河边,当今的人类摧毁者也永远从人们的视野中消失了。"

奇闻种种,矛盾重重,是否有真正水落石出的一天?抑或它注定为一个永恒探索的课题并且是永远无解的谜?

纳粹副元首赫斯只身飞英之谜

1941年5月10日下午,脸庞方正、浓眉紧锁而眼窝深陷的赫斯与妻子伊尔莎·赫斯匆忙告别,在副官、传令官、保安官和司机的陪伴下驱车来到德国奥格斯堡机场。赫斯换上德国空军尉官制服，留给副官一封如果赫斯离开 4 个小时之后仍未返回就得尽快转交希特勒的信件，然后即单独驾驶业已准备就绪的 Me-110 战斗机飞往英国苏格兰，其时为中欧时间 17 点 45 分。

赫斯飞英之谜的主要问题包括：赫斯飞英的动机何在？赫斯飞英是自作主张，还是奉令行事？赫斯飞英纯粹是德国的一厢情愿，还是英国和德国事先有过某种默契？赫斯飞英之谜引起人们的广泛关注，有关的著作大量出版发行，但对于上述问题却是众说纷纭，莫衷一是。

赫斯的儿子沃尔夫·赫斯认为，1940 年夏季行将结束之际，赫斯就在豪斯霍弗尔父子(他们与汉密尔顿公爵关系密切)的协助下开始拟订德国与英国之间的和平计划，因为他认为如果德国不能通过军事或政治手段使英国停止战争，一旦德国与苏联之间爆发战争，德国最终将被迫实施两线作战。赫斯原计划在中立国与英国的汉密尔顿公爵就和平协议举行谈判，后因未能得到汉密尔顿公爵的满意答复而于 1940 年 12 月决定亲自飞往英国会见汉密尔顿公爵。赫斯为此行做过精心策划，已被希特勒禁止飞行的赫斯密请梅塞施密特飞机制造公司总裁、著名的飞机设计师威利·梅塞施密特为其提供 Me-110 战斗机并安装远程飞行训练装置，还曾集中精力学习驾驶技术和空中导航，布置收集有关的气象资料，标有飞行路线图，此外还备有一份和平计划。赫斯给希特勒的信件以"我的元首：当你收到此信的时候我将身处英国"开头，结尾则表示"我的元首，如果我的计划失败(我得承认成功的机会极小)，如果命运决定与我作对，那么此行也不会给你或德国带来不幸的后果。你可以选择任何时机与我断绝关系——就说我发疯了。"赫斯的和平计划的主要内容有：德国和英国在维持现状的基础上就全球政策达到妥协，所谓维持现状即德国不得为争取生存空间而与俄国发生战争；德国放弃对殖民地的要求并承认英国的海上霸主地位，英国则承认中欧为德国的利益范围；德国和英国之间目前的实力关系将得到维持，即英国不得从美国得到增援；德国将在法国陆军和海军全面解除武装之后离开维希法国，德国专员将留驻法属北非，从实现和平之日起德国部队仍将留驻利比亚 5 年；德国将在波兰、丹麦、荷兰、比利时和塞尔维亚建立卫星国，但在实现和平两年后将从挪威、罗马尼亚、保加利亚和希腊(克里特除外)撤出，且德国将在东面、北面、西面和南面(奥地利和捷克斯洛伐克显然仍将留在第三帝国之内)的问题圆满解放后放弃在地中海和中东对英国地位的压力；德国将承认阿比西尼亚和红海为英国的势力范围；赫斯承认自己装成"精神不健全"是得到希特勒同意的。

美国作家威廉·夏伊勒则认为，赫斯的动机是清楚的，他真诚希望同英国媾和。确信德国会在战争中获胜并会毁灭英国，除非立即媾和，此外，"战争使他个人黯然失色。战争期间，作为希特勒的副手管理纳粹党是一种很无聊的且不再是非常重要的职务。目前,德国的重要工作是处理战争和外交事务……这些事情使戈林、里宾特洛甫、希姆莱、戈培尔和将军们处于重要地位。赫斯感到既失望,又嫉妒。为了恢复他以前在他们爱戴的元首身边的地位和他在国内的地位,单枪匹马地安排德国和英国之间的和谈,这样一种大胆而显赫的政治成就,岂不是最好的办法吗?"

根据《鲁道夫·赫斯未被邀请的使者》的编著者里斯的说法,赫斯对于德国空军 1940 年大举空袭伦敦极为反感,因此想到飞往英国,以便与他认为存在于英国的人数众多的反战派讲和。正因为如此,当听到豪斯霍弗尔表示有同感时,赫斯便受到感动。豪斯霍弗尔提及汉密尔顿公爵是通情达理的人,必定厌恶这种极为愚蠢的屠杀。

武尔夫·施瓦茨韦勒以大量资料表明,希特勒对赫斯的行动是知情的。1941年 1 月 11 日,赫斯驾驶 Me-110 从奥格斯堡机场欲飞英国,但飞机因升高桨发生故障而不能升高,30 分钟后被迫降落。3 月 8 日下午,赫斯再次驾驶 Me-110 从奥格斯堡机场起飞,准备直飞英国,因气象预报的错误而于 75 分钟后返回地面。这次发生了意外的事情:副官卡尔·海因茨·平奇提前拆开赫斯留下的在飞机起飞 4 个小时后才能启封的信件并大惊失色地对司机和保安官说:"我的上帝! 头头飞到英国去了,想去缔结和约!"当晚,赫斯在哈尔拉辛别墅告诉副官这一秘密。但施瓦茨韦勒也提供了观点与此相反的重要资料。伊尔莎·赫斯指出:"完全可以肯定的是……我知道我的丈夫有清醒的头脑,自由的意向,没有委派或事先请示过希特勒。他是自愿做出牺牲的,他那失去平静的思想中除了和平以外别无其他。""也许我的丈夫曾在和希特勒的谈话中顺便提到过这一计划,但对此事我完全确信:希特勒从未认真对待过我丈夫的说法,或者只当作是'纯粹理论上的探讨而已'"。

苏联方面长期认为赫斯飞英后曾经有过某种深入的谈判或策划,由德国和英国联合起来进攻苏联,但该项计划最终流产了。苏联方面最近公布的克格勃绝密文件表明赫斯飞英是英国方面诱骗的结果。英国情报部门假意答应谈判一项和平解决方案,以把赫斯骗到英国。而在希特勒于 1941 年 6 月 22 日进攻苏联前夕,赫斯相信能够说服英国与德国签订和平条约。这些绝密文件包括充当苏联间谍的英国人金·菲尔比的两份绝密报告。菲尔比通过他的朋友、英国外交官汤姆·杜普雷获得情报后于 1941 年 5 月 22 日向在伦敦的苏联情报人员报告:赫斯在飞来英国之前给密尔顿公爵写过信,但这封信被英国情报部门截获。赫斯认为英国国内存在强大的反丘吉尔派,他们想利用他飞来英国同德国人媾和。因此,英国情报部门在赫斯于 1941 年 5 月 11 日在苏格兰降落以前,早就知道赫斯要来英国。

再说,1941 年 5 月 10 日深夜,希特勒将赫斯副官送达的信件阅读完毕,仅不露声色地问道"现在赫斯在哪里?"并暗中通知戈林和里宾特洛甫(请注意未通知戈培尔和希姆莱——作者),因为赫斯约定如果使命进展顺利,就向苏黎世的姑妈拍发电报。5月11日,希特勒终日没有收到赫斯的只言片语,对赫斯使命能否成功的怀疑有所增加。当天下午,在戈林和里宾特洛甫来到上萨尔茨堡的伯格霍夫别墅之后,赫斯的副官遭逮捕。5月12日,希特勒对赫斯或许可能成功的希望化为泡影,遂安排新闻处长迪特里希发布公报,命令纳粹党办公厅主任马丁·博尔曼行使赫斯的职权,向小豪斯霍弗尔询问赫斯飞英的细节。5月12日夜晚,德国广播电台发公报,内称赫斯业已违背命令驾机起飞,至今仍未回返;赫斯留下的信件以其混乱状态而不幸地表现出精神错乱的迹象,这使人感到党员赫斯恐怕是妄想症的牺牲品,因此赫斯或许已在某地坠毁。公报并未透露赫斯业已飞往英国媾和。5月13日,在英国政府宣称赫斯在苏格兰降落并受到轻伤之后,希特勒向集中在上萨尔茨堡的纳粹党高级官员指出"在指挥官们随时可能奉命开始最为困难的军事行动(指入侵苏联——作者)的时刻,赫斯离开了我。当我的高级政治领导人根据他自己的计划离开战场的时候,我怎么能指望我的将军们服从这项命令?"因此党应当将赫斯的名字从其记忆中勾销。鉴于德国人民对赫斯事件的解释存在"可怕"的情绪,希特勒和戈培尔决定于5月13日晚发布第二份公报。公报声称"赫斯似乎处于幻觉之中,这种幻觉使之感到通过在过去认识的英国人之中采取个人行动,他能够促成英国和德国之间的谅解","国家社会主义党对这个理想主义者沦为这种灾难性幻觉的牺牲品深表遗憾。然而,这丝毫也不会影响强加给德国的这场战争的继续。"沃尔夫·赫斯认为希特勒和戈培尔似乎不想将后门堵死,故而实际上承认赫斯"对于元首的大量和平方案的了解比任何人都多"。既然赫斯已经"叛逃",那么赫斯家族也就在劫难逃了。其实不然。1941年10月2日,赫斯的父亲去世,希特勒即给赫斯的母亲发去私人唁电,博尔曼据此得出希特勒并未与赫斯家族断绝关系的结论,亦随后发出唁电。

综上所述,完全可以认为赫斯飞英并非自作主张,而是奉令行事。

1987年8月17日,赫斯在施潘道监狱"自杀身亡"。赫斯单独驾机飞往英国之谜的真相究竟如何,人们很可能要到英国档案公布于世之后才能知晓。然而,英国封存的有关赫斯的档案,要到2017年才能解密。

隆美尔自杀之谜

1.沙漠之狐

1944年10月10日,柏林。

莫德文元帅向全德国宣布,德国"最伟大的指挥官"埃尔温·隆美尔于7月17日受伤,不治身亡。

希特勒即刻给隆美尔夫人发了唁电。唁电说："您丈夫的死给您带来了巨大的损失,请接受我诚挚的问候。隆美尔的英名将永远和北非英勇的战役联系在一起。"不久,希特勒下令举行国葬。

隆美尔原先是德军第七装甲师师长。第二次世界大战爆发后,他指挥所部以闪电行动,最早进抵英吉利海峡沿岸地区,并且迅速攻占瑟堡,迫使敦刻尔克战役中未及撤退的法军 3 万多人投降,从而成为纳粹德国著名的坦克将领。

"沙漠之狐"隆美尔

1941 年 2 月初,希特勒任命隆美尔为北非前线总司令。由于当时英军握有地中海的控制权,德军海运受阻。上级命他在其主力第十五装甲师及后续部队调齐之前,不要轻易进军,但他认为英军主力全部调到埃及休整,这里的换防部队素质和装备较差,决然发动进攻。他把汽车伪装成假坦克迅猛进攻;一举攻占英军阵地,打开了进入北非沙漠的大门。他又乘胜追击,英军全部退到利比亚、埃及边境。

丘吉尔大为震惊。他撤了北非集团军司令韦维尔的职务,调来了英军印度司令奥金莱克对付隆美尔。

英军经过 5 个月的休整,增强了作战力量,发动了代号为"十字军"的大规模进攻。11 月 18 日傍晚,大雨倾盆。英军以 10 万兵力及万辆战车,向西进军,企图一举歼灭隆美尔所部。但是,德军在隆美尔的指挥下,早已筑起坚固的地堡,密布的机枪和大炮,把英军打得晕头转向。然后,隆美尔又连续发动冲击,10 天之内,把英军的 500 辆坦克打得只剩下 70 辆。他在取胜后,鉴于自己兵力不足,补充困难,又获悉英军迅速得到了补充,便决定迅速撤退。

不久,隆美尔得到了一批装备和人员,使军团的坦克增加到1000多辆,于是,他又挥师西进。

在阿盖拉,隆美尔把意军4个步兵师部署在英军阵前,虚张声势,把装甲部队集中起来,于5月27日出其不意地击溃了英军2个摩托旅。英军展开反扑,里奇的400辆坦克被打得剩下170多辆。6月20日拂晓,德军向托卜鲁克环形防线的东南角发动暴风骤雨式的猛袭,3个小时饱和轰炸后,德军坦克突破缺口,汹涌奔袭,英军被迫投降,三万三千人被俘。隆美尔穷追不舍,英军被迫全线撤退。这时,希特勒欣喜若狂,提升隆美尔为元帅。

由于隆美尔在北非沙漠中灵活善变,使英国人穷于应付,从此他被人称为"沙漠之狐"。

2.密谋策反

两年以后,这个特别受到希特勒器重的陆军元帅,难道真的如同莫德文元帅所宣布的那样,是7月17日受伤,不治身亡吗?

不,这是希特勒的弥天大谎!

1944年7月17日,隆美尔到西线视察。在返回司令部的途中,确实身负重伤。当时,他的坐车遭到盟军飞机的袭击,汽车翻倒在地,他的头盖骨严重骨折,太阳穴和颧骨受伤,头上还有不少炸弹碎片。他被送到巴黎附近的一所医院,旋即返回德国乌尔姆附近他的乡间住宅养伤。

10月14日,隆美尔在乡间住宅里会见了两个纳粹来使。几分钟后,他先到妻子的房间向她道别,然后对他的儿子说:

"希特勒指控我犯了叛国罪,鉴于我在非洲的功劳,给我一个服毒的机会。那两个将军带来了毒药,在3秒钟之内就能致人以死命。如果我接受的话,我可以得到国葬待遇。"

说完,隆美尔走出房间,跟着两位将军上了车。车在2英里左右的森林旁停下来。1分钟后,隆美尔已直挺挺地死在座位上。

隆美尔为希特勒立下赫赫战功,希特勒为什么还要加害于他呢?1944年6月6日,盟军在诺曼底登陆成功,德国的将军们惊慌失措。他们都很清楚,盟军用不了几周,就会从西面到达德国边界。

为了挽救德国免于彻底毁灭,一些将军早就决定除掉希特勒。他们由陆军元帅维茨勒,前任总参谋长贝克将军等军界领袖组成了一个密谋集团,旨在积蓄力量,等待时机,推翻纳粹统治。

1944年2月底,隆美尔在家里接待了一个十分重要的密谋分子。

来人对他说:"隆美尔将军,现在东方战线上某些高级陆军军官提议逮捕希特勒,强迫他在电台上宣布退位。"

隆美尔点点头,表示同意这种说法。

来人又说:"你是我国最伟大、最得人心的将领,在国外比任何其他将领都受尊敬。你是唯一能够使德国避免发生内战的人。"

隆美尔迟疑一下,最后作了决定,他说:

"我想,出来挽救德国是我的责任。"

以后,密谋集团通过一个协议,计划在推翻希特勒以后,让隆美尔出任国家的临时首脑或武装部队总司令。按照那个协议,德国将与西方盟国停战,德国人从西线撤回本国,逮捕希特勒由德国人民法庭进行审判。

诺曼底登陆后,隆美尔曾多次当面指责希特勒,并希望尽快结束战争。他曾给希特勒写过一封长信,信上写道:"部队正在各地英勇作战,但是这场寡不敌众的战争即将结束,我必须请求您毫不迟延地做出恰当的决定。我作为集团军司令官,感到有责任清楚地说明这一点。"

当天,隆美尔对一位将军说:"我已给希特勒最后一次机会,要是他不接受,我们要采取行动。"

可是两天以后,他在从前线返回总部的途中遭到盟军飞机的袭击,身受重伤。

3.厄运降临

在反希特勒的密谋中有一个青年军官,叫施道芬堡。

施道芬堡眼看希特勒要把德国引向可能最后归于失败的战争,于是决定做一点事情来挽救德国。

在柏林,他和他的同伙拟订一个代号叫"伐尔克里"的谋杀计划。伐尔克里是北欧一日耳曼神话中一些美丽可怕的少女,据说她们飞翔在古战场上,寻找那些该杀死的人。这一次,她们要杀死阿道夫·希特勒。根据这一计划,一旦希特勒被暗杀,便在柏林迅速发动政变。

6月底,施道芬堡被任命为国内驻防线的总参谋长。这一职务使他有可能直接地经常见到希特勒。

7月20日下午,施道芬堡奉召去向希特勒汇报"人民步兵师"的进展情况。他在装有文件的皮包里放置了一颗英制定时炸弹。他只要用钳子打破玻璃管,10分钟之内,炸弹里的金属丝就会被熔化,炸弹就会爆炸。

他在一间会客室里匆忙打开公文包,用钳子打破了玻璃管,然后走进会议室。这时,希特勒和他的将军们举行的会议已经开始。施道芬堡在元首旁边几英尺处坐下来。他把公文包放在桌面下面,紧靠在一条结实的橡木脚的旁边,离希特勒的脚大约 6 英尺远。在一位将军向希特勒汇报俄国前线的战况时，施道芬堡向站在他身旁的勃兰特上校悄悄地说，他要出去打个重要电话，然后就急忙溜出会议室。

勃兰特俯身在桌子上看地图的时候，他发现施道芬堡的公文包挡住了他的脚，就弯下腰去把包移到了那条结实的桌子脚的另一边，这样，那块笨重的橡木把希特勒和炸弹隔开了。

炸弹准时在中午 12 点 42 分爆炸。

施道芬堡站在 200 码远的制高点，目睹希特勒的会议厅在轰隆一声巨响之后浓烟滚滚，火焰冲天。施道芬堡毫不怀疑，希特勒和他的将军们都已炸死。然而，希特勒并没有被炸死，那厚厚的橡木救了他的命。他的头发被烧焦，两腿被烧伤，爆炸的巨响震破了他的耳膜，他还是好好地活着。

希特勒对反叛者的镇压到了令人发指的地步。施道芬堡及其他几个叛乱组织者，一起被排在国防部的一堵墙前面，由行刑队枪毙了。接着，有 7000 人被捕，他们遭受到毛骨悚然的严刑拷打，然后宣判死刑。刽子手把反叛者用钢丝弦吊在钩子上缓缓地绞死。陆军元帅维茨勒就是这样被绞死的。

接着，厄运就降临到德军偶像隆美尔元帅身上了。

一个参与密谋的将军，自杀未遂，神志昏迷地躺在手术台上时，他喃喃道出了隆美尔的名字。另一个同伙在狱中受不了酷刑，也招认了隆美尔曾参与 7 月 20 日的阴谋。他引证隆美尔说过的话："告诉柏林人，他们可以指望我。"

希特勒大为震惊，下令处决隆美尔。鉴于隆美尔立下的汗马功劳，希特勒允许他在自杀和被判处叛国罪之间选择。希特勒对手下说："如果这个赫赫有名的元帅，德国最得人心的将军被捕押上人民法庭的话，这将是非常丢脸的事。如果他选择自杀的话，他死后可以获得具有全副军事荣典的国葬仪式，而且可以保全他的家属。"

于是，隆美尔最后用自杀逃脱了希特勒的残忍报复。

纳粹余党在阿根廷吗

第二次世界大战结束不久，苏美英法四国即组成国际军事法庭对法西斯德国战犯进行国际审判，然而除少数首犯受到应得的严厉惩处外，许多罪大恶极的纳粹头目、血债累累的纳粹党余却逃脱了历史的审判，逍遥法外，不少人潜逃到南美大陆，隐姓埋名，改头换面，重新过起平静安宁的庶民生活，其中大多数汇集到了阿根廷。

从第二次世界大战结束到 20 世纪 50 年代初，在庇隆当政的期间涌进阿根廷的纳粹余孽竟累计达 6 万人之多。他们凭着一种特有的嗅觉认定阿根廷是其避难的安全场所。自那以后，他们中除极个别被以色列和其他国家犹太人组成的追踪纳粹秘密行动小组缉拿归案外,绝大多数人在阿根廷安营扎寨,过上了定居生活。

这些纳粹余党在阿根廷可以说备受庇隆当局关怀。人称"希特勒第二"的马丁·博尔曼在阿根廷期间,曾6次被其他国家要求逮捕,甚至有的还向阿根廷当局提供马丁·博尔曼行动的具体路线,但阿警方不予理睬,也不加以任何调查,直到1960年让博尔曼安全无恙地逃离阿根廷。里加大屠杀总指挥爱德华·罗希曼在阿根廷还当上了维森特洛佩斯一个群众组织"合作社"的主席,并为地方警察机关募捐。安特·巴维利克这个在南斯拉夫克罗地亚犯下滔天罪行的魔鬼,不仅两次被庇隆拒绝引渡到南斯拉夫,而且还和政府情报部门和警方关系十分密切……不但如此,更有甚者阿根廷政府还反过来追踪和处罚正义人士,帮助销毁纳粹分子材料,如阿警察局一个情报助理员贝拉斯科就因向报界透露博尔曼下落而被开除公职,一个与"死亡天使"门格尔做邻居的青年,也因被怀疑要绑架门格尔而遭逮捕,至于1992年春天公布的在阿根廷全部纳粹分子的档案,不少主犯档案所剩无几,有的则不翼而飞。

人们不禁要问,这个曾在阿根廷历史上起过举足轻重作用,提出以"政治主权、经济独立和社会正义"为内容的庇隆主义创始者,战后因大力实施国有化政策,广泛推行社会改良和福利措施,积极发展民族经济,对外标榜既不走资本主义也不走共产主义,奉行"第三条道路"而显赫一时的庇隆,为什么对为世界人民所痛恨和仇视的纳粹分子如此同情,如此关怀备至,甚至公开声称欢迎纳粹分子进入阿根廷?

阿根廷著名文学家托马斯·艾罗伊·马丁内斯认为,庇隆早在20世纪30年代就与轴心国结下不解之缘。1939年他任阿驻意大利使馆武官,以后又去过德国、西班牙。他在与意大利军队合作中建立了浓厚的感情,另外阿军队与德军队也有着传统关系。因此当拉美国家均对轴心国断交与宣战时,只有阿仍坚持与轴心国保持外交关系,直到二战结束前不久,德意已濒临彻底崩溃时,庇隆才不得不结束这种关系,对德意宣战,但实际上仍维系着藕断丝连的联系,同情纳粹余党,把他们网罗到阿根廷就是一个明证。

还有一种观点,认为庇隆接纳纳粹是想利用德国当时居世界首位的先进科学技术,但历史学家驳斥了这种荒谬观点,因实际情况是"罪犯充斥而技术人员奇缺"。

那么,庇隆究竟为什么要为纳粹们敞开阿根廷大门呢?阿根廷总统梅内姆在移交纳粹分子全部档案时避而不谈这个问题,但不管怎样,梅内姆将档案公开并向全世界道歉这个态度还是值得欢迎的,也引起国际社会瞩目。

希思首相独身之谜

爱德华·理查德·乔治·希思是英国保守党第一位平民首相。他曾 12 次访问中国,使中英关系由代办级升格为大使级。他酷爱音乐,曾任欧洲交响乐队指挥,并应邀指挥过上海乐团和北京交响乐团演出,同时又是赛艇能手,1969 年获国际赛艇冠军。可是这样一位多才多艺的政治家,却是一个终身不娶的鳏夫,着实令人不解。

希思出生在英国肯特郡沿海,父亲是个一流的建筑家,与希思终身不娶相反,其父风流十足,一生共娶过 3 位妻子,最后一位妻子甚至比希思还小 5 岁。有人认为希思不近女色,可能是对其父的一个反作用。

希思自小就是一位性格孤僻、不合群的人,甚至对挚友也保持一定的距离,尤其对女性更是抱有成见,他反对男女同校。在他担任牛津大学巴利奥尔学院乐团秘书时,不许女生参加音乐会,这种轻视女生的做法,直至希思辞去秘书职务为止。希思对女性的偏见根深蒂固,即使到了竞选首相的紧要关头,他仍然置女性选票于不顾,毫不掩饰自己对女性的偏见,大肆贬低女性的社会作用,使仰慕他的女性望而生畏,敬而远之。1975 年,担任四年首相的希思被一位女性——撒切尔夫人所击败,他简直无法忍受,觉得自己受到莫大的羞辱,于是他宣布退出竞选,并表示他将不在撒切尔夫人的影子内阁中担任任何职务。

由于希思对女性抱有偏见,因而在与女性接触中,常常表现一种轻慢无礼,近乎恶作剧行为。一次宴会上,希思恰好坐在两位少妇之间,少妇受宠若惊,频频斟酒发问,然而希思无动于衷、一言不发,最后干脆闭目养神,弄得两位少妇狼狈不堪,宴会也不欢而散。又有一次,希思冒充一位著名爵士,打电话给他相识的一位女演员,让她参加一次非常特别的音乐会演出,害得这位女演员,欣喜若狂,忙得不亦乐乎,空喜一场。希思这种做法,使认识他的女性都对他产生极大的反感,自然也就谈不上什么爱心。

尽管这样,希思还是有过一段恋情。希思早年的音乐天赋,使他结识了爱好音乐的雷文一家,并爱上了他的女儿凯·雷文。希思待她一直不错,两人交往甚密,持续 15 年之久。这在希思与女性交往史上是唯一的例外,着实令人吃惊。希思读大学以致后来参加工作,两人的来往仍十分频繁、密切,每逢休假,便一道去野餐、散步、听音乐会、跳舞,外界公认他们俩正处在热恋之中,结婚亦只是迟早的事情。凯本人也多次流露出与希思结合之意。但希思始终没有向凯求婚,甚至没有向凯直接表露过爱意。遥遥无期的等待,终于使凯心灰意冷,不得不听从家人的劝说,另嫁他人。希思父母获悉后大为惋惜,直埋怨儿子,错失良机。希思表面上似乎十分平静,可内心却十分沮丧,因为这毕竟是他,一生中交往最长久的一位异性朋友。

几十年来,凯的照片一直放置在希思的床头,表明他恋恋不舍地心迹。

希思与凯关系破裂,人们议论纷纷。多数女性认为,希思有与凯结婚的愿望,只是羞于启齿。因为希思在社交上常常表现较拘谨胆怯,所以,认为希思考虑当时条件还不成熟,不愿冒失求婚,况且他始终坚信,与凯15年的真挚友情牢不可破。记者曾问过他,是否想找个妻子时,他肯定地回答说,曾想过,但事情并没有顺利地朝那方面发展。说明他确实想结婚只是凯等不及,将他抛弃了。至此,他再也没想过结婚事宜。多数男性认为,希思看到周围许多婚姻悲剧,甚至担心自己也套上婚姻枷锁,自感无法胜任丈夫职责,所以与凯保持若即若离的关系,既不想结婚,也无意分手。最后只好由凯作决定了。

希思迟迟未婚,也给他竞选首相惹了不少麻烦,选民们指责他未娶,不允许他住进唐宁街10号,甚至谣传他是个同性恋者。但希思没有消沉和退缩,他认为,未婚不是罪过,单身汉也要生活。他凭着自己顽强毅力,顶住舆论压力,最终登上了首相宝座。

智利总统阿连德死因疑案

20世纪70年代,地处南美、世界上最狭长的国家智利发生了两起震惊世界的事件。一件是1970年9月由社会党、激进党、共产党等6个党派组成的人民联盟候选人、曾4次竞选总统、以激进民族主义著称的萨尔瓦多·阿连德·戈麦斯当选智利总统;另一件是仅时隔3年,这位拉丁美洲历史上的伟大人物就倒在1973年9月11日发生的智利历史上第23次政变的血泊之中,不幸以身殉职。曾一度叱咤风云的阿连德就如此匆匆湮没在智利历史长河之中了。

阿连德短暂的总统生涯,以及他为什么死、怎么死,引起人们长时间的思索和议论。

阿连德出生于瓦尔帕莱索一个中产家庭。早年在智利大学学医时,积极参加和领导学生运动,多次被捕。1932年获智利大学医学博士学位。毕业后曾因领导学生运动出名而在医务界找不到工作,以后当过助理验尸官、牙科学校助教。1933年成为智利社会党创始人之一,先后担任过社会党总书记、主席等职务。第二次世界大战时任"人民阵线"政府部长,后当上了参议员、议长。1970年9月"人民联盟"在竞选中获胜。11月5日阿连德在欢呼声中跨进了拉莫内达宫(总统府)。全国上下一片欢腾,胜利歌声震撼着北起阿里卡南到火地岛的这块狭长国土。

仅隔2年不到,智利上空布满乌云。锅盆的敲击声代替了当年的歌声,手持警棍的防暴队取代了悠闲自得的警察。恐怖、暗杀、抢劫等消息充斥着每天的报刊杂志。1973年阿连德已如坐火山,如履薄冰,身陷漩涡之中。这固然与阿连德政策的失误有密切关系,如土改侵犯了大批中小庄园主利益,国有化扩大了打击面,他上台没收的507家企业,竟有80%是中小企业。收归国有的企业尤其是国有化后的铜矿因没及时推行正确的政策,以致生产上不去,又有大批技术人员离弃祖国,奔走异国他乡。在经济濒于崩溃边缘,阿连德不仅不立即采取措施缓解矛盾,相反加紧改革步伐,这样就把更多的支持者推到了敌人营垒。"6·29"未遂政变是个信号,尽管三军司令一再表示忠于阿连德,但殊不知智利军队一向同美国垄断资本有密切关系,且当时右翼力量已在军内占据优势,正步步加紧筹划大规模反政府阴谋。阿连德准备总结执政以来的历史进程,但为时已晚,时局已到了不可收拾的地步。不久发生了一连串暗杀、全国卡车司机与私营店主罢工、家庭主妇上街游行等事件,最大反对党基督教民主党宣布拒绝与阿连德对话,全国上下一片混乱。

阿连德犹如大海中一叶小舟,失去依靠,完全孤立。8月23日阿连德的得力助手、国防部长兼陆军总司令普拉茨被迫下台,由陆军参谋长皮诺切特接替。皮诺切特如鱼得水。一上任即召开绝密会议,密谋推翻阿连德。9月10日形势发展到剑拔弩张程度。晚上9点半,阿连德与部长们在郊外别墅进晚餐时,从总统府传来消息,两辆满载部队的卡车正从北方向圣地亚哥开来。餐桌上,阿连德夫人谈到她接连收到许多恐吓电话和信件。深夜11点总统府再次来电重报刚才的消息。次日凌晨2点半,阿连德打电话对他秘书说:"明天将是很长的也是艰难的一天。"他知道摊牌的时间已不远了。

9月11日清晨6点半,海军抢先动手了。"辛普松号"潜水艇、"拉托雷海军上将号"巡洋舰和美国舰队停泊在科金博(智利北方一座小城)附近海面。六辆装满士兵的卡车从瓦尔帕莱索驶向首都。7点15分空军开始轰炸工厂、电台。7点30分阿连德从别墅来到拉莫内达宫时,警察防暴队已全部出动,总统卫队也做好战斗准备。

7点55分,阿连德向全国发表首次广播讲话,通报目前形势,动员人民提高警惕,坚守岗位,对军队依然表示信任和寄予期望。此时得到消息说国防部长被陆军部队逮捕,8点15分阿连德发表了第二次广播讲话。这时空军参谋长为阿连德准备了一架飞机,让他立即离开智利。阿连德拒绝了,说他知道怎样做一个士兵,也知道作为总统的职责。

8点30分,电台中断军乐,向全国广播以皮诺切特为首的武装部队军政府委员会公报,下令阿连德立即交出政权。阿连德简直不敢相信,他所信赖的陆军总司令竟是策划政变的头目。9点整,阿连德打开窗子挥手向群众做最后的致意。不久电报电话中心被武装部队占领,阿连德下令夺回,但终因身边只剩数十名官兵,而无法执行了。9点过一点点,阿连德在第四次广播讲话中坚定表示"将为保卫属于这个国家的珍贵原则而献出生命"。9点10分他在唯一没有破炸毁的麦哲伦海峡电台做最后一次讲话,"在这个历史关头,我将为诚实的人民献出生命"。1点30

分,第一支政变部队攻进总统府。2点差几分,65岁的阿连德倒在部长会议大厅的战斗岗位上,他终于走到了生命的尽头。死时手里紧握着枪,依然保持着战斗的姿态。

对阿连德的死,人们议论纷纷,世界上很多政治家为之惋惜。一些人说他是自杀身亡的。一些人认为他是被炮弹击中而英勇牺牲的。持后一观点的有他生前的政治顾问琼·E.加塞斯,有了解他的朋友,有对政变过程掌握情况的人。他们认为阿连德性格坚强,在几次危难中都挺着身躯迎接枪林弹雨,直到生命最后瞬间还紧握枪杆顽强抵抗,这样的人绝不会走自杀的路的。还有不少拉美和第三世界的人士认为,与其说阿连德是在"9·11"政变中殉职,毋宁说是某个大国错误道路的殉葬品。

佛朗哥为何没有参加二战

1975年,82岁的佛朗哥死了。他是法西斯独裁者中唯一寿终正寝之人。他统治下的西班牙是唯一没有参加第二次世界大战的法西斯国家。他曾经宣称:在一个受尽苦难和蹂躏的欧洲中,西班牙是一块快乐的绿洲。这是"国家主义运动"的成绩。

1939年的欧洲,战争已如上弦之箭,一触即发。佛朗哥告诉墨索里尼,他准备竭尽全力使欧洲相信:发动一场全面战争是无意义的。9月1日,德军进攻波兰。3日,英、法对德宣战。同一天,佛朗哥公开呼吁使战争局部化。他声称,愿意和其他国家一起来商讨结束一场有可能导致"亚洲式的野蛮残暴"的战争。4日,西班牙宣布了"中立"。

是佛朗哥有"保卫和平"的善意?还是他有先知之明,知道轴心国必遭失败?否则,作为欧洲三大法西斯国家之一,且又和德、意在刚刚结束的西班牙内战中结成了非同寻常的关系,西班牙为什么不和德意同步而却独树一帜呢?

佛朗哥

有人认为,佛朗哥不参战是因为国内经济、政治危机。当时,西班牙内战刚刚结束,国民经济濒于停滞状态,食品严重不足,灾荒频繁,人心浮动。必要的进口工业材料和设备供给不足,黄金、外汇储备十分短缺。政治方面,共和派、君主派右翼集团和共产主义者左翼集团依然保有不可忽视的社会力量和影响。长枪党内部酝

酿着的种种不和、猜忌、争斗又削弱了党的独裁统治能力。故而佛朗哥首要解决的问题是发展国民经济、稳定政局、确保独裁统治。显然,这种看法的问题在于:国内危机并非不参战的可靠理由,解决上述危机的最快捷而有效的办法,可能正是对外战争。

另一种说法是,佛朗哥不参战是因为同盟国的利诱、拉拢。西班牙和直布罗陀、丹吉尔特殊的地理位置使盟国担心,一旦西班牙加入轴心国作战,直布罗陀海峡必为其控制,大西洋与地中海航路中断,后果不堪设想。为此,1940年3月,英国同意向西班牙提供200万英镑的贷款,并允许它从盟国进口某些禁运的工业原材料,英国还从阿根廷快速运送一批食品到西班牙以解决其燃眉之急。

第三种说法是,佛朗哥反对的,只是苏联。因为苏联是支持西班牙国内左翼力量的后台。佛朗哥曾经说过,西班牙和西方世界的真正敌人是苏俄,西方国家之间的任何战争都不过是为俄国人"火中取栗"。佛朗哥与各国的交往表明,他是一个讲求实际的人,不会因为反对苏联而放弃参战可能带来的利益。

还有一个为人所忽略的疑点是:希特勒为什么会能容忍佛朗哥的种种"背叛"而不对西班牙开战?而佛朗哥出于什么动机,居然能在关键时刻,出乎意料地没有参加第二次世界大战呢?凡此种种,令人百思不得其解。

意大利前总理莫罗遇害内幕

意大利罗马玛利奥夫尼街,凌晨4点半,一切还显得静寂、安宁。可谁会想到,几小时后,这里将发生一起震惊世界的绑架案。此刻,意大利天主教民主党主席、前总理莫罗已兴奋得早早起床了。1978年3月16日这一天对他来说,是其30年政治生涯中最重要、也可以说是最辉煌的日子。不久前,他顺利解决了意大利战后最大的政治危机——数月来的无政府状态行将结束,各党派在他的斡旋下已达成协议,组成联合政府。今天,国会将讨论这个协议。事先他已得到许多头面人物的保证:协议一定会获准通过。在当今意大利政坛上,莫罗是最举足轻重的人物。他曾五度出任总理,解决过不少政治危机。人们都说,没有莫罗,意大利早就四分五裂了。年底的总统竞选,他是最炙手可热的人选。如果这个协议得到批准,总统的位置一定非他莫属。可悲剧也恰恰在这时发生了。

8点半,莫罗和妻子依列娜深情吻别,每次出门他都要这样做。莫罗的轿车正沿着斯特里大街向国会大厦方向驶去。这时,四名"红色旅"罗马小组的成员正化装成航空公司雇员模样静静地守候在玛利奥夫尼街和斯特里街的交叉处,准备绑架莫罗。为首的是个美貌的金发女郎,名叫安娜,是"红色旅"的创始人之一。意大利"红色旅"创建于1969年,成立后即以绑架、暗杀等恐怖活动闻名于世,给意大利政界造成了严重威胁。安娜见莫罗的汽车缓缓驶来,猛一挥手,四人同时打开旅行包。转瞬间,乌亮的冲锋枪出现在他们手中,闪电般地向莫罗的汽车冲来。安娜端着冲锋枪对准前排座位乱扫,警官里奇和莫罗的司机连叫都没叫一声就死去。随车的四个保镖情知中伏,刚要拉开车门外冲,一阵弹雨铺天盖地而来,三个惨死车内,另一个勉强逃出车外,即被一排更为猛烈的子弹打倒。安娜等人用冲锋枪指着一动不动地坐在车后座里的莫罗:"跟我们走!"众人一起走向停在路旁的一辆警车。突然,当莫罗被人推着行将登车之际,他把皮包扔在地上,用恳切的、哀求般的口吻说:"求求你们,放走我吧。"安娜厉声命令:"上去!"他顺从了。警车呼啸而去。

莫罗被绑架后,意大利举国震动,世界也被震动了。罗马戒严,全国戒严。警察倾巢出动,开始了空前规模的大搜捕。次日,政府又调来5万军队加入搜捕的行列。其实,莫罗并没离开罗马,甚至只在离绑架地斯特里街不远的停车场修理库的密室里。之后,"红色旅"不断发表公告,不断提出要求,然而,所有这些均遭到意大利政府的拒绝。接着,"红色旅"又发表了莫罗的亲笔信。莫罗以个人名义向政府呼吁:同"红色旅"谈判,释放库乔等人。库乔何其人也?"红色旅"首领是也。他曾是特伦多大学的学生领袖,在一次示威游行时,他的两位好友被警方的炸弹炸死。就在这一天,他发誓成立"红色旅",为好友报仇。1975年,库乔偶然被捕。3年来,官方对他开庭审判已有数次,然而没有一次能进行到底,库乔还威胁法官们:谁坚持对他的审判,"红色旅"便会结果其性命。"红色旅"也曾多次营救库乔,均未能得逞,而这次绑架事件就发生在将对库乔进行新的审判的前一天,意大利政府对莫罗的求援,采取了拒绝的态度。不错,那是莫罗的手迹,但仍不能释放库乔。理由很简单:这些信一定是莫罗在饱受折磨后被迫写的,甚至受了药物的影响,也未可知。依列娜也多方奔走,希望政府能同"红色旅"对话,拯救莫罗的生命,政府同样置之不理。她又来到天主教民主党总部,声泪俱下地对党的领袖们说:"为了这个党,莫罗献出了毕生的精力,你们不能见死不救!"那些领袖大多是莫罗一手提拔的,与他私人感情极深,但这件事实在是无能为力。他们只得沉痛地说:"党的立场不能改变,我们绝不同恐怖分子对话。这样,即使莫罗遇害,也等于意大利精神上的胜利。""红色旅"再次要求莫罗给政府写信,重复他们的要求。他想拒绝,但求生的欲望很强烈,于是他写了。他写了一封又一封,但封封遭到拒绝。当他的第80封信遭到拒绝时,他彻底绝望了。至此,"红色旅"也明白不能以莫罗为人质要挟政府,于是决定利用莫罗给政府以严重打击。一天,安娜命令莫罗侧卧在雷诺轿车后座的地板上。随后,安娜举起装有消音器的手枪,对着莫罗的胸膛连发11枪。大约10分钟后,莫罗死去。5月9日,莫罗的尸体发现于罗马市中心的一辆汽车内。莫罗的死再一次震动了全世界。当罗马电视台新闻广播员呜咽着宣读特别公告时,意大利全国哭声一片。

从上面的叙述中可知：莫罗是因政府拒绝"红色旅"恐怖分子所提条件而被害的，政府为了国家制度的尊严而抛弃莫罗可以理解，而这些制度又正是莫罗用毕生心血建立起来的。但也有人指出：莫罗实际上是被政府和天主教民主党送上断头台的，因为政府完全可以采取灵活的策略来对付"红色旅"，莫罗也不会那样悲惨地死去。

但事情远非如此简单。以后，意大利警方连续破获了"红色旅"的几个军火库，却惊讶地发现：那里的武器弹药几乎清一色是苏联制造的。有确凿证据证明，许多"红色旅"成员曾在某个东欧国家受过训。更令人大惑不解的是：安娜等人在绑架莫罗前曾反复进行过实战演练，地点竟是捷克斯洛伐克！他们是怎样到那里去的？谁提供经费？莫罗被杀是否和这些国家有关？现在，莫罗惨死一事已成了意大利和国际上扑朔迷离的悬案。

第四章 军事未解之谜

第一节 疆场军队

古罗马军团纵横驰骋欧亚

古罗马军团和蒙古铁骑,一前一后,是古代人类战争史早期和中期出现的两股强大势力。公元6世纪末起,罗马人赶走了伊鲁特人,成立罗马人自己的国家,后来,欧洲以至西亚和北非地区的格局都因罗马帝国的崛起而发生了变化。

长达2000年的罗马帝国史先后经历了古罗马王国、古罗马共和国和古罗马帝国三个时期。在其走向崛起、强盛的过程中,先后经历了多年的战争。帝国拥有一支十分强大的部队,这支军队在吸取多年的作战经验和教训的基础上,对其军队的组织体制和战术不断进行改进和完善,形成了军团作战体制。

古罗马军团

传说古罗马军团是从失败中诞生的,这支军队在最初仍然继续使用他们的统治者伊特鲁里亚人曾经用过的希腊方阵。希腊方阵是由用圆形盾牌和投矛武装起来的重甲步兵组成。公元前216年,在康奈,按古希腊方阵队形作战的古罗马武装步兵,被迦太基的军事统帅采用包抄战术所打败。古罗马人从这次惨败中汲取了教训,对古希腊方阵进行改造,创建了古罗马军团,灵活的军事组织——军团逐渐取代了方阵,而成为新的战争方式。

古罗马军队的基本战术组织是小队,相当于现代军队中的连。每个小队由两个百人队组成,相当于现在的两个排。百人队原先为100人,后来改为60至80人,这是由于1名军官(百人队长)来指挥100人的队伍常显得力不从心,但百人队这个名称仍然保留了下来。大队相当于现在的营,由450至570人组成,其中有

120 至 160 名少年兵，还有相同数量的青年兵和壮年兵，60 至 80 名成年兵，另加一队 30 人的骑兵。大队里的骑兵很少跟大队一同作战，而是自己合起来组成较大的骑兵队伍。

古罗马军团相当于现代军队的 1 个师，它由 10 个大队组成，约 4500 至 5000 名士兵，其中包括 300 名骑兵。每个古罗马军团配有 1 个联合军团，这相当于现代的 1 个军，约 9000 至 10000 人，其中约有骑兵 900 人。两个古罗马军团加上两个联合军团组成 1 个野战军，称为执政官统率的集团军，由两个罗马执政官其中的 1 名指挥。每个执政官统率的集团军通常有 1.8 至 2 万人，其正面战线宽约 2500 米；整个集团军战斗编队占地约 60 万平方米，大约三倍于同样规模的古希腊方阵队形。

军团的机动性取决于每个大队与各分队之间的战术关系，也取决于重步兵的各个作战横队之间的相互关系。每个小队就像一个古希腊小方阵，它的每个横列约 20 人，纵深 6 人，士兵间隔略大于古希腊方阵的士兵间隔。每个士兵所占位置约 1.5 平方米，横队的各个小队之间有一个相当于小队正面宽度的间隔，约 30 米。各小队交错排列，形成棋盘状的纵横交错队形。这种棋盘方格状的作战队形较之古希腊方阵有许多优点。它的队形灵活多变，可根据地形或战斗情况随时变为轻武装步兵战斗队形或重武装步兵战斗队形，并能四面出击，既可集中打，又能化整为零，各自为战。这种队形比较容易在地形崎岖的乡村实施机动，不用担心部队前后失去紧密的联系，也不必担心横队中出现前后脱节的现象。

古罗马军团的这种优化组合，使其在战争中占据了优势。马其顿方阵和古罗马军团曾经有过两次重大的交战。一次是第二次马其顿战争中的西诺塞法拉战役，一次是第三次马其顿战争中的皮德那战役。两次战役均由古罗马军团获胜。

古罗马军团的武器装备不断改进，最初，古罗马的骑兵和步兵主要使用长矛和弓进行作战，剑是次要武器。到公元前三世纪末，古罗马军队淘汰了用于砍杀的剑，改用一种稍短的剑，称为短剑。这种短剑很重，剑头十分尖锐，用起来比梭镖灵便，用途更广，可作为劈刺式兵器，其作用十分重要。

由于短剑的作用距离较近，不能像梭镖那样能距敌于较远的距离，对士兵的保护功能相对差一些。为弥补这一缺陷，古罗马人对矛做了较大改进，将盾改成了结实的长圆形凸面体，高约 4 英尺，宽 2 英尺，可以将身体的大部分遮盖住，其形状有些像琵琶桶的平面，用木头做成，上面蒙有兽皮，并用窄金属条加固，使古罗马军团的机动性大大增强。

古罗马人对兵器的一项重大发展是重标枪。它是标枪的一种，出现于公元前三世纪。这种标枪容易投掷，穿透力大，它一半是金属杆，一半是木杆，即将一根 4.5 英尺的铁杆插入一根 4.5 英尺的木杆，中间用两个削钉连接起来，总长度约为 7 英尺，在金属杆的一端加有一个坚硬的铁枪尖。重标枪用单手投掷，最大投射距离约 60 英尺。作战时,军团士兵可一起投出,可以取得最大的心理威慑效果。起初,重标枪只是剑的辅助兵器,到了公元前一世纪,它的作用就变得跟剑一样重要了。古罗马军团的士兵通常都携带着这一轻一重两种兵器。

古罗马军团先后经历了许多次重大的战役,前面已经叙述过,其中与马其顿方阵曾经有过两次重大的交战。一次是第二次马其顿战争中的西诺塞法拉战役,另一次是第三次马其顿战争中的皮德那战役。两次战役均使古罗马军团获胜。从而显示出了一种新的迹象:一个以新的方式指导战争的、新的大帝国正在崛起。

战术结构的优越性,是必须在实战中才能得以验证的。正因为古罗马军队进行了这一系列变革,才能在高明的军事将领的指挥下,实现从单兵装备到军团作战,并不断创造战争奇迹。从现在的角度看,在当时军队的作战方式受希腊方阵影响较大的情况下,古罗马军团的战术结构的发明者是谁? 他又以怎样的军事理论或政治手段使古罗马朝廷接受了新的作战方式? 由于古罗马时代距今时间久远,又缺乏翔实的资料记载,所以至今都是一个谜。

西班牙"无敌舰队"的覆灭

16 世纪,自从哥伦布远涉重洋发现美洲新大陆后,西班牙凭借强大的海上势力,在美洲占领了广大的地域,掠夺了大量的财富,并将殖民势力扩展到欧亚非美四大洲。据统计,公元 1345~1560 年间,西班牙海军从海外运回的黄金达 5500 公斤,白银达 24.6 万公斤。到 16 世纪末,世界贵重金属开采中的 83% 为西班牙所得。此时,英国正处于资本主义发展阶段,急需大量的原料和财富,也开始积极推行殖民政策,向外扩张,寻找建立殖民地的土地和国家。西班牙是海上霸主,这给英国的对外扩张带来了极大的威胁和障碍,于是两国的矛盾冲突日益尖锐。

1588 年 7 月的一天,一名驻守在英国南部海岛上的英国哨兵正百无聊赖地躺在一棵树下打盹,当他迷迷糊糊地睁开眼睛时,突然间被所看到的一切吓坏了,所有的困意顿时全消——他看到的是最强大的舰队。"上帝啊,西班牙的'无敌舰队'最终还是来了。"那一艘艘巨型帆船一字排开,前后呼应,就像是一座从英吉利海峡南部海面上突然冒出来的岛屿,不,更像是一团充满毁灭力量的海上风暴,团团向海峡这边挺进,势不可挡。这名哨兵从震惊中清醒过来,想起他的职责,将烽火接连不断地在英国的海岸线上点燃。

自 16 世纪中叶起,英国经常在西班牙殖民地进行走私贸易,抢劫西班牙运送金银的船队并袭击西班牙殖民据点。腓力二世下令组建世界上规模最大的海军舰队。来自西班牙和葡萄牙的造船工匠用了近两年时间建造了 130 艘战船,每艘战船的重量都超过了 200 吨。

腓力二世将舰队命名为"最幸运的舰队"。没过多久,舰队就凭借无与伦比的实力赢得了"无敌舰队"的美称。

1588 年 5 月，由麦迪纳·西多尼亚公爵率领的"无敌舰队"驶离西班牙，这支船队包括重型军舰和其他类型舰船 130 艘，火炮 2430 门，水手和炮手 7000 人，接舷战步兵 23000 人，神职人员和其他各类人员 300 人，总兵力达 3 万余人，实力非同一般。而英国方面能应敌的各种形状的舰船，大大小小凑在一起约有 140 艘，其中大部分是海盗的武装商船，规模不大，整个舰队作战人员也只有 900 人。众寡悬殊，力量对比战争的优势显然在西班牙一方。7 月 21 日至 29 日（一说 7 月底至 8 月初），双方在英吉利海峡进行了一场举世瞩目、激烈壮观的大海战。

当英国舰队发现"无敌舰队"进入英吉利海峡后，立即抢占上风方位，主动出击。"无敌舰队"总司令西多尼亚则按传统战略，命令西班牙舰队列成半月形迎战。但西班牙舰队的阵势很快被打乱，损失惨重。西多尼亚无心恋战，传令撤出战斗，向东退驶。

到了晚上，又出乎他的意料，英军又施展火烧连船的战术。经过一天的激战，疲惫的士兵们都正在酣睡之中，谁也没有想到死神竟会降临到他们头上。

西多尼亚从梦中惊醒，手足无措，慌忙传令：砍断锚索，起航避让。在一片混乱之中，各船竞相逃避，他们或是互相撞沉，或是被大火烧毁。西多尼亚原想等火船漂过以后，再恢复战斗序列，谁知由于他错误地下达了断锚的命令，多数军舰都丧失了两个主锚，根本无法停船，只好任风吹去。

西多尼亚眼见大势已去，不敢再战，遂率残舰败卒，绕道返国。

等他们回到西班牙时，强大的"无敌舰队"只剩下 43 艘残破舰船，几乎是全军覆没。当初不可一世的"无敌舰队"，在敌我如此悬殊的优势情况下，居然不堪一击，一战而负。从此，西班牙的海上霸权被英国所取代。

为什么强大的"无敌舰队"竟然在寡弱对手面前不堪一击，第一次世界大战覆亡呢？大致有三种说法。

一是政治基础说。西班牙的强盛，只是表面上的暂时的虚假繁荣。西班牙国王腓力二世加强专制统治，搜刮民财，连年征战，专横残忍，挥霍无度，激起了广大人民的愤恨，国内危机四伏，这次战争根本是不得民心的。

二是用人失当说。另有学者认为，"无敌舰队"的惨败是由于国王用人不当造成的。"无敌舰队"装备完毕后，腓力二世于 1588 年 4 月 25 日在里斯本大教堂举行授旗仪式，任命大贵族麦迪纳·西多尼亚公爵为舰队总司令，代其率领舰队远征。西多尼亚本是个陆军将领，并且他根本不懂海战，对指挥舰队作战毫无经验。这项任命让他始料不及，根本没有任何思想准备和信心指挥这场战争。任命一开始他试图婉言谢绝这一任命。他说："我的身体不适合海上航行，我的经验告诉我，我会晕船的。"但是，腓力认为，西多尼亚除了经验丰富，还有许多优点：他拥有贵族头衔,名声清廉,而且非常虔诚。在腓力的执意要求下,西多尼受命接过"无敌舰队"的指挥权。试想,这样的将领指挥海战,哪有不败之理?

三是地理天灾说。这种说法认为"无敌舰队"遇上了天灾,而不是人祸。它首先遇到的对手,是非常可怕而又无法战胜的大西洋的狂风巨浪,这是进军时机选择不当造成的。在"无敌舰队"受到英军的重创后,幸存的战舰不敢冒险经英吉利海峡撤回西面,而是向东的一条航道行驶,打算沿着苏格兰海岸,进入大西洋。受损的舰队抵达苏格兰西北岸的拉斯角时,遇到猛烈的大西洋风暴掀起的第一波巨浪。战舰漏水、损坏,船员饥饿、生病,他们孤立无援地在海上随风漂泊,许多战舰撞上了岩石,另一些战舰进水下沉,消失在浪涛之中;还有一些战舰在爱尔兰海岸外失踪,数千人淹死;好不容易登上爱尔兰海岸的幸存者也被杀死或饿死,许多西班牙水手不止一次地遇到船舶失事,失事船的船员们拥向"古罗纳号"船,船长载着船上 1300 人继续航行,不料船猛撞到岩石上,除 10 人外其余人全部丧生。

军队集体神秘失踪

几百人甚至数千人的军队集体神秘失踪,有的甚至在众目睽睽之下瞬间消失得无影无踪,生不见人,死不见尸,无声无息,杳无踪迹,不能不令人瞠目结舌,这也被认为是世界军事史的悬案。

最令人称奇的军队集体大失踪一案当属第一次世界大战期间的英国军队。1915 年 1 月 28 日,当时英军和新西兰部队部署在土耳其的加里波里地区。白天一队 800 多人马的英军向一个高地机动,当时天气晴朗,阳光明媚,清风和煦,有近似面包状云片在英军阵地上空飘浮,而英军所要机动的山头却有一片浓浓的灰色雾气,山巅隐约可见,山下晴朗一片。大队人马登上山冈时,几团云垂直地降了下来,静静地笼罩着山冈,也笼罩了他们,几缕金属般的光芒似乎从云雾中射出。接着,神奇的现象发生了,雄赳赳、气昂昂的战士一个接着一个跨进雾团,接着就在这幽灵般的迷雾中消失了。掉队的士兵赖卡德亲眼看到了这个令人恐惧的场景,他大喊大叫,想阻止他的战友,或是想寻找一个同伴,没有,一个也没有!他简直要疯了。过了片刻,那几团云又徐徐地垂直上升,慢慢地向远天飘去。可是那活生生的人呢?难道就这样随着云飘走了吗?

山头雾气消失后,整个高地寂静无声,山上植被清晰可见,然而整整 800 多人杳无踪影,800 多条人命像那一团神秘莫测的灰色雾团一样静静地雾消云散!当年和 800 多名英军同在一阵地的 22 名新西兰士兵就曾亲眼目睹过这一事件,当时这 22 名士兵就驻守在离英军 60 米左右的小高地上,英军 800 多人从开始攀登对面高地直到最后一名士兵消失在山头的迷雾中,其全过程这 22 名士兵都尽收眼底。最后当发觉英军大队人员全部失踪后,这 22 名士兵向上级做了报告,英军接到报告后,曾制订了周密的搜寻计划,进行了大规模的搜寻,然而毫无结果。当时英军一直认为最大的可能是全队人马均被土耳其军所生俘,等到战争结束,英国向土耳其提出要求遣返生存的俘虏,然而土耳其一直坚持说从来就没有看到过这支部队。从那以后就再也没有见过那800多士兵中的任何一人了。那800多人马犹如遁入了一个神秘王国,成为英国军事历史上一大悬案。

无独有偶,也是在第一次世界大战中,法军也同样鬼使神差地遭此厄运。布置在马尔登高地上整整两个营数百名的士兵也同英军一样悄无声息地神秘失踪了,法军也曾派出大部队进行全面搜寻,后来同样空手而返。

规模最大的一次军队集体神秘失踪一案,很不幸地让西班牙军队碰上了。西班牙4000名士兵失踪案是耸人听闻的,然而却是真实的,它被白纸黑字记录在西班牙官方文献和权威的军事史上。1711年,4000名西班牙士兵驻扎在派连民山上,他们经过行军打仗,已疲惫不堪,他们想在此等候援军的到来。入夜,营房外的篝火在熊熊燃烧,不时传过来一阵阵思乡的夜曲和无羁的笑闹声,战马对着清冷的夜空长嘶。第二天,援军到来,营火仍在燃烧,马匹和大炮原封未动。整个驻扎地一片沉寂。也许他们睡得太死了吧!可是当援军踏遍营垒之后,他们惊异地发现4000名官兵一个不剩地集体失踪,没留下任何痕迹。军方调查了好几个月,也没有找到任何线索。这是世界上最大的一桩集体失踪案。

到底是什么原因使这么多人的军队消失得无影无踪呢?

20世纪80年代以来,随着对UFO现象的关注,有人持"外星人劫持说"。这种观点是,在地球之外的某个星球上,存在着比人类更高级的智慧生命。出于好奇心或其他一些实际的目的,它们或是驾着飞行器从外太空闯入,或是在地球上人迹罕至的地带建立了隐秘的基地,经常劫持地球生物,作为它们研究的标本。

可是,许多专家学者在经过了长时间的研究分析之后,认为以上观点完全是无稽之谈,因为"雁过留声,鸟过留毛",如果外星人真的在地球上出现过,而且又活动那么频繁,它们总会留下一些蛛丝马迹的。但是到目前为止,还没有找到一丝一毫站得住脚的、能真正证明外星人"光临"过地球的"雪泥鸿爪"。

还有些人认为是"颠倒黑白"的时空隧道所致。时空隧道实际上就是宇宙中存在着的"反物质世界"。这正反两部分物质,在引力的作用下彼此接近。当双方接近到一定程度时,由此造成的"湮灭"作用就会产生巨大的能量,其巨大的反作用力会将宇宙中这两大体系分开。他们据此认定,某些人的失踪正是这种"湮灭"现象造成的。

中国最早的军队

军队是一个组织,是出于自身防卫的需要而组建的用武器装备起来的人与动物和机器的总称。针对国家而言,军队对内用以维护统治阶级的利益,对外有震慑他国、保卫领土、对外扩张的作用,由国家统治阶级建立、维持和控制。而历史上,关于中国最早的军队的起源问题,一直没有定论。

关于中国最早的军队的起源问题,当前主要有以下几种看法。

一种记载是神农伐斧遂说。史书记载中最早的说法是在上古的神农时期。唐代杜佑编撰的《通典》第一百四十八卷记载:"三皇无为天下以治,五帝行教兵由是兴。所谓大刑用甲兵而陈诸原野。于是有补遂(有的书作斧遂,传说中的古代部落)之战,阪泉之师。"银雀山汉墓出土的孙膑兵法"见威王"一段中的"神戎伐斧遂"的记载,南宋罗泌在路史后记三中改为神农伐斧遂,《中国军事史——历代战争年表》里也收录了这场战争,以此为据,因此有人认定上古神农时期已有军队,而且还因斧遂对神农不臣服,神农领兵去讨伐,但许多人认为神农用于讨伐不臣的斧遂的部队可能不是真正的军队,神农伐斧遂也许是古代的传说,也可能是一次部落冲突(战争),因为那时还没有阶级,没有国家。从当时的社会生产力来说,要养一支常规的军队不太可能,所以这支部队应该是神农氏临时征召部落成员临时组织的部队来应付此次部落冲突。当然,在当时部落里出现少数兼职军事工作人员是完全有条件的,但要建立一支专门用于应付冲突的军队却不太实际。只是由于缺乏当时的文字记载,所以无法进一步考证。

另一种记载是阪泉逐鹿之战说。汉代司马迁撰写的《史记·五帝本纪》记载:"于是轩辕乃习用干戈,以征不享,诸侯咸来宾从。而蚩尤最为暴,莫能伐。炎帝欲侵陵诸侯,诸侯咸归轩辕。轩辕乃修德振兵……与炎帝战于阪泉之野。三战,然后得其志。蚩尤作乱,不用帝命。于是黄帝乃征师诸侯,与蚩尤战于涿鹿之野,遂禽杀蚩尤。"以上这段文字中"修德振兵"的"兵",指的就是军队。"征师诸侯"的"师",指的也是军队,是从诸侯那里征调来的。这段文字说明,不仅皇帝有军队,而且诸侯也有军队,由于"轩辕之时,神农氏世衰",各部落不听天子号令,冲突不断,因此各自建立军队来维护自己的利益。上段文字有几个乃字,乃:才也,以此判断此时轩辕氏依然是临时组兵,但是根据"习用干戈"和"修德振兵"可知轩辕氏已经开始注意进行平时的操练和整顿了。所以到这时虽然真正的军队还没有正式建立,但轩辕氏已经有意识和计划建立一支军队。明代编纂的《永乐大典》也把它收在八千二百七十五卷中。但是有人认为《史记·五帝本纪》是根据先秦古籍中的有关传说编写的,虽然作者查阅了大量的先秦古籍,并进行了调查研究,扬弃了"神农伐斧遂",仍难免有情况不确之处。所以现行的许多历史书上,在记述历史上的军队时,也没有吸收这一观点。

再有一种记载是夏朝始建军队说。公元前 21 世纪,我国第一个奴隶主专政的王朝——夏朝建立。《尚书·甘誓》记述了夏帝启与有扈氏"大战于甘"。战前,召集了六军的统领——六卿，进行了动员。《史记·夏本纪》也有载："有扈氏不服，启伐之，大战于甘。将战，作甘誓，乃召六卿申之"。现行的历史教材也都把夏朝作为奴隶主社会的起点，奴隶主贵族为了统治奴隶阶级及平民，开始建立军队，制定刑法，修造监狱。《中国大百科全书·军事》也采用了这一说法。从国家学说的角度看，夏朝建有军队是不用怀疑的，夏朝的奴隶主贵族为了维护阶级统治，必然会建有军队。但是，也有的人认为，夏朝的地下文物至今还尚未得到考古界确切的鉴定，夏朝的历史基本上也是依据古代的传统说整理。如果仅仅根据《尚书·甘誓》论证军队，那是不够的，因为这篇文章也还有争议，认为是后人依据传说的追记或假托，不能作为信史。

再有一种记载是商代始建军队说。在公元前16至前21世纪殷代，从河南安阳殷墟出土的甲骨文中有"口戈"字，字意是用武力保卫人口，这个武力意味着军队。甲骨文中还有："王乍三自右中左"的记载。"自"是师的简写，"乍"是作字，创立的意思。联起来是：王创立了以师为编制单位的右、中、左三支军队。殷墟出土甲骨文中已有"口戈"字，意为武力保卫人口，另外还有王以师为单位创立右中左三支军队的甲骨文等等。甲骨文还记述了商代的军队，由徒兵和车兵组成，师是最大的、固定的编制单位，每个师约有一万人。军队使用铜制兵器，采用十进制编组，有百人团体和千人团体。车兵使用的战车，编有驾马两匹或四匹。车上有甲士三八，一人御车，一人持戈矛，一人操弓箭。车后跟随徒卒。从这些资料看，商代的军队在数量上、组织装备上、作战方式上都达到了一定的水平。

那么我国历史上真正意义上的第一支军队到底是何时真正建立起来的呢？看来还待大家进一步探讨。

庞涓指挥过马陵之战吗

马陵之战是战国时期齐国军队在马陵（今中国中部河南省范县西南）歼灭魏军的著名伏击战。

众所周知，孙膑在这次战役中杀死了庞涓，司马迁在《史记·孙子吴起列传》中记载了这次战役。

公元前341年，魏国发兵进攻韩国，韩国向齐国求援。齐威王采用孙膑"深结韩之亲而晚承魏之弊"的主张，与韩结好却不急于发兵。待韩军五战五败，魏军也实力大损时，才于次年以田忌为主将，孙膑为军师，发兵救韩。齐

马陵之战

军重施"围魏救赵"的战法,直驱魏都大梁。魏惠王将攻韩的部队召回,以太子申为主将,庞涓为将军,率兵10万迎击齐军。

由于魏军是有备而来,气势旺盛。故孙膑决定因势利导,利用魏军求胜心切的弱点,诱敌冒进,再留取胜。齐军前锋与魏军稍一接触,就佯装怯战,掉头东撤。在撤退途中,有意造成军力不断削弱的假象。第一天造了10万人吃饭的锅灶,第二天减为5万人用的锅灶,第三天则只剩下3万人用的锅灶了。庞涓与孙膑交手,本来小心翼翼,害怕再次上当,但当看到齐军锅灶日减,以为齐军胆怯,三天中就逃亡了大半,这才壮起胆子。太子申本有退军之意,庞涓不听,丢下辎重和步兵,只领轻车锐骑日夜兼程猛追,必欲全歼齐军,擒获孙膑。

齐军退至马陵(今河南范县西南),此地道路狭窄,地势险隘,两旁树木茂盛,是个设伏的好地方。孙膑计算行程,判断魏军将于日落后追至,遂命士卒伐木堵路,并将路边一棵大树剥去树皮,在树干上写了"庞涓死于此树之下"八个大字。挑选一万名弓弩手埋伏在道路两侧的山上,约定天黑后,见到火光就一齐放箭。

日暮时分,庞涓果然率军追到马陵,发现路旁的大树被剥去树皮,上面隐隐约约写有字,就命士卒点起火把来看,待他看清树上字后,这才发现中计,急令部队撤退。但已经晚了,两旁齐军看见火光,万弩齐发,伏兵四起。魏军猝不及防,仓促应战,很快溃败,庞涓中箭,左突右冲无法突出重围,最后愤愧自杀。齐军乘胜追击,又大败魏军主力,俘获魏军主将太子申,歼灭魏军10万。

从司马迁的这段记载来看,庞涓是指挥过马陵之战的,但在历史上还有另一种说法。

1972年,在山东临沂银雀山出土的汉简《孙膑兵法》中的《擒庞涓》一篇这样记载:战国中期,齐、魏、燕、赵、韩、楚、秦七雄并立,征战频繁。公元前354年,魏国派大将庞涓率8万精兵进攻赵国,包围了赵国都城邯郸(今河北邯郸),赵国苦战了一年,眼看就要撑不住了,急忙向盟国齐国求救。齐威王正欲向外扩张,于是命田忌为主将,孙膑为军师,率兵8万去救赵国。

孙膑是兵圣孙武的后代,出生于齐国。他曾拜兵学家鬼谷子为师,与魏国大将庞涓是同窗好友。但庞涓做了魏国大将后,十分嫉妒孙膑的才能,将他骗到魏国施以髌刑(去膝盖骨),欲使其永远不能领兵打仗。后孙膑千方百计逃回齐国,并被齐威王重用。

孙膑终于得到一个向庞涓复仇的机会。但他并没有急于与庞涓在战场上相见。他劝田忌放弃领兵直趋邯郸,与魏军决战的计划,趁魏军主力出兵在外,国内防务空虚之际,直捣魏都大梁(今河南开封),迫使远在异国的魏军"释赵而自救"。等庞涓回兵时,中途予以截击,这样既救了赵,又能给魏国以沉重打击,此乃一举而两得。

　　田忌采纳了孙膑"批亢捣虚""围魏救赵"的战法,挥师直逼魏国军事重镇平陵(今山东定陶)。齐军攻打平陵的行动并不坚决,庞涓也不急于回救,继续竭尽全力攻克邯郸。直到魏军已占领邯郸,损兵折将急需休整时,孙膑才建议齐军挥师直捣魏都大梁,逼魏惠王命令庞涓统兵回救。庞涓接令后,不得不放弃邯郸,抛弃辎重,昼夜兼程回师。孙膑判断魏军回师必经桂陵(今河南长垣西北),立即率齐军主力北上,在桂陵设下埋伏。当魏军经长途跋涉行至桂陵时,以逸待劳的齐军突然出击,大败魏军,并生擒庞涓。

　　《孙膑兵法》为孙膑弟子所写,它十分清楚地记载了孙膑在桂陵之战中生擒庞涓的事,应该说可信度也是很高的。既然在桂陵之战中齐军已经俘虏了庞涓,怎么还能在马陵之战中指挥魏军作战呢? 如果说庞涓在桂陵之战时已经中了孙膑伏兵狙击之计,他怎么会不吸取教训,在马陵之战时再次受骗呢?

　　但司马迁在《史记》中多次提到马陵之战的魏将是庞涓。如《魏世家》中说,当时魏军任庞涓为将,太子申为上将军。结果,魏在马陵失利,齐国擒住太子申,杀了庞涓。再如《田敬仲完世家》中说,这次战役齐国救韩,赵来打击魏,使魏军大败于马陵,虏太子申,杀大将庞涓。再如《六国年表·魏》在马陵之战的当年记载:"齐虏我太子申,杀将军庞涓。"

　　考察以上两种说法,关键就是庞涓在桂陵之战与马陵之战之间的经历,在这一段时间内,他是否被释放回魏国并重新担任将领? 于是有的学者认为,桂陵之战,庞涓落入齐军之手,但不久后就被放出来了,又一次担任马陵之战中的将领,和孙膑再次交战。《水经·淮水注》引《竹书纪年》中的记载说,在桂陵之战的第二年,魏惠王调用韩国军队,在襄陵打败了齐、宋、卫三国联军,齐国见局势危急,就传楚将景舍在中间调和,也就在这个时候,庞涓被释放。

　　但《水经注》中毕竟只是撰引其他书籍中的记载,其真实性如何,魏军将领庞涓是不是被俘而又释,是不是再次东山再起,参加了马陵之战,至今仍无法确定。

迦太基名将汉尼拔为何兵败罗马

　　在三千年前,最精明和最成功的商人是腓尼基人。腓尼基是地中海东海岸古国,约相当于今黎巴嫩和叙利亚沿海一带。腓尼基人也是古代世界最著名的航海家,他们驾驶着狭长的船只驶遍地中海的每个角落,他们的商人在地中海沿岸的每个港口做生意。迦太基是腓尼基人在北非的商业殖民地,大约在公元前 9 世纪建立,公元前 3 世纪左右,它是当时地中海西部的强国。罗马人称迦太基人为"布匿",公元前 264 年至公元前 146 年罗马和迦太基为争夺地中海的霸权而爆发了三次大规模的战争,这场战争也被称作"布匿战争"。"布匿战争"成就了迦太基名将汉尼拔的英名,他曾使罗马人闻风丧胆,但这位善战的名将最终仍未能挽救他的国家——迦太基,而是败在了罗马人的手下。他为何兵败罗马,也成为历史上一个有争议的问题。

汉尼拔大约生活在公元前247年到公元前183年,青年时代的汉尼拔就显示出了卓越的军事天才和指挥能力。他26时,被任命为迦太基军队的统帅。公元前219年,汉尼拔率领军队夺回了被罗马占领的西班牙萨贡托城。第二次布匿战争爆发后,汉尼拔凭着超人的智慧,识破了罗马人的战略战术,制定了在敌人境内作战的方针。公元前218年4月,汉尼拔率领大军,从陆路出征意大利。汉尼拔征服了沿途的各个部落,经过五个月艰苦的行军作战,抵达了欧洲著名的山脉阿尔卑斯山。汉尼拔决定悄然翻越阿尔卑斯山,给罗马人以出其不意的打击。可是阿尔卑斯山已进入封山期,山上白雪皑皑,道路崎岖难行。经过近半个月的艰难跋涉,汉尼拔的军队终于穿越阿尔卑斯山。当汉尼拔的军队如天兵天将一样突然出现时,罗马军队认被恐慌不安笼罩着,溃败奔逃。汉尼拔乘胜追击,于公元前216年,占领了"罗马粮库"坎尼城,双方展开了决战。罗马军队的人数大大超过了汉尼拔的军队人数。汉尼拔布下半月形的阵势,凸出的一面向着敌人,半月形的中心前面是较弱的步兵,后面是步兵主力,骑兵布在阵势的两端。汉尼拔的战术在战斗中发生奇效,重创了罗马军队。坎尼战役后,罗马可谓已陷入绝境,汉尼拔几乎就要实现其征服罗马的梦想了。然而好景不长,不久罗马人就扭转了战局,汉尼拔最终未能完成其征服罗马的夙愿。这是为什么呢?对此学者各有各的说法,一时难以定论。

有人认为:汉尼拔之所以未能征服罗马,这是由当时罗马和迦太基两国国内的形势所决定的。当时共和制的罗马正处于蓬勃发展时期,尽管它是一个贵族共和国,平民和贵族之间虽然存在着矛盾,但在对迦太基作战问题上,无论是统治阶级内部,还是贵族和平民之间,意见是比较一致的,他们都希望通过加强在地中海的霸权地位,来获得各自的利益。因此罗马在对外扩张中具有强大的力量,它在布匿战争中虽屡遭失败,但在每次失败之后又可以迅速得到人力、物力的补充,直到最后取得胜利。相比之下的迦太基在许多方面就不如罗马。迦太基在征服北非土地之后,统治阶级内部明显分为两派:一派代表大土地所有者的利益,主张维护和巩固在非洲的利益;另一派为商业集团,主张继续进行海外扩张,扩大在海外的利益。两派的严重对立,直接影响和左右着迦太基的对外政策。汉尼拔代表着商业集团的利益,主要活动基地和据点是西班牙的新迦太基城,而在迦太基国内和政府内部,往往是大土地所有者占上风。所以汉尼拔转战意大利期间,始终没有得到过迦太基政府的支援。

还有人认为,汉尼拔之所以兵败罗马,其主要是战略上的致命错误造成的,那就是没有适时地将打击的重点放在攻占罗马城上。当汉尼拔取得坎尼战役的胜利后,罗马军的主力已不复存在,整个半岛的大部分地区已摆脱了罗马的控制,罗马城几乎成了孤城,而汉尼拔的军队士兵士气正旺。如果汉尼拔能抓住时机给予罗马城一击,攻占罗马城的可能性极大。而汉尼拔却错过了这个良好的机会,使罗马人保住了重建军备的基地,而其他尚在坚持的罗马城堡也有了精神寄托。汉尼拔在战略上的错误是不可弥补的,因为类似坎尼战役的这种良机在以后再也没有出现过。可以说,罗马人保住了一个罗马城便赢得了整个战争,而迦太基人忽视了一个罗马城便输掉了一场战争。这就是汉尼拔的悲剧所在。

还有一种看法认为:汉尼拔之所以失败关键的一点在于他兵力太少和罗马军事指挥艺术的改进。汉尼拔每每占领一个地方,就不得不留一部分兵力守卫,当他要攻打新要塞时,兵力就减少了,他的一部分军队就是这样零敲碎打地消耗掉了。而罗马人深知汉尼拔的军事天才,他们避免与汉尼拔进行大规模的会战,在确保取得境内战场主动权的前提下,将兵力优势转移到没有汉尼拔的地方去。正是依靠这个决策,此后罗马军队人侵迦太基本土,最终取得了战争的胜利。

总之,迄今为止,关于汉尼拔为何兵败罗马,还没有一种使人完全接受的观点。公元前195年,汉尼拔离开了他的祖国迦太基,长期流亡西亚。公元前183年,他在小亚细亚西北部的比提尼亚服毒自杀,结束了他与罗马人苦斗的一生。

克拉苏率领的罗马军东征失踪

公元前60年,罗马历史上三个最著名的人物恺撒、庞培以及克拉苏秘密结成政治同盟,瓜分了罗马的权力。这就是古罗马历史上的"前三头同盟"。

公元前71年,克拉苏率军歼灭了斯巴达克的起义军,这也成为他从政最大的资本。虽然战争胜利的功劳最后被庞培夺走,但颇有心计的克拉苏还是顾全大局地与庞培合作,迫使元老院在公元前70年选举他和庞培同为罗马的执政官。公元前55年,克拉苏再次当选执政官,并于公元前54年出任叙利亚行省总督。在这过程当中,他的军事野心日益膨胀,他决定对亚洲国家进行征伐。当时已经60多岁的克拉苏以时不我待的速度,迅速于第二年凑足7个重步兵军团、4000轻步兵、4000骑兵,很快地穿过美索不达米亚平原,东征安息,这一年是公元前53年。在卡尔莱(今叙利亚的帕提亚)疲惫不堪的罗马军团遭到了安息军队的围歼,罗马人被凶猛的安息骑兵分割成几个部分,逐一围歼。克拉苏因士兵哗变,不得不只身与安息人谈判,不幸被俘斩首,最惨的是最后落下个尸首异处的下场。一度所向无敌的罗马军团几乎全军覆没,两万人被杀,1万人被俘,只有克拉苏的长子普布利乌斯所率的第一军团约6千余人拼死突围,还有些残兵,狼狈逃回叙利亚。

33年后,罗马帝国与安息在经历了无数次大大小小的战争之后,终于化干戈为玉帛,签订了合约,双方开始彼此交换俘虏。但是,当罗马帝国要求遣返在卡尔莱战争中被俘的官兵时,安息国当局则否认其事。罗马人惊奇地发现,当年突围的古罗马第一军团 6 千余人神秘般地失踪了，没有人知道他们跑到哪里去了。东征军团的消失成了罗马史上的一桩悬案，而这桩悬案千百年来也一直困扰着中西方史学界。

在事隔 2000 年之后，关意权教授在阅读《汉书·陈汤传》时，发现上面记载着：公元前 36 年，即汉元帝建昭三年，西汉王朝的西域都护甘延寿和都护副校尉陈汤，率 4 万将士出兵康居，讨伐郅支单于。经过那支城之战，汉军大获全胜，终于将郅支单于大军全部剿灭。在对战的过程中，西汉将士注意到单于手下有一支很奇特的军队，他们擅长摆"夹门鱼鳞阵"，土城外修"重木城"，非常"讲习用兵"。陈汤最终收服了这支军队，并将所获的俘虏全部收编。通过继续对史籍的研究，关教授注意到《后汉书》还有这样的记载："汉初设骊靬县，取国名为县。"既然是"取国名为县"，那么这个县肯定是新出现的。据推测，当时的西汉政府为了让这支军队协助汉军戍守边疆，方便他们的驻守和生活，特意划出一块地方，设县筑城，这就是"骊靬"的由来。

经过研究后，许多历史学家都认为，这种用圆形盾牌组成鱼鳞阵的进攻阵式和在土城外修重木城的防御手段，正是当年罗马军队所独有的作战手段，所以这支军队很可能就是卡尔莱战役中突围而出的普布利乌斯领导的罗马第一军团的残部。澳大利亚专家戴维·哈里斯也对此进行了深入的分析与研究，他对这支军队也持有同样的看法，认为他们就是克拉苏军队的残部。当年他们在卡尔莱战争中突围之后，辗转于伊朗高原一带，历经艰险进入中亚，最终被郅支单于收编为雇佣军，也被派遣参加了对西汉的进犯战争。

这样看来，骊靬古城的具体位置是一个至关重要的问题，如果能找到这个史料中记载的古城遗址，对解开克拉苏残部失踪之谜将会有决定性的作用，甚至能成为"古罗马失踪军团最终定居中国"这一论点最有力的证据。

虽然戴维·哈里斯的观点只是一个推断，在中国的古籍上也只能找到零星的相关记载，但这足以引起国际考古界的极大重视。1989 年下半年，中国、澳大利亚以及苏联的一些史学家也对此进行深入研究，虽然严重缺乏史料，但科学家们还是竭尽所能地对有限的史料做了大量的研究与分析。最终，功夫不负有心人，他们在翻阅资料的时候找到了一张公元前 9 年绘制的地图，根据地图指示，确认"骊靬"就是位于现在甘肃省永昌西南十公里的焦家庄乡者来寨。

之后，由于勘察过程十分艰难，考古工作者对骊靬古城的探测过程一度中断。直至 1993 年上半年，在与焦家庄乡相邻的杏花村，村民发现了据说是古罗马人筑城所用的长约一丈左右的粗圆木，周体嵌有几根一尺多长的木杆。邻近的河滩村则出土了写有"招安"二字的椭圆形器物，专家认为，这可能是古罗马人军帽上的顶盖。这些出土文物的发现使各国的文物工作者都相当振奋，同年 5 月，在骊靬古城遗址上,科学家们又挖掘出一批元代的铁锅、瓷盖等等。根据发现的这种情况,科学家们不得不遗憾地表示,骊靬古城有可能已经深埋地下,成为地下之城了。但根据一件件出土文物,大部分考古学家都认定,甘肃永昌县的者来寨正是骊靬古城遗址,也正是罗马战俘的聚居地。

在骊靬古城遗址还发掘出了一处前后两室的汉代墓葬,前室有四件完整的灰陶、陶灶和陶仓,后室遗体的头骨旁有一撮毛发,呈棕红色,遗体下面有一枚红色纽扣。经考古论证,墓主为汉代的欧洲人。而且在科学家们调查的过程中发现,在方圆五公里的村落中有很多人都有欧洲人的相貌特征:眼窝深陷,鼻梁高挺,头发呈棕色,汗毛较长。有关专家认为这些人可能就是古罗马人的后裔。

但是也有一些对这些推断持否定态度的人。他们认为,"重木城"和"鱼鳞阵"并非完全属于罗马人的军事艺术。在中国,编木或夯土为城早就有过。据《左传》记载,中国古代也曾使用"鱼鳞阵",只不过在当时叫"鱼丽阵"。北京师范大学历史系教授杨共乐也表示,永昌县位于举世闻名的古丝绸之路上,中外民族之间通婚是很自然的事情。还有人认为,即使当初罗马人的确曾到过此地,但经过两千多年的融合,面貌恐怕早已与先人大大的不同,不可能保持先人的体形特征。

看来,要解开这个谜团,还有待时日。

瓦尔密战役中普军意外撤退

瓦尔密战役是法军战胜普奥联军的重要战役。1792年9月20日,法兰西革命军队为一方,普奥联军及入侵法国企图扑灭革命力量恢复君主制度的法侨保皇党分子支队为另一方,在瓦尔密(法国马恩省的村庄)地域进行交战。战争中完全有机会取胜的普军却在战争开始后不久即行撤退,致使前功尽弃。其中隐情,确实让人费解。

卡尔·不伦瑞克公爵指挥干涉军,于8月~9月间占领隆维和凡尔登两要塞后,抵达沙隆并向巴黎推进。法国迪穆里耶将军指挥的摩泽尔集团军和凯勒曼将军指挥的莱茵集团军共约6万人(主要是青年志愿兵),撤离色当和梅斯后汇合在一起,于9月19日在瓦尔密附近设防。

普奥联军和法侨支队(4万余人)绕过法军,在瓦尔密西南展开行动。但法军仍坚守其阵地。9月20日晨,联军对法军阵地开始炮击,11时发起攻击。统率法军的迪穆里耶将军灵活地机动部队。当联军在日赞库尔以北压迫共和部队时,沙佐将军的9个步兵营和8个骑兵连忙开往受威胁方向,制止了敌军的进攻。同时还有12个步兵营和8个骑兵连迂回敌军左翼。在抗击敌军的过程中组织良好的法军炮兵火力发挥了很大作用。下午5时前,双方持续进行猛烈的炮战。9月20日夜间,迪穆里耶将军调整部署,率军转到更有利的阵地上。法军做好了继续交战的准备。但卡尔·不伦瑞克犹豫不决,不敢再次进攻。尔后十天内,干涉军未采取积极的作战行动。而当时法国爱国者的武装队伍正在其后方进行活动。

9月30日,干涉军开始撤退。凯勒曼将军指挥的2.5万名法军受命追击敌人,但行动不够坚决。法军转入总攻加速了驱赶干涉军的进程。至10月5日,干涉军损失近半,终于被驱逐出法国。

瓦尔密之战的胜利,是法兰西革命军队对抗封建君主国家联盟的第一次胜利。战斗中法国士兵的高昂斗志起了决定性作用。从军事学术观点看,瓦尔密交战的特点是:法国两集团军在遂行共同任务时密切协同,使用了密集的炮兵火力,军队在战斗中实施了灵活的机动。瓦尔密大捷成为法国人民争取祖国自由的象征。

众所周知,普鲁士军队的战斗力在当时世界上是首屈一指的,其统帅不伦瑞克公爵亦非等闲之辈,是久经沙场屡建战功的老将。从双方兵力来看,法军也处于明显的劣势,况且普奥联军在之前的几轮对法作战中都取得了突破性的胜利,否则不可能那么快地直指巴黎城下。因此瓦尔密的撤退必定有它难以明言的理由,这当中的原因到底是什么呢?

很多人指出,普鲁士军队在瓦尔密并未受到真正打击,实际上它还未跟法军交锋便迅速后撤。拿破仑认为普军在瓦尔密的后撤简直是莫名其妙的行为,无法用军事观点来解释。一些军事史专家指出,普军当时的行动实在滑稽可笑,根本不像打仗,只是武装游行了一番便撤走了。他们据此断言,如果普军真正发动猛攻,战势肯定是另一种结局。

当时随从普奥联军出征的法国逃亡贵族眼睁睁看着唾手可得的胜利付诸东流,一个个气得暴跳如雷。他们盛怒之下纷纷斥责不伦瑞克公爵,说公爵被法国国民公会收买了,国民公会将法国王室的大批珍宝给了公爵,替公爵偿清了巨额债务,所以才出现了瓦尔密战役中意外后撤的情况。这种解释在有些人看来纯属发泄私愤,全不可信。

有些历史学家认为,普鲁士军队突然撤退是出于整个欧洲战略的通盘考虑。普鲁士原以为只要大军压境,法国必定会屈服,但是没想到竟遇到了顽强的抵抗。他们害怕一旦在瓦尔密与斗志旺盛的法军短兵相接,以后就很难从对法作战的泥潭中脱身了。那样一来,不仅会使普军遭受严重损失,而且极有可能让一向与普鲁士有隔阂的俄国和奥地利坐收渔利,并在瓜分波兰等重要问题上置普鲁士于不利地位。因此,普军指挥官有意夸大困难,以求解脱。这种解释有一定道理,不过没有可靠的第一手材料来证明普鲁士当局者当时确有这样的意图,所以还只是一种假说。

值得指出的是,法国大名鼎鼎的剧作家博马舍为普鲁士意外撤退的事提供了一个极富戏剧性的情节。据说,不伦瑞克公爵背后站着一个不爱声张的指挥官,那就是普鲁士国王腓特烈·威廉。他是声名赫赫的腓特烈二世的侄儿。博马舍说,在瓦尔密战役前夕,腓特烈·威廉在凡尔登举办了一次舞会。就在气氛正浓之际,一名不速之客来到腓特烈·威廉身边对他低语了几句,国王听后神色慌张,随陌生人离开舞厅。国王来到一间阴暗的房间,忽然看见去世多年的叔父腓特烈二世的幽灵出现在他面前,幽灵严厉地警告自己的侄儿说:"不要再骑马向前进了,你已经被他们出卖。"腓特烈·威廉认为叔父是劝他小心法国保皇党人从中作梗。于是次日普军接到了停止前进的命令,之后在瓦尔密战役中佯攻了一阵就撤退了。

博马舍这种观点听起来十分诡秘,似乎不足为信,但是根据他的说法,腓特烈二世的幽灵其实是由当时法国著名的喜剧表演大师费列利扮演的。就在瓦尔密战役前夕,博马舍生找过在《费加罗的婚礼》中扮演男主角的费列利。当时费列利不在家,家人说他到凡尔登去了,博马舍觉得十分蹊跷,在普军占领下的凡尔登,那里根本无戏可演。几天后,博马舍再次登门,见到了费列利,可是他矢口否认曾离开过巴黎,而且一向健谈的费列利在回答剧作家的问题时吞吞吐吐,支吾搪塞。生性喜欢遇事弄个水落石出的博马舍对此疑惑不解,事后他经过详细的调查搜寻,发现了瓦尔密硝烟后面令人惊讶不已的奥秘。

瓦尔密战役在法国历史上具有重大的意义,法国历史学家米涅写道:"这一天成了我们难忘的日子,本属微不足道的瓦尔密胜利,对我军和我国的舆论却产生了取得全面胜利的影响。"但是这个"微不足道的胜利"究竟是如何取得的,普军撤退的真正原因究竟是什么,人们仍无从知晓。

谁埋葬了北洋水师

众所周知,日本的联合舰队打败了北洋水师,慈禧太后挪用海军经费造船舫,致使邓世昌的炮弹打不响!北洋水师就此销声匿迹。似乎事情很简单明了,没有任何疑问。可是,《军人生来为战胜》的作者金一南却发出了质问的声音:史实证明,无论是经费还是硬件装备,北洋水师一点不比日本的联合舰队差,为什么却打了败仗,彻底消失了呢?

以往的说法往往把矛头指向动用了海军经费的慈禧和清政府,但是学者对此进行了仔细的考察,做出了如下结论:北洋水师从1861年筹建到1888年成军27年间,清政府一共投入海军经费1亿两白银,年平均300万两。日本政府从1868年到1894年26年间共向海军拨款9亿日元,折合成白银才6000万两,每年合计白银230万两,日本政府的总投入只是同期清政府投入的60%!

就硬件装备方面,北洋水师的装甲数量和质量都超过了日本联合舰队。铁甲舰方面,北洋水师与联合舰队的数量比是6:1,中国遥遥领先;非铁甲舰方面,8:9,日本略胜一筹。"定远"号、"镇远"号的护甲厚14寸,即使是"经远"号、"来远"

号的护甲厚也达 9.5 寸。日本方面，即使威力最大的"三景"号舰，也没有北洋水师这样较大规模的装甲防护。而北洋水师的"定远""镇远"两艘铁甲舰综合了英国"英伟勒息白"号和德国"萨克森"号铁甲舰的长处设计而成，各装 12 英寸大炮 4 门，装甲厚度达 14 寸，堪称当时亚洲最令人生畏的铁甲堡式铁甲军舰，在世界也处于领先水平。就火炮而言，无论大口径火炮，还是小口径火炮，北洋水师均占优势。200 毫米以上大口径的火炮，北洋水师与联合舰队的比例是 26：11，中国遥遥领先；小口径火炮方面，北洋水师与联合舰队的比例是 92：50。只有中口径火炮方面，日本稍稍领先，中日比例是 141：209。就平均船速说，日舰每小时比中国舰快 1.44 节，优势似乎不像人们形容得那么大。清政府正是基于这种力量对比，才毅然对日宣战。

然而就是在这样的前提条件下，庞大的北洋舰队全军覆没，日本联合舰队却一艘未沉。巨额军饷堆砌起来的一流的海军不经一战，原因何在？到底是谁埋葬了北洋舰队？

随着清朝中央政权的衰弱，汉族官僚李鸿章等人纷纷崛起。清政府没落的专制体制，由此而产生的腐败政治，进而在军队中形成了不良风气：置民族国家利益于不顾，曲意取宠，一味迎合，追逐个人利益。久而久之，国家民族和军队的事情就蜕变成为个人获取利益的幌子招牌。以李鸿章为首的洋务派兴局厂、练新军，轰轰烈烈，在相当一部分朝廷权贵们看来，北洋水师就是李鸿章的个人资本。李鸿章兵权益盛，御敌不足，挟重有余，不可不防。因此，朝臣们为了削弱李鸿章，不惜削弱北洋水师！限制北洋水师就是限制李鸿章，打击北洋水师就是打击李鸿章。总理海军事务大臣奕譞醇亲王欲以海军换取光绪帝的早日亲政，会办海军事务大臣李鸿章则欲借海军重新获得一片政治庇荫。1888 年北洋水师成军以后，军费投资就越来越少。海军只是他们各自政治角逐中的筹码，谁还真正为海军的发展考虑？

此外，多种资料证明，1888 年北洋水师成军以后，军风被各种习气严重毒化。当时的《北洋海军章程》规定，总兵以下各官，皆终年住船，不建衙，不建公馆。提督丁汝昌则在海军公所所在地刘公岛盖铺屋，出租给各将领居住，夜间住岸者，一船有半。而作为高级统帅的李鸿章，竟对这种视军纪章程为儿戏的举动，睁一只眼闭一只眼。直到对日宣战前一日他才急电丁汝昌，官兵夜晚住船，不准回家。有备才能无患，而这样的军队如何打仗？

另外，在清政府兵部所定《处分则例》中明确规定，官员宿娼者革职。可一旦北洋封冻，海军岁例巡南洋，率淫赌于香港和上海。甚至在北洋水师最为艰难的威海之战后期，"来远""威远"被日军鱼雷艇夜袭击沉的那夜，"来远"号管带"威远"号管带就登岸逐声妓未归。

官员带头，规章制度形同虚设。这样，严明的表面掩盖着的是一盘散沙，全然没有集体凝聚力和战斗力。

等到临战迎敌的时候,北洋水师首先布阵就陷入混乱。刘步蟾摆的是"一字雁行阵",而丁汝昌的命令却是各舰分段纵列,摆成犄角鱼贯之阵。而在实际战斗时的队形却又变成了"单行两翼雁行阵"。阵形乱变不说,即使如此勉强的阵形,待日舰绕至背后时,就再也没坚持住,各舰都是各自为战。

战争一开始,敌人尚在有效射距外清兵就慌忙开炮,"定远"舰刘步蟾指挥首先发炮,非但未击中目标,反而震塌前部搭于主炮上的飞桥,丁汝昌和英员泰莱皆从桥上摔下受了重伤。这一炮就先让北洋水师失去了总指挥!命运攸关的4个小时的海战从始至终几乎没有统一指挥!再看刘步蟾、林泰曾二位总兵,竟然无一人挺身而出替代丁汝昌指挥。

除去以上这些原因,有组织、携船艇的大规模遁逃和部分人员不告而别,致使人员减少,士气大减。面对这样一个全军崩溃的局面,万般无奈的丁汝昌"乃令诸将候令,同时沉船,诸将不应,汝昌复议命谱舰突围出,亦不奉命。军士露刃挟汝昌,汝昌入舱仰药死"。

官兵"恐取怒日人"而不肯沉船,使"镇远""济远""平远"等10艘舰船为日海军俘获,显赫一时的北洋舰队就此全军覆灭。

"如大树然,虫蛀入根,观其外特一小孔耳,岂知腹已半腐"。到底是谁埋葬了北洋水师恐怕不能简单地归结到某一个原因或某一个人的身上吧?

两千国民党士兵南京山区神秘消失

抗战初期,南京保卫战中,曾有一个团的中国官兵在南京东南30余里外的青龙山山区神秘失踪,从此再无消息,至今谜团仍然没有解开。

1937年12月初,国民党集中20万军队在南京市周围,参加南京保卫战。但是,由于中国军队只有步枪、机枪、手榴弹及少量迫击炮,而乘胜进攻的日寇装备精良、训练有素,激战中,中国军队损失惨重,尤其是远道赶来参战的川军某师,他们的枪弹多为劣质品,不堪使用,官兵们的血肉之躯根本抵挡不住疯狂的日寇,几乎全军覆没。该师有一个团,因担任阵地侧翼对敌警戒任务,故一直未直接参战。防御战役失利后,为保住有生力量,该团两千多人急行数十里,向森林茂密的南京东南部青龙山地区撤退。然而,部队进入青龙山地区绵延十几里后,就再也没有出来,两千多人竟然消失得无影无踪。

攻占南京的日军总指挥部在战事结束后统计侵略战果时,发现中国守军有一个整团未被歼灭或俘虏,也未放下武器进入城内的由万国红十字会划出的难民区,而是转移走了。但该团似乎又没能突出日寇的两道包围圈。日寇们认为此事蹊跷。重庆国民党作战大本营于1939年统计作战情况时,也注意到这一咄咄怪事,列为"全团失踪"。抗战胜利后,国民党军政部、军令部都派出专人对此做专项调查,但仍查不清楚真相,最终不了了之。

后来有人推测这支部队是不是分散突围出去了,然而仔细分析一下日军当年的战役态势和兵力部署后判定,他们根本不可能突围成功。当时,中国守军只有邓龙光将军所指挥的93军幸运突围成功,此外再没有任何一支中国守军冲出日军密不透风的封锁圈。退一步说,就是全团突围出去,国民党军队定有一星半点信息。1939年国民党军总部在统计作战情况时,发现了这个全团人马不知下落的奇怪事件,无奈之际,只能将此列为集体失踪案件。

抗战胜利后,国民党军总部曾组成联合调查组,对这一全团失踪悬案进行了专项调查,以期弄清原委,却一无所获,此案最终也不了了之。

此后,这一事件引起了英国媒体的关注,《观察家》杂志把此事与第一次世界大战中两个营的法国步兵在马尔登山地上的神秘失踪事件相提并论,引为20世纪世界军事史上的又一个谜。

古往今来,曾发生了无数失踪事件。可是,像南京青龙山这样整支部队的人员较大规模的集体失踪着实让人费解。半个多世纪以来,人们用常规的思维猜测,这支两千人的部队,可能躲进青龙山区一处鲜为人知的巨大溶洞,由于某种原因,比如说敌机轰炸震塌了洞口,致使全体人员被困洞内,最终窒息而死;也许,当时这个团为突围逃生而主动化整为零,部分人逃出了封锁圈……

德国海军的"狼群战术"

"猛虎怕群狼"。嗜血成性的狼群令自然界里所有的庞然大物不寒而栗。在它们的轮番围攻下,即使百兽之王也难以幸免于难。邓尼茨(1891年~1980年,纳粹主要战犯,纳粹德国海军元帅)之所以被称为"狼头",就是因为他首创了海战的"狼群战术",并在第二次世界大战伊始,以"狼群战术"称霸大西洋,致使盟军商船遭受巨大损失,后勤补给线遭到严重破坏。邓尼茨也因为"狼群战术"的成功而成为希特勒最得力的干将之一。他的职务一路攀升,先后升为舰艇司令、海军司令,最后还被指定为元首的接班人。"狼群战术"与古德里安的"闪电战"并称为纳粹德国军队的海陆两大"法宝"。

邓尼茨出生在普鲁士的一个贵族家庭。他19岁加入德国海军,从此开始了长达35年的海上冒险生涯。1914年,第一次世界大战爆发,邓尼茨时任轻巡洋舰"布雷斯劳"号的一名尉官。1916年,邓尼茨被调往潜艇部队。虽然是第一次接触潜艇,但他立刻迷上了这种新型海战武器,并由此迈出了他辉煌的海军事业起点。

希特勒出任德国总理后即开始重整军备活动,邓尼茨极为赞成,成为纳粹党的狂热拥护者。1935年,希特勒在磨刀霍霍准备战争,德国潜艇部队重新组建,邓尼茨担任了这支以第一次世界大战时著名的潜艇英雄威丁根命名的潜艇支队的支队长。

这只"头狼"不仅战术头脑敏锐,而且具有远见卓识的战略眼光。他把"狼群"的作用提高到战略高度,认识到:德国欲重新崛起,迟早要与英国发生冲突,而欲战胜英国,则海军的强大是最重要的因素;英国面对着德国的港湾,恰好在德国进入大西洋的航路附近,如同一条栅栏,既能控制德国舰队的出海,也可控制大西洋的战线,并且德国海军在大西洋无基地,一旦军舰被击中,无法就近修复,所以海军发展的重点不是水面舰艇,而是能够克服上述不利条件的潜艇;英国是个岛国,许多重要的工业原料和战争物资都必须通过大西洋输入国内,德国可以用潜艇对英国商船实施袭击战和吨位战,切断其海上运输线,迫使英国屈服。因此,潜艇是实现德国海军战略的最有效的作战武器。

"你们见过狼群吗?见过狼群撕咬的情景吗?"阿尔卑斯山的森林中狼多的是,酷爱打猎的邓尼茨见惯了,也许他就是从这里得到的启迪。而对台下这批德国潜艇部队的新成员,邓尼茨不乏耐心。"我们的潜艇必须结成群,以群对群,才能打破英国人的护航体制。"这时,邓尼茨已开始将筹划多年的潜艇"狼群战术"投入训练。

邓尼茨总结第一次世界大战潜艇作战的经验教训,采纳德国王牌潜艇艇长克雷契马的建议,在海上开始演练"狼群战术",主要内容为:事先将若干潜艇组成"狼群",在敌船队的航道上垂直展开,由具有经验或资深的潜艇艇长担任群长,负责具体指挥"狼群"的协同作战;"狼群"平行搜索敌船队,艇与艇间隔 15 海里~20 海里,"狼群"正面搜索宽度 300 海里~400 海里;任何一艘潜艇发现敌船队后,立即报告岸上指挥所,并命令艇群迅速航行至船队前方,白天在视距以外跟踪,夜间以水上状态逐次实施鱼雷攻击,对掉队的单艘舰船也可进行炮击;天亮前停止攻击,脱离船队至视距以外,日落后再次进行攻击。

1939 年 9 月 1 日,纳粹德国入侵波兰,第二次世界大战全面爆发。9 月 3 日,英国对德国宣战,在海上对德实行封锁。然而,英国政府宣战的话音未落,邓尼茨的 U—30 号潜艇即大开杀戒,把英国客轮"雅典娜"号送入了海底。1938 年 9 月,英国"雅典娜"号客轮悠闲地行驶在大西洋上,船上的旅客正沉浸在平静而安逸的旅行中。突然,他们听到了几声巨响,并感到了强烈震荡。一刹那间,客轮上油烟滚滚,海水涌进了船舱。几分钟后,"雅典娜"号客轮开始下沉并最终葬身海底。此后几年,盟国的大型运输船队屡有同样遭遇,而罪魁祸首正是德国海军的"狼群战术"。

由于指挥得当,邓尼茨的潜艇给盟军大西洋海上交通线带来浩劫。1941 年 4 月至 12 月,共击沉盟军 325 艘运输船,总吨位约 158 万吨。美国参战后,德国潜艇的活动范围又扩展到美国海岸及加勒比海一带。1942 年,德国潜艇平均每月击沉盟军商船近 97 艘,总吨位达 52 万多吨。整个战争期间,德国潜艇部队共击沉盟军运输船、商船 2828 艘,总吨位达 14687231 吨,击沉击伤盟军军舰 115 艘,给同盟国特别是英国造成极大的损伤。英国海军惊恐地认为:"邓尼茨炸沉我们的商船是在慢慢地绞死我们,……他是自荷兰勒伊特以来,英国最危险的敌人。"

"战争中唯独使我真正害怕的是德国潜艇的威胁。"英国首相丘吉尔在第二次世界大战胜利后这么写道。的确,战争中卡在大西洋航线上的死亡绞索——德国潜艇的"狼群战术"几乎要把大英帝国的咽喉勒断。

然而,邓尼茨同样被眼前的胜利禁锢了头脑,醉心于自己的战术而忽视了创新,导致德国海军的战术在多年的海战中如出一辙。面对德国"狼群"的肆虐,盟军则专门组织力量来研究对付"狼群战术"的有效战法,美英盟国积极努力,新的反潜手段不断出现。除已立下了殊功的音响探测器外,还发明了专门搜索潜望镜的机载雷达,大功率的探照灯,被称为"雪花"的高效长时间照明弹,潜艇赖以隐蔽的夜幕逐渐生效。1943 年后,美国强大的经济、军事潜力开始发挥决定性作用,大量的护航舰船下水服役,特别是利用商船改装了近百艘专用的护航航空母舰,立体反潜代替了平面反潜。而邓尼茨无视盟军侦察预警能力的提高,依然在大西洋上集结庞大的潜艇群,打算彻底切断盟军在大西洋上的运输线。

1943 年 5 月,邓尼茨赖以成名的"狼群"终于遭到毁灭性打击——他的王牌潜艇在一个月内被击沉 30 多艘。1945 年 5 月 8 日,邓尼茨签署文件,宣布德国无条件投降。他本人于 22 日被盟军俘虏,判处 10 年徒刑。1956 年,邓尼茨刑满出狱,赋闲在家,直到 1980 年病逝。值得一提的是,在邓尼茨宣布投降时,由他一手调教指挥的德国潜艇部队却拒绝放下武器。随着总部下达的一道代号"彩虹"的暗语命令,尚存的 220 多艘德国潜艇在世界各地全都凿艇自沉。这是"狼群"的最后一次疯狂,同时"狼群战术"宣告失败。

第二次世界大战以后,军事家们重新研究了"狼群战术",认为从纯军事的角度来看,它仍是未来潜艇"以小吃大"的战术之一,但其攻击的隐蔽性需要进一步提高,"狼群"的规模也应当缩小。现代海战理论也把潜艇视为对付航母等庞然大物的"撒手锏"。而现代潜艇作战的一些先进理论,如深海封锁、机动攻击、联合攻击等还或多或少地受到了"狼群战术"思想的影响。

第二节　军人武将

查理大帝加冕称帝

在法国巴黎卢浮宫有一座于9世纪制作的英雄骑马的青铜塑像。而马上的英雄正身端坐,身材魁梧挺拔,左手捧象征权威的金球,右手举象征力量的宝剑,炯炯有神的双眼直视前方,透露出庄重威严的帝王气概。这位英雄就是法兰克王国历史上最伟大的统治者查理大帝。查理大帝(742年~814年),法兰克王国加洛林王朝国王。

4世纪末,欧洲进入又一个动荡的年代,各蛮族部落纷纷侵入衰落的罗马帝国。日耳曼的一支蛮族法兰克人也趁机闯入罗马,盘踞在高卢,不久他们便控制了大部分的高卢地区,建立了法兰克王国,巩固了他们在高卢的根基。751年,信奉基督教的法兰克人在教皇的帮助下,废除了莫洛温王朝皇帝,颇具雄心的宫相"矮子"丕平当上了皇帝,建立加洛林王朝。771年,具有伟大战略思想的查理成为法兰克王国的统治者,他就是查理大帝。

774年查理借罗马教皇求援之机,攻占意大利北部的伦巴德王国,自兼伦巴德国王,并进军罗马,控制意大利半岛大部分地区。公元778年,查理率大军顺利地翻越高峻的比利牛斯山脉,南侵西班牙。当时,那里是由一支从北非来的阿拉伯人建立的哥尔多瓦王国。哥尔多瓦的军队遭到了重创,而查理的大军也损失惨重。哥尔多瓦国王提议讲和,查理军中一些将官也主张和解撤军。但查理的侄子罗兰侯爵表示反对,更不同意派主和派人物盖内隆去进行和谈。但是,鉴于形势并不十分有利,查理最终没有接受罗兰的意见,派盖内隆前去同哥尔多瓦人议和。心怀怨恨的盖内隆,谈妥了议和条件,并和敌方订下密谋,暗害罗兰。查理看到议和成功,就率大军回国,罗兰担任后卫。得悉盖内隆送来的情报,哥尔多瓦国王集结起了一支强大的部队,埋伏在险要的比利牛斯山朗塞瓦尔峡谷两侧。夜幕降临,当罗兰的后卫部队排成长列通过隘口时,哥尔多瓦人借着夜色的掩护,居高临下,冲下山谷,包围了罗兰的部队。最后,查理听到了那微弱的求援号音,率大军赶回峡谷。他发现,罗兰和所有的同伴都已英勇战死。这次战事,后来被文学家加工成为一部著名的史诗,即法兰西最早的民族史诗《罗兰之歌》。它以悲壮的情节,感动了中世纪的欧洲人。23年后,查理又一次越过比利牛斯山远征西班牙,终于吞并了山南广大地域,并任命一个儿子为该地总督。查理一生中发动侵略战争时间最长,是对北方撒克逊人的征服。他以传播基督教为借口,从公元772年起,先后发动8次进攻,时间长达 33 年,最终征服了撒克逊人,使之成为法兰克国的臣民。

查理统治时期对外进行了 50 多次战争,使法兰克王国成为控制西欧大部分地区的大帝国,疆域西临大西洋,东至易北河及波希米亚,北达北海,南抵埃布罗河及意大利中部,相当于今天的法国、瑞士、荷兰、比利时、奥地利以及德国、意大利的大部分地区。据记载,公元 800 年,查理在罗马逗留了几天,教皇利奥三世召集附近地方所有愿意来的人,当着他们的面,也当着不可战胜的查理的全体骑士的面,宣布查理为皇帝和罗马教会的保护人。查理成为"罗马人皇帝",史称查理大帝。法兰克王国遂称为查理帝国,以亚琛为统治中心。

关于查理加冕称帝的问题,历史上存在着不同的说法,有人认为查理根本无意受加冕,那只是教皇的一厢情愿。在《查理大帝传》中详细记述了加冕的全过程:公元 800 年 12 月 25 日,教皇召集了附近地区所有愿意参加弥撒的人来到圣彼得大教堂,当晚一切显得格外隆重,教堂内灯火通明,音乐悠扬地回荡着。弥撒仪式开始了,查理望着基督像,全心地沉浸在仪式的庄严之中。突然,教皇利奥三世大踏步地走到查理面前,将一顶西罗马皇帝的皇冠戴到他头上,并高声宣布:"上帝为查理加冕,这位伟大的带来和平的罗马皇帝,万寿无疆,永远胜利!"参加仪式的教徒也齐声高呼:"上帝以西罗马皇帝的金冠授予查理,查理就是伟大、和平的罗马皇帝和罗马教皇的保护人!"

教皇利奥三世本想用这样的方式给查理一个意外的惊喜,但他的做法并没有得到预期的效果,反而使查理感到突然和无所适从。查理觉得,"皇帝"这样的称号太令人反感了,自己并不需要被授予这些所谓的荣誉。他更担忧加冕背后的无穷隐患:拜占庭的罗马人对他的皇帝称号肯定会万分仇恨,甚至会对法兰克王国产生不可估量的后果。查理事后懊悔地说:"如果知道教皇的策谋,就不会在那天去教堂,尽管那是一个伟大的节日。"

这是爱因哈德在自己的书中记录的情况,依此看,查理大帝是不愿意被加冕称帝的。很多学者采取这一说法,因为爱因哈德从 20 岁起便被查理聘请到宫中掌管秘书,参与机要,一生中大部分时间都跟随在查理左右,深得查理的宠信,他的记载应该是比较可信的。

如果说爱因哈德说的是真的,查理不愿意称帝,除了顾忌拜占庭的罗马人的仇恨,还会不会有别的原因? 普遍认为他忌讳的是教皇利奥三世。教皇主动给他加冕目的是想趁机夺回一些权力。查理虽然是个纯粹的基督徒,但他并不希望教会干预政权,为此,他曾刻意保持了"法兰克及伦巴德国家"的称号,当立他的儿子为王时,查理亲自主持了这一神圣仪式。

现代许多西方史学家对查理不愿意加冕称帝的说法表示怀疑,他们认为当时的查理拥有至高无上的权力,完全能够控制当时的局势。如果他不愿意,教皇利奥三世决不敢做出冒犯他的事情。

但还有一种观点认为:利奥三世在公元795年当选为教皇。教廷内一些贵族反对新教皇,肆意诽谤和攻击他,说他对法兰克人软弱无能。公元799年4月25日,反对派贵族竟然将新教皇逮捕,在监禁中对他进行折磨和虐待,扬言要刺伤其眼睛,割掉其舌头。于是利奥急忙邀请查理来罗马,查理派使臣去罗马把他救了出来。公元800年12月,查理亲自带兵护送利奥复位。刚复位的利奥自然对查理感激涕零,视为再生父母,不惜抓住一切机会报效查理。于是在圣诞节那天,查理及全体骑士来到圣彼得教堂做弥撒,弥撒完毕,尚未站起来,利奥就急忙把事先准备好的一顶金冠戴在了查理头上。而查理却有些无动于衷,他并不希望教会对政权所干预,因此他始终保留着"法兰克及伦巴德国家"的称号,并亲自主持了自己儿子的即位仪式。

事实上,不管查理是否愿意罗马教皇为他加冕,他在实质上已经成为古罗马帝国的合法继承人和基督教世界的保护者,这次加冕是中世纪历史上的一件大事,影响极其深远,它奠定了教廷和王廷对西欧进行双重统治的政治思想基础,开创了中世纪教皇为皇帝加冕的先例。它象征着皇帝的权力来自上帝,受之于教皇,暗含着教皇权力依然高于皇帝的意思,为日后的教权与王权之争埋下了祸根。

查理曼帝国虽强盛一时,但境内各地区和各部族之间缺乏经济和文化上的联系,在连年征战中地方封建主的割据势力逐渐强大,而广大自由农民日益破产并向农奴地位转化,因而帝国统治基础遭到破坏。814年1月28日查理卒于亚琛。他死后不久,帝国即告分裂。

武王伐纣

武王伐纣是商周两代的分界线,是中国历史上的一个重要事件。夏朝以后是商朝。商朝也是中国历史上的一个奴隶制国家。商朝最后的一个国王商纣统治非常残暴。他加重对奴隶和平民的剥削,建筑了许多宫殿、苑囿,终日饮酒作乐,过着奢侈腐化的生活。人民如果表示不满,他就加重刑罚,残酷镇压。他制定了"炮烙之刑",即把铜柱放在燃烧的炭火上,强迫"犯人"在上面行走,"犯人"站不住,就倒在火里活活烧死。他的叔叔比干,为人正直,几次向他提意见,纣王不但不听任何规劝,竟将比干挖心处死。另一个大臣规劝纣王说:"假如一再胡作非为,将会有亡国丧命的危险!"纣王却回答道:"我的性命生来就有上天保佑,谁能把我怎么样?"

那时候,渭水流域的周族,迅速发展起来。周原来是商的属国。周文王为国事操劳,有时候从清早忙到中午,都顾不上吃饭。他尤其注意用人,姜尚就是他发现的人才。姜尚出身贫寒,年过花甲也没有正当工作。他听说周文王重视人才,就天天在岐山的水边钓鱼,希望看见从这里路过的文王。有一天,他终于见到了周文王,两人谈得十分投机。姜尚受封做文王的军师,后来成为周朝的开国功臣。

周文王死后,周武王继位。他得到姜尚、周公旦的辅佐,国家兴盛起来。那时候,商朝的统治更为腐朽。周武王决心灭掉商朝。据说,周先派人到商察看敌情,此回来说:好人全被纣王斥逐。武王认为时机还未成熟。最后察看商朝情况的人报告说:商朝的百姓闭口不敢说话了。武王认为时机已到,就联合西方和南方的部落,向商纣进攻。战争在商都的郊外牧野展并。此时,商纣的军队正在同东夷作战,来不及调回。临时把大批奴隶武装起来,开赴前线。奴隶早就恨透纣王,于是在阵前起义,引导周武王的军队攻入商都。纣王被迫登上最华丽的宫殿鹿台,全身挂满珠宝玉器,放火把自己烧死。商朝就这样灭亡了。

周武王伐纣灭商以后,建立周朝,把镐京作为都城。武王伐纣处于商周交界,是中国历史年代的一个关键点。这场大战到底发生在哪一年,有关武王伐纣的天象记录不少,但多是几百年后的追溯,而且存在文辞简略,含义不清,文献可疑,互相矛盾等问题。历来的研究,在 100 余年范围之中,竟有 44 种结论。因此武王伐纣的年代成了几千年来一直未解的谜题。

据 2003 年 5 月 18 日出版的《科学时报》报道:2000 年,"九五"重大科研项目"夏商周断代工程"发布 5 年研究成果,提交了 1 个范围:公元前 1050～公元前 1020,三个范围:公元前 1046、公元前 1044、公元前 1027,首选公元前 1046。

而中国科学院国家天文台副研究员、于 1996 年参与"断代工程"研究的李勇博士,对此提出质疑。他在一系列已发表的相关研究的基础上,经综合分析,重新划定武王伐纣年范围为"公元前 1040～公元前 1030 年"。李勇表示,尽管这一结果"可能不是绝对的",但他首创的两种新的天文年代学方法,一定能在类似的年代学研究中"大有作为"。李勇博士说:"重新划定武王伐纣年'公元前 1040～公元前 1030 年'的范围,是我综合分析自己 5 年来一系列直接相关研究论著后做出的结论。这些研究全部采用"月龄历谱法"和"直接求解法"。由于新方法的本质在于它是通过年代相近的材料组来求解,这样所选取材料的历史背景基本相同,也就相当于增加了已知条件。在此基础上运用有效数学模型,对所有可能通过比较筛选获得的最佳结果,理应是精确、可信的。"这一研究结果,已经以《武王伐纣年质疑》为题,由权威天文专家审查通过,发表在已出版的《中国科学》上。而所建立的新方法及先期研究,已经得到夏商周断代工程的认可和高度评价,打开了年代学研究的新局面,有望加速中国年代学研究的进程。

2000 年 12 月 19 日《江南时报》第四版发表的一篇文章称:中国科学院陕西天文台研究员刘次元,经过两年多研究,确定武王伐纣之日为公元前 1046 年 1 月 20 日,解开了《武王伐纣》年代上的重大疑案,该研究成果已被《断代工程年表》采用。刘次元研究员根据《夏商周断代工程》考古方面的最新成果,已将武王伐纣限定在公元前 1050 年～1020 年间，并采用《断代工程》有关专题对月相术语解释的最新结论，参考各种天象记录对于伐纣季节的提示，分析《武成》历日得到灭商之日可能在公元前 1046 年、1041 年、1037 年、1031 年、1020 年等。究竟具体在哪个年份，他对有关古天象再分析《国语、周语下》中木星和日月等天体所在星座，并进一步分析岁星处于鹑火年代，得到灭商之日在公元前 1046 年 1 月 20 日。这一结论得到丙子月食《尚书》文献历日和年代记载的支持，与其他天象记载都有较好的符合，因此被《断代工程年表》采用。

类似上面的报道还有很多，可以说是仁者见仁，智者见智。武王到底哪年伐纣？看来仍要继续争论下去了。

越王勾践"卧薪尝胆"是真的吗

吴王阖闾打败楚国，成了南方霸主。吴国与附近的越国（都城在今浙江绍兴）素来不和。公元前 496 年，越国国王勾践即位。吴王趁越国刚刚遭到丧事，就发兵打越国。吴越两国在李（今浙江嘉兴西南）地方，展开一场大战。吴王阖闾满以为可以打赢，没想到打了个败仗，自己又中箭受了重伤，再加上上了年纪，回到吴国，就咽了气。吴王阖闾死后，儿子夫差即位。阖闾临死时对夫差说："不要忘记报越国的仇。"夫差记住这个嘱咐，叫人经常提醒他。他经过宫门，手下的人就扯开了嗓子喊："夫差！你忘了越王杀你父亲的仇吗？"夫差流着眼泪说："不，不敢忘。"他叫伍子胥和另一个大臣伯嚭操练兵马，准备攻打越国。过了两年，吴王夫差亲自率领大军攻打越国。越国有两个很能干的大夫，一个叫文种，一个叫范蠡。范蠡对勾践说："吴国练兵快三年了。这回决心报仇，来势凶猛。咱们不如守住城，不要跟他们作战。"勾践不同意，下令发大军去跟吴国人拼个死活。两国的军队在大湖一带打上了。越军果然大败。越王勾践带了 5000 残兵败将逃到会稽，被吴军围困起来。勾践跟范蠡说："懊悔没有听你的话，弄到这步田地。现在该怎么办？"范蠡说："咱们赶快去求和吧。"勾践派文种到吴王营里去求和。文种在夫差面前把勾践愿意投降的意思说了一遍。吴王夫差想同意，可是伍子胥坚决反对。文种回去后，打听到吴国的伯嚭是个贪财好色的小人，就把一批珍宝和美女，私下送给伯嚭，请伯嚭在夫差面前讲好话。经过伯嚭在夫差面前一番劝说，吴王夫差不顾伍子胥的反对，答应了越国的求和，但是要勾践亲自到吴国去。文种回去向勾践报告了。勾践把国家大事托付给文种，自己带着夫灭和范蠡到吴国去。勾践到了吴国，夫差让他们夫妇俩住在阖闾的大坟旁边一间石屋里，叫勾践给他喂马。范蠡跟着做奴仆的工作。夫差每次坐车出去，勾践就给他拉马，这样过了两年，夫差认为勾践真心归顺了他，就放勾践回国。勾践回到越国后，立志报仇雪耻。他唯恐眼前的安逸消磨了志气，在吃饭的地方挂上一个苦胆，每逢吃饭的时候，就先尝一尝苦味，还自己问："你忘了会稽的耻辱吗?"他还把席子撤去,用柴草当作褥子。这就是后来人传诵的"卧薪尝胆"。

勾践卧薪尝胆,励精图治,从而雪耻灭吴的故事一直在流传,然而有人提出疑问:勾践真有"卧薪尝胆"的事吗? 在很多古籍中,都记载了吴越战争的事,但都没有勾践"卧薪尝胆"的叙述。查阅记载越王勾践事迹的历史资料,成书时代较早且史实比较可靠的,当首选《左传》和《国语》。在《左传》的"定公"和"哀公"两部分中,曾大量记述越王勾践的事迹;《国语》中有《吴语》和《越语》上、下共两篇,详细记载了越王勾践和吴王夫差战争胜败的经过。但在这两本史籍中,完全没有记载越王勾践曾经卧薪尝胆的事情。其次,西汉时司马迁作《史记》的《越王勾践世家》中,也仅记载了越王勾践曾经"置胆于坐,坐卧脚仰胆,饮食亦尝胆",而绝没有关于越王勾践曾经卧薪的事。袁康、吴平作《越绝书》,赵晔作《吴越春秋》,专门记述了春秋时的史事。这两本书,在先秦古籍的基础上,又掺杂了一些怪诞离奇的传闻,其可信程度已大打折扣。但前书既没有说到卧薪,也没有提及尝胆;后书中的《勾践归国外传》,也只说越王勾践"出入尝之,不绝于口",而根本没有卧薪的事。这样看来,尝胆之事,最早出现于西汉的《史记》;而卧薪之事,到东汉时也没有记载。

据考证,"卧薪尝胆"这个成语出自北宋文学家苏轼,在他的《拟孙权答曹操书》中,苏轼发挥想象,戏说孙权"卧薪尝胆",与勾践无关。到南宋时期,吕祖谦在《左氏传说》中,曾谈到关于夫差有"卧薪尝胆"之事。明朝的《春秋列国论》一书中又说:"夫差即位,卧薪尝胆。"以后,马辅在《左传事纬》和《绎史》两书中,都把卧薪尝胆说成是吴王夫差的事情。与此同时,南宋的黄震在《古今纪要》和《黄氏日抄》两本书中,又说越王勾践曾卧薪尝胆。然则,"卧薪尝胆"的词语原是由北宋的苏轼提出,从南宋到明朝,此事是夫差还是勾践所做,尚没有定论。到明朝,传奇剧本《浣纱记》,渲染了越王勾践的卧薪、尝胆二事。清朝初年,一本简易通俗的史书《纲鉴易知录》写道:"勾践返国,乃苦身焦思,卧薪尝胆。"不久,到了明末作家冯梦龙写的历史小说《东周列国志》,书中也多次提到勾践曾"卧薪"和"尝胆"。这样,越王勾践卧薪尝胆的故事,也就愈传愈广。

另有一些学者认为,越王勾践"卧薪"之事,在东汉时代成书的《吴越春秋》中还是有记载的。该书的《勾践归国外传》说:越王勾践当时"苦身劳心,夜以继日。目卧则攻之以蓼。"也就是说:勾践由于日夜操劳,眼睛疲倦得想睡觉("目卧"),但他忍耐克服,用"蓼薪"来刺激,打消睡意。尝胆是让味觉感到苦,卧薪是让视觉感到苦。"卧薪"的目的是在折磨眼睛而非折磨整个身体。后人把"卧薪"说成是睡在硬柴上,那是对《吴越春秋》中意思的误解。

千百年来,"卧薪尝胆"的故事催人奋进,人们都宁可信其有,不可信其无。

丘吉尔生日宴会遇险

温斯顿·丘吉尔是 20 世纪最负盛名的英国资产阶级政治家,曾两度出任英国首相,多次担任内阁大臣职务。在第二次世界大战中,他领导英国人民取得了抗击德国法西斯战争的胜利,被人们推崇为英国的拯救者。丘吉尔的一生坎坷曲折。在大战期间,他的非凡魄力和出众人格得到了大显身手的机会,更遭到了他的敌人的仇视。他在一次生日宴会上安全脱险的故事,更让人津津乐道。

1943 年 11 月 30 日,正值丘吉尔 69 岁的生日。当时,苏、美、英三国首脑斯大林、罗斯福和丘吉尔正在伊朗首都德黑兰举行会议,主要讨论开辟第二战场的问题。为了隆重地庆祝自己的生日,丘吉尔邀请了斯大林、罗斯福以及各方代表共 34 位客人参加宴会。席间,正当人们举杯祝贺之时,大厅内灯光突然熄灭,接着响起了一阵枪声,只听得碗碟碎裂声、客人们的骚乱声混成一片。这场枪击案使一位盟国领导人的私人秘书倒在血泊中,还有一个侍者被一根毒针刺进喉咙,当场死亡。值得庆幸的是,丘吉尔只受了一场虚惊,毫发未损,而在场的斯大林、罗斯福及其他客人都安然无恙。

丘吉尔

事件发生后,人们不禁提出许多疑问,究竟是谁借生日宴会之机企图谋杀丘吉尔?又是谁在关键时刻使丘吉尔转危为安?长期以来,这一事件在世界历史上成为一桩令人费解的悬案。

后来,据二战期间曾担任丘吉尔侍卫长的英·汤普森的回忆,当时的情况是这样:

"德黑兰会议"在苏联使馆举行。敌人在会议期间企图制造混乱,但被挫败了。那个倒在血泊中的私人秘书被纳粹以几十万英镑的现金所收买,准备在会议室内安放定时炸弹,可是,当时别说携带定时炸弹进不了会议室,就连一根小小的针未经检查也带不进去,因此,那个私人秘书在等待时机。

宴会要开始了,丘吉尔以主人的身份领着客人们朝餐厅走去。那个私人秘书犹豫了片刻,转身从口袋里取出一个精致的小包放在桌上,然后若无其事地步入了餐厅。汤普森警觉地注视这一切,随后取走小包,带到另一间屋子,轻轻地打开小包一看,里面只有一只十分昂贵的钟表。他又仔细地把小包和钟表检查了几遍,也没有发现有什么可疑的地方。于是,他放心地走进了餐厅,来到了丘吉尔的身边,但是,他的脑海中已经存有疑虑,两眼更加警觉地注视着周围的动向。

此刻,餐厅内正在进行切割蛋糕的仪式,一只精致的大蛋糕摆在餐桌上,上面点燃着六十九只蜡烛,在客人们的祝贺声中,丘吉尔完成了这个值得纪念的仪式,然后,他十分高兴地致辞说:"我衷心感谢诸位光临我的庆寿仪式。尤其是,两位伟大的朋友斯大林元帅和罗斯福总统抽出宝贵的时间出席这个聚会,我深表感谢。"席间,宾主频频举杯,鼓掌声、碰杯声不时响起,大厅内洋溢着一片祥和、喜庆、热闹的气氛。

突然,餐厅的南门打开了,一个惊慌失措的侍者托着一只盛着冷饮杯子的大盘子,踉踉跄跄地闯入下餐厅。紧接着,这个侍者连人带盘栽倒在斯大林的译员鲍罗克的身上,盘子中的布丁和冰淇淋溅的鲍罗克满身都是,望着鲍罗克尴尬的模样,人们不禁哄堂大笑。就在此时,餐厅的灯突然全部熄灭了,一片漆黑中,只听有人大声嚷道:"抓住侍者!"接着立即响起了枪声、碗碟的碎裂声和人们的骚乱声。正当人们刚反映出这是怎么一回事的时候,四周亮起了手电筒。人们发现私人秘书的头部已经中弹被击毙,一只手枪掉落在一张椅子底下。那个侍者则倒卧在地,身体早已变得冰凉,他的喉咙里刺进了一根半寸长的细针。经过检查,发现侍者的托盘的底部有个按钮,启开后,里面装有一枚微型定时炸弹和一只袖珍时钟,指针离12点仅差了3分钟。汤普森急忙拔掉定时炸弹的引信,避免了一场大的惨案,使三国首脑幸免于难。事后,只要想起这件惊心动魄的事件,汤普森仍心有余悸。

事发之后,人们只知道当时德国的密探和间谍千方百计跟踪丘吉尔的行迹。希特勒曾下过一道死令:"无论如何要干掉丘吉尔。"大批的纳粹特务已汇集到德黑兰。然而,那个被纳粹收买的私人秘书与携带定时炸弹的侍者是什么关系? 是谁幕后指使侍者将定时炸弹带进餐厅的? 尤其令人难解的是,谁在关键时刻打死了私人秘书并刺死了侍者,使丘吉尔逢凶化吉、安全脱险?

事情过去半个世纪了,可仍然是一个悬而未解之案。看来,这一悬案还要由其他知情者提供进一步的情况,方能有望解开。

隆美尔之死

1944 年 10 月 10 日,柏林。

莫德文元帅向全德国宣布,德国"最伟大的指挥官"埃尔温·隆美尔于 7 月 17 日受伤,不治身亡。

希特勒即刻给隆美尔夫人发了唁电。唁电说:"您丈夫的死给您带来了巨大的损失,请接受我诚挚的问候。隆美尔的英名将永远和北非英勇的战役联系在一起。"不久,希特勒下令举行国葬。

隆美尔原先是德军第七装甲师师长。第二次世界大战爆发后,他指挥部队以闪电行动,最早进抵英吉利海峡沿岸地区,并且迅速攻占瑟堡,迫使敦刻尔克战役中未及撤退的 3 万法军投降,从而成为纳粹德国最著名的坦克将领。

这个特别受到希特勒器重的陆军元帅,难道真的如同莫德文元帅所宣布的那样,是 7 月 17 日受伤,不治身死吗?

不,这是希特勒的弥天大谎!

1944 年 7 月 17 日,隆美尔到西线视察。在返回司令部的途中,确实身负重伤。当时,他的坐车遭到盟军飞机的袭击,汽车翻倒在地,他的头盖骨严重骨折,太阳穴和颧骨受伤,头上还有不少炸弹碎片。他被送到巴黎附近的一所医院,随即返回德国乌尔姆附近的乡间住宅养伤。

10 月 14 日,隆美尔在乡间住宅里会见了两个纳粹来使。几分钟后,他先到妻子的房间向她道别,然后对他的儿子说:

"希特勒指控我犯了叛国罪,鉴于我在非洲的功劳,给我一服毒的机会。那两个将军带来了毒药,在 3 秒钟之内就能致人以死命。如果我接受的话,我可以得到国葬待遇。"

说完,隆美尔走出房间,跟着两位将军上了车。车在两英里左右的森林中停下来。1 分钟后,隆美尔已直挺挺在死在座位上。

隆美尔为希特勒立下赫赫战功,希特勒为什么还要加害于他呢?

1944 年 6 月 6 日,盟军在诺曼底登陆成功,德国的将军们惊慌失措。他们都很清楚,盟军用不了几周,就会从西面到达德国边界。

为了挽救德国免于彻底毁灭,一些将军早就决定除掉希特勒。他们由陆军元帅维茨勒,前任总参谋长贝克将军等军界领袖组成了一个密谋集团,旨在积蓄力量,等待时机,推翻纳粹统治。

1944 年 2 月底,隆美尔在家里接待了一个十分重要的密谋分子。

来人对他说:"隆美尔将军,现在东方战线上某些高级陆军军官提议逮捕希特勒,强迫他通过电台宣布退位。"

隆美尔点点头,表示同意这种想法。

来人又说:"你是我国最伟大、最得人心的将领,在国外比任何其他将领都受尊敬。你是唯一能够使德国避免发生内战的人。"

隆美尔迟疑一下,最后作了决定,他说:

"我想,出来挽救德国是我的责任。"

以后,密谋集团通过一个协议,计划在推翻希特勒以后,让隆美尔出任国家的临时首脑或武装部队总司令。按照那个协议,德国将与西方盟国停战,德国人从西线撤回本国,逮捕希特勒由德国人民法庭进行审判。

诺曼底登陆后,隆美尔曾多次当面指责希特勒,并希望尽快结束战争。他曾给希特勒写过一封长信,信上写道:"部队正在各地英勇作战,但是这场寡不敌众的战争即将结束,我必须请求您毫不迟疑地做出恰当的决定。我作为集团军司令官,感到有责任说明这一点。"

当天,隆美尔对他的一位将军说:"我已给希特勒最后一次机会,要是他不接受,我们就采取行动。"

可是两天以后,他在从前线返回总部的途中遭到盟军飞机的袭击,身受重伤。

在反希特勒的密谋中有一个青年军官,叫施道芬堡。

施道芬堡眼看希特勒要把德国引向可能最后归于失败的战争,于是决定做一点事情来挽救德国。

在柏林,他和他的同伙拟定了一个代号叫"伐尔克里"的谋杀计划。伐尔克里是北欧——日耳曼神话中一些美丽可怕的少女,据说她们飞翔在古战场上,寻找那些该杀死的人。这一次,她们要杀死鲁道夫·希特勒。根据这一计划,一旦希特勒被暗杀,便在柏林迅速发动政变。

6月底,施道芬堡被任命为国内驻防线的总参谋长。这一职务使他能直接地见到希特勒。

7月20日下午,施道芬堡奉召去向希特勒汇报"人民步兵师"的进展情况。他在装有文件的皮包里放置了一颗英制定时炸弹。他只要用钳子打破玻璃管,10分钟之内,炸弹里的金属丝就会被溶化,炸弹就会爆炸。

他在一间会客室里匆忙打开公文包,用钳子打破了玻璃管,然后走进会议室。这时,希特勒和他的将军们举行的会议已经开始。施道芬堡在元首旁边几英尺处坐下来。他把公文包放在桌子下面,紧靠在一条结实的橡木脚的旁边,离希特勒的脚大约6英尺远。在一位将军向希特勒汇报俄国前线的战况时,施道芬堡向站在他身旁的勃兰特上校悄悄地说,他要出去打个重要电话,然后就急忙溜出会议室。

勃兰特俯身在桌子上看地图的时候,发现施道芬堡的公文包挡住了他的脚,就弯下腰把包移到了那条结实的桌子脚的另一边,这样,那块笨重的橡木把希特勒和炸弹隔开了。

炸弹准时爆炸。

施道芬堡站在200码远的制高点,目睹希特勒的会议厅在轰隆一声巨响之后浓烟滚滚,火焰冲天。施道芬堡毫不怀疑,希特勒和他的将军们都已被炸死。然而,希特勒并没有死,那厚厚的橡木救了他的命。他的头发被烧焦,两腿被烧伤,爆炸的巨响震破了他的耳膜,他还是好好地活着。

希特勒对反叛者的镇压到了令人发指的地步。施道芬堡及其他几个叛乱组织者,一起被排在国防部的一堵墙前面,由行刑队枪毙了。接着,有7000人被捕,他们遭受到令人毛骨悚然的严刑拷打,然后宣判死刑。刽子手把反叛者用钢琴弦吊在钩子上缓缓地绞死。陆军元帅维茨勒就是这样被绞死的。

接着,厄运就降临到德军偶像隆美尔元帅身上了。

一个参与密谋的将军,自杀未遂,神志不清地躺在手术台上时,他喃喃道出了隆美尔的名字。另一个同伙在狱中受不了酷刑,也招认了隆美尔曾参与 7 月 20 日的阴谋。他引证隆美尔说过的话:"告诉柏林人,他们可以指望我。"

希特勒大为震惊,下令处决隆美尔。鉴于隆美尔立下的汗马功劳,希特勒允许他在自杀和被判处叛国罪之间选择。希特勒对手下说:"如果这个赫赫有名的元帅,德国最得人心的将军被捕押上人民法院的话,这将是非常丢脸的事。如果他选择自杀的话,他死后可以获得具有全副军事荣典的国葬仪式,而且可以保全他的家属。"

于是,隆美尔最后用自杀逃脱了希特勒的残忍报复。

日本天皇裕仁为什么没上绞刑架

意大利法西斯头目墨索里尼被处死后与情妇的尸体一起被倒挂在米兰洛雷拉广场上,暴尸数日,饱尝人们的唾骂与石击;德国"战争狂人"希特勒走投无路之际与 12 年情妇的爱娃·勃劳恩正式举行婚礼之后,在德国总理府地下室饮弹自尽。令人费解的是,同样是侵略战争发起者的日本国家元首天皇裕仁却在战后得以颐养天年,与家人共享荣华富贵与天伦之乐。难道说他与日本法西斯的战争罪行无染? 越来越多的史实令人信服地给出了否定的答案。

长期以来,日本一直坚持认为:第二次世界大战时的天皇裕仁是一位反战的仁慈国君,终生是一个和平主义者;他反对战争却无力阻止战争。日本政府还把裕仁的诞生日即每年的 4 月 29 日定为"绿节"。

然而,越来越多的人开始怀疑这一结论,并把裕仁与日本在第二次世界大战中的行径联系起来。美国历史学家哈尔伯特·P·比克斯不久前发表了他的新著《裕仁传》(书名直译为《裕仁与现代日本的塑造》)。书中说"坐在皇宫宝座上,裕仁默默地看着他的大臣们做战争计划。内务部领导和军方将领们也在设计他们的方案。"于是首相说:"只要陛下您一声令下,我们都将努力为国效忠"。天皇点头表示同意。此书如是描述了日本第 124 位天皇裕仁在战争中的真实形象。此书获得了美国新闻界最高奖——普利策奖。

比尔斯认为裕仁的真实角色是制订日本政策的核心人物。20 世纪 20 年代末到 30 年代,裕仁与日本陆军强硬派结盟,顺利地击倒日本各民主政党并推行野心勃勃的军国主义体制。紧接着无情打击任何敢对天皇权力提出质疑的人,从而日益加强他在日军中的地位。1940 年,他成为日军最高指挥官,有任免日本三军将帅和政府首相及内阁大臣的权力;日本军方将领可以绕开政府内阁,直接对天皇负责;裕仁和几个少数的幕后权臣对日本国策的制定有决定性的权力。根据书中所述,裕仁应对侵华暴行负直接责任。在向中国步步进逼的过程中,裕仁并非别无选择,但他毫不犹豫地选择了直接支持,甚至重赏日军对中国的侵略。按照裕仁御诏,侵华日军"视所有 15 岁以上、60 岁以下的中国男子为敌人"。裕仁对日军"烧光、杀光、抢光"的"三光政策"更是赞赏有加。另外,在长达八年的中日全面战争中,成千上万的中国士兵被日军俘虏,但到 1945 年日军投降的时候,只发现了 56 名中国战俘。

比克斯指出,天皇支持对中国的暴行,同意并批准了与希特勒和墨索里尼结成联盟,还为日本在太平洋地区发动战争做准备。这在裕仁天皇的九姑父东久迩宫战后的揭发材料中得到了证实。这份材料长达三万三千余言,有根有据地历数了裕仁近十几年来在侵苏战争、侵华战争和太平洋战争中一系列不可推卸的战争责任:

1927 年 5 月和翌年 4 月的两次侵华军事行动,都是得到裕仁首肯的。他对当时的日本首相田中又一说:"为了实现祖父皇和父皇的生前遗愿,使中国逐步沦为日本的附属国,局部的、试探性地对华武装进攻可以不断。""九·一八"事变前夕,他对前往皇宫禀报的首相若槻礼次郎说:"这是全面控制中国的第一步,这一仗一定要打好。"……同年 3 月 1 日,日本在中国东北地区炮制伪满洲国,扶植清朝废帝溥仪先为"执政"后为康德皇帝。为此,裕仁有过五次讲话和批示。

1936 年 8 月 7 日,裕仁批准日本内阁会议通过的《关于日本大帝国之国策大纲》时,对首相广田弘毅说:"这个大纲写得好,帝国决定向南方扩张,并确定和加强对苏联和美国的军备方针……"。1937 年七·七事变前夕,裕仁在御前会议对全体大臣说:"全面进攻中国的时机已经成熟,要力争在半年之内推翻中国现政权,力争一年之内使中国成为帝国最驯服的附属国……"。南京大屠杀发生后,国际上弥漫着谴责之声,首相近卫文麿建议追究南京大屠杀的责任。裕仁不同意:"日华战争刚刚开始,若追究责任,就等于给在华作战的皇军官兵泼冷水。"1938 年 7 月 12 日,日本与苏联在张鼓峰发生武装冲突,裕仁对近卫文麿说:"……帝国打这一仗的目的,是摸摸苏联在张鼓峰一带部署的军事实力,好为将来全面进攻苏联做好军事准备。"同年 12 月 20 日,中国国民党副总裁、中央政治会议主席汪精卫从重庆逃到越南河内时,裕仁指使近卫文麿等对汪友好,以扶汪代蒋,控制中国。1939 年 5 月 11 日,日本和苏联在中国东北境内的诺门坎发生武装冲突,裕仁在《诺门坎武装冲突之战况》上批示:"这一仗是再摸摸苏联的军事实力,为北进苏联做好一切准备。大本营参谋本部和陆军部队,必须在近期制订出一个北进苏联、南进东南亚地区的大致军事计划。"1940 年 3 月 30 日,汪精卫在南京建立伪政权时,裕仁对首相米内光政说:"以帝国政府名义发表支持汪先生主政的新政权的声明很有必要。……南京新政权的建立,是帝国全面控制中国,使其成为驯服的附属国的第一步,……第二步是……还可第三步……。"

1941年德国对苏联发动进攻的第二天，裕仁在御前会议上说："……德军进攻苏联，苏联的灭亡指日可待。帝国政府要发表声明，对德国的这一军事行动表示支持。……有了德国进攻苏联，我们的北进计划暂时可以取消，集中全力早日结束日华战争，早日南进东南亚地区。"太平洋战争爆发两天前的12月6日，裕仁分别接见首相东条英机和日本联合舰队总司令山本五十六。他对东条说："进攻珍珠港，是南进的第一仗，一定要打得漂亮。"他对山本说："珍珠港的重任，具体落在山本君肩上，希望你不要辜负朕的期望。"

东久迩宫提供的揭发材料，不仅披露了上述史实，还列举了裕仁对侵华战争、太平洋战争中的每次重大战役怎样打的口头或批示的具体意见。天皇介入战争的程度，委实不可小觑。

东久迩宫的材料说："由于我是比较重要的皇亲国戚，天皇接见任何人的御音录音片，我都可以借到家里收听。同样，天皇御览和御批的文件，我也可以从档案馆借阅。因此，我坚信我的揭发是比较准确的。"材料最后说："在日本，天皇的权力至高无上，又是陆海空三军统帅，他对近十余年发动的对外侵略战争，都负有不可推卸的责任。国际和国内一批正直的日本人曾多次呼吁，定天皇为首要甲级战犯而予以逮捕，完全是天经地义的事。"

根据比克斯先生的《裕仁传》，裕仁甚至应对日本遭到原子弹轰炸负责。第二次世界大战末期，裕仁有许多次结束战争的机会，但裕仁拼命想保住天皇宝座，迟迟不肯宣布无条件投降，以致美国向日本投下了原子弹。

此外，裕仁还应当为20万被强迫、绑架或欺骗沦为日本军队强奸与性奴隶制度受害者的各国女性负责。2000年12月12日，东京的女性国际战犯法庭经过认真地听取认证后，庄严地宣布日本已故天皇裕仁犯有人道主义罪行。判决说，根据日本专家的作证，裕仁天皇并非"傀儡"，而是有着独特的权力及决策权威的。从"南京强奸"事件推断，裕仁天皇知道或者应当知道强奸事件的发生，而且本应该采取措施阻止而不是同意或至少允许该类事件在所谓"慰安妇"名义下继续发生。

在1971年，一位在日本长大名叫戴维·伯格米尼的美国人曾出版过一本名叫《日本天皇的阴谋》的专著，长达1200页。他在书中指出："人们对裕仁的了解是完全错误的。他绝不是一个没有权力和影响的人，也不是执行实际上占统治地位的军人的命令的受害者，而是一个能量很大的领袖和大元帅，自青年时代起就已经继承了他祖父的使命……利用中国作为跳板，把日本帝国扩展到印度、印度尼西亚和马来西亚，占领和征服满洲、入侵中国、袭击珍珠港、向南亚和东南亚实行军事扩张……日本所有这些记录在案的罪恶中，没有一项不该由裕仁天皇负主要责任的。"比克斯的观点似乎与伯格米尼的结论在很多地方不谋而合，甚至有异曲同工之妙。

　　既然罪责如上述所言，那么裕仁天皇为何在战后能安然无恙呢？这同美国在第二次世界大战后的政治需要有极其密切的关系。要想使日本成为美国的卫星国，要想用新的政治模式改造日本，要想稳定日本局势，要想有步骤地审判日本战犯，只能保留天皇神的位置，让他作传声筒。如果最高总司令部和国际法庭把天皇作为战犯处死，可能会诱发政治混乱，日本的局面将难以收拾。麦克阿瑟等人对此深谙此理。于是，麦克阿瑟不仅在财产审计上故意放日本皇室一马，还迫使东条英机等日本政府高级官员把战争责任揽到自己头上，造成一种"裕仁无罪"的假象。《裕仁传》提出的证据显示，为了在远东国际法庭避免提及裕仁，麦克阿瑟的高级顾问与日本宫廷里的官员在审判出庭前曾对过口供："裕仁根本没有意识到为日本在海外的所作所为承担个人责任，也从来不承认侵略有罪。"当然，麦克阿瑟的胆子再大，也不敢擅自做出这样的决定。事实上，支持他的还有宾尼尔·弗勒斯将军、前总统胡佛以及美国驻日本大使约瑟夫·格鲁。据西格拉弗在《大和王朝》一书中指出的，胡佛和麦克阿瑟的腰包里装有大量日本皇室在第二次世界大战期间疯狂掠夺的亚洲各国的金钱财宝。于是在麦克阿瑟等人的包装下，裕仁呈现在世人面前的是一个"军国主义者"的傀儡形象，逃脱了国际法庭的严惩。

　　假设麦克阿瑟没有这么做，历史是否会沿着另一条轨迹前进呢？这本身就是一个难解之题。更何况，让本应承担战争责任的人轻松过关，这对饱受侵略者蹂躏的亚洲各国人民来说，是极不公平的。

抗倭名将胡宗宪缘何被历史遗忘

　　在明嘉靖年间众多的抗倭将领中，人们比较熟悉的有戚继光、俞大猷，也有历史上出现不是很频繁的朱纨、张经、王忬、卢镗、汤克宽等人。胡宗宪在抗击倭寇的斗争中也有过很大贡献。其中，最突出的功劳便是诱杀倭寇中的中国籍大首领汪直（又作王直）、徐海等人。历史上的胡宗宪，的确是一个威风凛凛的伟岸男子，足智多谋且胆略过人，与倭寇作战时，每每身先士卒，冒着炮火羽矢，亲临战阵，指挥作战。虽然在他报捷请功的奏折中常常多有夸大，但与倭寇数十仗，也确实是少挫多胜，是戚继光以前对倭寇而言最具威胁的人物。

　　然而，国内有关胡宗宪的介绍并不多，且常常是作为严嵩的党羽并以一个无足轻重的角色出现，为什么曾经叱咤风云的人物如今却被历史遗忘了呢？

　　胡宗宪，字汝贞，号梅林，安徽龙川人。嘉靖十七年（1538 年）进士，初任山东益都县令，在任期内因为精明能干，政绩凸显，由于在破案方面能力比较突出，声名在外，引起朝廷的注意，而屡获升迁。胡宗宪是个文官，成为兵部侍郎，总督东南军务，统领整个东南的军队，担任起平复倭患的重担。所以在他担任军队统帅指挥作战的时候,就不能再称之为文官了,而是一个将领,又因为他战绩彪炳,所以也不妨称之为"名将"。

至嘉靖年间,江浙一带倭寇泛滥。三十四年胡宗宪任浙江巡按御史,旋提为总督,总制7省军务抗倭灭寇,并联手时任工部侍郎的赵文华,得到明世宗的重用。胡宗宪召徐渭、沈明臣、茅坤、文徵明为幕僚;以俞大猷、戚继光、卢镗为大将。胡宗宪暗察浙江,当时倭寇的主要首领徐海、陈东和麻叶在乍浦一带建立据点,四处抢掠。

胡宗宪对倭寇也并非一味没有章法的剿杀,他曾在外交上做过努力。他请旨朝廷派使臣与日本政府建立联系,约束本国辞寇。但此时正是日本传奇英雄信长发动一统诸岛的大内战的时代,因此外交上的措施没起到什么作用。但从日本回来的使臣陈可愿却带来了一个倭寇中国籍首领汪直与其义子毛海峰有意归顺的消息。胡宗宪立即将此事上报,兵部的官僚们对此甚为谨慎,认为汪直希望明廷开市通贡的要求无异于是对朝廷的要挟,"其奸叵测",对汪直颇为猜忌,于是,令胡宗宪严加防备,并令转告汪直,要表示诚意,就得先灭了舟山群岛一带诸倭寇的巢穴再说。

汪直等人要求招安做官,以冲州撞府来增加谈判筹码,有点当年梁山好汉逼招的味道。其实,如果能处理得好,这是个简单解决倭患的机会。中国历代就有招贼为兵的例子,如宋时的名将杨再兴。许多招降来的反政府武装到后来往往会成为拥护政府的武装,朝廷干臣。但汪直等人要求"开市通贡",就可能是其最终悲剧的根源。

此后,胡宗宪得到兵部授予他的"便宜行事"的权限,便意味着他可以有很大的空间以实施他的对敌计划而不受过多的干涉。胡宗宪在徐海等海寇头子之间制造矛盾、挑起他们自相残杀,利用这一办法,各个击破。胡宗宪以战功获得殊荣,官司至太子太保、兵部尚书,并加少保。

胡宗宪于戎马倥偬中还曾辑著《筹海图编》十三卷,书中收入浙江沿海地形、防务、战具、倭变、战事等情况,内容翔实,记载入《明史》之中。此外,还著有《三巡奏议》《督抚奏议》《忠敬堂汇录》等。

众所周知,他因为阿附奸相严嵩的义子——大明朝十大奸臣之一的赵文华,并曾伙同赵文华参与陷害抗倭功臣兵部侍郎张经,冒领张经抗倭的战功,而成为他人生的一个无可原谅的污点,人们称其为奸臣。因此在他活着时名声就不太好,死后更被当作严党的走卒成为士人与百姓眼中的另类,这也许就是他永久地失去与后来的抗倭功臣戚继光、俞大猷等人一起成为受人敬仰的民族英雄的资格的原因之一。

成吉思汗的铁骑所向披靡

成吉思汗(1162~1227),著名军事统帅。成吉思汗是他的称号,他的真名叫铁木真,意为"钢铁",姓勃儿只斤,蒙古乞颜氏。众所周知,成吉思汗是一位叱咤风云、显赫一世的蒙古族英雄,同时又是一个在国内外史学界、政治界乃至平民百姓中很有争议的人物。几百年以来,中外各国的政治家、军事家和名人学者从不同角度研究和探讨这位伟大人物,留下了不计其数的名言与论著。

蒙古骑兵向来所向披靡,百战百胜,攻城略地,少有败绩。13世纪,成吉思汗的子孙们征服了亚欧大陆的大部分。于是,人们不禁要问,一个只有100多万人口、10多万军队的民族战胜了拥

成吉思汗雕像

有几千万人口、数百万大军的金国、南宋、花剌子模和欧洲联军。蒙古骑兵战无不胜,攻无不克的秘密是什么?成吉思汗为何能在短短六七十年的时间里,攻取那样广大的地区,并且攻必取,战必胜呢?西方史学家经过长期研究得出的结论是:"当时蒙古军队的武器比别人更精良而且更适合于实战使用;成吉思汗兵制比较完善,军纪严明;将领多巧于计谋,擅长兵法和战略。"(《大统帅成吉思汗兵略》,234页,呼和浩特,内蒙古人民出版社,1991)所以,蒙古骑兵打起仗来非常勇猛,快速灵活,当然所向披靡,无可匹敌。

蒙古骑兵都是当时训练得最好的士兵。他们从小就被送入戈壁沙漠中严厉的学校,进行严格的骑马射箭训练,因此,他们成为具有坚韧耐力和毅力的老兵,具有驾驭马匹和使用武器的惊人本领。他们很能吃苦并可以忍耐严酷的气候条件,不贪图安逸舒适和美味佳肴。他们体格强壮,几乎不需要医疗条件,就能保持健康,适应战斗的需要。各单位的指挥官都是根据个人的才能和在战场上英勇的表现选出的。他对自己的部队拥有绝对的权威,同时受其上级同样严格的控制和监督。服从命令是他们的天职,人人都能严守不怠,纪律已形成制度,这在中世纪时期的其他军事组织是不可能有的。

在作战原则和战法上,从没有其他的地面军队能与成吉思汗部队的机动性匹敌。13世纪,欧亚等国的军队多以步兵和重骑兵为主,而蒙古军队却是清一色的轻骑兵。轻骑兵具有突击力强、灵活多变的特点,适合远程奔袭。重骑兵防护性能好,机动性差,适合阵前对抗。所以,蒙古军的轻骑兵,常以绝对的军事优势,迫敌

解除武装。这就使成吉思汗时代所营造的战场,完全是一种飓风式战场。

此外,蒙古大汗还有一种最有力的武器,就是蒙古兵学中的大迂回战略,它是成吉思汗及其子孙们在长期的征战中所形成的作战韬略之一。蒙古军的迂回战略源于蒙古族的围猎。他们把围猎中的技艺,娴熟地运用到战争中,许多坚固的城堡,变成了他们围困中的野兽。因此,蒙古军队大迂回战略的突出特点是:它不以击溃敌人就算到达到战争目的,而是用猎人那双狡黠、深邃的目光,盯着敌人的后方,以左右包抄的方式,将敌人包围,从不给对方留下一条逃生的出路。即使留有一条生路,那完全是一种战术运用。这种大迂回战略,与古代其他军队的进攻方式大相径庭,它不直接对敌列阵挑战,而是更讲实际,手段更隐蔽。并力图在使用力量之前,先施"计谋"将对方制服,与孙子的"诡道"思想一脉相承。

还有最重要的一点。成吉思汗及其子孙,能在脱离根据地作战的情况下屡建奇功,就在于它"羊马随征,因粮于敌"。古人云:"兵马未动,粮草先行。"但蒙古军队有一套独特的、与此不同的后勤保障体系,从而保证了蒙古军队的远征。游牧民族"逐水草迁徙,毋城郭常处耕田之业。"(《史记匈奴传》)从某种意义上讲,人物合一,完全是受生存条件的驱使。蒙古人行军打仗,以反牲畜走到哪里,人跟随到哪里的游牧常规,而是军队走到哪里,羊马也驱逐到哪里,这就从根本上解决了部队的军需供给问题。《蒙鞑备录》记载:蒙古军队"食羊尽则射兔鹿野豕为食,故屯数十万之师不举烟火。"这说明成吉思汗的军队在自带食物耗尽时,依然有强大的野战生存能力。正因为有了超常的生存潜力,与敌较量就有了超常的战斗力,战争机器也有了连续运转的动力。

不管如何,成吉思汗和他的铁骑统一了蒙古各部,在历史上起了很大的进步作用。攻金灭夏,为元朝的建立奠定了坚实的基础。

太平军北伐的主帅是谁

1851 年 1 月 11 日,洪秀全(1814~1864)在广西金田村发动金田起义,建号太平天国,起义军称太平军。1853 年 3 月 19 日太平军占领南京,改南京为天京。定都天京后派 2 万多精兵北伐(亦称北扫)。1853 年 5 月北伐军从扬州出发,经安徽、河南等地,进入直隶,逼近天津,咸丰帝(清文宗)宣布京师戒严。八月北伐军进攻天津失利。1855 年 3 月林凤祥在连镇突围被俘。4 月 3 日在北京就义。李开芳退守山东茌平冯官屯,被俘后被押解北京,6 月 11 日凌迟处死。太平军北伐最后失败。

不过,谁是这次北伐的主帅便成为这一幕悲壮历史上的一大疑问。

李开芳、林凤祥、吉文元、朱锡锟等都是太平天国此次北伐的主要将领,主帅当是李、林二人中的一位,但李、林二位究竟谁为主帅,至今都难以确定。原因之一是，据史料记载，李、林二人的名次排列很不固定。郭廷以的《太平天国史事日志》《金陵杂记》《畿辅平贼纪略》等书记载时，将李排在林之前。《畿辅平贼记》载："初，粤匪洪秀全、杨秀清等窜居江宁，连陷镇江、扬州，乃遣伪丞相李开芳、林凤祥、吉文元等渡江，自浦口窜扰皖豫两省。"咸丰朝《东华续录》《戴经堂日钞》等则正好相反，将林放在李之前。如《戴经堂日钞》云："闻阑仪河口捕获渡河贼五人……讯供贼目林姓等……自扬州坐船到浦口……约万余人。"还有些史料交错排列此二人名次。因此，究竟谁先谁后，后人不得而知。原因之二是二人官职、品级不分上下，相差无几，谁都有成为领衔主帅的可能性。

目前史学界出现两种不同意见。一种意见断定林凤祥是北伐主帅。这是因为北伐军在太平天国癸丑三年五月十六日从朱仙镇发回天京的战况"禀报"中排在第一位的是林凤祥，其后是李开芳、古文元、朱锡锟。还有癸丑三年四月杨秀清给林等人的诰谕也与此相类似。另外，在与林同时被捕的将领欧锦、陈亚末的供状中，也有"四月跟林凤祥……占住连镇，林凤祥令李开芳领人往攻高堂州"以及"是年四月，我跟林凤祥、李开芳、古文元三个伪丞相过黄河……"，这为证明林在李之前，林在李之上，北伐主帅非林莫属提供了有力证据。

与之相反的另一种意见认为北伐主帅应为李开芳，他们用以下事实作为依据：第一，李秀成在"天朝十误"头三条中指出："一误国之首，东王令李开芳、林凤祥扫北败亡之大误；一误因李开芳、林凤祥扫北败后，调丞相曾立昌、陈仕保、许十八去救，到临清之败；一误因曾立昌等由临清败回，未能救李开芳、林凤祥、燕王秦日昌复带兵去救，兵到舒城杨家店败回。"这里李秀成三次肯定、毫不含糊地将李放在林之前。处理过天朝国政的洪仁玕在其自述中，亦把李放在林之前。

壬戌十二年底太平天国将这些战死的北伐诸将作为开国功臣，追封为王。太平天国的制度规定，在封爵前面必须"冠以衔系"，李开芳的全衔是"殿前春季电察天军顶天扶朝纲请王合千岁"，林凤祥的全衔是，"殿前春季电察天军顶天扶朝纲求王协千岁"，从其官职排列的次序来看，李排在了林的前面，当为北伐主帅。

以上双方所引用的材料都是真实可靠、毋庸置疑的。那么，他们相互矛盾，莫衷一是的原因是什么呢？亦即说，李开芳和林凤祥二人，究竟谁是太平军北伐的主帅呢？这实在是个难解之谜。

斯大林为何不防德军突袭

1941年6月19日到20日这两天，数量超过300万的德军秘密地潜伏在长达2000英里长的苏德边境。他们是乘着坦克和装甲车来到这里的，这些坦克和装甲车的车灯都被蒙上了。

白天，他们被禁止发出任何声响，就连坦克盖子的嘎嘎声，都会引来军官的责备。只有到了晚上,德军士兵才被允许到附近的河流或其他有水的地方偷水,而且一个晚上只能有很少的几次。

数以千计的坦克处于一级战备状态,每一辆坦克都备有 10 个汽油罐和许多弹匣。很明显,这是为一次大的战争所准备的,实际上,他们进攻的目标是千里以外的莫斯科。

这场迄今为止历史上最大的战争还有几个小时就要爆发了。这次行动被命名为"巴巴罗萨"(古罗马皇帝名)。希特勒来到东普鲁士一个密林中的指挥所里,以便亲自发出进攻的命令。随着进攻时刻的到来,希特勒越来越兴奋,他大声对手下的将军们说:"巴巴罗萨一开始,整个世界都会为之震惊。"

斯大林

在莫斯科的克里姆林宫里,苏联领导人约瑟夫·斯大林对大量的表明德军要进攻苏联的消息毫不理睬。种种情报表明,在北起芬兰、南到黑海的广大地区,苏联都已经受到德国的巨大威胁。

就在三个月前,英国首相丘吉尔对斯大林面临的危险发出了警告,他在 4 月 3 日给苏联领导人的信中写道:

首相致斯塔福德·克瑞普先生(当时英国驻莫斯科的大使),以下内容请务必亲自转出:

"我从可靠的消息渠道得知……德军正从罗马尼亚调集 5 个装甲师到波兰南部……请您对以上消息保持警惕。"奇怪的是,苏联外务委员会委员莫洛托夫从克瑞普先生那里得到这个消息后,直到 3 周后,也就是 4 月 22 日才把它交给了斯大林。

丘吉尔信中所说的可靠消息渠道指的是阿绰。它截获并破译了数以百计的德军情报,这些情报都表明,德国正在集结大批的军队到达苏联边界。

斯大林从自己的观点嘲笑了丘吉尔的警报,因为,在两年前即 1939 年 8 月 23 日,苏联和德国签署了《苏德互不侵犯条约》。斯大林确信,丘吉尔在离间苏德两国的关系。

不久,来自世界各地的各种支持丘吉尔的情报大量涌进了克里姆林宫。这些情报中有一份来自日本的里察德·苏尔哥,名义上他是德国《法兰克福邮报》驻远东的记者,实际上他是苏联的间谍。

在日本,苏尔哥和德国驻日本的使节尤根·奥特将军建立了良好的私人关系,而奥特将军与德国的高层军官保持着密切的联系，经常能够得到最机密的情报。奥特经常将这些情报毫无保留地讲给老朋友苏尔哥听，他认为，苏尔哥是一个忠实的德国人。

于是，在1941年5月19日，苏尔哥这个情报老手向克里姆林宫发出了以下消息：德国已经聚集了150个师（比实际数量仅仅少3个师），分为3个方面军部署在苏联边境。两周以后，苏尔哥又向莫斯科发出了德军使苏联屈服的详细计划。几天以后，这个德国记者又得到了德军进攻的确切日期：1941年6月22日。

从瑞士传到莫斯科的消息更让人担忧。瑞士的苏联间谍头目是罗德夫·罗斯勒，他是一个德国的流亡者。以在罗森拉开一家书店为名进行间谍活动，他和他的手下利用在日内瓦和洛桑的秘密电台向莫斯科传递情报。德国的情报机构称之为"红色三重奏"。

在6月14日和接下来的16、17和18日，这些电台向莫斯科传递了详尽的高级情报，这些情报都是由罗斯勒收集整理的，他的化名是露西。这个被莫斯科称为"三个音乐家"的组织不仅提供了德军"巴巴罗萨"计划的情况，其中包括三个方面军（北部、中部和南部）坦克的精确数量，而且提供了进攻的日期。他们还发出了德军的详细目标甚至集团军的高级将领的姓名。在露西发完长长的情报瘫倒在床上时，从莫斯科回来的答复仅仅是简短的一句："明白，完毕。"从其他线索也可以知道，德军大量集结在苏联边境，准备发起进攻。6月18日，一个德军逃亡者溜过苏联边界，向苏联汇报说德军将于22日发动进攻，但是斯大林又一次拒绝相信他。

这期间，还有一些奇怪的事困扰着苏联的情报机构。就在进攻发生前的两个月，尽管柏林认为莫斯科是盟国，24架德国侦察机还是越过苏德边界进入苏联领空。其中一架飞机坠落了，苏联人发现飞机残骸里有高质量的照相机，里面的胶卷能够证明他们飞行的首要任务就是拍边界线附近的苏联军事设施。

更重要的是，经济活动也能证明德军确实想进攻苏联：与苏联签订合同的德国公司在6月10日前突然停止了向苏联供货。

美国国务卿考代尔·霍尔召见了苏联驻美国大使康斯坦丁·犹曼斯基。国务卿对大使说，他们已经从驻欧洲的使节那里得知，德军将要进攻苏联。

最后，丘吉尔告诫斯大林说，他们从无可怀疑的渠道（指的是阿绰）得知，德军将在6月21日对苏联发动进攻。

在进攻当天的黎明时分，有一种怪异的安静。突然，数以千计的德国大炮发出了震耳欲聋的呼啸声，炮弹越过了长达2000英里的边界线，倾泻在苏联的国土上。300万德军士兵冲过了边界线，苏联人彻底惊呆了。

两小时以后，德国驻莫斯科的大使舒林伯格拿着希特勒的宣战书来到苏联外务委员莫洛托夫的办公室。这时候，德军已经深入苏联境内了。这封宣战书现摘

世界未解之谜

军事未解之谜

图文珍藏版

录如下:

近期情况毫无疑问地表明,苏联军队对第三帝国进行了军事挑衅……苏联军队有意地侵害了第三帝国的主权,并且破坏了《苏德互不侵犯条约》……

有鉴于此,元首已经命令德军对此类事件采取任何必要的措施。

莫洛托夫脸色苍白,一言不发地拿过了文件,静静地撕碎它并将它扔在地上。然后,他摁响铃叫来秘书,"让这个人滚,从后门滚出去!"莫洛托夫咆哮道。

纳粹进攻的速度让人吃惊,数以百计的苏联飞机被炸毁在了飞机场,大量的苏联士兵迷迷糊糊地就做了俘虏。战争的第一天,作为苏联中部重镇的布勒斯特就沦陷了。慌乱的苏联军队指挥官在电台上相互询问:"我们受到了进攻,我们该怎么办?"

"进攻?谁在进攻?"

"该死的德国人。"

"你肯定是脑袋出问题了!为什么用明码发送这样的消息——你想挑起一场战争吗?"

"巴巴罗萨"行动取得了空前的成功。在战争的初始阶段,有300万苏联士兵死亡、受伤或被俘。2.2万只枪支、1.8万辆坦克、1.4万架飞机被毁坏或被缴获。

6月21日的早上,伦敦的丘吉尔得到了德军进攻苏联的消息。因为事先有准备,丘吉尔连眼睛都没有眨一下。

一向精明的斯大林为什么会被希特勒算计了呢?难道在苏联的高级领导人里有德国的同情者或德国间谍?为什么外务委员会委员莫洛托夫4月3日收到丘吉尔的信后,搁置了3个星期才交给斯大林呢?从飞机残骸上发现的胶卷最后怎样处置了?

所有这些问题都不会有答案了,唯一能够确定的是当时的斯大林被自大迷惑了眼睛。

施琅是叛徒还是忠臣

人们常常遇到这样的疑问:施琅背叛了明朝难道不是叛徒?他收复了台湾推进了统一中国的步伐怎么不是爱国的功臣呢?

施琅(1621~1696),字尊侯,号琢公,福建晋江人,自幼生长在海边,少年时代从师学剑,武艺超群。清顺治三年(1646年),施琅与其弟施显投奔郑成功,参加了郑成功领导的武装。由于才干超群,没过多久施琅就成为郑成功最为得力的将领。不过,战功卓著的施琅不小心触怒了郑成功,结果父子3人都被扣押起来。后来,施琅用计得以逃脱,但他父亲和弟弟却惨遭杀害。1652年,施琅投降清廷,立志打败郑成功,收回台湾,以报家仇。

有学者认为，要评价明清之际历史人物的施琅，首先不能站在明朝的立场上，更不能充当明朝的遗老遗少，要客观地认识到清朝是中国历史上的一个重要王朝，满族是中华民族的一个重要成员。在此前提下，对施琅做出评价，就会比较客观，比较接近事实。

首先，来看看施琅叛变的大概经过。施琅青年时个性极强，常常与脾性相同的郑成功发生冲突。顺治八年（1651年），施琅因反对郑氏"舍水就陆"的战略方针和强征百姓粮饷的做法，与郑氏产生了尖锐的分歧。次年4月，施琅捕杀了手下一名改投郑成功的清兵曾德，然而曾德原在郑氏军中地位较高，虽一度隶属于施琅部下，无论犯法与否，也无论施琅是否已经解除兵机，施琅都无权擅自将他处斩。于是，郑成功盛怒之下便将施琅及其父施大宣、其弟施显投入牢中。施琅被捕后竟然奇迹般地逃到大陆，藏在副将苏茂家中，并请人从中调停。但郑成功非但不接受调解，反而派人前去刺杀施琅。行刺失败后，郑成功一怒之下于7月间竟把施大宣、施显处斩，施琅得知消息后，遂死心塌地投靠清廷，一意同郑成功为敌。

施琅降清后任福建水师提督。他之所以力主收复台湾，目的是为了祖国的统一，认识到只有使"四海归一"，才能使"边民无患"。后来，他几经周折，拼力说服清廷不可放弃台湾，最终使清廷下决心在台湾设府建制。施琅为实现统一台湾的理想进行了不懈的努力，他的爱国思想和行动可以从如下以三方面加以评价。

第一，清朝平定三藩之乱以后，那时郑氏政权已无恢复明室的可能，只想保住在台湾割据的局面。他们在与清朝的谈判中，多次要求"不剃发，执朝鲜事例"，"称臣纳贡"，"世守台湾"，"照琉球、高丽等外国例，称臣进贡"。他们的这种设想，从主观上看，未必意识到要分裂中国，但客观效果则不堪设想。如果清朝同意郑氏政权的要求，台湾这块自古以来的中国领土，就会在那时从祖国分割出去。而那时的康熙正好采纳大学士明珠的意见，决定先招抚，招抚不成，再用武力。于是，在遣使与郑氏代表谈判中，做出了很大让步，即郑氏归顺清朝以后，可以在台湾居住，"保境息民"，但郑氏必须成为清朝臣民，台湾必须成为中国领土的一部分。对于这样的让步郑氏政权依然没有同意。不久，郑经病死，郑氏内部彼此争权，政局动荡。这时力主乘胜收复台湾的福建总督姚启圣认为，征台的时机已到，就向康熙帝再次奏请进取台湾，并推荐施琅任福建水师提督。此奏很快得到康熙同意。

从以上史实不难看出，清朝用施琅征台，已不是什么明清两个帝国之间的对抗（那时的明朝早已不存在，就连南明诸政权也早已相继结束），而是清朝要么统一台湾，要么允许台湾从中国领土上分割出去的问题。

众所周知，清代奠定了现代中国疆域的基础，使统一的多民族国家得到进一步巩固和发展。施琅正是完成清朝统一大业的重要历史人物之一，他在中国历史上的重要作用不言而喻。

世界未解之谜

军事未解之谜

图文珍藏版

第二，清军攻下澎湖以后，有人向施琅进言："公与郑氏三世仇，今郑氏釜中鱼、笼中鸟也，何不急扑灭之以雪前冤？"施琅却说："吾此行上为国、下为民耳。若其衔璧来归，当即赦之，毋苦我父老子弟幸矣！何私之有与？"他还向郑氏手下的人声明，"断不报仇！当日杀吾父兄者已死，与他人不相干。即郑家肯降，吾亦不杀。今日之事，君事也，吾敢报私怨乎？"施琅的宽大胸怀如此可见。

第三，收回台湾后，清廷内部发生了一场对台湾的弃留之争。许多大臣对台湾的历史、地理缺乏认识，竟然认为台湾地域狭小，得到了不会增加领土面积，失去了也不会有太大损失，就连康熙皇帝也这么认为。

众大臣中只有少数人主张守而不弃，其中包括施琅。在台湾弃留之争中，施琅挺身而出，力排众议，坚决反对放弃台湾，并奏请朝廷设官兵镇守。为此，他还专门给康熙写了《恭陈台湾弃留疏》，反复陈述台湾战略地位的重要性，指出台湾是关系到江浙、福建等地的要害所在，如果弃而不守，必将酿成大祸。更可贵的是他高瞻远瞩地指出，如果放弃台湾，无论是荷兰人还是叛徒，随时可能乘隙而入，而台湾如果再次被外国侵略者所侵占，那时恐怕后悔都来不及了。在施琅等人的力争下，康熙很快改变了原来的主张，决定对台湾设官治理。

在施琅的故乡福建省晋江县施琅纪念馆中，有这样一副对联："平台千古，复台千古；郑氏一人，施氏一人。"这是对郑成功和施琅功绩客观、完美的写照。

石达开兵败大渡河

石达开在洪秀全领导的太平天国运动中，以其卓越的智慧、高超的军事指挥艺术，在反封建压迫斗争中建立了不可磨灭的功勋。然而，这么一个忠心耿耿的优秀人才，最后的结局却是率军远走，继天京事变后再次导致了太平天国的分裂，自己也在兵败大渡河后为全兵士而引颈就戮。那么石达开究竟为何要出走呢？

究其原因，有人说石达开出走的最根本的原因在于农民领袖洪秀全不能放弃一己私利而顾全大局。

1856年夏天，太平天国领导集团洪秀全、杨秀清、韦昌辉之间为争夺天国领导权爆发内讧，史称天京事变。此时正值太平天国运动发展的全盛时期，给太平天国造成极其惨重的损失，断送了军事上的大好形势，破坏了队伍的团结。

天京事变后，在天国首义诸王中，除洪秀全和石达开两人外，死丧殆尽。洪秀全的威望已大大下降，无论从威望、才干来说，石达开确是辅佐政务、统帅军队、安抚百姓的理想人物。

作为农民革命领袖的洪秀全，本应从天京事变中吸取教训，以大局为重，做好队伍的团结工作，但是，他为保住自己的帝王地位，任人唯亲，猜忌忠直，终于又发生了逼走天国重要领导人物石达开，造成太平天国力量又一次大分裂的严重事件。

刚经历过刀光剑影的天京事变,谁不盼望有一个像石达开这样的人物来辅助国政,稳定局势。况且,在当时严峻的形势下,环视满朝文武,要找一个能力挽狂澜、收复人心、重振危局的人来,除石达开外,再无他人。因此,从解救燃眉之急考虑,也不得不采取权宜之计,召石达开回京辅政。十一月,石达开带军从宁国经芜湖回到天京,受到天京军民的热烈欢迎,"合朝同举翼王提理政务",洪秀全亦加封石达开为"电师通军将义王",命他管理政务。

石达开回京辅政,是他勇敢抗击韦昌辉滥杀暴行斗争的胜利,洪秀全曾给他加以"反顾偏心罪",下诏通缉,以"官丞相,金六百两"赏金"购其首级"的错误做法,他亦不计较,显示出不计个人恩怨的宽阔胸怀和崇高品德,因此博得天京广大军民的尊敬。因此,石达开回京辅政,是他本人崇高的威望、品格和文武具备的才能为广大军民所信赖和拥戴的结果。

回京后,在他辅政的半年里,政治上安定人心,加强团结,重用人才,甚至连杀害了他全家的韦昌辉的父亲和兄弟都得到保护。他以正义的行为,竭尽全力,把天国从面临覆亡的危机中挽救过来。

天国的形势稍微有了转机,洪秀全就把斗争的目光转向内部。原来,洪秀全并没有从天京事变中吸取正确的教训,杨秀清独揽大权和逼封万岁的情景不断出现在他眼前,因而他时生疑忌。尤其是眼见石达开辅政,功绩卓著,又见石达开"所部多精壮之士,军力雄厚",对其兵权的集中更为忌讳,再加上石达开为首义之王,威望极高,这使洪秀全深为不安,他"时有不乐之心",日夜思虑,"深恐人占其国",使洪氏一家一姓的天下失之旦夕。他从维护洪氏集团的统治地位出发,对石达开进行限制、排挤。遂封其长兄洪仁发为"安王",又封其次兄洪仁达为"福王",干预国政,以牵制石达开。

洪秀全对安、福二王的封赏,由他自己直接破坏了太平天国前期非金田同谋首义、建有殊勋者不封王爵的规定。在挟制、架空石达开的同时,还要夺取他的兵权,"终疑之,不授以兵事,留城中不使出",甚至发展到对石达开有"阴图戕害之意"。石达开已然无法施展其聪明才智和匡国辅政的志愿,也对洪秀全及其集团能否继续保持太平天国和建立统一的"天朝"失去信心和希望,不禁发出"忠而见逼,死且不明"的叹息。

1857年6月2日(咸丰七年五月十一日),石达开离开天京,前往安庆,一路张贴布告,表明"吾当远征报国,待异日功成归林,以表愚忠耳"的原因,从此离京远征,一去不返。

在他出走后短短的时期,广大太平军将士们很快离开洪秀全,投奔到他的麾下,很快聚集起了几十万人,成为太平天国最重要的一支军事力量。六年中,他转战江苏、安徽、江西、浙江、福建、湖南、湖北、贵州、广西、云南、四川11个省,除了宝庆桂林两府外，一路都是战无不胜，攻无不克。1860 年，他攻克南宁时，手下还有精兵 20 多万。他计划分兵三路，北上四川，效仿三国时的诸葛亮，占天险之利，退可以守，进可以攻，北与当时纵横中原的捻军紧密配合，东与天京遥相呼应，荡平群妖，夺取全国胜利。不料就在这以后的三年中，形势急转直下，先是 20 万精兵东归，接着是西征失利，最后竟然全军覆没在大渡河边的紫打地。导致这一悲剧结果的原因到底是什么？特别是大渡河边的全军覆没和翼王的自缚清营，实在令人难以理解，找不到任何令人信服的答案。英雄的末路的确令人惋惜，然而百年之后这神秘的谜团依然没有找到一个合理的答案。

太平军中的外国人

1853 年 3 月 19 日，太平军占领南京，改南京为天京，建立太平天国。清政府为了镇压太平天国革命，与外国反动势力相互勾结。美、英、法三国纷纷组织了洋枪队。清政府借助这些外国军事势力对太平天国将士进行疯狂的杀戮。太平天国面临着抗击中外反动势力的斗争。

在外国侵略者武装干涉太平天国革命的同时，一些外国人也参加了太平军。据史料记载，太平天国的外籍军人有数百人，忠王李秀成手下的洋人志愿军就有 200 人左右。这些人来自欧洲、美洲、澳洲、非洲。来自非洲的战士就有五六十人之多。来自欧美，有姓有名，其事迹可考的共有 13 人，其中英国 5 人，美国 4 人，法国 2 人，意大利 1 人，希腊 1 人。有 6 人在战斗中牺牲，这数字还不包括他们的家属，如英国人棱雷的夫人玛丽。太平天国的领导人称参加革命的外国友人为"洋兄弟"，现代史籍中称之为"洋将"。

洋人的参与，使太平军不再只靠冷兵器作战，西洋武器的使用使得这次大规模的农民起义变的有声有色，十分壮观。

吟唎（F·A·Lindley）是英国人，1840 年 2 月 3 日出生于伦敦一个普通家庭。1859 年夏，他乘"埃缪"号船来到香港，在香港英军司令部当一名海军下级军官。到达香港后的第二年春天，太平天国在天京外围打垮了清朝江南大营，乘胜攻克常州、苏州和浙江的嘉兴，接着向上海进军。这一重大胜利，引起各方面的关注。棱雷决定辞去在海军中的职务，找一个不受拘束的自由职业，观察太平天国的情况。他在一艘中国商人的小轮船上当大副，船长也是他的一个辞去军职不久的同僚。这艘轮船要航行到上海附近的太平天国统治区收买蚕丝。

1860 年秋，棱雷带夫人玛丽驾驶轮船进入太平天国辖境，防守边境的军士们彬彬有礼、严整肃穆的气氛与所见清朝官兵的凶残贪暴大大不同，生气勃勃的革命军给棱雷留下了良好的印象。

不久他就大胆地去苏州拜见名震一时的忠王李秀成。那时候，李秀成刚刚从上海受挫回到苏州,听说有一个英国人要见他,李秀成立即答应了,并让他享受最友好的款待。李秀成为棱雷介绍了太平天国的情况,通过了解,棱雷明白,欧洲社会中所宣传的太平军肆意破坏和杀戮的形象是被歪曲的。从那时起,太平天国革命已经深深打动了他,于是他向李秀成表示愿意加入太平军。李秀成随即颁发给他一个可在太平天国辖区内自由往来的通行证。

1861年夏,棱雷向那些许多拥有欧式大木船、宁波船及其他江船的欧洲人宣传太平天国的宗旨,激发起他们对太平天国的同情,鼓动他们用行动来支持太平天国革命。

棱雷是一名军人,曾在太平军中带炮队出征,但他更多的时间是为太平天国训练军队。他把自己所知道的铸造炮弹、制造引信和炮位瞄准的全部知识教给荣王廖发寿的部下。

1863年5月,天京雨花台要塞失守,天王急诏李秀成率军赶回浦口。这时候,棱雷正奉命协助守卫九瞭洲要塞,接到李秀成前来支援的报告后,棱雷立刻把他所率领的船只开过去,为渡江的军队作掩护。

而九瞭洲正是保卫天京和浦口两岸交通的关键要塞。清军水师为了控制长江数千里的交通,断绝太平天国接济,集结成千的炮船与太平军展开恶战。眼看九瞭洲要塞失陷时,棱雷的夫人玛丽和战友埃尔中弹牺牲,他自己也受重伤昏了过去。

棱雷伤愈后又潜到上海去捕获敌人战船。棱雷仅带着6个人,利用自己外国人的身份假装记者登上了清军一艘叫"飞而复来"的轮船,当天夜里,在棱雷的策划下,终于把"飞而复来"号开回了太平天国。这艘船,船头架有一门32磅旋转炮,船尾架有一门性能良好的12磅榴弹炮,船中军火弹药极为充足。太平天国把它定名为"太平"号,由棱雷统领。太平军俘获这艘轮船,打乱了清军进攻苏州的部署,而且在保卫无锡战役中,发挥了巨大威力。为此,棱雷也受到太平军的奖赏。

1863年11月底,棱雷和他的战友怀特取道嘉兴去上海。但是,他们抵沪不久,怀特就被英国领事拘捕入狱,以暗助"逆匪"的罪名监禁,入狱后几天他就死在地牢里。而此时清军大肆布置密探,棱雷也无法活动,同时因为积劳成疾,医生劝他转地疗养。最后,棱雷决定回英国。

1864年,棱雷回到英国。但是,他听到的都是英国人把干涉太平天国的侵略战争说成是"一种对于中国前途显得非常有利的政策";把屠杀中国人民的刽子手戈登奉为"民族英雄",在英国人民中造成对太平天国的偏见。于是棱雷决定把自己的经历写成一本书,给人们一个太平天国的真实面目。1866年2月3日,棱雷的新书《太平天国革命亲历记》完成。棱雷称,他的《太平天国革命亲历记》是"遵照伟大的太平天国革命领袖的嘱托而写的",书的扉页上写着:"献给太平军总司令忠王李秀成——如果他已去世,本书就作为对他的纪念。"该书出版时,李秀成已被杀害,但棱雷对李秀成的尊敬和怀念已跃然纸上。

1872 年 9 月 14 日,棱雷和他后来的妻子海伦结婚时,结婚证书上仍然署明自己是:"前太平军上校"。1873 年 3 月 29 日,年仅 33 岁的棱雷,因左心房破裂在伦敦逝世。在死亡登记上,他的职业依然是:"前太平军上校"。棱雷终生铭记着他与太平天国的关系,作为众多太平天国的"洋兄弟"中的一员,人们将从他身上找到一群人的身影,尽管他们已经淹没在历史的浩瀚烟海之中。

山本五十六是谁击毙的

"伊号作战"结束后,山本五十六决定利用一天时间视察巴拉尔、肖特兰和布因等前线基地,以激励士气。让日军想不到的是,有关山本视察的详细日程安排的机密电报不仅被美国截获,而且他们引以为豪的极难破译的五位乱码被美军专家只用数小时时间就破译了,这份电报在无形之中也就成为山本的催命符。这也是美国军事情报领域在无线电破译方面继中途岛战役破译日军作战计划之后的又一辉煌战果。

美国太平洋战区总司令兼太平洋舰队司令切斯特·尼米兹清楚地知道,按照山本将进入瓜岛机场起飞的战斗机作战半径,正是干掉他的绝佳机会,如果干掉他,将给日本士气民心沉重打击。因为他不仅是日本海军中最出类拔萃的佼佼者,而且由于他在偷袭珍珠港中的指挥得力,在日本政界和军界成为仅次于天皇和东条英机首相的第三号人物,被日本海军

山本五十六

誉为"军神"。可是他没有因为兴奋而得意忘形。干掉山本不仅仅是军事行动,还牵涉到诸多的政治因素,因此一向谨慎的尼米兹仍不敢轻易拍板,而是请示华盛顿。

美国总统罗斯福在仔细征求了海军部长诺克斯和海军作战部长金海军上将的意见之后,授意可以干掉山本,但是为了维护美国的大国风范,一定要对截获日军情报的事情保密,制造伏击的假象。

驻瓜岛的第 339 战斗机中队承担了此次任务,4 月 18 日凌晨时分,兰菲尔等 6 人的攻击组和米歇尔亲自指挥的 12 人作掩护组出发了,为避开日军雷达,他们必须选择总共飞行两小时,总航程 627 千米的方案。18 架 P—38 飞机全部加装了大容量的机腹副油箱,处于超负荷状态,因此飞行员不得不使用襟翼来增加升力,尽

管如此，飞机还是几乎要滑行到跑道尽头才离地升空。

远在 800 千米外的山本也早早起床，准备行装开赴这场死亡之旅。

9 时 44 分，山本以他一贯的守时作风，来赴这次死亡之约。几乎是大海捞针一样的长途伏击，竟然成功了！此时山本座机正准备降低高度着陆，突然一架零式战斗机出列，向右急转——远处十多架 P-38 飞机正向北飞来，随即 6 架零式战斗机急速爬升，与米歇尔的掩护组战斗起来。在接下去的短短三分钟时间，双方经历了一场你死我活的激战。

此时的卡希利机场上已经尘土飞扬，显然日军飞机正在起飞，中队长米歇尔不敢恋战，下令返航。返航途中，兰菲尔就迫不及待地向瓜岛报告："我打下了山本！"

兰菲尔最后一个着陆，着陆时燃料已经全部消耗干净，他是以滑翔方式落地的，他还没爬出座舱，机场的飞行员和地勤人员就一拥而上。作为击毙山本的功臣兰菲尔中尉提前晋升为上尉，并获得最高荣誉国会勋章，但为了不暴露破译密码的机密，兰菲尔被立即送回国，直到战争结束才公开了他的战功。其他参战人员都被警告如果将战斗详情泄露出去，将受到军法审判。

山本座机被击落的两天后，日军搜索小队发现了他，他坐在飞机坐垫上，手握军刀，姿态威严，胸口佩戴着勋章的绶带，肩章上是三颗金质樱花的大将军衔，不用查看其口袋中的笔记本，单从左手缺了两个手指，就能证明这正是山本五十六。经医护人员检查确定，一颗子弹从颧骨打进从太阳穴穿出，另一颗从后射入穿透左胸，山本在飞机坠毁前就已身亡，之所以还保持着威严的姿态，那是飞机坠地后唯一的幸存者高田军医摆放的，高田最终也因伤势严重又无人救护而亡。

4 月 18 日注定是日本人的纪念日，一年前的 1942 年 4 月 18 日，杜立特尔率领的 B-25 轰炸机轰炸了东京，一年后的 1943 年 4 月 18 日，日本海军最出色的统帅山本被击毙。战后，击落山本座机的话题随着 1960 年美军相关机密文件获准解密而被再次提起。认定由兰菲尔击落的理由是他在战斗结束后上报的战斗报告，而这份报告当时出于保密原因一直没有公开，他的战友对此一无所知，一经美国国防部公开，究竟是谁击落山本的问题随之展现。

除了托马斯·兰菲尔的回忆之外，更多的证据显示，兰菲尔的僚机雷克斯·巴伯才是真正击落山本座机的英雄。山本的尸检报告显示，从后方射来的子弹使其致命，与兰菲尔从右攻击的说法出入较大。柳谷谦治是山本护航的零式战斗机飞行员中唯一在世者，也指出了兰菲尔报告的诸多疑点。其中最有力的说法是，在低空的两架 P-38 飞机双方机群遭遇之后，兰菲尔的飞机向左，迎战零式战斗机；巴伯的飞机才是向右紧追山本座机猛烈开火的那一架。如果是兰菲尔击落了零式战斗机之后再掉头攻击山本座机的话，时间根本来不及，至少需要 40 秒，而山本座机从遭到攻击到被击落，不过区区 30 秒。日本东京航空博物馆在 1975 年的实地考

军事未解之谜

图文珍藏版

察也显示，山本座机的两个机翼完好无损，与兰菲尔的报告完全不符，倒是与巴伯从后攻击的说法比较吻合。

以美国"王牌飞行员协会"为首的众多的民间人士和组织，对此进行了细致的研究和不懈的努力，查阅了大量相关资料，已在专家学者的认可下，于1997年3月认定，巴伯一人击落了山本座机。如今生活在俄亥冈州特瑞邦农场的巴伯过着恬静平和的晚年。谈起击落山本的争论，他很平静，"没有兰菲尔左转攻击前来救援的零式，也不可能击落山本。而第339战斗机中队中队长约翰·米歇尔，具体策划并亲自指挥了此次战斗，才是最大的功臣。"

然而，自1991年美国战绩评审委员会正式要求美国海军最后判定到底是谁击落了山本以来，今日美国官方仍没有明确答复。

真假蒙哥马利

1944年1月14日傍晚，伦敦沉浸在一片战争气氛中，艾森豪威尔走马上任。英国著名战将蒙哥马利任英军地面部队司令。罗斯福和丘吉尔把他们最王牌的干将组成盟军中坚。随时准备横跨英吉利海峡，给德军以毁灭性的打击。

万事俱备，只欠东风。联军指挥部经反复研究，决定把登陆的日期代号定为"D日"。然而，从什么地方突破？登陆时间选在什么时候？以及登陆的突然性等，都是事关全局和盟军官兵命运的大事，一招不慎，全盘皆输，盟军的战将们深谙此理。

巨幅军用地图前，将军们在苦苦思索：横隔在法国和大不列颠之间的英吉利和多佛尔海峡，总长约560千米，西部宽达220千米，最窄处在东部的加莱，只有33千米宽。登陆点选在什么地方呢？多佛尔海峡深度为36至54米，而英吉利海峡西端深达105米，且风强浪猛，暗礁林立。从地理上看，多佛尔海峡明显占着优势。

然而，兵不厌诈，熟谙海峡地理的艾森豪威尔及其幕僚，却出乎意料地把登陆地点选在法国西北部塞纳海湾的诺曼底地区，横渡英吉利海峡。至于登陆日期，艾森豪威尔认为6月5、6、7日潮水和月色均为适当。"D日"方案一经敲定，"坚忍"计划随即出笼。英国政府采取了有史以来规模最大，不同寻常的保密安全措施。

不过，精心策划的"坚忍"计划的最得意之作，还要数詹姆斯中尉冒名顶替英国指挥登陆作战的总司令官蒙哥马利元帅。在德国人的眼里，蒙哥马利是英军的象征，只要他不在前线，英军就不可能马上进行登陆作战。其实，德国人的判断没有错，错的是他们错认了"元帅"，把陆军中尉詹姆斯当成了蒙哥马利。

詹姆斯中尉长相酷似蒙哥马利元帅，由于连年征战，使他略显苍老，这为他扮演"元帅"创造了条件。战前，詹姆斯是一家剧团的职业演员，由于他的天赋，无论扮高层人物还是演黎民百姓，都演得活灵活现。在两名军官的具体指导下，他一遍遍地琢磨报上的蒙哥马利照片和新闻影片中的一举一动。还熟记了"元帅"生活中成千上万的细节,以至连蒙哥马利吃饭时麦片粥要不要放牛奶和糖等都了如指掌。最后,还特意安排詹姆斯到元帅身边生活了几天,进行实地模仿。詹姆斯扮"元帅"特别投入,进步也很快,以致最后连警卫员也难辨真伪。

5月15日,这位"蒙哥马利元帅"搭乘首相专机开往直布罗陀和阿尔及尔,与此同时,英军故意放风说有可能在法国南部海岸登陆,蒙哥马利元帅去直布罗陀和阿尔及尔的重要使命就是组编英美联军。德国开始半信半疑,派两名高级间谍去侦查,由于詹姆斯的表演逼真,使德国间谍深信不疑。

不仅如此,英国还煞有介事地派人前往中立国去收购加莱海岸的详细地图。盟军又假装将一支兵力达100万人的集团军,驻在英东南沿海一带,佯装准备进攻加莱。其实蒙哥马利的第21集团军,早已秘密地隐伏在英国南部海岸,等候渡海进攻诺曼底了。一系列假象最终骗过了希特勒,他以为盟军在英国东部已经集结了92个师的兵力,准备在7月份进攻加莱,因此,他把德军最精锐的第15集团军集中在加莱地区,而诺曼底只有一个装甲师驻防。英美盟军以假乱真,迷惑敌人,终于达到了目的。

詹姆斯主演的这出以假乱真、冒名顶替的好戏,对盟军反攻欧洲大陆发挥了重要作用:"蒙哥马利元帅"视察非洲,使德军最高统帅部关于盟军登陆地点本来就很混乱的争执变得更加混乱不堪。于是,德军把防守诺曼底地区的两个坦克师和6个步兵师抽调到加莱地区,大大减少了盟军在诺曼底登陆时的压力。

在诺曼底登陆的前两天,詹姆斯的假冒元帅做到了头。英国情报机关指令他乘飞机抵达开罗,隐姓埋名,直到诺曼底登陆结束为止。对于他在直布罗陀和阿尔及尔的"演出",英国情报机关给予了极高的评价。据称,局外人士没有一个人怀疑他是蒙哥马利的替身。

詹姆斯在直布罗陀和阿尔及尔之行中,出尽了"元帅"风头,但他也差点惹来杀身之祸。从战后缴获的纳粹文件中得知:柏林在获悉"蒙哥马利元帅"飞赴非洲一线视察的情报后,德军统帅部曾制订了一个计划,要在途中击落"元帅"座机,如截击不成,便立即派出刺客,伺机行刺。在这危急关头,倒是希特勒认为应首先查清是否是蒙哥马利本人,如果确认是元帅本人,首要的目的是弄清他此行的目的,而不是干掉他。希特勒的一念之差,让詹姆斯拣了一条命。

6月6日凌晨,英吉利海峡狂风怒号,波涛汹涌,英国皇家空军轰炸机队1136架飞机对塞纳湾德军炮兵阵地投掷了近6万吨炸弹。拂晓前,美国陆军第八航空队又出动1083架轰炸机,把1763吨炸药倾泻在德军阵地上。尔后,盟军各种飞机,轮番出击,对各个预定目标实施了毁灭性打击。凌晨6时30分,英军第一批登陆部队踏上塞纳湾海岸,突破了希特勒狂妄吹嘘的"大西洋壁垒"。

正当英军突破防线之时，担负防守任务的德军 B 集团军司令官隆美尔，正在为他夫人的生日做准备呢。当他被急电告知"盟军在诺曼底登陆"时，不由大惊失色，一束准备献给妻子的鲜花失落在地毯上……

迟了，一切都迟了。詹姆斯以他成功的冒名顶替为诺曼底登陆成功立下了赫赫奇功。

隆美尔的战术

从诸多的军事资料看，德军统帅隆美尔被描绘成一个极为出色的战术家，他所著的《步兵攻击》是第二次世界大战时许多国家军队的必修书籍。在北非战场上，他曾把英军打得狼狈而逃，辉煌一时。但又有评论说他不是一个好的战略家，而且恰恰就是因为这一点，他才被蒙哥马利打回突尼斯的。那么隆美尔究竟是否可以被称得上第二次世界大战最优秀的陆军将军呢？

曾经有军事评论家评出第二次世界大战最强悍的 5 位陆军将军，他们依次是：隆美尔、古德里安、朱可夫、巴顿和曼施坦因。在这 5 位当中，如果从规模和对全局的重要性来看，北非战场远远比不上东线的苏德战场，从这一点说隆美尔称不上最优秀的，其作用比不过古德里安和曼施坦因。

另外一个根据是，隆美尔虽然贵为元帅，但指挥的部队最高级别为师级，这似乎与他的元帅军衔不太相配，由于运输和供给困难，北非战场并非德军的主要战场，虽然战略意义十分重要。所以隆美尔并没有像龙德施泰特、曼施坦因、莫德尔、古德里安那样指挥千军万马进行大规模的战役，也许从战术上讲他技高一筹，但从战略上讲就差了些，战功上就更无法和其他元帅相比了。因此，第二次世界大战最强陆军将军非朱可夫和巴顿莫属，前者屡屡力挽狂澜，号称消防队长；后者攻无不克，战无不胜。隆美尔能力确实也不错，但名气与英方的吹捧不无关系，东线的曼施坦因当数德军中最优秀的将军之一。

既然隆美尔因为在北非战场被蒙哥马利打回突尼斯一战被彻底排斥，那么我们就来看看这场让隆美尔抱恨终生的战斗吧！

1941 年 2 月 12 日，隆美尔受希特勒委派去解除北非意大利军队的困境，飞抵利比亚首都的黎波里。他一直渴望到这样一个独立的战场，他是战场的主宰，北非战场正是这样一个好地方：绵延数千公里，堆积厚厚黄沙的开阔区域，没有障碍物和天然防线，自然也就没有政治阴谋、游击队、抵抗组织、难民等问题的干扰。一切军需均从外部运入，指挥官可以在流动的战场上任意设计自己的战争。

隆美尔借助坦克的高度机动性，在缺少制空权的条件下，采用兵不厌诈的手法屡屡奇袭得手、以少击众、出奇制胜，其中最著名的当数以机动战术攻占划兰尼加地区一役。接着攻克托卜鲁克要塞，并多次击退英军反攻。1942 年 5 月，在比哈凯姆坦克会战中,隆美尔把英军逐回埃及境内,取得了重大胜利。隆美尔因战绩卓著而连升两级,成为德军中最年轻的元帅。

然而,从一开始就注定了隆美尔命运,德军统帅部对隆美尔一次次的劝阻,希特勒要求他只发动"有限的攻击",因为纳粹的头子们根本没有足够的精力来顾及角落里的非洲战场。即使希特勒后来受到隆美尔巨大成功的激励,大力支援隆美尔,隆美尔实际得到的也只是杯水车薪。他没有足够的坦克装甲车,没有足够的粮食油料,也没有制空的能力。所有战场的损失,他都无力补充。"超人"的意志变得无济于事。

另一方面,1942 年 8 月,当蒙哥马利来到开罗时,他带来的是崭新的美制"谢尔曼"式重型坦克、俯冲轰炸机和大口径榴弹炮。以丘吉尔为代表的全英国也在大力支持蒙哥马利,丘吉尔甚至还为他争取到了美国的帮助。而强弩之末的隆美尔却只能为意大利军队的懦弱怯战发脾气。有人戏称,这是重量级和轻量级拳手之间的搏斗,是一次不对等的战斗。

在如此优劣悬殊的情况下,隆美尔依然于 1942 年 8 月 31 日发起阿拉姆哈勒法战斗,但他的攻势连连受阻,直到坦克里只剩下一天的燃油时,隆美尔不得不下令全线撤退,行程 3200 多公里,隆美尔率领"非洲军"奇迹般地逃脱了蒙哥马利一次又一次的追截,终于遁入突尼斯山区。次年 5 月 13 日,疾病缠身的隆美尔回国养病两个月,"非洲军"在突尼斯被盟军全部歼灭。北非沙漠中的大败摧毁了他的意志与自信。到 1943 年底,当希特勒再次起用他做西线 B 集团军司令时,隆美尔已从骨子里变成了一个"悲观主义者",体现着"超人"意志的疯狂进攻精神消失了。"大西洋壁垒"海岸防御工事任务中隆美尔受到假情报的误导,上了艾森豪威尔的当。1944 年 6 月 6 日凌晨,盟军万舰齐发在诺曼底登陆时,正在家中为妻子庆祝生日的隆美尔得知消息,犹如晴天霹雳,顿时呆若木鸡。

1944 年 10 月 14 日,隆美尔因希特勒被刺事件受牵连。摆在隆美尔面前的只有两种选择:要么按叛国罪接受军事法庭的审判,被钢琴弦吊死;要么服毒自尽,为他保密,举行体面的国葬。隆美尔在极度痛苦中选择了后者。

对于隆美尔在军事上的优缺点,英国元帅卡弗在他主编的《现代世界名将》中评论道:"隆美尔在战场上获得的成功更多是出于战术天才,而非战略创见。他对德国的军事战略贡献不大。德国军事史上其他伟大的人物,如格纳森诺、克劳塞维茨、毛奇、施利芬等等,都处在普鲁士和德国重大战略的伟大传统的中心。隆美尔虽然也身处同列,但其成就完全在战术方面。同上述人物相比,他只能身处其侧。"英国军事理论家 B·H 利德尔哈特将隆美尔作战文书编辑成册,名为《隆美尔文件》,其中有关"沙漠战争规律"等论述,对后世产生了巨大影响。至于隆美尔究竟是不是二战中最优秀的将军恐怕只能任世人评说了。

格瓦拉为何从古巴出走

切·格瓦拉是现代南美洲历史上的传奇人物，一位人们心目中的游击英雄。他原名叫埃尔内斯托·格瓦拉，由于他说话时总爱把"切"（Che）这个感叹词挂在嘴边，人们就给他起了个绰号"切·格瓦拉"。在 20 世纪 60 年代，他曾领导玻利维亚游击队和政府军顽强对抗，这个绰号也随之传遍了南美大地和全世界，他的真名反倒没有几个人知道了。

格瓦拉的一生可以说是洋溢着激情与无畏的一生，他那始终充满神秘色彩的不平凡经历，实在是让人感叹不已。

1959 年古巴革命胜利后，格瓦拉因为赫赫战功成为古巴人民心目中的英雄，被政府宣布为古巴公民，他全身心地投入到建设一个新古巴的事业中去。他先后担任过古巴土地改革委员会工业部主任、国家银行行长和工业部长等职务，还多次代表古巴政府访问亚非拉各国，出席各种国际会议。由于他强烈地谴责帝国主义和新殖民主义政策，在全世界发展中国家享有很高的声望。

然而，就在 1965 年 4 月，格瓦拉竟从古巴政坛上神秘地消失了。人们对他的出走迷惑不解，议论纷纷：格瓦拉到哪里去了？是死了还是到什么地方执行秘密使命去了？抑或是与卡斯特罗发生矛盾而被关进监狱或者软禁到什么地方去了？

几个月后，人们才知道，格瓦拉去了非洲刚果、扎伊尔边境的密林中，从事武装活动去了。他为什么要放弃稳定的生活，而离开古巴去继续从事艰难危险的工作？学者们对他的出走原因进行了长期的探讨，提出了各种不同的看法。

格瓦拉在古巴的经济建设和思想建设路线上和其他领导人存在着严重的分歧，有些领导人主张不要过度集中，应该给国营企业一定的自主权；对于职工要兼顾物质利益。而格瓦拉则强烈主张实行严格的中央集权路线；对职工用道德的力量来对抗物质刺激，要缔造"社会主义的新人"。实际上，不同的想法使格瓦拉感到在古巴日渐被孤立，他只好选择了离开。

格瓦拉在古巴新政府里担任工业部长，32 岁的他虽然提出了一系列计划，但是古巴工业长期受到帝国主义的影响，很难独立，再加上近邻美国对它的封锁，原材料和能源极度缺乏。并且格瓦拉和他的同伴都缺乏管理经验，又不采取物质刺激的方法，使古巴工业发展一直处于落后的状态，对于这种情况，格瓦拉一筹莫展，便产生了愤怒和失望的情绪。

在这种情况下，格瓦拉更加坚定他从前的理想，要帮助整个拉美国家摆脱帝国主义的压迫，获得自由和解放。他在临走之前给母亲留下了一封告别信："我相信武装斗争是各族人民争取解放的唯一途径，而且我是始终不渝地坚持这一信念的。许多人会称我是冒险家，只不过是另一种类型的，是一个为宣扬真理而不惜捐躯的冒险家,也许结局就是这样。我并不寻找这样的结局,但是,这是在所难免的。如果是这样的话,我在此最后一次拥抱您。"

格瓦拉出走后,先是去了非洲,但是由于语言和其他原因,他后来又回到了南美,带领一支游击队神出鬼没地出现在玻利维亚东南部的崇山峻岭中。1967年10月,他率领的游击队与政府军展开了激战,最后寡不敌众,战败被俘,壮烈牺牲,死时只有39岁,临走时给母亲信中的话竟一语成谶。

牺牲后的格瓦拉连遗骨也不知去向,直到1995年,才有人披露了事情的真相。拉美国家的一些考古学家、人类学家和法医立即自发地组成了一支挖掘小组,在所说的地点挖了150多个洞穴,却一无所获。两年后,终于在荒野草莽中,找到了这位浪漫英雄的遗骨。

第三节　苍茫战争

五千多年前有核战争吗

有一部著名的古印度史诗《摩诃波罗多》(Mahabarata,一译《玛哈帕腊达》,印度古代梵文叙事诗,意译为"伟大的波罗多王后裔",描写班度和俱卢两族争夺王位的斗争,与《罗摩衍那》并称为印度两大史诗),写成于公元前1500年,距今约有三千五百多年了。据说书中记载的史实比成书时间早了两千年,就是说书中的事情发生在距今约五千多年前。此书记载了居住在印度恒河上游的科拉瓦人和潘达瓦人、弗里希尼人和安哈卡人两次激烈的战争。书中的第一次战争是这样描述的:"英勇的阿特瓦坦,稳坐在维马纳(类似飞机的飞行器)内降落在水中,发射了'阿格尼亚',一种类似飞弹武器,能在敌方上空放射出密集的光焰之箭,如同一阵暴雨,包围了敌人,威力无穷。刹那间,一个浓厚的阴影迅速在潘达瓦上空形成,上空黑了下来,黑暗中所有的罗盘都失去作用,接着开始刮起猛烈的狂风,呼啸而起,带起灰尘、沙砾,鸟儿发疯地叫……似乎天崩地裂。""太阳似乎在空中摇曳,这种武器发出可怕的灼热,使地动山摇,在广大地域内,动物灼焦变形,河水沸腾,鱼虾等全部烫死。火箭爆发时声如雷鸣,把敌兵烧得如焚焦的树干。"第二次战争的描写更令人毛骨悚然,胆战心惊:"古尔卡乘着快速的维马纳,向敌方三个城市发射了一枚飞弹。此飞弹似有整个宇宙力,其亮度犹如万个太阳,烟火柱滚升入天空,壮观无比。""尸体被烧得无可辨认,毛发和指甲脱落了,陶瓷器爆裂,飞翔的鸟类被高温灼焦。为了逃脱死亡,战士们跳入河流清洗自己和武器。"

相信每个读到这段文字的人都会产生同样的感受,如此残酷的战争以及如此巨大的破坏程度让人情不自禁地想起第二次世界大战时,美国在日本广岛和长崎投入原子弹后的场面。这段文字几乎就是核战争的生动写照。

难道在距今五千多年前,地球上就爆发过核大战吗?根据人类现有的史料表明,公元前5000年,人类还过着刀耕火种的生活,怎么可能拥有核武器、发动核战争呢,所以,历史学者一致认为这部古印度史诗不过是带有诗意的夸张罢了,认为五千年前发生核大战简直是天方夜谭。然而,也有许多人提出质疑。他们指出《摩诃婆罗多》对这次战争描述得绘声绘色,犹如身临其境,如果不是确有其事的话,单凭想象是绝对不会有如此细致的描述的。

与此同时,一些考古学家的发现也开始倾向于证实核战争的确爆发过。1922年,一个关于古代城市的震惊世界的考古大发现诞生了,这就是印度信德地区的"马亨佐·达摩"。

印度河是世界上最长的河流之一,也是人类文明的一个发源地。从19世纪开始,人们在印度河畔的帝遮普郡一带,发现了一个东西长1600公里、南北长1400公里属同一文明的大量遗址,其涵盖范围之广在世界上是独一无二的,这就是"印度文明"。其中最著名的是两座古城遗址,即哈拉巴和马亨佐·达摩(印度语为死亡之谷)。据最保守的估计,它们距今最少有五千多年,但在印度的早期神话中没有这两座古城的记载,所以更多的人认为,它们的历史也许比猜想的要久远得多。在城市建筑的挖掘中,考古学家根本找不到神殿和宫殿,这与世界上目前所探掘的古城遗迹都不相同,似乎这些城市根本没有统治者。马亨佐·达摩城的居民住宅建筑更证实了这点,所有住房都是由砖木建成,从格局规模来看基本差不多,好像贫富分化没有出现在这里,更没有发现任何一件艺术品。是原来就没有,还是被岁月销毁了?在这里出土了大量遗骨,有的在街道上,更多的是在居室里。在一个比较大的废墟里发现了成排倒地死去的人,有些用双手盖住脸,好像在保护自己,又好像看见了什么害怕的事情。可以肯定,所有人都是在突然状态下死去的。这座古城当时一定发生了很巨大的异常事变,是什么呢?火山爆发?可在这一带几千公里范围内人们并没有发现遗留的火山口;是突然爆发的流行病、瘟疫?可医学证明瘟疫和各种流行病不可能突然毁灭一座城池。印度的考古学家卡哈对出土的人骨进行了详细的化学分析后说:"我在9具白骨中,发现均有高温加热的痕迹。"这说明马亨佐·达摩城的毁灭和人类死亡与突然出现的高温有关。马亨佐·达摩和《圣经》里索多姆的毁灭有极相似之处,都是突然被与高温有关的东西摧毁的。人们在马亨佐·达摩还发现在许多坍塌的建筑物上有此种高温的痕迹,人们甚至发现一些"玻璃建筑"——托立提尼物质。这种物质的形成是由于瞬间高温熔化了物体表面然后又迅速冷却造成的。至今人们只在热核武器爆炸现场发现过这些人为的物质。一切证据都在说明,这里曾发生过核爆炸。

无独有偶,在离耶路撒冷不远的土耳其格亨里默谷地,人们惊奇地发现这里的地表和月球表面极其相似。同样;在蒙古的戈壁和撒哈拉沙漠也发现了类似的废墟。另外,考古学家在世界上许多地方都发现了修建在地下的城市。这些地下城市在设计上极为科学,有通气口、排列整齐的地道,整个城市的用途似乎是要为人们提供避难所。那么人们是要躲避什么呢? 是什么东西让人们非要躲在地下不可呢?

一切的疑问都似乎在暗示史前曾发生过核大战。尽管不少的文献和考古发掘为此提供了线索,然而,五千年前的人类是否具备掌握核武器的技术,当时的文明社会是否发生过核战争以及核战争是否毁灭这些文明,仍是一个千古不解之谜。

卡叠什大战

公元前 14 世纪至 13 世纪,以叙利亚和巴勒斯坦地区为舞台,当时远东的两个强大国家埃及和赫梯进行了多次激烈的争夺,发生了多次战争。这场战争中的关键性战役——卡叠什大战是世界文明史上有文字记载的最早的会战,战后缔结的和约则是迄今为止最古老的国际军事条约文书。

古埃及是世界上历史最悠久的文明古国之一,位于非洲东北部的尼罗河谷地,其疆域向西扩展到西亚的巴勒斯坦和叙利亚一带。当时埃及从古王国时代起就发动了对叙利亚和巴勒斯坦的侵略战争,从那里掠夺了许多人民充当他们的奴隶。进入新王国时期,埃及的对外扩张达到了空前的规模。

赫梯是公元前 2000 年左右在小亚细亚出现的印欧语系民族,大体来自黑海以北地区。这是一个骁勇善战的古代民族,他们最早发明了铁制武器,常常攻掠周边国家和民族。公元前 16 世纪,赫梯人打垮了强大的古巴比伦帝国,攻陷了其首都巴比伦;公元前 15 世纪,进入鼎盛时期的赫梯帝国又占领了腓尼基,入侵了叙利亚和巴勒斯坦。为了建立在西亚的霸权,赫梯人步步紧逼驻扎于西亚的埃及军队。

公元前 1290 年,刚刚即位的埃及第 19 王朝法老拉美西斯二世再也无法容忍赫梯人的挑衅了,决心与赫梯人决一雌雄。经过五年的精心准备,拉美西斯二世积蓄了丰厚的财力物力,组建了 4 个军团,均以神命名,即阿蒙、拉、普塔赫、塞特,每个军团约 5000 人,其核心是战车手、弓箭手和投枪手,目标直接对赫梯人。

几乎与拉美西斯二世同时,赫梯王穆瓦塔里也在紧锣密鼓地实施进攻埃及的计划。赫梯王穆瓦塔里派出了探子到处打听埃及的进军情况,并且派遣奸细给埃及人提供假情报。这天,穆瓦塔里正与臣下商议进攻方案的时候,接到边境守军的报告。埃及法老拉美西斯率领 10 万大军向埃及发动了进攻。

拉美西斯的兵马有 10 万之众,而穆瓦塔里手中只有 4 万精兵,以 4 万人的力量抵挡 10 万人的进攻,赫梯王的心里也难免少了点儿底气。

穆瓦塔里冷静下来，大声问道："谁有退敌妙计！"他焦急地看着下边的大臣们，一个叫纳丁的将军站起来说道："臣倒有一计。"接着，他就在国王的耳边详细地说了自己的计划，穆瓦塔里听了频频点头，当即同意了纳丁的作战方案。

依据纳丁的作战方案，赫梯王率领部队火速赶往赫梯帝国的南部要塞卡叠什城。卡叠什城建在半山腰，山脚左边是一条通向大海的大道，右边则是深不可测的茫茫山谷。穆瓦塔里很快制定了以卡叠什为中心的扼守要点，以逸待劳，诱敌深入，粉碎埃军企图北进的作战计划。为此，赫梯集结了包括2500~3500辆双马战车在内的2万余人的兵力，隐蔽配置于卡叠什城堡内外，欲诱敌进入伏击圈后，将其一举歼灭。

埃及的阿蒙神军团、拉神军团、普塔赫神军团、塞特神军团在拉美西斯二世的率领下一路势如破竹，未遇到赫梯军的任何抵抗，并浩浩荡荡直奔卡叠什而来。拉美西斯二世乘坐一辆十分华丽的战车，四周镶嵌着黄金和宝石，在晨曦中光彩夺目。

这时一个卫兵报告抓到了两个间谍。这是两个赫梯骑兵，奉命借机被俘，向埃及人提供假情报。他们说，赫梯王为了避免冲突，已经命令军队退出卡叠什城了。当时毫无战争经验的拉美西斯二世闻之大喜，立即下令全军加速向卡叠什进发。途中，他嫌部队行进太慢，便抛开大队，带着身边的阿蒙神军团，向卡叠什冲去。这时拉神军团尚在前往卡叠什的途中，其他两个军团仍在萨不图纳以南按兵不动。

穆瓦塔里见埃及人已经上当，便命令2500辆战车迅速包抄到埃及军团后方，突击正在行进中的埃及拉神军团。拉神军团被打了个措手不及，很快被赫梯人击溃，随后，赫梯战车调转车头，又抄了拉美西斯二世所带领的阿蒙神军团的后路。

拉美西斯二世正在和部下商议如何进攻卡叠什城，万没想到赫梯人居然会从自己的后方杀来，顿时乱了阵脚。赫梯人潮水般涌进了埃及军营。

拉美西斯二世一看不好，带着大臣们上马便逃。这时有一队赫梯的骑兵追了过来。拉美西斯大叫："快把我的护狮放出来！"原来，拉美西斯二世养了一群护身的狮子，到了生死关头，他便把他救命的最后一招使了出来。果然，赫梯骑兵一见狮子冲了过来，回头便逃，拉美西斯二世总算为自己赢得了喘息的时间。

赫梯王下令发动新的进攻，他把剩下的战车和士兵全部投入了战斗。埃及人殊死抵抗，卡叠什城郊到处是双方士兵的尸体。埃及部队人数愈来愈少了，到太阳落山的时候，赫梯军队眼看就要胜利了，突然，他们的后方出现了骚乱。

原来，埃及的普塔军团、苏太哈军团赶来了。拉美西斯二世见援军赶到，顿时勇气倍增，一阵前后夹击，终于杀出了重围。赫梯人因为兵力不济，也无力再战，只好收兵退入卡叠什城堡。

卡叠什大战中，胜利到底属于谁，说法不一。埃及的铭文说胜利属于拉美西斯二世,赫梯的铭文则说这场战役是埃及的巨大失败。也有人说这场战役的结局,并无一方取得决定性的胜利。尽管在埃及阿蒙神庙废墟的墙壁上,绘有拉美西斯二世巨大的胜利浮雕,但在赫梯人的编年史和楔形文字泥板中也记载着赫梯国王穆瓦塔里是最终的胜利者,并说因为卡叠什大战巩固了赫梯在叙利亚的统治地位。在卡叠什大战后,埃及人与赫梯人之间的仇恨愈来愈深,双方展开了连绵不断的拉锯战,战争整整打了 16 年,双方都损失惨重、精疲力竭。

公元前 1269 年,老态龙钟的赫梯国王穆瓦塔里一病不起。一年后,他的弟弟、新任国王哈图西里斯派使者带着一块银板去了埃及。此时,满头白发的拉美西斯二世正欲向赫梯发动第 28 次进攻,卫兵向他报告赫梯人来了。当拉美西斯二世远远看见赫梯使者手中闪闪发光像磨盘一样的东西时,心里犯起了嘀咕:"难道赫梯人又造出什么新的武器?"

等赫梯的使者恭敬地向拉美西斯二世呈上那闪闪发光的银板时,拉美西斯二世震惊了。这是赫梯人刻在银板上的战争和约。银板的开头刻有:"伟大而勇敢的赫梯人领袖哈图西里斯""伟大而勇敢的埃及统治者拉美西斯",下面则是和约的评文:"确立两国间的和平;互相信任,永不交战;一国若受到其他国家的欺凌,另一国应出兵支援。"条约还规定了任何一方都不许接纳对方的逃亡者,彼此保证互有引渡逃亡者的义务等条款。拉美西斯二世深受感动地接过了这块银制字板,表示接受赫梯人提出的和平条约。条约签订后,赫梯王还将长女嫁给了拉美西斯二世,进一步巩固了双方的同盟关系。

那份刻在银板上的条约使埃及和赫梯两国之间的和平维持了好几百年,也为此后人类历史上的一切战争创建了一种和平解决的形式,那就是缔结合约。这使得人们不仅能免于遭受无休止的战争带来的更大的伤害和破坏,也能够更好地享受现代文明带给我们的丰厚成果。直到今天,仍然没变。

特洛伊战争在历史上是否真曾上演

特洛伊,这个神奇的名字,它如有一种魔力,顷刻间便把人的思绪带进了一个如梦如幻的神话世界。而这座因一场战争而名垂千古的古城,其遗址就是在今天的土耳其境内被发现的。1870 年,探险家谢里曼怀着儿时的梦想,在土耳其的一座小山西沙里克中挖掘出了一层层堆叠的废墟,其中的第七层,正是神话中记载的特洛伊。那个神话般的城市如今只留下了触人眼目的残迹,向人们默默诉说着往昔的辉煌。神话般的故事,神话般的城市,让人在特洛伊遗址前不禁感叹着曾经最惨烈的战斗和最美丽的容颜,特洛伊古城也因此而成为全世界追悼缅怀古代文明的一处梦幻之地。

特洛伊国王帕里斯将"送给最美的人"的金苹果献给了许诺让他得到天下最

美的女人的爱神阿佛洛狄忒;遭到天后赫拉和智慧女神的憎恨——从而埋下了祸根。公元前 1193 年,帕里斯率队来到希腊斯巴达,碰巧国王墨涅拉俄斯不在王宫,帕里斯初见王后海伦惊为天人!于是带领士兵冲进王宫,把希腊国王的财富掳掠一空,拐走了黑涅拉俄斯美貌的妻子海伦。视为奇耻大辱的希

特洛伊战争

腊人组成盟军在墨涅拉俄斯的哥哥阿伽门农的统帅下,由天下第一英雄——阿耳戈英雄珀琉斯和海洋女神忒提斯的儿子——阿喀琉斯为先锋,远征特洛伊。长达十年的特洛伊战争开始了……

由特洛伊战争引出的两大史诗——《伊利亚特》与《奥德赛》,它们既是珍贵的史料,又是不可多得的文学精品,并在后来成为西方文学的源头。而在《荷马史诗》的滋养下,当代艺术家通过电影再现的火爆的"特洛伊战争",令考古学家倍感疑惑,因为那次木马屠城惨烈悲剧尚未在考古发掘中得到证实。

在所谓的古典时代(公元前 5 世纪~公元前 4 世纪上半叶),人们对《荷马史诗》深信不疑,认为那是希腊人早期的一段历史。后来的罗马人对《荷马史诗》真实性的信念也依然没有动摇,他们称特洛伊为伊尔昂,并在小亚细亚北部兴建了一座名叫新伊尔昂(新特洛伊)的城市。但是,自从 18 世纪开始,学者们对此提出了质疑。许多人怀疑特洛伊曾经发生过战争,甚至更有一些人怀疑古希腊盲诗人荷马的存在,至少怀疑荷马作为一个单独的个人而非一系列诗人的存在。特洛伊和特洛伊战争被看成是模糊不清的神话或传奇。

19 世纪中叶以来,伴随着考古工作的重大突破,人们对包括特洛伊战争在内的古特洛伊文明有了新的认识和理解。

近 20 个国家的 350 多位科学家和技术专家参与了对特洛伊遗址的考古发掘工作。这一遗址位于今天土耳其的西北部,其文明活动从公元前 3000 年早期青铜时代开始,直到拜占庭定居者于公元 1350 年放弃了它。

根据专家们对考古遗迹的研究,得出结论:大致可断定特洛伊城大约是在公元前 1180 年被摧毁的,可能是因为这座城市输掉了一场战争。考古人员在遗址处发现了大量相关证据,如火灾残迹、骨骼以及大量散置的投石器弹丸。

考古专家们说:"当年荷马必是认为他的听众们知道特洛伊战争,所以这位行吟诗人才会浓墨重彩地刻画阿基利斯的愤怒及其后果。荷马把这座城市和这场战争搭建成一个诗意的舞台,上演了一场伟大的人神冲突。然而,在考古学家看来,《荷马史诗》还可以在一种完全不同的、世俗的意义上得到证实:荷马和那些向荷

马提供"诗料"的人,应该在公元前 8 世纪末"见证"过特洛伊城及那片区域,这个时期正是大多数学者所认可的《荷马史诗》的形成年代。"

关于特洛伊城的考古工作和特洛伊战争的研究工作仍然在继续。几十年前,那些坚持特洛伊战争真实性的学者们曾是少数派,他们的学说曾被主流学术界嗤之以鼻。然而,随着近十几年来相关考古活动的突飞猛进,当年的少数派如今成了多数派。而今天的少数派,那些坚决否认特洛伊战争真实性的学者只能用一句"特洛伊没有任何战略意义"的说法支撑他们的观点。现在大多数学者已达成共识:特洛伊绝不仅仅是一个古希腊神话中的著名城市,它也是一座确实存在过的"失落之城"。作为远古时期的强国,特洛伊坐落于小亚细亚西北部地区,俯视欧亚之间的贸易通道,由此而富裕强盛,但也因此被卷入战争的漩涡。青铜时代后期的特洛伊曾经发生数次冲突,这些冲突可能为数世纪的人所记忆,并代代相传,从而为荷马的传奇故事提供了素材。

然而,我们还不能确定荷马颂吟的"特洛伊战争"是不是对这几次冲突的"记忆蒸馏",究竟是特洛伊战争成就了《荷马史诗》,还是《荷马史诗》成就了特洛伊战争,是否的确发生了一场值得后人永远追忆的大战争,这一切都湮没在漫漫的历史长河之中了。

马拉松会战的时间

现代奥林匹克运动会竞赛项目中有一项是马拉松赛跑,比赛距离是 42 公里195 米。为什么叫马拉松? 为什么不多不少要跑这么远? 这两个问题的答案是和希腊历史上一场著名的战争联系在一起的。

公元前 500 年,在波斯帝国占领下的米利都爆发了由希腊人支持的爱奥尼亚人的起义。那时候,统治波斯的是国王大流士一世。他早就对繁荣富庶的希腊城邦垂涎三尺,于是就以希腊人为借口参加了起义,要向希腊发动战争。大流士一世派遣许多使者到希腊各城邦去,威胁他们向波斯敬献泥土和水,意思是要这些城邦表示臣服,否则就要毁灭整个希腊。许多小的城邦不敢违抗,但是雅典人和斯巴达人把使者扔进井里,对他们说:"井里有泥又有水,请自便吧!"这两个城邦决心和大流士决一死战。

这样,大流士在公元前 490 年向雅典发动了进攻。这是一场力量悬殊的战斗。波斯是个强大的帝国。雅典和斯巴达不过是小小的城邦,而且斯巴达同雅典也因为以往的宿怨而不够团结。当雅典向斯巴达请求援兵的时候,斯巴达人却说,要等满月才能出兵,月儿不圆对打仗不利。可是等不到满月波斯大军就已经近在眼前了。

不过,雅典人的有利条件在于其著名的兵役制度,根据公元前 600 年左右著名政治家梭伦制定的法律,分成四等:第一等是最有钱的人,担任军队中的领导职位。第二等从乡村贵族中选拔,组成骑兵。第三等是富有的农民和手工业作坊主。他们自费购买兵器和甲胄,充当重甲兵,使用的武器是一根2米长的沉重标枪、一把希腊短刀和一面金属盾牌,全副甲胄和武器重30多公斤。第四等包括贫穷的手工业者、小土地所有者。他们有的成为陆军中的轻甲兵,武器是普通的标枪和弓箭;有的充当战船上的划桨手。雅典的军队就是由这四部分人组成,他们都决心为保卫自己的家乡而战。波斯兵主要是由奴隶和用钱雇来的外国人(大部分是被征服的希腊人)仓促组成的,纪律松弛,士气低落。从质量上讲,雅典军队无论是士气、武器装备和作战能力,都比波斯军队要强得多。

雅典军队的战术也比波斯先进。雅典采取以重甲兵为主力的方阵队形。战斗时,手执长矛、盾牌的步兵组成密集行列向前冲锋,两翼由轻甲兵和骑兵掩护。这种队形的攻击力很强。波斯人的编队是千人、百人、十人一股,不是一个整体。步兵、骑兵没有统一指挥,各自为战。波斯的精锐部队仅仅是国王的御林军,包括号称"百战百胜"的步兵1万人,长枪步兵1000人,长枪骑兵1000人。

波斯人把战场选择在离雅典不远的马拉松海岸边,这儿是三面有山、一面临海的平原。波斯人想和雅典人在平原上进行骑兵决战。他们从海路运去马匹和骑手,登陆的步兵、骑兵各有1.5万人。其实,这个战场并不利于波斯军队的进攻,反倒有利于雅典人的防守。雅典人控制了各个山头,封锁了波斯军队到雅典去的道路。

波斯人完全低估了希腊方阵的攻击威力,他们布置了传统的阵势,步兵在中央,骑兵在两翼。指挥雅典军队的是米太亚得。他年轻的时候曾经在波斯军队中服役,熟悉他们的战术。米太亚得在两翼布置重兵,中间用方阵重甲兵挡住波斯骑兵的进攻,然后从两翼包抄过去,迫使波斯全军后退了1.5公里。雅典军队乘势袭击了波斯的军营和在岸边抛锚的战船。波斯军队猝不及防,兵力损失了三分之一。剩下的仓皇登船逃走,许多来不及逃跑的当了俘虏。这次战斗中,重甲方阵战术代替了过去单枪匹马的作战方式,是古代作战战术的一次重大变化。

战斗结束以后,斯巴达的2000士兵才赶到,他们已经没有仗可打了,只能向雅典人表示祝贺。雅典统帅米太亚得急着要让雅典城内的人得到胜利的喜讯,就派了士兵中著名的"飞毛腿"斐迪辟去报信。这位"飞毛腿"在战争开始以前,曾经奉命去斯巴达求援。据说150多公里的路程,他只用了两天两夜就赶到了。这次他为了更快地让他的同胞们听到胜利的消息,一个劲儿地加快奔跑速度。斐迪辟从斯巴达送信回来没能得到充分休息,紧接着又进行了这次长跑,使身体受到了损伤。当他跑到雅典城的时候,已经上气不接下气,只喊了声"高兴吧,我们胜利了!"就倒地而死了。

雅典人民的儿子斐迪辟永远地合上了双眼。为了纪念这次著名战役和斐迪辟,1896 年的奥林匹克运动会规定了一个新的竞赛项目:运动员从马拉松平原出发,沿当年斐迪辟跑过的路线行进,到达终点雅典城。经过精确的测量,两地之间的距离为 42195 米,这也就是现代马拉松长跑的由来。

马拉松战役早已落幕,但关于马拉松战役具体发生于什么时间这个问题,科学界的争论一直持续到今天。

几千年来,人们普遍接受的观点是:大多数科学家根据 19 世纪德国学者奥古斯特·巴克的推算法,确定马拉松战役就发生在公元前 490 年 9 月 12 日。同现代天文学家一样,巴克是根据希腊历史学家希罗多德的著作推算出马拉松之战的日期的,因为希罗多德描写了马拉松战役发生时的月相状况。

但美国得克萨斯州立大学天文学家曾公布了一项研究报告称,信使斐迪辟从马拉松平原奔往雅典这件事情可能发生在希腊赤日炎炎的 8 月,而不是相对较为凉爽的 9 月。

美国得克萨斯州立大学天文学家拉塞尔·杜彻等认为,巴克忽略了一个地方:他没有把雅典历法与斯巴达历法的不同之处考虑在内。也就是说,在当时,这两个历法正好相差一个月。他们由此推算出马拉松之战<用法不当>以及第一次马拉松长跑这些事件发生的日期应当是 8 月 12 日。

那份标题为《月亮和马拉松》、刊登在《天空和望远镜》杂志的报告指出,尽管两个历法都是基于太阴太阳周期,但是,二者起始的时间不同:雅典人是把夏至日作为一年的开始,而斯巴达人则把秋分日作为一年的开始。"具体说到那一年,从公元前 491 年到公元前 490 年一共有 10 个新月(或者 10 个月)。"他说,"通常来讲,从公元前 491 秋分到公元前 490 年夏至共有 9 个新月……雅典历法与斯巴达历法之间整整相差了一个月。"

据撰写《月亮和马拉松》报告的三位天文学家之一的杜彻称,这个研究结果也可以解释第一位马拉松长跑者斐迪辟为什么只说出那句"高兴吧! 我们胜利了!",马上就倒地死去的原因。

上述观点哪个正确? 历史的真相还有待于科学家们的进一步研究和推敲。

伯罗奔尼撒战争的成因

希腊是世界四大文明古国之一,它不仅以灿烂的文化艺术闻名于世,而且还以其军事和战争生成之早与发展之快而闻名全球。公元前 400 多年前,古希腊两个最强大的城市国家同盟——以斯巴达为首的伯罗奔尼撒同盟与以雅典为首的提洛同盟都想打败对方,称霸希腊。雅典成为海上强国以后,一直威胁着斯巴达。它企图控制从东方到西方所有的贸易通路,还想把盛产粮食的西西里岛夺到手。斯巴达也不肯让步,早就把伯罗奔尼撒半岛上的大多数城邦组成同盟,要和雅典见个高低。雅典的民主派憎恨斯巴达的军事贵族独裁统治,支持斯巴达国内反抗贵族的势力。斯巴达的贵族讨厌雅典的民主制度,也帮助雅典贵族派进行反对民主派的斗争。这样,两个城邦的冲突越来越厉害,一场争夺希腊霸权的战争终于爆发了。这场战争从公元前431年开始,到公元前404年结束,打了27年。因为是以斯巴达为首的伯罗奔尼撒同盟首先进攻,这场战争被称为伯罗奔尼撒战争。

伯罗奔尼撒战争最后以雅典的失败而告终。但是,受到战争危害的是整个希腊。古希腊历史学家修昔底德说,这次战争"给希腊带来了空前的祸害和痛苦。从来没有这么多的城市被攻陷,被破坏,从来没有这么多的流亡者,从来没有丧失这么多的生命!"战争给希腊世界带来前所未有的破坏,促使小农经济与手工业者破产,不少城邦丧失了大批劳动力,土地荒芜,工商业停滞倒闭。大奴隶主、大土地所有者、投机商人和高利贷者乘虚而入,大肆兼并土地、聚敛财富和奴隶,中小奴隶制经济逐渐被吞没,代之而起的是在大地产、大手工业作坊主为代表的大奴隶主经济。大批公民破产,兵源减少,城邦的统治基础动摇了。贫民过着衣不蔽体,食不果腹的生活,不满富人和豪强的统治。柏拉图曾经写道:"每个城邦,不管化分如何的小,都分成了两个敌对部分,一个是穷人的城邦,一个是富人的城邦"。因此,在斯巴达、科林斯等城邦,都曾先后发生贫民起义,打死了许多奴隶主,瓜分了他们的财产。风起云涌的起义打击了奴隶主的统治,进一步加速了希腊城邦的衰落。伯罗奔尼撒战争不仅结束了雅典的霸权,而且使整个希腊奴隶制城邦制度逐渐退出了历史舞台。

伯罗奔尼撒战争在古代军事出史占有相当地位。对抗双方对海上通路的争夺,从海上对敌的封锁和侵入都达到了很大规模;夺取要塞创造了许多新方法,如使用水淹、火焚和挖掘地道等;方阵虽还是战斗队形的基础,但步兵能以密集队形和散开队形在起伏地机动行动;职业军人开始出现。这些都对希腊以及西欧军事产生了深远影响。

虽然伯罗奔尼撒战争已过去近2400多年,但专家学者们对这场战争的看法和评价分歧仍然很大。尤其是对伯罗奔尼撒战争的起因问题,有多种分析。有的人认为是社会的原因,有的人认为是经济的原因,也有的人认为是政治原因。还有人认为伯罗奔尼撒战争起因于女人。

公元前5世纪古希腊历史学家修昔底德著的《伯罗奔尼撒战争史》中认为:斯巴达在崛起过程中,与伯罗奔尼撒半岛大部分城邦结成伯罗奔尼撒同盟。而雅典势力的扩张,引起了斯巴达人的恐惧,斯巴达的同盟者科林斯与雅典的矛盾,在导致战争爆发的过程中发挥了重要作用。学术界也曾普遍认为,战争主要源于科林斯与雅典的商业竞争,源于科林斯惧怕雅典向西方进行商业扩张。也有学者指出,考察伯罗奔尼撒战争的起因,不能忽视对斯巴达和雅典政治体制的剖析,因为"民主"的雅典与"专制"的斯巴达,在政治理念和体制上都是不能相容、不可调和的。

有人从战争的直接起因分析认为,雅典人比斯巴达人更不想战争,这是因为他们可以通过和平的方式来实现自己的目的,即通过提洛同盟的方式来更好地追求自己国家的利益。但从长远和深层的观点来观察伯罗奔尼撒战争的起因,就会发现雅典人可能要负有更多的责任。战前数十年,雅典人一直在采取一种咄咄逼人的进攻态势,而斯巴达人是处于守势。伯罗奔尼撒战争前,希腊各城邦间的战争确实是规模相当小。而波斯的威胁则保持了希腊人的某种团结,雅典人的帝国主义和扩张倾向渐渐把希腊城邦引向了一场大战。

纵使伯罗奔尼撒战争有这样或那样的原因,但是,许多人还是不禁要问:雅典人与伯罗奔尼撒人的战争是必然要发生的吗?它是不是国家体制的冲突?或者只是国家利益的冲突?责任更多地在哪一方?是在雅典还是在斯巴达一方?究竟哪一方更具有扩张性?

总而言之,雅典在这场战争中战败了。虽然后来还有一些英勇的将士试图复兴,但雅典还是无可挽回地衰落了,而这也可以说是整个希腊世界的衰落,是希腊人所无比珍视的城邦制度和生活方式的衰落。

布匿战争

纵观世界军事史,在诸多著名的军事家中,我们不能不提到一个人——汉尼拔。汉尼拔(约公元前247年~前183年或前182年),迦太基统帅,军事家,迦太基将领哈米尔卡·巴卡之子。

罗马于公元前273年征服整个意大利半岛后,就开始向地中海周边区域扩张。它首先遇到的劲敌是西部地中海霸国——北非的迦太基。迦太基是公元前9世纪腓尼基人在北非建立的殖民地。到公元前6世纪时,它已成为一个囊括北非西部沿岸、西班牙南部、巴利阿里群岛、撒丁岛、科西嘉岛和西西里岛的帝国。当罗马兵锋指向西部地中海时,一场酷烈的战争不可避免地爆发了。因为罗马人称迦太基人为"布匿",故把它们之间的战争称为布匿战争。战争前后进行了三次。第一、二次布匿战争是作战双方为争夺西部地中海霸权而进行的扩张战争。第三次布匿战争则是罗马以强凌弱的侵略战争。汉尼拔则是"布匿战争"期间迦太基人的主将。

战争最终以迦太基的灭亡而告结束。但为什么在第二次布匿战争的最后几年,罗马已经到了崩溃的边缘的时候,却神奇地转败为胜,汉尼拔最终败北了?是什么力量让罗马人力挽狂澜的呢?难道在汉尼拔身上发生什么意想不到的事情了吗?关于这个问题,几千年来,史学界一直存在较多分歧。

后世史学家总结这段历史，认为迦太基最主要的败因在于其国民意志力的薄弱。

第一次布匿战争就是因为迦太基人无法忍受战争带来的困苦和负担，主动向罗马求和，殊不知罗马人在战争中遭受的苦难要远远超过他们。由于生活富裕舒适，迦太基人普遍贪生怕死，他们但凡能够出钱收买雇佣军，就决不愿意去吃军旅生活的苦，白白浪费赚钱的时间。法国历史学家米切雷对迦太基人这个特性有一段精彩的描绘："迦太基人善于算计，他们可以把各个民族一条人命的价值精确地计算到个位数，总之希腊人比罗马人值钱，而罗马人又比西班牙人和高卢人值钱。他们认为一个成功的迦太基商人的性命太贵重，不值得去牺牲，打仗这种事只要找西班牙人、高卢人代替就行了。对迦太基人来讲，战争如同商业投机，开战的目的无非是为打开新的市场。打仗的关键是钱，钱越多，收买的雇佣军就越多，胜算就越大，如此而已。"布匿战争中的迦太基军队，一直是以北非和西班牙各地的雇佣军为主体的，其所说的语言多种多样，所信仰的宗教千奇百怪，所惯用的战术也是五花八门，唯一的共同点就是唯利是图。在布匿战争中这些雇佣军曾经几次哗变，每次都几乎将迦太基推到灭亡的边缘。

反观罗马军队，都是从朴实的罗马农民和城市平民中招募，大家同文同种，接收严酷的训练。罗马军团组织严谨，战术统一，由强烈的爱国心驱动，单位战斗力要远远强于迦太基军队，迦太基国民和军队的诸多弊病更衬托出汉尼拔无与伦比的领导才能。他把这支东拼西凑的军队组织起来，灌输以严格的纪律和对统帅的忠诚。经汉尼拔精心调教的这支军队体现出来的战斗力令人叹为观止，使曾经不可一世的罗马军团屡战屡败。在十五年的征战中，汉尼拔的军队无论面对怎样的逆境都没有哗变过一次，他们追随着汉尼拔一直到生命的最后一刻。和迦太基人形成鲜明对比，罗马人在整个布匿战争中体现出的坚韧不拔，愈挫愈勇的精神。十年战火使罗马人口锐减，国库空虚，从前的盟友也都纷纷倒戈，在这内忧外困的情况下，罗马人的斗志没有丝毫削减，举国上下争先恐后为战争做贡献。有钱的人捐献出自己的财产，所有的成年男人都等待着国家的召唤。虽然十年的战争使罗马丧失十余万人，此时罗马仍然在意大利半岛保持十五个军团共七万兵力，另外在西班牙，西西里岛和撒丁岛还有三万军队。这样罗马军团几乎囊括了全国所有的青壮年男子，罗马真的是全民皆兵了。

对于汉尼拔最终未能征服罗马的另一种说法，是强调汉尼拔的个人问题。尽管他有着杰出的军事才能，但是他却无法避免战略上致命的错误。他没有适时地将打击重点放在攻占罗马城上。罗马城一直以来是罗马人的"心脏"，如果当时汉尼拔能直接进攻罗马城，那么取得战争最后胜利的机会极大。因为那时的罗马城已经是一座孤城，而汉尼拔军正是士气最旺之时。但是汉尼拔并没有那样做，这便给了罗马人重建军备基地的机会,而其他还没被占领的罗马城市也有了精神寄托,保住罗马就等于保住了意大利,整个战争的天平便偏向了罗马军。因此,汉尼拔和他带领的精锐部队难逃失败的下场。有人认为这场悲剧的根源完全在于汉尼拔个人高傲自满情绪的膨胀和极端复仇思想。就是由于他的狭隘思想,使罗马军队由弱变强,从而导致了他的失败。

但是,上述任何一种看法都没有能够被人们所普遍接受。事实上,决定战争胜负的因素有许多,按照中国兵家的说法,要掌握"天时、地利、人和"。汉尼拔善于利用天时和地利,也善于利用罗马人与其同盟者城邦之间的矛盾坐收渔人之利。但是,他的祖国却没有给他以最基本的支持。因此,汉尼拔的失败似乎是因为他在进行"无根"的战争,其失败也的确是不可避免的。

尽管如此,布匿战争在古代军事学术史上写下了重要的一篇。陆上强国罗马为战胜海上强国迦太基而建立了海军;迦太基统帅汉尼拔在不拥有制海权的情况下,从陆上翻越天堑阿尔卑斯山深入罗马腹地;汉尼拔以劣势兵力围歼优势之敌和罗马海军所采取的接舷战,都是战术史上的杰作,这些对欧洲陆战和海战产生了深远的影响。罗马在征服迦太基之后,继续向地中海东部扩张,接连征服了马其顿王国和小亚细亚的西部和中部。到公元前44年,即至恺撒死,罗马殖民地已扩张到西自西班牙,北到瑞士和法国,东迄叙利亚,南至埃及。至公元117年,北到英国,东到波斯湾,以地中海为中心,包括了欧洲几乎全部,非洲和亚洲很大一部分。布匿战争使得罗马打开了通向并称霸世界的大门。

罗马在长期的掠夺战争中,获得了大批的奴隶。横行于地中海各地的海盗,也经常把掳掠而来的人口出卖于罗马,大大促进了罗马工业的发展。罗马为方便商品流通和战争,开辟了许多对外通路。有句谚语叫"条条道路通罗马",就表明了这个时期罗马的情况。

项羽为何不肯过江东

汉四年(前203年)楚汉鸿沟划界后,项羽领兵东归,刘邦也欲西还。这时张良、陈平对汉王说:"汉有天下大半,诸侯皆附之。楚兵疲食尽,这正是天亡楚国之时。今若勿击,真所谓'养虎遗患'。"刘邦听从。

汉五年,刘邦一面派使者联络各地诸侯王,约定共同灭楚,一面亲自率军追击项羽。十二月,项羽败逃至垓下(今安徽灵璧东南),已兵少食尽,而被汉军及诸侯兵重重围困,夜间又闻汉军四面皆唱楚歌,以为楚地已为汉军占领,不觉泣下,左右也皆泣。项羽于是乘黑夜率领壮士八百余人乘马突围。天明,汉军发觉,以五千骑追之。项羽渡淮时,跟随他的已只剩百余骑。至阳陵(今安徽和县北)迷道问路,被农民所骗,陷大泽中,为汉兵追及,项羽复向东逃,已只余二十八骑,自忖无法脱逃,与部下再战。最后,项羽败至乌江(今安徽和县东北)。乌江亭长备船岸边要送他过江。项羽笑道:"与江东子弟八千人渡江而西,今无一人还,纵江东父兄怜而王我,我何面目见之?"遂下马步战,杀汉军数百,身被十余创,自刎身亡。

《史记·卷七·项羽本纪》里这样记载项羽最后的时刻:"项王乃欲东渡乌江。乌江亭长舣船待,谓项王曰:'江东虽小,地方千里,众数十万人,亦足王也。愿大王急渡。今独臣有船,汉军至,无以渡。'项王笑曰:'天之亡我,我何渡为!且籍与江东子弟八千人渡江而西,今无一人还,纵江东父兄怜而王我,我何面目

项羽

见之?纵彼不言,籍独不愧于心乎?'乃谓亭长曰:'吾知公长者。吾骑此马五岁,所当无敌,尝一日行千里,不忍杀之,以赐公。'乃令骑皆下马步行,持短兵接战。独籍所杀汉军数百人。项王身亦被十余创,顾见汉骑司马吕马童,曰:'若非吾故人乎?'马童面之,指王翳曰:'此项王也。'项王乃曰:'吾闻汉购我头千金,邑万户,吾为若德。'乃自刎而死。王翳取其头,余骑相蹂践争项王,相杀者数十人。最其后,郎中骑杨喜、骑司马吕马童、郎中吕胜、杨武,各得其一体。"

项羽乌江自刎这一悲壮的举动,引起了历代诗人的无限情思。人们普遍认为,项羽在斗争中虽然失败了,但他死得壮烈,不失英雄本色,因而是值得歌颂的"人杰"和"鬼雄"。于季子的"空歌拔山力,羞作渡江人"(《咏项羽》)、李清照的"至今思项羽,不肯过江东"(《乌江》)、胡曾的"乌江不是无船渡,耻向东吴再起兵"(《乌江》)、汪绍的"乌江耻学鸿门遁,亭长无劳劝渡河。"(《项王》)等诗句,就是这种观点的典型代表。项羽是秦末农民起义军的领袖,为人刚愎自用,独断专行,因而在楚汉之争中落败,最终落得个自刎乌江的下场。项羽为何不渡乌江呢?两千多年来,人们有种种说法。

有一种观点认为,西楚霸王不过江东,是因为虞姬已死。《史记》里并没有记载虞姬的生死,只是一略带过地说:"项王则夜起,饮帐中。有美人名虞,常幸从;骏马名骓,常骑之。"于是项王乃悲歌慷慨,自为诗曰:"力拔山兮气盖世,时不利兮骓不逝。骓不逝兮可奈何,虞兮虞兮奈若何!"歌数阕,美人和之。项王泣数行下,左右皆泣,莫能仰视。"项羽的死与虞姬的死有必然联系吗?两者之间有联系,有学者就认为项羽因"虞姬死而子弟散"心生羞愧,因而不肯过江,拔剑自刎。这样说很有道理,单纯说项羽不肯过江东是因为虞姬之死就显得论据不足。而这与《史记》

上说的"项王笑曰:'天之亡我,我以何渡为!且籍与江东子为八千人渡江而西,今天一人还,纵江东父兄怜而王我,我何面目见之?纵彼不言,籍独不愧于心乎?'"这段话一致。"子弟散",一方面符合他说的"天之亡我",一方面也是"无颜见江东父老"的原因。项羽即便过江,败局已定。因而,他选择了不渡乌江。

但有的学者提出,自固陵战败后,项羽连连败退,退到垓下,垓下突围又逃往东南,一直逃至乌江边。由此可见,他早有退守江东之意,并且是一路逃奔。如果说项羽因失败使江东八千子弟葬送性命而愧对江东父老的话,垓下被围时,"虞姬死而子弟散",他就应羞愧自杀。渡淮之后从骑仅百余人,至阳陵又迷了路,问一农夫,结果被骗,身陷天泽,被汉军追上。此时的项羽已经完全没有巨鹿之战时"皆沉船,破釜甑,烧庐舍,持三日粮,以示士卒必死,无一还心。于是至则围王离,与秦军遇,九战,绝其甬道,大破之,杀苏角,虏王离。"时的意气风发。如此狼狈的境遇他也没有羞愧自杀,逃至东城,汉骑将之包围数重,尽管他"自度不得脱",但还是把仅剩的二十八骑组织起来做了一番拼杀,又"亡其两骑"。这时候项羽仍"欲东渡乌江"。因而认为他好不容易逃到乌江岸边时却反而感到羞见江东父老而自杀似乎有些说不通。项羽的羞愧之心来得太突然,也不合情理,很可能是司马迁为使情节完整而下笔渲染的。

有人认为项羽不渡乌江是出于一种高贵的品质和精神,是从早日消除人民的战争苦难考虑的。因为项羽认识到了长期内战使人民痛苦不堪,希望这场战争尽早结束。项羽确实曾有结束战争的愿望,也曾想通过他与刘邦的个人决斗来结束战争,他觉察到"楚国久相持不决","丁壮苦军旅,老弱罢鞍漕",所以对刘邦说:"天下匈奴长岁者,徒以吾两人耳,愿与汉王挑战决雌雄,毋徒苦天下之民父子为也。"最后他甚至不惜违背自己个性,牺牲自己的利益通过和谈换取刘邦的让步,以鸿沟为分界。但是刘邦却违约出兵追杀楚军。当项羽失利并且认识到自己无法立即消灭刘邦而又无法谈和的情况下,项羽只有牺牲自己以结束数年的残杀。据说,项羽当时还是有可能与刘邦抗衡的。

"大江东去,浪淘尽,千古风流人物。"两千多年过去了,项羽的英雄形象至今令人难以忘怀。项羽为何乌江不渡?两千多年来,无论是文人骚客,还是历史学家都给予极大的关注,但至今难有定论。

无论是什么原因使项羽不肯过江东,都让我们用屈原的这首《国殇》来纪念这位西楚霸王吧:

操吴戈兮被犀甲,

车错毂兮短兵接。

旌蔽日兮敌若云,

矢交坠兮士争先。

凌余阵兮躐余行，

左骖殪兮右刃伤。

霾两轮兮絷四马，

援玉枹兮击鸣鼓。

天时怼兮威灵怒，

严杀尽兮弃原懋

……

曹操败于赤壁之战

东汉建安十三年（公元 208 年）的"赤壁之战"，是曹操和孙权、刘备联军在长江赤壁（今湖北江陵与汉口间的长江沿岸）的一场决战，是我国历史上一次以弱胜强的著名战役，对于三国鼎立局面的确立具有决定性的意义。

赤壁之战虽然已经过去千年之久，但究竟是什么原因使曹操在赤壁之战中打了败仗呢？过去学术界几乎都是说曹军失败的致命原因是遭遇孙、刘联军的火攻。《三国志·蜀书·先主传》载："权遣周瑜、科普等水军数万与先主并力，与曹公战于赤壁，大破之，焚其舟船。"司马光在《资治通鉴》中也说，黄盖"乃取蒙冲斗舰十艘，载燥荻、枯柴，灌油其中，裹以帷幕，上建旌旗，预备走舸，纱于其尾。去北军二里余，同时发展，火烈风猛，船往如箭，烧尽北船，延及岸上营落"。曹军败在火攻上，证据确凿。

可是，随着社会的进步，近些年来，有论者提出了许多关于火攻论的质疑。他们认为，《三国志·魏书·武帝本纪》中并未提到赤壁之战中孙、刘采用火攻之事。据载："（建安）十三年，秋八月，公南征刘表……至赤壁，与备战不利，于是大疫，吏士多死者，乃引军还。"《三国志》中另一处记曹操给孙权的书中亦云："赤壁之役，值有疾病，孤烧船自退，横使周瑜虚获此名。"研究认为，曹操之所以会失败，是因为军队遭遇疾病瘟疫，导致战斗力丧失，而不是由火攻造成的，更为详尽的是，他们说是血吸虫病造成曹军赤壁战败的。

血吸虫论者也是根据史籍提出这一论点的。如陈寿在《三国志·魏书·武帝纪》中叙述赤壁之战时，并未提及"火攻"这件事。他说，曹公到了赤壁，与刘军大战，不占上风。后来发生瘟疫，士兵大部分都死了，于是带领部队回去。从曹军主帅曹操在战后写给孙权的一封信中可看出，他不承认失败是因为遭到火攻，其中写道："赤壁之战，有疾病侵袭，我烧船而退，使周瑜白捡了这个好名声。"而曹操所说并不是唯一凭证，《吴书·吴主传》中也有曹操自己烧掉战船一说："曹公烧剩余船而退败。"由此论者认为，火攻一说不足以取信。曹军失利主要原因就是瘟疫，即血吸虫病。

1981 年第 11 卷第 2 期的《中华医史杂志》发表李友松的《曹操兵败赤壁与血吸虫病关系之探讨》一文,指出曹操赤壁之战兵败的原因是"疾病"——急性血吸虫病。

　　根据历史记载以及近代科学研究,证明血吸虫病是我国一种古老的疾病。《周易》卦象"山风蛊"以及 7 世纪初叶的《诸病源候论》中已有类似的记载与描述:1973 年,湖南长沙马王堆一号汉墓出土的女尸,其肠壁和肝脏组织都发现有血吸虫虫卵,说明当时血吸虫病已相当流行,连軑侯之妻这样的贵妇人也难以幸免。而赤壁之战的战场恰恰是当时血吸虫病严重流行的地区。

　　从时间上来说,赤壁之战爆发的时间又是血吸虫病的感染季节。赤壁之战是在冬天开始的,但曹军在转徙、训练时间是在秋天。曹操水军在赤壁之战战前染上血吸虫病,经过一个多月的时间就发病了,致使大战时疫病交加,不堪一击。

　　那么同是在水上作战,同是在疫区内转移与行军,为什么孙、刘联军没染上血吸虫病呢? 人或动物感染血吸虫病后,体内或多或少会产生一定的免疫力。刘、孙联军长期在血吸虫流行的疫区中从事生产、生活,士兵感染的血吸虫病多数是属于慢性的,急性期早已过去,特别严重者也早已死亡。而曹军刚到南方安营扎寨,士兵不适应疫区环境,急性血吸虫病突然发作。

　　然而,血吸虫病说也不可尽信,它比火攻论的争议还要多。1982 年 5 月 25 日,季始荣在《文汇报》发表题为《曹军兵败赤壁是由于血吸虫病吗?》,他认为:

　　第一,史记的确记载过曹操烧船退军一事,但事情发生在曹军兵败退到巴丘时而不是赤壁大战之时,而且烧船的地点在巴丘也不在赤壁。

　　第二,曹操训练水军不是在疫区江陵,而是在邺(今河南安阳县),这个地区没有发生过吸血虫病,所以,感染的可能性基本没有。

　　第三,曹操的水军大部分是居于血吸虫病流行区的湖北人,跟孙刘联军的免疫力没有什么差别,除此之外,补充给曹操的刘璋军队也是来自疫区四川的士卒。所以,孙刘联军在免疫能力上与曹军没有高低强弱的分别。

　　第四,血吸虫病的潜伏期一般在一个月左右,少数在两个月以上,潜伏期越长,发病的症状也就越轻,所以可以得出结论:即使曹军在秋季患上了血吸虫病,到大战爆发时也只是刚刚发病,不会影响曹军的身体状况。

　　是曹操有意掩盖这次战斗败绩的原因,还是由于疾病的关系,引军自还呢? 火攻论不可尽信,血吸虫病说也有缺陷,那么,曹操在赤壁战败的原因,只能作为一个千古之谜留存于人们心中了。不管是什么原因,经过赤壁之战,彻底破灭了北方中原王朝迅速统一中国的梦想,最终奠定了三国鼎立的局面,而这种局面,一直演变成为长达三百多年的战乱,并且深刻地改写了中国古代的历史。

神秘莫测的"八阵图"

杜甫在"八阵图"中评价诸葛亮时,写下过这样的诗句:"功盖三分国,名成八阵图。"前一句的意思尽人皆知,对于后一句中的"八阵图"了解的人就不多了。"八阵图"是怎么回事? 它是如何使用的? 它的遗迹在哪里? 至今尚存许多不解之谜。

简单地说,"八阵图"是古代军队的一种集体战斗队形,也有的说它是古代行军作战的一种阵法,实战中变幻莫测,威力极大,往往变戏法似的就把敌军置于死地,是千百年来公认的极佳阵法。明代军事理论家茅元仪修撰过《武备志·诸葛亮与复江八阵图》,据他介绍:"八阵图"由天、地、风、云、龙、虎、鸟、蛇八种阵势组成,每阵皆以相应名称的旗帜指挥。同时,它又用八八六十四卦表示大小战斗队伍的番号,可以随机组成任何一种战斗图形。使用时将部队配置成八个方向,每个方向又分成八个小方阵,形成流动变幻的六十四个作战单位。中央是指挥机构,即常常说到的"中军"。作战时,按照"中军"的预先布置,各小方阵都有明确的任务,敌人变动,随之变动。各小方阵视需要可摆成不同形状的阵势,其中又分别组成马队、步队、车队等,每队数量不同,或几十人,或上百人,可以临机组合。每队再排列为重迭的数行,通常前置弓箭手,中间是长兵器手,后面是短兵器手,根据进攻或防御的需要,也可作前后调整。正所谓"常山之蛇,击首则尾应,击尾则首应,击中则首尾皆应。"真是机动灵活,变化无穷,成为克敌制胜的一大法宝。其实,"八阵图"并非只用于战场上的攻防,在行军队形、驻防配置、部队训练等方面,都能应用。诸葛亮用它"以巴蜀弱卒数万东屯渭水,天下震动"。可见它的威力不可小视。

"八阵图"的设计如此巧妙,它用于实战究竟如何? 据《三国演义》描述,陆逊破蜀大获全胜,引得胜之兵,往西追袭。前离夔关不远,陆逊在马上看见前面临山傍江,一阵杀气冲天而起,即差哨马前去探视,回报:见有乱石八九十堆,四面八方皆有门有户,并无人马。陆逊大笑说:"此乃惑人之术耳,有何益焉!"遂引数骑下山坡来,直入石阵观看。忽然狂风大作,霎时,飞沙走石,遮天盖地。但见怪石嵯峨,槎枒似剑,横沙立土,重叠如山,江声浪涌,有如剑鼓之声。陆逊大惊曰:"吾中诸葛亮之计也!"欲回,无路可走,正惊疑,忽见一老人立于马前,笑曰:"将军欲出此阵乎?"陆逊答:"愿长者引出。"老人策杖徐徐而行,径出石阵,并无所得,送至山坡上。陆逊回寨后叹曰:"孔明真卧龙也,吾不能及。"于是班师回吴。

不费一兵一卒,只靠八九个石堆,居然吓走东吴万千精兵,显然这是艺术虚构。从这一应用"实例"来看,有人认为"八阵图"其实只是一种演习阵法的教练图,就像当今军队所有的沙盘作业图,充分利用地形地物,灵活机动训练部队,一旦运用于实战,便可稳操胜券。从《三国演义》描述看,首次应用"八阵图"的是诸葛亮,而畅晓兵法的东吴统帅陆逊竟然不知为何物,三国中的其他将领也从未使用过此种阵法。魏国大将司马懿曾经研究过蜀军训练营地,对这位老对手的布阵技巧十分佩服,赞其为"天下之奇才也"。

从以上分析可以看出,"八阵图"确实具有很大的优点,称得上克敌制胜的法宝。但从《三国演义》中看,诸葛亮摆布"八阵图"的次数有限,他的继承者也少有使用,若真有那么巨大的威力,蜀军为何不多用几次?

另外,有些人可能会问,如果真有"八阵图"这样的阵地,它的遗迹在哪里呢?这个问题,也是个难以解开的谜。

按照《三国演义》的描写,人们自然把寻找的目光投向夔关,也即白帝城下江边的"八阵图"。最先提到这处遗迹的是北魏地理学家郦道元。他的《水经注·江水一》载:"江水又东迳诸葛图垒南"。对此他解释说:"(此处)石碛平旷,望兼川陆,有亮所造'八阵图'"。此说一出,很有影响,历代都有人来这里游览或者凭吊。唐代诗人刘禹锡在夔州做刺史时,曾到这里作了实地考察,写了"八阵图"遗迹的状貌:"夔州西市,俯临江岸沙石,下有诸葛亮'八阵图',箕张翼舒,鹅形鹤势,聚石分布,宛然尚存"(引见刘禹锡:《八阵图录》)。宋代大文人苏轼在《东坡志林》中也做过描写:"自山上俯视,百余丈凡八行,不见凹凸处,如日中盖影。予就视,皆卵石,漫漫不可辨。甚可怪也。"另据《夔州府志》《奉节县志》等地方史料介绍,自宋代起,在每年的正月初七,男女老少都来观看"八阵图"遗迹,名曰"人日踏碛"。由此可见,夔关江边这些奇怪的聚石、卵石,自古以来就被认为是当年诸葛亮留下的"八阵图"遗迹。

也有人指出:诸葛亮的"八阵图"遗迹不止一处。如郦道元的《水经注》记载,在今天陕西省的沔阳县还有一处:"(定军)山东名高平,是亮宿营处……营东即'八阵图'也。"可是,他同时又说,考察这个遗址,却已"倾覆难辨"。郦道元的时代距今一千四百余年,再要考察此处遗迹的真伪,显然就更困难了。《晋记》和《汉中府志》也持此说,然而因无遗迹可寻,只好成疑。

还有人认为,在四川新都、广都、宜宾等地,都分别可寻"八阵图"的遗迹。如《大明一统志》载:在四川新都县北三十里处,有诸葛亮"八阵图"遗迹。这里,尚有以此命名的"八阵"乡。在这些地方的史书中,也能找到有关的记载。然而这些说法,大都缺乏有力的史料证明,又找不出令人信服的实物,很难认定哪儿是"八阵图"的遗迹。

但多数人认为,白帝城下江边的"八阵图"遗迹才是真的。从史料记载来看,诸葛亮在白帝城下虽然未与陆逊交手,也没同别的什么人对阵,可是却有布设"八阵图"的可能。比如,汉献帝建安十九年(公元214年),诸葛亮令关羽守荆州,自与张飞、赵云将兵逆流西上入川,在白帝城整训过部队,可能以"八阵图"演习过阵法。又如蜀汉章武三年(公元222年),吴蜀发生猇亭之战,刘备大败而逃,后在白帝城托孤。诸葛亮在此加强防御设施,"八阵图"正好可以派上用场。由此看来,此处摆布这种阵法,不一定非用于实战,而是用于训练部队或者只是防御设施。因为白帝城属于蜀国门户,战略地位异常重要,诸葛亮有可能建立永久性训练基地和战备工事。据刘禹锡《嘉话录》记载:这里的"八阵图"聚石成堆,堆高五尺,六十围,纵横交错,积有六十四堆。每个石堆都很牢固,虽然历经风摧雨冲,千百年来安稳如初。如此牢固的永久性工事,完全有可能保留下来。所以白帝城下江边上的这些古老军事设施,很有可能是诸葛亮摆布的"八阵图"遗迹。

但这也仅仅是推断和猜测,关于"八阵图"的真相,今天再很难找到实证材料。不过,许多专家都认为,诸葛亮确实作过"八阵图",这一点是没有疑义的。只不过诗人杜甫有意无意地夸大了它的名声,小说家罗贯中又特地给它蒙上了一层神秘面纱,这样一来反倒掩盖了"八阵图"的真实面目。

秦晋淝水之战

东晋太元八年(公元383年)发生的淝水之战,是偏安江左的东晋王朝同北方氐族贵族建立的前秦政权之间进行的一次战略性大决战。同时,淝水之战还产生了"投鞭断流""草木皆兵""风声鹤唳"等成语。

公元316年,在内乱外患的多重打击下,腐朽的西晋王朝灭亡了。随之而来的,是出现南北大分裂的历史局面。在南方,公元317年晋琅王司马睿在建康(今江苏南京)称帝,建立起东晋王朝。其占有现汉水、淮河以南大部地区。在北方,匈奴、鲜卑、羯、氐、羌等少数民族首领也纷纷先后称王称帝,整个北方地区陷入了割据混战的状态。在这个动乱过程中,占据陕西关中一带的氐族统治者以长安为都城,建立了前秦政权。公元357年,苻坚自立为前秦天王。他即位后,重用汉族知识分子王猛治理朝政,推行一系列改革政治、发展经济和文化、加强军力的积极措施。在吏治整顿、人才擢用、学校建设、农桑种植、水利兴修、军队强化、族际关系调和方面均收到显著的成效,在一定程度上使前秦国实现了"兵强国富"的局面。在这基础上,苻坚积极向外扩张势力。他先后灭掉前燕、代、前凉等割据政权,初步统一了北方地区。黄河流域的统一,使苻坚本人的雄心越发增大。他开始向南进行扩张,在公元373年攻占了东晋的梁(今陕西南部、四川北部的部分地区)、益(今四川的大部分地区)两州,这样长江、汉水上游就纳入了前秦的版图。接着,前秦雄师又先后占领了襄阳、彭城两座重镇,并且一度包围三阿(今江苏高邮附近)、进袭堂邑(今江苏六合)。于是,秦晋矛盾日趋尖锐,终于导致了淝水大战。

公元383年,苻坚再调各族人民,组成87万人的军队南下进攻东晋。崔鸿《十六国春秋·前秦录六》记:"八月戊午,遣……步骑二十五万为前锋。甲子,坚发长安,戎长戎卒六十余万,骑二十七万,前后千里,旌鼓相望。"因为根据情报,东晋只有十多万兵力,所以苻坚很狂妄地说:"我的大军只要把马鞭扔进河里,就能让河断流,还灭不了晋吗?"

东晋得知前秦大军南下,急忙派谢石、谢玄率精兵八万,抗拒敌人。这时前秦的先遣部队已到达离东晋国都不远的洛涧(即洛河,今安徽淮南东),截断了淮河交通,形势十分危急。谢石、谢玄派了5000轻骑兵偷袭洛涧的敌军,大获全胜,晋军士气大振,水陆并进直达淝水(淮水支流,在今安徽中部)东岸布阵。

苻坚得知先遣部队打了败仗,急忙赶来督战。他登上城楼,观察淝水东岸的晋军。只见对岸营帐林立,旌旗簇拥,军营里还隐隐传来阵阵鼓声,苻坚心中一惊,忙转身远眺北方的八公山。可是苻坚心里还想着刚才晋军军容严整的景象,恍恍惚惚之时,将八公山上的草木都看成了漫山遍野的敌旗、如林的戈戟。他心里非常恐惧,不敢再抬眼看了,转身对部下说:"晋军有这么多人马,分明是强敌,你们怎么说他们弱呢?"

这时,谢石、谢玄经过研究,觉得前秦军队虽然人数众多,但是士兵都是从各族人民中强行征来的,人心不齐,而且前秦队伍庞大,远途行走,人困马乏,晋军应该采取速战速决的战术。于是谢石、谢玄就发信给苻坚,要求秦军从淝水岸边后撤,留出空地来,让晋军渡过淝水,前来决战。苻坚心想:乘晋军渡河之时,出兵袭击,岂不正好? 于是下令前秦军队后撤。不料前秦士兵都不愿作战,后面部队听到后退的命令,以为前方战败了,争先恐后地逃跑,前秦军队顿时大乱。晋军乘机抢渡淝水,冲杀过来。前秦军队中又有人大喊:"秦军败了,秦军败了!"前秦士兵一听,更加混乱。顷刻间,前秦几十万军队自相践踏,死者无数,苻坚自己也中箭负伤。晋军乘势追杀,苻坚慌忙带着亲信部队往回逃跑。前秦军队逃得疲惫不堪,正想休息一会,忽然听到"呜呜"的风声和鹤的鸣叫声,以为晋军又追来了,不敢停留,又赶紧跑。前秦大败而回,一蹶不振,两年后就灭亡了。

就是这样一个人人称颂为以少胜多、以劣势之军打败优势之军的辉煌战例,却有人提出了质疑。他们对双方兵力之比提出新的见解:第一,前秦的百万军队是虚数。从当时北方人口的估计数看,前秦全国有百万军队已是惊人数字,即使有,苻坚也不可能全部征调伐晋,至少要留一些驻守各地重镇。更重要的是,这百万虚数也没有全部赶赴前线,苻坚到彭城时,凉州、幽冀、蜀汉之兵均未到达淮淝一带,因而根本没有参加淝水之战。第二,当时集结在淮淝一带的军队,是苻坚的弟弟苻融率领的30万士兵,他们也没有全部投入战斗,而被分布在西至郧城、东至洛涧五百余里长的战线上。驻扎在寿阳及其附近的军队,充其量不过10万人。加上苻坚从项城带来的"轻骑8千",也不过10多万人,况且战争发生时,这些军队也不会全部投入战斗。正因为寿阳一带兵力不多,苻坚才会在看到晋军严整的阵容时,恍然而有惧色,产生草木皆兵之感。第三,晋军 8 万除刘牢之所率 5 千人进军洛涧外,均参加了战斗。当时,晋军在长江中游地区布置的兵力,本来就较雄厚,再加上新投入的 8 万,因此当秦、晋双方沿长江中游至淮水一线交战的时候,晋方在前线至少有 20 万以上兵力。再考虑到前秦军长途跋涉、以逸待劳;前秦内部意见分歧、晋军上下一心等各种因素,晋军占了一定优势。因此,不论从两军交战的时候,还是从整个战役情况看,淝水之战时双方投入的兵力,是大致相当的。

长期以来,人们一直认为淝水之战的结果是弱小的东晋军队临危不乱,利用前秦统治者苻坚战略决策上的失误和前秦军队战术部署上的不当而大获全胜,成为中国历史上以弱胜强的著名战例之一。如今又提出了秦晋双方兵之比的新见解,淝水之战是否以少胜多便成为未解之谜,有待进一步解开。

恒逻斯战役

恒逻斯战役在中国的历史上是比较著名的。因为根据一些历史学家的论点,此战是中华古文明向西方输出的伟大里程碑,从此中国的造纸术和火药传到了西方。

公元 751 年(唐玄宗天宝十年),恒逻斯战役在唐王朝与阿拉伯帝国阿拔斯王朝之间爆发,这场战争的地点在现在的哈萨克斯坦塔拉兹市附近。恒逻斯之战是阿拉伯人夺占中亚细亚的著名战役。

恒逻斯战役的起因是西域藩国石国"无蕃臣礼",唐安西节度使高仙芝领兵征讨,石国请求投降,高仙芝假意允诺和好;但是不久高仙芝即违背承诺,攻占并血洗石国城池掳走男丁,格杀老人、妇女和儿童,搜取财物,而且俘虏石国国王并献于阙下斩首。侥幸逃脱的石国王子遂向大食(阿拉伯帝国)的阿拔斯王朝(中国史书称之为"黑衣大食")求救。

有消息说大食援军计划袭击唐朝西域四镇,高仙芝的反应是采取先发制人之策,主动进攻大食。鉴于当时唐帝国在西域的影响,有许多葛逻禄及拔汗那国的军卒参加大唐的军队,组成的大唐联军有 3 万多人(另有说法为 7 万人),其中唐兵占2/3。高仙芝率领大唐联军长途奔袭,深入七百余里,最后在恒逻斯与大食军队相遇。于是,一场历史上著名的战役——恒逻斯战役打响了。

在恒逻斯战役中双方相互厮杀,战斗持续五日。其间大唐联军的葛逻禄部见势不妙,反倒向大食,高仙芝受到大食与葛逻禄部两面夹击,无力支撑而溃不成军。副将李嗣业劝高仙芝弃兵逃跑,途中他们恰逢同属大唐联军的拔汗那兵也溃逃至一处,兵马车辆拥挤堵道路,李嗣业唯恐大食追兵将及,挥舞大棒毙杀拔汗那军士,高仙芝等人才得以通过。《资治通鉴》亦有如下记载:"右威卫将军李嗣业劝仙芝宵遁,道路阻隘,拔汗那部众在前,人畜塞路;嗣业前驱,奋大梃击之,人马俱毙,仙芝乃得过。"李嗣业在溃逃途中还被别将段秀实撞上，段斥责李为"惮敌而奔，非勇也；免己陷众，非仁也。"倍感羞愧的李嗣业于是与段秀实收拾唐军残卒向安西逃遁。此役以大食军完胜奔袭问罪的大唐联军为结局，唐3万余士卒除了极少数逃回安西外，其余大部分唐军的去向史书中没有具体记载，下落不明。那么这3万唐军到底哪里去了呢？是被杀，还是被俘，或是逃散？在史书上都没有详细的记载。

近些年来，人们通过对史书中有关这段战役的零星记载，逐渐找到一些线索。在《旧唐书》中的《李嗣业传》中记载说："仙芝大败。会夜两军解。仙芝众为大食所杀。存者不过数千。"这里面所说的是逃回安西的只有数千人，而其余的人都被阿拉伯军队所杀。但是，这是否是真实的情况呢？在阿拉伯人伊本·阿勒·阿西尔关于这场战争的记载中，曾经提到高仙芝所率军队共7万人，其中5万被杀，2万被俘。这与《旧唐书》中所记载的情况是不符的。另外在唐朝政治家及学者杜佑所撰写的《通典》中提道："高仙芝伐石国于恒逻斯川，7万众尽殁。"这和伊本·阿勒·阿西尔的记载完全符合。杜佑是与战争发生同一时代的官员，这段文字也是根据他的亲戚、曾经参加过恒逻斯战役的杜环提供的材料写成的，看来这种说法比较可靠。

据现有的文献记载，有一部分被俘的唐朝官兵被编入了阿拉伯军队，并且远赴西亚作战。杜环是一万余唐军俘虏中的一员，他是作为随军书记官参与恒逻斯战役的。杜环在中亚、西亚乃至地中海沿岸等大食境内游历、居住有十多年之久，是中国历史上有据可考的第一个到过摩洛哥的人。杜环于公元762年由海路返回中国，并将其游历见闻著作成书，名为《经行记》，为中外文化交往流下了宝贵的记录。《经行记》同时也记载了许多被俘的唐军的下落，除参军作战以外，许多被俘的唐军被阿拉伯当作奴隶使用。有一些留在了中亚地区，而有的则被带到了西亚、北非等地。中国的许多先进的生产技术和文化就是通过这些俘虏传到西亚和非洲的。在当时的阿拔斯王朝的大城市里，杜环不但发现那里已有来自中国的绫绢机杼，还亲眼目睹一些中国工匠（金银匠、画匠及纺织技术人员）在当地工作。早在公元10世纪时，阿拉伯学者比鲁尼就曾经写道："中国的战俘把造纸术传入了撒马尔罕，从那以后许多地方都开始造起纸来。"而另一位阿拉伯学者则直接指出纸是由俘虏们从中国传入撒马尔罕的，阿拉伯人就是在这些俘虏中找到造纸工人的。可见中国的战俘教会撒马尔罕人造纸是不容置疑的。

那么这批1000多年前出征的唐朝军队，在战争结束后到底去了哪里呢？我们是否可以根据以上的史料记载来判断他们流向西亚，并从侧面为中国文明的向外传播做出了贡献呢？在各种看似真实的记载中，我们无从判断这个历史事件的真实面貌。但是在众多的古代事件中，作为后来的人们又有多少把握认为前人所描绘的历史是准确无误的呢？也许这将成为永远都解不开的谜，只留下那些不朽的

明与后金萨尔浒之战

"明朝衰亡,后金兴起,'肇于是战'",公元 1619 年发生的萨尔浒之战,是明朝与后金政权在辽东地区进行的一场具有决定意义的战略会战。纵观明和后金在萨尔浒之战中的战略、战术指导上的不同特点和战争的最终结果,可以充分体会到兵法中的"胜兵若以镒称铢,败兵若以铢称镒"的真切含义。

明朝对女真各部的统治,一面以羁縻政策笼络其首领,封官晋爵赏赐财物;一面分化女真各部,使其互相对立,以便分而治之。后来由于对女真的政治压迫和经济剥削不断加剧,引起了女真人民的强烈不满和反抗。

萨尔浒之战

万历四十四年(1616 年),努尔哈赤建立后金,年号天命,称金国汗,以赫图阿拉(今辽宁新宾县西老城)为都城。后金政权的建立,实际上标志努尔哈赤正式宣告与明朝分庭抗争。努尔哈赤利用这种不满情绪,积极向明辽东都司进行袭扰。

明朝晚期,因忙于镇压关内人民起义,无力顾及辽东防务,驻守辽东的明军,训练荒废,装备陈旧,缺粮缺饷,虚额 10 余万,实有兵不过数万。加上长期处于和平环境,守备又极分散,军队战斗力差。万历四十六年(1618 年)正月,努尔哈赤趁明朝内争激烈、防务松弛的时机,决意对明用兵。努尔哈赤在万历四十六年二月召集贝勒诸臣讨论方略,具体制定了攻打明军、兼并女真叶赫部、最后夺取辽东的战略方针。尔后厉兵秣马,扩充军队,刺探明军军情,积极从事战争准备。

经过认真准备和周密计划后,努尔哈赤便按既定计划开始了行动。四月,努尔哈赤以"七大恨"誓师,历数明廷对女真的七大罪状。"七大恨"的主要内容是指责明朝杀父、祖,援助叶赫和驱逐边堡的女真农人,以此作为对明动武的借口。努尔哈赤率步骑攻打明军,并很快攻下了抚顺城。

明廷在辽左覆军损将后,决定发动一场大规模的进攻后金的战争,企图一举消灭建立不久而势力日盛的后金政权。明任杨镐为辽东经略,调兵遣将,筹饷集粮,置械购马,进行战争准备。

万历四十七年(1619 年)正月,明帝颁发"擒奴赏格":擒斩努尔哈赤者,赏银一万两,升都指挥使世袭,擒斩努尔哈赤之子代善、莽古尔泰、皇太极、阿巴泰及其孙杜度等"八大总管",赏银 2000 两,升指挥使世袭,幻想"重赏之下,必有勇夫"。明朝还与朝鲜取得联系,欲借于朝鲜的兵力,合击后金。朝鲜派出了元帅姜弘立、副元帅金景瑞率三营兵马13000人过鸭绿江来援助。

万历四十七年(1619年)二月,明各路大军云集辽沈。经略杨镐制定了作战方案,即以后金政治中心赫图阿拉为目标,分进合击,四路会攻。北路由总兵马林率领,自开原出三岔口;西路为主力,由总兵杜松率领,自沈阳出抚顺关;西南路由总兵李如柏率领,自清河出鸦鹘关;南路由总兵刘挺率领,会合朝鲜兵,出宽奠。杨镐坐镇沈阳指挥,想一举围歼后金军。

努尔哈赤探悉明军分进合击的企图后,决定采取"凭尔几路来,我只一路去"的对策,集中八旗军精锐,先破明西路军,以少量兵力抵御其余三路,尔后相机各个击破。三月一日,杜松部进至萨尔浒(今辽宁抚顺东),分兵为二,以主力驻萨尔浒附近,自率万人进攻吉林崖。努尔哈赤率兵进攻萨尔浒的杜松部,两军交战,中午以后,天色阴暗,杜松部点燃火炬照明以便进行炮击,后金军由暗击明,攻占杜军营垒,杜军主力被击溃,伤亡甚众,杜松阵亡。西路军全军覆没。

明西路军被歼后,南北两路明军处境十分不利。北路马林部进至尚间崖(在萨尔浒东北),得知杜松部战败,令军队就地防御。努尔哈赤迎击马林部。后金以骑兵一部迂回到马部阵后,两面夹攻,大败马林部,夺占尚间崖,北路明军大部被歼。

此时,南路军尚不知西路、北路已经大败,仍按原定计划向北开进。努尔哈赤事先在阿布达里岗设下埋伏,刘挺先头部队进至阿布达里岗时,遭到伏击,刘挺兵败身死。

坐镇沈阳、掌握着一支机动部队的杨镐,得知西、北、南三路大军均吃败仗后,慌忙急檄南路李如柏部撤兵。李如柏部在回师途中,又为小股后金军骚扰,李如柏部军士惊恐逃奔,自相踩踏,死伤千余,才逃脱了被后金军聚歼的悲惨命运。至此,萨尔浒之战落下了帷幕。

在这次战争中,后金努尔哈赤表现了杰出的军事才能,运用集中兵力、各个击破的正确作战指导,取得了辉煌的胜利,从而根本的改变了辽东的战略态势:明朝方面由进攻转为防御,后金方面由防御转为进攻。后金军在萨尔浒之战的胜利,不但使其政权更趋稳固,而且从此夺取了辽东战场的主动权。而明军自遭此惨败,完全陷入被动,辽东局势顿时告急。萨尔浒之战后,后金军乘势攻占开原、铁岭,征服了叶赫部。明由轻忽自大变为软弱妥协,消极保守的战略思想占了主导地位,直至最后清叩关而入,明朝灭亡。

明与后金之间的萨尔浒决战是17世纪初的一场大搏斗。但在萨尔浒之战中双方究竟各投入多少兵员,迄今仍是一个谜。清朝文献记载"杨镐以二十万兵,号四十七万"(《清太祖武皇帝实录》,卷3);另一种记录"以二十七万兵,号称四十七万"(《清太祖朝老满文原档》)他们总是往多说,以讥笑杨都堂失败之惨和他们自己胜利之巨大。

后金击败明军四路进攻,确是以少胜多。后金兵数到底有多少,也很难确知。从明朝采取"分进合击"的战略来看,明朝的兵数肯定超过后金兵数。战后努尔哈赤那番高兴的谈话,也流露出他们打了胜仗并非靠兵员数目之多。说出他们兵员数目的记载,有明朝辽东经略杨镐的一份奏疏。他说:"盖奴酋之兵,据阵上所见约有十万。"(《明神宗实录》)但是这个说法不准确。因为那时李如柏、刘两路尚未与后金兵大战,不可能有人见到他们的全部兵员。

所以,明与后金投入战斗的具体人数究竟有多少,也只能是个解不开的谜了。

俄国普加乔夫起义

普加乔夫起义发生于 1773 年~1775 年。领袖普加乔夫(1740~1775 年),顿河哥萨克人。参加过七年战争和 1768 年~1770 年的俄土战争,曾任少尉。

8 世纪下半叶,俄国农奴制发展到顶峰,封建压迫和剥削更加残酷,1768 年开始的俄土战争加重了人民的负担。1773 年 9 月,普加乔夫集结了 80 名哥萨克在乌拉尔河西岸的托尔卡乔夫田庄起义。他利用群众中存在的怀念"善良沙皇"的心理,僭称彼得三世,宣布废除农奴制度,取消人丁税,将土地、牧场、池塘和森林赐给贫苦农民,因而受到人民群众拥护。10 月 15 日,起义军到达奥伦堡城下,开始了长达 170 天的围困战。1774 年初,起义军已达 5 万余众,农民战争波及乌拉尔大部地区。1774 年 1 月,叶卡捷琳娜二世派大批正规军镇压起义军。3 月,在塔季谢沃战役中普加乔夫打退沙皇军队,起义军也损失过半。4 月初,起义军在萨克马尔斯克镇附近战败。普加乔夫带领几百人转移到乌拉尔南部和巴什基尔矿区,在同增援的雅伊克镇哥萨克会合后,起义军又向卡马河和伏尔加河一带转移,7 月 23 日占领喀山城。几天后,遭到沙皇军队的围攻,被迫转移到伏尔加河西岸地区,重新发动和组织群众。1774 年 8 月,起义军攻下萨拉托夫,围困察里津。9 月 3 日在察里津附近为苏沃洛夫所败。普加乔夫带领 200 多人东渡伏尔加河,撤向南方草原地带。9 月 25 日,普加乔夫被叛徒出卖,1775 年 1 月 21 日在莫斯科沼泽广场被杀。

普加乔夫起义是俄国历史上最后一次大规模的农民起义。在此之前,俄国还先后爆发过三次大规模的农民起义:波洛特尼科夫起义(1606~1607 年)、拉辛起义(1667~1671 年)和布拉文起义(1707~1709 年)。在这四次大规模的农民起义中,究竟哪一次农民起义是俄国历史上最大的农民起义呢?学术界在这个问题上迄今尚无定论。

一种观点认为,普加乔夫起义是"俄国最大的农民起义",或"俄国历史上规模最大的农民战争"。例如,早在 1935 年译成中文出版的迈斯基的《俄国史》一书中认为,普加乔夫起义是 1905 年以前俄国平民阶级的最大社会风潮。1956 年出版的

《苏联史纲》中说，按照所囊括的地域的面积，所吸引的人民群众的数量，猛烈攻击的威力和神速，普加乔夫领导的农民战争不仅是俄国，而且是全欧洲历史上农民最大的一次运动。20 世纪 50 年代初、中期出版的《苏联大百科全书》(第 2 版)和《苏联百科词典》(第 1 版)的有关条目也认为普加乔夫起义是俄国最大的一次农民起义。1956 年出版的涅奇金娜等人主编的《苏联通史》甚至认为普加乔夫领导的农民战争是欧洲历史上人民群众最大的反封建运动。近年来，在我国出版的一些词典、手册、小册子、专著、论文甚至儿童读物中，关于普加乔夫领导的农民起义是"俄国最大的农民起义"或"俄国历史上规模最大的农民战争"之类的提法已被普遍采用。

另一种观点认为，普加乔夫起义不是俄国历史上最大的农民起义。在苏联科学出版社 1966 年出版的《十七至十八世纪俄国农民战争》一书中，苏联史学者伊·伊·伊米尔诺夫著文认为，波洛特尼科夫起义无论在规模上还是意义上，都是俄国最大的农民战争。拉辛起义也好，普加乔夫起义也好，不论就其卷入起义的地区范围来说，还是就其参加起义的人数或者每次运动对封建农奴制俄国的社会和政治制度的基础给予打击的力量来说，都不能与波洛特尼科夫起义相比拟。

此外，在一些著作中，我们找不到关于普加乔夫起义是"俄国最大的农民起义"之类的提法。在 20 世纪 20 年代~30 年代多次再版的苏联著名史学家波克罗夫斯基的名著《俄国历史概要》中，在 40 年代~50 年代多次再版的潘克拉托娃等人主编的《苏联通史》中，在 60 年代~70 年代出版的重要的苏联史著作，如诺索夫主编的《苏联简史》第 1 卷(上册)和波诺马廖夫主编的《苏联通史》第 3 卷中，都找不到关于普加乔夫起义是"俄国最大的农民起义"之类的说法。值得注意的是，《苏联大百科全书》(第 3 版)和《苏联百科词典》(第 3 版)有关条目中已不再出现关于普加乔夫起义是"俄国最大的农民起义"的提法。在 1976 年开始出版的《苏联军事百科全书》中虽然认为，1773~1775 年的农民战争，无论是在力量、团结、阶级划分、组织成分与觉悟程度方面，还是在社会口号的明确程度和阶级斗争的激烈程度方面，均超过以前的所有农民战争，但却未断言这次农民战争是俄国历史上规模最大的农民战争。翻开《大不列颠新百科全书》和《美国百科全书》(国际版)，我们也找不到关于普加乔夫起义是"俄国最大的农民战争"之类的说法。相反，这两套辞书的"普加乔夫"条目中都使用了"较大的"起义的措辞。在 1957 年苏联科学院历史研究所编的《苏联历史资料》(第 5 卷)中，编者认为，1773~1775 年的农民战争是苏联历史的封建主义时期的最大的阶级斗争之一。在这里也没有断言这次农民战争是俄国历史上最大的阶级斗争或最大的农民战争。

由此可见，正如苏联学术界所早已指出的那样，关于哪一次农民起义或农民战争是俄国最大的农民起义或农民战争的问题，仍是一个有争议的问题。这个问题的正确答案究竟是什么,有待于历史学家去继续探究。

火烧莫斯科

俄罗斯首都莫斯科是世界最大的城市之一,也是俄罗斯政治、经济、科学文化及交通中心。但1812年拿破仑率领的法军占领莫斯科后,这个城市在大火中被焚毁。

19世纪初,欧洲大陆战火不断,各国纷争变幻莫测,各种"同盟"朝结夕散,造成这种局面的原因非常简单,那就是各国都想取得欧洲霸主的地位。在这所有的争霸战争中,尤以法国与俄国之间的争夺最为激烈。自从"战争之神"拿破仑登上帝位以后,法国领土进入了一个空前扩大的时代,他东打西杀南突北进,在欧洲大陆进行了一系列的军事外交和军事活动。欧洲其他国家为了抵御法国,纷纷结为同盟。由英、俄、普鲁士、奥地利等国先后六次组成反法同盟,前五次均告失败,只有第六次获得了胜利,这次胜利彻底击败了拿破仑,使俄国登上了欧洲霸主的地位。

其实,拿破仑最初的军事行动主要是针对英国的,在计划失败后,他开始把矛头对准俄国。在他看来,只有击败了俄国才能最终战胜英国。于是,在1821年6月24日,拿破仑对俄国不宣而战。

战争刚开始的时候,俄国由于没有防备,处境非常被动,俄军很快溃败,国土大片丧失。8月9日,在经过一场血战之后,法军占领了斯摩梭斯克。两天之后,当时的俄国沙皇亚历山大一世任命"天才统帅"米·伊·库图佐夫为俄军总司令,带领俄军抵抗法国的入侵。8月26日,库图佐夫指挥20万大军,与法军在莫斯科西郊展开了著名的"博罗迪诺会战",双方死伤无数,损失惨重。库图佐夫为了保存实力进行反击,决定放弃莫斯科,莫斯科城里的居民也随同军队一起撤离。

法军进入了莫斯科,可莫斯科几乎是一座空城,很多地方都在起火。9月17日晨,拿破仑突然从睡梦中惊醒,他跑到克里姆林宫的窗口向外眺望,发现莫斯科到处焰火蒸腾,火花爆溅,当时就被吓得面色如土。他边大叫着"多么可怕的景象",边同身边的随从一起狼狈地逃出了莫斯科。这场来势凶猛的大火整整烧了一个多星期,当大火熄灭后,昔日风光旖旎的莫斯科变成了一片令人心悸的废墟。

由于莫斯科的被烧,法军无法从莫斯科取得补给,同时由于法军挺进太深,后方援助不能及时到达,法军的粮草供给也非常紧张,在迫不得已的情况下,10月19日,拿破仑被迫下令从莫斯科撤军。

得知法军撤退的消息后,俄军在沿途不断予以狙击,迫使拿破仑不得不随时改变撤退路线,到12月,拿破仑才终于撤出了俄国境内,虽然逃离了俄国,但损失惨重,军力损失达47万余人。

对于拿破仑这次军事冒险的失败，人们不足为奇，可对于莫斯科当时那场罕见大火的起因，多少年来，却一直争论不休。

根据正史记载，那场大火应该是莫斯科人自己放的。当年由于敌强我弱，库图佐夫决定放弃莫斯科，莫斯科人民也决定随俄军一起撤退，为了不给法国入侵者留下任何有用的东西，莫斯科居民忍痛放火烧了自己的故乡。拿破仑就一直认为"放火烧城"是莫斯科军政总督罗斯托普金蓄意谋划与安排的。因为当法军企图救火时才发现，偌大的莫斯科城内居然没有一件消防水龙头和灭火工具，显然是事先有人把它们都运走了。另外，城里城外同时起火，显然也是有计划、有部署的预谋。而当时法军逮捕的一些纵火嫌疑人也交代是罗斯托普金指使他们这样干的。据说，罗斯托普金在后来也曾说过，是他命令放火烧城的。从战略的角度看，放火烧城的决定虽然代价惨重，但却是十分正确的。这是一次十分勇敢的"焦土政策"，它表明了俄国人民不惜一切代价抗击侵略者的决心。若真正追究放火的元凶，应该是法国人，正是由于他们的入侵，才迫使莫斯科人民不得不烧毁自己美丽的家园。

可也有人不同意这样的看法，他们认为莫斯科大火并非俄国人自己放的，而是进城的法军干的："他们夜进民宅，点起蜡烛、火把、柴火照明，喝醉酒后不慎引起大火"。俄国大文豪托尔斯泰在他的小说《战争与和平》中就持这样的观点。更为激进的说法则是法国人蓄意纵火。苏联的一位历史学家就在他的论著中这样写道：看到莫斯科大火的俄国人证明，拿破仑是事先有计划地来焚毁和破坏莫斯科城的。

在俄国当时的史料中还有这样的记载：莫斯科人民不愿自己的财产落入法国人之手，他们忍痛烧毁自己的财物，可法国强盗烧得更多！俄国人和法国人一起烧毁了莫斯科。据后来在法国军队中服役的一些人承认，上面所说的情形的确都存在。

俄罗斯的爱国诗人曾在诗中对那场大火进行了如此的描述："在燃烧的天空下，在燃烧的地上，穿过两旁的火墙走。"走的人当然是狼狈不堪的法国侵略者，火虽然烧得痛快，烧跑了侵略者，但毕竟烧毁了莫斯科人民可爱的家园。无论谁是真正的纵火者，我们都不希望这样的场面在人类历史上再次重演。

我们欣喜地看到，今天的莫斯科已完全看不到当年被焚烧的痕迹，历史悠久的莫斯科就如同一幅由数不胜数的历史古迹镶嵌成的精致、高雅的艺术品，引来各国游客前去参观游览。

拿破仑兵败滑铁卢

1814 年，欧洲反法联军攻陷巴黎，拿破仑被迫宣布退位，被流放于厄尔巴岛。1815 年 3 月 1 日，拿破仑率领 1000 余名士兵偷渡回国，沿途守军纷纷重新聚集在他的鹰徽旗下。3 月 20 日，拿破仑凯旋巴黎，重登皇位（史称百日王朝）。这使整个欧洲震惊，在维也纳开会的同盟国一片哗然，他们立即放弃了彼此间的争吵，再次联合起来，并宣布拿破仑为"世界和平的扰乱者和人类公敌"，将不受法律保护。3 月 25 日，英、俄、普、奥、意、荷、比等国组成了第七次反法同盟，决心彻底打垮这个科西嘉怪物。拿破仑意识到如果联军几大军团会合一处，后果就不堪设想。于是他迅速组织部队抵抗，根据制定的正确的战略部署，要在俄奥大军到达之前结束战斗，以迅雷不及掩耳之势先将英普联军各个歼灭。可是这一次战争局势并没有朝着"战神"部署的方向发展。

拿破仑

　　受命占领布鲁塞尔重要阵地以牵制英军的内伊元帅迟缓犹豫，使这一行动未能如期完成。后来在双方激烈争夺时，拿破仑又命令内伊属下戴尔隆军团由弗拉斯内向普军后方开进，和主力部队一起对敌军实行夹击，但戴尔隆对命令理解不清，错误地向法军后方开来，使这决定性的一击延误了近两个小时。但当戴尔隆重新赶回普军后方时，又被不明战局的内伊元帅严令调开，这时英军已在戴尔隆的大炮射程之内，戴尔隆机械地执行了内伊的命令，使法军在临胜之际功亏一篑，英军逃脱了被全歼的命运。

　　另外，在滑铁卢会战的前一天，拿破仑指挥军队追击英军时，就在两军快要相接时突然下起了瓢泼大雨。顷刻间，道路被冲毁，田野一片泥泞，法国骑兵不得不停止追击，使狼狈逃窜的英军绝处逢生。次日清晨，彻夜未停的大雨仍然妨碍着法军按时投入进攻，善于运用机动战术的拿破仑也无法在这样的天气下发挥炮兵和骑兵的机动作用。战斗一直推迟到中午才开始，这就给英军更多的喘息机会。

　　滑铁卢大战是世界战争史上令人瞩目的一页，也是拿破仑戎马生涯中的最后一战。

　　然而，这一战却以拿破仑的失败而告终。滑铁卢战役的进程既惊心动魄，又富有戏剧色彩，许多微妙因素影响了战局，使法军的锐势急转直下，失去了几乎到手的胜利。

　　6 月 18 日中午，随着三声炮响，滑铁卢之战的帷幕骤然拉开，排山倒海的法国骑兵呼啸而上，但防守的英军顽强抵抗，以猛烈的火力压住了法国骑兵的锐势。当时拿破仑大约有 7.2 万个士兵，威灵顿有 7 万。拿破仑和威灵顿都在等待援军的到来，前者等的是元帅格鲁布，后者等待的则是布吕歇尔。法军继续对英国军队左翼的进攻。一个半小时后，拿破仑看见圣兰别尔东北方有军队向这边赶来，他认为这一定是格鲁布,遗憾的是:来的军队是布吕歇尔而不是格鲁布。布吕歇尔从格鲁布的追击下逃脱并且绕过法国元帅的视线赶到了这里。拿破仑并没有因此而想到撤退,这个时候,拿破仑仍在等,格鲁布仍没来! 拿破仑陷入完全绝望的境地。

列成方阵的法国近卫军一面拼死抵抗,一面缓慢后撤,保卫着拿破仑撤出了战场。其他地方的法军也在联军进攻下,朝不同方向分散逃命去了。

一天前还是青翠碧绿的田野和山坡,此时铺满了血肉模糊的尸体、伤员以及无数残缺的肢体,绿色的平原变成了血的海洋。据估计,威灵顿军团死伤 1.5 万人,布吕歇尔军团死伤 7000 人,而法军死伤 2.5 万人,被俘虏 8000 人。

6 月 20 日,拿破仑回到巴黎。这时两院已经背叛了他,他的兄弟吕西安极力劝他解散两院,重新征召军队,准备再战,但拿破仑却表示拒绝。他明白他的使命已经完成了,他的星宿已经陨落了,他不愿自己的国家发生内战。次日,拿破仑自动退位。7 月 7 日,联军以胜利者的姿态进入了巴黎。7 月 15 日,拿破仑离开法国,被放逐于南大西洋的圣赫勒拿岛。1821 年 5 月 5 日,拿破仑在圣赫勒拿岛辞世,时年 52 岁。

法国滑铁卢战争标志着拿破仑时代的结束,动摇了欧洲封建制度政体,为欧洲各国的资本主义发展奠定了基础。但对于这次会战,诸多军事学家和历史学家从不同方面,不同观点作了仔细研究和评析,各说不一。

然而事实真如人们所言:拿破仑的惨败完全在于格鲁布元帅的迟到吗? 如果格鲁布元帅没有迟到而是准时到达救援地点那是否又意味着拿破仑会一如既往地雄霸欧洲呢? 因为当时拿破仑的军队有 7.2 万人,英军也有 7 万人,双方势均力敌,谁的援军先到,谁将占据优势。或者是天气原因在这场战争中占据了很重要的因素,导致了拿破仑的失败。可是也有人把原因追溯到更早一些时候,他们认为,如果一切都按拿破仑最初的正确战略进行,本来早就可以结束战斗了,滑铁卢的决战也不会发生。第七次反法同盟也会像上几次一样,被拿破仑打得落花流水,一败涂地。

人们还常常把原因归结为拿破仑用兵失误,主要是当时在他身边缺少能攻善战、和他配合默契的将领,达乌被围困在汉堡,缪拉没能够及时从那不勒斯赶回来,马塞纳正在西班牙征战。拿破仑虽然培养了一批将才,但在关键时刻却不能为自己所用,这无疑是一场悲剧。

最后,听一听拿破仑自己的解释吧。他说:"这个会战失败了! ……这是一个可怕的灾难。但是那一天还是胜利的。军队的表现还是极为优异,敌人在每一点上都被击败了,只有英军的中央还能够坚守。当一切都已过去之后,军队才突然为恐怖所乘。这是不可解释的……"

瑞典国王约翰,即昔日曾在拿破仑麾下作战,后来又领兵与之对抗的前法国元帅贝尔纳多特发表了如下评论:"拿破仑并不是被世人征服的。他比我们所有人都伟大。但上帝之所以惩罚他是因为他只相信自己的才智,把他那部庞大的战争机器用到了山穷水尽的地步。然而凡事物极必反,古今概莫能外。"

也许,是这些微妙的因素综合在一起发生了作用,使战无不胜的拿破仑再一次遭遇了失败的命运。人们不遗余力地对其中具有决定性影响的因素进行探讨,但是谁也不能说服谁,只好作为一桩疑案继续讨论下去了,或许我们只有到不可重演的历史中去找寻答案。

美西战争的导火索——"缅因"号爆炸

1898 年 1 月 24 日,一艘美国巡洋舰停泊在古巴首府哈瓦那港。这艘名为"缅因"号的军舰,是美国政府借口保护自己在古巴的利益和侨民的安全,才驶抵这个备受西班牙殖民主义者奴役的国度。

当时,古巴是西班牙的殖民地。为了争取民族的独立和国家的自由,古巴人民掀起了反对西班牙殖民者的起义,全国处于一片混乱之中。

这下,终于给新兴的美帝国主义提供了一个可乘之机。他们对位于自己家门口的古巴,垂涎已久。早在 1805 年,美国总统杰弗逊就赤裸裸地表示,一旦同西班牙作战,首先要占领古巴。后来,美国多次企图收买或用武力夺取古巴,都因为西班牙殖民者不愿放弃自己既得利益,而未得逞。

1895 年,古巴独立战争爆发后,美国隔岸观火,并未援助古巴。然而到了 1898 年初,形势突变,古巴革命眼看就要消灭西班牙殖民统治,于是美国匆忙以"帮助古巴革命"为幌子,以及保护自己的侨民为借口,首派"缅因"号军舰,抵达哈瓦那港,向西班牙施加压力。

1898 年 2 月 15 日晚,哈瓦那港口一片宁静,只有海风轻抚着海面,发出优美的涛声。一座古老的灯塔俯瞰着海面,在摇曳的灯光下,隐约可见海面上几百条船只。

在静静的港湾里,美国的"缅因"号巡洋舰停泊在海面上,甲板上的美国海军士兵正载歌载舞,喝酒说笑,享受着这宁静而又凉爽的夜景,来轻松一下他们疲惫的身躯。

突然,"轰隆"一声巨响,"缅因"号剧烈地震颤一下,顿时浓烟滚滚、火光冲天,整个军舰变成一个火球。

官兵们不知发生什么事情,高呼乱叫,四处逃命。有个军官还没有乱了分寸,高声叫道:"赶快救火!不要乱跑!"可士兵哪里听他的叫声,不顾一切地跳到海中。

军官无可奈何,随手抓住身旁两个奔跑的士兵,命令他们去救火。这两个士兵只好从舱内拉出一个水龙,刚浇灭了一点,紧接着又是一声巨响,整条军舰慢慢地向右边倾斜。大家见大势已去,纷纷跳海逃命而去。

"缅因"号爆炸事件很快轰动了整个美国,各大报纸以头条位置报道这个事件。一时间,美国的街头巷尾,都在谈论这件事情,但人们议论最多的是"缅因"号被谁炸掉的。

"会不会是西班牙人干的?"

"也有可能是古巴人所为。"

不久,美国有关方面公布了调查结果,声称这艘军舰是西班牙人用水雷炸沉的,干脆利索而又毫不迟疑地将责任归在西班牙政府头上。

这个消息一经传开,美国沸腾了。一些扩张主义分子抓住这个机会,到处举行集会,在报纸连发文章,狂热地进行战争宣传:

"为'缅因'号死难者报仇!"

"美国人的鲜血不会白流,我们要与西班牙人决一死战!"战争的阴云一下子笼罩了加勒比海地区,美国和西班牙的关系到了一触即发的局面。

4月20日,美国向西班牙发出最后通牒,逼其全部撤出古巴。西班牙政府断然拒绝,并据理力争,也随即公布自己的调查结果,声称这次爆炸来自军舰内部,与他们无关。美、西两国为了这件事,争执不休,最后决定成立调查团。但是当西班牙调查人员要求登上"缅因"号调查的时候,美方却坚决拒绝了他们。美国人为什么不肯让西班牙调查人员检查"缅因"号的残骸呢? 是怕他们在船上动手脚,还是其中另有隐情? 不仅如此,没过多久,美国又把炸坏了的"缅因"号拖到了大西洋,让它在排空巨浪之中沉入海底。这样,调查工作无法再继续进行,而美国人反对西班牙的情绪却越来越强烈了。终于,在事情发生还不到三个月的时候,4月25日,美国正式向西班牙宣战,美西战争就这样爆发了。

历时三个月的美西战争,以西班牙彻底失败而告终。1898年12月,美国和西班牙在巴黎签订和约,西班牙让出了古巴和菲律宾。

至于引起这场战争的"缅因"号爆炸事件的原因,也许将永远是个谜。

美国海军上将海曼利科认为"缅因"号的爆炸是由于存放在舰艇上的煤发生自燃而引起的。1976年他"用现代技术为基础进行推断,判定是由于紧挨弹药仓的煤仓发生自燃所致"。海曼利科夫还说,1896年,美国巡洋舰"辛辛那提"号和"纽约"号也曾经先后发生过因煤炭自燃而引起的起火事件。当时,大火已经危及了火药仓的安全,只不过这两起事故后来均由于海水进入船舱把大火熄灭才避免了灾难。但是这只是一种主观的推断而已,没有得到世人的承认。也有人猜测,"缅因"号的爆炸是由于舰艇上的锅炉发生爆炸而引起的事故,但是这一说法同样缺乏有力的证据而无法让人信服。

此外,还有不同的说法,譬如:因为有人在舰上的贮煤仓内放置了炸弹;因为

"缅因"号误触水雷;有人把计时炸弹带上了"缅因"号舰艇上;甚至有人认为弹药包没有安置妥当,造成了这次惨剧。但是无论持那种观点的人都拿不出确凿的证据来证明自己观点的正确性。

要想揭开"缅因"号爆炸事件的谜底,还有待于更多解密材料的公布以及对舰艇残骸的进一步检查,那就让我们拭目以待吧。

美西马尼拉海战

美国人一直对西班牙在加勒比海的"珍珠"——古巴垂涎不已,美国资本自19世纪70年代起大量进入古巴,到1896年为止已达5000万美元;1894年古巴产糖105万吨,其中96万吨输往美国,显然,美国已经取代西班牙控制了古巴的经济。特别是在古巴投资的钢铁、糖业资本家坚决要求对西班牙开战。不久,美国国会于1898年4月宣布古巴自由独立,美西战争因此爆发。战争中,美国海军准将乔治杜威所指挥的远东分遣队是由5艘巡洋舰、1艘炮舰及数艘辅助舰船组成的,但其中没有一艘是真正的战舰。船舰全是用蒸汽机发动的,其中除了巡洋舰,就是易受伤害的炮舰和速度较低的"快艇"。正是这样一支小型舰队,在菲律宾马尼拉湾与实力更为强大的西班牙舰队的交战中,轻而易举地打垮了西班牙舰队,攻取了马尼拉。

杜威舰队取得的胜利是美国从内战到第二次世界大战开始期间的一次大的胜利。根据杜威将军报告,战斗至中午7艘西班牙舰船全部被击沉,西班牙舰队死亡161人,伤210人,而美国舰队只有9名官兵受轻伤。第二天,美海军又占领了甲米地和科雷希多岛,并且封锁了马尼拉的海上交通。

对于美国杜威舰队获胜的原因在史学界有着不同的看法,有的史学家如詹姆斯·查思等认为杜威舰队是凭借审时度势攻取马尼拉的。早在1898年2月,当杜威将军率领的美国舰队到达香港时,他就获得了重要情报:许多美国人正在谈论美国军舰"缅因"号被炸沉的情况,认为那是西班牙人所进行的破坏行动。随后,杜威将军收到了代理海军部长罗斯福的电报:"保持充足的燃煤。一旦发生战争,你的任务是不准西班牙分舰队离开亚洲海岸,然后对菲律宾群岛发起进攻。"杜威根本不需要这种敦促,因为此时他已经在加紧备战了。他为舰队购买了一艘运煤船和一艘补给船。他命令战舰入坞,对机械部分进行大修,把船体水下部分清除干净,并将白色的船舷漆成灰色。杜威将军亲自检查一切细节,要求舰艇人员每天操练,舰上所有的机器都做好战斗准备,一接到命令就能够连续运转。为了搞清西班牙舰队和菲律宾岛上的设防情况,他派了一个密探去马尼拉,还让自己的副官化装成旅游者,从到达香港的游客那儿刺探情报。为了防止英国人在战争爆发后采取中立的立场,他又在中国海域的大鹏湾附近设立了一个临时锚地。美国人的胜利不仅靠实力上的优势,而且也是他们准备充分的结果。杜威说:"马尼拉战役是在香港码头打赢的。"

在航行 500 余海里后,杜威舰队很快于 1898 年 4 月 25 日黄昏时分到达马尼拉海湾的入口处。在马尼拉海湾的入口处有两个关键地点:它们是埃尔弗赖莱岛和科雷希多离,两者都是西班牙人用重型火炮护卫的要塞。但舰队在经过两处要塞时,均没有遇到抵抗,两个要塞也没有做出任何阻击的反应。在这种形势下,杜威的全部战船在夜幕笼罩下排成"一"字队形,以每小时 8 海里的速度无一损伤地进入了海湾。直到午夜时,西班牙人才开始行动。尽管杜威舰船上的火炮没有一门像西班牙人拥有的火炮那样强大,但仍然压住了来自西班牙军队的火力。西班牙舰队在发现美国舰队之初就开火射击,美舰因为没有弹药补给地,为了节省弹药,一直逼近到离西班牙舰队只有 5000 码的距离才开火。美国军舰在西班牙军舰前 2000~5000 码处排成几乎与其平行的队列,反方向行进并往复航行,不断地进行射击,好几艘西班牙军舰,几次企图冲击美舰均遭重创,不是被击沉就是被击退了;两艘被放下水的鱼雷艇也被击沉 1 艘,另 1 艘受伤搁浅,都没有来得及发射鱼雷。杜威的舰队逐步向西班牙的战船逼近和开火,顺利地控制了马尼拉湾,占领了马尼拉城,取得了决定性的胜利。这是一种解释。

杜威将军对他的胜利或西班牙舰队的失败,则做出了别出心裁的解释,尽管他的解释仍然不能使读者完全信服。杜威战后解释说,他的舰队因接到 5 英寸速射炮弹药短缺的误报决定暂时撤离,准备必要时将弹药予以重新分配。此时,由于马尼拉城的三个炮台一直对美国舰队进行炮击,而其位置较高,舰炮仰角不够,难以压制。他便向西班牙总督送交一份措辞强硬的公函,警告他立即停止射击,否则就炮轰马尼拉。吓破了胆的西班牙总督立即下令炮台停止射击。不久杜威重新参战,一个小时的炮击使西班牙舰队全军覆灭。杜威下令停火时,西班牙舰队的总司令蒙托霍少将所有的舰只不是处于浓烟烈火之中,就是葬身海底,或是被弃了。

不过,关于杜威舰队轻取马尼拉的原因,还有另一种解释,即西班牙人缺乏必要的警惕性和快速反应的能力。如前文所述,当杜威舰队接近马尼拉海湾入口处时,西班牙人为什么不开火,而直到杜威舰队已进入马尼拉湾后才开始行动?当时参加进攻行动的一个美国水兵曾做过解释。他说,杜威舰队距科雷希多岛南侧约有 3 海里时,西班牙人的炮火很难达到目标,连美国舰队的后尾战船都有幸逃避西班牙人的炮火。但是,仍然存在着无法解释的原因,这就是,在美国舰船处于西班牙人炮火攻击范围时,为什么西班牙人的炮火还是停了很长时间?

此外,有的人还会以为,美国舰队之所以取得胜利,是因为美军的炮火战术比西班牙略高一筹,然而战斗中的某些细节却可以说明,美国舰队胜利的本身表明美军的炮术并不比西班牙人高多少。当美国和西班牙两国的舰队最后决战时,美国的大炮向大型而又不灵活的西班牙舰船打了 6000 发炮弹,但击中目标的还不足150 发。

还有,当人们看到美国舰队归来时,有没有想到其背后起作用的因素,即美国在其陌生的菲律宾群岛发动突然袭击并且获得了胜利,这其中有没有别国的支持?答案应当是肯定的。当杜威舰队宣告胜利时,在马尼拉湾立即出现了英国、日本和德国的战舰。尽管德国采取相当挑衅和无礼的态度,致使杜威舰队不得不对 1 艘德国鱼雷舰艇开了一炮,但是英国和日本人似乎采取了十分友好的态度。在这次海战前后,日本和英国与美国究竟有什么默契,而西班牙人对此有无了解,至今依然不得而知。

因此,历史走到了今日,关于杜威舰队一举打败西班牙舰队,顺利攻取马尼拉的原因,依然众说纷纭,莫衷一是。

二战初期的"奇怪战争"

1939 年 9 月 1 日,德国闪击波兰打破了欧洲的平静,两天之后,作为波兰盟国的英、法相继对德宣战,第二次世界大战全面爆发。但紧接着出现的局面却让人费解:一方面,德国法西斯以牛刀杀鸡之势,压向波兰;另一方面,在西欧战场的法、德边境上,拥兵百万的英法联军却按兵不动,坐视德国灭亡波兰。这种不战不和的局面长达八个月之久,针对这么长时间的"西线无战事"状态,德国人开始把这种战争叫作"静坐战",后来国际社会发明了一个专有名词:"假战争",也被人们称为"奇怪的战争"。战前英、法各自都对波兰承担了军事援助义务,但为什么发生战争之后,两国对德宣而不战? 英法德之间怎样的心态才造就了这样一场令人费解的"假战争"? 英法两国又在这场游戏中收获了什么呢?

英、法两国与波兰订有盟约,并对波兰的独立一再做过保证。但是,当德国发动侵波战争时,英、法的执政者还在幻想召开德、意、英、法、波五国会议来和平解决争端。1939 年 9 月,德国进攻波兰后,英、法政府对德宣战,并表示要履行保护波兰独立的诺言。澳大利亚、加拿大、南非联邦也相继发表声明,支援英、法对德宣战。但英、法政府实际上是宣而不战,未认真援助波兰。当时德军主力已投入波兰战场,在西线只留下少量兵力防守齐格菲防线,但从 1939 年到 1940 年 5 月,英、法和德国在西线均未展开大规模的战斗行动。直到 1940 年 6 月 10 日,"奇怪的战争"终因德国进攻挪威而告结束。挪威的失陷使英、法真正认识到德国的战争机器不会停止,英、法领导人才真正准备认真对德作战。

长期以来,苏联史学界的一些观点认为:"奇怪战争"并不奇怪,它是英法两国"慕尼黑政策"的继续。有人甚至认为,它实际上是英法企图联合德国进攻苏联、建立反苏"联合战线"的政治方针,是英、法统治集团对"祸水东引"犹抱幻想的产物。当分析英国在德波战争期间的立场时,英国工党著名活动家休·道尔顿也承认:我们把波兰叛卖了,把他们置于死地,一点也没有帮助他们。波兰派了一个军事代表团前往伦敦,但一直等到 9 月 9 日,才受到英军参谋总部的接见。波兰代表要求英国空军立即采取行动,向波兰提供军事行动急需的各种军需品,尤其是武器、弹药,但这些要求一个也没有得到满足。

该观点称,在绥靖政策的影响下,英国在战争初期的军事战略计划是在 1938~1939 年根据这样的假设提出来:战争将是长期的,在战争头几年英国实际上将不参与积极的军事行动。法国则长期追随、附和英国奉行的绥靖政策,也不作临敌准备。为此,它还一方面封锁德国的西部边界,另一方面以波兰、甚至匈牙利、罗马尼亚为礼物,以推动希特勒放弃《苏德互助条约》,进攻苏联。也正是在这种政策下,人们才看到了这样的"奇怪场景":德国加紧移兵、加速备战,而伦敦、巴黎则是一派和平景象;西线战场上,德国人在铁路上装卸枪炮、辎重,英法两国百万大军并不去打扰他们。法军在马其诺防线监视哨上的士兵,每天的例行功课是做游戏般无聊地数着从莱茵河右岸通过的德军列车,从不考虑攻击。这些军车有时在距离他们仅五百公尺的德国铁路上安全运行。在前沿阵地上,德军只要竖起"我方不开枪"的标语牌,就可以不用掩蔽地进行工程作业。德国也"以礼相待",除了进行空中侦察外,没有对英法采取空中行动。这样的战争足足持续了八个月,这给了希特勒充分的时间,使他新组织起了 146 个师的兵力,新造出了 4000 余架飞机,并得以把重兵转移到西方。英法推行绥靖政策和"奇怪战争"的目的,是为了竭力避免希特勒的侵略,然而事与愿违。当战火终于烧到他们自己的头上,英法才猛然惊醒,但为时已晚,一言以蔽之,这种绥靖政策无疑是搬起石头砸了自己的脚。

但也有人针锋相对地提出截然相反的观点。他们认为"奇怪战争"并不是绥靖政策的继续,而是英法对德政策从"战前妥协绥靖"走向"全面武装抗争"所必然经历的"中间过程"。英法对德宣战,标志着绥靖政策的基本终结,同时又是英法武装抗德的起点。该观点认为,现代战争是敌对双方各种力量的全面较量,交战双方军事力量和人力、物力、资源,是各自制定战略方针的基本依据。从 1939 年 9 月 1 日战争爆发时双方力量对比来看,德国的军事力量占有极其明显的优势,而且优势将持续在随后的半年之内。当时,英国刚刚实行新的征兵制,无法派出军队。虽然其海军占有优势,但多在海外,负有守卫殖民地、护卫 7000 艘商船等使命。法国的陆军装备非常低劣,无法展开大规模的攻势。尽管如此,他们还是派出了 9 个师的兵力沿萨尔河的德国防线向前推进了 8 公里。另外,法国空军力量也不足以对德国实施空中轰炸。虽然在战争爆发初期,西线战场德军力量暂时薄弱,但法国军队也并不十分集中,而且还要照顾到北部战场的安全。再加上德国回师西进速度惊人,因此英法联军实际上基本谈不上优势可言。德国进攻法国之时,英法两国在军事上仍然处于劣势。

基于此,传统观点无视双方军事力量对比的事实,也无视当时英法两国对这种对比的估计,仅仅从英法两国对德宣而不战、苏芬战争期间英法援助芬兰等行动中,简单推出"宣而不战是有意不打"的结论,未免过于主观,不能令人信服。该观点还强调,认为"奇怪战争"是英法两国有意联合德国进攻苏联,完全是出于主观臆断和国际政治斗争的需要。

当然,对于"奇怪战争"是否是英法当局绥靖政策的继续,今后也许还会继续争论下去。究竟历史真相如何,有待于更多相关资料的解密。

敦刻尔克大撤退

敦刻尔克大撤退是 1940 年 5 月 26 日至 6 月 4 日,在第二次世界大战中,遭到重大失败的英国军队、法国和比利时部分军队于敦刻尔克地域(法国)向英国实施的战略撤退。

1940 年 5 月的法兰西,阳光明媚,绿草如茵。西线英法联军和德军相互对峙长达 8 个月之久,双方一枪未发,战争似乎已成为遥远的过去。就在大家均以为"静默战争"将持续下去时,一场闪击战的风暴却骤然降临。

5 月 10 日早晨,134 个德国师在3000 多辆坦克的引导下,向着荷兰、比利时、卢森堡和法国全线猛扑过来,德军的主攻方向选在了马其诺防线的北

敦刻尔克大撤退

端——曾被视为坦克无法通过的陡峭而森林密布的阿登山区。这让英法联军大为惊愕。仅仅十多天工夫,德国的装甲部队就横贯法国大陆,直插英吉利海峡岸边,将北面的英法联军主力完全隔断在比利时境内。灾难来得如此突然,整个法国就像一只被戳破的气球,陷于惊恐和瘫痪之中。英国远征军司令戈特勋爵不想让麾下的几十万精兵强将去为法国人陪葬,乘德军尚未封闭包围线的时机,他下令迅速实施代号为"发电机"的撤退行动。40 万联军官兵且战且退,最后全部聚集到了敦刻尔克海滩。而此时德国军队从南、北、东三个方向向海滩步步紧逼,德军最近的坦克离这个港口仅 10 英里,西面的英吉利海峡成为联军绝处逢生的唯一希望。就在这时,德军却接到了希特勒亲自下达的停止前进命令。英国政府趁机紧急调集了所有能抽调的军舰和民船,无数业余水手和私人船主也应召而来,他们驾着驳船、货轮、汽艇、渔船,甚至花花绿绿的游艇,冒着德国飞机、潜艇和大炮的打击,穿

梭于海峡之间,将一批批联军官兵送回到英国本土。从 5 月 26 日到 6 月 4 日,短短 10 天时间,这支前所未有的"敦刻尔克舰队"把 35 万大军从死亡陷阱中拯救出来,为盟军日后的反攻保存了大量的有生力量,创造了第二次世界大战史上一个伟大的奇迹。

战后,历史学家一致认为,敦刻尔克大撤退之所以取得惊人的成功,主要应归功于被视为第二次世界大战初期"德国最大的失误"的那道"停止前进"的奇怪命令。究竟是什么原因让这个战争狂人停止了侵略的步伐,是希特勒的失误?还是上帝的安排呢?历史学家和纳粹的将军们各有解释,众说纷纭。

一种说法认为是希特勒忧虑的情绪。英国著名的军事思想家李德·哈特在长期的研究中得出结论,希特勒的性格诡秘复杂,变化无常,同时又易受他人的影响。他在纳粹军队一往无前的大好形势下反而非常恐惧,胜利来得太快了,太容易了,反而使得他疑神疑鬼,害怕失败,特别是在前方坦克数量减少的情况下,更使他胆战心惊,所以下了"停止前进"的命令。

还有说法认为是希特勒想保存坦克部队的实力。有些西方史学家把德国坦克兵团停止不前解释为需要进行车场保养,担心在沼泽地损失坦克。显然这个理由不是没有道理的。更为理智的历史学家分析认为,不考虑德国统治集团下一步侵略意图,就不能理解德国统帅部的这项决定,当时德国统治集团面临的任务是迅速击败法国,使其退出战争,因此,他们打算保存富有战斗力的坦克师,以与法军主力进行决战。法国失败,英、德之间就可能在划分世界势力范围的问题上达成协议,并做好侵犯苏联的准备。

也有说法认为是希特勒过高地估计了德国空军的作战能力。野心勃勃、不择手段的戈林急于在德国陆军一帆风顺地作战之后,要为他的空军争得最后决战的机会,从而在世界面前获得成功的荣誉。戈林告诫希特勒说:"如果当时快要到手的伟大胜利的功劳完全被陆军将领得去,那么元首在我国国内的威望就会遭到无法弥补的损失。只有一个方法可以防止这一情况,那就是由空军而不是陆军来完成决战。"戈林还向希特勒保证,他的空军完全可以从空中守紧海边的袋口,把敦刻尔克变成一片火海,炸沉所有试图靠岸的船只。希特勒的作战局长约德尔也说:"战争已经打赢,空军花很少代价就能办到的事,何必要浪费坦克去做呢?"凭借戈林在纳粹党内不可动摇的副领袖地位,促使希特勒下达了那道胜败攸关的命令,把歼灭被围困的英法联军的任务交给了戈林的空军。

第四种说法认为是希特勒出于对政治上的考虑。因为希特勒曾多次流露出对大英帝国的崇拜之情,他经常声称:不列颠人是仅次于日耳曼民族的优秀人种,德国无意消灭他们。他放走英国人,是想给英国人一个情面,为日后和谈留一条退路。这是希特勒伸出的橄榄枝,在其军事理由的背后更为重要的是他的政治目的,即企图同英国签订和约。因为德国当务之急是迫使法国投降,进而挥师东进,消灭苏联。当时任伦德施泰特总部作战处长的布鲁门特里回忆道:希特勒在访问集团军总部时做了讲话,承认这次战役(德国进攻西欧)的经过是一个奇迹,此后他就想和法国签订一项和约,于是和英国达成协议的途径就畅通了。布鲁门特里认为,停止前进是希特勒政治计划的一部分,目的是使和平协议尽快达成。

对于上述几种说法,不以为然者大有人在。因为希特勒变幻莫测的性格和五花八门的动机,使得他本人的解释很难说是可靠的。更何况希特勒又有说假话的天才,他的证词大有可能是把线索弄乱。再加上纳粹将领的回忆和历史学家们的考证各执一词,相互矛盾之处颇多,从而更增添了问题的神秘色彩。所以,很多人至今仍认为,希特勒下达奇怪命令的原因是个永远无法解开的谜。

谁是偷袭珍珠港的真正罪魁

1941 年 3 月 27 日,刚刚走下渡轮的日本领事馆新上任的书记员,一位 23 岁的小伙子"森村正",此时已经被一旁的两名身着便装的美国联邦调查局的特工盯上了。到来后没几天,这位年轻潇洒的书记员就迷上了艺妓,经常喝得酩酊大醉。一来二去,"浪荡公子"的绰号不胫而走。

美国联邦调查局一直窃听他的电话。一次,艺妓摩利打电话到领事馆找他,他竟抓住电话不放,和摩利在电话里调起情来。"这家伙不过是个花花公子、下流坯!"联邦调查局的特工听得厌烦了,拔掉了窃听插头,对他的调查到此结束。其实"森村正"是日本预备役海军少尉,受日本海军军令部的委派而来,他的真实姓名是吉川猛夫。为日军收集情报,在日美开战之时给美国太平洋舰队大本营所在地珍珠港以致命的一击,这是他的真正任务。

事情进展得异常顺利,"春潮楼"面向大海,珍珠港在眼前一览无余,大批的战列舰、巡洋舰、航空母舰进进出出,吉川也兴奋得差点没叫出声来。于是,他不停地倚在窗前观察,用只有他自己看得懂的符号记录着。时间一久,他渐渐掌握了太平洋舰队的活动规律。隔一段时间,这些情报就被用密码发回了东京。山本五十六大将依据吉川的情报,着手拟定袭击珍珠港的计划。

8 个月的时间,吉川和艺妓们频频地光顾海滨浴场,与美军军官及夫人们闲聊,套取情报。有时,他们也登上空中游览飞机在天上鸟瞰。瓦胡岛的珍珠港和希卡姆机场、惠勒机场尽收眼底,机场跑道的走向、大约长度、每个机场停多少飞机,吉川都一一牢记在脑子里。

有艺妓们作掩护,吉川的活动丝毫没有受到怀疑。

直到 11 月 1 日,喜多给了吉川一个纸捻儿,这是海军军令部的密信,一张不大的纸条上,密密麻麻写满 97 个问题:战列舰和航空母舰的停泊位置、希卡姆和惠勒机场的飞机机种及数量、不同类型舰船的艘数和舰名……

吉川翻动着一本本记录着情报的小本,飞快地写着问题的答案。……97个问题,虽然不是个小数目,但对吉川来说,7个多月苦心搜集的大量情报,使他回答这些问题并没有感到太多的困难。情报送回日本后,山本五十六十分满意。

12月2日,吉川似乎嗅到了战火硝烟味。因为下午的时候喜多转告吉川让他以后每天报告珍珠港美国舰队的动向,看来战争爆发指日可待了。

12月6日星期六的夜晚,吉川发出了他来夏威夷8个多月的最后一封电报:珍珠港停泊舰艇如下:战列舰9艘,轻巡洋舰7艘,驱逐舰9艘,3艘航空母舰和巡洋舰,出港未归。而此时日军突袭舰队距离珍珠港只有350海里了。

第二天一大早,震耳欲聋的爆炸声将吉川从梦中惊醒。一架双翼涂着"旭日"标志的飞机掠过领事馆上空。"是日本飞机!打起来了!"吉川激动地一把拉住喜多的手,眼中充满了泪水。

接着他急忙把8个月来搜集的情报资料全都收拾在一起,点火销毁了。火苗尚未完全熄灭的时候,一队美国宪兵冲入了领事馆大门,日美双方的驻外人员都被对方作为人质扣押。此后,美国联邦调查局才发现"森村正书记员"正是导致珍珠港悲剧的罪魁祸首。然而,因为享有外交豁免权,美国只能后悔当初疏忽大意没有及时挖出这颗"钉子"。

吉川的卧底工作固然为日本提供了必要的美军情报,但是在其背后真正指挥着这场战争的罪魁祸首究竟是谁呢?

日本防卫厅所编的《大东亚战史》丛书中的一册为"从偷袭珍珠港到中途岛海战",公开了大批"偷袭"珍珠港的原始文件。

1941年9月6日的御前会议决定:如10月初日美交涉仍无进展,即对美、英、荷三国开战。11月,"在收到赫尔26日之备忘录后,始于次日之联席会议决定:于开战翌日宣战,绝对需要以奇袭制敌,用以导致首战成功之故。"在1941年11月,日本已经决定"于开战翌日宣战",这就说明日本对珍珠港的所谓"奇袭"其实是早就计划好的要不宣而战。然而,1912年的海牙公约明文规定:"缔结国无事先且有附有理由的开战宣言形式,或包含有条件开战宣言的最后通牒形式者,双方不得开始动干戈。"

29日的联席会议上,东乡外相首次获悉12月8日(远东时间)为开战日期。该次会议再度决定:"今后之外交措施均应以有助于作战之成功为主眼。"

日皇裕仁于11月29日两度召集重臣在宫中开恳谈会,讨论开战问题。次日下午突然召见首相东条英机询问对开战的意见。东条答道:"事至如今为自存自卫计非开战不可,再者,统帅部对战胜亦拥有相当把握。不过,海军作战因系扮演胜利基础的角色,若陛下稍有疑念之处,可否召见海军参谋总长及海相等查证一番。"

是日傍晚,日皇召见海军总长永野修身及海相竖山繁太郎。日皇说:"箭即将发出,一旦发出将成为长期战,海军是否仍按预定进行?"

永野回答:"一旦皇命下达,当如期进击。"海相奏报:"人员物资均已准备就绪,只等待皇命下达。据日前晋京的山本联合舰队司令长官表示,训练已成,将士们士气旺盛,颇具自信,为夏威夷作战而精神抖擞。"日皇又问:"若德国不愿意参战又将如何?"海相即答:"并未全然依赖德国,纵然德国袖手不战,我亦应能从事。"

当晚日皇即通知于 12 月 1 日召开御前会议,下达开战命令。3 日,日皇召见山本总司令并下诏书:"兹临出师之际,朕委卿负责率领联合舰队之大任。唯联合舰队的责任极为重大,其成败有系于国家兴废也。朕令卿发挥舰队多年磨炼的实绩,进而剿灭敌军,宣扬威武于中外,以副朕对卿之依界也。"

华盛顿日本使馆方面,由于正值周末及译电困难,14 段电报于 7 日 12 时 30 分始译完,1 时 30 分整理成文,故不得不将野村大使原约定的晋见时间由 12 时 30 分延至 1 时 45 分。野村吉三郎及来栖三郎两大使于下午 2 时 20 分见到赫尔国务卿时,已经是日本开始袭击珍珠港后的一小时零十分钟,赫尔已获悉珍珠港被袭消息,遂极严厉地对野村说:"不瞒说,过去 8 个月来余与台端进行交涉中,一直不曾说过谎话,从以往的记录可说明此言非假。余 50 多年的公职生涯中,从来不曾看过如此恬不知耻,充满虚伪与歪曲的文书;也不曾想到在此世界上竟然有如此牵强于词的国家。"

日本偷袭珍珠港取得了巨大成功,厚颜无耻的企图以"奇袭"的谎言代替"偷袭",50 年后美国人仍不能忘怀。对此偷袭罗斯福称之为"可耻的日子"。造成这一灾难的罪魁祸首究竟是谁?是吉川?是山本五十六?还是日本天皇裕仁?也许谁都无法给出一个绝对正确的答案吧!

是谁打响珍珠港作战第一炮

1941 年 12 月 7 日,著名的珍珠港战争爆发,日军对夏威夷瓦胡岛上的美军太平洋舰队发动的突袭彻底惊醒美军的美梦,被激怒的美国人从此正式加入第二次世界大战的行列。以上的这些史实已经是大家耳熟能详的了,人们理所应当的认为日本军队偷袭成功,必然是日本首先打响了第一炮,因为美军丝毫没有准备,只有被动挨打的份。然而这样的事实却遭到了美国海底探险家巴拉德的反驳。他向美国权威的《国家地理杂志》透露了他最近进行海底探寻的新发现:太平洋战争的第一炮其实是美国人打响的,虽然战争 45 分钟后才开始!

众所周知,1941 年 12 月 7 日,日军偷袭珍珠港,除珍珠港受创外,瓦胡岛上其他军事基地也遭波及,轰炸前后历时两小时之久,21 艘美国军舰被击沉或严重损坏、321 架飞机受损,并造成 2388 人罹难,1000 多人受伤。

然而,珍珠港事件已经过去了 60 多年,巴拉德却坚定地指出,珍珠港内的一艘救援船,发现船身后面的水面上有潜望镜冒出,其实,那就是在日本空军机队抵达珍珠港的 45 分钟之前的一艘日军小型潜艇。港内的"沃德"号驱逐舰收到了拖船船员的报告后,曾经以深水炸弹攻击这艘悄悄摸进港内的日本小型潜艇。巴拉德说,这艘日本潜艇之所以出现在那里,就是为配合日本 360 架轰炸机与战斗机的偷袭行动。

在进行袭击之后,驱逐舰上的官兵发现了这一军情,立即向上级汇报,但令人遗憾的是,并没有人把它当回事儿,更没有人把它认真地送到指挥高层那里去。巴拉德因此不无感慨:"试想,如果他们重视这个警讯,在日军抵达之前就会有 45 分钟的战备时间,那么整个结果将会是多么不同!"

巴拉德找到了当年在"沃德"号上服役的几名美国官兵,还有另一位在日本潜艇上服役的日本水手,当年他正身处被"沃德"号攻击的小型潜艇。

搜索日本小型潜艇是一件恢复历史原貌的大事。但是更多时候人们总是对具有历史意义的事件麻痹大意。在巴拉德看来,即使是事件的目击者,5 个人也会有 5 种不同的说法。所以,要揭示事件的真相,就必须找到铁的证据。

于是,这位著名的海底探险家开始发挥自己的长项:率领一个探险小组从 11 月 8 日开始了探索的旅程,来到 366 米深漆黑一片的海底世界。这次出行的主要任务就是要去寻找那艘当年被美军击沉的日军小型潜艇和上面的 2 名艇员的遗骸。30 米长的"美国岛民"号作业船是他们的主要交通工具,深水遥控成像器"百眼巨人"和"小大力神"则是巴拉德和他的同行者们最大的帮手。

船行驶到距离海岸 8 公里的地方,那里正是"沃德"号曾经巡逻的珍珠港的入口,探险队员准备下海。

"美国岛民"号上并不缺乏"赌徒"或专家,加伊·科恩少将就是最有胆略的一个,他是美国海军研究处的主管,巴拉德的探险计划几年来一直得到了该处的大量支援。科恩的分析结论是:那颗深水炸弹的袭击并未破坏小潜艇的核心部分,于是,艇长可能重新获得"深水控制",并径直冲向珍珠港,完成了它的任务。一旦推断成立,就意味着巴拉德将永远也找不到这艘小潜艇了。

据说,在向潜艇发动攻击几分钟后,"沃德"号发现 1 艘当地渔船正驶向珍珠港入口。那里严禁捕捞,要进入港内需要申请,所以"沃德"号向渔船开炮警告。渔船船长于是打出了白旗。奥特布里奇给海岸警卫队发出信号,要求他们护送这艘渔船,他自己指挥"沃德"号返回了他负责的巡逻区。这个突发事件使得"沃德"号上的水手几乎没有时间来认真分析形势。等到北边的天空冒起冲天的火光和浓烟时,"沃德"号的水手才知道,战争爆发了。

除了小潜艇并未被摧毁的假设之外，巴拉德还提出潜艇有可能爆炸："小潜艇在 100 英尺的海底，巨大的气压足以使它爆炸，整个艇体被炸成碎片，散落在海底。"参与偷袭珍珠港的日本小潜艇只有 10 艘成功地执行完任务后又驶回日本。

尽管有诸多假设挡在面前，探险队还是进入了最后冲刺阶段——11 月 14 日，离原计划的探险最后期限只剩 3 天时间。

美国深水工程公司提前为这次探险制造了两个只容一个人乘坐的微型潜艇"深水工人 8 号"和"深水工人 9 号"，只要工程师和焊工把它们安装好，就可以下降到水下 600 米深处，连续工作 16 个小时。

海洋生物学家埃文斯首先驾驶着其中一艘小潜艇下水，他的任务是找到那枚日本鱼雷。很快，埃文斯向水面报告，他发现了更多的残骸，而且距离鱼雷已经很近了。通过水下录像，分析员立即判断出鱼雷就是日本生产的。看到这样的结果，巴拉德也只好承认，要找到整艘潜艇已经不可能。最终探险队员们还是没能找到小潜艇，究竟太平洋战争开始的时间是历史书上记载的时间还是应该提前 45 分钟？是美国驱逐舰"沃德"号打响战争的第一炮吗？也许巴拉德还会继续他的海底探险。

美日中途岛海战

中途岛海战是 1942 年 6 月，美、日海军在中途岛附近海域进行的海战，是第二次世界大战中一个以少胜多的著名战例，也是太平洋战争的重要转折点。

1942 年夏初，美国还没有完全从珍珠港事件中振作起来，日本海军的联合舰队又在东太平洋游弋，寻觅下一个攻击目标。惊魂未定的美国人知道，必须想尽一切办法夺取下一场海战的胜利，否则将丧失在太平洋上的制海和制空权，陷于极端被动的地位。为此，关键的问题是要搞清日本下一个攻击目标是哪里？

中途岛海战

1942 年 4 月 18 日美军杜利特尔航空队空袭东京后，日本认为威胁来自中途岛，遂决心实施中途岛——阿留申群岛战役。日军企图夺取中途岛，迫使美军退守夏威夷及美国西海岸；诱歼美国太平洋舰队，以保障日本本土的安全。战役的主突方向是中途岛，阿留申群岛为次要方向。5 月 5 日，日军大本营下令攻占中途岛和阿留申群岛西部岛屿。日本联合舰队为实施这次战役，动用舰艇包括运输舰、辅助舰在内共 200 余艘，其中航空母舰 8 艘（舰载机 400 多架）、战列舰 11 艘、巡洋舰 23

艘、驱逐舰 56 艘、潜艇 24 艘。其主力编队辖中途岛进攻编队和第 1 机动编队；北方编队辖第 2 机动编队和阿留申进攻编队；另外，还编有先遣（潜艇）部队和岸基航空部队，由联合舰队总司令山本五十六海军上将统一指挥。5 月 25~28 日，各编队先后由本土起航，预定于 6 月 4 日对中途岛发起进攻。

中途岛位于太平洋中部，由周长 24 公里的环礁组成，陆地面积约 4.7 平方公里，该岛距美国旧金山和日本横滨均 2800 海里，处于亚洲和北美之间的太平洋航线的中途，故名中途岛。中途岛是北美和亚洲之间的海上和空中交通要道，其特殊的地理位置决定了它战略地位的重要性。另外它距珍珠港 1135 海里，是美国在太平洋地区的重要军事基地和交通枢纽，也是美军在夏威夷的门户和前哨阵地。中途岛一旦失守，唇亡齿寒，美太平洋舰队的大本营珍珠港也将不保。

5 月中旬，利用无线电技术侦察手段，美国发现在日本可能用于对美实施攻击的舰艇中间传递的密码电报里，经常出现两个英文字母——"AF"。美国的情报人员判断，这两个字母有可能是地名的代号。据此，他们进一步研究，认为"A"和"F"有可能是中途岛位置的两个坐标。为了确证"AF"是否是中途岛，美海军杰出的密码破译专家罗彻福特中校想出一计，让中途岛守备司令用早已被日军破解的密码向总部发一份"本岛淡水蒸馏设备发生故障，请上级立即派人前来修理"的电报。然后，他们就严密地侦控日本海军的无线电通信信号。不出所料，两天以后，日本海军在电报中出现"AF""淡水蒸馏设备发生故障""请准备提供淡水"等字样。一切清楚了，日本准备攻击的目标是中途岛，而且行动时间在即。后来，他们又侦获到日本海军特别陆战队的一名副官发给通信部门的一份电报，说"6 月 5 日以后，本部队的邮件请寄往 AF"。这就说明，攻击的具体时间有可能是 6 月 4 日。接着，他们又从日本海军电台活动的各种情况分析出，日本可能用于攻击中途岛的舰艇和飞机的实力以及武器装备的种类和型号等。就这样，美国人把日本人的作战企图基本摸清楚了。美太平洋战区总司令 C.W.尼米兹海军上将调集航空母舰 3 艘（舰载机 230 多架）及其他作战舰艇约 40 多艘，组成第 16 特混舰队（R.A.斯普鲁恩斯少将指挥）和第 17 特混舰队（F.J.弗莱彻少将指挥），在中途岛东北海域展开，隐蔽待机。同时，19 艘潜艇部署在中途岛附近海域，监视日舰行动。

6 月 3 日，日本海军中将细萱戌子郎率北方编队（航空母舰 2 艘、舰载机 82 架、其他作战舰艇 29 艘）对阿留申群岛的荷兰港发起突击。4 日凌晨，海军中将南云忠一率第 1 机动编队（航空母舰 4 艘、舰载机 260 多架、其他作战舰艇 17 艘）进至中途岛西北 240 海里海域，4 时 30 分派出第 1 波飞机 108 架飞往中途岛。岛上美军发出警报，飞机升空迎敌，展开激战。日军轰炸机袭击机场，炸毁部分地面设施。由于岛上防御加强，机场跑道未被摧毁。其间，南云的机动编队多次受到美岸基飞机的侦察、袭扰和攻击。南云遂决定再次攻击中途岛。7 时 15 分，美岸基鱼雷机

世界未解之谜

军事未解之谜

图文珍藏版

结束攻击,南云却下令已挂上鱼雷准备攻击美舰的第 2 波飞机改装炸弹攻击中途岛。7 时 28 分,日侦察机报告发现美国舰队。此时,在中途岛东北海域待机的美特混舰队正向日机动编队接近,并已派出第 1、第 2 波飞机 200 多架。8 时 20 分,日侦察机报告美舰队似有 1 艘航空母舰。南云于是命令攻击中途岛的第 1 波飞机和担任空中战斗巡逻任务的战斗机返航,随后率舰队北驶,以免遭到袭击,并重新部署对敌舰队的攻击方案。约 9 时 20 分~10 时 26 分,正当日军第 2 波飞机卸下炸弹重挂鱼雷的混乱之际,美舰载鱼雷机和俯冲轰炸机连续攻击南云的航空母舰。日方虽有部分战斗机临空迎战,但为时已晚。结果,日军损失航空母舰 4 艘("赤城"号、"加贺"号、"苍龙"号、"飞龙"号)、重巡洋舰 1 艘、飞机 285 架、人员 3500 名;美军损失航空母舰 1 艘("约克敦"号)、驱逐舰 1 艘、飞机约 150 架、人员 307 名。鉴于第 1 机动编队损失惨重,山本于 5 日下令停止中途岛作战,率联合舰队西撤。美军乘势追击,于 6 日派舰载机 3 次出击,又击沉日军重巡洋舰 1 艘,击伤巡洋舰、驱逐舰数艘。

事后,美太平洋舰队司令尼米兹上将兴奋地说:"中途岛的胜利实质上是情报的胜利。"在总部举行庆功会时,他派自己的专车去接密码破译专家罗彻福特,并称赞说:"中途岛的功劳,应归功于这位中校。"40 年后,人们仍没有忘记他,里根总统亲自为这位早已死去的英雄授勋,并对他的业绩大加赞扬,甚至说:"他改写了美国在二次大战的历史。"

中途岛海战也被称作是"太平洋上的斯大林格勒战役",是日本从优势走向失败的转折点,它改变了太平洋地区美日航空母舰的实力对比。日军仅剩重型航空母舰 1 艘、轻型航空母舰 4 艘,并损失大量飞行员。从此,日本丧失了在太平洋战场上的战略主动权,战局出现有利于盟军的转折。

山本死后,曾有人说他其实并不赞成攻打中途岛。那些突袭中途岛的方案,都是海军总部的一些高参们提出来的,然后,他们把计划说成是山本的意图。历史到底是什么样子,我们不得而知。曾在偷袭珍珠港问题上坚持己见、不顾众人反对的山本,为什么会在中途岛战役上那么顺从呢?据山本身边的工作人员回忆,山本五十六在出发前,曾经写信给他的朋友说:"现在已经到了关键时刻。"至于中途岛海战,他在信中却含糊其词地说:"我对它并不抱多大的期望。"这同他在部下面前那种信心十足的劲头形成鲜明的对照。

在中途岛海战中,还有几点让我们迷惑不解:一贯非常注意搜集敌人情报并对自己信息严加保密的山本,为什么把这次战争前的准备工作做的那样差呢?首先,山本没有派间谍去了解美军和中途岛的具体情况,如果他曾经通过情报部门事先知道了中途岛已经战备升级,那么必可以由此判断出尼米兹已经获悉日军的预谋,那么,中途岛海战的战败也许就可以因此而避免了。第二,到底是什么原因使诡计多端的日军在此次战争前没有更换情报密码呢？是由于时间太紧吗？还是其他什么原因？我们不得而知。

诺曼底登陆战役

法国西北部海滨是著名的旅游胜地。若到那里观光，定能看到风景旖旎的海滩，波涛汹涌的英吉利海峡，同时也一定不会错过诺曼底海滩上的 6600 座坟冢。

诺曼底登陆

那些长眠于此的英烈们，伴随着阵阵海涛的拍岸声，像是在不停地诉说 60 多年前发生的那英勇悲壮的一幕。

1944 年 6 月 6 日凌晨，美英盟军的 2390 架运输机和 846 架滑翔机，从英国南部 20 个机场起飞，载着 3 个伞兵空降师向南疾飞，准备在法国诺曼底海岸后边的重要地区着陆，从而拉开了著名的"诺曼底登陆战役"的序幕。

早在 1942 年 8 月，英军曾对德国占领的法国海岸地区进行过一次规模不大的袭击。不过登陆军损失惨重。但这次失败对 1944 年诺曼底登陆提供了宝贵的经验和教训。

德黑兰会议后，经英美磋商，艾森豪威尔将军被任命为执行"霸王"计划的盟军最高统帅，统一指挥盟军在法国北部诺曼底登陆战役。英国泰德空军上将担任副统帅，美国史密斯将军为参谋长，英军地面部队司令是蒙哥马利，美军地面部队司令是布莱德雷。英国的拉姆齐海军上将为海军总司令，利马洛里为空军总司令。

盟军参加诺曼底登陆战役的陆海空三军总兵力 287 万多人，其中美军 153 万多人；各类飞机 13000 多架；各种舰艇连同运输舰只船舶共达 6000 多艘。

德军统帅部为了防止盟军在法国北部登陆，强迫 50 万外籍劳工修建了所谓"大西洋壁垒"防御工程，六英尺厚的混凝土碉堡林立。

盟军为了保证登陆成功，在海峡下面铺设了一条输油管以供登陆部队使用。在离开海岸的两个地点建成两个由 70 条大船构成的人造港，为此需要设计和完成几百个由 37 万立方米混凝土和 300 吨钢材制造的大浮箱同时沉入海内作防波堤。盟军具备了迅速运送 30 个师的能力，其中 10 个师可在登陆日一天内运到。对登陆的月光、潮汐、日出的时间作了周密计算。为了迷惑敌人，盟军故意在英吉利海峡最狭窄部分制造出准备进攻的假象，使敌人摸不着主攻方向。经过全面、充分的准备之后，盟军统帅决定在 6 月 5 日出其不意地发动诺曼底登陆战役。然而 6 月初风浪巨大，在 6 月 3 日和 4 日两天中，气象预测是如此的不利，所以他决定把攻击行动顺延了 24 小时,即 6 月 6 日。

但是,这是一次十足的军事冒险行动。英吉利海峡宽达 100 多海里,海上情况变幻莫测。横渡海峡后,能否成功登陆还取决于一些自然条件:拂晓后 40 分钟潮水正好涨到一半,这时乘强击艇的先头部队和水陆两栖坦克登陆最为有利,因为此时战舰和飞机可以在最短时间内摧毁德国的海防工事;另外,在满潮前几个小时内必须有月光,以便空运部队能够辨明方向和目标。而基本符合三军作战要求的日子在 6 月上旬只有 5、6、7 三日。

诺曼底登陆,也有许多对盟军有利的条件。当时德国潜水艇已经基本被肃清,盟国空军已经赢得了制空权;由于法国抵抗组织的破坏,法国北部已经成为"无铁路区"。另外,德国对盟军可能从什么地点登陆,也捉摸不清。盟军最高司令部采取了一系列迷惑德军的措施。其蒙骗计划的代号为"坚毅"。如在紧靠法国北部的多佛尔地区进行军事演习和假集结发出大量电讯,故意让美军名将巴顿在英国肯特郡惹人注目的地方抛头露面,以使德军统帅部误以为盟军渡海作战的司令部和军队集结在多佛尔地区。此外,盟军还利用两面间谍和中立国家的电台提供和散布大量假情报等等。这些措施使伦斯德和隆美尔对盟军将在加莱海峡沿岸登陆信以为真,将 B 集团军群主力第 15 集团军部署在加莱海峡沿岸,而驻守在诺曼底及附近地区的仅有第 7 集团军的 6 个步兵师,兵力不到 9 万人,且装备的重武器很少。实际上,英国的大小运输舰只正向南安普敦集结;在发起进攻前,他们还给皇家空军四处散发锡箔片。这些随风飘扬的"金属干扰带"造成一支舰队向东驶去的假象,使德国仅存的几个海岸雷达站上当受骗。

盟军最后确定了发起进攻的日期——6 月 5 日,代号为"D 日"。

美国著名将军艾森豪威尔和德国名将隆美尔,分别是诺曼底登陆战役中双方最高统帅。据事后研究,两人在战前的行动有着惊人的相似之处,但在登陆打响时,双方迥然相异的举动直接影响了这场战争……

在诺曼底登陆战役前夕,两人的举动出现了明显的不同,从而也对这场史无前例的登陆产生了重要的影响。艾森豪威尔原将登陆作战的日期定在 6 月 5 日,但由于得知这一天有暴风雨,所以在 6 月 4 日黎明召开的一次会议上,他决定把登陆日期至少推迟一天。与此同时,隆美尔却决定动身前往黑尔林根,参加妻子 6 月 6 日的生日庆祝。动身之时,天正下着蒙蒙细雨,他确信盟军不会在此时登陆;如果他们真的行动,甚至走不出海滩。经过一天的颠簸,他终于在傍晚之前赶到黑尔林根。他陪同妻子在暮色中一起散了步,还让她试了专门为她买的新鞋。

而就在这一天的晚上,艾森豪威尔在索斯威克的一个餐厅中得知了新的天气预报;倾盆大雨将会在黎明前停止,6 月 5~6 日夜间乌云虽有妨碍,但轰炸机和战斗机可以作战。这的确是一个令人振奋的消息。经过短暂的思考之后,艾森豪威尔把目光转向参谋长史密斯:"你认为怎么样?"参谋长史密斯说:"这是一场赌博,但这可能是一场最好的赌博。"地面部队司令蒙哥马利更是坚定地说:"依我说,干!"只有空军司令马洛里认为气象条件低于所能接受的最低限度而持延后意见。艾森豪威尔沉思片刻,终于下定决心,斩钉截铁地说:"好,让我们干!"随后的30秒钟之内,餐厅中的各级指挥员纷纷奔向岗位。此时,隆美尔正同他的妻子在一起,他特地为妻子采集了野花。过分的自信使这只"沙漠之狐"丧失了应有的警惕。

6月5日夜,艾森豪威尔一声令下,联合舰队起锚登程。次日破晓,盟军轰炸机已经开始在德军海防阵地狂轰滥炸。与此同时,英美的3个空降师部队悄然降落在德军防线背后。诺曼底登陆战役打响之时,德军并没有按照预定计划进行有效的反击。他们没想到坦克居然会从海面直接游过来,没想到登陆艇上会发出密集的炮火,更没想到装甲车不仅能够扫雷,还能抵近射击,摧毁他们的炮兵阵地和据点。德军大炮原来的设计是对付在满潮时登陆的军队,而盟军在半潮时却上了岸;由于德军钢筋水泥工事修得太厚,炮口竟无法旋转。结果,盟军很快抢滩成功。

在历时两个多月的战斗中,盟军以巨大代价击溃了德国部署在法国的军事力量。据说,当初艾森豪威尔在下令进攻时由于不能断定最后的胜利,还预写了这样的发言稿:"我们的登陆已经失败,我已将部队撤回。我在此时此地做出发动进攻的决定,是根据国家能够得到的最可靠的情报做出的。我们的军队非常勇敢和尽职。要说有什么责任和缺点的话,全是我一个人的。"幸运的是,这份发言稿没有派上用场,否则,第二次世界大战的历史将会重新改写。当年那些勇敢的参加诺曼底登陆的英雄们是个传奇,但是60多年过去了,在那次战役中,究竟有多少人牺牲仍然是一个谜。

长期以来,历史学家和军事学家都对诺曼底登陆战给予很高的评价,诺曼底登陆开辟了欧洲第二战场,是迅速打败法西斯德国的有力举措,亦是让德国法西斯彻底转入失败的关键一战。正是由于诺曼底登陆,使得德国处于英美盟军与苏军的的东西夹击之中,加速了纳粹德国的灭亡。甚至有人认为,若英国在开辟第二战场的态度上积极些,诺曼底登陆早就可以实现了,德国的失败就会大大提前,盟军及苏联的损失就会减到更少。

另外一些持相反观点的人认为,"D日"计划根本没有必要实施。当时,法国与德国国内都有一些反纳粹的地下组织,特别是德国的"黑色管弦乐队"。他们反对希特勒,认为自己的祖国正走向毁灭;主张消灭希特勒,并向盟军提供了大量的可靠情报,甚至包括德军作战命令以及德军的反盟军登陆的作战计划。但是,他们反对即将到来的诺曼底登陆作战,认为只要盟军与他们合作,除掉希特勒,清除法西斯分子,就可以实现和平。但遗憾的是,盟军并没有听取他们的建议。

伊拉克战争

海湾战争后,联合国第 687 号决议规定,派遣武器核查小组进驻巴格达。美国企图利用核查小组牵制伊拉克,但核查小组一再受挫,美对伊的政策开始转变。9·11 恐怖袭击事件爆发后,美国对世界恐怖主义保持高度警惕,并把伊拉克看作是继阿富汗塔利班和基地组织后全球反恐怖战争的打击对象。在联合国核查小组再次对伊进行调查而未发现其拥有核武器和化学武器的情况下,美军以清除伊大规模杀伤性武器为名,发动了旨在推翻萨达姆政权的战争。

2003 年 2 月 20 日,美国在海湾地区集结海、陆、空军部队近 20 万人,英军也有 4 万余人调往这里。美英联军将部队部署在伊拉克周围的沙特、巴林、阿曼、埃及、土耳其等国,并控制了各战略通道。沙特是对伊作战的一线基地。

一直与美国对抗的萨达姆也做好了战争准备,除部署在边疆地区的部队外,他还以巴格达为中心构建了严密的防御体系,准备多层阻击来抵抗敌人。

3 月 20 日,美军制定的代号为"斩首行动"的计划开始实施,美 F-117 隐形轰炸机和导弹对巴格达进行轰炸,拉开了伊拉克战争序幕。在这次空袭中,美军使用"电子炸弹"攻击伊拉克,这种新式武器产生的高能电磁波使伊军及萨达姆卫队拥有的各类电话、无线电通信和电子计算机等电子设备立刻失灵。同时,美军用精确的制导导弹准确地打击伊指挥和控制中心。

为避开美英联军的空军优势和导弹袭击,萨达姆分散兵力,将实力最强的 9 万共和国卫队、4 个特别旅、2 个特种部队部署在巴格达周围。并在巴格达周围筑建野战工事,开挖战壕、沟堑,在飞机跑道上放置水泥等障碍物,阻击美英空降部队着陆。

美英联军对伊拉克首都巴格达和其高层领导人的住所等要害部门进行连续三轮的狂轰滥炸。晚 21 时 05 分,美英地面部队在战斗机、直升机的掩护下,凭借尖端的夜视作战设备,兵分几路对巴格达进行合围,欲以迅雷不及掩耳之势深入巴格达,俘虏或击毙萨达姆。顽强的伊军凭借坚固的防御工事,给美英造成了一定的损失,虽然发射的导弹部分被美国的"爱国者"导弹截击,但同时也有效地阻滞了敌人的攻势。

次日,联军以惊人的速度突进,准备以闪电式进攻,在短时间内赢得战争,萨达姆精心布防和顽强的共和国卫队粉碎了美英的"斩首行动"。

4 月 4 日,战争形势发生急剧变化,美英联军经过一番调整,大批的后续援兵到位,又开始重新发动了大规模进攻。对巴格达西南的萨达姆机场实施争夺。5 日,巴格达周围的守兵与敌人进行激烈的短兵相接。6 日,联军在巴格达上空进行 24 小时不间断的空中巡逻,对市内目标继续轰炸,加强对巴格达外围的控制,力图合围。8日，联军连连突破伊军防线，开始从南北两方向向巴格达市区推进。次日，美军进入市中心。11日，美军宣布萨达姆政权垮台，大规模的伊军抵抗行动结束。14日，萨达姆的故乡提克里特布市也被联军所控制。

美英联军控制的伊拉克，局势至今一直动荡不安，虽然美军使用了精确制导武器，但也造成大量平民伤亡，伊拉克依靠"石油换食品"的计划也因战争而中断，伊拉克平民受到饥饿的严重威胁。

虽然伊拉克战争早已结束，然而，战争中逐步暴露出来的种种"战争之谜"，却越来越令人怀疑、深思。

据欧洲情报部门透露，当夜西方监听到一道命令下达给巴格达伊拉克守军，利用宵禁之机，停止抵抗，全部"消失"。这显然不是一种指挥系统"失灵"的表现，相反，却是指挥系统依然在运转的证明。那么伊拉克最高当局为什么下令停止抵抗呢？是为了避免一场耻辱的投降？还是以不抵抗换取美军放其一条生路？欧洲从官方、情报界到媒体和舆论，都表示怀疑。美军为了避免巴格达攻坚战造成过多伤亡，而准许萨达姆及其部下逃亡，以换取巴格达放弃抵抗，是此间最为流行的传闻。观察家注意到，在此之前，美国总统布什一直表示要将萨达姆抓获归案。正是在此前后，美国从政府到军方，突然都改口称"萨达姆的命运不重要""关键是要改变伊拉克政权"。这一态度的微妙变化，让世界人民都摸不着头脑。

美军攻占巴格达后，推倒萨达姆雕像成为这场战争的一个具有象征性意义的画面。但事后有人怀疑是美军在背后操纵各种"自发"的群体行为。有人说在现场欢呼的人群证明这场战争的"正义性"。然而法国电视台却对此提出质疑。在对画面进行深入研究后，法国记者发现，在现场指挥推倒雕像的那个伊拉克人，并非一名寻常巴格达市民，而是流亡美国的伊拉克著名反对派领袖的一名部下。法国电视台播出了推倒雕像现场拍摄到的画面，与先前出现在电视中的画面进行了比较，可以清楚地看到同一个人出现在这两个画面上。此人显然是一个重要的反对派人士。而另一个当时在现场的法国记者也报道说，在现场主要的是美国士兵、各国记者等近百人，而真正的巴格达市民并不多。因为，当时各主要街道都还有战斗，没有人敢于出门。这说明，在这场战争中，有许多人们以为是真的"事实"，实际上是一场有人导演、有人演戏的"作秀"。

这场战争的另一个"谜"就是：巴格达巷战为何没有爆发。法国《星期日报》25日报道说，萨达姆的表兄弟、负责守卫巴格达的共和国特别卫队司令提克里蒂在最后一刻背叛了他。

《星期日报》援引接近前萨达姆政权的一名伊拉克人士的话报道称，提克里蒂早在一年前就秘密同美国中央情报局达成协议，即在美国兵临城下之际，他将以命令共和国特别卫队放下武器为条件换取一家老小的生命安全。

军事未解之谜

图文珍藏版

4月8日，即在美军进入巴格达的前一天，美国军方郑重其事地发布了提克里蒂被击毙的消息。但《星期日报》称，提克里蒂当时实际上正以"最秘密的方式"与家人和近20名亲信登上了美军1架C—130运输机，飞往伊拉克外美军的某个基地。

背叛萨达姆的亲信不止提克里蒂一人。据《星期日报》报道，萨达姆另一位表兄弟拉希德曾向美国人透露伊军部署情况和萨达姆的有关军事命令；而总统府一名高级官员曾于3月19日夜和4月7日两次密报萨达姆行踪，导致萨达姆险些被美军精确制导导弹"斩首"。

伊拉克战争过去已近3年，它是人类历史上第一次全程媒体直播的战争，全世界的人们都可以通过电视第一时间观看到美国一手导演的近似好莱坞大片的场面，只不过这种场面远比电影要真实和残酷得多。然而关于这场战争的争论并没有因为萨达姆的被捕而停止过。

第四节　生死之谜

长平决战之死的赵括

战国时期，秦国与赵国之间的长平之战是《史记》中唯一一场记载比较详细的战役。公元前260年，秦军和赵军在长平决战，战争持续了整整三年时间。这次战役，秦国获得空前的胜利，前后总共消灭赵军40余万，削弱了当时关东六国中最强劲的对手赵国，成功地占领了上党郡，慑服了其他各国，为秦日后完成统一六国大业创造了有利的条件。赵国在这次战役中丧失了主力军队，使得这次战役过后几十年赵国还是女多男少，可见这次战役对赵国的影响之大。战事范围，以今天山西省高平县城乡为主战场，扩及于今沁水、晋城、泽州、长子、长治、壶关、陵川等县市，战地直径上百公里。长平之战，成为春秋战国时代一场持续最久、规模最大、战况最惨烈的战争，古人所谓"长平之战、血流漂橹"。长平之战由于秦军取得全胜，其统一全国的形势已呈不可逆转之势，标志着以列国林立、兼并战争频为特征的战国时代即将结束，一个史无前例的中央集权封建大帝国就要诞生了。几十年后，秦国陆续灭掉了其他六国，终结了列国纷争的战国时代，建立了中国封建社会的第一个统一王朝。

长平之战的关键人物当然是秦赵双方的统帅——武安君白起和马服君赵括。赵括，赵国马服君赵奢之子。赵奢死后，赵惠文王念其父子功高，让赵括袭封马服君。因赵括深谙军事，喜谈兵学，门徒众多，因而又被尊称为马服子。长平之战发生前,孝成王在议救上党郡时,蔺相如举荐廉颇。但田单认为,廉颇本为骑将,善于平原野战,不善于在上党这样的山地环境作战,而且廉颇与秦军交手鲜有胜绩,不如派有在上党地区作战经验,且曾经在阏与大破秦军的赵括为将。所以才有了长平之战中的赵括死于秦军乱箭的悲惨一幕。

据《史记·廉颇蔺相如列传》记载:赵括出锐卒自搏战,秦军射杀。《泽州府志》《山西通志》记载:赵括乘胜追至秦壁,即今省冤谷也(古称杀谷,长平之战战场),其谷四周皆山,惟前有一路可容车马、形如布袋,赵兵既入,战不利,筑垒坚守……后括自出搏战为秦射杀之。

在山西省高平县有一个传说,赵括死于山西省高平县釜山乡老背坡村。传说肯定不能等于历史,但也不完全是臆说,其中有真有假,有虚有实,有待人们考证探究。据当地的老人讲,"老背坡"就是"老兵背着赵括来到此坡"的意思。《东周列国志》和《泽州府志》也有相同记载:"赵括追造秦壁,西北十余里"。当时长平治所在今王报村,从此计算"西北十余里",正是今高平县釜山乡地夺掌村一带。按照《高平县志》中赵括追秦兵的记载:"其谷四周皆山,惟前有一路可容车马,形如布袋",根据地形分析,只有釜山乡地夺掌村符合其条件,它形如布袋,能容下数十万兵马作战。20世纪60年代,在距地中掌村15里的寺庄镇杨家庄村西南出土一件战国青铜"聚将钟",据考证为赵国军队使用,此器物是两军交战"鸣金击鼓"所用,可以作为"自搏战"就发生于地夺掌的佐证。

地夺掌意思是"地段之争夺",距其5里的回沟的意思是"赵军回转于沟中",老背坡距"地夺掌"3里,距黑山白起指挥所(白家坡)5里,充分说明两军交战接近程度和战段的重要性。赵括在地夺掌自搏战斗中被箭射伤(可能已经阵亡),被部属背负从回沟村突围至老背坡,因部队还要继续战斗,仓皇之间埋在老背坡,这是完全有可能的。

但猜测终究还是猜测,要确定赵括到底死于何地,还要有待于更多的证据被发现、更多的专家进行论证。

天王洪秀全死因

洪秀全(1814~1864年)是中国近代太平天国的创始人。广东花县(今花都区)人。1843年(清道光二十三年)创立拜上帝会,深入广西,发动农民群众。于1851年1月11日举行金田起义,编组太平军,颁布《太平军目》,又以"十款天条"严明军纪。同年3月,在广西武宣东乡被拥戴为天王,随建五军主将制。及克永安(今蒙山),又加封五主将为东、西、南、北、翼五王,诏明诸王俱归东王杨秀清节制。1852年6月,在湖南道州(今道县)采纳杨秀清意见,确立"专意金陵"的战略方针,围长沙,克武汉,下九江(今属江西),于1853年3月占领南京,定为都城,改称天京。后渐轻敌冒进,同时开辟北伐、西征和保卫天京三条战线,兵分力单,导致太平军北伐全军覆没。后改变战略,于 1856 年夏从两征战场调集大军,攻破清军江北、江南大营,军势复振。但以不善处理领导集团内部矛盾,酿成天京内讧,军事力量大受削弱,形势急剧过转。洪秀全自兼军师,艰苦筹维,1858 年重立五军主将制,选拔、重用陈玉成、李秀成等年轻将领,军心复振。同年冬,二破江北大营,又获三河大捷。1860 年春,采纳干王洪仁玕、忠王李秀成的计策,奔袭杭州,调动清军,取得二破江南大营和东征苏、常的胜利。为救被湘军围困

天王洪秀全

的安徽安庆,多方调遣兵力组织解围,皆告失利,安庆最终于 1861 年 9 月陷落。1862 年 5 月,湘军对太平军采取大包围之势,曾国荃部进至天京城下。为急于解围,严催李秀成等"十三王"率兵自上海、浙江前线回援,于天京城外与湘军大战 45 天,未能破围。随命李秀成取道江北,远攻敌后,不仅未能调动湘军,兵力反遭重大损失。洪秀全深居天京,一再从各战场调兵回救,战略陷于被动,战局由此日蹙。1863 年 12 月苏州失守,天京危殆。拒绝李秀成"让城别走"建议,徒自坐困。1864 年 6 月 3 日,洪秀全死于城内天王府,年仅 51 岁。关于其死因,由于原始资料记载不一,加上曾国藩篡改史料,以假乱真,因此史学界有不同看法。许多有关太平天国史的论著,都说洪秀全是在清军紧逼时服毒自杀的,也有不少太平天国的论著则说洪秀全是病死的,这样一来,洪秀全究竟是自杀还是病死,便成为历史之谜。

李秀成是后期太平天国的主要将领,洪秀全去世时,他在天京主持天京保卫战,对天王府的情况有较确切的了解。曾国藩刊刻的《李秀成自述》中,言及洪秀全之死:"天王(洪秀全)斯时焦急,日日烦躁,即以四月二十七日服毒而亡。"洪仁玕是后期太平天国的主要领导人之一。他被清军捕获后曾写下《洪仁玕自述》,其后半部分中说:"天王之自杀,更令全局混乱。"太平天国的对手、湘军首领曾国藩在同年六月二十三日的奏稿中说:"首逆洪秀全实系本年五月间,官军猛攻时,服毒而死。"同年七月初七日又奏称:"有伪宫婢者,系道州黄姓女子,即手埋逆尸者也,臣亲加讯问,据供,洪秀全生前,经年不见臣僚,四月二十七日因官军急攻,服毒身死,秘不发丧。而城里群贼,城外官兵,宣传已遍,十余日始行宣布。"根据上述资料,大多史家认为洪秀全系"服毒自杀"。根据《李秀成自述》内容,认为洪秀全"四月十九日(天历,即 1864 年 6 月 1 日)服毒逝世"。

尽管当时大部分学者都认同曾国藩及其刊刻本《李秀成自述》的说法,但他们

对洪秀全自杀说,已有一定程度的怀疑,所以在许多太平天国史论著中把当时在洪秀全身边的幼天王洪福瑱在"自述"中说的:"本年四月二十七日,老天王病死了,二十四日众臣子扶我登基。"的这一观点也一并罗列于后。如郭廷以在《太平天国史事日志》中根据"李秀成供状及曾国藩奏报",认为"洪秀全之死以服毒说为近真"。在罗列了洪福瑱供词中关于洪秀全之死文字之后,又说"似洪秀全系病死"。简又文在《太平天国全史》中认为洪秀全自杀是"事实",但又对曾国藩奏稿中的内容多加批驳,如在"官军急攻"语下批驳说,在洪秀全死前三个月"曾国藩未攻城,天京外亦无战事"。曾国藩奏稿说,洪秀全"服毒"材料来自天王府宫婢黄氏,简又文批驳道:"其言由黄氏宫婢供,伪言也"。可见,在很长一段时间里,史学界对洪秀全之死实无定论。

20 世纪 60 年代初,藏在曾国藩家中达一百多年的湘乡曾八本堂·李秀成亲供《手迹》(即《李秀成自述》)正式影印发行,其中关于洪秀全之死的原始记载,有力地证明了洪秀全是病死,并非自杀。具体记载为:"此时大概三月将尾,四月将初之候,斯时我在东门城上,天王斯时已病甚重,四月二十一日(天历)而故。""此人之病,不食药方,任病任好,不好亦不服药也。是以四月二十一日而亡。……天王之病,因食咁露病起,又不肯食药方,故而死也。"有学者指出,这一记述当是可靠的,因为李秀成当时正在天京,对天王府的一切都了如指掌,他所记载洪秀全之死的材料最为后人所重视。而曾国藩刊刻的《李秀成自述》,是经曾国藩篡改过的。洪仁玕虽然不在天京,但他在湖州和幼天王会师,自然要谈到洪秀全去世情况,所以他在"自述"中关于洪秀全之死的记述,也为史学界所重视。但《洪仁玕自述》前半部分说:"至今年四月十九(天历),我主老天王卧病二旬升天"。后半部分又说:"天王之自杀,更令全局混乱"。这个自相矛盾的记载到底是怎么回事,现在不得而知,不过,因为后半部分是由外人译出,原稿已失。外人在翻译时受《李秀成自述》刊刻本影响,是极有可能的。值得注意的是,《洪仁玕自述》前半部分,是出自洪仁玕供词原稿,应该比较可信。赵烈文《能静居士日记》五月初六日条记:"闻探报禀称,逆首洪秀全已于四月廿八日病死(彼中之四月二十日)。"

人们也许会问,曾国藩为什么一定要篡改《李秀成自述》中关手洪秀全之死的说法呢?湘军攻破南京之后,曾国藩在安庆给清廷的一个奏折中已经说过洪秀全是"官军猛攻时,服毒而死的"。而在他到达南京之后,又于七月初四亲自拟写了七月初七日的奏稿;并在奏稿中重申了洪秀全因"官军急攻,服毒身死"。这两个奏稿都是在曾国藩看完李秀成亲供前写成的。曾国藩的幕僚赵烈文在《能静居士日记》七月初七日条中说:"中堂(指曾国藩)嘱余看李秀成供,改定咨送军机处,傍晚始毕。"曾国藩把李秀成供稿呈送军机处时曾说:"李秀成立供词,文理不甚通适,而情事真确,仅钞送军机处,以备查考。"曾国藩看到李秀成亲供有关洪秀全之死记载和奏稿截然不同,他在把亲供抄送军机处时,将这些文字给篡改了,当不难理解。至于曾国藩两次谎报军情,罗尔纲和周村台写的《洪秀全论》说:"洪秀全因天京缺粮,久吃甜露充饥,致病发逝世。"并在注中说:"曾国藩刻本《李秀成亲供》所说洪秀全因被围急自杀死,乃是曾国藩为要向清廷报功而盗改的。"由此可知,曾国藩所出示的李秀成供稿,是被"改定"过的。

自从《李秀成亲供手迹》发行后,大多数有关太平天国史的论著,都改变了"自杀"说的看法,并确信洪秀全是病死的。当然也还有一些学者仍然坚持自己的观点。

甲午英烈邓世昌牺牲

邓世昌(1849~1894年),清末海军爱国将领。字正卿。原籍广东东莞,生于番禺(今广州市珠海区)。18岁考入福州船政学堂,为驾驶班第一届毕业生。后历任福建水师海东六、振威、飞霆等兵船管带。光绪五年(1879年),调北洋水师。次年,随丁汝昌赴英接舰,驾驶"扬威"舰经地中海、印度洋回国。光绪十三年,再次赴英,接带"致远"巡洋舰。十四年,授记名总兵,加提督衔;同年,北洋海军编成,任中营中军副将兼"致远"舰管带。中日甲午海战中,邓世昌捐躯报国。邓世昌及其将士壮烈殉国后,举国上下一片悲愤,威海百姓自发出海打捞英雄们的尸体,当地流传着"通商卖国李鸿章,战死沙场邓世昌"的歌谣。海战失利,朝廷震动。光绪皇帝垂泪撰联:"此日漫挥天下泪,有公足壮海军威",并赐予邓世昌"壮节公"谥号,追封"太子少保",御笔亲撰祭文、碑文各一篇。李鸿章也在《奏请优恤大东沟海军阵亡各员折》中为其表功,说:"……而邓世昌、刘步蟾等之功亦

邓世昌雕像

不可没者也"。清廷还赐给邓母一块用1.5公斤黄金制成的"教子有方"大匾,拨给邓家白银10万两以示抚恤。邓家用此款在原籍广东番禺为邓世昌修了衣冠冢,建起邓氏宗祠。

邓世昌的名字和他的忠勇之举几乎无人不知,无人不晓,受到我国历代人民的景仰。但是后人对邓世昌殉难时的情景说法不一:

一曰:在中日甲午海战中,"致远"舰不幸舰体受伤,弹药断绝。管带邓世昌沉着镇静,指挥部下"鼓快车"、冲向敌先锋队指挥舰"吉野"号,准备与敌舰相撞,同

归于尽。"吉野"号见势不妙,慌忙躲避。"致远"舰在日方快炮的密集射击中,不幸又中鱼雷,遂于午后 3 时沉没。全舰官兵除 7 人外,全部壮烈牺牲。

二曰:"致远"舰不幸被击中,锅炉进裂,舰体下沉,全舰 250 名将士落入滚滚的黄海波涛之中。邓世昌落水后,仍大呼杀敌不止,他的随从刘忠把救生圈投给他,他拒不接受,铿锵有力地表示"阖船俱尽,义不独生"。邓世昌的随身爱犬游到他的身边,衔住他的胳膊不使他下沉,也被他推开。爱犬不忍离去,又衔住他的辫发。最后邓世昌"望海浩叹,扼犬竟逝",沉入海底。

三曰:邓世昌虽然被救起,但他看到全舰官兵部身葬大海,"义不独生",复沉大海,壮烈牺牲。

"邓壮节公"之死,尽管说法不一,但其英勇忠烈,世人共赞,万古流芳。

淮阴侯韩信被杀

韩信是中国汉初著名的军事家,是西汉王朝的开国功臣,司马迁《史记·淮阴侯列传》认为韩信对汉朝的贡献,足以与周朝的周、召、太公相比。汉高帝十一年(公元前 196 年)正月,这位汉初三杰之一的大功臣却被吕后诱杀于长乐宫之中,甚至被夷三族。究竟是什么原因导致韩信的人头落地呢? 韩信是谋反被杀,其罪当诛,还是刘邦、吕雉猜忌名将、杀戮功臣呢?

一种意见认为,韩信被杀的真正原因是他蓄意谋反。《史记》《汉书》中关于韩信死因记载均是谋反。高帝七年(公元前 200 年),阳夏侯陈豨担任赵相,镇守赵、代地区,当他离开都城赴任之时,曾与韩信密谋陈豨在边地起兵反汉,韩信从中响应配合。陈豨至代后,果然招兵买马,积蓄力量,准备谋反。高祖十年七月,刘邦之父太上皇死,召陈豨入朝,陈豨托病不往。九月,陈豨公开宣布反汉,自立为代王,进攻赵、代等地。刘邦闻讯后,要求淮阴侯韩信和梁王彭越一起讨伐陈豨,可是两个人都推说有病,不肯出兵。汉高祖只好自己亲统大军出征。等到刘邦离都之后,韩信立即按照原先计划准备响应陈豨。次年春天,韩信部署已定,密谋假传圣旨。释放奴隶和韩信的门客向吕后告发此事。吕后与萧何谋划,诈称陈豨叛乱已平息,命令朝臣入宫庆贺。又担心韩信不往,派遣萧何劝说。韩信一入长乐宫,就被埋伏的武士所擒,斩于钟室之中。

很多学者都认为韩信被杀是罪有应得的,包括司马迁、班固、司马光以至明清之际的思想家王夫之、清代史学家王鸣盛等人。王夫之在《读通鉴论·汉高帝》条中,从韩信鼓吹有功当封、贪功以及破项羽后犹拥有强兵这三点来论证"云梦之俘,未央之斩"是韩信自己造成的恶果。王鸣盛《十七史商榷·信自立为假王》条,也认为韩信改封为淮阴侯后,"常称病不朝从","日怨望,居常怏怏"。公元前 200 年,他勾结握有重兵的边将陈豨,再次阴谋叛乱。公元前 197 年,陈豨在代地叛乱,刘邦率兵亲征。韩信托病,并乘机派人与陈豨约定,他在长安里应外合。正在这时,他的阴谋再次被人告发。于是,萧何与吕后设计捕杀了韩信,消除了分裂的危险。

然而,以上观点却受到了不少的挑战,有学者认为韩信谋反的罪名其实是出于诬陷,他的被杀是一大冤案。持此派观点的代表人物包括明代散文家归有光、清初诗人冯班等。清代考据学家梁玉绳,在《史记志疑·淮阴侯列传》中说:"信之死冤矣!前贤皆极辩其无反状,大抵出予告变者之诬词,及吕后与相国(萧何)文致之耳。史公依汉廷狱案叙入传中,而其冤自见。"清人郭嵩焘也认为,信"贵贱生死一取资于人,是乃人臣之定分。非能反者"。意思是说韩信根本不是那种会谋反的人。如此说来,韩信的被杀完全是吕雉猜忌名将,杀戮功臣的阴谋,而韩信则无意背叛西汉王朝。

韩信死于正想乘隙揽权的吕后之手,这也不是偶然的事。当时身为丞相的萧何,却也深受刘邦的猜忌,自身难保。他原是韩信的保荐人。这时候不得不屈于吕后的意旨,诱杀韩信;如果他态度犹豫,就有遭受株连的危险。结果,萧何就因诛韩信功,而从丞相晋升为相国,加封食邑五千户。

韩信究竟是为何而死,这要结合当时的时代背景来考察。公元前206年至前202年楚汉战争的过程中,刘邦身边共有7人取得王爵,建立了半独立的王国。这些强大的异姓王的存在,对于汉封建国家的统一政权是严重的威胁。刘邦当初封他们为王,原是不得已的权宜之计。他在做皇帝以后的第六个月,就借口诸王谋反,开始一个一个地收拾他们。对于韩信,刘邦既佩服他那"连百万之军,战必胜、攻必取"的军事才能,自称"不如",同时又对他这种才能极不放心,一向"畏恶其能"。自然不会放过。从国家要统一的观点来看,汉初如果不剪除异姓王,战祸就不会消除,百姓就不可能休养生息。这一历史背景似乎是韩信冤死一说的有力基础。然而,联系韩信曾经自请封王的史实(在平定三齐之后,韩信与刘孝正被楚军围困在荥阳的危急关头,竟上书刘邦,自请代理齐王。后来,韩信对刘邦没有主动封其为王而深表不满,借故不肯发兵),若说韩信是谋反被杀,罪有应得,也并非无中生有。

总之,对于韩信有无谋反之心,是否参与陈豨叛乱,目前史学界尚未论定。韩信被杀真相,还需要进一步考究。

李自成兵败后的生死

明崇祯元年(1628年)七月至十七年(1644年)三月,李自成、张献忠等部农民军从小到大,从分散到集中,从游击流动作战到运动流动作战,南征北战,不断壮大,几十万大军所向披靡,终于推翻了政治腐败、经济崩溃、摇摇欲坠的明王朝。后因负责镇守山海关的明将吴三桂与清军勾结引其入关,李自成不得不领兵退出北京,转战河南、陕西、湖北等地,最后不知所终。

后人对于李自成死于何地、何年,以及怎样死的,早有结论但又一直有争议。围绕这一问题,形成了两种对立的观点:一种观点认为李自成兵败后在湖北通山遇害,简称为"通山遇害"说;另一种观点认为李自成率领大军顺利转移至湖南,后来禅隐石门夹山寺,秘密指挥大顺军联明抗清 20 年,简称为"夹山禅隐"说。

清亲王阿济格的奏疏是清政府关于李自成死于顺治二年的最早记载,也是清军前线最高指挥官的战报,其来源于农民军中被俘或投降的将士的口供,是可信的史料之一。阿济格奏疏称"贼兵力穷,窜入九宫山",李自成"为村民所困,不能脱,遂自缢死"。

南明总督湖广川贵广东广西五省军务兵部尚书何腾蛟的奏疏中也有关于李自成在九宫山被杀于乱刀之下的奏报,其内容来源于原农民军将领刘体仁、郝摇旗、袁宗第、蔺养臣、王进才、牛有勇等的"众口同辞",而且还有目击李自成"被乡兵杀死马下"的刘伴当。

从南明与清政府两个敌对政权几乎同时发布的消息看,排除了它们互通消息的可能。顺治三年五月清摄政王多尔衮亲自审批的一份文件更明确地指出:"加以英王谋勇兼济,立剪渠魁,李自成授首于兴国(当时通山县隶属兴国州)八公山,无噍类矣。"这一珍贵档案说明,清政府确信李自成已死。

著名学者王夫之在他所著的《永历实录》中有两处记载李自成之死。在卷七中写道:"李自成渡江,如无人之境,由蒲圻走死九宫山。"在卷十三又写道:"五月,自成至九宫山,食绝,自率轻骑野掠,为士人所杀。"

以上所列材料仅仅是一些具有代表性的资料,加上未列材料,它们在细节上很不一致,如有自杀、他杀之说,死的地点有九宫山、八公山、罗公山,死的时间有顺治二年四月底、五月、秋九月、顺治三年、顺治五年。从清初 30 年的文字记载来看,尽管说法不一,但李自成兵败遇害却是一致的。

另有一说是说李自成在夹山寺隐居。

乾隆十五年(1750 年)《澧州志林》中说夹山灵泉禅院(俗称夹山寺)旁有石塔,"塔面大书'奉天玉和尚';前立一碑,乃其徒野拂所撰,文载'和尚不知何氏子'",于是产生了一个很大的疑问:"夫'奉天'岂和尚所称?"走遍全寺,发现该寺藏有奉天玉画像,比照《明史·流贼传》中描绘的李自成状貌,何认为两者相同,于是形成了李自成"禅隐"夹山寺的说法。《书李自成传后》一文收入在《澧州志林》卷二十三《艺文志·辩》中,此文成为夹山"禅隐"说的主要依据。

"禅隐"说的一个重要根据是,"'奉天'岂和尚所称?"他误把地名"奉天"当成法号"奉天",进而断言和尚不能称"奉天",再进而联想到李自成曾自称"奉天倡义

世界未解之谜

图文珍藏版

大元帅",于是石门夹山寺的奉天和尚便被认为是李自成。殊不知僧人之名形成的格式是：地名+法名，或地名+寺名+法名，清初就有两个奉天和尚，此例足以证明。

另外在亲眼看见了夹山寺里所藏奉天玉和尚的遗像后，"高颧深颏，鸱目曷鼻，状貌狰狞，与《明史》所载相同"，故断言"其为自成无疑"。然而，《明史》编撰者无一人见过李自成的状貌，或听过李自成的声音，但在《明史·流贼传》中对李自成的声音状貌描写是："高颧深颏，鸱目曷鼻，声如豺。"这是古籍中对敌人的公式化、一般化的描绘，怎么看见了夹山寺所藏奉天玉和尚的遗像，就能辨认出是李自成呢？

除去文史资料中的记载，夹山寺的《康熙碑》《道光碑》上都载有奉天玉和尚是顺治壬辰年（顺治九年）到夹山灵泉寺的，而李自成是顺治二年五月在历史上消失的，可见这个奉天玉和尚与李自成无关。

另外，"禅隐"说者据以立论的有力证据是奉天玉和尚墓，然而，墓却没有得到好好保护，相反，他们未按国家公布的文物法规科学地发掘、清理和鉴定，未经国家批准擅自破坏了奉天玉墓原貌，改建成"闯王陵"，使原有文物失去了它应有的价值。因而，李自成隐居于夹山寺一说，也不能成为定论。

无论是通山九宫山"遇害"说，还是石门夹山寺"禅隐"说，都需要进行更深入的研究。

刘邦为何逼死田横五百壮士

山东省蓬莱阁西有一座山，名叫田横山，又名老北山，它东与丹崖山相衔接，北临渤海、黄海两海，南望蓬莱市区，西边紧靠蓬莱海港。公元前202年，齐王田横因逃避汉将韩信的追杀，率五百壮士东赴胶东并在此筑寨为营。后来田横不愿事臣刘邦，自刎身亡。在田横山踞守的五百壮士忽闻田横死讯，高唱葬歌，歌罢相继自尽尽忠。这就是被后人传颂"田横五百士"的由来，人们为了纪念田横与五百壮士便将此山称为田横山。

田横（公元前250年~前202年），秦末狄城（今山东高青东南）人，齐国贵族。他文武双全，义气豪爽，深受百姓拥戴。秦二世元年（前209年），田横与堂兄田儋共同起兵，重建齐国。齐国原本是富庶之邦，自从秦灭齐以来，齐国民不聊生，饮恨含冤，受尽压迫和剥削，齐国人多有不服者。田横起兵后，民众一呼百应，很快就聚集起十万人马，夺回齐国首都临淄，拥立田广为齐王。楚汉战争中，齐王田广中了汉军的计谋，临淄被韩信攻破，汉军灭齐，田横自立为王，回军临淄，结果又遭韩信埋伏，田横兵败，投奔大梁王彭越。汉高祖刘邦登上皇位后，封彭越为梁王，田横惧怕被诛杀，率部属五百余人，避祸海岛。

田氏一直是齐国的宗室贵族，宗族势力强大，威信极高。田横虽亡命天涯，仍然有五百壮士誓死追随。刘邦知道田横深得齐人之心，如果长久居住在齐地的岛屿上，若是招兵买马，重建势力，卷土再来，到那时再平叛可就困难了。于是派使者前往招降。田横深知刘邦用心，推辞说，曾经烹杀汉使者郦生，现在后悔不已。现今郦生之弟郦商为汉朝重要将领，自己不敢与之同朝称臣。请求为庶人，长留海岛，平静度过余生。刘邦怎能轻信此言而放过田横，第二次遣使者告之说，已经告诫郦氏兄弟族人，不得轻举妄动。并称："田横来，大者封王，小者亦封侯；不来，且举兵加诛焉。"田横无奈，携部属两人随使者赶赴洛阳。

行至距洛阳30里处，田横心乱到了极点，踌躇不前，认为自己曾威震一方，与刘邦分别南面称孤。如今，却以俘虏的身份去投降称臣，苟且偷生，实在不堪其耻。于是对部属说："陛下所以欲见我者，不过欲一见吾面貌耳。今陛下在洛阳，今斩吾头，驰三十里间，形容尚未能败，犹可观也。"说完自刎。

刘邦看到田横首级，好似一块石头落了地。为笼络人心，以王侯的礼节葬之。田横的两个随从在田横墓旁挖洞，也自刎相随于地下。刘邦听说田横门客也殉死，大吃一惊，觉得田横部下非等闲之辈。于是第三次遣使者征召，想赶快把他们骗来除掉。而五百壮士听说领袖已死，顿感万念俱灰，集体"蹈海"自杀。

历来关于五百壮士的去向传说不一。另有一说是田横墓前集体自杀。五百壮士被骗出海岛，走到半路上，得知田横死讯，肝胆欲裂。在拜祭田横墓后，在墓前集体自杀，其状感天动地。刘邦斩尽杀绝，为后世不齿。

这两种说法虽然有异，但对情深义重的五百壮士随田横而死的认识还是一致的。

第三种说法是五百壮士远走天涯。据《元和郡县图志》记载，田横之弟隐居在离田横岛不远的小甫山，并未随兄自杀。这里三面绝壁，只有东南一道能够出入，是世外桃源，正可幽居避祸。既然田横之弟能生存下来，可以想象那五百壮士也必有人生存下来，不会尽数自杀。据史料记载，美洲大陆还有"田人墓"遗迹，可能埋葬的是田横门人。当时，也许他们驾舟渡过太平洋，飘落美洲，在那里定居繁衍，他们及其后代曾有人回到山东。

是自杀殉主，还是远走天涯，时至今日，五百壮士的忠心的仍令后人感叹。

拿破仑之死

给古人断案，是一件颇为有趣的事情。就拿一世枭雄——法国军队统帅拿破仑·波拿巴（公元1769~1821）来说，法兰西第一帝国和百日王朝皇帝，生前曾在战场上指挥千军万马，立下了赫赫战功，可谓风云一时，然而，1815年滑铁卢战役失败后被捕，被流放到圣赫勒拿岛。1821年5月5日，年仅52岁的拿破仑死于该岛。这样一位显赫于世的人物到人生的最后竟连怎么死的也成了一件没有定论的史事。

一个世纪以来,世界各国舆论对拿破仑之死众说纷纭,各抒己见。据美国《百科全书》记载,拿破仑是死于胃病。在法国,有人说拿破仑死于癌症。因为他的父亲在40岁时患癌症离开人世。当时法国官方的死亡报告书鉴定为死于胃溃疡,而有人却认为他死于政治谋杀,更有人论证他是在桃色事件中被情敌所谋害。也有人说拿破仑在进攻埃及和叙利亚的时候,得了一种热带病,后来死于此病。还有人则说,拿破仑是在圣赫勒拿岛上被人毒死的⋯⋯

在众多的争议之中,最具有代表性的要数砒霜中毒而死和胃癌不治而死两种说法。

先看第一种砒霜中毒说。也许使你感到奇怪,查出拿破仑之死的线索,竟是他的头发!

原来,这位不可一世的统帅死后,人们想保存他的遗容,以作永久的纪念。但是因为还没有发明摄影术,人们只能靠制作脸部模型,于是,在制模型前,要把他的头发先剃光,以免头发粘连石膏。就是这个机会,一位拿破仑的侍从悄悄地取了一绺拿破仑的头发,留作纪念。

于是,英国的科学家、历史学家对拿破仑的头发成分及含量进行了分析。他们还实地调查了当时滑铁卢战役失败后放逐拿破仑的圣赫勒拿岛,并惊喜地发现当年囚禁拿破仑房间中的墙纸含有大量砒霜。于是,在经过周密研究后,宣布杀死拿破仑的"凶手"是砒霜。听到这个消息,人们都感到十分意外。因为,拿破仑死前并没有吃过砒霜,也没有人用砒霜谋害过他(因为食用砒霜会立即死亡,而拿破仑是在囚禁过程中生病死的),一时很难让人理解。

为了消除人们的疑虑,英国科学家做出如下解释:砒霜的学名叫三氧化二砷,是一种可以经过空气、水、食物等途径进入人体的剧毒物。当年囚禁拿破仑的房间的墙壁上正是贴着这种含有砒霜成分的墙纸。又因为囚房里十分阴暗潮湿,墙纸中的砒霜就生成了一种含有高浓度砷化物的气体,以致被关在这间屋子里的拿破仑整天呼吸着这种受到污染的空气,日积月累,年复一年,终于因慢性砷中毒而死。

这一结论与当年化验拿破仑尸体的报告相吻合。当时,发现在他的头发中,砷的含量已超过正常人的13倍。另据当年的监狱看守人记录"拿破仑在生命的最后阶段,头发脱落,牙齿都露出了齿龈,脸色灰白,双脚浮肿,心脏剧烈跳动而死去"。这种症状与砷中毒的症状十分相似。

然而,就在人们仍然没有彻底消除疑虑的时候,法国3位权威科学家应法国《科学与生活》杂志之邀,利用同步加速器射线对拿破仑遗留下来的头发进行了细致分析,结果断定:拿破仑死于胃癌,而非有关专家推测的砒霜中毒。长达40多年的拿破仑死因之争又有了新的说法。

来自巴黎警察局毒物学实验室负责人里科代尔、巴黎原子能委员会凝聚态、原子、分子研究所专家梅耶尔和法国奥赛电磁辐射使用实验室专家舍瓦利耶便是这新死因说的提出者。他们同样也拿到了拿破仑遗留下的一些头发。据介绍，这些头发有 19 绺，并且取得的时间分别在其死后和生前的两个时间点，互相都间隔有十多年。3 位专家为了得到更具有说服力的第一手材料，他们对每绺头发都进行了上百次的测量，对每根头发的测量间距精确到 0.5 毫米。那么结果究竟如何呢？

实验的结果向人们揭示了一个全新的世界。无论是在 1821 年拿破仑死后尸体上取下的头发里，还是在 1805 年和 1814 年拿破仑在世时保留下来的头发里，砒霜的含量都超出正常值 5 到 33 倍。由此专家们断定，这些头发的取留时间相距 16 年，而在长达 16 年的时间里，这些头发中的砒霜含量几乎一致，并均匀分布在整根头发上，这表明头发上的砒霜不是拿破仑摄食到体内的，它们来自外部环境，所以，拿破仑不是死于砒霜中毒。

那么，拿破仑头发中的砒霜又是从哪来的呢？对此，专家们推测木材取暖、放置老鼠药、摆弄含砒霜的子弹等都可能是砒霜的来源，而最可能的是来自某种防腐剂，因为在 19 世纪时，法国非常流行用砒霜保存头发。

3 位英国专家的分析理由充分详尽，那么究竟是当年的根据尸体解剖和临床症状得到的死于胃癌并发症的结论正确呢，还是死于砒霜中毒的结论对呢？至今仍难以定论。

巴顿将军车祸身亡

1945 年 12 月 9 日，美国陆军四星上将乔治·巴顿，在德国曼海姆附近遭遇车祸，身受重伤，抢救无效，于 12 月 21 日在海德堡医院不治身亡。

巴顿将军在第二次世界大战中威名远扬，号称"血胆老将"。他于 1885 年出生于美国一个军人世家，先后在弗吉尼亚军校、西点军校、顿利堡骑兵学院及轻装甲部队学院接受军事训练，为日后成为一名优秀的将军打下了良好的基础。第一次世界大战爆发后，巴顿曾经奔赴欧洲参与作战，并在指挥坦克作战方面显示了出色的才能。第二次世界大战爆发后，他被任命为美国第二装甲军团司令，更是驰骋沙场，战功赫赫，屡次创下辉煌战绩。在战场上他最有特点的话语是"混蛋，你们的刺刀应毫不犹豫地刺向那些杂种的胸膛！"正是由于他的勇猛神武，1945 年 4 月，美国军方授予他四星上将的军衔。

然而又有谁能料到，这么一位久经沙场的老将，居然会在战争结束后不久就死于车祸？本该躺在战功簿上安享成果的巴顿将军，却在被授予军衔的 4 个月后倒在了另一个战场上。

1945 年 12 月 9 日清晨，住在德国曼海姆的巴顿将军和盖伊上将相约去打猎，第二天一早,他将搭乘艾森豪威尔将军的专机离开,他的司机霍雷斯·伍德林开着一辆超长豪华卡迪拉克去送他们。据说事发当日,巴顿将军乘坐的轿车刚好遇上火车过道口,等火车驶过,司机注意到离火车道只 600 码处停着两辆大卡车。当轿车开始向前慢慢行驶时,一辆卡车从路边开过来,向着巴顿将军的轿车慢慢驶来,同时另一辆卡车也由相反方向驶近。情急之下,司机迅速踩下刹车。但是事故还是发生了,卡迪拉克车重重地撞在了卡车右边的底盘上,被撞出 10 英尺开外。巴顿将军被惯性向前甩去,头部重重地撞在司机席后面的围栏上,脊柱完全裂开,眉骨上方的头皮也被隔板玻璃撞出三英寸的伤口。

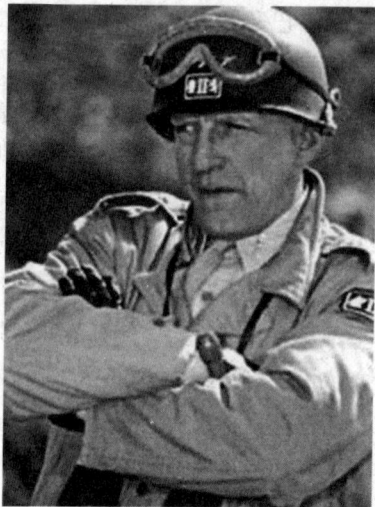

巴顿将军

　　1 个小时后,巴顿将军躺在海德堡医院的病床上,他的头脑还比较清醒,但是四肢不能动,脖子以下没有知觉。医生诊断说,他脊柱严重错位,头骨也受了重伤。经过精心救治,巴顿将军的病情开始好转,他的一条胳膊变得有力,另一条腿也有了些微弱的知觉。医生们认为他已经脱离了危险,可是 12 月 20 日下午,巴顿将军的病情突然急转直下。12 月 21 日清晨 5 时 55 分,他终因血栓和心肌梗塞而停止了呼吸。

　　巴顿将军死后,留给我们的是一个谜。车祸发生时轿车里坐的共有三人,为什么只有巴顿将军受重伤,而其他二人则毫发无损呢?案发后肇事司机竟能溜掉,也令人不可思议。车祸后赶来的宪兵们对现场进行的例行调查也极为马虎草率,甚至没有留下任何官方记录。以至日后当人们查起巴顿的情况时,除了军方履历表外,其他方面是一片空白。而履历中虽有他在服役期间的全部文献,却唯独少了他遇难情况的有关材料。

　　这些疑点似乎都表明,巴顿将军之死并非单纯因为一场偶然发生的车祸,有可能是有人蓄意制造谋杀。可是究竟谁是幕后指使?他为什么要策划这起谋杀呢?

　　有人认为,巴顿将军的死可能与"奥吉的黄金案"有关。"奥吉的黄金"是第二次世界大战中纳粹埋藏的一批黄金,据说当时被美军一些高级将领发现了,他们没有上缴给国库,而是私下里瓜分了。事情发生后不久,巴顿将军就被政府指派去调查这个案子。雷厉风行的巴顿将军很重视这件黄金被窃案,调查得非常认真,进展迅速。可是就在案情快要大白于天下的时候,巴顿突然遇车祸身亡了。时间上的巧合不能不让人产生怀疑,也许是那些人害怕事情败露而先下了毒手。

也有人说,巴顿将军的死是他的上司精心策划的阴谋。据说在第二次世界大战结束以后,巴顿一直有亲德倾向,他曾公开批评盟军的"非纳粹化政策",并在新闻记者们面前把纳粹分子和非纳粹分子的斗争,不恰当地比喻成美国民主党与共和党之争。后来据说他又考虑要扶植德国几个未受损失的党卫军部队,然后挑起一场对苏联的战争。

据此,一些美国历史学家们提出很具体的假设,即这位上司就是艾森豪威尔将军。众所周知,艾森豪威尔将军与巴顿将军不和的传闻由来已久,巴顿将军在第二次世界大战后采取的一些行为无疑与艾森豪威尔的主张大相径庭。艾森豪威尔对此非常不满,为了拔除这个处处和自己做对的眼中钉,很有可能派人除掉巴顿。

如果巴顿将军的车祸真的是一场有预谋的事件,那么究竟是由于什么原因,是谁在幕后策划,恐怕只能等车祸参与者本人坦白才能弄清吧!

戈林自杀

1945 年 11 月 20 日,纽伦堡国际军事法庭开始对戈林进行审判。法庭在对戈林的死刑判决书中说:"戈林是第二次世界大战的策划者之一,是仅次于希特勒的人物,他集所有被告的罪恶活动于一身。"20 世纪爆发的两次世界大战,给世界造成了无尽的灾难;而这两次罪恶的大战都是由德国挑起的。在法西斯纳粹德国,紧紧追随希特勒并助纣为虐,成为嚣张一时的乱世枭雄,这位一人之下、万人之上的显赫人物就是大名鼎鼎的纳粹德国帝国元帅——赫尔曼·戈林。

1946 年 10 月 15 日夜,就在即将被处以绞刑的 75 分钟之前,戈林竟然神奇般地在严密看守的死牢中服毒自杀,逃避了正义的处决。

有关赫尔曼·戈林自杀的具体细节,已消失在历史的迷雾中,或者已带到坟墓里无记载可查了。随着柏林资料中心有关戈林自杀时未公布的调查委员会的绝密报告、现场证人的证词、医疗报告、戈林自杀留言的原文等绝密档案的逐步公开,戈林自杀之谜再次浮现在人们视线之中。

戈林在整个关押期间一直把氰化钾胶囊放置于牢房是不可置信地。根据采访看守人和对监狱记录的检查,牢房和衣物是经常搜查的。约翰·韦斯特少尉在1946 年 10 月 14 日,即戈林死的前一天,就搜查了戈林的牢房和他的私人物品。因此,氰化钾胶囊起先是随戈林的行李进入监狱这一点应该是毫无疑问的。因为,行李间是唯一没有被彻底搜查过的角落,并且调查人员在戈林自杀后也确实在他的遗物里找到了另一个氰化钾胶囊。

尽管监狱记录显示戈林并未请求去行李间取东西,但是他曾经送给惠利斯中尉一份礼物以及送给他的律师奥托·斯塔马尔的蓝色公文包恰恰证明他行李中的物品曾经不止一次地被取走,而取走这些物品的人不是像惠利斯这样握有行李间钥匙的监狱军官，就是戈林自己在未按来访要求登记的规定的情况下获准进入行李间而拿到自己行李中的物品的。

这种推测在本·E·斯韦林根写的《赫尔曼·戈林自杀之谜》一书中得到了肯定。该书是迄今为止对该问题最透彻的研究，这位作者的结论是：戈林曾提出条件让一位监狱工作人员——最大的可能性是惠利斯——为他从行李间取出物品或行李。在临死前的几个小时，戈林取出了隐藏的胶囊，做好了服毒的准备。另一种可能，就是他本人被获准进入行李间，而且批准其进入行李间的最有可能的人还是惠利斯。

戈林的妻子埃米·戈林对随后有关她丈夫是如何得到胶囊的言论，帮助不大，而且不能令人信服。她说 1946 年 10 月 7 日她最后一次探视戈林，那时候她曾问丈夫还有没有胶囊，戈林说没有。从那以后她便再也没有见过戈林，也没再跟他说过话。然而，戈林自杀后，她却立刻公开发言，"此事一定是一位美国朋友所为"。这其中难免让人怀疑藏有什么不可告人的秘密。直到 28 年后，她又对德美起诉团的一位成员提起，当年确实是一位未留名的朋友把毒药递给了她丈夫。又过了不久，埃米·戈林的女儿埃达也出面表示有人曾经帮助过她父亲。到了 1991 年，传出消息说戈林的侄子克劳斯·里格尔承认，是惠利斯中尉把毒药给了戈林。所有的言论都有可能是真的，但又全都无法证实。

戈林的女儿或戈林的侄子在戈林死时还不到 10 岁，因此他们对所发生的一切做出的表态没有多大的可信度。而那些戈林当年的并仍活着的狱友们——斯佩尔、弗里奇、弗鲁克——如果他们知情的话，为什么在他们后来撰写的纽伦堡经历的著述中却无一例外地略去了这部分具有轰动效应的，也是作为畅销书最重要的卖点的东西呢？

戈林为什么在其自杀留言上注明日期为 1946 年 10 月 14 日，至今仍是个谜。这日期不可能是正确的。戈林若将这些吐露他打算自杀的留言保存在身边达 5 天之久，未免太粗心大意了。在其中的两封信中，他提到向盟国管制委员会的申诉被拒，而这一消息直到 10 月 13 日他才听说。或者，留言中的日期与自杀前几天内曾经发生的事情在时间上发生了矛盾。

近年来，对戈林自杀之谜又有了新的解释：毒药是藏在他的陶土制的烟斗里的，在处决他那天夜里把它剖开，将毒药藏在肚脐里，还有一些更离奇的方法。显然，这个吞下了毒药的人，不仅把他的秘密带进了坟墓，而且身后还发表暧昧的错误消息。要找到不容争辩的事实真相的一切努力都将是白费工夫。

戴高乐曾是盟军的暗杀对象吗

1970 年 11 月 12 日，来自世界各国的 63 位在任的和已离任的国家元首和国家领导人云集巴黎,凭吊法国人民心目中的英雄,曾任法兰西第五共和国总统的夏尔·戴高乐,一位两次从危机中挽救了法国,并将法国引向一条独立自主之路的伟大的政治家。

戴高乐从一名普通的下级军官而跃升至法国最高统治者,他的个性和统治的历史可以用下面几个词来加以概括,那就是:无畏、尊严、爱国、顽强、独立、稳定。他的一生充满了传奇色彩。他的所作所为,令他的敌人深感头疼,暗杀他的阴谋屡见不鲜,但他都奇迹般地化险为夷了。而他在第二次世界大战中的一次遇险,就成为留给后世的未解之谜。

那还是在 1943 年,戴高乐作为流亡在英国的自由法国政府首脑,与英国首相丘吉尔发生激烈的冲突几周后,抵达距伦敦不远的海顿机场,准备飞往英格兰,视察自由法国的海军部队。这次出行,戴高乐将乘坐他的私人飞机———一架 4 引擎的威灵顿轰炸机。这架飞机一直受他本人调度而由英国负责保管。

戴高乐

海顿机场的跑道很短,尽头还有一道大堤。飞行员驾机从这儿起飞需要十分小心,必须先将引擎加速到极限,然后刹住轮子,再用起降控制器将机身升高,接着才可以放开刹闸让飞机离开跑道,如同火箭点火后冲出火箭筒一样。该机的驾驶员是皇家空军的彼德·鲁特上尉,一位经验丰富的飞行员。

鲁特上尉像往常一样,按照正常的路线,朝着跑道顶端驶去,突然,机尾垂了下来,他急忙操纵起降控制器,可是,起降控制器失灵了,他无法调整好飞机,正在这千钧一发之际,鲁特机智果断地停住了飞机,避免了一场机毁人亡的惨祸。一看飞机,已经要冲出跑道,离堤防不远了。

事后,在事故现场,机械师们检查了戴高乐这架威灵顿式轰炸机,发现飞机的起降控制杆断了。经过实验室检查,受损的关键部位的金属杆被用浓硫酸腐蚀切断。

英国权威机构通知鲁特上尉说,这是一起德国间谍搞的破坏事件。但是,这个解释不能令人相信。因为在战争的早期和随后的过程中,英国情报机构已经逮捕了几乎所有在英的纳粹间谍,并且通过"投诚"的敌方间谍提供的情报,随时逮捕后来的新间谍。退一步说,即使有纳粹间谍在英国,由于海顿机场保护严密,他们根本不可能接近戴高乐这架座机,更不要说在飞机的关键部位泼上硫酸不被人发现了。

事实上,英国情报机构对追查间谍的行动并不热心,当然这起重大的谋杀案使许多人感到吃惊,然而戴高乐似乎不感到意外。一个月后,他曾对同事说,他再也不相信英国人和美国人了。从那以后,他宣布,将以同德国和苏联的关系为基础确定自己的政策。看起来,戴高乐好像知道是谁想谋杀他。

那么,戴高乐的判断是由何而来呢? 我们不妨看看事件发生前后的背景。

1943年,德国军队仅仅用了六个星期就击溃了曾经非常自负的法国军队。6月14日巴黎失陷,雷诺政府垮台。6月17日,已堕落成为失败主义者的贝当元帅接替雷诺组阁,向德国乞降。在此危急存亡之际,时任雷诺政府国防和陆军部次长的戴高乐,决定走上造反、流亡和抵抗的道路,在英国情报机构的协助下,他秘密离开法国到了英国。可是,自此以后他就成了令英国和美国人头痛的一个人了。戴高乐也非常厌恶英国人和美国人,他认为英国一直都是法国的敌人,还把法国军队丢脸的失败责任推到了美国总统罗斯福的身上。他在抵达英国之后,立即宣布成立以他本人为首脑的自由法国政府,并用自己的无线电广播电台和自己的报纸,不断批评英国人和美国人。

英国首相丘吉尔对戴高乐非常恼火,他认为戴高乐的行为对盟国反对纳粹德国的战争造成了损害。所以,在戴高乐遇险前几周两人面对面的冲突中,丘吉尔对戴高乐说,英国人并不认为法国人是战争中不可缺少的。丘吉尔曾告诉美国总统罗斯福,不能再信任戴高乐了。1943年6月17日,罗斯福写信给丘吉尔说:"我绝对相信(戴高乐)损害了我们的反战努力,他对我们的努力是一个非常危险的威胁。"

综上所述,不难看出这起谋杀案的前因后果,只是无人去破解、无人去追究罢了。

尤里·加加林机毁人亡

尤里·加加林(1934~1968),可以说是一颗闪亮的宇航之星。他是苏联著名的宇航员,他完成了世界上第一次载人航天飞行,成为有史以来第一个进入太空的人。但就在他第一次进入太空的七年后,正准备第二次飞向太空的前夕,却由于一次意外的飞机事故而丧生。他的死,留下一个不解之谜。

1968年3月27日,苏联境内发生了一起飞机爆炸事故,随着一声巨响,一架坠地的飞机猛烈地燃烧起来,烈火熊熊,烧毁了飞机内的各种设备,也烧毁了一个宇航英雄再次飞入太空的宏愿。死者正是尤里·加加林和他的助手、著名飞行员弗拉基米尔·谢尔盖耶维奇·谢列金。烧毁的飞机是米格—15教练机。

就在当天早晨,他们两人经过例行的体格检查之后,登上米格—15教练机。3月27日是一个晴朗的春日,晴空万里。他们驾驶飞机缓缓驶离跑道,大约半个多小时之后,突然与地面失去了联系。"625！625！你们听到了吗？625！请你们回答！"地勤人员不断地呼唤他们,但得不到回答。焦急的机场负责人员立即派人前去搜索,最终发现:加加林和谢列金驾驶的飞机坠毁在基尔扎奇市地区的弗拉基米州的密林里。人们最初只发现了谢列金的上衣及尸体以及加加林的一个残破的小钱包。他们找遍了森林,才在第二天找到一块带有胎记的头皮,经加加林生前好友确认为加加林的遗体。

尤里·阿列克赛耶维奇·加加林于 1934 年 3 月 9 日出生于苏联斯摩棱斯克州格扎茨克区(后改名为加加林区)的克卢希诺镇,后来举家迁至扎特克镇。他的父亲是村中的木匠,靠木匠活手艺维持全家生活。

加加林小时候在扎特克师范学院附属学校读书。后来,学校成立航模小组,聪明勤奋的加加林立刻报名参加。在航模小组里,加加林也许是因为得自父亲的遗传,特别心灵手巧。他做的飞机模型特别漂亮,在航模比赛中总是名列前茅。物理老师知道加加林热爱飞行事业,就有意指导他阅读俄罗斯宇航之父齐奥尔科夫斯基的著作,加加林被齐奥尔科夫斯基的坚强毅力和献身宇航的精神所深深震撼。

中学毕业后,加加林考入萨拉托夫中等工业技术学校,学的是铸工专业。他参加了萨拉托夫航空俱乐部,并学会了驾驶飞机。1955 年,他以优异成绩毕业于萨拉托夫航空俱乐部,并被奥伦堡空军学校录取。1957 年,他成为契卡洛夫第一军事航空兵团飞行员。

1957 年 10 月 4 日,苏联发射世界上第一颗人造地球卫星。但在当时的苏联科学界,对于究竟能否实现载人航天飞行存在着两种截然不同的看法:一派认为人类是不可能在太空中生存的,另一派则认为,人类完全能够在太空中生存,但必须改进现有的航天技术,制造出设备先进的载人宇宙飞船。科罗廖夫是苏联宇航事业飞向太空的奠基人,在苏联发射第二颗卫星时,他在卫星上放了一条名叫"莱卡"的狗,虽然莱卡在卫星上死去,但也足以证明,动物可以在宇宙飞船上生活得很舒服。于是,科罗廖夫力排众议,于 1959 年把载人太空飞行计划提上日程,并决定着手培养宇航员。

加加林得知此消息,立刻向空军指挥部递交了申请报告,他说:"为了发展航天研究事业,可能需要有人作飞向宇宙的科学试验。恳请考虑我的迫切愿望,如果可能,派我去参加这项新的工作。"1960 年初,加加林终于凭借极佳的身体素质和极好的驾驶技术加入了世界上首批宇航员的行列。

1961 年 4 月 12 日,加加林作为第一人登上了载人宇宙飞船"东方 1 号"。清晨,加加林在充分的休息之后被叫醒,吃了一顿特殊的早餐,然后在助手的帮助下穿上宇航服,戴上白色头盔。莫斯科时间 9 点 07 分,随着"升空！"令下,宇宙飞船发射成功！飞船以每小时二点七二万公里的速度,飞越苏联、印度、澳大利亚、太平洋和南美洲的上空。它环绕地球飞行,同时自身也在缓缓地自转。

加加林克服了奇妙的失重带给他的不适感,航行了 1 小时 18 分钟绕地球飞行 1 圈后,便按照预定计划开始返航。10 点 55 分,飞船在萨拉托夫州的斯梅洛夫科村地区成功降落。加加林的宇航飞行壮举震惊了世界,他成为世界上第一个航天英雄,被誉为"宇宙之星""宇宙雄鹰"。他还获得苏联政府颁发的社会主义劳动英雄称号。

在完成了第一次太空飞行后,科罗廖夫推荐加加林去茹科夫斯基空军学院深造。

1966 年,新型宇宙飞船"联盟号"设计出来,1967 年,准备进行第一次试验性载人飞行。国家委员会任命科马罗夫为主驾驶员,加加林为替补驾驶员。1967 年 4 月,科马罗夫搭乘"联盟号"升空,由于返回地球时因降落伞系统故障而不幸牺牲。加加林准备再次飞向太空。但不幸就在 3 月 27 日一次普通飞行训练中发生了。

加加林的死留给人们很多谜团。首先,加加林和谢列金飞行技术极好,他们都是十分出色的飞机驾驶员,具有丰富的驾驶经验,拥有应付各种突发情况的实战经历,身经百战。主驾驶员谢列金对这架飞机的性能了如指掌,操作娴熟。登机前两人体检证明身体状况良好,从他们自身情况来分析,出现机毁人亡的惨剧简直是不可能的。

其次,事故不是发生在飞行训练当中,而是发生在返航时。也就是说,他们顺利完成了单八字滚翻、双八字滚翻、俯冲、跃升,接着又是俯冲、跃升,然后返航。如果是飞机本身性能问题,事故应该发生在训练当中而不是返航中。

再次,他们的飞机带着一个副油箱。按照规定,米格-15 教练机在进行高空特技训练时不允许携带副油箱,但这次飞行时他们的飞机居然带着副油箱完成飞行科目,是疏忽还是有意为之?飞机坠毁时副油箱燃烧,简直祸不单行。

最后,据加加林的同事、当时正在基尔日阿特卡机场的宇航员列昂诺夫回忆:事故发生当时,他听到两声巨响,这两声巨响前后相隔 20 秒左右。第一响可以清楚判断是飞机爆炸声,第二响则是噼啪的破碎声。如果后者是加加林飞机触地爆炸的声音,那么前者来自何处?难道现场还有第二架飞机?

苏联政府组织了专门的事故调查小组,但是调查一年有余,对事故原因也没有得出明确结论。这时候,各种流言不胫而走:如,加加林在飞行前一天的晚上喝醉了酒,第二天神志不够清醒导致飞机撞上了天鹅……还有人说,加加林之死是一起有预谋的政治谋杀,与克格勃有关。

后来,列昂诺夫道出一些鲜为人知的内幕情况,才使加加林死因初露端倪。

列昂诺夫证实在事故发生时确实有第二架飞机在场。其他一些人也证实那是一架苏-15 飞机。经查实,加加林他们的飞行训练与另一批超音速苏-15 飞机群飞行安排在同一日，事先他们协商好飞行梯次安排事宜。但正当加加林他们的飞机完成规定科目准备返航时，一架苏-15飞机违反规定下降到了云层下方作超低空飞行，随后又加大油门向上跃升飞向自己的空域，结果把云层下方的加加林二人的飞机撞了个翻转，飞机被撞后进入螺旋状态，偏偏这又是在低高度、厚云层的情况下发生的，加上还带有副油箱，致使飞机无法做出特技动作摆脱螺旋状态，导致坠毁。

有三位证人证实：苏-15飞机与加加林他们的飞机相撞后，首先尾部冒出一股烟，然后是一团火，接着苏-15飞机就消失在云层中了。

那么是谁驾驶着那架肇事的苏-15飞机呢？为什么违反规定把飞机从万米高空拉到云下？这些都成为谜团。

第五节　谍海诡异

"007"原型是谁

1974年，被喻为英国历史上最成功的间谍达斯科·波波夫的传奇经历被编成自传。此后，以波波夫为蓝本创作的詹姆士·邦德(007)系列电影也获得了极大的成功，据说，波波夫真实的间谍生活比起电影中的007来一点也不逊色。

1912年，达斯科·波波夫出生在一个富裕的南斯拉夫家庭。波波夫生性风流，算得上名副其实的花花公子。尽管艳史不绝，每到一处总要结识美女留情，但波波夫却是一名天生间谍，能操流利的意大利语、法语、英语和少许德语，是一名不折不扣的语言天才，他立即成为南斯拉夫特务网络的中心人物。

最初走上间谍路是在1936年2月，波波夫在家中接到好友约翰尼从柏林来的电报，约翰尼是波波夫1936年在德国弗赖堡大学结识的挚友，他们约好2月8日在贝尔格莱德塞尔维亚大饭店见面。而波波夫并不知道当时约翰尼已受雇成为纳粹间谍，这次来就是看准了波波夫在英国交游广阔，招揽他做间谍募集情报对抗盟军的。

关于当时的情况，在英国公共档案办公室新近解封的一批军情五处的机密情报档案中有比较详细的记载。1940年，波波夫不甘为德军所利用，于是主动请缨，马上找到了英国驻巴尔干国家的商务参赞斯德雷克，要求英国方面提供一些情报，以帮助他打入德国情报网。几天以后，伦敦批准了这个计划。波波夫依靠自己导演的双簧戏，成功打入德国间谍层，从此开始了他双重间谍的生涯。

1941年7月，波波夫被派到美国去发展一个谍报小组。他的德国上司对他说：

"日本可能要同美国开战,我们也不能坐视。"此时,波波夫已经觉察到日本要偷袭珍珠港的种种迹象。

在征得英国情报当局的同意后,波波夫以南斯拉夫新闻部驻美国特派员的身份飞往纽约,在完成德国情报机构交给的任务后,他向美国联邦调查局通告了日本将偷袭的消息。经过英国情报机构与美国的斡旋,美国联邦调查局局长埃德加·胡佛召见了波波夫。但胡佛似乎对他并不感兴趣,并因为波波夫生性风流,终日与法国电影明星纠缠在一起,把搜集情报的任务彻底抛到脑后而大为恼火。虽然英国军情五处已通知联邦调查局,波波夫在为英国工作,但联邦调查局却对此存疑。

波波夫对胡佛说:"我到美国,是为了帮助你们备战而来。我曾以各种方式给你们带来了严重的警告,确切地提醒你们,在什么地点、什么时间、什么人以什么方式将向你们国家发动进攻。"但胡佛根本不相信,波波夫扫兴而去。5个月后,日本偷袭珍珠港。

1942年11月,波波夫再一次踏上了英国的土地。盟军对德国发出一些假的警告,并对德连续实施了"斯塔基行动"和"马基雅维里计划",为的就是迷惑德国人。在"斯塔基行动"中,他们向德国情报机关提供假情报,说英国在加来港地区正准备发动一次大规模的两栖登陆,并把德国轰炸机群引诱到英国皇家空军的阵地,使德军处于易受攻击的境地。

在"马基雅维里计划"中,波波夫把伪造的文件和书信放到一个英国军官的遗体上,然后让这具遗体随海浪冲到西班牙海岸。遗体上的文件中有关于向希腊进攻的绝密卷宗,让德军"意外"地发现这具遗体和情报。同时,波波夫又在向德国人的报告中说,有许多英美军人应召在苏格兰接受跳伞训练,以及英国方面对最近的一起飞机失事事件顾忌重重等消息。柏林当局立即向撒丁岛增派部队,潜水艇也奉命开往克里特。结果,西西里的防御力量削弱了,使巴顿将军轻而易举地冲进巴勒莫城。

1944年5月上旬,随着情报的增多,双重间谍的工作量很大:他们认真编造和研究信息,使它们与盟军的战略计划相吻合,并取信于敌。然而,要想使如此众多的情报不出现纰漏简直不可能,果然,后来一些细节性错误引起了德国情报部门的注意。

1944年5月中旬的一个深夜,英国军情六处的人急匆匆地赶来告诉波波夫,让他乘敌人还未发觉,赶快回葡萄牙里斯本通知其他人员转移,然后潜逃到比利时。

波波夫于是星夜兼程地赶到里斯本,开始营救和组织逃亡工作。然而一切都为时太晚,那些正在工作的谍报人员都没能逃脱纳粹的魔爪,他本人也险些被纳粹抓获。

1944年6月6日盟军登陆法国前夕,他曾协助盟军瞒骗德国,令德军从盟军登陆的地点诺曼底转移到别的地方,居功至伟。

波波夫参与了第二次世界大战期间许多重大情报活动。他对从事间谍工作的人的评价是:这是一群神秘的人,他们无孔不入,无处不在。胜利了不可宣扬,失败了不能解释。我的武器就是谎言和欺骗,我自己还卷入了一些违背正常社会准则的行为,包括谋杀。但我并没有觉得内心不安,因为这只是战斗对我的考验。

英国在战后两年确认波波夫的功绩,在 1947 年向他颁授 OBE 勋章(即英帝国官佐勋章)。有关波波夫的各种版本的传奇故事始终在人间流传,007 的出现更为了解真实的波波夫设置了重重障碍。

"胡志明小道"

世界上有这样一条网状的道路,它横跨东经 105~108 度,上下从北纬 21~11 度,它连接着几国边界的道路系统,它和老挝及柬埔寨有 1000 公里的边界平行。这个网状的系统长度是边界的 13 倍。其中最远的路径是从越南广平省出穆嘉关进入老挝,绕过 17 度线,沿长山山脉,再由老挝进入柬埔寨的磅湛省潜入越南南方的西宁省。它是由数千里曲折蜿蜒的山路和丛林掩蔽的战争动脉,它就是"胡志明小道"。

越南抗美救国期间,由越共领导的北方武装力量为深入敌后开展游击战、打击美国侵略者和南越的傀儡军队,曾在老挝和柬埔寨境内的丛林中开辟了一条军用运输线。它穿过茂盛的热带雨林,蜿蜒在崇山峻岭之中。

在越南战争期间,"胡志明小道"成为胡志明部队秘密支援南方游击队作战的最重要通道,号称"北方生命线"。对侵越美军乃至国际上的许多军事专家来说,这条补给线是一个无法用正常观念解释的"战场之谜",美军称其为"大动脉"。事实上,美军一直没有搞清"胡志明小道"到底有多少条路。军事历史学家普拉多斯分析说,"胡志明小道"应该有 5 条主路、29 条支路,还有捷径和"旁门左道",总长近 2 万公里。

1965 年,陷入越南战争中的美国军队伤亡人数已攀升为 7200 多人。美国认为,要想取得战争的胜利,切断"胡志明小道"是唯一办法。尽管胡志明本人已于 1969 年 9 月 4 日去世,但以他名字命名的这些小道仍然是供应越南北方军队物资的命脉,也是最令美军尴尬和头痛的秘密通道。美国侵略者无法容忍源源不断的物资通过"胡志明小道"运往越南共产党人的手中。为此,尼克松曾经以对国内封锁消息为代价用 B-52 型轰炸机对这些小道进行了长达一年多共 3630 多次的轰炸,但最终还是不能奏效,反而弄得自己狼狈不堪。五角大楼也曾经用计算机系统研究了整个胡志明小道的网状构成,包括每个交叉路口和溪谷,他们使用了当时所有可以使用的高科技手段:空投特种部队,向美军基地提供交通运输情况,指示轰炸目标；在交通线上设置地雷，还有人迹嗅探器、声音传感器；为了毁灭丛林植被，还大量地喷洒化学脱叶剂，但是"胡志明小道"不但照样畅通无阻，运输量还越来越大。

西方的军事家之所以对"胡志明小道"感到迷惑不解，是因为他们不大相信"战争的决定因素在人，而不在物"的道理，更不能理解人民战争（越南称之为"民众战争"）的伟力。所以，美军用尽一切方法切断"胡志明小道"，但他们怎么也无法想象上至七十老人，下至十几岁的儿童，还有身背婴儿的妇女，都可以用小推车甚至是自行车在完全无路可走的原始森林中运送弹药粮草。任何一个城市居民或农村小童，都可能是越共的谍报员，美军的现代化通讯侦察器材成了摆设。

1965年10月，越军把大批作战部队输送到南方，并且组织数十万民工扩展"胡志明小道"和执行支援南方的运输任务。开始逐步把只能人背肩扛的羊肠小道建成可以通过重武器的战略交通网。今天在地图上还可以看见，正是这个道路系统，像一个巨大的漏斗连接着著名的"胡志明小道"，把源源不绝的战争物资输向越南南方。

"金唇"——永远无法破译的绝密技术

一项代号为"自白"的间谍行动曾经让美国蒙羞达8年之久。从1945年到1951年，克格勃开始窃听美国驻苏联大使馆内的活动情况。这项成功的窃听行动既是苏联特工引以为荣的惊世之举，也是世界间谍史上屈指可数的经典之作。

从1933年11月16日苏联与美国正式建立外交关系那天起，克格勃特工就盯上了美国驻苏使馆，对其进行监听与监视成为他们工作中的重要部分。为了更详细具体地了解美国使馆的内情，1938年起，克格勃开始向美国使馆放飞"燕子"。

所谓"燕子"其实是克格勃的职业特工，她们装扮成国家芭蕾舞剧院演员，利用美国外交官们好色的弱点，再加上自己沉鱼落雁的美貌，于是很轻易地便飞进美国外交官的卧房。不久"燕子"们就探明，会议室、武官处、密报室及大使办公室都设在使馆大楼顶层，那里正是整个使馆的"要害"所在。与此同时，那些负责守卫使馆大楼的苏联女兵也顺利地和潇洒的美国男士搞好了关系。

1943年，德黑兰会议结束后，斯大林向克格勃领导人贝利亚下达了死命令，要对美国大使阿维列拉·卡里曼的办公室进行窃听，可以不惜一切代价、动用一切手段。重压之下贝利亚与手下高参们开始设计窃听使馆心脏部位的行动方案，可谓绞尽了脑汁。

1943年12月17日，贝利亚得意地向斯大林报告他们已经完全准备好了针对美国使馆专门设计的窃听设备，其性能"无与伦比"，功效"令人称奇"。而且它还有个非常特别的名字，叫"金唇"。于是，利用这种特制"窃听器"对美国大使办公室进行窃听的行动也被命名为"金唇行动"。因为"金唇"窃听器既不需要电池,也不需要外来电流,所以使当时的反窃听设备无法捕捉到任何信号,代表了当时的世界顶级水平。300米以内大耗电量振荡器所发出的微波脉冲都能够被"金唇"捕捉到,更奇特的是它的工作寿命可以无限延长。从外表上看,"金唇"就像一个带尾巴的蝌蚪。

为了把"金唇"顺利地放到大使办公室,苏联特工机关将美国使馆对面居民楼里的居民全部换成克格勃工作人员,每逢星期天,伪装成"家庭主妇"的克格勃女中士们都要在阳台上抖落和晾晒地毯及被褥,试图以非常自然的姿势把灰尘大小的"蝌蚪"撒到美使馆大院内。

然而,费尽了心机的克格勃特工人员并未达到目的。后来,他们还精心设计了一起火灾,但是扮成消防队员的特工人员却始终没找到进入卡里曼大使办公室的机会。

几次失败之后,克格勃的高参们并没有放弃,这次他们想出将安有窃听器的礼品送给美国大使的妙计。于是,二十几种木制及皮制的贵重工艺品送进了克格勃高官的会议室,但是,窃听器研究权威、苏联科学院院士贝尔格和伊奥费却对选定的礼品给出了一致认定,这些礼品都不能胜任运载"金唇"的使命。于是,克格勃只得根据"金唇"的特殊性重新制作相应的礼品。

1945年2月9日,苏联宣布在黑海之滨举行"阿尔台克全苏少先队健身营"开营典礼,为了把美国大使卡里曼从莫斯科引到克里米亚,并在开营典礼上接受由少先队员赠送的"礼品",克格勒制定出一整套诱引方案。2月,苏联特工以苏联少先队员的名义向罗斯福总统及丘吉尔首相发出敬请光临的邀请。请柬中用尽了动听的词句,诚挚感谢两位政治家在战争期间对苏联人民的帮助。宣扬"平等与博爱"的美国人绝对不会拒绝孩子们的邀请,克格勃摸准了美国人的心理。果然,百忙之中无法到的美国总统和英国首相相应的委派了两国驻苏大使出席。于是,美国大使卡里曼如期从莫斯科赶到黑海之滨出席开营典礼。

开营典礼上,苏联少先队员用英语合唱美国国歌,气氛渐入佳境。孩子们纯真稚嫩的歌声让卡里曼大使完全丧失了戒备和警惕,就在这时,一枚精美绝伦的巨大木制美国国徽由四名苏联少先队员抬着送到卡里曼大使面前。紧接着,瓦列里·勃列日科夫马上殷勤地向贵宾们讲述这枚国徽的做工及用料是如何讲究,用了多少种珍贵木料,苏联工匠的制作工艺是如何高超精湛。果然,卡里曼大使情不自禁地发出惊叹:"天哪!我把它放在哪儿才能不辜负孩子们的一片心呢?"勃列日科夫不失时机地低声对卡里曼说,"挂在您的办公室最合适不过,英国人肯定会嫉妒得发疯。"

随着这枚内藏苏联克格勃"金唇"窃听器的美国国徽被悬挂在卡里曼办公室,

世界未解之谜

图文珍藏版

代号为"自白"的克格勃窃听美国大使的行动开始启动。自1945年2月起,这一行动共持续了8年。4任美国大使在8年间来了又走,国徽以其无与伦比的艺术美感赢得了4位美国大使的钟爱,每一位新大使到任后从墨水瓶到地板砖全部更换一新,甚至大使办公室的窗帘及家具色调也相应做了些改变,而这枚美国国徽却始终安然无恙。

直到1960年5月,华盛顿方公开"金唇"的秘密,在此之前美国中情局始终没有勇气公开他们的"耻辱"。美国驻联合国代表卡勃特还将"金唇"窃听器拿到安理会常任理事国的会议上做了一番展览。但是,"金唇"的秘密技术却始终无法破译。美国特工和英国特工曾多次试图制作同样的窃听器,但都以失败告终。时至今日,"金唇"的秘密依然无法解开。

谁编制了神奇的"无敌密码"

第二次世界大战中,英国倾全国之力,破译了德国的"谜语机"密码,为战胜纳粹德国做出重要贡献;美国则破译了日军密码,由此发动空袭,击毁日本大将山本五十六的座机。丘吉尔说,密码员就是"下了金蛋却从不叫唤的鹅"。

《孙子兵法》云:"知己知彼,百战不殆。"破译敌军密码,始终是交战双方梦寐以求的捷径。同时,如何保证自己的密码不被敌人破译也让交战双方费尽了心思。第二次世界大战中美国曾经有一套"无敌密码"就创造了这样一个不可破译的神话。

那些沉默了半个多世纪的"特殊密码员"终于从美国总统布什手中接过了美国政府最高勋章——国会金质奖章。当年,正是他们编制的"无敌密码",为盟军最终胜利立下了汗马功劳。

攻占硫磺岛是美军在太平洋战争中打的一场经典战役,美军把旗帜插上硫磺岛的照片,成为美国在第二次世界大战中浴血奋战的象征。当时,康纳上校手下共有6名密码员,在战斗开始的前两天,他们通宵工作,没有一刻休息。整个战斗中,他们共接发了800多条消息,没有出现任何差错。

攻占硫磺岛战役中"无敌密码"大显了身手。而编制这种"无敌密码"的人又是谁呢?

一个叫菲利普·约翰逊的人提议用纳瓦霍语编制军事密码。约翰逊的父亲是传教士,曾到过纳瓦霍部落,能说一口流利的纳瓦霍语,而在当时,纳瓦霍语对部落外的人来说,无异于"鸟语"。这种语言口口相传,没有文字,其语法、声调、音节都非常复杂,没有经过专门的长期训练,根本不可能弄懂它的意思。极具军事头脑的约翰逊认为,如果用纳瓦霍语编制军事密码,将非常可靠而且无法破译。

1942年初,该建议由约翰逊提出,他说,如果用纳瓦霍语编制密码,可将用机器密码需要 30 分钟传出的三行英文信息,在 20 秒内传递出去。

美国太平洋舰队上将克莱登·沃格尔接受了约翰逊的建议。1942 年 5 月,29 名纳瓦霍人作为第一批密码编译人员征召入伍,在加利福尼亚一处海滨开始工作。不久,根据纳瓦霍语创建的 500 个常用军事术语的词汇表制作完成。由于没有现代军事设备的专门词语,因此代码中经常出现比喻说法和拟声词。

此后的太平洋战争期间,420 名纳瓦霍族人加入了密码通讯员的行列,他们几乎参加了美军在太平洋地区发动的每一场战役。用纳瓦霍语编制的密码被用来下达战斗命令,通报战情,为最终打败日本军国主义者起到重要作用。

除了纳瓦霍语外,在欧洲战场,美军在第二次世界大战中使用的另一种印第安语——科曼切语密码也大显身手。查尔斯·希比蒂是当时的科曼切语密码员,目前居住在俄克拉荷马。根据老人回忆,当年报纸上的征兵广告说"征召年轻的科曼切人。要求未婚、无家庭拖累、会说本族语。特别是在语言方面要求极为严格,必须十分流利。"

在科曼切语创建的由 250 个军事术语组成的词汇表里,轰炸机成了科曼切语中的"怀孕的鸟"。1944 年 1 月,诺曼底登陆战役中,当希比蒂登上犹他滩时,指挥官命令他:"通知总部我们成功登陆了,现正准备占领敌方阵地。"顶着炮弹掀起的沙子和海水,希比蒂掏出无线电发报机,迅速用科曼切语发出了这条信息。科曼切密码通讯员希比蒂发出了第一条登陆诺曼底的信息。海滩上,炮弹和曳光弹不断在头顶上爆炸,一阵静电干扰之后,无线发报机传来信息:"收到。守住滩头阵地,弄清敌人方位。增援部队很快抵达,完毕。"

在诺曼底滩头大显神通之后,对于这种密码,纳粹德国的情报部门也绞尽了脑汁,始终未能找到破译的方法。

无论是纳瓦霍族密码员还是科曼切族密码员都没有因为他们的巨大贡献在战时或战后获得表彰。因为当时的五角大楼认为这些密码员在接下来的冷战中可能再派上其他重要用场,因而不宜暴露,并命令他们严格保守秘密。但是,随着密码技术的进步,这些古老的密码已经完全成了古董,密码员们终于获得了迟到的荣誉,但他们当中的大多数都已经默默无闻地离开了人世。

对这迟到了半个世纪的表彰,布什也不胜感慨。他说:"他们勇敢地工作,出色地完成了自己的任务……他们对国家的贡献值得所有美国人尊敬和感谢。"现在,29 名纳瓦霍人其中 25 人已离开人世,这些人的名字将永远消失在历史的长河中。

柏林墙下有耳

推倒柏林墙 10 周年纪念仪式于 1999 年 11 月举行,苏联前领导人戈尔巴乔夫和德国前总理科尔、美国前总统布什重聚柏林。戈尔巴乔夫和布什在象征东西方对抗的柏林墙边热情握手，一派"喜庆平和"气氛。然而，就在这柏林墙下，美国中情局曾经与苏联克格勃发生过多年秘密的较量。

第二次世界大战结束后，德国首都柏林一分为二，成为连接东西方的战略结合点，自然也成了美国中央情报局从事间谍活动的理想场所。那时候，窃听是最普遍也是最行之有效的间谍活动之一。英国间谍机构军情五处向美国中情局建议，苏联军事设施有地下通讯电缆通往东德和东欧各国，中情局完全可在这方面做文章。局长希伦科特亲自拟定了一项名为"黄金"的窃听计划。希伦科特自称视金钱如粪土，却把这项窃听工程命名为"黄金"，他认为，优质的情报比黄金还有价值。最终，计划确定为从西柏林建窃听隧道穿过勃兰登堡门，再延伸进入东柏林，截听苏联军事通讯。"黄金"计划非常保密，只有中情局少数领导人知晓。

窃听隧道从 1949 年开始构思和设计，前后用了 5 年时间才完成。这可能是世界历史上最秘密而艰巨的窃听工程，于 1954 年 8 月正式开始挖掘，挖凿只花了半年，但设计、勘探、情报搜集和试验，用了几年时间。

为了迷惑苏联人，也为了不让自己人胡乱猜测，中情局指示，在西柏林隧道起点之处伪装兴建仓库和雷达站。当时，苏联克格勃也曾对此产生过怀疑，但当得知是建仓库和雷达站时，也就不再在这方面花费时间和精力了。为了保密，整个工程由美军工兵部队负责实施。

1955 年 2 月，窃听隧道开始正式运作，长 500 多米的主段里面布满了电子偷听器，能清楚地截听到苏军的电话和密码信息。这条隧道虽然只使用了一年多，但窃听到大量优质情报，为中情局赚够了面子。第一个重要信息于 1954 年年底截获：苏联军方传达克里姆林宫指示，要求驻东德苏军保持良好纪律，不可破坏和谐气氛，配合政府同联邦德国（西德）改善关系。分析人员根据这份情报做出判断，柏林结束战争状态有望。此外，中情局凭借这条隧道掌握到，苏联夸大了在民主德国（东德）的驻军实力，苏军不可能突然向西柏林发动进攻。中情局还获知苏军在民主德国修建了特殊的武器库，苏联人可能会在民主德国部署原子弹。美国通过隧道窃听，更有效地掌握了苏联的欧洲战略和意向。

然而，1956 年 4 月，苏军一条由东柏林通往莫斯科的电话线失灵导致了这条窃听通道的曝光。通信兵在进行检修时，意外发现地下电缆有一段被人搭线破坏。顺藤摸瓜，他们终于发现了这条窃听隧道。苏军突击队员火速赶到，用烈性炸药炸开隧道时，还有几名美国情报人员正在进行秘密作业，听到爆炸声后仓皇逃入密室返回西柏林。密室入口迅速自动堵塞，苏军无法进入。

苏联高层对窃听事件极为恼怒，美苏为此也进行了高层会晤，最终就低调处理此事达成一致。随后，为挽回面子，莫斯科称美国人搞的地下活动自己早就知道了，而且故意发放很多假情报愚弄美国。

1961 年 8 月，赫鲁晓夫在冷战危机中下令筑起柏林墙，这倒为中情局的窃听活动提供了更为安全的掩体，美国继续在柏林墙下从事间谍活动。

1965 年，克里姆林宫不满美方继续窃听，指示驻柏林的苏军司令大曝当年美国柏林隧遭丑闻，并带记者参观隧道及里面的设施，声称打赢了一场地下间谍战。中情局被迫在形式上进行了调整和掩饰。

西方情报人员事后透露，苏联人所发现的仅是隧道的其中一段，尚有隐秘支线一直未被发现，继续长期运作。柏林围墙被拆除已 10 年，窃听隧道仍然存在，美国情报机构是世界最大窃听者。前不久，俄罗斯一位前情报官员也证实："柏林墙是冷战的象征，真正的冷战却在墙下进行。墙倒了，并不意味着激烈的间谍活动也停止了。"冷战时期，中情局在柏林的监听站，与美国设在英国约克郡门威斯希尔的全球最大监听站 F—83 情报站连接，因而欧洲情报人士相信，美国仍继续利用冷战间谍设施，窃听俄罗斯和欧洲各国商贸和技术情报，对俄罗斯则是全面窃听。事实上，"战事"仍在持续。

击落美国"黑衣女谍"

"黑衣女谍"是美国 U-2 高空侦察机的代称。是美国空军从 1956 年开始装备的 U-2 高空战略侦察机，主要用于执行战略、战役和战术侦察等军事任务和搜索失踪船只与飞机以及收集地热能资料等非军事任务，它是历史上大名鼎鼎的间谍飞机。在 20 世纪 50 年代末 60 年代初，U-2 飞机曾经肆无忌惮地飞行在苏联的领空上，进行各种侦察活动。尽管苏联当局十分恼怒，但在初期却拿 U-2 飞机没有办法，因为 U-2 在当时飞得实在太高了（2 万多米），高射炮打不着，战斗机又跟不上。

然而，正当美国洋洋得意之际，1960 年 5 月 1 日，在斯维尔德洛夫市上空，一架 U-2 飞机被苏联空军击落，飞行员弗朗西斯·鲍尔斯被生俘，飞机上所有的侦察设备基本上完好无损地保存了下来，被作为了间谍活动的罪证。这件在当时轰动一时的大事使美国颜面扫地，也使苏联和美国的关系更加紧张。然而，U-2 飞机究竟是怎样被击落的呢？苏联在当时尚未拥有 2 万米以上升限的歼击机，而地空导弹的射程也够不着。这不仅在当时是一个不解之谜，如今依然是众说纷纭。

一般的说法是 U-2 飞机是被米格-19 所击落，当天的确有两架米格-19 飞机奉命起飞拦截，然而米格-19 飞机的升限在 1.75 万米到 1.85 万米之间，是怎样够着的呢？也有的说 U-2 飞机是被苏联的防空导弹部队所击落，并且还误伤了自己的一架飞机。然而据西方情报部门分析，苏联当时的地空导弹射程根本不够。据 U-2 飞机的驾驶员弗朗西斯·鲍尔斯回忆当时飞机坠落的情况时说，伴随着一道橙黄色的闪光，他只听到一声震茸欲聋的爆炸声，然后机头便向下栽去，他似乎觉

世界未解之谜

军事未解之谜

图文珍藏版

得飞机的机翼和尾部脱落了，而飞机究竟是怎样，却不得而知。然后他便被弹射了出去。

还有一种说法是，U-2飞机被击落是苏联间谍机构克格勃的杰作。苏联对于U-2的多次间谍飞行十分头痛，克里姆林宫下了一道死命令给克格勃。于是，一个名叫穆罕默德·嘉兹尼·汗的间谍偷偷进入了U-2飞机所在的巴基斯坦某美军空军基地。不久，他假冒一名因病不能上班的清洁工混进了机场。为了能接近飞机，他又收买了机场空军食堂的一名服务员，最后他终于打听到U-2飞机近期将做一次远程侦察的巡航。穆罕默德在接下来的几个晚上，用红外望远镜在停机坪附近窥探，终于找出了美军防范中的漏洞。这天，穆罕默德开始实施预定计划。时近凌晨2点，一队美军士兵前来换岗，他们像平常一样在飞机右舷兴致勃勃地谈笑风生，吹嘘他们在外寻欢作乐的趣事。这时，已潜伏多时的穆罕默德抓住了这个机会，迅速地避开了士兵的视线，神不知鬼不觉地钻进了飞机驾驶舱。很快找到了仪表上高度仪的外罩，然后飞快拧下右上角的一颗螺丝钉，随即换上了一颗自己携带的非同一般的螺丝钉。原来，这是一颗磁性极强的螺丝钉，由苏联克格勃特别研制，当飞机上升到几千米高空后，这颗螺丝钉产生的强大磁力场能将高度仪的指针吸引过去，而显示出已达到2万米高度的数字。美国人考虑到了对该机资料的保密措施，也想到苏联会用新型导弹对飞机进行拦截，却没有想到克格勃会用违背常规思维的不寻常方式下手，把用炮火轰击、飞机拦截都得不到的U-2型高空侦察机给击落了。

20世纪最大的间谍秘密是什么

叛逃到西方的苏联克格勃绝密档案馆馆长瓦西里·米特罗欣，揭露了20世纪最大的间谍秘密，并出版了名为《剑与盾：米特罗欣的克格勃绝密档案和克格勃的秘密历史》一书，在英美等西方各界引起了一场史无前例的大地震。身居要职的米特罗欣带走的6大箱绝密情报中的秘密实在是太多了。

1.米特罗欣顺利叛逃

米特罗欣是如何得到这些绝密情报，然后叛逃的呢？

说起这段历史，也许美国人会为自己的肉眼凡胎而悔恨不已，因为1992年米特罗欣叛逃的时候先到了美国驻拉脱维亚里加的大使馆，但是驻美国使馆的中情局官员却因为被成千上万个以种种借口要求"叛逃"到西方的俄罗斯人弄得腻烦了，于是断然拒绝了米特罗欣的要求。遭到拒绝后，米特罗欣仓皇逃出了美国大使馆。他并没有逃远，而是匆匆溜进了与美国大使馆仅一墙之隔的英国大使馆。在与米特罗欣经过几个小时的长谈后，英国人大喜过望：一条送上门的"大鱼"！当即同意他的叛逃要求,并且帮助他把 6 大箱的绝密情报资料一起弄出了拉脱维亚。

米特罗欣所带的 6 大箱绝密情报资料是他 1972 年至 1984 年任克格勃绝密档案馆馆长期间一点一点带回家的。这些记录着克格勃重大间谍活动的"小纸条"或者复印件被他塞在鞋底或者裤子里偷偷带回家,然后又把它们装进几个金属箱里埋入自家住所的地下。

考虑到俄罗斯反间谍部门可能仍把他视为眼中钉,肉中刺,叛逃到英国之后,英国反间谍部门立即给他找了一处完全的住所,并封锁一切有关他的消息,还给他换了新的身份。美国司法部前法官约翰·马丁说:"米特罗欣带来的这些情报档案为我们了解很长一段时间来苏联间谍活动的规律和秘密做出了极大的贡献。"美国联邦调查局反间谍特工戴维·梅杰说:"米特罗欣堪称我所知道的 20 世纪最重要的叛逃者之一。"美国联邦调查局副局长比尔·布莱恩特说,米特罗欣带来的绝密档案解决了许多悬而未解的间谍案。

2.箱子里隐藏的"天机"

6 只大箱子里塞满了各种各样的"小纸条"和"复印件",这些小东西几乎件件是"宝贝",因为它们每个都披露了克格勃最绝密的间谍活动,其中最惊人的有:

苏联情报机构曾精心策划招募后来成为美国国务卿的万斯当间谍,但没有成功;也曾密谋把卡特总统的国家安全顾问兹格涅尼·勃列兹斯基招到克格勃的麾下,但最终也没有成功;克格勃在里根成为美国总统 5 年之前就开始研究如何"修理"他! 这主要是克格勃的绝密招募计划。

克格勃还有过毁坏美国民权运动领导人马丁·路德金声誉的计划。根据这项计划,克格勒散布谣言说,马丁·路德金实际上跟当时的美国总统约翰逊勾结,想要出卖黑人的利益。非常有讽刺意味的是,美国联邦调查局同时也在损毁马丁·路德金的声誉,散布谣言说,马丁·路德金跟共产党有秘密关系。此外,最典型一例是:肯尼迪总统遇刺后,克格勃立即秘密指使特工在美国出版了一本耸人听闻的书——《奥斯瓦尔德:刺客或者替罪羊?》,紧接着又仿造奥斯瓦尔德的笔迹给前中情局官员霍华德·汉特写了一封信。信和书的内容都有意无意地把肯尼迪的遇刺与中情局的阴谋联系起来。

此外,还包括克格勃秘密窃听计划、武器窃取计划、消灭叛逃者计划等等在内的不计其数鲜为人知的绝密内幕。

有消息透露说,米特罗欣的 6 大箱子情报绝不止此,他带来的详细资料最早可以追溯到十月革命,最近可以了解到 80 年代时苏联重大的间谍活动。这些资料的曝光可以让十多桩尘封许久的美国间谍大案水落石出。

3.克格勃放在欧美的原子弹

根据米特罗欣提供的绝密材料,苏联克格勃间谍曾在美国和其他西方国家领土内偷偷囤积弹药、通讯设施,甚至微型原子弹。这恐怕是美国和西方国家想破脑袋也无法预料到的事情!

针对美国等西方国家重要的目标,如政府机构、水坝、城市供水系统、电网、弹药库等设施,苏联制订了具体详细的攻击措施。其中最绝密的一项计划是为引发美国的种族冲突,给美国社会造成总体混乱,在纽约、华盛顿或者其他重要的美国城市,白人与黑人社区交接处制造恐怖爆炸事件。

最令人震惊的是,在美国,克格勃的潜在攻击目标遍及全国,其中被列为头号攻击目标的是从得克萨斯州埃尔·帕勃到加利福尼亚哥斯达米萨的一条输油管;第二个目标是蒙大拿州的亨里·豪斯拦河大坝,因为一旦这个大坝被摧毁,纽约州的电力将彻底被毁。米特罗欣的绝密材料还包括克格勃如何在美国一些秘密场所隐藏武器、无线电台和钱叶的计划,但美国有关当局从未发现这些藏宝地。

不知是米特罗欣带来的情报不准,还是他对美国的执法部门留了一手。米特罗欣去年曾小帮了瑞士警方一把,结果找到了克格勃在瑞士境内的数个"藏宝地"。这些秘密武器通讯器材及活动经费隐藏地布满了饵雷,如果没有米特罗欣指点,那么,就算找到了"宝贝",那些"寻宝"的警察也已经被炸得粉身碎骨,因为瑞士警察在打开一个"消防水龙头"的时候,整个地区发生了大爆炸。

米特罗欣说,克格勒制订这些计划的目的是:一旦东西方爆发大战,克格勃特工将全面引爆这些预先秘密埋设在欧美的爆炸物,破坏当地的战略目标,制造社会混乱,从而支援正面战场作战。

在米特罗欣的 6 大箱宝贝中,有着太多被人垂涎的绝密情报,以至究竟哪个秘密称得上"最"恐怕连米特罗欣自己也说不清楚。

第六节　真相迷失

秦朝十二铜人下落何处

公元前 221 年,秦将王贲率兵向南攻齐。齐王建昏庸无能,一味听信佞臣,毫无抵抗准备,而佞臣后胜早就接受了秦国的贿赂。所以,秦军一到,齐国立即土崩瓦解,齐王建被俘,齐亡。这样,中国历史结束了长期的分裂割据局面,出现了统一的专制主义中央集权的秦王朝。

消灭齐国以后,虽然全国范围内的大规模的军事行动已经结束,但在边境上,秦国军队仍在继续进行着战斗;另外,国内也有一些不稳定因素存在。秦始皇为了巩固第一个封建王朝的政权,除了在原来政权机构的基础上调整和完善统一的中央集权的封建国家机器,建立一套从中央到地方的严密的统治机构和封建官僚制度外,还采取了一系列其他措施,其中有一条就是下令收缴天下兵器,铸成十二铜人,立于咸阳。

据《三辅黄图》载:"营朝宫于渭南上林苑中;可受十万人。车行酒,骑行炙,千人唱,万人和,销锋镝以为金人十二,立于宫门"。又据史书记载:"铜人背后铭刻着李斯篆、蒙恬书:'皇帝二十六年初兼天下,改诸侯为郡县,一法律,同度量'等字样。"铜人造形之大,制作之精巧考究,为历史上所罕见。

令人感兴趣的是,中国第一位封建皇帝秦始皇为什么要铸造这 12 个铜人呢?有以下两种说法:一种说法是,有一天,秦始皇梦中遇到天象大变、昏暗无光,且鬼神作怪,遂惊恐不已,在万般无奈之际,有一道人前来指点迷津:制十二金人,方可稳坐天下。秦始皇梦醒后,即下令将全国的兵器收缴集中于咸阳,铸成十二铜人。有的学者指出,秦始皇一生极信方士道人之言,再加上开国不久的担忧心情,此说是可信的;另一种说法是,秦始皇在统一全国后,始终在忧虑和思考着如何长治久安,使江山传之万世的问题。而要坐稳天下、江山永固,首先解决的一个问题就是应该收缴和销毁流散在民间的各种兵器。关于这一点,还流传着这么一个故事:一天,秦始皇在群臣陪同下,观看舞水火流星和各种杂耍,正在兴高采烈之时,忽见一队杀气腾腾、手执刀剑干戈的武士上场表演。秦始皇见了,无疑触动了心病,于是日思夜想,寝食难安。这时候,正逢临洮农民送来一条消息,说是见到了 12 个巨人,当地还盛传着一首童谣说:"渠去一,显于金,百邪辟,百瑞生。"秦始皇听后,正中下怀,情结为之一振。于是便假托征兆,借助天意,下令收缴民间所有的兵器,集中于咸阳,铸成了 12 个铜人。应该说,秦始皇收兵器造铜人,完全是出于政治上安定的考虑,至于假传天意,只是使之合法化的一种策略。

可惜的是,今人已见不到这 12 个铜人的踪影了。它们究竟到哪里去了呢?目前,主要有以下几种不同的说法:

有人认为,楚霸王项羽在攻克秦都咸阳、火烧阿房宫时,连同这 12 个铜人也一起烧毁了。由于此说史无明载,故赞同者甚少。

有的学者指出,这 12 个铜人毁于董卓、苻坚之手。东汉末年,董卓率兵攻入长安,便将其中的 10 个铜人销毁、铸成铜钱,剩下的两个被他迁到长安城清门里。至三国时,魏明帝曹睿下令把这两个铜人运往洛阳。当工匠运到灞城时,由于钢人太重难以搬动而终止了搬运。东晋十六国时,后赵的石季龙又把这两个铜人运到邺城。前秦的秦王苻坚统一北方后,又从邺城将这两个铜人运回长安销毁。至此,前后经历了约 600 年的铜人全部被销毁了。

另有一种说法是,这 12 个铜人并未被毁掉。由于 12 个铜人是秦始皇生前的喜爱之物,所以在秦始皇陵墓营造好后,这 12 个铜人和其他精美的物品一起被当作随葬品而葬于陵墓之中。由于些技术等方面的原因,秦始皇陵墓的发掘工作还不能展开,因而十二铜人的下落问题至今仍是未解之谜。或许到秦始皇陵墓开掘的那一天,这个谜才能解开。

英国转移全部财产是真是假

1940 年 7 月 2 日下午 5 点钟,一列装载着代号叫"黄鱼"的秘密货物的专车驶进蒙特利尔市的蓬纳文图尔火车站,这一天是纳粹德国闪电般攻陷法国巴黎后的第 17 天。加拿大银行的代理秘书戴维·曼休尔和外汇兑换管理局的锡德尼·T·珀金斯正等待着迎接这列专车。这将是任何国家都不曾经历过的最大的一次赌博,无论在和平时期或者战时。

这列火车一到站,曼休尔和珀金斯就去会见了英格兰银行的亚历山大·S·克雷格。克雷格微笑着说:"我们带来了极大数量的'黄鱼'。这批'黄鱼'是大不列颠帝国流动资产中很大的一部分。我们正在清理我们的地下储藏室,以备敌人入侵。其余的东西也很快运到。"这位身材苗条的英国人以不动声色的英国方式说明来意。实际上这意味着加拿大银行要接收英国所有能变成美元的资产。

两个星期以前,英国首相丘吉尔召开内阁秘密会议,当时法国的沦陷给英国带来巨大压力,会议上丘吉尔决定玩一场冒险的赌博,把价值 70 亿美元的债券和黄金转移到加拿大去。

在一个国家里,老百姓的投资未经产权所有人的首先同意,而为了国防的目的就先行征用,这是没有先例的。但是,1940 年 6 月,当巴黎受到战争威胁时,丘吉尔政府立即采取了这一行动。当时决定联合王国所有英国公民,都需要把他们所拥有的全部外国债券的资产向财政部进行登记。这个决定意味着万一纳粹德国入侵成功,英国人会在加拿大坚持作战。

一个曾经参与这次行动的人说:"在 10 天之内,储存在联合王国银行里的所有债券、证券都被提了出来,分别包扎捆装在几千个像装运橘子的木条箱那样大小的箱子里,然后被送到集中地点。"这里集聚着英国在全世界的经商人和投资者世世代代挣得的巨大利润。这些资产,同英国作为帝国长年积累起来的数以吨计的黄金一起,将被送过海洋。可是,就在 6 月份的一个月之内,总吨位达 34.9117 万吨的 57 艘同盟国与中立国的船只,在北大西洋被击沉了。这场赌博的风险有多大,可想而知。

由海军上校西里尔·弗林指挥的英国巡洋舰"绿宝石"号被定为装载第一批秘密货物的船只。6 月 24 日深夜,"哥萨克"号驱逐舰以 30 海里的时速,冒着重重危险,迅速穿过浓雾,为转运财宝的船只护航。下午 6 时许,"绿宝石"号装载着满满一船财宝,从格里诺克港起航,弹药仓库里 2229 只沉甸甸的金条箱替代了炮弹枪支的位置,数以吨计的黄金使得仓库地板下面加固的角铁都被压弯了,另外的488箱证券,也价值4亿美元以上。

航程中天气变得越来越恶劣,大风迫使护航舰减速,形势也变得越来越难以预测。按照原来的计划,护航舰将沿着直线前进以便使"绿宝石"号能保持更高、更安全的速度,但是,大海的桀骜不驯极大地减缓了驱逐舰前进的速度,弗林上校不得不决定"绿宝石"号单独航行。7月1日,刚过清晨5点,新斯科舍(加拿大东南部)半岛的海岸已隐约可见。7时35分,"绿宝石"号终于安全地驶入港口码头。此时,一列专车正在码头旁边的铁路支线上等待着。码头在极度严密的措施之下被封锁了起来,每一只箱子在搬下"绿宝石"号时都清点了一遍,而当箱子装上火车时又重新核查一遍。傍晚7时,火车开动。装载证券的车皮在蒙特利尔卸下货来,而装载黄金的车皮则向渥太华疾驰而去。

当天夜里,当蒙特利尔市的街道安静下来,来往交通冷落的时候,一个大规模的行动开始了。24层花岗岩建筑物的太阳生活保险公司,占据着蒙特利尔自治领广场的整个街区,是英国自治领域中最大的一幢商业大厦。在它3层地下室的最底一层便是"联合王国战时安全存款"之家。刚过午夜1点钟,市内警察就封锁了从铁路调车场到太阳生活保险公司的几个街区,许多大卡车的车轮滚动起来。在身藏武器的、穿着便衣的加拿大国家捷运公司的保卫人员押送之下,一辆辆大卡车穿过大街,皇家加拿大骑警像鹰隼一般在四周来回盘旋。待最后一箱交清,经核查无误后,英格兰银行的存放部经理遂递给大卫·曼休尔一张收据单,请他代表加拿大银行在单据上签字。

继"绿宝石"号史诗般的航行之后,7月8日,又有5条船驶离英国的港口,装载了轮船所曾装载过的最大宗的混合财宝。它们分别是战列舰"复仇"号、巡洋舰"邦纳文图尔"号、"百慕大君主"号、"索贝斯基"号和"巴脱莱"号,并由4艘驱逐舰参加护航,这个船队装运了价值大约为17.5亿美元的财宝。黄金和证券继续不断地运到,据英国海军部的记录表明,在6、7、8三个月内,英国舰船(有几艘是加拿大和波兰船)运到加拿大和美国的黄金总值超过25.56亿美元。更令人惊讶的是,在那3个月期间共有134艘同盟国和中立国的船只在北大西洋上被击沉,而载运黄金的船只却全部安然无恙。

丘吉尔和他的内阁不仅仅把英国的超过70亿美元的一宗财宝安全地转移到了加拿大,而且这样一个巨大的行动居然成功地保持了秘密,他们是这次赌博中的大赢家。先后大约有600多人参加了这次证券存放的秘密工作,黄金的运送则涉及大洋两岸的成千个海员和成百个码头工人。这样多的人能够把这样一个重大的机密保守得滴水不漏,这也是不可想象的。

这次神奇的转移,是第二次世界大战中保守得最出色的机密之一。作家A·

斯顿曾根据前加拿大银行的锡德尼·珀金斯回忆起的一些最初的情节寻找到线索,挖掘了许多长期不为人们所知晓的事实和数字。之后,普利策新闻奖获得者、美国记者利兰·斯托又在加拿大和伦敦搜集大量鲜为人知的情节,经过深入采访写成了题为《我所涉及的最令人振奋的故事之一》的报道。然而真实的情况究竟如何,也许谁都说不清楚,人们只能在作家、记者的笔下找回一幕幕想象中的历史真相。

是谁烧了"诺曼底"号

1941 年的深秋,法国巨轮"诺曼底"号静静地停泊在纽约港的 88 号码头,这个码头在哈得森河上,离繁华的第 12 街不远。"诺曼底"号长达 1029 英尺。1939 年 9 月 1 日,当它在公海上航行时,德国发动了对波兰的进攻,但它还是安全地驶进了纽约港。

"诺曼底"号在港口停泊一天就要花掉船东 1000 美元,因此,船上只保留了极少数船员以保养马达等重要设备。没有人想到会有人对该船进行破坏或纵火。"诺曼底"号的设计师魏德米·亚克维奇(Vladimir Yourkevitch)甚至认为,该船是有史以来建造的船只里防火性能最好的一艘。

德军早就盯上了这只法国船。早在 1940 年 6 月 3 日,法国向德国投降。两周之后,德军反情报机构的头目卡拉瑞斯的间谍机构阿勃韦尔就向活动在美国的间谍发出了命令:"严密注意'诺曼底'号!"希特勒和他的高级将领明白,美国一旦加入对德战争,这艘法国巨轮一次就能够运输 12000 名美国海军士兵到欧洲参战。

纽约市沿海地区和新泽西的港口城市是纳粹分子活动的温床,在一间间凌乱肮脏的小客栈里,住着从世界各地来的海员,其中有许多纳粹间谍和纳粹同情者。这些地方中最臭名昭著的一家是新泽西"高速公路客栈",另外两家是曼哈顿的"老牛肉"酒吧和新泽西的"施密德的吧"。"施密德的吧"里的一个侍者是德国间谍,他每次都伸长耳朵贪婪地听海员在喝多了酒后所泄露的海上消息。

1941 年 12 月 7 日,日本偷袭了珍珠港。4 天后,希特勒让德国议会不经表决就通过了对美国开战的宣言。他对他的副手叫嚣说:"我们总要首先开战!我们要永远打响第一枪!"

就在同一天的晚些时候,希特勒的密友、意大利独裁者墨索里尼也对美国宣战。

就像希特勒和他的高级将领所担心的那样,美国海军立即征用了"诺曼底"号,并对它进行了改装。许多人都热烈支持将该舰改装成军用运输船,改装任务非常紧迫,必须在 1942 年 2 月 28 日以前完成。完成后,该舰将在舰长罗伯特·考曼德(Robert C·Co—mand)的率领下,驶离纽约港前往波士顿。在那儿,它将 10000

名士兵和他们的武器装备运往大西洋沿岸的某个地方——毫无疑问,它的目的地是英国。

但是,2月9日下午2时34分,"起火了"的喊声突然从船上响了起来。这时候,距"诺曼底"号远征欧洲只有3周的时间了。人们匆忙上船去灭火,但是,当天是一个大风天,火势很快就失去了控制,人们眼睁睁地看着火焰燃过了甲板,不到一个小时,整个船就变成了火的海洋。火势不断蔓延,将近3000名民工、船员、海军士兵和海岸警卫队成员爬过"诺曼底"号的船舷,吊下绳子,顺绳子跳到码头上,有的干脆直接跳到踏板上逃生。

大约有3万纽约市民聚集到第12街观看这场大火。他们中有一个头发花白个子矮小的老头,他就是"诺曼底"号的设计师魏德米·亚克维奇。他的脸上布满了愁容。因为他浓重的口音,警察没有让他通过警戒线到船边。实际上,就是魏德米·亚克维奇也对大火中自己的杰作无能为力。凌晨2时32分,"诺曼底"号终因灌水太多、倾斜过度而翻了过去,就像一条搁浅的大鲸鱼,躺在哈得森湾的水面上。

美国政府立即成立了几个调查组以查明这起备受公众关注的大事故,联邦调查局和福兰克·霍根律师盘问了100多位证人。与此同时,海军也成立了以退休海军少将莱姆·雷黑(Lamar Leahy)为首的调查组。两个月后,国会海事委员会成立的调查组发布结论说:"起火的直接原因应归结于民工的疏忽和管理上的疏漏。"

然而,人们充满疑问,为什么一个如此巨大的海轮,在有大量防火设施的情况下,能够爆发大火,并在几小时内变成一堆焦炭?是不是有纳粹破坏分子渗透到船上,为了不可告人的目的,纵火烧毁了这条船?如果是这样,1500名民工散布在船的每一个角落,为什么没有人发现有人纵火呢?还是两个以上的破坏分子共同完成了这项破坏性的工作?

"诺曼底"号烧毁的真相,已经伴随着这场大火造成的重大损失成为一个巨大的谜团。

太平天国北伐为何失败

1853年5月13日,天官副丞相林凤祥和地官正丞相李开芳等,奉命率领2万余人由浦口(今属南京)出发,"师行间道,疾趋燕都",于10月29日进抵天津西南的静海、独流镇,屯驻待援。北伐军深入直隶(约今河北),清廷震动,即命惠亲王绵愉为奉命大将军,科尔沁郡王僧格林沁为参赞大臣,防卫北京,并由僧格林沁率军前出,会同钦差大臣胜保围困静海、独流镇。北伐军远离天京,处境日益艰难。1854年2月5日,乃从静海、独流镇突围南走河间束城镇,继走阜城,但仍未能摆脱被围困的处境。天王洪秀全、东王杨秀清得知北伐军抵达天津附近,抽调7500人组成援军,由夏官又正丞相曾立昌等率领,于1854年2月北上增援,直入山东,一度攻克临清。旋遭清军围攻,在南退途中溃散覆灭。林凤祥、李开芳得知援军北上,乃从阜城突围,进据东光县之连镇。为分敌兵势、迎接援军(尚不知援军已溃散),5月28日,由李开芳率600余骑突围南下,占据山东高唐州城,又为胜保追及围困。1855年3月7日,连镇被清军攻陷,林凤祥被俘。僧格林沁立即移兵高唐。李开芳突围南走茌平县之冯官屯,最后在僧格林沁引水浸灌下出营被俘。

在太平天国壬子二年(1852年)十一月初十至癸丑(1853年)三年二月十五的三个月中,太平军连克岳州、汉阳、武昌、九江、安庆、南京等城市,所向披靡、势如破竹。在攻克南京建都天京后,即派军北伐,欲直捣燕京、推翻清政府,在当时,这是完全能实现的。但为什么后来太平军由开始的攻势转为守势,最终招致全军覆没的惨局?

一种观点认为,太平军北伐,孤军远征,长驱六省,虽为精锐之师,但后援不继,终不免全军覆没。林凤祥、李开芳率领的北伐军,是一支纪律严明、英勇善战的军队。他们从南京浦口出发,一路所向披靡,不到两个月就渡过了天险黄河,大有直捣燕京将清政府一举推倒之势。所以,太平天国建都天京以后立即派遣主力北伐的决策是对的。太平军北伐的失败不是决策错误,而是后援不继、粮道不通。而天朝对疏通北伐军粮道和派遣援军是考虑到并且付诸实现了的,无奈军心不齐,一再贻误良机,除开始时胡以晃的西路军失败外,还有两起援军也半途而废。几起北伐援军的半途而废,充分说明太平军北伐过程中战略分歧的严重性。由于得不到粮饷接济和援军接应,北伐军从渡过黄河之始,不得不孤军奋战。在林凤祥之后,只要有一路援军到达目的地,不但北伐军能够保全,而且林凤祥等或许早已问鼎燕京,为太平天国写下另一页不同的历史了。可惜几路援军都半途而废,才使北伐军成为孤军。最终导致北伐失败。

也有观点分析是太平军集团政治上的腐败直接导致了北伐的失败。1851年金田举事之初,政治设计上即无新意,"有田同耕,有饭同吃,有衣同穿,有钱同使,无处不均匀,无人不饱暖",不过是"均贫富"的老套,虽能号召饥民于一时,却无力支撑以长久。1856年9月洪杨内讧,成为太平军的盛衰转折点。1857年5月,石达开率10余万太平军出走,后果更严重,血腥争权的内讧不仅仅致使杨秀清部下两万精兵死得毫无意义,更暴露了太平天国政权的性质,不过"取而代之"更旗换号而已。洪秀全登基后"官轿出行军民避不及当跪道旁","大员妻不止,无职之人只娶一妻"。李鸿章后来攻下苏州,惊叹忠王府"神仙洞窟"。南京的天王府更是建制宏大,尽极奢侈:金碗、金筷、金浴盆、金马桶、金夜壶,官吏一千六百余、宫女千余……谱儿摆得比清帝清吏还大,革命性与正义性丧失殆尽。政治上,太平军集团管理层目光短浅,不知文化之力。在辖区内,太平军焚烧文庙、劈孔子牌位,将江宁学宫改为"宰夫衙"——用来宰牛屠狗,"以狗血尽淋孔孟之头"。对读书人全无笼络,蔑视所有传统文化价值。尚未夺取全国政权,就这样踢开了文化人,政权内部办事效能自然日益低劣,官僚化腐败化程度日益加剧。反过来,清廷镇压太平军所倚重的力量,却是曾、胡、左、李等高级文化官员。缺少了文化的粘合力量,政治上便丧失了向心力,这对强敌在侧的太平军集团来说,确实是致命的。军事乃政治的延续,战争只是政治较量的最后格斗,而政治较量的基础又在经济与文化,比拼的不仅是人力物力,更有综合调配的管理能力与设计全盘的文化智力。应该说,无论从哪一方面来分析,太平军北伐最后的军事失败都是必然的。

还有学者分析是太平军辖地内生产崩溃是导致北伐失败的重要原因。1863年(同治二年),曾国藩在《沿途察看军情贼势片》中写有:徽、池、宁国等属,黄茅白骨,或竟日不逢一人。……烟火断绝,耕者无颗粒之收,相率废业。贼行无民之境,犹鱼行无水之地,贼居不耕之乡,犹鸟居无木之山,实处必穷之道,岂有能久之理。《西潮》中说:"太平军溃败以后,南京破坏殆尽,而且始终不曾恢复旧观。城内的废墟、麦田、菜圃、果园比盖了房子的街道还多。街道狭窄,路面高低不平,而且肮脏不堪,电灯昏暗如柴油灯。"从许多史料上都可以看出,太平军对南京的破坏是毁灭性的,昔日雕梁画栋、繁花似锦的六朝金粉胜景不再,没有了雄厚的经济后盾,太平军北伐失败也就是情理之中的事情了。

尽管太平军北伐最终失败了,但广大太平军将士英勇奋战,震撼清朝心脏地区,牵制大量清兵,对南方太平军和北方人民的斗争客观上起到了支持作用。

石达开大渡河受降

石达开(1831~1863年),别名亚达,外号石敢当,广西贵县人。太平天国首封之五王之一,为翼王。

石达开早年在家务农,后加入拜上帝会,称天父第七子。1851年拜上帝会于金田起兵后,领左军主将。同年12月,在永安被封为翼王。其后屡立战功。1855年1月,在鄱阳湖大破湘军水师。太平天国定都天京以后,洪秀全、杨秀清等人革命进取心减退,追求享受,严格规定等级秩序,越来越脱离群众。1856年8月,杨秀清逼洪秀全封他"万岁"。洪秀全表面答应,暗中密令韦昌辉、石达开等回京商量对策。9月1日深夜,韦昌辉带兵包围东王府,杀死杨秀清及其全家,还残杀杨秀清部下两万多人。石达开赶回天京,责备韦昌辉滥杀,后又逃出天京。韦昌辉又围攻天王府,妄图加害洪秀全。韦昌辉的滥杀引起天京军民的愤慨,在洪秀全领导下,天京军民处死了韦昌辉。韦昌辉死后,石达开回到天京,洪秀全任命分为"提理政务",但对他又有疑忌,封自己哥哥洪仁发和洪仁达为王,参与政事,以牵制石达开。1857年10月,石达开带领太平军五六万人"负气出走",走上同太平天国分裂的道路。后来石达开领兵到江西,1858年经浙江到福建,1859年分兵入湖南及广东再到广西，1860年率十万之众，北上过湘西，入川东，并在1863年攻下贵州遵义。1863年4月，石达开亲率4万大军，由云南巧家横渡金沙江，第七次攻入川境，然后沿会理县北上，穿过彝区，到达大渡河南岸的紫打地（今石棉县安顺场）。由于清军围追堵截，太平军几次渡河失败，从而陷入进退失据的困境。石达开见大势已去，命尚存的几千名将士放下武器，自己带着五岁的儿子及几名副将，于6月13日自缚赴清营，冀图"舍命以全三军"，后被解往成都后英勇就义，留在大渡河边的几千名太平军将士亦被清军袭杀几尽。

石达开

石达开被认为是太平天国将领中最富有谋略的人。曾国藩说"查贼渠以石为最悍，其诳煽莠民，张大声势，亦以石为最谲"，曾国藩的幕僚薛福成则赞其为"绝代英物"。但关于石达开大渡河被俘问题，史学界一直众说纷纭，存在着很多分歧。

有观点分析认为，1863年5月14日，石达开率领三四万大军，经冕宁小路，进抵紫打地，准备越过大渡河直取成都。这里地势险恶，四面受敌：北面是大渡河和总兵唐友耕等的部队，西面是松林河和土司王应元等的反动武装，东面是马鞍山及土司岭承恩的兵勇，南面的山径险路被岭承恩砍倒千年古树堵塞，又有游击王松林的兵勇在笮箕湾等处堵守。从5月17日起，石达开曾多次组织渡河战斗，均遭失利，伤亡惨重。由于四面被围，粮道断绝，给养出现了严重困难，只得"摘桑叶，掘草根，杀马骡为食"。6月9日清军乘势攻陷紫打地大营，石达开率残部七八千人东向突围，奔至老鸦漩，"复为夷兵所阻，辎重尽失，进退无路"。"入夜昏黑，饥甚，觅食无所得，有相杀噬人肉者，达开莫能禁"。面对这种艰险形势，石达开动摇了；十之六七的部将动摇了，有个姓邹的宰辅甚至"先送家属为质，约为内应，立功赎罪"；有些士兵也"疑贰无斗志"。石达开穷途末路之际，已有投河自尽之意。后见清军挂出"投城免死"的牌子，便存有侥幸心理，向清军投降，以求苟且偷生。

但大多数人不同意这种看法，认为石达开绝非贪生怕死之辈。石达开投降是为了赦免三军将士，似有诈降之意。另据四川布政使刘蓉（刘曾对石达开监刑）讲：石达开临刑时："坚强之气，溢于颜面，而辞气不卑不亢，不做摇尾乞怜之语。"因此，他们相信，石达开仍是太平军英雄豪杰，一生正气，视死如归。

"垂翅无依鸟倦飞，乌江渡口夕阳微。穷途纵有英雄泪，空向西风几度挥。"石达开虽然兵败大渡河，但太平军在四川的战斗，有力地打击了清王朝在四川的统治，鼓舞和支持了四川人民的反清斗争。

《苏德互不侵犯条约》的附件

　　《苏德互不侵犯条约》是1939年8月23日苏联和德国在莫斯科签订的条约。1939年3月15日,德国侵占捷克斯洛伐克全境。23日又占领立陶宛滨海城市默麦尔。4月3日下达旨在消灭波兰的白色方案。5月22日又签订《德国意大利军事同盟条约》。1939年8月中旬,苏联的国际处境十分险恶。日本继1938年在中苏边境张鼓峰挑起反苏武装冲突后,1939年5月~8月又在中蒙边境诺门坎地区向苏联、蒙古军队发动大规模进攻。苏联在4月~8月多次主动采取行动同英、法在莫斯科举行关于缔结互助条约和军事协定的谈判,争取建立反侵略的统一战线。但英、法仍奉行绥靖政策,无意与苏联合作。与此同时,英国同德国进行一系列秘密谈判,力求实现英、德合作,把战火引向苏联。在这种情况下,苏联也采取措施调整同德国的关系。斯大林于8月21日接受希特勒提出的立即缔结互不侵犯条约的要求。8月23日苏联同德国签订《苏德互不侵犯条约》,有效期10年。条约规定,缔约双方彼此互不使用武力,任何一方将不参加直接或间接反对他方的国家集团;当一方受到第三国进攻时,另一方不给予第三国任何支持;就彼此有关问题,密切接触,交换情报;和平解决相互间的一切争端。第二次世界大战结束后,西方国家公布了《苏德互不侵犯条约》。该条约的签订使苏联得以暂时置身于战火之外。但条约签订不到两年,德国在西线得手后,于1941年6月22日撕毁《苏德互不侵犯条约》,对苏联发动突然袭击。

　　1946年5月30日,英国《曼彻斯特卫报》刊登了这样一则新闻:《苏德互不侵犯条约》附有一项秘密议定书,而且对其内容予以了披露。文章发表后,立即在世界范围内引起强烈震动,苏联当局当即予以了反驳。

　　的确,在苏联的公开出版物中至今尚未见到有关《苏德互不侵犯条约》的秘密附属议定书。收入《苏联对外政策文件汇编》第四卷的苏德互不侵犯条约中没有涉及秘密附属议定书的条款。鲍爵姆金领导编写的《外交史》第三卷和维戈兹基等人编著的《外交史》第三卷也只字未提秘密附属议定书。阿赫塔姆江等人的《苏联军事百科全书》在谈到《苏德互不侵犯条约》时对秘密议定书没有提及。萨姆索诺夫主编的《苏联简史》也持同样说法。曾参与1940年苏德谈判的别列日柯夫在其回忆录中不仅没有提《苏德互不侵犯条约》附有秘密议定书,而且认为:"对1939年苏德条约问题,虚假报道堆积如山。"1948年2月,苏联情报局在题为《揭破历史捏造者(历史事实考证)》的文件中对英、美单方面公布德国外交文件予以反对。德波林主编的《第二次世界大战史》引用了1939年8月24日苏联《消息报》所发表的《苏德互不侵犯条约》的条款,不但对秘密附属议定书一点儿也没提到,而且批评说:"资产阶级世界有人陷于伪造的泥潭而不能自拔,继续就条约和苏联的目的撒谎。"

但是,不少西方学者推测 1939 年《苏德互不侵犯条约》附有秘密议定书。例如原纳粹德国上将蒂佩尔斯基希在其《第二次世界大战史》一书中叙述了关于希特勒将部分波兰领土划给苏联、对与苏联接壤的东欧小国不表示兴趣的问题,他实际上谈到了西方国家公布的《苏德互不侵犯条约》的秘密议定书的一些内容。美国学者威廉·夏伊勒在其名著《第三帝国的兴亡——纳粹德国史》中还对《苏德互不侵犯条约》的秘密附属议定书的主要内容予以列举。法国当代著名史学家让·巴蒂斯特·迪罗塞尔在其《外交史》中断言:《苏德互不侵犯条约》存在着无可争议的秘密议定书。奥地利的布劳恩塔尔也对《苏德互不侵犯条约》附有秘密议定书的说法持肯定态度。英国著名学者阿诺德·托因比等人编的《大战前夕,1939 年》一书载有《苏德互不侵犯条约》的秘密议定书的主要条款。英国学者艾伯特·西顿在其《苏德战争,1941～1945 年》一书也有《苏德互不侵犯条约》附有一份草率拟就、措辞模棱两可的秘密议定书的叙述。

另外,史学界对《苏德互不侵犯条约》的认识、动机、责任、性质和后果等许多方面都有不同的观点。

关于《苏德互不侵犯条约》的性质问题,大致有以下三种观点。第一,"绥靖"说。持这种观点的学者认为:苏联与德国缔结条约是真正的祸水西引,实行了比英法更甚的绥靖政策。《苏德互不侵犯条约》与《慕尼黑协定》并无本质区别,都是欧洲大战前夕绥靖政策的典型表现,或者说苏德条约是继英法之后苏联掀起的又一个绥靖高潮。第二,"革命妥协"说。持这种观点的学者认为,《苏德互不侵犯条约》是利用帝国主义之间的矛盾,打破帝国主义包围,粉碎帝国主义阴谋的革命妥协,它与列宁主义的外交原则:既考虑苏联的国家利益又考虑全世界进步人类的利益是相违背的。《苏德互不侵犯条约》是苏联外交利用帝国主义营垒的矛盾,取得有利的国际环境的一大胜利。第三,"分赃"说。他们认为《苏德互不侵犯条约》是一份地地道道的大国宰割小国的预分赃合同。

关于《苏德互不侵犯条约》的后果问题,史学界争论更大,主要有以下四种观点。第一,"有利"说。《苏德互不侵犯条约》的签订争取了对苏联较为有利的国际环境,使苏联赢得了为战胜侵略者所必需的 22 个月的时间,并使日本在国际上更加陷入孤立,对苏联人民及世界反法西斯的国家和人民更有利。第二,"利大于弊"说。有学者撰写文章说:我们既要看到《苏德互不侵犯条约》的积极作用,又要如实地分析客观存在的消极后果。但是两者比较,权衡利弊得失,尽管条约给世界人民的反法西斯斗争以及苏联本身曾经带来一些消极的后果,但……积极的作用是根本的,主导的。第三,"弊大于利"说。持这种观点的学者认为:尽管《苏德互不侵犯条约》为苏联赢得了一年多的备战时间,为后来的反法西斯战争的胜利奠定了一定的基础,但是它由此带来的后果也是严重的。如"客观上助长了希特勒的侵略野心","大大损害了社会主义国家的威信","给国际共运造成了分裂,损害了各国党的威信,破坏了开始形成的反法西斯统一战线","使自己丧失警惕,使苏联在卫国战争初期遭受了极其严重的损失"。第四,"不利"说。《苏德互不侵犯条约》消极作用很大,理由是:"在一定程度上束缚了苏联的手脚,不利于充分利用帝国主义矛盾,联合一切可以联合的力量,推迟世界大战的爆发。并且,《苏德互不侵犯条约》模糊了苏联和世界人民的认识,不利于推动世界人民进行反法西斯斗争。"

这样,有关 1939 年《苏德互不侵犯条约》的一系列问题就成了史学界争议的一个热点。弄清这些问题对于正确评价战前国际关系、深入了解第二次世界大战史具有十分重要的意义。

"东方马其诺防线"为何土崩瓦解

乌苏里江边的虎头枢纽据点是日本关东军精心设计并驱使 1 万多名中国劳工耗时 6 年修筑的坚固要塞,号称"东方马其诺防线"。

1945 年 8 月 8 日 22 时 50 分,苏联向日本宣战。8 月 9 日 0 时,苏地面部队在对日作战最高司令官华西列夫斯基的指挥下从三个方向向关东军展开了猛烈进攻,同时空军对中国东北的主要城市和日军的主要防御设施实施了大规模的空袭,空降部队则在长春、沈阳等城市实施机降,像一把尖刀插向了日军的腹部。日本关东军被分割成数块,南北不能相顾。

在随后的战斗中,日本关东军大多一战即溃,但在一些局部战斗中,日军仍负隅顽抗,其中尤以虎头要塞之战最为激烈。当时有 1900 余名日军在此坚守。苏军久攻不下,便改换战术,先用训练有素的哥萨克狙击手封锁日军的火力点,在控制了要塞的洞口和通气孔后,将汽油灌入地下工事,用燃烧弹点着,使不少日军被烧死或窒息而死。苏军还将自动火炮开到要塞的坑道口边,近距离用火炮直接对洞口内连续轰击。最后,虎头日本守军除约 70 人逃跑外,其余全部被击毙。

战前苏军统帅部估计,结束对日作战短则两三个月,长则需要半年以上。因为,日本关东军虽然在兵力和武器装备上较之苏军处于下风,但他们毕竟有近百万之众,熟悉当地的地形、民情,还建造了大量坚固的防御工事。可事实上交战仅 13 天关东军就土崩瓦解,1945 年 8 月 22 日,在长春关东军演习场,关东军山田乙三司令官率 97 名将领向苏军投降,其中缘由发人深省。

其实就在 1945 年 4 月德国宣布投降后不久,苏联便开始着手对日作战的准备。为了达到突袭成功的目的,苏联军方可算是煞费了一番苦心。由于苏联在远东的铁路线距离边境只有 2~4 公里,苏军在运输过程中实施了周密的伪装,在靠近边境地区,白天增加运输数量车次,夜晚进行"饱和"运输;为了不让日军发现战略意图,苏军部队到达集结地域后,严格保持无线电静默,并控制人员的户外活动,一切的准备工作都在秘密的进行之中。

但是,如果把所有的成功都归结于苏军的保密措施,隐藏作战企图,似乎并不能彻底解释在关东驻扎了14年的日本军队溃败的原因。的确有军事研究人员曾对此提出过质疑;关东军怎么可能对其3个多月的大规模兵力调动毫无察觉?

根据新近公开的日本军方秘密档案显示:造成日军疏忽的主要原因是,日军在战略判断上出现了失误。日军一直将美军视为盟军对日作战的主力,特别是美国投下原子弹后,日军将美军可能对日本本土的登陆行动作为防御的重点。对于苏军是否会攻击日本,虽然也考虑过,但最终认定苏联没有把握在两个月(8~10月)之内击败关东军,因为10月份以后中国东北就要进入冬季,他们是不会选择在天寒地冻的环境下对日作战,所以即使苏联红军发动全面进攻也应该是在来年春季以后。基于以上的判断,日军非但没有对苏军的秘密部署有所察觉,也没有任何准备,而且就在苏军利用雨夜发动全面进攻的时候,关东军司令官山田乙三甚至还在丹东寻欢作乐。

人们不妨假设一下,如果日军能够对苏军行动提前有所判断,恐怕苏军很难在半个月之内就击溃关东军。未来高技术战争具有突发性、节奏快、初战就是决战的特点,这对战略判断提出了更高的要求。指挥员在做出判断时,应将科学的定性分析方法和定量分析方法有机结合,充分运用信息技术手段,对战略形势、敌我力量对比、敌军可能的行动等诸多因素进行由此及彼、由表及里的动态分析,从而为正确决策奠定坚实的基础。

对于"东方马其诺防线"的失陷,还可以听到这样的一些声音:在苏联军队的大举进攻下,日军只在个别防御地段做过一些抵抗,而且只是处于一种被动挨打的消极防御水平,根本没有主动的反击,这才是他们失败的必然原因。

然而事实是不是这样呢?据曾经参加过这场战争的日本退伍老兵回忆,当时日本关东军在东北全境层层布防,并在一些险要地段精心构筑坚固防御堡垒,形成数道防线,希望以分兵把口、分层狙击的战术手段抵抗苏军的进攻。但是,当时苏军来势汹汹,以机械化部队进行快速的大纵深作战。他们先是在日本关东军的薄弱防御地段打开缺口,然后立即扩大突破口,高速向纵深推进,再以空降部队的纵深机降,使日军的防御体系彻底瓦解。

就此观点,克劳塞维茨也曾指出:"纯粹的防守同战争的概念是完全矛盾的,在战争中防守只能是相对的。"

无论是因为战略上的判断失误,还是因为没有处理好进攻和防守的关系,"东方马其诺防线"的失陷依然成为日本法西斯军队彻底失败的标志性战役。

谁是冷战时期美国中情局最大的敌人

美国国家安全档案馆资深研究员约翰·普拉多斯是一位冷战研究专家,在他的脑袋里装着许多"冷战"年代鲜为人知和完全不为人知的秘密,甚至包括美国当今的安全战略的天机。

整个"冷战"时期最危险的时刻是仁者见仁智者见智的问题,普拉多斯认为,1948年的捷克斯洛伐克危机和柏林的军事对抗是一次危险的波峰。后来是1962年的加勒比海冲突,直到最后一刻才奇迹般地得到和平解决。然而,最危险的是1982~1983年,美国当时是里根执政。两个超级大国的关系中出现了隐蔽的,但是却对和平威胁更大的危机。

1.中央情报局的最大失误

当时中情局这一美国最高的情报机构取得的最大成就应该是技术上的重大突破。首先是以卫星、飞机、雷达和无线电截听手段搜集侦察情报。至于最大的历史失误,美国的情报机构不善于评价某个国家内部发生的重大事件应该名列第一。双方在制造假情报,欺骗和麻痹对方方面都取得了不少的成就。然而这些活动搞得越厉害,双方就越是进了某种"哈哈镜室"。冷战期间,美苏两国都开展了某种"地下战争"——在大使馆地下互相埋设地道,在驻外使团的墙内安装窃听器,几乎是在开展一场竞赛。某些情报的作用被大大夸大,使领导人产生错觉。也许直到今天,这种对某个国家形势判断失误的情况仍然是美国情报机构的通病。

2.冷战中的一大利器

一开始,即1950年到1952年,中央情报局是"自由"和"自由欧洲"电台的主要资助者。中央情报局不仅向这两家电台提供资金,而且提供全部设备和所需的技术专家。"自由"电台则长期由中央情报局直接投资,"美国之音"与英国的BBC一样,一直是美国政府的一个部门,只服从最高执行权力机关,执行它的指示和命令。"自由"和"自由欧洲"电台在欧洲领土上向苏联和东欧国家广播起着巨大作用。某些专家认为,"自由欧洲"电台在1956年的匈牙利事件中起到了催化剂作用。至少,匈牙利事件,捷克斯洛伐克事件,苏联解体使人有机会评价美国电台对东欧居民的思想和精神的影响程度。难怪叶利钦承认,在所有电台中他主要听"自由"电台的广播。中央情报局与这些电台的关系随着时代的变化也在不断改变。

3.自身的恐惧才是美国的主要敌人

整个美国正处在与国际恐怖主义的战争状态。回忆一下,9·11事件之后立即掀起了有毒邮件风波。许多大报、电视公司的编辑部,美国国会大楼都收到了有炭疽的信封。"冷战"结束之后,美国宣布国际恐怖主义是主要敌人。然而,如同

"冷战"时期一样,美国主要敌人仍然是自己的恐惧。过去,一提起苏联的"核进攻"美国人就会惊恐万状,现在一提起恐怖分子难以预测的行动就坐卧不宁。这种恐惧影响了合理的思考,这种恐惧是美国的主要敌人。恐怖主义无疑是最大的威胁,但在美国人的意识里,这一威胁的程度已经被夸大到难以置信和神话般的程度。如果想取得这场斗争胜利,主要因素之一就是要善于冷静而清醒地分析国内外形势。然而,美国人却把眼睛盯着国外,在伊拉克、伊朗和其他国家寻找歹徒。从各种迹象判断,这些事件由"内部"因素引起。为了有效地与恐怖主义做斗争,我们应该认真研究某个国家的宗教和文化制度,研究犯罪分子向我们发出挑战的方法,而不是将其魔鬼化。消除自身的恐惧是做好这一切的首要任务。

作为美国国家安全档案馆资深的冷战研究专家,约翰·普拉多斯的看法具有权威性和先见性,然而,正处在新时期的美国所面临的最大敌人是谁,每个人也许都会有不同的看法。

为什么美国在日本投掷原子弹

原子弹的横空出世无异于毁灭性打击的突然降临。1945 年美国在日本的广岛和长崎投放原子弹就是见证。

美国在向日本投掷原子弹之前,德国法西斯已经投降,日本也已显露败象。在这种情况下,还要不要使用原子弹,当时美国国内有两种意见:一种认为,常规炸弹就能结束战争,不必使用原子弹。例如,艾森豪威尔将军和陆军部长史汀生都认为,日本已经失败了,投放原子弹"完全没有必要",还会"引起世界舆论的谴责"。

而杜鲁门总统却主张使用原子弹,他认为这是结束战争的一种上佳的手段。趁在苏联对日宣战之前使用,也有利于战后与苏联的抗衡。而且,在投放原子弹后的第二天,杜鲁门就发表声明,要日本接受提出的条件,早日投降,否则,日本只会自取灭亡。另外,前总统罗斯福早在 1944 年秋就曾和英国首相丘吉尔签订过一项将对日本使用原子弹,直至其投降的备忘录。

为了找一个向日本投掷原子弹的正当理由,杜鲁门决定,7 月 26 日向日本发出一个最后通牒:必须执行波茨坦公告,无条件投降,否则,"日本本土全将毁灭"。由于日本对美国的最后通牒不予理睬,美国便对日本使用了原子弹。

那么,原子弹投向哪些目标呢? 为此,华盛顿专门成立了一个目标委员会。他们认为,投掷目标应具有相当完整的军事设施,可以充分显示毁灭性破坏的效果,能起到巨大的震慑作用。起初,有人主张将第一颗原子弹投向日本首都东京,这个建议很快便被否决了,因为东京已在美国空军大规模的轰炸中化为一片废墟,失去了投掷原子弹的意义。后来,目标委员会选定了 17 座候选城市,以后又缩减到 5 座,而其中的京都和广岛被定为 AA 级目标,横滨和小仓被定为 A 级目标,新潟为

B级目标。负责制造原子弹的格罗夫斯将军主张将原子颗投向京都,他认为,"从心理角度讲,京都是日本的文化中心,京都人更能理解这种武器的重大意义。"他的这一主张遭到陆军部长史汀生的坚决反对。史汀生认为,京都是日本的文化圣地,毁掉了它,"日本人将永远不会原谅美国"。为此,史汀生还找了马歇尔,并找了杜鲁门总统,最后才决定放过京都,最终把目标锁定了广岛。其实,真正使京都幸免于难的功臣应是中国著名建筑学家梁思成。早在1944年夏,梁思成就和他的学生及助手拟定了一份建议书,指出日本的古都和古寺是全人类的共同财富,建议美军在军用地图上将它们标示出来,作为保护对象免予轰炸。美国接受了梁思成的建议,并请梁思成的助手帮助在军用地图上做了标志。战后,日本人得知这一情况后,曾在《朝日新闻》上以大字标题把梁思成等中国学者奉为"古都的恩人"。

广岛是日本的第七大城市,未曾遭受美国大规模的轰炸。广岛还与美国有些特殊关系,自1899年以来,曾有大量广岛居民移居美国,很多广岛居民在美国有亲戚关系。还有传言说,美国新总统杜鲁门有个姑妈在广岛,因此,广岛市民做梦也没想到,美国会把原子弹扔到他们头上。

至于投向长崎的原子弹,则事出偶然。当初选定的投掷目标并没有长崎,后来放弃了京都,才补上这个长崎。第二次原子弹的投掷目标原本也不是长崎,而是小仓。当8月9日,携带原子弹的飞机飞到小仓上空时,发现小仓在一片烟雾的笼罩之中,飞机在其上空转了三圈,用了45分钟,也无法找到投掷目标。这时美国面临两种选择,要么将原子弹扔进大海飞回基地,要么飞到长崎投下原子弹,然后返回到冲绳岛上的另一个着陆点。他们选择了后者。当美军飞机飞到长崎时,飞行员发现长崎的上空也布满了厚厚的云层,正当他们着急怎么办时,突然发现云层中出现了一道缝隙,于是,原子弹就从这条云层的缝隙中被投了下去,长崎因此成为世界上第二个遭到原子弹轰炸的城市。

如此具有杀伤力的武器,美国为什么在日本投掷原子弹呢?

有观点认为当年杜鲁门决定投原子弹意在对付苏联。德国《世界报》8月1日刊登一篇署名文章说,美国在已经从破译的密电报中获悉日本准备投降的情况下,仍于1945年8月6日向广岛和长崎投放了原子弹的真实用意……文章题为《广岛为何被烧毁?》,摘要如下:向日本城市投掷原子弹是结束太平洋战争的合法手段吗?60年后人们对此仍然争论不休。特别是左翼人士几十年来一直批评对日本使用大规模杀伤性武器。许多观点认为,那时的美国同今天一样,致力于征服世界。但是,广岛和长崎真是美国泯灭人性的证明吗?

杜鲁门终生都在为他的决定辩护:投掷原子弹结束了对日战争,并因此拯救了"成千上万名美国士兵"。杜鲁门以及这种观点的辩护者有时还声称,投放原子弹使多达50万名美国士兵以及更多日本人幸免于战争之难。

很长时间以来就有人猜测,投掷原子弹与其说是为了给日本政府,不如说是为了给约瑟夫·斯大林留下深刻印象。实际上,美国和苏联之间可预见的冲突在杜鲁门的考量中起了决定作用。这位美国总统在1945年7月25日的日记中写道:"不是希特勒或者斯大林那伙人研制出了这种炸弹,这真是世界的福气。"

如果人们关注档案记载,就会对杜鲁门为何决定投掷原子弹做出合理的解释。这位总统已经很清楚原子弹有多大的破坏力。他打算不惜一切代价避免美国发生更多损失。军事手段会导致多少日本人死亡对他来说则是无所谓的——毕竟日本偷袭过珍珠港。某种程度上的种族主义也在杜鲁门心中起了作用。同时,这位外交政策上经验足、但策略上老练的总统预感到,同斯大林的冲突不可避免。他希望,通过展示美国的优势来避免不久之后同苏联的冲突升级。因此,在1945年7月,对日本使用原子弹已经如箭在弦,也许只有日本政府亲自投降才能打破这一自动机制。

但有人认为这种说法站不住脚。理由是:当时美国虽对苏联怀有戒心,但在任何文件中都未见到后来历史学家所分析的那种对苏战略。事实正好相反,在原子弹研究过程中,美国首脑人物一有机会就讨论这种可能性,即向苏联提供原子弹情报,建立国际管理体制。在1945年决定对日使用原子弹的会议上,马歇尔甚至主张邀请苏联科学家参观即将进行的原子弹试验。此事因有人担心"斯大林把机密泄露给日本"而作罢。

究其最终目的,美国为什么在日本投掷原子弹呢?根据所查阅的资料证明,在原子弹研究初期,美国就已确定对日本使用原子弹,并把它当作一种"巨大的实验"。美国还曾计划把这种未有充分把握的原子弹用来轰炸集合在特鲁克群岛的日本舰队,以避免万一原子弹不爆炸后泄露机密。随着原子弹试验成功,他们坚持要用原子弹进行攻击,目标选择在人口集中,没有遭到普通轰炸的城市,以便科学家同行观测原子弹的功能,检测其威力。

其次,美国研究原子弹共花费20亿美元,相当于整个第二次世界大战期间美国用于生产弹药的全部费用。而原子弹的研究是在极度保密的情况下进行的。如果花费如此巨额的经费制成的原子弹不能发挥任何效力,议会肯定要做出强烈反应。因此,议会强大的压力也是使政府最终决定使用原子弹的原因之一。

俄罗斯"库尔斯克"号潜艇失事

2000年8月12日,本是极为普通的一天,然而一桩震惊世界的重大事故使这一天被永远地载入史册。当天11时25分左右,在俄罗斯北方巴伦之海域,参加军事演习的俄罗斯北方舰队中,一艘名为"库尔斯克"号(俄海军编号为K—141)的核动力潜艇突然发生爆炸而沉没,等到北方舰队司令部发现"库尔斯克"号核潜艇情况异常,并向出事海域派出救援队时,"库尔斯克"号核潜艇已坠入 108 米深的巴伦支海底。艇上 111 名乘员、5 名从第 7 核潜艇师派出的军官和 2 名柴油机厂的工程师全部罹难。

"库尔斯克"号核潜艇沉海事故聚焦了世界各方的目光。118 条生命的消逝令人痛心,而且这次事故笼罩在敏感的核阴影下,潜艇上的 24 颗巡航导弹中的两颗是否携带有核弹头这个重大问题令人困扰,不仅给制造国带来巨大的军事损失和情报危机,而且还给航运和沉没地的周围环境带来严重隐患。有关"库尔斯克号"爆炸沉没的原因一直众说纷纭。目前流行的有以下几种说法:

与英潜艇相撞说。俄罗斯认为最大的可能性是"库尔斯克"号在演习中撞上了另外一艘船只或舰艇,致使潜艇发生严重损毁而沉没。不过,俄军方表示,"库尔斯克"号出事之时,当地海域除了参加北方舰队演习的船只之外,没有其他船只,民船更是离演习区很远,唯一的可能性就是与同在海底的一艘不明身份的潜艇相撞。据悉,12 日俄罗斯海军演习之时有 3 艘外国潜艇在巴伦支海域游弋,其中两艘为美国潜艇,一艘为英国潜艇。俄罗斯方面认为肇事者可能是英国潜艇,因为俄军方在离"库尔斯克"号事故现场 330 米远的巴伦支海海底发现了不明潜艇驾驶舱栏杆的残余,并且在"库尔斯克"号失事之后在海面上发现了据认为是英国潜艇的事故浮标。

与美巨型潜艇相撞说。另有消息称,"库尔斯克"号也有可能是与美国的一艘潜艇相撞,因为事故发生之后,俄罗斯海军曾收到无线电通讯,显示一艘美国潜艇要求批准进入挪威的港口,之后便以慢速驶向该港。军事专家们认为,只有美国"俄亥俄"级战略核潜艇可以承受如此剧烈的碰撞。在过去的 30 年中,俄罗斯海军潜艇在北海和太平洋海域进行军事演习之时曾与外国潜艇发生过 11 次相撞事故,其中 10 次为美国潜艇,而此次再次撞上美国潜艇的可能性也是存在的。

恐怖分子引爆鱼雷说。据挪威军方侦察艇证实,"库尔斯克"号失事之时曾听到两声爆炸,其中第二次爆炸十分剧烈,挪威地震网测得的数据表明,这次爆炸相当于 2 吨梯恩梯(TNT)炸药的当量。通过爆炸声推断"库尔斯克"号潜艇上可能有 3 到 4 枚鱼雷发生了爆炸。在遇难的 118 名官兵之中,他们负责潜艇上新型鱼雷试射的任务。他们中是谁引爆了鱼雷?俄罗斯司法部门对此已经展开了调查。

碰到第二次世界大战遗留水雷说。有专家分析,爆炸也可能与该海域遗留的水雷有关。在第二次世界大战之时,德军和盟军在该海域布置了众多的水雷,近几年在该海域就发现了十几枚水雷,"库尔斯克"号有可能碰上了一枚水雷而受到重创。

遭到自家潜艇误伤说。还有人分析,"库尔斯克"号也有可能错被另一艘参加演习的俄罗斯舰艇当成了攻击的目标,而遭到了导弹的袭击。这类事故 80 年代曾发生过一次,苏联太平洋舰队的一艘军舰曾被另一艘军舰误袭,造成数十人死亡。

究竟何种说法令人信服,关键要看俄罗斯政府能否拿出库艇沉没原因的确凿证据。

俄罗斯政府自事故发生后便致力于核潜艇的打捞工作。2001年10月22日,"库尔斯克"号核潜艇终于在罗斯利亚科沃的浮动船坞上浮出了水面。23日,俄调查人员首次登上了"库尔斯克"号的残骸,这也是自沉没事件发生后,人们首次进入该潜艇内部。据俄罗斯电视台后来公布的画面显示,库艇的毁坏程度惊人:整个艇身面目全非,舱里堆满了金属碎片和扭曲的机器零件,内部装置所剩无几。为调查核潜艇失事的原因,俄罗斯总检察院成立了由32名专家组成的调查组,北方舰队也成立了"库尔斯克"号核潜艇临时乘员组。调查人员在艇身残骸中发现了不少对查明真相有帮助的东西。10月29日,调查人员在"库尔斯克"号第5隔舱内发现了潜艇的自动记录装置,其作用类似飞机上的"黑匣子",记录着爆炸发生时潜艇主要系统的状况。10月30日,在"库尔斯克"号残骸内又发现了一个遇难船员的留言。另外,俄罗斯调查人员还在27日公布了一盒在潜水艇中发现的录像带。录像带显示,当时一条大缝从船尾开始迅速向指挥塔裂开。潜望镜、线路和设备纷纷坠落,一片狼藉。

但是上述一切打捞工作都是在保护军事机密的前提下运作的,"库尔斯克"号核潜艇失事的真正原因也许将因为涉及军事机密而永远不会公开。

神秘"24拐"公路在何方

这是一张第二次世界大战中世界闻名的老照片:长长的美军GMC十轮大卡车队,沿着一条呈现无数"S"状的狭隘公路,从幽深的谷底向着险峻荒凉的山顶缓慢爬行。照片背景是第二次世界大战时期中国国际大通道的艰险,中美人民在极端困难的情况下,抗击法西斯的历史事实。然而,几十年来,这条因为有着24条急转弯道故而被称作"24拐"的神秘公路却从人们的视线下神秘消失了。

这张照片曾经多次出现在中国、美国、日本和东南亚的传媒上,并且明确认定这里是滇缅公路或者史迪威公路的某路段。这一说法在现存的很多介绍滇缅公路和介绍云南的书报杂志上都出现过,输入"滇缅公路""史迪威公路"或者英文"Burma Road""Stilwell Road"进行查询,都可以很容易地找到这张照片。

在战争期间,这条滇缅公路曾经运输过来华援助的美国人和直接来华作战的美国军队,可谓运输大动脉。通常美国的援华物资经过滇缅公路到达昆明以后要想送达前线,这段"24拐"都是必由之路。美国总统罗斯福曾在滇缅公路开通时派遣驻华大使进行考察,并且美国新闻界对此发表了大量赞誉公路和中国人民抗战的文章。其中"24拐"照片以其独具的魅力更具表现这条运输线上罕成了媒介的重头戏,于是在世界各地广为流传。

可是,奇怪的事情发生了。战争结束后,当人们想重返这段公路重新体味"24拐"的纪念意义时,它却消失了。无论是在史迪威公路或者滇缅公路上,竟然没有它的丝毫踪迹。

这时候,一位当年的汽车老兵竟然站出来说,公路由美国技术人员勘察确定路线,拐弯及路面坡度设计均有严格要求,没有急转弯,更没有连续"24拐"。史迪威公路是在1942年开始修筑的,这位老兵所在的汽车团是先遣部队。他说:"滇缅公路上最险要路段是怒江天堑惠通桥。桥下是滔滔江水,两面是峭壁,汽车经过狭窄的钢索吊桥时都会剧烈晃动并发出吱吱嘎嘎的声响。除此之外,就没有什么更惊心动魄的地方了,也没有过什么'24拐'。"

1995年,为纪念第二次世界大战和抗战胜利50周年,云南电视台的工作人员沿着滇缅公路而行,试图寻找这张老照片的拍摄地点。摄制组召集了许多专家学者和省交通厅史志办的人士,请他们提出可能的地点。然而,跑了几个来回,把所有地形走了个遍,始终没有发现和老照片相似的地方。寻找者叹道:"它就像从地球上消失了!"

然而,就在所有人都开始怀疑自己的记忆的时候,一位研究滇西抗战史的云南人戈叔亚却通过自己艰辛的努力,还给世人一个惊奇。

直到2001年,戈叔亚还只是无数苦苦寻觅"24拐"者中的普通一人。而就是在那年年底,戈叔亚通过互联网和在日本工作的中国电视人朱弘交流时得知,当年的日本老兵和学者也都说"24拐"是在滇缅公路或史迪威公路上,而在这些众口一词的说法之外却有一个名叫森山康平的编辑说可能是在贵州,当年他曾编辑出版了一本介绍滇缅作战的写真集。

2002年2月26日,戈叔亚从昆明坐火车到贵州安顺市开始了他的寻找之旅。安顺公路管理局的人员说:"好像是在兴义地区的晴隆县、普安县或者是六盘水市的盘州市之间的公路上。"接着,戈叔亚干脆直接到长途客车站询问老司机。司机们看了老照片后,当即把地点说得非常清楚:"从晴隆县往昆明方向出去一公里。到了那里说'24拐',谁都知道。"

3月1日中午,疲惫的戈叔亚到达晴隆县。果然街上的每一个出租车司机都知道"24拐"。他们告诉他这条公路是"美国人在二战时修的"。就这样,一辆三轮车把戈叔亚送到了他朝思暮想的那条神秘公路面前。原来一切得来的是这么容易!为了拍摄和老照片完全一样的照片必须爬到对面的山巅上,并且使用50毫米镜头,还必须站在距离万丈深渊的峭壁边缘不到30厘米的地方。此时戈叔亚的喜悦也许只有他自己能够体会。

时任贵州省交通厅综合计划处处长周明中说:"'24拐'的确是在距贵阳两百

多公里的晴隆。现在,'24 拐'属于 320 国道,仍旧是泥路。60 年代末,在"24 拐"附近的另一个坡面上,筑路工人把纵坡放缓,修了一条新路,以方便行车,但老路还保留并养护着。只是当年的"24 拐"早已成为了"21 拐"。1991 年出版的《贵州省志·交通志》详细记载了关于"24 拐"修筑、管理、改造的历史,并有"24 拐"改为"21 拐"的地质图。值得一提的是,改造"24 拐"的方案是战争期间由美国人提出来的,美国工程兵当时便驻扎在当地维修公路。

然而,为什么广为人们所知的云南著名的"24 拐"却跑到了贵州呢?

很多学者看到戈叔亚的新照片后,都对在贵州找到这个路段感到不可思议。罗伯特·安德森先生说,他对这张照片太熟悉了,因为他就曾亲自在云南怒江附近寻找过它,但是大家都一直认为它应该在滇缅公路上。

戈叔亚说,云南省交通厅的人员也不相信这个地方在贵州,这幅照片和云南人血肉般地联系在一起已半个多世纪了。省外事办的人员也在电话里惊叫起来,连说不信,因为该办接待过的日本老兵都认为"24 拐"是在云南。戈叔亚认为,发生错误的原因是当年宣布把中印公路改名为"史迪威公路",使美国人认定,从印度利多到中国重庆的所有公路,都是史迪威公路,所以,"24 拐"在史迪威公路或滇缅公路上,也便顺理成章了。

"24 拐"是与无数逝去与将逝的生命以及感情中最微妙的单元联系在一起的。"24 拐"究竟应该属于谁,当初为什么会出现这样的差错,以及现在的地域名分与利益之争,也许都不再重要了,因为世界只会记住更加刻骨铭心的事情。

海湾战争中伊拉克战机外飞

提起海湾战争,人们并不陌生。这场战争爆发于 1991 年 1 月 17 日,到 2 月 28 日以伊拉克战败而告终。从战争史上说,海湾战争是战后一场牵动世界全局的地区有限战争,战争中伊拉克共投入 120 万兵力、坦克 5600 辆、飞机 774 架、舰艇 60 艘,其中驻科威特 54 万人;而多国部队共 70 万人、坦克 4300 辆、飞机 2000 架、大炮 2300 门、战舰 400 艘、其中美军 50 万人。海湾战争也是一场现代高科技战争,是当代最新武器的试验场,除核、生、化武器外现代先进武器在战争中的展示和较量,不仅显示出高技术武器对作战方式和战争进程的影响,而且使这场战争单位时间内消耗之大远远超过以往战争。

战争打响后,以美国为首的多国部队每天出动多批量的战机对伊拉克军事战略目标进行猛烈轰炸,自诩为"世界上第五支最强大的军队",但拥有 700 多架先进战机的伊拉克航空兵却按兵不动,被动挨打。不仅如此,从 1 月 26 日开始,先后有 100 多架飞机,纷纷飞往邻国伊朗,伊军这一举动,引起世人极大的兴趣和猜测。人们不禁要问,在战火猛烈燃烧之际,伊拉克战机为何不迎头起飞,痛击敌机,却远走高飞,这究竟是"阳谋",还是"阴谋"？是"出逃"还是"避难"？是"厌战"还是"保存实力"？到底有多少架飞机"东南飞"？它们的最终命运如何？至今这一系列谜团仍萦绕于人们的脑海之中。

西方新闻媒体也曾对伊机外飞事件大肆报道。真真假假,扑朔迷离。使这一事件令人难辨真伪,然而归纳起来也不外乎有下面几种说法：

一种说法认为,伊拉克飞机飞往伊朗是为了保存实力。两伊战争结束后,两国关系有所缓和,而且伊朗对于海湾战争表明了中立的态度。所以将最先进的战机转移到伊朗比留在国内更安全。面对多国部队强大的空中军事打击,伊拉克即使拼尽全力也难以获胜,所以,与其"玉碎",不如"瓦全",这种韬光养晦的做法是比较合乎逻辑的。据西方媒体透露,伊拉克和伊朗就战机停留一事曾达成过秘密协定,但是伊朗方面断然否认与伊拉克达成过这样的默契或协议。

另一种说法认为,战机离乡去国是伊拉克空军的厌战心理所致。海湾战争在两伊战争结束后不久后便爆发,伊军常年作战,厌战情绪早已滋长。在战争打响后,美国一边进行军事打击,一边大打心理战。在科威特和伊拉克境内空投了大量传单,向对手施压,敦促伊军投降。这大大瓦解了伊军的斗志,动摇了伊拉克的军心。"沙漠风暴"行动中,伊拉克战机都无心恋战,与美军相遇常常掉转机头逃之夭夭。在开战一周后,面对美军的强大空中优势,伊拉克空军飞行员因为不想白白送死,所以三十六计走为上。于是出现了战机外飞的怪现象。

第三种说法认为,伊拉克战机飞往伊朗是政变分子事情败露后的大逃亡。由于美国为首的多国部队在海湾战争空袭中成功地摧毁了 36 枚飞毛腿导弹和多达 300 架飞机,使伊拉克总统萨达姆大动肝火,处死了一名空军司令和一名防空司令。这种杀一儆百的铁腕做法激怒了效忠于这两位将军的部分空军官兵,他们发动政变企图推翻萨达姆政权。东窗事发后,飞行员们为求自保只好飞往伊朗寻求政治避难。

那么到底有多少架飞机飞往伊朗呢？它们的结局又是如何？这又是人们所关心的问题。据西方军事观察家分析,海湾战争爆发前夕,伊拉克拥有各种类型机 1300 余架,其中作战飞机 700 余架,主要战机有米格-21、米格-25、米格-29 歼击机,米格-23、法国幻影 F-1 战斗轰炸机等。伊空军虽有一定的空战能力,但与以美国为首的多国部队强大的空军优势相比,显而易见力量相差悬殊。因此,战争一开始,由于美国掌握绝对的制空权,使伊拉克空军难以起飞作战。如果一直躲在庞大而坚固的地下掩体内,则犹如坐以待毙。与其被动挨打,不如远飞外逃。飞往伊朗的飞机起初强有 50 多架,后来增至 100 余架,最后达到 145 架,其中包括米格—27、米格—29 歼击机和幻影 F—1 战斗轰炸机等性能最好的战机,还有少数民航客机等。这批飞来的财富,伊朗政府最初的态度是,将把这批战机连同其飞行员一起

军事未解之谜

图文珍藏版

扣留到战后再归还伊拉克。但事后不久,伊朗当局又改变说法:由于两伊战争中伊拉克对伊朗负有战事责任,有可能考虑将这批飞机作为战争赔偿。伊拉克能否部分或全部向伊朗索回飞跑的战机,依然是个不解之谜。

第五章　科技未解之谜

第一节　生物医学探奇

　　生物学是研究生命现象和生物活动规律的科学,它是科学当中一个庞大而重要的分支。世界上的一切都来源于生命,是生命让这个地球五彩缤纷,生机勃勃,生命也同样缔造了文明,创造了伟大的奇迹。生物学和人类生活的很多现象密切相关,它无时无刻不在影响着人类。生物学的每一项进步和每一个发现,似乎都会带来人们生活的巨大变化,令人们用更新的视角去看待这个世界。人类从对生命的懵懂无知到建立起日益精细而齐备的生物学知识体系,从单细胞生命体的研究到干细胞技术的问世,从生命的基因结构到生命体的特异现象,从植物的光合作用研究到转基因生物工程……每解决一个问题都会有更多的谜题出现。生命是复杂的,生物学的研究是没有尽头的……

生命形成之谜

　　生命是地球最精华的所在,到目前为止,地球上已经存在上百万种生物。但是生命是如何形成的,最早的生命来源于哪里,却是一个至今困扰人们的谜题,人们对它进行过很多的假设和猜想,科学家们也曾经用各种人类已掌握的知识和手段探寻过它,可是至今没有一个确切的答案。地球的年龄已经有大约 46 亿年了,在大部分时间里,地球都是各种形态生命的栖居所。多数科学家认为,生命是在地球环境趋于稳定之后才出现的。可是关于生命最初的起源,仍然众说纷纭、争论不一。

　　关于地球出现生命的最早证据是发现于澳大利亚的一团蓝藻的化石,这种被固化为叠层石的古老遗迹可能是存在于距今 34 亿年前的原始生命。尽管这些微生物已经非常古老,但像今天的蓝藻一样,这些古代蓝藻在生物结构上已经相当复杂——它们已经形成了具有保护作用的细胞膜,使得内部制造蛋白质的 DNA 不受外界环境的破坏。因此科学家们估计地球上的生命应该形成于更早的时期,他们估计是距今大约 38 亿年以前。

但是即使科学家们能够准确地界定生命在地球上出现的最早时间,我们仍然不能回答地球上的生命是怎样出现的。美国新墨西哥州大学的洞穴生物学家戴安娜·诺萨普说:"到目前为止关于生物起源的理论都是推测出来的,因为缺乏能够证明或是推翻这些理论的证据。世界上仍然没有一种被广泛认可的生物起源理论。"回答这个问题的意义不仅仅在于能够弥补人类科学与自然世界之间最大的空白,对于人类是否有可能在地球以外找到生命也具有重大意义。

今天,关于地球生命起源的理论处于百家争鸣的状态,其中的几种理论甚至怀疑生命是否是在地球上诞生的,它们认为生命的种子可能是从遥远的太空而来,或者是夹杂在坠落到地球的陨石或者彗星的内核里,而后在地球上繁衍开花。有的理论甚至认为地球上的生命先后出现和毁灭过多次,经历了反复的起伏轮回。

美国桑塔克鲁兹的加州大学的生化学家大卫·迪莫说:"地球上的生命可能有多种起源,我们通常认为生物起源是多样的,那样生命就不会因为一次大的外界影响(例如小行星撞击)而毁灭殆尽。"

其中有几种理论颇为引人注意:

"RNA 世界"假设理论

到目前为止,大多数科学家都支持在原始生命形成的初期,RNA 在生命当中扮演了极其重要的角色。根据这种"RNA 世界"的假设理论,RNA 曾经是原始生命中的关键性大分子,其地位后来被 DNA 和蛋白质所取代——DNA 和蛋白质可以比 RNA 更高效地工作。

迪莫博士说:"很多最有天赋的科学家们都相信,'RNA 世界'的假设理论不仅是有可能成立的,而且具有非常高的存在合理性。"RNA 的性质与 DNA 非常相似,现在在我们身体里的每一个细胞都需要 RNA 完成一些重要的细胞功能,包括在 DNA 和蛋白质系统中完成传递功能,帮助某些基因完成"开关功能"。

但是"RNA 世界"的假设理论并不能解释 RNA 自己最先是怎样产生的,像 DNA 一样,RNA 是由数以千计的小分子——核苷酸组成的,这些重复的小单元连接成链条,其组织形式特殊而有序。部分科学家认为 RNA 是地球上自发产生的,而另一些科学家则认为核苷酸是从天外来到地球的。

纽约大学的化学家罗伯特·夏皮罗说:"这些大分子所展现出来的功能令人难以置信,也许是宇宙中绝无仅有的,因此如果从这个角度来看,我们能够进化到今天真是太幸运了!"

地球生命来源于天外?

"地球生命来源于天外"的理论和人类具有重要关系。生物学家理查德·多金斯在他的新书《上帝的骗局》中提到了地球生命起源的另一种可能性,他的灵感来源于多年从事天文学和物理学研究的经历。

多金斯博士假设宇宙中存在一百亿亿颗行星（他说这只是保守估计数字），其中只有一颗行星上会诞生生命的几率也不能说很大。但是如果以后的物理学家们说其实存在多个宇宙，每个宇宙又各含有一百亿亿颗行星，那么所有宇宙中的行星产生生命的几率加起来应该是比较可观和确定的。而夏皮罗博士则认为不必引入多个宇宙的概念，或是流星把宇宙生命的种子带到原始地球的理论。

他认为组成原始生命的分子可能一开始要比 RNA 小得多也简单得多，只能完成有限的功能，但随着进化，这些小分子逐渐变成了大分子，功能也日趋复杂。夏皮罗博士认为对地球生命起源的研究应当回归简单，而不是在外星生命起源理论上纠缠不休。

想要准确地知道几十亿年以前发生的事情可不是一个简单的工作，但许多科学家都认为就像生命诞生的奇迹本身一样，"一切皆有可能"。美国新泽西州普林斯顿大学的物理学教授弗雷曼·蒂森说："人类揭开这个未解之谜的时间无法预测，可能就是下个礼拜，也可能要花上一千万年。"

1953 年，美国科学家米勒仿造出 40 亿年前地球上的条件，结果在此条件下产生出氨基酸——生命的组成部分。但是如何演变成生命仍然是个谜，现在计算机科学家编制出人工生物的程序，在计算机世界中观察其"生命"，出现了一群活动的小三角（鸟群），它们在一根柱子前分开，然后又联合起来，像真的鸟群。他们认为，这是理解生命结构的第一步，未来的目标要模拟出生命的形成。

生命演化理论

这个理论是所有关于地球生命理论中认可程度最高的一个理论，但是这一理论也缺乏很多重要的依据，只是科学家们的猜想。根据科学的推算，地球从诞生到现在，大约有 46 亿年的历史。早期的地球是一个很炽热的球体，地球上的一切元素都呈气体状态。那时地球上是绝对不会有生命存在的。地球上最初的原始生命是在原始地球条件下，由非生命物质，在极其漫长的时间里，经过四个阶段的化学进化过程，一步一步演变而成的。

1.从无机小分子物质生成有机小分子物质

科学家们认为生命的最初状态是空气中的各种气体经过各种气候现象（如闪电、雷鸣和暴雨等现象）产生化学变化而产生的，即：在原始地球条件下，原始大气成分在一定能量的作用下，从无机物向简单有机物转化。

2.从有机小分子物质形成有机高分子物质

始海洋中的氨基酸、核苷酸、单糖、嘌呤、嘧啶等有机小分子物质经过极其漫长的积累和相互作用，在适当条件下形成相应的高分子物质：一些氨基酸通过缩合作用形成原始的蛋白质分子,核苷酸则通过聚合作用形成原始的核酸分子。生命活动的主要体现者——原始的蛋白质和核酸的出现意味着生命从此有了重要的物质基础。

3.从有机高分子物质组成多分子体系

以原始蛋白质和核酸为主要成分的高分子有机物,在原始海洋中经过漫长的积累、浓缩、凝集而形成"小滴",这种"小滴"不溶于水,被称为团聚体或微粒体。它们漂浮在原始海洋中,与海水之间自然形成了一层最原始的界膜,与周围的原始海洋环境分隔开,从而构成具有一定形状的、独立的体系。这种独立的多分子体系能够从周围海洋中吸收物质来扩充和建造自己,同时又能把水滴里面的"废物"排出去,这样就具有了原始的物质交换作用而成为原始生命的萌芽,这是生命起源化学进化过程中的一个很重要的阶段。但这时还不具备生命,因为它还没有真正的新陈代谢和繁殖等生命的基本特征。

4.从多分子体系演变为原始生命

具有多分子体系特点的小滴漂浮在原始海洋中,经历了更加漫长的时间,不断演变,特别是由于蛋白质和核酸这两大主要成分的相互作用,其中一些多分子体系的结构和功能不断地发展,终于形成了能把同化作用和异化作用统一于一体的、具有原始的新陈代谢作用并能进行繁殖的原始生命。

以上理论分庭抗礼,构成了目前生命源头之谜理论的"百家争鸣"局面,对于这一命题,人类在未掌握足够的科学依据之前,没有人知道它的正确答案。

生物进化的驱动力

从蝴蝶身上绚丽多彩的斑纹到彩虹一般色彩丰富的蜥蜴;从能够利用四肢间皮膜滑翔的松鼠到可以从一棵树"飞"到另一棵树的蛇,大自然的各个物种为了适应环境而进化出来的千奇百怪的特性令人咋舌。

自然选择一直以来被科学家们认为是驱动进化方向的主要因素,也是创造了生物多样性的主要原因之一,但是我们能够把自然选择当成是创造这个丰富多彩的大自然的唯一原因吗? 纽约斯托尼布鲁克大学生态与进化学院的科学家马西莫·皮格留奇说:"我们认为目前生物学中最伟大的未解之谜之一就是对自然选择的定位问题,自然选择到底是不是推进进化方向和创造物种多样性的唯一原因? 也许还有我们未知的因素一直在发挥作用。我希望这种假设最终会成为现实,以丰富对我们生活的这个世界的深层了解。"

一些科学家列出了其他一些可能驱动生物进化的因素。皮格留奇博士说:"在过去的二十年间,科学家们开始推测复杂的生物系统(如活体生物本身)的某些属

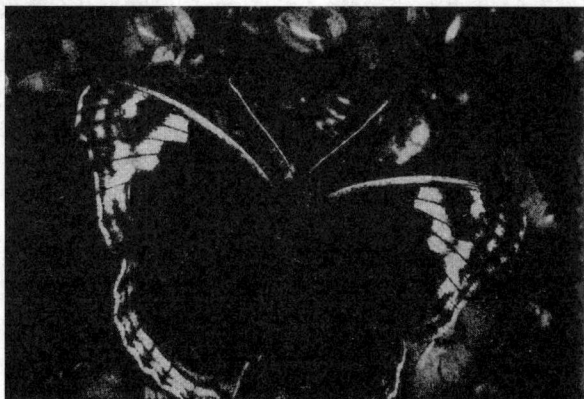

斑斓的蝴蝶

性对进化有驱动作用,它们和自然选择的作用合在一起,使得原始生物进化出了眼睛、细菌鞭毛、翅膀或者是龟壳一类奇怪的特征,以适应环境的需要。"

这里我们引入一个叫作"显型可塑性"的概念,这种现象是指生物在适应环境的过程中,可以通过进化灵活地改变身体某一部分的特性,发育出新的器官和组织。但是这种差异不是在基因层面的,举个例子来说,蜜蜂的种群里工蜂和兵蜂的基因是完全一致的,但在发育的过程中基因完成了不同的性状表达,于是出现了这两种蜜蜂在行为和体征上的巨大差异,外界的环境因素,例如温度或是其在胚胎期的食物,都是促成工蜂和兵蜂表达不同基因的原因。

这种"显型可塑性"的意义在于,在进化过程中有益的形状可以遗传给下一代,当显性特征不断遗传积累的时候,外界的自然环境就会帮助一个物种淘汰掉不适应环境需要的性状,而保持那些有竞争优势的后代。

有些研究学者认为,生物和非生物系统往往都具有一种自发的自我形成秩序的特性,这种自我组织的能力也是推进物种进化的动力之一,而且这种能力对生物来说还可以遗传给下一代。

生物的有序性的典型的例子是蛋白质的结构,我们知道蛋白质是一长串氨基酸在空间中扭转缠绕形成的,其空间结构决定蛋白质的特性。蛋白质的特性千变万化是因为其空间结构可以有无数种,即使蛋白质仅仅是由 100 个氨基酸组成的,它形成的形状也足以达到天文数字。蛋白质形状的转换是在几秒钟或是几分钟的时间里有序进行的,但这种转换顺序即使我们使用今天世界上最强大的超级计算机也无法计算出来,因为这种转换次序实在是太复杂了。

环境因素同样可以改变动物的外在特征和生活习性,这一现象吸引了很多科学家开展深入的研究。例如美国威斯康星麦迪逊大学的细胞生物学家西恩·卡罗尔就发现,东非的某些蝴蝶根据其破茧而出时的环境而呈现不同的颜色,在雨季羽化的蝴蝶一般都带有鲜艳的眼睛形状的花纹,而在旱季羽化的蝴蝶则呈现灰暗的保护色。

到目前为止,生物学家对生物从受精卵到成熟个体的发育过程都十分了解,但是在其发育过程中环境和基因因素如何发挥作用则一直不得而知。科学家研究了一种叫作红腹滨鹬的海鸟,发现部分鸟类也会根据迁徙路线的不同改变某些生物性状。

当红腹滨鹬被关进笼子里放养到气候比较寒冷的地区的时候,这种鸟的飞行肌肉和部分器官就会萎缩,以减少热量的损失,而这种改变的特性可以遗传给下一代红腹滨鹬。

随着生物学、生态学、遗传学和计算机科学的综合发展,促进生物进化的各种因素和其在进化过程中所起的作用都会越来越清楚,而达尔文提出的自然选择驱动的进化论会在发展中更加丰富正确。

物种多样性如何形成

环境和生物的相互作用,生物之间的关系等这些因素和其他的力量到底如何共同作用形成了物种多样性? 这至今是个谜。陆地和海洋中存在着无数的植物、动物和微生物。它们使这个世界变得完美:将阳光转化为能量,供给其他生物,并使碳和氮在无机和有机两种形式之间转化,改变着地球的景观。

在一些地方和一些群落中,存在着成百上千的物种,然而在其他地方和群落中,只有很少的物种存在。例如,比起高纬度地区,热带地区是一个物种的天堂。生物学家试图阐明这其中的原因。

1.什么是生物的多样性

首先我们来看看什么是生物的多样性。生物多样性指的是地球上生物圈中所有的生物,即动物、植物、微生物,以及它们所拥有的基因和生存环境。它包含三个层次:遗传多样性,物种多样性,生态系统多样性。

简单地说,生物多样性表现的是千千万万的生物种类。在地球上的热带雨林中生活着全世界半数以上的物种(约 500 万种),因此,那里的生物多样性最为丰富。我国的生物多样性主要分布在广东、广西、福建、四川、云南等地。

生物多样性具有很高的价值,它不仅可以为工业提供原料,如胶、油脂、芳香油、纤维等,还可以为人类提供各种特殊的基因,如耐寒抗病基因,使培植动植物新品种成为可能。许多野生动植物还是珍贵的药材,为治疗疑难病症提供了可能。

随着环境的污染与破坏,比如森林砍伐、植被破坏、滥捕乱猎、滥采乱伐等,目前世界上的生物物种正在以每天几十种的速度消失。这是地球资源的巨大损失,因为物种一旦消失,就永不再生。消失的物种不仅会使人类失去一种自然资源,还会通过食物链引起其他物种的消失。如今,人类都在呼吁保护生物多样性并为之付诸行动。

你也是生物多样性的一部分。生物多样性使生命在这个行星上变得可能。没有生物多样性,你也不能在这个行星上生存。就算你可以生存下来,你也不可能喜欢这个灰暗的、无生气的、光秃秃的、无聊的世界。没有生物多样性,你不会感受到树林带给你的绿意、海洋带给你的蓝色,也不会有你呼吸的空气、吃的食物、喝的水。

随着人口数量的增加和农业技术的提高,我们需要清除更多的森林,并且保护自己的庄园以防各种人们虚构的或是真实存在的危险的发生。

在这过程中我们已经开始令一些物种灭绝了,一些是因为被用来做衣服、做食物;另外一些由于人类害怕,从而将其杀戮;还有就是为了体育运动的需要。专家估计,我们现在物种灭绝的速度是动物自然灭绝速度的 50~100 倍。有一些物种灭绝得更快,大约是自然灭绝速度的 1000~10000 倍。

科学家们认为,如果我们不解决这个问题,34000 种动物和 5200 种植物物种将会在未来的几年中灭绝。仅在欧洲,11000 种高等植物的 2400 种已经处于危险之中,而不仅仅是熊猫、熊与象。你大概知道一些鸟类物种,包括渡渡鸟已经灭绝了,但是你知道八分之一的鸟类都已经濒临灭绝了吗?

现在是继 650 万年前恐龙灭绝后最大的一场生物多样性危机。是我们污染和损害物种的自然栖息地——生态系统,导致了这样的结果。地球上 45% 的森林已经被砍伐掉了,而其中大多数发生在过去的 100 年。高达 10% 的珊瑚礁已经被破坏,三分之一可能在未来的十至二十年内倒塌。海洋渔场正在被无情破坏。

2.生物多样性丧失的几个原因

对食物、能源和其他自然资源的不断增加的需求;

人类对待生物多样性问题的无知与冷漠;

短视行为,不考虑长期影响;

空气、水、土壤污染;

缺乏对生物多样性的经济利益的鉴别;

在防止过度利用资源上及适当管理上的失败;

人类移民、旅行、国际贸易的增加;

过度捕杀及过度捕捞;

收集珍稀蝴蝶、鸟类物种做标本。

对于人类的所作所为,地球只会承受,并忍耐着。问题是,人类作为一个物种并不是刀枪不入的。我们或许认为人类是地球的主人，但是最终地球不管有没有我们人类都会存在下去。

这不是夸张，这不是好莱坞的电影，也不是一个疯狂的环境主义者的天花乱坠的宣传。生物多样性丧失是这个星球的梦魇，我们正在这个噩梦的中间，一个可能走向明亮的未来或是再也无法回头的地点。

3.到底什么使得多样性形成？

这是一个挑战，因为我们缺少最基本的数据。例如，我们至今不知道地球上到底存在多少植物和动物。研究者甚至还不能开始预测微生物的种类和数目。研究进化的科学家也缺少一个标准的时间尺度，因为进化的发生会从几天持续到几百万年。而且，同一个物种内的变化会跟两个相近物种之间的变化几乎相同。我们也不清楚什么样的基因变化会导致一个新物种的产生，基因对物种形成的真正影响到底是什么。

揭示多样性形成的原因需要全面的跨学科的合作，包括古生物学的提示，实地的考察，实验室的工作，基因组的比较和有效的数据分析。一些大的项目，比如联合国千年计划和世界范围内海洋微生物基因的鉴定，将增加基础的数据，但这些是远远不够的。

古生物学家已经在跟踪许多物种过去一千年内分布和聚集方面取得了一些成果。他们发现，地理分布在物种形成中起了重要作用。进一步的研究将继续揭示大范围的物种分布模式，这或许将对阐明大灭绝的原因和研究这些灾难对新物种的进化的作用带来希望。

通过对植物和动物的实地考察，研究者已经知道环境能够以加速或减慢物种形成的方式影响性状和行为——尤其是性选择。进化生物学家也发现物种形成过程会中断，例如，当分离的种群重新结合时，基因组会被均质化（否则就会分化）。分子水平的力量，例如低的突变速率或者减数分裂的驱动——这些情况下特定的等位基因更可能从亲代传到子代——影响了物种形成的速率。

在一些情况下，一个生态系统内的多样性会发生变化：生态系统的边缘的物种多样性有时比中部更低。

对不同的生物群体，这些因素如何以不同的方式相互作用？进化生物学家的研究才刚刚开始，任务是严峻的。阐明多样性形成的原因对理解地球上正在发生的物种灭绝的本质和找到缓解的手段有非常重要的作用，而这些，我们的科学家们仍然努力探索之中。

生物体的再生

在自然界中，动物具有一种自动修复受损肢体和器官的机能，我们称之为"再生功能"。研究发现许多动物都有自我再生能力，特别是两栖动物和某些鱼，都能重新长出不同的部分身体。如蝾螈能长出断了的尾巴、脚、上下颚、眼球、视网膜、肠；斑马鱼能再长出它的鳍、鳞、脊髓和部分心脏；蜥蜴在受到攻击时，可以弃掉部分或是整条尾巴，在三到四个月的时间内新的尾巴就可以再生出来；蝌蚪可以在几小时内再生出新的尾巴而不留下任何伤疤，不过，当蝌蚪长成青蛙时，这种功能就莫名其妙地消失了；切下海参的一点点肉就能长出一整个新海参；海星能长胳膊和大部分身体；蜘蛛能长出断了的腿；多肠目动物蛆被分割成许多部分后，每一部分都可以再生成为一个新的机体，而且一次可以再生出 300 个新的机体；真涡虫是一种扁形虫，被切成 1/279 后仍能让每一个切片再生，成为完整的新真涡虫。

哺乳动物也能重新修复其身体的破损部位，比如肝脏。有报告称，一个人的肝脏手术切除 75% 之后，两到三个星期就能长到原来差不多的大小。鹿能再长出鹿角，有一些鹿角的生长速度达到了一天 2 厘米，是动物器官再生速度最快的。还有人体指尖如果只砍掉了前端一点点，就有可能再生出来。更为神奇的是，母体内不超过六个月大的婴儿也有这种奇迹般的康复能力。科学家们发现，如果给母体内不超过 6 个月大的婴儿做手术，婴儿出生后，身上根本找不到手术留下的痕迹。但是，随着婴儿渐渐长大，这种完美无缺的康复功能也随之丧失。

这些动物的再生功能比任何精密的医学手术都神奇，令科学家们赞叹不已。但是为什么会出现这种神奇的再生，也令科学家们百思不得其解。多年来，人们一直在研究着生物界的这一神奇现象，但是至今也没有完全确切的结果。

通过多年的研究和分析，科学家终于发现，在再生的许多情况下，当成熟细胞在受伤处开始回归到不成熟状态时，再生就开始了。大量的不成熟细胞，如我们所知道的胚基，会再生出缺失的肢体，其过程就像动物开始孕育时胚胎的形成过程。

两栖类动物自我修复的"秘诀"是由于它们"未来器官"的细胞在初步成长时，并未完全发育，导致它们最终可以发育成肢体或者器官。也就是说，一种两栖动物的骨细胞、皮肤细胞和血液细胞的任何部位只要发生损坏，相应部位的细胞将转变为一些没有特征和区别的细胞，这些未完全发育的细胞将采取积极态度，自动快速转变成相应部位的完整细胞，最后，这些细胞将长成一只新的爪子或其他器官。

"尽管胚基的开始和胚胎的形成是两个明显独立的过程，但这两个过程会在某一点上交合。"伦敦大学的再生研究带头人杰里米·布鲁克斯表示。

如果胚基被移植到受伤部位，它就能从受伤部位的细胞中获得此部位是如何形成的指令，从而快速地治愈受伤部位，形成新的组织器官。如果胚基是由蝾螈的断爪子产生的，并被移植到了身体的其他地方，则会在别处长出一个新爪子来。当然，人不能像蝾螈那样再长一个新的手脚，因为人没有形成胚基，因此，人体再生医学还很遥远。但再生研究人员相信，人类最终能够在未来的某一天具备再生能力。

鹿角也可以快速再生

因为人类的细胞先天便已经具备了发育新肢体部位的能力。在胎儿发育过程中，人体内的细胞发展便证实了这一点。另外，细胞内的 DNA 也具备着新器官成长的"指示密码"。目前，人类的工作便是找到这些密码，像打开开关一样，将细胞的潜在功能挖掘出来。

科研人员发现，动物的再生机理基于动物的基因装备，只是这些基因因各种原因而在许多物种中废退了。他们觉得人体内一定潜藏着可以自愈创伤甚至再生组织的基因。眼下的首要任务就是确定令胎儿具有自愈功能的基因是什么，胎儿长大后，为什么会丧失这种宝贵的自愈功能。

印第安纳波利斯大学科学院的院长大卫·斯多康博士是一位生物学教授，他致力于研究能帮助蝾螈再生肢体的 MSXL 基因，发现这种基因在再生过程中显得非常重要，它能帮助细胞保存在胚胎里，使之不会过早成熟。令人欣喜的是，研究人员在人体指尖内找到了这种基因。

还有剑桥生物医学诺华研究院的研究斑马鱼再生的专家马克·凯厅确定了斑马鱼鳍再生所必备的两种基因 FGF20 和 HSP60。他发现后者在人体内也存在。这表明人体确实存在有再生基因，但这些基因不再发挥作用了。

研究人员认为，或许可以开发一些药物，注入人体后就能激活它们的行动。一旦人体受伤处的胚基被触发，再生肢体或器官就不需要更多的干预了。到那时，医生只需给肢体残疾人打一针，他（她）们失去的身体部位就能慢慢地再生出来。

或许这一天还要等上几十年,因为有关这一方面的研究还相对较少,对再生动物的基因认识还不充分,科学家对此关注度还不够……

人体基因结构

美国科学家沃森和英国科学家克里克,1955年辨认出人的基因存储在一个螺旋形的大分子中,为此获得了诺贝尔奖。

现代遗传学家认为,基因是DNA(脱氧核糖核酸)分子上具有遗传效应的特定核苷酸序列的总称,是具有遗传效应的DNA分子片段。基因位于染色体上,并在染色体上呈线性排列。基因不仅可以通过复制把遗传信息传递给下一代,还可以使遗传信息得到表达。不同人种之间头发、肤色、眼睛、鼻子等不同,是基因差异所致。

人体基因的排列顺序称为基因组,这个基因组就像一幅神秘的地图,揭开了这个基因的秘密就相当于揭开了人类生命的奥秘,也揭开了物种起源的秘密。

人类只有一个基因组,大约有5~10万个基因。人类基因组计划是美国科学家于1985年率先提出的,旨在阐明人类基因组30亿个碱基对的序列,发现所有人类基因并搞清其在染色体上的位置,破译人类全部遗传信息,使人类第一次在分子水平上全面地认识自我。计划于1990年正式启动,这一价值30亿美元的计划的目标是,为30亿个碱基对构成的人类基因组精确测序,从而最终弄清楚每种基因制造的蛋白质及其作用。打个比方,这一过程就好像以步行的方式画出从北京到上海的路线图,并标明沿途的每一座山峰与山谷。虽然很慢,但非常精确。基因是具有独特的双螺旋结构的长链,这条长链是由4种脱氧核苷酸分子连接而成的控制生物遗传性状的最基本单位,生物所有的遗传信息和遗传性状都隐藏在其中。

现代遗传学认为,基因是遗传的基础,它决定了人体的各种性状。例如亚洲人有黑眼珠,而欧洲人则为蓝眼珠,此外人的身高、相貌等大都由基因决定。

不仅如此,人类所患的疾病有许多是基因病,基因与疾病有密不可分的联系。

基因病又叫作遗传病,也可说是由于遗传物质的变化而产生的疾病。然而根据人们以往的理解,遗传病是与生俱有的,也就是说这种疾病是从父母那里遗传而来的。随着现代分子生物学的发展,人类对遗传病有了更加深入地了解。目前认为遗传病既有从父母那里遗传而来的可能性,也有不从父母那里遗传而来的可能性。例如尿黑酸症等病,它们既属于基因病也属于遗传病,可从父母那里遗传而来的;然而人人都怕的癌症就是基因病,它不是从父母那里遗传而来的,而是在出生后的成长过程中由于病毒感染或其他原因引起基因改变而产生的。

在人类基因组计划完成的基础上,随着人类对自身基因了解的不断深入,科学家可以根据每个人独特的基因图谱判断人的健康情况,并且预测他患某种潜在疾

世界未解之谜

科技未解之谜

图文珍藏版

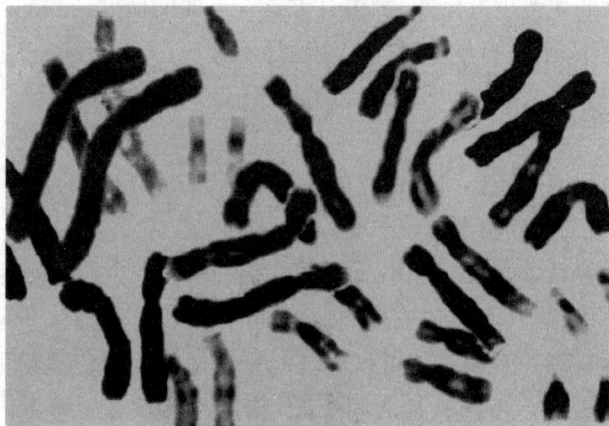

染色体

病的可能性。通过这种判断和预测,人们可以进行有效地预防;或是采用基因技术,向人体导入功能基因,修补、改变相应的缺陷基因,达到治疗的目的;或是根据由基因图谱提供的遗传信息,最终解决长期以来一直困扰着人类的一些遗传性疾病,如糖尿病、肥胖症、精神病等。也许在不远的将来,活到一百五十岁将不仅仅是人们的梦想。除此之外,根据癌症、心脏病等疾病的病因,科学家可以在人类基因组计划的帮助下,有针对性地研制和开发价廉物美的基因工程药物。

万能细胞

从任何人的皮肤刮下一点点细胞,撒在培养皿里,过上三个星期回来,发现一群干细胞长出来,再"定向培养",它可以长成血细胞、脑细胞甚至精子、骨骼和内脏……

不,这不是最新档的外星人科幻大片。它在理论上已成为可能。

美国和日本的两个研究小组 2007 年 11 月 20 日分别发表论文,宣布成功把普通的人体皮肤细胞转化为了具备胚胎干细胞功能的新型"万能细胞"。这一被学界称为生物科学"里程碑"的重大突破,有望帮助科学家绕过克隆技术的伦理、道德纷争,为医学应用打开大门。

来自美国威斯康星大学詹姆斯·汤姆森实验室和日本京都大学再生医学研究所的两个独立研究小组 20 日分别在美国《科学》杂志和《细胞》杂志上发表了关于同一研究成果的报告,并将分别获得专利。两个研究小组都是从人体中提取了一种名为"纤维原细胞"的皮肤细胞,然后向其中植入四种新基因,从而制造出一种名为 IPS 的细胞,它具有类似胚胎干细胞的功能,能够最终培育成人体组织或器官。

所不同的是,詹姆斯·汤姆森实验室的"纤维原细胞"来自一名新生儿的阴茎包皮,而由京都大学教授山中伸弥领导的研究小组则是从一名36岁女性的脸部提取的细胞。

不过,美日两个研究小组都表示,目前人工培育出的"万能细胞"还不能用于人类,因为他们在植入"重组基因"的过程中使用了逆转录酶病毒,这种病毒可能导致基因变异,有引发肿瘤等副作用。据悉,美国汤姆森实验室有多位中国科学家,记者连线了领导"万能细胞"研究的中国女科学家俞君英博士。

俞君英说,这次的突破其实是一个新的开始,打开了人类更广范围利用细胞进行研究的新局面。

俞君英出生在浙江诸暨,毕业于北京大学,1997年赴美国宾夕法尼亚大学留学,2003年加入汤姆森研究室,开始皮肤细胞"改造"成胚胎干细胞的研究工作。

她说,做这项研究主要出于三个方面的考虑。首先,干细胞研究一直存在争议。因为用之前的技术手段提取干细胞就要破坏胚胎,而人体胚胎克隆技术也引发伦理争议。而如果能让人体皮肤细胞退回到原始的干细胞,就能避免这种争论。其次,从病人身体上提取的细胞如果能改造为干细胞,其功能类似通过胚胎克隆技术取得的胚胎干细胞,能够最终培育成人体组织或器官,这就可以成为为病人进行器官移植手术的供体。第三,这种干细胞可以成为药物检测的最佳试验品。每个病人的遗传背景不一样,从病人自身提取的细胞经过改造,成为干细胞后,就能准确测出药物对病人的影响。有了最初的设想,还要有适当的技术手段。俞君英说,用改造皮肤细胞的方法制造干细胞是她在做之前的项目时想到的,"我想,干细胞研究方面如果要有突破,那就要从改造其他细胞的角度入手。"

一直以来,如果想要获得人类胚胎干细胞,就必须损坏人类胚胎,这一点颇受非议。这次人体皮肤细胞"直接改造"技术跨越伦理障碍。

科学家认为,将人体皮肤细胞改造成几乎与胚胎干细胞具有同样功能的干细胞,意味着有关技术进一步成熟。

相比之下,胚胎干细胞研究不仅难度极大,而且面临着太多伦理、法律等方面的争议。美国总统布什已经两度否决了放宽联邦政府资助胚胎干细胞研究的法案,认为美国纳税人的钱不能用于"故意摧毁人类胚胎"。

学界对这一研究则给予高度评价。因为这种被称为"直接改造"的技术不仅能避免人体胚胎克隆技术引发的伦理争议,其高效、便利也为进一步医学应用打开了大门。

但是这项成果的具体机理是什么,能否真正应用于现实,还有待于科学家进一步研究。

人体潜力有多大

人体的潜力是指人体内暂时处于潜在状态还没有发挥出来的力量。科学家发现,人体的潜力相当惊人,有待于人们研究、挖掘。

人在危急关头,往往能充分发挥体内的潜在能力。一位飞行员因飞机故障迫降了,正当他在地面察看飞机起落架时,突然有头白熊抓住了他的肩头。飞行员在情急之中,竟然一下子跳上了离地 2 米高的机翼。令人不可思议的是,他是穿着笨拙的皮鞋、沉重的大衣和肥大的裤子跳上去的。一位五十多岁的妇女在烈火蔓延之际,抱起一个超过她体重的、装有贵重物品的柜子,一口气从十楼搬到了楼外的地上。等到大火被扑灭后,她却怎么使劲也搬不动那个柜子了。

医学家早已发现,人体有着惊人的潜力。美国波士顿有一位八十岁的老翁,一次在马路上不幸被卡车撞死。医生在做尸检时发觉老人体内的许多脏器早已发生严重病变:血管明显硬化;心脏扩大,几乎超过正常人的一倍;肺部有结核病变;两侧慢性肾炎;肝脏血管阻塞,已产生侧支循环。其中,每一种病变几乎都可以置他于死地。然而,死者生前一直生活得很好,并走亲访友,四处活动。这一奇迹是怎么出现的呢? 医学家认为,人体许多器官都有很大的潜力,万一器官的一部分损坏了,另外的部分就会取而代之,继续维持正常的功能。

正常人在安静情况下,心脏每分钟输出的血量为 5000 毫升左右。某些疾病可使之减少到每分钟输出 1500 毫升,却仍能维持生命。剧烈运动时,心跳快而有力,每分钟可输出血液 20000 毫升以上。一个训练有素的运动员,心脏每分钟的输血量可高达 35000 毫升,是平静状态下正常人的七倍。由此可见,心脏的潜力是多么大!

1926 年,苏联成立了专门研究列宁大脑的研究所。此后,基洛夫、加里宁、马雅可夫斯基、巴甫洛夫、爱因斯坦和斯大林等杰出人物的大脑,都先后送到这个大脑研究所进行过研究。

脑科学告诉我们,人的脑大约有 1000 亿个神经细胞,其中组成大脑皮质的细胞就有 140 亿个。据研究,一秒钟内,大脑会发生 10 万种不同的化学反应。在这些星罗棋布的神经细胞中,每一个都与其他一万多个细胞保持着联系。难怪大脑仅占人体重量的 2%,却要消耗人体 1/4 的氧气和 1/5 的营养物质,成为人体的"大食客"了。

在智力方面,人的大脑大约共有 140 亿个神经细胞。而经常活动和运用的不过 10 多亿个,还有 80%~90% 的神经细胞在"睡大觉",尚未很好地发挥作用。有些脑科学家认为,人的大脑细胞被开发的只占 10%,即便人高度紧张和兴奋时,也有大约 50% 的脑细胞处于休眠状态。苏联学者叶夫莫雷夫指出:"人的潜力之大,令人震惊万分。如果人们迫使大脑开足一半马力,那么我们就能毫不费力地学会四十种语言,把《苏联大百科全书》从头到尾背下来,完成几十个大学的课程。"如此看来,发掘大脑潜能研究的前景将是何等迷人!

肾脏是制造尿液的器官。它的制尿部位是由许多肾单位组成的。一个肾脏大约有100多万个肾单位。通常,每个人都有两个肾脏,左右各一。据统计,每550人中就有一个单肾人,他们大多能正常生活。有些医学家认为,只要有30%~40%的肾单位在正常工作,人就可以高枕无忧了。苏联有个叫巴巴扬的男子,在卫国战争时腰部中弹负过伤,不久伤口就痊愈了。几十年来,他除了有时觉得腰部有点疼痛外,一直很健康。一次,他突然腰痛发作,被送进了医院。医生在他的右侧肾脏里发现了那颗子弹。子弹取出后,巴巴扬又像正常人那样生活着。这位男子带着肾脏里的子弹生活了四十年,实在让人吃惊。

消化道的潜力也很惊人。在消化道中,以小肠最长。它卷缠盘绕,长5~8米。小肠内壁有皱褶,还有如天鹅绒似的绒毛,这能使肠表面积增加600倍,使消化和吸收能力大为提高。据报道,一位奥地利海员因病切除了肠道的15/17,剩下的肠道,仍能挑起消化和吸收的重担。

人的毛细血管,占全身血管总长度的90%,它的血容量比动脉里的血要高600

激发人体潜力

至800倍。但是,在一般状态下,只有1/5到1/4的毛细血管开放,其余全部闭合,处于没有发挥作用的状态。人体肺脏中的肺泡,经常使用的也只是其中一小部分。不论是血液循环系统,还是呼吸系统,潜力都是很大的。通过锻炼身体可以发挥潜力,提高肺活量和增大血管容积。

人在遇到紧急情况时会发挥平时所没有的力量,如为了救人,一个弱女子猛地举起了重物;一个老婆婆在夜间碰上恶狼,结果将狼打死。这都是人体潜力在紧急关头发挥出来的结果。原来,人体的肌肉和肝脏里在平时贮存着大量的"三磷酸腺苷",简称 ATPB。这种 ATPB 就是能量的来源。在正常情况下,人体只需要一部分 ATPB 提供能量就可以了。一旦遇到紧急情况,大脑就会发出命令,让全身所有的 ATPB 立即释放出来。命令下达后,身体能量剧增,就能做出平时想象不到的事情来。

科学家估计,目前世界上大约有 5% 以上的疾病不需要治疗就能自愈,这也被认为是人体潜力的作用。这种潜力包括人体免疫系统的防御作用和自身稳定作用等。能不能让更多的疾病不经治疗而自愈呢? 这是现代医学探讨解决的问题。比如癌症,现在被认为是"不治之症",可是也有靠人体潜力使癌细胞消退的例子。人体使癌细胞消退的潜力在哪里? 这还是一个谜。人体的潜力对适应环境、战胜困难、恢复健康来说,是极为重要的。身心的锻炼,是增强人体潜力的重要方法。比如,经常参加体育锻炼的人,心肺的潜力要比长期静止不动的人大得多。经常用脑的人,记忆力和判断力会大为提高。

信心和意志是开发潜力的有力武器。有些病入膏肓的人没有被疾病吓倒,而是用乐观精神面对现实,表现出顽强的求生意志。这时,他体内的各种抗病潜力被动员起来,结果创造了医学史上的奇迹。

德国有个叫纽曼的男子,在做胸部 X 线检查时,医生预测他将不久于人世,但纽曼并不介意,依然乐呵呵地到世界各地去观光旅游。二十年以后,他仍然活着,还成了国外一家报社的特约通讯员。

人们虽然认识了潜力并且感受到了它的巨大威力,但是潜力从何处而来,它又是如何发挥作用的,到目前仍然是一个未解之谜。如果有一天人类的潜力之谜解开,相信人的能力会更强。

第二节　疑窦丛生的数学王国

数学是研究数量、结构、变化以及空间模型等概念的一门学科。通过抽象化和逻辑推理的使用,由计数、计算、量度和对物体形状及运动的观察中产生。数学也是基础性科学之一,很多学科都是在数学的基础上诞生的。人类文明发展从古至今,数学已经取得了很大的成就,从最初的自然数诞生到现在微积分、高等数学的诞生,都是人类智慧的印证和结晶。同时,数学就像一个包含了各种谜题的王国,到处充满了玄妙而有趣的问题和现象:从古代的"五家共井"到现代的哥德巴赫猜想、梅森素数……数学当中的难题总是吸引着无数的人来研究和解答。

哥德巴赫猜想

要懂得哥德巴赫猜想是怎么一回事？只需把早先在小学三年级里就学到过的数学再来温习一下。那些12345，个十百千万的数字，叫作正整数。其中那些可以被2整除的数，叫作偶数。剩下的那些数，叫作奇数。还有一种数，如2,3,5,7,11,13等等，只能被1和它本身而不能被别的整数整除的，叫作素数。除了1和它本身以外，还能被别的整数整除的，如4,6,8,9,10,12这种数等等就叫作合数。一个整数，如能被一个素数所整除，这个素数就叫做这个整数的素因子。如6，就有2和3两个素因子。如30，就有2,3和5三个素因子。

哥德巴赫是德国数学家；出生于格奥尼格斯别尔格（现名加里宁城）；曾在英国牛津大学学习；原学法学，由于在欧洲各国访问期间结识了贝努利家族，所以对数学研究产生了兴趣；曾担任中学教师。1725年，到了俄国，同年被选为彼得堡科学院院士；1725年~1740年担任彼得堡科学院会议秘书；1742年，移居莫斯科，并

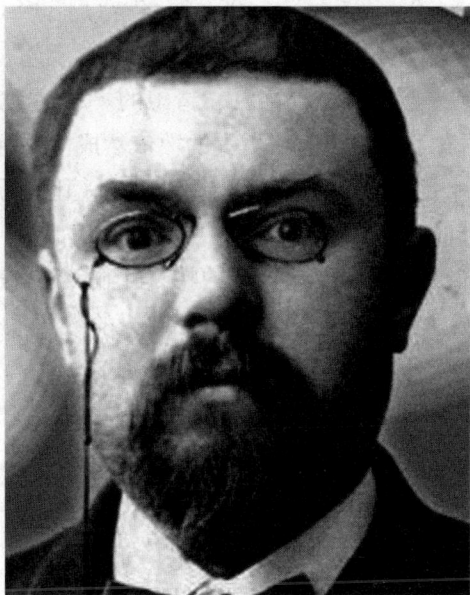

数学家哥德巴赫

在俄国外交部任职。1729年~1764年，哥德巴赫与欧拉保持了长达三十五年的书信往来。

1742年，哥德巴赫写信给欧拉时，提出了：每个不小于6的偶数都是两个素数之和。例如，6＝3+3。又如，24＝11+13等等。有人对一个一个的偶数都进行了这样的验算，一直验算到了三亿三千万之数，都表明这是对的。但是更大的数目，更大更大的数目呢？猜想起来也该是对的。猜想应当证明。要证明它却很难很难。

整个 18 世纪没有人能证明它。

整个 19 世纪也没有人能证明它。

到了 20 世纪的 20 年代，问题才开始有了点儿进展。

很早以前，人们就想证明，每一个大偶数是两个"素因子不太多的"数之和。他们想这样子来设置包围圈，想由此来逐步、逐步证明哥德巴赫这个命题——一个素数加一个素数（1+1）是正确的。

就像许多著名的数学未解问题，对哥德巴赫猜想有不少宣称的证明，但都未为数学界所接受。

因为哥德巴赫猜想容易为行外人理解，所以一直是伪数学家一个很普遍的目标。他们试图证明它，或有时试图反证它，使用的仅是高中数学。它与四色定理和费马定理遭遇相同，后两问题都易于叙述，但其证明则非一般的繁复。

像哥德巴赫猜想这类问题，不能排除以简单方法解决的可能，但以专业数学家对这类问题所花费的大量精力，第一个证明并不可能容易得出。

从 6=3+3、8=3+5、10=5+5、……、100=3+97=11+89=17+83、……这些具体的例子中，可以看出哥德巴赫猜想都是成立的。有人甚至逐一验证了 3300 万以内的所有偶数，竟然没有一个不符合哥德巴赫猜想的。20 世纪，随着计算机技术的发展，数学家们发现哥德巴赫猜想对于更大的数依然成立。可是自然数是无限的，谁知道会不会在某一个足够大的偶数上，突然出现哥德巴赫猜想的反例呢？于是人们逐步改变了探究问题的方式。

1900 年，20 世纪最伟大的数学家希尔伯特，在国际数学家大会上把"哥德巴赫猜想"列为二十三个数学难题之一。此后，20 世纪的数学家们在世界范围内"联手"进攻"哥德巴赫猜想"堡垒，终于取得了辉煌的成果。

20 世纪的数学家们研究哥德巴赫猜想所采用的主要方法，是筛法、圆法、密率法和三角和法等等高深的数学方法。解决这个猜想的思路，就像"缩小包围圈"一样，逐步逼近最后的结果。

1920 年，挪威数学家布朗证明了定理"9+9"，由此划定了进攻"哥德巴赫猜想"的"大包围圈"。这个"9+9"是怎么回事呢？所谓"9+9"，翻译成数学语言就是："任何一个足够大的偶数，都可以表示成其他两个数之和，而这两个数中的每个数，都是 9 个奇质数之乘积。"从这个"9+9"开始，全世界的数学家集中力量"缩小包围圈"，当然最后的目标就是"1+1"了。

1924 年，德国数学家雷德马赫证明了定理"7+7"。很快，"6+6""5+5""4+4""3+3"逐一被攻陷。1957 年，中国数学家王元证明了"2+3"。1962 年，中国数学家潘承洞证明了"1+5"，同年又和王元合作证明了"1+4"。1965 年，苏联数学家证明了"1+3"。

1966 年，中国数学家陈景润攻克了"1+2"，也就是："任何一个足够大的偶数，都可以表示成两个数之和，而这两个数中的一个就是奇质数，另一个则是两个奇质数的乘积。"这个定理被世界数学界称为"陈氏定理"。

由于陈景润的贡献，人类距离哥德巴赫猜想的最后结果"1+1"仅有一步之遥了。但为了实现这最后的一步，也许还要历经一个漫长的探索过程。有许多数学家认为，要想证明"1+1"，必须通过创造新的数学方法，以往的路很可能都是走不通的。

如今，哥德巴赫猜想仍然是众多科学家正在寻找方法证明的"谜题"。

"四色地图"猜想

四色问题又称四色猜想，是世界近代三大数学难题之一。

四色问题的内容是："任何一张地图只用四种颜色就能使具有共同边界的国家着上不同的颜色。"用数学语言表示，即"将平面任意地细分为不相重叠的区域，每一个区域总可以用 1,2,3,4 这四个数字之一来标记，而不会使相邻的两个区域得到相同的数字。"这里所指的相邻区域，是指有一整段边界是公共的。如果两个区域只相遇于一点或有限多点，就不叫相邻的。因为用相同的颜色给它们着色不会引起混淆。

四色猜想的提出来自英国。1852 年，毕业于伦敦大学的弗南西斯·格思里来到一家科研单位搞地图着色工作时，发现了一种有趣的现象："看来，每幅地图都可以用四种颜色着色，使得有共同边界的国家都被着上不同的颜色。"这个现象能不能从数学上加以严格证明呢？他和在大学读书的弟弟格里斯决心试一试。兄弟二人为证明这一问题而使用的稿纸已经堆了一大沓，可是研究工作没有进展。

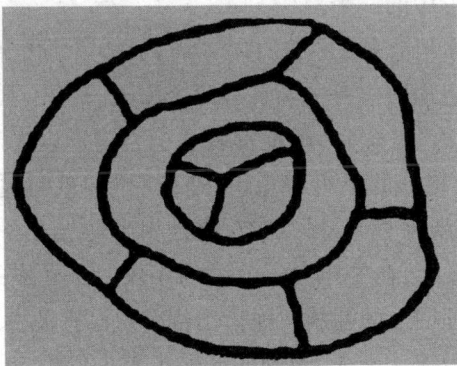
四色问题

1852 年 10 月 23 日，他的弟弟就这个问题的证明请教了他的老师、著名数学家德·摩尔根，摩尔根也没有能找到解决这个问题的途径，于是写信向自己的好友、著名数学家汉密尔顿爵士请教。汉密尔顿接到摩尔根的信后,对四色问题进行论证。但直到 1865 年汉密尔顿逝世为止,问题也没有能够解决。

1872 年,英国当时最著名的数学家凯利正式向伦敦数学学会提出了这个问题,于是四色猜想成了世界数学界关注的问题。世界上许多一流的数学家都纷纷参加了四色猜想的大会战。1878～1880 年两年间,著名的律师兼数学家肯普和泰勒两人分别提交了证明四色猜想的论文,宣布证明了四色定理,大家都认为四色猜想从此也就解决了。

肯普的证明是这样的:首先指出如果没有一个国家包围其他国家,或没有三个以上的国家相遇于一点,这种地图就说是"正规的"。否则为非正规地图(见图 3)。一张地图往往是由正规地图和非正规地图联系在一起,但非正规地图所需颜色种数一般不超过正规地图所需的颜色,如果有一张需要五种颜色的地图,那就是指它的正规地图是五色的,要证明四色猜想成立,只要证明不存在一张正规五色地图就足够了。

肯普是用归谬法来证明的,大意是如果有一张正规的五色地图,就会存在一张国数最少的"极小正规五色地图",如果极小正规五色地图中有一个国家的邻国数少于六个,就会存在一张国数较少的正规地图仍为五色的,这样一来就不会有极小五色地图的国数,也就不存在正规五色地图了。这样肯普就认为他已经证明了"四色问题",但是后来人们发现他错了。

不过肯普的证明阐明了两个重要的概念,对以后问题的解决提供了途径。第一个概念是"构形"。他证明了在每一张正规地图中至少有一国具有两个、三个、四个或五个邻国,不存在每个国家都有六个或更多个邻国的正规地图,也就是说,由两个邻国、三个邻国、四个或五个邻国组成的一组"构形"是不可避免的,每张地图至少含有这四种构形中的一个。

肯普提出的另一个概念是"可约"性。"可约"这个词的使用是来自肯普的论证。他证明了只要五色地图中有一国具有四个邻国,就会有国数减少的五色地图。自从引入"构形","可约"概念后,逐步发展了检查构形以决定是否可约的一些标准方法,能够寻求可约构形的不可避免组,是证明"四色问题"的重要依据。但要证明大的构形可约,需要检查大量的细节,这是相当复杂的。

十一年后,即 1890 年,在牛津大学就读的年仅二十九岁的赫伍德以自己的精确计算指出了肯普在证明上的漏洞。他指出肯普说没有极小五色地图能有一国具有五个邻国的理由有破绽。不久,泰勒的证明也被人们否定了。人们发现他们实际上证明了一个较弱的命题——五色定理。就是说对地图着色,用五种颜色就够了。后来,越来越多的数学家虽然对此绞尽脑汁,但一无所获。于是,人们开始认识到,这个貌似容易的题目,其实是一个可与费马猜想相媲美的难题。

进入 20 世纪以来,科学家们对四色猜想的证明基本上是按照肯普的想法在进行。1913 年,美国著名数学家、哈佛大学的伯克霍夫利用肯普的想法,结合自己新的设想,证明了某些大的构形可约。后来美国数学家富兰克林于 1939 年证明了 22 国以下的地图都可以用四色着色。1950 年,有人从 22 国推进到 35 国。1960 年,有人又证明了 39 国以下的地图可以只用四种颜色着色,随后又推进到了 50 国。看来这种推进仍然十分缓慢。

高速数字计算机的发明,促使更多数学家对"四色问题"的研究。从 1936 年就开始研究四色猜想的海克,公开宣称四色猜想可用寻找可约图形的不可避免组来证明。他的学生丢雷写了一个计算程序,海克不仅能用这程序产生的数据来证明构形可约,而且描绘可约构形的方法是从改造地图成为数学上称为"对偶"形着手。

他把每个国家的首都标出来,然后把相邻国家的首都用一条越过边界的铁路连接起来,除首都(称为顶点)及铁路(称为弧或边)外,擦掉其他所有的线,剩下的称为原图的对偶图。到了 60 年代后期,海克引进一个类似于在电网络中移动电荷的方法来求构形的不可避免组。在海克的研究中第一次以颇不成熟的形式出现的"放电法",这对以后关于不可避免组的研究是个关键,也是证明四色定理的中心要素。

电子计算机问世以后,由于演算速度迅速提高,加之人机对话的出现,大大加快了对四色猜想证明的进程。美国伊利诺伊大学哈肯在 1970 年着手改进"放电过程",后与阿佩尔合作编制一个很好的程序。就在 1976 年 6 月,他们在美国伊利诺斯大学的两台不同的电子计算机上,用了 1200 个小时,作了 100 亿判断,终于完成了四色定理的证明,轰动了世界。

这是一百多年来吸引许多数学家与数学爱好者的大事,当两位数学家将他们的研究成果发表的时候,当地的邮局在当天发出的所有邮件上都加盖了"四色足够"的特制邮戳,以庆祝这一难题获得解决。

"四色问题"的被证明仅解决了一个历时一百多年的难题,而且成为数学史上一系列新思维的起点。在"四色问题"的研究过程中,不少新的数学理论随之产生,也发展了很多数学计算技巧。如将地图的着色问题化为图论问题,丰富了图论的内容。不仅如此,"四色问题"在有效地设计航空班机日程表,设计计算机的编码程序上都起到了推动作用。

不过不少数学家并不满足于计算机取得的成就,他们认为应该有一种简捷明快的书面证明方法。直到现在,仍有不少数学家和数学爱好者在寻找更简洁的证明方法。

魅力无穷的梅森素数

所谓的梅森素数，就是指形如 2^n-1 的正整数，其中 n 是素数，常记为 Mn。若 Mn 是素数，则称为梅森素数。n=2,3,5,7 时，Mn 都是素数，但 $M_{11}=2047$ 不是素数。已发现的最大梅森素数是 n=43,112,609 的情形，此时 Mn 是一个 12,978,189 位数。是否有无穷多个梅森素数是数论中未解决的难题之一。

也许会有人感到奇怪：素数不就是在大于 1 的整数中只能被 1 和其自身整除的数吗？在数学和计算机科学高度发达的今天，为什么发现一个已知的最大素数竟如此困难？找到一个已知的最大梅森素数竟成了科学上的大事？是的，魅力无穷的梅森素数具有许多特异的性质和现象，千百年来一直吸引着众多的数学家和数学爱好者对它进行研究；虽然已经揭示了一些规律，但围绕着它仍然有许多未解之谜，等待着人们去探索。

很早人们就发现，$2^2-1=3$ 是个素数，$2^3-1=7$ 也是个素数，$2^5-1=31$，$2^7-1=127$ 也都是素数。大家很自然地推测，对所有的素数 n，2^n-1 就是素数，这可以作为计算素数的公式。但是这对不对呢？只要再多试一个，就发现 $2^{11}-1=2047$ 已经不是素数了。这是雷吉乌斯在 1536 年发现的。

对于素数 n，判断 2^n-1 是不是素数并不是很容易的，可以看看以下历史上的事情。1603 年，皮特罗·卡塔尔迪正确地证明了 $2^{17}-1$ 和 $2^{19}-1$ 都是素数。他还给出了对于 n=23,29,31,37 时 2^n-1 是素数的证明，但是都是不对的。到了 1640 年，Fermat 证明，卡塔尔迪关于 n=23,37 的证明是错的，这已经是近 40 年后的事情了；再过约一个世纪，1738 年，Euler 指出了卡塔尔迪关于 n=29 的证明的错误，而在稍后一点，欧拉证明了 n=31 时卡塔尔迪的结论是正确的。

在这个问题上，数学家梅森做出了很多工作。1644 年，他给出一个猜测：不超过 257 的，能使得 2^p-1 是素数的全部正整数 p 只有 9 个，它们是 p=2,3,5,7,13,19,31,127,257。正是由于他的贡献，这类素数以他命名，当然 p 可以超过 257。

定义对于正整数 n，称 2^n-1 形状的数为梅森数，记作 Mn。如果 2^n-1 是素数，称这个素数为梅森素数（Mersenne Prime）。

但是，梅森没有给出证明。直到 1750 年，才由欧拉证明了 231-1=7 是素数。又过一个世纪，1876 年，鲁卡斯证明了 $2^{127}-1$ 是素数。七年以后，波佛辛利证明了 $2^{61}-1$ 是素数，而且这是梅森遗漏的一个。20 世纪初，帕斯瓦给出了梅森遗漏的另外两个素数 $2^{89}-1$ 和 $2^{107}-1$。这样，到 1947 年，n 不超过 258 的全部梅森素数终于确定，是 n=2,3,5,7,13,17,31,61,89,107,127,257

梅森素数的发现者马林·梅森是 17 世纪法国著名的数学家，也是当时欧洲科学界一位独特的中心人物。他与大科学家伽利略、笛卡尔、费马、帕斯卡、罗伯瓦、迈多治等是密友。虽然梅森致力于宗教,但他却是科学的热心拥护者,在教会中为了保卫科学事业做了很多工作。他捍卫笛卡儿的哲学思想,反对来自教会的批评;也翻译过伽利略的一些著作,并捍卫了他的理论;他曾建议用单摆来作为时计以测量物体沿斜面滚下所需时间,从而启发惠更斯发明了钟摆式时钟。

梅森对科学所做的主要贡献是他起了一个极不平常的思想通道作用。17世纪时,科学刊物和国际会议等还远远没有出现,甚至连科学研究机构都没有创立,交往广泛、热情诚挚和德高望重的梅森就成了欧洲科学家之间联系的桥梁。许多科学家都乐于将成果寄给他,然后再由他转告给更多的人。因此,他被人们誉为"有定期学术刊物之前的科学信息交换站"。梅森和巴黎数学家笛卡儿、费马、罗伯瓦、迈多治等曾每周一次在梅森住所聚会,轮流讨论数学、物理等问题,这种民间学术组织被誉为"梅森学院",它就是法兰西科学院的前身。

1640年6月,费马在给梅森的一封信中写道:"在艰深的数论研究中,我发现了三个非常重要的性质。我相信它们将成为今后解决素数问题的基础"。这封信讨论了形如 2^p-1 的数(其中 p 为素数)。早在公元前300多年,古希腊数学家欧几里得就开创了研究 2^{p-1} 的先河,他在名著《几何原本》第九章中论述完美数时指出:如果 2^p-1 是素数,则 $2^{p-1}(2^p-1)$ 是完美数。

梅森在欧几里得、费马等人的有关研究的基础上对 2^n-1 做了大量的计算、验证工作,并于1644年在他的《物理数学随感》一书中断言:对于 n=2,3,5,7,13,17,19,31,67,127,257 时,2^n-1 是素数;而对于其他所有小于257的数时,2^n-1 是合数。前面的7个数(即2,3,5,7,13,17和19)属于被证实的部分,是他整理前人的工作得到的;而后面的4个数(即31,67,127和257)属于被猜测的部分。不过,人们对其断言仍深信不疑,连大数学家莱布尼兹和哥德巴赫都认为它是对的。

虽然梅森的断言中包含着若干错误,但他的工作极大地激发了人们研究 2^p-1 型素数的热情,使其摆脱作为"完美数"的附庸的地位。可以说,梅森的工作是素数研究的一个转折点和里程碑。由于梅森学识渊博,才华横溢,为人热情以及最早系统而深入地研究 2^p-1 型的数,为了纪念他,数学界就把这种数称为"梅森数"。

梅森素数貌似简单,而研究难度却很大。它不仅需要高深的理论和纯熟的技巧,而且需要进行艰巨的计算。即使属于"猜测"部分中最小的 $M_{31}=2^{31}-1=2147483647$,也是10位数。可以想象,它的证明是十分艰巨的。正如梅森推测:"一个人,使用一般的验证方法,要检验一个15位或20位的数字是否为素数,即使终生的时间也是不够的。"是啊,枯燥、冗长、单调、刻板的运算会耗尽一个人的毕生精力,谁愿让生命的风帆永远在黑暗中颠簸!人们多么想知道梅森猜测的根据和方法啊,然而年迈力衰的他来不及留下记载,四年之后就去世了;人们的希望与梅森的生命一起泯灭在流逝的时光之中。看来,伟人的"猜测"只有等待后来的伟人来解决了。

梅森素数就像数学海洋中的一颗璀璨明珠,吸引着一代又一代的研究者去探寻。自梅森提出其断言后,人们发现的已知最大素数几乎都是梅森素数;因此,寻找新的梅森素数的历程也就几乎等同于寻找新的最大素数的历程。而梅森断言为素数而未被证实的几个 Mp 当然首先成为人们研究的对象。

1772 年,瑞士数学家欧拉在双目失明的情况下,靠心算证明了 M_{31} 是一个素数,它共有 10 位数,堪称当时世界上已知的最大素数。欧拉的毅力与技巧都令人赞叹不已,他因此获得了"数学英雄"的美誉。这是寻找已知最大素数的先声。欧拉还证明了欧几里得关于完美数的定理的逆定理,即:每个偶完美数都具有形式 $2^{P-1}(2^P-1)$,其中 2^{P-1} 是素数。这就使得偶完美数完全成了梅森素数的"副产品"了。欧拉的艰辛给人们提示:在伟人难以突破的困惑面前要想确定更大的梅森素数,只有另辟蹊径了。

一百年后,法国数学家鲁卡斯提出了一个用来判别 M_p 是否是素数的重要定理——鲁卡斯定理。鲁卡斯的工作为梅森素数的研究提供了有力的工具。1883 年,数学家波佛辛利用鲁卡斯定理证明了 M_{61} 也是素数——这是梅森漏掉的。梅森还漏掉另外两个素数:M_{89} 和 M_{107},它们分别在 1911 年与 1914 年被数学家鲍尔斯发现。

1903 年,在美国数学学会的大会上,数学家柯尔做了一个一言不发的报告,他在黑板上先算出 $2^{67}-1$,接着又算出 $193707721 \times 761838257287$,两个结果相同。这时全场观众站了起来为他热烈鼓掌,这在美国数学学会的历史上是绝无仅有的一次。他第一个否定了"M_{67} 为素数"这一自梅森断言以来一直被人们相信的结论。这短短几分钟的报告却花了柯尔三年的全部星期天。1922 年,数学家克莱契克进一步验证了 M_{257} 并不是素数,而是合数(但他没有给出这一合数的因子,直到 20 世纪 80 年代人们才知道它有三个素因子)。

1930 年,美国数学家雷默改进了鲁卡斯的工作,给出了一个针对 Mp 的新的素性测试方法,即鲁卡斯—雷默方法:$M_p > 3$ 是素数的充分必要条件是 L_p-2 Mod Mp $= 0$,其中 $L^K = L^{2K-1} - 2$,$K > 0$。这一方法直到今天的"计算机时代"仍发挥重要作用。

手算笔录时代,人们历尽艰辛,仅找到十二个梅森素数。而计算机的产生使寻找梅森素数的研究者如虎添翼。1952 年,数学家鲁滨逊等人将鲁卡斯—雷默方法编译成计算机程序,使用 SWAC 型计算机在短短 1957 小时之内,就找到了五个梅森素数:M_{521}、M_{607}、M_{1279}、M_{2203} 和 M_{2281}。其后,M_{3217} 被黎塞尔证明是素数;M_{4253} 和 M_{4423} 在 1961 年被赫维兹证明是素数。1963 年,美国数学家吉里斯证明 M_{9689} 和 M_{9941} 是素数。1963 年 9 月 6 日晚上 8 点,当第二十三个梅森素数 M_{11213} 通过大型计算机被找到时,美国广播公司(ABC)中断了正常的节目播放,以第一时间发布了这一重要消息；发现这一素数的美国伊利诺伊大学数学系全体师生感到无比骄傲，以致把所有从系里发出的信件都敲上了"$2^{11213}-1$ 是个素数"的邮戳。

1971 年 3 月 4 日晚，美国哥伦比亚广播公司(CBS)中断了正常节目播放，发布了塔可曼使用 $IBM^{360}-91$ 型计算机找到新的梅森素数 M^{19937} 的消息。而到 1978 年 10 月，世界几乎所有的大新闻机构(包括我国的新华社)都报道了以下消息：两名年仅十八岁的美国高中生诺尔和尼科尔使用 CYBERl74 型计算机找到了第二十五个梅森素数：M^{21701}。

随着素数 P 值的增大，每一个梅森素数 M_p 的产生都艰辛无比；而各国科学家及业余研究者们仍乐此不疲，激烈竞争。1979 年 2 月 23 日，当美国克雷研究公司的计算机专家史洛温斯基和纳尔逊宣布他们找到第二十六个梅森素数 M_{23209} 时，人们告诉他们：在两个星期前诺尔已得到这一结果。为此，史洛温斯基潜心发奋，花了一个半月的时间，使用 CPAY-1 型计算机找到了新的梅森素数 M_{44497}。这个记录成了当时不少美国报纸的头版新闻。之后，这位计算机专家乘胜前进，使用经过改进的 CRAY—XMP 型计算机在 1983 年至 1985 年间找到了三个梅森素数：M_{86243}、M_{132049} 和 M_{216091}。但他未能确定 M_{86243} 和 M_{216091} 之间是否有异于 M_{132049} 的梅森素数。而到了 1988 年，科尔魁特和韦尔什使用 NEC-FX2 型超高速并行计算机果然捕捉到了一条"漏网之鱼"——M_{110503}。沉寂四年之后，1992 年 3 月 25 日，英国原子能技术权威机构——哈威尔实验室的一个研究小组宣布他们找到了新的梅森素数 M_{756839}。

1994 年 1 月 14 日，史洛温斯基和盖奇为其公司再次夺回发现"已知最大素数"的桂冠——这一素数是 M_{859433}。而下一个梅森素数 $M_{1257787}$ 仍是他们的成果。这一素数是使用 CRAY—794 超级计算机在 1996 年取得的。史洛温斯基由于发现七个梅森素数，而被人们誉为"素数大王"。

使用超级计算机寻找梅森素数的游戏实在太昂贵了。1996 年美国数学家及程序设计师乔治·沃特曼编制了一个梅森素数寻找程序，并把它放在网页上供数学家和数学爱好者免费使用：这就是著名的"因特网梅森素数大搜索"(GIMPS)项目。1997 年美国数学家及程序设计师斯科特·库尔沃斯基和其他人建立了"素数网"(PrimeNet)，使分配搜索区间和向 GIMPS 发送报告自动化。现在只要人们去 GIMPS 的主页下载那个免费程序，就可以立即参加 GIMPS 项目来搜寻梅森素数。目前，全球有近七万名志愿者参加该项目，并动用二十多万台计算机联网来进行大规模地分布式计算，以寻找新的梅森素数。看来，因特网联通的个人计算机要与高功能的超级计算机在计算技术上一较高低了。从 1996 年到 2004 年 5 月 15 日，GIMPS 项目发现了七个梅森素数：$M_{1398269}$、$M_{2976221}$、$M_{3021377}$、$M_{6972593}$、$M_{13466917}$、$M_{20996011}$ 和 $M_{24036583}$，它们都是使用奔腾型计算机得到的结果。

时至今日止，人们已经发现了四十一个梅森素数，并且确定 $M_{6972593}$ 位于梅森素数序列中的第三十八位。

梅森素数的分布极不规则。我们甚至可以看到，连找到梅森素数的时间分布都极不规则，有时许多年未能找到一个，而有时则一下找到好几个。探索梅森素数的分布规律似乎比寻找新的梅森素数更为困难。数学家们在长期的摸索中，提出了一些猜想。英国数学家香克斯、美国数学家吉里斯、法国数学家托洛塔和德国数学家伯利哈特就曾分别给出过关于梅森素数分布的猜测，但他们的猜测有一个共同点，就是都以近似表达式给出，而它们与实际情况的接近程度均未尽如人意。

中国数学家及语言学家周海中经过多年的研究，于 1992 年首先给出了梅森素数分布的精确表达式，为人们寻找这一素数提供了方便；后来这一科研成果被国际数学界命名为"周氏猜测"。著名的《科学》杂志上有一篇评论文章指出，这是梅森素数研究中的一项重大突破。

2004 年 5 月 15 日，美国国家海洋和大气局顾问、数学爱好者乔希·芬德利用一台装有 2.4GHZ 奔腾处理器的个人计算机，找到了目前世界上已知最大的梅森素数。该素数为 2 的 24 036 583 次方减 1（即 $2^{24036583}$—1），它有 7 235733 位数，如果用普通字号将这个数字连续写下来，它的长度可达三万米！它是两千多年来人类发现的第四十一个梅森素数，也是目前已知的最大素数。世界上许多著名的新闻媒体和科学刊物都对这一消息进行了报道和评价，认为这是数学研究和计算技术中最重要的突破之一。

不久前，国际电子新领域基金会（IEFF）宣布了由一位匿名者资助的为通过GIMPS 项目来寻找新的更大的梅森素数而设立的奖金。它规定向第一个找到超过一千万位数的个人或机构颁发 10 万美元。后面的奖金依次为：超过 1 亿位数，15万美元，超过 10 亿位数，25 万美元。但据悉，绝大多数研究者参与该项目不是为了金钱而是出于乐趣、荣誉感和探索精神。

探究梅森素数在当代具有十分丰富的理论意义和实用价值。它是发现已知最大素数的最有效途径；它推动了有"数学皇后"之称的数论研究，也促进了计算数学、程序设计技术、网格计算技术以及密码技术的发展；另外探究梅森素数的方法还可用来测试计算机硬件运算是否正确。因此，科学家们认为，对于梅森素数的探究能力如何，已在某种意义上标志着一个国家的科技水平。可以相信，梅森素数这颗数学海洋中的明珠正以其独特魅力，吸引着更多的有志者去探寻和研究。

孪生素数猜想

1849 年，波林那克提出孪生素数猜想（the conjecture of twinprimes），即猜测存在无穷多对孪生素数。

早在 20 世纪初,德国数学家兰道就推测孪生素数有无穷多。许多迹象也越来越支持这个猜想。最先想到的方法是使用欧拉在证明素数有无穷多个所采取的方

瑞士数学家欧拉

法。设所有的素数的倒数和为:

S = 1/2+1/3+1/5 十 1/7+1/11+…

如果素数是有限个,那么这个倒数和自然是有限数。但是欧拉证明了这个和是发散的,即是无穷大。由此说明素数有无穷多个。1919 年,挪威数学家布隆仿照欧拉的方法,求所有孪生素数的倒数和:

B = (1/3+1/5) +(1/5+1/7) +(1/11+1/13) +……

如果也能证明这个和比任何数都大,就证明了孪生素数有无穷多个了。这个想法很好,可是事实却违背了布隆的意愿。他证明了这个倒数和是一个有限数,现在这个常数就被称为布隆常数:B = 1.90216054……布隆还发现,对于任何一个给定的整数 m,都可以找到 m 个相邻素数,其中没有一个孪生素数。

1966 年,中国数学家陈景润在这方面得到最好的结果:存在无穷多个素数 p,使 p+2 不超过两个素数之积。

若用 p(x)表示小于 x 的孪生素数对的个数,下表是 1011 以下的孪生素数分布情况:

p(X)与 X 之间的关系是什么样的呢? 1922 年,英国数学家哈代和利托伍德提出一个孪生素数分布的猜想:

p(X) ≈2cx/(1nx)2

其中常数 c = (1-1/22)(1-1/42)(1-1/62)(1-1/102)……

即,对于每一个素数 p,计算(1-1/(p-1)2),再相乘。经过计算得知 c ≈0. 66016 称为孪生素数常数。这个猜想如上所述有可能是正确的,但是至今也未获

证明。

"孪生素数猜想"与著名的"哥德巴赫猜想"是姐妹问题,它也是现代素数理论中的中心问题之一。谁能解决它(不论是证明或否定),必将成为名扬千古的历史人物。

黎曼猜想

黎曼猜想首先由德国数学家波恩哈德·黎曼在 1859 年提出,是数学中一个最著名和最重要而又未解决的问题。一个世纪以来它仍未被解答,吸引着很多出色数学家为它苦恼。对比其他猜想,它对专业数学家更具吸引力。

黎曼猜想(RH)是关于黎曼 ζ 函数 $\zeta(S)$ 的根分布的猜想。黎曼 ζ 函数在任何复数 $s \neq 1$ 上有定义。它在负偶数上也有零是(如 $s=-2, s=-4, s=-6, \cdots\cdots$),这些也是"平凡零点"。黎曼猜想关心的,是非平凡零点。

所有非平凡零点都应该位于直线 $s=1/2+it$ 上,t 为一实数而 i 为虚数基本单位。沿临界线的黎曼 ζ 函数有时通过 z-函数进行研究,它的实零点对应于 ζ 函数在临界线上的零点。

素数在自然数中的分布问题在纯粹数学和应用数学上都是很重要的问题。素数在自然数中的分布并没有简单地规则。黎曼(1826—1866)发现素数出现的频率与所谓黎曼 ζ 函数紧密相关。

1901 年科赫指出,黎曼猜想与叙述 $\pi\pi(x)=\text{Lix}+0(\sqrt{x1nx})$ 等价。现在已经验证了最初的 1500000 000 个解,猜想都是正确的。但是否对所有解都是正确的,却没有证明,随着费马最后定理的获证,黎曼猜想作为最困难的数学问题的地位更加突出。

黎曼猜想是当代数学中一个最重要而又未解决的问题,很多深入和重要的结果必须在它成立的大前提下被证明。大部分数学家也相信黎曼猜想是正确的(约翰·恩瑟·李特尔伍德与塞尔伯格曾提出怀疑。塞尔伯格在晚年时降低了他的怀疑,他在 1989 年的一篇论文中猜测黎曼猜想对更广的一类函数也应当成立。)克雷数学研究所曾设立了 1000 000 美元的奖金予第一个正确的证明。

黎曼 1859 年在他的论文《在给定大小之下的素数个数》中提及了这个著名的猜想,但它并非该论文的中心目的,他也没有试图给出证明。黎曼知道函数的不平凡零点对称地分布在直线 $s=1/2+it$ 上,以及他知道它所有的不平凡零点一定位于区域 $0 \leq \text{Re}(s) \leq 1$ 中。

1896 年,雅克·阿达马和法勒布赛分别独立地证明了在直线 $\text{Re}(s)=1$ 上没有零点。连同了黎曼对于不非凡零点已经证明了的其他特性,这显示了所有不平凡零点一定处于区域0<Re(s)<1上。这是素数定理第一个完整证明中很关键的一步。

1900年,大卫·希尔伯特将黎曼猜想包括在他著名的23条问题中,黎曼猜想与哥德巴赫猜想一起组成了希尔伯特名单上第8号问题。当被问及若他一觉醒来已是五百年后他将做什么时,希尔伯特有名地说过他的第一个问题将是黎曼猜想有否被证明。黎曼猜想是希尔伯特问题中唯一一个被收入克雷数学研究所的千禧年大奖数学难题的。

1914年,高德菲·哈罗德·哈代证明了有无限个零点在直线Re(s)=1/2上。然而仍然有可能有无限个不平凡零点位于其他地方(而且有可能是最主要的零点)。后来哈代与约翰·恩瑟·李特尔伍德在1921年及塞尔伯格在1942年的工作(临界线定理)也就是计算零点在临界线Re(s)=1/2上的平均密度。

近来的工作集中于清楚地计算大量零点的位置(希望借此能找到一个反例)以及对处于临界线以外零点数目的比例置一上界(希望能把上界降至零)。

美国数学家用计算机算了ζ(s)函数前300万个零点确实符合猜想。

希尔伯特认为黎曼猜想的解决能够使我们严格地去解决哥德巴赫猜想(任一偶数可以分解为两素数之和)和孪生素数猜想(存在无穷多相差为2的素数)。

世界上最神奇的数字142857

世界上究竟有多少数字,看似是无穷尽的。但是在众多的数字当中,总有一些数字看似平凡,实际上却蕴含着无穷的奥秘,等待着人们去发现,其实数学也和其他的自然科学一样,有很多神奇的未知领域等待人们去破解,比如说我们今天要研究的这个数字142857,从表面上看,它只是一个六位整数,如果用读数法将它读出来的话,就是十四万两千八百五十七,但是这个数字蕴含的寓意却不像表面那么简单。为什么说它最神奇呢?我们先把它从1乘到6看看:

142 857×1 = 142 857

142 857×2 = 285 714

142 857×3 = 428 571

142 857×4 = 571 428

142 857×5 = 714 285

142 857×6 = 857 142

同样的数字,只是调换了位置,反复地出现。

那么把它乘与7是多少呢?

我们会惊人地发现是999999。

142+857 = 999

14+28+57=99

神奇的数字最后,我们用 142857 乘以 142857,答案是:20408122449。前五位加上后六位的得数是多少呢?

20408+122449=142857,它总是围绕原来的几个数字循环着,令人非常震惊。

"142857"发现于埃及金字塔内,它是一组神奇数字,它证明一星期有七天,它自我累加一次,就由它的六个数字,依顺序轮值一次,到了第七天,它们就放假,由999999 去代班,数字越加越大,每超过一星期轮回,每个数字需要分身一次,你不需要计算机,只要知道它的分身方法,就可以知道继续累加的答案,它还有更神奇的地方等待你去发掘! 也许,它就是宇宙的密码,如果您发现了它的真正神奇秘密……请与大家分享!

1 428 571 = 142 857(原数字)

1 428 572 = 285 714(轮值)

1 428 573 = 428 571(轮值)

1 428 574 = 571 428(轮值)

1 428 575 = 714 285(轮值)

1 428 576 = 857 142(轮值)

1 428 577 = 999 999(放假由 9 代班)

1 428 578 = 1 142 856(7 分身,即分为头一个数字 1 与尾数 6,数列内少了 7)

1 428 579 = 1 285 713(4 分身)

1 4 285 710 = 1 428 570(1 分身)

1 4 285 711 = 1 571 427(8 分身)

1 4 285 712 = 1 714 284(5 分身)

1 4 285 713 = 1 857 141(2 分身)

1 4 285 714 = 1 999 998(9 也需要分身变大)

继续算下去……以上各数的单数和都是"9"。有可能藏着一个大秘密。

以上面的金字塔神秘数字举例:1+4+2+8+5+7=27=2+7=9;

无数巧合中必有概率,无数吻合中必有规律。何谓规律? 大自然规定的纪律! 科学就是总结事实,从中找出规律。

关于"5"的猜想

虽然,没法具体说清数字"5"到底有什么奥秘,但是人们发现自然界的确有很多"5"存在,它被认为是一种和谐、美好的象征。比如"五角星"。

"5"这个数在日常生活中到处可见,钞票面值有 5 元、5 角、5 分;秤杆上,表示 5 的地方刻有一颗星;在算盘上,一粒上珠代表 5;正常情况下,人的每只手有 5 个

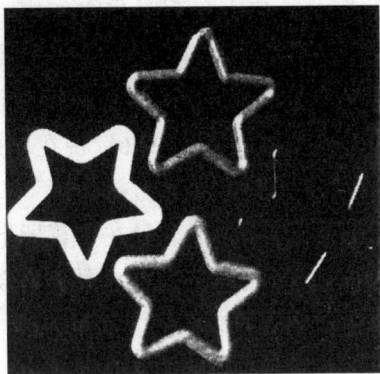

五角星图案

手指,每只脚有 5 个足趾;不少的花,如梅花、桃花都有 5 个花瓣;海洋中的一种色彩斑斓的无脊椎动物海星,它的肢体有 5 个分叉,呈五角星状。

"5"这个数无所不在。当然数学本身不能没有它。

在数学上,有而且只有五种正多面体——正四面体、正六面体(立方体)、正八面体、正十二面体与正二十面体。平面上的五个点唯一地确定一条圆锥曲线;5 阶以下的有限群一定是可交换群;一般的二次、三次和四次代数方程都可以用根式求解,但一般的五次方程就无法用根式来求解。5 还是一个素数,5 和它前面的一个素数 3 相差 2,这种差 2 的素数在数论中有个专门名词叫孪生素数。人们猜测孪生素数可能有无穷多,而 3 和 5 则是最小的一对孪生素数。

美国有一位"矩阵博士"是专门研究和"5"有关的现象与猜想的。

这位博士常带着女儿漂洋过海,闯荡江湖,在世界各地都有他们的足迹。

博士对数论、抽象代数有许多精辟之见。虽然他说的话乍一听似乎荒诞不经,可拿事实去验证他所说的离奇现象与规律时,却又发现博士的"预言"都是正确的。

有一次,博士来到印度的加尔各答。他说古道今,大谈"无所不在的5"。

博士指出,在印度的寺庙里,供奉着许多金刚,信仰这些金刚的教派之中心教义一共有五条,其中一条是所谓宇宙的永动轮回说,即认为宇宙经过五百亿年的不断膨胀后,又要经过五百亿年的不断收缩,直到变成一个黑洞,然后又开始下一轮的膨胀与收缩。如此周而复始,循环不已。降魔金刚手中,还拿着宇宙膨胀初期的"原始火球"。在这里,博士曾几次提到 5 这个数字。

英国的向克斯曾把 π 的小数值算到 707 位,以前这被认为是一项了不起的工作。自从近代电子计算机发明以后,他的工作简直不算一回事了。现在求 π 值的记录一再被打破,最新的记录是 100 万位,这是由法国人计算出来的。有意思的是,矩阵博士在这项计算以前,就做了大胆的预言,他说第 100 万位数必定是个 5,结果真是如此!这究竟是用什么办法知道的呢?博士却秘而不宣。

循环往复的周期现象，在科技史上曾起过重大作用，门捷列夫发现元素周期表，就是突出的一例。下面请读者来看一下与5有关的有趣现象。

请任选两个非0的实数，如π与76，并准备一个袖珍电子计算器。假定计算器数字长八位，那么，π的八位数值是3.1415926。现在请把第一个数76加上1作为被除数，把第一个数作为除数做一下除法，即：

(76+1)÷3.415926＝24.509861 我们把显示在计算器上的24.509861称为第三数，然后再重复上述过程，把第三数加上1，把第二数作为除数，这就得到了第四位数：0.335656，依次类推，可得第五数、第六数……

也许读者会认为，这些数字都没有规律可循，照这样下去，真是"味同嚼蜡"。然而，当算到第六数时，你将会大吃一惊，原来第六数是3.1415931，略去这一数字后面二位因计算时四舍五入造成差异的小数，它竟和第一数的π相等，π又回来了！如果你还不太相信，不妨再挑选一些整数，结果保证令人满意。我们可以得出结论，5是一个循环周期，第六数与第一数完全一样，第七数与第二数完全一样……

这神奇的、无所不在的5引起了人们的极大兴趣，促使人们去探索和研究。

生活中为何有巧合

概率这个术语我们并不陌生，它是指一件事情发生的稳定的几率，我们生活中遇到的各类事件其实都是概率发生作用的结果，当事件达到了一定的重复时，概率就发生了，下面我们就研究一些概率发生的例子。

美国康涅狄格州的商人乔奇·D·伯力森在南方旅行，经过肯塔基州路易斯维尔城时，他改变原定计划，行程中途下车参观一下这个以前从未来到的陌生的城市。他在布隆饭店307房间住了不久，店员送来一封信，信封上写着："307房间，乔奇·D·伯力森先生收"。这当然是不可能寄给这位商人的。原来在此前，这个房间住着一个来自加拿大蒙特利尔的同姓同名的乔奇·D·伯力森。

1949年，宾夕法尼亚州契斯特城一男子被指控"流浪罪"遭逮捕。在法庭审理时，被告竭力申辩，说他并非流浪，他的住址是麦克尔弗因街714号。法官当即指出："这个地方，九天前我刚从那儿搬出。"

人们往往对这些巧遇惊叹不已，而又不知其所以然。哲学家告诉我们：偶然中蕴藏着必然，偶然事件中有着必然的规律在支配。对于数学家来说，巧合并不神秘，有些事情是可以用统计概率的方法来进行预测的。

数学家认为，在地球上50亿居民中每天发生着无可计量的交往、联系、影响与作用，即使根本没有巧合存在，大多数惊人的事也会发生。比如，你与22个陌生人一起参加宴会，其中可能有一人与你生日一样。因为在一个随意挑选的23人组成的小组中,至少有 2 人同一天生日的可能性超越 50%。

《生活》杂志曾报道过这样一件事:有 15 人预定 1950 年 3 月 1 日 7 点 15 分去内布拉斯加州皮塔里斯教堂进行唱诗班排练。结果,每个人都由于种种原因而迟到;车子坏了,因为听无线电节目而不忍离开,衣服来不及烫好,正好有客人来访,等等。所以没有一个人在预定时间到达。然而,教堂却在 7 点 25 分因意外事故而炸毁。这些唱诗班的人都为之庆幸,心想这也许是神的安排吧!《好运气》一书的作者根据概率参数推测,这种巧合发生的可能性是 1%。

林肯总统

这些巧合是那样地变幻莫测,令人难以捉摸。例如:林肯总统与肯尼迪总统遭暗杀时的相同情况能用概率方法推测吗? 这两位总统有许多相似的巧合:两人当选总统时间在同一周,只不过相差一百年而已;两人都深深卷入了黑人公民权的纷争之中;两人都是在夫人陪同下又均是在星期五遭暗杀;在任职居住白宫期间,两人都在白宫死去了一个儿子;林肯在福特剧院遭枪杀,肯尼迪在福特汽车公司制造的林肯牌总统专用敞篷车上遭枪杀;两人死后都由各自的副总统继承他们的总统职务,而这两位副总统的名字又都叫约翰逊;他们的年龄又正好相差一百岁;恰好又与两位总统的当选时日差数相同。

这类有许多特异的变量决定的巧合,给一些不相信概率理论能解释一切巧合的科学家们提供了推出新理论的根据。这个领域的先驱是瑞士的精神病学家克尔·琼,他收集了他一生中遇到过的许多稀罕的巧合事件。他在 1952 年的一篇论文中宣称:实际生活中的巧合事件,在比概率理论能预测的更大范围与数量上频繁而广泛地发生着。因此,这儿似乎存在着一种还不为人知的充当着一种普遍规律的力量在起着作用。他为此杜撰了一个新名词——共时性,来描写那类在不期而遇的联系中发生的那些本来并无关系事件的巧合现象。

琼特别醉心于研究那类丢失或被盗走的东西是从哪一种途径中回到失主的手中的。比如,他曾引证过这么一个例子:1914年,德国有位母亲为她的小儿子照了一张相,送法国斯特拉斯堡市一家照相店洗印。不久第一次世界大战爆发,她流落外地。两年后,她在距斯特拉斯堡160千米的德国法兰克福市买了一张底片,为她刚生下的女婴拍照,当这张底片洗印时出现了两个影像,一个是她的女儿,而另一个是她的儿子。经过不可思议的命运的曲折的变化,她两年前照的那张底片由于没有做上"已拍"的标记,结果又作为未拍过的底片卖到了她的手中。

在研究对巧合的新的解释原理的过程中,物理学家们提供了胜过概率理论的新思索。早在1935年就已证明,两只逊原子(粒子)只要相互作用一次,就可以使这每个粒子随后运动数十年,并分离数光年之遥,对这些奇怪的现象,爱因斯坦和他的合作者把它称为EPR。

在对上述这个现象研究了数十年之后,物理学家大维·鲍姆认为:人也许像粒子一样地相互作用着,他们的头脑在同一时间不谋而合地有可能产生同样的想法、见解、感受。

当然,从理论探索到证明巧合事件不是偶然发生的,这里有一段很长的路要走。就如纵横填字字谜、魔方、魔棍等使人能知其然而难知其所以然一样,关于巧合的规律性的争论在科学家中还要进行下去,而事实上,巧合的事件不管你怎么解释,还在继续不断地发生着。

意义非凡的"0"

"0"并不是从来就有的,它是人们在生产生活中逐渐产生的,在数字中虽然代表"无","没有",可是这并不影响对人类社会生活起到巨大作用。

在公元前约2000年至公元前1500年左右,最古老的印度文献中已有"0"这个符号的应用,"0"在印度表示空的位置。后来这个数字从印度传入阿拉伯,意思仍然表示空位。

我国古代没有"0"这个符号,最初都用不写或空位来做解决的方法。《旧唐书》和《宋史》在讲论到历法时,都用"空"字来表示天文数据的空位。南宋时《律吕新书》把118098记作:"十一万八千口九十八";可见当时是用"口"表示"0",后来为了贪图书写时方便将"口"顺笔改成为"0"形,与印度原先的"0"意义相通。

0不能做除数,我们可以从下面两种情况来谈点道理:

一种情况,如果被除数不是零,除数是零时,例如9÷0=?根据乘、除法的关系,就是说要找一个数,使它与 0 相乘等于被除数 9,但是任何数与 0 相乘都等于 0,而绝不会等于 9。

另一种情况是被除数和除数都是零,例如 $0 \div 0 = ?$ 就是说要找一个数,使它与 0 相乘等于 0,因为零与任何数相乘都得零,所以要找的数不止一个,可以是任何数,那么 $0 \div 0$ 的商不能得到一个确定的数,这是违反了四则运算结果的唯一性,因此零除以零是没有意义的。根据上述两种情况都可以看出零是不能做除数的。

当然,我们还可以从等分除法的意义上看,除数是 0 这个情况是不能存在的。如有 12 本书,分给 0 个学生,平均每个学生分得几本,既然没有学生分这些书,就不可能求出每个学生分得几本书,所以 0 是不能做除数的。

"0"虽然表示"无,没有",但是它在数学中却意义重大。任意一个数字加一个"0",可能就意味着增加了成千上万;减少一个"0"同样也意味着降低和减少了很多。"0"本身虽然没有实在意义,但是任何一个数字和它组合,都会产生无比神奇的效果。"0"象征着原始,初期,人们认为它是迄今为止人类发明的最有意义的数字。

最大数和最小数

最大数和最小数一直是数字上的谜题,随着数字的变换,其求解也是千变万化,而且没有规律可循,它的神秘性激励着许多数学家对最大数和最小数做出求解。下面就举几个求最大数和最小数的例子。

(1)三个 1,不另加任何数学运算符号,能写成的最大的数是什么?能写成的最小的数是什么?

(2)四个 1,不另加任何数学运算符号,能写成的最大的数和最小的数是什么?

(3)三个 2,不另加任何数学运算符号,能写成的最大的数和最小的数是什么?

(4)三个 4,不另加任何数学运算符号,能写成的最大的数和最小的数是什么?

你在回答这些问题时会发现,它们都是需要仔细想一想才能正确回答的问题。

(1)很明显,111 是最大数的,$1^{11} = 1$ 是最小数。

(2)如果你从(1)的经验出发,以为 1111 是最大数,就错了。这里最大的数是 11^{11}。事实上,$11^3 = 1331 > 1111$,而 11^{11} 比 1111 更要大得多。最小的数当然还是 $1^{111} = 1$。

(3)不要以为 222 是最大数;相反,它却是最小的数。这里,最大的数是 $22^2 = 4194304$。它比 222 要大得多。

现在,你能不另加任何运算符号,写出三个 3,三个 5,三个 6……的最大数和最小数了吗?

黄金分割点

"黄金分割法"由来之久,最早可以追溯到两千多年前,古希腊的柏拉图派学者欧多克斯,首先使用规尺分已知线段为"黄金分割",他的做法如下:

1.过 B 点,作 BC ⊥ AB,而且使 BC = $\frac{1}{2}$AB;

2.连 AC;

3.以 C 为圆心,CB 为半径作圆弧,交 AC 于 D;

4.以 A 为圆心,AD 为半径作圆弧交线段 AB 于 P,则 P 点分 AB 成黄金分割。

这个作图方法,叫作"黄金分割法",P 点为黄金分割点。

在近代数学中,有一个几何美学完美结合的例子,那便是"黄金分割",之所以这么叫,是因为这个比例分割的线段或者图形,都是符合人的审美要求,而这一比例也被用在了艺术领域。那么究竟什么是"黄金分割"呢,让我们好好来探索和研究一下。分割在几何学中的定义。

在已知线段 AB 上有一点 P。如果 P 将 AB 分为大小两段,使小段与大段之比恰好等于大段与全长之比,即 BP:AP = AP:AB,那么就叫 P 点分线段 AB 成"中外比"。著名画家达·芬奇把人体许多部位之比画成中外比,显得特别和谐美观,他称中外比为"黄金分割"。

在现代数学中,黄金分割点又可以用数值的说法说成 0.168 比值,它的计算方法是这样的:

设线段全长 AB = a,大段 AP = x,则小段 BP = a−x,

于是,$\frac{a-X}{X} = \frac{a}{X}$

即 $X^2 + ax - a^2 = 0$,

$X = X = \frac{-a \pm \sqrt{5}\,a}{2}$

舍去负根,得 $X = \frac{\sqrt{5}-1}{2}a$

因比,$\frac{a}{X} = \frac{\sqrt{5}-1}{2}a$

这就是说,中外比的比值为 $\frac{\sqrt{5}-1}{2}$。

中外比的比值,叫作"黄金数",用记号 g 表示。请记住:

$$g = \frac{\sqrt{5}-1}{2}a$$

由于 $\sqrt{5} = 2.236\cdots\cdots$ 所以 $g = 0.618$。

在数学上还有一种辗转分割法:

设点 P_1 将线段 AB 分成黄金分割,即

取 AB 中点 o,作点 P_1 关于点 o 的对称点 P_2,则点 P_2 有下述重要性质:

1.点 P_2 也将线段 AB 分成黄金分割。

所以点 P_2 也分 AB 成黄金分割。

由此可知,每条线段有两个黄金分割点。

2.点 P_2 还分线段 AP_1 成黄金分割。

证明如下:由于 $BP_1 : AP_1 = g$,而 $AP_2 = BP_1$,

所以 $AP_2 : AP_1 = g$,这就说明 P_2 分 AP_1 成黄金分割。

3.作 P_2 关于线段 AP_1 中点的对称点 P_3,则 AP_3 将 AP_3 黄金分割。如此继续利用对称,辗转相割,可以得到一系列的黄金分割点。

在国外,有位画家举办过一次画展,所有的画面都是不同比例的矩形,有的狭长,有的正方。据统计数字表明,观众最喜爱的是宽与长之比为 g 的短形画面。人们称这种矩形为"黄金矩形"。

黄金矩形有个奇特的性质,如果矩形 ABCD 是黄金矩形,即 $DA : AB = g$,在它的内部截去一个矩形。这个过程继续下去,还可以得到一系列的黄金矩形。

黄金分割就是如此奇妙,但是至今人们也还没有彻底解开其中的奥秘。为什么是 0.618,而不是 $\frac{1}{2}$ 或者 $\frac{1}{3}$,才是最佳分割点呢?这恐怕要留给后人去解释了。

符合"优选法"的斐波那契数列

很多的数学问题都是首先从自然界发现的,著名的斐那契数列就是其中之一,它是由于兔子繁殖问题引出的一个极为奇妙而重要的数列。

有位养兔专业户想知道兔子繁殖的规律,于是他围了一个栅栏把一对刚出生的小兔子关在里面。已知一对小兔子出生后两个月就开始生兔子,以后则每月可再生一对。假如不发生伤亡现象,满一年时,栅栏内有几对兔子呢?

现在,我们来帮他算一算。为了寻找规律,我们用"成"字表示已成熟的一对小兔子:"小"表示未成熟的一对小兔子,因为一对兔子生下两个月就又开始生小兔子,所以我们可以画出以下图表。

可见,头六个月的兔子的对数是 1,1,2,3,5,8。

这个数列有什么规律呢?稍加观察就可发现它有如下特点:从第三项起,每一

月数	兔子繁殖情况	兔子对数
1	小	1
2	成	1
3	成 小	2
4	成 小 成	3
5	成 小 成 成 小	4
6	成 小 成 成 小 成 小 成	5

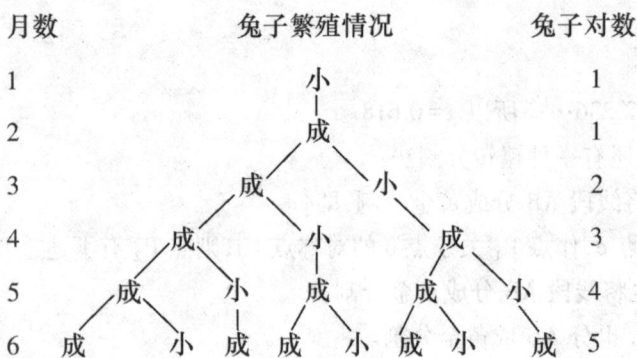

项都等于其前两项之和。根据这个特点,我们就可以把这个数列继续写下去,从而得到一年内兔子总对数 1,1,2,3,5,8,13,21,34、55,89,144。

可见,满一年时,一对刚出生的兔子可变成 144 对。

由兔子繁殖问题引出的一个数学问题,称为"斐波那契数列"。

斐波那契是意大利人,12 世纪、13 世纪欧洲数学界的中心人物。他曾到埃及、叙利亚、希腊、西西里、法国南部等地游历,回国后便将所搜集的算术和代数材料加以研究,编写成《算盘书》。该书对欧洲大陆产生了很大影响,它用大量的题目说明理论内容。兔子繁殖问题就是其中的一题。所谓斐波那契数列就是指由兔子繁殖问题引出的数列:

$1,1,2,3,5,8,13,21,34,55\cdots\cdots$ 其中 $a_n = a_{n-1} + a_{n-2}$

斐波那契数列也可叫兔子数列,该数列中的每一项都称为斐波那契数。

它的通项公式为

$$a_n = \frac{1}{\sqrt{5}} \left\{ \frac{1+\sqrt{5}}{2} \right\} - \left\{ \frac{1-\sqrt{5}}{2} \right\}^2$$

并且 $\lim_{n\to\infty} \frac{a^n}{a_n+1} + 1 = \frac{\sqrt{5}}{2}$。斐波那契数列有着广泛的应用。它和现代的优选法有密切关系。所谓优选法就是,尽可能少做试验,尽快地找到最优生产方案的数学方法。20 世纪 70 年代经著名数学家华罗庚的倡导,优选法在我国得到广泛的推广和应用,取得了很多成果。优选法中有个"0.618 法",所谓"0.618 法"就是 $\frac{\sqrt{5}-1}{2}$ 的近似值。因此,人们就可用相邻两个斐波那契数之比来近似代替 0.618。在这基础上,人们还创造了一种"斐波那契法",来寻找最优方案。

最使人们感到惊奇的是,自然界很多现象都与斐波那契数列有关。科学家们发现蜜蜂的繁殖速度也符合斐波那契数列。除了动物的繁殖外,植物的生长也与斐波那契数有关。如果一棵树每年都在生长,那么,一般说来,第一年只有主干,第二年有 2 枝，第三年有 3 枝，最后是 5 枝、8 枝、13 枝等，每年的分枝数正好为斐波那契数。还有一些学者发现自然界中花朵的花瓣数目也与斐波那契数有关。生物学中的"鲁德维格定律"，就是斐波那契数列在植物学中的应用。

对于以上现象怎样解释呢？是偶然的巧合吗？大多数科学家认为，绝不是巧合。是这些动植物也懂得优选法吗？不是！其实道理很简单，自然界的生物在进化过程中都不自觉地服从着一条原则——"适者生存"，只有按照最优方案发展，才能很好地生存下去，否则就会慢慢被淘汰。这个说法正确吗？至今还被人们研究和印证着。

不可思议的"倍增效益"

倍增的规则引发的后果可能令人目瞪口呆，开始微不足道的数字会变成巨大的不可想象的数字。因此，如果有人用倍增法和你打赌，你一定不能应战。另外，刚开始听起来很占便宜的事情，最终往往会吃亏。下面这个故事就是一个关于倍增应用的有趣的故事。

从前国外有个贪财的大富翁，虽然已非常有钱，可是每天还在盘算着如何得到更多的钱。

一天，富翁在路上遇到一个衣着俭朴的年轻人，他连眼皮也没眨一下，就走了过去。年轻人自言自语地说："1 分钱换 10 万元总会有人干的……"富翁一听，急忙回头叫住年轻人："喂，你说的换钱是怎么回事？"

年轻人很有礼貌地一鞠躬说："先生，是这样的，我可以在一个月内，每天给你送来 10 万元钱，虽然不是白给，但是代价是微不足道的，第一天只要你付我 1 分钱。"

"1 分钱？"富翁简直不敢相信自己的耳朵。

"对，是 1 分钱。"年轻人说，"第二天再给你 10 万元时，你要付两分钱。"

富翁急切地问："以后呢？"

"第三天，付 4 分钱；第四天，付 8 分钱……以后每天付给我的钱数都要比前一天多一倍。"

"还有什么附加条件呢？"

"就这些，但我们俩都必须遵守协定，谁也不准反悔！"于是，俩人签订了协定。

10 万元换几分钱！真是难得的好事！富翁满口答应："好！就这样。"

第二天一清早，年轻人准时到来，他说："先生，我把 10 万元送来了。"随即从大口袋里掏出整整 10 万元，并对富翁说："下面该你付钱了。"

富翁掏出一分钱放在桌子上，陌生人看了看，满意地放入衣袋说："明天见。"说完走出门去。

10万元钱从天而降！天下最大的便宜事叫富翁遇上了，他赶忙把钱藏了起来。

第二天早晨，年轻人又来了，他拿出10万元，收下两分钱，临走时说："明天请准备好4分钱。"

第二个10万元又到手了！富翁乐得手舞足蹈。心想这个年轻人又蠢又怪！世上这样的人要是多几个多好，我们这些聪明人就会发了还要发，变成举世无双的大富豪了。

第三天，年轻人用10万元换走了4分钱。第四天换走8分钱，以后又是1角6分、3角2分、6角4分，七天过去了，富翁白白收入70万元，而付出的仅仅是1元2角7分，富翁真想把期限再延长些，哪怕多半个月也好呀！

年轻人照常每天送10万元来，第八天付给他1元2角8分，第九天付2元5角6分，第十天付5元1角2分，第十一天付10元2角4分，第十二天付20元4角8分，第十三天付40元9角6分，第十四天付81元9角2分。

十四天过去了，富翁已经收入整整140万元，而付出的才150元多一点。

又过了一段时间，富翁慢慢感到年轻人并不那么简单了，换钱也不像最初想象的那样合算了，十五天过后，每收入10万元，付出的已是几百元了，不过，总的来说还是收入的多，支出的少。

可是，随着天数的增加，支出在飞速地增大，纯收入在逐日减少，第二十五天，富翁支出167 772元1角6分，第一次超过了收入；第二十六天支出335 544元3角2分，大大超过了收入；到了第三十天支出竟达5 368 709元1角2分。

年轻人最后一次离开时，富翁连续算了一昼夜，终于发现：为了收入330万元，他付出了10 737 418元2角3分，亏了近800万元，富翁失算了！

计算一下富翁付出的总钱数，以分为单位的话，就有以下三十个数相加：

1+2+4+8+16+32+64+……+538 870 912。为了算出这个和，可以写成算式：

1+2+4＝2×2×2-1

1+2+4+8＝2×2×2×2-1，

$$1+2+4+8+\cdots\cdots+536870912=\frac{\overbrace{2\times2\times\cdots\times2}^{30\uparrow}}{}-1$$

＝1024×1024×1024-1＝1 073 741 823（分）

从一分钱到一千万，短短的三十天时间，就发生了如此不可思议的改变！这是一个以智慧取胜的故事。其实倍增就是一种智慧，可以被运用到生活各个方面。它带来的效果总是神奇的。

"韩信点兵"之谜

"韩信点兵"据说是我国汉朝名将韩信计算士兵数目的独特方法,先于外国约五百年。他不让士兵报数,也不是五个、十个地去数,而是让士兵列队行进,先是每排三人,然后每排五人,最后每排七人,只将所余的士兵数站着便知士兵的总数,写成题目就是:

"今有物不知其数,三三数之剩二,五五数之剩三,七七数之剩二,问此物最小几何?"

答曰:"二十三。"

术曰:"三三数之剩二置一百四十,五五数之剩三置六十三,七七数之剩二置三十,并之得二百三十三,以二百十减之即得。"

分析:所求的数 N 应该是 5 和 7 的倍数,同时被 3 除后余 2;是 3 和 7 的倍数,同时被 5 除余 3;是 3 和 5 的倍数,同时被 7 除后余 2,同时满足上述三个条件的数中最小的数。

是 5 和 7 的倍数,同时被 3 除后余 1 的数是 7 0,则余 2 的数就是 70×2 = 140;是 3 和 7 的倍数,同时被 5 除余 1 的是 21,则余 3 的数就是 21×3 = 63;是 3 和 5 的倍数,同时被 7 除后余的数是 15,则余 2 的数就是 15×2 = 30。

所以,N = 70×2+21×3+15×2—105×2 = 233—310 = 23

上述解决法也可叙述成诗:

三人同行七个稀,五树梅花廿一枝

七子团圆正半月,除百零五便得知

用集合法求解也行。所要求的数应该是同时满足上述三个条件的正整数集合中最小的一个。现用 N1、N2、N3 分别表示满足被 3 除余 2、被 5 除余 3、被 7 除余 2,三个条件的正整数集合。

N1 = {12,5,8,11,14,17,20,23,26···,128,···}

N2 = {3,8,18,13,23,···,128,···}

∴ N = {123,128,233,···}

其中最小的数是 23。

这种求和的巧妙方法至今还在运用,快速而又方便。

关于"7"的有趣现象

"7"跟汉字"奇"的读音相似,生活中很多东西都和"7"有着密切的联系。每周有七天、北斗有七星、算盘有七粒珠子、瓢虫背上有七点、世界七大洲、世界七大奇迹,甚至童话故事里有七个小矮人……

文学中，七绝是古诗中最令人欣赏的一枝奇葩。朗朗上口的韵律，诗情画意的表达，更有深刻的内涵藏于其中；音乐中，"7"种音符组成了一个奇妙的音乐世界，有起有落，有快有慢，有悲伤也有欢乐，它带走了痛苦者的忧伤，也给予了有志者需要的勇气；美术中，赤、黄、蓝派生出来的橙、绿、青、紫，共七种不同的颜色，可以描绘出无数的动人画面，每一种色调都给人以不同的心理感受，它们组成了世界上所有的绚丽景色；物理中，"7"也是阳光分离出来的七种颜色，七色光，七色彩虹，大自然的博大与精深，随便一舞都给人以神奇的向往；化学中，"7"既不显酸性，也不显碱性，它是物质在一定时期的饱和，是酸碱度的中界线，又是人们追求的标准值，

数字"7"的秘密

只有获得 pH 值的标准，食物才会可口香甜，回味无穷；心理学中，"7"是一个被学者称为是"不可思议"的数字，多数人的短时记忆容量最多只有 7 个，超过了 7，就会发生遗忘，因此多数人都把记忆内容归在七个单位之内。

每年的七月七日，更是有情人挂念的日子，人们都在祝贺牛郎织女的同时，也希望自己和另一半能够恩爱永久。

使"7"变得让人惊叹不已的是它的循环小数，$1/7 = 0.142857$，$2/7 = 0.285714$，$3/7 = 0.428571$，$4/7 = 0.57\,7\,1428$，$5/7 = 0.714285$，$6/7 = 0.857142$。

我们小时候都有"折彩粽"游戏的经历，往往一个彩粽下挂三个小粽，每个小粽下面有三个，如此循环下去，谁也不知道最后能挂多少个……这个无限延展的问题其实就是数学上的一道名题，至今没有人能得出最后的答案。最早提出这个问题是四千多年前的古埃及。

《兰特纸草书》是古埃及人在四千年前的一本数学书,上面用象形文字记载了许多有趣的数学题,比如:

在 7,7×7,7×7×7,7×7×7×7,7×7×7×7×7,……这些数字上面有几个象形符号:房子、猫、老鼠、大麦、斗,翻译出来就是:"有 7 座房子,每座房子里有 7 只猫,每只猫吃了 7 只老鼠,每只老鼠吃了 7 穗大麦,每穗大麦种子可以长出 7 斗大麦,请算出房子、猫、老鼠、大麦和斗的总数。"

奇怪的是古代俄罗斯民间也流传着类似的算术题:

"路上走着七个老头,

每个老头拿着七根手杖,

每根手杖上有七个树杈,

每个树杈上挂着七个竹篮,

每个竹篮里有七个竹笼,

每个竹笼里有七个麻雀,

总共有多少麻雀?"

古俄罗斯的题目比较简单,老头数是 7,手杖数是 7×7=49,树杈数是 7 x 7 x 7 =49 x 7=343、竹篮数是 7×7×7×7=343×7=2401,竹笼数是 7×7×7×7×7=2 401×7=16807,麻雀数是 7×7×7×7×7×7=16807×7=117649。总共有十一万七千六百四十九只麻雀。七个老头能提着十一万多只麻雀遛弯儿,可真不简单啊!若每只麻雀按 20 克算,这些麻雀有 2 吨多重。

《兰特纸草书》上在猫吃老鼠、老鼠吃大麦的问题后面有解答,说是用 2801 乘以 7。

求房子、猫、老鼠、大麦和斗的总数,就是求和 7+7×7+7×7×7+7×7×7×7+7×7×7×7×7=7+49+343+2401+16807=19607。这同上面 2801×7=19607 的答数一样,古代埃及人在四千多年前就掌握了这种特殊的求和方法。

类似的问题在一首古老的英国童谣中也出现过:

"我赴圣地爱弗西,

途遇妇子数有七,

一人七袋手中提,

一猫七子紧相依,

妇与布袋猫与子,

几何同时赴圣地?"

意大利数学家斐波那契在 1202 年出版的《算盘书》中也有类似问题:

"有 7 个老妇人在去罗马的路上,每个人有 7 匹骡子;每匹骡子驮 7 只口袋;每只口袋装 7 个大面包;每个面包带 7 把小刀;每把小刀有七层鞘。在去罗马的路上,妇人、骡子、面包、小刀和刀鞘,一共有多少?"

同一类问题,在不同的时代、不同的国家以不同的形式出现,但是,时间最早的还要数古埃及《兰特纸草书》。

古埃及还流传着"某人盗宝"的题目:"某人从宝库中宝1/3。另一人又从剩余的宝中取走 1/17,宝库中还剩宝 150 件,宝库中原有宝多少件?"

这个问题的提法与现行教科书上的题目很相像,可以这样来解:

设宝库中原有宝为1,则第一人取走$\frac{1}{3}$,第二人取走$(1-\frac{1}{3})\times\frac{1}{17}=\frac{2}{51}$

宝库最后剩下 $1-\frac{1}{3}-(1-\frac{1}{3})\times1/17=1-\frac{1}{3}-\frac{2}{51}=\frac{32}{51}$

因此,宝库原有宝 $150\div\frac{32}{51}=150\times\frac{51}{32}=239\frac{1}{16}$

列出综合算式为

$$150\div[1-\frac{1}{3}-(1-\frac{1}{3})\times\frac{1}{17}]=239\frac{1}{6}$$

《兰特纸草书》还有这样一道题:

"有物品若干件,具三分之二,其一半,其七分之一及其全部,共 33 件,求物品的件数。"

用算术法来解,可设全部为1,则物品的件数为

$$33\div(\frac{2}{3}+\frac{1}{2}+\frac{1}{7}+1)$$

$$=33\div=33X\frac{97}{42}=14\frac{28}{97}$$

答案是唯一的,但是纸草书上的答案却是 $14,\frac{1}{14},\frac{1}{56},\frac{1}{97},\frac{1}{194},\frac{1}{388},\frac{1}{679},\frac{1}{776}$。这是怎么回事?难道这道题有八个答案吗?

原来纸草书上是用古埃及及分数的形式给出的答案,意思

$14+\frac{1}{14}+\frac{1}{56}+\frac{1}{97}+\frac{1}{194}+\frac{1}{388}+\frac{1}{679}+\frac{1}{776}$是不妨算出来看看:

$$14+\frac{1}{14}+\frac{1}{56}+\frac{1}{97}+\frac{1}{194}+\frac{1}{388}+\frac{1}{679}+\frac{1}{776}$$

$$=14+\frac{1}{14}+\frac{1}{56}+\frac{1}{97\times2}+\frac{1}{97\times4}+\frac{1}{97\times7}+\frac{1}{97\times8}$$

$$=14+\frac{15}{56}+\frac{15}{97\times8}+\frac{1}{97\times7}$$

$$= 14 + \frac{15}{56} + \frac{113}{97 \times 56}$$

$$= 14 + \frac{1568}{97 \times 56} = 14\frac{28}{97}$$

这和我们算得的答案相同。

其实以上各题只是引发了人们的一种思维,就是无限延展的思维。以上问题都只是一部分,是有解的,但是如果按照这个规律再无限延伸下去,一定没有人知道答案了。"7"的现象只是古人给我们的一个启示,更大的数学智慧的宝库还等待后人去开启。

遗嘱中的数学难题

遗产分配问题一直是个大问题,处理不好,很容易发生纠纷和矛盾,因此很多立遗嘱的人巧于心思,引入数学的智慧和方法立遗嘱分配财产,让人们在寻找如何分配财产的过程中去理解立遗嘱的良苦用心,下面就是一个很典型的例子。

俄国著名数学家斯特兰诺留勃夫斯基曾提出这样一道分配遗产问题:

"父亲在遗属里要求把遗产的 $\frac{1}{3}$ 分给儿子,$\frac{2}{5}$ 分给女儿;剩余的钱中,2500 卢布偿还债务,3 000 卢布留给母亲,遗产共有多少?子女各分多少?"

设总遗产为 x 卢布。

则有 $\frac{1}{3}x + \frac{2}{5}x + 2\,500 + 3\,000 = x$,

解得:x = 20 625。

儿子分 $20\,625 \times \frac{1}{3} = 6\,875$(卢布),

女儿分 $20\,625 \times \frac{2}{5} = 8\,250$(卢布)。

结果是女儿得的最多,得 8 250 卢布,儿子次之,得 6 875 卢布,母亲分得最少,得 3 000 卢布,看来父亲最喜爱自己的女儿。

以上问题只是一个一元一次方程,也许在当时是个难题,但是在现代人看来并不难。以上不过是可分的钱财的分割。下面这个问题却要相对复杂得多,着实让其受益者们伤了一回脑筋。

下面的故事最初在阿拉伯民间流传,后来传到了世界各国,故事说:一位老人养了 17 只羊,老人去世后在遗嘱中要求将 17 只羊按比例分给三个儿子,大儿子分 $\frac{1}{2}$,二儿子分 $\frac{1}{3}$,三儿子分 $\frac{1}{9}$,在分羊时不允许宰杀羊。

看完父亲的遗嘱,三个儿子犯了愁,17 是个质数,它既不能被 2 整除,也不能被 3 和 9 整除,又不许杀羊来分,这可怎么办?

聪明的邻居得到这个消息后,牵着一只羊跑来帮忙,邻居说:"我借给你们一只羊,这样 18 只羊就好分了。"

老大分 $18 \times \frac{1}{2} = 9$(只),

老二分 $18 \times \frac{1}{3} = 6$(只),

老三分 $18 \times \frac{1}{9} = 2$(只)。

合一起是 $9+6+2 = 17$,正好这 17 只羊,还剩下一只羊,邻居把它牵回去了。

羊被邻居分完了,再深入想一想这个问题,我们会发现遗嘱中不合理的地方,如果把老人留的羊作为整体 1 的话,由于

$$\frac{1}{2} + \frac{1}{3} + \frac{1}{9} = \frac{17}{18}$$

所以或者是三个儿子不能把全部羊分完,还留下 $\frac{1}{18}$,哪个儿子也没给;或者要比他所留下的羊再多出一只时,才可以分,聪明的邻居就是根据 $\frac{17}{18}$ 这个分数,又领来一只羊,凑成 $\frac{18}{18}$,分去 $\frac{17}{18}$,还剩下 $\frac{1}{18}$ 只羊,就是他自己的那只羊。

有些时候,立遗嘱的人没有充分考虑好日后可能发生的变化,但是事情又偏出了意外,也造成了受益人的困扰,下面这个例子就是典型一例。

某人临死时,他的妻子已经怀孕。他对妻子说:"你生下的孩子如果是男的,把财产的 $\frac{2}{3}$ 给他;如果是女的,把财产的 $\frac{2}{5}$ 给她,剩下的给你。"说完就死了。

说也凑巧,他妻子生下的却是一男一女双胞胎,这一下财产将怎样分?

可以按比例来解:

儿子和妻子的分配比例是 $\frac{2}{3} : \frac{1}{3} = 2:1$

女儿和妻子的分配比便是 $\frac{2}{5} : \frac{3}{5} = 2:3$。

由此可知女儿、妻子、儿子的分配比例是 $2:3:6$,按这个比例分配就合理了。

以上遗嘱问题只是告诉人们,数学的思维是力求突破和创新的,并不能按照日常的思维去解决问题。有时候换一个角度看问题,问题就迎刃而解了。这也是人

们处理日常问题的好方法。

数学当中的哲学思维

枯燥无味的数字,用哲学来阐释,就变得鲜活而富有生命力。第一个这样做的人是毕达哥拉斯。

毕达哥拉斯是古希腊最博学、最富于世界文化色彩的人物之一。他一生在哲学、科学和宗教方面做出了许多重要的贡献,也留下一些不解之谜,这些难解之谜既与他深奥的思想有关,也与他传奇般的经历有关。

毕达哥拉斯最独特的思想与他对数字作的哲学解释有关,其中最有趣的是他的数的分类表。毕达哥拉斯认为,从"1"到"10"是神圣的数,"1"代表理性,是创造者,由"1"产生原始的运动或"2",接着就产生第一个数"3","3"就是宇宙。而在10个数中,"4"比其他任何数都具有更多象征的价值,它是宇宙的创造主的象征,又是创造主创造宇宙时的数的模型,因为物理对象是由点、线、面、体这种"4"的流动过程产生出来的。"5"处于"10"的中间,是中间数,包含了一个雄性的奇数"3"和雌性的偶数"2"。"6"是第一个完美的数"5"和"1"相加的结果,它代表生命本性的6个等级,从精子开始,一直到神的生命,达到最高点。"7"这个数有独特之点,在10个数中,"7"唯一不是任何数的因子,又不是任何数的乘积的数。"8"为第一个立方数,即 $2^3 = 8$。"9"是"3"的平方,是在"10"以前的最后一个数,所以占有重要的地位。"10"是最完美的数,因为 1、2、3、4 之和就是"10"。这使一些学者联想到中国易学中的"河图","河图"数也由从 1 到 10 的自然数而构成。

这些独到而新颖的阐述就像一把钥匙,打开了一道数学和哲学之间的大门,引导人们将不同的科学内容结合起来,向更深的领域开拓。而同时,这一阐述也打开了一座迷宫,吸引人们从数学世界中揭开更多的哲学奥秘,或者从哲学思想中找到数学的发展方向。

为数字"配偶"

人人之间会产生感情,尤其是异性之间,往往由这种感情结合在一起组成家庭,形成配偶。但是数学和数字之间也有这样的关系,你是不是觉得不可思议的。但这是千真万确的,而且数学家们为了给数字们寻找配偶,在过去的两千多年时间里,煞费苦心,辛苦求亲,终于发现了一千多对数字"配偶",他们还在继续努力,为更多的数字配偶!

公元前 6 世纪,古希腊有个毕达哥拉斯学派,学派的创始人是数学家毕达哥拉斯。这个学派特别喜欢数、推崇数,他们把人性也赋予了数。比如,他们把大于 1 的奇数象征为男性,起名叫"男人数";把偶数看作女性,叫"女人数"(也有史书记载,把奇数象征女性,偶数象征男性)。数 5 是第一个男人数与第一个女人数之和,它象征着结婚或联合。

人之间讲友谊,数之间也有"相亲相爱"可言。毕达哥拉斯学派的人常说:"谁是我的好朋友,我们就会像 220 和 284 一样。"为什么 220 和 284 象征着好朋友呢?原来 220 除去本身以外还有 11 个因数,它们是 1、2、4、5、10、11、20、22、44、55、110。这 11 个因数之和恰好等于 284。同样,284 的因数除去它本身还有 1、2、4、71、142,它们的和也恰好等于 220。即

$$1+2+4+5+10+11+20+22+44+55+110=284;$$
$$1+2+4+71+142=220。$$

这两个数是你中有我,我中有你,相亲相爱,形影不离。古希腊的数学家给具有这样性质的两个数,起名叫"相亲数"或"亲和数"。

220 和 284 是人类发现的第一对"相亲数",也是最小的一对"相亲数"。17 世纪法国数学家费马找到了第二对"相亲数"17296 和 18416;几乎在同一时期,另一位法国数学家找到了第三对"相亲数"9363544 和 9437056。最令人震惊的是,瑞士著名数学家欧拉于 1750 年一次就公布了六十对"相亲数"。数学家惊呼:"欧拉把一切'相亲数'都找完了!"

谁料想,又过了一个世纪,意大利一位年仅十六岁的青年巴格尼于 1866 年公布了一对"相亲数",它们只比 220 和 284 稍大一点,是 1184 和 1210。前面提到的几位大数学家竟无一人找到它们,让这对不大的"相亲数"从鼻子底下轻易地溜走了。

最近,美国数学家在耶鲁大学的电子计算机上,对所有 110 万以下的数逐一进行了检验,总共找到了四十二对"相亲数"。下面列出 10 万以内的十三对"相亲数":

$$220=2×2×5×11,$$
$$284=2×2×71;$$
$$1184=2×2×2×2×2×37,$$
$$1210=2×5×11×11;$$
$$2\,620=2×2×5×131,$$
$$2\,924=2×2×17×43;$$
$$5\,020=2×2×5×251,$$
$$5\,564=2×2×13×107;$$
$$6\,232=2×2×2×19×41,$$
$$6\,368=2×2×2×2×2×199;$$
$$10\,744=2×2×2×17×79,$$

$10\ 856 = 2×2×2×23×59$；

$12\ 285 = 3×3×3×5×7×13$，

$14\ 595 = 3×5×7×139$；

$17\ 296 = 2×2×2×2×23×47$，

$18\ 416 = 2×2×2×2×1151$；

$63\ 020 = 2×2×5×23×137$，

$76\ 084 = 2×2×23×827$；

$66\ 928 = 2×2×2×2×47×89$，

$66\ 992 = 2×2×2×2×53×79$；

$67\ 095 = 3×3×3×5×7×71$，

$71\ 145 = 3×3×3×5×17×31$；

$69\ 615 = 3×3×5×7×13×17$，

$87\ 633 = 3×3×7×13×107$；

$79\ 750 = 2×5×5×5×11×29$，

$88\ 730 = 2×5×19×467$。

这里把自然数都分解成质因数的连乘积，有了质因数就可以找出这个数的所有真因数，进而就可以判断两个数是不是相亲数。比如，$220 = 2×2×5×11$，$284 = 2×2×71$，其中220所含的质因数是2、2、5、11，这时就可以知道220的因数是1、2、2×2、5、2×5、11、2×2×5、2×11、2×2×11、5×11、2×5×11，一共是11个，这11个数相加恰好等于284；而284的质因数是2、2、71，由它们和1组成的因数是1、2、2×2、71、2×71，共5个，这5个真因数之和恰好是220，这样一来就证明了220和284是一对"相亲数"。由上面做法不难看出，把一个数分解为质因数的连乘积是寻找或证明"相亲数"的关键。

目前，找到的"相亲数"已经超过一千对。但是，"相亲数"是不是有无穷多对？它们的分布有什么规律性？这些问题到目前为止数学家也没有得到确定的答案。这还是一个有待探索的课题。

目前，寻找相亲数还有许多有待探求的问题，如：目前找到的每一对相亲数所含的两个数，总是同时为偶数或同时为奇数，是否存在一个是偶数，而另一个是奇数的相亲数？目前找到的奇相亲数均是3的倍数，这是偶然性，还是必然规律？等等。

五千年的人类文明给我们留下了浩瀚无边的知识大海。在汪洋大海中最古老也最深沉的是数。数的理论研究成为科学基础的基础。德国大数学家高斯曾把数的理论置于科学之巅，这一点也不过分。然而，时至今日，这个数的世界仍然是一个充满神秘的威严的"胡夫金字塔"，这里涉及的"亲和数"也是其中一个最富有传奇色彩的世界难题,有许多谜待揭开,谁揭开谜谁就是英雄好汉。

上面回顾两千多年数学家的不懈努力,发现了一千对以上的相亲数,"看似平凡最崎岖,成如容易确艰辛",未来的工作正等待着不畏困苦的数学家与计算机专家,"路漫漫其修远兮,吾将上下而求索"。

扑朔迷离的"回文数猜想"

前面提到过哲学和数学相通的问题,但是数学和文学同样也有相通的现象,这听起来似乎令人觉得不可思议。但是的确存在,"回文"就是其中一例。

传说,古代有一个秀才游桂林的斗鸡山,觉得山名有趣,信口说出一句话:

"斗鸡山上山鸡斗。"

他想把这句话作为上联来对一副对联,可是下联自己也对不上来。回家后便请教自己的老师,老师想了一下说:"我不久前游览了龙隐洞,就以此给你对个下联。"老师念道:

"龙隐洞中洞隐龙。"

对得很巧。这是一副回文对联。

古代诗人王融曾写过一首著名的回文诗:"风朝拂锦幔,月晓照莲池。"反过来读:"池莲照晓月,幔锦拂朝风。"不管怎样读,都是一首诗。

有趣的是,数学家族里的主要成员数中也有回文的,你看数 101,正着读倒着读都是 101;再看 32123,正着读倒着读都是 32123。这种正反读都一样的数很多,数学家给它们起了一个特殊的名字——回文式数,简称回文数。

围绕着对回文数的研究,数学家们发现,有的回文数不老实,不是明明白白地站在数字的队伍里,而是隐藏在其他数里,经过特殊变换以后才显露真容。比如 83,它不是回文数,将它与处理一下,83+38 = 121,就变成了回文数 121。经过多次验算,数学家提出了一个猜想:任取一个自然数,把它倒过来与原数相加,直重复这个运算,最后总能得到一个回文数。数学家把这个猜想叫作"回数猜想"。

请看:

83:83+38 = 121,经过 1 步运算就能得到回文数 121;

68:68+86 = 154,154+451 = 605,605+506 = 1111,1111 是回文数,只需 3 步运算就能得到;

195 = 195+591 = 786,786+687 = 1473,1473+3741 = 5214,5214+4125 = 9339,要运算 4 步,得到的回文数是 9339。

是不是所有数经过上述运算都能产生回文数? 也就是说,回数猜想是对的还是错的? 这个问题至今没有解决。

最初,人们是一个数一个数地去验算。当有人对 196 进行上述运算时,算了 5

万步,所处理的数已达到 21000 位,仍没有获得回文数。人们就猜测,也许 196 永远也变不成回文数。如果真的是这样,那么"回数猜想"就是错误的。然而,不管你算了多少步,这种运算总没到头,没到头就不能否定,要否定必须给出足够的理由。

后来,人们又发现,在 10 万个自然数中,有 5996 个数,不管运算多久,似乎也产生不出回文数,196 就是其中最小的一个。但是,不管怎样运算,就是没有人能找出它们产生不了回文数的确凿证据来。所以只能用含糊的词"似乎"来表述。

此路不通。一些数学家就采取另外的方法来研究。他们对既是质数又是回文数的数进行了特别的研究,一方面想看看这些数有什么特性或规律,另一方面也想从中找出证明回数猜想的蛛丝马迹。

通过研究,数学家发现了一些有特殊性质的回文质数。比如 19391,把它的 5 个数字写在一个圆周上,你从其中任一个数开始,不管是顺时针写还是逆时针写,写出来的 5 位数都是质数。这种回文质数很少。

数学家还发现回文质数除 11 外必须有奇数个数字。因为每个有偶数个数字的回文数,必然是 11 的倍数,所以它肯定不是质数。比如 125521 是一个有 6 位数字的回文数。判断能被 11 整除的方法是:一个数所有偶数位数字之和与所有奇数位数字之和的差是 11 的倍数,那么这个数就能被 11 整除。125521 的奇数位数字是 1、5、2,而偶数位数字是 2、5、1,它们和的差是:

(2+5+1) - (1+5+2) = 0 是 11 的倍数,所以 125 521 可以被 11 整除,它不是质数。

有些回文数相乘之后,所得乘积还是回文数。例如 $212 \times 141 = 29\,892$。这样的例子还不少:

$11 \times 11 = 121, 22 \times 22 = 484, 111 \times 111 = 12\,321, 111 \times 121 = 13\,431$。$111 \times 131 = 14\,541, 121 \times 212 = 25\,652$。

在回文数中平方数是非常多的,比如 $121 = 11^2, 12\,321 = 111^2, 1\,234321 = 1111^2$ ……一直到 $12\,345\,678987\,654\,321 = 111\,111\,111^2$。你随意找一些回文数就会发现,平方数所占的比例比较大。

立方数也有类似情况。比如 $1311 = 11^3, 1\,367\,631 = 111^3$ 等等。

对回文质数的研究虽然取得了一些成绩,发现了一些特性,但是用它们也不能证明"回数猜想"。

"回数猜想"证明不出来,却没有挡住数学家想象的驰骋。他们又大胆地猜想:回文质数有无穷多个;回文质数对(中间的数字是连续的,而其他数字都相等,如 30103 和 30203)也有无穷多对。但是也没有人能证明这些猜想是对的。扑朔迷离的回文质数又给数学家们出了一个难题。

$$
\begin{array}{r}
5555 \\
95\ \overline{\smash{\big)}\,5277725} \\
475 \\
\hline
527 \\
475 \\
\hline
522 \\
475 \\
\hline
475 \\
475 \\
\hline
0
\end{array}
$$

神奇的回文数

回文无论在文学还是数学中都是一个有趣而奇特的现象。虽然关于它的奥秘，还没有完全解开，但是它们的存在向人们证实了，自然界永远有神秘的现象等待人们去揭示。

第三节　引人入胜的物理世界

在现代，物理学已经成为自然科学中最基础的学科之一。经过大量严格的实验验证的物理学规律被称为物理学定律。"物理"二字即考察事物的形态和变化，总结研究它们的规律的意思。物理学之所以被人们公认为一门重要的科学，不仅仅在于它对客观世界的规律做出了深刻的揭示，还因为它在发展、成长的过程中，形成了一整套独特而卓有成效的思想方法体系。正因为如此，物理学当之无愧地成了人类智能的结晶，文明的瑰宝。在物理学发展中，也积累了许多难解的谜题：如核聚变效应能否实现人控？物理学定律能否实现统一？物质的结构是否会有新的发现？……这当中每一个谜题地揭开，都将代表着物理学的一大进步和飞跃。

物理学定律能被统一起来吗

相对论和量子论的建立构成了现代物理学两大支柱，并为其他科学分支打开了广阔的天地。但是，作为基础的理论物理学曾经拥有的辉煌在近几十年中黯淡下来，物理学早已经从"搜集材料的科学"发展成了"整理材料的科学"。过去几十年的实验仅仅验证了已有的理论,并未揭示出需由新规律解释的新现象,以至于越来越多的科学家不得不承认未来岁月不再有任何重大的新发现足以与牛顿、爱因斯坦赐给我们的那些发现相媲美;科学的任务只是补充大量的细节而已,产生枝节性结果;我们有了基本框架,只要填填漏洞就行了;越来越多的科学书籍也停留在夸夸其谈的水平。

有人曾预言科学的没落及非理性的复活将开始于上世纪末,我们所做的一切都不足以抑制物理学在总体上、在社会支持和社会价值上的衰退趋势,我们无奈地看到物理学对人才的吸引力不断减弱。物理学是许多学科的基础,当我们沉浸在对科技发展带来社会经济巨大利益的乐观情绪时,一些西方学者看到了它的没落,他们悲哀地预感物理学基本定律不断被发现、激动人心、惊世骇俗的年代真的一去不复返了,求真、纯粹和经验的科学已经结束。

不过仍有许多科学家反对那种认为纯科学已走到尽头的观点,他们普遍认为某些惊人的理论和发现已迫在眉睫,理论物理学更深入地发展即将莅临。人们期待的这种理论就是所谓的"大统一"理论,幻想某一天发现宇宙规则,从而一劳永逸地解决一切有待研究的基本理论问题。许多科学主义者也不得不用对"大统一"的期待来支撑自己的信念。这些现象表明科学对形而上学产生了从未有过的焦虑。科学家相信自然界复杂现象中必然有某种暗含的简单规律在起作用,这些规律已经体现在量子论、相对论、自然选择等理论之中。支配世界的行为法则肯定比现在的物理学定律更为玄妙,它有已知理论没有的特征,具有某种不容置疑的自然主义色彩。我们不敢肯定解析时空理论就是"大统一"理论,但我们至少认为它向这个目标迈出了重要的一步,它的简明性给了人们一种新的方法论启迪。如果对未知的追求走到了尽头,还有什么能够赋予我们存在的意义呢? 终极理论会让我们陷入解释的无限循环之中,因此我们坚信科学上不存在什么终极理论,除非人类沦落到由他们制造的机器智慧所支配的地步。

谈到大统一理论,我们应当注意到,物理学家无论在他们自己的领域,还是在他们借以描述问题的数学精确性方面都做出了真正显著的成果。一个新的宇宙图景正在出现,这是一个高度统一的图景。在这一图景中,宇宙的粒子和力都起源于单一的"超大统一力",尽管它们分离成了不同的动力学事件,但它们仍然相互作用。时空是粒子和力在其中成为整合要素的动力学连续统一,每一个粒子,每一个力都影响其他的粒子和力,在自然界中没有孤立的力和事物,只存在具有不同特征的相互作用的事件群。

人们已经证明,把注意力聚焦在实体的基础或最低层次是由经典理论留下来的一个不必要的思想包袱,因为经典理论试图根据宇宙的最终构建块(原子)的各种不同特性的结合来解释所有事物。今天,一组相互协调一致的、抽象的、大多数是不可见的实体已代替了在外力的影响下运动的钢球状的原子概念。物理世界的过程不再涉及支配单个粒子行为的规律,物理学现在并不根据基本实体群来进行解释,即使这些实体不是原子而是夸克、交换粒子、超弦或其他将被发现的更抽象的单位。这是很重要的,因为在典型的生命层次上的复杂性现象不大可能通过唯一地以宇宙的最小构建块(无论它们的运动计算得多么精确)为基点的方程来描述。

相互作用和自我组织宇宙的图景似乎仍具有活力,尽管描述它的理论还不完善。要想看到物理学是如何返回到由动力学的力支配的宇宙,返回到在外部平衡中由互不联系事件的拼凑件组成的宇宙,是很困难的。

从反面来看,应当认识到,尽管在技术理由方面大统一理论取得了显著成绩,但它们的范围和意义还并不十分清楚。科学家一直太专注于构建统一其观察到的现象的数学了,以致不能大胆地更深入地研究它们的公式的含义;而哲学家作为他们时代知识的传统阐释者已经基本上被抛开了——很少有例外,他们都没有能赶上最新的发展。

思维缺乏深刻性的现象正在显示出来。在最初的一阵成功后,一些科学家声称他们的大统一理论几乎能够解释任何事物,但就物理学的大统一和超大统一理论而言,贴上"所有事物的理论"的标签明显是夸大其词。

正如我们看到的,大统一理论不能满意地解释空间和时间中物质的连续演进的结构化。当然,能够描述支配宇宙中连续构建结构和复杂性的规律的理论是可能的,至少在原则上是可能的,但问题是这种理论是否能通过把物理学规律扩展来进行精确描述,或是否需要以某种方式超越物理学规律。很明显,更为复杂的自然领域不再是物理性质的领域,作为传统意义上的物理学理论不包括它们。不过当前的物理学理论也许可以被普遍化(或者如有必要,利用附加因素去完善它)以便能跨物理学领域,这同时也意味着,目前的大统一理论并非是包罗万象和十全十美的。

那么,"大一统"理论能不能被人类找到并引起物理学激动人心、惊世骇俗的新发现呢?我们只能等待科学家和后继者们给我们寻找到答案。

受控核聚变能成功

核聚变就是指由质量小的原子(主要是氘或氚),在一定条件下(如超高温和高压),发生原子核互相聚合作用,生成新的质量更重的原子核,并伴随着巨大的能量释放的一种核反应形式。目前人类已实现了不受控制的核聚变(如氢弹的爆炸),它只是运用于战争,且造成的能量爆发是人类无法掌控和估计的,带来的损失后果也可想而知。物理学家们试图利用这种核聚变的巨大能量,作为未来人类的新能源,于是提出了所谓的"受控核聚变"。

受控核聚变是在一定的条件下,控制核聚变的速度和核规模,实现安全、持续、平稳的能量输出。受控核聚变技术难度极高,核聚变的条件相当苛刻,要求具有足够高的点火温度(几千万摄氏度甚至几亿摄氏度的高温)、非常低的气体密度(相当于常温常压下气体密度的几万分之一),并保持温度和密度足够长的时间等。目前发现的主要受控核聚变方式有:超声波核聚变、激光约束(惯性约束)核聚变、磁

原子弹爆炸形成的蘑菇云

约束核聚变(托卡马克)。由于受控核聚变具有原料充足、经济性能优异、安全可靠、无环境污染等优势,因而核能有望成为人类取之不尽、用之不竭的理想能源。

1991年11月9日,从英国传来了一个振奋人心的喜讯:科学家们首次成功地实现了受控核聚变反应。这一喜讯,在世界科学界、经济界引起了巨大的轰动,认为这是人类利用核能历史上的一个里程碑。

受控核聚变为什么如此吸引人呢? 大家知道,最早被人所发现的原子能是重元素的原子核裂变时产生的能量,人们利用这一原理造出了原子弹。后来,科学家们从太阳上的热核反应得到启发,制造成功了氢弹,实现了核聚变。把核裂变反应控制起来,就可以建造原子能发电站,这已经成了事实;同样,如果能把核聚变反应也控制起来,那将是一件更了不起的大事。我们知道,地球上的煤、石油、铀等资源有限,最多只能用上千年,而核聚变反应的燃料氘和氚却是取之不尽、用之不竭的。它们来自浩瀚的海洋,每1千克海水中,就可以提取0.03克的氘,而1千克海水中所含的氘在聚变中所产生的能量,可抵得上300千克汽油燃烧的能量。有人计算

过,单是大洋里的水就有 13.7 亿立方千米,在这么多海水中,大约储藏着两万亿吨氘,即使人类需要的能源比现在增加一千倍,也够用上亿年。受控核聚变如此诱人的利用前景和如此广阔的运用空间令它的研究倍显经济和社会价值,因此受到当今各个科技大国的普遍重视。

到目前为止,受控核聚变的产生经历了以下阶段:

1.前核能时期(1920~1938)

对聚变能量的研究最早可以追溯到 20 世纪 20 年代。在那时,物理学家阿斯顿就已经测量了氘元素的"质量损失"现象,这一现象揭示了在从较轻的元素形成一个氘核时获取大量能量的可能性。在此发现之后,英国天文学家爱丁顿提出星体的能量来源是"亚原子",并梦想"人类将会有一天学会释放它(这能量)并按自己的意愿利用它"。1938 年美国就开始进行将等离子气体限定在磁场中的试验。

2.先行者的时代(1946~1958)

二战刚刚结束,一波热核研究的国际性浪潮就爆发了。1946 年,有一个著名的事件:伦敦大学的汤姆林和布莱克曼注册了一个聚变反应堆的专利。尽管他们发明的设施总体上说过于乐观,但已经提出了一个环形的真空室和由射频波产生的电流,而这正是今天的托卡马克装置的两个重要基石。

20 世纪 50 年代,冷战期间,聚变被视为最高机密。美国、苏联和英国加强了他们在这方面的研究,法国、德国和日本在 1955 年稍晚的时候也加入了进来。

3.首次国际合作(1958~1968)

1958 年是受控核聚变历史上的一个重要转折点,这一年在日内瓦召开了"和平利用原子能"会议,会议上揭开了秘密研究的面纱,各个国家揭示了他们所工作的磁场配置:环型脉冲,星形装置,镜像机器。磁性约束装置的基础已经打下,如同苏联物理学家阿兹莫维奇在会议闭幕时的致词:"我们在这里,目睹着解决聚变反应堆所需的技术基础的曙光出现。"物理学家们同时也意识到由于等离子的不稳定,磁场的丢失等等,掌握核聚变技术成为一件很困难的事情。物理学家泰勒说:"我想(受控核聚变)也许能做到,但我不认为在这个世纪它会有实际的重要性。"为迎接核聚变技术所面对的科学和技术上的挑战,人们发起了世界范围的合作。在欧洲,欧洲原子能机构 EURATOM 和它的成员国的研究组织联合起来,协调前进。1959 年,成立了 EURATOM-CEA,就是这一合作的第一个产物。这一机构早于目前的国际研究组织(EFDA,ITER 项目)。目前 EFDA 更加重要,它提供了研究所需的巨大资源。

4.托卡马克时期(1968 至今)

1968 年,库尔恰托夫研究所的科学家发布了轰动一时的结果:他们获得了远超他人的性能,通过一个特殊的磁性装置:托卡马克。1969 年一个英国小组前往莫斯科,测量了托卡马克装置的温度,确定了他们的成果,这时冷战正酣。这一里程碑式的事件同时也开启了其他国家的托卡马克时代。他们纷纷更换了受控核聚变研究中的磁性装置。今天,只有星形装置还被认为是托卡马克的可能的替代品,尽管它的性能远低于后者。

1973 年到 1976 年法国的托卡马克装置领先世界,取得了 2KeV 的温度(2000万℃)。限定和加热等离子的关键结果就是在这个装置中获得的。

20 世纪 70 年代中期之后,建造大型托卡马克装置(JET,JT60,TFTR)的项目纷纷上马。这一热潮受益于科学研究所取得的激动人心的进展和对聚变研究资金投入的明显增加。法国曾经以 TFR 机器帮助欧洲进入托卡马克时代,20 世纪 80 年代也开始建造大型超导环型线圈托卡马克-TORESUPRA,以为持续的核聚变反应提供技术和设施。这一装置在 1988 年投入使用。

5.现状:三十年来取得的进步

在过去三十年里,受控核聚变方向上取得的明显进步:等离子的能量平衡,标志以密度、温度和能量的约束时间的三重积,增长了一千倍! 这一飞跃可以与微处理器的发展速度相比。20 世纪 90 年代末期,在 JET 和 JT60-U 托卡马克装置上,获取了氘的等离子,系统的能量输入和输出接近平衡,也就是说输入装置用以加热混合的氘和氚的能量大致和它们聚变产生的能量相当。在性能取得巨大进步的同时,大型托卡马克装置中的聚变脉冲时间也延长到 2 分钟,开启了持续核聚变反应堆之门。另一个重要进步是 1997 年在 JET 上取得的。从氘氚混合体中聚变得了17MW 的能量。

聚变三重积,通过聚变反应使产生的能量比了为了产生和维持等离子体所需的能量更高,必须满足劳逊判据。也就是说,离子密度和能量约束时间的数学乘积必须大于一定值,该值取决于聚变反应的大小。在氘一氚聚变中,这一值约为21020m-3s。

实施受控核聚变需要超过当前托卡马克装置所取得的条件:三重积需要取得大约到 10 的因子。聚变脉冲时间必须足够长,以保证装置的持续运行。因此,在相当长(超过 1000 秒)中维持聚变脉冲,用聚变反应的粒子加热等离子,就是下一个阶段的关键目标。这一新挑战将落到国际合作的 ITER 项目上,而它也将是建立聚变反应堆的工业原型的前哨。

核聚变是最振奋人心的研究项目之一,一旦技术成熟,能源问题将不再困扰人类。但是实现伟大的目标的过程总是艰辛的,到本世纪中,恐怕都不会有真正成功的应用。实现受控聚变的途径目前有两个:一是磁约束,另一个是惯性约束。而自

世界未解之谜

图文珍藏版

然界中的聚变通常发生在恒星内部，是引力约束。人类实现的第一次人工受控聚变就是氢弹。然而除了用于战争杀人之外，氢弹所释放的巨大能量还不能被人类和平地利用。和平利用聚变能，为人类造福，在氢弹爆炸成功之后，就成了物理学家们的心愿。

在磁约束聚变方面，苏联人功不可没：现在前景最看好的聚变装置托克马克（Tokamak）就是苏联人发明的。随着苏联的解体，俄国在聚变方面的影响力大大降低。目前世界上正在运行的几个主要装置都不在俄国，而是在美国、日本和欧洲。与这些发达国家相比，中国在磁约束聚变方面的研究要落后不少。但由于政府日渐重视国家的远景能源，现在对聚变研究的投资力度正在加大。

惯性约束聚变是利用高功率的激光束或粒子束辐照聚变燃料，聚变燃料被压缩至高温（5 千万度以上）高密度（600g/cm^3）发生聚变。由于这个过程与氢弹有相似之处，惯性约束聚变研究从一开始就是处于保密状态。也由于惯性约束聚变与氢弹有关，几个核大国在 20 世纪 60 年代就开始了各自的研究。1994 年，美国劳伦斯利弗摩国家实验室解密了他们在 20 世纪 90 年代以前的实验结果。

实现受控聚变是一个比登月还要困难得多的科学工程。这个科学工程从 20 世纪 50 年代启动，到现在人们还没有建立起一个可用于发电的聚变反应堆。大家拭目以待，迎接这个物理学难题被人类攻克的一天。

宇宙射线从何而来

所谓宇宙射线，指的是来自于宇宙中的一种具有相当大能量的带电粒子流。1912 年，德国科学家韦克多·汉斯带着电离室在乘气球升空测定空气电离度的实验中，发现电离室内的电流随海拔升高而变大，从而认定电流是来自地球以外的一种穿透性极强的射线所产生的，于是有人为之取名为"宇宙射线"。宇宙射线和地球的许多现象都有关系。但是直到今天，人们也无法确切说出它是什么地方产生的。

初生的地球，固体物质聚集成内核，外周则是大量的氢、氦等气体，称为第一代大气。

那时，由于地球质量还不够大，还缺乏足够的引力将大气吸住，又有强烈的太阳风（是太阳因高温膨胀而不断向外抛出的粒子流，在太阳附近的速度约为每秒 350~450 千米），所以以氢、氦为主的第一代大气很快就被吹到宇宙空间。地球在继续旋转和聚集的过程中，由于本身的凝聚收缩和内部放射性物质（如铀、钍等）的衰变生热，原始地球不断增温，其内部甚至达到炽热的程度。于是重物质就沉向内部，形成地核和地幔，较轻的物质则分布在表面，形成地壳。

初形成的地壳比较薄弱，而地球内部温度又很高，因此火山活动频繁，从火山喷出的许多气体,构成了第二代大气即原始大气。

　　原始大气是无游离氧的还原性大气,大多以化合物的形式存在,分子量大一些,运动也慢一些,而此时地球的质量和引力已足以吸住大气,所以原始大气的各种成分不易逃逸。以后,地球外表温度逐渐降低,水蒸气凝结成雨,降落到地球表面低凹的地方,便成了河、湖和原始海洋。当时由于大气中无游离氧(O_2),因而高空中也没有臭氧(O_3)层来阻挡和吸收太阳辐射的紫外线,所以紫外线能直射到地球表面,成为合成有机物的能源。此外,天空放电、火山爆发所放出的热量,宇宙间的宇宙射线以及陨星穿过大气层时所引起的冲击波(会产生摄氏几千度到几万度的高温)等,也都有助于有机物的合成。但其中天空放电可能是最重要的,因为这种能源所提供的能量较多,又在靠近海洋表面的地方释放,在那里作用于还原性大气所合成的有机物,很容易被冲淋到原始海洋之中。

　　虽然当宇宙射线到达地球的时候,会有大气层来阻挡住部分的辐射,但射线流的强度依然很大,很可能对空中交通产生一定程度的影响。比方说,现代飞机上所使用的控制系统和导航系统均由相当敏感的微电路组成。一旦在高空遭到带电粒子的攻击,就有可能失效,给飞机的飞行带来相当大的麻烦和威胁。

　　还有科学家认为,长期以来普遍受到国际社会关注的全球变暖问题很有可能也与宇宙射线有直接关系。这种观点认为,温室效应可能并非全球变暖的唯一罪魁祸首,宇宙射线有可能通过改变低层大气中形成云层的方式来促使地球变暖。这些科学家的研究认为,宇宙射线水平的变化可能是解释这一疑难问题的关键所在。他们指出,由于来自外层空间的高能粒子将原子中的电子轰击出来,形成的带电离子可以引起水滴的凝结,从而可增加云层的生长。也就是说,当宇宙射线较少时,意味着产生的云层就少,这样,太阳就可以直接加热地球表面。

　　对过去二十年太阳活动和它的放射性强度的观测数据支持这种新的观点,即太阳活动变得更剧烈时,低空云层的覆盖面就减少。这是因为从太阳射出的低能量带电粒子(即太阳风)可使宇宙射线偏转,随着太阳活动加剧,太阳风也增强,从而使到达地球的宇宙射线较少,因此形成的云层就少。此外,在高层空间,如果宇宙射线产生的带电粒子浓度很高,这些带电离子就有可能相互碰撞,从而重新结合成中性粒子。但在低空的带电离子,保持的时间相对较长,因此足以引起新的云层形成。

　　此外,几位美国科学家还认为,宇宙射线很有可能与生物物种的灭绝与出现有关。他们认为,某一阶段突然增强的宇宙射线很有可能破坏地球的臭氧层,并且增加地球环境的放射性,导致物种的变异乃至于灭绝。另一方面,这些射线又有可能促使新的物种产生突变,从而产生出全新的一代。这种理论同时指出,某些生活在岩洞、海底或者地表以下的生物正是由于可以逃过大部分的辐射才因此没有灭绝。

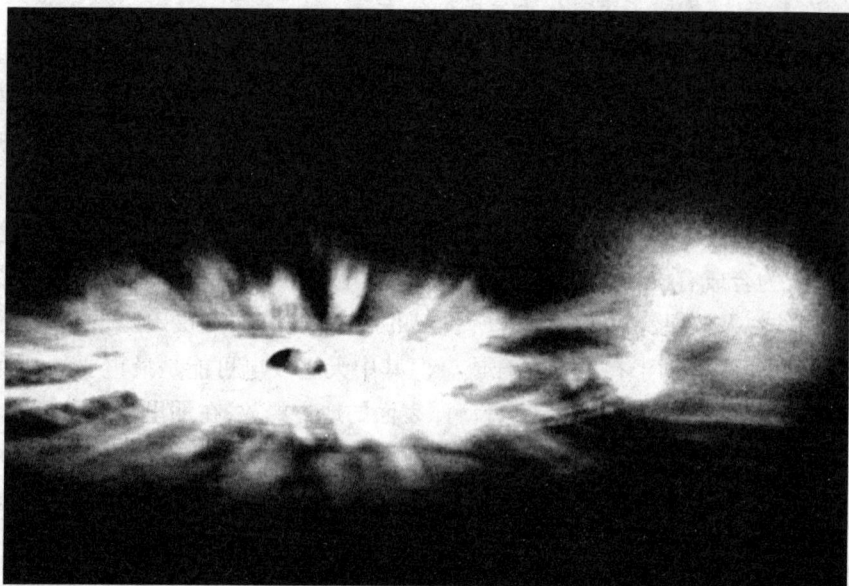

宇宙射线

从这种观点来看,宇宙射线倒还真是名副其实的"宇宙飞弹"。

今天,人类仍然不能准确说出宇宙射线是由什么地方产生的,但普遍认为它们可能来自超新星爆发、来自遥远的活动星系;它们无偿地为地球带来了日地空间环境的宝贵信息。科学家希望接收这些射线来观测和研究它们的起源和宇宙环境中的微观变幻。

不管最终的定论将会如何,科学家们总是把极大的热情投入到宇宙射线的研究中去。关于为什么要研究宇宙射线,罗杰·柯莱在其著作《宇宙飞弹》做出了精辟的阐释:

"宇宙射线的研究已变成天体物理学的重要领域。尽管宇宙射线的起源至今未能确定,人们已普遍认为对宇宙射线的研究能获得宇宙绝大部分奇特环境中有关过程的大量信息:射电星系、类星体以及围绕中子星和黑洞由流入物质形成的沸腾转动的吸积盘的知识。我们对这些天体物理学客体的理解还很粗浅,当今宇宙射线研究的主要推动力是渴望了解大自然为什么在这些天体上能产生如此超常能量的粒子。"

万有引力的产生

在宇宙的最最深处,万有引力拖曳着物质组成星系、恒星和黑洞等天体。尽管万有引力几乎无处不在,但事实上万有引力的确是宇宙中所有力中最微弱的作用力之一。这种作用力的微弱特性同样造就了万有引力的神秘感,科学家们难以在实验室环境下准确地测量万有引力的数值和作用过程,而对天体来说这种作用力的表现则十分显著。

在实验室条件下,两个同极质子之间产生的互斥作用力比它们之间的万有引力要大得太多了——大约有 10 的 36 次方倍,这个数字写出来就是在 1 后面加上 36 个 0,相比之下万有引力实在是太微不足道了。

爱因斯坦的相对论只在宏观尺度上解释了万有引力,但是在微观尺度上就不行了,现代物理学家希望把万有引力引入"皇冠钻石"理论体系——该体系旨在解释自然界三种基本作用力,但是直到目前为止一项都没有解释成功。

美国伊利诺伊州佛米实验室的理论物理学家马克·杰克逊说:"在经典物理的体系中,地心引力完全不同于其他的力,当你对很小质量的物体进行万有引力计算时会发现,原来的数学公式完全不管用,经典物理体系无法解释地心引力。"

看不见的"引力子"

虽然计算结果完全不对,科学家们还是发现了形成地心引力的玄机,这个看不见的引力小家伙叫作引力子,异常微小并且没有质量,但是它们可以形成微小的引力场。

每个微小的引力子都对宇宙中的物质产生一个微小的作用,其作用过程和光速一样快。但是引力子在宇宙中分布如此广泛,为什么物理学家们一直不能发现它们呢?

美国芝加哥大学的天文学家迈克尔·特纳说:"因为目前的技术还难以对没有质量的微小粒子进行测量,引力子的作用力十分微小,这使得科学家们更加难以发现其存在。"

但是特纳博士对人类无法测量引力子的事实并不感到悲观沮丧,他认为引力子可能存在于其他一些微小粒子之内,那么人类有可能通过这些介质粒子间接地获得引力子。而这一切的实现都需要依靠技术进步。

目前科学家希望首先找到玻色子,这是引力子的一个远房亲戚,也在宇宙中广泛存在,找到玻色子对人类发现引力子可能具有极其重要的意义。

利用回旋加速器找微小粒子

发现某些微观粒子的过程有一点像时间旅行,科学家们使用回旋加速器等大型设备驱动微粒子以光速对撞,从而产生新的微粒子。而这一过程几乎模拟了宇宙诞生时所发生的一切。

在宇宙诞生初期,由于各种粒子都处于一种高能状态,质子和中子也都是在那个时期形成的。佛米实验室的一万亿伏电子加速器的直径大约 6.3 千米,而新的大型电子对撞加速器的直径达到了 27 千米,该设备建造在法国和瑞士交界处,在几年之内就可以完工。

科学家们认为这一设备有望帮助人类发现西格斯介子等微观粒子,而这些粒子正是帮助我们揭开地心引力作用原理的关键所在。

威斯康星大学的理论引力学家夏威尔·西门子说:"目前来说这项研究仍停留在幻想阶段,这有点像科幻小说里的故事。但是如果我们发现了引力子,一切问题就迎刃而解了,只是我们目前最大的问题是——我们还不知道用什么方法才能发现它们。"

神秘莫测的中微子

中微子是组成自然界的最基本的粒子之一,常用符号 ν 表示。中微子不带电,自旋为 1/2,质量非常轻(小于电子的百万分之一),以接近光速运动。中微子个头小,可自由穿过地球,几乎不与任何物质发生作用,号称宇宙间的"隐身人"。科学家观测它颇费周折,从预言它的存在到发现它,用了十多年的时间。

虽然中微子非常小,但是其研究价值却非常巨大。

要说中微子,就不得不提它的"老大哥"——原子基本组成之一的中子。中子在衰变成质子和电子(β 衰变)时,能量会出现亏损。物理学上著名的哥本哈根学派鼻祖尼尔斯·玻尔据此认为,β 衰变过程中能量守恒定律失效。

1931 年春,国际核物理会议在罗马召开,当时世界最顶尖的核物理学家汇聚一堂,其中有海森堡、泡利、居里夫人等。泡利在会上提出,β 衰变过程中能量守恒定律仍然是正确的,能量亏损的原因是因为中子作为一种大质量的中性粒子在衰变过程中变成了质子、电子和一种质量小的中性粒子,正是这种小质量粒子将能量带走了。泡利预言的这个窃走能量的"小偷"就是中微子。粒子物理的研究结果表明,构成物质世界的最基本的粒子有十二种,包括六种夸克(上、下、奇异、粲、底、顶),三种带电轻子(电子、缪子和陶子)和三种中微子(电子中微子,缪中微子和陶中微子)。中微子是 1930 年德国物理学家泡利为了解释 β 衰变中能量似乎不守恒而提出的,20 世纪 50 年代才被实验观测到。

中微子只参与非常微弱的弱相互作用,具有最强的穿透力。穿越地球直径那么厚的物质,在 100 亿个中微子中只有一个会与物质发生反应,因此中微子的检测非常困难。正因为如此,在所有的基本粒子中,人们对中微子了解最晚,也最少。实际上,大多数粒子物理和核物理过程都伴随着中微子的产生,例如核反应堆发电(核裂变)、太阳发光(核聚变)、β 衰变、超新星爆发、宇宙射线等等。宇宙中充斥着大量的中微子,大部分为宇宙大爆炸的残留,大约为每立方厘米 100 个。

1998 年,日本超级神冈实验以确凿的证据发现了中微子振荡现象,即一种中微子能够转换为另一种中微子。这间接证明了中微子具有微小的质量。此后,这一结果得到了许多实验的证实。中微子振荡尚未完全研究清楚,它不仅在微观世界最基本的规律中起着重要作用,而且与宇宙的起源与演化有关,例如宇宙中物质与反物质的不对称很有可能是由中微子造成。

由于探测技术的提高,人们可以观测到来自天体的中微子,导致了一种新的天文观测手段的产生。美国正在南极洲冰层中建造一个大的中微子天文望远镜——冰立方。法国、意大利、俄罗斯也分别在地中海和贝加尔湖中建造中微子天文望远镜。KamLAND(神冈液态闪烁器反中微子侦测器)观测到了来自地心的中微子,可以用来研究地球构造。

中微子在物理学当中充当着神秘的角色。中微子是当前粒子物理、天体物理、宇宙学、地球物理的交叉前沿学科,本身性质也有大量谜团尚未解开。首先它的质量尚未直接测到,大小未知;其次,它的反粒子是它自己还是另外一种粒子;第三,中微子振荡还有两个参数未测到,而这两个参数很可能与宇宙中反物质缺失之谜有关;第四,它有没有磁矩;等等。因此,中微子成了粒子物理、天体物理、宇宙学、地球物理的交叉与热点学科。

在中微子研究这一领域,大部分成绩均为日本和美国取得。1942 年,我国科学家王淦昌提出利用轨道电子俘获检测中微子的可行方案,美国人艾伦成功地用这种方法证明了中微子的存在。20 世纪 80 年代,中国原子能科学研究院进行了中微子静止质量的测量,证明电子反中微子的静止质量在 30 电子伏特以下。

中微子振荡研究的下一步发展,首先必须利用核反应堆精确测量中微子混合角 theta13。位于中国深圳的大亚湾核电站具有得天独厚的地理条件,是世界上进行这一测量的最佳地点。由中国科学院高能物理研究所领导的大亚湾反应堆中微子实验于 2006 年正式启动,联合了国内十多家研究所和大学,美国十多家国家实验室和大学,以及香港、中国台湾、俄罗斯、捷克的研究机构。实验总投资约 3 亿元人民币。它的建成运行将使中国在中微子研究中占据重要的国际地位。

中微子具有质量,这是很早就提出过的物理概念。但是人类对于中微子的性质的研究还是非常有限的。我们至今不能非常确定地知道:几种中微子是同一种实物粒子的不同表现,还是不同性质的几种物质粒子,或者是同一种粒子组成的差别相当微小的具有不同质量的粒子。

我们相信,随着人类认识的深化,科学技术的发展,中微子之谜终究是会被攻破的。

伽马射线强烈的穿透力

伽马 γ 射线,又称 γ 粒子流。它是波长短于 0.2 埃的电磁波。首先由法国科学家 P.V.维拉德发现,是继 α、β 射线后发现的第三种原子核射线。

γ(伽马)射线是因核能级间的跃迁而产生,原子核衰变和核反应均可产生的 γ

射线。γ射线具有比x射线还要强的穿透能力。当γ射线通过物质并与原子相互作用时会产生光电效应、康普顿效应和正负电子对三种效应。原子核释放出的γ光子与核外电子相碰时，会把全部能量交给电子，使电子电离成为光电子，此即光电效应。由于核外电子壳层出现空位，将产生内层电子的跃迁并发射x射线标识谱。高能γ光子（>2兆电子伏特）的光电效应较弱。γ光子的能量较高时，除上述光电效应外，还可能与核外电子发生弹性碰撞，γ光子的能量和运动方向均有改变，从而产生康普顿效应。

当γ光子的能量大于电子静质量的两倍时，由于受原子核的作用而转变成正负电子对，此效应随γ光子能量的增高而增强。γ光子不带电，故不能用磁偏转法测出其能量，通常利用γ光子造成的上述次级效应间接求出，例如通过测量光电子或正负电子对的能量推算出来。此外还可用γ谱仪（利用晶体对γ射线的衍射）直接测量γ光子的能量。由荧光晶体、光电倍增管和电子仪器组成的闪烁计数器是探测γ射线强度的常用仪器。

通过对γ射线谱的研究可了解核的能级结构。γ射线有很强的穿透力，工业中可用来探伤或流水线的自动控制。γ射线对细胞有杀伤力，医疗上用来治疗肿瘤。

γ射线是一种强电磁波，它的波长比X射线还要短，一般波长<0.001纳米。在原子核反应中，当原子核发生α、β衰变后，往往衰变到某个激发态，处于激发态的原子核仍是不稳定的，并且会通过释放一系列能量使其跃迁到稳定的状态，而这些能量的释放是通过射线辐射来实现的，这种射线就是γ射线。

γ射线具有极强的穿透本领。人体受到γ射线照射时，γ射线可以进入到人体的内部，并与体内细胞发生电离作用，电离产生的离子能侵蚀复杂的有机分子，如蛋白质、核酸和酶，它们都是构成活细胞组织的主要成分，一旦它们遭到破坏，就会导致人体内的正常化学过程受到干扰，严重的可以使细胞死亡。

一般来说，核爆炸（比如原子弹、氢弹的爆炸）的杀伤力量由四个因素构成：冲击波、光辐射、放射性污染和贯穿辐射。其中贯穿辐射则主要由强γ射线和中子流组成。由此可见，核爆炸本身就是一个γ射线光源。通过结构的巧妙设计，可以缩小核爆炸的其他硬杀伤因素，使爆炸的能量主要以γ射线的形式释放，并尽可能地延长γ射线的作用时间（可以为普通核爆炸的三倍），这种核弹就是γ射线弹。

与其他核武器相比，γ射线的威力主要表现在以下两个方面：一是γ射线的能量大。由于γ射线的波长非常短，频率高，因此具有非常大的能量。高能量的γ射线对人体的破坏作用相当大，当人体受到γ射线的辐射剂量达到2~6希时，人体造血器官如骨髓将遭到损坏，白血球严重地减少，内出血、头发脱落，在两个月内死亡的概率为0%~80%；当辐射剂量为6~10希时，在两个月内死亡的概率为80%~

100%；当辐射剂量为 10~15 希时，人体肠胃系统将遭破坏，发生腹泻、发烧、内分泌失调，在两周内死亡概率几乎为 100%；当辐射剂量为 50 希以上时，可导致中枢神经系统受到破坏，发生痉挛、震颤、失调、嗜睡，在两天内死亡的概率为 100%。二是 γ 射线的穿透本领极强。γ 射线是一种杀人武器，它比中子弹的威力大得多。中子弹是以中子流作为攻击的手段，但是中子的产额较少，只占核爆炸放出能量的很小一部分，所以杀伤范围只有 500~700 米，一般作为战术武器来使用。γ 射线的杀伤范围，据说为方圆 100 万平方千米，这相当于以阿尔卑斯山为中心的整个南欧。因此，它是一种极具威慑力的战略武器。

γ 射线弹除杀伤力大外，还有两个突出的特点：一是 γ 射线弹无须炸药引爆。一般的核弹都装有高爆炸药和雷管，所以贮存时易发生事故。而 γ 射线弹则没有引爆炸药，所以平时贮存安全得多。二是 γ 射线弹没有爆炸效应。进行这种核试验不易被测量到，即使在敌方上空爆炸也不易被觉察。因此 γ 射线弹是很难防御的，正如美国国防部长科恩在接受德国《世界报》的采访时说，"这种武器是无声的、具有瞬时效应。"可见，一旦这个"悄无声息"的杀手闯入战场，将成为影响战场格局的重要因素。

地磁场如何影响人体

地球就是一个天然的磁场，地磁场是地球所具有的一种特殊现象。地磁场和生命的产生发展密切相关。所有的动物、植物甚至人类无一不受着地磁场的控制和影响。地磁场对地球形成了一个"保护盾"，减少了来自太空的宇宙射线的侵袭，地球上生物才得以生存滋长。如果没有了这个保护盾，外来的宇宙射线，会将最初出现在地球上的生命幼苗全部杀死，根本无法在地球上滋生。对于人类和所有生物来说，地磁变换是灾难性的。地磁消失后，宇宙中的各种射线都会直达地表，地球上生活的生物将失去"保护伞"，受到强烈辐射的伤害。还有科学家认为，地磁场改变导致染色体畸变，会使动植物发生变异生长。

信鸽辨别方向的能力特别强，即使把上海的信鸽带到内蒙古放飞，它仍然会飞回上海。路途中就是遭遇到狂风暴雨，它也不会迷失方向。如此高强的辨别方向的本领让科学家们啧啧称奇。于是他们对信鸽进行研究，做了这样一个有趣的实验。他们在一个阴天的下午，把磁棒和铜棒分别绑在一些鸽子身上，然后运到很远的地方放飞。结果很有趣，绑着铜棒的鸽子，飞行方向正确，都安全返回主人家。而那些绑着磁棒的鸽子却满天飞失去了方向。这个实验说明鸽子辨别方向的能力受到磁场的影响。绑了磁棒的鸽子，识别地磁场的本领受到磁棒的干扰，自然也就迷失方向。

科学家们又对类似的候鸟迁徙现象进行了研究，结果发现候鸟体内也有"雷达"，它们和鸽子一样，能够根据自己的电磁场同地磁场的相互作用来辨别方向。为了进一步证实这一点，科学家们在秋天把候鸟关进笼子里，用布罩起来，不让它们看到外面的世界。这些鸟却倔强地聚集在笼子的南部，准备向南飞。后来，科学家又把笼子放在一种磁场装置里，这些鸟儿就失去了方向，开始散布在笼子各处。可见地磁场是它们辨别方向至关重要的依据。不光鸟类，就是一些昆虫，甚至细菌也会对地磁场有感受能力。有一种细菌，总是一头朝南，一头朝北。从不在东西方向上"躺"着。这就充分说明它也有感知地磁场的本领。有的鱼儿，把它放进陌生的静水池里，它也是朝着南北方向游动。有种白蚁能在南北方向上建巢，因此称这种白蚁为"罗盘白蚁"。

地球存在磁场的原因还不为人所知，普遍认为是由地核内液态铁的流动引起的。最具代表性的假说是"发电机理论"。1945年，物理学家埃尔萨塞根据磁流体发电机的原理，认为当液态的外地核在最初的微弱磁场中运动，像磁流体发电机一样产生电流，电流的磁场又使原来的弱磁场增强，这样外地核物质与磁场相互作用，使原来的弱磁场不断加强。由于摩擦生热的消耗，磁场增加到一定程度就稳定下来，形成了现在的地磁场。

还有一种假说认为：铁磁质在770℃（居里温度）的高温中磁性会完全消失。在地层深处的高温状态下，铁会达到并超过自身的熔点呈现液态，绝不会形成地球磁场。而应用"磁现象的电本质"来做解释，认为按照物理学研究的结果，高温、高压中的物质，其原子的核外电子会被加速而向外逃逸。所以，地核在6000K的高温和360万个大气压的环境中会有大量的电子逃逸出来，地幔间会形成负电层。按照麦克斯韦的电磁理论：电动生磁，磁动生电。所以，要形成地球南北极式的磁场，必然需要形成旋转的电场，而地球自转必然会造成地幔负电层旋转，即旋转的负电场，磁场由此而生。

医学家发现，人类的某些疾病与地球的磁纬度也有一定的关系。例如猩红热的发病率就与地磁的变化有关。在一些地磁异常的地方，人们患高血压、风湿性关节炎和精神病的人数，要比地磁场正常的地区高差不多1.5倍。这充分说明，地磁场能使人体患上某些疾病。

有科学家据此认为，地球上生命的存在，和地磁形成的保护层有密切关系。因此宇宙中各种宇宙射线即使有穿透岩层的能量，却被拒之于磁场之外。没有这个保护层，生物就无法衍生繁殖，人类也不会安然无恙。而其他一些星球，虽然空气、温度、水分适宜，但就因为几乎没有磁场的保护，所以至今尚无生命。正是因为在磁环境下孕育着生命，所以生物与人类有着奇特的感应和适应能力。信鸽、候鸟、海豚等都是这种奇特的感应和适应能力的具体体现。这些动物的器官和组织中，都有着磁铁细粒，因此，它们都有着磁性细胞。正是这些磁性细胞，使它们自身具备生物罗盘而永不迷向。

作为高级生命的人类来说,虽然生物罗盘的作用已退化了,但仍有少数有特异功能的人还保留着这种特点。可见,人与磁也有着密切的关系。我们知道,电与磁是难以分开的,电流能产生磁场,磁场能感应电流。在人体内,由于生命活动必然产生生物电流,如心电流、脑电流等。这些生物电流必然产生生物磁场,由心磁图和脑磁图都观测到磁场的存在,尽管生物磁场比起地磁场来小得多,但是研究生物磁场对于了解脑的思维、生命的活动却有着重要的意义。

据说,人的心理状态、喜怒哀乐的精神因素,会直接影响心磁场的强度,而脑的思维情况也由脑子的不同部位的磁信号反映出来。因此可以用人工电磁信号去取代紊乱的电磁信号,从而达到治病的目的。

提到治病,磁的应用可以说是全方位的。像上面所说,电磁信号可以诊断和治疗疾病。另外,还可用药物或针疗等办法,比如中医常用磁石作为一种镇静药。还有现在流行的磁化杯和磁化水,也成为保健物品。更为神奇的是,磁还具有使人类恢复再生功能的巨大魔力!我们知道,原始动物如蜥蜴断了腿或尾巴以后能重新长上,螃蟹掉了螯钳以后还能长出更粗的螯钳。但是高等动物就不行。但通过医学实践证明,在适当的电磁场下可以使断骨的愈合加速,在脉冲电磁场的刺激下,可以使家鼠的断肢再生。因此磁疗的研究,在将来甚至有可能使人类的器官再生。这样,人的生命对于我们来说并不是只一次了,每个人都可以有多次生命。这无疑是天大的福音。

那么,地磁场是如何影响人体健康的呢?科学家们给出的解释有多种,但都不理想。一种认为人体的各部分都有水,水在地磁场中会发生物理化学变化。这样,当地磁场变化后,自然影响到水,也就使人体功能也发生变化,引起某些疾病。有的学者认为,人的各种器官也是有磁场的,即使地磁场发生微弱变化,也引起头脑、血液等周围的磁场发生变化,导致机体功能受影响,功能失常,疾病出现;也有人认为,人是处在不同生态环境之中,因此人的每个器官都带有当地地磁生态的烙印。当地磁变化后,人就会出现生理反常,产生反应,引起疾病。

当然,还有人提出生物膜理论以及其他不同的解释,但都不能使人满意。地磁场到底如何影响人体,特别是对大脑活动以及生理活动的影响,尚没有得到科学的解释。同样,在零磁环境下人类会受什么影响,在宇宙航行或在其他星球居住时,新的磁环境会对寿命有什么影响,也都是未来的课题。

人造核元素的秘密

我们都知道物质由分子构成,分子又由原子构成。

原子很小,直径只有一百亿分之一米。在1根头发丝的端面上,能排一万亿个原子。原子虽小,其内却并非毫无结构,而是一个丰富多彩的"世界":一个直径为一千万亿分之一米的核(即核的直径为原子的十万分之一)和众多(至少一个)绕核运动的电子。若将原子放大 10^{21}(即 10 万亿亿)倍,它就像我们的太阳系了,太阳是核,众多绕太阳运动的行星是电子。即便是核,其内也是一个色彩斑斓的世界:由众多状态各异的质子和中子组成。这些质子和中子以三百多种不同的组合方式,构成一个天然庞大的原子核家族,家族"人员"达三百多种。自 1934 年以来,人工还制造了两千四百多种核素,这更壮大了原子核家庭的气势。但这些人造核素"命运"多舛,寿命短,不稳定,叫作奇异原子核。

氢原子核只有一个质子,大多数氧是有八个质子和中子,记作 $^{16}_{8}O^{8}$,铀核有两种,$^{238}_{92}U^{146}$ $^{235}_{92}U^{143}$,都是第 92 号原子的核心,但核内中子数不同,$^{238}_{92}U^{146}$ 含 146 个中子,$^{235}_{92}U^{143}$ 则只含 143 个中子。$^{235}_{92}U^{143}$ 占自然界所有铀的千分之七,是核能利用的主要原料。上述各原子核均是自然界存在的稳定原子核,其内的质子数 Z 和中子数 N 满足一定的关系。不满足这种关系的原子核就不稳定,将发生放射性衰变。或者说稳定原子核的 N/Z 的值是一定的(有一个允许范围),偏离了这一范围,原子核就不稳定。若偏离得太长,原子核就根本无法存在,"拼"不起来。人造核素的 Z/N 值越来越偏离稳定值,于是显示出了一系列奇异的性质(故称之为奇异原子核)。天然存在三百多种核素大部分是稳定的,约有十分之一是不稳定的,通过释放 α 或 β 或 γ(α 即氦核 $^{4}_{2}He^{2}$,B 即电子或变正电子,γ 是高能光子)而衰变。按照核理论,若无放射性衰变,自然界应存在约八千种核素。因此,人类应还能制造出几千种新核素或奇异原子核。

按照《辞海》解释,放射性是"不稳定原子核自发放出 α、β、γ 射线的现象。"现在,这个定义必须大大地加以扩充。1982 年,科学家发现某些奇异原子核具有的质子放射性,处于基态的人造核素 $^{151}L_{u}$(Lu 表示镥)和 $^{147}T_{m}$(Tm 表示铥)能自发地释放出一个质子(天然镥(第 71 号元素)的大多数(97.4%)是 $^{175}L_{u}$,比人造的 $^{151}L_{u}$ 多 24 个中子;天然铥(第 69 号元素)全部是 $^{167}T_{m}$,比人造的 $^{147}T_{m}$ 多 22 个中子。$^{151}L_{u}$ 和 $^{147}T_{m}$ 的"z/N"值均远远离稳定的"z/N"值中子极为贫乏而质子则大大过剩)。此外,还有 β 缓发粒子,包括 β 缓发 α 粒子(一个原子 β 衰变后,变成另一处于激发态的原子核,随后新生原子核又发射出 α 粒子)、β 缓发中子、β 缓发质子、β 缓发双中子、β 缓发三中子、β 缓发双质子、β 缓发氕,迄今已发现 100 余种核素存在 β 缓发粒子,理论上预告至少有 100 个核素存在 β 缓发粒子。1984 年发现某些重核可自发放射 $^{14}_{6}C^{8}$,1985 年发现自发发射 $^{24}_{10}Ne^{14}$,理论预言,处于基态的原子核应能自发发射双质子、中子和双中子。

中子数或质子数为 2,8,20,28,40,50,82 等的原子核特别稳定,叫作"幻数"核

（1949 年迈耶与简森创立了核的壳层模型，解释了"幻数"，迈耶与简森因此荣获 1963 年度诺贝尔物理学奖）。幻数核和邻近幻数的核呈球形（闭壳层是球对称的），与幻数核偏离远的原子核则有形变，有的如（扁盘式的）大饼形，有的如橄榄球形，甚至有的如雪茄烟状（1953 年，奥·玻尔与莫特逊创建了核的集体模型，解释核的形变，荣获 1975 年度的诺贝尔物理学奖）。上述结论来自稳定或近稳定的原子核。人造核素远离稳定区，在形体上也有独特之处。有些奇异原子核在基态时呈球形，但到了激发态却不是，有形变。例如人造 $^{184}_{80}$Hg，其质子数 Z = 80，与质子幻数（82）接近，在基态时是球形，与天然稳定 $^{184}_{80}$Hg 类似，但处于激发态时就有形变，与 $^{202}_{20}$Hg 在激发态也呈球形不同。在奇异原子核中还存在"变形幻数"。当中子数或质子数等于这种数时，相应的原子核形变很大。38 就是一个典型的形变幻数。

幻数与核能量有着巧妙的联系。球形核只有集体振动，"形变"核才有转动。相应于振动的能量比较高，一般在 1 兆电子伏特（1 电子伏特 = 1.6×10^{-19} 焦耳）左右。例如，$^{102}_{68}$Ni$_{34}$（Z = 28，为幻数）是典型球核，第一激发态能量 E1 为 1.17 兆电子伏特。相对于转动的能量比较低，例如，$^{154}_{64}$Gd^{90} 是典型形变核：$^{100}_{38}$Sr^{62} 和 $^{74}_{36}$Kr^{38}，其 E1 分别为 0.03 兆电子伏特和 o.028 兆电子伏特，它们均具有形变幻数 38（一个是质子数为 38，另一个是中子数为 38）。当原子核既具有形变幻数（Z = 38），又具有球形幻数（N = 40）时，核仍有形变，形变幻数（比球形幻数）"幻"得更厉害。现在，科学家正在寻找 Z 和 N 都等于 38 的原子核，期望创造形变新纪录。

奇异原子核的奇特性质正在不断地被揭露出来。这极大地丰富了核世界或核家族里的核现象。也许，随着奇异核一个个被制出来，Z/N 值逐渐远离稳定区。将会发现更加奇异的核现象，甚至导致现在核理论的重大修改和突破。

"玩火者"的背后

火在人们眼中是一个危险的事物，因为人们知道火能烧毁人的皮肤，火的高温是一般人所无法忍受的。但是，我们又不难看到，在现实生活中总有一些不怕火的人，尤其是一些"表演者"，他们或者将火含在口中，或者能从火堆中从容走过……

成语"火中取栗"源出于这样一个故事：狡猾的狐狸，骗猴子为它取出火中的栗子。结果猴子不但没有取出栗子，反而把脚上的毛烧掉了。这则故事说明人们认为：直接用手从火中取出东西是一件不可能的事。

然而，发生在人们生活中的某些现象，却要比"火中取栗"惊险很多。有消息报道，早些时候，在国外狂欢节的余兴节目中，有些大胆的表演者当场将一个潮湿的手指伸进熔化了的铜液中，尽管他以极快的速度将手从熔铜中缩回，但是也使得周围的观众心惊肉跳,目瞪口呆。一本《吉尼斯世界纪录》中,描述了一些更大胆的表演者,竟然赤着脚在650℃地燃烧着的一长堆木炭上步行了约7.5米。你可能认为表演者的脚底事先已经抹了一种高级的绝热防护剂吧!

实际上这是一种物理现象,可以这样解释:当一个潮湿的手指迅速插入高温熔液中时,手指头上的水突然受热汽化,在手指周围形成一个很薄的蒸汽层。气体是热的不良导体,在一段短暂的时间内,它可以起到绝热防护作用。不过,潮湿的手指头伸进熔化的铜液后,得赶快缩回来。因为时间一长,蒸汽层消失,防护作用失败,后果就不堪设想了。读者可不要去做这种冒险的尝试。

关于"蹈火"的表演,最关键的是表演者脚底上要有足够的汗水。当脚底上的某些部位与炭火接触时,由于汗水的迅速汽化,脚底和木炭之间形成的蒸汽膜起到了瞬时保护作用。步与步之间流出的汗水补偿了部分水分。如果脚底上沾满了厚厚的煤炭或者长着硬茧,也许还能多走上几步。如果跑步,会使双脚反向踩上炭火而使保护层失败。

原来,看似勇敢的"玩火者"背后却隐藏着这样的玄机。看来很多事物的奥秘都存在于很小的细节当中,等待着人们去发现。

人造卫星为什么不会被大气层烧毁

为什么流星穿过大气层被烧掉,而人造卫星发射时也穿过大气层,却没有被烧掉呢?

流星穿过大气层前,本身就具有一定的速度。在地球强大的吸引力作用下,流星越靠近地球,地球对它的引力就越大,因此它的速度迅速地增大,最后能达到每秒20~70千米。流星以这么高的速度在大气层中运动,受到了巨大的摩擦力,使流星达到几千度的高温,足以烧掉流星。

人造卫星发射前,相对于地球的速度为零,在发射过程中还要不断克服地球的引力,开始的速度很慢,以后逐渐增加。在目前技术条件下,第一级火箭发动结束后才增加到每秒二至三千米。这时卫星已经离地面50~100千米高,那里的大气密度还没有地面的千分之一。当卫星进入轨道时,速度达到每秒7.9千米以上。可是此时高度更高,大气更加稀薄了。所以,在人造卫星发射过程中,虽然由于空气摩擦而产生的温度相当高,但比流星穿过大气层时的温度要低得多,所以不会被烧掉。但尽管这样,还是要用耐高温的合金来做火箭的外壳。为了减少人造卫星与大气层的摩擦,还采取了下面的措施:

(1)卫星和火箭的联结总体的外壳,要造得尽量光滑,以减少大气的阻力。(2)与前进方向垂直的火箭横截面越大,受到的阻力就越大,因此火箭要做成细长的。(3)发射卫星时,为了尽快脱离最浓密的低层大气,一般采用垂直于地面,或

人造卫星

基本垂直于地面向上发射的方法。

人造卫星发射穿过大气层时不使其燃烧用的是这些办法,那么宇宙飞船返回地球穿过大气层时用什么方法不让它烧掉呢?一般都用这些方法:当飞船返回地球,将要进入大气层时,飞船向前进的方向喷气,就像喷气飞机那样;不过是向前喷,不是向后喷,使飞船的速度减慢。这时飞船开始下降,当它进入大气层时,不是像一块石头那样笔直地从几百千米高空直冲下来;而是逐渐转成一个弧形很大的下降轨道,斜着飞下来,一般要绕着地球飞行半圈以后,再打开强大的降落伞,这时飞船就可以缓慢而安全地落到地面了。

奇妙的"真空世界"

"马德堡半球"实验是世界上的一个有关于"真空的实验"。

1654年,科学家葛利克用铜做了两个大半球,并将它们对接密封起来,用他自己发明的抽气机将球内空气抽出,之后用十六匹马分别对拉两半球,马最终竭尽全力才拉开。球内经抽气后的空间叫作真空。这个实验证明真空的存在。

真空其实不空。直至今天,科学家都不能完全排除甚至某一小范围内的空气。电视机显像管需要高真空才能保证图像清晰,其内真空度达到几十亿分之一个大气压,即其内一立方厘米大小的空间有好几百亿个空气分子。在高能加速器上,为防止加速的基本粒子与管道中的空气分子碰撞而损失能量,需要管道保持几亿亿分之一个大气压的超高真空,即使在这样的空间,一立方厘米内还有近千个空气分子。太空实验室是高度真空的,每立方厘米的空间也有几个空气分子。

上述以抽出空气方式得到的真空叫作技术真空,它并不空。科学家称技术真空的极限,即完全没有任何实物粒子存在的真空,为"物理真空"。它非但不空,而且极为复杂。按照狄拉克的观点,它是一个填满了负能电子的海洋。上世纪20年代,英国物理学家狄拉克结合狭义相对论和量子力学,建立了一个描述电子运动的方程。它一方面十分正确地描述了电子运动,另一方面又预言了科学家当时尚未认识的负能量电子。

自然界一切物体的能量总是正的。高山流水有(正)能量,能冲刷堤岸,推动机器。高速运动电子有(正)能量,能使电视荧光屏发光。电子具有负能量,就意味着加速它时,它反而减速;向左推它时,它向右运动。而且电子总处于放能过程中,如同高山流水总往低处流一样。电子的能量将越来越负,高山流水最终还只能流到大海,电子能量则将负至无穷,这意味着一切宏观的物体均将解体。这显然是荒谬绝伦的。

按照量子力学,两个电子不能处在完全相同的状态上,就如一个座位通常只能坐一人不能坐两个人一样,狄拉克认为,所有负能状态通常是"满员"的,被无穷多的负能电子占据。因此,正能电子其实是不能永无止境地发射能量的,其能量甚至不能降至零。这意味着,即使一个没有任何实物粒子的空间,也是一个充满无穷多个负能电子的大海。一个负能电子可通过吸收足够多的能量而转变为具有正能量的普通电子,尔后在负电子海洋中留下一个空穴,即少了一份负能量和一个负电子,这相当于给了海洋一个带正电荷和正能量的反电子(或正电子)。

1932年,美国物理学家安德孙果然找到了它,狄拉克的理论也终为大家所接受。质子和中子也有负能反粒子,物理真空还可分别由它们(负能质子或负能中子)填充。在物理真空中,正反粒子对可不断地产生,消失或消失后又产生,它们生存时间短,瞬息万变,迄今还未观测到,被称为虚粒子。它们在一定条件下可产生一些物理效应。例如,一个重原子核周围的虚核子(反质子和反中子)在强电场作用下,会排列起来,出现正负极性,称为真空极化,这将影响核外电子的分布,导致原子核结构改变。

粒子(如电子)与反粒子(如正电子)碰到一起,变成一束光;反之,一束强光也可从物理真空中打出粒子与反粒子,质子与中子等并非终极基本粒子,而是由更基本的"夸克"组成。夸克有六种"味",即上夸克、下夸克、粲夸克、奇异夸克、顶夸克和底夸克。它们在质子中子等粒子内部几乎作自由运动,但不能脱离这些粒子而单独存在。它们似乎被一种强大的力因禁了起来。按照"口袋模型"(1974),粒子就如物理真空中运动的口袋,口袋里装有夸克,夸克间存在很微弱的相互作用,由一种叫作胶子的粒子传递。粒子衰变或破碎为两种或两种以上的其他粒子时,可看作一个口袋变成两个或两个以上的口袋。同样,两个或两个以上的粒子聚合成一个大粒子,就相当于多个口袋合成一个大口袋。于是,在破碎和聚合过程中,永远找不到单个夸克，口袋的分解或聚合就如液体(如肥皂水)中气泡的分解和合成。

气泡内气体分子是自由运动的，大气泡可以分解成小气泡，小气泡也可合并成大气泡。若基本粒子如小气泡，则物理真空就如液体。这种液体性质独特，它只能一对对地产生气泡，或一对对地消失。按照口袋模型，口袋里面(或气泡里面)叫作简单真空，外面是物理真空，这形成真空的两种"相"。

物理真空在一定条件下可变成简单真空。固体受热变液体，液体受热变气体，这些只需几百度或成千上万度就可发生。温度高达几十万、几百万或几千万度时，气体原子就要解体，变成叫作离子的带电粒子。同样，温度足够高时，口袋也将解体，质子、中子等基本粒子不再是基本的物质形式，它们将成一锅由夸克和胶子组成的高温粥，称为夸克—胶子等离子体，物理真空也就成了简单真空。

计算机模拟实验表明，物理真空熔化为简单真空需两万亿度以上的高温，这个熔化的物理真空也叫"熔融真空"。重原子核可以包含上百个质子和中子，其内空间正常状态下是个很好的物理真空。科学家希望通过碰撞来加热它，使其熔化，获得简单真空。目前在高能实验室中，质子和原子核间的碰撞能量已达几百兆电子伏特，这已相当于将原子核(局部)加热到了几万亿度，但由于质子(与原子核比较)太小，只将原子核穿了一个洞，并未将整个原子核熔化。科学家正在设法利用重原子核间的碰撞来实现熔融真空。熔融真空实验之所以重要，不仅在于它能直接检验关于基本粒子结构的一些理论假设，还在于其实验结果可能有助于科学家理解宇宙的早期演化。按照大爆炸模型，我们的宇宙始于约二百亿年前的一次巨大爆炸。爆炸发生的一瞬间，温度远远超过熔融真空所需温度;故早期的宇宙应是夸克—胶子等离子体。随着宇宙的膨胀，温度逐渐降低，简单真空转化过程中，应存在由 50 个或以上的夸克所组成的物质结构(通常的粒子只包含 2 个或 3 个夸克)。

熔融真空实验是对这种早期宇宙演化的模拟，是一种理解宇宙演化的重要手段。为测量真空熔化时放出的大量粒子，需在非常小的锥体内同时测量上千个粒子。迄今还没有人能够在一次碰撞事例中测量上百个粒子。科学家即使使用他们最娴熟的乳胶探测器，尽管其分辨率很高，也无能为力，这些困难经常困扰着科学家并激励他们去解决。

看来，"真空"并不像我们想象的那么简单，更不是一无是处，随着人们科研技术的提高，"真空"将在科学技术上得到更广泛地应用。

金属也会疲劳吗

我们小时候都玩过这样的游戏，将铁皮或者铁丝反复对折，它就会折断，这其实就是"金属疲劳"现象。

金属虽然像人一样会发生疲劳,但却同人的疲劳有着本质的区别:人疲劳后,经过一定的休息就可以恢复,而金属疲劳则永远不能恢复。

因而有许多恶性破坏事故,如轮船沉没、飞机坠毁、桥梁倒塌等。据估计,在现代机器设备中,有80%~90%的零部件的损坏,都是由于金属的疲劳造成的。因为金属部件所受的外力超过一定限度,在材料内部抵抗最弱的地方,会出现人眼察觉不到的裂纹。

如果部件所受外力不变,微小的裂纹就不会发展,材料也不易损坏。如果部件所受的是一种方向或大小经常重复变化的外力,那么,金属材料内部的微小裂纹就会时而张开,时而相压,时而互相研磨,使裂纹扩大和发展。当裂纹扩大到一定程度,金属材料被削弱到不再能承担外力时,只要有一点偶然的冲击,零部件就会发生断裂。所以,金属疲劳造成的破坏,往往都是突如其来,没有明显的迹象让人察觉。

"金属疲劳"一词,最早是由法国学者彭赛提出来的。但对金属疲劳进行研究的,则是德国科学家A·沃勒,他在19世纪50年代,就发现了表现金属疲劳特性的S—N曲线,并提出了疲劳极限的概念。尽管对金属疲劳的研究已经有一百多年了,作为综合性的应用学科,已经从物理学的固体力学和金属物理学领域中分离出来,但许多问题仍没有得到解决。

现在,人们对金属的疲劳问题仍在不懈地探索着。其中人们最为关注的,是如何对现代化工业设备采取预防和保护措施,防患于未然。比如,选择具有较高抗疲劳性能的材料,防止应力集中,合理布局结构,提高构件表面加工质量和采用一些新技术和新工艺等。

再就是从理论上探讨金属疲劳造成破坏的原理是什么。在这方面,科学家们进行了各种各样的分析和研究。在疲劳破坏机理的研究中,就有人提出循环软化、滑移、位错、空洞合并和拉链等说法;在疲劳积累损伤方面,目前已建立了几十种损伤理论,包括线性理论、修正理论经验公式和半经验公式等;在疲劳裂纹扩展方面,已提出了几十个裂纹扩展公式。但这些观点和实验方法,都具有很大的局限性和片面性,还需科学家们付出更大的辛劳和努力。

金属疲劳问题,是现代工业面临的大敌,如不及时解决,将会遗患无穷。所以,现在世界各国的科学家,都在进行不懈的努力,力图克服这个领域中的种种疑难。相信在不远的将来,这方面的研究会有重大的突破。

为什么4℃时水的密度最大

为什么在4℃时水的密度最大,这里介绍一种比较常见的解释。

我们知道水的密度比冰的密度大,这是因为液态的水在凝固成冰的时候,分子间的相互作用力使分子按一定的规则排列,每个分子都被四个分子所包围,形成一个结晶四面体。这种排列方式是比较松散的,使得冰晶体中的分子间的平均距离大于液态水中的分子间的平均距离。在液态水中,分子的排列比较混乱,不像冰中的分子那样,按一定的规律排列。分子在液态中的运动虽然比在冰中更自由,但分子与分子间的平均距离比在冰中更小,所以水的密度比冰的密度大。

用 X 射线研究液态水的结构时,发现液态水中在一定程度上还保留着非常微小的冰的晶体。根据推算,在接近 0℃ 的水里,约包含着 0.6% 的这种微晶体。当温度逐渐升高时,这种微晶体逐渐地被破坏,由于这种微晶体具有较小的密度,所以微晶体的被破坏就会引起密度的增加。因此,在水中有两种使密度改变的效应:① 使密度变小的效应。当温度升高的时候,水分子的热运动更剧烈了,分子间的距离变大了,因而引起密度的减小。② 使密度变大的效应。当温度升高时,水中的微晶体逐渐地被破坏,引起密度的增大。在 4℃ 以上,水的温度升高时,第一种效应占优势,水的密度减小,体积增大。在 4℃ 以下,水的温度升高时,第二种效应占优势,水的密度增大,体积减小。因此,水在 4℃ 的时候,密度最大,这就是水的密度反常变化的原因。

"反重力"的发现

南太平洋波纳佩岛东南有一个叫泰蒙岛的小岛,在这个小岛延伸出去的许多珊瑚礁浅滩上耸立着一座座用巨大的玄武岩石柱纵横交错垒起的高达四米多的建筑物,像是一座座神庙,被称为南·马特尔遗迹。不少学者认为该遗迹不是人力所能完成的。据估计整个建筑用了大约一百万块玄武岩,是从小岛北面的采石场开凿、加工成石柱后运到这里的。专家们估计,这需要 1000 名壮劳力从事劳动,那么光采石就需 655 年,每一根石柱用人工加工三角形或六角形棱柱也需 200—300 年,最终完成这一工程则需 1550 年。专家们认为,根据岛上当时的人口状况也不可能完成此项工程。于是,有人提出了第六大陆文明的假说。1868 年,驻印度的英国军官夭治瓦特从一位高僧珍藏多年而又从未向外透露的几个泥塑板上破译出了其中的记载:远古的太平洋上存在着辽阔的第六大陆,它包括东到夏威夷,西到马里亚纳群岛,南到波纳佩岛和库克群岛的广大区域,是人类最早的发祥地。距今约五万年前,文明发达,技术先进,昌盛一时,在一万两千年前因大地震而沉陷海底。这与中国的《山海经·海外西经》中的奇肱国的记载不谋而合。中国古籍记载奇肱国离五门关四万里,那里的人能制造、驾驶飞车,随风游行四方。因此,夭治瓦特认为,现今南太平洋上的无数岛屿是第六大陆的残骸,而南·马特尔遗迹就是泥塑板上记载的第六大陆文化中心的七城市之一——罕拉尼普拉。

但是,长年从事波纳佩岛与第六大陆文明关系研究的詹宁不同意夭治瓦特的

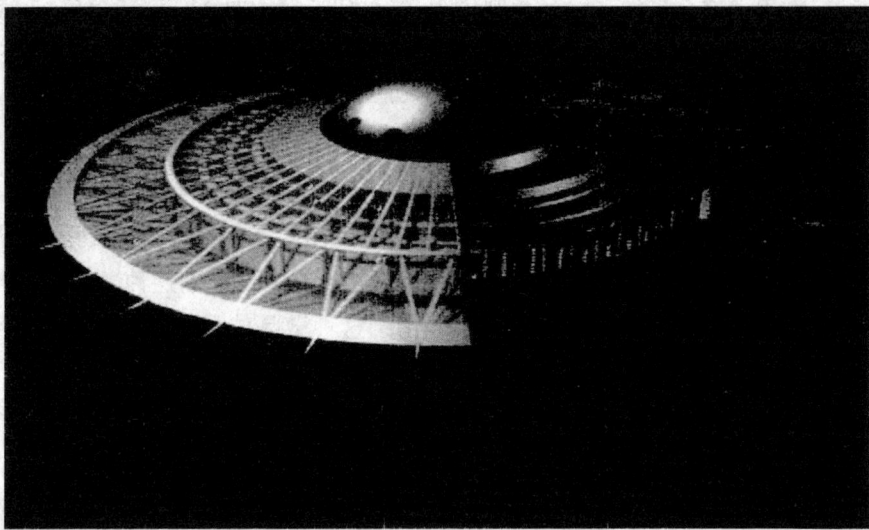

反重力飞行器

观点,认为第六大陆的真正文化中心是在现今夏威夷岛东北五六千米的地方。他认为,泥塑板上记载的是古印度的历史,文中所描述的当时已有像今天的飞机一样能在空中飞行的机械,与古印度梵语叙事诗《摩诃婆罗多》中的记载相似。他认为第六大陆的文明和科学与今天合理主义的科学不同,有控制重力的能力,即掌握了反重力技术,今天印度瑜伽行者能使身体飘浮在空中的能力,也属于第六大陆文明之列。由此,美国反重力工程学专家戴维认为通过反重力工程学的研究,也许可以揭开南·马特尔遗迹之谜。并根据由爱因斯坦统一场论导出的和研究 UFO 所谓的音叉装置提出的声共振作用产生反动力的假说,企图以此来说明南·马特尔遗迹巨石建筑的巨石是用反重力控制法空运来的。他还指出阿波罗计划的登月舱装着火箭只是为摆脱月球的重力,是一种军事上需要的伪装,而与此同时,也使用反重力装置。那时,第六大陆文明高度发达,传播四方,因此,古老美洲的种种神秘建筑可能与第六大陆文明的飞车、反重力技术等有关。

那么,到底什么是反重力呢? 反重力就是排斥物体的力,是同重力相对而言的。众所周知,有了万有引力,才有了自由落体的完善理论。但是近年科学家们的一些实验对此提出了挑战。著名物理学家费希巴赫根据对 K 介子衰变速度在接近光速时其延长寿命比爱因斯坦的相对论预言的要长的研究,又做了大量自由落体的实验,提出了反重力的概念。他认为,反重力与称为超荷的粒子结合,这个排斥力也许与原子内的中子与质子的总数成比例。这就意味着从九米高处落下的羽毛比同样高度落下的铅球几乎早十亿分之一秒落地。理由是,铅球有更密集的质子和中子,具有更大的超荷。由这个超荷产生的反重力使物体远离地面,致使铅球的落下稍为推迟。这是现代物理学家的理论认识。

学者们认为，第六大陆文明已经认识了反重力，就像人们在 19 世纪认识磁力一样。今天，电磁担当了磁悬浮列车、火箭、电话、激光等技术的中枢，而这在一百年前则是无法想象的。掌握了反重力技术，像建造美洲古代建筑这样复杂的工程则就易如反掌了。

物质的无限可分性

我国古代哲学家庄子说："一尺之棰，日取其半，万世不竭。"指出了物质的无限可分性。但是，人们对物质的无限可分性，是逐步认识到的，夸克模式的提出，就是人的这一认识的深化。

在人们开始认识物质世界的时候，就提出了各种各样的说法。古希腊的一些哲学家认为，世上各种各样的物质，都是由一些永远不变，不可再分的基本单位构成，他们把这种基本单位叫原子。直到 16 世纪后叶，才由物理学家证实了原子的存在。后来，意大利科学家阿伏伽德罗又提出了分子学说，补充了道尔顿的原子论。由此人们便形成了这样一种思维模式：物质由分子组成，分子由原子组成，原子不能再分。

到 19 世纪末，原子不可分的模式受到了冲击，美国科学家汤姆逊发现了比原子小得多的粒子——电子。接着科学家们查明，原子中心有一个很小的原子核，有些电子围着原子核运转。到 20 世纪 30 年代，人们又发现了原子是由质子和中子组成的。质子带正电，中子是电中性，二者比电子重一千八百多倍。后来人们又发现，电磁波和光也是由叫光子的粒子组成。这样，人们就发现了比原子更深入的一个新层次——属质子、中子、电子一个层次的正电子、中微子、μ 子、τ 子等。人们以为发现了构成物质世界的最基本单位，因此就称为基本粒子，认为它们是组成各种物质的永远不变、不可再分的基本单位。

可是后来人们发现的一些现象说明，基本粒子并不"基本"，在强子内部，还应有更小、更基本的东西。

对此，日本物理学家权田昌一于 1956 年提出了著名的坂田模型，认为强子是由质子、中子、A 超子等三种基础粒子及其反粒子组成。到了 1964 年，美国物理学家盖尔曼改进了坂田模型，保留了三种"基础粒子"，但不是质子、中子和 A 超子，而是由某种未知的、具有一定对称性的东西——夸克组成。

为什么叫夸克呢？说来夸克的命名还有一个有趣的故事。在英国小说家詹姆斯·乔伊斯的小说《芬尼根守夜人》中，有这样几句诗：

"夸克……

夸克……夸克"，

三五海鸟把脖子伸直，

一齐冲着绅士马克。

除了三声"夸克"，

马克一无所得：

除了冀求的目标，

全部都归马克。

至高无上的天帝，

把身子躲在云里，

窥视下界，

不由得连连叹息。

马克先生啊，可笑可怜：

黑暗中拼命呼唤着——"我的衬衣，衬衣，"

为寻找那条沾满污泥的长裤，

蹒跚在公园深处，一步一跌。

小说描绘了劳恩先生的生活情况。他有时以马克先生的面目出现。夸克指海鸟的鸣叫声，又指马克的三个儿子，而马克又时时通过儿子的行为来表现自己。盖尔曼设想在一个质子里包含着三个未知粒子，便随意地给他取名为"夸克"。我国则习惯把"夸克"叫"层子"，意为是比电子、质子、中子这些基本粒子更下层的粒子。

盖尔曼的夸克模式指出，这种粒子的最大特点是带分数电荷，并设想可能存在三种夸克——质子夸克、中子夸克和奇异夸克。到1974至1976年间，有人又把夸克家族增加到六个，即粲夸克、上夸克、下夸克。

既然设想到了夸克的存在，那么夸克到底在什么地方呢？有人认为夸克像蹲监狱一样，被关在强子里面。强子就像一个口袋，夸克被关在里面，它可以在口袋里自由运动，但不允许离开口袋，要想把夸克从口袋里弄出来，必须提供极大的能量，但在目前还办不到。

尽管夸克还处在假设阶段，有些物理学家又开始考虑比夸克更下一层的粒子了。欧洲核子研究中心的德·罗杰拉已经为组成夸克的粒子起名为"格里克"。后来，人们提出了五花八门的亚夸克模型，起了各种各样的名称，如亚夸克、前夸克、前子或初子，还有叫奎斯、阿尔法的。1974年，美国物理学家帕堤和萨拉姆提出了这样的亚夸克模型：i 味子：p、n、λ、X，自旋 $S=1/2$；ii 色子：r、y、g、1，自旋 $s=0$。它们可构成夸克 $ur=(pr)$、$uy=(py)$、$ug=(pg)$ 等；还有构成轻子：$e=(n1)$、$yu=(x1)$、$\mu(\lambda1)$ 等等。1977年，日本东京大学核物理研究所寺泽英纯教授在以上模型基础上，又提出了一种新的模型：夸克：味子+色子+代子，这些味子、色子和代子,均是自旋为 1/2 的亚夸克。不管提出的模型有多么不同,但都认为夸克还有下一个层次,所以,我国把亚夸克又称"亚层子"。

到底夸克是个什么面貌? 亚夸克是否真的存在? 这些都还没有结论,正期待着人们去揭示它。

飞机如何实现隐身术

在谈飞机的隐身术之前,先要谈谈雷达。雷达是一种利用无线电波搜索目标和测量其位置的设备。雷达的构造虽然复杂,但它的基本原理是好懂的,打个比方就明白了:你站在山谷里,对着高山大喊一声,过一会儿你就会听到回声。如果你把从发声到听到回声的时间计算出来,你就可以根据声音传播的速度,算出高山离你有多远。

雷达的工作原理也是如此,所不同的是,它发出的不是声波,而是无线电波。雷达发出的电波,在前进过程中如果碰到什么物体,就会反射回来显示在荧光屏上,但并不是具体的图像,而是一些亮斑。物体的性质、大小、形状不同,亮斑的大小、形状和明暗程度也不同。

雷达发明出来以后,很快就被运用到军事上,成了"防空部队的眼睛"。过去,敌人的飞机来袭击,总是不能及早发现,等发现了,敌机已经靠得很近,往往来不及反击。有了雷达之后,敌机还在几百千米之外,就能被雷达发现,不等它到达袭击目标,就可以向它开火。

俗话说:"有矛就有盾。"在雷达出现不久,许多反雷达的手段也出现了,其中之一就是"隐形技术"。这种技术能给雷达制造假象,使雷达"看不见"飞机。雷达是第二次世界大战中发明的,隐形技术也是在第二次世界大战中出现的。第二次世界大战结束以后,雷达技术不断发展,隐形技术也在不断发展。

美国是当今世界上研究"隐形技术"投资最多、最花力气的国家。早在 20 世纪 50 年代末,美国为了从空中获取其他国家的军事情报,便秘密研制出一种叫"黑鸟"的高空侦察机,这种飞机不容易被对方的雷达发现,被看作是早期的隐形飞机。1975 年,美国又制订了神秘的"蓝色计划",发展隐形系列飞行器,包括隐形战斗机、隐形轰炸机、隐形导弹等等。20 世纪 80 年代初期,美国又研制出新型的"偷袭"号隐形轰炸机。有一次,在离警戒雷达 40 千米的地方飞行三十多分钟,雷达系统居然没有发现,隐形效果很好。

隐形飞机用了什么隐身术,让雷达变成"睁眼瞎"呢?

办法有四种:

第一种:在飞机的机身上涂上两层能够吸收电波的"油漆"。雷达发出的电波被这种"油漆""吃掉"了,没有回波,雷达自然就变成了"瞎子"啦。

美国隐形飞机

第二种：在飞机上采用吸收雷达波的复合材料。这种材料内部结构松散，受雷达波辐射后产生振动，把雷达波转换成热能而散发掉。

第三种：飞机机身尽量采用圆滑、曲线形的表面形状，让发射来的雷达波不易发生反射，缩小被雷达发现的截面积。

第四种：尽量减少飞机本身发出的电子辐射和热辐射，让对方的监测雷达和红外探测器捕捉不到电波和红外线。

在隐形技术发展的同时，反隐形技术也有了新的发展，主要表现在以下三个方面：①把雷达发出的无线电波波段从过去的厘米波扩展到米微波段或毫米波段，扩大雷达探测隐形目标的能力；②建立双基地雷达系统，把雷达的发射机和接收机的基地分开，并且把距离拉得远一点，使无线电波发射角和反射角都增大，这就相应地增大了隐形飞行器被雷达发现的截面积；③把探测系统装在人造卫星或飞机上，让它居高临下进行探测。一般的隐形飞行器重点隐蔽其飞行正面的截面积，不注意隐蔽上部，居高临下探测它们，就容易发现它们。

第四节　变幻莫测的化学迷宫

化学是在分子和原子的水平上研究物质的性质、组成、结构及变化规律和其应用、制备，以及物质间相互作用关系的科学。世界是由物质组成的，化学则是人类用以认识和改造物质世界的主要方法和手段之一。它是一门历史悠久而又富有活力的学科，它的成就是社会文明的重要标志。人类的生活能够不断提高和改善，化学的贡献在其中起了重要的作用。化学是重要的基础科学之一，在与物理学、生物学、自然地理学、天文学等学科的相互渗透中，得到了迅速的发展，也推动了其他学科和技术的发展。但化学同时也存在很多疑问，这些疑问推动着化学学科的进一步发展。

元素周期表的终点

我们肉眼看得见的物质（如楼房）或看不见的物质（如空气），都是由什么组成的？这一问题曾困扰人们好多年。由于人类的进步，到 19 世纪初期，经过科学家们的研究，终于揭开了物质世界的面纱：世界上的一切物质都是由元素组成的。从坚硬的石头到软绵绵的棉花；从流动的水到飘浮的云；从人的肌肉骨骼到极小的细菌；从高大的树木到浮游生物……一切都不例外。

那么元素大家庭的成员到底有多少个呢？19 世纪时，科学家们认为只有 92 个。直到 1940 年，美国加利福尼亚大学的麦克米伦教授和物理化学家艾贝尔森在铀裂变后的产物中，才发现了 93 号新元素！他们俩把这新元素命名为"镎"，镎的希腊文原意是"海王星"，这名字是跟铀紧密相连的，因为铀的希腊文原意是"天王星"。镎的发现，充分说明了铀并不是周期表上的终点，说明化学元素远没有达到周期表上的终点，在镎之后还有许多化学元素。镎的发现，鼓舞着化学家在认识元素的道路上继续前进！

不多久，美国化学家西博格、沃尔和肯尼迪又在铀矿石中发现了 94 号元素。他们把这一新元素命名为"钚"，希腊文的原意是"冥王星"。这是因为镎的希腊文原意是"海王星"，而冥王星是在海王星的外面，当时人们认为它是太阳系中离太阳最远的一个行星。钚的发现在当时根本没有引起人们的注意，人们只是把它看作一种新元素而已，谁也没有去研究它到底有什么用处。但当人们发现了钚可以制作原子弹之后，钚就一下子青云直上，成了原子舞台上非常难得的"明星"！而且，钚的发现及广泛应用，使人们对元素的认识，进入了一个新的阶段：原来，世界上还有许多很重要的未被发现的新元素哩！

于是，人们继续努力，要寻找 94 号以后的"超钚元素"。在 1949 年底，钚的发现者——美国化学家西博格和加利福尼亚大学教授乔索合作，用质子轰击钚原子核，最先发现了 95 号元素和 96 号元素。他们将 95 号元素和 96 号元素分别命名为"镅"和"锔"，用以纪念发现地点美洲和居里夫妇（"锔"的原意即"居里"）。

西博格和乔索继续努力，在 1949 年又制得了 97 号元素——锫；在 1950 年制得了98号元素——锎。锫的原意足"柏克立"。因为它是在柏克立城的回旋加速器帮助下制成的;锎的原意是"加利福尼亚",因为它是在加利福尼亚州的回旋加速器帮助下制成的。

接着,人们又开始寻找99号元素和100号元素。当人们准备用回旋加速器制造出这两种新元素之前,却在另一个场合无意中发现了它们。那是在1952年11月,美国在太平洋上空爆炸了第一颗氢弹。当时,美国科学家在观测这次爆炸产生的原子"碎片"时,发现竟夹杂着两种新元素——99号和100号。1955年美国加利福尼亚大学在实验室中制得了这两种新元素。为了纪念在制成这两种新元素前几个月逝世的著名物理学家爱因斯坦和意大利科学家费米,分别把99号元素命名为"锿"(原意即"爱因斯坦"),把100号元素命名为"镄"(原意即"费米")。

1955年,就在制得锿以后,美国加利福尼亚大学的科学家们用氦核去轰击锿,使锿原子核中增加两个质子,变成了101号元素。他们把10l号元素命名为"钔",以纪念化学元素周期律的创始人、俄罗斯化学家门捷列夫。

紧接着,在1958年,加利福尼亚大学与瑞典的诺贝尔研究所合作,用碳离子去轰击锔,使锔这个本来只有一个质子的原子核,一下子增加了六个质子,制得了极少量的102号元素。他们用"诺贝尔研究所"的名字来命名它,叫作"锘"。

到了1961年,美国加利福尼亚大学的科学家们着手制造103号元素。他们用原子核中含有五个质子的硼,去轰击原子核中含有九十八个质子的锎,进行原子"加法":5+98=103,从而制得了103号元素。这个新元素被命名为"铹",以纪念当时刚去世的美国物理学家、回旋加速器的发明者劳伦斯。

在1964年、1967年,苏联弗列罗夫领导的研究小组和美国的乔索及西博格等人,分别用不同的方法制得了104、105和106号元素。但是由于双方都说是自己最早发现了新元素,所以,关于104号、105和106号元素的命名,至今仍争论不休,没有得到统一。

1976年,苏联弗列罗夫等人着手试制107号元素。他们用24号元素——铬的原子核,去轰击83号元素的原子核。24+83=107,就这样,107号元素被制成了。

到目前为止,得到世界各国科学家公认的化学元素,总共有107种。然而,世界上到底存在有多少种化学元素?人们会不会无休止地把化学元素逐个制造出来呢?这个问题引起了人们激烈的争论。

有人认为,从100号元素镄以后,人们虽然合成了许多新元素,但是这些新元素的寿命却越来越短。像107号元素,只能存在1毫秒。照此推理下去,108号、109号、110号……这些元素的寿命可能更短,因此要人工合成新元素的希望将越来越渺茫。他们预言,即使今后人们还有可能再制成几种新元素,但已为数不多了。但是,很多科学家认真研究了元素周期表,并推算出在108号元素以后,可能又会出现几种"长命"的新元素！到底孰是孰非呢？迄今为止，尚无定论。

光合作用是怎样产生的

为什么科学家们要对光合作用进行研究呢？这是因为人类所需要的许多生产生活资料都是由光合作用产生的，如果没有光合作用就不会有人类的生存与发展。所以，光合作用研究是一个重大的生物科学问题，同时又与人类现在面临的粮食、环境、材料、信息问题等密切相关。现在世界上每年通过光合作用产生 2200 亿吨物质，相当于世界上所有的能耗的十倍。要植物产生更多的物质，就需要提高光合作用效率。通过高新技术转化，我们甚至可以让有些藻类，在光合作用的调节与控制下直接产生氢。根据光合作用原理，还可以研制高效的太阳能转换器。

光合作用与农业的关系同样密切，农作物产量的 90% 到 95% 来自光合作用。高产水稻与小麦的光合作用效率只有 1% 到 1.5%，而甘蔗或者玉米的效率则可达到 50% 或者更高。如果人类可以人为地调控光能利用效率，农作物产量就会大幅度增加。

近年来，空气里面二氧化碳不断增加，产生温室效应。光合作用能否优化空气成分，延缓地球变暖，也很值得探索。光合作用研究，还可以为仿真模拟生物电子器件、研制生物芯片等，提供理论基础或有效途径，对开辟 21 世纪新兴产业产生广泛而深远的影响。正是这些，使得光合作用研究在国际上成为一大热点。

早在两个多世纪以前，科学家就已经知道了光合作用，但真正开始研究光合作用还是在量子力学建立之后，人们也越来越为它复杂的机制深深叹服。

现在，科学家们已经知道，光合作用的吸能、传能和转化均是在具有一定分子排列及空间构象、镶嵌在光合膜中的捕光及反应中心色素蛋白复合体和有关的电子载体中进行的。但是让科学家们不可思议的是，从光能吸收到原初电荷分离涉及的时间尺度仅仅为 1015~1017 秒。这么短的时间内却包含着一系列涉及光子、激子、电子、离子等传递和转化的复杂物理和化学过程。

更让人惊奇的是，这种传递与转化不仅神速，而且高效。在光合膜系统中，在最适宜的条件下，传能的效率可高达 94%~98%，在反应中心，只要光子能传到其中，能量转化的量子效率几乎为 100%。这种高效机制是当今科学技术远远不能企及的。

那么，光合系统这个高效传能和转能超快过程到底是如何进行的？其全部的分子机理及其调控原理究竟是怎样的？为什么这么高效？这迄今仍是多年来一直困扰着众多科学家的谜团。有科学家说：要彻底揭开这一谜团，在很大程度上依赖于合适的、高度纯化和稳定的捕光及反应中心复合物的获得，以及当代各种十分复杂的超快手段和物理及化学技术的应用与理论分析。事实上，当代所有的物理、化学最先进设备与技术都可以用到光合作用研究中来。

光合作用的另外一个谜团是：生化反应起源是自然界最重大的事件之一，光合作用的过程是一系列非常复杂的独立代谢反应，它究竟是如何演化而来？美国亚利桑那州立大学的生化学家罗伯特教授说："我们知道这个反应演化来自细菌，大约在 25 亿年前，但光合作用发展史非常不好追踪。有多种光合微生物使用相同但又不太一样的反应。虽然有一些线索能把它们联系在一起，但还是不清楚它们之间的关系。"罗伯特教授等人还试图透过分析五种细菌的基因组来解决部分的问题。他们的研究结果显示，光合作用的演化并非是一条从简至繁的直线，而是不同的演化路线的合并，把独立演化的化学反应混合在一起。也许，他们的工作会给人类这样一些提示：人类也可能通过修补改造微生物产生新生化反应，甚至设计出物质的合成反应。这样的工作对天文生物学家了解生命在外星的可能演化途径，也大有裨益。

我国著名科学家匡廷云院士曾深有感触地说："要揭示光合作用的机理，就必须先搞清楚膜蛋白的分子排列、空间构象。这方面我们最新取得的原创性成果就是提取了膜蛋白，完成了 LHC—Ⅱ 三维结构的测定。由于分子膜蛋白是镶嵌在脂质双分子膜里面的，疏水性很强，因此难分离，难结晶。"现在，中国科学院植物所经过多年努力已经提取了这种膜蛋白，在膜蛋白研究上，我国已经可以与世界并驾齐驱。

那么是否可能会有那么一天，人们可以模拟光合作用从工厂里直接获取食物，而不再一味依靠植物提供呢？科学家们认为，这在近期内是不可能的，因为人类对光合作用的奥秘并不真正了解，还有很多问题需要进一步弄清楚，要实现人类的这一长远理想，可能还要付出更为艰辛的努力。

水是否存在一种新的形态

在任何一本教科书里都这样写道：水是一种化合物，它的分子式是 H_2O。可是，人们果真知道水是什么东西吗？其分子式对不对？有一点很清楚，水的分子式被人们简单化了。人类受到汪洋大海的包围，而海洋是如何形成的，海洋水到底是什么物质，我们都还茫然无知。

古希腊的哲学家们看到流水源源不断，就得出结论说：水同土、空气和火一样，也是一种元素。地球万物都是由这四种元素构成的。哲学家们的说法堪可称为超群的见解，直到 17 世纪以前，人们始终觉得他们的说法无懈可击。

在 1770 年以前，人们把气体混合物的爆炸视为壮观的景象。点燃氢和氧，燃烧后自然生成了水。可是当时没有谁留意到进行这种反应时生成的那一点儿水分。人们只顾争论水能不能变成"土"的问题了，为了观察水能不能变成土，天才的法国化学家安托万·罗兰·拉瓦锡用三个月的时间,连续做着水的蒸馏试验。

当时,以毫无根据的假设为依据的"燃素说",由于受到名人的推崇而名赫一时,它阻碍了人类认识的发展。"燃素说"论者认为,燃烧着的物质能够释放出"燃素"。尽管这位拉瓦锡已经发现了金刚石是由碳组成的,还分析了矿泉水的成分,但他早年也信奉着"燃素说"。

詹姆斯·瓦特这位工程师和蒸汽机的发明家,最先认清了水的本质。他虽然不是化学家,也没有进行过相应的试验,但他却不固守偏见。詹姆斯·瓦特于1736年生于苏格兰,他在各个方面都表现出了出众的才华并取得了杰出的成就:制成了数学运算器、天文仪器、蒸汽机的模型。他热衷研究着技术上的新方向——后来得名的工艺学。瓦特成功地发明了完备的蒸汽机。恰恰由于不受偏见的束缚,瓦特才最先意识到自己的同时代人所进行的试验的意义所在。1783 年 4 月 26 日,他在给 J·波里斯特利的信中写道:"难道不应当认为水是由燃素(氢)和非燃素气体(氧)组成的吗? ……"

他的说法得到了人们的支持。英国的学者对他的发现笃信不疑。是年 7 月,一个年轻的助手作为科学小组的成员访问了法国,并将瓦特的新见解告诉给了拉瓦锡。

拉瓦锡重新做了主要的实验并领悟了这一发现的重大意义。当即将实验结果上报给了法兰西科学院。在报告中他对英国学者的研究成果只字不提。结果,拉瓦锡在欧洲大陆上获得了头功,赢得了盛名。围绕发明优先权属于谁的"水之争"从此开始,持续了几十年。瓦特早在 1819 年去世,到 1835 年他的发明优先权才得到了最后的确认。

当时,革命的风暴正在震撼着欧洲,1794 年 5 月 8 日,拉瓦锡这个皇家税务总监被送上了断头台。战争爆发,帝国瓦解,学校和教学计划都重新改组,但对于水的认识,除了瓦特的发现外,并没有产生任何新的东西。

其实,水完全不是发明家瓦特所说的那种简单的化合物。事过二百五十年,人们才逐渐看到,在正常温度下并不存在水的单个分子,虽然可以无可置疑地说水属于流体,但它却具有固定的结构,一定量的 H_2O 合成了井然有序的浓缩物。水是彼此呈晶型聚合的 H_2O 集团组成的液体。

要具有一种液体能够溶化"水的晶体",如同溶化盐和糖那样,人们就可以更细致地研究水,那该多好! 然而谁也没有找到这种液体。时至今日科学家们还在猜测着:水的晶体里是由八个还是十二个,或者三百个单个的 H_2O 组成? 也许是由大的或是小的集团组成? 难道水的组成取决于水的温度吗? 哪些测定方法令人置信? 科学家们相信"精诚所至,金石为开",水分子的奥秘终有一天会被揭开。为此,他们付出了更多的努力。

1970 年,物理化学家鲍里斯·捷利亚金提出了不同以往的"聚合水"的新理论。

捷利亚金用石英毛细管冷却水蒸气,实验显得平淡无奇。实验中他似乎觉得自己制得了从未见过的一种新的水。这种水的比重比普通水大 40%,在 -40℃ 温度下凝结成玻璃状的冰。科学家们以为聚合水是实验纯度不佳、做法错误出现纰漏的产物。后来,当各国报界对"聚合水"纷纷进行报道的时候,捷利亚金的发现才引起科学界的重视。

理论家们开始感到,电子计算机的运算和某些原理可以证实聚合水的存在。人们又去做实验,竟真有人发现捷利亚金的结论是正确的!水确实存在着一种新的形态。于是,西欧的学术刊物用大量篇幅报道了聚合水。对于聚合水的存在,有人狂热地支持,也有人激烈地反对。

人们凭常识就可以解释聚合水的产生:像塑料中无数单个的分子能够形成聚合物,乙烯的分子能够合成聚乙烯那样,水的分子聚合形成聚合水——道理何其浅显! 或者并非如此?

初看起来,科学家们可以通过实验轻而易举地解决这场"简单的"争论,其实谈何容易! 如果准确地按照捷利亚金的方法进行实验,所得结果就与捷利亚金的相同;一旦实验稍有改变,其结果就完全各异,甚至截然相反。人们因此不得不采取了折中的解释:如果水放置在毛细管里,那么就能产生一层特殊的水,具厚度为千分之几毫米,它便是水的特性现成因。

1973 年夏,来自各国的科学家聚会马尔堡这座规模不大的大学城讨论水的问题。大会学术论文业已安排就绪,会刊又发表了其他学者对新型水的研究成果。不料突然从莫斯科传来消息说,捷利亚金已经放弃自己原来的观点,他以为自己的发现与水的结构可能毫不相干。

在科学上这种情况屡见不鲜。在学校教科书里,并没有花费笔墨去描写探索真理的复杂而又矛盾的过程。

时至今日,聚合水的争论也没有就此而止。测定的结果依然无法解释。我们期待着这个难解之谜早日被揭开。

物质的另外四种形态

物质存在有几种形态呢? 人们看到这个问题,也许会十分肯定地回答,物质存在有三态,即气态、液态、固态。

在气态中,组成气体的原子或分子的能量非常高,各个分离的分子间的引力较低,以致各个分子可以独立地进行不规则的运动。如果分子或原子的能量降低到某点,那么分子就不能再保持其独立性而相互之间开始发生关联,但此时尚有足够的能量可供给分子进行运动,使分子在其他分子之间流动,这就是液体。假使分子的能量进一步降低到某一点时,分子之间的联系更加紧密,各个分离的分子不能互相流动,而被固定到了某个位置上,这时我们就称之为固态。

然而,随着科学的不断发展,人们渐渐地发现,物质好像并不是严格地按照这三种状态存在着,在它们之外,还有着其他的存在形式。

到了现代,有科学家提出,物质还存在着另外四种形式,即等离子态、超高压态、辐射场态、超离子态。

等离子态:当温度升高到数百万度或更高时,物质组成的基本单元——原子的核外电子,就会全部变成游离状态,此时气体就成为自由电子和裸露的原子核的混合物了。根据科学家的研究认为,在一定的超高温的条件下,任何物质都有可能成为等离子态。例如水银灯中、雷雨天中的闪电里都有这种等离子态存在。目前,等离子态已被广泛地应用于高能物理研究、激光、核聚变等。

超高压态:如果对于某种物质施加几百万个大气压时,其物质中原子核的核外电子就会被压变形,使带负电的电子和带正电的原子核压在一起,这样物质就会变得结构十分密集。其密度大得惊人,每立方厘米的超固态物质,可达几万吨。天文学家是最早的超高压态的发现者,他们通过对宇宙中的矮星、中子星等观察,推测这些星球的密度就处于这种超高压态。目前,这种超高压态的物质在我们地球上也成功地被制造,由于其密度极大而十分坚硬,通常用于钻探、切割等方面。

对于超离子态、辐射场态目前了解得还很少,至于它们将会为人类带来什么样的影响,我们暂时无法预知。在我们对物质形态有所了解之后,又发现了这几种物质存在形式,那么物质是否还有其他的存在形式呢?只能由未来人告诉我们答案了。

放射性元素之谜

在自然界或科学实验中,有一些原子是极不安分的,它们能够自发地产生变化,有高能粒子或 γ 射线光子从它们的原子核中逃掉。由于原子核中的粒子数的减少,这种原子就变成了另外一种原子,而属于同一种元素的原子可以称为这种元素的同位素,这种能够从原子核释放出高能粒子和射线的原子,我们一般称之为有放射性的原子。由这种原子构成,或由放射性同位素所组成的元素,就是放射性元素。

放射性元素一般分为两类:天然放射性元素如铀、钍、镭等;另外是人工合成的人工放射性元素,如锝、钷、锫等。化学元素周期表显示的情况表明,在已发现的107 种化学元素中,排在靠后的基本上都是放射性元素,并且以人工合成的放射性元素居多。另外一些本身并无放射性的元素,其同位素却具有放射性,这类放射性同位素也占有相当大的比重。

放射性元素都具有一个相同的特点,那就是,其原子不断进行变化并释放高能粒子和 γ 射线,这种变化根据自身元素的不同,时间则长短不一,长者可达数亿年,短则仅仅为几千分之一秒。因而,我们对于这种放射性元素的寿命很难估测,在化学上通常采用一种称为"半衰期"的计算方法,就是一种元素其衰变为原一半所需的时间。这种半衰期的测定既复杂、又简单。说其复杂,包括对元素内部原子活动情况的测定,这种原子发生变化可能是瞬间完成的,也可能需要很长时间,所以其原子变化是较难观测的;说其简单,就是当原子发生变化后,则很容易计算出其整体变化。放射性元素的半衰期实际上就是对于该元素的稳定性的一种制定。如钍 323 这种同位素的半衰期为 140 亿年,所以无论从宏观还是从微观来讲,几乎与非放射元素一样具有较高的稳定性。而氦 5 这种同位素,其半衰期仅仅有一千亿亿亿分之一秒,因此人们是很难看到它的存在的。

放射性元素最早是法国物理学家亨利·贝尔勒尔于 1896 年发现的,从那时起,人们就开始探索放射性元素为什么会有放射性。目前研究结果使人们对此有了大概的了解和认识,一般元素其原子核中有 84 个或多于 84 个质子的元素都是放射性元素。在原子核中,质子是带有正电荷的,根据库仑定律,"同种电荷相互排斥"理论,这种质子之间的相排斥力使得原子核结构很不稳定,因而,只有放出带正电荷的质子才能保持稳定状态。当质子被释放后,其原子核中质子数目减少,因而就变成了另外一种元素。一种元素是否稳定,主要取决于原子核内的中子与质子数值的比,即 n:p。这个比值太大或太小都是原子核不稳定的因素所在,通常认为在 1.2:1~1.5:1 的范围内,是元素稳定的条件。

对于放射性元素为什么会通过释放质子或捕获电子来达到这种原子核的稳定状态,以及为什么 n:p 在 1.2：1~1.5：1 之间,元素才具有稳定性这一现象,目前还无法准确地回答,还有待于科学家的努力。

"海水提铀"的设想

铀作为一种放射性化学元素在国防、工业、科研中有着极其重要的地位。由于其核裂变时能释放巨大的能量,从而成为核武器的主要原料。

随着人们对于铀的认识由过去的单一性向多元化转变,从而更加重视起了对铀的开发和利用。目前全世界拥有核武器的国家很少,而核工业国家却不断地发展,核能也由单纯的军事型转变为民用型,核电站就是这种转化的典型代表。目前世界上各国的核电站原料能源大都采用铀。因而人们从以往的淘金热,变成了淘铀热。据科学家分析,全球陆地上的铀矿总和约可产铀 250 万吨,也就是说,如果全世界都采用铀为原料制造核武器、核电站以及在航天、航海中应用核燃料的话,那么用不了多长时间,大陆上的铀矿就会被开采一空,而为之所建立的一切设施将变成一堆废钢铁。

专家们又提出,铀在海水中的总量超过陆地总量的一千五百多倍,这无疑为有核武器、核工业的国家注入了一针强心剂,于是人们便开始了海中寻铀的艰难工作。

在人们头脑一阵发热之后,才慢慢地发现,这是一场多么艰难的工作呀!铀在海水中的浓度仅为十亿分之三,也就是说,一千吨海水中仅含有三克铀,铀存在于海水中的三碳酸盐复合物中。人们在处理了大量海水之后才发现,从海水中提取的铀所能释放的能量仅仅相当于或略高于将其从海水提取过程中所消耗的能量,这未免有些得不偿失了。于是科学家们又开始探讨新的方法,以减少耗能而获取更多的铀。

美国科学家们用有机树脂分离海水中的铀与几种其他金属,在实验室研究中获得了成功,但是由于有机树脂的吸附率较低而大量生产成本较高,很难在实际工业中应用。后来,又经过长期地探索,终于发现了一种较为理想的新的铀吸附剂——水合二氧化钛,并且就此而研制出了一套以二氧化钛为基础的海水采铀的技术。

在这众多的研究大军中,我国科学家们为此做出了重大贡献。他们研究发现,氧化铝、氢、氢氧化铁和氧化锌的吸铀能力最强,并且已在实验中得到证实。如果在实际工业中能够得以应用的话,那么提取铀的成本将大大下降,这无疑为海水提铀工业做出了巨大的贡献。

另外,国外一些研究机构,也发现了较为经济简便的抽铀方法,他们研制开发了一种负离子交换剂,其吸附铀的效果也十分显著,在实验室中的表现上乘,但是在利用潮流的海水实验中,却令人失望。如想突破这个大关,尚需要另外研制一个与之完全不同的抽铀工艺流程。

总之,"海水提铀"的设想是伟大的,而完成这个设想是极为困难的。目前世界上有数以千计的科学家和研究小组,仍在不懈地努力着,或许会有一天,"海水提铀"不再是一个神话,但现在我们只能将其列为一个尚未解开的谜。

水也能助燃吗

中国有句俗语叫"水火难容",意思是说水是火的对头,两者是势不两立的事物。水能灭火也是常见的事实。大家知道,哪里发现火灾,消防车就会隆隆地开去,喷出"大水",火便会很快熄灭。

但是,在特定的条件下,水却能帮助燃烧哩!或许您早已注意到,在工厂或老炉灶旁边的煤堆里,工人师傅常把煤堆浇得湿淋淋的,如果您问他们为什么要浇水时,他会告诉您说:"湿煤要比干煤烧得更旺。"

难道这是可能的吗?

原来,世界上一切事物,都会按不同的条件表现自己的独特性格。水也不例外,其实水能助燃,也表现在日常生活上。当你在烧开水时,如果壶里水开了溢出来,落到煤炉上,顿时火焰会变得更旺。究其原因也不复杂,因为,当炉膛中煤燃烧的温度很高时,加入水,就会和煤起化学作用生成一氧化碳和氢气:

$$C+H_2O\xrightarrow{\Delta}CO+H_2$$

一氧化碳和氢气都是燃烧的能手,这样一来,炉膛内的火就会烧得更旺,水能助燃的奥秘就在这里。

为了证明上述原理,我们可以做下面一个实验。烧瓶中放入 200 毫升水,在另一燃烧管中放入粒状硬质煤块,实验开始时先用小火匀热燃烧管,再用大火对着煤块加热使煤块变红,同时把烧瓶中的水煮沸,使水蒸气通过燃烧管,此时在另一端燃烧管中点燃,就有蓝色火焰出现。

这个实验,也是工业上制造水煤气的原理。

除碳外,水也可和其他非金属元素起作用:

水和氟能在常温下发生剧烈反应,生成氟化氢和氧气:

$$2H_2O+2F_2\rightarrow4HF+O_2\uparrow$$

在光的催化下,氯也可和水作用生成盐酸和浓氯酸:

$$Cl_2+H_2O\xrightarrow{hv}HCl+HClO$$

至于不活泼的非金属元素如溴、碘、磷等,一般就不能和水发生作用了。

探索生物导弹之谜

在海湾战争中,爱国者与飞毛腿展开了一场导弹大战,令世人瞩目。导弹作为现代化战争中一种必不可少的武器,正日益受到广泛关注。

也许你还不太知道,在医学工程中也有一种导弹,它利用高度的准确率将一枚枚载有杀死某种特定物质的药物,发射到预定的目标。执行这种特殊功能的载体,就是目前研究中的生物导弹。

对于生物导弹的制导系统的研究,是生物导弹作用大小的关键所在。我们知道,癌症是目前人类难以攻克的顽症,对于癌症的治疗目前所采用的无非是化疗和放疗。这两种治疗虽然对癌细胞有一定的杀灭作用,但同时也有许多正常的组织细胞在治疗中被杀死。另外,化疗药物随血液循环抵达癌组织时,药物浓度已经很低了,产生不了有效的作用浓度。于是。人们想到能不能用什么方法来使病变局部的药物浓度提高而不杀死正常组织细胞呢?

科学家们在研究中发现,如果将癌细胞从机体组织中提出一部分,将其移植到裸鼠体内,然后多次繁殖,使癌细胞失去原有的生物活性,这时将其与抗癌药物相结合重新注入体内。奇迹出现了,这些载有抗癌药物的癌细胞,具有极高的方向辨别力,进入体内后迅速回到原来癌细胞生长的部位,并且将结合于其身上的抗癌药物也一同带到原有的癌组织中,这时抗癌药释放出来,有效地杀死了癌细胞。这些最初被提取出来的癌细胞,由于其减毒移植后仍具有较强的认亲性,因而是一种极为理想的导弹头。

这种实验目前已被应用到了临床,医学通过对胃腺癌的研究,制成了生物导弹,在临床上收到了良好的效果。但目前仍只是停留在胃腺癌的水平上,因为腺癌比起其他类型的癌细胞来说较为容易被培养分离。在针对其他癌细胞的生物导弹研究中,遇到了极大的困难。

生物导弹作为生物化学和医学领域中的一门新兴科学,已经受到广泛重视。目前,国内外许多医疗科研单位都在积极地研究中;但其提取、分离、结合载体等过程极为复杂,并且制作周期较长,还很难广泛地应用于临床,因此,对于这些方面的研究改进,是我们今后努力的方向,希望人类在制造杀人导弹的同时,也多多关注救人的导弹。

金属陶瓷的奥秘

据测定,当飞行器高速飞行时,其发动机喷出的热量高达5000℃以上,我们知道,太阳表面的温度也不过6000℃左右。什么物质能够在这种高温下不被融化呢?钢铁是远远达不到的,合金钢与之也有一定的距离,于是人们想到陶瓷。陶瓷在这些材料中,耐高温的能力是最强的了,但是陶瓷却有一个致命的弱点,就是太脆弱了,它能耐得起高温,却耐受不了高压。

科学家们在努力研究中终于发现,当在陶瓷中加入一些金属细粉,这样生产出的陶瓷不仅具有极高的耐高温性能,而且大大提高了陶瓷的韧性,这种陶瓷与金属的混合物,就是当今在航空动力学研究中极为受宠的金属陶瓷。

金属陶瓷是由金属和陶瓷原料制成的,既有金属的优点,也有陶瓷的特性,由于其具有较高的韧性、高硬度、高抗氧化性,因而在火箭、高速飞行器中倍受推崇。最常用于制造金属陶瓷的金属原料为铁、镍、铬、钴等,而最常用的陶瓷原料为氧化物、硅化物、硼化物、碳化物和氮化物等。金属陶瓷的生产也较为简单,烧制方法同陶瓷一样,只是将金属粉末物质混入陶瓷土中,根据要求制作出不同形状的东西。

我们会有过这种感觉,当你将酒精涂在手上,不一会儿感到特别凉爽,如果有人发高烧而采用药物降温无效时,我们会想到用酒精来擦涂全身,其目的就是为了散热。金属陶瓷也是这个道理,在火箭的发动机达到最高转数时,产生大量的热,这种高温使陶瓷中的金属物质挥发了,从而陶瓷的温度也随之下降。待陶瓷中的金属完全挥发掉后,这一部分的发动机则已完成了其工作使命,随着控制指令而脱离火箭,同时下一级火箭的发动机被点燃,新的工作程序又开始了。我们通常所说的多级火箭,就是根据这个原理制造的。

另外金属陶瓷具有极高的抗腐蚀性。因而在原子反应堆中,能够抵抗液态金属钠的侵蚀,成为原子反应堆正常工作的保护神。

金属陶瓷虽然存在于世才三十多年,但是由于其自身的特殊性能,受到人们的格外重视,尤其是在航空、航天领域,金属陶瓷真可谓用途广泛。

然而,科学家们更为感兴趣的不仅是它的优秀品质,而是它们这种优秀品质的来源。有人推测陶瓷中加入金属后表现出的特性,不能单单用金属在高温下挥发降温来解释,在金属陶瓷的制作中,其本身是否已经发生了某些化学反应而使之变成具有这种特性的新物质,那么这种陶瓷与金属到底发生了哪些反应,我们尚无法判断。而对于那种单纯金属挥发的解释,也有一定的可疑之处,这些还有待于今后的研究方能证实。

氢能够被制成金属吗

氢在自然界一百多种化学元素中可以称得上"老大哥"了,因为其原子序数为1,所以即使对化学知识了解很少的人,也会首先想到它。氢也正是由于其得天独厚的地位,因而引起了科学界的广泛瞩目。

氢作为化合物的形成存在于我们的周围,已被人们广泛认识。如我们饮用的水(H_2O),就是氢和氧化合而成的物质,我们胃内的胃酸即盐酸(HCL)也是一种氢的化合物。其实在我们机体的细胞组织中含有的氢离子(H^+)则更多了,它们在我们生命的活动中,起到重要作用。氢以非化合物形式存在,我们也对此有些了解,如液态的氢是目前航天领域中独领风骚的动力燃料,其燃料所产生的热能远远超过了我们现已知的可用性燃料,并且其体积小、重量轻,已成为航天器中最为理想的动力来源。

在氢为我们创造了大量不朽杰作的同时,人们不禁又突发奇想,氢在常态下是以气体的形式出现,能不能将氢制成金属呢?这种想法不是没有科学道理的,因为与氢同属一族的其他元素都是金属,唯独氢是气体,这看起来似乎不应该,那么有没有什么办法将氢制成金属呢?

英国物理学家贝纳尔早在六十多年前就曾做出一种预测,只要有足够的压力,任何非金属物质均能够变成金属。因为在极大的压力下,可以使原子之间的化学键受到破坏,使原子间距缩小,从而使原子间的相互作用大大加强,将原来只能在一定分子轨道上运动的电子变成自由电子。这样,该自由电子就变成各个原子所共有,从而形成具有自由电子的金属了。按照贝纳尔的设想,科学家们便着手于这项巨大的工程研究,结果是令人惊奇的,科学家们在超高压的作用下,已成功地将非金属物质如磷、碘、硒、硫等变成了金属,使之成了既有金属光泽,又有良好导电性的金属物质。进入 20 世纪后期,科学家们又成功地将氙气在 32 万大气压和 32K 的条件下变成了金属氙,随后又在 100 万大气压下成功地制成了具有金属光泽的氧。于是人们又开始向更高的尖端进发了,他们要制出金属的氢。

据科学家分析,金属氢将具有极为特殊的性质,如常温超导性、高导热性以及高储能密度。当然,这些仅仅是科学家们的推测,至于金属一旦制成,是否真的像人们所想象的那样,目前还一无所知。人们一次次地尝试均失败了,然而这更激发了科学家们的斗志和探求精神,终于人们在超高压压力机下得到了一线希望。当超高压压力机达到 100 万个大气压时,人们在两个压砧之间通入纯度极高的氢气,并且将温度降至 4.4K 时,奇迹发生了,人们终于在两个压砧之间得到了一种具有金属光泽,其电阻率不足原来百分之一的金属氢。更值得欣慰的是,当人们将超高压力减少时,其仍能稳定地处于金属状态;这无疑为那些苦苦探寻金属氢的科学家们注入了一针强心剂,于是他们又开始向更高的阶梯攀登。

但是,目前摆在我们面前的困难还很多,如超高压机的研制、开发,金属氢常温下能否稳定存在,以及将来能否大批量地生产与制造,这一切我们现在还无法告诉人们。至于这个美好的构想能否实现,还有待于时间来回答。

反复不定的"化学振荡"

一支试管内溶液的颜色一会儿变红,一会儿又变蓝,呈现出有规律的节奏,煞是迷人。这种现象叫"化学振荡"。

提起振荡,人们并不陌生,如钟摆的往复摆动,弹簧的自由伸缩,心脏的收缩和舒张,电路中的电流或电压在最大值和最小值之间重复变化的过程等都是振荡。说起化学振荡,其实,也是一种随时间周期性重要变化的过程,只是这一过程发生在化学反应中。

最初发现化学振荡现象是在 1873 年。德国化学家李伯曼曾经做过一个有趣的"汞心脏"实验。当时,李伯曼把水银放在玻璃杯的中央,再把重铬酸钾和硫酸的混合溶液慢慢地注入杯中,然后将一个铁钉放在紧靠水银附近的溶液中。他惊奇地发现,水银珠就像心脏似的跳动了起来,他认为,这是由于化学反应使得水银的体积发生了周期性变化造成的。此后,化学家们还发现了许多别的化学振荡现象。

化学振荡究竟是怎么一回事呢? 这种现象一出现,就有人对它进行了研究。
1910 年,洛特卡提出了一个以质量作用定律为基础的振荡反应数学模型;到了1931年，沃尔特拉在洛特卡模型的基础上，又提出了一个更完善的模型，这个模型就以他俩的名字来命名，称为洛特卡—沃尔特拉模型。虽然这一模型为化学界所普遍接受，但它并不是尽善尽美的。

尽管化学家对化学振荡现象还不甚了解，生物学家对化学振荡却如获至宝，企图用它解开"生物钟"的奥秘。不论在植物体、动物体还是人体内，都存在着一些周期性的现象，例如植物的花开花落，春华秋实，动物的冬眠夏徙、昼出夜归，人类的一日三餐、早起晚寝，这些现象的周期虽然不很精确，却是客观存在的。即使在消除了外部节律的人造环境中，这些"生物钟"现象依然我行我素。于是，生物学家便关注起了生物体的内部节律：生物体内是不是存在着某种周期性的化学反应？是不是由于化学振荡现象在其中"捣鬼"？果真如此，事情也未必会水落石出，因为任何化学反应都将受到外部环境因素的影响；如温度、光照等等，而"生物钟"却不是这样。化学振荡和"生物钟"究竟有何瓜葛？要解答这个问题，首先必须搞清楚化学振荡的本质，对此，化学家们正在做积极地探索。比利时著名科学家普利高津教授曾断言：化学振荡现象只能在化学耗散过程才可能出现。这为解开化学振荡之谜开辟了一条新的途径。

气与水的化合物——可燃冰

若干年前，苏联有一位天然气专家为了研究往天然气井里注水对产气量的影响，让工人把20吨水注入一口气井里。不料，天然气出不来了，刚刚还出气的气井顿时变得死气沉沉。难道水会压住天然气？这是不大可能的事。这位天然气专家决定向气井里注入2吨甲醇。没有几个小时，气井又喷气了。他继续研究这一奇怪现象，发现原来气体在低温和高压条件下很容易形成水化物。在气井深处，温度低，压力大，水注入之后，就跟井里的天然气很快结合起来，形成一种特殊的水化物——可燃冰。气与水形成冰，气又如何喷出气井呢？而注入甲醇之后，甲醇与水有很大的亲和力，这样就破坏了可燃冰的结构，让气又解放了出来，重新喷出地面。

人们很自然会想到在大海深处，很可能存在丰富的可燃冰。经过海洋学家和化学家的努力，这个猜想终于得到证实，在北极的海底发现了大量的可燃冰。可燃冰的结构很奇特，在一个可燃冰气体分子周围，包围着六个水分子，只要把水去掉，就是一种理想的燃料。它的热值很高，在每立方米可燃冰内压缩着200立方米的可燃气体。它们的储量在海洋里也大得惊人，现在已探明的储量，比煤、石油和天然气的总储量还要大几百倍。至少可供人类用上几千年。

在海洋底部为什么会形成这么丰富的可燃冰，至今没有研究透。据推测可能因为海底压力大，海洋里的生物死后尸体沉入海底，经过细菌分解，生成甲烷、乙烷等可燃性气体，然后与水结合形成可燃冰。自古至今，一年又一年，就形成了这样的可燃冰矿藏了。但是,这种解释虽然有道理,却显得苍白无力。按说气体比水轻,它应该冒出海面,释放到大气中来。为什么反而钻入海底,与水结合呢?还有一个问题,海洋的生物死亡之后,尸体一般都是浮在海面,很少沉入海底的,不沉入海底,又如何谈得上分解成甲烷和乙烷可燃性气体呢?如果上述理论成立,那么陆地上的天然气早就应该与地下水形成可燃冰了,为什么没有这样呢?所以,此论不足取。

人们对可燃冰有如此大的储藏量感到高兴,但要开采却有不小的困难。因为它们都沉睡在海底,人无法下去开采。这就需要一种有效的破冰剂,在机器人的操纵下进入海底,用破冰剂破坏可燃冰的结构,同时又能集中收集可燃性气体。这当然是未来的任务了。

超强酸的强烈腐蚀性从何而来

酸是化学物质当中的一个大家族,它的成员包括盐酸、硝酸、硫酸等,都是参与化学反应的重要物质。人们对酸的认识是逐步深入的。起初人们只知道醋酸,到17世纪,荷兰化学家才发现了盐酸、硝酸和硫酸,但是这远远不是"酸"类物质的尽头。

人们知道,盐酸、硝酸、硫酸可以溶解其他金属,但是对于黄金却无能为力。黄金不怕酸的时代并没有延续多久,化学家们就发现,如果将浓硝酸和浓盐酸按照1:3的体积比混合,所得到的混合酸液的酸性强度比上述几种酸要强得多,黄金遇到这种混合酸液就像"泥牛入海"一样,很快就变得无影无踪。无怪乎人们称这种混合酸液为"酸中之王"——王水。

在很长的一段时间里,人们认为最强的酸就是王水了,不会再有新的"酸王"出现了。就在人们对强酸没有什么新追求的情况下,在一个圣诞节的前夕,美国加利福尼亚大学的实验室里却传出了一则惊人的消息:奥莱教授和他的学生偶然地发现了一种奇特的溶液,它能够溶解性质非常稳定的蜡烛。这种奇特的溶液是1:1的 $S_6F_5 \cdot HSO_3F$ 溶液。

我们知道,蜡烛是高级烷烃,通常不与强酸、强碱甚至强氧化剂作用,但1:1的 $S_6F_5 \cdot HSO_3F$ 溶液却能让它"粉身碎骨"。奥莱教授对此现象非常惊愕,他把这种溶液称作"魔酸",后来又称做超强酸。

$SbF5 \cdot HSO3F$ 超强酸的发现,重新点燃了人们对强酸研究的兴趣之火。迄今为止,化学家们又找到了多种新的超强酸。不仅有液体超强酸,还有固体超强酸。

从成分上看,超强酸都是由两种或两种以上的化合物组成的,且都含有氟元素。它们的酸性强得令人难以思议,真不愧是酸中的"巨魔"。例如,当其"摩尔比"为1:1时,其酸性强度约为浓硫酸的十亿倍。它们是强酸家族的新秀,也是名副其实的超级明星,王水在它们面前只是"小巫见大巫"了。

现在已知的几种超强酸,除了可以做催化性能极高的酸性催化剂以及做有机化合物和无机化合物的质子化试剂外,在其他领域里还有哪些应用,这方面的谜也藏得很深很深,等待着人们去发现。

解决温室效应的尝试

1990 年地球出现创纪录高温,平均气温为 15.5℃,是一百多年来地球最热的一年。美国空间气象研究所认为,1880 年以来,地球出现的七个最热的年头均发生在 1980 年以后。20 世纪 80 年代平均气温比上个世纪同期高 0.6℃。

1989 年 7 月,在巴黎召开的七国首脑会议上,七国首脑呼吁,共同努力,限制二氧化碳和其他"温室气体"的排放,"要放慢全球变暖的过程"。环境专家制定了苛刻的规定并提出增加巨额的新税收。全球的经济投入和社会干预规模将是巨大的,这将有可能改变人们的生活方式。

"气候变化——需要全球合作",这是联合国环境规划署制订的 1991 年世界环境日的主题。气候变化目前已成为举世关注的热门话题。所谓温室气体,是指当阳光照暖地球时,大气低层的水蒸气、二氧化碳、沼气和人造氯氟烃等具有温室玻璃的作用,保留部分热量使地表变得越来越暖。监测结果表明,一百年来大气中二氧化碳浓度已增高了 25%。全世界 90% 的能源来自煤炭、石油和天然气,每年向空中排放 55 亿吨二氧化碳。仅从 1958 年以来,二氧化碳就增长了 11%。沼气在温室气体中含量仅次于二氧化碳,是沼泽地、水稻田、蚁巢和反刍动物等排放的,总量每年递增 1%。氯氟烃是从电冰箱、空调器、泡沫塑料、喷雾器中释放出来的,数量虽少,但比二氧化碳的吸热能力强几倍,且具有破坏高空臭氧层的作用。联合国预测,如果人类对二氧化碳的排放不加限制,到 21 世纪末,全球平均气温将上升 2~5℃,其增暖幅度将是一万年来所从未有过的。同时,气候变暖将会导致海平面升高 30~100 厘米,许多海拔低的岛屿和大陆沿海地区将会葬入海底。目前,地球平均气温上升不到 1℃,听起来似乎没什么了不起。然而,当年地球气温仅仅上升 5℃,就使地球摆脱冰河时代,自然景观发生翻天覆地的变化。为防患于未然,人类必须采取相应的措施。

最近,美国海洋学家提出了抑制温室气体、控制全球变暖的新设想,将约三十万吨铁投入全球 18% 的海洋中去,铁作为一种"肥料",可促使海洋中浮游植物繁茂生长,通过光合作用每年吸收近二十亿吨的二氧化碳,增强海洋的固氮能力,这是对付温室气体使全球变暖的最简单途径。

但是,给海洋施铁肥料的工程十分巨大,选择适当的施肥地点有较大的困难,还要考虑到生态方面的问题,这种新设想目前还不能实现。何时实现,能否实现,还需要时间。

第五节　探寻心理的真相

心理学是研究人和动物心理现象发生、发展和活动规律的一门科学。"心理学"一词来源于希腊文,意思是关于灵魂的科学。随着科学的发展,心理学的对象由灵魂改为心灵。心理学家在尽可能地按照科学的方法,间接地观察、研究或思考人的心理过程(包括感觉、知觉、注意、记忆、思维、想象和言语等过程)是怎样的,人与人有什么不同,为什么会有这样和那样的不同,即人的人格或个性,包括需要与动机、能力、气质、性格和自我意识等,从而得出适用于人类的、一般性的规律,继而运用这些规律,更好地服务于人类的生产和实践。

神奇的第六感

第六感通常的表现是似曾相识,比如人们有时对于眼前的景象非常熟悉,似乎已经发生过,但你却清楚这可能是第一次面对此情此景。

另外一种表现就是先知先觉。很多情况下,能够预测到未来发生的事情。虽然我们可以用例如直觉对此提供一种合理的解释,但是这种现象的本质和缘由仍然是一个谜。

不管我们称其为直觉、"第六感"或者其他什么名词,人们在某个时刻都体验过此经历。当然,直觉往往是不准的。有多少次你确保飞机在出现紊流状态时能安全降落呢? 但是我们似乎在事情发生的那一刻有时能感应得到。心理学家认为人们在潜意识中收集了各种周遭信息,这些信息帮助我们去预知某些事情,而我们根本不知道这些事是怎么发生的,也不明白自己为什么能感觉得到。同时我们也很难解释其中的奥秘,就连心理学家也只能给出一部分现象的解释。

每一个人的一生中恐怕都会有一次碰到突然萌生的奇怪感觉。在看什么东西的时候,会突然意识到:这事有一次曾经发生过,我曾经到过那里,做过这件事,听过这样的话,当时也是这样的灯光……在那一瞬间,大脑给我们发出一个信号,说是它认出了发生的事。这种现象便称之为记忆错觉,也称回忆幻想。人怎么会出现对未来的回忆呢? 科学家称这类感觉也叫"第六感"。那种似曾相识的感觉,你有过吗?

动物能够通过察觉环境中发生的微妙变化,来感知迫在眉睫的危险。而人类究竟有没有这种可以预知危险的"第六感"呢? 多年来,科学家们对这个问题一直存在着不尽相同的观点。虽然一些学者对人类也同样具有"第六感"的这一说法并不认同，但是美国圣路易斯华盛顿大学的科学家日前经研究证实，人类大脑中确实存在着一个具有早期预警作用的特殊区域。

俄罗斯国立人文大学最高人文学研究所研究人员、哲学副博士列昂尼德·卡拉谢夫有他的一套独到见解。他说，有很多学者都认为记忆错觉是源于过度疲劳、大脑混乱，所以把未知当成已知，他却倾向这是一种"全息摄影错觉"。

众所周知，生理学上将人类的感官分成五种：视觉、听觉、嗅觉、味觉和触觉。从分子水平上看，这种划分甚无道理。我们对外界刺激的感觉，是通过被称为受体的蛋白质进行的。视觉比较独特，通过光受体感觉光线刺激，但听觉和触觉实际上是同一类，都是通过机械性受体感觉机械刺激。嗅觉和味觉也是同一类，它们具有化学受体，感受化学分子，只不过，嗅觉感受的是气体分子，而味觉感受的是液体分子。所以这五种感官，实际上是三种。

人类和动物一样具有第六感。视觉、听觉、嗅觉、味觉和触觉——自古希腊亚里士多德提出人类有五种感觉之后，这一观点一直得到人们的认同。但是，长久以来，也有人相信人类存在着一种超过这五种感觉的"第六感"。

几年前，美国"每日科学"网站报道，美国科学家的最新研究显示，人类也具有类似鲨鱼对电流的第六感。而2005年，美国华盛顿大学脑心理学专家的研究结果显示，人类大脑额前叶的某一部会对某些危险情境起到预警作用。

尽管科学界还没有给"视、听、嗅、味、触"这五大感觉之外的"第六感"命名，但相关的研究却并不少。科学家曾根据这个感觉的特征——直接影响人们感情、情绪，提议将其命名为"类嗅觉"或者"情觉"，而国外目前通常的称法为"费洛蒙感觉"。

第六感研究领域最主要的讯息来源是动物界。动物心理学家丹尼斯·巴登在《动物心理学》一书中，用很大的篇幅描绘了动物的"第六感"。书中提到，1940年希特勒对伦敦进行大规模轰炸，在德国飞机袭击前数小时，有一些猫就在家中来回走动。频频发出尖叫声，有些咬着主人的衣裙拼命往外拉，催促他们迅速逃离。动物发出的种种奇特信号，使得科学家开始破译动物神秘的第六感。英国生物化学家鲁珀特·谢尔德雷克二十年来一直从事科学实验，他认为心灵感应和预感等现象可以从生物角度得到解释，它们是正常的动物行为，它经过了数百万年的演变，是为适应生存的需要而形成的。谢尔德表示，人类的第六感同样是从祖先那里继承的技巧。

在对动物界进行探索后，科学家指出动物界普遍存在着对外激素（信息素）的感觉。外激素是动物分泌的化学物质，用于影响同种动物的行为。通过研究，科学家认定感觉外激素的器官叫作犁鼻器，这是一个位于鼻中隔底部的软骨结构。

目前，人类外激素也已被科学界确认，只是，接受人体外激素的器官犁鼻器却已高度退化。只有在胎儿和新生儿中,还有明显的犁鼻器结构。犁鼻器(vomeronasal organ),又被称作费洛蒙鼻嗅器。最先被发现有鼻嗅器的高等动物是蛇类。因为蛇的舌头尖端是分叉的,它常常伸出嘴外品尝空气的特别香气分子,一旦嗅闻到一些气味,它就会把缩回的舌尖放置在口内的鼻嗅器上,以便鼻嗅器感觉。

人类的鼻嗅器最先是由美国的解剖学者在解剖尸体时发现的,后经两位电子显微镜组织学家莫兰(David Moran)及杰夫克(BruceJafek)证明无误。

美国学者利用研究昆虫触角电析法的测量法,将电极放置在人类鼻嗅器上,再将讯号放大,结果发现,和其他昆虫、老鼠一样,可以测量出不同化合物所引起的直流电压变化。结果显示,男性的鼻嗅器对女性皮肤分泌的醇类物质特别敏感,而女性的鼻嗅器对男性皮肤分泌的酮类物质特别敏感。那么从鼻嗅器测量出来的反应,跟嗅觉有什么不同吗?为什么要叫它为第六感呢?因为鼻嗅器和鼻内的嗅觉上皮层位置不一样,而且后者有神经和大脑相连接,而前者尚未找到与大脑连接的神经。

与此同时,随着更多的科学研究,科学家发现在人类身上还存在着其他"第六感官",这些也是通过对动物的比较研究得出的。鲨鱼在捕猎和水中游弋时能迅速地感知到电流信号。这种超强的能力曾被视为鲨鱼的第六感。日前,美国佛罗里达大学的马丁·科恩(Martin Cohn)及其实验室称发现了这一第六感官,并指出人类也具有此感官。该文曾发表在《进化与发展》(Evolution&Development)杂志上。

马丁·科恩指出,鲨鱼头部有个能探测到电流的特殊细胞网状系统,被称为电感受器。鲨鱼就利用电感受器来捕食猎物。同样,鲨鱼还能借助地球磁场在浩瀚无边的海洋中辨别方向。马丁·科思认为这就是鲨鱼具有第六感的表现。

为了对鲨鱼的第六感进行探究,美国研究人员对小斑点猫鲨的胚胎进行了研究。通过分子测试,他们在鲨鱼的电感受器中发现了神经嵴细胞(neuralcrestcells)的两种独立基因标志。神经嵴细胞是胚胎发育早期形成各种组织的胚胎细胞。研究结果显示,神经嵴细胞从鲨鱼的脑部转移至其头部的各个区域,并在其头部发育为电感受器,成为鲨鱼独特的"第六感"。

人类的神经嵴细胞对人面部骨骼和牙齿的形成起着重要的作用。研究成员之一、路易斯安那大学的生物学家詹姆斯·阿伯特(James Albert)表示人类也曾具有这样的电流感受能力。科学家认为所有的原始脊椎动物,包括人类早期祖先在内都具有电流感受能力。但随着它们的进化,哺乳动物、爬行动物、鸟类和其他一些海洋生物,如鲟鱼和七鳃鳗等还仍旧保留着这种"超能力"。

动物的第六感给科学家以参照,有学者进一步认定,人类的认知系统中也有着独特的"第六感"。

2005 年底时,美国有科学家撰文称,人类大脑可能具有"盲视"的功能。人类可以不通过感觉器官而直接感应到外界信息,近似于一种"第六感"。华盛顿大学的科学家去年的报告指出,大脑额叶部区域可早于人类意识之前感知到危险,并且提供早期的警告帮助人类逃脱。研究人员在研究中发现,脑部的一块区域——又被称为前扣带皮质(anteriorcingulatedcortex,ACC),可能会觉察出环境中细微的变化,并起到预警作用,提醒人们逃脱困境。

针对国外的这些研究成果,大脑能给人预警,是人类的潜意识问题,并不能简单地等同于第六感。"这是一个信息处理区域,根据信息在决定形成过程中的作用来区分处理的先后顺序。看起来,它能够把有关动机和效果的信息联系起来,从而带来认知的变化,改变人们对事物的看法。"圣路易斯华盛顿大学心理学研究员约书亚·布朗博士(Dr.Joshua Brow)表示,当我们有可能犯错误时,甚至在必须做出困难决定之前,前扣带皮质实际上已经察觉到了这种"困境",因此前扣带皮质在大脑对外界的认知与反映中便担当了一个早期的警告系统。当我们的行为可能导致负面结果时,前扣带皮质便预先警告我们,让我们更小心,避免犯错。

实验中,研究人员让健康的年轻人响应在计算机屏幕上出现的一系列信号。参加者必须根据屏幕上所出现的箭头的方向很快地按键盘上的按键。但为了试验出被测试者处理未知事件时脑部运动状况,研究人员有时会插入另一个较大的蓝色箭头,使得参加者必须转换思维,而按另一按键。扫描参加者的脑部活动显示,最后只要仅仅显示与较大箭头相关的蓝色,就足以发动前扣带皮质的活动。研究人员解释,这项研究表明脑部的这块区域提早了解到事物信息,尽管你未必能意识到它。

北师大刘嘉教授指出,我们所感知世界的信息就像一座冰山,但以意识的方式呈现出来的却仅为冰山一角。很多的信息只能是处于非意识状态,存储在我们大脑的某个部位。当在某些情况下,这些信息会"莫名"地呈现,但之前我们也是完成了一个对此信息的存储过程,只是一直处于"潜在状态"。因此,大脑早于我们意识进行一些脑部运动,也是属于大脑认知活动的正常范围。

刘教授还披露,目前国内真正意义上从心理学角度对人类超能力的研究并不多。

国外有人把人类的第六感称为"超感觉力"(英文简写成 ESP)。三十年前,美国曾以心理学家(90%为大学教授)为调查对象,调查他们对"超感觉力"的看法。当时认为肯定有和可能有的人数加起来仅占调查人数的 17%。然而,到了上世纪 70 年代末,美国纽约州立大学的心理学家对全美主要大学 2400 名教授的调查结果表明,肯定"超感觉力"的人上升到了 16.3%,认为大概存在的有 49.3%,大概不存在的占 19.4%,而根本就不承认的仅占 10.9%。也就是说,美国大学教授中一半以上的人是相信第六感实际存在的。

有关第六感的讨论和研究，目前仍然在进行当中。希望有一天科学发展到一定水平能够帮助人们解开"第六感"的秘密。

人类的欲望从何而来

当你准备挑一个冰淇淋的时候，你会选择什么口味的？草莓、香草、还是巧克力？还是全部都选？多年以来，关于人类欲望形成的真正原因一直吸引着全世界各个专业的科学家们，但是很多科学家都认为，我们距离发现自己欲望和喜好的真正原因还相差很远。

我们也许可以预测在某种特定情况下自己将会怎样去做，或者更倾向于怎么做，但是社会学家指出，即使我们熟悉自己的欲望和喜好，人类仍然不能确定这些欲望和倾向的来源。

例如美国纽约大学的社会学家达尔顿·肯利就认为人类目前对自身欲望的驱动力知之甚少，他说："我们认为由于各种的可能原因太过复杂，因此彼此影响，使人们不能确定究竟是哪个因素发挥了决定性作用，这有点过犹不及的意思，由于可能性太多而最终导致研究失去方向。"

对于究竟是什么因素驱动了人类的欲望，社会学家、进化理论心理学家和经济学家各自都有不同的解释，但是目前为止仍然没有一种解释能够合理地揭开事实真相。

举例来说，很多以进化论为理论基础的解释认为，人类的欲望是基于事实产生的，而这种论点本身也具有很多现实依据，并不是完全建立在假设的基础上，这使其更具有合理的一面。

加拿大肯戈尼亚大学的进化心理学家加德·萨德在最近出版的著作《消费行为的进化论基础》中提到，人类欲望的根源是多种复杂因素共同作用的结果，因为研究一个过程的原理和催生这个过程的原因常常是两个概念，因此人类欲望的根源很难找到。

我们也许都知道妇女们可能在月经周期的时候改变口味和食欲，但是知道了这个事实本身并不代表我们知道这一现象的原因。

萨德博士说："可以确定的是，生物因素是决定人类欲望来源的核心因素。这与社会学家研究该问题的思路恰恰相反——他们认为人类降生的时候大脑是空白一片，而我认为这种欲望或是倾向的根源是与生俱来的。"

耶鲁大学的社会学家乔瑟夫·西蒙斯也认同生物因素是决定人类欲望的主要因素之一，他说："人们对雷劈、巨响和狰狞面孔的恐惧也不是学来的，而是与生俱来的一种本能。"但是西蒙斯博士认为，生物因素不是决定人类欲望的唯一因素，而

世界未解之谜

科技未解之谜

图文珍藏版

经验的积累在形成人类欲望的过程中也扮演了重要的角色。他举例说,当人们特别喜欢或者特别不喜欢某一事物的时候,经验就会在人们再次接触这些事物的时候所产生的欲望起着重要的影响作用。

西蒙斯博士举例说:"这就好像广告创意人员在广告中时常加入幽默、性感等刺激元素,因为经验告诉他们这些元素会增加公司的收益。"

人的欲望也会因为人的状态和心情而有所改变。如果一个女人想象着自己是一个成功的经理人,那么她可能会买一本《经济学家》杂志,而如果她只是觉得自己是一个女人,那么她选择的杂志可能就是《女友》了。

西蒙斯博士认为另一个巨大的问题就是,社会联系常常也会影响人类欲望的形成。美国纽约大学的社会学家达尔顿·肯利认为这需要社会学家、心理学家和神经医学家进行跨学科合作才能获得新发现,而且精确的实验环境也是必要的。只有将研究各个因素的科学家汇集在一起进行研究,才有可能揭开人类欲望的真正起源。

用肯利博士的话来说就是:"目前为止研究人类欲望的根源就像研究量子物理学,实在有太多的未解之谜等待我们去揭开。"

安慰剂效应

安慰剂效应,又名伪药效应、假药效应、代设剂效应(英文:Placebo Effect,placebo 源自拉丁文,即"我将安慰")指病人虽然获得无效的治疗,但却"预料"或"相信"治疗有效,而让病患症状得到舒缓的现象。有人认为这是一个值得注意的人类生理反应,但亦有人认为这是医学实验设计所产生的错觉。这个现象无论是否真的存在,科学家至今仍未能完全理解。

安慰剂效应于 1955 年由毕阙博士(Henry K. Beecher)提出,亦理解为"非特定效应"(non—specific effects)或受试者期望效应。

一个性质完全相反的效应亦同时存在——反安慰剂效应(Nocebo effect):病人不相信治疗有效,可能会令病情恶化。反安慰剂效应可以使用检测安慰剂效应相同的方法检测出来。例如一组服用无效药物的对照群组(control group),会出现病情恶化的现象。这个现象相信是由于接受药物的人士对于药物的效力抱有负面的态度,因而抵销了安慰剂效应,出现了反安慰剂效应。这个效应并不是由所服用的药物引起,而是基于病人心理上对康复的期望。

医务人员可以利用安慰剂,以激发病人的安慰剂效应。当对某种药坚信不疑时,就可增强该药物的治疗效果,提高医疗质量。当某种新药问世,评价其疗效价值时,要把药物的安慰剂效应估计进去。如果某种新药的疗效与安慰剂的疗效经试用后,相差不大,没有显著的差异时,这种新药的临床使用价值就不大。这也就是为什么一些新药刚刚问世时,人们往往把它们当作灵丹妙药,而经过一段时间的使用后,其热潮消失、身价下降的原因。安慰剂效应在药物使用过程中比比皆是。甚至如心绞痛这样严重的器质性疾病,使用安慰剂也有三分之一以上的患者获得症状的改善,许多镇痛剂都具有明显的安慰剂效应。还有一些病人,在使用安慰剂时,也可能出现恶心、头痛、头晕及嗜睡的药物副反应,这也属于安慰剂效应。

使用安慰剂时容易出现相应的心理和生理效应的人,被称为安慰剂反应者。这种人的人格特点是:好与交往、有依赖性、易受暗示、自信心不足、好注意自身的各种生理变化和不适感、有疑病倾向和神经质。

安慰剂效应是一种不稳定状态,可以随疾病的性质、病后的心理状态、不适或病感的程度和自我评价,以及医务人员的言行和环境医疗气氛的变化而变化。所以,就出现了安慰剂效应有时明显,有时不明显,或根本没有的现象。我们应当记住,在病人中安慰剂效应是较易出现的,大约有35%的躯体疾病病人和40%的精神病病人都会出现此种效应。也正由于病人有此心理特点,才使江湖医生和巫医术士得以有活动市场,施展其术。

有报告记录到大约四分之一服用安慰剂的病人,例如声称可以医治背痛的安慰剂使有关痛症得到舒缓。这些痛症的舒缓,不单是靠病人报称,而是可以利用客观的方法检测得到。这个痛症改善的现象,并没有出现于非接受安慰剂的病人身上。由于发现了这个效应,政府管制机关规定新药必须通过临床的安慰剂对照(placebo-controlled)测试,方能获得认可。测试结果不单要证明患者对药物有反应,而且测试结果要与服用安慰剂的对照群组做比较,证明该药物比安慰剂更为有效。由于医生对有关疗程实用性的观感会影响其表现,亦可影响病人对疗程的观感。因此,此药物测试必须以双盲(double-blind)方式进行:医生及病人都不会知道该药物是否安慰剂。

最近还发现,模拟手术也会出现相似的现象,所以,有部分的外科手术技术必须进行安慰剂对照研究(极少会以双盲方式进行,原因很明显)。为了使测试得到支持,药物测试群组会比安慰剂对照群组获得更好的待遇。几乎所有以这个对照方式进行的研究都显示安慰剂可改善病情。举例:卡恩公布了一项有关抗抑郁药的整合分析(meta-analysis),发现服用安慰剂的群组中出现自杀或企图自杀的情况下降了30%,而服用抗抑郁剂的群组则下降40%。

但是,一般研究项目都没有加设一个不接受任何治疗的群组做对照,因此很难推算出安慰剂效应实际的影响程度。"安慰剂效应"与"反安慰剂效应"的提出,到现在已超过五十年了,却仍然很明确地时常出现在实验的医疗情境里。而这种效应之所以会存在,就表示人与人之间的信任在医患关系中是非常重要的。因此"人性关怀"绝不能在医病沟通中缺席,医疗生态应该用心经营一个"信任及安心"的

世界未解之谜

图文珍藏版

区块。

美国牙医约翰·杜斯在其二十七年行医生涯中，就常常遇到这种情况：一些牙痛患者在来到杜斯的诊所后便说："一来这里我的感觉就好多了。"其实他们并未说假话——因为可能他们觉得马上会有人来处理他们的牙病了，从而情绪便放松了下来；也可能像参加了宗教仪式一样，当他们接触到医生的手时，病痛便得以缓解……实际上，这和安慰剂所起的作用大同小异。

作为全美医疗作假委员会的创始人，杜斯医生对安慰剂研究的兴趣始于其对医疗作假案件的调查。他指出，牙医和其他医生一样，有时用误导或夸大医疗需求的办法来引诱病人买药或接受较费钱的手术。为了具体说明"安慰剂效应"究竟是怎么回事，他援引了美国医疗协会期刊刊登的有关末梢神经痛的研究成果。据悉，接受试验的人员分为四组：A 组服用一种温和的镇痛药；B 组服用色泽形状相似的假药；C 组接受针灸治疗；而 D 组接受的是假装的针灸治疗。试验结果显示：四组人员的痛感均得以减轻，四种不同方法的镇痛效果并无明显差异。这说明，镇痛药和针灸的效果并不见得一定比安慰剂或安慰行为更为奏效。

实际上，人类使用安慰剂的历史已相当悠久。早在抗生素发明以前，医生们便常常给病人服用一些明知无用的粉末，而病人还满以为有了希望。不过最后，在其中某些病例中，病人果真奇迹般地康复了，有的甚至还平安地渡过了诸如鼠疫、猩红热等"鬼门关"。

有一个典型的"安慰剂效应"的试验（请不要自己在家中做这个实验），在实验对象身上制造疼痛，然后使用吗啡控制这种疼痛。一天这样做几次，连续进行几天，直到实验的最后一天，用生理盐水取代吗啡溶液。猜猜发生了什么？像吗啡一样，生理盐水也有效地抑制了实验对象的疼痛。

这就是所谓的安慰剂效应：有时候，一些平常的东西会因为某种原因具有强大的威力。意大利图林大学的法布里齐奥·贝内代蒂在做上述实验时，在最后一天的生理盐水中加入了吗啡抗药物烯丙羟吗啡酮。出现了怎样的惊人结果呢？生理盐水抑制疼痛的能力消失了。几十年来，医生们都知道存在安慰剂效应，而烯丙羟吗啡酮的实验结果似乎显示，安慰剂效应在某种程度上是一种生化反应。但除此以外，人类对安慰剂效应一无所知。

后来，贝内代蒂又证明，用生理盐水做成的安慰剂还可以缓解帕金森病患者的震颤和肌肉僵直症状。在给病人注射生理盐水的同时，贝内代蒂和他的研究组对病人脑部的神经元活动进行了测量。他们发现，随着生理盐水的注入，病人丘脑下部的神经核团兴奋程度有所降低，神经元的"应激兴奋"次数也有所减少：生理盐水显然产生了效果。

贝内代蒂说，研究人员对在这一过程中究竟发生了什么事还不是很清楚，但有一点非常明确:大脑能够影响到身体的生化活动。他说:"对治疗效果的期待和实际的治疗效果之间的关系是理解大脑和身体之间相互作用的一个很好模式。"

完全依赖于心理咨询中的实际效果,经实验证明很可靠和很有效的疗法之一是安慰剂效应。这种非常有力的现象凭借的是信念,即我们的健康好转是因为我们相信身体将要好转。

服用安慰剂"药物"的人相信那是真实的药物,因而果然能体验到疼痛或其他症状的显著减轻,尽管安慰剂并没有什么生物化学作用。安慰剂效应是一种非常强有力的现象,能使至少三分之一甚至更多的患者病症显著改善。安慰剂药物和安慰剂医疗过程已证明对一大批病症有效,包括长期性病痛、高血压、心绞痛、抑郁、精神分裂症甚至癌症。

安慰剂效应是我们心理预期能操控来自身体的信号的明显例证。安慰剂只有在患者相信其作用时才会十分有效。如果心理医生说服患者相信这种治疗会使他们身体症状好转,或者提供安慰剂的方式能够增强其心理效果,安慰剂药物或医疗过程的效力会大大提高。举例来说,注射安慰剂比服用安慰剂通常效果要好,这是因为注射药物比吞服药片能产生更大的心理影响。研究发现,以药片的方式服用安慰剂时,其颜色、大小和形状都会影响其效果。

产生安慰剂效应的心理和生理机制相当复杂,还没有得到很好的了解。一些科学家认为,这是大脑在紧张时释放的内啡肽等缓解疼痛的吗啡类化学物质所起的作用。其他科学家则认为,这是某种形式的条件反射作用。不论产生安慰剂效应是哪种机制,精神作用无疑是起着非常关键的作用。

在现实生活中"安慰剂效应"随处可见。几个很少接触乡村环境的城里人到野外郊游,到达山腰时,他们为眼前清澈的泉水、碧绿的草地和迷人的风景所深深吸引。休息时,其中一人很高兴地接过同伴递过来的水壶喝了一口水,情不自禁地感叹道:山里的水真甜,城里的水跟这儿真是没法比。水壶的主人听罢笑了起来,他说,壶里的水是城市里最普通的水,是出发前从家里的自来水管接的。这种现象说明,我们在对现实进行分析的时候,很明显地掺杂了很多个人因素,包括我们的期望、经验和信念等。

现在,研究人员还需要识别安慰剂在什么时候、在什么地方能够发挥作用。也许安慰剂对某些疾病不会产生作用;也许在不同的疾病之间存在某种共同机理。这些问题迄今还没有答案。

心理预期之谜

不知道各位是否有过这样的经验:对一件事,例如上台报告或参加一个宴会,原本预期会失败或受窘,结果真的如预期的一般,反之原本预期会成功或玩得很愉快，后来结果也不差。对于这样的现象，也许各位认为只不过是巧合而已，但是以心理学的眼光来看，事出必有因，而且这个原因有一部分还跟你有关。究竟这样的关系是怎样造成的呢？

如果说我们不能完全掌控别人或外在环境，我们还是可以掌控自己，而自我应验预言针对的也就是自己对自己的预言。例如在医学上早有发现的，若病人自己预期或经医师告知病情轻微的，在治疗后复原得比较快，反之若预期自己病情严重的，对治疗的反应会比较差，甚至很多慢性病病人，如癌症病人，病情还会因为预期不良而恶化。另外在教学成效的研究上也发现，如果学生相信自己是优秀的，那么从学习中获得的乐趣与成绩通常也会比那些自认驽钝的人来得高。而像焦虑症、心身症等精神官能性异常，其症状也经常是预期性焦虑的结果，例如一个社交恐惧的个案之所以无法面对陌生人，有很大一部分原因是出在他预期别人会对他有不好的评价。

为什么会这样呢？其中一个很重要的因素就是预期会影响到动机。例如你如果预期这次的数学考试很难，你再怎么读也不可能及格，那么你将会宁愿读英文也不碰数学，而结果可想而知，反之如果你某一次在数学上获得不错的成绩，你可能就会觉得自己在这上面是有天分的，下次再面对考试的时候就会更加认真准备，成绩当然会越来越好。而正因为如此，才会有心理学家提出"没有失败者的学校"这样的概念，因为借由鼓励不仅能提升学生的学习动机，相对地，其自尊、自信等也都会比处在责罚的环境中的学生来得高。

另外一个很重要的因素是预期会影响到注意的焦点。例如有一个已经被说烂了的例子：半杯水，悲观的人说"只剩半杯"（因为他注意到没水的部分），乐观的人说"还有半杯"（因为他注意到有水的部分）。而我们经常会注意些什么就受到你我对事件预期的影响，只要你稍加注意，生活中这样的例子俯拾即是。

例如：对上台演讲有焦虑的人经常会预期自己的演讲是失败的，而正因为他会去注意在听众中有多少人在打哈欠甚至打瞌睡，或是自己哪一段说得不顺口，所以他的演讲没有一次成功过。

如果你对某个人的印象不好，你就会开始注意他有哪些让你讨厌的行为，从而越发肯定这个人是令人讨厌的。一个担心自己生病的人会去注意自己身上任何的不适，即便一点问题也没有，他也会觉得怪怪的而去看医生。一个忧郁症的病人因为预期未来是没有希望的，所以在他的眼中只会看到灰暗、负面的事情。你会因为预期不受欢迎而在聚会中注意到别人经常以厌烦的态度对你，但实际上可能只是对方疲倦了而已。

如果你相信你能，那么你可能可以；如果你相信你不能，那么你一定不行。虽然人们知道心理预期效应的存在，但是心理预期如何产生作用以及为什么会产生作用还是一个未解之谜,等待心理学家们做更多地钻研然后才能解答。

植物和人一样有情感吗

植物也和人一样具有情感,只是它们无法表达。这个问题初看之下好像有点离奇,可是近些年来,有些人在这方面竟取得了很大的成果,引起了人们的普遍关注。

美国有个叫维维利·威利的人,曾做过这样一个试验:她从公园里摘回两片虎耳草的叶子,一片在床头柜上,一片放在起居室里。她每天起床,都要看看床边的叶子,祝愿它继续活着,对另一片叶子则根本不予理睬。一个月后,她不闻不问的那片叶子已萎缩变黄,开始干枯;可是她每天注意的那片叶子不但仍然活着,而且就像刚从公园里摘下来时一样。似乎有某种力量公然蔑视自然法则,使叶子保持健康状态。

美国加利福尼亚洛斯加托斯国际商品粮用机器公司的化学师马塞尔·沃格尔按照威利的办法,从树上摘下三片榆树叶,放到床边的一个碟子里。每天早饭前,他都要集中一分钟思想,注视碟子中的两片叶子,劝勉它们继续活下去,对中间那片叶子不予以理睬。一周后,中间的一片叶子已变黄枯萎,另两片仍然青绿,样子健康。使沃格尔更感兴奋的是,活着的两片叶子的小茎,由于摘自树上而留的伤痕似乎已经愈合。

1971年沃格尔开始了新的实验,看能否获得海芋属植物进入与人沟通联系的准确时刻。他将电流计联在一株海芋植物上,然后他站在植物面前,深呼吸,手指伸开几乎触到植物。同时,他开始向植物倾注一种像对待友人一样的亲密感情。他每次做这样的实验时,图表上的笔录都发生一个向上的波动,他能感到在他手心里。过了3~5分钟沃格尔再进一步表示这种感情,却未引起植物的进一步行动,好像对他的热情反应它已放出全部能量。沃格尔认为,他和海芋植物反应似乎与他和爱人或挚友间的感情反应有同样的规律,即相互反应的热烈情绪引起一阵阵能量的释放,直到最后耗尽,必须得到重新补充。

沃格尔在一个苗圃里发现,他用双手在一群植物上抚摸,直到手上感到某种轻微的凉意为止。用这种办法,他可以轻而易举地把一株特别敏感的植物拔出来。凉意可能是一系列电效应所致,表明其中存在一个很大的场。

沃格尔在另一次试验中,将两株植物用电母联在同部记录器上。他从第一株上剪下一片叶子,第二株植物对它的同伴的伤痛做出了反应。不过这种反应只有当沃格尔注意它时才能有。如果他剪下这片叶子不去看第二株时,它就没有反应。这就好像沃格尔同植物是一对情人,坐在公园的凳子上,根本不留意过路行人。只要有一个人注意到别人时,另一个人的注意力也会分散。

沃格尔发现,植物是活生生的物体,有意识,占据空间。用人的标准来看,它们是瞎子、聋子、哑巴,但毫不怀疑它们在面对人的情绪时,是极为敏感的工具。它们放射出有益于人类的能量,人们可以感觉到这种力量。它们把这种力量送给某个人的特定的能量场,人又反过来把能量送给植物。既然人可以同植物进行心灵的沟通,那么人可不可以化入植物之中呢?早在16世纪,德国有位名叫雅可布·贝姆的方士就声称他有这种功能。当他看一株植物时,可以突然将意念与植物融成一体,成为植物的一部分,觉得生命在"奋力向着光明"。他说此时他同植物的单纯的愿意相同,并且与愉快生长的叶子共享水分。

在同植物进行感情交流时,千万不能伤害植物的感情。沃格尔请一位心理学家在15千米外对一株海芋属植物表示强烈的感情。试验时,植物做出了不断的强烈反应,然后突然停止了。活格尔问他心中是否出现什么样想法,他说他拿自己家里的海芋属植物和沃格尔的做比较,认为沃格尔的远比不上他自己的。显然这种想法刺伤了沃格尔的海芋植物的"感情"。在这一天里,它再也没有反应,事实上两周内都没有反应。这说明,它对那位心理学家是有反感的。

植物对在烛光的室里讲鬼怪故事也有反应。在故事的某些情节中,例如"森林中鬼屋子的门缓缓打开",或者"一个手中拿刀子的怪人突然在角落出现",或者"查尔斯弯下采打开棺材盖子"等等,植物似乎特别注意。沃格尔研究和事实证明,植物也可以对在座人员虚构想象力的大小做出反应。

沃格尔的研究为植物界打开了一个新领域。植物王国似乎能够揭示出任何恶意或善意的信息,这种信息比用语言表达得更为真实。这种研究,其意义无疑是深远的,但是这一发现是否只是偶然,怎样进一步开发它,让它为人类服务,还是一个远未解决的问题。

人类的意识是如何产生的

要研究意识问题,首先就要知道哪些东西需要我们去解释。当然,我们大体上都知道什么是意识。但遗憾的是,仅仅如此是不够的。心理学家常向我们表明,有关心理活动的常识可能把我们引入歧途,显然,第一步就是要弄清楚多年来心理学家所认定的意识的本质特征。当然,他们的观点未必完全正确,但至少他们对此问题的某些想法将为我们提供一个出发点。

既然意识问题是如此重要和神秘,人们自然会期望,心理学家和神经科学家就应该把主要精力花在研究意识上。但事实远非如此。大多数现代心理学家都回避提及这一问题,尽管他们的许多研究都涉及意识。而大多数现代神经科学家则完全忽略这一问题。

情况也并非总是这样。大约在19世纪后期,当心理学开始成为一门实验科学的时候,就有许多人对意识问题怀有极大的兴趣,尽管这个词的确切含义当时还不太清楚。那时研究意识的主要方法就是进行详细的、系统地内省,尤其是在德国。人们希望,在内省成为一项可靠的技术之前,通过对它的精心改进而使心理学变得更加科学。

美国心理学家威廉·詹姆斯较详尽地讨论了意识问题。在他1890年首次出版的巨著《心理学原理》一书中,描述了被他称为"思想"的五种特性。他写道,每一个思想都是个人意识的一部分。思想总是在变化之中,在感觉上是连续的,并且似乎可以处理与自身无关的问题。另外思想可以集中到某些物体而移开其他物体。换句话说,它涉及注意。关于注意,他写下了这样一段经常被人引用的话:"每个人都知道注意是什么,它以清晰和鲜明的方式,利用意向从若干个同时可能出现的物体或一系列思想中选取其中的一个……这意味着舍掉某些东西以便更有效地处理另外一些。"

在19世纪,我们还可以发现意识与记忆紧密联系的想法;詹姆斯曾引用法国人查尔斯·理查德1884年的一段话:"片刻的苦痛微不足道,对我而言,我宁愿忍受疼痛,哪怕它是剧烈的,只要它持续的时间很短,而且,在疼痛过去之后,永远不再出现并永远从记忆中消失。"并非脑的全部操作都是有意识的。许多心理学家相信,存在某些下意识或潜意识的过程。例如,19世纪德国物理学家和生理学家赫尔曼·冯·亥姆霍兹在谈到知觉时就经常使用"无意识推论"这种术语,他想借此说明,在逻辑结构上,知觉与通常推论所表达的含义类似,但基本上又是无意识的。

20世纪初期,潜意识和无意识的概念变得非常流行,特别是在医学界。这主要是因为弗洛伊德(Freud)、荣格(Jung)及其合作者给医学赋予了某种性的情趣。按现代的标准看,弗洛伊德不能算作科学家,而应该被视为既有许多新思想,又有许多优秀著作的医生。

正因为如此,他成为精神分析学派的奠基人。

早在一百年前,三个基本的观点就已经盛行:

1.并非大脑的全部操作都与意识有关。

2.意识涉及某种形式的记忆,可能是极短时的记忆。

3.意识与注意有密切的关系。

但不幸的是,在心理学研究中兴起了一场运动,它否定意识的应用价值,把它看成是一个纯心理学概念,这部分原因是涉及内省的实验不再是研究的主流,另一方面,人们希望通过研究行为,特别是动物的行为,使心理学研究更具科学性。因为,对实验者而言,行为实验具有确定的观察结果。这就是行为主义运动,它回避谈论精神事件。一切行为都必须用刺激和反应去解释。

约翰·沃森(John B.Watson)等人在第一次世界大战前发起的这场行为主义运

动,在美国盛行一时,并且由于以斯金纳(B·F·Skinner)为代表的许多著名鼓吹者的影响,该运动在上世纪三四十年代达到顶峰。尽管在欧洲还存在以格式塔(Gestalt)为代表的心理学派,但至少在美国,直至 20 世纪 50 年代后期和 20 世纪 60 年代认知心理学成为受科学界尊重的学科之前,心理学家从不谈论精神事件。在此之后,才有可能去研究视觉意象,并且在原来用于描述数字计算机行为的概念基础之上,提出各种精神过程的心理学模型。即便如此,意识还是很少被人提及,也很少有人去尝试区分脑内的有意识和无意识活动。

神经科学家在研究实验动物的大脑时也是如此,神经解剖学几乎都是研究死亡后的动物(包括人类),而神经生理学家大都只研究麻醉后丧失意识的动物,此时受试对象已不可能具有任何痛苦的感觉了。特别是 20 世纪 50 年代后期,戴维·休伯(David Hubel)和托斯滕·威塞尔(TorstenWiesel)做出划时代的发现以后,情况更是如此。他们曾发现,麻醉后的猫大脑视皮层上的神经细胞,对入射到其眼内的光照模式呈现一系列有趣的反应特性。尽管脑电波显示,此时猫处于睡眠而非清醒的状态。由于这一发现及其后的工作,他们获得了 1981 年诺贝尔奖。

要研究清醒状态下动物脑神经反应的特性,是一件更加困难的事情(此时不仅需要约束头部运动,还要禁止眼动或详细记录眼动)。因此,很少有人做比较同一个大脑细胞在清醒和睡眠两种状态下,对同一视觉信号的反应特性的实验,传统的神经科学家回避意识问题,这不仅仅是因为实验上的困难,还因为他们认为这一问题太具哲学味道,很难通过实验加以观测。一个神经科学家要想专门去研究意识问题,很难获得资助。

生理学家们至今还不大关心意识问题,但在近几年,某些心理学家开始涉及这一问题。他们的共同点,就是忽视神经细胞或者说对它们缺少兴趣。相反,他们主要想用标准的心理学方法对理解意识做出贡献。他们把大脑视为一个不透明的"黑箱",我们只知道它的各种输入(如感觉输入)所产生的输出(它产生的行为)。他们根据对精神的常识性了解和某些一般性概念建立模型。该模型使用工程和计算术语表达精神。

现任普林斯顿大学心理系教授的菲力普·约翰逊—莱尔德是一位杰出的英国认知心理学家。他主要的兴趣是研究语言,特别是字、语句和段落的意义。

这是仅人类才有的问题,莱尔德不大注意大脑是不足为奇的。因为我们有关灵长类大脑的主要信息是从猴子身上获得的,而它们并没有真正的语言,他的两部著作《心理模型》和《计算机与思维》着眼点是放在怎样描述精神的问题(大脑的活动)以及现代计算机与这一思维的关系。他强调指出,大脑具有高度并行的机制(即数以万计的过程可以同时进行),但它做的多数工作我们是意识不到的。

约翰逊—莱尔德确信,任何一台计算机,特别是高度并行的计算机,必须有一个操作系统用以控制（即使不是彻底的控制）其余部分的工作,他认为,操作系统的工作与位于脑的高级部位的意识之间存在着紧密的联系。

普林斯顿大学语言学和认知学教授雷·杰肯道夫是一位著名的美国认知科学家。他对语言和音乐具有特殊的兴趣。与大多数认知科学家类似,他认为最好把脑视为一个信息加工系统。但与大多数科学家不同的是,他把"意识是怎样产生的"看作是心理学的一个最基本的问题。

意识的中间层次理论认为,意识既不是来自未经加工的知觉单元,也不是来自高层的思想,而是来自介于最低的周边（类似于感觉）和最高的中枢（类似于思想）之间的一种表达层次。他恰当地突出了这个十分新颖的观点。

与约翰逊—莱尔德类似,杰肯道夫在很大程度上也受到脑和现代计算机之间类比的影响。他指出,这种类比可以带来某些直接的好处。比如,计算机中存储了大量信息,但在某一时刻,只有一小部分信息处于活动状态。大脑中亦是如此。

然而,并非大脑的全部活动都是有意识的。因此,他不仅仅在脑和思维之间,而且在脑（计算思维）与所谓的"现象学思维"（大体指我们所能意识到的）之间作了严格的区分。他同意莱尔德的观点,我们意识到的只是计算的结果,而非计算本身。他还认为,意识与短时记忆之间存在紧密的联系。他所说的"意识需要短时记忆的内容来支持"这句话就表达了这样一种观点。但还应补充的是,短时记忆涉及快速过程,而慢变化过程没有直接的现象学效应。谈到注意时他认为,注意的计算效果就是使被注意的材料经历更加深入和细致地加工。他认为这样就可以解释为何注意容量如此有限。

杰肯道夫与约翰逊—莱尔德都是功能主义者。正如在编写计算机程序时并不需要了解计算机的实际布线情况一样,功能主义者在研究大脑的信息加工和大脑对这些信息执行的计算过程时,并没有考虑到这些过程的神经生物学实现机制。他们认为,这种考虑是无关紧要的,至少目前为时过早。

然而,在试图揭示像大脑这样一个极端复杂的装置的工作方式时,这种态度并没有什么好处。为什么不打开黑箱去观察其中各单元的行为呢? 处理一个复杂问题时,把一只手捆在背后是不明智的。一旦我们了解了大脑工作的某些细节,功能主义者关心的高层次描述就会成为考虑大脑整体行为的有用方法。这种想法的正确性可以用由低水平的细胞和分子所获得的详细资料精确地加以检验。高水平的尝试性描述应当被看作是帮助我们阐明大脑的复杂操作的初步向导。

加利福尼亚州伯克利的赖特研究所的伯纳德·巴尔斯教授写了《意识的认知理论》一书,虽然巴尔斯也是一位认知科学家,但与杰肯道夫或约翰逊—莱尔德相比,他更关心人的大脑。

他把自己的基本思想称为全局工作空间。他认为,在任一时刻存在于这一工作空间内的信息都是意识的内容。作为中央信息交换的工作空间,它与许多无意识的接收处理器相联系。这些专门的处理器只在自己的领域之内具有高效率。此外,它们还可以通过协作和竞争获得工作空间。巴尔斯以若干种方式改进了这一模型。例如,接收处理器可以通过相互作用减小不确定性,直到它们符合一个唯一有效的解释。

广义上讲,他认为意识是极为活跃的,而且注意控制机制可进入意识。我们意识到的是短时记忆的某些项目而非全部。

这三位认知理论家对意识的属性大致达成了三点共识。他们都同意并非大脑的全部活动都直接与意识有关,而且意识是一个主动的过程;他们都认为意识过程有注意和某种形式的短时记忆参与;他们大概也同意,意识中的信息既能够进入到长时情景记忆中,也能进入到运动神经系统的高层计划水平,以便控制随意运动。除此之外,他们的想法存在着这样那样的分歧。

关于"意识"研究的结论,总结于下:

1.关于什么是意识,每个人都有一个粗略的想法。因此,最好先不要给它下精确的定义,因为过早下定义是危险的,在对这一问题有较深入地了解之前,任何正式的定义都有可能引起误解或过分的限制。

2.详细争论什么是意识还为时过早,尽管这种探讨可能有助于理解意识的属性。当我们对某种事物的定义还含糊不清时,过多地考虑该事物的功能毕竟是令人奇怪的。众所周知,没有意识你就只能处理一些熟悉的日常情况,或者只能对新环境下非常有限的信息做出反应。

3.某些种类的动物,特别是高等哺乳动物可能具有意识的某些(而不需要全部)重要特征。因此,用这些动物进行的适当的实验有助于揭示意识的内在机制。因此,语言系统(人类具有的那种类型)对意识来说不是本质的东西,也就是说,没有语言仍然可以具有意识的关键特征。当然,这并不是说语言对丰富意识没有重要作用。

4.在现阶段,争论某些低等动物如章鱼,果蝇或线虫等是否具有意识是无益的。因为意识可能与神经系统的复杂程度有关。当我们不论在原理上和细节上都清楚地了解了人类的意识时,这才是我们考虑非常低等动物的意识问题的时候。

出于同样原因,我们也不会提出,我们自身的神经系统的某些部分是否具有它们特殊的,孤立的意识这样的问题。

5.意识具有多种形式,比如与看,思考,情绪,疼痛等相联系的意识形态。自我意识,即与自身有关的意识,可能是意识的一种特殊情况。但姑且还是先将它放在一边为好。某些相当异常的状态,如催眠,白日梦,梦游等,由于它们没有能给实验带来好处的特殊特征,我们在此也不予考虑。如果这看来像是唬人的话,你不妨给我定义一下基因(gene)这个词,尽管我们对基因已经了解许多,但任何一个简单的定义很可能都是不充分的,可想而知,当我们对某一问题知之甚少时,去定义一个生物学术语是多么困难。

以上只是心理学家们对意识的探讨,但是究竟意识是什么以及它是如何产生的,到现在还没有定论。

人类被催眠的种种

催眠是以人为诱导(如放松、单调刺激、集中注意力、想象等)引起的一种特殊的类似睡眠又非睡眠的意识恍惚心理状态。其特点是被催眠者自主判断、自主意愿行动减弱或丧失,感觉、知觉发生歪曲或丧失。在催眠过程中,被催眠者遵从催眠师的暗示或指示,并做出反应。催眠的深度因个体的催眠感受性、催眠师的威信与技巧等的差异而不同。

催眠可分为自我催眠与他人催眠,自我催眠由自我暗示引起;他人催眠在催眠师的影响和暗示下引起,可以使病人唤起被压抑和遗忘的事情,说出病历,病情,内心冲突和紧张。催眠还可以作为一种治疗方法(既催眠疗法)减轻或消除病人的紧张、焦虑、冲突、失眠以及其他的身心疾病。

人在被催眠的状态下会有许多反常的行为和现象发生。比如会说出自己的秘密,会清醒地回忆起已经遗忘的事情,或者会听别人的指挥做一些非正常的举动。催眠术最令人感到神奇的地方就是,人们在催眠状态下失去了自己的控制意识,完全不知道自己在做什么。

在远古的时代,就有使用催眠术治病或体验宗教境界的说法。埃及的占卜者在三千年前就能使用与现代催眠术相类似的催眠法;古希腊的预言家、祭司以及犹太教、天主教都曾经使用过催眠术。中国古代也有关于催眠术的记载,在两千多年前的《内经》中有提及催眠术,又被称为"祝由术"。中国古代宗教中的一些仪式,如"跳大神"等都含有催眠的成分。

18 世纪在巴黎有一位喜欢心理治疗的奥地利医生名叫麦斯麦尔,他使用一种新的理论和疗法,被称为"麦斯韦术"。他能够通过一套复杂的方法,应用"动物磁力"治疗病人,其中包括能使病人躺在手臂上面。并用神秘的动物磁气说来解释催眠机理,按现代理解那就是一种暗示力。麦斯韦术可以使病人出现痉挛或叫喊,甚至心醉神迷的状态。麦斯韦术治愈了许多的病人,但是当时的医学界对于麦斯韦术却不认同。法国的皇家科学委员会曾经调查过这种疗法,没有找到可以反驳的证据,于是,麦斯韦术受到了越来越多的欢迎。而且科学委员会在调查中还发现,麦斯韦术不仅真的具有很好的疗效,而且还可以诱发一些特异功能现象。不过科学界对此却反应强烈。他们认为,根本就不存在特异功能的现象,所谓的特异功能说是一种欺骗。这种特异功能现象是欺骗和幻觉的产物。麦斯韦术也因此被认为是一种骗术。

后来,英国医生布雷德以真正科学的态度,对麦斯韦术进行了客观的研究。他称麦斯韦术导致的昏睡属神经性睡眠,从此麦斯韦术就被称为催眠术。但是布雷德的结论受到了许多人的攻击。在经历了十多年的争论之后,催眠术才渐渐地被医学界所承认。苏格兰医生布雷德(James·Braid)对该现象发生了兴趣,能够给手术病人引起麻醉,于19世纪提出"催眠"一词,并对催眠现象做了科学的解释,认为是治疗者所引起的一种被动的、类睡眠状态,并借用希腊文"hypnos"(即睡眠的意思)一词改为"hypnosis"(催眠),使得催眠术有了广泛的传播,至今一直沿用这一术语。后来,在苏联生物科学家巴甫洛夫带领一班人多年系统深入地研究下,催眠术有了长足的发展,催眠术真正成为一门有理有用的应用科学。现在,在很多国家有名望的大学、医院里,都设有催眠研究室,并积极开展着把催眠术应用于医学、教学、产业等领域的可行性研究。

催眠术所产生的神奇力量一直为人们所震惊。在催眠状态下,人可能发生各种不可思议的行为。关于催眠术神奇的力量例证中,最著名的就是中世纪在欧洲流传一个用"水刀杀人"的故事。有个国王对一个即将被砍头的犯人突发奇想,在下达行刑命令后让刽子手不用刀砍,而是用一只小水壶在犯人的脖子上浇凉水,只见那犯人的头猛地一下垂到胸前就一命呜呼了。原来这个犯人就是在强烈的暗示下产生了虚幻的感觉,将冰凉的水当成了行刑的刀。

乍一看催眠给人以神秘、魔术般的印象,这也是合乎情理的。但是,认真研究一下催眠就会知道,催眠术不是像魔术、占卜那样虚幻的东西,也不仅仅是催眠、被催眠这一单纯的过程,实际上,它有着非常严密、完整的理论,是一门古老而又年轻的大有作为的学科。

催眠术是怎么回事?科学家已对这一现象研究了一百五十多年,但到底也没能弄清楚其真谛。有的理论家认为,催眠术打开了通向潜意识的大门,有的倾向于认为,恍惚是非睡非醒的心理边缘状态,有的干脆称之为伪科学。但有一点是不容置疑的:人处在催眠状态下最容易接受暗示,因为那个时候,大脑、甚至身子开始身不由己。催眠术究竟是真是假,一些研究知觉边缘状态的专家通过类似的试验,解开了其中一些不为人知的谜团。

心理学家经过对催眠现象长达十多年的研究和观察发现,催眠的现象大致有十余种,如昏睡、大脑迟钝、行为反常等等。

催眠现象之一:能预测未来

俄罗斯创造性和医疗性催眠术研究协会副会长伊戈尔·拉济格拉耶夫认为,

对知觉施加影响能对一个人的生理过程起到作用,他不止一次得到了证明。

他有一个女患者,由于经期紊乱,头部和心口都疼得实在难忍。经做几次催眠治疗后,其更年期"推迟"了七年,不仅不再头疼和心口疼,月经也恢复了,变得格外精神,身体没灾没病。

拉济格拉耶夫还坚信,通过催眠能把一个人"送到未来"。

他曾通过催眠告诉过一个人,他比实际情况要老许多许多。一次,一个音乐学院的女学生来找他看病,说自己当着观众弹钢琴有些怯场。他在给姑娘做催眠时告诉她,说她不是二十二岁,而是三十二岁,还说她是个天才的钢琴家。这大大增强了女大学生的信心,使她在音乐会上的演出大获成功。

不久前,专家们还做了一个很有意思的试验,在试验过程中谎报了患者的年龄——二百岁、三百岁、一千岁、一百万岁,与此同时还记录下反映受术者大脑生物电活动情况的脑电图,发现其波形图总起变化,仿佛患者能清楚看到遥远未来的画面。不过这又该如何解释呢? 而且患者清醒过来之后,什么也记不得了。

催眠现象之二:麻醉人的意识

哈佛医学中心的吉南德斯和罗森塔尔教授还发现了催眠术的另外一个不可思议的属性:病人处在恍惚状态下,骨折和外科手术的伤口能更快愈合。

第一项研究请了十二位踝骨断裂的病人参加。吉南德斯对其中的六人在三个月内每星期做一次催眠,另外六人只接受一般治疗,由另外一批专家通过 X 光透视仪来观察病人的骨头愈合情况,他们根本就不知道哪些人接受了催眠,哪些人没有。结果表明,那些接受过催眠的患者要比接受一般治疗的患者早两个星期下地行走。

一些生物化学家认为这是内啡肽影响的结果,拉济格拉耶夫对此表示认同。内啡肽是人体内合成的一种麻醉物,据说患者在接受催眠过程中会分泌得更多,从而减轻了愈合过程中的痛苦。因为它能给人带来精神愉快,所以有一种无痛感觉。

可是,又该怎么去解释美国前不久所进行的另一项试验呢? 那里在麻醉状态下对如女所做的人工授精的成功率要高出一倍,这好像就不仅仅是内啡肽的问题了。不过目前用催眠术来治疗精神病、心脏病和传染病还不见什么疗效。

催眠现象之三:使人的病症得到改善

科学家们一直设法运用催眠术治病。瑞士巴塞尔大学发表声明,说他们找到了治疗花粉过敏症的新方法,还非常有效,他们的方法便是催眠术。

此项研究进行了两年,有六十六名花粉过敏症患者自愿接受试验。第一年将他们分为两个组,第一组头一年实际上并未参加试验,还在照常服用那些传统的抗过敏药。第二组在一名经验丰富的神经疗法医生的指导下施行旨在祛除过敏主要症状的自我催眠,与此同时还在继续服用一般的抗过敏药,只不过剂量要小一些。第一年的结果非常明显,第二组患者在花开季节症状就不那么显著,不再是经常流鼻涕。到第二年,第一组的人也接受了催眠,到"过敏季节"末他们也承认症状有所缓解。

科学家认为,这些人的症状有所缓解是因为在催眠作用下人体血液循环有所改善,解决或部分解决了呼吸系统经常出现的问题。

不过,虽说接受试验的人都异口同声说类似方法对治疗过敏症有效,但仍缺乏事实依据,这只是他们的自我感觉,而不是医学上的鉴定。而且在做催眠的同时,仍得服用小剂量的抗过敏药物。就连参加此项试验的一些科研人员也承认,他们只是提出了一种哪怕能对治疗花粉过敏有部分帮助的方法,并不认为自己发现了一条新的治疗途径。

催眠现象之四:抑制大脑思维

科学家在经历一系列探索性实验后,开始将研究转向理性。催眠与大脑反应是否有关系成为他们关注的重点。

科学家们有一次做试验的时候,要人们伸出双手托砖,时间越长越好。人们在一般状态下只能托五分钟,可处在催眠状态下连女性也能托半小时。X照片表明,如果说在正常情况下大脑的两个半球在同时工作,那在恍惚状态下只有负责情感和艺术创造力的右半球在活跃,它像是"压抑"了负责逻辑和智力的左半球的任何企图,让人就知道傻乎乎地托着。

而另一个新研究证明,催眠通过改变大脑特殊区域的活性能够有效地避免认知冲突的发生。

研究者用一个经典方法让受试者说出书写字迹的墨水颜色。面对用蓝墨水书写的"绿"字,受试者在回答"蓝色"时往往会犹豫和犯错。如果相同的受试者在经过催眠后再看这个字时,就会把这个字视为一个没有意义的符号。

美国纽约市哥伦比亚大学的认知神经学家瑞兹和同事将目光汇聚在这一结果背后的大脑活动上。研究人员在最初的行为研究中发现,面对字义与颜色的冲突,那些接受了高度催眠的受试者比暗示影响较浅的受试者判断得更为准确。

相关的大脑成像也显示,受到影响的大脑区域包括负责早期视觉处理的区域和前扣带脑皮质——这一区域已知与人的注意力、情感控制和自我调节有关。研究人员在美国《国家科学院学报》网络版上报告了他们的研究结果。

瑞兹表示,"这一解释令人感到惊讶的地方在于阅读被认为是一种无意识的过程。"然而事实是,一种特殊的暗示通过改变大脑的活性从而颠覆了这一过程,他认为,这意味着催眠可以用来激活和关闭特定的大脑区域。

加拿大滑铁卢大学的认知心理学家麦克里昂德表示,"很多人都认为催眠暗示是值得怀疑的",但是"与催眠在认知世界的地位相比,这项研究赋予了催眠更多的现实意义"。

虽然人们使用催眠术已经很长时间了,涉及的范围也很广泛,但是人们却没有办法解释催眠术的真正原理。科学家们对这种类似于"法术"的方法提出了不同的见解和看法,综合起来有以下几点:

1.部分退化理论

催眠使受试者思维退化至某种较幼稚的阶段,失去了正常清醒时所具有的控制,落入一种较原始的思维方式,因而凭冲动行事并进行幻想与幻觉的制作。

2.角色扮演理论

认为是受试者在催眠者的诱导下过度合作地扮演了另外一个角色。受试者对角色的期望和情景因素,使他们以高度合作的态度做出了某些动作。但很多学者坚持催眠是意识的另一种状态,而不是角色扮演,因为即使最合作的受试者也不会同意在不给麻醉药的情况下进行手术。

3.意识分离理论

希尔加德根据实验观察,认为催眠将受试者的心理过程分离为两个(或两个以上)同时进行的分流。第一个分流是受试者所经历的意识活动,性质可能是扭曲的;第二个分流是受试者难于察觉、被掩蔽的意识活动,但其性质是比较真实的,希尔加德称之为"隐蔽观察者"。意识分离是生活中一种经常出现的正常体验,例如长途驾车的人对路上状况做出了一些反应大多不能回忆,就是由于当时意识明显地分离为驾驭汽车与个人思考两部分了。

上述各种观点,对于催眠现象在理论上都做出了初步的解释,但是这些理论都还不成熟,只有在将来对心理状态和生理学知识有了更深层次的理解时,才能对催眠之谜做出更进一步的解释。催眠现象到现在为止,仍然是令人困惑的未解之谜。

第六章　艺术未解之谜

第一节　史前石像艺术

石头之城佩特拉

在死海和阿克巴湾(今约旦国境内)之间的山峡中,隐藏着一个神秘之都——佩特拉城。它是从岩石中雕琢出来的,并因岩石的色彩而闻名于世。它犹如一位矜持的蒙纱少女,不愿轻易将美貌示人。要见到她,你必须经受大自然派来的守卫者西克山峡的考验。西克山峡深约 2 千米,蜿蜒深入,直达山腰的岸石要塞。里面漆黑一片,回声荡荡,令人毛骨悚然。如果你退缩了,故事也就到此为止了。如果你经受住了考验,绝对会有峰回路转的惊喜:阴森可怖的岩石窄道尽头,别有一番洞天。

首先映入眼帘的是一座位于广场正面的宏伟宫殿——哈兹纳宫。它是佩特拉最负盛名的建筑。宫室雕琢在陡峭而坚固的岩石上,共上下两层,高 50 米,宽 30 米。底层由 6 根直径 2 米的大圆柱支撑着前殿,构成堂皇的柱廊。顶层 6 根圆形石柱附壁雕成,柱与柱间是神龛,供奉着圣母、带翅武士等神像。这些像比真人还要大,栩栩如生,威严肃穆,颇具神韵。左右殿堂上是造型独特、左右对称、线条粗犷的壁画。

然而,真正使哈兹纳宫声名远扬的还是其独特的色彩,由于整座建筑雕琢在沙石壁里,阳光照耀下,粉色、红色、橘色以及深红色层次生动分明,衬着黄、白、紫三色条纹,沙石壁闪闪烁烁,神奇无比。美国考古学家斯蒂芬斯在初次见到突然展现在眼前的哈兹纳宫美景时,称其为"一座神庙,精致清晰,宛如一颗嵌在岩石壁上的浮雕宝石。"在约旦人眼里,这是一座法老的宝库,顶端的瓮是藏财宝的地方。他们幻想着有朝一日大喊一声"阿里巴巴芝麻开门",紧闭的财富的大门忽地在他们面前打开。

西克山峡南面的半山腰上是欧翁石宫。令人惊奇的是,几百平方米的大殿内居然没有一根支撑的柱子,真是巧夺天工。欧翁宫的两侧是石窟群,向东西两侧延伸,远远看去,密密麻麻,如蜂巢一般。石窟内有住宅、寺院、浴室和墓窟。悬崖顶部的洞室白云缭绕,诗意盎然;置身其中,飘飘然恍若进入仙境。

欧翁宫的斜对面是一座罗马式露天大剧场。看台依托山坡呈扇形散开。舞台用巨石铺砌而成,由几十层阶梯石座环护着,犹如众星捧月。更神奇的是,在音响系统尚未发明的久远年代,可容纳 6000 人的剧场居然有天然的音响效果!只要站在舞台前的中心点击掌、说话,便能形成强烈的回音,而且声音可以清晰地扩散,即使坐在最后一排也能听得一清二楚。剧场内每隔 10 层阶梯就筑有一个通道,整个剧场可容纳几千名观众。

再就是包围中的巨大广场。人们猜测,上面有许多民居陋室,只是无情的岁月早已使之荡然无存。遍地岩景天生自然,远远望去,悬崖绝壁环抱,形成天然城墙;壁上两处断口,形成进出的通道;中间则是一个巨大的广场。垒垒石窟构成片片楼群,在阳光照耀下发出夺目的玫瑰色光芒,宛如天上琼楼仙阁。这真是一座名副其实的"玫瑰色石头城"!"佩特拉"在希腊语中也恰恰就是"石头"的意思。

以上所述并非佩特拉城的全部,在佩特拉城博物馆,还收藏着该城的文物:顶水少女婀娜多姿,壮硕武士威武不已,咆哮的雄狮威猛无比,温驯的绵羊惹人怜爱……一尊尊雕塑上的人物或动物形象呼之欲出。

佩特拉古城这项杰作究竟出自何人之手?是大自然的鬼斧神工吗?它有一段怎样的过去呢?历史学家并没有将它遗忘。

这座石城是 2500 年前纳巴泰民族鬼斧神工的见证。纳巴泰人是阿拉伯游牧民族,约在公元前 6 世纪从阿拉伯半岛北移进入该地区(今天约旦和南叙利亚境内)。佩特拉是他们建造的最引以为豪的安居地。

历史上的佩特拉是一个安居乐业的好去处:第一,它易守难攻,唯一的入口是狭窄的山峡,敌方无法调集大军攻城,可以做到"一夫当关,万夫莫开"。第二,资源丰富,环抱城市的高地平原上森林繁茂,木材丰富,牧草肥沃,利于游牧。第三,水源充足,一股终年不断的喷泉提供了可靠的水源。

到了公元前 4 世纪,纳巴泰人又充分利用另一地理优势大获其利。由于佩特拉地处亚洲和阿拉伯去欧洲的主要商道附近,来自世界各地的商人们押运着满载货物的骆驼队经过佩特拉门前——阿拉伯的香、经波斯湾输入的印度香料、埃及的黄金以及中国的丝绸,源源不断地运往大马士革、泰尔以及加沙等地的市场。

与此同时,佩特拉还是通往希腊和地中海各地的门户,接近商道线的纳巴泰人得天独厚,赢利不少。他们有时也采取不法的海盗行径,但大多数时候是靠收取途经货物的税和过路费获利的。他们有时也为旅客、商队及牲口做向导，提供食物和饮用水等有偿服务。当时的佩特拉可算是个文化交流中心。

可是，到了2世纪末，交易的中心转移到幼发拉底河，纳巴泰人便逐渐被人淡忘了。公元4世纪，地震毁坏了这座古城，许多人丧生，还有许多人逃离此地。公元636年，古城终被废弃。从此，佩特拉由生机勃勃的贸易中心变成一座死城，12世纪以后更是如同从人间蒸发掉一样销声匿迹了。

消失了的佩特拉仿佛中了魔鬼的诅咒，接近它的基督徒往往难得生还。1806年，一位名叫尤尔里奇·西特仁的德国学者装扮成阿拉伯人穿越奥斯曼领地，从当地的居民口中获悉了"佩特拉废墟"的所在地。好奇的西特仁试图悄悄溜进佩特拉，可是不幸伪装被识破，惨遭杀害。这是因为统治此地的奥斯曼帝国是一个伊斯兰国家，几个世纪以来，与信仰基督教的欧洲各国战火不断。因此，奥斯曼土耳其人以及他们遍布中东和北非的臣民们对欧洲人都颇怀戒心。独身途经穆斯林地带的基督教徒会很容易被当地人当作奸细，或被驱逐出境，或遭杀害。

然而，上帝不会让如此人间奇景长眠下去，终于有一天，一个人将它从昏睡中吻醒。此人就是约翰·路德维格·贝克哈特，历史将永远铭记他。

贝克哈特1784年生于瑞士，在德国和英国接受教育并潜心学习阿拉伯语，热衷于对阿拉伯文明的研究。1809年，他作为"非洲内陆地区研究促进协会"的成员奉命前往非洲亲自考察尼日尔河和尼罗河，以揭开两河是否同源之谜。这是一个非常富有挑战性的任务，因为必须要穿越西亚的阿拉伯世界。为此他精心地拟订了计划：先去叙利亚，花上几年时间完善自己的阿拉伯语，同时学会适应当地的饮食习惯；然后前往埃及的开罗，化名加入穿越撒哈拉沙漠去尼日尔地区的商队。一路上，他讲一口流利的阿拉伯语，对伊斯兰的宗教信仰、典礼仪式无所不晓，了如指掌。渊博的学识使他在旅途中处处受人尊敬，穆斯林人都误把他当成了博学多才的伊斯兰法学家，若知道他的真实身份定会震惊不已。

在从大马士革去开罗的途中，他听说一个被群山环绕的城市竟招致难以置信的毁灭性破坏，出于对地质学知识的求知欲，一种难以遏制的好奇心驱使他奔向这座自12世纪以来少有或者说根本没有欧洲人涉足过的城市。他在日记中写道："我因此试图达成一个目标，来表示对亚伦（《圣经》中人物）的敬意，我要寻找谷地尽头的亚伦墓。"这里所说的谷地就是传说中被群山包围的佩特拉。不知是伪装术比较得当，还是运气比较好，他竟然未受任何伤害便到达了佩特拉城。千年古城终于重见天日，贝克哈特成为第一个证实传说中的佩特拉尚还存在的西方人，这一天是1812年8月22日。此后，许多人慕名而来，只是要多加小心。到了20世纪，此城终成旅游宝地,游人纷纷来此采风。

当游人们置身奇景的喜悦溢于言表之时,考古学家们却还在思索着:佩特拉为什么被遗弃?即便它失去了对商道的控制权,仍然可以幸存下来,那么为什么它又没有幸存下来呢?

据分析,导致佩特拉城衰亡的可能是天灾。公元363年,一场地震重击了佩特拉城,许多建筑沦为废墟,房屋的主人们无能力或者无心思将它们修复。公元551年,佩特拉城再次遭受严重地震。也许这次地震震塌了拜占庭教堂;随后教堂又受到震后蔓延全城的大火袭击,羊皮纸卷也就在火灾中被毁坏了。

这一解释并不令人满意,为什么许多城市都能在地震和火灾之后重建,而佩特拉却不能呢?1991年,一群亚利桑那的科学家们在《贝冢》一书中给出了答案:环境恶化是导致佩特拉衰亡的因素之一。科学家们研究了大量的佩特拉贝冢,发现在早期的纳巴泰人时代,橡树林和阿月浑子林遍布佩特拉四周的山地;然而到了罗马时代,大量的森林消失了。人们为了建房和获取燃料砍伐了大量的木材,致使林区衰变成为灌木林草坡带;到了公元900年,这种衰退进一步恶化,过分地放牧羊群使灌木林和草地也消失了,这个地区遂开始逐渐沦为沙漠。当周围的环境再也无法为庞大的人口提供足够的食物和燃料时,城市就彻底消亡了。

佩特拉带给人们的疑惑还远不止此。为什么要修建一座这样的城市?它又是如何修建的?它有什么用途?有人猜测,纳巴泰人继承和吸收了早期居民的风俗习惯,公元前3世纪定都佩特拉后,在岩石中开凿建筑物成为一种风俗。一些学者认为这些建筑是当时纳巴泰人从峭壁的顶端开始向下凿刻而成的,是用来给国王、武士或官员作墓穴的。他们相信该民族可能把已故的国王们视为神灵,把他们的陵墓视为神庙。

然而,这些都仅仅只是猜测。佩特拉就像一本只翻开了几页的书,谜团重重,有待人们耐心地、细心地去品读,去感悟。

哈卡斯巨石之谜

在人们的印象中,太平洋复活节岛上的石像历史已经足够久远。可是,在俄罗斯哈卡斯地区的直立粗长巨石石雕比它们还要早2000年。

大约4000年前,居住在俄罗斯哈卡斯的一些部落在米努辛斯克谷地竖起了不少神秘的直立粗长巨石石雕。这些部落到底是些什么人呢?他们为什么要竖起这么些超乎今人所想象的粗大石雕?那些重量有时达50吨的巨大石块又是怎么从山上弄下来的?

哈卡斯的石雕有各种各样的形状,有的呈圆柱形,有的是扁的,有的形状不规则。在太阳初升或夕阳西下时候,有些突然呈现出人脸的轮廓:眼睛、鼻子和嘴。石头上的人脸部分凿出好些深槽,不少都刻下很多横向条纹,头顶上镌刻的是兽角或古里古怪的"皇冠"。

哈卡斯巨石

所有的雕像看上去都像是用同一种办法凿出来的:石匠挑好石料之后,先将要刻在上面的图形勾画一遍,然后凿出槽,再用坚硬的石头打磨。不仅白色和灰色的花岗岩,就连褐色砂岩上的图像都看得一清二楚。

但并不是所有的"脸孔"都一模一样。有些是圆形和椭圆形,眼睛是两个小坑,嘴是一个椭圆形凹槽,鼻子是两个小点;另一些是尖尖的下巴颏儿,直溜溜的鼻子。不过最经常看到的是面孔略图。别具一格的兽形头饰和横切额头的线条赋予这些偶像一种神话色彩。

但奇怪的是,这些石头上有些人脸图像跟真人一模一样(长长的鼻子,吊眼梢,高颧骨),有的却是极简单的粗线条:眼睛是两个小点,嘴巴是一条槽,干脆就没有鼻子。为什么会有这些不同呢?研究人员认为,这是因为这些图像是不同时期居住在这一带地方的西伯利亚不同民族所加工制作的。

石头上所镌刻的到底是上帝还是人呢?脸上的条纹、头顶的"皇冠"和兽角又意味着什么?据民族学家所掌握的资料,原始民族经常往脸上涂抹赭石、木炭和草木灰。有时是出于美学考虑,有时是为了遮住脸,以防被打死野兽的报复,当然也不排除哈卡斯偶像上的条纹是一种化妆手段。考古学家们曾在当地古墓残存的颅骨上发现红赭石的遗迹。

哈卡斯的直立粗长巨石有些叫人想起北美印第安人的图腾崇拜石柱,也像美拉尼西亚雕刻有人图像的木柱和石柱。印第安人的图腾柱代表神话中的祖先,美拉尼西亚人的木柱和石柱代表现代人的祖先。同样,哈卡斯的石雕显然也是刻的祖先或氏族的保护人。可怪就怪在几乎所有的偶像表现的都是妇女,它们被称之为石妇,有石头老妪和石头姑娘。因此完全可以想象,这片土地先民的保护人是故去的女萨满或老太巫师。

关于哈卡斯直立巨石的用途,科学家们至今一直没有定论。长期来都认为,既然绝大部分石雕都立在墓地,说明它们只是普通的墓石而已。可后来发现,石雕和坟场分属不同的历史时期，而且有些偶像是晚些时候才搬到坟场上去的。

这些直立巨石最初很可能就是祭祀设施。人们怕它们，想讨它们的好，千方百计想求得它们的保护，将它们奉若神明。一直到了 19 世纪，尽管几千年来经过风雨和时间的剥蚀，当地居民还是对它们既害怕又敬仰。人们称这些石头为神像，向它们敬献供品。

但是，在哈卡斯走过一遭之后，发现有些直立巨石被摆放得乱七八糟，甚至还会倒立着的，这很可能是当地人不知什么原因对其中的一些不再敬仰，还有把它们当成建筑材料用的。专家们发现，如果石像不帮打猎，不帮治病或解决其他困难，人们会向它们投去责备的目光，还会啐上一口唾沫，甚至还会用鞭子抽打。

尽管如此，今天哈卡斯的不少直立巨石还是备受人们的尊敬，因为他们认为这些祭石能帮人治病，能除去他们身上的负能和增强他们的生命力，甚至有不少教授、医务人员和银行职工都对此深信不疑。他们认为，既然公认金字塔在释放地能，那哈卡斯的不少直立巨石照样也在吸收宇宙能，因此它们的治疗效果极佳。当地居民于是有去求它们中的一些送子的，据说还相当灵验。

科学对那些石像能否送子暂时还无法证实，不过对另一些是否有医疗功能相当有兴趣。萨尔贝克斯谷地的一座小丘上有两块石头，一块象征女人，一块象征男人。人们认为第一块释放的是负电，第二块释放的是正电。根据生物能场原理，人只需到跟前去站上一会儿，触摸一下它们，几次下来本人的生物能场就会有所改善。连地质学家也认为这有一定的道理。

如今，每年都有成千上万的人涌向这里，因为他们都听说这里有石头在同宇宙进行直接交流，将从太空获取的能再释放出来。实情究竟如何，没有人能够说得清楚。

兰州奇石之谜

在兰州收藏爱好者王志林家中，珍藏着一块神奇的石头。他是在甘肃和新疆交界处的马鬃山地区旅游考察时发现并收藏的这块奇石。

整个石头呈梨形球状，外表光滑，石质坚硬异常，通体的黑色散发着幽幽的神秘之光。奇石长轴长约 8 厘米，短轴长约 7 厘米，重约 466 克。令人称奇的是，石头内部竟然藏着一块长约 6 厘米的呈圆锥形金属棒，金属棒上有明显的加工螺纹痕迹。神秘的奇石受到众多地质专家及收藏家的极大关注，2006 年，甘肃省国土资源厅、省有色地勘局、中科院兰州分院地质矿产研究所、兰大资环院等 10 余位地质、地球物理学专家汇聚一堂，试图揭开这块奇石的神秘面纱。在对其人为造作的可能性及成因进行了现场讨论后,专家们一致认为这块奇石极具收藏、研究及考古价值,不仅是全国第一,也是世界第一。

在现场讨论会上,专家们对奇石的形成进行了多方面假设均觉不可思议。因为奇石中的螺纹金属棒与周围的黑色石质包裹物结合紧密,入口处和尖部裸露处的痕迹均不像人为造作而成,而且金属棒从粗到细螺纹本身粗细一致,没有因生物生长而形成的螺纹本身粗细的变化。

有专家当场提出设想,地球在当今文明的形成之前,有过相当于当今文明的地史文明时期,此奇石也有可能是地史文明时期遗留下来的遗迹。

还有专家提出,此奇石可能是陨石,它带来了地球外文明的信息。但令在场专家们迷惑的是,这块神秘的奇石的年代究竟在何时? 又是如何形成的? 其内含的螺纹金属棒到底是不是金属? ……

这一系列的问题要经过进一步的研究确认后,才能揭去这位"天外来客"神秘的面纱。

罗德岛巨像

罗德岛上的太阳神巨像被誉为"世界七大奇迹"之一。它从建立到被毁只有短短的 56 年,但有关它的传说却远播四方。这座神奇的雕像是如何建成的? 它的形状怎样? 倒塌之后又去了哪里?

罗德岛位于爱琴海与地中海交界处,西距希腊大陆 450 千米,北距土耳其大陆 19 千米,面积 1400 平方千米,人口 7 万。这个弹丸之地的北端就是罗德市,它是全岛的首府,全岛 60% 的人口集中在这里,举世闻名的太阳神巨像就坐落在罗德市的码头边。游人一登上码头,就可看见两座圆形石柱和柱上的两个铜雕小鹿,孤零零地矗立在那里,渺小、空荡,并没有想象中的那种雄伟气势。鹿是罗德岛的象征,当年巨像曾屹立在它的上方,看千帆竞逐。

关于罗德岛,有一个美丽的神话传说。在远古时代,希腊诸神为争夺主神之位展开了大战,宙斯最后获胜,成为万神之王。志得意满的宙斯登上宝座后开始论功行赏,分封诸神,但独独忘了给当时正出巡天宫的太阳神阿波罗留下一块封地。阿波罗回来后大为不悦,宙斯乃施展神力,指着隐没于爱琴海深处的一块巨石分封给阿波罗,巨石欣然浮出水面,欢迎阿波罗的到来。这块晚到的封地被蔚蓝色的海水所围绕,风光秀丽,气候温暖,阿波罗颇为满意,便用爱妻罗德斯(爱神阿芙罗狄蒂之女)的名字,命名为罗德岛。他的 3 个儿子卡米诺斯、莫诺利索斯和林佐斯被分封在岛上各处,各自建立起自己的城邦。

这虽然是神话传说,但在罗德岛确实存在过3个城邦,即卡米诺斯、莫诺利索斯和林佐斯。它们凭借罗德岛处在东西方交界处的地理优势,以及岛上肥沃的土壤,良好的气候,逐渐发展起来,成为地中海上重要的商务中心。公元前408年,这3个城邦联合成统一的罗德国,并在岛的北端建立联邦首都,这就是后来的罗德市。

罗德岛的繁荣富庶,吸引了希腊大陆上的人们争先恐后地到这里经商、定居或办学,岛上的文化也很快繁荣起来。正是在这个时候,岛民皮桑德罗斯写下了史诗《伊拉克利亚》,其后希腊的大哲学家亚里士多德也曾来罗德岛招收弟子,讲授哲学;雅典的大演说家艾斯霍尼斯也在岛上办过学校。罗德岛文风极盛,成为当时著名的文化中心之一。

公元前4世纪前半期,希波战争进行得如火如荼,作为希腊世界的一员,罗德国自然不能置身事外。公元前377年,罗德加入了雅典组织的第二次提洛同盟,共同抵御波斯的侵略,但是在别人的煽动下,罗德不久后(公元前356年)又退出同盟。希波战争后,希腊内部发生了旷日持久的伯罗奔尼撒战争,在内讧中实力大大削弱,为随后兴起的马其顿亚历山大所征服,希腊世界从此衰落。小小的罗德国在亚历山大势力如日中天之时勉强维持了独立,但它的富裕却令周边大国虎视眈眈,必欲据之而后快。亚历山大、波斯都曾入侵过罗德,罗德国势岌岌可危。

亚历山大不幸英年早逝后,他的部将们争权夺利,帝国最终一分为三,安提柯、塞琉古、托勒密各据一方。罗德由于在经济上与埃及联系密切,乃与托勒密一世保持了良好的关系。公元前305年,对罗德垂涎已久的马其顿国王安提柯一世派儿子达摩瑞斯率领4万军队,大举入侵罗德岛。强敌压境,全岛居民撤守至岛东端海岬上的林佐斯城堡,进行殊死抵抗。林佐斯城堡建在突入海中的山丘上,三面陡崖高达100米,城墙依崖而建,城垛上有炮台镇守,易守难攻。这样,全岛居民凭借天险同仇敌忾,终于击败了入侵者。马其顿军队丢盔弃甲,大败而走。公元前304年,双方签署和约。

罗德居民为纪念这次胜利,把马其顿军队丢弃的铜制枪械收集起来,统统予以熔化,由雕刻大师哈列塔斯负责铸造一座太阳神阿波罗(罗德居民也称为赫利阿斯)神像,因为传说中阿波罗是罗德岛的保护神,当地居民以此来感谢阿波罗对他们的保佑。哈列塔斯用了整整12年时间(前294年~前282年)才把巨像塑成。

据记载,此神像高约33米,重12.5吨,手指比人高,大脚内部可作居住的窑洞。雕像是中空的,里面用石头和铁的支柱加固,外包青铜壳。传说太阳神雕像头戴太阳光芒的冠冕,左手执神鞭,右手高擎火炬,两脚站在港口的石座上,船只可以从其胯下进出。太阳神的台座上还镌刻着一首赞美诗：

> 我们竖起你，赫利阿斯。
>
> 直达奥林匹亚山巅。
>
> 多利斯山区的罗德人敬仰太阳神，
>
> 你使小岛免遭横蛮。
>
> 世界如此瑰丽，
>
> 自由不容涂炭。

在古希腊，建造 10 米左右高的雕像并不罕见，但建造如此巨大的神像却是空前绝后的。怪不得巨像建成之初，便被同时代的罗马哲学家安蒂培特誉为"世界七大奇迹"之一。

如此巨大的雕像是如何铸成的？在缺乏起重设备的远古时代又如何把它竖立起来的？这些都是令人难以想象的事，也是太阳神巨像让人迷惑惊奇的原因之一。

巨神像体积太大，无法像建造一般雕像那样，先制出模型，然后分成几部分铸造，最后再进行整合和竖立。据文献记载，巨人像是分步建造起来的：首先，在建好白色的大理石基座后，把已铸好的脚到踝关节这一部分安装固定好。由于神像体积高大，所以神像的脚设计得比较大，使它能承受上部神像的压力。完成这一步后，雕像家指挥工匠在已完成部分的周围堆起巨大的土堆，然后站在上面接着做下一部分工作，这样一步一步向上发展。在每一步进行之前，雕塑家都先用一种铁制的框架和一些方形的石块从内部加固雕像，以保证雕像的稳定。就这样，在耗费大量人力、物力、财力后，哈列塔斯创造了一个与真神相似的神像，"给了世界第二个太阳"。

然而，罗德岛巨大铜像只矗立了 50 余年就惨遭不测。公元前 227 年至公元前 226 年（一说前 224 年），罗德岛连续发生毁灭性的大地震，岛上的城市建筑遭到严重破坏。太阳神像也从它最不牢固的地方——膝盖处断裂开了，倒塌在地，只留下台座和两条小腿。古罗马著名的自然学家普林尼在《自然史》一书中赞叹道："即使躺在地上，它也仍是个奇迹。"埃及法老托勒密三世向罗德岛人伸出了援助的双手，准备提供一笔巨额款项帮助罗德岛人修复太阳神巨像，但罗德人谢绝了托勒密三世的好意。

神像巨大的身躯横在地上，任凭风吹雨打，秋去春来。约 900 年后，即 653 年，阿拉伯人侵入罗德岛，发现了躺在地上的巨像残骸，他们费了九牛二虎之力把残骸运送到叙利亚，卖给了一位商人。据说那个商人用了 880 头骆驼才把残骸运完，以后巨像就不知去向。又有人说，巨像倒塌不久后就被人盗走，但贼船在海上遇风暴沉没,铜像埋在深深的海底。铜像究竟去了哪里?恐怕是无从知晓的了。

罗德岛的太阳神巨像已不复存在,但有关这个神奇雕像的传说和猜测却经久不衰。人们以史书中的简略记载为根据来构思它的规模,再加上自己的揣测,"设想"出了一个又一个的"太阳神巨像"的形象。

早在 11 世纪,人们就对传说中的罗德岛神像外形做出这样的推测:巨像右手举着投枪,左手按着长剑,柱脚是很高的圆柱,四周环绕着起伏的海浪。但有人提出异议,说太阳神阿波罗像应该是头戴太阳光环,驾驭着马车,马车上载着一轮鲜艳的红日,而且传说中巨像的胯下能进出轮船。由于谁也拿不出确凿的证据驳倒对方,争论不了了之。

到了文艺复兴时期,灿烂辉煌的古希腊文明使处在沉闷黑暗时代的人们目眩神迷,罗德岛的太阳神巨像又一次激起人们强烈的好奇心。他们找出那些尘封已久的古代文献,仔细研究后认定:罗德岛的太阳神巨像两脚宽宽地叉开,横跨在罗德港的两岸。阿波罗手持火把,威严地注视着往来船只。在这里,罗德岛巨像被设想成灯塔,它为进出罗德港的船只起着导航和保护作用。

这个设想在崇尚科学、理性的近代遭到质疑。理由是:罗德岛巨像高达 33 米,按力学原理,巨像两脚间间隔最多只有 10 米宽,这样的跨度,稍具规模的船只进出都有困难;而且若是这种姿势,巨像的整体格局就会失去平衡。而据普林尼的记载和人们的传说,罗德岛太阳神巨像布局合理,气势非凡。

进入 20 世纪,史学家对罗德岛巨像的推测和争论还在继续。1919 年,法国史学家弗·普洛萨提出,罗德岛巨像应该是太阳神驾驭二轮四马车,矗立在罗德港口。反对意见称,据现有的残迹看,太阳神绝非驾车姿势,而且从力学角度看,这个底座根本无法支撑没有根基的四匹飞马的重量。

1932 年,另一位名叫阿里别尔·加布里埃尔的法国史学家宣称模拟出了罗德岛的太阳神巨像:巨像为立正姿势的裸体像,右手高擎火炬,左手紧贴体侧夹着长矛。这不由让人联想起纽约港口的自由女神像姿势,据说法国雕塑家奥古斯都·巴托尔迪正是受到罗德岛太阳神巨像的启迪,创作了举世闻名的自由女神像。此外,有人提出疑问:罗德岛巨像作为世界七大奇迹之一,难道就是如此简单的浇铸而成吗?而且,这种立正姿势,也完全与原始的脚的站立姿势相矛盾。

争论还在继续。1956 年,英国历史学家盖尔别尔特·马力安根据他在罗德岛找到的一块浮雕,把巨像设想成这个形象:太阳神站在地上,右手挡在前额,双目远眺,左手背搭着一件长衫,长衫一直拖到地上,形成巨像的另一个补充支柱。但有人嘲笑说,马力安把太阳神当成了一位角斗士,或者干脆是牧羊人,哪里有神的气考古学家的努力似乎为了解真相带来了一线希望。随着对罗德岛考古发掘的深入，越来越多的文物被发掘出来。一枚出自公元前 3 世纪的钱币引起了人们的注意，这枚钱币上有太阳神的头像，经专家鉴定，这个头像正是太阳神巨像作者哈列塔斯作品的临摹画。但遗憾的是，铜币上只有太阳神的头像，却没有身体，巨像的姿势依然无法推测。

也许将来有一天，考古学家们能为我们解开这个千古之谜。

美利坚神秘石像

1991 年，美国科学家在北卡罗来纳州山谷发现了大量神秘的石头巨像。消息传开之后，考古学家们为之震惊不已。因为根据传回来的图片，这些石头像与远离美国 8045 千米的南太平洋复活节岛上的大型石雕像基本相同。

更加奇怪的是，这种在整块巨石上雕刻的雕像用的是松软火山岩材料，在美国是罕见的。唯一比较让人信服的结论就是：这些石像是在哥伦布 1492 年发现美洲新大陆前 1 世纪，由人从复活节岛移到美国的。

"这是考古学上一项惊人的发现！"理查德·克拉特博士说，他所率领的考古小组于 1994 年 10 月 28 日首先发现这些"神秘石像"。鉴于两地石像十分相似，使考古小组相信它们出自同一批雕刻者之手。

两地石像都以某种复活节岛特有殊的火山岩为材料，而美国却没有。由此，人们得出有人把石头像移到了美国的结论。然而，如此巨大石像究竟是怎样移至美国的，这是一个谜。

这些石头像大小不一，小的高 3.05 米，大的却高达 12.19 米，足有 50 吨重。克拉特博士及他的考古队在离公路 31 千米处一个封闭的山谷里发现了第一个石头像，它面向北方。不久，考古队又发现了一个埋在土石下的石头像。最后在特种扫描仪的协助下，他们发现了山谷里埋藏着的 23 个石头像，排列成半圆环形状。这种排列似乎与宗教有关，但却无法证实。克拉特博士说："复活节岛上的石像也排列成一种特殊队形，而人们无法考证为何要把石像排成如此队列？"

专家们猜测，包括波列尼西亚人和神秘的远东人在内的有关民族于 1300 年前发现复活节岛，在岛上立起石像，其目的是为吓唬入侵者和讨上帝欢喜。但这些人或他们的后代会去美国东部冒险吗？

克拉特博士不想向外界透露石像的确切位置，以免遭到记者和游客干扰。随着寒冬来临，他决定暂搁置挖掘工作，直至来年春天。

与此同时,专家们则可利用这段时间研究印第安传说,看看此间是否有外来者涉足这个山谷,以及美国石头像与复活节岛上石像有何联系。

无论结果如何,人们都期待着这项研究工作能有新的发现。

伊卡刻石之谜

在秘鲁纳斯卡平原北部,有一座名为伊卡的小村庄,每年都有不少喜爱猎奇的游人不辞辛苦来到这里,不过,此处吸引他们的可不是美丽的风景,而是一座神秘的石头博物馆。

这座博物馆的主人是加维尔·卡布瑞拉博士,馆中陈列着1万多块刻有图案的石头,据考证,这些图案很可能出于远古人类之手,但图案的内容却展示着一种极其先进的文明:器官移植手术,输血,望远镜,医疗器械,追逐恐龙的人……更令人惊奇的是,有几个图案甚至描绘出了1300万年前从太空中看到的地球。

卡布瑞拉博士将这些石头称为"刻石",他相信刻石上记录的是一个业已消失的远古文明,过去的40年间,他一直致力于破解刻石上的神秘图案。

40多年前,卡布瑞拉博士收到一份很特别的生日礼物,那是一块刻有奇怪图案的镇纸石。他记起父亲也有一块类似的石头,据说是三十年代在自家的地里发现的,只是后来那块石头不知了去向。卡布瑞拉对这种怪石头发生了兴趣,开始了长达30多年的收集和研究工作。

迄今为止,卡布瑞拉博士已经收集了大约11000多块刻石,其中,大部分来自伊卡附近的一座小山。几年前,一场洪水过后,当地的一位农民宣称,他在小山上发现了一处洞穴,里面存有大量刻有图案的石头,但他不愿透露山洞的位置。

有关刻石的消息一经传出,吸引了众多专家的关注,全世界的目光都转向了伊卡。为维护国家文物保护法,秘鲁政府逮捕了那个向外出售石头的农民。由于害怕坐牢,那个农民谎称那15000块石头都是他自己刻的。随后他被释放,而那些石头也因此被贴上"骗局"的标签,秘鲁政府宣布闹剧结束,有关刻石的传言也到此为止,伊卡逐渐恢复了往日的平静。

然而,许多专家依然持有疑问,试想一个几乎没有受过教育、不具备丰富科学知识的人,怎么能够如此精确地刻画出这样的图案,这与刻石上显示出的高科技背景是相互矛盾的。事实上,只要细心一算就会发现,即使那个农民能一天刻一块石头,那他也需要耗费40多年才能刻完那15000块!

另外,在早期的西班牙编年史中,也有关于古墓中发现刻石的记载,西班牙人还曾陆续将这些石头运回欧洲。如此看来,那位农民尚未出世,就已经有人发现刻石了。

专家将刻石进行了化验,结果表明,这些石头是产于当地河流之中的一种安第斯山石,表面覆有一层氧化物。经德国科学家的鉴定,石头上的刻痕历史极为久远,而发现刻石的山洞附近,遍布着几百万年前的生物化石。

博物馆里的刻石依照图案的类别,被划分为太空星系,远古动物,史前大陆,远古大灾难等几类。卡布瑞拉博士称那些刻石头的远古人类为"格里托里西克人"。从刻石的图案上看,他们具有极为先进的文明,掌握了高超的医疗技术,例如大脑移植,以及如何克服移植过程中的器官排斥反应,而这些技术的应用在我们的现代医学中才刚刚起步。其中有一幅刻石的图案,描绘的就是从孕妇的胎盘中分离和提取某种泡沫状物体,并且注入等待移植的病人体内,以减小器官移植后可能造成的排斥反应。

石刻中还描述了医疗手术中,利用针灸进行麻醉的技术。有些石头甚至篆刻着有关遗传基因及延长生命的图案。

博物馆中,有4块刻石的图案酷似世界地图,一些专家认为,这些地图上描绘的陆地就是至今仍为谜团的远古大陆——亚特兰蒂斯大陆、姆大陆和雷姆力亚大陆。关于远古大陆是否存在,学者们已经争论了上百年。

作家詹姆斯·彻奇沃德,曾经发现了一块西藏的圣碑,上面描绘的美洲大陆的两侧,各两片不知名的大陆。探险家威廉·尼文在尤卡坦半岛发现了一处岩画,其间雕刻的地图中,在大西洋与太平洋的位置上,都有两片神秘的陆地,人们怀疑那就是传说中的亚特兰提斯大陆和姆大陆。柏拉图也曾提到过消失的亚特兰提斯大陆,而在东方发现的古文献中也有关于远古沉没大陆的描述。然而,直到最近,科学家才认同了大陆板块漂移学说,承认远古时期的美洲、亚洲、非洲都与现在大不相同。

经过地质学家的测算证实,这4块石头的确是1300万年前的地球地图,而且非常精确。

卡布瑞拉博士认为,格里托里西克人知道在其他遥远星系中存在着智慧的生命,他们拥有高超的太空技术,无须使用我们所知的能源,就能够进行星际旅行。一块刻石上描绘出一个人手持望远镜观察天空的情形,他似乎能够通过某种方式影响宇宙中天体的变化。

还有一块石头上刻画的是银河系,上面有彗星、日环食、木星、金星,以及包括昴宿星系在内的13个星座。

更为奇妙的是,一些刻石的图案与纳斯卡平原上的某些巨型图案相同,平原上上千条由卵石砌成的线条,是何人杰作,又有何意义,至今仍是个难解的谜题,而这些线条与伊卡刻石之间有无联系,更是无从考证。

对于秘鲁政府而言,伊卡刻石的争论或许已经结束,但是这15000块石头确实存在,石头博物馆之谜还远远没有到收尾的时候!

纳玛托岛石柱之谜

密克罗尼西亚群岛共有500多个岛屿,像一把珍珠,撒在蔚蓝的南太平洋上。其中最大的岛屿名叫波纳佩岛,面积约500平方千米。在波纳佩岛对面,有一个很小的岛屿,名叫纳玛托岛。

1595年,葡萄牙海军上尉佩德罗·费尔南德斯·德·库伊罗斯乘"圣耶罗尼默号"帆船来到这个小岛,他惊讶地发现,岛上虽然荒无人烟,但却有无数巨型石柱整整齐齐码放在那里,堆成了一座10多米高的石头山。

纳玛托岛石柱

后来的地质学家和考古学家们到岛上进行了研究,发现这原来是一处远古时代的建筑废墟。这些石柱是加工过的玄武岩柱,由冷却的火山熔岩凝成,每根重达数吨。瑞士人冯·丹尼肯试着数过这些石柱,堆砌起来的石山共由4328根石柱组成。连同各处地上散乱的石柱、若干墓室和一道860米长的石柱围墙,总计纳玛托岛上的古建筑废墟共用了约40万根石柱。

岛上的建筑没有浮雕,没有装饰,没有南太平洋建筑常见的繁丽花纹。只有数不完的玄武岩石柱和交错纵横的运河水道。这是一座什么建筑呢?

更令人不解的是,纳马托岛本身并不产这种玄武岩,石柱是从波纳佩岛运来的。两处距离虽不远,但只有水路通航。人们认为是用当地一种叫作卡塔玛兰斯的独木舟来运输的。这种独木舟一次只能运一根石柱。有人计算了一下,如果一天运4根,一年才能运1460根。照这样计算,波纳佩的岛民要工作296年,才能把40万根石柱统统运到纳玛托岛。

波纳佩土著人把纳玛托遗址叫作"圣鸽神庙"。传说300多年前,一只鸽子驾船穿过水道来到这里。在鸽子来到之前,岛上的统治者是一条喷火的巨龙,它吹一口气就挖好了运河,石柱也是它从邻岛运到这里的。

传说或许有过多的神话色彩,但究竟是谁建造了纳玛托岛上的石柱建筑? 太平洋岛民慵懒、散漫而自足，这样一个巨大的工程，以他们来说，没有特殊的动力是难以想象的。

更令人难以理解的是，岛上的建筑显然并未完工，留下一部分城墙还没来得及造好，就由于某种原因突然被放弃了。散乱的石柱扔得到处都是。

到底是谁在这个岛上建造了这奇怪的建筑？它是什么时候建造的又有什么用途？为什么尚未完工又被突然放弃了？纳玛托岛的石柱，又一个不可理解的谜。

南马特尔建筑之谜

在南太平洋波纳佩岛东南侧有一个名叫泰蒙的小岛。泰蒙小岛延伸出去的珊瑚浅滩上矗立着一座座用巨大的玄武岩石柱纵横交错垒起的高达 4 米多的建筑物，远远望去怪石嶙峋，好像是大自然留下的杰作，近看又仿佛是一座座神庙。这就是太平洋上的"墓岛"。

据说，它们是波纳佩岛上土著人历代酋长的坟墓，大大小小共有 89 座，散布在长达 1100 米、宽 450 米的海域上。它们之间环水相隔，形成了一个个小岛礁。

当地人把这一巨大的石造遗迹叫作"南马特尔"，按波纳佩语有两个意思：一个是"众多的集中着的家"，另一个是"环绕群岛的宇宙"。这些遗迹一半浸没在海水之中，为此，人们只有在涨潮时才能驾着小船进入；退潮时，遗迹周围露出了一大片泥泞的沼泽地，小船根本进不去。与同在太平洋上的复活节岛的石像相比，南马特尔遗迹鲜为人知。但它那充满离奇的传说，使它蒙上了一层神秘的色彩；而它是怎样建造起来的，更是一个难以解开的谜。

据当地人说，这些古墓的来历，从来没有文字记载，而是完全靠口授，从当地酋长的世系中一代一代地口头传下来。口授的内容，只有酋长本人和酋长的继承人才知道，且不得向外人泄露，否则就将遭到诅咒，死神将降临到他们的头上。

在第二次世界大战期间，日本人占领了波纳佩岛。日本学者杉浦健一教授曾利用占领者的权势，强迫酋长说出古墓的秘密，几天后，酋长遭雷击身亡。而那位杉浦教授正打算将记录的古墓秘密整理成书出版，也不幸突然暴死。后来，杉浦家族委托泉靖一教授继续整理出版，奇怪的是泉教授不久也突然暴死，从此再也无人敢去完成死者的一这遗愿。

类似的怪事早在 1907 年德国占领波纳佩岛时也曾发生过。据说当时波纳佩岛第二任总督伯格对南马特尔遗迹发生了兴趣，根据酋长的口授对伊索克莱尔酋长的墓进行发掘，可是下令还不到一天，总督就突然暴死。19 世纪时德国考古学家长伯纳曾到波纳佩岛发掘文物，结果同样遭到暴亡的下场。

为了解开南马特尔遗迹的建造之谜，近年来，不少欧美学者到波纳佩岛做过调查，他们都认为，这项宏伟工程远非当地人力所能完成。整个建筑用了大约 100 万根玄武岩石柱。这些石柱是从该岛北岸的采石场开凿，加工好后用筏子运到墓地的。

学者们估计，如果每天有 1000 名壮劳力从事这项工作，那么光是采石就需要 655 年，将石料加工成五边形或六边形棱柱需要 200～300 年，最终完成这项建筑总共需要 1550 年时间。波纳佩岛现有 2.5 万人，而在建造古墓时人口还不到现在的 1/10。据此，1000 名壮劳力实际上是该岛的全部劳动力，而为了生存，还得用一部分人去从事农业和渔业劳动。据用 C_{14} 对遗迹进行年代测定，表明该遗迹是在距今约 800 年前建造的。因此，学者们设想，这项工程不可能凭借人力来完成。

美国的一个调查小组经过详细调查，认定南马特尔遗迹是在公元 1200 年前后建造的。公元 13 世纪初是萨乌鲁鲁王朝统治波纳佩岛的时期。所以美国调查组设想环绕海岛的南马特尔遗迹也许是作为王朝的要塞修建的。

但是萨乌鲁鲁王朝创始于公元 11 世纪，经历了 200 多年就灭亡了。因此，在这样短的时间内就完成了南马特尔建筑，怎么也不能使人相信。于是，南马特尔建筑也就成了一个至今尚未解开的谜。

马耳他巨石遗迹之谜

作为古文明的一部分，巨石遗迹遍布世界各地。例如埃及的金字塔、复活节岛上的巨石建筑、英格兰的巨石阵、法国布列塔尼半岛的巨石遗迹……凡此种种，不一而足。据考证，这些巨石遗迹约建造于公元前 3500 年至公元前 1500 年间的石器时代。

自从有文字记载以来，关于这些古怪巨石建筑的来历和用途就引起了人们的种种猜测。中古时代的人们普遍相信，是魔鬼或巫师建造了这些巨石建筑，或者它们是由大洪水前地球上出现的巨人所建。也有人认为它们是古代塞尔特人的督伊德教祭司所建。

另外一些人则认为，欧洲的巨石建筑是由失落的亚特兰蒂斯帝国所建。这些巨石遗迹究竟何时建立？由谁而建？因何而建？是庙宇、坟墓，还是所谓的古代"计算机"？学者们上穷碧落下黄泉，始终无法找出一个合理的解释。

在所有的远古巨石遗迹当中，马耳他岛上的巨石建筑独具特色。与目标明显的英格兰巨石阵不同，马耳他岛巨石建筑的发现纯属偶然。马耳他岛是地中海上的一个小岛，面积 246 平方千米，位于利比亚与西西里岛之间。就在这个微不足道的小岛上，20世纪以来人们却接二连三地发现了30多处史前巨石建筑遗迹。其奇特的设计和宏大的规模，引起了人们强烈的兴趣，在欧洲掀起了"史前巨石建筑研究热"。

1902年，马耳他岛繁荣兴旺的佩奥拉镇发生了一起轰动世界的大事。当时一群建筑工人正在为一家食品店盖房，其中有几个工人为建造一个蓄水池正满头大汗地凿着地下的岩石。突然，脚下的岩石露出一个洞口，待凿开一看，竟是一个通过凿通硬石灰岩而建成的宏伟的地下室。

起初，工人们并没有在意，只是把凿下来的碎石、废泥以及垃圾堆放在洞穴里面，但其中一个颇有头脑的工人认为此事非同寻常，便向当地有关部门做了汇报。闻讯赶来的考古学家们对洞穴仔细地进行了挖掘和清理，一个规模宏大、设计独特的史前建筑逐渐清晰地呈现在世人面前。沉寂的马耳他岛由此一时名声大噪。

这座巨大的石制地下建筑共分三层，最深处距地面12米，错综复杂，仿佛一座地下迷宫。它由上下交错、多层重叠的多个房间组成。里面有一些进出洞口和奇妙的小房间，旁边还有一些大小不等的壁孔。中央大厅耸立着直接由巨大的石料凿成的大圆柱、小支柱，支撑着半圆形的屋顶。整个建筑线条清晰、棱角分明，甚至那些粗大的石架也不例外，没有发现用石头镶嵌补漏的地方。它的石柱、屋顶风格与马耳他其他许多古墓、庙宇如出一辙，但别的庙宇都建在地上，这座建筑却深藏于地下的石灰岩中。由于构造奇特，人们借用希腊文"地窖"一词来形容它，意为"地下建筑"。

这座"地下建筑"是"庙宇"还是"坟墓"？在生产力极其落后的石器时代，马耳他的岛民为何耗费如此巨大的精力来建造这座庞大的地下建筑？

有人认为它是一座地下庙宇。在这座地下建筑中，有一个奇妙的石室，人们称之为"神谕室"。由于设计独特，石室内产生了一种神奇的传声效果，因此石室又被称之为"回声室"。这个石室的其中一堵墙被削去了一块，后面是状似壁龛、仅容一人的石窟，一个人坐进去照平常一样说话，声音会传遍整个石窟，并且完全没有失真。由于女人声调较高，不能产生同样的效果，设计者就在石室靠顶处沿四周凿了一道脊壁，女人的声音就沿着这条脊壁向外传播。正是因为有这个石室存在，考古学家断定这座地下建筑是一个在宗教方面有着特殊用途的建筑物，说不定它就是祭司的传谕所。

此外，考古学家在发掘过程中发现了两尊侧身躺卧的女人卧像，还发现了几尊丰乳肥臀也许以孕妇作为蓝本的女人卧像。据此，考古学家推测，这里或许是崇拜地母的地方。由于整个建筑埋在地下，不见天日，因而显得阴森怪异。设想一下，当一个虔诚的原始人置身于这样一个诡秘幽玄的地下石室时,突然传来隐身人的说话声,他能不毛骨悚然从而对其产生敬畏之情吗?

然而,这座建筑真的就是一座地下庙宇吗? 事实并非如此简单。越往地下深层发掘,考古学家发现它越不像是庙宇所在,尤其是在一个宽度不足 12 米的小石室里竟然发现埋藏有 7000 具骸骨。这些骸骨并不完整,骨殖散落在狭小的空间中,说明是以一种移葬(即初次土葬若干年体腐烂成了骷髅后,捡拾骨殖到别处重新安葬)的方式集中起来的,这种埋葬方式在原始民族中很普遍。地下室难道是善男信女们的永久安息之地吗?

根据挖掘出来的牛角、鹿角、凿子、楔子、两把石槌以及做精工细活用的燧石和黑曜石判断,再根据其建筑风格推测,此地下建筑约建于公元前 2400 年前后,当时岛上正处在石器时代。那么,岛上居民什么时候把骨殖放到这个地方来的? 马耳他的居民又为什么要如此安放骸骨? 没有人知道。也没有人知道这座地下建筑在什么时候变成了墓地。兴许初建时它就兼有庙宇和坟墓的双重用途。也许这是一座仿效地上建筑而建的一座地下庙宇,也许它就是死者的安息之地。这些问题均无从回答,难以确定。很多解释也都在两可之间。

继发现地下建筑后,马耳他岛又陆续发现了另外一些石器时代的石制建筑。1913 年,在该岛一个名叫塔尔申的村庄发现了巨大的石制建筑。经考古学家鉴定,这是一座约在 5000 多年前建造的庙宇。庙宇占地达 8 万平方米,是欧洲最大的石器时代遗址。站在这座庙宇的废墟面前,首先映入眼帘的是一道宏伟的主门,通往宽敞的厅堂和有着错综复杂走廊的各个房间。整个建筑布局精巧,雄伟壮观,好多个祭坛上都刻有精美的螺纹雕刻。

这种精心设计的巨石建筑遗迹在马耳他岛上不止一处。在哈加琴姆、穆那德利亚、哈尔萨夫里尼,考古学家们也发现了几座经过精心设计的庞大建筑物。它们都用石灰岩建成,有的雕琢粗糙,有的琢磨光滑,有的建筑物的墙上有粉饰,有的则精雕细刻,各有特色。哈加琴姆的庙宇用大石块建造,里面发现了一些石桌,它们排列在通往神殿门洞内的两侧,有些石桌至今未能肯定究竟是祭台还是柱基。考古学家在神殿里还发现了多尊母神的小石像。这座建筑是最复杂的石器时代遗迹之一,许多谜团有待进一步考证。

穆那德利亚的庙宇又是另一番景象。它大约建于 4500 年前,由于建在海边的峭壁上,可以在上面俯瞰苍茫无际的地中海。它的底层呈扇形,是典型的马耳他巨石建筑的特征。那些大石块由于峭壁的掩护,很少受到侵蚀风化,保存得相当完好。

最令人感到神秘莫测的是名为"蒙娜亚德拉"的一座神庙。这座庙宇又被称为"太阳神庙",它的结构很奇特,人们在惊叹之余又觉疑雾重重。

一位名叫保罗·麦克列夫的马耳他绘图员曾对这座庙宇进行了仔细的测量,根据测量出来的数据,他提出一个惊人的假设:这座庙宇实际上是一座相当准确的太阳钟!保罗·麦克列夫指出,根据太阳光线投射在神庙内祭坛和石柱上的位置,可以准确地显示夏至、冬至等一年中的主要节令。

更令人震惊的是,这座神庙是在公元前10205年建成的,也就是说离现在已经1.2万年了。在那个遥远的年代,神庙的建造者居然有那么高深的天文学和历法知识,能够周密地计算出太阳光线的位置,设计出那么精确的太阳钟和日历柱吗?

不少学者的研究表明,马耳他岛上的巨石建筑的建造者们在天文学、数学、历法、建筑学等方面都有极高的造诣。这些庙宇有的本身就是可以判断节令的历法标志,有的甚至还可用作观测天体的视向线。另外还有人提出,这些庙宇能当作一部巨型计算机,准确地预测日蚀和月蚀。这是庙宇的真实面貌还仅仅是一种巧合?

马耳他石器时代的巨石建筑遗迹使人们对名不见经传的马耳他岛刮目相看,同时又疑窦丛生:石器时代的马耳他岛居民真有这么高的智慧吗?如果真是这样,那么他们是怎样获得这些知识的?为什么他们在其他领域却没有相应的发展呢?是什么原因激发了他们建造巨石建筑的热情?这些"知识"又为什么莫名其妙地中断了?这一切至今仍没有人能够圆满回答。

第二节　文学谜团

荷马之谜

古代希腊的荷马史诗是世界文化的瑰宝,是古希腊人留给后世的一份重要的精神财富和文化遗产。对此,马克思曾给予很高的评价,认为希腊的艺术和史诗"仍然能够给我们以艺术享受,而且就某方面说还是一种规范和高不可及的范本"。荷马史诗包括两部叙事史诗:《伊利亚特》和《奥德赛》,这两部出色的作品相传为荷马所作,所以后世又统称为《荷马史诗》。但是,有否荷马其人及"荷马的史诗",在西方文学史上却是一个聚讼纷纭、争论不休的疑案。近代以来,论述荷马其人其作的著述,可谓汗牛充栋,展开了一场旷日持久的激烈争论,形成了学术史上众所周知的"荷马问题"。

所谓"荷马问题",归根结底是这两部史诗的作者问题。目前,我们对荷马的生平所知甚少,虽然流传到现在的荷马的传记共有 9 部,但这些传记充斥虚构,而且相互之间矛盾百出,时至今日显然已失去它可资参考的文献价值。

西方古典作家对这位诗人的时代说法不一:古希腊作家认为,荷马大体与赫西俄德同时,即是公元前 8 至 7 世纪之交的人,但也有人认为应早于赫西俄德,有些人则说他晚于赫西俄德。古罗马史学家塞奥彭帕斯说荷马生于公元前 686 年,说得如此肯定而又确切,但人们并不知道他的根据是什么,另一个古代传说,称荷马生于公元前 1159 年,这个说法似乎又太早了一点。以上诸说,不可尽信,也不可完全不信,传统上人们倾向这样一种意见:荷马生活的年代大约在公元前 9 至 8 世纪之间,相传为盲诗人,因此才叫他"荷马"。

关于荷马的出生地,说法也各异。由于荷马史诗在古代所具有的巨大影响,一个城邦被看作荷马的故乡似乎成了一种荣誉,因此曾有密而纳、希俄斯、科洛丰、皮罗斯、阿尔戈斯、雅典等许多城邦争着要荷马当它们城邦的公民。事实上,在古希腊世界,几乎所有的城邦都声称荷马就生在它们那里,这是由于这些城邦都看到荷马史诗中某些词句、词组乃至个别方言俗语,都是来自它们那个地方的。

在古代,尽管对荷马其人颇多异说,但古典作家并不否认他的存在,也承认荷马是《伊利亚特》和《奥德赛》两部史诗的作者,著名的古希腊历史学家希罗多德、修昔底德,哲学家柏拉图、亚里士多德等人大体都持有这样的观点,而且他们都毫不例外地受到过荷马史诗的巨大影响,柏拉图在《理想国》中指出,当时希腊人崇敬荷马,认为"荷马教育了希腊"。从中古时代直到 18 世纪的欧洲,传统一直认为荷马是历史上确实存在过的远古时代的一位伟大的诗人。

到了近代,"荷马问题"骤起。法国僧正多比雅和意大利历史学家维柯率先发难。1725 年维柯的《新科学》一书问世,作者在该书第 3 卷《发现真正的荷马》中,根据这两部史诗本身一些语言学上的证据和他在《诗性智慧》部分所奠定的一些原理,做出了如下的"发现":

此前人们一直置信的荷马并不存在,他不过是希腊各族民间神话故事说唱人的总代表,或是原始诗人的想象性的典型人物,希腊各族人民自己就是荷马;两部史诗之间的间隔相距有数百年之久,所以它们不可能出于一人之手,《伊利亚特》当然先于《奥德赛》,如果前者是荷马少年时的作品,后者则是他晚年的产物,这个"他"只能代表早晚年代不同的整个民族,而绝不是同一个人。

这一"发现",石破天惊,极大地震动了西方学术界。1795 年,德国学者沃尔夫在《荷马史诗研究》一书中做出了更详尽的论证,指出史诗从公元前 10 世纪左右开始形成,经过了几个世纪的口头相传,直至公元前 6 世纪雅典僭主庇西特拉图当政时，才正式用文字记录下来。

他断言，两部史诗各分成若干部分，每一部分都曾作为独立的诗篇由歌手们演唱，经过多次的整理加工，史诗才成为我们今天看到的样子。因此，《伊利亚特》和《奥德赛》并非出于同一个诗人的笔下，而是许多歌手的集体创作。后来，他的同胞拉赫曼更明确地阐述了前者的观点，谓两部史诗乃是由口头相传的单篇的民间诗歌作品汇编而成的，如他曾把《伊利亚特》除最后两卷外，分成了 16 首互相独立的诗篇。这种观点，通常被称为"分解说"，即"小歌说"。

与上说相对立的是"统一说"。"统一说"实质上是古希腊有关荷马传统看法的复活，它以德国学者尼奇为代表，主张荷马其人有历史的真实性，生卒年代应不晚于公元前 9 世纪；史诗有统一的艺术结构，他批评了"分解说"的一些论点，认为荷马史诗中的矛盾是微不足道的，这类细小的矛盾不足以证明两部史诗是由几个诗人参与创作的。

介于这两者之间的是"基本核心说"，这是一种调和折中的观点。在这派人看来，荷马史诗最初的基础可能是一些短篇，后来以这些短篇为核心，逐渐加以扩大，如德国学者赫尔曼认为，有关阿喀琉斯的愤怒的文字是《伊利亚特》的基本核心，俄底修斯渡海返乡的漂泊奇遇故事则是《奥德赛》的基本核心，其余部分都是后来添加上去的。因此，史诗既保持了基本的统一，同时存在不少脱离布局甚至自相矛盾的地方。

德国学者基希霍夫、英国史家格罗特等人基本上都持这样的见解：两部史诗既不是一连串各自分开创作的民间诗歌的汇编，也不是出于一位大诗人的手笔，它们经历了很长的历史时期，古老的神话传说与特洛伊战争的英雄故事，是它最原始的素材，在漫长的流传过程中，势必由许多民间诗人对它不断地进行增删、修饰，最后似应由一位大诗人（如荷马）进行加工整理而成，这种综合性的说法已日益为学术界更多的人所接受。

当然，"荷马问题"的疑案并没有就此解决，20 世纪以来，学者们对它投入的热情仍有增无减，最有代表性的是美国学者帕里对荷马史诗的研究。他从语言学的角度，仔细研究了这两部史诗中重复出现的词组、短语，尤其是每个英雄和神的名号的组合与使用，发现史诗具有一整套程式化的语句。他认为，史诗不是诗人简单地运用一个个字或词创作出来的，它还由大量程式化的词组和诗句结合而成。

据统计，荷马史诗中有 1/5 是由重复使用的诗句构成的，总共 2.8 万行诗中有2.5 万个重复出现的短语。这些程式化的用语符合配乐咏唱的古希腊诗歌的特有规律，也便于在没有文字的条件下口头传诵和即兴创作。

如此大量而固定的程式用语,显然不能出自一个诗人的创造,那是经过世代民间歌手不断口舌相传、不断积累筛选而约定俗成的。帕里的发现被学术界认为是20世纪荷马研究中最重要的成就,他因此被誉为"荷马研究中的达尔文"。

对荷马史诗及其作者的研究与争辩,如同这两部史诗具有永久的魅力一样,也许永无休止,但再多的争论也改变不了这样一个事实,即《伊利亚特》和《奥德赛》是世界文化史上的一部伟大的史诗。

《奥赛罗》主题之谜

莎士比亚的戏剧分为三种:历史剧、喜剧和悲剧。他在历史剧中描述英国的过去,特别是蔷薇战争时期。这类剧本(《理查二世》《亨利四世上下篇》《亨利五世》《亨利六世上中下篇》《理查三世》《亨利八世》)显示他有本事使庞杂的历史资料合于舞台的要求。

他的喜剧所采文体颇广,《错误的喜剧》《驯悍妇》《温莎的风流妇人》等着重闹剧成分;《仲夏夜之梦》《如愿》《第十二夜》是浪漫的喜剧;而《皆大欢喜》《恶有恶报》《脱爱勒斯与克亚西达》内容比较严肃,常被称为阴沉喜剧。但莎士比亚最伟大的天才是表现在他的悲剧上,虽则他在悲剧上也采用广泛的题材与手法。人类有史以来最伟大的悲剧中一定要列入他写的《罗密欧与朱丽叶》《哈姆雷特》《朱丽阿斯·西撒》《麦克白》《奥赛罗》《李尔王》《安东尼与克利欧佩特拉》。

不过,对《奥赛罗》一剧的认识国内外专家至今很不一致。《奥赛罗》被称为莎士比亚的四大悲剧之一,戏剧题材来源于16世纪意大利的一个短篇小说。原是一个平常的爱情故事,莎士比亚把它改编为一出具有深刻时代意义的悲剧。

摩尔人奥赛罗是威尼斯大将,他和一个元老的女儿苔丝德蒙娜成了婚。元老歧视奥赛罗的肤色,反对这桩婚事并诉诸威尼斯公爵。

这时土耳其人入侵威尼斯领地塞浦路斯,公爵需要奥赛罗领兵御敌,因此对婚事不加追查。奥赛罗统帅军队去塞浦路斯,并任命凯西奥为副将。旗宜伊阿古嫉恨凯西奥的地位,诬陷凯西奥与苔丝德蒙娜有私。并利用苔丝德蒙娜的天真,设下许多圈套,引起奥赛罗对妻子的怀疑。奥赛罗中计将苔丝德蒙娜扼死。

这时,伊阿古的妻子哀米利霞揭发了丈夫的罪行。奥赛罗发现真情,也悲愤自杀,伊阿古被押回威尼斯,受到应得的惩罚。

有人认为,作者通过奥赛罗以莫须有的怀疑而杀害心爱妻子的悲剧,提出了关于种族的大问题。作者以赞美的心情叙述了白种人苔丝德蒙娜如何战胜了元老院的反对,冲破了封建枷锁,同勇敢而品质高贵的摩尔人结婚。同时也看到尽管奥赛罗轻信谗言,上当受骗,但他是光明磊落的,而白种人伊阿古则是阴险可怕的毒蛇。

有人认为《奥赛罗》抨击了新兴资产阶级的极端利己主义。而一般的都认为《奥赛罗》叙述摩尔人统帅奥赛罗受骗杀妻后悔而自尽的故事,表现了人文主义者对于人与人之间真诚关系的破灭,是一出人文主义理想幻灭的悲剧。

也有人认为《奥赛罗》是"一出人文主义理想幻灭的悲剧"这一结论是不正确的。这种观点认为,人文主义者普遍把"理性"视为人的最高品质;这也是人文主义理想人物的核心精神。但是奥赛罗却是一位明显欠缺理性的人物。他对人心的险恶,对时代环境特点,懵懂无知,醉心于自己的军功冒险生涯;以简单的真诚原则对待一切人,以至于轻信谣言,铸成大错。这种为事物直觉表现所支配,为个人情感所主宰的人物,怎么可以称作是人文主义的理想形象呢?人文主义呼唤"理性英雄",而奥赛罗却是位"感性英雄"。因此,他是一位生不逢时的上古英雄的精灵,他的毁灭宣告了上古英雄法则的崩溃。莎士比亚在此剧中,表现的是具永恒价值的主题:人的最古老的主体意识——英雄观念的失落。《奥赛罗》是一曲为上古英雄唱不尽的挽歌,也表现了莎翁对社会文化性质的强烈质疑。

直到现在,关于《奥塞罗》的主题之谜依然是众说纷纭,莫衷一是。

《彼得大帝遗嘱》真伪之谜

1836 年,法国一个名叫德奥的人出版了一本回忆录。在这本回忆录里,德奥首次披露了一份令世人震惊的《彼得大帝统治欧洲的计划》,因而引起轰动,回忆录立刻一售而空。

这份《计划》亦称之为《彼得大帝遗嘱》,其正文部分有 14 条。主要内容有:1.俄国长期保持战争状态;2.罗致各种人才;3.积极参与欧洲事务;4.瓜分波兰;5.征服瑞典;6.王室联姻;7.与英国结盟通商;8.沿黑海、波罗的海向南北扩张;9.挺进君士坦丁堡与印度;10.对奥地利行使其种保护;11.挑动奥地利与欧洲各大国作战;12.全面统治希腊;13.利用法、奥中的一个制服另一个;14.征服日耳曼和法国。

《遗嘱》暴露了沙俄妄想通过称霸欧洲进而达到征服世界的野心,涉及欧洲 10 多个国家的安全。许多国家对此表示密切关注,《遗

彼得大帝

嘱》先后被译成多种文字出版。

《遗嘱》的真实性如何？这是许多国家关注的热点。德奥在回忆录中描述了他窃取《遗嘱》的详细经过。

德奥是法国机要局成员，奉命打入俄国宫廷窃取情报。当时的俄国，由彼得一世的女儿叶丽萨维塔·彼得罗夫娜（即伊丽莎白）雄踞沙皇宝座。伊丽莎白是一个荒淫无耻的女人，她在宫廷里豢养了一批"面首"供她随时玩乐。德奥投其所好，成了一名走红的"面首"。

德奥凭借这样的身份，不仅可以任意出入宫廷，还可以随意翻阅历代沙皇绝密档案，这为他的情报工作提供了极大的方便。有一次，在圣彼得堡城郊的沙皇夏宫里，德奥在堆积如山的档案中意外地发现《彼得大帝统治欧洲的计划》。他阅读后，深知《计划》的价值，于是将全文完整抄录。

1757年，德奥将抄件全文呈递法国国王路易十五，引起了法国政府的重视。

德奥的回忆并非杜撰，他确实奉命打入沙俄宫廷充当间谍，完全有可能获悉沙俄宫廷内部的绝密消息。更为重要的是，在德奥将《彼得大帝统治欧洲的计划》呈递法国国王42年后，一个流亡法国的波兰将军索科尔斯基向法国执政府提交了一份据称从沙俄档案中发现的《俄罗斯扩张计划概要》，内容竟与德奥的抄件相同，真是无独有偶。这么一来，《遗嘱》的真实性几乎不容人怀疑了。

但是，最有权威的苏联历史专家说，《遗嘱》纯系伪造，断然否定它的存在，对于流传世间的种种传闻，表示不屑一谈，不值一驳。曾经关注过《遗嘱》的许多国家经过长年考证，亦认为《遗嘱》是伪造的。

据史料载，1724年冬，沙皇彼得一世巡视芬兰湾后暴发肺炎，竟至一病不起。次年1月7日下午，彼得已处于弥留之际，他勉强写下了"将一切传给"几个字后便无法再提笔。彼得令唤公主，拟口授遗嘱。可是当公主来到榻前时，彼得已昏迷不醒，此后一语未发，直至1月8日凌晨死去。

实际上，彼得既没有留下书面遗嘱，也没有留下口头遗嘱，甚至连继位的遗嘱也未留下，所谓《彼得大帝遗嘱》有头有尾、有条不紊、读之成章、顺之成理，何来之有？

从《遗嘱》的发现经过看，高度机密的国家文件竟会夹在堆积如山的一般档案里，这是令人怀疑的。再则，依据德奥提供的线索，有关人员在沙俄档案中没有检索到所谓《遗嘱》原件。

从《遗嘱》内容本身看，全文的表述方式过于露骨，也是令人怀疑的。各国翻译的《遗嘱》文本，其内容虽大体相同，但文字与细节有较大出入。关于《遗嘱》的

世界未解之谜

艺术未解之谜

图文珍藏版

起草与修改时间,各种文本说法不一。

中国学者刘存厚在《百科知识》(1980 年第四期)撰文说:"根据以上分析,我们毋宁相信,所谓《彼得大帝遗嘱》,并非出自彼得一世本人之手,而是他人的杜撰"。

谁是《遗嘱》的杜撰者呢?专家们认为,只能是德奥本人。德奥出于邀功的目的,杜撰了《遗嘱》。流传于世以后,法国、波兰、土耳其等国的一些人可能又进行过加工和补充。至于波兰将军索科尔斯基发现的《俄罗斯扩张计划概要》,或许是与德奥不谋而合,或许另有幕后戏。专家们认为,《遗嘱》的文字虽然是杜撰,但内容完全可能是真情。

17 世纪的俄国是一个远离海洋的内陆国家。彼得代表了俄国农奴主和新兴商人的利益,要求夺取出海口,开辟新市场。彼得上台以后,立即着手制定了征服世界的蓝图。彼得发动了长达 21 年之久的北方大战,战胜了瑞典,夺取了波罗的海出海口。接着与波斯一决雌雄,获得里海沿岸一带。此外,又设谋瓦解了波兰武装力量,两次对土耳其作战。

1712 年,彼得下令将沙皇的宝座由莫斯科移至彼得堡,窥视整个欧洲。彼得还命令俄国海军总司令阿普拉克辛找到一条经北冰洋到中国和印度的航线。彼得的一生是穷兵黩武的一生,他尽毕生之力,终于使沙皇俄国从一个完全的陆地国家变成一个濒海帝国。

从彼得大帝一生的所作所为看,与《遗嘱》是十分吻合的。刘存厚先生在文章中说:"《彼得大帝遗嘱》作为一份反映沙俄统治集团对外扩张野心的文件,还是有着极大的真实性。"

哈姆雷特之谜

《哈姆雷特》是莎士比亚的重要作品之一,也是被后人研究得最多的作品。几个世纪以来,《哈姆雷特》一直是评论家争论不休的剧目,对其评论不计其数,各种解释层出不穷。时至今日,对此剧目的探讨仍有深化的必要。

在汗牛充栋的评论著作中,大多涉及剧中男主人公哈姆雷特拖延复仇的问题,复仇任务决定了哈姆雷特的整个命运。哈姆雷特在什么时候、用什么方式复仇?或者有没有过复仇行为?为什么拖延复仇?与此有关的一切就决定了全剧的中心内容,并且成为引起诸般探讨和争论的根源。

《哈姆雷特》是一幕世界闻名的复仇剧。它是莎士比亚依据传说中丹麦王子哈姆雷特的故事,借鉴当时复仇剧曾运用过的情节如鬼魂、延宕、装疯、戏中戏和杀人流血等,并赋予它深刻的真实性和哲理性,使之成为具有重大典型意义的时代的镜子这样一部作品。复仇剧的主人公实际上往往不能迅速行动,因为他一时之间找不到最恰当的复仇时机。目前,关于哈姆雷特拖延复仇是否真有其事尚有争论。

有学者认为,虽然哈姆雷特在他的独白中几次谴责自己拖延复仇,但在行动上并未拖延复仇。英国文学家陈·吉阿也认为,拖延复仇的感觉是莎翁有意造成的,莎翁在剧中有意拖长时间,增加人物与情节,以便有更多的篇幅来表现主人公复杂矛盾的内心活动。

另一位莎士比亚戏剧的研究者吉·克拉福德也持同一观点。不过,大多数学者都承认,哈姆雷待的确拖延了复仇计划,但对他拖延复仇计划的原因所做的解释则众说纷纭,莫衷一是。

关于哈姆雷特拖延复仇的原因之争论,目前大致可以分为三类:即内因论、外因论和综合论。内因论是从主人公的性格或思想上着手分析;外因论则从主人公所处的客观环境去发掘;综合论认为应将上述两说进行综合分析。

专注哈姆雷特性格的"心理派"理论认为,哈姆雷特拖延复仇的主要原因是他自我矛盾的忧郁性格所致。哈姆雷特的命运和无法消除的内心矛盾时刻缠绕着他:他的遭遇和处境、他对复仇任务的反应、为父报仇及"整好时代"——装疯和耍疯、无穷的忧郁和一再地拖延(几大段独自)、他最后的表现——一定的平静(意识到命运与必然)和无限悲苦中的荣誉感。哈姆雷特的性格和精神是斑驳复杂的:他具有崇高的理想和责任感、却又是个注定不能实现他理想的"理想主义者";他看上去既能行动、又不能行动;既要行动的时机、又放过了难得的机会;他深爱过奥菲利娅、又对她极其严酷;他厌恶生命、却又向往人生的作为和美好;他既不能迅速复仇、又不能理解自己为何拖延复仇,每当他想到复仇义务时,他就一再强烈地却又总是无效地谴责自己。

"心理性格"理论是哈姆雷特拖延复仇内因论的核心。相关的拖延复仇原因的解释有17种。文化伟人歌德认为:哈姆雷特拖延复仇的原因在于性格太软、难当大任;A·W·史雷格尔和柯尔律治认为:哈姆雷特过分地沉思损害了行动,或者心灵总被内在世界占据,失去了对外界事物的真实感;别林斯基的看法是:哈姆雷特正经历精神发展过程的中间的或分裂矛盾的阶段;A·C·布拉德雷持下述观点:不幸的命运强加于哈姆雷特的病态的忧郁是其障碍,良心问题使他不能行动;L·C·奈茨主张:哈姆雷特的意识已被腐蚀到不能肯定什么的程度;萨拉瓦多·德·玛达雷戈的观点为:哈姆雷特是一个无情的自我中心主义者,除他自己之外,他不关心任何人与事;伊撒克·罗艾觉得:按病理学诊断,哈姆雷特完全是疯了;恩奈斯特·琼·恩斯以为:按弗洛伊德心理学分析,哈姆雷特患了男孩亲母的俄狄浦斯情结,其心思并未放在复仇上。

与内因论及心理性格派理论对立的是外因论的解释:即哈姆雷特和外部世界的矛盾冲突以及各种客观因素是他拖延复仇的主要原因。以普劳曼、瑞特逊、克兰和威尔德等为代表的学者们认为,由于外部条件对哈姆雷特不利,如当时克劳狄势力很强大,且此人又很狡猾阴险,使哈姆雷特在没有确切无疑的证据时不能贸然行动。

还有的学者主张从社会历史和其时代局限性的角度来考察这一问题,他们援引了主人公在第一幕第五场的结束语:"这是一个颠倒混乱的时代,唉,倒霉的我却要负起重整乾坤的责任……"以此说明"一件伟大的事业担负在一个不能胜任的人身上,……这重担他既不能扛起,也不能放下"。这一主张的代表者有歌德多顿和阿尼克斯特等人。

目前较有影响的则是综合论派理论。这一理论的评论家认为,只从主观上或客观上分别去寻找哈姆雷特拖延复仇的原因都各有其价值,但两者都难免失之偏颇。要彻底弄清哈姆雷特拖延复仇的原因,必须从主客观两方面加以综合分析。

造成哈姆雷特拖延复仇的并非是单纯的时机或方式,而是远为复杂深刻的主客观因素:作为文艺复兴时期的新人,哈姆雷特从思想上与本能上已经不能热衷于封建传统的复仇任务,而他所向往的"整好时代"和实现人文主义理想的要求,又只能是一番空想。

从主观上来说,哈姆雷特性格稳重、谨慎、内向甚至有些多疑,但他并非是不善行动的人。他善于观察,敢于思考社会问题,深知自己有责任改造这个"颠倒混乱的时代",但又拿不出具体可行的措施。他知道复仇意味着他不得不马上着手治理国家,但他又感到准备不够,因此信心不足,至少在潜意识里他并不想过早处死国王,于是,他的复仇计划便一拖再拖,最终导致自己与敌人同归于尽,酿成悲剧。

早在1898年,A·H·陶尔曼就列举了当时已经提出的十几种主要的解释拖延复仇的观点。这一问题至今仍困扰着评论界。究竟哪种见解更能说明问题,哪种观点更令人信服,还有待专家学者们继续探讨。

"黑肤夫人"原型之谜

十四行诗是莎士比亚留给人类的重要文学遗产,后人有关的论著,其数量仅次于莎氏的代表作《哈姆雷特》。他的作品虽然很多,但生平资料却极为有限,因为在当时剧作家是不为人们所重视的,这就为人们研究莎氏的生平、死因、作品等问题带来了一定的难度。

以十四行诗为例,最初出版是否出于莎氏本人的意愿? 卷首献辞中的 Mr. W. H.到底是谁? 诗中的年轻朋友、情敌诗人和黑肤夫人是否实有其人,他们是谁? 在所有这些有争议的问题中,无疑要算"黑肤夫人"这个谜最引人注目、最富浪漫色彩了。

的确,这位夫人年轻,擅长音乐,黑头发、黑眼睛,甚至是黑皮肤,具有一种特殊的魅力;在爱情上她却不够忠实,轻浮放荡,既欺骗了自己的丈夫,又背叛了情人,暗中投入诗人的朋友、那个英俊青年的怀抱。

莎氏在诗中对她寄托了很深的感情,总是萦绕在诗人的心头,对她的热情一生都没有冷却过,而是一直在塑造她的形象。在诗人的笔下,她简直成了真正的倾国倾城的绝代美人。对这样一位充满诱惑力的美人,自然引起后世研究家们的极大兴趣,并努力在现实生活中去寻找这个真人。

莎士比亚

在几百年的长期考证研究过程中,人们提出的黑肤夫人的原型人选不下七八名,但似乎还没有真正找到这位具有独特风格的女人。

18 世纪的莎氏全集编者马龙开始寻找诗人的这个情人,他认为这个"黑肤夫人"就是当时的英国女王伊丽莎白一世,并提出了许多论据。莎氏在不少作品中无保留地歌唱了自己的时代,并在伊丽莎白女王身上寄托了作者对贤明君主的理想。

马龙的同时代人卡尔迈认为:"很明显,所有十四行诗都是写给伊丽莎白女王的。"从莎士比亚劝他的可爱的女王朋友结婚生子,以及伊丽莎白此时已超过 60 岁等事实都没有使诗人感到为难来看,诗人和女王的私人关系是很好的,因此女王很可能就是"黑肤夫人"的原型。

有的研究者从 1594 年出版的《威罗比,他的艾薇姗》一书中发现了新线索,认为达夫南特的母亲可能就是十四行诗中的迷人的"黑肤夫人"。书中的故事主要讲一个客栈老板的妻子如何拒绝许多求爱者,而只把爱托付给一位熟悉的朋友 W. S.莎士比亚的名字正好是 William Shakespeare。

据传说,莎氏往返斯特拉特福和伦敦的途中,往往住在一个酒商开的客栈里,时间一长便成了这家人的朋友,漂亮的客栈夫人对他特别殷勤,其儿子(后来成为17 世纪著名戏剧家、桂冠诗人的达夫南特)和莎氏也有着特殊的感情。

据莎士比亚最初的传记作者奥伯雷记述,达夫南特本人在醉酒时常常在人面前暗示自己可能是莎士比亚的私生子,并以此感到光荣。为此,一些评论家就做出了上述的猜想。但后来著名的莎学评论家威尔逊提出了疑问:"达夫南特是 1606 年生,而事实上酒商 1605 年前还没有得到开业执照,这样时间对十四行诗中的事件来说是太晚了。"

19 世纪名学者 W·约丹根据十四行诗第 130 首中"我的情人当她走路时,是脚踏实地"这句话推断"她一定是扁平足";根据她的音乐才能和擅长卖弄风情,以及其他线索,约丹得出这样的结论;黑夫人来自西印度殖民地、出生于西印度群岛的欧洲人后裔,带有非洲混血,可能是黑人和白人的混血儿,或是白人与混血儿生的。

这种说法一直延续到 1933 年。同年,莎学家 G·B·哈里森又提出一个实有其人的女人,那就是住在伦敦的黑人露茜,一个伺候朝臣贵族和富家的妓女。1964 年,P·昆奈尔也附和此说,认为"黑夫人不是宫廷中的贵妇……而是一个出名的宫妓,诨名叫'黑人露茜',她的黑色面貌受到人们赞美。另一方面,莎士比亚告诉我们,在欺骗他和勾引他的朋友之外,她也不忠实于她的枕边盟誓。因此,我们或者可以指出她是某个富商的妻子。"

比较可信的一种说法是"黑肤夫人"就是玛丽·菲顿。由于她和青年贵族赫尔伯特的爱情故事,许多批评家常常提出这种说法,维多利亚时代的人特别热衷这一说法。1890 年,泰勒首先提出了这一假设。

他先肯定莎氏的十四行诗是写给赫尔伯特的,那么"黑肤夫人"自然是菲顿了。她于 1595 年 17 岁时,成为伊丽莎白女王的一个宫女,1600 年成了赫尔伯特的情人,并给他生了一个孩子,但不久即夭折。为此事,赫尔伯特被送进舰队街监狱、菲顿被开除出宫。菲顿后来的命运也很不好,先是给莱夫逊爵士生了两个私生子,后来又嫁给了泼尔摩尔船长。有人曾描绘过菲顿大胆而轻率的举动:敞开头巾,卷起衣服,拿着一件宽大的斗篷,像男人一样,大踏步走去和赫尔伯特幽会。后人萧伯纳还根据这个故事写了一个有趣的剧本《十四行诗里的黑肤夫人》来肯定这一主张。但是这一论断也受到人们的怀疑，因为十四行诗中的黑肤夫人是一个有夫之妇，而菲顿被撵出宫门后很久才正式与人结婚。更为致命的一点是，后来发现菲顿的画像是个金发碧眼白皮肤的美人，虽然她的教堂纪念碑说她是个黑种妇女。

到了1973年1月29日，情况又有了新的进展：英国《泰晤士报》以显著篇幅刊登了著名历史学家、莎学家饶斯的文章《终于真相大白——莎士比亚的黑肤夫人》，此文立即轰动了世界。原来饶斯在牛津波斯莱茵图书馆研究西蒙·弗芒的资料时，发现"黑肤夫人"极有可能是艾米丽娅·雷尼尔。

弗芒生于1552年，死于1611年，是个医生、占星家和好色之徒。艾米丽娅是巴萨诺和玛格莱特·约翰逊的女儿，父亲死时才6岁，1587年17岁时成了孤儿，只有1130镑遗产。为了挽回厄运，她成了韩斯顿勋爵一世的情人。在发现自己怀孕后，她为了掩饰真相，就找了宫廷乐师威廉·雷尼尔做丈夫。艾米丽娅曾于1593年找弗芒算命，告诉他，丈夫对她不好，挥霍了她的许多钱财，弄得她现在很穷。

弗芒描绘她是"褐色、年轻"，故意卖弄风情，后来她派女佣人来接他幽会。他在日记中写道："我跟她们去了，在她那儿过了一整夜。"

但有人提出了两点异议：1.艾米丽娅实际上是嫁给了奥尔方苏·雷尼尔，而不是威廉·雷尼尔；2.莎士比亚辞典的编者、莎学专家韦尔斯指出饶斯说的"褐色、年轻"也不对，据仔细研究，发现这个字不是brown（褐色），而是brave（鲜艳华丽），这就是说艾米丽娅"年轻漂亮"，而不是说她为"黑肤色"。因而，饶斯向人们提供的仍是一个模糊不清的夫人。

也有少数批评家根据莎氏特别钟情于"黑肤夫人"的事实，证明这位令人销魂的女子不是别人，就是莎士比亚自己的妻子安娜·哈莎薇，称她为"可怜的安娜"，或"斯特拉特福的美人"。

有一种现象不容否认，就是在莎诗研究中存在着把诗中所写的都当作真人真事的倾向，爱到历史资料中去探本求源，寻找这个真人。当然，莎氏的不少作品都有历史事实作依据，但并非全部如此，更何况现实和文学形象是有很大区别的。这种在文艺研究中探本究源、穿凿附会的做法是不足取的。迈凯尔说过："化在这方面的所有劳动纯粹是浪费。"莎诗编者布斯也说："不必再去举例说明了。"

总之，不管这位"黑肤夫人"是实有其人，还是幻想中的产物，这个美人之谜恐怕永远也无法解开了，诚如本世纪初莎学专家道顿所说："我们永远不会发现这个女人的名字。"

《呼啸山庄》的作者是谁

在文学界，大多数人都认为，《呼啸山庄》的作者是英国作家艾米莉·勃朗特。

世界未解之谜

艺术未解之谜

图文珍藏版

然而,谁又能证明这一点呢?《呼啸山庄》一书的初版是在 1847 年 12 月问世的,作者当时的署名是"艾莉斯·勃哀尔",出版商是托马斯·科特雷·牛比。

这部小说描写了 18 世纪末英国北部约克郡偏僻地区弃儿出身的希斯克利夫被恩肖家收养后的辛酸经历。他热爱恩肖的女儿凯瑟琳,但遭到恩肖一家的强烈反对和歧视。当凯瑟琳嫁给了富商林顿之后,希斯克利夫蓄意对这两个家庭进行报复,并一直延续到他们的第二代。这部小说结构非同一般,富有奇特的想象和戏剧性的构思安排,笔法流畅而细腻,因而深受广大读者的喜爱和青睐。

当艾米莉谢世之后的 1850 年 10 月,她的姐姐夏洛蒂·勃朗特(《简·爱》的作者)主持再版《呼啸山庄》这部小说时,出版商牛比已经把原稿不慎丢失了。当小说刚开始发行时,就有人对交口称誉的《呼啸山庄》一书的真正作者产生怀疑了;当小说原稿不复存在之后,《呼啸山庄》一书的著作归属问题就更是成为人们争论不休的谜题。

有人主张《呼啸山庄》的真正作者不是艾米莉·勃朗特,而是她的同胞哥哥布兰韦尔·勃朗特。当时,已故布兰韦尔的一位名叫威廉·迪尔顿的旧友,在英国《哈利法克斯报》上撰文,肯定《呼啸山庄》是布兰韦尔写作的一部成功之作,称艾米莉是《呼啸山庄》作者的说法是失实的。

在当时,有一位英国作家盖斯凯尔夫人在写作《夏洛蒂·勃朗特传》一书中提到《呼啸山庄》系妹妹艾米莉所著,为此,迪尔顿还专门为此书的作者问题公开责难盖斯凯尔夫人。迪尔顿回忆说:他曾和布兰韦尔决定各写一出戏或一首诗来比试各人的水平高低,他们还约定了聚会的时间和地点,并且找了另外一位朋友来当仲裁人。那天布兰韦尔到会之后,说是要当场朗诵自己写的一首名叫《死神》的长诗,但当他伸手去找随身带来的诗稿时,发现自己错拿了自己正在写作的一部小说的原稿。迪尔顿在文章中十分肯定地说:"布兰韦尔这部小说开始部分的人物和背景与《呼啸山庄》中描写的人物和背景是一模一样的"。

1879 年,布兰韦尔·勃朗特的另一位朋友弗朗西斯·格兰特也在报章上发表文章,宣称布兰韦尔当年曾亲口告诉他正在创作一部小说,当我拿到《呼啸山庄》一开始读这部小说时,就已经预知故事中所有的人物情节了,因为布兰韦尔曾经在我面前一而再,再而三地念过这部小说的手稿了。所以,《呼啸山庄》的著作权应归布兰韦尔名下。

对此,勃朗特一家的观点则是一致肯定《呼啸山庄》是艾米莉创作的,她在此书最初出版时署名"艾莉斯·勃哀尔"正是她本人姓名的笔首英文字母,同时也承认了此书的著作权归她所有。

老勃朗特先生说过,他的儿子完全不可能写出这样一部作品来,布兰韦尔既没有写过《呼啸山庄》的任何文字,也未插手过该书的构思编排。布兰韦尔的文风与艾米莉迥然不同,如果人们了解到布兰韦尔的生平思想和写作风格,就不会枉费心机地把他和《呼啸山庄》的作者等量齐观了。只要熟读了艾米莉创作的其他大量文学作品,也就不难看出《呼啸山庄》的真正作者非她莫属。

艾米莉的姐姐夏洛蒂·勃朗特也在《呼啸山庄》第二版序言中指出:《呼啸山庄》的主题构思与情节安排在勃朗特一家人中间,只有艾米莉是最熟悉最有体验的。艾米莉幼年丧母,父亲是一位偏僻乡村的穷牧师,她在童年时代曾在专门为穷苦牧师的子女寄读的学校上过学,也曾与姐姐夏洛蒂一同远赴比利时异国他乡学习法语和德语,准备将来自己开办学校,但这个愿望始终未能实现。

为生活所迫,艾米莉还担任过待遇菲薄的家庭教师。艾米莉性格倔强,文风简洁明快,是一个不信教,罕言寡语而具有强烈自我感的人,她的几位哥哥姐姐在性格上都比她怯弱得多,这正是艾米莉能够创作出这部撼世之作的不可或缺的前提条件。同时艾米莉也是一位卓越的诗人,一生中写下了大量清丽而深刻的隽永诗文。《呼啸山庄》既是一部感人心腑的不朽小说,也是一首完美动人的叙事诗。

《呼啸山庄》在世界文学宝库中是一颗璀璨的星座,尽管其中的人物情节已经为成千上万的读者所熟悉,长久地留在人们永恒的记忆之中。但是,这部不朽之作的作者究竟是谁呢?

神秘的《一号日记》

俄国近代诗人普希金是俄罗斯文学兴盛和发展的开拓者。1820年,普希金根据民间故事和传说写成的第一部长篇叙事诗《鲁斯兰和柳德米拉》,被看作是近代俄国诗歌转变的奠基之作。诗人短暂的一生,给后人留下了异常丰富的文学遗产,诗人生前的大量手稿现在基本上收藏在苏联的"普希金博物馆"和"普希金故居"里。但令人费解的是,普希金的《一号日记》一直杳无下落,几十年来世界各地的专家学者和"普希金迷"们一直孜孜不倦地寻找着诗人当年的《一号日记》的踪迹,试图揭开覆盖在《一号日记》上的神秘面纱,使普希金《一号日记》之谜早日大白于天下。

有关诗人普希金《一号日记》之谜首先是由诗人的孙女叶莲娜·亚历山大德罗芙娜·普希金娜引起的。

1920年,侨居国外的叶莲娜突然向外界公众宣布:"她祖父普希金生前留的一部分日记手稿现在正由她收藏着。"

1837年,诗人普希金在决斗中不幸身亡之后,人们在整理他的遗稿时,发现诗人一部日记的扉页上注明编号为第二号。所以消息一出,研究专家们把叶莲娜收藏的诗人当年的日记称为普希金的《一号日记》。

然而,诗人究竟有没有《一号日记》?普希金《一号日记》的真相如何?国内外的普希金研究人士说法不一,孰是孰非,难下论断。

有人断然否定诗人普希金《一号日记》存在的可能性。苏联一位造诣颇深的普希金学专家莫扎列斯基曾经十分坚决地声称:"我愿用头颅作保,除了现有的日记之外,根本不存在普希金的其他任何日记手稿。"

叶莲娜的外甥女纳·谢·梅泽卓娃亦赞同地说:"叶莲娜舅妈根本不可能有普希金的日记资料,因为诗人当年留下的全部文稿都保存在诗人的长子那里,但我多年来从未听说过诗人写的《一号日记》。"

叶莲娜的兄长尼古拉·亚历山德罗维奇则认为:"叶莲娜凭空臆造出关于普希金《一号日记》一事,其目的仅仅是为了提高自己的身价和地位。"

但是,另有一些研究人士和学者专家认为肯定存在普希金的《一号日记》。著名普希金专家法因贝格在所撰的《失落的日记》一文中断言:普希金《一号日记》实有其事,而且认定目前正收藏在侨居国外的普希金后代手中。

普希金《一号日记》这份手稿最早曾由诗人的长子亚历山大·普希金掌管,尔后几经辗转又到了他的女儿叶莲娜手里。苏联另一位著名的普希金学家戈富曼在《再论诗人普希金之死》一文中写道:"诗人当年写作的《一号日记》将使人们全面了解导致普希金决意参加这场悲剧性生死决斗的所有事委真相,这些未公开的材料远比现在所掌握的史料更为丰富完臻。"

1923年,叶莲娜在给友人信函中还特别申明自己手中还保存着爷爷当年没有发表过的一部分日记以及其他一些手稿,这些资料根据她父亲的嘱咐,在诗人遇害100周年之前不得公开发表,公布于众,因为诗人在《一号日记》中提到及抨击的那些人至今还活在人世。为了使普希金留的珍贵文稿不致流散各地,苏联"普希金博物馆"和"普希金故居"的工作人员千方百计竭力收找普希金的各种遗稿。但是,由于一直未能找到叶莲娜在国外的确切行踪,寻找普希金《一号日记》的种种努力始终一无所获,每每空手而归。

虽然,普希金《一号日记》的疑案没有令人信服的确切答案,但是时至今日,各界人士及其研究专家为此投下的热情仍有增无减,欲探踪索隐者还大有可为。覆盖在《一号日记》之上的神秘面纱,至今未能揭开。

《白鲸》主题之谜

《白鲸》是美国著名作家赫尔曼·麦克维尔创作的长篇小说,1851年第一次出版。此书是作家根据其亲身经历写成的,但也涉及鲸类动物学和其他捕鲸者的冒险行为。

《白鲸》是作者用第一人称写的。故事叙述者是伊斯梅尔,他有时很像作者本人。伊斯梅尔受雇于一艘破旧捕鲸船《皮库特号》上,船长是阿哈。阿哈计划捕捉在以前航行中咬掉其一条腿的白鲸,以报仇雪恨。他拖着用鲸鱼下颌骨做成的假腿蹒跚而行。他的身体瘦长,像遭到雷击的枯树一般,他满身的伤痕是如何造成的,他的船员谁也不知道。

麦克维尔写的这样一个故事究竟象征什么或寓意如何,长期以来却是历史学家和文学家争论的焦点。许多评论家称作品的主人公阿哈是普罗米修斯式的英雄,为人类献出自己的生命,并企图揭示善与恶之间的矛盾和奥秘。但阿哈更像莎士比亚戏剧中麦克佩斯或李尔王,拥有某种异乎寻常的意志和力量,但有时又十分脱离实际。他不可避免地会遭到挫折,然而他总是不屈不挠,一往直前。作为悲剧的英雄,他也毁灭了他的追随者。《白鲸》的戏剧性的净化作用不仅来自阿哈的英雄行为,而且也来自最后时刻的自我意识。

但是,还有的文学家认为,《白鲸》所拥有的意义,还要更加广阔和深刻。美国著名文学家评论家理查德·布罗黑德就是坚持这种观点的代表性人物。

他认为,《白鲸》描述的人类的哲学是人类最基本的欲望,而不是爱情、野心或贪婪,更像是其他欲望——尤其是关于人类生存于大地的欲望,驾驭人类本身的欲望,不管当时的形势如何,人类坚持不懈地关心世界如何被约束和治理,阿哈是此种欲望的最明显的受害者。但阿哈的毛病是他不能把局部的经验延伸到宇宙的复杂环境中——未能看到基本力量,未能看到疯狂。

因此,阿哈所感到的欲望是如此不适宜,以致强烈地表现在各种情况下。当然,这完全是由作者构想的。而这种欲望又贯穿于全书之中,由思想变为实践。文学的能量是如此与哲学真谛之能量结合起来而扩散,以致使本书提出了一种世界的模式。

著名文学家莱昂·华德则另有自己的见解。他认为可以根据作者麦克维尔的生平事迹,并从心理学或哲学角度来解释主人公阿哈的思想立场。故事的叙述者伊斯梅尔是从哲学角度来解释主人公的思想和行为的,认为阿哈是在精神不正常情况下,是以居心叵测的思想对付鲸鱼的,并把鲸鱼作为实现其思想的目标。从书中和当时作者写的信件中都可以得到故事叙述者和作者具有相同思想的重要证据。

麦克维尔在书中有意识地采用寓言并得出如下结论:对象征性的普遍规律的信念只是精神错乱的表象。他的合理的判断显然与霍桑一致:白鲸是自然界的野兽,它的罪恶是从阿哈的心灵中产生的。但是,此时麦克维尔个人的哲学并非是切题的。麦克维尔曾经说过:"所有人的悲剧式的壮观是如此通过病态而造成的。"重要之点是阿哈的病态,不管是清醒的意识,还是罪恶的情绪,都是其性格中的悲剧性的缺陷,而其性格指导他表现出具有破坏性的英雄行为。

中国台湾学者叶晋庸在充分肯定《白鲸》具有积极意义的同时,却提出了更为明确而又不同于莱昂·华德的见解。他认为,小说的作者麦克维尔拥有丰富的航海和捕鲸经验,所以描写船只、航行、水手的生活和性格,鲸鱼的身体构造和生活习惯,捕鲸的过程和危险,各地的风土人情等,样样都绘景传神,引人入胜。

麦克维尔笔下的阿哈,认为白鲸不但是伤害了他身体的仇敌,而且应当对给他思想和精神上造成的一切痛苦负责。他认为白鲸是折磨人类的魔鬼的化身,所以才下定决心不顾一切地同它斗争。因此,《皮库特号》捕鲸船远航太平洋之行,不但是非凡的航海冒险故事,而且是善与恶的宗教性的斗争,白鲸仿佛是撒旦的化身,阿哈好像是替天行道的悲剧式的英雄。但另一方面,阿哈又为个人复仇的意念所驱使,不惜牺牲全船人的生命和幸福去追逐白鲸,这也充分表现了他的独裁和专制。

尽管如此,作者麦克维尔本人似乎并不赞成上述意见。在他给纳詹尼尔·霍桑夫人的信中拒绝承认,他有意识地写了寓意,只是由于明显的象征性的内容贯穿于全部《白鲸》之中,使人很难不做寓意性的解释而已。

但其寓意是什么呢?每个读者都会有自己的发现,这也是人们对麦克维尔这部名著不断进行探索的理由之一。

有的人甚至认为阿哈是美国人心灵的化身,其意图十分明显,只是有时出现的恶劣的先人之见除外。

不管麦克维尔在思想上有无此种想法,他分担了阿哈的不幸,但是他的悲观主义并未得到19世纪大多数美国人的接受,因此,《白鲸》在20世纪之前并未得到广泛的承认。这确实是美国文学史上的一大疑团。

《章鱼》有什么寓意

美国著名作家弗兰克·诺里斯创作的长篇小说《章鱼》,出版于1901年,是作者计划创作的"小麦史诗"三部曲中的第一部,第二部《地狱》在作者去世的第二年即 1903 年出版,第三部《狼》到诺里斯逝世前还尚未完稿。

如今,《章鱼》首版已经一个多世纪了。在这段漫长的岁月中,无论是历史学家,还是文学家,对这部书的寓意始终存在着明显的分歧。一般人认为,作者的创作动机与美国麦农们对铁路托拉斯斗争的失败有关。小说揭露了政治家和法官对铁路界的操纵以及铁路公司对农民土地的掠夺。但是,许多学者认为《章鱼》具有比此更为广泛和深刻的内容和意义。

美国著名文学评论家威·弗罗霍克从书中接触到的各种力量来分析小说的意义,并得出了比较深刻的认识。他认为,该书是根据南太平洋铁路公司历史创作的,并对其犯下的罪恶进行了公开揭露。《章鱼》描写的核心内容是铁路公司,它的触角伸延到整个加利福尼亚,且十分厉害,其接触到的每样东西都会遭到毁灭。尽管如此,作者的立场和观点似乎是矛盾的。

诺里斯在纽约期间遇到过像伊达·塔伯尔那样的恶人,但他很难成为旗帜鲜明的揭露腐败的人。作者实质上不仅对大企业,甚至似乎对当时成功的这类人物还表示钦佩,但他更喜欢谈论美国平民主义的往事,尊重像他本人一样的属于中产阶级的人民大众,然而当他看到他所同情的平民百姓突然间遭到难以控制的庞然大物——铁路公司的掠夺时,他对普通群众的同情心增强了。

在《章鱼》描写的各种力量中,除了农民和惨无人道的铁路公司之外,就是小麦本身了。诺里斯对小麦的播种、萌芽、培养和收获做了详尽的描述。与此同时,作者还对自然生态的破坏感到惋惜。他认为一方面,即使农场主不用恶劣的种植方法,也能把这种自然财富耗尽;另一方面,铁路公司采用了常人不可能采用的办法霸占广阔的土地。毁坏了自然生态,是真正的犯罪。当许多异教徒把自然界崇尚为一种力量时,铁路界不少人却用大幅帐篷占领自然界,破坏景观,而且规模之大是前所未有的。因此,从某种意义上来说,《章鱼》是一本具有法国小说家左拉特色的书。

还有的文学评论家把铁路公司的头子奈尔格里姆视为诺里斯的代言人。这位社会达尔文主义的辩护者宣称,事件的发生是他无法控制的,经济规律按其需要自行控制并最终导致其必然的结局。他对普瑞斯利说:"年轻人,当你讲到小麦和铁路的时候,你在与一种力量抗争,而不是人。"

另外一些评论家则认为,诗人及其良师益友、神秘的牧师瓦纳米则与诺里斯的观点更为近似。两者对圣华金河谷的灾祸和居民的生活问题做了中肯的回答。瓦纳米对死亡、穷困和个人受辱等罪恶作了幻想式的说明,普瑞斯利则说得更直截了当。两者都认为，圣华金河谷发生的事件的实质，是"善"与"恶"的斗争，而"善"总是占主导地位的。根据这些思想和议论，有的文学评论家断言，在《章鱼》中，诺里斯对人类的苦境做出了"超自然的"回答。

还有一些文学评论家认为，《章鱼》这个标题本身就含有比喻铁路拥有者的贪得无厌，拼命剥削和压迫农场主的意义。作者在"小麦史诗"三部曲中虽然计划详尽地描绘小麦的生产、销售和分配的过程，以及最终支配全世界小麦分配的社会和经济力量，但在第一部中已使其许多情节和场景都得到有力的描绘，而且在深度和广度上都给人留有深刻印象。

在诺里斯去世后出版的他的评论集《小说家的责任》（1903年）中，诺里斯认为，小说家的责任不是对文人小集团负责，而是对最广大的读者——人民负责。只有在这种情况下，小说才有普遍意义，受到读者的欢迎。像他的小说一样，此篇论文把热情和浪漫主义因素与决定人类行为的压力结合起来，具有强烈的说服力。

或许最重要的是《章鱼》所表现的乌托邦思想倾向。美国政治史学家斯彭塞·欧林对此做了较详细的分析。有趣的是，美国这一时期的乌托邦实验主要发生于加利福尼亚。许多著名的加利福尼亚作家在某种程度上成为此一时期乌托邦实验的鼓吹者，他们在小说中以赞美的态度表现了乐观主义思想和至善论，弗兰克·诺里斯就是其中之一。

尽管严格来讲他不是乌托邦小说家，但他描写了乌托邦理想在现实社会中的幻灭以及传统价值与产业界新兴力量之间的冲突和斗争。例如，旧金山在诺里斯的长篇小说《麦克梯格》（1889年）中得到了充分描绘，渴望保护田园诗般的自然风光。而且，在《章鱼》中，诺里斯精神抖擞地攻击了铁路公司和大土地所有者的权力。小说中的两个主要人物——诗人普瑞斯利和牧师瓦纳米具体表达了作者的主要思想：一定的社会和经济力量是不受人类干预的，而是必将按照自然法则不可抗拒地运行的。

诺里斯与许多乌托邦主义者一样，具有与政治无关的宇宙观；他通过诗人普瑞斯利表达了这样的意向："在世界生活的每次危机中，……如果你的视野足够广阔，并不是'恶'而是'善'，才会成为最后的结局。"

诺里斯似乎在说，作家有责任拯救自己的人民，但不能控制宇宙本身的伟大力量。他的代表作《章鱼》及其本人的思想难道也是如此吗？

第三节　名人疑案

拉索是一个保守的作曲家吗

提及意大利作曲家拉索,一般的音乐爱好者非常熟悉他的无伴奏合唱曲《回声》,可是拉索在音乐史上的地位并非是以此曲奠定的。拉索是文艺复兴时期最伟大的音乐家之一,佛莱芒乐派的传统在这位高大人物身上达到了顶峰,意大利人称他为世界性的人物,他的艺术成就是一个半世纪佛莱芒复调音乐的顶点,它们集中体现了文艺复兴时期音乐成就的神韵和光辉。在他的墓碑铭文上写的是:"这里安卧着拉索,他使困乏的世界清醒,世界的不谐和在他的和声中运动着。"

奥兰多·迪·拉索(1532~1594 年)出生在比利时的蒙斯(当时是法属尼德兰地区),他的名字以多种形式出现,其音乐生涯从孩提时代便开始了。作为当地尼古拉教堂合唱团的男孩,他的嗓音非常优美。正是由于他的音乐天赋,以致后来被一个到处搜寻年轻音乐家的意大利贵族拐走了。他被弄到西西里总督府,服务于贡扎加的费迪南公爵。

在最初的音乐经历中,他漫游意大利艺术胜地,从曼杜瓦到米兰,从那不勒斯到帕勒莫。21 岁时便成了享有"罗马和世上所有教堂之母"之称的圣约翰·拉特兰教堂的合唱团领班(伟大的帕勒斯特里纳后来也曾担任此职位)。

1554 年,他从意大利来到安特卫普,在那里出版了他的第一本重要著作《安特卫普圣歌篇》。这是一本著名的 17 首无伴奏圣歌集。不久拉索又有了一生中最重要的一位保护人,即巴伐利亚的阿尔伯特公爵。此后拉索就来到了慕尼黑的宫廷。这位公爵大人使他的声名鹊起,拉索的声誉从此传遍欧洲——这如同 300 年后勃拉姆斯的名声为舒曼夫妇促成一样,拉索的黄金时代自此开始了。

他从一个乡下人成为一个有地位的上等人乃至贵族。他在巴伐利亚宫廷娶了一位贵族小姐,他们的 4 个儿子后来都成了音乐家。他死后,儿子们出版了他的歌集《音乐大全》。因而,在音乐史上,拉索较之后来的李斯特,在事业和生活上要春风得意得多。

关于拉索的创作原则和创作风格,音乐界有着不同的观点。权威的《新格罗夫音乐及音乐家辞典》认为拉索同帕勒斯特里纳一样,是一位保守的音乐家。研究文艺复兴音乐史的专家霍尔德·布朗的观点正相反。还有些人认为他两种风格兼而有之,或者说他完全超越了纯宗教音乐的创作原则。

持第一种观点的学者认为，如果把拉索同帕勒斯特里纳做一个比较的话，两人有许多共同之处：他们都是虔诚的天主教徒，在音乐创作上都有着无穷的天赋和天衣无缝的技巧，并且都醉心于使用这种技巧和创作原则。也许是他们的地位决定了其创作上的保守，他们的许多风格相同，如频繁地使用三度跳和以一度来解决的装饰音等。另外，二人的作品主要是圣乐，帕勒斯特里纳的作品是清一色的圣乐，拉索尽管周游列国，但一生留下的作品如 52 首弥撒曲、100 首圣母颂以及 1200 首经文歌等等，大都也是圣乐作品。仅从这方面而言，他是保守的作曲家就能令一般的音乐爱好者信服。然而专门研究文艺复兴音乐史的人则更多地从其创作风格方面理解这一观点。

许多持相反观点的人，认为拉索不是一个保守的音乐家。在许多方面，拉索与帕勒斯特里纳是不同的，二人同样可做一个比较：在当时法属比利时出生、在意大利受音乐教育而在德意志创作的拉索简直是一个世界性的人物，而帕勒斯特里纳"足不出户"，一生几乎未曾离开过罗马甚至罗马的教堂。后者的音乐集中体现了天主教音乐的风格，他本人是反宗教改革派音乐家的典范，然而拉索的艺术包罗了文艺复兴时期音乐的各种风格特点，如法国的香颂歌曲的优雅和技巧、意大利牧歌的美感及德国音乐的深刻和细腻。

在对生活的感受方面，拉索甚至超过同代的佛莱芒大画家皮埃特·勃鲁盖尔，其音乐色彩辉煌、充满激情，某些动人的世俗歌曲中的歌词即便"对今日音乐厅而言，色情味也太重"。这反映了文艺复兴时期的人文主义倾向和浪漫主义的潮流。在创作法则上，帕勒斯特里纳严格遵循传统的天主教会倡导的法则，拉索则更多地采取"新艺术"创作原则，如导音的使用等。从许多方面看，拉索并非是保守的作曲家，他的创作反映了一个新时代，充溢着浪漫主义的气息，《不列颠百科全书》亦持这一观点。

还有人认为，从时代而言，纵观整个音乐史，拉索是一个超越时代的作曲家。他不反对传统的音乐却创作了违背传统的世俗音乐；他并不醉心于"新艺术"理论、不与新音乐流派合流却制作了超越时代的作品。有关资料证实：拉索是一个虔诚的天主教徒，但他并没有反宗教改革的热情。仅凭这点，就反映了他对于圣乐创作立场的不坚定性。

生活在反宗教改革时代的拉索正处于他才华横溢、事业蒸蒸日上的时期，他不仅没有反宗教改革的热情，相反还受到宗教改革和人文主义新思想的影响，如他的作品有的表达了对德意志宗教改革的赞赏。在新教中心罗切尔（胡格诺教中心）、伦敦和海德堡，出版的拉索的音乐作品很合新教派的口味，它们在英格兰备受欢迎。他的香颂歌曲为莎士比亚的《亨利四世》引用(在第二幕)。

由于阿尔伯特公爵过分宠爱他,所以这些有违天主教圣乐原则的作品才得以出版流行。当老公爵死后,新的保护人尽管也很欣赏拉索的才华,却反对他超越的立场,所以拉索渐渐失宠,这一点甚至对他的健康产生了影响。拉索是一位天主教作曲家,创作的圣乐是其作品中数量最多的,但他的音乐风格特别是俗乐受到新时代的影响,反过来,它们也影响着整个时代。他进入宫廷和教堂后创作了不少不朽杰作,这些作品冲出了封闭的教堂。可以说这位"音乐王子"是那个时代作曲家的典范,但他又超越了那个时代。

关于作曲家拉索,这位事业和才华都引人注目的作曲家,有一点令人难以理解。当时,艺术家地位十分低下,甚至一个世纪之后,年轻的巴赫仍旧穿着男仆的服装服务于贵族。莫扎特在科洛雷亲王府上只能同仆人一起在厨房里用餐,而拉索却后来春风得意,屡获殊荣,如从神圣罗马帝国皇帝马克西米连那里获得贵族地位,教皇授予他金马刺勋章,法兰西国王授予他马耳他十字架,还得到了骑士头衔等等,这些殊荣在整个音乐史上也唯他莫属了。然而,这个一生幸福得堪与李斯特、舒曼和门德尔松相比的拉索,却在晚年突患精神癫狂症。他变疯了,连自己的妻子也认不出,像几百年后的舒曼一样"猝然失去了一切快乐和满足,变得落落寡欢,满脸忧郁",最后终于像疯子一样地死去,留下了又一令人迷惑的精神错乱之谜。这个谜连同拉索是否是一个保守作曲家之谜一道,成为后人争论不休的话题。

塞万提斯葬于何处

米盖尔·台·塞万提斯·萨阿维特拉(1547～1616年)是西班牙伟大的小说家、剧作家和诗人,也是西班牙作家中国际声望最高、影响最大的人物。他的成名作《堂吉诃德》于1605年1月在马德里正式出版,全名为《奇情异想的绅士堂吉诃德·德·拉·曼却》。作品问世后立即获得极大的成功,成为当时最流行的小说,当年就再版六次。时至今日,此朽已被译为100多种外国语言,是译本种类仅次于《圣经》的作品。

有位《堂吉诃德》版本收集者声称,截至1959年4月,他已收集到不同语种的《堂吉诃德》版本2047种,其中西班牙语版本840种,法语版本397种,英语版本319种,德语版本130种,意大利语版本84种。

英国19世纪作家托马斯·卡莱尔说《堂吉诃德》是一本"最逗笑的书"。英国浪漫诗人拜伦则说《堂吉诃德》是"一切故事里最伤心的故事"。俄国著名批评家别林斯基说,"每一个民族、每一个世纪的人民都一定或将要读一读《堂吉诃德》"。

这些评论道出了《堂吉诃德》超越时代和民族的界限所永远具有的艺术魅力。

300 多年来,《堂吉诃德》一直是世界各国评论家分析研究的对象,其作者塞万提斯也自然成为人们十分关注的"世界级"文化伟人。但令人遗憾的是,塞万提斯留下的传记材料极少。

直到 19 世纪,经过学者们多方努力,查阅了许多国家档案,甚至到塞万提斯工作过的机关去寻找他当征粮员和收税员时的收支账目,以及他当俘虏时的记载和史料,从中才搜集到一些有价值的资料,使我们对这位伟大作家的生平有了更多的了解。即便如此,塞万提斯一生中一些最基本的问题和他主要生活阶段的主要事件仍充满了许多悬而未决的疑问和争论。

例如,塞万提斯的确切出生日现在都不得而知,后人推测可能是在 9 月 29 日(圣米盖尔日)。从阿耳卡拉的圣玛利大教堂的受洗登记册上,我们可以确切知道塞万提斯是 10 月 9 日受洗的。按当时习惯,出生和受洗不会相隔这么久,因此出生的推测并没有多大根据。塞万提斯究竟在什么地方度过他的童年和少年,究竟在哪里上学,现在同样是个未知数。1569 年 12 月,塞万提斯到了文艺复兴的发源地——意大利,出国的原因现在亦无从查考。塞万提斯究竟是在塞维利亚的监狱里开始构思他的《堂吉诃德》,还是在阿加马西亚小镇的一间黑暗地窖里开始构思的? 目前同样是个难解的谜。

塞万提斯一生经历坎坷,其生平历来争论颇多。关于他的出生地点也曾有过争论,后来直到发现确凿材料,才得以确定他出生于马德里附近的阿尔卡拉·德·厄纳勒斯城。他当过征粮员和收税员,被俘过,还到过文艺复兴的发源地意大利,在意大利时期曾当过红衣主教胡利奥·阿括维瓦的扈从。

1592 年到 1605 年,塞万提斯曾数次入狱。1592 年,由于"擅自征粮",他在卡斯特罗·台尔·里奥入狱;1597 年 9 月 12 日又因"亏欠公款"而在塞维尔入狱;1602 年则因"账目不清"之罪名而在塞维尔被监禁;1605 年又一度入狱候讯,原因是有个放荡的贵族青年在塞万提斯当时所在的瓦雅多利德的住所附近被人杀害,塞万提斯全家为此遭嫌疑而入狱候讯。前述几次入狱的原因、时间和地点只是后人的推测而已,真实情况不得而知。

1613 年,塞万提斯正埋头写作《堂吉诃德》第二部,且完成了将近一半的章节,就在这时,一个自称是托尔台西利亚斯地方的人使用阿隆宇·德·弗尔南德斯·德·阿维利亚维达的化名,发表了一篇冒名顶替的《堂吉诃德》续篇,极力歪曲堂吉诃德和桑丘的形象,并对塞万提斯进行恶意的人身攻击。塞万提斯对此十分气愤,加紧写作,于 1615 年底出版了《堂吉诃德》第二部。这个阿维利亚维达究竟是谁？至今无人得知。

尽管《堂吉诃德》使塞万提斯获得了巨大成功，但是坎坷的经历与数度入狱，以及狱内生活却使塞万提斯的身体受到极大摧残。1615年4月23日，塞万提斯因水肿病在其马德里的寓所中逝世，终年69岁。塞万提斯死后被埋葬在什么地方，至今仍是个谜。对此，有下述一些不同的说法：

有人说，这位大作家于1616年4月23日死于马德里，第二天就被人埋葬在"三德派"的一个教堂的坟园，此坟园在甘太伦那司街。又有一说为，1633年塞万提斯被改葬于米拉特罗街，但这一改葬之说有人斥之为毫无根据。

另有人认为，塞万提斯死后被人们草草安葬，教会对塞万提斯恨之入骨，连一块墓碑也不许为他树立，因此人们至今找不到他的墓冢。西班牙人民为了纪念这位伟大的作家，于1835年在马德里为塞万提斯竖立了一块纪念碑。

还有人认为，塞万提斯一直生活于贫困之中，在他逝世前不久才得到其保护人托雷多大主教赠送的一笔款项。他死后被葬在一个修道院的墓地里，除了他妻子外无一人参加他的葬礼，其墓地里无一块碑石。1635年，修道院迁移到另一条街道上，原来墓地里的尸骨都被掘出进行火葬，所有的骨灰便掩埋在一起，但掩埋于何处则不得而知。

塞万提斯这位大作家生前只不过是一个贫困的军士和潦倒的文人而已，他死后究竟被葬于何处，至今仍是一个未解开的谜。

作曲家帕勒斯特里纳为何"削发为僧"

欧洲文艺复兴时期后期，意大利艺术领域里出现了一位人物——乔万尼·帕勒斯特里纳（约1525~1594年），他被称为16世纪最伟大的作曲家。他的两个学生那尼尼和西莱格里都继承其师，尤其是后者的弥撒曲被当时认为是"伟大的宝物"，它们被西斯廷教堂监管起来，不准其流传到外部，直到后来莫扎特默写出谱子才得以流传，可见帕勒斯特里纳在音乐史上所具有的重要地位。20世纪以来研究他的学者更把他列入最伟大的作曲家之列。他的名字——帕勒斯特里纳本是他出生的城镇名，年轻时他曾用过各种名字，后随着他声誉日隆，人们便以其出生地作为他的名字了。当今不少音乐爱好者到罗马旅游时，都要亲眼目睹罗马近郊这个风景特异的山镇。

这位音乐家一生的黄金时期正处于宗教改革与反宗教改革斗争这一特殊时代。当时以及后来的许多音乐大师都曾周游列国，他却不同，一生几乎未曾离开罗马，甚至未曾离开教堂。这种环境决定了他必然为教会倡导的圣乐服务，教会也千方百计利用他使之成为反宗教改革的典范,他本人在晚年曾为自己创作过亵渎神灵的爱情歌曲而感到羞愧和不安,而这一点也许成了他"削发为僧"的一个原因。

尽管他所处的时代已接近于文艺复兴时期之末,人文主义思想和观念的新气息已渗入教堂,但他作为音乐艺术的天才和"宗教音乐的救主",其创作风格却属于严格的宗教圣乐范畴。他把复音圣乐发展到一个顶峰,其贡献和成就是文艺复兴时期无人可以相比的。这正是一个世纪之前英国大作曲家邓斯塔布尔所认识到却未能做到的。帕勒斯特里纳一生作品包括 103 首弥撒曲、几百首经文歌及大量的奉献曲、赞美诗等等,全部都是宗教音乐作品,这也反映了他的创作信念和原则;而且其圣乐都是天主教音乐,所以称他为反宗教改革派音乐家的代表并不过分。

帕氏生活时代历经七位罗马教皇。他曾向六位教皇、两位公爵、一位公爵夫人和一位亲王奉献过作品,"但这些恩主们远不够意思,一点儿也不慷慨",他的生活有时穷困不堪,因为他很早就结了婚,为了养活老婆孩子,他一生都在为生活和荣誉而拼命工作,不过最终还是取得了荣耀。在最后 10 年,他的荣誉和地位都达到了顶点。帕氏最幸福的时刻也许是在 1500 名家乡亲人唱着他的圣歌大步走进罗马城的时候,当时他在队伍最前面指挥着。当他年老时,意大利文化中心地——北方所有最优秀的音乐家都前来看望他,称他为所有音乐家的父亲。他死后被安葬在颇具气派的罗马圣彼得教堂内,墓碑上刻着"音乐王子"四个大字,其著名的墓志铭上写道:"1594 年 2 月 2 日晨间,最伟大的音乐家乔万尼·帕勒斯特里纳,我们的挚友与圣·彼得教堂的乐师长辞人间,他的葬仪不仅全罗马的音乐家都到场,市民亦不可计数,同唱着他的《Libera Domine(宽宏的上帝)之歌》。"

关于帕勒斯特里纳晚年曾"削发为僧",加入修士行列,其原因说法不一。多数人认为他妻子之死,即家庭不幸是主要原因。1580 年,他所钟爱的结发妻子被瘟疫夺去了生命。在此之前,他的兄弟和两个儿子也死于这种传染病。妻子去世当年的 12 月,"经慎重考虑",他"削发为僧,一个月后便获得教士职位"。所以人们一直认为爱妻的死是导火线。人们公认他和妻子有着和谐美满的家庭生活。传记家们认为他们的婚姻非常幸福。妻子"露克蕾茜亚是一位正直少女,身高与丈夫相若","她享受了他被遴选为最初梵蒂冈专任作曲家的快乐。他和妻子一起忍受了最贫苦的日子,也超越最激烈的精神上的苦恼,并且共尝过悲苦的、坚硬的果实……在他所获得的荣耀以及因此投射下来的光环中,他们一起享受了和平的快乐"。这一对忠贞的情侣,一起度过了约 30 年的时光。所以露克蕾茜亚的去世给了作曲家重要一击,最终导致了他遁隐于世。

但另一种观点认为,他加入修士行列应与其天主教信仰,这种宗教情感和宗教精神联系起来,这也可从其创作生涯和创作原则中反映出来。帕氏 1580 年之前不是一个教士,但却是虔诚的天主教徒,他坚定地创作天主教圣乐。他的音乐圣洁而庄严,动人心弦,许多有宗教信仰的音乐爱好者及其他了解这类音乐的人聆听他的音乐时,常常被感动得不知所措。其旋律的优美和神圣是任何别的音乐家望尘莫及的。如罗马西斯廷教堂是以米开朗琪罗和拉斐尔的壁画闻名于世的,但在演唱帕氏音乐的这天,教士们都穿上哔叽法衣,没有香料,不要烛光,整个教堂都是阴沉的、苦痛的,信徒们两个一排地走进去,在十字架前低首,悲哀而庄严的圣乐就在这教堂圆穹上盘旋。因此,从他创作的内容和鲜明的风格来看,这种创作一方面反映了他自己的灵魂早已融入了耶稣之爱中,另外说明了世俗的生活满足不了他艺术上强烈的宗教情感。

前面已说过,他晚年曾为年轻时创作的爱情歌曲而忏悔,这时的他"一直被疲劳与贫穷所迫,只能加入仰赖保护者喜恶而度过可怜日子的音乐家之列",然而这种苦恼多属精神上的,因为他一生的经历反映了他创作艺术上浓郁的宗教精神,因而也很容易理解他为何奉献给教皇格雷高利八世《歌之歌》。在这里他为曾把世俗诗歌融入音乐中这一行为而忏悔。这种真诚坦白不应简单理解为是爱因斯坦所言的"清白的伪善",后来的李斯特和白兰度都是在晚年时逃避世俗生活的,其精神和信念上的原因不是偶然的。

还有的认为帕氏"削发为僧"的原因在经济方面。因为在他服务于西斯廷教堂期间,当宠护他的两位教皇离职后,继任的保罗四世却严格履行教规:服务于教会合唱团的成员必须符合两个条件:一是修士,二是要单身汉。帕氏这两个条件都不符合,因而被革职。尽管他后来再次得宠,但当时的物质生活并不富裕,有人认为他晚年很穷,挣钱是生活的本能,这一原因迫使他加入了修士队伍。

关于帕勒斯特里纳加入修士行列的原因,也许还有别的方面。但有一点不能令人理解,那就是在他妻子刚刚死亡 6 个月之后,这位声名显赫的作曲家又与一位意大利皮货商遗孀结婚,那时他已 56 岁。这在当时简直令人难以置信。这样做既违背了教士之规,又令其前妻亡魂不安,难道这位沉湎于宗教圣乐的作曲家竟是如此贪恋于世俗的诱惑吗? 这又如何来解释他为什么要"削发为僧"呢?

索尔·胡安娜为何进修道院

索尔·胡安娜·伊内斯·德拉克鲁斯(1651—1695 年),是殖民地时期墨西哥的著名女诗人。她文才出众、天生丽质、热爱生活、反对天主教会的禁欲主义,但是这位"第十个缪斯"在 16 岁时就离弃了洒满阳光和鲜花的生活道路,而进入阴暗和孤寂的修道院。她为什么选择当修女的生活道路？长期以来，这是一个缠绕人们心头的疑问。

索尔·胡安娜3岁时就开始读书识字，8岁就能写诗，表现出非凡的天才。9岁时，她到墨西哥城，住在外祖父家里。在家中私人图书馆，她博览群书，逐步掌握了神学、哲学、天文、星象、绘画、音乐、文学、语言等方面的知识，成为当时闻名的有学识的、美丽的贵族小姐。

由于她崇高的声誉和出众的才华，1665年14岁时便被西班牙总督曼塞拉侯爵召进宫廷，做总督夫人的侍从女官，并被封为侯爵夫人。有一次，总督为了考查她的渊博知识，邀请40多名学者来对她进行考问。结果她对答如流，战绩斐然，被传颂为奇女。但是，两年后她毅然放弃了优裕的宫廷生活，而去修道院过清苦的修女生活。是什么原因促使她进修道院呢？据说，她看不惯宫廷的奢侈、虚伪的浮华，认为这一切与她这样一位文采熠熠的少女格格不入。但是，这个原因足以使她去当修女吗？

实际上，索尔·胡安娜是位杰出的人文主义作家，她极力冲破天主教会蒙昧主义的束缚，热情地追求知识，不知疲倦地进行创作。1691年，她撰写了题为《答菲洛特亚·德扣克鲁斯修女》的半自传式文章，回击了教会对她从事文学创作的艰难，表达了她争取妇女解放，要求男女平等的进步思想。从这篇文章中，我们可以看到，索尔·胡安娜所经历的艰辛和不平坦的道路，以及她所具有的坚毅性格和顽强刻苦的学习精神。然而，这一切是同教会专制主义不相容的。

在16和17世纪西班牙"黄金时代"精神的影响下，索尔·胡安娜以文学作品为武器，反对教会的禁欲主义，宣传自由恋爱和个性解放。她的喜剧作品便是这种进步思想的表达，在剧中她采用很多幽会、误会等喜剧情节，讽刺中世纪教会的禁欲主义。她的文学作品表达了人文主义思想，以此对抗以神为宇宙中心的教会世界观。但是，令人想不到的是，她的这些作品都是在幽暗的修道院里创作出来的。

在殖民地时期的墨西哥，中世纪的封建思想主宰着意识形态领域。在这种氛围下，妇女的社会地位低下，受到歧视，一般被束缚在家庭内。但是，索尔·胡安娜冲破重重社会阻力，热情地追求知识，她观察、思考、研究生活中的各种问题。例如为什么鸡蛋在热水中结成块，而在糖浆中碎散？她自豪地指出，人们认为"我们妇女除了烹饪哲学还能知道什么？但是，如果亚里士多德懂得烹饪，他会写出更多的东西"。实际上，她的这种叛逆精神是同教会所捍卫的封建思想相对立的，她的先进思想正是在修道院里修炼出来的。

她一生没有导师的指点，不能参加自由的交谈和讨论，只因她是女子。在漫长的学习和创作生涯中"只有无声的书和麻木的墨水瓶"与她做伴。她作为有成就的神学家和修女,却不能像其他神父那样宣讲教义,主持礼拜仪式,只因她是女子。其杰出的科学和文学成就却使她遭到忌恨和抨击,因此,她悲愤地指出:"学习钻研就是把剑交给激怒的对手。"她作为修女,并没有向传统习惯势力屈服,而是在逆境中顽强地抗争。

据传说,索尔·胡安娜是一个贵族的私生女,因此备受社会的歧视。她曾爱上一个贵族子弟,但是最终未能和她所爱的人结婚。爱情上的挫折可能促使她厌恶尘世,最终进入修道院。

索尔·胡安娜在修道院生活了 28 年,其间她除了完成分内的宗教职责之外,将绝大部分时间投入到文学创作和科学研究中。她设法搜集了 4000 多册书籍,并购置了许多科学仪器,她所在的圣耶罗米修道院成为当时墨西哥的文化中心。

从索尔·胡安娜一生的活动看,其人文主义思想和叛逆精神是同天主教会的保守和封建思想相对立的,这不可能引导她进入修道院。然而,她正是在 16 岁花季的时候进入教会的堡垒,看来这既不符合其生活逻辑,也不能反映其宗教上的虔诚。

那么,应如何解释这个事实呢? 也许,对宫廷生活的厌弃、爱情上的挫折和世态的炎凉促使她采取违背常规的生活态度。

莫里哀的妻子究竟是谁

在西方文史学界和戏剧界,人们对于嫁给莫里哀的女人到底是什么人这样一个问题一直争论不休。

大家都知道,17 世纪 60 年代莫里哀约 40 岁时娶弗朗索瓦兹·贝雅尔为妻,可大家不清楚弗朗索瓦兹是谁生的。由于莫里哀年轻时同贝雅尔家族的玛德莱娜·贝雅尔相爱过,法国上层社会一些恼恨莫里哀的人便说他娶的是自己亲生女儿,以此诋毁他。但此说法也遭到另一些人的反对,从此展开了一场争论,历时 250 多年而不休。由于找不到莫里哀的书信和有关他的私生活的材料,这就为莫里哀的妻子究竟是谁的争论增加了不少难度,使争论的双方意见长期得不到统一。

有一种意见认为,莫里哀所娶的女人是阿尔芒德,她是玛德莱娜·贝雅尔的妹妹,而不是像某些人说的是玛德莱娜·贝雅尔的女儿。其证据是:

一、1662 年 2 月 20 日,莫里哀和心爱的女人举行婚礼时,在圣日耳曼——奥塞尔堂区发的结婚证书和户口簿上,莫里哀妻子填写的名字不是弗朗索瓦兹,而是阿尔芒德。

二、阿尔芒德在有关的两个证件上填的身份都是玛德莱娜·贝雅尔的妹妹。又据相关的资料证实，当时人们似乎对这一点都未提出过什么异议。而一些恼恨莫里哀的人，则拼命说剧作家娶的是自己亲生女儿。因为莫里哀年轻时曾和玛德莱娜·贝雅尔相爱过，并生下了女儿弗朗索瓦兹。以后，由于种种原因莫里哀和玛德莱娜·贝雅尔最终没能结为夫妻。

莫里哀

1652年，14岁的弗朗索瓦兹成了莫里哀领导的"光耀剧团"的一员，这是莫里哀第一次见到她。从1660年起，小弗朗索瓦兹在剧团里表现得出类拔萃，她在《讨厌鬼》一剧中崭露头角后，从此就像瑰丽的珠宝一般使观众为之痴迷起来。那时，戏剧大师莫里哀对弗朗索瓦兹这个美丽的姑娘产生了一种心理学家称之为使"成年男子神魂颠倒的爱情"。当然，莫里哀并不知道弗朗索瓦兹就是自己的亲生女儿。

1661年，当莫里哀表示要娶弗朗索瓦兹为妻时，她却不怎么情愿，但莫里哀仍紧追不舍，而弗朗索瓦兹也出于某种考虑，终于在1662年和戏剧家完婚。

但不少人认为上面的说法不可信，莫里哀娶的并不是自己的女儿，而是玛德莱娜·贝雅尔的女儿。法国当代著名的历史学家、法兰西学院院士G.勒诺特尔就是代表人物之一。他曾在《时代》杂志发表专文，谈了自己的看法。

历史学家首先论述道：法国亲王莫德纳伯爵为了谋取财产，娶了一位比他大15岁的女人，随后迫不及待地等着妻子死去，自己却喜欢过放荡不羁的快乐生活。不久，他在巴黎结识了一位迷人的不守贞节的女郎玛德莱娜·贝雅尔，并且在1638年玛德莱娜20岁时，他们有了一个女儿，这个女孩子在圣一厄塔什教堂受洗后起名叫弗朗索瓦兹。

大约在1644年，活泼的玛德莱娜·贝雅尔在外省演戏时，她的女儿弗朗索瓦兹生活在卡尔庞德腊附近勒米特夫人玛丽·库尔丹家里，勒米特一家尽其所能抚育着同她们的女儿玛德莱娜·勒米特做伴的弗朗索瓦兹。这种状况一直维持到1652年她们一起参加"光耀剧团"为止。

勒诺特尔认为:弄清事情真相的关键是要搞清楚当年莫里哀的妻子为什么要在有关证件填上"阿尔芒德"这个名字,以及身份是玛德莱娜·贝雅尔的妹妹。历史学家推测道:莫里哀的妻子之所以填"阿尔芒德"这个名字,是因为她可能觉得这比"弗朗索瓦兹"更"高雅",写在海报上更醒目的缘故。至于她为什么要说自己是玛德莱娜·贝雅尔的妹妹,真正的原因是玛德莱娜·贝雅尔尽管年近45岁,依然雄心勃勃、芳心未泯,她害怕告诉大家这个女同事是她的亲生女儿,就暴露了自己的真实年龄,所以可能从一开始她就把全剧团都不知底细的这个姑娘说成是她的小妹妹。现在用这种名义把女儿嫁出去,就会把骗局继续维持下去。反正弗朗索瓦兹没有领过出生证件,再说仍健在的外祖母也没有意见。看来这样做是行得通的办法,因为在剧团演出的通俗喜剧中就有过类似的做法。而那种莫名其妙地更改名字的做法在各个时代的剧团里更是经常使用的。

勒诺特尔还进一步推测说:玛德莱娜·贝雅尔于1672年2月19日死去。她很富有,她除了给兄弟姐妹们一小笔款项外,其余财产全部留给了阿尔芒德,由此使人进一步断定阿尔芒德是玛德莱娜·贝雅尔的女儿。

而玛德莱娜临终前可能恳求莫里哀和阿尔芒德重新一起生活,因为她死后,他俩和解了,并且就在那一年的10月他们有了一个儿子。言归于好的夫妇俩用各自的名字合在一起作为孩子的名字,叫让·巴蒂斯特·阿尔芒德(莫里哀原姓名为让·巴蒂斯特·波克兰)。

尽管勒诺特尔的看法赞同者不少,但在法国文史学界尚未取得一致意见。从客观上来说,当时莫里哀领导的"光耀剧团"里有不少迷人的女人,比如年纪虽已四十仍然活泼可爱的玛德莱娜·贝雅尔,在《太太学堂》里扮演阿涅丝的布莉小姐以及在《可爱的女才子》中扮演一个女才子的杜巴克小姐。而莫里哀和这些女人的关系又都非常好,这就难免会使事情更加复杂化,对人们弄清事实的真相带来了更大的难度。

莫里哀死因之谜

莫里哀(1622~1673年),原名让·巴蒂斯特·波克兰。1622年1月15日诞生于巴黎富商让·波克兰家。1644年6月28日首次使用艺名莫里哀。他是17世纪法国最伟大的剧作家,是继莎士比亚之后欧洲戏剧史上成就最大、影响最深的戏剧家。18世纪之后,莫里哀的名字超越法国国界,在欧洲各国享有广泛的声誉,其作品成为世界戏剧艺术宝库中的珍品。

到目前为止,确知莫里哀所写的作品有30出戏和不多的几首诗,其中有一出戏是在他照顾年老贫困的高乃依时,与高乃依合写的。莫里哀既是编剧、导演和演员,又是剧团负责人。

一个编剧,死无葬身之地,但其作品却是法兰西喜剧院创办300年来上演次数最多的剧目。据载,从1680年法兰西喜剧院创立到1978年底,该院共上演莫里哀的剧作29664场,而名列第二与第三的拉辛与高乃依的剧作仅被演出过8669场和7019场。

一个作家,身后无手稿流传,却仍被称为"法语创作中最全面而最完满的诗歌天才"。

一个演员,不肯离开舞台,宁愿放弃法兰西学院"40名不朽者之一"的荣誉。然而,法兰西学院却主动为他塑了一尊半身像,并将此像立于学院的地界内,石像上刻着:他的光荣什么也不少,我们的光荣却少了他。

这些颇有兴味的事情都发生在莫里哀一个人身上,他被伏尔泰尊称为:"描绘法兰西的画家。"

莫里哀20岁时开始从事戏剧事业,直到他51岁死,他一直勤奋刻苦,不断努力,使自己的艺术水平达到了炉火纯青的地步。但是,他几十年来的生活并不平坦,复杂艰苦的斗争和数不清的磨难锻炼了他的意志,也影响了他的身体健康,使他过早地离开了人世。

1673年2月17日,在路易十四时代法国巴黎的王宫剧院里,灯火辉煌,人声嘈杂,池座里和包厢里到处挤满了观众。舞台上,大灯光照耀得通明雪亮,这里正在上演莫里哀的著名喜剧《无病呻吟》,这已是该剧的第四次公演,莫里哀本人亲自扮演剧中主角阿尔冈。此时的莫里哀已经51岁了,而且是抱病演出。在那天的演出中,莫里哀以惊人的毅力,忍着病体的疼痛,在舞台上坚持到最后。他那高超精湛的演技,时时博得台下观众一阵阵热烈的赞扬声和欢呼声。然而,莫里哀在台上,一边表演,一边忍不住咳嗽,难受得直皱眉头。观众还以为这是他主演"心病者"的绝妙表演,急忙投以热烈的掌声。但当演到最后一场时,莫里哀已有些支撑不住,他忍不住打了一个痉挛,细心的观众已经发现他的病态,很是吃惊,莫里哀也注意到了台下观众的反应,他鼓起全身力气,大笑一声才遮掩了过去。戏演完后,莫里哀并未休息,而是步入后台,询问观众对演出的反映,最后才回到家里。回家后他就咯血不止,两个修女把他扶上了座椅,莫里哀在她们俩人的胳臂里咽下了最后一口气。此时是当夜10点钟,离他卸妆下台还不到3个小时。

后人对莫里哀这位喜剧大师的死因十分关注,进行了许多探讨。但是,莫里哀到底死于何因,长期以来一直是一个悬而未解的谜。

不少人认为，莫里哀的死亡原因是他得了一种"想像"不到的病，但这种想象不到的病究竟是什么病则无答案。

还有一种意见认为，莫里哀晚年遭受了种种不幸。1671年冬季，他因积劳成疾染上了肺病，后因病情加重又病倒了好几个月。1672年2月，他的健康状况刚有好转，他又遇上了种种打击：他在戏剧事业上长期合作的老朋友玛德隆·贝扎尔去世；他的爱子也不幸死去。噩耗传来，使莫里哀悲痛不已，又加重了他自己的病情。在这种情况下，莫里哀仍坚持写戏、坚持演出，最后病死于肺病。

另有一种观点是，莫里哀的死因是多方面的，绝非仅肺病一种。他长期的创作、紧张的排演和疲劳的巡回演出；艰辛的生活、痛苦的流浪、家庭生活的不幸、晚年丧友丧子；激烈的竞争、错综复杂的政治角逐，特别是1672年冬他与其老朋友、音乐家吕理发生争执，被国王路易十四免去了文艺总管的职务，国王对他的宠信日减，这一切不幸使晚年的莫里哀更是雪上加霜，大大加重了他的病情，最后使他丧生。

《不列颠百科全书》对莫里哀的死有过一段记述："1673年2月17日，莫里哀演出第九场《无病呻吟》时，在舞台上昏倒，被人抬到家中即与世长辞。"在这里，对莫里哀的死因未加说明，可能是有意回避了。

时至今日，莫里哀到底死于何因仍无一个明确答案，这个问题尚待进一步研究。

英国作曲家亨德尔为何独身

德国人说，亨德尔和巴赫都是德国最伟大的作曲家；而英国人说，亨德尔是英国最伟大的作曲家。亨德尔，这位出生在德国后来加入英国国籍的大师终生未婚，不仅仅如此，他甚至一辈子都未曾与女性发生什么"纠葛"，这一点引起了后世人的惊疑，也令许多人感到奇怪和不以为然。

当时一位与亨德尔有交往的牧师史威夫特记述说："我之所以特别尊敬亨德尔，乃是由于他纵使跟女性有过什么细微的纠葛，都从不开口。"传记家们曾提到他用双臂抱过一个女人，这是由于这位花腔女高音即库佐尼拒绝按照亨德尔的曲调唱，于是作曲家勃然大怒，举起有力的双臂抱起她（有的说他用双手抓住她的腰部），然后拖到窗口，扔出窗外，并且骂道："从前我就知道她是一个妖怪。这次正好给她一个教训。我就是毕塞巴布，是魔鬼！"

这种盛气凌人的男子，在任何女性眼中，怎能成为终身伴侣呢？他是一个冷血动物。厌恶女性的亨德尔在有关他的许多传记中，几乎不曾被暗示过他与什么女人有纠葛,他对女性魅力毫不关心,所以有关他的风流艳事的记载是找不到的,此类艺术家在世界上实在为数不多。

乔治·弗里德里希·亨德尔(1685~1759年),生于德国中部的哈雷。这位同巴赫同年出生的同时代大音乐家,却与巴赫的一生截然不同。他们两人未曾会晤过,而且亨德尔不像巴赫生于音乐家族,亨德尔是其家族中唯一的大音乐家,其父是萨克森公爵的理发师和外科医生。他自幼迷恋于音乐,而且天赋超常,但他父亲严禁他从事这种低层次的职业。他不得不每天半夜里从床上爬起,借着月光弹奏古钢琴——此与巴赫躲在月光下偷抄乐谱类似,这一点与他们晚年双目失明不无关系。

亨德尔最终选择了投身于音乐。最初他到了德国民族歌剧的摇篮——汉堡,在那里结识了年轻博学的音乐家约·马特森,尽管他们之间有过决斗的插曲,而且亨德尔差点为此送命,但他们马上又言归于好。亨德尔还学了不少东西,他也不像巴赫,一生只待在一个地方,亨德尔的足迹遍及欧洲,先是征服了意大利,继而便成了英国人的崇拜者。他30年间曾写出了40多部歌剧,但他最伟大的作品是他借用圣经题材创作的清唱剧如《弥赛亚》《以色列人在埃及》《参孙》《那弗他》《扫罗》《约书亚》《所罗门》等等。在1712年不太走运时,他仍被英国人视为普赛尔第二。英国人早就让他加入了英国国籍(1726年),认为他是"英国民族的天才",至今仍抱此看法。他死后葬礼盛大,遗体安葬于威斯敏斯特教堂。

这位终生未婚的大作曲家为何不与女性发生纠葛,一派认为他禀性如此,个人的性格决定了他不适于与女性交往,甚至可以说是心理变态的表现。他是那种讨厌异性,或至少是在天性上不愿与异性接触的一类。就亨德尔而言,他对女性从未有过什么兴趣,有关他的传记都说明了这点。

但另一派观点认为他太专心于事业。为说明这点可以与巴赫作比:巴赫索居寡出,不好交际,谦恭质朴,易于满足而无奢望,他一生娶了两个妻子,共生了20个孩子,所以事业和家庭生活充实和满足。而亨德尔则不同,他的一生像传奇故事那样充满了冒险,而且以好竞争与决斗出名。他曾发财、破财继而又失而复得,他脾气暴躁,易于发怒,感情强烈,但他这种强烈的情感从不用于异性,也许他了解自己的性格,因而倒颇有自知之明,"一直不曾想到过要娶老婆"。

他太专心于事业,表现在两个方面。首先,他有着拼命往上爬的欲望。他父亲之所以不让他从事音乐,是因为音乐家在当时地位很低,"如果要做一名绅士,就绝不可以学拉小提琴",而亨德尔却愿为音乐献身,决心成名,所以他一生中为求功名而历经了各种冒险生活。亨德尔在受尽各种屈辱后最终成名,其间的坎坷非同一般。其次他专心于作曲,决心以实际行动证明作曲事业会令他地位稳固并不断上升。他是如此迷恋作曲,将其整个身心融于创作,这使得他毫不关心女人和婚姻。他会在灵感迸发时一连伏案几天,最快时他在三周内就完成一部歌剧。如在创作《弥赛亚》时,当他为"他被人蔑视,被人们抛弃"这种悲伤的词句谱曲时,一位仆人发现他感动地伏在作品上哭泣;当他写到合唱《哈里路亚》壮观的情景时,他说:"我想我的确看见整个天国和伟大的上帝本人在我面前。"在他如此炽热的宗教情感和创作热情中,女人在他心目中的位置则难以想象了。

关于这方面,传记家们概括为,他是位杰出的冒险家,以名声和命运做赌注,为把自己的意愿强加给社会而进行了狂热的斗争。在他死后,他的影响控制了英国的音乐生活长达一个世纪之久,他对音乐的态度可以用他斥责贵族的话反映出来:"大人,如果我仅仅提供他们娱乐,那么我将感到遗憾。"因而,尽管他感情强烈,易于冲动,如果这些不用于女人,他就会在远离女性的道路上越走越远。

尽管他无心追求女人,但他却免不了被女性追求。当他的歌剧风行意大利时,一个叫维多利亚·泰姬的姑娘从佛罗伦萨追到威尼斯,但他最终拒绝了她。在英国他给一位贵族小姐上课期间,这位贵族女弟子爱上了他,但是这位小姐的母亲不同意。当这位母亲死后,她的父亲告诉亨德尔说,阻挠的人已不在人世,可是亨德尔却再也不见这位小姐,而那位姑娘则像"小说中失恋的女主角那样",不久之后便如枯萎的花朵,"香消玉殒"了。还曾有位有钱的女人,表示说若亨德尔放弃音乐家工作,她就愿嫁给他,自然亨德尔毫不理会。这样,相貌堂堂、体魄健伟、目光炯炯的亨德尔虽然得到了金钱和地位,却一辈子独身。

当伟大的清唱剧《弥赛亚》在伦敦歌剧院演出时,大合唱《哈里路亚》宏伟壮观,令观众激奋不已,国王乔治一世情不自禁地站了起来。场内观众见国王站了起来,也都站了起来。自此以后,每当那段著名合唱开始时,观众都会站起,这已成为音乐会上一条不成文的惯例。但令人奇怪的是,亨德尔的音乐并没有在英国继续影响下去,却对德国和法国产生了强烈的影响。

海顿在一个纪念会上含泪说:"他是我们一切人的老师。"贝多芬称誉他为"真理之所在","是我们所有人中最伟大的一个"。然而,亨德尔为什么终身不娶,至今却未得到一个确切的答案。

"歌曲之王"舒伯特为何终生未婚

古典音乐大师莫扎特曾言,单身汉的一生只是人生的一半。马丁·路德认为,没有妻子的生活比起没有饮食还要难受。但是著名作曲家、歌曲之王舒伯特却终身未婚,他从未接触过女性便迅速走完了他31 个春秋的人生历程。

喜爱音乐的人们,已经十分熟悉音乐会上经常演唱的歌曲如《魔王》《菩提树》《鳟鱼》《死神与少女》《流浪者》;而舒伯特的九部交响曲中的《C 大调交响曲》(《"伟大的"交响曲》)、《未完成交响曲》更是创造了19 世纪著名抒情交响曲的新典范,仅仅这两部交响曲便足以奠定他为一流作曲家的地位了。

弗朗兹·舒伯特(1797~1828 年)生于维也纳近郊,他是19 世纪著名大作曲家中唯一一位地道的维也纳人。其祖父是工匠,到了他父亲时,便有了小学校长的职位。舒伯特是十

舒伯特

几个兄弟姐妹中侥幸活下来的四人之一,由于音乐天赋极高,4 岁时跟父亲和哥哥分别学习小提琴和钢琴,水平很快超过其父兄。由于他过分热衷于音乐,而从事这一职业的人又是没有地位和金钱的,所以后来其父一度终止了父子关系。

这位羞怯而又富于幻想的男孩音乐天赋令同代人叹为观止,有人说他似乎是"直接从上帝那里学习的"。比如他在1815 年8 月份一个月的时间里便完成27 首歌曲,同年共写了137 首艺术歌曲,两部交响曲,一首四重奏,四首奏鸣曲,两首弥撒曲和五部歌剧。

而在他短短的31 年里,创作了约有1500 首的作品,遍及所有的音乐题材和形式,其中包括634 首艺术歌曲,其艺术价值无后人可比,因而他被后世誉为"歌曲之王"。其作品《魔王》的名气大大超过了歌德的同名叙事诗。有人认为,假设舒伯特一生只写此一曲,其他都没有,也足以使他载入音乐史册。一位诗人在双目失明、生命将尽之时,提出的唯一要求便是听一遍《魔王》。本来对舒伯特歌曲不感兴趣的歌德首次听到此曲后,便要求演唱者重唱一遍。后来,李斯特和柏辽兹先后把此曲改编成钢琴曲和管弦乐曲。

本来,舒伯特具有诗人的性格,想象力也相当丰富,他的作品充满了浪漫主义的气息,因而他对爱情也应该更为敏感才是,然而在他短暂的一生中,真正燃烧过爱情火焰的也只有一次。他曾把《少年时期的梦》献给泰蕾莎·格罗普,可是她却轻易地甩掉了舒伯特,嫁给了一位面包师,以确保她的生活。另外一个歌手也与舒伯特有过交往,她也嫁给了一位身份较高的人。这样的一位大作曲家为何如此难

赢姑娘的芳心呢？

有人把原因归结于舒伯特的相貌。确实作曲家对自己的容貌亦有自知之明。他身材矮小，大腹便便，厚厚的嘴唇，皮肤黝黑，脑门很大，维也纳人叫他"蘑菇"。这样的长相加上他羞怯内向的气质，自然难为女性恭维。传记家们描述他"个子较常人矮，手臂满足肌肉，手指粗而短，脸部圆得像月亮，前额狭小，唇厚，眉毛如杂草，鼻子塌陷，而且上翘，眼睛虽好看，但总是藏在眼镜深处，即使躺在床上，也戴着眼镜"，这样的男人怎么赢得女人的芳心呢？

有人把舒伯特不恋爱结婚的原因归因于他的经济状况及他的性格。他一生穷困潦倒，从未过上几天富裕日子。他的一生比莫扎特悲惨得多。在他生活的那个时代，专门作曲的人很难糊口。他不是一位演奏家，无法获得正式而长久的工作，只靠朋友们接济度日，这种朝不保夕的生活一直维持到最后。虽然他出售了成千上万份作品，但他得到的每每只是一顿饭钱，如那首最著名的《摇篮曲》只换了一盘烤土豆，而在他死后这首曲谱在巴黎竟以4万法郎成交。他死后的财产仅是一些衣物、被褥和"一堆价值十个弗罗林（一弗罗林相当于两先令）的旧乐谱"。也许他明白自己可怜的经济地位，所以从未认真考虑过要结婚。

另外，正如从他画像表情上显示出的那样，他不是一个容易博得女人欢心的人。舒伯特性格内向、羞怯而优柔寡断；他虽然也爱欢乐，但只是终日与一帮"舒伯特派"的朋友们相聚。至于爱情，他表现出克制与谨慎，实际上是压抑自己。如他曾恋上匈牙利一贵族之女、他的学生卡罗琳·埃斯特哈赛，但由于他的性格和处境，所以从未做出什么轻率的举动。这位并不忠诚的贵族小姐在还未嫁给陆军少尉去过那"幸福的结婚生活"之前，舒伯特就早已去世了。这场毫无结果的"爱情"只会加深他那"当我想歌唱爱情的时候，它就转向悲伤"的孤独的忧郁。他在日记中写道："发现密友的人，是幸福的，但是在妻子身上发现密友的人，更为幸福。今天的自由人，只要想到结婚，就会恐惧。""不论给予我的是爱情还是友情，全是一种痛苦。"可见他自己并未奢侈得到爱情及爱情的结果。

另外，使舒伯特独身的因素可能是受贝多芬的影响。一生未婚的贝多芬是舒伯特心中的偶像，他甚至把贝多芬当作神一样崇拜，他说："有时候我也做过梦，但是在贝多芬之后，谁还能做什么事情呢？"

当他第一次带着诚惶诚恐的心情去谒见贝多芬时，却未遇见；直至在贝多芬死前一星期才见过一面。在贝多芬的葬礼上，舒伯特是举着火炬送葬的少数人之一。他死后唯一的要求便是想与贝多芬葬在一起，这个愿望最终在1888年得以实现。

贝多芬终生未婚，他在舒伯特那崇高的心灵中，有着一种神秘主义色彩。舒伯特像莫扎特一样预感到自己生命的衰竭(他在 25 岁时便染上了性病),他心目中也许只想到他的同代偶像,而对自己于女性毫无兴趣的生活视为自然而满足,至少他不愿想到结婚。因为在他的短暂的一生中,贝多芬的影响确确实实占据了重要的一席。

一生命运坎坷,并未真正恋爱过、从未接触过女性的作曲家,却在 1822 年末染上了性病(可能是梅毒),这的确是莫名其妙的事,也给他为何终生未婚更蒙上了一层神秘色彩,以致现在还成为人们脑海中的一个问号。

为什么杰克·伦敦要自杀

杰克·伦敦(1876~1916 年)是 20 世纪初美国著名的作家。他一生写了许多获得好评的长篇小说、短篇小说、剧本和散文等作品,其中《荒野的呼唤》《铁蹄》和《马丁·伊甸》等长篇小说还译成中文,受到广大中国读者的喜爱,杰克·伦敦本人也成为美国在海内外享有盛名的作家。

但是,杰克·伦敦一生坎坷,在他年仅 50 岁,正当创作高峰时期却自杀身亡了。他为什么要自杀?对此,美国和其他国家的历史学家和文学家虽然进行了长期的研究并提出了一些值得重视的见解,但似乎依然不能令人满意。

美国文学家艾尔·雷勃大胆地提出了本人的见解,认为杰克·伦敦健康状况恶化影响了他继续生活下去的意志。杰克·伦敦在 1914 年确实患了严重的肾炎。在此后的两年期间,尽管他在公众面前竭力保持自己精力充沛的形象,但尿毒症的迹象已逐渐明显。他又拒绝听从医生的劝告,如严格注意饮食、充分休息等。1915 年和 1916 年间,他先后在夏威夷住了几个月,希望在温和的气候条件下恢复已损坏的身体,但他的身体状况继续恶化。

1916 年的春天,他在夏威夷发现了瑞士心理学家卡尔·容翻译的科学著作并立即对卡尔说:"我告诉你,我正站在如此之新、如此之可怕和如此之奇妙的新世界的边缘上,以致使我害怕瞥它一眼。"卡尔的书促使杰克·伦敦将多年对波利尼西亚人的研究作为创作的源泉之一,写了一系列短篇小说如《红的》等。

从此,卡尔·容的译著不仅促进了他的创作,而且拓宽了 20 世纪文学的领域;杰克·伦敦本人也成为美国利用卡尔·容的理论进行文学创作的第一个短篇小说家,尽管他的情绪依然不高。

杰克·伦敦自认为是个唯物主义者,但是在他生存的最后几个月,其思想显然经历了新的变化,认为其信仰的唯物主义中肯定有不合理的因素,并严厉地拒绝其早年坚持的朴素的唯物主义观点。1916 年 11 月,他终于以服毒自杀的方式结束了自己的生命。他的医生称他自杀的原因是"肠胃生尿毒症"。美国著名记者查尔米亚在其报道中声称,杰克·伦敦在《圣经》下列一段文字的下面画了杠杠:"你不应当从世俗或艺术角度进行思考,而应当从象征角度,从精神方面,从事思索。"查尔米亚显然企图告诉人们,晚年的杰克·伦敦已不是唯物主义者,而是唯心主义者了。

美国著名文学评论家富兰克林·沃克虽然也持有类似的观点,他分析得更为详细、合情合理。他在对杰克·伦敦的代表作《马丁·伊甸》的评论中,比较深入地阐述了杰克·伦敦的思想发展趋势。他认为,杰克·伦敦之所以采取自杀行动,可能与他的社会主义理想最后破灭有关。

众所周知,杰克·伦敦在年青时代是个远近闻名的杰出社会主义者,也是个公然自诩的马克思主义的信徒。他经常用一颗刻有"革命至上的杰克·伦敦谨启"的橡皮图章签署信函。另外,他也是大专院校社会主义团体的首任主席,曾到全国各地进行过演讲活动,批判资本主义社会的腐朽和没落,并以社会主义党人的身份竞选奥克兰市长的职位,甚至还考虑过角逐加利福尼亚州州长的职位。

在1908年出版的长篇小说《铁蹄》中,杰克·伦敦用明确的词句,叙述了资本主义的崩溃。不过,在《铁蹄》的结尾部分,他并未说明无产阶级的乌托邦式的理想的实现,社会仍然受制于残忍的独裁者。

然而,在他《铁蹄》之后发表的长篇小说《马丁·伊甸》中,人们发现,被公认为杰克·伦敦化身的主人公马丁之所以未信奉或把希望寄托于社会主义理想上,可能与杰克·伦敦本人对社会主义革命的信心日渐动摇有关。他逐渐对社会主义活动不大积极,并终于脱离了社会主义组织。他怀有的"天生自然,任万物竞争淘汰的哲学思想",与长篇小说《海狼》中的那个专事掠夺而又专横的船长伍尔夫·拉尔圣近似,而与《铁蹄》中的那位满怀热忱的社会主义领袖欧涅斯特·伊夫哈特的思想相去甚远。他的女儿琼安·伦敦在自己的传记中认为,她父亲在《马丁·伊甸》中写下了自己的讣闻。这或许道出了真情。杰克·伦敦不仅对社会主义活动失去了积极参加的兴趣,并对作家的成功逐渐觉得虚幻缥缈。

杰克·伦敦的思想和情绪的发展又是相当复杂的,富兰克林也充分注意到了这种情况。他认为,杰克·伦敦最后走上自我毁灭的道路,是他复杂思想发展的必然结果。富兰克林在评论杰克·伦敦的《马丁·伊甸》时,对此做了较为详细的考察:《马丁·伊甸》的创作过程在某种程度上反映了伦敦思想发展的迂回曲折。杰克·伦敦在这部小说即将杀青之际,还没有决定如何结尾,可是后来他的小说却出现了一个出其不意的结局:主人公马丁·伊甸自杀了。富兰克林认为,杰克·伦敦一再坚持让其书中的主人公马丁·伊甸自杀是作者思想发展的必然结局。而作者之所以这样做，或许有其本身的苦衷。

从这些见解来看，杰克·伦敦一生的坎坷经历，再加上身染重病，似乎是导致他最终自我毁灭的原因。然而从他毕生的创作成果来看，又与其悲剧结局十分矛盾。

富兰克林说："他死后留下来的书共有 50 本。都是他炽烈的精神与惊人的毅力的结晶。"这些书中最好的一部，仍然是《马丁·伊甸》。尽管这本书也不例外地有其缺点，如结构不甚匀称，若干地方用词拙劣，而且有时语调极其伤感，但它仍然具有巨大的力量。在这本书中不管是主要人物，还是次要人物，他们的性格都刻画得很生动。作者对无产阶级和资产阶级之间价值观念的冲突也提出了新颖的见解。当然，这本书也确实详细地描述了一个过于神经质的人的经历。就这点而言，杰克·伦敦的作品，在批判病态的社会方面，又给人一种相当现代化的感觉。

除此而外，在他的《马丁·伊甸》等书中，也不乏生趣盎然、淋漓尽致的描绘。这一切不是与著名小说家杰克·伦敦的最后悲剧发生十分矛盾吗？因此，杰克·伦敦的自杀确实使人不得其解。

是谁杀害了著名导演泰勒

威廉·泰勒是美国著名的无声电影导演，他有个"女性式的男人"的绰号。在 1922 年他被神秘地杀害。杀人犯一直未被找到。由于此案的发生，有两个获得好评的女演员的职业遭到牵连，好莱坞的电影业也受到玷污。泰勒死后，电影之城好莱坞的放荡气氛成为人们要求净化的目标。

泰勒是在 1922 年 1 月 2 日的夜间，在加利福尼亚州洛杉矶的公寓里被人用点三八口径的手枪打死的，有两颗子弹穿过他的心脏。他当时只有 45 岁。翌日早晨，他雇佣的黑人仆人亨利·庇维发现主人的尸体躺在起居室的地板上，立即冲出房间，歇斯底里地反复叫喊："泰勒主人死了，泰勒主人死了，他们杀死了泰勒！"

不幸的是，在警察到达之前，许多可资应用的证据全被动过了。泰勒的邻居、女演员艾德娜·普尔菲思听到黑人亨利的喊声后，迅速给她的熟人——28 岁的玛贝尔·诺曼德打了电话。诺曼德是当时十分走运的电影界的女喜剧演员。她接到艾德娜的电话后，也急急忙忙地赶到泰勒的住所，并同艾德娜一起搜索死者的私人文件，并在警察到来之前，使其恢复原状，显然文件中有泰勒写给玛贝尔的爱情信件。

另一位漂亮可爱、很有名气、年仅 17 岁的女演员玛丽·敏特也接到了艾德娜的电话。她同其深受压抑的母亲,查罗蒂·余贝也立即赶到出事地点,但她们受到了警察的阻拦,未来得及采取与艾德娜和玛贝尔类似的行径。

另外,泰勒所在的"至上"电影制片厂的经理在警察到达之前,也获得了关于导演死亡的消息并迅速赶到他的住所。他们处理了泰勒的威士忌酒并在壁炉里焚烧了一些文件。

当警察到达时,他们像抢劫一样消除了处理证据的各种痕迹,受害者仍然带着象征"幸运"的大型钻石指环,还有1000美元散落在楼梯跟前。警察到后搜查了所有文件,并发现了许多情书和泰勒导演与女明星拍摄的秘密照片。此外,警察还找到了许多女人内衣、内裤以及睡衣等,而且每件衣服上都标有某人姓名的第一个字母和日期。同时,警察也调查了有嫌疑的杀人犯。美国一些小型报刊也在当日的新闻版中做了报道。

但是,谁是杀害泰勒的凶手呢?当局公布了有关泰勒的令人惊讶的经历。泰勒实际上名叫威廉·迪因坦尼,曾一度做过纽约的艺术品和古董交易商,但在1908年的某一天,他放弃了自己的事业和已结婚7年的妻子。

令人惊奇的是,他离开妻子和女儿时,把其全部财产都留给了女儿。泰勒的兄弟登尼斯也离开了他的一家。泰勒在其兄弟离家4年之后到失踪之前,曾与登尼斯一起生活过一段时间。泰勒辗转来到好莱坞并起用现名。他先是从事一般演出活动,然后执导电影,并在执导《来自天空的钻石》《纽约屋脊》和其他影片中获得巨大成功,赚取了大量美元。他既是个英俊的好色之徒,又是个不尚读书的藏书家,而且还担任电影导演协会主席职务。这样一个世界闻名的导演与众多红极一时的女士有着数不清的风流韵事。

然而,杀害这一导演的凶手一直未能找到。有人认为,泰勒生前的私人秘书艾德华·山德斯是由其兄弟装扮的。就在泰勒被害之后,这位秘书也悄然失踪了。自然这位秘书成了警察的主要怀疑对象,但警察从未找到过他。1921年他被正式宣布失踪。警方在追查他的过程中,仅发现他以泰勒名义伪造的一些支票、盗走的衣服、珠宝和属于泰勒的一辆汽车。

警察还握有泰勒曾过着放荡生活的事实。泰勒去过洛杉矶同性恋者的据点和吸毒者的窟穴,他曾试图终止过当地的一个毒品销售网,因为这一组织对玛贝尔·诺曼德进行过敲诈。这位酷爱并演过许多重要喜剧的女演员承认她爱上了泰勒。然而,当公众获悉她一个月就得为其需要的可卡因支付2000美元时,人们拒绝看她最后主演的电影《苏珊娜》,并迫使她永远息影(她于1930年因肺结核病而去世)。

泰勒之案还给女青年演员玛丽·敏特带来终生的遗憾。她长得漂亮动人,头发金黄,穿着时髦,她甜蜜的微笑不知征服了多少影迷的心。她的母亲查罗蒂·余贝据说也与泰勒有着浪漫关系。泰勒对查罗蒂一直瞒着其与玛丽和玛贝尔之间的秘闻。在警察从死者寝室搜查到的女人的衣物中,有一件粉红色的睡衣,上面绣有"MMM"字母,而且有张便条说:"最亲爱的,我爱你,我爱你,我爱你!永远属于你!玛丽。"可见玛丽对他的迷恋之情到了何种程度!她迷上了一个年龄是她三倍的男人。葬礼上当泰勒遗体在棺材里显露时,玛丽不顾一切地紧紧地亲吻死者的嘴唇。这对公众来说,她太淫荡了,公众因此改变了对玛丽的态度。最终她也走上了退隐之路。

余贝夫人也是泰勒一案中被怀疑的对象。她本人拥有点三八口径的左轮手枪,而且在泰勒被谋杀前还打过靶。她被一些人认为是个装扮奇异的人。泰勒的一个邻居在泰勒被杀害的夜间,曾看见过一个装扮奇异的人仓皇离开泰勒的公寓。她被怀疑,因为她被认为拥有妒忌其女儿与泰勒有着强烈情欲的心态。但是,事后,余贝夫人很快离开美国,3年来一直住在海外,而且,奇怪的是警察从未予以追究。

当时,警察认为世界闻名的导演泰勒是被雇佣杀手干掉的。在此后20年间,公众对泰勒导演的被害及其丑闻的激情依然未减,但当局并没有进一步追究。因此,时至今天,导演泰勒究竟是被谁杀害的,依然不被世人所知。

马雅可夫斯基开枪自杀之谜

马雅可夫斯基自杀了,死得那么突然,令人百思不得其解。悲剧发生在1930年4月14日上午10时15分。坐落在莫斯科市中心的卢比扬卡大楼内各个办公室里一派忙碌景象。突然,诗人马雅可夫斯基住的那间屋子里响起了一声尖厉的枪声。枪声震惊了整个大楼。惊慌失措的人们从四面八方赶来,推门一看,诗人已卧倒在血泊之中,旁边丢着一支手枪。致命的子弹穿透了心脏,一切抢救均告无效,才华横溢的诗人早已停止了呼吸。经多方检查分析,得出的结论是:诗人是自杀的。

一位极富才气的苏联当代诗人,曾被斯大林赞许为"过去是,现在仍然是我们苏维埃时代最优秀、最有才华的诗人"自杀了,而且是生气勃勃、曾经为生活热情歌唱过的马雅可夫斯基!这一悲剧震动了苏联文坛和社会各界,也震动了国际社会。

人们在震惊之余,感到纳闷的是:像马雅可夫斯基那样平生追求进步,参加过地下斗争,坐过牢,经受过革命考验,并且在诗歌创作上取得了卓越成就的革命诗人,居然会走上自杀的绝路!为什么这颗当代诗歌的太阳正在中午当顶的时候却自己突然沉落下去了呢?马雅可夫斯基自杀的原因和动机,引起了人们尤其是中外学者、文学史家的极大关注,并从各自的渠道、不同的角度谈了自己的观点和看法,概况如下:

一、马雅可夫斯基的自杀原因错综复杂,但爱情上的逆境、数次爱情波折是主要原因。他在其遗书《致大家》的信中,也说明他是由于个人原因而自杀的。诗人在遗书中曾提到"爱情之舟",还多次提到莉丽亚·波朗斯卡娅。莉丽亚是勃里克之妻,勃里克同诗人关系密切,而莉丽亚同诗人的关系更是非同一般。她在诗人死后曾公布过诗人从 1917 年 9 月到 1930 年 3 月给她的 125 封信和电报,以及一些生活照片。她说:"我和马雅可夫斯基生活了 15 年——从 1915 年到他逝世。勃里克是我的第一个丈夫,我们是 1912 年结婚的。当我告诉他说,马雅可夫斯基和我相爱时,我们大家都决定永不分离。就这样,我和马雅可夫斯基在一起——既是精神方面在一起,更多的也是居住方面在一起——过着我们的生活。"

"爱情之舟"指的是 1925 年在法国的俄罗斯姑娘雅可芙列娃。1928 年诗人在巴黎和她结识并相恋。他曾动员她回苏联结婚,但却遭到拒绝。诗人回莫斯科后,仍不断给她写信。据公布的材料统计,从 1928 年 12 月 27 日至 1929 年 10 月 5 日之间,诗人给雅可芙列娃写了 7 封信和拍了 25 封电报。而雅可芙列娃还是拒绝了诗人的求婚,她也给诗人写了不少信,可诗人竟没有收到。原因是勃里克夫妇与苏联国家保安机关有联系,他们奉命监视诗人,并帮助保安机关窃走了雅可芙列娃的来信。1929 年,诗人决心再去巴黎向姑娘求婚,可是受到勃里克和保安部门的阻挠,未能成行。结果雅可芙列娃嫁给了一个法国人,这对诗人是个很沉重的打击。至于波朗斯卡娅,她是莫斯科艺术剧院的年轻演员,诗人死之前与她相识,并爱上了她。但她并不理解诗人的处境和心情,使诗人感到十分痛苦。在遭受了一连串的爱情波折后,终使诗人走上了绝路。

二、有的学者认为,马雅可夫斯基是死于"口号之争"。人们在清理诗人的遗物时,发现了诗人留下的一份遗书,日期是 1930 年 4 月 12 日,即诗人自杀前两天写的。像任何一个自杀者一样,这份遗书成了探索诗人自杀原因的珍贵资料。在遗书的最后一段,诗人写道:"请你们告诉叶尔米洛夫,把那口号去掉了——实在遗憾,本来应该是对骂到底的。"这表明,对这件事诗人到死仍觉得"遗憾"。关于"口号"的争论,是由诗人为演出自己的讽刺诗剧《澡堂》而写的一组口号引起的,其中有一条指名批评了遗书中曾提到过的叶尔米洛夫。叶是苏联文学批评家和研究家,当时曾任"拉普"(俄罗斯无产阶级作家协会)的书记。诗人那条口号是这样写的：“一下子无法把有的官僚主义者都洗清。因为澡堂和肥皂都不够用。另外还有叶尔米洛夫这类批评家的笔给官僚主义者们帮闲出主意。”这条诗人自己觉得很满意的口号，后来被“拉普”一些领导删掉了。为表示抗议，诗人便自杀而死。

三、不少苏联和中国学者、专家认为：马雅可夫斯基之死，主要原因与20年代苏联文坛的斗争相关。马雅可夫斯基是位革命诗人，列宁对他十分器重；可是，在20年代复杂的苏联文坛上，却遭到诽谤和攻讦。托派反对他，唯美派反对他，官僚主义者不喜欢他。

对诗人攻击得最凶、对他的心灵创伤最重的是“拉普”和“瓦普”（全俄无产阶级作家同盟）中的宗派集团、托派分子。他们一方面百般挑剔和贬低诗人的作品，不断对诗人进行公开的人身攻击，称诗人为托派分子的同路人，不是无产阶级诗人，并利用他们控制的文艺阵地，辱骂诗人是“小资产阶级的浪漫诗人，是小资产阶级个人主义者”。另一方面他们又在诗人加入“拉普”问题上百般故意刁难和打击，不让这位富有才华的著名诗人进入“拉普”领导班子，甚至连1930年2月8日召开的“拉普”代表大会，也没有让诗人进入理事会。

1930年前后，是马雅可夫斯基一生中最艰难、最痛苦的时刻。此时，诗人已心力交瘁，情绪低落，心境已完全失去平衡。在这关键时刻，诗人偏又连续遭到意外且又是致命的打击，成了造成诗人开枪自杀的直接导火线。但以何事为准，主要有两种看法：

第一种是诗人的“文学工作二十年展览会”遭到文学界、新闻界的冷落和抵制。当时，诗人为了证明他“争取自己作为革命家和革命诗人，而不是背叛革命存在的权利”，下决心要搞一个自己工作20周年的展览，并试图用这个展览击破来自对立面的围攻和孤立他的企图。

1930年2月1日，展览会正式开幕，它受到一些青年的热烈欢迎。然而，却遭到文艺界、新闻界的普遍冷落和抵制。开幕式上没有一个文学组织的代表。他过去和现在的朋友、同事，都没有一个人出席展览会。

4月初，《出版与革命》杂志第2期原定准备刊登一幅诗人的肖像，另配一篇对诗人工作20周年的祝词。可正式发表时，肖像、祝词都根据有关“指示”从印好的刊物上去掉了。不久，报上甚至出版了点名攻击诗人的讽刺诗：“马雅可夫斯基同志，您用抑扬格调写诗吧，每一行诗再给您加上20戈比。”这种抵制和攻击，简直达到了令人不能容忍的程度，受不了的诗人即以自杀抗争。

第二种认为促成诗人自杀的直接导火线是朗诵会的失败。1930年4月9日，诗人逝世前的一个星期，他参加了普列汉诺夫国民经济学院举行的一个大型演讲晚会,并不顾咽喉病痛,参加了演讲。晚会上,诗人情绪很坏,加之嗓子不好,朗诵得很不成功。对此,台下观众反应冷漠。而那些敌视他的小集团,则趁机对其起哄、辱骂。个别人甚至挑动群众对诗人进行围攻、质问,会场秩序顿时大乱。一向以才气自负于世而且对朗诵演讲十分喜爱与看重的诗人,平生从未受过如此难堪的失败和羞辱。一时,他竟无言以对,感到再也抬不起头来。他曾说道:"由于我的好斗性格,我受到了百般的非难,招来了许多罪名(有的我该承认,有的则是莫须有),以致我觉得不如销声匿迹,幽居个三两年,免得再听辱骂。"4月11日,诗人没有再出席他原来预定要参加的一个晚会,独自在房里几乎待了一整天。4月12日,诗人含泪写下了绝命书,随即自杀而死。

四、有的学者指出:马雅可夫斯基的悲剧在于他在一个非抒情时代写抒情诗。整个20年代,苏联国内政治、经济和意识形态的形势相当复杂。当时,苏联对能不能在资本主义国家的包围下一国建成社会主义、应当如何建设社会主义等问题,正经历着一场大辩论。经济状况的困难,使马克思主义在指导经济建设中的威力还没有显示出来。到了1929年,苏联国内的政治形势发生了急剧变化,成为"大转变"的一年,随着"反左斗争"的全面开展,在意识形态领域也开始了全面的批判运动,大力进行思想整顿和组织整顿。同时,大大小小的文学流派组织和团体,发表各自众多的宣言和纲领,彼此之间多年展开论战和指责,有时言辞甚为激烈,不免有失偏颇。20年代至30年代初,势力最大的文学团体是"拉普",它的领导人颇有点"唯我独革"的味道,而诗人在一系列问题上与"拉普"有矛盾,因而受到"拉普"的攻击。"拉普"领导人之一的列别金斯基后来承认:"我们担心我们的破船会因为这头大象上来而遭殃。"《澡堂》发表后,批评诗人的文章接踵而来,围攻的程度相当激烈,受不了的诗人只能举枪自尽。

五、有人还从医学角度出发,认为"由于复杂的斗争和他个人生活的痛苦,再加之咽喉痛的折磨,造成他精神错乱和精神失常,便开枪自杀了"。苏联著名科学家若·麦德维杰夫在《谁是疯子》一书中也说:马雅可夫斯基等人是在处于心理抑郁状态期间自杀的,可以算是心理偏离常态,这在许多人身上在不同时期都会出现。

从客观上讲,促成诗人自杀的原因是多方面的,有爱情、政治因素,也有艺术、健康等原因。但是,这里显然贯穿着一个世界观方面的主要因素。事实上,在诗人一生中,生与死的问题时常在他脑际徘徊。最后,诗人选择了死亡,这正是他的悲剧所在。

法捷耶夫自杀之谜

亚历山大·亚历山德罗维奇·法捷耶夫是苏联著名作家,他的长篇小说《毁灭》和《青年近卫军》是蜚声世界文坛的杰作。法捷耶夫还是著名的社会活动家,曾长期担任全苏作家协会的领导工作。

可是,这位深受广大读者欢迎和文艺界人士爱戴的才华横溢的大作家,突然于1956年5月13日在他的寓所、莫斯科郊外的佩列杰尔基诺开枪自杀,年仅55岁,正值文学创作的盛年。人们在无比震惊和惋惜之余,不禁对法捷耶夫自杀的真实原因进行种种推测和探求。

首先不妨让我们看一看法捷耶夫本人是如何解释自己为什么自杀吧。法捷耶夫自杀之前给苏联共产党中央委员会留下了一封遗信,这封充满绝望的绝命书读来令人柔肠寸断。对于法捷耶夫这样一个诚实的作家来说,人们没有理由怀疑他临死前写下的每一句话。绝命书开头就写道:"我看不到继续活下去的可能,因为

法捷耶夫

我一生为之献身的艺术已经被自信而无知的党领导扼杀了,现在已经不可挽救了。"

接着,他在痛心地提到许多优秀的文学家在30年代大清洗中死于非命以后,着重申斥了斯大林去世后苏共新领导人对文艺界的粗暴和无知。因此,法捷耶夫决定:"作为作家,我的生命已经失去了任何意义,因此我非常高兴地离开这样的生活,就像从丑恶的生存中得到解脱一样,在这样的生活里落到我头上的是卑鄙行为、谎言和诬蔑。"

看了这封绝命书，似乎对法捷耶夫自杀的原因已经一目了然，其实并没这么简单。一个思想十分丰富而又极为矛盾的大作家之所以做出自己结束自己生命这样可怕的选择，其动机无论如何不是一篇仅有千余言的书信所能全部说完的，何况信中谈到许多东西也不一定说清楚了。因此，对于法捷耶夫为什么要自杀的问题，还有不少疑团。

像《简明不列颠百科全书》这类西方权威著作一般认为法捷耶夫自杀纯系对苏共第二十次代表大会批判斯大林个人迷信的抗议。这些著作称法捷耶夫对30年代迫害文艺界人士应负何种责任尚不清楚，但是肯定他参加了第二次世界大战后苏共中央书记日丹诺夫组织的文学批判运动。

斯大林去世时，法捷耶夫曾撰文称斯大林是"有史以来最伟大的人道主义者"，所以当斯大林受到批判后，他想不通自杀了。可以肯定，法捷耶夫在1956年5月13日自杀与3个月前苏共二十大公开批判斯大林、大幅度改变苏联原先的政策路线一事有关。不过到底是什么关系，恐怕不像西方某些人说的那么简单。

首先，谁也没有发现法捷耶夫参与30年代迫害作家的事件的证据。相反，法捷耶夫对此十分反感，认为这是叶若夫、贝利亚之流犯下的罪行。据苏联作家帕夫连科说，法捷耶夫曾当面向斯大林揭发过贝利亚。战后日丹诺夫组织的文学批判运动明显是错误的，法捷耶夫身为苏共党中央委员和作家协会总书记不仅参与其事，而且亲自批判过一些作家。对此法捷耶夫有多大责任呢？多数人认为不能苛求于他，他不得不服从上面的命令。

此外，苏联作家伊万·茹科夫在1987年第三十和三十一期《星火》杂志发表的连载文章认为："法捷耶夫在对待米·左琴科和安·阿赫马托娃（这是日丹诺夫批判的两个主要作家——引者）的问题上，表现出最大限度地人道主义和最大限度地正直。"文章还提到，正是由于法捷耶夫的呼吁，阿赫马托娃受牵连的儿子才得以获释。而且有许多人证明，早在苏共二十大召开之前，法捷耶夫就开始为三四十年代蒙受不白之冤的某些作家恢复名誉而奔走。可见，法捷耶夫本人是正直的，但又不能与错误的批判运动脱离干系。为此他内心到底如何痛苦与内疚，在促使他自杀一事中到底起了什么作用，旁人不得而知。

其次，法捷耶夫对赫鲁晓夫等苏共新领导人流露出明显不满和失望，但是这究竟是因为赫鲁晓夫批判了斯大林呢？还是因为他对文学事业乱加干涉呢？对此也有争论。

西方的观点多倾向于前者。法捷耶夫一直十分敬仰斯大林，认为30年代镇压无辜是叶若夫和贝利亚背着斯大林干的，因此他对赫鲁晓夫在苏共二十大批判斯大林极为震惊与不安。

苏联许多作家认为法捷耶夫主要是对赫鲁晓夫粗暴对待苏联文学感到恼怒。他曾在1953年到1956年间要求安排一次国家领导人与文艺界代表人物的会见座谈,但一直未能如愿以偿,因此他也就坚决拒绝了赫鲁晓夫要他重新担任全苏作协主要负责人的建议。

在绝命书中,法捷耶夫激动地写道:"斯大林还多少有点知识,而这些人则是不学无术的。"矛头直指赫鲁晓夫,在一次座谈会上,他更是公开地讲出了这一点。以上两种意见都有道理,到底是哪一种考虑迫使法捷耶夫走上绝路的?抑或两种考虑都起了作用,人们还说不清楚。

最后,法捷耶夫对于自己繁多的行政事务缠身也不胜其烦,他多次抱怨无休止的开会、评奖、汇报、出国访问耗费了他宝贵的时光,使他的写作计划一再搁浅。就像他在绝命书中所说的,他变成了拉货车的马,干了那么多琐碎的事情,得到的回报却是"吆喝、训斥、说教和各种意识形态罪行"。这是不是他自杀的一个动机呢?

以上几点,说明法捷耶夫当时内心是十分痛苦的,但是不是已经到了痛不欲生、非自杀不可的地步呢?这也有不同的看法,有人注意到,就在临死前几天,法捷耶夫在给保加利亚作家柳德米尔·斯托亚诺夫的信中还充满着乐观主义和对未来的信心。因此很可能在这几天之内发生了什么意外的事,使他一下子陷于绝望。这也是说得过去的。

女歌唱家黎贝的悲剧是如何发生的

在本世纪20和30年代,美国女歌唱家黎贝·霍尔曼是音乐舞台上闪亮的明星之一。她的声音深沉、沙哑,尤其以演唱爱情歌曲著称。此外,她也因有数不清的风流韵事、语言污秽和经常动武而声名狼藉。然而,她的一生是充满悲剧性的。她的第一个丈夫可能由于自己玩火,在与她结婚6个月之后因枪伤过重而去世。她的第二个丈夫也是神秘死去的。她所喜爱的儿子在爬山时遇难,其他的密友和家庭成员也都毁于暴力,而黎贝本人也在67岁时怀着深深的压抑结束了自己的生命。

黎贝在20岁时,离开故乡辛辛那提到了纽约,并在纽约百老汇当上了演员。她因在歌剧《格林尼治村的荒唐》中的演唱而获得首次成功,受到观众热烈欢迎。在那几年间,她开始酗酒,并常常在聚会中从头天晚上闹到第二天的黎明。她有时还带着临时约会的朋友到哈莱姆和曼哈顿的夜间俱乐部通宵达旦地游逛。

1929年春季,她参加小型"轻歌舞"的演出,并领唱有打击乐器伴奏的《莫茵的呻吟》等歌曲。黎贝的演出获得成功，并成为百老汇的知名人物。夏季，她与一个年轻的作家首次确立了正当的爱情关系。但此次的恋爱是短命的，他们很快分开。秋季，她与杜邦家族的一个富有成员罗萨·卡彭特邂逅，两人双双坠入爱河。1930年，她在主演歌剧《三人行》中又一次大显身手，其中她演唱的《灵与肉》等歌曲至今还为人们所熟知。随着这次演出的成功，黎贝的名声大振并达到其职业的高峰。

此时，一个叫史密斯·雷诺德的男演员迷上了黎贝并向她求婚。虽然她有好长一段时间不能接受，但最终还是屈从了，并在 1931 年 11 月与他秘密结婚。在香港度过蜜月之后，夫妻俩就迁到位于北卡罗来纳州温斯顿——塞伦附近的住所。但由于史密斯的占有欲和神经质日益增强，黎贝越来越讨厌他。

在 1932 年的美国独立庆典期间，史密斯在一天晚上举办了一次聚会。当晚，月光洒满庭院，美酒汩汩流淌，人们无不兴高采烈。每个人，包括黎贝在内，无不开怀畅饮。在客人们离去之后，不久，从史密斯和黎贝的卧室里传来一声枪声。事件究竟是如何发生的，大概永远也不会为人所知。这时，史密斯的最好朋友和私人秘书阿布·沃克冲进去，发现史密斯的太阳穴流出了血，史密斯的毛瑟自动手枪横在地板上，黎贝在歇斯底里地哭泣。史密斯被送进附近的医院，但再也未恢复知觉。

黎贝和阿布作为犯罪嫌疑人被拘留。陪审员根据验尸官报告最后做出结论说：他们"不知道史密斯是如何死的"。记者纷纷云集到温斯顿——塞伦，史密斯神秘的死亡成为当时轰动一时的事件。当公众获悉黎贝已有两个月的身孕时，情绪更为激奋。11 月，正常的审讯开始了。权势很大的史密斯家族虽然进行了干预，但此案还是被撤销了。史密斯的遗腹子于 1933 年 1 月早产，并随之发生了历时两年的有关继承权的斗争。最后，孩子继承了 625 万美元的财产，黎贝得到 75万美元的安家费。

黎贝于 1934 年返回纽约的百老汇，并开始在"咖啡"界过派头十足的生活。她还与英俊潇洒的男演员菲利普·霍姆斯发生了浪漫关系，并再度怀孕。但她并不想与菲利普结婚，而决定堕胎。随后她又勾搭上了菲利普的弟弟拉菲·霍姆斯。尽管拉菲比她小 11 岁，她还是在 1939 年与他结了婚。第二次世界大战爆发后，霍姆斯兄弟都参加了加拿大皇家空军。菲利普在两架军用飞机相撞事件中殒命，而拉菲被派往英国。

随后，黎贝的生活更加糜烂。在她住在康涅狄克州特里托普的豪华住所期间，经常把一些男人召到家里寻欢作乐。她还长期与一个女记者和她雇的一个年轻的女秘书搞同性恋。人们还传说，她和黑人歌唱家和吉他手约施·惠特是一对情人。

黎贝的丈夫拉菲·霍姆斯于 1945 年 8 月被解除军职之后，开始无止无休地酗酒。黎贝要求他滚出她的家。一个月以后,拉菲的尸体在纽约市东部的一幢公寓里发现。经法医检查,他的死是由于服用过量镇静剂中毒而引起的,但无人知道他的死是偶然事件还是有意识的行动。

对黎贝来说,另一出较大的悲剧发生于 5 年之后。史密斯的遗腹子托普·霍姆斯在 1950 年秋进入达尔茅斯学院之前,与一个朋友驾车开始横穿美国到加利福尼亚去。中途,他们弃车攀登加利福尼亚的惠特尼山,但从此没有回来。几天之后,他们被冻僵的尸体在山顶被找到。当时正同情人在欧洲旅行的黎贝立即乘飞机返回美国。儿子的暴卒令她的精神完全崩溃了。

1952 年,黎贝·霍尔曼实施她所说的"宏大欲望"计划,与漂亮的男演员蒙哥马利·克里夫开始历时 7 年的私通。但是,由于蒙哥马利酒后驾车,几乎差点丧命,从那以后两人的暧昧关系逐渐疏远了。她立即又与一个颇有吸引力的油画家路易斯·斯查克坠入爱河。她看到他的大量艺术作品,并且对他十分崇拜。他们两人于 1960 年 12 月结婚。然而,路易斯是个爱妒忌的家伙,平庸卑鄙,经常喝得酩酊大醉。

黎贝的无数朋友开始退避三舍,黎贝本人也变得失望和消沉了。在 1961 年 6 月的一个炎热的日子,黎贝只穿着一件短身泳装钻进她的豪华罗尔·罗斯牌汽车里,并打着引擎。仅在很短的时间里,她就因一氧化碳中毒而死去。

这位著名歌唱家就这样简单地结束了自己的一生。至此,人们不禁要问,黎贝究竟为什么最后走上绝路,是其一生的婚姻不遂心,唯一儿子的暴死,还是由于其他原因?

谁害死了女演员杰茵

1979 年 9 月 8 日,美国 40 岁的女电影演员杰茵·瑟贝格的尸体在法国巴黎的一条街上的汽车里被发现;尸体被裹在一条毛毯里。在她尸体旁边有一瓶镇静剂、一个空矿泉水瓶和一张写给她儿子迪戈的便笺。这张便笺道出了这位明星的心态:"忘掉我吧,我再也没有勇气生活下去了!"

在两天以后的新闻发布会上,曾是 1963 年至 1972 年杰茵丈夫的法国作家和外交官罗马因·加利以颤抖的声音宣布说:"杰茵是被美国联邦调查局毁灭的。"他整理的文件表明,自 1970 年起调查局就开始秘密对她进行侮辱性的迫害。

有人怀疑,在 1970 年以前,美国具有战斗性的组织黑豹党的一个黑人领导人占有了她,并使她怀孕。罗马因解释说:"她从未摆脱掉诽谤,而且这就是她孩子一出世就夭折的原因。她把她的孩子葬于玻璃棺材里,以便证明孩子是白人的。"

罗马因补充说,从那时开始,杰茵就不断到精神病诊所去看病,并经常产生自杀的念头。她曾七次想自杀,而且通常发生在其孩子生日的那天。杰茵死后6天,即1979年9月14日,美国联邦调查局承认,其特工人员曾秘密地编造过有关杰茵第二个孩子之父是谁的耸人听闻的消息。

美国有关新闻组织也广泛散布谣言,宣称调查局希望杰茵"保持中立",因为她是黑豹党人的重要经济资助者。调查局得出结论说:"调查局利用诽谤消息与维护特殊目标的人的斗争时期已经过去,应当永远摆脱那种形式了。"

杰茵·瑟贝格成长于美国艾奥瓦州马歇尔顿,9岁时就渴望当一名演员。她于1956年高中毕业后,在一个剧团当演员,随后她被好莱坞的电影导演奥托·普里明鄂发现,并在他执导的电影《圣杰茵》担任主角。这部电影在1957年放映后,在世界上产生了重大影响,但却受到美国评论界的严厉批评。她主演的第二部电影《早晨的悲哀》(1958年)也遭到美国评论界的吹毛求疵的批评,但法国人似乎更愿意接受这部影片。

杰茵19岁时与巴黎的一个律师弗兰克斯·莫留尔结婚,但他们的婚姻一开始就不牢固。1959年,她主演的电影《屏息》在法国"新潮运动"中受到热烈欢迎。她成为法国的女杰。她的丈夫把她介绍给罗马因·加利。在她与罗马因拍摄通俗艺术影片时,两人有了轰动一时的浪漫关系。

她从艺职业的最高成就是其主演的电影《丽丽》。在这部影片中她扮演了一位住在精神病院的患有精神分裂症的妇女。《丽丽》在美国首次上演时,电影院十分冷落,她的演技依然受到许多评论家的批评。她在拍这部电影时,秘密生了一个男孩儿,并正式取名为亚历山大·迪戈·加利。有些人认为,这个孩子是她在1962年年中生的。孩子出生之后,杰茵和罗马因分别与原来的配偶离了婚,于1963年10月正式结婚。10天之后,夫妇记录了迪戈出生之事。

杰茵激进和正义的政治观点在1968年是广为人知的。当时她公开反对美国发动侵越战争和实行种族隔离政策,呼吁支持黑人和民权运动。在加利福尼亚州洛杉矶,她拥护黑人斗争的目标,先是支持黑人阿拉伯组织,尔后又支持黑豹党。根据《国际信使论坛》杂志一位记者的报道,她曾对这位记者说过,她在1969~1970年间曾与两个黑人民族主义者有过暧昧关系,但她没有指出他们的名字。

根据作家大卫·理查德的书《演出之外:杰茵的故事》(1981年)的记载,联邦调查局把她视为黑豹党的同情者和放纵的通敌者,并当作打击的目标。在1969年6月,调查局建议:"应对杰茵进行积极而又慎重的调查,因为她向黑人头头,包括黑豹党的领导人,提供了资金和支持。"

1970 年她的再度怀孕成为公众关注的焦点,她未出生孩子的父亲被认为是被"玷辱"的人,《洛杉矶时报》和其他出版物都对其说长论短。《新闻周刊》说,她希望有个以她在加利福尼亚邂逅的黑人积极分子为父亲的婴儿。尽管罗马因后来说她怀的孩子是他的,但杰茵在其最后一年承认,孩子的父亲是墨西哥"革命者",当她在墨西哥的杜兰戈拍电影时与这个人有过一段情。

1970 年 8 月 23 日在瑞士的日内瓦,杰茵剖腹生了一个女孩儿,取名妮娜,但她生下两天后就死了。杰茵随后到美国马歇尔顿旅行时,还曾把这个死婴放在小棺材里让别人看。一些人认为这个小女孩具有明显的高加索人的肤色,而另一些人则不那么看。在舆论的重压之下,杰茵不得不对美国的《新闻周刊》提出诽谤起诉。

1971 年,经过长达 6 个月的审讯,法院最后宣布杰茵和罗马因秘密同居是违法的,而《新闻周刊》,也未曾"杀害"妮娜。但这份杂志被命令支付 1.1 万美元的起诉赔偿费,另加罚款若干美元。杰茵心理上的压力越来越大,并开始沉溺于药丸和烈酒之中。她的电影生涯开始衰落,经常发生精神分裂症,不断地出入巴黎的各种诊所。

在 1972 年与罗马因离婚之后,她又与电影制片人登尼斯·贝利结婚,但四年以后他又与她分道扬镳了。由于精神负担过重,她日益憔悴。她越来越偏执,经常与酒吧的舞伴睡在一起,并在财政上陷入可怕的深渊。她在 1979 年与其情人,年轻的阿尔及利亚人阿赫默德·哈斯尼结婚。阿赫默德在 8 月 30 日报警说她失踪了。警察发现她的尸体以后,立即请了验尸官。一位验尸官最后说,她因服镇静剂过量而死,但公众对此依然怀有疑问。

杰茵的悲惨结局一直萦绕着罗马因·加利的心,因此他在 1980 年 12 月 2 日在巴黎的寝室里向自己的头颅开了致命的一枪。这位终年 66 岁的小说家和外交官留下的自杀便条说,他的死"与杰茵·瑟贝格无关",而与他在最后一部小说中所写的最后的话有联系:"我已说完我应说的一切。"那么究竟是谁,是什么力量把杰茵逼上了绝路呢?

"神奇的卡拉扬"是纳粹战犯吗

20 世纪最杰出的指挥家卡拉扬也许本想活到 1991 年(最伟大的古典音乐大师莫扎特逝世 200 周年)以参加纪念他的这位同乡的活动。然而他度过了自己的 80 寿辰后不久,便身不由己地离开了人世。他的死引起了全世界隆重的纪念,震动了世界乐坛乃至整个文化生活领域,几乎无人可与之相比。

尽管如此,有许多人对他在第二次世界大战时期为纳粹服务的事实,仍没有忽视,而坚持认为,与其他众多受审判的纳粹战犯相比,若不是他在音乐上的成就,他亦终究逃不过审判。赫伯特·冯·卡拉扬(1908~1989年)出生在奥地利的萨尔茨堡。他幼时天赋极高,5岁时便公开演奏,俨然是一位钢琴家。他的父亲、医生兼业余音乐家,如同莫扎特父亲一样,渴望儿子早日成名,极力鼓励儿子从事音乐。这位传奇式的卡拉扬一生历经两次世界大战,如果再多活10年,他人生历程便经过整个20世纪了。

卡拉扬的指挥生涯正式开始于拿破仑曾涉足过的小城——乌尔姆,那年他才20岁。5年后,当他被解职时,他漫步这个小城街头,突然"发现自己眼前没有任何演出合同,也没有地方过夜,饿着肚子,剩下的只有在乌尔姆市演出时的美好回忆"。但回忆不能填饱肚子,他走遍全国谋生,但连试用的机会也没有了。

到1988年4月5日,当他在全世界文艺界的祝寿中度过80岁的生日时,他已被全世界舆论界赞誉为"20世纪的奇迹""艺术界的巨头",以及"指挥界的帝王"。

这位驰骋乐坛60年的著名指挥家,他的富于传奇色彩的二战时期的生活一直是一个有争议的话题。人们没有忘记,第二次世界大战结束后,著名的萨尔茨堡音乐节的组织官员们呼吁最伟大的指挥家之一托斯卡尼尼参加这一重大节日,但托斯卡尼尼的回答是:"我不去,我决不与为希特勒服务过的孚尔特温格勒、卡拉扬之流混在一起!"可见那时把卡拉扬定为纳粹战犯的观点是有一定市场的。

认为卡拉扬是纳粹战犯的证据似乎比较充分。卡氏自1933年到1942年期间一直是一名纳粹党徒、他的音乐生涯中,声誉的日益隆盛同德意志民族社会主义势力的兴盛紧密相连。当一些犹太籍指挥家如孚尔特温格勒、瓦尔特、克赖伯、布许、缅恩等被迫辞职或离开德国时,卡拉扬却加入了纳粹组织,这是他26岁时想取得亚琛的艺术指导职位而走的第一步。他曾在1967年的《纽约时报》上刊文承认这一点,并表示乐愿为取得这一重要职位而"担当任何罪责",同时卡氏为了往上爬,为超越孚尔特温格勒这位当时象征德意志文化传统的人物的声望,他利用一切纳粹政权给予他的机会。1939年11月他接受了柏林歌剧院艺术指导的位子。1941年他放弃亚琛的工作,全力经营他在柏林的事业。卡氏的事业在第三帝国期间得到顺利的发展,这无疑说明他是纳粹政权下的一个不光彩的人物——这是从政治上而言的,因为文化生活受政治牢牢控制的现实在任何时代都存在着。基于卡拉扬为希特勒政府服务的事实,他完全是一个纳粹战犯,因而战后由于他有加入纳粹党的污点而成了首批被带到临时法庭而准备接受审判的犯人。

但也有许多人持相反的观点,他们认为卡拉扬不能算是战犯。因为他所处的环境是客观的,当时一切文化生活处于纳粹强权统治之下,一切活动都带有被迫的

世界未解之谜

艺术未解之谜

图文珍藏版

性质。当时在纳粹强权及狂热的沙文主义气氛下，如果对抗这一强权便如同以卵击石，卡氏在那里服务也是自然的选择。即便他有为取得各种职位的私心和机会主义式的所作所为，在当时特殊环境下也是可以理解的。所以战后有一个专门为他成立的委员会为他请愿，要求赦免其"罪责"。不久卡氏便得以解脱了政治上的干系。这些人认为，作为一名艺术家，一位忠心耿耿献身于音乐艺术的指挥家，卡拉扬根本就与战争和政治毫无联系，那么何谈他所犯下的"战争之罪"呢?

无论如何，卡拉扬是 20 世纪最杰出的指挥家之一。战前在柏林，他为自己塑造了著名指挥家的形象;战后几十年，他又为自己奠定了最完美的指挥形象的基础。他集中了托斯卡尼尼的精确和孚尔特温格勒的浪漫的双重优点，因此，我们不能只看这位习惯于"闭眼指挥"的大师是否是纳粹分子的问题，还应该看到卡氏(再加上孚尔特温格勒)在纳粹统治期间的音乐活动，使德国人民受到的教益。要知道，在那个独裁时代，人们只有从音乐声中才能在自己可怜的生存空间里感受到一点精神安慰，"音乐代表着他们唯一保留着的被撕成碎片的尊严"。

歌坛巨星列农被刺身死之谜

历史停在了 1980 年 12 月 8 日的深夜。闻名于世的"甲壳虫"乐队创始人、欧美歌坛巨星约翰·列农在纽约达科他寓所门口被人枪杀。列农死后，全世界都为之震惊，成千上万的人在哀悼他，人们悲痛、惊叹、沮丧、愤怒，其深度和广度不亚于对谋害诸如肯尼迪兄弟等有胆量和深孚众望的政治家，或者像精神领袖马丁·路德·金这样的世界性人物的反应，因为列农是一代人的象征。由于这一切发生得太突然，致使人们对事件的发生充满疑惑:凶

列农

手为什么要杀死列农? 这是不是一次蓄意谋杀?

1982 年，美国一家影片公司以极快的速度抢先拍摄了影片《约翰·列农之死》。此片描述蜚声歌坛的巨星列农的艺术生涯，一组组镜头再现了列农与众不同的风姿，同时也再现了那个摄人心魄的凄惨夜晚。影片上映后，再次激起了人们对列农的怀念，并促使人们去进一步探索列农被枪杀的真相。关于列农被杀的原因，目前尚未取得一致意见，主要观点有:

一是，认为列农因拒绝为别人签名而遭枪杀。列农是闻名于世的"甲壳虫"乐队的创始人，成立于50年代末期的英国，60年代主宰了摇滚乐，自1963年至1970年，该乐队发行了18套唱片。

他们的音乐、爱德华七世(指20世纪头10年)时代的服饰和像拖把似的长发吸引了大批青年人，受到他们的狂热崇拜，也受到各种音乐爱好者的重视。这支独特的以敲打乐组成的乐队成了英国利物浦的代表，风靡欧美各国。他们在世界各地巡回演出及唱片专集的大量发行，替英国赚了许多外汇。1965年，英国政府特意为乐队颁发了大英帝国勋章。

乐队在顶峰时，开始向好莱坞影坛进军。在短短几年中，他们拍摄了《"披头士"来表演》《啊！啊！啊！》等数部音乐片。而列农更是乐队的核心成员，他不但演唱出色，而且创作了不少迷人动听的歌曲。许多代表作品被灌制了大量唱片，在国内外发行流传。列农的名声越来越大，拥有了越来越多的歌迷和崇拜者，许多人以能得到列农的签名为荣。

因此，当列农拒绝为可能是歌迷或崇拜者的凶手签名时，便遭到了恼羞成怒的凶手的枪杀，这是很自然的事。如我国出版的《电影世界》1981年第6期中《"披头士"歌星约翰·列农》一文说："他在纽约的大门口，因拒绝为人签名，被一个莫名其妙的凶手开枪打死。"

二是，有人引用约翰·列农的遗孀大野洋子的看法，认为"凶手可能是糊涂人"。这类人常想用制造轰动的事件来使自己出名。于是，凶手选择了名震世界的约翰·列农。但是，赞同或附和这种观点的人不多。

三是，认为列农的被刺是一次谋杀，并不像第一种观点那样是一次突发事件，凶手为枪杀列农做了周密的布置。美国学者杰伊·科克斯1981年在《时代》周刊撰文认为："有官方的记录，列农之死将被称为谋杀。这是一次暗杀，是他们无法理解的有意的凶杀。"科克斯还列举以下事实证明谋杀是成立的：

事后查明，谋杀列农的是一个在佐治亚州出生、住在夏威夷的保安人员，名叫马克·查普曼，年方25岁。他于谋害列农前两天赶到纽约，住在离列农家有九个街区的基督教男青年会里，和许多崇拜者一起在列农的住所门前等待。星期六晚上，查普曼叫了一辆出租汽车，叫司机把车开到格林尼治村。星期一下午，查普曼找到列农，请他签名。列农急速地把名字草草签上，就钻进一辆汽车里赶去录音场录音了。事发前一天晚上，查普曼突然离开了青年会，搬到谢拉顿中心的一家饭店，他大吃了一顿，仿佛是为了取得某种值得自豪的成就预先慰劳自己。

12月8日夜晚，查普曼在列农的公寓门口再一次等到了列农。"列农先生"，查普曼在黑暗中叫了一声。列农刚要转过身去,只见穿着黑雨衣的查普曼突然从阴影里冲了出来,举枪朝列农射击。第一发子弹飞快地穿进了列农的胸膛,接着至少又是3发子弹。警察抓住他的时候,发现他身上还带着列农签过名的纪念册。照科克斯的说法,列农并非因为拒绝签名而遭凶手枪杀的,凶手另有企图。但查普曼为什么要杀死列农,科克斯没有说明。有人推测查普曼可能是个偏执狂或是歇斯底里症的一类患者,这些人在情绪激动时便无法控制自己的行为。

四是,有的艺术界人士认为列农被枪杀的主要原因在于他的艺术实践和艺术主张。列农和其合作者很清楚,他们所从事的摇摆舞音乐是一种巨大冒险和感情丰富的应用艺术,他们所创作的歌曲比任何事情都会使更多的人起来反对摇摆舞音乐的欢乐和奔放,尤其是那些艺术主张与"甲壳虫"乐队相左的人们。

"甲壳虫"之所以在全世界轰动,是和他们的理想主义有关的。他们的理想主义走在时代的前面,激励时代前进。列农们认为,速度缓慢的歌曲能使心脏停止跳动,而速度快的歌曲则能刺激庸俗的爱情和冒险。这些歌曲合在一起,便成为一代人的最大的希望和最美梦想的集合体。这种艺术及主张,无疑具有鲜明的挑战意义,自然会遭到反对派的攻击和忌恨。

另外,列农和"甲壳虫"乐队其他成员比,更加倾向政治,其中后期的作品折射出对社会的评论。列农还是一个参加和平运动的积极分子,从不为传统所束缚。所有这一切都说明,列农常会处在易受攻击的地位,甚至有被杀的可能。

事实上,不管是在录音室里,还是在音乐会上,列农曾多次遭到别人攻击,生命受过多次威胁。早在1964年,在法国举行第一次"甲壳虫"音乐会时,列农在后台收到一张条子:"我要在今天晚上九点钟把你打死。"据此,不少人推断查普曼很可能是一个言行和列农大相径庭的人,故而枪杀了列农,也或者他是受雇于人的凶手。

列农在被害的那天下午接见旧金山电台记者访问时说过:"我希望前程万里。"但时至今日刺杀列农的真相仍未揭开!

好莱坞明星赫德森之死真相怎样

罗克·赫德森是美国好莱坞有"万人迷"之称的著名电影明星。1985年10月2日,赫德森在贝弗利山的寓所中突然死去,终年59岁,辉煌的明星生涯就此结束。

消息传来,好莱坞圈内人士无不感到哀伤与不安。里根总统与夫人南希对赫德森的不幸逝世也表示了诚挚的哀悼。这个在银幕上充满浓郁的传奇色彩、成为众多影迷崇拜的偶像的赫德森,究竟是怎么死的呢？这长期以来一直是个不解之谜。

赫德森原名洛伊·弗兹杰罗。21岁那年,他因身体魁梧,仪表堂堂,被当时的经纪人威尔逊看中,进入影坛,并为他取艺名罗克·赫德森,这个名字兼含巨石与大河之意,极投合50年代美国民众凡事讲究"大"的风潮,同时也与赫德森那与众不同的外貌特征相吻合,可赫德森对这个艺名一直不满,认为它未免太哗众取宠了。但几十年来赫德森三个字已深植影迷心中,不容更改了。

从艺名这件事上,充分反映了赫德森那种为了迁就现实环境而不惜掩盖个人喜爱的个性与心态。可是,令广大观众和影迷不曾想到的是,这位好莱坞影星竟是一位同性恋者。据赫德森的一位密友透露："赫德森一直就是同性恋者,我想早在他20岁成年时就是了。"变态的同性恋,是导致赫德森死亡的一个重要原因。

赫德森从踏入影坛开始,就一直扮演着双重性格的角色。他一方面接受安排,成为少女心目中的白马王子,另一方面却又沉湎于同性恋。到了赫德森该结婚的年龄时,环球影业公司考虑到如果不叫赫德森成婚,反而会引起人们的怀疑;加上专门以报道丑闻起家的《权威》杂志似乎已有所风闻,频频威胁要公布赫德森私生活的真相,吓得环球影业公司立刻与其进行私下交易。

为了保住赫德森的形象,继续为公司赚钱,他们便将那篇报道移花接木到另外有同性恋的一个小明星身上,同时紧急安排了一场婚礼,让赫德森娶了他的经纪人的秘书菲丝小姐。为不惊动新闻记者,两人直到法院下班前3分钟才赶去办妥结婚登记手续,随即住进一家旅馆,以极简单的仪式举行了婚礼。完婚之后,立即对外发布了闪电式的结婚新闻。

结婚后,新娘在那3年不到的短暂婚姻关系中,一直为赫德森的"清心寡欲"而困扰。为此,她曾多次去请教心理医生,并遵医嘱换穿各种花哨的内衣,结果仍然不能使赫德森动心。虽然婚姻生活如同梦幻,但电影公司却时常把一些这对夫妻伉俪情深、相敬如宾的假照片公之于世,欺骗观众,使得赫德森的形象更加完好。

其实,赫德森本人对这场电影公司一手策划的假婚姻深感不满,极为苦恼。但他也很清楚,当初由于得到了电影公司的赏识,自己才从一个卡车司机变成了一名风度翩翩的白马王子,从此平步青云,扶摇直上。赫德森自然深谙其中的奥秘,只有维护自己的银幕形象,才能长享名利之道。所以,对公司的一切安排,不管是否情愿,他只能唯命是从,这种折磨当然是很痛苦的。

赫德森的母亲在生下他不久,父亲便弃家而去,后来母亲再嫁,继父对他非常严厉,他的童年和少年时代是在缺乏父爱中度过的。毫无生气的家庭,使他心理上

世界未解之谜

艺术未解之谜

图文珍藏版

备受压抑,养成了他那种怪僻的性格。赫德森在这种长期的压抑、苦恼和变态性行为的折磨下,终于郁郁而死。

谁都不会料到,1985年,在赫德森身上又发生了一条爆炸性新闻:赫德森同时又是个艾滋病患者。很多人不相信这则消息,但自1985年以来,赫德森的健康状况直线恶化,体重从100公斤下降到70公斤,两颊深陷、双目失神。7月,他应邀前去参加银幕老搭档桃乐丝主持的电视节目。他那副憔悴落魄的容貌,使所有在场的人都感到震惊,也使人确信赫德森真正患上了艾滋病。人们曾在几种刊物杂志上看到过赫德森患艾滋病后的照片,其形象如同一具骷髅,甚为骇人,和患病前那些风流潇洒的照片相比,简直判若两人。据专治赫德森艾滋病的商帝基金会的一位人士透露,赫德森经常打电话去询问如何治疗和控制艾滋病的病情。所以,赫德森真正的死因应该是患了艾滋病。这又引起了人们进一步的怀疑:他是在什么时候、什么地方患上这种世纪绝症的呢?不少人想揭开这个谜底,但却始终未能如愿。

据一位不愿透露姓名的赫德森密友称:他虽然患了艾滋病绝症,但不足以立即会死,他是被自己推进坟墓的。他的这位密友解释说:"确知罹患艾滋病之后,赫德森并没有收敛他的行为,反而变本加厉,不但酗酒,香烟也一根接一根地抽,更频频出入同性恋酒吧。他仿佛已知来日不多,所以加倍疯狂地挥霍自己的生命,一死或可解千愁吧!"

其实,赫德森经全球抗艾滋病最权威的医疗机构巴斯特医学中心用最新的抗艾滋病剂HPAq3治疗,他的病情已得到了控制。若赫德森能与医生配合,再活上几年并非不可能。

也许,寻找赫德森的死因,已显得不那么重要了,还是他的姑母从电视新闻上看到侄儿那副只剩下包皮骨的模样后发表的感想能对人有所启迪:"是这个社会毁了他,花花世界的诱惑太多了。你无法知道一个健康活泼的孩子一旦走进这个花花世界后,会变成什么样子。"

世界未解之谜

世界传世藏书 图文珍藏版

线装书局

王书利○主编

第七章　植物未解之谜

第一节　植物的万种风情

植物的感觉

植物并不像你所想的那么愚蠢。事实上,科学家现在正逐渐意识到植物是复杂的生物体——它们可以看到东西,有嗅觉、味觉、触觉,也许还有听觉。

爱丁堡大学细胞和分子生物学研究所的安东尼·特里瓦维斯教授说:"植物并不像人们想的那么蠢。实际上,它们的智力在某些方面还超过了人类。在发芽的过程中,即便是微小的种子也能感觉到 20 种不同的因素,比如一年中的时间和光照的位置等,种子利用这些因素来确定发芽的正确时间。"

1.受伤时会"说话"

日本科学家经过多年研究发现,植物受到伤害时会释放出特殊的化学物质,以向周围的同伴发出警告,促使其他植物采取防御措施。

科学家们还发现,植物在被害虫啃咬与被剪刀修剪时发出的警告信息却有所不同,而且收到警告信息的其他植物也会"见机行事"。

科学家在实验室中让叶螨啃咬利马豆的叶片,结果发现,被啃咬的利马豆会向空气中释放出特殊化学物质,激活邻近利马豆的某些基因,促使它们产生令叶螨厌恶的气味。如果用剪刀修剪利马豆叶片,那么受伤的利马豆会释放出挥发性物质,有利于给自身伤口消毒、促使伤口尽快愈合,但邻近利马豆对这些物质却无动于衷。

2.触觉

植物是适应自然环境的能手。最著名的食肉植物捕蝇草在进化过程中具备了触觉,所以当昆虫掠过它的"触须"时,它的"下巴"就会合上,不幸的昆虫就成了瓮中之鳖。达尔文是最早指出这种行为是模仿了动物的神经系统反应的学者之一。

按照达尔文的提示,伦敦大学学院的医学生理学家约翰·伯登—桑德森给捕蝇草绑上电极,他发现,当捕蝇草的触须被碰到时,便会产生类似动物神经冲动的电脉冲。然而两者的反应速度却大不相同:动物神经冲动的传播速度为每秒100米,而植物体内电脉冲的传播速度仅为每秒3厘米。

给人印象最深的"快速"反应的例子也许就是生长在婆罗洲雨林中的含羞草,这种草在当地被称为"痒痒草"。如果你碰了这种草的叶子,它就会在几秒钟之内缩作一团。

20世纪60年代美国一些大学的实验表明,导致含羞草这种行为的原因是钙迅速流进了它的细胞。有17个不同科的大约1000多种植物是有触觉的。它们的这种反应能力十有八九是从细菌——即所有植物的祖先——那里继承来的。细菌可以通过产生微弱的电信号对刺激做出反应。

植物对触摸做出反应是因为它们认为正在遭受风的打击。在北卡罗来纳州韦克福雷斯特大学进行的研究中,生物学家莫迪凯·贾菲教授发现,每天只要对植物的茎进行几秒钟的抚摸和敲击就足以使植物枝干的密度加强。植物"觉得"它必须提高强度来防止风的破坏。在植物被触摸不到30分钟后,植物的基因便生成使其体内钙含量提高的蛋白质。钙的增加相应地又导致一种名为钙蛋白的物质的增多,该物质可以使植物更为坚固。

菜农们会从此项发现中受益,因为科学家认为,在将温室中的幼苗移种至露天之前,菜农应该对秧苗进行敲打。

日本人在移种甜菜之前,会去除掉甜菜中的水分并用扫帚拍打它们,以使其变得更加坚实。美国斯坦福大学的珍妮特·布拉姆和罗纳德·戴维斯也已经证明,向植物喷水可以使其少生长1/3之多,因为植物感到它们被不断触摸,就会把更多的能量用于强化茎干。

然而,能使茎干变得坚固的植物对一心增加产量的农民来说并没有什么用处。每天将玉米秆摇晃30秒来模仿风动,这样种出的玉米的产量比吹不到风的玉米低40%。所以农民最好在无风的温室中种植庄稼。

3.视觉

植物还有看的本事。它们也许没有眼睛,但是格拉斯哥大学的分子生物学家加雷思·詹金斯通过实验证明,植物有觉察光的蛋白质。植物组织内含有名为crytochrome和phytochrome的光敏色素蛋白质,它们可以"分辨"光的强弱。这种能力很可能使植物可以看到我们视力所看不到的波长,并具有较高的灵敏度。

植物能感觉光照射过来的方向,光的方向使植物知道早上什么时候该"醒来",同样也能促使植物额外分泌枥精和堪非醇这两种无色色素,这两种色素能滤出强烈的阳光,并发挥"遮光剂"的作用来保护植物免受强烈的紫外线 B 的照射。

　　美国农业部的植物生理学家迈克尔·卡斯珀鲍尔花了 30 多年的时间研究植物是如何感知光的。他的研究正在给植物的生长方式带来一场不知不觉的革命。

　　几十年来,农民在不透水的黑色塑料大棚里种植庄稼,目的是留住水分,为幼小植物的根部保暖和阻止杂草生长。

　　但是,卡斯珀鲍尔发现,在植物生长的过程中,光照的波长与强度同样重要。改变塑料薄膜的颜色竟然可以提高植物的质量和数量,甚至可以改善植物的风味和对虫害的抵抗力。

　　这是因为对颜色敏感的光敏色素蛋白质 phytochrome 可以识别某些波长的光的强度,特别是红光和"远红外"波长范围内。尽管"远红外"光对光合作用没有帮助,但是它却能使植物感觉到从其他植物叶片上反射来的光。于是植物就会认为自己受到了包围,处境危险,其他植物要"偷走"生死攸关的阳光。它开始争夺阳光,把原来用于根部生长的能量转用于增加高度和果实上面,从而改善了散布用于繁殖下一代的种子的机会。

　　卡斯珀鲍尔和他的同事丹尼斯·戴科托在野外试验中使用了不同颜色的塑料薄膜。用红色薄膜覆盖的植物能"感觉"到"远红外"光的增加,并且比用黑色薄膜覆盖的植物长得快。改用红色薄膜使产量增加了 20% 至 50%。

　　以前把研究重点放在番茄上的科学家现在也在研究块根植物,卡斯珀鲍尔推断,这些植物将从种植方法的变化中受益。在深入试验之后,他得出结论:使用橙色塑料大棚中种出的芜菁要比在黑色或透明塑料大棚中种出的体积大。

　　薄膜的颜色不仅影响芜菁的体积。在了解到卡斯珀鲍尔的研究之后,佐治亚农业实验站的罗伯特·咸尔金森开始研究不同类型的彩色薄膜对含蜡质的光滑的植物叶面的作用,这样的叶子含有酒精、脂肪和碳水化合物,有保护植株免受害虫和化学物质侵害的作用。威尔金森说:"让我们惊喜的是,反射光的微小差异会大大改变叶子表面蜡质的性质。"黑色薄膜降低蜡的含量,但却能促进其他抗害防虫细胞的生长。

　　看的能力对于植物相当重要,以至于有色薄膜甚至能够影响果实的风味。卡斯珀鲍尔与同事发现,利用有色薄膜种出的植物吃起来口味确实与众不同。肯塔基州立大学的乔治·安东尼厄斯对利用蓝色、白色和绿色薄膜种出的芜菁进行了

世界未解之谜

植物未解之谜

图文珍藏版

一系列蒙上眼睛的品尝试验。25 名试验者中除了一位外,其他人都说用蓝色薄膜种出的芜菁口味很"刺激";用白色薄膜种出的芜菁味淡;而绿色薄膜则使芜菁口味柔和,"几乎有一种甜味"。

4.听觉·嗅觉

植物有触觉,也看得见。它们还能听见声音呢。莫迪凯·贾菲教授通过向矮豆植株不断播放 70 至 80 分贝——比普通的人声略高——的"颤音",使这种植物的生长速度加快了一倍。种子的发芽率也能通过同样的方法大大加快,萝卜种子的发芽率可以从平均 20%增加到 80%～90%。

植物还具有十分敏感的嗅觉。荷兰瓦赫宁恩农业大学的科学家马塞尔·迪克发现,当植物受到害虫攻击时,就能分泌出一种气味来提醒其他植物开始产生害虫讨厌的气味。迪克使用风筒将受攻击的植物发出的气味引向健康的植物。健康的植物在"闻到"或"听到"警告后便迅速开始释放特殊气味。迪克还发现,当利马豆受到红叶螨的攻击时,它便释放出一组化学物质,其中包括甲水杨酯,它可以吸引食肉螨赶来吃掉红叶螨。

植物从还是种子时就具有出色的嗅觉。即便是埋在土里的最微小的种子也能闻到烟雾里能促进其发芽的化合物。这可能是大自然用来保证生命在森林大火中得以延续的途径。在南非纳塔尔大学和柯尔丝滕博施国家植物园工作的英国科学家发现,如果把植物种子浸泡在水中,而水里又充满了烟雾中的化合物的话,那么有许多种子在完全黑暗的环境中也能发芽。

大树也有嗅觉。好几位科学家已经证实,如果一棵树被害虫侵害,邻近树所受的侵害就会轻一些。他们认为,第一棵树会"提醒"它的邻居通过释放害虫讨厌的气味来采取保护措施。

一些玉米、棉花和番茄植株具有不同的自卫办法。它们甚至可以发出独特的信号引来害虫的天敌。在佐治亚的实地试验中,科学家发现黄蜂可以接收遭受烟青虫攻击的植物发出的信号,黄蜂是很喜欢吃烟青虫的。黄蜂径直飞向这些植物,而不理会那些正被其他害虫啃食的植物。

番茄和其他浆果植物在邻近植物受到袭击时,都特别擅长发挥"闻"的本领。植株在感到它身处险境时,便把更多的能量用于促进果实生长,以保证果实能够存活下来。冬青上繁茂的浆果和路边灌木丛中的黑莓都是植物对污染和压力做出反应的结果。菜农知道植物会对刺激做出这样的反应已经有几十年了,而他们通过击打或践踏番茄植株来增加产量也是出了名的。

菜农还知道可以利用植物的各种感觉对付他们不欢迎的植物。专家建议的喷洒除草剂的最佳时间是夏末，要恰好赶在天气变冷之前。杂草会在日间吸收除草剂，而当植物感到气温下降时，它就会将农药以及为寒冬储备的养料一起吸到根部。这样，除草剂就会将草根杀死，而杂草就没有机会在来年重生了。

5.味觉

"品尝"营养物质的能力对于大部分植物都是至关重要的。赫特福德郡耕地研究学会的科学家已经发现，植物体内有一种特殊的基因，可以使它们的根部品尝土壤，并向营养物质和铵盐——植物需要这种物质来固氮——最丰富的地方移动。

品尝的能力也有助于防御。美国农业部的詹姆斯·图姆林森进行的研究表明，当甜菜夜蛾毛虫开始蚕食玉米、甜菜和棉花叶时，植物能"尝"出幼虫唾液中名叫 Volicitin 的物质。

接着植物便立即开始制造"香水"——即名为吲哚和萜烯的挥发性化合物，这些物质飘散在空气里并引来雌性的寡毛土蜂。寄生的寡毛土蜂在甜菜夜蛾毛虫体内产卵，当幼蜂孵化时，就会把甜菜夜蛾毛虫活活吃掉。

所以，当植物尝到甜菜夜蛾毛虫的唾液时，它已经遭到了攻击，但是它确信自己能狠狠地报复一下。

植物的感情

20世纪以来，俄、美、日等科学家大量研究成果表明：植物有头脑，不仅会表露感情，还能忍受痛苦、挨饿，并具有同情心。

苏联莫斯科农科院做过试验，把植物根部置入热水，仪器里立即传出植物绝望的呼叫声。

美国耶鲁大学试验说明：植物有记忆力。先将两株植物并排置于屋内，让一人当一株植物面毁掉另一植物。然后让他混在六人队伍中（都戴面罩）——走来，当这个毁坏者走过来时，

葡萄园

那株活着的植物便在仪器记录纸上留下强烈的讯号指示。

科学家发现，并不是只有人类才懂得爱和恨，植物亦有"爱"和"恨"。

科学家经过实验证明：洋葱和胡萝卜是好朋友，它们发出的气味可驱逐相互的

害虫。大豆喜欢与蓖麻相处，蓖麻散发的气味使危害大豆的金电子望而生畏。玉米和豌豆间种，二者生长健壮，互相得益。葡萄园里种上紫罗兰，彼此能"友好共存"，结出的葡萄香味更浓。有趣的是，英国科学家用根茎叶都散发化学物质的连线草与萝卜混种，在半个月内就长出了大萝卜。

有些植物间则有"血海深仇"，彼此"水火不相容"。卷心菜和芥菜是一对仇敌，相处后两败俱伤。水仙和铃兰休想为邻，长在一起会"同归于尽"。白花草木樨与小麦、玉米、向日葵共同生活，会把小麦等作物打得一败涂地。甘蓝和芹菜、黄瓜和番茄、荞麦和玉米、高粱和芝麻等都是冤家对头。

植物也有"喜、怒、哀、乐"吗

"人是有感情的"，言下之意，其他物种是不会有感情的。但是，在沃特·迪斯尼的动画片里，自然界的生物比人还有灵气。一旦危险降临，树木会把枝丫折回，灌木会蜷缩，花朵会合拢，野草会用叶子向远方的同伴传递信息。以前，人们只把它看成是植物的本能，一种对外部刺激的无条件反射。可是最近二三十年来的研究却使人们对上述的经典结论产生了怀疑，并提出了植物有感情，植物有喜怒哀乐，植物会说话，植物有心理活动等"奇谈怪论"，在植物学界掀起了探索植物心理奥秘的浪潮。更有甚者，提出建立"植物心理学"，专门研究植物的"类人"活动。

这一研究的始作作者是在美国中央情报局工作的测谎专家克里夫·巴克斯特。一天，他在院子里浇花时突发奇想，想利用测谎仪的电极看看水从根部升到叶子的速度有多快。结果他诧异地发现，当水徐徐上升时，电压却渐渐下降，描述器上显示出一种与人在受到感情刺激而短时间激动的波形极其相似的图形。这一发现激发了巴克斯特的好奇心。进一步的实验发现植物还有恐惧心理。巴克斯特试图用火烧一片叶子。然而，还没等火靠近叶子，描述器上已显示出波幅剧烈振动。但是，当反复点火，却不烧着叶子，植物感到火对它并不构成威胁时，波形便振幅减小，趋于平静。

1966年，巴克斯特发表了他那近乎荒诞的研究结果，在科学界引起巨大反响，遭到大多数科学家的强烈反对和质疑，但也引起许多人的关切和注意。

几乎与巴克斯特同时，苏联科学家维克多设计了更先进的实验。他使用电脑仪，把经过催眠处于睡眠状态的被试者的手与植物叶子相连，随后诉说一些愉快或不愉快的事，他发现，电脑仪记录了人和植物基本相同的波形反应。进一步的观察发现，当被试高兴时，植物的叶子挺拔，花瓣舞动；当说到寒冷被试者浑身发抖时，植物叶子也会索索抖动；当被试者悲哀时，植物也会沮丧地垂下叶子。

1973 年，彼得·托姆金斯和克利斯朵夫·伯德的《植物生命奥秘》一书出版了。书中不仅重复了巴克斯特的实验，并且进一步显示植物还对语言、思维、祈祷有反应。此书一出，很快销售一空。人们对这项研究的兴趣日益趋浓。连一些原先根本不相信植物有感情的科学家，在获得实验证据后，也加入了这一研究行列。更有甚者，不仅认为植物存在着"可测量"的心理活动，而且如果作更深入更广泛的研究，还可以像心理学家对人格进行分类那样，按植物的性格和敏感性进行"物格"分类。

1983 年，美国华盛顿大学的两位研究者发现，植物在遭受害虫侵袭时，不仅有恐惧感，而且还会向周围的邻居发出警告信息。

植物是怎样互相传递信息的？德累斯顿的生物物理学家赫伯特·魏泽表示，它们是通过声音和能量来传递信息的。例如，一旦槐树的叶子被羚羊或长颈鹿啃得差不多时，不仅这棵槐树，周围的槐树也像接到命令似的开始分泌毒物；森林里，如有一棵橡树被伐或病死，周围的橡树就会全体总动员，结出更多的种子和果实。

魏泽指出，植物之间传递信息的能量是一种微弱的光，通过"剩余能量放大器"可以看见这种光，至于人类听不见植物说话的声音，是因为植物发声的音频太高。法国物理学家施特恩海姆说，20 年前根本没人相信鲸鱼会唱歌，但现在鲸鱼唱歌已被破译，在不久的将来植物的联络声音也将变得清晰可见。

现在，在英国科学家和日本中部电力技术研究所的努力下，已经有了"植物活性翻译机"，它由放大器，合成器，记录器组成。录音记录表明：黑暗中的植物突然受到强光的照射会发出惊讶的声音；刮风或缺水时，植物会发出低沉、混乱，非常可怕的声音；当植物受到温暖适宜的阳光照射或灌溉以后，原来发出难听声响的植物，会使声音变得悦耳动听。

植物的"感情世界"真丰富，植物的"话语"真奇妙。植物语言的研究为我们打开了一条通往未知世界的道路。尽管各种实验为我们解开植物语言之谜提供了大量素材，但是至今人们对植物语言的解释始终是站在人的立场上，以人的心理活动，人的情感世界，人的语言能力度量植物，因而有把植物拟人化之嫌。有研究者指出，植物语言之谜只有在世界任何地方的实验室中，能在被控制和可记录的反复实验中获得数据的基础上，区分出植物语言和人类语言的本质区别以后才算真正被解开。这有待于科学家们的不懈努力。

植物的眼睛

植物有眼睛吗？提出这个问题似乎有些荒诞。世界上只有人和动物有眼睛，植物怎么会长眼睛呢？但是，许多植物的奇特举动，却不得不令人重新思考这个问题。

藤本植物为了托起自身沉重的主茎不断地向上蔓延，总是伸出许多卷须朝四周探索，而且总是朝自己最近的支撑物蔓延，一旦发现支撑物就紧紧地缠绕住它。倘若这个支撑物被移走，它就会改变自己的前进方向，朝另一个最近的支撑物伸展。试想，植物如果没有眼睛，怎么会知道靠近它最近的那个支撑物被移走呢？又怎么会主动改变前进方向，朝另一个靠它最近的支撑物伸展呢？难道它的叶子里生有眼睛不成？

科学家对植物的叶子进行反复研究后，发现在植物叶子内有一个像视网膜般的感受器，可以吸收阳光中的蓝色光线，而蓝色的光线能决定植物叶子移动的方向。所以，植物叶子会随着有蓝色光线的太阳转。如果切开一片叶子的框轴点，那些细小的运动细胞就会向相反方向缩小，把叶子转向阳光。据此，科学家们认为，植物的眼睛长在叶子里，而且不是向下看大地，而是向上看太阳。

植物神秘的心灵感应

英国工程师乔治·德拉瓦尔和他的妻子马乔里发现，通过一套棱镜系统把辐射能聚集到患病者或发育不良的植物上，可以影响这些植物的生长。直接对植物进行放射，或通过叶子，甚至仅仅是照片，把能量集中成束状射向植物，都可得到同样的结果。这件事，德拉瓦尔本人也弄不明白究竟是设备、照片的辐射，还是某个特殊的操作者，或者是所有这些因素的总和在发挥作用。

接着他们又用这一办法进行了改善土壤的试验。他们选了两块相隔30英尺的土地，照了相，分别种上4颗相似的洋白菜。在暗室里，他们对一块土壤的照片每天进行辐射，另一块土壤则未进行处理。一个月后，发现处理过的土壤中的洋白菜一直长得快于未处理的。成熟后比较表明，前者比后者大3倍。后来，他又对甘蓝、莴苣、蚕豆和萝卜进行了同样的实验，也都取得了满意的结果。

后来他们又发现，只要把经过辐射处理的物质混入土壤中，也会收到同样好的效果。他们把黑麦、鸭茅等植物的种子和处理过的蛭石按2∶1的重量比例混合起来，种到两个盒子中。在另外两个盒子中，也种上植物种子和蛭石，不过蛭石是未经处理的。虽然土壤条件一样。但放入处理过的蛭石的盒子所长出来的庄稼,产量高出 186%,蛋白质含量高出 270%。他们又按每英亩 252 磅的比例,在 1 平方码的米尔福燕麦田里混入处理的蛭石,5 个月后收获时每英亩产量为 2 吨,比未处理过的高 270%。

可是,有人按照他们的方法处理种子,却没再取得什么成果,而只要他们一插手,就获得了成功。这是什么原因呢? 他们怀疑起作用的是人的因素。为了鉴定人的作用,他们又把蛭石混入用盆子种着燕麦的土壤中,让助手每天浇一定量的水,并告诉他们哪盆里的蛭石经过放射处理,哪盆未经过处理。事实上,所有的蛭石都未经放射处理。结果证明,由于助手相信某些盆里含有处理过的蛭石,而长得比其他的快。显然,仅仅是人们认为其会长得快的意识,对植物也是一种营养,也可助其迅速生长。

美国佐治亚技术学院的米勒博士同在医疗卫生方面取得杰出成就的沃勒尔兄弟一起,于 1967 年开展了一系列测量植物生长速度的实验。在一块黑麦田里,米勒观察到新叶子的生长速度固定在每小时 1~6 毫米。后来,他让沃勒尔兄弟于晚 9 点整开始思念秧苗,结果一到此时指示生长速度的曲线立即向上偏离,到第二天上午 8 时,麦苗的生长速度增加了 84%,它不是按原来的速度长高 1~6 毫米,而是 12.7 毫米还多。

英国医生弗朗西斯·法雷莉发现,当自己手掌张开走向病人时,在自己体内能感觉到病人患病的部位。她说:"我开始把自己的大脑当仪器,或仅仅用意识。"从此,法雷莉治病时不仅不用辐射仪,也不要血样、照片等,只要用她的意识去想象病人的状况就够了。她把这称为"共振反射现象"。

不但人与人之间,人与植物之间存在这种"心灵感应",就是植物与植物之间,也存在这种"心灵感应"。德拉瓦尔夫妇发现,从某株植物上切下的树枝在地下生根后,新生的植物可从"母体"的射线获得营养。如果把母体植物连根焚烧掉后,他们发现没有母亲的树,就不如那些"母体"还健在的树长得那么旺盛。这一发现也得到了罗达尔的支持。他发现,母体植物即使离其子树很远,也能为它提供"保护",母树可以在另一个城市、另一个国家或在地球上的任何天涯海角。

英国一位名叫伯纳德·格拉德的科学家曾做过这样一个实验:他从医院里挑选了一位患神经反应迟钝症的 26 岁妇女,一位患精神忧郁症的 37 岁男子,还有一位 52 岁的健康的男子让他们每人握一杯水,握 30 分钟,然后用三杯水浇灌植物,看哪个长得更快一些。他发现用正常的人握过的水浇灌的大麦的生长速度,明显快于神经病患者握过的水或普通水浇灌的大麦,浇灌了精神病人握过的水的大麦长得最慢。奇怪的是,浇了神经病患者握过的水的植物,比浇了未经任何处理的正常水的长得要快一些。格拉德注意到,当精神病患者手握密封的水瓶时,精神病患者没有任何反应或表情。可神经病患者握瓶时,患者立即询问这样做要干什么。当被告之后,她的反应是对此感兴趣。所以,她像妈妈对待孩子似的把瓶子放在膝盖上,慢慢地摇晃着。格拉德得出结论说:"获得这一实验结果的重要因素,并非她的基本身体状况,而是她握住瓶子时的情绪。"他指出,处理这种溶液时的压抑、急躁或敌对的情绪,都会使该溶液阻碍植物细胞的增长。

如果一个人的情绪可以影响到手中的水,那么很自然就会想到,厨师或家庭主妇的情绪将影响其烹饪的食物的质量。还可联想到,在许多国家,月经期的牧牛女不允许进入做奶酪的地方,因为她们被认为可能对微生物产生不良影响。同样,月经期的妇女还被认为,不宜于制作罐装的易腐烂食物和采摘花朵。如果格拉德的实验是正确的话,那么即使不是月经本身,而是因为某些妇女因月经产生的低沉情绪,都会产生这种不良影响。

美国佛罗里达州圣火会的一位牧师,从一位去世的苏格兰牧师家里接收下一个手工雕刻的乌木十字架。每当做圣事时,他便取下平常带的金属十字架,换上这个乌木十字架。不久,他告诉医生威格尔斯沃思,每做完圣事后,他都感到精疲力竭。威格尔斯沃思问他的朋友,在每次做圣事前,是否做了使自己劳累的事情。这位牧师只是换过十字架。威格尔斯沃思分别通过辐射检查,测量了这位朋友佩带和不佩带乌木十字架时的生命活力。结果发现,一带上这个黑色的十字架,检测仪上的牧师生命活力马上就下降到几乎为零,威格尔斯沃思建议他扔掉这个十字架,他把十字架扔掉后,就再也不感到虚弱无力了。他们两人都认为,原来那位牧师有害的意识还遗留在乌木十字架上,因此其能量对新主人产生了作用。

美国斯坦福大学材料科学系主任威廉·蒂勒教授认为,每个人的胸腺控制所有光谱范围内的爱的特征。某实体从胸腺辐射产生的一个场,通过空间传播后被另一实体的对应腺体所接受,这样就激发了该腺体,从而进行一些生物活动。如果第二个实体发射一个同相振动返回给前者,就会在两者之间形成一条爱的意识链。可因大多数人总是受到压抑,所表达的爱之感非常有限,因此辐射的能量相当小,传播的范围也受到限制,所以只有少数人能够接收到这种射线,感觉到这种情感。他说:"如果实体使自己以极宽的频幅大规模地发射,那么许许多多的实体将接收到其辐射,感受到其爱心,从而迸发出勃勃生机。"

关于心灵感应，人们已经观察到、测量到和意识到了，但如何解释这种现象，至今还是个谜。

植物长生不老之谜

在世界各地，到处可见年龄达数百、数千岁的老树，而在动物界，即使是被视为长寿象征的乌龟，顶多不过能活几百岁。为什么植物的寿命远比动物的长呢？

几乎每个人都怀有"不会衰老而永远活着"的欲望，但这只是一个无法实现的梦。与19世纪相比，人们的平均寿命已经提高了20岁至30岁。这个趋势会一直延续下去吗？人类的寿命会无限延长吗？答案是"不!"

不仅是人类，其他动物的寿命也很有限。植物就不是这样了，在有的植物个体身上，寿命似乎是不存在的。

在春天撒下牵牛花的种子，到了夏天便会盛开花朵并结成种子，入秋之后立即枯萎。依此看来，牵牛花的寿命只有半年。如果把萌芽的牵牛花一直放在暗处使它照不到光线，它在刚刚长出双子叶还没有抽蔓时就开花结果，进而枯萎。这时，它的寿命只有短短几个星期而已。但是，如果把牵牛花移入温室，一到夜晚就点亮电灯保持光亮，它将始终不会开花，而是一个劲儿地伸蔓长叶，持续生长好几年。

由此看来，牵牛花好像可以"随意"改变一生的长度，没有固定的寿命。

人类或者动物，只要是相同的物种，都会以大致相同的速度成长：性成熟，产子，随年龄的渐增而老化，最后以既定的寿命结束一生。但是，植物却能够在一生的各个阶段休眠一阵子：比如冬天停止代谢，春天再开始生长。从同一棵草木上同时掉落地面的多粒种子，有的第二年立刻发芽，有的则躲在地下休眠数年乃至数十年，有些种子甚至经过几百年之后才发芽。

植物和动物都靠繁衍子孙而使生命延续。动物的繁殖需要精子和卵子的结合，即使是"克隆"也需要有卵细胞或者胚胎细胞的参与。而植物却可以借助自身细胞（单细胞）来繁殖，它不停地分裂，"永不死亡"。

森林火灾常常把满山遍野的植物烧成一片惨状，但一到次年的春天，烧焦的树干上可重见稀稀疏疏的新绿。

1963年，英国的史基瓦德切下一小块胡萝卜放在培养液中，不久，胡萝卜块中有不少细胞游离出来，将这些细胞放到培养基上，细胞开始增殖，在试管中长成了整个的胡萝卜。

史基瓦德首次证明了构成植物体的每一个细胞都具有再度发展成新个体的能

力,而这一点,人或者动物都是做不到的。

另外,包括人类在内的一切动物个体都具有显示物种特征的特定形貌:猫和狗绝不一样,因为它们的相貌不一样;瘦猫和胖猫都是猫,因为它们的相貌一样。植物则是没有一定的形貌的,同样是落叶松,生长在不同的地方,完全可能是两个模样。即使是生长在同一地方的相同种类的两棵树,形貌都可能完全不同。

世界上寿命最长的植物——水杉,可以活 4000 年以上,在美国,甚至有成片的长寿林。而世界上寿命最长的人,只可以活 120 岁左右。

植物和动物就从生命的起源来看,完全是同祖同宗的,但其后代为何会有如此大的差别呢? 植物长寿的原因究竟是什么呢? 它们应当给人类什么样的启示呢?

植物有血液和血型吗

人有血液、动物有血液,难道植物也有血液吗? 有的。在世界上许多地方,都发现了洒"鲜血"和流"血"的树。

我国南方山林的灌木丛中,生长着一种常绿的藤状植物——鸡血藤,总是攀缘缠绕在其他树木上。每到夏季,便开出玫瑰色的美丽花朵。当人们用刀子把藤条割断时,就会发现,流出的液汁先是红棕色,然后慢慢变成鲜红色,跟鸡血一样,所以叫"鸡血藤"。经过化学分析,发现这种"血液"里含有鞣质、还原性糖和树质等物质,可供药用,有散气、去痛、活血等功用。它的茎皮纤维还可制造人造棉、纸张绳索等,茎叶还可做灭虫的农药。

南也门的索科特拉岛,是世界上最奇异的地方,尤其是岛上的植物,更是吸引了世界各地的植物学家。据统计,岛上约有 200 种植物是世界上任何地方都没有的,其中之一就是"龙血树"。它分泌出一种像血液一样的红色树脂,这种树脂被广泛用于医学和美容,这种树主要生长在这个岛的山区。关于这种树在当地还流传着一种传说,说是在很久以前,一条大龙同这里的大象发生了战斗,结果龙受了伤,流出了鲜血,血洒在这种树上,树就有了红色的"血液"。

英国威尔士有一座公元 6 世纪建成的古建筑物,它的前院耸立着一株已有 700 年历史的杉树。这株树高 7 米多,它有一种奇怪的现象,长年累月流着一种像血液一样的液体,这种液体是从这株树的一条 2 米多长的天然裂缝中流出来的。这种奇异的现象,每年都吸引着数以万计的游客。这颗杉树为什么流"血",引起了科学家们的注意。美国华盛顿国家植物园的高级研究员特利教授对这棵树进行了深入研究,也没找到流"血"的原因。

会流"血"的植物,流出的真是血吗? 不是血液又是什么? 这些都有待进一步研究。

说来有趣,关于植物的血型,竟是日本一位搞警察工作的人发现的。他的名字叫山本,是日本科学警察研究所法医,第二研究室主任。他是在 1984 年 5 月 12 日宣布这一发现的。

植物的血型,是在偶然一次机会中发现的。一次,有位日本妇女夜间在她的居室死去,警察赶到现场,一时还无法确定是自杀还是他杀,便进行血迹化验。经化验死者的血型为 O 型,可枕头上的血迹为 AB 型,于是便怀疑是他杀。可后来一直未找到凶手作案的其他佐证。这时候有人提出,枕头里的荞麦皮会不会是 AB 型呢? 这句话提醒了山本,他便取来荞麦皮进行化验,果然发现荞麦皮是 AB 型。

这件事引起了轰动,促进了山本对植物血型的研究。他先后对 500 多种植物的果实和种子进行观察,并研究了它们的血型。发现苹果、草莓、南瓜、山茶、辛夷等 60 种植物是 O 型,珊瑚树等 24 种植物是 B 型,葡萄、李子、荞麦、单叶枫等是 AB 型,但没找到 A 型的植物。

根据对动物界血型的分析,山本认为,当糖链合成达到一定的长度时,它的尖端就会形成血型物质,然后合成就停止了。也就是说血型物质起了一种信号的作用。正是在这时候,才检验出了植物的血型。山本发现,植物的血型物质除了担任植物能量的贮藏物外,由于本身粘性大,似乎还担负着保护植物体的任务。

人类血型,是指血液中红血球细胞膜表面分子结构的型别。植物有体液循环,植物体液也担负着运输养料、排出废物的任务,体液细胞膜表面也有不同分子结构的型别,这就是植物也有血型的秘密所在。

植物体内的血型物质是怎样形成的,至今还没有弄清原因。植物血型对植物生理、生殖及遗传方面的影响,也都没有弄明白。

植物的行为探秘

为什么向日葵总是追踪太阳? 植物的根为什么只朝地下生长? 有些动物能预报地震,植物也能吗? 植物体内有没有"神经"? 这些有趣而新奇的问题,就属于现代植物行为学的范畴,它是一个奥秘无穷的研究领域,吸引了许多植物学家埋首追寻探索,设法解开其中的谜团。

花儿生长向太阳,它们为什么向阳其中却大有文章。向日葵是这类植物中最有代表性的,它受到体内生长激素的控制,所以追踪太阳。

除了向日葵外，在我们身边，向阳植物并不常见，但生长在北极的大部分植物，都擅长追逐太阳。北极气候寒冷，花儿向阳就能聚集阳光的热量，造成一个温暖的场所，以便引诱昆虫前来传粉，使子孙后代繁衍不绝。有一位瑞典植物学家做过一个有趣的实验，他把一株仙女木植物的花用细铁丝固定住，不让它做向阳运动。等第二天太阳出来后，他测量了这朵花的温度，发现要比周围向阳的花朵低 0.7℃。

向日葵

在研究植物向阳生长的时候，人们发现许多向阳植物的地下部分，虽然照不到阳光，但也能对光做出反应。这个令人迷惑的问题，长期以来一直无人能够解释。直到最近科学家才发现，植物的身体能传导光线，就像光导纤维能把光传到适当部位一样。照射到植物地面部分的阳光，可以通过植物身体的基干向植物体的其他方向传去。

在追踪太阳的植物中，最有意思的也许是缠绕植物了。比如牵牛花，它盘绕在竹竿上的细茎全部沿逆时针方向，右旋着朝上攀爬。而另一种缠绕植物蛇麻藤则恰恰相反，以顺时针方向左旋着向上生长。它们为什么会这样呢？迄今为止还没有肯定的答案。不过，有位科学家提出了一个有趣的假设。他推断这类缠绕植物的祖先，一类生长在北半球，另一类生长在南半球，植物茎为了跟踪东升西落的太阳，久而久之就形成了各自的旋转，方向正好相反。如果这种说法正确的话，那么照此推论，一些起源于赤道附近的缠绕植物，就不可能有固定的缠绕方向。后来，人们真的发现了左右旋都可以的中性植物，它起源于阿根廷靠近赤道的地区。看来，这个假设已经在渐渐被事实证实。

好多年前，曾有人提出一个古怪的问题：植物的根为什么只朝地下生长？这个问题看似简单，可要仔细回答还不很容易。

最近，几位美国科学家为了解答这个问题，对玉米、豌豆和莴苣的幼苗进行了专门的研究。他们发现，植物根冠的细胞壁上积累着大量的钙，尤其在根冠的中央密度最大。因此，他们认为，除了地球重力场的影响外，钙对控制植物的根向地面生长，起着至关重要的作用。

科学家认为,不仅人和动物知道上下左右,东西南北,不少植物也具有定向能力。

美国有一种莴苣植物,它的叶面总是和地面垂直,而且无一例外地朝着南北方向,人们因而把它称为"指南针植物"。指南针植物的叶片为什么会有这种独特的习性呢? 有两位植物学家发现,指南针植物只要一遮阴,叶片的指南特征消失了,因此,他们断定叶片指南一定与阳光密切相关。后来,他们又进一步发现,叶片的指南特性对植物生长很有利,因为中午阳光最强烈,垂直叶片的受光面积极小,能大大减少水分的蒸腾;而在清晨和傍晚,叶片又可以在耗水少的情况下进行

玉米

较多的光合作用。这样,指南针植物能在干旱的环境条件下,得到较好的生长。

植物生理学家最近发现,有些植物不仅能对外界变化做出相应反应,而且还具有一套预测灾祸降临的独特本领。

有一位名叫鸟山的日本学者,专门研究植物如何预测地震。他选择合欢树作为对象,用高灵敏度的记录仪器,测量合欢树的电位变化。

经过几年努力,鸟山惊奇地发现,在打雷、火山爆发、地震等自然现象发生之前,合欢树内会出现明显的电位变化和突然增强的电流。例如,他所研究的那棵合欢树,1978 年 6 月 10~11 日突然出现极强大的电流,结果 6 月 12 日下午 5 点 14 分,在树附近地区发生了里氏 7.4 级的地震。10 多天后余震消失,合欢树的电流才恢复正常。1983 年 5 月 26 日中午,日本海中部发生了 7.7 级地震,鸟山教授在震前 20 多小时,又一次观察到合欢树异常的电流变化。

实验表明,合欢树能预测地震,具有相当的可靠性,这给人们准确预报地震提供一条新的途径。

病人动手术之前要进行药物麻醉,使神经系统失去应有的敏感性,这样开刀时就不会感到痛苦。最近科学家们发现,植物也有"神经系统",那么,用于人体的麻药,是否也会使植物麻醉而失去感觉呢?

为了找出这个答案,法国和德国的几位生理学家,选用乙醚和氯仿等普通麻醉药,对含羞草进行了麻醉实验。结果,那些"服用"过麻醉药的含羞草,不论怎样用手触摸,那些原来很敏感的叶片,这时却像着了魔似的无动于衷。过了一段时间后,也许是麻药效果消失,它才重新恢复了敏感性。看来,植物也会被麻醉,而且在麻醉剂的浓度、麻醉起作用和消退的时间方面,与动物的反应很相似。

后来科学家又发现,许多其他植物也有类似情况,比如,一种小檗属植物的雄蕊有敏感的"触觉",但经过吗啡处理后,就会变得麻木不仁。还有食虫植物捕蝇草,经过乙醚麻醉药的喷洒,虽然知道可口的小虫子已落入自己陷阱般的叶子里,但已无力合拢,只能眼睁睁地看着美味佳肴从眼皮下逃走。

植物是怎样被麻醉的呢?植物麻醉过程与动物很相似,它们都是通过细胞膜的离子来传递电冲动。当植物受到麻醉后,细胞膜结构被破坏,"神经"传递就被阻断了。

目前,关于植物麻醉还有许多谜未解开,尤其令人不可思议的是,本身充满麻醉剂的罂粟,即制造鸦片的植物,为什么不被自己的麻醉剂所麻醉呢?

植物的防御武器之谜

全世界已经知道的植物有 40 万种。尽管它们随时面临着微生物、动物和人类的欺凌,却仍然郁郁葱葱、生机勃勃,生活在地球的每一个角落。植物虽然是一些花草树木,但也有一套保护自己的方法和防御武器。

我们到野外旅游的时候,总有一种感受,就是在进入灌木丛或草地时,要注意别让植物的刺扎了。北方山区酸枣树长的刺,就挺厉害。酸枣树长刺是为了保护自己,免遭动物的侵害。别的植物长刺也是这个目的。就拿仙人掌或仙人球来说吧,它们的老家本来在沙漠里,由于那里干旱少雨,它的叶子退化了,身体里贮存了很多水分,外面长了许多硬刺。如果没有这些刺,沙漠里的动物为了解渴,就会毫无顾忌地把仙人掌或仙人球吃了。有了这些硬刺,动物们就不敢碰它们啦。田野里的庄稼也是这样,稻谷成熟的时候,它的芒刺就会变得更加坚硬、锋利,使麻雀闻到稻香也不敢轻易地吃它一口,连满身披甲的甲虫也望而生畏。植物的刺长得最繁密的地方,往往是身体最幼嫩的部分,它长在昆虫大量繁殖之前,抵御它们的伤害。抗虫小麦和红叶棉身上的刚毛,让害虫寸步难行,无法进入花蕾掠夺。在非洲的卡拉哈利沙漠地带,生长着一种带刺的南瓜,当它受到动物侵犯的时候,它的刺就会插进来犯者的身上,因此许多飞禽走兽见到它,就自动躲开了。植物身上长的刺,就像古代军队使用的刀剑一样,是一种原始的防御武器。

比起它们来,蝎子草的武器就先进多了。这是一种草麻科植物,生长在比较潮湿和荫凉的地方。蝎子草也长刺,但它的刺非常特殊,刺是空心的,里面有一种毒液,如果人或动物碰上,刺就会自动断裂,把毒液注入人或动物的皮肤里,引起皮肤发炎或瘙痒。这样一来,野生动物就不敢侵犯它们了。

植物体内的有毒物质,是植物世界最厉害的防御武器。龙舌兰属植物含有一种类固醇,动物吃了以后,会使它的红血球破裂,死于非命。夹竹桃含有一种肌肉松弛剂,别说昆虫和鸟吃了它,就是人畜吃了也性命难保。毒芹是一种伞形科植物,它的种子里含有生物碱,动物吃了,在几小时以内就会暴死。另外,乌头的嫩叶、黎芦的嫩叶,也有很大的毒性,如果牛羊吃了,也会中毒而死,有趣的是,牛羊见了它们就躲得远远的。巴豆的全身都有毒,种子含有的巴豆素毒性更大,吃了以后会引起呕吐、拉肚子,甚至休克。有一种叫"红杉"的土豆,含有毒素,叶蝉咬上一口,就会丧命。有的植物虽然也含有生物碱,但只是味道不好吃,尝过苦头的食草动物就不敢再吃它了。它们使用的是一种威力轻微的化学武器,是纯防御性质的。

为了抵御病菌、昆虫和鸟类的袭击,一些植物长出了各种奇妙的器官,就像我们人类的装甲一样。比如番茄和苹果,它们就用增厚角质层的办法,来抵抗细菌的侵害;小麦的叶片表面长出一层蜡质,锈菌就危害不了它了。抗虫玉米的装甲更先进,它的苞叶能紧紧裹住果穗,把害虫关在里面,叫它们互相残杀,弱肉强食,或者把害虫赶到花丝,让它们服毒自尽。

有的植物还拥有更先进的生物化学武器。它们体内含有各种特殊的生化物质,像蜕皮激素、抗蜕皮激素、抗保幼激素、性外激素什么的。昆虫吃了以后,会引起发育异常,不该蜕皮的,蜕了皮;该蜕皮的,却蜕不了皮;有的干脆失去了繁殖能力。20 多年来,科学家曾对 1300 多种植物进行了研究,发现其中有 200 多种植物含有蜕皮激素。由此可见,植物世界早就知道使用生物武器了。

古代人打仗的时候,为了防止敌人进攻,就在城外挖一条护城河。有一种叫"续断"的植物,也知道使用这种防御办法。它的叶子是对生的,但叶基部分扩大相连,从外表上看,它的茎好像是从两片相接的叶子中穿出来一样,在它两片叶子相接的地方形成一条沟,等下雨的时候,里面可以存一些水。这样一来,就成了一条护城河,如果害虫沿着茎爬上来偷袭,就会被淹死,从而保护了上部的花和果。

在军事强国正在研制的非致命武器中,有一种特殊的粘胶剂,把它洒在机场上,可以使敌人的飞机起飞不了;把它洒在铁路上,可以使敌人的火车寸步难行;把

世界未解之谜

它洒在公路上,可以使敌人的坦克和各种军车开不起来,可以达到兵不血刃的效果。让人惊奇的是,有一种叫瞿麦的植物,也会使用这种先进武器。这种植物特别像石竹花,当你用手拔它的时候,会感到粘乎乎的。原来在它的节间表面,能分泌出一种粘液,像上了胶水一样。它可以防止昆虫沿着茎爬上去危害瞿麦上部的叶和花。当虫子爬到有粘液的地方,就被粘得动弹不了了,不少害虫还丧了命。

有趣的是,在这场植物与动物的战争中,在植物拥有各种防御武器的同时,动物也相应地发展了自己的解毒能力,用来对付植物。像有些昆虫,就能毫无顾忌地大吃一些有毒植物。当昆虫的抗毒能力增强了的时候,又会促使植物发展更新威力更强烈的化学武器。

这些植物是怎样知道制造、使用和发展自己的防御武器的? 它们又是怎样合成的呢? 目前还没有一个定论。

探索和揭开这里面的奥秘,是非常有意义的。

植物也能"作证"吗

现代科学研究证明,植物也有血型、自卫能力……于是,植物有了一个新功能:作证。

美国纽约一位精通植物"语言"的柏克斯得博士发现,每当有凶杀案在植物附近发生时,生长着的植物便会产生一种特殊的"愤怒"反应,并能记录下凶杀过程的每个细节,成为一个不为人注意的现场"目击者"。对此相克斯得博士曾进行过多次试验。在一盆仙人掌前,组织几个人搏斗,结果,接在仙人掌上的电流会把整个过程记录下来,变成电波曲线图。通过分析电波曲线图,就可了解打斗的全过程。

春暖花开,植物花朵上的雄蕊成熟后,便释放出大量花粉,四处飘散。一粒花粉孕育着一个彩色的生命。花粉外壳由孢粉素构成,高温、高压、酸碱都奈何不了它。如在此时作案,花粉就成了"见证人"。

移尸灭迹是杀人犯的惯用伎俩。侦破此类案件,第一现场是重要的突破口。有一次,奥地利维也纳有一个人沿多瑙河旅行时失踪了,当局派出快艇和直升飞机搜索、打捞,都没有找到尸体。后来,警方逮捕一名犯罪嫌疑人,但他矢口否认有任何牵连。正当一筹莫展之际,神秘的花粉研究专家出现了,他对犯罪嫌疑人鞋上的泥土进行花粉分析,发现很多松树花粉,经查对,这样的奇异花粉来自维也纳南部的一个地方。当警方突然向他指出,谋杀就发生在该地时,他大为震惊,不得不供出了埋藏尸体的地方是在多瑙河附近一片荒僻的沼泽地区。

植物也有翅膀吗

"天高任鸟飞",说的是鸟类因长有善飞的翅膀而能任意翱翔在天空。那么植物有没有能自由飞翔的翅膀呢?

许多植物的果实也长有翅膀,凭借翅膀,它们成了"飞将军"。植物的"飞行装备"还相当不错,有的是翅膀或翅膜,有的是针芒,有的是羽毛或绒毛。有飞行装备的果实、种子随风运送到遥远的地方安家落户。榆树和枫杨树在初夏开出黄绿色的花朵,到秋天才结实。枫杨树的果实上长着两只翅膀,一左一右,风一起,它们就像灵巧的燕子飞上天空。榆树的翅果上则长着两张翅膜,大风一刮,便纷纷离开榆树,随风飞到很远的地方。这些长翅膀的果实或种子极轻,飞起来相当轻松。

科学家专门观察、研究了长翅膀的果实和种子,发现桦树的翅果能飞到 1 千米以外的地方;长着酷似船帆翅膀的云杉种子能飘到 10 千米以外。果实或种子上长"翅膀"的植物种类非常多。如百合和郁金香的种子本身就长成薄片状,在风里像滑翔机一样滑翔,白蜡树和樗树的种子长着翅状突起,好似长翼的歼击机;蒲公英种子头上长了一圈冠毛,风把它托得高高的,瘦果垂在下面,像一顶降落伞;生长在草原上的羽毛,果实顶上长着羽毛,被风吹很远,风停了,它就像降落伞一样竖直落地,颖果旋转着插入土中。有些植物种子本身的分量非常轻,风一刮,就像长了翅膀一样到处飞,例如列当属的植物,每粒种子的重量不超过 0.001 毫克,小得像灰尘;梅花草的种子,每粒只有十万分之三克,天鹅绒兰的种子更轻,每粒仅重五十万分之一克,微风一吹,它们都会飞到很远很远的地方。

许多植物经长期的自然选择,它的果实或种子成为"飞将军",让风力帮助它繁衍后代,正是大自然优胜劣汰的又一体现。

植物性突变

鱼类、昆虫、软体动物世界中,一些个体会在性别上产生扑朔迷离的变化,这叫动物的性变植。植物一般是不会产生性变的,不过也有例外。雌雄异株的三叶天南星(Arisacmatri—phylltum 一种药草)及其某些"近亲",既是雌性植物,又是雄性植物。在第一年,这种植物通常为雄性,随着它的生长发育又会转变为雌性。这种性变也可能出现反复,如果生长条件差,肥力不足或水分不足,原已成为雌性植物的三叶天南星又会转变为雄性,如果生长条件较为理想,则继续保持雌性。

谁人知晓,这种性变却具有生态意义。在生长条件差的条件下,即使属雌性的植物也无足够的能量来开花结果,这意味着绝代,但转变为雄性,倒可以产生一些相对需要能量较少的花粉,以增加传宗接代的生存机会。

当然,在植物王国中,这种性变的机制远非如此明显。美国波士顿大学的 R·普里马克、C·麦考尔两位植物学家发现,红枫树——一种生长在北美洲的最普通树木——有异乎寻常的性变情况。根据传统常识,红枫树有时呈雌性、有时呈雄性,有时却雌雄同株。这两位学者,在七年中考察了麻省的七十九棵红枫树。他们记录了每年每棵树的性别与开花的数量。

考察结果表明,大多数红枫树一直为雄性。但其他 4 棵雄性红枫树会开出一些雌性的花。18 棵雌性红枫树中的 6 棵,却会开出少量雄性花。最后两棵红枫树却扑朔迷离,雌雄莫辨,它们每年在雌性与雄性之间会发生戏剧性的变化。植物的这种性转变,意味着什么呢?

如果红枫性变的机制,如同上述的三叶天南星,那么这种雌雄同株植物的个体应该大于性别正常的植物,因为它们需要更多的能量来产生性变。但事实并非如此,雌雄同株植物的个体并非很大,一般情况下反而小于其他植物。

植物"出汗"之谜

夏天的早晨,你到野外去走走,可以看到很多植物叶子的尖端或边缘,有一滴滴的水珠淌下来,好像在流汗似的。有人说这是露水吧!

滴下来的真是露水吗?让我们来细心地观察一番,研究研究。你看,那亮晶晶的水珠慢慢地从植物叶片尖端冒出来,逐渐增大,最后掉落下来;接着,叶尖又重新冒出水珠,慢慢增大,最后掉落下来;接着,叶尖又重新冒出水珠,慢慢增大,以后又掉了下来……一滴一滴地连续不断。显然,这不是露水,因为露水应该满布叶面。那么,这些水珠无疑是从植物体内跑出来的了。

这是怎么回事呢?原来,在植物叶片的尖端或边缘有一种小孔,叫作水孔,和植物体内运输水分和无机盐的导管相通,植物体内的水分可以不断地通过水孔排出体外。平常,当外界的湿度高,气候比较干燥的时候,从水孔排出的水分就很快蒸发散失了,所以我们看不到叶尖上有水珠积聚起来。如果外界的温度很高,湿度又大,高温使根的吸收作用旺盛,湿度过大抑制了水分从气孔中蒸散出去,这样,水分只好直接从水孔中流出来。在植物生理学上,这种现象叫作"吐水现象"。吐水现象在盛夏的清晨最容易看到,因为白天的高温使根部的吸水作用变得异常旺盛,而夜间蒸腾作用减弱,湿度又大。

植物的吐水现象,在稻、麦、玉米等禾谷类植物中经常发生。芋芳、金莲花等植物上也很显著。芋芳在吐水最旺盛的时候,每分钟滴下 190 多滴水珠,一个夜晚可以流出 10~100 毫升的清水哩!

木本植物的吐水现象就更奇特了。在热带森林中,有一种树,在吐水时,滴滴答答,好像在哭泣似的,当地居民干脆把它叫作"哭泣树"。中美洲多米尼加的雨蕉,也是会"哭泣"的雨蕉温度高、湿度大、水蒸气接近饱和及无风的情况下,体内的水分就从水孔溢泌出来,一滴滴地从叶片上降落下来,当地人把雨蕉的这种吐水现象当作下雨的预兆。"要知天下雨,先看雨蕉哭不哭?"因此,他们都喜欢在自己的住宅附近种上一棵雨蕉,作为预报晴雨之用。自然界中的这些奇妙现象是多么有趣啊!

植物有没有"语言"

在人们的眼里,植物似乎总是默默无闻地生活着,不管外界条件如何变化,它们永远无声地忍耐着。

但是,到 20 世纪 70 年代,一位澳大利亚科学家发现了一个惊人的现象,那就是当植物遭到严重干旱时,会发出"咔嗒、咔嗒"的声音。后来通过进一步的测量发现,声音是由微小的"输水管震动"产生的。不过,当时科学家还无法解释,这声音是出于偶然,还是由于植物渴望喝水而有意发出的。如果是后者,那可就太令人惊讶了,这意味着植物也存在能表示自己意愿的特殊语言。

不久之后,一位英国科学家米切尔,把微型话筒放在植物茎部,倾听它是否发出声音。经过长期测听,他虽然没有得到更多的证据来说明植物确实存在语言,但科学家对植物"语言"的研究,仍然热情不减。

1980 年,美国科学家金斯勒和他的同事,在一个干旱的峡谷里装上遥感装置,用来监听植物生长时发出的电信号。结果他发现,当植物进行光合作用,将养分转换成生长的原料时,就会发出一种信号。了解这种信号是很重要的,因为只要把这些信号译出来,人类就能对农作物生长的每个阶段了如指掌。

金斯勒的研究成果公布后,引起了许多科学家的兴趣。但他们同时又怀疑,这些电信号的"植物语言",是否能真实而又完整地表达出植物各个生长阶段的情况,它是植物的"语言"吗?

1983 年,美国的两位科学家宣称,能代表植物"语言"的也许不是声音或电信号,而是特殊的化学物质。因为他在研究受到害虫袭击的树木时发现,植物会在空中传播化学物质,对周围邻近的树木传递警告信息。

最近,英国科学家罗德和日本科学家岩尾宪三,为了能更彻底地了解植物发出声音的奥秘,特意设计出一台别具一格的"植物活性翻译机"。这种机器只要接上放大器和合成器,就能够直接听到植物的声音。

这两位科学家说,植物的"语言"真是很奇妙,它们的声音常常伴随周围环境的变化而变化。例如有些植物,在黑暗中突然受强光照射时,能发出类似惊讶的声音;当植物遇到变天刮风或缺水时,就会发出低沉、可怕和混乱的声音,仿佛表明它们正在忍受某些痛苦。在平时,有的植物发出的声音好像口笛在悲鸣,有些却似病人临终前发出的喘息声,而且还有一些原来叫声难听的植物,当受到适宜的阳光照射或被浇过水以后,声音竟会变得较为动听。

罗德和岩尾宪三充满自信地预测说,这种奇妙机器的出现,不仅在将来可以用作植物对环境污染的反应,以及对植物本身健康状况的诊断,而且还有可能使人类进入与植物进行"对话"的阶段。当然,这仅仅是一种美好的设想,目前还有许多科学家不承认有"植物语言"的存在,植物究竟有没有"语言",看来只有等待今后的进一步研究才能做出答案。

植物陷阱之谜

植物也会设置陷阱吗? 是的。有些植物是用陷阱逮住昆虫的,不过它们捕虫而不吃虫,只是将昆虫囚禁起来,然后又打开"牢门",把"俘虏"放走了。它们囚住昆虫,是让这些虫子为自己传授花粉。

生长在欧洲的海芋百合,花瓣就像一只杯子,这种花儿奇臭难闻,令人作呕。正是这种像腐烂尸体发出的恶臭,把一种嗜臭食腐的小甲虫吸引过来了。小甲虫爬上海芋百合的花瓣,想爬进花中。不料,花瓣内侧的一种油滑液体,使它像坐滑梯似的,一下子滑到了"杯子"的底部。这时,小甲虫即使有三头六臂,也逃不出这个"牢笼",因为四周花瓣的内壁上都长满了倒刺。这就是海芋百合设下的陷阱。

开始的时候,小甲虫并不急于逃出陷阱。因为在陷阱底部,海芋百合的雌蕊上,会分泌出一种甜甜的蜜汁。小甲虫贪婪地吮吸起来,它的身体不时碰撞雌蕊四周的雄蕊。这些雄蕊个个都像武侠小说中的暗器机关,小甲虫一碰上,里面立刻射出一串串花粉。这些花粉就沾在小甲虫的身上。

在海芋百合的花朵里,小甲虫被"囚禁"了整整一天。一天以后,花瓣内壁的倒刺萎软了,油滑的液体也已干枯,这时"禁令"自动解除了。现在小甲虫可以爬上花瓣,逃脱陷阱了。它浑身沾满了花粉,爬了出来,不久又被别的海芋百合的臭味吸引住了,再一次跌入新的陷阱。就这样,它把花粉传授了过去。

马兜铃也会巧设陷阱。它的花儿像个小口瓶,瓶口长满细毛。雌蕊和雄蕊都长在瓶底,只不过雌蕊要比雄蕊早熟几天。雌蕊成熟的时候,瓶底会分泌出一种又香又甜的花蜜,把小虫子吸引过来。小虫子饱餐一顿后想要返回时,早已身不由己,陷进"牢笼"了。因为瓶口细毛的尖端是向下的,进去容易出来

马兜铃

难。小家伙心慌意乱,东闯西撞,四处碰壁,不知不觉中把自己带来的花粉都粘到了雌蕊上。几小时后,雌蕊萎谢了,小虫子依然是"花之囚"。直到两三天后,雄蕊成熟了,小虫子身上沾满了花粉,它才能重见天日。那时,马兜铃自动打开瓶口,瓶口的细毛也枯萎脱落了,这个贪吃的"使者"终于逃出"牢笼"。不过,刚恢复自由的小虫子又会飞向另一朵马兜铃花,心甘情愿地继续充当"媒人"。

除了海芋百合和马兜铃,还有一些会设陷阱的植物。有一种萝摩类的花,虫儿飞来时细脚会陷入花的缝隙中。虫儿拼命挣扎,结果脚上沾满了花粉。小家伙从缝中拔出脚来,便一溜烟似的跑了。

拖鞋兰的花儿是别具一格的:兜状的花中,没有明显的入口处,也看不到雄蕊和雌蕊,只是中间有一道垂直的裂缝。蜜蜂从这儿钻进去,就来到了一个半透明的小天地里,脚下到处是花蜜。蜜蜂尝了几口,刚准备离去,谁知后面已封闭起来,没有退路了。只有上面开着一个小孔,蜜蜂只好沿着雌蕊柱头下的小道勉强穿过,这时身上的花粉被刮去了。它再钻过布满花粉的过道,身子沾满了花粉,这是拖鞋兰花请蜜蜂带到另一朵花中去的。

另外一些植物虽然不设陷阱,但也会欺骗动物前来为自己传授花粉。在北美和地中海一带有一种兰科植物,是靠细腰蜂来传授花粉的。它一无花蜜,二无香味,靠的就是对雄细腰蜂的欺骗。这种植物花朵的形状很像雌细腰蜂,花瓣闪耀着金属光泽,就像阳光下雌蜂的翅膀。有趣的是,它的花朵还能发出雌细腰蜂的气味呢。难怪雄细腰蜂见了会兴高采烈地飞来,等它发觉受骗上当时,已在为植物传粉了。

留唇兰的骗术更加高明。它的花朵的形态和颜色,活像一只只蜜蜂。一片留唇兰在风中摇曳,简直就像一群好斗的蜜蜂在飞舞示威。蜜蜂有很强的"领土观念",它们发现假蜂在那儿摇头晃脑,便群起而攻之。结果,正中留唇兰的下怀,蜜蜂的攻击对花朵毫无损伤,却帮助传授了花粉。

奇异的植物繁殖

自从 1865 年,英国物理学家罗伯特·胡克在显微镜下看到了软木的死细胞以来,人们对植物细胞已经作了相当详细的研究。

科学家们知道,植物细胞的种类很多,它们具有不同的形状,能行使不同的功能。植物细胞的形状与其在植物体内承担的功能有关。比如,薄壁细胞具有吸收、贮藏、通气和营养作用,所以它们呈球形、星芒状或多边形;导管细胞、筛管细胞和管胞,它们在植物体内输导水分和养料,所以它们呈长管状;纤维细胞和石细胞都起支持作用,所以它们的形状多半呈纺锤状或球状;而起保护作用的表皮毛则多半呈刺状……然而,科学家发现,不管形状如何多变、功能如何复杂,一个植物细胞在适宜的条件下总能发育成一个完整的植株。

20 世纪初,德国植物学家哈勃伦脱曾大胆设想用一个植物细胞培养出幼小的植物,可惜因条件限制失败了。50 年代,美国科学家斯蒂瓦特用胡萝卜根部细胞,在培养基中首次成功地培养出完整的胡萝卜植株,开创了植物细胞和组织培养的新纪元。目前,植物学家已经对 1000 多种高等植物作了离体培养的尝试。实践证明,利用离体培养的方法,单个植物细胞完全能长成一群细胞,最终培育成完整的植物。

单个植物细胞为什么能分为成根、茎、叶、花、果实和种子等器官呢? 这是因为,所有的植物细胞都是由受精卵分裂产生的,受精卵含有植物所特有的全部遗传信息,因此,虽然植物体内细胞的外形、结构、生理特点不尽相同,但它们都具有相同的、完整的遗传物质。环境的束缚使它们不得不表现出特定的形态和功能,一旦脱离母体,摆脱束缚,它们就可能在一定的营养和激素作用下激发原先的遗传潜力,使细胞分化出组织、器官,最后发育成完整的新植株。人们还注意到:在不同时期必须给离体细胞不同的环境,这样才能使细胞按照一定的程序长成完整的、具有一定形态和生理特性的植物。

然而,并不是所有的植物细胞在离体培养时都能发育成新个体。科学家认为,这跟培养基和激素的类型、取用细胞的部位以及光照、温度等有关。当前,人们只是根据经验和偏爱选择离体细胞的培养条件,等到摸索出科学规律后,离体细胞的培养就将更成熟。到那时,所有植物细胞都能培养出完整的植株了。

神秘的植物性器官

《论植物的性别》一书中提出植物有性别的观点,它的阴性器官的阴部、阴道、子宫及卵巢的功能如同妇女的生殖器。植物的阳性器官的阴茎、阴茎头、睾丸如同男性的生殖器官,也能射出数十亿的精虫撒向空中。但是这些具体名称很快被18世纪的权力机构用一套几乎不可逾越的拉丁用语掩饰下来。他们把唇形的阴门的名称改换成"柱头",把阴道称之为"花柱",阴茎和阴茎头改名为"花丝""花药"。这种偷梁换柱的行为便把植物的生命性扼杀在摇篮里。

植物性器官经过漫长年代的进化,由于常常面临瞬息万变的气候,创造了最灵活最精巧的交配方式。如:夏天每颗玉米在玉米棒上都是一个小卵胚珠,围着玉米棒丛生的每根玉米丝就是一个独立的阴道,准备吸收由风带来的花粉精子,伸长的阴道可以蠕动,使棒上的每颗玉米受孕。植物上的每颗种子都是独立受孕的结果。烟草的每一个小囊平均有 2500 颗种子,它要受孕 2500 次,而所有这些均得在 24 小时内,在直径不到 1.5 毫米的空间里发生。

许多植物的花粉释放出一种香气,极像动物和人类射出的精液。花粉,像动物和人类的精液一样,几乎是以同样的形式精确地承担此一功用。它进入植物的阴部,沿着整个阴道(叶鞘)来回游动,直到进入子房与胚珠结合为止。花粉管用一种极巧妙的方法自行拉长。像动物与人一样,某些植物的性感是由气味引起。某些苔藓的精子是用晨露携带寻求阴性,它由一种苹果酸引导,导向一个精巧的杯状底部,在杯底有许多待受精的苔藓蛋。另一方面,蕨类植物的精子喜欢糖分,是在有甜味的水中寻找阴性。

一般草类的谷物的交配是由风做媒,其他大多数植物则由鸟、昆虫来帮助交配。花朵在准备好进行交配时,则散发出一股有力而诱人的香味,能招引大群蜜蜂、飞鸟和蝴蝶,以传播花粉。那些未得到交配的花朵,可以散发香味达 8 天之久,或者一直散发到枯萎凋零。然而一旦受孕,则立即停止散发香味,通常是不到几小时即停止。

有些植物在性方面的失意会逐渐将香味转化为恶臭。一株植物准备受孕时,其阴性器官内还会发出热来。法国著名植物学家布隆尼亚尔在测验一种栽培在暖房中的有美丽的叶子的热带植物时,首先指出了这种现象。它种植物在开花时温度增高。他发现,这种现象持续 6 天重复出现,每天是下午 4~6 时。布隆尼亚尔还发现,在受孕的时间内拴在阴性器官内的小小温度计测出:它与植物的任何其他部分的温度相比,增高 11 摄氏度。

意大利自然科学家罗利斯,在尼日利亚丛林深处的印第安人居留地,发现了一奇异的树。它高约 4 米,茎长 42 厘米,茎的顶端竟长有一个"性器官"。罗利斯对它进行了 18 个月的观察。

这棵奇树没有花蕾,它的 35 朵花都是从"性器官"分娩出来的,就像动物生育后代一样。分娩后 15 天,鲜花开始枯萎,树的"性器官"也开始收缩。到 12 月,尼日利亚夏天来临时,又才重新分娩。这棵树的果实也在"性器官"内成熟。就像母体内的胎儿,生长期长达 9 个月,它的外胎呈灰色,草质,内有果肉和几颗核。成熟后就离开母体。但种子没有生命力,不会发芽生长。罗利斯把这棵树命名为"妇女树"。他认为"妇女树"大概是印第安人从密林中其他同类树上切树芽移植到居留地,经过精心培育而成活的。为了证实这一设想,罗利斯在森林中徒步跋涉 500 多公里,终于发现了两棵同类的"妇女树",并证实了这种树非常稀有,濒于绝种。这种奇树已引起了植物界重视,但它特异的生理机能,至今仍然是不解之谜。

"植物报时钟"报时之谜

18 世纪著名的植物学家林奈,经过对植物的开花时间的多年研究之后,把一些开花时间不同的花卉种在自家的大花坛里,制成了一个"报时钟"。人们只要看看"报时钟"里种植在哪个位置的花开了,就大致知道时间了。因为每种花开放的时间基本上是固定的:蛇麻花约在凌晨 3 点开,牵牛花约在 4 点开,野蔷薇约在 5 点开,芍药花约在 7 点开,半支莲约在 10 点开,鹅鸟菜约在 12 点开,万寿菊约在下午 3 点开,紫茉莉约在下午 5 点开,烟草花约在傍晚 6 点开,丝瓜花约在晚上 7 点开,昙花约在晚上 9 点开。林奈正是根据各种花卉的开花时间而设计"报时钟"的。

就一天而言(在植物花期内),植物的开花时间大体是固定的;就一年来说,植物开始开花(始花),进入花期的月份也是大致不变的。有人把始花期月份不同的 12 种花卉编成歌谣:

一月蜡梅凌寒开,二月红梅香雪海;三月迎春报春来,

四月牡丹又吐艳;五月芍药大又圆,六月栀子香又白;

七月荷花满池开,八月凤仙染指盖;九月桂花吐芬芳,

十月芙蓉千百态;十一月菊花放异彩,十二月品红顶寒来。

如果有人在一个适当的地方,把这12种花卉按一定的顺序栽种,那么也可以组成一个"报月钟"。

为什么各种植物都有自己特定的开花时间,而且固定不变呢?

这是植物在长期的自然选择作用下形成的,以利于植物自己的生存。如在海滨的沙滩上,生活着一种黄棕色硅

红梅

藻,每当潮水到来之前,它就悄悄地钻进沙底下,以免被猛烈的海潮冲走;当潮水退去时,它又立刻钻了出来,沐浴在阳光下,吸收阳光,进行光合作用。

科学家从细胞、分子水平研究发现,这种现象是由遗传基因控制的,因此可以代代相传,形成一种习性。如果把硅藻装入玻璃缸里,拿回家观察,就会发现:即使已没有潮汐的涨落,可它仍然像生活在海滩时一样,每天周期性地上升和下潜,其时间与海水的涨落时间完全一致。

植物体中的动物现象之谜

我们知道,植物和动物是完全不同的两大类生物,它们之间的差别实在太大了,但令人吃惊的是,科学家在许多研究中发现,植物体内常常会表现出各种动物现象。那么,这是一些什么样的动物现象呢? 这些现象在动植物之间又有什么联系?

1.植物的脉搏

最近,一些植物学家在研究树木增粗速度时惊异地发现,活的植物树干,有类似人类脉搏一胀一缩跳动的现象,而且这种植物"脉搏"还有明显的规律性。

这是什么原因呢? 植物学家通过长期的观察研究,认为是植物的正常生理现象,只不过以前一直没有被人注意到罢了。

经过进一步观察后发现,每逢晴天丽日,太阳刚从东方升起时,植物的树干就开始收缩,一直延续到夕阳西斜。到了夜间,树干停止了收缩,反过来开始膨胀,直到第二天早晨。植物这种日细夜粗的搏动,每天周而复始,但每一次搏动,膨胀总略大于收缩,于是,树干就这样增粗长大。

遇到下雨天,树干"脉搏"的收缩几乎完全停止,这时它总是不分昼夜地持续增粗。直到雨后转晴,树干才重新开始收缩,这也许是植物"脉搏"中的一个例外。

　　植物学家在解释这种奇特的脉搏现象时说,植物"脉搏"是由植物体内水分运动引起的,当植物根部吸收的水分与叶面蒸腾的水分一样多时,树干几乎不发生粗细变化;如果吸收的水分超过蒸腾的水分,树干就要增粗;相反在缺水时,树干又会收缩。

　　如果从另一个角度也可以这样解释:在夜晚,植物气孔总是关闭着,这就使水分蒸腾大大减少,所以树干就要增粗,而白天,植物叶片上的大多数气孔都开放,水分蒸腾增加,树干就趋于收缩。

　　以上的解释看上去十分合情合理,但是,通过进一步的深入调查后发现,并不是所有的植物都有典型的"脉搏"现象,这就使植物学家感到某种困惑,为什么有许多植物不产生"脉搏"现象?是否还有其他的原因在影响植物的"脉搏"?

2.植物的记忆

　　如果有人说,植物也像动物那样有记忆能力,很多人听了都会摇头不信。但在不久前,科学家们在一种名叫三叶鬼针草的植物身上,进行了一项有趣的实验。结果证明,有些植物不仅具有接收信息的能力,而且还有一定的记忆能力。

　　这项实验是法国克累蒙大学的科学家设计的,他们选择了几株刚刚发芽的三叶鬼针草,整个幼小的植株,总共只有两片形状很相似的子叶。一开始,科学家们用4根细细的长针,对右边一片子叶进行穿刺,使植物的对称性受到破坏。过了5分钟后,他们用锋利的手术刀,把两片子叶全部切除,然后再把失去子叶的植株放到良好的环境条件中,让它们继续生长。

　　大约5天之后,意想不到的有趣情况发生了,那些曾经受到针刺的植株,左边(没受到针刺的一边)萌发的芽生长很旺盛,而右边(受过针刺的一边)的芽生长明显缓慢。这个结果表明,植物依然"记得"以前那次破坏对称性的针刺,没"忘记"针刺给它带来的痛苦。

　　以后,科学家经过一次又一次实验,发现了更多的证据,他们甚至已经知道,植物的记忆力大约能保持13天。

　　植物怎么会有记忆呢?科学家们解释说,植物没有大脑,也没有中枢神经,它的记忆当然与动物有所不同,也许是依靠离子渗透补充而实现的,但这仅仅是推测,应当说,关于植物记忆的问题,在目前还是一个没有被彻底解开的谜。

3.植物的神经

　　20世纪60年代以来,许多科学家开始围绕一个有趣的问题——植物是否有神经系统而展开了一场论战。

引起这场论战的生物学家,就是19世纪大名鼎鼎的达尔文。他不仅在100多年前提出了举世震惊的进化论观点,还是一位研究食肉植物的专家。

　　有一次,达尔文发现捕蝇草的叶片上,有几根特殊的"触发毛",而且只有当其中一根或二根被弯曲过来时,叶片才猛然关闭。于是,他提出了一个大胆的假设:这种行为的发生,一定是由于某种信号极快地从"触发毛"传到捕蝇草叶内部的运动细胞,快得简直像动物神经中的电脉冲。

　　由此开始,植物学家对捕蝇草的电特性,进行了更仔细地观察和研究。他们不仅记录到电脉冲,而且还测出一些很不规则的电信号。不久前,有一位名叫塞尔的沙特阿拉伯科学家,经过6个月的研究,发现植物有一个"化学神经系统",当有人想伤害它时,它会表现出防御反应。因此塞尔认为,植物有类似动物的感觉,两者唯一的区别是:动物能表达这种感受,植物的感觉则是由化学反应产生的,这种化学反应,从某种意义讲,与人的神经系统很相似。

　　关于植物神经的问题,在科学界中也有不少的反对者。他们说,植物体中的电信号,速度实在太慢了,通常只有每秒20毫米,而高等动物的神经电信号,速度要达到每秒好几千毫米。所以,植物体中的电信号显得不那么重要,也可以说,植物中根本不存在任何神经组织。

　　到现在为止,关于植物有没有神经系统的问题,在科学界中还没有一个统一的认识。

植物预报地震有奇招

　　宁夏西吉1997年发生过一次地震,震前一个月,在离震中66公里的隆德,蒲公英在初冬季节开了花。长江口外东海海面,1972年发生过一次地震,震前上海郊区田野里的芋藤突然开花,十分罕见。辽宁省的海域1976年2月初发生过一次强烈地震,地震前的两个月,那里有许多杏树提前开了花。唐山地震发生前,唐山地区、天津郊区的一些植物出现了异常现象:柳树枝梢枯死,竹子开花,有些果树结了果实后再度开花。四川的松潘、平武地区1976年发生过一次强烈地震,地震前夕,"熊猫之乡"的平武地区出现了植物的异常现象:熊猫赖以生存的箭竹突然大面积开花,许多箭竹开花死去;一些玉兰开花后又奇怪地再次开花,桐树大片枯萎而死。

　　在国外出现了类似的现象:印度的一种甘蓝,不仅会预报恶劣天气,还会以长出新芽的特征,警告即将发生地震。1976年,日本地震预报俱乐部的会员也在震前屡次观察到含羞草的小叶出现了反常闭合状态:通常在白天含羞草的叶子张开,到夜晚它就闭合了,在地震前夕,白天它的叶子闭合起来,晚上反而半张半开了。

植物预报地震的奥秘何在呢? 科学家认为,地震在孕育过程中,由于地球深处的巨大压力,在石英岩中造成电压,这样便产生了电流,分解了岩石中的水,于是产生了带电粒子。在特殊地质结构中,这些粒子被挤到地球表面,跑到空气中,会产生一种带电悬浮粒子或离子。这种变化在一些植物体内得到反应,便产生了异常现象。

第二节　植物的奇特本领

草虫"杀手"之谜

野草往往不被人注意,然而,它们之中,有些是人们非重视不可的,如有"杀手"之称的豚草,龙葵、紫茎泽兰、蝎子草、荨麻、毒芹和一种叫轮藻的藻类植物,等等。它们有的对人畜有害,有的对人类有利。

1.可恶的豚草花粉

豚草为何令人可怕呢? 这是因为豚草在开花以后会散发出大量花粉。这些花粉飘到空中会污染环境,吸入体内便会引起鼻塞、口痒、打喷嚏、流鼻涕,最后导致咳嗽、气喘和胸闷。更为严重的是,一些豚草的花粉还会引起花粉症,吸入这种花粉,后果不堪设想。

据有关资料统计,在美国,每年约有 1500 万人因吸进豚草花粉而患上哮喘、鼻炎和皮炎。在墨西哥,过敏性疾病患者中有 23%～31% 是由花粉特别是豚草花粉引起的。在苏联的克拉斯诺达尔地区,约有 1/7 的人因吸入豚草花粉而导致花粉过敏。在日本的大阪地区,每当夏季来临,许多人便设法逃避豚草花粉的袭击。

豚草属菊科,是一年生或多年生草本植物。它们的叶子互生或对生,呈羽状分裂或三裂,由单性花组成穗状花序或总状花序。

豚草原产北美,共有数十种,其中有两种——三裂叶豚草和普通豚草于 20 世纪 30 年代随农作物的进口而传入我国,目前已迅速蔓延到东北、华北、华东和华中的十多个省。三裂叶豚草和普通豚草都是一年生草本植物,可长到 30～150 厘米高,常生长在郊区的房前屋后和田埂路旁。

豚草的生命力非常顽强，能与庄稼争夺营养，又极易混生在大麻、洋麻、玉米、大豆和向日葵中，因此很难将其彻底清除。

该如何对付豚草呢？科学家认为，防治豚草的最好办法是不等豚草开花就进行人工拔除。若是用刀割除豚草，便会越割越长，越长越长，一发不可收拾。因此，专家们建议，可采用10%的草甘磷溶剂防治和除去豚草，或干脆让豚草的天敌——叶虫来吃掉它。

2.甜蜜的"杀手"

在一些田边、坡前、屋后，人们常常可以看到一种开白花、结黑果，卵形叶互生的草本植物。它就是有名的龙葵。

龙葵属茄科，与茄子、辣椒有着较近的亲缘关系，它们是一年生的草本植物，株高可长到50~90厘米。

有人把龙葵叫作黑甜甜，这是因为龙葵的浆果成熟以后，吃在嘴里有甜味，因此，龙葵的成熟果实可供食用或酿酒。

当然，也有人把龙葵叫作苦葵和黑辣虎，这是因为在龙葵的植株里和未成

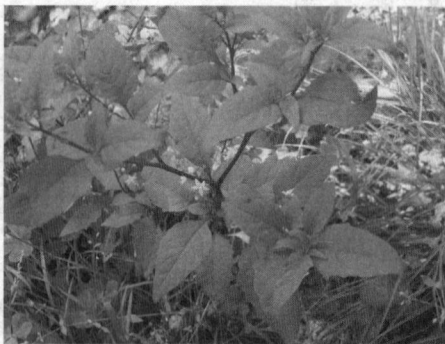

龙葵

熟的果子里含有许多毒素，这些毒素包括茄碱、澳洲茄碱和边茄碱。人畜误食以后往往导致恶心、呕吐、腹泻、呼吸和脉搏加快，严重的会发生站立不稳和惊厥死亡。

近来，龙葵对大豆的危害变得严重起来。这是因为农民常在大豆田里大量使用杀灭禾本科杂草的除草剂，禾本科杀草被杀除了，龙葵的危害却日益严重起来。龙葵不怕这类除草剂，杂草除掉了，它会长得更好，它不仅与大豆争阳光、水分和肥料，还会在收割时堵塞收割机。它们的浆果粘在大豆上会严重影响大豆的品质。

要彻底除去龙葵不是一件容易的事情，因为龙葵的繁殖能力极强，在不同的情况下都能开花结果，每个浆果含有20~50粒种子，种子埋在土里30多年后还能发芽，5年后种子的发芽率竟为90%。从春天到夏天，只要土壤的温度适宜，龙葵就会萌发生长。因此，要彻底去除龙葵，得费一番功夫。

3.马的"杀手"

和豚草一样属于菊科植物的毒草还有紫茎泽兰。它在我国热带地区可长成高大的半灌木，株高达0.5~2米，最高的可达5米。

紫茎泽兰的外形恰如其名：紫红的茎干,上被灰色的茸毛,叶片对生呈菱形。

紫茎泽兰的繁殖能力和再生能力都十分惊人。紫茎泽兰开花以后,常结出五棱状的瘦果。别小看这种果实,它的身上长满刺状冠毛,沾在人和牲畜身上,便随着主人到处走,落地就生根,开花结果,繁衍后代。

说到紫茎泽兰的再生本领,那真是一绝。紫茎泽兰的茎上常会生出胡须一样的不定根,当紫茎泽兰被人畜践踏在地时,不定根便悄悄钻进土里,以图东山再起。

要是有人想将紫茎泽兰"斩尽杀绝",那可正中它们的下怀,因为紫茎泽兰的不定根正好趁着这个机会扎入地下,形成新的植株。"野火烧不尽,春风吹又生",这正是紫茎泽兰旺盛生命力的写照,因为无论是火烧,还是割除、刨挖,都不能使紫茎泽兰断子绝孙。

但是,紫茎泽兰也有它们的致命缺点,那就是,它们不能生活在光照较弱的地方。还有,在幼苗时期,紫茎泽兰生长得很慢,根部长得较浅。若在这时加紧除苗,费力少,效果好。

人们为什么如此痛恨紫茎泽兰呢？这是因为,紫茎泽兰对人和动植物会产生极大的危害。人若是吸入紫茎泽兰的花粉,会产生与误吸豚草花粉类似的症状。牲畜若是误食了紫茎泽兰或是不小心吸入紫茎泽兰的花粉,就会引起腹泻、气喘、鼻腔流脓溃疡。在诸多家畜中,马对紫茎泽兰最为敏感,一旦误食紧茎泽兰,死亡率也最高,因此有人将紫茎泽兰称作马的"杀手"。

紫茎泽兰对别的植物影响也很大,由于它们的适应能力极强,既能耐干旱,也能耐贫瘠和低温,能够适应山地酸性土、棕色森林土、紫色土、砂石地,甚至能够在墙缝中生长,所以它们已经渗透到每一个角落。在我国云南省,紫茎泽兰几乎占领了一半以上的土地。目前,它们正以每年平均100千米的速度向四川、广东、广西等地传播。这种情况已引起了有关方面的重视。

4."恶魔之叶"

在我国的江南一带,人们常常会看到一种浑身毛乎乎的草本植物,它的叶子大大的,全身长满了白色的茸毛。

这种看上去平平常常的植物,你如果一不小心碰到它,就会被它螫得鼻青脸肿,狼狈不堪。

它就是有"恶魔之叶"之称的蝎子草,蝎子草属荨麻科,浑身长满螫刺,这种螫刺,像皮下注射器一样,扎进动物的皮肤内,不容易脱落,与此同时,螫刺的基部马上释放出甲酸一类的毒素,使患处马上红肿起来。

与蝎子草相比，荨麻科的荨麻更不含糊，荨麻在南方可以长成乔木，北方则是一年生的草本，它的全身布满螫刺，螫刺基部隆起的地方竟然饱贮氢氰酸。人畜一旦被螫，氢氰酸注入人体内，全身就似火烧，二三天内疼痛无比，有的人甚至被活活螫死。

为什么蝎子草和荨麻等植物能分泌毒素呢？原来，不同的植物，代谢产物也不同，蝎子草和荨麻在新陈代谢过程中，体内会积累多种物质。这些物质除了无毒的之外，还有很多诸如植物碱、糖苷、皂素、毒蛋白、氢氰酸等是有毒的。一旦这些毒素通过某种途径分泌出来，人畜碰到就会倒大霉。

5.置人于死地的毒芹

生长在我国东北、华北和西北地区沼泽地带、水边或沟渠边的毒芹，是一种极为可怕的植物。

毒芹又叫走马芹、野芹菜花、芹叶钩吻，外表很像我们平时吃的蔬菜——水芹，但外形比水芹粗壮。毒芹的茎干粗大、直立、中空，高达 70～100 厘米；叶互生，呈三角状披针形。

在植物分类学上，毒芹属伞形科毒芹属，开白花，许多花形成复伞形花序；结的果呈卵形，绿色有粗棱。

毒芹的全身都有毒，其中以叶子和未成熟的果实中含毒量最高。毒芹含有芹毒素和生物碱，后者包括多种毒芹碱。毒芹碱和芹毒素都会对人和动物造成毒害，误食后轻则头晕、恶心、呕吐、手脚发麻，重则全身瘫痪、昏迷、呼吸困难，直至死亡。

毒芹的外形虽与水芹相似，但一旦掌握了它的特点，鉴别也并不困难：毒芹长有褐色的根状茎，根状茎位于地下，有节且散发香气，切断后用舌头舔一舔，会尝到甜味；根状茎切断后流出的液体像树脂，呈黄色，遇空气会发暗，这些都是毒芹的特征。

全世界约有 20 种毒芹属植物，它们分布在北温带地区。我国只有毒芹一个种和宽叶毒芹一个变种，全部生长在北方。

6.蓖麻和巴豆

蓖麻的种子可以榨油，是一种有名的油料作物。但蓖麻油却不能轻易食用，因为蓖麻的种子有毒，它不仅含蓖麻毒蛋白，还含蓖麻碱，这些都是极毒的成分。一旦误食了 7 毫克蓖麻毒蛋白，胃部就会感到剧烈疼痛，最后会因呼吸麻痹而死亡。植物学家还发现，蓖麻的枝和叶也非常毒，含有剧毒的氢氰酸。蓖麻属大戟科植物，同属大戟科的有毒植物还有巴豆。巴豆四季常绿，植株可长到 3～4 米，主要生活在长江以南,福建、云南、广东、广西一带。

巴豆全身都长有白色的短毛,叶呈卵圆形,花为黄色,果为黄褐色。它的全身皆有毒,但种子毒性最大。巴豆的种子内含巴豆素,吃了会引起强烈的呕吐、腹泻、血压下降,直至休克。

7.蚊子的"杀手"

日本某地一个小村庄,村子的周围全是茂密的树林,村子中央有一泓闪着波光的池水。村子不仅风景优美,而且是有名的"无蚊村"。盛夏季节,哪怕附近地区群蚊飞舞,村子里却找不到一只蚊子的踪迹,村民们晚上睡觉都不用蚊帐。

经生物学家观察,发现村里池塘的中下层长满了藻类。这是什么藻类呢?它们会对蚊子的生活产生什么样的影响呢?原来,这种藻类既不像蓝藻,也不像绿藻。它们的身上已有了类似根、茎、叶的分化。茎上还有节,节上轮生着叶状小枝,体外则布满大量钙质,看上去十分粗糙。它是有名的轮藻,一种淡水藻类,个体较大,形态特殊,结构比较复杂。全世界共有400种左右轮藻,它们广泛分布于世界各地的淡水或半咸水中,常见于湖沼、池塘、水田等水流动的水域中。

普通的藻类是蚊子的幼虫——孑孓的上佳食物,但轮藻就不同了,它们对于孑孓有致命的毒害作用。

轮藻为什么能消灭蚊子呢?20世纪初,就有人对此做过实验,最终发现,这是因为轮藻的光合作用特别强烈,在生长过程中能产生一些化学物质,这些物质会改变水中的环境,因而导致蚊子的幼虫——孑孓的死亡。在轮藻长得特别茂盛的地方,蚊子往往断子绝孙。

不怕刀斧砍的树

一般的树木,在生长过程中最怕的就是被刀斧砍伤。然而,树中也有不怕刀斧砍的"硬骨头",被刀斧砍过反而花繁果丰。芒果树便是树木中的这种"硬骨头"。

芒果树,属于漆树科、芒果属的常绿乔木。树冠生长得繁茂,呈球形;树皮厚,为暗灰色;树干高大粗壮,树高10~20米;寿命可达几百年。在民间流传着这样一段故事:在很久很久以前,有个岭南人为躲避官府的追捕,逃到南洋,以种花木、果树为生。他栽种的芒果树,生长得树状、枝粗、花繁、果密。没多久他便成了当地栽种芒果的名家。这一出名不要紧,官府探得消息后,便派人到南洋去追捕他。由于他躲避得快,等官府的人追到南洋时,已不见他人影。官府没有抓到人,于是,派人用刀在芒果树上乱砍一番。但没想到,被刀砍过的芒果树上,结出的果实比没有被刀砍的树结出的果实还多。后来,人们也学着用刀砍芒果树的办法促其生产,于是"刀砍树"的办法便传了下来。

人们逐渐弄明白了刀砍之法促果丰的科学道理。因为芒果的枝叶茂密,光合作用合成出来的大量营养物质都由运输线传给了根部,以供根系长粗、伸展之用。过多的营养输入根部,则枝叶积累营养就会不足,从而影响开花、结果。如将树皮砍开道道口子,就可以阻止过量的营养输进根部,枝干营养丰富可以促进多开花,花开得多,果实自然也就结得多。

据说,芒果原产于印度,印度栽植芒果有 4000 多年的历史。有趣的是,第一个使芒果扬名于世的却是中国僧人——唐高僧玄奘。

现在,人们已经采取更科学的办法,取代刀砍法使芒果获得更大的丰收。

神奇怪异的树

人一开心就会哈哈笑,可大家有没有听说过会哈哈笑的树呢?

在非洲卢旺达首府基加利的芝密达兰哈德植物园,就有一种会发出"哈哈"笑声的树。初到植物园的人往往被笑声所迷惑,因为听到笑声却看不见发笑的人。当地人称这种树为"笑树"。

"笑树"是一种小乔木,它能长到 7~8 米高,树干是深褐色,叶子椭圆形。每个枝杈间,都长有一个皮果,形状很像铃铛。皮果之内生有很多小滚珠似的皮蕊,能在皮果里自由滚动。皮果的壳上长满了斑点似的小孔,每当微风吹来时,皮果就会迎风摇动。由于皮果的壳既薄又脆,皮蕊在里面滚动,就会发出像"哈哈"笑样的响声,和人的笑声很相近。

实际上在绿色的世界里无奇不有,除了会哈哈笑的树外,还有许多奇树怪树。比如:

米树,生长在菲律宾、印尼等东南亚国家的一些岛屿上,属棕榈科西谷椰子属,高达 10~20 米,干粗且直,含有丰富的淀粉,可加工成像大米一样的颗粒,称作"西谷米"。它色白不怕虫蛀,煮出的饭像大米一样香甜可口。

盐树,生长在我国黑龙江省和吉林省交界的地方,当地人叫它"木盐树"。它能长到 6~7 米高,每到夏季,树干上就凝结出一层雪花似的盐霜,人们轻轻地用刀刮下来食用,质量完全可以和上等精盐媲美。

水树,生长在中南美洲的纺锤树,形似纺锤,中间粗两头细。在一株中部直径 5 米的树干内,可贮水两吨左右。人们要用时,只要在树干中部划一刀,就能引出清凉的水。

硫酸树，1967年5月19日，著名植物学家班尼、卡布斯等一行，在非洲坦噶尼喀的原始丛林中探险并采集标本，忽然他们发现一种从未见过的小树。这树长着又圆又大的叶子，叶子上端还开着黄色绿色的花。班尼教授好奇地伸出手去采摘其中的一朵，谁知手刚碰到，就听到"砰"的一声响，那花便落到地上，随即从叶子里滋出一股奇怪的液体，洒在教授的身上。班尼教授的手脸都被那种液体灼伤了，很久都没有痊愈。后来探险队员们穿上橡胶做成的防护服，蒙上厚厚的面罩，挥刀把那十几株怪树砍倒。经过认真的化学分析，检定出那种奇怪的液体是浓度很高的硫酸水。

报时树，生长在马来西亚，被当地人叫作"新宝"。每天凌晨3点准时开花，而到次日下午4点整准时落瓣，从来都不会提前或晚点，如同守时的潮汐一般。

指南树，生长在非洲东海岸的马达加斯加岛上。这种树原名叫"烛台树"，通常高达七八米，十分引人注目，在它颀长的树干上长着一排细小的针叶，而且不论这种树长在哪里，它那细小和排列整齐的针叶永远都像罗盘针似的指向南极。

除此之外，还有其他一些怪树、奇树，这里不能一一列举，可见绿色的世界是多么的丰富，又是多么的神奇啊！

咸不死的植物

白花花的盐碱地，很多植物难以生存，但却是黄须、胡杨、碱蓬、盐角草和胡颓子等抗盐植物的"乐园"。科学家发现，土壤中的盐分过多，渗透压很高的盐水占据了组成根的细胞，给根的吸水造成很大的阻力，久而久之，植物就会渴死。另一方面，土壤中积累过多的可溶性盐类还会毒害根细胞，使根受到伤害。实践证明，土壤中含盐量达到0.05%，大部分植物就不能生存；但是，为什么抗盐植物却能在含盐1%～3%的盐碱地生长呢？

20世纪60年代，美国科学家伯恩斯坦和两位澳大利亚科学家曾用"渗透学说"解释抗盐植物的本领。他们认为，抗盐植物之所以咸不死，是因为叶面的蒸腾作用降低，从而保证了植物体内含有必要的水分。例如，盐角草和碱蓬都有肉质茎和叶，细胞里的细胞质能和盐类结合，不至于发生毒害作用，它们的细胞含水量甚至高达9 5%，因此具有高度抗盐能力。胡杨、柽柳和匙叶草的茎叶上密布泌盐腺，可以把从盐碱地中吸收的过多盐分从泌盐腺排出体外，风吹雨打，盐分又回到土壤。瓣鳞花呢，能把吸收的盐分溶解在水里，通过叶面分泌出去，水分干了，盐的结晶留在叶面,风一吹就纷纷散落。艾蒿、田菁和胡颓子的根细胞透盐性极小,盐分很不容易渗透进去,另外,它们的细胞内还含有较多的糖类和有机酸。这样就增加了细胞吸水的能力。真是八仙过海,各显神通。在众多的抗盐植物中,黄须的抗盐能力是很突出的。黄须又叫盐吸,是一年生草本植物,叶肥厚多汁,呈棍棒状,上面长了许多茸毛。黄须的根系极为发达,能使土壤变得疏松,渗透力加强。人们曾在盐碱地上种过一年黄须,结果 75 厘米深的土壤内含盐量只剩 0.1%。难怪人们常叫黄须为"吸盐器"。

我国现有约 27 万平方千米盐碱地,其中耕地占了 1/4,研究抗盐植物的抗盐本领,对于人类治理盐碱地,提高作物的收成大有益处。

花儿为什么"发烧"

人们在北极地区看到臭菘花在冰雪中盛开,诧异之余,不禁疑窦丛生:这些花为什么会在那么冷的地方开放?

20 世纪 80 年代初,瑞典伦德大学三位植物学家为了解开这个有趣的谜而奔赴北极。经过调查,他们发现臭菘花盛开的原因是因为花朵内部能保持比寒冷的外界温度高得多的恒温。花儿为什么能"发烧"?三位瑞典科学家认为这跟它们追逐太阳有关。他们将生活在北极地区的仙女木花花萼用细铁丝固定,以阻止其"行动",然后再在花上放一个带细铁丝探针的测温装置。旭日东升,气温升高时,被细铁丝固定的花朵内部温度要比未固定的低,因为未固定的花朵能向阳能积累热量,有利于果实和种子的成熟。美国加利福尼亚大学的植物学家沃尔则认为,极地花朵"发烧"是因为脂肪转化成碳水化合物释放热量所致。他观察到极地植物臭菘,在连续两星期的开花期间,漏斗状的佛焰苞把花中央的肉穗花序"捂"得严严实实,内部的温度竟然保持在 22℃,用向阳理论显然难以解释。经测定,沃尔发现臭菘体内存在一种叫乙醛酸体的特殊结构,它的内部是生物化学反应的最佳场所。当植物体内的脂肪转变成碳水化合物时,花儿就"发烧"了。可不久,沃尔发现在另一种叫喜林芋的"发烧"花儿内部并不存在脂肪转化为碳水化合物的过程。喜林芋"发烧"是靠花儿内部雄性不育部分的"发热细胞"。沃尔因此以为,花儿"发烧"是为加速花香的散发,从而更好地招引昆虫传粉。在寒气逼人的北极地区,一朵朵"发烧"的花就像一间间暖房引诱昆虫前来寄宿,从而借助昆虫完成传粉。但美国植物学家罗杰和克努森却有自己独特的看法。他们认为,这些花儿"发烧"不仅为了招引昆虫,更重要的是为了延长自身的生殖时间,只有这样,才能从容不迫地开花结果,延续后代。

花儿为什么"发烧"?至今尚无统一的说法。大多数人认为,在没有掌握更多的第一手资料前,断然下结论是不可取的。

碰不得的花果

花儿争奇斗艳早已为人所知,殊不知植物的果实和种子同样也争强好胜,令人叹为观止。

著名的德国诗人歌德曾经叙述过发生在家里的一件趣事:"有一天夜里,我听到噼啪的响声,好像有些小东西跳到天花板和墙上去了,我当时并不知道这是怎么回事。后来才发现,我采集的蒴果都裂开了,采集箱没有盖,种子蹦到各处去了。房间里太干燥,种子在几天内成熟到有这样大的弹跳能力,真使人不敢相信!"

歌德叙述的现象在野外普遍存在。有些植物就是靠这种方式传播种子的。一碰就炸的果实,最有名的要算凤仙花,它的果实成熟之后,用手指轻轻碰一下,就会"爆炸"开来。即使是遇到一阵小风,凤仙花果实也会突然"痉挛",部分果实扭曲的力量使得5片果瓣裂开,用力把种子弹出1米开外,因而博得"别碰我"的别名。除了凤仙花外,碰不得的果实还真不少,醉浆草的果实也碰不得,只要在蒴果的底部轻轻一捏,种皮便纵裂开来,将种子弹射出去。在欧洲南部有一种叫喷瓜的植物,果实成熟之后,它的种子会在里面粘液的压力下,连同浆汁一同喷射到6米远的地方。其实,碰不得的果实在豆科植物中比比皆是。绿豆、黄豆、豌豆,因果荚内有一层斜向排列的纤维,果实干燥后,纤维收缩变短。当收缩力量超过了果荚连接处的力量时,果荚立刻破裂,并蜷缩成螺旋形,种子就被弹射出去。在自然界里,种子弹射距离的世界纪录是原产于北非的沼泽木犀草创造的。沼泽木犀草是木犀草科一年生灌丛状草本植物,开黄绿色小花,能散发麝香气味。沼泽木犀草的果实成熟后能自行裂开,像手枪射击一般把种子射到14米开外。美洲沙箱树的果实也很有能

凤仙花

耐,它成熟开裂时,发出巨响,能把种子弹到10多米远的地方。

不管是凤仙花、酢浆草，还是喷瓜、豆类和沼泽木犀草，它们的果实和种子的喷射"装置"都是进化的产物，是为了繁殖后代经长期自然选择的结果。

跳舞草跳舞之谜

提起跳舞草，你一定觉得奇怪，植物也会跳舞吗？会的。

在我国南方，有一种草叫长叶舞草，是多年生草本植物，属豆科山蚂蝗属，高30多厘米，在奇数的复叶上有三枚叶片，前面的一张大，后面的两张小。这种植物对阳光特别敏感，当受到阳光照射时，后面的两枚叶片就会马上像羽毛似的飘荡起来。在强烈的阳光下尤其明显，大约30秒钟就要重复一次。因此，人们又把这种草叫"凤流草"和"鸡毛草"。

长叶舞草还有一位"姐妹"，叫圆叶舞草，它的舞姿更加敏捷动人。这种草分布在印度、东南亚和我国南方山区的坡地上。

除跳舞草之外，还有会跳舞的树。在西双版纳的原始森林里，有一种小树，能随着音乐节奏摇曳摆动，翩翩起舞。当有优美动听的乐曲传来时，小树的舞蹈动作就婀娜多姿；当音乐强烈嘈杂时，小树就停止了跳舞。更有趣的是，当人们在小树旁轻轻交谈时，它也会舞动，如果大声吵闹，它就不动了。

这种草跳舞的奥秘是什么？对此，科学家们有各种不同的解释。有人认为这是由于植物体内生长素的转移，从而引起植物细胞的生长速度的变化造成的。也有人认为是由于植物体内微弱的生物电流的强度与方向变化引起的。除内因外，也有人从外部找原因。有人认为，因为这种草生长在热带，怕自己体内的水分蒸发掉，所以当它受到阳光照射时，两枚叶片就会不停地舞动起来，极力躲避酷热的阳光，以便继续生存下去。这是它们为了适应环境，谋求生存而锻炼出的一种特殊本领。也有人认为这是它们自卫的一种方式，以阻止一些愚笨的动物和昆虫的接近。

关于这种草跳舞的真正原因是什么，至今还没有一致的意见。

炮弹不入的"神木"

世界上的木材有软有硬，软的如棉，硬的如铁。人们把坚硬无比的木材喻为"铁木"。

"神木"生长在俄罗斯西部沃罗涅日市郊外。说起神木的神奇之处，还得从300多年前发生的一场著名海战说起。

公元1696年，在当时俄国和土耳其交界的亚速海面上，爆发了一场激烈的海战。海面上炮声隆隆,杀声震天。俄国彼得大帝亲自率领的一支舰队,向实力雄厚的土耳其海军舰队发起了进攻。只见硝烟滚滚,火光冲天。当时的战舰都是木制的,交战中,不少木舱中弹起火,带着浓烟和烈火,纷纷沉下海去。由于俄国士兵骁勇善战,土耳其海军慢慢支持不住了。狡猾的土耳其海军在逃跑之前,集中了所有的大炮,向着彼得大帝的指挥舰猛轰。顿时,炮弹像雨点一样落到甲板上,有好几发炮弹直接打中了悬挂信号旗、支持观测台的船桅。土耳其人窃喜,他们满以为这一下定能把指挥舰击沉,俄国人一定会惊惶失措,不战自溃的。不料这些炮弹刚碰到船体就反弹开去,"扑通""扑通"地掉到海里,桅杆连中数弹,竟一点也没有受损!土耳其士兵吓得呆若木鸡,还没有等他们明白过来,俄国船舰就排山倒海般冲过来,土耳其海军一个个当了俘虏……这场历史上有名的海战使俄国海军的成名传遍了整个欧洲。

彼得大帝的坐船为什么不怕土耳其的炮弹?是用什么树料做的?原来,这艘战舰就是用沃罗涅日的神木做成的。神木为什么这么坚固?当时,人们并不知道其中奥秘,只知道这是一种带刺的橡树,木材的剖面呈紫黑色,看上去平平常常的,一点也没有什么出奇之处。这些不起眼的橡树木质坚硬似钢铁,不怕海水泡,也不怕烈火烧。木匠们知道,要加工这种刺橡树木材,得花九牛二虎之力。当年,为了建造彼得大帝的指挥战舰,木匠们不知道使坏了多少把锯子、凿子和刨子。

亚速海战以后,俄国海军打开了通向黑海的大门。彼得大帝把这种神奇的刺橡树封为俄罗斯国宝,还专门派兵日夜守卫着刺橡树森林。沃罗涅日这座远离海洋的内陆城市,也因为生产神木,而以俄国"海军的摇篮"的名分载入了史册。

1.谢尔盖博士的实验

300多年过去了,关于神木的故事一直在民间流传,可谁也解不开其中的谜。

到了20世纪70年代,神木的传说引起了苏联著名林学家谢尔盖·尼古拉维奇·戈尔申博士的重视,他决心用现代科学技术来解开神木之谜。

博士要做的第一件事就是测试一下神木的牢度,神木究竟是不是像传说中所描写的那样坚硬呢?为此,他在野地里用刺橡木板圈起很大一个靶场。靶场中央竖起2000多个刺橡木做成的靶子。谢尔盖对着神木靶子发射了几万发子弹,结果只有少数子弹穿透了靶子,绝大多数子弹部被坚硬的神木靶子弹了回来。

这个现象使博士非常惊奇,神木果真名不虚传!他取下几根靶上的木纤维,拿到显微镜下观察,结果发现,在木纤维的外面全裹着一层表皮细胞分泌的半透明胶质,这种胶质遇到空气就会变硬,好像一层硬甲。用仪器分析胶质成分,结果表明,胶质中含有铜、铬、钴离子以及一些氯化物等,正是由于这些物质的存在,才使得这种刺橡木坚硬如铁,不怕子弹,不怕霉蛀。

2.进一步"考验"神木

为了测试刺橡木的耐火和耐水性能,博士用刺橡木做成了一个大水池,水池的接合部分用特种胶水胶合。池子内灌满海水,并把各种形状的刺橡木小木块丢进去,将池子封闭好,过了三年,谢尔盖打开了密封的水池,取出小木块。他惊奇地发现,池子里的木块好端端的,一块也没腐烂变形。博士又检查了池壁和池底,那儿的木质也是好端端的,没有损坏。这证实了神木的确不怕海水腐蚀。

另一个项目是测试防火能力。博士把一个刺橡木房屋模型投入炉膛,这时,炉里的温度是300℃。一个小时以后,他打开炉,模型竟原封不动地出现在他面前。原来,刺橡木分泌的胶质在高温下能生成一层防火层,并分解成一种不会燃烧的气体,它能抑制氧气的助燃作用,使火焰慢慢熄灭!

至此,神木的秘密总算被全部揭开了。神木之所以神,就在于它分泌的胶质。

3.铁木"脊梁"

众所周知,我国广西沙田柚,果味酸甜适口,堪称"中国一绝"。然而,很少有人知道,就在沙田柚的故乡——容县,生长着一种硬度不逊于钢铁的树木,这种树木便是有"铁木"之称的铁黎木。

说起铁黎木,便有必要提提坐落在容县城东人民公园内的真武阁。真武阁被人称为世界建筑史上的奇迹。这是因为此阁虽然重达数百吨,但不用一钉一铁,而是彻底的木结构。

真武阁建在北灵山上,背靠绣江,面对都峤山,掩映在一片古榕的怀抱中,环境十分优雅。这座阁共分三层,高达13余米,看上去很是巍峨。

据史书记载,这里曾经发生过许多次地震,还经历过若干次风暴的袭击,但历经劫难的真武阁却仍然毫发无伤,1706年,一阵大风拔起了附近一根10米高的旗杆,周围的墙都塌了,唯独真武阁得以幸免。1875年,当地"地震有声,屋宇皆摇",而真武阁依然无损。1894年,一场台风席卷而来,连根拔起了阁旁的一些大榕树,几棵树甚至被抛到了江心,邻近一些民宅也墙倒屋塌,真武阁却是仍是好端端的。

真武阁建于1573年,至今400多年,雄风犹存,巍然屹立,这除了它建筑结构科学合理之外,还与木构件材料优良有很大关系。整个真武阁有3000余件木构件,这些构件全都由铁黎木加工而成。铁黎木又称格木,或铁木,刚砍伐下来呈红褐色,日子久了便乌黑油亮,光彩夺目。

铁黎木木质坚硬,分量极重,长期埋在地下或浸泡水中也不会腐烂变形,因而,铁黎木常被用于打造家具、建筑、造船、桥梁和机械制造。

在广西,铁黎木的使用十分广泛。除了容县的真武阁外,合浦县的大木桥等一些古建筑也是铁黎木制作的。

在植物分类学上,铁黎木属于豆科,它们多半生长在广西东南部海拔较低的温暖多雨的低山丘陵地带,一般能长到20多米高,树干挺直,叶片呈厚革质,有光泽。

铁黎木不落叶,每到夏天,树枝的顶端便长出10多厘米长的花穗,花穗上布满了白色的小花。花开花落,到了金秋,树上便长出扁扁的荚果。

铁黎木的果实成熟以后便开裂,露出种子。这种子含有麻醉剂成分,可以入药。

"指南草"为什么会指南

如果你到广阔的内蒙古大草原旅游,那里美丽的草原景色迷住了你,你不幸迷了路,正在那儿放牧的蒙古族牧民一定会告诉你:"只要看看'指南草'所指的方向就知道路了。"

"指南草"是人们对内蒙古草原上生长的一种叫野莴苣的植物的俗称。一般来说,它的叶子基本上垂直地排列在茎的两侧,而且叶子与地面垂直,呈南北向排列。

为什么"指南草"会指南呢?

原来在内蒙古草原上,草原辽阔,没有高大树木,人烟稀少,一到夏天,骄阳火辣辣地烤着草原上的草,特别是中午时分,草原上更为炎热,水分蒸发也更快。在这种特定的生态环境中,野莴苣练就了一种适应环境的本领:它的叶子,长成与地面垂直的方向,而且排列呈南北向。这种叶片布置的方式,有两个好处:一是中午时,亦即阳光最为强烈时,可最大限度地减少阳光直射的面积,减少水分的蒸发;二是有利于吸收早晚的太阳斜射光,增强光合作用。科学家们考察发现,越是干燥的地方,其生长着的"指南草"指示的方向也越准确。其道理是显而易见的。

内蒙古草原除了野莴苣可以指示方向外,蒙古菊、草地麻头花等植物,也能指示方向。

有趣的是,地球上不但有以上所说的会指示南北方向的植物,在非洲南部的大沙漠里还生长着一种仅指示北向的植物,人们叫它"指北草"。

"指北草"生长在赤道以南,总是接受从北面射来的阳光,花朵总是朝北生长;

可它的花茎坚硬,花朵不能像向日葵的花盘那样随太阳转动,因此总是指向北面。在非洲东海岸的马达加斯加岛上,还有一种"指南树",它的树干上长着一排排细小的针叶,不论这种树生长在高山还是平原,那针叶总是像指南针似的永远指向南方。

在草原或沙漠上旅游,如果了解了这些指示方向的植物的习性,就不会迷路了。

长寿树之谜

1.龙血树的发现

在惊涛拍岸的非洲西北海岸外,星星点点地分布着许多小小的岛屿,这些小岛组成了著名的加那利群岛。

加那利群岛是由东、西两大岛群组成的,东面的岛群地势较低,由 8 个小岛组成;西面的岛群地势较高,由几十个小岛组成。加那利群岛是古代火山爆发以后形成的,遍布群岛的肥沃的火山灰土和温暖的气候造就了岛上葱茏的植被。从飞机上俯瞰,满目都是苍翠而又神秘的浩瀚林海。

龙血树

19 世纪初,一位浓眉大眼、天庭饱满的西方探险家加入了考察加那利群岛植物资源的行列。他,就是后来闻名全球的德国自然科学家亚历山大·冯·洪堡。

洪堡出身于贵族家庭,大学里学的是经济学,以后对植物学、矿物学和地质学产生了浓厚的兴趣。1799 年,洪堡 30 岁,他与法国植物学家邦普兰一起赴中南美洲考察。这次考察历时 5 年,行程 9650 多千米,获得了许多极为宝贵的资料。稍后,洪堡又一个人不带任何登山装备攀上那里 5881 米高的山峰,一举轰动了整个世界。

这一次,洪堡是为了弄清楚非洲西北海岸一带的植被情况而来到加那利群岛的。不想,刚一登上这个充满神秘色彩的位于北回归线附近的群岛,洪堡便被岛上的植物世界征服了。

展现在洪堡眼前的比比皆是的大树,有的粗到要几人才能合抱,它们形态各异。有一棵老树虬枝横结,树皮略显灰白,分枝全在高高的顶端,主干粗约 5 米,树高达18米。枝条的上部簇生着略带白色的小叶子,那叶似一把把小剑,直指蓝天。

可惜的是,树干离地三四米处已被大风刮断,因此斜倚在地上。断处的直径超过了1米。洪堡心想,这是一棵什么样的树呢?从叶子看,像是单子叶植物。几经鉴定,洪堡终于认定,这是单子叶植物中的龙血树。

龙血树属百合科,一年四季常绿,不落叶,树高可达20米以上,主干的直径常超过1米。然而,洪堡看到的被风吹折的龙血树是龙血树中的大个子。可惜的是,树干已经被虫蛀空,不然的话,它将是一棵极为壮观的巨树。

但洪堡并不就此罢休,他将树干外圈的年轮仔仔细细地数了一遍。嘿!外圈的年轮竟有2000多圈,再加上蛀空部分,洪堡估计,大树的年轮约有8000多圈。换句话说,它已有8000多岁了!

洪堡有幸看到活了8000多年的龙血树。人们不禁要问,龙血树真的那么长的寿命吗?植物学家的回答是肯定的:龙血树生长缓慢,存活时间长,树干的直径一年之中加粗还不满三厘米,一般寿命超过100岁。

2.中国龙血树及其他长寿树

龙血树的树形大都非常美观,它呈"丫"形,婀娜多姿。龙血树分泌的紫红色树脂称为"血竭",有一股特殊的香味,具有止血和治疗跌打损伤的功能。以往,非洲人只是将血竭作为染料使用,这其实是一大浪费。

1972年,我国云南热带植物研究所的科研人员在著名植物学家蔡希陶教授的率领下,终于在西双版纳的石灰岩地带,发现了大片野生的龙血树。这种龙血树虽然与洪堡在加那利群岛上发现的龙血树不是同一种植物,但分泌的血竭,成分却惊人的一致。从那以后,我国依靠进口血竭治病的日子便一去不复返了。

我国植物学家发现的龙血树叫剑叶龙血树,它们可长到10多米高,四季常青,树皮白且厚,布有密密的纵纹。剑叶龙血树的枝丫很多,叶长似带而又坚硬,颜色暗绿,极似一把把宝剑。它们把根深深扎入石灰岩的缝隙中,顽强地生活在贫瘠的土地上。剑叶龙血树分布的范围狭窄,除了云南的西双版纳,广西南部也有少量分布。现已被定为国家三级保护植物。此外,在我国发现的龙血树,除了剑叶龙血树外,还有仅仅生长在海南省西南部的小花龙血树,它们也同样属国家三级保护植物。

在植物王国,年龄超过100岁的树木还真不少,比如,苹果树可以活100~200年,梨树能活300年左右,枣树可活400年,榆树可以活500年,樟树则可以活800

年以上,松树可以活 1000 年。有人说,雪松能活 2000 年,银杏能活 3000 年,红桧能活 4000 年,它们应该算是长寿植物了,但与龙血树相比,它们只能算是小弟弟。

不倒的怪树之谜

云南是孔雀的故乡,那里常年青山苍翠,云雾缭绕。每年都吸引着世界各地的人们来参观游览。而自 1993 年初,云南南部地区的一棵普通而又离奇的大树,却成了成千上万好奇的人们最为关注最为感兴趣的焦点。

这棵大树位于普洱县宁洱镇南口村旁,从树种看来,这只是一棵在当地几乎随处可见的百龄老椿树。1993 年 1 月 27 日,在云南南部地区盛产茶叶的普洱县发生里氏 6.3 级以上的大地震,地震对当地百姓房屋设施和日常生活造成了很大的破坏。而大地震的震中就在距大椿树不到 10 千米的地方,当地树民的房屋不少倒塌,大椿树居然没有被震倒。地震刚刚过后的 2 月 18 日下午 4 时,一场 10 级大风又突然袭击了普洱县大部分地区,这一次,这棵百年老树没能逃过浩劫,在狂风中轰然倒地。老椿树倒了的消息在村里不胫而走。因为过去这一带的村民总习惯在这棵大树乘凉、休憩,第二天一早,很多伤心的村民不约而同地来到横躺在地的大椿树旁,老人们一边不停地摇头惋惜,一边围着老椿树转来转去,当有人心疼地蹲下去抚摸这棵老椿树的树根时,人们才惊异地发现,这棵树冠如此巨大的老树,竟然没有直穿地层深部的主根,只有无数在老椿树倒地时已折断的支杈根和气根。

树冠巨大的椿树倒地后因恰巧阻断了通往村头的小路。村民们出来过去十分不便,几经磋商,人们最后决定将其分段砍伐后当柴烧。2 目 20 日中午,有不少村民带着各种工具来砍树,当这棵大树的树冠和不少树根被砍断运走,主干也肢解到只剩 3 米左右时,突然"哗"一声,大树猛然拔地而起,端正地矗立在原来的位置上,如同从未被刮倒过一般。这转眼之间发生的奇迹,把正在锯树身的 3 个农民吓得目瞪口呆,"啊"的一声惊叫着转身掉头就跑,旁边的许多人也不知所措,有的人甚至下意识地结老椿树磕头作揖,"神树"的消息从此迅速传开。以至于滇西南一带许多农民翻山越岭,带着干粮,前来朝拜这棵"神树"。

随着"神树"的消息越传越广,此事引起了有关方面的高度重视,云南省、思茅区、普洱县科委的科技工作者对这棵椿树进行考察、研究、有人推测,当时大树倒地后,有部分气根未折断仍在地里,正因为震中离大椿树很近,地震过后,地壳的整合形成拉力,将老树的气根重新拉紧,在有人砍树时,气根拉起了余下的树干。也就是说,如果当时整棵树包括树冠还在,也许是拉不起来的。

植物未解之谜

图文珍藏版

但是另一些人不同意这种说法,他们认为气根毕竟不是主根,而且也断得差不多了,单单靠这些残缺的气根怎么能拉起来大树呢?

也有人认为,这一带地质情况非常复杂,大椿树倒地而起的原因,可能和地下极为复杂的地质情况有关。然而到底是什么样的地质情况呢,连他们自己也说不清楚。

当地有些有迷信思想的老人认为,这棵大椿树百年来,为当地百姓挡风遮雨,避暑纳凉,做尽了好事,是上苍让它命不该绝,这种说法当然不足为信。

1995年4月,有关人员再次来到这个地区考察这棵大椿树时,只见它依然树干直挺,虽然树干上由于当年砍伐时造成了树干刀痕累累,但仍然充满活力。当年倒地时被砍去树冠、上半部树身后余下的1米多高的树干,竟从光秃秃的顶端,又抽出了若干枝树干。

世界之大,无奇不有,至今这棵倒地又起的大椿树仍然默默无语地每天迎送着出来过去的当地村民,那哗啦啦的树叶在春风中似乎又不停地低声诉说,只是我们听不懂它的谜语。

榕树传授花粉的"绝技"

榕树,在我国南部地区生长得郁郁葱葱,姿态万千,构成了自然界的一大奇观盛景,而它传授花粉的"绝技",则更为奇妙有趣。

榕树没有艳丽多姿的花朵,甚至像无花果一样,人们根本就看不到榕树开花,但它却又是靠昆虫来传授花粉繁殖后代的。那么,它是靠什么"绝技"让昆虫来为其传授花粉的呢?

榕树有和无花果一样的特殊花序构造。它的花朵全被包在肉质的花序托内,属于隐头花序。剖开花序才能见到很小的花,有雌花、雄花、瘿花3种。

榕树

雌花有一个雌蕊,花柱细长;雄花往往有1~2雄蕊;瘿花是一个特殊化了的不孕雌花,专门供昆虫寄居,它的花柱短、柱头宽且呈漏斗状,可供昆虫在里边产卵。有的花序托内同时生长着3种花,也有的只生长雄花和瘿花,雌花则生长在另一个花序托果内。果顶口由许多密生的苞片封住,蝴蝶、蜜蜂都无法进入传粉,风也无法吹进去传粉。那榕树以谁为媒介来授粉呢？它是专靠一种寄生于瘿花内的榕小蜂来为其做媒，传授花粉。这种蜂很小，可以在2~3毫米的瘿花中藏身。当雌、雄花开放时，榕小蜂已成熟。雄蜂从瘿花子房壁上咬开一个小洞爬出来，到处寻找雌蜂寄生的瘿花。雄蜂在雌蜂寄生的瘿花上咬开一个小洞，与雌蜂交尾。雌蜂交尾后，扩大雄蜂咬开的小孔，钻出瘿花。雌蜂有完好的翅膀和触角，可以飞向其他花序，产卵繁殖。雌蜂在产卵过程中，就为榕树做了"红娘"，为它传授了花粉。

榕树传授花粉，方法之奇特绝妙，是一般是植物所不及的。为了"媒人"，榕树特设了瘿花这个"客房"作为榕小蜂休养生殖的栖身之所，正是由于它们的相依为命，因而达到了共同繁荣的生殖目的。

风景树"皇后"为什么难生贵子

在松树的大家族中有个佼佼者，名叫"雪松"。雪松以其亭亭玉立的身姿和洁净如碧的美色，被誉为世界著名的三大观赏树种之一，故有风景树"皇后"之美誉。遗憾的是，过去这娇"皇后"从来没有在我国繁殖过后代，是什么原因呢？

雪松，属于松科常绿乔木，又名"香松""喜玛拉雅松""喜玛拉雅雪松"，它祖籍远在喜马拉雅山西部，从阿富汗至印度特里加瓦尔的海拔1300~3300米地带，都有雪松的身影。

雪松，在原产地树高可达50米，胸径3米，其干高而直，树冠如宝塔，枝叶繁茂，终年浓绿叠翠。它的枝条坚韧，长枝斜展，呈不规则轮生状，顶部与小枝呈现微微下垂的样子，显得格外婀娜多姿、肃穆秀雅、苍翠欲滴，为园林风景增添了无限秀色，所以，在公园、街心、机场适当配植绿化，不仅会使环境幽雅，还有较好的经济价值。因为雪松木材坚实，纹理致密，是一种优良的用材。

美中不足的是，雪松自从引进我国后，这尊贵的"皇后"迟迟不肯生贵子。这是为什么呢？松树一般都是雌雄同株的裸子植物。春天新枝的基部生出雄球果，顶端生有1~2个雌球果，它的表面分泌出粘液，雄球果上的花粉被风吹散时，就能粘在雌球果上，使其授粉结籽。

但是，在雪松结的松塔里全是空的，很难找到一个松子。经科学家的长期观察发现，原来雪松绝大部分是雌雄异株，雌雄同株者只占5%。我国引进的雪松多是孤株栽植，很少成林。特别是我国的地理条件和印度、阿富汗有很大不同，这使雪松雌球果和雄球花的成熟时间相差10天左右，所以，当雄球花上的花粉吹散时，雌球果尚未成熟，虽有风为媒也难结良缘。因此，这"皇后"也就一直未能生下"一儿半女"。为了繁殖雪松,人们把成熟的雄球花摘下,筛选出花粉,放在0~5℃的冰箱里保存,等雌球果成熟时,进行人工授粉。从此,结束了我国雪松一直靠从外国引进的历史,使得雪松家族在我国也能繁衍昌盛。

"巨人"蕨之谜

在人们心目中,蕨类植物不开花、不结果,默默无闻地生活在山坡下、沟渠边,全是些貌不惊人的小草。其实,这只是一种误解,因为多达12000种的蕨类植物中,还有"巨人"呢!

1.核桃沟里寻怪树

20世纪70年代,一批植物学家到我国四川雅安一带考察。一天,他们来到离雅安约25千米的一个名叫核桃沟的地方。核桃沟属草坝合龙乡管辖,人迹罕至,植被繁茂,风景极为优美。可是,科学家无心欣赏美景,他们来此的目的,是为了寻找一种名叫"牛尾巴树"的植物的。"牛尾巴树"不找到,做什么都没有心思。牛尾巴树本来只是一种很平常的树,在核桃沟遍地皆是。可是,不知怎么的,一根牛尾巴树的树枝到了植物学家的手里,竟然引起了小小的震动。植物学家仔细看着手中这根黑黝黝的并不起眼的枝条,眼前不觉一亮。他看着尖尖的、基部与枝条浑然一体的小叶,再看着叶片背面隆起的一个个黄褐色小疙瘩。脑海中蓦地闪过一个念头:这种植物好奇怪!羽状复叶,孢子囊,这不正是蕨类植物的特征吗?但再打量手中2米长的枝条,心中不觉又有些迟疑,根据叶子判断,整个植株的高度在10米以上!可是,据以往记载,在我国,那么高大的蕨类植物只生活在海南省和云南省的一些热带雨林里,如今,在四川雅安竟然也出现了貌似蕨类植物的牛尾巴树,这究竟是怎么一回事呢?

发现怪树的消息不胫而走,终于引起了有关方面的注意。于是,在一个风和日丽的日子里,大批考察队员来到核桃沟。他们在那里考察每一棵植物,终于找到了大片大片的牛尾巴树。科学家对它们做了详细的分析,发现这些牛尾巴树大都树干笔直,并无分枝,"树皮"表面布满了六角形的斑纹。它们的叶子全部长在茎的顶端,叶柄很长,上面密密麻麻长满了许多小刺,每片叶子都有2~3米长,总叶桶的两侧长出许多分叉,每一个分叉的两侧再生出许多羽毛状、具有深裂的小叶片。数一数,小叶的数目竟有17~20对。乍一看去,牛尾巴树的叶子很像婆婆的棕榈树叶。

然而,走近一看就能发现这叶子远不如棕榈叶坚挺,它背面还有许多小疙瘩。

2."牛尾"原是巨人蕨

植物学家解剖了牛尾巴树,发现了那叶子背面的小疙瘩里竟然藏着无数的孢子。切开树干一看,里面既找不到能使茎加粗的形成层,也找不到明显的木质部和韧皮部。总之一句话,这树绝对不是种子植物。那么,不是种子植物,又能是什么植物呢?

谜底终于揭开了。原来,自古以来生长在核桃沟的牛尾巴树,并不是普通的植物,而是一种被称作桫椤的高大的蕨类植物。这种藻类植物与生活在新西兰和南太平洋诸岛上的树蕨有着相当近的亲缘关系。植物学家还弄明白了,生活在核桃沟的这种桫椤叶柄上多刺,故被称作刺桫椤,它的拉丁名种名 Spinuiosa,就是多刺的意思。在所有的桫椤中,刺桫椤的名气最响,也最珍贵,目前已被列为国家一级保护植物。

刺桫椤的外形十分高大,一般可长到五六米高,最高的可达 10 米以上。如此高大的植物又没有木质部和韧皮部,它们靠什么来支撑自身呢?

说来难以置信,刺桫椤靠的是简单而又有效的"编织法"。刺桫椤的茎本身并不坚固,但它的根却极其发达。它们里三层,外三层,你缠我绕,或仅仅钻进岩石缝隙中,或厚厚覆在茎的下部。这样,既增加了茎的体积,也提高了茎的牢度。

刺桫椤的根,再生能力特别强。砍了会再生,生了再砍,生生不息,韧劲十足,有力地保证了茎干能及时得到支撑。

在矮小的蕨类世界中,刺桫椤的身材是很引人注目的,这种蕨类植物中的"巨人",虽然个子长到 10 多米高,但其生活方式尚未脱离原始的状态。刺桫椤叶子背面的突起称为孢子囊群,成熟时散发出大量的孢子,据粗略统计,每一棵刺桫椤能散发出上百万粒孢子,孢子萌发以后,长成一小片绿色的心脏形原叶体。以后,原叶体上再长出能产生精子的精子器和能产生卵细胞的颈卵器。

刺桫椤孢子的萌发以及精子和卵细胞的结合都离不开水。所以,这就注定了它只能一辈子生活在如核桃沟这样阴暗潮湿的环境里,永远没有抛头露面的机会了。

3.身价倍增

其实,刺桫椤也曾有过辉煌的过去。距今大约 3 亿多年以前,高大的蕨类植物成了地球的统治者。当时,在温暖湿润的环境中,鳞木、封印木、芦木和种子蕨等一些几十米高的蕨类植物组成了蔚为壮观的原始大森林。进入中生代以后,桫椤类植物代替了那些古老的蕨类植物,它们的个子也有 20 多米高,依然是地球的主宰。

然而,曾几何时,地壳的变化使得原先温湿的气候变得干燥了,由于种种原因,大部分蕨类植物灭绝了,只有极少数蕨类植物死里逃生,苟延残喘到今天,刺桫椤就是这些"幸运儿"中的一员。

植物学家告诉我们,由于气候原因,在南太平洋岛屿的热带雨林中,高达25米的蕨类植物比比皆是,但在我国,桫椤等高大的蕨类植物却仅仅分布在四川、贵州、云南、海南、台湾、福建、浙江等地,海拔100~800米的山林中和溪沟边。

桫椤的茎含有大量的淀粉,这种淀粉俗称"山粉",可以制作各种富有营养的食品。桫椤的树形极为美观,可供作庭观赏树木。

在医学上,桫椤的茎有医治肺痨,抵抗风湿的作用。可是,这些作用与桫椤用于科研的作用相比,是微不足道的。植物学家认为,在蕨类植物的进化史上,桫椤的地位是很关键的。正因为有了桫椤,很多生物进化上的难题,才得以迎刃而解。随着人类的活动范围的扩大,桫椤的生存受到越来越大的威胁。就拿刺桫椤来说,在人们认识它们的价值以前,只不过是土生土长的"牛尾巴树",而一旦受到重视以后,就成为牟取暴利者争夺的对象。这种不分青红皂白地掠夺,使得桫椤面临绝种的危险。

为了抢救这些行将灭绝的珍宝,有关方面在位于贵州省西北部的赤水县设立了桫椤自然保护区。在保护区内,桫椤到了很好的保护。目前,在一些桫椤分布较为集中的地方,人们正在筹建新的桫椤自然保护区。

1984年,我国成都生物研究所的专家们利用组织培养的方法成功地培养出"试管桫椤"。

不怕扒皮的树

俗话说:"人怕打脸,树怕扒皮。"虽然在世界上不怕打脸的人不曾听说有过,但不怕扒皮的树倒确确实实存在。

树皮可是个大家族,有多少种树就有多少样的树皮。树皮有的光滑,有的粗糙;有的薄,有的厚;有红色,也有白色……真可谓形形色色,千奇百怪。树皮有长在树外面的那层表皮,有长在外表皮和木质中间的韧皮。外表皮像忠诚的卫士,终日顶风冒雨,遮挡烈日霜雪,护卫着树的全身,保证树体内韧皮部上下运输线的畅通无阻。如果树皮遭到破坏,就会使运输线受阻,造成根部得不到营养而"饿死",树上的树叶得不到水分而无法进行光合作用,也就慢慢枯萎。可见,树怕扒皮的说法是有道理的。

然而,树中也有在扒皮之后,仍能死里逃生的"硬汉子"。栓皮栎树就是一个例子。栓皮栎树在一生中(寿命为 100~150 年),虽要经过几次扒皮,却不会"伤筋动骨",而且仍然生命不息,健壮地成长。这其中的奥秘在于栓皮栎树的皮下长有一层栓皮的"形成层",它可以向内分生出少量活细胞,称为"栓内层",向外侧分生出大量的栓皮细胞,称为"软木"。随着树木的生长,栓皮也逐年加厚,5~6 年就可以扒 1 次皮("处女皮"要等 20 岁以后才能剥去)。但在扒皮时要注意留下有生命的栓皮"形成层",只要它不受伤害,就仍然可以照常输送水分和营养,栓皮栎树也就能死里逃生。

栓皮栎树皮——软木,看上去很像鳄鱼皮,它的用处可大了。用于生活上可作桶盖、瓶塞等。用于工业、交通、国防建设方面:它是物品冷藏中最佳的隔热材料;它又是物理、化学试验中良好的保温材料;还是汽车汽缸中优良的密封材料。在人们追求"自然美"成为高雅时尚的今天,软木又在建筑装饰上获得了一席之地。

科学家对树木"形成层"的研究,正在应用于对杜仲、黄柏、厚朴等制作中药材的树木的取皮上,从而告别了过去那种"杀鸡取蛋""砍树取药"的笨办法。如果这方面的研究能应用于更多的树种,人们的生活中将会有更加丰富的树皮制品。

鸽子树之谜

1."花朵"像鸽子的树

1860 年,英法联军大肆进攻、洗劫北京城,火烧圆明园之后,清朝政府被迫签订了城下之盟——中英、中法以及中俄《北京条约》。历史学家将这称为第二次鸦片战争,其结果是中国进一步丧失了大片领土和许多权益,随之,更多的外国传教士和冒险家拥入中国。

鸽子树

1869 年春,在中国四川青衣江上游的宝兴地区,一个叫穆坪的地方,来了一个满脸大胡子的高鼻深目的法国传教士。他名叫大卫,这一年 41 岁,是第二次来到中国。大卫的兴趣十分广泛,其中,尤喜种植花草,采集植物标本。他 32 岁那年,借传教的机会,到中国的河北地区采集植物标本。3 年以后,他带着大量标本返回了法国。

大卫来到穆坪,眼前葱茏一片的植物世界,令他惊叹不已。一天,他来到一片树林间的开阔地,看见了令他终生难忘的情景。事后大卫回忆道:"我来到一处美丽的地方,看到了一棵美丽的大树。那树上长满巨大的美丽的'花朵'。'花'是白的,好似一块块白手帕迎风招展。春风吹来,又好像一群群鸽子振翅欲飞。"

大卫把这种大树称为"中国的鸽子树",事后他还发现,鸽子树的白色大"花"实际上并不是真正的花,而是它的苞片,这种苞片最长可达15厘米,宽3~5厘米。我们所看到的鸽子树"花"既然是苞片,那么真正的花在哪儿呢?

大卫仔细研究了鸽子树的结构,这才知遭,鸽子树花的数量很多,但却很小,许许多多的紫红色小花组成了一种叫作头状花序的结构。在头状花序中,雄花数目很多,它们大部长在花序的周围,而中央则是雌花或两性花。鸽子树的花序直径约有2厘米,它们处于白色苞片的包围之中,微风吹来,人们只看到鸽子般展翅的苞片,却忽略了花序的存在。

大卫将鸽子树的标本带回了法国,植物学家们竟将鸽子树命名为"Davidiain-volucrata"。"involucrata"的意思是"有苞片的"。"Davidia"是"大卫发现的"意思。由此可见,大卫发现的鸽子树,在植物学家的心目中分量有多重!

2.原来是珙桐

现今我们知道,鸽子树其实就是中国特有的"活化石"——珙桐。珙桐的科学价值之所以珍贵,是因为在距今200~300万年以前,珙桐的"足迹"遍布全世界,由于第四纪冰川的影响,珙桐在世界上绝大多数地区都绝迹了,而在我国贵州的梵净山、湖北的神农架、四川的峨眉山、云南的东北部地区,以及湖南的张家界和天平山的海拔1200~2500米的山坡上还留有小片的天然树林。这些远古年代的遗物,就像地层中的古生物化石一样,能帮助人们了解与地球、地质、地理、生物等有关的许多奥秘,又因为它们是活着的,所以叫它们"活化石"。正因为这个原因,珙桐成为我国的一级保护植物,国家还专门为这些"活化石"划定了保护区。

19世纪末,珙桐被引种到法国,以后又来到英国以及其他国家。如今在瑞士的日内瓦市,人们常在庭园里栽种珙桐。

珙桐的果实成熟时,颇像一个个尚未成熟的野梨,因此,在产珙桐的地方,珙桐又被叫作水梨子或木梨子,虽然此"梨"果肉酸涩难以下咽,但对于渴到极点的赶路人来说,这"梨"倒也能救急。

珙桐的树形优美,是一种很好的绿化树种,它的种子含油量达20%,因此是一种利用价值颇高的珍贵植物。

奇异的植物

1.奇臭植物

植物一般都是无味或略带香味的,但也有奇臭难闻的。澳大利亚悉尼皇家植物公署的植物学家正培养一种奇臭无比的植物,名为摩福花莱士,即变形的阳茎。这种植物发出来的恶臭非常难闻,只要你稍一走近,便会嗅到极臭的气味,而且它还可以令周围的气温升高,使你闻到更强烈的臭味。这株浅紫色的植物来源于婆罗洲的原始森林。悉尼皇家植物公园培养的这一株植物发出恶臭,是为了能吸引绿头苍蝇为它传播花粉,以便繁衍后代。它的外形看起来很不显眼,但却价值连城。

2.催眠植物

在非洲坦桑尼亚的野外,生长着一种具有强烈催眠作用的菊花,只要人和其他动物一闻到它的气味,就会马上陷入昏睡状态。如果闻它的气味的时间长了,就会昏睡好几天。当地人把这种催眠菊花用来作为捕猎犀牛等野生动物的工具。

3.魔鬼植物

在福尔摩斯探案中,有一则名为"魔鬼草"的故事,其情节是有一个侄儿为了攫取其叔叔的财产,就在他的壁炉中放了一把魔鬼草,他的叔叔看到有无数魔鬼从壁炉中飞出来,当场被吓死。以前,人们都以为这则故事是虚构的。但经科学家的考察与研究,在墨西哥确实存在着一些迷幻植物,人闻到其气味或食用后,便会产生幻觉。墨西哥有一种叫"裸盖菇"的草,点燃后冒出的烟,人闻到后会产生幻觉,顿时眼前的世界会变得虚无缥缈,仿佛脱离了尘世,并有无数张牙舞爪的恶魔向自己扑来。还有一种野荔枝果仁,人误食后,先是仿佛看见无数昆虫飞来,接着是万马奔腾的场面,最后是觉得空中有人呼唤自己,接着便不知不觉地随之奔跑,直到撞得鼻青眼肿为止。墨西哥还有一种蘑菇,人吃后不到半小时便会药性发作,大脑里会涌现出绚丽的风景和众多的彩色图案。

4.糖精植物

最近,科学家发现一种叫"卡坦精"的物质,经鉴定其甜度竟为蔗糖的 60 万倍,是目前世界上最甜的物质。这种"卡坦精"是从加纳森林中一种叫"卡坦菲"的野生植物提取出来的,所以也可称作它为最甜的植物了。科学家们正在研究将它引种驯化,以利食用。

5.针灸植物

针灸治病是我国医学宝库的法宝,针灸的对象当然是人,这似乎不是问题。但一些国家应用中国针灸原理,对植物进行针刺,使得花木更茂盛,果实亦翻番,这也不是天方夜谭。

园艺家对植物采用的针刺手术通常分为阴性和阳性丽种。如要增加开花和结果的数目,则采用前者。针刺的部位选择在植物枝干分叉处的内上角。这对桃、柿、柑、橘、咖啡、番石榴、樱草花等植物颇有效果。若想促进生长,则采取后者。针刺的部位选择在植物枝干分叉处的外下角。这对松树、桉树及其他一些木本植物的生长,可有立竿见影的作用。

与给人针灸不同的是,植物没有人那么娇贵,所以用的针也就不太讲究,一般别针或其他尖锐物均可,"针灸器具"的消毒也不必如人,只是稍加清洁即可。

令人谈树色变的"吃人树"

在内尔科克斯塔的莫昆斯克树林中,有一块近百平方米的地方用铁丝网围住,在它边上竖着一块醒目的牌子,在木牌上赫然写着:"游人不得擅自入内。"在它旁边还立着一块巨大的木牌,那上面详细地记载着过去曾在这里发出过的不幸事件,提醒游人珍惜生命。

在这圈铁丝网中,矗立着两株巨大的樟树,它们的躯干庞大,直径足有6米多。其中一株樟树,由于生长日期久远,因此在树的底部,已经腐烂,露出一个3米宽、5米高的树洞。两株樟树相距10米远,据专家分析,它们已经有4000多年的寿命。

1971年9月,法国人吕蒙梯尔、盖拉两人带着他们的家人来莫昆斯克度假,他们几乎是年年都来内尔科克斯塔度假的,只是到莫昆斯克丛林还是第一次。

两家人到了莫昆斯克后,大人们便开始忙着安排宿营和晚餐。吕蒙梯尔去丛林拾拣干枯树木,准备烧火做饭。他的儿子欧文斯也闹着要一起去,盖拉的儿子见小伙伴要走,也嚷着要去,于是,吕蒙梯尔带着两个小家伙走了。来到丛林深处,吕蒙梯尔自己拣柴火,两个孩子却自顾自地游戏去了。

没多一会儿,吕蒙梯尔就听见两声叫喊,他听出是两个小家伙发出来的,心一紧,丢了柴禾,便向声音发出的地方奔去,因为他知道非洲丛林中有许多食人猛兽出没。就在他跑出10多米远时,突然觉得自己的身体变轻了,跑起路来一点也不费力,接着他的身体居然飞了起来,而且直向前面一棵大树撞去,吕蒙梯尔双手挥舞着。大声叫道:"不! 不! 放下我,放下我。"

"砰",吕蒙梯尔弹在了树上,立即昏了过去。当他醒来时,发现自己紧紧地贴在树上,无法动弹。不知什么时候,欧文斯和亚博两人已经来到他身后。对他说:"快脱掉衣服,否则你无法离开这棵大树的"。

他转过头来,发现自己的头和手可以动,但穿了衣服裤子的部位就不能动,再一看,儿子和亚博的衣裤正贴在树上。

欧文斯赶紧上来用刀划烂父亲的衣裤,吕蒙梯尔才从树上滑下来,最后还咒骂了树一句。吕蒙梯尔想从树上拔下衣裤来遮挡身体。没料到他刚一接触衣服,又被树木吸住,他吓了一跳,再也不敢扯那衣服就带着两个孩子回去了。

快到宿营地的时候,吕蒙梯尔对儿子说:"你们先回去,你叫母亲给我带条裤子来,我总不能赤身露体地回去呀。"

两个孩子听话地回去了,不一会儿,亚博的母亲盖拉太太来了,看见吕蒙梯尔的样子又羞又惊,忙问他是怎么回事,还要让他们带她到大树那里去看一看。吕蒙梯尔连忙拒绝,说:"假如被那大树吸住的话,只有脱光了衣服才能离开那里,我们现在去,让你丈夫和我妻子菲莉看见了,那怎么是好。"

于是当盖拉回来后,盖拉太太硬拉着丈夫,随儿子亚博去看稀奇了。约半小时后,只见亚博惊慌失措地跑来,告诉吕蒙梯尔:"我爸爸请你快快去,我母亲被吸进了一个大树洞里,请你快去帮助救我妈出来。"

10多分钟以后,盖拉赤裸裸地哭着回来了,他对吕蒙梯尔伤心地说:"我妻子死了。"盖拉说他们走到那里时,盖拉太太首先飞了起来,向一株大樟树飞去,盖拉想上前拉住妻子,却被吸到相反的方向,撞在另一棵树上。这棵树才是吕蒙梯尔遇见的那一棵,而他太太飞向了另一棵树。

儿子亚博早有准备,他是光着身子来的,他看见母亲飞进树洞,跑去一看,里面黑乎乎的,不敢钻进树洞救母亲,就将另一棵树上的父亲救下。盖拉忙叫儿子去告诉吕蒙梯尔一家,自己走进了树洞,里面又黑又湿,他鼓起勇气叫着妻子的名字,却没有回应。待他走到洞的深处,发现太太已经曲卷成一团死去了。

吕蒙梯尔责怪盖拉为什么不脱掉他妻子的衣服,盖拉说他当时太紧张,没有想到这件事。待他俩再次来到树洞准备将盖拉太太的尸体搬出来时,哪里还有一个人影儿。

这件事传开以后,有三个年轻人争着要去体验一下,他们三男四女共七人来到莫昆斯克,罗德兹等三个男青年发现,无论如何他们也只能被吸到右边的那棵树上。其中一名叫斯兰达的青年做过一次试验,他穿上衣服,靠近左边有树洞的樟木树时,不但没有被吸入洞中,而且可以顺利地走过走出。

这个试验表明,有树洞的樟树,对衣服没有吸引力,而右边的那棵树,不管什么布料都会被吸上去。而且布料在树上停留两个小时后,就会消失无踪,像被吸收了似的。因此,他们怀疑以前盖拉在撒谎。因为盖拉说,他走进洞里看见他太太死去,但没有力气将她拖出来,理由是盖拉太太穿着衣服。然而现在的试验表明,这个洞根本就不可能吸住人,而且,当吕蒙梯尔再进来时,这里根本就没有人。为了证实自己的推理的正确性,他们又做了一个实验,斯兰达穿戴整齐,贴在右边那棵会吸住人的那棵树上,两小时后,大家吃惊地看到斯兰达身上的布料像被风化了一样荡然无存,而他则完好无损地落下地来。

回到营地,他们向四名女青年添油加醋地描述他们的试验经过,逗得她们心里痒痒的,都想亲自去看看这两棵天下奇树。三名男青年见劝不住她们,又想并没有什么危险就由她们去了,只是罗德兹远远地跟在她们后面。当四个姑娘离樟树只有七八十米远的时候,罗德兹陡然看见四个大姑娘一齐飞了起来,她们惊叫着冲进了会吸引人的树旁边那棵有洞的樟树洞口。他大叫着"快脱衣服",并迅速脱下自己的衣服赶去救人。

那大树洞口一下子不能同时吸进四个人,其中一个姑娘手扣住洞口,拼命地呼喊着罗德兹快去救命,罗德兹来到树前,看见姑娘的双腿和大半个身体已经被吸进洞去,只剩头和双手还在树外,但不到两秒钟,她们就再也无力抵挡被吞进了树洞。

罗德兹不顾一切地冲进洞中,见四个姑娘挤在一起,还有呼吸,他迅速扒光其中一个姑娘的衣裤准备往外拖,却怎么也拖不动,待他再去摸鼻时,发现所有的姑娘都没了呼吸。而他却纳闷,怎么自己一点事也没有?

等罗德兹回去叫来同伴返回洞中时,洞中却空无一人,她们不知到哪里去了,洞中只留下四对耳环和五枚戒指。

三个青年回到温得和克,并向政府讲述了这件事。有人为此建议政府砍掉这两棵害人的大树,但当地政府就是舍不得,最后用铁丝将它们围起来了事。

这是多么可怕的植物啊!类似这样的文章还有不少。有的报道说这种植物就生长在印度尼西亚的爪哇岛上,有的说在南美洲亚马逊河流域的原始森林中也发现了吃人植物。由于文章中详细逼真的描写,结果使很多人都相信,在我们这个人类居住的星球上,似乎真的存在一种会吃人的植物。

吃人植物的传说,很容易使普通人信服,可是严肃认真的植物学家却对此产生了很大的怀疑。因为在所有发表的关于吃人植物的报道中,都缺少吃人植物的真凭实据,即清晰的照片或实实在在的植物标本。植物学家们决心把吃人植物的问题查个水落石出。

吃人植物的最早传说是从哪里来的呢?科学家们查阅了大量文献资料,终于发现,有关吃人植物的最早消息来源,是来自于19世纪后期的一位德国探险家。此人名叫卡尔·里奇,他在去非洲探险归来后于1881年写过一篇探险文章,提到过吃人植物。卡尔·里奇在文章中写道:

"我在非洲的马达加斯加岛上,亲眼见过一种能够吃人的树木,当地的主人把它奉为神树。这种树的树干有刺,长着8片特大的叶子,每片长达4米,叶面上也有锐利的硬刺。曾经有一位土著妇女,恐怕是因为违反了部族的戒律,被许多土著人驱赶着爬上神树,接受神的惩罚。结局十分悲惨,树上的带刺大树叶,很快把那个女人紧紧地缠住,几天之后,当树叶重新打开时,一个活生生的人已经变成了一堆白骨。"

于是,世界上存在吃人植物的骇人传闻,很快就四下传开了。后来,从亚洲和南美洲的原始森林中,也传出了类似的传闻,吃人植物的消息越来越多,越传越广。

为了证实这些传闻,1971年年底,一支由南美洲科学家组成的大型探险队,专程赴马达加斯加岛考察。他们在传闻有吃人树的地区进行了一遍又一遍的仔细搜索,结果并没有发现卡尔·里奇所描述的吃人树。

除此以外,英国著名生物学家华莱士,在他走遍南洋群岛后,叙述了许多罕见的南洋热带植物,但也未曾提到过吃人植物。所以植物学家越来越倾向于认为,世界上也许根本就不存在这样一类能够吃人的植物。

那么,吃人植物究竟是不存在呢?还是人们没有再次发现它呢?

会"流泪"的胡杨

胡杨又叫"异叶杨",属杨柳科,是一种落叶乔木,幼年时期,它的叶子狭长似柳叶,成年以后,下部的叶形仍似柳叶,中上部的叶子却长成有锯齿的圆形叶子。

胡杨春天开花,夏季树上结出一串串淡黄色的蒴果,这蒴果张开"大嘴",不断"吐"出芝麻大小、周身披着冠毛的种子,十分逗人。

胡杨贮水的本领极强,树皮被磕破以后,便会源源不断流出汁液,这种情景极似人在流泪,因而,胡杨树被称作是会"流泪"的树。胡杨的"眼泪"中含有大量碱性物质,吸进口中会令人十分难受。"眼泪"晒干以后,可以成为钠盐结晶,这结晶是皂业或脱酸制革业的原料。医学上,"胡杨泪"还可用做清热解毒、制酸止痛的良药。

胡杨生活在我国西北地区的荒漠之中,它具有极为出色的抗旱本领。胡杨的根很发达,为了得到所需要的水分,胡杨将根扎入地下 2~5 米深。这些根纵横交错,密如蛛网,面积达数十平方米。有趣的是,大胡杨如此,小胡杨也是如此。

胡杨

胡杨的种子一旦萌发,第一件事情便是长根。待根系发育完全,这才迅速地长出枝叶。速度最快时一年内小胡杨可长高 1 米。

令人感到不可思议的是,胡杨的根还能自动调节其生长速度。若是左边水源干涸了,右边的根系便马上"启动"。于是,左边的枝叶逐渐枯萎,右边的枝叶逐渐繁茂。

我国的胡杨主要产于新疆、内蒙古、甘肃、青海和宁夏等省区。由于它耐旱、抗沙、抗盐碱,所以成为防风抗沙的"主力军"。胡杨的木材纹理漂亮,耐腐耐湿,可以用来制作优质家具;胡杨的纤维可达 1.1 厘米长,是高级造纸材料;胡杨的叶子可以喂羊;树汁能提炼胡杨碱。胡杨一身是宝! 它是国家三级保护植物。

少见的方形植物

假如问你:西瓜是什么形状? 竹子是什么形状? 蟒蛇是什么形状? 你一定会正确地给予回答的。因为你吃过西瓜,用过竹子,在动物园里你也见过蟒蛇,你对它们的圆形身躯是太熟悉了。

数学家告诉我们,圆形物体耗材最省而容积最大,所以酒瓶、油瓶等容器总是圆形的。在自然界,生物多数也采用这种最佳设计方案。

可是天下之大,无奇不有,少数生物就生成一副方形模样。

1990 年底的一则报道说,地处大瑶山的广西金秀瑶族自治县,有 7 位农民就捕获了一条身躯呈方形的大蟒,大蟒身长 4 米多,重达 40 千克。

方竹已为许多人所知晓,尤其是在贵州的桐梓县。我国共有 6 个方竹品种,桐樟境内就有 5 个。

方竹之外,还有方柿。方柿又称四棱柿,食之甜美可口。

1985 年,在浙江山区新发现了一种奇特的方树,共 120 多株。树的主干株株成方形,棱角分明,树皮呈黄绿色。专家们从不知道这种树,现正在探究它的来龙去脉。在美洲巴拿马地区也曾发现过这种奇树,这种树不仅树身是正方形的,连年轮也是正方形的。人们也在努力研究它。

除了自然变异而由圆变方的生物品种,人们正按照自己的意愿和需要让圆滑的生物变得棱角分明起来。例如,1984年香港曾培育出一种体形四方的瘦肉猪种,谓之"四方猪"。

10多年前,日本培育出了方形西瓜。美国培养育出了方形西红柿,轰动一时。然而我国早在明代就有方形葫芦在市场上出售了。有些葫芦上"又有突起成字为一首诗者"。为什么会有方形西瓜和方形葫芦呢?这倒是人工加工的结果。原来,在西瓜或葫芦初生时,就用木板围成四方,强行使它们长成方形,若在木板上事先雕刻诗句,那么,葫芦和西瓜上面就会"长出"诗句。

育种家为什么要花力气去培育方形品种呢?原因是:方形树木可减少建筑用材的损耗。方形番茄可方便机械采摘,能提高采摘的速度和质量。方形西瓜是在方框中结瓜的,这就不愁虫害。方形瓜面积较小而且不会滚动,这就便于运输。加之方形瓜小巧玲珑,纹理美观,于是成了受欢迎的礼品。

第三节　植物的生活百态

太平洋两岸植物为何相似

今天的地球上,生存着几十万种植物,它们分布在世界各地的每一个角落,几百年来,有关世界植物的分布之谜,一直是植物学家进行探索的重要内容之一。

众所周知,由于地理环境和气候条件的限制,在相隔遥远的不同地区,植被类群和植物种类都具有明显的区别,很少有共同之处,但在19世纪的50年代,美国哈佛大学的植物学家阿瑟·格雷,在参阅了大量日本的植物标本,并对照了北美的植物之后,产生了一个极大的疑问:为什么亚洲东部的植物种类,与相隔如此广阔的太平洋的北美东部植物相似?与此相反,北美东部和西部的植物,虽然地域上较接近,但相似程度反而较远,这是什么原因呢?

格雷经过研究后提出一种解释,他说,大约7000万年前,气候比现在温暖得多,所以今天温带常见的落叶阔叶树,甚至已扩展到靠近北极的地区。但是大约到了100万年前,地球变得非常寒冷,从前只有极地和高山上才能见到的冰川,渐渐覆盖了地球的广大地区。在冰川时期中,不耐寒的北半球落叶阔叶树林开始向南移去。一路沿着亚洲的东侧南下,另一路沿着北美的东侧南下。

靠近极地的落叶阔叶树林,分二路向南移动,由于隔太平洋,离得就越来越远了。但是不久冰川期结束,地球恢复到现在这样温暖时,温带植物再次北上,形成了现在这样分布。而在北美东部和亚洲东部,影响植物生活的种种条件不同,经过长期演变,一点一点地变成了不同的植物。但因为来自相同的祖先,所以直到今天,生长在两地的植物就很相似了。

格雷的说法很有道理,但存在着一个疑问。一些植物学家指出,在地球变冷的时期,为什么离极地很近的北半球的温带林,也就是落叶阔叶林,没有沿着北美西部和太平洋沿岸南下呢?

不久之后,日本科学家前川文夫提出了一个新论点。他在调查全世界黄精叶钩吻(一种植物)的分布时发现,黄精叶钩吻的同类都分布在环绕地球的一条线上,这使他联想到著名的"大陆漂移假说":北美大陆原先与亚洲大陆联成一块,直到白垩纪时才离开原始的统一大陆,渐渐从南向北漂移成为今天的样子。

正因为如此,前川文夫提出,由于在地质史上北美大陆的西海岸曾一度和亚洲东部相连,彼此的植物各类当然也就完全相同。后来,虽然经过漂移运动远远离开,中间相隔一个太平洋,但它们都具有共同的植物祖先。所以,北美西部与亚洲东部的植物如此接近,而北美东部和亚洲东部植物的相似之处则很少。

前川文夫的论点,引起了植物学家们的兴趣。但是根据地质计算,大陆漂移距今已有7000~13000万年时间了,在这段漫长的时间中,植物将受到气温、阳光、降水量、土壤的性质以及其他条件的影响,难道太平洋两岸的植物没有发生根本性的变化吗?目前,植物学家还没有足够的证据,去完全解开太平洋两岸植物为什么如此相似的谜团。也许,科学家们越感兴趣的问题,就是越难彻底解决的问题。

藻类疯长之谜

不知读者朋友们是否留心过,在碧波荡漾的湖泊和天水一色的大海中,有时会出现五光十色的"水花"。此"水花"常在早秋或晚春"绽开"。它看起来飘忽不定,多彩多姿,十分美丽,但闻起来却是腥臭刺鼻,令人心烦。

原来这些远处看来彩色斑斓的"水花"不是别的,而是一些漂浮在水面上的藻类生物。它们的个头很小,只有在显微镜下才看清其真面目。它们没有定居点,可以随波逐流,四处漂泊。

别看这小小的生灵不起眼,一旦疯长起来,就能密密麻麻、遮水蔽日,厚厚的覆盖在水面上,并把水面染成各种颜色。科学家们把在湖泊、池塘中出现的这种现象叫作"水华",把在海洋中发生的这种现象叫作"赤潮"。

根据研究证明,全世界能发生"水华""赤潮"的浮游生物大约有 150 多种,我国沿海地带则有 30 多种,最常见的是单细胞夜光虫(藻)。它的传宗接代方式类似于低等植物,可又不能进行光合作用。它既是虫又是藻。当夜光虫聚集在海面疯长时,可使夜幕下的海水波光粼粼,蔚蓝壮观,景色十分迷离诱人;浮游生物束丝藻大量萌发,能将水体染成红色;腰鞭毛虫大量滋生的水域,则呈褐色……它们不愧为湖泊、大海的"染匠"。

别看"水华""赤潮"貌美多俏,但它们好似美女蛇,华丽之中隐藏着恶行,给湖泊、大海带来很多灾害,因此已引起世界各国的密切关注。"水华""赤潮"的主要危害是:

(1)大量"水华""赤潮"滋生,厚厚的覆盖于水面,阻挡了阳光对水体的照射,使大量水生植物得不到足够的阳光,不能进行光合作用,造成严重减产,甚至死亡。

(2)大量的浮游生物呼吸繁殖要大量耗用水中溶解的氧。同时它又阻碍氧气进入水中,因此造成水下严重缺氧,直接威胁水下生物的生命。

(3)浮游生物中的蓝藻更是穷凶极恶,它能分解并产生有毒物质,使鱼虾贝类吞食中毒,人吃了这类鱼虾贝也会中毒。科学家已从赤潮藻中分离出多种有毒物质,有的毒性比眼镜蛇的毒性还大。

请看"水华""赤潮"所造成的历史悲剧:

1981 年香港水域发生赤潮,造成鱼虾贝类大量死亡,损失了 1400 多万港元;

1986 年我国福建沿海群众,因食用"赤潮"污染过的蛤仔,造成 136 人中毒,3 人死亡;

1987 年菲律宾人民,因食用"赤潮"作用过的食物,造成 278 人中毒,21 人死亡;

1989 年我国河北省境内发生一次"赤潮",造成是虾池减产五万多吨,经济损失 2 亿多元;

1989 年日本歌山县和三重县一带发生"赤潮",经济损失达 50 亿多元;

1998 年 3 月底,我国珠江入海处的近海域爆发了大规模赤潮,造成了大量鱼虾死亡,直接经济损失达 1340 多万元;

"水华""赤潮"恶行累累,给人类造成的危害不胜枚举,而且有愈演愈烈的趋势。那么,怎样才能避免"水华""赤潮"现象的发生呢? 假如避免不了,能进行预测、预报也好。而要做到这一点,就必须先要弄清楚"水华""赤潮"发生的原因,可惜这个问题至今仍是个难解之谜。

一种说法认为,"水华""赤潮"近些年来频繁发生,可能与水污染有关。目前全世界每年有大量的污水排入江河湖海,造成许多水体污染。湖泊和大海受到生活和工业用水的污染后,会给水中增加许多化学物质,特别是具有营养价值的氮、磷等元素,造成藻类暴长。但究竟哪些物质能促使藻类大量繁殖,藻类繁殖如此快的机理是什么,这些问题尚无明确答案。

持有这种观点的人,试图用反证法寻求答案。他们想能否采取"饥饿疗法"将藻类饿死,以限制藻类的暴发速度。然而,要从茫茫的大海或湖水中将钾、磷、氮等元素提取出来,谈何容易? 何况蓝藻等浮游生物还可以自己从空气中获取氮气。

上述说法是当前比较流行的说法,但此说法不仅没有得到科学证明,同时还遭到怀疑。1000 多年前就曾经有过关于"赤潮"的记载,那时人口不算多,工业也不发达,又有什么能造成海水和湖水污染呢?

因此又有人提出,产生"赤潮"和"水华"的原因可能与气象、海流、水温等因素有密切关系。但究竟有什么样的关系,尚无详细报道。

尽管现在人们对为什么会发生"水华""赤潮"的原因还没有弄清楚,但对如何减少甚至消灭"水华""赤潮"已想出了一些办法。德国科学家正在研究一种细菌,这种细菌能够大量吞食水中的蛋白质和碳水化合物,减少水中的富营养物质,使污水得以净化。人们期望着用它来控制"水华""赤潮"现象的发生。日本科学家已研制成功了一种海洋"除草剂"——18 碳 4 烯酸,它可以在短时间内将"赤潮"浮游生物毒死。可惜此除草剂成本太贵,目前还难以大面积推广应用。

树干为什么都是圆柱形的

只要你平常对周围的树木稍加注意,就会知道不同各类的树木,它们的树冠、叶子、果实的形状变化多端,几乎不可能找出它们的共同形状来。有时就是在同一种类中也有很大的变异。可是,当你把视线转移到树干和枝条上去时,马上就会发现:几乎所有树木树干都是圆的。奇怪! 树干为什么大都是圆柱形的,而不是别的形状呢? 为什么形形色色的树木在这一点上能够"统一"起来呢?

让我们来看一着圆柱形的树干到底有哪些好处吧!

几何学告诉我们,圆的面积比其他任何形状的面积要大,因此,如果有同样数量的材料,希望做成容积最大的东西,显然,圆形是最合适的形状了。怪不得人们把用以输送煤气的煤气管,用以输送自来水的水管,都做成圆管状的,实际上这是对自然现象的一种仿造。

其次,圆柱形有最大的支持力。树木高大的树冠,它的重量全靠一根主干支持,有些丰产的果树结果时,树上还要挂上成百上千斤的果实,如果不是强有力的树干支持,哪能吃得消呢?

树木结果的年龄往往比较迟,有些果树,如核桃、银杏等常需要生长十多年,甚至几十年才开始给第一次果实。在这一段漫长的时间里,它们主要的任务,首先是建造自己的躯体,这需要耗费大量的养分,如果不是采用消耗材料最省而功能最大的结构,就会造成浪费,使结果年龄推迟,树木本身繁衍后代的时间也拉长了,这对树木来说是不利的。

再说,圆柱形结构的树干对防止外来伤害也有许多好处。树干如果是正方形,或是长方形,或是圆以外的其他形状,那么,它们必定存在着棱角和平面。有棱角的存在是最容易被动物除掉的,也极容易摩擦碰伤。果园中的果树,假如树干是四方的,可以想象它就容易被耕畜或其他机械损伤。我们知道,树木的皮层是树木输送营养物质的通道,皮层一旦中断,树木就要死亡。而四方茎干遭害的机会又这么多,岂不危险吗?好在树干是圆柱形的,就是机械碰伤致摩擦损伤了树皮,也可能是局部地方而已。

另外,树木是多年生植物,在它的一生中不免要遭到风暴的袭击,由于树干是圆柱形的,所以,不管任何方向吹来的大风,很容易沿着圆面的切线方向掠过,受影响的就仅一小部分了。你可以设想,如果树干是具有平面的任何其他形状,不待说,平面比之圆面上的一点受风力不是就大大增加了吗?这样,树就会被风刮歪,严重时还会使树倒毙呢!

一切生物都在进化的道路上前进着,它们躯体的特点总是朝着对环境最有适应性的方向发展。圆柱形树干可能也是对环境适应的结果。

森林里树木为什么都很直

如果请你画一棵树,你一定会画得枝干纵横,叶子稠密,树冠团团得像个宝塔,也许还长条拂地,迎风摇曳哩。

的确画得不坏,随便到哪里去看看,树木不是都长得这样吗?

倘使有人也画树,但他画的树又高又直,没有纵横的枝条,只在顶上有那么一小段长着树枝和树叶,看去仿佛在一根电线杆顶上扎了一把伞。你可能会看得哈哈大笑,这还像树吗?

可是别笑,有这样的树哩。要是只有云杉、红松、杉树、松树等组成的原始的纯针叶林,那么,在你眼前的,就只有一根根粗大的木柱子,非要你仰起头来,才能看到枝叶,而这些树木的枝叶,就只有小小的一簇,盘踞在高高的树顶上,跟你看见要笑的那张画上的怪树一样。

这是怎么一回事呢?是谁把它们的枝条砍得那么光光的呢?

其实谁也没有来砍过这些树的枝条,这些枝条是树木本身落掉的。

原来,树木的生长,首先必须依靠阳光。哪一棵树能够在没有阳光的照射下,长久地生存下去呢?许多树木挤在一起生长时,得到阳光的机会,自然比单独生长的树木少,但是生存是一切生物的第一要求,于是树木都争先恐后地向上长,都想多得一些阳光。然而在一定面积上,阳光给予的能量是有限制的,就使得树木不得不改变它的生长状况,以适应自然环境。

在众树密处的森林里,大量的枝叶既影响通风,又得不到充足的阳光,因而不能给树身制造养料,在消耗了枝叶本身的养料以后,就自然而然地枯死了,掉落了。这种现象叫作森林的自然整枝。

可是树顶部分的枝叶,在同其他树木作了竞争以后,大家均匀地长到相差不多的高度,在那样的高处,有着充足的阳光照射,根部又源源不断地送来水分与无机盐,使它紧张地制造着整棵树所需要的养料,因此这一部分生命力强,长得很好。

一定的自然环境,往往会赋予各种植物以一定的外形(生活型)。森林里的树木,大部长得很直,而且只有树梢一段有树枝和树叶,也是森林的自然环境造成的,如果让它享有充分的阳光,有足够发展的空间,它就绝不会是那样了。

独木能否成林

俗语说,独木不成林。然而,在植物世界里却有一种植物独木能成林。

在广东省新会县有一个著名的"鸟的天堂",因为这里有一片茂密的森林,占地约 0.6 公顷,栖息着许多的鸟儿。然而这片森林却是由一株榕树长成的。这株巨榕至少已有 300 多年的历史了,树冠下面树干密布,且也长得很粗壮,以至现在人们都分不清哪根是主干哪根是枝干了。

在云南西双版纳热带植物园的中心,有一棵大榕树,它有许多扎进土壤中的气生根,共同支撑着繁茂的枝叶。靠气生根的支撑,枝干向周围延伸了很远,以致遮阳面积达 0.2 公顷左右，可以容纳几百人在树下乘凉。

在孟加拉国的杰索尔地区，有一棵闻名遐迩的榕树。它的树龄达 900 余年，有 600 多根支干，树高 40 多米，树冠巨大，投影面积达 28000 平方米左右。

大榕树为什么能独木成林呢？

榕树生长在高温多雨的热带、亚热带地区，它枝叶繁茂，终年常绿。榕树有个与众不同的习性，在它的树干、枝条上会往下长像胡须一样的气生根。这些气生根生长到一定时候，就可以接触到土壤，慢慢地，气生根越长越粗，形成了一根根枝干。这些枝干既可以支撑着巨大的树冠，同时，也可从土壤中吸收养分和水分，满足繁多的枝叶生长的需要。

随着气生根数量的不断增多，以及气生根的不断变壮，为树冠向四周的延伸提供了必要的条件，因此，经过长久的时间，一棵榕树就变成了一片森林。

真菌是动物还是植物

真菌是一个很大的生物类群，大约有 10 万种，其中包括各种霉菌、酵母菌等，还有我们平时很熟悉的蘑菇——伞菌，它们在整个生物界中占有非常特殊的地位。

虽然在很早以前，科学家们已把它勉强归入到植物界中，但关于真菌究竟是植物还是动物的争论，长期以来一直没有停止过。

有关真菌的最早论述，应追溯到公元前 4 世纪，著名的古希腊学者亚里士多德，首次在书中描述了真菌的特性。大约过了 3000 年后，著名科学家达普林尼把蘑菇分为可食蘑菇和有毒蘑菇两类。然而，人们对真菌的认识，长期以来一直徘徊在很幼稚的水平，仅仅知道，它是一类没有叶绿素、不能进行光合作用、常常依靠腐生或寄生的生物，但无法确定它究竟是植物还是动物，没有一个人能为它下一个权威性的确切定义。

随着对真菌研究的不断深入，许多科学家对真菌归属到哪一大类，纷纷提出了自己的论点。在较早的时期，植物学家尼克尔认为，真菌的形态虽然多种多样，面貌各异，但都是植物组织分泌出的产物，它们就像植物身上的废料一样，不能划入到生物的范畴之中。因此他认为，真菌更接近矿物。可是，在当时尼克尔不了解那些蛛丝般的物质，并不是植物的分泌物，实际上它恰恰就是真菌本身。

在这个问题上，就连赫赫有名的瑞典分类学家林奈也感到迷惘。起先，由于他在真菌中发现了一种与水螅相似的小动物，所以一直认为真菌是动物，直到后来才改变了看法。在这种情况下，法国生物学家瓦扬风趣地说："真菌是破坏了自然界普遍和谐性的魔鬼杰作。"的确是这样,如果真菌是植物,可又没有花,它出现在这个世界上,似乎就是为了刁难最有天才的研究者。

尽管在真菌的分类上有种种不同看法,但大部分植物学家认为真菌是植物。后来,意大利科学家密凯利首次打开了通往真菌生活史迷宫的大门。他以出色的研究证明了,真菌是由极细微的孢子来传播繁殖的。从此以后,人类结束了对真菌盲目猜想的阶段,使研究进入到一个崭新的领域之中。到了 18 世纪,林奈正式把真菌归属到植物的家族之中。

正当大家都认为真菌是植物的时候,不少植物学家又提出了新的观点。他们认为,真菌在地球生命史的早期就已出现,再加上没有叶绿素,不能自我制造食物,所以不应该属于植物界,而应当处于与植物界、动物界相并列的第三个界——真菌界。但是,这个新观念没有受到同行们的普遍支持,经过反复多次的激烈争论,最后还是把真菌列入植物界中。

这样的情况一直延续到 20 世纪。1909 年,俄国科学家曼莱日柯夫斯基再次提出,应该建立真菌界,它包括细菌、蓝绿藻和真菌。他指出,这互相并列的三个界,在生活方式上各有特点。植物、动物和真菌分别来自三个假想的祖先。

后来,科学家又进一步提出,生物可分为四个界,即裂殖界(细菌和藻类)、真菌界、植物界和动物界。随着科学的不断发展,科学家采用了现代化的技术手段,发现真菌确实兼有植物体和动物组织的特点。例如真菌能直接进行氮交换,细胞壁中有几丁质(壳多糖),这些方面很接近动物。但是,真菌的生活方式,细胞有细胞壁和细胞膜的特点,又很接近植物。

那么,真菌究竟是植物还是动物呢? 这个从古到今已争论了几千年的问题,到今天还没有得出一个完全统一的结论。

有些空心的老树为什么还能活

我们常常可以看到有些年久的老树,它的树干是空心的,可是枝叶仍旧那么茂盛。

老树空心并不是出于树木的本意,主要是外因造成的。树干年年增粗,树干中间的木质由于越来越不容易得到氧气和养料,可能渐渐死去.老树的心材也就失掉了它的功能。这个死亡组织如果缺乏"木材色素"等防水防腐物质,一旦被细菌侵入,或从树干伤口处渗入雨水,就会逐渐腐烂,久而久之便造成树干空心。有些树种特别容易空心,老年柳树就是一例。

树干空心了,树木为什么还会活呢?这是因为树干空心对树木并不是一种致命伤。树木体内有两条繁忙的运输线,生命活动所需的物质靠它们秩序井然地向各个部门调运。木质部是一条由下往上的运输线,它担负着把根部吸收的水分和无机物质输送到叶片去的任务,皮层中的韧皮部是一条由上往下的运输线,它把叶片制造出来的产品——有机养分运往根部。这两条运输线都是多管道的运输线,在一株树上,这些管道多到难以计数,所以,只要不是全线崩溃,运输仍可照常。树干虽然空心,可是空心的只是木质部中的心材部分,边材还是好的,运输并没有全部中断,因此,空心的老树仍旧照常生长发育。山东有棵数百年生的老枣树,空心的树干可容一个人避雨,枣树还年年结果呢!

但是,假如你将空心老树的树皮全部(不是一部分!)剥去,问题可就严重了:植株很快死亡。这是因为运输养分的通道全部中断,根部得不到营养而"饿死"。根一死,枝叶得不到水分便也同归于尽。"树怕剥皮",俗话说得一点也不错!

马兜铃的花为什么会关住虫子

夏秋季节,在山野路边常可见到一丛丛缠绕的草本植物——马兜铃,它成熟的果实像挂在马颈子的响铃,因而得名。它开花的时候,能吸引虫子钻进花里去,然后禁闭起来,直到虫子"答应"把它的花粉带给另一朵花时,才让出一条通路给虫子钻出。不信,你可以剥开当天开放的花朵,常常可以发现里面有小蝇飞出。这到底是怎么一回事呢?原来,它们互相帮助呢!花儿给虫食物,虫子给花传粉。

马兜铃的花像铜管乐队里的大喇叭,呈弯曲的漏斗形,漏斗中长满了向下的毛,漏斗下部膨大成一空腔,空腔底部有一个突起物,突起物的顶部就是接受花粉的柱头,突起物的四周,贴生着6个雄蕊。

花在清晨5时左右开放,同时散发出一种腐臭气体,那些习惯于在腐败物上觅食的小蝇(如潜叶蝇)就被吸引而来,在喇叭口上转来转去,不久便相继向气味最浓的漏斗底部钻进去。由于漏斗中倒向的毛挡住了出口,许进不许出,小蝇在里面吃饱后想出去松松翅膀,东钻西爬地始终找不到出口,只能在里面过夜。第二天清晨3时半左右花药开裂,散出花粉,小蝇在继续乱钻的过程中,多毛的身上便沾了许多花粉,这时漏斗管内的毛开始变软、萎缩而贴在漏斗四周,长度只有原来的几分之一,于是漏斗管又成为一条可以通行的道路,小蝇得以顺利地背着花粉爬出,展翅飞去。这时,已是第二天早晨7时左右了,当小蝇闻到那股熟悉的臭味时,不多一会便又钻入另一朵花里,将花粉抖落在这朵花底部突出物的柱头上。

马兜铃的花是雌蕊先熟,从清晨开花到半夜是柱头授粉的时间,半夜以后它就逐渐萎缩丧失接受花粉的能力,雄蕊成熟是在此之后,即天亮前才散出花粉。由此可见,同一朵花尽管有雌雄两部分,却是不可能自花授粉的,必须要有昆虫的帮助。通常的传粉昆虫蜂和蝶都厌恶臭气,它们不愿拜访这种花朵,加上马兜铃花的漏斗部分又这般细长,使蜂蝶类无法用长吻吸到蜜汁也无法钻进去。如此看来,马兜铃花的臭气、这般狭小的通道是专为潜叶蝇这类小蝇而设的啦!小蝇乐于进入这个"定时禁闭室"式的花中去挨禁闭,帮助马兜铃完成了生命周期中重要的一环——异花传粉。要不然,今天世界上的马兜铃就不会有后代了。

花和虫配合得如此紧密这是偶然的巧合吗?不,生物进化的规律告诉我们,在演化过程中,经过自然选择得以保留下来的每个细微的结构都有它的必然性的。这方面最精彩的例子是著名生物学家达尔文的发现,达尔文在马达加斯加岛发现一种兰花,名叫"长距武夷兰",它的白色的小花下面有一个长度惊人的鞭状的蜜腺距,距长达 11.5 英寸(约 29 厘米)。距是藏蜜的地方,达尔文根据生物进化的规律预言,当地必然存在着一种长吻蛾子,它的吻长应和花的距长相当。当时,达尔文被一些专门研究虫子的昆虫学家嘲笑,认为达尔文是在胡乱猜测,有谁见过这么长吻的蛾子呢?可是不久,事实证明他的预言的正确性,有人寄给达尔文两只南巴西产的蛾子标本,它的吻盘起来有 20 圈之多,如果把它拉长,正好和这种兰花的距长相当。这个例子说明,花和虫的巧妙配合是历史上长期进化的产物。在一亿多年中,昆虫和花都有了很大的变化,大量的昆虫和被子植物在这个时期产生,而在进化过程中,对昆虫和花互相有利的那些变异,在自然选择中得到保留并加强,以致今天已经到了谁也离不开谁、几乎是"共生"的程度了。

王莲的叶子为什么可以载人

要是有人说,有一种植物的叶子上可以载上一个人,你可能会摇头不相信。但是你只要到云南省的西双版纳,或是北京和广州植物园里亲眼看上一看,就不由得会点头赞叹,啧啧称奇了。

这种植物名叫"王莲",因为它确实大,人们亲切地称它为"大王莲"。它是一种水生植物,生长在水池里。每年 8 月,探出水面的花蕾就开放了。花的样子很像普通的荷花,可大小却非同寻常,单说那花托和花柄上长的刺毛,一根根都有钉子那么粗,看了简直叫人难以相信,世界上竟有这么大的花。

花的开放时间很短,一朵花只能开两天。第一天晚上初开时为白色,并散发出一种似白兰花的香气。到第二天上午，花瓣闭合，到傍晚重新开放，这时，花的颜色由白色逐渐变为淡红至深红色。

王莲的果实球形，每个果实中约有二三百粒种子，种了含有大量淀粉，可以食用。

最惊人的是它的叶子。一张叶子的直径一般在 2 米以上，有时足有 3 米多，浮在水面，就像一个翠绿色的大玉

盘，又像一张圆圆的桌子。一株王莲有二三十片叶子，所以能占很大一片水面。这种叶子的载重力特别大，有人曾经做了一个试验：在一张叶子上铺沙子，一碗一碗地往上倒，一直倒了 75 千克沙子，那张叶子还没有下沉。难怪一个 30 来千克重的孩子坐在叶子上，就安稳得好像坐在一张桌子上似的，丝毫不会摇晃。

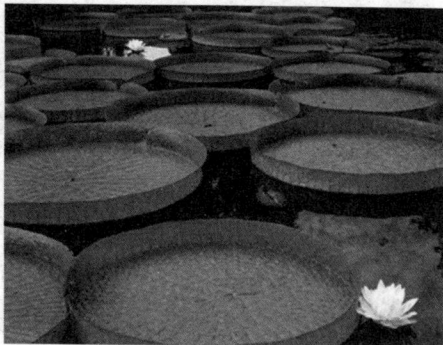

大王莲的叶子哪里来的这股力量呢？关键在它的叶背面。如果把它的叶子翻过来观察，就可见到一种特殊的构造：叶脉又粗又壮，并且排列成肋条状，很像大铁桥的梁架，所以承重力特别强，是一般植物无法比拟的。

大王莲的老家在南美洲的亚马逊河，1801 年欧洲人第一次发现了它，到 1846年欧洲各地的植物园学会了在温室里栽培大王莲。因为它原产热带，所以要求水暖、气温高、湿度大。在温室里必须创造这样的条件，我国北京植物园就专门安排了一间暖房给它居住，每年有许多人去参观。

植物的幼苗为什么朝太阳方向弯曲

1880 年，英国生物学家达尔文观察到一桩奇怪的事儿：稻子、麦子的幼苗受到阳光照射后，会向阳光的方向弯曲。但是，如果把这些幼苗的顶端切去或者用东西遮住的话，那么，幼苗就不再向太阳"鞠躬"啦！

为什么会这样呢？达尔文提出了这样的假设：在幼苗的尖端含有某种物质，在光的作用下，这种物质跑到幼苗背光的一侧，引起弯曲生长。

如果你问：这"某种物质"是什么呢？连达尔文自己也没法回答。但是，达尔文的发现与假设，引起了各国科学家的重视，不少人开始着手研究，想把这"某种物质"弄清楚。

1926 年，荷兰科学家汶特发现，如果把燕麦幼苗的顶端切掉，幼苗立即停止了

生长，而且不向太阳"弯腰"。但是，把这切下来的顶端再放回原来的位置，幼苗又可以重新开始生长、"弯腰"啦。更有趣的是，把切下来的顶端在琼胶上放几个小时，然后把这琼胶小块放在切面上，幼苗竟能重新生长！

这个实验证明，在幼苗的尖端显然是存在着"某种物质"。这种物质可以转移到琼胶中去。因而加强了人们寻找这奇妙的"某种物质"的信心。

这个谜，在1933年终于被揭开了：化学家们从幼苗的尖端，得到好几种物质。这些物质对植物的生长具有刺激作用，能够叫幼苗背太阳一面的细胞分裂生长加速，使幼苗朝太阳的一面"弯腰"。这些奇妙的物质，被称为"植物生长素"。根据化学分析，这些植物生长素大都是一些复杂的有机化合物——三醇酸（生长素A）、醇酮酸（生长素B）和β-吲哚[yǐn duǒ]乙酸（异生长素）。

种庄稼的人，哪个不想庄稼快点长大呢！我国古代有一个寓言"揠苗助长"，这是说一个急性人见他的苗不长，而急得田里去把庄稼往上拔哩！

既然这奇妙的植物生长素能刺激庄稼的成长，那么，能不能叫它为农业服务，出点力气呢？

遗憾的是大自然太吝啬了，植物中所含的天然植物生长素实在少得可怜：在700万棵玉米幼苗顶端，总共只含有千分之一克的植物生长素！

不能等待大自然的恩赐，人们开始试着自己来制造植物生长素。人们发现有许多东西，虽然不是植物生长素，却也能对庄稼的生长起刺激作用。这种人造的、与植物生长素一样对植物生长具有刺激作用的东西，被称为"植物生长激素"。

最近三四十年来，人们找到了上百种植物生长激素，其中大部分是一些复杂的有机化合物，如"二四滴"（2,4二氯苯氧乙酸）、赤霉素等等。

植物生长激素能刺激庄稼快点成长，早点开花，早点成熟，防止成熟的果实脱落，防止种子发芽等等。在喷洒了植物生长激素后，还得到了无子西瓜、无子番茄、无子黄瓜与茄子。

现在，植物生长激素，已经成了支援农业的一支生力军。

为什么植物的叶子有的平伸有的直立

我们在田间，可以看到有些瓜果、蔬菜的叶子（如丝瓜、番茄等）是平伸的；有些作物的叶子（如水稻、小麦）是直立的。如果再仔细看看，就会发现平伸的叶子大都是掌形的，叶脉呈辐射状；而直立的叶子都是狭长的，叶脉是平等的。这也说明它们的生长习性与内在结构有一定的关联。

叶子的功能,主要是吸收太阳光,进行光合作用,生产有机物质。吸收阳光的面积越大,对光合作用越有利。在生产中常用"叶面系数"来计算光合作用产量。叶面系数,就是叶子的总面积与它们所在地的地面积的比例。例如:一块地上铺满一层叶子,叶面系数就是1;有两层叶子,叶面系数就是2;以此类推。因此,平铺在地面上的叶子,最大叶面系数通常在1左右;如果多了,叶子就互相遮阴,下面的叶子见不到阳光,或者透过来的阳光很少。这种叶子我们仔细观察一下,就可知道它们常常有向光性,生长时能左右前后弯转,使彼此镶嵌,覆满地面,而能充分吸收阳光。

斜立的叶子吸收阳光的情况比较好些,一样的叶面积,向下的投影小;越是接近直立,下面的遮阴超小,叶面也就不止一层,这类植物适于密植。如高产的水稻田,叶面系数常常达到4或5,即一亩地上约有四五亩的叶面来吸收阳光。由于光线不仅是太阳的直射,还有四面八方的散射光,因此,直立的叶子上下都能获得足够的阳光来进行光合作用。

上面说的是在强光环境中叶子生长的情况。如果在阴暗的地方,在森林下面,植物的叶子大多是大而薄,平伸着的,这也是由于植物长期适应环境,充分利用弱光与自然选择的结果。

平伸的叶子能不能多长几层呢?在某些情况下也有可能,如果增加植物的高度,把层与层之间的距离拉长,上层遮阴就会减少,见光的叶子就可以增多。高大的森林乔木,正是如此。另外,还有攀援植物,可以借着别的枝干爬得很高。人们利用这种特性,搭起瓜棚豆架,使较小的地面上能尽量多生叶面,增强光合作用,提高产量。我们使冬瓜上架,产量能大大提高,也就是这个道理。

为什么有的植物不长叶子

树木一般都有叶子,但在南京中山植物园的温室里,却长有两株一年到头光溜溜不长叶子的绿色植物,叫作绿玉树;即使绿玉树的枝顶上偶然长出一些很小的叶子,过一段时间也枯萎了。因此,人们叫它"光棍树"。

为什么绿玉树全出现只长树干、枝条,不长叶子的现象呢?绿玉树的老家远在非洲,那里气候干旱,雨水稀少。如果绿玉树也像气候湿润、雨水充足地方的植物一样,长出又大又多的叶子,那它早已被自然界淘汰了。所以说绿玉树这种只有绿色枝条、不长叶子的现象,是它同干旱做斗争最巧妙的办法。

植物为了生存,除凭借顽强的生命力外,还要采用各种各样的巧妙办法去适应大自然。植物与干旱做斗争的最常用办法就是"节约开支",即减少叶片的蒸腾作用。我们知道,植物叶子上有许多细小的气孔,这是植物蒸腾的主要门户,孔口有两个特殊的保卫细胞,呈半月形或哑铃状。植物体内水分充足时,孔口就敞开着;缺水时,就紧紧关闭起来,以减少水分散失。禾本科植物的叶里,还有一些特殊的大细胞,水分充足时就膨胀,使叶片舒展;水分不足时就收缩,使叶片卷成筒状,这也能在一定程度上减少水分的散失。不过,这些都是植物抵抗干旱的"临时措施"。有的植物为了适应干旱环境,还会作"长远打算",在叶面上生有厚厚一层覆盖物(蜡质、角质或绒毛),表面细胞排列紧密粗厚,俨如古代全身披甲的武士。另外,在沙漠或者气候干旱的缺雨地区,有的植物就不长或少长叶子,长小叶子,甚至叶子全部退化变成针刺状,以应付干旱。如仙人掌科的植物,它们的祖先和绿玉树一样,长期生长在非洲等沙漠地带,其叶子逐渐变成为针刺状或毛状,那就不足为怪了。

不长叶子的植物,除绿玉树外,还有台湾相思树、木麻黄、梭梭等。它们虽然不长叶子,但那些绿色的光溜溜的枝条,却可代替叶子的机能,进行光合作用,制造食物,为自己提供营养。

由此可见,有些植物不长叶子或者改变叶子的形态,都是植物在长期自然选择中的结果。

地下森林是怎样形成的

所谓地下森林是指生长在火山口里面的森林,从外表看去几乎看不见林,可是到了火山口边上,就可看到口里面有森林,因此好像森林长在地底下一样。

我国著名的地下森林,就在黑龙江省宁安市境内的张广才岭上,海拔有千余米。根据调查发现,地下森林生长在 7 个死火山口内,长达 20 千米,宽达 4 千米,面积达 600 平方千米,颇为壮观。

这个地下森林是怎么形成的呢?有关专家推断,1 万年前这些火山处于活动时期,常喷出大量岩浆,等到岩浆冷却以后,就变成了 7 个大的深洞。日子长了以后,刮风下雨,岩层风化剥蚀,加上动植物、微生物等活动,逐渐有了土壤,而且上层越来越厚,适宜于植物生长。又由动物或风力携带来了种子,终于扎下了根,由草本植物的繁茂直到长出树林来。由于地形复杂,树木很少被破坏,久而久之,便形成了森林。

有人实地调查了这 7 个火山口,发现最大的上口直径有 500 米,下口直径 300

米,深有 100 多米;最小的像一口井,山口直径 20 多米,深 60 多米。火山口一带年平均气温 4℃,年降水量 600~800 毫米,火山口内比较潮湿,土层肥沃,成了植物生长的"世外桃源"。这里生长的植物竟有百余种,简直令人难以相信。主要树木有东北红松、鱼鳞松,阔叶树种有黄檗、紫椴、水曲柳等,还有白桦和榆。有的火山口内还有胡桃楸和蒙古栎等。有趣的是,由于那里的林子茂密,林下草药也多,连人参、五味子等名药都去安了家。还有一批野生动物在那里造起了安乐窝,野猪、马鹿、金钱豹等都有。树林间常有啄木鸟、杜鹃等为树木捉虫除害。真是形成了一个理想的天然生态系统。

铁树真的要千年才开花吗

"铁树开花",通常用来比喻极难实现或非常罕见的事情。有句俗语是"千年铁树开了花"。古时候就有人将铁树开花与公鸡生蛋相提并论。此外。古时民间也相传"铁树 60 年一开花"。铁树开花真是如此之难吗?

铁树也叫苏铁,为常绿木本植物,茎干圆柱状,不分枝,高 1~8 米,生于热带的可高达 20 米。叶簇生于茎顶,是一种大型羽状复叶——由许多条形小叶排列在很长的总叶柄两侧,整个叶看上去像羽毛一样。植株全形呈伞状,有点像椰子树,但比椰子树矮。铁树茎干黑褐色,有显著的落叶痕迹,斑块像鱼鳞。

铁树的花不同于我们常见的花,它没有绿色的花萼,也没有招引昆虫的美丽花瓣。铁树雌雄异株,雄花雌花分别长在不同植株上。雄花称为雄球花,圆柱形,单独生于茎顶,由一片片的小孢子叶组成。小孢子叶是一种具有生殖功能的变态叶,叶上有许多囊状结构,内有花粉。拍打成熟雄球花,就有黄色粉末飘出。雌花称雌球花,在茎顶呈半球状,由大孢子叶组成。大孢子叶也是具有生殖功能的变态叶,结构类似于叶,但呈黄褐色,上面长有绒毛,下方两侧着生数枚胚珠。胚珠接受了雄株花粉后受精,发育成种子。成熟的种子呈朱红色。由于种子露在外面,所以铁树归属于裸子植物。

铁树为热带、亚热带树种。在云南、广东、福建等省多露地栽植于庭园中,生长发育状况甚佳。在上海、南京、北京等地大多栽于盆中,冬季移置于温室越冬,生长发育异常缓慢。

铁树树龄可达 200 年。一般有 10 年以上树龄的铁树,在良好的栽培条件下,能经常开花。在我国南方,气候温暖,雨水丰富,可以每年开花,花期在 6 至 8 月间。在北方盆栽情况下,虽可开花,但开花次数较少,开花期也没有规律。所以,相传铁树发育,需要土壤中的铁分供给。如果铁树逐渐衰弱,加入铁粉便能恢复健康;以铁钉钉入茎干内,效果也相同。这便是铁树名称的由来。但正如对铁树开花有误传一样,此种方法是否确实有效,仍需加以进一步证实。若你有机会的话,不妨一试。

为什么有些植物能驱鼠

俗话说,过街老鼠人人喊打,由此可见,鼠对人类的危害有多大。鼠会糟蹋庄稼、粮食,据估计每年被老鼠糟蹋的粮食,占全世界粮食产量的1/5。鼠曾使人类受到很大的伤害,公元6世纪,鼠疫在全世界流行,死亡约1亿人。14世纪发生的一次大鼠疫,仅欧亚两洲就死亡6500万人。鼠还能传播各种疾病。

多少年来,人们用鼠的无敌一猫灭鼠;以各种药物杀鼠;用多种方法进行捕杀。但鼠仍时时威胁着人类。有趣的是,在大自然中,鼠除了动物天敌猫以外,还有一个使其不可掉以轻心的"对手"那就是有驱鼠效应的绿色植物。人们给这些植物取了个好听的名字——植物猫,也有人称它为驱鼠植物。

绿色植物是如何驱鼠的呢? 下面介绍几种驱鼠植物。

闹羊花:又名羊踯躅。杜鹃花科,落叶灌木,春季开花,我国南方各省都有,多野生于山野间。闹羊花含杜鹃花素、石楠素等有毒物质,对人、畜都有危害,不能吃,可制土农药,与高氯酸配成烟雾剂,点燃后投入鼠洞,堵住洞口,就可使老鼠致死。

接骨木:忍冬科,分布于我国东北、华东、东北各地,野生于向阳山坡。在庭园内栽培,可作观赏。枝可入药。瑞典植物学家林奈曾说,假如将接骨木的叶子放入谷仓内,就可以驱鼠。这种植物的挥发性物质,对鼠类有剧毒作用,鼠闻味就逃。

药用倒掉壶:又叫鼠见愁。紫草科,分布于欧洲、亚洲、北部。晒干后能散发出一种鼠类无法忍受的气味,田鼠和家鼠根本不能靠近。

芫荽:又叫胡荽、香菜。伞形科。一两年生草本,有特殊香味,叶可作蔬菜。原产地中海,我国各地均有栽培。芫荽内含胡荽脑,能散发出强烈气味。人们利用其叶子与谷物混在一起,可保护谷物免受鼠害。

还有一种驱鼠植物叫老鼠筋,爵床科,叶片有刺,叶柄基部有一对锐刺。人们常把它放在老鼠出没的地方,老鼠一碰就"退避三舍",老鼠筋就由此得名。

我国幅员广阔,植物资源十分丰富,有待于不断发现更好的驱鼠植物。

花为什么有的香有的不香

走进公园，步入花丛，阵阵芳香扑鼻。花香不仅使人感到神清气爽，心情舒畅，而且可以消除疲劳。

一般说来，大多数植物的花朵里都含有香气，但并不是所有的花朵里都含有香气。为什么有些花朵里含有香气，有些就没有呢？首先让我们来看一看香气的来龙去脉。

花所以有香气，那是因为花朵中有着制造香味的工厂——油细胞。这个工厂里的产品就是具有香气的芳香油，这些产品可以通过油管不断地分泌出来，并且在通常温度下能够随水分而挥发，从而变成气体散发出诱人的香气，所以又叫它挥发油。因为各种花卉所含的挥发油不同，所以散发出来的香气也就各异。我们所以能闻到花香，是从挥发油里逃跑出来的气体分子钻入了我们鼻孔的缘故。芳香油如果经太阳一晒的话，将会蒸得更快，因此，阳光好的时候，花的香味更浓，散发得也更远。另外，在有些花朵里虽然没有油细胞，但是它的细胞在新陈代谢的过程中，会不断地产生一些芳香油。还有一些花朵的细胞里不能制造芳香油，而含有一种配糖体，配糖体本身虽然没有什么香气，但是，当它受到酵素分解时，同样能发出香气来。

当我们知道了花为什么有香气的道理后，再说说为什么还有些花不香呢？简单地说，就是这些花里，没有油细胞，也没有配糖体。一家没有香味原料的工厂，当然也就生产不出香味产品了。

花朵中的油细胞，并非都是香的，也有一些是臭的，而且有一部分植物的花特别臭，如蛇菰、马兜铃，还有世界上最大的花——大王花、我们喜欢吃的板栗等，开花时也放出难闻的臭气。对于这样的花，不要说人不喜欢，就连蜜蜂和蝴蝶对它也是敬而远之。而酷爱臭味的潜叶蝇却是闻臭而至，久久不肯离去。

总的说来，花儿香与不香，关键主要在于细胞里有无挥发油的缘故。至于香与臭，则是不同植物品种的挥发油里所含的物质不同，所散发的不同气味而已。

那么，挥发油在植物体中是怎样形成的呢？对植物体的生理意义又怎么样呢？这一些问题，目前在科学界还没有找到完全的答案。大家通常认为，植物体内所含的挥发油，是植物体本身新陈代谢作用的最后产物，也有人说是植物体中的排泄物，生理过程中的废渣，绝大多数科学工作者认为，挥发油是由于叶绿素在进行光合作用时产生的。初生成时，分布于植物全身，随着植物体的生长，然后再根据不同种类植物的生理特性贮存在植物体的不同部分,有的集中到茎和叶子里去,像薄荷、芹菜、薰衣草、香草等;有的贮存在树干内,像檀香;有的贮存在树皮里,像月桂、黄樟、厚朴等;有的贮存在地下部分,像生姜;有的贮存在果实里,像橘子、茴香、柠檬等。一般说来,挥发油大多数贮存在植物的花瓣中。

挥发油在植物体内的存在,实际上有它一定的任务,并起着一定的作用。最明显的是作为一种物质来引诱昆虫,帮助传送花粉,以便很好地繁殖后代。有趣的是,那些为花儿传粉的昆虫确具有灵敏的"嗅觉",帮助它寻找丰富的食品。有些昆虫的触角上的"嗅觉器官",在很远的地方就可"嗅"出花儿发出的香气。另一方面挥发油可以减少水分的蒸发,或者用芳香来毒害和它邻近的植物,达到保护自己的目的。

挥发油对人类的作用那是太大了,不仅仅是为了闻闻香味而已,更重要的是在医药上可以作为皮肤消毒杀菌剂,有些也具有强心、镇痛、驱虫等功效。日常生活用品更是少不了它。

为什么有些植物有毒

不同种类的植物,由于它们不同生理活动(代谢作用)的结果,就使它们体内积聚着不同性质的物质。例如芹菜、菠菜和芫荽的叶子,味道不同,就是这个原因。有些植物积聚的是有毒物质,进入人畜体内,能发生毒性作用,使组织细胞损坏,引起机能障碍、疾病或死亡,因此称为有毒植物。

植物中有毒物质的种类和性质很复杂,这里只谈一些比较重要的。从化学性质来讲,植物的有毒物质主要有:植物碱、糖苷、皂素、毒蛋白和其他还未查明的毒素等。植物碱是植物体内一些含氮的有机化合物,例如烟草的叶子、种子内所含的烟草碱,毒伞蕈所含的毒伞蕈素。糖苷,是糖和羟基化合物结合的产物,例如白果(银杏)和苦杏仁种子内所含的苦杏仁苷。皂素是一种很复杂的化合物,溶在水中后,摇晃一下能生泡沫,例如瞿麦的种子所含的瞿麦皂素。毒蛋白是指具蛋白性质的有毒物质,例如蓖麻种子内所含的蓖麻蛋白,巴豆种子内的巴豆素。有毒物质在各种植物体内不仅性质不同,分布的部位也不同,有的只一部分有毒,有的全株各部分都有毒,有的在同一株植物的不同部位含有不同程度的有毒物质。有毒植物还因植物的年龄、发育阶段、部位、季节的变化、产地和栽培技术等的不同而含量不同。

白果和苦杏仁种子内含有的苦杏仁苷,溶解在水里后,能产生氢氰酸,毒性很大,少年儿童吞食少量,就能丧失知觉,中毒死亡。马铃薯在见光转绿后或抽芽时,在这些部位产生一种叫"龙葵精"的毒素,吃了能引起中毒,发生呕吐、腹泻等症状。其他如桃仁、蓖麻种子等,食用后都能引起中毒。懂得了这些道理,就可以预防中毒和采取各种的急救措施。有些有毒植物是可以把毒素去掉以后加以利用的,一般来讲,野菜经过水的浸洗或者煎煮后再浸泡,把涩味苦味除去,就能除去毒性;当然,也有些植物像毒伞蕈,不论怎样浸洗煎煮,都不能除去毒性。

因此,不认识的植物,必须了解后才能食用,如果发现中毒症状,必须立即就医治疗。

有些植物所含的有毒物质,特别是属于植物碱性质的,可以用来制造药品,例如颠茄和曼陀罗的叶子和根所含的莨菪碱和阿托品,在中毒时,能使人兴奋、昏迷等,但在医学上小量应用时,却成了治疗风湿、气喘、腹绞痛等的药剂,曼陀罗的花就是古代中医用作麻醉剂的洋金花。罂粟果实所含的吗啡(鸦片),中毒时能引起呼吸麻痹,但医学上适量应用时,却成了镇痛止咳的药剂。可以看出,充分掌握了有毒植物的规律,就能使坏事变成好事。了解哪些植物是有毒的和它们体内含有什么样的毒素,是有重大意义的。还不仅用以防止中毒事件发生,保障人畜的安全,也可更好地利用植物,特别是充分利用野生植物的资源。

为什么有些植物会发光

夏天,在树林里或草丛中,萤火虫飘飘逸逸地以它美丽的闪光和星星相映,这是大家都知道的生物发光现象,然而,植物也会发光,你见过吗?

若干年前,在江苏丹徒区,有很多人看见几株会发光的柳树。白天,这些在田边的腐朽树桩丝毫不引人注目,可是到了夜间,它却闪烁着神秘的、浅蓝色的荧光,即使风狂雨猛、酷暑严寒也经久不息。这稀奇的事,使得传说纷纭。

一些普通的柳树怎么会发光呢? 经过研究终于解开了疑团。原来,会发光的不是柳树本身,而是一种寄生在它身上的真菌——假蜜环菌的菌丝体发出来的,因为这种菌会发光,给它取名叫"亮菌"。在苏、浙、皖一带分布很普遍,它专找一些树桩安身,长得像棉絮一样的白色菌丝体吮吸着植物的养料,吃饱了就得意地闪着光,只因为大白天看不出来,人们对它往往是相见不相识罢了。其实,朽木发光的现象在一千多年前的古书中已有记载,不必大惊小怪。今天,你在药房里看到的"亮菌片","亮菌合剂"就是这种发光菌做的药,对胆囊炎、肝炎还有相当的疗效呢!

如果你是一位海员,在漆黑的夜晚,有时你会看到海面有一片乳白色或蓝绿色的令人目眩的闪光,一般称作海火。深海潜水员也会在海底遇见像天上繁星般的迷人闪光,真是别有洞天啊!原来,这是海洋中某些藻类植物、细菌及小动物成群结队发出的生物光。

据说1900年巴黎国际博览会上,光学馆有一间别开生面的展览室,那儿没有一盏灯,却明亮悦目,原来是一个个玻璃瓶中培养的细菌发出的光亮,令人惊叹不已。

植物为什么会发光呢?这是因为这些植物体内有一种特殊的发光物质——荧光素和荧光酶。生命活动过程中要进行生物氧化,荧光素在酶的作用下氧化,同时放出能量,这种能量以光的形式表现出来,就是我们看到的生物光。

生物光是一种"冷光",它的发光效率很高,有95%的能转变成光,不像白炽灯泡有95%的能变成热消耗掉,只有极少量的能变成光,实在可惜。生物光的光色柔和、舒适,让我们模拟生物发光的原理,为人类制造出更多新的高效光源来吧!

水生植物在水里为什么不会腐烂

无论哪一种植物都是需要水的,若离开了水,就会有死亡的危险,这是众人皆知的。不过,不同的植物,却各有不同的生活习性,有的需水多一些,有的需水少一些。连续几天大雨后,地里到处积满了水,如果不及时排除去,像棉花、大豆、玉米等许多农作物就会被淹死,时间再长一些的话,整株植物就会腐烂。可荷花就不同了,它身体的大半段是长期泡在水里的,像金鱼藻、浮萍等水生植物,不是大半段,而是全身泡在水里,但是它们安然无事。为什么水生植物长期泡在水中不会烂,而棉花、大豆等农作物泡在水里的时间稍一长就会烂呢?

一般植物的根,是用来吸收土壤中水分和养料的。但必须要有足够的空气,根才能正常地发育,如果根长时期泡在水里,得不到足够的空气,根就停止生长,甚至会闷死;根一死,整株植物也就活不成了。

可是水生植物的根,和一般植物的根不同,由于受了环境的影响,使它们适应于水中生活,最明显的特点是,它们都具有一种特殊的本领,就是能吸收水里的氧气,并且在氧气较少的情况下,也能正常呼吸。

它们怎么吸收溶解在水里的少量氧气呢?

一般说来,水生植物的根部皮层里,具有较大的细胞间隙,上下连通,形成一个空气的传导系统,更重要的是它们的根表皮是一层半透明性的薄膜(这种薄膜像猪膀胱一样），可以使溶解在水里的少量氧气透过它而扩散到根里去（这种扩散作用好像把一块糖放在一杯水里，不久糖渐渐溶解了，而全杯水都变甜了一样）。在进行渗透作用时，由于薄膜两边的浓度不同产生了一种渗透压，而水生植物的根表皮的渗透力特别强，所以氧气能够渗透到根里去，使根吸收到一点氧气，再通过较大的细胞间隙，供根充分的呼吸。

有些水生植物，为了适应生活的环境，在身体上还有另外一些特殊的构造，例如莲藕，不是深深地埋在池塘中吗？泥泞的池塘中，空气不易流通，自然呼吸也就会感到困难了，但是我们不必替它担心，吃过藕的人，都知道藕里有许多大小不等的孔，原来这种孔与叶柄的孔是相通的，同时在叶内有许多间隙，与叶的气孔相通。因此，深埋在污泥中的藕，能自由地通过叶面呼吸新鲜空气而正常地生活。

又如菱角，它的根也是生在水底污泥里，但它的叶柄膨胀大，形成了很大的气囊，能贮藏大量的空气，供根呼吸，因此也能平安无事地生活。另外，还有槐叶萍等水生植物，它们叶的下面有许多下垂的根，其实，这并不是什么真正的根，而是叶的变态，担任根的作用罢了。

除此而外，水生植物的茎表皮与根一样，具有吸收的功能，表面防止水分消失的角皮层不发达或完全缺少。皮层细胞含有叶绿素，也有进行光合作用的功能，自己制造食物。

由于水生植物有着种种适应水中生活的构造，就能够正常地呼吸，又有"粮食"吃，所以能够长期生活在水中，不会腐烂，就是这个道理。

为什么有的植物能吃虫

动物以植物或其他动物作为自己的食料，这是大家所熟知的，道理也很简单。但是，为什么有些植物也以某些小动物作为它们的食料，而它们又是怎样捕捉能飞能爬的小动物，怎样把虫消化作为自己的养料呢？

原来，能够吃虫的植物感觉、都非常灵敏，同时能吸收多量有机物。它们的叶子能够变形，以便把虫捉到；同时叶子能分泌液体，以溶解和消化被捕到的小动物。能吃虫的植物有4个科，约400余种，我国就有3个科约30余种。主要的有毛毡苔、茅膏菜、捕蝇草、猪笼草、瓶子草、捕虫堇和长在水中的狸藻等。不同的植物捕食方法也不同，有的植物的叶子像瓶子，例如猪笼草，它的叶子具有非常长的叶柄（也有人认为是叶片），叶柄的基部变为宽而扁平的假叶，中部变成细长的卷须状，上部变成一个罐状物，叶片的本身，则成了罐的一个盖头。罐状物的口上能分泌蜜液,罐内壁非常光滑,而在下部和罐底布满能分泌消化液的腺体。被蜜液引诱来的昆虫,落在罐状物的边缘,一不小心,就会滑进罐内。昆虫一进罐内,罐口的盖头马上盖住,所以能飞的昆虫也无法逃出。于是,落在这个盛有消化液的罐底的昆虫,就被消化而吸收。有些植物的叶子能自动折起来,例如捕蝇草。捕蝇草的叶片呈椭圆形,沿中脉叶子分成两瓣,像撑开的两片蚌壳。叶片平时撑开,叶面上有许多敏感的腺毛,叶片的边缘有许多齿状的刚毛。当昆虫落到叶片上时,触动敏感的腺毛,蚌壳状叶片就猛然合拢,叶缘的齿状刚毛紧密地交叉扣合,把虫包裹在里面。然后慢慢地把昆虫加以消化。

柔软的水生植物狸藻的茎上生有许多小囊,每个囊有一个口,四周围有倒生的刚毛,昆虫能进不能出。

毛毡苔植株很小,叶子平铺在地面上,在它那紫红色的叶片上长着许多长的腺毛,腺毛经常能分泌出一种黏液来,胶黏性很强,而且还有些甜味和香气,这种黏液即使在烈日的照射下,也晒不干。蚂蚁和蝇类闻到了这种香味,落到或爬到它叶子上来时,它的叶子立刻会弯下去,把许多腺毛聚在一起,捕住小虫,经过一两小时以后,蚂蚁等昆虫就被叶子消化吸收掉了。原来,这种分泌出来的黏液,很有消化的功能,它的叶子又有吸收的能力,所以能够把虫子消化吸收掉。

你相信吗,毛毡苔还有鉴别能力呢!如果你把一块小石砾或其他不能消化的东西放上去,叶子的腺毛是不动的。

毛毡苔和与它同类的茅膏菜,生长在山崖旁边阴湿润泽的地方或石面上,人们也可以把它移植到盆中,喂以小碎肉,可以生长得很好。如果喂的肉块太大,它会得"消化不良"的毛病,而使叶子枯死。

大自然中动物和植物的关系非常密切,但又形形色色,这是自然界长期发展的结果。

防火树为什么能防火

森林是蓄水库、氧气制造工厂,树木具有绿化、美化和净化环境等作用,大家是熟悉的。但知道树木具有防火功能的人相信不会很多。

在日本历史上发生过的关东地震大火灾、静冈火灾、酒田火灾等十大火灾。城市的树木曾经一再有效地阻挡了火势的蔓延,从而减少了人民生命财产的损失。日本为验证树木的防火性能,曾在1979年做了一次防火试验:并列设置两座20米长的木屋,在两座木屋间的空地上,一段(10米)种上常绿的珊瑚树,另一段不植树,然后将前列的木屋点火燃烧。结果,没有植树一段的后屋,不到10分钟即因受前屋的辐射热灼热起火,屋面升温到800℃左右;而有植树一段的后屋,完好如故。

为什么树木能防火?上面试验结果告诉我们,有树木存在的地方,犹如设置了一道防

防火树

火墙,可以阻挡火源发出的辐射热,不让辐射热点燃周围物体。因此,树木具有隔热性能。然而,树木防火更重要的性能是在于树木的本身。我们知道,活的树木体内含有很多水分,通常一棵树体内的含水量为40~70%;树干的树皮又有一层致密的木栓层保护;树叶和树干具有蒸腾作用,而且又可随温度上升而加剧。因此,树木依靠蒸腾散热和辐射散热的作用,能迅速排除体内积热,降低体温,从而具有很强的耐火性。据测定,树木对辐射热的忍受限度为10000千卡/米^2·时,比干燥木材大1倍,比人体大5倍,着火后也会随时熄灭,而且很少会全棵树烧光。

树木的耐热性和隔热性能并非都一样,因树种、树形、树皮以及叶片密度等情况而异。例如树形较均匀一致的珊瑚树,可阻挡辐射热量的83~93%;白榄树单株可阻挡热量36%,三棵并列种植则可阻挡热量90%以上。又如树形、树叶密度比较一致的桧树,种植一株可以阻挡90%的辐射热通过,三株并列种植则可阻挡95%以上的辐射热量通过,它的隔热作用可与隔火墙相媲美。

由于各种树木的耐热性能和隔热性能不同,人们把具有较强耐热性能和隔热性能的树种,称为"防火树"。目前已知具有较强耐热性能和隔热性能的常绿阔叶树种有:海桐、冬青、女贞、杨梅、楠木、珊瑚树、油茶、柯木等。其中油茶、杨梅、柯木等防火树种,已成为我国南方马尾松林区的绿色防火林带的树种。

树木剥皮为什么能再生

大家知道,树怕剥皮。因为树木剥皮,切断了树冠叶子光合作用合成的有机物质向下输送的通道(筛管),根系由于得不到有机物质的供应而处于饥饿状态,最后导致树木干枯死亡。可见树皮对树木的生命活动是很重要的。

然而,树木剥皮不死的例子也很多。例如,辽宁省一位农民的耕地上长着一棵

老梨树,影响周围庄稼的生长,他把梨树的树皮剥去,好让梨树自然死亡。结果,梨树不但没有死,反而当年再生了新的树皮,第二年结了很多梨子。

为什么树木剥皮后又会再生呢?原来,树木的树干里有一套周密的组织结构,从外向里由周皮部、韧皮部、形成层、木质部构成。各个部分都有各自的功能:周皮部由栓皮层及栓皮形成层组成,对树干起保护作用;韧皮部由筛管组成,将绿叶制造的有机物质由上而下输送到全身;木质部由木质纤维细胞组成,它把根部吸收的水分及无机养料由下而上地输导到树冠,参与光合作用,并具有支撑树木直立的作用;形成层由几层薄薄的、具有旺盛分裂能力的细胞组成,它使树木增粗,向外形成韧皮部,向里形成木质部。树木的树皮主要包括周皮和韧皮两个部分。如果树皮剥去后没有连同形成层剥掉,那么,紧贴在木质部的形成层细胞就会分裂增长形成愈伤组织,再生新树皮。例如杜仲剥皮后,裸露的未成熟木质部细胞和残留的形成层细胞,便很快恢复分裂能力,形成愈伤组织。杜仲剥皮一个月左右,就基本建成了树皮的雏形。剥皮3~4年后,杜仲再生树皮的厚度、结构和功能,就与原来的树皮一样。

树皮的再生与剥皮时的温度、湿度以及树木的生长旺盛与否都有关系。春夏间是树木生长旺盛季节,也是形成层活动旺盛期,温度和湿度都很高,有利于再生树皮的形成。秋冬季节是干旱低温季节,也是树木生长缓慢或休眠季节,树木剥了皮,由于形成层细胞分裂能力很弱,裸露细胞也由于干旱而失水死亡,因此很难形成再生树皮。

第八章　动物未解之谜

第一节　恐龙留下的悬念

弱肉强食的恐龙时代

古生物学家第一次发现恐龙化石不过是一个半世纪以前的事,到了 1842 年,恐龙化石已发现得相当多了,人们只好把这种古代动物单列一个目,英国科学家欧文用希腊语把这种丑八怪命名为"可怕的蜥蜴",中文翻译为"恐龙"。

科学家们推测,大约在 2 亿年前,地球上到处阳光灿烂,南北两极没有皑皑白雪,赤道带上更无漠漠黄沙。植物欣欣向荣,动物生生不息。主宰这个迷人世界的就是庞大的爬行动物——恐龙。

恐龙

恐龙在地球上繁衍了 1.3 亿年。可是不知为什么,在 700 万年前,250 种恐龙突然灭绝了。和恐龙一起遭殃的还有一些其他动植物。德国古生物学家埃·汉尼克曾形象地描绘过这地球史上最令人费解一页:"世界的面貌霎时发生剧变! 小生物的典型代表以及主宰海洋和大陆的大型脊椎动物莫名其妙地退出了生命的舞台……"

达尔文说过,要想弄清楚物种绝灭的原因,首先应知道它们过去是如何发挥自己的优势而生活的。

恐龙是怎样生活的呢? 这些当时地球上的主宰者,究竟是变温动物还是恒温动物? 它们是一些呆头呆脑的傻瓜,还是行动敏捷、精力旺盛的大地骄子? 尽管时过境迁,但科学家们艰辛地研究,妙笔生花,又为我们描绘出了恐龙昔日适应环境的生活本领和养家度日的艰难历程。

　　长期以来，人类总认为，恐龙既然属于爬行动物，自然是变温（冷血）动物。然而，近些年来，美国哈佛大学的巴克等人，经过系统而深入的研究后认为，恐龙不是低能的变温动物，而是恒温动物。尽管恐龙的体温比现代哺乳动物的体温低一些，调节体温的机制要差一些，但大量的事实却有力地支持了这一新见解。特别是对恐龙骨骼组织的研究结果，从根本上动摇了人们关于恐龙的传统概念。

　　巴克研究的主要项目是：恐龙化石在时空分布上的比较研究，食植物恐龙和食肉恐龙在群落中所占比例的研究，以及恐龙群体生态学的研究。这些项目的研究成果，使巴克的新见解获得了较多的支持。特别是骨骼组织的研究中发现，凡变温动物能量转换速率低，因此骨骼上的血管密度低，钙磷迅速交换的场所——哈弗斯氏血管少。当它们冬眠时，由于生长变得缓慢，就会出现疏密不等的、与树木年轮相似的生长环。显然，恒温动物则没有生长环。

　　巴克在骨组织的研究中发现，恐龙的骨骼中，有较丰富的血管和较多的哈弗斯氏管，且血管密度比某些哺乳动物还要高，也没有发现过生长环，证明恐龙没有冬眠过。因此，巴克认为恐龙不是低能的变温动物，而是有很高的体温和获得了恒温装备的"内热"动物或者恒温动物。

　　恐龙有智力可言吗？现在许多新的发现证明，恐龙并非以往描述的那种头脑简单、四肢发达的愚笨之物，相反，恐龙中的许多种类是行动敏捷、精力旺盛的大地骄子。

　　从恐龙化石的研究中知道，恐龙庞大的躯体与较小的脑子相比，确实小得无法可比。但是从动物进化的解剖学上去分析，任何一种大的脊椎动物与其有关的小的脊椎动物比较起来，都有一个相对较小的脑子。这是因为，脊椎动物躯体大小的增长快于脑子大小的增长。许多生物学的材料证明：脑子增长的速度大约只等于身体增长速度的2/3。由此看来，大的动物与较小的动物比较起来，只需要相对来说是较小的脑子，就可以与小动物一样，承担同样的任务。这样，包括恐龙在内的爬行动物有相对较小的脑子就不足为奇了。

　　那么，恐龙的智力又是如何确定的呢？它是应用数学的方法测量恐龙的"脑量商"（简称 E.Q.）而求出的。"脑量商"是指现生的爬行动物的平均脑量，按照一定的计算方式算出来的每一种恐龙脑量相比较而得出的比率。因此，"脑量商"是测量所有恐龙脑量大小的一把尺子。

　　有了 E.Q.这把进行定量研究的尺子，我们完全可以按照各类恐龙 E.Q.的平均值的增长来排列、区分主要类群的智力。研究发现,恐龙 E.Q.的平均值大小与其食性、行动的敏捷程度息息相关。比如雷龙和它的同类是恐龙中有名的庞然大物,但它们的 E.Q.是比较低的,只有 0.2~0.35,因而行动迟缓,灵活性差;逃避敌害的唯一办法是依赖巨大的身躯,或者躲进池沼或湖泊中,免遭皮肉之苦。

恐龙和哺乳动物一样,吃肉的总比吃植物的有更高的脑量商。比如,以凶猛著称的霸王龙和它的同类的 E.Q.已达到 1~2。更有甚者,窄趾龙和恐趾龙的 E.Q.已经超过 5。以恐趾龙为例,这种貌不惊人的小个子,站起来只有 1 米多高,从头到尾也不过 3.5 米,但它的前后肢上都装备有 3 个大的利爪,遇到猎物时,只需一条腿直立,三脚齐出,借助利爪,向对方猛扑过去,动作之迅猛远远超过了霸王龙,这一点不仅表现在体质形态上,从 E.Q.大于霸王龙三四倍上也体现出来了。

可见,E.Q.不仅是恐龙智力的尺度,也是它们生活习性的具体反映。从 E.Q.的差异上也使我们相信:恐龙并不是天生的笨蛋,能在地球上度过 1 亿多年的生涯,这最有说服力。

马门溪龙是典型的草食性恐龙,它和其他恐龙一样,庞大的躯体配以细小的嘴巴简直不能成比例,因此,有人估计:像马门溪龙,每天需要进食 300 公斤方能维持生命,而狭小的口腔和稀疏的牙齿,无法适应这许多食料的加工,即使 24 小时都在那里咬嚼吞咽,恐怕也完成不了填满肚皮的任务,何况恐龙还要行动、睡眠和休息,该如何解释呢?

其实,这样简单的推论,不能说明问题。因为动物进食的目的是为了补充能量的消耗。同时,爬行动物的新陈代谢作用,远不及哺乳动物那样旺盛,食物的需要量也必然低于哺乳动物。况且,能量的补给与食物的营养价值密切相关,营养价值高的食物,少量进食也就够用了。马门溪龙生活的沼泽地带,除了丰盛的水草外,还有大量营养价值颇高、富含蛋白质和脂肪的各种藻类。生活在这样得天独厚的环境中,何愁填不饱肚皮呢?

一般而言,食肉性恐龙都比较凶猛,且具有尖牙利爪,成为它们捕获猎物的有力工具。被捕猎的对象,大都是草食性恐龙,或那些缺乏抵抗能力的小型食肉性恐龙。在众多的食肉性恐龙中,霸王龙具有一定的代表性。霸王龙,顾名思义,它是恐龙家族中名副其实的"暴君"。

一头最大的霸王龙,起码相当于 3 只大象。霸王龙的最大特点是头大、嘴大、牙齿大。由于它的下颌关节远远靠在头的后部,当嘴张开时,像篮球那样大的物体,可以毫不费劲一口咬下。特别是那细密而锋利的锯齿状的牙齿,使许多小型恐

世界未解之谜

图文珍藏版

龙望而生畏,只要碰上霸王龙,凶多吉少。因为霸王龙强壮的后肢,能健步速行,短小的前肢,灵活如手,即使被捕对象想溜之大吉,也逃不出它的魔掌。

在此,我们不妨看看中国四川发现的永川龙生活时捕猎食物的战斗场面。永川龙没有霸王龙雄伟高大,全长约 8 米,站立时也仅有 4 米左右,属于"小个子"。但它捕食动作灵活,捕获效率高。永川龙经常出没于丛林之中,虎视眈眈地盯着它的猎物——那些以植物为生的马门溪龙、峨眉龙,以及长着剑板的沱江龙。湖边、沼泽地带生活的马门溪龙慢悠悠地伸着那起重机似的脖子在东张西望,生怕碰上永川龙。身披剑甲的沱江龙,在高地上觅食,靠着它背上两侧剑甲的保护,一时忘记了敌人。刹那间,一只凶猛似虎的永川龙扑了过来,用前爪将沱江龙按住,张开血盆似的大口,一副锋利的牙齿顷刻就将沱江龙撕个粉碎,饱餐一顿……

不过,食肉恐龙有时捕食也并不那么容易,往往要费一番周折,遇到一些难于制服的对手,说不定还弄得头破血流,扫兴而归。例如角龙就敢和霸王龙相对抗,以争高低。因为这种角龙有时三五成群,结伙栖息,一旦发现霸王龙图谋不轨,进入它们的势力范围,便会群起而攻之。成群的角龙,以它坚硬的头角向霸王龙冲撞猛刺,再用它尖如鹦鹉嘴的喙端咬住霸王龙的皮肉。霸王龙孤军作战,四面受敌,难以招架,只好夺路而逃。

恐龙是如何灭绝的

许多年来,恐龙灭绝的确切原因一直没能搞清楚。但这个秘密至今仍然强烈地吸引着各个领域的科学家,他们从各自不同的角度给出了一个又一个颇具特色的解释,许多解释本身就像恐龙灭绝一样奇特、惊人。

一些生物学家认为恐龙是饿死的。大约在 7000 万年前,地球上被子植物大量繁衍,并迅速取代了裸子植物。被子植物不像裸子植物那样四季常青,而是春天开花,冬季落叶。持这种观点的生物学家认为,以植物为食的恐龙在秋冬季节无"粮"可吃,终于饥饿而亡,而那些以食植性恐龙为食物的食肉性恐龙同样也在劫难逃。

可是,英国的一位生物化学分类学家托尼·斯韦因却坚信恐龙是被毒死的。他认为,1.2 亿年以前出现的有花植物虽然能把人类尚未出现的大地打扮得五彩缤纷,香气四溢,却给恐龙带来了意想不到的灾难。因为,在有花植物的组织内常常含有作用强烈的生物碱、许多种生物碱会对恐龙的生理产生不良的影响。有些生物碱,如马钱子碱,泻花碱等都具有很大的毒性。恐龙大量地吞食有花植物后,生理严重失调,最后导致死亡。这位专家指出,在欧洲发现的身体长细,脖子修长的虚骨龙,死亡之后身体之所以扭曲,主要原因是吃了过量的马钱子碱。

托尼从生物化学的角度,探讨了恐龙灭绝的原因确有一定的道理,可是为什么恐龙灭绝的时间比有花植物的出现又晚了5000万年呢?

另一种看法是,比恐龙更高等的动物——哺乳动物在7000万年前有了较大的发展,它们对环境的适应能力和生活能力都比恐龙强,在生存竞争中,它们战胜了恐龙并取而代之。尤其可能的是,某些哺乳动物以恐龙蛋为食,这就更加快了恐龙的灭亡。

一般来说,上述三种解释都有一个共同的缺陷,那就是即使用地质尺度来衡量,恐龙的灭绝过程也非常短促,不论是物种斗争,还是外界条件的渐变,都不可能使恐龙如此迅速地从地球上消失。只可能发生了某种全球性的灾变,急剧地改变了生物的生存环境,才导致了恐龙的灭绝。

这场突发性的突变是什么呢? 科学家们作了种种推测。有人认为,也许当时流行过一场全球性的恶性传染病,"瘟神"降临,恐龙无法逃生。也有人认为,当时地壳频繁运动而引起剧烈的火山喷发,使大气成分发生了显著的变化,二氧化碳剧增,氧气减少,恐龙在生理上难以适应,身体机能失调,终于造成了大量死亡。

美国得克萨斯州 S.加特尼认为,这个大灾难是由于北冰洋的泛滥而引起的。在白垩纪时期,北冰洋四周被大陆包围,与其他海洋隔开,这时北冰洋的水是淡的。后来,在6500万年前,北冰洋的淡水突然涌出,通过格陵兰和挪威之间的那条开阔的通道,以排山倒海之势压向其他海洋,冲淡了其他海洋。由于海水含盐量的降低,气温猛然下降10℃左右,并且降水量减少了一半,这突如其来变化使大量不能适应的动、植物被毁灭,紧接着干旱又进一步摧毁了许多植物和动物,其中就包括巨型的爬行动物恐龙。

古生物学家们支持这一观点,恐龙身躯巨大而脑量甚少,几吨重的恐龙脑量不足500克,两者比例很不协调。因此,恐龙行动迟钝,很难适应外界的环境变化,一旦寒气袭来,它不能像有些小型爬行动物那样随处可以挖掘洞穴度过寒冬,只好挨冻而死。

今天,关心恐龙灭绝之谜的其他领域内的科学家日益增多。

空间物理学家们的解释特别新颖,他们认为,由于地球磁场的存在,一般情况下强烈的宇宙射线大部分在地球外部就被地磁场捕获,因而不会散射到地表面上来。不幸的是,在地质年代,曾有过几次地磁场的倒转。在倒转过程中,有一段时

世界未解之谜

动物未解之谜

图文珍藏版

间地磁的强度几乎等于零。于是宇宙射线直接射到地表,杀伤动、植物,或者使生物发生变异,产生很多遗传疾病,因而恐龙很快就灭绝了。

天体物理学家们则偏爱从地球外来寻找恐龙灭绝的原因。8 年前,诺贝尔物理学奖金获得者阿尔瓦雷斯同加利福尼亚大学的一组科学家们在意大利考察 6500 万年前的沉积岩时发现了异常现象:这种岩石的含铱量几乎 30 倍于比它年轻或年老的岩石。在丹麦类似年代的岩层里,铱的含量比其他岩层高 160 倍。阿尔瓦雷斯认为,这种异常是全球性的,起因是地球同大型小行星的碰撞。

迄今为止,地球上已有 3000 多处记录到了铱的异常,其中有海地、丹麦、意大利、西班牙、中国、新西兰、美国等。事实告诉我们,铱含量异常的确是全球性的,用地球上自发产生的任何过程都无法解释这一现象的起因。阿尔瓦雷斯解释说,当时一块直径 6 英里的巨大陨石与地球相碰,激起了数百米高的尘埃。这些尘埃遮天蔽日,长达数月甚至数年之久,太阳光无法照射到地球表面,造成长期的黑暗和寒冷,导致了大批生物的灭绝。

1983 年,又诞生了一种假说,即天外陨星周期碰撞说。这个学说认为:太阳伴星"妮梅西斯"每隔 2600 万年接近一次太阳系,凭借其巨大的引力足以使冥王星之外数以亿计的小行星脱离其自身的轨道,以陨石雨的形式冲入太阳系内部。这样使地球大约每隔 2600 万年就可能受到一个或多个巨大陨星的碰撞。也有人认为,这周期为 2600 万年的陨星碰撞是由太阳系的第 10 颗大行星 X 星的椭圆形轨道引起的,或者是由太阳系围绕银河中心运动时,越出和跌入银河系平面产生的引力变化所造成。

科学家们已经从古生物学、地质学、天文学等领域内找到了支持这个学说的证据。如果真是这样的话,关于生物进化的教科书就必须重新改写,因为这种周期碰撞带来的周期性生物灾难对生物进化来说比其他因素都起着更为重要的作用。地球上这种特殊的环境正是迅速进化和创造全新生命形式的舞台。

科摩多岛上的活"恐龙"

几个世纪以来,人们一直传说在印尼的科摩多岛上有一种"巨龙"。它力大无比,尾巴一摆能击倒一头牛;它的胃口非常大,一口气能吃下一头 100 多斤重的野猪。而最令人不解的是,它的口中能够喷火!

1912 年,一位荷兰飞行员由于飞机发生故障,被迫将飞机降落在科摩多岛。在岛上,他见到了那种传说中的动物。不久,他返回驻地爪哇岛,写了一份关于发现一种怪兽的报告,说是在科摩多岛的确有当地人传说中的怪兽,但它们不是"巨龙",而是一种巨大的蜥蜴。

荷兰飞行员的报告引起了人们的兴趣。一位名叫安尼尤宁的荷兰军官登上了科摩罗岛,打死了两头怪兽,将两张完整的兽皮运到了爪哇。其中一张兽皮长达3米。经科学家们鉴别,确定是一种巨型蜥蜴,并把这种巨型蜥蜴命名为"科摩多龙"。

无独有偶。第一次世界大战结束不久,古生物学家在澳大利亚发现了科摩多龙的化石,经测定,是6000万年前的史前生物。同时,地质学家发现,科摩多岛是海底火山喷发形成的海岛,形成时间不到100万年。

这两个发现,使人们陷入了迷宫:科摩多岛诞生以前,澳大利亚的这种龙早已经灭绝。那科摩多岛上的巨蜥是从哪里来的? 它们怎么能够活到今天? 难道它们真是从天而降的"龙"吗? 几千万年以来,它们是怎样生活的呢? 这在当时成了一些难解的谜。

为了解开科摩多龙之谜,1962年,苏联学者马赖埃夫率领的探险队,在科摩多岛实地考察了几年。在发表的考察报告中说,科摩多龙体长可达3米,它们有令人恐怖的巨头,两只闪烁逼人的大眼,颈上垂着厚厚的皮肤皱褶,尾巴很大,四肢粗壮,嘴里长着26颗长达4厘米的利齿。远远望去,能看到它们口中不停喷火,但走近一细看,那口中喷出的"火",不过是它们的舌头。它们的舌头鲜红,裂成长长的两片,经常吐出口外,乍一看,的确像熠熠闪动的火焰。

科摩多龙以海岛上的野鹿、猴子、鸟、蛇、老鼠和昆虫为食。它们会游泳,当然也会下到海边捕食一些海洋生物。它们生性不好动,很少追捕猎物,多采用"伏击"的办法猎食,待猎物靠近,猛地用尾巴一扫,将猎物击倒,然后扑上去将其咬住、吞下。科学家们看到一只科摩多龙把一头野猪击倒后,竟像吃肉丸。"龙"会突然窜进猴群,乘众猴被吓得呆若木鸡之际,举起尾巴猛扫,猴子们被纷纷击倒,一眨眼工夫,一群猴子已成了巨龙的腹中物了。

如今,人们已解开了科摩多龙的许多疑谜,如雌性龙每次可产5—25枚鹅蛋似的卵,8个月后小龙便破壳而出,它们的寿命为40~50年。

但是,对于这种巨龙,至今仍有许多尚未解开的谜。例如,在自然界,有生必有死,而科摩多龙却只有生者,不见死者。人们走遍整个海岛,也未见过一具科摩多龙的尸体,就连一根残骨也没找到。难道是死者被生者吃掉了吗? 可它们对任何动物尸体都厌而不食,怎么会偏偏吃自己同类的尸体呢? 还有,科摩多龙的祖先是在澳大利亚发现的,它们是怎么来到科摩多岛的呢?尽管它们会游泳,但大海汪洋,水路漫漫,要游过这样遥远的距离,是难以想象的。

至今,神秘的科摩多龙仍然在科摩多岛上生活着。一些有兴趣的科学家,仍在继续探索这种海岛巨龙之谜。

"复活"的恐龙

现在还有恐龙存在吗?这一问题是不是显得过于荒谬?确实,绝大多数科学家——以及教我们大家的——都相信这种大型爬行动物早在 6500 万年以前就已经灭绝了。然而,一些偏远地区有关恐龙的目击案却层出不穷!一些科学家、探险家以及自然科学作家试图搞清这些"不可信"的事件,如有可能,还想做一番研究。

所有这些调查大多集中在一种传说中的叫作"莫克雷—莫比莫比"的动物,从其描述看像是一种类似于蛇颈龙的动物(蛇颈龙是一种体形巨大的以植物为食的恐龙,有长长的脖子和尾巴,小脑袋,大肚子,像树桩一样粗壮的腿。梁龙、雷龙等就属于蛇颈龙)。最早关于怀疑由这种动物留下的形如盘子的巨大的脚印的记载,是 1776 年在中西部非洲的法国传教士留下的。在后来的两个世纪中,传教士、殖民官员、猎人、探险家以及土著人所记载的怀疑由这种动物留下的脚印,与上述情况基本相同。

近几年来,几乎所有的目击报告都来自中非跨刚果河两岸的刚果共和国内偏远的利夸拉沼泽地区。芝加哥大学的生物学家罗伊·麦克尔于 1980 年和 1981 年两度率探险队到达那里,第一次去的时候还有爬行动物学家小詹姆斯·鲍威尔同行,后者在中西非进行鳄鱼研究时听说了"莫克雷—莫比莫比"的故事。两次探险均没有看到实物,但麦克尔与同伴们访问了许多当地的目击者。这种令人谈之变色的可怕动物据说生活在沼泽与河流中。1959 年当地的俾格米人曾在泰里湖附近杀死过这样一只动物。

麦克尔的探险队没能到达偏远的泰里湖地区,但由美国工程师赫尔曼·雷格斯特斯率领的一个探险小组成功地达到了该地区。雷格斯特斯与他的妻子基娅·范·杜森声称他们几次看到了巨大的、长脖子动物,它们既存在于泰里湖的水中,也存在于周围的沼泽中。刚果政府的生物学家马塞兰·阿格纳格纳,曾经是麦克尔第二次探险的成员 也于 1982 年到达该地区并看到了一只这种动物。然而不管是雷格斯特斯,还是阿格纳格纳都说由于照相机出毛病未能拍到这种神秘动物的照片。此外,还有一个由英国人、两个由日本人组成的探险队先后三次到该地区探险,但并没有发现什么。

1.非洲地区的其他恐龙

当雷格斯特斯在泰里湖地区时,他听到了一个离奇的故事。当地人告诉他,几个月前即 1981 年 2 月,人们发现湖面上漂浮几具成年大象的尸体。死因似乎是每头大象的胃部都有两个很大的刺伤。这不是枪伤,且这些大象的象牙还在,说明不是偷猎者所为。当地人说杀死这些大象的是生活在附近森林中一种长角的怪兽。

他们称这些神秘动物为"埃米拉—恩图卡",意思是"大象杀手"。几乎每个报告都说这种动物的大小如大象(或略大),四条粗腿从下面支撑着身体(而不是像鳄鱼那样从旁边),有一条长而粗的尾巴。脸部看起来像犀牛,前边长着一支独角。它可以自由自在地生活在水中或陆地上,以植物为食,但它确实以其那支巨角杀死过大象或水牛。麦克尔在 1987 年出版的《活着的恐龙?》一书中认为,这种动物如果真的存在的话,很可能是一种史前犀牛或长有角的恐龙,如三角恐龙。

麦克尔也收集了一些关于动物"姆比路—姆比路—姆比路"的不太精确的报告,这种动物"背上长有竖板",听起来像剑龙。关于动物"恩古玛—莫内内"的目击案后来证明更为可信些。这是一种类似大蛇的爬行动物,背上有锯齿状的脊,身体侧部长有四只腿。这种动物的目击者中包括美国传教士约瑟夫·埃利斯,他自称于 1971 年 11 月看到这样一只动物从马塔巴河中上来走进高高的草丛中。埃利斯没有看到这只动物的全貌(没看见头和脖子),但从所看到的水线上面的那部分身体,他猜测它的身长超过 30!

埃利斯对刚果的动物非常熟悉,肯定这只动物绝不是一条大鳄鱼。根据当地人的一些目击报告(这些报告描述过它的头和长长的尾巴),麦克尔认为这种动物"介于蜥蜴与蛇之间",可能是"史前留下来的一种形似蜥蜴的半水生动物,即长龙"。

1932 年,生物学家伊凡·桑德森与动物标本收集家杰拉尔德·拉塞尔,在喀麦隆西部梅纽河一部分的曼非池塘中,曾有过一段奇怪而可怕的经历。他们俩及当地的向导分乘两条小船沿着陡峭的河岸前行,河岸沿水线成点状分部着一些深洞。他们突然听到一声震耳欲聋的吼声——似乎几个巨大的动物正在其中一个洞里厮杀。

湍急的漩涡把两条船吸向发出如雷般响声的那个洞口。这时桑德回忆说,那里"传来另一声巨响,一个非同寻常的庞然大物跃出水面,把水搅成了雪利酒色泡沫状,随着又一声巨吼,它又投入了水下。这种'东西'颜色黑亮,是一种什么动物的‘头’，形状像一头海豹但更为平滑。其大小与一头成年的河马一样——我指的是‘头’。"

桑德森与拉塞尔决定不再停留以发现更多的东西。上岸后，他们发现了一些巨大的脚印，这些脚印肯定不是河马留下的，因为这一地区并没有河马存在。土著人说这种可怕的动物已把河马全部杀光了。但这种动物并不是食肉动物，它们是以生长在河两边的藤蔓植物的果实为食。桑德森说，土著人称这种动物为"姆库一姆班布"。

如果两位探险者所看到的真是这种动物的头部的话，那么它很可能就不是那种与蛇颈龙相似的动物"莫克雷一莫比莫比"（蛇颈龙的头较小）。50年后，麦克尔在自己的探险中发现，当地人使用同一词汇形容任何一种生活在河流、湖泊或沼泽中的大型危险动物。

2.南美的恐龙

阿瑟·柯南道尔爵士在其1912年出版的小说《失去的世界》中，描写了一队历尽艰辛的英国探险者在南美洲亚马孙河盆地发现了一个与世隔绝的地方，那里生活着一些历经数百万年沧桑的史前怪兽。几十年来，这个故事已令世界各地的读者爱不释手，但奇怪的是，现实生活中，却很少有来自南美的关于恐龙目击案的报告。

然而1911年1月11日的《纽约先驱报》刊登了一个案件，文章的作者是一个叫弗朗兹·赫尔曼·施米特的德国人。1907年10月的一天，他和同伴鲁道夫·费伦船长及印第安人向导，来到了秘鲁一个偏远的山谷里，里面到处是湖泊与沼泽。他们发现了一些由某种未知动物留下的巨大而奇怪的脚印，脚印两旁是被压倒的树木与草丛。这地方的奇怪之处还在于见不到本应常见的短鼻鳄、美洲鬣蜥与水蛇。

尽管向导们都十分恐惧，探险队还是决定当晚在山谷中宿营。第二天早晨，探险者们返回船上继续搜寻这种神秘的动物。不到中午，他们就在岸边发现了一些新留下的脚印。费伦宣布不管存在多大的风险，他都要上岸追踪这些动物。就在这时，他们听到了正在附近的一棵树上采集浆果的一群猴子发出刺耳的尖叫声。

施米特说："半隐在树枝间的某个巨大的黑色物体猛然从猴群中跃起，引起巨大的骚乱。"被吓坏了的向导们快速划桨驶离岸边，费伦与施米特没能看清什么，但听到了"树木扫动的声音，一种像巨桨拍水的声音，夹杂着猴子们快速逃离湖岸时发出的尖叫声"。然后是一片沉寂。

大约10分钟过后,湖边的树木再次被搅动起来,探险队终于看到了这个"可怕的怪兽"。这头怪兽根本无视他们的存在,进入水中并来到距他们仅150英尺的地方。这头动物非常大,施米特认为它约有"35英尺长,其中仅头和脖子就占了至少12英尺。"它的头"有一个啤酒桶大,样子像貘(四不像),嘴好像是用来推开东西或握住东西用的"。脖子像蛇但非常粗壮,没有前腿,取而代之的是"又大又重的带有爪的鳍状肢"。其"又重又硬"的尾巴上覆有"粗硬的角质块";事实上,这种动物的整个身体表面的样子就像鳄鱼皮一样。

费伦与施米特举起来复枪向它射击。子弹似乎惹恼了它,但没有血流出来,射在这只动物头部的一颗子弹滑了出去,就像射在一块坚硬的石头上一样。一共开了七枪,每一枪都击中了目标。为了逃避射击,这头怪兽翻身入水,溅出的波浪几乎掀翻了他们的小船!游出一段距离后,怪兽又露出水面,"在凝视我们几秒钟后,它向我们游来。因为我们射出的子弹对它来说似乎根本就是隔靴搔痒,我们不得不决定逃走。行至一个小岛后面时,已看不到它了。我们没有再去招惹它,心中因有幸逃离而欣慰。"

3.巨大的脚印

施米特的报告说,探险队沿索里梅斯河以后的行程就没有什么重大发现了。由于费伦几个月后死于热病,关于这一传奇般神秘动物的目击事件也就没有第二个证人了。然而,施米特的报告并不是唯一描述生活在南美洲沼泽地巨兽的。20世纪初期,珀西·福西特中校正在秘鲁、玻利维亚、巴西三国交界处沿埃克河岸两边的沼泽(距施米特与费伦历险地有几百英里),为英国皇家地理学会进行测量时,当地居民曾对他说起该地区看到过"某种巨兽的脚印"。但当地人也承认说他们也没有亲眼见到过留下这些脚印的巨兽。福西特说在更靠南部的沿秘鲁与玻利维亚边界,也曾发现过某种未知动物留下的脚印。

再造恐龙的超级实验

现代科学技术的发展,常常引发人们产生一些奇思妙想,无论是"恐龙公园",还是丰富多彩的恐龙展览,留在人们脑海中的毕竟是往日的遗骨,人工艺术的再现。能否通过遗传物质DNA分子来复制恐龙,让它们重现于自然界,这有可能吗?

"这是有可能的。因为有人已从一种恐龙的牙齿里获得了遗传基因,"这是目前正在美国纽约自然历史博物馆从事研究恐龙复活工作的克拉博士回答记者提问时说的。他还充满信心地说:"我们已进行了很长时间的研究,第一步很成功。"其实,在美国和澳大利亚有相当一部分科学家正在狂热地进行着这方面的大胆实验。他们用无性繁殖的方法,想方设法让一只死了好久的蜥蜴(被称为恐龙的"活化石")重新复活。如果确实能"死而复生",那么,用同样的方式,恐龙也就可以复活,"东山再起"了。

澳大利亚悉尼大学的科学家维德尔教授认为,至少从理论上来说,采用现代科学手段,可以无性繁殖出恐龙或其他已绝迹的动物。他蛮有把握地说,澳洲塔马尼亚虎,就有可能通过重组 DNA 片段的遗传基因蓝图来"复制"。其实,这种设想,早在 20 世纪 80 年代中期美国加州大学的古生物学家乔治·波纳尔博士就已经提出,他认为可以通过修补 DNA 分子使史前动物再生。要制造恐龙,必须把恐龙的DNA 移植到雌鳄的受精卵细胞内。这种含有恐龙 DNA 的卵细胞在鳄体内发育,卵细胞的周围还会长出坚硬的卵壳。鳄产下这种卵,通过孵化,新生的"人工恐龙"就会降临大地。

要使绝灭恐龙复活,最大的难题是没有任何恐龙的 DNA,或者无人知道恐龙DNA 是什么样。不过,波纳尔认为,在古地岩石中找到处于休眠状态的真正的恐龙 DNA 是有可能的。例如,在琥珀化石中被保存的吸有恐龙血的苍蝇、蚊子等昆虫,它们的身体内就会有恐龙的血细胞。这正是制造恐龙所需要的遗传物质——DNA。

不过,即使找到了恐龙的 DNA 片段,要原样重建其复杂的双螺旋体结构,按目前的技术水平几乎是不可能的。如果要想把恐龙的 DNA 片段移植到鳄的受精卵中,自然有一个难题要解决。那就是一旦鳄的卵细胞受精,就会发育成鳄。要防止这一点,就必须在鳄卵受精的一瞬间用恐龙的 DNA 去替换掉鳄的 DNA。这种超精细技术能办得到吗?科学家们已经在老鼠身上做了类似的试验,初见端倪。

那么,DNA 分子究竟能存活多少年,即使是保存在金字塔里的木乃伊体内,过了千百万年后的可能性有多大?据有的科学家宣称,已在距今 1700 万年前的化石叶子中找到了 DNA。这显然是个令人振奋的消息。

有趣的是,美国好莱坞的著名导演史蒂芬·斯皮伯格,顺应人们的心愿,在1993 年适逢国际恐龙年之际,独出心裁地导演了一部名为《侏罗纪公园》的新影片,引起了人们的关注。影片展示的是,在一个专门研究恐龙生存的实验室里,约翰博士发现了一只吸饱了恐龙血、藏在树脂化石中存活至今的古代蚊子,随即以这些血中的遗传物质 DNA 来复制恐龙,没想到,时过不久,恐龙不仅复活,而且生长迅速,蔓延各地,造成不可收拾的灾难性局面,致使科学家又不得不研究对付恐龙的办法……

电影毕竟是电影，不必惊慌。若以最快的速度来估计，"人造"恐龙问世，恐怕得到下一个世纪了。到那时，人们自然会有制服它们的预防措施，何必担心呢？面对着恐龙留下的无数个万古谜团，我们期待着科学家们成功地制造恐龙这一天的到来。

西伯利亚湖底的"恐龙遗孤"

1964年1月，意大利的一只探险队在西伯利亚哈伊尔湖探险时，忽听湖中传来一阵阵哗哗作响声，大家都感觉到水下有什么东西，说时迟，那时快，转眼间湖面上冒出一个黑乎乎的大家伙，是鲸鱼吗？湖里不可能有鲸鱼，别的鱼又不可能有这么大的身体，大家都目不转睛地盯着这个庞然大物。只见它猛然抬起了头，畅游起来，顿时整个湖面波浪翻滚，动荡不定。这条怪鱼通体乌黑，长达十余米，形状就像已灭绝的恐龙一样。

在西伯利亚地区，自古以来就传说这个湖里有可怕的怪兽，人们不敢靠近湖边行走，而且更为神奇的是，这个湖里居然没有鱼，各种水鸟也不在这里栖息，湖水结冰期也较其他湖泊要晚，种种迹象表明，这个湖不同寻常，很可能有怪兽在其中。莫斯科大学的科学家们为此专门组成了调查队，自1964年夏天起，在哈伊尔湖边开始了长期的观察。终于，在这年的8月上旬，人们两次目击了湖中怪兽的身影，现场的科学家们还记录下了怪兽的身姿。1964年11月22日，苏联《阿穆尔河畔共青城真理报》以"湖中之谜"为题，发表了这幅怪兽的写生画，引起国内外的关注。从这幅写生画上看，湖中怪兽的头很小，形状像野鸭，头颈很长，与长颈鹿相仿，肤色黑亮，背上有一条笔直竖起的鳍，长尾巴，身体长达12~15米，与著名的尼斯怪兽十分相似。

西伯利亚地区是地球上自然生态保存得最好的地区之一，根据已经发掘到的化石证实，距今二亿八千万年前后，地球上生存着大量的各类恐龙，可惜这些动物在远古就已灭绝，我们今天只能从古化石中想象他们当年的风采，人们总在期望，地球的某一角落，是否会有恐龙的幸存者，给人以惊喜呢？西伯利亚的湖中怪兽是恐龙的遗孤吗？

恐龙的颜色之谜

1995年，在北京中国历史博物馆宏伟的展览大厅里，举办了一个别开生面的机器恐龙博览会。展出的机器恐龙不仅个个栩栩如生,而且色彩鲜艳,令人耳目一新。只见正在捕食的霸王龙,身上布满了老虎一样的条纹;角龙的脖子上涂着蝴蝶般美丽的图案,而背脊却漆黑发亮。

有的少年朋友也许会问了:我们过去在自然博物馆或电影里看到的恐龙,差不多都是草绿色或土黄色的。为什么这个博览会上的机器恐龙却是五彩缤纷的呢?恐龙到底是什么颜色呢?

古动物学家告诉我们:早在6500万年以前,恐龙就已经在地球上绝迹了,所以,根本没有人见到过真正的恐龙。1822年,英国的一位青年乡村医生曼特尔在出诊的路上,第一次发现了恐龙化石,复原了恐龙的骨架,然后再根据丰富的想象,才画出了恐龙的形象和色彩。

其实呀,对于"恐龙到底是什么颜色的"这个问题,科学家们的意见也不大一致。

现在的古生物学家们普遍认为:恐龙实际上并没有全都断子绝孙,鸟类的祖先就是一种吃肉的小型恐龙——虚骨龙。有的恐龙专家根据这个观点推论:恐龙和鸟类一样,为了结识和亲近异性的恐龙,就必然把自己装扮得醒目诱人,而鸟的冠和脖子一般都是色彩鲜艳的,所以恐龙身体的这些地方也应该是色彩鲜明的。前边提到的恐龙博览会上的机器恐龙,就是在这些专家的指导下设计制造的。他们还认为,恐龙身体的颜色还跟它的视觉有关,恐龙的眼睛和鸟类一样,不仅很大而且具有识别颜色的能力。所以,恐龙既有炫耀自己的需要,又有识别颜色的能力,它的身体应该是绚丽多彩的。

但是,也有一些学者持相反的意见。他们认为:羽毛色彩艳丽的鸟差不多都是小鸟,而很多大鸟像鹰、鹭的羽毛颜色就比较单一,所以不能简单地把恐龙跟鸟类相比,那些色彩鲜艳的机器恐龙不应该放在博物馆里,因为它们是不科学的,是想象出来的东西。还有人说:爬行动物的身体差不多都是一个颜色的,所以恐龙的身体也应该是一个颜色的。

坚持这两种对立观点的专家谁也说服不了谁,也很难判定他们谁对谁错。

有的学者就把两方面的观点结合起来考虑。前些年,考古工作者们发掘了一处鸟龙类恐龙住的地方,发现它们的栖息地特别像鸟群的窠。另外,这些鸟龙类恐龙从刚孵化出来,到长到1米多高的一段时间内,都是不离开巢穴的,这一点也和鸟类的生活习性有相似之处。所以,这些学者认为:恐龙的颜色很可能跟鸟儿差不多——大型的恐龙是单一颜色的,而中、小型的恐龙则是多颜色的。

但这也是一种推测。

恐龙到底是什么颜色？这个问题至今还是个千古之谜。这个谜底等待着少年朋友们今后去揭开它。

第二节　动物的超常功能

动物的报复行为之谜

动物也会报复吗？回答是肯定的，而且动物的报复手段还多种多样呢。下面就是几件动物报复人的事儿。

在我国四川省的峨眉山，有一群活蹦乱跳的野生猴子。它们给来旅游的人带来了很多乐趣。但谁要是伤害了它，它就记在心里，找机会报复。有一天，一个小伙子抓着一把花生逗猴玩儿，他一边逗一边说："来啊，来吃啊！"一只猴子连着跳了几下，小伙子却一颗花生也没给它。猴子急了，猛地跳上去抓破了小伙子的手，花生也撒了一地，逗得旁边的人哈哈大笑。小伙子恼羞成怒，也急了，顺手抄起一根木拐杖，向正在吃花生的那只猴子横扫过去。猴子被打得"吱吱"乱叫，拖着受伤的腿逃进了树林。它的腿被打断了，成了一只跛猴。

转眼到了第二年，那个打猴的小伙子又来了。当走到仙峰寺的时候，看到路中间坐着一只猴子，正向来往的游人要吃的。这只猴就是去年被小伙子打伤的，它一眼就认出了仇人，急忙一跛一拐地躲在一边，当小伙子从它旁边走过的时候，跛猴冷不防扑了上去，狠狠地咬了小伙子一口，疼得他"哎哟哟"直叫，腿肚子被咬得鲜血直流。他转身一看，那只猴子已经上了树，向他做鬼脸呢。打猴的小伙子这才恍然大悟，原来猴子是来报复他的。谁让他不爱护野生动物呢。

在重庆动物园里，曾有一只金丝猴王，它好像认为自己血统高贵，脾气暴躁，动不动就咬伤饲养员。有一次饲养员送食物慢了点儿，猴王就跑过来抓破了饲养员的手。饲养员为了惩罚它，就拿起竹条，在它的屁股上狠狠抽了几下，猴王觉得丢了面子，把这件事记在心里。过了几天，这位饲养员调走了。半年以后，他回到动物园看望饲养过的金丝猴。没想到的事发生了，猴王从人群里认出了打过它的饲养员，想报复又找不到东西，就拉下一个粪团，向饲养员的头上扔去。猴粪弄了他一脸，叫人真是哭笑不得，金丝猴王却得意极了。

在美丽的西双版纳，经常有野生大象出没，它们是我国的保护动物。这一天，一个猎人发现一只鹿正在河边饮水，就举起猎枪瞄准。就在他刚要开枪的时候，突然传来一声怒吼，吓得他魂飞魄散。回头一看，只见一头大象正向他走来。猎人认出来了，自己前几天用枪打过这只象，可是没打中，它这是复仇来了。猎人慌忙调转枪口向大象

大象

射击，心里发慌，没有打中。大象愤怒地向他飞奔过来，猎人转身就跑，不料被野藤绊了个跟头，手里的猎枪也给扔了。大象上去一脚就把猎枪踩断了，用鼻子卷起来抛得老远。猎人乘机从地上爬起来，没命地逃跑，复仇的大象穷追不舍，把猎人逼到了山崖跟前。他急忙抓住一根粗藤，想爬上陡崖逃命。大象扬起鼻子，把猎人卷了起来，使劲儿抛了出去，随着一声惨叫，猎人被摔死在悬崖底下。这就是偷猎野生动物的人的下场。

在西双版纳有一个村子叫刮风寨，寨子边有一条小河。有一天，一只母象带着一只小象到河里洗澡，小象见到水特别高兴，撒起欢来。当大象母子玩得正开心的时候，被寨子里的几个猎人发现了，端起猎枪就打，可怜的小象刚爬上河岸，就被打倒了。母象立刻狂怒起来，嗥叫着跑上岸来，用鼻子抚摸着小象的伤口，悲愤极了。它一会儿又跑又跳，高声咆哮着，一会儿又用鼻子把小树拱倒，直到精疲力尽才依依不舍离开小象，一步一回头地向密林深处走去。

两天以后，这只母象带着十几头大象复仇来了，象群冲进刮风寨的时候，寨子里的青壮年人都到山上干活去了。留在家里的老人和孩子只好四处逃命。大象也不追赶，却把寨子里的竹楼拱了个天翻地覆，然后大摇大摆地走进森林。等村民们回到寨子里之后，都责怪那些偷猎大象的猎人。

在印度，也曾发生过这样的事情。有一群经过驯化的大象驮运货物进城，卸下货物之后，其中一只大象在路边散步。当路过一家裁缝店的时候，大象好奇地把鼻子伸进窗口。一位正在做衣服的缝纫工人随手扎了象鼻子一针。大象急忙缩回鼻子走了。没想到几个月以后，这只大象又来了，它在街心喷水池吸足了一鼻子水，来到这家裁缝店窗前，把那个缝纫工人喷成了个落汤鸡，然后扬长而去。

在印度，还发生过豹子报复猎人的事件。居住在卡查尔大森林的一个猎人，在上山打猎的时候，杀死了两只还在吃奶的小豹子。这下激怒了母豹，它偷偷地跟在

猎人后边，记住了他的住处，等待机会报复。两天以后，这个猎人的妻子到靠近森林的田里干活，还带着一个两岁的儿子。正当猎人妻子低头干活的时候，忽然听到孩子的呼叫声。抬头一看，只见一只豹子叼着她的孩子，飞快地向森林跑去，她拼命地又叫又追，也没追上。

三年过去了，那个猎人在山上打死了一只母豹，在豹穴里有两只幼豹和一个活着的男孩。仔细一辨认不要紧，这个"豹孩"就是他三年前被母豹抢走的儿子。这是母豹对他的报复。

在动物世界里，野牛的报复心理也很强。在非洲的肯尼亚，有个土尔坎族的居民，名叫阿别亚，他刚学会使用猎枪就去打猎。他躲在山坡的灌木林里伏击野牛，等啊等啊，果然发现了一头，他举枪就打，击中了野牛的肚子。受伤的野牛逃走了，阿别亚在后面紧紧追赶，但野牛还是躲进了森林。阿别亚还是不死心，就沿着野牛的血迹跟踪，边追边看地上的血迹，有时候看不清楚，他就弯下腰在地上仔细寻找。正在这时，受伤的野牛找到了复仇的机会，从背后冲了过来，阿别亚还没来得及直起腰来，就被撞倒在地，野牛用头死死地顶着他，直到把他顶死才罢休。

在沙特阿拉伯，有个油坊老板，养了一头老骆驼。有一次，老板做生意赔了本钱，满肚子怨气，回到家就用鞭子抽打骆驼撒气。几个月后的一天夜里，那头挨打的骆驼走出骆驼棚，悄悄来到主人的帐篷外，站了一会儿以后，就突然冲进帐篷，向主人的床铺扑去，幸好当时油坊老板不在家。老骆驼愤怒极了，就把主人的被子撕咬成碎片，这还不解气，又把主人用的餐具踏得粉碎，这才心满意足地出走了。

动物的报复心理是怎样产生的呢，它们的报复行为又怎么解释呢？这都需要科学家们继续研究和探讨。

动物的第六感之谜

安东尼非常喜欢布制玩具动物，每到圣诞节和 6 月 25 日生日的那天，大家都会送它这种玩具，它会把玩具爱护得很好。可是一到圣诞节和生日的前几天，它就会把旧的玩具撕成碎片，满脸渴望地等待新礼物的到手。听起来很奇怪。但如果安东尼不是小孩，而是一只狮子狗的话，是不是就更奇怪了？的确，安东尼真是一只狗，它和主人约翰·曼弗夫妇住在美国的福吉尼亚洲。

安东尼怎么会知道圣诞节和生日快到了呢？美国心灵学家苏珊·史密斯指出，一般的解释是安东尼看到种种准备过节、或庆祝生日的迹象，而猜出圣诞节和生日快要来临，于是也做了它的准备。安东尼懂得人语，经常与曼弗夫妇交流。彼

世界未解之谜

动物未解之谜

图文珍藏版

此谈话时,它吠一声表示"是",吠两声表示"不同",吠三声表示"不知道"。有一次,约翰发现它的声音有点嘶哑,便问它:"你是不是喉咙痛?"安东尼吠了一声——是。"一直都痛吗?"吠两声——不是。"是不是只是叫的时候痛?"——吠一声——是。于是约翰带它去看兽医,诊断结果是,安东尼喉咙发炎,只有叫的时候才会痛。

苏珊去曼弗夫妇家拜访时,女主人玛丽安要安东尼做了示范表演。她先对它说:"我念的这串数字中漏掉了哪一个?"接着她很快地从一数到十,故意省掉了六。没等主人念完,安东尼就迫不及待地,像放炮似的连吠了六声。据苏珊仔细观察,认为安东尼是抓住提问者无意中流露出来的面部表情变化,从而正确地回答问题的。

下面这个例子要寻求答案或解释,恐怕就不那么简单了。早在约翰与玛丽安相识之初,玛丽安经常夸赞她的小狗安东尼如何不一般,约翰却不太相信。有一天晚上,玛丽安说安东尼不但能表达意思,还能看出别人的心思。说着让他把自己的年龄写在纸上,交给别人拿着。约翰写的数字是33,可安东尼却吠了36声。玛丽安微笑着对安东尼说:"你猜错了,再试一次吧。"安东尼第二次还是多叫了三声。约翰大吃一惊,没等玛丽安说话,他自己很难为情地说:"我撒了谎。安东尼是对的,我的确是36岁。"

像安东尼这样能与主人进行心灵沟通的狗并不是少数。俄国的驯狗专家弗拉基米尔·杜诺夫就曾和他的一只叫马斯的狗一起完成了一项心灵感应的实验。在一个房间里放置几张桌子,上面分别摆上许多种物品。杜诺夫要做的是,在另一个房间里,以心灵感应方式要马斯把其中一张桌子上的电话簿拿来。实验开始了。只见杜诺夫把马斯放在椅子上,双手握住它的嘴和鼻子,专心一意地凝视着它的眼睛,把他脑子里的命令无声地传达给它。马斯两次走到门口,又两次返回杜诺夫身边,表示它已经忘记了主人的指示。杜诺夫再一次重复他无声的命令,第三次马斯终于走出房门,进入另一个房间,不一会儿,嘴里叼着那本电话簿回到主人身边。显然,杜诺夫不在现场,因而马斯不可能是受到主人某种暗示才完成任务的。

还有一位叫贝卡特洛夫的科学家曾邀请杜诺夫到列宁格勒做实验。这回与主人合作的是一只叫比基的狗。总共做了六项实验。在做第五项实验时,贝卡特洛夫忽然提出要代替杜诺夫来做。按预先计划,贝卡特洛夫要叫狗跳到一张圆桌上坐着。下面这段话是他当时的实验记录:"我全心全意地想着圆桌的形状,同时注视着狗的眼睛。没过一会,它便冲向圆桌,拼命地绕着它转圈。实验虽然失败,但我反省后找到了原因：我当时专心想的不是圆桌，而是狗跑向圆桌，然后跳上去坐着的整个过程。这个原因相当关键。第二次经过修正，狗果然完全照我的意愿去做。"总之，最后贝卡特洛夫完全信服了。

东、西方科学家们以"特例式"或"代表群"式给动物做过无数次实验，用以证明人类可以通过心灵感应的方式把信息传给动物，动物也同时具备接收领会能力；另外动物本身也具有超感觉能力，并利用这种心灵力量去影响其他事物，以达到它的目的。里维先生在多克大学的人类天性研究基金会工作。他给出生仅二个星期的小鸡做了这样一个实验。

一把一群鸡摆在灯下，将灯连通在一台不定时的发电机上。这台发电机正常工作时，每24小时之内亮12小时，不多也不少。而这点时间所供应的温度对小鸡显然不够，果真如此，必定会导致小鸡死亡。实验结果令人兴奋：小鸡运用心灵影响力，增加了机器的发电时间，从而保全了自己的性命。信心大增的里维决定用鸡蛋试一试。拿来24只还差七天便可孵化的鸡蛋，把其中12只煮熟，然后把两组鸡蛋轮流摆在灯下。结果又令人兴奋：灯下如果摆的是生蛋，灯亮的时间就比较长。这说明浮（生）蛋中会释放出某种力量，干涉发电机的正常运转。

这个实验结论引来了不少攻击，于是基金会又用老鼠做了一次实验。研究人员将电极装入老鼠大脑的娱乐中枢，然后经过反复训练，使它们知道，只要踩上一棍棒子，就可以获得快感。研究人员将电路接在一台不定时发电机上。实验结果是，老鼠遭到电击而获得快感的次数要比电机正常运转状态下遭电击的次数多。这表明：老鼠能凭借心灵影响力干涉实验设备的运作而达到它们的目的。

人类的超感觉能力被称作"第六感"，所有的人都具有第六感。只是因为机械化<用法不当>科学技术以及现代思想文化观念、现代科技发展的局限性等等诸因素，把人的这种能力压抑、忽略、隔制、掩盖，甚至否认了。鉴于动物不会因文化观念的限制，而在潜意识中压抑自己的心灵力量，所以最近几十年来，科学家们从研究人而转至研究动物。

动物预防地震之谜

1.动物预感地震之谜

有一些动物具有预感灾变的能力，人们早有耳闻。但为什么这些动物对灾变会有预感，甚至远远超过了人类，超过人类所制造的精密仪器？这又是一大自然之谜。

日本《三州奇谈》中记载了这样一个故事:一个叫日原喜兵卫的人,在野外看到一条带着几只幼崽的母狗濒于死亡时,出于怜悯,就把它们带回家饲养起来,对他们很爱护。忽然有一天晚上,这几只狗狂吠不止,母狗死命地咬住日原的衣服把他拖出门外,又把日原的妻子也照样拖了出去,搞得夫妻俩一夜不能进屋。凌晨,这里发生了山崩,死伤30多人,日原一家安然无恙。

据反映,唐山大地震前,也有狗、猪、鼠、鸡、鱼等做出异常反应。可惜的是,人们并未想到这会与地震有什么联系。

2.动物防震之谜

箭鱼是一种食肉性鱼类。这种鱼一般生活在太平洋、大西洋和地中海里,在我国东海和南海也有它们的踪迹。箭鱼的体形很大,身长约4米,体重达500千克。

箭鱼头前的上颌突出很长,骨质坚硬,好像一支锋利的长箭。箭的长度约有1.5米,几乎占了全身长度的1/3。科学家认为,箭鱼的锐利长箭并不是作为武器发展起来的,而是代表一种高速的流线形体,在海水里游泳,起了劈水破浪的作用,游速比普通轮船要快三四倍,每小时能前进120千米。

箭鱼游速快,冲击的力量也大。它在大海中横冲直撞,碰上巨鲸,能刺伤巨鲸;撞上船舰,能穿透甲板。在英国的博物馆里,有一个独特的陈列品。一艘捕鲸船的34厘米厚的木

箭鱼

板中间,嵌着一根30厘米长和12.7厘米圆周经的箭鱼的"箭";还有一块55.8厘米厚的板,被箭鱼穿了个孔。

箭鱼头上的箭,为什么如此锋利呢?科学家们对此进行了专门研究,发现箭鱼击穿轮船甲板时,它的箭受到的冲击力有150千克。船被戳破了,箭却完好无缺。原来,箭的基部骨头是蜂窝状的结构,孔隙中充满了油液,好像是多孔的冲击波吸收器。箭鱼的头盖骨结构相当紧密,又跟箭的基部连成一体,所以使箭鱼能够经受很强的冲击力。它真不愧是一个天然的防震器。

这种结构,使科学家得到借鉴,在设计制造航天飞机时得到了应用。

动物的天然防震器,不仅独此一家,啄木鸟那像钢凿一样的嘴壳,也是名副其实的防震装置。

据科学家调查，啄木鸟的嘴每天要敲打树干 500~600 次。近年来，有人通过高速摄影测算出，啄木鸟啄树木的冲击速度，是每小时 2080 千米；当啄木鸟的头部从树上弹回来时，它减速的冲击力大得惊人——约有 1000 个重力常数。要知道，一辆汽车如果以每小时 56 千米的速度，撞在一堵砖墙上，其力量才不过是 10 个重力常数。奇怪的是，啄木鸟从来不会因此而发生脑震荡，头颈也不会受到任何损伤。科学家们除了进行了细心的观察和测算外，还对啄木鸟进行了手术解剖。结果发现，啄木鸟的头部构造与众不同：脑子被细密而松软的骨骼包裹着；在脑子的外脑膜与脑髓之间，有一条狭窄的空隙，这样一来，通过流体传播的震动波，也就得到减弱；头部强而有力的肌肉系统，能起吸震和消震的作用。

此后，科学家又发现一个重要的原因，就是啄木鸟的头部和这儿的"钢凿铁嘴"，是一前一后地直线运动，从不做侧向运动。

根据啄木鸟的奇特构造和运动方式，有人设计了一种新型的安全帽和防撞盔。这种帽子正好套在人的头上，里层松软而外层坚固，帽子下部又有保护领圈，可以避免因突然而来的旋转运动所造成的脑损伤。经过试验，这种帽子比一般的防护帽要安全得多。

神秘的动物超感本能

动物真的有超常感吗？它们真的能够预感危险，能做心灵感应吗？

在美国，只有两岁的英格兰血统牧羊犬博比，它的主人名叫布雷诺，家住美国俄勒冈州。1923 年 8 月，布雷诺带着小狗博比从俄勒冈州去印第安纳州的一个小镇度假时，博比不幸走失了。从此博比开始了它神奇、惊险，而又极不平凡的超常旅程。博比最初弄不清楚俄勒冈州的方向，急得它到处乱窜，整天绕着圈跑，它大约跑了 1600 千米的路却只走对了 300 千米。到了秋天，博比似乎渐渐地找对了方向，走上了回家的路线，它一路向西经过伊利诺伊州和艾奥瓦州径直往前走。回家的路上，博比吃尽了苦头，它有时能遇到好心人留它住宿，但有时也饿得抓松鼠和野兔吃，有几次还差点给逮野狗的人捉住，博比不停地往西走，渡过了好多条河流，其中包括流水湍急的密苏里河。到了寒冷的隆冬季节，它忍饥挨饿越过冰天雪地的洛矶山脉。等到漫长的旅程快结束时，博比已瘦得皮包骨头，它脚下的肉趾因长途跋涉连趾骨都露了出来。到了 1924 年的 2 月，博比在奔跑了六个月之后，终于一瘸一拐地走进俄勒冈州西威顿郊外的一间破旧农舍，它深情地望着这间小屋，这是它小时候和主人住的地方。第二天一早，博比又拖着异常沉重的脚步，艰难地走到城里，走进它主人房间。当时布雷诺刚下夜班正在二楼睡觉，博比在走完了1500千米长的旅程之后，用尽最后的力气一跃跳上床，亲切地去舔主人的脸。

对于博比这次艰险的1500千米旅程，很多人觉得简直难以置信，为了进一步证实这次旅程，俄勒冈州的"保护动物协会"主席返回到博比走失的原地点，勘查了这条小狗所走过的所有路径，访问了沿途许许多多见过、喂过、收留它住宿、甚至捉过它的人。当这一切被证实后，博比成了美国历史上最受尊敬的狗英雄，得了许多奖章，它回家的路上所走过的城市还给它颁赠了荣誉钥匙，最荣耀的是这条小狗还得了一个金项圈。

在人们都赞扬博比的忠诚、勇敢、坚毅的同时，科学家却想到了一个不可思议的问题，博比在几千里外是怎么找到路回家的？当初他的主人是开车走的公路，博比并没有沿着它的主人往返的路线走，而它走的路与主人开车走过的路一直相距甚远。事实上，根据动物协会勘查的结果，博比所走过的几千里路是它从来没有见过、没有嗅过，也根本不熟悉的道路。

对博比这次旅程经历研究的结果使人们相信，这条小狗之所以能回家，是靠着一种特殊的能力和感觉觅路的，这种本领与已知的犬类感觉完全不同。有人认为动物这种神秘的感觉和能力是一种人类尚未了解的超感知觉，或者称之为超常感。这个名词源于希腊文的第23个字母，用于代表自然界动物的超自然感官本能。它指的是有些动物能够以超自然的感觉感知周围的环境，或者与某人、某事，或与其他动物之间有着心灵的沟通。然而，这种沟通似乎是通过我们人类并不知道又无法解释的某些渠道进行的。在意大利，有只名叫费都小狗，它的主人去世后它非常伤心，以至为它的主人默默地守墓13年，不论别人怎么想把它弄走，它始终不肯离去。后来这条狗的忠诚被人们传为佳话，住在这个城里的居民很受感动，每天都有人前来墓地看望、陪伴着它，并颁赠给费都一枚勋章，以表彰它的忠贞不贰。

多少年来，在世界各国都发现了很多动物的超常感行为。例如，它们有的会跑到从来没去过的地方找到主人，有的能预感到即将来到的危险和自然灾害，有的似乎还能预感到自己主人的不幸和死亡。

赖恩教授曾任美国杜克大学心灵学实验室主任，在任职期间他主持多项工作，这些工作主要是研究动物有没有超常感的能力。1952年，赖恩教授亲自调查跟踪了一件引人深思的事例，美国加利福尼亚州安德森一所中学的校长伍茨有只名叫休格的小猫，有一年，伍茨和全家迁往俄克拉荷马州的一个偏僻的农庄，因为小猫休格害怕坐汽车，就把它留给了邻居。14个月后，一只猫忽然从打开的窗子跳了进来,趴在了伍茨太太的肩膀上。伍茨太太回头一看惊讶地喊道:"天哪,这会不会是休格。"伍茨马上检查了休格身上的印记特征,原来它的髋关节有极为罕见的畸形,查后知道这只猫的确是休格。后来,他们和邻居取得联系才知道,自从把它交给邻居才三个星期之后就失踪了,令赖恩教授感兴趣的是,这只小猫究竟是怎么找到去伍茨家的路的? 从加利福尼亚到俄克拉荷马州之间的距离是 2400 千米,它怎么能够穿越那些非常崎岖险峻的山区? 还有,这只小猫从来没有来过俄克拉荷马州,它是怎么知道它的主人住在这里呢? 赖恩教授通过研究认为,动物不仅有着与它们亲密的人之间的特殊的感情联系,而且还有着一种人类难以想象的能力,那就是它们有着预见和预知的能力。

赖恩教授还收集到过有关鸽子的趣事,因为过去人们都知道鸽子有长途归还的习性,但没有人听说过鸽子还有超常感追踪的本能。这个连名字都没有的鸽子,只是在脚上戴着个标识圈,上面写着 167 号。1940 年,有个名叫珀金斯的小女孩,在西弗吉尼亚州她自己家的后院看见了这只鸽子,就作为宠物收养了它。第二年的冬天,珀金斯有一天夜里突然得病,家人急忙送她到 200 千米以外的一家医院去做手术。她的鸽子被留在家里,然而,这只鸽子给了她们全家意想不到的惊喜。手术后的珀金斯在医院养疗时,一个下着大雪的冬夜,珀金斯忽然听到窗外有翅膀扑打着玻璃的声音,她回头一看是只鸽子,就连忙让护士把窗子打开,鸽子飞了进来,鸽子脚上的标识圈证实了珀金斯的惊喜,果然是 167 号。

在德国有只名叫夏洛特的猎狗,它的主人有时出门没有告诉家里人什么时候回来,而可爱的夏洛特每次都有办法使主人回到家里能吃上一顿热饭。每当主人回到家里之前的四小时,夏洛特准能提醒预料不到的家人。它总是连跑带跳地走到花园的大门口,蹲在那里守候,这时不论周围发生任何事,谁都没有办法把它弄走,而家里的厨师一看到夏洛特在等候主人,就连忙动手准备饭菜了。

同样使人惊异的是,有些动物异常的行为似乎可以预示危险的来临,有人发现动物会以非常奇异反常的行为预示诸如地震、雪崩、旋风、洪水以及火山爆发等。

1976 年唐山大地震之前的四五天,就有好多人发现家里鸡犬不宁,猪、狗乱叫,一向很怕见人的老鼠一反常态拼命地逃离房屋,往大街上乱窜,动物园里的动物也莫名其妙地横冲直撞。据有关报纸称,1999 年 8 月在土耳其发生大地震之后,地震严重的灾区平时人人喊打的老鼠一下子身价百倍,很多惊恐不安的灾民之所以想在家里养一只老鼠,原因很简单,因为他们发现地震来临之前。老鼠总是先有异常的表现。

　　动物有超常感的事例还有很多,但是有些事情的发生的确使研究动物的人也感到迷惑。英国贵族卡纳冯勋爵在英国财力雄厚,赫赫有名。他是一个业余的考古学家,多年前他发起和资助以英籍埃及考古学家卡特为首的一个考古队去了埃及,在埃及的帝王谷中,他们整整挖掘了 25 年,几乎搜遍了帝王谷的每一个角落,卡纳冯也被几乎没有尽头的期待折磨了 25 年。就在他们最为绝望,弹尽粮绝之时,终于在 1922 年 11 月 6 日发现了古埃及法老图坦卡门的陵墓。这也是 20 世纪考古学界轰动全球的最伟大的发现。在这个古埃及法老王的陵墓里几乎遍地都是黄金、珠宝和钻石,是 3300 年以前的埃及帝王留下的无法估量的宝藏。参加掘墓的工人流传说,已故法老的幽灵曾经留下了陵墓不可侵犯的咒语。果然,后来参与此事的人员莫名其妙地连遭厄运,在短短的几年中,竟有 12 人相继离奇丧生。在挖掘法老陵墓四个月后,卡纳冯也在开罗去世。就在卡纳冯死去的时刻,远在 2000 里以外的他的英国故居,勋爵的爱犬也忽然哀号不止,跟着就倒地而死。

　　动物的主人在大祸来临时,可能会影响动物的超自然感觉。反过来,也可能影响动物的主人。曾担任加拿大总理 22 年的麦肯齐·金就曾预感到他自己十分喜欢的爱犬帕特要大祸临头的遭遇。有一次,总理的手表突然掉在地上,时针和分针在四点二十分停住了。这位总理说:"我不是个通灵的人,不过我当时就知道,仿佛有个声音在告诉我说,帕特在 24 小时内就要死了。"第二天晚上,帕特爬到它主人的床上,躺在那里静静地死去了,时间恰好是四点二十分。

　　动物的超常感,引起了世界各国的科学家越来越普遍的重视,并做了大量的研究。科学家们发现,某些动物确实具有一些非常奇特的感觉本能,并能以独特的方式利用人类具有的五种感觉本能,而还有一些动物的某些感官功能是我们人类完全没有的。现在我们已经知道,蝙蝠在黑暗中飞翔靠是回声定位法(声呐)来指引方向,蝙蝠能发出高频率的尖叫声,然后收听飞翔路线上各种物体反射回来的声波并以此来判断方位。响尾蛇和蝮蛇也具有一种奇异的官能,这两种蛇的鼻孔后面一点的地方有特殊的热源探测器,这种探测器极端敏感能察觉别的动物走近时所引起的微小的温度变化。而还有一些动物的超常感则是我们现在还没能完全了解到的。1965 年,荷兰的动物行为学家延伯尔根在他著的书中写道:"许多动物的非凡本能以特殊生理作用为基础,至今,我们还没有了解这些作用,因而,才把这些本能叫作'超感知觉'。"

　　动物界有着许多不可知的领域,是一个充满神奇和奥秘的世界。即使今天的动物学研究已经有了很大的发展,但是动物所具有许多奥妙我们始终还不能提供圆满的答案,动物的超常感本能就是其中之一。

动物的情感世界之谜

一只在阿根廷海岸附近的水域中游动的露脊鲸,在许多正在热烈追求她的求婚者中只选出了一名幸运儿。"完婚"之后,两头露脊鲸并排在水中徜徉,它们用各自的鳍状肢相互抚摸,最后又一起在水中滚动,看上去就好像正在互相拥抱一样。然后,两头露脊鲸开始游向远方,它们仍然在用鳍状肢相互触摸,同时并排着慢慢地游动,一会潜入水中,一会又浮出水面,它们的动作表现出了完美的协调一致,直至最终消失在视线之外。

在坦桑尼亚,致力于研究黑猩猩行为习惯的灵长类动物学家记录了一个黑猩猩群落中享年50岁的"女族长"弗洛"去世"之后发生的一些事情。弗洛的儿子弗林特第二天一整天都坐在母亲的尸体旁边,有时还会抓着她的手发出几声呜咽。在此后的几星期时间里,弗林特的情绪越来越低落,他独自一"人"离群索居并且不再进食,尽管他的兄弟姐妹努力想让他回到群体中来。终于,在弗洛"去世"3星期后,原本年轻健康的弗林特也死了。

但是,许多科学家仍然对动物也有情感的观点持有异议。研究人员之所以会表示怀疑,部分原因是他们出于职业习惯讨厌拟人论,因为他们认为这是一种将人类的特性强加在非人类生物身上的毫无科学根据的主观倾向。许多科学家还认为用标准的科学方法(能在受控实验环境下进行的可重复观察)是无法证明动物是有感情的——这使他们得出结论,认为这些所谓的动物情感一定不存在。但是积极倡导动物情感论的先锋战士、科罗拉多大学生物学家马克·贝科夫指出,如今,在有越来越多的证据证明事实恰好相反的情况下,"人们的认识潮流正在迅速发生根本性的转变"。

甚至连那些对动物情感论持绝对怀疑态度的人也承认许多动物可以感到恐惧——一些科学家认为恐惧是与爱和悲伤等"二级"情感相对的"初级"情感。他们认为,与较为复杂的"二级"情感相比,恐惧是一种本能,它不需要任何有意识的思考。恐惧及其可以预见的逃跑、搏斗或者呆住等反应,是逃避食肉动物和其他危险所必需的,它看起来好像是许多动物与生俱来的本领。例如,以前从未见过食肉动物的小鹅如果看到形状像老鹰一样的黑影从头顶经过就会马上跑去寻找掩护。而另一方面,非食肉鸟的形状就不会引发这样的反应。

但是除了这些具有本能性质的情感及其可以预见的行为反应之外,科学家很

动物未解之谜

图文珍藏版

难证明动物可能拥有更为复杂的情感，即那些必须有心理活动过程的情感。作为一名已经在丛林狼、狐狸及其他犬科动物的栖息地进行过长达 30 年的实地研究的科学家，贝科夫还认为他可以通过观察这些动物的行为准确地说出它们的感受。他又指出，事实上了解动物的感情可能比了解人类的感情更容易，因为它们不会像人类那样对情感进行"过滤"。

狐狸

但是《情感神经科学》一书的作者、俄亥俄州立博林格林大学神经科学家雅克·潘克谢普指出，因为感情是一种无形的东西，而且很难用科学手段进行研究，"所以大多数研究人员甚至不愿意谈论动物情感问题"。潘克谢普在他的研究领域里是一个非常少见的例外，他认为人类大脑和其他动物大脑之间的相似之处说明，至少某些动物拥有真正的感情。

对动物情感的研究之所以会出现新的局面，部分原因是有越来越多的人愿意接受研究人员取得的实地观察结果（特别是从总体角度看待这些结果时）。一本名为《海豚的微笑》的新书为增加动物情感方面的知识做出了最新的贡献，该书收录了五十多名将自己的整个职业生涯都倾注在研究猫、狗、熊、黑猩猩、鸟、鬣蜥和鱼等动物身上的研究人员撰写的个人报告。该书的编辑贝科夫认为它最终会使对动物情感的研究变得"合法"。而这本新书也的确已经引起了科学界的关注——其中，史密森氏学会马上举行了一次以动物情感为主题的研讨会。

快乐是动物最显而易见的情感之一。养过会发出咕噜声的小猫，或者碰到过一边跳一边叫一边摇尾巴的小狗的人，知道动物看起来常常十分快乐。动物相互嬉戏的时候，它们的快乐好像会变得特别明显，有时跟人一起玩耍时（就宠物而言）也是如此。

而且有一些"硬"科学证据也可以证明动物有感情。致力于情感生物学（一个新生的科学领域）研究的科学家发现，人脑与其他动物的大脑之间存在着许多相似之处。科学家在到目前为止已经研究过的动物（包括人类）身上发现，情感看起来好像是在大脑一些较为"古老"的区域中产生的，这些区域位于大脑皮层以下，它们在许多物种的进化过程中都得以保存下来。

目前已经被科学家识别出来的最重要的情感区域,是大脑中的扁桃核,这是一个位于大脑中央的杏仁状结构。神经科学家通过在老鼠身上进行的实验发现刺激扁桃核某个特定的部分会导致实验鼠进入一种极度恐惧的状态。在另一方面,扁桃核遭到破坏的实验鼠在遇到危险时既不会表现出正常的行为反应(比如呆住或者逃跑),也不会出现与恐惧联系在一起的生理变化——如心跳加快和血压升高。

利用成像技术对人脑进行的研究表明,当人类感到恐惧时,大脑中的扁桃核也会被激活。与实验鼠一样,因为意外事故或者疾病而导致扁桃核受损的人看起来在面对危险时好像也无法感到恐惧。纽约大学神经科学家约瑟夫·勒杜(大部分以老鼠为研究对象的实验都是在他的实验室进行的)指出,至少人类和老鼠的扁桃核"基本上采用了相同的'布线方式'"。他又补充说,除恐惧外,"有证据表明扁桃核与其他情感也有关系,但是这些证据不像证明扁桃核与恐惧有关的证据那样明确。"

动物情感论还得到了最近开展的大脑化学研究的支持。宾夕法尼亚葛底斯堡学院行为神经科学家史蒂文·西维发现,老鼠在玩耍的时候,它们的大脑会释放出大量的多巴胺——人类的快乐和兴奋等情感就与这种神经化学物质有关。在一项实验中,西维把一对对的实验鼠放在了特殊的树脂玻璃"房子"中,然后让它们尽情玩耍。一星期后,他又把实验鼠单独放在"房子"里,期待着马上就可以再好好地玩上一段时间的实验鼠变得"非常活跃,它不断地发出叫声并且兴奋地走来走去"。但是当西维给实验鼠喂食了一种抑制多巴胺的药物以后,所有此类活动就全都停止了。神经科学家潘克谢普已经找到证据证明老鼠在玩耍的过程中体内还会产生多种镇静剂——科学家认为这些化学物质与多巴胺一样也与人类的快乐情绪有关。

另一种化学物质催产素与人类的性活动和母子(女)之间的亲密关系有关。例如,母亲哺育婴儿时体内就会释放出催产素。现在看来这种激素好像对动物之间的相互依恋也有影响,至少在一种与老鼠十分相似的啮齿类动物草原田鼠身上是这样。

为了研究催产素对社会依附关系的作用,马里兰大学神经科学家C·休·卡特选择了草原田鼠作为她的研究对象,因为草原田鼠是人们已知的实行"一夫一妻制"的为数不多的几种哺乳动物之一。她发现母鼠一般会花一天的时间从一群热切的公鼠中挑选出一个配偶,但是如果它们在选择配偶之前首先被注射了催产素的话,母鼠的择偶时间就会缩短为1小时——而且常常会选择它们看见的第一只公鼠。但是如果母鼠服食了催产素抑制药物，那么不论有多少时间，它们也不会选择配偶。

卡特由此得出结论认为，雌雄田鼠之间亲密关系的形成至少部分原因是催产素，这种激素可以导致田鼠做出与"堕入爱河"的人非常相似的举动。

但是这是真正的爱情吗？曾经对生活在阿根廷附近海域里的"多情"的露脊鲸进行过观察的得克萨斯农业和机械大学生物学家贝恩德·伍尔西格指出，作为一名科学家，"我很可能应该将露脊鲸的行为仅仅称作是'另类交配策略'的一个例子"。但是他仍然认为露脊鲸之所以会有这种行为表现也有可能是因为"它们'情投意合'"。

对动物情感论持怀疑态度的人仍然坚持自己的看法。《情感大脑》一书的作者、神经科学家勒杜指出："鲸也许会做出好像表明它正在恋爱的举动，但是你无法证明它的内心感受（即使鲸有这种感受的话）。"他认为动物情感问题归根到底就是动物是否有意识的问题。威斯康星大学麦迪逊分校的神经科学家理查德·戴维森认为，类人猿和黑猩猩等比较高级的灵长类动物是迄今为止唯一已经表现出自我意识的动物。但是，他仍然认为还有其他一些动物"也许至少拥有情感的前身"。

贝科夫和他的同事认为可能还不止如此。他们最令人信服的论点也许是从已经为各类生物学家所普遍接受的进化论中推导出来的。神经科学家西维根据人脑与其他动物大脑在解剖结构和化学构成方面存在的相似之处提出了这样一个问题："如果你认为生物可以通过自然选择不断进化，那你怎么能够相信人类在进化的过程中突然出现了感情呢？"

曾经在坦桑尼亚对黑猩猩进行过长达40年研究的灵长类动物学家简·古多尔认为，那些先通过动物来研究人类的大脑，然后又否认动物有感情的科学家的想法是"不合逻辑的"。

最后，动物有没有情感到底有什么重要性呢？许多科学家认为解决动物情感问题争论的意义也许比单纯的"锻炼智力"的含义广泛得多。如果动物确实有各种各样的感情，那么它将对人与动物今后会怎样相互作用产生意义深远的影响。举例来说，贝科夫就希望对动物的感情了解得更多将会促使更严格的人类应该怎样对待动物（不论是在动物园和马戏团还是在农场和后院）的规定出台。

但是如果人类和其他动物的感情生活之间存在着延续性，那么科学家应该把人与动物的分界线划在什么地方呢？魁北克拉瓦尔大学生理学家米歇尔·卡巴纳克认为，当动物开始体验身体上的快乐与不快时意识就产生了。在以蜥蜴为研究对象的实验中,他发现这种动物表现出了一些在哺乳动物身上与快乐联系在一起的生理变化(体温升高和心跳加快),但是青蛙和鱼却没有类似的变化。

他提出,情感的进化发生在第一批两栖动物与爬行动物出现之间的某个时候。但即使是非常热衷于动物情感论的人,也没有把情感与处于食物链最底层的生物联系起来。

贝科夫指出:"我们不会谈论嫉妒的海绵和尴尬的蚊子。"

动物语言之谜

人类有语言,这是人类与动物的重大区别之一。

随着人类社会的形成与发展,由于集体劳动和生活的需要,彼此之间要交流思想,于是,语言就诞生了。语言的使用,促进了人类的思维,使得大脑更加发达。语言的使用,也促进了劳动经验的交流和积累,从而加速了生产力的发展。

动物有语言吗?

在动物界中,的确有"语言"存在,这是一门非常引人入胜的学问。有些科学家,毕生都在和动物交流,记录、分析动物的"语言",从中了解这些"语言"含义,了解动物是怎样交换感情和信息的,他们的工作已经获得了很大的成绩。

1.表达意思和交流感情的工具

和人类的语言相比较,动物的"语言"要简单得多。在同种动物之中,它们使用"语言"来寻求配偶,报告敌情,也可以用来表达友好、愤怒等感情。春天,是猫的发情期,一到晚上,猫就会出去寻找配偶,人们常可以听见猫拖长了声调的叫声,这是在吸引异性。动物的"语言",也用来沟通动物和主人的关系。夜晚,在农舍前,传来一阵陌生人的脚步声,看门狗伸长了耳朵,随着声音的接近,它狂吠起来,这是告诉主人:有陌生人靠近我们的家,要警惕。

虽然鹅的叫声都是单调的"嘎、嘎、嘎"声,有位叫劳伦茨的教授却成功地翻译出了鹅的"语言"。如果鹅发出连续 6 次以上的叫声,意思是说:"这里快活,有许多好吃的东西。"如果刚好是 6 个音节,则表示:这儿吃的东西不多,边吃边走。如果只发出 3 个音节,那就是说:"赶快走,警惕周围,起飞!"在鹅发现狗的时候,会从鼻腔中发出一声"啦"的声音,鹅群们一听到这个声音就惊恐地拍动双翅,慌忙逃走。

狒狒是一种低等灵长目动物,在中央电视台的"动物世界"节目中,曾经介绍过它们的群居生活。根据科学家的分析,狒狒的语言已经很复杂,它由声音和动作两个部分组成，它们的语言包括二十多种信号。当发现敌情时，狒狒王会发出一种特殊的叫声，警告其他狒狒逃走或准备战斗。在动作上，狒狒可以有十几种眼神，它的眼、耳、口、头、眉毛、尾巴都可以动作，表示出友好、愤怒等感情，如此丰富的声音和动作，就组成了狒狒复杂的"语言"系统。

鸟类的"语言"也是我们非常熟悉的，人们常用"莺歌燕舞""鸟语花香"来形容我们美好的祖国。研究鸟的"语言"的科学家发现，鸟的"语言"可以分为"鸣叫"和"歌唱"两种。"鸣叫"指的是鸟类随时发出的短促的简单的叫声，它们常常是有确定含义的。例如鸡（鸡也属于禽类，是飞鸟的"亲戚"）的"语言"是我们常听见的。在温暖的阳光下，鸡妈妈带着一群小鸡在觅食，它用"咯、咯……"的叫声引导着小鸡，而小鸡的"唧、唧……"的叫声也使鸡妈妈前后能照应它的孩子们。这时，天空中出现了一只老鹰，鸡妈妈立刻警觉起来，向小鸡们发出警报，展开双翅，让小鸡们躲藏在它的翅膀下。

至于"歌唱"，主要是指在繁殖季节由雄鸟发出的较长、较复杂的鸣叫，关于这些"歌唱"的意思，科学家有不同的分析，归结起来有两种观点，一种认为是雄鸟在诱惑雌鸟，另一种认为"歌唱"是宣布"领域权"，表示这块地方已经属于它所有，别人不得侵犯。

科学家发现，海豚也有自己特殊的"语言"。在海洋生物中，海豚的"语言"是最复杂的，它可以使用多种声音和信号，用来定位、觅食、求偶和联络。

2.动物语言中的方言

在人类的语言中，有着方言，一个北方人来到南方，或者一个南方人去到北方，一时听不懂那里的方言。在动物中，同样也存在着类似的情况。

每一种飞鸟几乎都有自己独特的语言，而且互不相通。有这么一个故事，在某个动物园中，一只野鸭闯入了红鸭的窝中，把老红鸭赶走，自己帮助红鸭孵出了一窝小鸭，可是这些小红鸭根本听不懂野鸭的"语言"，不听从它的指挥。小鸭们乱成一团，野鸭也毫无办法。后来来了只大红鸭，它只讲了几句"土话"，小红鸭就乖乖地听它的话了。

不仅不同种动物之间语言不通，而且同种动物之间也有方言。美国宾夕法尼亚大学的佛林格斯教授研究了乌鸦的语言，而且将它们的语言用录音机录制下来。当成群的乌鸦从天上飞过时，佛林格斯教授在地上播放他先前录制的乌鸦的"集合令"，这时乌鸦群就乖乖地降落在地上。当他将乌鸦的"集合令"录音带带到另一个国家去播放时，就不灵了。他发现，居住的国家和地区的不同，乌鸦的语言也不一样,法国的乌鸦对美国乌鸦的"讲话录音"就一窍不通,甚至于对它们的报警信号也毫无反应。

科学家们又发现,海豚的"语言"是世界通用的。单个海豚总是默不作声,若有两只海豚碰到了一起,"话匣子"就找开了,它们一问一答,可以聊上很长的时间。为了研究海豚的语言,美国科学家曾做了一个"海豚打电话"的实验,把两只海豚分别关在两只互不联通的水池里,通过话筒和扬声器让它们互相"交谈",然后录下它们谈话的内容,进行分析。当科学家将来自太平洋和大西洋的两只海豚分别置于两只水池之中时,这两只家乡相距 8000 千米的海豚,竟然通过"电话"交谈了半天。

3.动物的舞蹈语言和哑语

语言并不全是有声音的。聋哑人之间的交谈,全部靠哑语,也就是靠规范化了的手势和表情。在动物界中,也有"哑语"。

蜜蜂之间的"交谈",是通过舞蹈来表达的。如果说它们全是用"哑语",这也不确切,因为蜜蜂除了舞蹈的姿势以外,还要用翅膀的振动声来表达。振翅声的长短,表示蜂巢到蜜源距离的远近,振翅声的强弱则表示花蜜质量的好坏,这样,蜜蜂就能通过"舞蹈语言"和"振翅语言"把蜜源的方向、距离、蜜量多少等信息通报给伙伴。

人们很想通过"语言"来与动物通话,其中最普遍的也许是人与狗之间的交流。人们常说,狗对主人忠诚,确实,狗对主人的声音十分熟悉,只要略加训练,它就能根据主人的口令趴下,跃起,坐下,站立,前进等等。

人们曾设想训练黑猩猩"说话"。黑猩猩的智力在动物界中居上等,而且它们许多地方也和人相似,例如,猩猩没有尾巴,和人一样有 32 颗牙齿,胸部只有一对乳头。母猩猩每月来一次月经,怀孕期也是 9 个月。猩猩和人的血液成分也很相似,也有不同血型,面部也同样可以表现出喜、怒、哀、乐等各种表情。但可惜的是,它们的发音器官极不发达,大多利用手势来表达意思。

在美国,有一对名叫加德纳的夫妇,采用美国聋哑人通用的哑语,去教授一只名叫"娃秀"的雌性猩猩。这只小猩猩出生后 18 个月就在热带森林中被人捕获,从此成为加德纳夫妇的"养女"。他们非常用心地训练娃秀,和它生活在一起,给它创造非常好的学习环境。为了不使声音干扰娃秀的学习,在小猩猩在场时,他们自己就用手势交谈。经过两年的训练,娃秀可以理解和领会 60 种手势,其中有 34 种可以在日常生活中灵活运用,如"吃""去""再多些""上""请""内""外""急""气味""听""狗""猫"等等,它还能将一些手势连贯起来。

人们期望,将来能训练猩猩来进行一些简单的劳动。

4.利用动物"语言"为人类服务

科学家利用鸟的"语言"来驱赶鸟类。在飞机场的附近,大量鸟的存在是很危险的,万一它们和正在起飞或降落的飞机相撞,会造成不堪设想的后果。机场人员设法录下了鸟群的报警信号,并且在扩音器中不断播放,使得鸟群惊恐万分,远走高飞。

科学家也正在利用鱼的"语言"来捕鱼。凭借高水平的声呐仪来探测鱼群的位置,指导渔船下网,还可以人工模拟能吸引鱼的声音,如小鱼在活动时的声音,用来引诱鱼群靠近。

人类在寻找宇宙中的生命时,也考虑过和天外生命"对话"的问题。科学家录制了世界名曲,在太空中播放,希望能够引来知音。人类也希望能与"太空人"对话,但用什么语言去和他们交谈呢? 有科学家建议使用"海豚语",理由是海豚的智力相当发达,它也希望能和人类进行交流。如果科学家的假设能实现,那将是一次很有意义的尝试。

动物的治病之谜

没有人类照看的动物生了病,怎么办? 请别担心,一些极有灵性的动物也有一套"自诊自疗"的医病妙法。据外国新近的研究资料表明,有些动物自己或相互间有时还会寻找天然药物来祛病去邪,健体强身。这些药物其实就是"中药"。而事实上有些中药就是在动物的"启发"下发现的。

人们只知道紫苏草可解鱼蟹之毒,并不了解这是水獭对华佗的"秘传"。相传我国古代名医华佗曾目睹一水獭因生吞了一条大鱼后腹胀难忍,凄惨欲绝,一只"见义勇为"的老水獭采了一种紫色野草,令它吃下。没过多久,在死亡线上挣扎的病水獭大病痊愈。华佗见状,认定这紫色野草是一味好药,遂大量采集、研究,用来治疗鱼蟹中毒病人,无不应效。故华佗将这紫色野草取名为"紫舒"即紫苏,并流传了下来。

我国著名的云南白药是采药人曲焕章受到老虎和蛇的"启发"而研制成功的。曲焕章是一名好猎手,一次他打中了一只老虎,第二天请人去抬,发现老虎已经不见了,他跟踪追寻,最后查明带伤的老虎是吃了一种植物的叶子而止住了血逃走的。又有一次,曲焕章看见一条被樵夫的利斧砍掉一大段尾部的蛇,负痛窜入灌木丛中，便近而视之，只见伤蛇从一株草本植物上咬下几片叶子嚼烂后敷入伤部，须臾血止。于是曲焕章将这种植物采撷后加入相传治疗跌打损伤的药方中，使止血的疗效更为显著，成为誉满全球的云南白药。有种蛇药的主药叫"半边莲"，是由我国蛇医发现的。一次蛇医出诊，看见一条狗被蛇咬伤后，往山里猛跑，他跟踪前去，见到那条狗正

半边莲

在山背面吃着长在阴湿地面上的一种草，吃后就不再出现蛇毒症状。他把这种草采回来辨认为半边莲，以后用于蛇咬伤，有较好的疗效。

在俄罗斯境内某一林区里经常可见一些有气无力的狗獾，躺在蚁巢里任蚁群撕咬。原来，这些狗獾巧妙地利用了蚂蚁撕咬时分泌的蚁酸来医治其风湿病或寄生虫病。看来，许多风餐露宿的猎人喜欢食蚂蚁粉和蚂蚁制品是有一定科学道理的。如今将其制品用来治疗风湿病或增强抗病能力，不能不说是一种触类旁通、由此及彼的启示运用。

蚂蚁在觅食时往往会同时捎回些植物叶子或种子储藏于蚁穴的潮湿处，是何原因所致？原来这些种子或叶片上均带有微生物真菌的孢子。孢子能在阴湿的环境中大量增殖并分泌抗菌物质，从而保证了蚁群的健康及贮存的食物不致腐败。从蚂蚁"招赘"的真菌体内，苏联科学家成功地提取出了一种新型的抗生素。

生长在热带丛林中的猿猴，如果感到自己有点不舒服，周身打冷颤，就会去嚼金鸡纳树的树皮，病很快就痊愈了。人类服用奎宁是不是向猿猴学的呢？

我国云南省有位哈尼族乡医，一次在大树下休息时，将一条长二十多厘米的蜈蚣切成两段，后来又有一条蜈蚣爬过来，围绕断蜈蚣转了两圈，便爬到草丛里拖回一片鲜叶子，将其覆盖在断蜈蚣受伤的地方，用嘴轻轻地嚼。过了一小时，那断为两段的蜈蚣居然扭动了几下身子慢慢地爬了起来。乡医把剩余的半片叶子带回家中，经辨认原来是一种接骨草。他上山采了一些，捣烂后用来治疗骨折，结果治一个好一个。如今，海南农垦局海口医院用这种接骨草配治药料治疗骨折，疗效神奇。

春天，北美洲的大黑熊从冬眠中刚醒来时，身体总是不舒服，精神萎靡不振。这时它便去寻找一些具有轻微致泄的果实吃，很快就会恢复健康。

猩猩的牙龈发炎疼痛不止时，就会用爪挖些烂泥糊在脸颊上，然后再用两爪紧紧按住。

有一种野鸡叫作吐绶鸡，当小鸡雏被雨淋湿而感冒时，母鸡就强迫小鸡吃安息香的树叶，吃了这种苦味的树叶之后，雏鸡的病情就渐渐好转。

据动物学家观察，一条蝮蛇的头部被另一条蛇咬伤后，头部很快就肿了起来，连嘴都肿得合不拢。这时，它就拼命喝水，在14分钟内，连续喝了216口水。过了两个小时之后，头部的肿胀竟渐渐地消失了。

有人曾见过这样的趣事：有一只山鹬的腿被枪打伤了，跌落在河边，它便取来一些粘土先敷在受伤的地方，然后拐起脚，收集了些草放在上面，一同"包扎"起来，足足缠了一个多钟头，就像人的外科石膏固定一样，等"绷带"全部缠好后，便缓缓飞走了。

野兔患了肠炎后，就会去寻找马莲吃。如果受伤，它还会用蜘蛛网上的粘丝止血。野猫患了肠胃病，就大嚼鲜嫩青草。海豹受伤后会去觅食一种有愈合功能的海藻。家狗、家猫感到全身不舒服时，也会跑到野外找一种青草吃。鹿中了猎人的毒箭，会迅速寻找豆类植物的茎叶食用，以解毒自救。这些都是对症下药的有效措施。

受伤的大象，会寻找一些含碱的沙子，给自己的伤口消毒。如果它生了病，也会找一些有医疗作用的野草和水草吃。野牛生了疥癣，便到泥潭里打个滚，然后晒干，反复数次，很快就会痊愈。獴发现自己的"子女"得了皮肤病，就带领小獴到温泉里浸泡，以消炎解毒，直到治愈为止。熊受到外伤后，会用松脂涂抹伤口。

欧椋鸟为了注射"蚁酸针剂"以防治关节炎，竟创造了一种"激特法"——它用翅膀震动，激起白蚁群的愤怒攻击，当白蚁向它无情地喷射蚁酸时，免费注射"预防针"的计划便实现了。

女生态学家霍利·布达林研究发现，一些怀孕的母象会寻找一些作用特殊的植物当药吃。她曾对肯尼亚的一头母象的日常生活进行了近一年的观察，结果发现，这头母象从不改变其生活习惯，每天走5公里寻找同一植物吃。可是有一天，它竟走了28公里，停在一株紫草科小树边，把所有的枝叶都吃光。返回住地的第二天，这头母象顺利地产下了一头可爱的小象。

动物学家认为，动物的这种"自诊自疗"既是动物适应环境、求生存的一种本能，也是它们在几百万年的进化中逐渐积累的一种智慧。不久前，英国科学家哈里森发现，动物的"父母"在教子女"捕食避敌"等生存能力时，还巧妙地教它们如何治病除疾。他认为，人类可以从它们的这种奇特的自我医治与保健中受到启发，成为仿生学的一个新领域。

老鼠也会做梦

美国《神经杂志》披露，美国马萨诸塞州技术学院的研究家宣布，他们已成功地进入了老鼠梦境，并发现老鼠在梦中也正在拼命动脑筋，试图通过它们白天在实验里困在其中的迷宫。

动物会做梦这不是新发现，许多宠畜主人早已知晓并有切身体会。这次重大发现的新意在于：它们能做复杂的梦，而且方式相似于人类，即能重复再现白天事件，尤其是电场所经历的兴奋与困难事，神经专家们指出，老鼠们是在像人一样于梦中学习或记忆。

麻省技术学院马特·威尔逊教授指出，该发现在神经学方面有重大意义：首先，作为我院学习与记忆中心负责人，我一直强调，人类已开辟了一条研究梦的新径，打开了一扇新门。其次，该发现能最终帮助研究工作者搞清，人脑在亚知觉（半清醒）状态时在梦中是如何工作的。

专家们让老鼠在迷宫内活动，它们在试图夺路而出时大脑处于高度兴奋状态，并形成十分显著特点的脑活动模式。同样，当它们在参与其他活动时，大脑也会形成其他活动模式。

然后，当它们睡着后，专家们在连着它们的设施里，反复看到了它们在走迷宫时显示出的特殊大脑活动模式，而不是其他模式；由此可以确认，老鼠们正在梦中记忆醒时走迷宫的情景，并继续动脑学习如何走出迷宫的方法。

威尔逊的研究是由美国国家健康学院资助的，该院院长莫斯指出："发现人梦与动物梦的相似状态，科学家们能进一步通过老鼠等进一步研究人脑活动。比如，有些专家推断人能在梦中解决问题，梦能帮助人形成与强化长远记忆等，老鼠做梦的研究不仅支持了他们，而且还提供了进一步研究的基础。还有一点也非常重要——有些实验在人身上不好做就不便做，而在老鼠身上则可行，或者说，先在兽类实验成功了再在人类实验、验证。"

动物懂得爱和悲伤吗

一只小狮子非常调皮捣蛋：它先是玩弄妈妈的尾巴，接着在妈妈的背上爬来爬去，并淘气地用爪子在妈妈身上乱抓。强壮的母狮做出怎样的反应呢？它很有耐心地让小狮子随意玩耍并温柔地舔舔自己的小宝贝。看到这一情景的人认为，小狮子得到母狮的爱。

动物有情感吗？他们懂得爱和悲伤吗？老派科学家无情地排除动物有情感的可能性。根据他们的看法，动物中间根本没有爱。

那么悲伤呢？母狮为什么一个小时一个小时地守护在因不小心被鬣狗撕碎的死狮崽旁边呢？母狮为什么保护狮崽的尸体长达数天，不让它被其他动物吃掉？

拿大象来说吧，它们会用草和嫩枝把死去的象群成员掩盖起来。如果海豹的小宝贝被渔民杀害，母海豹会发出悲哀的吼叫。灰雁失去伴侣往往会悲伤数年。

现代派动物行为研究人员说："动物也有情感！"他们懂得爱，会哀悼家庭成员，会欺骗竞争对手。例如落基山脉国家公园里的大角鹿淘气地在雪地上滑雪。它一再走到冰上，尖叫着滑下去，然后张着嘴大口喘气。科罗拉多大学教授贝科夫观看了这一情景后认为，大角鹿完全是出于生活乐趣而这样做的。正如海豚玩船首波浪和鲸鱼用尾部拍打水一样。贝科夫教授说："它们这样做感到很高兴，而高兴就是一种情感。"

与许多现代科学家一样，贝科夫教授现在坚信脊椎动物与人一样有丰富的情感。作为证明，他收集了其同事们的例子。例如著名的黑猩猩研究人员简·古多尔发现猴子会撒谎。有一只猴子出乎意料地找到了一些可吃的东西，它不仅向其他猴子隐瞒自己发现的食物，而且对它们撒谎。它通过声音和动作表明："这里没有什么可吃的东西！"把其他猴子骗走后，它躲藏起来偷偷地享用。不仅仅是动物行为研究人员通过观察得出结论：动物有情感。神经生物学家也早已证明，无论是大脑结构，还是生物化学，人和动物都非常相似：像肾上腺素、血清素和催产素这样一些对人的情感产生影响的化学物质在动物身上也有。

动物的"生物钟"之谜

在美国的黄石森林公园，有一种野生的灰熊。为了揭开它的冬眠之谜，美国的葛莱德兄弟组成了一支考察队，来到灰熊出没的地方。

这支考察队包括生物、医学和物理等方面的科学家。他们配备了精良的仪器，并且第一次采用了空间科学的最新成果，利用生物无线电远程观察技术对灰熊进行观察。他们先在灰熊经常出没的地方挖一些陷阱，在捉到灰熊以后，就先给它射入一颗麻醉弹，等灰熊昏睡的时候，再把编有号码的塑胶标杆插进熊耳朵里，接着就给它称体重，量身高；最后再给它套上一个塑胶圈。这个塑胶圈可不简单，里面装着微型无线电发报机，能够发出各种无线电信号来。

等这些被俘虏过的灰熊醒过来的时候，它们已经回归大自然了，它们脖子上的塑胶圈会发出各种信号，考察队员根据这些信号，就能观察它们的一举一动。

这是一些被跟踪的灰熊。

当冬天来临，天气突然变冷的时候，灰熊就开始做过冬的准备了。

灰熊先生很是讲究，去年过冬的旧洞就不要了，必须挖新的。它们有的在北面的山坡上，有的在峡谷绝壁的大树底下选择地方，开始挖起新的洞穴来。新居建成以后，再往里面铺上一些松树枝，这样，就可以舒舒服服地过冬了。

越冬别墅落成以后，灰熊们就无事可做了，它们拖着肥硕的身子，懒洋洋地在原野上散着步，一边走，一边打着呵欠。它们开始离开猎食的低地，独自向深山老林中走去。

科学家们通过熊脖子上塑胶圈里发出的信号，发现灰熊的新陈代谢变慢了，这是冬眠前的第一个迹象。它们摇摇晃晃地迎风前进，穿过落满树叶的丛林，找到不久前挖好的洞穴。等北风怒吼，大雪纷飞的时候，它就一头钻进洞里，倒在树枝上，用爪抱着脑袋，蜷缩着身子，发出低沉的吼声，然后就昏睡起来。这时候，熊的体温下降，心跳和呼吸减慢，冬眠开始了。

经过多年考察，科学家们了解到灰熊的一些生活内幕。

有一年冬天，北风呼啸，暴风雪来临了，灰熊向峡谷地区慢慢走去。考察队的科学家们估计，灰熊该进洞了。没想到，它们来到洞穴跟前，却没有进洞。灰熊好像觉得还不是冬眠的时候，就继续修起它的越冬别墅来。过几天，太阳出来了。天气转暖，地上的积雪也融化了。灰熊先生的预测果然灵验。

不久以后，又一场暴风雪降临到黄石公园。灰熊先生好像觉得，应该冬眠了。科学家们果然接收到有节奏的信号，这些信号是被跟踪的灰熊身上发出的，表示它已经冬眠了。

科学家们研究了大量资料，认为灰熊身上有一种神秘的"生物钟"。灰熊还有一套察觉地球"脉搏"的本领，这些"脉搏"包括气温、气压、降雪、猎食困难等等，这些因素能拨动灰熊的"生物钟"当天气变冷的时候，生物钟敲起第一次"钟声"，灰熊懒洋洋地打着呵欠开始挖洞，准备冬眠；当第二次"钟声"敲响的时候，灰熊就独自活动了，它漫步山林，可是不马上进洞；等到第三次"钟声"响过之后，灰熊才钻进洞里，开始冬眠。

让人迷惑不解的是，第一次大雪以后，灰熊为什么不进洞呢？它是怎么知道地球的"脉搏"的呢？这还是一个猜不透的谜。

食肉动物生存之谜

有人曾经提出过这样一个疑问:食肉兽都是吃肉的,它们必有强弱之分,怎能长期共存一处呢? 德国法兰克福动物学会的两位生物学家,把他们多年在非洲卡拉哈里沙漠考察七种食肉兽之间的既斗争又统一的奇妙关系公布于世,对此,做出了他们的回答。

1.七兽简历

在干旱的卡拉哈里沙漠,生活着狮子、斑鬣狗、野狗、棕鬣狗、豹子、猎豹、黑背胡狼等七种主要食肉兽。生物学家按它们的权力顺序,从强到弱依次列出了七份档案:

狮子——占绝对优势的头号强者。在卡拉哈里的干旱沙漠环境里,凭它们的个头、力气、凶猛、群居性和适应能力,在所有食肉兽中是无可匹敌的。

斑鬣狗——第二号强者。外貌虽像狗,但与狗没有直接亲缘关系。它是最大的鬣狗,个头仅次于狮子,它们的高傲而狰狞的面目,往往使除狮子以外的其他食肉兽退避三舍,所以不可能从它们口边轻易夺取猎物。不过,这种野兽在卡拉哈数量不多,所以无足轻重。

野狗——成群搜食者。它是真正的狗,不过它的耳朵特大,还常常高竖头顶,好像两把圆蒲扇。由于它们习惯于结大群搜食,以多胜少,所以在卡拉哈里食肉兽中地位颇高,名列第三,不过,它们在那里的总数量较少,因而影响不是很大。

棕鬣狗——卓越的幸存者。它的个头比斑鬣狗小得多,体重只有 40~47 千克。站立身高与德国的牧羊犬差不多。它是世界上四种鬣狗中最珍稀的一种,由于对南非干旱、半干旱地区的适应能力极强,所以在卡拉哈里沙漠中一直保持着可观的数量。

豹子——孤独的潜随猎物者。它性情虽然凶猛,但个性孤独,一般不与竞争对手争食,即使遇上拦路"抢食犯",多半也不会行凶反扑。平时喜欢伏在树木的横枝上,伺机袭击过往的动物。

猎豹——忧心忡忡者。它是兽类中的奔跑冠军,常常捕杀比自身大的食草动物,但见到其他食肉兽总是忧心忡忡,显出一副又顺从又胆怯的模样。幸亏他善于快速猎食,因而在卡拉哈里沙漠上还有其足迹。

黑背胡狼——足智多谋的获食者。它个儿较小,长相似狗,行动敏捷,在七种食肉兽虽是最弱者,但凭它的足智多谋的才能,常常可以智胜所有竞争者而获得丰盛的美餐。

2.夜幕追踪

夜幕笼罩下的卡拉哈里沙漠，万籁俱静。突然，沙丘上传来一阵鸣叫声，原来是一头大雄豹拖着刚捕杀的跳羚，急匆匆地朝一棵槐树走去。嗅觉灵敏的黑背胡狼闻到了跳羚尸体的美味，成群来到豹子跟前，绕着它跳腾、吼叫，但不敢上去抢食，估计是在等待"救兵"的到来。

果然不出所料，黑背胡狼的吼叫，通报了附近的棕鬣狗："这里发现了食源，快来!"顷刻间，两只棕鬣狗便大步跑来。做出了轰跑豹子的架势。说来奇怪，豹子见了棕鬣狗服服帖帖，乖乖地放下猎物，走了。这时，两只棕鬣狗分享羚肉，所有黑背胡狼也急忙扑来，撕食美餐。

论强弱，棕鬣狗强于黑背胡狼，可是它们没有把其赶走，而是允许8只黑背胡狼共进美餐，这或许是棕鬣狗对它们"通风报信"的答谢吧!

黑背胡狼在上述档案中虽然排列第七，但它本性狡诈，常以智取胜其他六种食肉兽。例如，有一个晚上，一只棕鬣狗得意扬扬地摇晃着尾巴，正在吞食豹子吃剩的小羚羊尸体，不料，一只黑背胡狼偷偷地屈身向它潜进，从后面猛咬一下它的屁股，棕鬣狗不得不放下猎物，转身奋起反击，黑背胡狼一跃向前，抢来一根羚羊腿骨拔腿就跑。更为惊奇的是，黑背胡狼还敢于同凶猛无比的狮子争食呢! 一个黎明前，一只大雄狮拖着一头大羚羊在前面走，后面有一只黑背胡狼暗暗地盯着。当狮子停下休息并张望四周时，那黑背胡狼便立即避开，唯恐被狮子发觉。狮子继续向前行走，黑背胡狼就进一步潜近羚羊尸体，结果就在狮子尾巴之下，边跑边吃着美餐，等到狮子发觉"窃贼"，已经来不及了。

棕鬣狗虽然常爱追逐猎豹，企图从它们口中夺取猎物，但是往往十有九空，被猎豹远远甩在后面。不过，追逐骚动却惊动了野狗，野狗成群四出，迫使猎豹献食保命，棕鬣狗也就从中"捞些油水"。

棕鬣狗虽排列在先，但它们绝不敢像黑背胡狼那样狮口夺食。当它们发现狮子在进食时，只在二三百米外徘徊和观察动静。如果狮子吃得很慢，或者迟迟不走。它们就会躺下几个小时，耐心等待这一庞然大物离去。狮子离开后，棕鬣狗还要足足花半个多钟头才敢接近猎物尸体，恐怕狮子再回来。

3.枉费心机

七种食肉兽在长期居一地的过程中，彼此之间十分熟悉，自然而然地会互存戒心，处处设防。

为了防止其他食肉兽偷食或抢食，以便在饥饿时自己可随意取食，豹子总喜欢把捕杀的猎物贮藏在树林中，棕鬣狗将自己爱吃的动物骨头贮存在草丛中，黑背胡狼把自己捉到的鼠、鸟之类埋于地下，连号称"第一号强者"的狮子有时也把杀死的有蹄动物遮盖起来，但事实上，它们往往枉费心机，因为一些食肉兽已经学会了搜寻藏物的种种本领。

其一是紧跟捕猎兽。惯于吃"现成饭"的食肉兽，常会偷偷地跟随在捕猎兽的后面，盼望弄些残肉剩骨吃吃。例如黑背胡狼，经常喜欢成小群尾随在棕鬣狗的背后，不明真相者可能会误认为它们在发痴，其实它们十分聪明。因为棕鬣狗行动迟钝，只要它获得猎物，就可以在其没有暗藏之前分享一点。

其二是凭嗅觉觅食。棕鬣狗虽然笨拙，但是嗅觉却特别灵敏，能嗅出 3000 米外狮子捕杀的新鲜猎物的味道，于是就急匆匆地循迹而至。黑背胡狼见到棕鬣狗的行径，断定必有好吃东西，就紧紧跟上。因此，即使狮子将猎物暗藏起来，也难免被窃。

其三是以特殊音调定位食物。食肉兽在搜寻或杀死猎物时，总会发出些特殊的叫声。黑背胡狼的"豹子般吼叫"，意味着已发现了食物，从而吸引竞争者到来。有蹄动物被杀会发出呻吟声，小牛被害会发出哀鸣声，狮子、鬣狗、豹子、胡狼都会朝着发出这些声音的方向跑去，以寻找食物。

其四是听声知食。狮子之间在争食时发出的争吵、击打、咆哮声，会招来黑背胡狼、鬣狗、豹子等食肉兽，甚至以腐肉、骨头为食的野兽，还会被咀嚼猎物骨头的"咔嚓"的声所吸引。

4.长期共存

在七种食肉兽之间，虽然互相残杀的事例也有，但是并不严重。据多年实地观察，狮子虽然偶尔捕食棕鬣狗，但它们主要以有蹄动物为食，而且还会给一些食肉兽留下一部分动物尸体，为它们提供食源。豹子可能是捕杀其他食肉兽最多的野兽，例如黑背胡狼、幼棕鬣狗、幼狮等它都吃，不过它主要以草食兽和啮齿动物为食，又为一些食肉兽提供现成食物，因而可以功过抵消，或者功大于过。母狮常把自己的幼仔隐蔽在草丛中。棕鬣狗则群居穴内，这就使食肉兽偷食的机会大为减少。斑鬣狗和野狗在卡拉哈里沙漠中虽分别属于二三号强手，但它们数量很少，影响不大。至于猎豹，在七种食肉兽中处第六位，再说它生性胆怯，不敢袭击其他六种食肉兽，只能凭自己快速捕猎的技能，杀死许多草食动物，为它们提供一部分食物。这样一来，七种食肉兽在卡拉哈里沙漠上的关系是：各尽其能，相互依赖；虽有冲突,无关大局。这就是它们能长期共存的奥秘。

奇特的食性

有一种壁虱科的小寄生虫,它是急性传染病回归热的传染媒介。它寄生在鸟身上,但并不都吸吮鸟血,其中有一部分吸鸟血,而另一部分则叮在同伴身上吸吮它的体液。这种现象在生物学上叫作"共食"。有时这种"共食"现象,如同串珠一般地连下去:即第二个吸第一个体液,第三个吸第二个体液,以此类推……奇怪的是,当它们的体液被同伴们吸取时,都毫无反应,处之泰然;而那"共食"链条上的每颗"珠子",也心安理得吸吮同伴的体液,即使已经大腹便便,肚满肠肥,它们那张贪婪的嘴巴也不肯离开亲友们的躯体,直到它们死去。这样"共食"现象说来好笑。

与吸血动物相反,在庞大的动物界中,还有一些以生物的尸体和粪便为食物的可怜虫。这些专吃"下水"食物的叫作"腐生"动物,它们的奇特饮食方式称为"腐生"现象。对于多数动物来说,"腐生"现象只是暂时的,例如,母狗为保持狗舍清洁将刚生的小狗崽的粪便统统吃光;但是,有的生物的"腐生"现象则是终生不渝的,而且还把它们肮脏的食物链代代相传。有一种专吃蜂蜡的幼虫,当它们将蜂巢的蜂蜡完全吃光后,就吃自己的粪便,将原有的粪便吃光后,再吃新排出的粪便……这样循环下去,直到变成成虫。但事情并没到此完结,新出生的幼虫吃父母的粪便……这样循环下去,代代相传,持续七八年之久。这条奇怪的食物链之所以延续这么长久,因为蜂蜡是一种极难消化的食物,进入昆虫体内绝大部分未经消化便被排泄出来,因此它们反复以粪便为食,也难以耗尽其营养价值。虎、豺、狮子等食肉动物产下胎儿后,吃食胎盘还不难理解,奇怪的是食草动物,如有的马、鹿、山羊等,在产后也照样吞食胎盘。原来,胎盘里含有丰富的铁、铜、锰和钙的化合物,还含有钙离子、磷酸、留醇等物质。吃后能滋补身体,更好地哺育后代。

兔子有食粪的习性,不过兔子的粪有硬粪和软粪之分。兔子一般白天排硬粪,晚上排软粪。兔子吃的是软粪,这是因为软粪中含有大量的维生素菌体蛋白和一些矿物质元素。食后能在体内合成复合维生素 B 和 K,并被小肠吸收;同时,软粪中的矿物质元素能促进机体对营养物质的吸收。这是正常的生理现象。

野猪、河马、犀牛和大象等野生动物,都有嗜土的习性。科学家跟踪对其所吃的泥土分析化验,发现泥土含有钾、石灰、矾土、氧化铁、氧化锰、氧化镁、碳酸钠,还有硅酸、磷酸和硫酸等。泥土里含有微生物能分泌出各种酶。这些动物既得到了矿物质,而微生物产生的酶又能促进消化。

鸡、鸽子和其他鸟类爱吃小石子、砂粒,使食物在砂囊里得到研磨而粉碎。而扬子鳄还能吞食砂砾块到胃里,也同样起磨碎食物的作用。

美国的尼苏达大学的两位地质学家曾发现一具恐龙化石,这只恐龙大约生活在距今八千万年以前,在肋骨骨架中有 197 块大大小小的石块,据考证,这些石块存在于恐龙胃里,同鳄胃里砂砾一样有磨碎食物的功能,并且这些大小石块还能增加恐龙的体重,使它站在水里很稳定。

在肯尼亚和乌干达边境地区的埃尔贡山上,有许多洞穴,科学家认为是大象、羚羊开凿出来的。原来,大象、羚羊身体所需的盐分,就是靠洞穴供应的。如大象会用长牙把含有盐分的石块从洞壁上撬下来,再把石头弄碎,吞下去。它们来找盐吃已有几千年的历史了。

20 世纪 60 年代,日本的通讯架空电线上的铅质金属保护层常常遭到破坏,每年要造成几百次通讯事故。后来顺藤摸瓜,发现是一种寄生在铅层表面的蝙蝠蛾幼虫干的"勾当"。它只有米粒般大,头部长有一对大牙,以啃食铅为生,能在十多天时间内啃穿一点五毫米厚的铅质保护层,啃食速度可谓惊人。

动物的超强逻辑思维

作为地球生命的三大家庭——植物、动物和人类之间的主要区别是植物只有生命,但无思维;动物只有形象思维却无逻辑思维;而人类则具有逻辑思维和认识自然、改造自然的能力。

这是过去通常的概念。最近植物学家和动物学家的研究表明,有些概念应该更新,过去没有认识的领域和现象必须重新认识和探究。比如植物也有感情和记忆力,动物也有逻辑思维,尤其灵长类的猴子等逻辑思维就更复杂。而人类除具有常规思维(包括形象思维和逻辑思维)外,还有特异思维。大脑中除有用于形象思维和逻辑思维的第一、二信号处理系统外,还有用于特异思维的第三信号处理系统,这已被诸多试验(包括看三维动画时的表现)所证实。本节重点讨论动物的逻辑思维。通过研究表明,动物(包括某些低等动物如蜘蛛、黄鼬、兔、猪、马、鹰等和高等动物如猴、猩猩、野人等),他们是有其程度不等的模仿能力和逻辑思维的。高等动物比如猴子在动物园内报复戏弄伤害他的人——用撒尿的方法或抓搔的方法。还有的猩猩将所有的动物园关猩猩的笼子打开放走同伴,还有的与人斗智回来救幼仔等,这都是逻辑思维驱使所致。野人到农村抢人并将之关在山洞中,白天出外寻食时将山洞洞口再用大石头堵死,怕"俘虏"逃跑,晚上回来再搬开。如此等等表现都说明动物确实具有逻辑思维。只是程度不如今天人类那样高明而已。下边再向读者介绍一起黄鼠狼斗智胜"猎人"的事例。除了能很好说明动物具有逻辑思维外,故事情节也耐人寻味。据《齐鲁晚报》报道的一则消息说一农民诱捕黄鼬(黄鼠狼)反赔肉饵的有趣经过:

一农民暗布机关捕黄鼠狼,却被黄鼠狼施计破了机关,白白损失了肉饵。事情经过如下:天津静海区王口镇村民董某等人,日前发现田间有黄鼠狼出没,于是买了鲜肉,锁在设计的机关上,晚上布在田里。第二天一早,棒夹却全部翻出了土,肉饵也不翼而飞。董某等又买了肉饵,当晚便趴在沟边看究竟。午夜时分,忽见10多只黄鼠狼跑来,几只大黄鼠狼到附近抱土块,两后爪着地,挨个将棒夹砸翻。然后大小黄鼠狼蜂拥而上,抢食肉饵。看了这段描述,读者朋友一定很开心。

关于动物有思维,有感情、有语言(动物间语言)这是不可否认的事实。比如经过训练的情海豚可以进行高超的表演。而经训练过的大象可以十分懂事地将人卷起照相,照后又轻轻将人放下。当奖励给它东西吃后,还会做出谢谢等动作,正是说明上述论点。此外,我们再举一个动物与人之间有着理解和感情纠葛的实例,当主人病重时,一个被饲养多时的猴子竟会痛哭不止;主人病愈,他就高兴若狂,这可真令人哑然。《文汇报》对此就有过报道。《新晚报》1997年4月25日第9版也给以转载,其题目是:白山镇上传奇闻,主人病危,猴子大哭。报道内容如下:

年逾六旬的广西马山县白山镇内昂街居民班秀珍养了一只猴子,经常用柑果、芭蕉、甘蔗饲喂。热天给它消暑,冷天给它保暖,猴子与主人感情深厚。近日,主人班秀珍突然患急病,上吐下泻,不省人事。猴子见状,痛哭了4天,经医生诊治,主人病情好转,猴子也转悲为喜,并翻筋斗向主人祝贺平安。

动物的礼仪

人类不论哪个国家、哪个民族,都有自己婚丧嫁娶、红喜白丧之事的"风俗"。令人叫绝的是动物也有"红白喜事",也有它们自己的"风俗"。1995年10月6日的《旅游导报》报道:

动物世界也常常操办"红白喜事",离奇古怪,妙趣横生。

为了博得对象的欢欣,雄猕猴在求婚时,总要百般殷勤地献上许多野果作为聘礼。若雌猴有意,便含情脉脉地吃起野果来,此时雄猴则围着雌猴团团转。

欧洲有一种叫白头翁的鸟,雄鸟从远方归来时,常常给"未婚妻"带来一支艳

世界未解之谜

动物未解之谜

图文珍藏版

丽的鲜花，以示忠诚。

燕鸥在举行婚礼之前，雄燕鸥总要叼着一条小鱼轻轻放在雌燕鸥身旁。对方收下这份厚礼后，便比翼双飞，结下秦晋之好。

西伯利亚的灰鹅保持着奇特的"葬礼风俗"，它们哀叫着伫立在死者跟前，突然"头领"发出一声尖锐的长鸣，顿时大伙便默不作声，一个个脑袋低垂，表示深沉的悼念。

北非的沙蚁每次大战后，它们便扛起"阵亡将士"的尸体运往墓穴，覆上薄薄的一层土。再运来连根的小草"栽种"在墓穴周围。以示永久纪念。

奇特的生物互食之谜

棕纹蓝眼斑蝶是蝴蝶中的一种，与它的同类一样，它在幼时呈现的是毛虫状。确切地说，它是一种生活在欧石南树上的幼虫，因力成熟的彩蝶总是将卵产在欧石南叶子上，它知道这种植物的叶子适合它孩子的口味，它自己也是在那儿出生的。所以当幼虫刚从卵里钻出来，一眼就能看见它所喜食的树叶，它只需张开口，就可以美美地饱餐一顿，无须到处奔渡寻找食物。

幼虫在昏睡中完成几次变态后，终于长大了。于是，它离开欧石南叶子，跃跃欲试地下到地面上，它显然已经不满足于吃"素"了，它希望进食小昆虫，以便使自己从幼虫变成蝴蝶。刚刚着地，它就行色匆匆地上路了。

可是还没走出多远，眼前便现出一条清扫过的小径来，那是一条蚁道。路面不宽，只能容得下两只蚂蚁交臂而过。毛虫立即踏上小径，慢慢地向上爬，正在这时，一只蚂蚁正从小径的另一头沿坡而上，毛虫继续向上爬，逆行的蚂蚁也爬了过来，它们的距离越来越近了。二者的比较也愈加清晰了。与那只小小的蚂蚁相比，毛虫仿佛是一辆大卡车，此刻正与一辆 1.5 千瓦的小机动车不期而遇。

由于通道狭窄，它们汇合时几乎擦身而过。忽然，小小的蚂蚁伸出尖尖的触须，在毛虫身上轻轻地刺了一下，颇有试探性的意味。毛虫立即表现出在这种情况下所一贯采用的措施，这种措施是祖传的：它开始缩成一团来装死。

蚂蚁早料到毛虫会来这一招，它索性爬到蜷缩一团的毛虫身上，在毛虫的毛和足之间大模大样地穿行。并不时用触须轻刺毛虫的腹部。这一刺，刺得小蚂蚁喜出望外，因为它辨认出这是一个地地道道的棕纹蓝眼斑蝶的幼虫———一个能分泌出令蚂蚁垂涎的甜汁的毛虫。面对着这意外的收获，小蚂蚁急不可待地品尝了一口，但它绝不会独吞，它必须把这只毛虫拖回去，让大家共同分享它的收获。于是，它用上颚咬往毛虫,把它拖上通道。

然而毛虫太重了,小蚂蚁的困难可想而知。不过,很快就会有一群蚂蚁来帮忙。这群蚂蚁的到来,也许是偶然路过此地。也许是第一只蚂蚁发出了一股气味召唤它们过来。因为蚂蚁之间是通过气味来传递信息的。科学家已经认定,在蚂蚁身上有一种互相召唤的物质,因此,当小蚂蚁发出信息后,别的蚂蚁立即纷至沓来,大家同心协力,前拉后推,各尽所能,终于把大毛虫拖回了家。

身躯庞大的毛虫此刻则完全听任这群蚂蚁的摆布,它仍然缩成一团装死,也许它以为这是保护自己的最佳办法,或许,这是它的本能。

浩浩荡荡的工蚁队列开过来了。洞口近在眼前,它们七手八脚地把毛虫搬弄进蚁穴,随即蜂拥而入。随之而来的情形让人大开眼界:一窝嗜毒成癖的雄蚁和蚁后一个个趋之若鹜,从四面八方爬上毛虫的躯体,伸长的触须贪婪地吮吸它肚子里的甜汁,就像酒鬼掉进酒窖,禁不住要开怀痛饮一番。然后,一个个醉态毕露、步履蹒跚地走出来,个个心满意足。那么,毛虫的结局又怎样呢?体内的汁液被彻底吸干的毛虫,被蚂蚁监禁在黑漆漆的洞穴里必是九死一生了。然而,人们的判断却大错特错。几年前,一位动物学家在察看一个硕大无比的蚁穴时,突然发现从里面先后飞出三只蝴蝶,那是几只刚从蛹壳中蜕变出来的蝴蝶,同所有刚蜕变出来的蝴蝶一样,它们首先晾干翅膀,继而舒展双翅,扑棱几下,然后欢快地向空中翩翩而去。惊诧无比的科学家想方设法逮住了一只蝴蝶,通过仔细观察,发现它竟是一只棕纹蓝眼斑蝶!

这是怎么回事?喜欢寻根究底的科学家决心弄清棕纹蓝眼斑蝶在蚁穴干什么。他掘开蚁穴,里面一塌糊涂。地道里除了熙来攘往的蚂蚁外,并无他物。既没有蚁卵,又看不见幼蚁,这究竟是怎么回事呢?科学家心里打了一串串大大的问号。

原来,当棕纹蓝眼斑蝶的幼虫从欧石南树上爬下来寻觅食物时,它知道蚂蚁的巢穴里有它所需要的食物——蚂蚁的幼体。于是,它采取了欲擒故纵的措施,有意让蚂蚁将它弄进蚁穴。然而,蚂蚁却能坐视毛虫肆意吞噬它们的孩子——因为此时此刻,它们所关心的只是舔食它们所捕获的"猎物"肚子里那令它们陶醉的甜汁!如此就形成了一种相食相生的生物界奇趣:雄蚁和蚁后因食用棕纹蓝眼斑蝶幼虫汁液而身强力壮,繁衍力大增;棕纹蓝眼斑蝶幼虫因食用蚂蚁幼虫而得以茁壮成长。

此后,有人进行了上百次的试验,其结果都完全一样。小蚂蚁是如此酷爱棕纹蓝眼斑蝶幼虫身上的甜汁,以致引"狼"入室,开门揖"盗",置断子绝孙于不顾,疯狂地舔食它有意分泌出来的甜汁。这真是生物界的一大奇观。然而,刚刚离开树叶的棕织蓝眼斑蝶幼虫又如何能与小蚂蚁不期而遇?它们又何以天生具有这种欺骗手段?这些耐人寻味的问题仍令科学家为之惊叹不已。

神秘莫测的动物行为

动物有许多有趣的令人迷惑不解的行为,有的甚至连长年研究动物的专家也无法解释。如南非有一个"跳跃蛇之乡",那里的一种毒蛇会从地面跳跃到空中而落下。在印度尼西亚热带丛林的金树蛇,能从一根树枝像飞一样腾空飞至另一树枝,如果要下到地面,则从树上笔直地落下。

1.猎豹的"顺从"与"失恋"

美国生物学家乔治夫妇长期在非洲塞伦盖蒂大草原上考察猎豹,被同行们誉称为"猎豹权威"。他俩与猎豹的无数次接触中,发现两起不可思议的行为。

有一次,乔治夫妇在考察用的越野车上,用望远镜发现一个十分惊险的镜头,于是车子急忙开到离现场只有14米处停下。一只雄猎豹在自己的领土里向另一只同类闯入者扑去,一口一口地撕下其皮毛,残酷地狠咬,发出"嘎扎嘎扎"的嚼骨头的声音,实在令人毛骨悚然!这种残酷的攻击性防御,足足进行了半个小时。令人惊奇的是,被攻击者显得十分顺从,既不还击,也不逃跑,直到最终倒地死去。对于这一现象,"猎豹权威"无法正确解释,他们只好推测,闯入的猎豹可能是为了向主人恳求入群,所以才一切顺从,直至死去,以表忠心。

乔治夫妇还发现过一起令人难解的猎豹"失恋"事件。一只取名佩凯的雌猎豹与另一只取名索立蒂厄的雄猎豹相爱,在很长期间彼此形影不离。后来不知什么原因,索立蒂厄突然不理睬佩凯,而且愈来愈疏远它。为了弄清佩凯失恋的实情,他俩夜间跟踪观察。人们或许会问:乔治夫妇怎么断定佩凯"失恋"呢?因为他俩对野生猎豹的求爱和交配行为已经研究了大约四年的时间,其中包括佩凯与索立蒂厄相爱的一段经历,他们也了如指掌。一个晚上,乔治夫妇发现佩凯独自躺在草地上翻来覆去,显出一副苦恼的神色,而那只遗弃它的雄猎豹索立蒂厄却坐在远处,连瞧都不瞧它一眼,昔日彼此间那股亲热劲完全消失了。至于佩凯为什么会失去索立蒂厄的欢心,乔治夫妇还没有弄明白。

2.动物的家规与葬礼

河马是一种过两栖生活的大型哺乳动物,最大者有3米多长、3~4吨重,比犀牛还要大,是仅次于大象的世界上名列前茅的大四足动物。最令人惊奇的是它们一张大嘴巴,张开时上唇可以高过头顶,能张到90度,足可容一个较大的孩子站立其中,比任何陆生哺乳动物的嘴巴都大,因而有人称它为"大嘴兽"或"大嘴巴动物"。

河马是非洲特产动物,性喜结群,通常每群约20只,它们在河中或湖里生活时,都得遵循一条不成文的"家规":雌的和幼的河马占据河流或湖沼的中心位置,年长的雄河马在它们的外缘,年轻的雄河马离它们更加远些。谁要是越规,就会受到全群河马的"谴责"。但是在繁殖季节里,发情的雌河

河马

马允许进入雄河马的地盘,并得到主人的热情接待。相反,一头雄河马闯入中心位置,那里的雌性和幼年河马虽然不会驱赶,但它必须严格遵守"家规"——站立或蹲伏在水中,不准乱碰乱撞。一旦违背这一"家规",它将受到其他雄河马的共同攻击。

科学家在野外观察河马时,还常常发现它们的背脊上流出了"血"。这究竟是怎么一回事?经过研究,才知道这并不是血,而是从它们汗腺里排出来的汗液,俗称"血汗",用来湿润皮肤,否则皮肤离水久了,加上当地气温高和烈日的照射,会干裂的。

美国康奈尔大学昆虫学家柯克·维斯切尔教授发现蜂群中确实有一些蜂充当了"殡仪员"它们的职责是把巢里的死蜂移出外面,预防疾病传播和防止巢内充满蜂尸体。维斯切尔教授故意将一些刚死去的蜂移入实验室的蜂群中,发现绝大多数蜂忽视这些蜂尸,它们不是用头部的触角去碰一下,便是用眼睛瞧一下就了事。但是在死蜂移走约一小时后,少数殡仪蜂走近尸体,咬住它们,拖出蜂巢,将尸体放在离巢较远的地方。

维斯切尔教授认为,在任何时间里,殡仪蜂仅占全群蜂中的1%~2%。他还观察到:蜂群中的尸体会散发出一种意味着"死"的特殊化学气味,是这种气味"通知"殡仪蜂,使之闻讯而来,抓起尸体,飞往离巢大约120米远的地方"安葬"。担任殡仪工作并不是某些蜂的固定职责,一般是隔几天就轮换。

非洲象是现今世界上最大的陆生动物。别看它躯体臃肿、笨头笨脑,可它对老

者却有一番孝心呢!

科学家们在非洲密林中考察大象时,不仅听到当地土著人说,而且还目睹这种大象确有"葬礼"行为。如果一头大象老死后,"送终"的群象会围着死者,先是发出一阵哀嚎,然后由为首的大象用其长牙掘松泥土,用鼻子卷起土块,投掷到死象身上。其他象纷纷仿效,也把土块、石块、树枝和枯草等扔到象尸上,把死象掩埋起来,再用脚踩实,直到为首的大象一声嚎叫,才停止踩踏,最后群象绕着修成的"象坟",慢慢行走,似乎在向遗体"告别"。

3.鹊会与鸟类晨曲

我们常常喜欢用喜鹊来表示吉祥,而欧洲人则把喜鹊称为"神秘鸟"。因为欧洲喜鹊平时多半孤独或成双活动。但到了1月和2月初的时候,它们却集会在一起,少则6只,多至20只左右,最多可达200只。这种神秘莫测的鹊会,使许多鸟类学家迷惑不解。

鹊会好像一个"集体婚礼":成对的鸟在飞行中追逐,有些鸟在地面或树梢上低声情话,有些雄鸟在雌鸟面前展示漂亮的羽毛。

鹊会又像是一个"互赠礼品的集会"。一些鸟将啄到的枝条、枯草递交给另一些鸟,这是不是鸟类以营巢的象征来求爱呢?

根据鸟类学家在一些地区所做的观察和研究,每年鹊会都发生在同一地点。在参加鹊会的鸟类中,很大一部分是失去繁殖能力的老年鸟,所以鹊会又像一个"老年院"。

虽然人们对鹊会的解释不一,但是有一点是肯定的,那就是鹊会是由于某种刺激的原因而引起的。因为参加鹊会的鸟都爱竖起鸟冠,翘起尾巴,并不时地抖松羽毛。

黎明,鸟类发出悦耳动听的鸣唱,闻者习以为常。鸟类晨曲是不是鸟儿经夜间休息后到黎明苏醒时的一种补偿行为呢?一般来说,先是仅有少数鸟儿稀落、杂乱地鸣唱,但当越来越多的鸟儿集合在一起时,合唱声琴和瑟调,直入云霄,构成美妙的鸟类晨曲。晨曲可整整持续两个小时,在渐息前半小时达到高峰。紧接着鸟类默不作声,共有半小时的觅食期。最后,还有一个较短的合唱期。

各种鸟的鸣唱,有一个相当规则的排列次序。在欧洲,欧鸲在苏醒后先激烈地鸣唱3分钟,然后飞到栖木上休息。苍头燕雀的鸣唱时间较长,可以一鼓作气地鸣叫12分钟,但没有欧鸲那样激烈。在北美洲,首先鸣唱的是麻雀,接着是红雀,最后鸣唱的是家鹪鹩。

根据鸟类学家研究,鸟类晨曲的起始时间与光线强弱有密切的关系。在一般情况下,晴朗的早晨鸟鸣开始较早,多云或阴天鸟鸣开始较迟,雨天开始最晚。在早春,鸟鸣开始于日出以后;到了夏天,鸟鸣提前到日出之前。

那么,鸟类的晨曲究竟意味着什么呢? 人们议论纷纷。有的认为,是同种鸟通过鸣唱在互相联络,以示占据了地盘;有的说这是不同种的鸟类,通过晨鸣彼此警告:"这里已是我的地盘,不可非法入境";也有的发现鸟类的晨曲在繁殖季节最为激烈,所以晨曲与繁殖有关。

4.自涂

英国《伦敦新闻》在 1955 年 10 月 29 日刊出了一张刺猬"自涂"行为的真实照片:一只刺猬伸出舌头在舔某种具有强烈气味的物体,而且坚持在一点上反复舔,口中积累起有大量泡沫的唾液。然后,它的头部转向体侧,扭弯着身体,把唾沫涂擦在背部的棘刺上。如此重复进行,自涂时间至少可持续 20 分钟,甚至更长,直至刺猬的棘刺末端形成了一个令人讨厌的唾沫团。这就是刺猬自涂行为的整个过程。

经过进一步观察,原来这种自涂行为不仅在年幼的和人工饲养的刺猬中较为常见,甚至在野生的成年刺猬中也发现背部棘刺有唾沫遗留的痕迹。

由于刺猬的自涂行为没有规律性,为科学家重复实验和进一步研究带来了莫大的困难。但人们仍然尝试对刺猬的自涂行为进行解释。有的认为自涂是动物的自我修饰,如人的擦粉抹脂一样;有的认为是动物的一种舒适移位活动;有的认为是动物除去皮肤上寄生虫的方法;有的认为是动物伪装自然气味以防止敌害发现;有的则根据野生刺猬出现自涂行为大多在繁殖季节里,认为自涂与动物的性活动有关。

5.鼠救鼠、蚁灭火、蛇吞猪

英国有一家私人花园,虽花木茂盛,但老鼠泛滥。花园主人为了消灭老鼠,在园内放了许多鼠药和鼠夹。

一天早晨,两位中年妇女一起到这家花园散步,呼吸新鲜空气。当她们走进一条矮树丛中的小道时,突然听到一阵"吱吱"的鼠叫声。她们循声悄悄寻找,仔细一看,原来是一只老鼠的尾巴被鼠夹子夹住了,另一只老鼠在费劲地咬它的尾巴基部。当时这两位妇女感到很惊奇。老鼠为什么要咬老鼠的尾巴,究竟是鼠救鼠还是鼠吃鼠?

她们商量以后,各自去找杀鼠工具。过不太久,一位妇女拿来一根粗树枝,准备去击毙老鼠,另一位妇女提来一桶水,打算浇鼠后再用脚把它们踩死。

当她们回到原来出现老鼠的地方时,没有料到这两只老鼠已无影无踪,逃之夭夭,留下的仅是鼠夹子和夹着的一段被咬断的老鼠尾巴。

这两位妇女,虽然对动物学知识一窍不通,但还是把这一奇闻投书报章,并且公开征求科学解答。这样一来,引起了英国动物学界人士的浓厚兴趣和密切关注。多数动物学家认为,老鼠对自己伙伴的受陷,可能会表示"怜悯",所以用咬断尾巴的办法来进行营救;也有一些动物学家提出相反的解释,认为老鼠不可能对同类产生怜悯,而是乘机打"落水狗",是攻击同类的一种表现,选择鼠尾作为一个攻击点,这一现象在鼠口暴增地区更是如此。

第三节　动物的怪异行为

虎狮之争之谜

日本著名科普作家实吉达耶在新作《有趣的动物行为》一书中写道:"老虎与狮子谁强?这个千古悬案,一直是动物爱好者与对动物不熟悉者之间争辩不休的话题"。

研究动物的人都知道,老虎生活在亚洲,而狮子主要产于非洲,至于印度,现在只有西部的吉尔地区可能还有少量老虎存在,听说一直受到保护,所以两种食肉猛兽各霸一方,根本没有机会碰在一起比过高低,很难说谁强谁弱,谁凶谁不凶。

可是,自地球上出现人类以来,人们在与动物长期打交道中,逐渐认识了狮、虎的狰狞面目,把它们描述成强大、威武和凶猛的野兽;一些文学作品也常常以此为素材,借题发挥,大肆宣扬。这些有形和无形的影响,一直在人们头脑中"扎根"。

1.究竟谁强

迄今为止,可能还没有一个人亲眼目睹过狮、虎决斗的惊险场面,动物园或马戏团也不可能将进价昂贵的狮、虎放在一起,让它们斗个胜负,所以只能从一些间接的观察来推测和判断它们的强弱。归纳起来,有这样三种解释:

其一,老虎必然败北。从生态观点来说,狮子性喜结群,经常以一个家庭(公狮、母狮、几只幼狮)或几个家族联合起来,共同生活。而老虎呢,可以说是孤独的捕食者,独来独往,从不合群。若虎、狮双雄对峙,虽实力相差无几,但在生态上却是一只对一群。因此,老虎毫无胜算可言,必然败北。

其二,狮子斗不过老虎。从单只狮、虎的实力来看,我国动物园的一些观察狮虎行为的专家们认为,老虎要比狮子更强大更厉害。其理由何在?专家们虽没有作具体说明,但笔者认为老虎有强于狮子之处。一是老虎栖息于

老虎

山林隐秘之地,性情比较狡猾且残酷,而狮子生活在宽阔的大草原或沙漠地带,性情比较开朗而憨实;二是,雄狮比较懒散,一天中极大部分时间在睡觉或休息,捕食任务主要由雌狮担当,而老虎就没有这种情况;三是,狮、虎虽然都属于食人兽,但是老虎吃人的事例要多于狮子;四是,老虎的捕食本领比狮子高明,会勇谋结合。根据这四点,如果一只雄狮与一只雄虎搏斗,后者取胜的可能性较大。

其三,狮、虎半斤八两。在个头上,狮、虎都是大型食肉猛兽,虽然前者略大,但后者也有比前者大的。在形态上,狮、虎都是强大、威武、凶猛之兽。老虎会吃人,狮子也会吃人。在狮、虎的栖息范围里,双方几乎都无自发敌害,所以有"山中无老虎,猴子称大王"和"狮子是第一号强者"之说。因而,许多人认为,老虎与狮子,两者是不相上下,在各方面都势均力敌,可谓东西方的两大霸主。

2.何来"兽中之王"

在兽类王国里,狮子常常被人们称为"兽中之王"。而老虎呢,也有人说"虎王,虎王,老虎自然是百兽之王"。照理说,兽中只能有一个大王,何来两个大王呢?

据笔者分析,人们称狮子为"兽中之王",并不是或不完全是因为它比其他兽类强大的缘故,而是雄狮的颈脖上有长而密的鬣毛,长得十分威武雄壮,作为狮群示威的象征,颇有"王者之气概"。此外,雄狮的吼声特别洪亮,能震人心魄,可谓兽类之冠。科学家在非洲考察狮子时目击和亲闻雄狮在狮群里,常常头向前伸长颈脖,然后向下,发出一系列隆隆巨声,同时掺入低嚎声,以向欲侵入者宣告:"这里是我们的领土!"这种狮吼声是非洲野外最惊动人的声音,在几千米外都能听到,如果是在黑夜,一定会使你毛骨悚然!老虎虽然也有深沉的啸声,但虎啸比不上狮吼来得惊人,至于其他的豹叫、马嘶、犬吠,狼嚎,那更是差远了。

老虎之所以被称为"百兽之王",因为它是食肉猛兽中最有威力的一种,山林中大小诸兽无不怕它,甚至连东北的大黑熊和成年雌象,见了它都要赶快跑。

实际上,狮子和老虎在兽类中并不是最强大者。在非洲,狮子遇上比它高大的大象,比它更凶猛厉害的犀牛、公野牛,也要退避三舍,躲开为妙。就是在与野牛、长颈鹿进行搏斗时,偶尔也会发生被它们踢断肋骨或肩胛的事例。这种受伤的狮子,以后不能再猎食,只好留在狮群之中,由伙伴们供给它食物。至于老虎,虽然也有"百兽之王"之称,但是它一旦碰上大公象,也只好乖乖地让步三舍,然后溜跑,否则粗大的象鼻击来,老虎再凶猛也受不了的。即使遇上雄野猪,老虎也不敢轻易进犯。根据上述事实,笔者认为称狮子或老虎为"食肉兽之王"要比"兽中之王"来的确切。

浣熊的独特习性

美洲的浣熊,名字虽然叫熊,但外貌却不像熊。它身躯和四肢细长,面有黑斑,鼻子长长的,身披黄、棕、灰各色的混合毛。它那肥大的尾巴饰有黑白环节,有点像小熊猫。

浣熊是单独的浣熊科动物,大都栖居在树上,住在树洞里,白天多半睡觉,夜里才出来觅食活动。它吃的东西很杂,几乎什么都吃,包括五谷杂粮,各种果菜,还有鱼、蛙、兔、鼠、鸟和爬行动物等等,并且不时出来偷吃鸡鸭。它甚至在垃圾堆里也可以找到食物。

浣熊虽然是每样东西都吃,可是它却有个独特的习性,在吃东西前,总是喜欢把它浸到水里,冲洗一下,好像不这样做就很不放心似的。"浣"是洗的意思,浣熊的名字就这样来的。它的拉丁文学名也是"洗物者"的意思。

这是浣熊爱清洁吗?不是。人们仔细观察后发现,浣熊并不是像我们想象的那样见水就洗;而且,浣熊洗的水往往是泥水,要比它刚逮到的食物脏得多。可见,浣熊并不是爱清洁而浣洗的。人们对此做了新的解释:浣熊洗食是它喜欢玩味水中的食物,这样吃起来要更有滋味。

最近,美国的两位学者沃特松和格瓦特弄明白了浣熊浣洗的真相。原来,浣熊在大自然里并不洗什么东西,只是到了动物园,没有自由了,也没有机会去水中猎食鱼、虾和蛙了,它的本领没法施展,这才模仿"在水里猎食"的动作,看起来好像在洗东西似的。

浣熊的个子很小,体长76～91厘米,重7～13千克。它白天在树上休息,到天黑时才下树来巡视自己霸占的领土。有时,它们成群穿越森林,去猎取树上的鬣蜥蝎。浣熊可机智哩,它们分成两队,一队爬上树,把瞌睡中的鬣蜥蝎吓下树来。它们一落地,就被另一队浣熊逮住。浣熊还会偷偷地跑进果园,爬上树,摇落柿子等果实。有时,它们跑到浅水里,用掌踏成水坑,将鱼赶进去,然后捉鱼吃。遇到雷雨大作,浣熊真胆小,赶紧上树躲避,将双耳贴着树干,仿佛吓坏了似的。

冬天,浣熊依然精神振奋,没有冬眠习性。在寒潮袭击下,浣熊最多用自己粗大的尾巴卷裹住嘴和鼻尖,打个盹而已。

浣熊在树洞里产子,每胎生3~6头。妈妈常靠在树边,坐着给小浣熊吃奶,还轮流给它们洗刷皮毛。一年后,小浣熊长大了,才让独立生活。浣熊妈妈除哺育自己的"孩子"外,也会照料那些失去了爸妈的小浣熊。

浣熊很爱护自己的儿女,既慈爱,又严格。浣熊喜欢到处流浪,常常用嘴松弛地咬住小浣熊的颈皮,衔着它们东走西跑。当遇到郊狼、卷毛猫、犬类、猫头鹰等来袭击时,母浣熊也会衔着儿女逃跑,或者猛击小浣熊的臀部,促它们快快上树躲避。一旦被敌害迫得走投无路时,母浣熊就挺身而出,与敌搏斗,保护儿女。外出时,母浣熊还常常教儿女捕猎、避敌的本领。

浣熊是当地一种重要的狩猎兽。它肉味鲜美,皮毛柔软,可制衣帽。

非洲象吞吃岩石之谜

东非国家肯尼亚的艾尔刚山区,是非洲象经常出没的地方,那里有很多奇怪的岩洞,其中最有名的就是基塔姆山洞。令当地人惊讶的是,在每年干旱的季节里,常常看到非洲象成群结队地走进山洞,它们缓慢地穿过狭窄的通道,来到阴暗潮湿的中央大洞,用长长的象牙,在洞壁上挖凿下一块又一块岩石,接着又用自己的大鼻子卷起岩石,一口一口地吞到肚子里。吞完岩石以后,它们在山洞里稍微休息了一会儿,领队的非洲象就发出集合的信号,象群又排着队走出山洞。

"非洲象吞吃岩石"的怪事儿传开以后,动物学家们感到十分惊奇:非洲象是吃植物的,怎么会吞吃起岩石来啦?真让人迷惑不解。

后来,动物学家们专程来到肯尼亚的艾尔刚山区,进行了考察和研究,才真相大白。原来在非洲象吃的植物里,硝酸钠盐的含量太少,而在这些山洞的岩石中,这种矿物质的含量却很高。差不多是这个地区植物含盐量的100多倍。非洲象吞吃岩石,就是为了补充食物中缺乏的这种盐分。特别是在干旱的季节里,身躯庞大的非洲象会大量出汗和分泌唾液,身体里的盐分消耗特别大,因此需要补充的盐分也就更多了。这个解释比较科学,大多数动物学家都接受和承认了这个说法。

这个谜虽然被揭开了,可是由此又产生了另外一个谜,这就是非洲象经常出入的神奇山洞是怎样形成的?

对于这个有趣的问题,不同学科的专家们提出了不同的见解。

有的地质学家认为,这些山洞是早期火山爆发的时候,由喷射的气泡形成的。可是一深入考察,从山洞的巨大空间和不规则的形状来看,这是不可能的事。所以,他们又推翻了自己原来的判断。

一些考古学家开始提出,这些山洞可能是当地土著居民挖掘的,可是一查有关的文献资料,这些土著居民的祖先当时还很落后,根本就没有挖掘这么大山洞的工具。因此,这个说法也是站不住脚的。

那么,这些巨大的山洞到底是谁挖掘的呢?

最近,一些动物学家又提出了一种新的解释:非洲象在艾尔刚山区已经生活了大约200多万年,如果它们每星期挖掘一次岩石,像基塔姆那样的大山洞,只要10万年就挖成了。所以,这些山洞很可能是非洲象挖的,为了补充食物中缺乏的盐分,它们世世代代的挖呀、吞呀,最后挖成了这些神奇的山洞。

但这只是一种推理性的解释。还没有人真正解开这个千古之谜。

大象死后到底去了哪里

自古以来就有一种传说:大象在行将死亡之时,一定要跑到自己的坟地去迎接自己的末日。可以设想如果这种大象坟地真的存在,那里肯定会留下许多象牙。象牙可用来制作工艺品,价格昂贵,因此在野象的天国非洲,经常有人为了得到象牙,冒着风险四处寻找大象的墓地。

苏联探险家布加莱夫斯基兄弟俩,曾前往非洲的肯尼亚寻觅象牙。一天,他们攀上了森林中的一座高高的岩石山顶,朝前方一望,突然发现对面山上有无数白磣磣的动物尸骨。有一头大象正摇摇晃晃地跑到尸骨堆旁,无力地叫唤了一声便瘫倒在地。

"那里一定是个大象的坟地!"兄弟俩惊叫起来,沿着干涸的河谷,飞快地朝大象的坟地奔去。但是,在半路上他们遇到了猛兽的袭击,又陷进了深不可测的沼泽地,好容易摆脱了困境,但是,最终仍未能到达目的地。

大象坟地真的存在吗?人们对此将信将疑。

最近,有许多学者否定大象坟地存在。他们认为发现大象墓地一说纯属为攫取象牙的偷猎者的捏造。因为捕杀大象攫取象牙,就要受到法律的制裁,所以偷猎者杀害大象之后,总要掩饰说,"我们偶然发现了大象的墓地,才得到这么多的象牙。"

这种说法正确与否且当别论，大象在临死之前，行动确实与往常不同，往往总要离开象群，就步履维艰地在某个地方销声匿迹。很可能大象在临死前，跑到某个僻静的场所或是有水源的地方去与世诀别。虽然象的寿命可长达九十几岁，但平均寿命则在三十到四十岁左右。

人们在动物保护区可以看到大象的尸体，但与整个大象死亡的数量相比较，微乎其微。这些死亡的大象究竟葬身何处，会不会集中在某一块地方结束生命？是否因为热带气候炎热，大象的尸体很快被风化分解，或被其他食肉动物当成美餐佳肴呢？显然，也不能排斥这种可能性。

神秘莫测的大象坟地之所以至今未被任何人发现，也许与濒临死亡的大象行动诡秘，而人类对象牙又贪得无厌不无关系吧？

骆驼的不尽之谜

被称为沙漠之舟的骆驼以能忍受干燥酷暑而著称，它们能在昼夜温差极大、一望无际的茫茫沙漠里长途跋涉，成为人们沙漠之行的最佳伴侣。很久以来，人们就对骆驼这种神奇的能力十分好奇，希望解开骆驼的抗干旱能力。

解释骆驼抗旱能力的最早一种理论是"水囊说"，持这种学说的人认为，骆驼是反刍动物，它的胃有三个室，其中最大的一个是瘤胃，里面有许多肌肉带将瘤界分隔成几个部分，使其起水囊的作用，在水源充足时，水囊便储存一些水，以备口渴时用。

然而其他的一些科学家很快就推翻了这一理论，通过解剖发现，水囊并

骆驼

不能有效地与瘤胃的其余部分隔开，其个体也太小，起不到储水的作用，真正使骆驼耐得住干旱的秘密在于，骆驼经得住脱水，一般人在沙漠中失去12%的水就会导致中暑死亡，而骆驼即使失水达体重的25%，也依然能生存，只不过减轻些体重。原因在于，人失水后，会使血液粘稠，对心脏造成负担，而骆驼失去的水，却不对血液造成影响，而且脱水的骆驼一旦补充了水分，就会马上得到恢复。

还有学者提出，储存在驼峰中的脂肪可氧化生水，1克脂肪能氧化产生1.37克

水,而一只驼峰中大致存有 40 公斤的脂肪,也就预备了相当于 50 公斤的水。还有的学者认为,骆驼耐旱要归功于它出色的保水能力,骆驼很少出汗,体温也不上升。还有人认为骆驼排尿少,也是其耐旱的原因。

最近科学家们又发现,骆驼能够降低呼气的湿润度,从而节约水分,骆驼通过呼吸丧失的水分比一般动物少 45%。即使这样,人们对骆驼的神奇功能认识还是肤浅的,骆驼身上还有许多迷,等待着我们去破解。

会飞的狗

看到这个题目,也许有人会提出疑问,狗也会飞吗? 是的,世界上确实有会飞的狗,这不是科学幻想,而是活生生的事实。

会飞的狗和普通的狗十分相似:有着长长的脸,深棕色的大眼睛,长长的耳朵和经常保持湿润的鼻子。它的个子不大:身长为 14 厘米,头几乎占全身的 1/3。身上的毛又亮又软,但不太长,全身均为浅灰色。公狗与母狗的区别在于,前者头部的毛为鲜黄色。

然而,会飞的狗毕竟又不同于普通的狗。它喜欢用两只后肢(或者用一只后肢)抓住某一突出的物体,从而使头朝下,并使头与身体呈垂直状态。在动物园里,会飞的狗很少飞翔,但经常活动翅膀,其翼展可达 0.5 米。会飞的狗是非常爱清洁的动物,它们经常长时间地去舔自己身上的毛;大小便时,总是头向上,用两只前肢的爪趾抓住某一物体。

会飞的狗有敏锐的听觉和嗅觉。它们只吃植物性食物—许多热带植物的花蜜和果汁。它们把食物放在嘴里,仔细地反复咀嚼,用舌头挤出汁来,然后吐出残渣。当它们感到饥饿时,就会发出响亮的尖叫声。在动物园里,会飞的狗同时还吃搓碎的胡萝卜、苹果、黄瓜、甜菜,它们特别喜欢吃芒果汁、鳄梨(热带产的一种果实)汁和番木瓜汁。在自然界,会飞的狗有时会袭击果园,从而成为果园的大患。

科学家认为,这种似狗非狗的动物属于现代哺乳动物中最大的一个目——翼手目。按某些特征而言(例如它们的食物,以及一系列解剖学特征等),某些翼手目,其中包括会飞的狗,又可以划出一个大蝙蝠亚目。在非洲(从埃及北部到安哥拉南部)可见到会飞的埃及狗。在那里,这种动物十分平常,而在别的地方就较为罕见了。目前,只有在欧洲和美洲的 9 个动物园里饲养着它们的幼畜。

刚生下来的埃及小狗,眼睛和耳道尚半开半合,蹼上有皱纹,完全处于软弱无力的状态。小狗一生下来,就用爪趾抓住母亲的毛,挂在它的翅膀下面。到第三天,小狗就能张开眼睛、展开翅膀,变得和大狗一模一样,仿佛就是大狗的小型复制品。到第四天,小狗已经能活动翅膀,这时,它们不再挂在母亲的翅膀下面了。两个星期以后,小狗便能独立生活。有时,它们离开母亲,倒挂在某一物体下面,测试一下自己的体力。埃及母狗对子女是十分关心的,当有危险时,它们让自己的孩子躲在翅膀里面;平时它们还仔细地把小狗的毛舔干净,这种卫生措施是十分必要的,这是因为在前5个星期,小狗只会头朝下倒挂着,它们不会像双亲那样大小便。在出生以后头两个月,小狗一昼夜的大部分时间都处于睡眠状态,只有进食时才醒来,以便活动一下翅膀。令人惊奇的是,尽管它的住所十分宽敞,但小狗仅仅沿着窗框爬行,而从不飞起来。小狗满1个月后,身长为7.5厘米,头为4.2厘米,翼展开可达50厘米。同时,小狗已经长出几颗牙齿。被驯服的会飞的狗很喜欢与人接近。目前,对这种动物的考察研究还在继续进行。

靠鼻子行走的奇异动物

除鲸等少数动物外,哺乳动物一般都有4条腿,靠这4条腿奔跑觅食,逃避敌害。可是想不到世界上竟还有一类不用腿走路却用鼻子步行,大头朝下面尾巴朝天的怪兽,在动物学上把它们叫作"鼻行动物"。

鼻行动物栖息于南太平洋的一群古岛——哈伊艾爱群岛。这片群岛是由瑞典人谕姆维斯特于1941年发现的。谕姆维斯特是在第二次世界大战期间,从日本军队的战俘收容所里逃脱出来,漂泊来到这片群岛当中的哈伊达太菲岛上的。这是一个南北长32千米,东西宽16千米的小岛,由石灰岩和粘板岩构成,岛上有一座高为1752米的活火山。这个总面积为1690平方千米的群岛,有大小20多个岛屿,遍生热带植物,分布着固有的特异生物群落。岛上曾有土著居民700多人。居民们称这群岛为"太古之岛"。现在群岛的海岸边建有一座哈伊艾爱达尔文研究所,有国际生物考察团住在那里考察鼻行动物。他们在那里获得了大量的鼻行动物生态观察资料和记录。鼻行动物的发现及其科研成果,轰动了国际动物学界,动物学家一致认为这是20世纪动物学领域里的重大发现。

鼻行动物是胎生哺乳动物,共有14科189种。它们拥有一个很大的家族,在动物进化史上占有一定地位。它们的祖先很可能是食虫类动物,在特殊地理环境下,走了一条超进化的道路。

鼻行类的最大特征是它们的鼻子构造极为特殊,有的只有1个奇形怪状的鼻子,有的有4个鼻子或更多的鼻子。它们的鼻子千姿百态,有的像根柱子,有的像个喇叭,有的像只蜗牛。其鼻子也有多种功能,不但可用鼻子爬行、跳跃,甚至能用鼻子捕捉虫子。鼻子在它们的生活中起着第一位的作用。动物学家给它们的鼻子起了个名字叫"鼻性步行器官",简称"鼻器"。所谓鼻器只是一种功能性的概念,并不是形态学上的概念。它们的鼻子决不可与象、猪或其他动物鼻子同日而语。

鼻行类的另一个特征是四肢逐渐退化。它们的四股作为移动器官,早已失去了它本来的功能,其四肢功能已由鼻子取而代之。鼻行类的后腿有的退化成两条短小的赘物,有的干脆就没有后腿。前腿作为一种把握器官,依然存在,但很少使用。

鼻行类的第三个特征是大部分体表有毛,皮毛有各种各样的颜色,有的身上还长有硬鳞。它们的皮毛很细,有光泽,很漂亮。足尖、耳朵、头部、鼻端一般都没有毛。

鼻行类的第四个特征是尾巴也比较发达。有的尾巴比身体还长,能用尾巴套取食物;有的尾巴带有毒钩,能置敌于死地。

鼻行类的繁殖力不太强,一胎只怀一个崽,妊娠期为7个月到1年,很少一胎多崽。由于它们栖息的群岛天敌较少,存活率较高。

遗憾的是,1957年在南太平洋的一次秘密核武器试验中,群岛下沉,整个鼻行类毁于一"弹"。从1941年发现到1957年毁灭,鼻行类仅仅展现在人类服前短短16年,连一个活标本也没有留下。

会上树的鸭子

人们常用"赶鸭子上架"这句话形容强迫某人去做根本办不到的事,因为鸭子根本不会上架。人们自然会说:"鸭子不会上架,哪还能上树呢?即使野鸭会飞,但也是在江河湖泊中生活呀!从没听说鸭子还会上树的。"

鸭子不会上树,这是一般的情况,但是也有特殊情况,长白山地区就有一种会上树的鸭子,叫作"中华秋沙鸭"。

中华秋沙鸭是我国稀有珍贵鸟类,繁殖于内蒙古西部的呼伦贝尔。黑龙江北部的小兴安岭。东部的镜泊湖和吉林省长白山地区,越冬于我国长江以南各省的江河与湖沼中。雄中华秋沙鸭的嘴细长,鼻孔位于嘴峰中部,头上有长长的一对冠羽,好像姑娘扎的一对辫子。整个头和上背均为黑色,下背、腰和尾上腹为白色。两翅上各有一白色翼镜,在阳光下闪闪发光。腹部白色,体侧有黑色鳞状斑纹,因此又叫"鳞肋秋沙鸭"。雌中华秋沙鸭体型比雄的小,羽色也不同,头部和颈呈棕褐色,背部为蓝褐色,也相当美丽。

由于中华秋沙鸭实在太珍贵太稀少,一般难以见到,要对它进行细致、深入的观察就更困难了,因此有关中华秋沙鸭的生态习性一直是不解之谜。20 世纪 60 年代初,我国动物学家才揭开了中华秋沙鸭的秘密,原来它竟是一种会上树,在天然树洞中繁殖的鸭子!中华秋沙鸭在长白山是一种夏候鸟,每年 3 月末,它们从南方飞往北方,在长白山茂密的原始森林的河流中生活。它们都是很好的"潜水运动员",小鱼、虾、蛄和水生昆虫都是它们的食物。每天早晨 3 点多钟,天还朦朦亮时,它们就开始活动,直到天黑才停止活动。

中华秋沙鸭通常一雄一雌,实行"一夫一妻"制,但也有个别的一雄多雌。雄的在一起时,常常发生激烈的争偶斗争。中华秋沙鸭的巢设在混交林中小溪边上的大青杨树洞中,距地面高度一般在 11 米以上。巢中除树木本身的碎木屑外,其他就是中华秋沙鸭本身的羽毛和少量杂草,条件极其简陋。中华秋沙鸭每窝产卵 10~12 个,卵白色,光滑无斑,平均大小为 63.25×45.91(毫米),重量 61.9 克,和较大的鸡蛋差不多。

雄鸭交配后即"离家出走",孵卵和哺育后代全由雌鸭承担。雌鸭孵卵时每天只趁中午气温高时去找一点吃的,不到 1 个小时就匆匆忙忙赶回来。每次离开时还要从自己身上拔下一些绒羽,严严实实将卵盖好。在孵卵后期,雌鸭甚至整日整夜不离巢,什么东西也不吃。这时候,你即使在树下敲锣打鼓放鞭炮,甚至上树去捉它也不飞走,真是为了下一代连命也不顾了。

在雌鸭的精心孵化下,经过 35 天后,一个个小生命终于破壳而出,来到这个大千世界。

中华秋沙鸭属于早成性鸟类。小鸭出壳后即已睁眼,全身长满了金黄色(间杂着一些黑色)的绒羽,并能鸣叫和跳跃。小鸭行动敏捷,不仅善于潜水,而且善于匿藏,一遇到危险就像一支箭一样,逆流而上,激起一道波纹,十分壮观。

中华秋沙鸭是我国特产的稀有鸟类,目前已被国家列为一类保护动物。

青蛙大战之谜

1970 年 11 月 7 日,马来西亚森吉西普的一处大泥潭里,发生了一幕惊心动魄的景象:成千上万只青蛙你撕我杀,声震四方。这场蛙战足足打了一个星期。这种奇怪的青蛙之战,引起了马来西亚大学动物系专家的重视,他们立即决定对这一非常事件进行调查,当他们赶到出事地点时,这里早已偃旗息鼓,见到的只是池水中的蝌蚪、蛙卵和遗尸遍野的死蛙。

在我国，也发生过群蛙大战的场面。1977 年广州市郊春夏久旱，直至 9 月初才下了一场大雨。雨后的第二天，在近郊公路旁的一个水坑里，数百只青蛙叫声大作，有的在水面追赶，有的用前肢打架，也有的十几只抱成一团，相互鏖战。搏斗的结果断肢残臂，鲜血淋漓，惨不忍睹。

青蛙

1979 年 10 月下旬，贵州省某地一块水田里，竟有上万只青蛙搏斗，蛙声齐鸣，响彻山谷。

1981 年 4 月中旬的一天黎明，一场暴雨过后，湖南省会同县城郊河边的一块浅水田里，上千只青蛙展开了长达两个多小时的搏斗。开始时，只有几十只对战，后来参战的青蛙越来越多战场也越来越大。它们有的两只追打，有的四五只群战，有的十多只抱成一团，你撕我咬。交战的青蛙发出短促急切的叫声，像是擂鼓助阵，又像呼请援兵，四周青蛙闻声源源而来，从清晨 5 时许起一直闹到 7 点多，最后是因为一个小孩扔下一块石头后，青蛙们才各自罢战而逃。

1983 年 6 月 4 日凌晨，湖南省醴陵市大障乡石冲村出现了一次泥蛙聚会的奇观。这次聚会是在四个村连片种植的杂交稻秧田里进行的。

这天凌晨 1 时，住在秧田附近的村民陶发兰被阵阵蛙声惊醒，他打着手电去秧田查看，发现秧田里"泥蛙"黑麻麻一片。这些"泥蛙"一般都有拇指大，它们 3 只一堆、5 只一群，叫声不断，用棍子赶都不散。他从这块秧田查看到那块秧田，块块秧田都出现这种状况。

早上六时，陶发兰叫来村民陶发兴和杨春培观看，经测算，整个秧田有泥蛙十万只以上。直到早上九时，这些"泥蛙"才陆续散去，群集时间达九小时。当地村民说："出现这样多的'泥蛙'聚会，还是头一次哩！"

为了揭示青蛙大战等自然奇景的秘密，美国史密逊博物院于 1956 年专门成立了"短暂现象研究中心"。这个研究中心虽然有 6 名职员，可是分布在 185 个国家、岛屿和地区的 2800 多名科学家却是该中心的通讯员，至今已经报告了 1000 多宗事件。

动物学家调查研究后认为：青蛙"打仗"是蛙类"群婚"，繁衍后代的一种特殊现象。

一般说，在我国南方 1 至 10 月，在北方 4 至 8 月，是青蛙的生殖季节，在此期间，特别是雨后第二天清晨，常会看到成群青蛙聚集在池塘、水田里，雄蛙的外鸣囊像小布袋一样不断地扩大和缩小，"咽、咽、咽"的歌唱声，便是青蛙在争鸣求偶。此时，雄蛙显得格外活跃，常游于水面，有时还搂抱其他雄蛙，或双方争抱，好像打架。当雄蛙抱上雌蛙后便不再鸣叫，只见雄蛙的前肢紧紧地搂住雌蛙的胸侧，雌蛙即背着雄蛙钻入水中。

在风调雨顺的年头，由于水源充分，蛙类争鸣求偶的现象比较分散。但如遇久旱无雨的年头，限于水源不足，蛙类本着寻觅水源的习性，从各方汇聚到有水的池塘或水田里，如果碰上大雨以后的隔天清晨，可能就会出现成千上万只青蛙大汇聚的奇异景象。有时青蛙还会在"群婚"中死得不明不白，那很有可能是，叫声引来了若干蟾蜍，蟾蜍皮肤分泌一种毒素，遂使青蛙中毒而死。

"蛇坟"之谜

具有思维和能力进行报复行为的一个典型案例就是蛇。蛇可以记忆往事，可以寻找被报复对象——捕蛇人，并能组织群体进攻捕蛇者。这方面最令人惊奇不已的例子就是农民程地明的遭遇。程地明生活在利川市狮子乡山区鸟鹰岩下一个叫漆树坪的村落里。程在 1986 年 4 月 17 日与同乡青年上山，打死了一条"野鸡脖子"毒蛇（又称野鸡颈蛇），当他走出 10 多米远后，就有 6 条同样的蛇追来，程打死 4 条后，越来越多，在同伴帮助下直到打死 73 条，才逃离现场。从此程不再打蛇。两年后，在市场经济的驱使下，程又于 1988 年打起松花蛇（一种无毒蛇）。1988 年 7 月 12 日程打死一条 1.2 千克的松花蛇后，一条青竹分蛇窜出将程咬伤。在另一次夜归的路上打蛇时又被咬伤，花掉 200 多元医疗费。此后，1989～1990 年两年间程 3 次被蛇咬伤。1991 年 7 月 15 日，程带妻子，儿子到田里工作，待妻子回家取午餐之机，来了一群毒蛇向程攻击，经过人蛇大战，17 条毒蛇被打死，可是程地明也被咬伤 9 处致死。令人感到不解的是在程地明打死第一条蛇后的五年间，蛇是靠什么记忆来追杀程地明的？是不是程地明身上已带上什么捕杀蛇的信息？而蛇为什么总咬程地明？而在他身边玩耍的儿子安然无恙？蛇又是靠什么方式联络，形成群体攻击阵式的呢？程地明死后于 1991 年 7 月 16 日安葬于漆树坪田野。此坟当地人称之为"蛇坟"，"蛇坟"上无草无树，多年来有如新坟，令人大惑不解，奇上加奇的是每年 3～9 月都有一次群蛇聚会，来到这坟上爬行缠绕，不少人都亲眼目睹了这一奇观异景。类似程地明的事在江苏某县还有一例,农民潘某在深翻地时翻出一群小蛇,他将这群小蛇打死,以后蛇越来越多,追逐潘某不放。此后,他家经常出现成群结队的蛇。这里的奥妙实在令人困惑。到底蛇是如何传递信息,组织集体行动,又是如何判别"凶手"的?

由上述几例,我们也悟出一个道理,凡物皆有灵,人与周边的动物、昆虫和谐相处,以爱相待,这才是大自然真、善、美生态的体现。任何违背这一法则的人,最后必将殃及自身。让我们热爱大自然中的万事万物,以博大普爱的广阔胸怀去拥抱大自然吧!

旅鼠集体投海自杀之谜

1985 年春天,栖息在北欧挪威山区的旅鼠迅速地繁殖,千万只旅鼠把草地上的草根啃光,把森林里的树皮吃净,庄稼地里更是被祸害得一片狼藉,造成了严重的鼠灾。然而,刚一进入 4 月,成群结队的旅鼠便离开了它们的出生地,浩浩荡荡地向西奔去。它们在到达挪威海和北海海岸以后,并没有停止前进,而是像接到投海命令一样,一群接一群地投入大海,奋勇泅水,直到体力用尽,被溺死于水中。

这种令人不解的怪现象,早在 1886 年春天就被人注意到了。当时,一艘满载旅客的邮船驶到挪威海岸附近,旅客们看到无数旅鼠从岸上投入海中,向西方游去。游在前面的,力竭而死,但后面的仍继续前进,毫不退缩。事后,这一带海面漂浮着大片大片的旅鼠尸体。

大约从那个时候起,人们注意到每隔三四年,生活在北欧的旅鼠就不约而同地来到挪威海和北海岸边,投海而死。人们在巴伦支海和北冰洋一带的海边,也不时看到旅鼠集体投海自杀的怪现象。

旅鼠是生活在北欧寒冷地区的鼠类,它与一般田鼠差不多,但尾略短;毛黑褐色,有白斑,繁殖能力很强,雌鼠每年至少可生 10 只小鼠,小鼠在 6 周之后又进入繁殖期,这样,一只母鼠一年之内能繁殖到 3000~4000 只。

旅鼠为什么会集体自杀?这是当地人始终弄不清的一个谜。一百多年来,许多学者对这一自然现象进行了研究,然而,直到今天,仍然没有得出一个令人信服的解释。

有人认为,旅鼠集体投海自杀,可能与它们旺盛的繁殖能力有关。由于繁殖能力太强,旅鼠过多,就会得不到充足的食物和生存空间,一部分旅鼠只好迁移他乡。在数万年前,挪威海和北海都比现在的窄得多,那时候旅鼠完全可以游过大海,到达彼岸,建立起新的栖息点。这样长此以往,挪威旅鼠便形成了集体大迁移的本能,代代相传。然而时过境迁,今日的挪威海和北海均比过去宽多了,而挪威旅鼠大迁移的本能却仍然保留着。于是过海求生变成了投海而死。

但是,有人认为这一说法不能完全解释旅鼠的行为。例如,有人注意到某些时候旅鼠也向北迁移,投入巴伦支海和北冰洋,如果按照前面的说法,那就是说明许多年前在巴伦支海的北面和北冰洋中也曾经有过陆地,否则,旅鼠不会向北迁移。然而事实并非如此。

不久前,俄国的一些学者对此提出了新的解释。他们认为,在一万多年前,地球正处在寒冷的冰期,北冰洋上的浮冰冻成了厚厚的大冰原,南来的风把西伯利亚和北非的大量沙土带到了冰原上,在冰面上沉积了厚达数米的沙土层。于是,每逢夏季,冰原上芳草萋萋,一片生机,猛犸、北极牦牛、北极羚羊等适于在寒冷气候中生活的动物四处可见,旅鼠也可能来这块冰原上栖息。后来,气候变暖,巨大的冰原逐渐崩解、消失。据此,他们认为,向北跳入巴伦支海和北冰洋的旅鼠,正是为了寻找当年曾经存在过的冰原。

另有一些学者则认为,上述俄国学者的理论有些牵强附会,不能令人信服,主要问题是缺乏充足的证据。这些学者认为,旅鼠集体投海自杀,就像屡有发生的鲸类自杀一样,可能与一种目前尚不明了的纯生物学机制有关,与北极冰原是否存在过毫无关系。

看来,学者们对旅鼠投海自杀之谜的解释还很不一致,争论还得继续下去。

海龟"自埋"之谜

海龟是生活在海里的爬行动物。它没有鳃,常把头伸出水面,用鼻孔来呼吸空气。海龟是有名的航海能手,它的四肢就像船上的木浆,特别适合划水。它主要吃鱼、软体动物和海藻。

一到繁殖季节,海龟妈妈会在黑夜里悄悄爬上沙滩,用头和前肢挖一个坑,把蛋产在里边,然后用沙子埋好。它们还在周围乱刨乱挖,布下一个"迷魂阵",把没出世的龟宝宝伪装起来。

在航海史上,曾多次记载着海龟救人的传奇故事。海龟是我们人类的好

海龟

朋友。海洋生物学家们对它的生活习性进行过不少研究,但一直不知道海龟还有"自埋"的行为呢?

前几年,在美国佛罗里达州东海岸的加纳维拉尔海峡,有人发现了把自己整个身体都埋在淤泥里的海龟。当时,他们还以为是个海龟壳呢,扒开淤泥,挖出来一看,原来是只活海龟!这个奇闻一传开,很多潜水员都觉得新鲜,因为在他们的潜水生涯中,从来就没有听说过更没有见过这种海龟"自埋"的怪事儿。

究竟是什么原因使海龟把自己活埋在淤泥里呢?

海洋生物学家们纷纷提出了自己的猜测。

有的人说,这可能是海龟冬眠的一种形式;有的人说,这是海龟在清除身上的藤壶(一种海生软体动物);还有的人认为,这是海龟在冰冷的海水里取暖的一个窍门儿。

但猜测终归是猜测,为了探索海龟"自埋"之谜,海洋生物学家们到实地进行了观察和研究。有的科学家发现,在一些个子较大的雄海龟身上,常常寄生着好多藤壶,所以他们认定,海龟要摆脱藤壶的纠缠,才钻进淤泥里去的。而另一些科学家却亲眼观察到,海龟"自埋"的时候,是把脑袋扎到淤泥里的。在它们头上寄生的藤壶虽然因为陷入淤泥,缺氧而死,可它们身体中部和尾巴上的藤壶却仍然活得好好的。另外,一些身上没有藤壶的大个儿雄海龟,在海底也有这种"自埋"的习性。所以,认为海龟是为了清除藤壶而自埋的说法就站不住脚了。

又过了些日子,一个潜水俱乐部的会员们来到一个潜湾里进行训练。当女潜水员罗丝潜入海底的时候,她发现淤泥里露出一只"海龟壳",像是被人扔掉的。罗丝游了过去,先慢慢地检查了一下四周的环境,拍下了照片,然后伸手把"海龟壳"提了起来,原来这是一只整个的活海龟!此刻,这个"活埋"自己的家伙被惊醒了,它不满意地抖掉了身上的淤泥,转身游走了。没过多久,罗丝又发现了一只"海龟壳",不过,这是一只大个子雌海龟,它并没有睡觉,爪特别敏感,罗丝还没碰到它,它就搅动起淤泥,乘海水一片浑浊,什么也看不清的时候,逃之夭夭了。不一会儿工夫,罗丝的同伴们也发现了两只埋在淤泥里的大雌海龟。后来,她们在海底只找到了一些海龟呆过的泥穴,再也没有看到一只"自埋"的海龟。

佛罗里达州的一些海洋生物学家,根据罗丝他们的新发现,否定了前些时候的种种猜测。他们认为:第一,在潜水员发现的4只"自埋"海龟中,有3只是大个子的雌海龟,这就推翻了大个子雄海龟为摆脱藤壶而"自埋"的说法。第二,从潜水员们观察到的情况来看,海龟的"自埋"仅仅是一个短暂的现象,所以不能认为它们是在冬眠。第三,根据罗丝的记录,她发现海龟"自埋"的时候,海底水深是27.4米,水温是21.7℃。这就说明,海龟"自埋"也不是为了取暖。

那么,海龟"自埋"到底是为了什么呢?海龟"自埋"的现象是偶然的,还是经常发生的?对于这些问题,现在还是些不解之谜。

鲸鱼自杀之谜

我们有时可以从电视里看到这样的场面:退潮后的海边浅滩上躺着鲸的尸体,就像搁浅的船一样。没有谁在驱赶,也没有谁在捕捞,鲸为什么自取灭亡地离开大海呢?

鲸鱼大规模地冲上海滩集体自杀的现象就更令人惊奇了。1976年,美国佛罗里达州的海滩上,突然有250条鲸鱼游入浅水中,当潮水退下时它们被搁浅在海滩上,鲸鱼缺水很快就会死掉。美国海岸警卫队员们带领数百名自愿救鲸者进入冰冷的海中,阻止那些鲸鱼自杀。有的人用消防水管向鲸鱼喷水,想以此延缓它们的生命,有的人则开来起重机,试图把鲸鱼拖回大海,不料鲸鱼太重,反而拖翻了起重机。

鲸鱼为什么会搁浅自杀呢?对此原因众说纷纭,莫衷一是,但各种说法大多与它的回声定位系统有关。

同海豚相似,鲸鱼辨别方向并不是靠它的眼睛。鲸的眼睛与它的身材是极不相称的,一头巨鲸的眼睛只有一个小西瓜那样大,而且视力极度退化,一般只能看到17米以内的物体。一头巨大的鲸还不能看到自己的身体那么远。那鲸鱼又依靠什么来测物、觅食和导航呢?原来,鲸鱼具有一种天赋的高灵敏度的回声测距本领。它们能发射出频率范围极广的超声波,这种超声波遇到障碍物即反射回来,形成回声。鲸鱼就根据这种超声的往返时间来准确地判断自己与障碍物的距离,定位的误差一般很小。

对鲸鱼"自杀"现象有一种说法是,鲸鱼为了追食鱼群而游进海湾,当鲸鱼游近海边,向着有较大斜坡的海滩发射超声波时,回声往往误差很大,甚至完全接收不到回声,鲸鱼因此迷失方向,从而酿成丧身之祸。

有一群鲁莽的逆戟鲸于1975年7月间在美国佛罗里达州的洛捷赫特基海滩集体搁浅。动物学家在鲸鱼的内耳发现了许多圆形的昆虫,研究人员因此认为,耳内寄生虫可能是使一些鲸鱼搁浅的祸首,它们破坏了鲸鱼的回声定位系统,使鲸鱼不能正确收听回声而误入歧途。

但是,有些鲸鱼的种类却非如此,如一角鲸它经常有不同的寄生虫,但这并未明显造成破坏它航行的现象。

环境污染也曾被认为是造成鲸鱼搁浅的原因。因为那些使海水污染的化学物质,可能扰乱了鲸鱼的感觉。

另一些科学家通过对数头冲进海滩搁浅的自杀鲸鱼的解剖后发现,绝大多数死鲸的气腔两面红肿病变,因此认为,导致鲸鱼搁浅的原因可能是由于其定位系统发生病变,使它丧失了定向、定位的能力。由于鲸鱼是恋群动物,如果有一头鲸鱼冲进海滩而搁浅,那么其余的就会奋不顾身地跟上去,以至接二连三地搁浅,形成集体自杀的惨剧。

美国拉斯帕尔马斯大学兽医系胡德拉教授和伦敦大学生物系西蒙德斯教授却认为鲸鱼集体自杀是由于水下爆炸、军舰发动机和声呐的噪音引起的。他们在分析了一系列鲸鱼集体自杀事件后,发现了其中的巧合。

1989 年 10 月,24 头剑吻鲸冲上加那利群岛沿岸的浅滩,当时该群岛附近海域正在进行军事演习。1985 年,12 头鲸鱼在海上进行军事演习时冲上海滩。1986年,4 头鲸鱼冲进兰萨罗特岛搁浅,另两头鲸鱼冲上附近一座岛屿的浅滩,其间这两岛屿海域正在进行海军演习。此外,成群鲸鱼搁浅于委内瑞拉沿岸时,也刚好附近正在进行水下爆炸。

同意这一观点的还有法国拉罗谢尔海洋哺乳类动物研究中心的副主任科列德博士。他认为,每头健康的鲸鱼都拥有能在海洋深处定向、定标的发达的定位系统,而军舰声呐和回声探测仪所发出的声波及水下爆炸的噪音,会使鲸鱼的回声定位系统发生紊乱,这是导致鲸鱼集体冲上海滩自杀的主要原因。

对鲸鱼的自杀之谜,有着如此种种的推测。科学家对鲸鱼的基本生物原理及其环境做出更多的研究后,定会做出进一步的分析与判断。在目前来说,保护鲸鱼的人们所能做到的,只是尽量把搁浅的鲸鱼拖回大海,使它们继续自由自在地生活。

鲨鱼抗癌之谜

迄今为止,癌症仍然是威胁人类生命的主要疾病之一,而且目前科学家仍未找到治疗癌症的特效药物。因此,寻找抗癌治癌良药,已成了科学上的一座难攻的堡垒。

生物学家发现,鲨鱼的身体异常健康,它们即使受了极大的创伤,也能迅速痊愈而且丝毫不会发生炎症,更不会感染疾病。

美国著名的生物化学博士鲁尔,在世界闻名的玛特海洋实验室工作,他对鲨鱼的生理和病理做了长期的研究。在 25 年间,他先后对 5000 条鲨鱼进行过病理解剖研究,只发现一条鲨鱼生有肿瘤,而且还是良性肿瘤。

全美低等动物肿瘤登记处,在 16 年的纪录中,鲨鱼患癌症是最少的。鲁尔还发现在科学家所调查的 25000 多条鲨鱼中,只有 5 条长有肿瘤。鲁尔的这个发现,引起了科学家对鲨鱼的极大兴趣,各国科学家都开始了对鲨鱼的研究。

美国佛罗里达州的科学家曾用一种极猛烈的致癌剂——黄曲霉素夫饲喂须鲨。在将近 8 年的饲喂实验中,未发现一条鲨鱼长出一个肿瘤。可见鲨鱼的抗癌能力是极强的。那么,它的抗癌绝招是什么呢?

有的科学家认为,鲨鱼的抗癌绝招是它的肌肉里能产生一种化学物质。这种化学物质能抑制癌细胞生长,因此不易患癌。

鲁尔博士则认为,鲨鱼的肝脏能产生大量的维生素 A。实验证明维生素 A 有使刚开始癌变的上皮细胞分化,恢复为正常细胞的作用。所以鲁尔认为保护鲨鱼免于患癌的秘密武器是维生素 A。

另一些科学家则认为,鲨鱼的血液中能产生一种抗癌物质。我国上海水产学院的科学家也支持这一观点。1984 年,他们从鲨鱼的心脏中采血,然后提取一定浓度的血清,再把它注入人体红血球性白血病细胞株中(是一种血癌)。经过一段时间,他们发现一些癌细胞的正常代谢作用被破坏,大部分癌细胞已死亡。这说明鲨鱼的血清具有杀伤人类红血球性白血病肿瘤细胞的作用。可见鲨鱼的血液中有抗癌物质。

还有科学家认为,鲨鱼的软骨组织中有秘密武器。从前,科学家已发现:牛犊的软骨有一定的防癌作用。1982 年,美国麻省理工学院的科学家朗格尔,在研究中发现:鲨鱼的骨骼全部由软骨组成。这些软骨组织中有一种能阻断癌肿周围的血管网络的化合物,它能断绝癌细胞的供养而使癌肿萎缩,同时能杀死癌细胞。他通过实验证实了,鲨鱼软骨中的物质能完全阻止癌细胞的生长而无任何副作用,其抗癌作用比牛犊软骨中的物质强 10 万倍。

美国哈佛大学科学家,试用鲨鱼软骨提取物,治疗 32 个晚期癌症病人,结果 11 人治愈,其余人的癌肿也明显地缩小了。

1991 年,墨西哥康脱拉斯医院,用鲨鱼软骨提取物治疗晚期癌症病人 8 例,他们的癌细胞不同程度地缩小了 30%~100%。

分子生物学家扎斯洛夫认为，鲨鱼的抗癌武器在胃部。他在实验研究中发现：鲨鱼的胃部能分泌一种叫"角鲨素"的抗生素，它的杀菌效力比青霉素还强，并且它还能同时杀死原生物和真菌，还能抗艾滋病和癌症。

结论真是五花八门。

鲨鱼抵抗癌症的秘密武器到底是什么，现在仍是个谜。相信，这个谜被揭开之时，便是人类送走癌症瘟神之日。

鲨鱼救人之谜

事情发生在 1985 年圣诞节的美国佛罗里达州。

就读于美国佛罗里达州立大学的罗莎琳小姐，在 1985 年圣诞节放假后偕同两位同学乘轮船去游览马勒库拉岛风景区。返回时，渡轮突然底舱漏水，船上大乱。她穿上救生服，和两位同学一起挣扎着爬上了一条救生艇。这个艇上已挤满了 18 人。由于人多和大家惊慌失措，小艇在剧烈摇晃。她和两位同学跳入海中，向着远处的陆地游去。

鲨鱼

风浪越来越大，她被一块又大又重的东西撞了一下。她拼命地抓住漂卷来的这块大约一二米的木块，在大海中随波漂流。她无法把握自己游向远处的一线陆地。漂了好几个小时，突然又看见远处有一团黑色的东西迅速向她冲过来。原来是一条二三米长的鲨鱼，牙齿在闪着吓人的光。她知道现在遇到了吃人的魔王，她注定要葬身鱼腹。

奇怪的是，鲨鱼只是咬住了她的救生衣，并把它扯了个粉碎。然后鲨鱼围着罗莎琳的身体打转转，丝毫没有伤害她的意图。突然，又有一条鲨鱼从她的身底下钻出来，在她的周围打着转。两条鲨鱼一边一个把她护在中间，跟着她游着，还不时地用头推着她前进。

天亮了，两条鲨鱼还在护卫着她。在两条鲨鱼的外面还有四五条张着血盆大口的鲨鱼也在围着她打转转。每当它们想冲起来时，这两条鲨鱼就把它们赶得远远的。

更有趣的是，两条鲨鱼中的一条还突然潜入海中，过了一会儿把一条已经咬掉尾巴的海鱼推送到罗莎琳的前面。她早就饥肠辘辘了，于是边游边吃起这半截鱼来。

暮色又降临了。一架直升飞机在上空发现了目标，放下了救援绳梯。罗莎琳用尽全身力气，攀登上绳梯。她得救了。鲨鱼也潜入了海底。

罗莎琳被送往医院治疗。在她完全清醒后，才得知她的两位同学已经葬身大海，而她却因鲨鱼的救护幸存下来。她的奇遇在人类生物史上留下了一个扑朔迷离的谜。

鱼类变性之谜

在海洋里，经常发生鱼儿变性的现象。

人们发现，生活在海洋珊瑚礁上的红鲔鱼、大鲔鱼、鹦嘴鱼、隆头鱼等都能由雌变雄。而鲷科、裸颊鲷科的鱼类及细鳍鱼、海鳝、海葵鱼会从雄鱼变为雌鱼，动物学上称之为"雄性早熟"，但这一现象并不常见。

鳝鱼身兼雌雄两性，而且两性能够相互变化。它们在变性之后，仍能照常繁殖后代。据水产学家的研究，黄鳝从受精卵孵化成幼鳝，一直到成年黄鳝，一般都是雌性体，并能产卵，可是产了一次卵之后，它们的生殖系统突然发生变化，卵巢变成精巢，并能产生精子。这时候，变成雄性的黄鳝即为雌鳝所产生的卵子授精。

牡蛎也是身兼雌雄两性，也可以两性相互转变。更为有趣的是，牡蛎的雌雄变性是逐年变化的，即去年是雄性，今年就变成雌性，来年又变成雄性，如此年年改变不已。变性的时间随个体而异，并不是所有的牡蛎都步调一致地发生雌雄变化。

雀鲷鱼生活在印度洋和太平洋海域。这种鱼与海葵共生，所以又叫"海葵鱼"。每只海葵只与两条成年雀鲷鱼生活在一起，其余的都是幼雀鲷鱼。当成年雌雀鲷鱼死亡或迁移出走时，附近的一条最大的幼雄雀鲷鱼就开始变性，成为雌性，从而取代原来那条雌鱼的地位。

澳大利亚大堡礁上有一种个体很小的隆头鱼。因为它们能够清除其他大鱼皮肤上和鳃内的寄生虫，所以也称为"清洁鱼"。大个头的隆头鱼都是雄性的，而雌鱼的个体则较小。雄鱼给许多雌鱼产下的卵授精。如果雄鱼死亡或迁移，雌鱼中必然会有一条较大的个体在一个小时内由雌变雄。两三个星期后，它的卵巢完全变成精巢，并可执行授精任务。

更为奇异的是，生活在美国佛罗里达州和巴西沿海的蓝条石斑鱼，一天中可变性好几次。每当黄昏之际，雄性和雌性的蓝条石斑鱼便发生变性，甚至反复发生变性5次。这种现象既叫变性，又叫"雌雄同体"和"异体受精"。还有生活在美国加利福尼亚州沿海和智利沿海的墨西哥金鳍锯鳃石鲈鱼，它们从卵中孵化出来时全都是雌鱼，以后有一部分雌鱼变性为各种颜色的雄鱼。

海洋中的一些动物为什么会变性？这一直是个谜。

海豚睡眠之谜

大千世界，无奇不有。按说，动物运动了一段时间，就会疲劳，就需睡眠。任何动物在睡眠时总有一定的姿势，这时身体的肌肉是完全松弛的。可海豚却从未出现过肌肉完全松弛的状况难道海豚不睡觉吗？

美国动物学家约翰·里利认为，海豚是利用呼吸的短暂间隙睡觉的。这时睡眠不会有呛水的危险。经多次实验，他还意外地发现，海豚的呼吸与其神经系统的状态有特殊的联系。里利在自己的著作中记载了这一发现：把海豚放在一张实验台上，然后给他注射一定量麻醉剂，剂量是每千克体重约30毫克。半小时后，令人沮丧的后果发生了：海豚的呼吸变得越来越弱，最后死了。以后的实验证明，海豚不宜注射麻醉剂，否则会死亡。

为什么会有这种现象？初步的解释是，海豚是在有意识的状态下睡眠的。因而对海豚的神经系统施加轻度影响，必然导致海豚死亡。

海豚的睡眠之谜，引起了研究催眠生理作用的生物学家的浓厚兴趣。他们将微电极插入海豚的大脑，记录脑电波的变化，还测定了头部个别肌肉、眼睛和心脏的活动情况，以及呼吸的频率。结果表明，海豚在睡眠时，呼吸活动依然如故。与其他动物不同的是，海豚在睡眠时依然游动，并有意识地不断变换着游动的姿势。进一步的研究证明，睡眠中的海豚，其大脑两半球处于不同状态。一个半球处于睡眠状态时，另一个却在觉醒中，每隔十几分钟，它们的活动状态变换一次，很有节奏。正是海豚大脑两半球睡眠和觉醒的交替，维持着正常呼吸的进行。而麻醉剂一下子破坏了大脑两半球的正常平衡，使之都处于休眠状态，从而阻塞了呼吸的进行。

到目前为止，人们仍没有真正看到睡眠中的海豚。但科学家们正在做出极大努力。他们坚信，研究海豚的睡眠，必将为揭示人类睡眠之谜提供新的启示。

第四节　鸟类王国迷踪

谁是鸟类的祖先

要回答这个问题,得先从130多年前发现的一块奇特的石头说起。

1861年秋天,在德国南部一个叫索尔霍芬的地方,内科医生卡尔·哈白林发现一处石灰石岩壁上,有一块奇特的石头,表面刻着一幅画,画中像是一只小动物,大小跟乌鸦差不多。它的头特别像蜥蜴,两颚长着锯齿一样的牙齿,细长的尾巴是由许多尾椎骨串连成的,活像爬行动物鳄的骨骼。可它又带着飞翼和羽毛的印痕。这到底是什么怪物呢?

哈白林医生和在场的人看了又看,谁也琢磨不定。最后干脆把这块石头从青色的石灰岩中凿了出来,送到了动物学家那里,也好弄个明白。

石块送到学者们的书桌上,望着这只奇特石头动物,他们一时谁也叫不出它的名字来。

在研究过程中,一位学者从《物种起源》一书中得到启示:英国生物学家查理士·达尔文认为,动物是在适应自然环境的过程中进化来的。这位学者兴奋地告诉同事们:

"你们看,这种动物既保持着爬行动物的特征,又具备鸟类的特点,它是不是鸟类的祖先呀?"

别的动物学家也赞同他的看法,最后终于得出了结论:这是一块古鸟的化石。人们把形成这块化石的古鸟取名叫"始祖鸟",意思是"羽翼之始"。并且通过对它形态特征的分析,认定鸟类是由爬行动物进化而来的。

据科学家们考证,始祖鸟生活的年代,离现在大约有1亿5000万年了。这种古鸟具有爬行类动物向鸟类动物过渡的形态。它身上有爬行类动物的许多特点:有牙齿,尾巴是由18个到21个分离的尾椎骨构成的,前肢有3枚分离的掌骨,指端有爪。但它又有羽毛和翼,后足有四个脚趾,三前一后,这是鸟类的特征,所以又像鸟。动物学家们把始祖鸟的户口上在了"鸟纲"下面的"古鸟亚纲"里。

始祖鸟真的是鸟类最早的祖先吗?

后来有人对这个定论提出了疑问:他们认为,由体温不恒定、没有羽毛的爬行动物,进化到恒温热血、有羽毛的鸟类,应该是一个漫长的过程,并不是说变就变的。这些动物学家推测,在始祖鸟之前,还应该有更早的鸟类,始祖鸟不可能是最原始的鸟。他们还指出,由始祖鸟进化到种类众多的现代鸟类,这中间相距的时间也显得太短了。就在这些学者苦于找不到比原始鸟更早的鸟类化石来证明他们的推测的时候,传来了一个好消息:美国得克萨斯州工业大学的古生物学家查特吉,在波斯特城附近,离现在2500万年的地层中,发现了两只古鸟的化石。这个发现,使学者们欣喜若狂,因为它证实了他们的推测是正确的。

这两只古鸟生活的年代,比始祖鸟生存的年代整整早7500万年!管它们叫鸟类的祖先才是当之无愧的。因此,古生物学家们给它们取名叫"原鸟",就是"祖先鸟"的意思。

祖先鸟的个子跟乌鸦差不多,与始祖鸟相比,它更像现在的鸟类。它有细长的前肢、龙骨状的胸骨,头骨跟现代鸟类一模一样,而且颌的背部已经没有牙齿。只是它还遗留着一些爬行类动物的特征,如颌的前边还有4颗牙齿,有一条长尾巴和带爪的指。

但也有人提出了疑问,既然新发现的祖先鸟比始祖鸟出现得早,它为什么更像现代鸟?这又怎么解释呢?古生物学家查特吉认为,祖先鸟可能是现代鸟类的直接祖先,所以进化得比较快。它们是鸟类进化过程中的正源。它们好比是一棵大树的主干,而始祖鸟也许只是这棵大树的一条分枝,所以才没有什么发展。

鸟类的祖先就是祖先鸟吗?现在还不能这样下结论。当发现祖先鸟化石的消息刚公布的时候,就有人表示怀疑,美国耶鲁大学古生物学家奥斯特朋指出,祖先鸟化石是"一个离奇的和不大可能的发现",因为鸟类的骨骼很脆弱,是很难如此完好的。这位教授怀疑它根本就不是鸟类的化石。

看起来,鸟类起源的研究还得继续进行下去。

鸟和恐龙有血缘关系吗

恐龙和鸟之间有什么关系吗?一般来说,在人们的头脑中,恐龙是一类庞然大物,或者凶猛无比,或者非常笨重。总之,与天空中飞翔的美丽而轻的鸟类是截然不同的两类动物。实际上,恐龙和鸟类之间的差别不是人们想象的那么大,两者之间存在着很近的亲缘关系。

有一类恐龙,不仅个体小,而且形态上与鸟类非常相近,这就是进步的小型兽脚类恐龙。现在大多数古生物学家认为,鸟类就是由这类恐龙演化而来的。甚至有些古生物学家干脆认为:鸟就是活着的恐龙。

始祖鸟

我们知道，著名的始祖鸟化石最早于1861年发现于德国的索伦霍芬，到现在为止，总共发现了7块标本。实际上，在这些标本的发现过程中，还有一个有趣的故事。著名的古生物学家美国耶鲁大学教授奥斯特罗姆曾应邀去欧洲研究一些兽脚类恐龙化石。在研究过程中，奥斯特罗姆发现，过去被鉴定为小型兽脚类恐龙的两件标本实际上是两件始祖鸟的化石标本，只是没有保存羽毛印痕而已。从这个故事我们可以看出，小型兽脚类恐龙与始祖鸟的形态是多么的相似。

1996年和1997年，在我国著名的中生代鸟类化石产地——辽宁北票四合屯地区发现了几件震惊世界的脊椎动物化石标本，最初，研究人员根据这些古代动物身上长着类似羽毛的结构，把它归入鸟类。它就是后来引起世界注目的"中华龙鸟"和"始祖鸟"。"中华龙鸟"长着有些类似于鸟类绒羽的结构；"原始祖鸟"长着非常类似于鸟类体羽的结构。后来，古生物学家深入研究了"中华龙鸟"，发现它实际上是一种较为原始的小型兽脚类恐龙，与生存于德国索伦霍芬晚侏罗世的美颌龙非常相近，可以归入同一科。不仅如此，深入地研究也证明了"原始祖鸟"实际上也是一种小型兽脚类恐龙，只不过它的形态相对于"中华龙鸟"更为接近于鸟类。"原始祖鸟"总体上与发现于中亚和北美的一类小型兽脚类恐龙——驰龙科的一些属种非常接近。发现于辽西地区的另外一类长羽毛的兽脚类恐龙"尾羽鸟"则与繁盛于亚洲和北美的窃蛋龙类。这样，过去认为是鸟类独有特征的羽毛现在不再局限于鸟类当中了，有些恐龙也长有羽毛，换句话说，羽毛不能再作为鸟类的鉴定特征了。

人们过去认为叉骨、胸骨、中空的骨骼、很长的前臂和能够侧收的腕部是鸟类的骨骼特征；人们过去认为只有鸟类具有孵卵行为，照顾幼雏，现在，科学家们发现小型兽脚类恐龙也具有同样的习性；过去认为鸟类特有的羽毛现在又被发现于小型兽脚类恐龙身上。我们不禁感到疑惑：到底怎样区分恐龙和鸟？其实这个问题古生物学家们也在争论不休。我们知道有些恐龙有翅膀能飞翔在空中，那现在如果说它也是一种鸟，只是它的羽毛在成为化石过程中完全消失了难道不可以吗？的确现在人们在地层中发现的恐龙化石令学者们也搞不清楚是龙还是鸟了，但至少说明恐龙和鸟类可能有着一定的亲缘关系。英国古生物学家活克尔在给侯连海

世界未解之谜

图文珍藏版

的长信中列举孔子鸟的许多特征与晚三叠世发现的成龙类非常接近。因此她认为鸟类起源于初龙类。美国著名鸟类学家费杜希亚著文认为鸟类的一些特征与意大利发现的晚三叠世的初龙类接近，因此也认为鸟类起源于初龙类。

其实不仅仅是恐龙和鸟类的区分令学者们头痛，人们在区分原始哺乳动物和进步的似哺乳爬行动物时，也发现区分这两类动物，给哺乳动物下一个严格的定义非常困难。

鸟类定向之谜

远行的飞禽靠什么辨别方向，始终是人们百思不得其解的谜。例如，有一种北极燕鸥，它们夏季出生在北极圈 10° 以内的地方，出生后 6 个星期就离家南飞，一直飞到远在 1.8 万千米外的南极浮冰区过冬。过冬之后，又飞回北方原来的出生地点去度夏。由于迂回弯曲，一来一去北极燕鸥的实际飞行竟达 4 万千米之遥。燕鸥飞越如此漫长的路程，竟丝毫不会迷航，它究竟是凭什么本领认路的呢？它那简单的头脑是怎样解决复杂的航行定向的问题呢？

我们知道，罗盘是在 12 世纪发明的，300 年后哥伦布才应用它横渡大西洋。但是早在几百万年以前，鸟就已经若无其事地在环球飞行了，而且在夜间也能依旧赶路。它们是靠什么来决定航向的？北极星？太阳？月亮？风？气候？地磁？它们的方向意识又是从何而来？

科学家们对飞禽航行定向的现象进行了很多方面的探索，做了各种各样的观察和研究。下面就是几种影响较大、研究较深入的答案。

1.利用地球磁场辨认方向

不少科学家认为，一部分飞禽是靠地球磁场来定向导航的，信鸽导航就是典型的例子。

在交通与通讯不发达的年代，人们曾经利用鸽子送信。当人们远征的时候，尽管翻山越岭，辗转千里，但是只要把书信捆在信鸽脚上，把它放出，它就会很快地辨别出回家的方向，径直飞回去，出色地完成传递家书的任务。

信鸽这种特殊本领，在 20 世纪 40 年代就引起人们的兴趣，并且系统地进行了研究。人们发现信鸽导航是靠地磁场。

我们知道，地球上的每一个点都有它自己的地磁场强度和地球因自转而产生的科里奥利力（转动中出现的一种惯性力）。磁场对于生命，就像空气、水对于生命一样，是不能缺少的。空气和水，谁都能感觉到，可是谁也没有感觉到身边存在着磁场。这是因为生物在长期的演化过程中,已经适应了这一物理环境因素。可是信鸽不但能清楚地知道自己居住地的磁场强度和科氏力的大小,并且能随时识别地磁场强度和科氏力的细微差异,它们就是凭借着这种特殊本领准确无误地飞回家的。

美国生物物理学家查尔斯·沃尔科特教授在 20 世纪 70 年代中期开始了寻找鸽子体内滋罗盘位置的实验。他首先测量了鸽子各块组织的磁性,然后选择出那些具有磁性的组织,分成更小的块,再依次测量各小块的磁性。研究的范围渐渐缩小,最后在每一只鸽子的体内都找到了天然磁性物质。1979 年,沃尔科特宣布说,他们已发现了鸽子体内的磁性物质。它只有不到 1 毫米大,位于眼窝后部靠近外侧的脑组织部位。

研究人员把鸽子的磁组织放在电子显微镜下观察,发现它是由神经纤维构成的。组织内有许多可以阻挡电子束通过的密实的微粒,这种微粒长 0.1 微米,宽 0.025 微米。这些微粒含有大量的铁,而铁是各种磁铁的基素。微粒中还含有少量的镍、铜、锌和铅。这些元素的成分和比例证明,信鸽的磁性物质是一种磁铁。研究人员测量了鸽子磁物质的居里点,也就是使磁性物质磁特性消失的温度,发现它的居里点同磁铁矿相等。最后用光学显微镜观察,进一步看到了极小的鸽子晶体,晶体的颜色正是磁铁矿所应具有的黑色。

飞禽是否真能凭地球磁力辨认方向,是争议了很久的问题。如今研究人员认为,不仅飞禽,鱼、昆虫甚至病毒都能感受到磁场。但动物是怎样感知磁场却仍然是个谜。

20 世纪 90 年代的两项最新研究表明,光线可能是飞鸟感知磁场的重要因素。美国纽约州立大学的科学家发现麻雀是利用极光来校定其磁场指南针,从而确定方向的。而德国法兰克福大学的研究人员则发现银雀等一些鸟类是利用光线来感知磁场的。这些看法还有待于进一步深入的研究来证实。

2.根据太阳和星辰来导航

20 世纪初,有人信口提出了一个假说,认为鸟类是依靠太阳来指引方向的。德国鸟类学家克莱默博士设计了一套实验方案,用以测验这一假说。

克莱默注意到,当迁徙季节来临时,笼中的鸟会惶惶不可终日地乱跳。此时,他把几只关在笼子里的欧木鹅放进一个圆形的亭子里,亭子里开个只能看见天空的窗,然后,他记录下亭中每只鸟栖息的位置。他发现,它们经常头朝着本应迁徙的方向。当窗户关上后,它们就会失去了方向,四处乱飞乱跳。后来,他装了一盏

"灯光假太阳",让人工太阳在错误的时间和方向升落。结果,亭中的鸟又朝向人工太阳的错误方向飞去。

克莱默博士的实验为太阳决定航向的假说找到了有力的证据。但是,在阴天或夜晚,鸟儿又凭什么定向？而且,太阳位置也在不断地改变着,利用太阳测定方向是个非常复杂的问题。至少,鸟的身体中需要具备一种几乎相当于钟表的计时本领。英国生物学家马修斯指出,靠太阳指引飞行方向存在着各种困难了,但迁徙和觅途还乡的飞禽确实有这种本领。他推论说,鸟儿的夜间飞行方向可以凭借当天日间的太阳方位来决定,然后尽可能整夜维持不变,也许还可以从月亮和繁星的位置取得一些引导。

针对这种相当含糊的理论,德国佛雷堡大学的飞禽学专家绍尔博士提出了进一步的看法。他认为,飞鸟除根据太阳外,同样也能根据星辰决定它们的飞行方向。

绍尔博士主要研究长途飞行的莺,这种莺多半在夜间飞行。他一连做了很多夜间实验。他在迁徙季节把一批莺关在笼子里,摆在只能看见天上繁星的地方。他发现,莺们一瞥见夜空就开始振翅欲飞,而且它们每一只都会选好一个位置,像罗盘上的指针一样,对着它们曾一向迁徙的地方。他把笼子旋转到另一个方向上,莺们也跟着转向。他又把莺放在人造星空模型里,莺们还是选出了飞往他们在非洲冬季居住地的正确方向。但是,当人造星空的旋转圆顶把星辰位置摆错时,它们也就跟着错。这个实验证实了飞鸟根据星辰来进行定位的推测。

那么,飞禽为什么能根据太阳和星辰来导航呢？有些科学家提出,光照周期可能是其中的关键因素。他们认为,飞禽的体内都有生物钟,这些生物钟始终保持着与它们出生地或摄食地相同的太阳节律。另外一些科学家则认为,飞禽高超的导航本领是由于它们高度发达的眼睛能够测量出太阳的地平经度。不过,这些假设目前都没有结论。

另外,其中还有一点疑问。我们知道,在星辰导航中最重要的条件莫过于星星的位置了。可是天体并不是永恒不变的,像我们地球所在的太阳系行星都是在昼夜运行着,那些利用星辰导航的鸟儿为什么不会被那些明亮的运动行星所迷惑呢？这也是人们尚未揭开的奥秘。

3.遗传密码所决定的本能

鸟类的迁徙习性是由史前时期觅食的困难所造成的。那时,为了寻找食物,鸟儿不得不进行周期性的长途旅行。这样年复一年,世世代代,经过漫长的演化过程,各种迁徙习性就被记录在它们的遗传密码上,然后经过核糖核酸(RNA)分子一代一代传下来。因此,那些很早就被它们父母遗弃了的幼鸟,在没有成鸟带领,也没有任何迁徙经验的情况下,仍然能成功地飞行千里,抵达它们从未到过的冬季摄食地。科学家们曾用鹳鸟做过实验。生活在德国的鹳鸟有两个品种,一个生活在西部,一个生活在东部,它们在一定季节都要迁飞到埃及去。但这两个品种的鹳鸟迁移路线并不相同。生活在西部的鹳鸟是飞越法国和西班牙上空,然后越过直布罗陀海峡,沿着北非海岸,飞抵埃及的,而东部的鹳鸟则绕过地中海的末端直抵埃及。

科学家把东部鹳鸟的蛋,移植到西部鹳鸟的窝里,待孵出小鸟后,加上标记以便辨认。令人惊奇的是,东部小鸟长大迁飞时,并没有跟随饲养它们的养母(西部鹳鸟)一起飞行,而是按照自己祖先固有的东部鹳鸟路线飞行。

这个实验生动地表明,鹳鸟迁飞选择哪一条路线,并不是简单地跟随长辈的结果,而是遗传因素支配下的本能。

那么,这种遗传能力究竟是怎样形成的? 既然知识的获得性不能遗传,那么定向识途的知识又怎么可能编入遗传密码呢? 这又是摆在遗传学家面前的一大难题了。

在对飞鸟飞行走向的秘密的研究中,人们还发现,除了对地球磁场的反应、利用太阳和星辰导航和自身的遗传因素之外,飞禽的红外敏感性、它们的嗅觉和回声定位系统可能也在定向中起了一定的作用。但是,究竟是哪一种因素直接决定着飞鸟迢迢千里远行却从不迷路,这一神秘又有趣的生物之谜正等待着今人去破解。

鳄鱼和牙签鸟共生之谜

鳄鱼是爬行动物,牙签鸟是鸟类动物,一个在水里游、地上爬,一个在天上飞,怎么会扯到一块儿相提并论呢?

这就得从 2400 多年前的一个故事讲起了。

公元前 5 世纪,有一位名叫希罗多德的古希腊历史学家来到埃及。那时候,鳄鱼是古埃及人最崇敬的动物,被称为塞贝克神。别看鳄鱼的相貌凶恶,还会吃人,但古埃及人把它当作一种"吉祥"的动物,一个"救世主",所以,希罗多德一到埃及的奥博斯城,祭司们就请他参观鳄鱼神庙。只见那里绿树成荫,许多大鳄鱼在大理石砌成的水池里打着瞌睡。到了给这些"神圣"动物喂食的时候,佣人们用珍贵的餐具给鳄鱼送来了香喷喷的油炸沙鸡、火腿、馅饼和各种蛋糕。这些精美讲究的食物，并没有引起希罗多德多大的兴趣，而一种灰色的小鸟却使他十分惊奇。

希罗多德发现，鳄鱼们饱餐一顿之后，就张开大嘴，静静地趴在水池边上，这时候，这种灰色的小鸟便立即飞到鳄鱼的大嘴里，在可怕的牙齿之间跳来跳去，啄吃牙缝儿里的东西。希罗多德在他的著作里回忆说："所有的鸟兽都避开凶残的鳄鱼，但这种小鸟却能和鳄鱼

鳄鱼

友好相处，鳄鱼从不伤害这些小鸟。因为鳄鱼需要这种小鸟的帮助。鳄鱼离水上岸后，张开大嘴，让这些小鸟飞到它的嘴里去吃水蛭（蚂蟥）等小生物，这使得鳄鱼感到很舒服。"

从此以后，在许多介绍非洲鳄鱼生活习性的科普文章中，都经常提到希罗多德记述的这段故事。人们还发挥说，这些小灰鸟是鳄鱼的牙科医生，没有它的帮助，鳄鱼的牙齿就会很快坏掉。有时候，鳄鱼睡着了，小灰鸟就会飞到它的嘴边，用翅膀拍打几下后，鳄鱼竟自动张开大嘴，让小灰鸟飞进嘴里，小灰鸟们还在鳄鱼住的地方搭上窝、生儿育女，好像在为鳄鱼站岗放哨，只要周围一有动静，小灰鸟们就会警觉地一哄而散。这样一来，也使鳄鱼猛醒过来，做好戒备，迎击来犯的敌人。人们一般都把这种小鸟叫作"牙签鸟"或"鳄鸟"。多少年来，人们一直对这个说法坚信不疑，并且把牙签鸟和鳄鱼的友谊当成是动物之间互惠共生的范例。

然而近年来，一些严肃的动物学家却提出了不同的看法。

他们认为，现在到非洲大陆旅游的人越来越多，其中有不少摄影家或摄影爱好者。如果他们见到了小鸟钻到鳄鱼嘴巴里的有趣场面，无论如何也要摄下这珍贵的镜头。然而，这样的照片却一张也没有。

另外，到非洲进行考察的众多科学家，也都没有见过这种奇异的现象。在希罗多德去世以后的2400多年当中，只有两位动物学家自称看到过牙签鸟飞到鳄鱼嘴里吃东西的场面，但他们讲述的事情都没有具体的时间和地点，没有真凭实据，不能让人信服。

为了揭开这个千古之谜，美国加州大学的鸟类专家豪威尔先生，专程来到非洲埃塞俄比亚的甘贝拉地区，进行了两个半月的考察。因为多数动物学家认为，希罗多德提到的小灰鸟，应该是分布在尼罗河流域的"埃及鸻"。而甘贝拉地区正是研

究埃及鸻最理想的地方。同时,这里还有很多非洲鳄鱼。

这种被叫作"牙签鸟"的埃及鸻,大小跟鸽子差不多。长着黑、白、灰、浅黄4种颜色的羽毛,它们在河滩上跑来跑去,远远望去,特别醒目。豪威尔教授进行考察的时候,正赶上埃及鸻生儿育女的时期,只见埃及鸻爸爸和埃及鸻妈妈用爪子在沙滩上扒出很多小沙窝,然后在里边产卵。

这些小鸟特别勇敢,只要有同类竞争者或猛禽入侵它们的"领地",埃及鸻就会展起双翅,进行攻击。由于它们长着色彩鲜明的羽毛,一般都能把入侵者吓跑。如果不速之客还不肯走,它们就狂怒地用翅膀拍、用嘴啄,就是个子比它大不少的老鹰,也会在埃及鸻的顽强攻击下败下阵来,远走高飞。

在长达两个半月的考察中,豪威尔教授不辞劳苦,早出晚归,发现了埃及鸻不少有趣的生活习性,这都是以前人们不了解的。但他从来没有看到埃及鸻在鳄鱼嘴里捉虫的现象。因此这位鸟类专家认为,即使希罗多德记述的鳄鱼与牙签鸟是好朋友的故事是有根据的,也是十分罕见的现象,不应该把它看作是动物之间互惠共生的范例。

随着进一步的考察研究,这个传说千年的动物之谜必将被彻底揭开。

火鸟的神秘面纱

18世纪,一批欧洲人在德拉肯斯堡山脉地带定居,他们发现那里的草带酸味。后来,草原生态学家经过调查,证实那里确有一些草是酸的,但另外还有一些草是带甜味的。酸草主要生长在地势较高处,那里年降雨量多,土壤酸性重,所以生长的草也带酸味;而地势较低处气候干燥,土壤酸性低,生长出来的草就带甜味。按常理推测,无论是人还是一般动物,总是爱甜不爱酸。奇怪的是,非洲的火鸟几乎都在酸草地觅食而不在甜草地觅食,难道火鸟有特别喜欢酸味的怪癖?

1.查一下"火鸟"名称的来历

火鸟,学名"秃鹮",与我国一级保护动物朱鹮同属一类——鹮科,是鸟类王国里的珍稀种类。

由于火鸟有许多前人不知的神秘内幕,所以美国鸟类学家戴维·E·曼里博士整整花了三年时间,在非洲东南部德拉肯斯堡山脉地带考察,终于揭开了它神秘的面纱。

火鸟的生活习性与其他鹮科鸟类不同。别的鹮科鸟通常营巢于乔木枝头、灌木丛里、芦苇中、偏僻小岛或平地上,而火鸟的巢几乎都筑在悬崖峭壁上;其他鹮科鸟类双足纤长，常常成群在沼泽和水边涉行，在浅水里或软泥中啄食蠕虫、虾蟹、贝类、小鱼和两栖动物，所以人们称之为"涉禽"；而火鸟则是以生活在陆地上的甲虫、蝗虫及其他多种昆虫为食，算不上是"涉禽"。据曼里博士观察，火鸟的觅食地点喜欢选择那些地面比较平坦、草丛比较低矮的草原，因为对它来说，这样的地方行动起来比较方便，也容易发现昆虫的踪迹。

火鸟的外貌和色泽很美。它那鲜红的长喙稍稍向下弯曲，头顶虽秃却长着鲜红色的肉冠，眼圈和头面两侧有白色皱褶，与红色的头顶和长喙形成鲜明的对照。双足鲜红，比一般瞭科鸟类短而健壮，适于在陆地上行走。全身的暗色羽毛，在阳光下闪烁着绿、蓝、棕……多种不同光泽，异常瑰丽。

人们为什么把秃瞭叫作"火鸟"呢？曼里博士在考察中，对秃瞭从觅食生态学的角度做了分析以后，终于找到了答案。

德拉肯斯堡山脉地带的广阔草原，面积足有 37.8 万平方公里，海拔高度为 270～3300 米，是一个独特的动物栖息"岛"。四周较低，生长着林木和半沙漠植物群落。在这片辽阔的草原上，生活着许多独特的动物和植物，秃瞭就是其中之一。

南半球的季节与我国不同，6～8 月为冬天，草原上的草已经干枯。为了防止自然火灾蔓延，当地人们每年都在此时划出一片草原放火焚烧枯草，开辟一道防火走廊。躲藏在草丛中的昆虫被火烧死烤焦，就成了秃瞭的美餐，它们不需要费多大力气，便可悠闲自在地边走边吃。由于这种鸟每到焚烧防火带时就出现在火烧过的地方，人们便称它为"火鸟"。

前面说过，火鸟生活在草原，有酸草，也有甜草，当地人都知道甜草的营养价值高于酸草，他们在开辟防止天然火灾的隔离带时，舍不得把甜草烧掉，因而每年放火烧的都是长酸草的地块。火鸟之所以选择酸草丛生地觅食，主要因为那里经过火烧后，觅食昆虫来得容易，而不是火鸟对酸草有什么特别的兴趣。

2.和谐的"家庭"

秃瞭的繁殖期与火烧草原的时间也相吻合，这对繁衍后代十分有利。在寒冷的冬天，大多数草原动物为觅食而发愁，而秃瞭却可在火烧地找到足够的食物。余下的时间就可用来筑巢、求偶、交配、产蛋和护幼。空闲时还可以梳理梳理羽毛，缩起头小憩一番，或是在河中洗个澡。洗澡对秃瞭至关重要，因为它们长期在火烧地觅食，身上沾满了灰尘，浴后会顿时感到浑身舒服。

6～7 月间，火鸟开始交配。雄性火鸟之间在求偶期也会发生一些争执，但比其他鸟类要文雅得多，只是相互用长喙轻轻啄来啄去，不致发生流血事件。竞争获胜者跳到雌性火鸟背上,用长喙钳住其嘴进行交配。7月底8月初,雌鸟产下2~3枚带斑纹的蛋,雌鸟和雄鸟就双双守在窝里轮流担负孵化和守卫鸟蛋的义务,这在其他鸟类中是少见的。

到了8月底,雏鸟破壳而出。初出世的雏鸟在七个星期内足不出户,留在悬崖峭壁上的窝里,生活全靠双亲照料。这时,亲鸟忙忙碌碌,轮流外出寻食喂雏,留下来的一只负责保卫幼雏的安全,真不愧是鸟类中的模范父母。

雏秃瞭的羽毛是灰色的。到了发育后期开始拍打翅膀,练习飞行技术,在悬崖峭壁跳上跳下,为首次飞行做好准备。通常,从10月中旬到12月底雏鸟的羽毛可以长齐,再过2~3周就跟随亲鸟到外面寻食吃,但这只能说是见习阶段,亲鸟还得继续为它们提供补充食品,再经过两个月的"传、帮、带",新的一代才能真正自立。

南部非洲的12月正是初夏时分,草原上郁郁葱葱,大批牲畜把草地啃得像一片片平整的绿茵,草原上的昆虫数量也达到了一年中的高峰,它们成了年青一代小火鸟的捕食对象。

由于人类的干扰和大量捕杀,火鸟分布区日益缩小,数量锐减。据1971年统计,仅存2000只左右。今天只数虽略有增加,但仍属于世界濒危动物之一。

中国九头鸟之谜

提到九头鸟,人们都知道"天上九头鸟,地上湖北佬"这句有趣的民谣。久而久之,"九头鸟"便成为湖北人的戏称或代名词了。

中国古代诗文中对九头鸟有生动的描述。唐代刘恂《岭表录异》卷中云:"鬼车,春夏之间稍遇阴晦,则飞鸣而过。岭外尤多。爱入人家烁人魂气。或云九头,曾为犬啮其一,常滴血。"北宋《太平御览》卷九二七引《三国典略》:"齐后园有九头鸟见,色赤,似鸭,而九头昏鸣。"南宋周密《齐东野语》卷十九:"鬼车,俗称九头鸟……又名渠逸鸟。"明末清初字书《正字通》则认为:"仓鸟(虞鸟),一名鬼车鸟,一名九头鸟,状鸟(留鸟),大者翼广丈余,昼盲夜见火光则堕。"东晋郭璞《江赋》云:"奇(仓鸟)九头。"今《辞海》在《九头鸟》辞条中注释:"亦名"苍(虞鸟)。古代传说中的不祥怪鸟。"在中国古代诗文描述和民间传说中,九头鸟笼罩着一层神秘的色彩,成为神鸟、怪鸟或不祥之鸟。近几年来,有的报刊报道了湖北省恩施自治州、湖南省石门县等地发现了九头鸟的消息,从而引起了国内外的关注。在驰名中外的生物宝库、奥秘王国——神农架,奇禽异兽种类繁多,有不少关于九头鸟的目击者。

张新全,初中文化。他是在1982年11月的一个阴天的上午10时左右看到九头鸟的。当时,他在神农架林区泮水张八角庙燕子洞附近的承包土地上点种土豆,突然听到空中有鸟的奇特嘘叫声,像沉闷的哨音,跟他以前听到的各种鸟叫声不同。他感到很奇怪,便抬头望去,令他大吃一惊:发出怪叫声的是一只簸箕大的巨鸟,包括翅膀在内大约有两米,其羽毛黑灰色;更使他惊骇的是该鸟长有一簇脑袋,大约有九个头,嘴巴(喙部)呈红色;它的尾部也很奇特,呈圆扇形,既像孔雀开屏,又像车轮,旋转而飞。一会儿,这只九头鸟便飞进了远方的山林。

1994年7月的一天傍晚,张新全在堂房村2组一处黑沟的山林中劳动,又一次听到了九头鸟从天上飞过的奇特叫声。12年前,张新全目睹九头鸟并听到它的叫声之后,便留下了刻骨铭心的印象,很容易分辨九头鸟的怪叫声音。可惜这次天已昏黑,没看清九头鸟的形貌。

最近,在湖南屋脊壳瓶山境内曾多次发现九头鸟。据该省石门县南坪河乡鹰子尖村目击者、基干民兵张承云说,一次他在后山打柴,忽见树上栖息着一怪鸟,其体形大小如同斑鸠,头上却长着九个脑袋;一个大脑袋,额头上还长着连成一串的八个小脑袋,呈半月形,每个小脑袋嘴鼻眼俱全,并覆盖着一圈凤毛,如女人的刘海。张承云撒了一把沙石,只见该鸟除两翼奋飞外,八个小头亦有小翅分开腾飞。对九头鸟素有研究的当地人张福裕好奇地跟踪调查,一连向该村文书林永言、妇女王淑珍等20多人了解,他们都说曾经先后在该村多处见到过这种鸟。

是否真正存在九头鸟呢?

通过调查研究和分析,不少学者认为:

①九头鸟在古代诗文中记载颇多,现代也多处发现,可以设想它是一种珍贵罕见的鸟类动物,只是科技界尚未获得标本罢了。

②自古迄今,九头鸟常发现于湖南、湖北、河南等地,而以湖北为中心。所以,人们常说"天上九头鸟,地上湖北佬",是有实物作依据的,恐非仅仅是神话传说。

③古今目击者看到九头鸟滴血或嘴巴是红色,可能是九头鸟哺食动物或身体受伤后残留血迹所致。

④当代发现九头鸟仅限于鄂西的神农架和恩施自治州,湘西北的石门县南坪河乡,而这三地正好连成一片,地处北纬30°至32°、东经109°至111°之间,这并非仅仅是巧合。

⑤神农架是华中屋脊,恩施自治州是山区,壶瓶山是湖南屋脊,说明九头鸟主要生活于人烟稀少、森林茂密的中山和高山地带,很难见到,所以不应轻易否定九头鸟的客观存在。

⑥神农架的九头鸟很可能栖息于八角庙燕子洞等处。此洞地势险峻，高深莫测，人们很难攀入洞里，说不定九头鸟就以燕子为主食。神农架山洞密布，栖息于洞穴中的燕子（短嘴金丝燕）最少有数百万只，以动物为食的鸟兽很容易入洞捕食燕子，所以九头鸟不愁食物。

据此推测，九头鸟可能是存在的。

如能科学地证实九头鸟的存在，那么，九头鸟将是地球上鸟类王国中最珍奇的瑰宝。从生物工程角度看，它具有极为重大的科研价值，也具观赏价值和经济价值。一旦捕获到九头鸟，将是自然科学的一大发现。

不会飞的鸟

人们常常向往那些在空中振翅高飞、千姿百态的鸟类，它们是多么的自由自在啊！

但是，是不是所有的鸟类都能在天空翱翔呢？不是的，在鸟类中也有少数种类是没有飞翔能力的，比如鸵鸟就不会飞。

在茫茫沙漠里，喝一口水，找一点食物都是十分困难的。会飞翔的鸟类可以展开双翅，飞向目的地，但是对鸵鸟来说，却只能望空兴叹了，因为它有翅却不能飞翔。

不过鸵鸟虽然不会飞，却有它自己独特的本领。为了取食、逃避敌害，它们需要常年奔跑在植物稀少、水源奇缺、一望无际的沙漠草原地区，因此，练就了一套快速飞跑的本领，人们称之为"快跑健将"。比如：有名的非洲鸵鸟，当它受到惊吓要逃避敌害，或为取食而奔跑时，每小时可跑40公里，一步跨幅可达2~3米。所以尽管鸵鸟不能像其他鸟一样会飞翔，但靠着快跑的本领，使它能够在茫茫的沙漠中得到食物，避开敌害。鸵鸟之所以能快速奔跑，和那双非常强壮有力的大腿分不开。除此之外，它的足趾只剩下两个，这个特点在现代鸟类中是独一无二的，再加上足趾皮肤很厚，可以保护脚底不被热沙烫伤。这些特点，均有利鸵鸟在沙漠中生存。

鸵鸟体大力壮，一只鸵鸟背可以经得起两个人同时乘坐。也因它们身强力壮，所以也能抵抗强敌对它的危害，如果有狼、豹等要侵犯时，它随即提起大脚猛踢一下，重者能够踢死敌人，有时猎人也会尝到鸵鸟的一踢之苦。尽管如此，鸵鸟的性情还是比较温和的，容易驯养。有些非洲人习惯将鸵鸟饲养在家中，作为运输工具使用。在那里常可看到，非洲人在搬家时前边走的是骆驼，背上背着重负，而鸵鸟则跟在后边，背上驮着小孩和小型家具，它在为主人效劳呢！

世界未解之谜

动物未解之谜

图文珍藏版

吃猴子的猛禽

一些猛禽中的强有力者,往往是森林里聪明伶俐的猴子的天敌。这些食猴的猛禽中最著名的要数南美洲的角雕、非洲的冕鹰雕和东南亚的食猴鹰了。

大亚马逊河流域的热带丛林里栖息着世界上最大、最强有力的一种角雕,体长约1米,重9千克的角雕长着一对短而宽的翅膀,长长的尾巴,头顶耸立两个黑色羽冠,仿佛哺乳动物长的角那样。嘴短而有力,足趾大得出奇。它常常在丛林间作短距离飞行,洞察林中动静,一旦发现猴子、负鼠、浣熊,以及隐蔽在树丛中的树獭,就会自天而降,来个突然袭击。猴子虽然行动敏捷,攀缘自如,东跳西荡能巧妙躲避地面猛兽的捕捉,却难逃脱来自天空的凶神的魔爪。角雕繁殖力很低,每年产1枚蛋,又是出没于密林中,显得特别珍贵而罕见。

非洲的冕鹰雕也是大型猛禽,体长约85厘米,重约4千克。它在树上营建一个十分粗糙简单的巢,巢用树枝搭成,造得很大。这种巢搭建以后,每年只是添加些枝条、草叶,一直要用上好多年。遇到敌害接近巢区,冕鹰雕往往用恐吓炫耀来吓退入侵者,或者来一个勇猛的进击,如果不加戒备,往往会被抓伤。

在菲律宾南部密林里生活的食猴鹰,是鹰类中的大鹰,它长0.94米,两翅展开时长达3米。

食猴鹰的羽色大部呈浅黄,上半身为深褐色,下半身浅黄和白色相间。全身羽毛丰满,当它遇到敌害或猎物的时候,立即竖起羽毛,显得十分威武凶猛,会迅速地发动进攻。

食猴鹰的眼睛很敏锐,圆圆的眼睛是蓝色的,眼圈为红褐色,上嘴倒钩,十分尖利。食猴鹰,顾名思义,猴子是它主要的捕猎物。当它在低空盘旋的时候,发现猕猴等踪迹以后,就闪电般地俯冲而下,先将猴子的眼睛啄瞎,机灵的小猴子纵然是善跳会爬,这时候也就没法逃遁了。

食猴鹰不仅靠吃猴子生存,它们还吃其他动物,如野兔和狗。

食猴鹰每年只产一次蛋,每次1枚,蛋比鹅蛋稍大,呈白色,繁殖率却很低。加上滥加捕捉,目前食猴鹰越来越少,濒临绝灭的厄运。

食猴鹰能活上40岁,寿命之长是禽类中少见的。可是,动物园中饲养的食猴鹰很难繁殖。最近10多年来,马尼拉动物园中仅存的几只食猴鹰相继死去2只,而在棉兰老岛的森林里栖息着的食猴鹰,据动物学家估计,总数大约为20只,在吕宋岛偶然也能见到这种鸟儿。

菲律宾政府宣布,在吕宋和棉兰老岛划定一些林区作为食猴鹰的自然保护区。

荒岛上的人鸟大战

1942 年夏天,美军在第二次世界大战期间,为打破太平洋日本海军夺占中途岛的企图,曾派遣了一艘战舰去占领一个无名荒岛。当美舰驶到距无名荒岛一海里时,夜幕已经降临了,侦察参谋尤利斯带领 10 名侦察兵,上岛侦察。当他们利用夜幕靠近无名荒岛时,发现岛上有一条足有半米多高的灰白色"围墙"。于是尤利斯指挥侦察兵分成两组,接近目标投入战斗,当靠近"围墙"时才发现是一大群熟睡的海鸟——信天翁。

侦察兵们企图从熟睡的海鸟群中通过,尽快登上海岛。但他们的行动惊醒了鸟儿,岛上数以万计的信天翁腾空而起,这些海鸟在鸟王的率领下,对这些不速客一阵疯狂俯冲,用尖嘴啄、利爪抓、翅膀打,弄得这些侦察兵们手足无措,一个个痛得抱头鼠窜。在危急中,为了行动的隐蔽,只能用匕首与海鸟展开生死搏斗。刀光闪处,信天翁一只只惨叫着跌落到地上。当击退第一群后,坐下来正要喘口气时,谁知第二群又有组织地发动了新的进攻。侦察兵们只得再次奋力自卫,经过两小时的激战,打退了信天翁的第二次进攻。疲倦使他们随地就寝。天亮醒来,侦察兵们才惊奇地发现,他们夜里睡在了约 1 米厚、40 米见方的信天翁的尸堆上。

第二天,他们以为危险已过,继续搜索全岛,突然发现空中一朵朵乌云从四面八方向小岛飘来,直到临近才看清是信天翁战败后,搬来救兵的第三次进攻。这次,它们采取了新战术,低空盘旋,像轰炸机一样把又臭又粘的鸟粪拉在侦察兵头上。霎时间,岛上鸟粪已厚得惊人。侦察兵企图退到棕榈树林里隐蔽,却被信天翁截住了去路,它们用尖嘴啄和爪子抓,把士兵哈森围攻得满地乱滚,把汤姆眼睛啄瞎,把冲锋枪和匕首叼走,尤利斯等人竭尽全力逃进棕榈林,用步话机向舰上呼救,当允许他们开枪还击,并得到附近海域快艇和十几架飞机的增援后,从陆上、海上和空中用火力夹击信天翁。战斗持续近两小时,岛上信天翁尸横遍野,但其他岛上飞来的信天翁越来越多,不甘失败,在空中盘旋,有机会就俯冲下来啄人抓人。被围困的侦察兵撤不回来,对此,美军只得又动用了轰炸机轰炸,施放毒气,并用推土机开近,推开鸟尸鸟粪,坦克紧跟其后以火力掩护,才慢慢进入棕榈林解救被围困的侦察兵。

激烈的人鸟之战持续了一整天,当夜幕再次降临时,信天翁才停止进攻。美军费了九牛二虎之力连夜在该岛抢修了一条简易飞机跑道和公路,但是天刚刚亮即被信天翁占领,甚至它们舍身撞坏螺旋桨或发动机使飞机坠毁。尽管美军采取了各种措施,信天翁却视死如归保卫家园,美军总部无奈只得命令撤离该岛。

这场罕见的人鸟之战,曾引起了世界上许多科学家的兴趣,进行了长时间的观察和研究。信天翁为什么会这样舍生拼死地保护自己的家园和援助自己的同类呢?是谁在领导和指挥它们进行着一场持久的战争?它们为什么会视死如归和面对强敌毫不畏惧?诸如此类的许多问题,仍未能找到令人信服的答案,成了困惑人们的难解之谜。

第五节　荒野中的神秘动物

神秘的巨猫

有一个神秘动物学上的神秘事件,而且不乏证据,那就是游走在英国荒野中的巨猫。1990 年,看到这种猫的人成倍增加,一年之中的目击记已达到 300 多次。大部分目击记都发生在相对而言较远的范围内:最典型的是一只大黑猫,也许有纽芬兰猎犬那么大,是在中等距离内看见的。如果这种动物发现有人在看着它,就会立马跑掉。这样的报告一般还伴有偶尔在一个农夫的田里发现有内脏掏空的羊尸,或者有模糊不清的照片,甚至还有摄像机摄下来的一小段记录。

不过,罕见的是,这些目击记还有距离更近和更令人吃惊的。1993 年 10 月 26 日下半夜一只巨猫袭击了 37 岁的简·富勒,当时,她正在英国的博德明穆尔遛狗。她一时惊呆了,但马上恢复过来。第二天,两只羊的残余物——其中一只的肠子没有了,另外一只的头没有了——在邻近的田野里找到了。两个月后,一位名叫萨莉·戴克的教兽医的讲师与她丈夫尼克一起冒险进了威尔士的边界地区,想找到一种英克贝罗兽——一种巨猫。过去的 4 年当中已经被人看见 30 多次。这对夫妻在英克贝罗的圣彼得教堂墓地里设下诱饵,第二天晚上再回到教堂的墓地。他们朝自己下的诱饵走去时,走在前面的尼克·戴克实际上一脚踩在一只巨猫身上了。那只受惊的动物跳了起来,夺路狂奔而逃。它发现萨莉挡在它的道上,巨猫就猛劲朝她攻击了两下。一下击中她肋部以下的地方,刺穿了她的蜡布外套和好几层衣服,并把她打到一边去了。因为天黑,再加上受了很大的惊吓,因此,两个人都没有看清袭击者是什么样子的,只能说它是个黑东西,很大,可是,萨莉身上有爪印,可以表明那种动物绝非他们想象所致:她的右肋部有三处 12.7 厘米大的伤口,流了很多血，4 个月后还能看见伤疤。

英克贝罗兽只是无数神秘巨猫，或者巨猫种群中的一种，这些猫目前在英伦三岛上四处可见。剑桥郡有沼泽虎，康沃地区有博德明和艾克斯莫兽，德汉姆郡有德汉姆狮，诺丁汉郡有诺丁汉狮。其中一些见到的人多，另外一些见到的少——诺丁汉姆狮就是一例——只看见过一两次，或者只在几个月内为人所见，然后就永久性地消失在丛林里面了。可是，总起来说，身处异地、描述各异的巨猫在英格兰、苏格兰、威尔士和北爱尔兰的 30 多个郡都有报告。

这个神秘事件最令人困惑的一点是，它好像是相对而言很现代的一个现象。说真的，最早也只是在 1962 年才有这事的报告。当时，第一次和最有影响的异形巨猫就是萨雷狮，才第一次出现。

比较起博德明、德汉姆和艾克斯莫尔来说，萨雷、汉普郡和萨塞克斯的边境地区，似乎不太可能成为一大群大型野生猫的家园。这是伦敦经常有人往来的一个地带，从首都很容易就能到达这个地方，而且人口也很稠密，有很多田野和森林，但经常有农夫出没此地，还有周末远足的人到这里来。可是，就在这些人迹罕至的地区，竟然会有数百例巨猫目击记，还有很多照片、遗留物、一些死动物和一些踪迹石膏模型佐证，其中一些还被人明确地标明为美洲狮留下来的。事情闹得最凶的时候，萨雷镇警方还在哥德尔明警察局的日间登记簿上登录每天的目击报告，1962年 9 月至 1964 年 8 月间共有 362 项目击报告。

1962 年夏天之前，萨雷狮到哪里去了？它们是不是在同一片野地和同一片林区悄无声息不为人注意地生活着，然后等到两年后被人发现？它们是不是从原来在西南地区野地里的家园向人口稠密的地带移动？它们是不是在打赌，准备到霍姆康迪某个地方的后园里的一个笼子里，或者到私营的动物园里呆上一阵子？不管答案是什么，萨雷狮在 1962 年绝不是一个单纯的现象。在澳大利亚，也有类似但更古老一些身处异地的巨型猫的传说，自 1880 年以来就一直不间断地出现此类目击记。还有更多的报告——老虎和狮子——出现在 30 年代，新南威尔士艾姆威尔的农夫们报告说，1956~1957 年之间，有 340 多头羊被一只"豹"咬死了。

在美国，当地的一些野兽，比如美洲狮，似乎是与别的狮子和黑豹一起分享某个地域的。在这里，对身处异地的巨型猫科动物的报告，至少可以追溯到 1917 年 7月。当时，有个名叫托马斯·盖勒特的管家在伊利诺伊州中部蒙迪塞罗的罗伯特·阿勒顿房舍附近被他描述成一种"非洲母狮"的东西所咬伤，后来，在附近发现了一头雄狮。更近一些时候，巨猫也出现在德国，据报，1988 年，一头"小狮子"出现在萨尔一带。一年之后,警方在达马施塔特地区发布警告,说附近的林子里有危险动物出没,而在奥登沃德,就是赫斯和巴伐利亚交界地区,来自菲尔特和斯坦贝克的很多人都说,他们看到一头黑豹。一开始,警察认真对待这些目击报告,并坚持认为,他们调查的那些目击者都没有喝酒,而且相当可靠。不过后来,有很多报告堆积起来,并且出现了明显的不一致的地方。到此时,警方发言人就宣布,说奥登沃德野兽要么是骗局,要么就是一种幻觉。

这样一种模式已经成为灵境非常熟悉的一种类别——一开始发现,尝试性地接受,不完全的调查,进一步的、各种各样的报告,越来越多的怀疑,然后是放弃。而且,说真的,假定在英国的灌木丛或者林区里有大型猫科种群或者单个的巨猫存在,这是有很多问题的,更不消说,事实是,很多证人,特别是生活在城里的证人,经常过度估计他们看到的动物尺寸。在最极端的例子中,这样的倾向会产生滑稽的后果。1994年3月11日在伦敦的温奇莫尔山,8名证人分别打电话给警方,警告说有一头母狮正在安静的郊区的街上闲逛。警官们拿着扩音器到各处警告各家各户留在家里不要出门,同时,警方的直升机在头顶飞来飞去,从伦敦动物园派来的神枪手带着麻醉枪站在一旁。不过最后,"母狮"给拍照下来,发现她躺在花园的棚子上晒太阳,它被认出来是比尔勒,是一只很大的姜色雄猫,其主人卡麦尔·佳维斯认为,它"根本不是什么猛兽"。

不过,英国的某些神秘猫科动物却有可能是真的,这一点毫无疑问。在过去的15年里,两只美洲狮,一对丛林猫科动物和5只较小的豹,在从康沃向北到因弗内斯郡的一大片乡间地带被人看到、抓住或者杀掉——这个总数并不包括从动物园、展览室和私营收藏所里跑出来的已知的几头动物。那么,真正的问题在于,不是这些大猫科动物是不是还在英国的乡间里跑来跑去,而是说,它们从哪里来,总共有多少。在某些情况下,证人们曾报告过成对的猫科动物,或者成年猫护着小猫,在另外一些情况下,发现一只死动物并没有让当地的巨猫目击记停息下来,这意味着,其中的一些动物正在荒野的某个地方滋生着,并且展现出未曾料到的适应当地环境的能力。

不过,至少其中的一些肯定的报告都没有做神话的解释。1980年10月,一位苏格兰农夫名叫泰德·诺贝尔的,打到了一只成年狮,是他在高地的夹尼奇自己田地里设夹抓住的,这使当地一年多时间再也没有目击报告了,并且好像解决了他家羊群失踪的谜。可是,仔细一看,这种明显可怕的动物结果是一只老年的、患有关节炎的母狮,非常温顺,竟然能够容忍别人在她耳后挠痒。她营养极其不良,从抓住她的人那里逃脱以后,或者被那人放掉以后,根本就没有能力在野外活下来。

研究者认为,由于1960年以前没有令人满意的数量报告出现,而自1980年以来所发现的死体的数量和在英国发生的目击记的数量增长太快,因此,对这个神秘问题的解决关键在于要把抓到的动物放回自然,特别是1976年的危险动物法案实施以后。该法案让一些热心此事者很难将大批陌生的动物保留在家中,因此而有可能有意促使一些现在又开始制造麻烦的巨猫到英国乡间去。

这种假设有很多值得赞许的地方,特别是当人们意识到,一只大型猫科动物要消费掉多少肉类的时候。像狮子那样大小的动物,每周必须吃掉相当于5只成年鹿那么多的肉才能存活。尽管有时候看起来,神秘之猫每年靠吃掉数千只羊来慢慢存活,可是,很少有证据证明,真的就有那么多动物被吃掉了,而这个数量又是大群未知猎食者存活所必需的。一份英国政府的报告讲到大型猫科动物在康沃尔——那是传说中的博德明兽的家园——中心地带的证据时总结说:"没有可检验的证据表明有'大型猫科动物'出现。在近6个月的时间里,只有4例受怀疑的家畜被咬死的报告,其中没有任何一个报告指明有除家畜和狗以外的任何动物牵扯在内。在博德明荒郊,没有'巨猫'形成的对家畜的威胁。"

虽然博德明兽靠什么东西生活的问题一直没有回答出来,可是,一种身处异地的动物的出处却是更有趣的一件事,当我们知道所说的这种动物在其新家园里面并没有原来的地方更适于生存的时候。从这个观点来看,最奇特和最多产的身处异地的动物无疑就是鳄鱼了。在英伦三岛,已经有很多可检验的发现,说明这种动物到处都有,包括1836年在剑桥郡的奇平诺顿发现的一只。更近一些时候,1970年曾在乌斯河口,1975年又在斯道尔河口看到过这种东西。

奇平诺顿兽是只很小的兽,而且并不是一种要命的兽,约有12英寸长,曾在一块公用地上追赶一群散步的人,直到其中一位更勇敢的人转身用石头砸中了它的头。这个发现之所以很有趣,是因为在接下来的30年当中,它是这个小小的乡间公地上出现的数次案例最早的一次:第二次,一只小鳄鱼约在1856年的同一个村子里的农场里发现了,然后被人打死,另外也有两只被看见了,是19世纪60年代在上诺顿附近的地方。虽然不太可能,可也有这种可能性,即,某些乡下的农夫对养危险的爬行动物很有兴趣,他不知怎么就让自己的爱好掩盖了好多年,当地的人一点也不知道。再换个说法,但也不怎么可能,即,也许是一小群鳄鱼不知怎么就在30多年时间里,想办法在难以生活的剑桥郡一带生活了下来,而且并没有引起当地渔民的注意,也没有在吃掉其猎物的时候留下任何踪迹。我们也可能永远也无法弄清楚这些问题。不管如何解释,鳄鱼、美洲鳄和凯门鳄的确是在最不可能出现的地方出现了。1843 年 7 月 2 号,据说有一条鳄鱼在一次暴风雨中,从查尔斯顿上面的天空掉下来;另外有一条在飞在空中的齐柏林飞艇的气囊上挣扎着;第三条是于 1937 年 6 月 6 日在纽约布鲁克林博物馆的地铁里面找到的;第四条是 1973 年 2 月在从慕尼黑到科隆的国际快车的旅客厕所里发现的。1980 年 5 月,兰开夏郡的普里斯顿的警察接到三个电话,是摩托车手打来的,他们看见便道上有一条 1.8 米长的鳄鱼正横穿 M55 公路。其中一人相信,他通过道路的时候,将它的尾巴压了一下。其中有些动物是一些家养宠物,要么是从家里跑出来的,要么是其主人正准备将它偷运到其新家去,不过,因为身处异地的爬行动物的故事层出不穷(自从第一只奇平诺顿兽出现以来,已经有超过 100 多例报告),因此,这表明答案可能不止一种。

"逃跑的家宠"一说,作为对身处异地的动物报告的一种解释是相当受欢迎的,这也不无道理,可是,如果把它应用到任何一例案件中,那又是相当危险的。比如,1981 年出现的离奇的哈克雷熊迹又如何解释? 12 月 27 日晚上,4 个男孩子,年龄在 9 到 13 岁之间,他们在哈克雷沼泽地一带玩耍,却在雪地里看到一串三趾脚印,其中一个孩子认出那是熊的脚印。不久之后,男孩子们就遇到一对中年夫妇,问他们知不知道附近有一头熊。"他们说:'知道啊,就在那边,'"13 岁的托米·默雷后来告诉警察说,"他们要我们快走开,因为那是危险动物。他们还朝我们扔雪球,好吓唬我们。"这当然只会使孩子们更加好奇,因此就一直到处找,直到发现"一头巨大的、毛乎乎的、怒吼着的东西",它竖起它的后腿来,吓得孩子们拔腿飞跑。

第二天,警方带着警犬和直升机搜寻了 5000 公顷的地面,什么也没有找到,但发现了几处极有说服力的踪迹。不过,奇怪的是,那些踪迹开始和结束的地方都很突然,周围全是一动未动的雪。警方明显怀疑有人在搞骗局,当然,一定也有人给报社打了电话,声称他们应对此事负责,并解释说,他从一家熊玩具店里租来了一套东西,因此而开了一个玩笑。这有可能是一个合理的解释,直到警方承认,他们无法找到一家出租过这样的玩具的店子为止。一家著名的玩具店指出,熊玩具制品是做成能够穿到普通的脚上去的,当然不会留下三趾踪迹。

可是,别的什么解释能说通呢? 虽然那个沼泽地很荒凉,可是,它仍然是大伦敦极其显著的一个部分,里面全是工业地产和市镇的房子,很难为一头熊提供长久的安全之所。而那对中年的夫妇,他们看上去很是奇怪,好像很知情,还扔雪团来轰孩子们。为什么呢？哈克雷熊迹是个有用的提醒物,说明神秘动物学的年鉴上还包括极其复杂奇怪的案件。

复活的绝迹动物

神秘动物学家们的案例册上,记载有很多案子,牵涉很多明显已经绝迹的动物可能的复活。有人在远处看见过活体猛犸,它们在西伯利亚的针叶林带里慢慢地爬动。活着的恐龙曾在新西兰的丛林里短暂地出现过。甚至还有人提出——不过,令人伤心的是,那只是一种猜测——渡渡鸟有可能还生活在毛里求斯北部人迹罕至的荒凉小岛上。

不过,在所有据说已经绝种的动物中,最有可能仍然生存下来的一种就是塔斯马尼亚虎,袋狼科动物。这是一种凶猛的袋狼目掠食动物,约有 1.8 米长,身上长有极大地张开的钳口,臀部有斑纹,它的俗名就是这么来的。这种动物曾在澳大利亚极常见,一般认为在公元前 1000 年以前就已经从大陆上绝种了,主要是因为引入澳洲野犬后造成的。袋狼科动物在塔斯马尼亚存活了相当长的时间,可是,这种动物被英国早期的殖民者疯狂杀灭,因为英国人认为,这种动物对他们的羊群是个巨大的威胁,到1910 年,这种动物在野外就很少见到了。最后一只确认的样本是1933 年在弗罗伦泰谷抓到的,3 年之后死在霍巴特动物园,1936 年,这种动物就被宣布"可能绝迹"。

可是,袋狼科从来就没有完全从视线里消失。1937～1938 年和 1945～1946 年由政府资助的狩猎队,都曾找到可确认的踪迹,1936 年之后共有 400 多目击者报告,这比大多数神秘动物报告的次数都要多。国家公园及野生动物服务处的斯迪夫·史密斯 1980 年还主持过进一步的追查,想找到一些证据,他估计,目击报告约有 1/3 是高质量的报告,并发现,在许多报告中,观察者都处在与猎物不到 9 米的距离内。

一件典型的事件发生在 1982 年 3 月,当时,一位布须曼老人名叫汉斯·纳阿丁,他住在塔斯马尼亚西北部萨尔曼河的河口。这天夜里两点,他被弄醒了,伸手抓到手电筒后,他就朝四周一照,发现一头大型动物站在离他 5.4 到 6 米远的地方。那看上去当然很像一只袋狼:"它一动不动地站着,每一个部分都看得非常清楚。那是一只成年的雄性动物,一身的细毛像沙子一样的颜色,状态极好。我数了一下,背部足有 12 条黑色斑纹。它有一颗很大的长角的角形头,耳朵很小,圆圆的。尾巴很细,但靠近臀部的地方很粗,跟狗尾巴一点也不像。"当纳阿丁伸手抓摄像机的时候,那头动物就跑了,可是,它在那个地方已经呆了很长一段时间,留下了很强烈的麝香一样的味道,这位布须曼人将这种气味与猎狗特别的气味进行了比较。

一小群虎类在宣称其在塔斯马尼亚绝迹的 60 多年中存活下来,这个想法听上去并不显得荒唐,可是,动物学家们一直有个问题没有解决,就是说,事实上,还有 500 多份报告称澳大利亚大陆上还有袋狼存在,而它们在那里的生存却看上去是非常成问题的。这些目击报告也不是集中于一两个不易进出的地方,这个地区的范围从昆士兰一直向南延伸至墨尔本的近邻,在那里,一种叫作旺它吉的怪兽在过去 40 年里被人看见过 100 多次,目击地点一直向西到了海边,离帕西南部 160 公里。北边也有报告,包括在金伯利附近发现的一小片腿骨,那是澳大利亚西北部的一个山区。对该腿骨附近的骨头做的碳元素测定,确定其年代早至 1890 年(那片腿骨本身没有进行碳元素测定,否则有可能会毁坏它)。

确切的证据仍然很少,哪怕一位证人,也就是一位职业猎野猪者凯文·卡麦隆,最近拿出了 6 张照片,表明一头老虎的尾巴和后腿,那只老虎正在永加里拉普附近的丛林里探路前进。那些照片一开始引起了人们相当大的兴趣,可是,不久便有人指出,那些照片拍摄的角度非常之多,不可能像卡麦隆宣称的那样是在"20 到 30 秒"之内拍摄下来的。那位猎猪者的可信度后来又一次受到怀疑,因为他宣称,在他追逐那只猎物时,为了减少噪音,他曾脱下自己的裤子,穿着短裤追。因为没有更确凿的证据,说袋狼存在的案件仍然停留在很有说服力,但又没有证据的阶段。

来自地狱里的蛇

离开西方数千英里远的地方,在南美人兽难行、密不透风的热带雨林中,据说隐藏着巨大的同样引人兴趣的未知动物。神秘动物学家们收集到各自独立的一些叙述,讲的都是一种大型水獭一样的动物——3.6 米长的南美犰狳和甚至未知的猿类物种。不过,最让人心动的,却是一种比上述任何一种都更大,也更危险的动物。

在过去 20 多年时间里,贝伦的哥尔迪自然史博物馆的戴维·奥伦一直在追寻一种怪兽,当地林区的人称之为 mapinguary,据说这种东西一直在马托哥啰唆一带游走。虽然早期的神秘动物学家们尝试性地给这种动物取了一种未知猿的名字,可是,奥伦相信,那有可能是一种仍然存活着的巨型地面树獭,跟史前的磨齿兽相似,据说,那种动物是在基督时代灭绝的。树獭一般认为是动作很慢,无法保护自己的食草动物,可是,奥伦收集到的叙述却表明,mapinguary 有出于预料的摧残性的防御能力:它的腹部有一种可以放射味道的腺体,它释放出来的气体如此难闻,当地雨林的猎手们都称它为"臭味兽"。虽然 mapinguary 非同寻常的武器似乎使它到当时为止没有为人所获,可是,奥伦得到一些物证,他相信那些都是这种动物的毛发和粪便。有

蛇

可能的情况是,对毛发的 DNA 测试有可能得出更好的证据,以便给这种动物分类。

不过,到目前为止,有关南美神秘动物的报告当中,最出名的是讲遭遇巨蛇的。亚马逊早已经是已知最大蛇种森蚺的家园,那是一种半水族的爬行动物,它主要在遍布雨林的河道内觅食,已知可以长到 9 米长。可是,这个尺寸与据说在巴西和委内瑞拉很多未被深知的地区里面生长的巨蛇相比,真可谓是小巫见大巫。很多人知道,也的确可想而知,野外的活物极难知道它们的尺寸,如果是蛇,就更困难了,因为蛇一般是蜷在一起的,或者是在平面水平上波动前进的。的确,在这样的情形当中,未经训练的眼睛是很容易将尺度百分之百准确地度量出来的。可是,就算我们将每一份活体巨物的报告排除在外,剩下的报告就都是关于死动物的,这些动物多少都有准确的测量,有的也长到惊人的程度。

著名的英国探险家帕西·富塞特 1907 年就做了这么一次观察,当时,他在马托哥罗索的边境地区进行探险活动。他的独木船顺着亚马逊丛林深处的里奥阿班纳河漂流。

这时候,几乎就在船底下,出现一个三角形的头,还有数英尺波动前进的身体。那是一条巨型森蚺。因为那动物开始往岸上游了,我就跳起来拿步枪,没怎么瞄准就将点 44 口径的软头子弹朝它的脊椎打出去,就在离它那摆来摆去的头 3 米远的地方,此刻,一阵大浪汹涌,船底受到撞击,剧烈震荡起来,就好像船已经开到某种障碍物上了一样。

我用极大努力才说服印第安船手将船往岸边划去……我们踏上岸,小心地接近那条巨蛇。蛇已经没有动静了,可是,身体还在动,就好像一阵阵风在山啰唆中小湖面刮过一样。到可以测量的时候,水面以外的部分有 13.7 米,水里面有 5.18 米,总长 18.9 米。对于如此硕大的长身动物来说,其身体倒不粗,不到 30 厘米粗,

世界未解之谜

动物未解之谜

图文珍藏版

可是,它有可能很久没有吃到东西了。我想去割下一块皮,哪知这野兽根本没有死,它的身体突然间的隆起使我们吓了一大跳。一阵极浓烈的气味从它身上冒出来,也可能是它的呼吸,有人相信,那种气体具有麻醉效果,先是吸引猎物的注意,然后使猎物瘫痪。有关这条蛇的一切都是令人不快的。

富塞特的报告如此不同寻常,当时竟引起人们的批评,可是,由于他消失掉了,就是在1925年的一次探险活动中神秘而且永久性地消失了,现在就无法再去证明什么东西了。可是,1947年,一位法国人塞尔日·波纳卡斯支持他的报告,那年,他参加了一支探险队,探索中阿拉爪亚河,并与沙万特印第安人建立了联系。波纳卡斯的探险队横穿两条支流,在里奥曼索和里奥克里斯达利诺河之间的沼泽地,发现了一条在草丛中睡着的森蚺。成排步枪一齐开火,打死了那只怪兽,用绳子测量后发现,身长为21~22.5米。不幸的是,当时没有人意识到他们所杀死的东西的意义,也没有人想到要保存它的一小块骨头或者一小片肉,更没有人去拍它的照片。

有4张照片登载在巴西乡间的报纸上,说明亚马逊丛林中的确存在巨型蟒蛇。一张是正面照片,照的是一条长39米、重五吨的蛇,是在曼纳奥附近打死的;另一张是快照,据说是一条长30米的死蛇顺流漂到亚马逊河口;第三张描述的是一条29米长的巨蛇,是在内格罗河岸上打死的;最后一张描述一条据说长约34.5米的蛇,据说是在一个废弃的古堡里用500发机关枪子弹打死的。不过,所有照片的价值都非常有限,因为没有哪一张达到有说服力的尺度。

来自亚马逊湿热内陆的这些纷乱的报告,倒的确向人们表明,地球上每个未曾探明的荒野都有可能藏着极其丰富的动物学宝藏。比如澳大利亚的内地,就曾有过一些报告,不仅仅有袋狼,而且还有未知的袋类虎猫,3.6米长的巨型袋鼠,巨型史前袋熊,身体跟河马差不多大,甚至还有怪兽样的巨蜥,长可达9米。而且,毫无疑问,在人迹罕至的林区,还有大量空间可以让这样的一些动物生存,有很多食物供给它们,在很多情况下还没有任何捕猎活动危及它们的生存。

的确,尽管神秘动物学家们很少承认,不过,真正的问题在于,不是说神秘动物能不能够存在的问题,而是要解释为什么看起来还有那么多神秘动物,是不是有很好的历史记录证明它们的存在,它们为什么还能够被人所看见,听到,而且一年接一年还有人拍到它们的照片,而又没有任何实在的、无可争辩的证据来证明它们的存在。

非人非兽的怪物

在离博里萨尔西边好几百英里的地方,就在米德拉普尔的本加利地区,印度一个名叫辛格的牧师，曾在一个白色蚁山底下的狼窝里找出了两个小孩子和两头小狼。那是1920年的秋天，两个小孩子都是女孩，一个约6岁，一个约3岁，最后，她们都成了少数由动物养大的孩子中的名人。

虽然米德拉普尔的狼孩是记录最全的一个案子，可是，还有更早的例子可以引述。神话中的两个罗马城市创立者罗莫拉斯和雷马斯，据说就是由一头母狼养大的，而且，历史记录还可能追到很早的时候，至少可以追到1341年，当时，德国赫斯城的猎手发现了一个野孩子他似乎也是由狼养大的。（跟伍尔皮特的绿孩子一样，他的发现使200多年前的苏福克的村民们得到警告，那孩子被迫吃当地的食物时身体很差，最后竟很快死掉了。）

狼也不是唯一展示了如此崇高的本能的动物。有3份立陶宛的记录讲熊养大的孩子，还有据说由羊和猪养大的孩子。在世纪之交的澳大利亚，一位悉尼妇女被罚款一英镑，因为她抛弃自己的孩子，把孩子丢进鸡食槽里喂养。法庭听说，那个可怜的孩子只能学那些长羽毛的朋友，甚至在夜里与它们一起打鸣。更近一些时候，20世纪70年代，一个猴孩在斯里兰卡的丛林中被发现了，还有一本书是写西班牙萨哈拉的一个"羚羊男孩"的，那个孩子长有比例不当的很粗的踝骨，会跟着他的羊群一起跳，会跃动，而且从来没有被抓住过。

当他检查那些从蚁山救出来的孩子时，辛格牧师发现了很多适应野兽生活的痕迹。她们白天昏沉沉的，想睡觉，而到了晚上则非常清醒。她们的膝盖、肘子和手上都有很厚的茧，因为她们总是手脚并用。她们的毛发很厚，而且缠在一起，她们无法站立。她们还很野，任何想抱抱她们的人，她们都会狠劲抓和咬。如果想给她们洗澡，她们会坚决抵抗，她们会以非常茫然的眼神看着救她们出来的人，就好像她们心中并无人性一样。

辛格到底也没弄清这些孩子是谁，她们是如何会跑到森林里去跟狼生活在一起的。可是，他下决心要关照她们，并尽一切可能来恢复她们的人性。那两个姑娘，辛格给她们分别命名为卡玛拉和阿玛拉，带到了他在米德拉普尔开的孤儿院，并放在一个临时做的笼子里面，直到她们可以开始重新教育为止。进展非常缓慢，令人痛苦。一开始，狼孩除了生肉之外什么都不吃，有时候，午夜之后，她们就嚎叫起来。"这种嚎叫是非常特别的一种"。辛格在日记里写道：

"开始的时候，那是一种很粗的声音，最后以尖声的哀嚎结尾，非常响的声音，连续不断，既不是人类的，也不属于任何动物。我想，那是在召唤它们的同类，狼或者狼崽。这声音可以在很远的地方听到，在安静的夜晚，当别人都熟睡时，这声音更是响亮。别的声音都听不到了，只有猫头鹰在发出尖叫，还有一些动物在悄悄爬动，四处觅食或者找水喝的声音。"

这两个狼女被救回来的1年以内，较小的狼女阿米拉死掉了。卡米拉接着又活了8年，最后教会她站立起来，并穿上了衣服。她还学会了30个字的本加利语，但从来没有学会能够讲述她以前生活的那么多语言。1929年秋天，她染上斑疹伤寒死掉了。她几乎是一辈子生活在公众注意之外，也得到保护，没有任何人来问她，所以，很多听说过她的故事的人都坚决怀疑，它真的是不是由动物养大的人类的孩子。

以这种方式养大的孩子，还有在野外把自己养大的凶猛的野蛮人，提出了很多深刻的问题，都关系到人类的独特性的问题，还有动物的智力和能力以及无法沟通的人兽隔阂。尽管有人提出，这样的案子都有夸大的成分，或者有部分捏造的被其父母抛弃的孤独孩子（他们的确展示出野孩子的特点），但是，至少有些例子是真实的，还有相当强的证据。除了展示出内在的一致性以外，那些数据还展示出一些相当令人愉快的拟人化特点，比如，由肉食动物养大的孩子，一般就被描述成很阴沉和疑虑的样子，而由食草动物养大的孩子，他们就更开放一些，也更容易接近一些。

这些案例所唤起的强烈兴趣，特别是在18和19世纪，对于人类神圣起源的争论是非常重要的。毕竟，如果人类是由神仙特别创造出来的，以区别于动物，那么，在野外长大的孩子就应该保持更多的人性，而不是他们所表现出来的实际的样子。这些故事当中的另一个持久的主题，就是使这些被剥夺了作为一个人类的全部指导和爱的孩子得到康复的可能性。既然如此，他们就总是对那些研究我们如何以及怎样和什么时候开始学习的人有兴趣，对于希望理解是什么东西（假如有这个东西的话）使人类与动物分开的科学家来说，他们也有很大兴趣。

阿维龙的野男孩维克多的案子，从这个角度来看就特别有意思。1800年，他从法国南部的丛林里跑出来，当时12岁或者13岁，他在野外至少生活了3年，或许更长时间。那个男孩子明显是自己一个人生存下来的，因为，一般来说，根本看不到任何迹象可以证明，动物曾在他的成长过程中给予过什么帮助。他主要是以森林里的浆果和蔬菜根茎为食物，他可以从邻近的农田里偷来那些东西，而且知道他自己是人类。在冬天，他有时候会到当地人家去，而那些人也会给他一些生蔬菜，他就扔到火里去煮。维克多不会讲话，而且根据著名教育学家的判断，他被分类成无法根治的痴呆儿。后来，他又有了很好的运气，由让·伊塔德亲自来关照他,这位医生花了 5 年时间使他回到人类的社会生活中来。除其他问题以外,他还有"歇斯底里症"的毛病,而这个毛病有可能是由无法交流的性欲造成的。伊塔德医生教他讲几个单词。伊塔德的方法在当时属于革命性的,后来成了所有现代聋哑学校教学的主要方法。

还有一个非常类似,但很少有人知道的案例,就发生在 70 年代的关诺,那是北方邦的一条河。1973 年 2 月,当地牧师看见一个约 15 岁的光屁股的孩子,在河里游泳和抓鱼。当他向附近的巴拉格达瓦村的人们说起这个孩子的事情时,一个名叫索姆尼的妇女说那孩子是她的儿子,名叫拉姆昌德拉,她说,他只有 1 岁大的时候,一场洪水将他冲走了。于是就到处找那个孩子,可是,那孩子就是找不到,也的确如此,直到 1979 年才见到他,当时,索姆尼见到他在一块田里睡觉,并根据他背上的一个胎记认出他来。拉姆昌德拉醒来后逃跑了,可是,村民们开始小心盯着他了,最后捉住了他。检查的时候,发现那孩子是个圆头,不会说话,也几乎没有头发,皮肤呈黑绿色。他吃生鱼和青蛙,也吃青菜。虽然很快又逃回到河里去了,可是,那个男孩子再也不怎么怕人了,而且,跟维克多一样,他有时候还会到居住地里来,吃掉大碗的菠菜并与村民们给他留的水。

最后,关诺这个两栖男孩子的事情得到英国作家赫伯特·亚当森的注意,他对野孩子特别有兴趣,1985 年,他来到北方邦进行进一步的调查。亚当森发现,拉姆昌德拉 3 年以前就已经死了,是在一种很神秘的情况下死掉的。当时,从莫鲁德哈希城派来的警察到了这个村子。村民们和警察一起抓住了他,并想办法把他带走,可是,拉姆昌德拉挣脱跑掉了。几个小时以后,他来到邻近的一个聚居地,而在那里,人们都不认识他,他在那里的一个茶店里朝几个妇女走去。其中一个妇女非常害怕,因为他一身奇怪的样子,因此将一平锅开水浇在了他身上。那个两栖孩子非常疼痛,赶紧跑回河里。几天之后,他浑身水泡的尸体就从河里冒出来了,身上还有鱼咬的痕迹。

这个神秘故事,对于亚当森来说有两重意义:是什么东西使这个孩子过一种奇怪的、傍水而栖的生活,而且一过就是 15 年呢? 而在当地,相对而言有很容易的农业资源可以找到,而且,是什么东西最后使巴拉格达瓦村民们去叫来警察的? 尽管他问到很多人,可是,他最后的结论是,问题可能在于拉姆昌德拉逐渐成熟的性欲,从而使他不断地骚扰村中妇女。近两个世纪以前,阿维龙的维克多也是有同样的问题。因为他样子长得很怪,又无法交流,那个男孩子一定使人们感到惊讶,因此,一定是他的性欲引起的那种沮丧令人讨厌,才使村民唤来了城里的警察的。

"马士恩的疯狂毒气机"

神秘动物学家都已经接受，猿类动物和天鹅样的长颈湖怪生活在野外。可是，跟这些明显属于血肉之躯的动物一起，还生活着大批凶险的沼泽虫、发疯的天然气井，还有小绿人，它们的样子如此奇怪，很难相信它们是在现实中生存着的。

这些案子经常如此奇怪，它们一般要么是为人所忽略，要么就是丢弃一边。可是，看起来没有什么理由要把它们从一些很小的、属于普通的外星人和毛乎乎的两足动物的报告区别开来。看到这些极奇特的案子的证人们都是值得信任（或者，换句话说，不是那么凭空想象的）的人，不比报告常见现象的证人们差到什么地方去，有些人还很勉强，不愿站出来澄清自己因为所看到的东西而感到心烦的情况。如果这样的人是在说真话，至少就事物的样子那样描述，含义就非常之大了：因为，一方面，相信一系列外星访问者和一系列未发现的猿人是合理的，那么，在后园里跳舞的那些江湖骗子的狂欢就暗示，有些答案一定就在心理学或者通灵学的领域里面。

比如，在美国南方，许多沼泽地和河湾据说都是一些奇怪的，明显属于爬行两足动物的家园。1988 年夏天，有一种这样的动物就跑到了南卡罗来纳比肖普维尔附近的沼泽里。最早是一个叫乔治·胡门的人看见的，这人正从一个人工井里往上打水，突然间，他说，一个奇怪的大眼睛动物从林中朝他奔过来。接着，7 月 15 号，住在附近的布兰勒特公路旁的汤姆和玛丽·威恩夫妇醒来时，发现他们的汽车上盖满沙土，还有抓痕和牙印。

威恩夫妇的发现很快就广为人知了，因而使另一个证人也站了出来，报告了一个更有戏剧性的遭遇。17 岁的克里斯托弗·达维斯来自布朗城的一个小居住地，6 月 29 号清晨两点，他一个人开车经过沼泽，突然间车胎爆了，他被迫停到一边去换轮胎。刚刚换完，准备把工具放回去的时候，他抬头看到一个奇怪的动物正穿过田野朝他奔来。看上去很像人，可是，却又非常之高，眼睛还在黑暗中闪着红光。达维斯吓坏了，跳回自己的车想开车逃走，可是，他这么做的时候，那个动物已经抓住了他的车，并从半开的车窗外将双手伸了进来。达维斯倒上公路，使劲踩下油门："我可以看到他脖子以下的部分，还有那 3 根大手指，长长的黑指甲和绿色的粗糙皮肤。他很有力。我看着后镜，看到一股绿色在闪光。我可以看到它的脚趾，然后，他就跳上了我的车顶。我觉得自己听到了一阵怒吼声，然后，我可以看到他的手指就在车前的挡风玻璃窗外，两只手卷在车顶上。"按照这个故事的一人版本说，那辆车直到升至每小时 35 公里的速度时，那个动物才跳下去。

达维斯直接开到他父母家，并停在车道上。他不肯离开车座，直到他父亲打开前门为止，他的父母和当地的警官都认为，这个孩子真的是吓坏了，而且不无理由。从他断断续续的描述中可以明白，他受到一种气味很难闻的动物的攻击，至少有 2.1 米高，皮肤像蜥蜴，有长胳臂，而且，按照一份报纸的报道说，"牙齿很不整齐"。

作家约翰·基尔在全范围内收集了近 20 多种类似的记述，也就是他称之为"可怕的沼泽之怪"的材料。有好几例涉及对司机和小车的进攻——有时候，与那些已经隐退的猿人动物，比如巨足人的性格很不相符。比如，1958 年 11 月 1 号，查尔斯·魏特泽尔在加利福尼亚里费塞德的圣塔安纳河附近开车，突然间，他调谐好的无线电台慢慢有了静电干扰，一个 1.8 米高的动物跳了出来，直接来到车前面。它有发着光的眼睛，喙样的嘴，而且看不到鼻子或者耳朵，全身都盖着树叶一样的斗篷。魏特泽尔猛地刹车，那头动物就来到他跟前，发出一种音频极高的尖叫声，并在挡风玻璃窗上留下了横扫而过的爪印。他加速的时候，看到他的攻击者朝后倒在公路上，开车压过它的时候，感觉到保险杠撞到它了。虽然后来的调查表明，那辆车的确是压过什么东西，因为擦到了一些油脂在车底下，可是，没有发现公路上有皮肤或者皮屑。也许有意义的是，在 10 多种所谓的"蜥蜴人"报告当中，只有两个报告是在 1954 年的著名恐怖电影《黑湖动物》公演之后发生的，那部电影所描述的也是差不多的一种动物。

"马士恩的疯狂毒气机"是这个神秘王国的另外一个例子。在他于 1944 年早秋进行的那几天恐怖统治当中，马士恩的人相信，毒气机完全是个实在的东西。他的受害者当中有活下来的人，他们讲述了遇到的故事，而且，他们都相当肯定，闻到过他那种飘在房间里的、令人作呕的、甜甜的、令人窒息的毒气，感觉到那种毒气烧灼他们嘴唇和喉头，而且，有很多次看到那一身黑色的闯入者在逃跑的过程中的样子。可是，毒气没有留下任何痕迹，毒气机无法被抓住，而且，随着时间的推移，警方也没有能够抓到任何嫌疑人，对那入侵者的担心使这个案子失去了控制。一夜之间，总共有 25 例事件报告出来。然后，就如同他曾出现的一样，那个幻影麻醉者停止了他的工作，完全消失掉了。

伊利诺斯到底有没有疯狂毒气机出来活动？一般的怀疑是，哪怕在当时，根本没有这样的东西存在。今天，马士恩案经常被人引述为一个极好的例子，说明一种"集体歇斯底里"。当地的报纸并没有起到任何作用。它以哗众取宠的方式讲到了那些攻击事件，而且在第一次事件报告中写"第一批受害人"，就好像在暗示说，

世界未解之谜

动物未解之谜

图文珍藏版

还将会有更多事件发生。伊利诺斯大学的一位心理学家曾到过那座城市进行调查，调查表明，证人中有很多妇女，这很不成比例，而且都还是低收入生活区里的妇女，他指出，毒气机并没有造访马士恩的两个富人区。

另外一方面，更新的一些研究表明，马士恩的毒气机并不是一个孤立的事件。极其相似的一系列攻击案例，在 1933～1934 年冬天的弗吉尼亚波特多特县也发生过。不仅仅两个案子都涉及喷射致病的毒气，并引起喉部阻塞，脸部浮肿，而且，还有奇怪的详细情况，说在马士恩一个受害人的家外面发现了一个空化妆盒，而在波特多特，有人看见高跟鞋的印迹出现在好几个犯罪现场。波特多特案在当地的媒体当中有所报道，可是，在全国性的媒体当中，那仅仅只是顺带着提过。这种事情，10 年之后还在马士恩引发了一种恐慌，这是不可思议的。再说，一种使人瘫痪的气体，这对一个新闻记者来说，好像不是一个很正常的发明。它更多让人想起戴维·哈福德在纽芬兰发现老巫婆的体验。

一些见到过许多不那么壮观，但也同样令人困惑的东西的人，仍然可以在一个老案例文件中找到。1931 年 5 月，在得克萨斯的一个农场上工作的 3 个小男孩看到一个很小的人，高约 45 厘米。"他戴着一种让人想起墨西哥人的帽子，"其中一个回忆说，"那是一顶小圆帽，看上去就好像帽子就生在他的头上一样。他没有穿任何衣服。包括帽子在内，一切看上去就好像是一套橡皮制服。"那些孩子还没有来得及仔细看看那个小东西，就被农场上的一群狗给撕成碎片了。他的内脏和血看上去好像是人类的，可是，他的皮肤却是一种深绿色。同时，在新泽西的艾弗里茨镇，1959 年 11 月 6 号，一个名叫约翰·特拉斯哥的人出去喂狗，遇到一个约 0.9 米高的人，而且一身绿妆，那人对他说："我们是和平的人民。我们并不想制造麻烦。我们只是想要你的狗。"特拉斯哥的回答就是要撵走那个人，他大叫着："你他妈赶快走开！"

这些怪怪的东西来自何方？飞碟研究者有可能怀疑，他们是某个飞碟上面的人，不过，报告却没提到任何一种飞行器，也没有提到神秘教徒，也没有说他们是空心地球里面的居民。珍妮特·波德是研究神话传统的专家，她曾尝试性地将这类案子与一个涉及小矮人的古老传统联系在一起，那些小矮人喜欢穿绿衣服的倾向，象征着他们与乡村的联系。另外一方面，持怀疑态度的人指出这些遭遇的不合理的地方，他们愿意认为，许多类似的案例都是骗局，而其余的东西仅仅只是想象的产物罢了。

我们很走运，因为我们现在处在一个极有利的位置，可以看到所有那些极需提出的重要问题——这些问题对于在灵境里面实际上发生了什么事情的核心至关重要——这些问题是那些飞碟研究者和那些持怀疑态度的人有可能根本就没有去问过的问题。假定那些小绿人是飞碟上下来的人，那也不会使我们更加明白飞碟是什么，也不知道他们来自何处，更不用说他们为什么要到这里来。不管怎么说，他们要某个人家的狗干什么？20世纪50年代末期的一个案子为什么会包含如此前后不一致的暗示？为什么外星人绑架案的狂热需要20年才能时兴起来？

另外一方面，假定那些怪人果真都是神话。他们采用现代的掩饰是出自他们自己的某些原因吗？他们戴着墨西哥人式的帽子，穿着一身绿衣服是有什么特别的动机吗？或者，那些小矮人被人在十分奇怪的情况下看见的方式取决于看见他们的那个人吗？

游荡的神秘之兽

1983年春，英格兰德文郡默尔顿南部的农夫埃里克·利的一只母羊被一头游荡的神秘动物咬死了。在随后的两个半月里，利一共失去了100多只绵羊。这只动物被冠以"游荡的神秘之兽"的头衔。这一杀手兽并不是攻击其猎物的后部，而是咬断其喉管，这一点与狗或狐是截然不同的。绝大多数见到"游荡的神秘之兽"的人都将它描述为一种黑玉般的大型"猫"，头尾长达2.4米，也有一些目击者报告说是深褐色。在一些案例里，还曾有人看到两只大"猫"——一只黑色，一只深褐色——结伴而行。少部分目击者则报告说遇到了看起来像不寻常的狗的大型野兽。

1.最初的目击案

最早的目击案至少可追溯到20世纪70年代初期，但直到利的羊遭到大规模杀戮后，才引起世人的真正关注。当时，英国皇家水兵被派往该地区，而伦敦的《每日快讯报》则悬赏1000英镑给击毙或捕获这种野兽的人。水兵中的狙击手就躲在山里待机，其中有些人甚至说看到了一种"黑色、强壮的动物"，但却没机会一枪撂倒它。当士兵们在的时候，这个或这些野兽似乎夹起尾巴不敢招摇过市了，但当他们一离开，野兽的攻击行动又开始了。

目击者之一，当地的自然学家特雷弗·比尔报告说，1984年夏，当他正在观察鸟类活动时看到了这只野兽，而该地区曾发现过被它猎杀后鹿的尸体。"我看到从灌木丛中露出了一只大型动物的头和双肩，"他写道，"它体呈黑色，看起来像一只水獭。它给我的第一印象让我难于忘却：宽阔平滑的头上竖着两只小耳朵，眼睛呈明亮的绿黄色。在它回头向我观望的一瞬,我清楚地看到了那浑圆的脖颈、有力的前爪和宽宽的胸膛,然后它很快地消失在树林中了。我能肯定它是黑玉色的,身体与尾巴都很长。我估计它身长有 1.4 米,肩高约 0.6 米。"比尔一直追到树林边,这只动物跑动的姿势令他想到一只"漂亮而硕大的黑色美洲豹"。1988 年,一位农夫报告说看到一只"神秘的猫以令人不可思议的速度奔跑着。伴随着它的每一个动作,你都能看到它的肋部在闪闪反光。"还有一次,这个农夫看到一只体形巨大的"猫""跃过一条足有 4.5 米高的树篱,口中叼着一只体形相当大的羊。"1991 年 12 月的一个深夜,一个乡村的一家人看到一只像美洲豹似的大型动物在他们家周围逡巡了好几分钟。而几个星期之前,他们家 13 岁的儿子曾看到它或其他一只类似的动物正在爬一棵树。

伦敦《每日电讯报》的一篇文章报道说,1992 年初,生活在英格兰西南部乡野地区的很多人,都曾看到过这只或这些动物。对于这些目击案,有各种各样的解释:目击者是把大狗误认作这种动物了,或者——更可能的是——对于这些动物的体形大小过于夸张了,而它们实际上是跑到野外的家养猫而已。还有一种理论认为,它们是由某些人作为宠物养大的几只美洲狮,然后被放生于英格兰西南部乡村,让其自由徜徉。更为牵强的一种观点是,自从史前时期以来,英国就一直秘密地生活着一些大型猫科动物;持这种观点的是作家迪·弗朗西斯,但却不为绝大多数动物学家们所认同。

英国大"猫"案变得扑朔迷离,是因为这种动物在全英国都被看到过。一般认为,英国土生土长的只有一种猫科动物,就是生活在英格兰北部及苏格兰地区的小型英国野猫。

2.热沃丹之兽

1764 年 6 月的一天,法国东南部的一个森林中,一个年轻妇女正在照料奶牛,猛一抬头忽然看到一头可怕的野兽向她扑来。它的大小与一头牛或一匹驴差不多,但看起来却像一只巨大的狼。那妇女的狗逃跑了,但是那些牛用它们的角把这只动物赶跑了。这只动物就是后来著名的"热沃丹之兽"。后来的事实证明,这个牧牛女比起后来绝大多数目击者们,要幸运得多了。

不久以后,被咬得遍体鳞伤的牧人、妇女甚至儿童的尸体在这个地区就经常被发现了。第一个牺牲者是一个小女孩,当 7 月的一天被人们发现时,她的心脏已被从胸膛中掏出来了。从 8 月下旬或 9 月上旬开始,杀戮又开始了,不久这动物就开始变得甚至敢于攻击成群的男人了。乡间开始流传着一个恐怖的说法,一个狼人正在旷野间游荡。传言越来越真,有些曾开枪射它或用东西刺它的人报告说,这些对它来说似乎不起作用。10 月 8 号,两名猎人把数粒来复枪子弹射进它的躯体,这头野兽还是一瘤一拐地逃走了。事件传开后,人们认为这头野兽逃走后,也一定活不了。但一两天之后,杀戮又开始了。

第六节　神出鬼没的水中怪兽

尼斯湖怪兽究竟何物

1.风景如画的湖区

在英国苏格兰北部,迤逦的格兰特山脉从西南向东北绵延,层峦叠嶂,气势磅礴,主峰尼维斯山海拔 1,343 米,是英伦三岛上的最高峰。"尼维斯"一词在英语中的意思就是"头顶云彩的山"。山峰上常年白雪皑皑,云雾缭绕,怪石嶙峋;山中林海茫茫,苍翠的林木盖满了起伏的峰峦,远远望去,就像碧波万顷的绿色海洋。

从尼维斯山向东北到茵沃内斯市附近延伸着一条名驰寰宇的苏格兰大峡谷,谷中有一连串细长而深的湖,从西向东的是:尼斯湖、洛奇湖的奥斯湖。

尼斯湖

本来,这三个湖是互不相连的,而且只有尼斯湖的水通过尼斯河向东北注入默里湾,而洛奇湖、奥斯湖都不通大海。但由于这三个湖处于同一峡谷中的同一条线上,当地人利用地理位置上的这一特点,开凿了一条名叫喀里多尼亚的运河(全长96.6 公里)把这三个湖联结起来,沟通了大西洋一侧的洛恩湾与北海一测的默里湾,成为苏格兰北部重要的水路交通线。下面我们介绍尼斯湖怪兽,就必然要同时介绍与尼斯湖联结在一起的洛奇湖怪兽、奥斯湖怪兽,实际上三者是同一个谜。

三湖之中以尼斯湖最大最深,它深约 213—293 米,长约 39 公里,平均宽度为1.6 公里(最宽处约 2.8 公里)。它是淡水湖,终年不冻,适宜于生物饮用,因此,湖中鱼虾众多,水鸟翔集。优越的自然环境为怪兽的生存提供了有利条件。

2.历史的传说和探测

早在 1500 多年前,就开始流传尼斯湖中有巨大怪兽常常出来吞食人畜的故事。古代一些人甚至宣称曾经目击过这种怪兽,有人说它长着大象的长鼻,浑身柔软光滑;有人说它是长颈圆头;有人说它出现时泡沫层层,四处飞溅;有人说它口吐烟雾,使湖面有时雾气腾腾……各种传说颇不一致,越传越广,越说越神奇,听起来令人生畏。

1802 年,有一个名叫亚历山大·麦克唐纳的农民说,有一次他在尼斯湖边劳动,突然看见有一只巨大的怪兽露出水面,用短而粗的鳍脚划着水,形状很奇特,气势汹汹地向他猛游过来,距离他只有 45 米,吓得他慌忙逃跑。

1880 年初秋,有一只游艇在湖上行驶,突然,一只巨大的怪兽从湖底冲出湖面,它全身黑色,脖子细长,脑袋三角形,就像一条巨龙似的在湖中昂首掀浪前进,使湖面卷起一阵巨浪,把游艇击沉,艇上游客全部落入水中淹死。这一消息传开,轰动了当时整个英国。

同年,一个名叫邓肯·莫卡唐拉的潜水员,潜入尼斯湖底检查一艘失事船的残骸。他潜入湖底后不久,急忙狂乱地发出信号,人们迅速把他从湖底拖上岸来,他脸色发白,全身颤抖,说不出一句话。休息和医治了几天之后,他才讲述了他在湖底看到的奇迹:正当他检查沉船的残骸时,突然看到一只巨兽躲在湖底的一块岩石上,远远望去,巨兽好像一只巨大无比的青蛙,形状古怪离奇,十分可怕,把他吓得差一点快昏过去了。

近一百多年来,此怪兽像幽灵似的时隐时现,不断有人声称亲眼看到过它。根据那些声称见过它的人们的描述,它那蛇一样的头和长脖子,一般伸出水面一米多高,人们较多看到的是怪兽的巨大背部,有人说是两个背,有人又说是三个背;有时它突然露出水面,水从它的肋腹部上像瀑布似的泻下来,一下子它又迅速潜到湖下,在湖面掀起一阵恶浪。

英国和欧美许多国家陆续出版了一些专门介绍尼斯湖怪兽的书籍,有的附有此怪兽的插图,有的印有怪兽模糊不清的彩色照片,世界各地的报刊、电台大肆渲染,把怪兽描绘成神出鬼没,奇秘莫测,活灵活现,耸人听闻。

3.风波又起

1933 年《长披风信使报》第一次以醒目的大标题发表了约翰·麦凯夫妇的见闻,说他俩亲眼目睹"一只巨兽在尼斯湖中昂首嬉水"。这篇见闻引起了广大读者的兴趣。

与约翰·麦凯夫妇的见闻几乎同时，兽医学者格兰特和湖岸一些修路工人也宣称看到了这个怪兽。据格兰特回忆说，有一天他经过尼斯湖边时，突然听到湖水哗哗作响，只见一只怪兽在湖面上游着，它有一个很大的脊背，像一个大象，还有一个长长的细脖子，又像个恐龙，粗糙的皮肤上满是皱纹。

英国曾组成了"尼斯湖现象调查协会"，悬赏 100 万英镑，捉拿这个怪兽，不管是活的还是死的，都可以得到奖赏。很多人怀着碰运气的心情，纷纷跑到尼斯湖畔，日夜巡视，希望能幸运地捉住怪兽。可是怪兽却像有意戏弄人们似的，长时间的销声匿迹，再也不露出湖面了。那些希望获得巨赏的人，不但没有捉到怪兽，而且连怪兽的影子也未见过，只得失望地离开尼斯湖。

英国有一个名叫哥尔德的海军少校，访问了 50 个曾经亲眼见到过怪兽的人，综合了各种材料，加以研究和推测，他第一个较系统地介绍了怪兽的大概模样：它是一个身长约 15 米、颈长约 1.2 米、背上有两三个驼峰，身体颜色呈灰黑色，类似恐龙的动物……这只是哥尔德少校的一种假设和猜测，并非真实可靠。它到底是一种什么样的动物？谁也无法准确地说清楚。

4.水下照片

1972 年，以美国应用科学院专家赖恩斯为首的一个研究组，在对尼斯湖进行探险时，曾利用水下照相机，拍下了一个巨大的鳍脚。1975 年 6 月 19 日，设置在尼斯湖中的水下照相机拍下了几百张照片，但什么也没有看见。当天下午 9 点 45 分，有一个动物接近水下照相机，很快消失了。只拍到这个动物的极小一部分，看不清它是什么。大约一个小时后，这个动物又出现了，可能由于闪光灯要快或慢几分之几秒钟，照片上所见到的，只是一大片黄色斑点的丑陋皮肤，不能证明这个动物究竟是什么。直到第二天凌晨 4 点 32 分，闪光灯及时地闪了一下，才抢拍了一个珍贵的镜头，这张照片上现出了一只活怪兽的轮廓（躯体和头部）：一个菱状躯体，一个细长的脖子，脖子成拱形地伸展，脖子的一部分因阴影而模糊不清，最后是一个斑点，表明是怪兽好奇地转向照相机的头部，两个鳍脚从躯体上端伸出，看上去好像一只吃惊地扑向照相机的怪兽。据估计，这只怪兽大约长 6.5 米。不久怪兽向水下照相机发起了一系列的攻击和碰撞，结果打翻了水下照相机。有些学者根据这张水下照片来证明尼斯湖里确实存在着怪兽。

但另有一些科学家否定这些照片，认为赖恩斯等人错误地判读了照片，有些学者甚至认为所谓"水下照片"是假造出来的一个骗局。

赖恩斯等在尼斯湖中安放声呐装置，力图用它的监听器测到怪兽。1976 年进行的一次声呐探索中,曾发现一个长约 9.1 米的物体搁在深水湖底,据声细专家克莱茵称:此物体"具有尸体的形状,有脖子一样的凸出物"。这究竟是一种什么样的物体? 是沉积物还是怪兽尸体? 难以肯定。

赖恩斯和英国学者斯柯特结尼斯湖怪兽起了个学术名称叫"尼斯菱鳍龙"。但很多学者对这一论断持怀疑和否定的态度,认为这一论断还缺乏充足的证据,难以令人信服。

5.怀疑与否定

自古至今,有不少学者对"尼斯湖怪兽之谜"一直持怀疑甚至完全否定的态度。他们认为,尼斯湖根本就没有什么怪兽,而是一种光的折射现象给人们造成的错觉。有的则认为很可能是在尼斯湖底有一些具有浮力的浆沫石,这些浆沫石在一定的条件下浮上水面随波漂荡。当人们站在湖岸边时,远远望去,由于视觉的错误,往往把奇形怪状的浆沫石误认为怪兽。

1982 年 8 月 5 日出版的英国《新科学家》杂志发表了英国苏格兰一位退休电子工程师罗伯特·克雷格撰写的《揭开尼斯湖怪物之谜》一文,他认为,所谓"尼斯湖怪兽",根本不是什么神秘的史前动物,而是飘浮于湖面上的古赤松树干。这种古赤松树干自冰河时期结束以来就沉落湖底,部分为淤泥所覆盖。在水深 250 米的尼斯湖底,每平方厘米约有 25 公斤的压力。巨大的压力把包着树干的树皮、软木和形成层挤压得很紧。由于这种树含有松脂,因此形成了一层很像胶合板那样坚实的外皮,防水防腐。整个树干形成一个囊状物,被每立方厘米 25 斤的水压紧紧地压挤在一起。囊状树干内产生一些气体,由于树干外面水的反压力的作用,这些气体的压力能达到相当大的程度。这些气体的进一步膨胀会把松脂和焦油向外驱压。这样一来,这些松脂和焦油在树干外形成了一些凸出物,凸出物里充满了小气泡,于是树干具有了浮力,从而使长久沉睡在湖底的古赤松树干浮到了湖面。浮起的树干呈菱形,而且伴随着许多泡沫,所以看起来就像一些水生动物皮肤那样柔软光滑。当树干凸出物里的浮力耗尽之后,它又悄悄地沉到了湖底。这种树干一沉一浮的现象以及它的形体,就使站在湖岸边的人们,远远望去,误以为它是怪兽。其实,所谓怪兽,就是一浮一沉的古赤松树干。

6.尚待深入研究

1969 年,有人宣称在尼斯湖附近的莫拉湖中也看到了一只长约 15 米的怪兽。莫拉湖中是一个完全与大海不通的湖泊,深约 310 米。那么,位于附近的莫拉湖与尼斯湖的怪兽是不是同一种动物呢? 这又是一个谜。

1978 年 6 月 23 日黎明时分，赖特在尼斯湖畔钓鱼，亲眼看到怪兽出现。赖特说："当它在离开我只有约 27 米的水中升起的时候，我吓了一大跳。"他还说，那只怪兽的身体是黑色的，恰似一条翻倒的小艇，它的脖子起码有 4 米长，头大约同足球差不多大。这一消息轰动了全世界，许多国家的记者、探险家、旅行家和科学家千里跋涉，纷纷来到尼斯湖畔，都希望目睹一下这个怪兽，可是谁也没有见到它的踪影，大家只得失望地离去。

后来，又有一位力图尝试证实尼斯湖怪兽确实存在的美国学者——美国隐蔽动物学会会长贝佐，宣称他"已发现尼斯湖怪兽"。这一消息究竟是否真可靠？尚待证实，难以定论。事实上，自古至今，虽然有许多人宣称自己亲眼看到过此一怪兽，但都只能粗略地说出怪兽露出水面的一部分片段的概况，都不能准确地说出怪兽的全貌，因为谁也没有见过完整的怪兽。

近一二十年来，有的潜水员潜入尼斯湖底，但由于湖水太混浊，在水下难以分辨清楚；有的使用潜水艇，也毫无收获；有的使用自动摄影装置，仍徒劳无效；有的利用海豚来帮助探索，因为海豚有非常灵敏的声呐系统，无论白天还是黑夜，海豚都能够准确无误地分辨出 3,000 米以内的水中生物，但由于尼斯湖是淡水湖，海豚不适应在淡水湖中活动，因此，尽管海豚是海洋动物中最机灵的动物，它对探测尼斯湖怪兽，也是无能为力的。

全世界许多著名的科学家坚信在尼斯湖中确实存在有一种至今尚未被人们查明的怪兽。他们认为，几亿年前，尼斯湖一带原是一片极目浩瀚的苍茫海洋，后来由于地壳运动频繁，经历了多次海陆变迁，才逐渐演变成今天的面貌。因此，很可能有一种尚未被人类认识的远古前动物——独特的海栖爬虫类至今仍然生活在尼斯湖里。这只是一种假设和推测，还需要有充分的实物证据才能证实，仍有待科学家们今后进 步去深入探索和研究。

奥古布古水怪

在加拿大，马尼托巴大学动物系主任吉米斯·马克卢维德教授正在领导寻找温尼伯格西斯湖马尼布古水怪的工作。为了捕到水怪，他们使用了网具，甚至派潜水员潜入湖底，以测量和探索踪迹。但是，每次都未能如愿以偿地发现水怪。马克卢维德教授说："很多人都清楚地看到了一个怪物，这使我们肯定，他们看到的是一个人们不熟悉的动物，因此，我们不能指责他在撒谎。"目前，他们仍在继续寻找。

加拿大湖中最著名的水怪是奥古布古。它几乎可以同最著名的尼斯水怪相提并论。它生活在奥卡纳江湖。该湖是一条狭长的湖泊,位于大不列颠哥伦比亚省南部。虽仅长 128 公里,宽不过 3 公里,但却又冷又深。同尼斯湖一样,奥卡纳江湖形成于地球的石器时代,由冰川期的雪水冲击而成。湖岸上住满了居民。湖岸不远,一条公路伸向远方。因此,居民们观看水怪则不需要付出特别的努力。1976年,一位姑娘首先发现了这头水怪,当时她站在基卢纳公园一站的汽车站牌前,亲眼见到湖中有一头水怪在游动。1977 年这头水怪又出现在湖畔西岸游艇俱乐部对面的水面上。但当地居民对它的出现却习以为常,部分人说,他们开着汽车沿湖岸旁的公路行驶时,经常见到水怪出现。但他们却不敢钻出汽车,特别是在气候寒冷的天气中,只敢隔着汽车玻璃向湖中窥看。

其实奥古布古水怪很早就存在了。最早在这里居住的古印第安人曾发现过它,给它取了一个长长的名字,叫塔—哈—哈—艾特什。他们在湖畔居住,经常渡过湖去。渡湖时使用一种名为"卡努"的小型舢板。每当渡湖时,他们总要带一只狗或一只鸡上船。在湖中,若水怪出现,距船很近,印第安人便把船上的狗或鸡扔下湖去,以便保证自己能够平安无恙。此后,第一批定居者来到奥卡纳江湖畔,水怪的存在很快引起了他们的重视。20 世纪 70 年代的一天,一位名叫苏姗·艾丽丝的女人看到湖面上飘着一根树干。突然,这根树干开始活动了,逆风逆流在湖中游动。自此以后,目击者便骤然多起来,络绎不绝,直至今天。

1976 年一位名叫艾德·法拉特希尔的人同女儿迪亚娜一起,乘坐自己的汽艇游览奥卡纳江湖风光。船在湖面上行驶,突然,他发现船头浮出一个奇怪的巨大身躯,挡住了船行进的水道。法拉特希尔说:"如果我未及时地停住船,船就会撞到这个怪物或从它脊梁上压过去。因为船距水怪只有 10 米远。于是,我赶忙操纵船,从水怪身边绕了过去。"当时,法拉特希尔的船位于吉拉特利湾,距岸很近。于是,他赶忙将船靠岸,去取照相机,并呼叫他的朋友加里·萨拉法特尔前来协助。此后,他们回到船上,船向湖心驶去。此时,水怪又出现了。法拉特希尔说:"这次我看到了水怪几乎整个身躯。我坚信,水怪长 20 米。我们大着胆子,尽量使船接近水怪,以便照相。船渐渐近了,水怪没有动,在距水怪 15 米的地方,我拍下了第一张照片。我们对峙了一个小时,此后水怪潜入了水中。但不久又浮出水面。这次距我们的船很近。我操纵着汽艇,紧紧地跟着水怪。这样,水怪先后潜入和浮出水面达十多次,我则寻找机会,拍摄了 5 张照片。此间,水怪有时在水面上盘作一团,有时又停着不动,浮在水面上。但是,即使它盘在一起的时候,它的身长也至少有12 米。"女儿迪亚娜补充说:"水怪的皮看上去十分柔软,为棕色,很像鲸鱼的皮,脊梁上则有一些小小的凸出物。"萨拉法特尔坚信,水怪的头长约60多厘米,头顶平平的,很像蛇的头顶部,头上有两个凸出的部位,很像杜巴尔曼型狗的两只耳朵。

1977年4月至1978年8月,当地报纸发表了十多篇有关水怪的专题报告,这些报道大部分引用了可信赖的目击者们的叙述。其中包括居住在湖西岸的哈里·萨提纳斯提供的情况。他说:"以前,我并不相信湖中有水怪存在。但是有一天,我划着小船,碰到了水怪,我小心地围着它转了一圈,同它保持在100米左右的距离上。水怪形状很像一条黑色的海蛇,长达11米,游动时身体上下浮动。"

更有趣的是1968年艾尔特·福拉丁·明·塔希兹在大不列颠哥伦比亚省拍摄了第一部关于水怪的纪录片。这天,艾尔特的汽车正在奥卡纳江湖岸边公路上行驶,突然发现离公路不远的湖中出现了水怪,于是,他赶忙停住汽车,下车观看。艾尔特这次出来的恰好带着8毫米的摄影机和望远镜头,而且摄影机中正好有胶卷。于是,他立即选择了一个角度,但又停顿了一会。因为,此时水怪距他仅有几米远,而且艾尔特也急需稳定一下已十分紧张的神经。此后,艾尔特利用近距,每当水怪露出水面便开动摄影机,拍下了水怪的纪录片。

艾尔特的纪录片正如他估计的一样,获得了科学界的重视,并被用于进行科学研究。根据部分胶片上出现的松树干般的图像,研究人员一致认为,这个水怪长达18米之多,游动的速度很快。但是,纪录片上却未出现部分目击者们叙述的盘在水面上的图像。奥卡纳江湖居民艾尔琳·杰克女士被邀参加对电影的鉴定,她仔细地研究了图像前后的背景。随后宣布,她相信此电影是真实的,不存在任何的欺骗,因为,影片摄下了生活在奥卡纳江湖中一个人们不熟悉的生命的活动。

但是,奥古布古水怪至今为止仍然逃避同人类的联系。曾有60人自愿报名,要站在一个密闭玻璃舱中,并在沉入湖下9米处使用照相机,在直升飞机吊着高强度电灯的帮助下,拍摄水怪夜间活动的照片。此后,人们又计划将高压电极放入湖中,接通电流,利用电流在深水中通过时产生的力量,将水怪赶到水面上来……但是,这些想法都未实施,因为不可能获得成功。

大洋洲发现怪兽尸体

迄今为止,人们掌握的一点怪兽的证据,就是日本渔轮"瑞洋丸"号所得到的怪兽尸体的一点遗骸,另外还有怪尸的4张彩色照片和现场所画的骨骼草图。

1977年4月25日,阳光明媚,波光粼粼,在新西兰克拉斯特彻奇市以东50多公里的海面上,日本大洋渔业公司远洋拖网渔船"瑞洋丸"号正在捕鱼,当船员把沉到海下 300 多米处的渔网拖上来时,大伙儿惊呆了:只见一个从未见过的庞然怪物的尸体被裹在网里,为了看个究竟,人们用绳子拴在怪尸的中部,用起重机把它吊起来。这是一个类似爬行类动物的尸体,它长着小小的脑袋,细长的脖子,两对巨大的鳍,很大的肚子,腹部已空,五脏俱无。当时有人估计它死了一个多月,后经研究分析,已死了半年至一年。尽管尸体已开始腐烂,但整个躯体还保持完整。人们用卷尺测得怪物的身长约 10 米,颈长 1.5 米,尾部长 2 米,重量约 2 吨。在船上捕鱼多年的船员谁也不认识它,有人说它很像传说中的尼斯湖怪兽。

正当大家惊诧不已议论纷纷时,船长赶到了,见大家围着一具腐烂发臭的怪物尸体,不由得暴跳如雷,他担心船舱里的鱼会受到腐烂物的影响,命令大伙把那怪尸扔回大海。人类可能认识一种新动物的机会,就这样令人遗憾地失掉了。

不幸中的万幸是,随船的矢野道彦先生觉得这个发现非同寻常,于是,他拍了四张照片并做了记录,还画了张怪兽骨骼草图,几位好事的船员也留下了四五十根怪物的鳍须。从矢野先生拍的彩色照片上可清楚地看到怪兽的脊背很大,有两对巨鳍,腹内已空,整个身躯肌肉还很完整,只头部露出白骨。从身体大小来看,只有鲸、巨鲨、大马贼才可与之相比,这怪物的小脑袋和腹部对称的两对巨鳍,却是鲸和鲨鱼所没有的。目前已知的海洋生物中,也没有一个物种可与之相提并论。

虽然上述记录和实物是非常宝贵的,但要依靠它们来确定怪兽究竟属于哪一种动物,由于没有全面的实物,无法与已知的各种动物和古生物的化石骨骼做比较,所以就无法做定论。日本的生物学家们无不感慨地说:"哪怕带回一个小小的牙齿骨骼也好啊!"

怪物到底是什么?人们的看法不尽相同,主要有两种观点:一是古代的蛇颈龙说,二是近代的大鲨鱼说。赞成鲨鱼说的根据是:日本东京水产大学对怪兽的鳍须进行了蛋白质的分析,发现它的成分酷似鲨鱼鳍须。英、美等国一些生物学家也赞同这个观点。英国伦敦自然博物馆的奥韦思·惠勒认为,这个怪物可能是鲨鱼,以前世界各地的海滨附近曾发现许多奇特动物,结果弄清楚它们都是鲨鱼。鲨鱼是一种软骨鱼类,没有硬骨骼,当它死后逐渐腐烂时,头部和鳃部首先从躯体脱离,这样就呈现出附于躯体前端的一个细长的"脖子",尖端像个小小的头。惠勒的论述使不少人信服。

持蛇颈龙说的人认为:第一、鲨鱼的肉是白的,姥鲛是粉红色的,而怪兽却是赤红的;第二、鲨鱼没有排尿器官,体内积蓄的尿是利用海水的浸透压力,从全身排出,因此鲨鱼肉有一种特殊的尿臭味,几有经验的渔民都能闻出来。但当时捕到怪兽尸体的船员却无人闻到这种尿臭味;第三、如果是鲨鱼,那么具有软骨骼的鲨鱼死后半年多,是很难用起重机吊起来的。因为尸体开始腐烂时,软骨也会随之变化,尸体的软骨架无论如何是承受不了约 2 吨的身体重量。此外,鲨鱼只在肝脏里有脂肪,而怪兽有较厚的脂肪层,包裹着全身的肌肉。还有一个重要的论据,即怪兽的头部呈三角形,这是爬行类动物独具的特点。人们把怪兽的骨骼草图与蛇颈龙的化石骨骼做了比较,无论就整个骨架结构,还是就局部的鳍、尾、颈来看,都有惊人的相似之处。应该强调的是:怪兽骨骼草图是根据矢野的目测和推测画的,并不完全准确,但其结构与短颈蛇颈龙如此相像,不得不说这种蛇颈龙说是有一定根据的。日本漫画家石森章太郎根据骨骼草图,画了一幅怪兽的复原图,如果按此图看来,它可真像一条蛇颈龙。

1977 年 9 月 1 日、19 日,日本召开了有关怪兽的两次学术座谈会,与会者是古生物学、鱼类学等各方面专家。他们综合各方面意见,经过研究分析,写出了 9 篇论文。会议主持人东京水产大学校长佐木忠义于 12 月 15 日向报界发表了日本学术界研究的结论:从怪兽鳍须的化学成分来看,得不出鲨鱼的结论;从怪兽的两对巨鳍、长身体、长尾巴、身体表面都是脂肪等特点来看,是和迄今已知的鱼类完全不同的一种动物;从分类学上讲,它很可能代表全新的一大类未知的动物(海栖爬行类?)。

太平洋上的怪物到底是什么呢? 人们正翘首以待,希望有一天会再现怪兽的踪影,以揭开这个 20 世纪的一大奇谜。

神农架长潭水怪

在湖北神农架林区新华乡石屋头村和猫儿观村之间,前后至少有 20 人在同一深潭里看到几个巨型水生动物。不少目击者介绍说,每年 6~8 月,当这种怪兽浮出水面时,嘴里往往喷出几丈高的水柱,接着冒一阵青烟。水怪活动之后,天往往很快下大雨。

1985 年 7 月的一天中午,石屋头村党支部书记田世海路经长潭,长潭周围是深山老林,壑深壁绝、人迹罕至。突然,只见水面翻动,哗哗直响,冒出几丈高的水柱。他非常惊奇,再仔细一瞧,发现水中有好几个特大的"癞头包"正在向上喷水。它们的皮肤呈灰色,头扁圆形,有两只比大饭碗还要大的圆眼,嘴巴张开后足有 4 尺多长,样子十分吓人。前肢端生有五趾,又长又宽,扁形,在水中呈浅红肉质色。

1986 年 8 月的一天中午,猫儿观村农民张兆光经过长潭赶回家里,当时天气阴暗、十分闷热,他走到潭边时,见到潭中冒出阵阵青烟白雾,很快向四面散开,在烟雾中有几个巨大的灰乎乎的怪物,两眼发光,嘴巴像一只大簸箕。他以为遇上"水鬼"了,吓得连忙跑回家。

大岭村农民周政席说,1986年7月中旬,他经过长潭,发现潭中有四五个巨大的漩水涡,并且不断地移动位置,后来漩涡中的水不断上升为水柱,好像

神农架长潭

喷泉一样,接着从绿绿的水中露出几个圆圆大脑袋,两只大眼睛活像一对大灯笼,只一会儿就沉下去了。

大约7亿年前,"神农架群"地层才开始从一望无际的海洋中缓缓崛起为陆地。几经变换沉浮,到距今1亿多年前中生代,神农架一带才变为真正的陆地,但那时海拔不高,湖泊沼泽星罗棋布,气候温暖湿润,大型动物恐龙成群活动。在距今约7000万年前,神农架地层上升,海拔增高,这一时期无数古老的大型兽类如板齿犀、利齿猪等成群结队在河湖边出没。这点已从近年来神农架发掘的板齿犀化石等得到证明。可以推测,在气候环境得天独厚的神农架林区,很可能有某种远古大型动物,有幸躲过了第四纪冰川灾难而残存下来。但至于这些水生怪物是恐龙、巨蟾还是某种远古时代大型动物的"活化石",只能作为神农架又一新谜留待探索。

不明真相的海洋巨蟒

1851年1月13日早上,美国捕鲸船"莫依伽海拉号"正在南太平洋马克萨斯群岛附近海面航行。

"噢,那是什么?"

"不是鲸!从来没有看到过这种怪物啊!"

站在桅杆瞭望的海员大声惊呼起来。船长希巴里听到海员的喊声急忙奔上甲板,举起了望远镜:"唔,那是海里的怪兽!快抓住它!迅速朝怪兽靠拢!"

紧接着,船上放下三艘小艇,船长亲自带着矛,乘上小艇,朝怪兽疾驰而去。

好一个庞然大物!只见巨蟒身长足足有31米,颈部粗5.7米,身体最粗部分达15米。头呈扁平状,有皱褶。尖尾巴,背部黑色,腹部暗褐色,中央有一条细细的白色花纹,犹如一条大船,在海中游弋。船员们惊呆了!

"快刺啊!"当小艇摇摇晃晃地靠近巨蟒时,船长声嘶力竭地喊了起来。几艘小艇上的船员一起奋力举矛刺去。顿时,血水四溅,巨蟒突然受伤,在大海里翻滚挣扎起来,激起了阵阵冲天巨浪。船员们冒着生命危险,与巨蟒进行了殊死的搏斗。最后,巨蟒终于寡不敌众,力竭身死。

希巴里部长把海蟒的头部切下,撒下盐榨油,竟榨出十桶水一样透明的油!但是,遗憾的是"莫依伽海拉号"在返船时遇难,下落不明。

不仅在太平洋、大西洋、印度洋,甚至连非洲附近的海域也有许多人看到过巨蟒。

1817年8月,曾经在美国马萨诸塞州格洛斯特港的海面上目击海洋巨蟒的索罗门·阿连船长这样叙述道:"当时像海洋巨蟒似的家伙在离港口130米左右的地方游。这个怪兽长40米,身体粗得像半个啤酒桶,整个身子呈暗褐色。头部像响尾蛇,大小同马头。在水面上缓慢地游动着,一会儿绕圈游,一会儿直游。巨蟒消失时,笔直钻进海底,过了一会儿又从约180米远的海面上重又出现。"

船上的木匠玛休·伽夫涅、达尼埃尔·伽夫涅兄弟俩和奥嘎斯金·维巴三人同乘一艘小艇去垂钓时,也遇到了巨蟒。玛休在离开20米左右处用步枪瞄准它开枪。他这样讲述当时的情形:

"我在怪兽靠近小艇约20米左右的地方开了枪。我的枪很好,射击技术也完全有把握,我是瞄准了怪兽的头部开枪的,肯定命中了。怪兽就在我开枪的同时,朝我们这边游来,一靠近,就潜下水去,钻过小艇,在30米远的地方重又出现。怪兽不像鱼类往下游,而像一块岩石似的沉下去,笔直笔直地往下沉。我的枪可以发射重量子弹,我是城里最好的射手,当时清楚地感到射中了目标。可是,海洋巨蟒却好像丝毫未受伤⋯⋯"

1824年8月6日,英国巡洋舰"迪达尔斯号"的水兵们也目击了海洋巨蟒。他们从印度返回英国的途中,在非洲南部约500公里以西海面上遇到了巨蟒。

"在舰艇侧面发现怪兽正朝我们靠拢!"瞭望台上的实习生萨特里斯大声叫了起来,舰长和水兵们急忙奔到甲板上,只见距离军舰200米左右的地方,一条怪兽昂起头,露出水面的身体部分长20余米,正朝着西南方向游去。舰长拿出望远镜,紧紧地盯住这条举世罕见的怪兽。他把这天目睹的一切详细地记载在航海日志上,到了英国本土,就把它和亲眼所见的怪兽画像交给了海军司令部。类似的目击事件不胜枚举:

1875年,一艘英国货船在洛克(音译)海角发现巨蟒,当时它在与一条鲸鱼搏斗。

1877 年,一艘游艇在格洛斯特发现巨蟒,在距艇 200 米的前方水中作回旋游弋。

1905 年,汽船"波罗哈拉号"在巴西海湾航行时,发现巨蟒正与船只并驾齐驱,不一会儿,如潜水艇般下沉,在海中消失。

1910 年,在洛答里(音译)海角,一艘英国拖网船发现巨蟒,它正抬起镰刀状的头部,朝船只袭来。

1936 年,在哥斯达黎加海面上航行的定期班船上,有 8 名旅客和 2 名水手目击巨蟒。

1948 年,一艘在肖路兹(音译)群岛海面上航行的游览船,有四名游客发现身长 30 余米,背上长有好几个瘤状物的巨蟒。

据说 75 年前,摩纳哥国王阿尔倍尔一世为了捕获海洋巨蟒,还建造了一艘特别的探险船。船上装备了直径 5 厘米,长达数公里的钢缆和能吊起一吨重物体的巨大吊钩,并以 12 头猪作为诱饵,可惜未遇而归。

虽然迄今为止,有许多人目睹过海洋巨蟒,但它究竟是何类动物,还是一个谜。它会不会像空棘鱼一样,有朝一日重新被人们发现呢?

1938 年 12 月,有人在南部非洲的东南海域捕获了空棘鱼。当时,世界上没有一个学者相信这一事实。因为空棘鱼在 3 亿年前生活在海中,约 1 亿年前数量逐渐减少,在 7000 万年前完全消形匿迹了。

1952 年至 1955 年,人们在同一海域又捕获 15 条活空棘鱼,如今没有一个学者怀疑空棘鱼的存在了。

扑朔迷离的湖怪传说

的确,从一般常识来看,湖泊与海洋不同,它窄小得多,不可能有庞然大物或者人们尚未认识的动物生存着。但从世界各地传来的各种消息却表明,事实并非如此。世界上有报道有类似不明动物的湖泊和河流超过 265 个,单单在苏格兰地区就有不少于 24 处。1969 年有人在尼斯湖东南部的另一个峡湖——莫拉湖中也看到了一个长约 15 米,与尼西一样的怪兽。这个湖同样完全不通大海,并且深达 310 米。

加拿大、日本、美国等许多国家的湖中都传出发现了湖怪和水怪的消息。在加拿大魁北克市东部 190 公里处的亨加穆克湖中,有人看见一个长达 7.5 米的怪物。

发现者认为那根本不是鱼,至于是什么,他可说不上来,因为他从任何资料上也没见到过这样的怪物。它与尼西长得差不多,人们叫它"波尼克"。人们也企图捉住它,但不管怎样费尽心机,包括派出加拿大军队的潜水员潜入湖底,结果也是毫无所获。

1978 年 9 月,从日本又传来发现尼西同伙"伊西"的消息。9 月 3 日,日本鹿儿岛新宿市的一名 37 岁的男子川路丰带领全家扫墓,这之后当他们到达九州最大的池田湖畔游玩的时候,川路丰忽然叫了起来:"快看,和尼西一样的怪兽。"站在湖边的 20 多人几乎同时看见湖里有个巨大的黑色生物,浮出水面露出了两个像驼峰一样的脊背,驼峰露出水面约有 50 厘米~60 厘米,两个峰的间距据说达 5 米,估计这个生物足有 30 米长。当时还出动了汽艇追赶,但毫无结果。川路丰父子们还将所看到的影像画成了草图。自然,这成了新闻,报纸上大登特登,吸引了众多的有志者前来搜寻、探查,但毫无所获。池田湖是一个圆形的火山口湖,方圆 19.22 公里,面积 11.14 平方公里。湖虽然不大,但最深处可达 265 米,除养殖淡水鱼外,还是一种大鳗鱼的保护区。这种大鳗鱼长 2 米,体宽 50 厘米,体重 1.5 公斤。问题是尽管该湖的湖水透明度占世界第七位,可是到现在人们还是没有办法从湖里再次看到怪物的影子。池田湖的池字在日语的发音是"いは",第一个假名发音是"伊",所以人们给这个湖怪起名叫"伊西",表明它和尼西有可能是同族兄弟。

差不多与此同时,在美国东海岸也发现了怪兽——"切西"。这是在美国首都华盛顿东面从波特马克河河口伸向切萨皮克湾的海域里发现的。1978 年的夏天,对美国东部来说是一个炎热的夏季,连续好多天气温超过 30℃。大概是因为在水里太憋闷了,"切西"这个长约 10 米、圆背、长颈、小脑袋的怪物伸出了水面,有时甚至同时出现 3 头这种怪兽。发现它们的人当中还有美国中央情报局的职员,这些经过射击训练的神枪手们,迅速掏出手枪射击。遗憾的是,对于这些幽灵般的湖怪,美国中央情报局的特工们的本领也显得不够了。人们除了以切萨皮克湾的名字给这个怪兽起名叫"切西",并大肆登报宣扬之外,也就别无所获了。

此外还有消息说在俄罗斯、印尼爪哇岛等地都发现过湖怪。

奇怪的是不论是"切西"还是"伊西",人们除了偶尔一睹它们的尊容之外,却怎么也捕捉不到它们。有人以这些湖怪长久不露出水面为由否定它们的存在,认为如果是爬虫类的动物,怎么会长久潜在水中呢?古生物学家却发现:有些生活在水里的蛇颈龙头上有一个孔,原来这是它们的鼻孔,用以露出水面进行呼吸。如果湖怪也是这样的话,人们自然就很难发现它们的面貌,因为它只需把头顶露出水面就可以了,小小的头部浮在水面上很难被人看到。

一些深达二三百米的湖中,发现湖怪的事例很多,在未得出结论之前,暂且算作尼西的同类吧。于是有的生物学家说:"拜托了,请多注意深湖里到底有什么怪物吧。"如果说某些湖中确实有着人们不认识的庞然大物的话,那它们只能是祖居在湖中的了。有意思的是发现怪兽的湖,虽然面积不算大,却都很深,而且是地质年代久远的湖泊。这么多的湖怪是不是都是人们的妄谈或者神智错乱的胡说呢?看来不像。不管怎么说,尼西始终成为近代生物学上一个最大的谜。

就在最近,从新华社传来一则报道怪兽的新消息。消息威,一支新组织的国际探险队准备揭开挪威南部泰勒马克地区的塞尔尤尔湖怪兽之谜。据说这个湖中类似尼西的怪兽已困扰了当地居民达250年之久。从1998年8月4日起,探险队将在这个深水湖展开搜查,探险队队长瑞典人松德贝里对记者说:"如果湖中确实存在着一种至今人们还不认识的动物,那么今年夏天我们就要把它找出来。"看来人们探索深水湖怪兽的工作远没有结束。

欧哥波哥怪物

尽管一提到湖怪,映入人们脑海的第一个名字可能是尼斯湖,但是比起苏格兰和斯堪的纳维亚的众多湖泊,加拿大的湖泊也许提供了一个更富有成果的研究领域。许多可信的目击者都报告过,他们在加拿大的既深又神秘的内陆水域中见过奇怪的生物,并且这些报告是经常不断,而且是来自最近时期的。

1.传说中的怪物

远在欧洲人到达这里之前,土生土长的加拿大人就已在他们自己的历史中对湖怪做了大量的解释性陈述。尤其常常提到的是欧哥波哥怪物,据报告它是来自奥卡纳贡湖。这个湖很深,全长有128公里,在太平洋沿岸的英属哥伦比亚。这个众所周知的名字更像20世纪歌厅里的一首曲名,而与奥卡纳贡湖的关于那个怪物起源的真实传说联系不多。这个传说未必是真实的,一个叫老肯海克的人在这湖的附近被谋杀,人们便用他的名字命名这个湖,借以纪念他。上帝将这个凶手变成一条巨大的水蛇来惩罚他,并且判决他永远地以这种模样留在他犯罪的现场。传说中,这个怪物生活在响尾蛇岛附近的"暴风角"海面的深水岩洞中,当地的人们向水中投入小动物作为食物以平息这个怪物。这很像芬兰神话故事中的一段,在这个神话中,一个长得像巨大青蛙的动物称之为"伏迪亚诺"的水怪,时常出没于磨坊的水塘。磨坊主们往往把毫无戒备的旅行者扔进水中,喂食他们当地的"伏迪亚诺"，从而保护自己和他们的家人。

还有，根据古老的奥卡纳贡传说，在这个湖的两端以及这个水蛇喜欢出没的响尾蛇岛和传教河谷之间，人们都曾见过它。

关于奇异的水栖生物的民间传说已遍及了加拿大和北美洲。上百个湖泊和河流有着它们自己的关于怪物栖息的故事。新斯科舍省的密克马克族人有一个他们称为大水蛇的传说，居住在密克马克族人西部的阿尔冈昆族人也有这样的传说。密克马克人还有许多关于半人半鱼动物的神秘传说。在密克马克人的一个古老的传说中，英雄威斯蒂普拉娶了一位美丽而神秘的海妇人，她是虎鲸的妹妹。只要他把她留有内陆上，她就能以人的模样陪伴他。若是她再次来到海滩，她就将复原貌，并带走他们的孩子，随她返回海洋中的虎鲸家庭。在他们共同生活了多年以后，他们遇上了一次大的暴风雨，并迷了路，他们没有办法回到了海边。在海边咒语被破除了，他失去了她，她又一次回到了她在海里的同类中间。

纽约州北部的艾丽奎人讲述了一个叫"大水兽"的故事，而印第安纳州的波塔瓦托米人也有怪物居住在"大神湖"的传说。在19世纪中期，波塔瓦托米人强烈反对在当地建造一个磨坊，因为那将严重妨碍这个水兽。

再往西部去，肖尼人有一个独特的传说，那就是很久以前他们的一个伟大的英雄巫师同一个半鱼样的怪物进行过决斗。一个年轻的姑娘参与了此事，并且在使英雄打败怪物的过程中起了决定性作用。这个故事与下面的传说有着非同寻常的相似之处：圣·乔治龙口救公主；宙斯的儿子珀尔修斯救安德洛墨达，底比斯的卡德摩斯在雅典女神的帮助下杀死了一怪物；女巫美狄亚帮助贾森战胜怪物，保护金羊毛。它甚至和关于凯瑟琳·德梅迪西的离奇的故事相似。这个故事讲的是富有而又生活乏味的凯瑟琳·德梅迪西获得了一个"水怪"，并在一次水节上用它来招待客人。

2.遭遇水怪

对于俄勒冈州威拉米河的卡拉布亚人，阿塔基是他们熟知的当地水怪的名字，但是关于"尚普"这个名字可能有些含混之处。"尚普"是尚普兰湖里著名怪物的名字，人们猜测这个湖是法国伟大的探险家塞缪尔·德尚普兰于1609年发现的。这位可敬的法国航海家和无所畏惧的冒险家的确提起到他遭遇过一个可怕的水怪，但这是在更远处的圣劳伦斯河口东北方向上。

如果说多数的目击情况都是真实的，或充其量是由诚实可敬的观察者们所犯的诚实的错误，那么，发生在纽约州银湖旁边佩里地方的事件则是一桩露骨的骗局。1855年,关于湖中有一怪物的报告在当地肆意流传,并引起了极大的轰动。这些目击情况持续了两年多的时间,并且自然地吸引了许多游客。之后,当地的一家旅店发生了一场火灾,当消防队赶来灭火时,他们在顶楼里发现了这个"湖怪"。旅店店主制造了这个怪物,并用压缩空气来运转它。店主希望它在银湖上出现会吸引游客并改善他的生意。是的,这两个目的都达到了。在当初的愤怒和失望过去以后,现在佩里的居民们每年都举办一个节日,以纪念这位大胆的旅店老板的独出心裁。

关于龙王鲸、械齿鲸和欧哥波哥怪物的认真而又详细的报告往往会同意,那就是这个怪物是体长21米的某种东西。它的身体大约有0.6米厚,它的头被许多目击者描绘为长得像马、牛或羊的头,而马是被用来做比较次数最多的。

有位目击者在奥卡纳贡湖游泳时,真的撞上了一个又大又重的东西,当时她是十几岁的孩子。她向"国际隐居动物学学会"的小理查德·格林威尔做了全面的报告。为了隐匿她的身份,就简单称她为"B.克拉克夫人"吧。她告诉格林威尔说,事情发生在1974年7月的一个温暖的早晨,时间大约是8点,当时她正在湖中向一木筏游去,那木筏被用作跳水平台,距湖边有457米。在她几乎触到木筏的时候,这时她感到有什么东西碰到了她的双腿。无论它是什么,都是庞大的、很结实的和很重的东西。遇上这种意外的水下碰撞,她吃惊与恐惧的样子是可想而知的,她尽其所能快速地爬上了木筏。那个欧哥波哥怪物距离她不足6.1米,而且湖水是清澈的。据她的描述,那怪物有一个峰或一个盘状的东西,就像来自苏格兰尼斯湖报告中常常提到的那个大怪物。根据"克拉克夫人"的描述,那个峰或盘状的东西有2.7米或3米长,露出水面将近1.5米。当她观看时,它正在水中向前移动。她说它当时正在离开她,向北游去。她看到的尾巴大约在隆峰后3米的地方,她说那尾巴就像鲸鱼的尾巴,即那尾巴是水平状的,并几乎明显地分为两个部分。她估计大约有1.8米宽。这个怪物的部分游水方法是,当隆峰或盘状物进到水里时,它的尾巴便抬起来。"克拉克夫人"想起来,那尾巴曾有一度破出水面几英寸,也许接近0.3米。她看了这个怪物有四五分钟,可是她发现很难将它归类。在某种程度上,它让她想起的是鲸鱼而不是鱼,但是她也觉得,它作为一条鲸鱼又有点太苗条了。身体的颜色是深灰色,给她的印象是没有脖子,就像鱼一样,头与身体是相连的。

3.水怪究竟为何物

但是,隐居动物学专家们认为,尽管这种原始鲸鱼的化石记录表明它已灭绝了至少有 2000 万年，但它的确存在过。通常，人们把它归类为龙王鲸或者械齿鲸。

当欧洲定居者们在 19 世纪中叶来到奥卡纳贡时，他们从土生土长的加拿大人那里得知，在这个地区，一种大型的蛇状的怪物，即他们称的那伊塔卡，就住在这个湖里。这就是传说中所说的曾经是凶犯的人。

在 19 世纪 70 年代，人们在湖的两边都同时观察到它，随后有关的目击者描述说，它看上去像是一个浮动的原木，突然间有了生命，并开始独自地顶风逆流而游。

19 世纪 5 0 年代，某种东西攻击了正在穿越奥卡纳贡地区的一位商人。这种东西与已知的动物学形式或与龙王鲸或械齿鲸的进食习惯截然不符。这位商人坚持认为是某种要么有手或触手的巨大的水兽把他拉进水里，但是他努力挣脱得以逃了出来。然而，那些马却没那么幸运，它们全都淹死了。几年以后，约翰·麦克道格也遇上了类似的事情。他也是奋力挣脱并得以逃生，但他的马在这场与那伊塔卡的搏斗中丢失殆尽了。

没有什么东西可以阻止两类完全不同的水怪居住在奥卡纳贡湖，数量较少的喜欢吃马肉的食肉动物也许靠吃食草动物为生，尽管更可能的是，侵犯性较弱的种类可能是吃鱼的一类，而不是吃水草的那一类。

两种或更多种类的水怪共存的可能性（也许一类靠吃另一类为生）被 1949 年 7 月 2 日的记载所证实。当时一群目击者坐在一条船上，船紧靠奥卡纳贡湖边，他们报告说看见了龙王鲸的标本，它的一部分浸在湖水中。这些目击者看到它时，距离它大约有 27 米，他们描述它的尾巴是叉状并且是平的，与"克拉克夫人"在 1 974 年看到的完全一样，而且它的运动呈起伏状。他们报告说那个怪物的头在水下，并且推断在他们观察它时，它正在进食。

奥利弗·古德史密斯在他的名著《地球与动物界的历史》一书中对鲸鱼的天敌做了如下的评述：

还有另一种被新英格兰称之为杀手的更凶猛的故人，它就是逆戟鲸。它本身是鲸目动物，长有强壮有力的牙齿。据说这些鲸会围住一条鲸鱼，就像许多狗围着一头牛一样。有些用它们的利齿从后面进攻，有些在前面攻击，直到那个大的动物最后被累垮……据说它们很有力气，一条鱼就能拖住需要几艘船才能拖住的死鲸鱼，并把它拖到海底。

4.另一个令人惊异的报告

1959 年 7 月，米勒和马汀的家人见到了有可能是械齿鲸的亚种，但他们描述得很清楚，那就是它的头长得像蛇，而不像牛类或马类的头。在他们游湖返回的时

世界未解之谜

图文珍藏版

候,它就在他们的摩托艇后面游动着。当时正在掌舵的马汀先生调转船头,朝那怪物驶去,以便他们能靠得更近,看得更清。这时,一直跟在船后的这条械齿鲸似乎对船感到气馁了,而不愿再做任何进一步的接触。当他们从大约60码的距离上观望时,它慢慢地潜入水中,从他们的视线中消失了。当时也在船上的R.H.米勒是《维尔农广告家》杂志的编辑,他亲眼目睹了这个怪物,并毫不迟疑地将它公布于众。

1968年,一群年轻的滑水者乘坐时速为35节的动力快艇,亲眼目睹了怪物出现。谢莉·坎贝尔在离她不远的地方,看到了一头械齿鲸身体的中段,大约有6米长,这头鲸正在晒太阳,她没有看到它的首尾。她的注意力被分散了,手中的滑水绳也脱落了,这并不令人感到意外。等快艇转回来救她的时候,这个欧哥波哥怪物已移动了。谢莉说她已经清楚地看到蓝、绿、灰色的鱼鳞,在阳光下闪闪发光,就像一条虹鳟鱼。在它潜入水中之前,这些滑水者已到它身边几米的地方了,这时它快速地遁去了。他们试图驾驶快艇赶上它,但是它的速度比他们35节速度的快艇还快,不久他们便看不见它了。

另一个目击报告来自一位加拿大渔业巡逻船的船长,他说它更像是一个长着羊头的漂浮的电线杆。

来自蒙特利尔的两个游客沃森和克雷将他们所见的东西描绘为体长9米,背上长有5个波浪形的驼峰,每个驼峰有2米长,身体呈弯状的物体。驼峰的间隔大约为1米。他们说它的尾巴呈叉状,但他们只看到有一半尾巴露在水面上。

一位温哥华的游客在距她100米以内的地方看见欧哥波哥在游水。她说那真是一个别致的情景,它的头长得像马或是牛的头,闪闪发光的盘状东西就像两只巨大的车轮在水中行驶。她还解释说,它脊背上参差不齐的边缘就像大锯的锯齿。她至少见到它在水中沉浮3次,随后便沉入水中消失了。由于在来奥卡纳贡以前,她对这种怪物的传说一无所知,并且对以前人们目睹这怪物的历史也没有耳闻,所以她的证言尤其让人感兴趣。

另一个令人惊异的报告来自1867年新布伦斯威克的幻想湖。在伐木营地和湖边磨坊工作的人们描述了他们如何看到一个巨大的动物在水中嬉戏。在几年以后的1872年,他们的口述出现在《加拿大图片新闻》刊物上。据他们的描述,那动物长着桶状的头,有一副令人畏惧的大颚。据说它常常出现在冰水融化以后。这与欧洲对湖怪的调查有联系,在挪威,当冰冷的水从山湖中流淌下来时,目击怪物的次数也就明显地增加。当在相关的河流弯边,哪儿有森林磨坊,哪儿就最常常有人看到怪物。这会不会是"一片片翻腾的河水"？它总是伴随着人们目击水怪的报告，这翻腾的河水在某种程度上归咎于众多的腐烂并发出大量烟气的工业废物（也许是废弃的锯屑的积累）。反过来，那些烟气是否又给废锯屑以充足的能量，使其大量地涌出水面，使人们误以为是欧哥波哥或是它的近亲呢？也许有一两次远距离和未搞清的目击情况，但是，使谢莉·坎尔感到惧怕的并且以 35 节速度逃离滑水快艇的那个怪物绝不是由气体驱动的一团锯屑。

沃根湖位于内布拉斯加草原的中部，以前人们曾称它为碱湖。与目击情况出现最多的北方相比，它在地理上和地质上同它们完全不同。沃根怪物呈褐色，而不是呈深绿蓝灰色，一位曾报告过看到这种怪物的内布拉斯加的农民说，他曾看见它跃出水面达 6 米高。一群 5 人的目击证人也将他们与沃根怪物的遭遇记录下。据他们估计，它有六七米长。

如此之多的湖怪，它们到底哪些是真的，哪些是假的？抑或全部是真的，全都是假的？

神秘的海妖

相比湖怪，也许海妖更神秘一些。因为不管怎么样，湖里的水可以抽干，海里的水恐怕就不容易了。下面谈的便是形形色色的海妖：

布赖恩·牛顿在《怪物与人》一书中，对德国潜艇 U28 在 1915 年用鱼雷击沉英国汽船"伊比利亚"号进行了生动的描述。当"伊比利亚"下沉时，它在水中发生了巨大的爆炸。德国潜艇指挥官乔治·巩特尔·费黑尔·冯·福斯特纳和他的艇员惊异地看到，一个巨大的海怪被这爆炸抛向空中。这些德国的目击者说，它至少有 18 米长，而且看上去像一条巨大的鳄鱼，但它却长有 4 只带蹼的脚和一条尖尖的尾巴。

亚里士多德（公元前 384 年~公元前 322 年）在《动物历史》一书中写道："在利比亚，蛇都非常大。经过海岸的水手们说他们看到许多牲口的骨头，在他们看来，这些牲口是被蛇吃掉的。而且，在他们继续航行时，那些蛇过来攻击他们，它们爬上一条三层船上并将它倾覆。"李维（公元前 59 年~公元 17 年）记述了一个巨大的海怪，它甚至扰乱了布匿战争期间无所畏惧的罗马军团。最后，它被罗马军团的重型弩炮和投石器摧毁，这些弩炮和投石器被正式保留下来，用以征服围绕城市的筑垒。

《自然历史》的作者普林尼（公元 23 年~79 年）曾提到，有一支希腊部队按马其顿国王亚历山大的命令在进行探险,他们在波斯湾受到了有9米长的许多海蛇的攻击。

尽管这些海蛇状的怪物可能会是形状巨大的、速度很快地和强壮的怪物,但是与一位澳大利亚潜水员从南太平洋所报告的"怪物"相比,它们都显得无足轻重。那是1953年,这位澳大利亚潜水员使用当时最新型的设备,正进行一项破纪录的潜水。有一条4.5米长的鲨鱼尾随着这位潜水员,当这条鲨鱼盘旋地向下游到他的上方时,它似乎很好奇,并没有攻击的意思。潜水员来到一处暗礁并停了下来。在暗礁下方有一巨大的深沟。这条深沟似乎是向下永远地通向未知的黑暗世界。他不打算再往下走了,只是站在暗礁上四处观察。鲨鱼距离他有9米,相对高出他6米。

突然海水变冷了。"怪物"从暗礁下面那巨大的黑洞中冒了出来。他形容说,它是一个平平的、褐色的东西,有一个球场那么大,深褐色,而且很慢地收缩。它从他和暗礁边漂浮上去,此时他一丝不动站在那里。那条鲨鱼也没有动,或许是因为那东西从深洞中带出的寒冷,或许是因为极度恐惧(如果鲨鱼的大脑能够体验到这种心情的话)。这位吓坏了的潜水员看到,那张活生生的大被单一样的东西抓住了鲨鱼,这条鲨鱼无助于事地挣脱着,然后随着那怪物沉了下去。潜水员继续看着直到它消失在黑暗之中。渐渐地水温又恢复了,他也谢天谢的安全地返回到了水面。

那么,海怪会是什么样的呢?有没有一种全都包容的理论呢?或者,也许我们正在寻找几种适合不同目击情况的特定假设?这第一个和最可信的解释就是,我们正在注意到来自较早时代所幸存下的动物,或者我们正在注意到那些幸存下来的动物们的变异后代,它们沿着不同的演变过程进化而来。这个世界很大,它的湖泊和大洋很深,足以容纳下大量人类未曾见过的巨大的和神秘的怪物。未知领域并未完全消失,我们对大洋深处的了解不及我们对火星表面的了解。

更随意的推断也许会得出这样的可能性,即海怪不仅对我们这些陆地人是陌生的,而且对这个地球也是陌生的。体积这么大的东西需要更大的飞船,要比人类登月的飞船还要大。当然,体积的大小不会成为星际旅行的最终障碍。许多古代的人们都拜奉水神,以至于好思索的人文历史学家有时会怀疑,是否那些鬼怪似的半水生动物来自"其他的地方",也许在海洋最深的隐蔽之处留下了他们的战马、宠物或他们的后代。

正如卑尔根市的主教埃里克·庞托比丹1755年在他的《挪威自然历史》一书中写道:"假设有这种可能,即海洋的水能被排出,而且会被某种特大事故排空,那么,令人难以置信的无数的和各种非同寻常而又令人惊讶的海怪就可能展现在我们的眼前,这些都是我们完全未知的事物! 人们为海洋动物的存在而争吵,认为它们的存在是虚构的,而眼前的这番景观马上就会确定关于海洋动物的许多假设的真实性。"

柯尔湖"怪物"之谜

在人类生活的这个地球上,有着许多奥秘等着人们去探寻,而在这无数个奥秘里边,和湖泊有关系的奇异故事更是层出不穷。也许是因为湖底世界在人们的眼睛里总是有些神秘莫测的意味吧,人们对那些有关湖泊的奇怪现象特别感兴趣。苏联境内有一个名字叫"柯尔湖"的湖泊,就深深地吸引着人们。

柯尔湖在哈萨克斯坦的南部。据传说,这里生活着一只奇怪的骆驼,它的背上只有一个驼峰,浑身长着白颜色的毛,长长的脖子,还有蛇一样的脑袋。传说这里的湖水还可以为人们治各种疾病。

苏联有一个名叫安那托里·别切尔斯基的人,曾经来到柯尔湖进行考察,一个牧羊人告诉他这样一件事情:

前些日子,有一天,牧羊人正在柯尔湖边放羊。只见两个小伙子跑到湖边,兴致勃勃地脱了衣服,打算到湖里洗澡。谁知道,两个小伙子跨进湖水里,刚刚走出几步,就突然惨叫了一声。牧羊人听见叫声,急忙骑着马跑了过来,可那两个小伙子早就消失得无影无踪了。牧羊人再一看,湖面上就好像开了锅似的,沸腾翻滚了起来,吓得他慌慌张张逃走了。

牧羊人说到这儿,停了停,又对安那托里·别切尔斯基说道:"你不知道呀,这个柯尔湖简直太神奇了! 那两个小伙子出事没几天,有一次,我赶着羊群去湖边饮水。等我往回走的时候,才发现少了两只羊。看起来,这湖里的确是有一个大怪物呀! 那两只羊遇到了两个小伙子同样的不幸了。"

安那托里·别切尔斯基听了,心想:"这个牧羊人讲的故事当然不能等于事实。可是,他讲得有根有据,而且全都是他亲眼看见的。这样说来,柯尔湖里真的有一个怪物了。那么,这到底是一种什么样的怪物在湖里作怪呢?"

后来,安那托里·别切尔斯基还听当地人说,柯尔湖里还有一种特别奇怪的现象,不管是在旱季,还是在雨季,这湖里的湖水始终不多不少,总是一样的。这是怎么回事儿呢?

1974 年,安那托里·别切尔斯基又一次来到柯尔湖,这回他带了自己的儿子。

有一天,安那托里·别切尔斯基和儿子拿着猎枪和照相机在湖边散步。走着走着,他把猎枪放在湖边不远的山坡上,打算在湖边拍摄一些有趣的湖景。

安那托里·别切尔斯基和儿子走到湖边,刚刚拍摄了几张照片。突然,大量的飞鸟"呼"地一下从湖边飞起来,直扑湖面,然后不停地用翅膀拍打着湖水。它们一会儿惊叫着腾空飞起,一会儿又在同一处湖面上不停地盘旋,好像受到了什么惊吓,也好像发现湖水里有什么东西。可是,他们看了看湖面上没有一点儿动静,还是那样平滑如镜。

安那托里·别切尔斯基和儿子,你看看我,我看看你,感到非常纳闷,心想:"哎,这到底是怎么回事儿呢?"

就在这时,平滑如镜的湖面上突然泛起道道波纹,开始动荡起来了。接着,湖面上出现了一条水流,大约有十五米左右那么长,它蜿蜒迂回,慢慢地移动着,就好像在水下游动着一条巨蛇。安那托里·别切尔斯基看到这里,忽然想起了牧羊人给他讲的那些故事。哎呀,现在是不是那湖水里的怪物要出现了。想到这儿,他飞快地爬上湖边的山坡,想去拿猎枪。

可是,安那托里·别切尔斯基抓起猎枪,跑回湖边,再一看,只见湖水里蜿蜒迂回的水流开始鼓了起来,迎着湖面的风儿掀起的微波慢慢地游动着。过了几分钟,这条水流又慢慢地沉了下去,湖面上又恢复了平静。

安那托里·别切尔斯基看着那恢复了平静的湖面,想到:自己刚才亲眼看见的那些情景,就证明了这柯尔湖里边真的存在着一种动物。不过,它到底是一种什么样的动物呢?它真的就是人们传说的那种怪物吗?

这些问题,安那托里·别切尔斯基不知道应该怎样回答,但是他知道要想揭开柯尔湖的这个奥秘,还得需要人们去不停地调查、研究……

第九章　人类未解之谜

第一节　人类探秘

人类究竟从哪里来

人类从哪里来？这是千百年来中外科学家、哲学家不断思索和探讨的奥妙，人类的起源已经与宇宙的起源、地球的起源和生命的起源并列为四大起源之谜。而这四大起源之谜，又纵横交错、互相联系，若能揭开其中一个谜底，对揭开另外三大起源之谜，就是一个重大突破。

人类从来就对自己本身是怎样来的、怎样产生的关心备至，这关系到人在自然宇宙中所处的地位问题。人的地位是至高无上的，还是卑微的？

人的本质是什么？人对自然界应有什么作为？人的能力如何？……这都是我们想知道的，需要探讨的。因为，它是我们的根。

人类只有找到自己的根，才能在历史的潮流中找到发展的基点，在这个基点之上，建立起文明的灯塔，守住自己、地球以及整个星球的命运。

对于人类的起源问题，一直众说纷纭。

达尔文是19世纪英国学术界破旧立新的大师。他身患痼疾，为探讨自然规律，苦学终生。1859年他的《物种起源》一书问世，总结了他自己多年在世界各地亲自观察生物界的现象，发现自然选择在物种变化上起的作用，探索了物种的起源和进化的规律。尽管当时达尔文并没有把物种起源直接联系于人类，他只说了一句话：通过《物种起源》的发表，"人类的起源，人类历史的开端就会得到一线光明"。这本书的发表，对上帝造人的宗教神话和靠神造论来支持的封建伦理不啻发起了空前未有的严重挑战。当时保守势力的反扑顽抗和社会思想界的巨大震动，使一贯注意不越自然科学领域雷池一步的达尔文也不能默然而息。他发愤收集充分的客观事实来揭示人类起源的奥秘，终于在1871年《物种起源》出版后12年，发表了《人类的由来》这本巨著,用来阐明他以往已形成的观念,即对于物种起源的一般理论也完全适用于人这样一个自然的物种。他不仅证实了人的生物体是从某些结构上比较低级的形态演进来的,而且进一步认为人类的智力、人类社会道德和感情的心理基础等精神文明的特性也是像人体结构的起源那样,可以追溯到较低等动物的阶段,为把人类归入科学研究的领域奠定了基础。这是人类历史发展的一个空前的突破。

马克思主义诞生以后,恩格斯运用辩证唯物论和历史唯物论综合了科学的成就,全面地分析了从猿到人的过程,创立了"劳动创造人"的理论,从根本上粉碎了上帝造人的宗教迷信神话。在从猿到人的转化过程中,劳动起着决定作用。无论是手足分工、制造工具,还是语言的产生、脑的发展和思维的出现,都是在劳动中出现的。所以恩格斯说:"劳动是整个人类社会的第一个基本条件……在某种意义上不得不说劳动创造了人本身。"

1960 年,英国人类学家利斯特·哈代爵士提供了一种新的假说,他认为化石空白时期(在距今 400 万~800 万年前这一时期的化石资料几乎空白)的人类祖先,不是生活在陆上,而是生活在海中;在人类进化史中,存在着几百万年的水生海猿阶段,这一阶段在人类身上至今留下许多"痕迹"——解剖生理学方面的特征,这些特征在别的陆地灵长类动物身上都是没有的,而在海豹、海豚等水生哺乳动物身上却同样存在。例如:所有灵长类动物体表都有浓密的毛发,类和水兽一样,皮肤裸露;灵长类动物都没有皮下脂肪,而人类却有水兽那样厚厚的皮下脂肪。人类胎儿的胎毛着生位置,明显不同于别的灵长类动物,而与水兽接近。人类泪腺分泌泪液,排出盐分的生理现象,也是水兽的特征,在灵长类动物中是绝无仅有的。哈代指出:地质史表明,400 万~800 万年前,在非洲的东部和北部,曾经有大片地区生活着一种海猿。几百万年以后,海水退却,已经适应水生生活的海猿,重返陆地,它们就是人类的祖先。海猿历经沧桑,在水生生活中进化出两足直立、控制呼吸等本领,为以后的直立行走,解放双手,发展语言交流等重大进化步骤创造了条件。这使得他们"得天独厚",超越了其他猿类,进化成为地球上最高等的智慧动物。

把不同动物的生理特征进行比较,可以看出他们之间亲缘关系的远近,这是比较生理学的研究方法。澳大利亚墨尔本大学的生物学教授爱彼立克·丹通,研究了人类和其他哺乳动物控制体内盐平衡的生理机制。他发现,在这一方面,人类也与所有的陆生哺乳动物不同,而与水兽相似。

还有专家指出,人类的潜水生理相当出色,在古代猿人生活的地方,人们发现一种有名的古迹:史前贝冢。贝冢是一堆堆的贝壳,这是史前古人采食贝类动物的证据。1983 年,英国科学家爱尔默和戈顿在发现直立猿人的非洲坦拉、阿玛塔等地,研究了那儿的古代贝冢,发现这些贝冢都是生活在深海中的种类,如牡蛎、贻贝等。得掌握屏息潜水的技术,才能采集到这些贝类。很明显,这些猿人具有出色的潜水本领,这在灵长类动物中也是绝无仅有的。人类是天生的潜水家,他们屏息潜水的时间远远超过其他生物。人类在潜水时,体内会产生一种潜水反应:肌肉收缩,全身动脉血流量减少,呼吸暂停,心跳也变得缓慢。这种反应与海豹、海鸭等水生动物潜水的反应十分相似。潜水反应不是条件反射,而是由大脑高级中枢加以控制的。这种控制同时也有意识地控制着呼吸,对呼吸的精确控制调节是人类发展语言的基础,没有这种在海猿阶段形成的控制呼吸能力,人类不可能发展如此复杂的发声方法。

近些年来,一系列发现又重新唤起了人们对生命天外来源说的热情。首先是人们注意到,地球上的生命尽管种类庞杂,但却具有一个模式,具有相似的细胞结构,都由同样的核糖核酸组成遗传物质,由蛋白质构成活体。这就使人不能不问,如果生命果真是在地球上由无机物进化而来,为什么不会产生多种的生命模式?其次,还有人注意到,稀有金属钼在地球生命的生理活动中,具有重要的作用。然而钼在地壳上的含量却很低,仅为 0.0002%,这也使人不禁要问,为什么一个如此稀少的元素会对生命具有如此重要的意义? 会不会地球上的生命本源于富钼的其他天体里? 第三,人们还不断地从天外坠落的陨石中发现有起源于星际空间的有机物,其中包括构成地球生命的全部基本要素。与此同时,人们也发现在宇宙的许多地方存在着有机分子。这使许多人深信,生命绝不仅仅为地球所垄断。再者,一些人还注意到,地球上有些传染病,如流行性感冒,经常周期性地在全球蔓延。而其蔓延周期竟与某些彗星的回归周期吻合。于是这使他们有理由怀疑,会不会有些传染疫苗来自彗星? 如果是,则人是天外来客吗?

古猿是人类的远祖吗

1.达尔文的非洲猿说

英国学者达尔文在他的《人类起源与性的选择》一书中指出,人类是由已灭绝的非洲古猿进化而来的。在这本书中,达尔文既肯定了人与猿的亲缘关系,表现在身体结构、心理特征和生理特点方面;又肯定了人与猿在直立、双手、牙齿、脑、智力等方面的区别。他认为支配人猿分化的不是超自然的东西,而是生物演化的规律,即用自然选择和性选择来解释人类的起源过程中的一切变化。

达尔文认为非洲的大猿与人类最为接近，从而推测人类起源于非洲。他指出人和猿最重要的区别在于两足直立行走的行动方式，以及小的犬齿、高的智力和能使用工具等，而这些是与从树栖转变到以狩猎为主的地面生活有关的。他说，在地面生活的灵长类能两足行走，使其双手能空出来携带狩猎使用的武器。用这些武器作为一种适应方法，用增长的智力来指导武器的使用，致使大而突出的犬齿由于不起作用而变小了。

古猿

虽然也有人提出灵长类中的长臂猿甚至眼镜猴与人最为接近，但大多数人承认非洲大猿与人最为接近，详细的解剖和行为研究以至生化特性都表明了这一点。达尔文提出非洲大猿是我们最近的亲属的论点，长时期来得到各方面的支持。只是最近才有人提出亚洲的猩猩比非洲大猿与人的关系更为密切。

人类和猿类的共同祖先是否树栖？从东非中新世的原康修尔猿以及埃及法龙姆渐新世发现的可能是猿类祖先的化石表明，它们确是树栖的。这也表明达尔文的论点是正确的。对现代人和现代猿的比较解剖学研究，也证明它们许多相似之点是由于树栖生活产生的。

由达尔文的上述论点，演变成多种假设。

2.腊玛古猿与南方古猿

这是以达尔文进化论为基础而提出的传统说法。

19 世纪中叶，达尔文提出了人类起源于古猿的理论。长期以来，新第三纪（中新世、上新世）的森林古猿被认为是人和猿的共同祖先。但究竟是哪一种森林古猿，在第三纪的哪一时期，都不明确。

学者们有以下几种推测：

一是腊玛古猿。它生存在距今 1400 万年至 800 万年前，身高 1 米多，脑容量约 300 毫升，能够直立行走，可能已有说话功能。而最有力的证据是它的牙齿珐琅质"棱柱晶体"呈锁孔状，与人类的很相近。但也有学者持不同意见。

二是南方古猿。有的古人类学家认为，南方古猿是人科早期成员，它的脑容量已达现代人的 1/2 或 1/3。但也有人认为，南方古猿与"完全形成的人"是并存的，但它没有发展成为人，而只是人类旁系，并在 100 万年前就灭绝了。

20 世纪 60 年代末，西蒙斯和皮尔比姆提出，人和猿是第三纪的中新世开始分化的，腊玛古猿是最早的人科代表，而森林古猿属里的几个种则是各种现代猿类的祖先。还认为腊玛古猿是在大约 1500 万年前由一种森林古猿演化而来的，以后再由腊玛古猿演化成 400 万年前的南方古猿，进一步发展成现代人。

人的起源大致的路线是这样：中新世出现的森林古猿演化出腊玛古猿。腊玛古猿生活在距今 1400 万年到 800 万年之间，在距今 800 万年前，腊玛古猿几乎全部灭绝。腊玛古猿以后便是南方古猿。南方古猿生存的范围从大约距今 400 万年到 100 万年前。在它们身上，一方面仍然保留了若干由人猿超科祖先的主干继承下来的原始特征，另一方面，更重要的是已经进化出现了人这一支所特有的、而与猿那一支区别开来的人科的特征。

在初步解决了人的起源问题后，随着时间的流逝，科学的不断发展，化石的大量出土，古人类学家们不断深入地研究，又发现了不少新问题。最突出的问题是叫作"化石缺环"的现象，即存在着从距今 800 万年到距今 400 万年前的这一段 400 万年的化石缺环。在这段 400 万年的长时间里，没有找到任何能证明关于人类起源的中间过渡生物的化石，这就给经典的关于人类起源的理论提出了难题。在目前，西方有一部分学者认为，全世界的人种是由各种不同的古猿演化而来，此说被称为"多祖论"；另有许多学者则认为，世界人类起源于另一种古猿，属同一个物种，此学说被称为"一祖论"。

3.巨猿

巨猿也是很引人注意的一个种类。巨猿是在 1935 年由荷兰人孔尼华定名的。他在香港的中药铺里购得了大量哺乳动物牙齿化石，其中有一颗巨大的高等灵长类卜臼齿，他认为代表一个新属新种，定名为孔氏巨猿。他推测这种巨猿化石产于我国华南，地层时代大概是更新世中期。1954 年，原籍西德后入美国籍的魏敦瑞，又根据孔尼华后来购得的另两颗牙齿（前后共三颗牙齿），认为巨猿具有明显的人的性质，因而主张把巨猿改称"巨人"，并提出了人类的巨人起源说。他推论"巨人"可能是人类的祖先，然后体型逐渐变小，经爪哇直立猿人、北京猿人而发展到现代人。后来孔尼华又去南洋一带中药铺里收集到五颗可能是属于巨猿的牙齿。1952 年他根据先后得到的八颗牙齿发表论文，放弃他原来的看法，转而同意巨猿确是巨人；但认为它是人类进化系统上的一个特殊的旁支，而非我们的直系祖先。

世界各国的人类学家对巨猿是人还是猿,意见分歧,对巨猿生存的地质时代、分布地区和演变过程等也一无所知。巨猿从而成了研究人类起源一个重要问题。

1956年初,我国科学工作者在广西各地进行洞穴调查和发掘,在大新县榄圩区那屯村的牛睡山黑洞中发现了三颗巨猿牙齿。同年秋,广西壮族自治区柳城县凤山区新社冲村的农民覃秀怀在楞寨山的一个山洞里发现了一个巨猿下颌骨。有关的科学部门对这个山洞进行了长期的发掘,又发现了两个巨猿下颌骨和1000多颗单独的牙齿以及大量的哺乳动物化石,从而确定了柳城巨猿的地层时代为更新世早期。

吴汝康于1962年对这些材料进行了研究,表明巨猿下颌和牙齿的多数特征介于人类和猿类之间。猿的两侧齿列是平行的;人的齿列是向后张开的;巨猿的则既不互相平行,而向后分开的程度又远不及人类的大。人类齿列呈曲线形,没有明显的转折;巨猿在犬齿处有显著的转折,但不如猿类的显著。猿类犬齿的前后都有间隙,不与其前后的牙齿接触;巨猿的没有前间隙,但有比较小的后间隙;人类则一般是没有齿隙的。巨猿犬齿的形状、与其他牙齿的比例、磨耗情况以及两性差别也介于人、猿之间。下第一前白齿既约成扇形(似猿),又有双尖及前后小凹(似人)。

巨猿的门齿小,位置垂直;白齿齿尖呈方块型,咬合面脊纹少而较粗,有第六齿尖。这些特征都是与人类相似的。

这些新的巨猿材料,使我们对巨猿有了深入的了解。由于迄今所发现的巨猿材料仅限于下颌骨和牙齿,没有发现头骨、体骨和肢骨,它的分类位置至今仍有争论。有人认为它是人科系统上早期分出的一个旁支,有人则说它是猿类的一种特殊类型。由于其年代太近,体形太大,似乎不可能是人类的祖先,而更可能是猿类系统上的一个灭绝的旁支。魏敦瑞的人类的巨人起源说是没有根据的。现有的一切人类化石材料表明,人类的身材在进化过程中是逐渐增大而不是减小。现在也已知道,巨猿生存的时期从第三纪上新世纪更新世早期到更新世中期,分布的地区从亚洲南部的印巴次大陆到我国南方的广西和湖北一带。巨猿的身材也随着时间的推移而逐渐增大以致最后绝灭。这些研究有助于我们对人类起源问题的理解。

4.黑猩猩

美国加州大学伯克利分校的华什伯恩和他的学生以及其他一些人设想:人和猿的共同祖先最像现生的黑猩猩,人类的起源正像现在狒狒那样对稀树干草原的适应。但由于黑猩猩的解剖结构和行为特征不同于狒狒,而且两者之间存在着重要的差别。像黑猩猩那样的灵长类一旦开始像狒狒那样适应草地的生活,其结构便是向人的方向发展。因为在这种情况下的古猿,为了能够生存,必须依赖工具的使用,这从犬齿的变小上可以反映出来。工具的使用促使两足直立行走、群体关系的增进和复杂化等等。再从现生灵长类中母子关系可以终生维持的现象进一步推论,早期人科成员可能也是如此。女性对周围的环境更为熟悉,在群体中的作用比男性更为重要,因而在早期原始文化的形成中也比男性起着更大的作用。

概括来说,他们认为工具的使用、直立行走、犬齿的变小以及智力和社会行为等四种特征的相互作用是人类起源的因素。

5.小猿和残猿

塔特尔的小猿假设认为人科成员最早是由小型的猿进化而来。东南亚的小猿、长臂猿在树上经常站立起来,在地面时几乎总是两足行走,虽然这并不表明它比非洲的大猿更接近于人类,但也暗示一种在非洲的小的猿演化出了类似的行动,从而设想人类是从另一种较小的猿进化来的。它的较小的身材可以演化成像长臂猿那样的在树上两足直立行动,用手抓取食物,或是在树上垂直爬行,躯干都在垂直位置,在下到地面活动时,已能两足行走。

在第三纪后期,东非等地发生了地质上的大变化,高山地区开始变低,发生了多次火山喷发,雨量减少;许多地区因严重干旱,热带雨林为稀树干草原和空旷的干燥或半干燥的草原所代替。过去广大的连成片的森林地区成了森林、稀树干草原和草地的镶嵌物。小猿下到地面,使用工具来获取和制备植物性食物,也猎取小动物为食。杂食的食性使其有广泛的食物来源。小猿也使用棍棒来自卫,这比利用犬齿更有利:一者可与敌害进行相隔较远的打斗,二者棍棒折断时可用新的代替,而不像犬齿折断后不能代替。在地面生活,需要携带食物和棍棒,更多地使用前肢,因而能更有效地两足直立行走,向着人的方向发展。

"残猿进化说"是两位法国人——生物学家夏尔·德维耶和地球古生物学家让·夏利内在1990年出版的一本题为《进化论》的书中提出,人类的起源很可能要归功于一只有生理缺陷而不能同它的同伙一样用4条腿走路的残猿。由于在猿群中,直立的姿势更有利于吓唬对手,所以,这只病猿的生理缺陷反而成了一种优势,使它更容易接近和占有雌猿,并将"直立"遗传给下一代,从而成了两足行走的猿类以及以后的人类的始祖。

有争议的祖先栖息地

关于人类起源于非洲的看法有很多,在非洲发现了人类远古的足迹,因此,正统的理论认为人类的发源地在非洲。但是,通过对非洲狒狒所携带的一种标志基因的研究,可以断定人类不大可能发源于非洲,至少,不会是发源于非洲的大陆地带。

1976 年,三位美国癌症专家在研究非洲狒狒身上携带的一种病毒时获得了一个惊人的发现。他们发现在很久远的年代,这种致命的、传染性极强的病毒曾在非洲的灵长目动物中引发了一场毁灭性的大瘟疫。在与瘟疫进行惨烈搏斗的过程中,非洲灵长目动物的体内逐渐培育出一种可以抵制该病毒的遗传基因。三位专家发现,尽管这种病毒后来逐渐失去了危险性,但曾起到抗病毒作用的那种遗传基因至今仍存留在所有非洲灵长目动物的体内,而起源于其他地区(如亚洲和南美洲)的灵长目动物则不携带这种基因。

可以说,这种基因是所有非洲灵长目动物的一个"标记"。通过研究,一些科学家发现人类体内并不存在这种基因,他们从这个有力的依据中得出结论,人类最早的发源地并不在非洲,在亚洲的可能性更大。

然而,伊莱恩·摩根认为,仅仅根据在基因问题上所取得的研究成果并不能完全把非洲排除在外,她仍然认为后来进化成人类的那些古猿最初是生活在非洲丛林中的,只不过因为某种原因它们离开丛林来到了一个与大陆隔绝的水乡泽国。在那里,它们用了几百万年的时间完成了向人类的进化,后来又回到了大陆之上。为了给这一设想寻找依据,伊莱恩来到非洲进行考察。

可以断定,如果古猿们真的做过伊莱恩所设想的那种迁移,它们肯定是出于被迫,而不是出于自愿。它们不可能主动来到有水的地方开始学着吃力地站起身子过日子。尽管在许多年后它们的后代最终习惯了这种直立姿势,但是当时的它们是不会情愿放弃自己已经很适应了的丛林生活的。同理,在完成第一次迁移之后的几百万年里,那些古猿的后代已经适应了水中生活,当然也不会情愿回到阳光灼人、猛兽横行的陆地上去。也就是说,它们迁回陆地的举动也是被迫做出的,尽管再过几百万年后,它们的后代又能过惯陆地生活了。

迫使古猿进行迁移的最大可能的原因就是自然环境发生了变化。没有任何一片陆地的自然环境可以完全保持稳定不变,而在从坦桑尼亚一直延伸到埃塞俄比亚的东非大裂谷地区,自然环境的不稳定性更为明显。这种不稳定性的影响极为显著,它意味着,生活在这里的任何物种要么去顽强地适应环境的变化,要么在环境变化时被无情地淘汰。在非洲大陆,恰恰有这样一个自然环境变化无常的地区,在这里,环境的变化完全有可能促使生活在此的古猿做出伊莱恩所设想的那种迁移。

地质学家研究发现,在大约700万年以前,当时还被森林所覆盖的埃塞俄比亚北部阿法尔地区(在非洲大裂谷的北端)发生了地壳下陷,从而形成了一个内海。这个内海的北端连通红海,南端连通亚丁湾,它把一块陆地从大陆分割开来,变成了一个岛屿。后来,由于地质运动,阿法尔海的两个出口都被阻塞,它变成了一个内陆咸水湖。在以后的几百万年时间里,这个咸水湖逐渐干涸,最后成为一片盐碱地。这就是我们今天所看到的盐碱地层达几千英尺厚的达纳基勒沙漠。今天,这片广阔的盐碱地带的东面为达纳基勒高地,这就是当年被阿法尔海从大陆隔离出去的那个长满森林的岛屿。

根据地质学家的上述分析,伊莱思·摩根做出了这样一个推测:在阿法尔海形成的时候,一群猿猴被隔离到了现在是达纳基勒高地的那个岛屿上,并在这种独特的环境下开始了向人类的进化。正因为这里与世隔绝,所以当那场瘟疫在非洲大陆的灵长目动物中肆虐时,它们才幸免于难,这就是为什么它们没有产生那种标志基因的原因,也是它们的后代——人类——不具有这种基因的原因。在海岛上,当海水上升时,它们被迫过一种半水生的生活。后来,海水减退,达纳基勒岛重新与大陆连为一体时,它们又回到了陆地上。

由此可见,在埃塞俄比亚北部地区很可能会找到一些极具研究价值的化石。这些化石作为考古学上的发现,也能为生物学家研究人类某些特征的形成原因提供实物资料。事实上,近来已经有越来越多的科学家将注意力投向这一地区。1995年12月,一群来自意大利和厄立特里亚的科学家在盐碱度极高的达纳基勒沙漠地区(以前为阿法尔海)进行了一次考察。他们在这里发现了一块头盖骨碎片化石,一块髋骨碎片化石和一块指骨化石。经确认,这些化石的产生时间大约在200万年以前,它们是在这一地区首次发现的古人类化石。一位科考队员、来自意大利佛罗伦萨大学的地理学家厄内斯托·阿贝特兴奋地说:"这仅仅是一个开始。"

人类祖先为什么直立

人类是自然界中唯一能够直立的动物。在广大的自然王国中,没有一种动物能够像人类那样直起腰板,挺起胸膛,抬起头来,没有一种动物能够昂首阔步地行走。就是人类的近亲黑猩猩、大猩猩、类人猿也只是偶尔地直立行走,而且还是佝偻着背,弯着腰,并且只是危险来临或争斗时才这样半直立行走。其他高级的哺乳动物,无论是食肉类还是食草类,都是四肢着地,头颅在前,低着脑袋,双眼向下。

人类的直立是非常早的。1978年，人类学家玛丽在坦桑尼亚北部地区发现了几个珍贵的足迹。它们产生于400万年以前。当时，由于非洲大峡谷的桑迪曼火山突然喷发，又下了一小雨，几个人类祖先在经过时留下了具有历史意义的足迹。从足迹看，它们已经能够直立行走。1924年，南非人类学家达特在南非发现的早期的人类祖先南方古猿，尽管其头颅还非常原始，但是脚和腿却比较进步，已经具有了直立的能力，他们的大腿骨，与现代人类相差并不大。1902年，荷兰人类学家杜布哇发现爪哇猿人的化石，推断爪哇猿人能够直立行走。但因为直立的脚和原始的脑袋之间的巨大反差而遭到种种反对意见，气得杜布哇把猿人化石锁在箱子里，谁也不让看。1929年，北京猿人洞中发现著名的北京猿人，它们的大腿骨已经很进步，而头骨低平，人类学家不能理解头骨和腿骨的这种不协调，就认为这里生活着两种不同的猿人，一种是进步的猿人，直立行走的脚是它们的代表；另一种是落后的猿人，低平的头骨是它们的代表。

人类为什么会直立？这个人类学上的重要问题，有很多种假说。

一种是劳动说，或者称之为使用工具说。这种理论认为，人类祖先为了弥补体质上的不足，必须使用工具，必须解放双手；而双手的解放必须手足分工，手从行走功能中解放出来，直立有利于手的解放，以直立方式行走的类人猿在生存斗争中处于比较优越的地位，因此，这种行为方式被大自然选择了下来。同时，使用工具又促进了直立行走姿势的确立。但是，对于这种理论，有些人类学家认为尚未得到化石证据的证明。在埃塞俄比亚阿尔法地区发现了最早的人类祖先化石"露茜"，却没有发现其使用的工具或狩猎的化石证据。因此，这个理论，人类学界认为还只是一个假设。

另一个理论是美国肯特州立大学人类学家欧文·洛夫乔伊提出的携带说。认为人类祖先经常过着迁移性的生活，男性成员经常出去狩猎，寻找食物。他们的配偶也要经常地带着子女、携带食物进行迁移。女性成员迁移时要抱着孩子，带着食物，携带的能力越强，带的子女越多，食物越多，生存的机会就越大，自然选择中就越成功，就能有更多的后代。而四足着地的行走方式不利于携带食物和子女。直立行走可以用手抱孩子，可以用背背食物，在生存斗争中占有较大的优势，因此这种行为方式就被大自然选择了下来。

英国人类学家皮特·惠勒则提出了生理因素说。认为人类祖先生活在热带地区的开阔林地，那里阳光终年直射，光线强烈，气温很高。气温过高会影响大脑的功能。而直立行走的方式有利于防止高温对人体的损害，有利于保护大脑。第一，直立方式可以大大减少阳光照射在身上的面积,身体吸收的热量就大大减少。惠勒做了直立姿势和四足行走姿势接受阳光的比较研究。他发现,在中午,直立方式比四肢着地方式接受阳光的面积减少60%,也就是说,直立方式少吸收60%的太阳光热量。第二,直立方式也有利于散发热量。在接近地面的地方,因为地面和地表植被对气流有阻滞作用,大气的流动比较缓慢。风大空气就流通,热量就容易散发。直立以后,身体与地面拉大了距离,上半身远远高出于地面,身体周围的空气流速较快,就比较容易散发热量。第三,热带草原地区的地面长满了植物。由于植物的蒸发作用,近地面的空间的空气比较湿润。人体的水分的排泄与空气中的湿度有很大的关系。空气湿度大,动物身上的汗水就不易蒸发,热量散失就慢。越是干燥的地方蒸发越快,越是潮湿的地方,蒸发越慢。四肢着地的动物由于比较接近地面,它们的汗水不易挥发,而直立则比较容易散发。

直立行走使人的头长在了身体的上方,使紧固在头颅上保持头颅稳定的肌肉减少,从而有利于大脑的发展;直立使它能够眼观四方,不再只望着地面,扩大了感觉器官接收的信息量,使大脑得到丰富的信息营养,迅速地发达起来;直立也促进了手的解放,使手越来越灵巧有力,为它进一步的发展创造了有利的条件。所以,恩格斯认为直立是从猿到人过程中的具有决定意义的一步。

当然,事物有一利必有一弊。直立虽有不少好处,但又容易暴露自己,被食肉动物所发现。直立也使虚弱的下腹部暴露在敌人面前,容易受到攻击。直立也使跑动的速度慢了下来。四足行走的黑猩猩、狒狒的奔跑速度比人类快30%~40%。由于人类的直立行走姿势在进化上年代不够久远,进化还不够完善,也带来了一些新的问题。四足类动物的脊椎是拱形结构,而人类直立以后的脊椎是S形结构。从力学角度看,拱形结构比较稳定,S形结构需要强大的肌肉帮助固定。人类中间经常发生的骶棘肌痉挛、腰痛等疾病,可能与直立后提高了肌肉的固定功能有关。人类直立后,也引起了骨盆的变化,使原来的产道系统发生了改变,人类生育孩子会有长时间的阵痛,人类的难产率比较高,这可能也是直立所引起的新问题。这些问题,只能通过进化过程使各个器官进一步调适。进化不会达到尽善尽美的地步,进化常常要付出一定的代价。直立就是一个很好的例子。

人类祖先究竟为什么直立?解开这个谜还有待于进一步的考古发现。

人类的身体为什么光洁无毛

人类为什么身上不长毛,大自然出于何种原因,使人类远古的祖先身上的浓毛脱掉的呢？它身上的浓毛又是什么时候才脱掉的呢？

有人认为，人类远祖在进化中出于卫生的原因才将浓毛退化掉的。这种理论认为，人类祖先身上的毛皮是各种寄生虫的滋生之地。虱子、跳蚤等寄生虫潜伏在人的毛皮中，不仅吃人的血，而且传染疾病。特别是，人类祖先学会了狩猎以后，食肉和狩猎更容易使人的毛皮弄脏。有一种秃鹰以动物的尸体为食。吃食的时候，它常常将头伸到尸体中去，头部搞得血肉淋漓。也许头上的毛对吃肉不利，或对卫生不利，因此，秃鹰的头部的毛就渐渐褪去。人类的毛可能也是由于类似的原因而褪去的。但是，反对"卫生说"的人提出，毛皮对人类来说是不卫生的，但是对猩猩等动物同样是不卫生的，也不利于它们的生存。为什么猩猩们至今还是浓毛遍体，而独有人类赤条条来到这个世界？再说，猴子会互相理毛，人类为什么不会用工具理毛呢？

有的人类学家提出，无毛是人类学会用火后的一种自身调节现象。人类的毛皮原来是大自然赠给人类用来保暖的。在夜里，寒气袭人，有了毛皮，能够御寒。但是，人类学会了用火后，人类祖先就能在寒夜围火而坐，依火而卧，用火来驱赶寒意。而在白天，热带地区气候炎热，毛皮就显得多余。因此，人类学会用火以后，用于御寒的毛皮就渐渐脱落，成为光洁无毛的动物。但是，目前还没有证据证明人类是在学会用火以后开始成为无毛动物的。

有的学者认为，人类脱落身上的毛，是有因为这样有利于改善人的社会性。人是一种社会性动物，他要依靠社会的力量生存和发展。浑身长毛的人，彼此间比较难以识别，脱掉了毛以后，脸就具备了更典型的个体特征，更便于相互辨认。特别是，毛皮的消失对于加强人类男女之间的性的结合，稳固配偶关系有很大好处。性与触觉有密切关系。性科学的研究指出，性的结合常常依赖于抚摸、拥抱等触觉机制。人的皮肤上有许多性敏感区，这也可能是脱去了毛皮以后形成的。

还有的学者提出了狩猎说。这种理论认为，人类失去身上的浓毛，是适应狩猎生活的结果。狩猎时，猎人要对野兽进行长途的追逐，狩猎的长途奔跑又会产生许多热量。浑身长毛的动物不能迅速地降低体温，而脱去毛能更好地散热，就能在狩猎过程中处于更加有利的地位。皮毛在狩猎时显得多余，而在夜晚寒冷时，却有重要的保温作用。失去毛皮会使人类祖先耐受寒冷的能力大大下降。作为一种补偿，人类的身上产生了一层厚厚的脂肪，它在平时起着保暖的作用，但在狩猎时不影响出汗。这样，人类以脂肪代替毛皮，既能出汗降温，又能在寒冷的夜晚保暖，可谓两全其美。

近年有学者提出惊人之论，认为人类可能起源于海猿或海豚，因而身体光洁无毛。但是，也有一些学者反对这种解释，指出不一定是海生动物身上无毛，有些陆生动物也是身上无毛或少毛的，例如大象、犀牛等全身也少毛。这是因为他们身体较大足以保温，可以不需要长毛的缘故。另外，从进化看，猴子出生时全身有毛；长臂猿出生时，背部有毛，身体其余部分的毛是出生一周后才生长的。大猩猩出生时只有头部有毛，身体其余部分无毛，在成长过程中，毛才长满它的全身。人类出生时，也只有头部有毛，成长后体表局部有毛。从猴到人，体毛是逐渐退化的。这不能支持"海生"假说。也有的学者提出，海洋生活的某些动物，如海狗，身上也有毛。有毛无毛，是在于体形的大小是否足以保持体温。

人类为什么光洁无毛，它究竟给予人类以什么样的好处，至今还是众说纷纭。还需要人类学家继续深入的研究。至于人类是什么时候脱去了毛皮，是在腊玛古猿、南方古猿、还是直立人阶段或别的人类发展阶段完成了脱毛的变化，人类学对此更是所知甚少，悬案甚多。

神秘的人大脑

我们对具有特殊才能的人，开始从科学上加以探索，一直到今天，人们正期待着哪怕是最微小的突破，都可以推进研究。但是，目前人类对于自身大脑的了解还不多，真正想揭开这个谜，恐怕还有待来日。

每个人都知道，智力是人类的特性之一，简单地说，智力就是成功地进行心智活动的能力。它涉及记忆力、推理力、创造力以及其他许多的心智能力。在表现形式上，有的人记忆强，但创造力差；有的人不善于抽象推理，但只要粗略地看一下图纸，就能做一个复杂的小橱柜；还有的人，对周围的环境毫不关心，沉湎于幻想，致使他感情或表情、行动、意志的表达、学习等方面表现很差。这种病态表现在医学上称之"孤独症"。但另一方面，这种人对于自己感兴趣的事却又表现出异常敏锐的反应，显示出天才的能力，心理学上又将这类人称之为"白痴天才"。像这样具有特殊才能的人，在孤独症患者中约占百分之十左右。

美国青年迈克尔·希基已经20岁了，可至今尚没有说过一句完整而通顺的话，他一双清澈明亮的大眼睛炯炯有神，与其举止十分不谐调。他仿佛像丢了魂似的，天天坐在椅子上，常常晃动着身体，嘴里总是在不停地嘟囔着。但是，每当他玩起复杂的魔方时，犹如换了一个人，他那么专注，聚精会神。一个乱了套的魔方很快就能调好，比魔方大师詹·诺尔斯的最快纪录还快了8秒，表现出让人难以理解的非凡才能。

美国纽约州立发育障碍基础研究所的心理学家路易·希尔曾对美低能者做了一次调查。他说,低能者与孤独症患者在缺陷和才能方面有很大差异。但在发挥特殊才能方面有相似之处。如日历计算、艺术才能、摆弄机械、数学、特殊记忆,以及由于嗅觉等感觉器官发达所特有的异常识别能力。一般具有最后一种能力的人很少见。例如在阿斯伍德精神病院被称作天才的普莱恩(1912年病逝)他在机械方面就有惊人的才能。他做了一个名叫"格莱德·伊斯"号客轮的模型,光是固定船体3米长的板材就用了125万根销针,整个模型十分精致,而且能在水上行走。令人惊讶的是,普莱恩从来没见过大海和湖泊,就连轮船也没见过一次。他仅仅是根据手帕上画的船这点线索而制作的。

为了查明这种特殊的才能,希尔专程去拜访了住在纽约斯塔滕岛一位年近60岁,名叫罗巴特的低能者,花了7年时间,对他进行彻底的调查。

罗巴特只要听一遍乐曲,就能用11种乐器演奏出来。他能记住所有重要的日期。特别是他具有日历计算才能。只要随便给他一个1937年以来的日期,他马上就能说出该日期是星期几。反过来,如果告诉他星期几,也能正确说出它的日期。

对于这种日历计算,学者历来认为是来自"电影式记忆",但希尔表示异议。他曾让罗巴特看几张照片让他记忆,可过了一会再问,罗巴特什么也想不起来了。这说明他的特异才能并不是因为学习能力强。通过实验,希尔发现了罗巴特所具有计算日历奇能的秘密在于自始至终地集中精力,不知疲倦和不厌其烦。希尔说:"他把世界中的其他一切事物排除在外,只对自己感兴趣的事集中精力"。至于他如何产生这种集中力还没有搞清楚。

时常有人问:"特殊才能者为什么能完成一些不可思议的事情?"对此,圣达戈儿童行为科学研究所所长利姆兰德说:"正常人自己想干什么就动手去做。譬如签名、把匙子放入口中等简单行为,没有必要做什么说明。但是特殊才能者就完全不一样,因为他们考虑问题时集中百分之百的精力,而我们只集中百分之五十的注意力。看来,他们的脑子确有一些缺陷,主要表现在只存贮记忆而不能处理从外部来的刺激。"因为对刺激可能反应的范围被限定,所以,他们不可能进行一般化、抽象化思维,可是却表现出非凡的集中力。利姆兰德将这样的功能叫作"缺陷滤波器",并推测这种滤波器存在于大脑中与"敏捷性"有关的区域,即在网状激活系统附近。但遗憾的是,这种滤波器至今尚未被科学家们发现。

人类已对大自然认识的很多、很广了,但是对自己的大脑却了解得太少太少了。在古时，人类将自己的功能活动错误地认为是心脏的作用。所以，"心里想"这句话流传到今天仍被人们常说。其实"想"是大脑的功能。

那么，人的大脑是怎样进行思维的呢？这仍是个不解的谜。经过研究，人们仅能知道，人的大脑平均有1400至1600立方厘米，包含有150亿个神经元（细胞），每个神经元可以接收几千或几万个神经元传来的信息。同时，它也可以向几千或几万个神经元传出它的信息。就是说，进行信息传递。后来又发现，在信息传递过程中，有些物质参加传递活动，例如乙酰胆睑和5-羟色胺。而且还知道这种信息传递是分区域的，视觉、听觉、触觉、味觉、嗅觉等感觉都可以在大脑皮层上找到相应的区域。但是，我们在认识自然和社会的时候，经常是既看又听或尝、或触同时进行的。那么，大脑是如何进行这种复杂的综合性活动的呢？

还有，部分科学家认为，人的左边大脑管抽象思维，右边大脑管形象思维。可是，因病或因伤而切除半边大脑后，并不影响他的正常抽象思维和形象思维，这是为什么？

在美国加利福尼亚州，有一个美丽的姑娘维娜，现今已有24岁。她一生下来就右半身麻痹，丧失知觉。每隔3至4天还要发一次精神性癫痫病。经检查发现，维娜姑娘的病是大脑左半球先天性缺损引起的。根据医学上的理论，人体大脑分左右两个半球，中间被白色的纽带叫作"胼胝体"串联着。胼胝体由大约20亿根神经纤维组成。每根神经纤维每秒内约可传递脑电脉冲20次，整个大脑之间一秒钟便可以传递脑信息400亿次。因此，我们的身躯才能灵活协调地生活和劳动。人体的大脑左右半球各有分工：左半球管右半身，右半球管左半身。维娜姑娘因大脑左半球先天缺损，使得右半身先天麻痹。当代医疗科学的发展给维娜带来了希望，这就是切除她缺损的大脑左半球，使她成为一位半脑人，从而医治她的麻痹瘫痪症。起先，其父母和她本人说什么也不肯做这样的手术，要打开头颅壳，还会有命吗？

医生在进行"半脑人"手术之前已经进行过大量动物的实验，并取得了成功。医生用事实说服了维娜和她的父母，同意做切除手术。果然，手术后她不但没丧命，而且活得很好。右侧手脚也可以活动了。两个月后出院时，她的四肢可以行动了。

这个奇迹轰动了世界医学界，人们无不惊讶：世界上竟然出现了半脑人！

喜讯又传，第二个半脑人又出现了。他与维娜姑娘不同，是个57岁的老司机，因车祸脑震荡而不会讲话，右半身也瘫痪了。外科大夫说服了家属，给他做了切除脑左半球的手术。5个月后出院时,老司机又可以自由行动了,这又是一桩奇迹。

这意外的成功,给人以极大的启示,作为大脑两个半球,并非缺一不可,它完全可以像人肺一样,切除一半后,留下的部分仍能使人正常生存。

人体的潜力之谜

人体的潜力是指人体内暂时处于潜在状态还没有发挥出来的力量。科学家发现,人体的潜力相当惊人,有待于人们研究、挖掘。

炼钢炉前,炼钢工人挥汗如雨。正常人究竟能耐受多高的温度呢?英国皇家学会的医学博士布勒登,就这个问题亲自进行了一次试验。他钻进一个正在加热的密闭屋子里,温度逐渐升高,甚至超过100℃,他在那里呆了7分钟,感觉呼吸尚好。后来他感到肺部有"压迫感",心里有"焦虑感"。他走出热屋子,自己数了数脉搏,每分钟跳144次。若不是他亲身进行了这次试验,谁会想到人体能耐受这么高的外界温度呢?

在智力方面,人的大脑大约共有140亿个神经细胞。而经常活动和运用的不过10多亿个,还有80%～90%的神经细胞在"睡大觉",尚未很好地发挥作用。美国的一位科学家认为,健康人的大脑,如果一生中始终坚持学习,那么它所容纳的知识信息量可达到52亿多册书的内容。

人的毛细血管,占全身血管总长度的90%,它的血容量比动脉里的血要高600～800倍。但是,在一般状态下,只有1/5到1/4的毛细血管开放,其余全部闭合,处于没有发挥作用的状态。人体肺脏中的肺泡,经常使用的也只是其中一小部分。不论是血液循环系统,还是呼吸系统,潜力都是很大的。通过锻炼身体可以发挥潜力,提高肺活量和增大血管容积。

人在遇到紧急情况时发挥平时所没有的力量,如为了救人,一个弱女子猛地掀起了重物;一个老婆婆在夜间碰上恶狼,结果将狼打死。这都是人体潜力在紧急关头发挥出来的结果。原来,人体的肌肉和肝脏里在平时贮存着大量的"三磷酸腺苷",简称ATP。ATP就是能量的来源。在正常情况下,人体只需要一部分这种ATP提供能量就可以了。一旦遇到紧急情况,大脑就会发出命令,让全身所有的ATP立即释放出来。命令下达后,身体能量剧增,就能做出平时想象不到的事情来。

科学家估计,目前世界上大约有50%以上的疾病不需要治疗就能自愈,这也被认为是人体潜力的作用。这种潜力包括人体免疫系统的防御作用和自身稳定作用等。能不能让更多的疾病不经治疗而自愈呢？这是现代医学探讨解决的问题。比如癌,现在被认为是"不治之症",可是也有靠人体潜力使癌消退的例子。人体使癌消退的潜力在哪里？这还是一个谜。

人体最引人注目的潜力是"自调自控作用"。中国的气功和印度的瑜伽术,就是这方面作用的例证。气功师的表演,常常令人瞠目。在我国,气功已经有效地应用于治疗多种疾病和保健。

人体具有多方面的潜力,有些已经通过体育锻炼和练气功等方法发挥出来,并在理论上得到阐明。还有更多的潜力尚没有被人们所认识。进一步研究人体潜力,挖掘这种潜力,对于增强人类体质和工作能力都有重要意义,同时也是人类对自身的深入认识。

人有"第三只眼"吗

在神话传说中,许多神仙有3只眼睛,除正常的一双眼睛外,另有一只眼睛长在额头上,而且这只眼格外有神力。《西游记》中的二郎神就是用这第三只眼看出小庙是孙悟空变的。《封神演义》中的闻太师也有3只眼。民间传说中的"马王爷"同样有3只眼,民间不是有句"不知马王爷,长着3只眼"的俚语吗？

神话归神话,自然与现实不同。不过,也许你想不到,其实你、我、他,虽然不是神仙,却同样长着3只眼！

希腊古生物学家奥尔维茨,在研究大穿山甲的头骨时,发现它两个眼孔上方还有个小孔,成品字形,这引起他很大兴趣,经反复研究,证明这是个退化的眼眶。这个发现,在生物界引起了震动,各国的生物学家纷纷加入研究行列。结果发现鱼类、两栖类、爬行类、鸟类、哺乳动物甚至人类,都有3只眼睛。我们通常忘记了自己的第三只眼,或是从来没有想过它的存在,这是因为这只额外的眼睛已离开原来的位置,深深地埋藏在大脑里,位于丘脑上部,并有另外的名字——松果腺体。

在大多数脊椎动物中,例如蛙,第三只眼见于颅顶部的皮肤下。蜥蜴的第三只眼虽然被鳞片遮盖着,但也能在皮下找到。科学家们发现,冷血动物把第三只眼当作温度计了,可以测量周围的温度。在两栖动物中,第三只眼可根据光的强弱调节皮肤颜色。而人的第三只眼已经变成专门的腺体,而且很独特,除了松果腺体以外,再也没有其他腺体具有星形细胞,这不是普通的细胞,它在大脑半球中含量十分丰富。至于腺体和神经细胞为什么如此盘根错节地缠绕在一起,人们还不太清楚。

现在第三只眼的功能和眼睛相比虽是"差之千里",但还是有点"藕断丝连",松果腺体对太阳光十分敏感,它通过神经纤维与眼睛相联系。当太阳光十分强烈时,松果腺体受阳光抑制,分泌松果激素则少;反之,碰到阴雨连绵的天气,松果腺体则分泌出较多的松果激素。松果激素有调节人体内其他激素含量的本领,因此当阴天时,松果腺体分泌出较多的松果激素,而甲状激素、肾上腺素的浓度相对降低,这些激素是唤起细胞工作的,若相对减少,人就显得无精打采、萎靡不振;天气晴朗时,松果腺体受到强光的抑制,体内其他激素增多,人们就显得生气勃勃、情绪良好。另外,通常人晚上的血压比白天低,这也是因为晚上没有阳光,人的松果激素增加,压抑了其他激素的缘故。

在人和动物身上的实验表明,尽管松果腺体的功能可能随时间推移发生变化,但是从生到死,它一直在积极地起着作用。这是因为,人们发现在第三只眼的组织中含有钙、镁、磷、铁等晶体颗粒。新生儿根本没有这种奇怪的"脑砂",在 15 岁以内的孩子中也很少见,但是 15 岁以后,"脑砂"的数量开始逐年增加。俗语说:"眼睛里容不得沙子。"如果眼睛里落进小沙粒,人无法忍受。可是第三只眼中有那么一小堆沙子,竟不会影响它本身的功能,这真是令人难以置信。

人的智慧来自何方

美国《科学》杂志公布了有关人脑研究的最新成果,对已经争论了一个世纪的问题进行了总结:究竟人的智慧是从哪里来的呢?

20 世纪的 100 年间,科学家们对这个问题的争论分成两派:一派叫作共同派。他们认为:人类总的智慧是整个大脑共同区域的产物,但是不同的人也会在不同方面有自己的特长。这种观点在 20 世纪上半叶占上风;当时科学家们通过一系列的智商测验发现,有些人在一系列领域一系列科目分数都很高。

另外一派叫作特别派。他们认为人类完成某一种具体任务的时候,需要某一种具体的智慧,他来自大脑当中的某一个具体的区域。这种观点在 20 世纪下半叶占了上风。目前世界各国的学生教科书里,大致上采用这种说法。

但是,美国康涅狄格州著名的耶鲁大学心理学家罗伯特教授经过长期研究,和同事们取得了以下共识:如何去检测人类的能力?不能光是从分析能力来看,而是还应该从创新能力、实践能力来分析。而这么多能力,并不是在人类的头脑的某一个具体区域产生的,它是人脑各个区共同的结果。而长期以来反映人类智慧的种种测试,包括大学入学考试,大部分片面强调分析能力,忽略了创新和实践的技巧,而这些对于 21 世纪人类的发展来说则是特别重要的。

美国耶鲁大学科学家们还指出：特别派科学家们依据的是实证法，他们发现：当人们从事某一种具体活动的时候，大脑某一部分特别兴奋特别活跃，但是这并不能说明就是这一部分产生了具体的智慧。美国科学家们强调说：绝对不能说，大脑的某一部分好像有一根电线那样接通人类从事某一种具体活动的智慧；尤其是，人们在学习、实践、创新的过程中，会反过来改造大脑。

在探讨人的智慧的来源的同时，美国科学家在最新一期英国《自然》杂志上报告说，脑细胞是可以"涅槃"的。他们通过激活实验鼠大脑皮层深处的干细胞，成功地使干细胞发育成脑神经细胞，取代了受损的脑神经细胞。这是科学界首次发现哺乳动物的脑细胞可自我修复。

美国哈佛医学院的科学家杰弗里·麦克利斯等人的这项新成果，被认为是神经细胞生物学研究中的一个新突破。如果深入了解其中机理并控制这一过程，有可能为治疗各种脑损伤疾病找到新途径。当然这一成果离临床应用还有较远的距离。

此前科学界一直认为，哺乳动物的脑部过于复杂，其脑细胞病变、损伤或死亡后是无法自我修复的，因此目前治疗脑病主要靠体外培育脑细胞，然后移植到脑部。直至不久前人们还认为，在胎儿期非常活跃的干细胞，在成年人的脑部已经不存在了。但近来有研究发现，鼠类的前脑中存在有这种未成熟的脑细胞，而且在大脑皮层的特定区域，干细胞能发育成为成熟的脑神经细胞。

麦克斯等人认为，在成年哺乳动物脑部，胎儿期控制干细胞发育为神经细胞的机能虽然受到抑制，但这种机能还应该存在于 DNA 编码中。如果重新激活这一机能，脑细胞就能自我修复。他们设法使实验鼠大脑皮层部分自然死亡，并激活干细胞。结果发现，干细胞开始增殖，并逐渐发育成为脑神经细胞，而且其轴突与其他细胞相连，完全取代了死亡的脑神经细胞。

人类聪明已到极限了吗

近 10 年来，全球信息总量爆炸性增长，世界上每过 1 小时即产生 20 项新发明，每过 1 年就会新增 790 万亿条信息。世界发生着翻天覆地的变化，人类将进入经济全球化、知识密集化、信息网络化的知识经济时代。20 世纪下半叶人类发明的电子计算机，对人类的贡献惊人。仅在美国，每年由计算机完成的工作量可代替 4000 亿人的劳动。由于当代科学技术的突飞猛进，人类一年创造的财富是 20 世纪初的 19 倍。

人类是否会以近 10 年来的速率,继续创造发明,越来越聪明?是否会随知识、信息的加速增长,聪明程度也会加速提高?

以研究未来学著称的一个英国科研小组提出,人类大脑的进化已接近极限。也就是说,如果不借助外来因素,未来人类不会比现在的人聪明很多。这个科研小组根据他们给出的人类大脑进化数学模型,分析指出:人的神经元数与神经网络规模,决定人的大脑接受、处理、利用信息的能力,也就是决定人的聪明程度。而人的大脑的脑容量是所有灵长类动物中最发达的。其中包括 100 亿到 1000 亿个神经元与 100 万亿个神经元之间的联结线路。由于直立行走,大脑处于供血的心脏的上方,限制了大脑调动全部神经元与联结线路的能力。该模型认为,人类目前只能使用大脑最大的信息处理能力的 20%。如果超过这一极限,大脑会出现供血不足的现象。只要未来的人类直立行走的模式不变,这一情况好不到哪里去。

但也有科学家不同意人类聪明已到极限的悲观主张。认为在知识经济的时代,人类接受与处理信息能力的极大提高,会促进大脑进化出现结构性变化。人的不同区域的神经元与神经网络可能出现进一步分工以提高信息接收与处理效率,这很可能使未来的人类比今天的人类聪明得多。

还有科学家从人类基因的角度探讨人类聪明问题。英国伦敦精神病学会最著名的行为遗传学家罗伯特·普洛明领导的研究小组,研究了智商悬殊的 300 多人的遗传基因——脱氧核糖核酸(DNA),从被试者身上采集到的细胞,已作为永久性活体培养基因存了起来,以供随时从中离析出任何与智能有关的基因。研究小组报告指出,基因对各人在智商测验中的智力差异产生约 2% 的影响,这一比例虽然微不足道,但对人的聪明程度与智力遗传产生很大的作用。人的聪明程度与智力遗传取决于许多不同的基因,其数目可能多达 100 多种。普洛明强调,基因在人们的智力方面扮演软环境更为重要的角色,"教育固然使他们的智力大为改善,但他们的差异多半是由基因造成的。"按照普洛明的研究成果,基因限制了未来的人类比今天的人类加速的聪明起来。

普洛明的研究成果引起一些科学家的批评。分子医学会会长哈珀教授在《行为遗传》杂志上著文,认为普洛明研究会导致人们为追求聪明的后代在缺乏科学依据情况下对胚胎与胎儿进行"基因筛选",因而是不可取的。由于科学界的异议,英国医学研究委员会决定暂缓考虑对普洛明的研究小组追加数百万英镑的科研经费。

近年又有学者用重大创造发明衡量人类聪明程度,认为人类的重大发明基本上已到极限,科学发展已到终结阶段。但这一观点很快遭到众多学者的批评与否定。持乐观论的学者甚至认为,从人类长远的未来来看,今天的科学水平远未成熟,还只是处于相当幼稚的阶段。

人类聪明究竟是否已到极限?人的智力是否真像人的 100 米短跑速度与人的跳高高度等已近体力极限?是否必须依靠外来因素,例如植入具有聪明基因的芯片,才能在聪明程度上再做飞跃?这一大难题在 21 世纪是否能做出满意的答案。

人脑存在特殊的"记忆区"吗

1998 年 3 月 6 日,美国白宫为迎接纪元千年盛事,邀请了英国著名物理学家斯蒂芬·霍金,做题为《想象和变革:未来一千年的科学》的"千年系列讲座"第二讲。克林顿总统夫妇与几十位科学家饶有兴趣地听霍金上课。霍金的讲课幽默、深邃,内容涵盖时空、宇宙、生物技术、信息科技等,其知识之丰富令人叹为观止。这位出生于 1942 年的当代科学家,在宇宙黑洞、量子论与宇宙起源等方面提出许多重要理论,被公认为继爱因斯坦之后最伟大的物理学家。

早在 21 岁时,霍金就被诊断患有神经元系统绝症,逐渐发展为身体瘫痪与不能讲话。但他靠顽强的思考与记忆,在与疾病做斗争中进行他的科学探索。他回忆道:"当我上床时,我开始想到黑洞。因为残疾使这个过程变得很慢,我有较多的

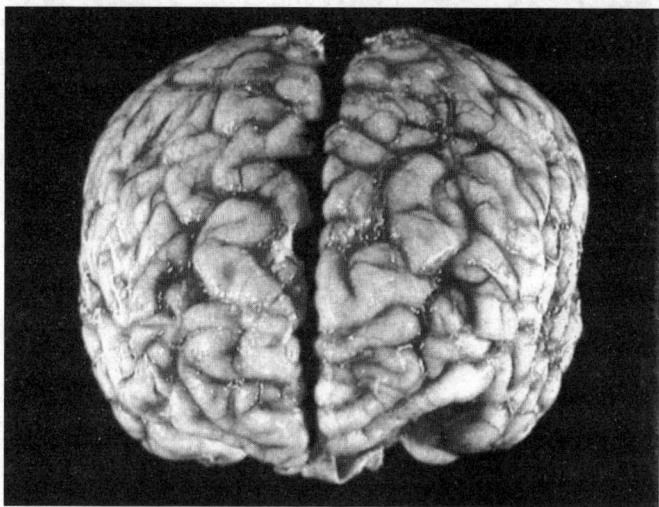

人脑

时间去考虑。"科学天才霍金为人类的记忆之谜提供了一个全新的研究资料。

传统心理学认为记忆是过去的知识、经验在人脑中的反映，而认知心理学则认为记忆是信息的输入、储存、编码和提取的过程。一个正常成人的大脑重约 1400克，分为左右两个半球。大脑皮层是脑的最重要部分，是心理活动的重要器官，其展开面积约有 2200 平方厘米，厚约 1.3～4.5 毫米，结构和技能相当复杂。那么，输入的记忆信息储存在脑的什么部位呢？不同的学者有不同的看法。

持定位学说的学者认为，不同类型的记忆信息储存在大脑的不同部位。早在1936 年，加拿大著名神经外科医生潘菲尔德在癫痫病人完全清醒的条件下，为病人进行大脑手术。当他用微电极刺激病人的"海马回"的某些部位时，病人回忆起了童年时代唱过的但却早已忘记了的歌词。在潘菲尔德的开创性发现之后，又有许多研究者为这种定位说提供了临床上的证据。苏联神经心理学家鲁利亚研究发现，大脑额叶与语词类的抽象记忆有关，丘脑下部组织则与短时记忆有关。还有一些研究成果表明："杏仁核"与内部事态的记忆有关；"尾核"与自我中心的空间记忆有关；"海马回"与时间、空间属性的记忆有关。

持均势说的学者则认为，人脑中并没有特殊的记忆区。美国心理学家拉什利在动物身上所做实验表明，学习成绩与大脑皮层的特定部位的切除关系不大，而是与切除的面积大小有关。切除面积越大，对学习成绩的影响也越大。因此，拉什利认为，每一种记忆痕迹都与脑的广泛区域有联系，保存的区域越大，记忆效果越好。

另外一种关于记忆的学说是"聚焦场"理论。它认为神经细胞之间形成复杂的神经网络系统，没有一个神经细胞可以脱离细胞群而独立储存信息。记忆并不是依靠某一固定的神经通路，而是无数细胞相互联系作用的结果。

近年来，由于激光全息理论的出现，有人提出了记忆的全息解释，认为记忆储存在脑的各个部分，而每一部分都有一个全息图。因此，虽然每人每一时刻要死去一些脑细胞，但这并不影响记忆的存储。心理活动必须以一定的生理机制为基础，因此揭示记忆的生理机制之秘会为记忆之谜打开一条通路。但由于生物神经系统的复杂性，有关记忆的生理机制仍然有许多问题悬而未决。

神奇的心灵感应

其实，人人都有"第六感觉"，即心灵感应。做母亲的"第六感觉"是任何人都无法比拟、无法了解和解释的。尤其是，当她的子女发生危险时，她的这种感觉最强烈，而且有时竟能把心中的呼唤用一种神秘的人体波发射到子女的身边，为他们指出求生之路。

这里有一个典型的故事可以印证以上的说法。世界上著名的逃脱专家侯蒂尼可以被关在一个上几道锁的铁箱里,放在冰窟窿之中后神奇般地脱险,而且无人知道其奥秘。但有一条,他在水中的箱子里时,如果在几分钟内没有出来,就会发生危险。有一次表演中,几分钟过去了,观众们认为侯蒂尼的这次表演注定失败了。但他的一位好友坚信他一定会从冰窟窿中爬上来,他绝不会死去。果然,被冻得半死的侯蒂尼艰难地爬了上来。他一苏醒过来,便告诉好友:铁箱子入水后,没想到顺水而下了。等他从铁箱子中出来,却找不到原来的冰窟窿了。在危难之中,他突然听见了母亲在呼唤他,于是他顺着母亲的声音又游到了原来的冰窟窿处而脱离危险。

令人不解的是,侯蒂尼的母亲当时住在另外一个城市里,对侯蒂尼的举动是看不见的。可是更令人不可思议的是,当侯蒂尼脱险后向母亲打电话报喜时,有人告诉他说,他的母亲已在几小时之前离开了人间。那时,侯蒂尼的表演还没开始呢!是什么原因使其母在逝世前预测到儿子的大难临头呢?又是什么原因能使一个母亲在死后为儿子引导求生之路呢?但有一点是任何一个人都无法否定的事实:母亲的爱是最伟大的,最有力的!

这个事例实际上就是母子之间的心灵感应。

在100多年之前,人类之间所蕴含的心灵感应现象就已引起了科学家的注意。

1882年,美国芝加哥大学的物理学家洛斯冒天下之大不韪,创办了一个"神灵学研究会",专门从事一些令人难以捉摸的"荒诞"事的研究。他的研究当时被学者们认为是蛊惑人心的巫术,而受到猛烈的围攻。

洛斯把他精心收集的一些事例,记录在《神灵学会会志》一书之中。

有一次,洛斯把两名具有心灵感应的妇女迈尔丝和兰希琼,分别安排在相隔百公里之遥的两个城镇,使她们没有任何联系,然后让她们进行传感接收。迈尔丝在尉尔特市拍下一张纺织厂的外景照片并默记下来,用她的"心灵感应"把纺织厂的形象传给在苏格兰的兰希琼。

兰希琼从来没到过尉尔特,但在她接收了迈尔丝的"传感"之后说:"那边有一瀑布,似人工所造,广而平,高约两三米。也可能是工厂排出的污水。还有栋房屋,旁边有一棵白杨树。"随手她画出了一张草图,这张图与纺织厂外景相片相差不远,而她所说的景色,与相片中几乎完全一样。

另外还有一件事也说明人能传感。一位有传感能力的人在自己脑海中想到一本小说的一段情节:灯塔内有一个男人倒在地上,一个妇人正俯视他时,发现他已死亡。

另外一位心灵感应者在一间密室中，两个人互不相识，在密室中他接收到了前者的传感，并且说："我知道他在想什么，这是个恐怖的场面。在一个圆塔内，有一男一女，女的已看见男的死了。这是书中的情节，我曾经看过这本书。"

当时在场的 10 多位学者都感到惊诧。他们要再作一次试验，以求这个测验的准确性。

传感者在默想："两个儿童在火车站台上奔跑着，欲登上将开动的火车。"不久，密室中的接收者便对学者们说："这与火车站有关，两个孩子在人群中奔跑，我想这与巴锡尔车站有关。"

完全正确！传感者正在巴锡尔，他想象中的车站确是巴锡尔车站。

人的心灵感应就如古诗中所说："心有灵犀一点通。"而这种现象在双胞胎之间显得更强烈一些。

现今世界上每诞生 96 个婴儿，就有一对是双胞胎；每诞生 400 个婴儿，就有一对是同卵双胞胎。同卵双胞胎儿是同一个受精卵分裂发育而成，他们有着完全相同的基因，就是说，他们按照同样的基因图纸发育而成。他们绝大部分是同一性别，面容酷似；爱好、成就、行为方式也十分相似。

同卵双胞胎儿之间的信息感应现象至今令人难解。美国有对叫吉娜和吉尼的同卵双生女，姐姐吉娜有一次患阑尾炎，吉尼陪着姐姐去医院动手术。姐姐被抬进了手术室，妹妹在门口等候，约过了半个小时，吉尼感到肚子仿佛被刀割破了，她疼得脸色发白。与此同时，医生们正在给吉娜动手术，她在手术台上痛得大叫。在同一个时间里，在同一个部位，手术室内外的姐妹俩有着相同的反应。研究人员指出：同卵双生子还常常在相似的时刻和相似的部位生相同的病。有一对从小分离的双生子，哥哥在城市里长大，弟弟在乡下长大。17 岁的时候，哥哥的肺直尖患了结核，乡下的弟弟也同样生了此病。

那么，同卵双胞胎为什么会有感应现象呢？信息是怎样在两个大脑之间传递的呢？双胞胎的同步生病现象又是怎么发生的呢？这些都是科学家感兴趣而又正在探索的难题。

"超感知觉"的奥秘

20 世纪以来，随着人类对自身心理、生理及各种超常规现象的探索和研究，超感知觉也日益引起人们普遍的关注和浓厚的兴趣。同时也引起不少的争论，人类究竟有没有超感知觉？这是个困扰人们多年的谜团，虽然现代科学家、心理学家对此进行了不少深入研究，但仍没有确凿的定论，反而又增添了新的谜点。

据有关资料多次报道，有些举足轻重的人物，在生活中面对一些极端重要甚至涉及自身前途和命运的大事需要做出重大决策时，往往并非绞尽脑汁，深思熟虑，而是凭借自己的某种感觉去决策行事。美国通用汽车公司已故总裁小艾尔弗雷德·斯隆就曾经这样评论通用汽车公司的创始人威廉·杜尔特："据我所知，他往往灵机一动之后，便完全跟随感觉去做一件事，他从来没有觉得有必要像工程师那样去搜索论据。"据有关报道，一直依赖预感做出决策的也并非只有杜尔特这一个大企业家。鼎鼎大名的希尔顿酒店创始人希尔顿本人也公开说明自己处理事物的方法："我碰到问题时便反复思考、估量、计划，但若是竭尽全能也不能解决时，我反而知道该怎么做了，我就集中精力听着自己静寂的心，到我听见'咔嗒'一声时就觉得这就是最正确的答案。"

对希尔顿靠凭空臆想而取得酒店的成功，人们虽然难以置信，但发生于石油大王之间有关超感知觉的故事，当时却引起人们极大的兴趣。1969 年，在美国有两大石油集团将以密封投票的方式竞争美国阿拉斯加普洛海湾一片面积为 6.4 平方公里地段的钻油权，后来的事实证明这块地方石油藏量极为丰富，但当时的价值却没有一个人知道。参与竞争的是来自加利福尼亚州的美孚—菲利普斯—标准集团和阿默拉达·赫斯—格蒂集团，竞争的价钱同是 7210 万美元。然而，临到开标前，后者参加竞标的负责人利昂·赫斯突然预感到按原价会投不到标，便当即把标价调高到 7230 万美元，事后证明，他以微不足道的 20 万美元差额获得这片价值珍贵的土地。

从 20 世纪初开始，有些科学家及心理学家对于超感知觉进行了比较深入、广泛的研究，美国的赖恩博士，是现代超常感研究的创始人。他最早研究心理学，1920 年获植物生理学博士，又转为研究心灵学，先是在哈佛大学，后转到杜克大学任心灵学实验室主任。1934 年，他发表了名为《超感知觉》的论文，在论文中发表了有关超感知觉的部分实验结果，包括心灵感应能力、预感和超距视觉的能力。在科学界引起了广泛的兴趣，同时也激起科学界激烈的争论，甚至猛烈的抨击。其原因，一是因为从物理学的角度出发，赖恩的实验结果（特别是所谓千里眼）显然违背了物理学的原理，二是因为整个科学界竟然受到一名德高望重的大科学家对最基本的科学常识的挑战。因此，批评赖恩的人以前还鉴于他在科学界的威望，而不愿意当场反驳，现在便毫不犹豫地发表各自的看法。汉塞尔是英国著名的心理学家,也是极力反对超常感研究的学者。他在所著的《超感知觉:科学上的批评》一书中坚称,对超常感的实验,若是有什么巧合以外的因素在起作用,这种因素可能是欺骗。后来为了避免欺骗和断章取义,科学界里有很多的科学家表示实验必须重做。这样,赖恩宣称的实验结果造成当时美国国内外的超常感研究不断激增。重做实验的方法和步骤也引起激烈的争论,后来这些人实验的结果有的说和赖恩的相同,有的说根本不同。有意思的是,连赖恩博士本人也不断地一遍又一遍重做自己的实验,其结果也是成败参半。这样造成的结果是:一方面持传统观点的科学家大多数鉴于无法获得屡试不爽的相同实验结果,便干脆对赖恩的实验结果置之不理或者加以排斥。另一方面赖恩博士和其他持相同观点的心理学家却认为失败是一种线索,有助于更好地研究超常感现象的本质。于是赖恩博士又继续对此研究了 30 年,鉴于赖恩半个世纪的研究成果,1971 年,在美国人类学家玛格丽特·米德的建议下,"美国科学促进协会"正式接纳美国"心灵学家协会"为科协附属组织。当然,赖恩并不是第一位在实验室里研究超常感的科学家,法国巴黎的利克特、美国斯坦福大学的库弗、哈佛大学的埃斯塔·布鲁克斯等人都研究过超常感现象。

尽管人们对超感知觉的研究有了一定的进展,需要说明的是,超常感研究至今仍未进入科学的主流。一些比较严谨的科学学报仍然不愿意刊载有关超常感的文章,目前在美国也只有少数大学愿意资助超常感研究。美国杜克大学在 1965 年赖恩退休之后,便撤销了对心灵学研究的支持。

心灵学与传统科学持久分裂的原因之一是有些别有用心的人捏造实验的结果,作假证和伪证,搞欺骗行为,因此不同程度地玷污了心灵学研究的名声和信誉。

超常感研究未能获得传统科学界承认,有的科学家认为,目前最大的障碍既不是实验方法上的争论,也不是绝对怀疑这是欺骗行为。而是在于超常感研究没有办法发展成为一种严谨、可信的理论学说,去解释一些仿佛超越我们现有时空观念的现象。因为科学的基本精神要求任何一种科学基本学说既要铁的事实,还要找出解释事实的方法。

大约一百年前,曾经获得诺贝尔奖的生理学家李克特教授,对超常感现象下了也许是最恰如其分的评语:"我绝不是说这是可能的,我只是说这是确有其事。"

神奇的梦境

1. 为什么有人"托梦"

1985 年 5 月 2 日,日本北海道稚内市的市民聚集在体育馆里举行一次祭灵式,以祭奠在 4 月 23 日"日东丸"渔轮海难事件中失踪的 16 名船员,有消息说这 16 名船员全部遇难了,无一幸免。

5 月 4 日,按习俗,失踪船员家属之一的松田富美子一家人正在彻夜守灵。松田富美子始终深信自己的丈夫还活着,因为丈夫在每次出海捕鱼归来之前,她总会梦见自己的丈夫,这次她也做了一个同样的梦。

果然,她的梦应验了。她的丈夫松田二等航海士和池田良助甲板员、加川武太郎甲板员在大海中漂流了 17 天,奇迹般地生还归来了。

梦的内容是丰富多彩的,也是充满奇异现象的。

俄国有一个名叫加里娜的女青年出差到基辅,就在她到达基辅的第一个晚上就做了一个梦,梦见母亲病倒了,在叫她快回家。当时这个女青年并没有在意。可第二天晚上,她又梦见大家在为母亲料理丧事。她感到吃惊,天一亮就赶到邮电局往家打电话询问。哥哥立即回电说:母亲病重,速归! 她连忙赶回去,终于在母亲病故前见了最后一面。

以上的事例,实际上就是俗称的"托梦",目前,在科学上还无法解释清楚这一现象。

在波兰的捷尔那克也发生过一段与梦有关的感人故事:当地的少女梅娜与青年斯塔尼·劳斯相爱着,由于第一次世界大战的爆发,将他们拆散。斯塔尼当兵离开心爱的人上了战场,从此,梅娜便一心一意盼着战争早日结束,以便与心爱之人喜结良缘。就在战争结束前的一个月,梅娜始终被一个噩梦所萦绕:斯塔尼在黑暗之中,他被巨大的石块阻止在一个无法脱身的地方。他试图推开身边的巨石,都没有做到。他绝望的神情,深深留在梅娜的记忆中。梅娜对这个梦感到奇怪,但又说不清是为什么。到了第二年的夏天,梅娜依然在做男友的梦,在梦中她看见山上的城堡,城堡崩塌了一大片并把城堡的出口堵住。她还在梦中听见了斯塔尼的呼救声。这个梦天天在继续,它使梅娜终于有一天领悟了,她决定必须找到这个梦中的城堡,看看到底是什么事在干扰她。

梅娜踏上了寻找城堡的道路,然而她并不知道这个城堡在什么地方,只能漫无目标地在全国寻找。她在寻找的过程中,遇到的千辛万苦是可想而知的。

1920 年 4 月的一天,梅娜来到一个小村庄外,在她眼前的山顶上出现了一个城堡,令她激动万分。她兴奋地大喊:"我见过你,我在梦中无数次见过你!"村民们对这个不速之客都感到奇怪,他们好奇地随着梅娜来到了城堡倒塌的地方。她求几个男人帮忙把倒塌的石块搬开。第一天没发现什么。村民们听梅娜讲了梦中的事,虽然都认为有些好笑,可又不愿伤一个姑娘纯洁的心,到了第二天依然来帮她搬石头。就在干到快天黑时,人们听见石头下有男人的呼救声,不由大吃一惊。很快他们将一个人从洞口里弄了出来。那人正是梅娜的男友斯塔尼!原来,斯塔尼在战斗中以城堡为掩体,可是炮火击中了城堡,把他掩身的地方堵死了。战斗结束后,人们也没发现他。幸亏在洞中有食物和水,他就这样一呆就呆了两年,直到梅娜来救了他。

是谁让梅娜做这个梦的?她又是如何了解这个从来没见过的城堡的呢?此事让人感到有些玄乎,但又无法否定它的真实性。因此,我们只能说:梦,太神奇了!

还有的人在做梦时,感到了危险的临近,正是由于他做好了应急的准备,才使得自己化险为夷。

至今在俄的伏尔加河流域的城市中还流传着这样一件怪事趣闻:有一个人进城办事,他所带钱款不多,只好住进一家便宜的旅馆中。他住在一个单间里,晚上睡觉时,总是做噩梦,闹得他心烦意乱,身上总感到特别别扭,也不知为什么。这样,他被这种倒霉的思绪折腾了一天。第二天睡觉时,他的这种感觉更强烈了,他考虑了许多,最后他把床挪到另一个角落里。就在这天半夜中,屋子的房梁突然断了,正好砸在他原来放床的地方。当他被响动震醒后,一见此情,不由地吓出一身冷汗!后来,当他回忆这段往事时,他自己也弄不清为什么就把床搬了。反正搬床之后,他心里就立刻感到了舒服。人们还没有科学地解释这件事的因果关系。

在桑夫兰斯科郊外有所阿拉眉达医院。有一天晚上,院长哈罗德十分清楚地梦见在 1972 年之后,将有一架喷气式飞机坠落在医院的附近。他梦醒之后,认为这种可能性是存在的,便连夜着手准备了一个非常事态下应急训练抢救计划,并很快交给医院实行。到了 1972 年 2 月 7 日,一架海军的喷气式战斗机,不幸在医院的公寓中坠落,数分钟后,医院的救护队就赶到现场,并像平时训练那样迅速展开救护,一切都是有条不紊。经过及时救护,虽然最终有 10 人死亡,41 人受伤,但是如果没有院长梦后那个应急训练计划,这次事故死亡人数肯定会大大增加。

2.梦中启示为什么能解难题

每个人都做过梦。梦中的事情千奇百怪,五花八门。千百年来,人类就在探索"梦"的奥秘,可是一直到今天,人类对"梦"的了解就像对人本身的了解一样贫乏,甚至几乎还不知道什么是"梦"?对梦的作用及过程是怎么一回事,也是一无所知。

梦,仍是神秘莫测的。

一般人做梦,可能仅仅是做做而已,并且过后就忘。但梦对某些科学家或艺术家来讲,有时竟会产生不同寻常的意义。

英国剑桥大学曾对许多创造性学者的工作进行了一次大型调查。在最后的调查结果中表明,有70%的科学家从梦中得到过有益的启示。

著名的物理学家波尔在梦中看见自己站在充满了热气的太阳上,而行星似乎被一股细丝拴在太阳上,并在绕太阳转动。他醒后,立刻联想到原子模型的实质,原子核就像太阳固定在中心,而电子则似行星围绕中心在转动,这就是著名的"原子模型结构"。

梦的创造性也能使艺术家得到灵感。意大利作曲家塔蒂尼在睡梦中突然涌出一种奇妙的创作冲动,耳边响起了一支优美的曲子。塔蒂尼忙从床上爬起来,拿来纸与笔,把那尚没消失掉的曲调记录下来。就这样,他靠梦的帮助,谱成了闻名世界的奏鸣曲《魔鬼颤音》。

意大利伟大的艺术家达·芬奇有一个特殊的笔记本,上边专门记录在梦中出现的各种幻觉和意念。他说,他在艺术和科学上的成功秘诀都在此,从中能促进他在科学上的新发现和艺术上的创造。

梦中能发现,梦中有构想,梦中有创造,这一功能有点离奇古怪,但又并非天方夜谭。只要我们调动所有的智慧,这梦的内幕总会有揭开的那一天。

3.梦游探索

梦游是一个迷惑了人类几个世纪的问题,人们一直在争论。夜间的梦游者是清醒的? 还是睡着的? 科学家的看法各占一半,目前对这个问题还没有一个确定的解释。

但有些事让人称奇:梦游者可以爬上陡峭的屋顶;可以解出平时不会的数学难题,能在钢琴上奏出动人的音乐;还会越过有玻璃的窗户在睡觉时谋杀犯罪,而醒后却一无所知。

有一些梦游者,为了阻止自己的行为,他们常常在睡前把门锁好,藏起钥匙,插好窗户,安上各种装置来随时叫醒自己,然后再把自己捆在床上。可是在他们睡着后,仍能用一种奇特的方法来摆脱这些束缚,走到户外去。

对此,专家们也无法解答。

秘鲁东南部的一个小城,城内有2万多人口,大部分人都患有梦游症。白天,市内一片寂静,行人不多。可一到深夜,人群熙熙攘攘,十分热闹。这些人都身穿睡衣,四处游荡,行为怪诞,处在梦游之中。初来此地的游客,往往会被这种怪现象吓一跳。

法国有一名警探,奉命去调查一宗谋杀案。该案受害者胸部中弹,因流血过多而死,尸体倒在一处海滩。由于案件发生在深夜和偏僻的海滩上,没有目击的证人,因此破案非常困难。这名警探以锐利的目光巡视现场,从遗留在沙滩上的痕迹发现,凶手没有穿上鞋子而右脚只有4只脚趾印。这一发现使他大吃一惊,因为他的右脚只有4只脚趾,他本人又患有梦游症。后来他把射入受害者身上的弹头取出来化验,结果证实正是自己使用的枪弹。他立即向当局自首投案。由于他是在梦游症发作时误伤人命,故判无罪。

南斯拉夫莫斯塔尔市一名叫赖丝·特洛克丝的妇女,在梦游中飘飘忽忽地行走,醒来时发现自己已经在离家160多公里远的一棵树上。她吓坏了,因为她有惧高症,可是她怎么也搞不清楚自己怎么会爬到树上去的。

赖丝说:"这次梦游和以往不同,我感觉到风吹过我那张开的手臂,那种感觉既让我害怕,又难以相信。"现在已是两个孩子的母亲的赖丝今年32岁,她回忆说,梦游开始时,她听到夜莺在窗外歌唱,它好像在唱"跟我来,跟我一起走。"赖丝说:"于是我起身走到窗边,随后跃身窗外,不知不觉双臂上下摇动,就像鸟儿振翅高飞一样,而那只小鸟就飞在我前头,于是我便随它飞越城市到了郊外。"

在梦游中,赖丝可以看到河流、山岗、村庄等的轮廓,走了很久很久,她渐渐感到疲劳,便在一个小镇外爬到一棵大树上休息了。

赖丝说:"等我醒来睁眼一看,我的心脏病差点发作,我坐在离地面约40多米高的树杈上,我大叫起来,于是引来一些过路人,并找来消防队员用云梯将我放了下来。"

她的丈夫又惊又怕,他接到电话后立即赶到离家160公里外的地方接回太太,他还将卧室的所有窗子装上了铁栅栏。他说:"我不能相信她真的能徒步走那么远,竟然还爬到那么高的树上去!我可不想冒险让这种事再次发生。"

梦游这个稀奇的现象究竟应该怎样解释呢?有一种解释认为梦游乃是将梦境的内容用外在行动逼真地表现出来。这多是由于人们内心世界的各种情感波动引起的。一个典型的例子就是莎士比亚笔下的麦克托夫女士,她之所以梦游,是因为她为自己犯下的凶杀案感到异常内疚。治疗梦游的方法就是将梦游者内心的所有烦恼和忧虑统统赶跑。

有一个很老的问题:那些梦游者到底是睡着的还是醒着的?专家们认为他们是处于半睡半醒状态。铁普里特兹博士曾花了10年对这个问题进行研究后说:"梦游者的运动器官是醒着的,而感觉器官却睡着了,起码是部分睡着了,换句话说,他们可以在睡眠状态下走路做事,但却不知道自己正在做什么。"

关于梦游还有其他一些有趣问题。例如人们通常认为把梦游者突然叫醒是非常不好的,甚至会造成难以想象的后果,然而专家却认为这种影响和用闹钟把沉睡的人唤醒所造成的影响差不多。梦游者会不会做出凶杀等意外事情呢?这种事的确有过报道,但所幸的是,绝大多数梦游者有较强的反对凶杀和暴力的约束心理,他们不会在梦中做出任何违背他们道德标准的事情。

英国伦敦圣·乔治医院的克利斯普教授最近则提出一种看法,他认为,梦游者实际上是醒着的,只是他们的大脑处于一种"分裂状态",在这种状态下,大脑的完整功能被阻断,但大脑的某些思维过程仍在继续进行。大脑的这种"分裂"状态是一种保护性机制,它可以反映出梦游者受压抑时的心态。

圣·乔治医院对"睡眠障碍专科门诊"收治的病人进行一系列常规的个性检查。检查结果发现,梦游者在这些检查项目中,有许多指标与一般人之间没有显著差别,但是在特殊项目检查中,某些检查指标很高,有些人表现出过分喜欢热闹、好动、爱出风头的个性,而在全醒时患有人格分裂症的人、容易从深度睡眠中突然惊醒的人以及处于惊恐状态的睡眠者中间,此个性特征亦明显。

测量的结果表明,在梦游和夜惊发作时,患者表现的生理变化与一个沉睡的人被突然唤醒时表现的变化非常相似。

圣·乔治医院的研究人员认为,梦游患者的脑活动状态与我们常人在沉睡中被叫醒时感受到的暂时性定向力障碍相似,梦游者突然惊醒的现象是很普遍的,只是这种定向力障碍进一步发展和延伸为一种精神上的分裂状态。

令人费解的无痛人

20 世纪 30 年代,布拉格的唐鲍博士就见到一位奇特的患者。他 53 岁,与常人完全不同的特殊遭遇使他过早地衰老,弯腰弓背、步履蹒跚、瘦骨嶙峋。他自述从出生起,就不知道什么叫疼痛。从小跌打摔伤、火烧水烫,从没喊过一声痛。长大后,成了一名水手,走南闯北,什么苦头都吃过,可还是不知道"痛"是个什么滋味。艰难困苦,给他精神上带来巨大的创伤;而无数次的外伤流血,又在他肉体上留下了重重叠叠的疤痕。离奇的无痛生活给予他的恰恰是人世间最大的痛苦!

唐鲍博士半信半疑地听完这传奇式的病史,小心翼翼地开始检验病人,结果使他大吃一惊:病人果然像他自己叙述的那样,无论是锐利的针刺,还是重重地敲打,都毫无疼痛的感觉,他确实是一个没有痛觉的人。

唐鲍博士以"先天性痛觉缺失症"为题第一个报告了这种罕见的怪病,并把这种病人称为"无痛人"。这个首例报告引起了医学界极大的兴趣。从1932~1973年全世界共发现了49例。在我国,也发现过两例"先天性痛觉缺失症"患者。其中一个是江苏省阜宁县的5岁男孩,他是在右肘关节跌伤脱位、继发骨髓炎求医时被发现的。小小年纪同样也有一部不知疼痛的病史。出生后半年,他和其他小孩一样双手着地爬行,可是他的手指被抓伤、刺伤出血时,他却从来不哭。有一次患骨髓炎住院,动手术时锋利的手术刀切开了肘关节的脓腔,脓液涌了出来,再塞入引流纱条。这种疼痛在常人是钻心的,坚强的人也难以忍受,可他竟然在一点麻药都没用的情况下照常嬉笑自如。

令人费解的"先天性痛觉缺失症"的出现,向现代医学提出了新的挑战。医学家们一直在寻求解开"无痛人"之谜的钥匙,但迄今为止,对于痛觉感受器是否存在的问题仍是议论纷纭。一般认为痛觉是由位于皮肤内的细小的无包膜的神经末梢感受的。外界痛能刺激引起的神经兴奋由感觉神经传递,经脊髓后角进入脑干,再到后脑丘外侧核,最后抵达大脑皮质的中央后回。

所以最初人们怀疑"无痛人"是否存在痛觉感受器,以及传导路径是否畅通无阻?检查的结果表明,从神经末梢开始至大脑皮层为止的整个组织结构是正常的。"无痛人"的冷、热触觉与位置本体均属正常。按现有的理论来看,人的痛觉与温差觉(冷、热觉)这两种感觉神经纤维密切伴行,其传导路径是共同的。"无痛人"温度觉得正常,间接证明了他们的痛觉传导途径也是正常的。于是矛盾就集中到大脑上去了。

有的学者提出了"大脑痛觉失敏感"的说法,认为大脑对传送上来的痛觉刺激不起反应。但究竟为什么大脑会对如此重要的神经冲动"无动于衷"呢。科学家进行了各种研究、推断,认为人脑里存在着称为"内啡呔"的物质,它与吗啡的作用相似,有着强烈的镇痛作用。"无痛人"脑中内啡呔含量超过正常人3~5倍之多,于是上传至脑的疼痛刺激便被超量的内啡呔镇痛作用所掩盖了,"无痛人"便失去了痛觉。那么"疼痛"的本质到底又是什么呢? 看来,这个谜底还有待科学家的进一步研究和探索。

返老还童之谜

1956年,意大利的西西里岛上爆出了一个新闻,15岁的妙龄少女安达尼娜·达密尔,突然身子日渐变矮缩小,口齿也变得模糊不清,3个月内安达尼娜的身高竟然缩短了1/3。

在我国,也发生过类似的怪事。我国科学家沈括就曾在《梦溪笔谈》中记载过一位名叫吕缙叔的人,他在颍州做官时,忽然怪病缠身,身子越缩越短,临死时身高只有幼儿般大小。

安达尼娜和吕缙叔是不是真的返老还童了呢?科学家告诉我们,这不是真的返老还童,而是患了一种称为"返老还童症"的病。由于病人体内蛋白质的合成量渐渐地减少,于是身高便慢慢缩短。造成这种可怕后果的主要原因,就是因为控制蛋白质合成的酶突然失去了活力。

但是,即使如此,成年人的骨骼缩成只有幼儿般长短,还是难以理解的。所以,科学家至今还没有弄明白其中的原因。

其实,古往今来,返老还童的事例还真不少。

在我国山东省桓台地区的唐山镇,有一位年过百岁的张次珠老太太。1986年,本已白发苍苍的张次珠,却又长出了乌发。

关于头发的更新,专家们是这样认为的,头发的颜色是由毛发中的色素细胞决定的。色素细胞产生的色颗粒,会使人的头发乌黑发亮。年龄大了,色素细胞的功能就减退了。一般地说,人在35岁以后,头发色素颗粒就会逐渐减少,于是就出现了白头发。不过,有个别身体健壮的人,由于机体功能比较旺盛,到了老年仍然是满头黑发。

那么,一些满头银发的人为什么会长出黑发呢?科学家认为,这可能是因药物、保健和饮食等原因引起的。可是,为什么只有少数老人的银发能变成黑发呢?科学家还回答不出这个问题。

1982年3月,在我国江西省宜春市新坊乡,一位101岁的老人罗世俊,突然长出了满口新牙。罗世俊老汉80岁时牙就全掉了,1980年7月却开始长新牙。最后,他的上牙床有8颗牙龄撑破牙龈,下牙床则长满了16颗整齐的白牙。有人想试试他新长出来的牙齿,拿了几颗刚炒熟的黄豆给罗老汉吃。罗老汉想都没想就朝嘴里送,不多一会便咯嘣咯嘣吃了个干干净净。在土耳其,有一位叫哈蒂杰·于勒盖尔的105岁老妇,十多年前牙齿早已掉光,可不久之后,她的口腔中居然又长出了10颗新牙。

科学家认为:由于少数人在胎儿时期多生了一套牙坯。因此,当恒牙掉完以后,又长出了第三套牙齿。照他们的说法,一般的人在胚胎时期只具备了一套乳牙坯和一套恒牙坯,只有万分之一的人才具备第三套牙齿。他们的说法到底对不对,目前尚未找到充分的证据。

然而,光是头发和牙齿的更新还不算是真正的返老还童,真正的返老还童应该是全身器官的更新。在这一方面,丹麦哥本哈根的妇女艾莎则是一个极好的例子。

文莎年已52岁,可看上去仍像18岁的姑娘。她的牙齿和内脏与年轻人不相上下。1987年,经丹麦遗传学家赞森检查,艾莎的身体确实不见衰老,岁月似乎没在她的身上留下痕迹。

对于那位名叫艾莎的妇女身上所表现出来的返老还童现象,人们进行了十分细致的研究。可是,找来找去,找不到肯定的答案。人们只是猜测,会不会因为艾莎身上具备某些抗衰老的遗传物质,才使得她青春永驻。可惜,科学家们至今尚未找到这种神奇的物质。

如今,科学家们十分关注返老还童原理的研究,各种各样的推测假说纷纷纭纭,众说不一。

假说之一,要想使人类真的返老还童,必须向癌细胞"学习","学习"它们青春常在的本领。因为专家们发现,即使是再老的体细胞,只要变成了癌细胞,就不会进一步衰老。因此,人们将癌细胞称作是"不死的细胞"。癌细胞为什么不会衰老? 这是因为它能够将内部的遗传物质重新组合。那么,照此推断,如果人们能人为地将遗传物质重新组合,就能使老人长出一口新牙,长出一头乌发,从而青春焕发。

假说之二,人类衰老是因为大脑中一种叫多巴胺的化学物质明显减少了。多巴胺对于人类的生理功能至关重要,因为它能传递细胞之间的信息,充当"信使"。很明显,"信使"少了,信息的传递就不畅通,人体的机能就要衰退。为了证明这种假说的正确性,科学家用培养了25个月的老年大白鼠,往它们的大脑中注入一定数量的多巴胺,原先老态龙钟的大白鼠竟然又重新充满了活力。

假说之三,人体的老年细胞存在一种物质,这种物质会使细胞进一步老化。如果没有这种物质,细胞的衰老会延缓。如今,为了证明这个假说,美国科学家已经在人体细胞中分离得到一种特殊的蛋白质,而这种特殊蛋白质只有在老化的细胞中才能找到。这就使人们进一步想到,如果衰老确实是由于这种蛋白质造成的,那么只要清除这种蛋白质,人就能返老还童,大大延长寿命。

假说之四,人体脑下垂体的"死亡激素"会使人体老化,若能抑制脑下垂体分泌"死亡激素",衰老就能得到控制。但遗憾的是,人类至今尚未找到这种"死亡激素",而只能通过动物实验加以间接地证明。有人摘除了大白鼠的脑下垂体,它们的寿命大为延长。

有关"返老还童"的争论进行了一年又一年，却总是得不到结果。看来，要争论个水落石出，不假以时日是万万不行的。

探究人体"超距视力"

在美国加利福尼亚州门洛园镇斯坦福研究所实验室里，普索夫和塔格这两位物理学家所主持课题"远隔观察——探究超距视力"的实验正在进行之中。一位名叫哈密德的自愿接受实验者试图描述她所"看见"的建筑物是附近一个小高尔夫球场上一间 4.5 米高的红色古老学校模型："我看见一间用层层叠叠的红色木块盖成的小房子，有白色的木框、又高又尖的房顶。但我觉得它是假的，像电影的布景。"哈密德的实验只是刚刚开始，紧接着，她要试图描绘出斯坦福研究所实验室在半小时车程范围之内九个独立的实验目标。

从 1972 年至 1975 年，普索夫和塔格在门洛园镇进行了一系列的远距离观察实验。实验的过程一般是受实验者在斯坦福研究所内接受测试时，先有二到四名工作人员赶到某一地点，这个地点连他们自己事先也并不清楚，而是从 100 个预先选定的目标中临时选出的。工作人员在这里要停留 15 到 30 分钟，并要求他们一面随处走动，一面仔细观察周围的环境。在这段时间内，受实验者要试图口述和笔画出工作人员见到的事物，口述录音后，再整理成文字和画成草图一起送交另一位鉴定人进行专门的鉴定。鉴定人员随后前往各个受实验者的目标地点，根据实际的景物给受实验者进行评定。在对哈密德的一系列实验中，鉴定人员把她所描述的九个目标中的五个评为一级，表示直接命中，并把她对其余的四段描述评为二级。研究人员不容置疑地说，假如纯粹凭借偶然机会想达到这样接近事实的结果，那么偶然的机会只有五十万分之一。

然而，当别的科学家继续进行超距视力观察实验时，很多研究人员也做了像对哈密德一样的同类实验，但是却都没有达到普素夫和塔格二人实验的效果。事实上，有的科学家仔细研究了他们的实验方法，特别是涉及鉴定过程中的程序问题时，曾对此严加批评，并持怀疑和否定的态度。新西兰心理学家马克斯和凯曼就曾经针对这种所谓的超距视力实验中的种种疑虑公开提出过尖锐的批评。

那么是普素夫和塔格等人的实验结果正确还是批评他们的人正确呢？或者说，人的超距视力究竟存在不存在？对这个问题双方各执一词，现在科学界还很难作"是"或者"不是"的回答。必须指出，即使是支持超距视力观察学说的人，也对这种实验的结果困惑不已,因为他们也无法回答"为什么"和"怎么能"之类的疑问。有人说,假如真是存在超距视力的话,也许这可能与西方人的左脑过度发达有关。也有人说,假如实验结果成立的话,也许这是从前人类本来就有的一种官能,只是现在已经退化了。总之有关人类究竟是否存在超距视力的谜底,目前还在不停地实验和争论之中。

人的头颅可以移植吗

在清代蒲松龄所著的《聊斋志异》中,有这样一则故事:有一名姓朱的书生,结识了阴间姓陆的判官。朱生的妻子脸长得不漂亮,陆判官就将一个死去的美女的头换在朱生妻子的身上,使朱生妻子也有了花容月貌。

《聊斋志异》是一部专门描写鬼狐的小说,所说的事当然不会是真的。但是,随着现代医学技术的发展,心脏、肾脏等重要器官已能移植,那么,"换头术"是否也可以做到呢? 科学家们对此进行了研究。

早在70年代,美国科学家罗伯特·荷华就提出,人类的大脑可以移植,最完美的方法,就是把整个人头原封不动地移植过去。这具有爆炸性的医学论点曾被人当作无稽之谈,但也是美国医学界争议的话题。

为了给"换头术"做准备,医学专家首先在动物身上做了实验。罗伯特·荷华早在1980年就成功地把一只猴子的头颅移植到另一只猴子的脖子上。这只经过换术后的猴子竟活了2星期左右。苏联医学专家则成功地接合了双头狗,他们采取植物上最常用的"接树法",把一个狗头接合到另一条狗的头旁侧部位,只是这种用"接树法"诞生的双头狗,因中枢神经未和移植的狗头相连,因此移植的狗头要指挥躯体行动是不可能的,移植的狗头可以自由转动。

医学专家认为,事实上大脑移植要比换肾容易,这与人体移植器官时常见的"排斥反应"有关。

"排斥反应"即"自动防御系统",是当人体有异物入侵时,体内的淋巴细胞能马上识破异物的动向,展开猛烈的抗拒行动。假如该移植器官的抵抗力弱,而且又是人体不可缺少的器官,那么它不仅要防御淋巴细胞的抗拒,同时也要防止本身随时会并发其他的疾病,不然就会造成生命危险。因此,换心换肾的失败通常是"排斥反应"造成的。而脑与其他人体部分完全不同的是,它本身没有淋巴细胞,不会产生"排斥反应"现象,但是有"脑血液关门"的特别机能,也能使异常物质不易进入脑内。

话虽如此说，但要做到头颅移植，又谈何容易。不仅头颅移植手术精细复杂，而且中枢神经是否能再生，成为"换头术"的关键。人类的神经大致分为中枢神经和末梢神经两类。中枢神经传达"意志"，而末梢神经则起着"把脑的意志改变为行动"的作用。如果切断了某个部位的末梢神经，肉体上的某部分就不能活动，但不致影响其他部分的机能。切断了中枢神经，脖颈以及身体以下部分便麻痹，不能动弹，所以人遇到车祸时，往往因脊髓受破坏而引起残废或瘫痪。

在临床中，末梢神经被切断后，由于再生作用，不久还能恢复正常，断指再植就应用了这个原理。而中枢神经则没有再生现象。如何使中枢神经再生，直接关系到"换头术"能否成功。

令人兴奋的是，美国、苏联医学专家在中枢神经再生方面取得了很大进展，苏联医学专家在脊髓再生实验的 350 只老鼠中，有 140 只再生成功。在美国也有人研究后证明借助某种发热物能使中枢神经再生。

如果"换头术"有一天能实现的话，像车祸中头颅完好但身体毁坏的人与头颅毁坏但身体完好的人就可以"合二为一"，将完好的头颅与完好的身体连接起来。诸如此类原因进行"换头术"后，可能会遇到严重的法律问题，这个换头者究竟是谁？是那个拥有躯体者，还是那个拥有头颅者？这在将来有待于从法律上予以确认。

人的左、右手的奥秘

在动物身上，虽然没有什么明确的手脚分工，但据观察，它们使用左前肢和右前肢的概率基本上是相等的，无论是低等动物还是灵长类动物均无例外。而作为万物之灵的有着灵巧双手的人类，左手与右手的使用概率却极不相同，大多数的人习惯于用右手，而使用左手的人仅占世界人口的 6%～12%，为何比例如此悬殊？

有的人试图从左右脑的不同功能，即做与想的密切关系，以及心脏的位置等角度来解释人们为什么大多数都习惯用右手这一问题，然而，并未获得圆满的答案。

最近，瑞士科学家依尔文博士，提出了一个新的假设。他认为在远古时代，人类祖先使用左右手的几率与其他动物一样，都是均等的，只是由于还不认识周围的植物，而误食其中有毒的部分，左撇子的人对植物毒素的耐受力弱，最终因植物毒素对中枢神经系统的严重影响而导致难以继续生存；而右撇子的人以其顽强的耐受力而最终在自然界中获得了生存能力，并代代相传，使得使用右手的人成为当今世界中的绝大多数。

美国科学家彼得·欧文名也通过实验证实了依尔文的假说,他挑选 88 名实验对象,其中 12 名是左撇子。他对这些志愿者用了神经镇静药物后,通过脑照相及脑电图发现:左撇子者大脑的反应变化与右撇子者有极大的不同,几乎所有的左撇子都表现出极强烈的大脑反应,有的甚至看上去像正在发作癫痫病的患者,有的还出现了精神迟滞和学习功能紊乱的症状。

如果同意依尔文的假说,那么,左撇子者少,就成了人类历史初期自然淘汰的结果,左撇子实际上是人类中的弱者。

的确,在一个多世纪前,人们普遍认为左撇子是一种不正常的生理现象,甚至把它看成是一种疾病,以为这是由于产妇遇到难产时,婴儿的左侧大脑受到了损害,使控制右手以及文字和语言功能都产生障碍,婴儿在以后的生长过程中经常地用左手。

然而,事实却与一个多世纪前人们的认识以及依尔文假说推论出的结论有很大的出入。我们生活中的左撇子大多是一些聪颖智慧、才思敏捷的人,特别是在一些需要想象力和空间距离感的职业中,左撇子往往都是其中最优秀的人才。据调查,美国一所建筑学院 29% 的教授是左撇子,而且准备应考博士或硕士学位的优秀学生中,左撇子占 23%。不仅如此,世界上最佳网球手的前四名中有三名是左撇子,而乒乓球队、击剑队、羽毛球队中的左撇子的选手也相当多。

现代解剖学给了我们如下的解释:人的大脑的左右半球各有分工,大脑左半球主要负责推理、逻辑和语言;而大脑右半球则注重几何形状的感觉,负责感情、想象力和空间距离,具有直接对视觉信号进行判断的功能。因此,从"看东西"的大脑到进行动作,右撇子走的是"大脑右半球——大脑左半球——右手"的神经反应路线。而左撇子走的是"大脑右半球"——"左手"的路线,左撇子比右撇子在动作敏捷性方面占有优势。据此观点,左撇子者又是生活中的强者。

那么,以上两种截然相反的观点,究竟谁是谁非?左、右手真正的奥秘何在?这需要进一步探索、比较和分析,才能得到圆满的答案。

木乃伊的来龙去脉

木乃伊这个词并不是埃及文,这个词大概源于波斯文,意即沥青或焦油。木乃伊所以得名,是因为保存下来的尸体因年深日久而变成黑色,最初发现木乃伊的人看了,以为埃及人保存尸体的办法是把尸体用焦油浸泡,后来证明他们的想法不对。埃及最早的木乃伊大概从来没有用过什么东西加以浸泡,完全是偶然之中产

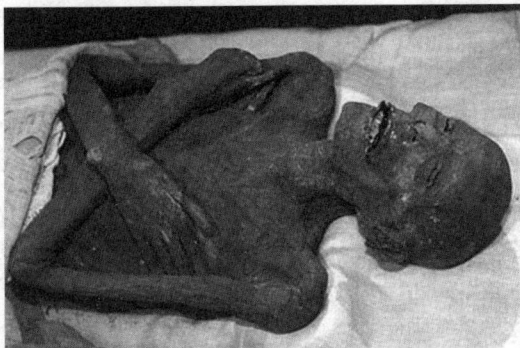
木乃伊

生的。远在埃及法老王于5000年前兴起之先,尼罗河流域的人因为不愿意把原来已不大够用的肥沃土地辟作墓地,所以将死者光着身子埋葬在流域附近沙漠边缘的沙土中。因为埃及人埋葬尸体只埋入大约一米深,过了一些时候沙层逐渐漂移,必然会让一些尸体暴露出来,这些尸体给滚烫的沙炙得干透,正常的腐烂作用根本没有发生,因此几百年以前的尸体,皮肤、头发以及样貌看来莫不如刚下葬时一般,令人啧啧称奇。这些尸体从专门术语方面来讲并非木乃伊,直到现在有不少还保持当时的样子。公元前3100年以后,埃及社会在法老的统治下,组织日趋严密,宗教方面的来世信仰实际上发展成为对死人的崇拜。虔诚的人逐渐相信应该妥善保存尸体,如果要让死者进入天堂,更有必要这么做。他们认为尸体如果在坟墓中烂掉任何一个部分,那个部分即会永世丧失。这也许就是为什么埃及人装饰先人坟墓所做的人物雕像,一定是四肢齐全的。

保存肉体一旦成为死后再生信仰核心,人死后能埋在牢固的石砌坟墓中,不再埋于沙土里,就成为很有必要的事情,至少那些有钱建筑石坟的人会这么想。既然尸体不再是埋入沙土,那么自然需要运用另一种防腐方法,取代干沙的防腐作用。因此替尸体做防腐工作的新行业应运而生,而防腐师也将尸体防腐技术视为祖传秘方,代代相传。埃及尸体防腐师不用沙,而用一种叫泡碱的天然产岩盐,即碳酸钠和碳酸氢钠(也就是我们现在日常使用的洗涤碱和发酵粉)混合成的一种粉状物处理尸体。泡碱的作用犹如海绵吸水,能将埋进泡碱粉末的尸体水分抽吸出来。防腐师并用香料和各种溶剂清洗尸体内脏,最后,用一幅几百米长的裹布把尸体包裹起来。层层裹布之间往往夹住些贵重的精制护身符,借以保佑死者,以免在往天堂的路上受妖魔鬼怪侵扰。

就我们所知,最早经过仔细防腐然后以裹布包扎的木乃伊,约开始于公元前

2600年。尸体防腐术在公元前1085年到公元前945年间,即第21代法老王朝时期,臻于登峰造极地步。随后,宗教虔诚精神逐渐被商业态度取代。尸体防腐师不再设法保存尸体完好,反而舍本逐末,只注意木乃伊外表(这倒有点像现代承办殡仪的人替死者化妆供人瞻仰遗容)。防腐师将尸体内外用厚厚的松香封好,偶尔也用蜂蜜,只是掩藏而不能抑制尸体腐烂。防腐师还用气味浓烈的香料遮盖殓之不散的尸臭,在盛载木乃伊的木箱上,绘些栩栩如生的画像便交代过去,从前用心用力永保尸体完好的技术已不复通行。因此较后期的木乃伊往往保存得不好,裹布内可能只余骸骨。

晚至公元前一世纪,尸体防腐师因所操技术而依然受人敬重,凭着防腐的本事都能赚到大量金钱。据那个时期在埃及居住的希腊作家戴奥多勒斯记述,公元前一世纪的尸体防腐师替尸体防腐,分上、中、下三等不同服务。戴奥多勒斯说第三等是最便宜的一等,价钱相当公道,虽然并没有记载实际是多少钱;但不管收费若干,也恐怕是大部分古埃及人负担不起的,靠劳力为生的人和农民能在哪里找到地方就把死者埋葬在哪里。第二等索价20米那,估计约相等于3000美元。第一等全身防腐要花费古币一他连得,兑成现在的钱,就超出10000美元了。

大多数穷人没有能力拿出这么大的一笔钱去为尸体进行防腐,仍然将死者葬于沙土里,这些穷人的尸体都比经过人工防腐的尸体更少发生腐化分解。在法老统治埃及的漫长时期内,几乎所有坟墓,只要稍微埋了些值钱的东西,莫不被盗墓人掘开劫掠。这些盗墓人对死者完全没有宗教上的惧讳,不但打开棺椁,还把木乃伊裹布撕开,将藏在层层裹布中值钱的东西拿走。这些饱受亵渎、弃置一旁的尸体最后虽然由祭司重新包裹,但是不得其法。从外表看来好像保存得还不错,其实,不少木乃伊经X光透视照相,往往显示裹布里面尽是一块一块碎布和七零八落的骸骨。

前后3000多年时间内,古埃及人将尸体制成木乃伊的方法有不少改变。不过多数学者专家认为防腐方法在公元前10世纪左右发展至巅峰,当时一位第一流的防腐师大致依下述步骤制成木乃伊:

首先用燧石刀在尸体腹部左侧开个10厘米长的切口,从切口处把心脏(防腐师和他的主顾都认为心脏是感情的根源)以外所有其他内脏掏出来,逐一用酒和含有没药、桂皮的香料加以清洗。防腐师还用香柏油冲洗尸体腹腔,把余下的柔软组织分解,接着准备取脑,他用一种带钩的工具从死者鼻孔穿入头颅,钩出里面的脑髓,然后灌入香柏油和香料,冲出脑壳中的残余组织。

尸体全身每部分都彻底清洗后,防腐师把所有器官和尸身埋进泡碱(碳酸钠和碳酸氢钠混合剂)粉末堆中,抽干水分。尸身、器官大概要埋在泡碱粉末里约一个月,拿出来后把每一部分再用香液和香料洗涤。尸体防腐工作自始至终的每一个步骤,防腐师必须认真从事,比如开始时便把尸体每个指头包好,以免指甲损坏或脱落失去。

跟着,防腐师把干透的内脏逐一以麻布包好,放回腹腔(或者个别放置于陶罐或石罐里)用锯屑、麻布、焦油或泥巴之类的填料填好腹腔。填放完毕,随即将切口缝合。因为泡碱已损坏一些头发,所以必须补上一些假发,与未脱的真发编结一起,眼眶里面也需要装入假眼。这时剩下来的工作是使尸体外观复原,也是最费工夫的,因为要把干瘪的尸身恢复生前模样实在不容易。

防腐师进行这项古代整形外科手术,要在尸身各处小心地割开很多微小切口,往皮肤里填入依身体轮廓模造的麻布填料,就如 20 世纪的整容师注射矽剂替活人整容一样。甚至尸体面部和颈部也整得像生前一般,嘴里塞以麻布使双颊饱满。最后防腐师还要充当化妆师,用称为赭石的有色泥土将死者面部以至全身染色(男死者染红色,女死者染黄色)。染色完毕,尸体即可包裹。防腐师将尸体四肢分别以抹过松香的麻布一层一层地密实包裹,然后包裹头部和躯干,最后全身裹起来。这项包裹工作做起来缓慢费时,有几个木乃伊现在被人解开,裹布的长度加起来竟然超过二公里!

防腐师包好尸体,做成一具木乃伊,前后约共花 70 天时间。跟着防腐师把木乃伊送还丧主,丧主此时大概已另外备好人形棺木来装木乃伊,并且已筑好坟墓。总之,埃及人是殚精竭虑,尽了人事,死者则肉身不灭,可以侧身神之列了。

久放不腐的人体

具有悠久历史的意大利西西里岛的古老遗址中,还保留着旧石器时代绘画的驿罗萨里奥洞窟教堂。从外表看,它很普通,可是它的另一个神秘之处更令人吃惊:在这里的地下,竟沉睡着 8000 具木乃伊!

这里有个地下墓室,在墓壁两侧密密麻麻地立着许多木乃伊,令人心惊胆战。

而真正使这座地下墓室闻名于世的却是这 8000 具木乃伊中一个年仅 4 岁的女童木乃伊。

这个女童名叫伦巴尔特·劳扎丽亚,她死于 1920 年 12 月 6 日。她死后,她的母亲十分悲哀,特将巴勒莫的一位名叫萨拉菲亚的医生请来了,向他恳求:"请您设法让我孩子的遗体永不腐败,这是我唯一的祈愿。"

萨拉菲亚医生为这个女童做了特殊的注射,据说他使用了数种药剂。

如今70年过去了,这个女童仍安眠在一个单独的玻璃棺内,无论怎么去看,她都令人觉得依然是活人一般。凡是看见了女童的人,都会情不自禁地发出感叹:呵,她还活着!

她依然那样可爱、美丽,面庞仍像生前那样红润、丰满,肌肤也是那样粉嫩、光滑。此时此刻谁会相信,她已死了70年了呢?事实上,即使对于众多的科学家来说,女童的存在也是一个无法解开的谜团。

遗憾的是,那位萨拉菲亚医生在给女童做了不腐处理之后不久,便猝然死去,死因也无法查明。在他死前,对保存遗体的秘方一直只字未露。因此,那个秘方也成了永远的秘密。人们期待有那么一天能解开这个谜,使女童再复活。

据报道,我国九华山双溪寺僧人大兴于1985年死亡,其肉身迄今仍保存完好。

我国僧人用秘方保存肉身,可谓古已有之。唐代高僧元际禅师的肉身,历年过千而至今仍然保存完好,被学术界视为"世界唯一奇迹"。可惜的是,这国宝级的文物现在却不在国内,而在日本。

在唐贞元六年(公元790年),91岁高龄的元际禅师自知来日不多了,他悄然返回故乡湖南衡山的南台寺,停止进食。只嘱门徒将他平日搜集来的百多种草药熬汤,他每天豪饮10多碗。饮后小便频繁,大汗淋漓。门徒见情,纷纷劝阻,元际禅师只是笑而不答,继续饮用这种散发芳香的草药汤。一个月后,他清瘦了,但脸色红赤,两目如炬。有一天,他口念佛经,端坐不动,安详地圆寂了。又过了月余,禅师的肉身不但不腐,而且还芬芳四溢。门徒们大感惊诧,认为这是禅师功德无量的结果,便特建了庙寺敬奉。千百年来,香火甚盛,历久不辍一直到清末民初。

20世纪30年代,军阀割据,战乱频繁。潜伏在湖南一带,以牙科医生为掩护的日本间谍渡边四郎早就知道禅师肉身的价值,便乘乱毒昏寺内的小和尚,将元际禅师肉身移放在寺庙外,隐藏了起来。不久,该寺庙毁于兵火,世人都以为禅师的肉身也一起遭劫了。

抗日战争末期,渡边见日本侵华军的大势已去,便偷偷地将肉身伪装成货物,装船经上海偷偷运到日本。

开始,辗转放置在他所在的乡间,后来移置在东京郊外一座小山的地下仓库里,秘而不宣。1947年,渡边病重身死,人们在清理遗物时,从他的日记本中得知这一重大秘密。当局立即派人打开仓库,只见禅师盘腿如坐,双目有神,俨如活人。

专家认为，一般木乃伊的保存，是人工药物制的"躯壳"，并不稀奇。但暴露于空气中的肉身千年不朽，实为世界一大奇迹。经检查，禅师腹内无污物，体内渗满了防腐药物，嘴及肛门均被封住，这些可能都是肉身不朽的基本原因。至于他临终前饮用的大量汤药究竟是什么草药，已经无从考究了。

元际禅师的肉身现存于横滨鹤见区总持寺，并被视为日本"国宝"。

冷冻技术能使人起死回生吗

在美国亚利桑那州首府菲尼克斯，有 28 个按 20 世纪死亡标准，生命已"停止"的人，他们以完整的尸体或只留个脑袋用低温冷冻技术保存在液氮中，等待将来有一天医学的进步足以克服癌症和艾滋病的时候，他们能够再次回到人间，重新过正常的生活。按照病人的遗嘱，对他们生前的宠物如狗和猫也做相同的处理。这一方面可以充实实验数据，一方面也可使他们于复生后在现今亲人都不在世时不感到寂寞。

主持这项工作的是奥尔科尔基金会，它在世界各地已有 400 多名会员，这些会员都希望在他们生命的最后一刻被冷冻起来，在未来的几十年或几百年之后复活。他们的这个愿望能实现吗？

这个似乎异想天开的做法一开始就受到专业的生物学家和医生的质疑。他们指出，躯体在冷冻时会发生大范围的细胞破裂，这就使得修复工作变得不可能。还有，大脑流血不畅造成局部缺血 10 分钟后，脑细胞就会有不可逆地损坏，导致病人成为植物人，一个被冷冻起来的植物人还有希望恢复成一个健康人吗？

但奥尔科尔基金会的工作人员对他们从事的事业充满了信心，会员按照要求办好人寿保险，这就为手术的费用提供了保障。在医生确诊病人死亡后，工作人员就开始按照事先安排的程序严格进行操作。先是用冰水降温，使躯体温度保持在 2℃左右，这样既可以防止细胞死亡也可以防止其冻裂。然后做气管插入术，继续为细胞供氧，同时将血管内的血液抽出来，从静脉向体内输入人工营养液和各种不同的药物。接着，在病人的大腿动脉处装一只血泵，向体内灌入一种特殊的保鲜液，这种液体在今后的冷冻过程中将起到至关重要的作用。当一切就绪后，病人马上被送入基金会的总部，那里有早已准备好的一个冷藏罐，病人将被长期贮存在那里。

人体冷冻术遭到了一些病人家属的反对，他们难以接受将亲人的躯体保存在-196℃的低温中。人体冷冻术还带来了一些法律与伦理问题，美国的法律界和伦理学界不得不加以考虑。

当然,目前人们关注的焦点仍然是病人能否复生?何时才真正有把握使冷冻的机体恢复生机?目前,有两项技术是关键性的,即"控制基因"和"毫微工艺学"。现在脱氧核糖核酸的译码工作进展迅速,平均每天就能辨认出一个新的基因。虽然基因的辨认离基因的复制和表达还有相当距离,但给人的感觉是人体的秘密将会越来越少,总有一天我们可以把自己的生命掌握在自己的手中。

但事情真如想象得那么顺利吗?系统学家指出,"控制基因"和"毫微工艺学"只能解决微观的复杂性,却无法解决宏观的复杂性。而人体并非是简单的细胞堆积,它在整体上蕴含了许多单个细胞所不具备的功能。奥尔科尔基金会的科学家能不能克服这个难题是让人怀疑的。还有,正如一些社会学家所指出的,即使这种技术可能会成功,那么它也是反人道,不利于社会发展的。因为老的生命会占据更多的生存空间而影响到人类未来的发展。所以人体冷冻术面临着技术和伦理的双重困难,那些冷藏起来的躯体是前途未卜的,这项技术将如何影响我们明天的生活方式,也是悬案。

何时"克隆"人类

几乎世界所有民族的史前文化在解释人类的起源时,都说是神创造了人,那么,就有了一个纯技术的问题:人是可以被制造的吗?

创造与发明是现代人的拿手好戏,从60万年以前,那个想吃果子的原始人制造第一块石器开始,人类就步上了制造业的道路,这种方式使我们培育出了一代物质文明。随着科学技术的进步,人类制造的本领越来越高,我们不但可以制造那些没有生命的东西:像一张床,一部电话,一台机器,一辆汽车等,我们还可以在生命的基础上再造新的生命。

前不久,美国的研究者莫尼卡·博诺其与罗·卡诺成功地从一只被包裹在琥珀中的蜜蜂身上使4000万年左右的细菌复活。1994年,北京大学的生物研究者们从尚未完全石化的恐龙蛋化石中分离出了6000万年以前的恐龙基因片断,使人们真正看到了恐龙复活的希望。我们不知道高科技给人们带来的是喜还是忧,也不知道随意改变自然规律是好还是坏。从哲学的意义上讲,每一种生物都有维护自己遗传基因,以本来面目出现在这个世界的权力,更有权力拒绝进入人类的实验室。但这个世界从它产生以来就不是公平的。

现在遗传工程已经发展到了相当可怕的地步,有人不但要干涉植物和动物的生命过程,而且已经在打人的主意。苏联的科学家将一个人的受精卵,移入一只母猩猩的子宫内,让猩猩代人育儿,9个月以后,这只母猩猩顺利产下了一个人类婴儿,体重3600克。1987年,有报道说,新加坡遗传工程学家正在进行让母牛或母羊替人类怀胎的试验。据意大利佛罗伦萨遗传学教授查利里博士说,有一些人正在做另一项实验:将人类的精子与黑猩猩的卵子结合,然后培育出一种非猿非人的东西。他说:"进行这样的实验,从技术上来说是毫无困难地。"试想这个胎儿一旦出生,必定是一个半人半兽的怪物。难怪有些国家,甚至联合国都要下令限制遗传学的某些发展。他们担心什么呢? 大约是担心有一天,突然从遗传工程实验室里跑出一个比人还聪明,比猴子还敏捷,比大象还力大,比狼还凶残,既能在陆地上行走如飞,也能在水中自由来去,更能像鸟一样在空中飞舞的怪物,这绝不是吓唬人。

既然植物和动物可以被制造,那么人是否也可以被制造呢?

虽然有许多生物学家站在维护人类尊严的立场上否定制造人的可能,但从纯技术的角度来看,人也是可以被制造的。

如果以是否可以造人来衡量传说里的神,那么,人类马上就要成为神了。可要知道,人类的文明史不超过6000年,而在广大的宇宙之中,比我们历史长的生命是否存在呢? 按道理他们是存在的,比如,现在天空中飞行的UFO的制造者,他们能穿行于漫长的宇宙星空,表现出目前我们尚无法企及的技术,那么,像制造我们人这种生物技术,对他们而言,就像是玩一样简单。

如果按我们对神话的解释,即我们先民崇拜的神就是来自宇宙的高级生命,那么神话中造人的记载恐怕就不再是神话,而是某种真实的记录。请按照我们的这个思路假设一下:数万年前,地球正像神话中最早描绘的那样,是一个没有人类但勃勃生机的蓝色星球,陆地上长满了各种植物,丛林里自由自在生存着各种动物,鸟儿在空中飞翔,在枝头鸣叫;海洋生物在大海中嬉游,猿猴类灵长目动物安然自得地生儿育女。突然,来自某个宇宙空间的高级生命,驾着他们的宇宙飞船降落到这个有趣的行星上,出于某种目的,他们采用先进的遗传基因科学,从猿猴、狼及海洋生物身上提取出遗传基因,将这些基因进行分离、剪切、组合、拼接后创造出一个既具有海洋生物特点,又具有陆地生物特点的新物种,那便是人类。在世界造人的神话里,还普遍存在无性生殖的思想。所谓无性生殖就是单性生殖,即精子和卵子不结合的生殖。

1902年,奥地利的生物学家哈布兰特曾预言:人类终究会有一天成功地实现无性生殖。20世纪60年代,英国牛津大学的生物学家高登,成功地实现了非洲青蛙的无性生殖。据最近的有关报道,人体无性生殖的技术已经突破,从技术上讲,目前复制一个人已不再是幻想。美国就有一位大富翁要求"复制"一个自我,以补偿幼年的不幸。

1994 年 1 月 3 日,美国《时代》周刊公布了刚刚评出的"1993 年科学之最"项目,其中"克隆人胚胎"一项震惊了全世界。美国华盛顿大学的霍尔博士与斯蒂尔曼教授合作共同研究人类遗传技术,他们在实验室里利用 17 个人类显微胚胎进行"克隆化"(即无性繁殖)实验,总共复制出 48 个新的人类胚胎。做父母的可以要求将这些胚胎冷藏起来,一旦他们的孩子发生不测。马上可以得到一个相貌、智力、性格等方面分毫不差的复制人。当 1993 年 10 月,美国《纽约时报》首次报道这一研究时,整个世界为之一震,法国总统密特朗看完这则报道后声称对此"颇感惊诧"。据《时代》周刊的调查显示,四分之三的人反对类似的科学实验。

同样,复制人的技术现正引起科学界的极大争议,它涉及人类道德及有关社会管理方面的问题。不少科学家认为,复制人体技术不利于人类总进化。诺贝尔奖得主、遗传学家列德·波克也指出,人类的无性生殖技术不仅可能,而且会"将人类驱逐到进化道路上的混乱边沿"。

所有的学术性争议留给科学家、社会学家和法律学家去解决,我们需要考虑的问题是:无性生殖这一高科技思想怎么会出现在上古神话当中? 如果我们将无性生殖这类神话,与女娲和伏羲用高科技造人的传说联系起来,不难发现神话内在的一致性和连贯性,它们反映了同一个内藏着的主题:神用高科技创造了人,无性生殖的遗传学成果只是造人过程当中的一个细节而已。因此,我们认为,上古神话中无性生殖的思想来自人类被创造的记忆。

第二节　奇异民族

地球上的怪异人种

达尔文在他著名的《物种进化论》中提出这么一个论点:一切物种都是在进化中求生存,人是由猴子进化而来的。达尔文的观点在今天看来也许不完全对。人是由猴子进化而来,那为什么猴子并没有都变成人或与人接近? 为什么世界上的人种分成了 3 种截然不同的外观肤色呢?

从体质人类学来看,白人与黑人很相近,而黄种人与他们不同。从这个角度来考虑,黄种人与白人或黑人的分化从很古远时代就开始了。

正如日本东京大学教授老孟司所说:"关于人种的差异,至少可以指出这样或那样的不同。至于为什么不同,回答是:完全不清楚。"

而且据英国生物学家赫胥黎发现证明,人与高级猿类之间有一个缺环,就是说,从高级猿向人过渡中缺少有力的证据。近代日本人类学家也认为,在猿与人之间应该有一种"类猿人"的过渡阶段。这一看法也是当今科学研究中的一大悬案。

还有,在6400万年前,曾在地球上大量繁殖、横行一时的恐龙突然灭绝,可据考证,在同一时期的猿类却没有消失。这就令人产生一个疑问:是谁对恐龙斩尽杀绝,而对猿类则手下留情呢? 答案似乎有一个:有"人"要这么做。可这个"人"是谁呢? 为什么要这样做? 以下的这种假设能回答以上的问题:当年有一批外星球人来地球考察,不幸的是,他们的宇航器损坏了,而无法再离开地球,他们便将能威胁他们生命的恐龙逐渐杀掉,并在多种动物身上作人工授精试验,并对这些动物产下的后代进行观察、对比,直至选留下几种他们较为满意的后代再进行优化。由此而大胆推测:黑种人是外星人与黑猩猩产生的后代;黄种人是外星人与猴子产生的后代;白种人是与一种高大白巨猿产生的后代。

除了以上3大类人种,外星人在与其他动物做试验所产生的后代,可能在智力、体力方面都达不到要求,而最后都被淘汰了。

如今在太平洋的岛国上还有许多棕色人种,可能属于幸存者。

在此基础上,便有了人类起源的"外星说"。

"外星说"即"人类的始祖来自外星球",是一位来自北大西洋公约组织的科学家马莱斯提出的新见解。他认为大约在6500年前,一批有着高度智慧和科技知识的外星人来到了地球。他们发现地球的环境十分适宜他们居住。但是,由于他们没有携带充足的设施来应付地球的地心吸引力,所以使其改变初衷,决定制造一种新的人种。

这种新人种是由外星人跟地球猿人的结合而产生的。当时地球十分原始,最高等的生物只是猿人,尚未发现火种。外星人选择具有高智力和精力充沛的雌性猿人作为对象,设法使她们受孕,结果便产生了今天的人类。

马莱斯提出了证据,他对最近在圣地亚哥发现的一个5万年前的头骨的研究结果表明,后者的智慧远远高于今天的人类,从而推断他就是当时来到地球的外星人之一。

马莱斯认为目前唯一的问题是找出他们来自哪个星球。他指出,安第斯山脉的巨型图案,有可能是外太空船降落地球的基地。

最后,马莱斯下结论说,人是由外星高级生命和地球的猿类相结合而生的。当然,在这方面进一步的深入研究有待于各学科专家的通力合作。这里只是联系神话中的"处女生殖"现象做些探讨。

在各民族早期的英雄神话中,英雄或者圣人常常表现为处女所生,这是一个比较普遍的现象。就我国古代神话来看,这方面的材料也不少。如《太平御览》中保存有一种古老的传说,书中记载了禹的母亲"见流星贯昴,梦接意感"而后又"吞神珠"生下了禹。关于黄帝的记载也是如此,《初学记》说,黄帝的母亲"见大雷绕北斗,枢星光照郊野"然后"感而孕"。对于诸如此类的神话记载,古人有一个重要的结论性观点,那就是先秦典籍《春秋公羊传》所说的:"圣人皆无父,感天而生。"

19世纪末,英国著名的生物学家赫胥黎说过:"古代的传说,如果用现代严密的科学方法去检验,大多像梦一样平凡地消失了。但是奇怪的是:这种梦一样的传说,往往是一个半醒半睡的梦,预示着真实。"

德国语言学家史密特神父在研究中发现,在印、欧民族的宗教中,上神(天主)一词的语根是"照耀"的意思。而且《圣经》中"上帝"一词在古希伯来语中的意思更明确,它是"来自天空的人们"。

当然,马莱斯的新论断还待论证,不过,近来许多发现似乎可以为他做出例证。

据美国《新闻周刊》报道:在墨西哥一个孤独的村庄里,发现了一个不可思议的狼人人种。科学家们闻讯后大为震惊,吵吵嚷嚷地要对这个奇异的种族进行研究。

狼人除了身体上下(包括脸部)都覆盖着黑色的卷毛以外,这个奇怪的种族从各方面看都像人。

专家们不能明确地解释这些狼人是怎样形成的。但在关于他们来源的理论中,也包括了这样一种可能性,即他们是外星人的后裔!

他们总共有16个,即15名儿童和1名成人,共同生活在扎卡铁斯州的劳列托村里。他们都是一个名叫玛丽亚·露伊莎·迪亚兹的老妇人的子孙。孩子们绝顶聪明,但是,有关他们的情况却知道不多。这些狼人都是贫苦的农民,他们不喜欢抛头露面。

科学家们研究了遍体长毛的孩子,不少人因而得出结论说,他们的情况是遗传的。狼人家庭里的孩子,并不都有这种情况,但却使那些看来正常的孩子,也可以在下一代中生出长毛的后代。

另一些看到过狼孩的人认为,他们可能真是一个新的种族,由来自另一个行星的父亲繁衍下来。

支持这种理论的事实是,玛丽亚·露伊莎·迪亚兹对自己的身世一无所知。

几年前,有一支考察队在非洲北部的一个与世隔绝的山区中竟发现了一个庞大的蓝色皮肤人的家庭。他们不但肤色发蓝,而且血液也是蓝色的。在这件事公开之后不久,美国的加利福尼亚大学医学院的著名运动生理专家韦西,他到南美洲智利安第斯山脉探险时,在奥坎基尔查峰海拔 6600 米高处,也发现了适应力极强的浑身皮肤都发蓝光的人种。韦西说,在这么高的山峰上,空气含氧量比海平面少50%,连身强力壮的登山运动员都感到行动吃力,但是这种奇异的蓝色人却能进行各种剧烈的体力劳动和奇特运动,真令人称奇。

另外,在喜马拉雅山脉,美国生理学家也在空气稀薄的 6000 米以上高度曾发现过一些蓝皮肤的僧侣。令人吃惊的是,这些蓝色的僧侣都能做一些笨重的工作。

对于这种蓝色人现象,科学家经过旷日持久的讨论,但仍众说纷纭。有的说是缺氧;有的说是缺铁;有的说缺乏某种酶;还有的说是基因变异。蓝色人种究竟是一种退化,还是一种为适应环境的变异?都无定论,仍有待探索。

有一种可能为,蓝色人种是一种再现外星人某特征的返祖现象。

在我国古代传说中,大都有一种"自天而降"的黄色脸的瘦脸人,他们个个大脑袋,矮个子。对于他们的由来,由于历史条件限制,现代人了解得太少。

半个多世纪以来,我国的考古学家在西北、华南、西南、东北等地的古洞穴中相继发现过这个特殊人种的残骸,可令人遗憾的是,由于某些原因,至今还没有将这些头骨复原成头像,因此人们也就无法一睹这种人的真正风采了。

由上所述,我们可以这样推论人类的起源,通常从考古学和人类学出发,把知母不知父的古时代称为母系氏族社会,并且认为是由群婚现象所造成的,而所谓处女生育的问题只是表示一种禁忌。"处女生殖"的确是上古时代的一个事实。最初的人类根本就没有今天我们所认为的那种"人类父亲"。人类的"父亲"可能就是外星人,而所谓的"母系"实际上就是地上的母猿。因此,人一方面作为物质生命体,具有动物性的欲求和局限;另一方面,作为精神生命体又具有一种潜在的特异能力。

奇特的种族

尽管我们每个人的外表形态和内部构造基本相同,然而在茫茫人海中也有不少例外,在这些人身上,存在着某些常人所不具备的奇特的特征,有些种族则有着他们独特的体质特征。

通常,成年妇女的臀部比较大,也比较丰满。可是,南非的霍屯脱妇女却与众不同,她们臀部的脂肪异常集聚,屁股圆滚滚的,成斗形,又大又突,既向外突出,又向上翘起,背部则颇显弯曲。这种奇特的臀部,简直令人难以想象。然而,这确实是他们种族的一大体质特征。

更为奇特的是,不管哪个种族,都有臀部长尾巴的人。1959年,我国沈阳某医院曾发现一个六个月的女婴,有一条长达12厘米的尾巴,上面还长着少量黄褐色的毛。

同样,国外也有报道,1884年,巴特尔斯曾报道过125例有尾人(其中男52人,女16人,性别不明的58人),1892年,夏菲又增加了24例。1885年,李士纳记录一女孩,有一条真正的尾巴,长12.5厘米,是脊柱的继续。爱立西夫报道一女孩尾长36~45厘米,上覆长毛。1983年12月27日,马来西亚发现一个刚出世的男婴,长有一条长达7.6厘米的尾巴。

更离奇的是,在我国西藏和印度阿萨密之间,有一片辽阔而人迹罕到的地方,叫作巴里柏力区域。近来有人发现,那里住着一个奇异的小族群,几乎每个人都托着一条猩红色的、已经退化的短尾巴呢!

我们两只眼睛的颜色(指虹膜的颜色)理应一样的,或至少是很接近的。奇怪的是,有的人左右眼色却大相径庭,一般是一只眼蓝色,另一只眼却是褐色。

对于以上这些奇特的体征如何解释呢?一般认为,是遗传基因发生突变而引起的。比如,造成一双眼睛颜色各异有几种可能,一种可能是,这个人从近亲遗传到一个褐眼基因和一个蓝眼基因,如果在发育早期,原始细胞中褐眼基因在一侧发生了问题,它的地位就让位给了蓝眼基因。另一种可能是,两侧最初都是蓝眼,因为某种病理原因,使一侧眼的色素增加了。再如,蓝绿皮肤的人,尽管他们的生理生化机制还没完全搞清楚,但是引起蓝绿皮肤的原因可能是某种"与世隔绝的基因"造成的。

需要指出的是,上述的解释仅仅是初步的,有的甚至很肤浅,许多原因尚未搞清,如是什么东西引起遗传病变?"与世隔绝的基因"又是什么?若要进一步追究下去,还有很多问题有待探索和解决。

美洲小人国

20世纪50年代,几名受联合国教科文组织派遣的地质学家,在南美洲安第斯山脉一个被莽林掩盖的山岩上,发现了好几十个1尺多高的龛式洞穴。洞穴不深,但看得出已经历了漫长的岁月。扫去积聚的尘土,现出几排雕刻精美的洞壁。但见这奇异的画图间,竟赫然摆放着仿佛人头般的头颅!这头颅比拳头大不了多少,不仅五官具备,而且经过生理切片等等检验,证明跟成年人的细胞组织一样……这真是不可思议!成年人的头怎么会那么小?这头颅属于世界上哪个民族?神龛又是谁建的?真有英国著名作家斯威夫特笔下的"小人国"吗?

这个"袖珍头颅"后来送到人种学家手上,简直被奉为至宝。要知道,假如这些小人头真的属于现存世上的某个人种,那么,经典的人种学和人类学者就得重新研究了!

1.高不及膝的小人妖

令人吃惊的是,这还不是唯一的例子。早在1934年冬天,美国报刊曾报道过一件惊人的事件:阿拉斯加州的两个职员,假日到洛基山脉的彼得罗山去采挖金矿。他们在陡峭的含金砂岩上拉响了一个爆破筒,一时间飞沙走石、尘土漫天。待尘烟过去,炸开的岩壁上却蓦地露出一个高宽不过一米的窑洞,洞口搭着几根立柱,仿佛是探矿场的坑道。洞内漆黑如墨,他俩赶紧打着手电往里探视。这一看非同小可,直把这两个美国人吓得瞠目结舌:天哪!洞里有一个高不及膝的小"人"端坐在石凳上,正睁着一双可怕的大眼紧盯着他们。他俩掉头就跑,以为碰到了印第安传说中的"巨眼小魔王"!可是,这只小怪物却并不想有所动作。他俩跑了一段距离后定了定神,壮着胆子再回洞中,这才看清那不过是一具干尸。然而,人有这般矮小的吗?会不会是洛基山脉的一个新人种?还是几千年甚至上万年前的古人类?……他们感到一阵莫名的兴奋与激动,用一块大手帕小心翼翼地把这干萎了的小人包起来,连夜下山报告当地政府。政府工作人员也极感惊奇,立刻把这"似人似妖"的怪物送到卡斯珀市医院去鉴定。医生们一打开手帕也吓呆了,一个护士甚至当场晕了过去。后来经过X光透视以及多项化验,当地政府公布了这个惊人的结果:此"小人"身高48厘米,皮肤铜黄色,脊椎骨和四肢骨骼与人类的结构一致。左锁骨有明显的重伤痕迹,身上还留存不少伤痕。牙齿整齐,犬齿尖长,可能习惯于掠食生肉。前额很低,头盖和大鼻子也很扁,而眼睛(按面部比例)却比人类的大。囟门已完全闭合,证明不是婴孩,从整个体形及发育程度来看,这是个60多岁的男性成年人!

2.真有"小人国"

此事一传出,有关"人妖"的故事便续有所闻。原来在此之前,卡斯珀市的一个律师、一个买卖旧汽车的商人、一个矫形学专家和一个墨西哥牧羊人都曾有过"小人国"的惊人发现。可惜大都失落了,只有矫形专家理查德珍藏着一个人妖头颅,在他去世后,他女儿把它赠送给怀俄明州立大学作研究之用,至今得以妥善保存。其实,这些年来,科学家们沿着洛基山脉——安第斯山脉做了大量的考察,都证实了这个木乃伊"小人国"的存在。

令人百思不解的是,既然小人国幅员辽阔,纵跨南北美两大洲的丛山峻岭(这在欧亚文明古陆里也不多见),总应该有过极其繁荣鼎盛的时期吧? 可是,他们是怎样建成这个辽阔国家的呢? 为什么没有留下一点儿灿烂文化的痕迹? 他们是什么时候绝灭的? 假如还有生存在世的,又藏到哪儿去了呢?

3."小人国"覆灭的传说

学者们为此访问过住在这一带山区的印第安老人。很多部落都留下了"小人国"的种种传闻,索松尼族的印第安人还称小人为"尼米里加"(意即"吃人肉者")。这些小人强悍不羁,背负整只鹿或山羊飞跑上山,如履平地;而箭法尤其了得,喜欢在奔跑中发射冷箭,百发百中。他们常常带着用山羊角刨制成的弓,背着成筐剧毒的小箭,藏在草丛、石隙、洞口、树上,出其不意地伏击比他们高大 4 至 10 倍以上的印第安人和猛兽。一次,有 300 多个西奥兹族的牧民,骑马牧羊不小心闯进了小人国的领地,被小魔王们用毒箭围攻袭击,直杀得人喊马嘶,几至无一生还! 阿拉巴霍族人与"吃人小妖"之战也总是败得那样惨,不但从未杀死或活捉过一个身长盈尺的小家伙,而且自己的种族却要濒于绝灭了。全族人只好向上苍求救,发疯似的狂舞祷告了三天三夜。据说终于感动了神明,当晚,天降神火于洛基山峰,火山爆发,终于摧毁了无敌的小人国。

4.缩头成拳的殡葬仪式

然而,更多的科学家却认为,小人国是不存在的,各地发现的干尸小人(或小头)恐怕另有别种意义。后来有个叫弗格留申的医学教授冒着生命危险几度深入南美密林,这才初步弄清了一些真相:小头颅不过是印第安希巴洛斯族特有的医药缩头术的结果! 原来,这个民族盛行一种奇特的殡葬仪式:族里人死了,祭师就把首级割下,用一种名叫"特山德沙"的神奇草药制剂来泡浸,即可把头颅缩制成拳头大小,组织经久不败。而有地位的酋长、元老死了,则全躯处理,以供奉祀。

"楼兰遗民"的神秘面纱

早在2100多年前就已见诸文字的古楼兰王国,在丝绸之路上作为中国、波斯、印度、叙利亚和罗马帝国之间的中转贸易站,当时曾是世界上最开放、最繁华的"大都市"之一。然而,公元500年左右,它却一夜之间在中国史册上神秘消失了,众多遗民也同时"失踪"。他们到底去了哪里?多年来这一直是个难解之谜。1998年春节过后,忽然从新疆传出一条"爆炸性"新闻:人们在大漠边缘的米兰,发现了原属楼兰王国臣民的古罗布泊人后裔!他们真是谜一样的"楼兰遗民"吗?

翻开中国地图,在新疆南部,有一块布满黑点的硕大空白区。这里没有城镇村落的圆点,没有河川溪流的绿线,甚至没有山陵沟谷的等高标志,这就是总面积与韩国相当的特大荒漠罗布泊湖畔。

楼兰王国为西域36国中的文明古国,立国700余年。它国力强盛时期疆域辽阔,东起古阳光,西至塔克拉玛干沙漠南缘尼雅河畔,南自阿尔金山,北到哈密,是西域一个著名的"城廓之园",有人口1400万,可谓是一泱泱大国。汉朝曾在此设西域长史府。三国、两晋时,划归凉州(今甘肃武威)刺史管辖。

深居欧亚大陆腹地的楼兰王国,为国际间的经济交往发挥过重要作用。驼队从这里把中国的丝绸、茶叶和瓷器等带到西方,再把欧洲的黄金、玻璃器皿和银器带到东方。特殊的地理位置,使它成为中西文化荟萃之地。这里不仅楼兰人自己开创了楼兰的历史,形成了灿烂的罗布泊文化,更重要的是它联结和传播了古老的黄河文化、恒河文化和古希腊文化,在人类文明进步史上留下了浓墨重彩的一页。

据史料记载,2000年前,罗布泊湖滨的楼兰王国绿树成荫,芳草萋萋,境内的森林鸟禽翩翩。公元3世纪后,流入罗布泊的塔里木河下游河床被风沙淤塞,改道南流。楼兰绿洲因得不到水源灌溉,绿洲被沙漠吞噬,草木枯死,部分人口迁移。加上公元500年左右被零丁国所灭,楼兰王国最终神秘消失。

中国社会科学院文学研究所杨镰研究员经过实地考察后认为,废弃于20世纪20年代的阿不旦渔村,便是古。"楼兰遗民"的最后聚集地。据考察,罗布泊古海面积有2万多平方公里,昔日碧波万顷,水草连天,鱼虾肥美,水鸟密布。杨镰认为,在罗布泊湖畔,始终生活着一支以渔猎为生的民族,他们是随着罗布泊的不断"飘移"而转到这里定居的,他们在此至少生活了200年,是"楼兰古国"的最后遗民。

据史料记载,20世纪前后,俄国探险家普尔热瓦尔斯基和世界著名探险家瑞典人斯文赫丁都到过阿不旦渔村,并雇佣村民寻找古城遗址,他们受到罗布泊人首领昆齐康的热情接待。随后,尽管一些中外考古工作者找到了楼兰王国遗址,并发现大量文物及号称"楼兰美女"的干尸等,但除了阿不旦渔村的村民外,人们再没见过楼兰王国的任何遗民。所以,专家们一致认为,这个神秘的阿不旦渔村,就是古楼兰遗民的最后聚集地。

那么这个渔村后来是如何废弃的?人们为何要离开自己美丽的家园远走他乡?他们到底去了哪里?这一直是人们关注的焦点。

随着考察的不断深入,在地处塔克拉玛干大沙漠边缘的米兰,人们见到了生活在这里的三位百岁以上的老人:乌兹曼尼雅子、亚森尼雅子,以及热合曼阿木拉。

据乌兹曼尼雅子老人讲,当年他们居住的阿不旦渔村,是罗布泊西南岸,靠米兰河的一个渔村。村民们经常乘着用胡杨木凿就的独木舟沿米兰河北下,到罗布泊去打鱼。当时,阿不旦渔村的村民们过着自给自足,几乎与世隔绝的平静生活。他们依靠捕鱼和猎杀野鸭为生,并将多余的鱼鸭晒干贮存。除此外,他们还放牧,以羊为主,也有牛。但买来的牛放养一段时间后便成了"野牛",要经过狩猎才能吃上牛肉。

最让这位老人难忘的是当时他们捕获最多、最爱吃的新疆大头鱼。他说这种鱼头较大,头扁平,身体呈梭形略侧扁,胸部没有鳞,一般长约 1 米,体重达 40~50 公斤,行动十分威猛。这种鱼肉质丰腴可口,炖出来的汤白得像牛奶,肉像豆腐,颤巍巍的十分诱人。据有关专家介绍,新疆大头鱼曾是生活在喀喇和淖、喀喇库勒以及阿不旦渔村等地的古罗布泊人的主要食粮。这个"大家族"因为当时不吃五谷,只靠捕鱼过日子,所以被称作"吃鱼民族"。

另外两名"楼兰遗民"热合曼阿不拉和亚森尼雅子介绍,他们的祖先当时吃大头鱼不用油盐,只用清水煮着吃,有时也从一种叫香浦的植物上采浦草花粉熬汤一起喝。因这种鱼营养和保健价值很高,以至当地出现了不少百岁老人。后来这种土著鱼种逐渐引起了外界的极大关注和兴趣,尤其一些西方探险家到罗布泊考察后,使新疆大头鱼的美名一下就传到了国外。它的食用和科学价值,被传得像《西游记》中的唐僧肉一般。

乌兹曼尼雅子记得他小的时候,罗布泊湖水波连天,一望无际。经常能看到成群的鹅鸭在碧湖里嬉戏,鹤鹳游涉水沼觅食。每当春秋转移之时,常有几百种候鸟在这里栖息。后来由于注入罗布泊的孔雀河和塔里木河改道,罗布泊湖逐渐干涸,阿不旦渔村捕鱼日见艰难。他 18 岁那年,一场罕见的瘟疫袭击了整个村庄,全村

100多户居民被迫全部迁往阿尔金山脚下的米兰、若羌、洛浦等地。这场"突然袭击",使这个"桃花源"似的阿不旦渔村,最终彻底荒废了。

从现在的情况看来,每年七八月间,阿尔金山冰雪消融,泛滥的洪水在沙漠里冲刷出一条条淤泥地带,年长日久生长起一片片胡杨林;丛生着茂盛的矮芦苇、红柳、骆驼刺一类的沙生植物,构成一块块与黄沙竞存的方圆数公里的"绿色飞地"。这些古罗布泊人后代,为了活命,率领妻子儿女,赶着牛羊,骑着骆驼逃离疫区后,就在这些"绿色飞地"上定居了下来。他们远离尘世,过着极其封闭的生活。

罗布泊人世代以捕鱼为生,不谙稼穑,所以在大漠上种粮生存,对他们来说简直是无法想象。饥饿的严重威胁,逼着他们在一块块"飞地"上拓荒种粮。这些"楼兰遗民"回忆说,那些日子简直不堪回首。开始禾苗常被风沙掩埋,有时天一下雨地上就出现一层白花花的盐碱,且这层"外壳"坚硬无比,庄稼根本无法成活。不过后来经过多年的努力,他们在找水、挖渠、开荒、播种、防沙、治碱等方面,终于摸索出了一套完整的经验。他们历尽艰辛后,苞谷、小麦等先后试种成功。在这块荒漠上,人们像生命力极强的胡杨一般,历经风雨总算顽强地生存了下来。

这些"楼兰遗民"民风淳朴,路不拾遗,夜不闭户。他们对客人非常热情,日子再艰难也要倾其所有来款待。隆重些的还要从几里外邀来邻人,夜晚燃起篝火,烤上整只肥羊。女主人穿着缀着闪闪发亮的银圆扣饰的"葵尔拉克"(有领无袖的连衫裙),不停地周旋在客人之间;男主人弹起用沙枣木和羊肠线制作的热瓦甫,唱着悠扬的民歌向客人祝福。男男女女围火吃喝、跳舞,通宵达旦。

严酷的沙漠生活造就了他们高大强健的体魄、勇猛犷悍的性格和崇尚勇武、富于牺牲的精神。这些来自阿不旦渔村的"楼兰遗民",年轻人只身敢与大漠上凶猛的野猪搏斗;七八岁的孩子就敢外出放羊;八九十岁的老人依然坚齿满口,须发浓黑,终日劳作不辍。百岁老人,不在少数。他们长于在连绵起伏的沙丘间疾行和长途跋涉,善识足迹。

有关专家认为,散居各地的阿不旦渔村村民,是20世纪探险史的主人和证人,而他们大多已是百岁,对他们的专题考察迫在眉睫。值得庆幸的是,目前一些科学工作者、考古学家和新闻记者等,已赶往该地区考察。也许在楼兰神秘失踪背后,还隐藏着更多的秘密。也许还会有石破天惊的新发现,让我们拭目以待。

"小矮人"人种为什么矮小

当今在地球上,还生活着一批被称为"小矮人"的人种,例如,在非洲刚果河畔的热带森林中的俾格米人,身高只有 1.3 米左右,他们生活在森林中,居住的屋棚只有 1 米多高,棚子的顶上盖着树叶,地上铺着芭蕉叶。丛林中还有布须曼人,是个以狩猎和采集为生的民族,尽管他们身材矮小,但是,他们能用自己制作的弓箭,涂上森林中的一种毒箭木的毒汁,用来杀死大象。他们过着迁移性的生活,他们常被捕捉,然后送到别的种族的王宫中作为杂役,或成为供人玩笑的小丑,他们有着自己的语言。

目前,布须曼人一共只有大约 5.5 万人,生活在博茨瓦纳、纳米比亚和安哥拉的沙漠中干旱地区,文化上仍然处于旧石器时代晚期。

在美洲也有小人国。不久前在南美洲哥伦比亚和委内瑞拉的交界处发现了一个叫作耶瓦的小村庄,这里住着原始的小人种,名叫尤卡斯人,这种人身高只有 80 到 90 厘米,最高的也只有一米左右,他们也世代住在森林里,以野果、兽肉为生,穿的是树叶和兽皮,他们有自己的语言,也有自己的原始宗教,他们崇拜太阳、月亮、星星和高山。

在亚洲也有小人国的居民,在隋炀帝时,就有过一个机智的矮人被进贡到皇宫中。

从化石看,人类不同时期的祖先,身高虽然有一定的差别,但是,从来没有发现过只有 1 米左右的矮人的化石,就是说,人类历史上还没有发现存在过如此矮小的人种,小矮人是怎么形成的,是什么时候形成的,是由什么样的祖先形成的? 这些都还是人类学上没有解开的谜。

有些科学家提出营养说,认为小矮人是营养不良引起的人种退化造成的。例如布须曼人在历史上曾受到力量比较强大的邻近民族的压迫,他们被赶入森林,由于没有种植业,加上森林条件较差,他们长期营养不良,使人种退化。他们有一种别的民族所没有的进食现象,他们很能吃,也很能挨饿。探险家们在考察中发现,他们一顿饭能吃好几斤肉几十个香蕉。进食这么多的食物,只能躺着让食物慢慢消化,人类学家认为,这种暴食现象正是对食物缺乏所造成的一种适应性行为,吃不饱的时候就挨饿,有东西的时候就尽量地吃饱,这样,就比较容易度过饥荒。同时,由于自然选择的作用,在食物贫乏的情况下身材矮小的人反而因消耗较少而容易生存,因而身材矮小的人就得到了选择,而身材较高的人因容易饥饿而被自然所淘汰,总之,身材矮小是一种自然的适应,是食物不足所造成的退化现象和选择现象。

有些科学家提出小矮人是由于其内在的生理机制所造成的。美国盖莱恩斯维尔大学的梅里米研究布须曼人身体中的一种生长激素 IGF—I,发现这种激素与人类的生长发育有很大的关系,小矮人血液中这种生长激素只有一般人种的三分之二,梅里米认为,这种生长激素的分泌量的减少,正是他们成为小矮人的直接原因。但是,小矮人身体内部的生长激素为什么比较少,是种族原因还是营养原因抑或是生存环境的原因,还不得而知。

有些人类学家认为小矮人是古代就存在的。他们认为,在非洲南部和偏东地区考古挖掘中个子较小的古人类化石代表着小矮人的祖先,民族学家乔治·西尔鲍埃认为,小矮人的祖先在遥远的古代就生活在南非和东非。但是,问题依然很多,小矮人经过多少历史年代才变成了小矮人? 他们祖先的身高情况如何? 这些都是人类学家迫切希望解开的谜。这些问题地解开,不仅将使小矮人的历史大白于世,而且将对人种形成和变化年代提供深入的认识。

巴斯克人是欧洲最古老的民族吗

巴斯克人,这个居住在西班牙北部的古老的民族,以让西班牙政府颇伤脑筋而闻名于世。一些巴斯克人为了争取他们的权利,采取了包括暴力在内的一切手段,常在国内制造流血恐怖事件,使西班牙陷入惶恐不安的境地,他们的这些举动给自己罩上了许多神秘的色彩。然而,世人很少知道,比这更神秘的却是巴斯克人的身世来源。

巴斯克人是生长于欧洲本土上的一支有着悠久历史的民族。据说,他们从史前时代起就已生活在今天西班牙和法国交界处的比利牛斯山以西地区。"巴斯克人"这个名称最早出现在古罗马时代的编年史中。据史籍记载,在公元778年,这个弱小的民族曾在龙塞斯瓦列斯山口打败了当时不可一世的法国查理曼大帝的军队。所以,在历史上,巴斯克人素以勇武、顽强和质朴著称。然而,令人奇怪的是,一些学者的研究结果表明,巴斯克人不属于印欧人种,在血缘关系上,他们与相邻的西班牙人、法国人和其他欧洲人没有丝毫联系;在语言上,尽管由于长期与相邻民族交流融合,巴斯克语已吸收了不少西班牙语、法语等外来语,但巴斯克语中的基本词根、语源与任何一种印欧语系都不相同,它是一种完全不同于印欧语系的具有极强独立性的民族语言。因此,不少学者认为,巴斯克人是一个在种族、血缘和

巴斯克人

语言等许多方面，与欧洲其他民族有着严格区别的特殊的民族。

　　既然如此，那么，巴斯克人是什么时候进入欧洲的呢？对于这个问题众说纷纭，尚无定论。一些学者认为，巴斯克人的祖先早在7万年前就已进入比利牛斯山地区。而另一种观点则认为，巴斯克早期居民的历史可以追溯到克罗——马格农岩洞居民创造洞穴壁画的旧石器时代。大多数学者认为，巴斯克人是在公元前5000年进入比利牛斯山定居的。上述观点虽有不同，但可以确定的是，巴斯克人是远在"印欧人"，也就是雅利安人进入欧洲之前，便在欧洲本土繁衍生息的一支最古老的民族。

　　巴斯克人虽然世代居住在欧洲，但让许多研究者百思莫解的是，数百年前就在北美洲流传着不少巴斯克人善于航海的传说。在这些传说中，巴斯克人个个都是航海专家、捕鱼能手，甚至早就掌握了在大海中捕杀鲸鱼的技术。由于查无实据，直至20世纪70年代前，大多数研究者只把它看作捕风捉影的无稽之谈。首先证明这些传说确有其事的，是加拿大女学者萨尔玛·巴克汉姆。她从1965年起，整整耗费了10年时间，考证出巴斯克人曾在16世纪到过北美洲，并且还考证查实了巴斯克人在现属加拿大的拉布拉多半岛沿岸活动过的红港、卡罗尔·科夫等12个港口的名称。她还吃惊地从1540~1610年的原始材料中发现，这一时期的巴斯克人已经掌握了捕鲸技术，并以捕鲸作为谋生的主要手段之一。巴克汉姆的考证被70~80年代的考古发现所证实。由加拿大皇家地理学会等机构组成的考古队在拉布拉多半岛沿岸、萨德尔岛和特温岛等地,发现了许多巴斯克人的墓葬、捕鲸工具和生活用具,这些考古成果进一步验证了"巴斯克人是世界上最早的捕鲸能手"的传说言之不谬。

目前的研究虽然证明,巴斯克人的确是一个素有航海传统和高超航海技术的民族,他们早就凭借依傍比斯开湾沿海的自然条件开创了具有民族特色的航海业,但依然让人们困惑的是,在16世纪那样落后的技术条件下,巴斯克人究竟靠什么使它的航海技术,尤其是捕鲸技术达到了即便是在如今的高技术条件下,也堪称一流的水平? 也许,随着历史研究和考古发掘的不断深入,笼罩在巴斯克人头上的迷雾将会慢慢驱散!

米纳罗人是希腊军团的后裔吗

在喜马拉雅山南麓克什米尔的赞斯卡谷地,至今仍生息着一个属于印欧人种的土著民族米纳罗人的部落。由于当地山高谷深,交通极其不便,几乎与世隔绝,至今这个部落依旧保持着原始社会的形态。

生活在喜马拉雅山南麓的这些米纳罗人,具有非常明显的印欧人种的特征:高鼻蓝眼。眼睛除了蓝色外,还有黄、棕、绿色,就是没有大多数亚洲民族的那种黑色。米纳罗人没有文字,他们的语言可以分辨记录下来的约有600个单字,明显属于印欧语系。和大多数土著部落一样,米纳罗人的主要生产活动是狩猎,狩猎用的弓是用羱羊角剖成条后做的,和两千年前欧洲斯基泰人的弓几乎一样。猎物是他们赖以生存的主要食物。他们也会种葡萄,而且能用葡萄酿出一种味道不错的酒。米纳罗人尚处于母系社会,实行一妻多夫制。妻子在家中享有绝对的权威,丈夫多数是兄弟。这种婚姻制度在米纳罗人中并未造成性别的不平衡,原因大概是这个部落中妇女人数较少,由于卫生条件太差,妇女在分娩时的死亡率很高。米纳罗人的住房是平顶的,夏天喜欢露宿在屋顶,冬天则住在地窖里,全家人和牲畜同处一室。

使人惊奇的是,这个米纳罗人部落还保留着十分古老的习俗。这些习俗多与欧洲民族新石器时代的习俗十分相似。例如,他们喜欢在石上作画,其风格同欧洲几个著名石器时代的洞穴中的壁画十分相近;他们也像欧洲的史前居民一样,在山顶上建起用于判断季节的石桌、石棚,在山崖下建起祭神用的石桌、石棚;他们的墓葬也保持着欧洲原始时代的样式,土葬的尸体呈蜷缩状,双臂弯曲,两手托腮。

米纳罗人是印欧语系诸民族中唯一处于原始生活状况的一支。他们对于自己民族的历史有着惊人的记忆。先民的生活,他们道来栩栩如生。这大概是依靠整个部落的集体记忆而保存下来的。但是,迄今为止,还无法确知米纳罗人究竟是怎样从欧洲来到亚洲喜马拉雅山南麓的。学者们就这个饶有趣味的问题提出了种种假说。有的认为,他们就是历史上著名的下落不明的以色列部落。有的则认为,他们是亚历山大大帝远征时留驻的希腊军团的后裔。这后一种说法是很有意思的。因为根据希腊史书记载,当亚历山大大帝率军到达这一带时,便已发现有白种人居住。当时的传说认为,他们是酒神狄俄尼索斯的后裔。看来,要揭开这个谜,还有待于进一步的探索。

"灌木人"的祖先是谁

布须曼人是生活在非洲南部地区的一个原始狩猎——采集民族。在西方殖民主义者到达非洲南部之前,布须曼人至少有 20 万,而今只剩下 5.5 万人了。现在,他们之中的一半以上生活在博茨瓦纳,其余则生活在纳米比亚和安哥拉。

直到 20 多年前,布须曼人依然处在史前时期,几乎无人知晓。他们生活在最贫瘠和荒芜的沙漠地区,像旧石器时代那样,以狩猎和采集植物的根、茎及野果为生。为了获得生存所需要的水源和食物,布须曼人在夏季常常聚族而居,而到冬季,当水和食物不能满足需要的时候,便开始以家庭为单位向不同方向迁移,四处寻觅食物和水源。但也有些布须曼人在冬季最干旱的季节里被迫集中在唯一的水源周围。

在布须曼人部落中,男人负责外出狩猎,他们常常两人一组,每星期外出二至三次,所捕获的动物在亲戚和朋友之间分享。女人们则负责采集,她们通常以四至五家为一组外出采集一切可食用的植物的根、茎和果实。布须曼妇女在集体和家庭中有一定的地位,受到重视,同时也享有决定权。这也许是因为她们的采集常常提供了布须曼人每年 60%~80% 的食物,而男人们在狩猎季节里只能提供全年食物的 20%~40%。

20 世纪 70 年代以后,文明之风吹到了布须曼人部落中,几千年来的传统迅速遭到破坏。今天,布须曼人的传统绝大部分已属于回忆中的往事,也许在某些早已被遗忘、处于沙漠中心地带的小部落中还存在,但他们还能坚持到什么时候呢?

然而,令人困惑不解的是,从人类学的角度来看,布须曼人属于什么人种类型,直到今天仍是一个没有揭开的谜。布须曼人身材矮小,最矮的女人只有 1.38 米左右,而男人最高也不超过 1.60 米。布须曼人有着黄里透红的皮肤,蒙古人的眼睛,高高的颧骨,浓密而卷曲呈颗粒状的头发。"布须曼人"这一称呼,实际上源自当年的荷兰殖民者,意为灌木丛中的人。至于他们的祖先,谁也不知道。

近年,一些民族学家根据考古发现认为,在旧石器时代中期和晚期生活在南非的制造石器的原始人有可能就是布须曼人的祖先。他们继续做出推论说,布须曼人的祖先曾经占据过卡拉哈里的绝大部分地区,后来由于文化比较发达并已使用铁器的班图人祖先的入侵,才被驱赶到贫瘠和荒芜的沙漠地区。当然,这在目前还仅是一种假设,还有待于得到各方面研究的进一步证实。

埃尔莫洛人是非洲人的祖先吗

在非洲东部肯尼亚境内的图尔卡纳湖东南岸,居住着一个称作"埃尔莫洛"的神秘而又古老的原始部落。这个部落人数极少,总共才 300 来人,过着与外界完全隔绝的孤独生活。

至今仍然处于原始社会父权制氏族阶段的埃尔莫洛人,与邻近的一些土著部落不同,既不狩猎,也不养蜂,而是与湖为伴,以捕鱼为生。他们用装有木柄的鱼叉和棕榈纤维织成网下湖捕鱼,乘坐的则是用棕榈树干扎结成的十分简单的木筏。捕鱼归来,居住在坐落于湖边用湖草搭盖的草棚中。埃尔莫洛人不种庄稼,专食鱼和兽肉,体魄强健,精力充沛。历史上曾有外族入侵,但都遭到顽强的反抗,不得不败退而去。人们普遍认为,埃尔莫洛人正在消亡之中,然而事实并非如此,他们的人口在缓慢地增加着。近一二百年来,埃尔莫洛人也顺应了邻族的变化,吸收了邻族文化中的某些成分,少数人还养起了牲口,但他们基本的生活方式并没有变。

埃尔莫洛人

20 世纪 60～70 年代,随着图尔卡纳东部有关石器和人类化石的重大考古发现,许多考古学家和人类学家断定,东非是人类的发源地之一。就是说,今天埃尔莫洛人生活的地区,在 200～300 万年前曾经是早期猿人生活过的地区。于是,有学者做出推测,这种早期猿人是埃尔莫洛人的祖先? 然而使人感到惊奇的是,根据人种学的分析和考察,埃尔莫洛人不属于非洲的任何一个种族。谁也不知道这个神秘的部落来自何处。这样,埃尔莫洛人究竟是不是非洲土著居民? 如果不是,他们又是在何时何地迁徙到非洲来的？这些问题成了至今无法解开的谜。值得庆幸的是，由于这个谜关系到人类起源，关系到非洲远古文明历史真相，它已引起各国考古学家和人类学家的重视。

俾格米人与黑人有渊源关系吗

俾格米人是生息在赤道非洲森林中的矮小土著民族。有关他们的记载，最早见于公元前 3000 年古埃及的铭文中，稍晚见之于古希腊时代的荷马史诗中，而后在十六七世纪一些西方人的游记中也经常提到。然而，直到 19 世纪，俾格米人的存在才为欧洲的探险家所证实。20 世纪上半叶，随着欧洲学者对非洲俾格米人的考察的逐步开展，人们才开始了解这个独特的非洲土著民族。

非洲俾格米人是一种非常独特的人种类型：身材矮小，成年男子的平均身高仅 142～143 厘米；皮肤呈暗黑色，有时黑里透黄或透红；鼻子宽宽的，鼻梁低而窄；唇薄，上腭没有凸畸形；头发为黑色卷发，全身毛被极为发达；身躯大而手脚短。非洲俾格米人曾经是非洲中部地区的主要居民，后来被大多数讲班图语的黑人挤走了。估计现在生活在卢旺达、扎伊尔、中非、喀麦隆、加蓬的森林中的非洲俾格米人不会超过 10 万人。

非洲热带森林中的俾格米人至今仍过着原始生活。他们以采集\狩猎为生，不知农耕和畜牧，也没有石器工具，但他们能使用喂过毒的铁制箭头的弓箭进行狩猎，铁器是从邻近部落交换来的，毒液则是自己从植物中提取的。他们的住屋非常简陋，先用木棍搭成棚架，再盖以树皮或兽皮。他们的服饰也极为简单，一般成年人只在腰间围以树叶、树皮或兽皮做的短裙，装饰也很简单。

非洲俾格米人部落一般分为若干松散的集团，每个集团包括几个家族。设有酋长、祭司或首领。由夫妻及其子女组成的一夫一妻制家庭，是他们社会组织的唯一形式。尽管俾格米人 7 岁时随着性机能发育成熟便开始过毫无约束的性生活，但婚后（通常是 10 岁）却实行极为严格的一夫一妻制。他们还通过祈祷和献祭，崇拜一种神灵，并把它看作是全能的主宰和一切法律道德的创始人。俾格米人没有自己的语言，几乎所有的俾格米人部落都采用与自己保持有关系的周围部落的语言。

自从非洲俾格米人被发现以来，有关非洲俾格米人的人种类型，更确切地说，他们与非洲黑人种族之间的关系问题，始终成为人类学家所关注的问题。自 20 世纪以来，一种广泛流行的观点认为，非洲俾格米人人体构造独特，诸如个头不高、身体比例特殊、毛被发达等等特征，足以与黑人区别开来。他们似乎更是人类发展的"童年"阶段和现代人种的祖先，其文化则是远古"纯"文化的残余，这种文化的突出点是一神教、一夫一妻和从远古起就存在的私有制。与此恰恰相反,现代更多的人类学家却认为,上面提及的人类学的特征是次要的。根据有关生物发生的标志来判断,俾格米人与黑人非常接近,而生态特征可以用外部环境、与世隔绝和生活类型等有选择的资料来加以解释,在这些条件下隐性基因明显地表现出来。当然,即使是目前占优势的后一种观点,也很难说已经成为定论,尚有待新的材料和新的研究成果来加以证实。

恩加诺人的"球籍"还有多久

恩加诺人是生活在位于印度尼西亚南苏门答腊西侧 100 公里的恩加诺群岛上的土著居民。自 19 世纪末 20 世纪初以来,恩加诺人的闭关自守的状态受到破坏,人口日益减少。10 多年前的一次统计表明,恩加诺人已不足 400 人,仅占该岛总人口的 10% 左右。他们在地球上还能生存下去吗?

值得注意的是,恩加诺人的物质文化和精神文化也在迅速消失之中。时至今日,有关恩加诺人的文化传统,只能根据 16~17 世纪西方旅行家文集中的片段记述来加以推断了。当时的恩加诺人还处于刀耕火种的原始农业社会。他们用长柄铁刃手斧开垦森林地段,用削尖或烧尖的木棒翻掘土地,主要种植芋头、木薯之类的块根作物充作粮食,也种植芭蕉树、椰子树和莎面树。除了种植作物外,沿海捕鱼也是恩加诺人的传统作业。家庭手工业中最能代表恩加诺人传统文化特点的是竹木加工。他们用植物韧皮制作衣服、睡席,用竹篾编制筐篮,尤其善于木器雕刻,能在木器上雕刻出奇妙的图案。恩加诺人居住的,是建在木桩上的圆形房屋,这是一种与其原始生活方式相适应的住所形式。

恩加诺人社会是母系氏族社会。但任何一个氏族都没有统一的住地,各氏族的人们分散居住在岛内各地。即使是到了 20 世纪 60 年代,当小家庭已经成为恩加诺人社会的基本细胞时,按母系继承仍是这种小家庭的主要特征。恩加诺人的传统宗教观念的基础,是万物有灵论。他们供奉家神,祭祀祖先。但到了 60 年代,早已改信伊斯兰教和基督教了,传统的宗教仪式只有老一辈的人还能记得。

恩加诺人在地球上生存的"球籍"问题,引起了人类学家们的关注。有的认为,这个民族的迅速消亡是由于本身所具有的明显的退化特性。有的认为,恩加诺人急剧减少是由于传染病流行和缺医少药所致。也有的认为,是由于缺少新鲜血统。因为恩加诺人盛行近亲通婚,严禁同外族人联姻,尤其反对与前来岛上做生意的马来亚、爪哇和米南卡保商人发生两性关系。或许,这种种意见还远未能把问题解释清楚,但可以肯定,随着研究的深入,不仅对于恩加诺人,而且对于现今世界上所有的原始土著部落,都将具有重要的意义。

第三节　世界奇人

人体自燃

1.典型案例:班特莱医生之死

1966 年 12 月 5 日清晨,阳光明媚。美国宾夕法尼亚州库迪尔斯堡城早已沸腾起来,人们忙着做早饭,准备上班。顿·古齐尼尔像往常一样吃完早饭,来到煤气公司,开始了日常的工作。他首先看了一下城中家庭使用的煤气计数表。首先映入他脑海的是此地区人们十分熟悉和喜爱的一个人:琼·艾尔凡格·班特莱。这是一位医生,半个世纪来一直在此地行医,治好了许多病人,可算是德高望重的人,今年他已 94 岁了。由于年龄过高,他辞去了工作,一个人呆在家里,依靠两只拐杖在家里自己料理自己,确实够受的。"应该帮助这个好人。"顿·古齐尼尔决定到他家去看看,顺便查一下他的煤气表。

人体自燃

"努尔斯·明·穆斯达大街 403 号。对! 就是这里。"古齐尼尔走到门前自言自语地说。"好! 医生在家!"他庆幸地说,于是,立即上前按门铃。铃声响了好半天,但无人出来接客。古齐尼尔感到有些奇怪。于是,他推开门,走进屋内。"贝纳塔利医生! 您好呀!"他大声地叫着。医生在餐厅会听到他的声音,但是连叫几遍,仍无人应声。古齐尼尔更加奇怪了。

"还是先去看看煤气表吧!"他经常来这里,门径熟悉,于是便向厨房走去。这时他开始闻到一股奇怪的气味,越向厨房走气味越浓。不是香味,而是一股好像开动中央暖气机所发出的气味。

"什么东西烧煳了?"他自言自语地来到厨房门口,只见厨房中央地上堆着一堆圆锥形黑灰,高约35厘米,估计可以装满一小吊桶。古齐尼尔用脚拨了拨黑灰,发现地面上并没有烧过的痕迹。

"一切都很正常!"他说着,来到炉灶旁,看了看煤气表,记下了数字。"贝纳塔利医生也太不友好了,叫了他半天也不出来应酬一下!"他一边想着,一边走出厨房。"这老头也许病了! 那么,既然来了,就应到楼上看看去,看他需要什么!"

想到这儿,他径直向楼上走去。来到卧室,推门一看,屋里满是浓烟,再看看床上,连个人影也没有。他开始有些慌了,赶忙四下瞧看,当目光转到卧室内的厕所时,他一下惊呆了。厕所的门敞着,坐式抽水马桶旁,立着两个拐杖,拐杖下面,地板上有一个黑黑的洞,洞旁边的景象令人毛骨悚然:医生已成为一堆黑炭,只有右腿还完好地保留在地上,脚上还穿着皮鞋。

古齐尼尔一见此状,头嗡的一声,赶忙回头就跑,一口气跑出房门,来到大街上,径直奔向煤气公司办公室。一进门,人们只见他气喘吁吁,面色苍白,结巴地说:"班……班特莱医生被……被火烧……烧死了。"

当煤气公司和警察局的人来到班特莱医生家时,发现厕所内的黑洞下面正是楼下的厨房,黑洞呈不规则形,长1.5米,宽约为0.5米,洞周围全被烧焦。班特莱医生身体的灰烬顺着洞落到楼下厨房内,才在地上形成了一小堆黑灰。典型的人体自燃事件,受害人只剩下一只小腿古齐尼尔看到的是世界上一次极为罕见的现象——人体自焚。

不久,警方赶到现场,但对其死因无法理解,最后草草结案。宣布死者因在床上吸烟,睡着后衣服着火引起火灾,醒后去卫生间取水灭火,在那里失去知觉,被火烧成灰烬。但是,一位火葬专家指出,一具尸体化为灰烬,先要经过2200华氏度高温烧90分钟,再经过1800华氏度高温烧60~150分钟。即使这样,尸体火化后只是碎骨骨灰。最严重的房屋火灾,温度也不会超过1500华氏度。因此老人不可能因火灾而烧成灰烬。况且,能将他烧成灰烬的大火,不要说整个房子要付之一炬,就是手扶拖拉机的铝制框架也会熔化的。

科学家认为,班特莱医生死于人体自燃(SHC)。人体自燃指的是人体没有和外部火焰接触,内部自发燃烧,化为灰烬,而在灰烬周围一切可燃性物品都保持原样的现象。

历史上第一个人体自燃事件记载在1673年意大利的一份医学资料上,有个叫帕里西安的人,躺在草垫床上化为灰烬,只剩下头骨和几根指骨。但草垫床除他躺的部位外部保持原样。1744 年,英格兰的伊普斯威奇城有一位 60 岁的帕特夫人,一天早上她的女儿发现她死在地板上,好像一段被烧光的木头,在附近的衣物却完好无缺。类似的历史记载有 200 多起。

19 世纪德国化学家利比克设想人体自燃可能是由于体内酒精含量多引起的。他做过一个试验,想找出充满酒精的新鲜肉类到了多少浓度能发生自燃,却未成功。1861 年,著名法医卡斯波在其《实用法医手册》中,对人体自燃给予了否定。他认为根本不存在这种现象,"在 1861 年的今天,如果还有诚实的科学家想去解决人体自燃的神话,那真是太可悲了。所有关于'自燃'的证明都是完全不可信任的,是没有专业知识的人提供的。"

尽管卡斯波否定了人体自燃,许多科学家仍致力于研究和调查这一现象。一位叫查尔斯·福特的人,曾详尽地收集了 1961 年以来发生的几起人体自燃事件。

如 1957 年 5 月 18 日,在美国费城,一位 68 岁的寡妇安娜·马丁在一间没有火源的房里化为灰烬,只剩下鞋和一小部分躯干。法医说达到这种程度,温度至少要高达 1700~2000 华氏度。然而炉子是熄灭的,全部物品,包括离死者二英尺的报纸都没有变化。

福特记录最详尽的一起人体自燃事件发生在 1951 年 1 月 7 日的佛罗里达的圣彼得斯堡。傍晚,67 岁的王骊夫人舒适地坐在软椅上,他的儿子离去时看见母亲还很好,可是不到 12 小时,他儿子来到母亲房间,却见到极可怕的景象,闷热的屋子里,母亲和椅子都没有了,地面上有几块烧得腐蚀变形的发卡,表明哪儿曾是一堆头发,剩下的是几小块焙干的椎骨,一个缩成棒球大小的头骨和一只完好无缺的左臂。离尸体很近的报纸和几英寸以外的一块亚麻布却无燃烧的痕迹。

享有"骨骼鉴定专家"声誉的克洛格曼医生调查了王骊夫人的死因,结果是:

(1)整个室内找不到任何助燃化学物品,而只有经过 3000 华氏度高温,她的骨头才会成为那种样子。

(2)没有发生火灾,整个室内找不到火源。房屋火灾最高温度一般为 1500 华氏度,而实际存在过的温度比这高一倍,在那种情况下,整个公寓都应烧尽。

(3)夫人体重 77 公斤,烧成灰后,整个楼内竟没有任何气味。

(4)收缩的头骨,法医专家了解,能将死者脂肪组织烧尽脱水的高温应同时把头盖骨软组织全燃毁,而玛丽夫人却不如此。

克洛格曼对上述四点都无法解释。

300 多年来,科学家对这个问题不断探索,从 200 多个案例中,科学家发现:男女比例大约一致,年龄从4个月到114岁都有。饮酒程度和身体胖瘦都有。有的案例发生在走路、开车、划船、跳舞过程中。

有的人认为人体自燃与体内过量的可燃性脂肪有关,把这种脂肪比喻为燃起的烛油,衣服如同烛芯。有些人认为人体内有种天然的"电流体",它能造成体内可燃性物质燃烧以至于造成高度可燃性物质结构的"体内分解"。还有人体为体内磷积累过多,产生了"发光的火焰"。

新近一种解释是从物理学角度讲的,有人认为体内可能存在比原子还小的"燃粒子",可以引起燃烧。

不论怎样,人体自焚现象仍是今科学家和研究人员感到奇怪的奥秘,班特莱医生自焚的情况就是一例。法医琼·迪克教授看了班特莱医生自焚现场后十分困惑,以致对提出的一些问题根本无法解答。

另外一些人则试图以纯理论来解释。如班特莱医生人老体弱,但却长年抽烟斗,估计当时他是坐在屋内抽烟,烟火掉在他穿着的外衣上,但他未发觉。当他来到厕所后,外衣才烧着了,于是他将外衣脱下,扔到澡盆里……这种论断主要依据班特莱医生的外衣上有许多被烟灰烧成的洞。但是,这种论断却无法解释为什么班特莱医生烧成灰烬而他的外衣却未烧成灰烬,而且烟灰也绝不会有这么大的能力烧起一场火。

其次,烧着了的衣服也绝不会产生出那样巨大的能量将一个活人烧成灰烬。而且着火的地点是一间厕所,房子很小,要想焚烧掉一个人,这间房内空气中的氧气是不够的,那么,哪儿来的这样大量的氧气呢?

此外,当煤气公司的职员顿·古齐尼尔走进班特莱医生的家时,为什么又没有闻到烧焦了的人肉气味呢?假如说是失火,火首先从寝室烧起,那么寝室内为什么没有任何火的痕迹呢?此外,距班特莱医生自焚的地方仅有几厘米处就是洗澡池。人们发现,洗澡池外面黑色的油漆仍在,未有一处脱落。更奇怪的是,为什么身体被烧得只剩下一条腿,而腿仍完好无损地保持着原来的样子,脚上的皮鞋也未有任何火烤的痕迹?

迪克教授说:"我们发现的只是身体的一部分——一条小腿。此外在楼下厨房内的地上有一堆灰烬,灰中发现了这条小腿上部的膝盖骨。"

迪克教授是个法医,他分析说:"我曾见过一次车祸。几辆汽车相撞,产生大火,车内共有三人。由于火势很大,以致任何人都难于接近汽车救人。大火后,车内的三人被火烧焦,从身体的很多部分仍能辨出一些轮廓,即胸腔、四肢和牙齿。

但人体自焚现象却截然不同，身体的 90% 以上全变为灰烬，确为罕见，令人迷惑不解。"

2.国外人体自燃现象种种

在美国某镇的一家小旅馆里，旅馆东主米勒有一个絮聒不休的太太，每天都喝到酩酊大醉。1725 年 2 月 19 日晚上，由于很多人前来参加次日的盛大交易会，旅馆全部客满。米勒和妻子很早便上床休息。米勒太太不能入睡，独自下楼去。她平时常到厨房点燃的火炉前喝到烂醉。这时米勒已进入梦乡，但到凌晨两点钟左右，突然惊醒。他嗅到烟熏的气味，连忙跑到楼下，沿途拍门把客人叫醒。张皇失措的住客走到大厨房时，看到着火焚烧的并非厨房，而是米勒太太。她躺在火炉附近，全身几乎烧光，只余下部分头颅、四肢末段和几根脊骨。除了尸体下面的地板和她所坐的椅子略有烧痕外，厨房里其余物品丝毫未损。

这时一名警官和两名宪兵恰好在附近巡逻，听见旅馆中人声鼎沸，于是入内探询。他们看见米勒太太冒烟的尸体后，立即把米勒逮捕，怀疑他是凶手。镇上的人早已知道米勒太太不但是个酒鬼，而且是个泼妇，因此怀疑备受困扰的米勒蓄意把妻子杀死，以便和旅馆一名女仆人双宿双飞。控方指米勒在妻子喝醉后把酒瓶里余下的酒倒在她身上，然后放火烧她，事后设法布局，使人相信这是一宗意外。

话说那位青年医生李加特在事发时也跑到楼下，亲眼看到米勒太太烧焦的尸体。他在审讯过程中为米勒作证，说受害人的身体全部烧光，却留下头颅和四肢末段，而附近物体也丝毫没有波及，这显然并非人为因素造成。法庭上的辩论非常激烈，控方坚称米勒是杀人凶手。米勒被裁定罪名成立，判处死刑。然而李加特仍不断陈辞，指出这件事绝不可能是普通的纵火杀人案，而是"上帝的惩罚"。结果，法庭撤销判决，宣布米勒无罪释放。然而，可怜的米勒也就此断送了一生。他经过那次打击后，精神极度颓丧，从此在医院中度过余生。

另有一位意大利教士贝多利，在祈祷时身体突然着火焚烧。他是遭遇身体自燃后尚能生存数天的少数受害人之一。报道这件事的是曾替他治疗的巴塔利亚医生，见于 1776 年 10 月佛罗伦萨一份学报。

事发期间，贝多利正在全国各地旅行，有天晚上抵达姊夫家里，由姊夫带领到暂时歇宿的房间。由于他穿的衬衫是用马毛做的，把肩膀刮得很不舒服，他一进房就要了一条手帕，把衬衫和肩膀隔开。接着，他独自留在房中祈祷。

过了几分钟，房中传出教士的痛苦呼叫声，全屋人立刻冲进他的房间。他们看见贝多利躺在地上，全身给一团小火焰包围，但上前察看时，火焰便逐渐消退，最后熄灭了。次日早上,贝多利接受巴塔利亚医生检查。他发现伤者右臂的皮肤几乎完全脱离肌肉,吊在骨头上。从肩膀直至大腿,皮肤也受到同样损伤。烧得最严重的部分是右手,已开始腐烂。巴塔利亚医生虽然立即进行治疗,但伤者的情况不断恶化,老是说口渴想喝水,而且全身抽搐得令人吃惊。据说,他坐过的那张椅子满布"腐烂和使人恶心的物质"。贝多利一直发热,陷于谵妄状态,又不断呕吐,第四天在昏迷中死亡。

巴塔利亚医生无法在贝多利身上找出染病迹象。最可怖的是,在死亡之前,他的身体已发出腐肉般的恶臭。巴塔利亚医生说,看见有虫子从贝多利身上爬到床上,他的指甲也脱落了。

巴塔利亚记得贝多利最初给送到他那里时,右手好像给人用棍棒打过似的,衬衫上还有"摇曳的火焰",很快便把衬衫烧成灰烬,袖口却完整无缺。而且奇怪得很,放在衬衫与肩膀之间的手帕竟未烧着,裤子也完好无损。虽然他的头发一根也没有烧焦,帽子却完全烧毁。房间里并没有起火的迹象。可是本来盛满油的一盏油灯已完全枯竭,灯芯也烧成了灰烬。

另有一例,奥弗顿医生在《田纳西州医学会学报》发表一篇文章,记述该州那士维尔大学数学教授汉密尔顿因"局部自燃"受伤的情形。1835年1月5日,汉密尔顿教授从大学返家,那天天气很冷,温度表录得的气温只有华氏8度。

突然间,他觉得左腿灼热疼痛,就像给黄蜂叮了一口似的。他朝下一看,腿上竟有一团十几厘米高的火焰,直径如一个银币大小,顶部则呈扁平形状。他立即用手拍打,但无法把火焰拍熄。幸而汉密尔顿教授保持冷静,想起如果火焰没有氧供应就会自动熄灭,于是两手拱成怀状盖在燃烧之处,火果然熄了。

可是,他仍然感到剧痛,进屋之后,便立即脱下长裤和内裤,检查伤口。他看见伤口约宽3厘米,长10厘米,干爽,呈青黑色,在左腿下方斜向伸展。他又检查了内裤,发现正对伤口之处已经烧穿,但洞口周围丝毫没有烧焦的痕迹。最奇怪的是,长裤竟然完好无损,只是底面靠近内裤烧穿的地方有许多暗黄色的绒毛,用小刀便可以刮去。

伤口虽然有些地方与普通伤口不同,但为汉密尔顿诊断的医生经过检查后,仍然当作普通烧伤一样医治。伤口很深,过了整整32天才愈合。治愈之后,伤口周围的肌肉依然有一段很长的时间不断隐隐作痛,而且疤痕呈现一种很不寻常的青黑色。

在英国,南安普敦附近一个乡村发生的一场怪火,夺去了基利夫妇的性命。

1905 年 2 月 26 日早上,邻居听见基利家中传出尖叫声,进去时即发现屋内已经着火。

基利先生躺在地上,已经完全化为灰烬。基利太太则坐在安乐椅上,"虽已烧成黑炭,但仍可辨认"。警方发现屋内有张桌子翻倒,油灯也掉在地上,但他们不明白一盏油灯怎能造成这场灾害。最奇怪的是,基利太太所坐的安乐椅竟然没有烧坏。

1907 年,印度狄纳波附近曼那村的两名巡警发现一具烧焦的妇人尸体。他们把这具衣服无损但仍然在冒烟的尸体送到地方法官那里,据巡警说,发现尸体时房间里并无失火迹象。

英国布莱斯附近的怀特利湾有一对姓迪尤尔的姐妹,是退休学校教员。姐姐名叫玛格丽特,妹妹名叫威廉明娜。1908 年 3 月 22 日晚上,玛格丽特跑到邻居家中,慌张地诉说妹妹已经烧死。邻居进入她家里查看发现成廉明娜烧焦的尸体躺在床上。床和被褥并无火烧的痕迹,屋内各处也没有失火迹象。

在死因侦讯中,玛格丽特一再誓言发现妹妹尸体躺在床上的情形,正如邻居所见一样。但验尸官认为睡床安然无损,而躺在其上的人竟烧成灰烬,简直荒谬绝伦。他斥责玛格丽特撒谎,声言要起诉她,并在死因侦讯间暂时押候。

邻居和舆论都不相信玛格丽特的供词,玛格丽特备受压力,在重新开庭侦讯时承认作伪证。她说自己实际上是在家里楼下看见威廉明娜身体着火,但仍然生存,她把火扑熄后,便扶妹妹上楼,安置在床上,但不久妹妹便死去了。

虽然楼下也没有起火迹象,可是验尸官认为这个说法比玛格丽特原来的口供合理一些。

验尸官宣布裁定威廉明娜的死因是"意外烧死"。不过,他事后说,这宗案件是他历来侦查过的最奇特案件之一。

1953 年 3 月 1 日,南加罗来纳州缘镇的伍德先生被人发现在他紧闭门窗的汽车前座上烧成黑炭。当时他的汽车停在 291 号公路旁边,油箱里还有半箱汽油。除了挡风玻璃因受热而起泡及向内凹陷外,全车并无损坏。

78 岁残疾老人杨锡金住在檀香山冒纳基亚街 1130 号,1956 年 12 月,邻居发现他遭蓝色火焰包围。15 分钟后,消防员到来时,他的躯体和椅子已烧成灰烬。可是,搁在对面轮椅上的双脚完整无损,连周围的家具和窗帘也没有损坏。

人体自燃的遇难者很少是儿童,伊利诺伊州洛克福镇的普鲁伊特却是一个例外。这名四个月大的婴孩于 1959 年春因严重烧伤致死,可是他的衣服并没有烧焦的痕迹,床上的被褥也没有损坏。

1950年10月的一个晚上,年方19岁的安德鲁斯小姐和男朋友克里福德在伦敦一家夜总会跳舞。突然,她胸前和背部起火,瞬间即烧及头发。克里德福和其他客人设法把火扑灭,但始终无法救回她的性命。

克里福德在法庭上作证说:舞池中没有人吸烟。桌子上没有蜡烛,我也未看见她的衣服给任何东西烧着。我知道说来令人难以置信,但事实上我觉得火焰是从她的身体内发出来的。

其他证人也同意他所说的话。结果,法庭裁定安德鲁斯小姐是"死于原因不明的一场火"。

密歇根州旁提亚克市的30岁汽车工人彼得森,由于健康欠佳,几个月来一直心情沮丧。1959年12月13日下午7时45分,有人发现他死在自己的汽车里,看来是自杀。当时驾驶座侧边的座位仍在冒烟,排气管已经扭曲,伸进关闭了门窗的车厢里。

医生检验过他的尸体后,宣布他是中一氧化碳毒致死,这与自杀的推测正好吻合。可是,他们无法解释彼得森的背部、大腿和手臂为什么会三度烧伤,以及他的鼻子、喉咙和肺部为什么会灼伤。最奇怪的是,他的衣服甚至内衣裤丝毫没有损坏,烧焦的皮肉上还竖起没有烧毁的体毛。调查人员起初认为汽车的排烟可能带有热力,后来又怀疑有谋杀成分,但都不能解释彼得森死时的情况。

在一宗人体自燃事件中,受害者不止1人,而有6个。以下是1976年12月27日《奈及利亚先驱报》有关该次事件的报道:

拉歌斯市一户7口之家,有6个成员烧死的事件……目前已成为最难解答的谜团。

据昨日的现场调查显示,该木房子中一切物体完好无损,甚至两张棉褥也仍然整齐地铺在两张铁架床上……

这场烧死6个人的大火对整个房间似乎无损……但从死者被焚的严重情况看来,房中物件,包括木墙和屋顶的铁皮,本应荡然无存。

虽然早时传说有人乘那家人睡熟时,从窗口泼进汽油,然后点火焚烧,但昨日的调查已证明此一说法不确。

比利时布鲁塞尔有一对名叫雷斯和蒙娜米的男女,在林荫道上接吻时,突然背上起火,火一起窜到4.6米高,在30秒钟里他们都化为灰烬。

1985年伦敦。那天晚上,19岁的波利·列斯里在大街上散步。突然,他感到周身发热。他低头而视,发现自己的身体竟喷出火来。火瞬时在他上半身燃烧起来,难以忍受的高温及疼痛同时向他袭来,列斯里双手蒙脸,保护着他的眼睛,但是火势凶猛,他的胸、背、腕都像被烙铁烫着那么疼痛,大脑有煮沸的感觉。他想奔跑,但是没跨出几步就重重地摔倒了。当死神向他步步紧逼时,突然身上的火焰一下子熄灭了。好在列斯里年轻力壮,在医生的精心治疗下,几个星期后痊愈出院。

人体自燃的现象,并不为20世纪科学界所承认,既未被列入世界卫生组织编订的"国际疾病分类法"中,也不是美国或国立医学图书馆生物学与医生图书索引的一个条目。尽管警察、消防员、纵火案专家、验尸官和病理学家提出不少证据,但大多数医生和科学家仍然认为那些看来不容争辩的事例未经彻底调查。

不过,并非历代的人都抱这种怀疑态度。17和18世纪时,人体自燃现象,特别是发生于酒徒身上的事例,一般视作上帝的惩罚。到了19世纪,由于生物学与化学的进步,研究人员得以从非宗教的角度找寻这些难明火灾的成因。他们提出了更多种可能性,包括以下列举的一种或多种的结合:

★肠内的气体容易燃烧。

★尸体产生易燃气体。

★干草堆及肥料堆产生的热力,足以引起自燃。

★某些元素或混合物一旦暴露于空气中就会自动着火,如人体元素之一的磷。

★有些化学品本身并不活跃,但与其他物品混合时会引起爆炸。

★某些昆虫和鱼类发光表示可能有内火。

★静电产生火花,在某种情况下可能引起人体着火。

然而,越来越多的事实证明上述各种假设都不是人体自燃的真正成因。1951年时,一位德国化学家已经指出,喝了大量白兰地酒的人即使接近火也不会着火。其后在19世纪末期,几位医生曾声称不明白水分含量多而酒精含量相当少的人体为什么会着火。1905年4月22日,《美国医学》杂志对相信人体自燃的人予以迎头痛击指出"在全部发表过的人体自燃事件中,几乎半数来自法国这个神经过敏的国家"。

为了验证酒精可使人体变成高度易燃的说法,科学家先把老鼠放在酒精中浸一年,然后点火焚烧。结果,老鼠的外皮腾起烈火,皮下外层肌肉也烧焦,但内部组织及器官则依然无损。

后来他们又用在酒精中浸了更长时间的博物馆标本做试验,结果也是一样。

消化系统产生的易燃气体的确可能在人体聚积,造成危险。英国有位牧师便受到警告,不可吹熄圣坛的蜡烛,以免呼出的气体着火。

静电也可能是一个原因。据美国防火协会的防火手册说,人体聚积的静电负荷达数千伏电力可通过头发放出,一般不会造成伤害,但在某些特殊情形下,例如在制造易燃物品的工厂或使用气体麻醉剂的医院手术室中,这种人就可能引起爆炸。

3.国内公开报道的人体自燃现象

我国曾发生过这样一件有关人体自燃的案例,也引起了广大读者的兴趣。

在1990年4月15日早晨,湖南省某村村民唐某的4岁男孩裤裆处突然冒火燃烧,大人们急忙脱下了3条裤子察看:穿在里面接触皮肤的第一条布裤和第二条腈纶裤都烧有3厘米左右的洞,第三条巴拿马料子外裤也被烧焦,同时在双脚处发现两个11.5厘米的烧洞。再查看小孩的身体,双脚小腿处有烧伤的浅黄色点,当母亲为小孩刚穿上一条内裤时,在相同的部位,再次出现裤子燃烧的情况。

大人们为了孩子的安全起见,就把小孩全身脱光,包床小棉被送到中心医院治疗。医师诊断为过敏性静电反应,并安慰说不要紧,吃点药就没事了。不料,小孩回家后,躺在床上不到3分钟,又惊叫起来。家人掀开小被一看,只见右大腿处有一个1厘米大的火球,带蓝火苗落到床单上,随即烧穿床单。在场的人迅速扑灭火球。小孩的大腿上烧出一个2分硬币大的泡来,全身还发出类似打火机打出的火星,小孩自己用手去抓,十指均被烧成浅黄色的烧伤点泡。

大人们又把小孩送到医院。经医疗仪器对小孩作了身体健康状况检查,一切正常,无任何异常情况。医生介绍说,这种人体自燃在我们建国以来还是首例。

4."神秘射线"是自燃的罪魁祸首吗

德国一名女性为了使自己的皮肤变成棕色而去海滩晒太阳。没想到,她第一次晒太阳就出了怪事,身体被晒着火了。

28岁的杰达和好友凯瑟林来自德国法兰克福,她们从事秘书工作。1990年夏季的假日中,为了消遣,她们决定到多米尼加去旅游。第二天,两个人神采奕奕地乘飞机赶到了多米尼加的海边游览。当时天气很热,她俩在海滩上晒太阳,一个小时后,凯瑟琳便觉得热得不行了,便独自一人到不远的树荫下休息,并不知不觉地睡着了。3个小时后,她醒来一看,杰达仍在阳光下曝晒。凯瑟琳跑过去劝杰达到阴凉处躲一躲。这时的杰达在灼热的阳光下已被晒出了水泡,但她没有听从好友的劝阻。

就在这时,凯瑟琳突然闻到一股烤焦的臭味,再看杰达,有一股烟从她口里冒了出来,凯瑟琳急忙去拉她的手,感到她的皮肤已到了烫手的地步。杰达开始呻吟起来,接着浑身都燃烧起来。

所有这些,都发生在一瞬间,凯瑟琳被吓得大声惊叫起来。呼救声惊动了救生员,当他们赶来用水泼在杰达身上时,一切都为时太晚了,她已变成了一堆冒着青烟的灰渣。

验尸官在检验尸骨后说,这是一宗少见的自发起火现象。对这一现象,人们的了解仍不完全,就如人体自燃的现象一样。但有些专家认为这起事件与太阳强烈辐射有关,并提醒喜欢阳光浴的人不要过分晒太阳,并且在晒太阳之前要做一些必要的预防准备工作,以防不测。

历史上,国外有过多起人体自燃的记载。但最令人吃惊的一例是棺内起火,尸体自燃。

此事发生在1973年12月7日,美国威斯康星州一个年约50岁的妇女因煤气中毒而身亡。两天后,当人们在教堂为死者举行悼念仪式时,突然棺内尸体起火,并且越烧越旺,还发出啪啪的响声。当人们将火扑灭时,棺内的尸体化为灰烬,而周围的一切可燃物却完好无损。事后,经法医调查,证实棺材是金属的,没有可燃物燃烧过的痕迹,因此,尸体起火的原因是自燃。有人认为,这种尸体自燃现象很可能是人体放电的结果,据此有人提出,人体本身就是一个充满能量的带电体。至于如何由此放出静电而引起自燃就不知其所以然了。

1983年12月的一天,在一片困惑气氛中,意大利一家法院正式开庭审理一件奇特的纵火案。

被告人卡罗拉,是英国苏格兰姑娘,她肩披金黄色长发,雪肤花貌,一对清澈湛蓝的眸子,穿着十分动人,她曾在意大利两个富翁家担任家庭保姆和家庭教师,但两家雇主都指控她犯有故意纵火杀人罪。

卡罗拉原籍是英国苏格兰,在一次偶然的机会,她邂逅一位潇洒英俊、风度翩翩的意大利青年,两人一见钟情,如胶似漆。可好景不长,正当他们准备结婚时,那个青年接到通知,回意大利服兵役。

热恋中的卡罗拉,不甘寂寞,毅然背井离乡,随郎君来到意大利。为了生存下来,她找了临时工作,到一个富翁家当保姆。但刚刚工作没几天,这个倒霉的富翁家便发生了一次大火,烧得他家一无所剩。火灾后,那富翁只好在附近租了所房子,暂时存身。不料在4天之内新居又连续发生了3次大火。虽然没有人员伤亡,但新居已被严重破坏,无法使用。于是,那个倒霉的富翁只好把家迁往罗马,临行前把可疑的卡罗拉辞退了。

没过几天，年轻貌美的卡罗拉又被另一个富翁看中，做了他的家庭教师。可是奇怪的事又开始发生了，卡罗拉来到他家不到 24 小时，这天晚上，富翁小女儿的床下突然冒出了大火，几乎把孩子烧死。这个富翁怀疑是卡罗拉干的，于是，他联合前一个富翁指控卡罗拉犯有故意纵火杀人罪。

在法庭上，两家的女佣人都出庭作证说卡罗拉身上有股特殊的力量，当她不允许他人靠近她时，人们就会感到有股看不见的力量向后推。有个女佣人还说，她亲眼看见卡罗拉走进厨房时，厨房的墙壁上突然出现了五颜六色的身影。

有一位应法庭邀请而来的火灾分析专家大声指出：他调查了这前后发生的 5 场火灾，发现火灾现场与一般火灾不同，一般火灾之中，火苗是从下往上卷的，而上述 5 场火灾中，火苗是从上往下卷的。这说明有一种无法解释的力量在发生作用，可以称这为"魔火"，这证明卡罗拉身上确有一种魔力。

对这一动人的事例，1983 年 12 月 30 日黎巴嫩的《时事周刊》曾详细报道过。

类似的事，在蒙古也发生过。蒙古一名叫温杜尔玛·巴特蒙赫的妇女身上能放射一种神秘射线，1990 年 4 月 8 日到 5 月 2 日，她身上放射出的这种射线在乌兰巴托已造成 65 起火灾。只要她在场，即使衣服和纸类可燃性东西存放在衣柜里也能够自燃，而且很奇怪的是，燃烧后的东西连灰都不留一点。

每当她经过的地方着火时，消防队员根本查不出东西自燃的原因。因此，他们只好得出这样一个结论：她身上能放射出一种神秘可燃烧的射线。

我国新疆和硕县有一姓马的人家，也发生了这样一件怪事。只要马某的妻子在屋，每隔三五天，都会发生一起火警，不是床帷子起火，就是门角处、窗户上的塑料布莫名其妙地着起火来。是谁干的呢？马家以为有人故意纵火便处处注意，事事小心，可火情仍时有发生。

有一次，马某家的一个远房亲戚带着一大包衣服来串门，他们把衣服放进一个柜橱里。过了不大一会儿，柜橱就冒出缕缕青烟，待把衣服抢出来一看，已大半被烧毁。

马某的母亲认为是儿媳的屋子不吉利，怕儿媳担惊受怕，于是给小两口另换了一间住房，可火情仍不间断，一连换了 3 次房，那火就像着了魔似的，与马某的妻结下了不解之缘，仍不时在她身边来上一把火！马家人，只要一提火，如谈虎色变，连连摇头叹息。

不用说这一件纵火无头案与意大利那纵火疑案一样，至今没有被侦破。是意念起火？还是人体磁力引发起火？或是特异功能起火？至今无人能加以证实。

人体自焚的情况虽各不相同，但却有一些共性。一位研究人体自焚现象的学者说："它们的共性是，自焚一般会冒烟、着火、燃烧速度很快，但焚烧面积却不大。这种火则是由一种水无法扑灭的使人困惑的燃料引起的。而这种燃料燃烧的方式也十分特别，人体有的局部烧了，有的局部未烧，即部分肢体烧成了灰烬，而部分肢体仍然存在。更令人奇怪的是，有的身体被焚烧了，而外面的衣服却完好无损，以致产生衣服罩着一堆人体黑灰的现象。"

倘若人体自焚现象同巨大的天灾相比，那么它仅仅是人类中某个人的灾难。目前这种自焚现象是否也出现在动物身上仍不清楚。迄今为止，人体自焚现象尚未在医学角度上得到认真的研究。因为这种现象有许多矛盾，以致在理论上被认为是很难发生的。

因为至今科学尚无法断定，人体组织是怎样产生出这样巨大的热力焚烧掉整个肢体的。倘若我们设想，这种热力是由于某一种原因而产生的，那么，这种热力的影响就决不会仅停留在人体的范围内，而会向临近人体的其他东西蔓延、燃烧。但事实上，这种热力的影响并未蔓延。在讨论人体自焚过程中，个别几次使用了"燃烧的不规则的承受力"现象这一名词。暗指这种现象在历史上是反复发生的。1961年伦敦法医加芬·苏尔斯顿教授曾撰写一文，登载于官方医学报上，他说："有一些可接受的现象，即人体无外界燃料而自动起火燃烧，在此情况下，身体周围的其他东西明显未遭到任何损失。"

异食者

毒蛇、蜈蚣、蟾蜍、稻草、石砂、泥土、煤炭、汽油、书本、衣服、玻璃……这些都可以列入异食者的"食谱"中。

英国26岁的青年詹姆斯，因在计程车排班处闹事被捕，送进了西约克郡警察局的一所监狱。但在审讯时，他却穿了一套警察制服出庭。原来，詹姆斯有一种怪癖，对衣物胃口极佳。他在狱中吃光身上的所有衣物，包括衬衫、长裤、内裤、袜子甚至鞋，他出庭时穿的警察制服，是辩护律师临时给他找到的。

美国华盛顿州40岁的妇女艾玛也喜欢以衣服为食。她说："我看到美丽的衣服时，往往会流口水。尤其看到较厚的外套时，很想放到嘴里咀嚼。然而，最使我垂涎的是丈夫的衣服。"

据她说，丈夫的衣服最合她的胃口。她丈夫对衣服常丢失感到奇怪，后来才知道被妻子吃掉了。

这类事情从"食癖"的角度来看不难理解，因为人的胃口的容纳与消化能力毕竟是相当强的。

16世纪时，英国有位吃书的妇女，开始每天吃一本，后来索性把书当饭吃。医生曾让她禁吃"书餐"3天，她竟苦熬不过，百病全生。到了第4天继续吃书，便又精神焕发。丈夫和子女为她四处选购"书食"。她吃的书，首先要干净，最好是新书。这位"食书癖"患者在当时被称作"把书店吃进肚子里的人"。

真正令人不可思议的是，那些看来根本不可能为胃口所接纳的东西，在有些人那里却被身体完好吸收，而无任何中毒和受损迹象。

南非青年萨尔门素以生吞毒蛇驰名于世。他说："我捉到毒蛇后用木棍把它打晕，才容易吞到肚子里，但不久毒蛇会苏醒过来，在肚里乱撞，我心里感到非常舒服。"其胃何其异然！

中国喜食蛇者不乏其人。桂林市的尧某喜吞眼镜蛇、蟾蜍等，几天不吃就会感到周身无力。山西的孙某是当地出了名的"蛇阎王"，多年来他生啮活蛇达800多条，其中包括剧毒的五步蛇。他吃法独特，将蛇头拉直。用齿噬开蛇腹，先将蛇血吮尽，然后饱啖蛇肉。

在一次庙会上，人们正在看晋剧演出，未防一条2米长的毒蛇从戏台角窜出，它蓝鳞披甲，毒信吐沫，惊得众哗逃避。孙某却大喝一声："吠！"上前擒住其蛇。随后当众将毒蛇生啖，见到那蛇在"蛇阎王"嘴中半露尾巴甩来甩去，众人个个心惊。

摩洛哥有个20岁的青年阿蒂·阿巴德拉，他每天要吃掉3个玻璃杯。他说，咀嚼玻璃杯就像咬脆苹果一样爽快。从14岁起，至今阿蒂已吃掉了8000个玻璃杯。好奇的人们都以观看他进"玻璃杯餐"为乐事。

吃玻璃杯并非这位摩洛哥青年生来俱有的能力。当他14岁时的一天午夜，从睡梦中醒来，一股咬嚼硬物的感觉促使他抓起床沿的玻璃杯便使劲地咬，并将裂片咯咯地嚼成碎片。从此玻璃杯成了阿蒂每日必备的特殊"食品"。摩洛哥健康中心的医生从阿蒂的X光片中检查不出任何结果，他的口腔、胃肠都没有损伤的痕迹，也找不到玻璃的碎末。医生说，这是医学常理无法解释的奇异现象。

印度的库卡尼吞食日光灯管时，就像品尝甘蔗一样津津有味。他经常为观众表演这种"进餐"。观众常自费买来日光灯管供他咽食。只见他敲去灯管两端的金属接头，抱着玻璃管子，狼吞虎咽地吃了起来，仿佛他不是在吃玻璃管，而是吃甜脆可口的甘蔗。他一面咀嚼一面跷起大拇指,说:"好吃,好吃!"

"进餐"表演结束,还让观众检查口腔,他的嘴唇、舌头、牙床乃至咽喉都无出血或破伤,实在令人惊奇。医学专家曾用X仪器和最新技术,对库卡尼进行过全面的细致的检查,没有发现任何与众不同之处。

我国黑龙江省有个人叫王某某,也喜食玻璃。1987年他53岁,他从10岁开始吃玻璃,每次吃碎玻璃块0.5公斤左右。就是在走路时发现玻璃,也要捡起来擦净,把它吃下去。遇到大块玻璃,就砸碎了再吃。他牙齿很好,吃玻璃时,口腔也不会割破。

一次,他到药房买药,医生问他:"你现在还吃玻璃吗?"他回答说吃,随手把放在桌子上的一个葡萄糖注射液空瓶子拿起来砸碎了像嚼冰糖一样,吃得一干二净。在场的人无不感到惊奇。他不但能吃玻璃,而且能吃酱油或大酱,每次能喝七八两。据医生说,他体内可能缺少某种元素。

法国的洛蒂图能吞下铁钉、刀片、螺栓。先前他也是喜好吃玻璃。依他的习惯,吞吃硬物时,需伴以开水"助膳";由于吞吃金属比玻璃所需开水少,使他对"金属餐"产生了偏爱。

在一次记者招待会上,洛蒂图当众吃下一份夹有刀片、铁钉、硬壳果等馅料的三明治。会后,记者们立刻要求洛蒂图到就近医院检查,X光师指着当时拍下的洛蒂图的X片表示,他的胃里有一大堆金属。洛蒂图甚至还用6天时间,吃掉了被解体的电视机。医生说,洛蒂图的胃、肠、喉部壁膜看来特别厚。这位法国异食者已提出他死后将献出身体供科学研究。

美国堪萨斯州惠灵市,有个叫约翰·基顿的,他的胃特别好,人称铁胃。

他不但能使苏打水和鸡蛋皮、玻璃、香蕉等一起吞下去,而且还能把水泥像砂糖一样舔着吃下。他能把18公斤的甜瓜和生的牛肝以及报纸、杂志等一起吃进胃里。还有,他能连续不断地吞下128个鸡蛋,连续吃下45公斤的生牛肉。

如果说吞食毒蛇在于人体异常的解毒能力,吞食玻璃、金属在于人体异常的消化能力,那么不需要饮食而只喝进棉油或汽油的人,他们的生理特殊性又该作何等推论呢?

湖北省公安县农民梁某1987年44岁,已有15年只喝生棉油的历史。1972年秋,她生了一场大病,不想吃东西,喝生棉油却感到全身分外舒服,从此就一直靠喝生棉油度日。15年来共喝下生棉油55000公斤,平均每天1公斤。梁某的身体也一直健康无恙。

江西省玉山县樟村乡程汪村 18 岁的男青年曹某食砖成瘾,他每天要吃 0.5 公斤的砖头,至今已有 8 年的历史。

8 年前,刚满 10 岁的曹某得了一场暴病,难受起来就将砖头放在嘴里咀嚼,病愈后竟上了瘾。3 年后才被周围的人发觉。于是,他干脆将砖头大口大口地咀嚼起来,人们问他有什么味道,他笑着说:"爽口,就像抽烟上了瘾一样,隔一两小时不吃,就有点难受。"

东北的李某提起吃煤,说:"我吃煤是在 1987 年,当时家在农村需要用煤烤烟,记得第一次不用柴禾用煤烤烟时,我就特别爱闻煤烟子味,后来到了不闻就想的地步。别人家生炉子冒烟都要躲得远远的,可我专门往有烟的地方钻,一点也不呛还特别愿意独享那股气味。"

有一天,李某突发奇想:煤烟子味这么好闻,这煤是不是也能吃?她找了几块用水洗洗就放进嘴里,越嚼越香,从此一发而不可收。家里人知道她这怪癖后,都帮她戒也戒不掉。她自己也想戒始终戒不成,不吃就想。来沈阳后,找煤也困难,感觉瘾头越来越大。每天早上卖豆包的时候,兜里都要带上煤块,隔一会儿就会吃上几块,然后再用雪糕漱漱嘴。

李某说她吃煤,很多人都不信。然而,她吃煤日渐严重。为了能找到可吃的煤块,每逢看到街上有用三轮车推煤的,她就要急不可待地要下几块。开始推煤人不给,问她干什么。她说吃,人家不信便和她打赌:"你能吃一块,我这一车煤都给你吃。"李某当着推煤人的面吃了一大块。一车煤没赌来,她吃煤的场景却让人们大惊失色,以后推煤人看到她都主动地送她几块。

她自己和家里人总觉得吃煤不是什么好习惯,但无奈又没别的办法。她曾到过医院,中医、西医都看过,医生也解释不了这种现象,更无法确诊。

有人问:"你吃煤后的感受怎样?"她说:"没什么特别的反应,就是有时候吃多了感觉鼻子发干发热,再就是吃煤以后,抽了四五年的烟给戒了,而且从不再想抽。我的家族也没有吃煤的人。"

据李某自己介绍,她以前还大量吃过黄泥,吃过生姜,只吃了一年时间,没有像这次吃煤时间这么长。她也想能有个人给她解释清楚吃煤这种现象究竟是怎么回事,最好是能治好。因为每天吃煤终归不是一个常人的行为和生活方式。

沈阳有过吃灯泡、刀片的奇人,据医生讲有此现象的人是因为胃酸浓度高于正常人的几倍所致。李某吃煤这一现象目前仍是个谜,有待营养学、医学的进一步研究。

法国水手华安列克已年过 60 岁,他此生虽无异食之好,但以从不喝一滴水而出名。有人不相信,邀他去非洲撒哈拉沙漠旅行,那人用 5 只骆驼带足了水,走了 20 天,华安列克滴水未进,一路上还大嚼饼干。看到这位长得又壮又胖的水手,谁也不会相信他是不喝水的人。

会发光的人

我国宋代大科学家沈括写过一部科学著作,名叫《梦溪笔谈》,里面记述过一件鸭蛋发光的事件。1707 年,欧洲人保林纳斯也发现了发光的鸡蛋。其实,自然界能发光的东西是很多的。有些朽木的腐败细菌菌丝,有时也会发出可见的"冷光";在漆黑的夜晚,有时可以见到飘荡的"磷光";非洲有一种"恶魔树",能够日夜发光;我国也有"夜光树";就是在浩瀚的海洋里,也有一些鱼类和浮游生物会发出光来,那是因为它们体内含有发光物质。

沈括

现代科学证明,我们每个人的身体也会不断发出光来,只是这些光太弱了,肉眼看不见的。但也有一些人能够发出可见的光来。

早在 1669 年,丹麦著名医生巴尔宁就发现一个意大利女人的身体会发光。20 世纪 30 年代,意大利又发现过一个发光的女子。她在夜里走路的时候,好像有光环环绕她的全身。

有的科学家认为,人体发光是一种荧光现象。因为这些人血液里的有丝分裂射线特别强,体内的某些物质在这种射线的激发下,就会发出荧光。

还有科学家认为,有些虔诚的信徒,在神经系统高度兴奋,全神贯注在宗教信仰之中的时候,皮肤也会发出光来。

我国科学家在研究中发现,人体每时每刻都在发光,这种光跟温度变化无关,肉眼看不见。这种超弱冷光的亮度,只相当于在 200 千米以外看一只手电筒的光。人死以后就不再发光。

为什么少数人能发出可见光来?科学家们还没有圆满的解释。

身体发电和不怕触电的人

人的身体上是存在生物电的,但正常人的电压微乎其微。可有的人却突然会产生强大的电压,甚至把人打倒在地。

我国新疆就有这样一个奇人,他叫薛某,是某工厂的工人。1988年2月8日,他的妻子从街上烫发回来,他想摸一摸妻子的头发。没想到,他的手还没碰到妻子的头发,就把她打倒了。薛某当时也不知道自己身上有强电压,当他去挂衣服的时候,金属挂钩立即发出火花和丝丝的响声。这件怪事儿立刻传开了,人们前来想亲眼看一看,当来访者要跟薛某握手的时候,突然发出噼啪声并且闪出火花儿,来访者的手也被弹了回去。

英国也有一个身体会发电的妇女,名字叫宝莲。她在接触一些东西的时候,常常会发出电光和响声。有一次,她把饲养在水箱里的鱼都电死了。她曾经多次烧断电熨斗的保险丝,跟她握手的人也会被她击倒。据专家测定,她手上的电压高达1500伏。

有个印度人身体也能释放电能。他是尼赫鲁大学国际关系研究员,名叫萨蒂亚巴卡什。在他放电的时候,能把放在他身上的60瓦特灯泡点亮。

除这些身体能发电的人之外,还一些不怕触电的奇人。

我国青海省有一个叫黎瑶的人,就有这样的特异功能。除了脸和脖子以外,他身体的其他部位都能承受350伏以内的电压。他可以毫不在乎地接触通电的220伏电线,这时候别人抓住他的手也不会触电。医学家的初步解释是,黎瑶所以不怕触电,是由于患有无汗症,缺乏能导电的电解液的缘故。

英国还有一个没被雷电击倒的小女孩。据记载,当时雷电追逐她有30米,她被包围在一片火花之中。令人惊奇的是,小女孩并没有被击中,她旁边的一棵樱桃树却被击倒了。另外,美国的一个警察曾7次被雷电击中,但都活了下来。对于这样的怪事,科学家们还没有一个圆满的解释。

能预知地震的人

在地震之前,很多动物都焦躁不安,行为异常,好像是知道大祸临头,作为高级动物的人,能不能预先感知地震灾难的来临呢? 回答是肯定的,确实有这样的奇人。

美国俄勒冈州有一个名叫荷洛塔·金的女子,就能"预感"地震和火山爆发。专家们对她进行了观察和研究,发现她的头痛差不多都跟这一地区的地震和火山活动加剧有关;4月26日和7月17日,她又准确预告了加利福尼亚的两次地震。

加利福尼亚州的夏洛蒂更奇特,她可以根据声音的微弱变化和自己头痛、胸痛的部位,提前几天预测地震将在哪些地区发生。1984 年 5 月 5 日,她打电话给一家通讯社,说她预感到加拿大、阿拉斯中州、阿留申群岛或日本这一地带将有一次大地震。结果,两天之后在阿留申群岛果然发生了 7.9 级的大地震。5 月 28 日,举世瞩目的世界杯足球赛将在墨西哥开幕,她又通知墨西哥大使馆,告诉他们会有一次强度地震,结果在第二天,墨西哥再次发生了一次 6 级地震,使许多球员和球迷大吃一惊。1984 年 9 月墨西哥大地震发生的前 9 天,记者就报道了夏洛蒂的预感。

更让人惊奇的是,在意大利的西西里岛,有一个男子能用脚趾预报地震,并且救过很多人的性命。这个叫卡达治的村民说,每逢发生地震的前几个小时,他的脚趾就感到疼痛。他第一次用脚趾预报地震,是在 1951 年 11 月,当时他的脚趾就感到疼痛难忍,不能站起来,他好像感到整个大地都在旋转。于是,他半夜叫醒了村长:"地震来啦,快通知村民疏散!"村长接受了卡达治的警告,敲响了警钟。果然,没过多久,这个村落真的连续发生三次地震,整个村子成了一片平地。由于卡达治的准时预报,才没有人伤亡。

1977 年,罗马尼亚的符兰查市区曾发生过一次强烈地震,在震前的几小时,这个城市的一些人就有一种异常的恐惧感,心脏跳动加快,身体变得特别虚弱。耳科专家解释说,动物能感知低音波,人类也或多或少保留着这种本能。地震前的这些感觉,可能是这种本能的表现。

从不睡眠的人

传统的医学观点认为,睡眠是大脑的食物。既然如此,又该如何看待那些并不需要睡眠的大脑呢?大脑与睡眠的实质关系究竟何在呢?

瑞典妇女埃古丽德自 1918 年母亲突然去世后,过度的精神刺激使她再也不能像以往那样睡眠了。医生给她开了许多镇静药和烈性安眠片,但没有任何效果。每逢夜间,她都在不停地干家务活,疲倦时就上床休息一下。埃古丽德到 1973 年已 86 岁,住在养老院。她的身体一向健康,并没有受到多年不眠的什么影响。

古巴有位退休的纺织工人伊斯,他从 13 岁开始,40 多年间从未睡过觉。据他本人说:"我失去睡觉能力,大约在脑炎后进行扁桃体切除手术时,当时心理上受惊吓,从此就不能入睡了。"

1970 年,一批精神病院医生对他进行了 2 个星期的全面观察。仪器监测表明,伊斯即使闭上眼睛躺着,脑子仍然和醒着的人一样活动,绝对没有睡着。

美国在 20 世纪 40 年代出了一位著名的不眠者奥尔·赫津。这位居住在新泽西州的老人,家里从未置床,甚至连吊床都见不到。他一生中连小睡也没有过。许多医生轮班监视了他,竟发现缺乏正常睡眠的奥尔,其精神状态及生理状态反而超过一般人。晚上当体力不佳时,他就坐在一张旧摇椅上读点什么;当他感到体力恢复,又继续投入劳作。医生对奥尔的不眠现象无从解释。奥尔的母亲则以为这可能与自己在生下奥尔前几天受到严重的伤害相关。

奥尔到了90岁的时候,他已经活得比许多有正常睡眠的医生更为长久。

无法睡眠是否属于脑功能障碍呢?事实上,有些不眠者的智力倒显得更高一些。法国人列尔贝德1791年生于巴黎,至1864年逝世,在这73年的生涯中,居然有71年没有睡过一次觉。

这种情形源发于他2岁时的一次事故。1793年他和父母一起去看国王路易十六被处绞刑的场面,不料观众席倒塌,将他压在下面,昏迷过去,虽被在医院中抢救复生,但他的头盖骨却破裂难补了。由于这个缘故,他一生中都无法睡了。但这并没有妨碍他的读书与考学,以至后来成为颇有名望的学者。列尔贝德的脑究竟是怎样像心脏那般无止歇地工作下来的呢?

西班牙的塞托维亚在19岁那年从睡眠中被惊醒,此后睡眠日减,到了1955年,睡眠就完全与他无缘了。33年来,这位西班牙人已经度过了12000多个不眠的昼夜。国内医学界对他极感兴趣,然而各种措施均属徒劳;数十年从未能使塞托维亚安眠一次,尽管塞托维亚长期不眠,他却体格强壮,精力旺盛,看上去无丝毫倦意,反倒显得朝气蓬勃。每天晚上他都像正常人一样躺在床上,但不是睡觉,而是读书、听收音机;清晨他就和大家一样起床,开始一天的工作。就这样,日复一日,年复一年。

不怕冷的人

任何事情都是有极限的。生理学家们警告说,如果在零下40摄氏度的时候不穿衣服,就是身体再强壮的人,也活不过15分钟。

20世纪80年代,在伦敦曾举行过一次科学讨论会,专门研究因海难落水的人能活多久的问题。科学家们的研究成果表明:水温在零摄氏度的时候,人可以忍受15分钟;5摄氏度的时候,可以忍受1个昼夜多一点儿。难怪安徒生童话里那个卖火柴的小女孩,就是冻死在圣诞之夜的。

让人惊奇的是,世界上也有极少数生来就不怕冷的人。

在意大利海滨城市里雅斯特的大街上,人们纷纷向巡逻的警察报告,说有一个只穿游泳短裤的小男孩,每天身背书包顶着刺骨的寒风去上学,他肯定是受了家长的虐待。

警察听了也很气愤,就拦住这个8岁的男孩。

"孩子,快告诉我,是不是你父母不给你衣服穿?"

"不是的,警察先生。"

"可怜的孩子,你不要害怕,他们这是犯罪,我们是为你伸张正义的。"巡警越说越气愤。

"警官先生,您听我解释,不是我的爸爸妈妈不给我穿衣服。而是我从小就不怕冷,只穿这件游泳短裤和拖鞋就行了,我必须光着身子。"

"真的是这样吗,你的父母带你到医院检查过吗?"巡警关心地问小男孩。

"好多大医院都去过,医生们也弄不清楚是怎么回事儿。"

"快回家吧,孩子,多冷的天气呀。"

望着这个不怕冷的孩子的背影,巡警也莫名其妙地耸了耸肩。

其实,这种数九寒天不怕冷的孩子,在我国也有发现。

在南京市郊有一个小男孩,一生下来就不怕寒冷,他一年四季不穿衣服。就是在大雪纷飞的天气里,他仍然光着身子在外面玩儿,从来没有伤风感冒过。

1979年8月,四川绵阳市郊有一个叫"火娃"的小女孩降生了。她喜冷厌热。天气再冷也不穿衣服。如果有冷水洒在她身上,也跟没事儿一样。就是在冬天睡觉,她也从不盖被子,只睡在草席上。假如给"火娃"穿衣、盖被,她就会发烧生病。

在江西安义县,也有一位不怕冷的女孩,名叫复为莲,她在气温零下3摄氏度的时候,也只穿一身单衣服、一双胶鞋,不穿袜子。她的父亲告诉来访的记者,他这个女儿一出生就不爱穿衣服,一给她穿就哭。两岁之前,只好不给她穿,后来才勉强穿上单衣,但从此就不加衣服了。

这些人为什么不怕冷? 现在还是个不解之谜。

长有"雷达"眼睛的人

埃季延·博季诺,1739年出生于法国里思卢阿尔省的桑托斯。从1762年起,他经过多年的刻苦训练,终于练成了一种神奇的本领。这一本领就是他能够利用自己的肉眼看清楚远距离的船只,并能预见到几天后将会出现的军舰。他这一神奇的遥感功能超过了普通雷达的视野,被人们称之为"雷达"人。"雷达"人的奇异功能并非天生造就,而是有一天,他突然萌发了奇想,能不能用感觉导航。于是,他就利用空闲时间进行练习,慢慢地他就"看出了"地平线后面的船只,试验成功了。

1763年,他来到毛里求斯担任了工程师。在这里每天都有许多过路的客船绕过这里远去,这样就为这位"雷达"人练习观察船只的能力创造了良好的机会,从而使他的功夫达到了纯青的程度,能准确预报出3天内出现在地平线上的船只。博季诺具有特异功能的消息传到了当时法国海军大臣杰·卡斯特里耳中,他命令博季诺登记所有能感觉到的可疑船只,他照办了。

1872年5月15日,他"看到"有3条船正在向毛里求斯靠拢,并预测他们在3天内将分别靠岸。事实证明他的预测准确无比。6月20日,他观测将有大批船只朝毛里求斯而来,结果丝毫不差。原来是法国皇家舰队的一支先遣队在向岛内驶来。这样博季诺的名字随着他的特异功能很快传遍了毛里求斯及其他许多地区及国家。慕名而来的人们纷纷要求博季诺公开自己的秘密。然而,博季诺自己也搞不清楚自己这神奇的雷达般魔力来自何方。

从1778年到1782年的5年时间内,他预测了575艘在普通人视线外船只的动向,准确率达到了百分之百,在一次航行的途中,他准确地预告了27艘船的行动情况。当时,这些船只都在几十公里、几百公里以至几千公里以外的海洋上。"雷达"人准确无误的预测能力为他带来了盛誉,许多地方邀请他前去做现场表演。这样,他所到之处都是热烈非凡,他那神奇的表演则更令那些目睹者感到惊叹不已。

"雷达"人的奇异功能,简直令当时的人们都倾倒于他的脚下,人们只有对其崇拜而忘却了对这奇异功能的探究。后来一位叫皮托的学者,对"雷达"人发生了兴趣,他为了弄清这一奇人神功的来历查证了许多跟博季诺有关的档案材料,通过这些材料的考证他认为博季诺身体完全健康,精神也十分正常,他那特异的本领是令人信服的。然而,造成这种奇迹的原因是什么? 皮托则无法肯定。今后能否再出现类似的奇人? 人们谁也说不清楚。

毒人

在大千世界里,有些人的体内有剧毒,可他自己并不受毒素的伤害,却能毒害别的生物。他们是一些有毒的人。

美国匹兹堡有一个叫格兰的工人。一天,他去上夜班,被草丛里的一条响尾蛇咬了一口。响尾蛇是一种毒性非常强的毒蛇,可格兰却跟没事儿一样,而那条咬人的响尾蛇,没爬多远就死了。消息传开之后,人们对格兰的血液进行了化验,发现血里含有氰化物,所以才把响尾蛇毒死的。学者们推测,由于格兰在工作中经常跟有剧毒的氰化物打交道,日久天长,他可能对氰化物产生了适应性,身体里也蓄积了大量有毒物质。任何动物咬了他,都有可能中毒而死。如果格兰咬了别人或别的动物,挨咬的也可能性命难保。

在印度北方邦,有个中年人不幸被一条毒蛇缠住,他怎么弄也甩不掉,还是让毒蛇咬伤了脚。当过路人帮他把蛇从腿上拉开的时候,这条毒蛇当场死了。原来,这个中年人经常服用大麻,这条蛇是被此人体内含有的大麻毒素毒死的。

更让人惊奇的是,现在还有些人专吃毒蛇。他们可不是把毒蛇打死,经过剥皮、清洗,弄热了再吃,而是生吞下去。南非的克鲁格斯多普有个专门靠生吞毒蛇为生的人,名叫列支维·加伦尼。在医生的监视下,他能把活生生的毒蛇吞下去,让围观的人惊叹不已。据说,他每星期至少要3次吞食各种各样的毒蛇,医生和科学家们认为,加伦尼的体内可能含有一种抗毒素,毒蛇的毒素已经对他不起作用了。南非的另一个耍蛇人,不但能生吞毒蛇,还能产生毒素。有一次跟人斗殴,他咬了人一口,使那人中毒身亡。

这些"毒人"和不怕毒蛇咬的人令人惊叹。但对其中的奥秘,到现在还没有彻底弄清楚,仍是不解之谜。

超感人

在意大利的一个小镇上,有一位叫比素娜的老妇人,已经80岁了。她虽然没有接受过专门的训练,但她有一双比"X"光还厉害的透视眼,据说诊断病症的效率,差不多是在百分之百。

任何病人只要坐在她的面前,根本不用说出自己的症状,老妇人只有稍微审视病人一下,便进入昏睡状态,等她恢复清醒以后,就能判断出病人得了什么病,她的诊断往往跟医生所做的诊断完全一致。在过去的50多年里,她每天能接待病人50多名,后来由于身体的原因,她才把门诊数减少到每天10名。

意大利安科纳大学医院的医学专家们,经常邀请比素娜来医院,为病人确定肿瘤或结石到底长在什么地方。医生还请她现场指导手术的进行,因为她不用犹豫就能判断应在病人的什么部位开刀,从没有出现过差错。

苏联有一位姑娘,也是著名的"超感人"。她的一双透视眼,能"看穿"人体,看到心脏在跳动,血液在奔流,简直就像一部彩色X线摄像机。

我们国家也有这样的奇人。他是哈尔滨市的一位医生,名叫李星周。他用他的透视眼能看出人体骨骼出现的断裂、增生或别的变化,而且还能看出人体内脏在形状和颜色上出现的异常。

更让惊奇的是,苏联还有一位女起重机司机,名叫朱莉娅。她因触电昏睡过两天,醒后就发现自己有了特异功能。她不但能透视人体的内脏,而且还能看到太阳的紫外线和柏油路下面的洞穴。她也帮助医生看病,还能预报风暴的来临。但她自己却患有严重的头痛病。

电脑人

现代奇人中,俄国的米克墨尔·库尼算得上是很让世人瞩目的一位。库尼 12 岁时,有位朋友把火柴盒碰翻了,地上掉了一堆火柴,朋友觉得火柴盒里还剩了一些,估计也有半数以上,懒得到地上去拾。谁知一旁的库尼却突然冒出一句:"还不到一半呢,地板上起码要有 31 根呢。"朋友怪异地看了看他,也想证实一下他的结论,两人便蹲下身子数了数,果真地板上的火柴不多不少,整整 31 根。这下更让朋友吃了一惊,问他是怎么猜的,是什么诀窍,还是偶然的巧合。库尼说他并不是猜出来的,他脑子里确实就知道有这么多根。不过他并不知道自己怎么会那么有把握,那么准确无误。

库尼还能当众表演他惊人的心算功夫。库尼的助手把观众事先写的数字抄在库尼背后的黑板上,三位、四位、五位数都有,把五块黑板全部写满。库尼一转身,迅疾算出每块黑板上的总数,以及五块黑板的数目总和,从来没出过任何差错,有时他甚至同时算出每块黑板上总数的平方根来。观众看得瞠目结舌,连一些权威数学家也不得不为此动容。也正因如此绝技,使库尼赢得"电脑人"的美誉。

虽用电脑来比喻,但实际上库尼能做出电脑绝对做不到的事。比如,他后来设计了可以旋转的黑板,这样,写满数字的黑板在别人眼前,只是一闪而过,根本来不及看清数码,而库尼还是能够心算出正确答案。人脑和电脑的本质区别在于:人脑具有创造力和心灵力量,这两种力量可以说是无可估量的。比如他可以说出任何一个人的生日。过程是:自愿者先把自己的生日写在库尼根本看不到的黑板上,等库尼猜出他写的日期后,黑板才转过来面向观众,请他们来判别两者是否完全一致。有人认为库尼这一手肯定是借助什么人或物的帮助才做到的。可是一位女观众推翻了这些猜疑。这位女士在黑板写了:1933 年 9 月 19 日。没等黑板转过来,库尼就向她道贺:您的生日是 1925 年 5 月 15 日,刚刚才过,祝您生日快乐。没想到这位女士惊喜之中显得十分窘迫不安。原来,她想库尼一定是设法说出她写在黑板上的日期,因而故意捏造了一个生日,事后她承认库尼所说才是她真正的生日。

库尼的确具有超人的脑力。他能把观众给他的 20 位到 40 位数记在脑子里，还可以说出哪个是排在第 14 位。一些著名的核物理学家也曾当过他的观众，为此库尼又表演了一个特别节目。他请他们中的一位在黑板上画圈圈，随意画多少。画多大，画成什么形状，圈与圈可以相交，可以包容。那位先生画圈的同时，尼库背过身去和其他人攀谈。九分钟后，画圈完毕，库尼转过身一看，黑板上满是白圈圈，几乎找不到一块黑的地方。即使这样，库尼只用了几秒钟就算出黑板上总共有 167 个圆圈。其他人又用了五分钟去慢慢数，最后证实库尼的答案完全正确。不仅如此，库尼还能在迅速地瞄过一眼画满圆圈的黑板之后，在另一块黑板上画出一模一样的圆圈来。这些核物理学家集体签署了以下评价："如果我们不是物理学家的话，怎么也不会相信人脑能和外物'合作'出这样奇迹般的表演。"

库尼这样的奇人不是世界上唯一的，由此产生一个发人深思的问题："到底他们只是罕见的人类突变呢？还是他们预示着人类会演化到另一个阶段——全人类都将和他们一样？"

静电携带者

在英国的利物浦，有一位名叫天娜的妙龄女郎，今年刚刚 18 岁。她最近找到了自己如意的男朋友。一天，在利物浦公园里，这对情侣愉快的谈情说爱，兴奋之际，天娜姑娘情不自禁去吻自己的男朋友。谁料，当姑娘的红唇一触到男朋友的脸颊时，那男士大叫一声！眼前金星乱舞，头发直立，一阵剧烈的疼痛，差点昏死过去。

从这一天起，这位美丽的天娜姑娘才发现自己有一种特异功能。她的香吻竟然能发出一种电压极高的静电电流，可将她献吻的男朋友电得魂飞魄散，再也不敢对她有任何友好的表示了。自此，天娜姑娘终日烦恼，十分担心永生永世也难找到如意郎君。平日里，偶然有极少数敢于冒险的小伙子，也只能敬而远之地与天娜姑娘谈谈话，而不敢冒斗胆接受她的香吻；另有几个小伙子期待着天娜的香吻有"大停电"的日子。可是这日子何时才能到来呢？

与自燃者不同，带电者或致火者能够对周围环境及其所接近的人产生影响。

英国曼彻斯特城的普琳夫人，是 3 个孩子的母亲，她带有的一个活动电源组静电，使医生迷惑不解。这位 41 岁的中年妇女接触任何东西的时候，经常有电光和响声。当她洗熨衣服时，电熨斗经常发出爆裂声。她曾在家中的温水养鱼缸中

"电"死了9条鱼。其丈夫说,她躺在床上的时候便会引起静电感应,从而发出噼啪的声音,同妻子接吻时也会有痉挛感。

科学家介绍说,普琳夫人一天冲几次凉,并在足关节都缠一段铁线,这样她可以接"地"将电流导入地下。牛津大学天体物理学家尚理斯说,我们不知道为什么普琳夫人不能像其他人那样摆脱电流,她所带静电超过常人5倍。

在马来西亚的一个垦殖区里,一家7个孩子的体内都有超人的静电。当孩子们骑坐童车让身体离地时,头发就会竖起,其中6岁的女孩索英哈带电更强,人们触摸她时会有轻微的电击感。孩子们的父亲索嘉布拉说,索英哈是一场小病之后身上才带电的,接着其他孩子也变得像她一样带电了。

詹妮·摩根是生活在密苏里州的一位美国姑娘,1895年期间,她的身体突然变得像个强大的蓄电池。她伸手抓门把柄,电火花连续从她的手指放出,高电压火花灼痛了她。她的一只心爱的猫被她几次电击后,总躲得远远的。阿什克拉夫特医生不相信这位少女身上带有高压电,他伸手去碰她,一下子被击倒,隔了好一会儿医生才睁开眼睛,发现自己仰面朝天躺着,身边围着一群为他担心的人。

英国女子保琳·肖的身体可以把体内静电贮存起来,突然把它们放出来。在她手指外近8厘米处会发出电火花。凡她所接触到的电视机、洗衣机、摄像机、电饭煲等电器均遭破坏,至今她所破坏的电器价值已达1.5万美元。

当她和家人肌肤接触或与人握手时,往往把对方电得跳起来。

一家超级市场一台电冰箱被她放电而烧毁,为此,她被宣布为不受欢迎的人。

她去银行,银行电脑系统立即出现故障,为此银行方面请她委派别人替她办理一切手续。

在家里,也因她放电,两次烧毁了全屋电线。

微波炉烘烤时的电压是几百伏,而保琳身上放出的电压却有八万伏,她真是一台人体发电机。当她努力使自己成为不可思议的电能发动机时,就会发生某些事情。

保琳现住在英国一个平静的小村庄里,强迫自己过着一种流放式的生活,因为她的闪电式接触会使其他人有疼痛、被电击的感觉,并会弄坏大多数的家庭用具。

由于带电的缘故,保琳没有电话、收音机,也没有电视。她用气体煮饭,用手工操作的打字机通信,晚上点蜡烛照明,熨衣服也不用电。

据科学家推测,导致保琳出现这种罕有的放电现象,可能是情绪异常引起的。保琳的父亲十年前去世,而保琳为此情绪异常激动,使她体内的静电积聚起来。

保琳的家人渴望能早日为她寻找出一个治疗办法，她的丈夫说："我们家不用化纤做的东西，衣服也穿纯棉的。现在唯一能减低保琳发电机会的办法是多洗澡。保琳一天洗澡达四次之多。"

保琳说她预感到什么时候将放电，因为放电前她必然会出现头疼现象。一旦出现征兆，她就禁止自己和别人接触，也不外出，更不走近任何电器。

正在对保琳·肖进行研究的一名牛津大学科学家说："我们推测，世上可能也有不少像这名女士一样有放电能力，只不过情况不至于像她那样严重而已。"

还有一位自身放电500伏的"电女"，使科学家们感到惊奇。她在使用电炉时，只要用手抓着电线插头，就能将水很快烧开。

这位"电女"名叫罗莎·莫斯科妮，今年48岁，是意大利南西西里人，家居西利修斯以南的邦塞拉村。意大利医学专家在对罗莎的奇异功能研究后表示，她体内有类似电鲇鱼和电鳗鱼的器官组织，这些器官生在手臂和肩膀处，那里的肌肉组织与众不同，并与脊神经相连。

一位西利修斯大学教授介绍说：罗莎体内可随时发出高达500伏的电，但一般情况下是120伏的电，她处于这种状态比较舒服。

罗莎的丈夫说："幸好她能控制放电，不然我们的婚姻生活会触电。"罗莎在一般情况下能控制放电，但在发怒或特别兴奋时就难以自控。她曾发生过两次难忘的失控现象。一次是8岁那年，警察发现罗莎在村庄附近的树林哭泣，在她旁边躺着两名试图强奸她的男子，早已不省人事。从此，人们便发现她身体具有发电功能。另一次发生在新婚之夜，她发出的电流竟把新郎从床上打倒在地上。

带电者是否会因电招灾呢？美国俄亥俄州发生过这样一件事。一家电机厂曾频频发生小火灾，有时一天竟达8次之多。为此厂家特意请来一位专家对所有的员工进行检查。专家让员工们轮流手握电线站到金属板上。其中有位女工刚踏上金属板，电压计就急剧地狂跳不止。这位女工身上的静电是3万伏特，电阻是50万欧姆。当她接触易燃物品时，随时都可能引发火灾。那个女工调走后，电机厂果然没有再发生过火灾。

但有时从致火者那里找不出任何原因：苏联乌克兰加盟共和国的"火孩儿"萨沙就是这样。这是一位14岁的男孩，他有一种令人莫测的奇能：不管他出现在谁家的房间里，室内的家具和衣物就会无端地起火。

从1987年11月起，这个"火孩儿"已引起100多次火灾。所以，左邻右舍的人都迫使他们全家搬走。可是，无论搬到什么地方，他只要一进房间，屋内的地毯、家具和电器都会莫名其妙的瞬间起火燃烧。这样一来,闹得萨沙全家都不敢与他同睡,只好轮流站岗,以防患于未然。最后,实在没法,只得让萨沙一个人搬到祖母家里去住,可是他所到之处,依然火灾时起。"火孩儿"萨沙的致火奇能引起了有关科学家的关注和重视,但对他的调查和研究表明,他身上并未发现带电现象。

翼人

1966年11月15日深夜,两对青年夫妇驾车经过西弗吉尼亚州快活角附近的一座已废弃的TNT炸药工厂时,看到了两只大大的眼睛,每只都有2英寸大,两眼相距6英寸,"附"在一个形似人体的东西上面。但这东西比人体要大,约有6英尺至7英尺高。一对大翅膀折在背上。目击者们都承认,这双眼睛具有催眠作用。当这只动物开始移动后,四个被吓坏了的人立即加速逃跑。但他们在道路附近的一个山坡上又看见了同一或类似的动物。它展开像蝙蝠那样的双翼,升到空中跟着这辆车,这时的车速是每小时100英里。

目击者之一的罗杰·斯卡伯里对调查人员约翰·基尔说:"这只鸟一直跟着我们,它甚至都不用扇动翅膀。"目击者们对当地副治安官米勒德·霍尔斯特德说,它发出的声音就像高速放音时所发出的那种耗子般的尖叫声。它在62号公路上一直跟着他们直到快活角城。这两对夫妇并不是那天晚上唯一看到这只动物的人。另外一个四人组声称不是一次,而是三次看到它!那天晚上的第三次目击案发生在10点30分。当时,家住西弗吉尼亚萨利姆郊外(距快活角约90公里)的建筑工人内维尔·帕特里奇正在看电视。突然屏幕上一片空白,然后"一个人形物出现在屏幕上,同时电视机里传出哗哗的声音,音量不断加大,达到最后突然停止了"。帕特里奇的狗班迪在门廊中狂吠,甚至在关掉电视后仍不停止。

帕特里奇走了出去,看到班迪正朝向150码外的草料仓大叫。"我于是打开手电筒向那个方向照去,"他对西弗吉尼亚作家格雷·巴克叙述着,"看到了两只红色的眼,就像是自行车的后反光镜,但要比它大一些。"这一场景中的什么东西一定是他吓坏了,因为他当时肯定这不是动物的眼睛。

班迪是一条训练有素的猎狗,它咆哮着向这只动物冲了过去。帕特里奇叫它停下,但这条狗根本听不进去。他回到房中取枪后,感到还是呆在屋里为妙。夜里睡觉时他把枪就放在身边。第二天早晨,他意识到班迪还没有回来。两天后,这条狗还不见踪影,这时帕特里奇从报纸上看到了快活角目击案的报道。

报道中透露的一个细节引起了他的注意:罗杰·斯卡伯里叙述说,当两夫妇即将进入快活角城前,曾经看到路边有一条大狗的尸体。几分钟后,在他们从城里返回的途中,发现那条狗又不见了。帕特里奇立即想到了班迪,他再也见不到它了。那条狗留下的只是在泥地中的脚印。他回忆说,"这些脚印组成了一个圆圈,好像这条狗正在追逐自己的尾巴,但班迪从未有过这种举动。"此外就再没有任何脚印了。

两个目击案之间还有一个联系。副治安官霍尔斯特德开车到达那座 TNT 工厂时,他的那部警方无线电受到了奇怪的干扰。噪声很大,听起来像是高速回放录音带的那种声音。他最后不得不关掉了无线电。

第二天,治安官乔治·约翰逊召开了一个记者招待会,于是这个故事一下轰动了全国。一个新闻工作者以《蝙蝠侠》中那个坏蛋的名字"翼人莫斯曼"为这只怪兽命名。

更多的目击案:

自那时起到 1967 年 11 月间,又发生了一系列的目击案。1966 年 11 月 16 日晚,一男两女三个成年人(其中一个妇女抱着一个婴儿)在朋友家做完客后正离开他家走向自己的汽车。突然,什么东西从地面上慢慢地升到了空中。目击者之一的玛塞拉·贝内特女士受到了如此大的惊吓,以至于怀中的婴儿都掉在了地上。那是一个"巨大的灰色物体,比人大",但没有头。而它的躯体上部却有两个大大的、发光的红圆圈。当它正打开背上那对巨大的翅膀之际,雷蒙德·万姆斯里赶紧从地上抱起孩子并把两名妇女领回他们刚刚离开的那所房子。那只动物跟踪他们一直到门廊前,因为他们可以听到那里传来的声音,更可怕的是,他们还看到那双红色的大眼睛正透过窗户盯着他们。当警察赶到时,怪物已经走了。随后的几个星期里,贝内特女士心中都烦乱得不行,像其他那些见到翼人的目击者一样,最后她不得不求助于医生。

翼人目击案的主要调查者约翰·基尔写道,至少有 100 个人曾见到过这种动物。他把这些目击案汇总在一起,得出了这种动物的大致形象。它站起来有 5 英尺至 7 英尺高,比人的身体宽,两条腿像人,走起路来蠢笨缓慢。发出"吱吱"的声音,眼睛位于肩膀顶部,比它那巨大的身体看起来更为可怕。它的翅膀有些像蝙蝠,但在飞行中并不扇动它。当它离开地面升空时,就像一架直升机那样径直升了上去。目击者们描述它的肤色是灰色或褐色。两个目击者说,当它在他们头顶上飞行时,听到了一种机械的"嗡嗡"声。

1967 年以后,除 1974 年 10 月在纽约州埃尔玛的一次目击报告外,翼人的目击案就再也没有过。但基尔访问的一个妇女说，她曾于1961年的一个晚上，在西弗吉尼亚州俄亥俄河沿岸的一条公路上发现过这样一只动物。她对基尔说："它比人要大得多，是一头灰色的大家伙。它站在公路中间，然后从背后打开了一对巨大的翅膀，翼展开后有路面那么宽。它看起来简直就像一架小型飞机。后来它径直升到空中，几秒后就从视野中消失了。"

第四节 人间怪事

穿越时空的再现

穿越时空的再现，即神秘的失踪与神秘的出现，引起了人们极大的兴趣，也真正地难倒了科学家们。

那么，什么叫"时空隧道"呢？迄今为止的说法，主要有三种。

其一称，"时空隧道"就是"时间停止"。即是说，"时空隧道"与地球不在一时间体系内，它的时光是相对静止的。凡进入"时空隧道"者，即意味着失踪；而且无论失踪多少年（三年五载或几十年数百年），都等于零。因此当失踪者再现时，便同失踪前的面貌一样了。

其二称，"时空隧道"是"时间逆转"。当失踪者进入这种时间体系里时，即有可能回到遥远的过去；而当其退出这种体系时，即又回复到失踪的那一刻。这种进入与回复的过程，就是时间逆转与再逆转的过程。

其三称，"时空隧道"乃为"时间关闭"。对于人类而言，它是看不见、摸不着的（但却是客观存在的），因此可视作关闭。有时它偶尔开放一次，即人类进入到它里面去了。从而造成所谓的失踪；但当它再关闭时，即会对人类造成排斥，于是失踪者便又再现了。

1.在夜空中重现的古代战争

1951年7月26日，诺顿太太等一行5人来到法国海边的一家小旅馆度假。11天的假期很快就要结束了。然而就在他们准备返回伦敦的时候，经历了他们一生中最不可思议的事情。

1951年8月4日凌晨，他们一行人中的两名女子，被一阵阵的炮火声惊醒，她们看了看手表，指针正对着早上4点20分。她们从床上跳起来，冲向阳台。远远地望着黑暗中通往海边小路模糊不清的轮廓,想要找出发出声音的原因。

但是,她们张望了许久,始终没有看到有什么不平常的事情发生,没有来往的车辆,没有军队,没有炮火,什么都没有。只有阴暗的悬崖顶,黑暗的屋顶和寂静的夜空。

然而声音又的确存在,而且越来越猛烈。战士的喊叫声在逐渐增高,炮火越炸越响,还有一架架飞机在夜空中怒号,并不时伴有呼啸而来的一颗颗炮弹。

"战争"在继续。她们中其中一人曾当过兵,因而,她很快从惊恐、疑惑中缓过神来,对照着手表按顺序记录下所有"听到"过的事情过程。

当年的那场战争

事实上,在3个小时时间里,她们所听到的枪炮声、飞机轰鸣声等等,正是9年前发生在这里的那场战斗的再现,她们的叙述和军事记录上的记载几乎相差无几。

她们叙述说:上午4时左右,听到喊声"如雷轰鸣",其间有炮声和越来越响的轰炸声。

盟国正式军事记录是:上午3时47分,同盟国战斗机与德国战舰交火。驻扎在海滩的部队互相射击。

她们叙述说:4时50分,突然一切都静寂了下来。

军事记录上记载:4时50分,为部队在普维斯登陆时刻。然而计划执行比原定时间晚了17分钟,在此期间枪炮声停了下来。

她们叙述说:5时7分,巨大的声浪,主要是俯冲轰炸造成,同时伴有微弱的喊叫声。

军事记录道:5时7分,登陆船只在猛烈炮火下冲上海滩,接着驱逐舰炮击达埃比,飞机袭击海滨建筑物。

她们叙述:5 时 40 分,重新静寂。

军事记录:5 时 40 分,海军停止炮击。

她们叙述:5 时 50 分,大批飞机轰鸣声,伴有微弱嘈杂声。

军事记录:5 时 50 分,盟军空军增援部队到达,与德军飞机遭遇。

这两个妇女所住的地方,是靠近达埃比港的一个沿海村子,这里是当年 3 个登陆点中的一个。

科学家们调查了附近所有的居民和客人,在这一地区,再也没有任何人听到过什么异常的动静。因此,他们大感不可思议:这两名英国妇女并没有参加过那场战斗,当时也没有留下任何现场录音,她们虽然看过有关的故事,但绝不可能看到过极为机密的军事记录。那么,为什么她们居然在 9 年后在当年登陆的地方听到同那场残酷战斗如此相符的声音呢?

科学家兰伯特教授面见了两位女子,并严密地询问了她们。后来他在报告中说"她们是两个身心健康的妇女"。

类似的怪事在我们中国也有数度发生过。

在中国山海关附近的某地,也曾发生过类似怪事。一天夜晚,露宿在森林开阔地带的一支地质队,忽然听到帐篷外杀声震天,刀剑碰击声和战马嘶鸣声交织成一片。天亮以后,地质队员们看到的依然是青葱一片,古木森森,任何战斗痕迹也没有。第二天夜晚又发生了类似现象,队员们迅即冲出帐篷,用手电筒四处照射,可什么也没看见。有地质队员后来在史料中发现,这里曾是一个古战场。

1980 年 6 月的一天,湖北省水文地质大队的几名地质人员路过陕西省甸阳县境内一条深窄的峡谷时,随着阴雨阵阵,山风萧萧,峡谷中突然传出一阵震耳的枪声,大人、小孩的哭喊声……而此时的峡谷看上去却是一片空空荡荡。怪哉!这恐怖声来自何处呢?

新中国成立前夕,有一个马戏班路过这条峡谷,遭到了一支国民党军队的疯狂屠杀。当时,正值阴雨季节,也同样是阴雨阵阵,山风萧萧。据说枪声、男女老幼的惨叫声响彻了这条峡谷。以后每到这个时节,一遇上阵阵阴雨、萧萧山风便会复现当时的情景。这离奇的枪声复现,引起人们的兴趣和猜测。有一种观点认为,峡谷两侧高峻的山岩中,可能含有一种磁性矿物,在某种情况下能像磁带那样录下当时的声音。一旦外界条件具备,"磁带"中的声音便会被释放出来。此说是否属实,有待科学的证实。

除了有上述的"录音"外,更为神奇的是"录像"。

17世纪的一天半夜,在英国的凯车地区,夜空中曾出现两支穿戴着金盔铁甲的军队,在横刀跃马,互相厮杀。据历史记载,这个场面是刚发生于两个月前的希尔战役的重现。此后,上述影像又重复出现过多次。

一些科学家认为,地球是个大磁场,除磁铁矿以外,很多东西都可能具有磁性,只不过强弱有别罢了。在磁强度较大的环境里,并在适宜的温度、湿度、地电等条件下,人物的形象、声音就很可能会被周围的建筑物、岩石、铁矿或是古树记录并储存下来。在相同的温度、湿度、地电等条件下,这些被录存下来的图像或声音就可能会被重新再现出来。也有一些科学家认为,这是自然界里的激光在起录影、录音和再现作用。还有人认为,可能是具有"记忆"的铁钛合金一类的物质所起的录影、录音和再现作用。真伪如何,尚待证实。

2.失踪半个世纪的客机再现

一架失踪了差不多半个世纪的双引擎客机,在1985年3月突然被人们发现了。它被弃置在新几内亚一座森林间的沼泽地段。令人最感惊异的是,它居然和半个世纪前一样簇新。

1937年2月15日,一架银光闪闪的双引擎客机从菲律宾马尼拉飞往民琴那峨岛。可是,在起飞后不久,这架客机和它满载的旅客一起销声匿迹了。

一项来自印尼雅加达的消息说,由军方派出的一组航空专家,经过数小时在该架客机内调查,出来时莫不面色大变、震惊万分。

负责调查的主管官员立即下令军队封锁该地区。但是,迟了,早已有当地居民去过那里查看。

一些不愿透露身份的知情者对有关当局说:"当我第一眼见到它时,我简直认为是我的眼睛出了毛病。它的外壳是那样新净,机身完全没有丝毫瑕疵,太阳下犹如镜子在闪闪发光。"

"它就像飞机在48年前误入了'时光隧道',穿越时空,走到了未来,然后又神奇回来一样。"

"我本以为机门一定会生锈了,很难打开,可是它却一扭即开,没有一丝吱吱声。在进入前,我不由得犹豫了片刻,因为我实在无法知道我将会见到什么。"

人们见不到任何活的人和死的人。虽然机舱内就像最近刚有人乘坐过一样:空的纸杯,刚熄灭的烟蒂,几份完全没有变黄的1937年的报纸。在其中一个烟盅内,还放了一个空的香烟盒,它是1930年十分流行的香烟,而于第二次世界大战后就停止了生产。

但最令人惊讶的还是飞机的状况。它的电池仍充满电，当人们扭开几个撑肘，机内的灯光皆亮起来，甚至机上的保暖瓶内还有烫热的咖啡，其味道还十分鲜呢！放在旁边的还有三明治，也是同样的新鲜。油缸的油几乎全部是满的。飞机落在沼泽的软泥上，完全没有丝毫的损坏。

真是奇特的失踪、奇特的再现！秘密在哪里呢？

3.两年后走出水面的失踪者

1987年12月13日晚，在日本群马县的剑持一家接到了一个电话。来电话的竟是两年前失踪、大家都以为已经死亡的剑持贡一。

1985年8月7日，26岁的剑持贡一和林业事务所的另外13名同事，兴高采烈地前往新地县石地海岸游泳。两点半左右，剑持贡一在离防波堤80米处附近游泳。这里本是禁游区，可是，胆大的剑持贡一又往更远的地方游去。到达距岸边100多米远的岸礁时，剑持贡一对同伴说了一句："再游一会儿便回来。"后来就再也没见到他。直到3点30分，同伴们见他久未归来，便赶往救生站求救。

救生站的负责人德永丸吉事后回忆说，事发当时海面平静，海流缓慢，而且岩礁虽然离岸边有百米之远，但水浅而清澈，还有足以站立的地方。可剑持贡一的失踪，连尸体也没有浮出水面。这是他任职8年多来从未见过的。

最后，救生站在剑持贡一家人的要求下，出动了搜索艇、蛙人和直升飞机搜索了整整10天，花费了40万日元，可什么也没有找到。剑持贡一的父亲仍不甘休，又继续在海滩进行了寻找，最后还是杳无音讯。

事隔两年后的1987年12月11日，剑持贡一居然在距离失踪地点1600公里的冲绳万座海滩出现了！他失踪时只穿着泳裤，可是，当他从海水中走上岸时，却身穿破旧的恤衫和长裤，肩负的背囊内，还有一个装着2万多日元的钱包。剑持贡一回忆说，他穿着那身衣服，在万座海滩及胸的水中行进，不小心喝了一口海水，便突然恢复了记忆。他登岸后，乘坐巴士到了冲绳岛最大的酒店，就在那儿打电话回家，重新返回社会。

可惜直到现在，剑持贡一仍无法回忆失踪的两年间，到底到哪儿去了？做了些什么？是如何失踪的？又怎样在冲绳出现的？所以，他的失踪及重新出现，至今仍是一个不解之谜。

航空航海史上发生的"神秘再现"事件

据英国劳埃得保险公司的机密报告：1970年至1971年，短短一年之中，共有

350 艘船只失踪,特别奇怪的是,失踪的船只绝大部分是悬挂着利比亚国旗或巴多马国旗的船只。

据美国海军部的资料记载,1945 年 7 月 30 日,美国海军"印第安纳堡利斯"号在西太平洋被日本潜艇击沉,当时大致有 25 名官兵乘救生艇逃离沉船,因为太平洋舰队司令部收到他们发出的求救讯号。后来,舰队立即派出飞机与船只广泛搜寻,却无功而返。

可是时隔 46 年整,即 1991 年 7 月 31 日,菲律宾的一队拖网渔船却在菲律宾群岛以西的西比斯海域,发现一条救生艇,上面拥挤着 25 名美国海军将士,但其制服却与今日不同。一问,他们说,是昨天从"印第安纳堡利斯"号上逃出来的。他们的船被日军击沉了。菲律宾的渔民们好生奇怪:怎么日本又同美国干开了?但没听说呀!渔民们将这些美军人员送往菲律宾的美军基地,更令美军专家困惑万分:这些获救人员所报姓名,竟能同"印第安纳堡利斯"号中的 25 名海员的姓名一一对上号。问他们对当时太平洋舰队、当时"印第安纳堡利斯"号的情况,其回答竟丝毫不差!

对于在航空史上"神秘再现"的事件更是不胜枚举。

在第二次世界大战期间,美军在北美战场的一支空战队,战斗结束后整编时发现少了一架 P-38 战斗机。编队飞机立即在附近空域搜索,但是没有发现失踪飞机的残骸,也没有发现飞行员跳伞。后来,这架失踪的飞机却神秘地归来,但在机场上空爆炸,飞行员跳伞了。

基地官兵目睹了一件不可思议的事。机身编号证明,这架飞机正是失踪的那架 P-38 战斗机。但它的油箱早已用干,怎么可能飞返基地?而那名跳伞的飞行员前额中弹,又怎么还能跳伞?这一奇案被引入美国空军机密档案,档案上附有基地指挥官和所有目击者的签名。

1990 年 9 月 9 日,在南美洲委内瑞拉的加拉卡斯机场,有位机场控制塔人员,发现天空出现一架"式样古老的客机"。机场官员通过无线电传呼,要求那架"不速来机"报出自己的身份,客机上的飞行员感到十分困惑,他大惑不解惊问:"究竟发生了什么?我们现在在什么地方?"

官员回答说:"这里是委内瑞拉,请问,你们是不是出事了?"

"飞往佛州的,怎么会飞到你们这里来呢?"

官员不由也吃了一惊,他接着问道:"你们几时从纽约起飞的?"

"我们是 2 号早上 9 点 55 分起飞的。"

官员有点头晕:今天是 9 号,于是他又问:"你们是几月 2 号起飞的?"

"这还用问?"飞行员很不耐烦地说,"先生,我们是 1955 年 7 月 2 日起飞的!"

官员身边的人都听得清清楚楚,大为震惊。官员将手握紧,摇头道:"天哪!今天是 1990 年 9 月 9 日了,你有没有搞错哇?"

事后经过了解,这架突然出现又突然飞去的 DC—4 型 914 号班机,是在 1955 年 7 月 2 日由美国纽约起飞,飞往佛罗里达州的迈亚米市去的。但它在途中突然失踪,与地面失去了任何联系。然而,当它再度出现在"人间",却是 1990 年,距当年足足 35 年整了。

1935 年,英国"阿兹台克"号船上的水手们在大西洋海面上看到一只所谓的"鬼船"。这只鬼船的名字是"拉·达哈马"号。好几名船员曾登上鬼船察看,发现它上面没有一个人影,连一具尸体也找不到。这只船天窗破碎、船板断裂、桅杆落在船外,只有航海日志完好无损,仿佛船长不过刚搁笔离开。

然而不久,意大利班轮"雷克斯"号船传出更为惊人的消息。据说在"阿兹台克"号遇到鬼船之前,他们在大西洋海域偶然遇到一只已经损坏的船,名叫"拉·达哈马"号,当时那只船在急速下沉,桅杆已经折断,拖翻在水里,船员们在绝望中竭力挽救它,然而无济于事,在狂风巨浪的拍击下,沉船没入了茫茫的大海……

船已沉入水底,何以又重新漂浮上海面? 是它有神出鬼没的特殊功能? 还是"穿越时空"的再现呢?

1990 年 5 月,在奥地利发现这么一件怪事:人们在一座古堡地底下挖掘时,找到一具十分奇异的骷髅头骨。在这个头骨上,有两个对穿的子弹孔。

本来,这也不是一件奇怪的事情。但是,令考古学家爱德华·桑马博士也颇感纳闷的是:这具骷髅头骨不是现代人,而是一名中世纪的武士。据维也纳大学的科学家们鉴定,这名武士大约死于 1450 年。15 世纪的武士为什么会死于现代的一点四五口径步枪的子弹之下? 这个难题令所有的科学家们都步入了迷宫,没法找到合情合理的答案。

于是,有人大胆提出,那位古代武士之死极有可能和"时光隧道"有关,那名武士无意之中闯进了"通往未来世界"的"时光隧道",来到了第二次世界大战战场,不幸被流弹击毙,造成意外丧生。

前些时,在文明古国埃及曾发现一桩时光倒流 4000 年的人间奇迹,当今的科学家们绞尽脑汁也找不出正确的答案。

法国一个考古工作队,来到尼罗河流域最早有人类生活的地区考察。经过多日的艰苦努力,他们终于发现了一座建于公元前大约 2000 年的太阳庙遗址,这里没有人烟,四周荒凉。

法国考古专家们对该遗址进行了认真考察,当他们掘开一块古老的石碑仔细寻找时、发现一枚深深埋藏在地下的银币。

令人惊叹的是,这是一枚美国早已铸造好了,还没有正式发行的一枚面值 25 美元的硬币。一枚藏在美国金库中尚未在市场流通的银币怎么会"超前行动","跑"到 4000 年前的古埃及神庙的地底下去呢?真叫考古学家们百思而不得其解!

全副武装的 4000 名士兵突然失踪

自有人类以来,就有人失踪的现象。按照唯物主义及现代社会人们的普遍观点,认为某个人的失踪,往往和能使人灭顶的天灾以及刑事案件有关。然而,在世界历史上,由成百上千人组成的全副武装的整支军队突然失踪的事也不止一次地发生过。

史载最早的一宗整支军队的神秘失踪,发生在 1711 年西班牙内战期间。一天晚上,一支 4000 多人的西班牙军队在比利牛斯山区扎营,计划第二天早晨在该处与另一支部队会合。但当前来会合的部队按时到达后,只见原扎营的军队点燃的灶火仍在燃烧,火炮和车辆均安然无恙,但这支军队的 4000 多人却全部失踪了,西班牙军队在该地区搜索了几个月,始终找不到半点线索。

最令人震惊的失踪案发生在本世纪初的土耳其。在第一次世界大战开始后的第二年,即 1915 年 8 月 12 日早晨,在土耳其的沙尔瓦湾地区,英国军队和土耳其军队进行了一次空前激烈的战斗。当时,该地区晴朗无云,视线清晰。激战之后的下午,天空中突然出现了七八朵浅灰色的云朵,这些云朵离地面约 150 米,呈 60 度倾斜,不偏不倚地笼罩在土耳其军队占据的 60 号高地上。就在这些云朵的下面,另一团云弥漫在地面上。它呈长方形,长约 240 多米,高约 65 米,宽约 60 米。这是一团密度极高的云。

由数百人组成的英国皇家诺福克军团第五营慢慢朝土军占据的 60 号高地推进,他们毫不犹豫地走进云里。约半小时后,这团停留在地面上的云突然腾空而起,并和天上的其他云朵会合,朝北移动。15 分钟后,云朵便消失得无影无踪。令人吃惊的是,这数百人的英军竟也随之消失得无影无踪。

1953 年 11 月 25 日,美军的两名飞行员驾驶着一架 F-89 式歼击机从密歇根州金罗斯基地起飞,基地控制塔的雷达操纵员在屏幕上清晰地看到这架飞机穿过一片淡红色的云层之后，就永远消失在屏幕上，雷达操纵员肯定地向指挥官报告说并没有发生任何事故，也没有和其他的飞行物相碰撞，对于这一点，雷达操纵员是万分肯定的，但千真万确的是，这架"F-89式"歼击机与两名飞行员却不明不白失踪了。

这些千奇百怪的失踪案，曾轰动了整个世界，尽管谁也未能解开其中之谜，但又是千真万确发生了，并非以讹传讹，那么这些无法解释的超自然现象只能有待于人类去进一步探索。

空中呼救的"透明人"

在美国田纳西州的北部，即伊利诺伊州的南贝特市附近。

这次消失的是李奇家中的次子——当时年方２０的奥立佛。而且，奥立佛消失的情况相当富有戏剧性，连局外人都会不寒而栗。

当天，李奇家邀请了20余名亲友，享用一顿丰盛而热闹的圣诞大餐。

话说当时，即使在美国，像这样的乡下人家尚没有装设自来水，家庭用水都是取自于庭院的水井。

晚餐过后，客人都回到客厅闲话家常。

正在厨房忙着清理膳后的李奇太太，发现储水槽里没水了，便唤来次子奥立佛，告诉他说："你去提一些水回来。"奥立佛拎起水桶便往外走。

然后，大约过了两三分钟，外面突然传来一阵刺耳的哀叫声。

"救救我！救救我！快抓住！救我！"

宾客们都被这突如其来的呼救声震慑住，大伙儿纷纷朝传来声音的院子奔去，可是，那里已经没有奥立佛的影子了。

从厨房的门到水井之间，可以清楚看到雪地上的脚印只到了庭院中间就戛然停止。当然，这证明奥立佛尚未走到水井，也不可能跌落水井而死。

然而，就在人们的上方，依然传来"救命！救命！"的呼救声。

大家把头往上仰，可是在微暗的空中，却是什么也没看见。

偌大的院里，就只剩下一个滚落在地的水桶。

叫声忽远忽近，有一段时间似乎是从空中传来，不过不久之后，又归于寂静。

年轻男孩奥立佛·李奇就这样消失于世界上。

至于在场的20余名人所听到来自空中的奥立佛叫声，到底又代表什么意思呢？

奥立佛清楚地叫着：

"抓住。救救我！"

这正是问题所在。

在科幻小说里，有所谓的透明人。即是吃了某种特别的药物后，人体就会变为透明，使得一般人无法用肉眼看见。

这是欧洲人的想法。

而在中国古代，也同样有隐身术这种想法。

不过，隐身术并不是使身体消失，而是利用烟雾等障眼法，趁人疏于注意之际躲到暗处，以达到隐身的效果。

总归一句话，透明人毕竟只是幻想，在现实生活中是不可能存在的。

假定真的有透明人，他可能在一瞬间将所抓住的人弄消失，再把他拉到空中去吗？

1956年5月10日，在美国俄克拉荷马州一个欧达斯的小镇，也发生了不可思议的事情。

俄克拉荷马州是位于曾因"李奇事件"而名噪一时的伊利诺伊州之西部，至于为什么老是在这附近的几个州接二连三地发生怪事，这也是一个谜。

这一天，一名8岁的小孩吉米，与同伴凯恩和汤姆三人，正在玩"投环牛仔"游戏。这是美国小孩经常玩的游戏之一。汤姆扮演一个恶汉，绑住老实的农夫凯恩，带往自己的村里。就在途中，关于投环的牛仔——吉米出现了，他准确地把环绳投在恶汉汤姆的身上，拯救了农夫。整个游戏的架构就是如此。

一切准备妥当后，吉米便爬上附近牧师家的篱笆，躲起来等候。不久，汤姆抓着凯恩经过这里。

"你这个恶汉！"

吉米叫了一声，以汤姆为目标纵身跃下。可是就当吉米的脚还没来得及碰到地面，他的整个身影就不见了。

汤姆与凯恩当场愣住。

"吉米！吉米！"

"你跑到哪里去了？"

尽管同伴们大声呼喊，吉米的身影却再也没有出现过了。

到了晚上，吉米的母亲发现孩子还没有回来，便开始着急起来。当她问与孩子一块玩耍的汤姆与凯恩时，所得到得答案简直是扑朔迷离，对于吉米的行踪则全然无法交代。

然而，很意外的是，这个事件竟然还有一名目击者。

那是牧师的女儿——爱米莉。爱米莉由于身体情况不佳，因此长期卧病在床。

刚好事发当天下午，爱米莉来到房间的窗户旁透气，无意间看到了男孩们的游戏。爱米莉以充满疑惑的神情表示：

"吉米是在从篱笆往下跳的同时，消失无踪的。"

对于三个孩子的话，警方与大人都难以相信。

于是这便被当成是恶意的"绑票事件"处理。而且从州警察乃至于联邦警察，都出动进行全面的搜索。不过，却是一点蛛丝马迹也没有。

正当警方已打算放弃之时，唯一不绝望的是吉米的母亲。

"那孩子一定会回来的！"

吉米的母亲深信孩子不会无故消失，因此不管刮风下雨，她每天都到吉米失踪处一直苦苦等候。

就这样，大约过了一个月后，这一回轮到吉米的母亲也突然消失了。

不仅如此，不可思议的事还继续上演。

那是吉米的母亲消失数日后的事。爱米莉的父亲——马洛牧师听到女儿的房间传来不寻常的叫声，于是急忙飞奔过去。

当时，爱米莉一边颤抖一边用手指向窗外。那是使吉米与母亲消失的篱笆旁边。

"啊！那是什么？"

马洛牧师不由得大声喊叫。牧师所见到的，正是某种黑影瞬间消失之处。

我认为那个黑影确实是人类。但是他似乎被吸进某个裂缝般突然消失了踪影。我只能用不可思议来形容。牧师对于当时的情形做如此描述。

至于吉米与母亲，又是消失至何处呢？

突然消失的整个部落

事件是发生在 1939 年的 8 月，也就是二次世界大战正将爆发之前，地点是在阿拉伯半岛西南端、红海入口的英国保护地——亚丁港。

亚丁港在战后便独立成为"也门人民民主共和国"。

事件发生之时还是由英国统治，因此有英军驻守在当地，而发生问题的，是四周环绕着沙漠的部落——拉达。

这里的夏天,平均温度高达45摄氏度(相当于华氏115度),其酷热程度可见一斑。

尽管在这种酷热天气下,拉达部落的四周仍然长有枣树,驻守在附近的英国航空部队的士兵们,也经常来到这里购买枣子等物。

虽然土地炽热,但是有些地方还会涌出泉水,形成草木丛生的绿洲;因此绿洲的四周才会形成部落。

话说,拉达部落北方约2英里(相当于320米)的地方也有水源,这里便形成另一个叫巴尔的部落。

另外,其南方约10英里处,还有一个叫库阿鲁孙·伊文阿德宛的大型部落。

而在这些部落间,往来必须穿过岩石,经由唯一的一条通道联络。

不过,只要一个失足,就会跌到旁边滚烫的沙漠里,因此,这里几乎是人迹罕至。

俗语说:"天有不测风云。"果真,拉达部落就发生了变故,因为在一瞬间,整个部落的居民全部消失,无一幸免。

依据发现离奇事件的英国士兵报告,最不可思议的是该部落的人家里,每户家中的家具都维持原样。此外,有些家里的餐桌上,还留有刚准备好而未动用的饭菜。

由此看来,拉达的居民也不像是移往南、北两个部落去。即使他们真的是穿越沙漠,应该也会被不断在空中巡逻飞行的英国军机发现才对。

为什么整个拉达部落的人会毫无理由的消失,难道是蒸发了吗?

就跟住在炎热沙漠中的族群一样,相反的,住在寒带地方的爱斯基摩人部落也发生了"消失事件"。

这个离奇事件被发现于1930年的12月初。

地点是距离加拿大北方蒙第联络基地约有800公里的安吉克尼湖附近,出事者为住在这里的30余名爱斯基摩人。

这一带均为酷寒的冻土地带,和阿拉伯半岛的拉达部落之酷热相比较,简直有天壤之别。

发现安吉克尼出事的,是之前就与这里的爱斯基摩人熟悉的猎人——约翰·拉斐尔。

那一天,他又如往常一样站在部落的入口大声喊叫,可是却没有人回应。约翰倍感纳闷,便走近最前面的小屋,打开海豹皮做的大门,又大叫了几声。

然而同样没有人回答。

约翰仔细查看了小屋,发现空无一人。接着,他又挨家挨户地敲门、打开小屋,依然不见半个人影。

令他觉得不可思议的是,其中一间小屋的炉子上还摆着锅子。掀开锅子一看,里面一些已煮熟的食物已经结冻而无法取出。

而在另一间小屋则放着一件正在缝制的海豹皮上衣,不过似乎只缝到一半,因为以动物牙做成的针依然刺在衣服上面。

由此看来,一定是在相当慌张的情况下,急忙夺门而出的。

加拿大西北部的派出所在接到约翰·拉斐尔的报案后,立即出动一队人马前往查看,并且在约翰·拉斐尔的指引下,巨细靡遗地清查了每一间小屋的里里外外,可是却有如陷入五里雾中,毫无头绪。

尤其是每一间小屋的步枪都原封不动摆在原处,这才是问题所在。

因为对爱斯基摩人来说,步枪有如第二生命。他们应该不可能不带步枪就去长途旅行的。

"说不定整个部落的人,是因为某种理由而集体发疯了!?"

不过各个小屋的内外都井然有序、毫无乱象。

而对爱斯基摩人来说,仅次于步枪之重要性的,要算是狗了。然而,有七条狗却被发现集体死在距离部落约100米左右的灌木林中,依据兽医的鉴定,这些狗都是饿死的。

另外还有一点也令人深思不解。

就是墓碑被铲除,埋葬的遗体也遭到移动。据说爱斯基摩人对死者非常尊重,像揭开墓碑之类的事是绝不会发生的。而且,那些墓碑还被堆积成两个石冢。

至于在这附近,除了人类之外,应该没有其他动物足以移开墓碑又把它们堆积起来。

由于单靠警方的力量无法做充分的调查,因此也请来专家协助。

经过两周的详细调查,结果推定:

"安吉克尼湖畔的爱斯基摩人,是早在猎人约翰·拉斐尔发现前的两个月就已消失了。"

不过,这个"推定"也是个问题。因为"推定"并不代表决定,只是依据想象来做决定的。那些专家是凭着锅中残存的树果之状态而做判断的。

总之,那些爱斯基摩人是基于什么样的理由而消失的,并没有人知道。不过可以确定的是,在这个离奇事件发生之前,他们仍照着日常的作息过活。

搜索队为了慎重起见,调查的足迹更遍于广大的冻土地带,不过,30 多名爱斯基摩人,还是没有一个人有下落的。

乘客全都蒸发了吗

这是 1873 年 12 月 5 日下午 3 点左右的事。

由美国经过大西洋,朝向直布罗陀港航行的货船——德克拉吉亚号,在海洋上碰到一艘奇怪的船。

船帆在北风徐徐的吹拂下,并没有完全张开,船身摇摇欲坠,如醉酒般的前进。仔细一看,才知帆已松弛下垂,只是顺着风向漂流而已。德克拉吉亚号的船长——摩亚哈斯以望远镜仔细观察船上的情形,却露出困惑的表情,一旁则站着轮机手——德勃。

"你看,那好像是玛丽·塞雷斯特号。它应该早我们几天就从纽约出航,现在应不至于还在海上才对,难道是出了什么问题。"

"船长,我也觉得奇怪。尤其是它的甲板上空无一人,实在是非比寻常。"轮机手德勃也感到不解。

就在此时,两船的距离慢慢逼近了。

趋近一看,方知该船有两根桅杆,大约有 200 多吨,而船身与其说是定点前进,毋宁说是漫无目标地随风打转。

摩亚哈斯船长不断发出信号,但丝毫没有回音。

于是德克拉吉亚号停止前进并放下小船。接着,船长带着数名水手乘船驶向前方的船。

结果发现,那艘奇怪的船果然是玛丽·塞雷斯特号。

德克拉吉亚号的水手们登上甲板,发觉所有的货物与船具都整齐排列着,不过小船却少了一只。

"有没有人在呢?"

打开船长室一看,虽然没有半个人影,餐桌上却准备着早餐。

其中一份似乎是给小孩子用的,半只蛋只挖了一小匙,应该是还在用餐的状态。

后来经过查证,得知玛丽·塞雷斯特号的船长确实是带着妻女同行的。

一般而言,货船应该不会搭载女人与小孩随行的,因此这实在有些反常。

不过,据说船长夫人是长期卧病初愈后,船长为了让她好好休养便做了特别的安排,打算把她带到货船的目的地——意大利南方,才让她乘船的。

　　德克拉吉亚号的船长等一行,认为这艘船一定发生什么变故,因此在船内做了彻底的调查。

　　他们发现船长室的桌子上,摊开着地图,还放着时钟,后面的墙壁上,则挂着船长的上衣。

　　另外,旁边有一台缝纫机,上面摆着尚在缝制的女性衣服。缝纫机的下方,则滚落一个填充的布娃娃。

　　到了水手室前面,可看见一些挂着要晒干的衣物,不过却还相当湿。

　　餐厅的桌上,摆着数人的早餐。此外,在厨房还可见刮过胡子的刮胡刀,但却未经清理,胡楂也到处散落着。

　　经过推测,断定是早餐时候,在这船上发生了某些变故。于是,再到船长室查看,发现重要的"航海日志"也不见了。"这一定不是件单纯的事。有必要做更详细的调查。"摩亚哈斯船长便指示用绳缆拖着玛丽·塞雷斯特号,慢慢驶入直布罗陀港。

　　到了直布罗陀港,才知道就在德克拉吉亚号碰到玛丽·塞雷斯特号之前一天的12月4日早上,在亚速尔群岛的岸边,一艘英国轮船高地号也与玛丽·塞雷斯特号擦身而过,当时,两船都还互相发出平安无事的信号。

　　而德克拉吉亚号是于翌日的下午3点左右发现玛丽·塞雷斯特号,所以其间仅隔一天半。

　　随着调查的进展,得知玛丽·塞雷斯特号是载着酒精,由纽约前往意大利热那亚的途中。

　　并且也同时得知,船上除了船长普利克斯及其夫人赛亚拉以及两岁的女儿苏菲亚之外,还有十名船员。

　　那么,玛丽·塞雷斯特号里的人又是为什么突然消失的呢?有以下几种可能:

　　①被海盗劫走。

　　但是,这个意见几乎没有人赞同。因为,如果遭到海盗抢劫,船内应该残留打斗后的迹象。可是,不仅完全无此迹象,重要的财物也没有损失。

　　②发现船侧受到轻微碰损,担心整个船沉浸,或是碰撞到大型流木之类,觉得危险才紧急逃生的。

　　虽然这个理由还说得过去,但是全员逃生不可能只用一艘小船。况且,因为惊慌失措而逃离主船的情况也令人难以理解。

③载运的酒精经过强烈的日晒后，突然释放大量的瓦斯，船员有感于船身会爆炸之虞，才匆促逃逸的。

这个意见似乎最有道理，然而同样的，仅靠一只小船能载着十三人逃生，这一点还是说不过去。

假定这个意见是正确的，后来该船并没有到达任一港口，而就算全员皆亡故，为什么没有一具尸体被发现。

美国政府相当重视玛丽·塞雷斯特号事件，其后的三年间也竭尽可能调查，但是终究无法解开这个"无人船"之谜。

不过，由于玛丽·塞雷斯特号的船体本身安然无恙，因此后来也找到了新的买主。而它也依然被作为货船使用。只是好景不长，数年后，它在大西洋上遇到暴风雨而沉没。

说起来，它还是一艘运气不好的船。

综观这些各式各样的消失事件，大概可归纳出几个共同点。

不论阿拉伯半岛的拉达部落、阿拉斯加的安吉克尼湖畔的人们，以及后来的玛丽·塞雷斯特号等等，全部都是在用餐时候出事的。

因为他们所吃的饭菜都还残留盘中，而锅内也还留着未用完的食物，这是不争的事实。

消失在星空下的飞机

这是 1945 年 12 月 5 日下午的事。

地点是在美国的佛罗里达州福特·罗达达尔空军飞行基地的上空，当时有五架鱼雷战斗机正在进行飞行训练。

他们所做的，是从基地向东飞 260 公里，再向北飞 60 公里，然后返回基地，做这样的三角飞行。

由于这是经常实施的训练飞行路线，所以机员都习以为常。

可是，到了下午 3 点 45 分，训练中的指挥机突然向基地发出谜样的无线电讯号。

"现在，位置不明。到底是飞向哪里？既看不到基地……也不知道飞机的位置……"

仅留下这只字片语，载有 14 人的五架鱼雷战斗机就这么消失在空中。

在基地这一方面,为了赶着救援,便出动 13 人座的军用机立刻起飞。然而仅仅 5 分钟后,这架军用机也消失得无影无踪。

这到底是怎么一回事呢?

除了离奇之外,实在找不出理由。

依据收集到的科学资料来看,这的确是不该发生在军用机身上的离奇事件。

于是,美国军方派遣了 300 多架搜索机、21 艘舰艇以及 12 支陆上部队,拼命地在飞行路线上做大规模搜索。

可是,最后连飞机的一片残骸都没发现。

另外,在 1948 年 1 月 4 日,一架由百慕大岛朝牙买加岛(位于加勒比海)的京士敦飞行的英国大型四引擎机"星虎号",机上的 6 名空服员以及 26 名乘客一起失去踪影。

还有,1945 年 11 月 30 日,从美国的马里兰海军基地朝葡萄牙西方,也就是大西洋上的亚述群岛前进的 42 人座军用机,也在空中消失了。

除此之外,尚有数起类似例子,其中最奇怪的,当属"塔克马事件"。

那是 1947 年的夏天,一架载着 32 人的双引擎机,坠落于美国华盛顿雷尼亚山的塔克马冰河上。

由于飞机是回旋坠落的状态,所以应该没有生还者。然而,不可思议的是,机舱里竟然连一具遗体都没有。

另外,机身也不是在空中分裂而坠地,所以里头的 32 名乘客应当不会弹到外面才对。

有关单位为了找出这起离奇坠机事件的真相,甚至提供 5000 美元悬赏金给发现受难者遗体的人,可是即使在重赏之下,仍一无所获。

这 32 个人,究竟是如何在空中消失的呢? 至今还是个谜。

再者,这是 1942 年的事。也就是第二次世界大战爆发后翌年的事。在旧金山港有一座特里夏岛,由美国海军驻守。

当天,从海军基地起飞的飞机"L—8 号",里头的柯迪上尉与亚当斯少尉两人也消失了。

就跟所有的消失事件一样,这些人一旦消失,就没有再出现过,甚至连遗体也从未被发现。

航行中心飞船神秘失踪

1886 年 12 月 13 日早上,日本的横滨港可说是热闹非凡。因为包括政府官员、海军将领以及众多民众在内的人潮都齐集在岸边,并以欢欣鼓舞的心情,等候新锐巡洋舰"亩傍号"的进港。

若是现在,应当会有许多各报社、电视台以及电台的直升机盘旋在东京湾入口一带的空中"恭候大驾",只是当时还没有这么进步。

亩傍号是预定正午进港的,可是到两三点,大家望穿秋水仍不见亩傍号的英姿。尽管如此,在场人士还是耐心等候。

"可能是在途中遇到浓雾耽搁了。不然就是机械故障而临时停到某个港口。"

大家开始议论纷纷。然而,众所期盼的军舰过了 13 日、14 日,乃至于到了 15 日仍未进港。

"实在有点奇怪。似乎是出了什么问题。"

等到大家真正开始关心时,已是比预定进港时间晚了 10 天了。

对于此事,日本举国上下的惊讶程度当然不在话下,最后,连日本的海军总部也注意到事情的异样而开始慌张起来。但是,亩傍号的行踪还是不明。

经过将近一年巨细靡遗的搜查,甚至连一片痕迹都没发现,海军总部才死了心,并于 1887 年 10 月 15 日,发表"巡洋舰亩傍号沉没、乘员全部死亡"的告示。

自此以后,再也没有听过更大的谜样事件了。

不过,到了最后,在同样的海域上,仍然有大型货船消失的怪事发生。

亩傍号的消失,是日本明治时期的事。到了战后的 1954 年,同样在巴士海峡,也发生了一起货船行踪不明事件。而且,这次是当着三艘船面前所发生的怪事。

那是 5 月的事。出事者为新日本轮船公司的货船——"辰和丸"。当时,辰和丸搭载着包括船长在内的 50 名船员,满载日本政府所要输入的缅甸米,从东海朝向神户港航行。

日本的食品状况与现在完全相异,日本国民赖以维生的米粮相当缺乏,必须仰赖外国进口。

辰和丸的排水量是 7762 吨,速度为 14.5 海里(时速约 27 公里)。

它是英国制的德卡十二型,备有新式的雷达,是一艘即使在漆黑的夜里也能安全行驶的新式货船。

辰和丸为了补给燃料,曾在新加坡稍做停留,这是 5 月 6 日早上的事。当燃料很快补给完后,它于上午 11 时便出港驶向神户。

这艘船是载了近 7000 吨的缅甸米。在与狂风巨浪搏斗一阵子后,舱口逐渐破裂,大量的海水如瀑布般的涌进船舱。

大量屯集的米粮吸收水分后，体积大为膨胀，单单这样就使重量大增，货船处于相当危险的状态。若是情况一直持续的话，将有沉没之虞。因此，船员们也拼命起用排水的设施。但是，排出的水总远不及涌进的水来得多，所以要命的时刻步步逼近。

船长是在 10 日上午 11 点 2 分，发出求助信号。

"本船进入第三号台风风圈内。第一、第二、第三及第七舱口破损，船舱已浸水。"

很幸运的是，在不远的海上，有"东京丸"与"富士春丸"这两艘船在航行中。

当这两艘船接到求助信号后，便逐渐朝"辰和丸"的所在地点接近。可是，台风实在太强烈了，船只无法及时到达。只好一边以无线电联络，一边竭尽可能地前进。

台风在肆虐一天一夜后，到了 11 日早上，总算趋于平静。这时，辰和丸发了一通无线电到日本的总公司。

"本船的位置在东经 12 度 12 分、北纬 15 度，速力为 10 海里，安然无事。"

这个位置约是在南海的中央偏越南海岸处。

这通无线电连在寻找辰和丸的东京丸也接收到。

"啊，好险！"

东京丸总算松了一口气。再经过详细调查，发现两船的距离仅隔三个钟头的航程。

于是"东京丸"便加足马力趋近。此时，两船一边互以无线电联络，一边航行。只是就在这时候，又来了一阵疾风骤雨，由于这场骤雨，使得联络突告中断。

骤雨过后，东京丸驶往辰和丸应该所在的地点，不过，并没有发现辰和丸的踪影。这个时候，附近的"富士春丸"与"青丸"两艘船也来了。

如此强烈的台风都能平安无事的摆脱，一艘 7700 吨的大货船应该不会仅因海上的骤雨而沉没。

在日本物资缺乏的时期，辰和丸所运载的近 7000 吨缅甸米对日本国民来说，是极为珍贵的。经过 12 日、13 两天的搜索，并没有什么发现。到了 14 日，驻扎在日本的美军也开始担心起来，于是便出动 20 余架的飞机从空中展开搜索。

另外得知辰和丸行踪不明的消息后，航行于附近海域的 20 艘船只也自动加入搜索行列，只是全部都徒劳无功。

如果是沉船，应当会有重油的污渍及船体的残骸等特征，可是竟然连一个碎片都没发现，这是为什么呢？

依据专家的意见，一艘备有优质雷达的最新式大型货船，不应该就此消失，然而在现实中，这样不可思议的事还是发生了。

就这样，继军舰宙傍号消失之后，在同样的海面上，日本货船辰和丸也消失了踪影。

宙傍号是世界最新、建造技术也最高的军舰，而辰和丸也是连优质雷达都装备齐全的大型货船。

在美国，也有数起船只消失的例子。

其中一例是在河川上，另一例则在海上。这两起事件都发生于船刚出港的时候，因此引起很大的震撼。

在1872年6月6日的早上。

出事地点是美国西岸的俄勒冈州。那天早上，一艘名为爱隆·马文堤的曳船，从俄勒冈河对岸的比克斯堡离岸，朝着下游的路易斯比尔城前进。

这艘曳船的后面，拖着30艘载有约90吨棉花的舢板。

此时，河面平静无波，曳船如滑行般顺利前进。这是两岸人家经常见到的景象，因此也没有人特别注意。

但是爱隆·马文堤号在出了比克斯堡后，大概仅约20分钟的光景，就从河上消失了。

仅剩30艘仍载着棉花的舢板，摇摇晃晃、兀自随波逐流。

由于这一段的俄勒冈河并不太深，若是沉没的话，应该立刻可以察觉。可是它却还是消失得无影无踪。实在是一件引人猜疑的离奇事件。

在这么一条不太大的河川中，曳船究竟是消失于何处呢？

另外一起是发生于1928年12月14日正午前的事。

一艘丹麦的实习船哥本哈根号，搭载着50名实习生，从南美乌拉圭的首都——蒙特维多出港。

哥本哈根号出港时，与数艘正要进到蒙特维多的小型船以及货船擦身而过。

那几艘船当然看见哥本哈根号。

但是，正当"哥本哈根号"离开港口往右边的水道前进时，竟然连船带人消失于海上。当时，它也没有沉没。

而这件事是发生于阳光闪闪照耀的大白天。

同样的，这起离奇事件也震惊各地，然而消失的哥本哈根号依然没有再出现过第二次。

第五节　野人迷雾

"野人"的来历

1.喜马拉雅雪山"耶提"

"雪人"是人们对传说中生活在喜马拉雅山南坡的高山悬崖间的奇异动物的称谓,尼泊尔的舍巴人称之为"耶提"。

蠹立在中国和尼泊尔两国接壤之间的喜马拉雅山,不仅以其世界之巅的高耸吸引无数国内外的登山勇士,而且近百年来又以传说有雪人之谜,燃起众多考察者的揭谜热情。

喜马拉雅山

对"雪人"的记载,最早可以追溯到18世纪,在一张描绘着西藏高原野生动物的中国古画中,就出现了"雪人"的画像。

早在1832年,尼泊尔的第一位英国公使B·H·霍德森在他的著述《阿尔泰·喜马拉雅》一书中描述了一种尚未为人知的生物,它"能直立行走,遍体长长的黑毛,没有尾巴"。自那以后,雪人常以这种或那种样子在人们的视线中时隐时现。

1887年,英国军医、法学博士兼林奈学会会员瓦德尔少校,在锡金5000米高的雪地上,看到一些像人脚印的巨大脚印,当地挑夫告诉他,那是"雪人"的足迹,瓦德尔在他所著的《喜马拉雅群山之间》一书中也写到了当地人讲的"雪人",但声明他自己并没见过。从此,"雪人"这个名字便更广泛传播开来。

有关"雪人"的传闻由来已久,最早的文字记载可能要数清人纪昀所撰的《滦京消夏录》了。其一云:"方桂,乌鲁木齐流人也,尝牧马深山,一马忽逸去。摄迹往觅,隔岭闻嘶声甚急。循声至一绝谷,见数物,似人似兽,周身鳞皮斑驳如古松,发蓬蓬如羽荷。目睛突出,色纯白,若嵌二鸡卵,共按马生啮其肉。"

20世纪50年代,由于攀登珠穆朗玛峰的成功,雪人的传闻迅速传到了世界各地,世界上很快形成了一股"雪人热"。很多国家纷纷派遣探险队进入到喜马拉雅山人迹罕至的雪岭冰峰进行考察。在中国国家体委组织的攀登珠穆朗玛峰的活动中,就曾有调查"雪人"的项目。

1951年11月8日,英国登山队队长锡普顿和华德从圣母峰勘察归来,正在探测万比冰川的西南坡时,在那里发现了一串像人的巨大脚印。锡普顿拍下了几张清晰的脚印照片。脚印长313厘米,宽188厘米,拇趾很大而且向外翻开,表示留下脚印的是一个约有2.2米高的直立两足行走的动物,而且动作很灵活,第二趾瘦长,其余足趾则较短,后部还连在一起,大足趾和其余足趾看起来是分开的。锡普顿深信,在喜马拉雅山"有一种像猿的巨大生物存在,这种生物是科学界还未能确定的,至少不在已知的中亚洲地区动物之列。"

锡普顿说,熊的足迹没有这么大;如果说是因雪融化而扩展了,则不可能这么清晰。他说:"真正使我毛骨悚然的是,在那里,我们不得不跳过冰隙。才能清楚地看到,冰隙里有这个生物脚趾踏过的痕迹。"

1948年,挪威一位名叫简·弗罗斯特斯的探铀矿者声称,在锡金的泽莫·加普附近,他遇见了两个雪人,其中一个向他进攻并严重地打伤他的肩胛。

20世纪50年代,在尼泊尔发现了雪人的皮肤碎片,1个食指的关节和1个木乃伊状的拇指。经动物学家和人类学家鉴定,它们几乎和人的一样。在某些方面类似尼安德特人(更新世晚期、旧石器时代中期的一种古人)。

1952年意大利人汤布兹声称,他在喜马拉雅山脉的卡布尔山麓,看到一只"耶提"("雪人"的藏语音)在300米之外匆匆走过,随即消失在杂乱的冰堆后面。汤布兹写道:"耶提外形像人,周身长满了暗色的长毛,健步如飞……"

1954年英国到喜马拉雅山寻找"雪人"的考察队,在尼泊尔一座喇嘛庙里发现这里保存着的两块已有三百多年历史的"雪人"头皮。皮上长满了夹杂着褐色的红色长毛。头皮曾被送往巴黎、伦敦、芝加哥的博物馆请专家鉴定。结果，证实为"雪人头皮"是用羚羊头皮伪造的。但英国著名的研究灵长类的专家奥斯曼·希尔不同意它是伪造的，他认为这块头皮的毛虽与羚羊毛有相似之处，但带有猿的特征，他将这些毛的色素与羚羊的相比较，发现它们之间的排列方式并不相同。

此外，头皮上的寄生虫也与羚羊的不同。这样一来，这两张头皮的真伪又成了一个有争议的悬案了。

耶提的足印拓片

1957年，在尼泊尔旅游的美国得克萨斯石油工人托马斯·斯利克遭到"雪人"追踪。尼泊尔乡民告诉他，四年来这里遭"雪人"袭击的人不下5人。

1958年，美国一登山队员在喜马拉雅山尼泊尔境内的一条山河旁，看到一个披头散发的"雪人"在吃青蛙。

1956年，中国科学院等单位曾派出专业人员对"雪人"进行专题调查。在海拔6000米的雪地上又发现了"雪人"的脚印，大小与登山鞋印相似。5月20日晚，队员尚玉昌正在营帐里写日记，突然听到山谷里两声枪响，只见藏族翻译气喘吁吁地跑来，大喊："雪人！雪人！"原来一个"雪人"从山谷下正往山顶走去，全身长毛。

翻译紧放两枪，但因天黑而未打中，"雪人"逃走了。这之前，绒布寺一喇嘛看到了"雪人"，它的特征：全身长毛，身体比人大，直立行走。

1959年6月24日,在卡玛河谷中游的莎鸡塘。一个住在中国境内的尼泊尔边民报告说:他的一头牦牛被"雪人"咬断喉咙死去。"雪人"吸尽了牦牛的血。由中科院有关人员和北京大学生物学系教师参加的考察队赶到现场,在死牛附近找到一根棕色的毛,长15.6厘米。带回北京鉴定后,认为与牦牛、猩猩、棕熊、恒河猴的毛发在结构上均不同,但是当时也无法证明它就是"雪人"的毛发。但无论怎样说,这是一个十分珍贵的有关"雪人"的实物。

1972年12月17日,英国动物学家克隆宁、埃默瑞与两名尼泊尔舍巴族助手在圣母峰与金城章嘉峰之间3000多米的阿安谷地上扎营。他们宿在与康格玛山相连的山脊上。这个脊地形险峻,地上覆盖着白雪,雪地上完全没有兽迹。次日拂晓,他们钻出帐篷,发现雪地上有十多个清晰的脚印。这些脚印一左一右,排列得特别清楚,甚至显示出脚趾和脚掌的细节。每个脚印长27.5厘米,宽15.2厘米,两个脚印间距非常短,经常小于30厘米,似乎雪人在缓慢、谨慎地步行。

他们说,由于到达这里必须攀登一处非常陡峭险峻的山坡,如果不是力大无穷,身手敏捷的动物,是不能爬越这样的障碍的,他们拍下的足印照片同1951年锡普顿拍下的极为相似,看上去好像是一位直立的巨猿留下的。他们相信那是"雪人"的脚印。克隆宁后来写了一本书,认为:"雪人"可能是远古时代亚洲巨猿的后代,这些巨型类人猿可能在新生代中期,与更先进的直立猿人竞争失败而逃进喜马拉雅山的山谷中。

1979年11月,一支英国登山队从尼泊尔境内攀登喜马拉雅山。11月10日,队员爱德华兹和艾伦在返回基地途中,在海拔5000米处的一个天然洞穴附近的雪地上发现了一些似人的脚印。

这时,两人忽然听到"长达五至十秒钟的尖叫声,完全不像人发出的,听了令人毛骨悚然"。他们相信,附近一定有"雪人"存在。

第二天,全体队员在队长怀特率领下来到那里,看到了更多的脚印,脚印有大有小,显示有两个或更多的"雪人"到过这里。怀特说:"我相信……山上必有一种动物学家们所未知的动物。"

在喜马拉雅山北麓的我国西藏地区,也多次有发现"雪人"足迹的报道。特别是1972年12月,驻伸巴地区的边防部队曾接到边民的报告,说两个能直立行走的动物经常来偷牛羊,并说这两只怪兽不是把牛羊咬死,而是成群赶走,看管起来慢慢吃。边防军出于为民除害的目的,派一位副团长带着几名战士上了山,很快找到了两只怪兽。在相距400多米处,战士们开枪打伤了一只,另一只逃走了。但受伤的那只怪兽竟抱起一块三百多斤重的大石头朝开枪的人冲来，没冲多远终于倒下了。

据战士们说，这个怪兽长得像猿又像人，尖尖的头顶，长着二十多厘米长的棕红色头发，有眉骨，大嘴，牙齿尖利，前肢很长，没有尾巴。在场的官兵没一个人见过这种动物，但由于当时交通、通讯条件的限制，这个很可能是"雪人"的怪物尸体就被白白抛弃了。

1985年10月，有一浙江个体户牙医到那曲羌塘为人医牙，在乘汽车返回拉萨途中，见一群驴从山中狂奔而出。后面有一棕色怪兽紧追不舍。野驴放蹄疾驰时，时速可达百里，但一会儿，一头落伍的野驴竟被棕色怪兽攫去。他认为这个怪兽与人们描写的"雪人"相似。

另有一则经由多方转述时间不详的传闻，据说有二人入藏贸易各剩一骡，山行迷路不辨东西。忽有十余物自悬崖跃下，他们疑是"夹坝（劫盗）"。走近一看，都有二米多高，身披黄棕色长毛，似人非人，语音清晰难辨，二人战栗地以为必死。这些怪物无加害之意，反把他们夹在腋下翻山越岭，轻捷有如猿猴飞鸟，送到大路旁而去。这一传闻被多种读物所援引收录。

居住在喜马拉雅山的舍巴族人早已知道"雪人"的存在，他们称"雪人"为"耶提"，说它栖息于喜马拉雅山最高的森林地带。那里灌木丛生，人迹罕至。它离开密林到雪原上时，人们才得以看到它或发现它的足迹，舍巴人认为，"耶提"到雪原上来是为觅食一种含盐的苔藓。有的藏民把"雪人"叫作"岗位仓姆吉"，意即雪山上的"野人"。据说"雪人"体型高大，二米左右，全身披浅灰色长毛，头发为棕黄色，直立行走，快捷如飞，以食草根、捕捉雪兔、雪鸡等小动物为生，力大惊人，敢与凶猛的灰熊搏斗。因为它生活在雪山之上的悬崖绝壁、冰川雪岭之中。毛色又几乎与积雪荆芥相混，发现它实属不易，兼之它极为机灵，一有响动就飞速避匿，所以照相机也很难捕捉。自1956年中国成立雪人考察队以来，几番探寻，也只拍得几个脚印，迄今未见到雪人的确切行踪。对种种脚印，学术界的看法不一，有人对其持否定态度，认为它可能是大型哺乳动物留下的，还有人认为它是经风吹日晒扩大和变形的结果。但克罗宁则根据自己亲眼所见脚印，认为这些脚印是新鲜的，不可能是风吹日晒变形的结果。

通过许多考察队的考察，得到的雪人印象是：身高1.7~1.8米，身体健壮，满身是棕红带黑色的毛，散披肩上；面部无毛，较为平坦，下颏粗壮，牙齿很大，口也很宽；头呈圆锥形，顶部尖；两臂几乎长达膝部；用足行走；能发出刺耳的大叫声；受惊时或在多石、雪深的地方则用四肢行走。

学术界目前对"雪人之谜"的看法颇不一致,有人根据此地险恶的地理环境以及没有找到"雪人"存在的直接证据而否定它的存在,认为可能是熊一类的大型动物。也有人认为"雪人"可能是大型灵长类动物。也有人认为"雪人"可能介于人和猿之间,即比猿高等些、比人低等些,为至今科学界尚不知晓的一种高等灵长类动物。

到目前为止,有关"雪人"的线索仍然停留在脚印、头发、传闻和目击者的报告上,还拿不出真凭实据。但是,据研究,雪人不仅仅是一种猿的活化石,而且是活生生的可供我们对现实的人类进化史研究的活标本。种种分析与推论中,呼声日益高涨的是:认为所谓的"雪人"可能是中国南部的巨猿保存到现在的代表。当然,要想揭开西藏"雪人"之谜,有待于科学家的努力和确凿的证据。

美国科学家伊·乌·克罗林论述巨猿在喜马拉雅山如何适应这种冰天雪地的环境时说,"雪人"或巨猿并非在雪地居住,而是隐蔽在丛林密集的深谷中。之所以在雪地上遇到"雪人"是因为如同发现它们脚印的登山者一样,它们不过是利用雪地作为途径从一个山谷到另一个山谷去。喜马拉雅山的地势迫使任何动物从一个地区到另一个地区的转移都必须利用有限的隘口和山脊作为途径。

崎岖不平的地势使大型灵长类得以容易地躲藏起来,就像传说故事中的妖怪一样。"雪人"可以在无数的溪沟、峡谷、悬岩、洞穴和崎岖的山坡上突然消失,在这个世界上最高的山区里,在平面地图上所看到的一小块面积,实际上在立体地形地图上却包括了很大的地区,重叠起伏的峰峦隐藏着大面积的土地。

由于"雪人"居住隐蔽,像其他许多哺乳动物一样,为了避免受人侵犯,"雪人"可能已经习惯于白天躲藏和睡觉,而在晚上行动和觅食,这就使得我们发现和捕捉如此困难。所以要想证实它的存在与否,我们还需耐心一些才好。

2.天山西部的"其伊克阿达姆"

位于天山西部,哈萨克斯坦共和国基什——卡印迪自然资源保护区,有个科学工作者带领一群中学生在这里进行野外考察活动。一天晚上,在他们返回营地途中,前面30米处突然闪现出一个身材高大、两脚直立行走的怪物。在月光下,这个浑身毛发灰白的不速之客同这群学生对视了一会,然后便消失在黑暗的密林中。

许多年来,这里一直流传着雪人出没的传说,这一次又证实了传说中的雪人确有其事。当地居民把雪人叫作"其伊克阿达姆"。由于没有捉到这种野生动物,雪人一直被蒙上一层神秘的面纱,引起生物界的浓厚兴趣。

为了探明雪人的行踪,一支探险队来到了位于天山南麓的阿克苏河谷地,并在这里的蓝湖湖畔安营扎寨。这里海拔 4000 米,森林密布,山洞点缀其中,是个人迹罕至的喀斯特地貌发育的边远地方。探险队决定从这里开始搜索。他们把灵长类动物经常分泌出来的一种信息素涂抹在做记号用的布条上,然后挂在可能属于雪人活动地域的树枝上,希望能把雪人引出来。

　　第二天夜里,一名探险队员被帐篷外沉重的脚步声惊醒,并闻到一股类似一个人多年没有洗澡所散发出来的汗臭味。由于外面漆黑,他不敢贸然爬出帐篷看了究竟。清早起床后,他们发现帐篷周围留下了几个巨大的与人相似的脚印,于是查遍了附近树丛岩洞,但雪人去向不明,他们只好悻悻而归。

　　第四天,自然保护区的几位野生动物饲养员骑马来到探险队营地,他们向探险队员报告,发现一些粗大的赤足脚印。队员们立即跟随他们去查看现场,在有信息素做记号的地方果然留下一些杂乱的脚印,脚印长 33 厘米,步距 110 厘米,非常清晰,谁也不怀疑它的真实性。

　　根据脚印的深度来看,这只庞然大物的重量可能不少于 250 公斤,队员们把脚印做成石膏模型,经过分析比较,形状与人的脚印大体相同,只是大得多,而且脚掌中部较深,现代人的脚尖大趾头到小趾头呈倾斜状,而雪人的脚趾头长短齐平,几乎成一条直线。

　　有一天晚上,队员帕维尔·卡扎切诺克被冻醒,他听到帐篷外有人在砂砾上走路所发出的脚步声。他立即从睡袋爬出来冲到帐篷外,发现一个模糊的黑影正往灌木丛里逃去,并听到从树丛里传来一声响亮的吼叫和树枝折断的咔嚓声。队员们随即跟踪追击,但怪物已消失得无影无踪。只见挂在树枝上做记号的布条已被撕成碎片抛在地上,而挂布条的树枝也被折断成几截,地上留下的脚印与上次的相似。

　　可以肯定,雪人已先后两次光临了探险队营地。是什么东西把它引来?是信息素,还是好奇心? 也许两者兼而有之。

　　据专家们分析,雪人可能早已意识到人类已经发现了它们,而且正在想方设法捉住它们,因而它们远远地逃离人群居住的地方,躲避人类的追踪。尽管如此,探险队这次的考察活动还是有所收获,他们不仅肯定天山密林里有雪人存在,而且还肯定雪人就住在离他们营地不远的地方,只是山高坡陡林密洞深,一时难以捉到。

3.蒙古冰川上出现的"阿尔玛斯"

　　1998 年 7 月,英国人朱利安·弗理艾特伍德率领一支远征队进入蒙古冰川探险,在亚历山德若夫冰川带的雪山上,发现一长行大脚印,他们分析后认为这是传说中的"雪人"留下的足迹。

如同喜马拉雅山地区的发现过程一样,当时,3名远征队员在冰川高山上安营扎寨,他们在一个寒冷的早晨起床后,发现营帐前几英尺的地方,有一长行神奇的大脚脚印,在地上的深度可证明这是一种巨大的毛茸茸的动物,即当地蒙古人称为"阿尔玛斯"的雪人。其中一组脚印每个长35.56厘米,留有3只脚趾的痕迹。朱利安说:"从脚印看,估计该类动物重量超过200磅。可以证实,该批雪人刚在几小时前路经营账,否则脚印很快会被风雪掩盖。我们沿脚印走了一段,最后发现在中国一侧的境内消失了。"

朱利安·弗理艾特伍德即时拍摄了脚印的照片,由英格兰若干所名牌大学的专家教授做进一步研究。为显示脚印的尺寸,朱利安把冰镐放在其中一个巨大的脚印上,并拍了照。

专家们看了照片后,都同意被传说几百年的雪人看来确有其事。这种雪人或许与北美发现的野人有亲缘关系。著名登山运动员克里斯·波宁顿说:"以往人们确曾目睹两腿站立的雪人,现在又有照片为证,无人可否认雪人的存在了。但在提出实物验证前,如雪人骨头或尸体等,上述说法仍欠说服力。"

在离开营地返回英格兰前,朱利安曾找到当地一哈萨克族游牧人证实他们的看法,结果被告知远征队当时扎营处正是雪人常出没的通道。那游牧民说,4年前他曾在近距离内与一雪人相遇,后来雪人逃跑。他形容雪人高大,全身毛茸,类似猿。他还说雪人通常喜欢在冰川中行走,并以野羊和山坡低处的植物为食。

4.北美洲野人"沙斯夸支"和"大脚怪"

在亚洲的其他地方,从北部的戈壁沙漠到南部的印度阿萨姆邦,野人的名字是梅蒂、舒克伯、米戈,或者坎米。而在美国西北部,住在偏远的伐木地带的人叫它"大脚"。在加拿大落基山的丘陵地带,它又被人称为沙斯夸支。

无论叫什么,野人的外形大致都是相同的:身高约三米,体重约一百三十六千克,外貌和头发像猿人,两腿直立行走,种属不明。

20世纪50年代,在尼泊尔,一支由伦敦《每日邮报》赞助的探险队发现了雪人的足迹和粪便。据分析,这些粪便说明雪人食性同人一样,是既吃动物也吃植物的。

有一种说法认为,它们是巨猿的后裔。这是荷兰古生物学家拉尔夫·冯·凯尼格斯沃尔德的发现。1935年,凯尼格斯沃尔德在香港中药店里发现了一些巨大的猿类牙齿。20世纪五六十年代，在中国南部、印度和巴基斯坦他又发现了更多的这类巨兽化石。他在亚洲各地发现的牙齿，可以判定是属于身高3.55~3.96米高的无尾猿的。论证表明，在森林地带无力与人类进行生存竞争的巨猿，可能迁移到偏远的地区以避免灭绝。

怀疑者指出，就牙齿为"线索"而言，它可能是熊、叶猴、喜马拉雅山的狐狸、灰狼或雪豹留下的残存者。还有人猜测，雪人是高海拔地区缺氧使人产生的一种错觉。

但是，不是所有的证据都能满意地取消，也不是所有的怀疑——诸如在美国西北地区发现的相似怪物——都能得到解释。

在北美洲，有关怪物的报告源源不断地输送到加拿大的报纸上，并向全国传播。报告的次数简直成百上千。1973年，加拿大的一家出版公司悬赏10万美元，奖给能活捉一只沙斯夸支的人。大脚怪的故事是美国西北地区历久不衰的传说。在19世纪，人们收到750宗有关发现它们遗下的巨型脚印的报告，地点大部分位于由北加州伸展至英属哥伦比亚的常绿森林。

在北美的印第安人中，早就流传着这种神秘大脚野人的传说。但确凿的足迹最早是在1811年发现的。当时探险家大卫·汤普逊从加拿大的杰斯普镇横越洛基山脉前往美国的哥伦比亚河河口，途中看到一串人形的巨大脚印，每个长30厘米，宽18厘米。由于汤普逊没有见到这种动物，只看到了大得惊人的脚印。他报道了这一消息后，人们就用"大脚印"来称呼这种怪兽。从此以后，关于发现大脚怪或其脚印的消息络绎不绝。至少有750人自称他们见到了大脚怪，还有更多的人见到了巨大的脚印。虽然不少科学家认为大脚怪是虚妄之谈，但有些报道不能不引起人们的注意。

美国总统西奥多·罗斯福不是一个轻信的人。但他在1893年出版的《荒野猎人》一书中曾记载了一名猎人亲口给他讲述的与大脚怪遭遇的可怕故事。那件事给老罗斯福留下非常深刻的印象。猎人名叫鲍曼，事后多年，他谈起这段经历时仍不住地哆嗦。鲍曼说，他年轻时和一个同伴到美国西北部太平洋沿岸的山地捉水獭，就在林中宿营。半夜里，他们被一些噪声吵醒，嗅到一股强烈的恶臭味，他在黑暗中看到帐篷口有一个巨大的人形身影，他朝那个身影开了一枪，大概没打中，那影子很快冲入林中去了。由于害怕，鲍曼和他的同伴决定第二天就离开。当天中午，鲍曼去取捉水獭的夹子，同伴则收拾营地。夹子捉了三只水獭，鲍曼到黄昏时才清理完毕，但他赶回营地时却大惊失色，同伴已经死了，脖子被扭断，喉部有四个巨大的牙印，营地周围还有不少巨大的脚印，一看就知道是那只怪兽干的。由于恐惧，鲍曼什么都顾不上收拾，连忙骑上马，一口气奔出了森林。

1924年，伐木工人奥斯特曼到加拿大温哥华岛对面的吐巴湾去寻找一个被人遗弃了的金矿。一天夜里，他和衣在睡袋里睡觉的时候，觉得自己被抱了起来。天亮后，他从睡袋里钻出来，发现自己是在一个山谷中，周围是六个身材高大的毛人。这些毛人不会说话，成年的身高有两米多，体重大约五六百磅，它们前臂比人长，力气大得惊人。毛人们没有伤害他，整整过了六天，奥斯特曼才找到机会逃出来。

奥斯特曼许多年后才肯讲出自己的经历，他怕别人不相信，但据专家们分析，他讲的许多细节确实不像虚构的。

在1967年，华盛顿亚基玛地方的大牧场主罗杰用16毫米摄像机拍摄到一只个子高高的多毛动物。当时它正直立行走涉过110多米远处的小河。地点是在加利福尼亚州的尤里卡地区附近。罗杰拍的胶卷8.4米。他拍到这动物模糊不清、短暂连续的镜头。它长着下垂的乳房，是雌性，走路时步子很大，双臂摆动。它转过身来看了一下摄像机，随后消失在树林之中。

20世纪70年代，加利福尼亚州所称的"大脚怪物"似乎又在美国南方的伊利诺伊州露面了。从大马迪河畔的一个名叫墨菲斯伯勒的小村庄发来了一些关于一只大得像无尾猿的怪物的报道。

1973年6月25日午夜，当地一对夫妇正坐在停着的小车里，突然听到附近树林里传来怪异的尖叫。有一个高约2.4米、遍体淡色的毛并沾满泥浆的东西，正步履沉重地向他们走来。他们连忙开动车子，到警察局报告这件事情。

随后，关于这个墨菲斯伯勒的"泥妖怪"的报告接踵而来。有两名十几岁的小青年说他们闻到了它身上恶臭的河泥味；在附近的露天市场干活的工人们也说，他们看到怪物凝视着一些用绳拴着的矮种小马。警长托比·伯格下令搜查，但见到的只是草丛被踏过的痕迹、折断的树枝和几团黑泥。

美国《伊利诺斯南方报》的编辑托尼·史蒂文斯说："这不是骗局，这是狩猎区。要知道任何披着动物外衣的人，他的伪装都将被子弹射穿。"

另一个美国人伊凡·马克斯是个擅长风景摄影的猎人。20世纪70年代，他曾几次拍到"大脚怪"的照片。1977年4月，他在加州的夏斯塔那附近拍到了许多"大脚怪"的珍贵镜头，根据马克斯多次拍摄的照片、影片，美国惊异视野公司制作了一部名为"大脚怪"的电影，电影映出后引起了强烈反响，许多科学家认为，"大脚怪"可能是古代巨猿的后代。

5.野人与人生育的"混血儿"

在海拔 1150 米的神农架廖家垭子有一个野人洞,洞口立有一块野人碑,立碑时间是清乾隆五十五年冬。

清同治五年修的《房县志》说:"房山高险幽远,石洞如房。多毛人,长丈余,遍体生毛。时出啮人鸡犬,拒者必遭攫搏。以枪击之,不能伤……"

由于野人的智力不及现代人类,无法与人交流,因而每当野人与人遭遇,就有可能酿造祸端,上演种种悲剧。1976 年冬,吴德立带着 18 岁的哑巴儿子到麦兰皮供销社去卖青藤。天黑时分,走到松望峡,突然从峡谷里的草丛冲出一个野人,把她拖进仁和寨大森林的山洞。哑巴跑回家求救,但人们找不到她。

在神农架,也有母野人裹掳男人的事发生。据当地的老人讲,1915 年,房县一猎人正在树下打瞌睡,一个母野人突然出现,先撕死了他身边的猎犬,然后把他抱在怀中,翻山越岭,进入峭壁上的一个山洞,猎人曾趁野人外出逃跑过,但很快在岔洞中迷失方向。

中国湖北发现了世界首例活体"杂交野人"!这是一个惊人的消息。1998 年 9 月 26 日,在总部设于武昌的中国"野人"考察研究会,一些传媒记者通过观看录像,亲眼目睹了这一世界奇观。

当地一些媒体的记者看到,屏幕上出现的"杂交野人"系雄性活体,它头部尖小,长有明显的矢状脊,身高约 2 米,赤身裸体,步幅很大,四肢及形体特征均似"野人"。但它无"野人"那样的长毛,也没有语言。

中国野考会负责人李爱萍告诉记者,这一珍贵的录像资料是她去年底清理父亲遗物时发现的。其父李建 1995 年去世,生前任中国野考会执行主席兼秘书长,毕生致力于神农架"野人"考察,享誉海内外。

现已查实,该录像资料是 1986 年由野考会员在神农架毗邻地区拍摄的。当时,"杂交野人"33 岁,其母健在,该妇早年丧夫后一直守寡,对杂交孩子一事羞辱万分,始终不肯向调查者透露半点细节。

李爱萍女士说:"好在她的大儿子、'杂交野人'的哥哥是队上干部,在得到野考会会员'保密'的承诺后,讲述了其母被'野人'掳去并杂交后代的'隐私'。"

据悉,"杂交野人"生母现已去世,野考会会员当初与其家人关于"不得在她生前公开'杂交野人'消息"的约定随之解除。李爱萍女士透露,据她获知的最新信息,该"杂交野人"至今健在。

曾任林业部野生动物保护司司长,时任湖北省省长助理的江泓在先期观看了有关"杂交野人"的录像资料后，表现出浓厚兴趣，并就如何进行科学鉴定和揭秘等问题提出了具体建议和意见。

自1974年湖北房县桥上公社清溪沟农民殷洪发遭遇"野人"开始，目击"野人"甚至与"野人"搏斗的人不断有所增加，规模不等的中国"野人"科学考察，至今已历二十余年。其间，尽管"野人"目击者不断增多，"野人"脚印、毛发、睡窝等实物也时有发现，但活体的"杂交野人"还是首次发现。李爱萍称："根据本会掌握的资料表明，这也是世界首次报道。"

在中国历史上，"野人"掳人为偶的事古已有之。晋代的《搜神记》、宋代的《江南木客》、清代的《新齐谐》等都记载了此类奇闻轶事。最为详尽的是唐人笔记文《广异记》中记载的一件"野人"强抢妇人为妻之事。

据了解，在此之前首例见诸报道的"杂交野人"是三峡巫山"猴娃"。1939年3月，巫山县当阳乡白马村（今名玉灵村）一妇女产下一个外表如猴一般模样的婴孩，这位取名涂运宝的男孩身上长有又细又长的毛，脑袋很小，直径约8厘米，脸型上宽下窄，腰背及两腿弯曲，手大且指头尖锐，似猴爪；他无论寒暑总是赤身裸体，还好吃生冷食物，颇似人们传说中的"野人"，所以他便被当地山民称作"猴娃"并传播开去。

"猴娃"母亲智力、体态均正常无异，缘何生此怪孩？一村上人说，这位母亲1938年7月间曾被"野人"抢进山洞生活过，孩子就是因此怀上的。可惜的是，"猴娃"因一次无意中让炭火烧伤了屁股，从此身体日趋衰弱，于1962年8月间病故。

"猴娃"的故事是一位四川工程师最早讲述给当时的中国"野人"考察队队员、上海师大学生李孜知悉的。李孜如获至宝，他曾与人多次前往探望"猴娃"生母，终因她不愿承认被"野人"掠去强迫生子的"丑闻"无功而返。

著名野考专家、原华东师范大学生物系讲师刘民壮闻说此事，急急赶到巫山，在当地有关方面协助下挖出"猴娃"遗骨，并进行了初步测量和研究。

在刘民壮先生1979年9月发布的《巴山猴娃科学考察报告》中，虽没有肯定"猴娃"就是其母与"野人"杂交所生后代，但对"痴呆症""特大返祖现象"等猜测予以了否定。其于1980年在《科学画报》第4期发表《猴娃之谜》一文，进而提出："如果说猴娃是人与'野人'杂交的产物，那倒是很有可能的。因为巴山本是'野人'频繁出没之地，况且历史上也曾有过类似的记载。"

6.冈底斯山中的"切莫"

西藏的萨嘎到仲巴一带，野人出没盛传已久。1996年9月，中韩联合登山队攀登的冷布冈日峰,恰好位于萨嘎与仲巴两县之间。这就给了新闻媒体的体育记者一个了解这一带有关野人传说的机会。

冷布冈日位于著名的冈底斯山脉中段,也是冈底斯山脉的最高峰,海拔7095米。1996年9月14日,记者和登山队员一起到达冷布冈日,在海拔5266米的山脚下扎营完毕,营地旁的两户藏族牧民就来与登山队员寒暄,藏族登山队员扎西、拉巴则充当了翻译。

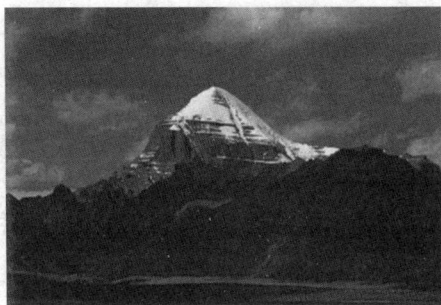
冈底斯山

聊天中记者得知,两户牧民的主人,一个叫尼玛,21岁;一个叫赤丹旺加,38岁。由于大雪封山季节将至,他们本已准备把牛羊从高山牧场转移到冬季牧场,看到登山队员来了,他们便决定再多住几天。

10月21日,中方总队长李致新与拉巴去海拔5600米的前进营地,途中发现了一串奇怪的脚印。李致新"排除"了熊脚印的可能,并拍了照。藏语翻译拉巴这时说,当地老乡告诉他,这一带野人活动频繁。有个十几岁的牧民男孩晚上在羊圈睡觉时遇到野人袭击,耳根被扯烂,耳朵被拉扯到嘴巴的地方,现在还歪长在那里。

一回到大本营,拉巴就兴冲冲地向尼玛和赤丹旺加描述见到的脚印。

"那就是'切莫'了。这一带野人每年都会出现一两次。"

当地藏语的"切莫",就是野人。

冬季逼近,冷布冈日地区已经很冷,晚上气温通常在零下二十度左右了。

10月22日,午夜刚过,帐篷外面突然传来群狗的狂吠,并且好像在追逐着什么。随队记者被狗叫吵醒了,怎么也无法入睡,便在那儿胡思乱想:是狼呢? 还是野牛? 是熊,还是野人?

第二天,牧民说,昨晚"切莫"经过了这里。秋季是"切莫"活动最频繁的季节,但帐篷多的地方"切莫"轻易不会靠近。

早餐时,野人成了大本营人员的热门话题。中国登协秘书长于良璞鼓动说,就野人这个专题,好好采访一下牧民如何?

10时,尼玛、赤丹旺加被请来了。

众人在大本营的帐篷前围坐一圈,听他俩讲述冷布冈日一带野人的故事。韩国人也被这个全世界都很感兴趣的话题所吸引,也跑来听故事了。

尼玛说,他小时差点被"切莫"杀死,有一年在一个叫阿喀宗的冬季牧场。当时他正在放羊,忽然看到一个身上长毛、直立的庞然大物远远地向他走来,他吓坏了,立即找了个狭窄的石洞里躲了起来,"切莫"围着他躲藏的地方转了很长时间,因为进不了他躲藏的地方,先是急得"噢噢"叫唤,后来就沮丧地走了。

年纪大些的赤丹说,"切莫"杀人,也喜欢吃肉,但却不吃人肉。他指着山脚正东方向说,1984 年,我们村里,就是"虾给村",有个 43 岁的女人放牧时被杀,女人头皮被撕下,两肋被打烂,过了好长时间村里人才发现,但被杀女人身上没有嘴撕咬的痕迹。村里人发现后,带着猎枪沿着地上的血迹追捕"切莫",追了很远,但没有追上。

赤丹还描述"切莫"的形象说,"切莫"的嘴有点尖,会发出嘘嘘声。脸长有毛,但毛不多。耳朵很像人,能直立行走,大的二米多高。腿上毛比较长,身上毛较短,毛棕灰色,"切莫"都没有尾巴。它的力气很大,用上肢就可把牛羊撕开。"切莫"都是一家家地活动,每个家庭大概有五六个成员。

赤丹还用手在地上画出了野人的足印和手印形状。登山队随队记者看他在地上描画的手爪形状很像大猩猩,但登山队有人否定了这个猜想。因为这一带从没有猩猩活动的说法。

据中韩联合登山队随队记者披露,近年关于"切莫"活动最轰动的事,发生在1994 年 8 月间。在登山队大本营东面的山坡下,有个名叫"良布"的村庄。那是 8 月的一个深夜,良布村牧民的羊圈突然遭到"切莫"的袭击。

羊群的惨叫声惊醒了牧民,5 个青壮牧民立即骑上马,带着网,向山上追去。途中,他们发现了一个母"切莫"领着四个小切莫正向山上逃去。赤丹说,不知为什么"切莫"特别怕马。那 5 个骑手很顺利地用网把这一大四小 5 个"切莫"全都困住,然后通通杀死了。

后来呢? 我问道。

"5 个牧民把杀死的切莫都丢弃在山上了。后来听说山外来了个人,用车把它们拉走了,但不知道拉到哪去干什么用了。"

大本营中有人怀疑是棕熊。但赤丹很肯定地说,"切莫"不是棕熊,因为他发现过野人的洞穴,里面有用来做垫子羊皮,这羊皮显然是"切莫"杀死了羊后自己剥下的。他还指着大本营正东方向的对面山坡说,他在那边就发现过切莫的洞穴,里面还有猎物的骨头。

故事听到兴头,记者问尼玛和赤丹:"你能带我们去找野人吗?"

"如果有枪的话,我们肯定能帮你们找到野人。"

为什么要带枪呢?他们解释说,切莫一般不会主动袭击人,但面对面相遇,他会拼命地。

这时登山队有人插话说,日本有个机构悬赏活捉野人,奖金50亿日元,谁要抓到野人就"发"了。这天方夜谭把大家都逗乐了。

说笑归说笑,记者倒是真打算抽空专程下山一趟,去良布村采访捕杀五个"切莫"的当事人。但风云突变,后来就没有机会了。

23日夜,冬季的第一场大雪突然向冷布冈日扑来。

24日,为防止被大雪困在冷布冈日山区,中韩联合登山队决定立即拆除帐篷撤出冷布冈日。同时派人上山,通知前进营地的中韩双方队员紧急下撤,据这名记者所写,那天他也去了前进营地,在风雪弥漫的山途中,突然发现大约百米左右的地方,一头巨大孤独的黑牦牛正扭头打量着他。在西藏曾多次听说,野牦牛都是独自行动的,而且力大无比的野牦牛能把越野车顶翻,要是与心怀敌意的野牛遭遇,就死路一条了。

与这庞然大物猛然遭遇,记者心中一惊。此时他已经走得很累了,环顾四周竟无一巨石可供周旋。眼下这牛对他的威胁要比"切莫"现实多了,惹不起咱还躲不起吗?于是他朝着相反的方向走去,他一边走,一边回头打量,那牛竟一动不动地盯着他,直到看不见了那牛时,记者忽然发现,他竟出了一身汗。

7.高加索山区的"吉西·吉侬克"

"雪人"不仅出没于喜马拉雅山、喀喇昆仑山、帕米尔高原以及蒙古高原的群山之中、冰天雪地的广阔空间,而且还活动于欧洲东南部的高加索山脉。它们在当地居民的记忆里至少存在有300年以上的历史,至今还被描绘得活灵活现,以致成百上千的科学家、探险家为之耗尽心力,苦苦探寻……在中亚和东亚的雪山间,雪人被称为"耶提"(或"耶泰""朱泰"等),意思为"怪物"。

据看见过耶提的山民讲,它们高1.5~4.6米不等,头颅尖耸,红发披顶,周身长满灰黄色的毛,步履快捷。其硕大的双脚可以在不转身的情况下迅速调向180度,以便爬升和逃跑。耶提生性羞怯,所以,高加索山民揣测:1920年初,一连红军战士的神秘失踪事件,极有可能是雌性耶提群体(它们有时是几十至上百的聚集成群)所为。

1907年至1911年间,年轻的俄国动物学家维·卡克卡在高加索山脉搜集到当地人称为"吉西·吉侬克"的雪人的材料。1914年,他在圣彼得堡皇家科学院公之于众,不过当时并未引起人们注意。直到 1958 年,苏联人类学家波尔恰洛夫才重新研读了这些材料。后者发现,当年卡克卡为"吉西·吉依克"勾勒出一个相当完满的复原像:像小骆驼那样高大,全身长满棕褐色或淡灰色的毛,长臂短腿,爬山和奔跑都极敏捷;脸阔,颧骨突出,嘴唇极薄甚至很难看出,但嘴巴宽阔。脸上皮肤色深且无毛,既食鸟蛋、蜥蜴、乌龟和一些小动物,也吃树枝、树叶和浆果。它们像骆驼那样睡觉,用肘和膝支持身体,前额突出,双手放在后脖颈上。

蒙古科学院院士赖斯恩认为,雪人的存在不容怀疑。由于现代人类的活动,以至雪人的生存空间越来越小。因此,应该像保护珍稀动物一样保护雪人——尽管对于它究竟是一般动物还是野人,至今众说纷纭。

1941 年,苏联的一名军医在今塔吉克斯坦的帕米尔地区的一个小山村里捕捉到一个浑身披毛的怪物,它不会讲话,只会咆哮。后来边防哨所的卫兵将它当作间谍枪杀了,这令军医很伤心。这位军医的名字叫维·斯·长捷斯蒂夫。他将这件事情写成通讯,发表在一份医学杂志上。继他以后不久,一个叫维·克·莱翁第亚的狩猎检察官报告说,他曾追踪过一个全身毛茸茸、扁脸孔的两脚怪物,并在距它五六十米处进行了观察。

不论从高加索、帕米尔还是从蒙古高原、喜马拉雅山传来的信息,都说存在真实的雪人的活动,而且大多数信息证明雪人属于"人科动物"。那么,雪人真的就是人科类野人吗?

英国女人类学家爱玛拉·谢克雷博士认为,雪人是尼安德特人的后代。这就是说,雪人介乎于人、猿之间。谢克雷博士研究了雪人留在雪地里的大脚印,指出它的大足趾很短,略向外翻。苏联人类学家切尔涅茨基也认为雪人是尼人的后代,说尼人在与智人(现代人的直接祖先)的搏斗中,节节败退。其中的一支逃入雪峰,发展成雪人。

中国人类学家周国兴先生认为,雪人是巨猿(它不是人类的祖先,但同人类祖先有"亲戚"关系)的后代。在比较了雪人和猿类脚印之后,周国兴认为雪人更像猿。传说中的雪人直立行走,受惊时也匍匐疾跑——就很像古猿类。他推测,古代的巨猿并没有真正灭绝,它的后代潜伏生长在欧洲东南部及亚洲的雪山冰峰之间,成为神秘的雪人。但它们并没有语言的功能,只会发出模糊的叫声。因此,它们似乎没有走进人类的门槛。

也有学者否认雪人存在,他们认为传说中的雪人脚印可能是熊的脚印,也可能是山上的落石在雪融化后造成的。锡金政府曾组织过专门的考察队,考察区域是雪人频繁出没的世界第三高峰干城嘉峰山麓,可是一无所获。1959 年,一支美国雪人考察队也在尼泊尔境内考察了一个半月,也没有发现雪人的任何蛛丝马迹。那么,前述各国各地区有关雪人报告甚或科学家调查都是在撒谎吗? 显然又不像。

总之,雪人之谜和大脚怪之谜一样,令人既难以置信,又感觉不好轻易否定。

8.奇怪的"大脚怪"

自从 1955 年开始,人们就传言在北美的原始丛林中,生活着一种类似于亚洲野人的"大脚怪"。报纸曾有捕获、杀死或发现尸体的报道,但目击者们都否认有这种"怪物"的尸体存在。

"大脚怪"多在夜间出动而又很聪明,极善于逃避敌害。为探索这种捉摸不透的"大脚怪"之谜,伊凡·马克斯凭着毅力和本领,从 20 世纪 50 年代起,通过访问印第安人和爱斯基摩人的知情者,一直对"大脚怪"进行追踪、考察。

1951 年 10 月,伊凡·马克斯在加利福尼亚北部西克犹郡的死马山顶第一次见到了"大脚怪"的脚印。在这之前伊凡并不相信这种生物的存在。

1958 年伊凡·马克斯在内华达州的华尔特山狩猎美洲猴时,发现 500 米外的地方有一个黑色高大的可怕的生物。他立即用长焦镜头拍了下来,他说:"那东西古怪、陌生,可能很危险,所以我不想再靠近它。"

1970 年 5 月,他和一名瑞士"大脚怪"考察者雷内·达因顿在华盛顿州的科尔维尔追踪"大脚怪"中,再次发现众多的、分布广泛的"大脚怪"脚印,他们还做出了这种脚印的石膏模型。

华盛顿州立大学人类学家格罗弗·克兰茨博士鉴定模型后评论说:脚印异乎寻常地弯曲、隆起和细致,从解剖的精密度来说,是真实可信的。

同年 10 月份,有一个"大脚怪"在科尔维尔北边的公路上被汽车撞倒。马克斯闻讯马上赶到现场,他看见那个被撞但伤势不重的"大脚怪"浑身长着黑毛,它正在仓皇地逃跑,而且很快消失在丛林中。马克斯仅仅抢拍了一点这个动物蹒跚而行的镜头。不久,马克斯在爱达荷州的普利斯特湖东边加里布弯附近考察时,突然发现一个红褐色的"大脚怪"正朝一片沼泽地跑去,它的身体在树干之间时而显露出类似人的四肢与宽阔的背部。

1972 年,有一个庞大的白毛"大脚怪"在加利福尼亚北部的暴风雪中四处奔腾、跳跃。据有人考证认为,雄性的黑猩猩也有在风暴中腾跃的行为,而且随着身体发育成熟,在身体某些部位的体毛会变得特别白。这个白毛"大脚怪"是否在习性上与黑猩猩有相同之处呢?

1977 年 4 月,在加利福尼亚州夏斯塔郡的雪山附近,马克斯发现一个雄性"大脚怪"站在沼泽中用手舀水,并用力抖动身体驱赶成群的蚊子。它的皮毛像水獭那样光亮,头上的毛发在缝处分成前后两半,这是一种胚胎发育的特征。同年 12 月的一天,马克斯与妻子正沿着一串猜测可能是"大脚怪"的脚印搜索前进时,忽听一种树枝断裂的声音正在向他们接近。马克斯以为遇见了熊,他从肩上将枪取下来,正在这时,突然一个"大脚怪"晃动着脑袋十分迅猛地朝他们扑来,马克斯出于自卫,将它一下击倒。

"大脚怪"很快就一跛一拐地逃走,不久就不再跛行,而是精力充沛地大步离开。马克斯和佩吉谨慎地跟在"大脚怪"后面。

走了一段路后,"大脚怪"登上一个熔岩石脊停了下来,摆动着长臂,回过头来威胁地看着马克斯他们。"大脚怪"额顶部的顶毛直直地竖着,显然很可怕!为免遭它报复性的袭击,马克斯和佩吉急忙离开了。

人类学家认为"大脚怪"很可能是类似于粗壮南猿或包氏南猿的一种素食性的人科。他们喜欢居住在潮湿的森林中,雌体和雄体的两腿姿势、骨盆外状和阴部酷似于人类。

不过,多数猿类都不习水性,但"大脚怪"却极善游泳,甚至能潜水,并习惯以潮湿带、溪流、湖泊和沼泽中的水生食物为生。人类学家猜测"大脚怪"是一种生活在寒冷地区的水猿。

伊凡·马克斯花了 33 年时间在北美拍摄了很多"大脚怪"活动的珍贵镜头,并由惊异视野公司制成大型纪录片——"大脚怪之影",生动地展示了这种动物的外观和行为,使全球为之赞叹。

9."鸟人"传说

据报道,有一队探险家在印尼婆罗洲的原始森林里,找到了一个被遗忘的史前人类部落,并发现这个部落的婴孩全部是由卵生孵化出来的。

探险队领队、西德人类学家沃费兹博士和他的 10 名探险队员为了研究原始部落生活,来到婆罗洲的热带雨林探险。当他们来到一处山脊,正要步入下面的山谷里,忽然,头上的大树上传来一阵尖叫声。只见在树枝上,一些全身赤裸的怪人蹲在一个个用树叶青草砌搭成的巢穴内,目不转睛地望着他们,并不时兴奋得像鸟雀般叽叽喳喳叫个不停。过了一会儿,约有二十多个怪人从树上爬了下来,慢慢地向探险队员们走来。

据沃费兹博士回忆说,这些怪人大约只有 1.2 米高,看来十分原始,样子虽然像人形,但却有着鸟雀的个性。它们只有一颗大牙,就像象牙一样,从口中凸了出来。它们来到探险队的面前,既不害怕,也没有显示出敌意。

这些"鸟人"叽叽喳喳地叫个不停,还不时用它们那鹰爪似的手,拿出一些大蚯蚓来,请探险队员们吃。

"那些蚯蚓正是它们的主食。"沃费兹说,"它们将它送给我们,就是作为一种友善的表示。"接着,这些"鸟人"带领探险队员们来到它们的家——一个建设在几棵大树上的巨大平台。

当探险队员爬上平台,立即看到一幕惊人的情景,一群大约三十多个女"鸟人",正各自坐在一枚白色的大蛋上,进行着孵化。

沃费兹博士说:"它就如我们的育婴室一般,那些女'鸟人',就坐在那些蛋上,使它们保持温暖。在其中一个角落,一个婴儿用它那只长牙将蛋壳弄开,破壳而出。"

探险队怀着惊奇的心情在那里观察了一段时间。大家发现那些女"鸟人"在怀孕6个月后便生下一枚大蛋,跟着它们再把蛋孵化3个月。直至婴儿出生为止,9个月的孕育过程才告完成。这时,做母亲的就和常人一样,用母乳哺育婴儿。

当探险队离去的时候,那些卵生的"鸟人",送给他们很多蚯蚓,还发出鸟鸣的声音欢送他们。

奇怪的"鸟人",奇特的卵生人,又留给人类一个不解之谜。

10.被密封5300年的"冰人"

在阿尔卑斯山南部发现的冰人,是一具最古老的完整无缺的人体。科学家们正在研究冰人和他那令人惊奇的极复杂的工具的线索:古人在5300年前是如何生活的。

在冰雪半融的高山上,法医专家雷英纳·汉恩发现一把尖刀般的打火石时,他就坚信:他们从冰中挖掘出的人可能是现代考古最重要的发现。冰人密封在阿尔卑斯山希米龙冰川中大约有5300年了。

冰人死时穿着鹿皮衣和草披肩,在附近有他的弓和箭,一把铜斧和其他工具,它们还保持着原状。冰人的皮肤、内部器官甚至他的眼睛依然保持完好,是至今发现的最古老的保存最好的人体。1991年10月,当冰人通过直升飞机运到英斯布鲁克大学法医学研究所时,该大学的史前研究专家康纳德·斯宾德勒说:"这是对古埃及特德国王研究后的又一重大发现。"

事实上,这次发现可能证明比特德国王的发现更重要得多。因为特德的3344

年前陵墓只是说明古埃及著名法老其豪华富裕的生活及其历史遥远悠久,而冰人要比其早 2000 年,他能阐明一些更遥远的远古时代的奥秘,还可以探索新石器时代欧洲森林耕作狩猎的人们的踪迹。

冰人站起来有 157.6 厘米高,重 50 公斤左右。现在他只有 20 公斤重。冰人右耳垂有一深深的洞,说明古埃及人穿耳索。身上唯一饰物是 5 厘米枝状皮饰的白玉石圆盘,可能是穿在他的颈项周围的皮带。皮肤上的刺花纹十分好看。有 4 个 7.62 厘米长的带子在他的左脚上部。有一个十字形打点在其左膝盖上,还有 14 条细纹刺在背上。康纳德·斯宾德勒观察说,"这不像现代刺花纹,这些纹身必定有其含义。"奥地利研究人员研究这些纹身是这样刺成的:有些原始人纹身是用针刺皮肤,然后将灰抹擦或用颜色抹擦到伤口上制成。

对冰人的物理检验会影响其完整保存,研究人员正研制高效能计算机——允许他们详细研究冰人而又不必接触其木乃伊。利用计算机的轴向层面 x 线照相技术扫描获得三维立体图,研究人员能在计算机显示屏上观察到冰人骨骼和器官。结合计算机辅助绘图程序的一台 CAT 可以将此数据创制成三维塑料骨骼,即精确的原始器官的复制品。英斯布鲁克大学生理系主任瓦纳·普拉兹研究后得到结论是:这名男子死亡时侧身向左边倾斜,用右臂伸出放在其臀部。

冰人同样有纹身技术,在他的脚上和膝上都有纹身的标志,而在他背部的条纹,清楚地看出是另一个人所做。从他磨损的牙齿分析,科学家提出他的饮食包括磨料面包。从他外衣中发现的二粒远古麦子证明他住在靠近阿尔卑斯山脚下低地耕作社会。

新石器时代的欧洲大约在 7000 年前就扩大耕种维尔金土地。第一批农民在开阔的土地上砍树,燃烧硬木树,种麦;在森林附近放牧他们的牛羊。在这一地区他们已从事狩猎和钓鱼,逐步成为熟练的半游牧生活的人们。这两种文化终于结合。这一冰人反映了耕作与放牧的混合性。他可能靠面包生活,也可能从周围森林中用天然果实维持他的生活。当冰人遗体躺在英斯布鲁克大学实验室受到保护时,对他的附属物正在进行研究。德国美因兹市罗马——德国中心博物馆,考古学家马科斯·艾格已把冰人的皮制物品弄得干干净净,涂了油脂并进行脱水处理。草编手工制品已被冰冻消除湿气成为干制品。木制品在大盆里清洗过,并上蜡以防腐蚀。

发现的最显眼的木制品之一长弓用紫杉树心制成。紫杉树依然生长在希米龙冰川下的山谷之中——这是发现冰人的地方。传闻过去这山谷是制造质量弓的地方。事实是冰人的弓在他死亡时尚未琢磨修整好。科学家提出：他可能在这山谷切削他的弓。

在这把弓的下方是一把铜斧，这是最令人惊奇的发现，因为这把 4 英寸刀刃的斧头曾经烧锻加工。斧头标志着一个时代的结束，另一个时代的开始。直到公元前 3300 年石头才让位于金属作为选择工具的材料。

冰人是开拓自然资源的能手，他们携带的工具可以告诉人们这一切。伴随着他的斧头他还带着用桉树处理过的刀柄，还有打火石般的刀只有 1.7 厘米长。从冰人工具中还发现了 U 型箭筒，这是世界上最古老的用榛木制成的箭筒。冰人的箭筒包括 12 支挟木属植物木箭箭杆和两支精细加工的箭，顶端有特制的尖尖的打火石，上面含有从煮沸过的白桦树根取得的树胶。箭筒内部的 x 射线表明有一球状绳子、一支鹿角和一双原始打火石——谜一般的工具。

冰人是牧羊人，还是猎人？

根据他携带的工具，及他周围许多动物粪粒样东西的试验性分析，康纳德·斯宾德勒推测他可能是牧羊人，冰人死亡时可能正在放牧羊群。冰人步行到山谷为一只断弓切削代替物，并在暴风雪袭来时寻找躲避处。研究人员推测，冰人也许精疲力尽，在不利天气条件下熟睡在山谷的壕沟中，结果造成冰冻死亡。

研究人员难以得出进一步的结论。关于冰人怎样生活、怎么死亡尚待进一步研究。在揭开冰人其所有秘密之前，在欧洲和美国的研究人员正在用最新显微技术拍摄冰人器官的各个部分。科学家们的研究工作将逐渐取得进展。

11."海底人"从何而来

UFO 是飞碟之谜，而 USO，则是一个类似 UFO 的难解之谜，不过它是发生在海洋中的不明潜水物。

第一次发现 USO 还在发现 UFO 以前。1902 年，航行在几内亚海域的一艘美国货船突然发现前方近 100 米的地方，有一个飞艇似的庞然大物在沉浮。货船开足马力向它靠拢，奇怪的是它立刻沉入海底而不留一点浪花。潜艇吗？那时，还没有出现第一艘潜艇呢！

1963 年，美国海军某部在布埃特·利戈东南海面进行反潜艇作战练习。有艘主力舰发现了不明潜水物。当时，这个半浮海面的巨大物体，被舰队指挥官当成是不明国籍的间谍潜水物毫无损伤。当它悄悄地下潜海底时，整个舰队的所有无线电通讯设备统统失灵。直到 10 分钟后那个不明潜水物全匿迹时，舰队的无线电通讯联系才恢复正常。同时，有人发现了潜水物的行动神速，惊鸿一瞥，迅即沉入深海。它的神速胜过了当时最先进的潜艇。

在 USO 连续出现的过程中，1973 年引起了最大的轰动。那时，北约的数十艘军舰在挪威的岘科斯纳契湾发现了一个不明潜水物。军官们开始以为是不明国籍的间谍潜艇，便开始了追逐。后来，干脆下令袭击。大炮、鱼雷、深水炸弹，一切可以用的都用上了，但对它毫无作用。只见它悠然地浮出水面。眼看靠近了，但数十艘军舰上的无线电通讯、雷达和声呐等全部失灵，想袭击也袭击不了，只能眼睁睁地看着这个不明潜水物洋洋自得地远去。直到不见踪影，各舰上的设备才恢复了正常功能。

1973 年 4 月，一个叫丹·德尔莫尼奥的船长，在百慕大三角区附近的斯特里姆湾的明澈的海水里，看到了一个形如两头圆粗的大雪茄烟似的怪物，它两次都是在下午 3 点左右出现在比米尼岛北部和迈阿密之间，并且都是在风平浪静的时刻。这位船长非常害怕船与它相撞，竭力想躲开，可是往往是它先主动地消失在船体的龙骨下。

有的科学家认为，是外来文明匿身于海底，因为那种超级潜水物体所显示的异乎寻常的能力，实在是地球人所不可企及的。海洋是地球的命脉，因此存在于地球本土之外的某些文明力量关注于我们人类的海洋是必然的。超级潜水物也许已经拥有它们的海底基地；至于它们的活动当然不是为了和地球人搞"捉迷藏"游戏的。海洋便利于隐藏或者说潜伏，这固然是事实；但更主要的，海洋能够提供生态情报，这已经足够了。如果说未来的某个时候发现了并不属于地球人们的海洋活动场所，那么这该是不足为奇的事情了。因为人们毕竟早已猜测到了外来文明力量存在于地球水域中的事实。

也有的研究者认为：不明潜水物的主人来自地球，不过他们生活在水下，甚至生活在地下。

1959 年 2 月，在波兰的格丁尼亚港发生了一件怪事。在这里执行任务的一些人，忽然发现海边有一个人。他疲惫不堪，拖着沉重的步履在沙滩上挪动。人们立即把他送进格丁尼亚大学的医院内。他穿着一件"制服"般的东西，脸部和头发好像被火燎过。医生把他单独安排在一个病房内，进行检查。人们立即发现很难解开此病人的衣服，因为它不是用一般呢子、棉布之类东西缝制的，而是金属做的。衣服上没有开口处，非得用特殊工具，使大劲才能切开。体检的结果，使医生大吃一惊：此人的手指和脚趾数都与众不同；此外，他的血循环系统和器官也极不平常。正当人们要做进一步研究时，他忽然神秘失踪了。在此以前，他一直活在那个医院内。

这是一个什么人？他来自何方？

12.海洋"美人鱼"探秘

几年前,美国的一对孪生兄弟安尼和泰勒在加勒比海上用电射渔枪捕获了一条18米长的大虎鲨。他们从虎鲨的腹中,解剖出一副畸形的骸骨。骸骨的上半

传说中的美人鱼

部1/3部分是人形,和成人的骸骨完全一样,而下半身从骨盆以下又成了鱼形,是大鱼的骸骨。动物学家艾尼斯图·摩里斯博士认为,这骸骨属于半人半鱼的海洋生物,极有可能是上古人们传说中的美人鱼。

无独有偶,在南欧亚得里亚海岸附近发现了1.2万年以前的美人鱼化石,这副化石长160厘米,也是腹部以上像人,下半部则是地地道道的鱼尾巴。

其实,关于美人鱼的传说,自古就有不少记载。二千三百多年以前,巴比伦的历史学家巴素斯在《万代历史》一书中写到美人鱼体形似鱼,但鱼头下还一个像人头,身体下部有一双与人一样的脚连着鱼尾。此人鱼有着天赋的理性,发音清晰,用人类语言讲话,能引导人们洞察文字、科学和各种艺术,这种巴比伦的鱼神,每天随日出浮上海面,日落则潜入水中。17世纪伦敦出版了一本《赫特生航海日记》,对美人鱼是这样描写的:"人鱼出露于海面上的背和胸部像一个女人,它的身体和一般人一样大,皮

肤白色,背上披着长长的黑发,在它潜水下去时,人们看到它海豚似的尾巴"。

中国古代称美人鱼为人鱼。据《三峡记》记载,明月峡中有两条清亮的小溪从东向西流去。南朝宋升明二年(公元 478 年),渔人微生亮在溪中钓得一条银白色的大鱼,长三尺余。他把大鱼放在船内,用青草盖上,回家后,他准备取来烹食,却见一位十七八岁的姑娘睡在草下,模样美丽动人,她自称是高唐之女,此后与生亮共欢三年离去,后来才知道那女子乃高唐鱼女。

据说在欧洲维斯杜拉河畔有一个美人鱼,她用优美的歌声战胜了害人的水怪。人们为了纪念她,就在河畔上的城市——华沙建造了一座美人鱼的铜像。美人鱼一手仗剑,一手执盾,目光远眺,成为波兰首都的标志。

美人鱼真耶?假耶?几千年来,迄无定论。1830 年,英国伦敦皇家博物馆展出了一条美人鱼标本,当时曾轰动全市。后来经专家鉴定,原来是一个精心伪造的假标本。所谓的人头鱼是用猴头和鱼身巧妙结合而成的,一时成为笑谈。1980 年8 月,科威特《火炬报》报道过"红海海岸发现美人鱼"的消息和照片。时隔不久,有人揭露那是一条鱼和一个女人的裸体照片拼接翻拍而成的,这条新闻纯属捏造。

挪威华西尼亚大学的人类学者莱尔·华格纳博士讲,新几内亚有几十个土著人曾目睹过人鱼出现。据他们说,人鱼的头和上身与女人一样,有很长的头发,肌肤十分光滑,下半身像海豚。

1979 年,苏格兰教师威廉·马龙在苏格兰的斯尼斯海滩散步时,突然见到海中露出一个女性裸体。她有很长的褐色头发,额头浑圆,面孔丰满,无论眼、耳、口、鼻,都和女人一样,还有对丰硕而漂亮的乳房,在浮出水面时,可清楚地看到其下部是一条鱼尾。她在水面上浮游了四五分钟之后才消失。威廉·马龙当时简直不敢相信自己的眼睛。

1988 年 4 月,美国新闻记者阿瑟·康尼斯报道,一个叫佑治·尼巴的渔夫,在亚马逊河口打鱼时,曾网到了一条人鱼。它的上身像个女人,下半身则像一条海豚,容貌十分吸引人,犹如美女,而它说的话,也都和人类语言十分相似。由于当地人对传统中的美人鱼十分敬畏,所以渔夫便把它放走了。而那条美人鱼似乎通人性,在渔夫的船周围游了很久,然后才消失。

像这些目睹人鱼的事件,在南太平洋、苏格兰、爱尔兰一带的海面以及北海、红海等地,都有大量的报道。

1960 年,英国海洋生物学家安利斯汀·夏特博士曾就此发表论文。他认为,人鱼可能是人类猿的另一变种,如果生存于海洋中的话,也可以是鱼。因为在地球历史上,有一段空白时期,完全没有化石被发现。在那一段时期,似乎整个地球表面都是海洋,因而可能有人类猿类的动物在水中生存。这只不过是一种推测。真伪如何,尚有待研究、发现。

到底世界上有没有美人鱼?早已成为世界之谜。近年来,科学家做了大量的研究。一些专家认为,它有可能是人类猿的一个变种。这些人猿由于长期生活在海里,下部退化为鱼尾,以利于在水中生存。

中国的科学工作者却持不同观点。他们多次在南海发现一种类似美人鱼的海兽,并在渔民的帮助下捕捞到十多条。经科学家鉴定,它们既不是鱼,也不是人,而是三代遗存动物——儒艮这种哺乳动物海兽,祖先曾生活在陆地上,也用四肢行走。后几经沧桑,又适应了水中生活,前肢演化成胸前鳍肢,而后肢已退化隐没,尾巴进化为尾鳍,以利游泳。儒艮长三米左右,重近千斤。面部十分奇特,圆头大眼,幼仔胎生,靠吃母乳长大。雌儒艮在哺乳时用两鳍抱住幼仔,头部及胸部常露出水面,两乳硕大,在晚霞映射下,使之变成"红裳妇人"。儒艮背上长有稀少散布的长毛,这大概就是人们看到的美人鱼的头发了。

海洋里还生活着一种被称为"牛鱼"的动物,它的胸前也挂着两个乳房,如拳头大小,与女人的乳房位置相似,哺奶时,它用前身善于游泳的桨状两鳍抱着幼子,如妇女抱小孩一样,十分有趣。由于牛鱼是一种食水草的哺乳动物,最喜欢在水草多的地方生活,每当它露出水面时(尤其天气晴朗时,最喜欢露出水面来晒太阳),头上往往挂满水草,胸前大大的乳房也露出水面,远远望去,如同披着长发的女人,因此,古代航海家们称它为"美人鱼"。牛鱼的皮肤如同大象,据科学家考察,几百万年前,牛鱼和大象原是一家,它们的老祖宗都是以食草为生,后来由于自然界的变化,才分成两家。

据1981年1月4日出版的英国《自然》杂志发表的文章报道:加拿大两位科学家——莱恩博士和施洛德博士,用电子计算机对与美人鱼的出现有着制约关系的空气温度、海水温度,从海面到目击者眼睛的高度,以及目击者与被目击物的距离进行了试验。试验的结果揭开了古人看到美人鱼之谜:这是由于光线受到一种特殊的海洋气候的影响,人们远远看到的模糊不清所谓"美人鱼",只不过是海象或鲸鱼等露出海面身体部分的光学变形。这两位博士解释说:

当风暴来临时,海洋上空的冷空气层受到外来的热空气袭击,然后冷空气与热空气混合成一体,形成一个温度不断变化的新空气层。这个新形成的空气层如同使物体变形的透镜,使通过它的光线屈曲。因而,透过这种新空气层看东西,将会看到一个物体的光学变形。例如,在符合这两位博士所确定的标准天气里(即新形成的空气层里),他俩在温尼伯河上拍下了一张远远看去形似"美人鱼"的照片,跑到近处一看,其实所谓"美人鱼"原来是一块大石头,这是由于光学变形所造成的。

13.绿色小孩

1887 年 8 月的一天下午,西班牙庞诺斯村的居民正在地里干活,突然,他们看见从附近的一个洞里爬出两个孩子来,一个男孩和一个女孩。村民们都很奇怪,马上围了上来。只见这两个孩子皮肤呈绿色,绿得像树叶一样。他们身上穿的衣服不知道是用什么材料做的。两个孩子讲的话,村民们一句也听不懂。人们赶紧把这个消息报告给当地的治安法官。他请求上司派专家来检查这两个孩子,以弄清真相。可是,专家们也未能弄清楚孩子究竟讲的是什么语言。至于孩子皮肤上的绿颜色,不是涂抹的,而是皮肤里的绿色素所致。这两个"绿色孩子"的面庞很像黑人,但眼睛却像亚洲人。开始,人们给两个孩子弄来了各种各样的食品,他们都不吃。后来,有人给他们送来刚刚采摘的青豆,他们很香地吃了起来。男孩由于体力太弱,很快就死掉了,而女孩则由那位治安法官收留下来。后来她那皮肤上的绿颜色慢慢地消退了,并学了一点西班牙语。每当这位法官问她是从哪里来的时候,她的回答总是使人莫名其妙。她说她来的那个地方没有阳光,始终是一片漆黑,但与之相邻的却是一个始终光明的世界。这个孩子在法官家里生活了 5 年,后来,也死去了。至今,"绿色孩子"的谜仍没人弄清楚。

近年来,世界上有的地方不断有人发现类似人一样的生物在活动。

在中国湖北省的神农架地区,近年来不断有人发现"野人"的足迹和粪便。

在世界其他地区也出现过"野人",或者说出现过类似于人的生物。

1952 年 9 月,美国弗吉尼亚地区一个小村庄的一群孩子发现一个怪物从村后面的树林里走出来,它很像一个鲜红的大球。孩子们报告了当地的宪兵队,宪兵队派人同孩子们一道到树林里去搜查。果然找到了那个怪物,它身高约 4 米,身体与人体相似,它穿着衣服,像是用橡胶一类材料做的。它头上还戴着防护帽子,面孔呈红色,两只大眼睛呈橘黄色。从它身上散出一股难闻的气味,这个怪物像是在地面上移动,而不是在走动。孩子们见此情景,吓得四处逃窜,连宪兵带去的狗也吓得跑开了。他们跑回去用电话报告了县长,等县长再派人到那森林里寻找时,已经找不到"怪物"了。但那股难闻的气味仍未消散,并且还留下了一些难以解释的痕迹:好像有什么东西在空气中移动似的。

1963 年 7 月 23 日午夜 1 点,美国俄勒冈州有 3 个人同乘一辆小汽车,行驶在公路上。突然,汽车前面出现了一个像人一样的庞然大物,它高4米,灰色的头发,绿色的眼睛,正在漫不经心地横穿马路。几天以后,还是在俄勒冈州,一对夫妇正在刘易斯河边钓鱼,突然,他们看见河对岸一个像人一样的东西在瞧着他们。这"野人"还穿戴着像风帽一样的护身衣,身高也不下4米。这对夫妇吓得连忙逃走。同年8月,《俄勒冈日报》派记者前往野人出现的地区调查,终于拍到了许多奇怪的脚印。这些脚印长40厘米、宽15厘米,估计留下脚印的生物体重超过200公斤。同时有人在刘易斯河附近还拍摄到了另一些脚印:两个脚印间的距离达2米,估计这个野人体重达350公斤。由此可见,在刘易斯河附近发现的不只是一个"野人"。

那么,"绿色孩子"和上述那些类似人类的生物究竟是什么呢? 它们是从什么地方来的呢? 目前,尚没有确凿的证据得出结论,所以只能提出各种各样的假设。

"野人"是残留下来的古代人类吗? 看来不大像。因为像美国这样的国家,科学技术十分发达,为了防止森林火灾,上述"野人"出没地区的森林时时刻刻都有直升飞机巡逻。而且,该地区人口也很稠密,在这样的地方,还生活着古代人类是不大可能的。如果真有什么古代人类留存至今的话,他们也不可能是一两个,所以不被人们发现更是不可能的。

有人认为,"野人"只不过是大猩猩一类的动物。那么,"绿色孩子"这个例子又做何解释呢? 更何况,大猩猩也不可能高达4米,更不可能穿戴防护帽之类的东西。

"绿色孩子"、地球上发现的"野人"是不是来到地球上的外星人呢? 这也是难以令人相信的。目前人们谈到的"野人"看来智力都并不是很发达,至少没有给人智力发达的印象。而外星人如果真的来到了我们的地球上,他们的智力当然要比地球人发达。他们来到地球也一定是为了科学考察,甚至与地球人交往,因而他们身上一定带有我们不认识的先进设备。他们用不着在深山老林里躲躲闪闪,更用不着像地球上没有智慧的动物一样在野外活动。而且,如果是从某一星球来的外星人,他们的外貌应该是相像的,可是现在人们见到的"野人",彼此之间形象却不大一样。这也说明"野人"不大可能是外星人。

世界上许多专家认为,所谓的"野人"也许是外星人发送到地球上来的实验品,如同地球人发送到月球上去的动物试验品,这种说法不是没有道理的。第一,地球人不是已经在向外星发射探测试验品了吗? 第二,有谁能肯定外星人像人这样的生物一定也是有智力的高级生命呢? 也许那里是别的生物主宰的世界! 第三,在美国所见到的"野人",他们的形象都不大一样,莫非外星人发来的试验品也像地球人进行试验时一样,有时用狗,有时则用猴子? 第四,目前发现的"野人"一般都单独活动,且不在同一个地区反复出现。也许外星人将它们发送来,在完成试验后,又接回去了吧!

关于外星人做探测试验的设想还有其他证明。最明显的例子是,历史上无数次发生的"神秘的黑暗",其中最典型的是发生在 1884 年 4 月 26 日英国普雷斯顿的那一次。这天中午,普雷斯顿的天空突然变暗了,后来竟暗到必须点灯才能看见东西。那天既没有日食,也没有云彩,附近亦无火灾,所以没有浓烟。黑暗一直持续了 20 分钟。类似这样的"神秘的黑暗",历史上出现过数次。1763 年 8 月 19日,在伦敦也出现过这样的黑暗。天空暗下来后,竟是一片漆黑,似乎连灯光都透不过这种黑暗,这次不可能是浓烟所致,也不是一般的自然现象,人为的可能性很大。有谁能排除所谓的"野人"不是由于人为的因素出现在地球上的呢? 这种人为的因素看来不会在地球上,而是在天外星球上!

对"野人"的考证

1.世界历史上最大的一次"野考"

20 世纪 70 年代,中国神农架林区负责人亲眼见到野人所引起的轰动非同小可,这一特大新闻迅速传播开来。促使有关科研单位组织专项考察和研究。1977年 3 月,中国科学院组织的由一百多人参加的野考大军便浩浩荡荡开进了神农架,不过名字称作"鄂西北奇异动物科学考察队"。这当然有道理:因为"野人"是否为人尚未经科学证实,只能按其似人非人的特点称其为"奇异动物",加之考察的地域不只限于林区,而是包括整个神农架山系。

陈人麟先生是这次"野考"的见证人。从 1977 年到 1980 年,大规模的考察相继进行过两次。队员们的足迹遍及方圆一千五百多平方公里的山林,虽然未捕获到一个"野人"的实体,甚至未拍到一张照片、摄到一个镜头,但丝毫也不能说全无所获,更不能据此而断定"野人"的不存在,请看以下的事实:

据粗略统计,1976 年 11 月至 1977 年 10 月,仅在神农架及其邻近地区,就有160 多人发现"野人"54 次,见到"野人"62 个。他们之中,有干部、有工人、有农民、有教师;有打过"野人"的,被"野人"打过的,套住过"野人"又挣脱的,被"野人"俘虏过逃了出来的……

考察队搜集到"野人"毛发数百根,仅人类专家黄万波教授就从水池垭山口一棵大栎树上找到几十根。他在武汉某科研单位用光学显微镜做毛发横切面及毛子皮印痕的对比观察,得出结论为:毛色肉眼观为红色,镜下毛发皮质发达,色素颗粒红色含量较少，呈外围性分布……组织与人类相似，与大猩猩、金丝猴、猕猴、长臂猿等灵长目动物有较大差异，与猪、狗、熊、绵羊毛发明显不同。毛质髓质不发达，指数在 0.13~0.17 之间，而动物毛髓质指数多大于 0.1。毛子皮藻，花纹细，形态特征类似人类。后来，北京三个科研单位再次对这些毛发进行了鉴定，进一步证明它们绝非熊类毛发，而属一种未知的高级灵长目动物。

考察队发现"野人"脚迹数百个，仅在板壁岩一处便发现一百多个，皆呈双行排列，跨度一米左右，掌部有一定弧度的足弓，脚长最小的 25 厘米，最大的 42 厘米。据足丫、足趾分析，身高一般为 2 米左右，体重约为 150 公斤。经著名生物学家孟澜教授鉴定，认为它们绝非熊类、猴类的脚印，也与人类的不同。

考察队发现"野人"粪便多处。皆呈筒状或条状，直径 2.5 厘米左右，外呈青褐色，内有植物根、茎、叶纤维，果皮碎片，有的还依稀可见昆虫残体。经专家鉴定，认为它们不可能是熊、猴、猩猩和长臂猿类动物的排泄物，也不同于人的粪便。

考察队发现了"野人"竹窝多处。尤具代表性的是深藏于神农架上箭竹林中的一个，用 24 根箭竹扭成。一位记者曾坐进去亲试，感到如卧躺椅，窝中有毛发数根，周边有粪便两堆。显然，已知的高等灵长目动物均不可能达到如此高的工艺水平，而猎人非但不敢孤身光顾于此，也绝不会做得如此粗糙。

考察队还发掘出一副保存完好的"猴娃"遗骨。"猴娃"1939 年出生于神农架西麓的桃树坪（四川巫山县当旭乡境内），1962 年病死。据传，其母曾于 1938 年被一似猴非猴、似人非人的怪物背去，在山洞里住了二十多天才逃回家。"猴娃"刚生下地就是一副猴象，牙齿生得早，特别尖利，吃奶时常把母亲奶头咬出血。他浑身长毛，弯腰曲背，五六岁才学会两脚走路。他不会说话，见人爱笑个不停。他不穿衣服，纵使寒冬腊月也一丝不挂，喜欢睡草窝、吃生食、爬梯子，上树如履平地。观其照片，眉毛以上的额部很短，两眼较小，上唇突出，下唇凹入，没有下颏突起，两肩高耸，两臂粗壮，大腿粗壮，小腿细瘦，没有显示小腿肚，这些均不是现代人的特点，也有异于猴类。观其骨架，其头盖骨、脑量都比北京猿人原始，齿形颇具南方古猿特点。

谈到 20 世纪 70 年代野人考察史上的这次壮举和所取得的成果，陈人麟先生提出了自己的看法，他不无激奋地指出：谁能否认这些客观存在？谁能推翻这些鉴定资料？它们再次雄辩地证明，鄂西北神农架地区还生活着一种未知的动物，这绝非骇人听闻的"无稽之谈"。

2.受走私商控制的"雪人尸体"

1968 年,美国新泽西州的动物学家 A·桑德尔森和 B·埃维利曼斯获悉一个惊人的消息:在美国某地的商品展览会上陈列着一具被称为"雪人"的尸体。

出于职业的爱好,他们闻讯后立即赶往美国中北部的明尼苏达州,在罗林斯顿找到了神秘怪物的主人汉森。汉森曾当过飞行员,1965 年退伍,据汉森介绍,这个陈列品是他从香港买来的。

桑德尔森和埃维利曼斯在汉森的陪同下,仔细地观察这具全身长毛,身高 1.8米、肌肉发达的男子躯体,整个躯体被封在大冰块中,看来是被火枪击毙的,整个躯体保存得很完整。

一连三天,两位动物学家仔细地研究了这具尸体,并拍摄了四十多张黑白和彩色照片,埃维利曼斯经过仔细分析,对这个奇特的生物提出了几种假设。

这是一种至今还未被人们认识的、在低温下保存了数千年的古人,但是,这个畸形人可能是复制品,即用动物残骸拼制而成。也可能是介于人和猿之间的物种,即科学上还未发现的"猿人"。

被人们发现的猿人。埃维利曼斯又根据其形态做出鉴定:有可能是尼安德特人的后代。

埃维利曼斯和桑德尔森自从看到这具尸体后,便试图请求一些科研机构能够将它买下来,以供他们研究之用。谁知,当他们把想法向汉森托出,并答应用上万美元的巨款买下这具尸体时,汉森立即推托说:"这具尸体的真正主人是一位不愿披露自己姓名的大企业家,这个主人不准备以任何价格来出售他的陈列品。"

尽管谈判没有取得成功,但是回到美国新泽西州之后,这两位动物学家很快把自己的所见所闻写成文章在报上发表,并将这个野人定名为"类似于猿的人"。

1969 年 1 月 4 日,他们俩又将已搜集到的所有材料交给了美国著名的人类学家卡·克思博士做鉴定。其结果,克恩博士认为,这具尸体确定属于类人猿中的特殊物种。不久,在《比利时皇家自然科学研究所公报》上,发表了埃维利曼斯有关冰冻野人的文章,顿时引起人们的极大关注,并在动物学界引起轰动。

美国人类学研究中心史密斯研究所也开始重视这项重大发现,并且把有关情况向联邦调查局做了报告。当研究所的总秘书找汉森要求观看那件陈列品时,汉森却说,他的主人已将尸体取走了,留下的只是一具早已制作好的复制品。

接着,联邦调查局又根据汉森提供这具尸体是从香港买来的线索,向美国海关做了调查,海关否认发生过以任何合法手段将野人尸体运进美国的事件。

1970年7月,汉森在《传奇》杂志上发表了一篇文章,文中详细地描述了他怎样在打猎时击毙这个野人的情景,但事实上,汉森所说的狩猎区——明尼苏达州北部山区,谁也没有听说有这样的野人出现过。

这具尸体到底从何而来?汉森的说法为何又前后矛盾?这具野人尸体既已经过科学鉴定非属伪造又为什么拒绝出售?这一连串的问号出现在埃维利曼斯的脑际。

埃维利曼斯认为,这具野人尸体极可能来自适合于野人生存的东南亚山区,也就是汉森服役时曾在那里度过多年的地方,这个地区很可能就是越南。

1965年,一名澳大利亚记者在他撰写的一书中,曾谈到在越南有人活捉过多毛人。1966年1月1日,《国防先驱论坛报》也报道过美国海军陆战队在越南曾打死过一个很大的类人猿。

长期的越南战争,破坏了这些长年栖居在丛林中的野人的安宁,为了生存,他们被迫离开家园四处逃生,于是有的被打死,绝大多数逃进了冷僻的密林中。

既然尸体来自越南,那么,这具尸体是怎样运进美国的呢?据联邦调查局调查,有个走私集团经常从缅甸、老挝和泰国的边境地区——"黄金三角区"秘密地把大量毒品运进美国。

走私集团上下串通,经常把毒品放入海关免检的、死在战场上的士兵尸体包内,有时甚至放入海关无权检查的特别军用包内运进国内。譬如在1972年12月间,美国海关当局接到报告,一架从泰国飞来的军用运输机上,有一具尸体包内放着一包重44磅的毒品。后因有人给走私集团通风报信,走私犯立即将毒品转移而未被海关发现。

——从动用军用飞机参与走私这一事实可以看出,美国空军内有不少人,甚至高级军官都参加了这些违法活动。埃维利曼斯认为,汉森就是通过这条走私渠道把野人尸体运进美国的。

因此,要搞清野人尸体的真实情况及它的来历,就必然要牵扯到这个走私集团活动的内幕。这就是汉森吞吞吐吐不肯将真情公布于众的根本原因。

这具野人尸体失踪后,汉森曾表示:只要法庭不追究其违法行为,他愿意将野人尸体交给有关科研机构。但是,林登·约翰逊和理查德·尼克松两届美国政府始终不肯表态,野人尸体也就下落不明了。

3.帕特森先生拍下的镜头

1967年10月,美国人帕特森终于用摄影机拍下了二十多英尺的大脚怪镜头。那天帕特森和同伴骑马经过加利福尼亚北部的一处山谷。刚拐了一个弯。竟然发现一只黑色的人形巨兽蹲在河边,马惊得狂叫一声,用后蹄直立起来,把帕特森摔在马下。帕特森连忙取出摄影机,这时大脚怪正慢慢向森林走去,边走边回头看了一眼。

在它没入丛林之前,帕特森及时地拍下了一段难得的珍贵镜头。从影片上显示该动物身高约二米多,肩宽近一米,黑色,用两足屈膝行走,有一对下垂的乳房,体态和行走的姿势也显得比大猩猩更像人类。

巨猿化石是1935年发现的。当时荷兰古生物学家柯尼斯瓦尔德在香港中药店里发现了一些巨大的猿类牙齿。20世纪五六十年代,在中国南部、印度和巴基斯坦又发现了更多的这类巨兽化石。

人们推测,巨猿是800万年至50万年前生存的一种巨型类人猿,它活着的时候身高大约2.5米至3米,体重约300公斤。有些动物学家认为,巨猿并没有完全灭绝,北美的"大脚怪"可能就是巨猿的某种同类或变种。

但由于人们至今尚未捕获"大脚怪"的实体,因此许多人对"大脚怪"是否存在仍是半信半疑。对此,国际野生动植物保护协会创始人兼美国俄勒冈州大脚怪研究中心主任柏恩指出,发现有"大脚怪"出没的地区达数十万平方公里,大多是深山密林,人迹罕至,有些地区更是难以到达。

柏恩说,过着石器时代生活的塔沙特人就生活在菲律宾丛林里,直到1971年才被发现,所以至今没能捕获"大脚怪"也不足为奇。

随着人对自然界认识的增加,发现动物新品种的可能性就越来越小。但可能仍有许多人们未知的动物。最近100年间,过去许多被怀疑的动物陆续得到发现与证实。如大猩猩、大王乌贼、鸭嘴兽以及科摩多龙,过去都曾有人不相信,但事实证明了这些动物的存在。但是,人们能否证实"大脚怪"的存在呢?这就要看动物学家们最终的努力了。

4.红宝石溪"野人"事件的真实性

"巨熊使印第安人惊恐万分",这是1941年10月21日《温哥华报》刊登的一条消息的标题。消息说:"一个小孩的尖叫、狗的狂吠和一个受惊妇女急促的一瞥,引出了一个今天在印第安红宝石溪发生的一个巨大的、浑身长毛的魔鬼袭击他们驻地的事件。"

当年,这家在加拿大颇有影响的报纸介绍了这一事件,报上说:印第安人乔治·查德威克夫人的小女儿罗西正在花园玩耍,突然看见一个极大的怪物向她靠近,她吓得大声呼喊救命。她妈妈冲过来,瞥了怪物一眼,一把搂住孩子,冲进矮树丛。

查德威克夫人说怪物有10英尺高,浑身有毛,有着人一样的面孔。

直到这个怪物再次出现时，人们才相信这件事是真的。这次它留下的脚印显示出它就是曾在附近地区被发现的大熊之一，怪物的脚印8英寸宽，18英寸长，它走路时，一跨步的距离是5英尺。

一位名叫格林的先生说："对此事稍做推敲就会发现：这个动物是巨熊的解释是值得怀疑的。'10英尺高，有着人一样的面孔'是任何熊类所不能与此相比的。它后脚8英寸宽，18英寸长，一个跨步的距离是5英尺。已统计的记录还没有熊能说明这种现象的。或许是报道这个事件的记者和编辑们都是城市长大的，而不是大自然的观察者。"

4天以后，还是这家报纸，又刊登了题为《沙斯夸支再出，长毛巨怪独行》的消息："哈里森湖区出现了沙斯夸支，在齐尔瓦克村引起了巨大的震动。三条独木舟上的印第安人都吓呆了。根据此地印第安官员的报道，在这个历史悠久的小山村出现的沙斯夸支曾是人们见到过的最大的，使得当地的印第安人纷纷而逃，以防不测。"

这家报纸又说："道格拉斯和他的一家人都是亲眼目睹这具有传奇色彩的类人动物中的成员。他们说该动物约14英尺高，其体重差不多是一般沙斯夸支的一位。当地的印第安人都飞跑到他们的独木舟前，疯狂地向湖的下游划去。"

J·W·伯恩斯是世界上有关沙斯夸支研究的最有名的权威人士之一，他说该沙斯夸支完全有可能就是一周以前在离此地40英里的红宝石溪出现的那个。随后对红宝石溪事件的有关调查，也完全证实正是沙斯夸支而不是一个巨大的熊使得当地的印第安人惊恐万分。

事后，格林和他的妻子拜访了狩猎向导杰克·柯克曼和他的妻子、印第安人玛莎。玛莎·柯克曼讲述了她的表妹珍妮·查普曼在红宝石溪亲眼看见沙斯夸支的情况。

格林走访了查普曼夫人。她说，当她的孩子向屋里跑来大声喊道："从森林里跑来了一头大牛"时，她从窗口望去，只见约有8英尺高，全身上下长着浓黑毛发的一个类似人的怪物，横穿过一块田地朝房子走来。怪物脸上有一个扁鼻子，而不像人的鼻子。格林先生相信，熊在红宝石溪附近是时常出没的动物，查普曼夫人抓住孩子们，带他们出了前门，使得房子隔在他们和怪物之间。他们穿过一片田野，向河边跑去，河边的大堤使他们免于暴露在该怪物的视野之内。留下的脚印表明该怪物围着房子转了一圈，并进入了一个棚子里面，那里有一桶咸鲑鱼，它可能尝了一下，不对味儿，就把鱼倒在地上。它向江边走，又转身朝它来的那个大山走去。

格林还访问了见证人泰夫亭先生。地方法官A·M·内史密斯后来介绍说，"对于泰夫亭的陈述，我毫无半点怀疑。他们都是值得信赖，有责任感的人，绝不至

5."大脚汉"研究者和怀疑论者的收获

乔恩·埃里克·贝克约德是美国华盛顿州西雅图"大脚汉科研所"的创立者和所长。

根据他所说,目击大脚汉的事件每月都有。1981年7月3日,华盛顿州西北部的伐木人看到400英尺远处有一身高9或10英尺的沙斯夸支。10月18日,一位伐木人在同一地区采摘蘑菇时听到有嗥叫声,闻到了这种巨大长毛物特有的刺鼻气味。

大脚汉研究所不但收集各种目击报告,而且还收集大脚汉的毛发和血液样品。下面四次在现场收集的样品,已由对大脚汉持怀疑态度的学者进行了认真的研究。

一次是在马里兰州的罗克国家公园,靠近贝尔艾尔的地方。1975年一天的夜晚,彼得·罗尼克驾驶一辆运动车与一个他认为是大脚汉的动物相撞。那动物恢复了身体平衡,赫然向小汽车逼来,发出咕咕哝哝的声音,然后又大步跑开了。在车前灯被撞凹处,留有那动物的毛发,这些毛被拿去做了分析。

1976年1月4日晚,在华盛顿贝灵汉的印第安人保留地,一个沙斯夸支试图强行闯入杰弗逊家的食品贮藏室。杰弗逊一家被打碎玻璃的声音惊醒。杰弗逊先生跳起来抓起一支

大脚汉

枪。他发现食品贮藏室的离地5<米>高的窗户的玻璃被打碎,碎玻璃散落在地板上,上面沾有血迹。在窗框和地板上的玻璃碎片中发现有顶端为白色的黑色毛发。乔恩·贝克约德亲自收集这些血迹和毛发样品,还收集了许多关于目击沙斯夸支以及它们试图闯入保留地民宅的情况报告。

1976年5月,在加利福尼亚州萨克拉门托附近,一队十几岁的年轻人看到一个沙斯夸支正在掰杏树的枝杈,吃上面的果子。这家伙留下了25英寸长的足印,这

些年轻人从篱笆上取下它留下的毛发，交给了贝克约德。

1977年，在俄勒冈州的黎巴嫩城，一头巨兽一边尖叫，一边拉掉一座谷仓的门，捣毁了围墙。贝克约德也取下了它留下的毛发。

森特·萨里奇是加州大学伯克利分校的自然人类学家和生物化学家。森特·萨里奇也对杰弗逊家碎玻璃上的血迹做了取样化验。他发现这是一种比较高级的灵长类动物的血。同时拿来的毛发样品以及其他几次取得的毛发样品由三位专家做了分析化验。他们的结论是：这些毛发不是人、狗、熊或其他相近的哺乳动物的，也不是已知的任何灵长动物的，但与大猩猩的毛发比较相近。

贝克约德说："这些动物体型巨大。不可能是人。这里面显然有许多事情还是个谜。它们可能是与人有亲缘的灵长类动物。"

6.湖南新宁县捕获的"毛公"

1984年10月25日，湖南新宁县水头乡坪头村，两个姓邓的姊妹在拔白菜时，遭到一个野人的袭击，两姊妹哭喊着逃回家中。其父母问明原委后，邀了好多乡邻去追野人，至深夜而不得。

第二日凌晨，村民李贤德、蒋世瑜等32人，带着猎枪、木棍，领着11条训练有素的猎犬，继续上山搜索，终于捕获了一个毛蓬蓬的野人。这群村民发现它时，这个所谓的"野人"正在对一个13岁的穿着红花布罩衣的女孩撒沙子玩，被村民们抓了个正着。

从外观看，野人身高1.06米，背部有棕色的长毛，胸毛为淡灰色，平脸，灰黑眼珠，高鼻梁，鼻下有人中沟，络腮胡子。发出的声音像老人声。它的上肢运动灵活，吃东西利索，喜欢人多热闹处，并喜欢挑逗穿花衣、留长发的青年妇女。其手似人手，有指甲，大脚趾与另四趾分开，有短尾。体重25公斤。湖南当地人称之为"毛公"。

"毛公"是湘西山区盛传的"野人"。

解开"毛公"的秘密有助于了解"湘西野人"的真相。当年10月底，有关方面在武汉召开"毛公"鉴定会。经华中师范大学、湖北医学院、湖北动物学会、上海华东师范大学、上海自然博物馆、上海动物园、陕西动物研究所等单位的人类学家、解剖学家、生物学家、生物化学家等专家，对这个"野人"的指纹、毛发、血液、粪便、体形、动态、食性等进行了综合研究，鉴定结论如下：

(1)体长65厘米，站立高106厘米，尾长5厘米，前肢长36厘米，后肢长43厘米。

（2）头顶毛较少，由中央向两边劈开，体背毛呈暗灰褐色，胸毛呈淡灰色，背毛与腹毛在肋下分界明显，颊部毛长如同胡须。

（3）脸部呈灰青色，鼻孔向下，眼间距窄，头骨矢状脊明显。

（4）指、趾甲扁平，臂部有明显的胼胝。

根据上述特征，从形态上分，该动物为灵长目、猴科、猕猴属、短尾猴（又称红面猴、青猴）。医学上的指纹、毛发、血液等指标的测定结果表明，与人类比较，不属于人类的指标范畴而与猴类接近。

因此，该动物既不属于人也不属于猿而属于猴类，是短尾猴属猴科猕猴，是猴中较高级的一种，主要分布于亚洲长江以南地区，体形和智力都较一般猴发达。据文献记载，该动物分布于四川、西藏、云南、贵州、广西、广东、福建、湖南、江西、安徽、浙江等地，短尾猴属于国家二类保护动物。捕获的这一"毛公"，于已知的短尾猴又有许多不同，它比我国已知的短尾猴重一倍，智力特别发达，对外界事物好奇心强，功能与人相近，拇指能与其他四指对握，爱吃鸡和泥鳅等肉类食物。

湘西南"毛公"之谜已有千年的历史记载，但历来难以捉到。这次捉到的活体是极其难得的宝贵资料。当地群众在相传中对"毛公"有畏惧心理，过去在上山走路时，因夜间时常发现有飞沙走石向他们打来，以为遇见了"山鬼""活鬼""长毛鬼"。现在捉到了"毛公"，知道它其实是短尾猴，这对于当地破除封建迷信，消除畏惧心理，普及人类科学知识，具有极为重大的现实意义。

已发现的化石证明，我国地质史上有以下动物曾在中国大地上生存过，它们是蓝田狐猴、黄河猴、秦岭卢氏猴、猕猴、巨猿等等。今天，依然有灵长目两个亚目中的懒猴科动物和类人猿亚目中的猕猴、金丝猴、长臂猿、短尾猴等等生活在我国各地的大山野岭之中。惟类人猿科的猩猩、大猩猩、黑猩猩在我国尚未发现。

7.寻找阿尔玛斯

"阿尔玛斯"，是流传在自高加索到蒙古一带的一类"野人"。在蒙古语中，它意指一种在人与猿之间种属的奇特的动物，也可以直译成"野人"。1907年到1911年，人类首次对它进行了科学考察。1914年，俄国圣彼得堡研究院的刊物上，第一次发表了关于"阿尔玛斯"的考察文章。从那时起，对"阿尔玛斯"的考察，陆陆续续地不断开展。到1977年，人们已有数百个这类"野人"存在的证据。1981年蒙古人民共和国部长会议第一副主席在一次讲话中，就专门提到"阿尔玛斯"。

对"阿尔玛斯"的科学研究起始于20世纪初，但是有关它的故事传说，却可以追溯到遥远的过去。

萨满教是广泛流行于原始社会许多民族中的一种原始宗教,如今主要分布在亚洲和欧洲的极北部。

　　和佛教信奉在名山大川、莽莽高原上存在神灵一样,在萨满教流行的蒙古西北部,"阿尔玛斯"往往也被当作神来看待,人们用捕获的野生动物和树根等作为祭品来供奉他。在萨满教的神话传说中,"野人"的灵魂往往在帮助猎人追赶野兽,使他们能够得到更多的猎物。蒙古民族学家把这些神话看作是有事实根据的,认为它反映了早期的萨满教把与人相似、长着长毛的双足动物,解释为神灵的一种民族传说。并认为这种传说,对于我们研究"阿尔玛斯"具有可供参考的价值。

　　有一位 15 世纪的巴伐利亚贵族汉斯·希尔特伯格尔在其著名的回忆录中,就曾有过关于阿尔泰山脉以西"阿尔玛斯"的记载。当时这位希尔特伯格尔先生曾在一次战争中被土耳其人俘虏,但他运气不错,被送到黄金游牧部落之后,不仅没有受苦反而被部落的可汗看中,充当了蒙古族王子的一名侍从。

　　在那位蒙古王子组织的一次前往西伯利亚的探险中,汉斯·希尔特伯格尔来到一条称为阿布斯的山脉。当地居民告诉他,在山脉的下面是一片连绵到大地尽头的荒原,因为到处是蛇和老虎,没有人能在那里生存,只有野人在那里活动,它们除了双手和脸上以外,全身都长着毛,和人类毫无共同之处。

　　这种"野人"像野兽一样,在山的周围活动,吃树叶、草和其他能找到的食物。为了表示对探险队的欢迎,当地的一位贵族将一对丛林中的男女,作为礼物送给了王子,这对男女是和 3 匹野马一起在荒野中被捕捉到的。"他们在德国土地上从未发现过,因此,我叫不出它们的名字。"这段大概是有关"阿尔玛斯"的最早的文字记载,是希尔特伯格尔 1427 年逃回巴伐利亚后,留在他的旅游见闻上的。

　　在一部 18 世纪末出版于北京的古老的人类学著作中,蒙古的野生动物得到了系统地描述。其中对"阿尔玛斯"的描写较为详尽:"野人"直立行走,站在一块巨石上,一支臂膀举起;除双手、双足以外,全身几乎都长了毛。书中把"阿尔玛斯"称作"人兽"。

　　据说在 19 世纪曾发生这样一件事:一支行走在蒙古高原的探险队,临时放弃一处营地,转移到别处去。不久,当帐篷的主人再次返回时,却发现一群"阿尔玛斯"正围坐在帐篷里尚未熄灭的火堆旁烧火取暖,在火堆旁干燥的地方,还堆放着它们从别处获取来的干果。它们没有去动帐篷里存放的酒,也不懂得向火堆里放更多的柴禾,使快熄灭的火着旺。当它们发现帐篷主人回来时,没有表现出任何寻衅行为,便悄无声息地退走了。

俄国的布拉弟恩教授是亲眼见过"阿尔玛斯"的一位学者。事情发生在1906年4月一个黄昏时分,商队在阿拉山沙漠走了一天后,正准备停下搭帐篷宿营。突然队长惊恐地大叫起来,队员们抬头看到一个毛人的身影,它的样子有些像猿,在落日的余晖映照下,晃动着两只长臂,弓身站在沙丘顶上,面对着下山的太阳,它盯视了队员们一会儿,然后转身消逝在沙丘之间。布拉弟恩让队员们去追,但没有一个队员响应,只有一个随队而行的喇嘛试图去追踪,但由于脚上穿着沉重的蒙古鞋,最终没能追上这个"阿尔玛斯"。

1917年,一支苏联红军通过帕米尔地区时,在深山里突然发现了一排脚印,他们跟踪来到一个洞穴的入口,发现里面藏着一个和人很相似的奇异动物,战士们开枪打死了它,随军医生对它做了体格检查,然后把它埋在石头下面。它的面部特征是:

"黑眼睛,牙齿较长,形状与现代人牙相近,前额倾斜,眉毛很长,凸出的腭骨使其面部类似于蒙古人,鼻子低平,下颚宽大。"

著名的蒙古学者叶·林岑教授1937年在戈壁的一所寺院内,曾见到喇嘛们做佛事时,当作毡毯使用的一张"阿尔玛斯"的皮。皮上的毛弯曲,呈棕红色。从这张皮上看,这个"野人"身上的毛比较少,脸上可以见到眉毛,头发长而乱,手指和脚趾与人的很相似。

1937年,苏联一家工厂的厂长库里巴·塔辛库夫向人们讲述了他的一段经历:

"这年,我参了军,在蒙古参加了对日本军队的作战。一天夜晚,我率领一个侦察队外出侦察,我们在一个山脚下突然发现了两个人影,于是大家立即卧倒,向他们发出口令,但过了许久。他们仍未回答,于是我们便向黑影开了枪,黑影很快消失了。次日清晨,当我们完成侦察任务路过此地时,我们看到地上有两具尸体,他们不是日军,而是两个浑身是毛的神秘的生物,样子很像高级猿类。但据我们所知,蒙古人民共和国境内没有高级猿类。此后,我向此地区一些年迈的老人打听,他们说,他们也经常在高山上遇见一些类人生物。我记得,那两个被击毙的类人生物浑身长满了不规则的红毛,脸为现代人脸状,但比人脸粗糙,两条眉毛又黑又粗"。

据考察,"阿尔玛斯"会贮藏食品,有人亲眼见过一个"阿尔玛斯"一女孩在玉米地里寻找玉米棒子,棒子上还留下了她的牙印。蒙古的牧民们也常说:"阿尔玛斯"是"野人",住在山洞里,能使用石头工具。

居住在蒙古偏僻地区的一位教师,报告了一个离奇得近似荒诞的故事。

这位教师有一次在山间漫游,被两个女性"阿尔玛斯"捉住,带回到她们居住的山洞里。她们把他拉到跟前仔细地打量他,但并没有对他进行伤害,只是对他的衣着露出了明显的兴趣。吃饭时,她们给他拿来了食物,其中有用锋利的石器杀死并肢解的山羊肉。这位教师说,他当时用随身带着的放大镜取火将山羊肉烧熟吃,而她们却生吃。在她们的体贴和照料下,他在那里既紧张又愉快地度过了两周,直到她们对他不再感兴趣时,他才得以逃了回来。

哥伊米阿是在蒙古科学院所属的水果栽培实验站工作的一位工人,1980年6月,《蒙古》杂志登载了他的一篇回忆,讲述了他与"阿尔玛斯"的一次遭遇:"这件事发生在1953年6月26日大约10点钟,那天拂晓时,我朝阿尔玛红山的方向走,寻找走失了的骆驼。当我骑着骆驼沿着崎岖的小路爬上爬下时,在一个隐蔽峡谷的角落里,突然看到两簇矮灌木丛下,伏着一个驼毛颜色的东西。我走到近处一看,原来是一个粗壮多毛的似人的动物尸体半埋在沙中。虽然我在新疆的故乡看见过牺牲在战场上的死人,但从没有见过像这样遍身生棕黄色短毛的东西,我被吓住了。这奇怪的死东西是谁?是人还是野兽呢,我决心再回去仔细地查看一番。我又走近死尸,从骆驼背上往下看。这个死尸不是熊或猿,如果是人,既不像蒙古人或哈萨克人,也不像中国人和苏联人。它头上的毛发长过身上的毛。腹股沟和腋窝的皮肤深谙一些,并且皱缩得像死骆驼的皮。"

1963年,苏联一位儿科医生伊弗罗夫在蒙古南部的阿尔泰山旅行时,曾碰见过一户"阿尔玛斯":一个"男人",他的"妻子"和他们的"小孩"。当时他们正站在一面山坡上,伊弗罗夫在大约200米远的地方,用一架双筒望远镜仔细地观察这奇特的一家,一直看着他们走远,消失在矗立的峭壁后面。

当时同行的蒙古司机也看到了这一景象,并且十分有把握地说,在这个地区常常可以见到这种动物。这事使伊弗罗夫感到不可思议,他决定去询问当地的小病人,他想孩子们的陈述不会像成年人那样带有偏见。结果,许多孩子都声称见到过"阿尔玛斯",并且还讲述了许多详细情况。其中有一个孩子告诉他,有一次,他们一群孩子在小河里洗澡时,看见一个背着"小孩"的男性"阿尔玛斯"从小河的浅水滩涉水过河,当时这位大"人"并没有注意那群带着惊讶的表情注视着他们的孩子们。这位小病人还说,他们清楚地看见那个成年的"阿尔玛斯"的背影,它背着的那个小"阿尔玛斯",也一直在肩头上看着他们,还伸出舌头对他做着鬼脸。

一位在阿斯加特山一带放牧的叫作穆塞的牧羊人说,"阿尔玛斯"喜欢居住在远离人世的高山之中。可能是为了便于猎食,它们和野绵羊及野山羊最为接近。每到夏季,畜群从这里的山地迁移到更远的牧场时,野山羊和野绵羊就会取而代之,占据这块地方。与此同时,"阿尔玛斯"也会在这里出现。它们往往在黄昏才来,过着夜间出没的生活。主要靠树根、树叶、草和其他植物生存。"阿尔玛斯"很胆小,而且多疑,但是它完全不侵犯人。没有人听到过它们说话。

1974年2月13日,在这一天穆塞遇到了"阿尔玛斯"。那是"几个长着浅红黑毛的半人半兽的怪物,脸和肚子的毛长得少而稀疏,头后部呈圆锥形,前额扁平,眉脊显著,下颌前突,身高近似中等个子的人,其中有几个屈膝行走,站着时弯腰曲背,脚趾似乎内向。肩宽手臂长,大脚趾外伸"。穆塞说,除此以外,他还有两次与"阿尔玛斯"相遇的经历。

有关"阿尔玛斯"的描述,来自不同的记载,但几乎无多大区别。它们习惯于伸直身体,其身高与当代蒙古人的高度相似,它们的双足稍有点内弯,屈膝行走,但跑得很快,它们的上下颌很大,下巴向后缩,眉脊与蒙古人相比显得十分突出。女性"阿尔玛斯"的乳房很大,当它们坐在地上时,可把乳房搭过肩给背在背后的婴儿哺乳。

"阿尔玛斯"不仅仅是存在于传说之中,许多活生生的资料迫使我们承认,它过去是,现在也是存在着的动物。

8.中国野人大搜索

"野人之谜"是世界四大谜团之一,因为这个谜关系到我们人类自己的起源,因此更引起人们的关注和兴趣。许多国家都有科学家进入原始森林对这种人形动物进行科学考察。

"野人"传说,在我国已有3000年历史。据战国时代的《山海经》在"枭阳国"的注释中说,《周书》记载南方"州靡南"将捕获到的"野人"献给了周成王。屈原在《九歌》的《山鬼》中描述了"野人"的生活习性,并拟人化,抒发了诗人的情思。自汉以来,我国历代文献中都有关于"野人"的记载,明代大臣药学家李时珍在《本草纲目》这部名著中还对历代文献记载的"野人"进行了综合分析。但是,对"野人"进行科学考察和研究是在新中国成立后才开始的。四十多年来,我国科学工作者对"野人"进行过多次考察,尤其是我国在鄂西北神农架一带,从1976年开始,由中国科学院与有关单位组织的多次考察中,取得了可喜的成果。除此之外,在我国的四川、陕西、甘肃、西藏、新疆、广西、贵州、云南等十多个省区都有"野人"行踪的报告,现今唯一可惜的是,没有一例活"野人"被抓获。

我国最早进行"野人"考察的是在西藏喜马拉雅山区。雅鲁藏布江中下游、喜马拉雅山南地区及东部峡谷区都生长着茂密的原始森林,盛产野果及各种动物。原始森林保存最好、面积最大的"野人"避难所恐怕就属辽阔的喜马拉雅山区。藏族及舍巴人常见"雪人"或"野人"是很自然的。20世纪80年代中期,中国"野人"考察研究会会员、西藏文联作家肖蒂岩经过几个月的初步调查,从领导干部、各方群众中了解到许多重要情况和线索。在拉萨召开的藏族学术讨论会上,四川大学童恩正副教授作了《青藏高原——人类起源的摇篮》的学术报告。西藏"野考"的进展,对研究从猿到人的人类起源理论,无疑具有重大意义。西藏自治区党政领导对"野人"十分重视,并具体安排宣传部的理论处主管"野考",这说明区领导对这一科学事业的理论意义有了深刻的认识。

目前各省区的考察研究工作,强调领导、专家、群众三结合,考察与研究相结合。在考察目标上,不仅要重视间接证据,更要重视直接证据,以便更快揭谜。考察队员十分重视追踪尸骨获得直接证据的宝贵线索。

为了有利于接受当地党政领导和有关部门的支持,深入发动、组织本地区各方面力量进行"野人"考察研究,各有关省区正在酝酿成立该省区的"野人"考察研究会,同时成为中国"野人"考察研究会的分会。以神农架为中心的湖北省"野人"考察研究工作几年来不断取得进展,广泛搜集了目击资料,灌了一批石膏脚印,鉴定了一些毛发,发现和研究了可疑的粪便、睡窝和吃食现场,对生态环境进行了综合考察和多方面的科学分析,制作了大量植物标本和部分动物标本,建议成立了自然保护区,举办了"野人"考察汇报展览,积累了近百万字的文字资料,特别是,3个考察队员一起见到了一个巨型"野人"。在中国"野人"考察研究会约300名会员中,湖北的会员就有近80名,约占1/3。湖北省社会科学院历史研究所内成立了"人类起源史研究组",把从人类起源角度研究"野人"问题,列入了科研项目。1983年8月26日至29日,湖北省"野人"考察研究会在迷人的神农架召开了成立大会,代表们决心使以神农架为中心的湖北省"野人"科学考察研究,出现一个新局面。

据中国野人考察研究会执行主席兼秘书长李建透露,1987年以来,中国一些地方不断传来"野人"活动的信息。

1987年6月24日,一外地青年,在神农架接山泉水喝,突然被一红毛怪物击昏,当他醒过来时发现自己被抬进山洞,面前站立着一个二米多高的"野人"。

1988年3月至5月,神农架瞭望塔工作员袁玉豪在猴石、南天门等地发现三百多个四十多厘米长的大脚印,以及"野人"粪便和红毛。

1988年,湖南一采购员乘押运货车经过阳月山自然保护区,遇到3个人形怪物追车,被他用扳手等工具赶下去了。

云南西双版纳曾有人提供情况说,浙江永嘉县有一专业户到云南养蜂,被一母性"野人"拖去同居3年,生下后代,后来趁机逃回家。

自1974年在神农架发现"野人"以来,"野人"考察工作已开展二十多年。据悉目前全国共有八百多人参加野人考察研究会。科学工作者对"野人"毛发进行多次科学鉴定,确认自然界确有"野人"存在,大量信息表明长江流域是"野人"活动的主要区域。

出身于书香门第、毕业于华东师大中文系的上海青年李孜,就是凭借探索大自然奥秘的强烈渴望,自愿放弃安逸的生活,于1979年起自费踏入湖北神农架及川东林海,去探索"野人"之谜。

为寻觅野人,李孜食野果,吃树皮,蹲山洞,宿野地,卧林莽。一次他被毒蛇咬伤,濒临死亡时,他毅然用尖刀将伤口四处的毒肉一块块剐去,战胜了死神。

十多年的时间,李孜8次进山洞遍访被"野人"追赶过的人,他自己也曾发现过"野人"的毛发、脚印、粪便和宿窝,积累了大量资料。

李孜对"野人"的毛发进行了测定,发现"野人"毛发中的元素含量比正常人高50倍,是普通动物的7倍。他与别人合作的《"野人"毛发中微量元素的质子X光分析》一文在《自然杂志》上发表后,在国内外引起强烈反响,方毅同志批示说:"世界上就要有这样的探险者,否则就没有哥伦布。"

1983年7月,武汉医学院法医学教研室也曾对神农架及附近6个县发现的8种"红毛野人"的毛发进行了科学鉴定。该教研室黄光照副教授在同年8月下旬湖北"野人"考察研究会成立大会上宣布:通过肉眼检查、光学显微镜下观察、横切面检查、毛小皮印痕检查,发现这8种"野人"毛,"其毛小皮形状特征基本上类似人毛。"

观察所见8种"野人"毛,毛发皮质均发达,可见纵间细纤维,皮质色素颗粒少,且多呈外围性分布。这说明8种"野人"毛发皮质的组织学特点与人类相似,而与大猩猩、金丝猴、猿猴、长臂猿等灵长类动物毛有较大差异,明显不同于猪、狗、熊、绵羊等动物毛的特点。

如今我国"野人"考察研究已不只是在湖北的神农架和西藏进行,而扩展到了四川、陕西、浙江、河南、广西、云南、贵州、湖南、安徽等十多个有关地区。江西、福建也有了考察的线索,新疆也计划进行考察。我国近年"野人"考察研究范围如此迅速扩大,是世界上没有的。

有关省区普遍进行了初步普查,了解到许多目击资料和可能获得证据的线索,对生态环境也进行了初步调查研究,在我国广大地区,发现众多大面积的适合"野人"生息繁衍的原始森林山区,那里气候温热,雨量充沛,动植物资源丰富,人烟稀少,野人可能就出没其中……

9.云南野人在出没

中国云南的沧源是个多民族聚集的佤族自治县,与耿马、西盟毗邻,西南与缅甸接壤。境内气候炎热,雨量充沛,植物繁多,野果累累,在古木参天的原始森林中。有无数的岩洞,这一切都为"野人"的生存提供了优越的生态环境。

勐来乡四永小学佤族教师李应昌是个精明强干的中年人,中等身材,枪法很准,是个著名的猎手。1980年春节后,他在翁黑村后面的大黑山集体狩猎中,击毙了一个从未见过的奇异动物,因其外貌酷似人形,而遭受众人谴责,使他的思想压力很大,唯恐政府追究刑事责任。因此,他顾虑重重,从不愿讲述这件事。经过公社党委书记做了耐心的解释,他才认识到把这一问题搞清,是对国家科学研究的重要贡献。他和爱人把猎获奇异动物的情况进行了认真、详细的回忆、讲述,并把珍藏下来的左掌标本及少量脑髓交给有关部门。

那事发生在1980年初,当时北国早已是冰天雪地寒冬季节,但地处亚热带的沧源山区,却依然是山清水秀、温暖如春。1月20日左右,勐来乡翁黑村田阮勐,背着猎枪,到村后的大黑山南麓的山地里守庄稼。他也是全村著名的猎手,在多年的狩猎实践中积累了丰富的经验。他在地头上搭起了一个高高的瞭望台,好便于登高望远,守护庄稼,又能随时观察野兽的动静。这天,他坐在高高的窝棚上,边吸烟边观察,仿佛没有看到什么。他爬下来向地边的森林走去,发现了许多新鲜的马鹿脚印,凭他多年的狩猎经验马上判断这是一群马鹿刚从这里跑过。于是他提着枪,抄小路,爬悬崖,迎头赶到岔路口等候,他相信马鹿定会从这里经过。不出所料,片刻工夫,一队马鹿依次跳跃而过,他蹲在大树脚下隐蔽,端着枪,刚准备射击第一只马鹿时,第二只又跟着来了;准备打第二只时,第三只又跑来了。此时,一个奇异的景象出现了:在第四只最大的马鹿背上,只见骑着一个浑身长毛的人形动物,同时发出响亮的叫声,右手抓着鹿颈上的毛,一瞬间,其余的马鹿一一从田阮勐的身边跳越而过。他记得非常清楚,那个人形动物个子为八九岁小孩那么大,但脸形却像十三四岁的男孩,毛发较长,红黄色,仿佛是穿着军装一样。他被这从未见过的奇异景象吓呆了,半天才清醒过来。

春节过后,田阮勐组织寨子里的七八十个青壮年到村后的大黑山原始森林围猎。他挑选了十多个枪法好的人间隔埋伏在西北部的山头上,特别把李应昌安排在他亲自碰到奇异动物的永爪岔路口上,其余的人从相反的方向,人喊狗叫地向埋伏区赶去。随着枪响,其他同伴打死了一个麂子和一只豪猪,但李应昌的面前却没有什么响动,正在纳闷,忽然在他的左前方的丛林里,响起了嗦嗦的响声。抬头一看,一个奇异动物正朝着他所在的方向顺坡跑来,跑了几步甩一次头发,再跑几步又甩一次头发。李应昌正准备开枪时,那家伙发现了他,便迅速趇头往回跑,动作非常敏捷。快上到坡头时,只见那奇异动物回头看着他。说时迟,那时快,李应昌瞄准其胸口,一枪把它打倒在地,直往坡下滚,死在山沟里,坡地上流着鲜血。

听见枪响,人们向李应昌围拢过来,一个人问他:"你打着什么东西了?"

"什么东西,你们瞧嘛!"李应昌指着前方的猎物。人们走过去一看,大吃一惊,责备他为什么要打这个"达"(佤语:爷爷),因为眼前的死者并不是一般的野人,却是一个非常类似老头子的人形动物,头发很长,浑身毛发灰黑色,个子较高,约1.5米左右,脸白皙,有前额,眼大,眉脊和颧骨凸出,鼻和嘴部稍凸,牙洁白整齐,有双肩,胸扁平,腰粗壮,无尾,属雄性,生殖器与人的相似。于是全村破除惯例,没有分食这个奇异动物。该村会计田上拐帮助李应昌一起把猎物抬回家,估计约有40公斤重。李应昌把猎物交给老婆及其亲友刮洗烧煮后,他就跑到其他家吃麂子肉去了。其妻按佤族人的习惯从猎物的每个部位上割下一块肉来,煮成一锅,但由于十分腥臭,没有吃完就倒掉了。后来李应昌只好将肉晒成干,经过一年左右才逐渐吃完,仅留下颏骨,左掌做纪念,留下胸髓做药。1982年因工作调动,他又将下颏骨连同其他兽头一并烧毁。

所留的下左掌标本,1984年1月以后,经上海、北京、中国科学院古脊椎动物与古人类研究所、动物研究所、上海华东师大、上海自然博物馆等单位的专家鉴定,一致确定为合趾猿。中国科学院学部委员、著名考古学家、古人类学家贾兰坡教授在鉴定书中指出:"过去在我国没有合趾长臂猿的记录,这次发现了它的脚,就是很大的成绩,值得赞赏。"

合趾猿是各种长臂猿中最大的类人猿,原发现于印度尼西亚的苏门答腊和马来西亚,中国尚无记录,此次在我国是首次发现。该标本的主要特征是趾尖呈菱状球形,趾细长,大趾粗壮发达,对掌,趾甲尖而上翘,二三四五趾短于长臂猿,第二、三趾的第一关节有皮膜相连。由于合趾猿个体颇为高大,形象又与人极其相似,因而当地部分群众就把它误认为"野人"了。那么,还有没有其他的线索和踪迹呢?有!

在1982年8月,班列佤族社员包老大用铁夹活捉了一个"古",在家里饲养了两个多月,于10月因伤势严重才死去。死前,主人把它关在一个铁笼子里,出于好奇,徐守清曾两次进行过认真观察,这种佤族称为"古"的奇异动物,既不同于猴类,也不同于一般的猩猩:其貌酷似老人,面白,有额和下颏,眉骨、颧骨和嘴部稍突出,个头高大,约 1.4 米左右,毛发灰黑,长及肩,手、脚已基本分工,似人,看不到尾,只有一寸左右的无毛肉团,似一种尾巴蜕化形式。有喜怒哀乐和怕羞的表情。另据当地著名猎手田尼块告知,他曾于近年内捕获过 3 个"古",有雌的,有雄的,有大的,也有小的,并在森林中做了详细的观察。"古"除上述特征外,它还会到河里捉鱼、抓螃蟹,会搬动树干、捉土蚕,七八十个群居,基本生活于地面,偶尔会爬树,但不能跳跃。有极强的集体感,相互关照,若同伴不幸被击伤,就集体帮助转移;若被击毙,则一同把它背到隐蔽地,铲土掩埋,实行"土葬",两性关系固定、隐蔽等等。这些都说明,"古"是一种我们现在还未知的类人动物,其形象与李应昌猎获的奇异动物极其相似,是否同类? 还是其他未知的灵长类? 有待于深入地考察。

10.雪山极顶的神秘身影

1951 年,在喜马拉雅山的冰天雪地上,英国登山家西普顿把"雪人"的脚印拍摄下来,得到了清晰的照片。这脚印长 31 公分,宽 17.5 公分,脚拇趾粗大,第二个脚趾细长,趾茎部相联结,根据脚印来分析,这是一种直立行走的猿类动物。这一照片的获得,被称之为是"雪人"研究中心的一个重大突破。

1954 年,英国探险队最大的收获,是在喜马拉雅山的寺庙里找到了两块据说是从"雪人"头上取下来的带发的头皮。在喜马拉雅山地区的一座寺庙里,每当举行宗教仪式时,庙里的僧侣就在头上戴着据说是从"雪人"头盖上撕下来的两块夹杂着褐色和火红色长毛的毛皮装扮"雪人"。探险队征得僧侣的同意,对头皮进行了测量和拍照。因为是寺庙中的圣物,英国人只从头皮上采集了几根毛发。这两块头皮传说是一雌一雄,大小和形状颇为相似,一块毛发齐全,另一块有的部位已光秃无毛了。它的顶部尖耸,毛发呈淡火红色,也有的呈乌褐色,据推算头皮保存已有三百五十多年了。

1959 年,在珠穆朗玛峰地区的海拔 6000 米的雪地上,发现了"雪人"的脚印,大小与穿着登山鞋踩的脚印相似。据说,这是迄今发现的"雪人"留下的海拔最高的足印。

为了配合珠穆朗玛峰地区的科学考察,中国科学院等有关单位也派出专业科技人员,对"雪人"进行专题调查。5 月 20 日晚上,考察队员尚玉昌正在营帐中记日记,突然听到山谷里响起两声枪响,只见藏族翻译气喘吁吁地跑来,大声喊:"雪人! 雪人!"原来一个"雪人"从山谷下面往山顶走,全身长满了毛。翻译赶紧连放两枪,但因天黑而未打中,"雪人"连跑带跳地逃走了。

6月24日，在卡玛河谷中游的莎鸡塘，"雪人"咬断了一头牦牛的喉咙，并吸食牦牛的血，使之致死。接到一个住在我国境内的尼泊尔边民的报告，我国的考察队立即赶到现场，果然见到一头死牦牛躺在地上。考察队对四周进行了严密的搜索，在被害的牦牛附近，找到了一根长15.5厘米、呈棕色的毛。尼泊尔边民说，这就是"雪人"的毛。考察队将毛带回北京检验后，证明与采自北京动物园的牦牛、猩猩、棕熊和恒河猴的毛，在形态上确实不同。这个发现是十分珍贵和重要的。只是目前还难以肯定这根毛就是"雪人"的遗物。

顿·维兰兹是1970年夏天登上珠穆朗玛峰顶的登山英雄。后来他就登山过程中的见闻写了一本书，其中谈到了"雪人"。"当时我正在寻找架设帐篷的地点，以便过夜。我们走近山腰，突然听到山后传来一声像鸟一样的叫声。这时一个舍巴族向导正在我身边，他慌忙对我说：'先生，耶提来了！'我赶忙回过头四下环视，然而向山顶望去，只见两只黑色的乌鸦仓皇地飞起，一个黑色的身躯出现在一块洼地旁，向我们这边窥视着。我正考虑万一它向我们进攻将如何应付，这时它跑了。我们放下心来，又重新布置帐篷。次日，我怀着好奇的心情来到山的南坡，发现雪地上有一行巨大的脚印，脚印长约46厘米，这天夜晚，明月高悬，将皑皑的雪山照得犹如白昼。我从帐篷的窗口探出头来，打算欣赏一下月景，此时，突然发现月光下一个身影在蠕动，此后，'耶提'出现了，它有些像高级的猿猴，走起路来一蹦一跳的，十分可笑。它径直向一块我十分熟悉的地方走去。几个星期前我曾去过那里，当时雪已融化，那里到处是泥，只有一小片树丛，根据它的行动方向，我判断出，它可能去那里抱一些树枝。于是，我赶忙取过望远镜，紧紧地盯着它。借着月光，我分辨出它的身体为黑色，样子很像是高级猿猴。20分钟后，'耶提'好像感到有人在盯着它，于是飞快地向山脚跑去。"

20世纪70年代，英国人威廉·奈特在喜马拉雅山考察时，也曾有幸在很近的距离对他认为是"可憎的雪人"的怪物进行观察。在一位当地向导带领下，他和一位欧洲人，带着由四五十个劳工组成的一支队伍，从西藏回来，行进在从甘托克通往色当琴的小路上。他们想走高处的山路，但是向导特辛·瓦格底说，劳工们怕对付不了"山鬼"，因此，只好走低处那崎岖不平地沿着河流向前伸延的山间小道，当到达甘托克附近时，要爬一段坡，威廉·奈特的同伴带着劳工们走在前面，而他则在距离他们大约半里的后面跟着，这时他们离下面的甘托克城大约半里。

"走到一片开阔地面，我停下来，让我的马喘口气。我跳下马，松一松马的肚带，遥望即将落山的夕阳。正在我若有所思的时候，突然听到轻微的声响。我四下张望,看到在大约 10~20 步之外,有一个像人的东西。我想,那就是珠穆朗玛峰考察队所说的长毛人,也就是西藏人称呼的'可憎的雪人'"。

雪山

"据我回忆,这个'雪人'身高略低于 1.8 米,在严寒中几乎全身赤裸着。当时正值 11 月份,他浑身皮肤呈浅色,头上生有一束头发,脸上毛少,双足很大,脚趾张开,有一双大而令人生畏的手。它的双臂、大小腿、胸部和背部的肌肉非常发达。他手中拿着一个什么东西,看来像一张原始形态的弓。它站在那儿,并没有看到我。我大约观察了 5~6 分钟,后来才明白,原来它正在注视着远在山坡下的什么人或野兽。大约又过了 5 分钟之后,他突然奔下山坡,简直在飞跑,速度之快,令我至今难忘。"

沙勒是研究喜马拉雅山青藏绵羊和雪豹的动物学家,他并没有期望能幸运地看到一个"雪人"。不过,高原上森林茂密的河谷,类似尼泊尔西部阿鲁谷地那边的密林地带是"雪人"经常出没之地,而在他所到的那种边远地区,连登山运动员和旅游者也没有到过,根本不会预料有"野人"存在。然而,他在 1979 年出版的一本题为《雪豹》的著作中,确记下了这样的一段经历:"一条河的支流从庞摩地方的伯昂村流下来,在一个河汉口的附近,急流穿过密林被崩塌的山石切断。在那灌木丛生的斜坡上,一个黑影从大石后跳出来。斜坡笼罩在清晨的阳光下,但我只来得及看一眼。这个东西大得像一头棕色大熊猫,躲藏之快像鹿一样,样子像狼或海豹那样可怕,动作比熊快得多。我用望远镜看着毫无动静的巨石,感到在它后面躲着的那个神秘莫测的怪物。四周一片寂静,只有晨光中的山脉和清澈的流水。"

11.北美洲的"大脚野人"

许多学者认为,世界上真有一种沙斯夸支大脚野人存在。他们多分布在美洲,并且有足够的人证、物证证实了他们的存在。

见过野人者如美洲的印第安人、白人牧人、捕兽人等,他们提供了许多有关野人的报道、照片、足印铸型(其中包括一个跛足的大脚野人的足印),在足印附近发现的粪便、毛发以及大足野人发音的录音带等。还搜集了许多与此有关的当地印第安人的民间传说。最后，值得一提的是罗杰·帕特逊拍摄的那部著名影片，摄下了一个看来是雌性的沙斯夸支。

在英属哥伦比亚佛雷泽河上游地方，住有姓查普曼的一户美洲印第安人。1940年某日，一个高 8 英尺的男性沙斯夸支野人进了村子。

巨大的足印，旁边是用来对比的一名成年男子的旅游鞋。

这个野人是从树林里出来的，然后走到农庄建筑物附近。查普曼太太起初以为是熊之类的动物，后来她看清楚了是个野人，吓得她拖住孩子们就跑。全家人知道此事后，回房舍查看，才发现在房子附近留下了长 16 英寸，宽 8 英寸的大足印，每步的长度达 4 英尺。屋里一大桶咸鱼被打翻，撒满地上。他们家见到的这个野人及体格大小，看来属于沙斯夸支男性。这次发现（值得指出的是沙斯夸支喜欢鱼），与苏联在帕米尔的发现有同等重要价值。

1955 年，在英属哥伦比亚米加山区，又有一次更有意义的发现。一位名叫威廉·罗的筑路工人（他还是一个有经验的猎手和看林人），见到一个女性沙斯夸支。这个野人高约 6 英尺 3 英寸，个头大，全身呈棕黑色，头发银色，乳房很大。有两支长臂和一双大脚。罗还注意到，她行走时像人一样，后脚先着地跨步，头的后部似稍高于前部，鼻子扁平，两个耳朵长得像人耳朵，小眼睛。她的脖子很短，几乎看不出来。还未等他仔细端详完，这个女野人已发现他就在其身旁，便赶快走开了。

一个来自北欧的伐木工奥斯曼说，1924 年，他在温哥华岛对面的托马港附近度过狩猎和宿营的假期时，曾经被一个沙斯夸支俘房过。这段遭遇轰动一时，但他本人没有传播多少年，因为他认为别人不会相信那是真事。他肯定地说，有一个沙斯夸支野人在一天夜里，把他连同他的睡袋一起扛起，在山里走了大约 25 英里，最后到了四周是峭壁的深谷中的"一户人家"，家中有父亲、母亲、儿子和小女儿。他在"这户人家"中安全地住了六天，后来还是逃离了。他清楚地叙述了这家人的情况，他们既不生火也无工具。但奥斯曼强调他们有与人相同的地方。

最近，1978 年 6 月 6 日上午 8 时，又有一次新发现，目睹者是两位年过 50 岁的高级地质考查工程师肯德尔和哈撒韦,他们二人都是长期从事户外工作的科学家,有丰富的野外工作经验。当天他们下了中途搭乘的卡车后,便登上华盛顿州喀斯喀特山北面的高峰,此山的高度大约是海拔 4000 英尺。当时天气晴朗,气温很低。两人根本未想到有关野人的事。突然,对面伐倒的灌木后有一个大黑影很快地闪现过去,引起了两人注意。起初他们以为是个人,后来才想到,此处没有伐木业,他们是在一处私人经营的小小的木材堆放场。再看时,他们发现那个家伙身材很大,像人一样地直立行走,并且故意躲在一块大木料后面。这个家伙皮肤黑色全身长毛。他们看到了它的头、双臂和宽肩膀,但仅一二秒钟它便跑掉了。由于太突然,两人惊得面面相觑,一时说不出话来。等他们明白过来,才快步走到野人消失的地方去找脚印。地面太硬,石头又多,什么也看不出。以前他们曾说过,那一带他们非常熟悉,不可能有野人出没,可是现在他们居然也相信,他们眼见的那个家伙就是沙斯夸支野人。

在大脚野人出没频繁的俄勒冈州的某县,1969 年还曾颁布了杀害大脚野人要判处 5 年监禁及罚款的法律。

更令人吃惊的是,不少学者认为美洲的大脚野人是中国巨猿迁徙进入美洲大陆而演化的。

到了 1970 年,在对全球有关庞大的直立怪物的描述中又加入了新的成分,那就是,某种未经证实的两足动物可能和不明飞行物(UFO)有关。

1972 年 8 月的一天晚上,在美国印第安纳州的罗克达尔发生了类似不明飞行物的奇怪事件。当时在那里的一幢活动房屋里住着名叫罗杰斯的一家人。

事情的经过是这样的:刚开始,这一家人看到有一发光物在附近的玉米地上空盘旋。而后他们几次听到在静夜中附近什么地方有声响。他们中一人走出门去察看究竟,他一眼看见一个身材高大的庞然大物正在地里折玉米秆。罗杰斯夫人从小屋的窗子里望见它站立时像个人,但用四肢走路。

他们看得不很清楚,因为这事发生在夜里,但他们可以看出这家伙身上长着黑毛,并散发出"死动物或垃圾一样的"臭味。这家伙有一独具的特点,就是它好像是虚渺的东西,因为:

"不可思议的是我们未发现它留下任何踪迹,哪怕是它从泥地中走过。它走起来连蹦带跳,但却好像什么也碰不到一样。当它穿过草丛,你听不到任何声响,有时你看它时,好像你的目光能穿透它的身体而过。"

不过,这只怪物并不总是不留痕迹的。还有几个农人也看到它。在这家伙来过后，他们发现几十只肢体残缺的死鸡，不过未被吃掉。伯丁一家发现了死鸡，草地被践踏，篱墙被毁坏，猪食桶里的黄瓜和土豆被掏光。有一天晚上，他们看见这家伙站在他们鸡舍的门口，小伯丁说：

"这家伙把鸡舍里的灯光全挡住了。鸡舍的门有 6 英尺宽 8 英尺高，它的肩膀顶到门的上缘，它的脖颈应比门还高，可是它没有脖颈！在我看来它就像一只大猩猩。它长着褐色的长发，身上呈铁锈色。我没看到它的眼睛或脸。它发出低沉的嗥叫声。"

当这家伙跑走时，伯丁一家向它追去并开了枪，尽管距离很近，他们肯定打中了它，但它似乎并不在乎。

乔恩·埃里克·贝克约德是美国华盛顿州西雅图"大脚汉科研所"的创立者和所长。根据他所说，目击大脚汉或萨斯阔乞的事件每月都有。1981 年 7 月 3 日，华盛顿州西北部的伐木人看到 400 英尺远处有一身高 9 或 10 英尺的萨斯阔乞。10 月 18 日，一位伐木人在同一地区采摘蘑菇时听到有嗥叫声，闻到了这种巨大长毛怪物特有的刺鼻气味。

大脚汉研究所不但收集各种目击报告，而且还收集大脚汉的毛发和血液样本。下面四次在现场收集的样品已由对大脚汉持怀疑态度的学者进行了认真的研究。

一次是在马里州兰的罗克国家公园，靠近贝尔艾尔的地方。1975 年一天的夜晚，彼得·罗尼克驾驶一辆运动车与一个他认为是大脚汉的动物相撞。那动物恢复了身体平衡，赫然向小汽车逼来，发出咕咕哝哝的声音，然后又大步跑开了。在车前灯被撞凹处，留有那动物的毛发，这些毛发被拿去做了分析。

1976 年 1 月 4 日晚，在华盛顿州贝灵汉的印第安人保留地，一个萨斯阔乞试图强行闯入杰弗逊家的食品贮藏室。杰弗逊一家被打碎玻璃的声音惊醒。杰弗逊先生跳起来抓起一支枪。他发现食品贮藏室的离地 5 英尺高的窗户的玻璃被打碎，碎玻璃散落在地板上，上面沾有血迹。在窗框和地板上的玻璃碎片中发现有顶端为白色的黑色毛发。乔恩·贝克约德亲自收集这些血迹和毛发样品，还收集了许多关于目击萨斯阔乞以及它们试图闯入保留地民宅的情况报告。

1976 年 5 月，在加利福尼亚州萨克拉门托附近，一队十几岁的年轻人看到一个萨斯阔乞正在掰杏树的枝杈，吃上面的果子。这家伙留下了 25 英寸长的足印，这些年轻人从篱笆上取下它留下的毛发，交给了贝克约德。

1977 年，在俄勒冈州的黎巴嫩城，一头巨兽一边尖叫一边拉掉一座谷仓的门，捣毁了围墙，贝克约德取下了它留下的毛发。

加州大学伯克利分校的自然人类学家和生物化学家文森特·萨里奇对杰弗逊家碎玻璃上的血迹做了化验。他发现这是一种比较高级的灵长类动物的血。同时拿来的毛发样品以及其他几次取得的毛发样品由三位专家做了分析化验。他们的结论是：这些毛发不是人、狗、熊或其他相近的哺乳动物的，也不是已知的任何灵长动物的，但与大猩猩的毛发比较相近。

　　贝克约德说："这些动物体型巨大，不可能是人。这里显然有许多事情还是个谜。它们可能是与人有亲缘的灵长类动物。"

12.为"野人"接生

　　1984年7月，香港《星岛日报》有这样一篇报道：14岁的加拿大女孩茱莉·马基的经历，是同年纪的女孩从未有过的，甚至于大人们也难得有机会遇到。小茱莉成功地替一位难产的妈妈接生，但这个孕妇却并非普通人，而是一直令人困惑不解的"大脚怪"。

　　金发碧眼的小茱莉的确是一个勇敢的小女孩，她彻夜不眠，足足守候在这个正在分娩中的"大脚怪"身边10个小时之久，它腹中的胎儿位置颠倒加剧了它分娩的痛楚，令它发出可怕的吼叫声。

　　幸好，自小在农场长大的茱莉对于这种难产并不陌生。因为她曾经有过两次帮助她父亲替牧场里难产母牛接生的经验，胎儿在母亲的产道里手脚倒置是难不倒茱莉的。

　　"我很清楚知道应该怎样做。"茱莉开始忆述她那段奇异的经历，"不过，问题是，我必须说服自己接受一个事实——那个待产妈妈并非一只牛，或甚至不是一个人，我实际上是替一个'大脚怪'接生！"

　　茱莉这个叫人难以置信的经历是发生在马基家的农场，这个农场位于加拿大西部阿拔托省卡加里市西面约80英里的地方。茱莉的父母趁着周末入市区洽谈一宗农作物的交易，只剩茱莉留在农场照顾她7岁的弟弟添美。

　　茱莉回忆说："那晚添美和我刚吃完晚饭，我决定去谷仓看看我们的四只乳牛是否已经躺下休息。

　　"当我行近谷仓的时候，我听到一阵阵低沉的呜咽和咕噜声，初时我还以为是其中一只牛出了麻烦，所以我就立即飞奔到谷仓，我拉开谷仓那扇大木门，走到拴牛的地方，只见四只乳牛都好好地躺在地上，没有发出叫声。而此时，刚才那种低沉的呜咽声却越来越大，就好像一只动物受了重伤似的，这声音显然是从谷仓的另一边传来，于是我就跑过去看个究竟。

我们的谷仓不算大,当我一转头跑到另一边时,差点儿就被绊倒在地上,我无意中踏着地上的一个庞然大物,它就躺在干草堆的后面。

初时,我以为见到的是一只受了伤的熊。但是,当我看见它的脸时,我知道它不是熊。我曾经听过很多有关'大脚怪'的故事,它们跟人类有很多相似的地方,我深信眼前的生物正是传说中的'大脚怪'。"

对于一个 14 岁的女孩来说,眼前这个情景实在太不可思议了,惊讶和恐惧交集,使茱莉很自然想到要去告诉爸爸妈妈。不过,她立刻就醒觉到这时候家里并没有大人,而最近的人家也要走上半小时才能到达。

"我当时手足无措,不知道应该如何是好,我躲在草堆背后,探头偷看它的情况,它看来非常痛苦,渐渐地我觉得它发出的吼声不再那么可怕,反而,我开始担心它的安危。"

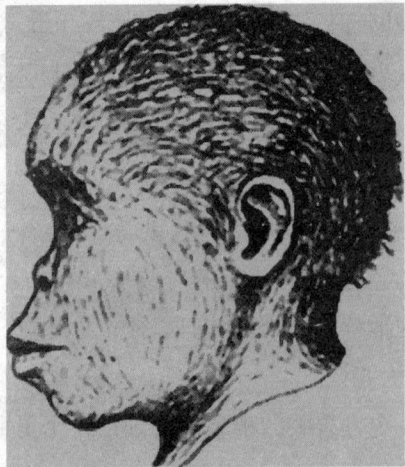

野人

最后,茱莉的同情心战胜了恐惧,在草堆背后战栗了好几分钟后,茱莉终于鼓足勇气,走到这只被痛苦煎熬的动物面前蹲下来。

"当我走到它身边时,它提起了一只手友善地摸摸我的手臂,好像向我表示它需要人帮助。它真的很大、很大!如果站立起来,它的身高差不多等于两个我。我知道它是女性,因为它有女人的乳房。不过,除了面部外,它整个身体都长满浓密的长毛,而且身上还发出一阵令人作呕的气味。

它的呻吟声听来像要生产婴孩,事实上的确如此,因为我见到它的下体正掉着一个胎盘。

我以前协助过爸爸替母牛接生,所以我知道这时候的'产妇'最容易着凉,于是,我决定跑回屋里取几张毡给它盖。

当我站起来准备离开的时候,它的眼神好像很失望似的,于是,我尝试安慰它,用动作向它解释为何我要离开一阵子,它看来真的明白我的意思。不过,当我拿毡回来的时候,它的情况比先前更加糟糕,我可以从它脸上的痛苦表情看出来。"

在随后的几小时内,求助无门的小茱莉就只好坐在这位"大脚怪""妈妈"的身边。不过,当这位长毛"孕妇"的分娩阵痛越来越剧烈的时候,茱莉醒觉到它的分婉可能出现了麻烦。

"我突然想起以前协助爸爸替母牛接生的情形,其中有两次牛胎在母牛体内倒置了,当时它们的痛苦情况就跟现在的一模一样。

我知道这时候不帮它尽快把'孩子'生出来的话,它和体内的'孩子'都会死。我懂得怎样处理这种情况,不过,我很惊慌,因为它不是一头母牛,它像人一样。"

无论如何,小茉莉做出了最明智的决定,她要替这个"大脚怪""孕妇"接生。

"我开始向它解释,我不知道它明白与否,不过,它看来好像很信任我,愿意任我摆布。我开始模仿爸爸替难产母牛接生的办法。

"首先,我把手伸入它体内探索胎儿的位置。初时,我只摸到一只脚,然后在较高一点的位置又摸到第二只脚。我把两只脚拉直,然后用尽九牛二虎之力试图把'孩子'从'产妇'的阴道口拉出来。

"那只'大脚怪''妈妈'痛得大声叫喊起来,但最后,胎儿的头部终于顺利滑出来。它立即把'孩子'从我的手中抢回去,然后开始用舌头替它清洁身体,就好像母牛替牛犊清洁一样。

"我一直陪着它直至天亮。它的身体复原得很快,当太阳刚刚升上来的时候,它就抱起全身长满长毛的'孩子'离开。

"我不知如何是好,只有眼巴巴看着它们离去。不过,它走不了两步就回头定睛望着我整整一分钟,然后就头也不回地,从谷仓的一个窗口钻出去,走入附近的丛林。

我永远都不会忘记它望住我的神情,这是要向我道谢。"

目击"野人"

1.伐木工撞上北加州"野人"

1962 年 2 月,住在美国加利福尼亚州克莱圣特的伐木工罗巴德·哈特费尔特走访了住在森林地区的朋友巴德·琼肯斯家。刚走进琼肯斯家的院子,突然,主人的家犬紧张地狂吠起来。哈特费尔特感到奇怪,环视四周,突然发现 20 米以外的院子外面,有个长着人脸模样,毛发很长的怪物正隔着篱笆朝里窥探。篱笆高约 1.8 米。怪物从上面探出头来。它的身长至少在 2 米以上。

"啊!是黑熊!"哈特费尔特乍一见,慌忙朝屋子里奔去。"是个大黑熊!"一奔进门,哈特费尔特就气喘吁吁地告诉主人。他们赶忙拿起来福枪,跑到门外一看,那怪物已经无影无踪了。

野人

　　哈特费尔特急忙绕过房子的拐角,却冷不防和那个怪物撞了个满怀,一个趔趄,跌倒在地上。

　　"大家千万别走出来,这儿有个野人!"哈特费尔特急中生智,一边大声对琼肯斯的家人喊道,一边从地上一跃而起,转身奔进房内,旋即关紧了门。

　　野人在哈特费尔特后面慢慢跟了进来,一到门口就用力大无比的手臂猛烈撞击着门。哈特费尔特和琼肯斯惊恐万分,死死地抵住房门。双方僵持了一会儿,野人似乎力乏了。趁这机会,两人提起来福枪,鼓足勇气冲出门外……可是,野人连影子也不见了,只有在房子周围留下的巨大脚印。

　　新闻记者们闻讯赶来采访,哈特费尔特对记者讲述道:"我和野人撞了个满怀,跌倒在地。这时,我瞥见了它的脸。哟!长得丑极了!至今我也忘不了那副凶神恶煞的模样。脸黑得像锅底,嘴巴和脸颊上长着硬毛,眼睛大得出奇。长相很像人,可总觉得有些地方和人不同。"记者们认为:这种与人类很相似的动物显然不是人类,也不是大猩猩那样的类人猿,而是一种更接近人类的动物。它们极少在人类居住的地方露面,仅在苏门答腊、蒙古、西伯利亚和北美西部的森林地带等地曾经有人目击。似乎有好多种类,但它们有个共同的特征,就是毛发很长。

　　比这一事件更早一点的1957年夏天,苏联科学家普罗宁博士在被称为世界屋脊的中亚帕米尔高原上,用望远镜发现了山谷对面的这种奇怪的动物。他这样谈及自己亲眼目睹的情景:"野人的身体部分和人类相似,手臂很长,脸的大部分和整个身体都覆盖着一层灰色的毛,身高在2米以上。据当地人说,这种动物不袭击人,吃树根、果实,也吃老鼠、黄鼠狼、兔子等小动物。"

1941年冬天,苏军的卡拉佩强大校在高加索的布依那库斯克亲眼目睹过被当地人抓获的野人。他记述道:"野人的模样与人十分相似,胸、肩、脊背上长满了乱蓬蓬的褐色的毛。但是,脸部、手掌、脚底的毛长得很稀疏,头发也是深褐色,长长地披落在肩上。身高1.8米以上,胸部宽厚,体格健壮。据看管的人说,野人性格暴躁,身上的气味很强烈,没办法把它放置在家里。"

一百多年来,在北美洲也不断有人目击野人。

1884年,在加拿大森林中行驶的列车乘务员发现像人和猴子的混血儿似的动物,躺在铁路旁。身高1.5米,体重六七十公斤。除了手、脚、脸以外,全身披着黑色的毛。

1924年,在美国的圣海伦斯山干活的矿工们,受到几个毛发很长的大个子怪物的袭击。矿工们用手枪反击,也难以抵抗。

1958年8月,在美国加利福尼亚的山区从事筑路工程的人们与巨人遭遇。这个巨人步子跨度达一二米,若无其事地把推土机的轮子搬至数百米远的地方。

1963年7月,在美国俄勒冈州,一个男人在深夜驾车行驶时,发现一个从未见过的怪物,身高近3米,全身披着一层灰色的毛。

2.追杀北美"大脚怪"

曾是美国森林管理局佣员的弗里曼指天发誓,说自己确曾遇见传说中的大脚怪。他全身长满褐红色的长毛,身高几近8英尺。

当消息传出后,弗里曼立刻变成公众人物,也招来人们的讪笑。记者群起跟踪他,而他的督察组上司怀疑他信口雌黄。他更收到匿名电话,指称他精神不健全而要领养他的三名儿女。

弗里曼终于辞职迁居逃避讹言。此后他更数次转职,流离不定。最后,他决定不向世俗屈服,于1984年,带着家人返回初遇大脚怪的地方——沃拉沃拉,决心要致力寻找和研究大脚怪。

他从事切肉工作,兼职驾驶货车,卖掉了两所房子,辛苦筹集了五万多美元来资助研究工作,此外,他每星期总有三天在森林度过,搜索传说中的异兽。

他的努力并没有白费。他搜集了不少大脚怪脚印,并制成石膏模,模子足足装满一个大箱。此外,他更寻获了很多毛发样本,这些样本连专家也不知是属人或属兽。

他在住所厨房挂了一幅地图,上面标明与儿子共同发现大脚怪的地点。他的冰箱亦存放了怀疑是大脚怪粪便的物质。

他指出，在历次发现中，最大的大脚怪高8英尺，留下18英寸的脚印。他们能连根拔树证明孔武有力，但性格柔顺，胆小害羞，和报章描述的野蛮怪兽大相径庭。

弗里曼说，这种神秘莫测的动物为了逃避人们追踪，往往匿藏峡谷，昼伏夜行来寻找食物，甚至懂得更改脚印，模拟成熊的足印，以混淆猎人耳目。

华盛顿州大学人类学教授研究的野人留下的足迹与掌印

他说："这点至为明显，如果他们不是这么聪明睿智，早已为人所杀。"

弗里曼的努力获得其他神秘动物研究者的精神支持，华盛顿州大学人类学教授及大脚怪的研究者格罗尔·赫兰茨曾经对弗里曼的石膏模进行研究，发现他们并非子虚乌有，而且脚印模更有完整的指纹。但另一名研究员加拿大作家达林丹却指斥弗里曼是一个沽名钓誉者。是真是伪，就是农林管理处官员也不能明辨。

现存的一些证据仍微不足道。例如有数幅据说是大脚怪的照片，其中包括了弗里曼儿子于上年10月拍的照片，但它们欲模糊不清；未能对准焦距，或者拍摄时距离太远，光线不足。照片中的大脚怪可能是形状怪异的树枝，或是穿上紧身衣的旅行人士，甚至是哗众取宠的人伪造的。

现在弗里曼亟待寻获大脚怪的骸骨，他认为只有寻获骸骨，一切便会水落石出。

在非洲和南美地区。也有像无尾猿的毛人的报道。

美国密苏里州圣路易斯市的哈伦·索金对雪人的存在坚信不疑。他是一位雪人研究专家。他认为,这种怪物是一种巨大无尾猿基因变异的结果。他评论道:"直到19世纪初,人们才发现大猩猩。试想一下,当人们第一次见到它的时候,会怎么想呢?"

人们推测,巨猿是800万年至50万年前生存的一种巨型类人猿,它活着的时候身高大约2.5米至3米,体重约300公斤。有些动物学家认为,巨猿并没有完全灭绝,北美的"大脚怪"可能就是巨猿的某种同类或变种。

但由于人们至今尚未捕获"大脚怪"的实体,因此许多人对"大脚怪"是否存在仍是半信半疑。对此,国际野生动植物保护协会创始人兼美国俄勒冈州大脚怪研究中心主任柏恩指出,发现有"大脚怪"出没的地区达数十万平方公里,大多是深山密林,人迹罕至。有些地区更是难以到达。柏恩说,过着石器时代生活的塔沙特人就生活在菲律宾丛林里,直到1971年才被发现,所以至今没能捕获"大脚怪"也不足为奇。

随着人对自然界认识的增加,发现动物新品种的可能性就越来越小。但可能仍有许多人们未知的动物。最近百年间,过去许多被人怀疑的动物已陆续得到发现与证实。如大猩猩、大王乌贼、鸭嘴兽以及科摩多龙,过去都曾有人不相信过,但事实证明了这些动物的存在。但是,人们能否证实"大脚怪"的存在呢?这就要看动物学家们的努力和人类的机遇了。

3.俄勒冈州荒原上的"野人家庭"

在约翰·格林的《追踪沙斯夸支》一书中,谈到一个沙斯夸支群体活动的事例,该书记录了一位猎人叙述的经历——

一位目击者告诉约翰·格林先生:"我在俄勒冈州的荒原地带仅仅花了一天时间,那一天是我最富有成效的一天。可能是1967年深秋最后一个周末,正是猎鹿季节。天气特别冷,我沿着小道向下走了一英里左右。这是一条山间小道。海拔约5000~6000英尺高。我再向前走了一会儿就隐没在雾中了。我拐个弯,第一眼便注意到有些岩石块被翻了过来。"

这位目击者说:"由于雾气,周围其他石块都是湿的,但这些石块却是干的。我抬头一望,在约40~50英尺的地方看到一块石头,也看见好几个怪物——沙斯夸支在那儿。它们看起来像人或者说与人差不多。那雄的挺大,雌的并不那么大,还有个小幼仔,不是很小,它正跟它的父母同行,它多半是站着的。"

目击者说:"那两个年长的拾起石块闻一闻的时候,是蹲着,身子有点弯曲。它们有点很仔细的样子。它们向前移动了几分钟,那雄的可能是发现了它们正在找的东西,很快地在那些石块中挖掘什么,那些石块都是很大的鹅卵石,扁而尖的,间隙很大,下面有几个洞,好像这些石块曾被爆破过。那些动物闻一闻后又把石块垒好,不是放回原处,是成堆地码起来。当那个雄的发现了它所找的东西时,它把石头抛开,大的石块重达50、60甚至100磅,它只需用手把这些石块迅猛地抛开,它挖出了看上去像个草窝似的东西,可能是些小啮齿动物叼到那儿的一些干草。"

"它在干草堆中挖出了那些啮齿动物,吃掉了。这些小动物可能正处于冬眠或睡熟着。大约有6~8个小啮齿动物,我注意到那个小的吃了一个,两个大的吃了两个或三个。正是这个时候,它们意识到了我的出现,一个个变得警觉起来,开始静悄悄地移到一棵树枝低悬的大树后面。以后,我再也没见到它们。"

目击者说:"它们的脸有点像猫,没见耳朵,鼻子要扁很多,上唇很短,很薄。雄的比雌的黑些,是暗棕色,雌的是淡黄褐色。雄的肩上、头上和脖子上的毛要长些,呈线状下垂,肩部比雌的要肥大得多。它的臀部以上变得宽大,它的腰宽,但是从腰往上更宽,越来越宽大。它们的肩圆润或是下屈,双肩中的头的位置比人的头要低些,似乎没有人那挺立的脖子。"

"绝大部分时间,它们不是站立而是蹲下或向前倾,以便拾起那些石块。直到它们警觉到我的出现时,我才看到它们完全站立起来。它们行动敏捷,但是弓着背,屈着身穿过那些石块的。它们最后跑动时,身子是直立的。那妈妈将她的孩子抱起放在膝上,跑时把孩子放在前面胸部下方。她的乳房低垂着,比人的更低得多。"

"它们很粗壮,特别是背的根部和肋骨以上特别肥重而厚。雄的6英尺以上高,雌的只有雄的肩高,它们比人要高大得多,重得多。那小的,不到它母亲的臀部高。"

"我第一次看见它们站立时,是那雄的拿着草走出它挖的洞,这在它们跳开之前只是一瞬间。"

4.俄罗斯科学家邂逅"阿尔雪人"

如果法国和俄罗斯联合探险队在哈萨克偏僻的高加索山脉成功捕获了一个传说中的喜马拉雅山雪人的兄弟——俄罗斯阿尔玛雪人的话,雪人声音将传遍全球。

这个探险队的领队是73岁的玛丽珍妮·科夫曼博士,她过去20年里骑车或乘吉普车到荒无人烟的卡巴尔达——巴尔卡荒原,收集了500个神话般目睹阿尔玛雪人的叙述。她得到的印象是阿尔玛雪人的脚印巨大。此外,她还研究了阿尔玛雪人的大量粪便。

科夫曼博士的同事格雷戈里·潘琴科夫声称,这为他在卡巴尔达——巴尔卡尔地区看到一个阿尔玛雪人的努力增添了新的动力。于是,由法国资助组成联合探险队,寻找阿尔玛雪人。这支探险队的名称叫:"阿尔玛92探险队"。

阿尔玛92探险队的组织者潘琴科夫说,这种雪人外表上和其他人看到的非常相似。它是一个两足动物,行走完全靠两只脚,身高在170~198厘米之间,头顶上长着一块约15厘米长的微红色毛发。面部既像类人猿,又像尼安德特人。它必须转动整个身体,才能转动脑袋。

潘琴科夫在拴马的圈里发现过阿尔玛雪人,好像马对阿尔玛雪人很有吸引力。遗憾的是,潘琴科夫当时没有带相机。

据科夫曼博士说,阿尔玛雪人习惯于突袭牧人的小屋,寻找食物和衣服。它们有时还穿着偷抢来的衣服。这种明显的学习人类的行为,说明了1988年到西藏寻找雪人的探险队员克里斯博·宁顿的两根滑雪杖神秘失踪的原因。

按照当地农民目击称,阿尔玛雪人体重超过200千克,但行走如飞,每小时能奔跑64公里。据一个目击者1991年说,新生的小雪人很像人类的婴孩,除了个头较小之外,小雪人像小孩一样长着一身桃红色皮肤,有同样的脑袋、胳膊和腿,但没有头发。阿尔玛雪人生活在海拔2400米以上的高原,它有时下山来掠夺农作物,有时到海拔更高的地方去避难。

联系到中国湖北境内神农架山区出现的野人,同样可以看到野人并不怕冷这样一种生存特征。海拔高度的突出变化,会在陡坡上产生一种包括热带到寒冷的连续的植物群,猛烈的季候风使山腰终年云遮雾绕,橡树、木兰、山杜鹃、枞、赤杨、山毛榉等繁茂的密林,无数大型哺乳动物都享受这优厚的条件而保持一个相当大的群体。

野人现在就是在这样的神秘的环境中,利用大高山从上到下各部分的气温不同,和老天爷打游击战。在中国境内,1980年初的一天,神农架野考队员黎国华就是在高山雪地发现野人脚印。在跟踪中亲眼见到了一个七尺高的棕红色毛野人。类似在高山地带寻找到野人脚印的例子很多,表明野人能耐高寒。

中国湖北省一位对野人生活习性颇有研究的文化干部为此指出,依照生物学排外竞争的原则,当两种生态相似的动物在同一地区并存时,其中具有选择性的优点的一方必然取代另一方。居于劣势的一方必然被迫迁徙,或者自我灭绝。在冰河时代的中期,人类已掌握了火,并广泛使用石、骨、木制的工具,就具有了强有力的生存竞争能力。由此想到巨猿，在日趋恶劣的生存环境中，为了减少人类社会的威胁，巨猿不得不改变生活方式去寻找新的居所，如喜马拉雅山较高的地区。我们可以据此推断：神农架野人也迁徙到了高山丛林。

这位文化干部指出，神农架野人并不惧怕寒冷。野人是被逼向高山后，从心理到生理上对高寒产生适应。野考队员在从野人擦痒的栗树皮上得到的毛发中发现，除硬的长毛外，野人也贴肉覆盖着一层密细软厚的绒毛。这便是一件最轻便最暖和的皮袄了。

为了考察，阿尔玛92探险队配备了价值100万美元的装备，其中包括红外照相机、小型直升机、悬挂式滑翔机、四轮汽车、机动脚踏车等，探险队最主要的装备是一支能发射皮下镖的枪。

科夫曼博士说："我们的目标是在当地人的帮助下，捕捉阿尔玛雪人。我们希望取得阿尔玛雪人脸部模型、头发、皮肤和血液标本，所有这些都具有很高的科学价值。取得标本后，给它戴一个无线电示踪频带装置，予以释放。"

没有消息表明，阿尔玛92探险队取得了突破性的成果，尽管它拥有野考设备是一流的，但在邂逅"雪人"的几率上，其效果绝对比不上中国神农架"野考"更好些。邂逅"野人"从某种意义上说是可遇而不可求的"运气"。除了当地人中无法确定的某一个或某些个，见到它们并不容易，"无功而返"因而就毫不足怪了。

5.新疆阿尔金山"大脚怪"

随着国内报刊报道了"中国百慕大"——阿尔金山自然保护区存在"魔鬼谷"的消息之后，阿尔金山地区又引起海内外传媒的广泛关注和浓厚兴趣。未过多久，这块神秘之地忽然又"爆"出一条新闻——

1999年春节前，一条简短的消息在《新疆经济报》上刊出：有人在阿尔金山发现一种神秘的"大脚怪"！据称，这是些"脚印有一只羊腿那么长，步幅有成年人的一倍多"的诡秘怪物。这一消息迅速在天山南北引起轰动。人们在想到底是什么动物？它同苏联和尼泊尔的"雪人"及我国著名的神农架野人有无关系？各传媒记者带着这些疑问，纷纷赶到现场进行采访。

阿尔金山地处新疆巴音郭楞蒙古自治州若羌县南部，系昆仑山支脉，呈东西走向。这里平均海拔四千五百多米，属第三纪末地壳变动形成的封闭型山间盆地，群峰巍峨，峡深谷幽，丛林莽莽，人迹罕至，是各类野生动物的天然乐园。14年前，国家在这里建立了野生动物保护区。

在这个国家保护区里，生息着野骆驼、斑头雁、雪豹等珍禽异兽五十多种，其中属国家级保护的珍稀野生动物多达十五万余头。然而出人意料的是，在这个"动物王国"里，突然冒出个叫"大脚怪"的神秘之物。一时，把许多动物专家惊得目瞪口呆。

据保护区工作人员阿不都逊介绍，在一个风雪弥漫的傍晚，当地维吾尔族牧民买买提·内孜在阿尔金山一带放牧时，突然发现一个直立行走、上肢摆动、身材酷似"篮球巨星"、没穿任何衣服的巨大"怪物"。他隐隐约约发现，这怪物通身无毛，披头散发，在雪野中行走如飞。由于风大雪浓能见度低，无法辨清其毛发色泽。不一会儿，这个"怪物"就消失在鹅毛大雪之中。当时牧羊人买买提·内孜既紧张又感到十分好奇，当他沿着这个"怪物"行走过的踪迹仔细观察时，发现它的脚印"足有一只羊腿那么长，步幅是成年人的一倍多"。

自称见过"大脚怪"的一些牧民，对这个神秘来客的描述大体相似，有人甚至把这种"怪物"称为"雪人"或"野人"。综合这里的各种传闻，这个"大脚怪"有如下特征：高二米左右；喜欢在雪天外出活动，但不像别的猎食猛兽那样爱袭击人；身体看似笨重但反应灵敏，跨越轻盈，能轻而易举地跃过一米多高的障碍物。

这毕竟都是当地人的一些传闻，并没有确凿的证据。事实上，一个世纪以来，人类追寻野人的活动一直没有停止过，但直到现在，正如飞碟、百慕大三角和"野人"之谜一样都缺乏实据，因而免不了会有人提出这样那样的质疑。

那么，阿尔金山的"大脚怪"是不是仅算一种传说，或者它压根儿就不存在呢？据有关专家介绍，早在1984年10月8日，人们就偶然发现过它的踪迹。当时，新疆登山队的4名运动员在攀登阿尔金山穆孜塔格峰的前夜，曾在一个海拔5800米的冰斗里住了一夜。第二天早晨起床后，他们惊奇地发现，帐篷四周围布满了一个个巨大而清晰的脚印。这些脚印一直向前延伸，最后消失在一个巨大的冰川里。事实上在这种雪海"寒极"里，常人是根本无法涉足的，这也许就是"大脚怪"长期以来难以被人们发现的主要原因。

当时，跟随新疆登山队的摄影师顾川先生，还在穆孜塔格峰下一个海拔近5000米的沙地上，拍摄到了一些十分清晰的大脚印，并当场进行了测量。他们发现，这些脚印的长度在50~67厘米，宽度为13~15厘米，深约4厘米，最深的约为6.5厘米，步幅一般超过1.5米，最大跨度近2米。这些尺度令众人惊讶不已。

接受采访时，一位叫阿孜古丽·克尤木的维吾尔族中年妇女告诉记者，她还听到一些奇怪的声音。就像她在电视里听到过的猿猴似的"……喔吓"的叫声，特别是在风雪天，而且多数是黄昏时分。她说，这可能就是"大脚怪"发出的声音。

新疆动物学教授谷景和分析说:"大脚怪"极有可能是国家级保护动物藏马熊。因为藏马熊行走时,后爪紧跟前爪,踏在前爪踏过的地方,但只有部分与前爪印重合,这样,人们便看到了酷似人类的大脚印。此言一出,震惊四座,不少人表示认可这种观点,但谷景和教授并没有对"大脚怪"长时间的直立行走做出解释,这不能不算一个很大的疑点。因为很少有人到保护区进行系统考察,所以,谷教授的观点,目前尚无法证实。

6.嗜吸牦牛血的"雪人"

中国西藏地处"世界屋脊",也是世界上最神秘的地方之一。"野人"在西藏高原时有出现,有些地区的藏族群众称"野人"是"神""鬼",叫"野人"为"米哥",分"冈米"(雪山"野人",也叫"雪人")、"纳米"(森林"野人")、"扎米"(岩石"野人")和"米哥穷"(小"野人")。西藏许多地方叫"熊人"的人形动物,也属"野人"范畴。

目前已考察到"野人"不仅能直立行走,没有尾巴,全身有毛,似人形,而且会发出各种表示喜、怒、哀、乐的声音,还能用石头、木棒击物,模仿人的简单活动。"野人"对人一般无伤害之意,除非它发现受到袭击时,才会攻击人。

早在18世纪,美国人和英国人就在喜马拉雅山发现了"雪人",19世纪50年代苏联出版了专著《雪人》。

中国登山队也在珠穆朗玛峰遇到过"雪人"。直至今天,"野人"仍屡见出没,引起了许多人的兴趣。那么,喜马拉雅山真的有雪人吗? 人们之所以相信其有是因为有许多目击者,之所以怀疑其无是因为至今仍未抓到过一个真正的雪人。不过,听许多目击者所述之详细,倒也难得不信了。

1954年,《杰里梅尔报》组织的由动物学家和鸟类学家组成的雪人考察队,来到尼泊尔一方的喜马拉雅山考察。考察从当年的1月一直持续到5月。令人遗憾的是,他们从没目击过雪人。不过,这并不意味着他们收获不大。收获之一是他们找到了长达数公里的连续脚印。

另一个收获是他们在潘戈保契和刻木准戈寺发现了两张带发头皮。据说是雪人的,已保存了300年之久。头发是红色和黑褐色的,顶部正中向后隆起成尖盔状。经鉴定,这两张头皮不是人的,而是一种似人灵长类的。

只能说,也许当地人并没撒谎。此外,考察队员们还访问了当地舍尔帕族和尼泊尔一方的藏族居民;请他们中的目击者说雪人的形状和行为,令考察队员们震惊的是,目击者们对雪人的描述惊人地相似。这意味着什么呢?

1956年，波兰记者马里安·别利茨基专程到西藏来考察雪人。他没有多少收获，只是搜罗到一些故事。他有幸找到一位自称目击过雪人的牧民，这位牧民说，1954年，他随商队从尼泊尔回西藏，走到亚东，在一个村旁的灌木林里，看到了一个浑身是毛的小雪人。马里安·别利茨基带着这些未经证实的故事，兴冲冲地返回波兰。

1958年，地质学家鲍尔德特神父随法国探险队来到喜马拉雅山考察。在卡卢峰，他发现了一个刚刚踩出的足印，那只脚一定相当大，长三十几厘米，宽十几厘米。当时他特别兴奋，以为朝思暮想的雪人就在不远处，他一定能荣幸地见到它。可是，在附近找了半天，也没见雪人的踪影。他难免有些沮丧。

同一年，美国登山队的一个队员，在喜马拉雅山南面的一条小河旁，看到了一个披头散发正在吃青蛙的雪人。

1960年，一支由埃·希拉里率领的探险队，在喜马拉雅山孔江寺庙发现了雪人的一块带发头皮。

波兰人对他们的记者马里安·别利茨基带回的故事并不满足，流淌在他们民族血管里冒险浪漫的血液使他们再度向喜马拉雅山发起冲击。1975年，他们又组织了一个登山队，攀登珠穆朗玛峰。

在珠峰南面他们的大本营附近，他们发现了雪人的脚印。据说，在此之前，附近村庄的一个舍尔帕姑娘到这儿来放过牛，就是在这儿，姑娘和牦牛遇到了雪人。雪人高约一米六七，满头棕黑头发。它是突然从旁边蹿出来的，张牙舞爪地奔向牦牛，咬断了牦牛的喉管。波兰人既听到了故事，又得到了脚印，他们于是觉得不虚此行。

女孩叙述了当时的经过："那是我16岁那年。一天下午，我到我家南面山上放牦牛。那儿的草好。牦牛吃得很认真，我没什么事儿，就一边哼着小曲，一边看前面那座人形山。突然，我听到身后有脚步声，回头一看，原来是个浑身长毛的怪人，还没等我反应过来呢，那家伙就到我眼前了。听大人说过我们这一带有雪人，我想这家伙就是雪人吧。我想这下子算完了，据说雪人见了女孩子就抢，抢回去给他们当压寨夫人，供它们糟蹋。"

女孩说："可是，那家伙并没理我，它从我身边过去，直奔牦牛。真是一物降一物，平时凶悍威猛的牦牛在那家伙面前一点神气劲儿都没有了，剩下的只有紧张，我看它都有点哆嗦。雪人并没因为它哆嗦、驯服就放过它，而是扑过去，照着它的脖子下面就是一口。血直往外喷。雪人用嘴堵住了咬开的口子，咕咚咕咚地往肚子里吸着血。看着那家伙这副凶相，我被吓瘫了，萎缩在地上起不来。我想，它喝完了牦牛血，就该来对付我了。我只有等死"。

"它猛吸了一阵后，可能是牦牛血管里的血被它吸得差不多了，就站起身来。也许它还觉得没过瘾。就抡起大手，照着牦牛的脑袋劈去。这家伙也不知道有多大的劲儿，只这一掌，就把牦牛的脑袋劈碎了，脑浆子都被劈了出来"。

"我想我可能一分钟的活头儿都没有。它转过身来，瞅了瞅我，我也瞅着它。它满嘴是血，脸上身上也有血，样子真吓人。出乎我意料的是，它没奔我来，而是转过身去，朝着山上的树林走去。"

7.广西、贵州山区出现的"野人"

1931 年，国民党的军队在贵州黎平县把捉到的一个身高达 7 尺的母"野人"用铁圈套在脖子上游街示众，一路上引起成千上万的人围观。据当时围观者李达文回忆：这个"野人"毛发呈灰白色，直立行走，年纪已老，众人看它，它也看人，一点也不害怕。

中国"野人"考察研究会会员、广西三江侗族自治县高禄公社干部马贤，1984年 6 月间，在广西北部元宝山进行科学考察中，发现了"野人"粪便和"野人"爬上大树留下的爪印多处。同时还发现"野人"挖烂树苑找蚯蚓吃的新泥坑，以及"野人"在大树上用树枝造成的"坐凳""摇床"以及它们的睡址、睡洞。

马贤听当地猎人说，最近有一个采药人到人迹罕至的"险区"，看见两个赤身裸体，全身灰毛，披肩长发，像十八九岁的女人那样高大的雌性站立的人形动物。

贵州黔东南苗族、侗族自治州的雷公山南麓，有一片方圆近百里的原始森林。这里自然资源丰富，不仅野果、鸟类，各种小动物随时可见，还有野猪、山羊、虎、豹、熊、鹿等野兽。古木参天、环境阴湿，常有"野人"出没。

1978 年 3 月，宰勇公社武装部长盘寿福经历了一件与"野人"共度寒宵令人紧张害怕的稀奇事。

老盘这天与当地猎人赵顺仁、梁远正相约，决定到附近的九洞山打锦鸡。锦鸡的特点是昼夜多栖于林间，树高叶茂，不易发现，清晨才下地觅食，漫山遍野，雌雄互唤，这时猎人才易发现目标射击猎取。

为了在天亮前赶到目的地，盘寿福他们天黑便从住地出发，打着手电筒行三十多里路来到了森林边缘，但离天亮时间还很长，春寒料峭便生火取暖。烤了一夜，由于行途疲劳，两个猎人很快睡熟，老盘靠着土坎渐渐入眠。

朦胧中，盘寿福感到有人走动，他微微睁开眼，看到一个不知从何处而来的全身毛乎乎的东西在添柴烤火,他吓得不敢动弹,也不喊叫,紧缩着身子假装睡觉,并不时偷眼看着。

过了一会,火燃大了,那怪物怕猎人烫着,还轻轻将猎人的身子转过去。这时,老盘不像刚开始那样怕了。他偷偷地仔细观察,那"野人"的头和脸像个蓬头发、长胡须的老头,脸颊长绒毛,鼻梁稍塌,浓眉;耳朵、嘴巴与人无异;立着行走。蹲下烤火,身高 1.60 米左右,全身毛光滑,呈青灰色,脚板比人的长大、脚跟稍后突出,四肢肌腱相当发达,腰短、身子敦实健壮,力大超人,雄性。

大约个把小时,它走了。这时,同来的两个猎人才说话。其实他们早已醒了,他们对老盘说:"这是'野人',不必害怕。我们已看到多次了,不要说话打扰它,大家装着睡觉,让它给我们烧火烤。它现在是捡柴去了,等会还要回来的。"过了二三十分钟,果然,它抱着柴又回来了,一直烧到快天亮,它才离开。

"野人"单个活动,来去迅速,性格温顺,和善,不怕人,只要不受到攻击,就不会伤害人类。

8.白毛"野人"

西藏自治区西北部的阿里地区"白毛野人"经常出没。

1973 年,札达县至得孜区公路途中的四个窑洞处,阿里军分区驾驶员开车驶向县城路过此地段时,突然发现一个全身雪白毛发很长的人形怪物迎汽车飞速跑来。这怪物毫不惧怕庞然大物的汽车,这下把司机吓坏了,他猛将方向盘一转让过了怪物,连气也不敢出,飞快开走了车。

1977 年,在札达县机关,县中队的值勤流动巡逻人员宫宝雄,在执行任务时,亲眼看到一"白人"快速在机关宿舍门口闪过,它浑身都是雪白的长毛。

1979 年 8、9 月间的一天,阿里地区武装警察直属中队干部蒋建在札达县中队值勤时,县城外面有人看到一个白色高大似人行走的怪物飘然来去。当人去追赶时,怪物恍然之间就不见身影了。

1980 年 11 月 13 日下午 5~6 时,阿里武警直属中队干部王小鹏执行任务,押送银行款汽车从新疆至狮泉河,途经泉水沟时,在汽车前右侧 150 米处,发现一个全身白毛的怪物。这个怪物发现汽车后,一下直立起来,它抓着一个白色小动物(像一只羊)。

王小鹏准备开枪射击,但考虑到自己押运任务重大,怕出意外,为确保安全,迟疑了一下。随押伙伴旦增着急了,急忙下车将冲锋枪咔嚓一下架起来。当他正要瞄准射击时,那白色人形动物扭头就跑了,它有时跑起来四肢触地,有时两脚直立跑,速度很快。

王小鹏说,他们追了几百米,因天色渐晚,怕出问题,考虑到安全,不敢再追。还说,这个怪物看上去只有3只绵羊那样大,立起来约有2米高。

1983年4月,新疆哈什邮递站司机艾买提,在新藏公路泉水沟至狮泉河大阪一带,发现全身雪白,身高2米以上,全身长毛,行速飞快地怪物。当时这个白色怪物从他的车子前面飞快而过。这时,还有一名押运员在驾驶室内,他们都被惊呆了。接着,这个怪物又在车子前面顺公路向前跑去,车子以每小时50公里以上的速度行进也未能追上它。艾买提说:"我们十分紧张,还认为它是'鬼'哩!"

阿里边防分局吴参谋说,札达县的香孜大平滩、香孜区的由加林公社一带、达巴区的达巴和东嘎等地,都有"白人"的传说。群众大都反映,这种动物全身是雪白的长毛,个子高大,行动快速。

9.小兴安岭"野人"

1964年,据在小兴安岭某地独立执行任务时任某部通讯兵班长李根山称,他所在的那个班十几个人曾多次见到一个遍身长毛、比人高好多的"野人",而且两次和"野人"对打,后来还亲手埋葬了这个"野人"的尸体。

1964年7月的一天黄昏,李根山班长和班上的战友们执行任务返回驻地安置就绪准备吃饭,忽然一个战友大叫:"快出来看啊!"只见南山坡上,相距三四百米处。直立着走下来一个黑乎乎的"大物",直向帐篷奔来。原先以为是熊,但越看越不像。有人要开枪,被制止了:"等它过来再说……"这个"大物"折向帐篷附近的一个小湖,细看不是熊而是人样,手里还握着一根棍子,是握住拄着的。它走到水边,先望了望,便蹲在一块石头上,伸手捉鱼。捉到鱼,用指划开鱼的肚子,还将鱼放到水里洗洗后,就用两手捧着嚼食。吃完鱼,竟走到帐篷旁边坐下了。它走得很慢,拖着棍子走。坐下时,身高有1.2米。

一些通讯战士想活捉这个"大物",便从两侧包抄到它的身后。班里胆大力大的"大老黄"摸到"大物"的身后,一只胳膊搂住了它的脖子,他的左胳膊被它抓了几道深沟,痛得松了手。"大物"使劲站起来,老黄被撞了个后坐地。待其他同志正准备上时,它已经逃跑了。跑时是用两脚,拖着棍子,跑得极快,转眼进了树林。

根据大家的观察,事后对这个"野人"的形象做了这样的概括:雄性,约2米高,全身长着一寸多长的棕黄色的毛,只有脸上颧骨处没有毛,可以看见脸上的皮肉。

头上黑色的长发披垂到肩,嘴上的毛像长胡子,胳膊、腿部都很长,手像人手,但比人手大得多,脚长40厘米,脚趾像人的,约5厘米长,耳、鼻也像人的耳、鼻,但大得多。手里拿的棍子约1.2米长,估计约6~7厘米粗,呈浅黑黄色。

几天后,有一天的半夜两点半多钟,哨兵猛然发现,这个家伙不知什么时候钻进了帐篷里的伙房。他赶紧喊醒大伙,大家都屏住气偷偷瞧着,它一个腋下夹着一个圆铝盆,走出帐篷不远,坐下一手端盆,一手挖盆里的面条吃,吃完躺下。

过了约四十分钟,它却甩起手来,又过了大约两三个小时,听它"哼"了几声,战士们有几个人轻轻靠近,猛然冲上,按手的按手,压腿的压腿。它却一动不动,原来它死了,肚子鼓鼓的,可能是吃面条胀死的。

当晚,大家在附近小山沟里埋了它的尸体。离开这个地方时,他们还用树枝树叶盖了盖它的坟墓,待完成任务二十多天转回来时,可能是被什么东西刨出来吃了,只见剩下一堆乱骨头。

李根山后来回忆起这件事,深感遗憾,未能捉住活的,也未收存下这些遗骨,真可惜!

10.秦岭"野人"

由于人类足迹的逼近,野人迁到无人的高山区生存,但野人还时常跑到有人的高山觅食。高山区的农民在作物成熟时,既要阻止狗熊、野猪、猴子等动物的侵袭,又要防范野人的侵扰。

一年四季,从春到冬,野人饮食来源各不相同。大体来看,春天山中能吃的东西较少,因为当年的野果尚未成熟。野人除吃长在高山上的野板栗、野橡子外,往往要到海拔七八百米左右的低山沟及沟谷地方,寻找嫩叶、嫩枝及春笋吃,也偷吃人类种植的洋芋等农作物以及饲养的小猪等。随着夏季的来临,野人逐步向海拔千米以上的高山运

秦岭

动,因为各种野果是由低向高逐步成熟的。野人喜食苞谷。当低山苞谷成熟时,高山苞谷还是嫩的,野人便随季候而追逐鲜嫩的食物。到了严寒大雪的冬天,野人们会出来觅食。神农架有人发现它们用手挖开山上积雪,寻找下面的野栗、野橡子及植物的根茎吃。

在原始森林中,有大量的各种野果成为野人丰富的食物来源。山中野栗、野橡子多,由于有壳及冬季高山严寒构成自然冰库的条件,野人可吃到第二年三月,而野栗、野橡子不腐烂。野栗、野橡子既含淀粉又含糖分,可能是野人吃得较多较久的野果品种。因此,不少目击者反映在野栗树、野橡子树旁见到野人。

樊井泉就是解放初期在栗林中连续两次见到母野人的。

太原钢铁公司退休干部樊井泉说:"1954年,我在重工业部(后改称冶金部)下属的一个西北地质队工作。一次,地质队沿陇海铁路南侧(秦岭北坡)由东往西进行普查,在宝鸡东南接近太白山一个远离居民点的林中窝铺,遇到了姓肖的两位老人,他们是兄弟。这里海拔两千多米,是半山坡,方圆几十里就他们一户。他们家也没养狗,他们在向我们介绍情况时提出该地常有'野人'出没。"

据樊井泉称,当时两位老人在向地质队介绍情况时,谈到了该地的大森林中经常有"野人"出没,每天碰到"野人"不下十数次。尤其是秋冬两季,"野人"出没更加频繁,在野板栗林中极易碰到。

在地质队准备转移地点时,樊井泉出于强烈的好奇心,请向导带路去他们经常碰到"野人"的栗子林,去看看"野人"是什么样的。樊井泉给老人一部分钱,再三央求。老人才答应了他的要求。

第二天下午,樊井泉与向导偷偷离队,到离窝铺约10里远的野栗林里去。到栗林的时候,已是近黄昏了,林中到处是前一年里落下的野板栗。老人每年秋天都到这里来大量采集,碾成粉后,全年均可充作粮食。

在天空尚有余晖的时候,"野人"来了,还带着一个小的。"小野人"身高也有1.6米左右。当时,由于樊井泉穿的仍是地质队员的服装,这头母"野人"似乎对他十分警惕,始终保持二百米左右的距离。而那头小"野人"却是"初生牛犊不怕虎",竟然跑到向导那里白吃他拣好的野栗子。那母"野人"不时发出非驴非马的咕叫,不时把小的唤到身边。

林中小树很多,"野人"时隐时现,眼看太阳快要落山,老人担心樊井泉的安全,便匆匆赶回营地。

第二天,他们又去,没有碰上。樊井泉仍不死心,第三天又去。

出乎意外,这一母一小早已在林中游荡。看到樊井泉二人后也不像头一天那样保持警觉。樊井泉按照向导的吩咐,一边假装拣栗子,一边向"野人"接近,老人为了保护樊井泉,有意挡在前面。

慢慢地,母"野人"也走进来了,樊井泉并没敢站起来,一边装着剥栗子。一边用惊奇与恐惧的余光,把母"野人"看得一清二楚。这一野人的形象和人们描述的差不多,膝盖上长满棕红色的毛说明它平时并不爬行。

在"野人"慢慢离开后,他们才站起来,急急地赶回营地。

途中,老人还告诉樊井泉,这个"小野人"是他看着长大的,有六七个年头了。老人还介绍说,"野人"住在山洞里,洞口较小,进洞后会有大石头封住洞口,防止野兽偷袭。

樊井泉由此认为:"野人"并非像人们所想象的那样凶狠,而是完全可以接近的。而接近的办法则应采取循序渐进,逐步积累的方式。

一年以后,地质考察结束。当时的苏联专家从各地质队汇报中知道了"野人"的细节,因而,苏联学者也由此做出了关于秦岭一带有"野人"的推论。

11.神农架"野人"夫妻

在 1977 年的考察中,不仅神农架山区不少群众、干部向考察队反映目击"野人"的情形。

当时任湖北省水利局设计院副院长的翟瑞生同志,就向中共郧阳地委宣传部副部长、鄂西北奇异动物科学考察领导小组成员李健谈到解放战争时期路过神农架时,和战士一起看到"野人"的情况。

翟瑞生说:"1944 年,我在中国人民解放军 359 旅,那年秋季,我们离开延安南下,走了 84 天,过冬的时候我们才到大悟县,大约休整了两个星期就分散到江汉军区。1946 年秋,五师突围,先在随县安居、历川驻、整军,我们又经当阳进南漳,走保康、房县进入大山区,用了将近六七个月的时间。"

"1947 年春节前,我们走到房县与兴山交界的地方,就是现在的神农架林区。那一带都在海拔二千米左右,峰峦绵亘,山势险峻,森林密盖,一眼望不到边。部队在崎岖的山道上艰难地行军。"

"有一天,我们早晨走了几十里路,没有看到一户人家。中午太阳很高,我们走到一条山沟里。发现在靠山坡边上树林旁,有一个用树枝搭的窝棚,不高,是'人'字棚,宽约二米,长约三米,搭得不整齐。"

"在离这个窝棚两三米的地方,站着两个'野人',正抬头看我们在山岭走过的部队,还望着我们笑!满身是毛,高的那个是母的,两个乳房很大,好像还用树叶围着下身。身上的毛是黑红色,头发比较长,是淡棕色的,披头散发,个子比普通人高得多,蛮大个块头,体形也很胖,脸和手都显得很脏。另一个'野人'矮一些,也矮不了好多,是公是母看不清,毛色也是红色,头发也很长,手是黑的,'野人'的脚是大片子脚,它的脸和人的脸差不多。"

"当时,我们与'野人'的距离大约二十几米,我们一个团在山岭上走。'野人'在山沟里。我走在队伍的中间,那时我才二十多岁。是排长。走过之后,我和前后一起看过'野人'的同志就议论开了,有的说:'这是原始人',有的说:'这是人熊',有的说:这是'野人'。"

"当时一起行军的有一二千人。'野人'说不出话,光望着我们笑。"

"'野人'的脸不同于猴子的脸,它身上的毛比较稀,不像猴子身上的毛那样密。'野人'形状像人。五指和人的差不多,站着和人一样。它的眼睛大,不同于猩猩,完全像人形,披头散发像疯子。那一带的山岭是东西走向,山上有不少的大树,可以说是林茂草深。'野人'搭的那个棚子向南,我们自东往西走。'野人'在左手下面山沟里。山是石灰岩,那时是三九天,'野人'的脚趾是张开的。"

翟瑞生所讲的经由路线和方位,在神农架酒壶坪的原兴山、房县交界的皇界的界垭一带。这里高山峻岭,地形复杂,海拔一般在 2000 米左右,是长江、汉水分水岭。森林中有山道经兴山境内往西进入川东地区。神农架开发前,这里森林资源丰富,一片片、一排排墨绿色的冷杉,树干胸径均在 1~1.5 米之间,原始森林之中,可谓树荫浓郁,遮天蔽日。

在如今的神农架,过去的皇界已被现在的乡界所代替。公路经红坪峡谷,穿过海拔 1800 米的垭口,在森林中盘旋直落设在山脚下的山城木鱼镇。著名的香溪河水之源,亦来自山腰密林中一山洞之消泉。木鱼镇建在群山环抱之中,气候宜人,已成为神农架的旅游开发区和对外开放区。

这一带,1942 年在长岩屋,1968 年在温水河,1972 年 8 月,在木鱼镇附近的车沟,1981 年在关门山,曾多次有人见到红毛"野人"的活动踪迹。

12.被捉的"野人"母子

神农架东南方向的凉盘垭,北面是高耸入云的山路,山腰间云雾缭绕,变幻莫测,西南方却是万丈峡谷,灰色的石岩壁立千仞,伟岸雄奇,峡谷底是一条常年奔流的清澈小河。河岸的东南方是绵延十多公里的缝坡,生长着白杨、桦树、栗树、枫树等,是一片保存较为完好的原始森林。

这里自古以来就少有人烟,解放初期才从外地陆陆续续搬来几户人家。稀稀拉拉地散落在山坡上,靠近河岸的小块平地,种上一些苞谷、土豆过日子。

渐渐地,也有了十多户,孩子大了,他们就聚集起来,请一位初中还没毕业的叫林俊的小伙子当老师,在靠近河岸的一座小山包上办起了山村小学,一共有七八个孩子。学生中有一个孩子名叫春娃，家住在河对岸的半山腰中。

那年端午节，春娃的爸爸专门请林老师到他家做客，以表对孩子授课的谢意。席间，春娃的爸爸无意间向林老师谈到他家周围几天来发生的一件怪事。他家单门独户，房后是一片竹林，竹林中散落着几个蜂蜜箱子，这两天，他们发现蜂蜜好像越来越少，像是被什么动物偷过一样。昨天晚上，春娃妈掌灯关猪栏时，无意间朝蜂蜜箱那边望了一眼，只见一个高大的黑影一晃而过，竹林里响起了一阵沙沙声，再跟上去看，却又什么没有见到。今早起床看时，蜜糖又变少了，而且还留有爪子抓过的痕迹。

林俊听了后，觉得十分有趣，他脑子里忽然转起一个念头：刚才喝的黄酒，能把人喝得晕晕大醉，如果用它掺在蜂蜜里，那怪物不是可以抓到吗？于是，他和春娃爸爸商议，用这个办法试试看。

当一轮明月高悬天际，用它那清澈的光辉普照在大地时，连绵起伏的群山，茫茫苍苍的林海，都好像凝结在一层透明的薄雾之中，屋外是一片深山里特有的寂静，偶尔一阵微风吹过，从树上掉下几片叶子沙沙作响，其声音也清晰可辨。

林俊和春娃爸爸用黄酒掺和蜜糖，在蜂箱那边放了几大盆，做好了准备，就静静地待在屋里观察，从门缝里往竹林里看。

到了后半夜，春娃的爸爸认为这家伙今晚可能不来了，直打哈欠，不一会，就坐在旁边的凳子上打起盹来。又过了一会儿，林俊也支持不住了，眼皮开始发涩。突然，他听到竹林里传来脚步声，猛一惊醒，二人紧张得连大气也不敢出，生怕微微的一点呼吸，会把那动物吓跑。

不一会儿，一个模糊高大的黑影从竹林里走出来，它全身是毛，面目看得不十分清楚，也被毛盖着。接着，后面又走出来一个小一点的怪物。它们走到蜜蜂箱子旁，开始用手伸进盆里去，然后又放在嘴里吸吮。随后又左右张望了一下，显然，四周是死一般的寂静，一切都在沉睡中。它们放下心来，进而大口大口地喝了起来。

突然，传来"叭"一声，显然是那个小的醉倒了。高个子吃了一惊，躲在屋里的两个人也吓了一大跳，林俊似乎感到春娃的爸爸身子在发抖。

高个子将小家伙提了起来，放在旁边，看了一会，也不知发生了什么事，嘴里叽哇叽哇的咕噜着。周围盆里还有没喝完的蜂蜜黄酒，它经不住诱惑，竟扔下那个小的，又继续喝起来。这时，酒力已在它肚里发作，高个子歪歪斜斜向前走了十几步，也重重地摔倒在竹林边。

天空出现鱼肚色，林俊二人立即找来绳索，将它们严严实实地捆了起来。

天亮以后,这两个怪物醒了,它们的形象也就清楚了,高个子是母的,头上披着粗长的头发,除脸部外,全身都是黑红色的毛,前额低平,后向倾斜,眉脊突出,鼻梁低而宽,下颌后缩,脖子短而粗。它的两个奶子突出,身体十分强壮,两臂比腿部短,腿微微弯曲。小的是公的,看来是母子俩。

春娃的爸爸一看这形状,心里十分吃惊,他以前在山里见过不少动物,就是没见过这是啥家伙,他一下子就想了祖母给自己讲过的就是"野人"。林俊也由于捉到罕物高兴得跳了起来。

吃过中午饭,凉盘垭的群众都知道春娃捉了两个"野人",全都围着观看。那母"野人"好像很伤心,还在流泪,来看的人有的送来了煮熟的土豆,有的给它丢苞谷面馍,可是当着人的面它们什么也不吃。

到了第三天,小"野人"意外地被猎狗咬死了。又过了几天,母"野人"不吃东西。女人家心软,春娃妈可怜母"野人",便瞒着丈夫偷偷将绳子松了一下。到了晚上,母"野人"挣断绳索,逃到山里去了。

林俊十分惋惜。在暑假期间召开的全区老师集训会上,他讲了捉"野人"的事,消息很快就传来了。

13."野考"队员见到的"野人"

黎国华是个年轻的考察队员,曾两次去神农架考察,都看见了"野人"。1980年2月28日,黎国华正行进在朱公坪与学堂岩屋之间时,猛然发现约七十米的地方,一个高达7尺的红棕色"野人"正走在雪地上,他立刻把肩上的步枪拿到手上,向"野人"奔去。当距离缩小到40米时,"野人"发现了他。飞也似的逃进了密林。他又追进密林,但怎么也找不着它。

同年12年18日下午5时,黎国华与另一考察队员李仁荣来到神农架无名峰南坡的响水河边,又看见一个长发垂腰的红棕毛"野人"正坐在石冰上吃东西。彼此相距约200米。两人悄悄往前奔走,试图活捉这个"野人"。但"野人"很快就发现了他俩,急忙拿起地上的食物逃之夭夭。他俩没带相机,只好慨然兴叹。

1981年9月15日下午,考察队的樊井泉、胡振林、郭建、彭裕豪在神农架林区无名峰东南面海拔二千五百米左右的一个半封闭原始林区进行动态考察,下午三时左右,樊井泉、郭建、彭裕豪在山梁看到一个红棕色毛的人形动物,从底部向山顶走去。

樊井泉首先发现,立即招呼大家来看,郭建、彭裕豪见后当即惊号,并叫胡振林快来看。

樊井泉喊正在山背后的胡振林过来看时，那"野人"还停滞不前下来回头向这边张望，然后才向上走去进入竹林。这时，胡振林用最快的速度向上追去，但还没跑200米的路，"野人"已经走到山顶，隐没在冷杉林中了。

随后，他们到现场搜索，由于高山草甸，只见路迹，没有发现明显的脚印。

1981年，华东师大生物系教师刘民壮，带着两名学生结合教学到神农架进行考察，他们在半溪公社大元大队调查了据称在1981年10月18日凌晨同时看到一个高大"野人"且看了很长时间的21名社员。得到证实后，刘民壮和两名学生又在现场发现连续的30厘米脚印7个，灌了4个石膏模型，拍了照片，对目击者进行了录音。他们还结合教学，在山洞发掘了大量化石，并收集到"红毛野人"的大量毛发。

不是偶然的遭遇，不是只听到群众的反映，而是有意识地进行考察并亲自目击"野人"，这是以前几次考察从未实现过的。

袁玉豪是参加"野人"考察多年的神农架林区工人。他个子高大，机智勇敢，考察深入，常有重要发现，他担任神农架自然保护区瞭望塔的守望工作。

1988年3月4日，他在猴子石南天门的雪地上发现了三百多个"野人"大脚印，有一百多个清楚的，脚长有四十多厘米。5月3日又在朱公坪发现172个"野人"大脚印，有7个清楚的，他灌了3个石膏脚印模型，脚长有43厘米。

在3月24日发现脚印的同时，袁玉豪发现与两个大八字脚印成三角形位置的一堆粪便，向上呈螺旋状，似人粪，但粗大得多，比人粪最少粗5倍。内含有毛与果籽。粪便呈乌黑色。

14.首次见到的"野人"脚印

1998年初夏，始终守候在神农架原始森林中追踪"野人"的野考队员张金星，再次发现了十分清晰的"野人"足迹。

"野人"足迹的发现地点位于神农架自然保护区内的黑湾一带，与往年神农架发现的"野人"脚印一模一样。

据张金星介绍：5月21日，神农架保护区下了两天大雨，到5月23日天气才放晴。他从位于猪拱坪的临时营地出发，向南天门一带例行巡查。24日上午10时，当他来到一个小地名叫黑湾的山槽时，发现被雨水浸过的小路上有三个十分清晰的大脚印，用钢卷尺丈量，大脚印长37厘米，前掌宽12厘米，后跟宽9厘米。

这一发现使张金星十分惊喜，于是，他在山坡上继续搜索，又陆续发现了二十多个脚印。这些脚印压痕十分清晰，最深的前掌为8厘米，后跟为5厘米，可见这个"野人"是一个体格硕壮的庞然大物。

小路上也有上行的脚印10来个,一左一右十分清晰,两只脚印的最大间距为105厘米,最小间距为95厘米,可以说明这个"野人"行走过程十分从容而安详。

黑湾被"野人"考察队员们称为"野人"大本营,多次在这里发现"野人"和"野人"大脚印,但像这样发现如此完整而连续的"野人"脚印还是第一次。

1999年仲夏时节,由于神农架林区又次发现"野人"。河南郑州《大河报》知名记者闫化庄闻讯赶赴采访一线,和野考队员张金星一起亲目所睹,发现了明显的"野人"脚印。

闫化庄在发回的报道中说:海拔二千七百多米的白水漂近乎位于神农架自然保护区的中心地带,8月18日,9位游客就是在那里发现了"野人"的踪迹。8月29日上午8时,长期在神农架从事"野人"考察的张金星陪同他从自然保护区的入口处鸭子口(海拔约1 800米)出发,沿山路一路上行,直奔白水漂。

闫化庄在报道中称,一过神农架自然保护区,便好似进入另一个世界。道路两侧全部被五颜六色的花儿装扮起来了,山坡上的树木更密、更苍翠了。车开出半个多小时后,大约上升到海拔2500米以上,气温逐渐下降,车窗外的景色也变得单调起来,只剩下箭竹、冷杉和高山杜鹃。

到了白水漂,张金星让汽车在一个黑色电线杆附近停了下来。闫化庄和张金星等站在半山腰,上下看去都是大片的箭竹林,据说"野人"就是从下面的竹林里走出,穿过公路,又钻进上面那片竹林里的。发现"野人"后,张金星下行了1.5公里,结果一无所获,但是在上行途中却发现了二十多个"野人"脚印,其中有5个脚印相当清晰。

闫化庄在报道中说:竹林里有条便道,据说"野人"就是顺着这条道跑走的。沿便道上行约十米处摆放着六七根干枯的箭竹,张金星蹲下去,把箭竹捡起来,于是,他们在地上看到了一个明显的脚印,用尺子一量,居然长达33厘米,实在很难想象什么动物能留下这么大的脚印。21日张金星闻讯赶到这里时,还能看清楚5个脚趾印,可由于山里的气候多变,经常下雨,现在已经看不清楚了。

闫化庄在报道中说:我们出发的时候还是阳光灿烂,可是不知从什么时候起,天空变得阴沉起来。周围很静,我们能听见彼此的呼吸声。置身于两米多高的箭竹林里。五六米以外什么东西都看不到,不由得使人觉得阴森又神秘,但如果有"野人",这里无疑是他们藏身的好去处。

15.越战中美军遇到的"野人"

经过两年的调查研究,洛杉矶大学人类学教授 wolf.Friedrich 与战地记者 Owen.Robert 二人,于 1992 年合著了《神秘的越南丛林》一书。其中生动地记述了存在于越南亚热带原始森林中的野人。在有关"野人"的描写中也许有联想的成分,本书择取其中的一二节用以鉴真弃伪。

胡兰山区距西贡四百多公里。陆 75 团三营是美军设立于胡兰山区的一支守备部队,之所以设置于此,目的在于防范北方游击队对美占领区的偷袭。该营是在 1969 年在此地驻扎的,营部设在孟雅村。

温克勒·西蒙少校当时是该营的首长。此人越战结束后到弗罗里德当了警察。欧文·罗伯特(Owen.Robert)来采访他,当问到越南丛林中是否存在野人时,温克勒·西蒙说:"确凿无疑! 假如说野人不存在,那就是我眼睛出了毛病。"

当年的西蒙少校现在已是一位善谈的老人。他当即向欧文·罗伯特讲述了 1969 年 6 月 9 日这一段时间,野人骚扰部队的经历。

西蒙老人说:当时,孟雅村营部驻扎了五十多名官兵。有一天早晨,华尔·迈克上尉惊呼起来,命令各战斗队员戒备各村口通道。华尔·迈克上尉查出当夜是两位下士站岗,当即进行了处罚。

原来,迈克早晨接到官兵食堂的报告,他们正起床准备早餐,发现粮食颗粒无存。迈克上尉断定是游击队进了村庄,而两名哨兵竟然没有发现。迈克上尉极为恼怒,当即将两名哨兵押送到西贡,接受军事法庭的裁处。

西蒙老人说:营部共有五十多名军事人员,夜间,他们的生命全掌握在哨兵手中,一旦他们擅离职守,稍为疏忽,大家都完了。迈克上尉当时的处罚是正确的,而且听说中国部队也正进入越南。中国人的游击战术十分可怕,我们必须小心戒备。

两名下士极力分辩却毫无用处,当天就被送往西贡。可是,第二天早晨官兵食堂的伙夫又向迈克上尉报告。存积在食物库房的大量罐头被盗,另有一些调料沙司之类的东西被撒了尿,库房里有许多大便。

迈克上尉查看了食品库房,向西蒙少校说起这件蹊跷事:当夜迈克上尉每隔四十多分钟就去哨楼查哨,的确没有发现哨兵有怠职的现象。两个哨楼成犄角之势,南北照应,凡通道和营房,尽在眼底,出入人员,无不在控制之中。

营部几个军官立即汇聚分析,断定是精通游击战的越南游击队敢死人员所为。数量不多,但行动快捷,企图断绝粮食,以示对美军的惩罚。事后西蒙少校电致团部,请求火速运送粮食到孟雅村。并组织一个二十名精壮人员组成的巡逻队,整夜防守。

一连几天，却平安无事。然而一旦巡逻队解散，又发现相同的事。西蒙少校立即下令恢复巡逻队，但是不许巡逻队四处走动，甚至连岗哨的士兵也可以打瞌睡，以麻痹游击队。而巡逻队所有人员都进行备战掩蔽，埋伏在各个角落，将游击队一网打尽。除了巡逻队外，其他军事人员全都处于戒备状态，一旦发生冲突，他们可以立即开火反击。

西蒙少校亲自参加夜间埋伏。将到夜里 11 点，他也忍受不住了，在草丛杂树间埋伏是一件难以形容的事。西蒙少校回忆道：在越南的日子里，每时每刻都充满了险峻恶劣。游击队、老百姓，甚至连蚊虫对我们都满怀敌意，我身上擦遍了防护油，可还是被那些蚊虫蚂蚁蝗虫叮咬得遍体鳞伤，这些该死的小动物，它们比游击队还不留情。

夜间 12 点，西蒙发现有一个黑影飞快从树林奔出，接着有两三个黑影又随之奔出。他们并不沿道而行，却是直线奔向村口。西蒙不无奇怪，那敏捷的行动和跨越障碍的本领，连国防部的特种部队也没有能力达到。

前后共有四条黑影，长得矮小，但似乎手臂特别长。夜色之中，无法看清他们是否拿了武器。到了村口，四条黑影躬身小心翼翼向四处探着，然后迅速分散，从不同的方向村里奔去。

西蒙用对讲机命令各伏击点人员注意。由于未发现他们携带武器，要他们最好能生擒这四个游击队员，以便能审问出这一山区地带的游击队情况向团部报告，重新调集军事设置。

几名士兵尾随而去。西蒙在后来说："我们的做法，相当愚蠢，这些家伙行走如飞。"

食品库房是重兵镇守处。当那里的埋伏人员发现几条黑影时，已是那些家伙背着、抱着食物出现在屋顶了。他们出入并未从地面行走。

迈克上尉命令哨楼打亮探照灯。一刹那间，四束灯光照得食品库房及附近明如白昼，四条黑影似乎被吓傻了，立在屋顶。所有的人都看清了，那四个家伙浑身长毛，没有衣服，脸上是红色的，手臂奇长。原来小偷就是他们。

西蒙少校下令守住路口，抓住这几个怪人。哪知十几秒钟一过，四个怪人回过神来，发出尖厉的声音，丢掉手中的物品，惊慌失措地飞奔而逃。

没有一个士兵能靠近他们。那动作是惊人的，他们穿越封锁，攀着屋檐树枝，不到三分钟时间，顺利地逃出了整个警戒区，未伤一根毫毛。

在欧文·罗伯特来访时西蒙少校说:"当时,我们不知道有野人存在,也不知道他们就是野人。我们称他们为胡兰山怪人。"

此次事后,平静了十几天,野人又出现。既然并不是游击队,西蒙少校就未下令杀死他们。只是挖了地窖,严密地藏好了食物。可是这群野人偷不到食物,就大为恼怒,拆坏哨楼,钻入营房撕烂士兵的蚊帐、衣服,在井里面、蓄水池里撒尿拉屎。

当然,野人的出现均在夜间,白天从来不出动。

有一次,西蒙发现一个野人竟身穿军服出没于村子。还有一次,当野人在营房内出现时,几名士兵醒来,都扑上去抓获。哪知矮小的野人不仅灵动,还十分凶猛。野人的手爪长有锐利坚硬的指甲,中者鲜血淋漓,皮肉撕裂。士兵们发出痛喊,那野人破门而出,援救的人赶到时,已没有野人的影子。

后来,西蒙少校吩咐伙夫,在食品库房放置少量食物,供野人拿取,以免他们骚扰营房。果然,野人取得了食品后,再也没有骚扰行为,但它们仍然是夜间出没。

在采访时,欧文·罗伯特问西蒙少校:为什么采用这种方式,而不是开枪杀死野人? 西蒙少校说:"我对生命由衷地热爱,作为军人,对生命就有更特殊的理解。他们不是敌人,而是手无寸铁的怪人。"

谈起这事,西蒙只略有一点遗憾:他们应该设置陷阱或者用渔网捕捉住其中一个人,这样可以对这些怪人有更多的了解。但不知道在战争中这样做,会不会产生恶劣的后果。西蒙少校曾经拍摄过野人。由于都是夜里所拍,而野人的行动又无比敏捷,所以画面上根本没有野人的样子。

阿登·赫塞尔是美军陆战队上尉,1970 年 6 月,他被越共游击队捕获,押往北越。途中,游击队沿路逼供。阿登上尉怕自己经不住苏联指挥官的手段,招出美军在海防的军事布置,便趁守卫人员松懈之时,逃出押解队伍,往黄高森林跑去。

黄高森林位于西贡之北,与中国广西龙州相邻,处于左江下游。这里深林茂密,白天气候炎热,夜间又寒冷潮湿。

阿登上尉身带创伤,衣衫破烂,拖着皮靴,在森林里走了两天两夜,明白自己迷失了方向。但他别无选择,面对游击队的追捕,只能如此走下去,至于能不能生存下去,阿登上尉还没想过,一切只有听天由命。

这一天,阿登上尉来到一条小溪边,捧着水喝了,又用水洗面孔,当他站起身来,周围有一群既像人又像兽的家伙,它们披头散发,额骨外突,鼻子扁平,两只鼻孔奇大,耳朵向前长着。它们身上都长着半英寸左右的长毛,黑油油的。其中两个怪物显然是雌性,它们长有乳房。

所有的人都不穿衣服,也悄然一声不发,注视着阿登。

阿登上尉在讲述时说了当时的心情:"见到这么多野人出现,老实说,我第一个念头就是快跑。但我吓坏了,一双腿像灌了铅,不能挪动一步。但我见它们也是诧异,不敢向我靠近,我便明白它们也同样害怕。"

我想,它们从来没见过人,更没见过金发碧眼的人。于是我镇静下来,向它们友好地问:"朋友,你们好吗?"那群野人你望我,我望你,没有动弹。阿登上尉自我介绍起来,他明知野人听不懂,但他要装成毫无畏惧的样子。见野人无所反应,阿登上尉干脆向野人走去。

突然,一个野人惊叫一声,霎时,七八个野人呜地齐呼起来,一哄而散,逃得不知去向。

天色渐暗,阿登上尉不敢继续往前行。便用石块干柴引出火种,燃起一堆火,爬上榕树而睡。半夜,一条蟒蛇把阿登惊醒了,它从阿登身体上滑过,吓得阿登神乱心跳,久久不能入睡。

第二天,阿登发现自己已落在野人手中,他被一群野人抛起来,又接住,然后又往上抛。阿登吓得连叫饶命,那些野人吵吵嚷嚷,显得十分开心。

阿登心想,自己不神秘了,落在这群浑噩的家伙手中,只有死路一条,它们会在玩耍够了之后,吃掉自己。果然,它们在抛累之后露出古怪的笑容看着阿登。

突然,一群野人冲上来,将阿登上尉的衣裤剥尽,取下靴子,然后摁住他的四肢。阿登明知道言语不通,但还是大声哀求别吃掉他。

看到另外几个野人抱来数十斤重的大石头,阿登心想,完了,他们要砸死我;或许是敲开我的脑袋,喝我的脑浆。

哪知,那些野人并没用石块砸他,而是用四块大石,轻轻放下,压住他的四肢,然后,又放了一块大石压住肚皮。接着,又放了一些石块,垒在原来的大石上。阿登感到身负压力越来越重,几乎不能喘息,每只手和脚上至少有两三百斤的石块。

那群野人嬉皮笑脸地朝阿登露在外面的头、胸吐着唾沫,又喜笑颜开地离开了。

阿登上尉见他们离去,而自己不能动弹,别说猛兽蟒蛇,就是森林中的小蚊小虫都足以让自己成为一堆白骨。他破口大骂起来,希望野人干脆把自己杀死或吃掉。

可是野人再也没有出来,阿登无比绝望,骂声仍然不断。

后来,阿登上尉听到脚步声,以为是野人良心发现,又回来了。可他立即分辨出脚步声是皮靴。一队越共游击队追上了阿登,那个苏联指挥官也在其中,正是先前押解他的队伍。

阿登最后免于一死,作为俘虏交换给美国,如今,这位前海军陆战队上尉在一家美国电气公司当守门人。

16.驯化挪威"雪人"

1920年初,一连苏联红军士兵被派往第比利斯(今格鲁吉亚首都),执行增援反击邓尼金残部弗兰格尔的军事任务。可是,在穿越高加索山脉的行程中,整队人马却神秘地失踪。对此,红军司令部大惑不解,而当地老百姓则平静地说:"这一百多人都被雪人掳去做丈夫了……"

地球上真的有"雪人"吗?为什么在世界许多民间文学作品中,都有关于雪人的记载?

在西藏,一些地区的藏民把雪人叫作"岗拉仓姆吉",意即雪山上的野人。据说,雪人体型高大,可达二米左右,全身披浅灰色的长毛,头发为棕黄色;直立行走,快捷如飞;以挖食草根,捕捉雪兔、雪鸡等小动物为生。力大惊人,敢与凶猛的灰熊搏斗。它们长年累月地生活在雪山之上的悬崖绝壁、冰川雪岭之中。由于毛色极易与积雪、荆棘相混,又极机敏,稍有响动便飞速避匿,连照相机也很难捕捉到它。

20世纪50年代末,国际上兴起"雪人"热。人们将好奇的目光投向西藏地区。来自世界各国科学考察队都聚集在喜马拉雅山南麓,千方百计搜寻"雪人"。女作家吉尔宁也曾在一群尼泊尔少女的陪同下来到喜马拉雅山南麓寻觅雪人。

在一个阳光明媚的夏日里,这群少女在雪山间的一条小涧里嬉戏,忽然,不知从什么地方跃出十几个雪人来,它们呼啸着一拥而上,将惊慌失措的少女尽数掳走。正在一旁山崖上观察雪景的吉尔宁还未来得及下水,因此才得以逃脱。她劫后余生,将这次身临其境的冒险经历写进了那部引起轰动的著名探险记——《雪人和它的伙伴们》里。

1985年10月,有个个体牙医在从那曲羌塘一带返回拉萨的途中,曾见到这样一个触目惊心的场面:一大群受惊的野驴从山谷中狂奔而出,在它们的后面,一头棕色的怪兽紧追不舍。不一会儿,一头落伍的野驴便被它紧紧地攫住。这个牙医确信那棕色的怪兽就是人们传说的"雪人"。

据统计,近几年来,从世界各地陆续传来的发现"雪人"的报告仅美洲就达1350份。加拿大、美国、俄罗斯、中国和白俄罗斯的中部、北部地区及西伯利亚、高加索、中亚细亚的山区——帕米尔高原、喜马拉雅山和天山等地区也不断有目击

"雪人"的报告传来。

1986年,在美国隐居动物学家安·乌尔德里兹的率领下,一支庞大的考察队伍风尘仆仆来到喜马拉雅山区。令人惊喜的是,一天黄昏,在海拔3000米的高山上,考察队与一个"雪人"不期而遇。在转瞬即逝的当儿,有人拿出照相机拍摄下了"雪人"的照片。尽管这张照片不够清晰,却至少可以说明这样一个事实:这种身高大约二米、浑身长满深红色毛发的类人生物是客观存在的。

这张照片重新勾起了人们对喜马拉雅山区存在"雪人"的幻想,来自世界各国的科学考察组再次深入喜马拉雅山区,却无缘再创造一种奇遇。

前不久,从欧洲传来的一则消息让"雪人"迷们异常激动:由英国人类学家和隐居动物学家仲·沃勒格尔和尤·斯科特率领的一支科学考察队,在挪威斯匹次皮尔根群岛的一个山区考察时,意外捕获一个"雪人"。为了维护它的自然天性,科学家们把它带到苏格兰北部的一个荒无人烟的农场里,并专门指派了一个勇敢多智的管理员照管它。

这个身高2.14米、体重98公斤、脚掌长0.54米的"雪人",虽然看上去枯瘦如柴,却是一个肌肉发达的大力士。它有一双修长的手臂,一直垂到膝盖。全身长满了浅棕色的毛发。在管理员的照料下,这个"雪人"总是随地大小便。一旦把它关进卫生间,它就会野蛮地狂叫起来。

研究者计划让这个"雪人"在农场再呆一段时间,然后对其进行全面的研究和驯化,以使其能够适应最起码的现代人的生活。人们期待着有新的报道传来。

17.在美国发现的神秘怪物

1924年,矿工贝克在俄勒冈州波特兰以外约100公里华盛顿州的人猿谷探矿,忽然在峡谷的边缘看见一只类似猿的动物,连忙向它开枪射击。当天晚上,一大群类似的动物袭击贝克一群人住的小屋,敲打屋顶和墙壁,企图闯入屋内,贝克他们竭力阻挡。它们骚扰了五个小时才离去,房子周围留下了数以百计的大足印。

1962年,退休交通管制员福德及好友米尔斯,在密西西比与路易斯安那两州交界的荒芜蜜糖岛沼泽,建了问狩猎小屋。一天早上,他俩正把日用品搬进小屋时,看见9米外有一庞然巨物在翻泥土,怪物用双脚站起来,直瞪着他们,它胸肩健壮,全身都是肮脏的淡灰色毛,面貌酷似人。过了一会儿,它转身离去,隐没在灌木丛中。

福德和米尔斯以后再也没有在这么近的距离看见怪物,却看到了它的很多足迹。他们把这些类似耶替足印的脚印制成石膏模子。有一次,他们看见一只喉部被撕裂的垂死的野猪,杀野猪的东西显然栖息于沼泽里。他们与其他露营的人都往往会听见怪物吼叫:"先是长长的尖叫,接着化作沙哑的咯咯声。"

1973年6月底的一天,兰迪·克里夫和彻里尔·瑞伊听到附近灌木丛中有什么走动的声音。彻里尔连忙亮灯,兰迪则起床走去查看。这件事在伊利诺伊州的马菲兹布罗发生,根据新闻报道:"它就在这一刹那从灌木丛中跑出来,活像大猩猩,高达八英尺,比那两个目瞪口呆的年轻人高出许多。蓬松的灰白色长毛互相缠结着。身体发出嫌河中粘土的臭味。"过了一会儿,怪物才转身,蹒跚地穿过灌木丛,向大泥河走去。

17岁的兰迪虽然是州警警员的儿子,但假如只有他和彻里尔目击怪物,可能就没有人相信了。许多星期以来,已有不少人见过怪物,其中包括三个精明的游艺团工人,一个吓呆了的四岁孩子,和一对引人注目的私通男女。除了说自己见到"大鬼"的小孩,目击者也分别说怪物身高2.4米,约重140至180公斤,全身都是淡色并粘满污泥的长毛。马菲兹布罗的警察全体出动,一行十四人,带着一只猎犬及它的训练人,在灌木丛展开搜索,追踪怪物。断枝和践踏过的草形成一道隐约的痕迹,显示怪物走过的地方,草上一块块的黑粘泥,很像彻里尔·瑞伊的房子与河之间的那些污水里的软泥。搜索的人一直追到一座废弃的谷仓,怪物的足迹就在那里消失了。后来,有几次听到刺耳的尖叫声,在满是泥泞的河岸,又发现奇怪的脚印,狗也因嗅到不寻常的气味而惊慌起来。大群荷枪实弹的猎人,在那里四处搜索,可惜始终找不到神秘的怪物。

18.高原上的"雪人"尸体

在冰雪封盖的喜马拉雅山区,多年以来一直流传着关于"雪人"的传闻。但由于谁也没有亲眼见过,所以一直没有引起人们的重视。直到1972年,美国动物学家克罗宁,带领一支考察队深入喜马拉亚山区,这才引起世界瞩目。

这一天,考察队宿营在一片山脊上,那里地势险峻,到处白雪皑皑。一个静悄悄的夜晚过去了。第二天清晨,他们发现雪地上有一串奇怪的大脚印。脚印一左一右,脚趾和脚掌都看得很清楚,显然是人走出来的。可是,在冰天雪地的高山上,怎么会有赤脚行走的人呢?克罗宁联想到"雪人"的传说,他猜测,一定是"雪人"在夜晚经过帐篷时留下的脚印。于是,"雪人"的消息一下子传开了。

几乎在考察队发现脚印的同时,驻扎在喜马拉亚山区的中国边防军,竟然与"雪人"直接打上了交道。事情是这样的,边防军接到藏族居民的报告,说是两只脚的怪物正在偷吃牛羊。于是,边防军立即前去侦察。他们在望远镜里看见,约 2000 米远的地方果然有两个怪物,正在雪上直立行走。战士们悄悄地前进,一直到离怪物只有 400 米远的地方,才举枪射击。结果一只被打死,另一只狂奔逃走。

倒在雪地中的怪物的尸体,有许多人类的特征。它的身高大约 1.50 米,胸部有两个明显的乳房,应该说是雌的或"女"的。它浑身长满红中带黑的毛,头发很长很长,披散在肩膀上,脸上的毛又稀又短,嘴巴宽,牙齿尖细。它的手臂比普通人长,几乎超过膝盖,手大脚也大,屁股上没有尾巴。

面对着这个怪物,大家谁也说不上它是什么。战士们想向上级报告,可是山区实在太偏僻,而且又遇到了罕见的大雪天,所有的道路都被封锁了,成了与世隔绝的状态。连一切吃用物资都得靠飞机空投,这个怪物的尸体也没有办法运出去。

真是太可惜了。如果怪物就是"雪人"的话,由于没有保存下实物标本,简直为探索"雪人"留下了千古遗恨。

关于"野人"的争论

1.西藏没有"雪人"

自 20 世纪 50 年代喜马拉雅山脉发现"野人"的消息传出以来,神秘的"野人"就引起了世界各国科学家的极大关注。热心"野人"科考的记者为此采访过在西藏进行了二十多年野生动物考察和研究的专家刘务林。刘务林先生说,根据他在野外的考察和分析,传说生活在喜马拉雅山区的"野人"和"雪人",很有可能就是与"人"的体型接近的棕熊。

据报道,时任中国濒危物种出口管理办公室驻拉萨办事处主任、西藏林业厅野生动物保护处处长的刘务林先生,曾参加过多次西藏野生动物普查和专项调查,主持建立了西藏大部分自然保护区,目前他正致力于组织新的一轮西藏野生动物普查。

据刘务林先生介绍,十几年来先后在西藏的墨脱、吉隆、朗县和珠峰附近的定日、定结、亚东等地十多次发现所谓的"野人",但最后实地考察发现都是棕熊。而一些保存下来的所谓的"野人"皮毛和骨头,实际上也是能够确认的动物。例如工布江达县一寺庙的一张"野人"皮,其实就是棕熊皮,只是外表颜色和一般的棕熊不一样。

刘务林先生曾亲眼看到被认为属于"野人"的脚印,长二三十厘米,与小孩的脚印很相似。但经过分析,他认为这些脚印都缺乏足弓,实际上是棕熊留下的脚印,棕熊后足仅具趾垫和掌垫,酷似人的脚掌。

棕熊属于我国重点保护的野生动物,多生活在海拔3500米以上的地带。由于棕熊有许多看似人的行为的地方,使当地许多老百姓受到迷惑,误认为是"野人"。

现在藏北高原仍流传着棕熊与牧女的传说,确实,在现实生活中,藏北被棕熊伤害的大部分是妇女,后来被猎人射死的棕熊又大半是雌熊。

在安多县,有一个被人称为"折蒙拉康"(意为"棕熊的经堂")的天然岩洞,藏北草原上的棕熊每年夏天都要在洞中聚会一次,大小几十只棕熊从四面八方赶来,自觉排成单行长队,顺序进洞,几天后又排队出洞,分散开去,其中原因迄今仍是个谜。

在藏东一带,左贡、芒康、贡觉县的牧民把棕熊称为"人熊",因为他们发现棕熊和人一样能"骑"马,会直立追人,学人戴帽等等。刘务林先生曾亲眼观察到棕熊捕获家马的经过,他认为棕熊骑在马背上是为给猎物增加负重,而后制服猎物。

在墨脱,"野人"传说较多。一般棕熊很少从高山草甸下到海拔低的人类居住区活动,只是偶然前去觅物。一旦遇到人,它们就站起来与人对视。而人们通常很少见到棕熊,同时受传说影响,不敢仔细观察,事后只能依据印象记得所看到的是"红嘴巴、红鼻子、红头发"误传其为"野人"。

刘务林先生在墨脱考察野生动物时,有一天晚上,有奇怪的野兽在他们居住的房子附近吼叫,当地老百姓都说是"野人",但他第二天观察的结果,发现了棕熊遗留下来的毛发,地上的脚印也是棕熊的。

喜马拉雅山区是传说雪人最多的地方。的确有人在雪线一带甚至雪山上多次见到这种传说中的"雪人":能直立行走,身体毛色多为灰白色,脚印留在雪地里似人的且较长,个头比一般人高,有时"手里"还拿着一根木棍。有两次当地牧人和猎人很准确地描绘"雪人"的形象和地点后,刘务林特意去蹲点调查,结果发现是体毛较浅的棕熊在这一带活动。

刘务林先生说,棕熊冬天处于半睡眠状态,极易被惊醒,有的甚至不冬眠。一旦受惊,或睡眠时过于饥饿。可能出来到处游荡,甚至下到雪线以下觅食。喜马拉雅棕熊毛色变异很大,有的熊是灰白色的,老百姓猛然见到这种颜色的棕熊就误认为是"雪人"或"野人"。还有的棕熊毛色甚至灰白与棕黑相间,因此还被误认为是大熊猫,《辞海》中记载西藏有大熊猫,英国《大百科全书》认为存在一种"西藏大熊猫",就是这个原因。

刘务林先生认为,从动物学、生态学的角度看,一个物种如果在世界上只有

2000个以下个体,又不经过专门的人工繁殖,几乎可以肯定要绝种。在一个封闭的小环境里,任何规模过小的动物都难以抵御自然环境的压力和近亲繁殖的影响,如果不像大熊猫一样的抢救繁殖,必然会遭到自然淘汰。"野人"如果真的存在,它作为大型哺乳动物,有一个种群的最低数量极限,目前各地发现的所谓"野人"总体不超过200个,而且居住分散,环境恶劣,其近亲繁殖也不可能使它们生存到现在。

"野人"之谜被人们列为世界四大奇谜(另外三大奇谜为天外来客、水怪、百慕大三角)之一。几十年来,国际上组织了无数次考察队对"野人"进行了跟踪考察,但无一例外均以失败告终,迄今为止没有得到一张有关"野人"的照片,除当地百姓外也没有一个人说他亲眼看到过"雪人"或"野人",而只是得到过一些所谓"野人"的足迹。

指出究竟有没有喜马拉雅"野人""雪人",目前仍然是个谜,刘务林先生的观点,现在自然也只是一家之言。这个世界奇谜,还将吸引有关专家学者进行进一步的探寻、考察。

2.喜马拉雅"雪人"只是一种棕熊吗

神农架野人,喜马拉雅山雪人,尼斯湖水怪……每过一段时间,就会浮现在人们的视野之中,引起一阵议论。"雪人"这个名词,一直吸引着广大公众的注意。世界各国许多人类学家和动物学家、科学研究工作者和登山爱好者,都热衷于寻找雪人,渴望能揭开这一千古之谜。有人曾预言,1995年内人们将看到一个活生生的雪人。可是,直到1997年下半年,才传来了差强人意的消息:南蒂罗逛尔人、饱尝惊险的超级登山爱好者赖因霍尔德·梅斯纳,历时12载拍摄"喜马拉雅山雪人"的努力喜获进展。在"世界屋脊"附近的荒芜偏僻的高山地区,梅斯纳有幸遇见了此种传说中的怪物——其实这已是他生平第四次遇见了。

梅斯纳现年54岁,1986年到1998年的12年间,曾经30次远行到喜马拉雅山和喀喇昆仑山地区寻找雪人。

他第一次遇见雪人是在1986年7月19日。那天黄昏时分,他独自在喜马拉雅山地区攀登一处高约海拔4000米的山脊,四下里不见人烟。陡然之间,他看见长满杜鹃花的灌木丛中钻出来一头巨兽,沿荒芜的山崖边的小径走去,在泥地上留下巨大足印。它全身上下长着毛,仿佛生气似的发出高亢的叫声,迎风传来一股刺鼻臭味。梅斯纳虽然阅历丰富,见多识广,一时间也禁不住胆战心惊。急切中他曾想打开相机拍照,可闪光灯不亮,他目瞪口呆,无可奈何地望着巨兽消失在山崖小径的尽头。

梅斯纳在暮色苍茫中赶路，来到一处茅屋半已倒塌的小山村投宿，当地居民接待了他。他向他们讲述刚才令他毛骨悚然的遭遇，他们露出十分敬畏的神情告诉他："您遇上了 Chemo。"据梅斯纳记述，他见到的 Chemo 既像熊，又像人。他仔细观看了 Chemo 在山崖旁小径泥地上留下的足印，很像人的脚印，只是大得吓人，与著名登山探险家埃里克·希普顿 1951 年在梅伦泽冰川旁拍摄到的足印照片一模一样。

梅斯纳将他的这次奇遇写成文章在报刊上发表后，很多人嗤之以鼻，说他看见的雪人，只不过是他在高山严重缺氧情况下产生的幻觉。

德国《图片报》干脆指出他是"由于想雪人想得眼睛发了花"。

但尽管如此，梅斯纳仍迷恋于雪人，坚持继续寻找这种被不少人视为想象中才有的怪物。他孜孜不倦地寻找了 12 年，到过不丹、巴基斯坦、锡金、印度北部、西伯利亚和尼泊尔，几进几出中国西藏，先后四次亲眼见到活生生的雪人，最后一次终于拍摄到了雪人的照片。他把他的经历写成专著《雪人：传说和事实》，于 1998 年 10 月 2 日出版，并得出结论说："雪人之谜已被揭开。雪人并不是什么怪物和幽灵。"

梅斯纳第一次见到雪人，未能拍照；第二次是漆黑的夜晚；第三次拍下了雪人的足印，但底片在归途中不慎被毁。1997 年 7 月，梅斯纳总算成功了。"这一次是在克什米尔西北部南迦峰（海拔 8125 米）附近，当时气温零下 40 摄氏度，Chemo 距离我只有 20 步，拍下的照片十分清晰。这是我掌握的确凿证据，证明雪人是棕熊，而不是什么'雪山人'，也不是猿，尽管人们都希望是雪山人。"

从梅斯纳拍到的照片上可以看出，"雪人"不像好莱坞影片中塑造的那种张牙舞爪的怪物金刚，不是尼安德特人的亲属（指 1856 年在德国杜塞尔多夫附近出土的旧石器时代中期"古人"化石），也不是类人猿；而是一头全身长毛、模样滑稽可笑的动物，眼睛注视着相机镜头，仿佛是摆好姿势让梅斯纳拍照。

梅斯纳在他的专著中写道：雪人在光天化日之下不难看出分明是一头棕熊，确实硕大无比，高 2.4 米，性杂食，毛色随年龄增大而变换，由棕褐色成黑色。这种棕熊只生活在"世界屋脊"和喀喇昆仑山地一带，据他估计，现今在西藏东部共有一千至两千头。此外，在不丹、巴基斯坦和蒙古可能有一种类似的种属，被称为 Alma。

有人声称，雪人是由一种巨猿演化而成的。梅斯纳不同意此说，虽然在喜马拉雅山脉较低的地带已经发现这种巨猿的骨头。梅斯纳指出,他在当地参观过一具雪人木乃伊,后来还见过一个雪人标本,这两者均是棕熊。当地居民向他讲述过种种关于 Chemo 的故事,都表明它是以洞穴为家、习惯于昼伏夜出、外形像人的棕熊。棕熊常常看上去似乎用两只脚在雪地里和灌木丛中慢腾腾地行走的脚印,其实是用四只脚,两只后爪正好踩在两只前爪踏出的足印上,以致人们误认为只有两只脚。在某些地区,这种棕熊力气十分大,挥动两只前爪,可以轻而易举地打断体重达 600 公斤的牦牛的后颈。据传说,这种浑身长毛的雄性雪人还偷抢伤害年轻姑娘。

现在,梅斯纳计划把自己搜集到的有关资料提供给美国动物学家乔治·沙勒。至于各种物证,如雪人的毛、粪便和一张皮,他暂时不想公之于众。

在梅斯纳看来,棕熊的科学分类无关紧要,他表示:"即便有谁查明 Chemo 不是棕熊,我也没有意见。我个人无意发现新的动物种类,我只是想阐明,作为神话传说的'雪人'实际上是一种动物,不论叫它 Chemo 或 Derma 都行。"他在他的专著中列举了他收集到的上百种不同叫法,都是各地方言土话,概而言之意思均相当于"雪人"。

梅斯纳还指出,他的推断其实与早在半个世纪德国生物学家恩斯特·舍费尔所做的研究不约而同。他曾仔细阅读和观察舍费尔的遗著和藏品,包括著作、论文、一颗 Chemo 的头颅和一张 Chemo 整皮。舍费尔生前相信纳粹党卫队头子希姆莱鼓吹的"血统渊源"奇想,不远万里东行到喜马拉雅山地"为雅利安人寻根",早在纳粹当政时期便得出了类似的结论,并曾用猎枪射杀了好几头棕熊。据说有两头棕熊被剥制成标本,至今还藏在奥地利萨尔斯堡一所博物馆的地下室里。

3.1995 年考察失败引起的话题

1993 年 9 月 3 日 18 点过 5 分,一辆乘坐多名专家、干部的面包车,在保护区北部燕子垭地段 209 国道上与 3 个"野人"不期而遇,在社会上引起了巨大的轰动,《文汇报》《人民日报》等百余家报刊纷纷刊发转载,并成为 1995 年中国珍稀动植物综合科学考察队开赴十堰的直接诱因。这次为期一年的以"神农架野人"为主体的考察与以往不同的是,它包括神农架生态环境、古今气候演变、人文景观、古生物与古人类等综合考察活动。

1995 年 4 月 25 日,中国珍稀动植物综合科学考察队在北京举行出发仪式,5 月 8 日来到车城十堰。短暂停留后,5 月 9 日又开赴神农架。中国科学探险界拉开了对神农架野人进行大规模揭秘活动的序幕。

参加本次考察的专业人员在30%以上。中科院院士、北京猿人的发现者之一贾兰坡先生是这一课题的总牵头人,中国科学院古人类研究所黄万波、袁振新副研究员分别担任科学指导和组织工作负责人。

此次科学考察与以往不同的是,摈弃了过去"大呼隆""满山抄"的破坏生态环境、违反科学规律的方式。在保护神农架原始森林生态环境前提下,采用专家结合卫星定位仪等先进仪器方法进行考察。考察队的专业人员涉及生态学、生物学、考古学、地质学、环境保护等多种学拉,他们来自中科院、北京大学、北京师范大学等多家科研单位和大专院校。

考察活动共分为三个阶段。第一,侦察性踩点考察。组织一个专家组,对考察路线进行摸底调查,以确定探险考察路线及"野人"最有可能出现的地区;第二,探险性考察。按踩点考察,在"野人"最有可能出现的地方驻扎,吸引"野人",寻找"野人"实体、住所、标本;第三,专业性考察。对传闻中的人形动物进行考证,搞清这些动物的生活习性和生态环境。

通过五六两个月的考察,大家只收集到二百多种植物的标本和二十余种古动物化石,除此之外,几乎没有任何重大发现。鉴于七月下旬长江中游汛期的到来,野考队只好于七月初撤回北京,并匆匆做出如下结论:一、神农架确实存在适宜于"野人"生息繁衍的生态环境;二、70多年360多人发现的114起"野人"目击事件说明,目击者将熊、猿类误作"野人"的可能性甚微;三、"野人"确实存在过,但现在存在的数量不多;四、若真的有"野人"存在,其血缘关系比大猩猩更接近人类。

野考第一阶段结束了,当野考队带着遥控搭载微光摄像机和红外热像仪开始第二阶段的考察时,主力队员张金星声称发现了一个他认为肯定是"野人"聚散地的"野人窝"。经历了数日艰苦考察,而今终于有了一点线索,野考队在兴奋之余大胆地作了"今冬明春"可望破解"野人"之谜的预测。国内外的报刊杂志在得知这一消息后,迅速向世人公布了这一令人激动的预测。

自然,预测并不是结果,随着野考的进一步深入,不仅是关注的人们,就连野考队自己也发现,破解"野人"之谜谈何容易。从局外人的角度看来,野考当时已过去了一年又几个月,野考基本结束,可是野考并无明显进展,"今冬明春"的预测让人感到不免有些言之过早。

早在野考第一阶段即将结束时,野考前线副总指挥、《科技日报》社记者沈英甲就认为神农架已没有"野人"生存的环境,神农架"野人"已经灭绝。

沈英甲分析:20世纪80年代初,神农架地区总人口为六万多,时至今日已近十二万。将近翻了一番的人口表明,神农架人类活动范围就比十余年前不止翻了一倍。这也表明,大型野生动物的活动范围也大幅度缩小。有人会问,短短十几年时间能让一种动物灭绝吗?我说让蚂蚁灭绝办不到,但让大型奇异动物——"野人"灭绝就足够了。联合国环境署在一份文件中指出,目前全世界每分钟就有一种植物灭绝,每天就有一种动物灭绝,照此,十几年时间灭绝野人是绰绰有余的。

不仅沈英甲这样认为,许多人都持同样的观点,据神农架地区政协主席杜永林介绍,从1924年到1993年,在神农架范围内共有360多人114次见过"野人"个体138个,平均每年不到两次。这么低的概率表明,"野人"的确太少了,活动范围的再压缩,要形成种群繁衍后代几乎没有可能。

这且不说,从20世纪70年代到90年代,当地已很少有人见过"野人",不少人几乎都忘了此事。科考人员在山林活动时,有时一天能碰到十几位挖药人、偷猎者。如果存在野人,它们肯定要四处觅食,他们会碰不上吗?

因此,结论只有一个,目前神农架地区拥有丰富的自然资源足够成百上千的"野人"享用,还有几个人迹罕至的地方,但它们难以移动,不能移动就只有灭绝。

早在1977年3月至1978年元月,中国科学院和湖北省委联合组织了一支规模较大的神农架"野人"考察队,据说找到了"野人"的毛发、粪便和脚印。通过鉴定,比已知的灵长类动物更接近人类,只是参与鉴定的是各地不同的科研部门,没有把握的可能也有。相比之下,1995年开始的这次野考可以说比上次陷入了更大的僵局,当时要做出结论,野考队面临的将是两种选择:一是神农架"野人"已经灭绝,那么留给人们的将是神农架"野人"之谜是目前凭着野考队现有的设备和时间无法做出明确的答复。那么这种结论的结果是神农架"野人"仍是一个揭不开的谜,神农架仍将以其夺目的光辉受到世人的瞩目。现在看来,聪明的野考队没有做出明确答复是有道理的。

其实,神农架野人是否存在已并不重要了,野考队前线总指挥王方辰在接受记者采访时说过:即使抓不到"野人",也是对神农架动植物、生态、气候的综合考察。况且一个民族、一个国家,尤其是世纪之交的今天,不能没有探险精神、献身精神和探求未知领域的欲望。

王方辰私下里还表示:不论神农架"野人"现在存在与否,我们都有责任和义务来保护神农架这一业已形成的以"野人"为中心的综合文化,并有责任和义务使之发扬光大。这句话其实当时就给神农架"野人之谜"作了最好的注脚。

神农架的"野人"之谜，应该告一段落了。最近，中国濒危物种科学委员会副主任、中科院动物所研究员汪松指出："我们应该把更多的时间和精力，投入到保护神农架林区的动植物资源和生物多样性上。对于这片长江中下游唯一大面积和对水土保持发挥着重要作用的原始森林加以保护才是最重要的。"

4.野人的传说是虚构的吗

著名动物学家谭邦杰认为，野人的传说是虚幻的。因为迄今为止，并没有人能出示野人的照片或标本。他认为，既然野人的目击者事件时有报道，那么总应有野人的尸体、遗骸，但至今却一无发现。野人传续至今，一定要有一定数量，才能生儿育女、传宗接代，而现在多数看到单个活动，种群不可能延续。另外，神农架山区可食的坚果、浆果也并不多，冬天无果实可食，野人难以生存。

那多情善笑的山鬼究竟是什么，至今还没有明确的答案。也许，对神农架山区的长期考察将会提供一个满意的答案。

当代世界，最令人感兴趣的自然奥秘，莫过于扑朔迷离、魅力无穷的"野人"之谜了。多少年以来，人们一直坚信，有一种与人十分相像的动物与我们并存在这个世界上。它们硕大凶猛、茹毛饮血，时隐时现，引出许多恐怖、离奇的故事来。然而，人们不禁要问，在我们地球的某些角落，真的还生存着我们祖先的同类——尚未完全进化的野人吗？

翻开我国古代书籍，就有关于野人的记载。据清代的《房县志》载：房山深处有许多一丈多高的野人。他们全身长着密密麻麻的长毛，藏在森林中捕捉小鸡，或者与人搏斗。

即使是在当代，新闻报道中各地的野人事件层出不穷。特别是来自中国神农架的许多报道，让人觉得若即若离，仿佛野人就在我们身边。

根据目击者的描述和对野人脚印的分析，专家们认为，野人是两脚直立行走的人形动物，皮肤褐色，全身长着浓密的毛，披头散发，没有尾巴；成年后体高2~3米，比人强壮，手长达膝部，它们住山洞，吃野兽。野人高兴时会像人那样笑，并且会表达不同的感情。会发出各类声音，甚至能与人交配。在神农架，人们还发现了长达48厘米的野人脚印。据专家估计，它的体重有二三百公斤。

伴随着轰轰烈烈的传闻应运而生的，是一些人的故弄玄虚和地方报纸的夸张炒作。

早在1962年，一则关于发现野人的消息从西双版纳传来，并传言野人被英勇的边防战士打死,吃了它的肉。一支野人考察队几乎在一夜之间便成立起来了,人们千里迢迢奔赴边疆,带着不捉到野人誓不罢休的雄心壮志。经过半年的艰苦调查,才发现被人们传说得如火如荼的野人原来是长臂猿。

1984年10月2日,湖南省新宁县水头乡的三十多位农民捕获了一只重20公斤的动物。它能直立行走,会哭会笑,十分惹人喜爱,经鉴定是短尾猴。消息不胫而走,几天之后,在国内的一家报纸上,这只短尾猴便摇身一变而成了"挑逗少女当场被捕"的野人。

因此,许多学者对地球上是否有野人一直持怀疑态度。既然真的有野人存在,为什么这么多年以来,人们一个也抓不到呢?哪怕是死的也好啊!在国外,更有人认为马可斯拍摄的关于北美野人的纪录片是人扮演的。

那么,地球上究竟有没有野人呢?根据目前我国探索野人和世界上研究野人的材料、证据,科学家们得出了野人并不存在的结论。当然,这个结论是有据可依的:

第一,虽然人类对野人的考察研究历史久远,却尚未获得野人存在的直接证据。

作为世界上传闻野人较多的国家之一,我国自新中国成立后便兴师动众,有组织地深入"野人"聚居区进行了多次大规模的考察,除了找到被疑为"野人"的脚印、毛发和粪便等物外,几乎一无所获。但这些又能说明什么呢?单从对神农架的野人考察活动便能时见一斑。

1977年,有110人同时在方圆3200平方公里的神农架考察。在众多的解放军和民兵的密切配合下,每隔100米或50米,便有百人的队伍齐肩并进,在寻寻觅觅、连哄带赶中,每日只推进10公里。这样,两个月之内足以把整个神农架区域像篦头发一样篦一遍,一切大型动物插翅难逃,更何况野人。然而即便如此,考察组仍然空手而归。

第二,物种的存在形式是种群,野人不具备这个生物学表态特征;生物的生存必须有营养物质,对于大型动物来说,必须有丰富食物来源,必须占有一定的空间。假如神农架一带真的有作为一个物种存在的野人,它们应该有一个数量不小的种群存在,才能大量繁衍、生存下来;在日复一日、年复一年的生活环境里,它们必然每天都在创造着有别于其他动物的痕迹,例如一般动物在大量采食后都会遗留下来的食物残屑;另外,作为灵长类的一种,野人必须有一个使其种群栖息且持续生存的自然条件。

事实上,人们在神农架既找不到野人的尸体,也找不到野人留下的食物残屑。世界上许多所谓的野人区根本不具备野人种群栖息和持续生存的自然条件。作为一个物种,它们又怎能生存呢?

第三,有关野人的许多资料,大部分来源于道听途说,没有研究价值。

据统计,20 世纪 20~80 年代,在神农架目击野人者达 300 人次,在云南的沧源县约 50 人次,在广西的柳北山区约 21 人次。近几年来涌起的"野人热",使得一些传媒捕风捉影,大肆渲染。可谓鱼目混珠,真伪难辨。正如一位科学家所言:"野人使人幻想的同时也给人胡说的机会。"

有关资料还表明,野人双腿快跑如飞。从动物进化论看,快跑者都是从开阔地区发展而来。森林地区给动物提供了攀爬活动的条件,却不可能培养出快速的奔跑者。

第四,有关野人存在的间接证据虽然不少,但许多证据经不住科学家鉴定。

1974 年,中国科学院动物研究所曾将神农架地区群众提供的,据称是直接获自野人身上的毛进行鉴定,发现居然是苏门羚的毛。对于各地的野人足迹,被兽类学家一语道破:熊类的后脚印与人类颇相似,只是略大些。

由此看来,我们完全有理由认为野人并不存在。地球上某些人迹罕至的地区或许有某种未被科学知晓的生物存在,从而引起人们的猜测与遐想,至于它究竟是什么动物,科学家们正在寻踪觅迹。

5."野人"是不存在的吗

早在 20 世纪 60 年代,对喜马拉雅山区到底有没有"雪人"存在的疑谜,国内外就已存在着不同的看法。

1951 年和 1954 年的英国探险队成员们都肯定了"雪人"的存在。他们的说法可以用 G·N·杜泰来代表。他说:"我们从搬运工人那里听到过很多类似的故事。其中有一个人肯定地说,他确曾看到'雪人'。"他从这许多传说中得出结论说:"这些传说是如此确凿可信。"

印度动物学家那旺南达否认"雪人"存在的说法。他听说西藏东部两个牧人远远地看到了"雪人",也测量了"雪人"在雪地上和在沙土上的脚印,证明雪上的脚印比沙土上的脚印大得多。他的结论说,雪上的脚印是经风吹日晒而扩大和变形的结果,并认为所谓"雪人",译音是"米提"(耶提),实际是"康米"的同义字,是"人熊"——直立行走的棕熊的意思。

苏联通讯院士奥勃鲁恰夫认为有"雪人"存在。当年他在《莫斯科晚报》上发表谈话说:"一般说来,根据当地居民可靠的叙述和雪上的足迹看来,可以推断,在喜马拉雅山4000~5500公尺高度的地方,显然居住着一种比大猩猩更接近人类的动物,但它们比石器时代的最原始的人还要原始。"

医学科学研究员阿·里大卫特认为不能支持"雪人"的说法,他在1958年1月22日《莫斯科新闻》上发表了苏联水文地质学家普罗宁在帕米尔两次看到"雪人"的谈话,同时也发表了阿·里大卫特的评论。他说:"我认为没有任何确凿的事实支持'雪人'的说法。"他认为在那布满白雪的环境下,实际上已排除了任何高级动物生存的可能性。假若有种类人猿在消灭的过程中确实仍然生存着,那一定会发现它们的骷髅,至于雪地上的脚印是不能说服人的证据。

中国科学家裴文中、吴汝康、周明镇等教授基本上同意阿·里大卫特的说法。还补充说明在喜马拉雅的高山里和帕米尔高原中,高出海拔4000公尺以上的高地上,生存着一种比大猩猩和黑猩猩更接近人的动物,至少是从现代灵长类的地理分布上来看似乎不可能。同时他们提出质疑:在冰雪里怎能解决食物缺乏的现实,高级灵长类在这样的环境里靠什么生活?

为此,一些科学家对"雪人"研究做出的三点结论是:

第一、许多传奇故事,都是根本没有的。

据说有许多人看见过"雪人",或者是它的影子,可是至今没有捉到一个,或者能摄下一张照片。"雪人"既然生活在高山中,在那寒冷的冰天雪地里,遗骸或骨骼,应该完整保存下来。而几十年没有一个人发现过这种遗骸。原来作为"雪人"存在的主要证据,如足迹、头皮、木乃伊等有些都已被否定了。

第二,所谓亲眼看到过"雪人"的人,是指鹿为马的臆断。

中国科学家吴定良列举了两则关于"雪人"的信息:据苏联《劳动报》载,驻扎在帕米尔的边防战士加拉耶夫,在3000米冰雪覆盖的地方发现了一只从未见过的动物,满身是毛,见人就往山上跑,他和其他人都认为是"雪人"。他们一起追上并开枪打死了它,原来是一只雄猴,毛也是浅褐红色的。

另外一个事实,苏联地理学家莫尔也夫经过详细的鉴定,证实这一动物是属于叙利亚的一种棕熊。

第三,传说中的"雪人",可能是属于稀有的种属不明的生物,这种生物可能是介于人和猿之间,潜藏在高山上,代表灵长类的一个支派,至于它与高山动物的关系怎样,尚需进一步搜集新材料,才能最后解决这个"雪人"之谜。

不独在喜马拉雅、帕米尔高原、高加索山区,在北美,"野人"的存在也是值得怀疑的。

1967年10月,在美国报纸上刊登了一组大脚怪物的照片,是一名叫帕特生的人及其朋友在加利福尼亚的布拉夫克利格遇到的雄性大脚怪物留下的。这是一个像人似的怪物。它体魄健壮,在厚厚的红褐色毛的深处露出胸部和臂部。照片刊登后,顿时轰动了美国。

　　美国著名灵长类专家奈皮耶仔细看了照片后,提出了如下质疑。他说:"从照片中动物走相来看,总觉得大脚怪物有点过分意识到自己的走相。这是女性的走相。再则,头的形状显示了不是人类的,但是重心的放置不像类人猿。另外,其上半身稍稍像猿,而下半身完全是人类的模样。"

　　奈皮耶说:"我们不能想象自然界存在这样的杂种。而且从走相来看,仿佛是拙劣夸张地模仿人的脚步似的。从科学上来考察,这个动物有很多矛盾的地方。因此,不排除有披着猩猩毛皮的人弄虚作假的可能性。如果那是事实,将是一次卑劣的捏造。"

第十章　考古未解之谜

第一节　千年古墓探秘

揭开成吉思汗墓葬的三大悬念

据报道,位于内蒙古鄂尔多斯高原鄂托克旗的 千里山附近发现的可能是成吉思汗真正的墓地,此墓地距离鄂尔多斯市内的成吉思汗陵不足 200 公里。

如果找到了成吉思汗的下葬地,那将让发现失落的特洛伊城和出土图坦卡蒙陵墓(保存最完整的埃及法老陵墓)的轰动效应相形见绌。更令人怦然心动的是成吉思汗的陵墓里可能埋藏着大量奇珍异宝,里面的工艺品甚至比秦始皇陵出土的兵马俑还要壮丽。自成吉思汗死后虽然中国战乱不断,但他

成吉思汗墓

的陵墓一直没被找到,这意味着陵墓迄今仍完好无损。

但据了解,证明是成吉思汗葬身之地的石窟尚缺直接证据。

1.石窟是当年成吉思汗养伤所在

内蒙古社科院著名研究员潘照东认为阿尔寨石窟是证明成吉思汗陵就在附近的重要的遗迹之一。石窟中壁画的内容与《草木子》中记载的成吉思汗下葬后万马踏平墓地木留坟冢的场景不谋而合。此外洞窟中其他的壁画是网格状的,只有这幅壁画从上到下为七层呈阶梯状分布,而石窟门口的西夏浮雕也是分级的,二者风格极为相似。

成吉思汗是在征服西夏的军旅途中因病逝世的,而阿尔寨石窟又是当年成吉思汗养伤时的所在,所以石窟中的遗物有明显的西赏建筑风格是完全合理的。潘

照东在电话中对记者说。

2.一块重要的巨石毁于"文革"

鄂托克旗附近的"百眼井";"驼羔梁"等是成吉思汗晚年活动的另外几个遗迹。据潘照东介绍,传说中的百眼井因风沙的侵蚀而埋没,如今只剩下了80多眼,但井壁非常光滑圆润,而且分布合理。

据说驼羔梁就是当年在成吉思汗墓地杀死幼骆驼的地方。驼羔在母骆驼眼前被杀时,母骆驼急得像发了疯一样。为了防止发疯的母骆驼四处伤人,士兵们就搬来一块中间有窟窿的巨石并插上木杆,拴住母骆驼。可惜的是这块巨石今日早已无从寻觅——它已经在"文革"时期被毁了。

其实一直以来,有关成吉思汗陵墓的寻找就是国内外考古界的一大热点。距离时间较近的一次为2000年夏天美国人穆里·克拉维兹的考古活动。他们在2001年7月底在宾得尔山北面的乌格利格其贺里木发现了距地面11米处的一个庞大的陵墓群。但最后证明这实际上是一处假墓地。

3."其墓无冢",葬地成千古之谜

成吉思汗的去世地点,有六盘山、清水县西江(今属甘肃)、灵州(今中夏灵武)三种说法。经学者考证,死于清水县西江的说法是比较可靠的。但这个地方又距六盘山很近,所以第二种说法也大体成立。至于死于灵州之说则已基本上被否定。

成吉思汗死后究竟葬于何处,到现在为止还不能完全确定,这也成了一个千古之谜。之所以如此,主要是因为古代蒙古族特殊的葬制造成的。蒙古族与汉族一样实行土葬,但在地面上不留坟冢、碑记一类的标志物。《黑鞑事略》一书中专门讲到蒙古人"其墓无冢,以马践蹂,使如平地"的习俗。但按照加宾尼的说法,蒙古人的这种埋葬方式可能还有保密的目的——埋葬后将墓穴填平,"把草仍然覆盖在上面,恢复原来的样子,因此以后没有人能发现这个地点"。

元末人叶子奇的《草木子》一书同样描写了蒙古帝王死后的丧葬情形。他们死后一律被送到漠北墓区深埋,埋毕用万马踏平,待草长之后再解严。那么成吉思汗的亲族要想祭奠他该如何找到埋葬地呢?原来人们会在死者葬地牵来一只驼羔,他们当着母骆驼的面将驼羔杀死并将血洒在墓地。以后每到祭祀的时候,人们就把那只母骆驼牵来,如果母骆驼在一个地方久久徘徊,哀鸣不已,那么这个地方就是陵墓所在地。

这种"保密"的埋葬方式,与中国古代其他王朝的帝王盛修陵寝的做法,显然大不相同。也正因如此,不仅成吉思汗,蒙元所有君主的墓地,到现在一个也没有

发现。

金字塔里，法老的金屋空了

来到埃及，你立即会被一种金字塔文化包围。在这里，几乎所有的埃及人都在不停地向我们介绍金字塔，介绍它的历史、现状，它的价值、影响，仿佛埃及只有金字塔。

或许是受这种氛围的影响，到埃及的第二天，我们就踏上了"金字塔之旅"。6月的撒哈拉大沙漠，头顶是火辣辣的太阳，脚下是滚烫的沙子，身边偶尔会走过几只骆驼驮着几个当地人懒洋洋地穿过沙漠，有时也会有为金字塔而来的三三两两的外国游客。

我们面前终于闪现了金迹。

金字塔塔身的北侧，离地面 13 米高的地方，有一个用 4 块巨石砌成的三角形入口。这个三角形入口十分精巧，导游说，如果不用三角形而用四边形，100 多米高的金字塔的巨大压力就会把这个入口压塌，而这个三角形结构就把金字塔上层巨大的压力分散开来。

我们通过这个入口进入到法老墓里。那是一个差不多一米见方的石洞，只能低头弯腰徐徐而下，每走一步都很吃力。越往下走越黑暗，呼吸也变得困难，逐渐地，我们只能看到金字塔的身影。据导游介绍，在埃及国内，有超过 80 座金字塔。作为法老的陵墓，它们是从古埃及的旧王朝（公元前 2686 年）开始建起，直到中王朝（公元前 2055 年）才结束。

我们到访的是埃及最有名的胡夫金字塔，它建于公元前 2600 年，位于埃及吉萨。这座大金字塔原高 146.59 米，用超过 200 万石块筑成，经过几千年的风吹雨打，顶端已经剥蚀了将近 10 米。在 1888 年巴黎埃菲尔铁塔建成以前，它一直是世界上最高的建筑物。

一边仰望着这座庞然大物，我们一边沿着周长为一公里的金字塔缓缓绕行。胡夫金字塔不仅规模巨大，而且建筑技巧精细——塔身的石块之间，没有任何水泥一类的黏着物，一块石头直接叠在另一块石头上，每块石头都打磨得很平。它虽然已经经历数千年历史，但你很难在石块之间的缝隙中插入一把薄薄的刀片，所以，它才堪称建筑史上的奇迹。进入金字塔的甬道，蜷曲身体前行。约 50 分钟，洞穴终于开始向右拐弯，10 分钟以后，我们的前方出现了一道石门。再向左转，一座石棺挡住了去路—导游说，这就是古代埃及法老死后栖身的"金屋"，棺盖是敞开的，里面空荡荡的，没有任何物品。据随从的埃及友人介绍，埃及现存的金字塔绝大多数都被盗过，盗墓者不仅掠走了大量的财产和文物，甚至把法老的"木乃伊"，也转手倒卖。可是，金字塔失去的这些，正是它的"魂"，没有了它们，金字塔的光芒暗淡了许多，这不能不使我们对金字塔之旅感到非常遗憾。

从塔洞里钻出，我们又一次站在金字塔的前面，并且开始研读塔身上"金字塔铭文"中的一句话："天空把自己的光芒伸向你，以便你可以去到天上。"

高大无比的金字塔在天地间显得凄凉了许多。

灵验的法老诅咒

1923年2月，位于卢克索的古埃及幼主图坦卡蒙的陵墓在沉睡了3000年之后，被英国人卡纳蓬勋爵所率领的考古探险队打开。他们发现陵墓入口处镌刻着令人毛骨悚然的警告："谁打扰了法老的安眠，死神就会降临到他头上。"

在此之前，考古队中的一个队员阿瑟·韦戈尔曾向勋爵讲过有关"法老的诅咒"的传说：19世纪末有个英国人将另一具法老的棺材带回了英国，几天后他的枪支就炸膛了。他因此失去了一只胳膊。将棺材运回国的船只，不久便沉没了。存放过棺材的房屋，在火中化为灰烬。给棺材拍过照的摄影师举枪自杀。凡与这具棺材有关的人，所遭遇的事故和灾祸到目前已数不胜数。

但是，在探险队进入墓道深处之前，韦戈尔一再听见勋爵以轻蔑的口气谈论法老的诅咒。韦戈尔警告说："如此下去，他活不过两个月。"两个月前，卡纳蓬勋爵曾接到当时一位有名的神秘主义者给他的一封信，信中说："卡纳蓬勋爵，你们不能进入陵墓，否则必有大难。忽视警告将身罹重病，痊愈无望。"

勋爵虽然认为，法老的诅咒只是虚张声势，但他还是两次向一位占卜者请教，结果两次都预言他将莫名其妙地死去。的确，4月份的一天早上，勋爵在旅馆的房间中醒来，只说了一句话："噢，我难受极了。"当他的儿子赶到时，勋爵已不省人事了，当晚他就去世了。据医生说，他的死是受毒蚊叮咬所造成的。然而人们却注意到了，蚊子叮他的地方正是图坦卡蒙王木乃伊上有疵点的地方。

此后，死亡事件接踵而来，曾给法老木乃伊做过X光透视的放射线专家突然全身瘫软，倒地窒息而死。在探险队中做勋爵秘书的理查·皮切尔，由于心脏病突发而死于卧室里。英国工业家乔尔·伍尔是法老陵墓的第一批参观者之一。不久，他便因发高烧而死去。直到1930年，最初参加发掘陵墓的探险队员只有两人还活在世上。

然而,半个世纪后,法老的诅咒仍然具有摄人性命的威力。1970 年,电视台就置人于死地的"法老诅咒",秘密采访了图坦卡蒙陵墓发掘队的唯一幸存者——73 岁的理查德·亚当森。他对记者说:"我从来就没相信过这种神话。"就在他离开电视台回家的半路上,他乘坐的出租车与拖拉机相撞,亚当森被甩出汽车摔在路上。这是曾担任过卡纳蓬勋爵安全警卫的亚当森,第三次因蔑视法老的诅咒而付出了代价。第一次谈这个话题,48 小时后他妻子暴病身亡。第二次表示不信任法老诅咒后,他儿子就在一次飞机失事中摔断了脊骨。第三次则使他自己头部摔伤,在医院苏醒后他说:"以前我不相信法老的诅咒与我家人的不幸有什么联系,现在我不得不信了。"

1972 年,图坦卡蒙法老的金面具被运往英国,为纪念陵墓发掘 50 周年而准备在伦敦大英博物馆展出。这时法老的诅咒又一次把恐怖投向人间。负责此次活动的是开罗博物馆古藏部主任甘马尔·梅瑞兹博士,他在博物馆中负责保管 20 具古代木乃伊。他对别人说:"世上没有人像我这样同古墓和法老的木乃伊打了这么多交道。我不是还活得好好的吗?我从来不相信什么法老的诅咒。"

1972 年 2 月 3 日,就在金面具准备发往伦敦的这一天,梅瑞兹博士因心力衰竭而死,那年他才 52 岁。展览活动并没有因梅瑞兹的死而中断。英国皇家空军的一架运输机,受命运输这一无价之宝。但是,此次飞行任务完成之后的 5 年之内,机组有 6 名成员先后丧命或遇到极大的不幸。飞机上的一位乘员布雷恩·朗斯福尔中士说:"往回飞行的时候,我们几个在装面具的箱子上打牌,并哄笑了一阵。我们并不是有意对法老不敬,只是觉得好玩。"在此后的 4 年中,他得了两次严重的心脏病。飞机上的一位姑娘,在做了一次头部手术后就变成了秃头,不得不退出皇家空军。机上的领航员吉姆韦布上尉家中失火,所有家产付之一炬。在飞行途中,主机械师伊恩·兰斯多恩开玩笑地踢装面具的箱子,并夸口说:"我踢了世界上最贵重的东西。"没过多久,兰斯多恩在登高时梯子突然折断,他踢过箱子的腿摔成骨折,打了 5 个月的石膏。正驾驶员里克·劳里和机械师肯·帕金森更倒霉。帕金森的妻子说:"每年到了运面具的日子,我丈夫都要犯心脏病。"1978 年的一次发作终于要了他的命,那年他才 45 岁。劳里在帕金森去世两年前就犯心脏病死了。他妻子说:"是图坦卡蒙的诅咒害了他。"他死时只有 40 岁。

这么多人的神秘死亡,在逻辑上应如何解释呢?新闻记者菲利普·范登堡经过多年的研究,在他的《法老的诅咒》一书中提出一种颇有吸引力的说法。他认为法老陵墓里的环境非常适合细菌繁殖。天长日久繁殖出一些不为人知的新菌种,并且直至今日它们还有致病或致死的威力。

范登堡还认为,古埃及人在炮制毒药方面是行家。有种毒药只需通过皮肤接触毒素便能渗入血液。陵墓壁画上的颜料里都掺入了毒药,陵墓建成后立即密封,以保持药效,所以其效力到现在还有相当大的威力。

1949 年,核物理学家路易斯·巴尔加里尼对法老的诅咒提出一种最不同凡响的解释。他认为,3000 多年前的古埃及人完全有可能使用了核放射性来保护自己的圣地。陵墓的顶部可能覆盖了一层铀。或者陵墓本身就是用有放射性的岩石建成的,这种矿石的放射性至今还可以伤人。

古埃及人真拥有这样先进的科学技术吗? 难道我们真因忽视了祖先的智慧而遭到了惩罚吗? 这真是令人悚然的未解之谜。

图坦卡蒙猝死之谜

自从 1922 年图坦卡蒙国王的墓穴被发现那一刻起,他就成了世人关注的焦点。图坦卡蒙陵墓是历经几千年却能保持完整的法老墓之一,也是迄今发掘出的墓穴中宝藏最丰富的。墓穴中满是黄金、象牙和珍贵的木雕,而其中最有名的便是图坦卡蒙木乃伊脸上罩着的那个金面具。但是在一派辉煌景象背后却掩藏着一丝令人不安的迹象:从图特国王下葬时的情景看来,他生前似乎遭到了不公平的待遇。

据埃及古代史料和传说谈及的图坦卡蒙生平,仅限于下列一些情况:他

图坦卡蒙

约生于公元前 1370 年,原名图坦卡顿。公元前 1361 年左右,他即位为埃及国王,当时年仅 10 岁,娶第十八王朝国王埃赫那吞的 12 岁的公主为王后。他约在位 9 年,18 岁(有人认为是 19 岁,即公元前 1352 年)时,突然去世。

对于他的死因,埃及古文献上没有做任何详细的记载。他是病死的吗? 历史学家深表怀疑。因为从他死后的一些情况看,不得不使后人产生一些疑问。直到他的陵墓被发现后,人们才排除了他"病逝"的可能性。

图坦卡蒙的木乃伊,密封在重重的棺椁之中,外面的 4 层是镀金的木椁,最里层是用黄金制成的棺罩,而且制作成法老本人的形象,盖在木乃伊上。当揭开裹在他的尸体上的最后一层亚麻布时,考古学家大吃一惊:在他的脸上靠近左耳的地方有一处致命的创伤,由此推断,他不是因病致死的,而是因利器突然刺入而毙命的。他究竟是自杀还是他杀? 如果是被人谋杀,凶手又是谁? 年轻的法老是怎样丢掉性命的? 这还是一个千古难解之谜。要解开这个谜,还得了解在他生活的时代埃及国内存在的尖锐复杂的政治斗争形势。

当时,埃及的统治阶层主要由两部分人组成。一部分是以国王为首的新兴军事贵族;另一部分人属于宫廷贵族及地方贵族,其中也包括势力显赫的阿蒙神庙集团。阿蒙是当时埃及人信仰的最高神灵。祭司长凭借神的权力干涉朝政,甚至能控制国王的废立,有时直接担任宰相,执掌国家政权。国王认为这是对王权的严重威胁。在图坦卡蒙的岳父埃赫那吞统治时期,他便依靠军事贵族,试图以宗教改革的形式,禁止对阿蒙神和其他地方神的信仰。他封闭了阿蒙神庙,赶走了权势显赫的祭司,下令将所有出现在公共场所或私人墓葬中的"阿蒙"形象或字样通通磨掉,并迁都底比斯城以北 300 公里处的新城,取名"埃赫塔吞",以图长期摆脱阿蒙祭司集团的影响和控制。然而,埃赫那吞逝世后,他的改革彻底失败了。继位的这位没有政治经验的小皇帝,又绝不可能有自己的独立政策,他只得向阿蒙集团和地方权力集团妥协。因此旧的统治秩序重又死灰复燃。为了表示自己对太阳神的崇拜,他将自己的名字由图坦卡顿改为图坦卡蒙,意为"太阳神阿吞的化身",以示他对太阳神的虔诚信仰。

这一重大的复辟举措,表明他已经完全背叛了他岳父的政治主张,这能不引起一些利益集团的嫉恨吗? 这与他的被害完全没有联系吗?

另外,还有一个事实,即图坦卡蒙死之后,年轻貌美的王后曾请求赫梯王国派一名王子与她结婚,以便继承埃及的王位。可是,当兴致勃勃的赫梯王子来埃及完婚的途中,却出人意料地遭人暗杀。而曾经与图坦卡蒙同掌政权的老臣阿伊,却出人意料地继承了王位。这一事实,难道与图坦卡蒙的死没有因果关系吗?

不过,现有的零散资料与据此做出的判断并不能做出公正的历史结论,谜底的揭示,还有待于人们进行深入的研究与探索。

法国"圣女"百年不朽之谜

贝尔纳黛特·苏毕胡是法国卢尔德的一名农村少女。14 岁时,她第一次梦见了圣母玛利亚,后来又多次梦见她。不久,贝尔纳黛特便离开家人,进入讷韦尔的修道院,也就是如今她的遗体所在之处。这名性格温和的修女终生体弱多病,但她却使周围人经常感受到鼓舞。在天主教会正式封她为圣徒前,所有认识贝尔纳黛特的人都认为她是圣人。

圣女贝尔纳黛特35岁逝世,1879年安葬。在她被封为圣徒之前,天主教会三次要求挖出她的遗体进行检查。许多医生、神父与名望之士目睹了各次挖掘的过程。

在经过126年之后,遗体应该只剩下骨架。然而,圣女贝尔纳黛特的每次出土记录中都提到,尽管她手里握的念珠已经生锈,她的遗体却保存得相当完好:皮肤柔软而富有弹性,面容栩栩如生。

保罗·波契提,意大利特异现象调查委员会成员。他和导师路易吉·加拉切利(一位名声不太好的意大利有机化学家)一起调查过许多所谓的灵异现象,因此许多信徒对他很是反感。应杰奎琳的要求,保罗将和她一起调查不朽之身,并为它们拍照。

保罗相信,某些不朽之身可能被信徒暗中做过防腐处理。埋葬的环境会影响腐坏速度,湿热环境会加快尸体腐烂。然而,并非所有的不朽之身都经过防腐保存,或是葬在稳定的环境中。

保罗发现,另一个因素也能使遗体保持完整。

杰奎琳说:"在尸体分解过程中会发生一种现象,就是所谓的皂化,也就是身体的脂肪转化为尸蜡,这是一种蜡一样的黏稠物质。"

简而言之,体内脂肪转化为某种肥皂,使得肌肤丰腴、容光焕发。皂化有其神秘之处。科学家还不了解,是什么促使体内脂肪转化为类似肥皂的物质的。有人认为应该是化学与地理条件的共同作用。

杰奎琳说:皂化妙就妙在它并不是随处可见的现象,它应该是遗体内外因素的结果。

十字架项链上的铜锈表示空气与湿气钻进了棺木,但为何遗体没有腐烂?杰奎琳和保罗来到法国的讷韦尔,他们对圣女贝尔纳黛特的遗体进行了研究,许多谜题无法解释。圣女贝尔纳黛特不是风干的木乃伊,也没有因为皂化而肿胀滑腻。也许更深入的研究才能解开谜底。

保罗在研究文献资料时,发现了一段特别有意思的文字。这段文字指出,第三次挖出圣女遗体时,人们拓制了面具,并用这些拓制品制作了一个蜡制面具,杰奎琳似乎说中了。

尽管两位科学家可能已经揭开了圣女青春面容的秘密,然而,贝尔纳黛特不朽之身的其他谜团,或许将永远无法解开。

其中最让人震惊的是,第三次挖出遗体时,有个医生在报告中指出,圣女贝尔纳黛特的骨架保存得非常完好,肌肉结实而有弹性,肝脏柔软,而且软硬程度几乎正常。他指出这种情况似乎并不是自然现象。

关于这一点,科学似乎无法提供解释。杰奎琳说:"我们得出的结论,有些也只是猜测而已。关于不朽之身,还有许多问题无法解释。"

成吉思汗墓陵诅咒显现

相传近 800 年来一直保护成吉思汗墓陵不被人发现的一个诅咒,迫使 2002 年 8 月一个声称已找到成吉思汗墓地的美国考古队,突然放弃挖掘行动,并撤出外蒙古。

一个美国的历史与地理考古队于 2002 年 6 月获得外蒙古政府的许可,在蒙古首都乌兰巴托以北 200 英里的地方,挖掘他们认为可能是成吉思汗的墓陵地点。

然而,这个由芝加哥大学历史学者伍兹以及黄金交易商克拉维兹共同组成的考古队,在遭遇一连串不幸事件后,突然决定放弃挖掘行动。

考古探险队发现,墓陵的地点由一条 2 英里长的墙壁保护着,墙壁中忽然涌出许多毒蛇,一些考古队的工作人员被蛇咬伤。另外,他们停放在山边的车辆无缘无故地从山坡上滑落。

之后,一位前外蒙古总理指责考古队的挖掘行动,惊扰了蒙古人的祖先,亵渎了他们圣洁的安息地点。考古队遭到这一连串打击后,决定立即停止挖掘行动。据说,成吉思汗在 1227 年去世之前,曾下令不许任何人知道他的墓陵在何处。有一传说认为,有上千名士兵在墓陵完工后遭到灭口,以防止他们将墓陵地点泄露;另有 800 名士兵在返回蒙古时被屠杀,随后数千匹马被驱赶,将墓地的痕迹完全踏平。

小河墓地女干尸笑容之谜

1934 年,瑞典考古学家贝格曼向西方世界介绍了他在中亚腹地发现的一具面露微笑的女性干尸:高贵的衣着,中间分缝的黑色长发上戴着一顶装饰有红色带子的尖顶毡帽,双目微合,好像刚刚入睡一般,漂亮的鹰钩鼻、微张的薄唇与露出的牙齿,为后人留下一个永恒的微笑。

作为斯文·赫定组织的西北联合考察团的成员,贝格曼在新疆罗布泊地区发现了一个"有一千口棺材"的古墓群。贝格曼把它命名为小河墓地。这具女性干尸就出自那里。

但小河墓地自贝格曼到过后就在沙海中神秘地消失了,在此后的66年中再也没有人能够找到它。

当年,贝格曼在小河只进行了粗略的工作,发掘了12座墓葬,带回了200多件文物,相对于贝格曼描述的一个巨大的古墓群来说,这些东西太简单了。但就这些简单的发现,让小河墓地成为世界考古界注目的焦点,人们在寻找着、探索着,希望有新的发现。

70多年过去了,当又一个女性干尸面带神秘微笑再次在考古工作者手下出现时,小河——这个让世人牵挂猜度了半个多世纪的墓地终于现出重重疑谜。

小河墓地整体由数层上下叠压的墓葬及其他遗存构成,外观为一个椭圆形沙山,呈东北—西南走向。发掘前,沙山表面矗立着各类木柱140根,在墓地中间和墓地的西端各有一排保存较好的大体上呈南北走向的木栅墙。

考古人员对墓地西区上部两层遗存进行了全面揭示,发掘墓葬33座,获服饰保存完好的干尸15具、男性木尸1具、罕见的干尸与木尸相结合的尸体1具,发掘和采集文物近千件,不少文物举世罕见。

干尸的面部、身体上普遍发现涂有乳白色浆状物质,不知是用于防腐还是有其他用意。

有两具尸体标本令人惊异:一具是形似侏儒的木质尸体,另一具是用干尸的头部、两臂和木雕的躯干、下肢组合的尸体。

考古人员对小河墓地周边环境、古遗址进行了初步调查,发现遗址、墓地22处,采集陶、石、铜、铁、玉等类文物近百件,初步分析,这些遗存年代均在汉晋时期。

从卫星定位仪标定的这些古址的坐标、分布看,小河墓地实际上指示出了和罗布泊北部著名的"楼兰道"相交的一条南北走向的交通线。在墓地东北一公里的范围内发现有粗大的胡杨枯树,有些树被砍伐,只留有整齐砍痕的根部,表明当时这里曾一度是林木茂盛的绿洲。

对于小河墓地的年代,考古人员推测其年代的下限晚于古墓沟第一类型墓葬的年代(距今3800多年),而上限有可能与之相当或更早。

墓地发现的象征男阳和女阴的立木、高大的木雕人像、小型的木雕人面像、雕刻有花纹的木箭、冥弓、木祖、麻黄束、涂红牛头、蛇形木杆等文物,考古人员推断,在这一地区存在着一种具有独特文化面貌的考古文化,小河墓地是目前发现的这一考古文化中最为重要的一处墓地,它的发掘将极大地扩展新疆史前文化研究的视野。

明代古尸 500 年不腐之谜

2000 年 8 月 5 日,上海松江区华阳镇的派出所突然接到一个报警电话,当地农民在平整土地时无意之中挖出了一具尸体。当民警赶到现场,棺木已经被挖土机刨开,一具尸体脸朝下趴在地上,一身古代装束。上海市公安局松江分局华阳派出所民警夏纪芳也在现场,当他走近一看,不由得大吃一惊,死者是名男性,从皮肤和面容判断不是一具现代尸体,但奇怪的是尸体竟然没有腐烂,保存相当完整。

消息上报后,上海市松江博物馆的工作人员很快赶来,初步认定这可能是一座古墓。古墓中出现这么完整的尸体,在场的人都觉得很奇怪。而接下来发生的事更让上海松江博物馆馆员杨坤吓了一跳。他双手接触尸体的时候惊奇地发现双手就如同伸到冰箱冷冻室一样,异常冰凉。在寻找古尸随葬品的时候,杨坤在古尸衣服中找到了一个戒牒。戒牒实际上就是颁发给佛教徒、僧侣或者是佛家子弟使用的一种身份证明,当戒牒的持有者云游四方到寺庙里挂单的时候,需要拿出戒牒证明自己僧侣的身份。从戒牒来看,戒牒持有者名叫杨福信,戒牒是明代正统四年颁发的,也就是公元 1439 年,距今大概是 500 多年。专家们初步推断这具尸身就是这个戒牒的主人。

既然杨福信生活的年代是元末明初,已经死了 500 多年,可他的尸身居然没有腐烂,而且在酷暑八月的江南,尸身摸起来居然寒冷如冰,这该怎么解释?

古尸研究专家对杨福信进行了仔细检查,发现杨福信皮肤湿润、柔软有弹性,有些关节居然还能活动。据初步测定,他的年龄在 75~80 岁之间。在检查中,专家还有一个重大发现:杨福信的手掌比较大,特别是手掌的骨骼比一般人要大。这一特征,进一步说明杨福信生前很可能会武。因为常年练习武术,尤其是练掌的人,大量的练习会使手掌的肌肉发达,也能刺激骨骼增长得更快。杨福信尸体不腐难道是因为临死前服用砒霜和水银等毒物的缘故?陪葬的武士木俑、木枪以及超大的手掌,都说明杨福信可能习武多年。

既然是武林中人,他的尸体不腐,难道会与江湖传说里的一些秘术有关?

在我国古代,江湖中流传颇广的一种秘术就是主动服毒,在临终前的几个月里,坚持小剂量服用砒霜和水银等毒物,这样,身体里积累起来的毒素能在死后起到防止肉身腐烂的作用。但这种秘术仅仅是传闻。杨福信如果使用这种方法,在他的体内,一定会留下痕迹。砒霜的化学成分是砷,水银的成分是汞,它们都属于重金属元素。为了解开疑问,专家们决定从尸体上采集毛发等样本,进行重金属元素含量的测定。但是通过对杨福信的内脏器官以及毛发进行化学分析后发现,他体内的重金属元素和正常人没什么区别,属于正常范围以内。看来,杨福信没有主动服毒。可又是什么让他的身体如此神奇地保留了下来?是否是下葬环境或者特殊的墓室结构为尸体保存创造了条件?

杨福信的墓室采用的是浇浆结构:四壁用青砖砌起,棺椁放入后,再把三合土浆浇注在砖墙与棺椁之间。所谓三合土,是用糯米熬制成浆,再加上石灰、黄土,按照一定比例混合而成的,与现在的水泥相类似。古人用浇浆法给棺材包裹上了一个结实的密封层。江浙一带的明代墓室当中,这样的浇浆结构并不少见,所以最初专家没有特别在意。但他们经过进一步的研究发现:这里的浇浆使用了一种特殊物质——明矾。明矾可以作为一种混凝剂,防止浇浆开裂,从而加强密封性。由于墓室密封、恒温、缺氧,细菌没法繁殖,这就为保存尸体创造了条件。

杨福信打开的棺木里面充满了水,而且当时没有下雨,棺木里的水从哪来?有人猜测那是古人特制的防腐剂,像今天的福尔马林液体,尸体泡在里面就不会腐烂。可是,专家查遍了古代文献也没有找到相关的记载,徐永庆也对防腐液的猜测提出了异议。既然杨福信的墓封闭性好,那棺材中的液体究竟来自哪里?当棺木被取出后,人们意外地发现:墓底部的处理相对简单,三合土浆也要比棺木四周和顶部薄许多。松江一带河道纵横,地下水位较高。特意做薄的底部,使得地下水在500年的时间里,从下面一点点地渗透进去,形成棺液。而在此之前,因为墓室密封缺氧,尸体腐败已经停止,后来棺液的浸泡恰恰帮助它保持了湿润。古尸的形成大多出于偶然。在江南,墓室的密封做得稍不到位,或者渗入的水不够干净,带入了细菌,都不可能保存尸体。像古墓中的杨福信,正是封闭的环境与干净的地下水,才造就了他的不腐之身。

但事实究竟是否这样,目前还是一个谜。

神秘失踪的埃及唯一女法老

戴假胡须、身着男装、束胸宽衣、手执权杖、威严无比,这就是埃及唯一一位女法老哈特谢普苏特的一贯装束。极少有人见过她本人,她的真实相貌和她的传奇故事一样神秘。哈特谢普苏特是开创古埃及一代盛世的第18王朝法老、图特摩斯一世与王后唯一的孩子。她从小聪明伶俐,果敢坚强,深谙权术,她常以自己是法老唯一的正统继承人为荣,梦想有朝一日统治强盛的埃及。

公元前1512年,图特摩斯一世去世。他与王妃所生的长子与哈特谢普苏特结婚,继承了王位,是为图特摩斯二世。二世体弱多病,无心治国,继位不久,大权就落到哈特谢普苏特的身上。几年后,二世病死。此时的哈特谢普苏特根基不稳,无法实现其抱负。她安排二世与妃子所生的一个10岁男孩与自己的女儿完婚后继位,是为图特摩斯三世。自己则以摄政王身份,全权管理国家事务。

三世慢慢长大,心怀雄心不愿再做傀儡。于是,哈特谢普苏特赶在三世成年正式亲政之前,将他流放到偏远地方。至此,哈特谢普苏特成为法老已万事俱备,只欠如何打破女性无法当朝的传统了。于是,她联合僧侣编造身世,称自己是太阳神阿蒙之女:太阳神为了让自己的后代统治埃及,化身图特摩斯一世与王后产下一女,如今,这位女子已历经磨难,可以成为统治埃及的法老了。她还在神庙的石碑顶部放置许多金盘,反射太阳光芒,以向世人证明她与太阳神的亲密关系。接着,她开始女扮男装,下令所有人用男性代名词称呼她。哈特谢普苏特如愿地成为埃及首位、也是唯一一位女法老。当上法老后,她精心治国,使古埃及继续保持兴盛。为了奖赏神庙中的僧侣,她复修了许多古建筑、祠庙,并赠送给神庙4座高达30余米的石雕方尖碑,为太阳神吟诗作赋。

变故发生在她统治的第22年。图特摩斯三世突然重返王位,哈特谢普苏特从此不知去向,同时失踪的还有她的情人和女儿。绝大多数有关她的记录都在当时被刻意销毁了,至今,埃及史学家都无法解释哈特谢普苏特如何失去了权力,也说不清她的死因。

现代考古学家在尼罗河西岸发现的皇家木乃伊中,没有一具属于哈特谢普苏特。她的木乃伊是否被人转移到别处?是否保存完好?哈特谢普苏特的尸体去向成了一桩历史悬案。流传最广的一种说法是:哈特谢普苏特刚刚驾崩,图特摩斯三世的军队就袭击了宫殿,毁掉了所有与她有关的东西。她的墓穴被洗劫一空,也许,尸体就在那时被转移到了别处。

无论如何,尼罗河西岸的卢克索地区依然矗立着一座巨大庙宇,里面的方尖碑还有不少浮雕完好无损地保存下来,向世人述说着女法老哈特谢普苏特美丽而传奇的故事。

彭阳古墓用童男童女陪葬

随着彭阳县古城镇王大户村春秋战国墓地考古发掘活动进一步地深入,一些困扰历史学家和考古人员的历史悬疑也渐渐浮现：这个墓地到底是哪个游牧民族的墓地？每座墓葬都出土青铜剑和牛头马面是否在证明这是一个将军家族的墓地？马、牛、羊当时是怎样宰杀的？墓地出土的幼童尸骨是殉葬还是隐含着当时的一场突发灾难？墓主人所拥有的青铜器、绿松石珠和玛瑙石又是从何而来呢？

王大户墓地出土的陶罐为单耳或双耳夹砂陶器，每座墓葬都有马、牛、羊殉葬，以动物形象为装饰题材如鹿形牌饰等，青铜器中出现短剑、戈等，但没出现农具。这一切都是春秋战国时期北方系青铜器的典型特征。从这些文化遗存可以推断，埋葬在这个墓地的族群可能不是农耕民族，而是从事畜牧业的游牧民族。

王大户墓地先后挖掘了7座古墓，出土7具人体尸骨，已被放置在其周围的青铜器腐锈成青绿色。中国社会科学院考古所体质人类学专家韩康信初步鉴定，墓主人年龄最大的为四五十岁，最小的仅一岁半。

王大户墓地出土了两具幼童尸骨，一名幼童死亡时可能只有一两岁，其墓室里陪葬着小短剑、牌饰等青铜器，以及松绿石、玛瑙等首饰，有人据此推测其为女孩；另一名幼童死亡时可能只有两三岁，其墓葬只有小短剑、牌饰等陪葬品，没有首饰，因此可能是一个男孩。

幼童因何死亡？一种推测认为，可能是因病先后夭折，是一种正常死亡。另一种推测遭遇瘟疫或暴风雪等意外灾难，一个家庭或一个家族集体遭遇不幸而死亡，亲友怜其用其家族生前财物如马、牛、羊及青铜器、首饰等厚葬。第三种推测说，人类进入阶级社会之后，出现了用活人殉葬的残酷制度。远在商朝，用奴隶殉葬和祭祖的做法十分盛行，而且规模很大，手段残忍。到了秦朝，秦始皇死后，秦二世胡亥下令宫中没有生育的宫女全部殉葬，加上建造陵墓的工匠，殉葬者数以万计。随着人们的反抗和社会进步，自汉武帝到元朝，这一残酷制度基本被废除了。这个春秋战国游牧民族墓地可能是一个将军墓，在今天的当地丧葬中有用纸做的"童男童女"送葬的习俗，因将军有权有势便把贫民家的孩子用于陪葬。

悠远的西夏王陵

在宁夏回族自治区首府银川市以西约30千米的贺兰山东麓，有一大片古代帝王的陵园。那是西夏王国八代帝王的安息之地，距今已有700~900多年的历史了。

西夏是党项族建立的封建政权，在公元1038~1227年的190年中，先后跟北宋、南宋相对峙。根据考古工作者在1927~1975年对王陵中第八号陵墓发掘所获得的文物资料,结合有关史书中的记载来看,可以知道西夏王国具有严密的政治制度、比较完备的法律和独树一帜的西夏文字,是西北地区一个比较强大的封建王朝。

西夏王陵

西夏王陵的范围东西宽约 4 千米,南北长约 10 千米。在这个约 40 平方千米的陵园里,8 座王陵及其附属的 70 多座陪葬墓,按时代先后,依山势由南向北顺序排列,形成了一个整齐的墓葬群。每座王陵占地约 10 万平方米,都舍弃贺兰山的石头不用,一律用夯土筑成。原先都有自己的阙门、碑亭、月城、内城、献殿、内外神墙、角楼等附属建筑。由于年深月久,如今每座陵墓的附属建筑多已毁坏,独有陵墓的主体仍巍然挺立,向人们显示着西夏王国的历史风貌,因而被人们称为"中国的金字塔群"。

凡是参观过西夏王陵的游客,除了充分领略西夏的风格以外,仔细一想,都会觉得有许多问题像谜一样留存于脑海,难以求得解答。

问题之一是 8 座西夏王陵为什么没有损坏? 王陵的附属建筑都已毁坏了,但以夯土筑成的王陵主体却巍然独存。根据年代推算,最早的一座王陵距今约 900 年,最晚的一座也超过了 700 年,如此漫长的岁月,许多砖石结构的建筑已经由于风雨的侵蚀而倾毁倒塌了,更何况是夯土建筑。有人认为是王陵周围原有的附属建筑保护了王陵主体,使它免受了风雨的侵袭。可是那些附属建筑有的早已不存,很难说它们起了保护王陵主体的作用。有人认为王陵在贺兰山东麓,西边的贺兰山就是王陵的一道天然屏障,为它们挡住了西北风的侵袭。可是王陵主体和附属建筑同样都在贺兰山的屏障之下,为什么附属建筑都已毁坏而王陵主体却安然无恙呢?

问题之二是王陵上为什么不长草? 贺兰山东麓是牧草丰美之地,西夏王陵的周围也多是牧民放牧牛羊的好地方,可是唯独陵墓上寸草不生。有人说陵墓是夯土筑成的,既坚硬又光滑,所以不会长草。可是石头比泥土更坚硬,只要稍有裂缝,落下草籽,就能长出草来,陵墓难道连一点儿缝隙也没有吗? 有人说当年建造陵墓时,所有的泥土都是熏蒸过的,失去了使野草得以生长的养分,所以长不出草来。可是熏蒸的作用能持久到将近千年吗? 陵墓上难免有随风刮来带有草籽的浮土,这些浮土是未经熏蒸的,为什么也不长草呢?

问题之三是王陵上为什么不落鸟?西北地区人烟比较稀疏,鸟兽比人烟稠密地区相对要多一些,尤其是繁殖力较强的乌鸦和麻雀,遍地皆是。乌鸦落在牛羊背上,落在树上和各种建筑物上。麻雀更是落在一切可以让它们歇脚的地方。可是它们唯独不落在王陵上。有人认为王陵上光秃秃的,没有什么可吃的东西,所以不落鸟类。可是有些光秃秃的石头或枯树枝上,也没有什么可吃的东西,为什么常会落下一大群乌鸦和麻雀呢?难道鸟类也知道封建帝王具有权威而不敢随便冒犯吗?

问题之四是西夏王陵的布局有些令人不解。王陵按照时间顺序或者说帝王的辈分由南向北排列,但是每座王陵的具体位置的安排似乎又在体现着什么事先设计好了的规划。如果从高空俯视,好像是组成了一个什么图形。有人说那可能是根据八卦图形定的方位,也有人说那是根据风水安排的。可是最早一个国王的逝世到最后一个国王的逝世,时间相差近200年,怎能按照八卦来定方位呢?事先谁能估计到西夏王国要传8代王位呢?再说,西夏是党项人建立的政权,党项是古羌族的一支,难道他们也崇拜八卦和相信风水吗?

千年难解之谜——秦始皇陵

1.始皇之死

秦始皇的梦想异于常人,他在公元前221年统一中原之后,自封为"始皇帝"。皇就是大,也是散发光芒的意思,帝就是天帝,也是控制天下的最高神明,在过去中国历代的君主中,都没使用过这个称号。为了进一步与他人区别,他自称"朕"。"朕"这个字本来是中国人不分贫富贵贱的自称,自秦始皇之后,变成了皇帝的自称,一直沿用到清朝。

秦始皇的地位和天帝是平起平坐的,在当时,他可说是地球上唯一的大帝国的皇帝。

此后数年,秦始皇开始巡行天下,制定了前所未有的中央集权制度,更加提高了帝王绝对的地位。此时,他开始积极追求永生。有一次,他在巡行途中,驻留于琅邪(山东胶南市南)时,齐人徐市前来奏道:"海中有三神山,名曰蓬莱、方丈、瀛洲,仙人居之,请得斋戒,与童男女求之。"

听徐市说得煞有介事,一心向往神仙之术与长生不老的秦始皇,心眼儿也开始活动起来,于是赐给徐市大量黄金及数条大船,让他带领数千名童男童女前往三神山寻访仙人。过了两年，秦始皇听说有名叫羡门和高誓的仙人，也特地命令燕人卢生去访求。接着，再命令自称对仙道有研究的韩终、候生、石生等三人去访求仙人不死之药。

公元前311年，秦始皇最后一次出巡，首先来到湖南九疑山祭拜虞舜。再经洞庭湖、长江入浙江，登会稽山祭拜大禹陵，并树立歌功颂德的碑文，全文记录于《史记》上而流传于今。抄录部分如后："……咸化，大治濯俗，天下承风，蒙被休经，皆遵度轨。和安敦勉，莫不顺今，黔首修洁，人与同则，嘉祐太平，后敬奉法，常治无极，与舟不倾，从臣诵烈，请刻此石，光垂体铭。"

除了秦始皇在自吹自擂外，也没什么可说的了。他以为天下在他的治理之下，真的大治了。事实上，光是浙江当地的居民就已忍无可忍了。5年后灭掉朝廷的项羽，此时年方22岁，见到秦始皇的车驾耀武扬威地经过眼前时，忍不住叫道："彼可取而代也。"可惜秦始皇没有警觉危机已迫在眉睫了。

离开浙江后，秦始皇由海上搭船再度来到8年前到过的琅邪，他暗自打算非找到当初派去东海访求仙人仙药的徐市问个清楚不可。

徐市在海上找了好几年都没有丝毫收获，为怕秦始皇降罪，一直不敢去咸阳回报，现在，听说他又来到琅邪，一惊之下，非同小可。

徐市自知无路可逃，灵机一动，自己跑到秦始皇面前，诈称："蓬莱药可得，然常为大鲛鱼所苦，故不得至，愿请善射与俱，见则以连弩射之。"

秦始皇将信将疑，那晚，他梦到自己在海上与海神搏斗，第二天，将此事告诉占梦博士。占梦博士说："海神的形体是不可见的，因而幻化成鲛在海上往来。"

秦始皇暗想："徐市所说的果真不假。"于是命人将连发弩装上大船，亲自率船出海，在今天的渤海湾上射杀了一些大鲛，心中觉得十分痛快。谁知回到岸上之后，秦始皇便生起重病，过了10天，死于河北沙丘平台，享年50岁。时当公元前210年七月。

2.史无前例的帝王陵墓

秦始皇陵位于临潼区城以东约5千米的骊山北麓。

2200年风雨剥蚀使这座陵墓失去棱角分明的线条显得较为和缓，但庞然卧踞的偌大规模和俯瞰平川的恢宏气势依然令人感受到"千古一帝"的威严。这是中国历史上第一座皇帝的陵墓，也是人类历史上规模最大的帝王陵墓，陵墓中埋藏的珍宝价值更无疑是世界考古史上最大的未知数。

沿着石阶便道向上登攀，穿过夹道石榴树丛登上冢顶平台，极目远眺，北面渭水蜿蜒如带,南临骊山参差连绵。陵墓建在骊山北麓冲积扇上,东西向莽莽平川一望无垠。

这座史无前例的地下陵墓庞大得无以复加,《史记》更记载其中"宫观百官奇器珍怪,徒臧满之",如果所言不假,那可真是一笔令人咋舌的财富。

当时的建材以木材为主,主要由长江以南用船运来。每根直径都在1~2公尺之间,长约80公尺。据说如果负责输送的人不能如期把圆木送达,一律处死。除此之外,秦始皇还自全国各地搜罗了巨石、巨木、珍石、珍木以及奇禽来装扮他的庭院。他也将咸阳宫中的家具、衣物、织物、宝石、装饰品都移往陵墓。

秦始皇的遗体则安置于铜棺中,棺上有木头的部分则涂漆防腐。

以上所叙都明白记录于文献上,只是当时是否有官员殉葬,还是一个谜。《史记》记载二世皇帝胡亥下令"先帝后宫,非有子者,出焉不宜,皆令从死"。以秦始皇有生子女的后妃不过十多人的情况来看,殉葬的妃嫔大概在200名左右。二世皇帝的残暴较之秦始皇,真是有过之而无不及。

秦始皇的地下陵墓,真如一个缩小的大地,里面有宇宙和大地山河,配置得惟妙惟肖。《史记》上记载:以水银为百川江河大海。机相灌输,上具天文,下具地理,以人鱼膏为烛,度不来者久之。

当时使用了数千吨水银,于地下陵墓中做出百川江河大海,并以机械使水银循环流动,天花板上并用宝石拼出天体图,至于人鱼膏可能是用鲸鱼的脂肪加工制成的,能够燃烧很久。

由于历代帝王的陵墓经常被宵小之徒光顾,二世皇帝怕有盗墓者侵入,命令工匠做了很多机关,只要有盗墓者闯入,马上发射如大雨般的箭矢,为了怕机关的秘密泄露出去,阴狠的二世皇帝还把设计机关者和施工者尽数关在陵墓里头,没有一个人活着出来。虽然《水经注》上记载了秦始皇陵墓被项羽率兵攻入,并掠夺了其中的金银珠宝之事,但一直没有得到证实。

到了1985年,中国传出发现秦始皇陵的消息之后,人们才知过去的传说都不是真实的,原来陵墓中一切依旧完好如初。不过,考古学家也发现了一条盗墓者挖掘到一半的通道,令人捏了一把冷汗。

1974年4月3日,住在陕西省临潼县安寨人民公社的农民杨天发,为了引水到田里灌溉,而挖了一道深井,竟然挖到一个大洞穴,里面是前所未见的兵马俑。

杨天发所挖掘的地方,距秦始皇陵墓12公里,附近早已发现过古墓和陪葬墓,陕西的考古学家本以为那一带已经做过十分详尽的调查了,料想不到还有一个兵马俑坑的存在。此墓在任何历史文献上都没有记载，但事实就是事实。

这个发现在世界上造成很大的轰动，经过数年来的调查，已经证实是始皇陵的附属设施。兵马俑坑位于地下5公尺处，里头有以秦始皇亲卫队为模特儿塑成的陶俑。经挖掘发现，这里共有三个坑，一号坑主要是配置战车的步兵团，二号坑是步兵、战车和骑兵组成的混合部队，三号坑只有一辆战车和六十四名士兵，是统帅营的仪仗或护卫队。

一号坑东西长230公尺，南北宽62公尺，面积14260平方公尺。二号坑长124公尺，宽98公尺，面积6000平方公尺。三号坑最小，长21公尺，宽17公尺，面积520平方公尺。

坑道用黄土烧硬的砖瓦整齐地铺排着，高2～3.5公尺，里面紧密排列着兵马俑。

兵马俑不论是战车、骑兵、兵士、战马都和原物大小相等。一号坑共有六千尊，二、三号坑有一千尊，总共七千尊。每尊兵马俑都有不同的骨架和表情，连服饰、发型、胡须都完全不同。士兵俑手上所持的刀、剑、矛、弩机、箭镞等武器，都是当时实战的兵器，这些武器都曾做过防锈处理，所以历经2200多年没有丝毫锈蚀。

3.谜中谜

秦始皇陵坐西朝东。坐西，本是当时的传统葬俗，以东向为尊，西方为上。秦始皇的先祖们，无论陕西凤翔县秦西陵的18座秦公墓园，还是临潼区秦东陵的秦王陵园，方向均坐西朝东。秦始皇也不例外。地宫宫墙的四周虽都有斜坡通道，但其他方向均各有1条，唯独东门有5条，证明东门是面对朝向的主门。从陵园外城东门延伸出去的东门大道相当于后世的"神道"，是整个陵区的主要通道。在陵园以东约4千米的临潼区大王镇石张村附近，至今残存一座约7米高的秦阙，那大约是进入秦始皇陵东门大道的标志。经初步勘察，陵区至少包括南北与东西各为7.5千米，方圆约56平方千米的范围。

在以东门大道为轴心的陵区两侧，现已发现大量陪葬墓和各种殉葬坑。

外城垣以东约350米外的东门大道南侧，发现一片陪葬墓群。经试掘其中的7座，死者有男有女，年龄10～30岁不等，尸骨有的四肢分离，有的身首异处，有的身上遗留箭镞，但金、银、玉器各种殉葬品却显示出生前身份高贵非同一般。这里埋葬的是秦始皇的王子和公主。秦二世继位后，为了巩固统治，对他们大加杀戮。这种骨肉相残事件，历史上屡见不鲜。陪葬墓群以东发现3行密集排列的80座马厩坑。马厩坑有多种形状，分马厩和俑坑两类，马厩坑内葬有马匹，并有陶制跪坐圉夫(马夫)俑和盆罐等喂养马匹的工具;俑坑内仅有跪坐俑和工具。

东门大道北侧除发现著名的兵马俑坑外,也有陪葬墓分布,此外,还有尚未判明殉葬物的殉坑。

深入全面细致的勘察与发掘尚待进行。方圆56平方千米内随时可能爆出特大新闻。不过,可以肯定一点:根据陵园建筑遗迹分布圈出的这一范围无疑是相当保守谨慎的,实际上当年秦始皇陵的范围肯定大得多。究竟可能有多大呢? 按照一种富于想象力而又言之成理的观点,它的尽头直到黄海之滨!

秦始皇统一中国后,曾5次大规模出巡,3次直抵东方海滨,并刻石歌功颂德。尤其值得重视的是,据《史记》记载,秦始皇35年(公元前212年),"立石东海上朐界,以为秦东门"。在今江苏省连云港市西南的朐县海上竖立起了帝国的东大门。2000多年来,从来没有人把它与建造秦始皇陵这两项同时进行的工程联系起来做过思索。直到秦始皇陵兵马俑发现之后,有心人才猛然发现,那座"秦东门"的位置,恰好正东对准秦都咸阳与秦始皇陵东门大道。咸阳—秦始皇陵—秦东门恰好位于同一纬度!

怎么看待这一令人震惊的事实呢? 也许是极偶然的巧合,但更有可能是精心设计的安排。联系到一律面向东方肃立的兵马俑和整座陵园坐西朝东的总体设计,联系到秦始皇好大喜功的性格和终其一生对东方蓬莱仙境的极度向往,把远在1000千米外海滨的"秦东门"视为秦始皇陵的组成部分应当是有道理的。

远在2200年前,在现代测量仪器远未发明的技术条件下,人们怎么测出这条纬度的呢? 人们怎么掌握地球表面高精度测量与计算技术的呢? 这是秦始皇陵留给我们的一个神秘的不解之谜!

面对秦始皇陵下一片空旷的原野,游览过金字塔的游客不免会为之惋惜:既然秦始皇建陵耗用的人力、物力、财力远远超过古埃及金字塔,当年何不干脆建一座"世界之最"的金字塔? 为什么这里竟然没有留下一块古代石刻?

并不是这位皇帝的一念之差。秦始皇建造陵墓的目的本来就不是供后人瞻仰怀念。他虽有超越一切的无限权力,却不能超越传统文化观念。他同样深信存在"罔象",这是无法逾越的障碍。如果造一座巨石陵墓,陵上怎能栽植松柏? 怎能防止"罔象"危及灵魂安全?

秦始皇陵前没有留下任何石刻,原因也并不在于技术能力。中国古代的石刻至少在殷商时期(公元前16世纪)已经出现。秦代早期遗留的石鼓文至今仍陈列在北京的故宫博物院。秦始皇出巡时也曾多次刻石铭功。修建秦始皇陵时更是大规模开采石料,单是秦始皇陵西北不远的今郑庄砖房村一带,就有一座占地达75万平方米的石材加工场,直到20世纪40年代末,那里仍遗留遍地巨石,但建陵使用的石材统统被埋入了地下。

为什么连块墓碑也不留呢? 人类社会的许多事物都是在漫长的历史过程中逐渐出现的,墓碑也是如此。中国远古时的"碑"只是竖立在宗庙门前的木柱。秦代还没有在墓前放置墓碑石刻的墓葬风俗。我们知道,在秦始皇之前的战国时期,各国都没有这类制度风俗。如果秦始皇开创这种制度,历史必定有所记载,而且一般也会被西汉王朝继承。基本上全盘承袭秦代墓葬制度的西汉王朝所有皇帝陵墓都没有墓碑石刻。由此可以断定,秦始皇陵当年也没有墓碑石刻。

也有人对秦始皇陵没有皇后陵感到奇怪。这一点,倒是与这位信奉极权主义的皇帝性格及思想逻辑一致。虽然有"后宫列女万余人",她们也为他生了20多个儿子、10来个女儿,但秦始皇没有册封过皇后。他似乎对她们持"一碗水端平"的态度,自然也用不着为皇后建造陵墓了。

泰姬陵

在蒙兀儿帝国首都阿格拉附近的朱木拿河畔,屹立着印度最著名的陵墓:泰姬陵。泰姬陵有白大理石穹顶、高耸的尖塔、镶嵌珠宝的宫墙,壮丽华美,是现代世界七大建筑奇迹之一。

蒙兀儿帝国第五代皇帝沙杰汉的妻子泰姬·玛哈,1631年死于难产。传说沙杰汉伤心欲绝,发誓要建一座全世界最美丽的陵墓,以表现其永恒的爱情。他请尤斯塔德艾萨负责设计,次年动工兴建。为免日后有其他陵墓胜过泰姬陵,完工后竟砍掉设计师的头,又砍掉众工匠的手。

泰姬陵

陵墓建筑群包括大门、玛哈墓、两座清真寺、四座尖塔和一些附属建筑物,如马厩等,全部设计互相配合,浑然一体。陵墓高约250尺,耸立河边,气势雄伟。陵园占地42亩,布局精巧,林木成荫,风景优美,更有流水、喷泉,反映了蒙兀儿人心目中的人间仙境。

据说每天动员两万名工匠,耗时22年才建成泰姬陵。石匠、金饰工、雕刻家和书法家把整座陵墓里里外外每一处都装饰得美轮美奂。镶嵌那些精美的图案，所用的宝石多达43种，包括玉石、水晶、黄玉、蓝宝石、钻石等等。墓内到处可见纯银烛台、纯金灯座、华丽的波斯地毯，雕花大理石棺四周更围了一道纯金的栏杆。沙杰汉驾崩后，就葬在泰姬旁边，倒破坏了原来的完美对称。

1857年蒙兀儿帝国覆亡，泰姬陵内的金银珠宝被人抢掠一空，幸而陵墓本身并未受到破坏，劫后百多年来依然屹立河畔，一般人视之为坚贞爱情的象征。有趣的是，当时人的看法与今人完全不同。据17世纪到印度旅行的欧洲人说，沙杰汉好大喜功，权欲熏心，荒淫无度，根本不是爱情专一的好丈夫。甚至有人说，他曾与长女乱伦。他为了争夺皇位，竟然不念亲情，把几位兄长和五个男性亲人横加杀害。

沙杰汉大半生驰骋沙场，玛哈生前总是陪伴他出征，夫妻俩看来都嗜杀成性。玛哈极其仇视基督徒，曾怂恿沙杰汉血洗印度东北海岸的葡萄牙殖民地胡格利。她石棺上的铭文写道："求真主保佑我们抵御异教徒。"

沙杰汉统治期间，一直不遗余力扩张权势。他毕生曾下令建造许多宏伟的建筑物，以炫耀帝国的财富，瑰丽的泰姬陵也许只是典型的例子。泰姬陵完美无瑕的设计，可以反映出这位统治者欲与真主比试高下的心理。一个传诵千古动人心弦的爱情故事，也许是想掩盖建造泰姬陵的真正动机：为权力无边的蒙兀儿皇帝沙杰汉树碑立传。

这两种传说，究竟哪一种才是历史的真相？瑰丽华美的泰姬陵在千年之后仍在人们默默地注视中倾诉着神秘。

曹操墓

三国时代魏国的开创者曹操，是个争议极大的人物。他生前没有做成皇帝，死后才被追封为魏武帝。陈寿写的《三国志》称誉他是"非常之人，超世之杰"。而罗贯中写的《三国演义》却称他为"汉贼""奸雄"。根据《三国演义》改编的三国戏，把他刻画成一个大白脸的奸臣形象，使他成了个妇孺皆知的人物。

曹操晚年曾为自己安排过后事，《三国志》中写他临死前两年下了一道命令，叫人为他在西门豹祠西边高原上的瘠薄之地建造一座寿陵，"因高为基，不封不树"，意即陵墓要建在高地上，地面上不要堆起高高的坟头，也不要做什么记号。《三国志》还讲到，建安二十五年（公元220年）正月，曹操死于洛阳。二月，葬于高陵。这高陵可能就是指西门豹祠西原上已建造好的寿陵。而《三国演义》中讲到曹操临死时的遗嘱却有另一种说法,他叫人于彰德府讲武城外设立疑冢72座,不让后人知道他的遗体葬在什么地方,怕有人去掘他的墓。《三国演义》虽然是部小说,但是它主要是根据裴松之的《三国志注》写的,只是做了些文学加工,内容是七分纪实,三分虚构。那么它对曹操死后的陵墓记载,就不能不考虑到具有一定的真实性。

这样,对曹操陵墓的记载便有了不同的说法:一是西门豹祠西原上,号称高陵;一是彰德府讲武城外,有疑冢72座。

要想弄清曹操的陵墓究竟在哪里,首先应当弄明白西门豹祠和彰德府的所在地。历史上有西门豹治邺的记载,所以西门豹祠一定是在邺城,即曹操被封为魏王时的都城,也就是今天河北与河南交界处的临漳。而彰德府,其实在三国时并没有这个地名,它是金朝时才有的,即今天河南与河北交界处的安阳市。临漳与安阳,今天分属于河北河南二省,是紧挨着的。古代还没有分省的时候,那两个地方多数时候称为邺城,到金朝则称彰德府。说来说去,邺城和彰德府其实是一个地方。

因为西门豹治邺给邺城一带的老百姓带来了很大好处,所以今天临漳一带,也包括今天的安阳市一带,有许多西门豹祠。按照《三国志》中的说法,曹操的陵墓是在西门豹祠的西原上,但究竟是哪一所西门豹祠却很难确定,因为那是一座"不封不树",什么记号也没有的陵墓,要想找到它是很难的。

有人认为曹操虽然在生前规定他的陵墓"不封不树",但是他的儿子曹丕等人安葬他的时候,为了上坟祭祀的需要,不可能一点记号也不做,难道把他埋了以后就什么也不管了?这恐怕有些不近情理,也不符合中国人"慎终追远"的孝道。《三国志》明确记载曹操的陵墓称为高陵,即使"不封不树",但在地名上也许会留下叫高陵的村庄。如果能对今天临漳、安阳一带的新旧地名进行一次深入的挖掘和普查,也许可以找出一些关于曹操陵墓的线索。

那么彰德府讲武城究竟有没有72疑冢呢?在今天临漳县三台村以西八里处,确实有个地方叫讲武城,有人认为那可能就是《三国演义》所说的彰德府讲武城。从那里向西一直到磁县,也就是今天安阳市北郊的丰乐镇一带,的确有许多像小山头那样的大土堆,当地有人叫它们"曹操坟"。这些可能就是所谓的72疑冢。从前有人盗掘过其中的几座,也的确挖掘出了一些墓碑之类的东西,但是那些都是北魏和北齐时代的王公大臣的坟,比曹操晚了二三百年。如果那些大土堆原先的确是曹操的疑冢,是后来被北魏、北齐的王公大臣坟上筑坟,加以占领,那么不知当年他们坟上筑坟时是否深挖过,有没有在其中的一座挖掘到曹操的遗体或其他与之有关的随葬品之类。查遍北魏北齐的史书，不见有这方面的记载。

也有人认为曹操生前叫人修72座疑冢，是故意布下的迷魂阵，很可能72座疑冢都是空的，曹操的遗体则葬在另一个秘密的地方。足智多谋的曹操不可能想不到，如果他葬在72疑冢中的某一座之中，那么后人把72疑冢全都挖开，不就找到他的遗体了吗？看来曹操决不会这么傻。

古往今来，有许多文人墨客曾到讲武城至丰乐镇一带的曹操72疑冢处凭吊，并想对曹操的陵墓进行探索和考察，但是都没有什么收获。曹操曾有句话："宁教我负天下人，休叫天下人负我。"他生前多次设下计谋，欺骗了许多人，到死时居然还设下这样诡秘的计谋，不让后人知道他的陵墓在哪里，从这里足可以看出曹孟德狡猾、多疑、工于心计的性格特点。

杨贵妃墓

杨贵妃墓在陕西省兴平市马嵬镇（历史上的马嵬坡）西0.5千米处，紧靠西（安）宝（鸡）公路，距兴平市12.5千米。

杨贵妃，字玉环，蒲州永乐人。幼时死了父亲，寄养于叔父家。她擅长歌舞，通晓音律，长得美艳绝伦。开元二十二年，嫁给唐玄宗李隆基的儿子寿王李瑁。唐玄宗为她的聪明和美色所倾倒，开元二十八年，叫高力士把她接入后宫，当了女道士，取道号为太真，实际上已把她占为己有，过着"春宵苦短日高起，从此君王不早朝"的糜烂生活。

天宝四年，她被册封为贵妃。她的三个姐姐，被分别封为韩国夫人、虢国夫人和秦国夫人，月给钱10万，为脂粉之资。她的堂兄杨国忠被任命为宰相，杨氏一门，一时间势倾天下，权倾天下。每年十月，杨家兄妹扈从明皇游华清宫，各家自成一队，着各色服装，五彩缤纷，灿若百花。珠宝饰物，遗落满地，其豪奢如此。

公元755年，安史之战爆发。第二年6月，叛军攻破洛阳，直逼长安，唐玄宗带着杨贵妃一家仓皇西逃。途经马嵬坡，士兵们不肯再前进，要求杀掉杨贵妃的哥哥奸相杨国忠。不等唐玄宗下令，大家一哄而上，把杨国忠砍成肉泥。杀了之后，将士仍不肯离去，唐玄宗只好亲自出来慰劳军队。龙武大将军陈玄礼说："杨国忠谋反，贵妃不宜再侍奉皇上，请陛下割爱正法。"玄宗说："贵妃住在深宫，怎么会知道杨国忠的造反阴谋？"这时，唐玄宗的心腹太监高力士插话说："贵妃是没有罪，但贵妃是杨国忠的妹妹，常在皇上身边，将士怎能放心？望皇上考虑，只有将士放心了，皇上才能安全。"玄宗无可奈何，只好将杨贵妃"赐死"。高力士奉命把贵妃带到佛堂的梨树下,用丝带将她缢死,时年贵妃38岁。陈玄礼及众将检验过尸体之后,军士们才重新整队出发。唐代诗人白居易的不朽长诗《长恨歌》记其事:"九重城阙烟尘生,千乘万骑西南行。翠花摇摇行复止,西出都门百余里。六军不发无奈何,宛转蛾眉马前死。"

杨贵妃死后,就地掩埋,马嵬坡就成了她的墓地。据说,杨贵妃缢死时掉下一只靴子,马嵬驿的一个驿卒拾到后,带回家交给母亲保存,引得周围村落的人都前来观看。过客每借看一次,就要收取百钱。尽管如此,看的人依然络绎不绝。后来,唐军收复长安,唐玄宗返回宫中,听到这个消息,就叫人以高价买下靴子,仍然埋在这座贵妃墓中。

黄海彼岸的日本贵妃墓,同样也有着神奇色彩的故事。

1963年,一位日本少女在电视台展示了她的家谱和古代文献言之凿凿地称她为杨贵妃在日本的后裔,在日本引起了一阵小小的轰动。

日本史学家邦光史郎的《日本史趣事集》、渡边龙美的《杨贵妃复活秘史》以及我国《文化译丛》上刊载的译自日本的《中国传来的故事》,都讲述着一个未死的杨贵妃的故事。

据说,杨贵妃在马嵬坡并没有被缢死,而是由陈玄礼、高力士策划,用一个宫女做替身死去,然后叫人护送贵妃南逃。当时的中国同日本有海上交往,他们大约在现在的上海一带乘船出海。经过艰险的漂泊,终于在日本久津半岛的唐渡口登陆,定居在油谷汀。由于长期颠沛流离,贵妃身染重病,不久就死去了,当地人对她深表同情,把她安葬在那里。

杨贵妃墓坐落在风景秀丽的油谷汀,背倚微微起伏的山岗,面临平阔壮观的大海,墓基是一块由乱石组成的面积有几十平方米的平台,台上有五座石塔,主塔高153厘米,日本人称它为"五轮",相传,杨贵妃就安眠在五轮塔下。

白居易诗说:"忽闻海上有仙山,山在虚无缥缈间。"在日本人看来,这海上仙山当然就是日本。后来,唐玄宗终于知道了杨贵妃客死东瀛的消息,哀痛欲绝,为了给贵妃祈福,他派白马将军陈安带来了两尊佛像——释迦如来和阿弥陀如来,准备安置在杨贵妃归宿之地。陈安将军踏遍了日本大小列岛,没有找到这个地方,只好把这两尊佛像暂时安放在京都清凉寺之后回国。

后来,日本当局发现了杨贵妃墓地,要清凉寺交出佛像,清凉寺则认为佛像在清凉寺安置已久,评价甚高,名声日大,不愿意将佛像交出。作为一种变通的办法,他们请当日最负盛名的工匠,照原像制作两尊,把四尊佛按新旧搭配,留二尊在清凉寺,另二尊在贵妃墓地建二尊院安置。

如今,二尊院的两尊佛像被指定为日本国家重点保护文物,油谷汀的二尊院墓地和五轮塔,则是山口县级指定有形文物。据说:贵妃墓前香火不断,人们认为:朝拜杨贵妃墓,可以生得漂亮可爱的儿女。

杨贵妃喜欢吃的山东肥城桃,已被日本大津郡引种、栽种,被称为"杨贵妃桃"。

想杨玉环本是个普通的女子,与政治是毫不相干的。一千年过去了,杨贵妃之死引起的嗟、怨、赞、叹,也早已成了历史陈迹。至于她同唐玄宗是生离,还是死别,将是一个永恒的谜团了。

海底墓群之谜

早在约半个世纪前,考古学家就发现在西太平洋的密克罗尼西亚联邦的近海区域内的珊瑚礁群内,有一处用石柱群围起来的海底墓群。

密克罗尼西亚联邦是在 1986 年独立的一个袖珍国,人口仅数千人,首都设在波纳佩岛,是一个与世隔绝的、相当落后的国家,居民绝大多数都是渔民。岛国的四周环绕着美丽的珊瑚礁群,是一处旅游胜地。在水位高涨的时候,这个岛看上去与其他孤立在大洋中的小岛无异。但在水位退去的时候,人们就可以看到露出水面的珊瑚礁群——在礁群间有明显的看上去工程十分浩大的人工建成的水道,五十多条人工渠道的周围则有无数建筑得十分坚固的石柱。这些石柱群都是由一根根圆形石柱组成,比马路上的水泥电线杆稍细一些。当地人说,这是历代酋长的墓地,因不愿外人侵扰亡灵,故将坟墓建在活人难以进出的海礁中。

1920 年,日本生物学家——东京大学教授杉浦来到了该岛。当时的密克罗尼西亚是日本托管地,为了揭开海下墓地之谜,他的随行人员抓来了一名酋长,逼他说出墓地的秘密。酋长说:"这是万万说不得的,岛上的酋长终身供奉的海上女神(即希腊神话传说中海上会唱歌的女妖,海上行驶的船只向着歌声驶去,就会被海浪吞没),保佑着海底的亡灵。任何人去惊动墓地的主人,就会惹怒女神,遭到惩罚。"

杉浦认为这是无稽之谈,就叫手下对他严刑拷打。酋长被迫说出了进入墓地的秘密通道,但几天后便遭到雷击身亡。

杉浦依酋长之言从秘密通道进入了一个海底坟墓,并获得了墓地的第一手资料。回来后杉浦闭门谢客,加速研究海底墓地之谜,准备让真相大白于天下。但不久,他突然暴病而亡。

杉浦家人为了实现其夙愿,委托历史学家泉清一教授续编遗稿。然而令人感到害怕的是,泉清一教授也突然死亡。大家想起了杉浦生前对他们所说的"海上女妖的诅咒",说凡是想对这墓地进行研究的人必然会暴卒而死,吓得研究者将所有资料全部焚毁。

几年后,又有一位不信邪的德国考古学家伯纳不远万里来到了这个岛国。他摸清了海底坟墓的地理形势后,筹备了物资和人员。但就在他准备动工发掘的前夕,伯纳又一次遭到了暴卒的命运。"女妖的诅咒"再次发生了"威力"。此后人们对这块神秘的地方采取敬而远之的态度,科学家们也把它列入了与百慕大三角同样神秘的"人类科学未知"的范围内。

到了1970年,日本生物学家白井洋平到西太平洋去调查海洋生物,顺便对这个神秘的海底墓地进行了一次专业外的探险活动。他租了一条小机动船,带了两名随从,在一个晴朗的下午,趁落潮时驶入了一个被石柱包围的小岛。

他们刚踏上岛,就看到一座用玄武岩柱垒起来的神庙状建筑物,石墙还分内外两重。正当他们从外侧进入内侧时,刚才还是晴空万里的天空忽然乌云密布,接着就电闪雷鸣,倾盆大雨劈头盖脸地浇了下来。

三人被这突变的天气惊呆了。他们回过头来逃出"神庙",上船后急速调转船头,驶离了这块神秘之地。但令人感到惊奇不已的是,小船刚一离开,立即就雨停日出,乌云散尽,又恢复了晴朗天空。

当晚,白井去请教一位当地的酋长。酋长说:"这里根本没有下过一滴雨,这是死者不让你们进入墓地而发出的警告。你们若再敢冒犯,保护它们的海神是不会放过你们的,说不定会掀翻你们的船,叫你们有去无回。"

最近,美国的一个科学调查小组来到了该地,并带来了许多先进的科学探测仪器和雷达设备。通过对石柱样本的碳化测定,科学家认为其建造年代为公元1200年左右。石柱与岛北的火山玄武岩相同,由此推测,石柱的材料来自岛北的采石场,就地加工后运到此处安装。在公元12世纪该岛的统治者是兴盛的萨乌鲁鲁王朝。这个王朝共维持了200余年,当时岛上总人口约为3000人。

据调查小组估计,如果要在200年内完成规模这样庞大的工程,至少需要动员一万名劳力。因为单单石柱的数量就达上万根之多,而当时岛上全部可以使用的劳动力还不足1000人,这就留下了一个历史之谜。专家们认为,要揭开这个历史之谜,首先必须做到的是取出墓中的棺木和随葬品,但要做到这一点,则必须跨越"诅咒"之门,战胜海神的"报复",才能进入墓地进行考古发掘工作。

吕洞宾墓里为何有个女人

提起八仙过海的故事,恐怕没有人不知道的。宋元以后,关于八仙的神奇故事就在民间广为流传,其中说得最多的大概要算吕洞宾了。什么"江淮斩蛟""岳阳弄鹤""客店醉酒"等,传得神乎其神。

相传吕洞宾名岩,号纯阳,唐代京兆(今西安)人,也有人说是河中府(今山西永济市)人。曾在终南山中修道,后浪游江湖,自称为"回道人",道教徒们尊称他为"吕祖"。北宋徽宗尊孔崇道,不但在宫中设账亲自听道士宣讲,而且根据蔡京的建议,汇集古今道教故事而编成道史,又在科举制度中设道学一科,道士可以经过考试做道官。因此在这种形势下,全国各地大修道观,道士领取俸禄,道观可以割地千顷,坐食百姓。于是,吕洞宾便也成全真道北五祖之一,大概从北宋末年开始,他就成了"神仙"了。

山西省芮城县永乐宫,位于县西20公里永乐镇的峨眉岭下,北依中条山,南临黄河,东有洞水流出。世代相传吕洞宾的墓就在永乐宫门外东约200米处。高大的墓冢前,立有元代所刻的石碑,上书"大唐纯阳吕公祖墓"几个大字。为了迁建永乐宫,1959年12月~1960年1月,山西省文物考古部门对吕洞宾墓进行发掘整理。不料,清理现场时,竟出现了令人惊异的现象。

墓的顶部早年已坍塌,封土下的单室土穴内积满了淤土。墓室平面为梯形,洞室前有长方形竖穴墓道。室内发现已朽烂的松木棺一具,棺板厚约10厘米,揭开棺盖一看,竟是一男一女两个人!男左女右,均仰身直肢而卧,头向北方。虽然男女两具骨架都已腐朽,尤以女骨为甚,但其性别是完全可以鉴定的。在女头骨西侧,放着一件小口圆腹素面的灰色小陶罐,在骨架周围和女尸口中共发现铜钱7枚,其中开元通宝4枚,祥符通宝2枚,天圣元宝1枚,都是宋代通行的钱币。男尸腿骨东侧出土了三彩瓷枕一个,长18.5厘米,宽10.5厘米,两头略大,中间稍细,接近长方形。此外,墓中再也没有其他的随葬品。

是搞错了吗?

事实上是搞错了。一是此墓为男女合葬墓,它不应是道士之墓,否则就是对道家的亵渎。二是7枚铜钱均系宋代钱币,证明死者大约葬于北宋天圣(1023~1032年)年间或其后,这与记载中吕洞宾的出生年月竟隔了200多年,无论从炼丹或气功等方面解释,他都不可能活200多岁。三是从骨架排列的完整情况判断,它不是二次迁葬墓,可以确定它绝非唐代墓葬。也就是说,它不可能是吕洞宾的墓。

可是在发掘吕洞宾墓的同时,还发掘了附近元代全真教知名领袖天师宋德方(披云真人)和永乐宫主持潘德冲(冲和真人)的两座墓,从墓志、墓葬形制、骨骼葬式、棺材雕刻及死者衣冠服饰等各方面来看,又都是真墓,确凿无误的。难道宋元以来,道教徒们世代来此朝拜的吕洞宾墓竟是一座假墓?

吕洞宾一生浪迹江湖,四海为家,死后归葬故里,合情合理。墓中有女尸附葬,是否可以用后来景仰吕洞宾的殉道者或其他特殊情况附其故茔来解释呢?也许吕洞宾尸骨在宋代迁葬时骨架并没有散乱,因而看不出二次葬的迹象,这也是可能的吧!

对于这些疑问,人们至今难以做出回答。

奇特的岩葬

岩葬在我们中国南方分布的地域十分广阔,延续的时间也很长。

岩葬完全不同于那种用水处理尸体的水葬、用火处理尸体的火葬、用风处理尸体的风葬、用鸟食处理尸体的天葬、用人食处理尸体的人腹葬,也完全不同于中国汉族人传统的土葬。土葬是用土处理尸体,其最主要的特点是最终将尸体用土埋入地下,土是放置尸体的场所,土是死者的归宿。岩葬的共同之处是用山岩来处理尸体,最主要的特点是最终将尸体葬在悬崖峭壁之上或葬入洞穴岩腹之中,山岩是放置尸体的场所,山岩是死者的归宿。

所谓的"崖葬",顾名思义是一种将尸体安葬在悬崖峭壁上的葬俗,所以也有人将这种崖葬称为"悬棺葬"。这种葬俗有一个突出的特点,这就是将安葬的场所基本上都选择在岩石山体的悬崖峭壁上,而这些悬崖峭壁又基本上都是面临江河。那么在这些悬崖峭壁上,我们的南国先民们又是如何来安葬他们死去的亲人的?据统计,大体上有以下几种情况:

崖洞葬。这种安葬的方法是将死者安放在悬崖峭壁上的天然崖洞的洞口一带。在悬崖峭壁的下面,当我们翘首仰望时,一般是可以看见盛尸的木棺。对于这种放棺的洞穴,有时候要稍微加以修整,这主要是将洞的底部垒筑填平,或者加设木杠,主要的目的是为了能更好地放置木棺。

崖缘葬。崖缘就是指悬崖峭壁的边缘。这种安葬的方法是将死者安放在悬崖峭壁上的天然崖缝中,或者安放在由天然岩石层理自然形成的狭长平台形状的崖阴和崖墩上。当我们在悬崖峭壁的下面翘首仰望时,这些木棺基本上都可以看得见。当然，它们是可望而不可即的。这些崖缝和崖墩有的也要稍微加以填塞、架木和修整，主要的目的也是为了能更好地放置木棺。

悬棺葬。这种安葬的方法是在悬崖峭壁上凿孔，钉入木桩，再在木桩上放置木棺，一般是在23个木桩上放置一具木棺。因此，人们也将这种葬法称为"崖桩葬"。我们站在悬崖峭壁的下面可以望见木棺的底部，这是真正的"悬棺而葬"。这种葬法可能也是从崖缘葬发展而来。最初，人们只是寻找那种理想的崖缝而直接放棺。后来，人们又在崖缝间填塞架木，用以放置木棺。最后，人们干脆就直接在崖壁上凿孔打桩，用来放置木棺了。

而崖墓葬呢？就是将人死后葬在崖墓中。而一般所说的崖墓，就是在山崖的壁面以90度角向山腹内开凿成墓室的一种特殊形式的墓穴。这种墓穴的规模有大有小，相差悬殊，墓穴的形式也有各种差异，但总的来说它们都是仿照人们生前的居室、宅院而开凿的。崖墓有的是开凿在十米或数十米高的悬崖峭壁上，也有的是开凿在缓缓的山坡上。崖墓基本上都是选择在以砂岩构成的山体上开凿。

树葬探秘

树葬，亦称风葬、天葬、挂葬、木葬、悬空葬等，是一种置棺木于树上的葬式，曾流行于我国许多地区。

虽然树葬习俗曾在我国许多地区司空见惯，但对于它的起源，学术界至今还没有形成一致的说法。

一说树葬发源于初民的人类起源观念：东北地区流传有以神树为中心的创世神话。如一说：天地之初，世界是一片汪洋，大地飘浮在水上，地中心长着一棵参天大树，从树顶上往下抛石头，要过50年才能着地。还有种说法是天神创造大地以后，地上的人越来越多，由于人多难以住下，天神把天上的一棵树接到地上，让人们爬到树上沿着树枝发展。论者以为：这类神话反映出在初民的意识中，世界的本原是一棵大树，人类是从树上发祥的，葬死者于树权上或树洞中，可使亡魂沿着祖先迁徙发展的路线，返归祖地。

一说树葬发源于古人的灵魂归宿观念：他们向往幻想中的天界，而高高的树顶是与天界最接近的地方，因此树葬是护送灵魂前往天界的捷径。有一则《月亮里的姑娘》的传说，大意是：很久以前，有个小媳妇，备受婆婆折磨。某天她向月亮求救：

"月亮呀月亮,救我上天去吧!"月亮里忽然长出一棵大树,长长的枝条垂落下来,一直伸到她跟前。她赶忙拽着一绺树枝,就此飘上了天。论者以为,这个传说曲折地解释了树在树葬中的作用——接引灵魂进入天界。

一说树葬发源于祖先崇拜:《隋书·地理志》在叙及树葬习俗时,就引录了一则传说,"传云盘瓠初死,置之于树"。又有人指出:在实施过树葬习俗的地方,大多流行有古老的树神信仰,故此俗也可能与图腾制度有关。

一说树葬的起源与实行树葬的民族生存环境有关。有人指出:树葬习俗不仅中国有之,国外亦有之,如生活在西南太平洋美拉尼西亚各岛的土著居民就实行树葬。外国学者的见解以为"是与美拉尼西亚人的祖先森林部落的游猎生活相适应的。有一种观念认为死人的精灵游荡在森林之中,就在活人的近旁。这可能也与这种葬俗有关"(托卡列夫等《澳大利亚和大洋洲各族人民》,三联书店,1980)。

一说树葬的起源与初民"巢居"的社会存在有关:树葬虽然与森林地区的生存活动有一定的联系,把它同游猎经济加以联系也不无道理,但这种看法却无法解释为什么在有些地区初民一定要将死去的亲人置于树上安葬,而不是将其埋葬于森林中之地下,或放置于森林中之地上? 因之有人以为:树葬应当是初民"巢居"情形在葬俗中的反映。"巢居"就是在树上筑巢而居。我国古文献上有许多关于"巢居"的记载。《庄子·盗跖》曰:"且吾闻之,古者禽兽多而人少,于是民皆巢居以避之,昼拾橡栗,暮栖木上。"《礼记·礼运》谓:"昔者先王未有宫室,冬则居营窟,夏则居橧巢。"有关"巢居"的史实和痕迹,还可以从西南地区的民族调查资料中获得。从这些记载和传说来看,大致可以认定这种居住方式的基本特点就是在大树树权上架以树条,上铺树枝、树叶、茅草等,营建成类似鸟巢状的栖息场所。除"鸟巢式"的巢居形式外,可能还存在过"树架式"的巢居。故树葬从一定意义上说来,当与"巢居"相适应(夏之乾《从树葬看树居》,《民族研究》1983 年第 4 期)。换言之,树葬的意义就是笃信灵魂不灭的古人按照他们居住的形式,为死者营造了一个冥间的住宅。还有人认为:一不同地区的树葬习俗,应该各有一个漫长的历史发展过程;因受各种物质与精神因素的影响,其外在形式和内在含义也不会自产生以来便一脉相承,保持不变。所以,树葬究竟是怎样起源的,很可能是永远解不开的谜题。

二次葬

二次葬,亦称复葬或迁葬,是一种流行于中国南方地区的传统葬俗,特指对死者尸骸作二重处置:人死,先采用埋土、风化、架树、水浸、置洞等方式处理肉身。待皮肉腐烂,再发冢开棺,拣取骨架洗净晾干,放入特制的陶瓮等容器内,择日选地置放或深埋,即重新安葬。近年来,火葬普遍推行,人们仍习惯于在死者尸体焚化后,保留部分骨灰并择日选地,采用筑坟树碑、放进壁穴或抛入大海等处置方式,称墓葬、树葬、壁葬、海葬等,其实均可视为二次葬范畴,所以有人称对骨灰的上述处置方式为"新型的二次葬",并认为其表现了现代形势下葬俗变化的"新趋势"(何彬《江浙汉族丧葬文化》,中央民族大学出版社,1995)。

据文献记载与民俗调查资料分析,流行二次葬习俗的原因甚多:有的是因死者客死他乡,遂就地瘗之,待适当时机迁回故里重新安葬,所谓"叶落归根";有的是人亡即葬之后,其子孙中有发迹者,遂再行厚葬,所谓"光宗耀祖";有的是夫妻一方先亡,后需移骨合葬,所谓"生则同衾,死则同穴";有的是受风水迷信的影响,以为择块"宝地"重葬祖先,可保佑子孙发达。更多的是受"入土为安"观念的支配,如因河流改道、潮水侵蚀、工程兴筑等缘故造成"入土不安",便要捡骨迁葬。此外,在普遍实行火葬的今天,人们仍要将骨灰盒埋入土中,也是受着"入土为安"观念的影响(仲富兰《"入土为安"和葬俗形式演变》,《国风》第一卷第4期)。在部分地区和一些少数民族社会生活中,实行二次葬的动机据说是自古皆然、因袭传统,并无什么特别的缘故。例如旧时某地的传统丧葬习俗是:死者置棺入土三年后,请巫觋念经,子女将先人遗骨洗净揩干,装入一种高2尺许、腹径约1.5尺的特制瓦瓮,称为"金坛",再把金坛存放在干燥的山岩里;有些地方曾有火葬风俗,但骨未焚化即灭火,然后将骨头洗净,装入"金坛"安葬。

那么,什么是二次葬的原初意义呢?

有人认为这是初民的一种原始信仰,他们坚信灵魂不死,并能超越血肉永远存在。所以人死后,须待其血肉腐朽脱落,遗体成为干净的骸骨,才能作正式的最后埋葬,使其灵魂进入鬼魂世间(参见夏鼐《考古学论文集》,科学出版社,1961)。如对仰韶文化遗址及广州曲江石峡遗址的二次墓葬发掘表明,初民在进行二次葬时,似伴有某种仪式:给死者的头骨涂上红色,或撒上红色粉末,这很可能是借此以赋予亡灵以新生命力的表示。

有人认为这是初民的"二次死亡观",是一种生命的过渡仪式。如列维·布留尔认为:二次葬仪式的目的在于彻底断绝死者与社会集体生活的互渗与联系。这个终结仪式(二次葬)使死完成,成为完全意义上的死。也就是说,当这一终结仪式结束丧期时,死者与他生前所属社会集体的关系就彻底断绝了,从而成为完全的死。这就是二次葬俗的原始意义(参见《原始思维》,丁由译,商务印书馆,1981)。

有人认为:中国的二次葬习俗发展形成于本土文化的基础上,不能用西方学者的观点解释其原初意义。中国初民二次葬习俗的意义,并非为了彻底断绝死者与他生前所属社会集体的关系,而恰恰是为了加强这种关系并使之永久化。例如,仰韶文化横阵墓地24座墓葬中的15座分别套在三个大集体埋葬坑内,每个大坑又分套若干个小坑,人骨作二层或三层叠压排列。对此,一种见解认为:横阵墓地为氏族墓地,三个集体葬坑是该氏族先后实行的三次集体葬仪的结果,各大坑中所套小坑分属各母系家族,小坑内死者分层安葬反映死者之间辈分的差别。一种见解认为:三个大集体葬坑分属不同的母系家族,各小葬坑则属于对偶家庭。论者以为,尽管这些认识各不相同,但都反映出二次葬是在氏族或家族合葬原则下产生的习俗。显然,这种丧葬习俗是与人死后同一氏族的灵魂应当生存在一起的观念是一致的(参见吴存浩《我国原始时代葬俗演变分类试论》,《民俗研究》1991年第1期)。为此,实行二次葬时的以一族一家存放"金坛"的原则,应是这种观念的反映。

此外,有人认为二次葬习俗是初民亡灵崇拜的一种表现方式,最初是为夭亡者和凶死者举行二次葬,目的在于安慰他们的灵魂,使之不危害活着的人。其后,这种葬俗扩大到了所有的死者。

对二次葬习俗原始意义的求索,不仅有助于对"原始人的智力过程"做出切近事实的评估,而且有助于现代社会的殡葬观念和殡葬形式的变革。所以,这个谜团的彻底解开,将对学术和社会实际生活产生双重的意义。

船棺悬葬之谜

船棺悬葬是我国古代一种非常奇特的葬俗,它分布在我国浙江、江西、福建、广东、广西、贵州、云南等地。其葬法是在悬崖上插入木桩,把棺木放在木桩上,有的将棺木放在天然或人工凿成的岩洞中。葬地都在面临江河的绝壁悬崖上。

船棺形体像一只小船。一般长2~3米,宽半米多,分为头、尾和舱三部分。头尾翘起,舱为棺枢,安放尸体。据考古学者测定,此葬俗最早可追溯到春秋时期。武夷山西北侧的江西贵溪是船棺的发源地。

那么,究竟古人为什么要用船做棺枢?又为什么存放在崖壁上呢?有研究者认为,船棺是死者生前生活方式的再现。我国古代的东南地区,曾住着一个叫百越的民族,这里江河遍地,百越人以打鱼作为主要生活来源,船是他们的主要交通工具。所以,人死后死者的灵魂需要生存,当然也离不开船,于是船便成了死者的棺枢。

还有的研究者认为,船棺是为让死者的灵魂返回故乡。百越民族虽然邦族不大,但可能经过大的迁移,对故乡非常留恋。他们认为人死后灵魂应当返回故乡,灵魂只有回到了故乡,死者才能真正安宁。灵魂要返回故乡,就必然离不开船,船可以帮助死者找到灵魂的归宿。

船棺放进崖壁的山洞,有学者说是出于对先辈的崇拜和尊敬。百越族是一个对祖先和英雄崇拜的民族,悬棺葬的死者一般都在部落中有着很高的地位与声誉。将死者安葬在绝壁之间,不仅可以防止人兽的侵扰和破坏,而且希望死者的灵魂保佑、降福于他们。

有读者不禁要问,古代百越人在当时的技术条件下,是采用什么方式将重达数百斤的棺木安放在崖壁上的呢?研究者们通过仔细考证和勘察,认为有下面几种可能。

垂降式。在山顶就地打造船棺,将死者放于其中,然后从崖顶架设辘轳,把船棺吊悬垂下,放到葬位。古代文献中也有"于临江高山半肋,凿龛以葬之。自山上悬索下枢"的记载。

栈升式。在崖壁上架设栈道或云梯,借助它们在悬崖上凿洞架木,然后把船棺放到葬位。古代百越民族有着出色的建筑技术,所以采用这种方法是很有可能的。

提升式。在崖底或其他地方,采用绞车或用人力,借助于滑轮装置向上提升船棺,再由人在崖壁上配合,将船棺安放到位。

古代百越人不断四处迁移,有的还到了中国台湾及东南亚一带,船棺悬葬风俗也被带到了当地并被保留下来。

船棺悬葬作为一种文化遗存,对民族学、考古学有着很大的研究价值。但由于文献史料记载不多,加上出土的随葬品不丰富,葬品也无文字可考,所以对船棺悬葬的研究一直比较艰难,以上所列的几种关于船棺悬葬的说法是否站得住脚,还有待进一步研究。

中国的火葬制度起源于何时

火葬是目前盛行的殡葬制度，为政府所大力提倡。然而，中国的火葬究竟起源于何时？它是否是由国外传来的？目前，学界存在 3 种不同说法。

1.随佛教传入说

这是一种传统说法，认为火葬起源和盛行于古印度，后随佛教而传入中国。唐代玄奘在《大唐西域记》中，说他在印度取经时见到的印度葬礼，包括火葬、水葬和野葬。佛教自东汉传入中国，打这以后中国也就逐渐出现火葬了。

有人进一步认为：佛家是注重火葬的，《高僧传》中详载了很多中外僧徒焚化火葬，有的未死自焚，有的已死再令人焚化火葬。自佛教传入后，人们对于火葬的反对情绪逐渐减弱，特别是佛教徒，在思想观念上已不再把火葬视为"大谬"了。这样，伴随佛教的传播，使火葬逐渐流行起来了。

这一说法，还从文献记载和考古发掘中得到证实，火葬墓多集中在云南、四川、新疆、甘肃、宁夏等地，这是因为它们和印度接近，受佛教影响最深的缘故。

2.发端于春秋战国说

有的学者则认为：火葬不是"舶来品"。早在佛教传入以前，中国已有火葬的风俗。在《荀子·大略篇》中，记有氐羌的火葬习俗："氐羌之虏也，不忧其系累也，而忧其不焚也。"《吕氏春秋·义赏篇》也有类似的记载。所谓"死不焚"，就是死后不能火葬。众所周知，墨子也是提倡火葬的。《墨子·节葬篇》说："秦之西有仪渠之国者，其亲戚死，聚柴薪而焚之，熏上谓之登遐。"此外，《列子·汤问》的记载大致与《墨子》相当。"仪渠之国"是羌族地区，可证明古时候的西北流行火葬之制。

3.原始民族习俗说

据考古发现，原始社会的村落遗址中存有火葬遗迹。有人据此论定，早在史前期的原始时代，先民就有火葬的习俗。如 1945 年，发掘甘肃临洮寺洼山史前期遗址之时，在原始村落墓地中发现的灰色大陶罐中盛有人火化后的骨灰。可见，早在原始社会，中国就已经有了火葬。当然，还有学者提出：这是史前时期原始民族处置尸体的一种方法，和后来进入文明时代的火葬制是不尽相同的。

世界传世藏书 图文珍藏版

世界未解之谜

王书利◉主编

线装书局

第二节　古迹寻踪问底

高加索石冢之谜

已经有数千年历史的、中间有一个小圆洞的高加索石冢是世间的一大奇观。它们被称作巨人建的小石屋、外星人的天文台，甚至是落到地面上的不明飞行物。这些石冢许多年来一直是科学界争论不休的话题。它们也逐渐地成了人们朝圣的地方。

到这里来的人沿着陡峭的山路步行一个半小时，眼前就会呈现一片奇特的景象。蔚蓝色的天空，茂盛的阿尔卑斯山植物，郁郁葱葱的灌木围成了天然的篱笆。从这里可以望见奇特的小石屋。这一切使人感到仿佛在这片荒无人烟的地方还有人气。

这是一个有5000多年历史的石冢。大约在30年前，在这个石冢中找到了两女一男的遗骨，还有一匹马和几只羊的骨架、铜和金的饰物及陶土器皿的残片。

看来，在这个石冢中曾经埋葬过当地的公爵，陪葬的有他的坐骑和两个妻子。从残骸看，这两个女子是被活活关进石棺的。

化学副博士、俄罗斯物理和地理学协会会员奥·特卡琴科说，无论泥石流还是滑坡都未能破坏石冢。科学家从来没有发现过它们遭到破坏的痕迹。奇怪的是，这种外形如儿童乐园中小屋的石冢居然能经得起风暴的袭击。

石冢的主要建材是石英和含石英的岩石。这种材料能够在受压时产生电流并且能够经受住不停地振动。生物学副博士、莫斯科国立大学教授亚·孔德拉多夫认为，石冢能够产生与次声波相近的低频振动。众所周知，次声波对人是有危害的，长时间作用会引发癫痫病，这恰恰可以防止石冢被盗。不过看来，石冢的用途并不限于此。

俄罗斯自然科学院院士、技术学副博士格·叶廖明说，屋顶式石冢的倾斜度为94.4度，圆洞的直径均为40厘米，如此严谨的构造绝非偶然。这位学者认为，石冢可以产生频率约为23赫的定向超声波。圆洞盖犹如现代技术中聚焦超声波束用的辐射器。石冢都建在山口等战略要地，可以用作军用激光器。也许，古人正是靠着这种看似渺小的石屋抵挡住了来犯的敌人。

技术学博士、俄罗斯工程科学院院士瓦·布尔达科夫说，石冢像埃及和墨西哥的金字塔一样，是史前巨石的一个组成部分。也许这就是负责承传宇宙文明发展信息的石头导体。

如果果真如此,就会产生一个问题:谁能造出如此复杂的建筑物呢?难道祖先比我们还聪明?

物理数学副博士、莫斯科国立大学教授瓦·皮缅诺夫说,当年住在这些地方的阿第盖族连自己的文字都没有。流传最广的说法是,这些石冢出自把生命从宇宙的深处带到地球上的人类始祖之手。可惜,科学界现在既不能肯定也不能否定这一推测。

巴格达的神秘电池

1936 年 6 月的一天,一群筑路工人在伊拉克首都巴格达城外修筑铁路时,挖掘出一个巨大的古代石棺。打开石棺,发现大量从公元前 248 年~公元前 226 年古波斯时代的文物,在大量的金银器和 613 颗珍珠组成的念珠等贵重殉葬品旁边,还有一些奇特的陶制器皿、锈蚀的铜管和铁棒。

当时担任伊拉克博物馆馆长的德国考古学家威廉·卡维尼格做了这样的描述:"陶制器皿类似花瓶,高 15 厘米,白色中夹杂一点淡黄色,边沿已经破碎,上端为口状,瓶里装满了沥青。沥青中有一个铜管,直径 2.6 厘米,高 9 厘米,铜管顶端有一层沥青绝缘体。在铜管中又有一层沥青,并有一根锈迹斑斑的铁棒,铁棒高出沥青绝缘体 1 厘米,由一层灰色偏黄的物质覆盖着,看上去好像是一层铅,铁棒的下端长出铜管的底座 3 厘米,使铁棒与铜管隔开,看上去好像是一组化学仪器。"

经过鉴定,卡维尼格宣布了一个惊人的结论:在巴格达出土的陶制器皿、铜管和铁棒是一个古代化学电池,只要加上酸溶液或碱溶液,就可以发出电来。卡维尼格的结论震动了考古学界,因为众所周知,世界上第一个电池是意大利科学家伏特在 1800 年发明的,而现在卡维尼格的发现则把电池的发明推早了 2000 多年。

然而,正当各国科学家从世界各地赶来,希望仔细研究一下这个古代化学电池的时候,卡维尼格和古代化学电池却突然失踪了。原来,他已经带着这些电池悄悄地回到柏林,在那里进行另一项重要的试验。

他用带来的陶制器皿、铁棒、沥青绝缘体和铜管组合成了 10 个电池。几个月后,卡维尼格又宣布了新的研究成果:古代人很可能是把这些电池串联起来,用以加强电力,制造这种电池的目的在于用电解法给塑像和饰物镀金。

有人指责卡维尼格是骗子、神经病,考古学界为此争论不已。时至今日,卡维尼格的结论。仍未得到考古学界的公认。

后来,访问巴格达的英国科学博物馆馆长、物理学家瓦尔特·温通说:"尽管卡维尼格的论断颇有道理,但自然科学家很难相信,早在世界上第一个电池发明者伏特和伽伐尼之前,世界上就诞生了电池。"

卡维尼格则坚持说:"没有任何科学家能够驳倒我的观点。"虽然科学界始终不承认卡维尼格的发现,但是另一位德国学者阿伦·艾杰尔布里希特却用自己的试验来进一步论证了卡维尼格的论断。

他仿照巴格达电池制作了一些陶瓶、铜管和铁棒,然后取来新鲜的葡萄汁倒入铜管内,结果和电池连接在一起的电压表的指针竟然移动起来,显示电池有半伏特的电压。

艾杰尔布里希特有一个公元前5世纪的古埃及银像,它外面镀着一层又薄又软的金箔,他认为这样的镀金用粘贴或镶嵌的办法是做不到的,于是他用雕像进行了镀金试验。他将一个小雕像浸没在金溶液里,然后用仿制的巴格达电池通电,两个多小时以后,一个镀金雕像完成了。经过反复试验,他最后宣称自己已经证实了卡维尼格的论断。

与此同时,美国科学家们也模仿巴格达电池进行了一系列类似的试验,他们也成功地从电池中获得了半伏特的电压,而且持续工作了18天之久。试验中他们使用了多种溶液,其中有葡萄酒、硫酸铜、亚硫酸和溶度为5%的醋等。而这些溶液都早已为古代人们所使用。通过这些试验,卡维尼格的论断得到了新的证实。

巴格达电池的发现,已经半个多世纪了。尽管至今尚未得到科学界的公认,但已引起了越来越多的考古学家、电气学家、化学家的关注和研究。从巴格达电池的发现,人们联想起古代埃及人也可能使用过电灯,他们使用的电灯也可能利用类似巴格达电池发出的电源。

人们在古埃及金字塔内部进行考古发掘时,曾发现有一些石刻壁画,这些壁画是古代工匠在金字塔建成后,在金字塔黑暗的洞穴里雕刻成的。

当然,要进行这种精细、颇费工夫的工作必须要有明亮的光线。众所周知,在古代唯一的光源就是火。可是如果工匠在金字塔内使用过火来照明,不管是火把或者是油灯都会留下或多或少的烟火痕迹。

这样便产生了一个问题,壁画的雕刻者究竟使用了其他光源没有?

早在19世纪,一位名叫诺尔曼的考古学家就曾匍匐爬进金字塔里,仔细考察塔内的壁画,分析作画的过程,然后大胆地推断,雕刻金字塔内这些壁画时,古代埃及人可能使用了电灯。

诺尔曼的推断一经宣布,立刻引起哗然,人们认为,说古代埃及人有电灯,还不如说有《天方夜谭》中提到的神灯。但这只能是一种幻想而不是科学。

然而,100 年后,考古学家的新发现和科学家们的一系列试验使人们不得不回头重新考虑诺尔曼的论断,也许古埃及人真的使用过电灯——因为,当人们重返埃及金字塔考察,居然又发现了一幅壁画,上面的画面很像是一组巴格达电池。

当然,这一切仍然有待于人们进一步研究,彻底搞清它们的真相。

死海古卷之谜

死海位于耶路撒冷以东 25 千米和特拉维夫以东 84 千米处的约旦河谷南端,是世界上最低的内陆湖。死海的水具有全世界最高的含盐量和密度,比通常的海水咸 10 倍。因此,死海一带的空气中含有世界上含量最高的起镇定作用的溴。这样的空气不仅是治疗呼吸系统疾病和进行日光浴的绝好场所,也为古代人隐藏物品提供了最好的地点。

1.发现死海古卷

死海西岸是典型的沙漠地区,以色列人就是在这里和上帝签约的。近半个世纪以来,死海之所以一直备受世人关注,并非因为它是世界上最大的"床",而是因为在死海的库姆兰发现了死海古卷。

那么,死海古卷到底是怎么一回事呢?

贝都因在阿拉伯语中意为"住帐篷的游牧民"。阿狄布是个 15 岁的贝都因族小牧童。像大多数贝都因族人一样,他们家也是牧民,养着很多的羊群。

1947 年 3 月,为了寻找一只迷失的羊,他来到死海西北角的一个叫库姆兰的地方。他一边走,一边四处张望着,当他抬头看到高处的悬崖绝壁上有一个狭窄的洞口时,这个调皮的小牧童就随手捡了几块石子扔了进去。突然他听到洞里好像有东西被击碎的声音,于是他便把小伙伴阿美·穆罕默德找来,两人一同钻进洞里。

进洞之后,他们才发现里面的沙土下有一些高身圆陶罐和一些破陶罐碎片。这两个孩子急忙打开陶罐,但很快大失所望,因为里面并没有他们所期待的黄金和珠宝,而是一卷卷用麻布裹着的黑色发霉味的东西。其中有 11 幅卷轴用薄羊皮条编成,外面盖着一层腐朽的牛皮。

这些卷轴长 3~24 英尺不等。他们把卷轴打开,发现上面密密麻麻写满了字。两个孩子不知道这到底是些什么东西,于是,便拿了几捆羊皮卷到耶路撒冷去卖,得到一点钱。

原来,这两个孩子所发现的就是后来被称之为无价之宝的"死海古卷"。虽然当初巴勒斯坦文物部的一位官员认为那些东西"不值一文",但几经周折,第二年这些东西到了耶路撒冷古城圣马可修道院叙利亚东正教大主教阿塔那修·塞缪尔的手中。

他仔细研究了羊皮卷上的文字后大吃一惊。他认出来这是几篇最古老的希伯来文《圣经》的抄本，便立即找到那两个贝都因族男孩，让他们把山洞里的羊皮卷都弄出来，然后全部买走。

与此同时，耶路撒冷希伯来大学的考古学家 E.苏格尼克教授知道这一消息后，也设法从一个贝都因人手里购买到了三卷羊皮古经书。

很快，贝都因牧童阿狄布发现死海古卷的消息像长了翅膀一样在世界各地传开。许多国家的考古学家、历史学家和宗教界人士闻讯纷纷前往库姆兰山谷进行发掘。其中最大的一次发掘是从 1948 年下半年起由法国天主教多明戈会和约旦文物部共同组织的。经过 1952 年、1953 年、1954 年的几次发掘，他们在库姆兰山谷又找到了大约 40 个洞穴，其中 11 个洞穴中有经卷，共发现古经卷 600 多种，其中数十卷较为完整，另外还有数以万计的残篇碎片。

后来，一些当地的贝都因族人也开始在死海沿岸展开搜索。到 1956 年时，他们又找到 10 个洞穴，发现了更多的卷轴和残卷。因这些古卷都发现于死海的库姆兰地区，后来就被学术界统称为"死海古卷"。

那么，这些古羊皮经卷是什么时候被藏在这里的？上面到底写了些什么内容呢？

2.古卷的内容

美国约翰·霍普金斯大学考古学家威廉·奥柏莱博士在鉴定古卷的卷轴之后，认为其年代应在公元前 100 年左右。而芝加哥核子研究所的专家们，把第一个洞中包扎稿卷的麻布碎片经用碳 14 放射性同位素测试后，确定这些古经卷产生的时间是在公元前 250 年~公元 68 年之间，距现在已两千多年了！

专家们发现这些古卷中大多数文件和碎片都用希伯来文写成，少数是希腊文和阿拉米文，其中有些尺寸还不及一枚邮票大。这些古卷包括 500 多种远古经书，内容主要是《圣经》抄本以及其他一些希伯来文、拉丁文、希腊文文献。大致可分为以下几类：

一、《希伯来圣经》共有 39 卷，其中除《以斯帖记》外，其他各卷都有全部或者部分的抄本。这些抄本对于断定古卷的年代和研究《圣经》的翻译情况具有重要的参考价值。

二、从公元前 2 世纪到公元 1 世纪在犹太人中广泛流传的经书，如《多比传》《所罗门智训》《以诺书》《巴录启示书》《禧年书》等。

三、《圣经》的注释和评论。

圣经与死海古卷

四、库姆兰社团法规。它们主要是记述当初居住在库姆兰的人们的宗教活动、遵守的行为准则以及举行的礼拜仪式等文献。

五、感恩诗篇以及其他文献，包括文书、信件等。

六、两卷特殊的古卷：一卷刻在铜片上，由于铜卷锈蚀严重，不得不将它锯开成条，上面记载的是耶路撒冷圣殿财宝的名称、数量和埋藏的各个地点。另一卷是长达 28 英尺、有 66 栏经文的《圣殿商卷》，详细记述了耶路撒冷圣殿的建造结构和装饰，以及有关献祭、守节、洁净礼仪方面的一些具体规定。

除经卷外，在洞穴、遗址及周围一带还发现不少的陶器、钱币、武器、农具、生活用具等。在距离第一个洞穴不到 600 码的地方，发现了一座道院的废墟，里面有一张长写字台和长凳、两个墨汁瓶和一些陶罐。那么，是谁把这些古卷藏在库姆兰的山洞里，他们又为什么要这样做呢？专家们经过对死海古卷的整理和研究之后，提出了种种设想：

有人认为，发现古卷的这一地带原来可能是古犹太人的一个图书馆，否则不可能藏有如此浩繁、包括各种派别的经籍。

也有人认为，这里可能是一个抄经、写经的场所，后来大概遇到什么突发事件来不及转移，而使大批经卷保存在这里。

也有人认为库姆兰当时是犹太人的一个军事要塞，公元 1 世纪犹太人起义反对罗马人的统治，在同罗马大军决战时，为了防止这些重要经籍散失或被毁，就将它们集中存放在库姆兰一带。后来犹太人起义遭到失败，他们在逃亡之前就把藏有经卷的洞穴封起来。于是，这批经卷就在库姆兰山洞中保存了下来。

另有一种意见认为,库姆兰是犹太教艾赛尼派社团的集中居住地。公元前1世纪,艾赛尼派因赞成弥赛亚运动,反对马卡比王朝而受到迫害,纷纷逃至边远山区。有些信徒来到库姆兰一带,他们过着一种公社式的宗教集体生活,并收集和抄写了大量的宗教文献典籍。

　　罗马大军进入巴勒斯坦后,为了避免受到迫害和担心《圣经》抄本散失,就把它们装入陶瓮封藏在周围悬崖的洞穴中。后来犹太人被罗马人打败后,艾赛尼派也遭到杀戮,库姆兰社团被彻底毁灭,此地成为一片废墟。

　　岁月流逝,那些存放在洞穴中的经卷也就湮没于死海的荒漠之中,直到近两千年之后才被人发现,重见天日。

　　从发现的《库姆兰社团法规》等文书来看,大多数学者也都赞同最后一种观点。那么,什么是犹太教艾赛尼派社团呢?

　　艾赛尼派社团的团员们自认为是真正的以色列后裔,他们忠实地信守以色列人与上帝订立的约定,一般都采取禁欲苦行的生活方式,包括大量的斋戒、经常举行洁净沐浴,并进行秘密修行。新成员要经过长时间的考察才能被吸收。

　　公元1世纪时,著名的古罗马作家老普林尼就曾这样记述道:"在死海西岸的陆地上,居住着艾赛尼派的人们。他们孤寂独处,从不接近女人。他们摒弃了一切性的欲望。他们没有钱,以与棕树林结伴为乐。他们自己不生养儿子,却千秋万代永远长生。如今,他们的居住地早已成荒凉之地。此地离死海不远,犹太人的边界到此为止。"

　　然而,就是这样一个与世无争、消极避世的犹太社团,也未能躲开罗马征服者的铁蹄,最后竟然消失在茫茫的沙海之中。只有他们在库姆兰山洞里留下的经卷,在两千年之后向世界揭示了他们的命运,以及他们独特的社团生活方式。

　　正是由于这些文献被发现,人们才明白,有座相当规模的图书馆隐藏在库姆兰的旷野中,而手抄本不过是其中一部分藏品而已。

　　那么,"死海古卷"的发现有什么意义,它的价值又在哪儿呢?

3.古卷的价值

　　首先,现在世界各国流传的《旧约圣经》最古老的全集抄本,时间是在公元1010年。最古老的单卷抄本是在公元9世纪才确定的"马所拉文本"。作为犹太教和基督教最重要的经典,《旧约圣经》在长期的口传和传抄中难免会发生一些错漏和谬误,而"死海古卷"中的《圣经》抄本却从未经后世修改、增删,保留了最古老的原来样式,因此可以作为更权威、更准确地文本来对现行的《旧约圣经》进行校订。因为谁都知道,假如没有权威的古文本为依据,任何人都不敢对《圣经》做任何改动。所以,世界上所有的信徒们都企盼着将来能在研究"死海古卷"的基础上出版一种新的校勘本。

其次,由于"死海古卷"中有很多不同文字的抄本,对历史和语言学家研究古代语言文字的发展演变是非常珍贵的。

还有,自古以来,人们对犹太教艾赛尼派知之甚少,人们仅仅知道该派是当时犹太人中的四大派别之一。然而,这次发现的"死海古卷"中有大量关于艾赛尼派情况的材料、社团法规、感恩诗篇,还有他们描写光明之子与黑暗之子战争的作品。这对以后了解和研究艾赛尼派的宗教思想和社团生活是非常珍贵的。

再有,"死海古卷"对研究基督教与犹太教之间的关系,以及两者之间在教义、经典、仪式、组织形式等方面的联系也具有特殊的意义,对研究古代西亚地区的社会生活、政治制度、经济状况、文化艺术、民族关系等许多方面,也都是极其珍贵的材料。

有人也许会问,既然"死海古卷"这么珍贵,可谓无价之宝,那么,这些被发掘出的"死海古卷"现在流落在哪里呢?

最早的一批,也就是小牧童阿狄布偶然发现的那一批经卷,一开始就被耶路撒冷的叙利亚东正教大主教塞缪尔以教会的名义买走。但他并不是真正做学问搞研究的人,他买下这些古物,是想利用它来发财。于是,不久他就开始寻找买主。当时以色列政府倒是愿意出钱买,但由于以色列刚与阿拉伯国家打完仗,双方彼此敌视,互不往来,耶路撒冷城当时在约旦的控制之下,所以,这些东西是不可能卖给以色列的。

1954年,塞缪尔来到美国,希望能在美国找一个买主。他在《华尔街杂志》上登了一条关于出售这批经卷的广告。碰巧的是,耶路撒冷希伯来大学考古学教授苏格尼克的儿子伊格尔·亚丁当时也在美国。此人不仅是以色列国防军一名著名将军,还是一位优秀的考古学家。

看到广告后,他意识到这是一个千载难逢的机会,但他也知道塞缪尔是不敢违反约旦政府的规定把东西直接卖给以色列人的。于是他立即通过中间人与塞缪尔进行联系洽谈,同时又通过纽约美国犹太人的戈斯特曼基金会筹集到了25万美元,最后将这批宝藏买了下来,送到以色列的耶路撒冷希伯来大学。

另一批较完整的"古卷"由法国和约旦文物部于1952~1956年发掘出来后,存在东耶路撒冷的洛克菲勒博物馆里。因为当时东耶路撒冷是在约旦的控制之下,而发掘工作得到了洛克菲勒基金会的慷慨资助。然而,1967年6月,在第三次中东战争中,以色列大获全胜,一举占领了整个耶路撒冷和约旦河西岸。所以,这批经卷也就全部落入了以色列人的手中。

这样一来,大部分"死海古卷"都到了以色列人手里,只有少量的残卷流散在西方国家。

4.未解的谜团

对所有关心"死海古卷"的普通民众来说,目前有几个谜等待人们去解开:

第一,认真的读者一定不会忘记,我们在前面提到,在"死海古卷"里有两卷最为奇特的刻在铜片上的古卷,而在这卷铜片上恰恰记载的是耶路撒冷圣殿宝藏的名称、数量和埋藏的各个地点。如果人们能够准确地解读这两卷铜片,那就能找到人类历史上最具精神文化价值的那笔瑰宝——圣殿宝藏。但因为这是两千年前的古铜卷,发现时已严重锈蚀,有关人员不得不将它锯开成条。万分遗憾的是,铜卷被锯成小条条之后,却再也无法完整地拼凑起来,以致人们至今尚无法识别宝藏的地点。

第二,库姆兰地区已发现的六卷虽然已数量惊人,但是未被发现的到底还有多少呢?

第三,尽管以色列政府在1969年拨巨资在以色列专门建造了"死海文卷馆",尽管来自世界各地参观的人们可以看到被置于玻璃展柜中的极少古卷的原件,尽管经过半个世纪的研究,专家们从"死海古卷"中发掘到许多珍贵的材料,但一方面因古卷浩瀚繁杂,许多经卷还有待于进一步整理和研究。另一方面,发现古卷时,它们历经两千多年的风雨,好多已支离破碎,现在学者还在竭尽全力地拼凑和研究数以万计的残篇断稿,因此,大部分"死海古卷"中的内容至今尚未公布。

那么"死海古卷"里面到底有多少秘密呢?"死海古卷"的全部秘密什么时候才能公之于世?目前,这一切都是未知数。

神秘的卡拉奇木乃伊

20世纪90年代,一具2600年前的木乃伊出现在巴基斯坦南部城市卡拉奇的博物馆中。在埃及之外发现木乃伊,无疑是世界考古史上石破天惊的事件。由于木乃伊胸前有一块刻有古波斯语祭文的金盘,伊朗声称要索回国宝。而巴基斯坦则说:木乃伊的身世,需要时间去探寻答案——

1.宝从天降

卡拉奇是暴力恐怖活动频繁的都市,该市警察局特别设有反恐怖组。10月的一天,正在负责调查一宗谋杀案的反恐怖组副组长法鲁克警官突然接到一份电报,称来自俾路支省首府奎塔的阿里兄弟藏着一盘录有一具2600年前的木乃伊的录这一线索引起了法鲁克的高度注意,他立即传讯阿里兄弟。阿里哥俩在警方的连番追问下,终于将事情和盘托出:阿里和一个名叫瑞奇的人合伙倒卖文物,录像带只不过是阿里兄弟兜售文物的介绍品,真正的木乃伊则藏在瑞奇在奎塔的住所内。

木乃伊在巴基斯坦出现,听来像是天方夜谭,走私倒卖文物也不属于反恐怖组的职责,但警方仍不敢怠慢,法鲁克立即向上级汇报,并从巴内政部申请了调查令。17日,法鲁克警官由阿里·阿克巴尔引路直趋奎塔,在当地警方的协同下,来到了瑞奇的住所。

经过仔细搜查,警方终于发现了一具棺木,打开棺木,人们惊呆了:躺在棺内的,果然是一具充满了古埃及色彩的木乃伊。

2.水落石出

警方立即将木乃伊棺木小心翼翼地运送到卡拉奇博物馆收藏。为便于鉴定,木乃伊在一个很小的范围内进行了展示。这具木乃伊长196厘米,宽56厘米,尸身整个被浸泡在石蜡和蜂蜜的混合液中,保存相当完好,与古埃及木乃伊的风格如出一辙。木乃伊头顶一只黄金铸成的皇冠,另有黄金面具蒙面。唯一与古埃及木乃伊不同的是,这具木乃伊胸前的一块金盘上,刻的是古波斯语的祭文。

“木乃伊案”惊动了巴警方和政府高层,查清木乃伊的来龙去脉成为一项重要任务。卡拉奇警方顺藤摸瓜,很快便将瑞奇捉拿归案。

原来,这具木乃伊最早埋在俾路支省哈朗村庄的一户地主家中,在地下安然度过了100多年,但在去年的一次地震中,地主的房屋轰然坍塌。地主一家在挖掘后

现代的卡拉奇

墙时,偶然发现了木乃伊的棺木。

看着这具不知从何而来的无价之宝,地主一家喜出望外,但他们又觉得从自己家中挖出尸体,并非吉祥之兆,便到处找寻文物贩子,想及早将木乃伊脱手。

不久,地主就和瑞奇谈成了生意,木乃伊由瑞奇负责联络买家,事成之后两人平分钱财。瑞奇来到卡拉奇,很快找到了买主,瑞奇开始提出与地主商量好的6亿卢比要价,遭到买家拒绝。地主唯恐夜长梦多,最终敦促瑞奇以6000万卢比(约合100万美元)的价格成交。

3.公主传说

木乃伊案件经媒体披露,在巴社会引起了广泛关注,众多历史和考古名家纷纷参与了对木乃伊的考证。经科学研究,这具木乃伊系公元前600年的产物,亦即距今2600年。

这具木乃伊为一女尸,死时年仅18岁。一些历史学家依据有关史料,做出了大胆推测:女尸是一个名叫"卡姻"的古埃及公主,后被远嫁波斯,成为古波斯卡如什王朝第一个国王卡比尔的儿媳。

公主的传说虽然充满了神奇色彩,但一些人依据木乃伊胸前一块刻有波斯语祭文的金盘,又相信这一推测是确凿无疑的。然而,对于全世界的考古界来说,公主的传说则像是一枚重磅炸弹。因为迄今为止,人们还没有在埃及之外发现过木乃伊的踪迹。

世界历史和考古界早已确认,木乃伊是古埃及人独有的创造。由于古埃及人相信人死后生命仍能延续,便通过制作木乃伊的方式将尸体完整保留,希望有朝一日其生命能在神灵的召唤下复苏。

如果当前发现的这具木乃伊真的是出自古波斯,那么世界历史和考古学的教义将被重写。但不论怎样,考古界一致认定,在埃及之外发现神奇的木乃伊,是考古史上的重大发现,堪称世界一大奇迹。

4.政治风波

在获悉巴基斯坦发现古波斯公主的木乃伊后,伊朗各界也引起了轰动。伊朗文物部门立即致信巴基斯坦政府,称尽管伊朗方面不知木乃伊是如何流落到巴基斯坦的,他们将敦促伊朗政府对此进行调查。但既已查明木乃伊系波斯公主,他们希望巴基斯坦政府将其完璧归赵,否则伊朗方面将采取有关措施索回国宝。一时间,木乃伊在巴伊两国掀起了一场不小的纷争。

巴基斯坦政府在木乃伊案初露端倪时,就表现出高度的关注和兴趣。面对由此而起的风波,巴外长萨塔尔表态说,关于木乃伊的身世之谜,巴方正在进行深入的调查研究,在真相大白之前,巴伊两国应尽量保持克制,不要因为一具木乃伊而引发政治风波。

5.权威鉴定

伊朗文物部门索要木乃伊的信函,引起了卡拉奇博物馆馆长易卜拉欣博士的不满。她说,这具木乃伊明显不是埃及的产物,虽然其胸前有一块波斯语祭文的金盘,但这并不表明木乃伊是伊朗的文物。木乃伊可能出自卡如什王朝的墓中,但也有可能一直就埋在巴哈朗地区的古墓之中。况且,迄今伊朗政府并未发表正式声明,指出木乃伊为该国之宝。

易卜拉欣博士的谈话,进一步加剧了巴伊历史和考古学界对木乃伊的纷争。巴政府不得不请德高望重的哈桑·达尼教授出山,进行权威鉴定。达尼教授就职于巴真纳大学,已年逾八旬,是国际上享有盛誉的历史和考古大师,他的鉴定当一言九鼎。

达尼教授对木乃伊进行一番鉴别后,发出了如下感慨:世所周知,木乃伊是古埃及的一大文明现象,我迄今没有听说在埃及以外的任何地方发现木乃伊的存在,这具木乃伊实在是令人难以置信。

达尼教授称,要真正查出木乃伊的来历,只有破译金盘上的古波斯语祭文,而这不仅需要时间,还需要埃及、伊朗以及有关国家的通力合作。

6.万人翘首

达尼教授的一番话,暂且平息了人们探知木乃伊身世之谜的急切心情。但卡拉奇仍有成千上万的人按捺不住,翘首欲睹木乃伊的风采。卡拉奇博物馆不得不加紧筹备,使木乃伊尽早对外展出。易卜拉欣馆长称,他们将制作一个特别的展台,使全体卡拉奇市民都能尽情领略木乃伊的神奇和奥妙。

然而,由于卡拉奇气候恶劣,潮湿、高温和空气污染已使木乃伊发生了一些化学变化,文物工作者在木乃伊的肌体上发现了真菌等微生物活动的迹象。

要长久妥善保存这具木乃伊,必须对其进行真空烟熏消毒处理,而这需要较大的资金投入。卡拉奇博物馆已就此向政府申请特别资金,但囊中羞涩的政府迄今没有表态。

看来,卡拉奇人想要走近历史,探询古人的智慧,还要耐心地等上一段时间才成。

从高空摄制的古地图

1929 年,在土耳其伊斯坦布尔的托普卡比宫,发现了一张用羊皮纸绘制的古代航海地图,地图上有土耳其海军上将皮里·雷斯的签名,时间是 1553 年。

皮里·雷斯是一位著名的船长,同时又是一个旅游制图家和收藏家。据他在自己著名的地图集和这幅地图的说明中说,该图是根据前人的 20 幅地图绘制的,这 20 幅地图中有 8 幅是绘制于距今 2400 年前的亚历山大大帝时代。

这张地图被送到美国鉴定,美国海军水文局绘图专家沃尔特斯和马利,给地图画上坐标,同现代化的地球仪进行对比研究后宣布了一个轰动一时的发现:这张地图绝对精确,不只是北美和南美沿岸,甚至南极洲也被准确地勾画出来,这张地图不只画下了各大陆的轮廓,而且连内陆地形、山脉、高峰、河流、岛屿和高原,都标画得清清楚楚。

这张地图还准确地标识了南北美洲的相对经度,而南北美洲的相对经度是直至 18 世纪才确定的。

这张地图还准确地描绘了南极大陆,而南极大陆直至 1818 年才被发现,绘制成图则是 100 年以后的事了,地图中的山脉几百年来一直被厚厚的冰层覆盖,肉眼无法看到,直到 1952 年,我们依靠地震回声探测仪才发现它的存在,难道这张地图是南极洲被冰封雪盖之前的产物?

不久前,一艘宇宙飞船飞经开罗,摄下了一张高空照片,以开罗为圆心的周围 8000 千米内的地貌非常准确,但是,因为地球是个球形,所以 8000 千米以外的大陆好像在下沉,而且被奇怪地拉长了,令人惊异不安的是,皮里·雷斯的地图正是如此,美国的月球探测器拍摄的照片也是如此!

难道皮里·雷斯的地图是根据一张高空拍摄的图片绘制的? 是谁给他提供了这张原始照片呢? 而且,南极洲上的山脉,冰封雪盖,至少已有 15000 年,谁能了解 15000 年前的南极地貌呢?

即使这张地图是 18 世纪刚刚发现南极时伪造的,以上事实也无法解释。

除了这张地图之外,其他的一些古代地图也同样叫我们惊诧莫名。奥尤斯·菲瑠斯的一张 1532 年以前绘制的地图,在南极洲上绘有河流和河流注入的海湾,根据这张地图的标记,我们居然发现了一条在厚达两英里的冰川之下,向大海缓缓移动的冰河。

土耳其的另一张标明时间为 1559 年的地图上,有一条桥梁一样的狭长地带把亚洲的西伯利亚和美洲的阿拉斯加连在一起,而根据地质学家的研究,这一地带曾经存在,但至少消失了 1 万年,有谁能画出万年前的地貌呢?

绘制这样的地图,需要准确地知道地球的大小、形状,还要在数学测量中应用球面三角学和超现代的制图投影术。在大洪水后不久,在冰川汇集两极之前,有谁

世界未解之谜

考古未解之谜

图文珍藏版

印度古钱币之谜

我们久已知道 2000 年前的罗马人步亚历山大大帝后尘，到过印度。在当时交通既不便利也不快捷，做这么远的旅行可算是一项壮举。罗马人千里迢迢，甘冒种种艰苦到东方来，是完全可以理解的行动，因为任何一个欧洲商人只要经营东方奢侈品贸易，多有厚利可图。但罗马人面对那些文化迥异、似乎亦无所求于罗马商贾的印度人，有什么可以提供呢？原来在印度南部曾有罗马钱币多半是大量埋藏在一起的。

那么，是否有少数魅力过人的印度人垄断了与西方的贸易，而迅速取得大量在印度不能使用的钱财？或者，这些窖藏钱币，对印度收集者具有某种特殊意义？历史学家细心地将东西方贸易的证据集合起来，详加研究，终于对印度宝藏之谜提出别具匠心的答案。

当时罗马帝国国泰民安，商业贸易兴旺发达，罗马富有公民渴求各大洲、各文明地区的奢侈品，多能满足所欲。商贾从未开化的北方人那里贩入琥珀和皮毛，从非洲运来象牙、黄金、香料及竞技用的野兽，从印度次大陆则运来充满东方色彩的奇货。

奥古斯都在位期间（公元前 27 年~公元 14 年），罗马与印度贸易兴盛。远自亚历山大大帝时期到东方发财的故事本已人人乐道，到这时许多印度商旅来到罗马帝国，更激发罗马人做贸易的兴趣。有一队印度商人带来了许多奇珍或异物，诸如天生无手臂的人、大河龟、蛇，还有"大如秃鹰"的鹧鸪，其他商旅则带来珍珠和宝石，这些才是罗马市面洋洋大观、更有代表性的进口货。当时每年总有 120 艘船，由受罗马控制的埃及乘着季风驶往印度，去装运这些珍贵货物。

在这种贸易中最活跃的代理商就是罗马帝国的批发商人。他们是以亚历山大港为根据地的希腊人。亚历山大港在地中海海岸，是西方主要港口，东方的货物和原料即经此集散和转运。在印度，商人首先沿马拉巴海岸建立贸易站，在这些贸易站采购得大批香料，特别是胡椒，还有平纹细布、香水和象牙。公元 1 世纪末期，罗马商人从今日称为斯里兰卡的地方，借以物贸方式采购到珍珠和宝石，并且向印度商人购到远东地方的产品，最著名的当然是中国丝绸。

要购买所有这些商品必须有一种方法付款，但是当时印度这个国家的人民多不知有货币，对于罗马商人惯用的钱币，他们并无多大需求，所以免不了产生买卖时如何付款的难题。不过，这种麻烦最后以很巧合的方法解决了。

1775 年,首次有一大批罗马钱币在印度出土。当时的考古学家和历史学家都假定这些窖藏钱币,是印度商人的积蓄,由于某种不幸遭遇或意外事故,致使钱币长久埋没了。但现代历史终于了解,印度人有兴趣收藏这许多钱币,并非因为罗马钱币可用于购货流通,当时印度人完全没有货币概念,而仅是把钱币作为金锭或银锭看待。

因此每一批窖藏钱币都已称过重量然后印上证明戳记,代表的是某一定量的金子或银子,要购买某种整批的货物时,拿出这样的一批钱币作为货款便行,就像现在印度市集上,有时也称出银铸为一个个有统一标准的金圆或银圆,这样印度人收集和应用起来就很方便,从而大大提高了罗马人的商誉。

罗马学者普利尼曾经说过,因为罗马钱币质量不变,尽管上面所铸为历代不同帝王的头像,但所有钱币重量相同,其金或银含量也始终如一,所以斯里兰卡国王有了好感,对诚实的罗马商人颇为优待。

当时的印度人为避免这些钱币重新用作货币,所以在钱币帝王头像上凿上一道刻痕,很多在印度出土的罗马钱币是这样毁损的。尽管印度人不用这些钱币做小额交易,但他们并不漠视钱币上的精美可爱图案,印度人更以这些图案为蓝本,用赤陶仿钱币制成穿孔或带环孔的首饰,可能还镀金然后佩戴。这样仿制确实是捧足了场。

但从罗马人的观点看来,钱币不断流往东方,而且一去不回,显然并非健全的营商之道,因此很快便实施了钱币出口限制。后来暴君尼禄降低了罗马银币的成色,印度人对罗马钱币的实在价值丧失了信心,于是拒绝再接受任何罗马钱币。商人不得不另谋易货的代用品,因而开始以商品互换,通用商品包括精美餐具、玻璃、亚麻布、珊瑚、灯饰、加工的宝石和酒类等。

1940 年,印度的阿里卡梅杜发掘出一个罗马人主要的贸易站,发现了大量地中海地区所制陶器的碎片,表明罗马商人运用这种新贸易策略十分成功。阿里卡梅杜的仓库贮藏着意大利陶罐、碟、美酒和餐具,在作坊里则可以把珠宝加工和织染平纹细布。

但罗马军团要维持强大的战斗力,罗马人民要安居乐业,并不仰仗与印度的贸易。公元 3 世纪罗马内部危机重重,引致商业和贸易衰退,商人信息不足,与印度的直接贸易便停顿下来,而从前充任中间人的阿拉伯人和波斯人则将贸易接管了过去。由于亚历山大港的商人不再顺季风扬帆渡洋做买卖,从此在西方人的心目中,印度再次成了一个充满神秘和难以接触的传说之邦。

亚历山大大帝在位期间(公元前 336 年~公元前 323 年)东征西讨,首开地中海地区居民与印度互相交往风气。但由于波斯地方强大的帕提亚帝国的兴起,古代横贯亚洲内陆的路线遭阻截,从地中海至次大陆即不能经陆路往来。于是,商人转而向海上谋求安全的商路。

公元前1世纪,一位叫希帕洛斯的希腊商人发现可以利用西南季风来往印度次大陆,并且提供了准确的地理资料。于是,其他商人迅即利用希帕洛斯所说的风与东方做着史无前例的大规模贸易。在七八月间,善于利用季风的商人有40天时间可以从阿拉伯港口直航印度南海岸的马拉巴。12月至次年1月完成交易后,则经红海或波斯湾及陆路回到地中海。

到公元1世纪,西方商船队已绕过印度南端到达次大陆东岸的贸易站(此前则经陆路),从此也建立起地中海与斯里兰卡的直接贸易,有的船只更远航至缅甸、马来、越南,甚至中国。不过,上述说法仅仅是一种推测而已。要想真正揭开所有的谜团,还需要考古学家们提出更为有力的证据来。

班清古镇之谜

当我们提到远古人类文明,读者们马上就会想到幼发拉底和底格里斯两河流域的巴别通天塔,想到古埃及的金字塔和狮身人面像,想到耶利哥城和"死海古卷",想到地中海上腓尼基人的帆船和文字,想到荷马史诗和特洛伊战争……

是的,这些都是人所共知的最早的文明发源地,代表着远古人类文明的最高成就。它们的名字早已传遍四海,被写入各种历史教科书中,为天下人所敬仰。

但是,你知道班清吗?不仅我们不知道,43年前,世界上所有的考古学家们也都不知道。

也许有人会问,班清在哪儿?它是泰国的一个小镇,是个过去所有的历史书中都没有提到过的一个小镇。

一次偶然的机遇,这个地球上没有标记、鲜为人知的小镇班清名扬天下。

班清位于素有万塔之国称号的泰国东北部呵叻高原。这个小镇上的人们已经习惯了单调和闭塞,多少年来一直过着他们那种与世无争的平静生活。但是,1966年,一些似乎不起眼的发现改变了这个小镇的命运。一夜之间,班清这个名字像长了翅膀,飞到了美国费城和法国巴黎那些大名鼎鼎的考古学家案头。

原来,在这座小镇的地下,考古学家们发现了一些史前墓地,里面除了骸骨,还埋藏着价值连城的稀世珍宝:陶器、石器及精美的金属制品。

1966年,美国哈佛大学学生斯蒂芬·扬来班清进行社会调查。一天,他经过一个筑路工地时,看到工人挖出一些陶器碎片。这些碎片上有一些奇怪的图案,他便好奇地随手捡了几个图案美丽的残破陶罐带了回去。

1968年，美国著名的艺术史学家伊丽莎白·莱昂斯把一些陶器碎片送到费城大学的考古研究中心。费城大学博物馆的考古研究中心将陶器碎片进行碳14测定。检测结果令所有在场的学者们大吃一惊，原来这些陶器是在公元前4000年左右制造的。此后，他们又多次用不同的碎片通过不同的手段鉴定，但鉴定的结果都是一样的。

学者们马上把伊丽莎白·莱昂斯找来，问她这些东西是在哪儿发现的，为什么过去考古学从没提过这个地方。

伊丽莎白·莱昂斯也满怀疑惑地说，这些碎片来自泰国一个叫班清的小镇。难道过去从没人知道这个地方？

费城的学者们马上和泰国的有关文物部门联系，说他们准备来此地考察。

但班清在哪儿呢？为了接待费城的学者，泰国官员们马上拿来地图，因为他们也不清楚这个小镇的位置。

1974年，在联合国的资助下，泰国艺术厅和美国宾夕法尼亚大学博物馆对班清开始联合考古发掘。

开工的第一天，人们的期望值并不很高，很难想象这个人口不足5000人、世代以种稻为生的小镇会有很悠久的历史。然而，当挖掘到地下5米时，考古学家们惊呆了，原来，他们发现这是6层界线分明的墓葬。最深的一层可追溯到公元前3600年，最浅的也可追溯到公元前2500年。

这简直令人难以置信，因为史学界过去一直认为，泰国的可考历史至多有1500年，而他们眼前的一切都大大超过了传统认识中的泰国历史。

挖掘工作愈发不可收拾，每天都有大量的文物被挖掘出来，到后来实在多得让工作人员无法一时清点出来，只能以吨来计算。到1975年，班清已挖出了各种文物共计18吨。其中除了大量的青铜器和金银装饰品之外，还有一些用象牙和骨头雕刻的人像，用玻璃和次等宝石制作的光彩夺目的珠串。

经过对挖掘的文物测定，这些珍宝至少已在班清埋藏了5000年之久。同时，发掘表明，早在公元前3000年，班清人已经掌握了青铜的冶炼技术。因为这些青铜器的制作年代大约在5000年前，是世界上历史最悠久的发明。

过去的历史学家一直认为，5000年前的东南亚人还生活在原始的石器时代，而青铜器最早起源于美索不达米亚的两河流域，冶金术是从西亚传播到世界各地的。班清的考古发掘，对以往的这种结论将是一个最为有力的挑战。班清的青铜器将会促使考古学家对过去的观点提出新的见解。

　　事实上,那时的班清居民已经相当进步了。他们居住在固定的居民区,种植水稻及其他农作物,并且会制作漂亮的陶器。

　　那么,是不是青铜器的发源地可能就在泰国的班清呢?

　　考古学家切斯特·戈尔曼是这次发掘工程的主任。他说,我们深信,炼铜术的起源最早可能追溯到公元前4000年,其发源地就在泰国呵叻高原边缘的山脉之中。这里从古至今都以锡、铜储量丰富而闻名。班清的出土文物是丰富多彩的,有众多形状不一的陶器,有许多是在浅黄的底色上,绘着深红色的图案。

　　这些图案看来是古代艺术家们随心所欲、一挥而就的,有些则是经过深思熟虑而精心绘制的几何图形,如同古希腊的骨灰罐上的图案。从外形上看,有些是颈部很细的高花瓶,这需要很高的制作技巧;有些是矮胖的大缸,上面却有着极为精致的图案,显得甚至不太协调。看得出他们在制作中的自由发挥和潇洒自如。

　　有关专家通过对班清挖掘的文物经过严格的清理、分析之后,认为,班清文化最引人注目的是青铜制品,并且在制作技术上有不断的创新。在早期的墓葬中,出土的青铜锛和青铜手锅的含锡量只有1.3%,制作也较粗糙,严格地说只能算作红铜制品。而班清人早在公元前1000年左右就制作了各种精致的青铜手镯、项链、戒指和长柄勺。

　　从班清人的制作工艺来看,他们的技术相当精湛,能在一把长柄勺的勺把上刻出栩栩如生的动物图案。

　　同时,班清人在这一时期制作的青铜器就其铜锡配比来讲也比较科学。说明此时的班清人已熟练地掌握了'青铜的冶炼和制作技术了。除青铜器外,班清的地下还出土了为数不多的铁器,有铁脚跚、铁手镯和双金属的矛头、斧头等。

　　在晚期的青铜制品中,有用含锡量高达20%的青铜锻打成的颈圈。因为含铜量这样高很容易碎,所以制作时须煅打成多股再扭曲而成。至于班清人是如何掌握这项重要技术的,考古学家们至今无法揭开这个谜底。

　　班清文化不仅是东南亚,而且也很可能是世界上最早的青铜文化。最初的中东青铜是红铜与砷的混合物,后来,在接近公元前3000年时,锡取代了砷,青铜就变成了铜与锡的合金。

　　据此,有人认为,班清的青铜文化可能是世界青铜文化的源泉和源头。人们甚至猜想,班清的地下文明也许是人类文明的摇篮之一。

　　当然,大多数学者还是认为,那种把所有重大发明都归于一个源泉的观点是片面的。就冶金术来说,它完全有可能是在世界各地独立演化出来的,也可能是同时产生的。

随着时间的推移,班清出土的宝藏会越积越多,有关它的争论也将更深更广泛,但有一点是确定的,一个曾被认为是不可能存在的文明,确确实实是存在过的。

有人猜测,班清宝藏的发掘仅是窥见冰山一角,因为这里有成千上万座古墓葬,数量之多远远超过埃及的帝王谷。

那么,班清的地下到底还有多少古墓、多少珍宝呢?至今,没有一个人能够说得清楚。

"仙蜕"之谜

陕西省蒲城县号称"化石之乡"。据史料记载,汉武帝时修建引洛水渠时,曾在此处挖出巨型龙骨,于是就将山改名为龙首山。唐明皇时曾在此地挖得奇异之石,状如盘龙。

1961年,离蒲城不远处又掘出了著名的大荔人化石,至于其他动物化石,如古象、古马,以至三叶虫,更是数不胜数。因此,蒲城颇受考古专家学者们的重视。

《蒲城县志》记载着800年前的一次奇异人类化石的发现,被称为神人"仙蜕",使考古学者们惊骇不已!

蒲城县尧山之上,有座古庙,供奉着女神灵应夫人,据说此庙求雨甚灵。金代皇统年间,蒲城遇旱,人们到古庙求雨,事也极巧,没隔几天,蒲城普降甘霖,为答谢神灵,蒲城人决定扩建夫人殿。

夫人殿旁边有一块巨石,阻碍了工程进程,施工者决定凿去这块巨石的一部分,以拓展地基,半个月后,巨石被凿去一半。这时,工匠们发现巨石中出现了像蛛网一样的小空隙。继续凿下去,在空隙间,发现"枯骸一躯,印于石内",头颅、臂、胚、肢体具存,石骨相合,犹如印人。

据记载,当时在场的工匠都非常惊讶,他们不明白的是何人将此人这样置入石中,因为这块巨石俨然一个整体,脉理相连,没有半点缝隙断裂的痕迹。

蒲城县的县令马扬,是个博学多才之人,听说此事,迅速赶到现场。他认真地查看了被凿去的石头,发现其断裂处还可以合起来,他琢磨半天也琢磨不出其中的奥妙,于是他命令在旧址上一丈处重凿一处新穴,装好骸骨,洞口封以石块,上题"仙蜕"二字,以使后人瞻仰。

后来,马扬把发现经过及详细情况刻成石碑,最后感叹地说:"然则石中之骸,人耶?神耶?固不可得而知矣!"

令人万分遗憾的是,在1976年仙蜕被毁掉了。20世纪80年代的时候,许多学者纷纷到蒲城寻访仙蜕下落,均没有收获。后来,又有人到庙址附近考察,发现刻有记载“仙蜕”的残碑数块，这一切证明，县志的记载是可信的。

学者们又考察了庙址北侧及东西两侧，发现均为石灰岩质陡崖，水平层理，地质上届奥陶纪沉积，岩层年龄已有 4 亿年。

“人”为什么会夹在 4 亿年前的岩石之中？800 年前的古人曾感到迷惑不解。现代的科学家们，更是瞠目结舌。因为，众所周知，人类的历史至多只有几百万年。

撒哈拉壁画群之谜

“大漠孤烟直，长河落日圆。”这是唐代大诗人王维奉命以监察御史的身份，到凉州河西节度使府第慰劳将士时写的千古名句。意思是在广大无边的沙漠中远远看去，边塞上用作军事联络信号的烽烟格外挺拔；那横贯在沙漠中的长长的黄河和傍晚落山的太阳，大大的，圆圆的，莽莽苍苍让人感到温暖和亲切。

撒哈拉壁画

如果王维与唐朝的将士们经过长途跋涉，历经千辛万苦，来到非洲撒哈拉大沙漠的话，他绝不会以欣赏大漠的笔调，写下这两句神来之笔的。

在阿拉伯语中，“撒哈拉”就是荒凉之意。撒哈拉大沙漠位于非洲北部，东起红海沿岸，西至大西洋，北迄地中海，南部深入非洲大陆高原腹地，东西长达 5600 千米，南北宽约 1600 千米，总面积为 960 万平方千米，约占非洲总面积的 32%，占全球沙漠总面积的一半，是世界上最大的沙漠。它的最低高度为海平面下 132.9 米，最高则达到海拔 3400 米，一般海拔 200 ~500 米。

在如此广袤辽阔的大荒漠中，除了极个别的点状绿洲外，到处都是黄色的沙子，一条条平行排列的沙垅，高度 100 多米，延伸达数百千米。像金字塔一样的沙山高高耸起，还有令人生畏的沙海，纵横千里，显示着大沙漠的浩瀚和壮观。

撒哈拉沙漠降水极少，是典型的热带干热气候。白天，烈日当空，气温急升，烤得沙丘如同火炉，鸡蛋放在沙堆上很快就可以烤熟，地表温度最高达 70℃。然而一到晚上，温度骤降，有时竟降到零下 15℃。这样强烈的温差，使裸露地表的岩石剧烈地热胀冷缩。每当夜晚，到处都可以听到岩石爆裂的声音。更令人胆战心惊的是沙丘和沙山也因为剧烈的胀缩，促使大堆的沙砾坠落下滑，使整个沙丘像山崩一样从高处轰然滚落下来，接着又激起一连串的连锁反应，使那闷雷般的轰鸣此起彼伏地在沙海中经久不息地回荡着，令人夜不能寐。

2000 年来，撒哈拉的河流和湖泊变小了，留下许多布满砾石的河床。植物普遍枯萎退化，动物被迫迁徙，气候越来越干燥，沙漠化的程度也越来越严重，日积月累地风化和冲刷着横亘绵延于沙漠中部达 700 多千米的雄伟奇特的塔西利·恩·阿耶山。天长日久，周而复始，大自然的鬼斧神工将整座大山割裂，风化得千姿百态，怪石嶙峋、横空出世，平直立的千仞石柱，岌岌可危的石桥，森严峻峭的石壁，迷宫一般的小洞，真可谓是光怪陆离，令人目不暇接。此外，阿耶山中还有存活数千年的鲃鱼和巨柏，丰富多彩、绚丽迷人的史前岩画。这些大漠中的"艺术长廊"是一部向世人展现这一地区沙漠化历程的生动画卷，具有很高的科学研究和艺术审美价值。

令人惊叹不已的首先是，在这块连生存力极其顽强的野草都难以生长的干旱地带中，居然有活着的鳄鱼、鲃鱼和巨柏。

那么人类又是怎么发现这些"艺术长廊"的呢？

1924 年，有一支考察队在阿耶山的一个山洞里捕捉到了一条大鳄鱼，在另外一些半干涸的岩洞里发现了地中海鲃鱼。由于沙漠地带的气候十分干燥，因此，为了适应这里严酷的自然环境和生存条件，地中海鲃鱼这一与世隔绝的稀有鱼种也在漫长的岁月里逐渐地改变了自己的生活习性，形成了自己独特的生状，成为撒哈拉鲃鱼，充分体现了适者生存的自然规律。此外，在阿耶山的南坡生长着成片的巨柏，它们顶风抗旱，生长得粗壮挺拔，根深叶茂，很有生机。其中，有些巨柏树围 6 米以上。考古学家根据鳄鱼、鲃鱼和巨柏这些"活化石"有力地向世人证明：这一地区在几千年以前曾经有过与今日地中海沿岸极为相似的气候条件和地理环境。

然而，最令人感兴趣的无疑是遗留在塔西利·恩·阿耶山石壁上那数千幅生动逼真、栩栩如生的史前岩画。半个世纪以前，这些处在大漠深处的史前岩画还与世隔绝着。

公元 1934 年，法国一支远程探险队到撒哈拉沙漠探险。这天，他们来到阿尔及利亚东南部的塔西利。一天的沙漠跋涉，使队员们又渴又累，困乏不已。队伍只得在一条早已干涸了的河床边石荫下休息。突然，队长布雷南斯惊叫了起来。原来，在他躺下昏昏欲睡时，看到石壁上有一头犀牛，与真犀牛一样大小，呼之欲出。这个惊奇地发现，使布雷南斯激动不已。接着，他沿着河谷仔细寻找，又发现了许多岩画。他将发现的河马、大象、骆驼、长颈鹿、狮子、羚羊和头戴面具的人物等岩画一一描绘在记事本上。

几个月之后，布雷南斯的这本记事本转到了考古学家亨利·洛德的手中。亨利·洛德对此极感兴趣,并敏锐地意识到这一发现在考古学上的重要价值。他立即组织了一支考古队来到了撒哈拉沙漠的深处,对岩画进行了一系列考察,并运用现代科学技术对这些岩画进行了研究和分析。

这些岩画或刻在山洞的石壁上,或绘制在裸露的岩石和山崖上,虽然经过了几千年的风雨侵蚀,但大部分岩画仍然得以保存下来,而且线条清晰,成为考察和研究撒哈拉历史的珍贵文物。

在这 5000 幅岩画中,最引人注目的是一幅 120 平方米的大型岩画,画面上的大象、狮子、长颈鹿和其他动物神态各异,惟妙惟肖。另外,面积约 20 平方米的一幅狩猎图也很有特色,上面画着 135 个人,正在追杀围猎一群疾奔如飞的羚羊。一只身负重伤的大犀牛鲜血淋淋,表露出痛苦绝望的神情,正在猎捕者的追杀下拼命抵抗和挣扎,给人以深刻的印象。

岩画向人们展示的是撒哈拉地区的一幅幅历史长卷。譬如在利比亚的乌德马西多斯和阿尔及利亚的恩阿杰尔伊赫伦等地发现的大量壁画,都是反映狩猎时期的艺术作品,绘制年代大约在距今 8000 年前。壁画上主要画的是大象、长颈鹿、羚羊等野生食草动物,甚至还有水牛在画面上出现。这些岩画至少可以说明当时的撒哈拉是一片水草丰美茂盛的大草原,自然条件湿润而多雨。在这样气候温暖、河流纵横的森林和草原地区里,不仅生长着种类繁多的植物和动物,还繁衍着人类。

在塔凯德杜马廷发现了一幅绘制得十分精致的牧牛图,至今大约有 5000 多年历史。从图上可以看出,当时人们养牛的规模很大,而且饲养技术已经非常进步,反映了放牧时期的特色。养牛业的发达,除了表明人类生产技术水平有提高之外,自然物质条件也是不可忽视的重要因素。

在丁阿尼乌因发现的一幅壁画,上面绘着一个男子驾驭着双马牵引的车辆在飞驰,这种车辆既可用于打猎、装载货物,也可用于战争。此外壁画上还有几个只在腰上缠着一块布,手执长矛围攻一头叼着羊的狮子的猎人和一个穿着阔袍,戴着有花饰头巾的人物,显然是地位较高的贵族。在这些壁画上出现了穿着统一制服、带着武器、排列着整齐的队伍的军队。

据分析,专家们认为这些壁画所表现的是部落进行掠夺和战争的时期,距今约3000 多年。再往后,壁画的题材出现了商业贸易和马队运输的内容,特别值得注意的是,这时也有一些反映干涸和沙漠化内容的作品。这些作品虽然很少,但至少也向人们提供了这样的信息:即这时的撒哈拉已经成为即将被人类抛弃的荒漠地带。

值得注意的是,壁画中没有出现一向被人们称之为"沙漠之舟"的骆驼。据记载骆驼出现在非洲的时间在公元 46 年,显然在此之前,由于撒哈拉沙漠的生活条件迅速恶化,人们不得不迁往他乡。于是撒哈拉岩画的创作也到此结束了。

那么,谁是这些形象生动、绘制精巧的史前岩画的作者呢? 这个谜一直萦绕在考古学家的心头。

马里驻联合国教科文组织的代表,一个班乌尔族人在看了那些只有头和身躯、没有腿的牛的岩画后指出,这些奇特的画可能和班乌尔人的传统信仰有关。班乌尔人认为牛来自水中,因此,在一年一度的洛托里节,班乌尔人把牛牵到池塘中,而牛进了水中,腿部自然就看不见了。

这些解释是否就是答案? 人们还难以下定论,有待考古学家们继续探讨。但有一点是可以肯定的,那就是,这些大漠中的"艺术长廊"是人类艺术史上的又一个伟大发现。

古埃及直升机之谜

据俄罗斯《真理报》报道,1848 年,一名考古探险家在埃及古城阿比杜斯的塞蒂神庙入口 10 米高的横梁上发现了一些奇怪的图像,当时没有一名科学家知道那些象形图画描绘的是什么东西,就像其他许多神秘的阿比杜斯象形文字一样,这些奇怪的图像随着时间的流逝渐渐被世人忘却。直到 150 多年后,考古学家才震惊地发现,那些由 3000 年前的古埃及艺术家雕刻下来的图像,竟然是直升机和潜水艇的模型。

在神庙的墙壁上,古代艺术家竟然镌刻下拥有明显螺旋叶片和机尾的战斗直升机图像,而另外几个航空器图像也像极了现代的超音速战斗机和轰炸机。

3000 多年前的塞蒂一世是古埃及最著名和最成功的法老,他曾扩张自己的领土,击败过许多敌人。但塞蒂一世法老时代的艺术家怎么会画出直升机和飞机图像? 这在考古学家中引发了强烈争议。

埃及考古学家阿兰·艾尔福德在研究了塞蒂神庙上的象形文字后,确信古埃及艺术家描绘的"直升机"或飞机都是真实的。艾尔福德说,古埃及人描绘的是一个真实的直升机模型,就像他们经常用图画描述日常生活一样。

然而怀疑论者认为,塞蒂一世法老有个别名叫作"蜜蜂",而古埃及艺术家画在神庙墙壁上的,只不过是一只蜜蜂图形而已,他们无论如何也不相信 3000 多年前的古埃及人竟然看到过 20 世纪才发明的直升机。

事实上,不仅古埃及拥有神秘的"飞机"图像,几乎在所有的古代文明中,都能找到有关"古代宇航员"的传说。近百年来,考古学家在哥伦比亚、秘鲁、哥斯达黎加和委内瑞拉等国,也发现了33个模样极像飞机的古文物模型。其中一个被称作"哥伦比亚黄金飞机"的模型显然曾在3000多年前被用作护身符或装饰品。据悉,所有发现的"黄金模型"都符合飞机原理,拥有垂直和水平的尾翼。

早在1956年,美国纽约首都艺术博物馆曾举办了一场"前哥伦布时期黄金展",展品中就有一个拥有三角翼和垂直尾部的"黄金飞机"模型,它立即吸引了众多美国航空设计师的注意。科学家在实验室对同样的模型进行了测试,结果发现这种模型竟然能够以超音速速度飞行。一个传闻称,正是对这架"黄金飞机"的研究,才使得洛克希德公司的航空设计师们发明出了当时最好的超音速飞机。

但是直到如今,有关"法老直升机"的争论依然没有任何结果,一些研究人员相信,古埃及人了解航空学的奥秘,并且曾经学会飞行,但后来这一知识却不知为何失传了。

历史学家威廉·迪乌奇就曾宣称,古埃及神庙上描述的奇怪飞行器事实上是人类历史上最早的飞行器。迪乌奇甚至根据这些图案制造了一些模型,并发现许多模型都符合空气动力学原理,能够在风洞中飞翔。

当然,事实真相究竟如何,还有待于科学家们的进一步研究。

狮身人面像之谜

提起古埃及的文明,人们马上会联想到狮身人面怪物——司芬克斯。

在古埃及文明的发祥地有众多的司芬克斯,最古老最著名的要算是吉萨地区的大司芬克斯卧像。有关大司芬克斯的建造年代至今还无法确定。

司芬克斯两爪之间竖立的图特斯四世的碑文中叙述了这样一个故事。即位前,这位国王在狩猎途中困倦了,就在沙漠上打瞌睡,意想不到的是在他的旁边恰好卧着被沙子埋没的司芬克

狮身人面像

斯。传说司芬克斯出现在梦中,对他说:"如果将我从沙中挖掘出来,那么你将成为一国之王。"

姑且不谈传说之真假,从碑文中可以肯定司芬克斯是在这个时代以前建造的,但是确切年代,学者们众说纷纭,至今尚未做出定论。

号称埃及学研究鼻祖的英国学者皮特里指出:"不早于第一王朝第二代胡夫

王,但也不迟于第三代卡夫勒王。"其根据是卡夫勒王第二金字塔的甬道两侧有许多坟墓,唯独在甬道上什么东西都没有。

法国学者马斯佩罗最初则说建造可以追溯到史前时代(约公元前 3000 年),但是,后来他又说是卡夫勒王建造的,而且大司芬克斯的容颜是临摹了卡夫勒王的肖像。他还认为大司芬克斯是国王的金字塔墓与神庙的守护神。

埃及学者萨里姆·哈桑从 1935 年开始对吉萨地区进行了 4 年的发掘,最终他认为是卡夫勒王建造的。

他的根据有以下几点:

第一,大司芬克斯的甬道两侧有沟,这表明是建于胡夫王之后的时代;

第二,远离第三个金字塔,显然也不是孟考拉王建造的;

第三,卡夫勒王的金字塔与神庙的配置,对照大司芬克斯,是一个整体的设计。

日本早稻田大学考古队自 1966 年以来,历经了几十年的考察,作为考古队主要队员的吉村对这些学说发表了另外的看法。

吉村在长期仔细地观察中发现,从建筑的石料来看,卡夫勒王神庙多半是花岗岩,大司芬克斯是石灰岩;从建筑的式样来看,卡夫勒神庙沿袭古王国时代的式样,可是就在与甬道连接的部分,不仅偏北,离开了原先的式样,而且甬道不是在卡夫勒神庙的中央,而是对着金字塔构成锐角。

这一切使吉村产生了一个疑问,如果两个神庙同时建造,显然这样的配置很不自然,何以会这样呢? 唯一的可能是,其北侧已经有大司芬克斯神庙存在,致使设计者在设计时必须加以考虑,不得不作如此改变。由此,吉村推断大司芬克斯在胡夫王建造金字塔之前已存在。

灯塔谜团

埃及最大海港城市亚历山大,在公元前 332 年是希腊马其顿国王亚历山大的都城,公元前 304 年又是统一埃及的托勒密王国的国都,公元前 30 年成为罗马行省的首府。当时人口曾达 40 万,与罗马、君士坦丁堡(今伊斯坦布尔)并称为世界三大城市。

今日亚历山大拥有 250 万人口,夏天有 100 多万人来此避暑,港口年吞吐货物量 2760 万吨。海角立有一座新灯塔,但比古灯塔大为逊色。滨海大道延伸 26 千米,一边是豪华旅馆,一边是海滩浴场。

1892 年由避暑行宫改建的希腊——罗马博物馆,收藏着本城零散的文物,展示亚历山大饱经沧桑的悠久历史。奇怪的是,这里古希腊、古罗马时代的文物荡然无存,连遗址也找不到了。硕果独存的是因建于罗马庞贝大帝时代而得名的庞贝大石柱,高28米,底径2.8米,顶径2米,孤零零地竖在一人高的石座上。其他文物跑到哪里去了? 特别是闻名世界的最高灯塔和历代王宫,怎么踪迹全无呢? 脍炙人口的亚历山大灯塔,其真面目如何? 到底是怎样失踪的?

最权威的记载应数公元前2世纪罗马哲学家安蒂培特的著作。他亲睹过灯塔的盛况,将当时埃及、希腊、巴比伦和七个建筑并称为"世界七大奇迹"。后人对亚历山大灯塔又有进一步的描述,并画出精细的图样。

灯塔总高134米,比现代最高的日本横滨灯塔还高28米。塔分4层,全部以纯白色大理石砌成,缝隙用熔化了的铅液浇铸,坚如磐石。

底层是四方形的基座,高约69米;

第二层是八角形塔身,高38米,每面有精美的雕刻;

第三层是圆形环廊,中间置一大铜盘,燃烧柴火,靠大陆一侧廊边架设一面大铜镜,将火光反射到海洋上;

第四层是雕像,用圆柱在环廊上托着塔盖,顶端屹立海神波谢伊顿的全身像。

塔身外围筑环形驰道盘旋到炉室,供马车拉运燃料。这灯塔实际上也是一座摩天大楼,内设300间厅室,供管理人员和卫兵居住。

灯塔建造年代是公元前285~公元前247年,监督者是托勒密国王普图莱梅·菲莱代夫,设计师是希腊人。建造空前绝后的灯塔,一是航海的需要,一是显耀亚历山大王的赫赫战功。自从亚历山大海角尖端的法罗岛有了它以后,塔顶的薪柴燃烧不息,地中海航船有了导航方向,夜航海难事件大大减少。它一直工作了15个世纪,即使亚历山大城多次地震,大片房舍被毁,灯塔仍巍然屹立。

公元1302年的大地震,亚历山大遭到毁灭,灯塔也不能幸免,顶截坍落。1375年又一次猛烈地震,全塔毁坏。随着地层沉陷,法罗岛连同附近海岸地区慢慢沉入海底,千古奇观从此烟消云散。

没有见到实物,终归是一个谜。谁敢相信两千多年前能够造出那样庞大的灯塔? 许多历史学家、考古学家、海洋学家不断追寻灯塔的踪迹。

1978~1979年,美国和埃及的考古专家历尽艰辛,在当地巫师的帮助下,从城东海港的水下找到灯塔的遗骸。经过大规模的清淤、发掘,灯塔渐露端倪,证明历史上记载的亚历山大灯塔绝无夸大不实之词。

更大的收获还在后面。灯塔附近还发现了公元3世纪地震时沉入海底的一批文物。其中有托勒密王朝末代女王克里奥巴特拉的王宫,她的情夫、罗马统帅安东尼的宫殿,许多小型的人面狮身石像。

在伊西丝·法里亚神庙残址上，发现更多的雕刻品。此庙的女神是古埃及三大神之一，形象是头戴牛角王冠、手执权杖的裸女，专司人间生育繁殖事宜。

灯塔的遗骸是找到了，然而古人用什么方法造出如此宏伟的灯塔，这还是一个谜。

斯瓦希里文明之谜

"从前镶嵌瓷器的壁龛，如今野鸟在那里哺雏孵卵。"这是一位斯瓦希里诗人咏叹已消失了的中世纪斯瓦希里文明，"斯瓦希里"一词既是语言和民族的名称，也可表示东非海岸中世纪形成的一种文明。

这种文明形成的历史包括斯瓦希里语的产生和演变；奴隶制城邦制国家的形成；与印度洋北缘贸易的兴起和繁盛；东非海岸本土文明与东亚、东南亚、印度、波斯以及阿拉伯文化的交流与融合。

在伊斯兰教未传入东非沿海地带的 7 世纪以前，东非沿岸文明是由班图等族创造的以农耕为主，辅之采集、狩猎和商业的文明。7 世纪后，随着伊斯兰教的传入和阿拉伯人等外族的移民，逐渐形成斯瓦希里人的文明。

这种以商业城邦为特色的文明在 13~15 世纪达到极盛；至 15 世纪，沿肯尼亚至莫桑比克海岸兴起的比较大的商业奴隶制城邦即达 37 个，如一串明珠散布于东非海域。这些城市与阿拉伯、印度、波斯和中国进行贸易。从东非出口的商品有黄金、象牙、肉桂、乳香、玳瑁、琥珀和奴隶，进口的有来自中国的青瓷、丝绸、漆器，中东的织品、铁器，印度的宝石，商业十分繁荣，城市建筑也很壮丽。

14 世纪的著名旅行家伊本·巴图塔称赞基尔瓦是世界上建筑得最好的城市。郑和船队下西洋时记载其城市："濒海而居，堆石为屋，四五层高。"它的农业与园艺业也达到相当高的水平。16 世纪还有人称赞：桑给巴尔、奔巴等地区，土地富庶，食物充足，种植稻米、小米、小麦，栽培橘子、柠檬、石榴、蜜果等。其语言文学、宗教信仰和政治制度也达到相当高的水平。16 世纪随着葡萄牙人闯入的浩劫，其文明发展才戛然而止。

斯瓦希里文明的创造者是谁呢？这一直是学者们争论不休的一个谜。

一些学者认为，斯瓦希里人的祖先来自伊朗的设拉子地区，东非海岸是"伊斯兰教的前哨站"，斯瓦希里文化受外来影响而成，14 世纪达到顶峰。

此论认为：来自波斯的哈桑·阿里及其六子和一些跟从者在 10 世纪率领七艘船离开伊朗，远航至东非海岸。每艘船的人到东非后都建立了一个居留地。其中为人所熟知的 4 个居留地是蒙巴萨、奔巴岛、科摩罗群岛中的约翰纳以及基尔瓦。

哈桑本人就定居在基尔瓦。由于这些移民加之阿拉伯人的到来，这些居留地经过一定的时期逐渐形成为城市并演变成为城邦，斯瓦希里文明由此产生。

另一些学者则认为，阿拉伯人是斯瓦希里文化的创造者，英国东非史学者科普兰把东非城邦叫作"阿拉伯的殖民地"。

他劝告读者"把沿海的一系列殖民地和其文明当作是阿拉伯式的"。他承认有一些受波斯文化影响，但认为非洲本地人所做的贡献很小，甚至根本不存在。

上述两种观点20世纪60年代后都受怀疑，一些学者认为斯瓦希里文明的创造者应为东班图人。据研究，斯瓦希里语带

肯尼亚斯瓦希里族服饰

有明显的班图语特征。如班图语的特征之一是名词有单、复数之分，而无阴阳性之别。并按性质分为若干类，斯瓦希里语也是如此。

又如斯瓦希里语与其他班图语一样，每个单词通常是由词根和词缀组成的。当形容词或数词修饰名词时，必须根据名词的类别及单、复数，分别在形容词（或数词）词根前加上相应的前缀，以保持语法关系的一致。

斯瓦希里语也是非洲最古老的语言之一。记载东非沿海最早的文献是《红海回航记》。该书记载，在任何外来者未曾达到东非沿岸前，班图人已在那里定居。当地居民已有自己的语言，用于经商及日常交往，只是未形成书面文字。据说这就是最早的斯瓦希里语。

坦桑尼亚学者马希阿斯·姆尼亚帕拉认为，这种原始的斯语很可能就是班图语中古老的恩戈兹语。当时恩戈兹语曾通行于肯尼亚北部沿海的拉木地区，包括发扎和帕特直至塔纳河流域。

另据大不列颠百科全书介绍，斯瓦希里语属于尼日尔——刚果语系中贝努埃——刚果语族的班图语支系。

也有些语言学家认为，班图语本身可自成体系。斯语应属于班图语系中的东班图语族。各种关于斯瓦希里人口头传递的伊斯兰教殖民地的历史来看更容易使人理解些。

因此，根据上述各学科的材料，一些学者如艾伦、霍顿、鲁尔斯、斯比尔、马修，

特别是上文提到的巴兹尔·戴维逊认为，斯瓦希里文明不是阿拉伯式的，也不是波斯式或印度式的，它们是非洲式的，而且主要是尼格罗非洲式的。

不过，事实真相究竟如何，还有待考古学者们进一步研究后方能揭晓。

非洲谜城

在人类的文明史中，有许多令人难以解释的现象。特别是在古代建筑方面，人们所发现的古代建筑的旧址竟是那么的宏伟壮丽，这与当时落后的生产力极不协调。人们很难猜透当时的人靠什么建造出这一切。其中，非洲就有这样的两座古城。

据史书记载，公元 11 世纪，在非洲西部和南部分别建有两座古城"廷巴科"和"森巴维"，都是那么雄伟壮观，可是根据当时的建筑水平推测，当时的人们不可能有那么高的文化智慧建起这样的城堡。传说中的廷巴科城在非洲西部撒哈拉沙漠的西南端，那里美女如云，宫殿金碧辉煌，到处都是奇珍异宝。美好的传说和巨大的财富具有极大的吸引力，像磁石一般吸引了众多的探险家。

19 世纪，法国巴黎地理协会拿出 1 万法郎作为奖金，鼓励人们前往廷巴科，去寻找神秘的古城。两个英国人历尽千辛万苦终于到达了古城，可是展现在他们眼前的不是财宝，只是一些残垣断壁，似乎向人们展示着它风华不再的当年。

后来，法国人占领了廷巴科城，他们对该城进行了研究后确认，这座城始建于 11 世纪，是由一名叫廷巴科的女人建筑的。至于这个叫廷巴科的女人是怎样的一个人，她是怎样建成这样一座不被当地人认可的城堡就不得而知了。

非洲的另一大谜城——森巴维坐落在赤道以南的南罗得西亚国的南边，它具有上千年的历史，是一座拥有宏伟建筑和庙宇的坚固城堡。森巴维城中最大的一个建筑是长达 116 米、地基深达 5 米、墙头宽 3 米的庙宇，其他建筑也同样宽厚坚实。

在这荒无人烟的非洲南部，是什么人能够建起这样一座宏伟巨大的古城？这一现象吸引着无数的史学家和考古学家。这些科学家们都努力工作，力求能找到揭开谜底的钥匙。

他们首先对建筑物的年代进行了检测，结论是该城建于公元 1100 年。通过对一块出土的木头进行考证，确认这是 900 年前的东西。通过对挖掘出的装在两个陶瓷中的男女尸骨的鉴定，确认男性身高约 1.8 米，骨骼不像当地黑人，而类似南欧人。

根据这两具尸骨埋葬的情况推断，他们生前就住在这里，是这里的居民。由此看出,这座古城就是这些外来民族所建,居住了大约 300 多年,直到公元 15 世纪中叶被当地的土著人消灭或者赶走,使这段文明留在荒野中。

根据考古学家的考证,公元 11 世纪,居住在那里的居民仍过着原始的穴居生活,他们甚至没有城堡的概念,更不可能掌握建设城堡的技术。

那么,这两座古城是否真的存在? 如果存在,又是什么人,在什么时间,为什么要建造这两座古城? 又是什么原因使这里毁灭? 这些问题的答案还有待考古学家们认真探索。

恐怖的死尸之地

据《东非晚报》报道,肯尼亚有一个名叫梅南加伊的火山口,坑里树木郁郁葱葱,是当地的自然奇观。可是,尽管梅南加伊火山拥有宁静而令人窒息的奇观,当地人却认为邪恶的精灵附了它的上面,因为最近几年,坑里频频发生一些令人费解的事,被当地人越传越邪乎。那么,这个神秘的大坑里究竟有什么?

1.死尸之地

当地人都知道这个大坑里面经常发生一些稀奇古怪的事情,在附近居住的男孩仍旧愿意冒这种被他们所说的"鬼怪"围住的风险而去这里探访游玩。有些人真的一去不复回。于是,传言四起,很多当地人说,如果有人进入坑内,邪恶精灵便在火山口四周拉起很多美丽的墙,这时人就会被他们困住而分不清东西南北。

有的人在此丢了性命,也有一些人神秘消失,至今活不见人,死不见尸。当然,也有一些人因意外事故而去世,还有一些则被证明是自杀身亡。然而,这座火山口仍旧持续不断地吸引着数百好奇的人来这里探险。导游通过陪同游人参观并给他们讲述一些在这里发生的令游客十分震惊的奇怪事情,可以获得一定的收入。

发生在这个火山爆发形成的大坑里的奇事听起来非常可怕,当然这些故事也令人迷惑不解,真假难辨。有些人在坑里迷路,找不到回家的方向,即使在数小时之后他们被当地人找到,也不能解释自己当时究竟是如何迷路的。当地居民保罗·纳都说:"这些事说起来很多人并不相信,但是这里的确发生了那么多奇怪的事情。"

当地居民曾把这个地方称为"恶魔之地",因为按他们的理解,这个地方受邪恶精灵的控制,否则如何解释这里发生的怪事? 当然,没有人知道这座火山口名字的由来,但是当地人说,这个名字是坦桑尼亚语里的一个词语,意思为"死尸之地"。

丹尼尔·凯因说:"有理由相信这个名字在坦桑尼亚语中的意思是死人之地,因为在 19 世纪非洲人自相残杀时,他们中的很多人就死在这里。"即使这个坑里发生过部落之间的战争,可这仍然无法解释这里发生的怪事。

2.妇女失足掉进了大坑

"梅南加伊"这个名字的第二个意思"魔鬼居住地"。与"死尸之地"相比,这个名字的由来更清楚一些,它涉及曾经在这里居住的一个神秘部落的故事。

纳都说:"这个火山口的声音听起来有时像母牛发情的叫声,而且坑里仍有一些炽热的区域,坑里有动物,但它们显然不会生火,有当地人便据此推断说这里必定居住着恶魔,这里的火都是恶魔点燃的。"

最近,一个妇女在寻找她的儿子时,不小心失足掉进了这个火山坑里。她12岁的儿子困在了这个深谷里面,而这个妇女当时也参加了营救她儿子的救援小组。约翰斯通·卡姆目睹了事情发生的经过,他说,这个妇女当时喊她孩子的名字,而且也听到了孩子的回答,在这之后,她就使劲往坑里面窥探。

他说:"当她听到孩子的应答声时,她就把身子往前移,力求可以看到洞里面的一切,但是她的脚下一滑,跌进了火山坑里面。尽管如此,这个小孩后来被警察营救出来,得以生还。"

去年,一个人曾在火山口附近放牧,尽管很早他对那一带地形就非常熟悉,但还是在那里迷了路。约翰·克鲁图在和他的伙伴玩耍时突然掉进了洞穴里,几天之后,这个12岁的孩子才被救了出来。在救援人员开始寻找他两天之后,他才被发现正在火山洞的深处四处转圈。凯因说,还有一个小孩也在这里迷路了,7天之后才被发现,当时他正在洞穴里望着小鸟发呆,但是健康状况良好。

他说:"一些人虽然几天都不能找到他们的来路,但是他们被救援人员发现的时候,却没有显示出任何疲劳或饥饿的迹象。"他说,这个男孩告诉救援队,他在洞里一直在观察一个美丽的景象,而没有意识到时间的流逝。

尽管有那么多耸人听闻的故事发生,火山洞却给那些宗教信徒们提供了一个有益于他们祈祷和斋戒的安静环境。当然,不时地传出信徒在这里自杀的消息,其中就有两位天主教牧师撞进这个休眠的死火山中一命归西。

纳都说,这个事件发生在去年11月,当时一位天主教牧师跳进他的汽车,冲向这个距他仅有900米的火山洞。他说:"他瞄准看到的一个点直直地冲了上去,其间没有任何停顿,几秒之后,剩下的仅仅是一堆扭曲的汽车外壳和他失去生命的身体。"

鬼怪也会保护环境?

然而朝圣者仍旧会聚到这里进行祈祷。近来,当地《旗帜报》记者遇到了从卡卡梅加来的保罗·瓦林格,他待在这个洞穴里面祈祷斋戒将近两个星期了。他说:

考古未解之谜

图文珍藏版

"这个地方简直太好了,在这里我可以把生活中的敌意淹没,从而接触到一个人内在的灵魂。"

他还说:"每当我在此祈祷的时候,我都感觉自己离神非常近。这里的确是个映照和反思个人生活的好地方。"他并不相信这里有什么鬼怪,他把这些鬼怪故事看成是人们丰富想象力的产物。他说:"我经常在这里祈祷至晚上很晚的时候,从来没有看见当地人所谈论的东西。"

但是 69 岁的西蒙·卡木吉仍然认为这个坑里确有恶魔。他说:"在播种期间,他们会朝着火山口的南端犁地,接下来种上小麦和玉米,但是庄稼不久就会被鬼怪没收。"他还说:"事情发生得太快了,你会看到一些庄稼和鬼怪收割的场景,但不久收割的慌张局面就结束了,而且土地也恢复到原来没种庄稼时的乱草丛生的状态,这时鬼怪也将会消失。"

卡木吉回忆说,这些鬼怪曾经在 20 世纪 60 年代在火山口的底部从事大规模农业生产。他断言称:"我们现在看到的鬼怪从事的农业劳动规模很小,他们居住在火山口的底部,并没有像 40 年前那样疯狂劳动。"他说,这些鬼怪负责捉拿人类,然后在阴间把他们藏起来。然而,这些鬼怪却只捉拿了那些试图破坏火山口动物群的生态破坏分子。他补充道:"那些游荡在火山口的人在砍伐完洞穴里面的木材后,就会骚扰那里的动物。但是一旦他们丢下他们手中的木材,就会找到来时的路。"

3.鬼怪之说站不住脚

虽然这座火山进入休眠期,但是当地居民仍说,火山洞里面还有一些炽热区域,蒸汽喷嘴会不时给这些区域注满水蒸气。还有一个传说同样神乎其神:这座火山口的最新神秘之处是一把会飞行的伞,每当有雨时,这种伞就会出现。但是还没有人知道雨后这把伞的去处。卡木吉说:"下雨时,就有一个看起来像伞的巨大的不明物,它似乎想为火山口遮挡住雨水,但是一旦雨小的时候,它就会消失。"

由于这个地方困住了很多游客,当地居民十分担心他们的小孩。悬崖四周没有护栏,因此对在这个地方附近玩耍的孩子来说是个危险。撒拉·玛尼娅说:"我们担心我们孩子的安全,特别是没有人看管他们的时候。"

梅南加伊火山口发生的所谓"怪事"引起了一些社会学家和科学家的注意,但他们到当地调查后发现,这些"怪事"并没有什么特别之处,很多都是以讹传讹,经不起推敲。其实,非洲是一块古老的大陆,很多地方科技落后,鬼怪之说特别盛行,有些甚至成为当地文化的重要组成部分。当地人相信这些鬼怪的故事情有可原,外地游客不妨当作传说听一听,可是,如果也像当地人一样信以为真,那就未免太可笑了。

当然，如果想要真正揭开这一神秘所在的谜团，还需要进一步深入探究。

神奇的长明灯

世界各地都有盗墓者，他们想尽千方百计，到古墓中去偷窃埋藏了千百年的金银珠宝，古墓往往与世隔绝，使宝物历经千年还保存得相当完好。在这终年不见天日的古墓中，盗墓者通常会认为里面应该是伸手不见五指。可是他们有时却惊恐地发现，在一些古墓的拱顶上，一盏明灯投射着幽幽的光芒。

1.神灯屡次现身

公元 527 年，叙利亚处于东罗马帝国的统治，当时在叙利亚境内的东罗马士兵们曾发现，在一个关隘的壁龛里亮着一盏灯，灯被精巧的罩子罩着，罩子好像是用来挡风的。根据当时发现的铭文可知，这盏灯是在公元 27 年被点亮的。士兵们发现它时，这盏灯竟然已经持续燃烧了 500 年。遗憾的是，野蛮的士兵们很快毁坏了它，这盏神秘的灯的原理已无人知晓。

一位希腊历史学家曾记录了在埃及太阳神庙门上燃烧着的一盏灯。这盏灯不用任何燃料，亮了几个世纪，无论刮风下雨，它都不会熄灭。据罗马神学家圣·奥古斯丁描述，埃及维纳斯神庙也有一盏类似的灯，也是风吹不熄，雨浇不灭，真有点像从《西游记》所述的火焰山上寻找的火种。

公元 1400 年，人们发现古罗马国王之子派勒斯的坟墓里也点燃着这样一盏灯，这盏灯已持续燃烧了 2000 多年。风和水都对它无可奈何，熄灭它的唯一的方式就是抽走灯碗里那奇怪的液体。这难道是神话中的阿拉丁的神灯吗？

公元 1534 年，英国国王亨利八世的军队冲进了英国教堂，解散了宗教团体，挖掘和抢劫了许多坟墓。他们在约克郡挖掘罗马皇帝康斯坦丁之父的坟墓时，发现了一盏还在燃烧的灯，康斯坦丁之父死于公元 300 年，这意味着这盏灯燃烧了 1200 多年。

公元 1540 年，罗马教皇保罗三世在罗马的亚壁古道（一条古罗马大道）旁边的坟墓里发现了一盏燃烧的灯。这个坟墓据说是死于公元前 44 年古罗马政治家西塞罗的女儿之墓。显然，这盏灯在这个封闭的拱形坟墓里燃烧了 1584 年。更有趣的是，坟墓里的尸体浸在一种未知的液体中，看起来像是刚刚才死去一样，原来古人用这种液体来保存尸体。

这些长明灯只是全世界所有发现中的几例。考古记录显示，这种古庙灯光或古墓灯光的现象在世界各地都有发现，例如印度、中国、埃及、希腊、南美、北美等许多拥有古老文明的国家和地区,就连意大利、英国、爱尔兰和法国等地也出现过。

2.古人的魔咒?

如此神奇的长明灯为何没有保留到今天?古代人对所发现的长明灯不够重视吗?其实古代人的确保存过这些神灯,可是很奇怪,上述这些灯一旦现身,就会以某种方式很快毁坏掉,例如被野蛮的掠夺者和挖掘者毁坏。难道古人在利用某种魔咒来保守他们的技术秘密?

17世纪中期,在法国的格勒诺布尔,一位叫杜·普瑞兹的瑞士士兵偶然发现了一个古墓的入口。费尽九牛二虎之力进入古墓后,这个年轻人并没有发现任何他想要的金银珠宝。不过,让他惊讶的是,在这与世隔绝的坟墓,竟然还有一盏正在燃烧的玻璃灯,惊异之余,他把这盏神秘的灯带出了坟墓,送给了修道院,修道院里的僧侣们同样目瞪口呆,这盏灯至少已经燃烧了千年。他们像宝贝一样保存着它,可惜的是,几个月后,一位老年僧侣竟然不小心把它碰掉在地上,摔碎了。

另一件趣事发生在英格兰,一个神秘的不同寻常的坟墓被打开了。打开这个坟墓的人发现,在坟墓拱顶上悬挂着一盏灯,照亮了整个坟墓。当这个人往前走时,地板的一部分随着他的走动在颤动。突然,一个身着盔甲、原本固定的雕像开始移动,举着手中的某种武器,移动到灯附近,伸出手中的武器击毁了这盏灯。这个宝贵的灯就这样被毁坏了。

3.谁之杰作?

这种不寻常的灯代表着远古的高科技吗?我们的祖先如何发明出这些永不熄灭的灯?

不熄之火最早出现在各种神话故事中。据说这种不熄的火光是天宫之火,是普罗米修斯把它偷偷带给了人类。总之,人类由于机缘凑巧,知道了这个秘密。也许是某位先哲把它传给了人类,就像神农氏教会了人类种植农作物,有巢氏教会了人类建造住所。一旦人类得知如何制造永久的灯光时,消息不胫而走,全世界的庙宇都想装上这种永不熄灭的灯。

根据古埃及、希腊和罗马等地的风俗,死亡的人也需要灯光驱逐黑暗,照亮道路。因此,在坟墓被密封前,习惯于放一盏灯在里面,而富贵荣华之家就要奢侈一些,放上一盏不熄的灯,永远为死者照亮。千百年以后,当这些坟墓的拱顶被打开时,挖掘者发现里面的灯还在好好地燃烧着。

制造不熄的灯,古人是否轻车熟路?并非如此,一般平民的墓穴里都并没有这种灯。不过,并不富贵奢华的古代炼金术士的墓穴里也会出现这种灯。例如,公元1610年,一位叫洛斯克鲁兹的炼金术士的坟墓在他死后120年被掘开,人们发现里面也亮着这样一盏不熄的灯。于是人们怀疑古时的炼金术士和铸工懂得制造这种长明灯的技术。难道不熄的灯光与金属有关？

4.长明灯不熄之谜

遗憾的是,这种不熄的灯现在再无踪影,那些过去记载的见闻是不是真实的呢？永不熄灭的灯很自然成为学术界争论的话题。

一部分人认为,世界各国有关长明灯的记录足以让人肯定,确实存在这样一种不熄的灯,或者长久燃烧的灯,只是技术失传,我们现在的人理解不了。中世纪时期的大部分有识之士认为,确实存在这种不熄的灯,并且认为这种灯具有某种魔力。

另一部分人则认为,虽然有那么多有关长明灯的记录,但现实中并没有一盏长明灯摆在众目睽睽之下,而且这种灯的能源问题严重违背能量守恒定律,因此这种不熄的灯应该不存在。还有许多人认为,这也许是古人在书中开的一个聪明的玩笑。

如果长明灯真的存在,那么它们的能量来源是什么？或者它们并不是永久长明的,但千百年长久地燃烧,若是普通的煤油灯,就要耗费多少万升的煤油。难道它们的燃料是能够不断补充的？

中世纪以后,许多思想家曾经试图用补充燃料的方式制造一盏长明灯,即在燃料将耗尽时,快速补充燃料。但是没有一个实验成功过。即使利用现代的燃料连续补充技术,制造一个千百年长明的灯,也不太现实。

还有一些人大胆推测,这种灯就是使用电的灯,灯碗里那看似燃料的液体可能就是用来导电的汞,所以燃料看起来永不见少,这种用电的灯也不会怕风吹雨打。古时的希伯来人就秘密地保守着现代叫作电的技术。

据描述,13世纪,一个叫杰彻利的法国人拥有一盏灯,没有任何油或灯芯。通常灯被放置在他房间的前廊,每一个人都可以看见。当杰彻利被问及灯为什么会亮时,他总是微微一笑:"保密!"

杰彻利做过许多与电有关的实验。为了保护自己不被仇家侵犯,他发明了一种放电按钮,能够放出一股电流到门上的铁把手。当杰彻利按下按钮时,闪亮的蓝色火花就会突然冒出来。

如果神灯真的是用电能点亮,那么电能是如何产生的？难道庙宇或古墓中安装有能够发电的机器吗？要做到一劳永逸地不断供应电能,只有太阳能发电可以做到。神灯真的是利用太阳能发电吗？古人似乎不愿告诉我们秘诀。

巴泽雷克古墓葬群之谜

位于苏联境内丘雷什曼河及其支流巴什考什河之间,有一块狭长的谷地。每逢冬季,这里朔风怒号,冰封雪掩。

1927年,苏联考古学家鲁坚科率领考古队来到这片谷地。在艰苦的钻探考察中,他们发现了一片用巨石和封土堆成的古代墓葬群。

在鲁坚科的指挥下,队员们移开一块又一块的砌石和冻土块,终于使墓穴显露了出来。但是在积石层下面,考古学家发现有一层厚厚的冻结层覆盖于墓室上面,用镐使劲挖下去,冰层纹丝不动,只不过在透明的冰层上留下了一个小小的白印。

有人提议"用火烧化它",但马上遭到了同伴们的反对,因为从墓口可以看到,冻结层以内的墓室,是用原木堆积至顶,顶上又铺以树皮和树枝,万一烧坏墓室怎么办?

鲁坚科猛然想到,既然高温可以融化冻土,只有用开水才能浇融冻结层。

开水浇下去以后,工作进展十分顺利,墓冢被依次掘开,两口木棺内安卧着一男一女尸体,神态安详,犹如正在熟睡。男的脸色较黑,颧骨凸出,上身刻满黑色的纹身图案,女的则深目高鼻,皮肤白皙。

这两具尸体都经过防腐处理,内脏已被清除,塞满各种香料缝合、浸泡在油膏中,因而尸体保存得很好。

棺壁上挂着做工精细的毛织毡毯,其中最为华丽的一幅面积达30米,还有一幅巨大的地毯,上面绣着手执生命之树的女王,接受一个骑士的致敬。据考证,这张毛毯可说是迄今为止所知的世界上最早的拉绒多彩毛毯。

棺内随葬品中还有不少中国的玉器、漆器、金器、青铜器和整块的丝绸、布匹和铜镜等,甚至日常用品,尸体的衣物用丝、毛和皮革的材料制成并饰以上等的皮子,缀着串珠及成百上千的金片。所有器物颜色仍然十分鲜艳。鲁坚科和考古队员们现场临摹,使这些精美的纹饰图案资料能得以完整地保存了下来。

这次发掘之后,由于战争的原因,发掘考察工作直到20年后的1947年才再度进行。考古队员们大致用了两年时间,一共发掘了5座大墓,收获是巨大的。不仅发现了大量的纺织艺术珍品、乐器、烟具和青铜工具、武器等,甚至还发现了45匹配备整套马具的马尸。

巴泽雷克的古墓葬群的发现震惊了世界。世界上许多考古学家和历史学家对此高度重视,对巴泽雷克古墓葬群中的一些难解之谜也做了大量的研究、考证工作。

例如,对于古墓葬群的这种特殊的冷冻密封方式,一些考古学家认为,这是由于高山酷寒的自然条件所造成的,再加上墓葬特殊的结构,使流人墓内的积水常年冰冻不化,这主要是自然的力量在起作用。

另一种观点认为,当地地表并非常年积雪,而墓内的冰土层却经久不化,这完全是人工有意识采取的一种严密措施。建墓的日期很可能是在秋季,湿冷空气能够在这个季节中进入墓内,冻结墓内物,然后再在其上砌筑木石,夏季的阳光热气便被阻隔,使墓内形成了不会融化的冻结层。

巴泽雷克古墓葬群中的族属是什么?考古学家们也众说纷纭,无法给出一个肯定的结论。墓中所提供的人类学资料,既有与蒙古人种接近的部分,也有和欧罗巴人种相像的部分。因而有人认为他们是东迁的欧罗巴人种居民。相反的意见则认为他们可能是中国历史文献中记载的"月支"族,也即波斯文献中所记载的"塞种"东北支等。

关于古墓葬群建于何时?比较统一的看法认为在2000多年前,有的考古学家认为是公元前5世纪~公元前4世纪,也有一些考古学家则认为是在公元前3世纪~公元前1世纪等。

近年来,对巴泽雷克古墓葬群的研究又有了一些新的突破,有的学者将俄国彼得大帝所搜集的西伯利亚古物与巴泽雷克墓葬中出土的器物进行了对比,不仅艺术风格相近,而且都具有共同的欧亚草原游牧民族的特点。

考古学家和历史学家们还在努力考证,相信有关巴泽雷克古墓葬群的一些不解之谜的谜底将会很快水落石出。

西班牙洞穴壁画之谜

阿尔塔米拉洞穴遗址位于西班牙北部桑坦德西面约30千米的地方。1875年,一个名叫索特乌拉的工程师到这里收集化石时,发现了许多动物的骨骼和燧石工具,但并没有发现其中的壁画。

时隔4年后,索特乌拉再次来到这里,并把他4岁的小女儿玛丽娅带在身边。据说玛丽娅因对父亲的工作不感兴趣而独自爬进了一个小洞口,因为洞内黑暗,她点亮了一支蜡烛。

这时候,她突然看见一头公牛,眼睛直瞪瞪地望着她,顿时把她吓得大哭起来。索特乌拉爬进去看时,只见洞壁上面的公牛和其他动物栩栩如生,不禁

西班牙洞穴壁画

惊讶异常。

于是,闻名世界的阿尔塔米拉洞穴壁画就这样被发现了。

阿尔塔米拉洞穴是一个很大的洞穴,其长度大约 300 多米,索特乌拉所发现的壁画是绘制在洞穴的顶部,壁画 12 米长,6 米多宽,上面绘有各种动物的形象,整个画面线条活泼、色彩鲜艳,而且布局合理、疏密有致。所画的动物有奔跑的、有长嘶怒吼的、有受了伤半躺着的。这些动物形象逼真,呼之欲出。

发现这幅大壁画以后,索特乌拉随即从马德大学请了一名地质学教授来帮助考证。这位地质学家断定此为原始人类的壁画,于是,索特乌拉历尽艰辛,把这幅大壁画全部复制下来,并交给里斯本一个国际性学术组织。

但当时西班牙学术界对此发现持怀疑态度,他们认为原始人不可能具有如此惊人的艺术成就。有人说是索特乌拉为了沽名钓誉,或者为金钱所迷而雇佣当时的画家伪作的。

1888 和 1893 年,索特乌拉和那位地质学教授相继去世,但他们所发现的这幅大壁画仍然未被世人承认。1902 年,经考古新方法审定,这幅壁画是 3 万年前的作品。

现代考古成果表明,凡是人类曾居住过的洞穴遗址绝大部分都有原始壁画的痕迹。然而,我们从现在世界各地的洞穴遗址看,原始人类的艺术成就是十分低下的,它既幼稚又朴拙,大多是线条呆板,比例不当。即使在几千年前的洞穴壁画中,其绘画水平同样是十分低劣的。而阿尔塔米拉洞穴壁画造型准确,线条生动流畅,所绘画的各种动物栩栩如生,十分逼真,使人难以相信是 3 万年前的作品。

难怪在考古新方法测定之前,西方学术界认为是近人伪作。年代虽然确定,但问题并未解决,3 万年前居住在阿尔塔米拉洞穴的原始居民怎么能够创造出如此惊人的艺术成就? 这个谜底尚未揭开。

众神聚居之所

特奥蒂华康,印第安语的含义是"众神聚居之所"。它是古代墨西哥人的宗教和经济中心。从古城遗址的规模可以判断,全盛期的城区面积 21 平方千米,人口将近 20 万,相当于同时期的罗马城,为古代世界最大城市之一。

出土遗物证明,特奥蒂华康始建于公元前 20 多年。全城以两条垂直相交的大道为基线,向四方延伸。南北向的中轴干线叫"黄泉大道"或"死亡大街",长 1.6 千米以上,有几段路面宽达 42.3 米,全城主要建筑物分列两旁。"黄泉大道"是由 1325 年南迁的阿兹特克人取的。当年他们进军到这里时,见城市破败,没有一座完整的房屋，大道两旁却有连绵不绝的棱锥形高台，误认为是坟墓，故取此名。城内有华丽的宫殿、神庙，平民的住宅非常庞大，每座房屋有一个内院，环着内院排列着 50~60 个房间。可惜这些建筑现在都已荡然无存。

出土文物中，彩绘陶器和石雕像最多。一尊水神雕像以几块巨石精心拼接而成，水神头戴冠冕，两耳佩垂饰物，脸部表情严肃，双眼深邃有神，衣袍上的几何图案和装饰线条相当严整。在没有铁器的年代，印第安人就已能将粗石雕琢得如此明快、洗练、准确。至于三足鼎式陶罐，釉面的光洁，花纹的精致，造型的巧妙，完全可以列入古代艺术名作之林。

黄泉大道北端东面，屹立着修复了的太阳金字塔。它呈四方体，分五层，逐层斜缩，总高 64.5 米，底边分别为 220 米和 230 米，占地 50600 平方米。塔身铺镶着打磨平滑的素色、彩色或有雕刻图案的火山岩石板。太阳金字塔台阶陡峭，攀登颇为不易。塔顶平台上本来应当有座太阳神庙，据说当年太阳神像面向东方，胸披金银饰片，在阳光照射下熠熠生辉。

越过太阳塔前面的大广场，便可见到规模较小的月亮金字塔，这是祭祀月亮神的地方。广场可容数万人，可见当年祭祀规模之大。现存第三座大建筑在黄泉大道南端，那里有凹入式广场，三面环以平台式神庙多座，犹似城堡。最大的一座是六层金字塔，每层装饰着带羽毛项圈的蛇头和玉米轴组成的浮雕像，前者代表蛇神，后者代表雨神。蛇神是托尔特克人崇拜的图腾。

据推测，太阳塔的建造年代是在公元 7 世纪，建筑周期至少 50 年，蛇神庙是稍后时间建的。在拉丁美洲的北部，从墨西哥到尼加拉瓜，到处有金字塔。公元前 7 世纪到公元 15 世纪，居住此地的各个时代的印第安民族，相继兴建了 10 万多座大小金字塔。埃及金字塔虽然出名，但数量和规模难与拉美金字塔相比。它们的区别是，前者是帝王的陵墓，后者是供奉和祭祀诸神的祭坛。可惜的是，拉美金字塔连同它们所在的城市都已淹没了，成了当今世界千古之谜。

公元 8 世纪，特奥蒂华康消失了，可能是天灾、饥饿、瘟疫所致，或者是北方部落的入侵。也有人认为是一个新的贵族阶级兴起，与祭司（部落首领）抗衡，摧毁了最高神权统治，导致派系纷起，干戈不已，最终城毁人亡，同归于尽。

近年对中美洲古文明的研究有了新的发现。特奥蒂华康等古城的毁灭，同祭坛杀人太多有关系。当年奴隶主的残暴统治令人齿寒，广大奴隶除了为建造金字塔无偿劳役外，还要忍受在金字塔顶用活人祭天的可怕牺牲。

为了祈求风调雨顺，奴隶主要用活人的心脏献给太阳神、雨神，牺牲得越多，神"施恩"越大。金字塔那陡窄的阶梯，据说是为了祭天后便于尸体从塔顶滚下来。

祭天时,先在塔顶的神庙旁,由四名祭司将人摔昏,然后用刀开膛,取出跳动的心脏供于祭台。若逢金字塔落成大典,杀害成千上万人活祭并不稀罕。

那么多的金字塔,那么频繁的祭事,再大的民族也会趋于衰亡。如此繁华的特奥蒂华康,为何消失于热带丛林之中?由于没有文字记载,哪一位考古学家也不能做出准确的回答。

神秘的科潘

1839 年,两个旅行者出现在中美洲的热带雨林之中。他们一个是英国人,一个是美国人,在当地向导的指引下,正沿着泥泞的马帮小道,艰难地向洪都拉斯崎岖的高地行进着。绿色的丛林世界,轻柔飘荡的树蔓,不绝于耳的树蛙声,这一切真会让一个生物学家如痴如醉。但是这两位旅行者到洪都拉斯来可不是为了研究珍稀动植物的,他们正在寻找一个消失掉的城市——科潘。

英国人名叫佛雷德里克·加瑟伍德,40 岁,是一位绘画艺术家,有丰富的旅行经验。在有照相技术之前,艺术家在科学探险中占有很重要的地位,他们的作品既记录了实景,又宣扬了新的发现。加瑟伍德曾经在埃及的一个考古队中干过,他关于近东地区遗迹废墟的素描和绘画让人羡慕不已。美国人叫约翰·李约德·斯蒂芬斯,34 岁,出生于一个殷实的家庭,自己又是一位律师,但他放弃了这一本行,这些年来一直在欧洲、俄国、近东地区、阿拉伯地区以及埃及周围漫游。

1836 年,斯蒂芬斯正要启程回国之际,在伦敦碰上了加瑟伍德。对古文化和废墟遗址的兴趣使两人成为至交好友。加瑟伍德很快就举家迁居到斯蒂芬所在的纽约,并开始计划对中美地区进行一次探险考察。两人当中,虽然加瑟伍德并不富有,但斯蒂芬斯却通过卖《阿拉伯佩特拉区游记》一书小赚了一笔。这本书发表于1837 年,记叙了他在近东以及阿拉伯佩特拉古城旅行时的奇闻轶事,所赚的钱可以用来贴补这次新的探险考察。

他们选定中美洲作为他们的探察目标。虽然人们早就知道在墨西哥南部、龙卡坦半岛、危地马拉和洪都拉斯存在着大量的废墟,但对于这些遗址文化的真正了解却几乎等于零。对于建立于墨西哥中部峡谷平原的阿兹台克文明和建立于南美洲的印加帝国,早期西班牙征服者以及追随他们来到新大陆的随后几代传教士和殖民地官员都曾有过记录,然而对于存在于这两大富有殖民地之间的地貌和人种,西班牙的年史编撰家们却鲜有记载。

一些 16 世纪、17 世纪的牧师的确研究过那些被称为玛雅人的种族,并且在西班牙人到达尤卡坦半岛、洪都拉斯和危地马拉时,研究过居住在那里的农民和渔夫。然而这些牧师的目标是消灭当地的文化和宗教,让当地人民都皈依基督耶稣。这些狂热牧师中的典型就是狄亚哥·兰达,他以耶稣基督的名义折磨着成千上万的印第安人。

为了证实他的行为正确有理,兰达仔细地研究了他们的文化,结论是野蛮加迷信。他承认玛雅文化有自己的字母,而且他确实在自己的年鉴中抄录下了一些这样的符号,然而他坚信玛雅书籍一文不值,甚至充满邪恶。一次他见到了30本这样的书籍:捶打过的树皮表面用石膏刮平,上面画满图像和符号,可以像扇子一样折叠起来,现代考古学家把这样的书卷称之为经典抄本,然而残酷无情的兰达竟然不顾可怜的印第安人的苦苦哀求,把这些书籍付之一炬。

兰达以及与他同时代的牧师们的记录也包括一些有关玛雅失落的城市、庙宇和废墟的信息,但非常支离破碎,它们躺在西班牙殖民地的档案馆里,没人加以理会。18世纪晚期,一些勇莽的旅行者开始对这些废墟打起了主意。

安东尼·德里奥是墨西哥军队的一名军官,他于1786年探察了位于墨西哥南部巴伦克的废墟。20年后,另一名军官几勒尔莫·都潘克斯再次专访巴伦克。他俩对废墟遗址的描述于19世纪初期发表,但由于文章刊载的杂志名气不大,他俩的描述均未引起世界的注意。

但是他们并未停止努力,旅途的艰险也只能吓退那些胆小的。都潘克斯在形容通往巴伦克的小道时说:"除了飞鸟外,其他动物极难通过,小径盘旋于崖顶,蜿蜒于山间……"

18世纪30年代初,当时的北危地马拉总督胡安·加林杜来到了这些崎岖的丛林小道上。他先后访问了巴伦克和科潘这两处废墟遗址,并发表了一篇有关于它们的报告。

另一名叫金·佛雷德里克·王尔德克的冒险家几乎在同一时间也去了巴伦克,花了好几个月的时间对废墟遗址进行了素描。他们的书发表于1838年,里面有很多图片。在拜读了这些饶有兴趣的游记之后,斯蒂芬斯显然大惑不解,他不懂为什么这样的报告也未能激起人们更多的兴趣。他毅然决定由他和加瑟伍德共同担当起这一重任,即把中美洲这些鲜为人知的文化遗址废墟推向世界。

对于印加、阿兹台克和玛雅文化,一些学者已经提出了他们的理论,19世纪的学者对于文明这一概念非常感兴趣。从欧洲人在北美殖民开始,绝大多数的欧洲人就认为无论从文化、道德和智力各方面来讲,欧洲人都优于土著的印第安人。他们认为印第安人的文明原始野蛮,对其内在的价值不屑一顾,然而这些文明里存在着一些给人留下深刻印象的东西,如巨型石碑、精细艺术品、高深的天文、计时知识

世界未解之谜

图文珍藏版

和技术。这些高级文明才可能拥有的东西怎么存在于低级野蛮的文明当中？对此,欧洲人不得不做出解释。

西方人提出一个文明扩散论的理论来回答这个问题。扩散论的持有者认为文明并不是同时在全世界进发的,得由一个集中、令人振奋的中心点向周边地区扩散。由此,美洲所发现的任何高级文明的特征都可以溯源到欧洲或其他陆上一个更早的文明,激进的扩散论者提出一长串建议,说中美洲发现的废墟遗址一定是由埃及人,或腓尼基人,或斯堪的纳维亚人、罗马人或威尔士人和爱尔兰人中的流放者,甚至可能是传说中的城市——亚特兰提斯消亡时逃出避难的人修建的。

两位荷兰学者为此喋喋不休,一位宣称斯堪的纳维亚人是美洲印第安人的祖先。另一位却义愤填膺地坚持赛思人才是他们的祖先,赛恩人是 2500 年前居住在黑海边草原上的一个游牧民族,至于他们是怎么到达北美洲土地上的,后一位学者也提不出令人信服的证据。

在 18 世纪和 19 世纪初,有许多人认为北美印第安人是《圣经》中所提到的、失散了的以色列部落的后裔,因此和犹太人大有关系。

就是那些极少数亲临过中美洲废墟遗址的人也完全搞不清究竟谁是这些建筑的修造者。德里奥弄不明白,都潘克斯也茫然不知所措,但他坚信一条:肯定不会是居住在这一带的玛雅印第安人修建的,因为他们过于原始愚昧,不可能是如此一个伟大文化的传入。

加林杜持另外一种意见,他相信中美洲是世界文明的起源地,然后整个文化和文明向西移动,传到中国、印度、美索不达米亚,最终传到欧洲,与此同时,作为文明发祥地的中美洲却坠落、沦落为野蛮之荒。

沉湎于印度风情和大象的王尔德克提出的理论听来异乎寻常,他宣称湮没无闻的中美洲文明只是印度文明的一个旁支,那些雕刻在巴伦克石碑上的奇异符号其实是大象的头部。可见当斯蒂芬斯和加瑟伍德在通往科潘的丛林小道上艰苦行进之时,他们也踏入了相互矛盾的理论荆棘丛中。

当两位探险家到达科潘谷地时,即今天位于洪都拉斯西部的科潘·瑞纳斯镇,看见了一条河,河的那面是长长的石墙似的建筑,高度达到 100 英尺。虽然有些地方已是残缺不全,小树和灌木丛生,但他俩仍然一眼就认出这是一座巨大的石建筑遗迹。

后来,斯蒂芬斯在回忆中写道:"我们沿着宽大的石阶梯往上爬,有的地方还完整无缺,有的却被石隙里长出的树所拱翻,最后我们来到了一个平台之上。由于丛林杂草的覆盖,很难辨认出它的形状。"

尽管科潘大部分都被热带雨林所吞没,但是斯蒂芬斯和加瑟伍德还是找到了一个石头砌成的半圆形的竞技场;一些前肢跃起,飞向前方猛扑的美洲虎的雕像;还有砖石建筑上部巨大的石雕头像。他俩的正前方,一级一级的石梯最终引向一个巨人金字塔的顶部,简直就是一座人工的石头山,顶部原来是一座庙宇,墙体已全部倒塌,并被无花果的盘根所覆盖。周围都围立着石碑或有雕花的石柱。有些雕刻内容显然是人和动物,还有一些图像两人见所未见,闻所未闻。

斯蒂芬斯和加瑟伍德气喘吁吁地爬到100英尺高的金字塔顶部,坐下后放眼向掩盖在丛林中的其他金字塔和废墟望去,一幅凄凉和神秘的景象。斯蒂芬斯把半掩在丛林中的科潘比喻成大海中的一条沉船,"她躺在那里像大洋中一块折断的船板,立桅不知去向,船舱被淹没了,船员们也无影无踪";谁也不能告诉我们她从何处驶来;谁是她的主人;航程有多远;什么是她沉没的原因。当被问及玛雅文化被毁灭的原因时,当地的向导也只能张口结舌。

谁知道呢? 他们总是这样一成不变地回答他们的咨询者,面对着科潘城的全部景貌,斯蒂芬斯心中只有一个信念:这些废墟只能是一个颇具成就的、有高度文明的种族留下的遗址。两人在科潘一待就是好几个星期,忙于探察、绘制地图和搞素描、勾草图。两人都认为科潘绝不逊色于埃及任何一座著名的金字塔。斯蒂芬斯事后回忆道:

完全不可能用文字来形容在探测时我的浓烈兴趣。我面临的一切都是新鲜的,既没有向导,又没有导游图,一片处女地。眼睛看不出10码以外,完全不知道双脚下一步又会踩踏上什么文物。我们不时地停下来砍去覆盖在石碑表面的树枝和藤蔓,然后又挖掘一番,挖出一些破碎的、从地下半伸出地面的石雕像。

当伴随我们而来的印第安人进行挖掘时,我俯身向前,心里充满了焦虑和期盼:一只眼、一个耳朵、一只脚或一只手被发掘出来。当印第安人的大砍刀铮地碰撞上了石雕品时,我急得一把将他推开,用自己的双手把坑里的浮土捧了上来。

令人振奋的发现使斯蒂芬斯大受鼓舞,急于探察更多的废墟遗址。他和加瑟伍德穿过危地马拉,进入了墨西哥南部的契阿帕斯地区,继续进行范围广泛的探测旅行,他们访问了巴伦克和其他十来座别人告诉他们顺路就可以到达的废墟。用斯蒂芬斯的话来讲,就是墨西哥谷地那边的伟大城市,可现在只剩下残垣断壁,荒芜孤寂,为热带雨林所覆盖,连个名字也没能留下来。

他们注意到这些遗址的石碑上刻有许多和科潘石碑上相似的图像,于是断定这一整个地区曾经为一个单一的种族所占领。并且他们的文化艺术是独立存在的,决不雷同于其他任何已知种族,属于一个新的文明。

值得称赞的是,斯蒂芬斯断然拒绝了当时风靡一时的文明扩散论,坚信这些废墟遗址肯定源于美洲本土,其建造者和现在还居住在这里的玛雅印第安人的祖先有相当接近的关系。随着这一论断的宣布,玛雅文化研究就从此诞生了。

回到纽约后,斯蒂芬斯和加瑟伍德共同发表了《中美洲、契阿帕斯和尤卡坦游记》(1841)。他们于 1842 年又回到尤卡坦半岛,访问了契晨·伊特萨和其他地区的玛雅废墟遗址,其结果发表于《尤卡坦探险轶事》(1843)。这两部书吸引了众多的读者,为推进玛雅文化研究起到了很大的作用。

若干年后,斯蒂芬斯和加瑟伍德又一次回到了中美洲,不过这一次的身份是铁路公司的代表,准备修一条贯穿巴拿马的铁路,不幸的是斯蒂芬斯染上了疟疾和肝炎,于 1852 年在他纽约的家中去世;两年后,加瑟伍德在一次大西洋沉船事件中也不幸身亡。

严肃正规的考古工作于 19 世纪 90 年代在科潘展开,哈佛大学皮波蒂博物馆派了一系列的考古工作队来。这些考古人员也对诸如契晨·伊特萨那些地处尤卡坦半岛的玛雅废墟遗址进行了考查,在此期间,摄影师和画家则忙于捕捉废墟遗址和工作中的考古学家的镜头。

一位名叫阿弗雷德·P.孟斯莱的退休英国人于 1881 年来到了中美洲,他自费整整花了 10 年的时间来拍摄玛雅废墟。他所整理收集的档案,其中包括许多从科潘拍下的照片,为那些试图追踪研究在过去一个世纪中废墟所发生变化的现代科考工作者提供了巨大的帮助。一位英国画家阿黛拉·布莱顿于 1900~1908 年之间在契晨·伊特萨精心画出了十几幅关于废墟的作品。她的作品也被现代考古学家作为重要的参考依据之一。

对于斯蒂芬斯来讲,科潘意味着一大堆无法解答的问题,而如今的科学家在很大程度上已经了解了这座古玛雅城市,科潘地区是一个 80 平方英里的河谷地区,而城市本身不过几平方英里多一点,位于河谷地区的最低处。这一地区内有 3500 座草木覆盖的高岗,每一处都是一座文化遗址,还有其他千余座高岗沿着河谷地区零散地分布着。

科潘城的中心是一个占地约 30 英亩的地区,考古学家称之为主建筑群,也是当年斯蒂芬斯和加瑟伍德看见一连串大型废墟的地方。包括大金字塔在内的最重要的建筑雄踞于土石砌成的平台之上,傲视着周围的一切。小型的金字塔、庙宇、院落及其他建筑散布于大金字塔的周围。金字塔之间建有大型广场,上面点缀着石碑,有的竟高达 13 英尺。

中央大型广场的一端修有一个球场,可是考古学家们并不清楚,在这个球场上,以及在整个墨西哥和中美洲类似的球场上游戏是怎么进行的。游戏使用沉重的橡胶球和石栏,很显然,这一地区曾有许多种族参加玩这种游戏。

有的考古学家相信它具有宗教方面的意义,可能输家就会被当作供奉的祭品。球场周围则是突兀的金字塔,就像陡峭、笔挺的山峰。

其他地区的玛雅建筑多为石灰石,但是科潘地区却迥然不同,它是这一地区暗绿色的火山岩石所建造的。在它的鼎盛时期,科潘的一切可能更加多姿多彩,因为有证据表明石雕和壁画上曾被涂成过红色或其他的什么颜色。虽然这里建筑上用的石料十分经久耐用,可石料之间采用的黏合剂竟是泥浆,而其他地区采用的是石灰浆。多少世纪过去了,当泥浆被雨水完全冲刷掉后,建筑开始崩塌;当然偶尔发生的地震也加快了这一过程。于是直接的结果是:科潘建筑的保存状况远不如其他玛雅废墟遗址。

科潘仅是玛雅许多文明中心中的一个。考古学家把玛雅的势力范围分成了三个区域:从南到北是高地(即今天危地马拉、西萨尔瓦多和洪都拉斯的山区地区);南部低地(即危地马拉、南墨西哥和比奈滋的丘陵和平坦低地相连接的地区);北部低地(即尤卡坦半岛)。科潘位于高地和南方低地之间。就其地形来讲,它属于多山的高地,但它与南方低地的玛雅城市有着最紧密的文化联系,这些城市中包括巴伦克和汰柯。

公元前 1100 年开始在郁郁葱葱的科潘河谷里有人定居,玛雅文化诞生于公元前 2 世纪,大约在公元前 250 年就进入了今天学者们所说的古典玛雅时代。从那一时期起,玛雅人开始在包括科潘在内的各地修建大型城市。到了 5 世纪,一位名叫宝蓝色鹦鹉的国王统治了科潘(宝蓝色鹦鹉是玛雅人供奉的一种热带鸟)。他下令修建了第一座大型的庙宇。他的后代接着统治了科潘 15 个朝代。科潘在他们的统治下成为数一数二的古典玛雅城市。

科潘另一位著名的国王叫灰色美洲虎,他在 7 世纪统治了大约 70 个年头,在他的治理下,科潘的领土扩大了,大概是因为战争征服的结果,城市不断地扩大,直到人口达到了 20 万左右,人口的增加也带来了城郊(如果能算成是郊区的活)的发展。皇亲贵戚们在中央金字塔周围修建了庙宇、广场和住宅,其余的人只得搬迁进了玉米地,在那里修建起一连串的新的住宅。渐渐地,原来那些住在城边的农民被迫交出谷地上开垦出来的良田,搬迁到了周围不大肥沃的坡地上。他们改变了原来的耕种技术,用石头围造了梯田,以免大雨冲刷走泥土,无论怎样,生产力开始下降。

灰色美洲虎的儿子兔子十八在 8 世纪初统治着科潘,那里的领土扩大到了 100

平方英里。为了记录下历史知炫耀科潘的辉煌,兔子十八下令修建了许多石雕和石刻壁画。可惜好景不长,这位国王战败后被邻国俘获,斩首示众。他的儿子灰色贝壳为了复国,和巴伦克国的一位公主成了亲。灰色贝壳也修了一个新的神庙金字塔,其造型很有自己的特点:72级台阶,每级50英尺宽,上面刻了1250多幅图画,倾诉着科潘王国和它的统治者的故事,这可是全美洲最长的石刻故事。不幸的是,该台阶于18世纪崩塌,现在只有几幅画还保持着原来的状态。碑文研究家们正竭尽全力地工作,想恢复这些图画的原始状态,他们把这项工作的难度比喻成解决世界上最大最难的拼板游戏。

宝蓝色鹦鹉王朝的最后一位国王叫雅克斯·潘克,他于公元763年登基。尽管他下令修建了许多纪念碑和祭坛,把自己描绘成一个强大的君主,但仍然无法挽救已走上颓势的科潘。人口过剩和庄稼歉收导致了食物的短缺,科潘人体质整体下降。科学家们分析研究了当地的骨骸,发现科潘后期人口中的90%都患有营养不良或其他病症。

大约在公元1200年,除了少数一些农民和猎户外,科潘已无人居住,热带森林开始慢慢地、极为耐心地吞噬已开垦出来的河谷地区,用树林、树叶、枝蔓和杂草覆盖掉所有的石碑和庙宇。

科潘的衰败反映了玛雅文明的整体衰退。汰柯、巴伦克和其他的南部低地城市似乎大约在10世纪左右就被遗弃了,只是在北部的尤卡坦,玛雅文化继续在契晨·伊特萨、犹克斯莫、图拉和玛雅潘等城市繁荣,但是也未能持续到15世纪,当西班牙人于16世纪入侵时,玛雅文明已经衰败不堪,它的鼎盛时朗已经是几个世纪以前的事了。古代的玛雅人相信时间的轮回,认为世界将灭亡于公元2012年,然而玛雅文化的辉煌却在几个世纪前就毁灭了。

历史学家们至今仍然弄不明白是什么力量终止了玛雅文明,用美国宾夕法尼亚大学考古学家罗伯特·L.仙诺的话来讲,这是"人类历史上最为彻底全面的一次文化失落"。

大多数的研究人员认为玛雅城市之间的战争,城市内部贵族之间的争斗,再加上由干旱、毁林和人口过剩所引起的经济和环境恶化导致了玛雅文化的全面崩溃,常年不息的战争的拖累,不断歉收的粮食,可能还加上农民的躁动不安,等级森严的玛雅社会终于不堪重负,趴下了。

研究人员今天仍然在致力于解释和完善玛雅文明消亡的原因。例如,在1995年,地质学家发现,有证据表明8世纪南部尤卡坦玛雅城市的衰落恰好与发生在那一地区的干旱相契合,那可是7000年一遇的特大灾害。

宾夕法尼亚大学考古与人类学博物馆馆长吉瑞米·沙布诺夫却认为这次干旱仅是一连串事件中的一件:这些事件共同迫使玛雅人放弃了刚刚才达到峰巅时期的图拉和周围的其他城市。

学者们一致认为"玛雅文化为什么崩溃"和"玛雅文化是怎样崩溃的"是当今玛雅研究中最引人入胜的两个题目。

我们知道我们对玛雅文明的了解来自三方面的信息。历史学家在各个国家档案馆里进行逐一的梳理,找出那些由狄亚哥·兰达和其他那些见证过玛雅文化后期衰亡的欧洲人所撰写的年鉴,它们常常是覆满灰尘,被世人所遗忘。

考古学家对科潘以及其他废墟的神庙和金字塔进行挖掘,同时也研究农村村舍、交通系统、农业灌渠和农田等遗址,希望能找到有助于理解玛雅社会、经济和政治的东西;而碑文研究者则拼命致力于破译玛雅雕刻文字——这可是美洲土著文化唯一的文字。

要想破译这些文字绝非易事。玛雅人曾留下过几千本书或抄本,但能幸免于西班牙传教士的怒火和时间蹂躏的仅仅有 4 本。当年斯蒂芬斯凝视着这些神秘的符号,问道:"谁能读懂它们呢?"但他还是相信,总有一天,总有人会破译这已经失传的文字。

第一批研究玛雅文字的碑文学家们把它当成象形文字来研究,每一个雕刻下的文字都代表一个物体、概念或数字。学者们首先试图破译玛雅人的数字系统,结果令人振奋:玛雅人是造诣很高的数学家,其数字系统里包括有零,其使用时间竟早于阿拉伯人好几个世纪。作为非常熟练的天文学家和计时专家,玛雅人相信时间是反复循环的。他们发明完善了详尽严密的日历来计算太阳历的季节和神的圣年。

到了 20 世纪中叶,研究人员逐渐为玛雅人塑造出一个雏形:一个集数学家、天文学家和祭师为一身,并带有哲理性的民族,他们对于计算时间的流逝和观察星相特别感兴趣。许多考古学家相信,那些正处于破译过程之中的玛雅雕刻文字肯定与历法、天文和宗教有关系。

俄国学者余里·罗索夫于 20 世纪 50 年代采用了一种全新的方式来研究玛雅文字,引起了玛雅碑文研究领域里的一场革命。罗索夫提出玛雅文字和古埃及、中国的文字一样,是象形文字和声音的联合体,换句话来讲,玛雅雕刻文字既代表一个整体概念,又有它的发音。

在罗索夫突破性研究的启发下,碑文研究工作者也不惜余力开始给雕刻文字找配对的音标。他们利用了 16 世纪兰达所做的记录,这些记录在 19 世纪中叶又

考古未解之谜

图文珍藏版

被重新发现，其中包含不少有关玛雅文字发音的信息。

另一位出生于俄国，现在美国工作的学者塔约娜·普罗斯科拉亚科夫在 1960 年有了另一个突破。在研究玛雅文字期间，她意识到许多文字中都含有固定的时间段，相隔大约 56 ~ 64 年——这不是玛雅时期人的平均寿命吗？于是她做出结论，玛雅文字里写的不是宗教，而是历史，记录下来的是皇族人员的诞生、统治、死亡及其战争。人们第一次从另一个角度去理解玛雅文字，它记录的是栩栩如生的人的故事。古玛雅的历史突然间变得有了特定的意义，讲述了统治者和皇族生平的事迹，他们怎样被命名、他们的生日等。

自罗索夫和普罗斯科拉亚科夫所取得的突破以来，科学家们已经破译了所有玛雅文字中的 80% 以上，对玛雅文化和社会有了一个新的认识。现在我们知道了古玛雅世界并不是一个单一的统一王国，而是由许多相互对立的小国和城邦拼凑而成，多数时间它们都疲于相互征战而不是相互联合。这批咄咄逼人、穷兵黩武的城邦却有共同的宗教，在玛雅人的宇宙观中，人类社会十分危险地介于魔鬼的下层世界和神的上层世界之间，战战兢兢，随时可能遭受毁灭性力量的打击。

为了不让这些毁灭性力量降临，他们诚惶诚恐，对神诚心侍奉，包括用牲口和人祭祀。于是出于宗教原因和胜利者力量的炫耀，战俘常常遭到杀戮。玛雅宗教仪式中最重要的一条就是血祭——祭祀者以一种极为痛苦的方式献出自己的鲜血，因为他们相信只有让神祇感到满意后宇宙才能运转得井然有序，有些雕像就塑造了国王和王后在自己身上放血时的情形。

当时，斯蒂芬斯和加瑟伍德眼中的科潘是许多被丛林覆盖的城市中第一个被发现的。对于当今世界了解玛雅文明，它做出了极大的贡献。正是由于科潘的许多石碑和碑文为碑文研究者提供了源源不断的丰富材料，他们才得以成功地破译玛雅文字，从而打开了玛雅政治和历史的卷宗。虽然说科潘的考古和探察工作已经进行了整整一个世纪，重要的发现仍然不断地出现。

1989 年，一队洪都拉斯和美国的联合考古小组成功地在科潘发掘发出第一座皇家陵墓。墓体掩藏在大金字塔的石阶梯之下，被埋葬者是个中年人，随葬品中是科潘有史以来所发现的最丰富的玉器装饰品和耳饰收藏品。墓里发现的彩陶和其他线索提示了被葬者的皇家身份，可能是国王灰色美洲虎的小儿子。1992 年宾夕法尼亚大学的考古队又在同一金字塔的中心部分发掘出另一座皇墓，被葬者可能是科潘 6 世纪时的一位国王。

1982 年联合国教科文组织宣布科潘为世界级文化遗产之一，这使联合国可以提供经费来保护废墟遗址免遭文物盗贼的荼毒和自然力量的侵害，同时能为进一步的研究提供经济援助。两年之后,洪都拉斯政府宣布在科潘成立国家考古公园,并且筹备一个考古博物馆,于 1996 年对公众开放。虽说废墟遗址已发掘了许多,然而在未来的几十年里,考古学家和碑文研究人员仍有很多实地工作要做。一个世纪以前,斯蒂芬斯和加瑟伍德面对科潘的神秘赞叹不已;一个世纪以后,科潘仍然是一个谜,还有许多秘密等待人们去揭开。

第三节 城邦消失的谜团

印度河文明毁于史前核战争吗

印度河文明最早引起人们注意是 18 世纪哈拉帕遗址的发掘。在这里发现了大都市残址。19 世纪中叶,印度考古局长康宁翰第二次到哈拉帕时,发掘出一个奇特的印章,但他认为这不过是个外来物品,只写了个简单的报告,此后 50 年,再也无人注意这个遗址了。

1922 年,一个偶然的机会使人们发现了位于哈拉帕以南 600 公里处的摩亨佐·达罗遗迹,这里出土的物品与哈拉帕出土的相似,人们才想起了 50 年前哈拉帕出土的印章,考古学家开始注意这两个遗址间的广大地区。这些遗址位于印度河流域,所以被称为印度河文明。据考证,遗址始建于 5000 年以前甚至更早的年代。然而令人激动的还不仅是它的面积和年代,不久,人们就发现虽然这些遗址属于同一文明,但生活水平并不一样,这是什么原因呢?

对哈拉帕出土的印度印章进行研究的结果令人失望,没有人能释读印章上的文字。文字是一个国家文明的水准,有文字的印章可能在政治、经济活动中担任重要角色。而且印章只在摩亨佐·达罗和哈拉帕有出土,于是专家们推断,摩亨佐·达罗与哈拉帕都是都市,这就可以解释为什么处于同一文明的人生活水准不一样,当然这只是推测。

为了进一步证实摩亨佐·达罗和哈拉帕的都市性质,考古学家对摩亨佐·达罗进行了最广泛的发掘。摩亨佐·达罗面积约 100 平方公里,分西侧的城堡和东侧的广大市街区。西侧的城堡建筑在高达 10 公尺的地基上,城堡内有砖砌的大谷仓和被称为"大浴池"的净身用建筑等,其中最令人惊讶的是谷仓的庞大,这似乎显示了这个城市当时的富足。不过装满大谷仓的谷物是怎样征集来的呢?

市区有四通八达的街道,东西走向和南北走向的各宽 10 余公尺,市民的住房家家有井和庭院,房屋的建材是烧制过的砖块。如果不是亲眼所见,这是难以置信的,因为在其他古代文明中,砖块只用于王宫及神殿的建筑。最令考古学家惊异的是完整的排水系统。其完善程度就连现今世界上数一数二的现代都市也未必能够达到。二楼冲洗式厕所的水可经由墙壁中的土管排至下水道,有的人家还有经高楼倾倒垃圾的垃圾管道。从各家流出的污水在屋外蓄水槽内沉淀污物再流入有如暗渠的地下水道,地下水道纵横交错,遍布整个城市。从挖掘结果看,这是一个十分注重市民生活公共设施的城市,这是一个什么社会形态的社会呢?为什么它没有宫殿,所有的住房水准又都一样?

那些当时在今天已经无法居住的地方建设如此高度文明的城市的人,如果不是印度人的先人,那又是什么人呢?印度河文明是怎样被废弃的?后者可以从摩亨佐·达罗出土的人骨上找到一些线索。这里出土的人骨,都是在十分奇异的状态下死亡的,换言之,死亡的人并非埋葬在墓中。考古学家发现这些人是猝死的,在通常的古文明遗址中,除非发生过地震和火山爆发,否则不会有猝死的人。摩亨佐·达罗没有发生过上述两件事,人骨都是在居室内被发现的,有不少居室遗体成堆地倒着,惨不忍睹。最引人注目的是,所有的遗体都用双手盖住脸呈现出保护自己的样子。如果不是火山爆发和地震,那是一种什么样的恐怖令这些人瞬间死去呢?这在很长时间内是一个谜,考古学家们提出了流行病、袭击、集体自杀等假说,但均被推翻了。无论是流行病还是集体自杀,都不能解释"一瞬间"死去。而且有谁一边又在井边洗物品,一边在浴池里洗澡呢?为了解开这个谜团,印度考古学家卡哈对出土的人骨进行了详细的化学分析。卡哈博士的报告说:"我在9具白骨中发现均有高温加热的痕迹……不用说这当然不是火葬,也没有火灾的迹象。"是什么异常的高温使摩亨佐·达罗的居民猝死呢?

人们想起了一些科学家推断的远古时代曾在世界不少地方发生的核战争。摩亨佐·达罗遗址与古代假想中的核战争有无关系呢?事实上印亚大陆是史诗神话中经常传诵的古代核战争的战场。公元前 3000 年的大叙事诗《马哈巴拉德》中记叙的战争景象一如广岛原子弹爆炸后之惨景,提到的武器连现代化武器也无法比拟。更重要的是如此毛骨悚然的惨痛记忆留传至今,是非 1945 年"广岛"事件所能相提并论的。

另一首叙事诗《拉马亚那》描述了几十万大军瞬间完全被毁灭的景象。诗中有一点值得注意:大决战的场地是被称为"兰卡"的城市,而"兰卡"正是当地人对摩亨佐·达罗的称呼。据当地人说:1947 年印巴分治后属巴基斯坦而被禁止发掘的摩亨佐·达罗,有不少似广岛核爆炸后遗留下来的"玻璃建筑"——托立尼提物质,即世界上第一颗原子弹在美国托立尼提沙漠中试爆量,沙因高温凝固成的玻璃状物质。答案似乎出来了。但推断毕竟是推断,虽然科学家越来越相信地球上出现过数次文明并被毁灭,但在完整结论以前,要人们信服摩亨佐·达罗的遗弃与核战争有关还为时过早。

揭开"艾哈文化"之谜

最近,在"艾哈文化"遗址发掘出五具古人类遗骸,这是一个惊人的发现。早在 20 世纪中叶,印度的一些考古学家在该国西部的拉贾斯坦邦发现了一处庞大的古人类文化遗址群,面积达 1 万平方公里。考古学家认为,约 4500 年前,一个叫作"艾哈"的古人群迁移到这里,他们不仅成为梅瓦及邻近地区最早的居民,还创造了"艾哈文化"。

考古学家发现,"艾哈人"有着氏族社会的文明特征。遗址群分为 90 个主要居住地,每处面积约 500 平方米,均用泥砖围成堡垒模样。后来,南亚的考古学界在巴基斯坦境内发掘了规模宏大的"哈拉帕文化"遗址,其文明特征与"艾哈文化"如出一辙。人们据此相信,"艾哈文化"是哈拉帕文化的一个分支,并将考古和研究的重点转移到哈拉帕地区。

尽管如此,一些细心的考古学家对"艾哈文化"的起源仍存有疑问。从 1994 年开始,在美国考古学家的参与下,印度考古界沿着不同的地质层,对"艾哈文化"进行了更大规模的发掘。这是人们在"艾哈文化"地区首次发掘出古人类遗骸。研究表明,这些古人死时的年龄均在 35~50 岁之间,除一人的性别无从辨别外,其余为两男两女。其中四具遗骸是在公元前 2000~公元前 1800 年的红铜时代地质层发现的。更为惊奇的是,这些遗骸分明有着被火化过的痕迹,与哈拉帕文化的土葬习俗不同,最后一具出土的遗骸还保持着印度教持定三昧的姿势。一些考古学家提出:难道"艾哈文化"与哈拉帕文化并非同宗? 果真如此,二者又有何关系?

考古学家在"艾哈文化"遗址同时发现了布满牛粪的痕迹,并发掘出大量雕刻有牛图形的文物。起初发掘的文物上刻的均是公牛图形,这契合了印度人历来奉牛为神明的传统。但之后又发现了刻有母牛图形的文物,这使考古学家大惑不解。考古学家深入分析后认为,不管是公牛还是母牛,"艾哈文化"与以雅利安人为代表的印度人种的文化,有着更大的共同点:对牛的崇拜。"艾哈文化"与哈拉帕文化不存在同源的特性,因为哈拉帕文化丝毫没有对雌性动物崇拜的现象。

随着考古研究的深入,谜团进一步被揭开。人们确信"艾哈文化"是一种较之哈拉帕文化历史更为久远的文化现象,"艾哈人"制作陶器的技术不仅更为精湛,而且运用了比哈拉帕文化的"黑色陶器"更丰富的红黑色彩绘手法。此外,"艾哈人"在建筑工艺上也采用了较为先进的烧砖。考古学家相信,当哈拉帕文化于公元前2500年处于鼎盛时期时,"艾哈人"从哈拉帕文化中学到了不少先进的技术和知识,从而推动了"艾哈文化"的发展。

考古学家研究发现,"艾哈文化"在历史上形成了以农业、畜牧业、狩猎和捕鱼为特色的混合经济模式,只是到公元前1800年前后,由于气候变化和自然灾难,"艾哈文化"才逐渐消亡。哈拉帕文化在同期也开始没落,这也是"艾哈文化"灭绝的一个因素。

失落的奥尔梅克文化

除了玛雅文化,中美洲还曾经出现过另一种神秘文化,那就是奥尔梅克文化。

3000多年前,就在地球上的大多数角落仍然处于文明的黑暗中时,美洲的墨西哥湾海岸上出现了这样一种文明——奥尔梅克。它曾在高原上大兴土木,建造城市;它曾在这些古远的城市中创造了自己的文明。他们曾经很强盛,但到公元前900年前,不知是什么原因,他们突然消失了。他们的遗迹中也没有任何遭到外敌入侵的痕迹。所以科学家猜测也许是他们赖以生存的河流由于淤泥堵塞而改道,导致他们不得不放弃这里,远走他乡。据说今天的墨西哥圣洛伦索就建立在它的遗址之上。

奥尔梅克文明被普遍认为是中美洲文明的始祖,它为日后的社会提供了许多文明财富:有恢宏的宫殿,有奇特的陶器,有人形美洲虎图案。但最卓著的当属奥尔梅克特有的雕像,这些雕像以巨大的石头头部雕像工艺见长,大都雕刻着厚厚的嘴唇和凝视的眼睛。科学家认为,这些雕像很可能是当时帝王的纪念碑。

雕像的高超工艺,连几千年后的现代人都叹为观止。它们不仅体积巨大,栩栩如生,尤其令观者震撼的是,这些雕像所用的石头均来自很远的地方,而在当时没有先进机械设备的情况下,奥尔梅克人却把沉重的玄武岩石块从40里外的火山区拖到圣洛伦索,还把巨大的石头打磨成了10英尺高的石头头像,其中的力量与智慧实在不容小视。所以,科学家认为,这些石像是文明的标志。

高度发达的奥尔梅克文明对中美洲宗教、艺术、政治结构和等级社会存在着重大影响。也有少数人认为奥尔梅克文明只是当时文明的一个"姊妹"文明,算不上什么始祖。

奥尔梅克文化和玛雅文化都是人类文明史上的谜团,而且它们都曾存在并兴盛于中美洲。所以,很多考古学家一直认为二者之间必然存在着某种联系。近来,研究分析发现奥尔梅克文化与玛雅文化确实存在着密切关系,那就是玛雅文化传承于奥尔梅克文化。

耶鲁大学的考古学家迈克尔·科博士在自己最新一版《玛雅》中指出,奥尔梅克文化的影响曾在中美洲地区各部分都遍及,唯一疏漏了一个地方,就是玛雅。科博士也感到很奇怪,但他猜测很可能是当时的玛雅人对日益壮大的奥尔梅克丝毫不感兴趣,所以没有融进奥尔梅克文化。

后来,科博士和同事在史前古器物上找到了奥尔梅克文化对玛雅文化影响的痕迹。从痕迹中他们推断,从公元前100年起,玛雅城市中开始清晰地出现奥尔梅克艺术、宗教信仰、橡皮球游戏和奥尔梅克统治者在庆祝仪式上的着装。玛雅经典金色神像也和奥尔梅克神像有许多相似之处。除此之外,玛雅城墙上还涂着一群人围着一个神,纷纷献上食物和水的图像。"神的头像分明就和奥尔梅克石头头像一样。"科博士说道。

所以,科博士认为,奥尔梅克文化对玛雅文化的影响是以一种非直接的方式进行的,它们中间经过了另一种文化——伊扎帕文化。伊扎帕是墨西哥恰帕斯内的一个地方,曾经有过很多古代寺庙。在这里,你既可以看到奥尔梅克雕像,又能看到玛雅油画,可见,它曾经连接了奥尔梅克文化和玛雅文化。

苏美尔文明之谜

位于两河之间的美索不达米亚平原是人类文明最早的发祥地之一,这里曾经哺育了包括四大文明古国之一的巴比伦在内的许多古代文明,但是文明的最初源头要追溯到公元前4000年的苏美尔文明。

苏美尔人很早就掌握了丰富的知识和高超的技术。他们在两河之间修建了复杂的水利系统,驯服了时常泛滥的河水,开垦出富饶的田地。他们不仅发明了楔形文字,记录下许多神话、史诗、演讲词等作品,还发明了1~5的数字,历法也相当先进。最为人称道的是他们建立了一套较为完备的法律体系。著名的汉谟拉比法典就是后来的巴比伦人根据苏美尔法典订立的。

苏美尔人从哪里来并开创了辉煌的文明?苏美尔民族究竟从何而来,至今仍未有明确的答案,它的出现就好像奇迹一般。有些人认为如此发达的文明只能来自外星球,这一点可以从苏美尔人的传说中找到证据。据说他们的祖先是降落到人间的众神子孙,从一些古老的史诗中也能发现类似描写空中飞行的词句段落。但更多的人则坚持认为苏美尔人是某个古老民族的一支。他们的神庙往往建在由泥砖堆起来的建筑物上,看上去很像坐落在群山之巅,于是有些学者猜测他们来自东方的山区。从出土的一些图章看,苏美尔与古印度文明的图章风格极为相似于是有人认为他们与印度人有某种联系。还有人从语音考证,认为苏美尔人可能来自中国。众说纷纭,要想得出结论,还有待进一步研究。

迈锡尼文明之谜

迈锡尼文明的繁荣始于公元前 17 世纪,谁才是这一文明的创造者,一直是个争论不休的话题。自从迈锡尼的文字被识读,他们属于希腊人已经不成问题,而迈锡尼文明和米诺斯文明曾经相互影响也是不争的事实。人们还相信迈锡尼的繁荣来自与其他国家的广泛而平等的贸易,所以为这一文明做出了贡献的应该不只是一个民族的人们。

公元前 13 世纪,迈锡尼的自负国君倾尽全力去攻打特洛伊,花费了 10 年时间,耗尽了人力和财力,虽然最终攻克了特洛伊城,整个国家却已经大大地伤了元气,迈锡尼文明从此一蹶不振。几百年之后,它自己的城池也被攻破,迈锡尼就永久地消失于人类的视线中了。

被挖掘出的迈锡尼城堡高耸在山顶,平面呈三角形铺展开去,守护在城堡门口的是一对已经无头但仍然威武的石刻雄狮。两只狮子顶着的是一条柱子的石板雕,被认为是皇族权势的象征。因此,迈锡尼城堡的大门得一美名——"狮子门"。狮子门往里,就是一处单独围着石墙的皇家墓井。

墓井里发现的尸体多为黄金所包裹,有一具男尸脸上还戴着精致的黄金面具,妇女头上也装饰了各种黄金首饰,连墓内的小孩儿也是被黄金片所覆盖。由此可见迈锡尼享有"黄金之城"的美誉确实当之无愧。

除了墓地,城堡里还有皇家宫殿、楼阁、冠冕厅及起居室。城堡的东面还有大量商人的住处,在那里发现了不少陶器。人们由此推断迈锡尼古城里居住的全是皇族、政要和商人,是他们享有着迈锡尼文明的富裕果实。但是,迈锡尼本身并不出产黄金,那么多的黄金都是从哪里来的呢? 迈锡尼高踞高山之上,也算是固若金汤,可为何在历史上却多次被攻破呢? 更让人不明白的是,迈锡尼文明已经创造了自己的文字,并且被用来书写进行贸易时的货物清单,但他们却不在墓碑上刻下死者的名字和业绩,这有别于同时代及后世民族地树立丰碑的习惯,又是为什么呢?

吴哥窟衰落之谜

位于柬埔寨的吴哥窟世界闻名,它是迄今为止发现的在工业时代之前最大的人类聚居地。最近科学家使用新型雷达设备在吴哥窟中心庙宇的附近又探测到了74 座新的庙宇和 1000 多个人工湖泊。

吴哥古国兴起于公元 9 世纪,吴哥文明繁荣兴盛长达 600 年,直到其统治者将整个都城搬迁到位于今天柬埔寨首都金边附近的地方。

这一文明最辉煌的代表就是建立了位于吴哥窟的巨大庙宇,这一遗址也被称为目前世界上发现的最大的独立宗教建筑物,而它始建于公元 12 世纪早期,这不能不称为人类文明史上的一个奇迹。

吴哥窟

尽管吴哥古国把他们的文明成就都雕刻在了庙宇的石刻上,但是他们并没有留下文明为什么衰落的信息,于是这个神秘的原因吸引了来自世界各地的考古学家,也引发了广泛的学术争议。

最近新西兰奥塔格大学的人类学家查尔斯·海曼认为,文明衰落的原因可能还是与战争和宗教信仰的改变有关,他在之前的研究里已经揭示了吴哥文明的起源。海曼博士认为泰王国的入侵者在 1453 年攻入吴哥古国的中心地区,原先的文明信奉地来源于佛教的女神也被其他佛教神灵所取代。而大量的市民和无产者不再相信国王的神力,也是一个原因。

另一个可能的原因就是过度耕种、人口爆炸和环境污染使得这个依靠季风雨水抚育的土地不堪重负。

为了使得这么多人口有饭吃,大量的水利设施也被兴建,这些水利设施不仅可以用于灌溉,还能在雨季发挥防洪的作用。

科学家发现这种发展模式使土地和环境不堪重负,最终导致了吴哥文明的衰落。由于人口的激增,大量的原始森林被砍伐,增加了发生洪水和泥石流的风险;由于水利设施的设计不合理,河流的天然泄洪功能被破坏,古代吴哥人选择了不合理的非可持续发展方式,使得局部生态循环完全被破坏了。

在北部地区的地雷被逐渐排除以后,考古学家有望深入遗址腹地,逐渐揭开这个曾经伟大的文明衰亡的真正原因。

消失的示巴古国

人们已初步断定《圣经》中提到的示巴王国位于濒临红海的阿拉伯半岛西面,在现今阿拉伯也门共和国境内。它是公元前 10 世纪兴盛一时的文明古国之一,在古代东方的发展史上曾产生过积极影响。示巴古国由于紧靠当时的通商要道——红海,同与红海相接的以色列、埃及、埃塞俄比亚、苏丹等国结成了密切的贸易关系,商业一度十分发达。示巴古国盛产香料、宝石和黄金,这使它在产品交换中处于十分优越和有利的地位。据说,示巴商人当时已经会利用红海的季风之便远洋航行了。他们在每年 2~8 月海风吹向印度洋和远东时,便加大对这个地区的贸易运输量。

等到 8 月以后海风回吹时,他们又溯红海而上与以色列和埃及交往。这个季风的秘密长期未被泄露,直至公元 1 世纪时才被希腊人发现。示巴的陆路贸易也很发达,骆驼商队活跃在阿拉伯半岛和西亚的广阔地带上。示巴古迹的发掘,已透射出这个文明古国的奇光异彩。但失落的示巴文化这个历史之谜,还远未全部揭开。

曾经的亚马逊女人国

在希腊神话中,关于亚马逊女人国的故事是最为丰富和最为精彩的一部分。这是一个异常凶悍的女性国度,她们一族发源于小亚细亚的峡谷和森林之中,其大体位置在希腊以东黑海沿岸的庞图斯地区,都城在铁尔莫东河畔的泰迷细拉。据说亚马逊人有两个女王,一个负责战事,另一个则负责政务,并一同管理这个国家。相传每一个亚马逊女战士长大成人时都会烧掉或切去右边乳房,以方便于投掷标枪或拉弓射箭。亚马逊人在女王的统治下,相信自己是战神阿瑞斯的后代,此外她们也崇信狩猎女神阿尔特弥斯。战争、狩猎、简单的农业构成了女人国女人的全部生活。绝大多数的亚马逊女战士都是马背上作战,精于骑射,甚至有不少亚马逊人以雇佣兵的身份出现在世界各地的军队中。

传说中男人不能进入亚马逊人的国境,为了避免种族灭绝,她们一般会一年一度地访问临近部落加加里亚人,之后所生的若是女婴,就妥善抚养起来,倘或是男婴,一般直接杀掉,偶尔也送还给他们的父亲。

长期以来,在神话和事实之间,人们存在着许多的疑问,许多人认为,亚马逊女战士不过是一个神话,因为直到今天,我们也没能找到她们的遗迹。但是假如她们压根儿就不存在,那为什么希腊人不惜浪费时间和笔墨去雕刻亚马逊女人的雕像,并且为她们谱写赞歌?

有人说所谓亚马逊女儿国不过是男性统治的希腊人的想象,并且这种想象从来没有中断过。实际上中国也有类似的记载,例如中国唐朝圣僧玄奘法师写的《大唐西域记》中就提到一个女儿国,说东罗马帝国的西南海岛上"全是女人","有产男子皆不养也"。一直到了 16 世纪,一支西班牙寻宝队还宣称在亚马逊河遭到一酷似传说中亚马逊女战士的袭击。

但是除了神话传说、美术雕刻和文学作品之外，亚马逊女人国在历史典籍中也有提及，这就不能不引起人们的重视了。古希腊历史学家希罗德的《历史》中对亚马逊女人国的轶事做了详尽的描述，其中最为详尽的是亚马逊人与希腊人的最后一场战争。希腊人最后打败了她们，并准备把大量俘虏运到雅典，可是当船到海上时，由于看守不严，亚马逊女战士杀死了押运她们的希腊人。但是她们却对航海知识一无所知，于是随船漂流到黑海东北部的亚速海地区，遇到了塞西亚人，旋即与他们发生了战斗。可是塞西亚人一发现这些身着男人服装的剽悍女人，便马上放下武器，转而向她们求爱，这样最终他们中的年轻男子和这些女人开始生养孩子，组成了一个"女权制部落"。希罗多德说这是绍罗马特亚人的起源。但是究竟希罗多德自己有没有见过亚马逊女战士，就不得而知了。

1997年的考古大发现，也许为这个千古之谜打开了冰山一角。这一年，美国和俄罗斯联合组成的考察队在靠近哈萨克斯坦的俄罗斯南部草原上开启了150多个公元前600~公元前200年前的游牧部落的坟墓。里面的兵器和女性骨骼被埋葬在一起，其中一个女的身上深深地嵌着一个箭头，估计是在战斗中被射死的。其中最为惊人的是一个年纪约在14岁左右的女孩子，她的骨架旁边除了放着一把剑外，颈上的一个皮革小袋子里还放着一个护身符和一个铜制的箭头，右边是一把匕首，左边一个箭袋有40多支箭。她的双腿有些弯曲，估计和长时间骑马有关。由此可见她所在的部落是从小就开始训练打仗的。

亚马逊女儿国是否子虚乌有，看来仍要时间来验证了。

古格王国

神秘的古格王朝300年前一夜之间在历史上消失，留给我们的只有那记录了古格灿烂辉煌的文化艺术成就的遗址。

传说古格王国时期这个地方素以精于冶炼与金银器制造而闻名，当年阿里三围以托林寺为主寺的下属24座寺院的金属佛像与法器，都由鲁巴铸造。据说鲁巴铸造的佛像用金、银、铜等不同的原料合炼而成，工艺精湛，通体全无接缝如自然形成，其价值甚至超过了纯金佛像。

其中，最为神奇的还有一种名叫古格银眼的铜像，只有古格才能制作，更是被视为佛像中的精品，因为极少流传于世，所以尤为珍奇。长期以来，无人知晓其究竟为何物。

直到1997年夏季，在皮央遗址杜康大殿的考古发掘中，出土了一件精美的铜像，才终于揭开了古格银眼之谜。这尊铜像头戴化佛宝冠，4臂各执法器，结跏趺坐于兽座莲台,头生3眼,额上正中眼为纵目,3只眼的眼球都采用镀银的技法做成,在金黄色的铜像背衬之下银光闪闪,晶莹锃亮,这就是所谓古格银眼,看来的确名不虚传。由此可见,古格王国时期金属制造业已经达到相当高的水平。

近数十年间古格遗址周围不断发掘出的雕刻、造像及壁画等揭开了古格王朝的神秘面纱。

古格盛产黄金白银,在托林寺、札不让、皮央东嘎都发现过一种用金银汁书写的经书,而且出土的数量极大。这种经书以文书写在一种略呈青蓝色的黑色纸面上,一排用金汁、一排用银汁书写,奢华程度无以复加。

然而,古格王国的身影究竟消失在何处? 至今,仍无人知晓。

纳斯卡文明

在秘鲁共和国西南沿海伊卡省的东南隅,有一座名叫纳斯卡的小镇。这座小镇稀稀疏疏地散居着近百户人家,祖祖辈辈以捕鱼为生。

这座小镇的东面,是绵延巍峨的安第斯山脉。在它们之间,横亘着一片广袤的荒原,面积约有250平方公里,当地人称作纳斯卡荒原。20世纪中叶的一个夏季,一支秘鲁国家考古队辗转来到纳斯卡荒原。他们在茫无涯际的荒原上考察了好几天,发现荒原上有大面积的人工挖成的"沟槽","沟槽"里竟填塞着无数像生锈的铁块一样的石子。

考古队发现这些"沟槽"的深度一般为0.9米,而宽度却不一样,有的宽度只有0.15米,有的却达20米,尤其令考古队员不可思议的是:"沟槽"的形状和走向十分奇特,有的舒展飘逸,有的短促顿挫,有的回环宛转,更有的似乎直通天际,真是鬼斧神工,难以捉摸。

这些"沟槽"是什么时候由谁挖成的? 起初,考古学家把这些"沟槽"称为"一个不知为何建造的巨大而玄妙的工程"。后来,考古学家决定乘飞机对纳斯卡荒原进行空中摄影和观察。当他们从高空向下俯瞰时,映入眼帘的景象顿时使他们瞠目结舌:荒原上的"沟槽"不是原先猜测中的灌溉渠道,也不是地表的裂沟,而是一幅幅绵亘无垠的图画。这些画的每一根线条,都是把荒原表面的阳砾石挖开后形成的。其中一些"沟槽"所组成的线条,平直而有规则,构成大大小小的三角形、长方形、梯形、平行四边形和螺旋形之类的几何图案,好像是经过数学家精心的计算才开挖的,极具匠心。更令人惊奇的是:荒原图案有许多是动物、植物以及人的形象。例如有一个人形,只有一头和两手,一手长了5个手指,另一手却只长了4个手指,画长约50米,是一个典型的印第安人的轮廓。动、植物图案的大小不一,大多在 15～300 米之间,最大的占地 5 公里。从拍摄的照片上看,这些形象惟妙惟肖,非常逼真,可称得上是一位画家的杰作。有些恰似蜥蜴、蜂鸟、鸭子、鲸;有些又宛若长爪狗、蜘蛛、鹦鹉、苍鹰;还有些极像海草、仙人掌、花朵。其中有一只猴子的形象足足比一个足球场还大,它的一个巴掌就有 12 米宽,看起来活灵活现,风趣盎然。另有一只大鹏的翼长约 50 米,鸟身长达 300 米,远远望去,恰似扶摇直上于飓风中,轻盈飞舞,又如海中的巨大旋涡,飞流而上,缓缓升腾。还有一幅章鱼的图案,腹下插着一把锋利的长刀,甚至可以想象出章鱼悲痛欲绝的情状……

纳斯卡荒原图案之谜,轰动了全世界,这些图案是什么时候如何创制出来的?这些图案有什么含义? 是用来做什么的?

半个多世纪以来,许多学者对这一系列问题进行过深入细致的研究,但都困惑不解,众说纷纭,莫衷一是,至今仍是一个尚未完全揭开的人类文化之谜。

国外有些人认为纳斯卡荒原在那极遥远的古代曾经是“外星人”设在地球上的一个“宇宙航空港”。有研究资料表明,从 1948 年以来,飞碟频繁地光临南美洲。在 1 万多起飞碟事件中,秘鲁就占 70% 以上。有研究人员说,秘鲁境内有 4 个飞碟起落基地,其中纳斯卡荒原是其当之无愧的大本营。经过测试,纳斯卡荒原表面无论用风钻钻,或用炸药炸,都丝毫不能损害它。它的平面倾斜角与火箭发射台的倾斜角相同。纳斯卡荒原所处的地理位置正好是世界上磁场强度最弱的地方之一。这种情况适于宇宙来的飞行物较省力地降落和起飞。显而易见,要确定这么一处合适的降落点,不对重力和磁偏角进行精密计算就根本办不到。

大约在公元几百年,也就是在古纳斯卡文化鼎盛时期,古纳斯卡人已经同时具有两种历法,这在人类文明史上是独一无二的。一种是典仪历法,在这种历法中,古纳斯卡人把一年按 260 天计算,这 260 天又分成 13 组,每组 20 天,用来进行朝觐、祭祀、册封等各项国事活动。另一种是民用历法,每年分为 365 天,包括 18 组,每组 20 天,另外 5 天一般被看作是不吉利的日子。它们当中每一天都按一定次序,通过循环的方式置换。这两种历法,每经过 52 年,便重新回归到同一起点上,然后再周而复始地循环下去。另外,他们还测出金星的整个变化过程需要 584 天,印第安人通过天文观测很早就发现,每经过两次 52 年的周期,正好与金星的 65 会合周吻合。根据这种初步观测,并使用这几种星体的运动交会法,即可分析月相、月食。聪明绝伦的古纳斯卡人按照这一独特的方法,准确进行了天文历法的运算和制定。在南美只有古纳斯卡人能够进行这种精妙的工作,每 481 年的误差只有 0.08 天,每 6000 年才有一天的误差,而他们推算出的天文数字高得令人难以置信。

为什么只有古纳斯卡人才能取得这些杰出的成就呢? 至今仍没有一个结论。

世界未解之谜

考古未解之谜

图文珍藏版

特洛伊战争究竟是真是假

一场战争引出了两大史诗,从而成为西方文学的源头,这场战争就是特洛伊战争,而两大史诗就是荷马的《伊利亚特》与《奥德赛》,那么,这场战争是真是假呢?

在那样一个人神界限特别模糊、人类很像神灵而神灵身上又表现出太多人性的时代,特洛伊成为这一时代人神之中最伟大者交锋的场所。很多事情发生在这儿,特洛伊国王普里阿摩斯的儿子帕里斯,把世界上最美的女人海伦从希腊带到这里。希腊国王阿伽门农为了夺回海伦,率领他的军队来到这里。后来,在这个战场上,希腊最伟大的战士阿喀琉斯,杀死了帕里斯的哥哥赫克托耳。在荷马史诗《伊利亚特》的最后一幕,特洛伊国王普里阿摩斯与阿喀琉斯谈判请求归还他儿子的尸体并停战。

在史诗《奥德赛》中,故事并没有到此结束。帕里斯为他哥哥报仇,给了阿喀琉斯的脚踵致命的一击,杀死了这位希腊伟大的勇士。而希腊人则通过"木马计",潜入特洛伊城内并最终摧毁了它。此后特洛伊的黄金时代也就结束了。

到了19世纪下半叶,只有极少数学者相信荷马史诗是对历史上的真实事件的记录。而相信特洛伊——假如它真的存在过的话——就在希沙立克的人则更少。然而还是有人相信特洛伊的存在,这其中包括业余考古学家弗兰克·卡尔弗特——美国驻这一地区的领事。19世纪60年代中期,卡尔弗特与其合作者德国富翁海因里希·谢里曼对希沙立克进行了发掘,发现了古典时期的神殿和一些高大的建筑物。后来,曾做过谢里曼助手的威廉·德普费尔德继续进行他未竟的事业。德普费尔德发现了更多的大房屋、一座望塔、300码长的城墙。

德普费尔德的看法一直流行,直到40年后,一支美国探险队在卡尔·布利根的带领下来到希沙立克。布利根认为,特洛伊的覆灭,绝对不可能是希腊人的入侵造成的。因为城墙的一部分地基发生了移动,而其他部分则似乎彻底坍塌了。他认为这种破坏不可能是人为的,可能是一场地震导致如此。

看来,究竟是特洛伊战争成就了荷马史诗,还是荷马史诗成就了特洛伊战争,特洛伊战争究竟是真是假,这一切都湮没在漫漫的历史长河之中了。

破解印加帝国书写之谜

秘鲁安第斯山脉的崇山峻岭上有座神秘古城——马丘比丘印加古城遗迹,隐藏着消失了的印加帝国的神秘世界。据史料记载,印加帝国在15世纪末达到鼎盛时期,曾控制南美洲广大土地。后来,西班牙入侵者来到美洲四处掠夺屠杀,印加帝国于 1533 年在腥风血雨中消亡,印加末代国王图帕克·阿马鲁被斩首。印加人留下了不朽的建筑和谜一般的绳结,日前,科学家对上百个系有不同的绳结的绳束进行分析,发现了古印加人书写的秘密。

一直以来,科学家们就对这些绳结困惑不已——大多数文明早期都使用象形文字或图像,然而印加人(古代秘鲁土著人)留下的却是棉线和绳结,难道印加帝国没有任何形式的书写方式? 若是这样,那国家大量的数据信息将如何保存和传递? 这些绳节仅仅是算盘一样的计算工具还是用来记数的,或者具有比记数形式更加复杂的书写形式——绳索的三维空间书写方式?

神秘的绳结被印加人称为奇谱,是用棉线、骆驼或羊驼毛线制成的。它是在一根主绳上串着上千根副绳组成。主绳通常直径为 0.5～0.7 厘米,上面系着很多细一些的副绳,一般都超过 100 条,有时甚至多达 2000 条。每根副绳上都结有一串令人眼花缭乱的绳结,副绳上又挂着第二层或第三层更多的绳索,编织形式类似古代中国人用于防雨的蓑衣。在目前所发现的 700 个左右奇谱中,大多数都是公元前 1500～公元前 1400 年间打的结。不过,其中还有一部分只有 1000 年左右的历史。

奇谱是一种与众不同的三维立体的书写体系,记载着 5500 公里帝国的信息。科学家为每一块"奇谱"都创建了相应的数据库,详细记录了它们的各种情况:绳索的大小、长度与颜色,垂挂的穗的数量,绳结数目,每股绳的旋转方向与次数、年代等。

在现存 700 个左右奇谱中,科学家目前共收录有 300 件奇谱的目录。当他们在这个数据库中搜寻 1956 年在印加重要的政治中心普鲁楚柯发现的 21 个奇谱绳结的共同点时,结果令人震惊,他们发现了一个至关重要的数学联系——在某些奇谱的副绳上的绳结结合起来后,正好和另一个更为复杂的奇谱上的数字相同。这表明,奇谱曾被用来记录这个纵宽达 5500 公里的帝国的信息。

奇谱代表的数字通常有三种:8 字结代表 1;长结依据其扭转的次数依次代表数字 2～9;单结代表 10、100 和 1000 等等。0 结当然就简单了,根本不用打节,只在绳索上留一空段绳子就行。单根绳子代表几个数字,可能是小计或总和。假设一根绳子从上到下有一个 4 个单结串,再有一个 5 个单结串,还有一个扭了两圈的长结,这一绳子将表示数字 452。

每一个当地的会计师将从下级得来的账目总和通过绳结的形式表现在奇谱上,并将这些数据汇总在一根主绳上,然后层层上递。这种交流可能曾被用在国家最重要的信息记录上,包括农作物的产量、国库的收入账目以及其他与人口、财政和军事相关的数据。经过进一步的深入研究,他们还成功破译了第一个用"奇谱"记载的印加文字。他们认为既然不同的奇谱表示从不同区域收集到的数据,那么,一个单一的绳结位于其他结之上就可能是一个单词,表示的是这个地方自身或财政数据。其中,一种绳结的组合模式可能表示印加的宫殿所在地就是普鲁楚柯城,这很可能是从印加的奇谱上认出的第一个文字。

三星堆文化之谜

自 20 世纪 20 年代起至今,中外考古学家对三星堆进行了大量的考古发掘和专题研究,发现了城墙遗址和大量精美文物,也产生了许多的未解之谜。

1986 年 7 月~9 月,两个商代大型祭祀坑的发现使三星堆名扬海内外,两坑上千件国宝重器的轰然显世震惊了世界。对三星堆遗址进行的 13 次发掘发后,比较系统和科学地确立了三星堆是古蜀文化的中心,它将四川的历史向前推进了 1000 多年,并再次证明了中华文明起源的多元学说。这一期间的研

三星堆文化

究也使三星堆遗址的面积,其东、西、南三面城墙和北面的天然屏障位置得以确认。

在广汉市郊,有一座为三星堆遗址专门修建的博物馆,这里存放着大量珍贵的文物。包括造型极其神异的人面鸟身青铜像,这在中外考古史上从未发现过。陈列在此的还有几块成吨重的巨形玉石和大量玉璋、戈、剑等玉器。其实,玉石碾琢磨制雕刻均非易事,大量玉器的出土证明,那个时代的人们已经掌握了后人几千年后才拥有的雕刻技术;这些青铜造像,铸造精美、形态各异,组成了一个千姿百态的神秘群体;此外,三星堆还出土了大量精美绝伦的金杖、黄金面罩、多种黄金动物图形和装饰品等,显示了古代蜀人是世界上最早开采和使用黄金的古老部族之一。

然而,专家对三星堆遗址及其出土文物的许多重大学术问题,至今争论不休:三星堆文化来自何方?是蜀地独自产生发展起来的,还是受中原文化、荆楚文化或西亚、东南亚等外来文化影响的产物?三星堆遗址居民的族属为何?目前有氏羌说、濮人说、巴人说、东夷说、越人说等不同看法。三星堆古蜀国的政权性质及宗教形态如何?三星堆青铜器群高超的青铜器冶炼技术及青铜文化是如何产生的?三星堆古蜀国又何以突然消亡?这些谜团,终因无确凿证据而成为悬案。

迪奥狄华肯古城

20 世纪 60 年代,一个由考古学家和测量员组成的研究小组绘制出整个迪奥狄

华肯古城遗址的全貌。古城布局严整,呈棋盘格状。迪奥狄华肯古城北起月亮金字塔,南至死亡大道,长大约 3.2 公里。一条东西走向的建筑与这条南北中轴线交叉。

天文学家兼人类学家安东尼·阿维尼在北半球春天(5 月 18 日)当天发现太阳正好当头顶时,昂星团的一串星星会在每年黎明前第一次露面。在昂星团落到西面地平线上这一点时,建筑师们测量好了东西中轴线。此外,太阳也会在 9 月 12 日(目前中美洲日历循环每年开始的那一天)落到这一点,这是由学者和独立人士确定的。显然,迪奥狄华肯古城遗址就是根据反映天体、地理和测量关系的一组排列进行布局的。

迪奥狄华肯古城是美洲第一个真正的城市中心,19 世纪末期到 20 世纪初期,墨西哥政府陆续挖掘出迪奥狄华肯古城遗址,出土的月亮金字塔面积与埃及大金字塔相当,但高度仅有大金字塔的一半。考古学家还在月金字塔中发现人类骨骸,并在附近发掘出澡堂、戏院和完善的下水道系统。最令考古人员吃惊的是,他们在遗址发现了许多云母,云母的产地是巴西,这更增添了神秘色彩。

南美洲蒂亚瓦纳科文化遗址

位于南美洲玻利维亚与秘鲁交界处的蒂亚瓦纳科(Tiahuanaco)文化遗址位于海拔 4000 米左右的高原上,距离的的喀喀湖不远,是由重达几十吨甚至数百吨的巨石严密砌成。考古学家还在巨石的缝隙中发现了一些小金属钉,其作用是固定石头。据推测,这些金属钉是把金属熔化后再倒入凿出来的石头模子中制成的。可能最引人注目的还是整块岩石凿成的石门,它矗立在长 30 英尺、宽 15 英尺、厚 6 英尺的基座上,而基座和门是用同一块岩石雕凿而成的。在蒂亚瓦纳科古城的太阳门上雕刻有 12000 年前灭绝的古生物“居维象亚科”(跟现在的大象类似)和同期灭绝的剑齿兽。太阳门上还雕刻有既繁复又精确的天文历法。在蒂亚瓦纳科遗址挖掘出了大量的海洋生物贝壳、飞鱼化石,显示它过去曾是一个港口,拥有完善的船坞和码头,其中有一座庞大的码头可供数百艘船舶同时装卸货物使用。而建造这座码头所用的石块每块大致在 100~150 吨之间,最大的达 440 吨。根据毕生研究蒂亚瓦纳科文化的玻利维亚学者 Posnansky 教授用天文黄赤交角推算,该古城可能建于 17000 年前。

这座古代都市据考古学家推测,在公元前 2030~公元前 1930 年间消失。

魔鬼城中有什么

1986 年 6 月初的一天,哈密地理学会的刘志铭与同伴一行 4 人前往沙尔湖进行一次常规的野外考察活动。就在深入距离五堡乡20多公里外的戈壁腹地后不久,科考小组开始徒步在沿途进行一些地质考察,突然,什么东西强烈地吸引了他们的目光。在阳光的映照下,一座座辉煌壮观的庞然大物拔地而起,连接成片,好像地下浮出的城堡群一样。那里就是人们所说的"魔鬼城"。

其实,这就是人们常说的"雅丹"地貌,它存在于世界上很多干旱地区,在中国则是新疆分布最多,而"雅丹"的名称就恰恰源于新疆这块土地。

戈壁中的魔鬼城死一般的寂静,似乎扼杀了所有生命的呼吸,让人不得不相信这里从来都是死神的领地。然而,刘志铭却从这些雅丹土丘上注意到这样一些细节:不仅土丘的土质与戈壁的沙砾土壤截然不同,而且从土丘剖面上可以看出,土丘剖面都无一例外地拥有非常清晰的层理结构,不同层理间的土质也有所区别,这显然与戈壁荒漠的环境反差是极大的,这种差异也许暗示着一种不同寻常的信息。

这就是荒凉的戈壁深处竟然有大面积水域遗迹。有水自然会有生命的存在,魔鬼城就不是一座天生的死亡之城。

由于这次偶然的发现,激发了刘志铭强烈的好奇心。一天,他来到一片还未曾踏勘的雅丹区域。突然,他看到地面上随处散布着细小的像骨头棒一样的东西,他再次仔细地查看,原来这竟然是一些骨头化石。经专家鉴定,这是鸟类骨头化石,是侏罗纪时期的,属于始祖鸟。

此后,人们又发现了一个位于魔鬼城南部南湖地区盛产怪石的地方。经过专家鉴定,那里的石头叫作硅化木,距今有1.2亿~1.4亿年的历史,是侏罗纪时期的历史遗存。大量硅化木的发现说明魔鬼城曾经拥有大片茂密的森林。

就在已然确定魔鬼城是森林环绕内陆湖的古地理环境后,另一个意外的发现似乎又推翻了这个结论。一天,同样在南湖戈壁,刘志铭看到远处有些发亮的、像水的反射一样的区域,他好奇地走了过去,原来那里是几座石灰岩山,然而正是这几座石山,又暴露出一个不为人知的秘密。

刘志铭首先发现了一些表面呈孔状的石头,这立刻引起了他的兴趣。他有意识地把随身所带的饮用水泼向石壁,上面马上清晰地显现出许多一块块像野山蜂的蜂房一样的图案,而且中心还有放射纹。根据过去的经验,他几乎可以肯定,这些带有图案的石块就是蜂房状的珊瑚化石。

但是,依据珊瑚的生活习性判断,它应该是生活在水深不超过200米、水温在18摄氏度以上的热带浅海域中。

刘志铭的推测显然是有根据的,但让他想不明白的是,过去推断侏罗纪时期,整个魔鬼城所在的哈密盆地甚至新疆都是内陆湖盆,森林分布其间,而珊瑚则是热带浅海生物,它生存的环境应该是热带海洋,这是完全不同的两个概念。

诡异神秘的魔鬼城原来竟是一个鲜活的生命世界。然而,另一个惊人的发现即将到来,既然众多的动植物都在这茫茫戈壁上的魔鬼城中留下了生命的印记,那么,人类的足迹会不会也曾留在这里呢? 如果真有的话,又会是怎样的一段历史呢?

东女国消失之谜

女儿国在历史上的的确确存在过,而且现在有一些村寨一直将女儿国的古老习俗留存至今。专家经过长期研究和实地考察发现,今天四川甘孜州的丹巴县至道孚县一带就是《旧唐书》中记载的东女国的中心。

据史书记载,东女国建筑都是碉楼,女王住在九层的碉楼上,一般老百姓住四五层的碉楼。女王穿的是青布毛领的绸缎长裙,裙摆拖地,贴上金花。东女国最大的特点是重妇女、轻男人,国王和官吏都是女人,男人不能在朝廷做官,只能在外面服兵役。宫中女王的旨意,通过女官传达到外面。东女国设有女王和副女王,在族群内部推举有才能的人担当,女王去世后,由副女王继位。一般家庭中也是以女性为主导,不存在夫妻关系,家庭中以母亲为尊,掌管家庭财产的分配,主导一切家中事务。

根据专家的考察,历史上的东女国就处在今天川、滇、藏交汇的雅砻江和大渡河的支流大、小金川一带,也是现在有名的女性文化带。而扎坝极有可能是东女国残余部落之一,至今保留着很多东女国母系社会的特点。

扎坝过去是一个区,现在有 7 个乡,5 个乡在道孚县境内,2 个乡在雅江县境内,一共生活着将近 1 万人。专家在扎坝调查时发现,女性是家庭的中心,掌管财产的分配和其他家庭事务,与东女国“以女为王”相似,有的家庭有 30 多个人,大家都不结婚,男性是家中的舅舅,女性是家中的母亲,最高的老母亲主宰家中的一切。很明显是母系社会的残余,经过现代社会的冲击,已经和原始的母系社会不完全一样,只是保留了一些基本特点。

扎坝人依然实行走婚,通过男女的集会,男方如果看上了女方,就从女方身上抢来一样东西,比如手帕、坠子等,如果女方不要回信物,就表示同意了。到了晚上,女方会在窗户边点一盏灯,等待男方出现。扎坝人住的都是碉楼,大概有十多米高,小伙子必须用手指头插在石头缝中,一步一步爬上碉楼。此外,房间的窗户都非常小,中间还竖着一根横梁,小伙子就算爬上了碉楼也要侧着身子才能钻进去,就好像表演杂技一样,这个过程要求体力好,身体灵活,这其实也是一个优胜劣

梦回东女国

汰的选择。第二天鸡叫的时候,小伙子就会离开,从此两人互相没有任何关系。男方可以天天来,也可以几个月来一次,也可以从此就不来了,他们之间的关系叫作"甲依",就是伴侣的意思。女方可以同时有很多"甲依",但也有极少数姑娘一辈子只有一个"甲依",两个人走婚走到老。

女方生小孩后,"甲依"一般都不去认养,也不用负任何责任,小孩由女方的家庭抚养。但奇怪的是,当地的小孩一般都知道自己的父亲是谁。

圆沙古城之谜

考古学家们在沙漠的中心地带,发现了一座2000多年前的古城。它位于世界第二大流动沙漠塔克拉玛干沙漠腹地,南距于田县200余公里处,坐标为东经81°31′,北纬38°~52°。这个点恰好在沙漠中央。北庭故城遗址是古代中国屯田制度的史证。

维吾尔族人称这里为"九木拉克库木",意思是"圆沙丘"。这里的沙山的确都是圆的,这座古城也的确堪称"圆沙古城"。

斯文·赫定、斯坦因以及我国考古学家黄文弼先生,都到过距离圆沙古城不远的喀拉墩遗址。喀拉墩遗址在于田县北的沙漠中,与于田县的直线距离约190公里。这个遗址的年代大约在魏晋时期,比新发现的古城要晚得多。也许他们认为这里便是人类在沙漠中的最后据点了,没想到一个更大、更古老、也更神秘的古城正在 40 公里外的沙海里默默地等着他们。

1994 年，一支由许多富有经验的考古学家和探险家组成的中、法考古队员在沙山、沙梁、沙垄间穿行。一路上，他们不断发现人类活动的踪迹，一根骨骼、一块陶片……它们像是古人故意留下的路标，引导着他们一步步走向沙漠更深处。当他们极度疲惫的时候，远方红色的夕阳里突然出现一团浓重的黑色。浓重的黑块在眼中逐渐清晰、扩大，连绵成一条若隐若现的带状——是城墙！

城墙顶部宽约三四米，残存高度也约三四米。以两排竖直的胡杨木棍夹以层层红柳枝当墙体骨架，墙外用胡杨枝和芦苇类淤泥、畜粪堆积成护坡。墙的拐角处有一些直角的"土坯"。法国考古专家经仔细考察后认为，这并不是真正的土坯，因为它不是经过人工和泥模拓制的，而是将河道中的淤泥切割成块，直接砌到残墙上的。城墙残存 473 米，城周长约一公里，呈不规则的圆形，颇像一只桃子，南北最长处距离为 330 米，东西最宽处距离为 270 米。

根据对城墙中的木炭进行的碳 14 测定，年代距今约为 2200 百年。这是新疆目前发现的最早古城，其下限早于西汉。圆沙古城中没有发现西汉以后的文物，与测定的年代相对照，这座古城应该在西汉以后便废弃了。

圆沙古城最大的神秘之处在于，当时人为什么要在沙漠中心地带筑一座规模如此大的城？有城就有国，这是一个什么样的国家？有邦就有王，谁是这里的统治者？筑城为御敌，谁能穿越无尽的沙山入侵这个沙漠深处的城池？弃城为求生，古城的居民到底遭受了什么样的危险以致不得不远走他乡？这样一座规模空前的沙漠之城，竟然不见于任何记载。难道他们与外部世界没有任何联系？古城的文化沉积层厚达 1.2 米，这也肯定是经过漫长的岁月累积而成的。在这样漫长的时间里，难道他们竟可以做到不让外面得知他们的任何信息？

1996 年 10—11 月，中法考古专家对圆沙古城及其周围发现的 6 个墓地的 20 座墓进行了部分发掘，结果不仅没有使古城的面目更加清晰，反而加重了它的神秘色彩。

古城周围纵横交错的渠道依稀可辨，其中一条渠道的遗迹宽达 1 米左右，说明这里有着发达的灌溉农业。这些渠道也成为新疆目前最早的古渠道遗存；城内发现炼渣，说明这里有冶炼业；城中散布数量很多的动物骨骼，羊、骆驼量较多，其次为牛、马、驴、狗，还有少量的猪、鹿、兔、鱼、鸟骨等，说明畜牧渔猎在该城经济生活中都有重要地位。

考古学家发现的 20 多座古墓葬，大都因风吹沙走暴露于地面，葬具、人骨已朽酥，个别保存较好的还可以约略看出圆沙人的一些特征。他们内穿粗、细毛布衣，上身着皮衣,有的还有帽饰和腰带。毛布分平纹和斜纹,织有几何形图案,有的色泽鲜艳如新。头发是棕色的。男的头发绕成发辫—有的还饰以假发。高鼻深目,不属黄皮肤的蒙古人种,应为白皮肤的欧罗巴人种。考古学家发掘到一个带柄铜镜,这种铜镜是古希腊罗马文化中独有的。

在圆沙古城中,考古学家们发现了许多神秘的圆洞。尤以城南的圆洞最为密集,数量最多,大约有 16 个。大大小小的袋状圆洞密密麻麻地排列在沙漠上,黑洞洞地朝向天空,像一双双深陷的眼睛,似乎大有深意。谁能解读这穿越 2000 年时空,从远古射过来的神秘"目光"呢?也许在挖掉座座沙山,对圆沙古城进行更完整的发掘、更详细的研究之后,才会揭开这个谜底。

玛札塔格古堡之谜

新疆和田河畔的玛札塔格山,由红、白二山组成。玛札塔格山是塔里木地块内部断裂错动构造形成的,共有南北两个山头,南山头由红砂岩泥构成,俗称红山嘴;北山头由白云岩构成,故俗称"白山嘴"。

有一个难解之谜是关于这座山的名字。"玛札塔格"维吾尔语意为"坟山",因山上安葬着"圣战"中伊斯兰殉教者而得名。山头上屹立着汉代的古城堡、唐代的佛寺,唐代文献称此山为"神山",《宋史·于阗志》则把它叫作"通圣山",可它孤悬于茫茫塔克拉玛干沙漠中间,它能"通"向何处?"圣"又指的是什么?莫非还有一个神秘的所在,可以从这座山通达到那里?这是一个令人不解的疑团。

玛札塔格山头耸立的汉代古堡和烽燧,历经 1000 多年仍巍然屹立。这里是丝绸之路上的古国——于阗重要的军事要塞和驿站,蕴藏着神秘的历史玄机。长方形的古堡顺山势而建,城门、城墙历经千年沧桑,仍在山头巍然屹立。城堡建置分内外三重,占地面积约 1000 多平方米。这些建筑就地取材,用棕色砂岩抹泥巴垒成,并在其中夹筑胡杨、红柳树枝,所以非常坚固。西墙有马面,可供巡逻瞭望;北边为缓坡,有墙两道防守;东墙开城门,直通山前的和田河;唯有南边是悬崖,凭险不筑墙。不过,断崖上有洞窟,洞中石板上刻有梵、汉文字。从玛札塔格古堡遗址往东,把克里雅河、尼雅河、安迪尔河下游三角洲上的遗址连接起来,就显示出一条横向的古代交通线。顺着玛札塔格南麓西行,沿和田河、叶尔羌河、喀什噶尔河至和田、莎车、疏勒等地,这又是一条沟通喀什至帕米尔山路的古代交通线。玛札塔格正由于濒临和田河,才成为这两条古代交通要道上的重要驿站和戍所。

斯坦因在 1903 年 4 月和 1913 年 11 月两次到达玛札塔格,考察发掘了古堡遗址。他雇了一些当地的民工,获得的文物有木弓箭、木笔、木梳、木钥匙、木锁、木栓、木纺轮等;毛制品有红、紫、黄、棕各色羊毛衣物和鞋袜,染色毡片、羊毛线团等;还有陶器、铁片、铜扣、铜戒指、皮革制品、渔网、草鞋、毡靴等。

1903年斯坦因第一次来到玛札塔格时,因为疏忽而没有发现古堡对面的佛寺遗址。虽然在古堡挖掘出了硬红土做成的坐佛浮雕模子,在城墙西端垃圾物中发现了古藏文木简、纸文书和汉文、古于阗文、古维吾尔文、阿拉伯文及法卢文的文书,还有一本奇异的僧侣汉文账本,但都没有满足他对玛札塔格发掘的更大愿望。

当他第二次来到和田时,一个名叫阿希木的人告诉他,自他1903年走后,这里的村民一直在玛札塔格挖宝,并带给他一些木制器具和古藏文及波罗谜文文书,最使他感兴趣的是一件供奉用的饰板,上面有一个坐佛和一个小佛塔,非常精巧生动。他深信这里有佛寺,所以才第二次重访玛札塔格。这次,佛寺终于被他找到了。经过挖掘清理,佛寺内出现了半圆形塑像泥基座和台基,建筑样式与他在丹丹乌里克发现的神龛建筑一样。他还发掘到精致的圆球形和覆钵形相结合的尖顶雕刻饰物,以及从浮雕上掉下来的石膏残片、从彩色壁画上掉下来的墙皮,还有图案十分精美的装饰木板。斯坦因认为,这个佛寺和古堡在公元8—9世纪吐蕃人占领期间仍然存在。他写道:"这些遗迹说明了一个事实,即为当地世代相传的礼拜风俗提供了直接的考古证据。这个地方和中亚其他地方经常见到的一样,人们把佛教圣地变为穆罕默德玛札崇拜。"他指的是在"通圣山"上后来竟建起了伊斯兰教的"玛札"——坟墓。

特别有趣和令人费解的是,斯坦因在古堡中得到的那个汉文书写的僧侣账本。它卷成一个书卷,装在一个绸袋里。账本记载了寺院和尚在上一年最后三个月和下半年第一个月的日常开支。遗憾的是上面没有年号,有学者认为这个账本属于7—8世纪之物。这个奇怪的账本还有关于买酒买菜和给军队护卫总秘书买水果及给中国驻军高级军官的葬礼送礼品的记载。斯坦因由此提出这样的疑问:"在玛札塔格这个沙漠地区,这种支出难以想象。这个奇怪的账本,或许是从某一个地方流传到这里来的。"这其中究竟藏匿着什么秘密,至今尚没有被解开。

第四节　神秘建筑疑云

金字塔巨石是人造混凝土吗

埃及,大大小小的金字塔有七八十座之多,其中最大的一座是胡夫金字塔。该塔高约146.5米,共用了230万块巨石。人们一直存在种种疑问,这些石块是怎样开采、运送的，又是怎样堆砌的呢？要知道，即使在今天，拥有世界上所有现代化技术手段的建筑师也很难完成如此艰巨的工作。尤其令人疑惑不解的是，在附近数百英里范围内，竟然找不到类似的石头。

不久以前，科学家约瑟·大卫杜维斯提出了他惊人的见解：金字塔上的巨石是人造的。大卫杜维斯借助显微镜和化学分析的方法，认真研究了巨石的

金字塔

构造。他根据化验结果得出这样的结论：金字塔上的石头是用石灰和贝壳经人工浇筑混凝而成的，其方法类似今天浇灌混凝土。

由于这种混合物凝固硬结得十分好，人们难以分辨出它和天然石头的差别。此外，大卫杜维斯还提出一个颇具说服力的佐证：在石头中他发现了一缕约 1 英寸长的人发，唯一可能的解释是，工人在操作时不慎将这缕头发掉进了混凝土中，保存至今。

一些科学家认为，鉴于现代考古研究业已证实人类早在数千年前就知道如何制作混凝土，所以大卫杜维斯的论断颇为可信。但少数学者提出了质疑，他们说：既然开罗附近有许多花岗岩山丘，那么，古埃及人为什么要舍此而去用一种复杂的操作方法来制作那难以数计的石头？看来，金字塔之谜并未完全揭开，还有待人们进一步去研究、探索。

金字塔的数据之谜

等式一：(金字塔)自重×1015＝地球的重量；

等式二：(金字塔)塔高×10 亿＝地球到太阳的距离 1.5 亿公里；

等式三：(金字塔)塔高平方＝塔面三角形面积；

等式四：(金字塔)底周长：塔高＝圆围：半径；

等式五：(金字塔)底周长×2＝赤道的时分度；

等式六：(金字塔)底周长×(塔高×2)＝圆周率(π＝3.14159)；

谁能相信，这一系列的数据仅仅是偶然的巧合？

还有，延长在底面中央的纵平分线，就是地球的子午线，这条线正好把地球的大陆和海洋平分成相等的两半；金字塔的塔基正位于地球各大陆引力中心；大金字塔的尺寸与地球北半球的大小在比例上极其相似。因此有人推断埃及人在 4000

年前就已经计算出了地球的扁率。还有,地球两极的轴心位置每天都有变化,但是,经过 25827 年的周期,它又会回到原来的位置,而金字塔的对角线之和,正好是 25826.6 这个奇怪的数字。人们知道,在金字塔建成 1000 年以后,才出现毕达哥斯拉定律;3000 年后,祖冲之才把圆周率算到如此精确的程度,而西方直到 16 世纪,才有比较精确的计算;在金字塔建成 4000 年后,哥伦布才发现"美洲",人们对世界的海陆分布才有初步的了解;在金字塔建成将近 5000 年后的今天,我们才能测算出地球的重量、地球和太阳的距离。

然而,4500 年前的古人,怎能有如此精确的计算呢?

金字塔地道网

著名的埃及吉萨高地占地约 50 平方公里。几千年来,它一直以众多的金字塔、狮身人面雕像和多处古庙宇的残垣让人们叹为观止。不仅如此,来自世界各地的考古学家还不断有新的发现。一名埃及考古队员在发掘一座陵墓时,无意中往墙上一靠,石墙随即坍塌,人们便发现一条不知有多深的黑黢黢的地道。这是一个迄今为止尚未被人发现的庞大地下建筑群。考古学家们认为,金字塔地下的地道网有可能伸展到好几十公里开外。

金字塔周围是个大坟场,这里埋有法老们的近亲和忠臣,因此得出结论,整个吉萨高地的下面都可能穿透了地道。现在,当地和外国的考古学家正在忙于绘制金字塔下面地道的地图,既在地面上开展工作,也求助于空中摄影。人们都坚信,通过对地道的研究,可望进一步揭开吉萨地区众多金字塔的秘密。

金字塔万古长存之谜

据说古代世界有七大奇迹,随着岁月的流逝,有的倒塌了,有的消失了,只有金字塔岿然傲立,万古长存。其中的奥秘又是什么呢?

先让我们来做一个实验吧:把一定数量的米、沙、碎石子,分别从上向下慢慢地倾倒,不久就会形成三个圆锥体,尽管它们质量不同,但形状却异常相似。假如你愿意测量一下,它们的锥角都是 52 度,这种自然形成的角是最稳定的角,人们把它称为"自然塌落现象的极限角和稳定角",奇怪的是金字塔正好是 51 度 50 分 9 秒,说明它就是按照这种"极限角和稳定角"来建造的。

沙漠的风是暴戾的,由于金字塔独特的造型,迫使凌厉的风势不得不沿着塔的斜面或棱角缓缓上升,塔的受风面由下而上,越来越小,在到达塔顶的时候,塔的受风面趋近于零,这种以逸待劳、以柔克刚的独特造型,把风的破坏力化解到最低程度。人们还知道,磁力线的偏向作用可以使地面建筑,甚至高山崩坍,而这座金字塔塔基正好处于磁力线中心,它随着磁力线的运动而运动,随着地球的运动而运动,因此,它所承受的振幅极其微弱,地震对它的影响也就不大了。52度角,方锥体的"形",与磁力线同步运动的"位",是金字塔稳定之谜。

金字塔巨石运输之谜

金字塔需要大量石料,这么多的石块从哪里采的呢?据考证:一般石料,可能是就近取材。而用于外层的11.5万块上等白石灰石,则取之于尼罗河东岸的穆卡塔姆采石场;内部墓室的花岗岩,则取自500英里外的阿斯旺。采石、运输、下河、上岸,不仅需要大批的石匠、建筑工人、运输工人、水手,而且需要一批相当规模的工程师、施工员和管理人员。另外,一支有足够的镇压能力的军队也是必不可少的。而且,他们要吃、要穿、要住、要消耗,这就又要有一支庞大的服务人员。当然,这不包括劳力较弱的老人、妇女和儿童,也不包括不劳而获的僧侣和贵族。据估计:支持这样的建筑工程需要5000万人口的国力,而一般认为,公元前3000年左右全世界的总人口也不会超过2000万人。何况,已经发现的金字塔有80座之多,即使像希罗多德在《历史》中所说的,30年完成一座,总计也需2400年,埃及承受得了这样浩繁,这样长久的消耗吗?

最紧迫而又最现实的问题是运输问题。即使有足够的人力,也无法把这2.5~160吨的巨石运送到工地。有人认为是用撬板圆木棍运法。但是这种方法需要消耗大量的木材,而当时埃及的主要树木是棕榈,无论是数量,生长速度,还是木质硬度,都远远不能满足运输的需要,而进口木材几乎是不可能的。有人认为是水运法。1980年,埃及吉萨古迹督察长哈瓦斯进行岩心取样,挖到100多英尺深时,发现了一个至少50公尺深的岩壁,这可能是埃及第四王朝时开凿的港口。后来,又有人还发现了连通港口的水道。但是,没有滑轮,没有绞车,没有足够先进的起重设备,让这样笨重的巨型石块下坡、上船、起岸,比陆地撬运还难。法国一工业化学家从化学和微观的角度对金字塔进行了研究,他认为这些石块并不是浑然一体的,而是石灰、岩石、贝壳等物质的黏合物。因为使用的黏合剂有很强的凝固力,所以人们几乎无法分辨出它到底是天然石块,还是人工石块。这当然可以恰当地解决运输困难的问题。但是,这位化学家用了现代化的手段,也还没有分析出来黏合剂的成分。因此,运输问题,依然是一个不解之谜。

金字塔建造之谜新解

胡夫金字塔是埃及最大的金字塔,也是世界上规模最大的巨石建筑,又称"大金字塔"。建造中使用了 234 万立方米的石块,总重量超过 470 万吨。经过多年腐蚀后,金字塔现在高度为 137 米,边长 230.34 米。

被列为世界"七大奇迹"之一的埃及金字塔以其神秘色彩一直吸引人类不断探索,其中尤以胡夫金字塔最为神秘。巨大的胡夫金字塔到底如何建成一直是专家研究的课题之一,千百年来争论不休。

一名法国建筑师提出新理论说,建造金字塔时运送材料的通道是建在金字塔内部。采用这一方法,巨大的金字塔只需要 4000 人就可以建成。

此前,关于胡夫金字塔的建造顺序有两个理论,其中一个理论认为在金字塔修建面建一个长土坡,利用这个土坡运送建金字塔所需的石材,而且随着工程进展土坡需要不断增高;另一个理论则认为,土坡紧贴金字塔外墙呈螺旋形增高。这两个理论的共同点在于运送石材的土坡都在金字塔外侧。

而乌丹的理论认为,建造金字塔时运送材料的通道是建在金字塔内部。他利用先进的三维技术制作的计算机模拟图形显示,运送石材的通道在金字塔内部形成,距离金字塔外墙 10~15 米,在金字塔内部形成一个稍小的金字塔。

现年 56 岁的乌丹 8 年前受父亲影响开始专职研究金字塔的建造之谜。3 年后,他亲身前往埃及访问胡夫金字塔。

乌丹说,他提出新理论前考虑了多方面因素,包括当时使用的铜器和石器工具、花岗岩和石灰岩石块、金字塔的位置以及当时埃及人的力量和智慧。

乌丹认为,根据新发现的建造技术,建造整个金字塔仅需要 4000 人,而并非此前专家学者所说的 10 万人。

对于乌丹提出的新理论,部分专家学者表示认同。研究埃及古文物的美国长岛大学学者鲍博·布赖尔认为:"乌丹的理论具有可信性,每个人都认为应该严肃对待这个理论。"乌丹目前正发动全球专家学者组建一支研究队伍,计划利用雷达和热能探测相机探测胡夫金字塔。

巴比伦的空中花园之谜

巴比伦空中花园是什么时间建造的呢?

一般认为,巴比伦空中花园是在幼发拉底河东面,距离伊拉克首都巴格达大约 100 公里,是堪称四大文明古国巴比伦最兴盛时期尼布甲尼撒二世时代(公元前 604~公元前 562 年)所建。千年古都巴格达曾是阿拉伯鼎盛时期阿拔斯王朝的首都,向来以文学艺术和雕塑绘画著称于世,世界名著《一千零一夜》中许多故事的出处都在巴格达。然而,美丽的巴比伦空中花园究竟在哪里呢?

据历史记载,巴比伦是公元前 626 年迦勒底人建立的新巴比伦王国的遗址,主要由阿什塔门、南宫、仪仗大道、城墙、空中花园、石狮子和亚历山大剧场等建筑组成。遗址一直被埋在沙漠中,直到 20 世纪初才被发现。而汉漠拉比(公元前 1792~公元前 1750 年)时代的古巴比伦王国遗址,至今还被埋在 18 米深的沙漠底下。进入巴比伦古迹

空中花园

区,首先映入眼帘的是鲜艳夺目的阿什塔门,它位于巴比伦城的正东面。

巴比伦城有 9 个城门,建筑面积 1000 万平方米,人口达 30 万,是当时名副其实的国际大都会。根据对这块遗址的实地测量,巴比伦城有两座城墙,外墙原长 16 公里,内墙长 8 公里。原来的城墙大多已经残损不整,伊拉克于 1978 年开始大规模修复巴比伦时,重点就是修复城墙和宫殿。据说,花园建于皇宫广场的中央,是一个四角锥体的建筑,堆起纵横各 400 公尺,高 15 公尺的土丘。共有 7 层,每层平台就是一个花园,由拱顶石柱支撑着,台阶上铺上石板、芦草、沥青、硬砖及铅板等材料,眼前只有盛开的鲜花和翠绿的树木,而不见四周的平地。同时泥土的土层也很厚,足以使大树扎根。虽然最上方的平台只有 20 平方米左右,但高度却达 105 米(相当于 30 层楼的建筑物),因此远看就仿似一座小山丘。

然而这么豪华的"天堂"现在却什么也看不到了,经过考证,现在仍不能确认真正的空中花园遗址,因为这里离幼发拉底河 20 多公里,而资料记载空中花园就在河边上。

事实上,大半描绘空中花园的人都从未涉足巴比伦,只知东方有座奇妙的花园,波斯王称之为天堂,在大家想象的拼凑下,形成遥远巴比伦的梦幻花园。实际上,在巴比论文本记载中,它本身也是一个谜,其中竟没有一篇提及空中花园。所以真正的空中花园在哪里,至今没人能说得清楚。

海底神秘城市之谜

在秘鲁沿岸的水下 2000 米深处,人们发现了雕刻的石柱和巨大的建筑。1968 年以来,人们不断地在比米尼岛一带发现巨大的石头建筑群静卧在大洋底下,像是街道、码头、倒塌的城墙、门洞。

令人吃惊的是,它们的模样,与秘鲁的史前遗迹斯通亨吉石柱和蒂林特巨石墙

十分相像。今天虽然已经无法考证这些东西始于何年,但是根据一些长在这些建筑上红树根的化石,表明它们至少已经有 1.2 万年的历史。这些海底建筑结构严密,气势雄伟,石砌的街道宽阔平坦,路面由一些长方形或正多边形的石块排列成各种图案。

1967 年,美国的"阿昌米诺"号潜水艇在佛罗里达、佐治亚、南卡罗林群岛沿岸执行任务时,曾发现一条海底马路。"阿昌米诺"号装上两个特殊的轮子之后,就能像汽车奔驰在平坦的马路上一样前进。

1974 年,苏联的一艘"勇士号"科学考察船,在直布罗陀海峡的外侧的大西洋海底,成功地拍摄了 8 张海底照片。从照片中可以清楚地看出,除了腐烂的海草外,有海底山脉、古代城堡的墙壁和石头阶梯。这些照片足以证明,这里曾经是陆地,并且有人类居住过,曾经有过一个古代大陆以及文明社会被埋葬在大洋底下。然而这就产生了一个疑问:1.2 万年前,难道人类文明就如此发达了吗?

沧海变桑田,在地球的激烈变动之中,桑田也会变为沧海。或许曾经一部分先进的人类文明此刻正被深深掩埋在海水和泥土之中,等待着人们去揭开它的面纱。

神秘的太阳门

在海拔 4000 米高的层峦叠嶂的安第斯高原上,有一座前印加时期的蒂亚瓦纳科文化遗址。自 1548 年西班牙殖民主义者发现了这个被印加人称作蒂亚瓦纳科的小村落,向外界报道后,以精美的石造建筑为特征的蒂亚瓦纳科文化就此著称于世。随后围绕这个遗址是什么时代建造的、由何人建造的、究竟是什么所在整整讨论了 4 个多世纪。

这是一个分散在长 1000 米、宽 400 米的台地上的大遗迹群。它地处太平洋沿海通往内地的重要通道上,被一条大道辟为两半,大道一边是占地 210 平方米、高 15 米的阶层式的阿加巴那金字塔,另一边是由长 118 米、宽 112 米的台面组成的卡拉萨萨亚建筑。该建筑至今仍完好无损,四周围以坚固的石墙,里面有梯级通向地下内院,西北角就坐落着美洲古代最卓越、最著名的古迹之一——太阳门。它被视作蒂亚瓦纳科文化的最杰出的象征。

蒂亚瓦纳科文化是公元 5~10 世纪之际影响秘鲁全境的一支文化。作为该文化的代表太阳门,则是由重达百吨以上的整块巨型中长石雕镌而成,造型庄重,比例匀称。它高 3.048 米,宽 3.962 米,中央凿一门洞。门楣中央刻有一个人形浅浮雕,人形神像的头部放射出许多道光线,双手各持着护杖,在其两旁平列着三排 48 个较小的、生动逼真的神像。其中,上下两排是面对神像的带有翅膀的勇士,中间一排是人格化的飞禽,浮雕展现了一个深奥而复杂的神话世界。这块巨石在发现时已残碎,1908年经过整修,恢复旧观。据说每年9月21日黎明的第一缕曙光总是准确无误地射入门中央。

在印加人创造蒂亚瓦纳科文化年代,尚未使用有轮子的运输工具和驮重牲畜,因此在这云岚缭绕、峭拔高峻的安第斯高原上建造起如此雄伟壮观的太阳门,确实不可思议。为弄清蒂亚瓦纳科文化的来龙去脉,美国考古学家温德尔·贝内特用层积发掘法证明该文化最早年代为公元300~700年,太阳门等建筑在公元1000年前正式建成。这里原是宗教圣地,朝圣的人群跋山涉水去那里举行朝拜仪式,可能就在朝拜同时运来了建筑材料,建造了这些宏伟建筑物。苏联历史学家叶菲莫夫、托卡列夫也赞同这一观点。但问题是,在当时生产力极为原始,怎么把重上百吨的巨石从5公里外的采石场拖曳到指定地点呢?要完成这项任务至少每吨要配备65人和数英里长的羊驼皮绳,这样的有一支26000多人的庞大队伍,而要安顿这支大军的食宿,非得有一个庞大的城市,但这在当时还没出现,这个问题是怎么解决的呢?另有不少人认为,当初是用平底驳船从科帕卡瓦纳附近采石场经过的的喀喀湖运去石料的。据地质考察,当时湖岸与卡拉萨萨亚地理位置接近,后来湖面降低才退到现在的位置,如这一说法成立,那使用的驳船要比几个世纪后的殖民主义者乘坐的船还要大好几倍,这在那时也是不可能的事。

玻利维亚著名的考古学家、蒂亚瓦纳科考古研究中心主任卡洛斯·庞塞·桑西内斯和阿根廷考古学家伊瓦拉·格拉索用放射性碳鉴定,蒂亚瓦纳科始建于公元前300年,公元8世纪以前竣工,一般认为在公元5~6世纪。建造者可能是安第斯山区的科拉人。他们都认为太阳门是宗教建筑。不过前者认为蒂亚瓦纳科是当时举行宗教仪式的中心场所,太阳门是卡拉萨萨亚庭院的大门,门楣上的图案反映了宗教仪式的场面。伊瓦拉·格拉索认为,太阳门很可能是阿加巴那金字塔塔顶上庙堂的一部分,因为把它看作凯旋门或庙堂的外大门,显得过于矮小,尤其是中间的门道,稍高的人非得弯腰才能通过。美国的历史学家艾·巴·托马斯也认为遗址是科拉人建造的,但不是宗教活动场所,而是一个大商业中心、文化中心,阶梯通向之处是中央市场。太阳门上的浅浮雕,其辐射状的线条表示雨水,两旁的小型刻像朝着雨神走去,以象征承认雨神的权威。

虽然400多年来,考古学家们对蒂亚瓦纳科文化,对太阳门众说纷纭,各持己见,但相信有那么一天,太阳门的本来面目会揭示天下。

古崖居之谜

它坐落在京郊延庆西北部山区一条幽静的峡谷中,它是由一支不见史志记载的古代先民在陡峭的岩壁上开凿的岩居洞穴,计有 117 个。这是我国已发现的规模最大的岩居遗址。在峪古三面直立陡峭的岩壁上,布满了人工刻凿的石室,或长方形,或方形,大的 20 多平米,小的仅 3～4 米;或单间,或 2～3 室通连;或套间平行,或上下两层,并有典型的"三居室"。其中,有一石穴上下两层,并配耳房,可能是穴居的主人集会

古崖居

或祭祀之地,宽敞雄伟,山民俗称"官堂子"。全部洞穴内,门、窗、炕、灶、马槽、壁橱、烟道等一应俱全,且圆则圆,方则方,均中美学规矩。关于古崖居开凿的年代,有认为是元或魏或唐辽。其目的与用途,草寇山寨? 戍边驻军? 应避战乱? 少数民族聚居? 据不确切考证,此为唐辽间奚族聚居岩寨。但昔人已故,此地空余古崖居。这里曾有过一个被遗忘的民族,这里曾烟火繁荣,这个民族已经销声匿迹,不知魂系何方。

城下城之谜

早在 20 世纪 30～40 年代,在当今的徐州城出现了两件怪事。彭城路上的西盛丝线店和对面的张同合酱菜店,两家店主挖地下室时,先后发现两座古代的城门。对照《徐州府志》的府城图判断,这是城下城南瓮城的一对耳门。

在 20 世纪 50 年代初,徐州市委机关在鼓楼北建房,掘出了地下梁柱。经考证这里是项羽西楚故宫的原址。而且唐宋以后,这里一直是府地,可见这是"府下府"了。

1964 年,工人在修建街道时,发现地下有石板铺道,与地下街道重合,可见这是"街下街"了。

1976 年,市公安局建大楼,挖基坑时,发现了地下庙,人们说这是"庙下庙"了。

接着又发现了"闸下闸"等等。

地下的古城是什么时代的? 为什么与地面城重叠,为何这样奇巧呢? 原来,城下城重叠的奇巧是同黄河有直接关系的,翻开同治刻本《徐州府志》可揭开它的秘密。明代天启四年(1624 年),"秋七月癸亥,河决徐州魁山东北堤。灌州城,城中水深一丈三","官廨民庐尽没,人溺死无算"。黄河"担水六斗泥",每立方米水的平均含沙量是 37 公斤,最大含沙量达 651 公斤,所以洪水漫灌以后,古城便被淤泥的泥沙淹没了,崇祯年间在原址又重新建城,因为城廓、街坊和主要建筑设施,多在

原处兴建,这才出现了上下城相重叠的奇迹。城下城是记载灾难的见证。

马尔杜城和"比米尼墙"

菲律宾密克罗尼西亚群岛中的波纳斯,保存着面积达 175 英亩的巨大的石头城遗址,古城用又重又大的火山岩砌成,巨大的石块长达 25 英尺;古城中有皇宫、神庙、房舍、大厅、地窖、王陵等,都鳞次栉比地坐落在整治得非常标准的平台上,至少有千年以上的历史。它的存在使考古学家们困惑。显然,建造这座古城至少需要数万名技艺高超的工匠。但是,据统计,密克罗尼西亚群岛 1500 英里范围内,总人口也不足 5 万,它是怎样建成的呢? 当地农民传说,这是欧希巴和欧索巴兄弟施展魔法,一天之内建成的。

1937 年,潜水员在距马尔杜古城不远的海域,还发现了一座沉没的古城,从海底捞出了不少金银财宝,这座海底的古城同海上的古城又有什么联系呢?

1933 年,千里眼人埃德加曾经预言,古大西洋的神庙遗址,可以在比米尼附近的海域找到。随着科学技术的进步,水下遗址的发现愈来愈多,在美国东海岸海底,发现了规模可观的古代巨石建筑,有近 50 处之多,大多是 1 万年以前的遗址。

1967 年,美国"阿吕米诺"号潜水艇,在佛罗里达、佐治亚、南卡罗林群岛沿岸的海域,发现了一条平滑宽阔的马路,可以供现代化的交通工具行驶。

1968 年,在巴哈马群岛的比米尼岛一带,发现广大的海下建筑群,有房屋、街道、堤坝、仓库等。最为突出的是一道由巨大石块砌成的石墙,迤逦 1600 米,石块每块长约 5 米,高约 3 米,厚约 1 米,石块与石块之间,有水泥浇注的痕迹,这就是著名的"比米尼大墙"。一座 42 米×54 米的平顶金字塔沉睡在 3.5 米的水下,根据同位素碳 14 测定,附着在墙上的红树根化石,已有 12000 年以上的历史。

是谁修建了这座规模巨大的"比米尼大墙"呢?

屯溪石窟群之谜

屯溪石窟群呈线形沿江遍布于新安江屯溪段下游南岸的连绵群山中,分布线总长约 5 公里,其间林木葱郁,环溪蛇行,迄今已经探明共有 36 处古石窟就隐藏在树遮草封的山间。

根据地质学家的研究判断,屯溪石窟群始建于晋朝,距今至少有 1700 年的历史。如今,在屯溪石窟群中,已有两个石窟(2 号、35 号)被开发并接待游客了。其中,35 号石窟是已开发的两座石窟中面积最大的。

35 号石窟又称地下宫殿、清凉宫,洞深 170 米,面积约 1.2 万平方米,全系古代人工开凿而成,是全国最大的古代人工石窟。据专家考证计算,从 35 号开掘出的石料足以铺成一条由黄山通往杭州使用 1 米长、0.2 米宽的石料全长约 200 公里的公路。洞内有 26 根石柱,呈品字形排列,撑起洞府天地,规模恢宏,气势雄伟。其中的石房群、石床、石桥和石雕楼阁巧妙分布,宛若仙境。石窟内通风良好。洞内有潭水数口,常年不枯,清澈见底,最低的水面低于洞外新安江水面约 2 米。

诸多专家学者、探险家和旅游者在游览考察过屯溪石窟后,提出了一个个破谜大猜想。

石窟屯兵说:据《新安志》载,公元 208 年,孙权为削平黟歙等地山越,派大将贺齐屯兵于溪水之上,后改新安江上游这些水域为"屯溪"。这段史实既是"屯溪"地名的由来,也似乎印证了屯溪石窟群是贺齐屯兵储备兵器弹药的地方。

道家福地说:离石窟不远的地方有一座齐云山,它是中国四大道教名山之一,而道家是有喜欢群洞以作福地修身养性的传统。从齐云山到石窟群有新安江水路直达,这种猜想可以解释石窟中的众多房之谜。

功能转化说:这些石窟群并非某一个朝代某一个时期一次性完成的,而是在漫长历史中不断开凿而成的,最初可能是为采石,但后来人们又将它用作避难、屯兵、储粮等用途。这种假说可以解释同一石窟中石纹凿痕不同、花纹图案不同的现象。

山丘说:上海复旦大学一位教授前来考察石窟时,花了大量时间在石窟区爬山越坡,最后大胆提出:石窟群中的几十万方石料运出洞口后就地堆积,日积月累形成新的山丘。此说是揭开石窟之谜的最具震撼力的进展,因为这一论点若成立,石料去向之谜便可揭开,而石料去向是破解石窟之谜的关键。

此外,还有被弃皇陵说、采石场说、盐商仓库说、巨型石文化建筑说、方腊洞说、杀人坞说、临安造殿说等,但以上所有假说都不同程度地遭到质疑或否定。

波纳佩岛上的石头宫殿之谜

在西太平洋加罗林群岛的波纳佩岛上,有一座神奇的、叫人叹为观止的石头宫殿。这个小岛面积 334 平方公里,居民仅 2 万人左右。

一圈又高又厚的黑色石墙里,散布着一幢幢石头城堡、神庙和古墓,这些宫殿用材极其坚固,虽长年受台风暴雨侵袭,却没有被风化毁蚀。

这些建筑共有 80 多座,占地 18 平方公里,这个宏伟的建筑群体,似乎和小岛并不相称。现在,这个建筑群里一派荒凉,墙壁上苔迹斑斑,宫室内冷清无比。

在一些庙宇的墙壁上,画有精致的壁画,这些壁画反映了小岛当时繁盛的面貌,一条运河从庙宇直通海湾,人口稠密。

是什么民族,出于什么目的,在这个小岛上建造了如此宏大的建筑群?有人把波纳佩岛和复活节岛相联系,推测这里就是"古太平洋帝国"的首都,而复活节岛则是帝国的宗教圣地和墓场。

还有人说,从前岛上有一个先进的民族,创造了辉煌灿烂的文明。可是,这个先进的民族,他们为什么离开了这里,丢下这孤零零的宫殿?

神秘山之谜

美国新罕布什州的北撒冷 28 号公路上,竖着一块永久性的标志历史陈迹的路牌,上面写着"神秘山从此往东 4 英里,在 111 号公路边有一组私人拥有的奇怪石头建筑……"

这组奇怪的石头建筑便是著名的神秘山石室遗址,整个遗址中心由 22 个散乱的石板结构组成,占地约一英亩。这些干燥的石室有的采用翘托筑法,使石墙上部逐渐向中央延伸以支持顶盖,其余则用大块石头或石板搭建。地面上草皮覆盖,使有些石室看起来像地下洞穴。石室外还散布有石头的矮石墙,占地 12 英亩以上。

是谁,什么时候,出于什么目的建筑了这奇怪的石室?这成了科学家、考古学家久久争论不休的问题。

众多的专家们前往神秘山考察,从建筑的结构、奇怪的装饰和形状断明,它不可能是当地印第安人建筑。科学家对遗址采用放射性碳测定,得出结论:遗址建筑于公元前 2000~公元前 175 年之间,距今至少有 4000 年以上的历史。进一步的考察中,人们惊异地发现:这个遗址的形状是一个"圆周日历"。在遗址中有两块标示冬至日出和日落,两块标示夏至日出和日落的巨石。当人们站在遗址中的一块特殊的石头平台上时,在冬至那一天,太阳便从冬至石上冉冉升起,最后渐渐从标志冬至日落的石上坠下,夏至也是同样。

同时,在神秘山上还发现了刻在一块长 20 英尺巨石上的星象图。它以北极星为中心,左边是仙后星座,右上角是大熊星座。另外,神秘山上还发现了大量刻有腓尼基和欧甘两种文字的铭名,其中一块起名叫贝尔坦的巨石上,刻着一组神秘的罗马数字。神秘山遗址引起考古界的轰动。天文学家认为这是一个古代记录太阳移动的观象台,但是 4000 年前美洲还是一片不毛之地,即便近几百年,哥伦布发现美洲时,那儿居住的还是原始的印第安人。因而 4000 年前,那儿绝不可能出现这种精深天文知识的民族。那么,这些奇特的石室到底是谁建造的,那巨石上神秘的星图、数字到底要告诉我们什么呢?至今还没人揭开这个谜。

令人费解的米拉多古城

1978年,在中美洲的佩腾密林中,美国天主教大学的考古队在距离危地马拉城约360公里的地方,发现了建于公元前200年前的米拉多古城遗址。城址面积大约有16平方公里,人口约1万人,是2000余年前美洲大陆的第一大城市。在城市西部一块1000米×800米的地段内,发现两座大金字塔。其中一座以当地最厉害的动物——美洲虎命名,叫虎塔,大约占地5.8万平方米,仅塔基就有1.8万平方米,有三个足球场那么大。全塔共有18层,高达55米,在12层顶

米拉多古城

上竖立着三个小金字塔,其中心的塔高达18米。另一座在虎塔北边,以美洲的猴子命名,称猴塔,高40米,面积大约1.7万平方米。这两座塔均属于玛雅人的最大建筑。两座塔都是在公元前200年左右建造的,所用的建筑材料都超过25万立方米。

虎塔以东2公里有米拉多遗址中最大的建筑群,实际上这也许是玛雅历史上的最大建筑群。这个建筑群叫鹿塔,它由两层300多米宽的台地组成,好像两个庞大的台阶,在其上面耸立着一座10层楼高的两层金塔,高达45米。虎塔和鹿塔遥遥相对。虎塔在东南边迎日出,鹿塔在西边送日落,这是玛雅人对太阳及其运行周期的崇拜。玛雅人把自己看作"太阳的保卫者",往往在日出和日落之际举行礼拜仪式。不仅如此,这两座金字塔还跟玛雅人的天文学观察有关。在一定年份春分时节前后,从虎塔顶上观察,木星、火星、水星和土星仿佛是从鹿塔顶部升起。

从现今航空勘测的资料得知,在当时有20条进入米拉多的通道。在米拉多城西南21公里处是达丁塔尔城址,东南12公里处是那克别城。从种种迹象看,当时此地已存在一个大的贸易网络。在米拉多城发现的海螺和珊瑚,是来自太平洋、加勒比海和墨西哥湾的;火山灰是来自300公里以外的危地马拉高地;花岗岩和大理石是来自最近的伯利兹;红色的颜料也可能来自高地。

米拉多城址的发现给人们带来了许多费解的疑问。

玛雅人在建筑当时第一大城市的时候,为什么会挑上米拉多这个地方? 这是令人奇怪的。这里既没有湖、河,也不靠海,仅有的只是建筑用的石灰石以及做燃料用的木材,此外,再也不出产什么了。今天此地已被密林所覆盖,周围60公里内

无人居住,除了偶尔有树胶采集者出现外,罕为人至。现在,发掘者几经研究推测,认为之所以在此建城,主要是因为这里是通往尤卡坦半岛的交通要道,可以控制整个地区的贸易,从战略地位上讲十分重要。

另外,令大多数玛雅学者更加迷惑不解的是,现在传统的观点认为玛雅国家产生于公元3世纪,但在玛雅国家产生前的500年就出现了这样大规模的城市和如此庞大的金字塔工程,这又是在什么样的社会发展水平上出现的呢?它向人们提出这样一个问题:是否玛雅国家出现的年代要比传统的看法提前呢?总之,这座2100年前美洲大陆的第一大城市——米拉多古城,给我们留下了许多至今尚待解决的难题。

米诺斯迷宫之谜

相传位于爱琴海地区的克里特岛,早在公元前16世纪左右,出现了一个强大的王国。国王米诺斯在流传颇广的希腊神话中,被说成是天神宙斯和腓尼基国王阿革诺耳的女儿欧罗巴之子。

据传米诺斯是一个野心勃勃的君主,因而触怒了天神宙斯,决定要狠狠地惩罚他,让他的妻子在生下几个正常的儿女后,别出心裁地又让其妻产下一个牛头人身的怪物,人称"米诺牛",意即"米诺斯之牛"。米诺斯令代达罗斯特为怪物米诺牛营建了一座迷宫。迷宫是一座巨大建筑物,米诺牛的住所居中,有很多纵横交错的曲折道路与该住所相通,不晓机关的人误入这座宫殿,不是饿死在暗道,就是米诺牛的盘中之物。另一则希腊神话说及雅典王子提修斯,英勇超人,为拯救雅典的童男童女,决意只身闯宫,杀死米诺牛。由于米诺斯的女儿阿里阿德涅深深地爱上了提修斯,她按照代达罗斯的劝告,给提修斯一团线一把剑,提修斯正是借助于这一团线一把剑,才杀死了米诺牛,救出童男童女,逃出迷宫的。

以上的神话传说历来吸引着人们的注意,在古希腊历史学家希罗多德、修昔底德等的著作里都曾提及米诺斯的名字,但真正解开这个谜团的是著名的英国学者阿尔图·伊文思(1851~1941年)。1900年3月,在克里特岛的克诺索斯,伊文思率领一批考古学者开始发掘工作,发掘工作进展得非常顺利,不久就发现了一个规模极大的宫殿遗迹。这座宫殿依山而筑,离中央克里特北岸4公里,占地面积总计16000平方米,高低错落有致,中央是一长方形的庭院,周围环以国王宝殿、王后寝宫,以及有宗教意义的双斧宫等房舍建筑。其间有长廊、门厅、复道、阶梯等错杂相连,千门百户,曲折通达。宫里有水管和浴室设备,墙壁上有琳琅满目的浮雕和绘画,陈列着精美的陶器、织物和金银象牙制成的奢侈品。宫外西北角的场地可能是表演斗牛戏的剧场。

发掘的结果是十分惊人的,但使考古学家迷惑不解的是这座宫殿为什么屡毁屡建。究其原因,说法各异。有史家认为,废墟中无火烧痕迹,推测城市可能毁于地震。例如在1966年,美国有一批海洋地理学家在爱琴海地区进行科学考察,发现该区海底里沉积着一层很厚的火山熔岩,经研究认为,在公元前1480年左右,克里特岛以北不远的地方曾发生过一次罕见的火山大爆发,因此推断,可能就是那次火山大爆发所引起的强烈地震和海啸,毁灭了克诺索斯等城市。另一些研究者认为王宫在毁坏前曾遭到浩劫,因此否定地震说。约在公元前1400年左右,克诺索斯的最后一个王宫被毁,此后不复重建。史家对此也有不同的说法。有人认为,可能是克里特人发动了反希腊人统治者的起义。有些学者则认为,这可能是希腊半岛上的迈锡尼人发动入侵的结果。然而,创建克里特岛米诺斯"迷宫"的是何种族,他们来自何方?

也许等到从克诺索斯宫里发现的线形文字被解读出来的那一天,克里特岛米诺斯"迷宫"之谜,才能大白于天下。

史前南美的地下隧道之谜

1941年12月2日,德军第258步兵师的一个侦察营突入莫斯科城郊,克里姆林宫就在他们眼前,士兵们已看见了镶嵌其上的红星。4天之后,1941年12月7日,日本偷袭珍珠港,一场不宣而战的空袭使美国太平洋舰队几乎全军覆没。当天美国参众两院一致通过了对日宣战决议。面对如此惨烈的战争状态,美国总统罗斯福的日程安排时间表可谓分秒必争。然而,就在此时,总统忽然要用一天的时间接待两位从墨西哥来的客人,并吩咐他的助手,不要安排任何外界的干扰。

那么,是什么人,什么事值得美国总统如此关注呢?

原来他们是在墨西哥的恰帕斯州进行考古研究的戴维·拉姆夫妇。拉姆夫妇给总统带来一个惊人的消息:他们终于发现了传说中的墨西哥地下隧道及守卫隧道的印第安人。与此同时,希特勒派往南美的间谍也正在不惜一切代价寻找地下隧道,以及可能隐藏其中的黄金和远古文明的秘密。

回国后,拉姆夫妇向总统汇报说,他们在恰帕斯密林中曾遇到一些印第安人,这些印第安人守卫着地下隧道并拒绝他们通过。而他们早就听说,恰帕斯的腹地存在着早已荒废的玛雅人城市,在这些城市地下分布着构成网络的隧道。他们此行的目的就是寻找这些隧道。

其实,早在戴维·拉姆夫妇之前,人们在中、南美洲就已经相继有了一系列重大发现。

17世纪，一位西班牙传教士发现了中美洲危地马拉的一条地下隧道。它位于普乔塔一个住宅区下面，似乎与南美洲库斯科的地下隧道相连。此后，一位名叫斯蒂芬斯的犹太人又发现了一条从危地马拉西部到墨西哥的地下隧道。后来，又有人在秘鲁的库斯科发现一处地下隧道。它向北可直接通向利马，向南可以通向玻利维亚。

从地图上看，它位于安第斯山脉地下，可能长达1000千米以上。秘鲁政府为了更好地保护这一远古文明遗址，考虑到以现在的科技水平，还没有能力对其进行开发和保护，便把这些被发现的隧道入口重新封闭。它也被联合国教科文组织列为世界文化遗产。

秘鲁政府刚刚把这个被发现的隧道口封闭，紧接着，又从秘鲁北部沿海地带的河谷里传来一个更惊人的消息：考古学家们在那里的一个古代墓室里发现了大量的艺术品和两座金字塔形状的建筑。

据初步考证，这是一个统治者的坟墓，里面的艺术品包括金光灿灿的王冠、王杖、金花生，精致的项链和精美的陶器。在很多的金银制品中镶嵌着玲珑剔透的玉和耀眼的宝石。当这些金光闪闪的稀世珍宝展现在世人面前时，很多人简直不敢相信它们来自地下。这些宝藏发掘后，被带到了美国展出。因秘鲁政府一是缺钱，二是缺乏保存这些珍宝所需要的技术和资金，所以，目前，人们不知道这些珍品何时才能荣归故里。

其实，也许人们并不知道，在南美大陆地底深处，还有一条更大规模的、绵延数千千米的庞大隧道体系。

这条庞大的隧道是1965年6月阿根廷考古学家胡安·莫里茨在厄瓜多尔偶然发现的，他沉寂3年之久才向世人公开。当他勘察了数百千米隧道，并发现了许多文物之后，直到1969年，莫里茨才请求面见厄瓜多尔总统，向他作了有关隧道的汇报。

1969年7月，胡安·莫里茨获得由厄瓜多尔国家授权并经过公证的证书，证明他拥有厄瓜多尔地下洞穴的所有权，但要受厄瓜多尔国家政府监控。

这条隧道位于地下240米深处，属于一个极为庞大、复杂的隧道系统，估计全长达4000千米以上，人们尚不知道其最终通向何处。隧道的秘密入口位于莫罗纳——圣地亚哥省的瓜拉基萨——圣安东尼奥——亚乌皮三角地。目前只有在厄瓜多尔和秘鲁境内的数百千米被人们考察和测量过。现在，这个隧道的入口处由一个未开化的印第安部落日夜严密把守。

德国作家冯·丹尼肯曾在莫里茨陪同下进入过这个隧道。从隧道口进去不久，就有个加工得平整光滑面积达两万多平方米的大厅。隧道里面的通道时窄时宽，墙壁光滑，顶部被人工加工得十分平整，好像还被涂过一层釉。他极其惊讶地见到了宽阔、笔直的通道和墙壁，多处精致的岩石门洞和大门，还有许多每隔一定距离就出现的平均 1.8~3.1 米长、0.8 米宽的通风井。隧道那惊人的宏大与神奇，使这位以想象大胆著称的作家也惊得目瞪口呆。他毫不怀疑地认为，这是我们这个世界上最大的工程，也是世界上最大的、最难破解的谜。

在这条隧道里还蕴藏着无数对人类具有重大文化和历史价值的极为珍贵的古代遗物。大厅中央放着一张桌子和七把椅子，这些桌椅像金属般坚硬，像是人造材料制造的。大厅里还有许多纯金制作的动物模型，如巨蜥、大象、狮子、鳄鱼、美洲豹、骆驼、熊、猿猴、野牛、狼，以及蜗牛与螃蟹等。而其中有些动物如大象、狮子和骆驼等并不产于美洲。那么，是谁制作了它们的模型，又置放在隧道中的呢？更令人吃惊的是，在隧道里一块长 53 厘米、宽 29 厘米的石板上，竟然刻着一只恐龙！恐龙早已在 6400 万年前灭绝，今天人们对恐龙的所有认识，都是从对恐龙化石的研究中得来的。那么这些隧道的制造者是怎么知道恐龙的呢？或许他们像现代人一样用高科技手段研究过恐龙化石？

在隧道里还发现了一个 12 厘米高、6 厘米宽的用石头制作的护身符，经鉴定是公元前 9000~公元前 4000 年的遗物。它的背面是半弯月亮和光芒四射的太阳，正面是个小生灵，这个小孩右手握着月亮，左手握着太阳，他竟然还站在一个圆形的球体上。从 1522 年麦哲伦完成环球航行，人类才第一次证实地球是一个球体。那么，在史前时代，有谁早已知道我们是生活在一个球体上的呢？隧道里还有一个奇异的石雕人像，这个人像戴着形状奇怪的头盔和耳机，穿着带有许多按键的服装。这种怪异的服装让人很自然地联想到外星宇航员。但在这一切的珍宝中，最珍贵的还是那本在许多民族远古传说中提到的金书。金书大部分用一种不知名的金属板制成，而另一部分是用同样的金属薄箔制作的。书页大小为 96 厘米×48 厘米，每页上都盖有奇怪的印章，估计有数千页之多。书上的文字好像是用机器压上去的，这些文字与现在任何一种文字都不相同。在遥远的史前时代，是谁建造了这规模宏伟的隧道？是谁留下了这些隧道中的宝藏？也许目前人类的智慧和心灵还不足以回答这样的问题。

巴别通天塔之谜

今天的伊拉克首都巴格达的所在地 5000 年前是一马平川，那里曾屹立着一座

世界未解之谜

图文珍藏版

无比壮观的巨塔——巴别通天塔。它为何称作"巴别塔"？它真的能够"通天"吗？它到底有什么用途？

巴别通天塔

人们并不知道巴别塔最初从何而来，只知道早在远古时代，它就走进了犹太人的《圣经·旧约》之中。

根据犹太人的《圣经·旧约》记载：洪水大劫之后，天下人都讲一样的语言，都有一样的口音。诺亚的子孙越来越多，遍布地面，于是向东迁移。在示拿地（古巴比伦附近），他们遇见一片平原，定居下来。由于平原上用作建筑的石料很不易得到，他们彼此商量说："来吧，我们要做砖，把砖烧透了。于是他们拿砖当石头，又拿石漆当灰泥。"他们又说："来吧，我们要建造一座城，和一座塔，塔顶通天，为了传扬我们的名，免得我们分散在各地。"由于大家语言相通，同心协力，建成的巴比伦城繁华而美丽，高塔直插云霄，似乎要与天公一比高低。没想到此举惊动了上帝。上帝深为人类的虚荣和傲慢而震怒，不能容忍人类冒犯他的尊严，决定惩罚这些狂妄的人们，就像惩罚偷吃了禁果的亚当和夏娃一样。他看到人们这样齐心协力，统一强大，心想：如果人类真的修成宏伟的通天塔，那以后还有什么事干不成呢？一定得想办法阻止他们。于是他悄悄地离开天国来到人间，变乱了人类的语言，使他们分散在各处，那座塔于是半途而废了。在希伯来语中，"巴别"是"变乱"的意思，于是这座塔就称作"巴别塔"。

公元前 586 年，新巴比伦国王尼布甲尼撒二世灭掉犹太国，拆毁犹太人的圣城耶路撒冷，烧掉神庙，将国王连同近万名臣民掳掠到巴比伦，只留下少数最穷的人。这就是历史上著名的"巴比伦之囚"。犹太人在巴比伦多半沦为奴隶，为尼布甲尼撒修建巴比伦城，直到 70 年后波斯帝王居鲁士到来才拯救了他们。亡国为奴的仇恨使得犹太人刻骨铭心，他们虽无力回天，但却凭借自己的思想表达自己的愤怒。于是，巴比伦人的"神之门"在犹太人眼里充满了罪恶，遭到了诅咒。他们诅咒道："沙漠里的野兽和岛上的野兽将住在那里，猫头鹰要住在那里，它将永远无人居住，世世代代无人居住。"

事实上，巴别塔早在尼布甲尼撒及其父亲之前就已存在，古巴比伦王国的几位国王都曾进行过整修工作。但外来征服者不断地将之摧毁。尼布甲尼撒之父那波博来萨建立了新巴比伦王国后，也开始重建巴别通天塔。但尼布甲尼撒之父只将塔建到 15 米高，尼布甲尼撒自己则"加高塔身，与天齐肩"。塔身的绝大部分和塔顶的马尔杜克神庙是尼布甲尼撒主持修建的。备受称赞的巴别塔一般指的就是那波博来萨父子修建而成的那一座。

这座塔的规模十分宏大。公元前 460 年，即塔建成 150 年后，古希腊历史学家希罗多德游览巴比伦城时，对这座已经受损的塔仍是青睐有加。根据他的记载，通天塔建在许多层巨大的高台上，这些高台共有 8 层，愈高愈小，最上面的高台上建有马尔杜克神庙。墙的外沿建有螺旋形的阶梯，可以绕塔而上，直达塔顶；塔梯的中腰设有座位，可供歇息。塔基每边长大约 90 米，塔高约 90 米。据 19 世纪末期的考古学家科尔德维实际的测量和推算，塔基边长约 96 米，塔和庙的总高度也是约 96 米，两者相差无几。

在人们看来，昔日的"巴别"通天塔，比之列为世界古代七大奇迹之一的"空中花园"并不逊色，它一直被视作 5000 年前美索不达米亚鼎盛时代的标志。

非洲石头城为谁所建

大律巴布韦遗址地处津巴布韦首都哈拉雷以南 300 公里，津巴布韦在土著班图语中是石头房子或可尊敬的石屋的意思。

石头屋遗址最早是被葡萄牙人发现的。1868 年的一天，一个葡萄牙猎人亚当·伦德斯在搜集猎物时经过一片葱茏茂密的原始林海，走出这人迹杳然的林海，一座用花岗石垒砌而成的古堡呈现在他眼前。这一发现使他惊喜万分，此后不少科学家先后来到这里参观考察。

整个遗址由内城、卫城、谷地残垣三部分组成。所有建筑物均用长约 30 厘米，厚10厘米的花岗石砌成。面积达1万多亩,其中以内城最雄伟壮观,而且保存得也最完整。内城形状如椭圆形,东北、南、北三面分别有一个进出口。城墙高约6米,东面城高为9米。城墙底部宽约5米,顶部约2.5米。城墙内还有历史更为久远的矮墙,与其他几道断壁残墙连接,从而将城内分割成好几个大小不等的围场。

卫城建在离内城不远的小石山山顶上,周长244米,它是顺着山势的自然走向建造的。聪明能干的石匠凭借熟练的技巧,将山上天然的岩石和用花岗岩砌成的石块制作成一座天衣无缝的宏伟建筑物。整个卫城犹如一座要塞,通往城墙的走道仅能一人行走,十分有利防守。卫城内还有一个古时皇宫举行祭祀活动的场所,一些科学工作者在那里找到了不少文物,其中有的陶瓷,阿拉伯的玻璃,中国的青瓷残片,一块圆形白瓷片上还用青釉刻了"大明成化年制"六个字,这很可能是明朝郑和下西洋时带到非洲去的中国瓷器。

从已经发掘到的文物看,大津巴布韦遗址曾经是一座非常繁荣的城市,农业、冶炼业、对外贸易都相当发达,而且一度与中国、阿拉伯、波斯等许多国家有着经济、文化的交往。这里的居民已通晓建筑学、力学、数学等多种知识,掌握了不少生产技能。

不少考古学家认为这个建筑群是古代非洲文明的杰出代表,是津巴布韦人民的创造,在13~15世纪达到相当繁荣的程度。在这鼎盛时期,居民达万人以上。持反对意见者中一派认为,遗址是由公元前来自地中海的腓尼基人建造的,认为非洲土著居民愚昧无知,不可能有如此高超的建筑工艺水平。

至于遗址原是什么所在,那就更莫衷一是了。有说是部落酋长府邸的,有说是祭奠已故酋长亡灵场所的,有说是开采、提炼黄金所在的。

为了弄清真相,一部分考古学家在战后对遗址进行挖掘、考察,但仅在内城地基中发现了两块木片。经科学仪器测定,木片是从公元500~700年间一种叫登布提的树上砍下来的。由此一部分人推断说遗址建于公元6~8世纪,但还有一些人不同意此说,认为证据不足,木片也可以是后来用上去的,也可能是其他建筑物上用过后再到这里来的。

总之大津巴布韦遗址至今仍深邃莫测,也许将永远成为一个无法揭开的谜。

巴黎的地下迷宫

在法国巴黎年轻艺术家摇篮大街有一家名叫"蒙帕娜斯"的咖啡馆,这座咖啡馆是法国不少艺术家的沙龙。例如著名画家毕加索等就常在此聚会,讨论艺术与人生等问题。可是就在这个充满温馨的艺术气息的沙龙附近,有着一个骇人听闻的地下迷宫。

这个迷宫的发现还是近年的事情，人们发现，进入地下通道后，约走 15 米后，会看到一幅无法想象的奇景。迷宫的墙壁是用一根根人骨堆砌而成，大概在砌墙时做过选择，墙底都是大胯以下的腿骨和臂骨，长短差不多，排列相当整齐。上面用了其他的骨料，墙的四周还镶了边。迷宫中央还设有祭坛，祭坛的底座是用人骨横着堆放的，祭坛高约两米，上面是用一个个人的头骨镶成的圆形图案，那些头骨保留了骷髅的原状，有的露出了两个眼洞，有的咧开了大嘴，使人看了毛骨悚然。祭坛后还矗立着高高的人骨十字架纪念碑，这些经过精心挑选的白骨一根根闪着白森森的寒光。迷宫里还有许许多多用人骨拼成的海盗符号，周围有许多完整的人骨柱，靠墙根还有不少未加整理的人骨堆。

据估计这阴森恐怖的地下迷宫中共有数百万具尸骨，这么多的尸骨是从哪儿来的？这地下迷宫又是如何建造起来的呢？

一些历史学家对此已经作了结论。据说，公元 1 世纪初，罗马人经过几百年的掠夺战争，建立起了庞大的罗马帝国，这个版图辽阔、幅员广大的帝国在当时不可一世，地中海仅仅成了它的内海。这个庞大的帝国实行奴隶主专政，奴隶主强迫亿万奴隶戴上锁链，在鞭笞拷打下被迫劳动，稍有反抗，便横加杀戮。当时的巴勒斯坦是罗马的一个行省，罗马帝国驻巴勒斯坦的总督彼拉多尤为残暴。公元 66 年，犹太人不堪压迫举兵起义，一度消灭了耶路撒冷城中的罗马驻军。罗马帝国调集重兵围攻镇压，犹太人坚持战斗 4 年，终因寡不敌众，粮尽援绝，不幸失败。7 万多名起义奴隶全部被俘虏，又被残暴的罗马帝国统治者下令全部钉死在十字架上。在绝望之余，愤怒的奴隶们寄希望于上帝，他们幻想在天国中解脱现实的苦难。于是人们经常挖地道，在地下秘密修造祭坛，集会布道。同时诅咒罗马城早日崩溃，罗马帝国早日灭亡，奴隶主不得好死。

这种集会活动更遭到罗马帝国的残酷镇压，但是越镇压越激起了被压迫者的愤怒和反抗，一次又一次起义反抗被罗马帝国镇压的基督教徒的尸骨就安放在地下密室之中，随着岁月的流逝，基督教徒反抗者的尸骨日益增多，地下墓室也逐渐扩充，规模更大。

公元前 4 世纪到公元 4 世纪前后，高卢（即现在的法国）也是罗马帝国的一个行省，基督教徒也同样惨遭镇压和迫害，他们的尸骨也被安放在地下密室之中，经年累月，基督教徒的尸骨堆积如山，巴黎的地下迷宫来历也是如此。

活着的基督教徒为了纪念死者，强化宗教意识，就用尸骨砌成祭坛、纪念碑、墙壁和柱子等，巴黎地下迷宫中的各种景观就是出于这样的原因而形成的。

这种以地下墓室安葬基督教徒的风俗不仅流行于巴勒斯坦、高卢,在一切信奉基督教的民族和国家中都存在。一直到公元 313 年,罗马皇帝君士坦丁宣布宽容基督教的"米兰敕令"之后,基督教徒的尸骨才渐渐从葬在地下改为葬到地上来。

第五节　珍稀文物之谜

巴颜喀拉山石盘之谜

1938 年,中国考古学家到青海省南部巴颜喀拉山探险考察。他们在距今 1.2 万年前的古岩洞里,发现了 716 块花岗岩碟状物。它中心稍凹无孔,每块厚 2 厘米,从中心向四周辐射出水纹状线条,形似唱片。而且这些奇怪的石盘上刻有无法理解的图案、符号和文字,这种文字符号是中国乃至世界从未发现过的。人们把石盘的碎块送到莫斯科分析。苏联学者们吃惊地发现:花岗岩圆盘含有大量钴和其他金属元素。石盘的振荡频率特别高,这说明它们长期用于高压之中,仿佛石盘带电或是电路中的一种部件。1962 年,徐鸿儒教授及其合作者破译了石盘上的文字,译文是:"特罗巴人来自云端,他们乘坐的是古老的滑动船。当地男女老幼躲在洞里不敢出来,直到东方升起太阳。这样的事共发生了 10 次,可是,最后一次他们终于明白,特罗巴人来此不怀恶意……"

特罗巴人到底是什么人种?考古学家们在巴颜喀拉山的古洞穴中找到了一种遗骸,他们身材很矮,大约只有 1.3 米左右,有硕大的头颅和不发达的四肢。考古学家们称它们是"业已消失的猿",可是有哪种猿会制造石盘,会构筑墓穴呢? 更为神秘的是,洞穴内壁的好几处覆盖着不少画:有旭日东升的画,有月亮和星星间布满黑点的巨幅画,这更难让人相信,它们是 1 万多年前的猿人绘制的。

帕伦克飞船

1952 年 6 月 15 日,在墨西哥的帕伦克发现了一座壮观的金字塔形的纪念碑,这是一个隐秘的墓穴,下面安放着一个人的遗骸。此人身高 1.70 米,而当地人的身高从来没有超过 1.54 米。

而最激动人心的是掀开石棺上的浮雕石板,石板长 3.80 米,宽 2.20 米,厚 0.25 米,在掀开石板的一刹那,一幅精彩绝伦的浮雕便显现出来。一眼就可看出,浮雕的内容是一个人正在驾驶着一个奇特的飞行器。浮雕上的人上半身前倾,骑坐在一个像火箭一样的飞行座舱里,双手握着某种把手或旋钮,飞行器前尖后凹,许多管道连通前面的控制室和后面的推进装置。

有人考证出这是公元683年去世的玛雅王巴卡尔,这也无异于他死后仍然向往某种遥远目标的坚毅形象。谁也不能肯定他乘坐的就是火箭或就是宇宙飞船,但肯定是一个高速行驶的机械装置。令人迷惑不解的是,古代美洲根本没有任何种类的飞行器或者机械装置,人们至今也没有发现当时的玛雅人使用过的任何车辆,哪怕是一辆简单的马车。

大火星神

1956年,法国考古学家、人类学家亨利·罗特在撒哈拉沙漠中的塔西里山区发现了400多处岩画,这批岩画大约是5000年前的作品。在数以千计的描绘得非常逼真的猎人、大象、牛、马、羊等作品中间,夹杂着一些现代的人像:他们有的穿着精致的短上衣,有的带着细长的文明棍,棍上还似乎安装着不明用途的盒子,使我们产生了是收音机、对讲机之类的可笑的联想。

但是,一个被罗特命名为"大火星神"的画像使我们吃惊:他头戴密封的头盔,头盔用一种摁扣与躯干部服装联结,头盔上还有供观赏的小孔,显然,这是一件"宇航服",和今天的宇航员在造型上惟妙惟肖。特别要指出的是,这幅岩画的原件,超过5.5米。难道,当年衣不蔽体的"野蛮人",有这样的闲情逸致,搭起笨重的脚手架,来描绘这个在生活中并不存在的怪物?而且在比例上如此协调?

当这样装束奇怪、笨头笨脑的人像不是一幅,而且是多幅的时候,当另一名着宇航服的宇航员两手向前平伸,流露出一种潇洒的风度的时候,我们不得不相信,这绝不是一个爱幻想的古人的即兴之作,而是某种生活原型的真实写照。

绅士淑女像之谜

南非布兰德拜格的白种女人壁画像,完全像一幅20世纪的绘画,她身穿短袖套衫和马裤,臀部包得很紧,戴着手套,还有吊袜带和便鞋,她的身边还站着一位瘦瘦的男子,手拿一根奇怪的有刺的棒,戴着一具非常复杂的头盔或面具。这完全是一幅现代画,虽然它也同原始的动物画夹杂在一起,这种打扮和画中洋溢的现代派情调,是蛮荒时代赤身裸体、穴处巢居的先民想象得出来的吗?

法国卢萨克的史前壁画中的人物也是一派现代化打扮:他们戴着帽子,穿着夹克衫和短裤。当考古学家艾贝·布留尔经过细致鉴定后宣布这是真品的时候,我们的思维又一次陷入混乱:先民们的想象力竟如此地跨越时空,撇开自己的羽毛兽皮、花草树木不画,却画出几千年后子孙的时髦服装?

防毒面具还是宇航头盔

20 世纪 20 年代，来中国考察的瑞典考古学家安德森在甘肃购得几件新石器时代半山文化的陶塑半身人像。这个陶塑圆头、长颈，颈上似乎围着多圈金属软片，头上似乎戴着头盔，盔上有一对玻璃状的"风镜"。西北高原，风沙弥漫，风镜也许是必不可少的，但当这风镜，这头盔与颈下的服装连接得如此紧密、浑然一体的时候，除了防毒面具、宇航服之外，我们还能想象什么呢？

10 年之后，日本也发掘了两个 5000 年前的陶制陶塑神像，他们头戴密封的头盔，盔上有两个装置成一定角度的观察镜，有现代暗扣的扣眼，一个类似呼吸过滤器的装置清晰可见，衣着宽大臃肿，两道背带从双肩开始，向胸部臀部延伸交合，一条缀满铆钉的腰带绕过臀部，神气十足。美国宇航局科研人员认为：陶像是穿着宇宙服的宇航员，他们的服装和装备为美国宇航局设计宇航服提供了参考。

日本的熊本县与 UFO 颇具渊源，1984 年当地一家公司的职员，意外成功地拍摄到 UFO 照片，一时轰动海内外，而从熊本县的一幅古墓画上，我们就可以看到一个头戴三角形面具、头盔的宇宙人！

据考证：人类穿衣的历史不过 4600 年，裸体的原始人想到了衣，但绝对想不到漂亮的夹克衫和连体服，也绝对想不到密封的头盔和时髦的吊袜，不管是写生画也罢，记忆画也罢，想象画也罢，他们的依据是什么呢？

50 万年前的"火花塞"

美国矿石寻宝者沃莱斯·莱恩、弗吉尼亚·马克塞和迈克·迈克塞尔，1961 年冬天在加利福尼亚州奥兰查附近海拔 4300 多英尺高的山峰上找到了一块化石，他们认为这块化石是空心的，好不容易将化石打开后，他们发现里面竟有一个白色陶瓷做成的东西，在它的中间有一个金属圆芯，这个东西看起来就像是汽车用的火花塞。

据地质专家分析，包围该物体的化石形成至少需要 50 万年的时间，而化石中的物体显然属于人造物件，这个人造的火花塞怎么会进入到具有 50 万年历史的化石当中？

公元前 80 年的齿轮

一些希腊潜水员 1900 年为躲避风暴泊在了克里特岛西北部的安蒂基希拉小岛上，在那儿潜水员们意外地发现了一艘古希腊船只的残骸。

潜水员从船的残骸中发掘上来大量的艺术品和大理石像，其中有一块里面装配着许多复杂齿轮和刻度的铜盘，铜盘上的文字显示它制造于公元前80年。专家一开始以为它是古代天文学家使用的星盘，但是科学家后来对它拍摄的X光照片显示，它比人们想象的还要复杂，因为它的内部包含着许多复杂的齿轮系统，而如此复杂的传动装置要到1575年后才被人类发明出来。

目前尚不清楚是谁在两千多年前就发明出了这种令人惊奇的齿轮工具为何这种科技后来又失传了。

厄运蓝钻石之谜

美国华盛顿史密斯研究院的珠宝大厅里，有一只防弹玻璃柜，里面陈列着一颗由62块小钻石装饰着的稀世之宝——"希望"蓝钻石。300多年来，它给占有它的人带来的厄运比所有巫师的诅咒还要坏。这使它蒙上了一层极其神秘的色彩，因而又有"神秘的不祥之物"之称。

300多年前，在印度发现了一颗硕大无比的蓝钻石，经粗加工后重量还有112.5克拉。路易十四时代之后，法国珠宝商塔沃尼在印度从当地王公贵族那里用翡翠换取了价值33万美元的钻石，其中包括这颗名贵的蓝宝石。他回到法国后，这块蓝钻石落入法王路易之手，取名为"王冠蓝钻石"。

此后不久，灾难就降临到法王路易的身上，他最宠爱的孙子突然死去。他早年的光辉战绩也开始衰退，并且娶了一个宗教的狂热信徒梅恩特侬为妻。她给路易的生活带来许多不幸，而塔沃尼后来据说在俄国被野狗咬死。

路易十六在得到了这块"王冠蓝钻石"后不久，他和天皇玛丽·安东尼在法国大革命的风暴中上了断头台。1792年大革命中，法国国库遭到劫掠，这颗蓝钻石一度去向不明。

1830年，这颗失踪38年的蓝钻石重新出现在荷兰，属于一个钻石切割人威尔赫姆·佛尔斯所有。为防止法国政府追寻，他将这颗钻石切割成现在的样子，重量为44.4克拉。后来，佛尔斯的儿子汉德利克从其父那里将这颗钻石偷走，并带到了伦敦，在那儿，他自杀了，无人知道自杀的原因。

几年之后，英国珠宝收藏家亨利·菲利蒲侯普用9万美元买到了这颗钻石，从此这颗钻石得名"希望"，因为"侯普"这个名字在英文中意为"希望"。1839年，老侯普暴死，他的侄子托马斯·侯普继承了"希望"钻石。小侯普与他的前人不同，没有把这颗钻石藏于密室，而是放到水晶宫展览馆公开展出，据说他后来寿终正寝。

20 世纪初,"希望"钻石和侯普收藏的其他珠宝被一个叫杰奎斯·赛罗的商人买去。不久之后他便莫名其妙地自杀了。这颗钻石又被俄国人康尼托夫斯基买去,此人不久遇刺而死。

"希望"钻石的下一个主人是商人哈比布·贝,在他将其卖给了一个叫西蒙的人后不久,他和全家人都淹死在直布罗陀附近的海中。而西蒙在把这颗钻石卖给土耳其苏丹阿布达尔二世后,在一次车祸中全家 3 人都跌到悬崖下死去。阿布达尔苏丹在获得这颗无价之宝后于 1909 年被土耳其青年党人废黜。

后来"希望"钻石再次出现在巴黎,并且经珠宝商皮埃尔·卡蒂尔之手以 15.4 万美元的价格卖给了华盛顿的艾沃林·沃尔斯·麦克林。麦克林和丈夫是《华盛顿邮报》和《辛辛那提市问询报》的出版商。这夫妇二人自从买了这颗钻石后也遭到了许多不幸。1918 年他们去看肯塔基马赛时,他们在华盛顿的 8 岁的儿子在街上被车轧死。此后不久,奈德便开始酗酒,最后失去了健全头脑并丢了报业。他们的一个女儿死于误服过量安眠药。1967 年 12 月他们 25 岁的孙女因酒精药物中毒死于得克萨斯的家中。

1947 年麦克林夫人死后,珠宝商海里·温斯顿用 110 万美元买下了她的蓝钻石"希望"。此后 10 年中,温斯顿带着这颗钻石和其他名贵宝石行程 64 万公里,在世界各地巡回展出,为慈善事业募捐经费,共募捐到 100 多万美元。

1957 年温斯顿和史密斯研究院协商,要把"希望"钻石送给该院作为一系列宝石中的中心展品,与英国伦敦塔上的那些加冕礼用的珠宝媲美。1958 年 11 月 8 日,这颗蓝钻石被放进了一只山羊皮盒子,用褐色纸包好送给纽约邮政总局,寄往华盛顿。温斯顿是"希望"钻石的最后一个主人,也是 300 年来最幸运的一个主人。

至今前往史密斯研究院参观的人络绎不绝,人们在赞叹这颗稀世之宝历尽沧桑的同时,仿佛感觉到那闪闪的蓝光在向人们默默地诉说着它那神秘不祥的历史。

中国出土 4000 年前的面条

考古学家在中国一个古老的居民地进行挖掘,当翻转过来一个陶土制成的碗后,发现里面居然安静地"睡"着一小堆保存完好的面条!这堆"植物化石"可以追溯到 4000 年前,是迄今为止发现的世界上最古老的面条。而此前,许多人认为面条起源于阿拉伯。

这个装着面条的碗是在中国西北黄河流域一个小村子的废墟中被挖掘出来的,4000 年前的一次地震将这个小村庄埋在了地下 10 英尺处。

这些面条看上去细细黄黄,大约 20 英寸长,极像中国西北部经常使用的一种用小麦粉做成的面条——拉面。这种面条用生面粉做成,并且反复抻拉成细条。

面条如何制成仍是谜,通过对这些出土面条的形状、成分、工艺进行了深入的研究后,结果令人十分惊奇,因为面条并不是由麦子做成,而是由小米和粟合成的。

小米是没什么黏性的,怎么可能做成面条呢? 这是我们一直以来的一个疑惑,什么样的工艺能做出即使是我们现代的厨房也难以做成如此高工艺的面条。目前我们尚不明白,还需要进一步考究。

在中国,关于面条最早的记载在东汉年间出现,到了宋代,面条花样逐渐增多,而中国各地的面食风味也十分不同,烹调方法有凉拌、烹捞、脆炸、煨烩、汤煮及炒溜等等。

古时民间卫生条件很差,因饮食不洁,患胃肠病者颇多,而面条在粮食中最为洁净。面条用水沸煮,吃原汤面,就会大大减少疾病的发生。所以千百年来,侍候病人的饭食,多用面条。

两万年前留下的"速冻巨象"

在西伯利亚的毕莱苏伏加河畔,1979 年在冻土里曾发现了一头半跪半立的古代长毛象。这头长毛象显然是被"速冻"的,因为它不但身上的肉新鲜如初,最奇异的是它的毛发里藏着鲜花。在西伯利亚的冻土带,有许多这样的巨象。经专家测定,它们和前面提到的那头长毛象一样,至少生活于距今两万年以前。毕莱苏伏加河流域的很多人见过那头象的肉,既鲜嫩又富有弹性。而以往或其他地方发现的被深埋冰藏的古动物,都是骨肉难分,粘成一团。

那么,古长毛象的鲜肉是怎样保存下来的,它们的死因是什么呢? 有人说,这是古长毛象在觅食时失足坠下冰川而死,最后被天然冰箱冻藏起来,所以能历经万年而保持新鲜。

有人推测,这头古代长毛象正在西伯利亚的冻土带上吃草时,寒冷的狂风突袭了它。这种温度极低的狂风,像电冰箱里循环的冷气,瞬间包围住长毛象的全身,使它的内脏立刻冻结,血液也全部冻成冰。几秒钟之内,它就死亡,几小时之内,它变成了坚硬的塑像,年复一年地沉入地下。

然而,很多人并不同意上述推断,因为如果真有那样的狂风的话,所有的动物甚至整个地球都被毁灭了。

这头古长毛象的肉为何万年新鲜不变,可能是一个永远的谜了。

敦煌遗书之谜

作为中国汉唐时期中原与中亚、南亚以及西方交通的重要通道,敦煌是著名的

"丝绸之路"上的一颗璀璨的明珠,是东西方文化交通的会合点。随着商路的开通,一批批的宗教信徒,一批批的宗教经典纷纷云集在繁荣的宗教圣地敦煌。宋代以后,由于海上丝绸之路的开通和发达,曾经十分辉煌的敦煌逐渐为人所忘却。当年王道士发现的这些所谓古董就是"敦煌之书"或"敦煌遗书",其内容包括佛教、道教、景教、摩尼教等宗教文献,有官私文书,有儒学经典,还有藏文经卷等。

如此丰富的文书是何时被封上的?

有人持废弃说,认为洞中的文字是被敦煌各寺院集中在一起的废弃物;还有人持避难说,认为洞中的文书是因为避免战乱而有目的地藏起来的。

主张废弃说的代表人物是斯坦因,他是第一个来掠取这批宝物的外国人。他对其中的物品进行研究,发现这些写本和绢画及佛教法器等,都是宗教用品,但都是当时敦煌各寺院中的废弃物,因为具有神圣性,是不可随意毁弃的。于是,宗教人士就把这些没多大用处的东西集中在一起,保存起来。同时,根据所见到的写本和绢画上所题写的时间最晚是 11 世纪初,斯坦因断定这个藏经洞封闭于 11 世纪初。

主张避难说的代表是法国人伯希和,他是一位汉学家。他认为这些文物是为了避免当时的战乱而被封起来的。在唐代"安史之乱"期间,驻扎在敦煌的军队被调入内地平定叛乱,生活在青藏高原的吐蕃乘机占领了敦煌。唐宣宗时,敦煌一带的人民举行起义,摆脱了吐蕃的控制。此后,敦煌又一度被沙州回鹘占领。1036年,党项攻占敦煌,随后又被沙州回鹘赶走。1068 年敦煌又被党项建立的西夏占领了。伯希和认为在第一次党项攻打敦煌时,为避免兵灾,当时僧人匆忙将这些东西堆入洞中,封了起来。所以藏经洞中的藏品没有西夏文书,而且藏品的堆放也没有一定的顺序和分类。

孰是孰非?这个问题从藏经洞被发现至今,一直是一个谜。

南越王国印章上的"老外"头像之谜

在南越王宫殿考古挖掘时,在堆积成山的出土物件中,最令考古学家感到兴奋的是一枚大约 5 厘米高、质地坚硬、未完成的象牙印章。

别看这枚象牙印章只有一只核桃大小,上面还有一道裂痕,来头却实在不简单。

首先,这枚象牙印章刚好出土在唐代的温道上,在它的周围还有一些象牙材料、水晶、外国玻璃珠等文物,广州出土的唐代文物向来非常有限,直令广州的考古学家有"盛唐不盛"之叹,它的出土正好弥补了这一不足。同时南越王墓曾出土过

5 根象牙,明清时期的大新路是有名的象牙作坊,这枚唐代象牙印章也使广州的象牙工艺制造史中间的空白得以填补。

其次,该印章虽然没有打磨完成,也没有刻字署名,其上却大有乾坤——上面的头像无论从脸形还是发式上来看,都是一个明显的外国人头像。从开关上看,这枚印章不是中国传统的长方形或正方形,而是椭圆形,而西方印章的形式正是以椭圆形为主。种种迹象表明,这是枚给外国人刻的印章,反映了当时广州外国人的存在。这一意义非同小可,因为据文献记载,唐代广州聚集了数万名外国人,尤其以西亚阿拉伯人为多,但苦于缺乏具体物证。

但这枚印章上面的"老外"到底是哪一国人? 当时的广州外国人的数量有几何? 这些谜底仍待揭开。

三叶虫上的足迹

梅斯特是赫克尔公司的监察人,自称是"岩石狂",也是三叶虫收藏家。

1968 年 6 月 1 日,他偕同家人到犹他州的羚羊喷泉度假,意外地发现了三叶虫的化石。

三叶虫是一种节肢动物,生存在古生代的寒武纪和奥陶纪,距今约 5 亿年。这种小生物的背面,从头到尾有两条明显的纵沟,把身体分为中和左肋、右肋三叶模样,是目前人类所知的最古老的化石之一。

使他吃惊的是,这些三叶虫化石上居然有人的脚印,其中,一只穿着凉鞋的脚正好踩在三叶虫上,脚印长 10.25 英寸,前端 3.5 英寸宽,后跟 3 英寸宽,后跟比前端深,是一只右脚。

盐湖城公立学校的一位教育家比特先生在同一地点也发现过两个凉鞋脚印,而且也踩在三叶虫上。

不久后的 7 月 20 日,地质学家伯狄克又在同一地区发现了一块泥版岩,上面留有一个小孩的清晰的赤脚脚印,五根脚趾隐约可见。大家知道,5 亿年前没有人类,甚至也没有猴子、熊等与人足类似的动物,当然也没有鞋,何况是凉鞋。

到底是什么样的"人",能在 5 亿年前的地球上行走?

恐龙化石中惊现外星人头盖骨

在一个偶然的机会,在美国俄克拉荷马州竟然发现了一个怀疑是外星人的头盖骨。当时,出土了一个一亿一千万年前的大型长颈龙的化石,据推断这只长颈龙有 18 米高。但更令人吃惊的是,在它的腹部竟然发现了一个神秘的头盖骨。这个头盖骨的形状与人类十分相似,不过相当小,而且头顶部也比人类的往外突出了许多,眼窝呈杏仁状。当然了,还没有足够的证据表明在长颈龙兴旺的时代就有人类生存的事实。这样一来,这个神秘的头盖骨就必然是一个类似人类而并非人类的生物的了。

这个头盖骨因此被送到了华盛顿德比特·波斯比博士的研究所里以供调查研究。据流传出来的消息说,这个头盖骨的主人很有可能是一个个子比人类小,拥有足以与现代人匹敌的高智能生物。难道说,外星人在史前就已经访问过地球了?另外,迄今为止普遍都认为长颈龙是草食恐龙,但在这次的发现中,却发现它也有可能是食肉或是杂食恐龙。这个头盖骨的发现,不但外星人的存在学说,就连与恐龙有关的一些定论说不定也会因它而改变。

可是,这些谜题还有待于科学家作深一步的研究。

钩纹皮蠹

长沙马王堆汉墓以发掘出西汉女尸和金缕玉衣等诸多珍稀文物而闻名于世,而今又有一项发现令人迷惑而又惊奇。

那是在一号汉墓里,考古工作者在墓椁西室的食物笥和衣物笥中,发现了三只钩纹皮蠹的尸体。

钩纹皮蠹是一种昆虫,喜食动物于制品和烟草、茶叶、衣服、粮食。它天生懒惰,只是附在货物上从一个地方转到另一个地方,和其他昆虫相比,传播比较困难。

问题的关键在于:钩纹皮蠹原产美洲。

昆虫学家告诉我们,这种昆虫在哥伦布到达美洲之后,才逐渐传播到世界各地的,就是传播到别的地方以后,也因为其自身的惰性,它的发展也非常缓慢,就是海运工业发达的英国,也是近几十年才传入的。那么,这三只钩纹皮蠹怎么会出现在2100多年前的西汉古墓之中呢?

是后来有人将这种昆虫带入了墓室吗?例如:盗墓。但是这座古墓封闭严密,从未遭到过破坏。

难道中国原本就有这种昆虫?科学严正地告诉我们:由于新旧大陆区系不同,这种昆虫只可能产于美洲,而且在哥伦布之前,这种昆虫在广阔的旧大陆连生存的可能都没有,何况是中国?

事实只能这样认定,一批来自中国的货船越过茫茫烟水,把石锚"交流"给了美洲,然后,一批来自美洲的船只又跨过茫茫烟水,把钩纹皮蠹"交流"给了中国,如果不是这样,那该怎样解释?

据悉,在中国某处古墓,发掘出了玉米,也是原产美洲,也是在哥伦布发现新大陆后才逐渐传到世界各地的。

很显然,这座古墓的年龄要比哥伦布的年龄大得多。

马王堆汉墓出土文物

一座距今2100多年的西汉墓葬,于1974年4月底在湖南省长沙市郊的马王堆出土,被命名为"马王堆一号汉墓"。这座古墓葬女尸一具,外形基本完整。尸体包裹各式丝织衣着约20层,半身浸泡在略呈红色的水里。经研究,尸体的皮下松结缔组织有弹性,纤维清楚。股动脉颜色与新鲜尸体的动脉相似,出土后注射防腐剂时,软组织随时鼓起,以后逐渐扩散。

墓的结构复杂,从突起地面的墓顶到椁室深20米。椁室构筑在坑底部,由三椁(外椁、中椁、内椁)、三棺(外棺、中棺、内棺)以及垫土所组成。三椁三棺层层套合。木椁四周及上部填木炭,厚30~40厘米,共约1万多斤。木炭外面又用,白膏泥填塞封固,厚度60~130

马王堆汉墓

厘米。可能是木炭和白膏泥密封层的防潮防腐作用,以及其他防腐处理,使尸体、葬具以及大量的随葬器物得以保存完整。这座墓的随葬器物,数量很多,共有千余件,多放在外椁与棺之间。其中有丝织品、漆器、竹木器以及粮食、食品、明器等。随葬品上,有写着"軑侯家丞""軑侯家"字样的封泥和墨书题字。

据《汉书》和《史记》记载:"侯"是惠帝二年(公元前193年)封,传四代即废。墓中女尸极有可能为第一代"軑侯"——利仓侯的妻子。《汉书·高惠高后文功臣表》记载:"軑侯黎竹苍,以长沙相侯,七百户……"(《汉书》的黎竹苍即《史书》的利苍)由此可见,軑侯是汉初诸侯王中一个封地仅有700户的小侯。他的妻子死后,仍动用这么多的人力,消耗这么多的财物。

马王堆一号汉墓出土的素纱禅衣,长128厘米,袖长190厘米,在天平上称量,仅重49克,还不到一两。如果除去领和袖口较厚重的缘边,重量仅半两多一点。根据计算,每平方米衣料仅重12~13克,真够得上薄如蝉翼,轻若烟雾了。纱,是我国古代丝绸中出现得最早的一种,多半采用单经单纬交织,组织结构比较简单,是一种方孔平纹织物。高级的纱料,不在于空隙多,而在于以蚕线纤度匀细见长。

利苍妻子葬于汉文帝十二年(公元前 168 年)以后数年,距今已有 2000 多年。当时蚕丝纺织已有如此高超的技术,确实令人难以置信。

古印度战神之车

印度南部的古城甘吉布勒姆有 424 座神庙。据说最多时曾达到 1000 座,被称为"寺庙之城"。在这里的神庙中,除了湿婆、毗湿奴、黑天、罗摩等众多古印度的神灵雕像外,还有一种飞船的雕塑。这种飞船雕塑被雕成不同样式,上面刻有众多神话人物,但它们有一个共同的名称——战神之车。

一般人往往认为,这种飞船就是神话中人物乘坐的器具,是神话杜撰的子须乌有之物。然而,1943 年,印度南部的迈索尔市梵语图书馆却从一座倒塌的庙宇地下室中,发现了一份题为"Vy-maanila—Shaastra"的古代梵文本简稿件。在这份稿件中,以 6000 行的篇幅,详细记载了战神之车飞船的构造、驱动方式、制造飞船的原料乃至飞行员的训练与服装等众多细节。据记载,战神之车的飞行速度,如换算成现代计算单位为每小时 5700 公里。印度梵语学者和技术专家们合作,依据这份文献和其他古籍中的记载,对战神之车进行了仿造。仿造后的研究结果表明,就技术水平来说,这种战神之车并不是惊人的奇迹。但这是与现代科技对比而言,而飞船是在史前时代建造的。

研究者们认为,战神之车是一种多重结构的飞船,当时的飞船已装备了绝缘装置、电子装置、抽气装置、螺旋翼、避雷针,以及安装在飞船尾部的喷焰式发动机。文献中多次指明飞船呈金字塔形,顶端覆盖着透明的盖子。建造这样的飞船,无疑需要多种现代高科技水平的能力,更需要现代物理学特别是空气动力学的理论基础。这对现代人来说,也是在 20 世纪初才刚刚解决了的难题。2000 多年前,是谁在古印度造成了这样的飞船呢?古印度人似乎并不是飞船的建造者,他们既没有建造飞船必要的技术能力,也没有驾驶飞船的科学知识。对他们来说,飞船只是神灵们的交通工具。那么,这些驾驶飞船的古印度神灵究竟又是谁呢?

海底玻璃之谜

我们每天都要与各种各样的玻璃制品打交道,如玻璃杯、玻璃灯管、玻璃窗户等等。普通的玻璃以花岗岩风化而成的硅砂为原料,在高温下熔化经过成型、冷却后便成为我们所需要的玻璃制品了。

然而在很难找到花岗岩的大西洋深海海底,居然也发现了许多体积巨大的玻璃块。为了解开这个海底玻璃之谜,英国曼彻斯特大学的科学家们进行了多方面的分析和研究。

首先，这些玻璃块不可能是人工制造以后扔到深海里去的，因为它们的体积巨大远非人工所能制造。

有些学者认为，这种玻璃的形成有可能是海底玄武岩受到高压后，同海水中的某些物质发生一种未知的作用生成了某种胶凝体，从而最终演变为玻璃。由于这个设想，有些化学家把发现海底玻璃地区的深海底的花岗岩放在实验室的海水匣里，加压至400个大气压力，结果是根本没有形成什么玻璃。那么，奇怪的海底玻璃到底是怎样形成的呢？迄今仍然是一个未能解开的自然之谜。

水晶人头之谜

世界现存三具水晶人头，均来源于拉美地区，其中两具在墨西哥发现。

水晶人头完全仿造人头制成，重约5公斤，人头全部用水晶雕成，牙齿整齐地镶在牙床上，鼻骨用三块水晶拼成，两只眼睛用两块圆形水晶制成，工艺非常精巧，人头的下巴，甚至可以开合。

据科学测定，水晶人头在地下埋藏了3600年，而在同一时代，人类文明最发达的两河流域的人们，也只能制作简单粗糙的玻璃制品。

玛雅人很早就会冶铜，从发掘现场来看，水晶人头可能是用铜制工具雕成的。可是，几位考古学家都提出不同看法他们认为在20世纪40年代，拉丁美洲的印第安人还在过着原始的丛林生活，他们的遥远的祖先，不可能知道怎样冶炼铜。而且，他们需要这么精致的工艺品干什么？据推算，雕刻一具水晶人头，至少费时150年。

其实，用铜制工具来雕琢水晶人头的推断，本身就是错误的。在矿物学上，水晶的硬度为7，铜制工具的硬度为5~6，较"软"的铜怎么能雕琢较"硬"的水晶呢？

这些水晶人头还具备奇妙的功能，有一具藏在大英博物馆里的水晶人头，一到晚上，便发出耀眼的白光。这时，人头面目狰狞，十分可怕，人们只好用一块黑绸子遮住它。著名心理学家希特博士认为：水晶人头，是在给病人手术时，催眠用的，人如果凝视它，很快就能进入睡眠状态，而且，用人头催眠后的手术，患者没有痛楚的感觉，出血极少。

可是，古玛雅人能够进行外科手术吗？如果不能，是谁在给玛雅人做手术呢？

关于水晶人头的来历、功用，以及如何制成，至今也还是一个不解之谜。

从这些奇异的水晶头颅来看，也许玛雅人掌握的科学技术，比我们所想象的还要高超得多。但他们又是怎样获得这些科学技术的呢？这就更是谜中之谜了。

20 亿年前的金属

南非的一个金矿里曾经发生了一件令人惶惑不解的怪事,一群矿工在岩石中挖出了数以百计的金属球。这些金属球似乎是人造的物体,它的顶端和底部都是平的,中间有 3 条镂刻清晰的槽线。尤其令人惊奇的是,其中有一个球,能在它的轴线上自动旋转。

据地质学家说,从岩层构造来看,这些金属球很可能是 20 亿年前的物体。但是,它们是如何冶炼和制造的? 又是怎样埋藏在那里的? 以及其中的一个球为什么能自动旋转? 没有人能够做出令人满意的回答。

1891 年 6 月 10 日,美国伊利诺依州,一位叫卡普尔的老太太在往炉中加煤时,发现了一条做工精巧的金项链。这个项链嵌在该煤块中,而煤块形成于石炭纪,距今数百万年。

此外,人们还曾在金库德采石场坚硬的岩石中,发现过铁钉;在美国内华达州的一块长石中,发现过螺丝钉;1880 年,美国科罗拉多州的一位农民,在煤块里砸出一只铁铸嵌环;1885 年,奥地利的一位作坊工人,在煤块里砸出一个金属六面体……这些显然都是人工制品。但是,在几千万年以前的地球成煤、成岩时期,哪有人的踪迹呢?

古老的合金

1976 年,苏联瓦什卡河岸上,发现了一块拳头大的闪着白光的怪石。经分析:是一块稀有金属的合金,其中锡占 67.2%,镧占 10.9%,钕占 8.78%,还有铁、镁、铀、铝,但没有铀的衰变物。专家们认为:这是一块人造合金,年龄不超过 10 万年。理由是,地球上没有类似的天然物,它很可能是用只有几百个原子的微小粉末做原料,在几十万个大气压下冷压而成。对这样小的物质,加如此高压,其设备和手段,即使是现代文明社会,也无法达到。是谁,用什么方法,制造了这块合金,并把它遗落在瓦什卡河岸呢?

在秘鲁高原,考古学家发现了铂的装饰品。人们知道:铂在 1800℃的温度中,才开始熔化。但是,谁在远古时期,就搭起了能产生如此高温的熔炉呢?

四万年前的弹孔

在英国的一个博物馆里,保存着一个生活在旧石器时代的古尼德人的颅骨。它是 1921 年在非洲罗德西亚的一个铅矿附近发现的。这个颅骨的左颞骨上有一个圆洞,边缘平滑整齐。专家鉴定,这个创伤与长矛、弓箭或者动物狼牙所造成的裂洞完全不同,唯有子弹的高速冲击才能形成。

在苏联科学院古生物博物馆里,保存着一条在千万年前就灭绝了的欧洲野鬃牛头骨。这块头骨上也有一个圆圆的伤洞,经鉴定,该洞是由一种束状高压气体冲击而成。由于这头野牛当时未死,创伤周围又新长出了颗粒状骨质结构。因此,伪造是不可能的。但是,袭击古尼德人和欧洲野牛的先进武器,怎么可能在4万年前甚至千万年前产生?

五千年前的人造心脏

苏联人在西瓦湖附近,挖出了一件4000年前的女性古尸。尸体表明:她不但被枪弹之类的东西击中,而且还被做了外科手术。

一支由日本、埃及联合组成的考古队伍,在一座金字塔里发现了一具大约10岁的男童木乃伊,距今约5000年。奇怪的是,在他的左胸腔中,居然有一副类似心脏的仪器,是经过精密的外科手术安装进去的。

德国、比利时、埃及的考古学家在埃及挖掘了15个月的古代坟墓后,也惊异地发现了一具木乃伊的胸腔内有一个人造心脏,这和1986年考古学家在一具小孩子木乃伊里发现的人造心脏一模一样。

这具木乃伊女尸死时约35~40岁,因为患了晚期心脏病,才被施行了人造心脏的移植手术。这颗人造心脏,和成人拳头般大,是用塑胶和一种不知名的合金制成的,和现在被广泛采用的人造心脏相似,手术可能持续了数星期之久。

科学家说:即使是今天,做这种手术也不太容易实施。人类第一例心脏移植在1962年,病人在手术后18天死于肺炎。正式把人工心脏移入人体是1982年12月,这人也只活了111天17小时53分。难道是聪明的埃及人,在5000年前就创造了这个人间奇迹?

四千年前的彩电

考古学家威交劳·加勒博士,在日内瓦发布了一条震惊世界的新闻:在埃及新发掘的古墓中,发现了一台制作工艺相当先进的远古彩电,它和现在彩电的主要区别是:它只有一条线路,却有四个三角形的荧光屏,屏的周围镀了黄金,机件是用目前世界上最先进的金属——钛制造的,经有关专家鉴定:它是4200年前的产品。

使人迷惑不解的是:它只有一条线路,为什么要设计四个屏幕,难道它能用一条线路同时接收多个频道的节目?地球上至今没有发现任何古老的电视台,难道它是一只太空远距离联络工具？它又是怎么出现在埃及古墓里的呢？人们至今没有寻找到答案。

三千年前的微刻艺术

1976 年，我国陕西岐山县古周原出土了一批微型刻字的甲骨文。文字小如芥籽，笔画细如蚊足，不可辨认，在 5 倍放大镜下，不仅字迹清晰，而且直笔遒劲，圆笔婉逸，是一帧帧书法精品，共 293 片。其中一片面积仅 2.7 平方厘米，像一只小纽扣，上面刻字 30 个，刻字部分仅占用 1.17 平方厘米。

据鉴定，这是 3000 年前的作品。那时候，如果没有坚硬的合金工具，没有高级的显微技术，很难想象能完成这批微刻。难道，现代人都忽略了古人的先进智慧？还是另有隐情？这个未解之谜一直困扰着考古学家。

雍正龙袍不褪色之谜

在一大批国宝级文物公开展出时，一件明黄底、上绣五爪金龙海水江崖的龙袍吸引了观众的目光。因为这件龙袍虽然历经 300 年历史，但依然金光灿烂，像新的一样。这是怎么回事？文博专家吕济民先生解释说，这件龙袍不褪色的秘密，在于上面的金龙是用纯度 99.9% 的金丝绣制的，所以依旧耀眼夺目；而其他彩色的部分，是用不同颜色的孔雀羽毛织成的，这样就避免了矿物颜料漂

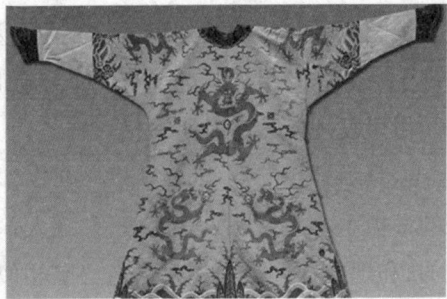

雍正龙袍

染后的丝线易褪色的问题。这样一件龙袍，从量尺寸到最后由江宁织造府的工匠完成，至少需 1 年时间，耗费工料之巨难以算计，堪称无价之宝。

第六节　记录里的未知历史

荒原石头标记之谜

在乌兹别克的乌斯秋特大草原，有一些规模宏大的巨型图案——神秘的箭头。站在宽广的草原上极目远望，天苍苍，野茫茫，一段一段的土石筑成的矮墙在草丛中露出，似乎是一个被弃置的建筑工地的残垣断壁。然而，如果临空俯瞰，它活像

一个用特号铅笔在军用地图上标志兵团出击方向的箭头,箭头长约1500公尺,宽约400公尺,造型大体相同,令人惊讶的是,所有的箭头都指向北方,一个接一个,连绵达数百公里,宏伟、奇特、蔚为壮观!

矮墙高约80公分,每个图案像是个小孩的开裆裤,裤腿向外倾斜、张开,形成两个箭头,裤腿终端,也就是箭头之头呈三角形,角部似乎有一直径十几米的圆坑,开裆处设有矮墙屏风,好像是箭头图案的入口。

苏联有关科学家提出假说:它是一座古代围猎场,专门猎取草原上的野驴、羚羊等游走动物。每当草肥兽壮之际,成千上万的原始人,拿着叉棍、石块,吆喝着号子:"嘘——""嘘——",把一群一群剽悍的野兽赶到已布置好了的"裤袋"。反对者认为,这种可能性不大,因为和数百平方里的大草原相比,400米宽的连续箭头不过是一条细线,把10里之外,或者百里之外的野兽逼近这固定的"牢笼"谈何容易!需得有几倍甚至几十倍的人力,这样多的人力从何而来?再者,野生动物的灵性最强,一次围猎之后,那些幸免于难的漏网者,必将携"儿"带"女",奔走相告,狼奔豕突,远走高飞,方圆几十里恐难再有同类生物,花费如此浩大的力量,修建如此宏伟的工程,来捕捉那些越逃越远的动物并不划算。那浩繁的工程也是惊人的,粗略计算一个箭头占地约60万平方米,墙体占地约3200平方米,不管是砖筑还是石砌,至少需要2000个劳动日,无数个箭头,在原始时代人烟稀少的草原,有承担如此工程的能力的群体吗?

当然,有人怀疑它和所有巨大的地表图案一样,是宇宙航船的航标,但是,是谁修建了它?它,又能把航船指向哪里?

石怪公园之谜

在意大利首都罗马的北部山谷里,树丛中隐藏着一座神话般的石怪公园。园中丛林密布,怪石狰狞,千姿百态。当人们走进这个公园,门口立着一个庞然大物,似人非人,似怪非怪。它满脸堆笑,像是对每一位游览观光者以示欢迎。

园的后面是一片开阔地,这里耸立着一座雄伟的爱神庙。庙的一侧站着一个头大如斗的怪物,它圆睁怪眼,张开血盆大口,像要吞噬一切。怪物的大口下面却有一张精美的小石桌,供游人进餐或小憩。前方草地上一头石象在低头吃草。象的身旁却伫立着一位天姿国色的妇女,她双目呆滞,似乎沉浸在悲痛之中。大象的一侧约3米处,一条凶猛的龙在与一头威猛的母狮搏斗,那头幼狮却已被龙爪抓住。一旁的男人形的巨怪,却勇施侠胆,与龙厮杀,手里还举起一块血淋淋的龙肉。除此之外,园中还有娇美端庄的人鱼公主,风姿绰约的仙女、美丽的狮身天使、神奇

世界未解之谜

图文珍藏版

的四头公狗……

20世纪50年代,意大利的画家萨利瓦多尔·达利发现了这些石怪。他认为这些稀奇古怪的石头,可能是经过了雕塑家粉饰加工了的。但学者鲍尔盖却认为是很早以前由于这一带发生过强烈地震而留下的痕迹。他们二人的观点引起众说纷纭。

但石怪公园的种种巨石怪物究竟是自然的产物还是人为创造的?如果是人为的那又是谁创造?始建于何时?一直是个谜。

原始丛林中的石像

墨西哥中部塔巴斯科州的西境,是一大片潮湿的丛林,1939年土著人在这片丛林之中,发现11颗全由玄武岩雕刻而成的石头像。这些石头像大小不一,最大的16米,最小的6米,最重的约20吨以上。所有的石像都只有脑袋,而没有身躯和四肢。其中一个石头像上刻了许多奇怪的象形文字,至今没有人能看懂。

这些头像都是威武的军士,雕刻得十分精致,形态也十分逼真。赶到现场的考古学家们断定:这些石像的雕刻法,与当地的古代民族奥尔美卡·印第奥的雕刻手法极为相似,并下定论说,这些石像乃是公元前5世纪到公元开始之间的作品。

科学无法解释的难题是,那些古代印第安人如何把这些巨大石像搬到丛林里面?因为石头像皆是以坚固的玄武岩石凿成,而这个丛林离它最近的玄武岩产地,至少有100英里。科学家们一致认定,无论是当时或现在,这个地方的地质学环境没有发生过任何变化。

美国考古学界的权威、纽约自然博物馆古学长爱克·赫尔博士对此亦感大惑不解。他说:"印第安族人不懂得使用车辆,而在当时,此地绝不可能有牛马,那么说来,他们能够搬运这些巨大的石头像是不可思议的。"

墨西哥政府耗费了巨大的劳力,企图把这些石像搬运到贝拉克鲁斯的哈拉巴博物馆去,但由于石头像太过笨重,最后政府只好放弃这种努力,只搬了3个较小的石头像去。

运用现代如此先进的运输工具亦未能顺利地搬运这些石头像,那么,古代的人以何种方式搬运这种石像呢?他们如何成功地做到这一点的呢?

难以解读的墨西哥石雕像

19世纪末的一年,墨西哥天气大旱,河水枯竭,文物工作者在夸特林昌村的一条河床发现一座石雕像,高7.5米,直径4米,总重量167吨。这庞然大物是1300

多年前由能工巧匠精心雕琢而成的。石雕像上镌刻着"不得随意移动,否则暴雨无情"的字样,并注明因挪动石雕像,酿成水患的年月日。

为了保护这一文物,墨西哥政府于1964年做出决定,将石雕像运往首都。夸特林昌村民闻讯,人人反对。一些曾经领略过石雕像之"报复行为"的年迈者,也纷纷进谏和告诫政府工作人员:"若动石像,黎民遭殃。"人们再三阻拦。但是,这一切都无济于事。石雕像被搬到河岸,并用一辆72轮的巨型卡车运走了。

1964年4月16日,石雕像在人群的簇拥下,进入墨西哥城,并被安放在国家博物馆的主楼前。令人难以置信的是,庞然大物刚刚安顿完毕,暴雨便滂沱而至,仅仅第一天的降水量达40毫米,这是墨西哥105年来的最高降雨量。于是,墨西哥全城乡闹水灾,百姓不宁,唯独夸特林昌村安然无恙。

因为村民们在石雕像运走后便筑堤修路,作了防洪抗涝的一切准备。

后来,政府组织了一个探索与研究石雕像奥秘的工作小组,至今这个小组已经进行了40多年的悉心研究,但专家们仍未识破其真实面目。这座神秘莫测的石雕像现在由专门的警卫队昼夜守护,以防有人冒犯闯祸。

圣女像之谜

在墨西哥瓜德罗普大教堂的祭坛上,有一幅神秘的圣女像。据传,这是一幅16世纪30年代初印第安人的作品。

1929年,该教堂的一位名叫阿方索·马尔古埃的摄影师,偶然在这位圣女的右眼中发现了一个奇怪的人影。当时的教会知道了这件事之后,请求这位墨西哥人别声张出去。这样,这则消息直到1951年,当另一个名叫卡洛斯·萨里那斯的画家也同样发现这一奇迹时才公开。于是,这一发现轰动了世界,招来了许多外科医生、五官科专家以及历史学家。

从此,圣女像便成了科学家们研究的对象。通过20多位著名的专家们在放大40倍的显微镜下仔细观察,证实圣女像的右眼中确实有个人影,并且能够辨认出这是一个右手捋着胡子、头发已经斑白的印第安人半身像,从他的神情看来,若有所思。这就引起了更多人的兴趣。1979年2月,美国纽约大学的约瑟·阿斯特·汤斯曼教授,利用他的电脑装置,把图像放大2700倍,终于在圣女像的双眼中发现了12个人影,有正坐着做祈祷的半裸体印第安人,有手捋胡子的白发老人,有带着一群孩子的年轻妇人,还有手拿帽子、披着披风的印第安族老农等。

在仅有8毫米长的圣女像的双眼中,竟容纳这么多的人,这在科学上是很难解释的。这些图像是怎样形成的,难道古代墨西哥的印第安人已经有了这么高超的绘画技术？关于这些,有待于科学家们进一步考察和探索。这个谜,终究会被揭开。

英格兰石阵之谜

在英国英格兰南部威尔特郡的历史名城索尔兹堡附近,有一个小村庄叫阿姆斯堡,村西的旷野上耸立着一组高大的巨石,在直径 140 米的圆形洼地上由 30 根巨石竖起四个柱状同心圆圈,圆心是一块平坦的石块,世人称之为巨型方石阵。

英格兰石阵

巨石阵的主体是由一根根巨大石柱排列成的几个完整的同心圆。周围由一道深 20 多英尺、宽 70 英尺的壕沟勾勒出轮廓。沟是在天然的石灰土里挖出来的,挖出的土方正好作为土岗的材料。紧靠土岗的内侧,由 56 个等距离的坑构成又一个圆圈。由于考古学者奥布里于公元 17 世纪首先发现这里,所以这些坑被称为"奥布里坑"。坑是用灰土填满,里面还夹杂着人类的骨灰。

据放射性同位素测定,巨型方石阵是一项历时近千年的伟大工程。这一工程的建造开始于新石器时代后期,约公元前 2750 年左右,分三个阶段进行。

据考古学家们分析,那平均重达二十五六吨的青色巨石、砂岩石是从 30~200 千米以外运来的。建造者们首先挖出一道圆形的深沟,并把挖出的碎石沿着沟筑成矮墙,然后在沟内侧挖了 56 个洞,但这些洞挖好之后又被莫名其妙地填平了。也就是说,最令人费解的奥布里坑就是这一时期所造。公元前约 2000 年开始巨石阵建筑的二期工程,这次最早修筑的是一条两边有并行的通道。三期工程大约始于公元前 1900 年,建成了庞大的巨石圆阵。其后在 500 年期间,巨型方石柱的位置被不断调整,二期工程的青石也重新排列,终于形成了欧洲最庞大的巨石结构。可惜的是双重圆阵西面部分始终没有竣工,不知何故,建造者们虽然费尽气力把青色巨石运来,但终于没有付诸行动。

历经数千年的风吹雨淋,巨型方石阵有些地方已严重损坏,但整个大石结构依然屹立。尽管现代科学家们借助先进的高科技手段已准确地确定了它的建造年代和建造方法,但却始终无法回答建造这样的庞然巨阵到底出于什么目的。

建造这个巨阵是做什么用的呢?

有人认为它是早期古代人建造的墓地,有人认为它是宗教场所,有人认为它是古代罗马祭司建造的祭坛,有人认为它是战争纪念物,也有人认为是作供奉用的神殿,还有人认为巨石阵很可能是一个刑场,原因是最近从巨阵挖掘出了一颗年代久远的人类头骨。现代分析技术认为,这是一具男性骨骸,曾有一把利剑将他的头颅齐刷刷地砍下。考古学家在这颗头颅的颈部发现了一个细微的缺口,同时在第四颈椎上发现了明显的切痕。由于其墓穴孤独地埋在那里,有理由相信,他并非死于一场战争,而是被一柄利剑执行了死刑。在巨石阵及其周围还曾发现数具人类遗骸。1978 年,一具完整的人类骨骼在围绕巨石阵周围的壕沟中被发现,这个男人是被像冰雹一样密集的燧石箭射死的。

最近一种流行的说法是,巨石阵有天文观测的功用。早在 200 多年前就有人注意到,巨石阵的主轴线指向夏至时日出的方位,其中有两块石头(现在的标号为94 号和 93 号)的连线指向冬至时日落的方位。

20 世纪,英国天文学家洛基尔进一步研究巨石阵。他指出:从巨石阵中心望去,有一块石头(93 号)指向 5 月 6 日和 8 月 8 日日落的位置,而另一块石(91 号)则指向 2 月 5 日和 11 月 8 日日出的位置。因此他推断,在建巨石阵的年代(约公元前 2000 年)已有一年分 8 个节气的历法。

20 世纪 60 年代,天文考古学家纽汉声称,他找到了指向春分日和秋分日日出方位的标志,并提出 91、92、93、94 号四块石头构成一个矩形。矩形的长边指向月亮的最南升起点和最北下落点的方位。

1965 年,天文学家霍金斯使用电子计算机对巨石阵中大量石头构成的各种指向线进行了分析计算,又找出许多新的指示日、月出没方位的指向线。考虑到现存的巨石阵遗址是分三次、前后相隔几个世纪建造的,而每次建造中都有指向日、月出没方位的指向线,因此霍金斯认为,巨石阵是古人建造的观测太阳和月亮的观象台。他甚至还认为,巨石阵中 56 个围成圆圈的奥布里坑能预报月食。后来天文学家霍伊尔更认为巨石阵能预报日食。果真如此的话,那么石阵的建造者在天文学和数学方面的造诣,将远比希腊人、哥白尼甚至牛顿还高。天文学家迈克·桑德斯则认为,石阵是在已经了解太阳系构造的基础上建造的。新石器时代科学技术真能达到如此高的水平吗?那他们为什么没有发明其他东西,改善一下自己的生活环境呢?显然,这一切只能是"假设"。曾有一块巨石倒塌下来,现代学者们曾试图把它准确地放回原来的位置,但几经努力,终难如愿。为此,有位学者指出:在地球上的位置若有几厘米的偏差,在外太空的计算上就可能达到若干光年。奇怪的是,曾有学者用当前最先进的仪器设备,检测出巨石竟能发出超声波!古人在刀耕火种的时代怎么会知道超声波呢？难道是外星人在遥远的史前时代光顾了英格兰？一切都在探索中。

美洲人头像之谜

在哥伦布到达美洲之前,美洲一直是印第安人的家园。但是,令人百思不得其解的是,在墨西哥和南美一些地方发现的古代艺术品中,竟出现了陶制或石制的其他种族人物的头像。在墨西哥的特南哥地方,曾发现过一个奥尔梅克文明时代雕刻的翡翠人头像。

虽然该头像的鼻部已经破损,但人们从其扁平的脸形、并不凹陷的眼窝、眉毛前额和颧骨的特征,仍然一眼就能看出,这是个中国人的头像。在危地马拉发现的另一个石雕人像,也明显地具有中国人的特征。而在墨西哥的委拉卢克斯发现的另一个石雕人头像,一看就是个非洲黑人。那厚厚的嘴唇、圆圆的前额,明显地表现出尼格罗人种的特征,而与美洲印第安人的相貌完全不同。在危地马拉还发现过一个石雕人头像,鼻梁又高又直,下巴上蓄着长长的胡子,看上去像个闪族人,有人认为这是古代腓尼基人的雕像。

按常理说,艺术是生活的反映,古代美洲的印第安人很难雕出自己完全不熟悉的种族的头像,那么这些没在美洲生活过的人的雕像是怎么来的呢？关于古代中国人曾到过美洲的说法由来已久,史前腓尼基人曾到过美洲的传闻也有人相信。但是,这几种推断毕竟还都是尚未证实的假设。最难理解的是那个非洲黑人的头像,唯一可能的解释是:黑人可能作为古代腓尼基人船队中的划桨奴隶。

在蒂瓦纳科著名的太阳门帝边,也伫立着48个巨石人像。人们曾经以为它们是祭神的仪仗队或侍卫,如同通常的神庙前的石像一样。然而引人注目的是,这48个石像容貌各不相同,有的嘴唇厚,有的鼻梁高,有的鼻梁矮,有的耳朵大。这引起了考古学家和人类学家的注意。经过仔细考察,他们发现,这些石像实际上表现了地球上人类各个种族和主要民族的形象。这就是说,这些石像是在有人掌握了人类各个人种和民族的基础上制作的。有的考古学家认为,如果从陈列或展览的角度去理解,才能窥见制作者们的真正意图。如果是这样,那么中美洲其他地方零星出现的那些中国人、非洲黑人和腓尼基人的石像,也就不足为奇了。然而,这些石像的制作者们又是怎样知晓人类各个人种和民族的情况的呢？

神秘的卡纳克石柱群之谜

濒临大西洋的城镇卡纳克,是法国布列塔尼半岛的一个神秘地方。在它郊外长达 8 千米的范围内有一片片整齐排列的石阵,这就是著名的卡纳克石阵。英国考古学家海丁翰教授称其为比金字塔更神秘的石柱群。

据说,卡纳克石阵曾有石柱 1 万根,如今仅存 2471 根。石阵被农田分为三片:位于卡纳克城北 1.5 千米处的勒芒奈克石阵,以 11 排向东延伸,共 1099 块石头,排列在长 1 千米、宽 100 米的矩形内,最高的巨石露出地面部分达 4.2 米。石柱行列稍有弯曲,柱与柱间距离不一。起点石柱高约 4 米,最高 7 米,愈往东愈低愈小。再向北走,过了一座古老的石磨坊界线,便进入克马里欧石阵,共 10 行,长约 1.2 千米。与其相邻的克勤斯坎石阵,长约 400 米,共 13 行,每行都很短,共 540 块巨石,排成正方形。它的末端

卡纳克神殿石柱群

是一个圆形石阵,由 39 块巨石组成。各组石阵都沿东西方向分行排列,越远南北,边缘行距越密,每一行巨石的大小和排列距离也并不均匀,每行越近东端,石块越高且排得越紧。石块排列以直线为主,也有排成平行曲线的。

经考证,石阵大约是从公元前 4300～公元前 1500 年,分期竖立的。这个时期欧洲人还没有发明轮子,但石块中最大的重约 350 吨。高达 20 米,竖立者是如何把如此沉重的花岗岩竖立在指定位置的? 难道是借助一种神秘的力量? 他们竖立这样的石阵有什么用途呢?

当地有一个传说,公元前 56 年,恺撒征服高卢。被罗马人打败的卡纳克守护神科内利逃到了城北的山坡上,眼看就要被追上了,情急之下,就用魔法将追赶他的罗马士兵变成了一队队排列整齐的石阵。虽然这只是一个传说,但在 18 世纪,不少学者坚信石阵营造于恺撒时代。

有人认为,石阵是蛇崇拜的产物。如果身临其境,仔细端详,那一排排巨石列队蜿蜒前行,真有点巨蛇飞舞的意味。19 世纪,考古学家在卡纳克周围发现许多蛇崇拜的遗迹,但未发现与石阵有什么直接的关系。

有人认为,石阵是一片墓碑群。这些高高竖起的石块可能是埋葬死人时树立的墓碑。这仅仅是推测而已,还没有找到有力的证据。

还有人认为这些石块是妇女的吉祥石。只要不孕妇女蹲在石头上或是在石头上睡上几夜,石头的魔力就可使她怀上孩子,届时孩子就会呱呱落地,如同在人间竖起了一根根人柱。这也只是盼子心切。

在遥远的史前时代,在不可能有什么高超技术的前提下,却能竖起这样庞大的巨石阵,这是奇迹,也最令人不可思议。有些学者因此认为,卡纳克石阵是外星人访问地球的飞船基地,或许只有这样才能使人们的心灵得到些许慰藉。

20世纪80年代,考古学家勒霍斯带队发掘卡纳克海滨格夫尔林尼岛上的一个甬道墓,发现此墓是个刻意经营的地下建筑,大理石块砌成的同心圆台宛如露天运动场的看台,墓壁上有精美的浮雕图案。经同位素鉴定,它与石阵的营造时间大致相同。他们在20千米外发掘的另一古墓,墓内石雕也有类似的图案。

在甬道墓内,29块墓道壁石板中23块刻了图案。许多同心圆弧、斧头、蛇、牧羊者手杖等图形,还有类似女神的人像跃然石板上。墓的内室顶板的一个大石板上,刻着一头长角牛的牛头及其前身,还有一把斧头的前半截。在20千米外那座古墓的内室,也发现了相似的一段;把它们拼合在一起,正是一方完整的14米长、总重量在数吨以上的刻图石板。这方石板明显是人为截断的。为什么要将完整的石板截断?为什么要分装在相距20千米的两墓中?又用什么工具来运输30多吨的巨板?人们百思不得其解。

史前卡纳克人有本领营造这么宏大的地下殿堂,自然也有能力架设简单的地面柱林。而要建造石建筑,就必须有石材,而石柱阵和古墓葬所在地都没有岩石资源,所有石柱必须从数千米外的岩山甚至更远的地方采取。新石器时代人类最先进的搬运工具无非是绳索、滚轴、杠杆等,操作方法无非是推、拉、滚,或利用土坡下滑。但无论采用什么工具,采取什么操作方法,要把数吨、数十吨的巨石搬运数千米、数十千米都不是一件容易的事,更何况,要搬运的是成千上万块。

究竟把那么多的巨石搬到卡纳克,凿平磨光,再把它竖立起来,组成石阵,或雕镌图案,构筑巨大墓穴,靠的是什么"神"力?是什么鼓舞他们狂热地进行如此浩大的工程?

尽管聪明的现代人绞尽脑汁,还是难以了解远古的卡纳克石阵的奥秘。正如对石阵进行过长期考察的英国考古学家欧文·霍丁霍姆所说,它像金字塔一样,为人类留下了永恒的不解之谜。

阿勒泰草原石人之谜

在新疆阿勒泰市郊外的旷野上,有一堆黑色巨石,有人说是陨石,也有人说是一种特殊的金属矿石,但引起考古学家注意的却是黑石头上雕刻着的草原石人。

北方草原上曾生活过多个游牧民族,谁才是石人真正的主人?

由于现在生活在石人地区的民族,比如说哈萨克族、维吾尔族、蒙古族都没有立石人的习俗,因此石人的族属必须到古代民族中去寻找。据说石人身后都会有墓葬,因此专家首先想到要在墓穴中寻找证据,但现实中关系保存完好的石人和墓葬极少,即使找到了类似遗迹,出于文物保护的需要,专家们一般只清理那些被盗和被破坏过的墓葬。由于游牧民族葬俗本来就很简单,从这种被破坏的墓穴里,就更难找到直接的证据。一时间,鉴定石人身份的问题遇到了很大困难。

20世纪60年代,考古学家在荒原深处发现一大片古墓葬群,在这座被称为切木尔切克的墓葬群前,人们看到有5尊石人立于墓的东面,都是由黑色岩石雕成,石人的脸廓和眼睛都呈圆形,面颊上还刻有三角状饰纹。

专家们一共在此挖掘了30多座墓葬,在出土文物里,有一类陶罐引起了他们的注意,这种陶罐呈橄榄形,上面雕刻着水波样的弧线纹。他们认为陶罐属于一种叫卡拉苏克文化的范畴,卡拉苏克文化大约在公元前1000年左右,而突厥人生活于隋唐时代,它们至少有上千年的差距,石人当然就不可能是突厥人的遗存。那么在3000多年以前,是谁在黑石头上留下了自己的雕像呢?

在中国早期古籍《庄子·逍遥游》当中,有一极北之国被称为"穷发国",同时古希腊史学家希罗多德在其著作《历史》中说,阿尔泰山下居住着一种"秃头人",这很可能就是指某个民族不留发辫的习俗,而这些石人的典型特点,就是圆形头顶上没有任何发饰。希罗多德的著作中还说:秃头人长着"狮子鼻和巨大的下腭",这种蒙古人种的脸型恰恰和这些石人身上的表现相吻合。

更有意思的是,希罗多德说秃头人在山中看守着黄金,而阿尔泰山蒙语的意思就是金山。

在布尔津县文管所里收藏着两个奇特的小型石人,它们是在3000年前的古墓葬里作为陪葬品出现的。其实无论是墓地石人,还是随葬石人,都具有灵魂保护的含义,它的根源就是对石头本身的崇拜,认为石头具有通灵的作用,所以一般石人身后的墓葬也是用石碓垒砌而成。

在这些石碓的周围,还可以看到半隐半现的散石,其实它们是围绕着石碓的同心圆,圆圈和石碓由放射状的线条连接,它们构成的图形只有站在至高点才能看得清楚。一种观点认为,立有石人的墓葬并不仅仅是死者的坟墓,可能还是部落的祭祀场所。

石人什么时候消失的?突厥石人是最后的终结者吗?

石球之谜

1930年,美国联合果品公司有个森林砍伐队来到哥斯达黎加,打算在这里的热带丛林中开辟一片空地,建一个大型香蕉园。当他们走进森林后,惊奇地发现,在森林深处整齐地放着几十个一人多高的大石球,旁边还有些小石球。最大的石球直径达2.4米,重16吨,最小的仅有数公斤重。球面异常光滑,光可鉴人,上面刻着一些莫名其妙的图案,有直线的,有斜线的,还有三角形的等等,相互交织。砍伐队员面对这些奇异的大石球面面相觑,大惑不解。

哥斯达黎加森林中发现大石球的消息一经传出,就引起了世界各国考古学家的重视。首先来到这里的是美国哈佛大学考古学家穆维勒·罗斯卢卡教授所率领的考古队。他们竭力想找到一点儿能说明这些神秘的大石球来历的线索,可是林海茫茫,除了参天大树和这些大、小石球之外,其他连大一点儿的石块都没有找到。可是当他们走到附近的马尔苏尔城的时候,不禁大吃一惊:城里街道上的空地上几乎到处都有大石球,成了花园、门庭前的一种装饰。

这些大石球是何人制作的? 怎样制作的? 制作它有何用? 罗斯卢卡整天在这些大石球旁转来转去,百思不解,只好暂时率队回国。

美国考古队的到来,引起当地人的猜测,一时传闻四起,说大石球里有稀世珍宝。居民们便纷纷砸碎石球,有的人还用火去烤它,以为一旦烧裂就可以得到一笔巨大的财产。这种愚昧的举动使不少石球毁于一旦。

随后,许多国家的考古学家纷纷来到哥斯达黎加,经过艰苦的考察和研究,他们得出了一致的结论:森林中的巨型石球是人工凿成的,石球的材料是花岗岩,然而当地并没有这种石料。制造一个直径2.4米的石球,需用一块重达20多吨的正方体石料。制造者是怎样找到那么大的石料的,做好后,又是怎样运来的? 制造者是谁? 是何时制造的? 哥斯达黎加的史册中并无记载。

世界上最大的一处"石球之乡"在埃及的哈尔加绿洲,一望无际的石球散落在地面,可惜由于沙子和暴风的侵蚀,已失去了原来的形状。据说这些石球形成于200万年以前。其他地方如墨西哥和罗马尼亚等国,也发现过石球。

哥斯达黎加的石球与世界各地发现的石球,成因不尽相同,各有千秋。科学家们虽说已经提出了不少假说,但是石球成因的确切而完整的解释至今尚未做出。

永不生锈的铁柱

在印度德里城附近的夏麦哈洛里,矗立着一根公元5世纪铸造的巨大铁柱。这根铁柱高6.7米,直径约1.37米,用熟铁铸成,实心,柱顶有着古色古香的装饰花纹。据说这根铁柱是为纪念旃陀罗王而铸造的。

但最令人惊异的是,铁柱在露天中耸立了1500余年,经历了无数风吹雨打,至今仍没有一点生锈的痕迹。人们都知道，铁是最容易生锈的金属，一般的铸铁，不用说千年，几十年就锈蚀殆尽了。

直到现在，人们也没有找到能够防止铁器生锈的有效办法。尽管从理论上说，纯铁是不生锈的，但纯铁难以提炼，造价昂贵。而且有些科学家分析了铁柱的成分，发现其中含有很多杂质，绝非纯铁。照理说应该比平常的熟铁更容易生锈才是。

如果说古代的印度人早就掌握了冶炼不锈铁器的技术，只是这种技术后来失传了，那他们为什么没有在同时代冶炼出其他任何不生锈的铁制器具呢？而且古印度的典籍中，也没有任何关于这方面的记载。铁柱孤零零地矗立在那里，好像一个不可理解的物证，在向人类的智慧挑战。

刘邦斩蛇碑现武士宫女幻影

陈文钦是永城市芒山镇的一位农民。1983 年 3 月的一天深夜，陈文钦驾驶一辆三轮车路过刘邦斩蛇碑时，三轮车突然莫名其妙地熄火。收拾了半天才弄好，他启动车辆准备继续前行时，前方一个神秘的魅影让他惊呆了：只见车灯照射的前方石碑上，出现了一个清晰的人影，这个人影好像一个武士，一手执剑，一手捋着胡须，昂首挺胸，气度非凡。"难道是看花眼了？"陈文钦将信将疑地揉揉眼睛，再仔细地看了几遍，没错，的确是一个武士的影子。

一位不信鬼神的文化工作者为了揭开石碑显像之谜，于这年 8 月的一天晚上，约了几位朋友一同前往斩蛇碑看个究竟。当他们找到斩蛇碑时，已经是晚上 9 点多。他们悄悄摸到斩蛇碑前，打开手电筒，期待看到那传说中的神秘武士像。但失望的是，神秘武士并没有如约出现。

是照射的角度有问题吗？他们换了几种角度，但结果依然。他们发动汽车，准备倒车回去的时候，刹那间奇迹出现了：只见车灯远远地正面照射过去，一个金光灿灿的武士出现了。人们恍然大悟：原来是距离的问题。他们赶紧下车又试验了几次，才发现了刚才没有看到的原因，的确是因为离得太近了，什么也看不到，而且只有正面照射才能看得到。碑身的正面可以看到武士像，那么背面能不能看到呢？

他们如法试验，结果看到一个头戴凤冠的宫女模样的妇女，温柔慈祥地抱着一个小孩子。"一定是有什么玄机藏在石碑上。"是不是石头中含有发光的原料？他们想起斩蛇碑所用的石头取自紫气岩。

如果是石质的原因，那么其他的石碑也应该出现人像。芒砀山下埋葬着陈胜、西汉梁王家族等数不清的墓葬，所以山上石碑如林。这些石碑应该大多取材于紫气岩。他们趁着闲暇的晚上一个个照下去,奇怪的是,照了数百座石碑,没有一个能演绎刘邦斩蛇碑的神奇。

直至今天,这个谜还没有人能揭开。

第七节　待解考古悬疑

中国最古老的铜镜之谜

为探索中国古代铜镜起源提供新材料的首先是商代的铜镜。1934 年 12 月 23 日应该是一个值得铭记的日子,在河南安阳侯家庄西北冈 1005 号殷墓出土了一面有钮的圆形铜器。中国著名的考古学家梁思永先生立即在他的发掘日记中写下"重要的发现——铜镜"几个字。遗憾的是,这面铜镜只是一个孤证。为什么在其他商代的墓葬中没有镜子被发现呢?

自盘庚迁殷后,商代的经济和文化得到了空前的发展,特别是手工业中的青铜铸造业发展得更为迅速,铸造的器物种类繁多,花纹细密、繁缛。当时铜器铸造的数量很大,据学者们估计:历来出土的商代青铜容器可达数千件之多,兵器、工具、车马器数以万计。但是,与庞大的青铜容器、工具、武器相比,铜镜出土的数量则相当少。除上述五面外,只在安阳大司空墓发现了一面铜镜。可以说在数千座商代墓葬中,只在三个墓发现了六面铜镜,出铜镜的墓还不到已发掘墓葬总数的千分之一。可见当时铜镜的使用并不普遍,是一种相当稀罕的物品。而且与发达的商代青铜文化相比,这几面铜镜不仅少,而且其工艺水平也太简陋,似乎与这一时代很不相称。

梁思永先生发现的铜镜曾被认为是中国最古老的铜镜,但是新的发现推翻了这个论断。1975 年,当妇好墓四面铜镜还在地下沉睡的时候,甘肃广河齐家坪墓葬出土的铜镜宣告了齐家文化已有铜镜。接着,1976 年青海贵南的齐家文化墓葬中也出土了铜镜。以后被冠名为齐家文化的铜镜愈发多了起来。如果我们把这些极为破旧的铜镜扔在街衢上,不少人会把它当作破铜片看待。不过,这些破铜片却不是普通的铜片,它记录着中国古代铜镜发展的最初岁月。

那么,这些铜镜究竟是什么样子呢?我们还是从一件中国历史博物馆藏的齐家文化铜镜说起吧。该铜镜相传出土于甘肃省,直径 14.6 厘米,边厚 0.15 厘米,钮高 0.5 厘米。桥形钮,镜背面饰弦纹与"勿"字纹。镜面中心略凸,形成凸面镜,照面时可将人形缩小,便于把整个形象映现在镜中。

在中国古代,存在着一些被人们认为是不足置信的铸镜传说。传说在神农氏之后,中华民族的历史进入黄帝时期。黄帝又号轩辕氏,他发明和创造了养蚕、舟车、文字、音律、医学、算数等,就连小小铜镜的制造和使用也被说成是起始于黄帝。《轩辕内传》中说黄帝与西王母在王屋这个地方相会,铸了 12 面镜子,每个月使用一面。比黄帝稍晚的尧舜时代,还有尧的臣子尹寿做镜子的传说。这些传说也并非纯属无稽之谈,因为齐家文化等铜镜的发现使人们对这些传说有了新的认识。齐家文化是指中国黄河上游地区新石器时代晚期至青铜时代早期的文化,因首先发现于甘肃广河齐家坪遗址而命名。根据放射性碳素断代并校正,齐家文化的早期年代为公元前 2000 年左右,即距今 4000 年左右,与距今 5000 年的黄帝铸镜传说的时代极为靠近。因此,这件齐家文化铜镜尽管古朴简拙了一些,却开阔了人们的视野,唤醒了人们探索中国铜镜起源的希望。

"随侯珠"是什么东西

人们常说的"春秋二宝",乃指"随侯珠"及"和氏璧"。"和氏璧"因"完璧归赵"这个典故而家喻户晓;而"随侯珠"虽然也有"随珠弹雀"的典故,却不太为大家所熟悉。其实,关于"随侯珠"还有一个神话传说呢!

据《随州志》记载:"春秋随侯是汉东国姬姓诸侯。随侯出游,见一大蛇伤断,顿生怜悯之心,令人以药敷而涂之,蛇愈,于夜中衔大珠以报随侯救命之恩。"

据《搜神记》记载:"随县溠水侧,有断蛇丘。随侯出行,见大蛇被伤中断,疑其灵异,使人以药封之,蛇乃能走。因号其处'断蛇丘'。岁余,蛇衔明珠以报之。珠径盈寸,纯白,而夜有光明,如月之照,可以烛室。故谓之'随侯珠',亦曰'灵蛇珠',又曰'明月珠'。"《淮南子》中也有类似记载,只有"蛇于江中衔大珠以报之"一句稍有不同。现在湖北省随州市城内,还有"断蛇丘""夜光池"等地名。

那么,随侯珠究竟是神话的产物,还是现实世界的客观实体呢?

许多人认为,随侯珠应是客观现实中的实体,它应当是一颗熠熠生辉、照夜如昼的夜明珠。古代有不少关于夜明珠的传说,而且还写进了诗篇。

"随侯珠"究竟是何物呢?

根据现代科学研究,知道珍珠是贝类动物的特殊胶体胶结起来的碳酸钙晶体。每颗珍珠含 90% 以上的碳酸钙和 4% 左右的水分,珍珠表面是一层光彩的角质素,水分子多胶含在其中。珍珠就是靠了这水分使其闪亮生辉。晚上没有光亮,珍珠是不可能发光的。而且,长期不使用的珍珠,容易跑掉水分,大约经过六七十年就会使水分失去一半,光泽大减;若再过六七十年就会变成一抔泥土了。由此可知,珍珠的寿命也不长。据说：1900年，李鸿章与瓦德西订了条约，赔偿四万万两白银，慈禧太后将头上的四颗夜明珠摘下来，作为信物，派遣一个小宫女送去。小宫女见到要把宝贝送给外国人非常气愤，就拿了宝物隐入民间。后来，在西安发现了四颗明珠，并经郭沫若考证，这正是失踪多年的慈禧头上的夜明珠。这四颗夜明珠传到慈禧太后手中之前，至少已有几十年的历史，照此推算到郭沫若考证时，至少有100年的历史，如果是珍珠的话，早已该"人老珠黄"了，怎还能"放出耀眼的白光"呢？因此，根据上述两个原因，随侯珠不可能是珍珠。

《史记·邹阳传》中记有"随侯之珠，夜光之璧"。璧者，玉也。历史文献上记

慈禧太后

载和氏璧是"光彩射入"的玉石，随侯珠也应是一种能发光的玉石。现在已经知道，自然界许多矿物和岩石都能发光。如磷在空气中氧化能发光；萤石发光，因萤石中混入硫化砷；钻石能发光，因为其成分中含有磷质，它们在白天经太阳曝晒，发生"激化"，晚上就会释放出能量来，变成美丽的蓝光或蓝色火焰。

近年的科学发现，似乎更加证实了这种观点。

1982年11月，广东省冶金地质勘探公司地质科霍永锦等人，到广东某矿山考察，在选矿带上发现了一种浅棕色的萤石，在无光亮的夜间，相距3米远即可看到清晰的光。光呈浅蓝、浅绿、浅紫到深紫色，非常美丽。

随侯珠应确有其物，而且应当是一颗可发光的、十分珍贵的萤石，只不过像"和

氏璧"一样已经失踪了,要知道它的真相还得找回原物。

"一捧雪"宝杯之谜

明朝嘉靖年间(1522~1566年),江苏省太仓县有一个官员名叫王洤,带兵负责河北到辽宁一带的边防。在他的家里,保存有一只玉雕的杯子,洁白晶莹,玲珑剔透,被当作传家之宝。

这只价值连城的宝杯,数百年来无人能解开它的奥妙。那就是每当炎热夏天到来的时候,向杯里倒进滚烫的开水,水会立即自动冷却下来,像雪水般清凉,仿佛是一捧冰冰,因此被取名为"一捧雪",并成了闻名远近的稀世珍宝。

可是不久以后,这件玉雕宝杯被当朝的奸臣严嵩父子知道了,他们想谋取这件珍宝,便下令王洤将宝杯进献到严府来。王洤不忍世世代代的传家宝就这样落入奸臣严嵩的手里,于是便请人暗地里连夜赶雕一只仿制品派人给送去。不料此事被一个裱褙匠知道,他跑去向严嵩告密,于是严嵩大怒,便借口倭寇窜犯沿海与王洤失职有关,迫害王洤,然后利用抄家的机会要夺取那只"一捧雪"宝杯。就在这紧急关头,王洤家里有一个为人老实正直的仆人,名叫莫成,他挺身而出,化装成主人王洤替主人赴死,而让王洤带上祖传的"一捧雪"宝杯改名换姓逃避他乡。后人因感王洤由于"怀藏古物"而遭到如此横祸,便把王洤改名为"莫怀古"以表示警喻。

莫怀古逃到哪里去了呢?他带走的那只无价之宝"一捧雪"古杯最终流落到谁手里?几百年来,一直无人知晓。到了20世纪70年代初期,河南乡下有一个农民向有关部门报告说,他家里珍藏有一只世代流传下来的"一捧雪"宝杯,一时引起了轰动,成了一大新闻。消息传到了北京,北京有关部门派出了专家前往鉴定,发现这只所谓的"一捧雪"宝杯是赝品。这样看来,这只被那位农民世代收藏的"一捧雪"宝杯很可能就是当年王洤送给严嵩的那只仿制品,而真的"一捧雪"宝杯却一直下落不明。

随后,笔者在福建《平潭县志》第八卷《冢墓》这一篇里,发现了一个非常难得的记载:"莫怀古墓,在东庠岛大山中。莫怀古因避严嵩之迫害,隐居在东庠岛上的大帝宫里。"东庠岛是平潭县东面的一个岛屿,上有高山,四面环海,地势险要,是古代避乱的好地方。这个岛在明代的时候,曾经是民族英雄戚继光率领军民抗击海上倭寇侵犯的一个前沿阵地。据当地老百姓说,当年莫怀古(即王洤)从家里连夜逃出来后,便参加了戚继光的部队南下来到东海前沿,如今东庠岛上还残留有当年戚家军安营扎寨的遗迹,而化名为莫怀古的王洤死后便被埋葬在这座海岛上。

可是,400多年过去了,虽然曾经有人前往东庠岛上寻找莫怀古墓,但只见满山遍野乱坟残碑,野草没径,无从辨认。莫怀古墓里是否藏有那只他随身携带的传家宝"一捧雪"古杯? 这给后人留下了一个谜。如果那只宝杯曾随主人一起下葬,那么人们就盼望着今后有朝一日考古挖掘时,能发现莫怀古墓,那么"一捧雪"宝杯就将会有重见天日的机会。

中国远古的头盖杯之谜

西藏解放之前,当地的农奴主常常使用"头盖杯"饮酒,"头盖杯"就是将人的头颅砍下,用头颅骨制成饮器。

这种残忍的生活方式,曾经在中国的远古时代颇为流行。

公元前2600～公元前2000年左右,中国进入龙山时代。在河北邯郸的涧沟曾发现的这个时期的遗址的两座半地穴式房址中,各放置三个人头盖骨,位置在房屋中央。

所有头盖骨都是从眉弓经颞骨到枕后砍下来的,目的是为了获得一个完整的头盖。从头盖上的斧痕来判断,砍头的方法当是将被砍者打倒在地并捆绑起来,甚至被他人踩在脚下。先砍后部,因为那里斧痕最多,且有砍偏了的痕迹,表明被砍者尚在挣扎,然后顺次把脑盖揭下来。

用头盖做杯碗的风俗曾经广泛地流行于欧亚大陆的北方草原地区,以斯基太人为最甚。我国中原地区也很盛行。例如郑州商城东北宫殿区的一条壕沟中就堆集着近百个人的头盖骨,其中有80多个层层叠压成两大堆。这些头盖多是从眉弓和耳际的上端截锯开的,不少标本上保留着明显的锯切痕迹,因而断口比涧沟那种用斧子砍的整齐一些。涧沟的头盖杯与西伯利亚托木斯克出土的头盖杯几乎完全相同,后者也是齐眉弓经耳际到后枕砍下来的,断口不大整齐,由此认为它是古代北方游牧民族所使用的头盖杯。而涧沟的头盖骨也是作为饮器的头盖杯——战士或首领用它喝酒或喝敌人的血以显示自己的勇武和战功。至于商代头盖杯的发展,除承袭龙山时代的风俗外,还应掺进了阶级压迫和民族斗争的内容。

商代晚期曾有不少人头骨片上刻着文字。由此推断,到商代晚期用人头或头盖作祭祀可能还较普遍,而所用人头往往为敌方部族者。《战国策·赵策一》记载:"及三晋分智氏,赵襄子最怨智伯而将其头以为饮器"。所谓将其头者自然是将其头盖骨,否则无法作为饮器。如果战国时代根本没有用头盖杯做饮器的遗风,赵襄子是很难想出这个办法来的,可见用人头盖做饮器的风俗,在素称文明礼仪之邦的华夏民族中是有传统的。

玉琮之谜

玉琮是良渚文化重器,因其造型奇特精巧、构图优美对称、寓意深奥神秘而著称于世。1986 年浙江省余杭县反山、瑶山良渚文化大墓中玉琮上发现雕琢精细、令人叹为观止的"徽像"(或称"神徽"),更为中外学者所瞩目,激起人们去揭示其蕴涵奥秘的热情,玉琮遂成为一项世界性的研究题目。

良渚文化玉琮一般可分为扁圆筒形和方柱形两大类:前者外壁以减地法突出四块对称的长方形凸面,每一凸面上都以阴线琢刻有兽面纹,其琮身低矮如镯状,故又称镯式琮。后者数量最多,其琮身外表呈正方形柱体,上比下稍大,四面正中各琢刻有竖向的凹槽一道,同时又多在竖槽两侧凸面上刻出等距的横向凹槽,把琮身分成若干节,每节以四角为中轴,在相邻的两个凸面上对称琢刻出或繁或简的"兽面纹"。琮身上下端(射面)作圆形,中心对钻有圆孔。这便是人们所称的"内圆外方"而中穿;孔的方柱式琮,是规范化后的典型玉琮。玉琮最早起源于良渚文化,分布范围以太湖流域江、浙、沪为中心,然后向四周传播,在山东、安徽、江西、广东等地新石器时代晚期遗址中也有零星出土。大致在商周之时传入黄河流域,其后历代各地均偶有发现,甚至到明代还有仿自玉琮的青瓷器流行于世,可见玉琮前后延续了数千年之久,是我国珍贵的文化遗产之一。

然而,玉琮的用途是什么? 古今学者歧义不一,莫衷一是。

1915 年法国学者吉斯拉据《礼记》所载"家主中雷国主社"文,主张玉琮是古代中雷崇拜的礼仪之物。"中雷"即是古代穴居时,屋子中央的烟筒,也是家族祭礼的对象。日本滨田耕作先生认为"琮在初始,或是一种有圆孔方柱形的实用品,以后偶然生出以内圆象天外方象地的解释,终则确定它作为地的表号,乃在外方柱上雕刻易的四象、八卦,以加深其替象的意义"(《有竹斋藏古玉谱》,1925 年)。安克斯(Eduard Erkes)更是颇具开拓性地主张琮是象征地母的女阴。而瑞典学者高本汉则认为琮是盛男子性器之函,是祖(或祖主)的宗器。凌纯声先生据此认定琮"象征女阴与男根,代表最原始的祖先崇拜的性器对象"(台湾《中央研究院民族学研究所集刊》第八册)。1947 年,比利时学者密舍尔先生更认为是《尚书》《舜典》所记的"玉衡",用以观测天象的一种玉视管。

冯汉骥、童恩正先生主张"琮是一种阴性和土地的象征"(《文物》1979 年 2 期);诸汉文则认为那种单节的外方内圆而中空的方柱式玉琮的外壳是代表人们耕种的田地经界和范围,中心筒体结构是谷仓或社坛实物的缩影(《文博通讯》1983 年第 5 期)。石志廉先生指出琮最初起源于母系社会对女性生殖的崇拜,认为其形体越高大,器身节数越多,象征着持有者的权势越大,财富越多,身份地位也越高(《中国文物报》1987年10月1日)。李文明则认为琮是束髻之具(《东南文化》1989年第6期)。

日本著名考古学家林巳奈夫教授主张玉琮便是"主",又称为"宗",是宗庙祭祀时神明祖先的灵魂降临时的凭依之物。中心圆孔是用作神明祖先灵魂驻留的小屋。祖灵既可从天而降,亦可从地而出,所以中孔自上而下贯穿。玉琮上不规则的带蛋形眼的脸为太阳神的原形。器表所刻的"神面",可以保护死者灵魂,若生人佩戴它,还可以加福于人(《东方学报》第60册,1988年)。美国著名学者张光直教授则根据琮呈"内圆外方"的特点,认定是原始先民"天圆地方"宇宙观的体现。张氏指出:"方器象地,圆器象天;琮兼方圆,正象征天地的贯串";"琮的方、圆表示地和天,中间的穿孔表示天地之间的沟通。从孔中穿过的棍子就是天地柱。在许多琮上有动物图像,表示巫师通过天地柱在动物的协助下沟通天地。因此,可以说琮是中国古代宇宙观与通天行为的很好的象征物"(《文物与考古论集》1986年)。

我国台湾著名古玉器研究专家邓淑萍曾著文称玉琮是"良渚文化中的图腾柱",是"套于圆形木柱的上端,用作神祇或祖先的象征"(《故宫文物》1986年34集;《中华五千年文物集刊·玉器篇一》)。众多的研究者则把琮与璧联系起来,并引《周礼》中的"以苍璧礼天,以黄琮礼地"为证,主张琮是祭祀天地的礼器,或是巫师的通神工具。汪遵国先生则根据江苏常州武进寺墩3号墓中出土多达32件的玉琮排列现状,结合《周礼》"驵璧琮以敛尸"的记载,主张玉琮具有"敛尸"功能,寺墩3号墓是我国玉殓葬的最早实物例证(《文物》1984年第2期)。

林华东先生广征博引,认为玉琮并非全为"内圆外方",有不少玉琮"射"面(即"内圆"部位)均作委角的方形,而且也有的玉琮中心圆孔并无钻通,甚至有的出土时还带盖,显然不能"沟通天地",说琮是中国古代先民"天圆地方"的象征物也不能成立。林氏经过深入研究,结合玉琮的出土现状分析,主张玉琮是一种复杂的实体,其高矮方圆、大小各异,用途当不可一概而论。琮是寓宗教、装饰、仪礼、权力于一体的复杂而特殊的玉器。小型玉琮可能是玉钺的挂饰或附件,多具装饰之功,规范典型的玉琮为原始宗教巫术活动有关的工具;而随葬人墓中的玉琮,应是良渚人用以敛尸、保护死者、镇墓压胜、避凶祛邪的法器。由于拥有玉琮的主人均属氏族显贵,故玉琮也就成为死者生前权力、地位、财富的标志。同时,玉琮还可能是良渚方国同其他氏族部落间交聘或馈赠的礼器(《东南文化》1991年第6期)。

周南泉先生认为良渚文化方形祭坛与仿地之形制作的方柱形玉琮同时发现于一处,它与古人所谓大地是方形说相符。这就是说,玉琮仿自"地"形,应为礼地,即祭地之用,或可能象征地祖。再者中国古代有所谓"阴阳说",认为地属阴,故凡与阴有关的内容,如月、星、地等,以及由阴性派生的后、夫人等,都可能使用、享有、代表琮,进而用琮去聘请、馈赠和祭祀。同时,玉琮象征女性生殖器官也是有可能的(《故宫博物院院刊》1990年第1期)。

如此看来,要揭开玉琮用途的真正奥秘,尚需今后的考古新资料(尤其是出土现状)来加以剖析。

流传千年的"龙脉"之谜

1.满族龙脉的传说

在辽宁省抚顺有个小镇叫"永陵",满族话称之为"赫图阿拉"。在这个小镇上一条清澈的河流从两山之间流过,对于这点当地人说"两山夹一杠,代代出皇上"。这条河叫作"启运河"。在河北面有一座连绵的山,12个山峰可以清晰看见——这就是传说中满族人的龙脉。风水先生说这12座山峰正好是个龙脉,爱新觉罗氏要出12代的皇帝。说来也巧,清朝正好12位皇帝,更巧的是皇帝在位时间越长者所对应的山峰越高,在位时间越短山峰越矮。所以康熙皇帝所对山峰是最高的,而末代皇帝溥仪的山峰几乎是平的一样。

2.八百里秦川

一直被中原视为偏僻边陲小国的秦国,仿佛是在一夜之间就强大起来,如同一个巨人突然耸立在中原各国的面前,令各国君主目瞪口呆。

七雄并争,秦很快以超强的国势位于六国之上。

有着三寸不烂之舌的纵横术士们,开始在四处鼓动,说秦灭六国,只是时间的问题,因为,秦起于龙乡,真龙地脉、紫气氤氲、云蒸霞蔚。西起宝鸡、东到潼关的渭河流域广大地区,就是历史上有名的八百里秦川。它的北部是半圆形的黄土高原,河渠纵横的高原山地、巍峨雄壮的秦岭山脉和大巴山脉,成为它标志性的风景线。

关中地势险要,易守难攻。咸阳北枕高耸入云的九仲山,在雄伟壮丽的山脚下,是云雾缥缈之中莽莽苍苍的八百里秦川,古城咸阳就安卧在这秦川的腹地。秦王称为圣水的渭河,从南穿行而过。古城因位于山南水北,山南水北谓之阳,故称咸阳。

咸阳之南的渭河,发源于甘肃渭源的乌鼠山,东经潼关,蜿蜒向北抵达白于山,再呼啸南下,穿越秦岭。葫芦河在天水三阳川汇入渭河、泾河在六盘山东麓注入渭河,还有雄奇之水的北洛河流入。渭河波翻浪急,不断接收、融合各支流,以破竹之势横穿关中平原,流域宽广,土地肥沃。渭河、灞河、沣河等河的汇流处,就是历代建立都城的风水吉地。

咸阳与东边的古城长安(西安)比邻而居,是历史上两个十分重要的古城,也是中原通往西域的咽喉要道。

3.龙兴之地

古代选择吉祥之地,注意六项:一看水口,二看野势,三看山形,四看土色,五看水理,六看朝山朝水。

具体察看地理的时候,关注五点,这就是地理"五诀":龙、穴、砂、水、向。

"五诀"就是五种方法和窍门,内容不同,方法各异,因而称谓各不相同,"五诀"分别称为龙法、穴法、砂法、水法、向法;又因其重点各异,因之又分别称为觅龙、察砂、观水、点穴、择向。

道家研究风水,曾提出了玄空造化场的思想,将山、光、水、气、方位、气流等融为一体。山环水抱必有气,气遇风则散,风是送气之媒。

选择京师风水吉地,重点之处是要考察其山势和风水之势,看其祖山、主山、龙脉、龙穴、风水、穴青龙、白虎、护山、案山、水口山等。

龙脉,指连接祖山、少祖山、主山脉络的山脉。龙穴,指主址的最佳地点称之为龙穴。通常是在主山之前,位于藏风蓄水的风水怀抱之中央,是世间吉祥紫气的最佳凝结点,也是最适宜于居住的风水吉地和停放祖先棺木的福地。水口山,指主址前河水流出之地的左右两山,山峰隔水对峙,通常是繁华市镇的入口,人称龟山、蛇山、象山、狮山。水主财,这里是河水的汇合处,也就是汇水聚气之地,自然是适合于人居住的佳地。

道家以中国的四条大河来划分龙脉,称为三大干龙:长江以南为南龙,长江、黄河之间为中龙,黄河以北为北龙。

三大干龙的龙脉,都起源于昆仑山。每条干龙,从西部昆仑山的起点到东部入海的终点,按照远近大小,分远祖山、老祖山、少祖山等,依次由老到嫩。山老无生气,山嫩则生气勃勃。因此,寻山要寻少祖山,不要寻老祖山。

他们把龙形的山脉从优到劣分成四龙:进龙、退龙、福龙、病龙。

干龙的祖山,必定是名山,山势雄伟,地域广大,山环水绕,河渠纵横,山脉绵延千余里。祖山的主脉,通常是一个地方的名山、名峰,在历史的发展过程中,一般为重要疆域的分界线。

主脉蜿蜒东进、南行,形成一块块福地,当它们跨过河谷峡地时,形成一个个土地肥沃的盆地,就是适宜于人类生存的通衢都会:千里之地为大郡,300里之地为河川,百里之地为县市,百里以下为城镇。

中国的山川河流的走势、巍峨蜿蜒的龙脉和潜藏的龙脉大势,从西到东,将龙脉蜿蜒的地势视为风水地脉,分为三势,称为三龙。

三龙的祖脉就是远在西域边陲的昆仑山,昆仑山绵延向西,分成三支,就是三龙:

第一支:起自昆仑山,从阴山、贺兰山到秦岭,进并州到太行山、燕山,东至大海,称为北龙;

第二支:从昆仑山到岷山,循岷江左右,出左江到关中,直至武;

第三支:自昆仑山出吐藩沿丽江而下,趋云贵到横断山,往东由武关到湘江,东经黄山、天目山到苍括山,称为南龙。

北龙的山势巍峨雄壮,出昆仑山向东,秦岭、嵩山绵延纵横,河北众山环拥相抱,形成一系列进龙、福龙佳地。山西之水入龙门西河,山东之水入幽州东流至海。一支是恒山,一支是绵延千里的太行山,山势最高、最雄伟。还有一支就是燕山山脉,是北龙之中最长的一支,向东一直延伸到平乐。

北龙的核心之地是太行山,山之西面是吕梁山,北边是五台山,南边是滚滚不绝的黄河。

太行山是南北走向,绵延的山势,犹如蛟龙,逶迤南行,在黄河沁阳之地突然向西,由王屋山直抵崤华山。

太行山群山耸立,绵延起伏,峡高谷深。山中古木参天,浓荫蔽日,幽深河谷绿浪翻滚。悬崖峭壁造型奇特,倒映山水千奇百怪,如雪的瀑布仿佛从天而降,气势磅礴的山势,犹如一条巨龙腾空飞跃在天地之间!

太行山与吕梁山相邻,两山之间的山川构成肥沃的土地,这里就是著名的黄河流域的并州地区。黄河之水滋润灌溉,汾河蜿蜒流过,群山耸立,富水东流,环形的山川地势藏风蓄水,形成难得一见的风水宝地。

紫禁城档案谜团

清朝灭亡以后,安放档案的内阁大库由于年久失修,档案都暴露在外面。这些档案有的流散出去,有的因日晒雨淋生了霉斑。

1921年,北洋军阀政府曾经把清宫的部分档案装了8000麻袋,共7.5万千克,卖给了造纸厂作为造纸原料。幸亏有识之士及时得知这一消息,到造纸厂把这些秘档抢救了下来。

这件事,就是有名的"8000麻袋"事件。当时国学大师王国维在《清华周刊》上撰文,把这8000麻袋的清宫档案和安阳殷墟甲骨文、西域木简、敦煌汉唐写经一起,并称为近代中国文化的"四大发现"。到了 1924 年,在社会各界的呼吁下,北洋政府成立了清室善后委员会,负责清点登记清宫的财产和文物。至此,以清内阁大库和宫中各处档案为主的大批珍贵清代官方档案陆续被发现,一时间在社会上引起很大轰动。

1925 年,故宫博物院成立,下设文献部管理这部分档案,后更名为文献馆。中华人民共和国成立后,改称故宫博物院历史档案馆,1955 年,这部分档案划归国家档案局管理,1980 年改称中国第一历史档案馆。

1.紫禁城内的秘档

在档案馆简朴的大楼里,收藏着中国最后一个封建王朝——清王朝 268 年间的秘密档案,共 1000 多万件。在这些档案里,有记录了十多万皇室成员生卒年代的皇室族谱,有无数件皇帝的指令和批示,有十多万件历代大案要案、冤案、疑案的卷宗,有皇帝传位的绝密遗谕,有记载着皇帝的饮食起居、婚丧嫁娶、生老病死、每日膳食、医疗病历的档簿,以及丧权辱国条约签订过程的原始记录等等。

有关清王朝的许多传说在民间广为流传,像"顺治出家""孝庄下嫁"……所有这些传说的真相,都会在档案里找到。

这里有清朝最早的一种档案,刻有满文的木简。满文是满族人借鉴蒙古文创立的一种拼音文字,入关后又进行了改进。作为清代官方文字之一的满文,皇帝和满族官员必须掌握。现在这种木简仅存 26 块,清朝初时,由于战事频繁,又地处关外,纸张极其稀少,于是满族人想到用木简记事。现在清代档案中,约有 200 多万件是用满文或满汉两种文字写成的。

档案中的满文木牌是传递作战消息的,上面记载了清朝太宗皇太极的弟弟武英郡王阿济格等将领,与明军作战时追杀敌军的情况。

2.珍贵史料之谜

清代有一种机密的文书——奏折。奏折最早出现于康熙时期,开始时像君臣间的私人通信。雍正时期,奏折成为正式公文。乾隆初年形成相应文书制度,皇帝朱批后,先交军机处抄录副本备查,原件发还本人阅看后定期缴回宫中保存。档案馆收藏了皇帝批示奏折 70 余万件,副本 90 多万件。

"杨乃武与小白菜"是清末四大奇案之一。相关题本和奏折都详细叙述了案件经过,案情从一个豆腐店伙计暴病死亡开始,案件审理过程极其曲折,历经数年,县、州、省级许多官员受到处分。杨乃武与葛毕氏也就是小白菜最终被平反。

玉牒,即清代皇室的族谱,是一种非常特殊的历史资料。清代玉牒以太祖努尔哈赤的父亲塔克世为大宗,大宗又分近支和旁支,皇帝的直系亲属都属于近支,称为宗室,近支的玉牒是用黄绫做封面,非直系亲属为旁支,满语叫觉罗,玉牒为红绫封面。每次所修玉牒都要抄成满汉两种文本。清代玉牒还有一个特别之处,就是设有专册记录皇族女子,这是清朝以前所有朝代都没有的。清朝皇帝规定每10年重修一次。档案馆存有各种玉牒2600多册。

每次重修皇室族谱,都要把新生人口添加进去,这样玉牒就越来越厚。1921年,溥仪小朝廷最后一次修订的宗室玉牒共7000页,记录了清代宗室男性十余万人,成为世界上最大的一份族谱。

中国第一历史档案馆还保存着清朝的大、小"金榜"上百幅,这是极为稀罕的史料。

所谓金榜,即科举考试中最高一级考试殿试的成绩排名榜。小金榜是送给皇帝看的,大金榜一般长约15~20米,满汉文合璧,考试结束后,文武科金榜分别悬挂在东西长安门外,昭示天下。

中国第一历史档案馆收藏的清宫秘档,对历史研究具有十分重要的价值。2002年,清代《玉牒》《金榜》《秘密立储档案》登入《中国档案文献遗产名录》。

清代《内阁秘本档》中有关17世纪在华西洋传教士活动档案共24件,于1999年被联合国教科文组织列入《世界记忆名录》。

世界三大超时空悬案

1.达·芬奇是来自未来的发明家吗

16世纪著名画家、发明家达·芬奇(1452~1519年)一生的发明之多令人咂舌,至今许多人依然感到迷惑,为何他的创造力会那么旺盛?

达·芬奇有超乎常人的智能,一辈子走在时代的前端,却不被当世人了解,甚至遭到讥嘲。达·芬奇执意选择孤独,对世俗情缘冷淡看待。他有满腹才华,但是一生遭遇坎坷,落得寂寞以终,给后世留下许多谜,像他那些未完成的发明。如果达·芬奇生在20世纪,他会有多少成就呢?这也是一个无法解开的谜。

在20世纪70年代末的一次科幻小说家举行的大会上,有人提出了一个惊人的大胆猜想:达·芬奇很可能是一名来自未来世界的人!在穿越时空的旅行时,他由于某种原因被困在了15世纪,无法返回他自己的时代,于是只好利用他掌握的大量知识,发明出无数新鲜玩意,以满足他在那个年代的生活需要。

2.15世纪的画家画出了冲浪板

和达·芬奇生活在同一时代的荷兰画家希罗尼莫斯·波希(1460~1516年)是当时最伟大的幻想画家,他的艺术作品充满了中世纪社会末期普遍存在的对邪恶

考古未解之谜

图文珍藏版

的困扰,包括大量神秘、虚幻的内容。

最不可思议的是,他甚至曾画过一名男子驾驶着滑板在水中冲浪,手中还抓着一根金属把手,而这绝对是他一生中不可能见过的景象!

3.爱伦坡小说描写液体水晶

1837 年,美国著名神秘小说作家兼诗人爱伦坡还未成名时,一位神秘的陌生人曾拜访过他。陌生人从兜里掏出一张纸给爱伦坡,"将这张纸上那段关于神秘液体的文字添进小说里,而且一个字都不许改动"。爱伦坡接过那张纸,尽管他觉得那人的要求实在太奇怪,但还是依命而行。

1838 年,他的小说《亚瑟·格登·皮姆的历险故事》在纽约出版,书中讲述的是主人公在南极洲附近某小岛上一次非同寻常的探险。在探险过程中,主人公遇到了一种神秘液体。书中主人公说:"我很难用语言描述这究竟是什么样的一种液体,它并非透明,但同时它也没有一种固定的颜色,而是如同彩虹一般幻化出各种光芒。我们将一些水放入玻璃杯中,隔了一会儿之后,我们注意到它自动分成了许多小块,每块液体都有自己的形状,似乎一种强大的力量将它们各自分开。我们用一把小刀将那些液块切开,但很快它们又会融合到一起。"

科学家们一定会认为,这段文字是对液体水晶非常精确的描述。但问题是,液体水晶直到 1 个世纪之前才被世人发现!而且,液体水晶无法在常温常压自然状态下被人们看见,因此爱伦坡也绝对没有可能见过它们,那么他是如何写出那段生动文字的呢?难道真有神秘客人从未来返回过去,告诉他该如何写小说吗?也许,这一切超时空悬案的答案只有留待未来的科学家解释了。

世界四大"凶宅"

1.有关"凶宅"的争论

近百年来,有关"凶宅"是否真正存在的争论,一直沸沸扬扬、莫衷一是。存在论者和不存在论者均拿不出让人信服的证据来证明自己的观点。然而,尽管绝大多数"凶宅"并没有幽灵的传说,然而,一旦有人住进了这样的屋子里,就会大难临头,不是得了重病九死一生,就是与死神相吻一命呜呼。此类现象在欧美国家常常用"凶宅"来解释,而在中国古代则用"风水"和"报应"来解释。

传说中的世界四大"凶宅"

埃及:在埃及一座高大的法老墓附近,有一幢"一战"时期英国军队修建的兵营。当英国士兵入住 3 个月后,就接连有人出现身体颤抖、口齿不清、牙齿脱落的症状,一直发展到双目失明,最后全身扭曲一团,在强烈的抽搐中发出悲惨的嘶叫声痛苦地死去。当地人认为,凶因是因为居住者触犯在地下已安眠几千年的尊贵无比的法老。

美国:有一处有名的凶宅在美国迈阿密,那是早期白人殖民者用一种黏土以"干打垒"的方法建成的住宅。但是最早的主人很快放弃了这座建筑。因为他们在这里住上两个月,就会出现咳嗽、胸痛等症状并逐渐加重,夜里有被一双魔爪拼命压住胸口、几乎窒息而死的感觉。离开这里后,症状就会很快消失。

印度:在印度的凶宅,往往是连成一片的住宅群。传说那些人在死去的时候,撕破自己的衣服,抓烂自己的皮肉,含糊不清而又声嘶力竭地呼叫着人们并不认识的某个人的名字。当地人认为死者所指的那个人是一个古老的神灵,而那片地方就是神灵的领地。

比利时:上面所说的三座"凶宅"因为年代较为久远而被罩上了一层神秘的面纱。而在比利时有一座著名的凶宅,这座住宅只建造了 50 余年,完全是当代文明的产物。这是建在布鲁塞尔远郊的一幢现代化别墅,建成后主人搬进不久就出现程度不同的头痛、精神恍惚,女主人甚至出现严重的精神错乱,最终因心智发疯而试图跳崖自杀。可是当搬出别墅后她的精神病便不治而愈。

美国和欧洲一些国家的地质生物学家对美国、英国、比利时、印度、埃及等国家的 20 多座"凶宅"进行实地勘探,通过考察得出了以下结论:

2."凶宅"现象与电磁污染有关

欧美科学家经过对"凶宅"长达数十年的科学考察,惊喜地发现:形成"凶宅"现象多半与不良的地质因素有关,此外,还与缺乏绿化和环境污染等因素有关。其中最常见的有电磁污染、水污染和大气污染等。比如,在不少城市中的工业区内,整个地面上都是密密麻麻如蜘蛛网似的地电流,以及局部性的磁力扰动,遍及面更广。如果在这种地电流与磁力扰动交叉的地方建造住宅,便会导致对人体损害极大的电磁波,辐射到住宅内,造成居住在这里的人们产生精神恍惚、惊慌恐怖、烦躁不安和头疼脑昏以及失眠等症状。

还有,比利时布鲁塞尔远郊的那幢别墅,是因为对面山丘上有一处封闭的军事重地,那里有自"二战"期间建立起来,并不断进行技术改造的一个雷达站,雷达站发射功率极强,因三面拥立的石壁阻挡着电磁波的延伸扩散,交叉反射投向别墅,住在里面的人一天 24 小时几乎要接受 48 次电磁波的强烈震荡和"射击"。在这样恶劣的环境中,他们怎能不遭受精神损害呢?

3."凶宅"现象与重金属、放射性元素有关

科学家们还发现,有些"凶宅"在宅基有重金属矿脉隐藏,或附近有排放有毒

重金属的加工厂;还有一些住宅由于地下有一种无色无味的放射性气体"氡",不时向地面放射,同时通过人的呼吸道进入并沉淀在肺组织中,破坏人的肺细胞,从而引起肺癌以及其他呼吸道方面的癌症。

在印度曾发现过这样的"凶宅",凡居住在这类"凶宅"里的人,过不了多久就会得上一种怪病,口齿不清、面部发呆、手脚发抖、双目失明、精神错乱,最后全身扭曲而死。这样的"凶宅"在印度各地接连不断地出现,在全国上下闹得人心惶惶。

对此,印度政府专门派出一个专家小组对"凶宅"进行了实地调查,经过分析取证,最终得出结论:死者是因汞中毒所致。原来这些"凶宅"附近都有一家水银温度计厂,由于环保措施滞后,放任水银溢出渗入地下,严重地污染了地下水源,从而酿成数人死亡的惨剧。

对美国迈阿密的那处"凶宅"勘探化验发现,"凶因"来自造房子的那种灰白色黏土。这种黏土富含肉眼难以发现的矽尘,而人在不知不觉中吸入后,就会发生呼吸道反应。埃及那座"凶宅"的成因是因为当年的法老为了使自己的陵墓得到保护,在墓室的内壁涂刷厚厚的蓝色灰层,这种由多种岩石研磨而成的粉末,含有汞和钴等可怕的有毒物质。使人死于非命的是他们饮用了取自法老墓地下一口水井里的水,因此遭受了汞中毒和钴的放射性辐射,这种在体内骨骼、脏器、神经细胞沉积的毒素,就是停止饮用这种水也无法彻底清除。

在波兰华沙附近的一个被称为"陆地百慕大三角"的公路中心,那里虽然没有"宅",却"凶"得很。据说那里发生的车祸事件多得令人难以置信。令人迷惑不解的是,许多车祸竟发生在天气晴朗,可视度良好的条件下,而且驾驶员又多是经验丰富、技术娴熟的老司机。公路管理部门请来专家"会诊",发现该处地电流纵横交错、重叠交叉,并有局部地磁扰动,形成了一股较强的力量,影响了活动于其上的人的精神状态和行为。据认为这可能是事故的原因。

据说,这种地电流交叉点的存在已经得到证明,并能用仪器测量其辐射强度。正统医学已承认有些房屋人住进去容易得癌症,这种房屋被称为"癌之家"或"癌屋"。有的地质生物学家认为,这种"癌屋"正是处在上述那种神秘的交叉点上。不少动物如狗、马等,能觉察出这种神秘地点的所在,从不在那里睡觉。但有些动物如猫、蜜蜂、蛇类,却偏死于氡气引起的肺癌。据测定,在抽样的 1.4 万所房间中,有 21% 的房间,其氡气含量偏高,或多或少地超过了允许数值。

由此可见,"凶宅"的形成,其原因是多种多样的,大多与"风水"环境条件有关,不能简单地斥之为无稽之谈或迷信,要用科学的头脑,分别加以研究和分析。如果说有"煞神""白虎星"的话,那么,上述那种神秘的交叉点、氡气、有毒重金属元素的污染,电污染等,才是真正的"煞神""白虎星"。

4.住宅选址的秘密

在中国,古人为了避免"凶宅"之祸,对住宅建筑的选址十分讲究。

清代的高贝南曾说过:"欲求住宅有数世之安,须东种桃柳,西种青榆,南种梅枣,北种奈杏。"细究起来此种说法很有些科学道理,因为它符合植物学中树种的生理特性,如桃、柳喜欢温暖向阳,因此宜栽于宅之东;而梅树、枣树树干不干,因此宜种于宅之南;榆树的枝叶可挡住西晒太阳,故栽于宅之西最佳;而杏树不喜欢阳光,因而宜种于宅之北面。

又如,榆树与槐树树龄很长,古代民宅的大宅,往往在外宅和内宅之间设中门,并有一天井,天井内种槐树,一方面能够绿化,另一方面也能对内宅起到掩蔽作用,而如果再在宅后栽上常青树,更可常见的"凶宅"避免深宅大院赤裸裸地暴露在外人面前。

所以,古人在民宅选址上,一大原则就是在住宅的正门前不能种大树。用今天的科学观点来看,这里面包含着一定的科学道理:因为大树会挡住阳光的照射,使宅内阴暗无光,并会影响屋内的空气流通,还极易招致雷击。

古人为了避免"凶宅"之祸,凭着对自然界的朴素认识,在建筑民宅选址时的目标是有"紫气东来"、能"五世其昌"的"吉宅"。

一般说来,人们在选择"吉宅"的地址时,讲究的是居住环境的幽静、透光、通风、舒适和绿化,能够在住宅周围营造出"吉宅"的氛围。

随着现代科学技术的发展,我们能够从古人的民宅选址中,发现其中的诸多内容具有一定的科学道理。这些内容在很多方面用现代地质、地理、生态、生理、心理、建筑和美学等科学来得到解释。同时人们对自己因住宅因素引起的身体不适,也懂得从采光、通风、环境污染等方面去找原因,而重视科学的当代建筑设计,也为现代人提供更加有益于身心健康的安全家居。

凶宅将成为过去古老的故事,日新月异的现代科学将还其古环境工程学的本来面目,并最终揭开罩在"凶宅"头上的神秘面纱。

精绝国重现于世

1931 年 2 月,一个名叫斯坦因的英国人在新疆维吾尔自治区民丰县北境塔克拉玛干沙漠腹地约 150 千米处的尼雅河畔发现了一座古城遗址,并从这里挖掘出封存了千年的珍贵文物多达 12 箱。当这些文物被运回英国之后,西方学者大为震惊,原来斯坦因发现的正是被称为东方"庞培城"的尼雅遗址,即精绝国遗址。

据考证,尼雅遗址南北约25千米长,东西约7.2千米宽,总面积约180平方千米的范围内,遍布着寺院、官署、住宅群、种植园、冶铁作坊和墓地等古代遗存。斯坦因在这里发现的一枚汉简上写着"精绝"二字。该汉简称"……汉精绝王承书从……"大意是:×年×月×日,负责西域事务的官吏向臣属于汉朝的精绝国王下命令等。正是从这枚汉简中获知,尼雅古城即是西域三十六国中的"精绝国"故址。

据《汉书·西域传》记载,精绝国位于昆仑山下,塔克拉玛干大沙漠南缘,接受汉王朝西域都护府统辖,国王属下有将军、都尉、驿长等。精绝国虽是小国,但它位于丝绸之路上的咽喉要地,地理位置十分重要。史书所描述精绝国所处的环境是:"泽地湿热,难以履涉,芦苇茂密,无复途径。"从寥寥数语中显然可以看出,当时的精绝国是一片绿洲,公元3世纪以后,精绝国突然消失了,斯坦因的发现又使精绝国惊现于世。

然而,问题也随之而来,精绝国是如何从历史上消失的? 它为何被埋没于滚滚黄沙之中? 为什么璀璨的绿洲变成了死亡的废墟? 为此,历史学家们既困惑不解又争论不休?

有人认为,精绝国之所以被废弃埋没于沙海之中,是因为精绝国人大肆砍伐树木,破坏生态环境,致使水源枯竭,风沙肆虐,绿洲消失,最终被淹没于茫茫沙海之下,也有许多人对此持疑问和否定的观点。

为了揭开这千古之谜,1995年10月,中日两国考古学家深入塔克拉玛干沙漠,开始了对精绝国遗址的大规模科学考察。此次挖掘是近一个世纪以来收获最为丰硕的一次,被评为"95全国十大考古发现"之一。出土文物之丰富,保存之完好震惊了中国乃至世界考古界。这次考古价值最高的发现是大量保存完好特色鲜明的织锦和写有佉卢文的木简函牍。其中"五星出东方利中国"织锦质地厚实,纹样瑰丽流畅,色彩艳丽,世所罕见。大量的佉卢文档案也让考古学家们喜之若狂。

佉卢文最早起源于古代犍陀罗,是公元前3世纪印度孔雀王朝的阿育王时期的文字,全称为"佉卢虱底文",最早在印度西北部和今巴基斯坦一带使用,公元1~2世纪时在中亚地区广泛传播。公元4世纪中叶随着阿育王朝的灭亡,佉卢文也随之消失了。18世纪末佉卢文早已经成了一种无人可识的死文字,直至1837年才被英国学者普林谢普探明了佉卢文的奥秘。

最诱人的当然是佉卢文木牍的内容。解读它们发现,精绝国长期受到来自西南方SUPIS人的威胁与入侵,可以说,精绝国是在预感大难临头中,忧心忡忡地度过了最后的日子。木牍的文字表明SUPIS人对精绝国威胁到入侵是一步步地加深,如"SUPIS人之威胁令人十分担忧,余等将对城内居民进行清查";"现有人带来关于 SUPIS 人进攻之重要消息";"现来自且末之消息说,有来自 SUPIS 人之危险……,兵士必须开赴,不管有多少军队……"显然尼雅人无法抵御强大的 SUPIS 人的进攻,"SUPIS 人从该处将马抢走";"SUPIS 人抢走彼之名菩达色罗之奴隶"。考古学家们在这个沉睡了 1600 年的废墟上,看到了宅院四周尸骨累累,内部各种遗物四处散落,房门敞开或半闭。用来存放怯卢文的陶瓮密封完好没有拆阅,储藏室里仍有大量的食物,甚至纺车上还有一缕丝线。这一切似乎告诉人们精绝国在面临长期的入侵威胁后,遭到了到惨重一击,甚至没有留下最后的文字记载。

东汉末年,汉朝国力日竭,东汉官兵撤离西域。中原陷入长久的分裂与战乱之中,西域出现了政治真空,西域各国也陷入了弱肉强食的争战之中。

弱小的精绝国最终淹没在这血腥的厮杀中,而"五星出东方利中国"的织锦则透出了精绝国心归中原祈盼和平,也让人们面对这千年织锦,为精绝国的命运扼腕叹息。

不过,令学者们难以猜透的是,各种史书上从来没有关于 SUPIS 人的任何记载,这个凶猛好战而富于侵略性的民族会是些什么人? 精绝国后裔们的命运如何? 唯有等待进一步的科学探索了。

西藏神秘现象

西藏,因为它的神秘,吸引了众多的好奇者。

1.香巴拉之谜

香巴拉,又译为"香格里拉",意为"持安乐",是佛教所说的神话世界,时轮佛法的发源地。关于香巴拉是否存在人们始终持怀疑态度,而佛学界则认为香巴拉是一个虚构的世外桃源。藏文史籍对于香巴拉的记载很详细:香巴拉位于雪山中央的西端,圆形如同莲瓣,周围被雪山环抱,从白雪皑皑的山顶到山脚下的森林,生长着各种鲜花和药草,大小湖泊星罗棋布,青草茂盛,绿树成荫,有许多修行圣地。其中央耸立着富丽堂皇的迦罗波王宫殿,宫殿中央是各种王的寝宫宝座,各王拥有许多大臣和军队,可以乘骑的狮子、大象、骏马无数。这里物产丰富,人民安居乐业,从王臣权贵到庶民百姓都虔信佛法,供奉三宝。

2.珠峰旗云

天气晴朗时,珠峰峰顶常飘浮着形似旗帜的乳白色烟云,这就是珠峰旗云。旗云是由对流性积云形成,可以根据其飘动的位置和高度,来推断峰顶风力的大小。如果旗云飘动的位置越向上掀,说明高空风越小,越向下倾,风力越大;若和峰顶平齐,风力约有 9 级。因此,珠峰旗云又有"世界上最高的风向标"之称。

3.野人之谜

西藏"野人"是"世界四大谜"之一。早在1784年,我国就有西藏野人的文献记载。近些年,在喜马拉雅山区不断有人目击野人活动,并有女性野人抢走当地男子婚配生子之事。

4.象雄之谜

象雄,意为"大鹏鸟之地",汉史记载"单同",是西藏高原最早的文明中心。据考古研究和史籍记载,象雄在公元前10世纪就已在西藏高原崛起,且早于吐蕃与唐朝建立关系。在公元6~7世纪,象雄已是以牧为主,兼有农业了。古老的象雄产生过极高的文明,它不仅形成了自己独特的象雄文,而且还是西藏传统土著宗教的发源地,对后来的吐蕃以至整个西藏文化都产生了深刻的影响。象雄王朝鼎盛之时,曾具有极强的军事力量,其疆域包括了西藏高原的大部分地区和青海、四川的一部分,以及西部的克什米尔和拉达克。后来,吐蕃逐渐在西藏高原崛起,到公元8世纪时,彻底征服了象雄。

5.巫师之谜

在原始宗教观念支配下的藏族先民们认为:无论是在天上、地下或是水中,都有神灵,而且世间万物也都无不听命于这些神灵。在人类发展的过程中,人们不断幻想能控制和影响客观事物以及部分自然现象,于是便产生了祭祀和巫术活动;巫师也随之出现。作为藏族原始宗教祭祀主持人的巫师,据说都能通神,且能同鬼神通话,以上达民意、下传神旨;可预知吉凶祸福,除灾祛病;还能从事征兆、占卜、施行招魂、驱鬼等巫术。他们是人与神之间的桥梁和媒介,享有十分崇高的威望。随着时间的流逝,我们对巫师的各种情况,如名称、传承、服饰、法器、神坛、咒语、巫术、占卜等,几近一无所知。

6.伏藏之谜

伏藏是指苯教和藏传佛教徒在他们信仰的宗教受到劫难时藏匿起来,日后重新挖掘出来的经典,分为书藏、圣物藏和识藏。书藏即指经书,圣物藏指法器、高僧大德的遗物等。最为神奇的就是识藏,据说当某种经典或咒文在遇到灾难无法流传下去时,就由神灵授藏在某人的意识深处,以免失传。当有了再传条件时,在某种神秘的启示下,被授藏经文的人(有些是不识字的农牧民)就能将其诵出或记录成文。

7.说唱艺人

《格萨尔王传》是藏族著名长篇英雄史诗,从其原始雏形发展到现在共有百余部之多,可谓鸿篇巨制。《格萨尔王传》在民间以两种形式流传,一是口头说唱形式,一是以抄本、刻本形式。口头说唱是其主要形式,是通过说唱艺人的游吟说唱世代相传,而说唱艺人有着各种传奇。在众多的说唱艺人中,那些能说唱多部的优秀艺人往往称自己是"神授艺人",即他们所说唱的故事是神赐予的。"神授说唱艺人"多自称在童年时做过梦,之后生病,并在梦中曾得到神或格萨尔大王的旨意,病中或病愈后又经喇嘛念经祈祷,得以开启说唱格萨尔的智门,从此便会说唱了。在藏区,有些十几岁目不识丁的小孩病后或一觉醒来,竟能说唱几百万字的长篇史诗,令人大为惊异。这一神秘现象仍然在研究中。

8.古格之谜

9世纪中叶,吐蕃王朝第9世赞普朗达玛被杀,其曾孙逃往阿里地区。约公元10世纪,其后裔建立了古格王国,在近700年的历史长河中创造了灿烂的文明。1630年,拉达克人入侵并消灭了古格。然而,从记载上看,战争造成的屠杀和掠夺并不足以毁灭古格文明,但它却悄无声息地消失了。古格文明的消失和玛雅文明有着惊人的相似之处,都发生得异常突然。在现今的遗址附近经常可以看到这样的景象:10多户人家守着一座可供上千人居住的城市,而这10多户人家并不是古格后裔。那么当日10万之众的古格人如何消失得无影无踪了呢? 如今,浩大的古格王国遗址、神奇的"古格银眼"、无头干尸洞和无数的古物珍宝吸引着考古学家的探索。

史前三位地图板之谜

2000年7月26日,俄罗斯拜西克省国立大学物理学教授、著名科学家亚力山大·丘维诺夫博士在《真理报》网站上公布了一个让人震惊的消息:有充分的证据证明,在远古的乌拉尔山脉之中,曾经存在过一个高度发展的文明。在此之前,他和他的研究机构在乌拉尔山脉的考古过程中发现了一块远古时代的石板:一块用高科技机器制成的三维立体地图! 丘维诺夫博士称,据初步估计,这块"三维地图"石板的年龄至少有1.2亿年之久。

丘维诺夫博士说:"一开始,还没发现这块神奇的石板时,我们的研究主题是,在几千年前,是否有古代的中国人曾经居住在西伯利亚和乌拉尔山脉一带? 因为我们在该地区的一些岩石上发现了一些像是3000多年前古中国的甲骨文一样的文字。我们通过研究所有乌法地区的档案资料,发现了一些18世纪末写成的档案笔记上,记载描述了200多块有象形文字和图画的远古时代的神奇石板。我们当时的想法是,这些石板可能跟古代中国在乌拉尔山脉的移民有一种莫名的联系。"

"因此,"丘维诺夫接着说道,"接下来我们要做的,就是努力寻找这个远古时代的文明遗迹。可是随着研究的逐步深入,我们惊讶地发现,这些岩石上的图画和文字跟3000年前的那个时代毫无关系。在这些岩石上的图画中,根本一次都没有出现那个时代应该有的动物,譬如鹿什么的。为了更深入地探究其中的奥秘,我们先后组织了6个探险队考察了乌拉尔山脉无人区,终于在1999年7月28日,在地下1.06米的地方,挖掘出了这个石板——我们称它为'神奇之石'。这块石板长度是1.5米,宽度超过1米,厚度仅有16厘米,重量超过1吨。许多科学家参观这块石板后认为,这是一块浮雕——一幅三维的立体地图!"

刚开始发现这块神奇石板后,丘维诺夫博士和他的同事们异常激动,他们以为发现了一块2000多年前制成的产品。很明显,这块石板是人造的,它共分3层,用一种特殊的黏合剂粘在了一起,而第三层更像一种白色的人造瓷!

尤其让人惊讶的是,石板表面的浮雕并不像是古代石匠用手工雕刻出来的,有足够的证据显示,一种先进而细腻的机器参与了该浮雕的制作。

丘维诺夫介绍说:"在这块石板地图上,能够一眼认出从乌法到撒拉维特的广大地区。石板地图上,乌法山脉的一侧和现实中乌法山脉的走向轮廓完全一致,地图上乌法山脉的另一侧跟现实中的则稍微有一点不同。

其次让我们疑惑的是石板地图上所谓的乌法峡谷,地图上,从现在的乌法城地区到斯特里托马克地区,地球的表面裂开了一个长长的大口子,足有二三千米深、三四千米宽。我们通过地理学研究发现,这种地貌只在1.2亿年前才可能存在过,也就是在理论上的确有这条峡谷存在!

因此,这块石板地图如果描绘的是它被制作时的地貌,那么,石板地图的历史至少也有1.2亿年!后来我们设想,现在的乌夏克河可能就是由地图上的这条远古时代的峡谷演变而来的。"

据丘维诺夫博士说,除此之外,还有更让人惊讶的,在三维石板地图上还雕刻着两个宽500米、总长度达1.2万千米的河道系统,在这个河道系统内,包括12道300米宽、10千米长、2千米多深的大水坝,这些水坝使水产生一个巨大的落差,能从一边很容易地倾斜向另一边,整个水道系统极像现代的水力发电站!

"如果当年真的建成过这个水道系统,那么,总共将有1000万亿立方米的泥土将被挖走。那将是几十个大金字塔的工程。"丘维诺夫博士最后说道。

那么,究竟是什么人绘制了这张地图?他们的目的又是什么呢?如果当时的文明已经达到了如此之高的程度,那为什么在历史上会没有留下一丝一毫的痕迹呢?太多的谜团纠缠在一起,让科学家们百思不得其解。

楔形文字起源之谜

1472 年，一个名叫巴布洛的意大利人在古波斯也就是今天的伊朗游历时，在设拉子附近一些古老寺庙残破不堪的墙壁上，见到了一种奇怪的、从未见过的字体。这些字体几乎都有呈三角形的尖头，在外形上很像钉子，也像打尖用的木楔，有的横卧着，有的则尖头朝上或者朝下，还有的斜放着，看上去像是一只尖利的指甲刻上去的。巴布洛非常诧异。这是文字吗？还是别的什么？他带着这种疑惑回到了意大利。但是，当时没有人对他在西亚的这个发现感兴趣，人们很快淡忘了这件事。欧洲人并不知道，这就是楔形文字。

一百多年后，又有一个意大利人造访了设拉子，他就是瓦莱。瓦莱比巴布洛要勤奋，他把这些废墟上的字体抄了下来。后来，他在今天伊拉克的古代遗址，又发现了刻在泥板上的这种字体，因此他断定这一定是古代西亚人的文字。瓦莱把他的发现带回了欧洲。他让欧洲人第一次知道了这样一种奇怪的文字。

通过近两百年对美索不达米亚的考古发掘，以及语言学家对大量泥版文献成功的译读，人们终于知道楔形文字是已知的世界上最古老的文字，它是由古代苏美尔人发明，阿卡德人加以继承和改造的一种独特的文字体系。巴比伦和亚述人也先后继承了这份宝贵的文化遗产，并把它传播到西亚其他地方。西方人最先看到的楔形文字，是伊朗高原的波斯人加以改造了的楔形文字，与苏美尔人、阿卡德人、巴比伦人以及亚述人使用的楔形文字有很大的不同。

但是，楔形文字究竟是怎样起源的一直是人类文化史上的未解之谜。这个问题，争论了近两个世纪。长期以来有下列两种观点盛行。

传统的考古学家和历史学家认为，楔形文字起源于美索不达米亚特殊的渔猎生活方式。这是较为通行的看法，西方的各种百科全书大都持这一观点。

也有学者持不同见解，认为楔形文字的起源与古代苏美尔地区发达的社会组织有密切关系，苏联科学院编的《世界通史》就持这一观点。该书在论述楔形文字的发明时写道："两河流域各族人民文化的最大成就，就是文字的创造。公元前 4 世纪中叶，苏美尔人就有了文字的胚胎。为了行政管理，它需要比较有条理的通讯，于是，这种文字的胚胎遂变成真正的文字。"

上述两种观点长期并存，相持不下。然而，从 20 世纪 70 年代起，考古天文学家却提出了一个爆炸性的观点，认为楔形文字起源于 6000 年前的一次天文事件——船帆座×号超新星的爆发，从而引起世界学术界对楔形文字起源的新一轮争论。

这一观点起源于一个苏美尔学专家的假设。苏美尔学专家乔治·米查诺斯基在对楔形文字的研究中发现了一个现象,即在较早的泥版文书记载中大量出现对同一颗星的记录,因此他提出了苏美尔文明的起源与这颗星有关的假设。

1980 年,美国国家航空和宇宙航行局的天文学家里查德·斯特塞经过精确计算,论证了这一假设的合理性。他认为,米查诺斯基所说的这颗文明之星,就是 6000 年前爆发的船帆座 x 号超新星,这是人类历史上能记忆的最大一次天文事件。这颗星在今天只能勉强分辨,但在 6000 年前,其光芒白天可以与太阳同辉,夜晚与月亮并悬,在两河的水面上拉开了一条长长的光带。

可以想象,这种神秘的自然现象给早期人类带来的心理影响是巨大的。他们对这颗星的敬畏和崇拜演化成了神话和宗教,关于这颗星的图画就演变成了最初的文字。专家们果然发现,在楔形文字中最早和最多使用的两个字是"星"和"神",而这两个字惊人地相似。

来自自然科学的探索是令人振奋的,它对楔形文字的起源提出了全新的见解。但是,很多学者也提出了怀疑,一颗新星的爆发是否真的具有创造人类文明的威力? 这是否说明,楔形文字与世界上其他文字发展的一般规律完全不同?

另外,来自亚述和巴比伦的考古发掘成果也证明,美索不达米亚人确实把文字看得很神圣,对文字极其敬畏,认为人生的命运是靠文字规范的。因此他们常常随身佩戴刻有文字的护身符,修建神庙或宫殿时也常常在地基中放置文字碑板,向神祈祷。

凡此种种,都给楔形文字蒙上了一层神秘色彩。

古希腊计算机之谜

1900 年复活节期间,一群希腊海绵捕捞者在返乡途中忽然遭到风暴的袭击。他们被吹得偏离了航线,后来终于在克里特岛西北的小岛安蒂基西拉找到了一个避风港。他们想捞些海绵,却在无意之中惊奇地发现了一艘大船的遗骸。

在这些渔民看来,这艘古代沉船尽管装有许多货物,但最吸引人的物品却是一大堆青铜和大理石雕像。他们向当局报告了这一发现,并于 11 月同几位考古顾问一道返回安蒂基西拉寻找船骸。随后清理沉船的工作一直延续到 1901 年 9 月。

这些文字在水下经历了温长的岁月,终于在将近 8 个月的发掘工作完毕后得以重见天日。从这些物品中,找到了一些刻有希腊铭文的青铜碎片。不久后,又发现了一些残片。至此,一套完整的齿轮终于展现在人们面前,其中的几只齿轮还带着文字。

从一开始,这些发现便引起了争议。有些考古学家坚持认为,这件装置太过复杂,不可能出自这艘沉船,因为根据货物中的陶器判断,这艘船应当是建造于公元前1世纪。

至于这件物品的用途,有专家认为,它来自一个星盘,即一种测量天体高度的仪器;还有专家认为,它来自一架天象仪,即一种用来显示行星运行轨道的装置。双方意见大相径庭,莫衷一是,安蒂基西拉装置成了一个无法解决的难题。

制作安蒂基西拉装置究竟作何用途呢?

专家们经过两次认真地拆卸、清洗之后,摆在他们面前的那许多的细节部分显出原形,奇迹很快就出现了,它的价值远远超过了所有雕像。原来它竟是一台真正的机器,由活动指针、复杂的刻度盘、旋转的齿轮和刻着文字的金属版组成。经复制发现它有30多个小型齿轮,一种卷动传动装置和一只冠状齿轮,在一侧是一根指轴。指轴一转动,刻度盘便可以以各种不同的速度随之转动。指针被青铜活动版严密地保护了起来,上面有长长的铭文供人阅读。

1951年,耶鲁大学的德雷克德·索拉·普赖斯教授对安蒂基西拉机器之谜产生了浓厚的兴趣。在此后的20年里,他借助 x 光照相术,对这件物品进行了长时间的缜密研究。他说,这部机器过去可能用来"计算太阳明亮和其他一些行星的运行轨迹"。

原来,安蒂基西拉装置是一台计算太阳和月亮日历的计算机。主轮转动一圈等于一个太阳年,较小的齿轮则显示太阳和月亮以及最重要的恒星上升时的位置。这些齿轮都放置在一个木箱内,打开箱子的几扇小门,便可以看到里面的奇妙装置。这个装置并非船长使用的航海具,同那些雕像一样,它大概也是货物的一部分。

安蒂基西拉的这一发现为某些引人入胜的文字线索提供了明显的证据,表明这一时期的希腊科学家已在使用这类复杂的机械做天文实验。据记载,安蒂基西拉船舶沉没后仅仅过了几年,罗马律师西塞罗(公元前106~公元前43年)便写道,他的友人兼导师、哲学家波塞多尼奥斯已于"最近制作了一架地球仪,在转动的时候,它便能展示白天和黑夜时太阳、恒星和行星在天空中运行的情况,恰如它们真的出现在天空一样"。他还提到,此前伟大的阿基米德也设计了一个模型,能够"模拟天体的运动轨迹"。有人甚至认为,在那艘沉船中发现的那台机械就是阿基米德制作的。

安蒂基西拉装置的确为后人了解古希腊技术带来了无穷无尽的启示。同样,带齿轮的日历虽然不那么复杂,但直到大约公元1050年起,才开始为伊斯兰世界所熟知。

天文学家阿布·赛义德·西伊兹设计过这样一种历书，它能同黄道带的标记相对照，记录月亮和太阳的运行轨迹。这类装置是欧洲中古时代天文钟的原型。这类复杂装置曾一度被认为是很久之后才出现的产物。

现在，正如德雷克德·索拉·普赖斯教授所断定的那样，在安蒂基西拉的发现"要求我们彻底地重新考虑我们对古希腊技术所持的态度。有能力建造该装置的人，可能已经建造了他们想建造的几乎任何东西。希腊人确曾掌握这些技术，但这些技术并没有像宏伟的大理石建筑、雕像和频频复制的文献作品那样流传至今"。

据检测，安蒂基西拉的制造年代是公元前82年，这不能不令世人感到惊异。

要知道，计算机的历史可以说是从算盘开始的。它于5万多年以前在东方出现，现在中东和远东的某些地区仍然习惯于使用算盘。1617年，对数的发明者、苏格兰数学家J.纳皮尔设计了一种通过"杆"来进行乘除运算的巧妙方法。

可以说，他用这种方法再结合自己早先设计的对数表，实现了人们利用机械进行计算的一个历史性的突破。1642年法国科学家B.帕斯卡制成了世界上第一台类似于计算机的数字计算机器，而且当时他制造的计算机准确度很差。

虽然世人公认希腊人是古代最有智慧的民族，这个卓越的民族涌现出了人类思想史上最具影响力的哲学家苏格拉底、柏拉图、亚里士多德，也出现了世界上最伟大的数学家欧几里德，但这台古代计算机的出现，还是令人感到不可理解。

还有，这个机械装置全部是由金属制成的，使用了精密的齿轮传动装置，而人们都知道金属齿轮传动是在文艺复兴时代才被首次使用。因工艺复杂，制作它时必须具备车、钳、铣、刨等机械加工工具，而这些工具在古希腊都是根本就不存在的。

那么，这台"安蒂基西拉机器"究竟是何人制造的呢？

如果是古希腊人，那么人们对历史的理解恐怕要彻底改写。但这个计算机毕竟只是一个孤证，关于它的设计、制造、用途等一切，人们都无法得知，在古希腊和其他一切古代民族的文献中，也从来没有任何关于计算机的记载。

如果它不是古希腊人所造，那么必定出于远比古希腊人更有智慧、科学技术和工艺水平也要高得多的智慧生命之手。那么，这种智慧生命又是什么呢？

如今，人们正在试图拨开安蒂基西拉机器带来的"谜"雾。

第十一章　宝藏未解之谜

第一节　海盗的宝藏

黑萨姆的宝藏

1717 年 2 月,满载金银珠宝和黑奴的"维达"号从西非出发返回英国。途中,"维达"号遇上了有名的海盗萨姆·贝尔拉密。船员们还未做好迎战准备,海盗们的炮火就如雷雨般猛砸过来。顿时,"维达"号乱作一团。没支撑多久,船长罗伦斯·普林斯就投降了。虽然萨姆·贝尔拉密和手下共劫持了 50 多艘船,但是唯有劫持"维达"号这一重大战利品后使他们感到尤为骄傲。劫持这艘船后,萨姆把船上的黑人奴隶放了,邀他们入伙当海盗。受尽凌辱的黑奴大多数都宁愿当海盗也不愿再当奴隶,于是他们选择了跟随萨姆。

同年 4 月 26 日,萨姆带着截获的"维达"号和另外 5 只船前去科德角。天不凑巧,他们刚离开不久天气骤然变坏,暴风雨猛烈地击打着海面。在这样恶劣的天气里,"维达"号艰难地航行着。虽然"维达"号的驾驶员是个非常有经验的黑奴,但是风浪实在太大,他最终也无法控制住局面。当"维达"号行驶到美国马萨诸塞州卡普·库德湾的时候,一个巨浪把船打翻。船上的人还未来得及逃生,船体就裂成两半迅速沉入海底。除了几个人幸存外,其他的人和海盗们的财宝全部沉入了海底。据说,萨姆之所以会去科德角是因为他的情人玛利亚·哈里特住在那里,他常去那里与她幽会,而"维达"号的厄运就是从萨姆的这段罗曼史开始的。

那个暴风雨夜之后,人们一直渴望知道那些财宝沉到哪里去了。267 年以后,贝瑞·克利福德揭开了这个谜,缔造了新的探宝传奇!

孩提时代,贝瑞·克利福德从叔叔给他讲的故事中知道了海盗船"维达"号沉船和财宝的故事。此后,他梦想着有一天自己能够亲自揭开这个海盗沉船之谜。为了弄清"维达"号沉船之谜,他阅读了许多资料,进行了一连串探险。1984 年的一天,克利福德和他的伙伴们对外宣布:他们发现了"维达"号上的炮弹、3 门大炮以及 1688 年制造的铜钱。1985 年 9 月，刻有"维达号 1716"的船钟被克利福德和他的探险队发现了。这是勘测中最有价值的发现，它证明这些残片的确来自黑萨姆的旧旗舰。此外，根据船钟在船上的摆放位置，一些专家还推测，与当时大多数海盗船长一样黑萨姆倾向共和党派。

自发现船钟后，克利福德和他的探险队不断有新的发现，一共从沉船上找到 10 万件物品。除了盘子、衣服、扣子等各种用品外，他们还找到了西班牙铸币、非洲稀有宝石、金条、大炮、手枪、航海工具、用来磨刀剑的砂轮等。直到一年夏天，克利福德和队员在离海岸 0.25 英里、水下 25 英尺处发现了一条木质梁。当他们铲除上面淤积的沙土后，"维达"号的船体赫然呈现在眼前。传说中，"维达"号载有 5 吨重的银币与金条。在发现船体前，克利福德就已经找回 2000 多枚铸币和大量的

"维达号"海盗船

金条。除了一些西班牙金币外，大部分铸币都是西班牙银币。其中，除了一些来自秘鲁的金币外，多数金币都是墨西哥铸造的。专家推测，如果金币真的来自秘鲁将具有特别的价值，因为这些金币很可能是用印加金器物重熔铸造而成。此外，专家发现海盗们的确想公平地分配他们的战利品，因为那些来自非洲大块宝石都被砍成小块。

"维达"号是史上第一艘证实有宝物的海盗船。克利福德探险队发现的不仅是价值连城的宝藏，这些沉寂百年的铸币、器具同样是艺术品，对历史研究有着不可估量的价值。今天，克利福德和他的探险队发现的这些东西都被陈列在博物馆里。尽管如此，至今船上的大部分东西还没找到。现在，仍有人做着海底寻宝的

美梦。

北欧海盗的金银岛

哥特兰岛是隶属瑞典的波罗的海岛屿,北欧海盗在这里埋藏了大量的财宝。迄今为止,人们已在这里找到了700多件银器,其纯银重量达15吨。那么这些银器从何而来? 哥特兰岛又是如何成为北欧海盗的金银岛的?

这座波罗的海的普通岛屿似乎对白银有着非凡的吸引力。专家们认为,哥特兰岛地下的宝藏密度比世界上其他任何地方都要高,各种银器遍布整个岛屿。估计地下还应该有70%的宝藏没有被发现。考古学家们在古代北欧海盗的墓地附近发现了一根模样古怪的骨头,这根猪肋骨上刻有北欧文字。研究表明,这是一个神秘的预言。此外,考古学家还在附近挖到了一具奇怪的女尸。她的面部朝下,看上去像是有人把她的头按进了土里,让她永远保持沉默。考古学家们还发现这个女人的手臂是在背后交叉着的。难道她是被绑着投入墓穴的吗? 然而,令人奇怪的是研究表明:这个女人并不是北欧人,她来自俄罗斯。这个结果是否意味着北欧海盗的财富来自俄罗斯呢?

在哥特兰岛南部加尔德市教堂的墙上绘有一条北欧海盗的船只,这幅画表现的是在中世纪编年史中提到的"瓦兰吉人的希腊之旅",它讲述了挪威人是如何不远万里前往拜占庭的。教堂的洗礼盘上印刻着欧洲东南部某个传说中城市的标志性图案。制作者是一位拜占庭工匠。这次具有传奇色彩的海上航行走的是哪条线路呢? 北欧海盗是如何获得拜占庭人的工艺品的? 他们是否像在英国那样洗劫了拜占庭呢?

在很少的壁画上有对北欧海盗沿着俄罗斯河流探险的描述。壁画上有船员、绳索和风帆。虽然没有任何关于航行目的地的暗示,但是这些船只面向东方,在向神秘的未知大陆驶去。壁画上经常出现瓦尔哈拉殿堂,那是北欧主神奥丁会见英雄亡灵的地方。他们很可能穿越波罗的海和拉多加湖,沿沃尔霍夫河逆流而上,最后到达了古俄罗斯的心脏——诺夫哥罗德港口。诺夫哥罗德是俄国最早的权力中心之一,它的崛起经历了上千年的漫长岁月。

据12世纪的编年史记载,诺夫哥罗德市民曾把一位叫作鲁瑞克的北欧海盗称作俄罗斯的第一位王子。这件事的确有些令人匪夷所思。不过,除了浪漫的想象之外,人们还没有发现任何考古学证据能够证明确实存在过这样一位名叫鲁瑞克的海盗头领。诺夫哥罗德附近有个名叫鲁瑞克沃·哥罗德奇的地方,据说它在俄罗斯历史上曾扮演过重要角色。这个地名似乎与鲁瑞克这个人物有关。1901年,考古挖掘从这个地方开始了。人们在这里发现了一些刻有北欧文字的金属装备、剑、标刻着北欧海盗特有符号的骨头。此外，还有一枚来自斯堪的纳维亚的戒指，上面镶嵌的那种珍珠只能在北部海湾才能找到。是什么将北欧海盗吸引到了俄罗斯呢？

鲁瑞克沃·哥罗德奇考古挖掘的负责人说，斯堪的纳维亚人最初来这里的目的主要是为了白银，他们希望更靠近白银出产地，能够更便于同东方人进行贸易往来，他们希望离交易场所更近一些。

诺夫哥罗德逐渐发展成了一个繁荣的大都市。但考古学家即便使用金属探测器也只在这里找到很少的阿拉伯银币。可能当时的北欧海盗把大部分银币都运往瑞典了。尽管他们社会地位显赫，但北欧海盗相对于斯拉夫人来说仍然只是少数民族。于是许多北欧海盗继续向南航行，准备到白银的出产地去。他们逆流而上，越走越远，最后不得不跨越陆地前行。他们需要把几吨重的船运到下一条可以向南航行的河上去，这份工作异常艰苦。尽管他们带着拖车，但要通过那些崎岖的地形仍很费时间。俄罗斯那个时候最便利的交通路线是水路。不过，财富的诱惑力太大了，北欧海盗克服了一切艰难险阻，一路向南前行。北欧海盗向南走得越远，他们的货物价钱卖得也就越高。他们卖得最多的是猎鹰，训练有素的猎鹰非常值钱。在巴格达和大马士革，富人们愿意出大价钱购买既英武又敏捷的猎鹰。来自北欧的这些商人无论有多少水貂皮、貂皮、猞猁皮都供不应求。这也是北欧海盗获得白银的途径之一，还有就是波罗的海的琥珀。这也是这些来自斯堪的纳维亚的商人身边必备银锭的原因，而且他们会在银锭上刻上北欧文字以示所有权。银锭和阿拉伯银币是东欧这一地区最重要的货币。另外，北欧海盗还得到了一些珍贵容器，比如拜占庭碗，他们也会在上面刻上北欧文字。

在距离那条北欧人的贸易线更远的地方就是现在的乌克兰，考古学家发现了拜占庭与北欧海盗之间曾发生的接触。有考古队伍在切尔尼戈夫镇附近的森林里考察发现了一个军营遗址，最新的考古证据表明至少曾有 500 名北欧海盗住在这个以壕沟和围墙构筑的军营中。考古学家之所以如此确定斯堪的纳维亚人曾在这里生活过，是因为他们发现了一支刻有北欧文字的笛子。

还有斯拉夫海盗历史上的一个重要地点：利斯特芬。利斯特芬木头城堡只剩下了这么一个大土堆。来自斯堪的纳维亚的雇佣兵曾驻扎在这里。他们像征收航运税那样为切尔尼戈夫王子收集了大量贡品。他们的城堡可能是这个样子，

1024 年，两位王子为争夺利斯特芬的统治权大打出手。其中一位王子依靠的就是海盗雇佣兵。不过这位王子战败了。斯堪的纳维亚人的伤亡人数比斯拉夫人

大得多。可以说，利斯特芬战役是一个转折点。此后北欧人的势力便如江河日下。

那么他们的痕迹是否从切尔尼戈夫彻底消失了呢？多年来，考古研究者一直在东欧寻找北欧海盗的足迹。最后，他们找到了相互交织的动物图形，这种图形带着明显的北欧海盗风格装饰艺术。新近修复的装饰图案显然深受多年来被否定的北欧艺术风格的影响。

沿着北欧海盗的足迹，考古研究者向南来到了基辅（如今乌克兰的首都）。离开基辅后，北欧海盗踏上了对他们来说最危险的一段旅程——沿着汹涌的第聂伯河向黑海前进。巨大的水声在20公里以外就能听到。只有最大胆的水手才敢在这样的河流中航行。显然，对白银的渴望战胜了对死亡的恐惧。不过，湍急的河水最后成了许多北欧海盗的坟墓。我们甚至知道他们中间有一个人名叫"拉芬"。我们根据哥特兰岛上的一块石头铭文得知，这个人曾冒险进入了最危险的"艾佛"河段。

湍急的河流过后，迎接他们的是好战的游牧民族派塞尼格人。河岸边的树林为派塞尼格人提供了掩护。北欧海盗的船只很容易成为攻击的目标。现在，这些来自北欧的商人又成了骁勇善战的士兵。这些北欧海盗挥舞战斧抵挡来自河岸两边弓箭手的利箭。

北欧海盗从波罗的海前往黑海的旅途漫长而且充满了危险。不过对于那些活下来的人来说，等待他们的将是拜占庭的无比财富。当北欧海盗抵达科提查岛时，他们知道第聂伯河最危险的河段已经过去了。他们在这里停下来通过祭祀活动表达自己的感激之情，并祈求在接下来的航行中能够获得好运。然后他们继续向第聂伯河汇入黑海的河口进发。考古学家在贝雷赞岛上找到了北欧海盗曾在这里登陆的证据：岛上有一块刻有北欧铭文的墓碑。上面写着：卡尔之墓，好友格拉尼永远怀念你。卡尔没能活着看到旅途尽头的欧洲东南部。不过他的伙伴格拉尼一定得到了非常丰厚的回报。

在贸易交往中，北欧海盗是以黄金和白银来衡量货物重量的。这就是在漫长的返程之旅后，有数吨重的财宝抵达哥特兰岛的原因。1000年后，这些财宝被考古学家挖掘了出来。而其中80%的财宝来自拜占庭和东方。

作为商人，北欧海盗聚敛了大量的财富。作为政治家，他们对早期俄罗斯帝国的建立起到了至关重要的作用。过去，人们的意识形态曾在考古学家面前设置了重重障碍；而新一代的考古学家必将揭开更多的谜底。这些发现将比北欧海盗的财宝更有价值。

"黑胡子"的宝藏

1713年,"英西海战"以西班牙战败而宣告结束。这一战使大英帝国成了名副其实的海上霸主,它不仅获得了贩卖奴隶的垄断权,而且还迫使西班牙将直布罗陀海峡拱手相让。此后,"三角贸易"开始兴起。它不仅使很多人在短时间内变得非常富有,而且也为英国带来源源不断的金钱。在这样的贸易氛围中,好多水手都成了职业海盗,他们不仅仅抢劫别国的商船,而且还抢英国的船。如此一来,加勒比海成了海盗们的狩猎场。于是,英国女王不得不下令禁止武装民对商船的进攻。就是在这种历史背景下,航海史上最为著名的海盗之一"黑胡子"开始了他惊心动魄的海盗生涯。

对"黑胡子"来说,1716年是他"海盗事业"的转折点。这一年,他开始跟随著名的霍尼戈尔德船长当海盗,并当上了一艘小船的指挥官。黑胡子忠心耿耿地跟随霍尼戈尔德船长干了几年后,霍尼戈尔德船长送了"黑胡子"一件礼物——一艘荷兰建造的、非常豪华的、并配备了36门火炮的三桅帆船。这是霍尼戈尔德船长在加勒比海一带成功地抢掠的一艘从非洲到美洲贩卖奴隶和运送珠宝的大商船。船上除了有数量众多的奴隶之外,还满载了金银珠宝。接过来这艘战斗力极强的大商船后,"黑胡子"从此就另起炉灶,并将其重新命名为"复仇女王"号。

起初,"黑胡子"还是默默无闻,但后来却一举成名。原来,他指挥"复仇女王"号和英国皇家海军大战了一场,使整个大西洋沿岸陷入了连皇家海军都无法确保安全的恐怖之中。"黑胡子"的这一疯狂举动是普通海盗所不敢的,因为当时的海盗们都打着为女王服务的旗号。他们总是想尽办法避开大英帝国皇家海军,即便是狭路相逢,也尽量避免战斗。然而,"黑胡子"却在出海后直奔东海岸的英国海防处,并明目张胆地在军港的港口抢劫了英国商船"爱伦"号。在与皇家海军的大战中,"黑胡子"的自杀性攻击把英国皇家的海军们吓得目瞪口呆、手足无措。无疑,在这一战中英国官兵死伤惨重。从此,"黑胡子"的名号响彻整个大西洋,来往船只听到这个名字无不望风而逃。正当人们被"黑胡子"吓得闻风丧胆之时,他却消失得无影无踪了,就连追捕他的英国海军也没有找到蛛丝马迹。

两年后,"黑胡子"在人们忘记他的时候又悄悄地冒了出来。从此,南至洪都拉斯、北至弗吉尼亚之间的航线上所有的船只都成了他劫掠的对象。在长达18个月的疯狂抢劫后,许多商船成了他的囊中之物,其战利品堆积如山。然而,令人奇怪的是"黑胡子"在美国北卡罗来纳州的一些港口城市低价处理掉了他的战利品。

1718年,"黑胡子"率领四艘海盗船封锁了南卡罗来纳州首府查尔斯顿,并将港内的船只洗劫一空后放了一把大火。对"黑胡子"来说,这次抢劫堪称是他整个海盗生涯中最大胆的一次突袭。也正是在这次劫掠之后,黑胡子设下一条毒计除掉那些跟他出生入死的兄弟,独吞了战利品。

为了捉拿"黑胡子",皇家海军派出了"里姆"号、"珍珠"号两艘战舰前去帮忙,并由罗伯特·梅纳德海军中尉担任这两艘战舰的总指挥官。1718年秋,狂欢醉酒的"黑胡子"被罗伯特·梅纳德一枪打中了肚子后被一群水兵打死,而且把他的头砍下来喂了鲨鱼。

"黑胡子"一死,他埋藏的财宝就成了好多人搜寻的目标。虽然"黑胡子"低价处理了很多战利品,但是他留下来的金银珠宝肯定不少。然而,"黑胡子"被打死后,士兵们搜遍了海盗船上所有可以隐藏财宝的地方却没有找到金银珠宝,只发现了11桶葡萄酒、145袋可可豆、1包棉花、1桶蓝靛,并没有找到金银珠宝。凡是被黑胡子抢掠过的商船船长们都知道,他肯定藏起了大量的财宝,不可能只有士兵们找到的这些东西。然而,没有人知道那些财宝究竟在哪里。"黑胡子"在死前不久曾宣称:除了他和魔鬼,没有人能找到他藏宝的地点。

此后,有关"黑胡子"的宝藏开始流传成无数种说法。于是,凡是与"黑胡子"有关的生活用品、住所都成了寻宝者搜索的目标。多少年之后,寻宝者们不得不承认黑胡子太狡猾了,因为他没有留下任何线索,至于藏宝图就更别提了。

海盗"黑胡子"很早就引起考古学家们的注意,但由于缺乏相关资料,专家们一直没有什么收获。为了获得关于他生平的一些蛛丝马迹,专家只能期望通过考古挖掘。据美、英两国媒体报道:为了寻找"黑胡子"海盗船的残骸,一个由考古学家、历史学家和水手组成的打捞队开始了寻宝之旅。然而,他们和其他寻宝者一样收获甚微。

1997年,一位美国潜水员发现了"黑胡子"沉没了200多年的"复仇女王"号。考古学家断言,"复仇女王"号的残骸位于距北卡罗来纳州海岸两百米的那个所谓的"飓风走廊"处。虽然寻宝者们期待着能在水下捞出一批财宝,但是他们的愿望何时能实现还需要时间。

海盗拉比斯的藏宝图

拉比斯出身于法国加莱的一个富翁家庭,曾经是法国海军耀眼的明星,因为在军舰上私斗打死了自己的上级而成了逃犯。犯下了死罪的拉比斯趁乱逃走后,成了18世纪大西洋上叱咤风云的海盗。其全名是埃德加·D·别恩克,拉比斯只是他当海盗后的化名。后来,法国海军得到其同伙密告的情报,将其捕获。1730年7

月7日下午5时,当拉比斯在印度洋的波旁岛椰树底下即将被套上绞索时,他突然大喊道:"我要公布宝藏的秘密,谁能读懂它就有好运得到这笔巨宝。去寻找吧,我的秘宝就藏在那个地方。"

虽然拉比斯临死前交出了藏宝图,但是这密码信上17排稀奇古怪的图样就像天书一样晦涩难解,地球人根本无法读懂。要想把17个图样都成功破译出来何其难。其实,从字面上逐字逐句译出拉比斯密件并不难,但这样做是远远不够的。难道拉比斯珍宝只是海市蜃楼般见影不见物吗?

1949年,英国探险家瑞吉纳·克鲁瑟韦金斯得到了拉比斯密码的一份影印件。在他看来,在印度洋上的塞舌尔岛很可能藏着拉比斯财宝。于是,此后的28年他一直呆在该岛上孜孜不倦地探索着17排图样。皇天不负苦心人,他终于破译出了其中的16排密码。遗憾的是直到他因病逝去也没有破译出第十七排图样。

除了瑞吉纳·克鲁瑟韦金斯破译的密码外,法国"寻找藏宝国际俱乐部"也掌握了一份与拉比斯宝藏有关的一份遗嘱、两份说明书和三封信件。这些有关拉比斯藏宝秘密的资料本来是属于海盗贝尔纳坦·德莱斯坦的,可是他死了。德莱斯坦在给兄弟埃蒂安的信中,曾说拉比斯有三笔财宝埋藏在毛里求斯岛。他在给侄子的信中也写着让他到毛里求斯岛来,并让他按照遗嘱、密码手册等文件寻找宝藏。尽管有这么多关于拉比斯藏宝秘密的资料,但是除了一点蛛丝马迹外并没有找到宝藏。

20世纪初叶,有个寻宝队在毛里求斯岛上砍倒一棵大树。他们发现树根下的一块大理石板上赫然写着宝藏的位置和相关信息。按照石板上的指引,寻宝队发现了铁球、石头和铜板。然而,寻宝队没有人能读懂铜板上的密码。后来,寻宝队请来的古文字教授足足研究了3个月仍然一无所获。

为了解开铜板上的密码,寻宝队派了四名身强力壮的小伙子把铜板护送到欧洲去找语言和古文专家破译。然而,一夕之间四名小伙子看管的铜板却不翼而飞了。原来,在开往欧洲的船上四个小伙子遇到了一位迷人的、金发碧眼的姑娘。看到如此迷人的姑娘,尤其是她脸上始终带着甜甜的笑容,而且裙子底下还露着丰腴光洁的大腿,四个小伙子都想得到她的欢心。于是,他们竞相和她搭话。几乎不费吹灰之力这个姑娘就和他们成了朋友,而且还无话不说。当得知小伙子们要找古文专家时,她告诉他们自己的父亲就是这方面的专家,而且还帮印度一个寻宝的老人解开了一封谁也看不懂的海盗密信,老人也因此找到了海盗的宝藏。这位年轻漂亮的姑娘还答应帮他们找自己的父亲帮他们翻译古文。就这样,小伙子们彻底被这个婀娜多姿、能言善辩的姑娘迷住了。下了船之后,他们一行五人住进了一家旅店。然而,令人吃惊的事情发生了。第二天早上起来后,小伙子们发现那块铜板不翼而飞了,那个答应帮他们找父亲翻译古文的漂亮姑娘也不见了。

这些颇具诱惑力的故事不知道哪些是寻宝人编造出来的,也不知道哪些是真实的。总之,这些虚虚实实的故事为拉比斯宝藏更增添了神秘色彩。虽然法国政府获得了拉比斯的藏宝图,但他们始终没有找到埋藏价值 50 亿法郎的这一巨大财宝的岛屿群。拉比斯的藏宝图一共有 17 句偈语,而其中又暗藏了寻找秘宝的密码。只有得到密码,并把密码进行一定的排列组合后才能找到确切的藏宝之处。然而,200 多年过去了,拉比斯的藏宝图陈列在卢浮宫的展览室里,至于他的秘宝到底藏在什么地方依然没有人知道。也许,早就被人发现转移了。

海盗首都"罗亚尔港"

牙买加岛是名副其实的天堂,四周的海洋为游客提供了食物、娱乐和天堂般的美景。300 年前,牙买加最南端的"盐水坟墓"是世界上最动荡不安、罪孽深重的地方。罗亚尔港公开身份是牙买加首府,非正式身份是海盗首都。海盗抢夺来的金银珠宝在这里堆积如山,一船船金子有的时候都轮不到卸船,只有停放在港口里等候。这里是人类历史上最邪恶的城市,也是最堕落的城市,虽然只有几万人生活在这里(其中大约 6500 人是海盗)。他们都是参与邪恶勾当的海盗或私掠船船员。海盗的生活方式充满危险,这些粗暴的海盗在加勒比海航行,抢劫从美洲载满财富回欧洲的商船,经过数星期的不义之战后,他们带着满身的堕落驾船回到皇家港。罗亚尔港的名声比罪恶之都所多玛和哥摩拉还要恶劣,但城市的奢侈程度远远超越当时的伦敦和巴黎。整个城市没有任何工业,却可以享受最豪华的物质生活。中国的丝绸、印度尼西亚的香料、英国的工业品一应俱全。当然最多的还是金条、银条和珠宝。

1692 年 7 月 7 日,罗亚尔港仍像往常一样热闹,酒馆人声嘈杂,销赃市场顾客如云,各式船只频繁进出港口,满载着工业品的英国船在码头卸货,美洲大陆的过境船在修帆加水。海盗船混迹其间,一般人难以辨别出来。但是这个罪恶之城注定要受到上帝的惩罚。

中午时分,大地忽然颤动了一下,接着是一阵紧过一阵的摇晃。地面出现巨大裂缝,建筑物纷纷倒塌。土地像波浪一样在起伏,地面同时出现几百条裂缝,忽开忽合。海水像开了锅,激浪将港内船只悉数打碎。穿金戴银的人在屋塌、地裂、海啸的交相逼迫下疯狂奔走,企图找到一个庇身之所。11 时 47 分,一阵最猛烈的震动后,全城三分之二没于海水底下。残存在陆地上的建筑物也被海浪冲得无影无踪。当它在大灾难中被彻底毁灭时,人们认为这是上帝在惩罚他们。

不管这是神的报复还是自然的愤怒,1692 年 7 月 7 日,这个现在被称为"罪恶之城"的加勒比海盗居留地彻底毁于一场灾难性的地震。随后,发生了三次潮汐波。潮汐波来了又去,把一切都带回到海洋。皇家港的 6500 位居民中,大约有3500 人失踪了。在罪恶之城陷落为盐水坟墓约 300 年后,这个港口的遗物仍躺在一片阴暗的海底下。

罗亚尔港从此消失在大海中,直到 1835 年,在风平浪静的日子里,人们仍能清楚地看见海底城市的痕迹——一些沉船、房屋依稀可辨。当时测量,沉城处于海平面之下 7~11 米。之后,泥沙和垃圾层层覆盖,罗亚尔港在人们的记忆中湮灭了。

牙买加独立以后,政府一直没有放弃寻找这个海葬城市。1959 年,牙买加政府和海下考古学家罗伯特·马克思签订挖掘条约。条约规定马克思只负责挖掘,而挖出的全部财宝都归牙买加政府所有。在之后的时间里,马克思找到了一部分城市遗址,并挖出了价值几百万美元的珠宝和大批生活用品。其中最有历史价值的是一只怀表,表针指向 11 时 47 分,由此确认了古城沉没的时间。而最有趣的是一尊没有头的雕像,专家研究证实这是中国人信奉的观音。4 年以后,马克思以"再也挖不到财宝"为由离开牙买加。所有的人都不相信罗亚尔港只有这一点财宝,而且谁也猜不出马克思离去的真实原因。

1990 年,美国得克萨斯州 A&M 大学接到牙买加政府的邀请,再次开始罗亚尔港的挖掘工作。在将近 10 年的时间里,学生小组每天都冒险进入金斯顿海港,发现马克思只是挖了点皮毛。他们发掘出无数的艺术品,数不尽的物品仍被困在水底。大部分珍宝还在等待人们去发现。这是世上最后剩下的伟大宝藏之一。A&M大学的专家们准确地找到罗亚尔港的主要沉没地点,他们发现当年马克思挖出来的宝藏只是非常小的一部分,99% 的宝藏还沉在海水里。现在罗亚尔港宝藏的寻找工作还在继续,不过牙买加政府没有决定打捞已经发现的物品和金银。没有人知道这个被海葬的海盗首都到底还能给人类带来多少惊喜。

基德船长的宝藏

1645 年,威廉·基德生于英国格里诺克。20 岁当基德移民到美洲的时候,他已经是一个常年在海上漂泊、见多识广的优秀水手了。1689 年,英国和法国开战后基德应征入伍,并当上了英格兰海盗船"布莱斯特·威廉"号的船长。在西印度群岛和加勒比海一带,基德在同法国人的作战中屡建战功。1691 年,基德结婚后在曼哈顿过起了陆地上平静的生活。然而,基德的朋友贝洛蒙特勋爵却改变了他的命运,使这个屡建战功的人成了英格兰最引人注目的海盗船长。

1696年,英国政府忙于和法国的战争。与此同时,印度洋上的海盗活动猖獗。虽然东印度公司一再催促他们派遣皇家海军前去围剿海盗,但是英国政府除了发愁之外根本无暇顾及这些海盗。后来,贝洛蒙特勋爵建议召集几位英格兰的贵族出资经营一艘武装船来攻击海盗船,并委托基德当船长。这样不仅可以使英国政府坐收渔翁之利,出资入股的贵族得到大批战利品,而且还可以打击海盗的嚣张气焰,使英国的海上贸易往来变得安全。

早已厌倦平静生活、习惯海上刺激生活的基德欣然答应了朋友贝洛蒙特勋爵,并表示自愿为英国政府效力前去对付海盗。于是,基德和贝洛蒙特勋爵签署了协议。协议规定:每一笔收入基德分得15%,水手分20%,剩下的全部归投资者所有。除了贝洛蒙特勋爵外,包括海军大臣在内的四位权贵也联合赞助了这次行动。此外,基德还拿到了一份委托书、一张私掠特许证。委托书授权他抓捕四名情节严重的海盗头子;而特许证则授权他大胆地袭击并没收敌方商船。

1696年12月,基德船长和水手们乘坐"冒险"号出发了。然而,航海经验丰富的基德出师并不利。因为疏忽"冒险"号被皇家海军的军舰拦下,并扣留了基德亲手选拔的大部分水手。后来,部分水手因得热带病而悲惨地死了。为了扩充水手,基德在普利茅斯稍做休整后并在当地临时招募了一批新水手。然而,基德招募的新水手大部分原来就是海盗和私掠者。无疑,这些水手使基德后患无穷,甚至为之付出了生命。原来,近一年的时间里"冒险"号一无所获,所以水手们怨声载道。于是,新招来的水手蛊惑大家去当海盗。为了稳定局势,为了给资助自己的权贵们一个说法,基德被迫驶往红海。

1697年,基德的船队挂起一面红色的海盗旗,先后袭击了一支来自默卡的船队和一艘来自亚丁的、打着英格兰国旗的贸易船。为了安抚人心,基德把抢来的财物全部分给了水手。尽管如此,基德的行为严重违反了他当初与赞助人的约定,而且犯了海盗罪。然而,基德船长并没有因此收手,而是铤而走险开始袭击商船,而且同他们作战的人竟然是英国皇家海军,遭袭击的商船竟然是英国东印度公司的船队。当基德发现这一点立即撤退的时候,对方却认出了"冒险"号。这次,基德算是霉运当头。他手里的特许证在任何情况都不能袭击本国船只,只能打劫非本国船只。当皇家海军和东印度公司向英国政府递交了报告后,英国政府毫不犹豫地取消了当初颁发给基德的特许证,并宣布他不受法律保护。从此,基德被打上了海盗的烙印,和他要抓捕的四名海盗一样成了臭名昭著的海盗头子。

虽然基德当上海盗是完全不自觉的行为,然而后来他却成了真正的海盗,甚至犯下了最不可宽恕的海盗罪行——1698年1月,基德和他的水手们劫掠了英格兰船长指挥的三桅帆船,而船上载的竟是莫卧儿帝国的无价之宝。基德这次疯狂的举动不仅激起了英国的愤怒,同时也激起了印度的愤怒。

此后两年,基德抢掠了大量的商船,积聚了巨额的珍宝,成了马拉巴海岸线和马达加斯加之间的"海上恶魔"。1699年7月,基德在拉丁美洲的伊斯帕尼奥拉岛停下来后给贝洛蒙特勋爵写了一封信。在信里他说希望得到勋爵的支持,并愿意为此支付40万英镑。虽然贝洛蒙特勋爵口头答应保证基德的自由,但最终却出卖了基德。在基德入狱的时候,人们在他的驻地找到了一些银币、金制品和价值约1000英镑的金粉。在基德临死前夕,与妻子诀别的时候他悄悄塞给妻子一小块羊皮纸。他们夫妻的言行被看守们密切监视着,后来看守没收了那个小羊皮纸团。当看守打开羊皮纸团时看到上面写着:44—10—66—18。

最终,基德被带回英国处以死刑。虽然基德死了,但是念叨他的人却越来越多。原来这都是因为小羊皮纸团上的那组数字,那里藏着找到基德宝藏的秘密。后来,有人破解了那串数字:44—10暗示西经44度10分,而66—18则是北纬66度18分。这个坐标所处的位置就是离纽约不远、一个叫作"加地纳"的小岛。于是,寻宝者纷纷来到这座不知名的小岛。他们用长长的大木杆在沼泽地钻来钻去,但始终一无所获。渐渐地,有关基德宝藏的事情被冷落了。然而,20世纪50年代中期,基德的宝藏在鸡骨岛的传闻又在世界各地传开了。然而,纷纷前来鸡骨岛寻宝的人不是在海上触礁而亡,就是发生火拼两败俱伤。时至今日,基德的财宝仍然是个谜,寻宝迷们仍在追踪。

洛豪德岛的海盗遗产

在澳大利亚,有一个名为洛豪德的小岛,该岛并非鸟语花香、景色宜人的胜地,然而,"岛不在美,有宝则名"。相传岛上藏有无数财宝,周围海底也铺满了耀眼炫目的宝石。

17世纪70年代,一位名叫威廉·菲波斯的人,偶然中发现了一张有关洛豪德岛的地图,图上标有西班牙商船"黄金"号的沉没地,他惊喜若狂,感觉一个发财的机会到来了。原来,"黄金"号商船有一段神秘的故事,那是在16世纪50~70年代,西班牙人沿着哥伦布的航迹远征美洲。为了征服美洲,西班牙人无比残酷地屠杀印第安人,并从他们手里掠夺了无数金银珠宝,然后载满船舱回国。然而,回国途中他们的行动被海盗们觉察了。于是,海盗们疯狂袭击每一艘过往的商船,惨杀船员,抢夺了大量财宝。如山般沉重的财宝,海盗们无法全部带走,于是将剩余部分埋藏在洛豪德岛,并绘制了藏宝图以备随后来取,海贼们发血誓表示严守秘密,以图永享这笔不义之财。哪知海盗终归是海盗,哪有信用可言,一些阴谋者企图独吞宝藏,一时间血肉横飞,一场火拼留下了几具尸体,胜利者携带藏宝图浪迹天涯,过着花天酒地、骄奢淫逸的生活,而藏金岛的传说也不胫而走,风靡世界。

17世纪70年代,菲波斯怀揣这张不知真假的藏宝图,登上荒岛,四处勘察,然而却一无所获。正当他徘徊海滩时,无意中脚陷入沙中,触及一块异物,经发掘是一丛精美绝伦的大珊瑚,在珊瑚内竟藏有一只精致木箱,箱中盛满金币、银币和珍奇宝物。菲波斯狂喜万分,接连拼命寻找。他在岛上待了3个月,疯狂地寻觅,整整30吨金银珠宝装满了他的帆船,他实现了发财梦。

菲波斯发财的消息像飓风一样疯传。一时间,寻金的人蜂拥而至洛豪德岛。此外,不少人认为海盗的大部分藏金还在岛上,菲波斯发现的金银财宝,仅仅是海盗藏金的一小部分。于是,许多真真假假的"藏宝图"应运而生,充斥欧洲,并被高价出卖。不少发财狂们重金购买,不惜血本高价买图寻宝。然而,并非所有人都像菲波斯那么幸运。有的人苦苦寻觅久无踪影,有的人非但没有奇遇金银珠宝,反而丢了性命,不是葬身海底,就是暴死荒岛。于是,海盗的遗产成了一个充满诱惑的谜团。至今,洛豪德岛上到底有没有金银财宝还是个谜。

第二节　皇室的珍宝

所罗门的宝藏

公元前11世纪,犹太国王大卫(公元前1000年~公元前960年)统一了以色列和犹太,建立了以色列一犹太王国,将迦南古城耶路撒冷定为首都和宗教中心。大卫死后,儿子所罗门(公元前960年~公元前930年在位)即位。所罗门统治时期,是以色列——犹太王国的全盛时期。他在耶路撒冷锡安山上建筑豪华的宫殿和神庙。按《圣经》所说,所罗门建造这一神殿历时7年,它结构严谨、造型美观,教徒们都去那里朝觐和献祭敬神。"亚伯拉罕圣岩"围在神殿中央,圣岩长18米,宽2米,是一块花岗岩石,它由大理石圆柱支撑着,下面的"岩堂"高达30米。"岩堂"里设有祭坛,坛上存放着刻有《摩西十诫》的石块和圣箱。圣箱内除存放着这些戒条外,还收藏着《西奈法典》。圣箱被称为"耶和华约柜"("神圣约柜"),它被古代犹太人视为关系民族兴衰存亡的"镇国宝物"。所罗门在"亚伯拉罕圣岩"下修建有地下室和秘密隧道。据说所罗门把大量的金银珠宝存放在这里,这就形成了举世闻名的"所罗门财宝之谜"。

公元前586年，新巴比伦王国国王尼布甲尼撒二世派军队攻打耶路撒冷，神殿也付之一炬，变成废墟，巴比伦军队没有发现"所罗门财宝"和"神圣约柜"。据一些人估计，有两种可能：第一，巴比伦军队未入城前，祭司们早已将"财宝"和"约柜"搬运到别的地方隐藏起来了；第二，可能仍放在神殿圣岩的地下和秘密隧道里，但由于它们结构复杂，像"迷宫"一般，巴比伦军队根本无法进入。从此以后，关于它们究竟藏于何处的问题，众说纷纭，谁也弄不清真相。

公元前4世纪起，马其顿、托勒密、塞琉古诸王国相继侵占耶路撒冷，都曾设法寻找但没有结果。1~2世纪罗马帝国时期也曾千方百计寻找，同样毫无踪影。罗马皇帝君士坦丁在耶路撒冷也曾设法寻找，没有结果。11~13世纪，十字军东征，许多人涌进耶路撒冷，四处寻找，仍没找到。

2000多年来，直到现在，寻找它们的活动从未停止过。有些人认为，在公元前586年巴比伦军队入侵前，已转移到"尤安布暗道"（尤安布通过暗道攻入耶路撒冷，击败以布斯人，以此得名）。直到1867年，英国军官沃林上尉在耶路撒冷近郊游览时，偶然发现一个洞窟，并由此进入耶路撒冷城内，他宣称：古代的"尤安布暗道"被他发现了。但暗道里没有"财宝"和"约柜"。有些人认为沃林上尉发现的不是古代"尤安布暗道"，而是另一条暗道。

20世纪30年代，美国两个冒险家——理查德·哈里巴特与莫埃·斯泰布悄悄地钻进传说中古代尤安布发现的那个洞窟，为流沙所堵，沿原路退回。后来两人竭力夸大和宣扬地道里恐怖可怕的情景，令人听而生畏。1939年3月，理查德·哈里巴特乘小帆船在太平洋遇风暴身亡，从此再也没有人知道那条神秘的暗道在哪里了。

另一些学者认为，所罗门担任国王时，经常派船出海航行，每一次归来总是金银满舱，所以人们纷纷猜测，在茫茫大海中必有一处"宝岛"，那些黄金就是从那里运来的，但这始终是个谜。到1568年，西班牙航海家门德纳率领一支考察队第一次踏上这个海岛时，见土著居民都戴着黄金饰物，以为找到了黄金宝库，于是把这里命名为"所罗门群岛"。此后，欧洲很多人都跑到这里来寻找"所罗门财宝"。由于该海岛位于西南太平洋中，由6个大岛和900多个小岛组成，散布在60万平方公里的海岛上，岛上全境90%的面积覆盖在密林丛莽之中，因此，寻宝活动很难展开。几再年来，千千万万的寻宝者在该岛上一无所获。有些人认为，所罗门群岛上并没有"所罗门财宝"。

"财宝"和"约柜"究竟在什么地方？目前仍是难解之谜。直到今天，国外还有许多人在兴致勃勃地想方设法力图发现这个古代秘密,掀起一股股寻宝热潮。

图坦卡蒙的陵墓

发现法老的坟墓和带有神话色彩的宝藏是考古学家的梦想。当霍华德·卡特踏进那座陵墓时,可以说他是回到了 3500 年以前。失落文明的回响,伟大君王的领土,耸立的金字塔,魂灵不散的坟墓,这些都是古埃及荒弃的遗产。在砂岩绝壁之间,一座传说中的坟墓深藏其中并安睡了 3000 多年。

埃及的帝王谷位于尼罗河西岸的沙漠中,古埃及新时期(首都设在底比斯以后)的大多数法老都埋葬在这里。在 1900 年左右,几乎所有帝王谷里的陵墓都被发现了,考古学家和盗墓者在这方面平分秋色。但是仍然有成群的人在帝王谷里转悠,他们都是在寻找传说中的图坦卡蒙的陵墓。

很久以来,大部分皇室陵墓被盗了,多数陵墓在古代就已被洗劫一空。比如说,所有金字塔都被偷走,有些被偷得一干二净。图坦卡蒙的陵墓曾被一次性封闭起来,并在随后的 3500 年中,一直保持着完整。

图坦卡蒙王,一般称为图坦王。历史学家认为,他死于 16 至 19 岁之间。他可能是死于事故或疾病。但很多人猜测,有人想早点结束他的统治。不管怎么说,他的意外死亡都意味着,古埃及人来不及为他建造庞大而华丽的法老陵墓。在埃及漫长的法老时代中,图坦卡蒙因为在位时间短而名不见经传,他的猝死也使得他没有事先修建豪华的金字塔陵墓。正因为不起眼,其陵墓在很长时间里始终没有被发现。

这座陵墓很小,又隐藏在山谷里,这就是它能保存这么久的原因。人们忽略了它的存在。考古学家霍华德·卡特熟悉古埃及历史,发现图坦卡蒙陵墓是他毕生的梦想。从 1903 年起,他就带领助手在帝王谷的每一寸土地上搜索,寻找这位被遗忘的法老的陵墓。但当他开始对这个神圣的国王之谷进行大型挖掘时——大家都认为他疯了,因为帝王谷已被考察过无数遍了。但卡特相信,如果有人真正走到底,进行系统的挖掘,就会有了不起的发现,他是对的。1922 年 11 月 5 日的上午,在阳光炙烤的埃及沙漠挖掘了 5 年后,卡特的考古小组发掘出那位年轻法老的坟墓入口。这么一来,他继续往下挖,直到墓室大门。当卡特第一眼看到墓室里到处闪闪发光,到处都是闪烁的金子时,他所有的忧虑马上打消了。看到这些珍贵的遗产,他马上明白了,他做出了埃及考古学上最伟大的发现。把所有墓室都清空后,掏空的坟墓贡献出一批珠宝,世人从未见过的珠宝,至少也有数百件物品。他必须仔细检查,记录每件物品的位置,然后小心翼翼地取出来,这些物品已经幸存了

3500 多年。

这是 3500 年来唯一一个完好无缺的法老陵墓，也是埃及最豪华的陵寝，更是埃及考古史乃至世界考古史上最伟大的发现。卡特之前以为这个年轻法老的墓葬品会比较简单，谁知之后长达 3 年时间的挖掘向全世界证实了这种预想的愚蠢。卡特说过，图坦卡蒙一生唯一出色的成绩就是他死了并且被埋葬了，这话是有道理的。因为其陵墓的发现成为古代文明对现代人类最彻底的一次震撼和嘲笑。那个成为埃及文明象征的纯金面具，那个纯金制成的棺材，那个由纯金雕制镶满宝石的王位，那些铺满墓室墙壁的纯金浮雕，那具完整无缺的木乃伊……所有一切都让人类惊叹，3500 年前埃及人的工艺技巧和现在的我们到底有什么不同？

图坦卡蒙王耀眼的珍宝无愧为有史以来最迷人最独特的艺术发现。最引人注目的珍品之一是戴在图坦卡蒙头上的木乃伊面具。这也是用黄金做的，并且镶嵌着宝石。当然，陵墓里出土的最珍贵的单件物品是一口纯金棺。保护图坦卡蒙的贴身棺木是用 300 磅黄金打造的，而且装饰着数百颗宝石。图坦卡蒙王陵墓出土的珍宝是无价的，从未发现过类似的物品。区区几百万美元的价值与融在各种物品中伟大的艺术技巧相比，又算得了什么呢？

图坦卡蒙陵墓的发现是世界考古工作成功的顶峰，也是考古史的重要转折点。所有出土文物超过 1 万件，每件都是无价之宝。卡特花费 3 年的时间把它们全部运出墓室，当时挖掘人员从墓的出口抬出女神哈托尔牛头灵床的镜头已经成为考古史上无法超越的经典；埃及政府又花费了整整 10 年的时间把它们运到开罗，开罗博物馆之前的所有藏品都因之而黯然失色。整个世界都可以目睹那绚烂的光彩。而彻底研究它们可能需要未来人类全部的时间。

英国王室珠宝

大约在 1600 年前，地球上崛起了一个强大的王族——英国王室。英国王室是现存最古老的王族，而每代君主的加冕仪式都严格奉行完全一样的传统，这使得英国王室的加冕典礼成为现存的、依然举行的最古老的仪式。在加冕仪式上，国王或者女王头戴的王冠和手持的权杖都成为全球瞩目的焦点。

为了使王冠和权杖成为世界上独一无二的权力象征，历代王室想尽办法收集钻石和珠宝，认为稀世的钻石最能体现王室尊贵。长达几个世纪收集的钻石逐渐成了世界上最有名的家族珍宝。早期那些伟大英王和王后佩戴过的王冠已经找不到了。国王及其亲属为了发动战争、重建毁于大火的王宫和举办王室婚礼，不得不卖掉了许多珍宝。在中世纪，国王通常在作战时带上御宝，因为他们不信任留在宫中的皇亲国戚。1648 年,英国爆发的反王权运动对英国王室冲击极大,很多珍贵王冠和权杖流失了。1660 年英王室复辟以后,开始大规模地重新制作王冠和权杖的工程。从那时起,很多稀世珍品都被保存了下来。随着王室的发展,从 18 世纪开始英王室有了专用的珠宝工匠,他们用非凡的技艺制作出最精美的首饰。

随着势力的不断扩张,英国成为世界上最强大的殖民帝国。其中殖民地印度和南非都以出产钻石以及珍稀宝石闻名,这两地向英王室供应了无数一流钻石。而一些弱小的国家也愿意把本国最珍贵的珠宝献给英国,大多怀着破财免灾的想法。

王室成员都根深蒂固地习惯于把珠宝换来换去。本以为镶嵌在国王爱德华一世入棺时所戴戒指上的一枚蓝宝石,却闪耀在"帝国之冠"上,这顶王冠上还镶有两串珍珠。据报道,那正是苏格兰女王玛丽 1587 年被斩首时戴的项链。19 世纪的君主维多利亚女王尤其热衷于收藏珠宝,从帝国各地搜罗来的奇珍异宝令她陶醉不已。她的珍品中一枚拇指大小的、名叫"光明之山"的印度钻石是现今发现的最古老的钻石。该钻石原重 191 克拉,于 1304 年发现于印度。后来,维多利亚女王嫌它光泽度不好要再加工,它被磨得只剩 108.93 克拉。正是这枚被镶嵌在女王王冠上的钻石激发了威尔基·科林斯的灵感,使他写出了《月亮宝石》这部经典作品。

然而,在有史以来最大的钻石"非洲之星"面前,"光明之山"也相形见绌。1905 年南非发现了重达 3106 克拉的钻石原矿,新开通的跨大西洋电缆将消息迅速传遍全球,当时宝石界行家就估计原矿的价值高达 75 亿美元。由于南非当时是英国的殖民地,大家一致认为应把它运往伦敦,献给爱德华七世国王。这件举世无双的珍品引起世界各地珠宝大盗想入非非,有关人员花了几个月时间考虑如何保障运输安全。最后,伦敦警察厅决定,最佳原则是"越简单越安全"。大如茄子的钻石被装进一个没有任何标志的包裹邮寄出去,一个月后出现在白金汉宫的皇家邮袋里。1908 年 2 月 10 日,这颗巨钻被劈成几大块后加工。加工出来的成品钻总量为 1063.65 克拉,全部归英王室所有。最大的一颗钻石取名为"库利南 1 号",也被称作"非洲之星",重 530.02 克拉。第二大的被命名为"库利南 2 号",重 317.4 克拉。现在鸡蛋大小的"非洲之星"被镶嵌在英王的权杖顶端,权杖上还有 2444 颗钻石。鸽子蛋大小的"库利南 2 号"被镶嵌在英王室最重要的王冠"帝国王冠"上。

说起王室珠宝中的宝贝,无疑要数帝国王冠。这件装饰奢华的头饰镶嵌了大约 3000 颗钻石和珍珠,底座四周是蓝宝石、绿宝石和红宝石。帝国王冠首先是为维多利亚女王的加冕仪式制造的,1953 年为女王伊丽莎白二世的加冕典礼再次重造。

人类开采利用钻石的历史已近几千年,但大于 20 克拉的钻石就极为罕见,而大于 100 克拉的钻石更被视为国宝。但是这样国宝级的钻石在英王室的收藏中就有好几颗。

现在王室已不再盲目追求将最大的钻石全部集中在王冠上。要知道威廉四世国王 1830 年加冕时就闹出笑话而未能尽兴。这位喜爱奢华的君主坚持把所有钻石和宝石镶嵌到王冠上。结果王冠太沉,国王的脖子一阵剧痛,不得不中断加冕典礼,随后拔掉一颗白齿。

400 年来,王室珠宝被戒备森严地守护在伦敦塔里。1994 年,伊丽莎白女王首次举行了小范围的个人展览。这使更多人能够更好地欣赏到它们。大卫·托马斯接受了皇室珠宝管理员的职位。皇室珠宝管理员的第二职责是监察未来王室珠宝的设计制造。这些珠宝的制造首先将在伦敦爱司伯利盖拉兹珠宝店进行。英王室拥有 22599 件宝石和宝器,其实际价值难以统计。

沙皇彩蛋

1846 年,彼得·卡尔·法贝热出生在圣彼得堡。他的父亲古斯塔夫·法贝热在那里兢兢业业地经营着一间小小的银器和珠宝作坊。卡尔·法贝热在接手父亲的珠宝店之前做足了准备,他先在德国德累斯顿一家商业学校学习了几年,之后又到欧洲各国游历。到 1872 年他接下家族的珠宝作坊时,已经有了丰富的商业知识和非凡的艺术眼光。那时,法贝热家的珠宝店和别家一样做着圣彼得堡上流社会的生意。年轻的法贝热经过思考后认为,只有独树一帜才能让法贝热珠宝扬名于世。

当时,俄国权贵们在珠宝首饰方面的品位着实令人不敢恭维。在他们眼中,珠宝价值主要还是取决于尺寸和重量、个头越大,分量越重,就越能吸引艳羡的目光。为了与其他珠宝商区别开来,法贝热将重点由珠宝的克拉数转移到对艺术创造性和工艺水平的追求上。他一改过去珠宝店一味堆砌名贵材料的做法,大胆使用陶瓷、玻璃、钢铁、木材、小粒珍珠等材料。法贝热最注重的是设计,他的作品体现出歌德、文艺复兴、巴洛克、新艺术等多种风格,有的作品甚至有强烈的现代感,预见了 20 世纪的简单几何线条和简约风格。当他的对手们还守着传统的白色、淡蓝色及粉红色等颜料不变的时候,法贝热却锐意创新,起用了黄、紫红、橙红和各种各样的绿色——总共有超过 140 种全新的颜色。法贝热还把年末尚未售出的所有产品全都毁掉,这是法贝热最伟大的一点,他从不重复自我。

懂得巧妙地推销自己也正是法贝热所擅长的,虽然他原本只是一个珠宝和金器工匠,却懂得抓住每一个机会。在得到沙皇赏识之前,他努力争取到皇家艺苑工作。在那里见识了皇室历代传下来的各种奇珍异宝,同时做一些修补和估价工作。这段经历使他赢得了同行的承认和赞许,并于1882年获邀参加泛俄展览会。法贝热竭尽所能,做了一批精美的珠宝参展,他得到了丰富的回报——一枚金质奖章,多家报纸对他进行了报道。更重要的是,沙皇亚历山大三世和他的妻子玛利亚·费奥多罗芙娜皇后也来参观了展览,并被别致的法贝热展品所吸引。1886年,法贝热得到一个珠宝匠人所能得到的最高奖赏:被封为"皇家御用珠宝师"。1885年他接到了那个著名的订单:沙皇命令他为皇后做一枚复活节彩蛋。

1885年是俄国沙皇亚历山大三世登基20周年,在这一具有特殊意义的复活节里,亚历山大三世想给心爱的妻子——皇后玛利亚·费奥多罗芙娜准备一份特别的节日礼物。亚历山大三世召来年轻的珠宝设计师法贝热,他之所以被沙皇相中是因为其作品曾经吸引过玛利亚的眼光。在复活节当天早上,法贝热向亚历山大三世呈上一只外表看上去简单无奇的复活蛋。出乎众人意料的是,白色珐琅外层的蛋壳里面竟然有黄金做的鸡蛋,鸡蛋里面是一只小巧的金母鸡,金母鸡肚子里还有一顶以钻石镶成的迷你后冠和一个以红宝石做成的微型鸡蛋。

一只小小的复活节彩蛋里隐藏的数层"机关"给皇后带来了无比惊喜,玛利亚对法贝热的礼物爱不释手。挥洒千金为博红颜一笑的亚历山大三世马上下谕令要求法贝热以后每年设计一只复活节彩蛋呈贡,并要求每只彩蛋必须是独一无二,而且必须让皇后欢喜不已。精湛工艺再加上与生俱来的艺术原创素质,令法贝热从纸醉金迷的宫廷生活中借来创作灵感。年复一年地胜任挑战,为俄国两朝沙皇与皇后设计了50只独具匠心的复活节彩蛋艺术精品。法贝热自此成为沙俄宫廷的御用艺术家,他半生的精力都服务于沙皇。

1894年10月,亚历山大三世的健康突然急剧恶化,猝死于生命最旺盛的时期。他的儿子尼古拉二世不情愿地继承了王位。从来未经训练的尼古拉二世继位后对治国之术毫不通晓,却不得不去管理一个占全世界八分之一人口、疆域广阔的泱泱大国。因此,为了确保自己的统治不出任何差错,尼古拉二世决定,最简单的办法就是原封不动照搬父亲在位时的所有政策与措施,甚至包括每年复活节让法贝热设计一只独一无二的彩蛋的传统。

于是,始于亚历山大三世的制作沙皇复活节彩蛋的传统就因这糊涂的沙皇而得以延续下来。刚继位时,尼古拉二世命令法贝热继续为母亲制作彩蛋,随后又下了第二道命令,也要求法贝热为其新迎娶的皇后亚历山德拉·法朵罗弗娜每年设计一只彩蛋,如同父亲送给母亲的一样。

构思精巧、做工华丽的法贝热彩蛋将珠宝艺术提升到了文艺复兴以来装饰艺术的最高水平。在 1900 年的巴黎世界博览会上,沙皇彩蛋首次公开展出,让评委大吃一惊,法贝热的盛名由此远播整个欧洲。法贝热成了时髦和高贵的同义词,拥有一件法贝热产品不单是为欣赏,更是一种地位的象征。贵族们互相攀比,几乎每一件私人的物品都必须经过法贝热之手,才能称为珍品。每当沙皇和皇后出访或在俄国四处巡游时,总是随身带着装满了法贝热珠宝的箱子,以备在适当的时候送给别人做礼物。到 1896 年尼古拉二世继位的时候,俄国沙皇大部分礼物都出自法贝热之手。

1918 年,罗曼诺夫王朝覆灭后,法贝热的家产被充公,部分还遭到洗劫。法贝热和他的家人登上最后一辆前往里加的外交列车离开了俄国,再也没能回到自己深爱的故乡。

革命后不久,罗曼诺夫王朝的财产被新政府没收。以前属于皇室的金、银、珠宝和画像,包括大部分复活节彩蛋被一一记录在册,打包后被运到克里姆林军工厂。有一些彩蛋在皇宫遭到洗劫时流失了。当时唯一没被发现的彩蛋是圣乔治勋爵彩蛋,这也是法贝热制作的最后一枚彩蛋。皇太后是 1916 年在圣彼得堡的克里米亚收到这份礼物的,她再也没有回到圣彼得堡,而当英国的巡洋舰打到那里时,玛利亚才撤退。她随身带着这枚彩蛋和其他一些贵重物品,乘坐英国的战船马尔波罗号从雅尔塔逃亡到大不列颠帝国。圣乔治勋爵彩蛋也成为她最珍视的彩蛋。

在罗曼诺夫王朝的宫殿里,曾有过数千件法贝热的艺术珍品。如今,这些珍品大部分都散落在世界各地的收藏家手里或博物馆里。法贝热沙皇复活节彩蛋一共有 50 枚,现在只有 10 枚仍收藏在克里姆林宫,有 8 枚不知所终。虽然沙皇彩蛋十分昂贵,但彩蛋本身的材料其实没有那么贵,它的价值在于其艺术性。在收藏家眼中,彩蛋还有另一层价值,它是俄国末代皇朝的缩影。除了法贝热,没人能造出这样的艺术品;除了罗曼诺夫王朝,没有谁能赋予他这种灵感。法贝热的沙皇彩蛋和罗曼诺夫王朝紧紧相连,记录了一个处于历史十字路口的皇族的喜悦和哀伤。

俄罗斯的钻石库

18 世纪初,彼得大帝颁布了一道保护珍宝的专项命令,要求国人不准随便变卖珍贵珠宝和首饰,在一定重量以上的钻石和珠宝必须由皇家收购。此外,彼得大帝还在世界范围内搜索钻石珠宝,很多小国得知他的心头所好,就把本国最好的珠宝亲手献上,希望因此得到庇护和福祉。

彼得大帝在自己居住的圣彼得堡冬宫内修建了一座神秘建筑物,所有收集到的珠宝都被珍藏在里面,世人称之为钻石库。彼得大帝之后,最痴迷于收集珠宝的是女皇叶卡捷琳娜二世,可以说她是世界上最爱钻石的女人。她对钻石的痴迷程度几近疯狂,每天都佩戴价值连城的钻饰,而且花样经常翻新。她对钻石切割和镶嵌的工艺要求极高,俄国历史上最出色的钻石切割专家就是在叶卡捷琳娜二世时期出现的。曾经有个皇宫卫士壮着胆子称赞女皇的钻饰漂亮,他就被升官至侍卫总管。大小官员于是都把进献钻石当成最直接的升官途径。一次女皇过生日,结果在收到的上万件生日礼物中超过半数的是钻石。女皇的钻石不仅镶嵌成首饰,就连她日常用的东西都要镶满钻石。她有一本17世纪的《圣经》,银制的封面上就镶嵌了3017颗钻石。

在几代皇室不停地收集下,俄国的钻石库成为珍贵钻石最集中的地方,其中光世界前10位的大钻石就有3颗。最出名的是"奥尔洛夫"钻石,这是目前世界第三大钻石,重189.62克拉。除了"奥尔洛夫"之外,钻石库中世界级的钻石还有很多。像重99.52克拉的"波斯沙皇",它曾镶嵌在波斯国王的王冠上,后来被沙皇文狄拥有;重130.35克拉的"保罗一世",这颗紫红色美钻曾经镶嵌在印度皇冠的中央,后来被彼得大帝拥有;"沙赫"虽然只重88.7克拉,但是它是世界上唯一一颗刻字的大钻石。最初"沙赫"是在印度被发现的,先后被两位印度国王拥有,然后辗转到波斯国王手中。钻石的三个晶面上分别刻有三个国王的名字,每次转手到新主人手中,都会被刻上新主人的名字。要知道钻石极为坚硬,在上面刻字难度惊人。宝石工匠从钻石上磨下一些极细的粉末,再用尖尖的细棍蘸取这种粉末给这颗钻石刻字。三次刻字之后,"沙赫"的重量从发现时的95克拉变为88.7克拉。1829年,俄国驻波斯大使被人刺死,沙皇威胁要报复。为了平息沙皇的怒火,波斯王子霍斯列夫·密尔查率代表团到圣彼得堡谢罪。王子送给沙皇一件宝物,就是这颗饱经沧桑的"沙赫"钻石。它的价值在当时看来是可引起两个国家之间的一场战争。此后,"沙赫"一直保存在俄国。

俄罗斯国宝以其世上罕见的精美绝伦而著称于世,在世界上向来享有盛誉。它们也将因其美丽而继续流传于世。

单颗巨大钻石已经令世人惊叹,由几千颗钻石镶嵌成的流光溢彩的大皇冠简直是钻石的荟萃。1762年,宫廷珠宝匠为叶卡捷琳娜二世加冕专门制作了大皇冠,上面十几颗最重要的钻石分别是从当时欧洲国王的王冠上拆下来的。工匠在皇冠上镶嵌了4936颗钻石,共重2858克拉,整个王冠重1907克。皇冠顶端是世界上最重的尖晶石,重398.72克拉。长期以来宝石专家都认为这是一颗红宝石,后来才发现原来是稀有的尖晶石。目前这颗尖晶石是俄罗斯"必须保护的七颗宝石"之一。

虽然钻石库的珍宝成了俄罗斯国家财富的象征,但它也曾有坎坷经历。一战期间、俄国内战期间、二战期间俄国流失了大量珍宝。其中,有号称"天字第一号珠宝盒"的琥珀屋就是二战期间流失的。

1922 年,苏联国家委员会对这些珍宝做了鉴定,并决定由国家珍宝馆保存,现在由俄罗斯国家贵重金属宝石管理委员会管理。虽然遗失了不少珍宝,但钻石库里还有 25300 多克拉的钻石、1700 克拉大颗粒蓝宝石、2600 克拉小粒蓝宝石、2600 克拉红宝石和许多又大又圆的优质精美珍珠。

1977 年,罗曼诺夫家族的珍宝开始了重大的旅美展览。这是克里姆林宫珍宝首次获准离开俄罗斯的土地。它们的艺术性、技巧以及它们的美丽无疑是令人惊叹的。克里姆林宫收藏的珍宝无论从哪方面来说都很重要。这不仅是俄罗斯的宝藏,也是全世界最珍贵的宝藏。

"琥珀屋"神秘失踪

18 世纪初,以追求豪华生活而著称的普鲁士国王腓特烈一世心血来潮,异想天开,建造了被他称为世界第八奇观的琥珀屋。琥珀屋面积约 55 平方米,屋顶及墙壁全部用琥珀板镶成,室内的装饰板也全部用带银箔的琥珀板镶成,共用了 6 吨琥珀,上面饰满了钻石、绿宝石和红宝石,堪称旷世珍宝,世界一绝。

为了讨好俄国、庆祝普鲁士与俄国结盟,腓特烈一世的儿子威廉一世皇帝将稀世之宝——琥珀屋送给彼得大帝。彼得大帝病逝后,继位的女皇又对琥珀屋加以扩整、装修,使之更加精美、珍贵、华丽,成为皇宫里的一颗璀璨明珠。1770 年修饰最终完成时,大厅华丽得让人眼花缭乱,565 支蜡烛照亮整个大厅,烛光洒在珠宝上流光四射,令人目眩神迷。

1941 年秋天,侵略苏联的德军占领了原叶卡捷琳娜二世的皇宫。希特勒下令将琥珀屋拆散,把它们装入 27 个柳条箱运回德国,安放在克罗列维茨市(即今天的加里宁格勒)。于是,一个以掠夺文物为目的的法西斯组织将琥珀屋拆卸装箱运往柯尼斯堡。战后,苏联的一个寻找琥珀屋的组织根据一个德国人的指点,在波罗的海的海水中打捞起 17 个箱子,可是,箱内装的并不是琥珀屋,而是滚珠和轴承。在重新研究大量材料时,寻宝人员发现德国一位研究琥珀极有造诣的艺术教授罗德博士是位知情人。原来罗德不仅从纳粹手中接收了琥珀屋,还亲自为它编排目录,举办过小范围展览,而且在法西斯失败前曾下令拆卸琥珀屋,但是罗德对琥珀屋的确切收藏位置模糊不清,正当他继续考虑线索时却不明不白地暴死了。搜寻队又将线索转向一位名叫库尔任科的苏联妇女身上,她曾与罗德共事,并负责保管被认为是包括琥珀屋在内的艺术展品。这位妇女回忆说:在德军撤退时,一群军人曾歇斯底里地破坏这些艺术品,接着城市又燃起了熊熊大火,那些展品和放置它们的城堡被烧成灰烬。因此出现这样一个问题:琥珀屋是否就混同在这批艺术品中?

线索中断了,但并没有阻止搜寻队的行动,而且不少德国人也纷纷协助寻找琥珀屋,一家图文并茂的杂志甚至登出广告,号召人们提供有关琥珀屋的线索,一时间,从柏林、莱比锡、慕尼黑、汉堡等地来的信件犹如雪片般飞向编辑部。一位青年提供了一条有价值的情报:他的父亲乔治·林格尔曾是纳粹的军官,具体过问并执行了掩藏琥珀屋的命令,并在生前曾亲口告之,琥珀屋藏在一个名为斯泰因达姆的地下室。这份情报又给人注射了一针兴奋剂,搜寻队推断,琥珀屋至今未转移出罗德博士所在的那座城市,也许它仍在一个地下室静静地沉睡着,但揭开琥珀屋之谜是件不易的事情。

赛般墓室

秘鲁是南美文明古国,境内古文化遗址密布。秘鲁到处是考古遗址,你在任何地方都能看到考古遗迹。在秘鲁发现的伟大遗迹有很多,比如说马丘比丘,但是绝大多数遗址都没有宝藏遗留。

一方面是因为当时的殖民宗主国西班牙在秘鲁境内翻得底朝天,大部分财宝都被掠夺走了;另一方面,秘鲁民间盗窃文物的现象极为猖獗,当地人只要发现文物马上就一哄而上,一抢而光。赛般墓室其实就是被盗墓者发现的。1987年前后,国际文物黑市上频频出现显然是来自秘鲁,但是绝对不属于印加文明的文物。敏感的考古学家阿尔瓦博士意识到,这些独特的文物表明很可能又有一个重要遗迹被盗了。他和助手火速赶到秘鲁北部奇科拉约附近,一边询问一边搜寻,终于在1988年发现了赛般墓室。远在哥伦布发现新大陆以前,一个名叫莫舍的古代部落生活在人称赛般的地区。直到最近,在秘鲁北部山区,这个神秘社会的文明遗址才被发掘出来。

在1987年的一个早晨,赛般镇农民碰巧发现了古代莫舍墓室。赛般墓室刚一发现,这个叫作赛般的小村子就抢成了一窝蜂,村民们几乎都靠这个发财了。赛般墓室隐藏在一个山谷里,位置很隐秘,周围没有任何显著标志,几乎可以说是很卑微,但这成为它一直没有被打扰的原因。

阿尔瓦博士到达赛般时发现墓的入口已经被打开,为了保护文物不被继续盗窃,阿尔瓦博士固执地坚持住在墓里,守住入口直到秘鲁国家文物局的官员到达。

当地的农民憎恨阿尔瓦断了他们的财路,在洞口威胁说要把他杀死。他和一个学生——他的一个助手睡在遗址里,身旁放着枪,因为他们绝对担心自己的生命安全。但阿尔瓦和他的助手已下定决心,再也不能让任何东西落入盗墓者手中了。他的第一举措就是把墓室现场保护起来,这样就不会有人或动物爬上去了。采取了这个措施以后,就按需要的大小挖开一块地。经过数星期的挖掘,阿尔瓦挖到了一位古代国王的墓室。当时他就意识到,他中了一笔拥有 1700 年历史的头彩。

今天它值多少黄金呢?500 万?1000 万?你愿出多少就值多少。作为艺术品,它的价值就更高了。数百件艺术品,从最大的金质圆形徽章,到最小的各种装饰品,都焕发出原有的异彩。毫无疑问,赛般墓室无论从哪方面来说都是惊人的宝藏。当然,从货币价值的角度来看,新大陆从来没有过这样的发现。赛般墓室唤醒了秘鲁历史上一个黄金时代的记忆。

幸运的是,文物最终被保护。在之后的挖掘工作中,阿尔瓦博士挖到了密封的、从未被进入的赛般墓室,他也因此成为世界考古史上的明星。

赛般是古代莫舍人的一位帝王。莫舍人生活在公元 100~700 年之间,后来被印加人征服。一直以来,印加文明是秘鲁古代文明的中心,很难想象在莫舍人的古迹中却发现了令印加文物黯然失色的宝贝。

这些土砖建筑高达 100 英尺,深约 300 英尺,守护着莫舍国王们的遗骨和财富。赛般墓室里摆满了琳琅满目的陪葬品,赛般王的尸骨放在墓室的最中间,他的手中抓着一个重达 0.5 公斤、纯金制成的小铲子。他的头上和前胸覆盖着华丽的金制面具,他手臂的骨骼上挂满精美的首饰,就连他的尸体周围都堆满了数不清的首饰和工艺品。赛般王似乎想把生前收集到的所有财富都带到来生的世界里去。这些还不算全部,最夸张的是,赛般王的四周有几十具陪葬者的尸体,他们中有年轻的女人、侍卫、仆人,而这些人的尸体上无一不是堆满了金银制成的首饰。整个墓穴中,死者的骸骨只是点缀在一堆金银珠宝中的星星白色。阿尔瓦博士说,之前在文物黑市上看到的东西简直没法和赛般王墓室中的发现相比,如果让盗墓者先发现主墓室,那么后果不堪设想。赛般王墓室的发现是整个西半球最辉煌的墓葬文物发现,被喻为新大陆的"图坦卡蒙墓"。现在所有的金银首饰和工艺品都被当地博物馆保管。

沙漠中的金矿

麦罗埃的皇家墓地群距尼罗河东岸大约五公里,位于今天的苏丹境内。在埃及的周边地区,这里的金字塔数量最多。这些庄严而神秘的建筑具有十分陡峭的坡面,金字塔见证了一个古老帝国的变迁。

　　1834 年 10 月,吉斯普·费利尼发现了努比亚统治者梅洛伊女王的宝藏——阿曼尼·沙凯赫特的金字塔。里面有带有异国情调、精美绝伦珍珠、宝石以及纯度非常高的黄金。费利尼凭借在一个麦罗埃金字塔中发现的这些无价之宝引起了轰动,成了考古界的名人。当时埃及还是奥斯曼土耳其的一个属国,他在苏丹首都喀土穆做埃及军队的内科医生。最终,他藏起了自己的军服,变成了一个盗墓者。

　　费利尼发现的这些珠宝的生产年代与埃及艳后克莱奥帕特拉统治埃及北方的时间大体相当,它们已经在地下静静地躺了两千年。费利尼将宝物带到了尼罗河,然后悄悄运到开罗,接着装上大船运往欧洲。没有人怀疑意大利医生的行李中藏着偷来的东西——努比亚女王的财富。这些金子与法老墓中的金子来自同一个产地。

　　金子是神秘之源,是梦想的制造者,是欲望的催化剂。世界上许多博物馆的金质物品中,有很多都是从开罗到喀什穆的尼罗河河谷中发掘出来的。

　　对于曾经辉煌一时的文明而言,这些金子只是很小的一部分。几千年来,没有人知道有多少珍贵的艺术品曾经被熔化掉。没人知道这些成吨重的金子到底来自哪里。图坦卡蒙和阿曼尼·沙凯赫特金字塔里的金子构成了巨大的宝藏,人们都想知道这个黄金国究竟是什么样子。

　　古代努比亚就是今天的苏丹,难道这里就是传说中因徒都戴着纯金镣铐的"神秘土地",难道这里就是谱写法老的黄金传奇的地方?

　　为了揭开这个秘密,在慕尼黑的地球化学与经济地质学教授迪特里希·克莱姆的带领下,考古研究探险队来到了尼罗河与红海之间的贫瘠荒野上——苏丹人的聚居地,开始了搜寻古埃及人金矿的旅程。

　　离开了麦罗埃的金字塔后,探险队沿着尼罗河顺流而下。尼罗河的对面就是西岸的沙姆克雅,这里曾是古老的炼金中心,一直闻名遐迩。这里与 4000 年前相比不会有太多变化,泥砖垒成的建筑为人们提供了躲避毒辣日照的阴凉。这是个荒凉的所在,因此要穿越通向红海的不毛之地非常困难,因为附近根本没有人居住,是个完全未知的世界。在这块千百年来外人一直很少涉足的古老土地上,探险队能找到法老的黄金吗?

　　在这个荒凉的地方,探险队员在河道弯曲的地方发现了一段人造的墙垣。这是建坚固堡垒的遗址,保存得很好,没有遭到挖掘。克莱姆教授估计,这堵墙可以追溯到马库里亚基督教王国时期。在墙垣高处的后方,克莱姆发现了一些古代炼金铺的遗迹。除了发现一些像金子的云母外,探险队员并没有发现金块。此外,他们还发现了一些带有金子的石英和磨石。这些磨石可以追溯到"新王国"时期，有些能追溯到公元前1600左右的图坦卡蒙和拉美西斯大帝时期。更深的凹陷表明，有人在2000年前左右的梅洛伊时代重新使用过这些石头。

无疑，这些发现令探险队非常兴奋，他们坚信附近一定有古代的金矿。据说，当地居民已经找到了金矿的位置。然而，探险队并没有发现金矿。尽管如此，他们并没有放弃，反而决定到广袤的努比亚沙漠远行。

在沙漠中采矿困难可想而知，还好探险队获得了一点帮助。在一个小高地上，克莱姆教授发现了一个石堆——一种被称为"阿拉玛特"的古代路标的遗迹。这些石堆是古埃及人用来标记矿藏路线的。这意味着探险队正沿着这条古道穿过河谷，并最终靠近目标，这是矿工的黄金通道，也是商队运送补给的通道。古埃及人创建了非凡的基础设施，拥有准确的陆地测量系统。阿拉玛特就是其中之一，许多这样的标志都放置在金矿旁边。

在一个地道的入口，探险队员们发现了闪光的石英矿脉。矿藏的入口已经被扩大了，克莱姆教授发现了一些古埃及人留下的痕迹。进入矿井后，克莱姆教授发现地道是沿着石英矿脉开凿的。克莱姆教授考察过几百个矿藏点，每次都会发现古埃及人到过这里，甚至包括那些沉积物不容易鉴定的地方。在公元前1600年左右的"新王国"时期，古埃及人开始研磨石头。那些含金的石英就蕴藏在这里，这些金子在这里就地加工，然后运送到尼罗河上，用船运到皇家宝藏。这里就是传说中法老们的采金点之一，它为"新王国"的繁荣铺平了道路。

两千年后，阿拉伯人和罗马人又开始在这里采矿。圆形磨是罗马人的发明，研磨石英的速度比过去快了五倍。今天，在尼罗河谷地，这种技术仍在使用，只不过石块换成了面粉。这些石磨的下半部分仍然躺在这里，看起来就像不久前才被人丢弃一样。它们的后面有一座阿拉伯矿工曾经使用过的小清真寺。实际上，阿拉伯人也只能重新开采法老的工匠已经开采过的矿藏。

探险队终于发现了法老的黄金国，而且从皇家侍从收藏的陵墓壁画中可以看出，图坦卡蒙的黄金也是来自努比亚的金矿，而且图坦卡蒙曾是努比亚的总督。

探险队发现的宝藏不是用黄金垒建的城市，而是位于努比亚沙漠中的金矿和冶金工厂。那些金矿为年轻的图坦卡蒙国王，还有梅洛伊王朝的统治者阿曼尼·沙凯赫特以及埃及女王提供了黄金。

埃及艳后的海底沉城

公元前100年，繁荣了近两个多世纪的世界文化中心亚历山大城再也无法抵御罗马人的骚扰。为了疆土的完整,托勒密十二世不得不向罗马帝国缴纳贡品。

为了守住帝国,埃及艳后时代的克娄巴特拉女王,这位绝世美人与罗马的数位统治者有染。然而,最终她的努力并没有成功,只是成就了后世的电影票房。

朱利叶斯·恺撒是克娄巴特拉的第一位罗马情人。在他的帮助下,克娄巴特拉铲除了与她争夺王位的劲敌——托勒密十三世,也就是她的亲兄弟。恺撒被暗杀后,克娄巴特拉女王寻求的新庇护者是迈克·安东尼。在城市东海岸的皇家官邸中,克娄巴特拉女王和被她引诱来的安东尼在这里共筑爱巢。出于对克娄巴特拉疯狂的爱与忠贞,安东尼决心为她建一个强大的帝国。然而,这却惹恼了罗马人。

埃及艳后

公元前 31 世纪,安东尼的老对手奥古斯都对其发起了进攻。克娄巴特拉眼睁睁地看着情人安东尼被打败,她因为害怕被俘到罗马游街最后选择了自杀。据传说,克娄巴特拉是用一种叫角奎的毒蛇来自杀的。至于克娄巴特拉是用何种方式自杀的,至今尚无人能证明。随着克娄巴特拉女皇的死,埃及作为世界最强大帝国也成了历史。此后,虽然亚历山大城依然是埃及的首府,但是却受罗马帝国统治。传说 1500 年前,一场巨大的地震使亚历山大这座古城沉没于海水之中。

20 世纪后期,为了重现亚历山大城的辉煌,海洋探险家弗兰克·戈迪奥和他的探险队开始了惊人的海底探险。1992 年,戈迪奥和他的欧洲海洋考古学院得助于最先进的海底工具接近海底的物体。他们先进的海底工具不仅可以为海底工作特别设计声纳定位仪、全球定位系统,还可以测出水下磁场最微小的变化,正确判断埋藏的物体。在仔细梳理了 Antirhodos 岛的河床后,戈迪奥确信他们发现的石灰石海底建筑物就是史料记载的亚历山大古城。在一个淹没的半岛,他们还找到了一个同克娄巴特拉的府邸一样雄伟壮观的建筑。无疑,戈迪奥认为那是安东尼的避难所。虽然凭借先进的工具戈迪奥的探险队找出淤泥掩盖下的大宗物体,然而,他们发现的这座沉睡了千年的宝藏能见度非常的低,到处是污水、污物,潜水员除了看到几英尺外的地方外根本无法看得更远。后来,没有人可以对这里的海港做详尽的探察,因为埃及军队一直把这里的海港用作一级戒备的军事区。

后来,戈迪奥的探险队取得当地政府的允许,在发现公司的资助下再次得以钻到水下探个究竟。然而,这次的发现却和上次不一样。这次探险队发现,原来发现的所谓的安东尼府邸只是个无比巨大的暗礁。于是,戈迪奥不得不改变战略。他不再一味地依靠仪器来判断,而是开始依靠人来完成判定工作。很快,就有探险队员发现了一个古时的葡萄酒器和一个双耳细颈酒罐。在这些器皿的附近就是古码头,接着石头铺的古老路面也显现出来了。随后,埃及艳后的海底沉城亚历山大城里的雕像、街道等都慢慢显现出来了。就这样,埃及克娄巴特拉女王和情人的爱巢、这座极富有传奇色彩的皇家古城获得重生。

在过去的几年里,戈迪奥和他的探险队发现了一大批令人惊叹的史前古物,尤其是雕像方面的收获甚丰。在海底,戈迪奥和他的探险队的发现主要有:两座狮身人面像,其中一座是克娄巴特拉的父亲——托勒密十二世;可追溯到公元前五世纪的城市码头的木质遗迹;一座比真人还高的白色大理石全身像,它是神化了的托勒密皇帝;古埃及主掌生育和繁殖的女神伊希斯的雕像;一个巨大的黑花岗岩头像,它是古罗马皇帝奥古斯都。此外,还发现了一艘属于 Anrirhodos 私人海港的沉船。后来,为保护文物,生动记录历史上传奇人物丰姿的雕像又被送回沉静的海底。

无疑,戈迪奥的发现为这座海底沉城提供了第一幅可视地图。然而,许多学者认为亚历山大城的雄伟并非几条街道、几座雕像,戈迪奥的发现只是冰山的一角罢了。

第三节　与战争有关的宝藏

纳粹藏宝之谜

第二次世界大战中,纳粹法西斯对被侵略国的财宝大肆抢掠,贪得无厌。德国元帅戈林曾向他的部下指示:"你一发现有什么东西可能是德国人民所需要的,就必须像警犬一样追逐,一定要把它弄到手……送到德国。"纳粹德国每占领一个国家,它的财政人员马上便夺取这个国家的黄金和外国证券、外汇等。德国法西斯用种种理由迫使占领国支付数目惊人的"占领费""罚金""贡金"。

据美国调查统计,德国共榨取被占领国金额达 1640 亿马克(约合 410 亿美元)。希特勒政府除了掠夺别国金融财产外,还抢夺了无数珍贵文物。在征服波兰后,戈林下令掠夺波兰文物。据德国官方的一份秘密报告表明,到 1944 年 7 月为止,从西欧运到德国的文物共装了 137 辆铁路货车,计有 4174 箱,21903 件,单单绘画就有 10890 幅,其中不乏名家杰作。纳粹头目们借机扩充"私人"收藏,经过瓜分形成了令人垂涎的八大宝藏，即希特勒金库、隆美尔藏宝、墨索里尼东林宝藏、凯瑟林财宝、福斯中潜艇藏宝、南太罗的三处宝藏，仅戈林一个人所收藏的文物，据他自己估计价值就达 5000 万德国马克。他的家简直就是一个"博物馆"，有 5000 幅世界名画，16 万件珍宝镶嵌的宝物，2400 多件古代名贵家具，其中 1500 件属于世界珍宝。1945 年 4 月 20 日，戈林离开希特勒，坐着他的装甲"梅塞施密特"汽车飞快地开往巴伐利亚——他认为安全的地方，后面紧跟着装满财宝的卡车护送队。其中，最后一批在运送途中被美国部队截获，其中有 27 箱绝版的书，4 箱贵重玻璃器皿，8 箱金银器，无价的东方地毯等。

据已经缴获的德国文件表明，自 1940 年以来，纳粹党积累了约 10 亿美元的财富。按照不同的折算标准（购买力或黄金等价）相当于今天的 200 亿到 1200 亿美元。其中最令盟国追查人员感到棘手的是党卫军在德国国家银行开设的"梅尔默"和"马克斯·海利格"这两个巨额纳粹账户。国家银行贵重金属部门负责人艾伯特·托马斯向盟国解释说，德国国防军在战争中所缴获的战利品一直归帝国中央统计局或者财政部所有，而党卫军的缴获品，包括从集中营的灭绝营里抢来的全部贵金属、纸币、珠宝和衣物，则存入国家银行的这两个专门账户中。所有的战利品都先存到梅尔默账户，经银行人员评估、分类后再转移到海利格账户上。梅尔默账户的存在，意味着可能还有其他党卫军账户以私人的名义存于世界各地的银行中。到战争后期，纳粹军队里上校以上级别的人或多或少都曾经在占领区聚敛过自己的财产。某些私有财产是与国家财产混为一体的，他们通过这种公私不分的糊涂账来侵吞德国的财产及抢来的外国财产。

美军在占领默克斯后，迅速向柏林和捷克方向逼近。与此同时，残余的纳粹奋力把德国国家银行余下的财产运往南部的阿尔卑斯山区，这也是他们为保住这些财产所做的最后努力。许多纳粹高官为保住其私人财产也逃往了那里，例如帝国中央保安总局的头目恩斯特·卡尔登布隆纳。目前仅存的一份文件记录了卡尔登布隆纳运往阿尔卑斯地区的这份私人财产：50 箱金币与金制品（每箱重 200 磅）；200 万美元；200 万瑞士法郎；5 箱钻石珠宝；价值 500 万金马克的邮票收藏品；重达 110 磅的金砖。戈林也将其私人财物运往了那个地区，其中包括数目惊人的上好年份的葡萄酒。

德国国家银行的黄金与现金并不是全部运到了默克斯。有一部分被留在柏林，用作军费和其他开销。这部分财产包括 730 块金砖和数百万枚 20 马克金币，总价值约 2000 万美元，此外还有数目惊人的大量纸币。4 月 13 日，苏联军队攻克柏林前夕，在该城固守的纳粹留下了其中价值约 350 万美元的黄金和外汇，将其余的财宝用代号为"鹰"和"寒鸦"的两列特别专列运往南部巴伐利亚。由于盟军的快速逼近和空中袭击,这两列火车无法到达目的地慕尼黑。4月16日,火车被困在了离捷克斯洛伐克城市比尔森大约10公里的地方,部分财宝在那里被装上卡车运往慕尼黑。4月19日,两列专列抵达慕尼黑以南大约50英里的佩森堡,又用卡车运走了一部分财宝。剩下的财宝原本打算藏到当地的一个铅矿里,但这个铅矿已经断电,还被水淹了。德国国家银行行长丰克接到报告后,下令将这些财宝用卡车运到一个叫米滕瓦尔德的小城。这些财宝包括金砖365袋(每袋2块,包装方法与规格与默克斯藏金相同)、9箱秘密档案、4箱银条、2袋金币、6箱丹麦纸币、94袋外汇、34块印钞版和大量的印钞纸。

在纳粹最后的日子里,卡尔登布隆纳还将部分截留的财宝分给了盖世太保和党卫队的军官们。例如著名的党卫军上校奥托·斯科尔兹内就得到了两笔款子,一笔是价值约900万美元的黄金、钻石和现金,这笔钱后来在藏匿地被美军发现(又神秘地丢失了);另一笔包括5万金法郎、1万西班牙金币、5000美元、5000瑞士法郎和500万德国马克,斯科尔兹内将其藏在奥地利的提罗尔,这笔钱再也没能被盟国追回。战后斯科尔兹内在西班牙露面,并过着贵族般的生活。他在那里一面维持纳粹高官逃往南美的秘密通道,一面兼做军火生意。美国情报机关直到1950年才查清斯科尔兹内侵吞了大量财富。

从1945年4月19日开始,美国军方组织的"淘金队"开始全面出击,寻找藏匿在德国和奥地利的各处纳粹宝藏。这支队伍由G5/SHAEF的财政副主管伯恩斯坦上校及其助手菲舍尔中校和杜波伊斯中校领导,并由普厄和托马斯协助。4月26日,美军探宝人员在哈勒的国家银行分部找到了35袋外国金币,包括100万金瑞士法郎和25万金币。随后又在邻近的普劳恩发现了65袋外汇,价值大约100万美元。4月27日,他们得知在奥厄还有82块金砖,但仍在德军的严密保卫之下。4月28日,他们又发现了600多块金锭和500箱银锭,这是匈牙利国家银行的储备。4月29日,他们在埃施韦希发现了82块金砖,第二天又在科堡城的粪堆下发现了82块金砖,5月1日在纽伦堡找到了34箱零2袋外国黄金。所有这些财宝全部被运到了法兰克福,存放于美国陆军外汇存放处(负责人亦为伯恩斯坦上校),在德国国家银行法兰克福分行征用的金库里,并登记在册。"淘金队"还通过悬赏等途径在德国中部图林根地区发掘出好几处宝藏,其中一处小型宝藏包括19袋金币和金砖(总价值约1.1722万美元),以及16.0179万美元和9.6614万英镑纸币。在德国和奥地利,像这种小型宝藏还有许多。

通过审讯和查阅缴获档案,"淘金队"得知德国国家银行在各地的支行里储存着价值 1700 万美元的黄金,除了约 300 万美元的黄金在柏林被苏联人缴获、同样数目的黄金被"淘金队"发现以外,其余 1100 万美元的黄金已被运往德国南部。5月初,伯恩斯坦奉召返回华盛顿与杜鲁门总统商讨战后在德国推行的"反卡特尔化"计划,朴布瓦中校接管了他在德国南部的寻宝工作。直到 6 月 7 日,"淘金队"才在德国南部发现其他一些黄金。由威廉·盖勒少校领导的先遣队总共找回了 782 块金砖。不过这个数字与预先的估计相差甚远。

除了德国国家银行的黄金外,一位专门负责审问德国外交官员的美国检察官坎普纳还在一份报告中谈到了德国外交部黄金的问题,说德国外交部还有一批大约重达 150 吨的黄金专门由里宾特洛甫掌管。纽伦堡审判结束后,坎普纳继续搜寻这批失踪的黄金。1950 年,他游说国会授权调查这个案件,可国会并没给他任何回复。

部分纳粹黄金的最终下落被确认。然而战争结束前已被运出德国,用于纳粹复兴计划的那部分黄金至今依然下落不明,其价值也不为人知。纳粹宝藏中价值更为巨大的是那些数额巨大的无记名股票、债券以及他们在全世界建立的企业和公司。这些公司持有大量专利,并暗中为纳粹提供稳定的财政收入。

关于纳粹财富还有许多疑点,也许人们永远不可能完整地了解其来龙去脉。纳粹法西斯灭亡后,人们只见到极小的一部分。纳粹的大量财宝藏在什么地方呢?谁也不知道。那批失踪纳粹财富的命运将继续埋藏在秘密和阴谋中。

默克斯宝藏

1945 年 3 月 22 日晚,乔治·巴顿的第三集团军渡过了莱茵河。4 月 4 日傍晚,一辆美军巡逻吉普车在默克斯村看到两名德国妇女违反宵禁令在街头行走,于是停下来对其盘问。她们自称是法国难民,其中一人即将分娩,要到邻近的基瑟尔巴赫村去找接生婆。美国士兵把该妇女带卜吉普车,送到了基瑟尔巴赫村,还为接生婆提供了帮助。次日清晨,在送这两名妇女回家的路上,当吉普车路过凯瑟岁达矿井的井口时,美军士兵问这是一座什么矿。令他们大为惊讶的是其中一名妇女告诉他们说是藏金子的矿井。

该地美军指挥官拉塞尔中校得到这个消息后,立即于当天中午前往默克斯。经过询问,难民证实了消息的真实性。此外拉塞尔还得知,德国国家博物馆馆长保罗·赖夫博士正在那里看护一些藏在矿井中的名画。拉塞尔接着盘问了矿上的大小官员以及德国国家银行外汇部首席出纳员维尔纳·维克。维克向美军交代说,从 1942 年 8 月 26 日起,德国国家银行就把其黄金储备,以及党卫军掠夺的财物藏到默克斯的矿井中。藏匿活动一直持续到1945年1月27日，一共运来76批次财物。此外，在1945年3月16日、20日和21日，德国东部地区的14家博物馆和美术馆也将其藏品运到了那里。由于美军进展神速，德国人曾想将默克斯宝藏转移到别处，但还没来得及筹集车辆，美军先头部队就已经到达了该地。

为了加强对矿井的保卫工作，美军将领拉塞尔下令在其周围拉起军用电网。他起初命令第712坦克营前往默克斯保卫矿井入口，但到晚上又发现了其他5个入口，一个营显然不足以担任警戒任务。于是，赫伯特·厄内斯特少将命令第773反坦克营和第357步兵团前往默克斯增援。拉塞尔还将这个矿的情况通知了美军第12军的指挥官。

1945年4月7日清晨，这个矿井的所有入口已全部被发现，美军立即派兵守卫。上午10点钟，拉塞尔和另两位美军军官，以及赖夫博士和矿上的官员从主坑道进入矿井。在离地面2200英尺的主隧道内，他们发现了堆放在墙边的550个大麻袋，里面全是德国马克钞票。再往里走是一堵三英尺厚的砖墙，中心是一扇厚重的钢制保险门，后面可能藏有一座地窖。此时巴顿的部队正在闪电般地进入德国，急需人手执行战斗和占领任务。当他得知矿内只发现大量德国马克纸币而没有黄金的消息后，立即下令357步兵团撤离该矿，只留下第一营继续驻守。

4月18日清晨，拉塞尔、一名部队公关人员、摄影师、记者和第282战斗工兵营的工程师再次进入该矿。他们来到地窖前。现代化的钢门很难撬开，但是保险门周围的砖墙很容易就用炸药炸开了。美国人发现他们进入了天方夜谭般的宝库。周围的景象难以用语言形容：展现在他们面前的是一个有照明的、宽23米、长45米的密室。里面有超过7000个作了标记的袋子，高度齐膝，足足码了20排，每排间距大约是1米。房间另一边发现成捆的现钞，每捆的标签上都印着"梅尔默"的字样。这些箱子明显属于纳粹党卫军的化名账户，这是关于纳粹在欧洲所掠夺财富的首条线索。他们打开袋子，将这些财物列入清单：8198块金锭；55箱金砖（每箱2条，每条重10公斤）；数百袋黄金器皿和制品；超过1300袋的金马克、金法郎和金镑；11袋美元金币；来自15个国家的数百袋金银币；数百袋外汇钞票；9袋珍稀的古代金币；2380袋和1300箱的德国马克现金，面值达27.6亿；20块各重200公斤的银锭；40袋银条；63箱零55袋银盘子；1袋白金（内有6块白金锭）；还有110袋钻石和珠宝。在其他的隧道里还发现大量来自欧洲各国博物馆以及从私人那里抢来的珍贵艺术品：油画、版画、铅笔画、雕刻、古董钟表、集邮册……这些宝藏还揭露了纳粹的残忍性：在金制品中包括数袋从灭绝营的囚犯口中拔掉的金牙。

巴顿注意到其中的外国货币和艺术品，迅速认识到这笔巨大的财富背后的政治意义。他立即请求将该笔财富交由盟国远征军最高统帅部接管。艾森豪威尔任命伯恩斯坦上校为财政副主管。接着,在战斗机的护卫下,这些财宝由数百辆卡车运往法兰克福的德国国家银行。8月中旬,盟国对其进行了称量和估价。其中的黄金价值2.62213亿美元、白银27.0469万美元。

1946年初,默克斯宝藏中的货币黄金被移交给盟国战争赔款委员会,最后交给美、英、法三国黄金归还委员会,他们负责尽快将这些黄金交还给受害国的中央银行。在欧洲找到的其他纳粹宝藏没有任何一批能与默克斯宝藏相匹敌。另一笔规模近似的宝藏是克罗地亚乌斯塔沙政权掠夺的黄金,但这批黄金最终并没有被找到。有迹象表明,它们极有可能被梵蒂冈和中央情报局秘密运出了欧洲。这份宝藏究竟有多少留在梵蒂冈仍然是个不解之谜。在奥地利的阿尔卑斯山地区还发现了几处规模较小的纳粹藏宝。纳粹曾经在这里设立了坚固的"人民堡垒",试图进行最后的顽抗。人们对于默克斯宝藏的具体价值并不存在分歧。争论在于这些宝藏的来源,以及后来是如何处理的。另一个谜团是这份宝藏在纳粹掠夺的巨大财富中占多大比重。

隆美尔的珍宝

德国陆军元帅隆美尔生性凶残、狡猾,惯用声东击西的伎俩。在北非的大沙漠上,他以力量悬殊的兵力与强大的英美联军交锋,出奇制胜,因而赢得了"沙漠之狐"的称号。这个"沙漠之狐"在北非的土地上疯狂地屠杀土著居民,掠夺他们的财富,尤其是当地无比富裕的阿拉伯酋长,只要他们稍稍表示拒绝支持纳粹的事业,隆美尔即令格杀勿论。隆美尔用极其野蛮的手段在很短的时间里积聚起一批价值极为可观的珍宝。这批珍宝包括满装黄灿灿金币和各种珍奇古玩的90多只木箱及一只装满金刚钻、红宝石、绿宝石和蓝宝石的钢箱。

虽然隆美尔曾数次违抗希特勒的命令,甚至当面顶撞他,但他真的犯有叛国罪,曾参与了刺杀希特勒的计划吗?历史上,普遍的看法是他不仅没有直接参与,而且也没有同意刺杀计划。他曾说:死希特勒可能比活希特勒更有危险。

隆美尔

这批珍宝价值多少？谁也估算不出来。那只钢箱里的财宝太迷人了，可谓价值连城，隆美尔本人也不清楚这批珍宝的价值究竟是多少。这批珍宝，除供隆美尔大肆挥霍外，还用以收买少数阿拉伯统治者。

不管隆美尔怎么挥霍，也仅仅只动用了这批珍宝的极少一部分。随着战局的进展，隆美尔自吹所向无敌的非洲军团全线崩溃。为了不让这批珍宝落入英美联军之手，隆美尔秘密调动了一支亲信部队将这批珍宝藏在世界上某一个不为人知的角落里。

1944年，法西斯德国日暮途穷，德军一些高级军官谋刺希特勒，事涉隆美尔。10月14日，希特勒派人至隆美尔住所，要隆美尔考虑决定接受审判还是服毒自杀。隆美尔选择了后者。15分钟后，隆美尔便离开了人世。隆美尔一死，唯一知道这批珍宝的埋藏地点、方位、标志的线索便中断了。

对于隆美尔这批珍宝，西方一些冒险家们垂涎三尺、朝思暮想，希望有朝一日发掘到这批珍宝，成为珍宝的主人。他们不惜重金，派专家南来北往，查阅有关密档，又千方百计地寻找所有可能知情的人。调查的结果，各种传说都有，但均不甚确凿，冒险家们抓耳挠腮，一时不知从何下手。

一种传说是这样讲的：在隆美尔的非洲军团崩溃前夕，"沙漠之狐"隆美尔曾调集了一支快艇部队，命令将90余箱珍宝分装于艇中，由突尼斯横渡地中海运抵意大利南部某地密藏。某日晚，快艇部队在夜幕的掩护下秘密出航，按预定计划行动。不料在天将拂晓时，快艇部队被英国空军发现。原来英军情报部门早就密切注视着这批珍宝的去向。英军情报部门除派出大批地面特工人员外，又动用飞机与舰艇，在空中和海上昼夜侦察，随时准备拦截。

英军发现鬼鬼祟祟的德军摩托快艇后，料定珍宝即在其中，下令从空中和陆上不惜一切代价截获。当摩托快艇行至科西嘉附近海面时，德军深知已无望冲出英军密织的罗网。当此绝望之时，隆美尔竟下令炸沉所有快艇。这支满载着珍宝的德军摩托快艇部队就这样在科西嘉浅海区沉没了。

从那以后，不时有人用高价雇佣潜水员一次又一次在科西嘉海底搜寻，可是一无所获。是科西嘉的海面过于辽阔呢，还是沉船的具体地点并不在科西嘉岛？抑或是隆美尔并没有炸沉快艇，甚至艇上并未载有珍宝？谁也说不清楚。

1980年，美国《星期六晚邮报》二月号刊载了一篇令冒险家们十分感兴趣的文章《"沙漠之狐"隆美尔的珍宝之谜》，作者署名肯·克里皮恩。作者说，"沙漠之狐"声东击西并未用快艇载运珍宝。这批珍宝密藏在撒哈拉大沙漠中的一座突尼斯沙漠小镇附近。小镇的附近遍布形状相差无几的巨大沙丘。这批珍宝即埋藏于某座神秘的沙丘之下。

作者说，1942年11月，美英联军从北非登陆。次年年初，兵分两路从东西夹击德意军队，前锋逼近濒临地中海的突尼斯城。1943年3月8日清晨，居住在距突尼斯城不远的哈马迈特海滨别墅里的隆美尔发觉英军已控制了海、空权，他的珍宝已无法由海路安全运出，于是决定就地藏宝。

3月8日深夜，在隆美尔与他的亲信严密监视下，这批珍宝被分装在15至20辆军用卡车上，车队在汉斯·奈德曼陆军上校的押运下连夜向突尼斯城西南方向行驶，在撒哈拉大沙漠边缘的一座小镇——杜兹停下。汽车驶至杜兹后，前方即是大沙漠，无法行驶。汉斯·奈德曼购买了六七十匹骆驼，将珍宝分装在骆驼上，于3月10日踏入撒哈拉大沙漠。

驼队在沙漠中跋涉两天，最后将珍宝按预定计划埋入数以万计的令人无法分辨的某座沙丘之下。负责押送、埋藏珍宝的德军小分队在返回杜兹途中，意外地遭到英军伏击，小分队全部丧生。藏宝人连同宝藏的秘密一起被撒哈拉大沙漠无情的黄沙埋葬了。撒哈拉大沙漠一望无垠，白天温度常在华氏百度以上，人称之为无情的地狱。谁敢贸然叩开这无情的地狱之门？隆美尔的大批珍宝能有重见天日的一天吗？

有的人对以上说法表示怀疑。他们认为，所谓隆美尔密藏珍宝云云，只不过是一个引人入胜的传奇故事，谁要是对它认起真来，谁就是一个傻瓜。

美国与纳粹宝藏

自苏联解体后，就不断传来一些被苏军掠夺的纳粹赃物被重新发现的报道。许多二战末期从德国缴获的美术品存放在圣彼得堡的埃尔米塔什博物馆和莫斯科的普希金博物馆。但是几乎没人知道美军当时也从德国缴获了大量战利品，而且其中包括不少纳粹从别围掠夺的赃物。陆军军官吉尔凯在战后曾负责将美军从德国缴获的美术品进行无菌处理，永久保存在五角大楼的保险库内。他一定是个相当忙碌的人——因为有大约1.1万幅美术品需要处理。那些绘画中最有价值的被储藏在美国军事历史学会大楼内。

美国掠夺者的名单可以从前任总统一直排到普通大兵。期望美国大兵在面对庞大的战利品诱惑时不为其所动是不切实际的。许多美国军人参加了对战利品的掠夺，某些时候甚至包括军官。在慕尼黑的纳粹党老巢"褐宫"发生的抢夺就很能说明问题。褐宫是3栋以地下通道连在一起的房子，第1296战斗工兵营被派来守卫该建筑群。他们发现地下通道内到处都是纳粹掠夺来的战利品，包括银器、名画、档案,以及其他众多价值连城的东西。该营列兵波尔斯基和弗莱塞回忆说,他们进入这个地方后发现一些士兵和军官正在把银器作为纪念品打包,于是也加入了他们的行列。波尔斯基拿了一套印有希特勒姓名缩写字母 AH 和纳粹标记的银器,弗莱塞则拿走了一套共有 80 件器物的银餐具。他们两个回到自己的营部,向他们的长官麦克凯上尉展示了战利品。他俩小心翼翼地把这些银器打包、装好,麦克凯上尉在包裹上写下了"已经通过麦克凯上尉审查"的字样。波尔斯基把这些银器寄到了明尼苏达州圣保罗的老家,弗莱塞也把他的赃物寄了回去。这次抢夺活动一直持续到 1945 年 6 月 10 日,也就是"褐宫"被盟军宪兵用高压电网围起来之时才告终止。

对纳粹高官财富的争夺也相当激烈。戈林数量庞大的艺术收藏就被藏匿在好几个不同的地方,由于这些艺术品数量过于庞大,以至于没有办法将其统一集中到一个安全的隐蔽地。在苏联军队逼近柏林郊外戈林豪华的游猎行宫"卡琳大厦"时,许多不能转移的艺术品被就地焚毁,剩下的用火车运到了戈林在费尔登施坦因的城堡。当盟军逼近那里时,戈林又霸占了 4 列火车,将这些财宝运往贝希特斯加登。这里是纳粹德国高官显贵们的第二个政治活动中心,位于德军在巴伐利亚和阿尔卑斯山区修建的"人民堡垒"的核心地带。戈林、希姆莱、鲍曼等人的宅邸如众星捧月一般散布在希特勒的高山别墅"鹰巢"周围,镇上还有为纳粹党和党卫军的中级官员们修建的豪华旅馆和宿舍。在战争末期,大约有 1.4 万辆卡车到达这里,一部分装着纳粹准备用来在阿尔卑斯山地区进行最后挣扎的装备和补给,另一些则载着纳粹高官们的黄金、外币、艺术品和美酒。盟军逼近贝希特斯加登时,戈林又从其财宝中精选了 5 卡车珍品送往附近的温特施泰因,剩下没有来得及转移的东西仍旧留在了火车车厢里。

美军第 101 空降师的官兵们开入贝希特斯加登镇后,立即为戈林的庞大艺术品收藏所震惊。他们在他的一座豪宅里发现了一处如同阿拉丁宝库般的地窖,里面堆满了琳琅满目的珍宝和油画,其中包括伦勃朗、雷诺阿等人的名作,还有大量的珍稀邮票、小雕像、钟表、勋章、古金币、镶有珍珠和珐琅的手枪、钻石袖扣和别针、金银烛台和盘子、古董盔甲和兵器。这些士兵们没有任何犹豫便开始各取所需,许多体积较小的珍宝迅速消失在他们的口袋中。一位士兵拿到了戈林在卡琳大厦的客人签名本,上面有着众多尊贵客人的签名(其中当然包括那位赫伯特·胡佛)。戈林的一把元帅节杖被美国第 7 集团军司令帕奇拿走,至今仍陈列在其母校西点军校的博物馆中。另一把节杖和一些纪念品被埃克尔格中尉拿走后寄到了芝加哥他母亲家,他母亲将其中的一枚金质大奖章出售给了一位珠宝商,后者在报纸上登出了出售戈林奖章的广告。美国海关人员读到广告后，没收了那枚奖章及其他所有寄回美国的东西。另一些戈林的私人物品（主要是容易藏在军服里带出去的东西，如手表、手枪、匕首和短剑等）也被士兵们抢走。怀特中校是在贝希特斯加登收获最丰的家伙，他将一大箱约400件希特勒专用的银器和水晶餐具寄给了妻子。

另一个贪婪的美军掠夺者是布朗中校。他的军队驻扎在图林根地区的魏玛和布痕瓦尔德一带。布朗疯狂搜刮财富的行为被当地居民告发，因而在1945年6月27日接受了军事法庭的询问。根据美军颁布的法令，军人在敌国得到的一切财产都属于美国政府。

被美军抢夺的另一份德国财产于1990年露面，其中包括许多中世纪文物：黄金和白银制作的耶稣受难像；一座雕刻精美、镶有宝石和珐琅的银制圣骨箱；众多水晶和象牙制成的宗教艺术品；大量中世纪手稿；其中最珍贵的也许是一本9世纪的金制福音书，书中配有精美的插图，书皮包银，镶嵌黄金和珠宝。这些珍宝与其他文物在战争后期从柏林的各博物馆里运出，藏在马格德堡以南奎德林堡镇的废弃矿井隧道中，被美军中尉米德尔发现。他与其他三人负责保卫这批珍宝时，趁人不备将其中最精美的宝物一件件地偷走并邮寄回家。奎德林堡矿井中其余的珍宝后来归还给德国的博物馆，但德方很快发现其中一些珍品已经失窃，于是美国军方展开调查活动。但因奎德林堡被划分到苏占区，该调查很快就结束了。米德尔死于1980年，此后其战利品迅速流入文物黑市。1990年美国海关发现了金福音书和一份写于1513年的手稿，经过进一步的调查后又在米德尔的家乡得克萨斯州怀特赖特找到了上面名单中剩余的宝物，但仍有一些当年被米德尔拿走的文物不知下落。

日本与纳粹宝藏

日本对东亚和东南亚的抢掠，是触目惊心的。劫掠的国家和地区，包括中国、印度、泰国、缅甸、马来西亚、婆罗洲（加里曼丹的旧称）、新加坡、菲律宾及荷属东印度群岛等；抢掠的对象，是以上各国和地区的个人、教堂、寺庙、银行、公司、倒台的政府、流氓犯罪集团，以及地下经济团体。

虽然现在仍无法确切知道被鲍曼转移的纳粹财产的数量，但它无疑是未被追回的最大一笔纳粹财富，唯一可与之相比的是二战期间日本在亚洲掠夺的巨额财富。盟国在追回纳粹德国掠夺的财富时投入了很大精力，对日本的战争赃物却很少提及。其原因与这笔财富的性质有关：其中绝大多数夺自私人，而且其中很多受害人已经被日军杀害灭口。

纳粹德国曾通过党卫军特别组织外汇保护部来搜刮欧洲财富,日本军方也有同样的秘密组织,称为"山百合会"。裕仁天皇任命皇族成员竹田宫恒德亲王为该组织在大陆的负责人,其他几名皇族亲王,如朝香宫鸠彦王、闲院宫载仁王也参与了这项任务。被掠夺的中国财产包括贵金属、文物、图书、铜镍币等,总价值在 10 亿~20 亿美元之间,这些财富运至朝鲜后装船运回日本本土。1940 年,裕仁天皇的亲弟弟秩父宫雍仁被任命为"山百合会"在东南亚地区的主管,负责将日军从菲律宾、新加坡、马来西亚、荷属东印度和法属印度支那掠夺的财宝通过船队运回日本。战争结束后不久,秩父宫便在 1953 年神秘地死亡,而他的 3 个兄弟中除裕仁天皇(1989 年病毙)外都活到了 20 世纪 90 年代。

随着 1942 年以后美国潜艇的活动增加,大量日本运输船在本土和南中国海被击沉。为了保护掠夺财富的安全,秩父宫亲王于 1943 年将"山百合会"总部由新加坡搬至菲律宾的吕宋岛。在接下来的两年半时间里,日军将这批财宝登记注册,然后埋藏于吕宋岛上的 172 处地窖、隧道和山洞中。此时日本仍在幻想与盟国实现有条件停战,并在战后保住对菲律宾的占领,这样的话便可将这笔财富从容运回日本。

在二战期间,日本还公然违反国际法,用医院船来转移掠夺的财富。1942 年 10 月,日本医院船"天应丸"从东南亚装载了 2000 吨黄金和大量水雷前往日本,并在横须贺军港卸下了这些黄金。该船在 1945 年 8 月 17 日被日本海军秘密炸沉,以毁灭罪证。另一艘医院船"阿波丸"号于 1945 年 2 月 17 日从门司港出发,3 月 24 日抵达新加坡,在那里装上了大量的橡胶、锡、铝、大米,以及撤回本土的军政人员。该船于 3 月 28 日起航返回日本,4 月 1 日夜间在台湾海峡被美国海军"皇后鱼"号潜艇击沉。根据记录,船上除了战略物资和非伤员的人员外,还装有 40 吨黄金、12 吨白金、15 万克拉工业钻石、40 箱珍宝、文物和艺术品(有人推测"北京人"头盖骨化石也在其中),以及大量的美元、英镑和港元纸币。

另外,日本还曾用军舰运送过掠夺来的物品。1944 年 11 月 5 日,"那智"号巡洋舰在马尼拉湾附近被美国海军舰载机击沉,但是日本一直有人说该船是被日军潜艇击沉的,幸存的船员被潜艇上的机枪打死以灭口。不管这种说法是真是假,"那智"号上装有黄金是真的。菲律宾总统马科斯派人在 20 世纪 70 年代从其残骸中捞出了大量黄金。1997 年,一个日本电视摄制组拍下了这批黄金,其中包括 1800 块金砖,价值 1.5 亿美元(1997 年价格)。

运回日本本土的"山百合会"财宝储存在一些废弃矿井中,还有一些藏在长野县的群山里。日本军方曾驱使数万名朝鲜劳工在那里挖掘了巨大的地下工事群，准备在美军登陆本土后将天皇、军部和原子弹专家转移到那里进行最后的顽抗。这些劳工后来都被秘密杀害。直到1952年缔结对日和约时为止，日本从战争中抢来的主要财富仍然藏在菲律宾。

战后发现的第一处日本藏金处位于菲律宾的圣罗马纳。当日军在菲律宾节节败退时，菲律宾游击队曾发现他们将大批沉重的箱子运到一个山洞中，然后用炸药将出口封死。一名战略情报局的少校当时和游击队在一起，记住了藏宝地点。该特工在战后重新打开了这个山洞，发现箱子中全是黄金。1945年到1948年之间，这批约重2300吨的黄金被运到了美国。战略情报局头子威廉·多诺万、其部下朗斯代尔、驻日军事总督麦克阿瑟和以难民救济特使身份访问日本的美前总统胡佛参与了该过程，后来的中情局局长艾伦·杜勒斯也知道了此事。多诺万和朗斯代尔负责处理这批黄金，他们没有将其归还东南亚国家的受害者，而是分别存入了42个国家的176家银行，其中瑞士联合银行日内瓦分行以朗斯代尔名义开的一个账户上有2000吨黄金。战略情报局解散后，这笔巨大的财富被中央情报局接收，成为其账面外资金，用于各种秘密活动，其使用和支配不受任何监督。中情局还通过向有影响力的实权人物分发黄金信用证（可凭该信用证去瑞士银行直接提取黄金）的方法将他们和中情局绑在一起。

令人震惊的是，还有一部分"山百合会"黄金成为亲日派美国人的私财，其中最大的账户是以麦克阿瑟的儿子阿瑟·麦克阿瑟的名义在苏黎世的瑞士信贷银行开设的。其他资料显示，胡佛在瑞士信贷银行的私人账户上有7.5吨黄金。回顾一下美国政要在战后和日本的勾结活动就可以弄清楚这些黄金从何而来。

日本投降后，盟国除了惩治战犯外还对其进行了一些战后改造，例如废除财阀、解散大企业、进行币制改革、制定新宪法，以及让日本做出战争赔偿等。但是该过程受到美国驻日军事总督麦克阿瑟及其手下的阻挠，阻挠者还有前驻日大使约瑟夫·格鲁和前总统胡佛。

格鲁于1932年被任命为驻日大使，1943年通过日美外交人员交换回到美国，1945年曾任代理国务卿。他出身于波士顿的上层社会，妻子是海军准将马修·佩里的曾孙女，母亲则来自著名的卡博特家族。格鲁家族与亚洲有长久的渊源，在19世纪时曾以银行家的身份参与对华鸦片贸易。格鲁在战时就开始阻挠日本的民主化进程，他曾与日本驻瑞士大使进行秘密会谈，承诺美国不会起诉裕仁天皇，并让他保住皇位。该承诺完全违背了罗斯福和杜鲁门政府要求日本无条件投降和惩治战犯的主张。

证实"山百合会"黄金已被发现的证据之一,是一张于 1956 年签发给马科斯的黄金信用证。这是在他成为参议员之前的事。该信用证由瑞士银行公司发行,证明马科斯在那里存入了 7120 吨黄金。另一份黄金信用证是 1963 年 1 月 7 日由瑞士联合银行签发给沙特阿拉伯军火巨商阿德南·哈肖吉的,是马科斯的一个生意伙伴。哈肖吉的名字在信用证上写错了。

日军从东南亚地区掠夺的黄金一共有多少已经成为一个不解之谜。不过我们可以从马科斯及其代理人出售的黄金数量中看出一些端倪。他们随时都在伦敦、香港、悉尼等地的黄金市场上秘密出售大批黄金,有时一次卖出的金锭数量就高达 10 多吨,比已知的菲律宾所有的黄金储备还多。每隔一段时间,世界上规模最大的伦敦黄金交易所就会出现一次被称为"马科斯黑鹰"的秘密买卖。根据已出售的数量估算,马科斯的黄金约有 6.5 万吨。这个巨大的数字不禁给人一种神话般的虚幻感觉,从而认为有可能是捏造的。但是根据计算,东南亚地区有史以来开采出的黄金总和与这个数字近似,而且马科斯黄金的绝大多数应该来自喜欢积攒黄金的华人,因此可能包括从其他地方通过贸易流入东南亚的黄金。二战结束后,许多在南洋活跃了几个世纪的华人巨商家族都已灭绝——他们在其黄金和财富被日本人抢走后通常都被杀光了。

除了马科斯以官方名义主持的黄金发掘行动外,还有许多人在菲律宾的山区中私自寻找日军埋藏的财富。20 世纪 70 年代在菲律宾发生过著名的"罗哈斯事件"。罗哈斯是一位菲律宾私人寻宝者,于 1970 年在吕宋岛北部山中发现了一尊纯金佛像,重约 1 吨,头部可以拆下,身体内部还藏有大量稀世珠宝。从当时报纸和电视上公布的照片上看,该佛像具有典型的暹罗—高棉风格。其时已任菲律宾总统的马科斯闻知此事后,派军队从其家里将佛像抢走,此事导致菲律宾公众舆论哗然,马科斯迫于压力"归还"了一尊样子相似的实心铜佛像。根据行家估算,仅这尊金佛像本身的价值就超过 2.6 亿美元。1996 年,罗哈斯家族在美国夏威夷州法院起诉马科斯及其继承人(马科斯已于 1989 年病死),要求赔偿损失。该案件的法院审理编号为 Roxas V.Marcos,89Haw.91,969 P.2d 1209。法院于 1998 年做出判决,马科斯的妻子伊梅尔达必须将该佛像归还给罗哈斯。

尽管纳粹德国和日本掠夺的财宝仍有很多下落不明,但无疑日后会发现更多被藏匿起来的财富。

瑞士与纳粹宝藏

瑞士联邦委员会在战时拥有独裁权,因此可以不受限制地同纳粹进行政治和经济合作。1938年8月德国吞并奥地利后,联邦理事会下令封锁边境。由于害怕犹太人入境避难,瑞士联邦委员会请求德国外交部在犹太人的护照上盖上"J"字戳记。纳粹最初并不热衷于这个主意,他们仍然想以移民出境的方式尽快流放大批犹太人。瑞士和德国之间的谈判持续了整个夏天和秋天。最终瑞士威胁德国说,所有德国人入境时都要专门登记,纳粹德国才开始在犹太人的护照上增加'J'字戳记。按照瑞士联邦委员会在战后不知羞耻的说法,这种甄别犹太人的方法反倒成了纳粹的主意了。

瑞士没有重要的地理位置和战略资源。它的煤炭严重依赖进口,一旦法国沦陷,瑞士冬季用煤就只能靠德国。纳粹向瑞士卖煤还有另一个目的:从德国运去的煤炭以记账方式结算,货款直接存入瑞士银行的德国户头。这将为德国攒下大量宝贵的外汇。此外,瑞士和德国的贸易范围还包括轴承、柴油机、工作母机、火车头、钟表、无线电设备,甚至武器和军火。其中最关键的两项出口是电力和铝。

长达6页的"安全港计划"第2969号报告详细评估了在瑞士的纳粹资产。该报告声称,纳粹拥有或控制了共计358家瑞士企业。纳粹对其中263个企业的投资达1.14亿美元。这些企业遍及所有经济领域:纺织业6家、运输业6家、保险业15家、零售批发业67家、化工业15家、机械制造业11家,以及其他7类企业,每类至少3家。此外还有9家银行、330个持股和金融公司。对于这笔财富的总价值,美国财政部估价为5亿美元,国务院估价为7.5亿~10亿美元。另外,纳粹还将巨额的黄金、货币、宝石和艺术品藏在瑞士银行的保险库中。英国在二战后对已追回的53幅绘画进行估价,其价值在48万美元左右。估计所有被掠夺的艺术品价值在3.9亿~5.45亿美元之间。

德国投降后,美、英、苏三国于1945年8月2日签订了《波茨坦协定》,声明盟国对德国管制委员会将采取措施,合法查收和处理德国的海外财产,并要求中立国归还纳粹财产。瑞士与瑞典立即对此项要求做出了反应,声称这与他们国家的法律相矛盾。美国为此威胁说将冻结瑞士在美国的所有账户,而且除非瑞士同意遵守归还纳粹赃物的协定,否则将继续把瑞士公司留在盟国黑名单中。9月,美国表示对瑞士的不合作很不满,准备开始实施制裁方案。

最后,瑞士方面提出了自己的条件:在瑞士的德国资产五五分成,瑞士吐出5810万美元的纳粹黄金,从而一揽子解决赔偿问题。盟国此时发现要瑞士人吐出赃物比拔他们的毛还要难,只好接受这个条件。英法方面起初要价8800万美元,最后同意以7500万美元解决这一问题。在三周的会议后,瑞士于5月26日签署了最终赔款协议。6月3日,美国代表团向杜鲁门总统递交了总结。

世界未解之谜

宝藏未解之谜

图文珍藏版

然而,虽然时间之轮已经转过了半个世纪。瑞士的银行家们仍然用实际行动向全世界证明,他们依然与其50年前的父辈和祖父辈们一样不愿合作。1997年出现了一桩几乎毁掉瑞士国家声誉的大丑闻:瑞士联合银行的警卫人员梅利带着证物出现在美国国会听证会上,这些证物就是瑞士联合银行准备销毁掉的文件。该年1月,在一次夜间巡逻时,梅利在瑞士联合银行地下室里发现了大量等待销毁的旧文件,其中包括该银行在战争年代的重要账目记录,以及许多犹太人存款账户名单。这个年轻的警卫意识到这些准备销毁的文件的重要性,从中拿了两本账簿和一些文件,放进了自己的储物柜,随后将这些账簿转交给了一个瑞士的犹太人组织。瑞士联合银行立刻开除了梅利,瑞士联邦政府也调查了梅利是否违反任何瑞士的银行保密法,却没有调查瑞士联合银行的行为是否合法——瑞士法律禁止销毁任何与二战调查有关的文件。甚至在逃亡到美国后,梅利仍然受到死亡威胁。瑞士政府这种做法引起了以色列、美国,甚至欧盟和德国的愤怒。克林顿总统专门签署了一份授予梅利全家在美永久居住权的文件,梅利成为唯一在美国政治避难的瑞士公民。在世界舆论的压力下,尤其在美国国会威胁对瑞士实施经济制裁、并禁止美国公司与瑞士银行进行商业往来的威胁下,瑞士联合银行和瑞士信贷银行最终在2000年11月与世界犹太人大会达成协议,拿出12.5亿美元赃款作为赔偿基金,用于补偿大屠杀受害者在瑞士银行的存款,以及大屠杀幸存者的救济事业。

西班牙、葡萄牙与纳粹宝藏

葡萄牙与德国的勾结始于西班牙内战时期。在这场战争中,葡萄牙独裁者萨拉查博士站在了佛朗哥和希特勒一边,帮助德国向佛朗哥的军队偷运武器,并派遣葡萄牙志愿者去协助佛朗哥战斗。到1938年底,德国成了葡萄牙的第三大贸易伙伴。不过萨拉查曾在1939年抗议希特勒对信奉天主教的波兰的入侵。

1944年4月,美国决定对葡萄牙采取经济制裁,以迫使葡萄牙中断对纳粹的钨砂供应。而葡萄牙需要依靠美国进口石油和其他产品。6月5日诺曼底登陆的前一天,盟国逼迫葡萄牙停止对德国的钨砂运输。德国得知此事后立即将在葡萄牙的钨矿全部脱手,购买其他产业。根据盟国的估计,1944年6月以后,德国通过开旅馆、办电影院等方式,在葡萄牙藏匿了200多万美元的资本。

1945年5月14日,葡萄牙冻结了在其本土殖民地的所有德国财产,德国外交机构财产也包括在内。在盟国的要求下,葡萄牙查封了里斯本的德国公使馆,从里面搜到了大量金镑硬币。查封德国资产的同时,葡萄牙坚称在1938~1945年间没有德国黄金运到葡萄牙,但盟国掌握的情报显示葡萄牙已经从瑞士国家银行收取了 1.44 亿美元的纳粹黄金,其中 2260 万美元的金砖上有比利时银行的戳记,其余黄金中至少有 72% 也是纳粹掠夺的赃物。盟国提议葡萄牙应归还 1942 年以后获得的 5050 万美元黄金,最终葡萄牙只同意交还 440 万美元。

有证据表明,葡萄牙在收取德国黄金方面是相当诡诈的。早在 1940 年,葡萄牙国家银行秘书长阿尔比诺·比索就在同瑞士联邦中央银行高级官员高蒂埃的机密往来信函中说,葡萄牙不愿意从纳粹那里直接接收黄金,而是希望经过瑞士银行转手,使那些纳粹黄金的交易合法化。最初葡萄牙利用国际清算银行和南斯拉夫国家银行在巴塞尔的办事处洗钱。然而 1941 年纳粹入侵南斯拉夫之后,特别是英格兰银行行长蒙塔古·诺曼在 1942 年 1 月 8 日正式致函国际清算银行的美籍行长托马斯·麦柯里,宣布任何从国际清算银行划到葡萄牙的黄金交易都是非法的以后,葡萄牙开始寻找其他的洗钱途径。葡方要求德方先将其黄金以当日价卖给瑞士银行换取瑞士法郎,然后将这些钱存入葡萄牙国家银行设在瑞士的账户,再用这笔"干净"的钱向瑞士银行购买黄金。除银行外,肯定还有一定数量的纳粹黄金流入了葡萄牙民间。1986 年,在法蒂玛天主教堂请一家银行帮忙熔化重新铸造的金砖中,发现其中 4 块铸有德国国家银行的徽章。这些金砖总重 50 公斤,该教堂试图通过出售黄金来改善财政状况。该教堂是否持有更多的纳粹黄金还是未知数。

总的来说,二战期间葡萄牙采取的是比较亲盟国的中立路线,而西班牙的中立却倾向于轴心国。在西班牙内战期间,德国和意大利都为佛朗哥提供援助,1941年,佛朗哥也派了 4 万名称为"蓝色军团"的志愿者到俄国前线,一直跟随其纳粹盟友战斗到 1945 年。尽管佛朗哥在二战一爆发就宣布西班牙为中立国,但在 1940年到 1941 年间却一直犹豫是否加入轴心国。西班牙是否参战取决于德国与英国谁能取得战争早期的胜利,以及德国是否能支持其在摩纳哥、法属非洲甚至欧洲的领土扩张。"不列颠之战"的结果让佛朗哥选择了继续观望。

1943 年 2 月,西班牙与德国秘密签署了一份新协定,德国同意用武器作为购买钨砂的费用。然而在谈判期间德国将武器的价格提高了 4 倍,引起了对方的愤怒。最后西班牙与德国达成协议:内战时欠德国的债务分 4 次还清,而德国将用这些钱购买钨砂。1943 年内,德国购买的钨矿占出产量的 35%,而该年西班牙的钨矿总产量大约是 1940 年的 4 到 5 倍。

关于西班牙的纳粹黄金问题,根据德国银行记录、瑞士银行官员的陈述,以及从德国驻西班牙各公司查获的记录显示,西班牙从德国和瑞士接受了价值 1.382亿美元的黄金。归还这笔黄金的谈判于 1946 年 11 月在马德里开始,与瑞典谈判

世界未解之谜

宝藏未解之谜

图文珍藏版

过类似问题的鲁宾再次成为代表团负责人。谈判从 1947 年一直僵持到 1948 年 3 月,才就纳粹财产和黄金问题达成一致:西班牙归还 11.4329 万美元的黄金。其中大部分是荷兰的黄金储备。作为交换条件,盟国必须发表声明承认"西班牙并不知道这些黄金是纳粹所掠夺的",尽管那些金砖上面的荷兰文戳记清晰可见。

虽然佛朗哥做出了这些讨好姿态,但是由于其政权的法西斯本质,盟国在波茨坦公告中仍将西班牙排除在联合国外。美国大使于 1945 年 12 月离开马德里,这个职位一直空悬到 1951 年。1946 年 5 月,一个联合国委员会在一份报告中提出了关于西班牙法西斯本质的证据:支持纳粹活动,战后为纳粹战犯提供庇护所,对持不同政见者实施迫害。西班牙这个唯一从二战中苟活下来的法西斯政权被孤立于国际社会,直到 1955 年才加入联合国。

土耳其、阿根廷与纳粹宝藏

1941 年 10 月,土耳其与德国签订了一份重要的贸易协定。德国用军需品和其他工业品与土耳其交换矿石原料,尤其是铬矿石。与此同时,土耳其与英美也保持友好关系,以铬矿石与英美交换先进的武器装备。铬是制造合金钢的必用材料,而土耳其正是纳粹的唯一铬进口国。纳粹生产部长阿尔伯特·施佩尔曾经指出,若是铬矿石的供应被切断,会导致德国的军火生产中断 10 个月。铬矿石经铁路由土耳其运往德国,其间要经过世界上最为崎岖不平的巴尔干山区,一路上到处是桥梁和隧道。盟军在战争结束前重点轰炸了这条铁路,以切断对德国的铬矿供应。

据美国专家估计,土耳其收到的纳粹黄金最多只有 1500 万美元,大部分来自比利时央行,德国人用其购买铬矿石。盟国并未努力追回这些黄金。由于土耳其控制着黑海的入口,又与苏联接壤,美国认为它对冷战具有重大的战略意义。1946 年,在土耳其召开了关于没收德国在土黄金和资产的谈判,盟国估计这笔资产共计 5100 万美元。"杜鲁门主义"的出台终止了这一谈判。1947 年 7 月,美国与土耳其签署了一份价值 1.5 亿美元的贷款协定,该协定对向土耳其索要黄金的谈判不啻是致命一击。土耳其最终没有归还任何纳粹黄金。

二战爆发后,阿根廷分成两个阵营:政府、军人和大资本家支持纳粹,民众则支持盟国。欧洲战事刚一爆发,软弱的代总统卡斯蒂略就宣布中立。尽管阿根廷国会已经批准了 1940 年的哈瓦那决议——对任何一个西半球国家的进攻都被视作是对所有美洲国家的入侵,但它在珍珠港事件后依然坚持中立,拒绝对德日宣战。阿根廷政府深信德国将会获胜,并将控制欧洲,因此与其保持良好关系至关重要,甚至在 1942 年初两艘阿根廷商船被德国潜艇击沉后仍决心与其保持友好。作为回报,德国不仅赔偿了阿根廷的损失,而且答应说只要阿根廷船只把航行路线和时间通知他们,德国海军将保证其安全航行。

在战争期间,由于阿根廷政府的配合,大多数在阿根廷的德国公司将其利润交给当地的纳粹间谍组织,成为其活动经费。美国财政部还怀疑阿根廷为轴心国"洗"了大量的外汇,接收大批纳粹掠夺的货币和证券,并使其进入美国市场。阿根廷还充当了纳粹的供货商。尽管大宗的货物,如小麦、牛肉等很容易被盟国拦截,但小规模的走私——比如德国急需的工业用金刚石和白金——仍源源不断地从阿根廷流往德国。珍珠港事件之后,摩根索曾想立即冻结阿根廷的资产。1942年5月,他向罗斯福总统递交了证据,表明众多的阿根廷公司正在为美国境内的德国资金提供掩护,并将价值1000多万美元的纳粹资金带入美国以使其合法化。然而直到1942年10月,罗斯福才同意国务院对选定的阿根廷账户进行冻结。超过150家阿根廷公司和个人被列入了国务院的黑名单。

1945年2月7日,摩根索建议代理国务卿格鲁派一个特别代表团去阿根廷,查找并没收纳粹在那里的资产,格鲁出于政治方面的考虑驳回了该提议。1945年初,在墨西哥查普恰佩克城举行的美洲国家组织会议上,美洲国家(阿根廷除外)通过决议认可了各国家处理本国纳粹财产的自由权。由于阿根廷继续支持纳粹德国,它被排除在这次会议之外。直到希特勒自杀前一个月,由于意识到被西半球其他国家孤立,特别是美国准备采取更为严厉的制裁,阿根廷才不情愿地向德国宣战。

1946年5月22日,"安全港计划"成员报告说在阿根廷的德国资产大约为2亿美元,包括银行存款、房地产和各类货物,但未发现有艺术品和珍宝的藏匿处,他们错误地断定阿根廷并不是一个主要的纳粹赃物藏匿地。此外,尽管早在1942年美国就获知阿根廷和德国的非法货币交易,该报告却说没有证据显示阿根廷接收了纳粹的黄金。1942年4月,美国驻瑞士领事报告说,一位阿根廷外交官正在将纳粹掠夺的美元偷运回国销售,然后将获得的现金汇寄回瑞士。英国情报机关也在1944年查出阿根廷与瑞士之间密切的贸易往来,而且经常用黄金作为支付手段。1947年5月,阿根廷中央银行计划将1.7亿美元的黄金转移到其联邦储备局的账户上,后因担心美国追查黄金来源而推迟了计划。1973年庇隆重新掌权后,曾将他的400吨黄金投入黑市进行交易。庇隆货物的代号是"鲍曼1345",买主是西班牙政府。销售人员自然将这批货物与政治挂上了钩。但没人追查这些黄金的最终来源是哪里。

由于冷战的原因,"安全港计划"在阿根廷也无疾而终。1947年6月3日,杜鲁门总统和阿根廷大使发布一份联合声明：两国将与其他拉美国家重新商议建立新的互助条约组织。1947 年 9 月，阿根廷加入了美洲互助条约，即《里约热内卢条约》，鲍曼在阿根廷隐匿的公司和财宝安全地保存了下来。这时美国在西半球的主要目标是扼制共产主义，对纳粹战犯和纳粹黄金已无暇顾及。尽管阿根廷的黄金储备飞速增长，大量的纳粹战犯也藏匿在那里，可调查者们直到半个世纪后"仍未发现"阿根廷曾大量接收纳粹黄金的直接证据。

杀人湖宝藏

为了搞垮英国经济，德国决定发行大量假英镑，并把这项任务交给了帝国中央保安总局第四局，并成立了一个叫 SHARP4 的新部门监管此事。1942 年夏，党卫军在萨克森豪森集中营开设了印刷伪钞的工厂，伯恩哈德·克鲁格少校领导伪造工作，这就是"伯恩哈德行动"。该计划在柏林又被称作"一号行动"。纳粹为此集中了德国最优秀的雕刻专家、造纸技术专家和数学专家，并负责推算英镑纸币的编号规则。

萨克森豪森的印钞车间与集中营的其他区域互相隔离，由职业印刷匠博德领导 60 名囚犯日夜工作。

随着伪造工作的进行，假币的质量也不断提升。德国特工曾专门携带一批 5 镑和 10 镑纸币前往瑞士兑换成瑞士法郎，并大胆地要求检验这些英镑的真伪（他解释说这些英镑是在黑市买来的）。经过提醒，银行从中拣出了约 10% 的"伪币"，将剩下的假英镑全额收下。印刷精美、质量高超的假英镑甚至骗过了银行的资深职员。只是一次偶然，英格兰银行发现了一批假币，并为这名特工的"诚实"感谢不迭。英国人也是通过偶然机会才发现假英镑的存在：一位英格兰银行职员偶然发现她手里的两张钞票的序列号竟然是一样的。可见假币已经到了以假乱真的程度。只有通过检查序列号才能发现。

1945 年 5 月初的一天，一个常在湖上打鱼的渔夫，忽然发现湖中漂浮着一张印着莫名其妙符号的纸片。捞上来后他揣摩着，莫非这是一张哪国的钞票？第二天，渔夫拿着那张弄干展平的纸片来到巴特奥塞的一家银行，银行付给他一笔数目可观的奥地利先令。一夜暴富的渔夫更加仔细地寻查了那个地方，他又发现了同样的纸片。于是，他接二连三地来到那家银行，终于有一天在银行付款窗口旁被两个美国军官拦住了……

不久，党卫军曾把托普里塞湖当作保存财宝的"保险柜"的消息不胫而走。紧接着传闻四起，说托普里塞湖里埋藏着党卫军攫取的黄金，即德意志帝国的黄金储备。传闻过了很久后被证实了。

1946年2月,两位林茨的工程师——奥地利人赫尔穆特·梅尔和路德维格·皮克雷尔来到托普里塞湖。同行的还有一个叫汉斯·哈斯林格的人。在后来奥地利宪兵队的调查材料中,他们均被列为"旅游者"。三个奥地利人在湖边支起了帐篷。作为有经验的登山家,他们决定登上可以俯瞰整个托普里塞湖的劳克冯格山。哈斯林格或许感到了某种不妙,或许本来就知道此举的危险性,与另两位同行了一昼夜后,半路返回了出发地。一个月后,那两个登山家已是杳无音信,营救小组开始寻找。在山顶发现了一座用雪堆成的小屋,旁边有两具尸体,皮克雷尔的肚子被剖开,胃被塞到了背囊里。案情很长时间都是个谜。后来查明,原来,二战期间这两人参与过托普里塞湖边一个"试验站"的工作,德国海军在"试验站"进行过新式武器的研制。显然,两个知情者被灭口了。

1947年,时常出现在托普里塞湖周围的外地人当中,有一个人被指认出是前德军参谋官鲍曼。奥地利法院起诉他在战争快结束时曾从这里运走两箱黄金,但被告只承认从教堂金库里拿走过收藏的古币。在托普里塞湖地区一个别墅花园的干枯花丛里发现了一堆废弹药,下面藏着三只箱子,里面有1.92万枚金币和一块500克重的金锭。环湖一带的种种发现引起了跃跃欲试的骚动,人们趋之若鹜地拥向托普里塞湖。1950年8月,汉堡工程师凯勒博士和职业攀岩运动员格伦斯来到这里。他们试图爬上雷赫施泰因山南坡的一处峭壁,因为从那里观看托普里塞湖可谓一览无余。结果,格伦斯失踪了。他身上的安全绳"意外"地断了,凯勒博士做了见证,而不久他也突然失踪了。格伦斯的亲属进行了私人调查,他们注意到,失踪的凯勒博士战时曾在党卫军服役,担任潜艇秘密基地的负责人。回想起来,正是潜艇军人才有可能与托普里塞湖边的"试验站"发生瓜葛,才有可能成为转运和储藏帝国财宝的同伙。

同年夏天,三个法国学者光顾托普里塞湖。他们操着半通不通的德语在旅馆开了一个房间,然后前往当地警察局出示了一封奥地利因斯布鲁克市军方开出的介绍信。信中说,该三位法国学者专门研究阿尔卑斯山区湖泊的生物,他们需要潜入托普里塞湖湖底,请求当地警察机关在法国学者的科考过程中给予支持。奥当地警察局毫无保留地批准了三名外国人在托普里塞湖的考察。三个法国人返回的那天,他们迫不及待地把四只沉甸甸的箱子装到汽车上,慷慨地付了小费后便原路而返。当旅馆经理到银行兑换从三位学者手中得到的外币时,银行发现竟是假币。因斯布鲁克市军方对那封所谓的介绍信也是一无所知。旅馆的女服务员事后来到警察局反映说,她听到过三个"法国人"说着一口地道的汉堡方言。这三个人很可能就是前德军"试验站"的专家。

1952年是"杀人湖"托普里塞湖死亡人数最多的一年,先后有几个人神秘地死于非命。1959年夏,掩盖"杀人湖"秘密的帷幕开始徐徐拉开。由西德《明星》周刊资助的潜水队获得了在托普里塞湖潜水作业五周的许可证。工作进展得相当顺利:从湖底打捞出15只箱子和铁皮集装箱,在里面发现了1935年~1937年版的5.5万英镑假钞。

1983年初秋,又一件莫名其妙的悲剧发生在托普里塞湖。一位慕尼黑潜水运动员A.阿格纳不顾当地政府的禁令潜入湖底,漂上来的却是他的尸体。调查发现,不知是谁割破了他的氧气管。这次事件后,奥地利当局制止了一切在托普里塞湖的民间业余潜水活动,除非持有特别许可。1984年11月,西德考察专家汉斯·弗里克教授宣布,他将乘特制的微型潜艇探察托普里塞湖。11月15日,奥地利一家报纸披露,汉斯·弗里克乘特制的微型潜艇在水下80米处发现了假英镑,并打捞上一些水雷、轰炸机骨架、带水下发射装置的火箭破损部件等,可是关于大家都关心的第三帝国的黄金却只字未提。弗里克本人对此保持沉默。《巴斯塔》报揭露说,弗里克与西德侦察部门有密切联系。教授考察的资金来源也是个谜。持续了几个月的考察活动每天需8万先令的支持,而出面组织考察的西德科学考察学会不曾为弗里克支付过一个马克。发生在托普里塞湖所有事件的前前后后引起了奥地利政府的警惕,当局决定把托普里塞湖的探察工作置于自己的管理和监督之下。

1984年11月,奥地利军队的考察专家们开赴托普里塞湖。宪兵队在所有通往湖区的大小路上实行戒严。专家们在湖底发现了假币,还打捞出一枚长3.5米、重1吨的火箭。沉在水底40年之久的金属骨架竟没有一点锈蚀的痕迹,这使美国工兵部队人员感到惊诧不已。在湖西南部的湖底,奥地利扫雷部队的专家们借助探雷器和检波器发现,湖底可能有大量金属存在,金属集中在大约40平方米左右的范围内。是黄金还是地下弹药库?对此。奥地利侦察部门人员表示,目前还很难确定,到底是湖底原有的稀有金属,还是发现了第三帝国埋藏的黄金。奥地利军队的考察专家们收获颇丰。在距湖岸仅70米的环湖山岩的峭壁上发现了一个似乎是地下仓库的入口,但遗憾的是入口已被炸毁。专家们找到了有关的见证人,得知战争结束时入口还未被堵上,此人曾钻进洞口,顺着坑道爬进了一个人造的大山洞,里面放着写有"易爆品"的箱子。战时确实有一批囚犯被押解到托普里塞湖修筑地下工程,这些囚犯在湖底水下开凿过水平坑道及一些入口。

1985年掀开了托普里塞湖寻宝的新一页。萨尔茨堡工兵小分队试图从森林密布的湖南岸进入湖底的地下坑道。但是,当专家们推断,希特勒分子有可能在通往财宝埋藏处的坑道里布下地雷之后,所有的考察活动便很快停止了。结果,这个"阿里巴巴山洞"里到底有什么始终是个谜。

黄金列车

1945年5月,美国陆军第3步兵师第15团在奥地利小镇魏尔芬附近发现了一列被遗弃的列车,车中有大量的黄金、珠宝、艺术品、家具、高档裘皮和名贵地毯,其中还混有大堆的砖瓦碎石、空罐头、煤块和垃圾。这列火车是从匈牙利开出的,车中的财物大多是法西斯运动"箭十字"党徒从犹太人那里掠夺来的,他们上台不到一年就屠杀了匈牙利80万犹太人中的60万。前苏军解放匈牙利前夕,一些亲纳粹的匈牙利高官将这些财物装入44节车厢后向西转移,以免其落入红军手中。其中24节车皮后来在德国西南部的圣安东被法军俘获,剩下的20节车厢留在了奥地利,护卫列车的42名匈牙利军人在美军到达前就带着详细的货物清单逃跑了。

兴高采烈的美军士兵马上开始在"黄金列车"中各取所需,为自己及亲人搜刮财物。直到驻扎在奥地利西部的美军第42"彩虹"师师长科林斯中将下令后,他们才将剩余的犹太人财物运到萨尔茨堡的一座军用仓库中。科林斯也抓紧时机为自己攫取好处,他在8月28日写信给萨尔茨堡仓库的主管,让他从仓库中精选出下列物品运到司令部以供其运回家中:"可供50人用的宴会用瓷器;同样数目的银餐具,包括汤匙和调味瓶;全套水晶器皿和酒杯,包括威士忌酒杯、鸡尾酒杯、香槟酒杯和利口酒杯;30套亚麻桌布,每套包括12条餐巾;质量最好的被褥、枕头和大号浴巾各60套。"此外他还索取了12座银烛台、11条波斯地毯、2块小地毯和13条挂毯,用于装饰其别墅和专用车厢。

随着越来越多的美军高级将领进驻奥地利,更多的手伸向了萨尔茨堡仓库。一位将军为装饰他在维也纳征用的豪华宅邸,从仓库里取走了18卡车的家具、地毯和装饰品;另一位将军将30多箱银餐具、瓷器和烛台寄回了美国。美军物资交流处也从1945年11月开始公然出售仓库中的裘皮和地毯。此外对仓库的盗窃活动也层出不穷,1946年10月,该仓库曾报告说丢了两小箱砂金。这些事件都妨害了对匈牙利黄金列车财物的估价工作。一份不完全的报告列出了到1947年底尚保存在萨尔茨堡仓库中的东西:10箱金制品,每箱45公斤;1箱金币,重100公斤;18箱金首饰,每箱重量从30到60公斤不等;32箱金表;1箱纸币,内有4.46万美元;360个瑞士法郎、84个意大利里拉、10个巴勒斯坦里拉、66个加元、5个瑞典克郎、15个德国马克、26.0484万个便戈(匈牙利货币);1560箱银餐具;1箱银锭;200

件以上的绘画作品;3000多条名贵地毯;此外还有大量零散堆放的高级服装、名贵裘皮、皮鞋、照相机、集邮册、唱片、蕾丝花边、瓷器、水晶器皿、手表和怀表、玩具、烛台、桌子、椅子、镜框、吊灯、1万多条亚麻桌布、床单、鸭绒被褥……

这份清单非常模糊混乱,但还是令一些人大为惊讶。1947年11月,美军调查人员对其中的艺术品进行了清点,发现绘画作品不是200幅,而是1181幅!仓库管理人员认为这些画作里没有什么稀世珍品,于是漫不经心地将其胡乱堆放一气,调查人员却在里面发现了一幅1639年的伦勃朗作品和一幅凡·戴克的海景画。美国军方对缴获的文物和艺术品的通常做法是将其归还给原物主,但是这些原属于匈牙利犹太人的画作却在1949年1月5日移交给了奥地利行政当局,美国甚至没有告诉匈牙利政府(已经是共产党政府)有关这些画的事。

匈牙利犹太人组织从1945年12月起就要求美军归还这些被掠财物,匈牙利财政部长米克洛什·尼亚拉蒂为此在1946年多次到奥地利和美国游说,但被美军当局以"无法查明这些物品原主人"为由搪塞过去了。美方辩解道,它的财产归还政策是尽量避免将缴获的财物归还给某个具体的个人或家庭,而是将其移交给难民组织作为其救济经费。在这样的原则下,国务卿乔治·马歇尔让美国驻匈牙利公使馆在1947年5月19日致信匈牙利犹太人组织,称美国决定将"黄金列车"中90%以上的财物移交给国际难民组织,并指定将其专门用于救助欧洲犹太难民,其分配办法由美国犹太人大会和巴勒斯坦犹太人办事处制定实施。美国人这样做无疑也与匈牙利即将向共产党阵营转变有关。1948年7月,"黄金列车"中的部分财物由国际难民组织筹委会在纽约拍卖。匈牙利犹太人幸存者及其后代至今仍在为讨还这笔财产对美国进行诉讼。

第四节　沉睡海底的宝藏

"玛丽·迪尔"号珍宝

1535年,西班牙殖民者占领秘鲁;1621年,秘鲁独立。86年间,西班牙殖民总督驻地利马成了他们截获财物的中转站。殖民者大肆杀害印第安人,把从他们那里抢掠搜刮来的大批金银财物聚敛到利马,然后再定期运回西班牙。此外,当时号称富甲南美洲的利马还成了西班牙豪门贵族花天酒地的地方。

1621年,南美人民组成了反抗西班牙统治的起义军。在海上,起义军击溃了西班牙人的26艘战舰、三桅战舰埃斯梅拉号。兵临利马城下的起义军令城内的达官贵族惶惶不可终日。千方百计想逃出利马城的时候，他们还不忘随身带走敲骨吸髓掠夺的珍宝。

贵族们每天都做着希望西班牙海军打胜仗、有军舰来接他们回国的美梦。然而，他们等来的却是令人沮丧的战报——西班牙的战舰一艘艘被击沉，利马城被圣马丁将军的部队包围了。一夕间，港内除了私人豪华船"玛丽·迪尔"号正准备拔锚起航外，所有的船都消失得无影无踪了。几个西班牙富商和"玛丽·迪尔"号的船长汤普森商量后，花高价搭乘他的船回西班牙。对汤普森来说，随便挣钱何乐而不为，而且还是高价；对达官贵族们来说，汤普森就是在救他们的命。然而，贵族们没有想到最后要他们命的不是利马人，而是他们以为的救命恩人。

一天一夜后，贵族们把整理好的值钱物品拼命搬到了"玛丽·迪尔"号上。随后，"玛丽·迪尔"号载着大量金银财宝和贵重物品从利马港起航了。晚上，贵族们都在举杯庆祝自己的财宝没有在战火中丢失的时候，汤普森却在挨个船舱巡视。汤普森原本就是一个贪财的人，当他看到大批珠宝首饰、法国古金币、威尼斯古币、埃及古金币、各种各样金制的餐具、祭祀用品、烛台和许多艺术珍品时就想据为己有。他这辈子也没有见过满船的金银珠宝，有的金制品他甚至从来没有见到过。当他伸手挪动箱子时，里面还发出金属声。

在头脑里，当邪念占主导时，罪恶行动也就要实施了。夜深人静之时，汤普森悄悄地与贪财的大胡子水手在船长房内共商"大计"。起初，大胡子觉得船长有些莫名其妙。后来，当他明白船长的意思后两人便一拍即合准备杀戮。然而，船上的西班牙人有50多个，水手只有20人，不能来明的。于是，大胡子设下一条毒计：让船上的医生下毒。在船长室里，船长、大胡子水手和医生3人策划了一个谋财害命的阴谋。

一天，船长假惺惺地招呼大家在大风来临之前多吃一点，大胡子也热情地给每个人端饭送菜，劝他们多吃。达官贵族们一听到下午有风浪，就都多吃了几口。和密谋者们设想的一样，饭后一个小时发生了中毒事故。其中，只有几个是吃自己带的东西因此没有中毒，剩余的40多人都昏迷了。见时机成熟，汤普森船长一声令下灾难就降临到了巨富们身上。没有中毒的被船员们五花大绑后捅死了，中毒昏迷的人则被扔进了大海。就这样，"玛丽·迪尔"号船上的财宝，就落入汤普森这伙人手里了。得手后，汤普森决定将船开往几乎与世隔绝的科科岛。科科岛是南美洲海盗们的天堂，不仅有利于躲避任何海上的监控和追捕，而且可以避风浪。因为"玛丽·迪尔"号外型很醒目，容易被发现和追踪。他们把"玛丽·迪尔"号开到科科岛附近，搬走了船上所有值钱的财物，然后留下几个人，凿穿船底，让船渐渐地下沉。汤普森与船员们分乘几艘小艇去了中美洲。

汤普森以为自己这一切做得天衣无缝，可是不曾想他已经成了英国和法国海军要追捕、通缉的要犯。19世纪初，国际协定明确规定，对从事抢劫活动的海盗要处以死刑。直到有一天他在小镇的妓院发泄的时候被妓女告密了。事后，汤普森通过和镇长的交易幸运躲过了这一劫难。此后，汤普森一次次通过贿赂逃脱了。虽然汤普森后来去过科科岛，但是由于其行动已被跟踪，他不可能拿走大批珍宝。人们估计，"玛丽·迪尔"号上绝大部分财宝仍藏在科科岛。据有关历史资料记载，科科岛上藏着好几笔总价值高达两百多亿的财宝。其中，仅汤普森的"玛丽·迪尔"号船上的珍宝就高达100亿法郎以上。

沉没的"黄金船队"

18世纪初，西班牙财政困窘，一支由17艘大帆船组成的庞大船队奉命载着从南美洲掠夺的金银珠宝火速运回西班牙，其间要经过一段最危险的海域。有一天，正当"黄金船队"驶到亚速尔群岛海面时，突然一支英、荷联合舰队拦住去路，这支由150艘战舰组成的舰队迫使"黄金船队"驶往维哥湾躲避。

面对强敌的包围，唯一而且最好的办法是从船上卸下财宝，从陆地运往西班牙首都马德里，但西班牙当局偏偏有个奇怪的规定：凡从南美运来的东西必须首先到塞维利亚市验收。他们显然不能违令从船上卸下珍宝，侥幸的是在皇后玛丽·德萨瓦的特别命令下，国王和皇后的金银珠宝被卸下，改从陆地运往马德里。

在被围困了一个月后，英、荷联军约3万人在鲁克海军上将的指挥下对维哥湾发起猛攻。3115门重炮齐轰，摧毁了炮台和障碍栅，西班牙守军全线崩溃。由于联军被眼前无数珍宝所激奋，战斗进展迅速，港湾很快沦陷，此时"黄金船队"总司令贝拉斯科绝望了，他下令烧毁运载金银珠宝的船只，瞬时间，维哥湾成为一片火海，除几艘帆船被英、荷联军及时俘获外，绝大多数葬身海底。

这批财宝究竟有多少？据被俘的西班牙海军上将估计：约有4000～5000辆马车的黄金珠宝沉入了海底。尽管英国人多次冒险潜入海下，也仅捞上很少的战利品。于是，这批宝藏强烈吸引着无数寻宝者。从此，在近1000海里的海底，出现了一批批冒险者的身影，他们有的捞起已空空如也的沉船，有的却得到了纯绿宝石、紫水晶、珍珠、黑琥珀等珠宝翡翠，有的仍用现代化技术和工具继续寻觅。随着岁月推移，风浪海潮已使宝藏蒙上厚厚泥沙，众多传闻又使宝藏增添了几分神秘，无疑给冒险带来了太多的麻烦。不幸的是那部分由陆地运往马德里的财宝，在途中有一部分被强盗抢走。这部分约1500辆马车的黄金，据说至今仍被埋藏在西班牙庞特维德拉山区的一个鲜为人知的地方,这显然又像一块巨大的磁铁吸引着梦想发财的人们。

阿托卡船上的货物

西班牙对殖民财富的掠夺采用了最野蛮的方式,当时南美洲被证实富含金银矿和其他稀有资源,于是西班牙殖民者在新大陆唯一的工作就是开采和经营矿山。一船又一船的金银财宝成为殖民掠夺的罪证。

西班牙的运金船最害怕海盗和飓风,为了对付海盗,每支船队都装备了大炮、船身坚固的"护卫船",阿托卡夫人号就是这样一艘护卫船。1622 年 8 月,阿托卡夫人号所在的、由 29 艘船组成的船队载满财宝从南美返回西班牙。由于是护卫船,大家把最贵重、最多的财宗放在阿托卡夫人号上,遗憾的是阿托卡夫人号的大炮对飓风没有什么威慑力。当船队航行到哈瓦那和古巴之间的海域时,飓风席卷了船队中落在最后的 5 艘船。阿托卡夫人号由于载重太大,航行速度最慢,成为首当其冲的袭击目标。船很快沉到深 17 米的海底。其他船只上的水手马上跳下水,希望抢救出一些财宝。但是就在他们找到残骸、准备打捞金条时,又一场更具威力的飓风袭来,所有水下的人都在飓风中丧生。

梅尔·费雪给自己的定义是寻宝人。1955 年他成立了一个名叫"拯救财宝"的公司,专门在南加州一带的海域寻找西班牙沉船。20 年的打捞生涯里,费雪先后打捞起 6 条赫赫有名的西班牙沉船,成为圈中名人,也赚了大把钞票。不知不觉,费雪到了该退休的年龄,不过他不愿意离开打捞船,因为他曾发誓一定要找到传说中有着最多财宝的阿托卡夫人号。于是全家人为这个理想放弃了公司的正常运转,费雪的妻子、儿子和女儿陪着父亲一起下水,在海底寻找梦想。他们的搜寻一丝不苟,只要看到不是石头的东西都要用金属探测器探测。16 年过去了,几百万美元的投资付之东流,但费雪一家从来就没有放弃过。后来,潜水队遇到了一堆裹着一层厚壳的怪物。这就是他们大半生都在寻找的那艘船。视野中满是一堆堆银条,在银条顶上是一箱箱钱币,到处都是一堆一堆的金条和一些绿宝石。

1985 年 7 月 20 日,梅尔·费雪的打捞队得到了回报,费雪和家人找到了阿托卡夫人号和上面数以吨计的黄金,不过这种喜悦却被 30 年的艰难磨得平淡了。费雪认为上帝一定会让他找到阿托卡夫人号,只不过是一直在考验他的耐心而已。他们花了将近两年时间,取得了价值 4 亿美元的战果。1998 年,梅尔·费雪去世了。如果他看到自己的博物馆里满是重见天日的珍宝,依然闪射着很久以前拥有的光彩,他会感到骄傲的。

这个号称海底最大宝藏的沉船上有 40 吨财宝,其中黄金就有将近 8 吨,宝石也有 500 公斤,所有财宝的价值约为 4 亿美元。费雪寻找阿托卡夫人号的故事在美国成了中国"铁杵磨成针"的故事,"寻找阿托卡"竟然也成了常用短语,意思是坚持梦想,必会成功。

有人碰巧发现了金银财宝,还有人用一生的精力追寻同一个梦想。珍宝确实是一种旷世财富,有时,它又可能带来危险。但是只要潜得再深一些,视野再扩大一点,或许,仅仅是或许,惊人的发现在等待着你,令人叹为观止的宝藏在等待着你。梅尔·费雪一家凭借 30 年持之以恒的无悔追寻,终于发现了传奇故事般的宝藏和数以吨计的黄金。

淹没在大西洋的珍宝

据统计,在佛罗里达州海岸,约有 1200 至 2000 艘沉船。其中有许多沉船的历史可以追溯到西班牙运宝舰队横行大西洋,到达南美洲的时候。从 16 世纪中叶到 18 世纪期间,船队都集中在哈瓦那。穿越佛罗里达海峡,顺墨西哥湾北向行驶,过了加罗纳时,趁着西风离开美洲驶回欧洲。

1715 年 5 月,两支小舰队由两名名叫乌比雅和艾维兹的将军指挥,在哈瓦那会合。在全盛时期,西班牙海军曾集合 100 艘舰船,每年横渡一次大西洋,一直持续到 18 世纪。当时英、荷正同法国竞争,其辉煌灿烂的全盛时期也成明日黄花,好景不再。

1715 年集合在哈瓦那的联合舰队,数目不上 11 艘,少得可怜。而且船只本身质量欠佳,几乎没有一艘可以胜任远航。乌比雅将军所率领的 5 艘战舰中最好的一艘,原来曾是英国军舰"汉普顿宫"号,后来被法国缴获,借花献佛,转赠西班牙。但这些船只都载有珍宝,其中还有一批是由中国工匠制作的彩瓷制品,越过太平洋运到美洲,再由骡子运到墨西哥。这些物件都有不可低估的艺术价值。

在哈瓦那装船后,11 艘船只顿露险象。它们全部都吃水过深,侧缝使劲往里漏水。同年 7 月 27 日起航,其实已近飓风季节,每只船随时都有可能沉于海底。但舰队依然向巴哈马群岛以北驶去。最初几天,天气晴朗,阳光明媚,一派温馨和谐的景象。过了几天,天气陡然转阴,视线模糊。入夜后,强风劲吹,海面巨浪滔天,船若浮萍,随风摇动,乘客及货物在船舱里滚来滚去。翌晨,天空依然一片阴霾,溽热难忍,天空中突然涌出一片紫云——风暴来了!

舰队好不容易驶入佛罗里达海峡,不料风势大大增强。舰队卡在佛罗里达平坦海岸险峻的珊瑚暗礁与危险的巴哈马群岛浅滩之间,命运只在须臾之间。离开哈瓦那这一段航程,飓风猛吹。舰身沉重,头大尾小,各舰在风浪中已是难于驾驭,迅即被吹向佛罗里达海峡时,桅杆折断,甲板上全是碎木板和湿透的绳索。

有幸没有被冲下海去的人都跪在甲板上向天祷告。乌比雅的旗舰首先触礁,其他船只也跟着触了礁。10 艘战舰沉没,只有"葛里芬"号幸免,因为它的舰长不遵从命令,继续向东北航行,因此逃过暴风。丧生者 1000 余人,损失金银及其他货物约值 2000 万美元。有些运气好的生还者被冲上海岸,带着少量漂流出来的财宝,走向内陆,下落不明。还有人坐木筏漂流,到达佛罗里达西岸圣奥古斯丁。

西班牙人立即从哈瓦那及圣奥古斯丁派出 8 艘船只,从事大规模的打捞工作。他们在卡纳维拉尔岬设了一个营地,并建立了 3 个仓库收藏找回的财宝。潜水员只是吸一口气,便带着重石头加速潜下水底,把几百万枚西班牙银币打捞上来。

海难消息传抵英国海盗盘踞的牙买加。海盗中有一名绰号黑胡子的船长和另一名叫简宁斯的船长袭击西班牙营地,仅简宁斯一人便劫走几千枚西班牙银币。这样,西班牙人于 1719 年返回哈瓦那时,带回的财宝只是原数的三分之一。其余的就在海底埋藏了近 300 年无人过问。随后这些沉船残骸就成为佛罗里达州寻宝工作中历时最久而收获最丰富的一个寻宝线索。

直到现在还有人在寻宝。佛罗里达州一位业余寻宝人华格纳因此而闻名于世。华格纳于 1949 年迁到佛罗里达州海岸边,听到朋友在海滩上找到钱币的故事后,对西班牙沉没的船只大感兴趣。他用 15 元钱从陆军剩余物资中买到一架地雷测探器,在卡纳维拉尔岬南约 25 里的塞巴斯丹与瓦巴索之间的海滩上,找到了以前铸造的大量钱币。从钱币发现的地点,他有了关于沉船地点的一套设想。钱币集中在沿岸不同地点的小水道里,他猜想在每个地点都有一条沉船。

华格纳和一位同事凯尔索在美国各图书馆及研究机构广泛研究,凯尔索在国会图书馆的珍本书收藏室找到一本重要书籍《东西佛罗里达自然历史简介》,1775 年出版。它描述了 1715 年西班牙舰队船只遇难时的情形,并提及"沉船里可能还有很多西班牙一元及两元银币有时被潮汐冲上岸"。

他们两人与塞维尔的西班牙海军史迹馆馆长取得联系,馆长供应他们 3000 张古代文件微缩胶卷。经过研究翻译后获知 1715 年海难及打捞工作的全部经过,以及许多残骸的大略位置。

看起来华格纳好像已经找到了有关西班牙沉船的线索,但是要打捞藏宝还需要许多年的工作。佛罗里达沿岸气候不佳,每年仅有几个月能进行打捞,因而使这项工作更加网难。华格纳首先在卡纳维拉尔岬搜查当年西班牙打捞队营地及仓库,用地雷探测器在海滩后面的高地经过多日细心搜寻后,探得一艘船只上的大铁钉和一枚炮弹。他在现场挖掘并把一块半英里长的遗址绘入地图。随后,更多的炮弹、中国陶器碎片和一枚镶有 7 颗钻石的金戒指陆续出土。

从记录中,华格纳知晓在高地遗址对面有一艘沉船。他花了许多天时间,戴上自制面罩浮在一个汽车内胎上,向污泥和海草里仔细探寻,最后发现一堆炮弹。潜水下去又发现一个大铁锚,终于找到第一艘沉船。现在他已知道这些古物从上面看是个什么样子,于是立即租了一架专机,从空中逐一细看暗礁及浅滩,寻找其他沉船。他的空中搜寻工作很成功,把许多艘沉船的地点都绘入地图里。

1959 年,华格纳召集几位精于潜水的友人,成立了一个"八瑞公司",当时西班牙 1 个比索等于 8 个瑞尔,比索是大银币,瑞尔是小银币。他们向佛罗里达州申请取得享有寻获物 75% 的权利。他们利用一艘旧汽艇和一部自制捞泥机,奋力工作了 6 个月,但毫无所得。他们的热情顿失,公司也快要破产了,但在最后,有一位潜水员浮上水面手里紧握着 6 枚楔形银块。其他人都大喜过望潜入水下,看看究竟能够在海底找到些什么宝物。

以后的几个礼拜内又找到 15 枚楔形银块,然后华格纳决定拉人到另一沉船地点。从那时起,他的寻宝美梦终于成为事实。在第二艘沉船处工作的第一天,发现一批数量惊人的银币。随后在暴风后的一天,华格纳带着侄儿到海滩仔细探察。当华格纳捡拾钱币时,他的侄儿找到一条金链,长 11 英尺半。此链共有 2167 枚金环扣在一起。一条做工精致的金龙缀在金链上,龙嘴张着,是一个可吹响的哨子,龙背上装着一支金牙签,龙尾可以做耳挖。这件宝物后来鉴定是属于当年乌比雅将军本人所有,售得 5 万美元。

发掘工作继续数年,公司组织扩大。海底寻宝最惊人的一次发现,或许是他们捞到几近完整无损的 30 件中国瓷器。西班牙人用特制的"自墩子"瓷土包装这些精致的碗、杯,以防破碎。1965 年 5 月 31 日,他们使用自己发明的一种机器,从船的推进器向下方喷射强大水流,能把海底的一层泥沙吹去,又不致吹动他们相信沉在海底的珍贵财宝。当海水澄清后,华格纳和他的同事望向海底,目力所及,遍地都是金币,顿时看得他们目瞪口呆。1967 年,华格纳把财宝拍卖,获得 100 余万美元。

日本"阿波丸"号沉宝之谜

传说中,令世界所有打捞者魂牵梦绕的"阿波丸"号是一座重达 40 吨的"金山"。1945 年 4 月 1 日午夜时分,"阿波丸"号在我国福建省牛山岛以东海域被美军潜水舰"皇后鱼"号击沉。美"皇后鱼"号艇长向上级报告说,击沉一艘敌国驱逐舰。对此,日本政府向美国抗议说美军无故进攻"阿波丸",是战争史上最无信的行为,并要求美国负全部责任。然而,美国政府声称艇长已交军事法庭。美国政府不仅拒绝日本抗议,而且还质疑"阿波丸"号的正当性,指责日本把军政要员装载其中。虽然日本政府再次抗议,但似有难言之隐。拖了4年,此事因日本自动放弃赔偿而不了了之。

"阿波丸"号沉没时,除了三等厨师下田勘太郎一人幸免于难外,其他两千多名乘客和随船数不清的金银珠宝全部沉入海底。国际社会为之震惊,尤其是人们得知"阿波丸"号船壳内的惊人财富时这种震惊更是难以言表的。

据悉,美国人掌握的资料显示"阿波丸"号上除了金银财宝外,还有可能有"北京人"头盖骨化石。

1941年,日本侵略者铁蹄肆虐。在研究"北京人"化石的学者魏敦的要求下,"北京人"头盖骨化石被秘密运往纽约自然历史博物馆。1941年12月5日,美国海军陆战队专列护送化石由北平开往秦皇岛,两箱化石被放到美军专用的标准化绿色皮箱中和所有军人行李一起托运。几天后,太平洋战争爆发,日军迅速占领美国在华的所有机构。随之,"北京人"头盖骨化石也失踪了。然而,日本官方始终不承认获得了"北京人"头盖骨化石。

1977年1月13日,我国对"阿波丸"号进行了为期3年的大规模潜水打捞作业,工程代号"7713"。经过3年的努力,"阿波丸"号沉船的船首被打捞出海面。共捞获橡胶等货物数千吨,还捞获了价值5000余万美元的锡锭,共计2472吨。然而,这次打捞没有找到"北京人"头盖骨化石,也没有发现黄金。看来,只有彻底打捞上阿波丸,真相才能大白于天下。

"圣母"号的财宝

1622年9月4日,一支由28艘船组成的西班牙船队开往西班牙。航途中,船队遭遇台风,被刮到美国佛罗里达海峡,有8艘沉没。其中,沉没的"圣母"号中装有47吨西班牙军队从各地抢掠来的黄金、白银。为了不丢失这批财宝,西班政府立即组成一支打捞船队,并在海军的护航下来到沉船海域开始打捞。然而,由于那时海洋潜水技术有限、打捞工具落后,何况又要在50米以下海底打捞珍宝,所以打捞工作十分艰难。最终,这支打捞队在打捞了4年多后仍一无所获,西班政府只好无奈放弃。

1960年,美国冒险家费希尔从书上看到"圣母"号沉没的记载。此后,他便到各大图书馆搜集了大量有关沉船的资料,还痴迷地查阅当年西班牙船队遭台风袭击的报道。财宝对许多人总是有无穷的吸引力,美国冒险家费希尔彻底被"圣母"号的财宝迷住了。于是,他决心要把自己一生投入这一事业。虽然费希尔只是一位中产阶级,但他还是拿出家里积蓄组建了一家打捞公司,并开始在"圣母"号遇难的海域进行搜寻。5 年的时间里,费希尔不仅往海里掷了万贯家财,而且人也变得又黑又瘦,但他却没有找到一块金子。尽管如此,但费希尔没有放弃,他坚持努力着。10 年过去了,费希尔不仅花光了所有的积蓄,而且开始变卖房地产继续着海底探宝的事业。然而,费希尔这么多年的努力依然没有得到回报。于是,有朋友劝他放弃。但是,费希尔仍然无动于衷。

为了寻宝,费希尔耗费了家产,甚至连儿子的命也搭进去了。一天,他的大儿子潜入海底,结果因为供气皮管被缠在一堆礁石上而活活在海底憋了 6 个小时。当费尽周折把儿子救上来的时候,他已经停止了心跳。与过去耗费的巨额金钱而一无所获相比,这次费希尔丧失儿子的打击是巨大的。付出了如此惨重的代价,人们以为费希尔会收兵归营了。可是万万没有想到,他安葬完大儿子之后又出海了。为此,费希尔的女婿被岳父的精神深深地感动了。于是,他去学校学习潜水技术后就当了费希尔的助手。

直到 1984 年为止,费希尔在海底寻找"圣母"号已经 24 年了,而且这 24 年里他一直一无所获。虽然精神可嘉的费希尔一直没有放弃,可是老天并没有眷顾他,他后来接二连三地遭受了沉重的打击。不仅他的潜水员被鲨鱼咬成重伤而亡,而且他的女婿也死在了海底。失去两位亲人,就算铁石心肠的人也该放弃了。然而,费希尔不但没有动摇,而且还购买了先进的地磁仪来收集数据。通过对若干个数据的分析,费希尔终于在 1985 年找到沉船的具体位置。这次,费希尔打捞上来 20多万件金银宝物。其中,除了大量金银制造的精美工艺品外,还有 5 万枚银币、987块金锭和 3200 颗绿宝石。

虽然费希尔打捞上来了不少金银珠宝,但是他只发现了"圣母"号三分之一的沉船残骸。于是,他决定继续搜索剩下的三分之二的沉船残骸。大海终究没有辜负费希尔的真诚,给了他丰厚的回报。很快,费希尔在海底发现文物中的无价之宝——一只装有古代使用的天文测量仪的大箱子。

很快,费希尔的打捞探宝公司名扬天下,甚至有许多投资人加入了他的探宝公司。后来,费希尔以 1200 名投资者的资金开始了在海底寻找"阿托查"号沉船。令他欣喜的是,很快就发现了"阿托查"号沉船,而且捞起了许多古代金币。

老子云:祸兮福所倚,福兮祸所伏。这次费希尔虽然成功打捞了阿托查号沉船,可是当局称这些宝物是该州的水下资源,是公共文化遗产,竟然一纸传票把他送上了佛罗里达州的法庭。几十年的时间耗在海底打捞事业上,吃了官司又要把全部精力用在对付法庭辩论上。100多场法庭辩论过去了,马拉松似的官司结束了,美国最高法院判定费希尔有权保留他所打捞的物品。

第五节　玄秘宝藏

荷马史诗中的宝藏

在《伊利亚特》等古希腊诗篇中。有这么一个传说故事:在斯巴达国王墨涅拉斯举行的一次宴会上,特洛亚王子帕里斯爱上了主人的妻子,美丽的海伦,海伦随帕里斯私奔还卷去许多财宝,这引起了希腊人的愤怒,引发了希腊人和特洛伊历时10年的战争。希腊人攻破特洛伊城后,进行疯狂的掠夺和血腥的屠杀,临走时又将这座繁华的城市付之一炬。

岁月悠悠,沧海桑田。随着时间的推移,世人对这些史迹传说渐渐忘却。直到近代,西方学者才开始注目于古希腊史的研究,但多数学者都认为荷马史诗中描述的一切仅是神话故事而已,不足为信。唯独德国考古学家亨利·谢里曼(1822~1890年)并不这么认为。他自幼就对希腊神话,尤其是关于特洛伊战争的传说故事有着浓厚的兴趣,发誓有朝一日要使沉睡地下数千年的普里阿摩斯王宫重见天日。为使自己的梦想成真,1870年,谢里曼千里迢迢来到近东沿海特洛伊平原,寻访他为之魂牵梦绕数十载的占城堡遗址。经过实地勘察,最后选定一个名叫希沙立克的小丘作为挖掘地点。经过3年的努力,谢里曼在这里挖掘出了层层叠叠的古城遗址。其中倒数第二个城,有着厚实的城墙和高耸的城门,城内有一处昔日甚为可观的宅院,城墙上也有大火焚烧的痕迹。所有这一切使谢里曼断定这就是他一直以来孜孜以求的特洛伊城,那个院也就是普里阿摩斯王宫,《伊利亚特》史诗中所提到的普里阿摩斯宝即将呈现在世人面前。然而,事与愿违,他几乎挖空了古城的一半却从没有发现一块金子。谢里曼已身心疲惫,心生退意,准备立即停止希沙立克丘的挖掘工作。

1873年6月14日,谢里曼和雇工们到工地作最后一次努力。当他站到28英尺深、靠近普里阿摩斯王宫环形墙附近时,目光突然被废物层中一个形状很特别的器物吸引住了,因为那东西后面似乎有夺目的光彩在闪烁!谢里曼的心脏顿时狂跳不已,意识到那肯定是金子。他竭力压制内心的激动,找来妻子,要她告诉工人们:因为今天是他的生日,所以提前收工,工资照发。在遣散雇工后,谢里曼就迫不及待地扑向那件器物,扒开边上的灰烬一看,是一件铜制器具,可要把它挖出来实属不易,因为上面压着一截 19 英尺高的城墙。但谢里曼早已把安全置之度外,他在城墙下面挖呀挖,终于可以把手伸进去了,于是一件又一件金银财宝被取了出来。夫妻俩把这些价值连城的东西用围巾一裹,拖回他们居住的木屋。然后锁上门,开始仔细检查,发现共有金王冠 2 顶,还有 4066 个近似心形的金片、16 尊神像、24 条项链,以及杯、瓶、耳饰、纽扣、针、棱柱等,总计 8700 件各式金质物件。谢里曼认为这就是普里阿摩斯王宫的宝藏。

这些宝藏是怎么来到古城墙下的呢?

由于这些财物被发现时紧挨在一起呈长方体,所以谢里曼推断它们原来是装在一个木制箱子里的,后来木箱被战火焚毁,宝藏却保留了长方形状。对于这一点,宝藏附近发现的铜钥匙亦可作为佐证。具体情况可能是,希腊人攻进特洛伊城后,城内一片混乱,王宫内有人匆忙地把一些财宝装进箱子,连钥匙都来不及拔下来就仓皇出逃。走到城墙边,也许遇上了大火,也许是敌人的追赶,使他被迫丢下箱子逃之夭夭,而箱子也马上被倒塌的房屋和城墙所覆盖。但有人对此假设提出异议,他们认为这些财宝原是藏在王宫楼上的箱子里的,后来由于大火烧毁了王宫才使宝箱摔落到了离城墙不远的地方,因为不久后在离第一宝藏只有几码远的地方又发现了另一处宝藏。可事情还没有终结,后来在邻近王宫的墙脚下又找到了三处宝藏。这样,又有人解释说,这可能是当希腊人破城而入的时候,宫廷侍卫情急之中把国王的财宝装进几个大箱子,故意放到即将倾塌的城墙下面的。大家各执一词,真叫人不知所从。

这些宝物在历史上究竟为谁所有?

谢里曼直到去世都坚信他发现的就是普里阿摩斯国王的财物,宝藏所在的倒数第二座城址就是荷马史诗中描述的特洛伊城。但谢里曼的这一论断在他去世 3 年后就被人们推翻。考古学家德尔费德根据新的发掘材料,认为倒数第六座城才是荷马史诗所说的特洛伊遗址,而谢里曼至死不疑的特洛伊第二座城在特洛伊战争前 1000 年就已经存在了。20 世纪 30 年代,英国考古学家布列经研究后进一步指出,真正的特洛伊战争遗址也不在第六文化层,而在第七文化层,因为导致第六文化层城堡毁灭的原因是地震而不是战争。这样,人们不禁要问:既然谢里曼所谓的普里阿摩斯宝藏并非是真正的普里阿摩斯国王的财产,那么它的主人到底是谁呢? 而真正的普里阿摩斯宝藏又在何处呢? 这还有待学者们的进一步研究。

印加黄金之路

公元 1480 年,印加帝国的首都库斯科收到了一个令人振奋的消息。这是一个由彩色棉线结绳记录下来的消息。它辗转数百公里，经过众多印加信使的连续奔波，穿越热带雨林、大峡谷和白雪皑皑的峻岭最终到达首都的。其中，彩色棉线中的红绳代表的信息是我们打算在两河交汇处修建一座堡垒，但是突然遭遇敌军；而黄绳的含义是我们发现了黄金。在获得消息后，印加首领图帕克带领数千名武士向热带雨林挺进。

520多年之后，芬兰考古学家斯里艾林对一段结绳文字的西班牙译文展开研究。其中，提到印加首领图帕克带领探险队进入了亚马逊地区。对于印加人的东进程度，斯里艾林感到惊讶不已，他还想了解更多的信息。为了寻找线索，斯里艾林教授专程赶往玻利维亚。在茂密的热带雨林中寻找考古遗址无异于大海捞针，加上遗址已经被掩埋了数百年时间，还有河流航道的不断偏离使考古工作变得难上加难。

斯里艾林将由热带雨林进入群山，再到海拔将近4000米的的的喀喀湖。的的喀喀湖位于玻利维亚和秘鲁边境的一处高地上，而这里正好也是男一位考古学家探险之旅的起点。他就是加州大学洛杉矶分校考古学院的院长查尔斯。15年来，这位美国科学家一直都致力于的的喀喀湖周围文明社会盛衰历史的研究。查尔斯已经做过几次长途跋涉，试图找到通往低地的印加之路。一张16世纪的祭祀品清单为他提供了线索，其中提到群山中有屈指可数的几处矿井。由此，查尔斯怀疑印加人的大量黄金就来源于亚马逊地区的河流中。

印加人拥有一套完善的交通和信息体系。正因为这套体系的存在，印加信使才可以在两天之内就能从400公里以外将消息或者鲜鱼送到上司手中，而驿站就是他们相互接力的中转站。

印加社会既有太阳神教，又有月亮神教，还有其他宗教形式，比如太阳岛上就有一处大型的朝圣地。和罗马的情况一样，他们吸收了大量的教徒，不过他们并不要求当地人放弃原有的宗教，而只是要求他们必须尊重印加宗教，所以当印加人在伊利卡亚定居下来后，他们就修建了神庙和其他圣地，他们肯定还有宗教仪式，这也是他们表现自己征服者身份的重要证据，而且是精神和物质双方面的控制。

印加人在的的喀喀湖供奉古柯叶，然后举行仪式，召唤太阳神。在印加人眼里，古柯叶是神圣之物，是人与神之间沟通的桥梁。直到现在，在安第斯山地区，古柯叶仍是一种重要的药材和祭祀用品。此外，他们还把玉米酿造的啤酒，连同金银神像一起进贡，通常还有一只美洲狮像。在印加人眼里，美洲狮也是神圣之物。

为了找到古书中所记载的印加首领图帕克的城堡，斯里艾林和同伴们继续沿着马德雷德迪奥斯河搜寻。考古探险队在马德雷德迪奥斯河与里奥本尼河的汇合

宝藏未解之谜

图文珍藏版

处靠岸。在这里,斯里艾林和他的玻利维亚同事法尔丁终于有所收获:当地人向他们提到了一些石头建筑。原来这些建筑是一面倒塌的、600米长墙壁,它环绕在一座庞大的建筑群周围。这面墙是部落建筑,还是探险队所要寻找的城堡墙壁呢?

根据记载,城堡就位于我们所知的印加帝国边境以东400公里的地方。考古学家进行了一系列探索性的挖掘,结果发现这里曾经是人口非常密集的地区。每次挖掘,单纯1平方米的地方就能挖出将近两公斤的陶器碎片。碎片上面的图画并不属于亚马逊地区的特点。碎片表面的底色为红色,上面有黑色的菱形图案,非常明显它来自典型的印加圆瓶,而且反映了库斯科或者印加传统古典陶器阶段的特色。可以肯定的是印加人曾经深入这里,甚至更远。印加帝国的疆土正像结绳文字的记载一样,非常庞大。

根据记载,现在的玻利维亚和巴西的交界处在过去有一个"帕提提"的岛屿,岛上的人拥有大量黄金,而那正是传说中印加队伍到达的地点。

在现在玻利维亚和巴西的交接处,里韦拉尔塔要塞南部曾经有许多巨大的湖泊,湖中还有小岛,其中就包括古书记载的"帕提提"岛吗?它们就像烙印在大草原上的巨型图案,而且和秘鲁的纳斯卡线条与塑像一样令人琢磨不透。这套复杂的居住系统和古代交通路线究竟是不是低地印第安人的杰作呢?

在丛林中找寻遗址是件很不容易的事情,但是一张古老的地图却为考古学家们提供了一些线索。他们发现了散落于乡村各地人工修建的居住洞穴。考古学家对其中一处洞穴的历史和结构进行了考古研究。放射性碳年代测试结果表明,这里在公元500到1400年之间曾经有人居住,而且洞里的人以某种蜗牛为食,这说明洞穴与河流相距不远,而河流在历史变迁中日益枯竭。随着时间的推移,人居洞穴的高度增加到了6米。与此同时,土层的色彩和构造都清楚反映了各个时代的社会发展。

在寻找新的遗址的时候,考古学家们发现了更多的居住洞穴。在一个香蕉种植园中,他们发现了一处洞穴,而且还发现了许多碎陶片。这一古代高度发达的文明是否和印加人有联系呢?考古学家们认为,两者之间密切相关。

科学家早就知道印加人曾住在靠近科恰班巴的玻利维亚高地。印卡加塔可能是保留在玻利维亚的最著名的建筑。它大概建于1460年,原来是保卫帝国东部边境的屏障。考古人员在附近发现了一些往北的道路,它们是否就通向热带雨林呢?

16世纪,西班牙人来到这里之前这个地方是当时西半球最大的单间建筑。它被称为"卡兰卡",并且在重要的宗教祭坛的中央位置。这座巨大的建筑不仅是创造之神——维拉科嘉的神庙,同时它的内部也是举行重要祭祀活动的场所。广场后面的建筑很可能就是整个印加帝国东部的重要祭坛。巨型建筑长 78 米，宽 25 米。它的里面是不是只用来举行祭祀活动呢？或者还用来存放货物，比如谷物、古柯、玉米、羽毛，或者是来自热带雨林的黄金和其他财宝？按照考古学家的说法，它一定是印加帝国东部的重要祭祀中心。印加人的祭祀地有一块镀金石，黄金的神奇光彩将庞大的印加帝国紧密统一起来，而印加人也灵活地运用黄金来表现了他们对太阳神的崇拜。随着印加帝园的四处扩张，道路变得四通八达，草原和热带雨林紧密相连，这使得"太阳之子"和他的臣民之间变得不再陌生。

霍克森秘藏

在公元前 1 世纪罗马占领时期，英格兰萨福克县的一个小村庄被称为霍克森。村子里的人都靠务农为生，他们的生活宁静且平淡。1992 年 11 月 16 日，这种宁静和平淡被打破。霍克森历史上最重要的一天到来了，这个村庄因为一份宝藏被意外发现而名噪全球。

艾瑞克·劳斯是霍克森的一个普通农民。1992 年的 11 月，他打算把自己的住宅改装，为此好朋友和邻居都前来帮忙。11 月 15 日，屋子的装修工程结束了，但一个朋友却告知劳斯自己的锤子不见了。劳斯从不愿占别人便宜，因此在院子里找了整整一天，但一无所获。他猜想锤子可能被埋到了地下，于是 16 日一早，他买了一个金属探测器，继续在院子里寻找。到了中午，金属探测器突然发出警报声，劳斯以为发现锤子了，开始在院子里挖起来，可挖到 50 厘米深的地方时还没有东西。劳斯并没有打算放弃，随着坑越挖越深，探测器发出的声音也越来越大。在挖到差不多 1.5 米深的地方时，一枚银币突然跳了出来。仔细一看，这是一枚古罗马时代的银币，虽然金属已经严重变色，但古罗马帝王头像的浮雕还清晰可见。劳斯继续挖掘，接下来的情景让他一辈子都忘不掉——呈现在他眼前的是一堆古罗马银币，中间夹杂着不少闪闪发光的金币，偶尔还有银制的汤匙和小艺术品，他挖到了一个地下宝藏。

劳斯马上停止挖掘，并向萨福克郡文物管理委员会报告了发现。文物管理委员会的成员以最快速度赶到劳斯家。经过专业人士一天的挖掘，所有宝物都重见天日。其中有 14191 枚银币、565 枚金币、24 枚铜币、一些工艺品、首饰和金块。

所有金币都是纯度超过 99% 的九分七币（一种古罗马金币的专称），在 394~405 年之间铸造。全部金币来自 13 个不同的铸币厂，从出厂到埋入地下都只有不到 50 年的流通时间，所以保存得格外完好。在一般文物市场上，这种金币是很罕见的，就算有，价格也高得吓人。而一下子发现 565 枚这样的金币在历史上还是第一次。

除了古罗马钱币以外，霍克森宝藏里还有至少79个银汤匙，20多个银烛台，一些银制的小雕像和29件纯金制成的、做工精细的首饰。

这些首饰上镶嵌的宝石在被埋藏之前都已经被撬下来，或许宝藏的主人觉得宝石价值高而且容易携带。另外宝藏中还有令人瞠目结舌的重达250公斤的纯金块。

在被发现后的第三天，霍克森宝藏被运到英国国家博物馆，在众多顶级考古专家专业目光的审视下它依然灿烂夺目。据考古专家研究，这是历史上古罗马钱币最集中的一次发现，也是英格兰历史上最重要的一次文物发现。宝藏的主人在紧急情况下把它们埋入地下，希望在一段时间以后重新取回，当时大约是公元440年左右。不知道是什么原因，或许是主人意外死亡，或许是他无法再找到埋藏财宝的准确位置，霍克森宝藏一直被埋藏至今。

为了揭开霍克森宝藏的秘密，博物馆派专家进行了研究。霍克森宝藏在任何时候都意味着一大笔财产。不仅在不列颠是最大的，在罗马帝国以内的任何地方都是。然而，迄今研究的任何结果都不能显示有关这笔宝藏主人的任何信息。事实上，除了知道他们显然很富有之外，要了解这些主人是什么样的人是不太可能的。考古学家分析宝藏的主人生前地位一定显赫，可能突然遭遇变故。不过迄今为止，他的身份还是一个谜。但是无名的主人及其神秘的过去不会有损于这一发现的重大意义。

现在霍克森宝藏被收藏在英国国家博物馆里，为此博物馆支付了125万英镑给宝藏的发现者劳斯。虽然这些钱和宝藏的价值根本无法相比，但是劳斯很满足，他说就算一分钱都没有，他也不会后悔。宝藏的发现也为小村庄带来意外之财，很多人涌进村庄寻宝，金属探测器成为最畅销的商品。

陨石收藏

流星、陨星，实际上都是宝藏。这份宝藏非常古老，可以追溯到混沌初开的年代，它是来自太空的宝藏。你发现一颗很好的陨星，相当于黄金，或你能想象到的其他任何珍宝的价值。这种天体的何种特质使它们如此贵重呢？是陨星稀有的特点，点燃了大多数收藏者的热情。由于流星雨如此罕见，收藏者必须格外警觉，随时行动。

45岁的罗伯特·黑格是一个生活在美洲腹地的普通人，但这个看似普通的人却过着不同寻常的双重生活。他有双重身份，一方面是加州大学洛杉矶分校的教授,另一方面是全球最权威的陨石收藏家。从 23 岁起,黑格就开始收集陨石,当时还没有人意识到那是可以卖钱的好东西。到现在为止,黑格拥有的陨石已成为世界上最大的私人陨石收藏。虽然自 1990 年起,也有其他人加入这个行当,但从实力和收藏规模来说,还没有人能和黑格相比。最初黑格收集陨石只是出于兴趣,但

陨石

后来他发现陨石因为稀有而珍贵,也可以卖好价钱。现在在专业的陨石市场上,贵的价格为每克超过 8 美元,几乎和黄金价格一样。就算最一般的每公斤也在 30 美元左右。如果是含有稀有金属的陨石,那么价格就难以计量了。

黑格收集陨石的经历很像电影《夺宝奇兵》中的情节,充满惊险、刺激和传奇色彩。为了寻找从天而降的财富,他的足迹遍及地球上除南极以外的所有大陆。在智利、纳米比亚、澳大利亚、墨西哥和埃及,他都有在旷野中九死一生的经历。只要美国航天航空局预报什么时候什么地方将会有流星雨,他都会在准确的时间赶到那里,无论在什么地方,无论搭乘什么交通工具。除了自己寻找陨石,他还向当地人收购,当地人只要找到陨石,不论大小,黑格都会用现金买下。1992 年,黑格在阿根廷以重金收购了一块重达 37 吨的陨石,那是他一生中看到的最大的陨石。但是在把陨石运出海关时,阿根廷政府以走私罪罪名将他逮捕,认为这块罕见的陨石归阿根廷国家所有。后来黑格被释放了,但陨石就被永远留在了阿根廷。

有一次他听说了西非的一次流星雨,第二天,他就坐飞机去了。经过 24 小时飞行和穿越西非偏远地区的长途冒险,黑格到达了当地的一个村庄。当到了降流星雨的村子,那些孩子跑来跑去。黑格就跟他们说,如果你们找到这些石头,就付给你们很多钱。那边很快就有小块陨星送过来,黑格支付现金。为把西非陨石加入他的星际收藏计划,黑格觉得花再多的钱都值得。黑格说必须第一个赶到。找到陨石的人就是中了头奖。

没有流星雨的时候,黑格也会自己搜寻陨石。黑格总在寻找新的珍宝,甚至不放过他家附近的沙漠区域。他主要在非洲的沙漠地带搜寻,因为那里的陨石从来没被人捡走。黑格驾驶着滑翔降落软翼机在沙漠上方 120 米的高处慢慢飞翔,只要看到有突出物就降落,然后用金属探测器搜索。一般人认为这样无异于大海捞针,不过黑格 20 多年来在沙漠中发现的陨石占他私人收藏的相当一部分。尽管使

用滑翔机比较安全,但地面搜寻依然存在着危险。

黑格不断在全球各地寻找星际宝物,积聚了一笔太空财富。目前,他的陨石收藏按市场价计算已经超过 3000 万美元,随着越来越多的人开始收集陨石,他的收藏只会成倍地增值。

赫斯特堡

在威廉·伦道夫·赫斯特事业的巅峰时期,他拥有数不清的地产、两座矿山、13 家全国性刊物、26 家报纸、8 家广播电台和许多其他新闻媒体。当时赫斯特每天能赚 5 万美元,这个数字相当于现在的 500 万美元。

每个成功人士都想修建一座梦想中的住宅,赫斯特也一样,1919 年他开始构思修建一座举世无双的私人城堡。赫氏堡建在距洛杉矶 360 公里的圣西蒙。这里从太平洋岸边开始到桑塔露西亚山,4 万英亩的土地都是赫家的私产。那广袤的草场,绵延的山丘,举目可望的海景,在赫斯特心中有不可替代的位置。1919 年,当能够实现城堡之梦时,他毫不犹豫地选择了此地作为基址。为了这个城堡,他大约花了 1000 万美元。20 世纪 20 年代,1000 万美元相当于一位国王的财产。有史以来,那是最昂贵的私宅。

赫氏堡是由朱莉亚·摩根设计的,她是世界上最早从事建筑设计的女性之一。不过精通艺术的赫斯特在施工的同时给予摩根很多建议,其中大部分是关于如何将几千件古董收藏填进房间而又不显突兀,好像那些古董几百年来一直在那里一样。

1925 年的圣诞节,尽管还有一些房间没能完工,但赫斯特一家仍然正式搬进了城堡。随后,著名的艺术家、文学家、好莱坞明星、政客、将军们纷纷被邀请到赫氏堡做客。作家萧伯纳参观完赫氏堡以后感慨地说:"如果上帝有钱,他大约也会为自己修建这样的住所。"

赫氏堡的豪华超越所有人的想象,因为其中的艺术珍品是无价的。赫斯特一生酷爱收藏艺术品,家具、挂毯、绘画、雕塑、壁炉、天花板、楼梯,甚至整个房间都是他的收藏对象。他的收藏大多布置在城堡的房间内供人欣赏和使用,丝毫没有将藏品作为投资以期升值等功利思想。因为有了这些艺术品,整个城堡平添了浓浓的艺术气息和典雅的风韵。

赫氏堡的主楼共有 115 个房间,计有卧室 42 间,起居室 19 间,浴室 61 间,2 个图书室,1 个厨房,1 个弹子房,1 个电影厅,1 个聚会厅,1 间大餐厅。此外还有 3 栋独立的客房,整个山庄共有房间 165 间。

位于城堡主人口处的室外游泳池叫海王池。按照萧伯纳的逻辑,海王爷本人游泳的地方一定比这儿差远了。泳池长 32 米,深 1~3 米,所蓄的 1300 吨水是从山上引来的泉水。池边散落着几尊希腊罗马神话传说中的人物雕像,全部是艺术珍品。室内游泳池叫罗马池,是世界上最豪华的泳池。墙壁、池底、岸边、跳台等用了 1500 万块在威尼斯制造的玻璃马赛克拼贴表面。金色的玻璃马赛克表面贴的是一层真金。单是生产这些马赛克就花了一年零三个月的时间,整个泳池的修建则历时 3 年。城堡中的大图书室是专为客人们布置的。那里收藏的手稿、绝版书、善本书全部是世所罕见。书柜顶和书桌上放置的是公元前 2~8 世纪希腊的陶罐,书桌和扶手椅是核桃木的古董,这些东西曾经让来做客的丘吉尔声称自己可以足不出户在该图书室待好几个月。

整座城堡只有一个餐厅,餐厅内的布置是赫斯特的骄傲。进入餐厅你会以为自己到了天主教堂或修道院。餐厅墙上挂的是 16 世纪法国佛兰德壁毯,椅子是 14 世纪西班牙唱诗班的长椅,天花板是 17 世纪意大利的木制天花板,上面雕刻的圣徒像比真人还大。房间尽头的大壁炉可以容下三四个人而丝毫不用弯腰低头,也不拥挤。壁炉上挂的一排旗帜是 16 世纪意大利锡耶纳城举行宗教赛马活动时胜利者的旗帜。这些收藏中最罕见而又最昂贵的珍品之一就是一幅 14 世纪的圣母圣婴像。赫斯特堡最昂贵的专用房间,大约用了 100 万片来自意大利摩那诺的玻璃和金砖。桌上银制的餐具和烛台是 17~19 世纪英国、西班牙、法国等地的精品。赫斯特热爱动物,赫氏堡所在的牧场上建有一个动物园,是全球最大的私人动物园。赫斯特也热爱自然,修建赫氏堡时,有许多大橡树挡住了路,赫斯特宁肯花几千美元将树移走,也不愿简单地将它们伐掉。

光是修建赫氏堡的花费就相当于一个国王的身家。如果计算上所有古董和艺术品的价值,谁也说不清赫氏堡到底值多少钱。赫斯特去世后,他的儿子们将城堡捐赠给加州政府,使整个产业得以向公众开放,让世人共同领略迷人山庄的魅力。

丹莫洞

爱尔兰的基尔肯尼郡是一个风光旖旎的地方,也是爱尔兰最重要的旅游城市之一。每年都有数以十万计的游客来到基尔肯尼,他们必定参观的地方是丹莫洞遗址。爱尔兰农村牧歌般的绿色风光讲述着一个朴实的故事。农民和牧羊人过着宁静的生活。但在这宁静的风景下面,潜藏着一笔永恒的宝藏。丹莫洞位于爱尔兰的北吉尔吉尼,考古学家维克多·巴克利博士是这些发现的地区权威,对这里充满鬼魅气息的历史进行了研究,包括海盗对爱尔兰人进行的那次血腥屠杀。

丹莫洞被称为爱尔兰最黑暗的地方,因为这个洞穴记录了一次惨无人道的大屠杀。公元928年,挪威海盗来到爱尔兰,对基尔肯尼附近一带进行洗劫。当时居住在丹莫洞附近的居民为了逃命,在海盗袭来的前几个小时集体躲到洞中。丹莫洞是一个巨大的溶洞,洞里地形复杂,有成串的小洞穴一一相连,避难的人认为这是绝佳的藏身之地。他们幻想海盗抢完能抢的东西后就会离开。然而丹莫洞的入口太过明显,海盗很快发现了洞中藏人的秘密,一场血腥的大屠杀开始了。海盗进入洞里,把所有发现的人都杀死,估计有1000多人,然后守在洞口半个月,没有当场被杀死的人后来都因感染而死或者饿死了。

在之后将近1000年的时间里,丹莫洞成了爱尔兰的"地狱入口",再没有一个人敢进入洞中。可以想象,公元928年,人们害怕遭到杀害蜷缩在黑暗中的情景。根据史实得知,他们的恐惧是事出有因的。直到1940年,一群考古学家对丹莫洞进行考察,仅仅在一个小洞穴里就发现44具骸骨,多半是妇女和老人的,甚至还有未出世的胎儿的骨骼。骸骨证实了丹莫洞曾经的悲剧,1973年这里被定为爱尔兰国家博物馆,每年迎接无数游客前来纪念那些惨遭屠杀的人。

然而,丹莫洞的故事到这里还没有结束。1999年,一个导游的偶然发现证实,这里不仅是黑暗历史的纪念馆,沉默的洞穴中还隐藏了永恒的宝藏。

1999年冬天,导游约翰准备打扫卫生,因为寒冷的冬季是旅游淡季,丹莫洞将关闭一段时间。他准备仔细清理游客留下的垃圾,所以去了很多平时根本不会去的洞穴。在一个离主路很远的小洞里,导游突然看到一块绿色的"纸片"贴在洞壁上。约翰后来回忆说:"丹莫洞的旅游季节这时基本快结束了。我们冬天不开放。我有责任四处巡视,从一些远离主路,比较容易让人忽视的角落里把所有小块垃圾都捡起来。由于戴了头盔,灯光比手电筒照得更准。我转过身去,灯光直接照进一道缝隙里,那里有一点绿光在闪烁。"

约翰靠近了闪烁的光点,发现吸引他注意力的不是垃圾,而是一个露出来的银手镯。

约翰说:"我把手镯拿出来,意识到一个明显的事实,所以再看一下这里是不是还有别的。我发现了藏在里面的51件物品。"

诚实的导游马上将发现报告政府,在接下来的3个月里,爱尔兰国家博物馆的工作人员从那个狭缝中挖出了几千枚古钱币,一些银条、金条和首饰,另外还有几百枚银制纽扣。这些东西应该是当时躲藏的人随身携带的。也许为了让财物更安全,他们把值钱的东西集中然后藏在一个隐蔽小洞里,甚至把衣服上的银纽扣都解了下来。海盗之所以屠杀所有的人,也许和没能发现这些财宝有关。由于在潮湿的洞里待了 1000 多年,挖出来的东西都失去了金属原有的夺目光彩。国家博物馆的几十名专家工作了几个月才让所有艺术品和钱币重现光彩。保护主义者劳利·李德和露西娅·哈内特正全力以赴,努力恢复这些珍宝的原有光泽。能做这种保护工作是令人激动的,可以研究每件物品,把它们擦干净,成为千年以来第一个真正研究它们的人。恢复原貌的文物包括出土的钱币、珠宝。还有纯银线制成的首饰。

丹莫洞遗址宝藏是爱尔兰最重要的宝藏,被收藏在国家博物馆里,一直没有完全对外展示过。虽然宝物数量不是最多,但其历史价值和考古价值远远超过其物品本身。考古人员说,有一些工艺品和纽扣的样式十分古怪,在所有和海盗有关的文物中都是独一无二的。这是一次不同寻常的发现,不仅是爱尔兰,而且在整个海盗出没的领域也没见过。因此这格外激动人心。由于它的非常价值,或许可以马上把它定义为珍宝,它的价值从 1100 多年前展现出来,延伸到现在并打动着你。在丹莫洞中被杀害的人现在可以安息了,他们为之丧命的财宝现在成了爱尔兰的国宝,将永远聆听世人的惊叹和赞美。

图瓦的黄金

图瓦许多绿色的古墓上都有凹陷的坑——这是两千多年来的盗墓者在寻找传说中的塞西亚人黄金时留下的,希腊的历史学家希罗多德对此也有提及。不管盗墓者发现了什么,对未来的人们而言,有些损失已经无可挽回——这片草原的主人是谁? 他们的社会如何组织? 传说中的财富是否存在? 这些问题已经无从解答。

为了解开塞西亚人之谜,德国考古学院的院长赫尔曼·帕辛格对这些坟头进行了详细研究。有人说图瓦不朽的坟墓就像草原上的金字塔,这种说法并非没有道理。这里聚集了众多坟头,它们不是简单的堆砌物,而是精心建造的;它们具有一种建筑风格,是合作的产物。

2001 年夏天,一支俄德联合考古队在一座石墓厚重的石板下发现了一个坑,还碰到了完整的房梁。这些房梁位于一个精心建造的、完好如初的两居室的屋顶。它是乌拉尔地区发现的第一个完整的古墓,没有被盗的痕迹。

通过挖掘的裂缝,考古学家们看到的景象正是所盼望的,目光所及之处都是一片金色的光芒——墓室中满是黄金,它的豪华绝不亚于法老的坟墓。谁能想到,一个游牧民族竟拥有如此巨大的财富。最后,研究者们在墓里点出了 9000 块黄金,300 件黄金器具,其中许多是无价的艺术品。这些被挖掘的财宝运到地面后就被送往圣彼得堡举世闻名的冬宫博物馆。2500 年来,赫尔曼·帕辛格等研究者是第一批见识塞西亚王子奢华气派的人,并打开了一扇通向一个精彩的、未知世界的大门。

然而,石板下没有挖掘的另外80%的部分会埋藏着什么呢?

2002年2月,赫尔曼·帕辛格和他的俄罗斯同事安纳托利·耐格勒来了解修复工作的进展情况。一批由顶尖专家组成的一个强大阵容正在受命处理图瓦的黄金。数千个小时的修复工作后,图瓦珍宝又重现了昔日的光辉。许多物品在修复后才展现出它们真正的辉煌,例如一只高脚杯的黄金柄是风格别致的动物蹄子。专家们也是头一次见到这些装饰物上的动物图案的风格,它们独一无二。那些图案阐释了塞西亚人的神话世界。五千多件黄金艺术品属于一个贵族的私人财产,而这个民族却被希腊人称为野蛮人。

巨大的热情驱使人们开始搜寻更多的墓穴。2002年秋冬之际,考古学家们进行了第二次远征。他们离开圣彼得堡,向东进发,穿越了乌拉尔山脉,进入空旷无垠的西伯利亚。途经鄂木斯克和诺沃西比尔斯克,跋涉4000公里之后,他们到达了图瓦——俄罗斯南部与蒙古的接壤处,坟墓就位于地区首府喀泽尔的正北方。

图瓦人的嗓音和唱法举世闻名,发现宝藏的消息在这一地区以野火般的速度蔓延。于是,安全成了第一要务。整个冬天,坟墓周围都戒备森严。发现黄金之后,周围有太多双眼睛并不是一件好事。因此,大部分工人被派到离这一区域尽可能远的地方。

实际的挖掘工作进行得极其缓慢,考古学家们一次又一次地停下来,记录、描图和测量。这是他们的工作,也是他们与盗墓者的不同之处。

考古学家们发现了一个头颅,而且与躯干是分离的,这不符合塞西亚人的传统。后来,他们挖出了一只金耳环。专家们的工作以毫米的速度推进,而安全戒备进入一级状态。毫无疑问,在坟墓中发现的宝藏确实唤醒了邪恶的贪欲,这使得考古学家们本来就很艰巨的工作变得更加复杂。除了盗匪会不择手段窃取想要的东西外,当地人也对专家们充满了敌意。在当地人看来,专家们就是自己地盘上的入侵者,怀疑他们会惊醒死者的邪恶灵魂。

考古学家在阿尔泰山脉高处的坟墓中发现的冰冻木乃伊,提示了塞西亚人的神话。在图腾中出现的很多动物符号同样蚀刻在这里的黄金制品上。一个反复出现的重要图案是牡鹿。

塞西亚人为何对牡鹿如此念念不忘?

帕辛格顺便寻访了一种稀有马拉赤鹿的饲养者,这种鹿也被称为亚洲麋鹿。它们的茸角很有价值。这些鹿茸一年收获一次,被磨制成壮阳药。

不知 2500 多年前的游牧民族是否认识到了鹿茸的特殊功效？这跟动物崇拜是否有关？

萨满和精神信仰是这一地区日常生活中的重要部分，对于考古学家来说，这是挖掘工作中的另一个风险。随着挖掘工作的深入，16 号坟墓的真实规模在慢慢展现。这是迄今发现的最大的墓葬。一个工人在清除外层时碰到了黄金，它看上去像是一片未经打磨的金箔，已经被成吨重的石头压皱了。

在这个墓穴开挖之前，考古学家们在一节旧车厢里举行了最后一次计划会议。最后，16 号地区的挖掘工作只能由那些最值得信任的成员来进行。

16 号地区开挖后，一共有十四匹马的头骨被发现。在塞西亚人的墓穴中，这个数字很罕见。在骨头之间，挖掘者还陆续发现了金箔，它们可能是和马的鬃毛及尾巴编在一起作为装饰的。这些马头骨的牙齿仍被缰绳勒着。它们的装饰风格与贵族夫妇的如出一辙。考古学家认为，这是它们属于同一个墓葬的证据。马匹可能是供主人死后用的。在几个世纪前的西伯利亚东部，当一个伟大的头领死去后，当地人就会在第二年的头一天举办一场马赛，跑得最快的马将被杀死并埋葬在头领的墓穴里。

然而，这里共有 14 匹马，一个装满了财宝的坟墓，众多假墓堆，还有 26 个真正的坟墓。这个墓葬的一切都出人意料。这些发现都属于同一个类型。专家们暂时还无法评价它们对这一领域的重要意义。欧亚大草原上的考古工作还有很多问题悬而未决。

古代西伯利亚游牧民族的财富到底来自哪里？马匹是他们最重要的财产，但是马拥有神圣的地位吗？疑问一个接着一个，但是有一个问题的答案确定无疑：早在和希腊人接触之前，早期塞西亚人就已经制造出了复杂的黄金制品。

圣城宝藏

公元 71 年，古罗马大军占领耶路撒冷后不仅摧毁犹太教圣殿，而且将其宝库洗劫一空。一直以来，人们怀疑罗马人将劫掠的近 50 吨黄金、白银以及其他宝藏藏在了梵蒂冈拱顶中。然而，英国考古学家肖恩·金斯利却不这样认为。在《上帝的金币：探索耶路撒冷神庙财宝失踪之谜》一书中，肖恩·金斯利揭示了这批宝藏可能埋藏的地点，即今天巴勒斯坦境内约旦河西岸的一个修道院中。

圣城宝藏被看作历史上犹太人宝藏中最大的一笔，它的藏身之地一直是个谜，令哲学家、考古学家们为之着迷。一个声称宝藏在法国南部神秘的西云修道院里；另一个声称宝藏在耶路撒冷神庙的岩石圆顶里。不管宝藏在那里，因为没有足够的证据,所以只能看作是寻宝者、研究者们的假设。至于他们发现的蛛丝马迹只是追寻历史的"DNA 痕迹",即在残留的古迹或古书中的发现。因为一些重要的历史学家确实留下了可以寻找真相的痕迹。

犹太牧师弗拉维斯·约瑟夫斯是一名抵抗罗马帝国侵略的领袖,但后来他却成了一名告密者。在他的两本著作中,除了详细描写了《圣经》的历史、犹太遗物和犹太战争外,还描述了圣城宝藏是如何在公元 71 年从巴勒斯坦用船运到罗马的。这些宝藏被罗马人当作罗马帝国统治全球的象征,他们还在罗马进行了盛大的庆祝活动。

公元 455 年,罗马被再次征服。恺撒大帝和拜占庭的历史学家提奥非恩斯都透露,汪达尔首领盖塞利克将罗马的教堂、神庙的黄金屋顶刨开将那些财宝装到了自己的船上。就这样,宝藏运离罗马。然而,这些宝藏在汪达尔的首都迦太基埋藏了不到 100 年就又被送到耶路撒冷。

公元 533 年,拜占庭帝国的皇帝查士丁尼为了维护经济利益派出亲信贝利萨留攻占了汪达尔,并于公元 534 年取得胜利。汪达尔国王盖塞利克眼睁睁地看着这些财宝运出了迦太基。然而,查士丁尼并没有将这些宝藏运回自己的国土,反而将它们送回了耶路撒冷,因为他害怕这些属于耶路撒冷的宝藏有着不可捉摸的力量。虽然宝藏重回基督教的圣城耶路撒冷,但是并没有在此地放多久。公元 614 年,这些宝藏被名叫穆德斯特斯的僧侣从耶路撒冷转移到了巴勒斯坦南部朱迪亚的狄奥多西修道院。公元 630 年,宝藏成了永久的秘密。原来,穆德斯特斯升职为耶路撒冷的宗教领袖后于公元 630 年离奇中毒死亡了。从此,宝藏的秘密也随他带到了坟墓里,成了永久的秘密。

不管是考古学家还是历史学家,他们似乎都坚信宝藏证据最后的聚集点就是圣地耶路撒冷。虽然不知道公元 614 年后耶路撒冷到底发生了什么事情,僧侣穆德斯特斯为何把宝藏转移,但是他安置宝藏的狄奥多西修道院就在现在的约旦河西岸。在约旦河西岸的迪尔多西村庄旁边,狄奥多西修道院依然矗立着。肖恩·金斯利曾经到这个修道院参观,而且还检查了其土地、墙。在调查的过程中,他找到隐藏在地下的很多洞穴。肖恩·金斯利相信,那些宝藏就埋藏在某个洞穴之中。

经过几个世纪后,圣城宝藏之所以还能保存流传是因为它是宗教的遗产,被认为有着神圣的力量,认为是人与上帝交流的象征。所有企图拥有这些宝藏的人,不管是古罗马、汪达尔,还是拜占庭的贝利萨留,他们都希望能得到这些宝藏的庇护。正因为如此,罗马皇帝才在宝藏成功运到罗马后把他们当作自己拥有地中海的统治和权力的力量。这个从平民家庭一步登天的皇帝除了将大部分宝藏用于战争外,还建立了一些像罗马圆形剧场这样的新纪念场所。虽然花费了大部分宝藏,不过聪明的罗马皇帝保留了宝藏的主要部分。和罗马皇帝一样,当查士丁尼缴获了这批宝藏时,他也很清楚自己要什么。

对古罗马、拜占庭来说,他们需要的是宝藏的庇护,需要的是与上帝交流的象征;对更多人来说,圣城宝藏不过是几十亿美元的横财。然而,对研究者来说,宝藏就是一笔知识的财富,他们只想了解它,并不想拥有它。他们关心的是:在变迁中,这些美丽的宝藏发生了什么? 对 2000 年前的以色列他们到底意味着什么? 为何罗马毁灭神庙,夺了宝藏后又对它顶礼膜拜?

肖恩·金斯利说,若这些宝藏重见天日我们就会知道饰品上的图案和古老的以色列对艺术的看法。最重要的是,它的发现将使一个历史的圆环圆满闭合。

黄金城

在古代,有一个以南美秘鲁为中心的印加帝国,十分强盛,京城内所有的宫殿和神殿都是用大量金银装饰而成的,金碧辉煌,灿烂无比。16 世纪初,西班牙人推翻了印加帝国,掠夺了所有黄金宝石。西班牙统帅皮萨罗听说印加帝国的黄金全是从一个叫帕蒂的酋长统治的玛诺阿国运来的,而且那里金银财宝堆积如山,皮萨罗立即组织探险队,开赴位于亚马逊密林深处的黄金城。然而在这个广袤无垠的原始森林里,每前进一步都意味着恐惧和死亡,这里有猛兽毒蛇,有野蛮的食人部落,有迷失道路的危险,一支支探险队或失望而归,或下落不明,使皮萨罗遥望这片森林只有以想象自慰了。

随后,西班牙人、葡萄牙人、英国人、荷兰人和德国人风闻黄金城的消息,谁都想一攫千金,于是蜂拥而至,深入亚马逊密林。其中,有位叫凯萨达的西班牙人率领约 716 名探险队员向黄金城进发,在付出 550 条性命的惨重代价后,终于在康迪那玛尔加平原发现了黄金城和传说中的黄金湖,找到了价值 300 万美元的翡翠宝石,然而这仅是黄金城难以估价的财宝中的微小部分。

16 世纪以来,对黄金湖的打捞一直没有停止过。1545 年,一支由西班牙人组织的寻宝队,3 个月时间内就从较浅的湖底捞起几百件黄金用品。1911 年,英国一家公司挖了一条地道,将湖水抽干了,但太阳很快就把厚厚的泥浆晒成了干硬的泥板,当英国人再从英国运来钻探设备时,湖中再度充满湖水,这次代价高昂的打捞归于失败。1974 年,哥伦比亚政府担心湖中宝藏落入他人之手,出动军队来保护这个黄金湖,从此再也无人能够接近这批宝藏。于是,神秘的黄金湖便成为一个无法揭开的谜底了。

亚利桑那州金矿

在美国亚利桑那州,有一个称为迷信山的山区,这里荒草丛生,怪石峥嵘,猛兽出没,到处是凶狠的响尾蛇。在山中的某一个不知名的地方,有座被人们称为"迷失荷兰人金矿"吸引着无畏的探险者们。

1840年末,一位名叫伯兰塔的探险人深入山区,几经艰险,终于发现了一处矿藏丰富的金矿,他仔细地作了标记,以便终生受用。从此很多探宝人一直想找出这处金矿,但很多人不幸葬身荒野,有些人则在途中惨遭印第安人的伏击而身亡。在通往黄金的道路上障碍重重,充满恐怖的气氛。

后来有一位德国探险者华兹终于找到了这处金矿,他经常在山上待上两三天,然后神秘地潜回老家,每次总会捎上几袋高品质的金矿石。知道这个金矿地点的还有他的两个同伴,但是他们俩全被人神秘地杀害了。凶手是谁,不得而知,大概和这座金矿一样成为永久的秘密吧。

1891年,华兹死于肺炎,他在临终前画了一张地图,标明了这处金矿的位置。1931年,一位名叫鲁斯的男子通过种种途径弄到了这张不知真伪的地图,于是他携带地图,进入了迷信山山区,然而他却一去不返。6个月后,有人在山区发现了他的头颅,头上中了两枪,样子很惨,可以想象他一定被一种极为可怕的景象吓坏了。那么杀手又是何人呢?

1959年,又有3位探险者在这处山区遇害,是谁杀了他们呢?无论怎样,凶手肯定是金矿的知情人,他们试图保留这不成为秘密的秘密。然而,这一切阻止不了倔强的寻宝人。因而,探险者的身影、枪声、腥血、响尾蛇、荒野的呼啸构成了亚利桑那金矿恐怖的色调。笼罩在迷信山区的迷雾更加使人混沌不安。

亚利桑那州金矿是世界上千千万万个已知或未知宝藏的一部分,它们是已经产生或未产生的惊险故事的线索。无疑,它给人们带来了惊喜、疑虑、遗憾和悲伤。

第十二章 密码未解之谜

第一节 密码历史之谜

密码的起源之谜

密码何时在人类文化中出现，目前没有一个确切的说法。但是，密码的历史十分悠久，这是不争的事实。应该说，人类文明刚刚形成的时候，就有人开始使用密码了。在人类文明几个著名的发源地，都能找到使用密码的事例。

考古发现，公元前2000年，古埃及的某些贵族就有在坟墓中树碑的习惯，这些墓碑上有些神秘的文字，已经具备了密码的特征。考古学家说，墓碑上的象形文字不同于已知的普通埃及象形文字，而是由一位当时的书法家经过变形处理之后写的，但是具体的使用方法已经失传。人们推测，这种做法是为了给坟墓增加神秘气氛，提高墓主的声望。到了公元前1500年左右，还是在古埃及，人们发现了一名陶工留下的信息，他试图用一种简单的密码掩藏自己给陶罐上釉的配方技巧。

希伯来也是较早使用密码的古老的文明之一。公元前21世纪，希伯亚民族发源于两河流域的美索不达米亚的吾珥(Ur)。这批游牧民族后来为了寻找牧场而迁移，他们来到迦南的巴勒斯坦之后，被称为希伯来，即迦南语"越河者"之意。希伯来民族在长期的发展过程中，曾经开发出了三种加密法，称为"atbah""atbash"和"albam"。这也就是著名的小说《达达·芬奇密码》中出现的那种密码体系。中世纪时有许多修士坚信，在《圣经》的古代写本中，就隐藏着大量的密码，那里有众多的神秘信息。甚至还有人从中读出了肯尼迪遇刺与卫星上天等预测，事后被证明大多是生硬的附会及东拼西凑而已。

希腊也有过很早使用密码的历史记载。这是一种非常有趣的传递情报的手段。有一个希腊城邦想要给对方送出一份非常重要的情报，为了保密和掩人耳目，他们把一个奴隶剃成光头，然后在头皮上写下情报内容，等头发长好后，这名奴隶就可以带着这份情报出发。到达目的地后，对方只要再剃去他的头发，就可以读到

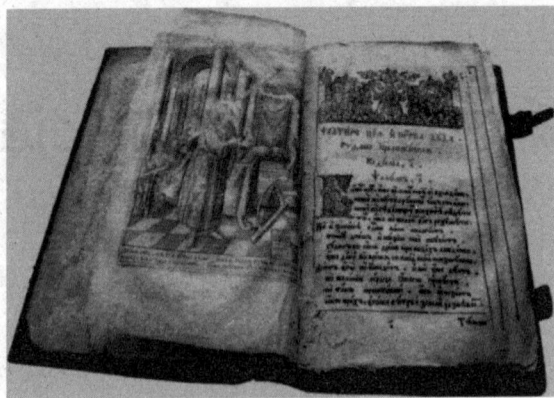

《圣经》书影

完整的信息。这种办法看上去很麻烦，但确实非常安全，因为再严密的搜查，也不可能发现头发下的秘密。希腊的密码与众不同，它属于夹带加密法，是把密文以隐藏的方式传递。但问题是，这种密码没有什么时效性，毕竟不是每次都可以等送情报的头发长到可以隐藏情报时，才能够出发将情报传送到它应该被送到的地方。

中国是著名的文明古国，历史上也不乏使用密码的记载。公元前 11 世纪的周武王时代，就已经使用了一种"阴符"系统，用不同的长度来表示战争的结果。《资治通鉴》卷二百〇一载：唐高宗乾封二年（667），唐朝大军征讨高句丽，运粮使郭待封率海军舰队从海上进攻平壤，主帅李勣命冯师本运送粮秣武器在后接应。不想补给船只在海上遇险，未能及时送达前线。郭待封军中乏粮，作书向李勣告急，但他担心书信会落入高丽人之手，从而暴露军中虚实，于是将告急书信写成"离合诗"。

英国科学家李约瑟是公认的研究中华文化的外国人，他曾经称《武经总要》为"军事百科全书"。

《武经总要》是中国北宋时期的军事家、政治家曾公亮编纂的一本书，该书辑录着一种真正意义上的军事通讯密码表，大概也是世界上保存至今最早的军用密码表。当时常规军事通讯存在着严重缺陷，曾公亮创造出了一种"优雅的诗歌密码"。这种密码先在一本密码本中收集当时军中必用的 40 个军事短语，给它们分别编上相应的代码数字。如：1.请弓；2.请箭；3.请刀……一直到最后：40.战小胜。大将率兵出征时，先带上一个密码本，同时与指挥部事先约定，利用某一首五言诗作为解码密钥。这些事先约定的诗的字数正好是 40，每一个字均对应着 40 个军事短语的某一个。如果前线发生某种情况，需要向指挥部请示或报告时，就在一封普通的公文中有意写进诗中相应的一个字，并在该字上盖章，以示关键所在。指挥部接到公文后,根据这个字到约定的诗中检索一番,便可了解前线发回的意图。指挥部回复时,如果同意,就重新使用这个字,也夹杂在普通的公文中,盖章发回;如果不同意,则什么也不写,依然原样盖章发回。这种诗歌密码,不仅敌人看不出任何异常,就连送信人也一头雾水,确实属于一种可靠的密码通讯。

真正得到大部分人公认的最早的密码是斯巴达人发明的(也有说法是斯巴达人从希腊人那里学习到的)。公元前 8 至公元前 6 世纪,希腊半岛上出现了 200 多个奴隶制国家,它们以一个城市为中心,包括周围的若干城镇,这被称为"城邦"。在这些城邦之中,有两个最为强大:一个是由欧洲北部南下定居的推崇武力的斯巴达;另一个是发端于地中海沿岸的强调民主的雅典。

公元前 12 世纪,一批多利亚人来到斯巴达地区,200 年后,他们由原有的五个村落渐渐发展成一个城市,称为"斯巴达城"。斯巴达人推行武力扩张的立国信条,凭借自己强大的武装,斯巴达成功地成为希腊半岛上最强大的城邦,并将周围的其他城邦征服,成立了以自己为首的城邦联盟。

公元前 431 年,斯巴达和雅典以及双方的盟友发生了战争。战争持续了几十年,这段时间中斯巴达人借助波斯的力量构建了一只强大的海军。在长期的战争中,斯巴达人使用一种叫"Skytale"(中文译为"天书")的密码。斯巴达人把一个带状物,比如纸带、羊皮带或是皮革类的东西,呈螺旋形紧紧地缠在一根权杖或木棍上,之后再沿着棍子的纵轴书写文字,在这条带状物解开后,上面的文字将杂乱无章,收信人只需用一根同样直径的棍子(这两根同样直径的棍子可以是在出征前把一根棍子锯断后得到,之后将领和"情报部门"各拿一半。)重复这个过程,就可以看到明文,这还是人类历史上最早的加密器械。

公元 9 世纪,阿拉伯的密码学家阿尔·金迪提出解密的频度分析方法,通过分析计算密文字符出现的频率破译密码。正是利用频度分析法,英国的菲利普斯成功破解苏格兰女王玛丽的密码信,信中策划暗杀英国女王伊丽莎白,这次解密将玛丽送上了断头台。

在 14 世纪,密码得到了更加广泛的运用,主要被炼金术士和科学家们用来隐藏他们的发明。到 15 世纪的时候,欧洲的密码术简直已经成为一种产业。文艺复兴时期科学、艺术和宗教的复苏、繁荣刺激了密码术的发展,而使用秘密通信最重要的动机还是政治阴谋,尤其是在意大利。到 19 世纪,出现了无线电密码通信,逐步运用到军事、政治、经济等领域。第一次世界大战时,密码通信已经十分普遍。到 20 世纪 70 年代,密码普及于民用,可谓渗透到社会的方方面面。到了今天,密码更是成为人们须臾不可离的必备。

世界上最早的密码之谜

我们都知道,密码之所以会产生、发展及得到应用,根本原因在于人们想要传递一些只有我们希望或者允许的接受者才能接受并理解的信息。一套成体系的密码系统,必须要有以下特征和条件:被隐藏的真实信息称为明文(Plaintext),明文通过加密法(Cipher)变为密文(Ciphertext),这个过程被称为加密(Encryption),通过一个密钥(Key)控制。密文在阅读时需要解密(Decryption),这也需要密钥,这个过程由密码员(Cryptographer)完成。通常使用的加密方法有编码法(Code)和加密法(Cipher),编码法是指用字,短语和数字来替代明文,生成的密文称为码文(Codetext),编码法不需要密钥或是算法,但是需要一个编码簿(Codebook),编码簿内是所有明文与密文的对照表;而加密法则是使用算法和密钥。

密码在传递过程中,必定面临着被外人截获的风险,这也正是密码编制的原因。当密码落到外人手中时,可能有人凭借耐心和智慧,在没有密钥的情况下得到明文,这种方法称为破解(Break)。如何才能确保密码不被外人破解,保证情报的安全呢? 如果如上文所述,像希腊或者古埃及那种简单的掩饰方法,必定不可能做到万无一失。这就要求人们必须设计一套绝对安全或者足够复杂的密码。

就像今天的最新科技往往首先使用在军事领域内一样,最早的成体系的密码也是出现在两国交战之中。公元前405年,雅典和斯巴达之间的伯罗奔尼撒战争已进入尾声。得到了波斯帝国支持的斯巴达军队控制了海上交通,逐渐占据了优势地位。就在斯巴达准备对雅典发动最后一击的时候,原来站在斯巴达一边的波斯帝国突然改变态度,停止了对其援助。波斯帝国这样做,本意是使雅典和斯巴达在持续的战争中两败俱伤,以便从中渔利。在这种情况下,斯巴达急需摸清波斯帝国的具体行动计划,以便采取新的战略方针。正在这时,一名从波斯帝国回雅典送信的雅典信使被斯巴达军队捕获。如获至宝的斯巴达士兵仔细搜查了这名信使,可除了搜出一条布满杂乱无章的希腊字母的普通腰带外,其他任何有价值的东西都没有。那么,这名信使把情报藏在了什么地方呢?

事情传到斯巴达军队统帅莱桑德那里,他决定亲自审问这名雅典信使。莱桑德注意到了那条腰带,虽然只有一些杂乱的字母,但他觉得情报就隐藏在这其中。他与助手反复琢磨研究,把腰带上的这些天书似的文字用各种方法重新排列组合,却什么也读不出来。灰心丧气的莱桑德几乎失去了信心,当他无意中把腰带呈螺旋形缠绕在手中的剑鞘上时,奇迹出现了。原来腰带上那些杂乱无章的字母,竟组成了一段文字。原来,这果真是雅典间谍送回的一份情报,上面显示,波斯军队会在斯巴达军队发起最后攻击时，突然对斯巴达进行袭击。莱桑德根据这份情报，马上改变作战计划。他指挥斯巴达军队，首先突然攻击毫无防备的波斯军队，一举将它击溃。解除后顾之忧之后，斯巴达军队又回师征伐雅典，取得了伯罗奔尼撒战争的最后胜利。

雅典间谍送回的这份令斯巴达人百思不得其解的腰带情报，就是世界上最早的密码情报。具体方法是，通信双方首先约定密码解读规则，然后通信一方将腰带（或羊皮等其他东西）缠绕在约定长度和粗细的木棍上书写。收信一方接到后，再把腰带缠绕在同样长度和粗细的木棍上，就会看到完整正确的信息，否则，就只能得到一些毫无规则的字母。这就是最早的换位密码术，后来这种密码通信方式在西方得到了广为流传。

这种换位密码，虽然有一定的隐蔽性，但只要解密者有耐心不断尝试各种长短粗细的木棒，早晚会破译。所以，这还算不上真正安全的密码。到了公元前 2 世纪，还是在希腊，希腊历史学家、军事家、数学家波利比奥斯（Polybius）发明了波利比奥斯方表 Polybiussquare，也被称之为棋盘密码，它的发明为以后密码学的发展奠定了基础。

波利比奥斯是一位历史学家，撰写的历史著作共 40 卷，只有 5 卷原著保存了下来。波利比奥斯对历史学非常感兴趣，并亲自到各地探险游历，他亲眼目睹了当时的许多历史事件。例如，他经历了公元前 146 年北非迦太基城的毁灭，为了了解迦太基统帅汉尼拔在远征罗马途中翻越阿尔卑斯山的传奇故事，波利比奥斯还亲自做了一次旅行。

以波利比奥斯名字命名的密码方表的最大特征就是用 1—5 个数字的组合替代全部字母，这是之前密码所没有的。它使用一个 5×5 的棋盘式方格来加密，把字母按照顺序填入，随后使用这个字母所在的行和列，也就是坐标，来代指这个字母。

以目前通用的英语来看，棋盘密码 5×5 的棋盘式方格不可能填入 26 个字母，这是因为希腊字母只有 24 个，因而可以成功填入这个棋盘。当这种加密思想传播开来后，人们希望这种密码可以应用于拉丁字母，英语，甚至是拼音来作为明文。故此，通常将 i 和 j 填入一个方格内。构成方阵：

A B C D E

F G H I/J K

L M N O P

Q R S T U

V W X Y Z

在这个棋盘密码中，每个字母由对应的坐标代替，比如 M 就加密为 23，E 就加密为 15。虽然在当时这是一种非常新颖的密码加密方法，但这只不过是一种单表置换加密。再复杂众多的密文，只要使用频率统计就可以轻松破译。所以这种方法是一种很不安全的方法。现在在密码学上已经基本销声匿迹，只是作为古典密码的经典被人们所了解。

埃特巴什码与圣殿骑士之谜

随着《达·芬奇密码》在全世界范围内的走红，关于其中的埃特巴什密码引起许多人的兴趣。丹布朗在小说中利用埃特巴什码寻找《圣经》中的秘密，这在历史上确有其事。

密码学在欧洲的发展，于中世纪时期遭遇了一个瓶颈时期。古希腊遗存下来的密码思想成为欧洲人主要使用的密码体系。公元 800～1200 年之间，阿拉伯人在密码方面取得了巨大成就，特别是公元 9 世纪，阿拉伯的密码学家阿尔·金迪提出了解密的频度分析方法。这是密码学上的一个重要成就。当时的欧洲人仍在使用最基本的密码。在欧洲，只有修道院里的修士还在研究密码。他们钻研圣经，寻找里面"隐藏"的信息。这种传统与圣经的古本有一定关系。事实上，《旧约》中确实蓄意包含了一些明显的密码信息。例如，旧约中的有些文字是用埃特巴什（atbash）加密的。

埃特巴什是一种传统的希伯来替代编码，其方法为，对每一个字母 x，找到他在字母顺序表中的位置，然后从字母顺序表的尾部往前数同样数目的字母，找到相应的字母 Y，用后一个字母 Y 作为 X 的替代码。在英语中，这意味着用 z 替代 A，用 Y 替代 B，以此类推。

埃特巴什密码是由熊斐特博士发现的。熊斐特博士为库姆兰《死海古卷》的最初研究者之一，他在《圣经》历史研究方面最有名气的著作是《逾越节的阴谋》。他运用这种密码来研究别人利用其他方法不能破解的那些经文。这种密码被运用在公元 1 世纪的艾赛尼/萨多吉/拿撒勒教派的经文中，用以隐藏姓名。其实早在公元前 500 年，它就被抄经人用来写作《耶利米书》。

埃特巴什码的系统比较单纯，但是加密往往会将人的思路引到恺撒或者弗吉尼亚密码之类上面。《旧约》中发现的一个密码与这同样简单。在《耶利米书》第二十五章第二十六节和第五十一章第四十一节中，先知为通天塔写了 sheshach。希伯来文第二个字母（b）被倒数第二个字母（sh）所取代。第十二个字母（1）被倒数第十二个字母（ch）代替。（这些元音次序错乱，但在希伯来文中，元音不大重要。)这种密码被称为 Ath—bash——一个由希伯来文第一个字母(a)、最后一个字母(th)、第二个字母(b)和倒数第二个字母(sh)组成的单词。

熊斐特博士于《艾赛尼派的奥德赛》一书中描述他如何对圣殿骑士们崇拜的鲍芙默神痴迷,又如何用埃特巴什码分析这个词。令他惊奇的是,破译出的词"Sophia"为希腊语中的"智慧"。

在希伯来语中,"Baphomet"一词拼写如下——要记住,希伯来语句必须从右向左读:

[taf][mem][vav][pe][bet]

将埃特巴什码用于上述字母,熊斐特博士得到如下结果:

[alef][yud][pe][vav][shin]

即为用希伯来语从右向左书写的希腊词"sophia"。sophia 的词义为"智慧",同时它还是一位女神的名字。许多人据此相信,圣殿骑士崇拜这位女神。

分析《圣经》中使用埃特巴什码的用意,与其说是用来隐藏信息,还不如说是为了增加其神秘性。但就这,已经足够激起人们对密码学足够的兴趣。最起码,圣殿骑士们通晓埃特巴什码的事实,表明圣殿骑士中间有些人来自一个拿撒勒教派。

圣殿骑士团与历史上的"十字军东征"有直接关系。1096 年,十字军攻占圣城耶路撒冷,很多狂热的欧洲人前往耶路撒冷朝圣。当时十字军的主力大部分已经返回欧洲,朝圣者在路上常会遭到沿途强盗的袭击。为了保护朝圣者的安全,法国贵族 Huguens dePayns 和其他八名骑士建立了圣殿骑士团,以保护欧洲的朝圣者。圣殿骑士团成员有严格的规定,加入组织时要发誓遵从修会的三大规定:守贞、守贫、服从,还要发誓保护朝圣者,这是他们作为圣地的军事修会与一般的修会相区别的地方。

在宗教的名义下,加之朝圣者对圣殿骑士的崇拜,圣殿骑士在成立之初就取得了重大的成功,并在特洛伊会议后,迅速地接收了大量的新成员以及财物捐赠。很快的,圣殿骑士团在法兰西、英格兰、苏格兰以及伊比利亚半岛拥有了大量财产。在意大利、奥地利、德国、匈牙利和君士坦丁堡也拥有土地及生意。就连当时的法国国王也嫉妒他们的财富,正如一本书中所描述的那样:圣殿骑士已将自己建成为"在基督王国里最富有和强大的组织","只有教皇统治是唯一的例外"。

随着圣殿骑士团的不断发展,这个组织有了自己的法庭,拥有与教会一样巨大的庇护权。它有自己的市场和定期集市,并在议会中有自己的代表。也许很多人并不知道,现代意义上的银行就是由这个组织建立的。圣殿骑士拥有巨大的财政和政治权力,定期把货币和物资从英格兰运往巴勒斯坦。在此基础上,它发展出了一套有效的、几乎所有欧洲君主和贵族都使用的银行系统。正是在他们的部分银行系统中产生了骑士团的第一个"密码"。为了不必再随身携带大量现金，骑士团成员还设计了一套用特殊方法做成的表示信用的借据系统，这就使得钱可以存在一个地方，借据则可转到世界的另一个地方并当场兑现。正是在这个庞大的银行信用体系中，骑士团成员发展出了一系列只有他们自己才能知道的各种复杂的密码。历史告诉我们真相，那些圣殿骑士前往东方并不是为了寻找所罗门的宝藏和耶稣基督的秘密，而是为了大量的金钱与货物贸易。

玛丽女王死于密码被破之谜

玛丽·斯图尔特 1542 年 12 月 8 日出生在苏格兰林立思戈宫，她是苏格兰国王詹姆斯五世和法国王族吉斯玛丽的独生女。出生之后 6 天，其父詹姆斯五世就死于霍乱。1543 年，一岁大的玛丽在斯特灵城堡加冕为苏格兰女王。由于年纪幼小，苏格兰王后，法国吉斯公爵的妹妹玛丽·德·吉斯代为摄政。

1548 年，英国国王亨利八世开始他的"粗暴求爱"，利用军事行动施压，代儿子向玛丽求婚。苏格兰贵族会议所早就有既定的联法攻英的方案，于是玛丽女王被迅速送到法国宫廷，成了法国皇太子的未婚妻。法王亨利二世和凯瑟琳·德·美第奇王后非常喜爱她，给了她无微不至的照顾和最好的教育。玛丽女王 17 岁那年，正式与同龄的法国皇太子弗朗索瓦成婚。同年，亨利二世死在一次骑士比武大会上，弗朗索瓦成了法国国王，玛丽则成了法国王后。1560 年，一直体弱多病的弗朗索瓦二世因耳部感染引起的脑病变在奥尔良去世，年仅 16 岁。孀居的玛丽王后结束了在法国的生活，回到了家乡苏格兰。

玛丽回到苏格兰后，欧洲各皇室及苏格兰宫廷内部的各种纷争搞得她焦头烂额，但玛丽不是一个柔弱的普通女子，1565 年 7 月，她选中了新的夫婿——表兄亨利·斯图尔特·达恩利爵士。这位英俊年轻，风度潇洒的爵士有着玛丽更为看重的资本：亨利可以在伊丽莎白死后继承英格兰王位（条件是伊丽莎白没有后嗣）。

然而，玛丽女王这一次看走了眼。婚后不久，玛丽就发现亨利是个好色成性的浪子，并且其吃醋的功夫纯属一流。他大肆打击女王的宠臣们，尤其是女王的意大利籍秘书大卫·里奇奥，甚至还纠合苏格兰贵族当着女王的面杀害了里奇奥。玛丽女王决计除掉他，1567 年 2 月 9 日，达恩利勋爵被发现死在了爱丁堡柯克欧菲尔德宫的花园里，尸体有明显的被人掐死的痕迹。人们认为这是女王的情人博斯韦尔伯爵所为，但女王纠合了一群支持自己的贵族组织了一次虚假的审判，结果是伯爵本人无罪释放。

1567年5月15日，女王和博斯韦尔伯爵在圣十字架宫成婚。这次不得人心的婚姻激怒了苏格兰贵族们，他们开始公开反对玛丽一世的统治。尽管玛丽打算做出一些让步，但最终还是被囚禁在列文湖畔的城堡里。王位传给了她和达恩利勋爵的儿子詹姆斯，玛丽的同父异母兄弟、马里伯爵詹姆士·斯图亚特摄政。

1568年，玛丽寻找机会，成功从列文湖城堡逃了出去，她组织了几次未遂的军事政变，但在兰塞德战役中损失了全部的军队。穷途末路的玛丽被迫逃到英格兰，寻求伊丽莎白一世的庇护，希望能说服伊丽莎白帮她夺回王位。不料，玛丽不仅没有得到帮助，反而被伊丽莎白软禁在卡莱尔城堡。伊丽莎白一世之所以这样做，有着不得已的苦衷。一方面，看到与自己有亲戚关系的女王被人从王位上赶下来，她感到很不安。另一方面，为玛丽夺回王位，就必须与在苏格兰境内的亲新教、亲英格兰的派别交战，这是伊丽莎白不希望看到的。

就在这里，囚禁中的玛丽女王与伊丽莎白一世展开了近20年的明争暗斗。这是欧洲历史上非常著名的史实，整个过程跌宕起伏，简直就像一部小说。

"童贞女王"伊丽莎白一世画像

我们都知道，玛丽女王的曾外祖父是伊丽莎白的爷爷亨利七世，两位女王有血缘关系。当时的苏格兰从属于英格兰又有相对的独立性,伊丽莎白一世必须要谨慎处理这层关系。她软禁了玛丽女王,一方面安抚了苏格兰的亲新教的那帮盟友,一方面也是变相保护了玛丽,这样就不会得罪国内信奉天主教的人,使他们不至于采取极端措施。

当时的英格兰,新教与天主教的斗争正呈白热化的争斗局面。众所周知,伊丽莎白一世的父亲亨利八世与教皇关系紧张,甚至已经到了水火不容的敌对状态。亨利八世死后,其长女、伊丽莎白的姐姐玛丽一世,登基成为英格兰女王。玛丽一世是个极其虔诚的天主教徒,她登基后努力把英国从新教恢复到罗马天主教,为此,她曾处决了差不多三百个反对者,而被历史称为"血腥玛丽"(Bloody Mary)。伊丽莎白一世登基后,颠覆了其姐姐的政策,开始扶持新教势力。因为根据天主教的教规,伊丽莎白是亨利八世的私生女,无权继承王位。

与苏格兰女王玛丽相比,伊丽莎白一世欠缺美貌与罗马教廷的支持。但是,这位沉默寡言的女王有着难以想象的城府与意志力。她借助国内民众的支持,不断镇压天主教徒组织的一次又一次武装叛乱。而被她软禁的玛丽,则成为其手中的一枚棋子。事实上,伊丽莎白一世对玛丽有着足够的戒备心,尽管后者一直被严密封锁在卡莱尔城堡里。

按照亨利八世的遗嘱:他死后,由独子爱德华和他的后代继位;如果爱德华没有后代,爱德华死后由玛丽和她的后代继位;如果玛丽没有后代,玛丽死后由伊丽莎白和她的后代继位。伊丽莎白一世登基后,爱德华与玛丽一世都没有子嗣留下,如果伊丽莎白一世再没有后代,那玛丽有当然的承袭英王王位的权利。玛丽女王的血统就来自玛格丽特·都铎,她的母亲吉斯玛丽与亨利八世是亲姊妹关系。至于罗马教廷,由于她的父母是按新教教规结婚的,教廷早就宣称伊丽莎白一世没有资格当英国女王,而应该由玛丽女王承袭。

当时的伊丽莎白一世已经打定主意独身,欧洲各皇室向她求婚的皇族有许多,其中就包括她的前姐夫,西班牙的菲利普国王,以及她的宠臣莱斯特伯爵。伊丽莎白一世知道,许多人追求她只是觊觎英王王位,而要找到一个门当户对又信仰新教的夫君,并不是一件容易的事。不想结婚的伊丽莎白也没有指定自己的继承人,因为她明智地认识到假如她指定一个继承人的话,她的地位会被削弱,而且这一举动可以给她的敌人方便,他们有可能利用继承人来反对她。

一直遭软禁的玛丽并没有甘心老死在城堡中,她不断与欧洲各国同情她的各种势力通信,其中就包括她曾经嫁过去的法国皇室。聪明的玛丽女王为了掩人耳目,在书信中使用了许多密码,这些密码属于恺撒密码(Athbash)系统,与明文相对应的密码符号都是按照某种模式编制的。不幸的是,当时的英国王室中有精通密码的人才。当时的首席大臣弗朗西斯·沃尔辛厄姆受命监视玛丽女王的一举一动,并且此人精通频率分析。玛丽女王的信件事先都被他看到并判读,那些隐藏在字里行间的秘密几乎都被他截获。同样的,外界送给玛丽女王的密码也逃不过弗朗西斯·沃尔辛厄姆的眼睛。

伊丽莎白一世对玛丽女王的行为一直了如指掌。英国女王对这些天主教势力与玛丽的预谋时刻保持着警惕,直至到最后无法容忍。弗朗西斯·沃尔辛厄姆告诉女王,他破译出玛丽阴谋暗杀伊丽莎白女王以便继承她的皇位。

1586 年 8 月 15 日,玛丽女王因叛国罪被审判,她被指控密谋刺杀伊丽莎白女王并取而代之成为英国新女王。伊丽莎白的首辅大臣弗朗西斯·沃尔辛厄姆已经逮捕了其他的同谋者,逼供并处决了他们。最后,法庭以叛国罪成立判处玛丽极刑。

1587 年 2 月 8 日,玛丽女王在弗斯利亨城堡被处决。传说玛丽临刑前镇定自若,看上去就像去赴宴而不是去赴死。刽子手砍了三次才把玛丽的头颅斩下,当把玛丽女王冷峻的头颅展示给众人的时候,人们惊愕地发现女王的嘴还在喃喃地动。

此后,关于玛丽女王的历史评价有许多版本,这名虔诚的天主教徒在死了 400 年后的今天仍然拥有众多粉丝和崇拜者。尤其在苏格兰人眼中,玛丽女王更像一个悲剧中的女英雄而不是统治者。玛丽的英国国王的梦想最终在她的儿子身上实现——1603 年,她的亲生子、苏格兰的詹姆斯六世继承了童贞女王伊丽莎白的王位,成了名副其实的英国国王。从这个意义上说,玛丽最终与伊丽莎白一世打了个平手。而使得她最终丧命的密码破译的事实,成为西方现代密码历史的开端。

密码天才赫伯特·奥利弗·亚德利生涯之谜

在美国军事情报工作的历史上,有一个人的影响可以用"无可替代"来形容。他就是美国军事情报处(美国国家安全局的前身)和"美国黑室"(专门负责破译情报部门获得的密码信息)的创建人赫伯特·奥利弗·亚德利。他因为超强的密码破译能力被业内誉为"美国密码之父"。

此人与中国的渊源很深,曾经在抗日战争中给予了中国情报工作很大的帮助。

赫伯特·奥利弗·亚德利的一生充满传奇色彩,仅仅其在中国破译日本密码的经历就可以写成一部书,事实上,赫伯特·奥利弗·亚德利后来回国后还真的把其在中国的经历变成了铅字。细细阅读他的密码破译生涯,就会对上个世纪的密码世界有一个完整的认识。

　　赫伯特·奥利弗·亚德利出身普通家庭,他从小就对数字感兴趣,展现出了分析推理方面的天赋。第一次世界大战前夕,亚德利当上了印第安纳州铁路电报员的工作。在这里,他接触到了莫尔斯电码及与密码相关的许多知识。刚刚18岁的

美国白宫照片

他不甘心一辈子只为别人发报,于是第二年,赫伯特·奥利弗·亚德利辞去了工作,来到华盛顿,应聘了美国政府国务院密码服务员的工作。这份工作年薪只有900美元,但能够每日与密码为伍,亚德利还是很喜欢。

　　当时一战已经开打,但美国政府执行"中立"政策,不介入战争,亚德利这份密码员的工作显得相当清闲。没有实战,亚德利就把时间都投入到了对密码技术的研究上,他还对世界主要强国使用的密码给予了关注,例如日本、德国及英国的密码体系。正是在这段时间打下的基础,为其日后辉煌的密码破译生涯做好了准备。

　　在为美国政府工作两年之后,赫伯特·奥利弗·亚德利已成为美国密码分析界的大师。当时的美国在密码加密方面很落后,与欧洲军事强国无法相提并论。亚德利对这种状况有着清醒的认识,并且经常对此表达不满。他的上司对赫伯特

·奥利弗·亚德利的这种态度很厌烦,认为这个年轻人不知天高地厚。有一次,在上司拒绝接受自己的批评后,亚德利决心用一次试验来证明自己的观点。

赫伯特·奥利弗·亚德利利用业余时间,只用了几个月,就解开了所有正在使用的美国密码,然后写出一份题为《美国外交密码破解说明》的报告。在报告中,他强调以美国密码的现状,欧洲同行肯定能轻易破解美国密码。年轻气盛的亚德利把报告呈交上去,这位上司就是编制这套密码的人,他惊讶之余,又气急败坏指责亚德利是在胡闹。亚德利胸有成竹,为了进一步证明自己,他索性孤注一掷,放肆地打开上司的保险柜,拿出密码本与其对证。结果是亚德利赢了,这份密码组合方法正如亚德利所说——是根据威尔逊总统未婚妻的电话号码设置的。

这件事情很快在美国军方传得沸沸扬扬,一时间,亚德利的威名被许多美军领导得知。此时,美国正式参加一次大战,亚德利被美国陆军情报局局长范登曼上校相中。他专门成立一个全新的军事情报处(MI8),为亚德利服务。不久,亚德利被派到法国前线,从此开始了他在美国情报史上最辉煌也是最具悲剧色彩的生涯。

法国当时拥有世界上最先进的密码编译机关——法国"黑匣子"电报处。亚德利来到法国前线后,他按照"黑匣子"的模式,建立起自己的工作部门,并培养了一批骨干密码专家。1918年,在他的领导下,小组奇迹般地破译了德国用来与法国境内间谍联系用的密码。最终,所有被派到法国的德国间谍都被协约国抓获,这是亚德利在实战中第一次光辉的战绩。

一战结束后,亚德利所在的MI8被包装成商业咨询公司,由美国国务院资助,继续为美国政府服务。此时的日本开始在世界上崛起,显示出独霸东亚的野心,并大肆扩充海军,美日互相将对方视为潜在的头号假想敌。美国国务院要求亚德利领导的"黑匣子"把工作重心放在破译日本外交密码上。这一次,亚德利又展现出了其过人的密码天赋。日本使用的密码非常复杂,特别是日本外务省的最高级无线电报经过特殊的加密机处理,密文以拉丁字母来表达日文词汇。但亚德利还是用了两年时间就把它们全部破译。

破译日本密码的直接结果在1921年华盛顿海军军备限制大会得到了体现。由于美国政府提前知晓了日本的密码,美国谈判代表、国务卿休斯知道了日本人的底线,对日本在此次大会上的动向和意图了如指掌。休斯与日本代表针锋相对,向其发出最后通牒:"若是日本再顽固坚持原有立场,那么日本造一艘战列舰,美国就造四艘!"面对威胁,日本人终于屈服了。这个结果后来产生了巨大影响,日本不得不将十几艘已送上船台的战列舰拆毁,休斯也因此获得"靠嘴皮子击沉日本海军"的威名。

日军的"大和号"战列舰

在华盛顿谈判中的出色表现，巩固了亚德利作为"密码魔术师"的地位，却没能保住他的"黑匣子"。由于经费不足，亚德利有时也会接手一些民间的密码任务，比如为客户调查丈夫在外偷情。1929年，保守派人士史蒂门森出任美国国务卿，他对亚德利的这种做法很反感，于是下令关闭了"黑匣子"。失业的亚德利为了养家糊口，写了一本名为《美国的黑匣子》的畅销书，书中暴露了美国情报机关的一些秘密。这招致了政府的报复，把他告上了法庭，并且在以后的日子里一直对他持不友好的态度。这场官司还在美国确立了一项极具里程碑意义的裁决：任何政府工作人员在出版著述前，都必须将原稿交由政府审查通过后才能发表。

随后，在国内郁郁不得志的亚德利经过中间人的介绍，远渡重洋来到中国，为国民政府从事密码破译工作。由于其对日本密码体系很熟悉，到中国不久，他就帮助中国破译了日军密码，抓住了隐藏在政府中的汉奸，保卫了战时陪都重庆。

1940年7月，亚德利回到美国。半年多后，日本偷袭珍珠港，亚德利主动提出为美国政府服务，继续破译日本密码。但美国政府对亚德利的热情却置之不理，因为当年出版《美国的黑匣子》一事仍然余波未平，没人愿意冒这个风险。无奈之下，亚德利只好去加拿大寻找新工作1942年4月，他来到加拿大皇家陆军，帮助加拿大提高自己的密码破译技术，可美国政府随后施加压力，亚德利只干了不到半年便被解除职务。最后，走投无路的亚德利只在美国联邦政府物价管理办公室谋得一个低级职务,其密码天赋根本无从施展。

战后,亚德利成为一个无名之辈,每日过着与普通人一样的生活。失意加上过度酗酒,亚德利于 1958 年因病去世。直到 1968 年,美国军事情报部门领导人才以完全的军人礼节,将亚德利迁葬阿灵顿国家公墓内。而这位美国密码之父的传奇故事,也被更多人所熟知。

二战英德密码大战之谜

在整个密码的历史上,ENIGMA 密码机的发明称得上是一件具有里程碑意义的事件。众所周知,在 ENIGMA 发明之前,不论多么高级巧妙的密码,所有密码都是使用手工来编码的。手工编码的缺点在大规模战争中逐渐显示出致命的弱点——发送信息的效率极其低下。战争时传递信息需要既保密又快速。当大容量的信息需要快速发出时,手工编码无法胜任,除非有大量的人力支持。此外,效率低下的手工操作也使得许多复杂的保密性能更好的加密方法不能被实际应用,而简单的加密方法根本不能抵挡飞速发展的解密学的威力。无论是军方还是民用商业,世界都需要一种可靠高效的方法来保证通讯的安全。

1918 年,一个德国人注意到了这一点。亚瑟·谢尔比乌斯(Arthur Scherbius)对手工编码的效率低下深有感触,他曾在汉诺威和慕尼黑研究过电气应用,对当时刚刚兴起的电子技术有深刻了解。他认为,可以用二十世纪的电气技术来取代那种过时的铅笔加纸的加密方法。简单说,他想发明一种机器,可以高效安全地取代手工编码的工作。

为了实现这个想法,亚瑟·谢尔比乌斯创办了一家公司,并很快研制出了一种机器。谢尔比乌斯为这种全新的机器取名为"ENIGMA",中文的意思是"迷"。这种 ENIGMA 机器外表看上去就是一个装满了复杂而精致的元件的盒子。由键盘、转子和显示器三个部分构成。用几句话是无法说清这种机器工作的效率,但有一个数据可以说明它编码的效率及威力。德军升级后的 ENIGMA 改进了连接板装置,理论上,三个转子不同的方向组成了 $26*26*26 = 17576$ 种不同可能性;三个转子间不同的相对位置为 6 种可能性;连接板上两两交换 6 对字母的可能性数目有 100391791500 种;如果有需要,这种 ENIGMA 机器可以提供 $17576*6*$ 100391791500,大约为 10000000000000000,即一亿亿种可能性。在这巨大的可能性面前,一一尝试来试图找出密匙是完全没有可能的,这使得暴力破译法(即一个一个尝试所有可能性的方法)在机器面前无可奈何。

遗憾的是,亚瑟·谢尔比乌斯发明了这种机器之后,当时还没有人真正意识到它的价值。这种机器售价大约相当于现在的 30000 美元,没有人愿意为此付出这么昂贵的金钱。

此时,德国军方却注意到了这个新颖的发明。一战中,德国饱尝密码被盟军截获破译的痛苦。用他们自己的话说:"由于无线电通讯被英方截获和破译,德国海军指挥部门就好像是把自己的牌明摊在桌子上和英国海军较量。"为了避免再一次陷入这样的处境,德军对谢尔比乌斯的发明进行了可行性研究,最终得出结论:必须装备这种加密机器。从 1925 年开始,谢尔比乌斯的工厂开始系列化生产 ENIGMA,次年德军开始使用这些机器。除了军方,德国的政府机关、国有企业、铁路部门等也开始使用 ENIGMA。为了保密,这些商用型号的机器与军方使用的不同,商用型机器的使用者不知道政府和军用型的机器具体是如何运作的。

德国人在 ENIGMA 上的投入是巨大的,十年间,德国军队总计装备了约三万台 ENIGMA。陆海空各部队都有独立的使用方法与编制程序,德国在外界没有注意到的情况下建立了可靠的加密系统。

此时,只有一个国家对德国的这种行为保持了警惕,一战中饱受德国侵略之苦的波兰时刻关注着自己身边这个危险的邻居。他们注意到 ENIGMA 的高效与高保密性能,开始偷偷搜集相关的资料,研究这种机器。至于英国法国,这些一战的胜利国家认为德国不会发展武装,对 ENIGMA 的使用也毫不关注。

当二战打响之后,英国法国的大意让他们一上来就吃了大苦头。二战开始时,德军通讯的保密性马上显现出威力,一条条犹如天书的密电不断在战场上被截获,但没人能够破译。可以说,ENIGMA 在纳粹德国二战初期的胜利中起到的作用是决定性的,在 1942 年之前,装备了英格玛的德国潜艇部队一共击沉了盟军舰船 1000 余艘,由于短时间内不能破译德军密码,盟军在北大西洋的军事补给线面临着灭顶之灾。

此时,盟军亡羊补牢,开始重视 ENIGMA 机器的破译工作。问题是,德国人的保密工作做得如此之好,根本无法得到 ENIGMA 的具体资料。所幸的是,一个德国人的贪婪,使得英国在破译德军密码方面有了转机。

一个名叫汉斯提罗·施密特的德国人为了获取金钱利益,将有关 ENIGMA 机的资料出卖给了盟军方面。这名在德国密码通讯机构——密码处(Chiffrierstelle)工作的德国人在比利时的一间旅馆里向法国情报人员提供了两份有关 ENIGMA 操作和转子内部线路的资料。事后他得到一万马克。靠这两份资料,早就对 ENIGMA 有研究的波兰人复制出了两台 ENIGMA 样机。但是单单得到这些是不够的,必须要知道当日通讯的密钥。

为了解决大运算的破译密钥的工作,英国于白金汉郡的布莱切利公园(BletChley Park)里成立了代码及加密学校,这是归属于40局的新设机构。就是在这里,二战中最富传奇色彩的密码大战开始打响了。一开始在布莱切利公园工作的只有大约二百人,可是到了五年后战争结束时,城堡和小木屋中已经多达七千人!

在整个战争过程中,ENIGMA 机被不断改善,英国的破译人员也不得不随时改变破译手段。英国人能够在战争期间成功地持续破解 ENIGMA 密码,关键就在于这些破译人员中有各行各业的精英与天才。这其中,贡献最大的人就是阿兰·图灵(Alan Turing)。

图灵进入布莱切利公园工作后,对破译德军的 ENIGMA 机做出了卓越贡献。战争进入中期后,英国人研制的密码破译机器"炸弹"就是建立在图灵机基础上的。"炸弹"说简单点就是一台反向运作的"ENIGMA"机,它的作用就是利用远超手工计算的效率来找出德军 ENIGMA 机每日使用的密钥。1940 年 3 月 14 日第一台运抵布莱切利公园,这台机器起初要一个星期才找得到一个密钥。工程师们花了很大的努力来改善"炸弹"的设计,然后开始制造新的"炸弹"。到后期,经过改进的一台"炸弹"可以在一小时里找到一个密钥。

德军对英国的破译工作毫不知情,仍然认为他们的密码系统是坚不可摧十分安全的。事实上,德国人的计划和行动已经暴露无遗。如果德军计划一次进攻,英军就可以采取相应的增援或撤退措施;更妙的是,如果德国将军在他们的电报中争论己方的弱点,英国军队就可以采取德国人最担心的计划。在英伦战役之初,密码分析人员准确预告了德军轰炸的时间和地点,并且取得了德国空军(Luftwaff)极为宝贵的情报,比如飞机的损失情况,新飞机的补充数量和速度等。这些情报被送往 M16 的总部,再由那里转送战争部、空军部和海军部。

毫无疑问,布莱切利公园的密码分析专家大大地加快了战争的进程。历史学家估计,如果没有英国破译 ENIGMA 的因素,战争很可能要到 1948 年,而不是在1945 年,才能结束。如果是这样,希特勒将能够更大规模地使用 V1 和 V2 飞弹对整个英国南部进行轰炸。2001 年 7 月,一个纪念这些功臣的基金会在布莱切利公园安放了一块基石,上面刻着丘吉尔的名言:"在人类历史上,从未有如此多的人对如此少的人欠得如此多。"这是为了纪念所有在破译 ENIGMA 的行动中做出贡献的人们。

中国密码英雄——池步洲生涯之谜

谈起世界历史上著名的密码破译专家和破译事件时,有一个人不得不提,他就是当时在国民党军委会技术研究室任职的密码天才池步洲。他在二战中做出的非凡贡献,几乎可以抵得上 10 万部队,而其连续破译日军重大密码情报的故事,更是被人津津乐道,难以忘怀。

卢沟桥事变老照片

池步洲 1908 年出生在福建省闽清县三溪乡溪源村的一个贫寒家庭,由于家境贫困,池步洲自幼没有上学。直到 10 岁的时候,他的五哥和五嫂提供了一些资助,池步洲才得以上学。聪明勤奋的池步洲只用了 3 年时间就完成了全部小学课程,之后考入福州英华书院(今福建师范大学附属中学)。读完中学后,在 1927 年前往日本留学,先是在东京大学机电专业学习。毕业后(1934 年春),又在早稻田大学工学部学习。在这期间,池步洲遇到了一位日本姑娘白滨英子,两人日后结为夫妻,相伴终生。

池步洲结婚后,生活本来平静幸福,但是,1937 年卢沟桥事变爆发,抗日战争正式开始。满怀爱国热情的池步洲坚持回到中国抗日,深明大义的妻子不惜与自己的家庭决裂,也要跟随丈夫去中国。1937 年于 7 月 25 日,池步洲携妻及三个子女自日本东京赴神户,再搭乘轮船返回中国上海,开始了他富有传奇色彩的密码破译生涯。

池步洲从日本回国后,投奔了南京国民政府。在南京寻找工作的时候,偶遇当年的留日同学陈固亭。陈时为陕西省政府社会处处长,经陈固亭的介绍,池步洲进入中央调查统计局,编入总务组机密二股,侦收日军密电码,以便进行研译。池步洲是当时中统局机关内唯一的留日学生。

刚刚在机密二股开始工作之时,池步洲年仅 30 岁,经验尚无。但是他虚心好学,谨慎细心的性格帮了他大忙。在工作过程中,池步洲通过统计发现,日军密电基本是英文字母、数字、日文的混合体,字符与字符紧密连接,多为(MY、HL、GI……)。池步洲做了进一步的统计,发现这样的英文双字组正好有十组。在密电体系中,经常被使用而又恰巧十组的极可能就是 0~9 的 10 个数字。

发现以上规律,池步洲紧接着做了一个大胆的猜想:他将这十组假设的数字代码使用频率最高的 MY 定为"1",把频率最低的 GI 定为"9",按序排出了一个密码与数字的对应表。为了验证自己的推测,池步洲把截获的日军密电中可能代表交战军队中的部队番号和兵员数目等数字的密码抄下来到部队进行核对。果不其然,他的这种推测还真不断得到了验证。由此,池步洲找到了越来越多的突破口。除此之外,熟悉日文和日本文化的池步洲结合密码中的许多隐语,如"西风紧"表示与美国关系紧张,"北方晴"表示与苏联关系缓和,"东南有雨"表示中国战场吃紧,"女儿回娘家"表示撤回侨民,"东风,雨"表示已与美国开战……顺藤摸瓜,最终破译出一份份日本军部大本营发出的密电。

这种看似技术含量不高的破译方法,其实才最考验密码破译人员的能力。众所周知,密码加密的方法千奇百怪,想要寻找到其中的规律可谓是大海捞针,更何况高级的加密方法是层层加码层层推进。池步洲于大量繁复的资料中寻找细微的变化,透过现象看到本质,及时大胆地推测和总结规律,这就是一个密码人员最可宝贵的素质和能力。

另一个证明池步洲密码破译能力的事情就是破译日本外务省电码。在中统情报机构服务的时候,池步洲经常收到许多一个字也看不懂的密电。

一开始,他以为这是日本陆军或海军的密电。因为因系统不同,日军的陆海空军的密电码差别很大。其中,陆军的密电码最难破译。整个抗战期间,日本陆军与海军的密电码始终未被破译过。后来,池步洲发现了一个规律——许多电报的收报地址遍布全世界,从报头的 TOKYO 判知它是发自东京。池步洲判断,这很有可能是日方的外交电报。由于精通日语,很快,他逐渐破译了一些字词,再根据日语的汉字读音,顺藤摸瓜,又破译出一部分相关字,直至整篇电文全部破译。

找到了破译的关键所在,从 1939 年 3 月起,池步洲用了一个月时间,把所有之前截获的日本外务省发出的几百封密电全部破译出来。被破译的密电,其特点是以两个英文字母代表一个汉字或一个假名字母,通常都以 LA 开头,习惯上即称之为"LA 码"。池步洲的这个破译堪称奇迹,要知道,破译如此级别的密码,今天就是使用计算机,也要花费相当时间,而池步洲在不到一个月就大功告成,这不能不说是破译密电史上的一桩奇迹。事后,军政部为了表彰池步洲,还给他颁发了一枚奖章。

真正让池步洲声名大振的,还是其著名的破译"日本袭击珍珠港"的密码事件。

1940年4月1日,池步洲进入国民党军委会技术研究室工作,主要的工作重点还是破译日军密码。1941年5月,池步洲在破译的日本外交密电中,发现日本外务省与檀香山日本总领事馆的往来电报数量突然剧增。池步洲对这个现象很关注,他浏览这些密电,发现电报内容很多都是外务省要求檀香山日本总领事馆报告美军舰艇在珍珠港的数量、舰名;停泊的位置;进、出港的时间;珍珠港内美军休息的时间和规律;夏威夷气候情况等。池步洲初步分析,认为日军重点关注这里,很可能未来要在此采取军事行动。1941年12月3日,池步洲又截获了一份由日本外务省致驻美大使野村的密电:1、立即烧毁一切机密文件。2、尽可能通知有关存款人将存款转移到中立国家银行。3、帝国政府决定按照御前会议决议采取截然行动。池步洲在破译稿上做了两点估计:一、日军将要发动战争,时间可能在星期天;二、袭击的地点可能在日军之前早有了解的珍珠港。这份电稿最后呈报到蒋介石那里,他看后,立即向美军通报。4天后,震惊世界的日军偷袭珍珠港美军基地事件如期发生。

据后来解密的二战资料显示,美国人当时显然把池步洲提供的这个情报看作是个奇怪的奇思异想,他们不相信中方具有获得这种重要情报的能力,于是对此信息未加理睬。还有人说是罗斯福总统忍痛牺牲的苦肉计,以此来激怒国内从而尽快形成向日本开战的局面。总之,池步洲破译的这份密电,令盟军对中国的密码破译机构刮目相看。

除此之外,在后来的时间里,池步洲又破译了大量日本密电,提供了大量有价值的情报。1942年10月,池步洲破译了一份截获的日本密电,内容是缅甸基地的日本空军将轰炸印度加尔各答。中方当即通知英国驻印度空军总部,英国空军在中途截击,全歼日机。还有一次,孙科到外地公干,消息被日方探知,密令日机在重庆的中途拦击。密电被池步洲破译,立即通知孙科。孙科此时已到机场准备登机,得知消息后悄然返回。后来,此机果然在中途被日机击落,机上人员全部牺牲。可以说,池步洲运用自己的聪明智慧和辛勤努力,为反法西斯战争立下了汗马功劳。

由于情报工作的特殊性,美国和国民党政府都对各自的情报工作保密,也从未公开池步洲在抗战中的贡献。抗战结束后,池步洲反对内战,不愿继续从事密电码研译工作,转到上海中央合作金库上海分库从事金融工作。上海解放前夕,他自问一生清白,不愿继续追随蒋介石政府,拒绝撤退台湾。在人生的暮年,池步洲携家人赴日定居,安享晚年。

第二节　密码战争之谜

神秘的 ADFGX 密码之谜

1917 年 4 月,第一次世界大战出现了最大转折。由于这一年德国又开始在公海用潜艇袭击过往的商船。美国利用这个借口参战,并很快组织远征军投入欧洲战场,美国参战后原本中立的拉美国家纷纷对同盟国宣战。同年 8 月,中国也对德奥宣战,并派遣近 20 万劳工到欧洲修筑工事。两个集团的力量平衡开始打破,战局对同盟国越来越不利。

到了 1918 年年初,德国战争力量已近枯竭。为了挽回日趋不利的局面,德军集中了近五百万人的兵力,盘踞在大巴黎外围,一场大决战一触即发。3 月中旬,协约国的英法联军也频繁调动兵力,以抵御德军进攻。此时的无线电截获与解密工作显得尤为重要,因为双方都想知道对方的真实意图,提前做好军事准备。

就在此时,法军截获了一份德军电报,电文中的所有单词都由 A、D、F、G、X 五个字母拼成。这是一份之前从未见过的采用全新密码加密的电报,明显是德军最新研发的密码成果,而此时起用这个杀手锏,很可能预示着德军将发起一场决定战争胜负的攻势。法国人本来就对对面的德国重兵充满忌惮,而这个新密码更是让法军坐立不安。必须要马上破译这种全新的密码,由于电报所有单词都由 A、D、F、G、X 五个字母拼成,法国人称其为 ADFGX 密码。

法国人的担心不是多余的,事实上,这种 ADFGX 密码正是 1918 年 3 月由德军上校弗里茨·尼贝尔发明的。它是结合了 Polybius 密码和置换密码的双重加密方案。Polybius 密码是一种非常经典的古典密码,也称棋盘密码,是利用波利比奥斯方阵(Polybiussquare)进行加密的密码方式,产生于公元前两世纪的希腊,相传是世界上最早的一种密码。

德军上校弗里茨·尼贝尔之所以选择这五个字母,是因为它们译成摩斯密码时不容易混淆,可以降低传输错误的概率。德国人的这种新密码,确实非常高明,因为所有信息,如今只用 5 个字母就可以全部表示。其密码转换的原理可以用下面这个例子来说明:

假设明文为:A T T A C K A T O N C E

先用 Polybius 棋盘变换为：AF AD AD AF GF DX AF AD DF FX GF XF，接着，利用一个移位密钥加密。假设密钥是"CARGO"，将之写在新格子的第一列。再将上一阶段的密码文一列一列写进新方格里。

最后，密钥按照字母表顺序"ACGOR"排序，再按照此顺序依次抄下每个字母下面的整列讯息，形成新密文：FAXDF ADDDG DGFFF AFAXX AFAFX。到了 1918 年 6 月，德军又加入一个字母 V 扩充，变成以 6×6 格共 36 个字符加密。这使得所有英文字母（不再将 I 和 J 视为同一个字）以及数字 0 到 9 都可混合使用。

再说回法军截获的这份电报上来。这份 ADFGX 密电被送到了法军密码局密码分析员乔治·潘万中尉那里。也正是这个当时只有 29 岁的年轻人，用其超凡的智慧迅速破译了密码，挽救了整个协约国的战事。

乔治·潘万于一战爆发以前被调进 Bureau du Chiffre（法国陆军部密码局）工作。刚来的时候，这个聪明的年轻人并不喜欢密码分析的工作。

但是，随着开战以后，战争态势不断变化，他渐渐喜欢上了分析密码，并很快展现出在这一领域的天赋，成了密码局里面可以独当一面的高手。很多截获来的德军电报被送到他这里，并最终得到破译。

这一次，乔治·潘万看着这份只有 5 个字母构成的电报，他知道这一次麻烦大了。从截获的第一份使用 ADFGX 加密的电文中，潘万毫不费力地猜到了对方使用的是棋盘式代替密码。因为只有这种密码才能只用五个密文字母来代替所有的明文字母。但潘万通过对其中字母的频率进行统计，发现情况并不像想象的那么简单。他估计这种密码是在棋盘式代替的基础上又做一次换位变换。就是说，这是一种双重加密的密码，如果只有一份截获的电文，是无法纯粹依靠人的大脑来破译的。

幸好，3 月 23 日，德国人开始了对联军的进攻，其后续的电文也被法军不断截获。到 4 月 1 日，法军共截获了 18 份用 ADFGX 加密的电报。潘万把所有这些电文放在一起，发现电文中的某些部分十分相似。他抓住这一点，通过对两份开头相同的密文的对比研究和详细的频率统计的验证，首先破译出棋盘的密钥。最后，乔治·潘万根据频率统计规律，最终破译出长达二十位的换位密钥。连续工作了 48 小时后，这名年轻人终于掌握了破译这种密码的基本方法。接下来的事实证明，他的破译思路及方法是完全正确的。

到了当年的 5 月份，德军在埃纳河地区实施进攻后，形成正面 80 公里、纵深 60 公里的马恩河突出部。随后，德军统帅部计划在马恩河地区集中 3 个集团军的兵力，从蒂耶里堡、埃纳河地段突破协约国军队防线，尔后向巴黎发动进攻，以夺取战争的胜利。法国第6、第5和第4集团军采取纵深梯次配置组织防御,并准备适时转入反攻。两军在马恩河地区都布下重兵,剩下的就看谁能准确判断对方的下一步意图了。

此时的德军在原来的 ADFGX 密码之上又多了一个字母——V,也就是说德国人将他们的棋盘扩大为 6*6 了,从而实现直接加密,使得这个密码在理论上进一步完善了。一直密切追踪德军密码动向的乔治·潘万又很快破译了这个密码,其破译原理也在法军密码分析部门得到应用。

6月1日,潘万又破译当天截收的三份相似的电文,在这次破译中,他找到了了德军6月1日新的棋盘密钥和换位密钥。这是一个了不起的成就,因为两天后,这个成果破译了一份具有决定意义的德军电文。6月3日凌晨4时30分,法军截获了一份密文电报。无线电测向表明这份电报发自德军统帅部,收方是位于雷马奇的德军18集团军参谋部。这无疑是非常重要的电文,一位名叫吉塔尔的密码分析员用潘万6月1日破译的密钥破译。译后的明文清清楚楚写道:速运军需弹药如不被发现白天也运。

情报官们马上意识到,电报中提到的弹药很可能就是德军准备进攻所用,而收报单位所在地就是德军的进攻主方向。这份情报太珍贵了,它给法军指明了重点防御的地方。法军利用这宝贵的时间,立即开始调集部队加强防线,于蒙迪迪埃至贡比涅之间布下重兵。

事实果然不出法军所料,德军接下来的进攻与法军猜测的一模一样。6月9日拂晓,德军15个师发起了冲击。然而,提前六天得知秘密的法军早已进行了有效的防护,严阵以待。德军进攻失利。这一仗,德军最精锐的部队损失惨重,形势向有利于协约国的方向发展,历史发生了转变。

而破译密码的潘万,此时却因为心力交瘁住进了医院。从4月份开始,这名年轻人连轴转不停工作。在破译密码的时间里,他体重减轻了15公斤,各项生命指标也严重失常,不得不在医院里休养了六个月。事后,他骄傲地说:(对 ADFGX/ADFGVX 的成功破译)不可磨灭地铭刻在我的心中,在我的一生中留下了极其光辉和卓越的印象。

而那位发明密码的德国的上校弗里茨·尼贝尔,战后对自己的心血结晶被协约国同行成功破解一事,非但没有异常恼恨,反而惺惺相惜,慷慨地给予了相当高的评价:我认为,ADFGVX 密码的保密性很好,可惜根本没有想到,我们会遇上潘万这样一个聪明绝顶的高手。

一战中的比利时炮兵

女裙下的密码之谜

密码的首要功能,就是它的隐秘性。各国情报机构,都有自己的密码研发部门。二次大战中,德国的情报机构突发奇想,居然利用"女装设计图"传递情报。这次经典的密码隐藏事件,前不久被英国政府正式解密,向世人透漏了战时情报工作的一个方面。据路透社报道,英国安全局近日解密的一批文件,首次向世人展示了英国情报部门破译德国"裙中密码"的事件。

二战期间,德国特工在英国大肆活动,搜集有关英国政府的所有军事、经济及社会情报。特工在收集到有价值的情报后,将这些情报传递给他们的负责人,从而决定作战方针。当间谍对获取的情报进行处理后,他就必须想方设法把情报传递给上级部门。

从古至今,谍报人员想出各种各样的情报传递方法,包括让联络员直接传送;使用物体携带情报进行传递,还有用牲畜传递情报等等。德国特工传递情报也遵循"最不起眼之处蕴藏玄机"的原则,他们把密码隐藏在各种各样的看似平常的地方。有一次,英国的检查员截获了一张设计图纸。这张设计草图上是3位年轻的模特,穿着时尚的服装。表面上看起来,设计草图很寻常,就是普通的服装设计图,但细心的检查人员还是看出来端倪。就在这张看似"清白"的图纸上，英国反间谍专家们识破了特工的诡计，命令密码破译员和检查员迅速破译这些密码。

原来，德国特工利用莫尔斯电码的点和长横等符号作为密码，把这些密码做成装饰图案，藏在图上诸如模特的长裙、外套和帽子等图案中。只要把这些图形密码按照莫尔斯电码的规律识别，整张设计图就是一份电报——英方最终从这张设计图纸上密码破译员们读出了这样的信息——

"大批敌方援军随时可能到来。"。

除了隐藏在服装设计图上的信息，他们还会把密码藏在活页乐谱、象棋棋谱以及速记符号里面。这些带密码的情报被伪装成普通书信。德国特工运用各种巧妙的传递情报的方法，例如为了把情报伪装得"天衣无缝"从而顺利寄出，他们采用了隐形墨水密写、针刺小孔以及字母的凹进等惯用伎俩。德国特工利用这些手段，告知上级盟军的活动、轰炸式袭击和军舰建造的具体细节。德国特工还利用字母表"作弊"。看起来只是一份普通的信件，但把每个单词的第一个字母拼起来，就是一封"机密情报"。盟军情报人员和解码专家不放过任何一个细节，但最终还是有一些情报顺利被德国方面获知，这也反映了当时谍报战的激烈残酷和情报人员无穷无尽的智慧。

说到间谍隐藏密码的本事，真可谓是无所不用其极。二战时，盟军特工就曾经想到了一个绝妙的传递介质。他们将李子干里填满地图或其他秘密文件，偷偷携带给关押在集中营中的囚犯，以便为他们日后越狱提供回家路线。据知情人士透露，当时的特工们将坚硬的李子干用水泡软后挑出果核，再小心翼翼地将用蜡纸包裹好的秘密纸条卷好放进果子里，这些纸条上详细绘制了欧洲铁路线。纸条放入后，特工再将李子晒干，并装入食品袋中送给狱中的囚犯，帮助他们越狱后找到回家的路。尽管当时集中营的管理人员仔细检查所有送入集中营的物品，但这些李子干还是瞒天过海，顺利送到囚犯手中，并且在日后发挥了巨大作用。战后，这些李子干为英国女间谍多琳·穆洛所收藏，并由其侄孙理查德·马歇尔保管至今，成为证明当时谍战的一个物证。

德国特工的"女装密码"，是隐藏情报的一种方法。早期的间谍，大多通过密写的方式隐藏信息。

除了密写和利用掩护传递情报，窃听及偷拍也是当代间谍掌握的最基本技术。2004年10月，美国情报部门曾展示过一种"口香糖无线电窃听器"，该窃听器重约6克，从外表看和普通的口香糖一模一样，但里面却另有玄机，装置的电子器材可以将情报源源不断地发送出来。近年来，随着电脑的广泛应用，各国情报机构又将目光瞄向"键盘窃听"。当人们敲击电脑键盘时,它们发出的声音是独特并且有规律的,利用"键盘窃听"技术,情报人员可以成功地还原出电脑录入的内容及信息。

利用特殊相机窃取情报也是各国间谍们最常用的手段之一。到目前为止,最精巧的微型间谍照相机是由德国人制造出来的,它只有一粒纽扣大小,一次可以拍摄6张照片,并可多次循环使用。俄罗斯情报部门则研制出一种手表照相机,间谍们可以伪装成看时间,从而对目标进行拍照。

有照相机,就得有胶卷。微型胶卷就是间谍存储情报的重要手段。大容量的数据可以缩微到非常小、几乎无法检测的胶片里。在冷战时期,各国情报部门大量使用微型胶卷携带情报,它本身的体积很小,要藏起来也很容易。间谍们往往把微型照片藏在邮票的后面或者是夹在明信片的夹层里,普通信件就成了传递绝密情报最安全的方法。

随着科技的发展,越来越多的技术手段也被应用到了间谍战中。前几年闹得沸沸扬扬的英国俄罗斯间谍案就是这样一起例子。

英国间谍在俄罗斯活动,利用公园一块不起眼的"石头"来从事情报传递。俄罗斯特工注意到他们重点监视的一位英国间谍经常去一个公园,这位间谍到了公园从不与任何人接触,只是坐在长椅上玩一台笔记本电脑。周围既无接头的别人,也没有可疑的车辆。俄罗斯特工长期跟踪,虽然找不到这位间谍的纰漏,但总觉得事情可疑。最后,他们发现这名间谍每次到公园总是坐在同一个长椅上。恍然大悟的俄罗斯特工赶紧检查长椅及其周围的物品,最终发现了这块经过伪装的"电子石头"。

据俄罗斯联邦安全局称,这块"石头"中间全部被挖空,里面装有蓄电池和加密情报收发机。"石头"看起来很完整,没有任何孔隙,同时还涂有特殊的密封胶以防止雨淋及透气。俄罗斯特工称,这种"石头"的作用原理非常简单,英国招募的俄罗斯线人在约定时间来到街心花园,怀揣一台普通的掌上电脑,走过石头时,计算机会自动处理信息,把情报传送到石头内的电子接收装置,存入电子间谍档案。几天后,英国情报人员再前来收取情报,经过石头时同样借助掌上电脑读取情报。通过这种装置传递情报速度极快,在20米距离内2秒就能全部完成,"几乎无法阻止"。俄罗斯特工指出,这块石头的作用就像传统信箱一样,交接情报的人之间完全可以不进行直接接触。

"北极行动"中的密码大战之谜

第二次世界大战期间,英国在各条战线与希特勒德国展开交战。其中,两国情报机构为配合作战进程,在隐蔽战线上也展开了惊心动魄的斗争。在这个过程中,英国人曾经上演了破译"奇迷机"的密码大战好戏,但是,也曾经遭受重大挫折。由德国情报机构——"阿勃韦尔"策划的"北极行动"就是这样的一个案例,这次行动使英国秘密情报机构——特别行动局在荷兰的间谍组织受到了毁灭性的打击。

1941年秋天,纳粹德国秘密军事情报机关派遣少校赫尔曼·吉斯克司到德国军事占领区荷兰指挥反间谍活动,出任德国驻荷兰反间谍机构司令一职。

赫尔曼·吉斯克司到达荷兰后,经过几个月努力终于取得突破性进展。一名打入荷兰地下抵抗组织的德国情报人员报告,两名英国间谍正要在海牙组织一个新的谍报网。

吉斯克司得到这条消息后,命令无线电监听人员加强对无线电信号的监视。很快,电讯截获室收听到一个新的秘密电台呼号,使用的是 RLS 呼号,发射地点就在海牙。这个秘密电台活动有个规律,就是每隔一周的星期五晚 6:30 会准时发报。吉斯克司非常重视这个秘密电台,命令手下密切注视 RLS 电台的活动,很快,无线电探测方位仪查明了 RLS 电台的位置,并且最终锁定了具体的住址。德国人迅速出动,一举将这一电台的操作者休伯特·劳韦斯捕获,并在 2 个小时内,将这个英国间谍网的其他成员一网打尽。这次行动,为吉斯克司下一步行动开了一个良好的头。

吉斯克司得手后,并没有急于由自己的发报员发报,而是耐心地等待劳韦斯动摇。因为他知道,任何一个谍报员在发报的细微技术上都与其总部有某种默契。后来的事实证明,他的这一着棋是十分高明的。在劳韦斯被捕的第三周后,吉斯克司亲自提审了他。吉斯克司只向他提出一个简单的条件,只要劳韦斯向伦敦方面发出他在被捕时未能按时发出的三则电讯,他和他那些被捕的同伴都可以免除一死。如果不从,等待他们的则是死亡。

休伯特·劳韦斯是英国特别行动局在荷兰招募的一名志愿者,他被捕后,起初并没有慌张失措,尽管深知盖世太保的残酷与死亡的威胁;但是,他心里还存在一丝幻想,因为他与英国方面有一个别人不知的约定——发送情报时的"安全校验码"。休伯特·劳韦斯与伦敦总部有一个约定,在他发出每一则电讯时,应该在每项电文的第 16 个字母上制造一个错误,这是一种伦敦用以核查身份的暗记,如果没有这一暗记,那就表明,他已经出事,是在强迫状态下发报。休伯特·劳韦斯觉得这是一张别人不知的王牌,于是就假意答应了吉斯克司,表示愿意反水,为德国效命。

赫尔曼·吉斯克司并不知情,他对劳韦斯的叛变非常高兴,并且马上制定了一个与英国人周旋的计划,即著名的"北极行动"。

于是,遭到逮捕的休伯特·劳韦斯答应了吉斯克司,向英国发送了那三条未及发送的情报。他按照先前的约定,故意使用这样一种方法:即在两条密电中,在单词的停顿处故意加入错误,而第三条电文则保持正确。劳韦斯确信自己已经发出了明确的警报,他也相信伦敦特别行动局总部将会注意到他采取了与原来不同的错误。

问题是,如此明显的警报与"错误"的发送规则,英国方面居然没有看出来。据前几年解密的二战档案记载,伦敦总部的密码员在收报时根本就不注意安全校验码,他们认为,许多间谍经常忘记甚至根本不用这些校验标记。就这样,英国特别行动局以为休伯特·劳韦斯他们已经成功地在荷兰建立起了工作架构,行动局不仅对假"情报"信以为真,而且继续发回报告,把荷兰自由战士的行动计划传递给"劳韦斯"。就这样,由于英国工作人员的疏忽大意,赫尔曼·吉斯克司制定的"北极行动"居然顺利实施下来。

在接下来的时间里,休伯特·劳韦斯继续做出努力,在他与伦敦的发报中一再暗示自己的处境。遗憾的是,这一切始终没有引起伦敦方面的警觉,反而引起了德国人的注意。赫尔曼·吉斯克司终止了劳韦斯的发报,并向伦敦请示,由另一名"后备"发报员取代劳韦斯。就这样一个请示,居然也被伦敦方面批准。

从那以后,赫尔曼·吉斯克司利用英国方面的毫不知情,大肆开展情报欺骗与间谍大战。比如,特别行动局电告劳韦斯,英国将空投一名特工到荷兰组织地下活动。结果可想而知,德国人早早来到预定地点,毫不费力抓获了这名跳伞的特工,随后空投的 8 名特工也遭遇同样的结果。

赫尔曼·吉斯克司实施"北极行动"可谓像模像样,这一点也使得英国方面长时间毫无觉察。有一次,伦敦命令荷兰特工破坏德军的一个雷达站,吉斯克斯为了让英国不起疑心,居然把自己的人化装成荷兰抵抗战士对雷达站实行了一次假进攻。为了进一步向英国特别行动局证明,他还特意引爆了一艘载满金属碎片的驳船。

其后的发展可以用戏剧化来形容,在长达两年的时间里,赫尔曼·吉斯克司掌控的电台网络与伦敦无数的电讯往来中,英国方面居然未有一丝警觉,近百次的空投全部由德国人截获,五十几名谍报人员全部落网。

这场谍报大战直到 1944 年才开始有了完结的迹象。英国方面从这年年初开始起了疑心。1944 年 2 月,两名被德国逮捕的英国特别行动局间谍皮埃特·多雷恩和约翰·尤宾客成功越狱回到英国。他们汇报说,他们刚刚到达荷兰时就被敌人抓获。但是伦敦特别行动局的官员却认为他们是在说谎，因为他们从吉斯克司编造的假电报中得知这两个间谍已经为盖世太保工作。后来这两个人被送到布里克斯顿监狱。

这件事情引起了英国特别行动局解码专家里欧·马科斯的重视。马科斯其实一开始就对荷兰的事情充满疑虑，不仅是因为安全校验码的丢失，他还注意到了荷兰来的电文的"异常"。根据经验，以往特别行动局的间谍在其他各种行动中常常会出现大量情报信息无法阅读的情况，因为间谍在紧张的野外作业时常会因为匆忙发生密码错误，而来自荷兰的情报编码却一直一丝不苟，清晰完整地"令人不安"。

里欧·马科斯知道两位间谍越狱的事情之后，决定向英国特别行动局提出警告。最终，英国特别行动局也觉察到了不对，但觉醒太晚了，为了支持这个根本不存在的"荷兰抵抗运动"，特别行动局已经供给德国无数炸药，8千支轻武器，50万发弹药，75部电台以及其他许多的物资，损失了52名特别行动局的间谍。

此后，赫尔曼·吉斯克司发现英国来的情报变得毫无价值。他意识到，英国人终于发现了他的"北极行动"。取得巨大成功的赫尔曼·吉斯克司决定最后再羞辱一下对手，1944年4月1日，他指令在荷兰参加"北极行动"的10部电台，同时向伦敦特别行动局发出一份内容相同的电文："近两年来，我们收到95次空投，计有电台75部，枪8000支，子弹50万发，炸药3万磅，另有经费50万荷兰盾，足够开一个小银行，我们的合作一直很默契，很有成效。近来我们感到，你们似乎要甩开我们另有所为，我们对此感到格外遗憾，因为在这个国家里，长期以来我们是为你们办事的唯一代表，并且取得了双方满意的效果，但是我们可以向你们保证，如果你们想向大陆进行大规模的拜访，我们将对来访者采用我们一贯的殷勤态度，并且给以同样热烈的欢迎！"

吉斯克司选择愚人节这样一个特别的日子发送这样一条信息，为这起历史上著名的间谍大战画上了一个并不滑稽的句号。

美军狙击山本五十六之谜

1884年4月4日，"山本五十六"出生在日本新潟县长冈市的武士家族高野家，是这个家庭的第六个儿子。其父高野贞吉当年56岁，所以给儿子取名为"高野五十六"。

"高野五十六"自幼受到武士道和军事影响，当他10岁时，其父就用武士刀划伤他的双腿12次，代表他正式元服。1901年，17岁的高野五十六以第二名的成绩考入江田岛海军学校 32 期,1904 年以第 7 名毕业后任"日进"号装甲巡洋舰上的少尉见习枪炮官,参加了 1904 年的日俄战争。就在对马海战中,他负重伤,左手的食指、中指被炸飞,留下了终身残疾。由于他只剩下了八个手指,同僚们给他起了个"八毛钱"的绰号。

1916 年,山本五十六毕业于日本海军大学校(第 14 期)。此后,山本五十六开始其辉煌的职业军人生涯。他先是去美国学习,出任日本驻美国大使馆海军武官。1928 年,山本从美国归国,先后在"五十铃"号巡洋舰、赤城号航空母舰上担任舰长。1930 年山本晋升为少将,并出任海军航空部技术处长、第一航空队司令官等职。1940 年 7 月,日本与德、意签订了轴心国条约。同年 11 月 5 日,山本被授予海军大将军衔。自此,年已 56 岁的山本五十六登上了其军人生涯的最高峰,作为海军大将,真正使其声名大振的就是其后其亲自策划和指挥的"偷袭珍珠港"事件。

山本五十六之所以能策划出"偷袭珍珠港"事件,除了其具有一定的军事智慧与发掘机会的能力之外,与其爱冒险爱赌博的性格分不开。山本本人极爱赌博,从年轻时就是个赌鬼,玩扑克、打桥牌、下围棋、打赌都称得上是行家里手。他与同僚赌,与部属赌,还常跟艺妓赌,而且赌得认真。1910 年,山本为一件不大的事与他的密友掘打赌,最后赌输了 3000 元。虽然掘一笑了之,山本却坚持还债,每月从薪金中扣,一直扣了十几年。山本出使欧洲时,据传说由于他赌技超群,赢钱太多,摩纳哥的赌场甚至禁止山本入场。山本曾说,如果天皇能给他一年时间去赌博,可以为日本赢回一艘航母。总之,日本海军传统的先发制人战略,加上山本个人秉性等各种因素,促成了奇袭珍珠港计划的形成。

当时的珍珠港位于日、美之间太平洋东部的夏威夷群岛,距日本约 3500 多海里,距美国本土约 2000 海里,是美国太平洋舰队最重要的基地。

1941 年 1 月 7 日,山本写信给海军大臣及川古志郎,正式提出了偷袭珍珠港的设想,此后就和几个参谋(大西泷治郎、源田实、黑岛龟人)一起,秘密地制定"Z"作战方案。1941 年 12 月 7 日凌晨,日军从六艘航空母舰上起飞的第一攻击波 183 架飞机扑向珍珠港。7 时 53 分,发回"虎、虎、虎"的信号,表示奇袭成功。此后,第二攻击波的 168 架飞机再次发动攻击。仓促应战的美军损失惨重,8 艘战列舰中,4艘被击沉,一艘搁浅,其余都受重创;6 艘巡洋舰和 3 艘驱逐舰被击伤,188 架飞机被击毁,数千官兵伤亡。日本只损失了 29 架飞机和 55 名飞行员。

珍珠港事件,给美国带来了巨大损失和惨痛教训。为了洗刷珍珠港惨败的耻辱,美国海军开始暗中准备,并首先在情报战线上加大了力量。以当时的太平洋舰队总部作战情报处为例,开战时其人员不过约 30 名官兵,到了 1942 年 5 月,就猛

偷袭珍珠港,给美军带来巨大损失。

增到 120 名。

当时的日本海军使用的海军密码为"D-普通密码本",美国人则称为"JN-25"。太平洋舰队总部作战情报处的主要工作就是努力破译日本海军密码。时机很快就到来了,1942 年 1 月 20 日,日本海军的一艘"伊号 124"潜艇在澳大利亚海军基地达尔文港外海面铺设水雷时,遭遇美驱逐舰"埃索尔号"以及三艘澳驱潜快艇的围攻,沉没在 50 米深的海底。当时,由于事发突然,沉没的日军潜艇并没有来得及发出遇袭警报就彻底报废。美国军方派出潜水员潜入海底,在"伊号 124"的残骸里发现了一只保险柜,并在其中发现密码本。由于这艘日本潜艇等级很高,加之这份密码本经过了防水处理,事后美国情报人员判断,这种密级相当高的密码本应该就是"JN-25"。

日本方面当时并不知道"伊号 124"潜艇被袭击,他们的判断是潜艇在公海由于意外事故而沉没。他们怎么也没有料到,自己的潜艇是被击沉的,而且密码本也没有被来得及销毁,最终落入美军手里。蒙在鼓里的日本海军此后一直照旧使用"JN-25",这给美国军方带来了巨大的情报价值和军事机会。

当时的美军对日本密码的使用情况一直没有最终破译,这也成为美国海军的一块心病。美军获得"JN-25"后,很快就发现了日本海军对"中途岛"的战争计划,并且也是依靠破译日本电文最终在空中狙杀了山本五十六。

时间来到 1943 年,经历了中途岛海战和瓜岛战役失败后的日本海军士气低落。山本决定找时间前往南太平洋前线视察，以便鼓舞士气。1943 年 4 月 14 日上午 11 点，美国海军情报部门截获并破译了包含山本行程详细信息的电文，包括到达时间、离埠时间和相关地点，以及山本即将搭乘的飞机型号和护航阵容。上述电文显示联合舰队司令长官山本五十六大将于 4 月 18 日上午 6 时由腊包尔起飞，前往布干维尔岛南端肖特兰、巴莱尔、布因岛视察，希望做好一切护航准备。

这份由海军部 2246 室破译的日本海军密码电报由一位参谋人员汇报给了海军部长诺克斯，诺克斯马上又将电报递给美国总统。富兰克林·罗斯福命令海军部长弗兰克·诺克斯"干掉山本（Get Yamamoto）"。诺克斯授意切斯特·尼米兹海军上将执行罗斯福的命令。

接到命令后，尼米兹将军在 4 月 17 日批准了拦截并击落山本座机的刺杀任务。一个中队的 P—38 闪电式战斗机受命执行拦截任务，这种飞机有足够的航程。从三支不同部队精选出来的 18 位飞行员被命令迅速集结，并被告知他们即将拦截一名"敌方重要的高级军官"，但并未得知具体姓名。4 月 18 日早晨，山本五十六搭乘两架三菱一式陆攻快速运输机从拉包尔按时起飞，计划飞行 315 分钟。不久，18 架加挂副油箱的 P—38 式战斗机从瓜岛机场起飞。经过 430 英里无线电静默的超低空飞行，有 16 架到达目标空域。东京时间 9 点 43 分，双方编队遭遇，6 架护航的零式战斗机立刻开始与美机缠斗。

美军列克斯·巴伯中尉率先展开攻击，他攻击了两架一式陆攻中的第一架，事后证明是舰号 T_1-323 的山本座机。巴伯中尉紧紧咬住目标，不断射击直到敌机左引擎冒出黑烟。很快，山本的座机因为引擎失效坠落到丛林中，地点位于澳大利亚海岸巡逻队在布因岛的据点以北。

第二天，一支日军搜救小队找到了坠机地点。据带队的日军工兵中尉滨砂回忆，山本的遗体位于飞机残骸之外的一棵树下，他仍旧坐在座椅中，戴着白色手套的双手还拄着他的日本刀。解剖报告显示山本身上有两处枪伤：一发子弹自身后穿透他的左肩，另一发子弹从他的下颌左后方射入，从右眼上方穿出。就这样，臭名昭著自大狂妄的一代枭将山本五十六死在了美军情报部门的截击下。

得手后，美军情报部门为防止日军得知自己的密码已泄露，特别授意美国新闻媒体发布消息，称所罗门群岛当地人的海岸观察站目击到山本登上一式陆攻，才导致了其遭到伏击。新闻媒体也没有公开参与刺杀行动的美军飞行员的名字，因为其中一人的兄弟当时被日军俘虏，有被虐杀的可能。事件发生后，日本当局一直拖到 1943 年 5 月 21 日才公布山本的死讯。对日本方面来讲，山本之死所造成的精神打击是难以估量的，日本政府也因此被迫承认美军的战争能力正在迅速恢复，局势已经发生了深刻变化。

二战美日密码大战之谜

二次大战中,尤其到了战争后期,美国与日本的较量是整个世界战场的重要组成部分。事实上,早在 1920 年,美军就开始截收、分析和破译日本人的密码了。在这方面,美国不显山不漏水,却一直做着未雨绸缪的工作。

美国最先对日本密码进行系统研究的是赫伯特·奥斯本·亚德利(有时也翻译成雅德利),此人性格乖僻,却是一位密码天才。说起来此公与中国还有一定关系,在中国抗日战争期间,亚德利给予了中国情报工作不小的支持。1938 年,亚德利受国民政府邀请,为中国破译了不少侵华日军的电报。亚德利还为中国人提供一种新型密码,使得日本人一直无法破译。

赫伯特·奥斯本·亚德利起初与美国军方没有什么关系,只是得到军方在资金上的支持,破译了不少国家的密码,其中就有日本。1922 年,世界列强在华盛顿召开军缩会议,由于亚德利提前破译了日本外务省的密电,日方代表在这次会议上非常被动,最后没能达到他们预想的扩军计划。

1940 年 8 月,美国通信情报处成功破译了"紫密"。据说情报处几乎全部解读出"紫密"的密钥,除百分之二、三以外可全部还原,绝大多数密电可在数小时内译出。"紫密"的解读使得美国截获了日本不少重要消息,其中就包括日美谈判必将破裂,日军可能会大规模袭击美国这一极为重大的秘密。可惜,由于美国政府忽视,没有引起美国军政要人的重视,导致太平洋舰队后来惨遭日本重创。

1941 年 5 月,海军少校约瑟夫·约翰·罗彻斯特被任命为第十四海军区无线电小队司令。他上任后,把无线电小队改为太平洋海军的作战情报小队,组织破译日本海军全部战术级小型密码。他本人则主攻保密程度最高的大型密码"司令长官密码"。罗彻斯特是一位颇具传奇意义的密码天才,在对日密码破译工作上占有重要的历史地位。

罗彻斯特 1918 年毕业于新泽西州斯蒂文斯理工学院,同年以少尉军衔入海军服役。罗彻斯特外表文静,性格内向,不善言辞。但在他木讷的外表下,藏着坚定果敢和不折不挠的本性。他早先的愿望是当一个海军航空兵。1929 年至 1933 年,海军部为了更全面地理解日本这个迅速强势崛起的东方帝国,派出四个年轻的军官到日本学习日语,研究日本文化,罗彻斯特就是其中的一个。到了 1941 年,罗彻斯特被派往珍珠港,这时的他已经是经验丰富的密码破译专家,精通日语、熟悉日本文化。

日本海军的金刚级战列舰

　　与此同时,日本方面也在加紧军事准备工作。日本偷袭珍珠港后,虽然获得了重大胜利,但由于当时并没有美国的航空母舰在港内,对日军的海上威胁并没有根本除掉,始终难解日本的心头之患。为此,山本五十六制定了一个新的作战计划,拿下位于夏威夷群岛东北方的美国重要航空基地——中途岛,然后以它作为日军的作战基地。这就是"中途岛"战争计划。"中途岛"计划进攻的日本海军,仍由策划指挥偷袭珍珠港的山本五十六率领。

　　日军制定作战计划后,无线电波发射日益频繁,5月份达到最高峰。由于美国一直没有彻底破译"JN-25"密码,日本的具体动向无法掌握。但是,美国太平洋舰队总部领导破译"JN-25"的约瑟夫·罗彻斯特少校意识到,频繁的无线电活动表明日军正在计划大规模的作战行动。那么,其攻击目标是哪里呢? 1942年1月20日日本潜艇被击沉后,美军终于拿到了"JN-25"密码的样本,在以往破译的基础上,日军最高级别的密码体系被美国破译。

　　紧接着,由于获得"JN-25"密码,美军在日本人毫不知情的情况下破译了日军的大量情报。在这些情报中,日本人反复使用了"AF"这两个字母。约瑟夫·罗彻斯特少校猜测,这应该就是日军攻击的目标。经过分析研究,他认为"AF"代码指的就是中途岛。为了证明判断的准确性,约瑟夫·罗彻斯特少校领导手下来了个"验证工作"。美军情报人员先是通过可靠安全的潜艇电报系统,授意中途岛守岛指挥官西马德海军中校用普通英文发紧急无线电报,称中途岛淡水蒸馏设备发生故障,淡水变得紧缺;同时又由第十四海区司令官布洛克海军少将回电表示,有一艘供水船正前往该岛紧急供水。日本人果然中计,还不到 24 小时,美军作战情报处就截获日本海军在威克岛电台发出的密电,上面说"AF"缺乏淡水。接着,东京本部方面发出命令:入侵部队要多带淡水……

情况到了这里,已经很清楚了。"AF"就是中途岛的隐语,而日军很快将对此发动大规模军事袭击。约瑟夫·罗彻斯特少校将这个情况汇报给太平洋舰队新任总司令切斯特·尼米兹海军上将。将军同意罗彻斯特的看法,认为"AF"就是中途岛,在得到罗斯福总统之命后,他飞往中途岛,亲自领导一次大规模伏击。虽然美军的实力在太平洋方向远不如日军,但由于有准确而详细的情报,尼米兹仍有足够的信心打赢这一场战争。于是美军紧急拼凑了 3 艘航母和 20 多艘大小舰艇,组成第16、第17特混舰队,悄悄埋伏在中途岛北东洋面,等待日本人上钩。

1942 年 6 月 4 日,海军中将南云忠一带领以 4 艘航母为核心的先导部队逼近中途岛,日本舰队开始进攻了。结果可想而知,由于准确的密码破译工作,早有准备的美军以逸待劳,静静等在日军进攻的路线上……当首批日机距离中途岛还有 30 英里时,美军 25 架"野猫式"战斗机组成的拦截队,出现在日本机群前。日军"零式"战斗机上前缠住"野猫式",掩护轰炸机继续飞赴中途岛。迎着美军高射炮的猛烈火网,一颗颗 250 公斤、甚至重达 800 公斤的强力炸弹,从日机上投下。然而,岛上机场和跑道上空空如也……随后,在一团混战中,美国方面有备无患从容不迫,日本舰队惊慌失措伤亡惨重。5 日凌晨,这次计划的指挥官山本五十六不得不命令,取消中途岛行动。随后,山本五十六在自己的住舱里闭门不出,一连三天拒绝会见任何人。他做梦都不会想到,是因为电报被截获,使日军的密码被破译了。至于具体指挥战斗的日军南云中将,在率残存的日本舰队返航途中,试图自杀谢罪,但被部下阻止。

中途岛战役结束后,为了掩盖自己的失败,避免挫伤国民的士气,日本海军对内全面封锁消息。所有伤员回到横须贺军港后,就被连夜送进医院,同外界完全隔绝。日本当局也对公众谎称取得了大捷,宣布歼灭美军两艘航母和 120 架飞机。

美国取得了中途岛之战的胜利,但是,起关键作用的罗彻斯特却结局悲惨。事后,华盛顿海军情报处有人硬说中途岛情报战中主要功劳是他们立下的,甚至不惜买通他手下的人做伪证。结果,尼米兹提出的军功奖名单到了华盛顿后,罗彻斯特的名字被抹掉了。更糟糕的是,当年 10 月,罗彻斯特以"需要专家意见"为名被调到华盛顿,实际上解除了他的夏威夷情报站站长职务。尼米兹将军听说后勃然大

世界未解之谜

密码未解之谜

图文珍藏版

怒,但他的抗议也无济于事,最后,罗彻斯特被派到旧金山去管理一个船坞,再也没能回到情报部门。

历史是公正的,时间来到 1985 年,罗彻斯特被追授"海军杰出贡献勋章";此时,他去世已经 9 年。1986 年,里根总统向罗彻斯特追授了"总统自由勋章",这是和平时期给军人的最高荣誉。2000 年,罗彻斯特的名字被刻进了美国国家安全局名人厅,他的历史贡献终于得到了承认。

中美合作智破日本间谍密码之谜

1937 年 7 月七七事变后,中国展开对日抗战。11 月,国民党军在淞沪抗战中失利,南京陷入危机,国民政府自 11 月 20 日起迁往重庆作为战时首都。迁都后,日军为了瓦解中国军民抵抗的士气,开始丧心病狂对重庆发动长时间大规模的空袭轰炸。1938 年 2 月 18 日开始,至 1943 年 8 月 23 日,日本对陪都重庆进行了长达 5 年半的战略轰炸。据不完全统计,在 5 年间日本对重庆进行轰炸 218 次,出动 9000 多架次的飞机,投弹 11500 枚以上。重庆死于轰炸者 10,000 以上,超过 17,600 幢房屋被毁,市区大部分繁华地区被破坏。

日本轰炸重庆时首次大量使用燃烧弹,用以燃烧市区的房屋。这种残暴疯狂的举动,激起了中国军民更大的抗敌决心,但是,由此带来的损失也是巨大的,重庆人民付出了惨痛的代价。

当时的国民政府由于空军力量弱小,防空能力有限,日本飞机轰炸时,只能采取被动的防御措施。事实上,就在日本飞机开始轰炸重庆前,中国的情报人员已经开始了破译日本军队密码的工作。1938 年 2 月 18 日上午,就在日机还在飞往重庆的路上,国民党密电组就截获了一份密码电报。这份由潜伏在重庆的日本间谍发出的密码电报日文字母杂乱排列,是一种前所未有的编码方式。随后,中国密码员又截获了十几份类似的电报。正当密电组的破译专家紧张工作时,重庆上空传来了日本飞机的轰鸣声,尖厉的空袭警报响彻重庆上空。9 架日军轰炸机投下十几枚炸弹,对重庆实施了抗战以来的第一次轰炸。

这次轰炸虽然没有造成太大的损失,但由于事前没有捕捉到任何关于袭击的蛛丝马迹,国民党情报部门承受了很大压力。情报部门的官员们大为光火,命令手下的密码破译人员务必早日找出这种新型日本密码的规律。

国民政府的密电组投入了很大精力,但是,仍然一无所获,那个神秘的特工的情报还是源源不断发往日军的情报部门。同年 10 月 4 日上午,28 架日军飞机又对重庆发动猛烈袭击,平民死伤 60 余人。面对咄咄逼人的日军和无从下手的密码,密电组陷入了困境。正在这时,国民党驻美国华盛顿使馆军事副武官肖勃将一个关键人物推荐出来。他,就是美国具有传奇色彩的密码大师——赫伯特·亚德利。

当时的赫伯特·亚德利在美国的境遇不佳,生活都成问题。1938年,戴笠得知亚德利的情况后,立即报请蒋介石批准,通过中国驻美大使胡适秘密联系,以年薪一万美元为条件,聘请亚德利来华帮助破解日军密码。当年11月,化名为"罗伯特·奥斯本"的亚德利经香港抵达中国战时陪都重庆。国民政府授予他少校军衔,并安排30多名留日生,组成专职破译小组。

亚德利到达重庆后,立即投入了对日本神秘密码电报的研究。他通过观察发现,在重庆发往日军的电报中,有着一个规律。这些电报为提高发报速度,以日文48个字母中的10个字母代替10个数字进行电报编码。亚德利细细研究这些字母与数字的转换规律,对已有的电报进行初步筛查破译。很快,亚德利凭经验断定,国民政府截获的这些神秘密码,应该是间谍向日军反映重庆云高、能见度、风向、风速的气象密码电报。这些情报都与天气有关,很可能就是为了日本飞机空袭重庆所用的情报。有了这个指导思想,经过推敲论证,亚德利与破译小组破译出电报中经常出现的相同数字的含义,如频繁出现的"027"代表重庆,"231"代表早6时,"248"则为正午,"459"代表着天气不佳,"401"则通知敌方:可以轰炸。

找到了上述规律,破译小组终于有了突破。在接下来的两个月中,小组又3次截获密码电报,行动人员通过早已准备好的测向仪,捕捉到了发报信号的具体发射源。很快,搜索人员在重庆南区抓获了伪装成当地人的日本间谍。此间谍是由日本侦察机偷送至重庆,负责向位于汉口的日本空军基地发送气象密码电报。

国民党情报部门很快秘密枪决了日本间谍,亚德利亲自上阵,向日军发送假情报,希望暂时拖延敌人的轰炸。与此同时,小组截获了大量以更为复杂难解的新密码编写的电报。亚德利据此判断还有更为深藏不露的间谍埋伏在重庆城内,敌方可能会展开新一轮的攻势。果不其然,5月3日上午9时,日军飞机从武汉直扑重庆,共投下了100多枚炸弹。第二天,20多架日机再袭重庆。抗战历史上悲惨的"五三""五四"惨案就这样发生了,重庆6000民众在这次惨无人道的大轰炸中死伤。

日本人的暴行激起了亚德利和破译小组的更大愤慨,他们决心尽快抓住这个间谍。亚德利发现:国民党在重庆市区花大力气部署了防空部队,但是,历次空袭中,高射炮部队却没有打下几架敌机。这其中必有玄机。经过密切跟踪,亚德利发现日本间谍发出的新密电中开始混杂一些英文字母。通过重新地排列,他发现电报中开始出现诸如"her(她的)""light(光线)""grain(粮食)"等具有实际意义的单词,可是这些单词从何而来,又有什么意义呢? 有一份密码中出现了"he said(他说)"的字眼,这引起亚德利的注意,因为这样引起对话的词组一般出现在小说中。亚德利推测日本间谍采用了"书籍密电码"的编制方法,密码底本是一本英文长篇小说,它的前 100 页中必定有连续三页的第一个词分别是 her、light、grain,可上哪儿去找这本小说呢?

就在此时,国民党军统局提供了一个重要线索:一位名叫"独臂大盗"的国军军官有时公然使用附近一个川军步兵师的无线电台和他在上海的"朋友"互通密电,他很有可能是一名汉奸。亚德利把目光放在了"独臂大盗"身上。

亚德利假扮为美国来的皮货商,通过中国女友徐贞介绍,结识了"独臂大盗"。此人是驻守在重庆的围民党某高射炮团的一位营长,其出身于土匪,人送绰号"独臂大盗"。这人绿林出身,但居然说一口流利的英语。亚德利与其结识后,十分投机,但每当亚德利问起"独臂大盗"为何高射炮打不中目标的问题时,这位"独臂大盗"总是搪塞开去,顾左右而言他。

亚德利对"独臂大盗"深表怀疑,并且对自己的"书籍密电码"的推测很有信心,他决定采取行动,对"独臂大盗"来一个"深入虎穴"的冒险计划。

亚德利和徐贞商定,决定利用"独臂大盗"有一次请客的时机,到其家中一探虚实。徐贞是一个具有爱国热情的女子,她听了后决然应允。两人巧妙周旋,经过一番困难丛生的波折,徐贞终于在"独臂大盗"的书房中发现一本美国著名女作家、诺贝尔文学奖获得者赛珍珠的长篇小说《大地》,该书的第 17、18、19 页上第一个词用笔画过,它们果然是亚德利推导出的那三个英文单词。亚德利回家后,立即寻找到一本《大地》,连夜组织多名破译人员,终于破译出"独臂大盗"密电的详细内容。

根据密电看来,"独臂大盗"是汪伪政权安插在重庆的耳目,他与国民政府中的德国籍顾问赫尔·韦纳等人组成间谍网,密告日军轰炸机保持 3660 米的飞行高度,以避开射程仅达 3050 米的国民党军高射炮的射击。密码的秘密终于告解,"独臂大盗"等内奸被逮捕枪决。在这之后的一段时间,日军的轰炸行动有所收敛,而日军对重庆的轰炸越来越多地付出了沉重代价。

破获了日军的无线电通讯密码,亚德利得到了蒋介石的亲自召见,以示嘉勉。徐贞也在破获此案中立下汗马功劳。为了摆脱日伪特务机关的跟踪,徐贞决定前往香港。可是,在她渡过嘉陵江前往机场时,日伪特务制造了她所乘的舢板的翻沉事故,她被淹没在滔滔江水中。

1940 年 7 月,亚德利回到美国。为了保密,美方没有透露他的消息。后来,亚德利在他的回忆录《中国黑室———谍海奇遇》中才公布了此事的详细经过。

第三节　密码趣味之谜

中国的方块字密码——字谜之谜

中国的字谜属于谜语的一种,是使用汉字的汉民族特有的语言文化现象。谜语的起源很久远,古人在进行交流时,有时会由于某种特别原因,不便直截了当表达,要通过拐弯抹角、迂回曲折的语言来暗示另一层内容,这就有了"谜语"的萌芽。

有文字记载的最早的所谓"曲折隐喻"的语言现象,最早出现在黄帝时代《弹歌》诗里的"断竹,续竹,飞土,逐肉",即隐示人们制作弹弓、猎杀野兽的情形。到了春秋战国时期,这种谜语雏形已十分流行,并有了名称,叫"廋辞"和"隐语"。战国后期出现了赋体隐语,其中以荀子的《附论篇》最具代表性。

而最早的字谜,大约产生在汉魏年间。刘勰《文心雕龙·隐篇》说:"自魏以来,颇非俳优,而君子嘲隐,化为谜语。"刘勰说谜语产生于魏代,是因为那时的文人创作了许多独立完整的字谜。如当时大文学家孔融写的一首"离合作郡姓名字诗",每句四言,每四句或两句隐射一个字。全诗长二十二句,共八十八字。分扣"鲁围孔融文举"六字(孔融字文举)。全文如下:"渔父屈节,水潜匿方;与时进止,出寺驰张。吕公矶钓,阖口渭旁;九域有圣,无土不王。好是正直,女回于匡;海外有鳦,隼逝鹰扬。六翮将奋,羽仪未彰;龙蛇之蛰,俾它可忘;玟璇隐曜,美玉韬光。无名无誉,放言深藏;按辔安行,谁谓路长。"孔融的这首离合诗,现在已被公认为我国最早制作的完整而成熟的字谜了。

一个字谜,必由三个部分组成:谜面、谜底和谜目。谜面,是猜谜时说出来或者写出来给人做猜谜线索的话语,它好似密电中的明文,人人都可以得见;谜底,就是要人去猜测的本体事物,这就是密电的原本信息;而谜目,是谜面意义的真实所指,对谜底范围和数量起某种限定作用的词语,类似于密码中的密钥。

《世说新语·捷悟》记载过一个字谜。说杨修有一次为曹操修建府邸。始构屋架时,曹操前来视察,看后一言不发,只在相国府门上大题一个"活"字,转身离开了。杨修一见此字,立即叫人把相国府的门拆去重修。他解释说:"门"中加"活"字,就是"阔"字。魏王是嫌此门太小了。这件事传开之后,曹操的制谜之巧,杨修的辨谜之捷,都被当时人们传为美谈。

清朝皇帝乾隆据说也喜欢猜字谜,并且自己还写过一首绝妙的字谜诗:

绝情词

下珠帘焚香去卜卦，

问苍天，人儿落在谁家。

恨玉郎，全无一点知心话。

欲罢不能罢！

吾把口来哑。

论交情不差。

染成皂难讲一句清白话。

分明一对好鸳鸯，却被刀割下。

抛的奴力尽才又乏。

细思量，心与口都是假。

这首出于乾隆皇帝的绝情词，实际暗含了"一二三四五六七八九十"十个数字，是一首绝妙的字谜诗。

字谜不仅是文人雅士的附庸风雅之举，古代字谜中往往还隐藏着许多古人留下的具体信息。是否能准确地破译古代字谜，往往成为考证和辨识古书古物的关键。《越绝书》成书于东汉光武年代，是一本著名的历史书。但此书不撰著者姓名，只是在后序中以诗相代。诗曰："以去为姓，得衣乃成。厥名有米，复之以庚。禹来东征，死葬其乡。不直自斥，托类自明。文属词定，自于邦贤。以口为姓，承之以天。楚相屈原，与之同名。"明代大文学家杨慎看见此书后，仔细推敲，终于揭秘了作者的身份。原来，此书为东汉会稽人袁康、吴平所著。诗中"以去为姓，得衣乃成"是"袁"字；"厥名有米，复之以庚"，暗射"康"字；"禹来东征，死葬其乡"，是作者自述其为会稽人；"以口为姓，承之以天"暗射"吴"字；"楚相屈原，与之同名"暗喻"平"字。此谜既解，《越绝书》也日益被人们重视，成为研究战国时期吴、越二国史地的一本重要历史书籍。

更多的时候，字谜还是为政治宣传和外交活动、军事斗争服务，这也与现代密码的功能颇为相似。《古微书》中引《孝经援深契》有谶语："宝文出，刘季握。卯金刀，在轸北。字禾子，天下服。""卯金刀"，合之为"刘"；"禾子"，合之为"季"。汉高祖刘邦，字季。这条谶语显然是指刘邦将要统一天下，这是为君王帝位神授制造舆论，属于政治宣传。

字谜也在外交场合中常被当作一个斗争武器。《三国志·吴书·薛综传》记：蜀国特使张奉出使吴国，当着孙权的面用字谜嘲笑吴国尚书阚泽的姓名。阚泽不善此道，不能作答。这时，吴大臣薛综出席对答，说："我有一谜向先生请教：有犬为独,无犬为蜀;横木苟(句)身,虫入其腹。"这首谜诗处处扣住"蜀"字,张奉感到国名受辱,于是勉强答道:"请再用这种方法比喻你们的吴国吧。"薛综应声答道:"无口为天,天口为国;君临万邦,天子之都。"在座的人听后都掩面窃笑,张奉自取其辱,尴尬异常。

很多时候,字谜也常用来作为军事行动的联络暗号。唐武则天在位时,徐敬业集合扬州军队准备谋反,中书令裴炎在朝廷内部策应。结果谋事不密,反致泄露。朝廷在审讯裴炎谋反案时,只发现他给徐敬业的一封信,上面仅写"青鹅"两字。满朝文武皆迷惑不解,最后由武则天识破,说:"此乃隐语。青者,十二月;鹅者,我自与也。"原来,裴炎是以此约定徐敬业十二月起义,他再从内部动手。自此,裴炎伏法,谋反事败。

民间为了反抗统治阶级的残暴与苛政时,也会巧妙使用字谜。《后汉书·五行志》记,汉末献帝时,诸侯董卓擅权,鱼肉百姓。人民强烈不满,因而编制童谣:"千里草,何青青;十日卜,不得生。"童谣中的"千里草",合为"董"字;"十日卜"合为"卓"字;"何青青、不得生"是说董卓虽然威势赫赫,但总逃脱不了灭亡的结局。此歌谣利用字谜隐语,巧妙地诅咒了董卓的暴行。后来,董卓被其所谓的义子吕布所杀,并株连三族。

感人的密码情书之谜

二战时期,世界上的主要大国都被卷入战争,势均力敌旷日持久的战争使得许多家庭妻离子散,还有许多情侣也不得不暂时分手,为各自的国家而战。

英国人托马斯·斯克劳斯顿二战前加入了英国皇家空军,在空军担任中尉飞机机械师。1940年春天,24岁的他与21岁的薇拉·汤普森结婚。两人从小就认识,青梅竹马,两小无猜;成年后,这对青年情侣依然感情甚好,结为夫妻顺理成章。婚后,托马斯与薇拉的幸福生活刚刚开始不久,纳粹德国入侵英国,两国正式开战。托马斯·斯克劳斯顿接到部队的命令,必须马上赶回部队应战。托马斯·斯克劳斯顿只好暂别娇妻,在随后长达4年的岁月中,他先后转战于埃及、利比亚、马耳他和意大利等地。

战争既是残酷的,也是单调的。随军转战各地的托马斯·斯克劳斯顿对妻子的思念随着时光流逝而与日俱增。当时通讯不甚发达,这名年轻人只有靠写信来安慰自己的相思之苦。事实上,自从这对夫妻分别以来,他们几乎一天写一封情书,到战争结束时,信件足足有29大捆。当时的英国军方对于军人的鸿雁传书并不禁止,但出于保密的要求,军人的每封书信都要严格审查。信中绝对禁止透露发信人最近的服役地点、部队番号以及未来的行军计划。这可难坏了托马斯，为了让妻子随时了解自己的下落，聪明的他与妻子在书信里巧用密码躲避审查。

托马斯为让妻子知道他的驻扎地，就在信中写一个变体的字母"r"，薇拉只要把接下来单词的首字母相连就能拼出丈夫所在地点。至于这段带密码的文字，最后总是以单词"薇拉"结尾。就这样，夫妻之间的这个小秘密竟然一直骗过了检查信件的官员的眼睛。在托马斯离家的5年里，妻子薇拉一直了解丈夫的行踪，对战事的发展也很清楚。有了小小密码的帮助，两人的书信总是能够很快邮寄到对方手里。

1945年，二战结束，托马斯回到家乡，在当地当上了一名市政府官员，直到65岁时退休。而薇拉除了当家庭主妇，有时也到一家商店当临时店员，他们陆续生育了3个孩子。战后他们感情一直很好，厮守余生。他们的孩子偶然间看到了父母早年的这些密码情书，知道实情后非常感动。当征得两位老人的同意后，孩子们把这些多达29捆的情书捐献给了当地的博物馆。正如负责此事的约克郡东区档案收集官员萨姆·巴特尔说："托马斯和薇拉的儿子把它们托付我们保管，这些信件将永久保存下去。""从信中你能真切感受到他们强烈地爱着对方，思念着对方。这些信诠释了很多对夫妻战争中的经历。"

还有一个传说：有位外国亲王，只有一个独生女儿，倍加疼爱。女儿长大后，与王宫内一个年轻仆人偷偷相爱。女孩身居内宫，处处戒备森严，两人难得见上一面，只能悄悄托人传递纸条，以文字互诉衷肠。为避免被发现，聪明的仆人想出了一个绝妙的办法：用长短不一的折线隐藏文字。他俩约定，将所有的字母排成一排，并打乱原来的次序，作为密钥。如果写一封密信，就从第一个字母开始，划一条直线，直到第二个字母，然后折回到第三个字母，依此类推，直至写完。这对恋人用这种方法传递感情，开始十分顺利。然而，有一天亲王发现了他们的密信。当破译了他们的密码之后，亲王大怒，立即处死了那个年轻仆人。亲王的女儿得知心上人被处死的消息后，悲痛欲绝，喝下毒药，殉情而死。

中国作家金良也曾经在一篇散文中记述过一个密码情书的故事，同样非常凄美与感人，让人感觉爱情的力量不可阻挡。故事发生在上个世纪70年代，正是知识青年上山下乡阶段，在黑龙江的某个知青农场，许多来自天南海北的知识青年聚到一起，为了一个共同的目标而奋斗。时间长了，青年人的热情逐渐被艰苦的环境一点点磨掉，而远离家乡的孤独痛苦更是难以言表。众多的青年男女生活在一起，时间一长就有相互恋爱的事情发生。然而，在那个时代的那种环境下，爱情是被严格禁止的。为了逃避上级的检查，这些充满活力与智慧的年轻人就想出了用密码写情书的主意。

　　他们把汉字的拼音分开来，每个密码数字前的字母是要写的那个汉字的声母，韵母用数字代替。如果所用的字是韵母的拼音，那么，就直接用数字代替。至于很多的同音不同字的密码，那就靠自己分析和确定了。

　　韵母的数字代号如下：

　　a（1）o（2）e（3）i（4）u（5）ü（6）ai（7）ei（8）ao（9）ou（10）an（11）en（12）ang（13）eng（14）ong（15）ia（16）ie（17）iao（18）iou（19）ian（20）in（21）iang（22）ing（23）iong（24）ua（25）uo（26）uai（27）uei（28）uan（29）uen（30）uang（31）ueng（32）üe（33）üan（34）ün（35）

　　例如下面这封密码情书：

　　q21 7 d3 x33m8 h9 x22 n4, s28 r11 m8 t20 d10 n14 k11 d9 n4。shl3 c4 y33 h28 t7d29 zl1 13, m8 sh26 g10。j21 t20 w11 shl3 x33 x4 w11 h10, n4 z7n4 m12 n6 zh4 q23 d3 zhl3 p14 s5 sh3 h10 d14 w2, w2 q5 zh9 n4。d9d1 c9 y29 119 dl w11 q5。b17 h7 pl, zl1 m12 y3 b5 sh4 g11 h27 sh4。d14w2。

h5 g3

　　翻译出来的文字是：

　　亲爱的雪梅

　　好想你，虽然每天都能看到你。上次约会太短暂了，没说够。今天晚上学习完后，你在你们女知青的帐篷宿舍后等我，我去找你。到大草原溜达玩去。别害怕，咱们也不是干坏事。等我。

既简单又实用的密码

　　一般说来，普通人的日常生活中用不到密码及加密方法。但是，作为一种了解或是娱乐的手段，掌握一些简单的密码还是很有必要的。例如，给自己的同学或者女朋友写一封加密的书信，不也是非常富有趣味的一件事吗？

1.数字谐音密码

　　这是最常用最简单的密码。起初是数字 BP 机上使用的简单代码，后来引申出许多代指。当然，数字谐音代码并没有一个官方的标准，大多是约定俗成。数字谐音虽然简单，但是使用得当，效果却是文字所不能比拟的。

　　部分常用数字谐音代码：

　　01925—你依旧爱我，02825—你爱不爱我，04527—你是我爱妻，04535—你是否想我，04551—你是我唯一，0837—你别生气，095—你找我，098—你走吧。

1314——一生一世,1314920——一生一世就爱你,1372——一厢情愿,1392010——一生就爱你一人,1573——一往情深,1711——一心一意,1920——依旧爱你。

200——爱你哦,20110——爱你一亿年,20184——爱你一辈子,25184——爱我一辈子,25873——爱我到今生,259758 一爱我就娶我吧。

507680——我一定要追你,51020——我依然爱你,51095——我要你嫁我,515206——我已不爱你了,518420——我一辈子爱你,5201314——我爱你一生一世。

609——到永久,6120——懒得理你,6785753 老地方不见不散,687一对不起。

2.手机键盘和电脑键盘密码

普通常用的手机和电脑,也可以给信息加密。这种密码是利用手机和电脑上的常见输入法实现的。某些型号较少的手机其密码保密性更高。

2009 年 1 月 23 日,一位网友在百度贴吧上发帖求助,称最近和一个心仪的女生告白,谁知对方给他提供一个摩斯密码,说只有解出密码,她才答应跟他约会。这个女生仅仅提示他,"这是一个 5 层加密的密码","答案是一句英语"。男生费尽九牛二虎之力,解不出来,情急之下,跑到网上求助。帖子一发出,贴吧的网友几乎倾巢出动,各显神通积极破译。可惜,尽管大家用尽各种复杂的解密方法,但都没有收获,破译工作陷入僵局。下午 4 点后,一位网友通过联想手机上的键盘布局,将密码转成一个字母组合。下午 6 时,这位聪明的回帖称,"我已经完全解出来了……楼主你好幸福哦",并表示暂时不公布结果。晚上 8 时,该网友公布了最终答案:I LOVE YOU TOO(我也爱你),并揭开破译全过程。据了解,参与密码破解的网友超过百人,集体的智慧得到体现。这个女生给男生传递的信息就是使用手机键盘加密的方法,幸亏有大家的积极支持,否则,还真就错过了一次约会的大好机会。

3.弗吉尼亚密码

这是一种非常经典的古典密码,也是许多现代密码的前身。弗吉尼亚密码种密码实际上就是恺撒密码的延展,但引入了密钥的概念,使得加密更加安全复杂。

例如:密钥为 man,原文为 I am rich。(见下表)则原文中的 I 对应的密文为 M 行(第一个密码为 M 的那行)的 U,A 对应 A 行的 A,M 对应 N 行的 Z,R 对应 M 行的 D……以此类推。简单地归纳为:密钥:M an manm.(man 循环使用);原文:l am rich;密文:U az dipt。

附:弗吉尼亚密码表:

A B C D E F G H I J K L M N O P Q R S T U V W X Y Z
B C D E F G H I J K L M N O P Q R S T U V W X Y Z A

```
C D E F G H I J K L M N O P Q R S T U V W X Y Z A B
D E F G H I J K L M N O P Q R S T U V W X Y Z A B C
E F G H I J K L M N O P Q R S T U V W X Y Z A A B C
F G H I J K L M N O P Q R S T U V W X Y Z A A B C D
G H I J K L M N O P Q R S T U V W X Y Z A A B C D E
H I J K L M N O P Q R S T U V W X Y Z A A B C D E F
I J K L M N O P Q R S T U V W X Y Z A A B C D E F G
J K L M N O P Q R S T U V W X Y Z A B C D E F G H I
K L M N O P Q R S T U V W X Y Z A B C D E F G H I J
L M N O P Q R S T U V W X Y Z A B C D E F G H I J K
M N O P Q R S T U V W X Y Z A B C D E F G H I J K L
N O P Q R S T U V W X Y Z A B C D E F G H I J K L M
O P Q R S T U V W X Y Z A B C D E F G H I J K L M N
P Q R S T U V W X Y Z A B C D E F G H I J K L M N O
Q R S T U V W X Y Z A B C D E F G H I J K L M N O P
R S T U V W X Y Z A B C D E F G H I J K L M N O P Q
S T U V W X Y Z A B C D E F G H I J K L M N O P Q R
T U V W X Y Z A B C D E F G H I J K L M N O P Q R S
U V W X Y Z A B C D E F G H I J K L M N O P Q R S T
V W X Y Z A B C D E F G H I J K L M N O P Q R S T U
W X Y Z A B C D E F G H I J K L M N O P Q R S T U V
X Y Z A B C D E F G H I J K L M N O P Q R S T U V W
Y Z A B C D E F G H I J K L M N O P Q R S T U V W X
Z A B C D E F G H I J K L M N O P Q R S T U V W X Y
```

4.四角号码密码

四角号码是汉语词典常用检字方法之一,可以用最多5个阿拉伯数字来对汉字进行归类。这种四角号码检字法由王云五发明。四角号码检字法用数字0到9表示一个汉字四角的十种笔形,有时在最后增加一位补码。由于四角号码字典随手可得,使用它反向给信息加密就变得非常简单方便。只要按照四角号码字典,就可以把明文反向加密为一串串数字,对方收到后再按照同样的字典解密就可以了。当然,这种加密未免显得过于简单,很容易被别人识破。为了增加复杂性,还可以再次加密。例如,反向加密的四角号码密码变为数字后,再利用"用数字替换密码"的方法再次加密:也即每一个数字代表一个字母,1 代表 A、2 代表 B、3 代表 C ……如此,串串数字又变为毫无规律的大串字母,别人就很难识破了。

除了以上几种,其实我们还可以开动脑筋,自己创造发明一些密码。只要密钥在自己的手里,别人就很难破译。

"天书"当票密码之谜

当铺是收取动产作为抵押,向对方放债的机构。旧称质库、解库、典铺,亦称质押,最早产生在中国的南北朝时期。旧社会的当铺多由私人独资或合伙经营,当户大多是贫苦百姓。新中国成立后取消。改革开放后,有些地方恢复当铺,其性质和办法同旧时不同。

旧时的当铺主要业务是收取质押品发放高利贷款。借款人去当铺借贷,主要是应付家庭生活上的紧迫需要,也有个体小生产者用于小本经营,或农民用于生产的。当铺收受的质押品种类繁多,如衣服鞋帽、绸缎纱罗、金银首饰、古董珠宝、名人字画、陶瓷、家具甚至棺材板等。

当铺对质押品估价很低,一般只有原价值的一至四成,一口成交,不许还价。而典当利率很高,一般为月息二分至三分,按月收取利息,还规定每元当价另加手续费,实际月息高达千分之三十余,是一种变相高利贷。典当期限为 18 个月,当期将要届满时,当者若无力回赎,可先预交几个月的利息,另开新当票延期,一般一次可延长 3 个月时间。否则,就以"满当"发买处理。当铺处理当物分别到估衣店、首饰店等处发买,当铺除能收回本金外,还能得到 3~6 成利润。典当业的这种包赚不赔残酷剥削的经营方式,经常激起人民反抗。尽管官府对当铺予以保护和扶植,各地抢劫、焚掠当铺一类事件仍时有发生。

除了利率畸高之外,当铺抵押物品时也往往估价很低。为了达到这个目的,当铺写当票时不论收什么物品,一律写"破旧"字样。比如一般衣服,件件都写"虫吃鼠咬"字样,就是当物完整无缺的,也写"破旧"二字。如一件崭新皮袄,要写成"光板无毛";一只金表,也要写成为破铜表。这样做不但可以贬低典当物品的价值,而且还可在典当物品于存储期间有所蚀损时搪塞当户。又如,在当户坚持要高价、双方不能达成协议时,当铺的伙计便用当户识别不出的方法在当户的物品上做记号,以暗示同行。其方法是:把上衣的一只袖子反叠,袖口朝下;裤子折三折;如是金货,就用试金石轻磨一下;如是金表,则将表盖微启一点儿。第二家当铺一看,心里就有数了,所给的当价,就会与第一家差不了多少。如此,当户最后只得低价当出。

上文所说的"当票",就是当铺收取当物所付的收据,也是当户赎取当物的唯一凭证。清代当票主要分两部分:印刷部分和手写部分。印刷部分主要包括当铺名称、地址、抵押期限、抵押利率等内容。手写部分包括当物的名称、质量、数量、典当金额等。最有技术含量的还是手写部分,当票上的字不同于普通汉字,是当铺自创的特殊字体,还有个专用名,叫"当字"。这种字只有当铺内部的人才能辨认,外行人很难看懂。"当"字比草书还草,字体又别具一格。俗语有"当店字有头无耳"之说,就是说当票上面多用草书、减笔或变化字,如常将"衫"字写成"彡"字,"棉"字写成"帛"字,把"皮袍"写成"皮夭","花梨紫檀木"写成"紫木",玉器写成"假石"等。

写"当字"是专门的手艺,只能在当铺学徒才能学得到。因为有了当票,收买当票的机构也应运而生,俗称"当票局子"。

当铺的当票用"当字"的主要好处有二:一是简单写得快,一挥而就;二是行外人难以伪造、临摹、篡改,具有一定的防伪功能,也算是一种密码方式。

说到防伪,早期的纸币也曾经借鉴这种加密方法,以防止居心不良者盗印假钞,冲击金融秩序。以我国为例,第一套人民币已经退出流通40多年,除了收藏爱好者,一般人很难得见。其实,第一套人民币上,就有许多人为添加的防伪暗记。例如:一元券,票面图案左侧,一男工一女工,在厂房顶下有一"A"字,左杠是部有一个等边三角形记号;拾元券矿井灌溉图,票背面中央几何图案中心有一带圈五角星。拾元券还有火车站图案,票背面左下几何图案内藏有"人民"二字;二拾元券,古塔牧羊图,票背面右侧2字下藏有"人"字,二拾元券列车帆船图案,票面电力牵引车头右侧藏有"民"字;红色壹佰元券,工厂图,票背面有两个大几何图案,右藏"人民银行",左藏"壹佰元"……事实上,整套的第一套人民币上都有暗记,只不过流通时这些都是最高机密,普通人是无法全部掌握的。

纸币上的水印图案,其实也是一种暗记,只是科技水平与防伪能力更高一些。水印是在造纸过程中当造纸纸浆刚刚处于湿纸状态时处理而成的。要在一张干燥的纸上搞出水印图案是不可能的。何况纸币用纸的强度、拉力、耐磨损性、耐折叠性等不同于普通纸张,它有放在水里不易泡烂,遇明火不易燃烧的性能,这种特殊纸张绝不是一般造纸厂所能制造的。水印技术给伪造纸币带来了难度。

目前,更为高级的暗记甚至可以防止打印机打印。假如你想扫描一张百元大钞然后用 Photoshop 打印出来的话,Photoshop 会弹出一个警告,说你正试图打印钞票。原来,世界各国的新版纸币都统一使用了一种不容易察觉的记号,即 5 个圆环。这 5 个圆环代表什么呢? 原来它们是按照猎户星座排列的,而它最早是在 10 欧元(EUR)纸币上发现的,因此这种记号被命名为"EURion 星座"。机器一旦发现待印刷的图片含有这种记号,便立即拒绝打印。对全世界范围内的假钞防范工作,这种记号起了很大的作用。

黑话密码——春典之谜

"天王盖地虎,宝塔镇河妖……"这是电影《智取威虎山》里土匪对暗号的场面。其实,土匪口中的"黑话"就是一种最朴素的密码。虽然这种密码过于简单,经不起密码学家的分析,容易破译。但是,在一般人眼里,黑话仍然属于另外一个世界,局外人是无法明白的。这些黑话实际上是江湖人的第二语言系统。其内容丰富,应有尽有,囊括了从身体部位到社会职业,以及生活中的衣食住行、礼节、交往等各种元素,如果两个江湖人在使用黑话交谈的时候,不懂的第三者即使完全听到,也会是一头雾水,根本不知道两个人在说什么。黑话有一个统称,被叫作"春典"。

春典的产生,大致出于下列三种情形:一是由禁忌、避讳而形成的市井隐语。二是出于行业回避目的,免使外人知悉而形成的隐语行话。三是语言游戏类隐语。

春典涵盖的内容非常广泛,几乎浸透了生活的各个层面。有些春典造词很生动:比如帽子叫"顶天儿"、鞋叫"踢土儿"、裤子叫"蹬空子"、外行人叫"空码儿"、下雨叫"摆金"、下雪叫"摆银"、解大便叫"撒山"、解小便叫"摆柳儿"。

有关动物天气方面:猪叫"黑毛子",马"疯子",骡"高脚子",驴"条子",狗"皮子",虎"拦路子",狼"柴禾子",蚕"抽丝子",牛"尖角子",鱼"顶水儿",熊"仓子";鹅"长脖子",鸭"扁嘴",羊"山头子",兔"草溜子",猫"窟子",风"轮得急",太阳"红光子",月亮"炉子",星"定盘子",天阴"插蓬了",起雾"挂账了",退雾"清明了",天黑"老光子坠了",下雨"摆啦",刮风"走溜子";东"倒",南"阳",西"切",北"裂",山"架子",上山"登架子"等等。

再比如土匪多有武装劫掠的行为,由于地域方言的关系,各地的春典还不尽相同。他们使用这些黑话,一是为了掩盖自己的土匪身份,以免行踪暴露,二还有辨识身份地位的作用。

四川土匪在行动时,不得直呼其名,而以"老大""老二""伙计"相称;叫枪为"通",开枪为"生冲子",出发叫"摇线子",交火为"挂溜子",撤退谓"吮舵子",打得赢叫"吃得梭",冲门翻墙叫"冲围子",杀人叫"毛",砍头谓"拿梁子",打劫过路行商为"掸鞭子""宰根子",劫船叫"打歪子",运赃物叫"起货",私吞赃物叫"掐股子"等等。

东北的土匪黑话也很多:枪叫"喷子""旗子""鸡脖子",子弹叫"柴禾",刀为

"青子",杀为"插",配合行动叫"上托";盗牲口称"吃毛疆",盗墓谓"吃臭";绑票称"接财神";县城称"围子",农村叫"鸡毛店";走路叫"滑",休息叫"押白",侦察称"拉线",打仗为"开克",打伤称"踢筋",官兵称"水",巡警叫"狗子",兵称"跳子";劫路叫"别梁子",出发叫"上道",集合称"码头";出事了叫"窑变",报信叫"放笼",烧房子叫"放亮子",捆人叫"码上他",解散称"越边",散伙称"脱下";杀了他叫"插了他",揭发报官叫"举了",被抓住叫"撺脚子",逃出来为"扯出来",多次被抓叫"底子潮",抓俘虏叫"拣蘑菇",割耳朵叫"抹尖子",歇歇叫"拐拐",全村烧光叫"推大沟",等等。

1923 年,活跃在川滇黔交界的顽匪陈云武攻陷了重镇泸州城,其人自封城防司令兼永宁道尹。为了给自己名正言顺的一个名分,陈云武大摆酒席,宴请城内各机关法团、阔佬士绅,为己捧场张目。就在这场酒宴上,陈云武发表了一篇假装斯文的充满土匪黑话的就职演说,成为历史上的笑柄。陈云武先对宾客说:"在下陈云武,就请列位将就喝'黄汤'(水酒)、捧'莲花'(杯盏),'拈溜溜(肉片)'、'造粉子'(吃便饭),我老烟是识相的。抬头有玉帝皇天,埋头有土地老倌,在下给列位丢个'拐子'(敬礼),烧香点烛,朝贡进茶,图个官员们、绅粮们'举住'(支持)哟!"

然后,这位杀人不眨眼的惯匪又对部下讲道:"哥儿一杆子张耳闭嘴,你我前有缘后有故,落在一窝'草边'(哨棚),现时我等过了'灰沟'(翻山越岭),进了'广圈'(大城市),莫比一般'生毛子'(乡巴佬)。哥儿一杆子千万要'整住'(听招呼),'摆摆渡'、'过了河'(进城当了官),要给老烟留'粉壳壳'(面子),二天再莫打"门神"(越墙打门),再莫'牵票子'(绑票拉肥),再莫'亮窑子'(烧房子),再莫'拿梁子'(砍人头)。谁若"醒二活三"(乱搞不听招呼),我老烟'认得圆的认不得扁的'(对事不对人),老子不'毛'你是'虾'的(不杀你不算人)。"

就这一番话,如果不是土匪出身,谁又能听得懂。新中国成立后,随着社会进步与文明发展,江湖的这种春典逐渐退出了历史舞台,人们对它就更不了解了。不过,有部分词语还是流传下来,我们今天常说的"大腕""走穴""下海"等词语,其实就是旧时的春典。

袖里乾坤——手上密码之谜

民间流传的密码,除了能写能说的之外,还有一些是靠打手势或者肢体语言来实现的。在中国的乡村,每逢集市之日,常常有许多交易大牲畜的买卖。在这些交易中,活跃着一群"经纪人"的身影。一般来说,卖主和买主通常不直接叫价,通过经纪人在买卖双方斡旋。经纪人由熟悉牲口和行情的人担当,善于观牙口、看膘情,被众人公认。他们熟悉各种骡马牛的健康状况,对市场行情也颇为了解,买卖双方都愿意找其为自己服务。

这些"经纪",从很早以前就保持着一种"捏码子"的传统,其目的是为了隐瞒掩盖讨价还价的具体过程与细节,防止别人撬行,搅了买卖。买主选定了牲畜,先与经纪人商量,双方把右手手指捏住,用袖口、衣襟或草帽遮挡,不使外人瞧见,彼此用规定的手指表示可以接受的价钱。经纪人心中有底后,与卖主以同样的捏码子方式进行讨价还价,直至买卖成交。整个交易过程,无须语言,成交情况都不露底。也有买卖双方直接捏码子的,但双方讨价还价差距太大,还需要通过经纪人用手语来回调节。每成交一笔买卖,经纪人从中抽取一小份数额做报酬。

主要是1、2、3、4、5用所伸指数为区别,一个指头为1、两个指头为2……五个指头为5;6~10以指形辨认,只有拇指和食指相捏为6,拇指、食指和中指相撮代表7,拇指、食指张开伸直为8,只有食指弯曲为9。将五指伸开翻一下为一百。如有百和千、万之大数则直接说出。

这种"捏码子"的手上密码,现在有别的行业也在借鉴。例如不方便直说或者竞争激烈的现场交易,许多人都利用"捏码子"讨价还价。比较多的有古玩收藏、玉石翡翠交易等场合,所以说,了解一些"捏码"的知识,还是很有用处的。

说到手上密语,有一个组织不得不提,这就是旧社会非常著名的帮派组织——洪门。

洪门是清朝最有历史的反政府组织,在满清统治中国期间,洪门从未停止过反清复明的武装行动。白莲教,小刀会,天地会等许多反抗组织,都起源于洪门。也许有些人还不知道,由于坚持抗清武装斗争,"洪门"会党成了太平天国和辛亥革命的重要同盟军,孙中山、秋瑾、陶成章等辛亥革命党人曾先后加入"洪门"组织,孙中山先生甚至称"洪门"组织为"民族老革命党"。

由于清政府的不间断和残酷镇压,洪门内部设定了大量的暗语、手语和著名的茶杯阵,就是为了防止清廷奸细渗入洪门。这套东西在当时是高度机密,一旦公开便可能被朝廷的鹰犬走狗渗透。当年江湖上有所谓"宁传十套拳,不教一口仙"的传统,这个一口仙其实就是洪门组织的暗语。

洪门兄弟见面出手不离三,一定会用手势表示出数字"三",就算闹市之中不能对话,也可用手势交流。手上摆出的是"三八二十一",这一行数字组成了一个"洪"字:三是左边三点水,八是右边共字的下部两点,二十一就是右边共字的上部,廿字的下边再加上一横,正好组成一个"洪"字。

三八二十一是洪门兄弟相认的秘密暗号,非经过严格审查背景的人,没有加入洪门学习过暗号者,不可能解读。洪门子弟出门一般先对手势,比如递物用两个手指头,接物用三个手指头。自己人看到了就会对暗语。暗语对上了就是自家兄弟,必须接待食宿。因为根据洪门门规如"言明会中人不加关照,则用棍棒责罚"。

除了以上隐语与手势,洪门茶阵也是洪门暗号隐语文化的重要内容,洪门联络地点多设于茶铺酒肆,既避免官府的注意,又用以联络同志、传递讯息。茶阵的构成要素相当简单,一只茶壶、数只茶杯,便能幻化出不同的阵形。茶阵的主要功能有四种:试探、求援、访友、斗法。"试探"乃是以茶阵考验对方是否为洪门同志;"求援"则是以茶阵暗示己身有危难,需要同志相助;"访友"是在登门拜访朋友同志时,藉茶阵的摆设以探知对方在家与否;"斗法"则有互相较劲之意。

"茶阵"分成三阶段:布阵、破阵、吟诗。第一阶段"布阵",将茶阵摆出。第二阶段"破阵",由对方破解,通常经由茶杯的移动、茶水的倾倒以达到破阵的效果;如果对方能够破阵,就可能是洪门同志。第三阶段的"吟诗",则是在破阵以后,由破阵一方吟出所破茶阵的对应诗句,达到双重确认身份的效果。

福尔摩斯与"跳舞的小人"之谜

《福尔摩斯探案全集》中有一本名为《跳舞的人》,讲述了一个匪夷所思的密码破译故事。故事的大意是:在英格兰的一个庄园里,希尔顿·丘比特先生清晨就在花园里寻找着什么,脸上满是不安与焦虑。因为近一个月以来,家里的花园、窗户与门口时不时会出现一些画着跳舞小人的小纸条。丘比特先生看不懂上面写了什么,但他深爱的妻子埃尔茜·帕特里却被这些小纸条吓得诚惶诚恐。虽然害怕,但可怜的埃尔茜似乎有难言之隐,什么也没说。这些跳舞的小人代表着什么呢? 疑惑的丘比特带着几张收集而来的小纸条找到了福尔摩斯,他希望这个大侦探能给他一个明确的答案。

福尔摩斯接手了这个案子,看上去,这些跳舞的小人就是一种密码,代表着某些意思。福尔摩斯煞费苦心,终于把它破译。当福尔摩斯赶到庄园的时候,才发现丘比特夫妇已经倒在了血泊之中。经过勘察,希尔顿·丘比特系被人杀害,而埃尔茜·帕特里为自杀身亡。

悲愤的福尔摩斯此时已经破译了整个密码,他知道凶手是谁。很快的,他利用"跳舞的小人"密码给凶手写了一封信,以埃尔茜的口气邀请凶手前来。此时凶手并不知道埃尔茜自杀的事,而且他确信只有埃尔茜才懂得这种密码,所以他对这封信件信以为真,以为是埃尔茜叫他前去。当凶手如期赴约之际,被警察抓了个正着。

整个案件的真相是这样的:原来,埃尔茜有着一段难以言表的身世。这些纸条上画的"跳舞的小人"是美国芝加哥黑帮分子的密码,就是女主人埃尔茜的父亲发明的。埃尔茜少年时和凶手阿贝·斯兰尼有着很亲密的关系。后来,埃尔茜想结束那种生活并断绝和阿贝·斯兰尼的关系,便从美国来到英国。没想到,阿贝-斯兰尼追到了英国,用密码写成信请求埃尔茜和他重修旧好。在埃尔茜拒绝之后,他便开始威胁她。结果他杀死丘比特先生后仓皇逃走。埃尔茜看到丈夫被杀身亡,悲痛之下,便自杀来向丈夫赎罪。

柯南·道尔在小说中设计了一个巧妙的推理破译过程。当福尔摩斯第一次看见希尔顿·丘比特先生送来的纸条时,他就断定这些"跳舞的小人"是替换密码。替换密码的破译方法主要是对密码的信息进行"频率分析"。所谓频率分析是指对密码中每个信息出现的次数进行统计分析。在用英语写成的密码中,字母是它的信息,这种"跳舞的小人"密码中的信息,就是那些人形。在第一张纸条中,他发现在 15 个跳舞的人形中有四个是一样的。依据人们对英语的统计,E 是英文字母里使用最频繁的字母。因此,他假定这个小人就代表字母 E。另外,他还发现,在跳舞人形中,有的拿着小旗,有的则不拿。于是他断定手拿小旗的人形表示字母的间隔。

当福尔摩斯看到第四张纸条时,他非常兴奋。这条信息只有五个人形,其中第二个人形他已确认是字母 E 了,而且没有拿着小旗的人形。也就是说,这是一个由五个字母组成的单词,而且第二个和第四个字母都是 E。在英文中,由五个字母组成,而且第二个和第四个字母都是 E 的单词不多,常用的只有三个,分别是:sever(断绝),leverh(杠杆)和 never(决不)。经过排除,福尔摩斯断定这个单词是 never(决不)的可能性极大,因为另外两个单词不是日常会话所用得上的。这样,他又弄清楚了代表 N、V、R 三个字母的人形。至此,他已破译了四个字母,并依据案情断定,这张写着"Never"的纸条是埃尔茜为了表示拒绝而写给某人的。

福尔摩斯已基本掌握了破译这种密码的要诀,当他看见第五张纸条时便大吃一惊。因为在这张跳舞的小人图上,如果把已知的字母代替之后,便得出:ELSIE◎RE◎ARETOMEETTHYGO◎,将空缺处用字母 P、D 填入后,全句为:Elsle Dreparet, meet thyGOD(埃尔茜,准备见上帝吧。)福尔摩斯正是看到这条信息,才意识到希尔顿·丘比特夫妇有危险。当他赶去时,凶手已经做完案子逃之夭夭了。

上文中提到的频率分析法,是破译古典密码的利器。频率分析基于如下原理:在任何一种书面语言中,不同的字母或字母组合出现的频率各不相同。而且,对于以这种语言书写的任意一段文本,都具有大致相同的特征字母分布。比如,在英语中,字母 E 出现的频率很高,而 X 则出现得较少。类似地,ST、NG、TH,以及 QU 等双字母组合出现的频率非常高,NZ、QJ 组合则极少。简单说,英语中出现频率最高的 12 个字母可以简记为"ETAOIN SHR DLU"。

当然,如此精彩的破案故事还要拜柯南·道尔所赐,这位塑造了"福尔摩斯"形象的大作家是一名博学多才的多面手。除了脍炙人口人人耳熟能详的侦探悬疑小说《福尔摩斯探案全集》外,他还曾写过多部其他类型的小说,如科幻、悬疑、历史小说、爱情小说、戏剧、诗歌等。从这个故事也可以看出,柯南·道尔对密码学也有一定了解。

第四节　密码文化之谜

伏尼契手稿密码之谜

"伏尼契手稿"是迄今为止最为神秘的手稿之一,自发现至今,已有近 100 年的历史,在这近一个世纪里,世界各地的密码大师们都试图挑战它,均以失败告终。这份几百年前诞生的手稿,至今还是如一个沉默的谜一样,挑战着密码界。

"伏尼契手稿"发现于 1912 年。美国珍本书商伏尼契在罗马附近一所耶稣会大学逛图书馆时,发现了这本厚达 232 页的手稿,故手稿被命名为"伏尼契手稿"。这份长 7 英寸、宽 8 英寸的手稿十分独特,它的内容以奇特的天书一般的文字写成,其中还有许多不知名的奇花异草、占星术图片符号和美女出浴等奇特的图片,似乎由中世纪的炼金术士或草药医生所著。从手稿中所画人物的发式来看,当属 15 世纪到 16 世纪的作品,手稿中还有一些文字说明,1586 年,这份手稿曾一度为神圣罗马帝国的鲁道夫二世所有,并从他手中流传到一些贵族和学者手中。17 世纪末的时候,手稿突然消失了,直到 200 年后的 1912 年,经由伏尼契的发掘而又重见天日。

伏尼契如获至宝,认定这份手稿中隐藏着巨大的信息,将其买了下来,并广邀密码界顶尖专家来破解这份奇特的手稿。但是显然,这份手稿超出了密码专家的经验范围,它既不符合任何一种已知的语言,也无法通过现有的破译密码的方法找到破绽。顶尖的密码学家们带着极大的兴趣而来,但都扫兴失望而归,没有一个人能解开"伏尼契手稿"中的秘密。

1921 年,美国宾州大学哲学教授纽柏德宣称,他破解了"伏尼契手稿"密码。他指出,将伏尼契手稿中的字母放大之后,会发现一些小笔画,这种小笔画是古希腊的一种速记文字。据此,他推断"伏尼契手稿"是 13 世纪的哲学科学家培根所撰,内容主要反映了他的发现。不久,他的发现即遭到了反驳,批评者证明,那些所谓的小笔画不过是墨水的自然裂痕罢了。

纽柏德的失败只是一系列错误解读的开始。随后的几十年里,陆续有人宣称自己破译了"伏尼契手稿"密码,例如,1940 年,业余解码家费利和史壮,曾将伏尼契手稿中的字母以密码代换法转化成罗马字母,结果得到的文字毫无意义;美国军方密码人员在闲暇之余,破解了几乎所有古代密文,却对伏尼契手稿一筹莫展;1978 年,喜欢在业余时间研究文献的史托济科指出,伏尼契文其实是以乌克兰文写成的,只不过其中的元音去掉了。但接着根据他所说的方法转译出来之后,人们发现内容与插图并不吻合……

一系列的挫败,让人们对"伏尼契手稿"的内容产生了怀疑。有人认为,"伏尼契手稿"并非什么高明的密码,只不过是某个疯狂的炼金术士制作出来用来骗鲁道夫二世的,据说,鲁道夫二世买下这份手稿总共花费了 600 达卡特金币(约为 5 万美元)。支持这一说法的人认为,伏尼契手稿可能是通过一个随即文字产生表制作出来的,而这种工具早就已经弃之不用了,所以人们很难识别出来。英国基尔大学的计算机专家戈登·鲁格还曾利用一种名为"卡丹格子"的加密工具,创作出一本与"伏尼契手稿"有着相同特征的书。鲁格认为,"伏尼契手稿"是英国伊丽莎白时期的冒险家爱德华·凯利所制,为的就是从嗜爱神秘书籍的鲁道夫二世那里骗取钱财。反对者认为,鲁格的作品不足为证,他只有制作出一本与"伏尼契手稿"完全一致的书,才能证明自己的观点。

也有人认为,伏尼契文十分之复杂,而且还有厚厚的 232 页,一个中世纪的骗子怎么可能制造出如此庞杂、结构和文字的分布又有许多精微规律的手稿呢?一些解码者在通过仔细地观察之后,发现"伏尼契手稿"中的文字隐藏着一些精微的规律。例如,一些常见字母每行都会出现两三次,而且文字的组成结构也具有相当的规律性。像手稿中经常出现的一个音节 qo,总是作为前缀出现,另一个常见的音节 chekd 的使用也很有规律性,它有时做前缀出现,但一旦和 qo 同时出现时,一定会出现在 qo 的后面;伏尼契手稿中的文字长度呈现二项分布的特征,也就是说,一般的常见字都是由 5 到 6 个字母组成,而那些字母较多或较少的字,它们出现的频率与对称钟形曲线的最高峰相比则大幅降低。这种分布规律与人类语言极为不同,因此,人们猜测,伏尼契手稿或许是某个失落文明或者是外星人遗留下来的作品,它超出了人类的认知经验,因此无法被人类所破解。

"伏尼契手稿"一直是密码界悬而未解的谜,也因此被认为是"世界上最神秘的书"。如今,这份令解密者蠢蠢欲动却又束手无策的手稿保存在耶鲁大学拜内克珍本及手稿图书馆内,静静地等待着世人揭开谜底的那一天。

古代中国都出现过哪些密码

根据史料记载,密码最早出现在希腊的军事中。作为文明古国,中国也是世界上使用密码通讯最早的国家之一,在一些史料中,我们可以发现密码广泛地应用于军事以及社会生活当中。

从有据可查的资料来看,最早提到密码的应该是战国时期的《六韬》。其中有一篇假托姜子牙的口气,向周文王介绍如何使用阴符,"主与将,有阴符。凡八等,有大胜克敌之符,长一尺。破军杀将之符,长九寸;降城得邑之符,长八寸;却敌报远之符,长七寸……",这其中的阴符,也即"隐蔽的兵符",就是今天所说的密码。

除了阴符,《六韬》中还提及了另一种秘密通信的方式——《阴书》,所谓阴书,就是将一封完整的密信拦腰截成3段,由3个人各持一段,在不同的时间,从不同的路线分别出发送给收信人。收信人只有收齐3段信才能看到全部内容。如果送信人中的某一个人被敌方截获,对方也很难从只言片语中读懂信的内容。

一般认为,这是中国古代最早的密码。随着军事的进一步发展,逐渐发展出一些比较有代表性的传递军情的密码,如烽火,这是古代边防军事通讯的重要手段,烽火燃起就表示有敌情,山峰之间通过烽火传递讯息,这还曾引出历史上的"烽火戏诸侯"的典故。再比如蜡丸、号炮等,都是传递讯息的工具。秦汉以后,在秘密通信中还出现了各种密诗、符号以及一些密封技术,如用蜡将信密封以防泄漏。

唐代武则天曾破译一封密信,及时地铲除了异己。武则天在唐中宗即位后,以太后名义干预朝政,行事武断,引起朝臣裴炎、骆宾王和徐敬业等的不满。徐敬业在扬州起兵反抗武则天专政,裴炎给徐敬业写了封密信。不料密信落到武则天手中,上面仅写着"青鹅"二字,武则天思索片刻便悟出了"青鹅"的秘密。"青"字乃"十二月","鹅"字拆开就是"我自与",暗示裴炎让徐敬业于十二月起兵,他将做内应。密信被破,起兵失败,武则天派兵击败了徐敬业的武装反抗。

除了实物传递外,一些信息还可以通过隐语来传递,如口头隐语、书面隐语、人体隐语等。在清朝时期的洪门,曾编制出一套隐语来实现联络,分清敌我,比如他们将酒杯叫连米,筷子叫双铜,称和尚未念三,官兵为猛风等。隐语的使用很大程度上保护了洪门中人。隐语与兵符的结合,就产生了密码。

密码在古代中国的军事中有着广泛的运用,根据北宋军事家曾公亮所著的《武经总要》记载,他在前人的基础上,研究出了中国古代最早的密码系统,他收集了

40 个军中常用的短语,将其编制成密码本,而密钥则是一首没有重复字的五言律诗。部将出征时,会从主将那里拿到一本密码本和一首约定用作密钥的五言诗,有了这两样,便可编制和破译密码,传递军事信息。

这种军事密码较早期的阴符有了很大的突破,在当时的军事作战中起到了很大的作用,可以算是现代密码学的雏形。

密码不仅广泛应用于军事中,在日常生活也有很广泛的应用。例如,古人常玩的"拆字游戏",即是一种编制与破译密码的活动。

拆字游戏是古代文人闲聚时常玩的一种游戏,这与汉字的特性有关:一个汉字有可能是由多个汉字组合而成,如双木成林,三口为品,古人早就发现了汉字的这种特质,于是也就有了拆字游戏。蒲松龄《聊斋志异》中有一则故事《鬼令》,其中就讲到,一个人下乡做生意时,夜间在一座古庙借宿,看到四五个鬼拿着酒在玩拆字游戏。

拆字游戏除了是文人相聚时打发时间的游戏,也可以用来形象、简洁地解释一些字词。例如,什么是"王"?按照古人的解释:"王,天下所归往也。"所谓的王者,就是那些天下人都归从他的人。这是古人的解释,再看看董仲舒的说法:"古之造文者,三画而连其中谓之王。三者,天、地、人也;而参通之者,王也。"经过董仲舒的一番"拆字游戏",把抽象的"天下所归往"说成参悟了天地人的人,简洁明了,开启心智。

如尼字母之谜

如尼字母是一种已经灭绝的字母,始于 1500 年前的北欧和日耳曼人,"如尼"(Rune)来自德语中的 Raunen,有"神秘""隐蔽"之意,如尼字母也因此具有一些可以占卜的神秘因素。最早的如尼字母是老弗萨克(Futhark),它代表的是起始的 6 个如尼字母,也即:Feoh、Ur、Thorn、Ansur、Rad 和 Ken。

如尼字母并不是一种语言,而是一种书写符号,一般认为,如尼字母发端于古德国,共有 24 个字母,主要用于占卜和魔法。后来经传播,如尼字母在斯堪的纳维亚地区流行起来,并被简化成 16 个字母,而在英国人的祖先盎格鲁—撒克逊人那里,如尼字母又得到发展,扩展到 33 个字母。如尼字母一般刻在石头、木块上,今人在一些岩石的雕刻中发现一些如尼字符。值得一提的是,如尼字母经过传播,散布到不列颠、北欧、冰岛等地,流行大半个欧洲,所以今天所说的如尼字母,指的是包含了大半个欧洲、有不同的语言和文化背景的如尼字母的总称。

细心的人会记得,在电影《指环王》中曾出现过如尼字母,它是与魔法联系在一起的。在古代欧洲，文字与魔法之间，有着一种天然的联系，如尼字母就承载着神秘的魔力，它的每个字母都富含深刻的含义和属性。古时的人们相信，如尼字母中蕴含着一种神力，通过它，可以参悟到智慧和领略到神的引领。在北欧神话传说中，众神之父奥丁为了获得智慧，将自己吊在宇宙树上，参悟宇宙的奥秘。历经九天九夜之后，奥丁失去了一只右眼，但他获得了如尼文的智慧。

　　如尼字母的这种魔力为古时的人们所推崇，人们为了实现自己的愿望，常常把自己的愿望用如尼字母刻在木头上，或者写在纸上，随身携带着。撰写这份如尼手稿时，人们需要凝神屏息，精神高度集中，这样可以将人们心中所想所思的愿望传递到手稿中。当如尼字母写就的手稿产生魔力，帮助人们实现了自己的愿望之后，人们就会虔诚地将其焚烧掉，以示对如尼字母的敬意和感激之情。

　　如尼字母的魔力除了可以帮助人们寻求渴望的结果，还可以被用来害人。在北欧，有一种"如尼魔文"，即以如尼字母写成的一种魔文。据说，一个人如果收到别人抛给他的如尼魔文后，会出现异常的表现，隐隐之间总觉得身后有狗一样的东西始终尾随自己，尤其是在夜间，后背上有如针芒一样的注视的目光会让他如坐针毡、辗转反侧，这种奇怪的感觉会一直缠绕着他，直到他收到如尼魔文的第 90 天时，死神便如期而至了。

　　正是鉴于如尼字母的巨大魔力，它还被用在战斗中。在一些勇士所使用的剑上，会刻上如尼字母，它不但可以使勇士在战斗中愈战愈勇，还给敌人带来痛苦和更多的死亡。

　　当人们因为一个问题而迟迟无法做出决定时，如尼字母还可以给人们以正确的指引。这个时候，如尼字母被人们用于占卜。那些希望获得神的引领的人，会从一个装着 24 个如尼字母的袋子里取出一些字母，他们认为，自己的手在精神的引领下选出了一个恰当的字母。那么，这些选出的字母如何进行解读呢？比较常见的有"十字解读法""3/6 个如尼字母解读法"。

　　"十字解读法"是将 5 个如尼字母排成十字形，其中，位于中间位置的字母代表的是当前的处境，这个十字所指向的"西面"的字母指的是当前处境的历史。"北面"的如尼字母代表占卜人对未来所渴望的进步；"东面"预示着未来，"南面"代表通往未来途中的障碍。

　　按照"3/6 个如尼字母解读法"，第一个字母所示的是占卜人的当前处境，第二个字母暗示了前方的道路，而第三个字母指向的是接下来的行动。这是 3 个如尼字母的解读法，6 个如尼字母的解读法与之类似，只不过以上所说的三个方面均有两个字母代表，这样它所提供的见解就更为深刻与复杂。

达·芬奇密码说了些什么

2006 年盛极一时的好莱坞大片《达·芬奇密码》是根据美国畅销书作家丹·布朗的同名小说改编而成。故事从法国卢浮宫馆长雅克·索尼埃的被杀开始,他留下的一串双关语和密码线索,指引着他的孙女索菲·纳弗以及哈佛大学符号学教授罗伯特·兰登去探秘,在经过重重的解码之后,索菲和兰登教授揭开了基督教的秘密。

整个故事就是一个破译密码的过程,一个谜底往往是下一个谜的谜题。卢浮宫馆长雅克·索尼埃显然是一个密码高手,他在临死前设下了一个迷局,第一道谜题就从他身边的一串数字和一句看似莫名其妙、毫无意义的话开始。这其中就涉及著名的斐波那契数列和变位字链,经过这两种解码之后,看似无意义的数字和话

恢宏的卢浮宫博物馆

中隐藏的信息就出现了———一个神秘的账号和达·芬奇的名画《蒙娜丽莎的微笑》。

根据第一条线索,索菲和兰登找到了那副举世闻名的名画《蒙娜丽莎的微笑》,等待他们的又是一个谜———循着一串血迹,他们在画旁边的墙上看到了一行字:男人的骗局如此阴暗。这行字的谜底经兰登破译之后,又指向了达·芬奇的另

一幅名画——《岩窟中的圣母》。在达·芬奇的这幅名画《岩窟中的圣母》中,索菲和兰登又找到了下一个线索:一个带白色鸢尾花的钥匙。上面刻有苏黎世银行的地址,而雅克·索尼埃留下的那串数字正是银行的账号。在这家银行里,索尼埃藏着一个与传说中的圣杯有直接关系的秘密——藏密筒。这是一种古老的密码机器,索菲对这种密码机器十分熟悉,在她孩提时代,雅克·索尼埃似乎就有意识地在培养她破译密码的能力,亲手做了一个藏密筒给她。人们将秘密信息写在一张很薄的莎草纸上,然后将莎草纸卷在一个装满醋的易碎的玻璃小瓶上,放入藏密筒内。藏密筒的外部有 5 个圆盘,每个圆盘上都刻着 26 个字母,只有转动圆盘拼出正确的密码,藏密筒才会打开,如果有人强行将其打开,就会弄破玻璃瓶,瓶中的醋会迅速溶解莎草纸,这样一来,其中的秘密信息就无法得知。

玫瑰标志之下,正是圣杯所在,这是雅克·索尼埃临死前对杀手西拉所说的,这个装在带有玫瑰花标志的盒子中的藏密筒也许藏着圣杯的秘密,联想到"男人的骗局如此阴暗"和白色鸢尾花,研究历史的兰登教授想到了一个秘密组织:锡安会。这个组织的徽标即是一朵白色鸢尾花,它肩负着一个神圣的使命——保护上帝权力的来源。

为了了解更多的关于圣杯的历史,兰登带着索菲前往维莱特庄园,向他专门研究圣杯的朋友雷·提宾求助。提宾是兰登教授昔日的同事,同时也是一个对圣杯历史有着狂热爱好的历史学家。在提宾的介绍下,索菲了解到,所谓的"圣杯",并非真的杯子,而是一个关于耶稣的秘密。他甚至说出了一个惊人的秘密:耶稣是人而非传说中的神,他与抹大拉的玛利亚结婚并有自己的血脉,玛利亚死后被葬在一个秘密的地方,她的后代也隐名埋姓不为世人所知,锡安会要保守的就是这个秘密。长期以来,锡安会一直有一位盟主和三大护法共 4 人保护着这个秘密,即玛利亚遗骸所在。而索菲的祖父雅克·索尼埃正是锡安会的盟主。

兰登在装着藏密筒的盒子上玫瑰花的标志下发现了新的内容,其中有一句"在伦敦葬了一位教皇为他主持葬礼的骑士",提宾指出,这句话指的就是伦敦的圣殿教堂,这里埋葬了 10 位圣殿骑士,在过去,圣殿骑士是玛利亚的忠实护卫者。

在提宾的帮助下,兰登与索菲赶到了圣殿骑士教堂,等待他们的,不是圣杯的下落,而是提宾露出了真面目,原来他就是指使杀手西拉杀死索尼埃的"导师"。他使计抢走了藏密筒,兰登与索菲也趁乱逃脱,并在威斯敏斯特教堂与提宾再次碰面。

提宾靠一己之力无法破译藏密筒的密码,他便威胁兰登和索菲二人,要求他们打开藏密筒。兰登受到启发,最终发现掉在牛顿(他也是锡安会早期成员之一)头上的"apple"正是打开藏密筒的密码,他偷偷取出了里面的纸条,将藏密筒摔碎。

兰登和索菲根据纸条上的指示,找到了索尼埃密码提示的圣杯藏身之处——罗斯林教堂。罗斯林教堂又名"密码教堂",位于苏格兰爱丁堡市以南10公里处,为圣殿骑士所建。在这里,兰登揭开了索菲的身世,她正是耶稣和玛利亚的后裔,她的身上流淌着耶稣的血液。

到这里,故事似乎已经走到了结尾。不过,罗斯林教堂只是圣杯曾经的栖身地,索菲在这里与她的祖母相认,兰登独自回到酒店。在刮脸时,兰登不慎将脸刮破,血顺着池子流淌时留下一道血痕,这让他脑子里灵光一闪,回想起索尼埃曾在他所著的《神圣女性的符号》这本书中提到"玫瑰线"的书页中留下血迹,终于明白了玛利亚遗骸的藏身之处。他在夜色中来到卢浮宫,在玛利亚静静躺着的地方蹲了下来,静穆良久。此时,玛利亚躺在大师们的杰作围成的怀抱里,天空中繁星闪闪,正暗合了那句"在繁星闪烁的天空下终于得到了安息",谜语最终被完美破解。

整个故事就是索尼埃设下的谜,随着谜底不断被揭开,故事层层推进,最终真相大白。作者丹·布朗运用历史、地理、宗教等知识组成许多密码,要揭开谜底,就必须具备相应的知识。丹·布朗有如此功力,这要得益于他深厚的家学,据介绍,他的父亲是数学教授,母亲是宗教音乐家,每一年的圣诞节,丹·布朗都要经历一番"寻宝",从父母给出的蛛丝马迹中,找到他的圣诞礼物。幼年的经历给他的创作带来灵感,《达·芬奇密码》正是一个"寻宝"的过程,当所有的线索都集中起来后,宝藏也就出现了。

10种至今难以破译的密码

随着编制密码和破译密码活动的不断进行,为了研究密码变化的客观规律,以便更好地编制密码和破译密码,密码学这门学科便诞生了。经过归纳整理,从古至今的密码大体可以分为人们所熟知的几类,如栅栏密码、恺撒密码、摩斯码等等,这些系统化的方法可以使密码的编制、破译简单易行,但世界上还有一些密码,它们的编制方法并不如密码学中所归纳的那几个套路,因此,它们的破译也就成了一道摆在密码界前面的难题。其中,有10个最难破译的密码,至今还吸引着无数密码爱好者前去解谜。

1.克里普托斯雕塑(Kryptos)

克里普托斯雕像位于美国中央情报局(CIA)总部庭园内,是艺术家詹姆斯·桑伯恩创作的。1988年,当时的美国中情局要在当时的总部后面建一幢新的大楼,于是想在两栋楼之间建一个标志性的建筑物。在众多的方案中,中情局采纳了桑伯恩的方案,在雕塑上用希腊文字刻下所要表达的内容。

这座雕塑被命名为"Kryptos",在希腊语中,kryptos 意为"隐藏的"。Kryptos 雕塑高 10 英尺,上面刻着 865 个字母密码,每个字母高 3 英寸。

创作者桑伯恩并未受过严格的密码训练,但他出的这道难题却难倒了 CIA 的密码破译员。尽管他们已经破解了 Kryptos 密码上相对比较简单的前 3 节,却对第 4 节(K4)一筹莫展。

畅销书《达·芬奇密码》掀起了一股解谜 Kryptos 第 4 节的热潮,因为作者丹·布朗在书中暗示"Kryptos"十分重要。许多人试图破译 K4,但显然它的难度远高于前 3 节,至今无人能破。不过桑伯恩半开玩笑地暗示说,揭开谜底的钥匙就在大家眼皮底下,却一直被人们所忽视了。

2.费斯托斯圆盘(Phaistos)

费斯托斯圆盘是在希腊克里特岛的第二大古王宫遗址——费斯托斯王宫发现的,粗算起来,距今有近 3600 年左右的历史。1908 年,考古学家普尼在这里进行考古挖掘时,发现了这个"黄泥饼"。它直径约为 17 厘米,与普通的菜碟无异,引起普尼注意的,是印在上面的"天书"。这些神秘的形符看上去像是有人趁着泥饼还未干透的时候,用金属印章印上去的。这些形符十分奇特,有的像人像,如男人、妇女、儿童。他们呈奔跑、站立的姿态,有的双手背在身后,好似战俘;有的形符像动植物,如羊、鱼、鸟、橄榄枝、花等;还有一些像日常生活中的器具,如刀、斧子、锤子、角规、水准仪、拳击手套、狼牙棒……这些大大小小、形态各异的形符共有 241 个,以竖线分隔开来,圆盘的两面分别形成 30 和 31 个形符节,以螺旋形排列。

这些圆盘作何用途? 其中的形符又有什么含义? 至今无人能解。有人认为它代表了一种朦胧的印制意识,是活字印刷的雏形;圆盘上的形符的排列有一定的规律性,有些形符多次出现,带着某种韵律和节拍,像是一首歌,而从它发现的地方来看,圆盘可能与祭祀有关,也许是献给神的颂歌;也有人从形符中判断,圆盘记载的是与战争有关的文献。

无论是象形文字说还是外来文明说,都无法破译费斯托斯圆盘上密码,它至今仍浑身上下都是谜。

3.shugborough 大厅牧羊人纪念碑

在英国斯塔福德郡的 shugborough 大厅,有一个著名的牧羊人纪念碑。纪念碑是 18 世纪时期的海军将领乔治·安森下令所建,上面刻有两行至今无法破译的密文。

纪念碑上的雕塑显示的是一位妇女遇见了三个牧羊人,这三个牧羊人都指着一座坟墓。坟墓上以拉丁文刻着一行字"Et in arcadiaego",翻译过来意为"我也在阿卡迪亚",这个雕塑是根据法国艺术家尼古拉·普桑的作品创作而成的,所不同的是,牧羊人所指向的字母与原画有所不同,在尼古拉·普桑的作品中,牧羊人指向的是 ARCADIA(阿卡迪亚)中的"R",而雕塑中牧羊人的手指断了,并指向"in"中的"n"。最为神秘之处在于,雕塑上多出了两行神秘的拉丁文字:

O·U·O·S·V·A·V·V

D· M·

人们猜测这是安森传递爱意的一组密码,用以纪念死去的安森小姐。字母 D.M.在罗马的纪念文中常指代"Diis Manibus"的缩写,意为献身黑暗。又有人指出,其余的字母代表的是拉丁文"Optimae Uxoris Optimae Sororis Viduus Amantissimus Vovit Virtutibus,它的含义是"最好的妻子,最好的姐妹,最忠诚的鳏夫以此向你的忠贞表达敬意"。

那些相信圣杯传说的人们,则认为牧羊人纪念碑指出了圣杯所在。根据《圣血和圣杯》一书所说,普桑是锡安会的成员,他的画中暗藏了圣杯的藏身之处。

这些说法都是基于猜测,并没有确凿的证据,它可以有多种解读,但无法仅根据密码术就判断哪一种是正确的。至今,牧羊人纪念碑还吸引着众多密码爱好者去探寻谜底。

4.毕尔密码(Beale code)

19 世纪初,美国一个名叫毕尔的年轻人带领着一支30 人组成的探险队前往西部平原探险,在圣达菲北部的一个峡谷中,他们发现了丰富的金矿和银矿。历时整整 18 个月的开采之后,他们采到了大量的财富,在 1819 年到 1821 年间,他们历经千辛万苦将这笔财物悄悄地运回弗吉尼亚,并将它们藏在一个隐蔽的地洞之中。不久,毕尔他们一行人打算再次前往西部平原,他们需要将带回来的财富交给一个可靠的人保管。毕尔考虑再三,决定将宝藏的秘密交给一家旅店的老板来保管。

毕尔将宝藏的地点、内容和宝藏所有人的亲属的信息分别写在三张纸上,装入一个密封的盒子里交给了旅店老板,并告诉他,如果自己 10 年之内都没有来取盒子的话,就请老板自行打开盒子,到时会有人把钥匙寄给他。

但是十多年过去了,一直没有人来取回盒子,旅店老板左等右等不见人来,便自己打开了盒子,发现了盒子里的秘密。但是关于宝藏的具体的信息,全都是以密密麻麻的数字写成,没有任何文字说明。旅店老板花了十多年的时间去破译其中的密码,直至他临终前,都无法破解其中的秘密。密码后来流传出去,有人确定那些数字是一种键盘编码的密码,经过悉心研究,破译了第二张纸上的内容,知道了宝藏的数量。但另外两张纸上的内容却始终无人能破译,1885年,这两张纸上的内容被编辑成小册子出版,出版人希望有朝一日,有人能破解它,找到宝藏。这个小册子还一度被列入美国中情局的破译密码训练内容,但至今无人能破解其中的秘密。

5.Dorabella 密码

1897年7月14日,音乐家爱德华·埃尔加给他的朋友杜拉·彭妮小姐发了一封加了密的信,至今无人知道信中的内容是什么,连彭妮小姐对此也是一无所知。

这封信,或者说是密码,由87个字符成,排列成3行,看上去像是由24个象征性的字母转化而来,其中每一个字符都包含1、2或者3个半圆。在第三行的第5个字符后面有一个小点,不过小点的含义和意义并不明确。许多人猜测这是音乐家的新作的乐谱,不过至今也没有人有幸能听到他的这首新作。

6.Chaocipher

1918年,Byrne发明了chao这种密码方法,并于1953年将其写到他的自传《沉默年》中。Byrne认为chaocipher很简单,但却不可能被破译。Byrne还宣传,他用来加密的机器可以装进一个雪茄盒子里,并承诺如果有人能破解他的密码,就能得到他的奖励。

chaocipher由两个字母表组成,右边的字母表用来确定普通文本的位置,而左边的字母表用来读相应的次密文。它的演算法涉及动态替换的概念,如果其中一个字母表发生了变化,另一个相应的也会发生变化,这也正是它难以破译的原因所在。

7.D'agapeyeff 密码

这个密码于1939年由D'agapeyeff编制,它曾被收录在《代码与密码》一书中,但是在该书随后的版本中,都没有收录D'agapeyeff密码,据说连创作者D'agapeyeff本人都忘了该如何破译它,所以至今也没有人能破解它,但也有人说,之所以无法破译,是因为D'agapeyeff本人在加密最初的文本时出现了错误。

8.Linear A 密码

这是在古克里特岛发现的由两种不同的线性文字组成的字符,在克里特文明时期,Linear A是宫廷中使用的官方文字。它由亚瑟·伊文思发现,在1952年的时候,米歇尔·文屈斯发现,Linear B是早期迈锡尼文明时期的文字,但是,尽管Linear A与Linear B之间存在着一些关联,但Linear A依旧无法破译,它看起来似乎是公元前1900~公元前1800时期的字母表。

9.黄金密码

1933年,在中国上海发现了7块黄金,与一般黄金不同的是,这7块黄金上刻有一些图片和汉字,但是其中的含义至今无人能解,而这几块黄金因其所包含的密码而身价大增,据说已经超过了黄金本身的价值。

第十个留给世人的难题就是前面所说的"伏尼契手稿"之谜。这10种神秘密码已经超出了现代密码学的范畴,即便是在计算机技术如此发达的今天,也难以将其破译。它们成了密码界挑战,引来众多的挑战者。

纳斯卡线条,宇宙的密码

在秘鲁南部一片荒凉的平原——纳斯卡平原上,有一处令人震惊的奇迹,在方圆50平方公里内的地表上,有许多深大约为0.9米,宽度在15厘米到20米之间的"沟槽"。这些线条是由两个美国人、考索克夫妇发现的。他们在纳斯卡平原考古时,发现了这些像机场跑道一样的线条,直线条、弧线……这些线条绵延几公里。他们的发现震惊了考古界,考古人士纷纷来到这里,他们推测这些线条至少有上千年的历史,但对于这些线条的含义,却一直不得其解。直到后来,考古学家从高空俯瞰时,才发现这些或直或弯的线条,原来是许多巨大的图案中的一部分,因为图案覆盖的面积太大了,以至于人们在地面上无法看清其全貌。

这些图案的内容十分丰富,包括了各种几何图案,如三角形、梯形、平行四边形、螺旋形等,还有一些动物和植物的图案,如一只巨大的、栩栩如生的蜘蛛、猴子;有人形图案,其中有一个人形图案,只有一个头和两只手,且一只手只有4根手指……这些图案从北边的英吉尼奥河开始,往南延伸至纳斯卡河,面积达200平方公里。纽约长岛大学的保罗·科孝克博士在驾驶着飞机在空中俯瞰到这些巨大的图案之后,不由得惊叹说:"我发现了世界最大的天文书籍。"

的确,这些神秘、巨大的图案就像一本"天书"一样,至今没有人能读得懂。它是一个令人着迷的谜,吸引了许多学者来解谜。德国女数学家玛利亚·赖歇来到纳斯卡之后,就再也舍不得离开,她将自己的一生都献给了这些线条。

纳斯卡线条太大了!站在地面上,人们根本无法领略到它的魅力,那么2000年前的人又是如何创造出来的呢?无法想象在看不到全貌,又没有掌握现代飞行技术的情况下,古代的纳斯卡人是如何设计和制造出那些图案来的。

在纳斯卡不远的地方,矗立着一些玛雅人遗留下来的金字塔。人们猜测,与玛雅人比邻的纳斯卡人也许也掌握了建造金字塔式高台的技术,他们曾经建造过一座宏伟的高台来监督整个纳斯卡线条的制作过程。

但这种猜测很快被否定了，显然纳斯卡平原并不具备建造高台的条件，这里常年干旱少雨，没有茂密的树林，也就没有建造高台的木头。

考古学界在考察玛雅人的遗迹时有一个奇怪的发现，玛雅人似乎从来都不用轮子，他们建造的金字塔靠什么搬运材料呢？有人猜测，那是因为玛雅人已经发明了一种低空的飞行器，那么纳斯卡人也许也是乘坐着一种飞行器来监督线条的制作的。从已经发掘的纳斯卡陶器和织物上，人们发现有一些飞行的图案，比如气球风筝和鸟一样的飞人。但并没有任何的飞行器被发现。

最主要的是，人们始终猜不出纳斯卡人制作出这些巨大的图案究竟有什么意义？这些巨大的、线条勾勒出的图案背后究竟隐藏着什么样的含义呢？

有人认为，纳斯卡线条是一种天文历法的直观表示，因为这些直线中，有几条十分精准的指向黄道上的夏至点与冬至点。那些直线和螺旋形的线条代表了星球的运动轨迹，而那些动物图案，则指代的是星座。

有的科学家认为，这些图案可能是一幅很有实用价值的古地图，甚至有可能是一幅藏宝图，宝藏的秘密就藏在这幅巨大的图案之中，只是至今还无人能破译其中的密码。

显然，这些猜测都充满了神秘色彩，但也有"务实"的科学家认为，这只不过是纳斯卡人的一张供水系统图。美国麻省理工大学研究院戴维·约翰逊就持这种观点。他长期研究纳斯卡地区古代的灌溉系统，有一次他正准备探察一个岩石断层时，无意中发现那些线条正指着他所要去的那个断层。他突然意识到了什么，激动地仰起头对着天空说："我的上帝，我想我知道它是什么意思了！"

戴维认为这些巨大的图形标记了地下水源的位置，这些神秘的线条正是古代纳斯卡人绘制的供水系统图。而那些蜘蛛、猴子、巨鸟的图案，也许是古纳斯卡人各个家族的徽标，家族之间为了分配水源，将自己家族的徽标在各自的水源地上标出来，避免了纷争。

纳斯卡线条至今还是一团谜，无论是线条的形成本身，还是那些线条勾勒出来的图案所蕴含着的意义，都是一个超越了现代密码学范畴的密码，没有一位解码者能够成功将其破译。

第五节　密码科技之谜

栅栏密码是一种什么样的密码

称为栅栏易位（Columnar Transposition）密码，是将要传递的信息中的字母交替成分上下两行，然后再把下面一行的字母排在上面一行的后边，从而形成一段密码。

例如，我们要传递的信息是：There is a chipher.

按照栅栏密码的方法，将明文分成以下两组：

Teescihr

Hriahpe

再将下面一行排在上面一排的后面，即形成了一段密码：Teescihrhriahpe。

解密时就将刚才的步骤倒过来，先将密码分成两部分：

Teescihr

Hriahpe

再按照竖着排列的顺序，就还原成：Thereisachipher，插入空格，即为明文：There is a chipher.

当然，这是栅栏密码最简单的形式。其实，加密时不一定只用两行，它也可以分成多行。

举一个例子来说明，例如密文为：

PFEE SESN RETM MFHA IR WE OOIG MEEN NRMA ENET SHAS DCNS IIAA BRNK FBLE LODI

密文共有 64 个字符，将其以 8 个字符为一栏，排列成 8 * 8 的恺撒方阵如下：

P F E E S E S N

R E T M M F H A

I R W E O O I G

M E E N N R M A

E N E T S H A S

D C N S I I A A

I E E R B R N K

F B L E L O D I

在按照竖列的顺序读出来就是：

PRIMEDIFFERENCEBETWEENELEMENTSRESMON
SIBLEFORHIROSHIMAANDNAGASAKI

插入空格后就变成：PRIME DIFFERENCE BETWEEN ELEMENTS RESMONSI-
BLE FORHIROSHIMA AND NAGASAKI（广岛与长崎的原子弹轰炸的最大区别）。

在运用到中文时，由于中文本身的特性，栅栏密码容易被破解，因此产生了一些变体，其中较为人熟悉的就是道家心法秘籍《天仙金丹心法》中采用的加密方法，这种经过变异之后的栅栏密码运用到中文中就不太容易被识别。密文为：

〇茫天：摹然月终为鼎半是真灭器轮假不但伸净著定分泥万〇无〇光人经法一从尘色返我权自法中妙大空照生屈来好路形神海〇便还未归

经过还原就变成：

〇茫

天：摹

然月终为

鼎半是真灭

器轮假不但伸

净著定分泥万〇

无〇光人经法一从

尘色返我权自法中妙

大空照生屈来好路形神

海〇便还未归

从上往下读出明文即为：天然鼎器净无尘，大海茫茫月半轮。著色空摹终是假，定光返照便为真。不分人我生还灭，但泥经权屈未伸。万法自来归一法，好从中路妙形神。

莫尔斯电码的原理何在

莫尔斯电码是美国人发明的一种古老方法，它的历史早于电话。莫尔斯电码具有精简、低成本以及高效的优点，因此在通讯科技日益发达的今天，莫尔斯电码仍有着十分重要的地位。

摩斯电码由美国人塞缪尔·莫尔斯在1839年发明的，摩尔斯也因此成为现代"电报之父"。莫尔斯原本是一位画家，1832年在从法国乘船返回美国的途中，同船的一位乘客向大家讲述了电磁铁的原理：将导线缠绕在铁块上，导线通电之后，铁块就会产生磁力,而且线圈绕得越多,或者通过的电流越大,产生的磁力也越大。莫尔斯好奇地问:"电流通过导线的速度有多快?"这名乘客告诉他,几乎在一瞬间,电流就可以通过。

莫尔斯受到启发,联想起自己亲眼所见的法国信号机系统,他想如果电流可以瞬间通过无论多长的导线的话,那么也许可以用它来进行远距离信息传递。这个想法令时年已经41岁的莫尔斯十分激动,他开始钻研电磁学,终于悟出了一个道理:"电流只要停止片刻,就会出现火花;没有火花出现是另一种符号;没有火花的时间长度又是一种符号。这三种符号如果组合起来代表数字和字母,就可以通过导线来传递文字了。"这正是莫尔斯电码的原理,莫尔斯领悟到这个道理之后,用"点"(即0.1秒的通电时间)、"划"(0.3秒的通电时间)和"间隔"(断开电路)来表示各种符号。

尽管莫尔斯发明了莫尔斯电码,但他缺少相关的专门技术,为此,他与艾尔菲德·维尔签订了一项协议,由维尔帮助自己制造更加实用的设备。

最早的莫尔斯电码是一些表示数字的点和划,其中数字对应着单词,因此,要想知道每个词对应的数字,需要一本代码表。在艾尔菲德·维尔的帮助下,莫尔斯通过点、划以及中间的停顿,将每个字元和标点符号彼此独立地发送出去。1837年,威廉·库克和查尔斯·惠斯通开始利用莫尔斯码在英国发电报。相反,莫尔斯和维尔直到1844年才发出他们的第一份电报,当电流通过时,在一条纸带上会留下凹痕,这是最初显示尔斯码的方法,为此,他们还用了一个机械发条装置来带动纸条。后来,莫尔斯码经过进一步的改进,可以将在纸条上打印出来的凹痕转化成文本信息。

在莫尔斯最初的设计中,莫尔斯码只能用来传递数字,然后通过查阅字典,来找出它所代表的字。后来,在维尔的改进下,莫尔斯码既可以传递数字,也可以传递字母和一些特殊的符号,这样一来,莫尔斯码的适用范围就迅速扩大了。

字元的表达有两种"符号":划(-)和点(·)。其中,点的长度决定了发报的速度,划一般是三个点的长度,点划之间的间隔是一个点的长度;字元之间的间隔是三个点的长度,单词之间的间隔为7个点的长度。

一般来说,任何一种能把书面字元用可变长度的信号表示的编码方式都可称之为莫尔斯电码,不过现在它只用来指代两种表示英语字母和符号的莫尔斯电码:美式莫尔斯电码和国际莫尔斯电码。

莫尔斯码因其简洁易懂,使用时间超过了160年,远远超过其他任何电子密码系统。直到1999年,莫尔斯电码完成其在海事通讯中的使命。1997年,法国海军停止使用莫尔斯电码时发出的最后一条消息是：所有人注意，这是我们在永远沉寂之前最后的一声呐喊！

如今，国际莫尔斯电码已经在使用中，不过现在的使用者几乎全部是一些业务的无线电爱好者，而且，如今的莫尔斯电码早已不是当初莫尔斯和维尔发明的那个莫尔斯码了，现代国际莫尔斯码是由弗—克莱门斯—杰尔塔于 1848 年发明的，主要用于在德国的汉堡和库克斯之间发送电报。杰尔塔将字母表中的一半都进行了改动，1865 年，在法国巴黎的国际电报会议上，将其标准化，并制定国际莫尔斯电码准则。而莫尔斯原始的电码仅限于在美国使用，即为现在所说的美国莫尔斯电码，美国莫尔斯电码现在已经极少有人使用了。

国际莫尔斯电码如今主要用于业余电台，直到 2003 年，国际电信联盟还负责给世界各地的莫尔斯电码业余爱好者发执照。按照美国的规定，只有一些特定的业余频段才能进行声音和数据的传送，而连续波是对所有业余频段开放的。在一些国家，业余无线电的一些波段仍只为发送莫尔斯电码信号而预留。

莫尔斯电码可以通过多种方式发送，如最初的通过电子脉冲发送，也可以通过声调、长短不一的无线电信号，甚至可以用一些可视的方法，例如轻便信号灯来发送。

尽管使用莫尔斯电码在许多国家都不需要执照，但在航空管制中还常常用到，例如一些飞行求助信号，像 VORs 和 NDBs 都还是采用莫尔斯码。大家十分熟悉的求助信号"SOS"，就是当年著名的泰坦尼克号遇险时用莫尔斯电码发出的求助信号，无奈当时没有人理会，直到泰坦尼克号沉没之后，SOS 才被广泛接受和应用。

间谍一般使用哪些暗号和密码手段

2010 年，美国抓获了一批俄罗斯间谍，引起极大的轰动。人们发现，那些似乎只有在战争年代才会现身的谍报人员，在和平时期竟然就有可能在自己周围活动，他们有可能是自己的同事、朋友，甚至是亲密的爱人，那么这些人在从事间谍工作时，都采用哪些密码手段或者暗号来传递信息呢？

在一些谍战影视作品中，我们可以看到一些常用的间谍技术。

一种是常用的莫尔斯码。莫尔斯码大家并不陌生，但由于间谍技术的隐蔽性，一些以莫尔斯码传递出去的信息显然无法通过传统的电台的方式，而需要经过一些巧妙地转换。比如电影《风声》中周迅饰演的女间谍顾晓梦在旗袍上缝出的莫尔斯码，吴志国在医院里哼出的小调里，都隐藏着摩尔斯码，这些都是莫尔斯码隐蔽的用法。

另一种是密写术。密写术也是常见的一种传递秘密信息的方式,即以牛奶或者米汤等写密信,等牛奶或米汤干了之后,字迹就会消失,读信的人只有通过光照或者在信纸上涂抹碘酒才能让文字显现出来。热播电视剧《潜伏》中,左蓝就交给敌方的马奎一封以隐形药水写就的落款为"峨眉峰"的信,马奎不知就里,结果因信惹祸,被捕入狱。不过一般来说,这种方法过于普遍,容易被识别。据说,美国一所监狱曾上演现实版的"越狱",一名囚犯通过密写术给他的接应伙伴写信密谋出逃的线路,结果被狱警识破。由此看来,密写术过于普通,并不是谍战中传递信息的最佳选择。

还有一种就是暗语。这是一种事先约好的用以与自己人接头或者区别敌我的隐语。在电影《风声》中,吴志国站在阳台上唱了一段山西小曲儿,这段曲子即是内部接头的暗语,听到这段曲子后,同为间谍的顾晓梦与他接上了头。据说,美国抓获的俄罗斯间谍中,也有一句接头暗号——我们在北京见过面?

除了这些极为大众化的传递方式之外,历史上各国间谍传递情报的方式可谓五花八门,远远超出人们的日常经验。

例如,在二战时期,有一位逃亡到英国的挪威人汉斯—拉尔森曾创办了一份《天体运动者》杂志,该杂志以色情著称,它宣称"男人的尊严"和"非同寻常的力量",谁又会把这本开放的成人杂志与严肃的谍战联系起来呢?

不过,它可以逃脱普通人的怀疑,却难以逃过英国情报机关的火眼金睛。拉尔森和他的《天体运动者》杂志很快引起了英国军情5处的怀疑,他们逮捕了拉尔森,在审讯中得知,拉尔森是一名受过严格培训的德国间谍,他利用纸蜡,在杂志上标注一些不会引起普通人注意的标志,只有那些知道秘密标志位置的德国间谍才会找到并阅读这些情报。后来英国反间谍人员认真阅读了某一期的《天体运动者》杂志,在一篇文章中发现了隐藏的情报。

据一些媒体公开的二战时期的资料显示,当时的间谍手段可谓五花八门,往往在一些看似平常的以引人注意的地方就隐藏着巨大的秘密。

有一份文件是当时最新款的时装模特设计图纸,时装的设计精巧,手工精致,大衣、帽子和衬衣的缝针都设计出很漂亮的图案,谁能料到,这些图案的背后隐藏着一条密码:敌军每小时都会有增援部队。

还有一种暗号结合了多种密码符号,一些纳粹分子将莫尔斯码、五线谱、国际象棋棋谱和一些速记书写的符号结合起来,产生了一种难以辨认的暗号。

中国有"藏头诗",间谍战有"藏头信"。1942年,英国军方截获一封"休伯特"写给"珍妮特阿姨"的信,这封内容看似普通的家信引起了英军的怀疑,但他们一直百思不得其解。直到后来抓获了两名德国间谍后，据这两名间谍介绍，把信的每个字的首字母组合在一起，就是情报的内容。英军照间谍所说的方法读出了一条重大军情：14架"波音堡垒"战斗机昨日飞抵伦敦，准备进攻德国。

美国空军还曾出现过一名"错别字间谍"，这名受过密码学训练的空军军官因背负巨额债务，打算利用职务之便，向各国出卖国家机密换钱。美国联邦调查局特

现任俄总统普京也曾为克格勃成员

工在国外的情报源接到一名不知名的情报人员的信，信中主动要求出卖情报资料。写信的人是个错别字大王，比如他把"espionage"（间谍）误拼成"esponage"，根据这个特征，联邦调查局最终把目标对准了朗读困难症患者布莱恩·里根。

当布莱恩·里根登上前往苏黎世的飞机，打算与伊朗等国的官员会面商量出售情报事宜时，美国联邦调查局特工就出现在了他面前。他们从里根身上找到了一张写有伊朗等国使馆的地址，还有一个记着13个毫无关联单词的记事簿，如rocket、glove、tricycle等。从里根的钱包里，特工找到了一张写着一长串字母和数字的纸，一张写着26个词的卡片，在一个文件夹中，找到了4张写满了3位一组数字的纸。

特工很快破译了其中的三份资料，而最重要的一份，也就是写满了三位一组数

字的纸上，暗藏着里根埋藏了大量资料的地址，却迟迟未能告破。密码分析员仔细分析了那些数字后，认为那可能是书籍密码，法医专家检查了里根被捕时随身携带的一本小说和一本字典，根据指纹找出了他翻得最多的那几页，但是也一无所获。不过，他们的思路是对的，只是此书非彼书，最后，还是里根本人揭穿了谜底：那些数字是依据他自己所读中学的毕业年鉴编制而成的密码。密码破译员在他的提示下，最终找到了 12 个埋藏着重要情报的地点，发现了那些事关国家安危的情报。

随着现代科技的不断进步，间谍们传递情报的手段也越来越多，越来越高科技，也越不容易被识破。

维热纳尔密码并非"不可破译"的密码

16 世纪晚期，随着频率分析法的出现，单字母替换密码完全失去了效用。因此，密码编码者们试图找出一种方法来编制出更为强大、不易破译的密码。为此，编码者们做了许多尝试，例如，在编码过程中加入一些特殊的字符，或者用一些字母代表一种程式，如空格、换行等等，但这种变化都瞒不过破译大师的眼睛，他们通过一点蛛丝马迹就能找出破译密码的线索。

直到有一天，法国外交家 Blaise de Vigenere 提出了一种多字母替换密码的方法，也即用两个或者两个以上的密码表交替使用来进行加密，这样就可以防止任何人利用频率分析法来解密该条信息。关于维热纳尔密码的发明者，还有一个小插曲，早在 1553 年吉奥万·巴蒂斯塔·贝拉索出版的《吉奥万·巴蒂斯塔·贝拉索先生的密码》一书中，就有关于维热纳尔密码的记录，作者还首次引入了密钥的概念。只是这并未引起人们的注意，直到 Blaise de Vigenere 提出多字母替换密码的方法之后，维热纳尔密码才引起人们的关注，所以一直被人们称为"维热纳尔密码"。

维热纳尔密码的关键部分是表格法(tabula recta)，表格法是约翰尼斯·特里特米乌斯 1508 年在《隐写术》中提出的。

我们知道，在恺撒密码中，字母表中的字母会有一定的偏移，例如偏移量为 3 的时候，字母 A 就转换成字母 D，B 就转换成了 E。而维热纳尔密码则相当于一个采用不同偏移量的恺撒密码组。

编制维热纳尔密码需要使用表格法，这个表格为 26 行字母表，后面一行是由前一行向左偏移一位得到，具体到究竟哪一行字母是用来编译的，这要取决于密钥，而这个密钥在过程中是不断变化着的。

以"attack at once"为例，我们选择一个关键词"Lemon"为密钥，明文中的首字

威廉·F·弗里德曼曾成功地破译了维热纳尔密码

母 A 与密钥第一个字母 L 对应,对照表格进行加密,密文的第一个字母是 L,以此类推,就可以得到一组密文。

多表密码的破译是以字母频率为基础的,但直接的频率分析却无法破解,因为 E 是英语中使用频率最高的字母,而在维尔纳尔密码中,E 被加密成不同的文字,因此,维热纳尔也被喜欢密码的人们称为"不可破译的密码"。

维热纳尔密码真的是"不可战胜的密码"吗?对于这个说法,许多人都不认同,事实上,有不少人都成功地破译了维热纳尔密码。1854 年,英国人查尔斯·巴贝奇就因为受到斯维提斯在《艺术协会杂志》上发表声明称自己发现了"新密码"的启发,他发现,斯维提斯的密码其实只是维热纳尔密码的一个变种,从而成功地破译了斯维提斯给他的难题——破译两个不同长度的密钥加密的密文。1863 年,弗里德里希·卡西斯基公布了一个完整的维热纳尔密码的破译方法。他的这套方法被称为卡西斯基实验,卡西斯基实验的突破口是一些常用的单词,例如 the, of 等,有可能被同样的密钥字母进行加密,从而在密文中反复出现,这样就可以基本确定密钥的长度。

上世纪 20 年代,威廉 · F · 弗里德曼(William F. Friedman)使用重合指数(index of coincidence)来描述密文字母频率的不均匀性,从而确定密钥的长度,由此破译了维热纳尔密码。

确定密钥长度的意义在于,可以根据密钥的长度将密文写成多列,列数与密钥长度相对应,这样一来就得到了一个恺撒密码,采用破译恺撒密码类似的方法,就可以轻易地将密码破译。

考虑到了这个破绽,维热纳尔密码后来还产生了一种变体——滚动密钥密码,这种密码的密钥和密文一样长,这样一来,卡西斯基实验和弗里德曼的方法都失效了。从理论上来说,一个密钥的长度与明文的长度一致而且完全是随机的,那么维热纳尔密码的确就是"不可破译"的。据说,维热纳尔本人还曾发明过一种更强的维热纳尔密码变体——自动密钥密码。巴贝奇破译的正是这种维热纳尔密码的变体。

维热纳尔密码在欧洲的应用并不十分广泛,在欧洲有一种 Gronsfeld 密码与维热纳尔密码基本相同,由于它的强度很高,在德国和整个欧洲都有着广泛的应用。

神秘的 ADFGX 密码

观点:ADFGX 密码是一种双重加密密码,它诞生于第一次世界大战期间,它的破译对一战的结果起着十分重要的作用。

ADFGX 密码是由德国陆军上校 Fritz Nebel 发明,并于 1918 年第一次世界大战时期投入使用。ADFGX 密码是一种结合了 polybius 密码和置换密码的双重加密方案,其中的 A、D、F、G、X 即为 polybius 方阵中的前 5 个字母,它也因此被称为"AD-FGX"密码。

以军事中常见的"Attack at once"这句话为例,先将它以 polybius 转换:

```
A D F G X
A b t a l p
D d h o z k
F q f v s n
G g j c u x
X m r e w y
```

这样一来,"Attack at once"就可以转换成"AF AD AD AF GF DX AF AD DF FX GF XF"这组字母,这是第一重加密,然后再利用移位密钥加密,假设密钥为"CAR-GO":

```
C A R G O
A F A D A
D A F G F
D X A F A
```

D D F F X

G F X F X

这是第二次加密，然后再将密钥"CARGO"中的字母调整为字母表的顺序，即ACGOR，每个字母对应的列下面的讯息即为新的密文，例如，字母"A"对应的为"FAXDF"，"C"对应的为"ADDDG"……

于是，一份新的电文就产生了：FAXDF ADDDG DGFFF AFAXX AFAFXA。不过在实际应用中，移位密钥的长度可能有二十几位字母，且每天都有变化。在此基础上，还出现过 ADFGXV 密码，就是将 polybius 其中的 5x5 的格子变成 6x6，这使得所有英文字母以及数字 0 到 9 都可以混合使用。

这种 ADFGX 密码在一战时，曾一度改变了战局。

1918 年，第一次世界大战接近尾声之际，法军截获了一份德军的电报，这份电报所有的单词都以 A、D、F、G、X 五个字母组成，与以往的电报有很大的不同，法军方面预计德军可能会发起一场生死决战，因此破解新的密电成了重中之重。

年仅 29 岁的法军密码局分析员乔治·潘万中尉接到了这个艰巨的任务。从A、D、F、G、X 五个字母中可以判断，这是采用 polybius 密码转换而来的，但从法军不断截获的德军电报来看，这又不仅仅只是简单的棋盘式代替密码，潘万判断这些密码在 polybius 的基础上再一次经过了加密！

他的判断是对的！法军又先后截获了 18 份 ADFGX 电报，潘万在分析对比了这些电文后，从中发现了一些相似之处，经过反复的验证，终于破译出长达 20 位的移位密钥。正当潘万稍稍松了一口气的时候，情况突然发生了变化，法军在 6 月 1 号这天共截获了 70 多分德军密电，这次他们的电报中多了一个字母 V！显然，德军将他们的棋盘扩大为 6x6 了。

日趋紧张的形势容不得潘万有丝毫的松懈，他又开始夜以继日的破译工作，在经过 24 小时的连续工作之后，德军的棋盘密钥和移位密钥又被他找出来了。功夫不负有心人，两天之后，法军截获了一份从德军统帅部发出的密电，密电是发给德军 19 集团军参谋部的。密码分析员用潘万分析出的密钥试译了一下，一条惊人的消息出现了：速运军需弹药如不被发现白天也运！

这是一条对战争起了决定性作用的消息，法军马上意识到德军在为一场进攻做准备。正所谓知己知彼百战不殆，提前 6 天知悉德军进攻消息法军有充分的时间调集部队加强防范，在法军固若金汤的防护面前，德军的进攻以失败告终。这一役之后，整个战局发生了逆转，向着有利于协约国的方向发展，历史也由此被改写了。

托马斯·杰斐逊的轮子密码机

托马斯·杰斐逊不仅是一位著名的政治家,还是一位伟大的发明家,早在托马斯·杰斐逊还只是乔治·华盛顿身边的秘书的时候(1790~1793年),他就发明了一种可以安全地为信息加密和解密的工具,也就是他称之为"轮子密码机"的机器。在美国独立运动期间,杰斐逊发现,那些靠人工传递的秘密函件很容易被截获,信息也很容易被暴露出去。于是,他就发明了这种可以将信息加密的机器。

托马斯·杰斐逊

轮子密码机由 26 个木头圆片构成,这 26 个圆片的中心有孔,这样就可以将它们串在一起。每个圆片上都刻有 26 个字母,人们可以利用转动这些圆片,用上面的字母来编写自己所要传递的信息,以"set up force field war has started"这条消息为例,要加密这条信息,就可以在轮子密码机上将第一个圆盘转到字母"s",第二个圆盘转到字母"e",中间无须空格与符号,这样在密码机上显示的就是:setupforcefieldwarhasstarted。然后,选择其他任意一行,记下这一行的位置以及这一行上面所显示的字母,例如:gcqplyrdhnrswzktfmuavhpwxmb。

收信人收到加密的信息后,只需要在密码机上拼出 gcqplyrdhnrswzktfmuavhpwxmb 之后,再找隐含了秘密信息的那一行即可。杰斐逊的轮子密码机在当时算得上是一项伟大的发明,但由于将消息传递出去,需要复制一个一模一样的轮子密码机再送出去,这在 18 世纪末期 19 世纪初的时候,需要花费几个月的时间,最后,他只得放弃这项发明,改由书写密码传递信息。

有趣的是,杰斐逊的1792年左右的这项发明自1802年后就没有投入使用,后来渐渐被遗忘了。直到一个世纪后,这个轮子密码机却两次被"再发明",一次是在 1890 年,一名法国政府官员 Etienne Bazeries 发明了以他的名字命名的 Bazeries 密码机;1922 年,美国一位军官 Joseph Mauborgne 在 Bazeries 密码机的基础上,发明了 M-94 密码机。

M-94 与杰斐逊的轮子密码机不同的是,它采用的是 25 个铝片,M-94 从 1922 年发明到第二次世界大战初期,一直为美国的海陆空及联邦通信部等部门所使用,后来又将它改成"M-138-A"纸条密码机,M-138-A 是美军军官 Parker Hitt 提议设计的,它的主要特点是 25 个可选取的纸条按照预先编排的顺序编号和使用。M-138-A 于 1930 年制成,在后来的整个二战期间都发挥着作用。

杰斐逊的轮子密码机与电影《达·芬奇密码》中的藏密筒有许多相似之处,不同之处在于杰斐逊的密码机本身就可以拼出所要传递的信息,而藏密筒则更像是一个保险柜的钥匙,只有密码对了,才能看到里面藏着的信息。

第十三章　神秘巧合之谜

第一节　鬼斧神工

神秘的地球与人体巧合

人类生活在地球上,地球给人类提供了赖以生存的物质基础,跟人类有着千丝万缕的联系。它不仅提供了人类生命活动所需要的一切,而且与人类有许多更密切的联系,它的结构与人类也有着许许多多惊人的相似之处。

例如:胎儿在母体中时,是靠脐带从母体中吸取生命的养料,所以肚脐是人体的供养点。肚脐位于人体中线上,恰好与把人体"黄金分割"的纬线相交。与地球相对应的是,在地球上,中东地区位于东经30度与东经60度之间,北纬30度穿过此地,恰好把东半球中分。如果把人体的供养点相对于地球的"肚脐",就不难发现,中东地区蕴藏着巨量的液体能源——石油。

再说说人体的头部吧!人体的头部是人生命的中枢机构,而地球的南极恰恰也是位于地球最前端。人们开发南极资源是在19世纪50年代。差不多与此同时人类才开始对大脑的深层进行研究。

另外,中医研究发现,人体上有一些绝对不能动的穴位,俗称"死穴"。"肚脐"所对应的左腰上部位,在中医称"命门区",穿过这一区的纬线称之为"保命线"。人体的死穴不仅集中在"命门区",而且正好排列成九宫图。

再看看地球吧!如果按九宫幻方计算,地球的死穴要比现在发现的"百慕大三角"的范围还要广。中东地区所对应的位置恰巧落在北纬30度线附近,而关于这一纬度线,人们已发现了许多神秘而有趣的自然现象。我国的长江、美国的密西西比河、埃及的尼罗河、伊拉克的幼发拉底河等大江大河的入海口竟都在北纬30度线附近。地球上最高的山峰——珠穆朗玛峰和最深的海沟——西太平洋中的马里亚纳海沟,也在北纬30度线附近。此外,像埃及的金字塔、狮身人面像、北非撒哈拉沙漠的"火神火种"壁画、死海、巴比伦的"空中花园"、远古玛雅文明遗址……还有令人惊恐万状的"百慕三角区"等世界奇迹和迷阵都在这一纬度线上。

看来,我们在一些文艺作品中称呼地球为我们人类的母亲一点不为过,因为从上面的叙述中,我们可以发现到人体中许多地方像是得到了地球母亲的"遗传"。

神奇的埃及金字塔

提起埃及,人们必定会想到金字塔,甚至还有人会说出世界上最大的金字塔是胡夫金字塔,并且还能较为准确地说出其长宽高各是多少。

一点不错,埃及的金字塔是人类建筑史上的奇迹,就拿建成时间大约在距今已有 4700 年的胡夫金字塔来说吧,刚刚建成时的胡夫金字塔高度为 146.59 米,底边长度为 230 米,由 250 多万块每块重 25~50 吨的巨石垒砌而成。随着岁月的流逝,经历过自然界雨雪风沙的侵蚀的胡夫金字塔已经不复当年的雄姿,现在的胡夫金字塔的高度仅为 138 米,而底边长度则是 220 米,尽管如此,它仍然不失为世界之最,高高矗立在蓝天白云与满目黄沙之间,蔚为人间的壮观。这虽然令人感到惊奇,但是最令人感到惊奇的并非是金字塔的外表,而是发生在胡夫金字塔上的数字"巧合"。

现在,我们都知道,由于地球的形状是椭圆形的,因而从地球到太阳的距离,也就在 14624 万公里到 15136 万公里之间,从而使人们将地球与太阳之间的平均距离 14659 万公里定为一个天文度量单位;如果现在把胡夫金字塔的高度 146.59 米乘以 10 亿,其结果不正好是 14659 万公里吗? 事实上,这个数字很难说是出于巧合,因为穿过胡夫金字塔的子午线,正好把地球上的陆地与海洋平分成相等的两半。难道说埃及人在远古时代就能够进行如此精确的天文与地理测量吗?!

这只是胡夫金字塔中数字巧合的一点,接下来我们再看看它到底有哪些巧合吧!

早在拿破仑大军进入埃及的时候,法国人就对胡夫金字塔进行过测量,结果发现如果在胡夫金字塔的顶点引出一条正北方向的延长线,那么尼罗河三角洲就被对等地分为两半。现在,人们可以将那条假想中的线再继续向北延伸到北极,就会看到延长线只偏离北极的极点 65 公里。要是考虑到北极极点的位置在不断地变动这一实际情况,可以想象,很可能在当年建造胡夫金字塔的时候,那条延长线正好与北极极点相重合。

除了这些有关天文地理的数字以外,胡夫金字塔的底面积如果除以其高度的两倍,得到的商为 3.14159,这就是圆周率,它的精确度远远超过希腊人算出的圆周率 3.1428,与中国的祖冲之算出的圆周率在 3.1415926 到 3.1415927 之间相比,几乎是完全一致的。同时,胡夫金字塔内部的直角三角形厅室,各边之比为 3∶4∶5,体现出了勾股定理的数值。此外,胡夫金字塔的总质量约为 6000 万吨,如果乘以 10^{15},正好是地球的质量!

所有的这些数字都是巧合吗?如果仅仅是巧合,又怎么会有这么多呢?既然如此,我们又将怎样去解释这一现象呢?或许有人觉得它可能是古代埃及人智慧的结晶。事实呢?我们无法知晓,因为这屹立在尼罗河畔的金字塔早已超出了地球上人们的想象力。

玛雅金字塔之谜

神奇的玛雅文明留给我们许许多多的未解谜团和无尽的遐想,因为对于它所遗留下的遗迹,我们真的难以找到一个合理而科学的理由去解释。就拿那些高高耸立在墨西哥及尤卡坦半岛上的金字塔来说吧,其规模的宏伟以及构造的精巧不仅可与埃及金字塔媲美,其中更有着许许多多比埃及的金字塔更为神奇的地方。

首先,从它们的天文方位来说,在玛雅人所遗留下来的金字塔中,天狼星的光线,经过南边墙上的气流通道,可以直射到长眠于上层厅堂中的死者的头部;而北极星的光线,经过北边墙上的气流通道,可以直射到下层厅堂。

再说说其建造技术。库库尔坎金字塔是玛雅金字塔中的代表:它的塔基呈四方形,共分九层,由下而上层层堆叠而又逐渐缩小,就像一个玲珑精致而又硕大无比的生日蛋糕。塔的四面共有 91 级台阶,直达塔顶。四面共 364 级,再加上塔顶平台,不多不少,365 级,这正好是一年的天数。九层塔座的阶梯又分为 18 个部分,这又正好是玛雅历一年的月数。还有就是玛雅人崇信太阳神,他们认为库库尔坎(即带羽毛的蛇)是太阳神的化身。他们在库库尔坎神庙朝北的台阶上,精心雕刻了一条带羽毛的蛇,蛇头张口吐舌,形象逼真,蛇身却藏在阶梯的断面上。只有在每年春分和秋分的下午,太阳缓缓西坠,北墙的光照部分棱角渐次分明,才能看到那些笔直的线条从上到下交织成波浪形,仿佛一条飞动的巨蟒自天而降,逶迤游走,似飞似腾,这情景往往使玛雅人激动得如痴如狂。

上述的一些现象就够令人惊奇的啦!而更令人惊奇的是,即使是在每天的同一时间,用同一设备,对金字塔内的同一部位进行 X 射线探测,得到的图形竟无一相同。这是一批科学家在 1968 年试图探测这些金字塔的内部结构时所发现的。不仅如此,美国人类学家、探险家德奥勃洛维克和记者伐兰汀在对尤卡坦进行考察时,还发现有许多与地道连通的地下洞穴,而这些地道的结构与金字塔内的通道十分相似。他们在发现这一神秘的现象后虽然拍摄了九张照片,但是,能洗出来的只有一张,而这一张所拍摄到的也只是一片漩涡形的神秘的白光。

这究竟是怎么回事呢?这让本来就已够神秘的玛雅文明变得更为神秘了。

复活节岛上的巧合

复活节岛是东太平洋上一座远离其他岛屿的孤岛。这座岛屿是由荷兰探险家雅各布·罗格文发现的,因为他们在登上那座岛屿的时候恰恰是复活节,因此就被命名为复活节岛。这座长 22.5 公里、总体面积 17 平方公里的三角形的孤岛贫瘠而干旱,中部是风沙横行的沙漠,农作物根本无法生长。岛上也绝少树木,只有杂草。没有供水,没有河流,岛民只能靠挖池塘蓄存雨水度日。除了老鼠,岛上再没有其他野生动物。居民既无法种粮,又无法狩猎,只能用简陋的木制工具打洞栽种甘薯和甘蔗,艰难度日。所以这里的岛民长年累月目所能及的除了大海、太阳、月亮和星星,实在是别无他物了。

然而就是这样一个干旱、荒凉,只有少数土著居住的孤岛,却遍布着一千多尊巨大无比的巨人石像。这些巨人石像最重的可达 90 吨,高 9.8 米,最普通的也有二三十吨重。更加令人惊异的是,这些巨大石像还大都顶着巨大的红石帽子。一顶红石帽,小的也有 20 来吨,大的有四五十吨。

这些巨大的石像是谁制造的呢?要制造出这样的石像并不是一项简单的工程,所需的人力以及物力也极其浩大。而复活岛是一个贫瘠的小岛,岛上的粮食最多能勉强维持 2000 人的基本生存需求,怎么能养活造石人像的强劳力呢?他们吃什么?

岛上的巨人石像让我们产生了无数的疑问,也引起了科学家的好奇。自 1914 年,科学家们就对复活节岛进行全面的考察和测绘,并逐一统计了岛上石像的分布情况,希望能够解开这一谜团,可是越来越多令人难以解释的问题出现了。

在离复活节岛 500 米的海面上,有 3 座高达 300 米的小岛,分别叫作莫托伊基、莫托努俄、莫托考考。它们四周是危崖绝壁,任何船只都无法靠近。然而岛民们清楚地记得,原来有几尊巨人石像就高高耸立在这危崖的顶端。法国考古学家马奇埃尔证实,这石像确已跌入海中,可石像的基座石坛还稳稳地坐落在危崖绝顶上。

考古学家面对着这 3 个小岛的石坛,真是目瞪口呆。因为他们知道,别说是在史前的原始社会,就是在现代,除了最先进的直升直降的飞行器,谁也无法把这些巨人石像运到悬崖绝顶。

还有,这些巨人石像是谁造的?据第一个到达岛上的罗格文在回忆录中写道:

当时的岛民有的皮肤为褐色,就颜色的深浅而言与西班牙人相似,但也有皮肤较深的人,而另一些完全是白皮肤,也有皮肤带红色的人。只有数百口人,却分为多种肤色,这更加让人不可思议。为什么会有多种肤色呢?难道又是一个巧合?

更令人惊讶的是,复活节岛的居民称自己居住的地方为"世界的肚脐"。这种叫法,一开始人们并不理解,直到后来航天飞机上的宇航员从高空鸟瞰地球时,才发现这种叫法完全没错——复活节岛孤悬在浩瀚的太平洋上,确实跟一个小小的"肚脐"一模一样。难道古代的岛民也曾从高空俯瞰过自己的岛屿吗?假如确实如此,那又是谁、乘坐什么飞行器到高空的呢?如果不是,又为什么会如此巧合呢?

除此之外,考古学家还发现,在复活节岛的悬崖下,有一堆大圆石块,上面刻有许多鸟首人身的浮雕图案,居民们称之为"鸟人"。居民为什么选择这种"鸟人"作为崇拜对象?鸟首隐喻着什么?

总之,科学家、考古学家在试图解决复活节岛的石像之谜时,呈现在他们面前的是更多的谜团。这一切的一切,如此神秘的现象究竟是怎么回事呢?是巧合还是什么呢?恐怕在短时间内,我们很难寻找到一个合理的解释。

千年前死神雕像酷似布什

在 2003 年的某一天,考古学家在埃及的一座距今 4000 年的墓葬庙宇的墙壁上,惊奇地发现,其中的一座代表死神的雕刻画像,竟然酷似当时还在执政的美国总统布什。

"如果你看到画像,你一定会为他跟布什如此相似而震惊,因为太相似了。雕像的神情也与布什的非常相似。你看到了也许会怀疑自己的眼睛,或者,你甚至会怀疑这是不是搞恶作剧的人放在那里的一张照片。可是,这不可能,因为它不是一张照片,它确实是远古的雕刻品,它跟金字塔一样古老。也不是你的眼睛花了,因为这座雕像确确实实地存在着。"美国考古学家沃尼在看到这座雕像后,无不感慨地说道。

这座位于尼罗河西岸的古老庙宇是 2001 年左右才被发现的。据研究考证:该庙宇是埃及黄金时代的一位掌管财政的大臣为自己建造的陵墓,墙上所雕刻的与布什酷似的死神的画像预示着布什将会成为世界的征服者。如果真的是这样,那就太不可思议了。难道这座庙宇的主人在那个时候就能看到未来,看到现在?即便是他梦中所梦到的情景,又怎能巧合地梦到布什呢?

我们无法得出一个正确的答案,所有的一切都只是猜测。但是,无论如何猜测,那座雕像却真实地矗立在这座古老的庙宇之中,给现代的我们留下一个无法解释的巨大谜团。

令人咋舌的北京城图像

修建于明永乐年间的北京城,是我国历史上明清两朝的皇城,不仅具有悠久的历史,据说在修建时是严格地遵循我国古代的风水学说的。不知道是不是真的如此,还是一种巧合,近年来,科技工作者运用遥感技术从高空拍摄北京城的图像。人们从彩色遥感图上惊奇地发现北京城区横卧着两条从南向北,横贯全城,结伴而行的"巨龙",以及盘坐着一位"巨人"。

这两条巨龙,其中一条,是北京的古建筑组成的,可称为"古建筑龙",它从天安门开始,逶迤延伸直到钟鼓楼。天安门是龙嘴,金水桥是它的颔虬,东西长安街是它的长髯,太庙、社稷坛是巨大龙头的龙眼,故宫便是龙身,其隆起部分是景山公园。钟鼓楼成为这条"巨龙"的龙尾,故宫的四个角楼,恰似伸向八方的龙爪。

另一条"巨龙",是由北京的水系构成的,可称"水龙"。这条"水龙"的龙头是形式半圆的南海,中海与北海联成弯曲延伸的龙身,西北方向的什刹海,则是一条摇摆着的龙尾。

而巨人呢?则是位于故宫之北,曾为皇家御苑的景山公园的园林图像。这图像酷似一尊闭目盘腿打坐的巨大人像,巍巍然端坐在那里。

会走路的岩石

有生命才会走路,一个毫无生命气息的岩石会走路,而且走过很多次,并且路径相同,难道它长了脚,有了记忆不成?世界上真有这样奇特的石头吗?说来也巧,在印度还真有一块这样的岩石。

在印度北部的一条小河边,有两个圆形的巨大岩石,大的呈人形,小的长有双腿,它们位置相对,昼夜相望,看上去很像一对亲密的恋人。当地人称他们为"夫妻"岩。

据村子里的老人讲,他们原本是一对恋人,女的叫玛丽亚,男的叫丘尔特。由于家族反对他们的婚事,他们就双双投河自杀,因而产生这对"夫妻"岩。

1965年5月的一天,牧羊人昆得斯和迫亮,发现那个小石头竟移动了,移动到了相距10米远的那个大岩石的北侧。他们马上向村里奔去,村长听后,率领村民到小河边一看,果然,那个小岩石已经移到大岩石的北侧,相距比以前近多了,大家啧啧称奇。

这件事就慢慢过去了,大家似乎有些淡忘了,可是有一天另一件奇怪的事情又发生了。

　　一个月后,两个牧羊人因故经过那条小河,发现原先紧靠在一起的岩石分开了,小的又回到了原地,恢复了原有的姿态。这么一块大石头没有谁能移得动,难道它长脚了,自己会走? 是什么力量让它们一段时间相聚,一段时间又分离呢?

　　他们飞奔回村,又向村长报告了此事,好奇的人们一齐向河边跑去。一位村民惊讶地说:昨天我路过的时候,它们还靠得非常近呢,怎么一夜之间又相隔得这么远呢,而且又向一定的路径移动,真是太不可思议了。村民们也开始议论纷纷,"夫妻"岩会走的消息就不胫而走。当时热恋中的年轻人都把它当作降临的爱神,每天都去参拜。可是大家一直有一个疑惑,为什么是那块小石头移动,而那块大石头却不走呢?

　　村里的老人讲,这二十多年石头已经移动 10 次了,都是那小的在动,向北移,隔些日子又以相同的路径返回。

　　无独有偶,会走的岩石不只这一块。在美国内华达山脉东侧的"死亡谷"里,也有这样一种石头,自己能走路,并且能留下清晰的"足迹",这引起许多人的好奇和科学家的注意。

　　科学家们做了种种推测,有的认为是风吹的,有的认为是地磁感应。然而,经过进一步研究考察,这些猜测又一一被推翻。那么究竟是什么原因让这些石头走路呢? 至今,仍是个未解之谜!

北京十渡风景区的天然"佛"字

　　到北京郊区十渡风景区去游玩的人,恐怕都会对龙山岩壁上那个巨大的"佛"字留下深刻的印象。在龙山陡峭的如同刀斧削出来的崖壁上,这个天然的巨"佛"字高 3 米多,宽约 2 米。这儿暂且不说这个"佛"字是何其巨大,我们看这个"佛"字时,却有一种奇怪的现象。远远看去字迹十分清晰明了,而走近去看却显得朦朦胧胧;特别是在一场大雨之后,字迹就更加清晰了,而在平日里,字迹似有似无。

　　够奇怪的吧! 这陡峭的石壁上这一神奇的"佛"到底是怎么回事呢? 可能有人会认为是古人刻上去的。其实并非如此,它完全是自然造化之功。这个苍劲有力的"佛"字完全是自然形成的,是水沿岩石的节理裂隙面溶蚀风化后形成的痕迹。龙山的岩石属白云岩,白云岩可被含有二氧化碳的水溶蚀,所以在有裂隙的地方,当有雨水渗入时就发生表面溶蚀。由于裂隙面的不平整、不均匀,有的地方溶蚀较重。同一岩层面上也有颜色深浅的变化,往往形成各种花斑、不规则的图案,至于它能形成"佛"字形态,那完全是偶然、巧合。

双手腹前交叉的天然石佛

北京的十渡风景区确实是一个充满神奇的区域,除了上面所说的那个巨大的天然"佛"字之外,在一个叫作平峪村的数十丈深涧之内,还有一座双手腹前交叉自然而立,五官俱全,眉须分明、形象逼真的石佛。这座石佛跟上面龙山的那个"佛"字一样,同样是自然形成的。经专家鉴定,这是一大自然奇石,它是由上水石夹杂钟乳石碎块堆积而成的象形石。石人身上长满了青苔,且在"嘴"下、眉上等凹陷部位生长少许青草。颇似胡须和长眉,身上的青苔像衣服,头部五官部位是没长青草的裸露部分,由不上水的钟乳石碎块胶结而成,两臂和手也是钟乳石碎块。石人原位于峭壁下面,从石灰岩缝隙中渗出的含碳酸钙水溶液,因水压减低和温度降低,其中的碳酸钙发生沉淀,在上水石堆积过程中掺进崩落下来的钟乳石碎块。因其形成在阴暗潮湿的地方,故上面长满青苔。它能形成直立人形,完全是各种因素共同作用下的自然巧合,是一个罕见的自然奇观。

神奇的乐山睡佛

四川的乐山睡佛已经是名满世界的旅游景点,人们在四川乐山河滨"福全门"处举目望去,清晰可见仰睡在青衣江畔的巨佛的魁梧身躯。这形态逼真睡卧在江边的巨佛是由乌尤山、凌云山和龟城山三山联襟构成。

构成佛首的是整座乌尤山,其山石、翠竹、亭阁、寺庙,加上山径与绿茵,分别呈现为巨佛的卷卷的头发、饱满的前额、长长的睫毛、平直的鼻梁、微启的双唇、刚毅的下颌,看上去栩栩如生。而佛身却是巍巍的凌云山,有九峰相连,宛如巨佛宽厚的胸脯、浑圆的腰脊、健美的腿胯。至于佛足,则是苍茫的龟城山的一部分,其山峰恰似巨佛翘起的脚板,好似顶天立地的"擎天柱",显示着巨佛的无穷神力。人们站在"福全门"处观看

乐山睡佛

睡佛时,可见到它是那样的和谐与自然,其匀称而壮硕的身段,凝重又肃穆的神态,令人惊诧不已。

乐山的睡佛长 4000 余米,已经可以说是世界的奇迹了,但是更令人惊奇的是举世闻名的乐山大佛,恰恰耸立在巨佛的胸脯上。这尊世界最高最大的石刻坐佛,身高达 71 米,安坐于巨佛前胸,正应了佛教所谓"心中有佛""心即是佛"的禅语,这是否乐山大佛暗示的"天机"呢?

据研究乐山大佛文化和文物部门的专家介绍,迄今为止,还没有发现和听说关于巨佛的文字记载和民间传说。那么,巨佛是纯属山形地貌的巧合吗?但为何佛体全身人工的刀迹斧痕比比皆是呢?如此令人惊叹的自然景观是怎么形成的呢?这一切是自然的杰作,还是人为的呢?这给世人留下一个个难解的谜团。

飘散香气的神秘之地

泥土会散发出香气,并且还会根据气温而变化。这算得上是一件神奇的事吧!在湖南省洞口县山门清水村西北方约 2 公里远的山腰上一块凹地处,就有这样一个飘散着神秘香气的地方。

这是一个群山环抱、人迹罕至的地方,它的上边是悬崖峭壁,下面是潺潺的小溪。第一次发现这块土地飘香的是一位经常到这儿采药的山民。这位采药的山民路经此地时,觉得有一种奇妙的香味扑鼻而来,他感到非常好奇。为了查找香味的源头,他查看了这里所有的花草树木。直到最后,他猛然间意识到,香味其实就来自脚下的土地。

这位山民将这一神奇的事情说出之后,消息立刻四散传开,充满了好奇心的人纷纷来到这里。他们发现,并非整个洼地都有这种奇特的香味,它的范围在方圆 50 米之内,只要越出这个范围,就再也闻不到了香味。而更令人感到新奇的是,这里的香味还会随气温的变化而变化,如在早晨露水未干时,香味十分浓郁;到了烈日当空的中午,香味则变淡;而在黄昏、天阴或雨后天晴,香味会渐渐变浓。

这股香味到底是从哪儿来的呢?为什么这块土地会发散出这样的香味呢?有关专家在得知这一情况后,经过分析判断,认为这种香味可能是由这里地下所存在的一种微量元素引起的。这一微量元素放射出来后,同空气接触就会形成一种带有香味的特殊气体。是否真的如专家所说的那样呢?或许,还需要进一步考证。

神奇的"毛公山"

在埃及的一座古庙中,陈列着许多神的雕像,人们发现有一座死神的雕像跟美国总统布什极其相似。无独有偶,我国的海南省乐东黎族自治县东部保国农场境内,一座叫作报国山的中部突起的花岗岩,却极像一代伟人毛泽东。这块神奇的花岗岩高约 630 米,由银白色山石组成,头东脚西,安详仰卧,其头发、额头、眉眼、鼻嘴、中山装衣领、胸腹惟妙惟肖,清晰可见。如果人们站在距离其一里外的地方观看,其形象更为清晰逼真。由此,人们便亲切地将这座山称之为"毛公山"。

说来也巧,除了此山跟伟人外貌酷似之外,在毛公山前有一黎村叫"解放村"。山后有一苗寨叫"东方红"。这两个村子都是 1950 年海南解放时命名的。

一座形象酷似一代伟人的山貌,加之如此富有纪念意义的村名,使这一奇观又增添了一层神秘的色彩,如此的巧合怎能不令人咋舌呢?

巨龟背刻"千年神龟"

在南岳衡山,一直以来流传着一个神奇而美丽的传说,就是在明末清初每逢僧人传经讲道、早晚功课之时,总会有一只乌龟来到南岳大庙的殿外静静听候,风雨无阻。而就在 2004 年 5 月 6 日下午 3 时,当地有一位叫作韩玉保的人在南岳中心景区华严湖中垂钓时,钓上一只重达 14 公斤的巨型老龟。这只老龟不仅体型比一般的脸盆还大,更令人感到惊奇的是在龟背上赫然地刻着"千年神龟""夏氏立清代"等字样。

南岳区农林、宣传、文化等部门工作人员在得知这一情况后,迅速赶到了韩玉保家,并通过多方考证,确定这只乌龟的年龄应在千年以上。而至于这只乌龟是怎么来的,背上的字迹是人为刻上去的,还是天生的,虽然说法各异,但是大多数人认为这只神龟是传说中的南岳大庙听经之龟。因为,华严湖水现在还是环南岳大庙而过,且与南岳大庙寿涧相通,乌龟顺水而下,逆水而上,完全印证了"神龟听经"的传说。这真是太神奇了。

这只神奇的大龟现在已在南岳大庙的放生池中安家落户,由南岳大庙管理处派专人看护。

茉莉花的每天一歌

有些电视台有《每周一歌》的栏目,这个栏目就是在一个星期内的同一时间内播放同一首歌曲。或许没有人会想到,在辽宁省辽阳市竟然有一盆茉莉花,就像是电视台的《每周一歌》一样,在每天的同一时刻准时开"唱"。

这盆神奇的茉莉花的主人是该市一位叫作康太玉的老人,老人喜欢养一些花花草草,以此怡情养性,陶冶情操。可是,最近却发生了一件奇怪的事:养了五年的一盆茉莉在一个星期前竟然"开口唱歌",一直持续到现在,令人惊叹不已。康太玉老人说,他养了十多年的花,会"唱歌"的花还是头一次遇到。

康太玉老人说,这盆茉莉花是他五年前在花市上买的,几年来一直没有什么异常。大约在一个星期前的傍晚,他突然听见一种动听的声音。起初,他以为有虫子在作祟,就在花盆里找,但没有找到虫子,后来才发现是花发出的。此后,每天晚6时许,茉莉便会准时发出动听的声音,一直持续到晚上8点半。而且,巧的是,每天"唱歌"的时间一直没有改变。另外,奇特的是,茉莉在"唱歌"时,不管外界有多大的声音,它都照唱不误。但是,只要人的手一碰到花叶,茉莉马上就"闭口无声"了。

《北方晨报》的记者在得知这一情况后,专程前往康太玉老人家,并见到了正在"唱歌"的茉莉花,那是在2001年11月12日晚7时许。记者说,茉莉花发出的声音有点像夏夜里野外的阵阵蛙鸣,抑扬顿挫。而当记者试探着碰了一下正在"欢唱"的茉莉,声音果然戛然而止。过了一会儿,无人理会的茉莉又发出了"蛙鸣"。这真是不可思议。难道"茉莉"还有感应能力?

茉莉花唱歌这一事情,看来又是一个令人难以解释清楚的谜,抑或者是一种奇妙的巧合吧!

第二节 梦境成真

最佳新闻编辑

在1883年8月28日的晚上,美国《波士顿环球报》的新闻编辑爱德华·萨姆逊,因整整工作了一天而觉得有些疲惫,便躺在办公室的沙发上休息。他坐下来没过多久就迷迷糊糊地睡着了。由于疲惫,他一直睡到次日凌晨三点左右。本来睡得香甜的他应该一直到天亮才能醒,可萨姆逊好像被什么折磨着,一会大声乱叫,一会浑身瑟瑟发抖,原来他做了一场可怕的梦,他一身冷汗地从噩梦中惊醒。他微微坐起,似乎被刚才的梦惊吓到了,梦境的凄惨景象使他仍心有余悸。他站直起来走到一张桌子边坐下,想使自己镇定下来,但无法赶走脑海中一幕幕梦境的片段,那些可怕的画面让他不寒而栗,自己好像掉进了一个万劫不复的深渊,四周死一般的宁静。他为了让自己能够镇定下来,拿出一支香烟,狠命地吸了几口。大脑冷静后,他就随手拿起桌子上的一支笔,把梦见的情景原原本本写了下来。

他写道,在爪哇不远处,有个叫作帕拉普的小岛,他看到一群群的土著争先恐后地惨叫着冲向大海,逃避那紧跟在他们后面流淌过来的火山熔岩。

他还详细描述了海上如何掀起五十英尺高的泥浆浪花,把一些土著无情地吞噬;巨浪如何颠覆了所有的船只。直到后来,只听一声爆炸的巨响,小岛没入水中,仅留下一个还在喷着火焰的火山口。那个火山口，就像一个血盆大口，要将周围的一切事物吞噬。

他写完后，在稿子首页的上方信手标上"重要新闻"字样，就回家去了。

新闻版主编接班后，在办公桌上看到这篇稿子，以为是萨姆逊头天晚上从无线电广播里抄录的新闻消息，就赶紧把它编入当日的头条新闻，并加上横幅大标题。其他报馆得知消息，纷纷前来联系，要求提供详情。主编还用电报将稿件内容发往纽约，由美联社无线电讯转发，当即就有好几十家主要报纸以头版版面转载。

这则新闻报道顿时引起各界人士的关注，他们不断要求报馆提供更多的材料和消息，以便能及时有效地报道。环球报对外只好推称灾难发生地点遥远，暂时尚未沟通联系；而在内部，新闻主编则一再提出要萨姆逊设法弄到更多的消息。萨姆逊一看事情将无可收拾，无奈之余，只好硬着头皮，去找《波士顿环球报》发行经理，向他吐露了真情，并一再解释他并不是有意要杜撰新闻稿骗读者。发行经理听罢大怒，立即下令炒了萨姆逊的鱿鱼。萨姆逊虽然被开除了，但是报馆面临的困境仍然无法摆脱。事到如今，无他路可走，《波士顿环球报》决定自食其果，向世人公布内幕真相，并且准备忍气吞声充当整个美国新闻界的笑柄。

谁知老天爷这时却出来帮忙解围了。罕见的巨浪汹涌着扑向美国的西海岸；在马来西亚及印度一带，浪涛淹没了成千上万个村庄；澳大利亚也传来消息说北部地区听到了天空雷声轰鸣的巨大声响。

这一系列的灾难转移了人们的视线，各报也把新闻的着重点置于采集报道各地的天灾情况方面，而将《波士顿环球报》的"骗局"检讨材料暂时扣下来未发表。不久，一些船只颠簸着驶进印度洋的一些港口，带来消息说，克拉克吐阿岛火山爆发了。

记者们汇集了陆续传来的消息进行分析，证明这座沉睡了 200 多年的火山在1883 年 8 月 27 日（萨姆逊做梦的前日）开始活动并且喷火，于次日爆炸成碎片。这座仅仅九平方公里的小岛被整个儿地炸上了天，一堆堆岩石在烟火中被崩得到处乱飞，其高度竟达十七英里。同时，海面上堆积起五英尺厚的浮石层，灼热的熔岩注入海中。激起高达七十二英尺的浪涛，这浪涛波及五千英里外的西非泰尔布湾时，还高达二英尺！

萨姆逊的梦境逐一被事实所验证，他很快又被《波士顿环球报》请了回去。报纸在头版刊登他的照片，称他为世界新闻的"快手"。

萨姆逊关注着克拉克吐阿岛逐日详细的报道，可他不明白，为什么是克拉克吐阿岛而不是他梦中的帕拉拉普岛？

这则新闻很快传到荷兰,荷兰历史学会后来给萨姆逊寄去一份古地图,解开了萨姆逊心中的结。原来克拉克吐阿岛即为帕拉拉普岛。"帕拉拉普"是当地土著用土著语对它的称呼。令人惊奇的是,"帕拉拉普"这个旧名称早在150年前就已废止了,知晓这个岛屿旧名的人已经都不在人世了,只有史书上有相关的记载,萨姆逊有如此的梦境真是令人感到费解,这难道又是一种巧合?

不同的人相同的梦

如果两个人不约而同做了同一件事情,或许没有什么太值得大惊小怪的,因为在这个大千世界,我们每天每时每刻都可能重复别人做过的事情,只是我们没有意识到而已。倘若是两个人做了同样的一个梦呢?恐怕就令人觉得有些不可思议了吧。

在英国就发生过这样一起神奇的事。讲述这件奇异之事的是英国 SPR 名誉理事 W·H·沙特。他说,葛宙森博士(女)在1892年1月26日(星期二)晚上两点至三点之间,梦见我站在黑暗森林中的一处孤寂的地方,一个好像我熟知的人慢慢浮现出来。他摇动我身旁的树木,于是树叶变成火焰燃烧起来,一种极大的恐惧感袭上我的心头。由于此梦如此逼真,因此,当我四天后遇着梦中的人时,我对他说:星期二晚上我做了一个相当怪异的梦。他立刻说:先不要告诉我,让我来描述那个梦,因为我知道我也梦见了与你梦中相同的事情。这位名叫乔士林的律师,这样对博士叙述了他的梦:"我梦见自己在一个我有时去打猎的寂静树林里,天黑之后,我向前走着,忽然发现一个朋友站在离道路十英尺左右的树丛里。她显然被我所看不见的东西吓住而僵立在那里,失去了知觉。我走到她的身边,摇动着那个树丛,掉落的树叶却变成了火焰。"

梦之祸

在这个世界上,被冤枉最大的人或许并不是中国古典戏曲中的窦娥,而应该是一个叫作斯特文的美国人。在1990年夏季的一个夜晚,在美国芝加哥一处住宅中,年轻的洛仪丝和丈夫斯特文都已睡熟。突然,洛仪丝被身边丈夫的惊叫声惊醒,她推推丈夫:"你怎么了,是不是做了噩梦?"这时是凌晨1点30分。斯特文睁开眼睛,他的头发已被汗水湿透,表情显得极其的恐慌。

他颤声对妻子说:"太可怕了,我梦见一个年轻女子被一个男人殴打致死,死后她还被强暴了。"

第二天傍晚时分,洛仪丝家来了两个陌生警察。他们询问洛仪丝和斯特文是否认识一个叫凯媛的年轻姑娘,夫妇俩回答说不认识。"昨天晚上发生了一起杀人案件,凯媛被害。她的住所离你们家只有 30 米远。你们没有发现什么可疑的情况吗?"洛仪丝和丈夫都回答说:"没有。"送走警察,洛仪丝和斯特文四目相对。斯特文梦见的事情怎么真的发生了,而且许多细节与警察说的那么相似,简直不可思议。沉默了许久,洛仪丝对丈夫说:"你愿不愿意对警察讲讲你的梦?这看起来有些荒唐,但说不定对他们寻找罪犯有用呢?"斯特文觉得妻子说得有道理,决定到警察局走一趟。当天晚上,警察在听了斯特文讲述的梦后说:"你的梦真说不定有助于我们破案。你能不能讲得再详细些?比如:罪犯是已婚者吗?"斯特文回答:"有可能。"警察又问:"你认为罪犯行凶后有无内疚感?"斯特文对这个问题很纳闷,但还是回答了:"大概没有吧。"得知警察提出的那些奇怪的问题,妻子皱起了眉头:"他们该不是怀疑你是凶手吧?"斯特文安慰妻子道:"不会的。警察也知道,假如我是凶犯,我怎么可能自己主动找上门去对他们说出这件事情呢?"然而,真如妻子洛仪丝所料,警察真的把斯特文当成凶手抓了起来。

1992 年 5 月,法院正式审理斯特文一案。法院当庭播放了斯特文与预审官的谈话录音,给人的印象是斯特文当时并不是在说梦,而是在讲述他的犯罪事实。法庭上下居然忽视了一个重要的事实:在案发现场取到的指纹及头发与斯特文的都不相符。法官们一味地强调:斯特文了解案件中的很多细节,而这些细节只有凶手本人才会知道。他们不相信这些细节是斯特文所梦到的,世上哪有这么巧的事情?斯特文百口莫辩,任何的解释在他细致的描述下,都显得那样苍白无力,于是,斯特文被判刑 40 年。

斯特文不停地申诉,他相信只要自己坚持住,真理总有一天会站在自己这一边的,事情一定会有水落石出的时候,法院一定会给自己一个公正的判决。在这种执着的信念的坚持下,功夫不负苦心人,这件事终于引起芝加哥一家报纸记者的关注。这位记者通过大量的深入调查,觉得法院当年在宣判时只注重了细节的证据,没有多方位的思考。面对死者家属的强烈要求———一定要严办凶手,法院很有可能误判。这位记者在斯特文的案卷中找到一个突破口:人们把注意力放在事件的细节上时,却忽略了人证物证的存在。因为当时斯特文的描述太值得人们怀疑了,有一件物证被所有人忽略了,就是在受害者身边找到的一块手帕,上面沾有精液。经化验,手帕上的精液不是斯特文的,这足以证明斯特文不是杀人犯。就这样,被误判入狱的斯特文获得了免罪释放,那年是 1995 年 8 月 17 日。走出监狱大门的斯特文,沐浴在久违的阳光下,并不为自己做的事情后悔,因为他知道人们会给他一个公正的说法。后来,经过警察署的强力执行,真正的凶手被缉拿归案。连斯特

世界未解之谜

神秘巧合之谜

图文珍藏版

文自己也不明白为什么会做这么奇怪的梦。

甥梦舅死

这件事发生在英国北部的小岛上，那是一个宁静、与世无争的小岛，事件的主人公是一位30多岁的女士和她的舅舅，这位女士和她的舅舅感情非常好。因为这件事在当时太具有神秘色彩而又是真实存在的，所以引起了各界人士的注意。其事件曾被英国著名的《灵学研究会》会刊刊登，并且作为一个经典的案例来收藏，一时间成为家喻户晓的奇文。

这位女士与她的舅舅住在一起，甥舅感情很好，就像父女一样，彼此无话不谈。有一天，这位女士做了一个奇怪的梦。梦见那是一个风和日丽的春日，她和妹妹坐在舅舅家的靠近阳台的大客厅里。客厅很大，摆设也很整齐，还有一个大鱼缸，里面有十几只金鱼游来游去，甚是欢快；窗外的花园里盛开着鲜艳的花朵，奇异的花香不时地飘进屋里，进入每一个角落，给本来就很温馨的家增添了几抹诗意；几只蜜蜂和蝴蝶飞来飞去。然而有一个非常不和谐的事情出现了，本来是美丽如画的世界，花的上面却覆盖着一层薄薄的雪。那雪晶莹剔透，白的一尘不染，似乎和冬天她见过的雪有些不一样，是哪里不一样呢？她面对洁白的雪没有了思绪，她很诧异，当时正值夏天，正盛开着鲜花，怎么会有雪呢。她觉得好奇怪，她想这可能是一种自然现象吧，也就没有再多想。后来却发生了比这还让她惊讶的事情，原本健康快乐的舅舅被人发现死于离家5000米外的骑马路路旁。他穿着一件朴素的黑衣服，对了，这件黑衣是他最喜爱的，平时不舍得穿，只有骑马时才穿上。舅舅脸色已经没有了往日的红润，显得那样苍白，白得像那盛开的鲜花上的雪，看上去令人不寒而栗。他的马则站在他的身边，好像在静候主人的醒来，显得那样虔诚。舅舅的尸体由一辆用两匹马拉的农家马车运回，马车上垫着干草。她和妹妹在家等着运载尸体的马车的到来。似乎过了一个世纪，那辆马车才来到她们的住所，两个她认识的男人费了九牛二虎之力才把尸体抬到楼上。这两个护送舅舅尸体的人，自己认识，为什么又想不起来了，这位女士感到有些头疼。由于舅舅长得身高体壮，在搬运时，尸体的左手垂了下来，上楼时手臂与栏杆撞了一下。这个情景使她感到莫名的恐惧，从梦中惊醒了过来。啊，舅舅，这位女士，在梦里呼喊着醒来，希望自己的呼喊能将舅舅的魂魄招回来。

她第二天早上起床之后，感到非常不安，就将梦中的景象告诉了舅舅，并恳求他一定答应以后绝不要在那个特殊的路上单独骑马。舅舅听后，认为是她小孩子做噩梦，虽颇不以为然，但想想是外甥女对自己的关心，便答应了。

这位女士对此梦的记忆也就逐渐模糊了，渐渐淡忘了。2年后的一天，同样的梦境又清晰地出现在她的梦里，那样清晰，那样逼真，仿佛发生在昨天，就在眼前。这位女士马上找到舅舅，责备舅舅食言，不体谅她的关心。舅舅面对外甥女的询问，只好承认自己偶尔单独地在那条路上骑马，又劝外甥女没有什么事发生，是她多想了。就这样，又平静地过了4年，女士到了应该出嫁的年龄，因结婚而离开舅舅家迁居伦敦。在伦敦的日子，这位女士生活得幸福而美满，似乎也忘记了梦境里的事。但是有一天深夜，外面狂风乱舞，顷刻之间，大雨就下来了。在这样一个夜晚，她又做了同一个梦。与前两次不同的是，这次是在伦敦她的卧室里，而不是在舅舅的明亮的大客厅里。前来给她报丧的是一位身着黑衣的高个子的绅士，她无法看清他的面容。但是，凭感觉，她觉得她认识这个报丧的人。那个黑衣男人就站在她的床边告诉她，她的舅舅已经死了，舅舅临死前叫她不要难过，好好地生活。她在极端痛苦中苏醒过来。因为思念舅舅心切，她几天后便身罹疾患，病卧在榻。她求医生允许她出院，去看望舅舅，但是医生没有答应，最终医生允许她给舅舅写封短信，慰问平安。

女士痊愈后，一直在焦急地盼望舅舅的回信，希望能得知舅舅一切平安，希望梦境中的东西，只是虚无缥缈的。可是舅舅一直没有回信，对舅舅没给她回个只言片字她感到非常奇怪。这种焦虑一直持续到一个阴天的带有雾气的早上，她的继父匆匆忙忙来找她。他快速走进房间，站在她的床边，全身穿着黑色的衣服，和她的梦境里的完全一样。一见如此，该女士再也控制不住悲伤的情绪，便神经质地叫了起来："别说了！一定是舅舅死了。此事我知道得一清二楚，我已经多次做过这样的梦了，我都告诉过他了，为什么还是发生了呢？"

但是，更加让人感到惊奇的是，事后，有人对该女士的梦境以及事实经过对比和分析，竟然发现此梦境的细节除了花和雪有所差异外，其他的都一一应验，包括左手碰撞栏杆一事，搬运尸体上楼的也是梦中出现的那两个男人。而花和雪恰好是该女士与她的族人视为死亡象征的东西。

是该女士有着超人的感应，还是巧合呢？这无疑又是一个令人感到不解的谜。

因梦而免遭一劫

一位叫作布莱敦的先生因为梦见了自己将要发生的一些危险事情，而让自己逢凶化吉。

这个梦的原委是这样的。布莱敦先生是一艘游艇的工作人员，一天在没有游客上船的时候，由于工作劳累，就在一艘停泊着的游艇上睡着了。正当他熟睡的时候,一个非常奇怪的声音在大声呼喊,告诉他尽快离开这艘游艇,因为这艘游艇正处于被撞沉的危险中。他听到呼喊的内容后,猛然惊醒,顿了顿神,觉得非常不可思议,认为是自己太劳累所致而产生的幻觉。于是,他裹了一下上衣,又接着睡去。可是他刚刚睡着,耳边又响起了刚才同样的呼喊声,而且一声响过一声,清晰响亮。他又从睡梦中醒来,对两次相同的梦境,他好像预感到了什么,急忙走到甲板上去检视一番,以确保万无一失。他发现四周虽然大雾笼罩,但海面仍平静如初,他不介意地又回去睡觉,但同样的梦境又重新出现。他醒过来,再次走到甲板上察看。正当他为刚才的梦境疑惑时,他猛然发现前方不远处一艘巨轮正快速地向游艇逼来!他立刻使出全身的力气向对方呼叫,可能对方也听到了他的呼喊,两船幸运地擦身而过。一切灾难就这样因为一场梦而避免了。

大灾难在梦中预演

这个奇异的事件真实地发生了,那是在 1996 年 10 月 21 日上午 9 点 15 分,英国的威尔斯大矿山顷刻之间崩塌,这或许是英国有史以来最令人恐怖的大灾难。

巨大的煤堆从山上瞬间滑落下来,山下的村民们还在自己的土地上快乐地耕作,学校的孩子们正在无忧无虑地玩耍,他们怎么也没有想到,一场灭顶之灾正悄悄地向他们逼近。这是一场劫难,每个人都在劫难逃。转瞬之间,亚伯芬的一个祥和而又宁静的小村庄整个儿被掩埋起来。巨大的煤堆就像凶狠的虎豹一般,残忍地压在人们生活繁衍的家园上,当场就造成 144 人死亡,最让人痛心的是,其中 128 名是当地小学生,那些活蹦乱跳的孩子被煤堆活活埋掉。这场突如其来的浩劫,虽无人有能事先预报,但是却真实地出现在人们的梦里。

原来,有一位女士,47 岁,大家习惯叫她 CM 太太。在矿灾发生的前一天晚上,她在自家院子里乘凉时,迷迷糊糊地睡着了。她做了一个非常奇怪的梦。她先梦见村子后面这座山谷,山谷里有一所非常古老的学校建筑,在建筑物的四周是宽大的学生活动用的操场,操场上有很多孩子在玩耍。突然,她看见学校的后面有一大堆煤块沿着山坡一起向下滚动,速度快得惊人。山谷下一个正在玩耍的留着长发的男孩突然间看到了这可怕的一幕,脸上顿时显露出面对死亡的恐惧。而后这个小男孩被幸运地救走了。救他的是一位戴着黑色尖帽的大个子男人。第二天,CM太太一起床,就将她昨晚的奇异的梦告诉给邻居以及其他人(有 7 人证明他们曾听到 CM 太太的叙述)。特大灾难发生以后,在英国电视的灾情报道中,人们真的看见了那位戴着黑色尖帽的高个子男人和他救出的那个留着长发的小男孩。而 CM 太太则惊讶地喊出了声,两个人的真实长相与她梦境中的完全一样!

与其更加巧合的是,村子里还有另外一个人做了与此相关的梦,这个人是一位10岁的小女孩,她刚刚过完10岁生日,新学期开学就可以上三年级了,她妈妈还给她买了最漂亮的儿童书包。不幸的是她在这场灾难中丧生,恶魔般的灾难夺走了她幼小的生命,她还没有来得及背上崭新的书包,就永远地离开了人世。可是就在罹难的前两个星期的一天早晨,她起床后,忽然对母亲说:"妈妈,我不怕死,因为我死后还有小朋友和我一起玩呢!"母亲诧异地回答说:"你怎么会想到死呢? 你还小得很呢。你要不要棒棒糖?""不要,"小女孩说,"我会与彼得和琼恩在一起。"

就在灾难降临的前一天晚上,她又对母亲说:"我昨晚做了一个奇怪的梦。"母亲说:"乖宝宝,我现在没有时间,等一下再慢慢告诉我,妈妈有时间慢慢听你讲,好吗?"那个小女孩说:"不,妈妈,你一定要听我讲完才可以。我梦见我到学校去上学,但学校却不见了,有黑黑的东西把它盖住了。"第二天,她像往常一样高高兴兴地去学校了,不久就发生了惨剧。在那漆黑的煤堆里,她的妈妈找到了她的尸体,悲痛之余她妈妈简直不敢相信自己的眼睛,因为小女孩的尸首的一边躺着彼得,另一边躺着琼恩。居然和小女孩昨天讲的梦相符合,面对现实,她的妈妈后悔不已。因为她完全可以救自己的孩子,她怪自己当时大意了,但是,谁又能相信一个梦会成为现实呢?

航空事故的预言

这起航空事故发生在1974年3月3日,土耳其航空公司采用最新技术研发的DC10型喷气式客机坠落。当时,客机上的乘务员及乘客共346人全部死亡,无一幸免。这次空中灾难是历史上最严重的一次事故,没有谁能在事故发生时控制事态的一步步恶化,包括机长在内的所有人员只能绝望地等待死亡的降临。

事故发生的第二天,有报道称,早在这次事故发生的前半个月,美国一位名叫肖恩·罗并斯的女子对这次事故的发生已经做了详细预告。可是当时并没有人会相信一个毫无事实依据的预言,大家并没有理会。

时间是在同年的2月16日,在纽约的实验会上,美国姑娘肖恩·罗并斯好像被催眠了一样,说出一大堆让人无法理解的话,现在看来就是一个预告了。她说"去London的大型喷气客机坠落……数百人死亡,生存者一个没有……发生时间3月或5月……美国外交官夫妇也在遇难者当中……与T字有关(土耳其的字头)……机种DC10……",她的预告并没有引起当时有关部门的注意。

巧合的是预言全部被录了音;事关重大,这关系到几百条人命,吃惊的肖恩和她的朋友,于2月19日拜会了FBI的纽约分局,向航空值班员提供了录音磁带,并恳请采取有效措施,防止事故发生。不幸的是,FBI并没有采取有效措施防止这次空难发生。于是,就出现了3月3日肖恩·罗并斯所预言的空难事故,真的是肖恩有预知的本能,还是巧合?至今还是一个谜团。

梦中的警示

在桑夫兰斯科郊外,有一家医院,叫阿拉眉达医院。哈罗德正是这个医院的院长,由于医院的患者比较多,他又身为一院之长,已经连续几天没有休息了。此时此刻,医院的所有医护工作人员都在忙碌地工作,他一个人在办公室在观察前几天来的一位患者的一胸片,可能是劳累过度的原因,他不知不觉地就睡着了。他不停地说梦话,他的脸在不停地抽动,手时而在空中乱抓,时而在身上拍打,似乎看到了什么可怕的东西。突然之间,他从椅子上弹跳坐起,额头上沁出了一层汗珠。原来,他刚才做了一个非常可怕的梦。梦到在1972年以后,有架喷气式飞机坠落在阿拉眉达医院旁边。当时,飞机上有很多人,由于飞机从空中坠落时飞机上的人们一点准备也没有,他们都受了重伤,等待着医护人员的救援。这个梦太稀奇了,他将这个梦讲给办公室的一位医术高超的主任听,非常巧合的事情发生了,这位主任在前天值班时,居然做了和他同样的梦,梦中的情节完全吻合,当时,这位主任怕影响大家的情绪和工作一直没有对别人讲这个故事。面对两个相同的梦境,院长似乎预感到了什么。于是,他细心地做了一个非常事态对策训练计划,立即交全院实行演练。

他的预感是正确的。果然,在1973年2月7日,海军的喷气式战斗机在库林顿大街2071号地、离医院不远的公寓地带坠落了。事故发生后数分钟,医院组成6个外科医疗队立即投入抢救工作。经过努力,最终有10人死亡、40人受伤。如果不是院长相信预知,抢救便不能及时进行,死亡人数将大大增加。

慈母梦中救爱子

世界上的爱有千千万万种,在这千千万种爱交织的世界中,最无私的要算母爱了。因为没有一种爱能胜过母爱的无私,它不求回报。中国有一句千古流传的诗句,就是"儿行千里母担忧",就充分地说明了这一点。

在20世纪的太平洋战争中,一位深爱着自己儿子的母亲做了一个可怕的梦,梦见儿子会被树干砸死。当时她的爱子正在前线服役,这位母亲与儿子之间有千里之遥。

事情是这样的,那位美国士兵的母亲在夜里做了一个非常奇怪而又可怕的梦,梦见远在太平洋某海岛服役的儿子乔治在帐篷里酣睡。突然,一阵狂风骤然而起,将一棵椰子树折断,树干正好砸在帐篷上,帐篷随后轰隆一声倒塌了。

"啊,乔治——危险!"睡梦中的母亲禁不住喊了起来,从噩梦中惊醒了。她坐起身来,害怕地回忆起刚才的梦。说来也巧,就是在这天夜晚,乔治正在帐篷里酣睡,睡梦中仿佛听到母亲在帐篷外面呼喊,声音是如此真切,那份急切让他不由得寻声奔了出去。就当乔治走出帐篷没多久,旁边的一颗椰子树真的随风而倒,不正不歪地砸倒了帐篷,巨大的椰子树将乔治的床砸坏。

千里姻缘梦中牵

这是发生在 20 世纪时的一件奇异之事,至今还被许多人所津津乐道,并且引起了许多研究神秘学说人士的注意。

这件事情的主人公叫作罗娜,是一位波兰姑娘。她在 1918 年 10 月做了一个非常可怕的梦,梦见自己失踪多年的男友史坦尼还活着,并且在一条黑暗的隧道里摸索着向前行进,随后又跪在地上痛哭。男友一向健康阳光,现在怎么如此无助、憔悴呢? 更为奇怪的是,这个梦不停地重演,似乎向她暗示着什么。于是,罗娜去了警察局,要求警察帮她寻找她的男朋友——一名年轻的波兰军人,他是在一场卫国激战中失踪的。已经整整两年了,警察面对罗娜说出来的理由,感到非常不切实际,没理睬她的要求。

转眼到了 1919 年夏天,罗娜还是重复着做同样的梦。她在梦中梦到山上有一个古堡,古堡上的塔已经倒塌。她走近废墟时,听见有人呼救,她觉得声音很熟悉,好像在哪里听过一样,是史坦尼的声音! 没错,就是他的声音,呼救声是从一大堆石头底下发出的。罗娜想搬开石头,但无济于事,因为石头太重了。罗娜眉头紧锁,怎么也想不出好办法。就在这时,罗娜醒了。

一连几个晚上,罗娜都做着同样的梦。她把这件事告诉了妈妈,妈妈又对村里的教士说了。教士认为这是由于罗娜思念史坦尼,心理上受到压抑而造成的。但是罗娜无法忘却梦中的事,梦中的史坦尼向她呼救的声音一直在他耳畔回响。不管是虚幻的梦境还是真实的事实,罗娜决定要弄个明白,不能让自己深爱的男友处于那种绝望之中,可是要找到这座古堡也不容易,因为欧洲到处都有破败不堪的古堡。

怎么办? 同样的梦境一再出现,罗娜的心碎了。同时,她更加相信男友正处于无助的状态,需要她的救助。她尽管身无分文,却下定决心要找到那座古堡。一路上,罗娜备尝艰辛,不断向人们倾诉她的梦,希望有人可以帮她,提供一些线索,可

世界未解之谜

是没有人相信她,人们还把她当疯子一样驱赶。虽然,面临种种困难,但是罗娜并没有放弃。

1920 年 4 月 25 日,罗娜来到了波兰南部的一个小村落。也就是在走近村庄时,她看到村旁立着一座古堡,而那古堡竟然同她梦中所见到的一模一样!罗娜激动得泪流满面,一下昏倒在地上。人们很快围了上来,警察走过来询问出了什么事。这时罗娜苏醒过来,看到警察,就指着那古堡说:"就是这座古堡。"警察听了觉得奇怪,没错,那里是有一座古堡,可它已有几百年的历史了,这有啥奇怪的?

不管罗娜怎样向人们讲述自己梦中的经历,仍然没有人相信她。可是罗娜坚决要挖掘废墟。于是,一批好奇的人就跟着她去了。他们费劲地移开大石块,找到了入口处,整整忙了两天,果真有人听到黑暗中传来微弱的呼救的声音……史坦尼真的被困在这座百年的古堡之中。

史坦尼被救了出来,脸色苍白,衣衫褴褛,由于在黑暗中生活了两年,阳光刺痛了他的双眼。原来在两年前,史坦尼到这座古堡参观,正巧一颗炸弹炸中了堡塔,顷刻之间倒塌了的塔把入口封住了。史坦尼一直未能找到另一出口,他靠吃由军队存在古堡中的几十箱乳酪和米酒维持生命,还找到几根蜡烛用来照明。他唯一的希望就是祷告,希望罗娜能感应到他的存在。

这并不是什么传说,而是事实,这件事被波兰的军方证实。而事情的结果,就是史坦尼光荣退伍后与这位对梦境深信不疑而救了自己的女友喜结良缘,成了一对令人羡慕的情侣,过上了幸福的生活。

不幸在噩梦之后进行

著名的心理学学者莱因教授在他的《心灵秘道》一书中曾提到一个预知的梦:一位年轻的妈妈在卧室休息时做了一个可怕的梦。她梦见悬在婴儿床上方的大形吊灯架落了下来,正好将她刚出生的小宝宝压得粉碎。灯架掉的速度好快,她就站在身边,却没有一点能力去阻止这一切的发生。在梦中,这位母亲还清晰地看到,摆在婴儿用衣橱上的时钟的指针正好指向 4 点 35 分。同时,窗外伴随着雷鸣闪电,风雨大作,好像在为早逝的婴儿哀嚎一样。她从噩梦中惊醒后,立刻叫醒身边熟睡的丈夫,告诉他在梦中她所见到的恐怖情景。她的丈夫却笑她操心过度,神经过于紧张,没有理会这件事,翻了一下身继续睡觉。但她却因这个噩梦而变得极度不宁,她回忆起梦境,觉得甚是可怕,于是连忙起床将放在隔壁房间的正在熟睡的婴儿抱到自己床上来。她抬头看看窗外,发现夜空清朗,圆月生辉,并无梦中情景。她想,也许真的是自己神经过敏吧。

也就是在 2 个小时后，婴儿室突然传来一声巨响，她和丈夫慌忙跑过去看个究竟，发现吊灯架正坠落在婴儿床上，不偏不正准确地砸在了婴儿睡觉的位置上，这位年轻的母亲惊恐间瞥见衣橱上的钟的指针刚好在 4 点 35 分的位置，天呢，这是一种巧合吗？而窗外不知什么时候已经开始刮风下雨。在大人卧室的婴儿正睡得香呢，这真是一梦救了睡中儿。

第三节　飞来横富

一张投递错误的圣诞卡

一对失散了半个世纪的亲兄弟，互相早已认为对方不在人世了，但谁也没想到他们还有重逢的那一天。让他们再次重逢的不是别人，而是一张再普通不过的贺卡，一张投递错误的圣诞贺卡使他们在有生之年再次相逢。这个好像只能出现在艺术作品中的事情却在现实生活中如实发生了，不能不令人称奇。

这对亲兄弟分别叫作哈利·赫里凯恩和吉姆·穆尔。他们在 1930 年正处国家动乱的时候一同参了军，在开始的时候，他们很幸运，被一起分到肯特郡的查塔姆兵营，他们在同一个军营里，虽然不能天天见面，但总能听到有关对方的消息，但是后来，由于组织上的需要，军队把他俩调往不同的军营，在不同的军营里，他们再也没有机会见面，更没有对方的任何消息，就这样，他们分道扬镳，从此杳无音讯。在 52 年后的 1982 年明媚的一天，有一封寄往吉姆老家——乌波拉夫村的圣诞贺卡，竟鬼使神差般地被邮局错夹在另一张寄往新西兰首都惠灵顿给哈利的圣诞贺卡内。哈利收到那张圣诞卡后，觉得乌波拉夫村这个名字似曾相识。于是在把那张邮寄错了的圣诞贺卡转回去时，顺便在卡上附了一个条子，问对方认不认识吉姆·穆尔这个人。也许真是老天不愿再看到这对饱经风霜的老人，在人到晚年的时候还不能与亲人团聚，有意给他们做了一个巧合的安排，收信人正是吉姆的邻居，经过邻居的转达，于是这对失散了 52 年的亲兄弟终于相会了。他们再次的相聚还真得感谢那张邮寄错误的圣诞贺卡呢！

缘分

接下来所要说的，绝对是一个浪漫的令人羡慕的美丽故事。这样浪漫的邂逅也许只有在言情小说中才能够看得到，但是在现实生活中，它确如实地上演了，而且一点也不比言情小说中描写的情节逊色。

那是发生在 1973 年 10 月某日的一个深夜,一部现实版的浪漫的爱情故事在一辆从奥地利维也纳开往德国的火车上拉开了序幕。故事中的男主人公——美国动画艺术家大卫·艾力克正急匆匆地朝着自己订购的车座方向走去。此刻正值夜色深沉,车厢内空空荡荡的,没有人会打搅你做任何事情,唯一的旅客是一位和自己年纪相仿的单身姑娘。他找到自己的座号,正准备坐下,但是没有想到的是,恰好正被这位姑娘抢先占去了。

"对不起,这是我的座位,请让一让。"大卫很有礼貌地说。

"车上这么多空位子,你爱坐哪个都可以。"姑娘不肯挪窝。

此时的大卫还想据理力争。

"可那都是别人的,这个位子是我的! 请你让一让。"大卫并没有因为是一位单身姑娘而放弃自己的原则,他很想坐这个位子。

"你是一个疯子!"姑娘对这个顶真的人露出了不满的情绪,更是出言不逊。

"你才是个真正的疯子!"此时的大卫更是不甘示弱,有点不争个你死我活,誓不罢休的架势。

他们互不相让地用德语大吵了起来。也许是为了表示自己绝不会轻易罢休,没有办法的大卫只好坐在了姑娘对面的位子上。他们不再争吵了,车厢内此刻变得沉默起来,过了好半天,他俩不约而同地从各自的行囊里掏出食品来吃夜点。接下来的事情就像是我们所看到的文艺影片一样发展下去:大卫拿出的是大蒜和黑面包,而那位姑娘手上拿的竟是一模一样的大蒜和黑面包。当他们俩都觉得那么的奇怪,彼此的目光再次相碰时,双方竟不约而同地笑了起来。也许是不打不相识吧。

缘分从这里悄悄地开始了。他俩开始友好地攀谈起来。似乎忘却了刚才的不愉快,大卫说自己此行从德国到奥地利是专程前去寻找一位叫作伯拉尔奇的教授,但是因没有找到而感到十分沮丧。可是没想到的是,那位姑娘听后竟惊讶得大声叫嚷起来:"呀! 他在一星期前和我妹妹结婚去了! 现在应该外出旅游了呀!"

短笺妙把姻缘牵

据说缘分是上天早就注定好了的,很多人相信男人和女人之间的情感,仿佛在冥冥之中早就被安排好了一样。据说月下老人,事先把整个苹果分成两半,然后抛下人世间,这许许多多的半个苹果就变成了同样数目的人,当人们逐渐长大以后,就要开始寻找属于自己的另一半,如果找到了属于自己的另一半苹果,那么,从此就能过上幸福美满的生活,因为那是一个本来就应该在一起的完整的苹果,是最完美的结合。可是大千世界，茫茫人海，哪个才是自己的另一半苹果呢，找错了，就不会吻合，两个人之间就会有很多的矛盾发生，不和谐的音符会伴随他们一辈子。尽管我们对此有所怀疑，而身边所发生的一些事情却总是让我们不得不信，缘分天注定。

有一位在异国他乡的土地上流亡的捷克姑娘，在一次非常偶然的机会认识了一个名字叫作大卫的美国年轻人。他们以一种礼节性的交往给对方留下了通信地址。从此再也没有见过面，这个叫作大卫的年轻人并没有放在心上，在离别后随手就将这位姑娘所留的地址给丢弃了。直到3个月后的一天，大卫在打扫房间时忽然发现了这个曾被他丢弃的地址，出于礼仪上的动机，他便随手给这位只见过一次面的姑娘写了一封短笺，向她表示问候。姑娘很快就回了信。从此之后，他们就你来我往，书信就一直延续下去，并且孕育了一朵超越国界的爱情花蕾。在他们又通了3个月的书信后，这对年轻的不同国家、不同种族的人就结为了秦晋之好，从此过上了幸福美满的生活。

燕媒

这是发生在我国境内江苏省丰县首羡乡张庄村里的一件令人羡慕的恋爱传奇。说它传奇，是因为一个人苏北，一个人海南，相隔万里，毫不相识，在一只南飞的燕子的帮助下把两个年轻人的心紧紧地连在了一起。

故事还得从头讲起，在1991年9月的一天，秋高气爽，凉风习习，刚刚参加完高考的王君在家里等待着大学录取通知书，独自一人在家里看报纸，在报纸的右上角几起"征婚广告"引起了他的浓厚兴趣，正当仔细阅读之时，忽然梁上传来了呢喃燕语，正处于婚恋佳龄的王君看到梁上即将南飞的燕子，脑海中泛起了无限遐想：何不借燕为媒，做一次"征婚"呢？当即他便写下了自己的个人情况、征婚要求以及通讯地址，并在最后写上"我们有缘分可以做夫妻，无缘分可以做最好的朋友，盼望你的佳音"，用薄塑料纸包好系在燕子的腿上。尽管这是自己一厢情愿浪漫的想法，可王君却希望能给他带来一份的惊喜，每天除了等通知书外，还多了一份期待，那就是希望这只南飞的燕子能够将自己的美好愿望传达到一位素不相识的姑娘手中，帮自己完成这个愿望。

既在意料之中又在意料之外，1个多月过去了，王君惊喜地收到一封来自海南岛的喜讯。王君满怀喜悦地轻轻地打开了这封信，一张容貌俊俏的姑娘的照片顷刻间展现在王君的面前，写信的人正是一位妙龄少女，名叫宋丽，家住海南岛市郊区。信中说，燕子是吉祥鸟，燕传佳音，本身就沾了几分吉祥，表示愿意与王君通信了解。看到信中娟秀的字迹，王君知道，这是一定是一位非常美丽而又善良的姑娘，是上天赐给他的姻缘，一点也不敢怠慢，急忙写了回信，在信中他表达了自己的心声，希望能与姑娘永远保持联系。

从此以后，王君与宋丽之间的书信来往日渐频繁，情来爱往，苏北海南，情系千里。一段时间过去了，他俩终于建立了深厚的感情。宋丽姑娘表示乐意只身到苏北安家落户。王君当然感到喜从天降。

安东尼奥的故事

安东尼奥，是一位西班牙人，家住在首都马德里市区的一幢普通的别墅里。他长得非常英俊帅气，不仅如此，他还拥有一份让人羡慕不已的工作：马德里电视台娱乐节目的金牌主持人。自然，追求与崇拜他的人很多。

不过，安东尼奥与其他的影视圈里的人有些不一样。那就是，他对待感情绝对地真诚，从来不乱来。他很少与同事出去吃喝玩乐，下班后要么就呆在单位学习，要么就回家看看书之类的。一句话，他的生活非常的简单，纯净。这让许多崇拜他的人大失所望，因为，很少能和他直接接触，可是，也正因为如此，他赢得了自己一直暗自喜爱的一位歌手的爱情。她就是胡亚尼达。只要看电视和听歌的人，几乎没有不知道胡亚尼达的。

胡亚尼达长期在外出差，所以两人单独呆在一起的时间不多。可是，这并不妨碍两人感情的迅速升温。终于，有一天，安东尼奥在买下了一幢大别墅后就向胡亚尼达求婚了。胡亚尼达面对真诚的他，感动得泪流满面，当即便答应了他的求婚请求。并且，她决定结婚后使自己的工作量减少一些。这样，对两人的感情有好处。

1966 年，安东尼奥与胡亚尼达结为恩爱夫妻。煞是羡慕了好多人，那些一直暗恋安东尼奥的女孩们也放弃了对他的追求，因为她们知道，在安东尼奥心里只有一个人，那就是他的新婚妻子——胡亚尼达。他们的婚礼举办得非常隆重。当地的一些名流几乎都到场了，这给他们后来的婚姻生活留下了许多美好的回忆。婚后，胡亚尼达真的减少了自己的工作量，在外出差的次数也减少了，挤出了更多的时间来和安东尼奥共度，为此，安东尼奥对她的牺牲非常感动。两年后的 7 月 2 日下午 7 时，胡亚尼达为安东尼奥生下了一个大胖小子，这个儿子的出生给他们原本就很甜蜜的生活更增添了许多欢乐，他们为他取名叫豪亚津，豪亚津的长相与他的父亲安东尼奥非常相似，简直就是一个翻版，一看便知以后一定是一个和他父亲一样帅气的小伙子。更为巧合的是，隔了 4 年之后，胡亚尼达居然在同月同日同时间内生下了长女。这使得他们感到非常的惊喜，这个女儿天生一副好歌喉，长得更像她的妈妈胡亚尼达。更令人惊讶的是,到了1976年,第三个孩子又在7月2日下午7时来到人间。依旧是一个漂亮健康的小宝宝,这些惊人的巧合使得他们相信他们的爱情是天注定的。

参照路边车牌号买彩票中1500万

买彩票中大奖,这恐怕是所有人都梦寐以求的吧!人们都希望能够在一夜之间变成巨富,然后,做自己想做的事,过上令人羡慕的日子,然而,想买彩票中大奖的人多得举不胜举,但真正能够中奖的却少之又少,那你或许不会相信,有些人绞尽脑汁想要算出中奖号码都不能中奖,而有的人只是瞄了一眼路边车牌号买下3注彩票,竟然中得1500万元,这恐怕是做梦都不敢想的事情。家住广州市的冯先生就是这个幸运儿,他一人独得了2004年5月7日开奖的第04052期广东体彩幸运七星开出3注头奖。

5月6日下午,冯先生来到位于海珠区昌岗路146号的体彩销售点,看了几眼路边停放的几辆车的车牌号,随便组合了一个号码"8947044"然后买下三注"幸运七星"。5月8日上午,冯先生和平常一样,五一长假过后第一天上班,由于事情太多,一上午很快就过去了,就连每天必看的报纸都没来得及细看。中午吃饭时,冯先生路过23149彩票销售网点,他吃惊地发现,"幸运之星"的中奖号码跟自己买了三注的号码"8947044"一个数也不差。他简直不敢相信自己眼睛,又重新看了一遍,前前后后看了不下十几次,在确认无误后,他兴奋不已地马上拨通了老婆的电话:"老婆,你马上回来,我中了大奖了!我们发大财啦。"老婆在电话那头被丈夫说得不是很清楚的话搞得很迷糊,经过冯先生的详细解释,冯太太才明白过来,什么1500万?这是一个什么样的数字,冯太太简直不敢相信自己的耳朵,激动得说话都有些颤抖,急忙挂了电话,往家里赶。

5月8日下午3点左右,冯先生夫妇和大哥三人到了体彩中心。下午4点,冯先生夫妇领到了1200万元的现金支票。尽管老公中了大奖,可是,冯太太此刻的心还是平静的。冯太太对这笔意外财富进行了分配,自己一份,3岁的儿子一份,老公一份。其中冯太太和儿子的400万元打算全部存进银行。冯先生对太太的分配感觉很满意。夫妇俩都没想过要炒老板鱿鱼,接下来照常上班,日子照过。

事后,冯先生说世界上的事情有很多时候真的很难预料,谁能想到会有这么一个意外的收获呢?这也许只能够用巧合二字来解释,或者用幸运来解释更恰当吧。谁又能说得清楚呢?

错打错中

同样是在广东省,只不过不是在广州而是东莞市。有一位来此地出差的某先生没有忘记买体育彩票,因为当时的体彩销售员打错了一个号,竟误打误撞地让他中得了体彩"36选7"的头等大奖,奖金高达315万元。2004年3月23日,当这位先生第二次来到广东省体彩中心兑奖时,连声说要多谢谢那位粗心的体彩销售员。

这位中奖的先生是广东省中山市人,数日前来到东莞市出差,并顺道看望在东莞居住的妹妹。3月18日中午,他在妹妹家附近的17244体彩投注站花6元钱买了三注体彩,"36选7",其中一注中得头奖。"这次最应该感谢的是投注站的销售人员!"兑奖时,这位先生透露了一个大秘密,原来他的中选号码本来只中6个号,但销售人员打票时将"36"打错成了"35",才让他喜得头奖的。其实拿到彩票时他就注意到票打错了。但是一向对人宽容的他并没有让销售员重打,而是开心地收下了这张彩票,"如果让人重打一张票,我就只能中一万多元的二等奖了!"

这位先生说自己已经买彩三年,最喜欢的是足彩,其他彩票只是偶尔买几注,这次中奖纯粹是幸运。为了更好地研究足彩,他前年还专门购买了一台9000多元的电脑用来上网作足彩数据分析,可能因为对中足彩大奖的准备心理充足,他得知自己中百万大奖后,心情十分平静,只是意外竟是体彩"36选7"让他当上了百万富翁,而不是自己寄予厚望的足彩。

这位先生说,由于这注巨奖是出差的时候中的,目前就只有东莞的妹妹知道,准备"衣锦还乡"时才当面告知中山的家人。他表示,很多家庭因为某人的突然中奖而出过许多不愿意看到的事情。现在我家里的生活很平静,我不想因为中奖影响现在的生活。奖金先存起来,留着以后慢慢花。

读错号码巧中500万!

发生在东莞那位先生身上的事是销售人员打错了彩票号码,而误打误撞成了百万富翁,而接下来所说的廖先生却是在电话投注时,将体彩与福彩的号码无意掉转了,没想到,自己无意间的这一错竟为他带来了巨额大奖。从中奖至今,廖先生仍未从喜讯中缓过神来。因为这一切来得太突然了。

2004年8月18日中午,买号两年多的廖先生竟然念错号码,向投注站电话投注时将福彩与体彩的号码掉转了。傍晚,他郁闷地来到44070208投注站取票,站主想起这时已从电脑中接到第555期南粤风采"36选7"的开奖信息,于是与廖先生一起兑奖。一个号对上了、两个号对上了……七个号都对上了!两个大男人当时惊讶得张大嘴,四目对见不敢置信:这是真的吗?大奖来得如此顺其自然,两人如堕雾中,价值500万元的彩票竟在眼前!廖先生拿彩票的手顿时感到沉甸甸的。廖先生身处山区,并不知道如何兑奖,只好等见过世面的弟弟从外地回家,陪他到广州办理兑奖手续。"真是运气来了挡也挡不住!"兑奖时,廖先生难掩一脸的兴奋。有点迷信的廖先生神秘地说:"这个投注站早已中过500万元大奖了!我就是冲着这个才在那里买彩票的。"据悉,这个投注站今年运气很好,不到四个月内中了2注500万元巨奖,另外1注500万元是5月2日开奖的中国福利彩票双色球第034期。

8月25日下午,奖主廖先生在弟弟的陪同下来到广东省福彩中心兑奖。廖先生在知道中了500万元的这几天里,一直与老伴商量着如何支配这笔巨款。他们准备用这笔钱留一些作自己的养老金外,还为家乡做一些善事。

捡来的500万大奖

两位彩民在同一个福彩销售站点买走了两张彩票,这两张票的打印时间仅相差8秒,但竟然不可思议的同时获得了500万大奖!2004年12月1日和12月2日,随着"双色球"第2004108期四川泸州的两个500万大奖得主的分别亮相省福彩中心,两张503万中奖彩票的来龙去脉才"真相大白"。

12月1日赶来领奖的陈先生称,他来买彩票时,站点销售人员说:"你要买彩票呀,我手中正好有一张被别人舍弃的彩票,你看你要不要?"一贯喜欢"捡懒"的他说:"是吗?那给我吧。"于是,他便直接从销售人员手中买下了这张彩票。没想到,别人不要的彩票,他竟然中奖了。这个意外之财让他感到非常的惊喜。陈先生说,自己一直坚持买彩票,可是,一直没有中过什么奖,更别说什么大奖了。不过,他有一种直觉,认为自己总有一天会中奖的。所以他一直在坚持不懈地买彩票,这次意外的惊喜,使得陈先生再一次坚信了自己的感觉。

12月2日,另一位中奖者王师傅来到成都领奖。当记者问到他中奖的经过时,王师傅说,当期他拿着自己精心选好的几注号码来到站点投注,但当销售人员打出了一张包含5注号码的彩票后,他却发现其中的1注号码输入有误,于是要求销售人员重新打票。销售人员也没有说什么,就给他重新打票了。可是,谁知道,这期的500万大奖就同时隐藏在这前后两张彩票中,而被王师傅认为错打的这注号码其实并没有影响到500万的产生。这使得王师傅自己也觉得意外,同时又有些惋惜。

一张"错彩票"中了 44 万

"双色球"第 04037 期于 2004 年 5 月 13 日开奖。中奖号码为:03、04、11、17、20、26+05。当期全国一等奖 1 注中,单注奖金 500 万元;二等奖中出 36 注,单注奖金 44 万元。海南续写了第 33、36 期的辉煌,再度中出二等奖 2 注,最让人惊讶的是,这 2 注二等奖中出的手法与第 33 期三亚中出 2 注二奖的手法一模一样,即号码都是由一个人出,中奖人也都是两个。这两位幸运儿分别是林小姐和周先生。

5 月 14 日上午 10 时半,幸运的林小姐在妈妈、姐姐、姐夫的陪同下来到省福彩中心兑奖,林小姐 20 刚出头,据妈妈介绍,她刚刚毕业出来工作不久,以前很少买彩票,但近段时间在喜欢买"双色球"的姐姐的影响下,逐渐摆弄起"彩经",研究起彩票来。"五一"期间,林小姐自己"算"出了一组号码,但由于忘记买了,结果开奖出来中了 5 个红球,虽然错失了 200 元的小奖,但她不觉得遗憾,反而倒觉得自己"心有灵犀",于是在接下来的这一期信心满怀地研究起来,得出号码后于 13 日中午到投注站打彩票。

当时打彩票的人很多,轮到林小姐时老板忙中出错,把她的一组自选号码中的一个数字打错了,细心的林小姐在走出站点门口时发现后,返回售票机前要求老板重新打过,老板给她重打过票后问她:之前的那张还要不要? 她说不要,老板只好自己把票重新留下了。等到晚上开奖结果出来之后,林小姐发现恰恰是那张打了两次的票中了二等奖! 且报上说当期海南中出的 2 注二等奖出自同一站点,两张票的出票时间前后不到 5 分钟,由此林小姐"断定"自己之前的那张"错票"也中奖了!

省福彩中心的工作人员分析说,可能是由于当时站点买票的人太多,老板忘记把该票注销了,又或者是老板看这些号码还顺眼,就自己留下了。下午上班后,当工作人员还在谈论会不会是站点老板中奖时,两名三十几岁的男子踏进兑奖大厅要兑奖,大家忙问:你们是不是站点老板? 两名男子被问得莫名其妙,回答说不是。一问才知其中的一位周先生也是在 13 日那天到同一站点买的彩票,不过他是下午 3 点多才去的。在站点甩 200 元给老板让机选,就坐下来看报纸,老板打完把票给他后就走人了。

大家觉得可能是站点老板在给周先生打票时觉得反正他是机选,而老板自己又不舍得花钱把票留下,就把那张"销票"一起给他了。周先生就这样稀里糊涂地中了 44 万。

QQ 号带来的好运

小王和小吴是一对普普通通的恋人,和世界上大多数恋人一样,小王和小吴在一起的日子虽然平淡但也温馨。不过由于小王还是个不折不扣的"彩票迷",作为女朋友的小吴自然又多了一件事——帮经常出差的男朋友买体彩。说起买"6+1",小吴说起了令自己最难忘的一件事。那天是上上周的星期五,男友又被单位派往外地出差了,临走时千叮咛万嘱咐让小吴千万别忘了帮他买那期的"6+1"。谁料小吴工作一忙,就把男朋友交代下来的任务给忘了个一干二净,她怎么也想不到,就是这期,男友说的号码就中了当期"6+1"的一等奖。事后男友虽然没有埋怨她什么,但她也是从那次开始,无论有多忙,也会抽出时间来去帮男友买彩票。

上个星期三,小吴像往常一样翻开报纸,查找头天"6+1"开奖的结果,"159232+3",小吴的心不禁一阵猛跳,"不会吧,不会真的中特等奖了吧?"小吴握着报纸的手有点颤抖,仔细看了两遍,确定自己没有把中奖号码看错,又看了看中奖情况,特等奖三注,那就是说——自己真的中奖了!

小吴立刻拨通了男友的电话:"我们买的彩票中奖了! 特等奖哦!"小吴在这边激动得已经接近歇斯底里了,电话那头刚刚出差回来还在"与周公下棋"的小王却怎么也不相信:"上期你没有帮我买彩票我没说你啥子,你也就不要说了!"无论小吴怎么解释,小王仍然不信自己的彩票还能中奖,而且还是连续两期都中奖。小吴干脆把电话一甩,抓起彩票和有开奖公告的报纸,喊了辆出租车直奔小王住所。看到了彩票和开奖公告,小王才知道,自己真的中奖了。

一个小小的 QQ 号码,竟然蕴涵着近两百万的大奖,这无论谁说出来都会被人笑为天方夜谭,然而小吴他们就是通过 QQ 号而一举中了"6+1"数字型电脑体育彩票的特等奖,获得了高达 1897004 元的巨额奖金。这不能不说是一个惊人的巧合。

生日号码中大奖

好运来了确实挡不住,在 2004 年 11 月 2 日晚 6 点,白林先生陪同夫人来到爱家西四环商城。他们径直来到三楼的"百强"展位,在向导购小姐详细了解此前已看好的茶几和电视柜有关情况后,双方签了一个茶几和一个电视柜的购销合同,合同金额为 5816 元。

前台工作人员告之:您有资格参加商城的抽奖活动。白夫人信手从幸运卡盒里抽出一张幸运卡,刮开卡号:0047663。白林先生脱口而出:最后的两位号码是我的生年呀。夫人问前台工作人员哪天开奖,"11 月 6 日。"工作人员答道。"啊? 是

11月6日？"从白林先生惊异的表情可以看出这个开奖日期对他来说难以置信。"没错，11月6日！"工作人员肯定地答复。"开奖日是我生日，幸运卡号码最后两位数字是我的生年。真有这种巧合吗？"白先生感觉非常奇妙，冥冥之中他有一种预感：还会有不可思议的事情发生——我可能会中奖！

11月6日，白夫人并没有出现在提前10多分钟来到西四环商城抽奖现场的白林先生的身边。下午3时，抽奖正式开始。

三等奖和二等奖都没有他。一等奖的开奖开始了！"005……"当主持人还没有宣读完开出的第一个号码时，白林先生就绝望了（一等奖只有一个）！他不由自主地走向楼梯。当脚步移动到楼梯口时，他听到主持人宣布那个号码作废，迈到台阶上的脚又收了回来。第二个号码开出来了——"004766x"。最后一个数字还没有唱出时，王林先生已经意识到这个一等奖非他莫属了！"0047663"。后面的数字果然是"3"。"在这！"白林先生向主持人高高地举起了他手中唯一的合同单。

在规格已提升的生日晚宴上，"中奖奇遇"成了白林夫妇与亲属之间津津乐道的主题。

第四节　灾难克隆

巴姆强震在南亚强震海啸一年后降临

2003年12月26日，伊朗巴姆古城发生了一次强烈的地震。这次突如其来的强烈地震造成2万多人死亡，是人类历史上空前的灾难，震惊了全世界。而就在一年之后的同一天，也许是巧合，可怕的悲剧竟然再次上演。印度尼西亚当地时间2004年12月26日上午7时59分（北京时间26日上午8时59分），印度尼西亚苏门答腊岛附近海域突然发生了强烈的地震。

一位来自印度尼西亚的目击者记述，地震前天空晴朗，万

伊朗巴姆强震一角

里无云，一切就像往常一样，没有任何异常的征兆。就在人们沉浸在平静而又祥和的美好生活中时，突然间，大海惊涛骇浪，狂风席卷着巨浪向海边的城市呼啸而来，

声势浩大,顷刻之间海边的房屋就遭到了巨浪袭击。在部分地区,海水已经迅速涨到了人们的胸口。

印尼地震监测机构最初公布的报告称,这次强烈地震的震级为里氏6.8级,震中位于北纬3.6度,东经96.28度。

然而位于美国科罗拉多州戈尔登的美国地质勘探局公布的监测结果却表明,这次地震的震级为里氏8.5级。数小时后,该机构又对震级进行了更新,将其调高至里氏8.9级。

意大利地震专家恩佐·博齐表示,26日大地震发生后,"整个地球都在震动"。他同时表示,此次地震甚至对于地球的自转运动都产生了一定的干扰。

美国地质勘探局的地质专家朱利斯·马丁内斯说,如此强烈的地震近百年来都十分罕见。这是自1964年美国阿拉斯加发生里氏9.2级地震以来的震级最高的地震,也是自1900年以来震级排名第五的强震。

根据美国地质勘探局网站公布的资料,自1900年以来世界各国遭遇的最强烈地震是1960年发生在智利的地震,震级达到了里氏9.5级,随后分别是发生在阿拉斯加威廉王子湾(1964年,里氏9.2级)、阿拉斯加安德烈亚诺夫群岛(1957年,里氏9.1级)和俄罗斯堪察加半岛(1952年,里氏9.1级)的大地震。

由于这次强震的震中位于海域,地震本身造成的人员和财产损失相对有限,但是地震引发的海浪高达10米的海啸却给沿岸地区带来了可怕的灾难。

截止到北京时间27日零时,这次罕见的强烈地震及其引起的海啸已经在印度、斯里兰卡、孟加拉国、印度尼西亚、泰国、马来西亚、缅甸和马尔代夫等国造成数千人死亡,受伤和失踪者人数更是惊人。

有目击者对印尼雅加达电台表示,在北部的亚齐省,至少有数百人死于地震和随后引发的海啸。在最高达10米的巨浪的袭击下,当地已有多家商店和小型建筑物倒塌,数千人在惊慌中撤离家园。

斯里兰卡受灾程度最为严重,斯里兰卡国内报道说,从该岛国东部沿海城市亭可马里到位于南部的首都科伦坡,这一段超过800公里的海岸线都遭到海啸巨浪袭击,部分地区的海浪高度超过5米。沿线的旅游胜地遭到严重袭击,其中多数被淹。斯里兰卡北部的姆图尔和亭可马里地区的部分地区也遭到袭击。

在印度泰米尔纳德邦,迷人的海滩受到海啸袭击后简直就变成了露天停尸场,海浪卷着尸体冲向岸边,将尸体留在了沙滩上,惨不忍睹。

据印度内政部长帕蒂尔公布的数据,该国南部已经有至少2016人在海啸和洪水中丧生。帕蒂尔说,在该国受灾最为严重的泰米尔纳德邦,已经有700~800人死亡。在另一个灾情严重的安得拉邦,死亡人数也达到了 200 人左右。此外,在喀拉拉邦和其他地区,也都有数十人罹难。

海啸形成的巨浪像一头猛兽迅速扑向泰国南部地区,泰国著名的旅游地普吉、攀牙和甲米府都未能幸免,其中又以普吉岛受灾情况最为严重。当时统计数字表明,海啸在泰国造成至少 310 人死亡,超过 2000 人受伤,死伤者中包括多名外国游客。

马来西亚副总理兼国防部长纳吉布召开新闻发布会说,位于马来西亚西北的槟榔屿州和吉打州受灾情况最为严重,共有 42 人被巨浪夺走性命,其中包括多名外国人。

地震引起的巨浪还袭击了印度洋珊瑚岛国马尔代夫,首都马累大部分地区被海水淹没。马尔代夫全国 33 万人口中的 1/3 居住的马累岛 2/3 地区被淹,部分地区水深达 12 米。

震惊世界的大地震在 85 年后的同月发生

1920 年 12 月 16 日晚上 8 点 6 分,在如今的宁夏回族自治区南部的西海固地区发生了 8.5 级的大地震。据当时资料记载,有 96 个国家的地震台记录下了这场地震,有感范围超过了大半个中国。北京的电灯摇晃,上海也有震感,广东汕头海岸外国人的海轮感到了水波震动,就连越南海防挂的天文钟都停摆。地震表面波绕地球两圈。日本在东京设置的一个放大倍数并不大的地震仪在地震波绕过地球第一圈的时候记录到了,衰减后的地震波绕过地球第二圈的时候,又被这个地震仪记录到了,当时世界地震界的人士都为之惊讶。

地震造成了巨大的破坏。宏观震中位于海原县的千盐池附近。极震区中心地带为海原,中心强度为 12 度。极震区内边缘地区为固原、隆德、静宁、通渭、会宁、靖远 6 县。烈度 10 度以上的面积为 10 万平方公里;烈度 8 度以上波及陕西西部,共 48 县,约为 20 余万平方公里;有感范围更大,面积为 400 万平方公里,占全国总面积 40%。极震区东起固原、经西吉、海原、靖远等县,西至景泰县,长 220 公里,面积达 2 万余平方公里。地震时,这里山崩地裂,河流壅塞,交通断绝,房屋倒塌,景象十分凄惨。破坏最严重地区的宏观烈度竟达 12 度。当时记载的死亡人数是 23 万。

地震引起了全世界的强烈关注。约瑟夫·W.霍尔先生受国际救灾委员会的赞助于 1921 年 3 月首先前往灾区考察。通过他的大量报道才使中国首都的官员和沿海城市民众知道中国内陆甘肃省的这个偏远地区到底发生了什么。1922 年美国《国家地理杂志》第 12 卷第五期发表《在山走动的地方》,以大篇幅报道此次大地震:"山峰在夜幕下移动,山崩如瀑布般一泻而下,巨大的地裂吞没了房屋、驼队,村庄在一片起伏松软的土海中消失得无影无踪。这就是在 1920 年 12 月 16 日发生在中国甘肃大地震中的一些景象……就像罗马历史学家讲述庞贝城不可思议地消失那样,前往灾区的考察者们这样描述了他们的所见所闻。"而历史似乎有惊人的巧合,在过了 85 年后的同一个月份像这样的灾难在东南亚沿海国家重演。

2004 年 12 月 26 日上午,印度尼西亚苏门答腊岛附近海域发生了一场近百年来罕见的强烈地震。据美国地质勘探局公布的最新报告称,此次地震的震级高达里氏 8.9 级,是自 1964 年以来发生的最强烈地震。地震引起了高达 10 米的海啸,海浪向附近的东南亚国家沿海地区呼啸而去。地震和随之而来的海啸造成了极其严重的人员伤亡和财产损失。这次罕见的强烈地震在印度、斯里兰卡、孟加拉国、印度尼西亚、泰国、马来西亚和马尔代夫等国造成至少 8700 人死亡,受伤和失踪者人数更是惊人。

世界四城市同时遭袭击

在 2004 年,从 10 月 7 日傍晚 19 时到 8 日凌晨 5 时,伊拉克首都巴格达、阿富汗首都喀布尔、法国首都巴黎和埃及旅游胜地西奈几乎同时遭到了不同程度的恐怖袭击。这难道是巧合吗?

事情是这样的。首先遭到恐怖主义袭击的是伊拉克首都巴格达,当地时间为 10 月 7 日傍晚 19 时,位于伊拉克首都巴格达市中心的喜来登酒店遭到武装人员袭击。两枚火箭弹落在了酒店附近,随后从邻近的底格里斯河和美国驻伊拉克大使馆附近传来激烈的枪声。据附近巴勒斯坦饭店的警卫人员说,枪声持续了 10 分钟左右,美军基地附近也有枪声传来。

紧接着下来的是阿富汗。当地时间为 10 月 8 日凌晨 1 点半左右,两枚火箭弹落在美驻阿使馆附近。第一枚火箭弹击中了使馆区大选媒体登记站附近的一处停车场,距美国使馆约二三百米,但没有造成人员伤亡。

而发生在巴黎的恐怖袭击时间则在当地的时间 10 月 8 日清晨,一枚装有自动引爆装置的中等型号的炸弹在巴黎的印度尼西亚大使馆前面爆炸,造成 10 个人不同程度的受伤,伤者中包括 5 名使馆人员。这枚炸弹被安置在使馆前不远处,并用旗子掩盖着。剧烈的爆炸在现场留下一个大坑,方圆 30 米内的一些建筑物的玻璃被震碎。

近年来,俄罗斯发生的系列恐怖事件、西班牙"3·11"大爆炸和印尼、沙特、摩洛哥、土耳其等国发生的多起惨案均有"基地"的阴影。更具杀伤与冲击力的袭击逐渐成为"时尚",以"基地"为核心的全球恐怖势力正暗中合流,四处蔓延。而像上述的在同一时间内四个国家同时遭遇到恐怖袭击恐怕不仅仅是一种巧合那么简单吧?

通古斯爆炸与广岛废墟

1908 年 6 月 30 日凌晨,在俄国西伯利亚森林的通古斯河畔,突然爆发出一声巨响,巨大的蘑菇云瞬间腾空而起,天空出现了强烈的白光,气温灼热烤人,爆炸中心区草木都被烧焦,70 公里以外的人也被严重灼伤,还有人被突如其来的巨大的声响震聋了耳朵。这次爆炸不仅令附近居民惊恐万状,而且其影响巨大,还涉及其他的国家:英国伦敦市的许多电灯骤然熄灭,人们处于一片黑暗之中;欧洲许多国家的人们在夜空中看到了白昼般的闪光;甚至远在大洋彼岸的美国,人们也似乎感觉到了大地在抖动……

当时俄国的沙皇统治正处在风雨飘摇之中,无力对此事进行调查。人们笼统地把这次爆炸称为"通古斯大爆炸"。十月革命后,苏维埃政权于 1921 年派物理学家库利克率领考察队前往通古斯地区考察,不过,他们也没有找到引起爆炸的真正原因。库利克随后又两次率队前往通古斯考察,并进行了空中勘测,发现爆炸所造成的破坏面积高达 2 万多平方公里。同时人们还发现了许多更加奇怪的现象,如爆炸中心的树木并未全部倒下,只是树叶被烧焦了;爆炸地区的树木生长速度加快;其年轮宽度由 0.4~2 毫米增加到 5 毫米以上;爆炸地区的驯鹿都得了一种奇怪的皮肤病等等。不久第二次世界大战爆发了,库利克投笔从戎,在反法西斯战争中献出了宝贵的生命。至此,苏联对通古斯大爆炸的考察也被迫中止了。

直到第二次世界大战结束后,苏联物理学家卡萨耶夫于 1945 年 12 月访问日本,在到达四个月前被美国投下了原子弹广岛,看着广岛的废墟时,卡萨耶夫突然想起了通古斯的大惨案,因为两者有着众多的相似之处:

爆炸中心受破坏,树木直立而没有倒下。

爆炸中人畜死亡,是核辐射烧伤造成的。

爆炸产生的蘑菇云形相同,只是通古斯的要大得多。

特别是在通古斯拍到的那些枯树林立、枝干烧焦的照片,看上去与广岛上的情形十分相似。为什么会如此巧合呢? 因此,卡萨耶夫产生了一个大胆的想法;他认为通古斯大爆炸是一艘外星人驾驶的核动力宇宙飞船在降落过程中发生故障而引起的一场核爆炸。

此论一出,立即在苏联科学界引起了强烈反应。大家议论纷纷,各持观点。直到今天,通古斯爆炸与广岛废墟的神秘巧合,对大家来说仍然是一个谜。

相隔 911 天的西班牙"3·11"与美国"9·11"

在 2004 年 3 月 11 日马德里连环爆炸案发生,爆炸当天恰好与 2001 年美国纽约"9·11"恐怖袭击相隔整整 911 天。以至于不少西班牙人因此将 2004 年 3 月 11 日这一天称作"西班牙的'9·11'"。"3·11"与"9·11"正好相隔 911 天,是纯属巧合,还是幕后凶手有意识的安排?

西班牙国家电台 13 日报道,西班牙马德里恐怖爆炸事件的死亡人数已升至 200 人,而第 199 名遇难者是一名出生才 7 个月的波兰女婴。

这名 7 个月的女婴叫帕特里卡,12 日她成了马德里大屠杀的第 199 名遇难者。11 日,爆炸发生后,救援人员在埃尔·波佐火车站的站台上发现她受了伤,但她的父母却不在身边。12 日下午,这名女婴在马德里市中心儿童大学的儿童耶稣医院死去。帕特里卡将是新西班牙的一分子。她的父母都是波兰人,他们来到马德里是想给小帕特里卡有一个更好的未来。如今,小帕特里卡再也看不到未来了,她的父亲或许也看不到了,直到 12 日晚人们仍无法找到她的父亲,而她的母亲仍在靠生命维持机支撑着。

当时的德国《焦点》周刊援引了德国联邦刑侦局的消息报道说,西班牙民族分裂组织"埃塔"曾经在致德国旅游机构的信中发出过袭击警告。还说"埃塔"组织在信中明确宣布,袭击行动将会发生在"旅游行业"。因为在那年的 2 月 4 日,德国科隆一家旅游企业首先收到了"埃塔"发出的警告信。两天后,德国 TUI 集团位于汉诺威的办事处也收到了内容相同的警告信。

四位美国总统的相同命运

美国在历任总统中,有 4 人被刺身亡,其中的 3 位总统之死似乎都与他有关。他的名字叫作罗伯特·托德·林肯,是美国第 16 任总统亚伯拉罕·林肯的长子。在美国南北战争的最后岁月中,罗伯特在格兰特将军麾下任上尉参谋。

1865 年 4 月 14 日,罗伯特到华盛顿看望他的父亲,谁知那天竟是他父亲的末日。当天晚上,为了庆祝南北战争结束,林肯总统在华盛顿的福特剧院看戏,被一个南方联邦的同情者开枪击中头部。林肯总统没有逃过此劫,这是第一次谋杀美国总统的事件。

1881 年 7 月,第 20 任总统詹姆斯·艾布拉姆·加菲尔德在华盛顿召见了罗伯特,要他叙述关于他父亲遇刺的全部经过。总统专心致志地听罗伯特讲了一个多小时。两天后,加菲尔德总统在华盛顿的一个火车站上遇刺,由于伤情严重,不治身亡。

1901 年 9 月,这时的罗伯特已经是一个家喻户晓的百万富翁,他带领全家到了纽约州的布法罗,准备去参见第 25 任美国总统威廉·麦金莱。他行装甫卸,就听到了总统遇刺的消息。总统一周后就死去了,罗伯特未能见上最后一面。

在经历了 3 次总统遇刺的事件后,罗伯特就特别小心翼翼地避免再去见新的总统。特别是威廉·麦金莱的遇刺,使罗伯特甚至有一种从此不敢怀有再见总统的念头。他说,我一旦去见哪位总统,那位总统肯定会像其他总统一样发生不幸的事情。

事情说来也凑巧,罗伯特死后的第 37 年,美国第 4 位遇刺身亡的总统约翰·肯尼迪被刺,这一次虽然与罗伯特无关,但他俩死后都被埋葬在华盛顿郊区的阿灵顿国家公园墓地,相距只有一百码。

第五节　孪生传奇

40 年未见的双胞胎姐妹经历却如同一人

这个事情发生在 1939 年,在伦敦医院刚刚出生不久的一对双胞胎是一对芬兰夫妇的女儿。出生后没有多久,妹妹巴贝拉就由在这家医院工作的一位妇女收养了,姐姐戴弗里则被送到了另一户人家,这个家庭位于伦敦的北部,成了叫作柏德弗郡的一对夫妇的养女。妹妹巴贝拉的养父是市政园林处的园丁,在她十岁那年的时候,养父母双双去世,无依无靠的巴贝拉继由一位护士照管她的生活起居。姐姐戴弗里的养父是一位科学家,曾经为沃克斯豪汽车公司服务,后来在美国陆军汽车总公司任职。尽管两姐妹的家境和教育有相当大的差别,但她俩却都爱读同一个作者的著作,经专家考核证明,两人所掌握的词汇与词汇量也不分上下。两人都具有相同的幽默感,都非常爱笑,都喜欢英国广播公司播送的商业节目。

她俩彼此也非常陌生,因为她们分别生活在两个毫无联系、相距 480 公里的两个不同的家庭,但却有着相同的人生经历和思想。就连两个人上下楼的姿势都出奇的一致,都有紧紧抓住楼梯扶手的习惯,这个习惯还都是因为在她们十五岁那年,两人都发生了相同的事故,在她们十五岁时从梯子上摔跌下来过,而且都跌伤了脚踝,别处都没有受伤,在她们十六岁那年,两人都在各自居住的城里的舞厅里结识了自己现在的丈夫，更加巧合的是，这两个不曾相识的男人居然后来都在地方政府供职。二十岁时姊妹俩不约而同地分别在教堂里举行盛大的婚礼，后来两人都有早产的经历，所生儿女均为两个男孩一个女孩。两个人在相同的日子里，各自为自己买了同样的裙子和鞋子，在同一天的同一个时辰，买了同样的一本书。通过电话了解到，她俩在同一天的午餐做了同样的菜，而且菜的做法都是依照各自在十个月前从同一期杂志上剪下来的菜谱做的。两人曾经在同一天向美国的同一家杂志社写信，询问有关打扮穿戴的同一问题，而且她俩均不知道对方已经写过相同的信。她们的小指在小时候因为在学校的一次运动会上，都曾受过同样的伤，因为当时伤到了小指，都没有治愈，最终两个人都不能打字。

除此之外，两人还有许许多多的我们意想不到的相同之处，这些相同之处体现在，两人的志趣与爱好上，她们的志趣亦有许多巧合之处。两个人从小都爱喝一种凉的且无糖的黑咖啡，而且都喜爱在饭后喝这种咖啡，都爱吃一种进口的巧克力，还有边吃巧克力边听轻音乐的习惯，喝一种浓度很高的叫作利久的酒，都害怕登高而且都爱迷失方向，分不清东西南北，出门经常都要带上地图，以便检查路线，都喜爱穿蓝色的衣服。两人均为贤妻良母，对待丈夫和孩子的方式也一样，对待金钱所持有的态度也丝毫不差，完全一致。更令人感到非常惊奇的是，在当地新闻界的大力帮助之下，离散了近40多年的亲姊妹相见了，她们相遇在伦敦金十字火车站在一个很宽敞的大的会客厅内。她们相会时，令在场的所有人都惊呆住了：大家感到惊奇的是，两个人穿着同一样粉红色的衣服，头发都不约而同地被染成了赤褐色。她们都手拎一个相同的凡布面的小花包，小花包上面绣有相同的图案，是一只深蓝色的帆船，在小花包里面的化妆品的品牌也出奇的相同，都是当时最盛行的品牌，最有趣的是，她们吃饭的姿势更是大家关注的焦点，因为她们都是左撇子。都喜爱辛辣食物。

一对40多年没有见过一次面的姐妹，即使是双胞胎，具有上述这些巧合之事，也属于罕见之事吧。

孪生姐妹同日生下姐妹

下面所要讲述的事情是一对发生在英国双胞胎姐妹身上的事，这对双胞胎姐妹的名字分别叫作积茜和姬茨，她们出生在英国的一个非常普通的工人家庭之中，父母紧靠每月那点微薄的工资来养育她们这对双胞胎姐妹，因为她们是一对不同寻常的双胞胎姐妹，在她们身上有很多让人感到特别奇特的东西，因为有好多无法解释的奇怪的事情经常发生在她们身上，这还得从她们出生说起，自从她们出生

神秘巧合之谜

图文珍藏版

后，就几乎形影不离。她们在当地同一所学校上学，在同一个教室上课，就连每次考试，得的分数都是一样的，而且更加巧合的是，她们错的题目都完全一样的，难道她们不但长得相似，而且连思维都是一模一样的吗？就是连生病也在同一时刻进行。而且还经常生一样的病，因为她们所喜爱的食物，生活习惯都完全一样，就连她们结婚也是在同一个年份里，而让人更为感到惊奇的是两个人的丈夫竟然同样都是健身房的教练。类似于这么多相似之处，这对孪生姐妹并不以为新奇，而是有一件事至今却不得不令她们感到奇怪。因为这件奇特的事，并不是发生在她们自己身上，而是发生在她们都刚出生的女儿身上，这是让她们感到是诧异的事情了。

因为，她们居然在同一家医院，同一间产房，同一个时间同时生下一个外貌、体重都完全一样的女孩，就好像和她们当年一样，是一对双胞胎，可是她们所生的这两个孩子并不是双胞胎呀，却有这种生命中神秘的巧合，这样奇妙的相似之处，令她们不得不惊叹和信服。这两名英国双胞胎妇女，在同一天住进了谢菲尔德的北方总医院。积茜在次日凌晨 5 时 58 分产下了重 3.4 千克的女儿卡拉，姬茨也在次日凌晨 5 时 58 分产下了重 3.4 千克的女儿艾米。这两个新出生的婴儿看上去完全一模一样，没有谁能看出她们的有什么差别，因为就连她们是最亲的人——她们的母亲都感到惊讶。因为她没有见过这么相似的人，因为她们并不同父同母的双胞胎，唯一能让医院的医护人员有办法区别的，就是挂在她们身上的名字卡片，这个好用的能迅速区分艾米和卡拉的办法，一直被她们的父母所使用，因为就连她们有时也很难分辨出自己的亲生女儿和外甥女。

分离 39 年之久再次相遇的双胞胎

出生在美国的约翰·斯普林格尔与约翰·刘易斯是一对孪生兄弟。他们的母亲是一个单身女子，因为疯狂地爱上了一个人，而执意要为他生下本不应该生下的孩子。生下孩子后，孩子的父亲就再也没有出现过。可是，她也不恨他，她理解他。而且，因为这是她自己的选择，所以她也没有什么话可以说的。可是，因为她的经济状况，她不得不把自己心爱的一对双胞胎约翰·斯普林格尔与约翰·刘易斯送给了别人。这使得她非常的伤心。为了让兄弟俩长大后能够相认，她在他们的脖子上都挂了一个一模一样的玉。这两块玉是她妈妈传给她的，说是家里的传家宝。就这样，约翰·斯普林格尔与约翰·刘易斯在降生后尚未满月就"各奔东西"。而谁也想不到，在事隔 39 年之后，这对自小分离的孪生兄弟，却因为一个偶然的机会相见。并且在他们聊天时，发现对方竟然是自己的孪生兄弟。两个孪生兄弟高兴地拥抱在一起了。

他们一起到酒吧里喝酒聊着这么些年来各自的经历。约翰·斯普林格尔说："我开始的时候与一个叫琳达的女人结婚了。可是，我们两个人的性格差别太大，根本无法两个人生活。于是，我们只好分手了。分手后，我们之间仍然保持着联系。后来，我遇到了贝茜，也就是现在的妻子。我现在的妻子非常的好，我很爱她。我们已经有儿子了。"

在约翰·斯普林格尔叙述自己的结婚经历时，约翰·刘易斯的眼睛睁得大大的。约翰·斯普林格尔感到不解，便问："你怎么啦？为什么表现得如此惊讶？难道有什么不对的吗？"

约翰·刘易斯惊叫着说："天啦，这太不可思议了。我的前妻也叫琳达，我们也是因为性格不合而分手的。后来，我们也还保持着联系。而且，我现在的妻子也叫贝茜。我们现在的生活也非常的美满。天呀。"

约翰·斯普林格尔也惊讶地叫起来："天啊，太巧合了。我们现在已经有两个孩子了。我的大儿子叫詹姆斯·阿伦……"

"你说什么？你的大儿子叫詹姆斯·阿伦？天啦，我的大儿子也叫詹姆斯·阿伦。为了这么多的相同，我们干杯。"兄弟俩高兴地干起杯来。

在他们深入地交往后，他们又发现了另外两个相同点：他们各有一辆同一型号的湖蓝色高级宝马轿车，还各有一只名叫"伊"的法国名犬。真是太不可思议了！

不生育则已，一生育吓你一跳

达娜·卡尔森结婚已经四年多了，快35岁的她一直想要个孩子，但始终没能成功，但是一旦成功却把生育专家吓了一跳，她居然怀上了四个孩子，而且更为奇特的是其中两个是人工授精怀上的，而另外两个孩子则是自然怀孕怀上的。

由于多年没有怀孕，在她34岁那年的春天卡尔森夫妇决定求助医学专家，于是美国斯坦福大学的妇产专家们对他们采取人工授精法，他们取了卡尔森先生的精子和卡尔森太太的卵子在试管中受精，然后把两个受精卵置入达娜·卡尔森的子宫中，两个受精卵居然都成功地着床了。

肚子里的宝宝一天天在长大，达娜按医生吩咐去做超声波检查，可是让医生大吃一惊的是他们居然在达娜的子宫中发现了4个胎儿！他们一直认为能发现两个呢，因为他们清楚地记得只给达娜放置了两个受精卵。医生后来发现，就是在医生取出达娜的卵子进行试管授精的那一天她也自然怀孕了。

斯坦福大学的妇科医学和产科学副教授阿明·米尔基博士说在从达娜体内采卵的那一天，躲在她输卵管里达5天之久的一个精子与她的一个卵子结合了。而那个卵子也是采卵进行试管受精过程中的一个"漏网之鱼",之后这个以自然的方式成功的受精卵裂变成两个,发育成了两个胎儿,加上人工授精的两个胎儿,达娜最后怀了4个。

在谈到达娜好几年没有怀孕为什么偏偏那一天又怀孕了时,米尔基博士说那是因为凡是接受人工授精的妇女都必须提前一段时间服用促进生育的药物,这使得达娜体内的雌激素水平上升,从而为精子与卵子的结合创造了很好的条件。

采卵5天后,也就是说在达娜不知不觉怀孕了5天后,医生又把两个受精卵置入到她的子宫中,完成了人工授精的过程,当然,医生当时并没有意识到达娜已经怀孕。米尔基博士感叹道:"真是不可思议,4个胎儿居然都成活了,而且都非常健康,这种机会真是百万分之一。"

达娜住了6个星期的院后终于生下了4个健康的婴儿。

在说起达娜的这件事时,米尔基,也就是替达娜做人工授精手术的那位医学博士仍是感叹不已,他说卡尔森一家的事是少有的,而且也是美好的,因为毕竟有了一个幸福的结局,要知道怀4胞胎的孕妇中有一半多要提前10周生孩子,而且还伴随着许多并发症,而达娜居然万事大吉。卡尔森夫妇激动地说,尽管他们没有那样期望,但他们家一下子成了一个大家庭仍让他们感到幸福。

怀孕仅22周顺利产下六胞胎

31岁的伊达利娜·桑托斯是来自马德拉岛的一名普通的妇女。她已有一个8岁大的儿子。几年前,她曾怀有三胞胎,但由于怀孕并发症,最终不幸流产了。而令人意想不到的是,就在她再次受孕的22周后,却顺利的生下了六个子女。这是发生在2002年2月10日,葡萄牙首都里斯本的一家妇产医院的事情。

此次生产前,医生曾建议桑托斯说:"你不如进行流产手术,只保留两个胎儿,以便他们出生后能更好地存活下来。因为,六个胎儿有很大的危险性。能不能顺利生下来,能不能存活,都是一个未知数。"但桑托斯拒绝了这一建议,她说:"不可能,我不可能做流产手术。我让想自己的六个孩子顺利地生下了。如果做流产手术,只保留两个胎儿的话,我以后肯定会后悔的,也会非常的伤心。我不能这么做的。"

但是这六个小家伙还是顺利地来到了人世,这6个小家伙(三男三女)的体重最小的仅为408克,最大的为563克,头48个小时对小家伙们的生命至关重要。全球各地曾有大约100名妇女生过六胞胎,但六个孩子都能最终活下来的还不多见。医生说这就要看小家伙们的运气了。不过,看现状应该是不会有什么问题的。

因为这六个小家伙现在状态良好。

孩子虽然顺利的出生了,但对桑托斯来说,如何养活这些孩子还真是个大问题,因为她丈夫只是个木匠,月收入只有 350～400 欧元,而她本人则是家庭主妇。不过,桑托斯表示,无论如何,她都会让自己的孩子们健健康康地成长的。她说尽管目前经济条件不好,但是会好起来的。

两家中国养子是孪生兄弟

美国亚利桑那州的一对叫罗斯·维尼克拉森的夫妇领养了一名现年 3 岁的中国小男孩西卫。而亚拉巴马州的朱塔·沃尔特夫妇也领养了一名 3 岁的中国男孩陶陶。之前,这两个家庭毫无瓜葛,互相不认识。

日前,这两个家庭通过互联网相互认识。他们认识是一件非常偶然的事情。因为聊得来,所以他们经常交流各自的生活。就这样,随着网上交谈的深入,这两个家庭吃惊地发现,他们都是从中国领养了孩子,孩子的年龄也都相同。这两名孩子是同一天遭遗弃的,他们的上腭都有先天性腭裂。

这些共同特征引起了这两个领养家庭的浓厚兴趣。莫非他们是一对孪生兄弟? 天下竟有如此巧合的事情? 为了弄清楚真相,这两个孩子的养母分别交换了孩子的照片。从照片上看这俩小家伙竟像是从同一个模子里倒出来的。

接着,在 2004 年 7 月,他们对孩子进行了 DNA 测试,结果表明,这对幼小的孩子在血红细胞遗传上具有 98% 的相似性。这个意外的巧合让两个家庭吃惊不已。都说:"这个世界真的是太巧合了。如果不是从网上认识,这两个小孩子也许这辈子都不可能认识,也不可能知道自己还有一个孪生的兄弟。"

9 月 30 日,思亲心切的陶陶和养母沃尔特乘机从亚拉巴马州抵达亚利桑那州的图森国际机场。在异国机场,3 岁的西卫终于和陶陶团聚了。

妹妹猝死,姐姐厌世

2000 年 9 月 28 日中午,台北市发生一双胞胎的妹妹猝死、姐姐闻讯 20 分钟也出现求生意志薄弱的奇事。这对是一对关系非常好的孪生姐妹,两人在母亲眼中就像是一个人一样。打小的时候开始,姐妹俩一起上学,一起下课,甚至一起喜欢上了她们英俊的班主任。她们两人喜欢穿一模一样的衣服,做一样的发型,穿一样的鞋子,这使得父母有时候也经常犯糊涂,也分不清究竟哪个是姐姐,哪个是妹妹。不过,她们长大后结婚了,就没有再住到一起了。只不过有时候会相约一起回家,看看父母。

这天中午,孪生姐妹刚好在父母的家里。她们一起在原来住过的屋子里玩耍,聊天。孪生中的姐姐突然发现身体不好的妹妹口吐白沫,眼神涣散,便赶紧叫来爸妈送她去医院。可是,因为没来得及,妹妹终于不治而亡。当爸爸告诉姐姐妹妹已经死了后,姐姐突然就眼神呆滞,并且不再说话了。她的爸妈害怕极了,也把姐姐送进了医院。平时宝贝她们的爸妈急得直哭。

精神科医师在分析这件事的时候说,双胞胎之一若猝死,另一方常常会产生厌世的念头。尤其是同卵双胞胎,基因和生长环境都一样,情感连接比一般兄弟姐妹还强,常常会出现"感同身受"的情况。

孪生姐妹偏偏爱上同一个他

同卵孪生的兄妹有着许许多多令人难以解释清楚的相似之处,而相似性最大的,恐怕要算英国约克城的一对孪生姐妹。

这对孪生姐妹的相貌、性格、思维、行动和爱好完全一样。她们都长得非常的漂亮,有着一头金黄色的头发。她们的眼睛同样大大的,她们对待事情都比较执着。而且,她们的爱情观、人生观几乎都是一模一样的。

对外界事物,她们几乎异口同声地表达她们的感情。而且,她们的声调都一样。甚至走路时,手脚的动作也相同,说话时打手势以及手所指的方向也是一致的。她们如此相似,所以父母经常弄不清楚到底谁是姐姐,谁是妹妹。

如果有人想把这对孪生姐妹分开,她们会不自觉地哭个不停。她们无论做什么事情都要在一起做,一起上学,一起下课,一起出去玩耍。她们几乎没有一个人独处的时候,因为,她们都不希望一个人单独活动。

为使她们能习惯各自分开活动,三十年来,她们的父母跑了许多医院,但是,无论怎么努力都无济于事。

更有趣的是,这对孪生姐妹一天一起坐出租车,出租车的司机长得非常帅气,她们同时喜欢上了他,并且事后经常与这个司机约会。这个司机也没有说自己究竟喜欢哪一个,就这样与她们姐妹俩交往着。时间一天天地过去了,这个司机闹到后来自己也不知道该如何处理这件事情。因为她们姐妹都疯狂地爱着自己。于是,为了避开麻烦,这个司机与别人结了婚。可是,这对姐妹经常尾随他,有一次,她俩竟然躺在这位司机的汽车前面,以示"抗议"。

神奇的孪生心灵感应事件

我们听说过许许多多有关于孪生子的故事,而这些故事大抵上给我们带来同一种感觉,那就是孪生子之间好像有着特殊的感应。下面就是发生在孪生子身上的一些奇特的似乎存在心灵感应的事件。

鲁思·格罗费和南希·格罗费是弗吉尼亚州的一对孪生姐妹。鲁思·格罗费说起了她与妹妹之间的一则有趣的故事:我和我的孪生妹妹,年轻时都在纽约州奈亚克中学读书。有一次我们一起参加考试,有六个考题可供选择。监考人从这张桌子走到那张桌子,观察着每个考生的情况。当我交上考卷时,监考人请我留下,给我看了她在南希的考卷末尾写的几行字:南希和鲁思分开坐在本教室的对角位置。她们选择了相同的考题,并且几乎每句话、每个字都写得一样,我们推测她俩是孪生姐妹。看完这段文字后,我对监考人员点了点头,离开了考场。

还有这样一对孪生姐妹,妹妹正在发生腹疼的时候,有人告诉她,她的孪生姐姐因阑尾炎而住进了医院。她和母亲赶到医院时,姐姐已被送到手术室。她们只得在外面等候。等了好久还不见人出来。母亲说:"手术大概快结束了吧!"而双胞胎的妹妹却说:"不,妈妈,我能感到医生割阑尾和缝合刀口的时刻,现在医生刚刚开始手术。"果然如此,后来医生证实,手术的时间推迟了。

另一位住在洛杉矶的妇女,她的同卵双胞胎的妹妹因飞机坠毁而身亡,恰恰就在那时,她突然感到全身炎热,剧疼,眼前漆黑一片,并且从那时开始,心神不安,不久就传来了这个噩耗。

47岁的奥斯卡和杰克是一对出生在千里达岛的双胞兄弟,父亲是犹太人,母亲是德国人。出生不久,奥斯卡由母亲带到德国抚养,并且成为一个天主教徒,杰克则由父亲按照犹太人的风俗抚养,住在加勒比海一带,目前住在美国。这两兄弟的工作、生活和家庭状况都完全不同,可是当他们阔别40年第一次见面时,却带着相同的眼镜,穿着同一类型的衣服,留着同样的胡子。在他们接受一组问题测验时,也显示出同样的态度和习惯。

布莱吉特和乐丝是一对现年39岁、英国籍的同卵双胞胎姐妹。她们分手于第二次世界大战,直到最近初次见面。两人都带了7个戒指,其中一个手腕戴了一个手镯,另一个戴了两个手镯。一个人的儿子取名李查·安德鲁,另一个的儿子则叫安德鲁·李查。而她们的女儿,一个名叫凯瑟琳·露易丝,另一个则叫卡伦·露易丝。唯一不同的是,生活在贫穷家庭里的,有着一口坏牙。

迪拉和斯特拉是印第安纳州的一对双胞胎。有一天,迪拉去参加狂欢节,斯特拉留在家里熨衣服。斯特拉不小心被电熨斗烫了手,这时她忽然感到一阵恐惧,恶心地直想吐,预感将有不幸的事情发生。斯特拉立即奔向正在举行狂欢节的公园,看到很多人围在一架已经倒塌的滑车前。抬头望去,有个座舱在架子上晃来晃去,

世界未解之谜

图文珍藏版

眼看就要断开,可怕极了,上面坐着的,正是她的姐姐迪拉。当抢险队赶到,把姐姐救下来时,姐姐跑过来,看也没有看就问她:"怎么又把手烫了? 你什么时候才能学会使用熨斗呢!"

一对自小分居、寄养两地的双胞胎兄弟,兄在上海,弟在无锡农村。有趣的是1981年某天傍晚,两人都在当地感到有一种莫名其妙的气恼情绪,结果都与他人吵嘴。从此一个人在市区同人怄气时,在乡下的那个就会心里懊丧难受,在乡下的弟弟感到有人作弄他时,城里的那个哥哥也会闭门不出,免得受人欺负。

女婴肚里藏寄生胎

本来怀上了三胞胎,但出生前其中两个胚胎被他们的同胞姐妹包入腹中。这样的怪事让家住南山的黄先生夫妇遇上了:他们刚出生的女儿出生不到两月就腹胀如鼓,经过手术,医生竟然从该女婴腹中取出了两个已经成形的胚胎。专家介绍,像这样被同胞姐妹包住的寄生胎十分罕见,概率为百万分之一。目前,婴儿各项身体指标很平稳,医生说再过几天就可以出院,以后的生活也不会受到影响。

包住自己"兄弟姐妹"的女婴叫小慧,刚出生60多天。婴儿的妈妈说,她和丈夫住在南头南山村,自从知道自己怀孕后,一家都非常开心。生下小慧后,父母百般呵护,可出生40天左右,她突然发现小慧的肚子渐渐鼓起,而且越胀越大,20天内肚子胀得像个小西瓜。父母感到不对,带着小慧去惠州做检查,医生说是肿瘤。

惊慌的父母把小慧带到了市儿童医院,外二科主任王涛经过检查,发现小慧腹中竟是极其罕见的寄生胎。王涛介绍,寄生胎属于连体婴中非常罕见的一种,原来共存于母体中的三胞胎,在胚胎时期,其中一个或两个被另一个包进体内,被包后这两个胚胎就不可能发育成真正意义上的生命。"这种概率是百万分之一。"王涛说,他从医20多年,在全国各地的医院工作过,从来没见过这种病例,在深圳也是首例。

王涛说,经过检查,小慧腹中的寄生胎已经非常大了,重量占了她体重的1/7,把腹腔内的肝脏、肾脏等脏器压迫得像白纸一样薄,"如果再不医治,小慧很可能性命不保"。那年的12月,经过数小时的手术,医生成功地从小慧体内取出一对已经成形的双胞胎。

失散孪生姐妹同交一男友

一对墨西哥裔的同卵双胞胎姐妹出生后不久,便因母亲的经济原因而被不同的美国养父母收养,从此这对姐妹天各一方。这对姐妹一天天地成长起来。可是,因为收养家庭的隐瞒,她们一直都不知道自己的身世。而且,她们过得非常的好,养父母一直把她们当作自己的亲生女儿对待。然而巧合的是,两个收养家庭竟都居住在美国纽约附近。不过,两个家庭之间是互相不认识的。令人难以置信的是,这对双胞胎姐妹长大后竟先后认识了同一个男朋友!这两姐妹都非常爱自己的男朋友,当然,她们是不知道对方的情况的。不过,这名男朋友是先与这对姐妹中的姐姐分手后,又认识妹妹的。而且,是在一次非常偶然的情况下认识的。

这名男朋友认识了这对姐妹中的妹妹后,惊讶于自己前后两个女友的惊人相似。他告诉这对姐妹的妹妹也就是现在的女朋友说:"你知道吗?我以前的女朋友跟你现在长得几乎一模一样。你相信吗?你们甚至连说话的语气、走路的姿态、穿的衣服都非常的相似。难道,你们是姐妹吗?"他的女朋友表示不相信有这么巧合的事情。这名男朋友决定要证明给她看,于是经过他的安排,这对双胞胎姐妹终于相见了。相见了之后,经过深入了解与调查,她们发现两人真的是姐妹,而且是孪生姐妹!就这样,这对双胞胎姐妹在分离 20 年后,终于奇迹般地再次走到了一起!

同母异父的双胞胎姐妹

有这么一对双胞胎姐妹,她们确同母异父,够令人感到惊奇的了吧!这到底是怎么回事呢?恐怕大家都很想知道。

这对姐妹分别为玛利亚·埃琳娜和弗朗西斯科·哈比尔,当时已经 2 岁。可爱的两姐妹现在与母亲在一起。但是,她们的母亲因前男友最近拒绝给孩子的生活费,而将这名一直被认为是这两个小女婴的亲生父亲告上法庭。为此,法庭让她们的母亲先在智利做亲子鉴定,结果却大出意料。鉴定结果显示,玛利亚·埃琳娜确实是这名男子的女儿,而她的妹妹弗朗西斯科·哈比尔的父亲却是没有确定的一名男人。

孩子的母亲矢口否认:"这不可能,这两个孩子都是他的。他应该给两个孩子生活费。一定是弄错了。"但后来在欧洲国家又做了 3 次亲子鉴定,都得到同样的结果。

2001 年,玛利亚·埃琳娜的父亲已经恢复给孩子生活费,但只给 1 个孩子。玛利亚·埃琳娜的父亲说:"玛利亚,埃琳娜确实是我的孩子,可是另外一个女孩就不是了。我不可能给两个人的生活费的。"

科学家认为,显然这名妇女曾经在很短的一段期间内与两名男子发生性关系,这两名男子各有 1 个精子与卵细胞相遇,使其受精,然后卵细胞分裂而成为罕见的同母异父双胞胎。只是这种情况发生的概率很低,专家估计为百万分之一。科学家说这是一个奇迹的巧合。令人难以相信,可是又必须相信。

同日生同日死的双胞胎

毫无疑问双胞胎肯定是同年同月同日生的,而同年同月同日死的并不多见。在芬兰就有这么一对双胞胎兄弟。

据芬兰警方透露,这对不幸的双胞胎兄弟生于 1931 年,一个住在帕蒂约基,另一个住在拉海,两地距离仅有 2~3 公里。这两起车祸发生在芬兰首都赫尔辛基市北方约 600 公里的拉阿镇。这对孪生兄弟中的一人骑自行车通过那条马路时,没注意到一辆卡车驶来,卡车来不及刹车,孪生兄弟中的一个当场被撞倒在地。出事时,正刮着暴风雪,能见度很差。当交通警察赶到时,他已经停止了呼吸。

两小时后,孪生兄弟中的另一人在中午时分骑自行车外出,天气已转晴,但路面很滑。在离兄弟死亡地点南边一公里多的地方,穿越同一条马路,这时正巧一辆汽车通过,但他没有看到汽车后面还有一辆卡车,因而也被撞倒。当交通警察赶到时,他也早已经停止了呼吸。当时,警察还感到非常的奇怪,因为这两个人太相像了,简直认不出是两个人,经过调查,才知道是孪生兄弟俩。

当地一警察表示,第二起车祸的丧生者不可能知道孪生兄弟遇难的事情,因为警方直到第二起车祸发生前不多久,才辨认出第一起车祸的死者身份。这个警察慨叹道,这样的双胞胎兄弟还真少见,不但同日同地生,而且还同日同地死。难道真的是命中注定的吗? 这谁又能解释得清呢?

孪生兄弟撰写奇文

罗伯·盖伊阿和罗伯·加罗迪是一对孪生同胞,他们是法国人。从孩提时代起,他们就分居于法兰西的南国与北疆,那是因为他们的父母在他们 3 岁的时候就因为一方有外遇而离婚了。他们的父母离婚后,就再也没有见过面了。

罗伯·盖伊阿和罗伯·加罗迪兄弟是长大了之后,才各自从一些非常秘密的信件里知道自己还有一个孪生兄弟。可是,当他们问起现在的父母时,他们的父母都表示说已经多年没有联系,所以也不知道对方现在究竟在哪里。后来,在他们各自的调查下,终于相互联系上了。

不可思议的是,他们成年后都不约而同地矢志于医学。他们两人对医学的痴迷,都让同学们感到惊讶。

当他们各自以优秀的成绩从医学院毕业后,分别在昂鲁和尼姆的两家医疗机关就业。

不久，罗伯·盖伊阿和罗伯·加罗迪兄弟两人灵感来临，各自写下了一篇题为《精神治疗之研究》的文章。写下后，两人又不约而同地修改了一番。他们觉得这篇文章写得还不错，于是，就找到了法国的《大众健康》杂志的地址，在同一天时间里投给了这家杂志。就这样，罗伯兄弟同时向法国的《大众健康》杂志投寄了题为《精神治疗之研究》一文。

当编辑部的人员收到这篇文章的时候，他们都惊讶了。由于这两篇文章的内容、段落安排以及措辞造句，甚至连标点都是惊人的一致，这可使编辑部的工作人员满腹疑团了："到底谁才是真正的剽窃者呢？怎么会如此地相同呢？而且，从他们的邮戳来看，他们是在同一天把这篇文章寄出来的。这真是太不可思议了。"

当编辑部的人员知道他们两个是一对双胞胎后，更加惊讶了。医生说，这些纯属是一种天衣无缝的巧合。

一双胞胎妈妈生下两对双胞胎

2004 年 8 月 13 日，一位是双胞胎的妈妈，又生下两对双胞胎，这种连说起来都十分拗口的事情发生在美国人贾娜·莫里斯身上。而更加令人称奇的是，13 日这天刚好是莫里斯 34 岁生日。如今，母亲、母亲的同胞姐妹、两对新双胞胎，都有了同一个生日。这真是一个意外的奇迹。

帮助她顺产两对双胞胎的美国宾夕法尼亚州兰可诺医院说，莫里斯产下了两对同卵双胞胎，为一对男孩和一对女孩，母子 5 人均平安。

自己就是双胞胎之一的莫里斯说："这个'生'日对我来说实在是太特别了，我太高兴了。这是一个多么意外的奇迹与巧合呀，我的四个宝宝竟然与我一起过生日。我真是太幸福了。我的宝宝们都很健康。"莫里斯的幸福洋溢在脸上，连生产的疲累也没有挡住幸福。

助产医生安德鲁·格尔森说，这种情况在 100 万组四胞胎中才会出现一次。也就是说，这是一个奇迹中的奇迹。不过事实上，这一"奇迹"也掺杂了"人工成分"。此前已经有一个 2 岁儿子的莫里斯今年 1 月接受了胚胎移植手术。为确保"万无一失"，当时医生向莫里斯子宫内一次植入两个胚胎细胞，没想到结果出乎意料。4 个宝宝早产两个多月，每个体重都在 2~3 磅之间。尽管他们出生时还得依靠呼吸机辅助呼吸，但医生们预计他们会健康成长。

医生说，这种情况发生的概率为百万分之一。

印度孪生姐妹同日结婚同日死

在印度，有这么一对孪生姐妹，她们不仅在同一天结婚，并且在活到 114 岁时于同一天去世,这个巧合在当地成为一时佳话。

这对孪生姐妹叫卡利和巴图利,出生于印度中部西耶市,两人从小就感情非常的深厚。她们两人不但长得一模一样,就是兴趣爱好也几乎是一模一样的。两人都喜欢穿绿色的衣服,都喜欢跳舞等等。巧合的是,她们同时爱上了各自的男友,又同时与男友谈婚论嫁。更为巧合的是,她们在同一天分别嫁入两个家庭,从此分开生活。不过,因为她们感情好,两个家庭之间经常来往,好得就像一家人。

但是,她们的丈夫相继因病去世。卡利知道妹妹的丈夫也去世后,就对妹妹说:"妹妹呀,你的丈夫现在也去世了,我们就在一起住吧。这样,我们也好有个照应呀。"于是,两人又再住在一起,共度余生。两姐妹共有125名孙子和曾孙,可谓儿孙满堂。

卡利和巴图都成为百岁老人,有一天,卡利突然感觉身体不舒服,家人赶紧把她送往医院。可是,不幸的是,当他们把卡利送往医院后,医院经过简单的检查,遗憾地对她的家人说:"对不起,她已经停止呼吸了。请你们节哀。"家人顿时哭作一团。

不知巴图利是否和卡利心有灵犀,她也差不多在同一时间,在家中寿终正寝,这两姐妹享年114岁。

卡利和巴图利的后人知道她们姐妹情深,决定将她们合葬,令两人永不分离。

孪生姐妹同日产下孪生兄弟

2004年12月14日,在美国佐治亚州的同一家医院,一件令人不可思议的事情正在发生,那就是一对孪生姐妹,分别生下一对活泼可爱的双胞胎兄弟,而前后时间只差了一个小时,真是一个令人不可思议的巧合与奇迹。

据报道,今年21岁的阿诗丽·史宾克斯和安德丽亚·史普林格是一对美丽迷人的孪生姐妹,几乎长得一模一样,经常让亲朋好友认错人。她们两人更是好得像一个人。更令人不可思议的是,这对孪生姐妹生活在一个奇特的双胞胎家庭,她们的父母和老公都有双胞胎兄弟或姐妹。今年年初,这对幸福美满的孪生姐妹结了婚,不久又几乎同时怀上了孩子。当怀胎六个月时,她们两人分别去医院进行体检。通过医院的B超发现,她们腹中的胎儿竟然都是双胞胎,而且都是两个男孩。更凑巧的是,她们两人的预产期也都是2005年1月1日。消息传出后,她们一家人喜出望外。几周前,姐姐阿诗丽从印第安纳波利斯来到了乔治亚州,与自己的孪生妹妹安德丽亚居住在一起,翘首祈盼两对双胞胎的降生。经过商量之后,这对孪生姐妹决定选择同一天在同一家医院进行剖腹产。

12 月 14 日在家人的陪伴下,这对孪生姐妹来到了在乔治亚州的南方医院进行剖腹产。推进产房没多久,两对活泼可爱的双胞胎兄弟就呱呱落地,前后只差了一个小时。看着这 4 个手舞足蹈的小家伙,这对孪生姐妹露出了幸福的微笑。

当天,阿诗丽的丈夫伯特·米恩斯千里迢迢赶到了乔治亚州。米恩斯说:"我做梦也没想到她们姐妹俩竟然同时生下一对双胞胎,而且都是清一色的儿子,简直是一个奇迹!"据米恩斯透露,他们家有生双胞胎的历史,而且从来没有使用药物或其他方式进行人工授孕,所有双胞胎都是自然怀孕。

在谈及这一事件时,美国妇产科专家拉里·松本说,这种情况十分罕见,双胞胎姐妹同日生下双胞胎的概率大约是百万分之一,而都是儿子的概率则更小。

两对不协调的孪生姐妹

1985 年 9 月 3 日,在拉丁美洲的波多黎各大学附属医院。在相隔几个小时之内,有两对双胞胎在这里诞生。这两对都是女孩子,而且双方母亲的姓相同。由于这些巧合产生了换错婴儿的不幸事件。

一位母亲叫作罗兹拉·赫鲁楠迪斯,另一位母亲叫作杜珞斯·赫鲁楠迪斯,虽然她们俩姓相同,可是并没有亲戚关系。罗兹拉把双胞胎姐妹取名为莎曼沙和杰妮华。杜珞斯的两个女儿取名为泰丽和玛丽。可是,在住院期间婴儿当中的莎曼沙不知什么时候开始被护士搞错,竟和泰丽调换交给了对方的妈妈。

这场调错婴儿的悲剧,原来是由几个偶然的巧合为开端,造成两家人的苦恼和不安,幸亏最后还是通过一次戏剧性的偶遇,迎来可喜的大团圆。那时两对双胞胎已经一岁半多了,杜珞斯的妹妹格洛利亚小姐因身体不适,到波多黎各首都圣胡安市内某医院里看病,恰巧罗兹拉也带着两个女孩到这个医院看病。真是"无巧不成书",当格洛利亚小姐正在候诊室候诊的时候,看到罗兹拉迎面走过来,格洛利亚从来没有和罗兹拉见过面,可是她看到罗兹拉带来的两个孩子,不觉惊叫一声。因为其中一个和姐姐杜珞斯的女儿玛丽长得一模一样,大眼睛,宽而凸出的额头,看人的神气,反正一切的一切都是和玛丽一个模子印出来似的。格洛利亚顾不得冒昧,主动靠近罗兹拉,向她问好聊天,又故意把话题引到孩子们的身上,从而了解到这两个女孩是双胞胎,是和自己姐姐的双胞胎女儿同一天,在同一个医院诞生的。格洛利亚有意谈到双胞胎姐妹为何不相似。这时罗兹拉才慢吞吞地说出她自己也为此想不通,甚至由于过分烦恼而彻夜不眠。格洛利亚于是把姐姐杜珞斯也有"同病相怜"的详情告诉罗兹拉。当下双方互告住址和电话号码。又是一次惊奇!罗兹拉和杜珞斯的姓竟然都是"赫鲁楠迪斯"!不难推测,这也是造成院方换错婴儿的原因之一。

经过双方再次商讨，他们在圣胡安市租下一座房屋，两个家庭在一起共同生活，使四个孩子彼此不分，和睦相处，设法使莎曼沙和泰丽都逐渐熟悉自己的亲生母亲，还使她们慢慢习惯更改后的名字。经过双方家长种种艰苦而耐心的工作，被错换的两个孩子，终于在满两岁生日的那一天，回到各自生身母亲的怀抱中。

第六节　好运当头

127 次与死神擦肩而过的老人

人们常说猫有九条命，可以死上几回，也没有关系，因为还有剩余的命可以继续来用，人类与猫不同，因为人类只有一条珍贵的命，失去了就再也没有生还的能力了。但是在波兰有一位神奇的老太太，她似乎不只有一条命，她的命似乎比猫还多上几倍，提起巴巴拉这位年过半百的老太太，当时在波兰可以说是无人不知无人不晓，因为当时她是波兰最富有传奇色彩的风云人物，在她身上经历了非寻常人所经历的很多令人吃惊而又恐惧的事情。她因为一生经历了两次飞机失事，四次火车相撞，也发生过沉船事件，她都能死里逃生，化险为夷而上了国际新闻，一刹那成了这一时期的焦点人物，因为这在人们的眼里是必死无疑的，无论是在空中还是在陆地，或者是在汪洋的海面上，无论哪一个事故都能轻而易举地要了她的命，但是她都能安然无事，这简直就是一个奇迹，成了当时倍受人们关注的对象，大家把她当成了当时的传奇人物，这些故事听起来感觉有些令人不可思议，但是这却真实地发生了，而且多次不同环境的发生在一个没有任何安全保障的老人身上。

巴巴拉·罗雅从幼年开始，灾难似乎就和她较上了劲，下面就是她和灾难一起成长的历史。那是在她两岁时，家中的大人由于工作都外出了，只有她一个人在家，由于年幼不懂事，更没有安全意识，可能是好奇心使然吧，她便一个人爬到五楼的窗子上，意外就这样发生了，她从家里五楼的窗子上掉了下来，恰巧掉在一堆纸板上，竟然毫发未伤。在巴巴拉十岁那年，上学的路上，在她穿越马路时，正好一个胖男人骑车而过，没有躲闪及时，两个人相撞了，结果巴巴拉没有事，而胖子却摔断胳膊，住进了医院。巴巴拉一生经历了四次飞机失事，七次车祸，十二次莫名其妙地从大楼或楼梯摔下来，她在阳台上看楼下小朋友玩游戏时，阳台断裂，华沙剧院屋顶吊灯坠落，两次火车相撞，煤气爆炸，罪犯突然袭击，快艇沉入水底等灾难，但她每次都安然无恙。

上述的这些绝对真实的事情我们每一个人可能只要摊上一次可能就一命呜呼了，为证实这些故事的真实性，巴巴拉还保留着有关她的报纸剪报和目击者证词，根据这些资料的记载，她一生中127次与死神擦肩而过，可以说是人间奇迹。波兰一些著名的科学家和星象学家都到她的家中进行实地研究，和她的父母兄弟姐妹进行详谈，希望能从他们那里获得一些有关巴巴拉的有价值的线索，因为这些神奇的事情不是能随便的发生在我们的周围，但是最终都无法找到合适的理由来解释巴巴拉的特殊经历，因此当地就有人怀疑巴巴拉是天神下凡，有神体护身，是老天在处处保护她，才幸免于难的，但是也有人不赞同这种"天神保护"的说法，他们说巴巴拉是那种命很硬的扫帚星，是会克人的，只有她身边的人遇难，自己却没有事。

跳伞史上的奇迹

在1993年5月10日晚6时，法国某军队正在进行一场对新兵跳伞的第一轮训练，目的是为了选拔一批优秀的跳伞人员，以备在今后的国家航空建设方面有所成就。当时参加训练的官兵一共有22人，其中有老兵5人，新兵15人，另外有2名特级跳伞教练，之所以有5名老兵参加训练，是因为这是一场新的技能训练，为了克服新兵的心理恐惧，特别采用了这种以旧带新的训练方式。跳伞开始了，为了能给新队员一个好的示范，也为这次艰巨的训练任务能有一个好的开端，两名经验丰富的教练决定，先由一名老队员进行第一跳，给其他队员在机舱里实地观摩，进行准备工作。然后跳伞队员一起从距离地面500米的高空处从飞机上跳下来，一切准备就绪，教练的一声令下，剩下的19名队员一起跳进了云海之中，随后他们都打开了自己的伞包，开始时他们相距还比较近，可能是由于体重的关系，再加上高空气流的作用，他们所处的空气环境开始有所不同，他们都有了各自的降落方向。其中最特别的要属于那位叫作达朗的年轻人了，之所以说他特别是因为，他在跳伞的一开始就发生了奇迹，他刚一开始跳出机舱，就感觉与教练之初所讲述的有些异同，因为他并没有像其他队员那样向下降落，而是被一股强大的气流推向了高空，瞬间消失在九霄云外之中，2小时后他才走入正轨，跌落在离跳伞地点60千米外的一片农田里。幸运的是，他当时被正在农耕的一位农民及时地发现了，当时迪迪埃·达朗腰系降落伞躺在地上失去了知觉，这位农民被这突如其来的事情吓呆了，连忙将达朗送进了医院进行检查，医生发现这位跳伞队员虽然晕迷了，但是气息均匀，应该不会有什么生命危险，同时还发现他的手和脚都被严重的冻伤了，但身体其他部分却完好无缺，并从他随身携带的高度计显示数据中，可以不难推测出他是被气流推到距地面7000米高空才掉下来的。7000米高空？那是一个什么样的概念,在7000米高空中,大气层中氧的含量稀少,气温一般是在-30℃~-40℃,在那种恶劣的环境下,人类是无法生存的,寒气加上氧气不足,都会让人休克而死,当时达朗跌落下来,通过检查体温基本正常,这充分地证明了他在7000米高空停留时间并不长,较长时间处于温度不那么低且氧含量较多的气团之中,才幸免于难的。

摔不死的飞行员

1944年3月23日深夜,英国皇家空军出动飞机空袭柏林,21岁的尾炮手阿克麦德参加了这次行动。不幸的是,飞机在返航途中被德军夜航机击中,右舷机翼严重受损,飞机立即着火。

阿克麦打开舱门进去取降落伞,可惜太晚了,舱内一片火海。他好不容易把降落伞的背带系在身上,可降落伞已着火了。火势越来越猛,他用劲旋开炮座边上的门,不顾一切地向茫茫夜空跳去。他刚一离机,飞机就在他的上面爆炸了。

阿克麦德脚朝下,头朝上,急速下落着。闪烁的繁星在他脚边不住地跳动,冰冷的夜风扑面而来。他绝望地闭上了双眼等待着死神的到来。片刻之后,他突然感到太空倒转,星星飞到了脚下……为了证实自己还活着,阿克麦德扭动了一下身子,用手摸遍了全身。天哪,除了几块严重的青肿、多处擦伤和飞机上的烧伤外,自己竟然奇迹般地活着。他清楚地记得自己是从一万八千英尺的高空跳落的。阿克麦德此时此刻并没有为生命幸存而惊讶,直到几个小时后,他表情上的冷淡才慢慢消失,代之而来的是一种不可抑制的欣喜若狂。在眼睛逐渐适应了夜色之后,他站起来对自己进行了彻底的检查,结果发现脚上的两只靴子不见了,这可能是在疾速下落中让松树枝给扯掉的。飞机制服的两个裤管被火熏黑而且撕裂了。唯独只有降落伞的背带还完好无损,他当时根本没有想到这根背带以后会对他的无伞降落起到证明的作用,便毫不在意地解下丢在雪地里。

阿克麦德环顾四周,只见积雪最厚的地方有1.8英尺。雪从松树林外的旷野吹来,堆积在树下,外面空旷的大地上却一点雪也没有,如果自己当时是跌落在树林里,那必死无疑。现在他终于明白了自己之所以能死里逃生的原因:先坠落在弯曲的松树枝上,接着,从树枝上跌落下来时,拥抱他的是松软的积雪。阿克麦德试图离开树林。可腿却抬不起来,他记得腿是从飞机炮座上跳离时扭伤的,他意识到,目前最要紧的是让人发现自己,就拿出系在飞行服上的哨子,连续吹了起来。

一会儿,阿克麦德听见了人声和脚步声,手电筒光朝他脸上射来,搜捕的人是德国哨兵。他们拿出一块大帆布把他推到上面,像拖一袋马铃薯似的拖回营房。最后纳粹德国的秘密警察赶来了,用汽车把他送到医院。第二天上午开始审问,德国人想知道降落伞藏在哪儿,当审问官听到阿克麦德没有使用降落伞时,不相信地哈哈大笑起来。

"那么,你们可以去找我扔在树林里的那根降落伞背带。"

德国人马上找到了那根背带,几天之后又在 20 英里外一架英国飞机的残骸里发现了烧坏的降落伞。当他被押到战俘集中营时,德国人把同盟国的战俘集中起来,讲述了这一不可思议的降落。后来德国当局还交给他一个证书,上面写道:"经调查核实,英国人塞金特·阿克麦德从一万八千英尺的高空不用降落伞而落到地面,着陆时没有受伤。"

错数楼层,警察破大案

前不久,在澳大利亚的布里斯班小镇,发生了一件有趣的事情,一位警官正在值班室里休息,这一天本来是属于他例行的休息日,是因为一位同事临时有事,需要他替班,所以大周末的,本来计划出去旅游的他一个人在值班室里无聊地打发着时间,正在这时桌子上的电话响了,有命令,因为这是一根内线,明显的是上级领导的电话,他很有礼貌地接起电话,等待命令,电话那头非常有力度无法抗拒的声音传来了,原来上级领导刚刚得到最新消息:在离警局不远的一幢公寓里有非法聚赌的赌徒,他们正在进行一次赌徒交易,似乎带有黑社会性质,这位警官被命令带队去搜捕,临挂电话前,领导特别强调这群赌徒的具体窝点是在这幢公寓的 4 楼,因为怕走漏风声,只有秘密行动,所以确切的窝点只有他一人知道,警官满心不快,觉得没有必要为这些赌徒如此兴师动众。无奈这是命令,只得无条件执行。当他心不在焉地带着一队警探冲上公寓时,竟数错了楼层,一直冲到了 5 楼。也没有细看眼前的门牌号,就一脚将门踹开,率领警探冲进行了房间。本以为会看见一群赌徒烟雾弥漫的屋子里,麻醉在金钱的诱惑之中,可是房间里根本没有看见赌钱的人,更别说什么赌徒的交易了,却有几位神色慌张的家伙,见到警察进来更是被吓得浑身发抖。一看便知,虽然他们不是在赌钱,但一定在做非法的活动,经过一番审讯,原来这伙人是一群非法贩运武器的罪犯。此次是他们最后的一笔交易,因为其中有 3 个人由于杀人在逃,为了能及早地得到一笔救命钱,今天才铤而走险。此时此刻他们正在房间里包装枪械,进行交易,被这突如其来的状况吓懵了,警官如获至宝。把武器贩子当场抓获归案,带回警局后继续审讯,得到了更为重要的线索,原来他们的背后是一个走私团伙,他们只是其中的一个小小的下手,此线索一经上报得到了领导的高度重视,下令由他全权负责此案。由于掌握了充分的线索,没有多久便一举捣毁了一个武器走私集团,成为当地老百姓的最爱戴的警官,因此,当地的治安由此有了很大的好转,这位误打误撞的警官因此立功升职,喜得他整日咧着嘴。而当时在4楼里的赌徒,则全部闻风逃散了。事后,当人们问及他当时是怎样得知消息,又如何一举将犯罪分子抓获的时候,他只是笑而不语。也许这就是幸运。

救命的假胸

我们都知道,子弹一旦穿越我们的血肉之躯,即使不死也得在鬼门关上走一回。没有谁能是例外,但是有一位澳洲姑娘当遇到子弹从自己的胸部穿过时,不但没有一点生命危险,而且还能清醒地观察这一切。难道她不是血肉之躯,她不知道疼痛,或者她有什么东西护身,难道她穿了避弹衣,这些理由都不成立啊。因为发生枪击的地点是一家夜总会,这位姑娘是一名模特,她穿避弹衣是没有理由的呀,这究竟是怎么回事呢。原来,这位模特的名字叫杰恩,模特是她最钟爱的职业,那天,她在悉尼的一家夜总会演出时,适逢两名男子发生口角,他们执有不同的口音,听不出他们在争吵什么,但观察他们的神态,知道两人有很大的矛盾,当时有夜总会的保安来调和也没成功,他们愈吵愈烈,好像非要争个你死我活,这时候突然有人开枪,人们在惊乱中各自逃命,杰恩正在后台的休息室内化妆准备演出,一颗子弹从敞开的门中飞入,不幸杰恩意外被击中,当时从手枪射出的子弹无情地射穿她的左胸。当时化妆室的工作人员都惊恐地望着杰恩,因为大家谁也不愿意见到这位年轻的姑娘死于非命,此时,那名射击者已经逃之夭夭。此时此地,尖叫声不断,因为大家一致认为杰恩已经死了,当人们在极度的恐慌中回过神来时,发现杰恩依旧站在他们的身旁,而且没有一点被子弹击中要害的样子,杰恩镇静地对大家说:"我没有感觉到疼痛的原因是我的左胸是假的,它是人造的,我不会有生命危险的,大家别害怕。"这时惊恐的人们才如梦初醒,知道杰恩没有中弹倒地的原因,急忙送她到了医院,希望医生能给她做进一步的检查。"如果不是做过隆胸手术,你将必死无疑。"医生对她说,如果她的乳房是真的话,子弹会留在乳房里,时间一分一秒地过去,子弹中的有毒物质会在她的身体中逐渐扩散,当扩散的面积达到一定程度时,就再也没有办法将她抢救了,她可能因此一命呜呼,所以说是假胸救了她一命,但因为她做过隆胸手术,肌肉和组织被假胸的软体所取代,子弹可轻而易举地穿过她的身体。二十七岁的杰恩说:"警方告诉我,那颗子弹是当时火力最强的子弹,它可以射穿避弹衣,是兰地出了名的警察杀手。"她忆述当时的情景:当时我听到外面有很强烈的争吵声,自己在屋子里,只当是普通客人的争吵,一会就会有人解决的,没有想到这突如其来的灾难顷刻之间会降临到我身上,我听到'砰'的一声,用手向胸口一摸，一种湿湿的东西，原来是血，见到有血，还以为是别人的血溅到自己身上，但当看真一些时，发现那血是从自己的胸口向外涌，有一个子弹孔。"当杰恩被送往医院急救的时候，杰恩没有庆幸自己尚在人间，只是担心她的"乳房"会因为枪击而出现什么问题。因为她一名模特，她很爱这个职业，想到自己花钱做的一个假胸居然救了自己一命，成为自己的救命恩人，杰恩就觉得非常好笑。这绝对是充满了惊险却并没有发生任何危险的事。杰恩是幸运的！

现实版的小鬼当家

美国好莱坞是许多电影名家的向往之地，因为那里不但是名利与事业的象征，更是自身价值的一种崇高体现，因为美国好莱坞出产的影片不仅畅销全球，而且早已家喻户晓，我们看的影片中大多数来在好莱坞。其中有一部叫作《小鬼当家》的影片，更受小朋友们的喜爱，影片中的小鬼可够灵活机智的，他利用自己的聪明才智，屡屡能使得坏人的阴谋破灭，却又拿他无可奈何，或许像这么聪明机灵的小鬼只能存在于艺术作品之中，现实生活中很难寻找得到，但很难并不是代表一定没有，例如在加拿大就有这么一个小鬼，他和《小鬼当家》影片中的主人公一样，在现实生活中机灵聪明，常常做一些让人们哭笑不得又非常正确的事，而这些可爱的事情好像只有在文艺作品中才能看到哦。

上面所提到的这个小鬼出生在加拿大的温尼伯市，他是一名刚刚足岁的小宝宝，看上去和别的宝宝没有什么不同，圆圆的粉嫩的脸蛋上有一对黑得发亮的大眼睛，不是很多的头发很听话地趴在头顶上，单从外观根本看不出他和影片中的小鬼会有什么必然联系，因为他看上去那么娇小，不堪一击，就连生活起居还得依靠大人来照料才能完成，这样一个小不点，某一天晚上在家中玩电话时，竟无意间拨通了911热线（类似我国的110报警电话），刚巧在他的家中正好窝藏了一名警方正在通缉的罪犯，使得警方在极短时间内不费吹灰之力将犯人擒获。原来，这名好奇的小宝宝当晚正坐在电话旁边百般无聊，因为他的妈妈正在忙于别的事情，没有时间来陪他，他一眼就看见了摆在面前的电话，他经常见到妈妈拿起话筒讲话，当时他多么想也能像妈妈一样，可是他没有得到批准，今天真是一个机会，只有他一个人在客厅，妈妈根本不会来约束他，他兴奋地拿起电话，如获至宝，左看看右看看，把这部电话当成了他的最新奇的玩具，因为在众多玩具中，只有这个是独一无二的，是能说话而且短暂拥有的，一会妈妈回来还要物归原主，所以他尽一切可能地玩耍，一会按按这一会按按那，总是带给他新奇的感觉，他开始一个人随便地胡乱按动电话上的数字键，还不认识数字的他刚好拨通了加拿大911热线。那是一个免费的报警电话,加拿大法律规定,如果有人打 911 热线,无论天气如何,不论对方是谁都要及时出警,确保报案人的平安,当电话接通后,警察局的接线员听到电话里传来阵阵婴儿的哭泣声,以为发生了什么大事,马上派出一辆警车赶往现场。当警察到达时,发现这栋公寓一切平安,没有往日办案时的那种打斗的场面,公寓的主人是一对男女,他们看似是一对夫妻,女的正是这名刚刚拨通电话的小宝宝的母亲,今年 23 岁,她对警察的到来感到莫名其妙,因为她家好像是没有发生什么值得报警的事情,正在她怀疑之际,站在她身后的这个男人引起了警方的注意,因为他太像警方近日在大力抓捕的通缉犯了,这个男的是她的男朋友,此时显得有些慌张,更是加大了警察的怀疑,经查问并将该男子的姓名输入电脑后,电脑资料显示这名 25 岁的男子正是被警方通缉的犯人。年轻女子才如梦初醒,自己刚刚结交的男朋友竟然是一个警方在全力通缉的罪犯,而且救了自己的人竟是自己不到一周岁的儿子。

警官约翰逊向记者诉说这宗趣事时开玩笑地说,如果这名小宝宝知道警方防止犯罪组的电话号码的话,一定可以帮助警方抓到更多的歹徒,加拿大的犯罪率可能由此下降呢!

被子弹击中心脏而活下来的人

这又是一件被子弹击要害部位而没有任何生命危险的实际例子,上次说的是一子弹击中了一位女士胸部,由于是假胸而幸免于难,而这次被击中要害部位的可是心脏,我们都知道如果人的心脏出现了毛病,随时都有生命危险,因为心脏是全身血管的总汇之处,心脏如果停止了工作,那么这个人就只有等待死神的宣判了,任何人也没有回天之力,但是任何事情都有个例外,你可能不会相信世界上会有这样奇特的事情,一个人被子弹击中心脏后,还能存活,而且还很健康,在我国的广州市就有这么一个神奇的人。

事情发生在 2004 年 9 月 10 日下午 3 时 30 分左右,家住广州市白云区同和镇东平村的李先生像往常一样到白云山上取水。这本来是一个非常平常的日子,因为每天下午这个时候都是他去山上取水,一年四季从未间断过,因为他取回来的水正好够明天一家人的用水,所以无论是刮风还是下雨,他都照去不误,这天在他取水回来的路上,一颗不知道从哪里飞来的步枪子弹击中了他的心脏部位。他强捂住胸口,向村子的方向艰难地移动,他费力地坚持着,因为他知道,一家老小还在等着他,他必须活着回去。

李先生是带着 4 岁的女儿一起上山取水的。两人取完水后有说有笑地下山回家时,李先生突然感到左胸一阵剧痛。强烈的剧痛使他难以行动,并出现短时休克。他的四岁的女儿吓坏了,可是又不知道怎么帮助爸爸。只是一个劲地哭喊,任凭女儿怎样的呼喊,在空旷的山上也没有什么人能听得见,几经艰辛,李先生终于慢慢地回到了家中。到家后为了不让家人担心,李先生一个人躲在屋里掀起衣服一看,在左胸位置上有一个黄豆大小的空洞,上面有少许的血丝,他以为被气枪击中。所以还不以为然,以为过一会就好,也没有放在心上。

这时,李先生的同乡听说此事后来看望他,其他村民也都闻讯赶来。当大家知道情况后,曾想试着用夹子将子弹夹出,因不知子弹的确切位置,所以不敢贸然动手。于是,李先生的老乡陪同他到同和镇某医院做了胸部 CT 扫描,结果发现心脏部位有一金属异物,如果不取出,此金属异物开始扩散就麻烦了,因为扩散会带有大量的细菌,会使身体局部感染而溃烂,所以必须尽快做手术,否则会有生命危险。

同时医生还告诉他,由于此伤口正处于心脏部位,手术风险很大,成功的概率很小,会给患者带来很大的危险。因为手术危险系数太高,李先生只好转院到 157 医院。可是,医院里没有一个医生能做得了这样的手术,于是,李先生只好又于 12 日转到南方医院。面对来回转院的事情,李先生似乎也明白了,手术的危险随时都有可能带走他的生命,他在接下来的日子里,更是珍惜生活,经常和家人聊天,好像要把这一辈子的话都要讲完。历经千辛万苦,终于在南方医院,一名胸外科的医生将深埋在体内数天之久的子弹成功取出了。看到取出来的子弹头,李先生还心有余悸,因为他是不幸中的万幸,不幸的是飞来横祸,使他倍受肉体和精神的折磨,幸运的是终于脱离了危险。

术后这位医生说,遭遇飞来之祸的李先生创造了一个"奇迹"。因为这种情况在全国罕见,其中还能够存活下来的例子更是非常之少。

《风》之传奇

大千世界无奇不有,有离奇古怪之说,有死人复活之事,但也有的事情巧合得不得不令人咋舌,因为在世界上的万事万物中,有些事情就像天公故意捉弄我们一样,一模一样的树叶难以找到,但是找到巧合之事却不是什么难事,因为诸如此类事件都巧得天设地造,令人难以相信,但在事实面前我们必须承认那是千真万确的,令人毋庸置疑。

那是在 1900 年出版了一本名字叫作《不可知的事》一书,看到书名,顾名思义,就知道里面记载的肯定是一些人类无法想象的一些新奇的事情,因为只有那些不可知的事情才有条件被收录进来,在这本书中,其中有一章记载着一个非常有趣的巧合故事。

　　故事发生在 19 世纪,在法国北部的一个偏远的城市里,有一个叫作卡米尔·费莱伦姆的著名的天文学家,他不但知天文懂地理,而且非常喜爱写作,他常常一个人在家一整天,足不出户,只为了完成一篇文章而已,他性格恬静与世无争,因为他有这样的韧劲和执着的精神,所以在当地很有名气。很多出版商都认识他,而且非常喜欢他的稿件。有一天午后,正午的骄阳似乎有些厌倦了每天重复地在空中无聊的生活,想及早地溜回家,所以在午后刚过,阳光便不那么灼人了,微微起了小风。此时的费莱伦姆正在为书中的最后一张《风》而冥思苦想,不知道微风带给他的灵感,还是他此时思路畅通,总之,苦想了一个多月的文章在此时此刻似乎得到了灵感,写得非常顺手,奋笔疾书,不一会,一份满意的稿件诞生了。可是,当他刚写完放下笔,想休息一下时,突然刮来一阵风,将他刚刚写完的稿子卷出了窗外,随后不知道去向,他十分恼火,这可是他好长时间钻研出来的心血呀,可是恼火归恼火,再大的恼火也无济于事,还是解决不了任何的实际问题。他也只好打算重写这一章了。这件事过了几天,费莱伦姆有些淡忘了此事,因为他已经重新写好了新的一章《风》。

　　几天后,他十分奇怪地收到了出版社的一个收据,寄来的居然是稿件《风》的收据。这使他觉得很不能理解。这份稿件不是被风吹走了吗? 怎么会在出版社呢? 而且给邮寄来了收据,这是怎么回事呢? 于是,他带着疑问就到出版社去问情况。是一个编辑接待了他。

　　编辑问:"请问你有什么事吗? 费莱伦姆先生。"

　　卡米尔·费莱伦姆说:"我的稿件《风》被投到你们出版社,我刚刚收到了收据,可是,我觉得非常奇怪的是,我并没有给你们出版社投过稿呀。而且,这个稿件在我写完的当天就被风给吹走了。一直没有找到过,我想问一下这究竟是怎么一回事。我自己都感觉莫名其妙,这也太奇怪了呀!"

　　编辑听完了他的讲述后,就给他解释了其中的原因。原来,当天那阵风把稿纸吹到大街上时,正好有一名出版商的公务员从此经过,他看到满街的稿纸,凭借着职业的敏感,他知道肯定是一位名家的著作散落在此,于是随手将一张张散落的稿纸拾起来,然后带回出版社,把它交给了出版商。

　　就这样,一份几乎丢失的稿件居然在原先预计的日子发表了,费莱伦姆的辛苦没有白费。他非常感谢那位拾起这份稿件的人。

迟到者全部幸免于难

　　在美国,这件事情当时被人们看作是有一种神奇的力量在召唤她们,因为当晚的排练,所有人都因为种种原因而迟到,这一次并不是普通意义上的迟到,因为这次迟到给她们带来的不是教练严厉的惩罚,而是一件被人们普遍认为一件幸运的事,有些人还模仿她们中的一些人来买彩票。因为大家都有一种信条在里面,那就是大难不死,必有后福。这种集体躲过浩劫的事件在美国历史上还是头一次,在全球也实属罕见。事情是这样的。

位于阿比特丽斯市中心的某教堂定于 1950 年 1 月 13 日晚上 15 名唱诗成员唱诗排练。原本工作很繁忙的约翰逊先生,今天特地抽出时间来给这次排练做指导,约翰逊先生是一个非常守时而且要求非常严格的人,他从来不迟到,而且他本人也非常讨厌迟到的人,但是,当晚 15 名等待排练的队员全部迟到,这对于一向严格要求的约翰逊先生简直就是一个耐性的考验,但是令人感到惊讶的是,今晚的约翰逊先生出奇的平静,他好像很习惯大家的这种行为,时间一分一秒地过去了。约翰逊先生一直很有耐性地等待,终于在正点时间的 20 分钟后所有的人都陆续来齐了。

迟到的 15 人当然要接受负责人的盘问。参加排练的 15 名唱诗成员各有各的原因。这些理由听起来似乎合情合理,又似乎感到有些牵强,有人说:"我的汽车发动不起来,也不知道是什么原因。平时都好好的。而且,今天上午我还开车出去遛了一圈呢。"

有的人说:"我是因为服装还未熨好。本来我要我妈妈熨的,可是,我妈妈为了给妹妹梳头发,就把给我熨服装的事给忘记了。而我自己,也因为要扎头发而耽误了熨服装。我还因为这个埋怨了我妈妈呢。"

有的人说:"我同学突然来拜访我,因为有 3 年多没有见面了。所以我们非常的高兴。我们聊呀聊,聊了许多的往事。这些往事让我们都既兴奋又怅惘。正因为如此,我们交谈的时间拖得太久了,所以,我就迟到了。本来我也知道迟到是一件不好的事情,而且我也知道自己快迟到了。可是,就是不知道是什么原因,我竟然没有把我同学赶走。这可不像我平时的风格。"

有的人说:"我下午本来准备好了要早一点过来排练的,可是,因为我下午没有吃饭,我就到饭店去吃饭。结果,在饭店吃饭的时候被粗心的服务员把我的衣服给弄脏了。只好又跑到家里去换衣服……"

……

但是,令人们意想不到的是,好在他们 7 点 15 分一个也没有到,因为 7 点 25 分教堂突然发生爆炸了。而这 15 名唱诗成员因为迟到全部幸免于难。像这样 15 人不约而同迟到的离奇巧合,经计算,恐怕在 100 万人次中才有一次。事后,人们对事故发生的具体原因似乎关注得更少,而对事故中的幸运儿则充满了好奇。

因开枪自杀而医好顽疾

不知道在这个世界上有没有死神存在,如果真的有的话,那么这个死神肯定是一个非常喜欢恶作剧的家伙。它不是专为催人的命而来,而是给那些面临死亡的人一个新的开始,也许死神也不喜欢人们痛苦的分离吧。下面的这个年轻人就是一个和死神擦肩而过的幸运之人,死神不但没有把他带入另一个世界,而且还大开善心,医治了他多年的疾病。

24岁的意大利青年亨利·芬克患上精神病已有14年之久,当时患病的他只有10岁,小小年纪竟然患上这样的病,令家人都感到惋惜,家人决定要不惜一切代价治好他的病,因为他的人生之路还很漫长。大家为他四处求医问药,使用了各种哪怕只有一丝线索的方法,但始终没有能将他得的这种怪病治好,他的行为怪诞,无法自制。和他同龄的小伙伴也渐渐地远离了他,正因为如此,他如今仍然没有女朋友。其实,他是有一个心上人的,但是他觉得自己配不上人家。因为他不是一个正常人,不能给心仪的姑娘一个正常的家庭。

有一天,亨利·芬克觉得在家实在太闷了,于是在征得家人同意的情况下,去街上散心,这次他在街上碰到了他喜欢的那个女孩子。而这个女孩并没有理睬他,当时正在与一位很帅的男孩道别,那位男孩拥抱了这个女孩,并且亲吻了她的额头。女孩的脸笑成了一朵灿烂的花,甚是美丽。男孩说:"明天见。亲爱的。"向女孩挥了挥手就离去了。女孩还在看着这个男孩的背影不愿意离开,似乎在回忆刚才那幸福的一幕,而这一切都被亨利·芬克看在了眼里。亨利·芬克顿时感觉自己的心非常的痛,有一种被撕裂的感觉,一时间,他觉得自己的人生真的已经没有任何意义了。

回到家里,他谁也不理睬,把自己关在了房子里。他找出了自己的手枪。自从生病以来这把枪他还从来没有用过,可是,如今,他想让这把枪来结束自己的人生。他觉得自己如果再活着真的是太悲哀了。他不能拥有自己心爱的人,不是说不行,而是他根本就没有这个权利。他想如果继续这样活下去对自己的人生一点意义也没有,活在这个世界上的只是一个躯壳而已,自己的灵魂早已远离了这个世界。因为在这个世界上有太多的痛苦,他没有正常人的生活,连自己喜欢的人也没有权利去追求,他觉得一切看起来都是那么灰暗,可是,其实,他是多么舍不得离开这个世界呀。这里有他至亲的人,有养育过他的父母双亲,他还什么都来得及享受过,但是他觉得自己又是他们的一个包袱。他处在一种极其痛苦的挣扎中。

就在这个时候，他的病痛又发作了，他已经记不清楚这是 10 年来他第几次发作了。由于不堪忍受病魔的纠缠，他竟然在最后的关头，真的向自己头部开了枪。家人听到屋子里传出的枪声，急忙闯入将他送往了医院。经过医生的检测，宣布这一枪不但没有夺去他的生命，反而歪打正着，医好了他的脑部顽疾。虽然射入脑部的子弹至今仍留在他的头内，但是他却变成了一个正常的人，从此有了一个新的人生。

遭雷击而复明的盲人

家住在美国南部的缅因州茅斯镇的埃德温·鲁滨逊或许是一个不幸的人，在他 53 岁那年，他遭受到了严重的意外事故，这起意外事故导致了他双目失明，而且连耳朵也聋了。面对这个病人，就连当地最高明的医生也认为他根本没有复原的希望。这一"死亡"的宣判，将他原本幸福的生活打得支离破碎，使得他一直生活在痛苦与黑暗当中。可是，就在 1980 年 6 月一个风雨交加、雷电轰鸣的日子里，幸运之神没有忘记这位饱经风霜的老人，眷顾了他，一道闪电不偏不倚地击中了他的脑部，本来受电击致残或致死才是正常的情况，但埃德温·鲁滨逊是幸运的，他没有上一次那么倒霉，这一次的雷击让他重见到了光明。

那天，天气很糟糕，外面狂风闪电，大雨倾盆，鲁滨逊想起他家里饲养的小鸡还在屋外，心叫："糟了，我的小鸡惨了。它们还没有进窝，我得赶紧去把它们找回来。这么大的雨天，它们一定受不了的。"心急的他连忙拿起铝制的拐杖，戴上医院给他配制的助听器到屋外去找他的小鸡。风吹得他几乎要站立不稳。但是，他一想到小鸡还在屋外，没有可避雨之处就不顾危险地坚持下去。当他走到一棵白杨树下面时，突然"喀嚓"一声巨响，一道犹如白昼的闪电从天而降，击得他当场不省人事，昏厥过去了。20 分钟后，奇迹发生了，来势汹汹的狂风与闪电像完成了任务似的，瞬间销声匿迹，阳光明媚，被大雨冲洗过的树叶绿得像翡翠，他醒来后，睁开眼睛，发现自己什么都看得见了，眼前的一草一木，都像以前那么熟悉。如今，一切都看见了。让人感到更为奇特的是，听力也随之完全恢复了。这个意外的惊喜让他高兴得不知如何是好了。他还以为自己是在梦中，因为他做过许多次这样的梦。可是，这不是梦，这一切确确实实是真的。

当他站在当年宣判没有机会治愈的医生面前时，这位医生目瞪口呆，简直不敢相信自己的眼睛，连连说："这简直是不可思议呀！"经医院全方位检查他的身体后，尤其着重检查他的双眼和耳朵后，医生认为是永久的痊愈。这一好消息让这位年过半百的老人看到了人生的希望，一个月后，奇迹又再次发生了，他已经秃了 30

神秘巧合之谜

图文珍藏版

年的光头上竟然重新长出了头发。

据统计，美国死于闪电击死的人平均每年为 150 人，而因遭雷电击中而复明的盲人只有他一例，这一特殊案例令科学家也无法解释。被雷电烧毁的是白杨树和助听器，而他却治好了病，是偶然的巧合吗？还是雷电中带着某种不为人知的特殊功能？看来这个谜目前是无法解开的了。

大难不死必有后福

在我国有句古话叫作"大难不死必有后福"，这或许是一句宽慰那些暂时处在逆境中的人的话。然而，有时它并不是一句简单的安慰话，它就像一位魔法师一样，让你在曲曲折折的人生当中再添一笔漂亮的色彩而已，下面这位叫作斯拉克的人，就是在一次与死亡之神擦肩而过之后，中得 60 万英镑的彩票大奖。

74 岁的斯拉克已经到了退休的年龄，他在退休前的最后一份职业是一名音乐教员。他当时在当地的一所大学当音乐教师，这是他最得意的事情。他第一次面临死神的威胁是在 1962 年，当时他正乘坐在从萨拉热窝开出的高速列车上，列车突然之间出轨，冲进路边的河里，17 名旅客当场溺死，但幸运的斯拉克爬出车窗获救，性命是保住了但是断了一条胳膊。1963 年，为了能去一个很远的城市里探望病重中的母亲，他说服航空公司官员，给他在满座的飞机上找到一个空位，和空中小姐同坐。就在航班着陆之前，机舱后门突然打开，他和空中小姐同时被抛出舱外，3 名机组人员和 17 名旅客死于坠机事故，但斯拉克幸运地掉到了干草堆上，奇迹般地幸存了下来。

接下来的 3 年里一直平安无事，但随后在克罗地亚的斯普利特市，他搭乘的巴士栽进路边的河里，那条河很深，负责打捞的工作人员几乎没有抱有任何的希望，一具具尸体都有人来认领，最后唯独没有看到斯拉克。人们当时都以为他被河水冲到下游去了，对他也不抱有什么希望了。但是幸运之神再次眷顾了他，他落入水中之前，被空中的一个树枝拦了一下，所以没有摔成重伤，保持好了体力游到了安全之处。所以他又免遭一劫。在接下来的 30 年中间，他没有像其他人那么顺利，他又经历了几次车祸，但是每次都有惊无险。

最后一次，斯拉克驾车在狭窄山路上为躲避一辆联合国的卡车突然转向，结果撞坏路边拦网，掉下悬崖。在最后的关键时刻，他把车门打开，纵身一跃，最后落到树上，亲眼目睹小轿车坠入 300 英尺深的悬崖内爆炸起火。心有余悸的斯拉克在车祸 3 天后，破天荒第一次买了一张彩票。

他终于交了好运。几周之后，传来了好消息，他中了彩票大奖，赚了 60 万英镑。斯拉克激动地说："我一听到这个喜讯，我就知道自己从此交好运了！"斯拉克准备用这笔彩金买车子、房子和游艇。不过，他中奖后做的第一件事是向家乡捐款数千英镑建造了一座新礼拜堂。他说："神多年来照应我逃过许多灾难，我想做点善事谢恩！这个问题可以从两方面看，我要么就是世界上最倒霉的人，要么就是最走运的人，我更愿意相信我是后者。"

飞来横财

2004年6月12日上午9时30分左右，在新西兰奥克兰市的菲尔·阿切尔和布兰达·阿切尔夫妇位于艾勒斯利的家发生了一件奇怪的事情。清晨，正在为全家人忙活早餐的家庭主妇布兰突然听见外边发生了一声惊天动地的巨响，那声音好像什么东西发生爆炸一样，她惊恐地跑出厨房想看个究竟，发现房间已经发生惊天动地的变化，干净工整的房间不见了，到处充满了灰尘烟雾，伸手不能见物，等灰尘慢慢平息后，布兰达的丈夫菲尔发现在家中的计算机旁边躺着一块黑色的石头，看上去和普通的石头没有什么两样，据夫妻两人回忆，家中好像没有这样的石头啊，但是此刻一声巨响后突然出现这个不明飞行物，着实让夫妻俩疑惑不解，他们一致认为可能是家中的什么物件由于剧烈声音震动掉下来的，于是丈夫菲尔便用手去拿，"啊！"一声惨叫传出，布兰达闻讯赶到，发现丈夫拿那块黑石头的手已经烫得无法回笼，"原来它很热，让人无法用手去摸。"丈夫菲尔指着那块神秘的石头说道。

据专家现场勘察发现，这块黑石头原来是一块从外太空飞进大气层的陨石残骸，它先是穿透了阿切尔夫妇家的屋顶和天花板，接着砸中了他家的皮躺椅，再反弹向天花板，最后落在了菲尔夫妇家的一台计算机旁，它像陀螺一样不停地旋转。所幸的是，当时没有人在房间里，没有造成人员伤亡，否则后果将不堪设想。因为这块陨石的自然成分到目前为止，还没有人研究明白，万一伤到人，由于还没有掌握它的物理和化学性质，很难在短时间内得到很好的救助。所以说布兰达一家算是不幸中的万幸了。

专家说，天外陨石砸穿房屋的概率只有几十亿分之一，比买彩票中大奖还难。自阿切尔夫妇家被陨石砸中的消息传开后，一些美国陨石收藏专家纷纷出动，寻求与阿切尔夫妇获得联系的机会，争相希望以高价买下这块天外石头。据《陨石杂志》编辑和奥克兰大学数学讲师乔尔·斯奇夫说，这块天外陨石的价格至少高达1万美元以上，而砸穿居民屋顶的事件更使它的价格飙升。斯奇夫认为这块陨石是新西兰的国宝，应该留在新西兰的土地上，他希望新西兰博物馆能出资买下它。事实上，一些收藏专家除了对阿切尔夫妇的陨石感兴趣外，甚至已表示有意购买他家被砸穿的天花板和躺椅，阿切尔夫妇真可说是有惊无险，"因祸得福"。他们计划于 14 日将它送往奥克兰大学进行检验。

这块 13 厘米长、7 厘米宽的球粒状陨石重达 1.3 公斤，专家分析，它可能是小行星的一部分，而不是来自月亮碎片或火星岩石。

谎言成真

在英国北部的一个不知名的小城镇，住有一对年轻夫妻，男的叫霍华德，女的叫凯西，他们过着幸福美满的生活，后来由于生活的一些矛盾，夫妻俩经常吵架，关系曾一度恶化到分手的边缘，但是，霍华德很爱自己的妻子，所以，他努力想办法试图挽回妻子的心。他记得凯西曾经说过，如果买彩票中奖，生活中的所有问题都将迎刃而解。有一次，他带着凯西到商场为妻子买鞋子，当看到凯西望着心仪已久的鞋子恋恋不舍的样子时，而苦于自己囊中羞涩，为了给妻子一个意外的惊喜，霍华德萌生出了一个谎称自己中了 1.2 亿元英镑的彩票大奖的想法。

从那时起，为了使自己编织的这个弥天大谎不被拆穿，让妻子一起沉浸在喜悦中的霍华德干脆打肿双脸充胖子。他答应妻子购买一栋 570 多万元的洋房、订购 3 辆豪华轿车，还答应给每名亲友送上 36 万元并且捐款给慈善机构。

当然这一切全部都未能兑现，原来霍华德其实是向情妇借了 11 万元和一辆小汽车，以此来冒充中奖富翁，完成他这场虚拟的游戏。同时他为了做得更像富翁一样，还向银行透支了 14 万元。起初，凯西对丈夫中奖一说信以为真，因为家中的日子过得比以前殷实了许多，但当他渐渐摆不出"富豪"的排场时，甚至连举行庆贺中奖的派对时，也只以火腿三明治宴客时，凯西便起了疑心，中了那么多的奖金，怎么连一次小小的派对还办得那么寒酸呢。这种疑问令她非常不解，于是她向奖券机构查证未遂，索性当面质询丈夫是否真的中奖，直到这时霍华德看纸包不住火，没有退路了才承认撒了这个谎言。霍华德面对妻子的一脸惊慌心里很是心疼，他忙对凯西说这全都是因为爱她，但是，令他感觉可怕的是，妻子没埋怨他，而且很绝望地坐到了地上，面对这种突如其来的变故，霍华德不知所措，他此时找不到更好的语言来安慰受伤的妻子。最后，妻子说出了让他感到更加可怕的事，原来，当霍华德宣称自己中奖时，妻子凯西认为自己终于可以过上富太太的生活了，便约了有 7 年未见面的老朋友蒂娜一起去赌钱，当年之所以不来往了，是因为这位蒂娜嫁了一位富翁，凯西觉得自己很寒酸，现在有钱了，她可以扬眉吐气了，她刚刚从赌场回来，输掉了近一半的彩金，她打算回家让霍华德还给赌场，否则那些放高利贷的人不会放过她,听完凯西的讲述,霍华德犹如五雷轰顶,没有想到自己的一句谎言害得妻子背负这么大的外债,此地他没有更好的办法解决这个问题,只有安慰妻子凯西一定会有办法的,可是连他自己也不知道办法在哪里,凯西一直还是非常伤心的。

霍华德后来因为欺诈罪名被判入狱一年半,凯西为了那巨额的赌债每天给别人洗衣服做饭,挣钱来偿还,不过凯西知道丈夫只是因为爱自己才说谎,最终原谅了他。霍华德出狱后两人和好如初。俩夫妇的故事已被拍成电视连续剧,更巧的是,近日霍华德真的中了七万元的彩票奖金,这一次,凯西没有对丈夫起疑心,两人从此过上了幸福的生活。

失足坠楼而大难不死的女子

2004 年 9 月 3 日上午 11 时 30 分左右,一名女子失足坠楼,却碰巧被买烟回来的丈夫接住。这真是一个意外的巧合。如果不是丈夫接住,也许,悲剧就发生了。也许,他们以后再不会吵架了吧。

当时,在肖家河街 70 号楼下开杂货铺的黄婆婆端着小板凳坐在树荫下乘凉。突然,"啊!"的一声尖叫惊得黄婆婆心头一紧。她抬头一看,一名女子从 5 楼上摔了下来。该女子先掉在了 3 楼一住户的雨篷上,接着又掉在了 2 楼的电线上。"哗,哗!"两声,两根电线断了。该女子又往地下落去,一名青年男子飞身上前,接住了该女子。

"好险哦!""要不是小伙子接住,那女的就没命了!这真的是太巧了。"围观的路人纷纷说。

几分钟后,高新巡警大队肖家河巡组的焉翔与廖璐两名巡警赶到现场。坠楼女子一个劲地叫疼,她全身多处被擦伤,疼得不能走路。

救人男子在一旁不断地说:"咋个我买个烟,你就掉下来了嘛? 好在我来得及时,要不然,就不知道该出什么事了。"据邻居介绍,坠楼女子与在地上接住她的男子是夫妻,他们住在 5 楼。

据该男子说,他上午因为一些小事和妻子吵了一架。本来以为吵了就完了,哪知道中午又吵了起来。他无意吵架,觉得有些闷,就独自一人下楼去买烟。"刚刚把烟买了,回来看到她坐在阳台边上,她一站起来,谁知就滑下楼了。"看见妻子掉下楼,他想都没想就冲上去,接住了妻子。

坠楼女子告诉巡警,她不是跳楼,是失足掉下来的。正巧,被自己的丈夫接住了。这也算自己命大了。

该女子随后被巡警与120送到了医院。经医生检查,该女子身上多处软组织挫伤,脚在跌下楼时碰到硬物被扭伤。

最准的直觉

在6年前的一场大火中,科瑞丝不仅失去了美国费城住所,并且连出生仅10天的女儿都化为了灰烬。可是,这位伟大的母亲却一直相信自己的女儿还活着,并凭借着"母性的直觉"找到了"复活"的女儿以及找到了当年纵火的疑犯。

31岁的科瑞丝是在一个朋友的生日派对上发现了她失散6年的女儿的。看到小女孩的第一眼,科瑞丝就呆住了:可爱的酒窝、美丽的黑发、似曾相识的眼神。她有一种强烈的预感:"眼前的小女孩就是我的亲生骨肉,我必须证明这一点。可是,该如何证明呢?"

科瑞丝曾看过通过基因检验进行亲子鉴定的电视节目。于是,她走上前,亲切地对小女孩说:"你好,你长得真漂亮。你的头发简直美极了。"然后,她装着去看小女孩的头发,并装作意外地说:"哦,亲爱的,你的头发上沾了口香胶,我帮你弄一下吧。"于是,科瑞丝借为小女孩整理头发拿到了小女孩的5根头发。科瑞丝找了一张干净的餐巾纸,小心翼翼地将头发包好,装在塑料袋内。

DNA测试证明,小女孩果然就是科瑞丝的女儿。科瑞丝因此报警了。因为科瑞丝的发现,警方不得不对当年那场火灾重新调查推断。当初曾认为是短路造成失火,小女孩已被烧成灰烬,现在看来,是狡猾的犯罪分子将孩子偷走后,故意制造火灾,企图永远掩盖罪行,把孩子变成自己的"亲生骨肉"。

因找到女儿而万分激动的科瑞丝也向媒体说出了久藏在心中的疑点:"当我冲进了女儿的房间后,床上什么都没留下,但我发现,一扇窗户竟然是开着的,而当时是冬季。

另外,在我女儿出生后没几天,住在新泽西州的亲戚克芮就远道来访,并称她自己怀孕了,火灾当天,克芮还来过我家,但此后再未上门,直到在那个派对上重逢。"

死而复生三次的老人

这位老人是肯尼亚的莫卡·姆兹塔。关于他三次复活的事情,在当地成为一段佳话。

他的第一次死而复生是发生在他3岁时的事。那次,他不小心从楼梯上摔下来,随即昏迷。当父母把他送往医院抢救时,医生告诉他的父母,他已经没有呼吸了。伤心的父母哭泣着准备埋葬他。可是,正当父母伤心欲绝地准备埋葬他之前,却听到莫卡·姆兹塔大声地啼哭。他的父母惊喜地发现,莫卡·姆兹塔复活了。这真是一个奇迹。带到医院去检查,医生也说不出究竟是什么原因使他复活。

他的第二次复活经历时在他22岁那年,这一次莫卡·姆兹塔去向不明。家里的人问遍了,也找遍了,就是不见莫卡·姆兹塔的踪影,都非常担心。他的父母以为他又一次死去了。六天后,一位牧羊人发现了已经冰凉的他。原来,他从一个很高的悬崖上摔到了深渊里,这个深渊一般人是不会进去的,这位牧羊人是为了寻找一只调皮的羊才不得不进去,这也是一个巧合了。当时的莫卡·姆兹塔已经没有呼吸了。他的父母就像十几年前一样,伤心欲绝地准备安葬他。而就在即将入土的瞬间,莫卡·姆兹塔醒来了,他顶开了棺盖,逃脱了死神的魔爪。家人不禁为他的命大而庆幸着。村里的人也对他的事情感到惊奇不已。

大家以为他可以从此平安地度日了。毕竟,他两次大难不死了。可是,事实上并不是这样的。在他60岁时,又上演了一幕死而复生的奇事。莫卡·姆兹塔不幸得了霍乱,而且日趋严重,最后家属们认定他已归天。但整整一天后,他突然坐起并且连声呼唤:"我想喝水!"莫卡·姆兹塔又一次复活了。

三次死而复生,这真是一个奇迹。可是,这个奇迹究竟该如何来解释呢?难道仅仅是巧合吗?

救命的硬币

因为在上衣口袋中装了4枚硬币,挡住了强盗射出的一颗子弹,救了自己的命,这是发生在巴西一名叫卡内罗的彩票小贩身上的事情。

一天,两名男子走近他的彩票摊,手里拿着枪,凶狠地说:"快来钱来。要现金。要不然,你就没命了。"卡内罗感到非常的害怕。他还从来没有碰到过这样的事情,以前,他只是在电视上看到过,没想到,现在自己遇到了。不过,他还算有些镇静,毕竟,他也曾经经历了不少的风雨。

为了保命,他平静地对两个男子说:"我的钱都不在这里,在我的家里。你们可以陪我去拿。不过,请你们不要伤害我。你们要什么我都可以给你们。"

一名男子说:"少废话,你带路。"于是,卡内罗就真的把他们带到了自己的家里。其实也就是彩摊的后面。当他打开门让他俩进屋时,一名歹徒开了枪。卡内罗以为自己死定了。可是,子弹碰巧射中硬币弹了回去,卡内罗毫发未损。于是,他使劲将两歹徒推入屋内,自己夺门而逃,直奔街道。

他赶到街边的警厅,告诉警察刚才发生的事情。警察马上派了几个人去。不过，两名男子已经逃跑了。卡内罗发现自己的家里几个存折不见了，同时，还有一些现钱和贵重的首饰不见了。于是，他马上打电话给银行挂失。

脱险的卡内罗向警察提供的线索，两名歹徒无一漏网。

横飞过街而毫发未损的小超人

2004年7月27日，在英国爱丁堡一条繁忙的交通公路上，一辆轿车与一辆有篷货车相撞，事故发生地点旁边的一辆婴儿车受到牵连也被撞，童车内婴儿被撞飞过一条街，竟然毫发未损。

据这位神奇婴儿的父母说，他们是在吃过晚饭后，推着童车，带着2个月大的女儿到街上散步。当他们走到伊斯特路和伦敦路交界处的交通繁忙的十字路口，站在人行道上等待绿灯，准备过马路时，突然，一辆轿车在准备转弯行驶时，由于车速太快，撞上了一辆有篷货车。

两车相撞之后，轿车被货车弹到一边，打着转撞向路边人行道上等待过马路的一家三口。看到轿车撞向自己，婴儿的父母急忙推着童车躲向一边。可是，轿车的速度太快了，这个三口之家还没跑几步，推在前面的童车就被打转而来的汽车撞到，将车内2个月大的女婴撞飞出去，飞过一条街，一直飞到马路对面。

吓得脸色苍白的婴儿母亲以为自己的女儿被撞死了，尖叫一声后晕倒在地。婴儿的父亲急忙穿过马路，快步跑到婴儿身边，抱起躺在地上的婴儿，以为孩子撞得不轻的父亲含着眼泪检查女儿的身体。谁知，这个悲伤的父亲意外地发现婴儿不仅仍然有意识，只是头上有一点点擦伤的痕迹，而且全身没有一处伤。这个神奇的婴儿躺在父亲怀中，还对着焦急的父亲咯咯地笑。

婴儿的父亲看到孩子安然无恙后松了一口气。他唤醒妻子，将女儿送到当地的儿童医院进行检查。检查结果确定这个幸运的女婴身上没有一处伤。但是为了安全起见，婴儿被留在儿童医院接受观察。医生说这真是一个奇迹。

而轿车司机在撞上童车后，又撞到路边的一棵树上，晕了过去。

盲女想不开撞墙自杀而重见光明

在英国，有一位名叫伊云妮·布朗的18岁姑娘，长得非常漂亮，无论谁见了她，都会为她的美貌而感叹的。而令人遗憾的是，这个美丽的姑娘在11岁时因一场大病而失明。

不幸并没有使她自暴自弃，而是更加努力向上。她努力地学习盲文，她努力地学习做各种正常人能够做的事情。邻居家的男孩觉得她非常坚强，于是，两人在频繁的交往中慢慢地喜欢上了对方。可是,当男孩的爸妈知道自己的儿子喜欢的竟然是一个盲人时,坚决反对他们的交往。

尽管伊云妮·布朗的男友仍然不肯断绝与她的关系,但随着时间的推移,他也觉得她的双目失明是一件不可忍受的事情了。确实,双目失明给生活带来了许多的不便。这天,当她的男友对她说:"伊云妮,我们分手吧。我的爸妈不同意我们在一起。如果你不是双目失明,就不会有这个问题了。真的很对不起。"

伊云妮哭了。她说:"你一句对不起就够了吗?你这样说我,你太过分了。"

无论伊云妮如何地向男友诉说,男朋友都不肯回头了。他们终于分手了,他再也没有来找过她。情感失意的伊云妮非常伤心,想要以头撞墙求一死。当她的父母亲发现时,已经来不及了。她的父母当场脸变得惨白惨白的。岂料数分钟后,她的父母却发现她破涕为笑,高兴得跳了起来。原来她的头往墙上一撞,竟然奇迹般地使她从11岁起因一场大病而失明的双目恢复了视力。她立即找来男友,告知他这一喜讯。结果,两人又和好如初,并很快结了婚。

夜宿热带蚂蚁巢穴旁,风湿疾病离奇痊愈

威尔斯是美国一所大学生物系的学生,爱好探险和旅游,这一次是利用暑假期间,采集巴西热带雨林中的珍稀植物。森林中的野兽、昆虫和疾病频频向他袭来,他又黑又瘦,疲惫不堪,膝关节又红又肿,举步艰难。由于长时间地处在潮湿阴暗环境中,他患了风湿性关节炎。

这天傍晚,他又累又痛,再也走不动了,只得坐下长时间地按摩患处。又勉强支撑着,在两棵树中张开一张吊床,倒上去迷迷糊糊地睡着了。

半夜时分,威尔斯醒了过来,耳边到处响着窸窸窣窣的声音,身上被爬着的什么东西乱螫乱咬着。他一下惊坐起来,伸手一摸,抓了一把,借着月光一看,是一种热带蚂蚁。他知道,热带雨林中的蚂蚁十分厉害,成群的蚂蚁包围起来,可以把猛兽啮成一堆骷髅。他一急之下,吓出了一身冷汗,双手乱抓。可是蚂蚁闻到了人的汗味,越聚越多。原来吊床拴扣的那棵树,恰是这一群恶蚁的老巢。他急中生智,翻身下床,向附近的一条小河跑去,迫不及待地跳进河中。蚂蚁遇到水,便都浮了起来,威尔斯这才脱了险。

第二天早上,威尔斯发现身上多处被蚂蚁咬伤,因携带的药品丢失了,只好苦熬着。可是到了下午,不仅身上的肿块消退了,折磨其多日的关节炎疼痛竟也神奇地消失了。

威尔斯当时搞不清关节炎痊愈的秘密,后由美国迈密市的研究所揭开了这个

谜底。实验表明蚁毒对风湿性关节炎有良好的治疗作用。威尔斯关节炎的痊愈正是他与蚂蚁不期而遇的结果。

第七节　诅咒之城

路易斯的预言

1886年出生于英国利物浦的路易斯，在他很小的时候就跟母亲学习看手相，当他11岁时看手相的技艺已十分精湛。没过几年，年仅十几岁的他就只身远涉重洋到了印度，在那儿花了两年时间专攻秘术。他的一生充满了传奇的色彩，而赋予他传奇的就是他所说出的预言。

他从印度回到英国不久，在伦敦以看手相谋生。起初生意清淡，但是有一天他突然在幻觉中窥见了一件谋杀案，连凶手的模样都看得一清二楚。后来，他果真找到了案发地点。当他赶到现场时，伦敦的警察正在那儿进行调查。于是他向警官报告说，杀人犯是个年轻的富家公子，裤袋里有一块金表，而且是被害者的近亲。

第二天罪犯被捕归案，正如路易斯所说，他果然是个年轻的豪门弟子，裤袋里有一块金表，而且正是被害人的儿子。消息传开后，路易斯一跃成了首屈一指的手相家。此后，他每看一次手相，都得到丰厚的报酬。

路易斯立刻成了太子爱德华七世的朋友。1902年6月，爱德华宣誓就位，但因病未能加冕。于是他召见路易斯，请他看手相。路易斯看后，让国王不必担心，微恙不久便会痊愈，并预言国王去世的日期。后来国王正好那天逝世。事实证明他的预言正确无误。

路易斯还有个朋友，名叫史德特，是伦敦一家报纸的编辑，终日担心自己死于歹徒之手。路易斯说他不会被人杀死，但将被溺死，并劝告他1912年4月不要在水上旅行。可是史德特没有认真对待这一忠告。他作为泰坦尼克号船上的乘客，1912年4月15日这一天随着这艘"冰海沉船"葬身鱼腹。

路易斯的许许多多预言中，最引人注目的是关于意大利国王汉勃特的事。国王让他看手相，想知道自己的死期。他握着国王的一只手左看右看了半天，最后直言不讳地说，他在三个月内将被人谋杀而死。事实果然如此，预言后的三个月，即1900年7月29日，汉勃特国王被人杀害了。

可惜路易斯对自己的前途却未能未卜先知。1935年的一天早晨，有人发现他躺在好莱坞的一条岔路上，人们急忙把他送到医院去，但他在半路上就咽了气。

这位极富传奇与神秘色彩的人，写过一本教人如何看手相的书。

凶钻的故事

世界上最著名的钻石要算是那颗重量为 1125 克拉，名叫"希望"的金刚钻了。

"希望"钻石原产于印度，后被偷窃，运到法国，由一名宝石商买下。因为这颗钻石太有名了，所以后来被法国国王路易十四知道后，路易十四买下了它。路易十四把它琢磨成两块心形的钻石，每颗重量 67 克拉，称为"王冠上的蓝钻石"。路易十四逝世后，钻石由路易十六及玛丽·安东尼继承。1789 年法国爆发资产阶级大革命，路易十六及王后被送上断头台，"希望"钻石也与其他王室珍宝一同被政府没收封存。

1792 年"希望"钻石又一次被盗，曾一度销声匿迹，直到 1830 年才又在伦敦重新出现。此时这颗钻石重量为 44.5 克拉。由英国实业家亨得哈卜以 9 万英镑的高价买下。后来，由弗朗西斯·哈卜继承。但是，不久，其继承人弗朗西斯·哈卜就破产了。

破产后，钻石流入东欧。一位王子曾把它赠给一位女演员。若干年后，这位女演员被王子开枪打死。后来钻石一度被一名希腊富商占有，但他却在一次可怕的撞车事件中丧生。钻石旋即落入土耳其苏丹哈米德二世手中。他得到这颗钻石才 9 个月，就发生了 1909 年由青年土耳其党发动的军事政变，苏丹被赶下台。

艾浮林·维尔西·马克林太太是第一个占有"希望"钻石的美国人。她请人将它制成一串由 62 颗白钻石组成的项链，又由著名法国首饰匠贝雨尔·卡尔梯进行加工。马克林太太为此付了 18 万英镑。正当她戴着这串价值连城的项链到处炫耀富贵时，不想却连遭不幸：两个儿子相继死亡，丈夫得了精神病。

1947 年，马克林太太死后，珠宝商哈里·温斯顿买下她所有的珠宝，其中包括"希望"钻石。也许是他对前人所遭遇到的种种厄运有所忌惮，1958 年他把珠宝全部捐给美国赛米斯·苏犬协会。

总的来说，无论是谁在得到这颗钻石的同时，厄运也从此降临。

充满诅咒的木乃伊

埃及是一个神秘的国家，除了令世人瞩目的埃及金字塔外，被人们津津乐道的恐怕是木乃伊了。而关于木乃伊的传奇故事，受到关注的恐怕是亚曼拉公主的木乃伊，因为那是一具充满了诅咒并且给人们带来不幸的不祥之物。

1800 年末，4 位英国年轻人来到埃及。当地的走私犯向他们兜售一具古埃及棺木,棺木中就是这位亚曼拉公主的木乃伊。其中最有钱的那个人以数千英镑的高价买下这具木乃伊,从此,这位在古埃及历史上默默无闻的公主便给许多人带来了一连串离奇可怕的厄运。

买下木乃伊的那位英国人将棺木带回旅馆。几个小时后,没有人知道为什么,这位买主竟然无缘无故地离开了饭店,走进附近的沙漠,从此消失了踪影,再也没有回来。第二天,他的一位同伴在埃及街头遭到枪击,受了重伤,最后不得不将手臂切除。剩下的两个人也都先后遭到了厄运。其中一人回国后无缘无故地破产;另外一人则生了重病,最后沦落在街头贩卖火柴。

这具神秘的木乃伊后来还是被运回了英国,但沿途依旧怪事不断。运到英国本土后,一位钟爱古埃及文化的富商买下了这具木乃伊。不久后,富商有3位家人在一场离奇的车祸中受了重伤,富商的豪宅也惨遭火灾。在经历了这样的变故之后,这位富商迫不得已,只好将这具木乃伊捐给了大英博物馆。

在载运木乃伊入馆的过程中,载货卡车失去控制撞伤了一名无辜的路人。然后,两名运货工人将公主的棺木抬入博物馆时,在楼梯间棺木失手掉落,压伤了其中一个工人的脚,而另外一个工人则在身体完全健康的情况下,两天后无故死亡。

亚曼拉公主的棺木后来被安置在大英博物馆的埃及陈列馆中。在陈列期间,夜间的守卫报告说,常常在她的棺木附近听见敲击声和哭泣声。更有甚者,连陈列室中的其他古物也常发出怪声。不久之后,一名守卫在执勤时死去,吓得其他守卫打算集体辞职。

因为怪事接连不断,最后大英博物馆决定将木乃伊放入地下贮藏室。事实证明,这一切都是徒劳的,因为一个星期还没过完,决定将木乃伊送入地下室的博物馆主管无缘无故地送了命。

至此,这具充满诅咒的木乃伊已经声名大噪。有一位报社的摄影记者特地深入地下室,为这具木乃伊拍了一些照片,结果却在其中一张照片上洗出了可怕的人脸。

后来,实际情况如何,没有人知道,只知道这名摄影记者在第二天被发现陈尸自己家中,死因是开枪自杀。

不久以后,大英博物馆将这具木乃伊送给了一位收藏家,这位收藏家当即请了当时欧洲最有名的巫婆拉瓦茨基夫人为这具木乃伊驱邪。在经过了繁杂的驱邪仪式后,拉瓦茨基夫人宣布这具木乃伊上有着"大量惊人的邪恶能量",并且表示要为这具木乃伊驱邪是不可能的事,因为"恶魔将永存在她的身上,任何人都束手无策"。最后,拉瓦茨基夫人给这位收藏家提出忠告:尽快将它脱手处理掉。

但是，到了这个地步，已经没有任何博物馆愿意接受亚曼拉公主的木乃伊了。因为在以往的10年时间里，已经有20人因为她而遭到不幸，甚至失去了生命。

然而，故事至此并没有画上句号。不久以后，一位不信邪的美国考古学家不顾亚曼拉公主以前的可怕历史，仍然花了一笔可观的费用将她买下，并且打算将她安置在纽约市。

1912年4月，这位考古学家亲自护送她，将她运上一艘当时轰动造船界的巨轮，也就是"泰坦尼克号"。为了慎重起见，他还将她安置在船长室附近，希望她能安安稳稳地抵达纽约。可是，大家都知道，"泰坦尼克号"沉没了。

雪上加霜的战地大雪崩

在第二次世界大战期间，见风使舵的意大利为了自己的利益，从同盟国转向协约国，掉转枪口向德国、奥地利作战。意大利的这一背叛行为，使德国、奥地利恼怒万分，恨不得将意大利军一举歼灭。

1916年12月，奥地利的一个师和意大利的一个师，为了夺取杜鲁米达山谷这一咽喉要道，展开了一场激烈的争夺战。12月的杜鲁米达山谷，寒风凛冽，天寒地冻。双方官兵穿着军大衣，匍匐在冰天雪地里，眉毛、胡子上挂着白霜，用冻僵了的手互相开炮、开枪射击。

战斗持续了三天三夜，双方的伤亡都很惨重。参战的双方原来有24000人，现在只剩下18000人左右双方都打红了眼，炮声隆隆，子弹呼啸，山谷两边山腰的雪地上，炮弹炸出一个个大坑。

老天爷似乎要有意中止这场战斗，忽然下起了鹅毛大雪，30米开外，就看不清人影。在这种恶劣天气下，双方都被迫停止了攻击。

风越刮越大，漫天大雪在空中飞舞，在零下20摄氏度的酷寒中，双方的官兵都吃尽了苦头。他们不停地搓着手，跺着脚，彻夜不敢睡眠，生怕冻僵在战壕中。

这场大雪下了四天四夜，山谷两边山头上的积雪更厚了。太阳终于露了脸，双方的军队都准备重新展开战斗。有的清除战壕里的积雪，有的擦拭大炮，双方都在抢时间，为尽早地向对方发起进攻做准备。

奥地利的军队首先发起攻击，大炮重新发出轰鸣，他们打算一举歼灭背信弃义的意大利人，为阵亡的战友报仇。

时隔不久，意大利的大炮也吼开了，炮弹不断地落在对方的阵地，意大利的步兵为炮兵的准确射击欢呼。

激烈的战斗又进行了一天一夜，受尽严寒煎熬、缺乏睡眠的官兵已经精疲力竭。官兵们都在想：再这样对峙下去，非得冻死不可！

奥地利指挥官向部下下达了命令：炮兵进行一番猛烈的轰击后，步兵立即发起冲锋。步兵接受了命令，高兴得直跳，与其在战壕里冻死，不如冲出去跟那些该死的意大利佬拼个你死我活。

指挥官一声令下，奥地利的大炮一齐发出轰鸣，炮声在山谷中震得人头皮直发麻。意大利的大炮也响起来了，轰鸣声似乎要把人们的耳朵震聋，官兵们不由自主地捂起耳朵。

奥地利步兵正要发起冲锋，阵地后面山顶上的积雪突然发生雪崩，只听得震天的一阵响，两边山头的积雪奔腾着滚滚而下。一刹那的工夫，奥地利军队背后的山谷已被崩塌下来的积雪堵住。这下子奥地利军队没有退路了，只有歼灭意大利军队，才能从山谷的另一端冲出去。

奥地利步兵知道自己的危险处境，一个个爬出战壕，踏着齐膝深的积雪，蹒跚着直往前冲。

在这样的气候条件下，防守易于进攻，奥地利士兵的躯体成了意大利士兵射击的活靶，奥地利士兵纷纷中弹毙命。活着的奥地利士兵伏在雪地上，顽强地向意大利军队的阵地爬去。

突然间，又是一阵山崩地裂般的轰响，意大利军队阵地后面的山头也发生了雪崩，一转眼的工夫，意大利军队后面的山谷也被崩落的积雪填死，意大利的军队也没了退路。

这下子两国军队的官兵都傻了眼，再打下去已经失去了意义，双方都要困死在山谷中。枪炮声突然停止了，战场上死一般寂静。

意大利指挥官突然猛吼一声："别打啦，再打下去大家都没活路。我们应当联合起来，开辟一条通道，从山谷里逃出去。"

奥地利指挥官接着喊道："对，还打什么，大家齐心协力，开辟出一条通道吧。"

他的话音刚落，身后又是一阵巨响，雪崩发生连锁效应，附近的积雪又崩塌下来。好在奥地利的步兵已经冲出战壕，只有炮兵和大炮被埋在10多米深的雪下。

奥地利步兵惊惶失措，急忙向意大利阵地跑过来，意大利士兵不再开枪，让他们跑到自己阵地这边来。

双方的指挥官再也没有敌意，在一起商量如何撤出谷地。两人略略商量了一会儿，打算让双方官兵一齐动手，赶紧在意大利一方的谷口开辟出一条通道撤出去。

命令刚刚下达，双方的军队还没出发，"轰隆隆"一阵震天动地的巨响，意大利这方又发生了雪崩。山谷的两头都被积雪堵死了！雪崩不断发生，山谷中的空地越来越小，双方残存的几千名士兵挨肩擦背地挤在一起，只盼雪崩就此停止。

不幸的事终于发生了，两边山头的积雪一齐崩落，将挤在一块的几千人全部埋入雪中。山谷再也没有一个人影，再也听不到一点儿声音。

这次雪崩，双方共有10000多名官兵被活埋，包括他们的最高指挥官。只有3名奥地利士兵、2名意大利士兵被积雪埋得不深，从雪堆里爬了出来，幸免于难。

事后，人们把这场灾祸归咎于天气。直到第一次世界大战结束以后，才有人诅咒这场该死的战争。

接二连三的厄运

1829年10月16日的早晨，一艘名叫"玛梅德"的英国快速帆船载着21名水手，乘风破浪驶出了悉尼港。帆船出发以后，连续4天都是风和日丽的好天气。可是，到了第5天下午，乌云密布，天气骤变。入夜，狂风大作，海面上掀起了惊涛骇浪。一场大风暴刮翻了帆船，船员全部落水，他们拼着性命同狂风恶浪进行了顽强的搏斗。值得庆幸的是，几个小时以后，筋疲力尽的船员们发现前方的海面上有块突出的礁岩。大家纷纷朝它游去，攀上礁岩，等待救援。

3天以后，一艘名叫"斯依英特修阿"的轮船通过附近海面时发现了遇难者，把他们全部搭救上船。死里逃生，人们非常激动。谁知到了第3天，"斯依芙特修阿"也遭到厄运，陷入了强大的海流之中，被卷上了浅滩，搁浅翻船了。

可是，非常巧合的是，过了8小时，"嘎巴拿·莱迪"号船从浅滩旁驶过，救起了两艘失事船上的船员。但是，灾难并没有停止。"嘎巴拿·莱迪"号仅航行了3个小时，船上突然发生火灾，熊熊的烈火吞噬了一切。船员们几乎都孑然一身，乘上救生艇仓皇逃命。他们在大海上漂流，又冷又饿。突然有人喊了起来，原来一艘澳大利亚政府的独桅快艇"库梅特"号正朝他们驶来，船员们再一次获救了。

船员们以为从此没事了，可是，没多久，"库梅特"号遇到风暴在海上沉没。命运似乎在戏弄他们。18个小时之后，在海上挣扎的遇难者们又奇迹般地被邮船"丘比特"号发现救了起来。人们以为这次彻底摆脱了死神。出乎意料，"丘比特"号又撞上了暗礁，15名船长和123名船员重又落水。绝望之际，又出现了救星！英国客船"希蒂·奥普·里兹"号正好经过附近海面，船员第5次终于得救了。

令人不可思议的是，在不到两个星期的时间里，竟然连续5次遇难，5次获救，而且没有一个人死亡！

更叫人吃惊的是，在"希蒂·奥普·里兹"号上有个身患重疾的妇女，生命垂危,弥留之际,频频呼唤儿子的名字。医生见状,想找人顶替她的儿子安慰病人。正在这时,船员中有人自称是妇人的儿子。果然,妇人一眼认出眼前正是自己阔别多年朝思暮想的亲骨肉,顿时病情大愈……

招灾电影编剧兼制片人艾伦

不知道是不是巧合,专门拍灾难电影的编剧兼制片家艾伦,所拍摄的每一部灾难片在上演时往往会发生同类灾难。

例如,他的电影《海神号遇险记》所描写的大邮轮"海神号"在新年前夕遭遇大风浪,船被整个翻覆过来,船上大批乘客千方百计逃生。其中,以牧师吉恩·哈克曼为首的一组人同心协力越过重重障碍爬到水面上,成为少数战胜灾难的生还者。这部影片是在 1972 年下半年上演,同年英国豪华邮轮"伊丽莎白皇后"号沉没。

1974 年上演的《冲天大火灾》描述摩天楼大火,这一年巴西有 3 幢摩天楼失火。如巴西圣保罗焦玛大厦火灾,死亡 188 人。

而在 1980 年,他所拍的火山爆发片《末日》上演时,美国华盛顿州的圣海伦斯火山爆发。美国西北部华盛顿州的圣海伦斯火山是旅游者熟悉的景点之一,圆锥形的峰峦及其颇有特色的雪冠,隆起在一片美丽的森林景观之上。1980 年 3 月 18 日,圣海伦斯火山永远地改变了它的外貌。人们已预料到可能要发生火山喷发,几个月来火山一直隆隆作响,火山上空不时出现小片水汽和火山灰云。但没有人预料到,圣海伦斯火山喷发会酿成如此巨大的灾难。当火山爆发时,它掀掉了山顶,留下一个巨大的裂口。燃烧着的火山灰和有毒气体横扫整个风景区,沿途一切荡然无存。火山峰冰雪融化,挟带碎石、泥沙的水流冲入山下谷地。遭受破坏的地区绵延 32 公里。圣海伦斯山的高度从喷发前的 2950 米减至后来的 2560 米。洪水摧毁了桥梁,冲走了建筑材物,但令人惊奇的是只有 63 人死亡。

我们真的不知道怎么解释这些事情,但是却让艾伦成了一位招灾电影的制造者。

最倒霉的船

"夏仑霍斯特"号巡洋舰是希特勒征召科学家们尽全力建造的 4 万吨级的战舰,船上配备最新式的电子装置,其航速之快、战力之强,连当时世上最庞大的英国舰艇也无可相比,堪称海中之王。

可是谁也想不到的是,就是这艘巨舰从开始建造直至最后毁灭,倒霉的事却接二连三地不断发生。因此,它是德国军最忌讳的,也被人们称呼为世界上"最倒霉的船"。

在该舰工事进行到 2/3 时，船体无缘无故地突然断裂，使在场的 61 人死亡，110 人受伤。当船体重新修造完毕，计划将要为之举行下水典礼时，这艘倒霉的"夏仑霍斯特"号巡洋舰却在前一天的晚上神不知鬼不觉地自己离港了，撞坏了两艘浮船和船上的乘员。

在炮轰尚未抵抗的"但吉号"时，"夏仑霍斯待"号上的舰炮炮门又突然破裂了，造成 9 名水兵死亡，11 名炮手因炮塔的换气装置发生故障而全部丧生。

在同英国海军交战时，"夏仑霍斯特"遭到英军"奥斯陆"号舰的猛力炮击，官兵死伤惨重，同时，舰上又严重失火，几乎导致沉没。在友舰"达奈杰纳"号的大力协助下，它好不容易脱离危险，而勉强停泊在耶鲁贝港时，却又被在黑夜中误行航路的"布莱蒙"号舰撞个正中。虽然"布莱蒙"号因而沉没，可是，"夏仑霍斯特"号也受到了严重的创伤。

待该舰花了很大精力被修复后，刚驶出耶鲁贝港后不久，又遭到英国舰队劈头盖脸的轰击，终于使"夏仑霍斯特"号彻底葬身于北海之中，舰上仅有两人乘橡皮艇逃离劫难，其他所有的官兵全部阵亡在冰冷的北海上。数月后，人们发现他俩已死在漂浮到海岸边的皮艇上。

"哥伦比亚"号航天飞机爆炸惊人巧合

2003 年 2 月 6 日，美国"哥伦比亚"号航天飞机在高空分裂解体，导致 7 人死亡。这震惊世界的意外事件立刻令人联想到 17 年前相差不到几天，刚刚升空没多久就爆炸的"挑战者"号的悲剧。比较发现，两者有着惊人的相似之处。媒体认为，这些巧合简直是小说也杜撰不出来的情节。

纽约 1010 频道"天天赢"电台说，"哥伦比亚"号这次升空特地挑选"挑战者"号升空周年的时间，用意就是纪念那组航天员。"挑战者"号的 7 名航天员来自美国各族群并拥有不同肤色，"哥伦比亚"号的 7 名航天员也具备不同种族背景，包括一名印度出生的美国人以及以色列第一位航天员。

其他令人惊奇的"巧合"包括：载着以色列空军上校拉蒙的这个飞行器在得州东部一个叫作巴勒斯坦的小镇上空爆炸裂解。《纽约时报》说，这些巧合简直是小说也杜撰不出来的情节。

拉蒙也是以色列第一位出任太空任务的太空人，但并非第一位出任太空任务的犹太人，在他之前即有蕾丝妮（Judith Resnik）参与过 1986 年的挑战者号太空任务。然而，挑战者号升空爆炸后，蕾丝妮也不幸丧命。这两名犹太人的先后罹难，耐人寻味。

哥伦比亚号在太空执行任务长达 16 天,并在降落前 16 分钟解体;哥伦比亚号和挑战者号都载有 7 名宇航员,且都是 5 男 2 女。

纽约"天天赢"电台报道说,拉蒙最后一封给家人的电子邮件说,太空之旅无限的平静,他真希望"永远待在太空"。

这不是犹太人第一次参与航天飞机探险任务,不过却是第一次太空总署应拉蒙要求准许航天飞机携带犹太食物上太空。48 岁的拉蒙先前担任过以色列空军战斗机飞行员,且曾参与过 1973 年以色列与阿拉伯国家之间的战争。

拉蒙的母亲曾于第二次世界大战期间遭纳粹德国囚禁于奥斯威辛集中营,被带至该集中营的犹太人多数遭屠杀,但拉蒙的母亲最后未遭到毒手。拉蒙此次就特地携带了一张犹太男孩金兹 14 岁那年在奥斯维茨集中营遇害之前完成的画,登上哥伦比亚号太空梭。

1986 年 1 月 28 日,"挑战者"号升空爆炸后,美国总统里根曾说,在冒险扩大人类活动领域的过程中,这类痛苦事件在所难免,可是"未来不属于怯懦者,未来属于勇者"。

航天飞机计划停顿了两三年,又继续执行。布什也称,在对这次悲剧彻底检讨之后,航天飞机计划也将继续,"但愿上帝继续保佑美国"。

美国曾计划在"9·11"袭击前进行飞机撞楼演习

2001 年 9 月 11 日,纽约世界贸易中心就被两架飞机撞上了。来历不明的恐怖组织在美国时间 9 月 11 日上午向美国大都会纽约和首都华盛顿展开有系统、有组织的恐怖袭击行动,以其劫来的飞机和炸弹攻击纽约世界贸易中心和华盛顿一带的政府机关,美国政府几乎陷入瘫痪状态。世界贸易中心两座塔楼在爆炸起火后相继倒塌,死伤惨重。但具体人数未晓。首都政府机关被炸后冒起浓烟,情况危急。同样位于美国东岸的宾夕法尼亚州西部的匹兹堡有一架联合航空公司巨型客机离奇坠毁,但详情未明。

可是又有谁知道美国一个情报机构——国家侦查局曾经在"9·11"袭击发生前准备进行一次飞机撞大楼的演习,以检验下属对突发事件的应对能力。报道说,按照国家侦察局领导层的设想,当天早晨,一架出了机械故障的小型飞机将撞向他们位于弗吉尼亚总部 4 座大楼中的一座,对大楼造成一定的破坏。当然,他们不会出动真的飞机,但为了模仿撞楼造成的破坏,他们将封闭一些楼梯以及出口,让雇员们自己想办法逃生。

国家侦查局发言人表示："很难相信会出现这样的巧合,几架飞机真的撞向我们的设施了。当真的袭击事件发生后,我们立刻取消了此次演习。"

该发言人还表示,为了进行此次演习,他们已经筹划了好几个月的时间,但按照他们的设想,恐怖分子不会在其中扮演任何角色,这将仅仅是一个意外而已。

可是,没想到的是,就在演练后没过多久,惨剧真的发生了。

得意忘形的潜水艇被坦克击中

这是发生在第二次世界大战期间的事。当时英国有一艘"奥立弗·伯朗奇"号运输舰,该舰艇是一艘非常现代化的运输舰,它凭着现代化的技术与装备为战争立下了不少的功劳。这不免让运输舰上的人有了些粗心大意,他们感觉自己这艘舰可以所向无敌。可是,事实上却并不是这样的。

德国早就已经痛恨这艘运输舰了,他们决定想尽一切办法除掉这艘运输舰。于是,德国决定派出一艘他们当时最好的潜艇去偷袭英国运输舰"奥立弗·伯朗奇"号。他们运动神速,而且目标准确。由于运输舰"奥立弗·伯朗奇"号当时没有任何准备,也没有任何的防备。而且,德国这艘潜艇是从水下出其不意地进行偷袭的,所以该舰被炸得四分五裂。舰上的人全部遇难,霎时间,血染红了海面。

德国因为潜艇偷袭成功,非常高兴。他们为自己的聪明而高兴。可是,因为是在水下面,他们觉得庆贺得不过瘾,所以决定到水面上去好好庆贺一番。就这样,这艘德国潜艇得意忘形地潜出了水面。他们高兴地庆贺胜利。可是,他们却不知道,死神就跟在他们的后面。

也就在此时,英舰上一辆被轰上半空中的三吨重的坦克从天而落,恰恰击落在潜出水面的艇中间,一下子把潜艇劈为两半,潜艇上的官兵全部葬身海底。

这个意外巧合使人除了目瞪口呆之外,没有任何话可说。

被诅咒的跑车

这辆被人称之为被诅咒的跑车的第一个主人是美国电影明星詹姆斯·迪恩。年轻的詹姆斯·迪恩在加利福尼亚学习表演和法律时,偶然在一个电视节目中表演了一次,便走红起来,随后他离开加利福尼亚去了纽约,在百老汇名声大噪。他轻柔自然的表演打动了华纳兄弟娱乐公司,他们与迪恩签了拍电影的协议。到1955年车祸去世之前,他一共演出了三部影片,其中两部是在迪恩死后才开始放映。《伊甸园以东》《没有动机的叛变》《巨人》赢得了广泛的好评,让美国人首次看到了"另一种风格"的表演。艺术家沃赫尔·安迪称,迪恩"是我们那个年代被损坏却又美丽的心灵代表"。

1955 年,詹姆斯·迪恩驾驶自己的名牌跑车兜风时死于车祸。他那辆被撞毁的跑车后来被拖到了一个修理厂里,在拆卸过程中,用千斤顶支撑的车突然坠地,砸断了一名修理工的腿。

该车发动机后来卖给了一名医生,这位医生将发动机安装在了自己的赛车上。可是,奇怪的是,这名医生后来开着赛车比赛时死于车祸。因为这样,所以有些人觉得詹姆斯·迪恩的这辆跑车非常的神奇,能够给人带来灾祸。不过,大多数人并不信这个,而且,因为这是明星的车,所以很多人愿意买这个跑车的哪怕只是一个零件。

可是,不久,另一名购买了迪恩报废汽车方向轴的赛车手也死于车祸。迪恩汽车的外壳被人用来展览,然而展厅却突发火灾,事故原因一直不明。还有一次,它从展台上跌落,砸碎了一游客的臀骨。这个时候,大家才相信这辆跑车真的是应该被诅咒的。

神奇的报警电话

有一天,美国加利福尼亚州里士满市警察局里的电话铃声响起,值班警察在接通电话后,就听到一个年轻女子焦急地说道:"喂,喂,是警察局吗? 赶快到马克德纳尔德街的铁道来,再派一辆救护车!"

"发生了什么事?"警察忙问。"开往圣菲的快车和一辆大卡车相撞,一个男人受了重伤! 请你们赶快来。""什么? 火车和卡车相撞,这可不得了,我们马上来,请不要离开!"警察放下电话,马上与医院取得了联系,不到一分钟,警车和救护车相继出动,不一会儿就来到了铁道口。但是,那里一片寂静,根本没有发生车祸,快车尚未通过,卡车连影子也没有看到。人们都以为这是谁在搞恶作剧,都纷纷抱怨。

就在警察感到疑惑时,远处传来火车的汽笛声,转眼间,一阵轰鸣,火车风驰电掣般地朝铁道口直驶而来,这时,铁道口突然出现了一辆大卡车,在铁轨上抛锚了,怎么也发动不起来。瞬间,只听见一声巨响,在众目睽睽之下,火车与卡车猛烈相撞了!

大卡车被火车甩出好几十公尺远。当驾驶员德尔富·布鲁斯被人从驾驶室里拖出来时,已经奄奄一息,脸上、胸部和四肢都受了重伤。眼前发生的事和刚才电话里说的居然一模一样! 这不可思议的事使得几分钟前还在愤愤不满的人们,个个吓得目瞪口呆。

大伙儿七手八脚地把德尔富抬上担架,用救护车送进附近的医院进行抢救。德尔富大量出血,伤势十分严重,但由于抢救及时,终于保住了性命。"要是再迟十分钟的话,后果不堪设想。"医生手术后说。可是,那个打电话给警察事先报警的年轻女人究竟是谁呢? 事后,警方立即设法寻找她,但是始终找不到一点线索。

预知自己死亡的人

1979 年初,西班牙饭店经理卡斯塔尔在梦中听到"3 个月后出生的孩子,肯定是见不到了"的声音。醒来后,卡斯塔尔一直在思索着这个声音。他的妻子已经怀有 6 个月的身孕,这使得他对梦中的这个声音很是恐惧。他确信自己很快将死去的。因为,这个声音是那么清晰。卡斯塔尔天亮后立即投下了 5 万英镑的生命保险。

当卡斯塔尔把这个梦告诉妻子的时候,妻子说他是因为这段时间太累了,所以就胡思乱想。卡斯塔尔温柔地抱着她,他怕自己真的快要死去了。如果是这样的话,她会有多么痛苦呀。

几周后的一天,卡斯塔尔处理完工作后以时速 160 公里的速度驾车回家。途中,对面车道驶来一辆时速 160 公里的汽车撞上护栏,又在空中翻了几个筋斗,恰好落在卡斯塔尔的车上,两车司机都当场死亡。

保险公司向卡斯塔尔的妻子支付了 5 万英镑的保险金后说:"按常规,投这样的保险不久就死亡,公司应进行彻底的调查。但是对于这个令人难以置信的事故,没有置疑的必要。因为只要差几分之一秒,他就不会撞上。"此时,卡斯塔尔的妻子早已哭成了泪人。她伤心地说:"原来他真的预知了自己的死亡。这太不可思议了。原来,他是怕他死后我没有经济保障才买下生命保险的。可是,他还是把我一个人扔下了。"

主教准确预言自己死亡日子

2002 年 9 月 23 日早上 7 时 05 分,天主教香港教区枢机主教胡振中因患骨髓癌于在香港玛丽医院病逝。原助理主教陈日君即日接任香港天主教教区主教一职,而教会亦已安排胡振中的丧礼在本周六举行,遗体安葬跑马地天主教坟场。

对于胡振中枢机的逝世,行政长官董建华深感痛惜,并赞扬胡振中毕生献身天主教,为教友奉献力量,造福社群,行政长官还代表特区政府向天主教徒致以深切慰问。

已退休的陈子殷神父主持弥撒时,透露了胡枢机生前一件事。他说:"胡枢机有很强的预知能力。他曾经向同僚说，香港以前的两位华籍主教徐诚斌以及李宏基，先后于 5 月 23 日及 7 月 23 日病逝。按次序排列，自己或会在 9 月 23 日死。"

结果，胡枢机最终真的在自己预言日子逝世，巧合得令人难以置信。而且，香港过去五位教区主教，同样均在"3"字尾的日子逝世；最奇妙是连同刚离世的胡振中在内，历任 3 位华籍主教，均在"23 日"魂归天国。

香港过去五位主教，逝世日尾数均是"3"字。

第一任的恩理觉主教殁于 9 月 3 日；

第二任白英奇主教则于 2 月 13 日逝世；

第三任兼本港教区首位华人主教徐诚斌殁于 23 日；

第四任的华籍主教李宏基殁于 23 日；

最后的胡振中枢机主教，则亦殁于 23 日。

而刚接任主教一职的陈日君的生辰是在 13 号。

这究竟是怎么回事呢？它们之间是不是有着某种联系？

一家三代命丧同一座桥

美国加利福尼亚这么一座桥，出现过一家三代人都在此桥上遇车祸丧生，而被人们叫作"死亡之桥"。

1957 年，美国加利福尼亚的比辛格准备出去办事。他在出门的时候还与家人微笑着说再见，但就在走过家附近的一座桥时，一辆汽车突然失去控制，当场把比辛格压死。面对他的突然死亡，家人感到悲痛万分。好好的一个活人转眼间就与家人生死相隔了。

两年后，他的儿子希拉姆出门了。他准备出去给家里人买一些日常用品，顺便给自己的儿子戴卫·威斯勒买生日蛋糕与生日礼物。儿子在他出门前还期待地对希拉姆说，自己希望生日礼物是一辆遥控玩具汽车。希拉姆答应了。

可是，当他走过两年前父亲被车压死的那座桥时，心神突然就恍惚起来，好像突然有种神志不清的感觉。他想，也许是自己有些累了。就在这个时候，他听到后面一辆卡车突然刹车的声音，接着，他就什么也不知道了。当他苏醒过来的时候，周围已经围满了人，当然，还有他的儿子戴卫·威斯勒。他艰难地睁开双眼，抱歉地对戴卫·威斯勒说："对不起，儿子，我可能无法满足你的生日愿望了。我……"话还没有说完，希拉姆就永远地闭上了眼睛。

6 年后，比辛格 14 岁的孙子戴卫·威斯勒、也就是希拉姆的儿子在桥上玩耍。他看到什么东西都好奇，而且与同伴追追打打的。一辆小汽车高速驶过，威斯勒避让不及,就这样,威斯勒被压死了。威斯勒的同伴被吓得大哭起来,从此一直做噩梦。

闻名天下的预言

在 16 世纪,一位名叫诺斯特劳姆的人也有过几次闻名天下的预言。

诺斯特劳姆是一个非常聪明具有预见性的人。他预言 100 年后的 1666 年,伦敦将发生一场大火。他写道:"正气迫使伦敦在 1666 年蒙受一场大火。"后来正是这年伦敦果然烈焰冲天,全城几乎化为灰烬。这样的巧合使得诺斯特劳姆世人皆知。因为这太神奇了。这个时候,诺斯特劳姆刚好去世一百年。

1558 年 7 月 27 日,在给国王亨利二世的信中,他预言了一次反对教会的起义。他指出:"起义将于 1792 年发生,到那时每个人都认为它能革新时代。"这一事件真的发生了,并且导致了 1792 年法国南特市的暴行。当时,1000 名反对革命者的市民,或者被送上断头台,或者被剥光衣服淹死在卢瓦尔河中。预言里说:"南特市的哭泣和呻吟,令人惨不忍睹。"的确是如此。

诺斯特劳姆还能对自己的未来未卜先知。他预言了自己会在 1566 年去世。而且,他在 1566 年去世前,曾要求他的一个朋友给他刻一块石碑,死后一道在墓里下葬。石碑上刻了什么,仅他们两人知道。他死后,朋友从来没有公布墓碑上的字。诺斯特劳姆死后盛名仍在。

人们的好奇心与日俱增。到了 1770 年,人们决定掘开他的墓看看。墓穴打开后,在场的人都面面相觑,惊诧不已,因为石碑上刻的正是"1770"这几个数字。原来他早知道自己的棺木将于这一年被人打开。这真是太神奇了。

精确预言大地震

1993 年 8 月的一个夜晚,正记录甚高频无线电波(VHF)变化、追踪太空陨石的串田发现,记录仪上出现了一连串"很特别的基线波动"。最初他以为设备出了故障,没在意。

1995 年元月中旬,这种电波波动与地震的"巧合"重演,他仍未在意,直到两天后即 1 月 17 日,打开电视机的他看到惨不忍睹的画面:神户大地震导致 6400 人丧生,近 50 万人无家可归。

"我被彻底震住了,以后几天我一直在想:如果我能严肃地对待自己的工作,也许会有很多人活着。"串田随即召开新闻发布会,宣布自己的发现,但地震专家对此的评价全是嘲笑与不屑一顾。

面对地震科学家的敌意以及媒体的嘲弄,串田并没有灰心。而是决定放手一搏:他放弃了对彗星的研究——尽管此前已发现了两颗彗星——转而一心扑向地震预报。

目前全球每年发生几千次地震,其中震级在里氏 7 级以上的强震一般有十来次。在过去一个世纪,世界各国均为地震研究投入了不计其数的人力与物力,研究对象更是无所不包:岩石、地面温度、地下水水位、太阳黑子、月亮、潮汐乃至狗与鲶鱼的异常行为,概而言之,几乎所有可以与地震预报挂钩的现象均纳入了地震研究范围。但专家们无计可施。1997 年,地震学界的 4 位扛鼎学者——凯勒、杰克逊、卡岗与穆拉吉亚在《科学》杂志发表台署论文断言:地震无法预报。

但串田并不认同这一说法。串田的妻子是日本首屈一指的超新星专家。当串田决定开始地震预报后,她就全力地支持丈夫。

夫妇俩于 1995 年筹措了 1000 万日元(约合 75 万元人民币)以购置新设备。

串田骄傲地宣称,过去 10 年,他至少准确预报了 36 次大震。今年 8 月,仅 99 突然又发出信号,串田据此预言:"超强地震会在 9 月 16 日或 17 日袭击东京,前后误差各两天。"

能预测地震的奇人

2004 年 11 月 8 日深夜,台湾再度发生里氏 6 级地震。据此间媒体报道,岛内号称有"预知能力"的李振吉出面表示,此前他的"耳鸣"早已发出地震"预告",为证实自己绝非"马后炮",他拿出了 8 日清晨 8 点多自己贴在网络上警告网友与台湾气象部门的讯息作证据,并告诉媒体这项重要讯息并未被气象部门理睬。

消息传出,岛内舆论再次哗然。事实上,自从台湾上月接连发生两次强烈有感地震后,有关地震的"预言"在岛内一直没有停止过。家住台中的保险经理李振吉表示自己"能通过耳鸣预测地震"。据他自己说,每次地震前都会伴有强烈的耳鸣,他已经准确预言了台湾发生过的大大小小的地震,包括 1999 年的"九·二一"大地震和上个月发生的两次地震。

他向媒体表示,11 月 8 日凌晨 4 点钟左右,他的耳鸣又发作了,声音与上次发生里氏 6·2 级地震前的耳鸣声音差不多,于是他再也睡不着,当日上午便通过网站将"预测"发给网友和气象部门,认为 3 日内必有地震,结果 8 日晚真的又发生了地震。

李振吉在其"独特本事"不久前被媒体报道后,已经成了名人,随之"预测"地震的请求几乎将他的电话打爆。还有一些"预测"专家也搭上了媒体的"顺风车",

一时间"预言"满天飞,搞得人心惶惶。台气象部门则不以为然,他们发文提醒,随便预测有地震,除了可能会被气象法处罚之外,也有可能会按照社会秩序维护法处罚,希望媒体不要推波助澜,为这些不负责任的"预测"提供阵地。但具有讽刺意味的是,耳鸣奇人此次"预测"到了8日的地震,而台气象局自己却摆了"乌龙"。地震中心原先公布的地震时间是深夜11时55分,规模里氏5.7级,震中在宜兰南澳地震站西北方1公里,深度约19公里。但重新更正后的地震时间提早到深夜11时54分,规模达里氏6.7级,震中在花莲市地震站东方96.6公里,深度10公里。据介绍,规模5.7地震与规模6.7地震释放出的能量相差很大,令岛内民众很是诧异。对此,台气象部门解释说,地震侦测失误主要是因为一分钟内发生两个地震,原先有一个小地震使得后来较大地震的定位受影响,所以才会有规模与震中的差异。

也有研究专家认为,这些会做出地震预测的人,并不见得有什么特殊目的,可能只是具有"灾难症候群"的人格特质,一看到大地震的画面就会紧张,进而引起耳鸣或其他生理反应,然后再将这种生理反应与地震联系起来。也就是说,这些预测只能算是巧合而已。

被公布的预言

通常,对于预言或预知信息的报告仅限于事件发生之后,但是,偶尔也有事前被公布的预言。

把自己的命运与"泰坦尼克号"连在一起的英国著名记者史狄德,曾写了一篇客船撞击冰山的小说,讲述撞击冰山的客船因携带的救生艇不足而酿成悲剧的故事。作者在小说的最后还加了一段预言性的话:"如果客船没有配备足够多的救生艇出海航行,那么这样的事故说不定真的会发生,不,肯定会发生。"

显然,史狄德心里已有预感,但他是否预知了自己的未来还不能确认。事实上,在"泰坦尼克"号事件中,正是因携带的救生艇不足而使很多人遇难。史狄德小说里的事情真的变成了现实。可悲的是,史狄德自己也是遇难者之一。

也有预言被报纸偶然公布的情况。1978年12月6日,苏格兰报纸刊登了标题为《预言者无票乘车》的消息,内容是威尔士一名失业的预言者爱德华·皮尔逊(当年43岁)12月4日乘从因弗内斯到珀斯的火车,因没有买票受到州法院起诉。据说他乘火车的目的是去找环境大臣,报告格拉斯哥将受地震袭击的消息。

显然没人相信地震会发生,因为英国发生地震是很罕见的事,它只是失业者无票乘车的一个借口而已。可是,几周后的一个夜晚,大地震果真袭击了格拉斯哥,并对苏格兰各地的建筑物造成巨大损害。预言者爱德华·皮尔逊因此成为大名人。

泰坦尼克号的凶兆

超级巨轮"泰坦尼克号"沉没的悲惨故事被拍成一部好莱坞的灾难爱情片而风靡世界,为人们所耳熟能详。然而这条巨轮的悲剧,却早在上世纪末就显出凶兆。

1898 年,英国作家摩根·罗伯森写了一本名叫《徒劳无功》的小说。小说写了一艘号称永不沉没的豪华巨轮,名为泰坦(Titan)号,从英国首航驶向大洋彼岸的美国。这是人类航海史上空前巨大也最豪华的客轮,船上装备了当时力所能及的一切华贵设施,满船乘载的都是有钱的乘客,人们在这巨轮上尽情地享受着。但是,这艘巨轮首次出航就在途中撞上冰山,悲惨地沉没,许多乘客葬身海底。

谁也没有料到,这部小说中写的故事,竟成了 14 年后不幸的现实。人们都说"泰坦尼克号"是不会沉没的。这艘当年在水上航行的最大客轮,在甲板下建有水密舱,即使这些水密舱中有 3 个进了水,客轮仍然能浮在水面上。1912 年 4 月 11 日,"泰坦尼克号"从英国南安普敦港出发驶往纽约,开始了她的处女航。船上有乘客 2224 人,还有船员 800 人。"泰坦尼克号"向西行驶,一连三天三夜,安全无事。

到第 4 天的半夜左右,在纽芬兰海岸外,"泰坦尼克号"在全速行驶时与一座巨大的冰山碰撞。在甲板下面,"泰坦尼克号"的水密舱有了破裂,海水涌入舱内。想不到的事竟发生了——"不沉之船"正在慢慢地沉下去。

当"泰坦尼克号"在纽芬兰海岸外与冰山相撞时,人员开始撤离该船。但由于救生艇不够,乘客惊慌失措。最终随着船尾翘起,船身滑向大西洋底,1513 人与船一起沉没。

悲剧发生后,有人想起这篇小说,发现不仅船的名字几乎相同,两者还有众多的极其相似之处:

两船都是初次出航就沉没,其原因都是撞上冰山,肇事地点都在北大西洋。

两船航行的时间都是在四月份,航线都是从英国到美国。

"泰坦号"所写的乘客和船员人数为 3000 人,"泰坦尼克号"乘客和船员人数为近 3000 人。

"泰坦号"设想重量为 7 万吨,"泰坦尼克号"实际重量为 6 万 6 千吨。

"泰坦号"长度为 800 英尺,"泰坦尼克号"长度略多于 800 英尺。

两船的螺旋桨数均为三个,碰撞冰山的时速均为23海里。

还有一点相同的是,两船出事后乘客伤亡惨重的原因都是因为船上的救生艇不够。

有人比较了《纽约时报》所刊登的"泰坦尼克号"沉没的消息,其情节、过程与罗伯森笔下的小说如出一辙。以至可以说,小说中的故事就是提前了14年出现的"泰坦尼克号"沉没的写照。这一切仅仅是巧合吗? 如果不仅仅是巧合,那么又该如何来解释呢?

第八节　无妄之灾

鱼雷也疯狂

这是发生在第二次世界大战中的事,那天天色微明,一艘美国"唐格"号潜艇,它接受了美国海军司令部的作战指令,从珍珠港出发,神不知鬼不觉地驶入太平洋东面海域,准备对担任繁重运输任务的日本船舰进行伏击。

日本运输船队,没有防备在这段水域里会隐伏着一只凶猛的"海鹰",接连有十三艘船被不知来自何方的鱼雷击沉。

威力巨大的鱼雷正是从水下潜艇"唐格"号上发射的。它的命中率几乎百分之百!

"唐格"号几乎成为美国海军的秘密武器,制服日本船舰的"魔鬼"!

"唐格"号上的全体官兵,个个喜形于色,脸上露出胜利的欢笑和自豪。

只有船长默不作声,保持着往日的冷漠和严峻,看着官兵有说有笑也不插话,不干涉。

他暗暗祝愿这些年轻勇敢的海军官兵永远幸福快乐!

他的祝愿完全是出自对官兵的爱护,然而谁也料不到1分钟以后出现的怪事。

忽然,潜艇发出了警报。水面上出现了一艘日本运输船,正悄悄地越过太平洋东南水域。"唐格"号从深水层一连发出了数枚鱼雷,穿过黑黝黝的深水区,贴着水面,直向目标疾飞而去。按照船长的命令,"唐格"号又升出水面,向目标发射了第二批鱼雷。是天意的安排,还是死神在作祟,海面上忽然出现了人世间罕见的奇象——一只飞向日本船的鱼雷,猛然掉头,打了一个180度的大转弯,像条凶猛的鲨鱼一般,朝着"唐格"号袭击过来!

船长立刻命令全体官兵采取防范措施。可是晚了一步,正当潜艇开始偏离原先的航道,朝左面离开时,鱼雷已经撞上潜艇的尾部,发出了猛烈的爆炸!

"唐格"号严重受创。接近尾部的三个舱室都涌进了水。

潜艇操纵失灵,船身迅速下沉。负伤的官兵迅速离开自己心爱的战船,许多官兵跳入大海,随波逐流,不知去向,大多数人葬身大海,有幸生还的只有十名。这枚不分敌我的鱼雷,也许是方向系统出现了"错乱",就像一个人的大脑神经发生错乱似的,造成了如此令人震惊的人间悲剧!

原本不应该发生的悲剧

1967年,那年娜沙·麦克尤芬刚好17岁,在那年7月8日早上,她开着一辆卡罗马轿车正以每小时45英里的速度行驶在美国的布鲁克林城外的一条高速公路上,赶着到父亲的建筑公司去参加暑期劳动。一场原本不应该发生的悲剧就在这个时候发生了,也就是在八时四十分左右,她开着车子驶过波洛米海滩,刚要驶向岔道时,她的头部挨了重重的一击,顿时歪倒在驾驶座上,不省人事。失去控制的轿车,好像一匹脱缰的野马冲向了公路旁的灌木丛中……一位上班的工人开着汽车从后面赶到,他设法叫来了一辆救护车,把姑娘送进了医院。然而已经迟了!医生采取了一切急救措施也没有将她从死神手里夺回来。十时十五分,医生宣布娜沙·麦克尤芬死亡,死亡鉴定书上写着:死者左脑勺上有一无血小弹孔,系遭来福枪子弹袭击而亡。

布鲁克林城的侦探长西德曼和他的同事们在出事地点转了三天,也没有找到那颗罪恶的来福枪子弹壳!他们有足够的理由推翻医生的结论:因为娜沙的汽车时速为四十五英里,即使是神枪手也难以从车外准确击中娜沙的头部,除非凶手的车子与娜沙的车子同速并行。而据那位急救过娜沙的工人讲,当时除了他的车子在姑娘的车后行驶以外,公路上并无任何车辆。再说,娜沙车子的所有车窗都关得严严实实,完好无损,如果医生的鉴定准确,那么只有车前的反照镜可能是子弹的唯一入口了。也就是说,凶手是从姑娘轿车的左前方向她射击的,而轿车的左边是茫茫的波洛米海滩和一望无际的波洛米海湾……总之,可能射出子弹的地方实在太少了,但凶手在哪里呢?西德曼两眼盯着办公室墙上的布鲁克林城大地图,他朝地图的下半部任意一指,决定这里开始搜查吧!

西德曼手指的地方是布鲁克林城的雅各布斯区域,它位于出事地点前面约一英里处,子弹是绝对不可能从那个方位射来的。侦探们明知西德曼是漫无目的乱折腾,但却不敢违拗他的指令,一场稀里糊涂的搜查就这样开始了。

第二天上午,两名侦探踱到莫比尔车站,车站办公室里有个四十开外的男人正在算账,他叫西奥多·迪利塞。

"喂,你有没有一支来福枪?"侦探们例行公事地问。

"来福枪?对了,有一支。"迪利塞答道。

"有个叫娜沙的女孩被人用来福枪杀死了,你知道吗?"

"知道,电视上都播放了嘛。唉,娜沙这孩子可惜了,她和我还做过邻居呢!"迪利塞惋惜地说。

"是吗?"

"嗯,那是住在北坤斯的时候!所以,所以我总觉得,娜沙可能是被我打死的。"

"怎么回事?"两名侦探瞪大了眼睛。

迪可塞慢慢地放下账册,向侦探们讲述了这样一段经过:六月底,迪利塞和其他两个人合买了一条船,打算利用假日到洛克韦海湾去捕鱼,同时又买了一支来福枪,那是用来对付鲨鱼的。7月8日是个捕鱼的好天气,他们的船缓缓地驶过洛克韦海湾航道上的七号浮标,进入了海洋。

突然,迪利塞看见一只啤酒罐头漂浮在七号浮标旁,他就举枪瞄准,一枪命中。他得意扬扬,对着那只在水中打转的罐头又打了一枪。

第二枪可没有打中罐头,子弹拍打水面漂射出去,与水面之间构成了一个钝角。速度如此之快的子弹,却没能打入水中,水面似乎成了一块坚硬的钢板。子弹"扑"的一声朝北飞去,以离水面约四英尺的高度越过了浴克韦水湾,以同样的高度飞过沙滩,穿过洼地和波洛米海滩的芦苇丛,越过停车场和环形大道,当它接近鲜黄色轿车时,已离小船差不多一里之遥了,子弹开始减速,如果娜沙的轿车左边的反照镜关上的话,子弹会被撞落下来,然而事实与此相反,子弹的余力打穿了娜沙的左脑勺……西德曼侦探长和他的同事们经过周密的调查取证和模拟实验证明,的确是迪利塞闯的祸。但是法庭无法追究迪利塞的刑事责任,因为这次意外事故在国际上是绝无仅有的,实属罕见。

杀人汽车

世界上杀人最多的汽车,是一部鲜红色座位的游览车。它不仅引发了第一次世界大战,而且接着又使16人丧了命。这辆车是特别为奥国的大公爵法兰兹·斐迪南制造的。

1914年6月28日,大公爵夫妇坐在这部崭新的车子里,慢慢行进在波斯尼亚首府萨拉热窝的大街上。忽然一个年轻人挥动着手枪从一个门里跑出来,跳到车子旁边的踏板上,在近距离内一枪又一枪地向车内发射。等卫兵们把这刺客打倒在地，大公爵夫妇均已死去了。

这对皇族夫妇的死，就成了第一次世界大战的导火线。在这场战争中，战死的人有2000万。这当然不能归咎车子，但此后凡沾它的人均遭受厄运，就不可思议了。

在欧洲开战之后一个星期，奥国的布狄洛克将军占领了萨拉热窝的总统府，他也因此得到了这部车子。但他在21天之后，就在华里也和战役中惨败，失去了职位，被调回维也纳，成了一个贫穷的人，后来死在穷人收容所里。

布狄洛克失职之后，这部车子转到了他手下的一个上尉的手里。这上尉在一次高速行驶中撞死了两个农夫，他自己撞在一棵树上，军队把他的尸体从破车的残骸中取了出来。

停战后，新任的南斯拉夫总督成为这部车的新主人。他下令把它修好，翻新到一流状态。但是在四个月之内，这部车连续发生四次事故，在第四次事故中，总督失去了右臂。

这位总督下令要把这车毁掉，但是一位史尔基斯医生却偏偏想得到它，他根本不相信有关此车的不祥之说，他几乎是免费得到了这部车。但是找不到一个愿意为他当司机的人，他只好自己驾驶它。他用了六个月，一直平安无事。

后来有一天早上，这车被人发现翻倒在路边，只是略为损坏而已，而医生的尸体就在车旁。

医生的遗孀把车子卖给了一位富有的珠宝商，这珠宝商用了一年，就自杀身亡了。

接下来的车主也是一位医生，他的病人知道他买了这辆车后，都因害怕遭遇不测而不再找他就诊。医生只得把车转卖给一位瑞士的赛车手。这赛手在驾车参加山间的车赛中，被抛出来，撞死在一堵石墙上。

这车又转到萨拉热窝一位富农手里。他把它修好，用了几个月都没出事。有一天，车子忽然在路上停下来开不动了，他请一个农民用马车把这车拖回城里。没想到汽车刚刚系好在马车上，却忽然自己开动了，把马和马车撞开，并沿路冲下，在一个急转弯处翻车，把这个农民轧死了。

接手这部车的是一个修车铺的老板，他把这破车买下来，修好后漆成蓝色，但又卖不出去，只好自己驾驶。一天，他用车载着六位朋友去参加一个婚礼，他想以高速越过另一车，结果撞车后死了四个人。

此后，此车就由政府出资修好，放入维也纳一家博物馆，就再没人坐过。第二次大战时，盟军飞机轰炸了博物馆，这辆车子也不再存在了。

生死不离的好姐妹

这对姐妹是居住在美国亚拉巴马州的多里斯和谢拉。她们的感情十分深厚，小时候两人一起上学，一起下课，一起上床睡觉，形影不离。无论买什么吃的穿的，都是一人一份，两人好得就像一个人似的，有人欺负其中一个了，另外一个绝对会出面。爸妈说她们两个是影子姐妹，邻居们也说很少见过关系这么好的姐妹。

两人渐渐地长大了。出嫁后，住的地方离得比较远，并且都有自己的公司，再加上各自有儿女，这使得她们很少有时间在一起。虽然如此，她们还是会忙里偷闲，抽空去找对方的。

这一天是星期天，多里斯突然很想见见妹妹了。她想，自己都快一年没有见到妹妹了，现在自己去找她，先不给她打电话，给她一个惊喜。于是，多里斯化了个淡妆，穿上了妹妹最喜欢自己穿的衣服，收拾好东西，准备出门。提着手提包的多里斯快出门时才对正在看报纸的丈夫说："我要去拜访一下我妹妹。我突然很想看到她了。孩子就由你照看了。"丈夫爽快地答应了，并且说了声："路上开车小心呀。"当孩子吵着也要去时，多里斯拒绝了。

于是，多里斯开着汽车从家中出发，沿第25公路朝妹妹家中行驶。很巧的是，妹妹谢拉也是很想见姐姐，也开着车去姐姐家而没有事先告诉姐姐，她也想给姐姐一个惊喜。然而，就在路中间的某个路段，这对姐妹俩的车子不知怎么回事，突然就碰到了一起。姐妹俩当场死亡。

猎手被兔子杀死

南淮滨县马集镇上有个叫王冬才的农民，打小便练就了一手好枪法，不管天上飞的还是地上跑的，都是一枪一个准儿，所以远近的人都称他是个打猎好手。每当麦收季节王冬才便扛着火药枪在村外地里转悠，时不时便打回些野味来打打牙祭。

这年6月1日正午，有人从田里收工回来，告诉王冬才田边有些山雀子在抢麦子吃，赶也赶不走。他闻听之后，便赶到田边，果然看见山雀在争抢麦穗，叽叽喳喳闹得正欢。

王冬才找到一条田沟边蹲下，小心地端起枪，把眼一眯，正要扣动扳机，猛听得身边的田沟里一阵躁动，那些山雀子一见有动静，便扑棱棱飞了个精光。王冬才暗骂一声，操起枪管往田沟里探了探，冷不防一个灰影子蹿了出来，一蹦蹦到另一个田沟里。这下，王冬才一边想一边往沟里摸去，不一会儿，果然在沟底里找到一只身圆腿壮的大灰兔。王冬才一阵狂喜，这可是难得碰上的好猎物，可别让它给溜了;谁想端着枪的手因为太兴奋竟发起抖来;这下可糟了,枪子是打出去了,可惜失了准头,没打中要害。

那兔子耳朵上挨了一枪,便不顾一切地从沟里跳了出来,撒开四腿没命地逃。偏又窜错了地方,不小心一头扎进了田边的一口废枯井里。王冬才一见,乐得连嘴也合不上了:"这兔子今儿个可吃定了!哈哈,看你还往哪儿逃?"王冬才匆匆赶到井边,往里一瞧,更高兴了。那井底离井口足有两米深,那兔子在井底的烂泥里扑腾了半天,非但没有跳出来,还把四只爪子给陷了进去,任它怎么折腾,愣是挪不了地方。

王冬才抬头见井边有一破水桶,忙找来一段粗麻绳绑上,想把那兔子捞上来,无奈那兔子也机灵,四只爪子乱扒乱踢,就是不肯进到桶里。

火辣辣的太阳晒得那王冬才浑身上下直冒油汗。王冬才又热又渴,可那兔子硬是不肯就范,急得他火冒三丈,把衣服脱了甩在一边,跟这只兔子较上了劲,他提了那桶又往里捣弄了一阵。就这样折腾了好一会儿,人和兔子都没劲儿了。王冬才仍不死心,往井边一蹲,暗自寻思开了。

突然,他的眼光落在了那把心爱的火药枪上,不由心生一计:这枪身再加上手臂的长度倒可以够着那只兔子了,不如先用枪托把它砸昏砸死了,再捞时可能就省劲多了。

想到这里,王冬才拎上枪又来到井口,把枪倒转了过来,枪托朝下枪口朝上,伸出大半个身子往里一探,嘿!刚好够着那兔子。

王冬才这下又来了劲头,把枪上上下下提起撞下,往那兔子身上狠劲地砸。那兔子没头没脑地挨了一顿枪托,吃了痛,再加上耳朵上的枪伤时时发痛,早已是晕头转向,身子在井底里滚了一滚,就把肚皮翻了上来,四只爪子朝天乱舞。眼见这兔子四只爪子越舞越慢,就快断气儿的当口,王冬才发了狠劲儿:给它下巴上再来一枪托,送它上西天吧!

那兔子本来已是奄奄一息了,下巴上猛地吃了一记痛打,反而发着狠劲儿把两只前爪子蹬了出来。这兔子猛一蹬腿,不偏不倚便踢在了火枪扳机上,还未等王冬才有所反应,"砰"的一声,要命的枪子便飞了出来,正好打中了王冬才的脑门,他当场丧了命。就这样,一个枪法惊人的猎手竟死在一只野兔的手里。

倒霉透顶的间谍

第一次世界大战期间,间谍彼得·卡尔平受命潜入法国。他一边干着一份工作(工作只是为了掩人耳目),一边寻求各种情报。就在他以为可以顺利完成任务时,不久,却因同事告密被法国情报部门逮捕。当然,这些只是后来才知道的。被逮捕后的彼得·卡尔平一直不肯交代己方的情况,更不肯交代他已经获得的有关情报,于是,法国情报部门一直对他不客气。

卡尔平在受尽了苦头后,最终还是老实地交代了一切。因为,他觉得这样子耗下去是没有任何用处的。并且他交代了后,或许还能够有其他的出路。

在卡尔平被捕之后,因为法国一直封锁他被捕的消息,造成他还在法国工作的假象,以至于卡尔平的薪水从来没有间断过,而他的那些薪水被一位法国官员没收了,并买了一辆汽车。这辆汽车很酷。这位法国官员非常喜欢这辆汽车,他经常开着这辆汽车到处兜风。这一天,他照常开着这辆汽车出门了。天气非常好,这让他心情顿时开朗了许多。不过,战争的阴影并没有彻底消失。而且,到处不平静的战争状态也让他感觉自己的心是不平静的。就这样,在一个拐角处,他来不及刹车,在法军占领区撞死了一个人。这个官员赶快下车看究竟是谁时,他惊讶地发现,这个人恰巧就是彼得·卡尔平。

遭遇 127 次车祸的人

你或许不信,一个年仅 59 岁的男子至目前为止总计遭遇多达 127 次"包括坠机和撞车在内的重大交通事故",平均算起来每年达到 2.1 次。这个倒霉的家伙是一名英国男子名叫内尔,有 5 个孩子,是一名建筑业经理。

他的第一次车祸是在他 17 岁时发生的。当时他正在考驾驶执照,不料手中的换挡杆突然脱落,汽车像脱缰的野马一般横冲直撞,最终猛地撞到一堵墙上才停住,把现场考官吓得目瞪口呆。他印象中最恐怖的事故发生在 2002 年 2 月,当时他正在乌克兰工作。在短短的 3 天时间里,就发生了 3 次交通事故。第一天,他乘坐的飞机坠落在一片野外的雪地上,幸好他本人只受了一点轻伤。第二天,他乘坐汽车去办事,结果汽车在冰面上失去控制,猛地撞中了一棵大树,车上所有乘客都受了伤,唯独他毫发无损。第三天,内尔决定亲自开一辆崭新的马自达汽车出门。然而,当他在一个汽车维修站加油时,一辆乌克兰司机开的大卡车从后面狠狠地撞中了他的汽车。由于冲力过大,他的马自达汽车一头栽进了路边阴沟。

他的"最高车祸纪录"是在 1969 年——在短短 8 个小时内,他竟出了 3 次车祸。内尔说,当天早上 8 点,他正开车前往上班途中,突然,一辆摩托车从后面猛地撞向他的汽车尾部,那名摩托车手则因巨大的惯性从他的汽车顶部飞过,落地后当场死亡。由于心烦意乱,半小时之后,内尔第二次与人撞车,幸好这次未造成伤亡。当天下午 4 点下班回家的路上,第三次车祸发生了——另一辆摩托车鬼使神差地再次撞中了内尔的汽车。

内尔如今和妻子瓦莱丽居住在英国哈尔地区,开一辆银色菲斯特汽车。2004年12月8日,内尔刚刚经历了平生第127次交通事故——由于一时疏忽,他的汽车掉进了一个2英尺宽的洞中,汽车前灯被撞坏。不过,内尔仍然是大难不死,没有生命危险。这真是一件不可思议的事情。也许是巧合吧。

内尔在说起自己的这些遭遇时说,由于工作关系,他去过世界许多地方,但不管是在国内还是在国外,噩运就仿佛幽灵一般跟随着他。几十年中,他总共遭遇了大大小小共计127次包括坠机和撞车在内的重大交通事故。

父女在同一铁道口被列车撞死

家住在英国埃塞克斯市的利莎·波特,从小就失去了父亲,可以说是一个非常不幸的孩子。在她很小的时候,父亲有一次外出办事。为了能节省点时间,便走了一个近路回家,但是这条近路必须经过一个铁道口,其实每天都有很多的人从此处进进出出的。父亲也几乎天天从这里走过,这一天像往常一样,父亲在经过这个铁道口时向远处张望了一下,此时没有车要驶过,于是父亲弯下腰准备通过,没有想到的是父亲的一只脚陷进了铁道口的一个裂缝里,很难拿出来,这时远方呼啸的火车正在向这边扑过来,父亲没有能在最后的时刻拨出脚而当场死亡。由于父亲在这一次意外中丧生了,利莎·波特是在母亲一个人的辛苦抚养下长大的。虽然缺少父亲的爱,不过,利莎·波特的性格并没有因为父亲的去世而变得忧郁,相反,她似乎有一种超强的忍耐力,她变得非常地坚强。就连她的母亲有时候都很佩服自己的女儿,因为,母亲在遇到困难的时候都会很脆弱。她的母亲一直以来都没有忘记自己已经去世的丈夫,因为身边的女儿是那么的酷似自己的丈夫,正因为如此,母亲一直都没有改嫁,她只希望利莎健康快乐地成长。

利莎·波特就这样在只有妈妈的呵护下慢慢长大了。她已经是一个大姑娘了,能帮助妈妈分担很多生活中的事了。1995年8月的一天,利莎·波特与母亲一起走过埃塞克斯莫茨线铁路的铁道口。这个铁道口正是当年父亲出事的地点,面对此时此景母亲很伤感,虽然这件悲伤的往事早已经随着岁月的流逝有些淡忘了,她的母亲说:"利莎,你的父亲11年前正是在该铁道口被一辆路过的火车轧死的。你肯定不记得了,因为,那个时候你还非常小。可是,我一直都记得的,我不想从这里穿过去,我们换一条路走吧。"利莎·波特说:"妈妈,别害怕,都已经过去这么多年了。当年只是一个不幸的意外,再说,爸爸的在天之灵也会保佑我们的。我们过去吧。"可是,她的母亲拒绝了。因为当年那悲惨的一幕至今还让她沉浸在痛苦之中,因为丈夫的去世,把这个家推向了艰难的境地,她的母亲坚持要改走另外一条路。

但是,利莎·波特觉得如果改走另外一条路的话,虽然能回家,可是那样会浪费很多时间,没有那个必要,这条近路就在眼前,多好啊,她的这种想法和当年她父亲的想法出奇的巧合。当年要不是自己的丈夫为了节省时间走这条近路,能出现这样令人终身遗憾的悲剧吗?她的妈妈越想越害怕,她似乎感觉到有一种死亡的阴影在笼罩着她,她坚决反对女儿的想法。而此时已经长大的利莎早已经有了自己的见解,觉得这是母亲的潜意识里的恐惧在作怪。父亲死亡的阴影一直没能从母亲的生活中消失,这是她从小长到大一直看在眼里的。利莎认为要消除母亲的恐惧心理,帮助恢复健康的心态,自己就应该先穿过铁路,证明给母亲看,于是利莎·波特说:"妈妈,这样,我先过去,你再接着过来。"于是她向铁路走去。此时,利莎的母亲好像有种东西堵在嘴里,任由利莎去做,但是一句话也说不出来。

然而就在此时,一辆列车突然开过来,将利莎撞死在铁道口上。利莎·波特的母亲亲眼目睹了女儿的惨剧,当场晕过去了。没能再醒过来,丈夫和女儿都没有了,可能她也不愿意一个人面对孤苦的生活吧。

这个令人落泪的惨剧真实地发生在英国的埃塞克斯莫茨线铁道口,有人说,也许是利莎的父亲爱女心切,想把她带走吧。

深情女子跳楼自杀撞死负心汉

这是一个真实的故事,它发生在捷克首都布拉格,故事中的女主人公是一名家庭妇女,叫作维拉·捷马克,她的丈夫在一家知名度很高的公司上班,由于丈夫工作出色,所以经常得到老板的嘉奖,生活过得相对富裕,就这样,这个家庭也不需要维拉出去工作,她就在家里当起了全职太太,每天就是给全家人做做饭,收拾一下屋子,整理一下房间而已,由于长期脱离社会这个大的工作环境,她变得不再像以前那样聪明漂亮,每天和家里的佣人一样,渐渐地与丈夫的关系也日趋紧张起来。有一天,她在整理卧室时,发现一些她从来没有见过的相片与信件,这些照片和信件是用一个非常漂亮的信封装着,她很好奇,因为丈夫并没有跟自己提起过这些,打开后发现里面有一个女人的相片,这个女人长得非常漂亮,自己不认识她,丈夫是从哪里拿来的? 里面还有一些信,是这个女人写给维拉·捷马克的丈夫的。维拉浑身颤抖着把这些信件看完了。从这些信件中,维拉知道了自己深爱的丈夫居然和这个女人关系匪浅,原来她的丈夫已经与这个女人有了三年的婚外情,他们是在一次旅游的途中相识的,然后一直保存着这样的关系。最近,这个女人在逼维拉的丈夫向维拉摊牌,并且要他离婚与自己结婚。

维拉·捷马克看完了这些信件后,感觉浑身冰冷。因为这一切来得那么突然,她是多么爱自己的丈夫呀,她一直认为自己是一个幸福的女人,可是,丈夫却如此对待她。打碎了她幸福的生活,她更恨那个女人,她认为自己的一切都是她造成的,但是苦于自己不认识她,没有办法为自己出气,只好忍气吞声。她一个人在屋子里,默默地流泪,回忆与丈夫的点点滴滴,回想起自己与丈夫恋爱的每一个美丽的情节,那些回忆让她暂且忘记了这些不愉快,可是当美好的回忆结束时,她又回到了现实,这些回忆让她痛苦万分。她最后彻底地明白了丈夫的异常行为,经常说公司加班,每天凌晨才回家;很多星期六星期天都要出去,说是去见客户。她原来毫不怀疑自己的丈夫,认为丈夫的工作忙是一件很正常的事,因为她是那么爱他。可是,事情原来是这样,原来丈夫一直在欺骗自己,他的种种借口都是与别人约会去了。这让她更加伤心,她此刻觉得一切都是虚伪的,一切都是在欺骗中度过。

她想到了自杀,因为她觉得已经没有活着的乐趣了,于是,她写了一封遗书,在遗书中她愤怒地谴责了丈夫。然后,她就从三楼跳了下去。她想以这种方式告别这个世界,这样可以减轻她的痛苦。她想等人死后到另外一个世界,一切重新开始,会忘掉以前的痛苦。她闭上双眼,等待着那一瞬间的到来,可是,她好像不是落在了地上,因为她没有感觉到疼痛,好像一种软绵绵的东西垫住了自己,她睁开眼睛一看,原来自己下落的时候正好落在了一名刚刚从公寓底下走过的男人身上,冲撞力砸死了这名男人,而自己幸运地没有死去,维拉只受了点轻伤。维拉·捷马克爬起来一看,这个男人正是她已变心的丈夫!这样的巧合让维拉自己也目瞪口呆起来。也许是上天看到维拉这样死去对她太不公平了,于是安排了这样的巧合,也算是她的丈夫对她的一种补偿吧。可见婚外情补偿的代价要高得惊人。

老鼠搬家主人死亡

这是发生在第二次世界大战以后的事情,故事发生的地点在美国。在纽约从事电影工作的莱蒙德·马西夫妇退掉了价格高昂的旅馆的房间,在东区印号街租了一间房租低廉的房子住下了。因为此时的他们收入并不高。

在一个星期天的下午,天空有些阴沉,好像要下雨的样子,马西夫人记起丈夫出门时,并没有带雨具,所以很是担心他在路上淋雨,她不时地从二楼窗口探头眺望,希望丈夫能早些回来,她突然瞥见对面房子的地下室许多老鼠倾巢而出,列队窜过马路,拼命朝自己家的方向涌来,这些老鼠行动迅速,整齐划一,好像经过演练一样,没有一个乱了队形,径直走过来。马西夫人吃惊地望着这一切,不知道这是怎么回事,心里想:"这么多的老鼠过街,会不会有疫情呢?"

马西夫人赶紧给卫生局挂电话,寻求灭鼠的方法,还从朋友家借来了两只猫。可是,因为老鼠太多,一时间除鼠的办法不怎么有效,只能任由这些猖狂的家伙横行霸道,也无可奈何。

大批老鼠"搬"进来后不久,虽然马西夫人很是反感,但是好在相安无事,因为这些老鼠似乎很守规矩,只是挤在自家一层的一个空着的仓库里,从来不进入主人的房间,马西夫人也就把此事放在一边,因为她的确没有一个好的办法能解决此事。一天早上,马西夫人照例打开报纸,看早间新闻,这是她多年来养成的习惯,报纸上头条有几个醒目的大字,刊登了富豪 B 夫人自杀的消息,还登了死者的照片。她不禁一愣:"啊呀! 这不是对面楼里的太太吗? 那些老鼠就是从她家里逃过来的。她衣食无忧干吗要自杀呀? 自己过这样的日子还很开心呢!"想不通的马西夫人自语道。B 夫人一死,那幢楼房就被拍卖了,当新的主人入住时,那些老鼠又成群结队地"回家"了,让人感觉非常诧异。

日子就这样过了许久,楼里又搬来了新主人,是个衣着入时、满头金发的女人。听说她曾经当过舞女,马西夫人从邻居那里听来的消息,似乎对这些很感兴趣,后来她就经常趴在二楼的阳台上,表面上像是在看自己的丈夫是否下班,实际上她更关心对面发生的情况。此后她发现时常有个年轻男人出入她家。一天,这个经常来的男人在楼里突然心脏病发作,由于没有得到及时有效的抢救而死亡了。就在他猝死之前,这座楼里的老鼠又像上一次一样集体逃到马西夫妇住的楼里来了。

年轻男人死后,女主人搬家了。奇怪的是,老鼠又依旧回了"旧窝"。不久,又有个年轻的实业家搬进去住。

很长一段日子,周围太平无事。可是,有一天,又出现了老鼠"搬家"的现象。

"又要发生什么不测了!"马西夫人不由得担心起来。果然,没多久《纽约时报》登出一则消息:"一个年轻实业家因飞机失事死亡。"

"啊! 就是对面楼里的房客! 早知如此,趁老鼠搬家的时候告诉对方就好了。"马西夫人深感懊丧。

接下来发生的不测使人们对这幢楼房望而却步,再也没人敢去租用,只得空关起来。只有那些老鼠重返家园,在楼里肆无忌惮,悠哉游哉。

据说,这幢楼最早是由一个有名的律师出钱建造的。房子造好不久,律师突然精神失常,住院治疗,但是迟迟没能康复。一天,律师从医院里溜出来,跳入赫德森河死了。

令人毛骨悚然的奇怪声音

这是发生在1918年8月末,苏联著名的研究传感信息的学者贝尔纳鲁特·卡金斯所经历的奇异事件。

19岁的M是卡金斯基的好友,他卧病在床已经几周了。卡金斯基每天工作结束后,就到他那里去探望。M的住处和卡金斯基家相距1公里左右。

一天夜晚,他从M处回家后非常累,一头倒在床上睡着了。夜深人静,卡金斯基酣睡着。忽然,一个清晰的音响划破这沉寂无声的卧室,把他惊醒了。这响声多么像银调羹和玻璃杯撞击的声音啊。他以为是猫在桌子上淘气,碰得茶具乱响。卡金斯基起身打开台灯向桌上看去:没有玻璃杯,没有羹匙,甚至连猫的影子也没有。他一看表,正是深夜两点钟。

次日下班后,他马上从工作岗位向M家走去。可是,越走近M家,他越是忐忑不安起来。一到门口,他就知道M家出事了。对着大街的门大开着,卡金斯基慌忙跑进房中,他的密友M已经静静地躺在那里,长眠不醒了。

M的母亲坐在床边,哭肿了双眼。卡金斯基在帮助把死者尸体从床上抬到棺材里去的时候,不小心碰到了枕边的小桌子。这时,"叮"的一声,一种银器的音响传到耳边。这声音多么熟悉呀,它和昨天夜里卡金斯基在睡眼朦胧中从自己房里听到的声音完全相同。卡金斯基打了一个寒战,他惊异地看着那张小桌子。桌子上放着一只盛有银调羹的玻璃杯。他本能地拿起那个银调羹,敲打着玻璃杯,发出的音响和昨夜听到的声音还是完全一样。我怎么能在昨夜里听到这种声音呢!?

M的母亲和姐姐丧失亲人,已经悲伤到极点,她们颓丧得连一点儿应对外界的能力也没有了。在这个时刻里,卡金斯基本来想帮她们的忙。可是,这种意外的奇遇,使他忘记了这一切,呆呆地沉思在那里。

他从木然呆想中清醒了,向那位老妈妈询问M死时的情景。老妈妈说:"正好是深夜两点钟的事。因为医生吩咐在这个钟点让我儿子喝药,我就把杯中的药用调羹喂他。可是,当调羹中的药送到嘴边时,他已经断气了。他的心脏停止了跳动,药也不能喝了……"卡金斯基一定要老妈妈表演给他看一下。老妈妈用颤抖的手拿起调羹,把玻璃杯底的药盛取出来。这时,和昨夜完全相同的声音在卡金斯基的耳边,又叮当作响。他毛骨悚然,浑身颤抖。

在床上睡觉被人砸晕

大家形容一个人倒霉时,常常说喝凉水都塞牙,格利就是这样一个倒霉之人。

格利住在美国明尼苏达州的明尼阿波利斯城，他是一名明尼阿波利斯城的大学生，有一天深夜，格利由于一天紧张的学习早已经进入梦乡，一个人睡在租住房间内的床上，似乎只有这一时刻才能让他在紧张的学习生活中解脱出来。因为，最近正忙于毕业论文的答辩，这涉及他的工作分配问题，所以他一头倒到床上，就打起酣来。可是令他没有想到的是，天上飞来横祸，从空中掉下一个人来将他砸晕，被送往医院急救。

他楼上的邻居是一名重180公斤的胖妇人，名字叫作贝萨。贝萨是一个热衷于跳舞的人，其时，贝萨跳舞的目的并不因为她喜爱舞蹈，最重要的原因是，她听一位朋友说跳一种舞可以健身减肥，这可是对贝萨有相当大的诱惑力，于是在楼上不分昼夜地跳舞，总是在深夜传来咚咚的巨响，今晚又是楼上的贝萨在跳健身舞减肥了。此时的响声似乎比以往还要凶狠，不过对于格利来说，对此已习惯了，所以并不在意。可能是由于长时间的在巨响中睡觉，格利居然能做到充耳不闻，依然蒙头大睡。突然咔嚓一声巨响，头上巨物落下，正巧砸在熟睡的格利身上。格利在睡梦中被突如其来的疼痛击醒，睁眼定睛一看，原来是楼上的肥婆贝萨压在自己身上。他模糊地记得自己睡觉前一个人在屋子里，而且门窗也紧锁。肥婆贝萨在楼上跳舞啊，她是怎么进入的，此时又怎么会在自己的床上，睡梦中的格利怎么也想不到贝萨是从天而降，并不是从正门走入，而且早已经弄坏了他租赁的房子，他觉得疼痛难忍，当场昏迷过去后，也没有弄明白这是怎么回事。

事后据救护人员称，格利一根肋骨被压断，全身多处有瘀青和擦伤的痕迹，能够保住性命已经够幸运了。而那位从天而降的肥婆贝萨却因为有格利这张"软垫"的保护，身体并无大碍，事后，贝萨负责了格利的所有医药费用，并负责每天过来照顾他，因为医生说格利得半年后才能完全康复，需要一直有人照顾，这个责任贝萨责无旁贷。在之后的日子里，贝萨每天都按时过来为格利料理生活起居，从此也改掉了在楼上跳舞的习惯。经过一段时间的相处，格利发现她并不像他想象的那样没有生活规律。原来贝萨是一个非常苗条漂亮善良的女孩，一年前由于一场怪病，让她的身体逐渐发胖，没有控制的可能，这对一向漂亮受别人称赞的她倍受打击，当她从朋友那里听来这跳舞的方法可以减肥，她便深信不疑，为了恢复以往的身材，她每天都加紧练习。她入住的时候，楼下还是空着的，并不知道有人住进来，所以才发生了今天的闹剧。后来贝萨去了一个减肥瘦身训练基地，没有过多久，又恢复了以往的形象，性格也开朗了许多。但是她一直都没有忘记过来照顾被她砸伤时至今日还抱伤在床的格利，经过聊天，原来格利和贝萨居然是同一所大学的学生，而且他们的专业居然一样，都是房屋设计，这样共同的兴趣爱好拉近了彼此的距离,他们成了一对非常的朋友,后来发展成为一对恋人,每当他们回忆起当年的趣事时,都说一定要设计出一幢坚固的房子。

20 年后子弹终于击中了他

这个故事虽然让人觉得不可思议,却完全是事实。

1893 年,在得州经营霍尼克洛乌牧场的亨利·席格兰特结婚后,又喜欢上了另外一个名门闺秀。席格兰特感到十分的苦恼,于是对爱人梅莉开始感到嫌恶。他看她的什么都不顺眼,觉得她既长得难看,又没有什么趣味,她一点也不可爱,整个人没有一点值得让他欣赏的。这个时候的席格兰特,已经完全忘记了自己当初是如何追求现在的妻子的。正因为如此,席格兰特对待自己的妻子十分冷淡无情,经常无故打骂妻子。这让可怜的梅莉经常独自哭泣,她不知道究竟发生了什么事情,她也不知道丈夫怎么就不爱她了。终于有一天,梅莉伤心地自杀身亡了。

梅莉的兄长对于席格兰特的行为感到无比愤慨,他知道是席格兰特害得梅莉自杀的,他发誓要为梅莉报仇。于是有一天,梅莉的兄长就带着手枪向席格兰特开了枪。子弹从席格兰特的脸颊擦了过去,击中了身后的一棵大树。但是,梅莉的哥哥以为自己杀死了席格兰特,接着就举枪自杀了。

席格兰特终于与自己心爱的人在一起了。事情经过了 20 年之后,有一天,席格兰特要把那棵大树砍倒,但因树太硬,很不容易砍倒,于是他就用炸药来炸。当然,席格兰特并没有忘记,20 年前从脸颊上擦过的那颗子弹仍留在大树上。他做好了一切准备之后,便点燃炸药,当炸药爆炸时,波及了这颗嵌在树上的子弹,它弹了出来,正巧击中了席格兰特的头部。席格兰特终于一命呜呼了。命运让席格兰特还是死在了这颗子弹下。

离奇巧合的死亡

这是一些离奇的死亡,巧合得让人难以相信,可是,你又不得不相信,因为这些都是真实的事情。

1983 年 7 月,一场风暴席卷意大利那不勒斯市。一位名叫维多利亚路易斯的45 岁男子,在驾车返家途中被狂风连人带车吹落激流中,几经艰辛,他才打破车窗,挣扎上岸。正当他为自己庆幸时,一株大树被狂风连根拔起,刚巧击中他的头部,就此一命呜呼。

1983 年,厂主路达史华兹,在台风中,侥幸从被狂风荡平了的小型厂房中逃了出来,只受了轻伤。他当时还为自己庆幸。但台风后,他返回废墟视察,一堵未被摧毁的砖墙突然塌下,压在他身上,使他丧命。

1977 年,纽约市有个男人,在街道上行走时被一辆货车撞倒。奇怪的是,他竟然没有受伤。正当他觉得自己算是幸运,从地上爬起来准备离开时,一个过路人劝他说:"你躺在地上,不要动,假装受伤。这样,你便可以向保险公司索赔。"他觉得很有道理,于是听从劝告,横躺在货车前面。就在他躺下的时候,货车司机以为他已经走开,把车子开动,结果他被车子碾过,一命呜呼。

1979 年,英国列斯市 26 岁的商店售货员和路达赫拉斯,由于一双龋齿疼痛异常,而他又最怕见牙医,于是请他的朋友在他的牙床骨外重击一拳,希望把龋齿打落。他的朋友不好意思推却,于是打了他一拳。不料和路达赫拉斯被击中以后,身躯往后倒下,头部撞在一块凸起的大石上,头骨破裂而死。

一念之差,命丧黄泉。

命硬的劳工领袖

布莱克曼是英国伊斯特本的劳工领袖,因为与妻子性格不合而离婚。离婚时法院要布莱克曼付钱赡养妻子。但是,布莱克曼一直不肯付钱赡养妻子。他觉得既然已经离婚了,就应该自己养活自己,怎么能再让他付钱赡养呢? 这太不公平了。布莱克曼的妻子因此上诉法院。离奇的是,那些判他付钱的人,一个个遭到了厄运。

布莱克曼坚拒付赡养费,所以在 1922 年 4 月首次遭到起诉,并被判入狱。审判他的一名地方法官名叫杜克,不久就去世了。

虽然如此,布莱克曼仍拒绝付钱,因而再遭判刑。聆讯后,地方法官莫林诺斯郎莫名其妙地得了重病,很快就去世了。

布莱克曼第三次为此事出庭受审时,在宣判后几分钟,地方法官法内尔突患脑溢血,不省人事,就此与世长辞。

布莱克曼仍坚持自己的观点是对的,就是不付赡养费,于是又于 1923 年 10 月在伊斯特本郡法院由法官麦卡尼斯审讯。他再度入狱。这位法官不久死亡。布莱克曼出狱时,正赶上这位法官的葬礼。

1924 年 7 月末,布莱克曼五度被判刑。布莱克曼让法院的人伤透了脑筋。到 9 月间,审讯此案的一名地方法官赫尔比也没有任何征兆地死了。

有记者因此采访了布莱克曼,问他为什么会有如此奇怪的事发生,这些事情是不是与他有关。布莱克曼就 5 名法官的死亡事件表白说:"那可能只是个无意义的巧合,我对他们绝无半点恶意。这些事情跟我没有任何关系的。"

第九节　时空魔棒

遗信百年救后人

一封来自一百年前的信，竟然使得一百年以后的人脱离险境，而写信的人与收到信的人竟然是祖孙关系，这件事够新奇的吧！

1914年8月，爆发了同盟国和协约国之间的第一次世界大战。1915年4月，一支法国军队和数倍于己的土耳其军队，在埃及战场的西奈半岛展开了激战，一时间战场上到处都是尸体。到了4月14日傍晚，法国军队仅剩下了35人，并且也已弹尽粮绝，四周被土耳其军队紧紧地包围着。此刻，马什尔上尉手里掂着一颗子弹，眼望着派出去寻求救援的一个个信使的尸体，他想起了他的曾祖父老马什尔上尉牺牲之处，也是在西奈半岛的一个荒凉地方。

正在这时，他看见仍充满斗志的中尉领着一个身披斗篷的阿拉伯老人站在眼前，老人确认他就是马什尔上尉时，很激动地从怀里慢慢地掏出一个皱巴巴的发黄的旧报纸袋，颤抖地递给马什尔上尉。上尉接过纸袋一看，只见上面很潦草地写着"马什尔上尉"五个字，字迹几乎辨认不清。马什尔小心翼翼地打开纸袋，拿出一封发黄的信来。借助微弱的火光，马什尔仔细地辨读着信的内容，由于字迹很潦草，马什尔费了很大的劲才断断续续地认出来。"亲爱的马什尔：接到此命令，请立即……这封信由一位年轻的阿拉伯人转交给你……看完信后，立即寻找埋在堡垒和地下的食物、军需……拿出你们最需要的，然后把剩下的物品毁掉……你们从埃及前线撤离……有三条路，但不可走滨海那条……从中间那条可一直穿过沙漠……要像保护眼睛那样保护附在信内的地图，并根据地图找到……废墟后面有一泉眼，能……胜利。1798年4月14日，波拿巴·拿破仑。"

老人告诉他，这封信是拿破仑将军在1798年交给老人父亲的。那是1798年，拿破仑将军率领一支法国劲旅远征埃及。4月份，其部下老马什尔上尉率领的一支军队在西奈半岛陷入了土耳其军队的重重包围。拿破仑得知情况后，立刻给老马什尔上尉写了一封信，信的大概意思是指导他们如何突破重围绝处逢生。拿破仑把这封信交给了一位熟悉当地地形的年轻的阿拉伯军人马洛卡。马洛卡接受任务后，立刻昼夜兼程地赶往交信地点，但是已经迟了，没有找到老马什尔上尉及其军队。原来老马什尔上尉率军在经过一番激战后，突破了土耳其人的包围，但是由于不熟悉当地地形，被沙漠吞噬了。

马洛卡不知道马什尔上尉已带领部队走上绝境,一直自责自己没能完成任务。1874 年,90 余岁的老马洛卡去世前,还一直悔恨自己没有完成送信的任务。临闭眼时,老人郑重地把信交给了他的儿子小马洛卡,并再三嘱咐一定要找到马什尔上尉,亲手把信交给他。

小马洛卡为了完成其父的嘱托,整整寻找了 40 年。也许是命中注定吧,他终于把这封历时一个多世纪之久的信件,在同一个地点亲手交给了收信人"马什尔上尉"——老马什尔上尉的曾孙。

马什尔上尉激动异常。在老人的指点下,马什尔上尉他们在要塞的后边找到了废墟,出人意料地找到了他们最急需的弹药和食粮,这使他们个个惊愕不已。不过这些食物和弹药并不是拿破仑遗留给他们的,而是大战刚开始时,德国人和土耳其人储藏在那里的。获取了弹药和食物以后,马什尔上尉他们按照地图上的路线终于走出重围,绝处逢生。

一封拿破仑于 1798 年 4 月 14 日写给其在埃及同土耳其人作战的部下军官老马什尔上尉的信件,在 100 多年以后拯救了同样率军在埃及同土耳其军队作战而陷入绝境的老马什尔上尉的曾孙小马什尔上尉的性命。真是一个奇迹。

"泰坦尼克"号幸存者神秘再现

1912 年 4 月 15 日,"泰坦尼克"号超级游轮在首航北美的途中,因触撞一座漂浮流动的冰山而不幸沉没,酿成死亡、失踪达 1500 多人的特大悲剧。

80 余年过去了,正当人们对它已经淡忘时,却又连连爆出了惊煞世人的新闻。

1990 年 9 月 24 日,"福斯哈根"号拖网船正在北大西洋航行,在离冰岛西南约 360 公里处,船长卡尔·乔根哈斯突然发现附近一座反射着阳光的冰山上有一个人影,他立即举起望远镜对准人影,发现冰山上有一位遇难的妇女用手势向"福斯哈根"号发出求救信号。当乔根哈斯和水手们将这位穿着 20 世纪初期的英式服装、全身湿透的妇女救上船,并问她因何落海漂泊到冰山上等问题时,她竟然回答:"我是'泰坦尼克'号上的一名乘客,叫文妮·考特,今年 29 岁。刚才船沉没时,被一阵巨浪推到冰山上。幸亏你们的船赶到救了我。""福斯哈根"号上的所有船员都被她的回答弄糊涂了,这究竟是怎么一回事?

考特太太被送往医院检查时,发现她除了在精神上因落难而痛苦外,其他方面的健康状况良好,丝毫没有神经错乱的迹象。血液和头发化验也表现她确系 30 岁左右的年轻人。这就出现了一个惊人的疑问,难道她从 1912 年失踪到现在,竟会没有一点衰老的迹象?海事机构还特地查找了"泰坦尼克"号当时的乘客名单记录表,确认考特太太登上了这艘豪华游轮。这太离奇怪诞了,以致人们无法用科学常理做出合乎逻辑的解释,难道她真的一直存在于所谓的"时空隧道"中?

正当人们为此而争论不休时,另一件意外巧合的奇事又发生了。

1991年8月9日,欧洲的一个海洋科学考察小组租用的一艘海军搜索船正在冰岛西南387公里处考察时,意外地发现并救起了一名60多岁的男子。当时,这名男子安闲地坐在一座冰山的边缘,他穿着干净平整的白星条制服,猛吸他的烟斗,双目眺望无际的大海,脸上显示出一副早将生死置之度外的表情。但谁也不会想到,他就是失踪近80年的"泰坦尼克"号上大名鼎鼎的船长史密斯,并且曾几次拒绝对他的援救。

著名的海洋学家马文·艾德兰博士在救回史密斯船长之后,告诉新闻记者说,没有任何事情的发生会比此事更让他吃惊。他不知道在北大西洋那儿发生了什么,被救的人并非行骗之徒,而是"泰坦尼克"号上的船长,是最后随船一起沉没后失踪的人。更为惊奇的是,史密斯虽已是140岁高龄的老人,但仍然像位60岁的人,而且在他获救时,一口咬定是1912年4月15日,并几次劝阻救助人员不要救他,船既然已被冰山撞沉了,最后的气浪把他抛到了冰山上,他这个船长也只有与冰山共存了。

精神病心理学家扎勒·哈兰特对他进行了一系列的检查后,认为他的生理和心理很正常。哈兰特博士曾于1991年8月18日的一个简短新闻会上指出,通过保存在航海记录中的指纹验证,可以确认他的身份就是船长史密斯。

欧美的有关海事机关认为,史密斯船长和考特太太均属于"穿越时光再现"的失踪的人。不过,史密斯船长和考特太太能够差不多同时再现并且被救起,这也应该只是一个意外的巧合吧。

46年后战机重回人间

一架二次大战纳粹德国战斗机,在1942年一次执行出击任务后,便音讯全无,再也没有返回基地报到。然而,经过整整46年,它又突然出现,降落在苏联一个机场上;而机舱内的机师,早已变成了一副白骨!你是否相信这是真的呢?然而,这听起来让人不可思议的事却是真的。

这架失踪了46年而又神秘出现的战斗机属于BF109-G型的单引擎战斗机,据说外壳虽然明显地非常残旧,但机件状况却仍十分良好。对于这架古老战机突然重现一事,有关方面并没有立即做出解释,事实上也无人能这样做,而同样令苏联官员感到大惑不解的是,机上的机师早已死掉并腐化成一副白骨,又如何操纵飞机,在 1988 年 6 月 5 日的清晨安然降落到明斯克机场去?

"我称这是近代航空史上一个最神秘之谜,相信也不为过,"西德法兰克福一位第二次世界大战历史专家艾美·却巴博士说,"苏联方面并没有发放所有他们知道的这架飞机和机师的资料,但从莫斯科新闻的有关报道中,我们知道这架战机是因为燃料用罄才降落在沿海的明斯克机场。"

"那个机师的身份已经证实是空军中尉狄斯·西格,他在 1942 年 12 月 5 日一次飞往苏联上空执行作战任务时失踪,事后当局再也没有收到他的半点音讯。"

"我们也不知道为什么会有这件事发生,我们唯一知道的,就是有一架 1942 年的战斗机,在失踪了差不多半个世纪后,又再次出现在人间。"除了报章上刊载的消息外,苏联当局再也不愿透露更多有关这件怪事的进一步详情。

从机师的骸骨和破烂的制服来看,他们估计西格中尉是在 1942 年他执行那次作战任务时,被苏联战机的子弹击中而当场死掉。当这架幽灵战机突然降落苏联机场的怪事传出后,西方不少科学家都表示愿意协助调查个中真相。

冰封 70 年的活人

1986 年,一支英国登山队来到了阿尔卑斯山。当这支英国登山队攀到阿尔卑斯山 5100 米的高度时,在一条雪崩形成的斜坡底下,隐约看见一个人体半埋在其间。大家都觉得很奇怪,以为是登山遇难的人。于是,登山队便立即派人协助挖掘。

经过两小时的挖掘,竟挖出一具男性"尸体"。大家看见他身旁有一套古老军服。于是,有人到他的军服里去翻,翻出了一本《士兵手册》。大家从他身上的《士兵手册》中,知道他名叫普里斯,是法国步兵团第二旅的下士,1890 年出生。

发现一个失踪数十年的士兵尸体并非奇事,大家对这种事情都习以为常了,因为这样的事情经常会发生。大家协力把尸体运到了山下登山总部。经医学专家利巴奴详细检查,竟然发现这具尸体仍有极其微弱的心跳——他仍在生存,并非已死亡。这真是生物学和医学上的奇迹。大家都觉得不可思议。

利巴奴医生立即把这具仍然生存的尸体放入一个氧气罩内,然后又把"活尸"运到英国一家著名的生物研究所去进行拯救工作。有关权威专家说:"我们用尽所有方法和尝试,都不能令普里斯醒转过来。但他仍是活着的,他的心脏机能仍然存在,只是其他一切都停顿了。这真是一个奇迹呀。如果不是巧合,又怎么会如此呢? 这真是一个谜呀。"

弄巧成拙的一场糊涂仗

兵不厌诈。在任何一场战争中所比拼的不仅仅是武器与装备,在很多的时候,还有智慧与谋略。然而,在第一次世界大战中,却发生了一件双方因使用诡计而弄巧成拙打了一场糊涂仗的奇事。

它们是属于不同阵营的英国与德国,为了取胜,双方都竭尽本国的人力、财力投入了这场战争。随着战争的发展,两国海军力量都受到了很大损失。为此,两国政府均下令将部分运输船改为军舰,以参加鏖战正酣的海战。英国将一艘两万吨级豪华客轮"卡门尼亚"号进行了改装,配备了各种火炮,不久便俨然以重巡洋舰的雄姿出现在大西洋上了。与此同时,德国也把一艘吨位相当的巨型客轮"特拉法加"号改装成巡洋舰。

为了蒙骗对方,德国船长巧生一计,决定把已改装好的战舰伪装成一艘英国客轮,而他恰恰选中的是英国的"卡门尼亚"号,按照该船的照片进行改装。于是,德国的"特拉法加"号便摇身一变,成了英国的"卡门尼亚"号了。真是无巧不成书。英国船长为了迷惑敌人,也决定把自己的船伪装成德国客轮,而且刚好选中了德国的"特拉法加"号。这两艘改装好的船又被本国海军部一同派往南大西洋,去执行海上巡逻任务。

1914 年 9 月 14 日上午,海天如洗,万里无云。突然,德国船长发现远处有一艘客轮正迎面驶来。令其大惑不解的是这艘船竟酷似自己原来的模样。他想,这艘船也许是自己的船出自同一个轮船公司的姊妹轮吧。于是,他命令信号兵要求对方表明身份。此时,英国船长也因同样的原因被弄糊涂了。他也认为对方可能是自己的兄弟船,为了避免误会,立即悬起旗帜表明自己是英国轮船。"特拉法加"号知道其中有诈,遂全速向敌舰冲去。"卡门尼亚"号见状,先发制人,向对方开炮。经过一番恶战,结果是两败俱伤。德舰被击坏,15 名官兵葬身海底;英舰被重创,9 人阵亡。最富戏剧性的是,直到海战结束,双方生还的人仍然不识对方的真面目,真可谓是一场糊涂仗。

漂流瓶的故事

2000 年,一个 44 年前被人放有字条从一艘船上丢进海里的玻璃瓶,竟然在新西兰距离写这个字条人住处不远的地方被找到。

写这张字条的是奥地利人舒华司,他在 1956 年乘船到澳洲参加墨尔本奥运会,他以英文和德文写了该字条。写完了后他就把这个玻璃瓶扔到了海里。他希望这个玻璃瓶能够帮助他实现自己的愿望。可是,一等等了44年,一点消息都没有。据说他也没有实现自己的愿望。

这张写了包括一句"寻找一个太平洋女人"的字条是被一个住在距离惠灵顿北部舒华司现居处大约70公里的男人找到的。他是在一种非常巧合非常意外的情况下发现漂流瓶的。刚开始,他找到漂流瓶后并没觉得有什么惊奇的,只是觉得很好玩,因为这个玻璃瓶非常精致。但是,从玻璃瓶的外面看来,又似乎年代久远了。于是,他好奇地打开了这个漂流瓶。当他打开漂流瓶,看到漂流瓶里面的内容后,才知道这个漂流瓶已经在海上整整漂了44年了!这真是一个奇迹。漂了那么久,竟然没有被打破,或者出现搁浅的意外,这太不可思议了。

报道又说,没有消息透露该玻璃瓶在哪里被发现及字条上的其他内容,原因是这名没有被点名的发现者已经与传媒机构签了一份独家合约。

巧遇40年前的新娘

当58岁的汤姆·普莱恩兹驾着他的新帆船绕着一条标志醒目的旧船在可怕的魔鬼三角区划行时,他希望能找到船上的水手。然而,普莱恩兹却吃惊地看到了一位年轻漂亮的妇女,她是40年前与他成婚的新娘。"有那么一阵,我以为我死了呢,是在天堂里。"整整两天两夜,普莱恩兹和她的第一个也是真正的恋人说笑、进餐、谈情说笑。他说这位女郎名叫瑞吉娜(和他的新娘名字一样),并回忆起只有他失踪的新娘才能回忆起的点滴往事。"她告诉我,我们举行婚礼的教堂,牧师的名字,甚至讲出新婚那天我穿了两只不同颜色的袜子。毫无疑问,我找到了我的瑞吉娜。我觉得自己好幸福。"

普莱恩兹在1940年还是个22岁的棒小伙子,刚从美国海军退役。他在纽约娶了自己青梅竹马的恋人,一对年轻快乐的新人在佛罗里达欢度蜜月。汤姆用一笔遗产购置了一条小帆船,并命名为"瑞吉娜小姐"号。他们两人乘船从迈阿密出发,参观了亚热带巴哈马的外国港口。之后,在天气晴朗的一天,小船随着平静、闪亮的海水,向东驶去,进入了魔鬼三角地带。普莱恩兹回忆道:"本来我们航行得很好,突然,碰到了一阵险恶的狂风,像地狱里伸出的手抓起我们又扔回水面。我被掷到船外,我能听到瑞吉娜在呼唤我但我游不回去,我晕过去了。"当他清醒过来时,水面平静,他被一只渔船救起。"船长说他根本没看到风暴,他们只看到我在一根木头上漂浮着,瑞吉娜号帆船再没找到,我失去了我的新娘。"

普莱恩兹一直没有结婚,他说:"我一直没有忘记瑞吉娜。我忘记不了她。因为我实在是太爱她了。"于是去年夏天,普莱恩兹买了一只新船驶回那个多年前改变了他命运的三角海域,结果奇迹发生了。"在我们两天的重逢之后,我累垮了,"普莱恩兹说,"我睡了 20 个小时,当我醒来后发现她又一次地消失了。"

这真是一次奇怪的经历。难道只是幻觉?可是,这是不可能的。一切发生得如此真实,不可能是幻觉的。那么,这样一次神秘的巧遇究竟又是怎么一回事呢?

17 年后景色重现的巧合

大千世界无奇不有,有很多超自然的现象经常发生在我们的身边,也许你会认为这只是一种巧合,或是一种机缘,但是无论是哪种情况,它都给我们原本平淡的生活带来一抹亮丽而神秘的色彩。奥古斯塔斯·J·C·黑尔就是这个巧合事件的主人公,他出生于 1830 年,他是一个在艺术方面很有造就的人,是当时维多利亚时期著名的作家和艺术家。在当时,有很多人都认为奥古斯塔斯·J·C·黑尔一定出生在一个环境优越的家庭,或者他的父母一定在艺术方面有着很大的成就,要不然怎么会有如此出色的儿子呢,可是谁又知道,就连一个普通的家庭生活对于当时的奥古斯塔斯·J·C·黑尔来说都是一种奢望。因为在他出生仅仅 14 个月时就被过继给他人。收养他的人是他的婶子,当时由于家境贫寒,父亲早逝,身体多病的母亲一个人没有能力将他抚养长大,为了能让他有一个比较好的生活环境,看着日渐长大的孩子,母亲怕孩子将来长大后有阴影,所以趁他刚刚 14 个月大的时候,母亲毅然决然地将他送给了别人,他由婶子,也就是他后来的继母抚养,他的继母对他非常好,就像亲生儿子一样,在继母的精心培育下,奥古斯塔斯·J·C·黑尔成了牛津大学的一名高才生,从牛津毕业后主要住在欧洲,偶尔访问英国。他在自传中谈到这样一件事:

"在我被过继 17 周年那天,我们全家赶到曼海姆,在一家旅馆里进餐。就在这家旅馆里,17 年前我仅仅 14 个月时被送给了婶子,她也是我的教母,我将要像她的孩子一样同她永远生活在一起……这天晚上,当我们回到车站……站台上有一个怀抱孩子的可怜女人在痛哭。奥古斯塔斯·J·C·黑尔走上前去问她是不是有什么伤心事。这女人答道:'是的,那是我的孩子,他只有 14 个月大,就将乘下一趟火车永远离我而去。他的婶子将把他带去收养。她也是他的教母。而我将永远不能再照料我的孩子了'。"说着这位母亲流下了辛酸的泪水,这对于一个母亲而言无疑是最残忍的事情了。

黑尔显然是把这境况联想到了自己 17 年前离开母亲的苦楚。但奇怪的是,怎么都是 14 个月大的孩子,怎么都是送给其婶母收养呢?这巧合是故意安排的吗?真是一个令人费解的谜。

地下生活 20 年未死之人

据科学研究表明,一个人在不吃不喝的情况下,生命只能维持一周,那么,一旦没有了氧气,人可能连 10 分钟都活不过去。这不是危言耸听,是科学家经过多次试验得出的结论,这个结论告诉了人类在无氧条件下生存的极限。但是,在这个世界上就有一位神奇的人,他在地下被整整活埋 20 年,20 年后好奇的人们没有看到他枯烂的尸体,看到的是从地下走出来的一个鲜活的人,20 年过去了他的容颜依旧,没有那些在地面正常生活的人那种岁月沧桑的感觉,和 20 年前一模一样,简直就是时空逆转。这位怪诞的奇人就是被印度称为“圣僧”的人——巴巴星·维达殊。在 1971 年里的一天,巴巴星·维达殊命令他忠实的追随者将他活埋在地下,他想证实在没有任何生存条件的环境下,人类依然能存活,他想创造奇迹,这件事在当时被人们看作是一种怪异的事情。有人说他疯了,有人说他不是普通的人,可能是有神灵保护,否则谁也不能在地下生存那么长的时间,大家更不愿意拿自己的生命来开玩笑,当时巴巴星·维达殊曾成为轰动全世界的一大新闻人物。到 1991 年年底,20 年已经过去了,人们对当年荒诞怪异的他渐渐有些忘却了,20 年前被深埋地下,如今还能活吗? 简直就是痴人说梦,但是追随他的信徒们对此却深信不疑,每时每刻都在盼望这一天的到来。当 20 年后的今天到来的时候,和当年活埋围观一样,来看热闹的人很多,围得水泄不通,他的信徒遵照他的嘱托,没有耽误一分一秒,完全按照他的要求,又将他从不见天日的棺材里挖了出来。当年用来装他的棺木早已经腐朽了,剩下的只是一些残渣,人们站在高处向里望,并没有看见他本人,大家更是觉得当年巴巴星·维达殊太过于执着了,以至于稀里糊涂地送了性命,正当人们议论纷纷时,眼尖的人发现土壤里有一些动的迹象,人们都不约而同地向里面望,啊! 令人惊奇的是他还活着,他没有死,而且容颜依旧,只是胡子长长了些,和 20 年前一模一样,没有任何衰老的迹象。据他自己说,人们在挖棺木的时候,大家的谈话,都听见了,本来是打算和大家道谢的,只是迷迷糊糊的又睡着了。人们听了他的话都感到异常的惊讶,能在地下生存 20 年不死,已经算是一种奇迹了,就连上边的人的话语都听得见,让大家再次震惊。一位在挖掘现场的目击者、科学家凡云戴·尼比西也博士说:“这真是一种令人无法想象的神奇现象。”一位追随圣僧多年的忠实信徒对记者说:“他的这次复活,显示了人类确有某种神奇的力量。”

死去 18 年重回故里

人死了,就如一缕青烟,飘向远方,从此在这个世界上再也没有这个人存在了。

可是在海地却发生了一件骇人听闻的事,当年亲戚亲手埋葬的、死去了18年的人找回家门,和亲朋好友团聚了。他鲜活地回来了,这究竟怎么回事呢?世界上真有这起死回生的法术吗?我们只在《西游记》里看过,孙悟空有回天之术,难道有现代的孙悟空不成?

当事人是个名叫纳西斯的黑人,来自海地的勒斯特耶村,一向非常健康。1962年,他突然莫名其妙地病倒了,他的姐姐把他送进德沙贝尔镇的艾尔伯·薛维泽纪念医院进行治疗,但是,没有医生能查出他得了什么病,纳西斯一天不如一天,开始呼吸困难、昏迷不醒、全身僵硬冰冷。

医生对他的姐姐说:"对不起,他死了。"随即签发了一张死亡证。当天稍后时分,朋友们都来到家中瞻仰遗容。亲人们在痛苦中把他的棺木拉到坟场,用泥土掩埋上,相继离开,慢慢地,人们已经习惯了没有纳西斯的日子,时间一长,大家都淡忘了。

1980年1月的一天,他的姐姐在家中给他烧香的时候,觉得有人在敲门,那声音轻轻地,似有似无,疑惑中姐姐站起身来走向门边,咯吱一声门自己开了,走进一个人,啊!姐姐尖叫一声,昏吓过去,原来走进屋里的人不是别人,正是18年前不明原因死去的纳西斯。这是人还是鬼?这究竟是怎么回事呢?

原来在海地有一种巫毒教术有起死回生的魔力。一些术士将死尸的灵魂偷走,然后使死尸复活,变成一具能够活动但没有意志的"还魂尸"。那么,"还魂尸"是假死还是真的还魂?其实,当年纳西斯并没有死,而是他的哥哥买通巫师,将他陷害的,用药物麻醉后误认为已经死去,入葬后术士再把他从墓中掘出,继续麻醉他,作为奴隶,在田间工作。

纳西斯恍惚记得自己被奴役了大约两年。后来有一天,管工忘记给他服药,他才恢复神志,伺机逃脱。可是,他不敢回到村里,直到1980年1月,他听闻哥哥已经去世,才决定重回勒斯特耶村。

于是,就有了上面的一幕。

海地的"还魂尸"是被人用作奴隶的在田间工作的神志迷糊的人。一名据称曾沦为"还魂尸"的人侥幸说出了自己的经历,关于"还魂尸"的无数报道才有了可信的根据。

第十节　不谋而合

虚构的故事,真实的灾难

一百多年前,欧洲有位名记者曾发表一则短篇故事,说的是有艘船在航行途中不幸撞在冰山上沉没,船上人员几乎无一生还。该记者在讲述这个故事时对遇难的具体情节作了细致描绘,令人读后心存余悸。几年后,又有一位英国作家写了一本畅销小说。书中写的是"泰坦尼克"号邮船,在从英国南安普顿港向美国航行途中,被冰山撞沉的故事,当然故事写得非常具体、生动,成为许多船员都爱读的小说。

可是谁也没有想到这原本是作家杜撰、虚构的故事,却在 14 年后,成了现实,尤其令人不解的是,海难事故竟和两部小说中描述的具体情节几乎不差分毫。

1912 年 4 月的一天,一艘海上宫殿式的邮轮启航了。邮轮豪华别致,满载了有钱的绅士、太太和小姐。这些阔气的男女们,在船上华丽酒吧或包厢里饮酒作乐,一阵阵爵士音乐和人们的欢声笑语打破了海上的宁静。几天以后,也就是 4 月 14 日那天晚上,海面风平浪静,皓月当空。邮船上强光探照灯不断在海面上旋转搜索,不见有任何危险。可是细心的船长和大副又打开海图,确定邮船此时所处的位置,并无暗礁险滩,因此依然和白天一样全速航行。

半夜时分,雾气上升;担任守望的水手只见海面一片茫茫白色,心中顿生疑窦:这是怎么回事?水手尚未回过神来,只见一座白色晶莹的冰山迎面扑来,他急欲呼喊已不及,只听轰然一声巨响,船头切入冰缝,船体裂开,顷刻间海水涌入船舱。船上的人们先听得巨响,接着邮船震颤不停,并迅速倾倒,慢慢下沉。惊恐的人群狂奔呼号,左冲右突,企求抓到一件救命的东西。无奈船上救生设备不足,全船 3000余人,除少数劫后余生外,大多数人葬身海底。

事故发生后轰动了全世界,一些有心人想起了十几年前曾读过的小说,便翻找出来重新阅读一遍,发现遇难邮船名称和船的大小、载客人数以及出事原因、地点、时间和具体情景,都和小说中的大致相仿。最令人不可思议的,还是那位写短篇故事的记者,他曾在文章中写道:"这真是可怕的沉没,我真害怕自己也会沉入海底,在冰山底下永存!"想不到他果然言中,成了这次事故中的不幸遇难人。

随着时间的推移,几十年后,又发生了一起类似事故。那是 1935 年 4 月的一天,有一艘"泰坦尼克"号货舱,由英国启航驶向加拿大。14 日傍晚,年青水手李夫斯轮到值班守夜。他站在船头上见海面风平浪静,不见有何异样,于是便放松了精神,先想起情人、父母;后来不知怎的,思绪中冒出了那两篇小说和"泰坦尼克"号邮轮遇难的报道,心中一阵紧张。到了午夜时分,他突然感到货船似乎就要出事,因为,当年邮船出事也在此时此地,并和自己眼前所见一样。他愈想愈觉得不是个好兆头,便想报警停止航行,可又怕被别人瞧不起,说自己是"胆小鬼",于是又忍了下来。不多时,李夫斯再也忍耐不住了。因为他想起今日午夜时分正是他自己的生日,不由自主大叫道:"难道我就要死于今晚吗?"他的叫声像是警报,大副立时睁大充血的双眼朝前眺望,只见朦胧的月色中,一座硕大的冰山就在眼前,大副急发倒车命令,开足马力向后倒退。船慢慢停了下来,众人细细一看,都吓得魂不附体,此时船头离冰山已不到几码。再看四周,几座大小不等的冰山先后从水下冒了出来,把货船围在中间。后来,从纽芬兰叫来几条破冰船,花了九天时间,才在冰山中开出一条生还之路。

随着时光流逝,人们对"泰坦尼克"号邮轮遇难事故和以后出现的事情已经淡忘。可是到了1990年发生了一起令人震惊的神秘事件。一位当年遇难的女乘客考特被人发现,从冰山中救出。一年后,人们又发现当年"泰坦尼克"号邮轮船长史密斯,按年代计算,事情已过70年,当年29岁的考特已108岁,船长史密斯139岁。

然而,当人们发现他们时,其容貌依然年轻,而且他们都认为自己还生活在1912年。

从虚构的小说,到巧合的事故,直到最近发现七八十年前遇难的幸存者,这一连串的事件,引起学者和大众的好奇。作家们请他俩追忆往事,要给那本小说写续书,说"泰坦尼克"号的故事还未结束,那些医学、心理学家们则对他俩反复研究,试图找到考特和史密斯在半个多世纪后生还的奥秘。

在同一处发生的海难,生还者姓名相同

在发生意外事故时,能够幸存活下来的人少之又少,而幸存活下来的人再有许多巧合之外,那就更让人感到不可思议了。故事发生在麦莱尔海峡附近,曾经有三艘航船在此处沉没,而且每次都是在夜晚,在这三次事故中,每次只有一人幸免于难,而这三位幸存者居然同名同姓,都叫休·威廉斯,够令人感到奇怪吧!

这三次海难,第一次是发尘在1644年11月5日夜晚,有一艘从北威尔斯开出的航船驶向麦莱尔海峡,当这艘船到达麦莱尔海峡的时候,突然巨大的海浪飞起数十米,同时夹杂着一种怪风,航船沉没了。当时船上共有81人,其中有工作人员10

人,经验丰富的船长还没有来得及指挥人员撤退,事故就发生了,来得很突然,走得也很突然,感觉就像一瞬间的事情,没有一丝挣扎和恐惧,之后大海就恢复了平静。这时一艘在远处的航船的人们所看到的场面,不幸中的万幸,在那瞬间的灾难中还有一个人幸存,他的名字叫"休·威廉斯"。

第二次海难事件发生在 1785 年 11 月 5 日,同样也是一个平静的夜晚,这艘客轮同样是从北威尔斯开出的,当它行驶在麦莱尔海峡同一地点时,好像海底里事先安排好了刽子手一样,和百年前发生的那次沉船事件一样,在悄无声息中这艘客轮也不幸沉入海底,船上共有 60 位乘客,也仅存活一人,他也叫"休·威廉斯"。

这两次海难在开始的时候并没有引起人们的注意,一直到 1860 年,第三次海难发生了:一艘载有 25 个乘客的轮船又在同一时间,同一地点沉没,这次的沉没和前两次一样,唯一幸存者的名字,还是叫"休威廉斯"!

值得一提的是,三次发生的海滩事故,幸存的人名字完全一样,但可不是一个人哦,因为他相隔数百年呢!

发生的都是海难事故,而且只幸存一人,且名字相同,又是在同一地点出现险情,这些事情的交集能够完全凑到一起够让人感到惊奇吧!

转了一圈儿又回来的胶卷

这是发生在第一次世界大战之后的事,当事人是一位德国妇女,她的名字叫作劳丽斯。她是一位贤良的母亲。

在 1914 年,正值第一次世界大战爆发之际,德国治安一片混乱,人们每天都生活在危险当中,因为不知道什么时候就会有流弹光临你的家,德国到处充满了火药味,这让当时很多居民都倍感不安。有一天,劳丽斯看到外面的街道似乎平静了许多,没有战乱中的那种硝烟了,觉得应该没有什么问题。就想到自己的儿子出生这么长时间了,还没有一张照片,于是这位德国妇女便到斯特拉斯堡市一家照相馆为自己年幼的儿子拍一卷胶片,胶卷留在照相馆冲洗。自己就回来了,可是,当照片还没有洗出来,就爆发了震惊世界的第一次世界大战。当然,她也就不可能重返斯特拉斯堡市取回胶卷,为此她感到有些遗憾,但是除了遗憾之外又有什么其他的办法呢? 当时人们自顾保命去了,即使去了照相馆也不见得就一定能拿照片,因为当时社会动荡,也许那家照相馆早已经不在了。后来他们搬家到一个乡下亲戚家居住,因为在乡下没有城里的那种硝烟,相对平静了许多,她的儿子在这里健康地成长。

然而令人感到惊讶的事情在两年后发生了。这位德国女士在这年生了一个可爱的女儿,女儿的出世为整个家庭增添了更多的温馨,夫妇两个决定,为了纪念女儿的出生,也为了弥补当年儿子照片的缺失而留下的遗憾,她们就到一百英里之外的法兰克福买了一卷胶卷给她新出世的女儿拍了照片。当照片冲洗出来后,他们两人都争先恐后看,劳丽斯惊奇地发现,她女儿的形象重叠在她儿子的形象上。她做梦都想不到,自己竟然买回了当年给自己的儿子拍照的胶卷。这种奇特的巧合之事,在当时还是第一次发生,也弥补了当时夫妇俩的遗憾。

一幅图画抓获凶手

1985 年,苏联圣彼得堡发生了一宗案件:一位 14 岁的女孩莉萨一个人呆在家中。她的父母都出门买东西了。莉萨觉得不好玩,她有一些后悔没有与父母一起出去。

正在这时,有人敲门。莉萨想起父母的警告:不要随便开门,现在的坏人很多。于是,她就没有理会。可是,敲门声一直在持续着。而且,有人在喊叫:"莉萨,我是你爸爸的朋友,请你开门。"虽然这个声音比较陌生,不过,听说是爸爸的朋友,莉萨就放心了。她走过去,把门打开了。

这个陌生人对还存有戒备心的莉萨说:"我是你爸爸的朋友,你爸爸没有提起过我吗?我都知道你呀。"莉萨半信半疑地看着他。陌生人说:"我是路过这里的。你倒一杯水给我喝好吗?"莉萨于是转身去厨房倒水。就在这个时候,陌生人从怀里拿出一把斧子把莉萨当场砍死了。

凶手把莉萨砍死后,偷走了莉萨家中许多值钱的东西。莉萨的父母回到家中时,莉萨已经永远地离开了人世。面对这个惨剧,莉萨的母亲当场晕倒了。过了好长一段时间,莉萨的母亲才恢复过来。她非常后悔,是自己让莉萨一个人呆在家里的呀。

一位名叫波叶的画家从报纸上看到报道,出于激愤画了一幅表现这一悲剧题材的油画。画面按报载再现了阁楼上血淋淋的情景,一个小姑娘四肢伸展躺在地上,画家还特意在阴暗的背景下,虚构了一个要逃跑的凶手形象。凶手的相貌画的颇为丑陋:驼背,大嘴,下巴一把棕黄的胡须,脸上嵌着一双恶狠狠的小眼睛……半年以后,圣彼得堡的市政厅举办义展,波叶把画送去展出。一天,观看画展的人群中突然响起一声尖叫,一个人倒在地上,浑身抽搐。人们扶起他才惊讶地发现,此人的容貌竟和画上的凶手十分相像。警方经过侦讯,最终确认此人正是杀害小姑娘的凶手。

307 号旅客的巧合

《勒克夫人:概率论》当时在加拿大是一本非常受青少年喜爱的书,它的作者沃伦·韦弗博士在当地也是非常有名气的一个风云人物,因为在他的著作中收藏了一些让人们感到新奇而又真实的事件,这本著作中讲到了下面的故事,发生的时间可能是 50 年代末:

一位名字叫作乔治·D·布莱逊的康涅狄格州商人是一位旅游爱好者,每当有闲暇的时间他都乘火车到南方旅行,因为他非常喜欢一个人沉浸在大自然的风光之中。经过一路沿途观光,当到达肯塔基州路易斯维尔车站时,他决定下车作短暂观光,因为他以前从未造访过这个城市,只是在书中阅读过有关这座古城的一些美丽传说,而且当地的许多的古老建筑物更让他着迷,他不慌不忙地下榻于布朗饭店,被安排住进了 307 号房间。他准备在这多停留几日,刚进屋没有几分钟,门铃突然响了,原来是侍者送来一封信,信封上写着:"布朗饭店 307 号房间乔治·D·布莱逊收"。这位布莱逊先生感到莫名其妙:"我刚一下车怎么就有人写信给我呢? 没有人知道我在这儿住呀,这是怎么回事呢?"带着疑问布莱逊先生打开信件,发现里面的内容他完全陌生,因为他根本不认识这个写信的人。他急忙把信件退还给了侍者,说明事情的经过。后来经过饭店的一系列调查才明白事情的始末。原来,这纯属一种自然巧合。307 号房间原先的房客也叫乔治·D·布莱逊,来自加拿大蒙特利尔市。自然这封信是给那位布莱逊先生的。只是这封信在没有邮寄到饭店之前,那位先前的乔治·D·布莱逊就退房了,恰巧后来的乔治·D·布莱逊先生入住才发生了这巧合之事。

在宾夕法尼亚州也发生过类似的巧合。1914 年有一名男子因流浪罪被捕,当警察审讯他时,他硬说警察搞错了,因为他说他在麦金尔维恩街 714 号有住所,并没有犯流浪罪。如果一个人没有固定的居住环境,就会流浪到街头给社会治安带来很多隐患,所以当地的法律规定,如果通过调查没有确定的住所,就视为犯罪,所犯的罪名字叫作流浪罪。这名男子成了法庭上的被告,立即被传审讯,法官罗宾逊·劳里问他从哪儿弄到这个地址的? 此人支支吾吾:"这个地址……"法官接着说,"今天算你倒霉,你说的这个地址是我的住址,我在那里已经住了 30 年了。怎么从来没有见过你呀!"

原来,这名男子真是一位无家可归的流浪汉,早已经被警察盯上好久了,他为了能逃脱罪名便信口胡说了一个地址,他连做梦也没有想到,自己瞎编的这个地址居然和审讯他的法官的家庭住址一样,当场被人识破,原形毕露。

美国白宫和英国首相发言人辞职巧合

在 2003 年 5 月 19 日,英国首相布莱尔的官方发言人戈德里克·史密斯表示,他希望"在今年晚些时候"辞去自己所担任的职务。

史密斯认为,发言人是一份非常好但要求很高的工作,但他觉得自己不能永远从事这个职业。史密斯说:"经过深思熟虑后,我感到现在是做些其他事情的时候了。"

史密斯表示,这完全是他自己的决定,没有任何深层原因,他也不知道今后是否会继续从事行政事务或者转行。

然而就在同日,美国白宫主要发言人阿里·弗莱舍也宣布,他将于今年 7 月辞去白宫新闻秘书职务,进入私营部门工作。据报道,五角大楼的发言人维多利亚·克拉克或白宫副新闻秘书斯科特·麦克莱伦可能是接替他的人选。弗莱舍在接受电话采访时说,他离开白宫的时候已经到了,他希望在布什连任总统竞选攻势全面展开前辞去白宫发言人这一艰难的职务。弗莱舍还表示他辞职后将在私营行业谋职。

经过"9·11"恐怖袭击事件、阿富汗战争和伊拉克战争,弗莱舍俨然成为布什政府的"形象代言人"。报道称,现年 42 岁的弗莱舍已在政府中工作了 21 年。他有时与白宫的新闻班子发生矛盾,而且与布什手下一些高级助手关系紧张。但是弗莱舍说辞职决定是他自己做出的,他已将此决定告知布什总统。

这真是一个意外的巧合,出现这样的巧合令人觉得非常"怪异"。

奥运纪念邮票巧合

为纪念奥运会的召开,我国曾多次发行邮票。它们分别是,1980 年,我国运动员首次参加第 13 届冬奥会,我国邮电部发行了"第十三届冬季奥林匹克运动会"纪念邮票;1980 年 11 月发行了"中国重返国际奥委会一周年"邮票;1984 年、1988 年、1992 年分别发行了奥运会纪念邮票;1996 年发行了"奥运百年暨第二十六届奥运会"邮票。

在发行的这么多的奥运邮票中,特别值得一提的是,我国 1984 年洛杉矶奥运会开幕前发行的一套六枚的纪念邮票,它与我国运动员在这届奥运会上的比赛成绩,竟有好几个巧合。这些巧合至今还是人们的美谈。

女运动员吴小旋夺得了射击比赛金牌,成为我国历史上第一个奥运会女冠军,而这套邮票的第一枚画面就是一个女射击运动员。

女运动员周继红在跳台跳水比赛中,夺得最后一枚金牌,而这套邮票的最后一枚画面又正好是一个女跳水运动员。

这套邮票的第四枚是"体操——鞍马",面值"10分",而在这届奥运会的"鞍马"决赛中,李宁正好得了一个"10"。

这套邮票的第五枚,即倒数第二枚的主题是"女排",而我国女排获得的金牌也恰好是我国15枚金牌中的倒数第二枚。这枚邮票的面值是"20分",而我国女排在这届奥运会决赛中三局比分加起来,正好赢了美国女排"20分"。

这真是令人叫绝的惊人巧合。

欧洲杯东道主"逢4的年份夺冠"的宿命

在2004年的欧洲杯足球赛中,贝克汉姆于里斯本卢斯球场两次罚点球失误使得本届欧洲杯的决赛变成了揭幕战的翻版,这是欧洲杯44年历史上的头一遭,仿佛23天的比赛只不过是两支球队的一场游戏。其实,荷兰队在1988年欧洲杯有过跟葡萄牙队同样的遭遇,只不过荷兰队的首场比赛并不是揭幕战而已,而如果葡萄牙队当日清晨夺冠,那他们的命运将跟1988年的荷兰队一模一样,而且他们国家的俱乐部也恰恰夺取了当年的欧洲冠军联赛(1988年为欧洲冠军杯)冠军,这就是巧合。

在欧洲杯的历史上,每一届都有东道主球队杀进4强,而且东道主一旦杀进决赛就能够夺冠。在1988年之前,东道主获得了3个冠军、1个季军。从1988年开始,东道主连续4届都是获得季军。而如果葡萄牙队当日清晨夺冠的话,还将延续欧洲杯东道主"逢4的年份夺冠"的宿命,就像1964年的西班牙队和1984年的法国队一样。

2004年欧洲杯1/4决赛结束后,欧洲5大联赛的国家队全部出局,其中西班牙队、意大利队和德国队在小组赛就已经出局。这样的局面与今年的欧洲冠军联赛的格局何其相似,这就证明其实本届欧洲杯的种种迹象实在并不存在"冷门",这一切在欧洲冠军联赛上已经有了苗头,我们不应该只是说这是一种巧合,更应该清晰地知道这是欧洲足球发展到如今的一种必然。

英格兰队除了本届欧洲杯上是因为在"点球大战"中负于葡萄牙队外,在1990年的世界杯和1996年的欧洲杯、1998年的世界杯上,都是在"点球大战"中被淘汰出局。有意思的是,贝克汉姆在本届欧洲杯上陷入了"点球魔咒",他先是在小组赛对阵法国队时射失一个点球,导致英格兰队被法国队"逆转"击败,在1/4决赛的"点球大战"中又一次射失点球。巧合的是,小贝射失两次点球的地方都是卢斯而荷兰队终于在本届欧洲杯上改写了12年的"点球厄运",他们在1/4决赛中凭借点球以6:5击败瑞典队。

意大利队又一次博得了大家的同情,由于瑞典队和丹麦队打成2:2,卡萨诺终于打进本届欧洲杯最"悲情"的进球,意大利队成为欧洲杯历史上第一支一场不败依然被淘汰的球队。

虽然瑞典队和丹麦队的"默契球"跟2002年韩日世界杯的"黑哨"一样让意大利人找到了借口,然而,这次他们的出局与1996年欧洲杯时何其相似。

自娱自乐制字谜,无意泄露登陆计划

诺曼底登陆战役是第二次世界大战中转折性的战略,它的成功登陆为战争取得了胜利。可是又有谁知道,就在1944年诺曼底登陆战役之前,一个意外的事件震动了英国保安部门。

1944年5月下旬的一天,英国最高司令部一位参谋乘火车上班时闲坐无聊,便猜《每日电讯》上的字谜消磨时间。猜出第一个单词时这个参谋不禁大吃一惊,谜底竟是诺曼底作战计划中两个主要登陆点之一的代号"犹他"!更让他吃惊的是,第二个字谜的谜底竟是另一个登陆点的代号"奥马哈"!他接着猜下去,一连串诺曼底登陆计划中的重要机密陆续出现。其中,有盟军在西北欧战略计划的代号"霸王";有秘密修建的海港代号"桑树";有大举进攻计划的代号"尼普顿"……这位参谋顿时目瞪口呆起来。

这位参谋赶紧向保安部门汇报这件事情。参谋这意外的发现,使盟军面临一场严重的危机。保安部门非常重视这件事情,他们觉得这是一个严重的泄密事件。

保安部门立即将字谜作者秘密逮捕。在调查中发现,作者只是一个普通的小学校长。小学校长说:"这个字谜我只是用来娱乐的,并没有什么秘密。而且,我对机密事件根本就不感兴趣。我感兴趣的是我的家庭与我的学生。"保密部门知道了情况后,就释放了这位普通的小学校长。因为他们发现,字谜是在发表前6个月编成的,而那时盟军的"尼普顿"计划尚未制定。很显然,这次被疑为"重大泄密事件"的不过是一场罕见的巧合。

亚特兰蒂斯与史前文明巧合之谜

埃及是四大文明古国之一,其金字塔可谓是其古老文明的标志,埃及法老的尸体被制成木乃伊保存在这里,从这看来金字塔似乎只不过是一座座用以盛装尸体

的坟墓而已。但你是否会提出这样的一个问题,这些坟墓为什么不是矩形的、方形的呢?现代科学的实验证明金字塔形容器具有独到的防腐性能,它能利用微波振荡形式防腐,是保存尸体的绝妙方式。

然而,这一切现代方才证明了的方法,竟被古老埃及人利用,难道这是偶然的吗?再有,建造金字塔所用的如此多的巨大石块,就是用现代的设备来搬运也足以令人们绞尽脑汁了,而在缺少人力物力的古埃及是什么力量使得这些庞然大物规整地排列成这副模样的呢?

无独有偶,在远隔重洋的南美洲玛雅人和印加人也建造了同样类型的金字塔。这仅仅是巧合吗?我们姑且认为金字塔防腐性原理古埃及人并不知晓,建造金字塔型只不过是一种巧合,而搬运石块也是用的人力(假设这些),这一切都是偶然的,但下面一例就不能说仅仅是巧合了。

据考古学证明,几百年来非洲马里的多根部落一直在拜祭一颗肉眼无法看见的恒星——天狼 β 星。就是小型望远镜都难以将其从天狼星的辉光中分辨出来,何况多根人仅用肉眼。更为奇怪的是,多根人还知道它是在以椭圆形轨道绕天狼星运转,知道它的运转周期,知道它有很大的比重,并且知道它含有一种地球上所没有的物质。直到 1865 年天文学家才用大望远镜发现天狼 β 星,后来发现它有椭圆形轨道;到 20 世纪,方才测出天狼 β 星的比重约为每立方英尺两千吨,这与多根人所知道的是多么的吻合呀!然而这是近代利用了先进的仪器设备才发现的,且到现在为止都未真正发现天狼 β 上所含的"地球"上没有的那种物质,这是否说明现代人的科学水平不如千百年前的多根人的科学水平高呢?显然不是。那多根人到底是通过什么方法准确地知道这么多关于天狼 β 星的奥秘的呢?

中美洲印第安人的霍皮斯部落,在他们的编年史里记载着地球的三次特大灾难:第一次是火山爆发;第二次是地球脱离轴心后疯狂地旋转;第三次是 12000 年前的特大洪水,这第三次灾难曾使全球的水位上升,淹没了大西洋、地中海、加勒比海等地区的一些陆地及岛屿。后来又由于海底火山的爆发部分陆地下沉形成世界性的特大洪水,这场洪水使得一个具有高度文明的国家顷刻间变得无影无踪。这就是现在的最常见的一种关于古代高度文明的发源地——大西国失踪的说法。其出处最早见于古希腊哲学家柏拉图的著作《齐麦观》和《克里奇》中。在柏拉图著作中写道:公元前 9600 年左右,存在一个名叫亚特兰蒂斯的地方,其陆地面积比小亚细亚与北非之和还要大,这里气候温和森林茂盛,其文化水平相当发达,这里的人口估计有 3030 万,这个大陆由于一次特大洪水一夜之间便沉入了海底。这个故事与印第安人记录的那一次 12000 年前的特大洪水不谋而合。

我国《藏经》中记载,公元前9564年,在今天的巴哈马群岛、加勒比海以及墨西哥湾处的一片大陆地可能沉入了大西洋。暂且不管写《藏经》的人是怎样知道这件事的,这从时间上与大西国的传说有着惊人的相似之处。再如有关诺亚方舟、大禹治水等等传说,都说明在公元前10000~公元前9000年左右,的确发生过一场全球性的特大洪水,可能毁灭了一个已具有了高度文明的国家。如果这个文明社会确实曾经存在过的话,那南美与非洲的一些惊人相似的奇迹就有可能共同来源于亚特兰蒂斯人,其创造奇迹所需的技术亦极可能是亚特兰蒂斯人提供的,而印第安人和多根人所具有的天文学、数学等知识也是由亚特兰蒂斯传播而来的,大西国不但将其自己的文明传播给了印第安人和非洲人,而且还充当了南美和非洲之间文化的媒介,它的存在对当时的整个地球文明的发展起着巨大的推动作用,要不是由于那场灾难深重的洪水的袭击,说不定目前地球实际文明比现在高得多。虽然说从大量证据来看,大西国的存在是可以肯定了,但我们终究没有拿出一个真正的物证来,甚至连亚特兰蒂斯大陆的确切位置还众说不一。

美国两届总统的巧合之处

大家对美国的总统林肯和肯尼迪都知道吧,他们两人之间有很多的巧合之处,就连名字不也有一个"肯"字重合吗? 不只是一个字的巧合,他们还有很多的巧合之处,下面就一一介绍了:

1.林肯于1860年被选为总统,整整100年以后,即1960年,肯尼迪当选为总统。

2.两人都深深卷入黑人公民权的问题中。

3.两人都在星期五他们的夫人在场的情况下遇刺的。

4.两位总统夫人在白宫生活期间各失一子。

5.两位总统都因为子弹从背后击中头部而死。

6.林肯死于福特剧院,而肯尼迪死于由福特公司制造的林肯牌敞篷车行进中遇刺的。

7.两人死后总统一职都由名叫约翰逊的副总统接任,他们都是南部民主党人和前参议员。

8.安德鲁·约翰逊生于1808年,林登·约翰逊生于整整100年后的1908年。

9.林肯的私人秘书的名字与肯尼迪相同,都叫约翰,肯尼迪的私人秘书的姓与林肯相同,都是林肯。

10.刺杀林肯的凶手生于1839年,刺杀肯尼迪的凶手出生在整整100年以后的

1939 年。

11.两名刺客均在送审前遭到暗杀。

12.林肯和肯尼迪的名字都是由 7 个英文字母组成。

13.两名接任的副总统的名字都是由 13 个英文字母组成。

14.两名凶手的名字都是由 15 个英文字母组成。

极其相似的两人同日而亡

1900 年 7 月 20 日,意大利国王温贝尔德一世为了出席次日在意大利北部城市蒙扎举行的运动会来到蒙扎市,与随同的巴格利亚将军一同来到一家餐馆进餐。

在餐馆里,国王的眼光像被磁铁吸住一般,紧紧盯住了正忙着招呼客人的长着白胡子的餐馆老板。因为他觉得那个老者十分面熟,好像在什么地方见过,于是他就让跟随自己来的巴格利将军将老者叫过来。

当将军把老板带到了国王面前,老板诚惶诚恐地低下头说道:"陛下,您一定在镜子里看到过我的脸,非常荣幸,很多人说我长得和陛下很相像。请陛下饶恕我对您的无意的冒犯。"将军听此,不禁愕住了,这位老板的嗓音与国王的简直难以分辨。

"你叫什么名字?"国王感到仿佛真的是在面对镜子对着自己说话。

老板随即回答:"和您一样,叫温贝尔德。从 1844 年 3 月 14 日上午 10 点 30 分诞生到这个世界时开始,我就一直是这个名字。"

国王一听,吃惊得差点蹦了起来:"什么? 1844 年 3 月 14 日上午 10 点 30 分?这是我的出生时间啊! 那么,出生地点呢?"

"是特里诺,陛下。"老板毕恭毕敬地回答。

"特里诺? 我也在那里出生的呀!"国王十二分的惊讶,"温贝尔德先生,你肯定早就结婚了吧?"

"是的,陛下。我在 1866 年 4 月 2 日举行的婚礼,妻子叫玛尔格利特。"

"天哪! 和我同一天结婚,皇后的教名也叫玛尔格利特。"国王喃喃私语,感到好像在梦中。

"温贝尔德先生,你的孩子呢?"

"贱民有一犬子,叫庇特里奥。"

"嘿! 和皇太子一样的名字!"国王几乎要晕过去了。

"那么,你是从什么时候开餐馆的?"

"1878 年 1 月 7 日,陛下。"

"啊！这正是我登上意大利王位的日子。彼此居然如此相似,真令人难以相信。太好了! 明天我要出席运动会的开幕式,你也来参加吧! 我要送些纪念品给你。"

餐馆老板受宠若惊,朝国王深深鞠了一躬,小心翼翼地退了下去。

第二天,在运动会开幕式上,国王专门指派大臣在会场寻找老板,结果却未找到。这时,巴格利亚将军前来报告,"陛下,那个白胡子老人刚才突然去世了。他是在擦拭手枪时不小心走了火被打死的。"

"啊,这太惨了,我得去参加他的葬礼……"国王话音未落,突然身旁窜出一个刺客,用手枪朝着他连发数枪。国王温贝尔德一世的葬礼与餐馆老板的葬礼同时举行。

第十一节　绝非虚构

钥匙巧合

威廉德是美国的一位独身妇女,她有一个爱好就是旅行。这种旅行的爱好已经达到了一种近似疯狂的地步,每隔一段时间,她就要出去游玩一次。她的大部分时间都用在了旅游上。

有一次,当她从外地旅行回来之后,翻遍了所有装东西的口袋,都没有能够找到自己家的钥匙。什么时候丢失的更不知道了。她只好一个人孤单地站在大门外,没有任何可想的办法,因为她唯一的亲人住在很远的另一座城市,旅途一身的疲惫,让她此时感到非常的焦躁不安,也就是当她站在门口看着紧锁的大门感到着急时,一位邮递员给她送来了一封信。

那封信是他远在华盛顿的哥哥寄来的,是一份挂号信。她拆开了那封信,不禁高兴地大声尖叫起来,因为在信中夹着一把钥匙,而那把钥匙恰恰就是威廉德家的。真是天降及时雨,解决了威廉德丢失钥匙的难题。威廉德的哥哥在信中称,上次他由华盛顿来探访妹妹时,威廉德曾给了他一把多余的大门钥匙,当他回华盛顿时却忘记了还给她,只好用信寄给她了。

可是,她的哥哥没有想到他所寄出的这封信就在妹妹被家门挡住时及时送到了妹妹的手中。这不能不说是一个及时的巧合。

从天而降的电话号码

在澳大利亚有一个狂热的球迷,大家叫他托得,他最喜欢看足球比赛了,并且一有机会他就会到现场去观看比赛。可以说逢场必看。在 1990 年的一天,有一场他期待已久的比赛在就要开始了,他飞快地奔到比赛现场,找了一个人少的地方坐下。在那个时候,他正好带着一本当地邮局印刷的电话号码簿。聚精会神地开始专注场地里球员的变化,太棒了,他一直看好的那支球队又进球了,紧张而又激烈的比赛,让托得变得十分的激动,好像自己就是那赛场上拼杀的球员,他控制不住自己的情绪,常常手舞足蹈,进入了完全忘我的境界状态,随手竟然将电话号码簿中的纸张撕成了碎片,并且撒向空中。他就是这样一个足球迷。

纸张的碎片漫天飞舞缓缓飘落,似乎增添了现场的些许气氛,这时托得也没有注意到自己的言行有些过了头,还一个劲地在呐喊,似乎他的喊声能帮助比赛的球员们。这时,有一张碎片飘到了他的脸上,他感觉有些痒痒,他便随手捡起来,不经意地扫了一眼,当他看到碎纸片上的文字之后,眼睛都直了,因为太巧合了,那张碎纸上居然写着的是托得的名字、地址和电话号码。在偌大的电话号码簿中,他的名字只是微不足道的一点,在这一点微小的纸片中居然有这么大的巧合,其他散落的纸片没有进入他的视线,唯独有这一片,那么神奇呀!

哈雷彗星与马克·吐温

马克·吐温是当时美国最著名的小说家、幽默作家。因为他的著作有着让人们着迷的地方,同样我们为马克·吐温所创作的这些作品而感到感动。可是,很少有人会知道马克·吐温,这位伟大的作家,他的出生与逝世却跟哈雷彗星之间似乎有着一种难以说清的联系。

在 1835 年一个晴朗的日子,也就是马克·吐温出生的那天,正好是哈雷彗星出现的日子。而到了 1909 年,哈雷彗星将要再次出现的前一年,马克·吐温却好像知道自己即将离开人世一样,无限感慨地说:“我出生的那一天,哈雷彗星出现。明年它再次出现时,我希望能随着它的到来而离去。”结果,在 1910 年哈雷彗星再次出现的那天,马克·吐温与世长辞。

难道说哈雷彗星真的跟这位伟大的作家之间有什么特殊的联系吗?还是只是一种离奇的巧合呢?这确实有些令人值得回味的地方。

下次中奖号码在本期公布

这绝对是一个错误,而谁又曾料想到这次的错误对下一次来说,却是准确无误的。这是发生在美国一家叫作"Oregon's Columbian"报纸上的事。

2000 年 6 月 28 日,这家报社在公布这一次的抽奖得奖数字的时候,由于一名工作人员的疏忽,写成了一组错误的数字:6855,为此,这位工作人员受到了报社的惩罚,险些丢失了这份工作,因为报错中奖数字,带来的影响是无法预计的,许多彩民可能再也不相信这家报纸了。报社的信誉度如果因此下降而带来的损失将是无法估计的。可是没想到的是当下一期的抽奖数字出来之后,令所有的人都感到无比震惊,因为得奖号码是 6855,而这个数字恰恰就是上期所公布的那个错误数字。为此,这家报社的预先报错的号码,居然让大家认为有什么内幕消息,他们以后每期都关注这家报纸,希望能在此报纸上找到一些蛛丝马迹,就因为这些,此报社的知名度越来越大,那位曾经报错数字的工作人员为此得到了嘉奖,真是因祸得福呀。

书之缘

Anthony Hopkins 是英国的一名演员,有一天,他乘车到伦敦去买一本书,因为他将在改编自这本书的电影中担任主角。然而他找遍伦敦也没找到,结果在他要回家的路上,长凳上有本被人丢弃的书,他拿过来一看,正是他所要的那本书。两年后,这本书的作者拜访了 Anthony,并提起自己都没有这本书,因为唯一的一本被朋友借去丢在了一个长凳上。

Anthony Hopkins 回想起自己得到那本书的经历,大为吃惊,在他将两年前捡到那本书的经过说出来之后,知道了 Anthony 那天捡到的书,恰恰是 Anthony 遗失的。

他们为这件感到惊奇的同时,并觉得这是一种难以说清的缘分。Anthony Hopkins 将把那本书物归原主,而后他们因此成了好朋友。

被雷电追击的人

Major Summerford 这辈子不知道是不是得罪了闪电。闪电就像是阴魂不散一样紧紧地跟随着他,并且给他带来一次又一次的厄运,即使是在他死后,都不能幸免。

1918 年 2 月,Major summerford 在战斗中从马上摔下来致使腰部以下瘫痪,原因是当时一道闪电使他的马受惊。6 年后的一天,当他坐在河边一棵树下钓鱼时,一道闪电击中了那棵树,致使他左半身瘫痪。再 6 年后,当他在一个公园中时,又一道闪电击中了他,使他成了全身瘫痪。再 6 年后,也是他死去的 4 年后,一道闪电又击中了他的坟墓,致使他的墓碑被毁。

世界传世藏书

世界未解之谜

神秘巧合之谜

图文珍藏版

1742

影响世界的两次诺曼底登陆事件

我们都知道在第二次世界大战中,因为诺曼底登陆而使得当时的整个战局发生了扭转,可是又有谁知道在历史上却有两次著名的诺曼底登陆事件,而这两次登陆事件都对世界的历史带来了巨大的影响。

第一次是在 1066 年,威廉一世从诺曼底登陆并征服了英格兰之后。另一次就是著名的第二次世界大战时期的诺曼底登陆。两次的主要指挥将领都叫蒙哥马利,一个协助威廉一世,另一个协助艾森豪威尔。第一次的登陆结果让第一批主要的犹太人移民英国,第二次的登陆结果让犹太人重返以色列。

孪生兄弟无关系

美国人埃米尔·玛吉斯和约翰·托勒看起来就像一对一模一样的双胞胎,但他们俩却丝毫没有亲缘关系。他们是在美国堪萨斯城的一家书店相遇的,当他们彼此打量时才发现自己跟对方竟是如此相似:妻子都是金发碧眼,都叫玛丽,都是 4 个孩子,年龄分别为 7 岁、9 岁、10 岁和 12 岁,都在银行工作,都收集邮票和硬币,最奇特的是两人左肩上都有如鸡蛋状的胎记。不仅如此,两人还都是业余拳击手,都驾驶着 1983 年产的 MG 敞篷车,还都喜欢吃墨西哥菜肴。托勒今年 47 岁,比埃米尔大 2 岁。托勒说,埃米尔和我长得一模一样,虽然我们没有亲缘关系,我们分别是在大西洋两岸出生的,埃米尔来自比利时布鲁塞尔,而我是堪萨斯土生土长的。我们确定自己都不是别人领养的,所以不可能是出生就分开的双胞胎。经医院权威的 DNA 鉴定后,证实他们根本没有任何血缘关系。

流星救命

斯求阿特·瓦特夫妇是在非洲承继了利文斯通精神的英国传教士,与他们的 4 个年幼的孩子一起传播为神之道。

但是,在他们传教的地区,居住着一个狂热的民族,他们处于一种极不稳定状态,随时都可能爆发叛乱的境地。驻守在这一地区的英国行政官员想派武装士兵,将瓦特一家护送到安全地带,但有着浓厚畏神之心的瓦特夫妇不肯离开当地,说:"我们应该生死在神灵召唤、赐予我们的地方。"

一天,几千名充满杀机的土著人手持弓箭,将传教所的小丘团团围住,呼喊着越过栅栏,逼近建筑物。瓦特夫妇在家中双膝跪地,祈求神灵的保佑。孩子们也合着小手掌虔诚祈祷。瓦特一家人的生命危在须臾。

正在这时，随着一声巨响，炫目的奇光划过夜空，一团火焰从人们头顶飞过。野蛮人这一惊非同小可，他们以为是世界末日来临了，当下四散而逃。自此之后，他们再也不敢袭击瓦特夫妇了。其实，那不过是关键时刻，恰巧有一颗巨大的流星陨落而已。

骗子遇上老千

这是发生在 1943 年 10 月 28 日的事。那天深夜，一个自称是阿尔巴尼亚人的矮个子，走进了德国驻土耳其首都安卡拉的大使馆，要见大使馆的最高负责人齐什。齐什名义上是大使馆商务参赞，实际上是德国使馆情报处的头目。他对这个矮个子的来访充满了好奇，问他有什么事。矮个子告诉齐什，他叫道伯罗，手中有一份绝密情报胶卷，必须付高价才能得到它。

两天之后，齐什又单独秘密地接见了道伯罗，并付出了一笔巨款，从道伯罗手里买下了胶卷。当齐什将胶卷洗出放大后，仔细审视和分析了照片，大为惊喜。因为照片拍摄的文件上，有英国派到土耳其的间谍名单、美国向苏联提供武器的种类等重要内容。这对德国纳粹部署指挥第二次世界大战，控制交战国苏、美、英十分有利。

这样重要的情报，那个自称是阿尔巴尼亚人的道伯罗是怎样获得的呢？德国驻安卡拉大使馆对道伯罗如何窃取绝密文件的手法非常感兴趣。

原来道伯罗是个音乐爱好者，对意大利古典歌剧十分熟悉。由于共同的爱好，使他结识了英国驻安卡拉大使，并且将自己珍藏的意大利歌剧唱片，无代价地赠送给英国大使，并陪伴他一起饮酒、欣赏音乐而取得了英国大使的宠爱和信任，当了大使的贴身侍从，与大使形影不离。

他仔细观察大使的一举一动，注意他可能出现的疏漏之处。

机会来了！他从衣柜的一件西装口袋里，找到了大使忘记带走的一把钥匙。

他找人复制了一把，并用这把钥匙，打开了大使馆的保险箱，偷拍了机密文件。

从此，他不断地向德国商务参赞齐什提供重要情报。

当时英、美、苏等国正在拉拢土耳其，动员其参加对德战争。

德国探知这一情报后，立刻通知派驻在安卡拉的德国大使，要他出面威胁土耳其，使其保持中立。

德国大使在会见土耳其外长时，谈话中过多地引用了道伯罗所提供的文件内容，立刻引起土耳其外长的怀疑。

他断定英国驻土耳其大使馆里出了问题。他马上召见了英国大使，说明了德国纳粹非常准确、具体地掌握了有关情报。

第二天,英国政府派来了专家,在大使馆里安装了精密报警装置,防止以后再发生不测事件。

然而,情报仍不断地泄露出去。原来,道伯罗把精密的报警装置破坏了,使它失去报警的功效。

好景不长。后来,英国大使馆派人监视道伯罗,发现他经常出入于德国使馆。

英国大使没有对他采取其他行动,只是把他赶走了。因为土耳其已经加入美、英、苏同盟国,一起对德开战。

道伯罗感到十分轻松自在。他乘上飞机来到拉丁美洲,打算改姓换名当一个大企业家。他的皮包里装满了用出卖情报换来的百万英镑。他找了一家豪华饭店住下,他要好好地休息休息,享受享受。可是他做梦也想不到的是,当他仔细清点着那笔钞票时,德国商务参赞齐什给他的货币原来都是假的。

救命回力镖

当暮色渐渐地笼罩着澳大利亚雪山,连绵起伏的雪山在苍茫的暮色中闪烁着神秘的光泽。四周是一片荒野,显得格外静谧。独自一人来攀登这座雪山的朱那汉·巴利猛然间发现,左上方的一块岩石突然活动起来,也就在片刻之后,那块岩石骨碌碌地从白茫茫的雪山半山腰向下滑落。"糟了,雪崩!"朱那汉·巴利脑中闪过这个念头,随即本能地想抓住点什么。然而,"轰隆隆"一声巨响,大大小小的石头相互推动,飞滚而下,扬起了漫天的尘雾。

巴利的身子紧紧贴在雪山上,双手牢牢地攀住一块突出的尖石头。忽然,他感到背上像被什么东西猛击了一下,双手不由地松开了。巴利绝望地紧闭双眼,人完全失去了控制,从山坡滚了下去……一阵剧痛使昏迷过去的巴利渐渐苏醒了。当他意识到自己还活着,挣扎着想挪动一下身体。可是,他浑身的骨头像散了架似的,怎么也动弹不了,只感到左腿一阵钻心的痛。这条腿已经断了,巴利悲哀地想。他无力地倒在地上。

在那一刻,巴利真有些后悔,不该不听朋友的劝阻,独自一人来爬这座雪山。他凭着多年的爬山经验和年轻力壮的体魄,并没有把朋友的话放在心上。

"难道就这样等待死神的降临吗?"巴利默默地想,他不能就这样离开自己的亲人,告别自己挚爱的大自然。"不,我一定要想办法活下去!"想到这里,一种神奇的力量使他忘记了痛苦、饥寒和疲劳,开始迅速地思考如何获救的办法。

正在这时,远远的、灰蒙蒙的天空中出现了一个小小的点子;巴利定睛一看,这个点子在移动,可能是一架飞机!巴利心中一阵狂喜,情不自禁地挥舞双手。只要把飞机的注意力吸引到这里,他就有救了!

巴利一下子振作起来,艰难地抱着伤腿,在地上爬着寻找可以点燃的树枝。可是,他失望地发现,这里到处是光秃秃的,竟然找不到半根树枝。而且,他的电筒、打火机也在滚下山时丢失了。

那个点点越来越大,可以确认那是架飞机了,飞机在向这里靠近。怎么办?巴利急得手心都捏出汗来了。

他的手触到了一个硬邦邦的东西,是他的背包。背包没有在滚落时丢失。巴利突然灵机一动,想到了自己带着的"武器"。他飞快地从背包里取出一把回力镖。这种镖是澳大利亚当地居民用坚木制成的。要知道,巴利是位飞镖专家。早在他还是个孩子的时候,就迷上了飞镖,现在他无论到哪里,总要随身带着它们。

巴利似乎从他的回力镖上找到了生存的希望。他顾不上一阵阵袭来的伤痛,又从包里找到了用作路途标记的荧光漆,迅速地涂在镖上。立即,一支支回力镖泛出了银闪闪的光泽。

这时,飞机已经出现在雪山上方,可以隐约看到它的轮廓了。巴利使尽全身力量,站了起来,抡起右臂,一支接着一支地用回力镖向夜空中划着漂亮的弧线。与此同时,驾驶这架飞机的纳汉·赫莱惊奇地发现,在雪山上方的天空中有一种银光闪闪的东西飞到五层楼似的高度。这下引起了赫莱的注意。他降低飞行速度,仔细观察,发现那银光闪闪的光在空中划出的竟是一个"S"字形。紧接着,又出现了"O",随后又是"S",整个过程持续了十五分钟。

赫莱意识到,这里一定有人遇到了危险。他立即向当局发出电讯,准确地通报了出事方位。

一小时后,一架直升飞机降落在雪山附近,救援人员很快发现了又一次昏迷过去的巴利。

巴利用回力镖使自己获救的事引起了人们的兴趣。大家对这位顽强而聪明的年轻人充满了敬意。目前,巴利正在埋头于研究,希望用回力镖通报紧急事故的新技术能得到广泛运用。

躺在解剖台上的复活者

这件怪事发生在苏联时期的一个冬天。顿涅茨克医学院的解剖室跟往常一样肃静,虽然这里明亮宽敞,但室内到处陈列着尸体,以及瞪着眼珠的死人头颅、死人的腿臂内脏和各种人体器官,给人一种阴森恐怖的气氛。如果你不是学医的,来到这里后肯定会觉得窒息难受,甚至把你吓昏过去。

此刻,室中央的陈尸桌上躺着一具女尸。

满头银发、手握解剖刀的老教授站在一边,正要开始给身边的几位实习生讲授解剖学。

女尸仰躺着,浑身的皮肤呈灰白色,年纪大约在三十岁左右,从她还未完全硬化的肌肤看,生前大概是个身强力壮的女人。

老教授镇定自若。不难想见,对眼前这类尸体他早已司空见惯。而站在陈尸桌两边的那几位年轻的医学院实习生,眼睛里却露出恐惧的神色。有一个女生显然已经吓得有些哆嗦了。

老教授用非常平静的语气向学生们讲述了解剖要领后,缓缓地举起了手术刀。然而当刀尖接触到女尸的皮肤时,怪事发生了——女尸突然动了一下!

实习生们吓得顿时惊呼起来,那个胆小的女生尖叫着逃到门外去了。

老教授也感到意外,在他几十年的医学生涯中,曾亲手解剖过无数具尸体,从未遇到过在陈尸桌上活动的尸体。但他很快做出了判断:她没有死! 至少心脏还未完全停止跳动。

"别害怕,可能她还没有死。"老教授一边镇定学生们的情绪,一边继续观察女尸。

女尸又动了一下。教授的判断是正确的。救死扶伤是医生的天职。"快!"老教授扔下了解剖刀,在学生的协助下,将女尸从解剖室火速转移到抢救病房。

原来,三天前,在顿涅茨克市近郊彼得罗夫斯卡娅煤矿的贮木场里,一些人在挖掘地下管道。操作工人不慎将一条380伏的电缆挖断了。正在这时,三十七岁的女吊车工尤利娅·费奥多罗夫娜路过这里,不小心踩到了断裂的电缆上,当即被电流击倒,不省人事。当工人们把尤利娅送到顿涅茨克医学院附属医院抢救时,她早已停止了呼吸。值班医生确定尤利娅已死,于是停尸三天后,被送到了医学院的解剖室。

事情果然不出老教授所料,尤利娅没有死,当时她只是被电流击昏,处于半死状态,虽然呼吸已经停止,但心脏仍在跳动,只是跳得极其微弱。由于值班医生马虎,认为她已经死亡。事实上,因为尤利娅平时体格健壮,直到她进入解剖室后心脏仍在微微跳动,在解剖室的适当温度及其他条件的作用下,"女尸"加快了心跳的速度和力度,终于造成了解剖室里心惊胆战的一幕。

经过全力抢救和两星期的精心护理,尤利娅终于逃脱了死神的魔爪,从地狱归来——她苏醒过来了。

然而,由于电流对脑神经的刺激,使她无法像正常人一样睡眠。尤利娅经受了长达半年之久的磨难——失眠180多个日日夜夜,脑袋里好像终日都有东西在震动、在爆炸。

接着,尤利娅突然又睡着了,而且一睡就是一个星期,似乎完全失去了知觉。等她再醒来后,这才觉得身体出现了明显的好转。

可是就在这时,新的奇迹出现了:夏天的一个早晨,值班医生推开病房门去巡诊每一位病人。病房里除了尤利娅外都醒来了。医生查完了病人的病情后,最后来到尤利娅的床边。

自从尤利娅在陈尸桌上复活后,她的名字和故事已通过报纸传遍了顿涅茨克市,也成了医院里注意的中心。

此刻,她正静静地躺在病床上,早晨的阳光照在她红润的脸上,忽然,她闭着的眼睑突然跳动了一下。显然她已醒了。值班医生俯下身去,想问问她今天感觉怎样。

尤利娅的眼睛慢慢地睁开了,她环视了四周,又把眼光集中到医生的身上。突然她尖声叫起来,她说她自己的眼睛能透过衣服和皮肤,将医生的五脏六腑看得清清楚楚。

在场的人都不信,说她会不会看花了眼。尤利娅看了每个人,一一说出他们吃进胃里的早餐是什么。所有在场的医生和病人都惊讶得说不出话来。

尤利娅变成“奇人”的消息不胫而走。好奇的人纷至沓来,医院门庭若市。后来,顿涅茨克医院干脆将她留下来,让她代替X光透视机,帮助医生诊断病情,解决了不少疑难病例。曾经有位记者对此抱有怀疑的态度,而令他感到惊奇的是,尤利娅在第一眼看到他时,就说出了记者胃中未消化的面包与果子羹。记者震惊了,不得不相信这是事实。

突然变得疯狂的河面

尼亚加拉瀑布是美国与加拿大的边境处一个瀑布。瀑布的水自上至下陡然间下降50米,每秒钟约有3万立方的水汹涌冲下,然后打旋翻腾,流入烟波浩渺的安大略湖。

在一个晴朗的夏日中午,一艘4米长的绿色小汽艇在尼亚加拉河上灵巧地疾驶。霍尼卡特坐在船尾掌舵,17岁的姑娘迪恩欢快地坐在船头,她7岁的弟弟罗杰穿着救生衣倚在霍尼卡特身边。船头高高昂起,在宽阔、平静的河面上划出一道道白色的波纹。

汽艇顺流而下,不知不觉到了距离尼亚加拉瀑布崖 1.5 公里的地方。

迪恩忽然感到害怕,因为刚才还是那么平静的河面,突然间变得狂暴起来。河水凶猛地向下游冲去,在闪烁的岩石上激起无数浪花。远处,瀑布跌入深潭的轰鸣声,变得越来越响。当汽艇与戈特岛大致平行时,霍尼卡特终于调转了船头。万万没有想到,这时螺旋桨对水流的拍打已显得有气无力,汽艇在急流中几乎原地踏步。突然,发动机一阵哀鸣,螺旋桨插销折断了。失去了动力的汽艇顿时像一片树叶,朝下游飞速滑去。

霍尼卡特对迪恩大声喊道:"快! 快穿上救生衣!"

迪恩惊慌地把剩下的一件救生衣缚在身上。

小罗杰在艇尾喊:"姐姐,我害怕。"边说边跌跌撞撞地向她走去。

"坐下! 不要过来!"姐姐尖叫着,担心汽艇会立刻倾翻。

汽艇在急流中颠簸着飞快地滑向断崖,四周是一片白色水浪。突然,一股激流把汽艇笔直地掀了起来。

"抓住!"霍尼卡特高喊着。但是,没有东西可抓。汽艇倾覆了,他和罗杰被抛到迪恩头上。巨浪向迪恩扑去,她挣扎着去抓汽艇,汽艇却在她手指底下滑了过去。

霍尼卡特紧紧抓住罗杰的手臂,挣扎着把他举出水面。一个巨浪打来,把他俩冲散了。罗杰在水中滚滚向前。突然,他被腾空抛到瀑布边缘,从半空中向令人目眩的深潭摔落下去。

戈特岛上,一位女游客尖叫一声昏厥在地。目击这一情景的游客无不深信,落水者必死无疑。

另一位游客叫约翰·海斯,在龟岩上惊呼一声,即向河边跑去。他发现了迪恩鲜艳的橘黄色救生衣。他向上游飞奔,试图靠近迪恩。在瀑布的轰鸣声中,他隐隐听到了姑娘的呼救声。

他扑到护栏上大喊:"姑娘,向这儿游!"

急流挟着她从护栏前方冲过,迪恩悲哀地朝他摇摇头。

"再试试!"海斯高声喊。他向下游跑去,又赶在她前头。急流卷着迪恩靠近了瀑布边缘。海斯从护栏上不顾一切地俯出身子,但还远远够不着她。

大瀑布张开血盆大口准备吞噬迪恩。"救救我!"姑娘哭喊着,从声音中听得出她已精疲力竭。

海斯迅速爬上护栏,一只手抓住栏杆,另一只手几乎碰了奔腾咆哮的水面。"来! 听见了吗? 再试试!"

迪恩用最后一点力气,再一次和急流搏斗,低下头死命地划了起来。她拼命伸出手来,但只抓到海斯的两根手指。这时,奔腾倾泻的大瀑布距离迪恩只有 3 米远了。

霎时,迪恩全身力量集中在海斯的两根手指上。海斯咬紧牙关坚持着,一面向身后大声呼救。一位男子冲了过来,他敏捷地跨过护栏,伏下身去抓住迪恩的手腕。两名男子一起奋力将姑娘从急流中拉了出来,并将她拖进护栏内。

迪恩奇迹般得救了。她躺在地上喘着气,喊:"我弟弟还在水里,请救救他!"

有人早已看到罗杰被冲下了瀑布,便低声回答迪恩说:"为你弟弟祈祷吧。"

那么,罗杰又怎么样呢?

这时,周围的落水声隆隆,湍急的水面白浪翻卷,一艘叫"雾中少女号"的游艇正在下游游弋,准备返航。正在掌舵的船长发现正前方水里有个橘黄色的物体在一沉一浮。他惊愕地伸长脖子,冲着船舱里大喊道:"有个穿救生衣的小孩向我们漂来,好像还活着。""雾中少女号"小心翼翼地向孩子靠近。两台发动机全速倒退,才使游艇在滚滚急流中稳住脚跟。

两名船员向那小小的身影扔去一只救生圈。但救生圈离孩子太远,只好重新拉上再扔。第三次,救生圈才上下颠簸着漂到孩子眼前。孩子果然还活着,他很快爬上了救生圈。

几分钟后,罗杰得救了。他是世界上第一个被冲下瀑布而没有死的人。他躺在"雾中少女号"的甲板上,哀求着:"请找找我姐姐,她和霍尼卡特先生也掉进水里了。"

游艇在滚滚的波涛中搜寻了半小时,只找到霍尼卡特的汽艇备用的汽油箱,却不见他的身影。

这时,在戈特岛上几百人目睹了小男孩被救上游艇的场面,人们把这个消息告诉了迪恩。

迪恩高兴得流下了一串串泪珠。

那么,霍尼卡特又如何呢? 对于他,怒瀑可没有开恩。第四天,他的尸体才浮出水面。

善有善报

1930 年 6 月的一天晚上,美国得克萨斯州埃尔帕索高速公路巡逻队队长阿兰·福尔比正在紧追一辆高速行驶的卡车。卡车转弯时减速,福尔比的汽车躲避不及撞在卡车上。福尔比一条腿上的动脉破裂,要不是恰好行驶过来一辆车子在旁边停住,开车的司机阿尔弗莱得·史密斯下来,用一条止血带给阿兰·福尔比止住血,等到一辆救护车及时赶到才救了他的命,保住了他的那条腿。几个月后,福尔比伤愈出院重新上班。

五年后,福尔比在夜间巡逻时,收到无线电信号,说 80 号公路发生恶性事故,要他去救援。原来是一辆小汽车撞在树上,司机生命垂危,福尔比赶到现场时救护车尚未赶到,他发现车里的那个人已失去知觉,他的右腿动脉断裂,因失血过多已奄奄一息,福尔比用一条止血带竭力把血止住。这时他看了一眼受伤者的脸:他是阿尔弗莱德·史密斯。

会"怀孕"的石头

在我国江苏省苏溧地区有一座山,常年山清水秀,地下有温泉,那山离市区很近,是人们休闲度假的好去处。

在山脚下有一个大大的岩洞,在这岩洞里有一个怪石,它呈灰黄色,质地坚硬,圆形。从表面上看,它外观平凡无奇,但是,当人们用铁锤轻轻敲击它的背部时,从岩石的前面就会滚出一些小岩石,这些小岩石呈圆形,直径大约有 2 厘米,大小一致,颜色和母石相同,成分与母石也完全一样,这些小石头好像是母石生出来的一样。当地人因此管这个母石叫作"孕子石"。从此,"孕子石"的名声越来越大,引来了不少观光游客,有很多外地游客慕名而来,有的游客还拜石求子,在当时,人们都把它当成当地的一种吉祥的象征。

地质工作者说,这种石头怀子的现象,世界罕见,在中国岩石学上也是首例,历史上也没有这种现象的记载,相关人员正在做进一步的研究和分析。

神奇火柴盒的故事

当英王爱德华七世还没有登上王位,还是威尔士亲王的时候,他是一个热心的猎狐者。常伴同他捕猎的人之一是一位名叫爱德华·A·萨森的演员。有一天,为表示对这位友人的尊敬和欢心,亲王给了他一个金火柴盒,上面还连着一根表链。萨森不论走到哪里都带着这个火柴盒,但有一天,他外出捕猎时从马上摔了下来,火柴盒丢失不见了。他到处搜寻也未能找到。于是萨森请人复制了一个,后来送给他的儿子利顿作为礼物。

利顿也是一个演员,他在澳大利亚旅行期间把这个金火柴盒送给了那里的一位朋友拉伯塔奇。当利顿回到英国时,他的兄弟乔治正骑马纵狗打猎,他同他的父亲一样也是一个热心的猎狐者,那天他来到他们常去狩猎的一个旧庄园。当庄园

神秘巧合之谜

图文珍藏版

主得知乔治是爱德华·A·萨森的儿子,就将那个遗失了20年的金火柴盒交给了他。这个火柴盒是当天早晨一个庄园工人耕地时刚拾到的。

这件事发生时,利顿和乔治的兄弟,这一家的又一个演员爱德华·H·萨森正在美国旅行,乔治把这件惊人的消息写信告诉了他。当爱德华读到这封信时,他正同另一位演员亚瑟·劳伦斯在旅途的火车上,那天是他们初次相逢。爱德华把这件不可思议的事情告诉了劳伦斯,并对那个复制的火柴盒的下落表示关切。这时,只见劳伦斯从衣袋里掏出一根表链拿到爱德华眼前晃动着,上面挂着一个金的火柴盒,那是拉伯塔奇先生送给他的。

神奇布丁

葡萄干布丁与其说是法国特产不如说是英国特产。不过法国人埃米尔·德尚在大约1800年他尚是奥尔良的一所边境学校的孩子时,一位刚从英国回来的福特吉卜先生就曾给他尝过一块,他对这种点心的美味难以忘怀。

十年后,有一次德尚正从巴黎的一家饭店门口走过,看见里面有一块非常精美的葡萄干布丁,于是他就走进去要购买一块,可是他被告知这块布丁已经被另一个顾客买下了。"福特吉卜先生",柜台里的女招待向一位正走过来的顾客喊道,"你能不能把这块布丁让一点给这位先生?"这位福特吉卜先生正是曾经送给德尚葡萄干布丁的那一位,他现在已是老人了,头发稀疏,穿着一件上校军服。他非常高兴地再次同德尚共享布丁。他们互致问候之后,两人又回想起早先吃过的葡萄干布丁。

又是很多年过去了,德尚应邀去参加一个晚宴,他被告知,宴会上将供应葡萄干布丁。"既然这样,我想福特吉卜先生也会光临的。"德尚把他的故事讲给女主人听,女主人觉得很有趣。

宴会的那天晚上,当吃过肉菜之后,一块巨大的葡萄干布丁被端上来放在十位客人面前。就在这时门开了,福特吉卜先生慢悠悠地走了进来。现在他已经是老态龙钟了,原来他弄错了他要去的地方的地址,他是误闯入这次宴会的。

神奇的《山海经》

我国古代的文学作品《山海经》,可以说是是世界上最古老的有关地理的著作,本书记载了公元前2500年的山川、民族、物产等情况。可是,到了公元前3世纪,人们发现书中所包含的地理学内容和已知的陆地对不上号,于是《山海经》就被列为怪诞的神话,被认为是编撰此书作者的谎言。但是,几年前,美国的科学家重新鉴定其中的若干篇章时,惊奇地发现了它的重大价值。科学家发现,书中《东山经》有四卷描述"东海"以外的山川形势,竟与中国东海以外的太平洋彼岸——北美洲中西部的地形默然契合。《东山经》不仅描绘了那里的地理,而且每一卷还描述了当地的风物。

在《山海经》的第九经和第十经里,还描述到美洲不少地方。第十四经中描述的"光华之后","河水流进无尽深渊","日生如此"等,任何一个曾经在北美科罗拉多大峡谷旅行和观赏过日出的人,都会极明显地看出《山海经》中这段内容指的正是那里。此外,还有不少笔墨是描述五大湖及密西西比河域等北美东部地区的情况的。

两个史密斯

埃里克·W·史密斯是英国制铁公司的冶金学家,住在设菲尔德郊区名叫埃克莱萨的地方。他的屋后是一片树林,人们常到那里骑乘和散步,史密斯习惯于在林中漫步,享受那里静谧和平的气氛,同时捡拾马粪施在他的番茄地里。为此,他随身携带一个簸箕和一个旧的油布袋。

1950年末的一天,他正在慢慢沿着林间小路走着,不时停下来铲起马粪。这时他看到一个人顺着小路慢慢向他走来,也不时弯下身子铲起什么东西。史密斯想,这肯定又是一个捡拾马粪的人。

在两人之间同样远处有一只长椅,两人同时走到那里坐了下来。那个陌生人也带着一个簸箕和与史密斯同样的油布袋。原来两个人都是到树林里捡马粪为他们的番茄地积肥的。既然已经坐到一起,就不能不打打交道。史密斯拿出自己的烟斗和烟丝罐,那个人掏出一个烟斗。史密斯递上一斗烟丝,"噢,不,谢谢,"那人说,"我抽我自己这个牌子的。"说着他拿出自己的烟丝——他用的烟丝和史密斯的是同一种牌子。

他们两人都感到有些奇怪和吃惊了,便接着交谈下去,没想到他们一样的事情竟然是那样的多。

"我姓史密斯。"史密斯说。

"我也姓史密斯。"那人答道。

"我叫埃里克·史密斯。"第一个史密斯说,

"我也叫埃里克·史密斯。"第二个史密斯回答。

"埃里克·W·史密斯。"

"我也是。"

"我的 W 是沃尔泽的缩写。"第一个史密斯说。

"噢,这回我们就不一样了,我的 W 代表沃尔特。"

天降活牛撞沉船

《朝日新闻》是日本最大的报纸,日本人民都非常喜爱它,因为它与以往的报纸不同,总能报道一些令人感到新奇的新闻,在人们闲暇时间既是一种消遣又是一种掌握时事的好帮手。下面就是日本《朝日新闻》曾经报道过的一则新闻:

一艘日本渔船正在海上作业,突然一头活生生的牛从天而降,刚好砸到这只渔船上,当时由于情况突然,渔民们没有一丝准备,渔船因而被这头牛撞沉了,船上渔民后来被正在值勤的俄罗斯水警救起。被救起的一名渔民仍对当时的情况心有余悸,他对俄罗斯警员说,他们亲眼看到一头活牛从天上掉下来,打中了船头。于是渔船就翻了,可是,这个事情让人听起来就像是在编故事,让人无法相信,俄罗斯警方认为船员说谎,于是将他逮捕。

直到后来由于多人看到此场面,所以才弄清楚了事情的来龙去脉,该船员才无罪释放。原来有一群俄罗斯的士兵从西伯利亚盗走了数头牛,准备用运输机运到黑市去贩卖,就在他们运输的途中,其中一头牛突然凶性大发,在飞机中乱跑,没有人能降服得了,使得飞机左摆右晃,为了保住大局,最后机长下令把这头牛轰出机外,保住了这架飞机。而掉下的这头牛正巧撞上了这艘渔船。于是有了上面发生的一幕。

跳伞撞毁小型飞机

美国人彼德斯是一位跳伞爱好者,在他的跳伞生涯中,一直都是一帆风顺的,所以他每次出去跳伞都得到了家人的支持,有的时候还到降落地点去为他祝贺。然而不是所有的事情都是一成不变的,就在一次跳伞的过程中,发生了一件不要说他自己,就是连所有的人都不敢相信的事。他们以前失事的跳伞爱好者不同,因为他这次发生的事故,还是美国史上的第一次,所以成为当时人们的焦点。事情是这样的,就是在他跳伞时,一架小型飞机飞过,此时他已经出舱,不偏不倚地撞在这架经过此空的小型飞机上,当时由于他的作用力再加上外界空气影响,这架小型飞机不堪重击,最终导致飞机坠毁,当时机上 4 人全部丧生,无一人幸免,可是幸运的是他只是撞断了一条腿,并无大碍。

美国联邦航空局和全国交通安全局展开调查后表示,出事的小型飞机连同驾驶员在内共载有 4 人,原定由纽约州的波基普西飞往波士顿,但当飞至马萨诸塞州北定普敦附近时出事。联邦航空局发言人库尔维说,当彼德斯的男子从另一架飞机跃下跳伞,却正好撞向正在飞行的小型飞机的尾部。由于撞击力太大,小型飞机开始俯冲地面,结果在北安普敦机场东南面不到 1 千米处坠毁,机上 3 名乘客全部罹难,驾驶员身受重伤,后来不治。

第十二节 离奇家族

成双成对的出生

在英国伦敦的比尔德家所有成员的出生日期可谓凑巧得有点离奇,祖母、父亲、母亲和儿子的出生日期全部成双成对,分别是 10 月 10 日、11 月 11 日、4 月 4 日和 6 月 6 日。

当比尔德在 11 月 11 日出生的时候,祖母就为这个巧合高兴得合不拢嘴。因为她自己是 10 月 10 日出生的。家人都觉得这是一个奇迹。

比尔德渐渐地长大了,他在一家电子公司上班。公司有一女孩叫罗丝,长得非常漂亮,追她的人非常多。比尔德也非常喜欢她,但是,因为比尔德觉得自己的条件平平,而追求她的人又实在太多了,所以,没有抱任何的希望,只是淡淡地和她相处。正因为这样,罗丝觉得他这个人非常有意思,不像其他人那样做出一些令她厌烦的事情。有一次,两人几乎不约而同地到一个旅游景点去旅游。当他们相遇的那一刻,他们都惊喜不已。

从那以后,他们经常在一起会面。两人都喜欢旅游,所以经常相约去爬山。慢慢地,两人都感觉离不开对方了。一天,两人在街上散步的时候,被罗丝的母亲看到了,罗丝的母亲一眼就喜欢上了比尔德,她高兴地对女儿说:"你什么时候带这个帅小伙子去我们家做客吧。这个小伙子不错。"于是,比尔德在接下来的日子里顺理成章地成了罗丝的丈夫。

他们结婚的时候,比尔德才知道,罗丝是 4 月 4 日出生的。他们成双成对的生日巧合让他们非常高兴。他们觉得他们两人在一起是一种缘分。是上天的安排。

但想不到更凑巧的事情还在后头。一年以后,他们有了自己的孩子。他们的新生女婴竟然在 12 月 12 日中午 12 时 12 分出生,巧合得真令人难以置信。

天造地设的一对

在南京朝天宫附近的张公桥小区,有这么一对神奇的夫妇,丈夫叫余建林,妻子叫江根红。他们之间竟然有着 20 多处的相同点。

这对夫妻不仅连出生日期相同，身份证号码也只是在最末的数字不同之外，他们的经历都有着神奇的相同之处。例如，他们曾经经过反复的求证和核实，结果表明他们不但是同年同月同日在同一家医院同一个产房出生，而且几乎是同时来到这个世上的，都是早晨，先后进产房，只相差不到 5 分钟。

除了上面的"七同"外，他们还同血型、同托儿所、中学同校同届、同学历、同职业、父亲同单位同部门、母亲同单位同职业、在家同是排行老七、两家老大同届同班、两家同是八兄妹而且兄妹间出生相隔年数相同，除了有这些相同点外，更神奇的是夫妻俩在右侧颈部都有一个相同的肉痣，肉痣长的位置以及大小也基本相同。有趣的是，这些相同之处没有一处是"刻意设置"的，都是"天然形成"的。

或许是因为两个人身上有太多的相同之处，他们都特别珍惜这份缘，每次下班回来，两个人都是抢着做家务，有了女儿后，他们从自己的名字中各取一个字，给女儿起了一个很特别的名字：余江。

都是从事会计工作的这对夫妻说，同年同月同日生的人有许多，但能成为夫妻的就很少了，像他们这样有这么多相同之处的就更少了，但他们觉得除了缘分外，更多的是相互的理解和体谅。

番禺夫妇惊奇七同欲申"婚庆吉尼斯"

在广州番禺区市桥镇有一对普通的夫妇，他们结婚已经有 7 年零 4 个月，而不普通的是这对夫妇足足有"七处相同"：同年同月同日出生、血型同是 AB 型、同单位、同职业，而且还是多门自考课程的同学。

这对夫妇男的叫吴贤洪，女的叫杨永松。吴贤洪和太太杨永松都出生于 1970 年 11 月 14 日，不过，按照吴贤洪的说法，两人出生地和成长历程绝对"风马牛不相及"，能走到一起只能用"缘分"来解释。

据了解，吴贤洪祖籍顺德，出生于清远，在韶关长大，1988 年到番禺工作，先在一个电子厂上班，1992 年进了番禺人民广播电台，做节目主持人一晃就是 11 个年头。杨永松祖籍梅县，出生于四会，在那里读书长大，第一份工作是在四会电视台做新闻播音员，1995 年调入番禺电视台做主持人，是当年的番禺电视"第一张脸"。同在番禺广播电视局共事几个月后，吴贤洪和杨永松有了第一次相处的机会，她即对他一见钟情。此后，在一次共游中，各自拿出身份证登记住宿时，杨永松惊奇地发现两人居然是同年同月同日生。一年后，1996 年 6 月 18 日，他们走进了婚姻的殿堂。

7 年多的生活里,许多有意思的事情接踵而来,两人性格爱好十分相近,逛街、旅游、唱歌等都是双栖双飞,做许多决定也是不约而同,不过是谁先开口的问题;由于两人都太"唯美",两年来保姆一换再换,至今已经换了不下 60 人;在事业上双方的追求方向十分一致,因而他们还是两门自考本科、两门自考大专的同班同学……

夫妇俩的同事、番禺电台副台长齐格辉说:他们俩都是性格直率、做事认真的人,思维方式也很相似;似乎真是天生的一对。平时单位搞活动,他们都是夫唱妇随的,一起唱歌,一起演小品。

2 月 29 日夫妻同出生

很多人都说他们是天定姻缘,而在同月同日出生并结为夫妻,就非常罕见。陈家添和王秀琼就是这样一对恩爱的夫妻。

陈家添是在 1960 年的 2 月 29 日出生,而王秀琼则是在 4 年后的 2 月 29 日出生。巧的是,他们还结成夫妇。夫妇同月同日生,而且都是 4 年才庆祝一次生日,顿时传为佳话。

一般来说,要在茫茫人海中,觅得同月同日生的伴侣,已非一件容易的事,更何况是每 4 年才出现一次的 2 月 29 日。但月下老人却特别眷顾陈家添(44 岁)和王秀琼(40 岁),让他俩同时在 2 月 29 日出世,再让他们相遇、相知而相恋,继而结为夫妻,携手走过人生路。

目前从商的陈家添说:"当初我与太太认识时,并不知道她也和我一样,都是在 2 月 29 日出生。直到我们相互喜欢上对方,我准备在她生日时送上礼物的时候,才愕然发现原来两人竟是同月同日生。当时,我吓了一跳,没想到世上竟有这么巧合的事。那一刻,我决定,自己要好好地爱她,不让她伤心。"

两人相恋也是非常浪漫而幸福的。两人的心可以说是紧紧地拴在一起,结婚这么多年,从来没有红过脸。两人在很多兴趣爱好上也是相同的,当然,一些生活上的小摩擦在所难免,但是,一般都是陈家添先让步、投降,这使得他们的"战争"总是打不起来。

在同日死亡的夫妻

1975 年 1 月,查尔斯·戴维斯没有带妻子儿子,一个人来到英国列斯特市他姐姐家中度假。

查尔斯在姐姐家度假的时候,情绪表现得非常的低落。同时,他还在吃药。查尔斯的姐姐关心地问他:"你怎么啦?是不是发生了什么不愉快的事情?以前你来度假都是与家人一起来的呀。而且,你好像不太开心的样子,似乎还在吃药。你怎么啦?"

查尔斯听姐姐这样问,顿时觉得自己很无助。他告诉姐姐,自己得病了。医生说自己活不了多久了,因为查尔斯不想自己的妻子担心,所以只好借口来度假。其实,他是多么舍不得自己的家人呀。

查尔斯的姐姐听了,非常的伤心。当她知道是家族的遗传病时,更是伤心得不得了。为了让弟弟在最后的日子里能够快快乐乐地,她尽量抽出时间陪他,陪他到处走走,陪他散心。原来,查尔斯本想告诉妻子实际情况的,可是,因为这段时间他的妻子实在太忙了,忙得几乎整天不着家,看着她忙碌的样子,他实在没有勇气告诉她真相。

也就是在这个月 28 日的清晨,大概在 3 时左右,查尔斯·戴维斯突然死去。临死前,他要求姐姐能够抽出一些时间去陪陪自己的妻子。他说妻子肯定会接受不了这个打击的。姐姐含着眼泪答应了。当他姐姐打电话到查尔斯在里兹的家,准备把这个不幸的消息告诉他的家人时,哪知道查尔斯的妻子也是在同一天清晨3 时突然离开了人世,就好像是事先跟自己的丈夫约好了一样。

母女婆媳同日去世

在 2001 年 2 月 21 日,江苏南京发生了一件稀奇的"巧"事,四位属"牛"的老太太(分别为母女、婆媳)在同一天死去。

这对母女俩的感情非常好。她们住在南京市五佰村,女儿非常孝顺,出嫁了后就把母亲也接过来了。母亲苏老太的 80 岁了,身体一向比较好,可是,2 月 21 日凌晨,母亲苏老太突然去世。

65 岁的女儿艾老太十分伤心,她只要一看到母亲的遗物,眼泪就会止不住地流。一家人强忍悲痛为苏老太举行了葬礼。举行完葬礼后,他们很快将苏老太送往浦口东门火化。

8 点多钟,艾老太捧着母亲的骨灰盒离开火葬场准备登车返家时,忽然捧住心口喊疼,并一头栽倒在地。家人慌慌张张地把她扶起来,并且将她火速送往浦口医院。医院也立即进入抢救状态。但是,当医生仔细检查了之后,没有对苏老太进行抢救。医生非常遗憾地对他们说:"人已经死了。再实施抢救也没有用了。请你们节哀吧。"

无巧不成书,该市大厂区的一对婆媳也于同一天死去。婆婆也是 80 岁,媳妇也是 65 岁。婆媳平日感情非常深,就像母女一样。婆婆也是当天早晨猝死,媳妇悲伤过度，一下子病倒了。正当家人着急地找医生时，媳妇已经不行了。悲痛的媳妇于当晚撒手人寰。

两家人悲哀的同时都感到非常惊奇，大家都觉得这实在太不可思议了。据说，这两家同于 24 日开追悼会，前者在浦口东门，后者在六合。

同生共死的恩爱夫妻

在四川省绵阳市游仙区街子乡二村有一对同年同月同日出生的夫妇，又于同年同月同日病逝，这在当地传为佳话。

这对老夫妻男的叫赵永发，女的叫常桂英，二位同时生于 1904 年 3 月 24 日。据说，两人属于自由恋爱。两人真正相爱之后，赵永发问常桂英的生日，当她说出自己的生日后，赵永发惊喜不已，因为他们竟然是同年同月同日出生。正因为如此，他们两个格外珍惜这段缘分。当他们的爱情终于成熟后，两人去登记结婚，工作人员对他们两个竟然是同年同月同日出生也感到惊奇不已。

自二人结婚以来，70 多年中，从未发生过争吵，从未红过脸。夫妻恩爱相敬如宾。养育的三男二女都成材立业，孝顺识理，现共有儿孙 54 人。1997 年 6 月 3 日，二老同时生病，被送进医院，晚上 8 点刚过，老太婆因抢救无效病逝。老头于是强忍着泪，给儿孙们吩咐了他们死后合葬及另外一些身后事以后，大叫一声："老婆子，等等我！"也于当晚 11 点溘然长逝。两位老人享年 94 岁。

这两位老人的口碑非常好。他们对邻居很友好，只要邻居有什么需要帮忙的，他们绝对不会坐视不管。而且，他们经常把自己家里好吃的东西送给邻居吃。在这对老夫妇一周年祭日，四周的村民及他们的儿孙，自发组织拜谒，送去了花圈等。有人说，这两个老人同年同月同日出生，又同年同月同日去世，应该算是一个奇迹了，也许是上天给他们的缘分吧。毕竟，这样的事在这个世界上是非常少的。

一家人 12 生肖占全

在浙江省东阳市巍山镇，有一户普通人家，祖孙三代总共 12 口人，恰好每人各占一个生肖属相，可以说是属相的集合。

这个奇特家族的男主人叫赵鹤良出生于 1941 年 8 月，属蛇。女主人卢素芳生于 1946 年，属狗。两人自由恋爱，并于 1963 年终成眷属，结成良缘。

1967 年 6 月，大女儿赵琳琳来到了人间，这一年是羊年；一年后儿子赵向东出生了，他属鸡。1973 年 7 月，赵家又增添了一名属牛的小女儿赵玎玎。

1985 年，19 岁的大女儿赵琳琳与风趣幽默的阮荣伟（属马）举办了订婚仪式。

1988 年 3 月,女儿阮吉呱呱落地,给赵鹤良带来了一个属龙的外孙女。1995 年 6 月,依据有关规定,赵琳琳又生育第二胎,给小阮吉带来了一个属猪的弟弟阮锦。

赵家儿子赵向东 1991 年与属鼠的方亚珍结了婚。第二年,生下了一个属猴的儿子赵佳群。

十二生肖最后是由小女儿"小牛"玎玎来完成的。能干的小女儿与属虎的王小红谈上了恋爱。这时候,赵鹤良和老伴在无意间发现,当时家中的 11 个人有 11 个属相,唯独缺一只兔。1995 年,小女儿玎玎与王小红也喜结良缘。结婚的时候,赵鹤良对小女婿、小女儿说:"我们一家中的 11 个人有 11 个属相,唯独缺一只兔。如果你们给我生出一只'小兔子',我奖励你们 1 万元! 好不好呀? 这也是我现在唯一的人生愿望啦。"

孝顺的赵玎玎和王小红为了满足父亲的这一愿望,采取了晚育措施。1999 年 9 月,"小兔子"王超洋来到了世上。赵鹤良手抱"小兔子",想着十二生肖自己家里全有了,真是乐开了怀。

王超洋十二生肖同聚一家,在当地被传为趣谈。

一家四代同月同日生

在现代社会中,四代同堂的家庭已属难得,四代同月同日生的情况更是罕见现象,美国威斯康星州密尔瓦基市居民希德布兰就遇上这种难得的巧合。

希德布兰于 23 日出生的儿子雅各与希德布兰本人、希德布兰的母亲及外婆皆于 8 月 23 日来到人间。

这个家庭已将此事告诉吉尼斯世界纪录的工作人员,他们会把雅各的出生列入四代同月同日生的纪录。根据吉尼斯纪录,另外两个四代同月同日生的家族为 1982 年 7 月 4 日出生的美国人威廉斯及其家人以及 1997 年 3 月 21 日出生的芬兰人特雅迪。

8 月 23 日满 35 岁的希德布兰与妻子金姆说:"我们儿子的出生绝对没有事先计划,而是巧合中的巧合。我们谁也没有想到真的会有这么巧合的事情。虽然我们非常希望会有这样的巧合。"原来,他们的儿子雅各出生的时间不迟不早,刚好在预产期 8 月 23 日。

希德布兰的亲人原本就为家族中有 3 人同月同日生而高兴,金姆分娩前,他们也盼望新生儿能让同月同日生的亲属增加到 4 人。不过,他们问了主诊医生,主诊医生告诉他们说,只有 5%的新生儿会按照预产期的日子准时出生。

希德布兰与妻子金姆对儿子在这个特别的日子来到人间感到分外欣喜。金姆在分娩后说：“真是不可思议，婴儿就是要在今天出生。”

同名妇女同时同地离婚

台湾苗栗县有两个同名同姓的妇人，分别为 58 岁与 47 岁。她们都生有三名子女，都因丈夫好赌被拖累，不约而同向法院诉请离婚获准。法官原先以为两案是同一人，得知两人同名同姓且际遇相同，不禁感叹造化弄人。

这两名谢姓妇人，年长的谢姓妇人结婚已 36 年，她告诉法官说：“我丈夫酗酒、好赌，经常打骂我。甚至，有时候还拿菜刀要杀我。而且，他从来不帮我做事情。一天游手好闲，靠我赚的钱来养活全家。更可气的是，他只要赌博输了钱，一回到家就向我要钱。我哪有那么多的钱给他赌博？并且，他从来就没有赢过什么钱回家。所以，我经常不愿意给。可是，如果我不给，他就会打我。我觉得这样的日子过够了。再也过不下去了。请法院批准我们离婚。”

较年轻的谢姓妇人则结婚 20 多年，丈夫同样沉迷赌博，积欠多笔赌债，常有人上门讨债，让家人提心吊胆。较年轻的谢姓妇人说：“这样的日子再也没法过了，我一定要离婚。不离婚我就不想活了，因为债台高筑，已经无力偿还，我丈夫竟将家中的金饰变卖，房屋、汽车都设定质押借款，并申办多张信用卡、现金卡使用。真是太气人了。他这样子拖累了家人，这样的日子再也无法过了。”

这两起离婚案判决时间仅相隔两天，两人同名同姓，且人生际遇雷同，法官都认为太巧了。

四马同喜

古代中国人对马可谓情有独钟，往往将自身境遇与马类比，如：“人贫志短，马瘦毛长”“路遥知马力，日久见人心”“好马不吃回头草，好汉不走回头路”等等。在十二生肖之中，马是最能使人类产生认同感、最容易引人自比的动物。几乎没有人不喜欢马的。

2002 年是中国农历的马年，在马年的新春里，天津动物园河马、斑马、野马、果树下马四个“家族”中各有一名于马年之中产仔的“孕妇”，这一现象是天津动物繁殖史上一个极为惊奇有趣的巧合。

现年 24 岁的母河马“七儿”是天津动物园园龄最长的“马”，自 1980 年从日本神户来到天津后，就成为这里首批“居民”。正因为如此，母河马“七儿”受到大家格外的“宠爱”与“优待”。

这只母河马“七儿”在与来自非洲的性情憨厚、体型剽悍的野生公河马的长期相处中,互相产生了"好感"。终于有一天,公河马向"七儿"求爱,两匹马就这样结为"伉俪"了。

两匹马结为"伉俪"后,一直比较"恩爱"。到目前为止,已成功繁殖了 10 胎。恰逢今年的"本命年"里,"七儿"又一次怀孕,令所有的人都喜出望外。大家都喜笑颜开,都觉得这是一个非常巧合的奇迹。

一向被人们视为珍宝、誉为活化石的一对已进入性成熟期的野马"夫妇"也是人们关注的对象。这对野马"夫妇"同样不负人们的"厚望",也于 4 月中旬的一个夜晚产下野马宝宝,创下野马在天津繁殖史上首例成功的纪录……

第十三节　另类传奇

重逢的手镯

英国的芭芭拉·赫顿,是一个富家的千金小姐,因为衣食无忧,又加上女孩子爱美的天性,她经常光顾一些珠宝商店,那里的商家几乎都认识她。这一天,她又来到了纽约最豪华的一家珠宝店,在这家珠宝店里她已经消费的数字可以够一个普通的上班族三年的薪水,这天她又相中了一副古董手镯。她非常喜欢这副手镯,几乎每天都戴着这副手镯。有一天,她在洗手间洗漱的时候,不小心将古董手镯冲下了卫生间的下水道。

芭芭拉·赫顿为此失落了好一阵子,因为她太喜欢这副手镯了,她就又来到那家珠宝店想重新购买一只手镯。然而,那副手镯是世界上唯一的一对,是从南非进口的,已经没有第二对了,为此芭芭拉更是失望,然而就在她刚刚走进去没有多久,却见到一名男子戴着一只手镯进入珠宝店,要求店老板估一下价。而那名男子手中所拿着的手镯恰恰就是芭芭拉·赫顿不小心掉到卫生间下水道的那副手镯。

原来,这名男子是一个水道清理工,他是在清理下水道时发现了这副手镯的,芭芭拉马上以高价买回了这只手镯,心爱之物失而复得让芭芭拉更加珍惜它了。

英国六岁男孩寻找前世住宅

在英国格拉斯哥市,有一个六岁小男孩卡梅伦·兰姆经常谈论他的母亲和家庭,并在纸上画他的家——一栋海滨白房子。但是令卡梅伦 42 岁的母亲诺玛寒到脊梁骨的是,卡梅伦谈的母亲不是她,而是另一个 40 年前的姓罗伯逊的"妈妈";卡梅伦画的房子也不是他们现在的家,而是"前世"的他位于英国巴拉岛的住宅。

据英国《太阳报》报道，自卡梅伦会讲话时起，他就经常向母亲和家人谈论自己以前在巴拉岛的生活，让家人困惑万分。42岁的母亲诺玛回忆说："当他还是个婴儿时，就会喊爸爸妈妈，可他嘴中冒出的第三个词，却是'巴拉岛'。当他长大一点后，他经常会说：'我曾是一个巴拉岛男孩。'"

然而，巴拉岛却是一个距格拉斯哥市足有220英里远的偏远小岛，岛上只有一千多居民。诺玛称，她不知道儿子是如何知道巴拉岛的，因为他们一家从未去过。可是卡梅伦却经常谈论他在巴拉岛的"家"，他还抱怨格拉斯哥的家只有一个卫生间，而巴拉岛的家却有三个。

母亲诺玛对六岁儿子心中还有"另一个母亲"感到非常震撼，她无法接受这个荒唐的事实。诺玛承认说："我十月怀胎生下了他，可他却感到自己属于另一个女人。"由于卡梅伦坚持要回"巴拉岛的家"，诺玛终于带着卡梅伦一起飞往了这座从未去过的小岛。

当卡梅伦看到那座白房子时，他兴奋极了，说："我没骗你们吧，快进去和我一起玩玩具！"然而当他们靠近那座房子的前门时，兴奋的神采从卡梅伦的脸上褪了下去，原来那只是一座空房子。卡梅伦的眼中含着泪水，和母亲一起参观了这座空房子，令诺玛震惊的是，那座房子中果然有三个卫生间，从房间中能够看到海景。

诺玛将儿子带回了格拉斯哥市，一些研究者后来在英国斯特林市追寻到了曾在上世纪60年代到巴拉岛度假的罗伯逊家庭的一个成员——吉莉安·罗伯逊，但吉莉安无法回答他们提出的任何问题，也记不得家庭中有个叫谢恩·罗伯逊的人。

卡梅伦的离奇经历已经被英国电视五台拍成了纪录片《这个男孩以前活过》，对于在他身上发生的一切，目前科学家无法做出解释——研究人员无法确定，卡梅伦的"巴拉岛记忆"真的是从"一个人"身上传到了"另一个人"的身上？还是这些"记忆"都是他幻想出来的？而"记忆"和现实如此地一致又如何解释呢？

杀手的童话

在巴西圣保罗市，有这么一对年轻夫妇，男的是一名地产商，今年30岁了，叫作汤玛士，拥有资产500万美元，可以说是富甲一方。他的妻子的名字叫作莎拉芬娜，今年34岁了，刚刚过完生日，以前他们曾经是一对令人羡慕的恩爱的夫妻，后来不知道是什么原因，他们因感情破裂而反目成仇，往日的恩情早已经荡然无存，剩下的只有对对方的仇恨。因为在他们的眼里一切都是对方的错，没有人能够冷静地面对离婚的现实，这种积怨导致了一种可怕的想法，他们便各自暗中雇请刺客暗杀对方。这种冲动的想法也许是为了报心头之恨吧，妻子莎拉芬娜雇请的是当地一名非常有名气的男杀手,丈夫雇请的是一名冷美人,一位非常有手段的女性杀手。当他们为自己精心策划的事情而暗自得意时,孰料这对夫妇竟分别爱上了这一男一女刺客,一场悲剧遂瞬间化作一场喜剧收场。结束了一场即将展开的血腥场面。

飞弹传情

这是发生在美国南北战争期间的事。

1863 年 5 月 12 日,一位名叫亨利·劳伦斯的年轻士兵,在战斗中被引爆的地雷碎片击中阴囊,左侧睾丸不翼而飞。同时,在邻近的一间房内,17 岁的少女诺尔·塔尼莉也被飞来的弹片击中左腹。经过救治,两人都痊愈了。奇怪的是:过后不久,塔尼莉竟发现自己怀孕了! 278 天后,产下一个男婴。对此,人们议论纷纷,有人指责塔尼莉偷尝禁果,甚至还有人认为这是天神播的种子。自己也感到诧异的塔尼莉有口难辩,只好含泪吞声。婴儿出生后,总是号哭不止,又一时找不出原因,后经医生再三检查,才发现婴儿身上隐藏着一枚小小的弹片。通过分析鉴定,确定当年击中劳伦斯和塔尼莉的同是这一块弹片。它先击中劳伦斯,然后又带着他的精子飞入塔尼莉的腹腔,而使少女的卵子受精成胎。事实上,婴儿的长相与劳伦斯极为相像。后来,在医生的撮合下,劳伦斯与塔尼莉缔结百年之好。有趣的是:尽管他们婚后又生了三个儿女,但都不如"弹片之子"那样酷似父亲,一时引为佳话。

六十年前失散的儿子近在咫尺

家住在英国伦敦的安·巴克菲尔德夫人,60 年前的她因为年少不谙事故,深爱上一个男子,并且怀孕生下了一个孩子,而那名男子却抛弃了她。没有办法的她只好将自己的孩子送给他人抚养。一晃 60 多年过去了,在这 60 年的时间内,安·巴克菲尔德夫人常常回想起当年的那个孩子,而天下之大谁又能知道这个孩子现在在什么地方呢? 她做梦也想不到,其实她的那个孩子就在她的身边,他们几乎每一天都见面,只不过,并不知道对方的存在而已,直到安·巴克菲尔德夫人在为了给 12 岁的孙子买一辆合意的自行车,便去翻查电话簿,结果找到一家叫作伍尔西的自行车店,他们在谈论价格时,才发现店主原来就是她在 60 年前未婚时生下而送给人家的亲生儿子。不可思议的是唐纳德和他的妻子每天开车去上班时,都把汽车停在巴克菲尔德夫人的家门外,然后转乘火车到店里,他根本不知道那一家竟是他母亲的家。唐纳德一直在想念不知下落的母亲,但他担心母亲婚后不愿丈夫知道她曾未婚生子,因此,拿不定主意是否去寻找母亲,这次买自行车的偶然事件,竟使一别六十载的母子相会。

老天乱点鸳鸯谱

一双孪生兄弟竟然结为夫妻,你相信世上会有这么离奇的事吗?你不用怀疑,在这个世界上却真实的发生过这样的事。

32岁的澳洲青年达德·廷士戴尔,与同龄女友玛丽缔结鸳盟。蜜月过后,他发觉妻子的相貌酷似自己,后来无意中看到一些旧照片,又经过仔细查问,终于揭开了妻子身世的秘密。"她"竟是自己的孪生兄弟!

这对在墨尔本出身的孪生子,幼时父母因飞机失事而双双身亡,他们后来分别被人领养,长大后仍不知自己的身世。几年前,达德的养父母告诉他,他的亲生母亲除生下他,还有一个孪生兄弟。岂知他的孪生兄弟接受了变性手术而成为一个"她"——即为玛丽。阴差阳错,"她"又选中了同胎孪生的达德做丈夫。

获知真相的达德震惊得几乎晕厥过去,他欲哭无泪,冲动之下割脉自杀,幸被及时发现。达德难堪地说:"有什么事情比娶自己兄弟为妻更恶心可怕的呢?"他的"妻子"玛丽则说,"她"永远记住得知真相一刹那惊呆的情景,"当我注视达德的眼神时,我却不知道自己是谁。"

还有一瑞士夫妇,在蜜月期间往访亲戚时,惊愕地发现他们竟是一对孪生兄妹。

他们于1985年7月相识并一见钟情。双方志趣极为相投,当年11月即注册结了婚。1986年1月,汉士带玛嘉烈探访抚养他长大的姨妈,在姨妈家中,汉士发现自己娶的竟是孪生妹妹,真是晴天霹雳。

原来他俩出生后两星期,妈妈就去世了。姨妈无力同时应付两个婴儿,遂决定抚养汉士,而将玛嘉交给人家领养。怎料20多年后,两兄妹长相没有一点相像。邂逅相识,双双堕入爱河,结为夫妻。真相大白后,他俩不得不分手;汉士还算能承受住这一打击,而可怜的玛嘉烈则陷入了极度的情绪低谷中,终日郁郁寡欢,无法接受无情的命运如此残酷的安排。

死而复生

在秘鲁有一个落后的小村庄——马度兰度。那里住一个又聋又哑的年轻人尼维杜·柏斯伽,本来残疾的他应该在这个宁静的小乡村过上平静的生活,度过一生,可是上苍好像有意在捉弄他,在他27岁那年,也就是1981年11月,不幸毫无征兆地降临到了他的身上,从此柏斯伽过上了长达两年的人不是人鬼不是鬼的地狱般的生活。

事情是这样的,有一天,柏斯伽因发热而服用了退热药,结果药物不服,发生了不良反应,当场他昏迷不醒,发生了休克,而且意识完全丧失。他家人误以为他已经死了,便将他埋葬了,就这样,可怜的柏斯伽进入了墓地生活,他仅靠食身旁的蚂蚁、蚯蚓、苔藓和草根来维持生命。

当地,地势低洼,河流经常泛滥,人们都认为把墓地放入地下是不吉利的,所以人死后,坟墓是在地面以上建成的,柏斯伽就葬在这样的墓中。虽然,每个星期日都有很多人来扫墓,可是在坟墓里的柏斯伽,又聋又哑,没有办法向外呼救,厚厚的砂石砌成的墓壁掩盖了坟墓内的任何声响,所以一直无人发觉柏斯伽依然生存。

两年过去了,当地发生了洪涝,冲毁了这片墓地,墓地的工人进行维修,当他们把柏斯伽的墓门打开的时候,几个工人都吓得瘫痪在地上,他们看见柏斯伽,呆坐在自己的棺木上,他的脸布满秽物,还长有青苔,胡子、头发和脓疮粘作一团。简直就像小说里的魔鬼。

3个小时过去了,一位天主教神父才知道了这件离奇可怕的怪事,钻进去把他背了出来,从此,柏斯伽结束了他可怕的地狱般的生活,重见天日,他的家人马上将他送往最近的一家医院进行治疗。伯斯伽脱离了生命危险,但由于长期的不见阳光,再加上营养不良,他一直没有痊愈,在医院仍接受监测治疗。

但至今令人费解的是,柏斯伽是依靠什么力量在暗无天日的坟墓中生存下来的呢?科学家们还没有找到答案。

萨尔姆斯死里逃生

一名盗窃犯在判处死刑后,屡次执行,却总是出现意外,让他死里逃生。这是发生在1830年澳大利亚悉尼市的事情,而这位幸运儿叫萨尔姆斯。

事情是这样的,一帮小偷在盗窃一张藏有金币和银币的小桌子时,当场被一名警察发现,罪犯向警察袭击,造成那名警察因伤势过重而死亡。这起盗窃案发生不久,萨尔姆斯就被捕。警察在他的口袋里找到了被盗去的金、银硬币。就立即控告萨尔姆斯犯有谋杀罪。萨尔姆斯矢口否认此事与他有关,并不停地说,口袋里的金、银硬币是从赌桌上赢回来的,同时还提到了几名证人,以此证明案发时他根本不在现场,而是在另外一个地方正喝得酩酊大醉。不过,警察还是对他毫不放过,并使用各种方法向他施加压力,在警方高压逼供下,萨尔姆斯最终不得不承认了盗窃罪,但决不承认谋杀,尽管如此,他还是被判定谋杀罪名成立,判处死刑。

这时,与萨尔姆斯合伙作案的另一个罪犯西蒙兹也被警方抓捕拘留,但是他施出百般花招,坚决不认罪。为了恐吓他,逼使他招供,警察局宪兵司令下令:"把西蒙兹带到刑场,让他亲眼看着萨尔姆斯被当众绞死。看他认不认罪!"

执行绞刑那天,一辆马车把绝望的萨尔姆斯拉到刑场,警察把绞索套在他的脖子上。只要一声令下,马就会被赶得往前跑,让犯人吊在那里,直到断气。

刑场上早就密密麻麻地聚集了好多人,萨尔姆斯获准在执行前向人们说几句话。他连喊:"我是冤枉的,我承认我参加了打劫,但确实没有谋杀。请相信我。我可以发誓。"他还说,"真正的凶手就是站在我面前的被警察看押着的西蒙兹。就是西蒙兹把那个警察给杀死的,西蒙兹才是真正的凶手。我是冤枉的。"西蒙兹听到这句话后立刻大声呼叫,企图把萨尔姆斯指证的声音掩盖过去。但是人们已经很清楚地听到了他的声音,这时人群大乱,他们不断地往前拥挤,高喊着要求释放萨尔姆斯,审判西蒙兹。一名正在维持秩序的警察慌乱中一不小心把马屁股戳了一下,马群受惊逃窜,萨尔姆斯一下被吊在半空。但一瞬间,奇迹发生了,绳子断了,人们被眼前的情景惊呆了。

警察立刻把犯人重新围住,又赶快去准备第二条绳子。这时群情汹涌,宪兵司令命令赶快把萨尔姆斯再套上绞索,一声吼叫,马车被赶走,萨尔姆斯又被吊在半空。令人吃惊的是,绳子各股开始松开,恰恰把萨尔姆斯安全放在地上站着,连惊魂未定的萨尔姆斯都觉得如坠云雾。

这时人们的情绪再也无法控制了,他们确信自己看到了奇迹的发生,同声高呼"放了他、放了他"。但是第三条绳索又套在萨尔姆斯的脖子上。这次,绳子就在他头上的地方断了。宪兵司令这一次真是觉得不知所措,他翻身上马直奔总督府,向总督报告这件怪事,总督立即下令暂缓执行死刑。

事情过后,宪兵司令仍然对这事有怀疑,他仔细地一遍又一遍检查曾经套在萨尔姆斯头上的三根绳子,但是没有任何破绽。尤其是第三条绳子更是崭新的,他又用四百磅的重量测试了几次,都没有任何怀疑,即使三股中两股割断了,也依然可以承受四百磅的重量,但体重轻得多的萨尔姆斯怎么能一吊上绳子就断呢?

西蒙兹终于受到审判,审判的结果是因谋杀罪被判绞刑。

萨尔姆斯离奇地死里逃生。连他自己也无法解释当时为什么会发生那样的情况。难道仅仅是巧合吗?还是上帝知道他是冤枉的,伸出了无形的援助之手?这就不得而知了。

子弹射进枪膛

一个幸运的人在被敌人发现,并且向他开枪射击时,对方的子弹竟然射进了他的枪膛。这是发生在第一次世界大战时的一件奇事,而这位幸运者是英军二等兵史密斯。

有一次,史密斯出去巡逻,不小心与战友们走散了。这时候天又黑了,史密斯对这一带不熟悉。他东转西转,却怎么也找不到自己要回去的地方了。他迷路了。

快黄昏的时候,他走到了一个自己从来没有来过的村庄。在一个非常偏僻的地方,他看到前面大约50米外的地方有一个德国兵,机灵的他立刻想把自己隐藏好。可是,这个偏僻的地方除了野草外,没有可以隐藏的地方。于是,史密斯决定把这个德国兵处理掉。他迅速把枪上好子弹,瞄准,准备消灭他。

可是,万万让史密斯想不到的是,那个德国兵其实已经发现了他。德国兵领先一步,首先向史密斯开了枪。德国兵的枪法非常的准,他以为史密斯一定死定了。可是,令德国兵没有想到的是,枪响了,史密斯却并没有被打死。

原来,德国士兵的子弹正射进了史密斯的步枪枪膛。这个意外的巧合就这样救了史密斯的命。

现在这支步枪还保存在英国美斯顿博物馆内。

鱼腹里的戒指

有一对新婚夫妇在罗兹岛上度蜜月。因为两人是克服了重重困难而结合在一起的,所以两人的感情非常的甜蜜。

这对新婚夫妇格外珍惜这份感情,他们觉得两个人结合在一起这么困难,现在应该好好地享受两人甜美的日子。于是,在岛上度蜜月的日子里,他们两人都非常的快乐。两人似乎抛开了一切,回到了相识时的那种感觉。两人在大海边的沙滩上跑呀,跑的同时,两人都在海边发下了誓言:永远不会背叛对方。

突然,丈夫想跟妻子开个玩笑,于是,就抱起妻子往海水里跑。妻子大叫着要丈夫把她放下来。两人在嬉闹中,不觉已经来到了海里。就在这时,手垂下的妻子不幸将结婚戒指掉入了大海。当妻子告诉丈夫发生了什么事时,两人找了一会儿,但是,大海捞针是不可能的,他们没有找到结婚戒指。

妻子非常伤心,因为结婚戒指上有两人的名字。而且,把结婚戒弄丢了毕竟不是一件好事。丈夫安慰妻子说:"亲爱的,别伤心了。我们再重新去订一个一模一样的。"妻子勉强地擦掉了眼泪。

25年以后,这对夫妇旧地重游。这时候,他们已经有两个孩子了。而且,孩子已经都长大了。正因为如此,他们才有时间来旅游。这对夫妇回忆起25年前的一点一滴时,都感觉非常的甜蜜。不过,他们在说起曾经遗失的戒指时,都感觉有些可惜。

　　他们快快乐乐地玩了一会儿后，都感觉有些饿了。于是，他们找了一家看起来非常干净的饭店吃饭。从这个饭店的窗口，可以把外面的美景一览无余。他们都觉得心旷神怡。

　　令他们感到非常意外的是，他们在吃鱼时，竟在鱼腹里发现一只戒指——正是他俩结婚时的戒指，连两人的名字也依然清晰。两人欣喜若狂，都觉得这简直是前所未有的奇迹。饭店里吃饭的客人知道这件事情后，都为他们感到高兴。

　　这样神奇的巧合，谁能够解释其中的谜呢？

20多年的密友是亲兄弟

　　20多年前相遇并成为密友的巴尔班和克拉尔竟然是亲兄弟。这件事情不要说我们难以置信，恐怕连当事人都在短时间难以反应过来。

　　克拉尔是巴尔班婚礼男傧相，他曾在一张照片上写下这样一句话："你是我真正的兄弟。"当有关人员在查询收养记录时发现49岁的巴尔班和52岁的克拉尔真是亲兄弟。这太巧合了。

　　在船运业工作的巴尔班说："克拉尔和我一直感觉到有一种特殊的关系。可是，我们一直不知道是一种什么样的关系。我们更没有想到，我们竟然会是亲兄弟。"他说，他们是在一间酒吧相遇，而且立即成了好朋友。

　　据某媒体报道，3年前，一名男子因健康原因与州政府官员联络，要求查询他的收养记录。这名男子还发现，他是被父母抛弃的9个孩子之一。儿童与家庭部的社会工作者西特利找到有关的档案记录，决定与其他8个孩子联络。她首先联络的是克拉尔。克拉尔得知他是被领养的消息后非常吃惊，因为收养他的父母一直没有告诉他真相。于是克拉尔对西特利说："我最好的朋友也是被人领养的，我想请你帮忙查询一下他的情况。"

　　然后，西特利问："你的朋友叫什么？"当克拉尔告诉她时，她沉默片刻后告诉克拉尔，他25年的好朋友是他的亲兄弟。这个消息让克拉尔非常地意外。

　　更让克拉尔意外的是，他还发现，他的一个工作伙伴是他的另一个兄弟。而他曾约会过的一个女孩子是他的妹妹。而且，他们之间的感情还一度很深。

　　美国全国广播公司也播出了这个巧合的家庭故事。

结婚53次最终还是发妻

　　马来西亚一位老人一生共结婚53次。然而，历经数十年情感风波，他的第53

任妻子竟然是当年的发妻。这位老人名叫卡马鲁汀·穆罕默德。对自己一辈子的沧桑婚姻历程,穆罕默德说:"我并不是一位寻欢作乐的花花公子,只是喜欢美丽的女子。我一生结这么多的婚,并不是说我在玩弄感情。感情这东西是靠缘分的。"穆罕默德目前的妻子现年74岁,正是当年的结发妻子。

据了解,自从穆罕默德几十年前第一次离婚后,他的优越条件和英俊相貌便屡屡博得女子的欢心。在他的妻子中还包括一位英国女子和一位泰国女子。他与那位泰国妻子生活的时间最长,共持续了20年,而他最短的一段婚姻只持续了两天。

穆罕默德至今仍念念不忘那位泰国妻子。他说,所有的妻子都是因离婚才分开的,只有这位泰国妻子与自己生活很融洽,只可惜她患有癌症很早就死去了。在1992年退休之前,穆罕默德一直经营着多家跨国公司,他的家产和经常出国的机会创造了寻找漂亮未婚妻的概率。尽管经历了50多次婚姻,穆罕默德始终坚持一夫一妻制。他说这是他的原则。

他说,我不喜欢别人讥笑我一生结婚50多次,同时也不相信人的一生之中只有一个女子做伴。感情有就有,没有就没有,何必强求呢?如果两个人没有感情了还硬是要在一起,对两个人来说都是一种痛苦。目前,与第一任妻子可罕迪贾再次结合是我最大的幸福。当时,我与她的婚姻只维持了一年的时间,现在回想起来真有点儿后悔。

可罕迪贾说她将接受穆罕默德的求婚。据了解,她的第三任丈夫也死去了,目前也是独居。可罕迪贾说,穆罕默德承诺将给予我最大的幸福,并表示再不离婚。

读"奇书"顷刻成富翁

这是一件发生于上个世纪的事情。

一天,大学生约翰·勃罗·拉科斯特迈着沉重的步伐,走进了市立图书馆。

约翰自小就失去了父亲,是由母亲一手把他养大的。母子相依为命,生活十分困苦。但约翰从小就显示出读书才华,他能过目不忘,后又考进了大学。可惜由于经济条件差,不得不退学,到市立图书馆来找约班尼·美尔卡神父,求他在图书馆替他安排一个工作,以维持母子的生活。

"对不起,神父刚出去,我想他大概很快就会回来,请你坐下等一会吧!"图书馆的职员很客气地对约翰说。

约翰走进了接待室,在椅子上坐了下来。

接待室的四周都是书架,书架上摆满了各种各样的书籍。

约翰等了一会儿,觉得很无聊,为了消磨时间,便随意浏览书架上的图书。这时候，一本包着书皮、装帧别致的书把他的目光吸引住了。

书的上面落满了灰尘，看样子是很久没人读过了。书脊上写着《动物学》，作者是叶密鲁·德非布里。

约翰从中学时代起就非常喜欢研究动物学，他立刻将此书从架上抽出来，从第一页读起……他越读越起劲，以至于差点把找神父的事也忘了。

不知过了多长时间，他终于读完了。

他发现最后一页的空白处有红墨水写的几行字，不过，从墨水的颜色看，写的时间已经很久了。

书页上这样写着："有一件意想不到的幸福在等待着这本书的读者。你如果对我这本书感兴趣，便立刻到罗马市帕拉兹·秋斯特街去，在公证处领取 E·P·十四第七十五号的密封文书。"

好奇心使约翰等不及神父的归来便跑到公证处去，办理了阅读密封文书的手续。

过了不大一会儿，公证处的职员拿来了一个信封交给他，他迫不及待地打开一看，里面只有一张纸条，上面写着：

你是第一个把我的书从头读到尾的人，所以我决定把我自己的全部财产赠给你，这封信就是我的遗嘱。我虽然写了这本动物学，可是世界上谁也不肯读它。我的亲属也好，我的朋友也好，他们只是在表面上颂扬我的研究和著作，实际上谁也不肯认真地读我著的这本书。我心中既懊悔又烦恼，于是我只留下这一册，其余的全部烧毁了。剩下的这一册，我也送给了市立图书馆。世界上只有你一个人把我的书读完，我非常感谢你，祝你幸福！

叶密鲁·德非布里

约翰在看完这份遗嘱之后，喜出望外，高兴得像风一般地跑到驻罗马的法国领事馆，把事情向领事馆人员详细地说了一遍，又把《遗嘱》交给领事馆人员。

可是，领事馆的工作人员怎么也不相信约翰说的话，特意打电话到公证处询问，直到公证处的答复与约翰所说的一样后，才大吃一惊地对约翰说：

"啊！真出乎我们意料之外，事情真如你所说的那样。德非布里的遗产一共是四百万里拉（意大利币），但只凭这份遗嘱还不能把这份财产交给你。如果留下遗嘱者的父母、子女或兄弟姐妹不来办理移交手续，这笔财产是谁也不能给的。不过，法律仍然是尊重遗嘱的，你得到款项的机会仍然很大。"

这时，约翰像是突然被唤醒了记忆，他喃喃说道：

"德非布里……德非布里……对！这是我母亲家的姓啊！我怎么忘记了呢？

我一定高兴得昏了头了,叶密鲁不就是我外祖父的名字吗!"

法院在领事馆的协助下作了详细的调查,结果证实了约翰所说的完全是事实,著《动物学》一书的作者叶密鲁·德非布里的女儿就是约翰的母亲。于是,约翰和他母亲终于在1926年继承了四百万里拉的巨额遗产。

这一意外的收获是多么离奇幸运啊!

从此,约翰再也不必担心贫困,他可以无忧无虑地继续他的学业了。

约翰的奇遇传开后,众人对此莫不羡慕之极,更有傻瓜到图书馆去乱翻积落厚尘的图书。

特别提示:

本书在编写过程中,借鉴和参考了大量文献和作品,谨向诸位专家、学者致以崇高的敬意。但由于部分作者的地址或姓名不详等原因,截至发稿之前,仍有部分作者没有联系上,但出版时间在即,只好贸然使用,不到之处,敬祈谅解,在此也敬启作者,见书后,将您的信息反馈与我,我们将按国家规定,第一时间对相关事宜做出妥善处理。

联系电话:010-80776121   联系人:马老师